企业会计准则应用指南汇编 2024

（上册）

财政部会计司编写组　编

中国财经出版传媒集团
中国财政经济出版社
·北京·

图书在版编目（CIP）数据

企业会计准则应用指南汇编．2024．上册/财政部会计司编写组编．--北京：中国财政经济出版社，2024．3（2024.6重印）

ISBN 978－7－5223－2972－7

Ⅰ．①企…　Ⅱ．①财…　Ⅲ．①企业—会计准则—中国—指南　Ⅳ．①F279．23－62

中国国家版本馆CIP数据核字（2024）第054097号

责任编辑：黎子民　刘子鋆　黄　硕　　责任校对：胡永立
封面设计：卜建辰　　责任印制：党　辉

企业会计准则应用指南汇编2024（上册）

QIYE KUAIJI ZHUNZE YINGYONG ZHINAN HUIBIAN 2024（SHANGCE）

中国财政经济出版社 出版

URL：http：//www.cfeph.cn

E－mail：cfeph@cfemg.cn

社址：北京市海淀区阜成路甲28号　邮政编码：100142

营销中心电话：010－88191522

天猫网店：中国财政经济出版社旗舰店

网址：https：//zgczjjcbs.tmall.com

北京鑫海金澳胶印有限公司印装　各地新华书店经销

成品尺寸：175×250毫米　16开　104.25印张　1 777 000字

2024年3月第1版　2024年6月北京第3次印刷

定价：298.00元（上、下册）

ISBN 978－7－5223－2972－7

（图书出现印装问题，本社负责调换，电话：010－88190548）

本社质量投诉电话：010－88190744

打击盗版举报热线：010－88191661　QQ：2242791300

本书编写人员

（按姓氏笔画排序）

王　玥　石白玉　冯翠平　戎　越　朱　琳
朱晓文　刘正阳　刘国强　刘雅露　衣晓青
李　静　杨　旭　杨　硕　杨星月　杨俊华
杨海峰　邱　颖　沈玉凯　张　强　张旻子
张哲薇　陈　瑜　林一帆　罗雪娇　赵　劼
胡慧中　钟　冰　徐华新　高大平　黄　赟
隋　爽　董笑宏　韩　頔　韩建书　程　华
舒惠好　薛　杰　穆　杨　魏　群

前言
PREFACE

经济越发展，会计越重要。企业会计准则是国家统一的会计制度的重要组成内容，是企业进行会计处理、生成会计信息的基本依据，是资本市场通用的商业规则和技术语言，也是国务院财政部门依法履行会计管理职能、开展会计监督的重要依据。财政部高度重视企业会计准则建设、实施与监管工作，坚持以高质量会计基础制度供给服务经济社会发展。目前，我国企业会计准则体系已在上市公司、金融机构以及大部分大中型国有企业范围内得到较好实施，在提高会计信息质量、提升资源配置效率和服务宏观经济治理等方面，起到了积极作用：

一是企业会计准则为经济高质量发展提供基础支撑。会计是财政的重要组成部分，是宏观经济管理和市场资源配置的基础性工作。会计准则是反映经济活动、确认产权关系、规范收益分配的会计技术标准，也是政府规范经济秩序和从事国际经济交往的重要手段。企业遵循企业会计准则生成的真实、完整的会计信息，有助于客观反映经济发展的过去、科学谋划经济发展的未来，从而为经济高质量发展提供基础性支撑。

二是企业会计准则为各方获取决策有用信息、促进资源优化配置提供有效工具。投资者、债权人、政府及有关部门、社会公众等都是企业财务会计报告的使用者，根据企业会计准则生成的财务会计报告，是对企业经济业务活动的核算度量，为有关各方了解企业的财务状况、经营成果等提供了重要的沟通渠道和评价工具，对于作出有效投融资决策、优化资源配置、防范化解金融风险、加强宏观经济治理等都起到重要的信息支持作用。

三是企业会计准则为加强财会监督职能、维护财经法纪提供重要准绳。企业会计准则是国家统一的会计制度的重要组成内容，是国务院财政部门依法履行会计管理职能、开展会计监督的重要依据，更是党和国家财经纪律在会计领域的具体体现。企业会计准则体系的健全完善和有效实施，为规范财务审计秩序、深化财会监督提供了更加科学有效的评判准绳，是切实维护投资者权益和社会主义市场经济秩序的重要制度保障。

四是企业会计准则为持续优化营商环境、推进高水平对外开放提供规则标准。当前，要加快构建以国内大循环为主体、国内国际双循环相互促进的新发展格局，会计准则是国际通用的商业语言，也是促进国内国际贸易和资金畅通、实现共同发展的重要“基础设施”。目前，我国企业会计准则已实现与多个经济体等效，有力服务企业和国际资本“请进来”、“走出去”，以稳步扩大制度型开放推进高水平对外开放。

企业会计准则建设和实施是技术性高、政策性强、涉及面广的系统工程。近年来，财政部贯彻落实习近平新时代中国特色社会主义思想，坚持系统思维和以人民为中心理念，建立健全企业会计准则闭环管理工作机制，持续推动制订完善、指导实施、强化监管三大环节间的有机衔接和相互促进，在有关行业监管部门、地方财政部门、有关行业协会、企业、会计师事务所、学术界等共同努力下，企业会计准则建设工作取得积极进展：

一是扎实推动国际准则中国化。财政部始终坚持服务我国实务需要，在保持与国际会计准则持续趋同、适时引入国际会计领域最新成果的基础上，将原则导向的国际会计准则改造为中国化的企业会计准则体系。在准则内容方面，结合我国相关市场发展情况作出有别于国际会计准则的规定，如对同一控制下企业合并采用账面价值法、对公允价值适度谨慎引入、禁止长期资产减值准备转回等。在准则项目安排方面，将复杂业务拆分或整合为不同的准则项目，更好适应我国实务习惯和需要，如将国际金融工具准则分解为金融工具确认和计量、套期会计、金融资产转移三项准则，将国际投资类准则整合为长期股权投资准则等。在准则体系方面，以“会计处理规定”等形式作为准则体系的中国化补充，更好满足国家宏观经济管理、国内实务发展需要等，弥补国际趋同的不足。

二是不断推动中国实践国际化。在与国际会计准则持续趋同的同时，财政部多层面共同发力，促进国际会计准则改进符合我国发展需要，并推动将中国智慧、中国实践引入国际会计准则、成为国际通行做法。例如，推动国际会计准则借鉴吸收我国做法，降低仅同受国家控制而不存在其他关联方关系的企业在关联方方面的披露成本；又如，在数据资源会计问题进入国际会计领域视野时，我国基于国内实务现状，率先发布《企业数据资源相关会计处理暂行规定》，深化数字经济时代会计问题研究。

三是创新推动准则解释及时化。随着我国进入高质量发展阶段，新业态、新经济、新模式对会计核算提出新的期待，需要以创新思维对待，不断加大准则实施指导力度。近年来，财政部坚持问题导向，紧盯实务问题，因事制宜采取多种方式切实行使好准则解释权。在坚持以准则应用指南加强说明指引的同时，财政部还持续发布准则应用案例、实施问答，编写典型案例集，以及联合国有企业、资本市场、金融机构等有关监管部门印发年报工作通知，以更加贴近实务和灵活高效的方式，提高解释的针对性、及时性、有效性。

四是务实推动准则操作具体化。企业的会计信息以财务会计报告的形式集中呈现给报表使用者，实务中则涉及会计确认和计量、账务处理、列示披露等具体操作环节。为对不同岗位的会计审计人员加强实施指导，不同于国际会计准则，我国企业会计准则体系还对会计科目和账务处理规则、报表格式和报表项目的填列方法等作出了详尽说明，增强准则的可理解性和可操作性，实现从会计处理方法到财务会计报告信息全链条的一致性、可比性。

财政部始终在服务国内实践和坚持国际趋同的基础上，不断健全完善企业会计准则体系，企业会计准则应用指南作为具有中国特色的实施指导工具，始终坚持扎根本土、服务实务。自 2006 年发布之初，财政部即以配套的各项准则应用指南、准则讲解等形式，为准则的落地实施提供更多条款说明和示例指引，确保对准则解释的权威性。2014 年以来，财政部坚持并改进这一做法，在长期股权投资、收入、金融工具等 14 项准则修订以及公允价值计量、合营安排等 4 项新准则发布后，及时组织编写配套单行本应用指南，帮助各方加深理解、准确执行。多年来，企业会计准则应用指南、讲解等已为社会各界所广泛认可与遵循，已成为会计审计实务界不可缺少的工具书、会计审计监管的重要依据，同时也是会计专业技术资格考试和注册会计师考试等辅导教材的编写基础。但是，由于立法技术演进、新准则修订时间先后等原因，现行 42 项具体准则的应用指南在体例方面存在不统一、内容方面存在不协调的问题，影响到准则的可理解性；近年来财政部陆续发布了 35 个案例、77 个实施问答、4 份年报工作通知等新增的实施指导材料，其中的新内容、新要求尚未增补进应用指南，可能给部分实务工作者带来需要多次查找等不便。为贯彻落实《会计改革与发展“十四五”规划纲要》，进一步加强企业会计准则实施指导，确保准则的权威性和实用性，提升准则的可理解性和可操作性，财政部组织专业技术力量，开展企业会计准则应用指南修订更新及汇编工作，形成《企业会计准则应用指南汇编2024》（以下简称《指南汇编》）。《指南汇编》体现了以下特点：

一是坚持全面协调，将应用指南、讲解化零为整，注重准则体系内外衔接。从准则体系内部来看，现行42项准则应用指南散落在《企业会计准则讲解2010》、18本单行本应用指南中，给使用者查找、应用相关准则内容带来不便。“一本式”的《指南汇编》全面梳理并汇总了现行各项应用指南、讲解，统一的体例结构对读者更加友好，同时重点关注应用指南与各项准则及准则解释、会计处理规定之间，不同应用指南之间的内在协调一致，例如，根据金融工具准则对金融资产从“四分类”到“三分类”的分类方式变化，相应调整了长期股权投资、财务报表列报等多项应用指南中涉及金融资产的有关内容；又如，根据租赁准则中承租人租赁会计处理的变化，相应调整了资产减值、现金流量表等多项应用指南中涉及使用权资产的有关内容；再如，根据近年来公允价值计量、持有待售等新准则，对涉及的多项关联应用指南中的相关内容作了更新协调等。从准则体系同其他监管规则之间的关联来看，《指南汇编》根据近年来我国商事制度改革、税收征管改革、市场经济发展等的新情况、新变化，对有关文字描述内容和示例等作了改进完善，例如，根据现行税收法律法规要求，调整了所得税应用指南中涉及的研发费用税前加计扣除相关政策，在资产负债表日后事项应用指南中体现了最新的企业所得税汇算清缴相关税收征管政策；又如，根据企业年金、股权激励等方面的制度规定，调整了企业年金基金、股份支付等应用指南中的相关政策；此外，还在多项应用指南中更新相关的税率、汇率等数据，更加贴合现行业务实际。

二是坚持贴近实务，紧扣准则应用指南作为准则实施指导工具书的重要定位。在近年来财政部广泛收集有关监管部门、会计审计实务界以及学术界等各方关注的准则实施问题和指导需求的基础上，《指南汇编》坚持原则讲解和规则指导相结合，进一步有针对性地丰富对相关准则条款的分析说明和示例指引，将每项准则的重点难点问题讲准讲透，将每一步重点计算过程写清列明，让读者知其然且知其所以然。同时，《指南汇编》还全面补充更新了各项准则常用的171个会计科目及涵盖借贷的账务处理要求、财务报表列报项目的编制说明，以及披露要求和衔接规定等，新增了146处例题及示例说明，以共计2000余处示例指引帮助不同规模企业、不同岗位财会人员等更好掌握和运用准则，促进原则导向准则更好落地见效。

三是坚持守正创新，体现近年来企业会计准则闭环管理的最新成果。在企业会计准则闭环工作基础上，财政部充分关注并利用准则实施和监管工作成果，一方面，《指南汇编》做“加法”，纳入近年来财政部发布的各项准则解释、会计处理规定，以及应用案例、实施问答、年报工作通知、政策解读等内容，并参考国际会计准则修订更新情况，结合我国实际需要进行相应更新，例如，在收入应用指南中对采用产出法计量履约进度的会计处理作了完善；又如，改进了企业合并应用指南中非同一控制下企业合并涉及保险业务时对购买日取得可辨认资产和负债的分类和指定要求；再如，在长期股权投资应用指南中增加了对重大影响判断的指引等。另一方面，《指南汇编》做“减法”，删除已不符合目前准则规定或不符合当前实际情况的内容，例如，根据收入准则的最新规定，删除原建造合同应用指南、删除基本准则应用指南中关于收入确认条件的原规定；又如，根据资本市场监管规则优化情况，在会计政策、会计估计变更和差错更正应用指南中删除上市公司需将会计政策目录报送交易所备案的要求等，以最新面貌满足当前以及未来一段时间的实务需要。

习近平总书记强调，要严肃财经纪律、维护财经秩序，健全财会监督机制。财政部组织编写《指南汇编》，是贯彻落实《中共中央办公厅 国务院办公厅印发〈关于进一步加强财会监督工作的意见〉的通知》关于完善企业会计准则体系、增强会计准则制度执行效果要求的具体举措，也是以人民为中心、加大准则实施指导工具供给的有效方式。《指南汇编》出版后，将与《企业会计准则汇编》首次形成“准则汇编＋指南汇编”的企业会计准则实施工具书组合，提供了实务查找和执行准则的“字典”，并为准则监管提供依据，服务企业会计准则闭环有效运行。广大企业、会计师事务所、相关监管机构以及会计、审计、监管等实务工作者要认真学习和有效运用《指南汇编》，扎实学习准则、深刻理解准则、严格执行准则，持续增强专业胜任能力，不断提升会计准则执行效果，全面提高会计信息质量，为会计工作更好服务新时代经济社会发展作出贡献。

财政部会计司编写组

2023 年 12 月

目 录

CONTENTS

上册

下册

第一章　基本准则

一、概述

企业会计准则体系包括《企业会计准则——基本准则》（以下简称基本准则）、具体准则、准则解释等，基本准则是企业会计准则体系的概念基础，是具体准则、准则解释等的制定依据，地位十分重要。2006 年，我国在 1992 年发布的《企业会计准则》的基础上，借鉴国际惯例，结合我国实际情况，根据形势发展的需要作了重大修订和调整，首次制定发布基本准则。基本准则有助于规范企业会计行为，提高会计信息质量，如实报告企业财务状况、经营成果和现金流量，供投资者、债权人、政府及其有关部门和社会公众等财务报告使用者作出合理经济决策。

（一）基本准则的地位和作用

我国会计准则属于法规体系的组成部分，基本准则属于部门规章，具体准则、准则解释属于规范性文件。基本准则根据《中华人民共和国会计法》和其他有关法律、行政法规制定，于 2006 年 2 月 15 日以财政部令第 33 号发布，自 2007 年 1 月 1 日起施行；并于 2014 年 7 月 23 日根据《财政部关于修改〈企业会计准则——基本准则〉的决定》（财政部令第 76 号）修改。

基本准则在我国企业会计准则体系建设中扮演着重要的角色，在整个企业会计准则体系中具有统驭地位，其作用主要如下：

一是统驭具体准则的制定。基本准则规范了包括财务报告目标，会计基本假设，会计基础，会计信息质量要求，会计要素的定义及其确认、计量原则，财务报告等在内的基本问题，是制定具体准则的基础，对各具体准则的制定起着统驭作用，可以确保各具体准则的内在一致性。我国基本准则第三条明确规定，“企业会计准则包括基本准则和具体准则，具体准则的制定应当遵循本准则（即基本准则）”。在企业会计准则体系的建设中，各项具体准则也都明确规定按照基本准则的要求进行制定和完善。

二是为会计实务中出现的、具体准则尚未规范的新问题提供会计处理依据。在会计实务中，由于经济交易事项的不断发展、创新，一些新的交易或者事项在具体准则中尚未规范但又急需处理，这时，企业不仅应当对这些新的交易或者事项及时进行会计处理，而且在处理时应当严格遵循基本准则的要求，尤其是基本准则关于会计要素的定义及其确认与计量等方面的规定。因此，基本准则不仅扮演着具体准则制定依据的角色，也为会计实务中出现的、具体准则尚未作出规范的新问题提供了基本会计处理依据，从而确保了企业会计准则体系对所有会计实务问题的规范作用。

（二）基本准则规范的主要内容

基本准则的制定吸收了当代财务会计理论研究的最新成果，反映了当前会计实务发展的内在需要，构建起了完整、统一的财务会计概念体系，从不同角度明确了整个会计准则需要解决的基本问题，内容包括下列方面：

一是关于财务报告目标。基本准则明确了我国财务报告的目标是向财务报告使用者提供决策有用的信息，并反映企业管理层受托责任的履行情况。

二是关于会计基本假设。基本准则强调了企业会计确认、计量和报告应当以会计主体、持续经营、会计分期和货币计量为会计基本假设。

三是关于会计基础。基本准则坚持了企业会计确认、计量和报告应当以权责发生制为基础。

四是关于会计信息质量要求。基本准则建立了企业会计信息质量要求体系，规定企业财务报告应当满足会计信息质量要求。

五是关于会计要素及其确认、计量原则。基本准则将会计要素分为资产、负债、所有者权益、收入、费用和利润六个要素，同时对各要素进行严格定义。会计要素在计量时以历史成果为基础，可供选择的计量属性包括历史成本、重置成本、可变现净值、现值和公允价值等。

六是关于财务报告。基本准则明确了财务报告的基本概念、应当包括的主要内容和应反映信息的基本要求等。

二、财务报告目标、会计基本假设和会计基础

（一）财务报告目标

基本准则对财务报告目标进行了明确定位，彰显了财务报告目标在企业会计准则体系中的重要作用。财务报告的目标是向财务报告使用者提供与企业财务状况、经营成果和现金流量等有关的会计信息，反映企业管理层受托责任履

行情况，有助于财务报告使用者作出经济决策。财务报告目标要求满足财务报告使用者决策的需要，体现为财务报告的决策有用观；财务报告目标要求反映企业管理层受托责任的履行情况，体现为财务报告的受托责任观。

根据决策有用目标，财务报告所提供的信息应当如实反映企业所拥有或者控制的经济资源、对经济资源的要求权以及经济资源及其要求权的变化情况；如实反映企业的各项收入、费用、利得和损失的金额及其变动情况；如实反映企业各项经营活动、投资活动和筹资活动等所形成的现金流入和现金流出情况等，有助于财务报告使用者正确、合理地评价企业的资产质量、偿债能力、盈利能力和营运效率等，从而在此基础上作出理性的决策。

财务报告使用者主要包括投资者、债权人、政府及其有关部门和社会公众等。近年来，我国企业改革持续深入，产权日益多元化，资本市场快速发展，机构投资者及其他投资者队伍日益壮大，对会计信息的要求日益提高。在这种情况下，投资者更加关心其投资的风险和报酬，他们需要会计信息来帮助其作出决策，比如决定是否应当买进、持有或者卖出企业的股票或者股权，他们还需要信息来帮助其评估企业支付股利的能力等。因此，基本准则将投资者作为企业财务报告的主要使用者，凸现了投资者的地位，体现了保护投资者利益的要求。

除了投资者之外，企业财务报告的使用者还有债权人、政府及有关部门、社会公众等。例如，企业贷款人、供应商等债权人通常十分关心企业的偿债能力和财务风险，他们需要信息来评估企业能否如期支付贷款本金及其利息，能否如期支付所欠购货款等；政府及其有关部门作为经济管理和经济监管部门，通常关心经济资源分配的公平、合理，市场经济秩序的公正、有序，宏观决策所依据信息的真实、可靠等，他们需要信息来监管企业的有关活动（尤其是经济活动）、制定税收政策、进行税收征管和国民经济统计等；社会公众也关心企业的生产经营活动及其影响，包括企业对所在地经济作出的贡献，如增加就业、刺激消费、提供社区服务等，在财务报告中提供有关企业发展前景及其能力、经营效益及其效率等方面的信息，可以满足社会公众的信息需要。

在强调财务报告对外部使用者决策有用的同时，财务报告体现的受托责任目标也不容忽视。现代企业制度强调企业所有权和经营权相分离，企业管理层是受委托人之托经营管理企业及其各项资产，负有受托责任。即企业管理层所经营管理的企业各项资产基本上均为投资者投入的资本（或者留存收益作为再投资）或者向债权人借入的资金所形成的，企业管理层有责任妥善保管并合理、有效运用这些资产。企业投资者和债权人等也需要及时或者经常性地了解企业管理层保管、使用资产的情况，以便于评价企业管理层的责任情况和业绩，并决定是否需要调整投资或者信贷政策，是否需要加强企业内部控制和其他制度建设，是否需要更换管理层等。因此，财务报告应当反映企业管理层受托责任的履行情况，以帮助外部投资者和债权人等评价企业的经营管理责任和资源使用的有效性。

财务报告的决策有用观与其受托责任观是统一的，投资者出资委托企业管理层经营，希望获得更多的投资回报，实现股东财富的最大化，从而进行可持续投资；企业管理层接受投资者的委托从事生产经营活动，努力实现资产安全完整，保值增值，防范风险，促进企业可持续发展，就能够更好地持续履行受托责任，以为投资者提供回报，为社会创造价值，从而构成企业经营者的目标。由此可见，财务报告的决策有用观和受托责任观是有机统一的。

（二）会计基本假设

会计基本假设是企业会计确认、计量和报告的前提，是对会计核算所处时间、空间环境等所作的合理设定。会计基本假设包括会计主体、持续经营、会计分期和货币计量。

1. 会计主体。

会计主体，是指企业会计确认、计量和报告的空间范围。为了向财务报告使用者提供与企业财务状况、经营成果和现金流量等有关的会计信息，会计处理和财务报告的编制应当反映特定对象的经济活动，才能实现财务报告的目标。

在会计主体假设下，企业应当对其本身发生的交易或者事项进行会计确认、计量和报告，反映企业本身所从事的各项生产经营活动和其他相关活动。明确界定会计主体是开展会计确认、计量和报告工作的重要前提。第一，明确会计主体，才能划定会计所要处理的各项交易或事项的范围。在会计实务中，只有那些影响企业本身经济利益的各项交易或事项才能加以确认、计量和报告，那些不影响企业本身经济利益的各项交易或事项则不能加以确认、计量和报告。通常所讲的资产、负债的确认，收入的实现，费用的发生等，都是针对特定会计主体而言的。第二，明确会计主体，才能将会计主体的交易或者事项与会计主体所有者的交易或者事项以及其他会计主体的交易或者事项区分开。例如，企业所有者的交易或者事项是属于企业所有者主体所发生的，不应纳入企业会计处理的范围，但是企业所有者投入到企业的资本或者企业向所有者分配的利润，则属于企业主体所发生的交易或者事项，应当纳入企业会计确认、计量和报告的内容。

会计主体不同于法律主体。一般来说，法律主体必然是一个会计主体。例如，一个企业作为一个法律主体，应当建立财务会计系统，独立反映其财务状况、经营成果和现金流量。但是，从报告角度看，一个会计报告主体并不必然是一个法律主体。会计主体是被要求或主动选择编制财务报表的主体，可以是单个法律主体，也可以由一个以上法律主体构成。例如，企业集团中的母公司拥有若干子公司，母、子公司虽然是不同的法律主体，但是母公司对子公司拥有控制权，为了全面反映企业集团的财务状况、经营成果和现金流量，需要将企业集团作为一个会计主体，编制合并财务报表，在这种情况下，尽管企业集团不属于法律主体，但它却是会计主体。当一个会计主体不是法律主体，并且不是仅由具有母子公司关系的法律主体构成的情况下，会计主体的边界主要由财务报表主要使用者的信息需求来确定。比如，由企业管理的证券投资基金、企业年金基金等，尽管不属于法律主体，但属于会计主体，应当对每项基金进行会计确认、计量和报告。

2. 持续经营。

持续经营，是指在可以预见的将来，企业将会按当前的规模和状态继续经营下去，不会停业，也不会大规模削减业务。在持续经营假设下，会计确认、计量和报告应当以企业持续、正常的生产经营活动为前提。

明确这个基本假设，就意味着会计主体将按照既定用途使用资产，按照既定的合约条件清偿债务，会计人员就可以在此基础上确定会计原则和会计方法。例如，判断企业会持续经营，就可以假定企业的固定资产会在持续经营的生产经营过程中长期发挥作用，并服务于生产经营过程，固定资产就可以根据历史成本进行记录，并采用一定的折旧方法，将历史成本分摊到各个会计期间或相关产品的成本中。

一个企业在不能持续经营时就应当停止使用这个假设，否则如仍按持续经营基本假设选择会计确认、计量和报告原则与方法，就不能客观地反映企业的财务状况、经营成果和现金流量，会误导会计信息使用者的经济决策。《企业破产清算有关会计处理规定》（财会〔2016〕23 号）规范了企业破产清算的会计处理，明确规定破产企业会计确认、计量和报告以非持续经营为前提。

3. 会计分期。

会计分期，是指将一个企业持续经营的生产经营活动划分为一个个连续的、长短相同的期间。会计分期的目的，在于通过会计期间的划分，将持续经营的生产经营活动划分成连续、相等的期间，据以结算盈亏，按期编报财务报告，从而及时向财务报告使用者提供有关企业财务状况、经营成果和现金流量的信息。

根据持续经营假设，一个企业将按当前的规模和状态持续经营下去。但是，无论是企业的生产经营决策还是投资者、债权人等的决策都需要及时的信息，需要将企业持续的生产经营活动划分为一个个连续的、长短相同的期间，分期确认、计量和报告企业的财务状况、经营成果和现金流量。由于会计分期，才产生了当期与以前期间、以后期间的差别，才使不同类型的会计主体有了记账的基准，进而出现了折旧、摊销等会计处理方法。

在会计分期假设下，企业应当划分会计期间，分期结算账目和编制财务报告。会计期间通常分为年度和中期。中期，是指短于一个完整的会计年度的报告期间，如半年度、季度、月度等。

4. 货币计量。

货币计量，是指企业在财务会计确认、计量和报告时以货币作为计量尺度，反映企业的生产经营活动和其他相关活动。

在会计的确认、计量和报告过程中之所以选择货币为基础进行计量，是由货币的本身属性决定的。货币是商品的一般等价物，是衡量一般商品价值的共同尺度，具有价值尺度、流通手段、贮藏手段和支付手段等特点。其他计量单位，如重量、长度、容积、台、件等，只能从一个侧面反映企业的生产经营情况，无法在量上进行汇总和比较；不便于会计计量和经营管理。只有选择货币这一共同尺度进行计量，才能全面反映企业的生产经营情况和其他相关情况。所以，企业会计应当以货币计量。

在有些情况下，统一采用货币计量也有缺陷，某些影响企业财务状况和经营成果的因素，如企业经营战略、研发能力、市场竞争力等，往往难以用货币来计量，但这些信息对于使用者决策来讲也很重要，为此，企业可以在财务报告中补充披露有关非财务信息来弥补上述缺陷。

（三）会计基础

企业会计的确认、计量和报告应当以权责发生制为基础。权责发生制基础要求，凡是当期已经实现的收入和已经发生或应当负担的费用，无论款项是否收付，都应当作为当期的收入和费用，计入利润表；凡是不属于当期的收入和费用，即使款项已在当期收付，也不应当作为当期的收入和费用。

在实务中，企业交易或者事项的发生时间与相关货币收支时间有时并不完全一致。例如，款项已经收到，但销售并未实现；或者款项已经支付，但并不是为本期生产经营活动而发生的。为了更加真实、公允地反映特定会计期间的财务状况和经营成果，企业应当以权责发生制为基础进行会计确认、计量和报告。

收付实现制是与权责发生制相对应的一种会计基础，它是以收到或支付的现金作为确认收入和费用等的依据。目前，我国政府会计中预算会计采用收付实现制；工会会计、社会保险基金等基金（资金）会计主要以收付实现制为核算基础。

在财政部1992年制定发布的《企业会计准则》中，权责发生制曾作为会计核算的一般原则加以规范。2006年制定发布的基本准则将权责发生制作为会计基础，列入总则中而不是在会计信息质量要求中规定，其原因是权责发生制是相对于收付实现制的会计基础，贯穿于整个企业会计准则体系的总过程，属于财务会计的基本问题，层次较高，统驭作用强。

三、会计信息质量要求

会计信息质量要求是对企业财务报告提供高质量会计信息的基本规范，是使财务报告中所提供会计信息对投资者等使用者决策有用应具备的基本特征，它包括可靠性、相关性、可理解性、可比性、实质重于形式、重要性、谨慎性和及时性等。

（一）可靠性

可靠性要求企业应当以实际发生的交易或者事项为依据进行会计确认、计量和报告，如实反映符合确认和计量要求的各项会计要素及其他相关信息，保证会计信息真实可靠、内容完整，不得以虚假的经济业务事项或者资料进行会计核算。可靠性是高质量会计信息的重要基础和关键所在，如果企业以虚假的经济业务进行确认、计量、报告，属于违法行为，不仅会严重损害会计信息质量，而且会误导投资者，干扰资本市场，导致会计秩序混乱。为了贯彻可靠性要求，企业应当做到：

1. 以实际发生的交易或者事项为依据进行确认、计量，将符合会计要素定义及其确认条件的资产、负债、所有者权益、收入、费用和利润等如实反映在财务报表中，不得根据虚构的、没有发生的或者尚未发生的交易或者事项进行确认、计量和报告。

2. 在符合重要性和成本效益原则的前提下，保证会计信息的完整性，其中包括应当编报的报表及其附注内容等应当保持完整，不能随意遗漏或者减少应予披露的信息，与使用者决策相关的有用信息都应当充分披露。

3. 在财务报告中的会计信息应当是客观中立的、无偏的。如果企业在财务报告中为了达到事先设定的结果或效果，通过选择或列示有关会计信息以影响决策和判断的，这样的财务报告信息就不是中立的。

（二）相关性

相关性要求企业提供的会计信息应当与投资者等财务报告使用者的经济决策需要相关，有助于投资者等财务报告使用者对企业过去、现在或者未来的情况作出评价或者预测。

会计信息是否有用、是否具有价值，关键是看其与使用者的决策需要是否相关，是否有助于决策或者提高决策水平。相关的会计信息应当能够有助于使用者评价企业过去的决策，证实或者修正过去的有关预测，因而具有反馈价值。相关的会计信息还应当具有预测价值，有助于使用者根据财务报告所提供的会计信息预测企业未来的财务状况、经营成果和现金流量。

会计信息质量的相关性要求，是以可靠性为基础的，两者之间是统一的，并不矛盾，不应将两者对立起来。也就是说，会计信息在可靠性前提下，尽可能地做到相关性，以满足投资者等财务报告使用者的决策需要。

（三）可理解性

可理解性要求企业提供的会计信息应当清晰明了，便于投资者等财务报告使用者理解和使用。

企业编制财务报告、提供会计信息的目的在于使用，而要使使用者有效使用会计信息，应当能让其了解会计信息的内涵，弄懂会计信息的内容，这就要求财务报告所提供的会计信息应当清晰明了，易于理解。只有这样，才能提高会计信息的有用性，实现财务报告的目标，满足向投资者等财务报告使用者提供决策有用信息的要求。投资者等财务报告使用者通过阅读、分析、使用财务报告信息，能够了解企业的过去和现状，以及企业净资产或企业价值的变化过程，预测未来发展趋势，从而作出科学决策。

会计信息是一种专业性较强的信息产品，在强调会计信息的可理解性要求的同时，还应假定使用者具有一定的有关企业经营活动和会计方面的知识，并且愿意付出努力去研究这些信息。对于某些复杂的信息，如交易本身较为复杂或者会计处理较为复杂，但其与使用者的经济决策相关的，企业就应当在财务报告中予以充分披露。

（四）可比性

可比性要求企业提供的会计信息应当相互可比。这主要包括两层含义：

1. 同一企业不同时期可比。为了便于投资者等财务报告使用者了解企业财务状况、经营成果和现金流量的变化趋势，比较企业在不同时期的财务报告信息，全面、客观地评价过去、预测未来，作出决策，会计信息质量的可比性要求同一企业不同时期发生的相同或者相似的交易或者事项，应当采用一致的会计政策，不得随意变更。但是，满足会计信息可比性要求，并非表明企业不得变更会计政策，如果按照规定或者在会计政策变更后可以提供更可靠、更相关的会计信息，可以变更会计政策。有关会计政策变更的情况，应当在附注中予以说明。

2. 不同企业相同会计期间可比。为了便于投资者等财务报告使用者评价不同企业的财务状况、经营成果和现金流量及其变动情况，会计信息质量的可比性要求不同企业同一会计期间发生的相同或者相似的交易或者事项，应当采用统一规定的会计政策，确保会计信息口径一致、相互可比，以使不同企业按照一致的确认、计量和报告要求提供有关会计信息。

可比性要求各类企业执行的会计政策应当统一，例如，2006 年财政部制定发布的企业会计准则于 2007 年 1 月 1 日在所有上市公司执行，实现了上市公司会计信息的可比性；之后准则实施范围进一步扩大到发债企业、金融机构、大部分国有及国有控股企业等，解决了不同企业之间会计信息的可比性问题。

（五）实质重于形式

实质重于形式要求企业应当按照交易或者事项的经济实质进行会计确认、计量和报告，不应仅以交易或者事项的法律形式为依据。

企业发生的交易或事项在多数情况下其经济实质和法律形式是一致的，但在有些情况下也会出现不一致。例如，企业按照销售合同已经售出商品，客户已经取得对该商品的控制权，但企业为确保到期收回货款而暂时保留商品的法定所有权时，该权利通常不会对客户取得对该商品的控制权构成障碍，在满足收入确认的其他条件时，企业应当确认相应的收入。

又如，在企业合并中，经常会涉及“控制”的判断，有些合并，从投资比例来看，虽然投资者拥有被投资企业 50% 或 50% 以下股份，但是投资企业通过与其他表决权持有人的协议使其可以持有足以主导被投资方相关活动的表决权，从而拥有对被投资方的权力，就不应当简单地以持股比例来判断控制权，而应当根据实质重于形式的原则来判断投资企业是否控制被投资单位。

再如，关联交易中，通常情况下，只要交易价格是公允的，关联交易属于正常交易，按照准则规定进行确认、计量、报告；但是，某些情况下，关联交易的交易价格有可能不公允，虽然这个交易的法律形式没有问题，但从交易的实质来看，可能会出现关联方之间转移利益或操纵利润的行为，损害会计信息质量；由此可见，在会计职业判断中，正确贯彻实质重于形式原则至关重要。

（六）重要性

重要性，是指在合理预期下，财务报表某项目的省略或错报会影响使用者据此作出经济决策的，该项目具有重要性。重要性要求企业提供的会计信息应当反映与企业财务状况、经营成果和现金流量有关的所有重要交易或者事项。

重要性应当根据企业所处的具体环境，从项目的性质和金额两方面予以判断，且对各项目重要性的判断标准一经确定，不得随意变更。判断项目性质的重要性，应当考虑该项目在性质上是否属于企业日常活动、是否显著影响企业的财务状况、经营成果和现金流量等因素；判断项目金额大小的重要性，应当考虑该项目金额占资产总额、负债总额、所有者权益总额、营业收入总额、营业成本总额、净利润、综合收益总额等直接相关项目金额的比重或所属报表单列项目金额的比重。

（七）谨慎性

谨慎性要求企业对交易或者事项进行会计确认、计量和报告时保持应有的谨慎，不应高估资产或者收益、低估负债或者费用。

在市场经济环境下，企业的生产经营活动面临着许多风险和不确定性，如应收款项的可收回性、固定资产的使用寿命、无形资产的使用寿命、售出存货可能发生的退货或者返修等。会计信息质量的谨慎性要求，需要企业在面临不确定性因素的情况下作出职业判断时，应当保持应有的谨慎，充分估计到各种风险和损失，既不高估资产或者收益，也不低估负债或者费用。例如，对于企业发生的或有事项，通常不能确认或有资产，只有当相关经济利益基本确定能够流入企业时，才能作为资产予以确认；相反，相关的经济利益很可能流出企业而且构成现时义务时，应当及时地确认为预计负债，就体现了会计信息质量的谨慎性要求。

又如，企业在进行所得税会计处理时，只有在有确凿证据表明未来期间很可能获得足够的应纳税所得额用来抵扣暂时性差异时，才应当确认相关的递延所得税资产；而对于发生的相关应纳税暂时性差异，则应当及时足额确认递延所得税负债，这也是会计信息谨慎性要求的具体体现。

谨慎性的应用不允许企业设置秘密准备，如果企业故意低估资产或者收入，或者故意高估负债或者费用，将不符合会计信息的可靠性和相关性要求，损害会计信息质量，扭曲企业实际的财务状况和经营成果，从而对使用者的决策产生误导，这是不符合会计准则要求的。

（八）及时性

及时性要求企业对于已经发生的交易或者事项，应当及时进行确认、计量和报告，不得提前或者延后。

会计信息的价值在于帮助所有者或者其他方面作出经济决策，具有时效性。即使是可靠的、相关的会计信息，如果不及时提供，就失去了时效性，对于使用者的效用就会大大降低，甚至不再具有实际意义。在会计确认、计量和报告过程中贯彻及时性，一是要求及时收集会计信息，即在经济交易或者事项发生后，及时收集整理各种原始单据或者凭证；二是要求及时处理会计信息，即按照会计准则的规定，及时对经济交易或者事项进行确认、计量，并编制财务报告；三是要求及时传递会计信息，即按照国家规定的有关时限，及时地将编制的财务报告传递给财务报告使用者，便于其及时使用和决策。

四、会计要素及其确认与计量原则

会计要素是根据交易或者事项的经济特征确定的会计对象所进行的基本分类。会计要素按照其性质分为资产、负债、所有者权益、收入、费用和利润，其中，资产、负债和所有者权益要素侧重于反映企业的财务状况，收入、费用和利润要素侧重于反映企业的经营成果。会计要素的界定和分类可以使财务会计系统更加科学严密，为投资者等财务报告使用者提供更加有用的信息。

（一）资产的定义及其确认条件

1. 资产的定义。

资产是指企业过去的交易或者事项形成的、由企业拥有或者控制的、预期会给企业带来经济利益的资源。根据资产的定义，资产具有下列特征：

（1）资产应为企业拥有或者控制的资源。

资产作为一项资源，应当由企业拥有或者控制，具体是指企业享有某项资源的所有权，或者虽然不享有某项资源的所有权，但该资源能被企业所控制。

企业享有资产的所有权，通常表明企业能够排他性地从资产中获取经济利益。一般而言，在判断资产是否存在时，所有权是考虑的首要因素。有些情况下，资产虽然不为企业所拥有，即企业并不享有其所有权，但企业控制了这些资产，同样表明企业能够从资产中获取经济利益，符合会计上对资产的定义。例如，企业租入一项固定资产，尽管企业并不拥有其所有权，但是能够控制该资产的使用及其所能带来的经济利益，应当确认使用权资产。如果企业既不拥有也不控制资产所能带来的经济利益，就不能将其作为企业的资产予以确认。

（2）资产预期会给企业带来经济利益。

资产预期会给企业带来经济利益，是指资产直接或者间接导致现金和现金等价物流入企业的潜力。这种潜力可以来自企业日常的生产经营活动，也可以是非日常活动；带来经济利益的形式可以是现金或者现金等价物形式，也可以是能转化为现金或者现金等价物的形式，或者是可以减少现金或者现金等价物流出的形式。

资产预期会为企业带来经济利益是资产的重要特征。例如，企业采购的原材料、购置的固定资产等可以用于生产经营过程，制造商品或者提供劳务，对外出售后收回货款，货款即为企业所获得的经济利益。如果某一项目预期不能给企业带来经济利益，那么就不能将其确认为企业的资产。例如，企业在生产经营活动中积累了大量原始数据，但由于这些原始数据在关联性、精确性、及时性等方面存在质量欠缺，还无法找到适当的应用场景，无法确定预期能够给企业带来经济利益，因此不应当将该数据确认为资产。前期已经确认为资产的项目，如果不能再为企业带来经济利益，也不能再确认为企业的资产。

（3）资产是由企业过去的交易或者事项形成的。

资产应当由企业过去的交易或者事项所形成，过去的交易或者事项包括购买、生产、建造行为或者其他交易或事项。换句话说，只有过去的交易或者事项才能产生资产，企业预期在未来发生的交易或者事项不形成资产。例如，企业有购买某存货的意愿或者计划，但是购买行为尚未发生，就不符合资产的定义，不能因此而确认存货资产。

2. 资产的确认条件。

将一项资源确认为资产，需要符合资产的定义，还应同时满足下列两个条件：

（1）与该资源有关的经济利益很可能流入企业。

从资产的定义来看，能否带来经济利益是资产的一个本质特征，但在现实生活中，由于经济环境瞬息万变，与资源有关的经济利益能否流入企业或者能够流入多少实际上带有不确定性。因此，资产的确认还应与经济利益流入的不确定性程度的判断结合起来。如果根据编制财务报表时所取得的证据，与资源有关的经济利益很可能流入企业，那么就应当将其作为资产予以确认；反之，不能确认为资产。例如，某企业赊销一批商品给某一客户，从而形成了对该客户的应收账款，由于企业最终收到款项与销售实现之间有时间差，而且收款又在未来期间，因此带有一定的不确定性，如果企业在销售时判断未来很可能收到款项或者能够确定收到款项，企业就应当将该应收账款确认为一项资产；如果后续企业判断在通常情况下很可能部分或者全部无法收回，表明该部分或者全部应收账款已经不符合资产的确认条件，应当计提坏账准备，减少资产的账面价值。

（2）该资源的成本或者价值能够可靠地计量。

财务会计系统是一个确认、计量和报告的系统，其中可计量性是所有会计要素确认的重要前提，资产的确认也是如此。只有当有关资源的成本或者价值能够可靠地计量时，资产才能予以确认。在实务中，企业取得的许多资产都是发生了实际成本的，例如企业购买或者生产的存货、购置的厂房或者设备等，对于这些资产，只要实际发生的购买成本或者生产成本能够可靠计量，就视为符合了资产确认的可计量条件。在某些特定情况下，企业取得的资产没有发生实际成本或者发生的实际成本很小，例如企业持有的某些衍生金融工具形成的资产，对于这些资产，尽管它们没有实际成本或者发生的实际成本很小，但是，如果其公允价值能够可靠计量的话，也被认为符合了资产可计量性的确认条件。

（二）负债的定义及其确认条件

1. 负债的定义。

负债是指企业过去的交易或者事项形成的，预期会导致经济利益流出企业的现时义务。根据负债的定义，负债具有下列特征：

（1）负债是企业承担的现时义务。

负债必须是企业承担的现时义务，这是负债的一个基本特征。其中，现时义务是指企业在现行条件下已承担的义务。未来发生的交易或者事项形成的义务，不属于现时义务，不应当确认为负债。

这里所指的义务可以是法定义务，也可以是推定义务。其中，法定义务是指因合同、法规或其他司法解释等产生的义务，通常是企业在经济管理和经济协调中，依照经济法律、法规的规定必须履行的责任。例如，企业购买原材料形成应付账款，企业向银行借入款项形成借款，企业按照税法规定应当缴纳的税款等，均属于企业承担的法定义务，需要依法予以偿还。推定义务是指因企业以往的习惯做法、已公开的承诺或声明、已公开宣布的经营政策等而承担的义务。由于以往的习惯做法或通过公开的承诺或声明，企业向外界表明了它将承担特定的责任，从而使受影响的各方形成了其将履行那些责任的合理预期。

（2）负债预期会导致经济利益流出企业。

预期会导致经济利益流出企业也是负债的一个本质特征，只有企业在履行义务时会导致经济利益流出企业的，才符合负债的定义，如果不会导致企业经济利益流出，就不符合负债的定义。在履行现时义务清偿负债时，导致经济利益流出企业的形式多种多样，例如用现金偿还或以实物资产形式偿还；以提供劳务形式偿还；以部分转移资产、部分提供劳务形式偿还。

（3）负债是由企业过去的交易或者事项形成的。

负债应当由企业过去的交易或者事项形成。换句话说，只有过去的交易或者事项才形成负债，企业将在未来发生的承诺、签订的合同等交易或者事项，不形成负债。

2. 负债的确认条件。

将一项现时义务确认为负债，需要符合负债的定义，还应当同时满足下列两个条件：

（1）与该义务有关的经济利益很可能流出企业。

从负债的定义来看，负债预期会导致经济利益流出企业，但是履行义务所需流出的经济利益带有不确定性，尤其是与推定义务相关的经济利益通常需要依赖于大量的估计。因此，负债的确认应当与经济利益流出的不确定性程度的判断结合起来。如果有确凿证据表明，与现时义务有关的经济利益很可能流出企业，就应当将其作为负债予以确认；反之，如果企业承担了现时义务，但是导致经济利益流出企业的可能性若已不复存在，就不符合负债的确认条件，不应将其作为负债予以确认。

（2）未来流出的经济利益的金额能够可靠地计量。

负债的确认在考虑经济利益流出企业的同时，对于未来流出的经济利益的金额应当能够可靠地计量。对于与法定义务有关的经济利益流出金额，通常可以根据合同或者法律规定的金额予以确定，考虑到经济利益流出的金额通常在未来期间，有时未来期间较长，有关金额的计量需要考虑货币时间价值等因素的影响。对于与推定义务有关的经济利益流出金额，企业通常应当根据履行相关义务所需支出的最佳估计数等进行估计，并综合考虑有关货币时间价值、风险等因素的影响。

（三）所有者权益的定义及其确认条件

1. 所有者权益的定义。

所有者权益是指企业资产扣除负债后由所有者享有的剩余权益。公司的所有者权益又称为股东权益。所有者权益是所有者对企业资产的剩余索取权，它是企业资产中扣除债权人权益后应由所有者享有的部分，既可反映所有者投入资本的保值增值情况，又体现了保护债权人权益的理念。

2. 所有者权益的来源构成。

所有者权益的来源包括所有者投入的资本、直接计入所有者权益的利得和损失（如其他综合收益等）、留存收益等，通常由实收资本（或股本）、资本公积（含资本溢价或股本溢价、其他资本公积）、盈余公积和未分配利润等构成。商业银行等金融企业按照规定在税后利润中提取的一般风险准备，也构成所有者权益。

所有者投入的资本是指所有者投入企业的资本部分，它既包括构成企业注册资本或者股本部分的金额，也包括投入资本超过注册资本或者股本部分的金额，即资本溢价或者股本溢价，这部分投入资本在我国企业会计准则体系中被计入了资本公积，并在资产负债表中的资本公积项目下反映。

直接计入所有者权益的利得和损失，是指不应计入当期损益、会导致所有者权益发生增减变动的、与所有者投入资本或者向所有者分配利润无关的利得或者损失。其中，利得是指由企业非日常活动所形成的、会导致所有者权益增加的、与所有者投入资本无关的经济利益的流入，利得包括直接计入所有者权益的利得和直接计入当期利润的利得。损失是指由企业非日常活动所发生的、会导致所有者权益减少的、与向所有者分配利润无关的经济利益的流出。直接计入所有者权益的利得和损失主要包括企业指定为以公允价值计量且其变动计入其他综合收益的非交易性权益工具投资的公允价值变动额、现金流量套期利得或损失中属于有效套期的部分、重新计量设定受益计划净负债或净资产导致的变动等。

留存收益是企业历年实现的净利润留存于企业的部分，主要包括累计计提的盈余公积和未分配利润。

3. 所有者权益的确认条件。

所有者权益的确认和计量，主要取决于资产、负债、收入、费用等其他会计要素的确认和计量。所有者权益即为企业的净资产，是企业资产总额中扣除债权人权益后的净额，反映所有者（股东）财富的净增加额。通常企业收入增加时，会导致资产的增加，相应地会增加所有者权益；企业发生费用时，会导致负债增加，相应地会减少所有者权益。因此，企业日常经营的好坏和资产负债的质量直接决定着企业所有者权益的增减变化和资本的保值增值。

所有者权益反映的是企业所有者对企业资产的索取权，负债反映的是企业债权人对企业资产的索取权，而且通常债权人对企业资产的索取权要优先于所有者对企业资产的索取权，因此，所有者享有的是企业资产的剩余索取权，两者在性质上有本质区别。企业在会计确认、计量和报告中应当严格区分负债和所有者权益，以如实反映企业的财务状况，尤其是企业的偿债能力和产权比率等。例如，有些金融工具（如企业发行的某些优先股）可能既有权益工具的特征，又有金融负债的特征。企业应当全面细致地分析此类金融工具各组成部分的合同条款，以确定其显示的是金融负债还是权益工具的特征，并进行整体评估，以判定整个工具应划分为金融负债或权益工具，还是既包括负债成分又包括权益工具成分的复合金融工具。

（四）收入的定义及其确认条件

1. 收入的定义。

收入是指企业在日常活动中形成的、会导致所有者权益增加的、与所有者投入资本无关的经济利益的总流入。根据收入的定义，收入具有下列特征：

（1）收入是企业在日常活动中形成的。

日常活动是指企业为完成其经营目标所从事的经常性活动以及与之相关的活动。例如，工业企业制造并销售产品、商业企业销售商品、保险公司签发保单、咨询公司提供咨询服务、软件企业为客户开发软件、安装公司提供安装服务、商业银行对外贷款、租赁公司出租资产等，均属于企业的日常活动。明确界定日常活动是为了将收入与利得相区分，因为企业非日常活动所形成的经济利益的流入不能确认为收入，而应当计入利得。例如，处置固定资产属于非日常活动，所形成的净利益就不应确认为收入，而应当确认为利得。又如，企业向客户授予知识产权等无形资产所取得的授权收入属于日常活动所形成的，应当确认为收入；但是处置无形资产属于非日常活动，所形成的净利益，不应确认为收入，而应当确认为利得。

（2）收入会导致所有者权益的增加。

与收入相关的经济利益的流入应当会导致所有者权益的增加，不会导致所有者权益增加的经济利益的流入不符合收入的定义，不应确认为收入。例如，企业向银行借入款项，尽管也导致了企业经济利益的流入，但该流入并不导致所有者权益的增加，而使企业承担了一项现时义务，不应将其确认为收入，应当确认一项负债。

（3）收入是与所有者投入资本无关的经济利益的总流入。

收入应当会导致经济利益的流入，从而导致资产的增加。例如，企业销售商品，应当收到现金或者有权在未来收到现金，才表明该交易符合收入的定义。但是，经济利益的流入有时是所有者投入资本的增加所致，所有者投入资本的增加不应当确认为收入，应当将其直接确认为所有者权益。

2. 收入的确认条件。

企业收入的来源渠道多种多样，不同收入来源的特征有所不同，如销售商品、提供劳务、让渡资产使用权等。对于企业销售商品、提供劳务等取得的收入，企业应当在履行了合同中的履约义务，即在客户取得相关商品或服务控制权时确认收入。当企业与客户之间的合同同时满足下列条件时，企业应当在客户取得相关商品或服务控制权时确认收入：一是合同各方已批准该合同并承诺将履行各自义务；二是该合同明确了合同各方与所转让商品或提供服务相关的权利和义务；三是该合同有明确的与所转让商品或提供服务相关的支付条款；四是该合同具有商业实质，即履行该合同将改变企业未来现金流量的风险、时间分布或金额；五是企业因向客户转让商品或提供服务而有权取得的对价很可能收回。对于企业让渡资金使用权取得的收入，如利息收入，企业应当在资产负债表日，按照他人使用本企业货币资金的时间和实际利率计算确定利息收入金额。

（五）费用的定义及其确认条件

1. 费用的定义。

费用是指企业在日常活动中发生的、会导致所有者权益减少的、与向所有者分配利润无关的经济利益的总流出。根据费用的定义，费用具有下列特征：

（1）费用是企业在日常活动中形成的。

费用必须是企业在其日常活动中所形成的，这些日常活动的界定与收入定义中涉及的日常活动的界定相一致。因日常活动所产生的费用通常包括销售成本（营业成本）、管理费用等。将费用界定为日常活动所形成的，目的是将其与损失相区分，企业非日常活动所形成的经济利益的流出不能确认为费用，而应当计入损失。

（2）费用会导致所有者权益减少。

与费用相关的经济利益的流出应当会导致所有者权益的减少，不会导致所有者权益减少的经济利益的流出不符合费用的定义，不应确认为费用。

（3）费用导致的经济利益总流出与向所有者分配利润无关。

费用的发生应当会导致经济利益的流出，从而导致资产的减少或者负债的增加（最终也会导致资产的减少）。其表现形式包括现金或者现金等价物的流出，存货、固定资产和无形资产等的流出或者消耗等。企业向所有者分配利润也会导致经济利益的流出，而该经济利益的流出属于投资者投资回报的分配，是所有者权益的直接抵减项目，不应确认为费用，应当将其排除在费用的定义之外。

2. 费用的确认条件。

费用的确认除了应当符合定义外，也应当满足严格的条件，即费用只有在经济利益很可能流出从而导致企业资产减少或者负债增加、经济利益的流出额能够可靠计量时才能予以确认。费用的确认至少应当符合下列条件：一是与费用相关的经济利益应当很可能流出企业；二是经济利益流出企业的结果会导致资产的减少或者负债的增加；三是经济利益的流出额能够可靠计量。

（六）利润的定义及其确认条件

1. 利润的定义。

利润是指企业在一定会计期间的经营成果。通常情况下，如果企业实现了利润，表明企业的所有者权益将增加，业绩得到了提升；反之，如果企业发生了亏损（即利润为负数），表明企业的所有者权益将减少，业绩下降。利润是评价企业管理层业绩的指标之一，也是投资者等财务报告使用者进行决策时的重要参考。

2. 利润的来源构成。

利润包括收入减去费用后的净额、直接计入当期利润的利得和损失等。其中，收入减去费用后的净额反映企业日常活动的业绩，直接计入当期利润的利得和损失反映企业非日常活动的业绩。直接计入当期利润的利得和损失，是指应当计入当期损益、最终会引起所有者权益发生增减变动的、与所有者投入资本或者向所有者分配利润无关的利得或者损失。企业应当严格区分收入和利得、费用和损失，以更加全面地反映企业的经营成果。

3. 利润的确认条件。

利润反映收入减去费用、利得减去损失后的净额。利润的确认主要依赖于收入和费用以及利得和损失的确认，其金额的确定也主要取决于收入、费用、利得、损失金额的计量。

（七）会计要素计量属性及其应用原则

1. 会计要素的计量属性。

会计计量是为了将符合确认条件的会计要素登记入账并列报于财务报表而确定其金额的过程。企业应当按照规定的会计计量属性进行计量，确定相关金额。计量属性是指予以计量的某一要素的特性方面，如桌子的长度、铁矿的重量、楼房的面积等。从会计角度，计量属性反映的是会计要素金额的确定基础，主要包括历史成本、重置成本、可变现净值、现值和公允价值等。

（1）历史成本。

历史成本，又称为实际成本，就是取得或制造某项财产物资时所实际支付的现金或其他等价物。在历史成本计量下，资产按照其购置时支付的现金或者现金等价物的金额，或者按照购置资产时所付出的对价的公允价值计量。负债按照其因承担现时义务而实际收到的款项或者资产的金额，或者承担现时义务的合同金额，或者按照日常活动中为偿还负债预期需要支付的现金或者现金等价物的金额计量。

（2）重置成本。

重置成本又称现行成本，是指按照当前市场条件，重新取得同样一项资产所需支付的现金或现金等价物金额。在重置成本计量下，资产按照现在购买相同或者相似资产所需支付的现金或者现金等价物的金额计量。负债按照现在偿付该项债务所需支付的现金或者现金等价物的金额计量。

（3）可变现净值。

可变现净值，是指在正常生产经营过程中，以资产预计售价减去进一步加工成本和预计销售费用以及相关税费后的净值。在可变现净值计量下，资产按照其正常对外销售所能收到现金或者现金等价物的金额扣减该资产至完工时估计将要发生的成本、估计的销售费用以及相关税费后的金额计量。可变现净值通常应用于存货资产减值情况下的后续计量。

（4）现值。

现值，是指对未来现金流量以恰当的折现率进行折现后的价值，是考虑货币时间价值的一种计量属性。在现值计量下，资产按照预计从其持续使用和最终处置中所取得的未来净现金流入量的折现金额计量。负债按照预计期限内需要偿还的未来净现金流出量的折现金额计量。

（5）公允价值。

公允价值，是指市场参与者在计量日发生的有序交易中，出售一项资产所能收到或转移一项负债所需支付的价格，即脱手价格。企业以公允价值计量相关资产或负债，应当假定市场参与者在计量日出售资产或者转移负债的交易，是在当前市场条件下的有序交易，并应当假定出售资产或者转移负债的有序交易在该资产或负债的主要市场进行；对于不存在主要市场的，应当假定该交易在该资产或负债的最有利市场进行。

2. 各种计量属性之间的关系。

在各种会计要素计量属性中，历史成本通常反映的是资产或者负债过去的价值，而重置成本、可变现净值、现值以及公允价值通常反映的是资产或者负债的现时成本或者现时价值，是与历史成本相对应的计量属性。公允价值相对于历史成本而言，具有很强的时间概念，也就是说，当前环境下某项资产或负债的历史成本可能是过去环境下该项资产或负债的公允价值，而当前环境下某项资产或负债的公允价值也许就是未来环境下该项资产或负债的历史成本。一项交易在交易时点通常是按公允价值交易的，随后就变成了历史成本，资产或者负债的历史成本许多就是根据交易时有关资产或者负债的公允价值确定的，例如，在非货币性资产交换中，如果交换具有商业实质，且换入、换出资产（不包括按照第十五章收入提供的商品）的公允价值能够可靠计量，换入资产入账成本的确定应当以换出资产的公允价值为基础，除非有确凿证据表明换入资产的公允价值更加可靠。在非同一控制下的企业合并交易中，合并成本也是以购买方在购买日为取得对被购买方的控制权而付出的资产、发生或承担的负债等的公允价值确定的。在应用公允价值时，当相关资产或者负债不存在活跃市场的报价或者不存在同类或者类似资产的活跃市场报价时，需要采用估值技术来确定相关资产或者负债的公允价值，而在采用估值技术估计相关资产或者负债的公允价值时，现值往往是比较普遍的一种估值方法，在这种情况下，公允价值就是以现值为基础确定的。

3. 计量属性的应用原则。

企业在对会计要素进行计量时，一般应当采用历史成本，采用重置成本、可变现净值、现值、公允价值计量的，应当保证所确定的会计要素金额能够取得并可靠计量。

企业会计准则体系适度、谨慎地引入公允价值这一计量属性，是因为随着我国资本市场的发展，越来越多的股票、债券、基金等金融产品在交易所挂牌上市，使得这类金融资产的交易已经形成了较为活跃的市场，已经具备了引入公允价值的条件。在这种情况下，引入公允价值，更能反映企业此类交易的实际情况，对投资者等财务报告使用者的决策更具相关性。

企业会计准则体系引入公允价值是适度、谨慎和有条件的。原因是考虑到我国尚属新兴和转型的市场经济国家，如果不加限制地引入公允价值，有可能出现公允价值计量不可靠，甚至借机人为操纵利润的现象。因此，在投资性房地产和生物资产等具体准则中规定，只有在公允价值能够取得并可靠计量的情况下，才允许采用公允价值计量。例如，对于按照企业会计准则相关规定确认为无形资产或存货等资产类别的数据资源，基于数据交易市场的发展现状等情况，当前尚不具备公允价值计量条件，企业应当按照本书有关章的规定应用相应的计量属性，不得以评估等方式得出的金额直接作为后续计量的依据。

五、财务报告

（一）财务报告及其编制

财务报告是企业对外提供的反映企业某一特定日期的财务状况和某一会计期间的经营成果、现金流量等会计信息的文件。

“财务报告”从国际范围来看是一个比较通用的术语，但是在我国现行有关法律、行政法规中使用的是“财务会计报告”术语，为了保持法规体系上的一致性，基本准则仍然沿用了“财务会计报告”的提法，但同时又引入了“财务报告”的通用概念，并指出“财务会计报告”又称“财务报告”，并在所有具体准则中统一使用了“财务报告”的术语。

财务报告至少包括下列几层含义：（1）财务报告应当是对外报告，其服务对象主要是投资者、债权人等外部使用者，专门为了内部管理需要的报告不属于财务报告的范畴；（2）财务报告应当综合反映企业的生产经营状况，包括某一时点的财务状况和某一时期的经营成果与现金流量等信息，以勾画出企业整体和全貌；（3）财务报告必须形成一套系统的文件，不应是零星的或者不完整的信息。

财务报告是企业财务会计确认与计量的最终结果体现，投资者等使用者主要是通过财务报告来了解企业当前的财务状况、经营成果和现金流量等情况，从而预测未来的发展趋势。因此，财务报告是向投资者等财务报告使用者提供决策有用信息的媒介和渠道，是沟通投资者、债权人等使用者与企业管理层之间信息的桥梁和纽带。

（二）财务报告的构成

财务报告包括财务报表和其他应当在财务报告中披露的相关信息和资料。其中，财务报表由报表本身及其附注两部分构成，附注是财务报表的有机组成部分，而报表至少应当包括资产负债表、利润表和现金流量表等报表。

1. 资产负债表是反映企业在某一特定日期的财务状况的会计报表。企业编制资产负债表的目的是通过如实反映企业的资产、负债和所有者权益金额及其结构情况，从而有助于使用者评价企业资产的质量以及短期偿债能力、长期偿债能力、利润分配能力等。

2. 利润表是反映企业在一定会计期间的经营成果的会计报表。企业编制利润表的目的是通过如实反映企业实现的收入、发生的费用以及利得和损失等金额及其结构情况，从而有助于使用者分析评价企业的盈利能力及其构成与质量。

3. 现金流量表是反映企业在一定会计期间的现金和现金等价物流入和流出的会计报表。企业编制现金流量表的目的是通过如实反映企业各项活动的现金流入和现金流出，从而有助于使用者评价企业生产经营过程特别是经营活动中所形成的现金流量和资金周转情况。

4. 附注是对在会计报表中列示项目所作的进一步说明，以及对未能在这些报表中列示项目的说明等。附注由若干附表和对有关项目的文字性说明组成。企业编制附注的目的是通过对报表本身作补充说明，以更加全面、系统地反映企业财务状况、经营成果和现金流量的全貌，从而有助于向使用者提供更为有用的决策信息，帮助其作出更加科学合理的决策。

考虑到小企业规模较小，外部信息需求相对较低，因此，小企业编制的报表可以不包括现金流量表。全面执行企业会计准则体系的企业所编制的财务报表，还应当包括所有者权益（或股东权益）变动表。

财务报表是财务报告的核心内容，但是除了财务报表之外，财务报告还应当包括其他相关信息，具体可以根据有关法律法规的规定和外部使用者的信息需求而定。例如，企业可以在财务报告中披露其承担的社会责任、对社区的贡献、可持续发展能力等信息，这些信息对于使用者的决策也是相关的，尽管属于非财务信息，无法包括在财务报表中，但是如果有规定或者使用者有需求，企业应当在财务报告中予以披露。

第二章　存　　货

一、总体要求

《企业会计准则第 1 号——存货》（以下简称存货准则）规范了存货的确认、计量和相关信息的披露。

存货是指企业在日常活动中持有以备出售的产成品或商品、处在生产过程中的在产品、在生产过程或提供劳务过程中耗用的材料、物料等。存货区别于固定资产等非流动资产的最基本的特征是，企业持有存货的最终目的是为了出售，包括可供直接出售的产成品、商品，以及需经过进一步加工后出售的原材料等。

企业取得存货应按成本计量；发出存货应采用先进先出法、加权平均法或者个别计价法确定其成本；期末，存货应按成本与可变现净值孰低计量，存货成本低于其可变现净值的，应按成本计量；存货成本高于其可变现净值的，应按可变现净值计量，成本高于可变现净值的差额应确认为存货跌价损失。企业在日常核算中采用计划成本法或售价金额核算法核算的存货成本，实质上也是存货的实际成本。比如，采用计划成本法，通过“材料成本差异”或“产品成本差异”科目将材料或产成品的计划成本调整为实际成本；采用售价金额核算法，通过“商品进销差价”科目将商品的售价调整为实际成本（进价）。企业应当在附注中披露存货的相关信息。

企业持有的原材料、在产品、半成品、产成品、商品以及周转材料等存货，适用本章进行会计处理。企业持有的消耗性生物资产、通过建造等服务合同归集的合同履约成本，不适用本章，应分别按照第六章生物资产、第十五章收入进行会计处理。

二、应设置的相关会计科目和主要账务处理

企业应正确记录和反映与本章相关的各项业务。本部分仅涉及适用于本章

进行会计处理时需要设置的主要会计科目、相关会计科目的主要核算内容以及通常情况下的账务处理，企业在核算适用于其他章的交易和事项时也需要使用本部分涉及的会计科目的，应遵循其他相关章的规定。企业在不违反会计准则确认、计量和报告规定的前提下，可以根据本企业的实际情况自行增设、分拆、合并会计科目。对于明细科目，企业可以比照本部分自行设置。其他章中的“应设置的相关会计科目和主要账务处理”部分，也适用于上述原则。

企业对存货的会计处理，一般需要设置下列会计科目。

（一）“材料采购”

1. 本科目核算企业采用计划成本进行材料日常核算而购入材料的采购成本。

采用实际成本进行材料日常核算的，购入材料的采购成本，在“在途物资”科目核算。

委托外单位加工材料、商品的加工成本，在“委托加工物资”科目核算。

购入的工程用材料，在“工程物资”科目核算。

2. 本科目可按供应单位和材料品种进行明细核算。

3. 材料采购的主要账务处理。

（1）企业支付材料价款和运杂费等，按应计入材料采购成本的金额，借记本科目，按实际支付或应支付的金额，贷记“银行存款”、“库存现金”、“其他货币资金”、“应付账款”、“应付票据”、“预付账款”等科目。涉及增值税进项税额的，还应进行相应的处理。

（2）期末，企业应将仓库转来的外购收料凭证，分别下列情况进行处理：

①对于已经付款或已开出、承兑商业汇票的收料凭证，应按实际成本和计划成本分别汇总，按计划成本，借记“原材料”、“周转材料”等科目，贷记本科目；将实际成本大于计划成本的差异，借记“材料成本差异”科目，贷记本科目；实际成本小于计划成本的差异做相反的会计分录。

②对于尚未收到发票账单的收料凭证，应按计划成本暂估入账，借记“原材料”、“周转材料”等科目，贷记“应付账款——暂估应付账款”科目，下期初做相反分录予以冲回。下期收到发票账单的收料凭证，借记本科目，贷记“银行存款”、“应付账款”、“应付票据”等科目。涉及增值税进项税额的，还应进行相应的处理。

4. 本科目期末借方余额，反映企业在途材料的采购成本。

（二）“在途物资”

1. 本科目核算企业采用实际成本（或进价）进行材料、商品等物资的日常核算、尚未验收入库的在途物资的采购成本。

2. 本科目可按供应单位和物资品种进行明细核算。

3. 在途物资的主要账务处理。

（1）企业购入材料、商品，按应计入材料、商品采购成本的金额，借记本科目，按实际支付或应支付的金额，贷记“银行存款”、“应付账款”、“应付票据”等科目。涉及增值税进项税额的，还应进行相应的处理。

（2）所购材料、商品到达验收入库，借记“原材料”、“库存商品”等科目，贷记本科目。

库存商品采用售价核算的，按售价，借记“库存商品”科目，按进价，贷记本科目，进价与售价之间的差额，借记或贷记“商品进销差价”科目。

4. 本科目期末借方余额，反映企业在途材料、商品等物资的采购成本。

（三）“原材料”

1. 本科目核算企业库存的各种材料，包括原料及主要材料、辅助材料、外购半成品（外购件）、修理用备件（备品备件）、包装材料、燃料等的计划成本或实际成本。

收到来料加工装配业务的原料、零件等，应当设置备查簿进行登记。

2. 本科目可按材料的保管地点（仓库）、材料的类别、品种和规格等进行明细核算。

3. 原材料的主要账务处理。

（1）企业购入并已验收入库的材料，按计划成本或实际成本，借记本科目，按实际成本，贷记“材料采购”或“在途物资”科目，按计划成本与实际成本的差异，借记或贷记“材料成本差异”科目。

（2）自制并已验收入库的材料，按计划成本或实际成本，借记本科目，按实际成本，贷记“生产成本”科目，按计划成本与实际成本的差异，借记或贷记“材料成本差异”科目。

委托外单位加工完成并已验收入库的材料，按计划成本或实际成本，借记本科目，按实际成本，贷记“委托加工物资”科目，按计划成本与实际成本的差异，借记或贷记“材料成本差异”科目。

（3）生产经营领用材料，借记“生产成本”、“制造费用”、“销售费用”、“管理费用”、“合同履约成本”等科目，贷记本科目。

出售材料结转成本，借记“其他业务成本”科目，贷记本科目。

发出委托外单位加工的材料，借记“委托加工物资”科目，贷记本科目。

采用计划成本进行材料日常核算的，发出材料还应结转材料成本差异，将发出材料的计划成本调整为实际成本。

采用实际成本进行材料日常核算的，发出材料的实际成本，可以采用先进先出法、加权平均法或个别认定法计算确定。

4. 本科目期末借方余额，反映企业库存材料的计划成本或实际成本。

（四）“材料成本差异”

1. 本科目核算企业采用计划成本进行日常核算的材料计划成本与实际成本的差额。

企业也可以在“原材料”、“周转材料”等科目设置“成本差异”明细科目。

2. 本科目可以分别“原材料”、“周转材料”等，按照类别或品种进行明细核算。

3. 材料成本差异的主要账务处理。

（1）入库材料发生的材料成本差异，实际成本大于计划成本的差异，借记本科目，贷记“材料采购”科目；实际成本小于计划成本的差异做相反的会计分录。

入库材料的计划成本应当尽可能接近实际成本。除特殊情况外，计划成本在年度内不得随意变更。

（2）结转发出材料应负担的材料成本差异，按实际成本大于计划成本的差异，借记“生产成本”、“管理费用”、“销售费用”、“委托加工物资”、“其他业务成本”等科目，贷记本科目；实际成本小于计划成本的差异做相反的会计分录。

发出材料应负担的成本差异应当按期（月）分摊，不得在季末或年末一次计算。发出材料应负担的成本差异，除委托外部加工发出材料可按期初成本差异率计算外，应使用当期的实际差异率；期初成本差异率与本期成本差异率相差不大的，也可按期初成本差异率计算。计算方法一经确定，不得随意变更。材料成本差异率的计算公式如下：

$$\text{本期材料成本差异率}=\frac{\text{期初结存材料的成本差异}+\text{本期验收入库材料的成本差异}}{\text{期初结存材料的计划成本}+\text{本期验收入库材料的计划成本}}\times 100\%$$

$$\text{期初材料成本差异率}=\frac{\text{期初结存材料的成本差异}}{\text{期初结存材料的计划成本}}\times 100\%$$

发出材料应负担的成本差异 = 发出材料的计划成本 × 材料成本差异率

4. 本科目期末借方余额，反映企业库存材料等的实际成本大于计划成本的差异；贷方余额反映企业库存材料等的实际成本小于计划成本的差异。

（五）“库存商品”

1. 本科目核算企业库存的各种商品的实际成本（或进价）或计划成本（或售价），包括库存产成品、外购商品、存放在门市部准备出售的商品、发出展览的商品以及寄存在外的商品等。

接受来料加工制造的代制品和为外单位加工修理的代修品，在制造和修理完成验收入库后，视同企业的产成品，也通过本科目核算。

企业（房地产开发）的开发产品，可将本科目改为“开发产品”科目。

企业（农业）收获的农产品，可将本科目改为“农产品”科目。

2. 本科目可按库存商品的种类、品种和规格等进行明细核算。

3. 库存商品的主要账务处理。

（1）企业生产的产成品一般应按实际成本核算，产成品的入库和出库，平时只记数量不记金额，期（月）末计算入库产成品的实际成本。生产完成验收入库的产成品，按其实际成本，借记本科目、“农产品”等科目，贷记“生产成本”、“消耗性生物资产”、“农业生产成本”等科目。

产成品种类较多的，也可按计划成本进行日常核算，其实际成本与计划成本的差异，可以单独设置“产品成本差异”科目，比照“材料成本差异”科目核算。

采用实际成本进行产成品日常核算的，发出产成品的实际成本，可以采用先进先出法、加权平均法或个别认定法计算确定。

对外销售产成品（包括采用分期收款方式销售产成品），结转销售成本时，借记“主营业务成本”科目，贷记本科目。采用计划成本核算的，发出产成品还应结转产品成本差异，将发出产成品的计划成本调整为实际成本。

（2）购入商品采用进价核算的，在商品到达验收入库后，按商品进价，借记本科目，贷记“银行存款”、“在途物资”等科目。委托外单位加工收回的商品，按商品进价，借记本科目，贷记“委托加工物资”科目。

购入商品采用售价核算的，在商品到达验收入库后，按商品售价，借记本科目，按商品进价，贷记“银行存款”、“在途物资”等科目，按商品售价与进价的差额，贷记“商品进销差价”科目。委托外单位加工收回的商品，按商品售价，借记本科目，按委托加工商品的账面余额，贷记“委托加工物资”

科目，按商品售价与进价的差额，贷记“商品进销差价”科目。

对外销售商品（包括采用分期收款方式销售商品），结转销售成本时，借记“主营业务成本”科目，贷记本科目。采用进价进行商品日常核算的，发出商品的实际成本，可以采用先进先出法、加权平均法或个别认定法计算确定。采用售价核算的，还应结转应分摊的商品进销差价。

(3) 企业（房地产开发）开发的产品，达到预定可销售状态时，按实际成本，借记“开发产品”科目，贷记“开发成本”科目。

期末，企业结转对外转让、销售和结算开发产品的实际成本，借记“主营业务成本”科目，贷记“开发产品”科目。

企业将开发的营业性配套设施用于本企业从事第三产业经营用房，应视同自用固定资产进行处理，并按营业性配套设施的实际成本，借记“固定资产”科目，贷记“开发产品”科目。

4. 本科目期末借方余额，反映企业库存商品的实际成本（或进价）或计划成本（或售价）。

（六）“发出商品”

1. 本科目核算企业未满足收入确认条件但已发出商品的实际成本（或进价）或计划成本（或售价）。

采用支付手续费方式委托其他单位代销的商品，也可以单独设置“委托代销商品”科目。

2. 本科目可按购货单位、商品类别和品种进行明细核算。

3. 发出商品的主要账务处理。

(1) 对于未满足收入确认条件的发出商品，应按发出商品的实际成本（或进价）或计划成本（或售价），借记本科目，贷记“库存商品”科目。

发出商品发生退回的，应按退回商品的实际成本（或进价）或计划成本（或售价），借记“库存商品”科目，贷记本科目。

(2) 发出商品满足收入确认条件时，应结转销售成本，借记“主营业务成本”科目，贷记本科目。采用计划成本或售价核算的，还应结转应分摊的产品成本差异或商品进销差价。

4. 本科目期末借方余额，反映企业发出商品的实际成本（或进价）或计划成本（或售价）。

（七）“商品进销差价”

1. 本科目核算企业采用售价进行日常核算的商品售价与进价之间的差额。

2. 本科目可按商品类别或实物管理负责人进行明细核算。

3. 商品进销差价的主要账务处理。

(1) 企业购入、加工收回以及销售退回等增加的库存商品，按商品售价，借记“库存商品”科目，按商品进价，贷记“银行存款”、“委托加工物资”等科目，按售价与进价之间的差额，贷记本科目。

(2) 期（月）末分摊已销商品的进销差价，借记本科目，贷记“主营业务成本”科目。

销售商品应分摊的商品进销差价，按下列公式计算：

$$\text{商品进销差价率}=\frac{\text{期末分摊前本科目余额}}{\text{“库存商品”科目期末余额}+\text{“委托代销商品”科目期末余额}+\text{“发出商品”科目期末余额}+\text{本期“主营业务收入”科目贷方发生额}}\times 100\%$$

本期销售商品应分摊的商品进销差价 = 本期“主营业务收入”科目贷方发生额 × 商品进销差价率

企业的商品进销差价率各期之间比较均衡的，也可以采用上期商品进销差价率计算分摊本期的商品进销差价。年度终了，应对商品进销差价进行核实调整。

4. 本科目的期末贷方余额，反映企业库存商品的商品进销差价。

（八）“委托加工物资”

1. 本科目核算企业委托外单位加工的各种材料、商品等物资的实际成本。

2. 本科目可按加工合同、受托加工单位以及加工物资的品种等进行明细核算。

3. 委托加工物资的主要账务处理。

(1) 企业发给外单位加工的物资，按实际成本，借记本科目，贷记“原材料”、“库存商品”等科目；按计划成本或售价核算的，还应同时结转材料成本差异或商品进销差价。

(2) 支付加工费、运杂费等，借记本科目，贷记“银行存款”等科目；需要交纳消费税的委托加工物资，由受托方代收代交的消费税，借记本科目（收回后用于直接销售的）或“应交税费——应交消费税”科目（收回后用于继续加工的），贷记“应付账款”、“银行存款”等科目。

(3) 加工完成验收入库的物资和剩余的物资，按加工收回物资的实际成本和剩余物资的实际成本，借记“原材料”、“库存商品”等科目，贷记本科目。

采用计划成本或售价核算的，按计划成本或售价，借记“原材料”或

“库存商品”科目，按实际成本，贷记本科目，按实际成本与计划成本或售价之间的差额，借记或贷记“材料成本差异”或贷记“商品进销差价”科目。

采用计划成本或售价核算的，也可以采用上期材料成本差异率或商品进销差价率计算分摊本期应分摊的材料成本差异或商品进销差价。

4. 本科目期末借方余额，反映企业委托外单位加工尚未完成物资的实际成本。

（九）“周转材料”

1. 本科目核算企业周转材料的计划成本或实际成本，包括包装物、低值易耗品，以及企业（建造承包商）的钢模板、木模板、脚手架等。

企业的包装物、低值易耗品，也可以单独设置“包装物”、“低值易耗品”科目。

2. 本科目可按周转材料的种类，分别“在库”、“在用”和“摊销”进行明细核算。

3. 周转材料的主要账务处理。

（1）企业购入、自制、委托外单位加工完成并已验收入库的周转材料等，比照“原材料”科目的相关规定进行处理。

（2）采用一次转销法的，领用时应按其账面价值，借记“管理费用”、“生产成本”、“销售费用”、“合同履约成本”等科目，贷记本科目。

周转材料报废时，应按报废周转材料的残料价值，借记“原材料”等科目，贷记“管理费用”、“生产成本”、“销售费用”、“合同履约成本”等科目。

（3）采用其他摊销法的，领用时应按其账面价值，借记本科目（在用），贷记本科目（在库）；摊销时应按摊销额，借记“管理费用”、“生产成本”、“销售费用”、“合同履约成本”等科目，贷记本科目（摊销）。

周转材料报废时应补提摊销额，借记“管理费用”、“生产成本”、“销售费用”、“合同履约成本”等科目，贷记本科目（摊销）；同时，按报废周转材料的残料价值，借记“原材料”等科目，贷记“管理费用”、“生产成本”、“销售费用”、“合同履约成本”等科目；并转销全部已提摊销额，借记本科目（摊销），贷记本科目（在用）。

（4）周转材料采用计划成本进行日常核算的，领用等发出周转材料时，还应同时结转应分摊的成本差异。

4. 本科目期末借方余额，反映企业在库周转材料的计划成本或实际成本以及在用周转材料的摊余价值。

（十）“存货跌价准备”

1. 本科目核算企业存货的跌价准备。

2. 本科目可按存货项目或类别进行明细核算。

3. 存货跌价准备的主要账务处理。

资产负债表日，存货发生减值的，按存货可变现净值低于成本的差额，借记“资产减值损失”科目，贷记本科目。

已计提跌价准备的存货价值以后又得以恢复，应在原已计提的存货跌价准备金额内，按恢复增加的金额，借记本科目，贷记“资产减值损失”科目。

发出存货结转存货跌价准备的，借记本科目，贷记“主营业务成本”、“生产成本”等科目。

4. 本科目期末贷方余额，反映企业已计提但尚未转销的存货跌价准备。

（十一）“待处理财产损溢”

1. 本科目核算企业在清查财产过程中查明的各种财产盘盈、盘亏和毁损的价值。

物资在运输途中发生的非正常短缺与损耗，也通过本科目核算。

企业如有盘盈固定资产的，应作为前期差错记入“以前年度损益调整”科目。

2. 本科目可按盘盈、盘亏的资产种类和项目进行明细核算。

3. 待处理财产损溢的主要账务处理。

（1）盘盈的各种材料、产成品、商品、生物资产等，借记“原材料”、“库存商品”、“消耗性生物资产”等科目，贷记本科目。

盘亏、毁损的各种材料、产成品、商品、生物资产等，盘亏的固定资产，借记本科目，贷记“原材料”、“库存商品”、“消耗性生物资产”、“固定资产”等科目。材料、产成品、商品采用计划成本（或售价）核算的，还应同时结转成本差异（或商品进销差价）。涉及增值税的，还应进行相应处理。

（2）盘亏、毁损的各项资产，按管理权限报经批准后处理时，按残料价值，借记“原材料”等科目，按可收回的保险赔偿或过失人赔偿，借记“其他应收款”科目，按本科目余额，贷记本科目，按其借方差额，借记“管理费用”、“营业外支出”等科目。

盘盈的除固定资产以外的其他财产，借记本科目，贷记“管理费用”、

“营业外收入”等科目。

4. 企业的财产损溢，应查明原因，在期末结账前处理完毕，处理后本科目应无余额。

（十二）“生产成本”

1. 本科目核算企业进行工业性生产发生的各项生产成本，包括生产各种产品（产成品、自制半成品等）、自制材料、自制工具、自制设备等。

企业（农业）进行农业生产发生的各项生产成本，可将本科目改为“农业生产成本”科目，并分别种植业、畜牧养殖业、林业和水产业确定成本核算对象（消耗性生物资产、生产性生物资产、公益性生物资产和农产品）和成本项目，进行费用的归集和分配。

企业（房地产开发）可将本科目改为“开发成本”科目。

2. 本科目可按基本生产成本和辅助生产成本进行明细核算。

基本生产成本应当分别按照基本生产车间和成本核算对象（产品的品种、类别、定单、批别、生产阶段等）设置明细账（或成本计算单，下同），并按照规定的成本项目设置专栏。

3. 生产成本的主要账务处理。

（1）企业发生的各项直接生产成本，借记本科目（基本生产成本、辅助生产成本），贷记“原材料”、“库存现金”、“银行存款”、“应付职工薪酬”等科目。

各生产车间应负担的制造费用，借记本科目（基本生产成本、辅助生产成本），贷记“制造费用”科目。

辅助生产车间为基本生产车间、企业管理部门和其他部门提供的劳务和产品，期（月）末按照一定的分配标准分配给各受益对象，借记本科目（基本生产成本）、“管理费用”、“销售费用”、“其他业务成本”、“在建工程”等科目，贷记本科目（辅助生产成本）。

企业已经生产完成并已验收入库的产成品以及入库的自制半成品，应于期（月）末，借记“库存商品”等科目，贷记本科目（基本生产成本）。

（2）生产性生物资产在产出农产品过程中发生的各项费用，借记“农业生产成本”科目，贷记“库存现金”、“银行存款”、“原材料”、“应付职工薪酬”、“生产性生物资产累计折旧”等科目。

农业生产过程中发生的应由农产品、消耗性生物资产、生产性生物资产和公益性生物资产共同负担的费用，借记“农业生产成本——共同费用”科目，贷记“库存现金”、“银行存款”、“原材料”、“应付职工薪酬”、“农业生产成本”等科目。

期（月）末，可按一定的分配标准对上述共同负担的费用进行分配，借记“农业生产成本——农产品”、“消耗性生物资产”、“生产性生物资产”、“公益性生物资产”等科目，贷记“农业生产成本——共同费用”科目。

应由生产性生物资产收获的农产品负担的费用，应当采用合理的方法在农产品各品种之间进行分配；如有尚未收获的农产品，还应当在已收获和尚未收获的农产品之间进行分配。

生产性生物资产收获的农产品验收入库时，按其实际成本，借记“农产品”科目，贷记本科目（农产品）。

4. 本科目期末借方余额，反映企业尚未加工完成的在产品成本或尚未收获的农产品成本。

（十三）“制造费用”

1. 本科目核算企业生产车间（部门）为生产产品和提供劳务而发生的各项间接费用。

企业行政管理部门为组织和管理生产经营活动而发生的管理费用，在“管理费用”科目核算。

2. 本科目可按不同的生产车间、部门和费用项目进行明细核算。

3. 制造费用的主要账务处理。

（1）生产车间发生的机物料消耗，借记本科目，贷记“原材料”等科目。

（2）发生的生产车间管理人员的工资等职工薪酬，借记本科目，贷记“应付职工薪酬”科目。

（3）生产车间计提的固定资产折旧，借记本科目，贷记“累计折旧”科目。

（4）生产车间支付的办公费、水电费、以及与存货的生产和加工相关的固定资产日常修理费用等，借记本科目，贷记“银行存款”等科目。

（5）发生季节性和修理期间的停工损失，借记本科目，贷记“原材料”、“应付职工薪酬”、“银行存款”等科目。

（6）将制造费用分配计入有关的成本核算对象，借记“生产成本（基本生产成本、辅助生产成本）”、“劳务成本”等科目，贷记本科目。

（7）季节性生产企业制造费用全年实际发生额与分配额的差额，除其中属于为下一年开工生产做准备的可留待下一年分配外，其余部分实际发生额大于分配额的差额，借记“生产成本——基本生产成本”科目，贷记本科目；实际发生额小于分配额的差额做相反的会计分录。

4. 除季节性的生产性企业外，本科目期末应无余额。

三、存货的确认

（一）存货的内容

企业的存货通常包括下列内容：

1. 原材料，指企业在生产过程中经加工改变其形态或性质并构成产品主要实体的各种原料及主要材料、辅助材料、外购半成品（外购件）、修理用备件（备品备件）、包装材料、燃料等。为建造固定资产等各项工程而储备的各种材料，虽然同属于材料，但是由于用于建造固定资产等各项工程，不符合存货的定义，因此不能作为企业存货。

2. 在产品，指企业正在制造尚未完工的产品，包括正在各个生产工序加工的产品，以及已加工完毕但尚未检验或已检验但尚未办理入库手续的产品。

3. 半成品，指经过一定生产过程并已检验合格交付半成品仓库保管，但尚未制造完工成为产成品，仍需进一步加工的中间产品。

4. 产成品，指工业企业已经完成全部生产过程并验收入库，可以按照合同规定的条件送交订货单位，或者可以作为商品对外销售的产品。企业接受外来原材料加工制造的代制品和为外单位加工修理的代修品，制造和修理完成验收入库后应视同企业的产成品。

5. 商品，指商品流通企业外购或委托加工完成验收入库用于销售的各种商品。

6. 周转材料，指企业能够多次使用、但不符合固定资产定义的材料，如为了包装本企业商品而储备的各种包装物，各种工具、管理用具、玻璃器皿、劳动保护用品以及在经营过程中周转使用的容器等低值易耗品和建造承包商的钢模板、木模板、脚手架等其他周转材料。但是，周转材料符合固定资产定义的，应当作为固定资产处理。

（二）存货的确认条件

在满足存货定义的基础上，企业持有的存货同时满足下列条件的，才能予以确认：

1. 与该存货有关的经济利益很可能流入企业；

2. 该存货的成本能够可靠地计量。

四、取得存货的计量

企业取得存货应当按照成本进行计量。存货成本包括采购成本、加工成本和其他成本三个组成部分。

（一）外购存货的成本

企业外购存货主要包括原材料和商品。外购存货的成本即存货的采购成本，指企业物资从采购到入库前所发生的全部支出，包括购买价款、相关税费、运输费、装卸费、保险费以及其他可归属于存货采购成本的费用。

1. 存货的购买价款，是指企业购入的材料或商品的发票账单上列明的价款，但不包括按规定可以抵扣的增值税额。

2. 存货的相关税费，是指企业购买、自制或委托加工存货发生的进口关税、消费税、资源税和不能抵扣的增值税进项税额等应计入存货采购成本的税费。

3. 其他可归属于存货采购成本的费用，即采购成本中除上述各项以外的可归属于存货采购成本的费用，如在存货采购过程中发生的仓储费、包装费、运输途中的合理损耗、入库前的挑选整理费用等。这些费用能分清负担对象的，应直接计入存货的采购成本；不能分清负担对象的，应选择合理的分配方法，分配计入有关存货的采购成本，可按所购存货的数量或采购价格比例进行分配。对于企业通过外购方式取得确认为存货的数据资源，可归属于存货采购成本的数据权属鉴证、质量评估、登记结算、安全管理等费用，也应当计入有关存货的采购成本。

对于采购过程中发生的物资毁损、短缺等，除合理的途中损耗应当作为存货的其他可归属于存货采购成本的费用计入采购成本外，应区别不同情况进行会计处理：

（1）从供货单位、外部运输机构等收回的物资短缺或其他赔款，应冲减所购物资的采购成本。

（2）因遭受意外灾害发生的损失和尚待查明原因的途中损耗，暂作为待处理财产损溢进行核算，查明原因按照管理权限报经批准后计入管理费用或营业外支出。

商品流通企业在采购商品过程中发生的运输费、装卸费、保险费以及其他可归属于存货采购成本的费用等进货费用，应计入所购商品成本。在实务中，企业也可以将发生的运输费、装卸费、保险费以及其他可归属于存货采购成本的费用等进货费用先进行归集，期末，按照所购商品的存销情况进行分摊。对于已销售商品的进货费用，计入主营业务成本；对于未销售商品的进货费用，计入期末存货成本。商品流通企业采购商品的进货费用金额较小的，可以在发生时直接计入当期销售费用。

（二）加工取得存货的成本

企业通过进一步加工取得的存货主要包括产成品、在产品、半成品、委托加工物资等，其成本由采购成本、加工成本构成。某些存货还包括使存货达到目前场所和状态所发生的其他成本，如可直接认定的产品设计费用等。例如，企业通过数据加工取得确认为存货的数据资源，其成本包括采购成本，数据采集、脱敏、清洗、标注、整合、分析、可视化等加工成本和使存货达到目前场所和状态所发生的其他支出。通过进一步加工取得的存货的成本中采购成本是由所使用或消耗的原材料采购成本转移而来的，因此，计量加工取得的存货的成本，重点是要确定存货的加工成本。

存货加工成本，由直接人工和制造费用构成，其实质是企业在进一步加工存货的过程中追加发生的生产成本，不包括直接由材料存货转移来的价值。其中，直接人工，是指企业在生产产品过程中直接从事产品生产的工人的职工薪酬。直接人工和间接人工的划分依据通常是生产工人是否与所生产的产品直接相关（即可否直接确定其服务的产品对象）。制造费用是指企业为生产产品和提供劳务而发生的各项间接费用。制造费用是一项间接生产成本，包括企业生产部门（如生产车间）管理人员的职工薪酬、折旧费、办公费、水电费、机物料消耗、劳动保护费、季节性和修理期间的停工损失、以及与存货的生产和加工相关的固定资产日常修理费用等。企业在停工停产期间计提的符合存货成本确认条件的固定资产折旧和无形资产摊销等，应当计入相应存货成本。

企业在加工存货过程中发生的直接人工和制造费用，如果能够直接计入有关的成本核算对象，则应直接计入该成本核算对象。否则，应按照合理方法分配计入有关成本核算对象。分配方法一经确定，不得随意变更。

1. 直接人工的分配。

如果企业生产车间同时生产不同产品，则其发生的直接人工应采用合理方法分配计入各产品成本中。由于工资形成的方式不同，直接人工的分配方法也不同。比如，按计时工资或者按计件工资分配直接人工。

2. 制造费用的分配。

由于企业各个生产车间或部门的生产任务、技术装备程度、管理水平和费用水准各不相同，因此，制造费用的分配一般应按生产车间或部门先进行归集，然后根据制造费用的性质，合理选择分配方法。也就是说，企业所选择的制造费用分配方法，必须与制造费用的发生具有较密切的相关性，并且使分配到每种产品上的制造费用金额科学合理，同时还应当适当考虑计算手续的简便。在各种产品之间分配制造费用的方法，通常有按生产工人工资、按生产工人工时、按机器工时、按耗用原材料的数量或成本、按直接成本（原材料、燃料、动力、生产工人工资等职工薪酬之和）及按产成品产量等。

月末，企业应当根据在产品数量的多少、各月在产品数量变化的大小、各项成本比重的大小，以及定额管理基础的好坏等具体条件，采用适当的分配方法将直接人工、制造费用以及直接材料等生产成本在完工产品与在产品之间进行分配。常用的分配方法有：不计算在产品成本法、在产品按固定成本计价法、在产品按所耗直接材料成本计价法、约当产量比例法、在产品按定额成本计价法、定额比例法等。

企业在进行成本计算时，应当根据其生产经营特点、生产经营组织类型和成本管理要求，确定成本计算方法。成本计算的基本方法有品种法、分批法和分步法三种。

企业具体选用哪种分配方法分配制造费用，由企业自行决定。分配方法一经确定，不得随意变更。如需变更，应当在财务报表附注中予以说明。

企业进行企业产品成本核算时，在遵循《企业产品成本核算制度（试行)》的同时，还应当分行业执行《企业产品成本核算制度——石油石化行业》、《企业产品成本核算制度——钢铁行业》、《企业产品成本核算制度——煤炭行业》、《企业产品成本核算制度——电网经营行业》、《企业产品成本核算制度——油气管网行业》等成本核算制度。

（三）其他方式取得存货的成本

企业取得存货的其他方式主要包括接受投资者投资、非货币性资产交换、债务重组、企业合并以及存货盘盈等。

1. 投资者投入存货的成本。

投资者投入存货的成本应当按照投资合同或协议约定的价值确定，但合同或协议约定价值不公允的除外。在投资合同或协议约定价值不公允的情况下，按照该项存货的公允价值作为其入账价值，存货的公允价值与投资合同或协议约定的价值之间的差额计入资本公积。

2. 通过非货币性资产交换、债务重组、企业合并等方式取得的存货的成本。

企业通过非货币性资产交换、债务重组、企业合并等方式取得的存货，其成本应当分别按照第八章非货币性资产交换、第十三章债务重组、第二十章企业合并等的规定确定。但是，该项存货的后续计量和披露应当执行本章内容的相关规定。

3. 盘盈存货的成本。

盘盈的存货应按其重置成本作为入账价值，并通过“待处理财产损溢”科目进行会计处理，按管理权限报经批准后冲减当期管理费用。

（四）不计入存货成本的相关费用

下列费用不应当计入存货成本，而应当在其发生时计入当期损益：

1. 非正常消耗的直接材料、直接人工及制造费用应计入当期损益，不得计入存货成本。例如，企业超定额的废品损失以及由自然灾害而发生的直接材料、直接人工及制造费用，由于这些费用的发生无助于使该存货达到目前场所和状态，不应计入存货成本，而应计入当期损益。

2. 仓储费用指企业在采购入库后发生的储存费用，应计入当期损益。但是，在生产过程中为达到下一个生产阶段所必需的仓储费用则应计入存货成本。例如，某种酒类产品生产企业为使生产的酒达到规定的产品质量标准所必须发生的仓储费用，应计入酒的成本而不是计入当期损益。

3. 不能归属于使存货达到目前场所和状态的其他支出，不符合存货的定义和确认条件，应在发生时计入当期损益，不得计入存货成本。

4. 企业采购用于广告营销活动的特定商品，向客户预付货款未取得商品时，应作为预付账款进行会计处理，待取得相关商品时计入当期损益（销售费用）。企业取得广告营销性质的服务比照该原则进行处理。

五、发出存货的计量

（一）发出存货成本的计量方法

企业应当根据各类存货的实物流转方式、企业管理的要求、存货的性质等实际情况，合理地选择发出存货成本的计量方法，以合理确定当期发出存货的实际成本。

对于性质和用途相似的存货，应当采用相同的成本计量方法确定发出存货的成本。企业在确定发出存货的成本时，可以采用先进先出法、移动加权平均法、月末一次加权平均法和个别计价法等方法。企业不得采用后进先出法确定发出存货的成本。

1. 先进先出法。

在先进先出法下，以先购入的存货应先发出（销售或耗用）这样一种存货实物流动假设为前提，对发出存货进行计价。采用这种方法，先购入的存货成本在后购入存货成本之前转出，据此确定发出存货和期末存货的成本。

2. 移动加权平均法。

在移动加权平均法下，以每次进货的成本加上原有库存存货的成本，除以每次进货数量与原有库存存货的数量之和，据以计算加权平均单位成本，作为在下次进货前计算各次发出存货成本的依据。

3. 月末一次加权平均法。

在月末一次加权平均法下，以当月全部进货数量加上月初存货数量作为权数，去除当月全部进货成本加上月初存货成本，计算出存货的加权平均单位成本，以此为基础计算当月发出存货的成本和期末存货的成本。

4. 个别计价法。

个别计价法，亦称个别认定法、具体辨认法、分批实际法，其特征是注重所发出存货具体项目的实物流转与成本流转之间的联系，逐一辨认各批发出存货和期末存货所属的购进批别或生产批别，分别按其购入或生产时所确定的单位成本计算各批发出存货和期末存货的成本。即把每一种存货的实际成本作为计算发出存货成本和期末存货成本的基础。对于不能替代使用的存货、为特定项目专门购入或制造的存货以及提供的劳务，通常采用个别计价法确定发出存货的成本。在实际工作中，越来越多的企业采用计算机信息系统进行会计处理，个别计价法可以广泛应用于发出存货的计价，并且个别计价法确定的存货成本最为准确。

（二）存货成本的结转

企业应当将已售存货的成本结转为当期损益，计入营业成本。这就是说，企业在确认存货销售收入的当期，应当将已经销售存货的成本结转为当期营业成本。

存货为商品、产成品的，企业应采用先进先出法、移动加权平均法、月末一次加权平均法或个别计价法确定已销售商品的实际成本。存货为非商品存货的，如材料等，应将已出售材料的实际成本予以结转，计入当期其他业务成本。这里所讲的材料销售不构成企业的主营业务。如果材料销售构成了企业的主营业务，则该材料为企业的商品存货，而不是非商品存货。

对已售存货计提了存货跌价准备的，还应结转已计提的存货跌价准备，冲减当期主营业务成本或其他业务成本，实际上是按已售产成品或商品的账面价值结转主营业务成本或其他业务成本。企业按存货类别计提存货跌价准备的，也应按比例结转相应的存货跌价准备。

企业的周转材料符合存货定义和确认条件的，按照使用次数分次计入成本费用。余额较小的，可在领用时一次计入成本费用，以简化核算，但为加强实物管理，应当在备查簿上进行登记。

企业因债务重组等转出的存货，应当按照第十三章债务重组等的规定进行会计处理。

六、期末存货的计量

资产负债表日，当存货成本低于可变现净值时，存货按成本计量；当存货成本高于可变现净值时，存货按可变现净值计量，同时按照成本高于可变现净值的差额计提存货跌价准备，计入当期损益。

（一）存货的可变现净值

存货的可变现净值，是指在日常活动中，存货的估计售价减去至完工时估计将要发生的成本、估计的销售费用以及相关税费后的金额。存货的可变现净值由存货的估计售价、至完工时将要发生的成本、估计的销售费用和估计的相关税费等内容构成。可变现净值具有下列基本特征：

1. 确定存货可变现净值的前提是企业在进行日常活动，即为完成其经营目标所从事的经常性活动以及与之相关的活动。如果企业不是在进行日常活动，比如企业处于清算过程，那么不能按照本章的规定确定存货的可变现净值。

2. 存货可变现净值表现为存货的预计未来净现金流量，而不是简单地等于存货的售价或合同价。

企业预计的销售存货现金流量，并不完全等于存货的可变现净值。存货在销售过程中可能发生的销售费用和相关税费，以及为达到预定可销售状态还可能发生的加工成本等相关支出，构成现金流入的抵减项目。企业预计的销售存货现金流量，扣除这些抵减项目后，才能确定存货的可变现净值。

3. 不同存货可变现净值的构成不同。

（1）产成品、商品和用于出售的材料等直接用于出售的商品存货，在正常生产经营过程中，应当以该存货的估计售价减去估计的销售费用和相关税费后的金额确定其可变现净值。

(2) 需要经过加工的材料存货，在正常生产经营过程中，应当以所生产的产成品的估计售价减去至完工时估计将要发生的成本、估计的销售费用和相关税费后的金额确定其可变现净值。

(二) 确定存货的可变现净值应考虑的因素

企业在确定存货的可变现净值时，应当以取得的确凿证据为基础，并且考虑持有存货的目的、资产负债表日后事项的影响等因素。

1. 确定存货的可变现净值应当以取得确凿证据为基础。

确定存货的可变现净值必须建立在取得确凿证据的基础上。这里所讲的“确凿证据”是指对确定存货的可变现净值和成本有直接影响的客观证明。

(1) 存货成本的确凿证据。

存货的采购成本、加工成本和其他成本及以其他方式取得存货的成本，应当以取得外来原始凭证、生产成本账簿记录等作为确凿证据。

(2) 存货可变现净值的确凿证据。

存货可变现净值的确凿证据，是指对确定存货的可变现净值有直接影响的确凿证明，如产成品或商品的市场销售价格、与产成品或商品相同或类似商品的市场销售价格、销货方提供的有关资料和生产成本资料等。

2. 确定存货的可变现净值应当考虑持有存货的目的。

由于企业持有存货的目的不同，确定存货可变现净值的计算方法也不同。如用于出售的存货和用于继续加工的存货，其可变现净值的计算就不相同，因此，企业在确定存货的可变现净值时，应考虑持有存货的目的。企业持有存货的目的通常可以分为下列两种：

(1) 持有以备出售的存货，如商品、产成品，其中又分为有合同约定的存货和没有合同约定的存货。

(2) 将在生产过程或提供劳务过程中耗用的存货，如材料等。

3. 确定存货的可变现净值应当考虑资产负债表日后事项等的影响。

确定存货可变现净值时，应当以资产负债表日取得最可靠的证据估计的售价为基础并考虑持有存货的目的，资产负债表日至财务报告批准报出日之间存货售价发生波动的，如有确凿证据表明其对资产负债表日存货已经存在的情况提供了新的或进一步的证据，则在确定存货可变现净值时应当予以考虑，否则，不应予以考虑。

(三) 存货可变现净值确定的具体应用

对于企业持有的各类存货，在确定其可变现净值时，最关键的问题是确定估计售价。企业应当区别下列情况确定存货的估计售价：

1. 为执行销售合同或者劳务合同而持有的存货，且销售合同订购数量等于企业持有存货的数量的，通常应当以产成品或商品的合同价格作为其可变现净值的计算基础。

【例2－1】 2×22年9月1日，甲公司与乙公司签订了一份不可撤销的销售合同，双方约定，2×23年1月20日，甲公司应按每台31万元的价格向乙公司提供W1型机器10台。

2×22年12月31日，甲公司W1型机器的账面成本为280万元，数量为10台，单位成本为28万元/台。

2×22年12月31日，W1型机器的市场销售价格为30万元/台（假定本章中所称销售价格和成本均不含增值税）。假定不考虑相关税费和销售费用。

根据甲公司与乙公司签订的销售合同规定，该批W1型机器的销售价格已由销售合同约定，并且其库存数量等于销售合同约定的数量，因此，在这种情况下，计算W1型机器的可变现净值应以销售合同约定的价格310万元（31×10）作为计算基础。

2. 如果企业持有存货的数量多于销售合同订购数量，超出部分的存货可变现净值应当以产成品或商品的一般销售价格作为计算基础。

【例2－2】 2×22年11月1日，甲公司与乙公司签订了一份不可撤销的销售合同，双方约定，2×23年4月20日，甲公司应按每台30万元的价格向乙公司提供W2型机器12台。

2×22年12月31日，甲公司W2型机器的成本为392万元，数量为14台，单位成本为28万元/台。

根据甲公司销售部门提供的资料表明，向乙公司销售的W2型机器的平均销售费用为0.12万元/台；向其他客户销售W2型机器的平均销售费用为0.1万元/台。

2×22年12月31日，W2型机器的市场销售价格为32万元/台。

在本例中，能够证明W2型机器的可变现净值的确凿证据是甲公司与乙公司签订的有关W2型机器的销售合同、市场销售价格资料、账簿记录和公司销售部门提供的有关销售费用的资料等。

根据该销售合同规定，库存的W2型机器中的12台的销售价格已由销售合同约定，其余2台并没有由销售合同约定。因此，在这种情况下，对于销售合同约定的数量（12台）的W2型机器的可变现净值应以销售合同约定的价格30万元/台作为计算基础，而对于超出部分（2台）的W2型机器的可变现净值应以市场销售价格32万元/台作为计算基础。

$$
\begin{aligned}
\text{W2型机器的可变现净值} &= (30\times12-0.12\times12)+(32\times2-0.1\times2)\\
&=(360-1.44)+(64-0.2)\\
&=358.56+63.8\\
&=422.36\ (\text{万元})
\end{aligned}
$$

3. 如果企业持有存货的数量少于销售合同订购数量，实际持有与该销售合同相关的存货应以销售合同所规定的价格作为可变现净值的计算基础。如果该合同为亏损合同，还应同时按照第十四章或有事项的规定确认预计负债。有关会计处理见第十四章或有事项的相关内容。

4. 没有销售合同约定的存货（不包括用于出售的材料），其可变现净值应当以产成品或商品的一般销售价格（即市场销售价格）作为计算基础。

【例2－3】2×22年12月31日，甲公司W3型机器的账面成本为300万元，数量为10台，单位成本为30万元/台。

2×22年12月31日，W3型机器的市场销售价格为32万元/台。预计发生的相关税费和销售费用合计为1万元/台。

甲公司没有签订有关W3型机器的销售合同。

由于甲公司没有就W3型机器签订销售合同，因此，在这种情况下，计算W3型机器的可变现净值应以一般销售价格总额320万元（32×10）作为计算基础。

5. 用于出售的材料等通常以市场价格作为其可变现净值的计算基础。这里的市场价格是指材料等的市场销售价格。如果用于出售的材料存在销售合同约定，应按合同价格作为其可变现净值的计算基础。

【例2－4】2×22年12月1日，甲公司根据市场需求的变化，决定停止生产W4型机器。为减少不必要的损失，决定将原材料中专门用于生产W4型机器的外购原材料——D材料全部出售，2×22年12月31日其账面成本为200万元，数量为10吨。据市场调查，D材料的市场销售价格为10万元/吨，同时可能发生销售费用及相关税费共计为0.5万元。

在本例中，由于企业已决定不再生产W4型机器，因此，该批D材料的可变现净值不能再以W4型机器的销售价格作为其计算基础，而应按其本身的市场销售价格作为计算基础。即：

该批D材料的可变现净值＝10×10－0.5＝99.5（万元）

（四）计提存货跌价准备的方法

1. 企业通常应当按照单个存货项目计提存货跌价准备。

企业通常应当按照单个存货项目计提存货跌价准备。在企业采用计算机信息系统进行会计处理的情况下，完全有可能做到按单个存货项目计提存货跌价准备。在这种方式下，企业应当将每个存货项目的成本与其可变现净值逐一进行比较，按较低者计量存货，并且按成本高于可变现净值的差额计提存货跌价准备。这就要求企业应当根据管理要求和存货的特点，明确规定存货项目的确定标准。比如，将某一型号和规格的材料作为一个存货项目、将某一品牌和规格的商品作为一个存货项目，等等。

2. 对于数量繁多、单价较低的存货，可以按照存货类别计提存货跌价准备。

如果某一类存货的数量繁多并且单价较低，企业可以按存货类别计量成本与可变现净值，即按存货类别的成本的总额与可变现净值的总额进行比较，每个存货类别均取较低者确定存货期末价值。

【例 2－5】甲公司的有关资料及存货期末计量（见表 2－1），假设甲公司在此之前没有对存货计提跌价准备。假定不考虑相关税费和销售费用。

表 2－1　按存货类别计提存货跌价准备

2×22 年 12 月 31 日　单位：元

商品	数量	成本		可变现净值		按存货类别确定的账面价值	由此计提的存货跌价准备
		单价	总额	单价	总额		
第一组							
A 商品	400	10	4 000	9	3 600		
B 商品	500	7	3 500	8	4 000		
合计			7 500		7 600	7 500	0
第二组							
C 商品	200	50	10 000	48	9 600		
D 商品	100	45	4 500	44	4 400		
合计			14 500		14 000	14 000	500

续表

商品	数量	成本		可变现净值		按存货类别确定的账面价值	由此计提的存货跌价准备
		单价	总额	单价	总额		
第三组							
E 商品	700	100	70 000	80	56 000	56 000	
合计			70 000		56 000	56 000	14 000
总计			92 000		77 600	77 500	14 500

3. 与在同一地区生产和销售的产品系列相关、具有相同或类似最终用途或目的，且难以与其他项目分开计量的存货，可以合并计提存货跌价准备。

存货具有相同或类似最终用途或目的，并在同一地区生产和销售，意味着存货所处的经济环境、法律环境、市场环境等相同，具有相同的风险和报酬。在这种情况下可以对该存货进行合并计提存货跌价准备。

4. 存货存在下列情形之一的，通常表明存货的可变现净值低于成本。

（1）该存货的市场价格持续下跌，并且在可预见的未来无回升的希望。

（2）企业使用该项原材料生产的产品的成本大于产品的销售价格。

（3）企业因产品更新换代，原有库存原材料已不适应新产品的需要，而该原材料的市场价格又低于其账面成本。

（4）因企业所提供的商品或劳务过时或消费者偏好改变而使市场的需求发生变化，导致市场价格逐渐下跌。

（5）其他足以证明该项存货实质上已经发生减值的情形。

5. 存货存在下列情形之一的，通常表明存货的可变现净值为零。

（1）已霉烂变质的存货。

（2）已过期且无转让价值的存货。

（3）生产中已不再需要，并且已无使用价值和转让价值的存货。

（4）其他足以证明已无使用价值和转让价值的存货。

需要注意的是，资产负债表日同一项存货中一部分有合同价格约定、其他部分不存在合同价格的，应当分别确定其可变现净值，并与其相对应的成本进行比较，分别确定存货跌价准备的计提或转回的金额，由此计提的存货跌价准备不得相互抵销。

（五）存货跌价准备转回的处理

1. 资产负债表日，企业应当确定存货的可变现净值。

企业应当在资产负债表日确定存货的可变现净值。企业确定存货的可变现净值应当以资产负债表日的状况为基础确定，既不能提前确定存货的可变现净值，也不能延后确定存货的可变现净值，并且在每一个资产负债表日都应当重新确定存货的可变现净值。

2. 企业的存货在符合条件的情况下可以转回计提的存货跌价准备。

存货跌价准备转回的条件是以前减记存货价值的影响因素已经消失，而不是在当期造成存货可变现净值高于成本的其他影响因素。

3. 当符合存货跌价准备转回的条件时，应在原已计提的存货跌价准备的金额内转回。

在对该项存货、该类存货或该合并存货已计提的存货跌价准备的金额内转回。转回的存货跌价准备与计提该准备的存货项目或类别应当存在直接对应关系，但转回的金额以将存货跌价准备的余额冲减至零为限。

【例2－6】2×22年12月31日，甲公司E材料的账面成本为10万元，由于E材料市场价格下跌，导致由E材料产生的W8型机器的可变现净值低于其成本。E材料的预计可变现净值为8万元，由此计提存货跌价准备2万元。

假定：（1）2×23年6月30日，E材料的账面成本为10万元，由于E材料市场价格有所上升，使得E材料的预计可变现净值变为9.5万元。

（2）2×23年12月31日，E材料的账面成本为10万元，由于E材料市场价格进一步上升，预计E材料的可变现净值为11.1万元。

本例中：（1）2×23年6月30日，由于E材料市场价格上升，E材料的可变现净值有所恢复，应计提的存货跌价准备为0.5万元（10－9.5），则当期应冲减已计提的存货跌价准备1.5万元（2－0.5），冲减额小于已计提的存货跌价准备2万元，因此，应转回的存货跌价准备为1.5万元。

会计分录为：

借：存货跌价准备　　15 000

　　贷：资产减值损失——存货减值损失　　15 000

（2）2×23年12月31日，E材料的可变现净值又有所恢复，应冲减存货跌价准备为1.1万元（11.1－10），但是对E材料已计提的存货跌价准备的余额仅为0.5万元，因此，当期应转回的存货跌价准备为0.5万元而不是1.1万元（即以将对E材料已计提的“存货跌价准备”余额冲减至零为限）。

会计分录为：

借：存货跌价准备　　5 000

　贷：资产减值损失——存货减值损失　　5 000

（六）材料存货期末价值的确定

材料存货的期末价值应当以所生产的产成品的可变现净值与成本的比较为基础加以确定。

1. 对于为生产而持有的材料等，如果用其生产的产成品的可变现净值预计高于成本，则该材料仍然应当按照成本计量。这里的“材料”指原材料、在产品、委托加工材料等。“可变现净值高于成本”中的成本是指产成品的生产成本。

【例2－7】 2×22年12月31日，甲公司库存原材料——A材料的账面成本为300万元，市场销售价格总额为280万元，假定不发生其他销售费用。用A材料生产的产成品——W5型机器的可变现净值高于成本。

根据上述资料可知，2×22年12月31日，A材料的账面成本高于其市场价格，但是，由于用其生产的产成品——W5型机器的可变现净值高于成本，也就是用该原材料生产的最终产品此时并没有发生价值减损，因而，A材料即使其账面成本已高于市场价格，也不应计提存货跌价准备，仍应按300万元列示在2×22年12月31日的资产负债表的存货项目之中。

2. 如果材料价格的下降表明产成品的可变现净值低于成本，则该材料应当按可变现净值计量，按其差额计提存货跌价准备。

【例2－8】 2×22年12月31日，甲公司库存原材料——B材料的账面成本为120万元，单位成本为1.2万元/件，数量为100件，可用于生产100台W6型机器。B材料的市场销售价格为1.1万元/件。假定不发生其他销售费用。

B材料市场销售价格下跌，导致用B材料生产的W6型机器的市场销售价格也下跌，由此造成W6型机器的市场销售价格由3万元/台降为2.7万元/台，但生产成本仍为2.8万元/台。将每件B材料加工成W6型机器尚需投入1.6万元，估计发生销售费用0.1万元/台。

根据上述资料，可按照下列步骤确定B材料的可变现净值。

首先，计算用该原材料所生产的产成品的可变现净值：

W6型机器的可变现净值＝W6型机器估计售价－估计销售费用－估计相关税费＝2.7×100－0.1×100＝260（万元）

其次，将用该原材料所生产的产成品的可变现净值与其成本进行比较：

W6型机器的可变现净值260万元小于其成本280万元，即B材料价格的下降表明W6型机器的可变现净值低于成本，因此，B材料应当按可变现净值计量。

最后，计算该原材料的可变现净值：

B材料的可变现净值 = W6型机器的售价总额 - 将B材料加工成W6型机器尚需投入的成本 - 估计销售费用 - 估计相关税费 = 2.7 × 100 - 1.6 × 100 - 0.1 × 100 = 100（万元）

B材料的可变现净值100万元小于其成本120万元，因此，B材料的期末价值应为其可变现净值100万元，即B材料应按100万元列示在2×22年12月31日资产负债表的存货项目之中。

（七）存货盘亏或毁损的会计处理

存货发生的盘亏或毁损，应作为待处理财产损溢进行核算。按管理权限报经批准后，根据造成存货盘亏或毁损的原因，分别下列情况进行处理：

1. 属于计量收发差错和管理不善等原因造成的存货短缺，应先扣除残料价值、可以收回的保险赔偿和过失人赔偿，将净损失计入管理费用。

2. 属于自然灾害等非常原因造成的存货毁损，应先扣除处置收入（如残料价值）、可以收回的保险赔偿和过失人赔偿，将净损失计入营业外支出。

七、列示与披露

（一）列示

企业应当在资产负债表中单独列示存货。在资产负债表中，对于“存货”项目，企业应当根据“材料采购”、“在途物资”、“原材料”、“库存商品”、“发出商品”、“委托加工物资”、“周转材料”、“生产成本”、“合同履约成本”（初始确认时摊销期限不超过一年或一个正常营业周期）等科目的期末余额合计，减去“存货跌价准备”、“合同履约成本减值准备”、“商品进销差价”等科目期末余额后的金额填列；对材料采用计划成本核算的企业，还应按加或减“材料成本差异”科目期末余额后的金额填列。此外，消耗性生物资产也在资产负债表“存货”项目中列示，有关内容见第六章生物资产的相关内容。

（二）披露

1. 企业应当在附注中披露与存货有关的下列信息：（1）各类存货的期初

和期末账面价值；（2）确定发出存货成本所采用的方法；（3）存货可变现净值的确定依据，存货跌价准备的计提方法，当期计提的存货跌价准备的金额，当期转回的存货跌价准备的金额，以及计提和转回的有关情况；（4）用于担保的存货账面价值。

2. 关于确认为存货的数据资源的披露要求。

（1）对于确认为存货的数据资源，企业应当在会计报表附注中披露相关会计信息，包括：①按照外购存货、自行加工存货等类别披露的相关会计信息；②企业应当披露确定发出数据资源存货成本所采用的方法；③企业应当披露数据资源存货可变现净值的确定依据、存货跌价准备的计提方法、当期计提的存货跌价准备的金额、当期转回的存货跌价准备的金额，以及计提和转回的有关情况；④企业应当单独披露对企业财务报表具有重要影响的单项数据资源存货的内容、账面价值和可变现净值；⑤企业应当披露所有权或使用权受到限制的数据资源存货，以及用于担保的数据资源存货的账面价值等情况。

（2）对于确认为存货的数据资源，以及企业合法拥有或控制的、预期会给企业带来经济利益的、但由于不满足存货准则确认条件而未确认为存货的数据资源，企业可以根据实际情况，在会计报表附注中自愿披露相关信息，包括：①数据资源的应用场景或业务模式、对企业创造价值的影响方式，与数据资源应用场景相关的宏观经济和行业领域前景等；②用于形成相关数据资源的原始数据的类型、规模、来源、权属、质量等信息；③企业对数据资源的加工维护和安全保护情况，以及相关人才、关键技术等的持有和投入情况；④数据资源的应用情况，包括数据资源相关产品或服务等的运营应用、作价出资、流通交易、服务计费方式等情况；⑤重大交易事项中涉及的数据资源对该交易事项的影响及风险分析，重大交易事项包括但不限于企业的经营活动、投融资活动、质押融资、关联方及关联交易、承诺事项、或有事项、债务重组、资产置换等；⑥数据资源相关权利的失效情况及失效事由、对企业的影响及风险分析等；⑦数据资源转让、许可或应用所涉及的地域限制、领域限制及法律法规限制等权利限制；⑧企业认为有必要披露的其他数据资源相关信息。

此外，需要注意的是，企业对数据资源进行评估且评估结果对企业财务报表具有重要影响的，应当披露评估依据的信息来源，评估结论成立的假设前提和限制条件，评估方法的选择，各重要参数的来源、分析、比较与测算过程等信息。

八、衔接规定

根据《企业会计准则第 38 号——首次执行企业会计准则》的规定，在存货的确认和计量上，因采用企业会计准则而造成的差异对有关财务报表项目的影响金额在首次执行日均不再追溯调整。如原来采用后进先出法确定发出存货成本的存货余额不应进行追溯调整，应将首次执行日的各项存货的账面余额作为首次执行日的存货成本。

在首次执行日后，企业的存货余额及新取得的存货应当按照本章进行会计处理。

第三章　长期股权投资

一、总体要求

投资是企业为了获得收益或实现资本增值向被投资单位投放资金的经济行为。企业对外进行的投资，可以有不同的分类。从性质上划分，可以分为债权性投资与权益性投资等。权益性投资按对被投资单位的影响程度划分，可以分为对子公司投资、对合营企业投资和对联营企业投资等。《企业会计准则第2号——长期股权投资》规范了符合条件的权益性投资的确认和计量。其他投资的会计处理，适用第二十二章金融工具确认和计量等相关章。

本章中的权益性投资不包括风险投资机构、共同基金以及类似主体（如投资连结保险产品）持有的、在初始确认时以公允价值计量且其变动计入当期损益的金融资产，这类金融资产即使符合持有待售条件，也应继续按第二十二章金融工具确认和计量进行会计处理。投资性主体对不纳入合并财务报表的子公司的权益性投资，应按照公允价值计量且其变动计入当期损益。长期股权投资的披露，详见第四十一章在其他主体中权益的披露。

一般而言，企业对外投资的法律形式要件都体现了其实质的投资意图和性质。然而，在当前市场经济条件下，企业投资模式日趋多元化，除传统的纯粹债权或者纯粹权益投资外，不少企业的投资模式同时具备债权性投资和权益性投资的特点，增大了识别和判断的难度。例如，A公司于2×21年1月出资1.2亿元对B合伙企业进行增资，增资后A公司持有B合伙企业30%的权益，同时约定B合伙企业在2×21年12月31日、2×22年12月31日两个时点分别以固定价格6 000万元和1.2亿元向A公司赎回10%、20%的权益。上述交易从表面形式看为权益性投资，A公司办理了正常的出资手续，符合法律上出资的形式要件。然而，从投资的性质而言，该投资并不具备权益性投资的普遍特征。上述A公司的投资在其出资之日，就约定了在固定的时间以固定的金额退出，全部退出日距初始投资日时间较短（仅有 2 年）。从风险角度分析，A 公司实际上仅承担了 B 合伙企业的信用风险而不是 B 合伙企业的经营风险，其交易实质更接近于 A 公司接受 B 合伙企业的权益作为质押物，向其提供资金并收取资金占用费，该投资的实质为债权性投资，应按照第二十二章金融工具确认和计量等进行会计处理。

二、适用范围

明确界定长期股权投资的范围，是对长期股权投资进行正确确认、计量和报告的前提。长期股权投资包括下列几个方面：

（一）投资方能够对被投资单位实施控制的权益性投资，即对子公司投资。控制，是指投资方拥有对被投资单位的权力，通过参与被投资单位的相关活动而享有可变回报，并且有能力运用对被投资单位的权力影响其回报金额。关于控制和相关活动的理解及具体判断，详见第三十四章合并财务报表的相关内容。

（二）投资方与其他合营方一同对被投资单位实施共同控制且对被投资单位净资产享有权利的权益性投资，即对合营企业投资。共同控制，是指按照相关约定对某项安排所共有的控制，并且该安排的相关活动必须经过分享控制权的参与方一致同意后才能决策。关于共同控制和合营企业的理解及具体判断，详见第四十章合营安排的相关内容。

（三）投资方对被投资单位具有重大影响的权益性投资，即对联营企业投资。重大影响，是指对一个企业的财务和经营政策有参与决策的权力，但并不能够控制或者与其他方一起共同控制这些政策的制定。实务中，较为常见的重大影响体现为在被投资单位的董事会或类似权力机构中派有代表，通过在被投资单位财务和经营决策制定过程中的发言权实施重大影响。投资方直接或通过子公司间接持有被投资单位 20% 以上但低于 50% 的表决权时，一般认为对被投资单位具有重大影响，除非有明确的证据表明该种情况下不能参与被投资单位的生产经营决策，不形成重大影响。相反，如果投资方直接或通过子公司间接持有被投资单位 20% 以下的表决权，一般认为对被投资单位不具有重大影响，除非能够明确证明存在这种影响。在确定能否对被投资单位施加重大影响时，一方面应考虑投资方直接或间接持有被投资单位的表决权股份，同时要考虑投资方及其他方持有的当期可执行潜在表决权在假定转换为对被投资单位的股权后产生的影响，如被投资单位发行的当期可转换的认股权证、股份期权及可转换公司债券等的影响。

三、应设置的相关会计科目和主要账务处理

企业对长期股权投资的会计处理，一般需要设置下列会计科目。

（一）“长期股权投资”

1. 本科目核算企业持有的长期股权投资。

2. 本科目应当按照被投资单位进行明细核算。长期股权投资核算采用权益法的，应当分别“投资成本”、“损益调整”、“其他综合收益”、“其他权益变动”进行明细核算。

3. 长期股权投资的主要账务处理。

（1）企业合并形成的长期股权投资。

同一控制下企业合并形成的长期股权投资，合并方以支付现金、转让非现金资产或承担债务方式作为合并对价的，应在合并日按取得被合并方所有者权益在最终控制方合并财务报表中的账面价值的份额，借记本科目（投资成本），按支付的合并对价的账面价值，贷记或借记有关资产、负债科目，按其差额，贷记“资本公积——资本溢价或股本溢价”科目；如为借方差额，借记“资本公积——资本溢价或股本溢价”科目，资本公积（资本溢价或股本溢价）不足冲减的，应依次借记“盈余公积”、“利润分配——未分配利润”科目。合并方以发行权益性证券作为合并对价的，应当在合并日按照被合并方所有者权益在最终控制方合并财务报表中的账面价值的份额，借记本科目（投资成本），按照发行股份的面值总额，贷记“股本”科目，按其差额，贷记“资本公积——资本溢价或股本溢价”科目；如为借方差额，借记“资本公积——资本溢价或股本溢价”科目，资本公积（资本溢价或股本溢价）不足冲减的，应依次借记“盈余公积”、“利润分配——未分配利润”科目。

非同一控制下企业合并形成的长期股权投资，购买方以支付现金、转让非现金资产或承担债务方式等作为合并对价的，应在购买日按照第二十章企业合并确定的合并成本，借记本科目（投资成本），按付出的合并对价的账面价值，贷记或借记有关资产、负债科目，按其差额，贷记或借记“资产处置损益”、“投资收益”等科目；如涉及以库存商品等作为合并对价的，贷记“主营业务收入”或“其他业务收入”科目，并同时结转相关的成本。购买方以发行权益性证券作为合并对价的，应在购买日按照发行的权益性证券的公允价值，借记本科目（投资成本），按照发行的权益性证券的面值总额，贷记“股

本”科目，按其差额，贷记“资本公积——资本溢价或股本溢价”科目。

企业为企业合并（包括同一控制下企业合并和非同一控制下企业合并）发生的审计、法律服务、评估咨询等中介费用以及其他相关管理费用，应当于发生时借记“管理费用”科目，贷记“银行存款”等科目。

（2）以非企业合并方式形成的长期股权投资。

以支付现金、非现金资产等其他方式取得的长期股权投资，应按现金、非现金货币性资产的公允价值或按照第八章非货币性资产交换、第十三章债务重组确定的初始投资成本，借记本科目，贷记“银行存款”等科目，贷记或借记“资产处置损益”、“投资收益”等处置非现金资产相关的科目。

（3）采用成本法核算的长期股权投资的处理。

长期股权投资采用成本法核算的，应按被投资单位宣告发放的现金股利或利润中属于本企业的部分，借记“应收股利”科目，贷记“投资收益”科目。

（4）采用权益法核算的长期股权投资的处理。

企业的长期股权投资采用权益法核算的，应当分别下列情况进行处理：

①长期股权投资的初始投资成本大于投资时应享有被投资单位可辨认净资产公允价值份额的，不调整已确认的初始投资成本；长期股权投资的初始投资成本小于投资时应享有被投资单位可辨认净资产公允价值份额的，应按其差额，借记本科目（投资成本），贷记“营业外收入”科目。

②资产负债表日，企业应按被投资单位实现的净利润（以取得投资时被投资单位可辨认净资产的公允价值为基础计算）或其他综合收益增加净额中企业享有的份额，借记本科目（损益调整或其他综合收益），贷记“投资收益”或“其他综合收益”科目。被投资单位发生净亏损或其他综合收益减少净额时做相反的会计分录，但以本科目的账面价值减记至零为限；还需承担的投资损失，应将其他实质上构成对被投资单位净投资的“长期应收款”等的账面价值减记至零为限；除按照以上步骤已确认的损失外，按照投资合同或协议约定将承担的损失，确认为预计负债。除上述情况仍未确认的应分担被投资单位的损失，应在账外备查登记。发生损失的被投资单位以后实现净利润或其他综合收益增加净额的，应按与上述相反的顺序进行处理。

取得长期股权投资后，被投资单位宣告发放现金股利或利润时，企业计算应分得的部分，借记“应收股利”科目，贷记本科目（损益调整）。

收到被投资单位发放的股票股利，不进行账务处理，但应在备查簿中登记。

③投资方按权益法确认应分担被投资单位的净亏损或被投资单位其他综合

收益减少净额，如果将有关长期股权投资冲减至零并产生了未确认投资净损失，被投资单位在以后期间实现净利润或其他综合收益增加净额的，企业计算应享有的份额，如有前期未确认投资净损失的，应先根据登记的未确认投资净损失的类型，弥补前期未确认的应分担的被投资单位净亏损或其他综合收益减少净额等投资净损失，弥补损失后仍有余额的，依次借记“长期应收款”科目和本科目（损益调整或其他综合收益），贷记“投资收益”或“其他综合收益”科目。

④被投资单位除净损益、其他综合收益以及利润分配以外的所有者权益的其他变动，企业按持股比例计算应享有的份额，借记或贷记本科目（其他权益变动），贷记或借记“资本公积——其他资本公积”科目。

（5）处置长期股权投资的处理。

处置长期股权投资时，应按实际收到的金额，借记“银行存款”等科目，原已计提减值准备的，借记“长期股权投资减值准备”科目，按其账面余额，贷记本科目，按尚未领取的现金股利或利润，贷记“应收股利”科目，按其差额，贷记或借记“投资收益”科目。

处置采用权益法核算的长期股权投资时，应当采用与被投资单位直接处置相关资产或负债相同的基础，对相关的其他综合收益进行会计处理。按照上述原则可以转入当期损益的其他综合收益，应按结转的长期股权投资的投资成本比例结转原记入“其他综合收益”科目的金额，借记或贷记“其他综合收益”科目，贷记或借记“投资收益”科目。

处置采用权益法核算的长期股权投资时，还应按结转的长期股权投资的投资成本比例结转原记入“资本公积——其他资本公积”科目的金额，借记或贷记“资本公积——其他资本公积”科目，贷记或借记“投资收益”科目。

4. 本科目期末借方余额，反映企业长期股权投资的价值。

（二）“长期股权投资减值准备”

1. 本科目核算企业长期股权投资的减值准备。

2. 本科目应当按照被投资单位进行明细核算。

3. 长期股权投资减值准备的主要账务处理。

资产负债表日，企业根据第九章资产减值确定长期股权投资发生减值的，按应减记的金额，借记“资产减值损失”科目，贷记本科目。处置长期股权投资时，应同时结转已计提的长期股权投资减值准备。

4. 本科目期末贷方余额，反映企业已计提但尚未转销的长期股权投资减值准备。

（三）“应收股利”

1. 本科目核算企业应收取的现金股利和应收取其他单位分配的利润。

2. 本科目应当按照被投资单位进行明细核算。

3. 应收股利的主要账务处理。

（1）被投资单位宣告发放现金股利或利润，按应归本企业享有的金额，借记本科目，贷记“投资收益”或“长期股权投资——损益调整”科目。

（2）收到现金股利或利润，借记“银行存款”等科目，贷记本科目。

4. 本科目期末借方余额，反映企业尚未收回的现金股利或利润。

（四）“投资收益”

1. 本科目核算企业确认的投资收益或投资损失。

2. 本科目应当按照投资项目进行明细核算。

3. 长期股权投资涉及的投资收益的主要账务处理。

（1）长期股权投资采用成本法核算的，企业应按被投资单位宣告发放的现金股利或利润中属于本企业的部分，借记“应收股利”科目，贷记本科目。

（2）长期股权投资采用权益法核算的，资产负债表日，应按被投资单位实现的净利润（以取得投资时被投资单位可辨认净资产的公允价值为基础计算）中企业享有的份额，借记“长期股权投资——损益调整”科目，贷记本科目。

被投资单位发生亏损、分担亏损份额未超过长期股权投资账面价值或分担亏损份额超过长期股权投资账面价值而冲减实质上构成对被投资单位长期净投资的，借记本科目，贷记“长期股权投资——损益调整”、“长期应收款”科目。除按照上述步骤已确认的损失外，按照投资合同或协议约定企业将承担的损失，借记本科目，贷记“预计负债”。发生亏损的被投资单位以后实现净利润的，企业计算的应享有的份额，如有未确认投资损失的，应先弥补未确认的投资损失，弥补损失后仍有余额的，借记“预计负债”、“长期应收款”、“长期股权投资——损益调整”等科目，贷记本科目。

（3）处置长期股权投资时，应按实际收到的金额，借记“银行存款”等科目，原已计提减值准备的，借记“长期股权投资减值准备”科目，按其账面余额，贷记“长期股权投资”科目，按尚未领取的现金股利或利润，贷记“应收股利”科目，按其差额，贷记或借记本科目。

处置采用权益法核算的长期股权投资时，应当采用与被投资单位直接处置相关资产或负债相同的基础，对相关的其他综合收益进行会计处理。按照上述原则可以转入当期损益的其他综合收益，应按结转长期股权投资的投资成本比例结转原记入“其他综合收益”科目的金额，借记或贷记“其他综合收益”科目，贷记或借记本科目。

处置采用权益法核算的长期股权投资时，还应按结转长期股权投资的投资成本比例结转原记入“资本公积——其他资本公积”科目的金额，借记或贷记“资本公积——其他资本公积”科目，贷记或借记本科目。

4. 期末，应将本科目余额转入“本年利润”科目，本科目结转后应无余额。

四、重大影响的判断

企业通常可以通过下列一种或几种情形来判断是否对被投资单位具有重大影响：

（一）在被投资单位的董事会或类似权力机构中派有代表。在这种情况下，由于在被投资单位的董事会或类似权力机构中派有代表，并相应享有实质性的参与决策权，投资方通过该代表参与被投资单位财务和经营政策的制定，从而可能对被投资单位施加重大影响。

（二）参与被投资单位财务和经营政策制定过程。这种情况下，在制定政策过程中可以为其自身利益提出建议和意见，从而可能对被投资单位施加重大影响。

（三）与被投资单位之间发生重要交易。有关的交易因对被投资单位的日常经营具有重要性，进而一定程度上可能影响到被投资单位的生产经营决策。

（四）向被投资单位派出管理人员。在这种情况下，管理人员有权力主导被投资单位的相关活动，从而可能对被投资单位施加重大影响。

（五）向被投资单位提供关键技术资料。因被投资单位的生产经营需要依赖投资方的技术或技术资料，表明投资方可能对被投资单位施加重大影响。

存在上述一种或多种情形并不意味着投资方一定对被投资单位具有重大影响。企业需要综合考虑所有事实和情况来作出恰当的判断。例如，企业不应仅仅以撤回或委派董事、委派监事、增加或减少持有被投资单位的股份等个别事实为依据作出判断。

五、长期股权投资的初始计量

（一）企业合并以外的其他方式取得的长期股权投资

长期股权投资可以通过不同的方式取得，除企业合并形成的长期股权投资外，通过其他方式取得的长期股权投资，应当按照下列要求确定初始投资成本。

1. 以支付现金取得长期股权投资。

以支付现金取得长期股权投资的，应当按照实际应支付的购买价款作为初始投资成本，包括购买过程中支付的手续费等必要支出，但所支付价款中包含的被投资单位已宣告但尚未发放的现金股利或利润作为应收项目核算，不构成取得长期股权投资的成本。

【例3-1】 2×20年2月10日，甲公司自公开市场中买入乙公司20%的股份，实际支付价款16 000万元，支付手续费等相关费用400万元，并于同日完成了相关手续。甲公司取得该部分股权后能够对乙公司施加重大影响。不考虑相关税费等其他因素影响。

甲公司应当按照实际支付的购买价款及相关交易费用作为取得长期股权投资的成本，有关会计处理如下：

借：长期股权投资——投资成本　　164 000 000

　贷：银行存款　　164 000 000

2. 以发行权益性证券取得长期股权投资。

以发行权益性证券取得长期股权投资的，应当按照所发行证券的公允价值作为初始投资成本，但不包括应自被投资单位收取的已宣告但尚未发放的现金股利或利润。

投资方通过发行权益性证券（权益性工具）取得长期股权投资的，所发行工具的公允价值，应按第三十九章公允价值计量等相关内容确定。为发行权益性工具支付给有关证券承销机构等的手续费、佣金等与工具发行直接相关的费用，不构成取得长期股权投资的成本。该部分费用应自所发行证券的溢价发行收入中扣除，溢价收入不足冲减的，应依次冲减盈余公积和未分配利润。

一般而言，投资者投入的长期股权投资应根据法律法规的要求进行评估作价，在公平交易当中，投资者投入的长期股权投资的公允价值，与所发行证券（工具）的公允价值不应存在重大差异。如有确凿证据表明，取得长期股权投资的公允价值比所发行证券（工具）的公允价值更加可靠的，以投资者投入的长期股权投资的公允价值为基础确定其初始投资成本。投资方通过发行债务性证券（债务性工具）取得长期股权投资的，比照通过发行权益性证券（权益性工具）处理。

【例3-2】 2×20年3月，A公司通过增发6 000万股普通股（面值1元/

股)，从非关联方处取得B公司20%的股权，所增发股份的公允价值为10 400万元。为增发该部分股份，A公司向证券承销机构等支付了400万元的佣金和手续费。相关手续于增发当日完成。假定A公司取得该部分股权后能够对B公司施加重大影响。B公司20%股权的公允价值与A公司增发股份的公允价值不存在重大差异。不考虑相关税费等其他因素影响。

本例中，由于B公司20%股权的公允价值与A公司增发股份的公允价值不存在重大差异，A公司应当以所发行股份的公允价值作为取得长期股权投资的初始投资成本，有关会计处理如下：

借：长期股权投资——投资成本　　104 000 000

　贷：股本　　60 000 000

　　资本公积——股本溢价　　44 000 000

发行权益性证券过程中支付的佣金和手续费，应冲减权益性证券的溢价发行收入，会计处理如下：

借：资本公积——股本溢价　　4 000 000

　贷：银行存款　　4 000 000

【例3-3】非上市企业A公司在成立时，H公司以其持有的对B公司的长期股权投资作为出资投入A公司。B公司为上市公司，其权益性证券有活跃市场报价。投资合同约定，H公司作为出资的长期股权投资作价4 000万元（该作价与其公允价值相当）。交易完成后，A公司注册资本增加至16 000万元，其中H公司的持股比例为20%。A公司取得该长期股权投资后能够对B公司施加重大影响。不考虑相关税费等其他因素影响。

本例中，H公司向A公司投入的长期股权投资具有活跃市场报价，而A公司所发行的权益性工具的公允价值不具有活跃市场报价，因此，A公司应采用B公司股权的公允价值来确认长期股权投资的初始成本。A公司应进行的会计处理为：

借：长期股权投资——投资成本　　40 000 000

　贷：实收资本　　32 000 000

　　资本公积——资本溢价　　8 000 000

3. 以债务重组、非货币性资产交换等方式取得长期股权投资。其初始投资成本应按照第十三章债务重组和第八章非货币性资产交换的有关内容确定。

4. 企业进行公司制改建。此时，对资产、负债的账面价值按照评估价值调整的，长期股权投资应以评估价值作为改制时的认定成本，评估值与原账面价值的差异应计入资本公积（资本溢价或股本溢价）。

（二）企业合并形成的长期股权投资

企业合并形成的长期股权投资，应分别同一控制下控股合并与非同一控制下控股合并确定其初始投资成本。

通过多次交易分步实现的企业合并，各项交易是否属于“一揽子交易”，应按第三十四章合并财务报表进行判断。

1. 同一控制下企业合并形成的长期股权投资。

合并方以支付现金、转让非现金资产或承担债务方式作为合并对价的，应当在合并日按照所取得的被合并方在最终控制方合并财务报表中的净资产的账面价值的份额作为长期股权投资的初始投资成本。被合并方在合并日的净资产账面价值为负数的，长期股权投资成本按零确定，同时在备查簿中予以登记。如果被合并方在被合并以前，是最终控制方通过非同一控制下的企业合并所控制的，则合并方长期股权投资的初始投资成本还应包含相关的商誉金额。长期股权投资的初始投资成本与支付的现金、转让的非现金资产及所承担债务账面价值之间的差额，应当调整资本公积（资本溢价或股本溢价）；资本公积（资本溢价或股本溢价）的余额不足冲减的，依次冲减盈余公积和未分配利润。合并方以发行权益性工具作为合并对价的，应按发行股份的面值总额作为股本，长期股权投资的初始投资成本与所发行股份面值总额之间的差额，应当调整资本公积（资本溢价或股本溢价）；资本公积（资本溢价或股本溢价）不足冲减的，依次冲减盈余公积和未分配利润。

合并方发生的审计、法律服务、评估咨询等中介费用以及其他相关管理费用，于发生时计入当期损益。与发行权益性工具作为合并对价直接相关的交易费用，应当冲减资本公积（资本溢价或股本溢价），资本公积（资本溢价或股本溢价）不足冲减的，依次冲减盈余公积和未分配利润。与发行债务性工具作为合并对价直接相关的交易费用，应当计入债务性工具的初始确认金额。

在按照合并日应享有被合并方净资产的账面价值的份额确定长期股权投资的初始投资成本时，前提是合并前合并方与被合并方采用的会计政策应当一致。企业合并前合并方与被合并方采用的会计政策不同的，应基于重要性原则，统一合并方与被合并方的会计政策。在按照合并方的会计政策对被合并方净资产的账面价值进行调整的基础上，计算确定长期股权投资的初始投资成本。如果被合并方编制合并财务报表，则应当以合并日被合并方的合并财务报表为基础确认长期股权投资的初始投资成本。

【例3-4】2×20年6月30日，P公司向同一集团内S公司的原股东A公司定向增发1 000万股普通股（每股面值为1元，市价为8.68元），取得S公司100%的股权，相关手续于当日完成，并能够对S公司实施控制。合并后S公司仍维持其独立法人资格继续经营。S公司之前为A公司于2×18年以非同一控制下企业合并的方式收购的全资子公司。合并日，S公司财务报表中净资产的账面价值为2 200万元，A公司合并财务报表中的S公司净资产账面价值为4 000万元（含商誉500万元）。假定P公司和S公司都受A公司同一控制。不考虑相关税费等其他因素影响。

本例中，P公司在合并日应确认对S公司的长期股权投资，初始投资成本为应享有S公司在A公司合并财务报表中的净资产账面价值的份额及相关商誉，会计处理如下：

借：长期股权投资——投资成本　　40 000 000

　贷：股本　　10 000 000

　　资本公积——股本溢价　　30 000 000

企业通过多次交易分步取得同一控制下被投资单位的股权，最终形成企业合并的，应当判断多次交易是否属于“一揽子交易”。属于一揽子交易的，合并方应当将各项交易作为一项取得控制权的交易进行会计处理。不属于“一揽子交易”的，取得控制权日，应按照下列步骤进行会计处理：

（1）确定同一控制下企业合并形成的长期股权投资的初始投资成本。在合并日，根据合并后应享有被合并方净资产在最终控制方合并财务报表中的账面价值的份额，确定长期股权投资的初始投资成本。

（2）长期股权投资初始投资成本与合并对价账面价值之间的差额的处理。合并日长期股权投资的初始投资成本，与达到合并前的长期股权投资账面价值加上合并日进一步取得股份新支付对价的账面价值之和的差额，调整资本公积（资本溢价或股本溢价），资本公积不足冲减的，冲减留存收益。

（3）合并日之前持有的股权投资，因采用权益法核算或按第二十二章金融工具确认和计量核算而确认的其他综合收益，暂不进行会计处理，直至处置该项投资时采用与被投资单位直接处置相关资产或负债相同的基础进行会计处理；因采用权益法核算而确认的被投资单位净资产中除净损益、其他综合收益和利润分配以外的所有者权益其他变动，暂不进行会计处理，直至处置该项投资时转入当期损益。其中，处置后的剩余股权采用成本法或权益法核算的，其他综合收益和其他所有者权益应按比例结转，处置后的剩余股权改按第二十二章金融工具确认和计量进行会计处理的，其他综合收益和其他所有者权益应全部结转。

（4）编制合并财务报表。合并方应当按照第二十章企业合并和第三十四章合并财务报表编制合并财务报表。合并方在达到合并之前持有的长期股权投资，在取得日与合并方和被合并方同处于同一方最终控制之日孰晚日与合并日之间已确认有关损益、其他综合收益和其他所有者权益变动，应分别冲减比较报表期间的期初留存收益或当期损益。

【例3-5】2×20年1月1日，H公司取得同一控制下的A公司25%的股份，实际支付款项6 000万元，能够对A公司施加重大影响。相关手续于当日办理完毕。当日，A公司可辨认净资产账面价值为22 000万元（假定与公允价值相等）。2×20年及2×21年度，A公司共实现净利润1 000万元，无其他所有者权益变动。2×22年1月1日，H公司以定向增发2 000万股普通股（每股面值为1元，每股公允价值为4.5元）的方式购买同一控制下另一企业所持有的A公司40%股权，相关手续于当日完成。进一步取得投资后，H公司能够对A公司实施控制。当日，A公司在最终控制方合并财务报表中的净资产的账面价值为23 000万元。假定H公司和A公司采用的会计政策和会计期间相同，且一直同受同一最终控制方控制。上述交易不属于一揽子交易。不考虑相关税费等其他因素影响。

H公司有关会计处理如下：

1. 确定合并日长期股权投资的初始投资成本。

合并日追加投资后H公司持有A公司股权比例为65%（25%+40%）。

合并日H公司享有A公司在最终控制方合并财务报表中净资产的账面价值份额为14 950万元（23 000×65%）。

2. 长期股权投资初始投资成本与合并对价账面价值之间的差额的处理。

原25%的股权投资采用权益法核算，在合并日的原账面价值为6 250万元（6 000+1 000×25%）。

追加投资（40%）所支付对价的账面价值为2 000万元。

合并对价账面价值为8 250万元（6 250+2 000）。

长期股权投资初始投资成本与合并对价账面价值之间的差额为6 700万元（14 950-8 250）。

借：长期股权投资——投资成本	149 500 000	
贷：长期股权投资——投资成本		60 000 000

——损益调整 2 500 000

股本 20 000 000

资本公积——股本溢价 67 000 000

2. 非同一控制下企业合并形成的长期股权投资。

非同一控制下的控股合并中，购买方应当以第二十章企业合并确定的企业合并成本作为长期股权投资的初始投资成本。企业合并成本包括购买方付出的资产、发生或承担的负债、发行的权益性工具或债务性工具的公允价值之和。购买方为企业合并发生的审计、法律服务、评估咨询等中介费用以及其他相关管理费用，应于发生时计入当期损益；购买方作为合并对价发行的权益性工具或债务性工具的交易费用，应当计入权益性工具或债务性工具的初始确认金额。

【例3-6】2×22年3月31日，A公司取得B公司70%的股权，取得该部分股权后能够对B公司实施控制。为核实B公司的资产价值，A公司聘请资产评估机构对B公司的资产进行评估，支付评估费用50万元。合并中，A公司支付的有关资产在购买日的账面价值与公允价值如表3-1所示。假定合并前A公司与B公司不存在任何关联方关系。不考虑相关税费等其他因素影响。

表3-1

2×22年3月31日 单位：元

项目	账面价值	公允价值
土地使用权（自用）	40 000 000	64 000 000
专利技术	16 000 000	20 000 000
银行存款	16 000 000	16 000 000
合计	72 000 000	100 000 000

注：A公司用作合并对价的土地使用权和专利技术原价为6 400万元，至企业合并发生时已累计摊销800万元。

本例中，因A公司与B公司在合并前不存在任何关联方关系，应作为非同一控制下的企业合并处理。A公司对于合并形成的对B公司的长期股权投资，会计处理如下：

借：长期股权投资——投资成本 100 000 000

管理费用 500 000

累计摊销　　8 000 000

贷：无形资产　　64 000 000

银行存款　　16 500 000

资产处置损益　　28 000 000

企业通过多次交易分步实现非同一控制下企业合并的，在编制个别财务报表时，应当按照原持有的股权投资的账面价值加上新增投资成本之和，作为改按成本法核算的初始投资成本。

购买日之前持有的股权采用权益法核算的，相关其他综合收益应当在处置该项投资时采用与被投资单位直接处置相关资产或负债相同的基础进行会计处理；因被投资单位除净损益、其他综合收益和利润分配以外的其他所有者权益变动而确认的所有者权益，应当在处置该项投资时相应转入处置期间的当期损益。其中，处置后的剩余股权采用成本法或权益法核算的，其他综合收益和其他所有者权益应按比例结转，处置后的剩余股权改按第二十二章金融工具确认和计量进行会计处理的，其他综合收益和其他所有者权益应全部结转。

购买日之前持有的股权投资，采用第二十二章金融工具确认和计量进行会计处理的，应当将按照该章确定的股权投资的公允价值加上新增投资成本之和，作为改按成本法核算的初始投资成本，原持有股权的公允价值与账面价值之间的差额以及原计入其他综合收益的累计公允价值变动应当在改按成本法核算时采用与处置原持有的股权投资相同的基础进行会计处理。

原持有的股权投资指定为以公允价值计量且其变动计入其他综合收益的非交易性权益工具投资的，其公允价值与账面价值之间的差额以及原计入其他综合收益的累计公允价值变动应当直接转入留存收益。

【例3-7】 2×20年1月1日，A公司以每股5元的价格购入某上市公司B公司的股票100万股，并由此持有B公司2%的股权。A公司与B公司不存在关联方关系。A公司将对B公司的投资指定为以公允价值计量且变动计入其他综合收益的非交易性权益工具投资（以下在本章例题中简称其他权益工具投资）进行会计处理。2×23年1月1日，A公司以现金1.75亿元为对价，向B公司大股东收购B公司50%的股权，相关手续于当日完成。假设A公司购买B公司2%的股权和后续购买50%的股权不构成“一揽子交易”，A公司取得B公司控制权之日为2×23年1月1日，B公司当日股价为每股7元，B公司可辨认净资产的公允价值为2亿元，不考虑相关税费等其他因素影响。

购买日前，A公司持有对B公司的股权投资作为其他权益工具投资进行会计处理，购买日前A公司原持有其他权益工具投资的账面价值为700万元（7×100）。

本次追加投资应支付对价的公允价值为17 500万元。

购买日对子公司按成本法核算的初始投资成本为18 200万元（17 500 + 700）。

购买日前A公司原持有其他权益工具投资相关的其他综合收益为200万元[（7 - 5）×100]，购买日该其他综合收益转入购买日所属当期留存收益。

借：长期股权投资——投资成本　　182 000 000

　贷：其他权益工具投资　　7 000 000

　　银行存款　　175 000 000

借：其他综合收益　　2 000 000

　贷：利润分配——未分配利润　　2 000 000

此处转出之前计入其他综合收益的公允价值变动时均计入未分配利润。实务中，影响盈余公积计提的，企业还应对盈余公积作相应调整。以下在本章例题中如影响盈余公积计提的，也应按此原则处理。

A公司合并财务报表的会计处理参见第三十四章合并财务报表。

【例3 - 8】2×20年1月1日，A公司以现金3 000万元自非关联方处取得了B公司20%股权，并能够对其施加重大影响。当日，B公司可辨认净资产公允价值为1.4亿元。2×22年7月1日，A公司另支付现金8 000万元，自另一非关联方处取得B公司40%股权，并取得对B公司的控制权。购买日，A公司原持有的对B公司20%股权的公允价值为4 000万元，账面价值为3 500万元，A公司确认与B公司权益法核算相关的累计其他综合收益为400万元，其他所有者权益变动100万元；B公司可辨认净资产公允价值为1.8亿元。假设A公司购买B公司20%股权和后续购买40%股权的交易不构成“一揽子交易”。以上交易的相关手续均于当日完成。不考虑相关税费等其他因素影响。

购买日前，A公司持有B公司的投资作为联营企业进行会计核算，购买日前A公司原持有股权的账面价值为3 500万元（3 000 + 400 + 100）。

本次投资应支付对价的公允价值为8 000万元。

购买日对子公司按成本法核算的初始投资成本为11 500万元（8 000 + 3 500）。

购买日前A公司原持有股权相关的其他综合收益400万元以及其他所有者权益变动100万元在购买日均不进行会计处理。

A公司合并财务报表的会计处理，见第三十四章合并财务报表的相关内容。

3. 初始投资成本中包含的已宣告尚未发放现金股利或利润的处理。

企业无论是以何种方式取得长期股权投资，取得投资时，对于支付的对价中包含的应享有被投资单位已经宣告但尚未发放的现金股利或利润应确认为应收项目，不构成取得长期股权投资的初始投资成本。

【例3－9】 承〖例3－1〗，假定甲公司取得该项投资时，乙公司已经宣告但尚未发放现金股利，甲公司按其持股比例计算确定可分得60万元。不考虑所得税影响。

甲公司在确认该长期股权投资时，应将包含的现金股利部分单独进行以下会计处理：

借：长期股权投资——投资成本	163 400 000	
应收股利	600 000	
贷：银行存款		164 000 000

4. 或有对价。

（1）同一控制下企业合并形成的长期股权投资的或有对价。同一控制下企业合并方式形成的长期股权投资，初始投资时，应按照第十四章或有事项的有关内容，判断是否应就或有对价确认预计负债或者确认资产，以及应确认的金额；确认预计负债或资产的，该预计负债或资产金额与后续或有对价结算金额的差额不影响当期损益，而应当调整资本公积（资本溢价或股本溢价），资本公积（资本溢价或股本溢价）不足冲减的，调整留存收益。

（2）非同一控制下企业合并形成的长期股权投资的或有对价，参照第二十章企业合并和第二十二章金融工具确认和计量的有关内容进行会计处理。

六、长期股权投资的后续计量

长期股权投资在持有期间，根据投资方对被投资单位的影响程度分别采用成本法及权益法进行核算。

在个别财务报表中，投资性主体对子公司的会计处理应与合并财务报表原则一致，即只应将对那些为投资性主体的投资活动提供相关服务的子公司的投资作为长期股权投资并按照成本法核算，对其他子公司的投资应按公允价值计量且其变动计入当期损益。关于投资性主体的理解及具体判断，见第三十四章合并财务报表的相关内容。

风险投资机构、共同基金以及类似主体（如投资连接保险产品）持有的、在初始确认时按照第二十二章金融工具确认和计量的规定以公允价值计量且其变动计入当期损益的金融资产的，应当按照第二十二章金融工具确认和计量进行后续计量。

除上述以外，对子公司的长期股权投资应当按成本法核算，对合营企业、联营企业的长期股权投资应当按权益法核算，不允许选择按照第二十二章金融工具确认和计量进行会计处理。

（一）成本法

1. 成本法的适用范围。

投资方持有的对子公司投资应当采用成本法核算，投资方为投资性主体且子公司不纳入其合并财务报表的除外。投资方在判断对被投资单位是否具有控制时，应综合考虑直接持有的股权和通过子公司间接持有的股权。在个别财务报表中，投资方进行成本法核算时，应仅考虑直接持有的股权份额。

要求投资方对子公司的长期股权投资采用成本法核算，主要是为了避免在子公司实际宣告发放现金股利或利润之前，母公司垫付资金发放现金股利或利润等情况，解决了原来权益法核算下投资收益不能足额收回导致超分配的问题。

2. 成本法下长期股权投资账面价值的调整及投资损益的确认。

采用成本法核算的长期股权投资，在追加投资时，按照追加投资支付的成本的公允价值及发生的相关交易费用增加长期股权投资的账面价值。被投资单位宣告分派现金股利或利润的，投资方根据应享有的部分确认当期投资收益。

【例3－10】2×22年1月，甲公司自非关联方处以现金800万元取得对乙公司60%的股权，相关手续于当日完成，并能够对乙公司实施控制。2×23年3月，乙公司宣告分派现金股利，甲公司按其持股比例可取得10万元。不考虑相关税费等其他因素影响。

甲公司有关会计处理如下：

2×22年1月：

借：长期股权投资——投资成本　　8 000 000

　　贷：银行存款　　8 000 000

2×23年3月：

借：应收股利　　100 000

　　贷：投资收益　　100 000

企业按照上述规定确认自被投资单位应分得的现金股利或利润后，应当考虑长期股权投资是否发生减值。

需要注意的是，子公司将未分配利润或盈余公积直接转增股本（实收资本），且未向投资方提供等值现金股利或利润的选择权时，母公司并没有获得收取现金股利或者利润的权力，上述交易通常属于子公司自身权益结构的重分类，母公司不应确认相关的投资收益。

（二）权益法

企业对合营企业和联营企业投资应当采用权益法核算。投资方在判断对被投资单位是否具有共同控制、重大影响时，应综合考虑直接持有的股权和通过子公司间接持有的股权。在综合考虑直接持有的股权和通过子公司间接持有的股权后，如果认定投资方在被投资单位拥有共同控制或重大影响，在个别财务报表中，投资方进行权益法核算时，应仅考虑直接持有的股权份额；在合并财务报表中，投资方进行权益法核算时，应同时考虑直接持有和间接持有的份额。

按照权益法核算的长期股权投资，一般会计处理为：

（1）初始投资或追加投资时，按照初始投资成本或追加投资的投资成本，增加长期股权投资的账面价值。

（2）比较初始投资成本与投资时应享有被投资单位可辨认净资产公允价值的份额，前者大于后者的，不调整长期股权投资账面价值；前者小于后者的，应当按照二者之间的差额调增长期股权投资的账面价值，同时计入取得投资当期损益。

（3）持有投资期间，随着被投资单位所有者权益的变动相应调整增加或减少长期股权投资的账面价值，并分别下列情况处理：

对于因被投资单位实现净损益和其他综合收益而产生的所有者权益的变动，投资方应当按照应享有的份额，增加或减少长期股权投资的账面价值，同时确认投资损益和其他综合收益；

对于被投资单位宣告分派的利润或现金股利计算应分得的部分，相应减少长期股权投资的账面价值；

对于被投资单位除净损益、其他综合收益以及利润分配以外的因素导致的其他所有者权益变动，相应调整长期股权投资的账面价值，同时确认资本公积（其他资本公积）。

在持有投资期间，被投资单位编制合并财务报表的，应当以合并财务报表中净利润、其他综合收益和其他所有者权益变动中归属于被投资单位的金额为基础进行会计处理。

1. 初始投资成本的调整。

投资方取得对联营企业或合营企业的投资以后，对于取得投资时初始投资成本与应享有被投资单位可辨认净资产公允价值份额之间的差额，应区别情况处理。

（1）初始投资成本大于取得投资时应享有被投资单位可辨认净资产公允价值份额的，该部分差额是投资方在取得投资过程中通过作价体现出的与所取得股权份额相对应的商誉价值，这种情况下不要求对长期股权投资的成本进行调整。被投资单位可辨认净资产的公允价值，应当比照第二十章企业合并的有关内容确定。

（2）初始投资成本小于取得投资时应享有被投资单位可辨认净资产公允价值份额的，两者之间的差额体现为双方在交易作价过程中转让方的让步，该部分经济利益流入应计入取得投资当期的营业外收入，同时调整增加长期股权投资的账面价值。

【例3-11】 2×21年1月，A公司取得B公司30%的股权，支付价款6 000万元。取得投资时，被投资单位净资产账面价值为15 000万元（假定被投资单位各项可辨认净资产的公允价值与其账面价值相同）。A公司在取得B公司的股权后，能够对B公司施加重大影响。不考虑相关税费等其他因素影响。

本例中，应对该投资采用权益法核算。取得投资时，A公司有关会计处理如下：

借：长期股权投资——投资成本　　　　60 000 000

　贷：银行存款　　　　　　　　　　　　60 000 000

长期股权投资的初始投资成本6 000万元大于取得投资时应享有被投资单位可辨认净资产公允价值的份额4 500万元（15 000×30%），该差额1 500万元不调整长期股权投资的账面价值。

假定本例中取得投资时被投资单位可辨认净资产的公允价值为24 000万元，A企业按持股比例30%计算确定应享有7 200万元，则初始投资成本与应享有被投资单位可辨认净资产公允价值份额之间的差额1 200万元应计入取得投资当期的营业外收入。有关会计处理如下：

借：长期股权投资——投资成本　　　　72 000 000

贷：银行存款　　　　　　　　　　　　　　　　60 000 000

　　营业外收入　　　　　　　　　　　　　　　12 000 000

2. 投资损益的确认。

采用权益法核算的长期股权投资，在确认应享有（或分担）被投资单位的净利润（或净亏损）时，在被投资单位账面净利润的基础上，应考虑下列因素的影响进行适当调整：

（1）被投资单位采用的会计政策和会计期间与投资方不一致的，应按投资方的会计政策和会计期间对被投资单位的财务报表进行调整，在此基础上确定被投资单位的损益。

权益法下，是将投资方与被投资单位作为一个整体对待，作为一个整体其所产生的损益，应当在一致的会计政策基础上确定，被投资单位采用的会计政策与投资方不同的，投资方应当基于重要性原则，按照本企业的会计政策对被投资单位的损益进行调整。

（2）以取得投资时被投资单位固定资产、无形资产等的公允价值为基础计提的折旧额或摊销额，以及有关资产减值准备金额等对被投资单位净利润进行调整，在此基础上确定被投资单位的损益。

被投资单位利润表中的净利润是以其持有的资产、负债账面价值为基础持续计算的，而投资方在取得投资时，是以被投资单位有关资产、负债的公允价值为基础确定投资成本，取得投资后应确认的投资收益代表的是被投资单位资产、负债在公允价值计量的情况下在未来期间通过经营产生的损益中归属于投资方的部分。投资方取得投资时，被投资单位有关资产、负债的公允价值与其账面价值不同的，未来期间，在计算归属于投资方应享有的净利润或应承担的净亏损时，应考虑对被投资单位计提的折旧额、摊销额以及资产减值准备金额等进行调整。

需要注意的是，尽管在评估投资方对被投资单位是否具有重大影响时，应当考虑潜在表决权的影响，但在确定应享有的被投资单位实现的净损益、其他综合收益和其他所有者权益变动的份额时，潜在表决权所对应的权益份额不应予以考虑。

此外，如果被投资单位发行了分类为权益的可累积优先股等类似的权益工具，无论被投资单位是否宣告分配优先股股利，投资方计算应享有被投资单位的净利润时，均应将归属于其他投资方的累积优先股股利予以扣除。

【例3－12】2×23年1月10日，甲公司购入乙公司30%的股份，购买价款为2 200万元，自取得投资之日起能够对乙公司施加重大影响。取得投资当日，乙公司可辨认净资产公允价值为6 000万元，除表3－2所列项目外，乙公司其他资产、负债的公允价值与账面价值相同。

表3－2　　单位：万元

项目	账面原价	已提折旧或摊销	公允价值	乙公司预计使用年限	甲公司取得投资后剩余使用年限
存货	500		700		
固定资产	1 200	240	1 600	20	16
无形资产	700	140	800	10	8
小计	2 400	380	3 100		

假定乙公司于2×23年实现净利润600万元，其中在甲公司取得投资时的账面存货有80%对外出售。甲公司与乙公司的会计年度及采用的会计政策相同。固定资产、无形资产等均按直线法提取折旧或摊销，预计净残值均为0。假定甲、乙公司间未发生其他任何内部交易。

2×23年12月31日，甲公司在确定其应享有的投资收益时，应在乙公司实现净利润的基础上，根据取得投资时乙公司有关资产的账面价值与其公允价值差额的影响进行调整（假定不考虑所得税及其他税费等因素影响）：

存货账面价值与公允价值的差额应调减的利润为160万元［(700－500)×80%］。

固定资产公允价值与账面价值差额应调整增加的折旧额为40万元（1 600÷16－1 200÷20）。

无形资产公允价值与账面价值差额应调整增加的摊销额为30万元（800÷8－700÷10）。

调整后的净利润为370万元（600－160－40－30）。

按照甲公司应享有份额为111万元（370×30%）。

确认投资收益的相关会计处理如下：

借：长期股权投资——损益调整　　1 110 000

　　贷：投资收益　　1 110 000

（3）对于投资方或纳入投资方合并财务报表范围的子公司与其联营企业

及合营企业之间发生的未实现内部交易损益应予抵销。即，投资方与联营企业及合营企业之间发生的未实现内部交易损益，按照应享有的比例计算归属于投资方的部分，应当予以抵销，在此基础上确认投资损益。投资方与被投资单位发生的内部交易损失，按照第九章资产减值等属于资产减值损失的，应当全额确认。

投资方与其联营企业和合营企业之间的未实现内部交易损益抵销与投资方与子公司之间的未实现内部交易损益抵销有所不同，母子公司之间的未实现内部交易损益在合并财务报表中是全额抵销的（无论是全资子公司还是非全资子公司），而投资方与其联营企业和合营企业之间的未实现内部交易损益抵销仅仅是投资方（或是纳入投资方合并财务报表范围的子公司）享有联营企业或合营企业的权益份额。

需要注意的是，投资方与联营、合营企业之间发生投出或出售资产的交易，该资产构成业务的，应当按照第二十章企业合并、第三十四章合并财务报表的有关内容进行会计处理；其中，该资产是否构成业务应当按照第二十章企业合并的有关内容进行判断。有关会计处理如下：

①联营、合营企业向投资方出售业务的，投资方应按第二十章企业合并进行会计处理。投资方应全额确认与交易相关的利得或损失。

②投资方向联营、合营企业投出业务，投资方因此取得长期股权投资但未取得控制权的，应以投出业务的公允价值作为新增长期股权投资的初始投资成本，初始投资成本与投出业务的账面价值之差，全额计入当期损益。投资方向联营、合营企业出售业务，取得的对价与业务的账面价值之间的差额，全额计入当期损益。

【例3－13】甲公司为某汽车生产厂商。2×23年1月，甲公司以其所属的从事汽车配饰生产的一个分公司（构成业务），向其持股30%的联营企业乙公司增资。同时，乙公司的其他投资方（持有乙企业70%股权）也以现金4 200万元向乙公司增资。增资后，甲公司对乙公司的持股比例不变，并仍能施加重大影响。上述分公司（构成业务）的净资产（资产与负债的差额，下同）账面价值为1 000万元。该业务的公允价值为1 800万元。不考虑相关税费等其他因素影响。

本例中，甲公司是将一项业务投给联营企业作为增资。甲公司应当按照所投出分公司（业务）的公允价值1 800万元作为新取得长期股权投资的初始投资成本，初始投资成本与所投出业务的净资产账面价值1 000万元之间的差额

800 万元应全额计入当期损益。

投出或出售的资产不构成业务的，应当分别顺流交易和逆流交易进行会计处理。顺流交易是指投资方向其联营企业或合营企业投出或出售资产。逆流交易是指联营企业或合营企业向投资方出售资产。未实现内部交易损益体现在投资方或其联营企业、合营企业持有的资产账面价值中的，在计算确认投资损益时应予抵销。

①对于投资方向联营企业或合营企业投出或出售资产的顺流交易，在该交易存在未实现内部交易损益的情况下（即有关资产未对外部独立第三方出售或未被消耗），投资方在采用权益法计算确认应享有联营企业或合营企业的投资损益时，应抵销该未实现内部交易损益的影响，同时调整对联营企业或合营企业长期股权投资的账面价值；投资方因投出或出售资产给其联营企业或合营企业而产生的损益中，应仅限于确认归属于联营企业或合营企业其他投资方的部分。即在顺流交易中，投资方投出资产或出售资产给其联营企业或合营企业产生的损益中，按照应享有比例计算确定归属于本企业的部分不予确认。

【例 3－14】 2×20 年 1 月，甲公司取得了乙公司 20% 有表决权的股份，能够对乙公司施加重大影响。2×23 年 11 月，甲公司将其账面价值为 600 万元的商品以 900 万元的价格出售给乙公司，乙公司将取得的商品作为存货。至 2×23 年 12 月 31 日，该批存货尚未对外部第三方出售。假定甲公司取得该项投资时，乙公司各项可辨认资产、负债的公允价值与其账面价值相同，两者在以前期间未发生过内部交易。乙公司 2×23 年实现净利润为 1 000 万元。不考虑所得税及其他相关税费等其他因素影响。

本例中，甲公司在该项交易中实现利润 300 万元，其中的 60 万元（300×20%）是针对本公司持有的对联营企业的权益份额，在采用权益法计算确认投资损益时应予抵销，即甲公司应当进行以下会计处理：

借：长期股权投资——损益调整

1 400 000 [(10 000 000－3 000 000)×20%]

贷：投资收益　　1 400 000

甲公司如存在子公司需编制合并财务报表，在合并财务报表中对该未实现内部交易损益应在个别报表已确认投资损益的基础上进行以下调整：

借：营业收入　　1 800 000（9 000 000×20%）

贷：营业成本　　1 200 000（6 000 000×20%）

投资收益　　　　　　　　　　　600 000（3 000 000×20%）

②对于联营企业或合营企业向投资方投出或出售资产的逆流交易，比照上述顺流交易处理。

需要注意的是，对于投资方与其联营企业或合营企业之间发生投出或出售资产交易而产生的未实现内部交易损益中归属于投资方的部分，投资方在编制合并财务报表时，应当在个别财务报表抵销的基础上进行调整。对于投资方向联营企业或合营企业投出或出售资产的顺流交易而产生的未实现内部交易损益中归属于投资方的部分，投资方在编制合并财务报表时，在个别财务报表处理的基础上，应当对有关未实现的收入和成本或资产处置损益等中归属于投资方的部分予以抵销，并相应调整相关投资收益；对于联营企业或合营企业向投资方投出或出售资产的逆流交易而产生的未实现内部交易损益中归属于投资方的部分，投资方在编制合并财务报表时，在个别财务报表处理的基础上，应当对有关资产账面价值中包含的未实现内部交易损益中归属于投资方的部分予以抵销，并相应调整长期股权投资的账面价值。

此外，需要说明的是，投资方与其联营企业及合营企业之间发生的无论是顺流交易还是逆流交易产生的未实现内部交易损失，其中属于所转让资产发生减值损失的，有关未实现内部交易损失在个别财务报表和合并财务报表中均不应予以抵销。

【例 3-15】 2×20 年 1 月，甲公司取得乙公司 20% 有表决权的股份，能够对乙公司施加重大影响。2×23 年，甲公司将其账面价值为 400 万元的商品以 320 万元的价格出售给乙公司。2×23 年资产负债表日，该批商品尚未对外部第三方出售。假定甲公司取得该项投资时，乙公司各项可辨认资产、负债的公允价值与其账面价值相同，两者在以前期间未发生过内部交易。乙公司 2×23 年净利润为 1 000 万元。不考虑相关税费等其他因素影响。

甲公司在确认应享有乙公司 2×23 年净损益时，如果有证据表明该商品交易价格 320 万元与其账面价值 400 万元之间的差额为减值损失的，不应予以抵销。甲公司应当进行以下会计处理：

借：长期股权投资——损益调整

　　　　　　　　　　　　　　　2 000 000（10 000 000×20%）

　贷：投资收益　　　　　　　　　　　　　　　2 000 000

3. 被投资单位其他综合收益变动的处理。

被投资单位其他综合收益发生变动的，投资方应当按照归属于本企业的部分，相应调整长期股权投资的账面价值，同时增加或减少其他综合收益。

【例3-16】 A企业持有B企业30%的股份，能够对B企业施加重大影响。当期B企业因持有的分类为以公允价值计量且其变动计入其他综合收益的金融资产（以下在本章例题中简称其他债权投资）公允价值的变动计入其他综合收益的金额为1 200万元，除该事项外，B企业当期实现的净损益为6 400万元。假定A企业与B企业适用的会计政策、会计期间相同，投资时B企业各项可辨认资产、负债的公允价值与其账面价值亦相同。双方在当期及以前期间未发生任何内部交易。不考虑所得税影响因素。

A企业在确认应享有被投资单位所有者权益的变动时：

借：长期股权投资——损益调整

19 200 000（64 000 000×30%）

——其他综合收益

3 600 000（12 000 000×30%）

贷：投资收益　19 200 000

其他综合收益　3 600 000

4. 取得现金股利或利润的处理。

按照权益法核算的长期股权投资，投资方自被投资单位取得的现金股利或利润，应抵减长期股权投资的账面价值。在被投资单位宣告分派现金股利或利润时，借记“应收股利”科目，贷记“长期股权投资——损益调整”科目。

5. 超额亏损的处理。

（1）投资方按权益法确认应分担被投资单位的净亏损或被投资单位其他综合收益减少净额，原则上应以长期股权投资及其他实质上构成对被投资单位净投资的长期权益减记至零为限，投资方负有承担额外损失义务的除外。

这里所讲的“其他实质上构成对被投资单位净投资的长期权益”通常是指长期应收项目，比如，投资方对被投资单位的长期债权，该债权没有明确的清收计划、且在可预见的未来期间不准备收回的，实质上构成对被投资单位的净投资。需要说明的是，该类长期权益不包括投资方与被投资单位之间因销售商品、提供劳务等日常活动所产生的长期债权。

投资方在确认应分担被投资单位的净亏损或被投资单位其他综合收益减少净额时，应将长期股权投资及其他实质上构成对被投资单位净投资的长期权益项目的账面价值综合起来考虑，在长期股权投资的账面价值减记至零的情况下，如果仍有未确认的投资损失，应以其他长期权益的账面价值为基础继续确认。另外，投资方在确认应分担被投资单位的净亏损或被投资单位其他综合收益减少净额时，除应考虑长期股权投资及其他长期权益的账面价值以外，如果在投资合同或协议中约定将履行其他额外的损失补偿义务，还应按第十四章或有事项确认预计将承担的损失金额。

需要注意的是，在合并财务报表中，子公司发生超额亏损的，子公司少数股东应当按照持股比例分担超额亏损。即在合并财务报表中，子公司少数股东分担的当期亏损超过了少数股东在该子公司期初所有者权益中所享有的份额的，其余额应当冲减少数股东权益。

（2）在确认了有关的投资损失以后，被投资单位在以后期间实现净利润或其他综合收益增加净额时，投资方应当按照以前确认或登记有关投资净损失时的相反顺序进行会计处理，即依次减记未确认投资净损失金额、恢复其他长期权益和恢复长期股权投资的账面价值，同时，投资方还应当重新复核预计负债的账面价值，有关会计处理如下：

①投资方当期对被投资单位净利润和其他综合收益增加净额的分享额小于或等于前期未确认投资净损失的，根据登记的未确认投资净损失的类型，弥补前期未确认的应分担的被投资单位净亏损或其他综合收益减少净额等投资净损失。

②投资方当期对被投资单位净利润和其他综合收益增加净额的分享额大于前期未确认投资净损失的，应先按照以上①的规定弥补前期未确认投资净损失；对于前者大于后者的差额部分，依次恢复其他长期权益的账面价值和恢复长期股权投资的账面价值，同时按权益法确认该差额。即按顺序分别借记“长期应收款”、“长期股权投资”等科目，贷记“投资收益”或“其他综合收益”科目。

投资方应当按照第十四章或有事项的有关内容，对预计负债的账面价值进行复核，并根据复核后的最佳估计数予以调整。

【例 3－17】 甲企业持有乙企业 40% 的股权，能够对乙企业施加重大影响。2×22 年 12 月 31 日，该项长期股权投资的账面价值为 4 000 万元。2×23 年，乙企业由于一项主要经营业务市场条件发生变化，当年亏损 6 000 万元。假定甲企业在取得该投资时，乙企业各项可辨认资产、负债的公允价值与其账面价值相等，双方所采用的会计政策及会计期间也相同。因此，甲企业当年度应确认的投资损失为 2 400 万元。确认上述投资损失后，长期股权投资的账面价值变为 1 600 万元。不考虑相关税费等其他因素影响。

如果乙企业2×23年的亏损额为12 000万元，甲企业按其持股比例确认应分担的损失为4 800万元，但长期股权投资的账面价值仅为4 000万元，如果没有其他实质上构成对被投资单位净投资的长期权益项目，则甲企业应确认的投资损失仅为4 000万元，超额损失在账外进行备查登记；在确认了4 000万元的投资损失，长期股权投资的账面价值减记至零以后，如果甲企业账上仍有应收乙企业的长期应收款1 600万元，该款项从目前情况看，没有明确的清偿计划，且在可预见的未来期间不准备收回（并非产生于商品购销等日常活动），则甲企业应进行以下会计处理：

借：投资收益　　40 000 000

　贷：长期股权投资——损益调整　　40 000 000

借：投资收益　　8 000 000

　贷：长期应收款　　8 000 000

6. 被投资单位除净损益、其他综合收益以及利润分配以外的所有者权益的其他变动。

被投资单位除净损益、其他综合收益以及利润分配以外的所有者权益的其他变动的因素，主要包括被投资单位接受其他股东的资本性投入、被投资单位发行可分离交易的可转债中包含的权益成分、以权益结算的股份支付、其他股东对被投资单位增资导致投资方持股比例变动等。投资方应按所持股权比例计算应享有的份额，调整长期股权投资的账面价值，同时计入资本公积（其他资本公积），并在备查簿中予以登记，投资方在后续处置股权投资但对剩余股权仍采用权益法核算时，应按处置比例将这部分资本公积转入当期投资收益；对剩余股权终止权益法核算时，将这部分资本公积全部转入当期投资收益。

【例3－18】2×20年3月20日，A、B、C公司分别以现金300万元、300万元和400万元出资设立D公司，分别持有D公司30%、30%、40%的股权。A公司对D公司具有重大影响，采用权益法对有关长期股权投资进行核算。D公司自设立日起至2×22年1月1日实现净损益1 000万元，除此以外，无其他影响净资产的事项。2×22年1月1日，经A、B、C公司协商，B公司对D公司增资800万元，增资后D公司净资产为2 800万元，A、B、C公司分别持有D公司22%、48%、30%的股权。相关手续于当日完成。假定A公司与D公司适用的会计政策、会计期间相同，双方在当期及以前期间未发生其他内部交易。不考虑相关税费等其他因素影响。

本例中，2×22年1月1日，B公司增资前，D公司的净资产账面价值为

2 000 万元，A 公司应享有 D 公司权益的份额为 600 万元（2 000 × 30%）。B 公司单方面增资后，D 公司的净资产增加 800 万元，A 公司应享有 D 公司权益的份额为 616 万元（2 800 × 22%）。A 公司享有的权益变动 16 万元（616 − 600），属于 D 公司除净损益、其他综合收益和利润分配以外所有者权益的其他变动。A 公司对 D 公司的长期股权投资的账面价值应调增 16 万元，并相应调整“资本公积——其他资本公积”。

7. 投资方持股比例增加但仍采用权益法核算的处理。

投资方因增加投资等原因对被投资单位的持股比例增加，但被投资单位仍然是投资方的联营企业或合营企业时，投资方应当按照新的持股比例对股权投资继续采用权益法进行核算。在新增投资日，如果新增投资成本大于按新增持股比例计算的被投资单位可辨认净资产于新增投资日的公允价值份额，不调整长期股权投资成本；如果新增投资成本小于按新增持股比例计算的被投资单位可辨认净资产于新增投资日的公允价值份额，应按该差额，调整长期股权投资成本和营业外收入。进行上述调整时，应当综合考虑与原持有投资和追加投资相关的商誉或计入损益的金额。

【例 3 − 19】 2 × 20 年 1 月 1 日，A 公司以现金 2 500 万元向非关联方购买 B 公司 20% 的股权，并对 B 公司具有重大影响。当日，B 公司可辨认净资产公允价值与账面价值相等，均为 10 000 万元。2 × 20 年 1 月 1 日至 2 × 23 年 1 月 1 日期间，B 公司实现净损益 2 000 万元，除此以外，无其他引起净资产发生变动的事项。2 × 23 年 1 月 1 日，A 公司以现金 1 200 万元向另一非关联方购买 B 公司 10% 的股权，仍对 B 公司具有重大影响，相关手续于当日完成。当日，B 公司可辨认净资产公允价值为 1.5 亿元。不考虑相关税费等其他因素影响。

本例中，A 公司于 2 × 20 年 1 月 1 日第一次购买 B 公司股权时，应享有 B 公司可辨认净资产公允价值份额为 2 000 万元（10 000 × 20%），A 公司支付对价的公允价值为 2 500 万元，因此 A 公司 2 × 20 年 1 月 1 日确认对 B 公司的长期股权投资的初始投资成本为 2 500 万元，其中含 500 万元的内含商誉。

借：长期股权投资——投资成本　　　　25 000 000

　　贷：银行存款　　　　25 000 000

A 公司 2 × 23 年 1 月 1 日第二次购买 B 公司股权时，应享有 B 公司可辨认净资产公允价值份额为 1 500 万元（15 000 × 10%），A 公司支付对价的公允价值为 1 200 万元，A 公司本应调整第二次投资的长期股权投资成本为 1 500 万元，并将300万元的负商誉确认300万元的营业外收入，然而，由于A公司第一次权益法投资时确认了500万元的内含正商誉，两次商誉综合考虑后的金额为正商誉200万元，因此，A公司2×23年1月1日确认的对第二次投资的长期股权投资的初始投资成本仍为1 200万元，并在备查簿中记录两次投资各自产生的商誉和第二次投资时综合考虑两次投资产生的商誉后的调整情况。

借：长期股权投资　　12 000 000

　　贷：银行存款　　12 000 000

（三）长期股权投资的减值

长期股权投资如果存在减值迹象的，应当按照第九章资产减值进行减值有关会计处理。在判断长期股权投资是否存在减值迹象时，企业应当密切关注长期股权投资的账面价值是否大于享有被投资单位净资产（包括相关商誉）账面价值的份额，以及是否存在第九章资产减值中有关减值迹象等类似情况。出现类似情况时，企业应当按照第九章资产减值对长期股权投资进行减值测试，可收回金额低于长期股权投资账面价值的，应当计提减值准备。

【例3－20】上市公司乙公司是甲公司的联营企业，甲公司对乙公司的长期股权投资采用权益法核算。乙公司股价于2×22年出现明显下跌，2×22年12月31日，乙公司股票价值远低于乙公司净资产的账面价值。

本例中，按照第九章资产减值有关内容，资产的市价当期大幅度下跌，其跌幅明显高于因时间的推移或者正常使用而预计的下跌时，表明资产存在减值迹象。因此，甲公司对乙公司的该项长期股权投资存在减值迹象。此时，甲公司应当对该项长期股权投资估计可收回金额，可收回金额应当根据该项长期股权投资的公允价值减去处置费用后的净额与该项长期股权投资预计未来现金流量的现值两者之间较高者确定。如果估计的可收回金额低于长期股权投资账面价值，则甲公司应当对乙公司的该项长期股权投资计提减值准备。

七、长期股权投资核算方法的转换

（一）公允价值计量转权益法核算

原持有的对被投资单位的股权投资（不具有控制、共同控制或重大影响的），按照第二十二章金融工具确认和计量进行会计处理的，因追加投资等原因导致持股比例上升，能够对被投资单位施加共同控制或重大影响的，在转按权益法核算时，投资方应当按照第二十二章金融工具确认和计量确定的原股权投资的公允价值加上为取得新增投资而应支付对价的公允价值，作为改按权益法核算的初始投资成本。原持有的股权投资指定为以公允价值计量且其变动计入其他综合收益的非交易性权益工具投资的，其公允价值与账面价值之间的差额以及原计入其他综合收益的累计公允价值变动应当直接转入留存收益。

然后，比较上述计算所得的初始投资成本，与按照追加投资后全新的持股比例计算确定的应享有被投资单位在追加投资日可辨认净资产公允价值份额，前者大于后者的，不调整长期股权投资的账面价值；前者小于后者的，两者之间的差额应调整长期股权投资的账面价值，并计入当期营业外收入。

【例3－21】 2×22年2月，A公司以600万元现金自非关联方处取得B公司10%的股权。A公司将其分类为以公允价值计量且其变动计入当期损益的金融资产（以下在本章例题中简称交易性金融资产）。2×23年1月2日，A公司又以1 200万元的现金自另一非关联方处取得B公司12%的股权，相关手续于当日完成。当日，B公司可辨认净资产公允价值总额为8 000万元，A公司对B公司的交易性金融资产的账面价值1 000万元。取得该部分股权后，按照B公司章程规定，A公司能够对B公司施加重大影响，对该项股权投资转为采用权益法核算。不考虑相关税费等其他因素影响。

本例中，2×23年1月2日，A公司原持有10%股权的公允价值为1 000万元，为取得新增投资而支付对价的公允价值为1 200万元，因此，A公司对B公司22%股权的初始投资成本为2 200万元。

A公司对B公司新持股比例为22%，应享有B公司可辨认净资产公允价值的份额为1 760万元（8 000×22%）。由于初始投资成本（2 200万元）大于应享有B公司可辨认净资产公允价值的份额（1 760万元），因此，A公司无需调整长期股权投资的成本。

2×23年1月2日，A公司确认对B公司的长期股权投资，进行会计处理如下：

借：长期股权投资——投资成本	22 000 000	
贷：交易性金融资产		10 000 000
银行存款		12 000 000

（二）公允价值计量或权益法核算转成本法核算

投资方原持有的对被投资单位不具有控制、共同控制或重大影响的权益性投资，或者原持有对联营企业、合营企业的长期股权投资，因追加投资等原因，能够对被投资单位实施控制的，应按本章有关企业合并形成的长期股权投资的指引进行会计处理。

（三）权益法核算转公允价值计量

原持有的对被投资单位具有共同控制或重大影响的长期股权投资，因部分处置等原因导致持股比例下降，不能再对被投资单位实施共同控制或重大影响的，应改按第二十二章金融工具确认和计量对剩余股权投资进行会计处理，其在丧失共同控制或重大影响之日的公允价值与账面价值之间的差额计入当期损益。剩余股权投资如果满足指定为以公允价值计量且其变动计入其他综合收益的金融资产的条件，企业可以选择将其指定为以公允价值计量且其变动计入其他综合收益的金融资产。原采用权益法核算的相关其他综合收益应当在终止采用权益法核算时，采用与被投资单位直接处置相关资产或负债相同的基础进行会计处理，因被投资单位除净损益、其他综合收益和利润分配以外的其他所有者权益变动而确认的所有者权益，应当在终止采用权益法核算时全部转入当期损益。

【例 3－22】甲公司持有乙公司 30% 的有表决权股份，能够对乙公司施加重大影响，对该股权投资采用权益法核算。2×22 年 10 月，甲公司将该项投资中的 50% 出售给非关联方，取得价款 1 800 万元。相关手续于当日完成。甲公司无法再对乙公司施加重大影响，将剩余股权投资转为交易性金融资产。出售时，该项长期股权投资的账面价值为 3 200 万元，其中投资成本 2 600 万元，损益调整为 300 万元，其他综合收益为 200 万元（性质为被投资单位的其他权益工具投资的累计公允价值变动），除净损益、其他综合收益和利润分配外的其他所有者权益变动为 100 万元。剩余股权的公允价值为 1 800 万元。不考虑相关税费等其他因素影响。

甲公司有关会计处理如下：

1. 确认有关股权投资的处置损益。

借：银行存款　　18 000 000

　　贷：长期股权投资　　16 000 000

　　　　投资收益　　2 000 000

2. 由于终止采用权益法核算，将原确认的与被投资单位的其他权益工具投资相关的其他综合收益全部转入留存收益。

借：其他综合收益　　2 000 000

　　贷：利润分配——未分配利润　　2 000 000

3. 由于终止采用权益法核算，将原计入资本公积的其他所有者权益变动全部转入当期损益。

借：资本公积——其他资本公积　　1 000 000

　　贷：投资收益　　1 000 000

4. 剩余股权投资转为交易性金融资产，当天公允价值为1 800万元，账面价值为1 600万元，两者差异应计入当期投资收益。

借：交易性金融资产　　18 000 000

　　贷：长期股权投资　　16 000 000

　　　　投资收益　　2 000 000

（四）成本法转权益法

因处置投资等原因导致对被投资单位由能够实施控制转为具有重大影响或者与其他投资方一起实施共同控制的，首先应按处置投资的比例结转应终止确认的长期股权投资成本，其与处置对价之间的差额计入当期损益。

然后，比较剩余长期股权投资的成本与按照剩余持股比例计算原投资时应享有被投资单位可辨认净资产公允价值的份额，前者大于后者的，属于投资作价中体现的商誉部分，不调整长期股权投资的账面价值；前者小于后者的，在调整长期股权投资成本的同时，调整期初留存收益。

对于原取得投资时至处置投资时（转为权益法核算）之间被投资单位实现净损益中投资方应享有的份额，一方面应当调整长期股权投资的账面价值，同时，对于原取得投资时至处置投资当期期初被投资单位实现的净损益（扣除已宣告发放的现金股利和利润）中应享有的份额，调整期初留存收益，对于处置投资当期期初至处置投资之日被投资单位实现的净损益中享有的份额，调整当期损益；在被投资单位其他综合收益变动中应享有的份额，在调整长期股权投资账面价值的同时，应当计入其他综合收益；除净损益、其他综合收益和利润分配外的其他原因导致被投资单位其他所有者权益变动中应享有的份额，在调整长期股权投资账面价值的同时，应当计入资本公积（其他资本公积）。长期股权投资自成本法转为权益法后，未来期间应当计算确认应享有被投资单位实现的净损益、其他综合收益和所有者权益其他变动的份额。

上述转换时需要调整的留存收益在报表所有者权益变动表中列示于“上年年末余额”到“本年年初余额”之间的“其他”项目中，从而对本年年初的留存收益进行调整，无需追溯调整比较期间数据。

【例3-23】 A公司原持有B公司60%的股权，能够控制B公司。2×22年11月6日，A公司对B公司的长期股权投资的账面价值为6 000万元，未计提减值准备，A公司将其持有的对B公司长期股权投资中的1/3出售给非关联方，取得价款 3 600 万元，当日被投资单位 B 公司可辨认净资产公允价值总额为 16 000 万元。相关手续于当日完成，A 公司不再控制 B 公司，但具有重大影响。A 公司原取得 B 公司 60% 股权时，B 公司可辨认净资产公允价值总额为 9 000 万元（假定公允价值与账面价值相同）。自 A 公司取得对 B 公司长期股权投资后至部分处置投资前，B 公司实现净利润 5 000 万元。其中，自 A 公司取得投资日至 2×22 年年初实现净利润 4 000 万元。假定 B 公司一直未进行利润分配。除实现净损益外，B 公司未发生其他计入资本公积的交易或事项。不考虑相关税费等其他因素影响。

本例中，在出售 20% 的股权后，A 公司对 B 公司的持股比例为 40%，对 B 公司具有重大影响。对 B 公司长期股权投资应由成本法改为按照权益法核算。有关会计处理如下：

1. 确认长期股权投资处置损益。

借：银行存款　　36 000 000

　　贷：长期股权投资　　20 000 000

　　　　投资收益　　16 000 000

2. 调整长期股权投资账面价值。

剩余长期股权投资的账面价值为 4 000 万元，与原投资时应享有被投资单位可辨认净资产公允价值份额之间的差额 400 万元（4 000 − 9 000 × 40%）为商誉，该部分商誉的价值不需要对长期股权投资的成本进行调整。

处置投资以后按照持股比例计算享有被投资单位自购买日至处置投资日期初之间实现的净损益为 1 600 万元（4 000 × 40%），应调整增加长期股权投资的账面价值，同时调整期初留存收益；处置期初至处置日之间实现的净损益 400 万元［(5 000 − 4 000) × 40%］，应调整增加长期股权投资的账面价值，同时计入当期投资收益。企业应进行以下会计处理：

借：长期股权投资　　20 000 000

　　贷：利润分配——未分配利润　　16 000 000

　　　　投资收益　　4 000 000

因其他投资方对子公司增资而导致投资方的持股比例下降，由能够实施控制转为具有重大影响或者与其他投资方一起实施共同控制的，首先应按照新的持股比例确认应享有的原子公司因增资扩股而增加净资产的份额，与应结转持股比例下降部分所对应的长期股权投资原账面价值之间的差额计入当期损益。然后，按照新的持股比例视同自取得投资时即采用权益法核算进行调整。

比较剩余长期股权投资的成本与按照剩余持股比例计算原投资时应享有被投资单位可辨认净资产公允价值的份额，前者大于后者的，属于投资作价中体现的商誉部分，不调整长期股权投资的账面价值；前者小于后者的，在调整长期股权投资成本的同时，调整期初留存收益。

上述转换时需要调整的留存收益在报表所有者权益变动表中列示于"上年年末余额"到"本年年初余额"之间的"其他"项目中，从而对本年年初的留存收益进行调整，无需追溯调整比较期间数据。

【例 3－24】 2×20 年 1 月 1 日，甲公司以 3 000 万元现金取得乙公司 60%的股权，能够对乙公司实施控制；当日，乙公司可辨认净资产公允价值为 4 500 万元（假定公允价值与账面价值相同）。2×22 年 10 月 1 日，乙公司向非关联方丙公司定向增发新股，增资 2 700 万元，相关手续于当日完成，甲公司对乙公司持股比例下降为 40%，对乙公司丧失控制权但仍具有重大影响。

2×20 年 1 月 1 日至 2×22 年 10 月 1 日期间，乙公司实现净利润 2 500 万元；其中，2×20 年 1 月 1 日至 2×21 年 12 月 31 日期间，乙公司实现净利润 2 000 万元。假定乙公司一直未进行利润分配，也未发生其他计入资本公积和其他综合收益的交易或事项。不考虑相关税费等其他因素影响。

2×22 年 10 月 1 日，甲公司有关账务处理如下：

（1）按比例结转部分长期股权投资账面价值并确认相关损益：2 700 × 40% －3 000 ×（60% －40%）÷60% ＝80（万元）。

借：长期股权投资——乙公司　　800 000

　　贷：投资收益　　800 000

（2）对剩余股权视同自取得投资时即采用权益法核算进行调整。

剩余长期股权投资的账面价值为 2 000 万元，与原投资时应享有被投资单位可辨认净资产公允价值份额之间的差额 200 万元（2 000 －4 500 ×40%）为商誉，该部分商誉的价值不需要对长期股权投资的成本进行调整。

处置投资以后按照持股比例计算享有被投资单位自购买日至处置投资日期初之间实现的净损益为 800 万元（2 000 ×40%），应调整增加长期股权投资的账面价值，同时调整期初留存收益；处置当期期初至处置日之间实现的净损益 200 万元（500 ×40%），应调整增加长期股权投资的账面价值，同时计入当期投资收益。

借：长期股权投资——损益调整　　10 000 000

贷：利润分配——未分配利润　　8 000 000（20 000 000×40%）

投资收益　　2 000 000（5 000 000×40%）

（五）成本法核算转公允价值计量

原持有的对被投资单位具有控制的长期股权投资，因部分处置等原因导致持股比例下降，不能再对被投资单位实施控制、共同控制或重大影响的，应改按第二十二章金融工具确认和计量进行会计处理，在丧失控制之日的公允价值与账面价值之间的差额计入当期投资收益。

【例3－25】甲公司持有乙公司60%的有表决权股份，能够对乙公司实施控制，对该股权投资采用成本法核算。2×22年10月，甲公司将该项投资中的80%出售给非关联方，取得价款8 000万元。相关手续于当日完成。甲公司无法再控制乙公司，也不能施加共同控制或重大影响，将剩余股权投资转为交易性金融资产。出售时，该项长期股权投资的账面价值为8 000万元，剩余股权投资的公允价值为2 000万元。不考虑相关税费等其他因素影响。

甲公司有关会计处理如下：

1. 确认有关股权投资的处置损益。

借：银行存款　　80 000 000

贷：长期股权投资　　64 000 000

投资收益　　16 000 000

2. 剩余股权投资转为交易性金融资产，当天公允价值为2 000万元，账面价值为1 600万元，两者差异应计入当期投资收益。

借：交易性金融资产　　20 000 000

贷：长期股权投资　　16 000 000

投资收益　　4 000 000

八、股票股利的处理

被投资单位分派股票股利的，投资方不作会计处理，但应于除权日注明所增加的股数，以反映股份的变化情况。

九、投资性主体转变时的会计处理

当企业由非投资性主体转变为投资性主体时，其对自转变日起不再纳入合并财务报表范围的子公司采用公允价值计量且其变动计入当期损益，转变日公允价值和原账面价值的差额计入所有者权益。

当企业由投资性主体转变为非投资性主体时，其对自转变日起开始纳入合并财务报表范围的子公司采用成本法进行后续计量。转变日的公允价值为成本法核算的初始成本。

十、长期股权投资的处置和划分为持有待售的长期股权投资

（一）长期股权投资的处置

企业持有长期股权投资的过程中，由于各方面的考虑，决定将所持有的对被投资单位的股权全部或部分对外出售时，应相应结转与所售股权相对应的长期股权投资的账面价值，一般情况下，出售所得价款与处置长期股权投资账面价值之间的差额，应确认为处置损益。

投资方全部处置权益法核算的长期股权投资时，原权益法核算的相关其他综合收益应当在终止采用权益法核算时采用与被投资单位直接处置相关资产或负债相同的基础进行会计处理，因被投资单位除净损益、其他综合收益和利润分配以外的其他所有者权益变动而确认的所有者权益，应当在终止采用权益法核算时全部转入当期投资收益。投资方部分处置权益法核算的长期股权投资，剩余股权仍采用权益法核算的，原权益法核算的相关其他综合收益应当采用与被投资单位直接处置相关资产或负债相同的基础处理并按比例结转，因被投资单位除净损益、其他综合收益和利润分配以外的其他所有者权益变动而确认的所有者权益，应当按比例结转入当期投资收益。

【例 3－26】 A 公司持有 B 公司 40% 的股权并采用权益法核算。2×23 年 7 月 1 日，A 公司将 B 公司 20% 的股权出售给第三方 C 公司，对剩余 20% 的股权仍采用权益法核算。A 公司取得 B 公司股权至 2×23 年 7 月 1 日期间，确认的相关其他综合收益为 400 万元，其中 350 万元为按比例享有的 B 公司其他债权投资的公允价值变动，50 万元为按比例享有的 B 公司其他权益工具投资的公允价值变动；享有 B 公司除净损益、其他综合收益和利润分配以外的其他所有者权益变动为 100 万元。不考虑相关税费等其他因素影响。

A 公司原持有股权相关的其他综合收益和其他所有者权益变动应按如下方法进行会计处理：

1. 其他综合收益。

（1）转入当期损益。

350 万元的其他综合收益属于被投资单位其他债权投资的公允价值变动，由

于剩余股权仍继续采用权益法进行核算，因此，应按处置比例 50%（20% ÷ 40%）相应结转计入当期投资收益 350 × 50% = 175（万元）。

借：其他综合收益 1 750 000

　　贷：投资收益 1 750 000

（2）转入其他的权益科目。

50 万元的其他综合收益属于被投资单位其他权益工具投资的公允价值变动，由于剩余股权仍继续采用权益法进行核算，因此，应按处置比例 50%（20% ÷ 40%）相应结转计入留存收益 50 × 50% = 25（万元）。

借：其他综合收益 250 000

　　贷：利润分配——未分配利润 250 000

2. 其他所有者权益变动。

由于剩余股权仍继续采用权益法进行核算，因此应按处置比例 50%（20% ÷ 40%）相应结转计入当期投资收益 100 × 50% = 50（万元）。

借：资本公积——其他资本公积 500 000

　　贷：投资收益 500 000

再假设，2 × 23 年 12 月，A 公司再向第三方公司处置 B 公司 15% 的股权，剩余 5% 股权作为交易性金融资产进行会计处理。A 公司原持有股权相关的其他综合收益和其他所有者权益变动应按以下方法进行会计处理：

1. 其他综合收益。

（1）转入当期损益。

处置后的剩余股权改按交易性金融资产进行会计处理，其他综合收益 175 万元属于被投资单位其他债权投资的公允价值变动，应在转换日全部结转，同时计入当期投资收益。

借：其他综合收益 1 750 000

　　贷：投资收益 1 750 000

（2）转入其他的权益科目。

处置后的剩余股权改按交易性金融资产进行会计处理，其他综合收益 25 万元属于被投资单位其他权益工具投资的公允价值变动，应在转换日全部结转，同时计入留存收益。

借：其他综合收益 250 000

　　贷：利润分配——未分配利润 250 000

2. 其他所有者权益变动。

由于剩余股权改按交易性金融资产进行会计处理，因此，应在转换日全部结转，计入当期投资收益50万元。

借：资本公积——其他资本公积　　500 000

　　贷：投资收益　　500 000

企业部分处置持有的长期股权投资仍持有剩余股权时，在转换日的会计处理应参见本章关于长期股权投资核算方法的转换的内容。

企业通过多次交易分步处置对子公司股权投资直至丧失控制权，如果上述交易属于一揽子交易的，应当将各项交易作为一项处置子公司股权投资并丧失控制权的交易进行会计处理；但是，在丧失控制权之前每一次处置价款与所处置的股权对应的长期股权投资账面价值之间的差额，在个别财务报表中，应当先确认为其他综合收益，到丧失控制权时再一并转入丧失控制权的当期损益。

（二）划分为持有待售的长期股权投资

处置长期股权投资时，如果满足划分为持有待售类别的非流动资产或资产组的条件，应当按照第四十二章持有待售的非流动资产、处置组和终止经营中关于计量和列报的有关内容进行会计处理。

十一、衔接规定

1. 企业在首次执行日以前已经持有的对子公司长期股权投资，视同该子公司自取得时即采用变更后的会计政策，对其原账面核算的成本、原摊销的股权投资差额、按照权益法确认的损益调整及股权投资准备等进行追溯调整，视同子公司自最初即采用成本法核算。

对子公司长期股权投资，其账面价值在公司设立时已折合为股本或实收资本等资本性项目的，有关追溯调整应以公司设立折股时为限，即对于公司设立时长期股权投资的账面价值已折成股份或折成资本的不再进行追溯调整。

首次执行日之前持有的对子公司长期股权投资进行追溯调整不切实可行的，应当按照《企业会计准则第38号——首次执行企业会计准则》的相关规定，在首次执行日对其账面价值进行调整。

2. 首次执行日企业持有的对联营企业及合营企业长期股权投资，应当按照《企业会计准则第38号——首次执行企业会计准则》的规定，对其账面价值进行调整。即存在股权投资借方差额的，应当将长期股权投资的账面余额作为首次执行日的认定成本。对于该股权投资借方差额，执行企业会计准则后计算确认投资收益时，应当在享有或分担被投资单位净损益的基础上，扣除按原股权投资差额的剩余摊销年限直线摊销的股权投资借方差额；存在股权投资贷方差额的，应冲销贷方差额，调整留存收益，并以冲销贷方差额后的长期股权投资账面余额作为首次执行日的认定成本。

3. 原采用成本法核算的长期股权投资应当在首次执行日按照企业会计准则有关规定进行重新分类，如果属于本章规定应采用权益法进行核算的，应当视同从符合企业会计准则下权益法核算条件之日起按照权益法进行追溯调整，不切实可行的除外。

4. 企业在股权分置改革过程中持有对被投资单位在重大影响以上的股权，应当作为长期股权投资，视对被投资单位的影响程度分别采用成本法或权益法核算；企业在股权分置改革过程中持有对被投资单位不具有控制、共同控制或重大影响的股权，应当划分为以公允价值计量且其变动计入当期损益的金融资产或以公允价值计量且其变动计入其他综合收益的金融资产，其公允价值与账面价值的差额，在首次执行日应当追溯调整，计入资本公积。

第四章　投资性房地产

一、总体要求

房地产通常是土地和房屋及其权属的总称。在我国，土地归国家或集体所有，企业只能取得土地使用权。因此，房地产中的土地是指土地使用权。房屋是指土地上的房屋等建筑物及构筑物。在市场经济条件下，房地产市场日益活跃，企业持有的房地产除了用作自身管理、生产经营活动场所和对外销售之外，出现了将房地产用于赚取租金或增值收益的活动，甚至是个别企业的主营业务。用于出租或增值的房地产就是投资性房地产。投资性房地产在用途、状态、目的等方面与企业自用的厂房、办公楼等作为生产经营场所的房地产和房地产开发企业用于销售的房地产是不同的。《企业会计准则第 3 号——投资性房地产》（以下简称投资性房地产准则）规范了投资性房地产的确认、计量和相关信息的披露。

投资性房地产，是指为赚取租金或资本增值，或者两者兼有而持有的房地产。投资性房地产应当能够单独计量和出售。投资性房地产的主要形式是出租建筑物、出租土地使用权，这实质上属于一种让渡资产使用权行为。房地产租金就是让渡资产使用权取得的使用费收入，属于企业日常活动（日常活动是指企业为完成其经营目标所从事的经常性活动以及与之相关的活动）形成的经济利益总流入。投资性房地产的另一种形式是持有并准备增值后转让的土地使用权，尽管其增值收益通常与市场供求、经济发展等因素有关，但目的是为了增值后转让以赚取增值收益，也是企业日常活动形成的经济利益总流入。在我国实务中，持有并准备增值后转让的土地使用权这种情况较少。

投资性房地产应当按照成本进行初始确认和计量。在后续计量时，通常应当采用成本模式，存在确凿证据表明投资性房地产的公允价值能够可靠取得的，可以采用公允价值计量模式。计量模式一经确定，不得随意变更。成本模式转为公允价值模式的，应当作为会计政策变更，按照第二十九章会计政策、会计估计变更和差错更正处理。已采用公允价值模式计量的投资性房地产，不得从公允价值模式转为成本模式。同一企业只能采用一种模式对所有投资性房地产进行后续计量，不得同时采用两种计量模式进行后续计量。

二、适用范围

（一）本章的投资性房地产包括已出租的土地使用权、持有并准备增值后转让的土地使用权、已出租的建筑物

1. 已出租的土地使用权。

已出租的土地使用权是指企业通过出让或转让方式取得的、以经营租赁方式出租的土地使用权。企业取得的土地使用权通常包括在一级市场上以交纳土地出让金的方式取得的土地使用权，也包括在二级市场上接受其他单位转让的土地使用权。例如，甲公司与乙公司签署了土地使用权租赁协议，甲公司以年租金 720 万元租赁使用乙公司拥有的 40 万平方米土地使用权。那么，自租赁协议约定的租赁期开始日起，这项土地使用权属于乙公司的投资性房地产。

对于租入土地使用权再转租给其他单位的，不能确认为投资性房地产。

2. 持有并准备增值后转让的土地使用权。

持有并准备增值后转让的土地使用权是指企业取得的、准备增值后转让的土地使用权。这类土地使用权很可能给企业带来资本增值收益，符合投资性房地产的定义。

按照国家有关规定认定的闲置土地，不属于持有并准备增值后转让的土地使用权，也就不属于投资性房地产。

3. 已出租的建筑物。

已出租的建筑物是指企业拥有产权的、以经营租赁方式出租的建筑物，包括自行建造或开发活动完成后用于出租的建筑物以及正在建造或开发过程中将来用于出租的建筑物。例如，甲公司将其拥有的某栋厂房整体出租给乙公司，租赁期 2 年。对于甲公司而言，自租赁期开始日起，该栋厂房属于投资性房地产。企业在判断和确认已出租的建筑物时，应当把握下列要点：

（1）用于出租的建筑物是指企业拥有产权的建筑物。企业租入再转租的建筑物不属于投资性房地产。例如，甲企业与乙企业签订租赁合同，乙企业将其持有产权的一栋办公楼出租给甲企业，为期 5 年，乙企业将其分类为经营租赁。甲企业一开始将该办公楼改装后用于自行经营餐馆。2 年后，由于连续亏损，甲企业将餐馆转租给丙企业，以赚取租金差价。这种情况下，对于甲企业而言，该栋楼不属于其投资性房地产。对于乙企业而言，该栋楼则属于其投资性房地产。

（2）已出租的建筑物是企业已经与其他方签订了租赁协议，以经营租赁方式出租的建筑物。一般应自租赁协议规定的租赁期开始日起，经营租出的建筑物才属于已出租的建筑物。通常情况下，对企业持有以备经营出租的空置建筑物或在建建筑物，如董事会或类似机构作出书面决议，明确表明将其用于经营出租且持有意图短期内不再发生变化的，即使尚未签订租赁协议，也应视为投资性房地产。这里的空置建筑物，是指企业新购入、自行建造或开发完成但尚未使用的建筑物，以及不再用于日常活动且经整理后达到可经营出租状态的建筑物。

（3）企业将建筑物出租，按租赁协议向承租人提供的相关辅助服务在整个协议中不重大的，应当将该建筑物确认为投资性房地产。企业将其办公楼出租，同时向承租人提供维护、保安等日常辅助服务，企业应当将其确认为投资性房地产。例如，甲企业在中关村购买了一栋写字楼，共 12 层。其中 1 层出租给某家大型超市，2～5 层出租给乙企业，6～12 层出租给丙企业。甲企业同时为该写字楼提供保安、维修等日常辅助服务。本例中，甲企业将写字楼出租，同时提供的辅助服务不重大。对于甲企业而言，这栋写字楼属于甲企业的投资性房地产。

（二）本章不适用于自用房地产和作为存货的房地产

1. 自用房地产。

自用房地产是指为生产商品、提供劳务或者经营管理而持有的房地产，如企业生产经营用的厂房和办公楼属于固定资产，企业生产经营用的土地使用权属于无形资产。自用房地产的特征在于服务于企业自身的生产经营，其价值会随着房地产的使用而逐渐转移到企业的产品或服务中去，通过销售商品或提供服务为企业带来经济利益，在产生现金流量的过程中与企业持有的其他资产密切相关。

例如，企业出租给本企业职工居住的宿舍，虽然也收取租金，但间接为企业自身的生产经营服务，因此具有自用房地产的性质。又如，企业拥有并自行经营的旅馆饭店。旅馆饭店的经营者在向顾客提供住宿服务的同时，还提供餐饮、娱乐等其他服务，其经营目的主要是通过向客户提供服务取得服务收入，因此，企业自行经营的旅馆饭店是企业的经营场所，应当属于自用房地产。

2. 作为存货的房地产。

作为存货的房地产通常是指房地产开发企业在日常活动中销售的或为销售而正在开发的商品房。这部分房地产属于房地产开发企业的存货，其生产、销售构成企业的主营业务活动，产生的现金流量也与企业的其他资产密切相关。因此，具有存货性质的房地产不属于投资性房地产。

从事房地产经营开发的企业依法取得的、用于开发后出售的土地使用权，属于房地产开发企业的存货，即使房地产开发企业决定待增值后再转让该企业开发的土地，也不得将其确认为投资性房地产。

实务中，存在某项房地产部分自用或作为存货出售、部分用于赚取租金或资本增值的情形。如某项房地产不同用途的部分能够单独计量和出售的，应当分别确认为固定资产（或无形资产、存货）和投资性房地产。例如，甲开发商建造了一栋商住两用楼盘，一层出租给一家大型超市，已签订经营租赁合同；其余楼层均为普通住宅，正在公开销售中。这种情况下，如果一层商铺能够单独计量和出售，应当确认为甲企业的投资性房地产，其余楼层为甲企业的存货，即开发产品。

另外，企业代建的房地产，适用第十五章收入；投资性房地产租金收入和售后租回的确认、计量和披露适用第二十一章租赁。

三、应设置的相关会计科目和主要账务处理

企业对投资性房地产的会计处理，一般需要设置“投资性房地产”科目(以下简称本科目)。

1. 本科目核算企业采用成本模式计量的投资性房地产的成本。企业采用公允价值模式计量投资性房地产的，也通过本科目核算。

采用成本模式计量的投资性房地产的累计折旧或累计摊销，可以单独设置“投资性房地产累计折旧（摊销）”科目，比照“累计折旧”等科目进行处理。

采用成本模式计量的投资性房地产发生减值的，可以单独设置“投资性房地产减值准备”科目，比照“固定资产减值准备”等科目进行处理。

2. 本科目可按投资性房地产类别和项目进行明细核算。采用公允价值模式计量的投资性房地产，还应当分别“成本”和“公允价值变动”进行明细核算。

3. 采用成本模式计量投资性房地产的主要账务处理。

（1）企业外购、自行建造等取得的投资性房地产，按应计入投资性房地

产成本的金额，借记本科目，贷记“银行存款”、“在建工程”等科目。

（2）将作为存货的房地产转换为投资性房地产的，应按其在转换日的账面余额，借记本科目，贷记“开发产品”等科目。已计提跌价准备的，还应同时结转跌价准备。

将自用土地使用权或建筑物转换为以成本模式计量的投资性房地产的，按该项土地使用权或建筑物在转换日的原价、累计折旧、减值准备等，分别转入本科目、“投资性房地产累计折旧（摊销）”、“投资性房地产减值准备”科目。按其账面余额，借记本科目，贷记“固定资产”或“无形资产”科目；按已计提的折旧或摊销，借记“累计折旧”或“累计摊销”科目，贷记“投资性房地产累计折旧（摊销）”科目；原已计提减值准备的，借记“固定资产减值准备”或“无形资产减值准备”科目，贷记“投资性房地产减值准备”科目。

（3）按期（月）对投资性房地产计提折旧或进行摊销，借记“其他业务成本”科目，贷记“投资性房地产累计折旧（摊销）”科目。取得的租金收入，借记“银行存款”等科目，贷记“其他业务收入”科目。

（4）将投资性房地产转换为自用房地产的，按该项投资性房地产在转换日的账面余额、累计折旧（摊销）、减值准备等，分别转入“固定资产”、“累计折旧”、“固定资产减值准备”等科目。按投资性房地产的账面余额，借记“固定资产”或“无形资产”科目，贷记本科目；按已计提的折旧或摊销，借记“投资性房地产累计折旧（摊销）”科目，贷记“累计折旧”或“累计摊销”科目；原已计提减值准备的，借记“投资性房地产减值准备”科目，贷记“固定资产减值准备”或“无形资产减值准备”科目。

将投资性房地产转换为存货的，按该项投资性房地产在转换日的账面价值，借记“开发产品”科目，按已计提的折旧或摊销，借记“投资性房地产累计折旧（摊销）”科目，原已计提减值准备的，借记“投资性房地产减值准备”科目，按其账面余额，贷记本科目。

（5）处置投资性房地产时，应按实际收到的金额，借记“银行存款”等科目，贷记“其他业务收入”等科目。按该项投资性房地产的累计折旧或累计摊销，借记“投资性房地产累计折旧（摊销）”科目；按该项投资性房地产的账面余额，贷记本科目，按其差额，借记“其他业务成本”科目。已计提减值准备的，还应同时结转减值准备。

4. 采用公允价值模式计量投资性房地产的主要账务处理。

（1）企业外购、自行建造等取得的投资性房地产，按应计入投资性房地产成本的金额，借记本科目（成本），贷记“银行存款”、“在建工程”等科目。

（2）将作为存货的房地产转换为投资性房地产的，按其在转换日的公允价值，借记本科目（成本）；原已计提跌价准备的，借记“存货跌价准备”科目；按其账面余额，贷记“开发产品”等科目。同时，转换日的公允价值小于账面价值的，按其差额，借记“公允价值变动损益”科目；转换日的公允价值大于账面价值的，按其差额，贷记“其他综合收益”科目。

将自用土地使用权或建筑物转换为投资性房地产的，按该项土地使用权或建筑物在转换日的公允价值，借记本科目（成本），按已计提的累计摊销或累计折旧，借记“累计摊销”或“累计折旧”科目；原已计提减值准备的，借记“无形资产减值准备”或“固定资产减值准备”科目；按其账面余额，贷记“无形资产”或“固定资产”科目。同时，转换日的公允价值小于账面价值的，按其差额，借记“公允价值变动损益”科目；转换日的公允价值大于账面价值的，按其差额，贷记“其他综合收益”科目。

（3）资产负债表日，投资性房地产的公允价值大于其账面余额的差额，借记本科目（公允价值变动），贷记“公允价值变动损益”科目；公允价值小于其账面余额的差额作相反的会计分录。

取得的租金收入，借记“银行存款”等科目，贷记“其他业务收入”科目。

（4）将投资性房地产转换为自用的，按其在转换日的公允价值，借记“固定资产”或“无形资产”科目，按该项投资性房地产的成本，贷记本科目（成本）；按该项投资性房地产已确认的累计公允价值变动，贷记或借记本科目（公允价值变动）；按其差额，贷记或借记“公允价值变动损益”科目。

将投资性房地产转换为存货的，按其在转换日的公允价值，借记“开发产品”等科目，按该项投资性房地产的成本，贷记本科目（成本）；按该项投资性房地产已确认的累计公允价值变动，贷记或借记本科目（公允价值变动）；按其差额，贷记或借记“公允价值变动损益”科目。

（5）处置投资性房地产时，应按实际收到的金额，借记“银行存款”等科目，贷记“其他业务收入”科目。按该项投资性房地产的账面余额，借记“其他业务成本”科目，贷记本科目（成本）、贷记或借记本科目（公允价值变动）；同时，按该项投资性房地产已确认的累计公允价值变动，借记或贷记“公允价值变动损益”科目，贷记或借记“其他业务成本”科目。按该项投资性房地产在转换日记入其他综合收益的金额，借记“其他综合收益”科目，贷记“其他业务成本”科目。

5. 投资性房地产作为企业主营业务的，应通过“主营业务收入”和“主营业务成本”科目核算相关的损益。

6. 本科目期末借方余额，反映企业采用成本模式计量的投资性房地产成本；企业采用公允价值模式计量的投资性房地产，反映投资性房地产的公允价值。

四、采用成本模式计量的投资性房地产

（一）外购或自行建造的投资性房地产

外购采用成本模式计量的土地使用权和建筑物，应当按照取得时的实际成本进行初始计量，其成本包括购买价款、相关税费和可直接归属于该资产的其他支出。企业购入的房地产，部分用于出租（或资本增值）、部分自用，用于出租（或资本增值）的部分应当予以单独确认的，应按照不同部分的公允价值占公允价值总额的比例将成本在不同部分之间进行合理分配。

自行建造的采用成本模式计量的投资性房地产，其成本由建造该项资产达到预定可使用状态前发生的必要支出构成，包括土地开发费、建筑安装成本、应予以资本化的借款费用、支付的其他费用和分摊的间接费用等。建造过程中发生的非正常性损失直接计入当期损益，不计入建造成本。

【例4-1】2×22年3月，甲企业计划购入一栋写字楼用于对外出租。3月15日，甲企业与乙企业签订了租赁合同，约定自写字楼购买日起将这栋写字楼出租给乙企业，为期5年，甲企业将其分类为经营租赁。4月5日，甲企业实际购入写字楼，支付价款共计1 200万元，假设不考虑其他因素，甲企业采用成本模式对其投资性房地产进行后续计量。

甲企业的账务处理如下：

借：投资性房地产——写字楼　　12 000 000

　　贷：银行存款　　12 000 000

【例4-2】2×22年3月15日，甲企业按照公允价值30 000万元购入一栋写字楼，部分自用、部分对外出租，这栋写字楼的各楼层均能够单独计量和出售。当日，甲企业与乙企业签订了租赁合同，约定自当日起将这栋写字楼的5~10层出租给乙企业，为期5年，出租部分的公允价值占这栋写字楼公允价值总额的比例为1/2，甲企业将其分类为经营租赁。其余楼层由甲企业自用。假设不考虑其他因素，甲企业采用成本模式对其投资性房地产进行后续计量。

甲企业对出租部分的账务处理如下：

借：投资性房地产——写字楼 150 000 000（300 000 000×1/2）

贷：银行存款 150 000 000

（二）非投资性房地产转换为投资性房地产

房地产的转换，是因房地产用途发生改变而对房地产进行的重新分类。企业必须有确凿证据表明房地产用途发生改变，才能将投资性房地产转换为非投资性房地产或者将非投资性房地产转换为投资性房地产。这里的确凿证据包括两个方面：一是企业董事会或类似机构应当就改变房地产用途形成正式的书面决议，二是房地产因用途改变而发生实际状态上的改变，如从自用状态改为出租状态。

1. 作为存货的房地产转换为投资性房地产。

作为存货的房地产转换为投资性房地产，通常指房地产开发企业将其持有的开发产品以经营租赁的方式出租，存货相应地转换为投资性房地产。这种情况下，转换日通常为房地产的租赁期开始日。租赁期开始日是指出租人提供租赁资产使其可供承租人使用的起始日期。一般而言，如果企业自行建造或开发完成但尚未使用的建筑物，且企业董事会或类似机构正式作出书面决议，明确表明其自行建造或开发产品用于经营出租、持有意图短期内不再发生变化的，应视为存货转换为投资性房地产，转换日为企业董事会或类似机构作出书面决议的日期。

【例4-3】 甲企业是从事房地产开发业务的企业，2×22年3月10日，甲企业与乙企业签订了租赁协议，将其开发的一栋写字楼出租给乙企业使用，租赁期开始日为2×22年4月15日，甲企业将其分类为经营租赁。2×22年4月15日，该写字楼的账面余额55 000万元，未计提存货跌价准备。假设甲企业采用成本模式对其投资性房地产进行后续计量。

甲企业的账务处理如下：

借：投资性房地产——写字楼 550 000 000

贷：开发产品 550 000 000

2. 自用房地产转换为投资性房地产。

企业将原本用于生产商品、提供劳务或者经营管理的房地产改用于出租，通常应于租赁期开始日，将相应的固定资产或无形资产转换为投资性房地产。对不再用于日常活动且经整理后达到可经营出租状态的房地产，如果企业董事会或类似机构正式作出书面决议，明确表明其自用房地产用于经营出租且持有意图短期内不再发生变化的，应视为自用房地产转换为投资性房地产，转换日为企业董事会或类似机构作出书面决议的日期。例如，企业将自用房地产转换为投资性房地产的，应当结合业务实质严格判断，必须有确凿证据表明房地产从自用状态改为出租状态发生了实际状态上的改变，通常该房地产应有诸如功能、性能变化等实质性的变化和重大的结构性调整。

【例 4-4】 甲企业拥有一栋办公楼，用于本企业总部办公。2×22 年 3 月 10 日，甲企业与乙企业签订了租赁协议，将这栋办公楼整体出租给乙企业使用，租赁期开始日为 2×22 年 4 月 15 日，为期 5 年，甲企业将其分类为经营租赁。2×22 年 4 月 15 日，该栋办公楼的账面余额 55 000 万元，已计提折旧 300 万元。假设甲企业采用成本模式对其投资性房地产进行后续计量。

甲企业的账务处理如下：

借：投资性房地产——写字楼　　550 000 000
　　累计折旧　　3 000 000
　　贷：固定资产　　550 000 000
　　　　投资性房地产累计折旧　　3 000 000

（三）投资性房地产的后续计量

采用成本模式进行后续计量的投资性房地产，应当按照第五章固定资产或第七章无形资产的有关规定，按期（月）计提折旧或摊销。

投资性房地产存在减值迹象的，还应当适用第九章资产减值的有关规定。经减值测试后确定发生减值的，应当计提减值准备。如果已经计提减值准备的投资性房地产的价值又得以恢复，不得转回。

【例 4-5】 2×22 年 7 月，甲企业将一栋办公楼出租给乙企业使用，租赁期 2 年，已确认为投资性房地产，采用成本模式进行后续计量，甲企业将其分类为经营租赁。假设该栋办公楼的成本为 1 800 万元，按照直线法计提折旧，使用寿命为 20 年，预计净残值为零。按照租赁合同约定，乙企业每月支付甲企业租金 8 万元。2×22 年 12 月，这栋办公楼发生减值迹象，经减值测试，其可收回金额为 1 200 万元，此时办公楼的账面价值为 1 500 万元，以前未计提减值准备。

甲企业的账务处理如下：

①计提折旧。

每月计提折旧 1 800 ÷ 20 ÷ 12 = 7.5（万元）。

借：其他业务成本　　75 000
　　贷：投资性房地产累计折旧　　75 000

②确认租金。

借：银行存款（或其他应收款） 80 000

　　贷：其他业务收入 80 000

③计提减值准备。

借：资产减值损失 3 000 000（15 000 000－12 000 000）

　　贷：投资性房地产减值准备 3 000 000

（四）与投资性房地产有关的后续支出

1. 资本化的后续支出。

与投资性房地产有关的后续支出，满足投资性房地产确认条件的应当计入投资性房地产成本。例如，企业为了提高投资性房地产的使用效能，往往需要对投资性房地产进行改建、扩建而使其更加坚固耐用，或者通过装修而改善其室内装潢，改扩建或装修支出满足确认条件的，应当将其资本化。企业对某项投资性房地产进行改扩建等再开发且将来仍作为投资性房地产的，再开发期间应继续将其作为投资性房地产，再开发期间不计提折旧或摊销。

【例4－6】 2×22年3月，甲企业与乙企业的一项厂房租赁合同即将到期，该厂房按照成本模式进行后续计量，原价为2 000万元，已计提折旧600万元。为了提高厂房的租金收入，甲企业决定在租赁期满后对厂房进行改扩建，并与丙企业签订了租赁合同，约定自改扩建完工时将厂房出租给丙企业，甲企业将其分类为经营租赁。3月15日，与乙企业的租赁合同到期，厂房随即进入改扩建工程。12月15日，厂房改扩建工程完工，共发生应当予以资本化的支出150万元，并以银行存款支付，即日按照租赁合同出租给丙企业。

甲企业的账务处理如下：

①2×22年3月15日，投资性房地产转入改扩建工程。

借：投资性房地产——厂房（在建） 14 000 000

　　投资性房地产累计折旧 6 000 000

　　贷：投资性房地产——厂房 20 000 000

②2×22年3月15日—12月15日

借：投资性房地产——厂房（在建） 1 500 000

　　贷：银行存款 1 500 000

③2×22年12月15日，改扩建工程完工。

借：投资性房地产——厂房 15 500 000

　　贷：投资性房地产——厂房（在建） 15 500 000

2. 费用化的后续支出。

与投资性房地产有关的后续支出，不满足投资性房地产确认条件的，应当在发生时计入当期损益。

【例4-7】 甲企业对其某项投资性房地产（厂房）进行日常维修，发生维修支出1.5万元。

本例中，日常维修支出属于费用化的后续支出，应当计入当期损益。

甲企业的账务处理如下：

借：其他业务成本　　15 000

　　贷：银行存款　　15 000

（五）投资性房地产转换为非投资性房地产

1. 投资性房地产转换为自用房地产。

企业将原本用于赚取租金或资本增值的房地产改用于生产商品、提供劳务或者经营管理，投资性房地产相应地转换为固定资产或无形资产。例如，企业将出租的厂房收回，并用于生产本企业的产品。在此种情况下，转换日为房地产达到自用状态，企业开始将房地产用于生产商品、提供劳务或者经营管理的日期。

【例4-8】 2×22年8月1日，甲企业将出租在外的厂房收回，开始用于本企业生产商品。该项房地产在转换前采用成本模式计量，其账面价值为2 800万元，其中，原价5 000万元，累计已提折旧2 200万元。

甲企业的账务处理如下：

借：固定资产　　50 000 000

　　投资性房地产累计折旧　　22 000 000

　　贷：投资性房地产——厂房　　50 000 000

　　　　累计折旧　　22 000 000

2. 投资性房地产转换为存货。

房地产开发企业将用于经营租出的房地产重新开发用于对外销售的，从投资性房地产转换为存货。这种情况下，转换日为租赁期届满、企业董事会或类似机构作出书面决议明确表明将其重新开发用于对外销售的日期。例如，房地产开发企业将投资性房地产转换为存货的，应当结合业务实质严格把握重新开发的判断，必须有确凿证据表明用于经营出租的房地产重新开发用于对外销售，通常该房地产应有诸如功能、性能变化等实质性的变化和重大的结构性调整。

（六）投资性房地产的处置

当投资性房地产被处置，或者永久退出使用且预计不能从其处置中取得经济利益时，应当终止确认该项投资性房地产。

企业可以通过对外出售或转让的方式处置投资性房地产取得收益。对于那些由于使用而不断磨损直到最终报废，或者由于遭受自然灾害等非正常原因发生毁损的投资性房地产应当及时进行清理。此外，企业因其他原因，如非货币性资产交换等而减少投资性房地产也属于投资性房地产的处置。企业出售、转让、报废投资性房地产或者发生投资性房地产毁损，应当将处置收入扣除其账面价值和相关税费后的金额计入当期损益。

【例4-9】甲公司将其出租的一栋写字楼确认为投资性房地产，采用成本模式计量。租赁期届满后，甲公司将该栋写字楼出售给乙公司，合同价款为30 000万元，乙公司已用银行存款付清。出售时，该栋写字楼的成本为28 000万元，已计提折旧3 000万元。假设不考虑相关税费。

甲企业的账务处理如下：

借：银行存款　　300 000 000

　　贷：其他业务收入　　300 000 000

借：其他业务成本　　250 000 000

　　投资性房地产累计折旧　　30 000 000

　　贷：投资性房地产——写字楼　　280 000 000

五、采用公允价值模式计量的投资性房地产

企业存在确凿证据表明投资性房地产的公允价值能够持续可靠取得的，可以采用公允价值计量模式。企业选择公允价值模式，就应当对其所有投资性房地产采用公允价值模式进行后续计量，不得对一部分投资性房地产采用成本模式进行后续计量，对另一部分投资性房地产采用公允价值模式进行后续计量。采用公允价值模式计量投资性房地产，应当同时满足下列两个条件：（1）投资性房地产所在地有活跃的房地产交易市场；（2）企业能够从房地产交易市场上取得同类或类似房地产的市场价格及其他相关信息，从而对投资性房地产的公允价值作出科学合理的估计。这两个条件必须同时具备，缺一不可。采用公允价值模式对投资性房地产进行后续计量的企业，对于在建投资性房地产（包括企业首次取得的在建投资性房地产），如果其公允价值无法可靠确定但预期该房地产完工后的公允价值能够持续可靠取得的，应当以成本计量该在建

投资性房地产，其公允价值能够可靠计量时或其完工后（两者孰早），再以公允价值计量。在极少的情况下，采用公允价值对投资性房地产进行后续计量的企业，有证据表明，当企业首次取得某项非在建投资性房地产时（或某项现有房地产在完成建造或开发活动或改变用途后首次成为投资性房地产时），该投资性房地产的公允价值不能持续可靠取得的，应当对该投资性房地产采用成本模式计量直至处置，并且假设无残值。但是，上述采用成本模式对投资性房地产进行后续计量的企业，即使有证据表明，企业首次取得某项投资性房地产时，该投资性房地产的公允价值能够持续可靠取得，该企业仍应对该项投资性房地产采用成本模式进行后续计量。

投资性房地产的公允价值，是指在有序交易中，市场参与者进行房地产交换的价格。确定投资性房地产的公允价值时，应当参照活跃市场上同类或类似房地产的现行市场价格（市场公开报价）；无法取得同类或类似房地产现行市场价格的，可以参照活跃市场上同类或类似房地产的最近交易价格，并考虑交易情况、交易日期、所在区域等因素，从而对投资性房地产的公允价值作出合理的估计；也可以基于预计未来获得的租金收益和有关现金流量的现值计量。

上述所述“同类或类似”的房地产，对建筑物而言，是指所处地理位置和地理环境相同、性质相同、结构类型相同或相近、新旧程度相同或相近，可使用状况相同或相近的建筑物；对土地使用权而言，是指同一位置区域、所处地理环境相同或相近、可使用状况相同或相近的土地。

（一）外购或自行建造的投资性房地产

外购或自行建造的采用公允价值模式计量的投资性房地产，应当按照取得时的实际成本进行初始计量，其实际成本的确定与外购或自行建造的采用成本模式计量的投资性房地产一致。

（二）非投资性房地产转换为投资性房地产

1. 作为存货的房地产转换为投资性房地产。

企业将作为存货的房地产转换为采用公允价值模式计量的投资性房地产时，应当按该项房地产在转换日的公允价值作为投资性房地产的成本，公允价值大于原账面价值的差额计入其他综合收益，小于原账面价值的差额计入公允价值变动损益。待该项投资性房地产处置时，因转换计入其他综合收益的部分应转入当期损益。

2. 自用房地产转换为投资性房地产。

企业将自用房地产转换为采用公允价值模式计量的投资性房地产时，应当按该项土地使用权或建筑物在转换日的公允价值，作为投资性房地产的成本，公允价值大于原账面价值的差额计入其他综合收益，小于原账面价值的差额计入公允价值变动损益。待该项投资性房地产处置时，因转换计入其他综合收益的部分应转入当期损益。

【例4－10】 2×22年6月，甲企业打算搬迁至新建办公楼，由于原办公楼处于商业繁华地段，甲企业准备将其出租，以赚取租金收入。2×22年10月30日，甲企业完成了搬迁工作，原办公楼停止自用，并与乙企业签订了租赁协议，将其原办公楼租赁给乙企业使用，租赁期开始日为2×22年10月30日，租赁期限为3年，甲企业将其分类为经营租赁。2×22年10月30日，该办公楼的公允价值为35 000万元，其原价为50 000万元，已计提折旧14 250万元。假设甲企业对投资性房地产采用公允价值模式计量。

甲企业的账务处理如下：

借：投资性房地产——成本	350 000 000	
公允价值变动损益	7 500 000	
累计折旧	142 500 000	
贷：固定资产		500 000 000

【例4－11】 沿用〖例4－10〗，但假定2×22年10月30日，该办公楼的公允价值为36 000万元。

甲企业的账务处理如下：

借：投资性房地产——成本	360 000 000	
累计折旧	142 500 000	
贷：固定资产		500 000 000
其他综合收益		2 500 000

（三）投资性房地产的后续计量

投资性房地产采用公允价值模式计量的，不计提折旧或摊销，应当以资产负债表日的公允价值计量。

【例4－12】 甲公司为从事房地产经营开发的企业。2×22年8月，甲公司与乙公司签订租赁协议，约定将甲公司开发的一栋精装修的写字楼于开发完成并达到预定可使用状态的同时开始租赁给乙公司使用，租赁期为10年，甲公司将其分类为经营租赁。当年10月1日，该写字楼开发完成并开始起租，写字楼的造价为9 000万元。2×22年12月31日，该写字楼的公允价值为9 200万元。假设甲公司对投资性房地产采用公允价值模式计量。

甲公司的账务处理如下：

①2×22 年 10 月 1 日，甲公司开发完成写字楼并出租。

借：投资性房地产——成本　　　　90 000 000

　　贷：开发产品　　　　90 000 000

②2×22 年 12 月 31 日，按照公允价值为基础调整其账面价值，公允价值与原账面价值之间的差额计入当期损益。

借：投资性房地产——公允价值变动　　　　2 000 000

　　贷：公允价值变动损益　　　　2 000 000

（四）投资性房地产的后续支出

1. 资本化的后续支出。

与投资性房地产有关的后续支出，满足投资性房地产确认条件的应当计入投资性房地产成本。

【例 4－13】2×22 年 3 月，甲企业与乙企业的一项厂房租赁合同即将到期。为了提高厂房的租金收入，甲企业决定在租赁期满后对厂房进行改扩建，并与丙企业签订了租赁合同，约定自改扩建完工时将厂房出租给丙企业，甲企业将其分类为经营租赁。3 月 15 日，与乙企业的租赁合同到期，厂房随即进入改扩建工程。11 月 10 日，厂房改扩建工程完工，共发生应当予以资本化的支出 150 万元，并以银行存款支付，即日按照租赁合同出租给丙企业。3 月 15 日厂房账面余额为 1 200 万元，其中成本 1 000 万元，累计公允价值变动 200 万元。假设甲企业对投资性房地产采用公允价值模式计量。

甲企业的账务处理如下：

①2×22 年 3 月 15 日，投资性房地产转入改扩建工程。

借：投资性房地产——厂房（在建）　　　　12 000 000

　　贷：投资性房地产——成本　　　　10 000 000

　　　　　　　　　　——公允价值变动　　　　2 000 000

②2×22 年 3 月 15 日—11 月 10 日

借：投资性房地产——厂房（在建）　　　　1 500 000

　　贷：银行存款　　　　1 500 000

③2×22 年 11 月 10 日，改扩建工程完工。

借：投资性房地产——成本　　　　13 500 000

　　贷：投资性房地产——厂房（在建）　　　　13 500 000

2. 费用化的后续支出。

与投资性房地产有关的后续支出，不满足投资性房地产确认条件的，应当在发生时计入当期损益。

（五）投资性房地产转换为非投资性房地产

1. 投资性房地产转换为自用房地产。

企业将采用公允价值模式计量的投资性房地产转换为自用房地产时，应当以其转换当日的公允价值作为自用房地产的账面价值，公允价值与原账面价值的差额计入当期损益。

【例4-14】 2×22年11月30日，甲企业因租赁期满，将出租的写字楼收回，准备作为办公楼用于本企业的行政管理。2×22年12月1日，该写字楼正式开始自用，相应由投资性房地产转换为自用房地产，当日的公允价值为4 800万元。该项房地产在转换前采用公允价值模式计量，原账面价值为4 750万元，其中，成本为4 500万元，公允价值变动为增值250万元。

甲企业的账务处理如下：

借：固定资产　　48 000 000

　　贷：投资性房地产——成本　　45 000 000

　　　　　　　　　　——公允价值变动　　2 500 000

　　　　公允价值变动损益　　500 000

2. 投资性房地产转换为存货。

企业将采用公允价值模式计量的投资性房地产转换为存货时，应当以其转换当日的公允价值作为存货的账面价值，公允价值与原账面价值的差额计入当期损益。

【例4-15】 甲房地产开发企业将其开发的部分写字楼用于对外租赁，将其分类为经营租赁。2×22年10月15日，因租赁期满，甲企业将出租的写字楼收回，并作出书面决议，将该写字楼重新开发用于对外销售，即由投资性房地产转换为存货，当日的公允价值为5 800万元。该项房地产在转换前采用公允价值模式计量，原账面价值为5 600万元，其中，成本为5 000万元，公允价值变动为增值600万元。

甲企业的账务处理如下：

借：开发产品　　58 000 000

　　贷：投资性房地产——成本　　50 000 000

　　　　　　　　　　——公允价值变动　　6 000 000

公允价值变动损益 2 000 000

（六）投资性房地产的处置

当投资性房地产被处置，或者永久退出使用且预计不能从其处置中取得经济利益时，应当终止确认该项投资性房地产。处置采用公允价值模式计量的投资性房地产时，要同时结转投资性房地产累计公允价值变动。若存在原转换日计入其他综合收益的金额，也一并结转。

【例4-16】 甲企业与乙企业签订租赁协议，将其原先自用的一栋写字楼出租给乙企业使用，租赁期开始日为2×21年4月15日，将其分类为经营租赁。2×21年4月15日，该写字楼的账面余额原价为50 000万元，已计提折旧5 000万元，公允价值为47 000万元。2×21年12月31日，该项投资性房地产的公允价值为48 000万元。2×22年6月租赁期届满，甲企业收回该项投资性房地产，并以55 000万元出售，出售款项已收讫。假设甲企业采用公允价值模式计量投资性房地产，不考虑相关税费。

甲企业的账务处理如下：

①2×21年4月15日，自用房地产转换为投资性房地产：

会计分录	借方	贷方
借：投资性房地产——成本	470 000 000	
累计折旧	50 000 000	
贷：固定资产		500 000 000
其他综合收益		20 000 000

②2×21年12月31日，公允价值变动：

会计分录	借方	贷方
借：投资性房地产——公允价值变动	10 000 000	
贷：公允价值变动损益		10 000 000

③2×22年6月，收回并出售投资性房地产：

会计分录	借方	贷方
借：银行存款	550 000 000	
公允价值变动损益	10 000 000	
其他综合收益	20 000 000	
其他业务成本	450 000 000	
贷：投资性房地产——成本		470 000 000
——公允价值变动		10 000 000
其他业务收入		550 000 000

六、投资性房地产后续计量模式的变更

为保证会计信息的可比性，企业对投资性房地产的计量模式一经确定，不

得随意变更。只有在房地产市场比较成熟、能够满足采用公允价值模式条件的情况下，才允许企业对投资性房地产从成本模式计量变更为公允价值模式计量。

成本模式转为公允价值模式的，应当作为会计政策变更按照第二十九章会计政策、会计估计变更和差错更正处理，并按计量模式变更时公允价值与账面价值的差额调整期初留存收益。

已采用公允价值模式计量的投资性房地产，不得从公允价值模式转为成本模式。

七、列示与披露

（一）列示

企业应当在资产负债表上单独列示“投资性房地产”项目。对投资性房地产采用成本模式进行后续计量的，应根据“投资性房地产”科目的期末余额扣减相关的累计折旧（摊销）填列，已计提减值准备的，还应扣减相应的投资性房地产减值准备；对投资性房地产采用公允价值模式进行后续计量的，应根据“投资性房地产”科目的期末余额填列。

（二）披露

因投资性房地产涉及成本模式和公允价值模式的后续计量，以及不同计量模式之间的转换，为了全面反映投资性房地产情况，企业应当在附注中披露与投资性房地产有关的下列信息：(1) 投资性房地产的种类、金额和计量模式；(2) 采用成本模式的，披露投资性房地产的折旧或摊销，以及减值准备的计提情况；(3) 采用公允价值模式的，披露公允价值的确定依据和方法，以及公允价值变动对损益的影响；(4) 房地产转换情况、理由，以及对损益或所有者权益的影响；(5) 当期处置的投资性房地产及其对损益的影响。

八、衔接规定

首次执行投资性房地产准则时，应当根据投资性房地产的定义对资产进行重新分类，凡是符合投资性房地产定义和确认条件的建筑物和土地使用权应当归类为投资性房地产。

采用公允价值模式的，按照首次执行日的公允价值作为投资性房地产入账价值，公允价值与原资产账面价值之间的差额调整期初留存收益。

首次执行日后，应当按照本章进行会计处理。

第五章 固定资产

一、总体要求

《企业会计准则第 4 号——固定资产》规范了固定资产的确认、计量和相关信息的披露。固定资产是企业赖以生存的物质基础，是企业产生效益的源泉，关系到企业的运营与发展。科学管理和正确核算固定资产，有利于促进企业正确评估固定资产的整体情况，提高资产使用效率，降低生产成本，保护固定资产的安全完整，实现资产的保值增值，增强企业的综合竞争实力。

固定资产应当按照成本进行初始计量。外购固定资产的成本，包括购买价款、相关税费、使固定资产达到预定可使用状态前所发生的可归属于该项资产的运输费、装卸费、安装费和专业人员服务费等。自行建造固定资产的成本，由建造该项资产达到预定可使用状态前所发生的必要支出构成。

企业应对所有的固定资产计提折旧，但是，已提足折旧仍继续使用的固定资产和单独计价入账的土地除外。固定资产使用过程中发生的更新改造支出、修理费用等，符合固定资产确认条件的，应当计入固定资产成本。固定资产处于处置状态或预期通过使用或处置不能产生经济利益，应当予以终止确认。企业应当在报表附注中披露与固定资产有关的信息。

企业持有的作为投资性房地产的建筑物、生物资产，不适用本章，应分别按照第四章投资性房地产、第六章生物资产进行会计处理。

二、应设置的相关会计科目和主要账务处理

企业对固定资产的会计处理，一般需要设置下列会计科目。

（一）“固定资产”

1. 本科目核算企业持有的固定资产原价。

建造承包商的临时设施，以及企业购置计算机硬件所附带的、未单独计价

的软件，也通过本科目核算。

2. 本科目可按固定资产类别和项目进行明细核算。

3. 固定资产的主要账务处理。

（1）企业购入不需要安装的固定资产，按应计入固定资产成本的金额，借记本科目，贷记“银行存款”等科目。

购入需要安装的固定资产，先记入“在建工程”科目，达到预定可使用状态时再转入本科目。

购入固定资产超过正常信用条件延期支付价款、实质上具有融资性质的，按应付购买价款的现值，借记本科目或“在建工程”科目，按应支付的金额，贷记“长期应付款”科目，按其差额，借记“未确认融资费用”科目。

（2）自行建造达到预定可使用状态的固定资产，借记本科目，贷记“在建工程”科目。

已达到预定可使用状态、但尚未办理竣工决算手续的固定资产，应按估计价值入账，待确定实际成本后再进行调整。

（3）固定资产存在弃置义务的，应在取得固定资产时，按预计弃置费用的现值，借记本科目，贷记“预计负债”科目。在该项固定资产的使用寿命内，计算确定各期应负担的利息费用，借记“财务费用”科目，贷记“预计负债”科目。

（4）固定资产划分为持有待售类别时，按该项固定资产的账面价值，借记“持有待售资产”科目，按已计提的累计折旧，借记“累计折旧”科目，按其账面原价，贷记本科目。已计提减值准备的，还应同时结转已计提的减值准备。

（5）出售、转让未划分为持有待售类别的固定资产时，按该项固定资产的账面价值，借记“固定资产清理”科目，按已计提的累计折旧，借记“累计折旧”科目，按其账面原价，贷记本科目。已计提减值准备的，还应同时结转已计提的减值准备。

（6）固定资产发生报废、毁损时，按该项固定资产的账面价值，借记“固定资产清理”科目，按已计提的累计折旧，借记“累计折旧”科目，按其账面原价，贷记本科目。已计提减值准备的，还应同时结转已计提的减值准备。

4. 本科目期末借方余额，反映企业固定资产的原价。

（二）“累计折旧”

1. 本科目核算企业固定资产的累计折旧。

2. 本科目可按固定资产的类别或项目进行明细核算。

3. 按期（月）计提固定资产的折旧，借记“制造费用”、“销售费用”、“管理费用”、“研发支出”、“其他业务成本”等科目，贷记本科目。处置固定资产还应同时结转已计提的累计折旧。

4. 本科目期末贷方余额，反映企业固定资产的累计折旧额。

（三）“固定资产减值准备”

1. 本科目核算企业固定资产的减值准备。

2. 本科目可按固定资产项目进行明细核算。

3. 固定资产减值减备的主要账务处理。

资产负债表日，固定资产发生减值的，按应减记的金额，借记“资产减值损失”科目，贷记本科目。处置固定资产还应同时结转已计提的减值准备。

4. 本科目期末贷方余额，反映企业已计提但尚未转销的固定资产减值准备。

（四）“在建工程”

1. 本科目核算企业基建、更新改造等在建工程发生的支出。

在建工程发生减值的，可以单独设置“在建工程减值准备”科目，比照“固定资产减值准备”科目进行处理。

2. 本科目可按“建筑工程”、“安装工程”、“在安装设备”、“待摊支出”以及单项工程等进行明细核算。

3. 企业在建工程发生的管理费、征地费、可行性研究费、临时设施费、公证费、监理费及应负担的税费等，借记本科目（待摊支出），贷记“银行存款”等科目。

4. 企业发包的在建工程，应按合理估计的发包工程进度和合同规定结算的进度款，借记本科目，贷记“银行存款”、“预付账款”等科目。将设备交付建造承包商建造安装时，借记本科目（在安装设备），贷记“工程物资”科目。

工程完成时，按合同规定补付的工程款，借记本科目，贷记“银行存款”科目。

5. 企业自营在建工程的主要账务处理。

（1）自营的在建工程领用工程物资、原材料或库存商品的，借记本科目，贷记“工程物资”、“原材料”、“库存商品”等科目。采用计划成本核算的，应同时结转应分摊的成本差异。涉及增值税的，还应进行相应的处理。

在建工程应负担的职工薪酬，借记本科目，贷记“应付职工薪酬”科目。

辅助生产部门为工程提供的水、电、设备安装、修理、运输等劳务，借记本科目，贷记“生产成本——辅助生产成本”等科目。

在建工程发生的借款费用满足借款费用资本化条件的，借记本科目，贷记“长期借款”、“应付债券”等科目。

（2）在建工程达到预定可使用状态时，应计算分配待摊支出，借记本科目（××工程），贷记本科目（待摊支出）；结转在建工程成本，借记“固定资产”等科目，贷记本科目（××工程）。

在建工程完工已领出的剩余物资应办理退库手续，借记“工程物资”科目，贷记本科目。

（3）建设期间发生的工程物资盘亏、报废及毁损净损失，借记本科目，贷记“工程物资”科目；盘盈的工程物资或处置净收益做相反的会计分录。

由于自然灾害等原因造成的在建工程报废或毁损，减去残料价值和过失人或保险公司等赔款后的净损失，借记“营业外支出——非流动资产毁损报废损失”科目，贷记本科目（建筑工程、安装工程等）。

6. 本科目的期末借方余额，反映企业尚未达到预定可使用状态的在建工程的成本。

（五）“工程物资”

1. 本科目核算企业为在建工程准备的各种物资的成本，包括工程用材料、尚未安装的设备以及为生产准备的工器具等。

2. 本科目可按“专用材料”、“专用设备”、“工器具”等进行明细核算。

工程物资发生减值的，可以单独设置“工程物资减值准备”科目，比照“固定资产减值准备”科目进行处理。

3. 工程物资的主要账务处理。

（1）购入为工程准备的物资，借记本科目，贷记“银行存款”、“其他应付款”等科目。

（2）领用工程物资，借记“在建工程”科目，贷记本科目。工程完工后将领出的剩余物资退库时做相反的会计分录。已计提减值准备的，还应同时结转减值准备。

（3）工程完工后剩余的工程物资转作本企业存货的，借记“原材料”等科目，贷记本科目。

4. 本科目期末借方余额，反映企业为在建工程准备的各种物资的成本。

（六）“固定资产清理”

1. 本科目核算企业因出售、报废、毁损、对外投资、非货币性资产交换、债务重组等原因转出的固定资产价值以及在清理过程中发生的费用等。

2. 本科目可按被清理的固定资产项目进行明细核算。

3. 固定资产清理的主要账务处理。

（1）企业因出售、转让未划分为持有待售类别的固定资产，以及报废、毁损、对外投资、非货币性资产交换、债务重组等转出的固定资产，按该项固定资产的账面价值，借记本科目，按已计提的累计折旧，借记“累计折旧”科目，按其账面原价，贷记“固定资产”科目。已计提减值准备的，还应同时结转减值准备。

（2）清理过程中应支付的相关税费及其他费用，借记本科目，贷记“银行存款”、“应交税费”等科目。收回出售固定资产的价款、残料价值和变价收入等，借记“银行存款”、“原材料”等科目，贷记本科目、“应交税费”等科目。应由保险公司或过失人赔偿的损失，借记“其他应收款”等科目，贷记本科目。

（3）固定资产清理完成后，属于生产经营期间正常的出售、转让所产生的损失，借记“资产处置损益”科目，贷记本科目；属于因自然灾害发生毁损、已丧失使用功能等原因而报废清理所产生的损失，借记“营业外支出——非流动资产毁损报废损失”科目，贷记本科目。如为贷方余额，借记本科目，贷记“资产处置损益”或“营业外收入”科目。

4. 本科目期末借方余额，反映企业尚未清理完毕的固定资产清理净损失。

三、固定资产的确认

（一）固定资产的特征

固定资产是指同时具有下列特征的有形资产：（1）为生产商品、提供劳务、出租或经营管理而持有的；（2）使用寿命超过一个会计年度。从固定资产的定义看，固定资产具有下列三个特征：

第一，固定资产是为生产商品、提供劳务、出租或经营管理而持有。企业持有固定资产的目的是为了生产商品、提供劳务、出租或经营管理，这意味着，企业持有的固定资产是企业的劳动工具或手段，而不是直接用于出售的产品。其中“出租”的固定资产，是指用于出租的机器设备类固定资产，不包括出租的建筑物，其中，以经营租赁方式出租的建筑物属于企业的投资性房地产，不属于固定资产。

第二，固定资产使用寿命超过一个会计年度。固定资产的使用寿命，是指企业使用固定资产的预计期间，或者该固定资产所能生产产品或提供劳务的数量。通常情况下，固定资产的使用寿命是指使用固定资产的预计期间，如自用房屋建筑物的使用寿命或使用年限。某些机器设备或运输设备等固定资产，其使用寿命往往以该固定资产所能生产产品或提供劳务的数量来表示，例如，发电设备按其预计发电量估计使用寿命，汽车或飞机等按其预计行驶里程估计使用寿命。固定资产使用寿命超过一个会计年度，意味着固定资产属于长期资产，随着使用和磨损，通过计提折旧方式逐渐减少账面价值。对固定资产计提折旧，是对固定资产进行后续计量的重要内容。固定资产计提减值准备也属于后续计量，相关内容见第九章资产减值。

第三，固定资产为有形资产。固定资产具有实物特征，这一特征将固定资产与无形资产区别开。有些无形资产可能同时符合固定资产的其他特征，如无形资产为生产商品、提供劳务而持有，使用寿命超过一个会计年度，但是，由于其没有实物形态，所以不属于固定资产。工业企业所持有的工具、用具、备品备件、维修设备等资产，施工企业所持有的模板、挡板、架料等周转材料，以及地质勘探企业所持有的管材等资产，尽管该类资产具有固定资产的某些特征，如使用期限超过一年，也能够带来经济利益，但由于数量多，单价低，考虑到成本效益原则，在实务中通常确认为存货。但符合固定资产定义和确认条件的，比如企业（民用航空运输）的高价周转件等，应当确认为固定资产。对于构成固定资产的各组成部分，如果各自具有不同使用寿命或者以不同方式为企业提供经济利益，适用不同折旧率或折旧方法的，该各组成部分实际上是以独立的方式为企业提供经济利益，因此，企业应当分别将各组成部分确认为单项固定资产。例如，飞机的引擎，如果其与飞机机身具有不同的使用寿命，适用不同折旧率或折旧方法，则企业应当将其确认为单项固定资产。企业由于安全或环保的要求购入设备等，虽然不能直接给企业带来未来经济利益，但有助于企业从其他相关资产的使用获得未来经济利益，也应确认为固定资产。

（二）固定资产的确认

企业确认固定资产需要符合固定资产的上述定义，同时还需要同时满足下列确认条件：

1. 与该固定资产有关的经济利益很可能流入企业；

2. 该固定资产的成本能够可靠地计量。

同时，与固定资产有关的后续支出，符合固定资产确认条件的，应当计入固定资产成本；不符合固定资产确认条件的，应当在发生时按照受益对象计入当期损益或计入相关资产的成本。

四、固定资产的初始计量

（一）外购固定资产

企业外购固定资产的成本，包括购买价款、相关税费、使固定资产达到预定可使用状态前所发生的可归属于该项资产的运输费、装卸费、安装费和专业人员服务费等。

外购固定资产是否达到预定可使用状态，需要根据具体情况进行分析判断。如果购入不需安装的固定资产，购入后即可发挥作用，因此，购入后即可达到预定可使用状态。如果购入需安装的固定资产，只有安装调试后达到设计要求或合同规定的标准，该项固定资产才可发挥作用，达到预定可使用状态。

在实际工作中，企业可能以一笔款项购入多项没有单独标价的资产。如果这些资产均符合固定资产的定义，并满足固定资产的确认条件，则应将各项资产单独确认为固定资产，并按各项固定资产公允价值的比例对总成本进行分配，分别确定各项固定资产的成本。如果以一笔款项购入的多项资产中还包括固定资产以外的其他资产，也应按类似的方法予以处理。

【例5－1】甲公司为一家制造企业。2×22年4月1日，为降低采购成本，向乙公司一次购入三套不同型号且具有不同生产能力的A、B和C三种设备。甲公司为该批设备共支付货款7 800 000元，增值税进项税额1 014 000元（假设按税法规定可以抵扣），包装费42 000元，全部以银行存款支付；假定A、B和C设备分别满足固定资产的定义及其确认条件，公允价值分别为2 926 000元、3 594 800元和1 839 200元；甲公司实际支付的货款等于计税价格，不考虑其他相关税费。

甲公司的会计处理如下：

（1）确定应计入固定资产成本的金额，包括购买价款、包装费等，即：

7 800 000＋42 000＝7 842 000（元）

（2）确定设备A、B和C的价值分配比例。

A设备应分配的固定资产价值比例为：

2 926 000/(2 926 000＋3 594 800＋1 839 200)＝35%

B设备应分配的固定资产价值比例为：

3 594 800/(2 926 000＋3 594 800＋1 839 200)＝43%

C设备应分配的固定资产价值比例为：

1 839 200/(2 926 000 + 3 594 800 + 1 839 200) = 22%

(3) 确定A、B和C设备各自的成本。

A设备的成本 = 7 842 000 × 35% = 2 744 700（元）

B设备的成本 = 7 842 000 × 43% = 3 372 060（元）

C设备的成本 = 7 842 000 × 22% = 1 725 240（元）

(4) 进行如下账务处理：

借：固定资产——A	2 744 700	
——B	3 372 060	
——C	1 725 240	
应交税费——应交增值税（进项税额）	1 014 000	
贷：银行存款		8 856 000

企业购买固定资产通常在正常信用条件期限内付款，但也会发生超过正常信用条件购买固定资产的经济业务事项，如采用分期付款方式购买资产，且在合同中规定的付款期限比较长，超过了正常信用条件。在这种情况下，该类购货合同实质上具有融资性质，购入资产的成本不能以各期付款额之和确定，而应以各期付款额的现值之和确定。购入固定资产时，按购买价款的现值，借记“固定资产”或“在建工程”科目；按应支付的金额，贷记“长期应付款”科目；按其差额，借记“未确认融资费用”科目。固定资产购买价款的现值，应当按照各期支付的购买价款选择恰当的折现率进行折现后的金额加以确定。折现率是反映当前市场货币时间价值和延期付款债务特定风险的利率。该折现率实质上是供货企业的必要报酬率。各期实际支付的价款与购买价款的现值之间的差额，符合第十七章借款费用中规定的资本化条件的，应当通过在建工程计入固定资产成本，其余部分应当在信用期间内确认为财务费用，计入当期损益。

【例5-2】2×18年1月1日，甲公司与乙公司签订一项购货合同，甲公司从乙公司购入一台需要安装的大型机器设备。合同约定，甲公司采用分期付款方式支付价款。该设备价款共计900 000元，首期款项150 000元于2×18年1月1日支付，其余款项在2×18年至2×22年的5年期间平均支付，每年的付款日期为当年12月31日。

2×18年1月1日，设备如期运抵甲公司并开始安装，发生运杂费和相关税费160 000元（不含增值税），已用银行存款付讫。2×18年12月31日，设备达到预定可使用状态，发生安装费40 000元，已用银行存款付讫。

甲公司按照合同约定用银行存款如期支付了款项。假定折现率为5%。

(1) 购买价款的现值为：

150 000 + 150 000 × (P/A, 5%, 5) = 150 000 + 150 000 × 4. 3295 = 799 425 (元)

2×18年1月1日甲公司的账务处理如下：

借：在建工程　　799 425
　　未确认融资费用　　100 575
　　贷：长期应付款　　900 000

借：长期应付款　　150 000
　　贷：银行存款　　150 000

借：在建工程　　160 000
　　贷：银行存款　　160 000

(2) 确定信用期间未确认融资费用的分摊额，见表5-1。

表5-1　　甲公司未确认融资费用分摊表

2×18年1月1日　　单位：元

日期	分期付款额	确认的融资费用	应付本金减少额	应付本金余额
①	②	③=期初⑤×5%	④=②-③	期末⑤=期初⑤-④
2×18.1.1				649 425*
2×18.12.31	150 000	32 471.25	117 528.75	531 896.25
2×19.12.31	150 000	26 594.81	123 405.19	408 491.06
2×20.12.31	150 000	20 424.55	129 575.45	278 915.62
2×21.12.31	150 000	13 945.78	136 054.22	142 861.40
2×22.12.31	150 000	7 138.61**	142 861.39	0
合计	750 000	100 575	649 425	

649 425* = 799 425 - 150 000；

尾数调整：7 138.61** = 100 575 - 32 471.25 - 26 594.81 - 20 424.55 - 13 945.78

(3) 2×18年1月1日至2×18年12月31日为设备的安装期间，未确认融资费用的分摊额符合资本化条件，计入固定资产成本。

2×18年12月31日甲公司的账务处理如下：

借：在建工程　　32 471.25
　　贷：未确认融资费用　　32 471.25

借：长期应付款 150 000

贷：银行存款 150 000

借：在建工程 40 000

贷：银行存款 40 000

借：固定资产 1 031 896.25

贷：在建工程 1 031 896.25

固定资产的成本为：799 425 + 160 000 + 32 471.25 + 40 000 = 1 031 896.25（元）

（4）2×19 年 1 月 1 日至 2×22 年 12 月 31 日，设备已经达到预定可使用状态，未确认融资费用的分摊额不再符合资本化条件，应计入当期损益。

2×19 年 12 月 31 日：

借：财务费用 26 594.81

贷：未确认融资费用 26 594.81

借：长期应付款 150 000

贷：银行存款 150 000

2×20 年 12 月 31 日：

借：财务费用 20 424.55

贷：未确认融资费用 20 424.55

借：长期应付款 150 000

贷：银行存款 150 000

2×21 年 12 月 31 日：

借：财务费用 13 945.78

贷：未确认融资费用 13 945.78

借：长期应付款 150 000

贷：银行存款 150 000

2×22 年 12 月 31 日：

借：财务费用 7 138.61

贷：未确认融资费用 7 138.61

借：长期应付款 150 000

贷：银行存款 150 000

（二）自行建造固定资产

企业自行建造固定资产的成本，由建造该项资产达到预定可使用状态前所发生的必要支出构成，包括工程用物资成本、人工成本、缴纳的相关税费、应予资本化的借款费用以及应分摊的间接费用等。测试固定资产可否正常运转而发生的支出属于固定资产达到预定可使用状态前的必要支出，应当计入该固定资产成本。测试固定资产可否正常运转，指评估该固定资产的技术和物理性能是否达到生产产品、提供服务、对外出租或用于管理等标准的活动，不包括评估固定资产的财务业绩。

企业将固定资产达到预定可使用状态前产出的产品或副产品对外销售（以下简称试运行销售）的，应当按照第十五章收入、第二章存货等相关内容，对试运行销售相关的收入和成本分别进行会计处理，计入当期损益，不应将试运行销售相关收入抵销相关成本后的净额冲减固定资产成本。试运行产出的有关产品或副产品在对外销售前，符合存货确认条件的应当确认为存货，符合其他有关资产确认条件的应当确认为相关资产。固定资产达到预定可使用状态前产出的产品或副产品，包括测试固定资产可否正常运转时产出的样品等情形。

企业自行建造固定资产包括自营建造和出包建造两种方式。无论采用何种方式，所建工程都应当按照实际发生的支出确定其工程成本。

1. 自营方式建造固定资产。

企业以自营方式建造固定资产，是指企业自行组织工程物资采购、自行组织施工人员从事工程施工完成固定资产建造。实务中，企业较少采用自营方式建造固定资产，多数情况下采用出包方式。企业如有以自营方式建造固定资产，其成本应当按照直接材料、直接人工、直接机械施工费等计量。

企业为建造固定资产准备的各种物资应当按照实际支付的买价、运输费、保险费等相关税费作为实际成本，并按照各种专项物资的种类进行明细核算。工程完工后，剩余的工程物资转为本企业存货的，按其实际成本或计划成本进行结转。建设期间发生的工程物资盘亏、报废及毁损，减去残料价值以及保险公司、过失人等赔款后的净损失，计入所建工程项目的成本；盘盈的工程物资或处置净收益，冲减所建工程项目的成本。工程完工后发生的工程物资盘盈、盘亏、报废、毁损，计入当期营业外收支。

建造固定资产领用工程物资、原材料或库存商品，应按其实际成本转入所建工程项目的成本。自营方式建造固定资产应负担的职工薪酬、辅助生产部门为之提供的水、电、修理、运输等劳务，以及其他必要支出等也应计入所建工程成本。

符合资本化条件，应计入所建造固定资产成本的借款费用按照第十七章借款费用的有关规定进行会计处理。

企业以自营方式建造固定资产，发生的工程成本应通过“在建工程”科目核算，工程完工达到预定可使用状态时，从“在建工程”科目转入“固定资产”科目。

企业按照国家规定提取的安全生产费，应当计入相关产品的成本或当期损益，同时记入“专项储备”科目。企业使用提取的安全生产费时，属于费用性支出的，直接冲减专项储备。企业使用提取的安全生产费形成固定资产的，应当通过“在建工程”科目归集所发生的支出，待安全项目完工达到预定可使用状态时确认为固定资产；同时，按照形成固定资产的成本冲减专项储备，并确认相同金额的累计折旧。该固定资产在以后期间不再计提折旧。“专项储备”科目期末余额在资产负债表所有者权益项下的“专项储备”项目反映。企业提取的维简费等其他具有类似性质的费用，比照上述规定处理。

【例5-3】 2×22年1月1日，某企业准备自行建造一座仓库。假定不考虑增值税，有关资料如下：

(1) 1月8日购入工程物资一批，价款为351 000元，款项以银行存款支付。

(2) 2月3日领用生产用原材料一批，价值为37 440元。

(3) 1月8日至6月30日，工程先后领用工程物资272 500元。

(4) 6月30日对工程物资进行清查，发现工程物资减少48 000元，经调查属保管员过失造成，根据企业管理规定，保管员应赔偿30 000元。剩余工程物资转入企业原材料，该原材料的计划成本为27 000元。

(5) 工程建设期间辅助生产车间为工程提供有关的劳务支出为35 000元。

(6) 工程建设期间发生工程人员职工薪酬65 800元。

(7) 6月30日，完工并交付使用。

账务处理如下：

(1) 购入工程物资。

借：工程物资　　351 000

　贷：银行存款　　351 000

(2) 领用原材料。

借：在建工程——仓库　　37 440

　贷：原材料　　37 440

（3）工程领用物资。

借：在建工程——仓库　272 500

　贷：工程物资　272 500

（4）①建设期间发生的工程物资盘亏、报废及毁损净损失。

借：在建工程——仓库　18 000

　其他应收款　30 000

　贷：工程物资　48 000

②剩余工程物资的实际成本＝351 000－272 500－48 000＝30 500（元），计划成本为27 000元。

借：原材料　27 000

　材料成本差异　3 500

　贷：工程物资　30 500

（5）辅助生产车间为工程提供劳务支出。

借：在建工程——仓库　35 000

　贷：生产成本——辅助生产成本　35 000

（6）计提工程人员职工薪酬。

借：在建工程——仓库　65 800

　贷：应付职工薪酬　65 800

（7）工程完工交付，固定资产的入账价值＝37 440＋272 500＋18 000＋35 000＋65 800＝428 740（元）。

借：固定资产——仓库　428 740

　贷：在建工程——仓库　428 740

2. 出包方式建造固定资产。

采用出包方式建造固定资产，企业要与建造承包商签订建造合同，企业是建造合同的甲方，负责筹集资金和组织管理工程建设，通常称为建设单位，建造承包商是建造合同的乙方，负责建筑安装工程施工任务。企业的新建、改建、扩建等建设项目，常采用出包方式。一个建设项目通常由若干项工程构成，如新建一个火电厂包括建造发电车间、冷却塔、安装发电设备等，新建的火电厂即为建设项目，建造的发电车间、冷却塔、安装发电设备均为单项工程。

（1）出包工程的成本构成。

企业以出包方式建造固定资产，其成本由建造该项固定资产达到预定可使用状态前所发生的必要支出构成，包括发生的建筑工程支出、安装工程支出以及需分摊计入各固定资产价值的待摊支出。

①建筑工程、安装工程支出。由于建筑工程、安装工程采用出包方式发包给建造承包商承建，因此，工程的具体支出，如人工费、材料费、机械使用费等由建造承包商核算。对于发包企业而言，建筑工程支出、安装工程支出是构成在建工程成本的重要内容，发包企业按照合同规定的结算方式和工程进度定期与建造承包商办理工程价款结算，结算的工程价款计入在建工程成本。

②待摊支出。待摊支出是指在建设期间发生的，不能直接计入某项固定资产价值、而应由所建造固定资产共同负担的相关费用，包括为建造工程发生的管理费、可行性研究费、临时设施费、公证费、监理费、应负担的税金、符合资本化条件的借款费用、建设期间发生的工程物资盘亏、报废及毁损净损失，以及负荷联合试车费等。企业为建造固定资产通过出让方式取得土地使用权而支付的土地出让金不计入在建工程成本，应确认为无形资产（土地使用权）。

（2）出包工程的账务处理。

出包方式下，“在建工程”科目主要是企业与建造承包商办理工程价款的结算科目，企业支付给建造承包商的工程价款作为工程成本通过“在建工程”科目核算。企业应按合理估计的工程进度和合同规定结算的进度款，借记“在建工程——建筑工程（××工程）”、“在建工程——安装工程（××工程）”科目，贷记“银行存款”、“预付账款”等科目。工程完成时，按合同规定补付的工程款，借记“在建工程”科目，贷记“银行存款”等科目。企业将需安装设备运抵现场安装时，借记“在建工程——在安装设备（××设备）”科目，贷记“工程物资——××设备”科目；企业为建造固定资产发生的待摊支出，借记“在建工程——待摊支出”科目，贷记“银行存款”、“应付职工薪酬”、“长期借款”等科目。

在建工程达到预定可使用状态时，首先计算分配待摊支出，待摊支出的分配率可按下列公式计算：

$$\text{待摊支出分配率}=\frac{\text{累计发生的待摊支出}}{(\text{建筑工程支出}+\text{安装工程支出}+\text{在安装设备支出})}\times 100\%$$

××工程应分配的待摊支出＝(××工程的建筑工程支出＋××安装工程支出＋××在安装设备支出)×待摊支出分配率

其次，计算确定已完工的固定资产成本：

房屋、建筑物等固定资产成本 = 建筑工程支出 + 应分摊的待摊支出

需要安装设备的成本 = 设备成本 + 为设备安装发生的基础、支座等建筑工程支出 + 安装工程支出 + 应分摊的待摊支出

然后，进行相应的会计处理，借记“固定资产”科目，贷记“在建工程——建筑工程”、“在建工程——安装工程”等科目。

【例5-4】 甲公司经当地有关部门批准，新建一个火电厂。建造的火电厂由3项工程组成，包括建造发电车间、冷却塔以及安装发电设备。2×21年2月1日，甲公司与乙公司签订合同，将该项目出包给乙公司承建。根据双方签订的合同，建造发电车间的价款为5 000 000元，建造冷却塔的价款为3 000 000元，安装发电设备需支付安装费用500 000元。建造期间发生的有关事项如下（假定不考虑相关税费）：

（1）2×21年2月10日，甲公司按合同约定向乙公司预付10%备料款800 000元，其中发电车间500 000元，冷却塔300 000元。

（2）2×21年8月2日，建造发电车间和冷却塔的工程进度达到50%，甲公司与乙公司办理工程价款结算4 000 000元，其中发电车间2 500 000元，冷却塔1 500 000元。甲公司抵扣了预付备料款后，将余款用银行存款付讫。

（3）2×21年10月8日，甲公司购入需安装的发电设备，价款总计3 500 000元，已用银行存款付讫。

（4）2×22年3月10日，建筑工程主体已完工，甲公司与乙公司办理工程价款结算4 000 000元，其中，发电车间2 500 000元，冷却塔1 500 000元。甲公司向乙公司开具了一张期限3个月的商业票据。

（5）2×22年4月1日，甲公司将发电设备运抵现场，交乙公司安装。

（6）2×22年5月10日，发电设备安装到位，甲公司与乙公司办理设备安装价款结算500 000元，款项已支付。

（7）工程项目发生管理费、可行性研究费、公证费、监理费共计300 000元，已用银行存款付讫。

（8）2×22年6月1日，工程项目各项指标达到设计要求。

甲公司的账务处理如下：

（1）2×21年2月10日，预付备料款。

借：预付账款	800 000	
贷：银行存款		800 000

(2) 2×21年8月2日，办理建筑工程价款结算。

借：在建工程——建筑工程（冷却塔） 1 500 000

——建筑工程（发电车间） 2 500 000

贷：银行存款 3 200 000

预付账款 800 000

(3) 2×21年10月8日，购入发电设备。

借：工程物资——发电设备 3 500 000

贷：银行存款 3 500 000

(4) 2×22年3月10日，办理建筑工程价款结算。

借：在建工程——建筑工程（冷却塔） 1 500 000

——建筑工程（发电车间） 2 500 000

贷：应付票据 4 000 000

(5) 2×22年4月1日，将发电设备交乙公司安装。

借：在建工程——在安装设备（发电设备） 3 500 000

贷：工程物资——发电设备 3 500 000

(6) 2×22年5月10日，办理安装工程价款结算。

借：在建工程——安装工程（发电设备） 500 000

贷：银行存款 500 000

(7) 支付工程发生的管理费、可行性研究费、公证费、监理费。

借：在建工程——待摊支出 300 000

贷：银行存款 300 000

(8) 结转在建工程。

计算分配待摊支出：

待摊支出分配率＝300 000÷(5 000 000＋3 000 000＋500 000＋3 500 000)×100%＝300 000÷12 000 000×100%＝2.5%

发电车间应分配的待摊支出＝5 000 000×2.5%＝125 000（元）

冷却塔应分配的待摊支出＝3 000 000×2.5%＝75 000（元）

发电设备应分配的待摊支出＝3 500 000×2.5%＋500 000×2.5%＝87 500＋12 500＝100 000（元）

结转待摊支出：

借：在建工程——建筑工程（发电车间） 125 000

——建筑工程（冷却塔） 75 000

——安装工程（发电设备）　　12 500
——在安装设备（发电设备）　　87 500
贷：在建工程——待摊支出　　300 000

计算已完工的固定资产的成本：

发电车间的成本＝5 000 000＋125 000＝5 125 000（元）

冷却塔的成本＝3 000 000＋75 000＝3 075 000（元）

发电设备的成本＝(3 500 000＋500 000)＋100 000＝4 100 000（元）

借：固定资产——发电车间　　5 125 000
——冷却塔　　3 075 000
——发电设备　　4 100 000
贷：在建工程——建筑工程（发电车间）　　5 125 000
——建筑工程（冷却塔）　　3 075 000
——安装工程（发电设备）　　512 500
——在安装设备（发电设备）　　3 587 500

（三）投资者投入固定资产

接受固定资产投资的企业，在办理了固定资产移交手续之后，应按投资合同或协议约定的价值加上应支付的相关税费作为固定资产的入账价值，但合同或协议约定价值不公允的除外。在投资合同或协议约定价值不公允的情况下，按照该项固定资产的公允价值作为入账价值，固定资产的公允价值与投资合同或协议约定的价值之间的差额计入资本公积。

（四）存在弃置义务的固定资产

对于特殊行业的特定固定资产，确定其初始入账成本时，还应考虑弃置费用。弃置费用通常是指根据国家法律和行政法规、国际公约等规定，企业承担的环境保护和生态恢复等义务所确定的支出。弃置费用的金额与其现值比较，通常相差较大，需要考虑货币时间价值，对于这些特殊行业的特定固定资产，企业应当根据第十四章或有事项，按照现值计算确定应计入固定资产成本的金额和相应的预计负债。弃置费用形成的预计负债在确认后，在固定资产的使用寿命内按照预计负债的摊余成本和实际利率计算确定的利息费用应计入财务费用。

由于技术进步、法律要求或市场环境变化等原因，特定固定资产的履行弃置义务可能发生支出金额、预计弃置时点、折现率等变动而引起的预计负债变动，应按照以下原则调整该固定资产的成本：（1）对于预计负债的减少，以该固定资产账面价值为限扣减固定资产成本。如果预计负债的减少额超过该固定资产账面价值，超出部分确认为当期损益。（2）对于预计负债的增加，增加该固定资产的成本。按照上述原则调整的固定资产，在资产剩余使用年限内计提折旧。一旦该固定资产的使用寿命结束，预计负债的所有后续变动应在发生时确认为损益。

需要注意的是，一般工商企业的固定资产发生的报废清理费用不属于弃置费用，应当在发生时作为固定资产处置费用处理。油气资产的弃置费用，应当按照第二十八章石油天然气开采有关规定进行会计处理。

【例5-5】经国家审批，某企业计划建造一个项目，其主体设备将会对当地的生态环境产生一定的影响。根据法律法规规定，企业应在该项设备使用期满后将其拆除，并对造成的污染进行整治。2×22年1月1日，该项设备建造完成并交付使用，建造成本共80 000 000元。预计使用寿命10年，预计弃置费用为1 000 000元。假定折现率（即为实际利率）为5%。假定根据有关规定，在确定其成本时应考虑弃置费用。

（1）计算已完工的固定资产的成本。

2×22年1月1日，弃置费用的现值＝1 000 000×（P/F，5%，10）＝1 000 000×0.6139＝613 900（元）

固定资产入账价值＝80 000 000＋613 900＝80 613 900（元）

借：固定资产　80 613 900

　　贷：在建工程　80 000 000

　　　　预计负债　613 900

（2）计算第1～10年应负担的利息金额，如表5-2所示。

表5-2　应负担的利息金额计算表

2×22年1月1日

单位：元

日期	应负担的利息金额	当期确认的预计负债	累计确认的预计负债
①	②＝期初④×5%	③	期末④＝③＋期初④
2×22年1月1日		613 900	613 900
第1年	30 695	30 695	644 595
第2年	32 229.75	32 229.75	676 824.75
第3年	33 841.24	33 841.24	710 665.99

续表

日期	应负担的利息金额	当期确认的预计负债	累计确认的预计负债
第 4 年	35 533. 30	35 533. 30	746 199. 29
第 5 年	37 309. 96	37 309. 96	783 509. 25
第 6 年	39 175. 46	39 175. 46	822 684. 71
第 7 年	41 134. 24	41 134. 24	863 818. 95
第 8 年	43 190. 95	43 190. 95	907 009. 90
第 9 年	45 350. 49	45 350. 49	952 360. 39
第 10 年	47 639. 61	47 639. 61	1 000 000

第 1 年应负担的利息。

借：财务费用　　30 695

　　贷：预计负债　　30 695

第 2 ~ 10 年应负担的利息金额如表 5 - 2 所示，账务处理同上。

(3) 假定第 10 年末实际发生弃置费用 1 000 000 元。

借：预计负债　　1 000 000

　　贷：银行存款　　1 000 000

五、固定资产的后续计量

固定资产的后续计量主要包括固定资产折旧的计提、减值损失的确定，以及后续支出的计量。其中，固定资产的减值应当按照第九章资产减值的有关规定进行会计处理。

（一）固定资产折旧

1. 计提折旧的固定资产范围。

企业应对所有的固定资产计提折旧，但是，已提足折旧仍继续使用的固定资产和单独计价入账的土地除外。

在确定计提折旧的范围时还应注意下列几点：

（1）固定资产应当按月计提折旧。固定资产应自达到预定可使用状态时开始计提折旧，终止确认时或划分为持有待售非流动资产时停止计提折旧。为了简化核算，本章仍沿用了实务中的做法：当月增加的固定资产，当月不计提折旧，从下月起计提折旧；当月减少的固定资产，当月仍计提折旧，从下月起不计提折旧。

（2）固定资产提足折旧后，不论能否继续使用，均不再计提折旧，提前报废的固定资产也不再补提折旧。提足折旧是指已经提足该项固定资产的应计折旧额。应计折旧额，是指应当计提折旧的固定资产的原价扣除其预计净残值后的金额。已计提减值准备的固定资产，还应当扣除已计提的固定资产减值准备累计金额。

（3）已达到预定可使用状态但尚未办理竣工决算的固定资产，应当按照估计价值确定其成本，并计提折旧；待办理竣工决算后再按实际成本调整原来的暂估价值，但不需要调整原已计提的折旧额。

2. 固定资产折旧方法。

企业应当根据与固定资产有关的经济利益的预期消耗方式合理选择折旧方法。可选用的折旧方法包括年限平均法、工作量法、双倍余额递减法和年数总和法等。企业选用不同的固定资产折旧方法，将影响固定资产使用寿命期间内不同时期的折旧费用，因此，固定资产的折旧方法一经确定，不得随意变更。

企业选择固定资产折旧方法时，应当根据与固定资产有关的经济利益的预期消耗方式作出决定。由于收入可能受到投入、生产过程、销售等因素的影响，这些因素与固定资产有关经济利益的预期消耗方式无关，因此，企业不应以包括使用固定资产在内的经济活动所产生的收入为基础进行折旧。

（1）年限平均法。

年限平均法又称直线法，是指将固定资产的应计折旧额均衡地分摊到固定资产预计使用寿命内的一种方法。采用这种方法计算的每期折旧额均相等。计算公式如下：

年折旧率＝(1－预计净残值率)÷预计使用寿命（年）×100%

月折旧率＝年折旧率÷12

月折旧额＝固定资产原价×月折旧率

（2）工作量法。

工作量法，是根据实际工作量计算每期应提折旧额的一种方法。计算公式如下：

单位工作量折旧额＝固定资产原价×(1－预计净残值率)÷预计总工作量

某项固定资产月折旧额＝该项固定资产当月工作量×单位工作量折旧额

（3）双倍余额递减法。

双倍余额递减法，是指在不考虑固定资产预计净残值的情况下，根据每期期初固定资产原价减去累计折旧后的金额和双倍的直线法折旧率计算固定资产折旧的一种方法。应用这种方法计算折旧额时，由于每年年初固定资产净值没有扣除预计净残值，所以在计算固定资产折旧额时，应在其折旧年限到期前两年内，将固定资产净值扣除预计净残值后的余额平均摊销。计算公式如下：

年折旧率 = 2 ÷ 预计使用寿命（年）× 100%

月折旧率 = 年折旧率 ÷ 12

月折旧额 = 每月月初固定资产账面净值 × 月折旧率

（4）年数总和法。

年数总和法，又称年限合计法，是指将固定资产的原价减去预计净残值后的余额，乘以一个以固定资产尚可使用寿命为分子、以预计使用寿命逐年数字之和为分母的逐年递减的分数计算每年的折旧额。计算公式如下：

年折旧率 = 尚可使用年限 ÷ 预计使用寿命的年数总和 × 100%

月折旧率 = 年折旧率 ÷ 12

月折旧额 =（固定资产原价 − 预计净残值）× 月折旧率

固定资产应当按月计提折旧，计提的折旧应通过“累计折旧”科目核算，并根据用途计入相关资产的成本或者当期损益。例如，企业自行建造固定资产过程中使用的固定资产，计提的折旧应计入在建工程成本；基本生产车间所使用的固定资产，计提的折旧应计入制造费用；管理部门所使用的固定资产，计提的折旧应计入管理费用；销售部门所使用的固定资产，计提的折旧应计入销售费用；经营租出的固定资产，计提的折旧应计入其他业务成本。

3. 固定资产使用寿命、预计净残值和折旧方法的复核。

在固定资产使用过程中，其所处的经济环境、技术环境以及其他环境有可能对固定资产使用寿命和预计净残值产生较大影响。例如，固定资产使用强度比正常情况大大加强，致使固定资产使用寿命大大缩短；替代该项固定资产的新产品的出现致使其实际使用寿命缩短，预计净残值减少等。为真实反映固定资产为企业提供经济利益的期间及每期实际的资产消耗，企业至少应当于每年年度终了，对固定资产使用寿命和预计净残值进行复核。如有确凿证据表明：固定资产使用寿命预计数与原先估计数有差异，应当调整固定资产使用寿命；固定资产预计净残值预计数与原先估计数有差异，应当调整预计净残值。

固定资产使用过程中所处经济环境、技术环境以及其他环境的变化也可能致使与固定资产有关的经济利益的预期消耗方式发生重大改变，企业也应相应改变固定资产折旧方法。例如，某采掘企业各期产量相对稳定，原来采用年限平均法计提折旧。年度复核中发现，由于该企业使用了先进技术，产量大幅增加，可采储量逐年减少，该项固定资产给企业带来经济利益的预期消耗方式已发生重大改变，需要将年限平均法改为产量法。

企业应当根据与固定资产有关的经济利益的预期消耗方式等实际情况合理确定固定资产折旧方法、预计净残值和使用寿命，除有确凿证据表明经济利益的预期消耗方式发生了重大变化，或者取得了新的信息、积累了更多的经验，能够更准确地反映企业的财务状况和经营成果，否则不得随意变更。

固定资产使用寿命、预计净残值和折旧方法的改变应作为会计估计变更，按照第二十九章会计政策、会计估计变更和差错更正的有关规定进行会计处理。

（二）固定资产的后续支出

固定资产的后续支出是指固定资产使用过程中发生的更新改造支出、修理费用等。后续支出的处理原则为：符合资产确认条件的，应当计入资产成本，同时将被替换部分的账面价值扣除；不符合资产确认条件的，应当计入当期损益。

1. 资本化的后续支出。

固定资产发生可资本化的后续支出时，企业一般应将该固定资产的原价、已计提的累计折旧和减值准备转销，将固定资产的账面价值转入在建工程，并停止计提折旧。发生的后续支出，通过“在建工程”科目核算。在固定资产发生的后续支出完工并达到预定可使用状态时，再从在建工程转为固定资产，并按重新确定的使用寿命、预计净残值和折旧方法计提折旧。

【例5-6】甲公司是一家从事印刷业的企业，有关资料如下：

（1）2×19年12月，该公司自行建成了一条印刷生产线，建造成本为568 000元；采用年限平均法计提折旧；预计净残值率为固定资产原价的3%，预计使用年限为6年。

（2）2×22年1月1日，由于生产的产品适销对路，现有生产线的生产能力已难以满足公司生产发展的需要，但若新建生产线成本过高，周期过长，于是，公司决定对现有生产线进行改扩建，以提高其生产能力。假定该生产线未发生减值。

(3) 2×22 年 1 月 1 日至 3 月 31 日，经过三个月的改扩建，完成了对这条印刷生产线的改扩建工程，共发生支出 268 900 元，全部以银行存款支付。

(4) 该生产线改扩建工程达至到预定可使用状态后，大大提高了生产能力，预计将其使用年限延长了 4 年，即预计使用年限为 10 年。假定改扩建后的生产线的预计净残值率为改扩建后固定资产账面价值的 3%；折旧方法仍为年限平均法。

(5) 为简化计算过程，整个过程不考虑其他相关税费；公司按年度计提固定资产折旧。

本例中，印刷生产线改扩建后生产能力将大大提高，能够为企业带来更多的经济利益，改扩建的支出金额也能可靠计量，因此该后续支出符合固定资产的确认条件，应计入固定资产的成本。有关的会计处理如下：

(1) 2×20 年 1 月 1 日至 2×21 年 12 月 31 日两年间，即，固定资产后续支出发生前，该条生产线的应计折旧额 = 568 000 × (1 − 3%) = 550 960（元）。

年折旧额 = 550 960 ÷ 6 = 91 826.67（元）

各年计提固定资产折旧的会计分录为：

借：制造费用　　91 826.67

　贷：累计折旧　　91 826.67

(2) 2×22 年 1 月 1 日，固定资产的账面价值 = 568 000 − (91 826.67 × 2) = 384 346.66（元）。

固定资产转入改扩建：

借：在建工程　　384 346.66

　　累计折旧　　183 653.34

　贷：固定资产　　568 000

(3) 2×22 年 1 月 1 日至 3 月 31 日，发生改扩建工程支出：

借：在建工程　　268 900

　贷：银行存款　　268 900

(4) 2×22 年 3 月 31 日，生产线改扩建工程达到预定可使用状态，固定资产的入账价值 = 384 346.66 + 268 900 = 653 246.66（元）。

借：固定资产　　653 246.66

　贷：在建工程　　653 246.66

(5) 转为固定资产后，按重新确定的使用寿命、预计净残值和折旧方法计提折旧。

应计折旧额 = 653 246.66 × (1 − 3%) = 633 649.26(元)

月折旧额 = 633 649.26 ÷ (7 × 12 + 9) = 6 813.43(元)

年折旧额 = 6 813.43 × 12 = 81 761.16(元)

2 × 22 年应计提的折旧额 = 6 813.43 × 9 = 61 320.87(元)

会计分录为:

借:制造费用　　61 320.87

　贷:累计折旧　　61 320.87

企业发生的一些固定资产后续支出可能涉及替换原固定资产的某组成部分,当发生的后续支出符合固定资产确认条件时,应将其计入固定资产成本,同时将被替换部分的账面价值扣除。这样可以避免将替换部分的成本和被替换部分的成本同时计入固定资产成本,导致固定资产成本重复计算。企业对固定资产进行定期检查发生的大修理费用,有确凿证据表明符合资产确认条件的部分,可以计入资产成本,不符合资产的确认条件的应当费用化,计入当期损益。

2. 费用化的后续支出。

与固定资产有关的修理费用等后续支出,不符合固定资产确认条件的,应当根据不同情况分别在发生时按照受益对象计入当期损益或计入相关资产的成本。

一般情况下,固定资产投入使用之后,由于固定资产磨损、各组成部分耐用程度不同,可能导致固定资产的局部损坏,为了维护固定资产的正常运转和使用,充分发挥其使用效能,企业将对固定资产进行必要的维护。不符合固定资产资本化后续支出条件的固定资产日常修理费用,在发生时应当按照受益对象计入当期损益或计入相关资产的成本。与存货的生产和加工相关的固定资产日常修理费用按照第二章存货规定的存货成本确定原则进行处理,行政管理部门、企业专设的销售机构等发生的固定资产日常修理费用按照功能分类计入管理费用或销售费用。固定资产更新改造支出不满足资产确认条件的,在发生时直接计入当期损益。

六、固定资产的处置

(一)固定资产终止确认的条件

固定资产满足下列条件之一的,应当予以终止确认:

1. 该固定资产处于处置状态。固定资产处置包括将固定资产划分为持有待售类别，以及固定资产的出售、转让、报废或毁损、对外投资、非货币性资产交换、债务重组等。处于处置状态的固定资产不再用于生产商品、提供劳务、出租或经营管理，因此，不再符合固定资产的定义，应予终止确认。

2. 该固定资产预期通过使用或处置不能产生经济利益。固定资产的确认条件之一是“与该固定资产有关的经济利益很可能流入企业”，如果一项固定资产预期通过使用或处置不能产生经济利益，就不再符合固定资产的定义和确认条件，应予终止确认。

（二）固定资产处置的账务处理

企业出售、转让划分为持有待售类别的固定资产或处置组，按照第四十二章持有待售的非流动资产、处置组和终止经营的有关规定进行会计处理。

企业出售、转让未划分为持有待售类别的固定资产，以及报废固定资产或发生固定资产毁损，一般通过“固定资产清理”科目进行核算，将处置收入扣除账面价值和相关税费后的金额计入当期损益。企业因出售、报废或毁损、对外投资、非货币性资产交换、债务重组等处置固定资产，其会计处理一般经过下列几个步骤：

第一，固定资产转入清理。固定资产转入清理时，按固定资产账面价值，借记“固定资产清理”科目，按已计提的累计折旧，借记“累计折旧”科目，按已计提的减值准备，借记“固定资产减值准备”科目，按固定资产账面余额，贷记“固定资产”科目。

第二，发生的清理费用。固定资产清理过程中发生的有关费用以及应支付的相关税费，借记“固定资产清理”科目，贷记“银行存款”、“应交税费”等科目。

第三，出售收入和残料等的处理。企业收回出售固定资产的价款、残料价值和变价收入等，应冲减清理支出。按实际收到的出售价款以及残料变价收入等，借记“银行存款”、“原材料”等科目，贷记“固定资产清理”、“应交税费——应交增值税（销项税额）”科目。

第四，保险赔偿的处理。企业计算或收到的应由保险公司或过失人赔偿的损失，应冲减清理支出，借记“其他应收款”、“银行存款”等科目，贷记“固定资产清理”科目。

第五，清理净损益的处理。固定资产清理完成后的净损失，属于生产经营期间正常的出售、转让所产生的损失，借记“资产处置损益”科目，贷记

“固定资产清理”科目；属于因自然灾害发生毁损、已丧失使用功能等原因而报废清理所产生的损失，借记“营业外支出——非流动资产毁损报废损失”科目，贷记“固定资产清理”科目。固定资产清理完成后的净收益，借记“固定资产清理”科目，贷记“资产处置损益”或“营业外收入”科目。

【例5-7】甲公司为增值税一般纳税人，2×22年12月30日出售一座建筑物（2×18年6月1日自建完工），原价为2 000 000元，已计提折旧1 500 000元，未计提减值准备，实际出售价格为1 200 000元，增值税率为9%，增值税额为108 000元，款项已存入银行。有关的会计处理如下：

（1）将出售固定资产转入清理时：

借：固定资产清理	500 000	
累计折旧	1 500 000	
贷：固定资产		2 000 000

（2）收回出售固定资产取得价款时：

借：银行存款	1 308 000	
贷：固定资产清理		1 200 000
应交税费—应交增值税（销项税额）		108 000

（3）结转出售固定资产实现的利得时：

借：固定资产清理	700 000	
贷：资产处置损益		700 000

在本例中，固定资产清理完毕时，“固定资产清理”科目为贷方余额700 000元（1 200 000-500 000），属于处置净收益，应结转至“资产处置损益”科目的贷方，结转后“固定资产清理”科目无余额。

（三）固定资产的盘盈盘亏

固定资产是一种单位价值较高、使用期限较长的有形资产，因此，对于管理规范的企业而言，盘盈、盘亏的固定资产较为少见。企业应当健全制度，加强管理，定期或者至少于每年年末对固定资产进行清查盘点，以保证固定资产核算的真实性和完整性。如果清查中发现固定资产的损溢应及时查明原因，在期末结账前处理完毕。

企业在财产清查中盘亏的固定资产，通过“待处理财产损溢——待处理固定资产损溢”科目核算，盘亏造成的损失，通过“营业外支出——盘亏损失”科目核算，应当计入当期损益。

企业在财产清查中盘盈的固定资产，作为前期差错处理。盘盈的固定资产通过“以前年度损益调整”科目核算。

七、列示与披露

（一）列示

企业应当在资产负债表中单独列示固定资产。资产负债表中的“固定资产”项目，反映资产负债表日企业固定资产的期末账面价值和企业尚未清理完毕的固定资产清理净损益。该项目应根据“固定资产”科目的期末余额，减去“累计折旧”、“固定资产减值准备”科目的期末余额后的金额，以及“固定资产清理”科目的期末余额填列。

资产负债表中的“在建工程”项目，反映资产负债表日企业尚未达到预定可使用状态的在建工程的期末账面价值和企业为在建工程准备的各种物资的期末账面价值。该项目应根据“在建工程”科目的期末余额，减去“在建工程减值准备”科目的期末余额后的金额，以及“工程物资”科目的期末余额，减去“工程物资减值准备”科目的期末余额后的金额填列。

（二）披露

企业应当在附注中披露与固定资产有关的下列信息：（1）固定资产的确认条件、分类、计量基础和折旧方法；（2）各类固定资产的使用寿命、预计净残值和折旧率；（3）各类固定资产的期初和期末原价、累计折旧额及固定资产减值准备累计金额；（4）当期确认的折旧费用；（5）对固定资产所有权的限制及其金额和用于担保的固定资产账面价值；（6）准备处置的固定资产名称、账面价值、公允价值、预计处置费用和预计处置时间等。

八、衔接规定

根据《企业会计准则第 38 号——首次执行企业会计准则》的规定，在首次执行日，对于满足预计负债条件且该日之前尚未计入固定资产成本的弃置费用，应当按其现值增加该项固定资产的成本，同时确认相应负债，并将应补提的折旧调整期初留存收益。

首次执行日之前购买的固定资产在超过正常信用条件的期限内延期付款、实质上具有融资性质的，首次执行日之前已计提的折旧，不再追溯调整。在首次执行日，企业应当以尚未支付的款项与其现值之间的差额，减少固定资产的账面价值，同时确认为未确认融资费用。首次执行日后，企业应当以调整后的固定资产账面价值作为认定成本并以此为基础计提折旧，未确认融资费用应当在剩余付款期限内采用实际利率法进行摊销。

在首次执行日，企业对于此前按照国家规定提取的安全生产费，尚未按照本章安全生产费有关规定进行会计处理的，应当进行追溯调整。

首次执行日后，企业新发生的固定资产业务应当按照本章进行会计处理。

第六章 生物资产

一、总体要求

《企业会计准则第5号——生物资产》规范了与农业生产相关的生物资产的确认、计量和相关信息披露要求。生物资产，是指有生命的（即活的）动物和植物。生物资产与企业的存货、固定资产等一般资产不同，其具有特殊的自然增值属性，因此导致其在会计确认、计量和相关信息披露等方面的特殊性。尤其是对于农业企业而言，生物资产通常是其资产的重要组成部分，对生物资产进行正确的确认、计量和相关信息披露，将有助于如实反映企业的财务状况和经营成果。

生物资产通常分为消耗性生物资产、生产性生物资产和公益性生物资产三类。生物资产应当按照成本进行初始计量。后续计量通常应当采用历史成本，但有确凿证据表明其公允价值能够持续可靠取得的除外。其中，采用成本模式计量的情况下，消耗性生物资产按成本减累计跌价准备计量；未成熟的生产性生物资产按成本减累计减值准备计量，成熟的生产性生物资产按成本减累计折旧及累计减值准备计量；公益性生物资产按成本计量。企业应当在附注中披露与生物资产有关的信息。

企业收获后的农产品、与生物资产相关的政府补助，不适用本章，应分别按照第二章存货、第十六章政府补助进行会计处理。

二、应设置的相关会计科目和主要账务处理

企业对生物资产的会计处理，一般需要设置下列会计科目。

（一）“消耗性生物资产”

1. 本科目核算企业（农业）持有的消耗性生物资产的价值。

消耗性生物资产发生减值的，可以单独设置“消耗性生物资产跌价准备”科目，比照“存货跌价准备”科目进行处理。

2. 本科目可按消耗性生物资产的种类、群别等进行明细核算。

3. 消耗性生物资产的主要账务处理。

（1）外购的消耗性生物资产，按应计入消耗性生物资产成本的金额，借记本科目，贷记“银行存款”、“应付账款”、“应付票据”等科目。

（2）自行栽培的大田作物和蔬菜，应按收获前发生的必要支出，借记本科目，贷记“银行存款”等科目。

自行营造的林木类消耗性生物资产，应按郁闭前发生的必要支出，借记本科目，贷记“银行存款”等科目。

自行繁殖的育肥畜、水产养殖的动植物，应按出售前发生的必要支出，借记本科目，贷记“银行存款”等科目。

（3）取得天然起源的消耗性生物资产，应按名义金额，借记本科目，贷记“营业外收入”科目。

（4）产畜或役畜淘汰转为育肥畜的，按转群时的账面价值，借记本科目，按已计提的累计折旧，借记“生产性生物资产累计折旧”科目，按其账面余额，贷记“生产性生物资产”科目。已计提减值准备的，还应同时结转减值准备。

育肥畜转为产畜或役畜的，应按其账面余额，借记“生产性生物资产”科目，贷记本科目。已计提跌价准备的，还应同时结转跌价准备。

（5）择伐、间伐或抚育更新性质采伐而补植林木类消耗性生物资产发生的后续支出，借记本科目，贷记“银行存款”等科目。

林木类消耗性生物资产达到郁闭后发生的管护费用等后续支出，借记“管理费用”科目，贷记“银行存款”等科目。

（6）农业生产过程中发生的应归属于消耗性生物资产的费用，按应分配的金额，借记本科目，贷记“农业生产成本”科目。

（7）消耗性生物资产收获为农产品时，应按其账面余额，借记“农产品”科目，贷记本科目。已计提跌价准备的，还应同时结转跌价准备。

（8）出售消耗性生物资产，应按实际收到的金额，借记“银行存款”等科目，贷记“主营业务收入”等科目。按其账面余额，借记“主营业务成本”等科目，贷记本科目。已计提跌价准备的，还应同时结转跌价准备。

4. 本科目期末借方余额，反映企业消耗性生物资产的实际成本。

（二）“生产性生物资产”

1. 本科目核算企业（农业）持有的生产性生物资产价值。

2. 本科目可按“未成熟生产性生物资产”和“成熟生产性生物资产”，分别以生物资产的种类、群别、所属部门等进行明细核算。

生产性生物资产发生减值的，可以单独设置“生产性生物资产减值准备”科目，比照“固定资产减值准备”科目进行处理。

3. 生产性生物资产的主要账务处理。

（1）企业外购的生产性生物资产，按应计入生产性生物资产成本的金额，借记本科目，贷记“银行存款”等科目。

（2）自行营造的林木类生产性生物资产、自行繁殖的产畜和役畜，应按达到预定生产经营目的前发生的必要支出，借记本科目（未成熟生产性生物资产），贷记“银行存款”等科目。

（3）天然起源的生产性生物资产，应按名义金额，借记本科目，贷记“营业外收入”科目。

（4）育肥畜转为产畜或役畜，应按其账面余额，借记本科目，贷记“消耗性生物资产”科目。已计提跌价准备的，还应同时结转跌价准备。

产畜或役畜淘汰转为育肥畜，按转群时的账面价值，借记“消耗性生物资产”科目，按已计提的累计折旧，借记“生产性生物资产累计折旧”科目，按其账面余额，贷记本科目。已计提减值准备的，还应同时结转减值准备。

（5）未成熟生产性生物资产达到预定生产经营目的时，按其账面余额，借记本科目（成熟生产性生物资产），贷记本科目（未成熟生产性生物资产）。已计提减值准备的，还应同时结转减值准备。

（6）择伐、间伐或抚育更新等生产性采伐而补植林木类生产性生物资产发生的后续支出，借记本科目，贷记“银行存款”等科目。

生产性生物资产达到预定生产经营目的后发生的管护、饲养费用等后续支出，借记“管理费用”科目，贷记“银行存款”等科目。

（7）处置生产性生物资产，应按实际收到的金额，借记“银行存款”等科目，按已计提的累计折旧，借记“生产性生物资产累计折旧”科目，按其账面余额，贷记本科目，按其差额，借记或贷记“资产处置损益”科目。已计提减值准备的，还应同时结转减值准备。

4. 本科目期末借方余额，反映企业生产性生物资产的账面余额。

（三）“生产性生物资产累计折旧”

1. 本科目核算企业（农业）成熟生产性生物资产的累计折旧。

2. 本科目可按生产性生物资产的种类、群别、所属部门等进行明细核算。

3. 企业按期（月）计提成熟生产性生物资产的折旧，借记“农业生产成本”、“其他业务成本”等科目，贷记本科目。处置生产性生物资产还应同时结转生产性生物资产累计折旧。

4. 本科目期末贷方余额，反映企业成熟生产性生物资产的累计折旧额。

（四）“公益性生物资产”

1. 本科目核算企业（农业）持有的公益性生物资产的价值。

2. 本科目可按公益性生物资产的种类或项目进行明细核算。

3. 公益性生物资产的主要账务处理。

（1）企业外购的公益性生物资产，按应计入公益性生物资产成本的金额，借记本科目，贷记“银行存款”等科目。

（2）自行营造的公益性生物资产，应按郁闭前发生的必要支出，借记本科目，贷记“银行存款”等科目。

（3）天然起源的公益性生物资产，应按名义金额，借记本科目，贷记“营业外收入”科目。

（4）消耗性生物资产、生产性生物资产转为公益性生物资产的，应按其账面余额或账面价值，借记本科目，按已计提的生产性生物资产累计折旧，借记“生产性生物资产累计折旧”科目，按其账面余额，贷记“消耗性生物资产”、“生产性生物资产”等科目。已计提跌价准备或减值准备的，还应同时结转跌价准备或减值准备。

（5）择伐、间伐或抚育更新等生产性采伐而补植林木类公益性生物资产发生的后续支出，借记本科目，贷记“银行存款”等科目。林木类公益性生物资产郁闭后发生的管护费用等其他后续支出，借记“管理费用”科目，贷记“银行存款”等科目。

4. 本科目期末借方余额，反映企业公益性生物资产的账面余额。

三、生物资产的确认

（一）生物资产的特征

1. 生物资产是有生命的动物或植物。

有生命的动物和植物具有能够进行生物转化的能力。生物转化，指导致生物资产质量或数量发生变化的生长、蜕化、生产和繁殖的过程。其中，生长是指动物或植物体积、重量的增加或者质量的提高，例如农作物从种植开始到收获前的过程；蜕化是指动物或植物产出量的减少或质量的退化，例如奶牛产奶能力的不断下降；生产是指动物或植物本身产出农产品，例如蛋鸡产蛋、奶牛产奶、果树产水果等；繁殖是指产生新的动物或植物，例如奶牛产牛犊、母猪生仔猪等。

这种生物转化能力是其他资产（如存货、固定资产、无形资产等）所不具有的，也正是生物资产的特性。生物资产的形态、价值以及产生经济利益的方式，都会随着自身的出生、成长、衰老、死亡等自然规律和生产经营活动不断变化，尽管其在所处生命周期中的不同阶段而具有类似于不同资产类别（存货或固定资产）的特点。但是其会计处理与存货、固定资产等常规资产有所不同，因此有必要对生物资产的确认、计量和披露等会计处理进行单独规范，以更准确地反映企业的生物资产信息。

将生物资产定义为“有生命的动物和植物”，意味着一旦原有动植物停止其生命活动就不再是“生物资产”。这一界限对生物资产和农产品进行了本质的区分。农产品与生物资产密不可分，当其附着在生物资产上时，作为生物资产的一部分，不需要单独进行会计处理，而当其从生物资产上收获时开始，离开生物资产这一母体，一般具有鲜活、易腐的特点，因此应当区别于工业企业一般意义上的产成品单独核算。基于此，本章对收获时点的农产品的会计处理进行了规范，即应当采用规定的方法，从消耗性生物资产或生产性生物资产生产成本中转出，确认为收获时点的农产品的成本；而收获时点之后的农产品，应当按照第二章存货进行会计处理。

2. 生物资产与农业生产密切相关。

本章所称“农业”是广义的范畴，包括种植业、畜牧养殖业、林业和水产业等行业。企业从事农业生产就是要增强生物转化能力，最终获得更多的符合市场需要的农产品。例如，种植业作物的生长和收获而获得稻谷、小麦等农产品的活动过程；畜牧养殖业试验和收获而获得仔猪、肉猪、鸡蛋、牛奶等畜产品的活动过程；林业中用材林的生产和管理获得林产品、经济林木的生产和管理获得水果等的活动过程；水产业中的养殖获得水产品等活动过程，都属于将生物资产转化为农产品的活动。

农业生产与收获时点的农产品密切相关，但必须与对收获后的农产品进行加工的活动（以下简称加工活动）严格区分。农业生产活动针对的是有生命的生物资产，而加工活动针对的是收获后的农产品，例如将绵羊产出的羊毛加工成毛毯、将收获的甘蔗加工成蔗糖、将奶牛产出的牛奶加工成奶酪、将从果树采摘的水果加工成水果罐头、将用材林采伐下的木材用于盖厂房等。因此，加工活动并不包含在本章所指的农业生产范畴之内。

（二）生物资产的分类

生物资产通常分为消耗性生物资产、生产性生物资产和公益性生物资产三大类。

1. 消耗性生物资产。

消耗性生物资产，是指为出售而持有的、或在将来收获为农产品的生物资产。消耗性生物资产是劳动对象，包括生长中的大田作物、蔬菜、用材林以及存栏待售的牲畜等。消耗性生物资产通常是一次性消耗并终止其服务能力或未来经济利益，因此在一定程度上具有存货的特征，应当作为存货在资产负债表中列报。

2. 生产性生物资产。

生产性生物资产，是指为产出农产品、提供劳务或出租等目的而持有的生物资产。生产性生物资产具备自我生长性，能够在持续的基础上予以消耗并在未来的一段时间内保持其服务能力或未来经济利益，属于劳动手段，包括经济林、薪炭林、产畜和役畜等。

与消耗性生物资产相比，生产性生物资产的最大不同在于，生产性生物资产具有能够在生产经营中长期、反复使用，从而不断产出农产品或者是长期役用的特征。消耗性生物资产收获农产品之后，该资产就不复存在；而生产性生物资产产出农产品之后，该资产仍然保留，并可以在未来期间继续产出农产品。因此，通常认为生产性生物资产在一定程度上具有固定资产的特征，例如果树每年产出水果、奶牛每年产奶等。

一般而言，生产性生物资产通常需要生长到一定阶段才开始具备生产的能力。根据其是否具备生产能力（即是否达到预定生产经营目的），可以对生产性生物资产进行进一步的划分。所谓达到预定生产经营目的，是指生产性生物资产进入正常生产期，可以多年连续稳定产出农产品、提供劳务或出租。由此，生产性生物资产可以划分为未成熟和成熟两类，前者指尚未达到预定生产经营目的、还不能够多年连续稳定产出农产品、提供劳务或出租的生产性生物资产，例如尚未开始挂果的果树、尚未开始产奶的奶牛等，后者则指已经达到预定生产经营目的的生产性生物资产。

3. 公益性生物资产。

公益性生物资产，是指以防护、环境保护为主要目的的生物资产，包括防风固沙林、水土保持林和水源涵养林等。

公益性生物资产与消耗性生物资产和生产性生物资产有本质不同。后两者的目的是为了直接给企业带来经济利益，而公益性生物资产主要是出于防护、环境保护等目的，尽管其不能直接给企业带来经济利益，但具有服务潜能，有助于企业从相关资产获得经济利益，如防风固沙林和水土保持林能带来防风固沙、保持水土的效能，风景林具有美化环境、休息游览的效能等，因此应当确认为生物资产，并且应当单独核算。

（三）生物资产的确认

企业确认生物资产既需要符合生物资产的定义，还需要同时满足下列确认条件：

1. 企业因过去的交易或者事项而拥有或者控制该生物资产；
2. 与该生物资产有关的经济利益或服务潜能很可能流入企业；
3. 该生物资产的成本能够可靠地计量。

四、生物资产的初始计量

生物资产应当按照成本进行初始计量。

（一）外购的生物资产

无论是消耗性生物资产、生产性生物资产还是公益性生物资产，外购的生物资产的成本包括购买价款、相关税费、运输费、保险费以及可直接归属于购买该资产的其他支出。其中，可直接归属于购买该资产的其他支出包括场地整理费、装卸费、栽植费、专业人员服务费等。

企业外购的生物资产，按应计入生物资产成本的金额，借记“消耗性生物资产”、“生产性生物资产”或“公益性生物资产”科目，贷记“银行存款”、“应付账款”、“应付票据”等科目。

企业以一笔款项一次性购入多项生物资产时，购买过程中发生的相关税费、运输费、保险费等可直接归属于购买该资产的其他支出，应当按照各项生物资产的价款比例进行分配，分别确定各项生物资产的成本。

【例6－1】2×22年2月，甲农业企业从市场上一次性购买了6头种牛、15头种猪和600头猪苗，单价分别为4 000元、1 400元和250元，支付的价款共计195 000元，此外，发生的运输费为4 500元，保险费为3 000元，装卸费为2 250元，款项全部以银行存款支付。假定不考虑相关税费等因素。

有关计算如下：

（1）确定应分摊的运输费、保险费和装卸费。

分摊比例 =（4 500 + 3 000 + 2 250）÷ 195 000 = 5%

因此，6 头种牛应分摊：6 × 4 000 × 5% = 1 200（元）

15 头种猪应分摊：15 × 1 400 × 5% = 1 050（元）

600 头猪苗应分摊：600 × 250 × 5% = 7 500（元）

（2）确定种牛、种猪和猪苗的入账价值。

6 头种牛的入账价值：6 × 4 000 + 1 200 = 25 200（元）

15 头种猪的入账价值：15 × 1 400 + 1 050 = 22 050（元）

600 头猪苗的入账价值：600 × 250 + 7 500 = 157 500（元）

甲农业企业的账务处理如下：

借：生产性生物资产——种牛　　25 200

　　　　　　　　——种猪　　22 050

　　消耗性生物资产——猪苗　　157 500

　　贷：银行存款　　204 750

对于以融资租赁方式租入生物资产的，承租人应当将租赁开始日租赁资产公允价值与最低租赁付款额现值两者中较低者作为租入资产的入账价值。

（二）自行繁殖、营造的生物资产

企业自行营造的生物资产，应当按照不同的种类核算，分别按照消耗性生物资产、生产性生物资产和公益性生物资产确定其取得的成本，并分别借记“消耗性生物资产”、“生产性生物资产”或“公益性生物资产”科目，贷记“银行存款”等科目。

1. 自行繁殖、营造的消耗性生物资产。

对自行繁殖、营造的消耗性生物资产而言，其成本确定的一般原则是按照自行繁殖或营造（即培育）过程中发生的必要支出确定，既包括直接材料、直接人工、其他直接费，也包括应分摊的间接费用。

（1）不同种类消耗性生物资产的成本构成。

①自行栽培的大田作物和蔬菜的成本，包括在收获前耗用的种子、肥料、农药等材料费、人工费和应分摊的间接费用等必要支出。

②自行营造的林木类消耗性生物资产的成本，包括郁闭前发生的造林费、抚育费、营林设施费、良种试验费、调查设计费和应分摊的间接费用等必要支出。

③自行繁殖的育肥畜的成本，包括出售前发生的饲料费、人工费和应分摊的间接费用等必要支出。

④水产养殖的动物和植物的成本，包括在出售或入库前耗用的苗种、饲料、肥料等材料费、人工费和应分摊的间接费用等必要支出。

【例6－2】 甲企业2×22年3月使用一台拖拉机翻耕土地100公顷用于小麦和玉米的种植，其中60公顷种植玉米、40公顷种植小麦。该拖拉机原值为60 300元，预计净残值为300元，按照工作量法计提折旧，预计可以翻耕土地6 000公顷。

有关计算如下：

3月应当计提的拖拉机折旧＝(60 300－300)÷6 000×100＝1 000（元）

玉米应当分配的机械作业费＝1 000÷(60＋40)×60＝600（元）

小麦应当分配的机械作业费＝1 000÷(60＋40)×40＝400（元）

甲企业的账务处理如下：

借：消耗性生物资产——玉米　　600

　　　　　　　　　——小麦　　400

　　贷：累计折旧　　1 000

（2）林木类消耗性生物资产成本确定的特殊问题。

①郁闭及郁闭度的概念。

郁闭是林木类消耗性生物资产成本确定中的一个重要界限。郁闭为林学概念，通常是指一块林地上的林木的树干、树冠生长达到一定标准，林木成活率和保持率达到一定的技术规程要求。郁闭通常指林木类消耗性资产的郁闭度达0.20以上（含0.20）。郁闭度是指森林中乔木树冠遮蔽地面的程度，它是反映林分密度的指标，以林地树冠垂直投影面积与林地面积之比表示，以十分数表示，完全覆盖地面为1。根据联合国粮农组织规定，郁闭度达0.20以上（含0.20）的为郁闭林［其中一般以0.20～0.70（不含0.70）为中度郁闭，0.70以上（含0.70）为密郁闭］；0.20以下（不含0.20）的为疏林（即未郁闭林）。

不同林种、不同林分等对郁闭度指标的要求有所不同，比如，生产纤维原料的工业原材料林一般要求郁闭度相对较高；而以培育珍贵大径材为主要目标的林木要求郁闭度相对较低。企业应当结合历史经验数据和自身实际情况，确定林木类消耗性生物资产的郁闭度及是否达到郁闭。各类林木类消耗性生物资产的郁闭度一经确定，不得随意变更。

②林木类消耗性生物资产郁闭前的相关支出应予资本化，郁闭后的相关支出计入当期费用。

郁闭是判断消耗性生物资产相关支出（包括借款费用）资本化或者是费用化的时点。郁闭之前的林木类消耗性生物资产处在培植阶段，需要发生较多的造林费、抚育费、营林设施费、良种试验费、调查设计费相关支出，这些支出应予以资本化计入成本；郁闭之后的林木类消耗性生物资产进入稳定的生长期，基本上可以比较稳定地成活，主要依靠林木本身的自然生长，一般只需要发生较少的管护费用，从重要性和谨慎性考虑应当计入当期费用。

2. 自行繁殖、营造的生产性生物资产。

对自行繁殖、营造的生产性生物资产而言，如企业自己繁育的奶牛、种猪，自行营造的橡胶树、果树、茶树等，其成本确定的一般原则是按照其达到预定生产经营目的前发生的必要支出确定，包括直接材料、直接人工、其他直接费用和应分摊的间接费用。自行营造的林木类生产性生物资产的成本，包括达到预定生产经营目的前发生的造林费、抚育费、营林设施费、良种试验费、调查设计费和应分摊的间接费用等必要支出；自行繁殖的产畜和役畜的成本，包括达到预定生产经营目的（成龄）前发生的饲料费、人工费和应分摊的间接费用等必要支出。达到预定生产经营目的是区分生产性生物资产成熟和未成熟的分界点，同时也是判断其相关费用停止资本化的时点，是区分其是否具备生产能力、从而是否计提折旧的分界点。企业应当根据具体情况结合正常生产期的确定，对生产性生物资产是否达到预定生产经营目的进行判断。例如，一般就海南橡胶园而言，同林段内离地 100 厘米处、树围 50 厘米以上的芽接胶树，占林段总株数的 50% 以上时，该橡胶园就属于进入正常生产期，即达到预定生产经营目的。

生产性生物资产在达到预定生产经营目的之前发生的必要支出在“生产性生物资产——未成熟生产性生物资产”科目归集，未成熟生产性生物资产达到预定生产经营目的时，按其账面余额，借记“生产性生物资产——成熟生产性生物资产”科目，贷记“生产性生物资产——未成熟生产性生物资产”科目，未成熟生产性生物资产已计提减值准备的，还应同时结转已计提的减值准备。

【例 6－3】 甲企业自 2×20 年开始自行营造 100 公顷橡胶树，当年发生种苗费 189 000 元，平整土地和定植所需的机械折旧费 55 500 元，定植当年抚育发生肥料及农药费 250 500 元、人员工资等 450 000 元。该橡胶树从定植后至 2×22 年达到正常生产期之前共发生管护费用 2 415 000 元，以银行存款支付。

甲企业的账务处理如下：

借：生产性生物资产——未成熟生产性生物资产（橡胶树）

945 000

贷：原材料——种苗　　189 000
　　　　——肥料及农药　　250 500
　　应付职工薪酬　　450 000
　　累计折旧　　55 500

借：生产性生物资产——未成熟生产性生物资产（橡胶树）　　2 415 000
　贷：银行存款　　2 415 000

因此，该100公顷橡胶树的成本为：

189 000 + 55 500 + 250 500 + 450 000 + 2 415 000 = 3 360 000（元）

借：生产性生物资产——成熟生产性生物资产（橡胶树）　　3 360 000
　贷：生产性生物资产——未成熟生产性生物资产（橡胶树）　　3 360 000

生产性生物资产在达到预定生产经营目的之前，其用途一般是已经确定的，如尚未开始挂果的果树、未开始产奶的奶牛等；但是，如果其未来用途不确定，应当作为消耗性生物资产核算和管理，待确定用途后，再按照用途转换进行处理。

3. 自行营造的公益性生物资产。

对自行营造的公益性生物资产而言，其成本确定的一般原则是按照郁闭前发生的造林费、抚育费、森林保护费、营林设施费、良种试验费、调查设计费和应分摊的间接费用等必要支出确定。

（三）天然起源的生物资产

天然林等天然起源的生物资产，仅在企业有确凿证据表明能够拥有或者控制该生物资产时，才能予以确认。

天然起源的生物资产公允价值通常无法可靠地取得，应按名义金额（即人民币1元）确定生物资产的成本，同时计入当期损益，即借记"消耗性生物资产"、"生产性生物资产"或"公益性生物资产"科目，贷记"营业外收入"科目。

（四）生物资产相关的后续支出

1. 生物资产郁闭或达到预定生产经营目的之后的管护费用。

生物资产在郁闭或达到预定生产经营目的之前，经过培植或饲养，其价值能够继续增加，因此，饲养、管护费用应资本化计入生物资产成本；而生物资产在郁闭或达到预定生产经营目的后，为了维护或提高其使用效能，需要对其进行管护、饲养等，但此时的生物资产能够产出农产品，带来现实的经济利益，因此，所发生的这类后续支出应当予以费用化，计入当期损益。借记“管理费用”科目，贷记“银行存款”等科目。

管护费用指为了维持郁闭后的消耗性林木资产或公益性生物资产的正常存在或为了维持已经达到预定生产经营目的的成熟生产性生物资产进行正常生产而发生的有关费用，例如为果树剪枝发生的费用、为果树灭虫发生的人工和药物费用、对产奶奶牛的饲养管理费用等。

2. 林木类生物资产补植。

在林木类生物资产的生长过程中，为了使其更好地生长，往往需要进行择伐、间伐或抚育更新性质采伐（这些采伐并不影响林木的郁闭状态），并且在采伐之后进行相应的补植。上述情况下发生的后续支出，应当予以资本化，计入林木类生物资产的成本。借记“消耗性生物资产”、“生产性生物资产”或“公益性生物资产”科目，贷记“库存现金”、“银行存款”、“其他应付款”等科目。

【例6－4】2×22年5月，甲林业有限责任公司对某用材林择伐补植，应支付人员工资15 000元，领用材料20 000元。

甲公司的账务处理如下：

借：消耗性生物资产——用材林　　35 000

　贷：应付职工薪酬　　15 000

　　　原材料　　20 000

【例6－5】甲林业有限责任公司下属的乙林班统一组织培植管护一片森林，2×22年3月，发生森林管护费用共计40 000元，其中人员工资20 000元，尚未支付；使用库存肥料16 000元；管护设备折旧4 000元。管护总面积为5 000公顷，其中，作为用材林的杨树林共计4 000公顷，已郁闭的占75%，其余的尚未郁闭；作为水土保持林的马尾松共计1 000公顷，全部已郁闭。假定管护费用按照森林面积比例进行分配。

有关计算如下：

未郁闭杨树林应分配共同费用的比例＝4 000×（1－75%）÷5 000＝0.2

已郁闭杨树林应分配共同费用的比例＝4 000×75%÷5 000＝0.6

已郁闭马尾松应分配共同费用的比例＝1 000÷5 000＝0.2

未郁闭杨树林应分配的共同费用＝40 000×0.2＝8 000（元）

已郁闭杨树林应分配的共同费用 = 40 000 × 0.6 = 24 000（元）

已郁闭马尾松应分配的共同费用 = 40 000 × 0.2 = 8 000（元）

甲公司的账务处理如下：

借：消耗性生物资产——用材林（杨树）	8 000	
管理费用	32 000	
贷：应付职工薪酬		20 000
原材料		16 000
累计折旧		4 000

五、生物资产的后续计量

（一）采用成本模式计量生物资产

在我国，处于不同生长阶段的各类生物资产的公允价值一般难以取得，因此，通常应当采用历史成本对生物资产进行后续计量，但有确凿证据表明其公允价值能够持续可靠取得的除外。

生物资产采用历史成本进行计量的情况下，消耗性生物资产按成本减累计跌价准备计量；未成熟的生产性生物资产按成本减累计减值准备计量，成熟的生产性生物资产按成本减累计折旧及累计减值准备计量；公益性生物资产按成本计量。

1. 成熟生产性生物资产折旧的计提。

成熟的生产性生物资产进入正常生产期，可以多年连续稳定产出农产品、提供劳务或出租。因此，应当按期计提折旧，以与其给企业带来的经济利益流入相配比。例如，已经开始挂果的苹果树的折旧额与从苹果树上采摘的苹果取得的收入相配比，役牛每期的折旧额与其犁地为企业带来的经济利益流入相配比等。

生产性生物资产的折旧，指在生产性生物资产的使用寿命内，按照确定的方法对应计折旧额进行系统分摊。其中，应计折旧额指应当计提折旧的生产性生物资产的原价扣除预计净残值后的余额；如果已经计提减值准备，还应当扣除已计提的生产性生物资产减值准备累计金额。预计净残值指预计生产性生物资产使用寿命结束时，在处置过程中所发生的处置收入扣除处置费用后的余额。

（1）需要计提折旧的生产性生物资产的范围。

对于达到预定生产经营目的的生产性生物资产应当按期计提折旧，一旦提足折旧，不论能否继续使用，均不再计提折旧。需要注意的是，出租人以经营租赁方式租出的生产性生物资产，应当计提折旧，承租人相应不应计提折旧；出租人以融资租赁租出的生产性生物资产，不应计提折旧，承租人应采用与自有应折旧资产相一致的折旧政策计提折旧。

（2）预计生产性生物资产的使用寿命。

企业确定生产性生物资产的使用寿命，应当考虑下列因素：①该资产的预计产出能力或实物产量；②该资产的预计有形损耗，如产畜和役畜衰老、经济林老化等；③该资产的预计无形损耗，如因新品种的出现而使现有的生产性生物资产的产出能力和产出农产品的质量等方面相对下降、市场需求的变化使生产性生物资产产出的农产品相对过时等。

在实务中，企业应在考虑这些因素的基础上，结合不同生产性生物资产的具体情况作出判断，例如，在考虑林木类生产性生物资产的使用寿命时，可以考虑诸如温度、湿度和降水量等生物特征、灌溉特征、嫁接和修剪程序、植物的种类和分类、植物的株间距、所使用初生主根的类型、采摘或收割的方法、所生产产品的预计市场需求等。在相同的环境下，同样的生产性生物资产的预计使用寿命应该基本相同。

（3）生产性生物资产的折旧方法。

企业可选用的折旧方法包括年限平均法、工作量法、产量法等。在具体运用时，企业应当根据生产性生物资产的具体情况，合理选择相应的折旧方法。

（4）合理确定生产性生物资产的使用寿命、预计净残值和折旧方法。

企业应当结合本企业的具体情况，根据生产性生物资产的类别，制定适合本企业的生产性生物资产目录、分类方法。对于达到预定经营目的的生产性生物资产，还应根据生产性生物资产的性质、使用情况和有关经济利益的预期实现方式，合理确定生产性生物资产的使用寿命、预计净残值和折旧方法，作为进行生产性生物资产核算的依据。

企业制定的生产性生物资产目录、分类方法、预计使用寿命、预计净残值、折旧方法等，应当编制成册，并按照管理权限，经股东大会或董事会，或经理（场长）会议或类似机构批准，按照法律、行政法规的规定报送有关各方备案，同时备置于企业所在地，以供投资者等有关各方查阅。企业已经确定并对外报送，或备置于企业所在地的有关生产性生物资产目录、分类方法、预计净残值、预计使用寿命、折旧方法等，一经确定不得随意变更，如需变更，应仍然按照上述程序，经批准后报送有关各方备案，并在报表附注中予以说明。

此外，企业至少应当于每年年度终了对生产性生物资产的使用寿命、预计净残值和折旧方法进行复核。如果生产性生物资产的使用寿命或预计净残值的预期数与原先估计数有差异的，或者有关经济利益预期消耗方式有重大改变的，企业应当作为会计估计变更，按照第二十九章会计政策、会计估计变更和差错更正进行会计处理，调整生产性生物资产的使用寿命或预计净残值或者改变折旧方法。

（5）生产性生物资产计提折旧的账务处理。

企业应当按期对达到预定生产经营目的的生产性生物资产计提折旧，并根据受益对象分别计入将收获的农产品成本、劳务成本、出租费用等。对成熟生产性生物资产按期计提折旧时，借记“农业生产成本”、“其他业务成本”等科目，贷记“生产性生物资产累计折旧”科目。

2. 生物资产减值。

企业至少应当于每年年度终了对消耗性生物资产和生产性生物资产进行检查，有确凿证据表明上述生物资产发生减值的，应当计提生物资产减值准备。企业首先应当注意消耗性生物资产和生产性生物资产是否发生减值迹象，如有减值迹象，在此基础上计算确定消耗性生物资产的可变现净值或生产性生物资产的可收回金额。

（1）判断消耗性生物资产和生产性生物资产减值的主要迹象。

消耗性生物资产和生产性生物资产的减值采取易于判断的方式，即企业至少应当于每年年度终了对消耗性生物资产和生产性生物资产进行检查，有确凿证据表明由于遭受自然灾害、病虫害、动物疫病侵袭或市场需求变化等原因的情况下，上述生物资产才可能存在减值迹象。具体来说，消耗性生物资产和生产性生物资产存在下列情形之一的，通常表明可变现净值或可收回金额低于其账面价值：

①因遭受火灾、旱灾、水灾、冻灾、台风、冰雹等自然灾害，造成消耗性生物资产或生产性生物资产发生实体损坏，影响该资产的进一步生长或生产，从而降低其产生经济利益的能力。

②因遭受病虫害或者疯牛病、禽流感、口蹄疫等动物疫病侵袭，造成消耗性生物资产或生产性生物资产的市场价格大幅度持续下跌，并且在可预见的未来无回升的希望。

③因消费者偏好改变而使企业的消耗性生物资产或生产性生物资产收获的农产品的市场需求发生变化，导致市场价格逐渐下跌。与工业产品不同，一般情况下技术进步不会对生物资产的价值产生明显的影响。

④因企业所处经营环境，如动植物检验检疫标准等发生重大变化，从而对企业产生不利影响，导致消耗性生物资产或生产性生物资产的市场价格逐渐下跌。

⑤其他足以证明消耗性生物资产或生产性生物资产实质上已经发生减值的情形。

（2）计提减值准备。

消耗性生物资产的可变现净值或生产性生物资产的可收回金额低于其成本或账面价值时，企业应当按照可变现净值或可收回金额低于成本或账面价值的差额，计提生物资产减值准备，借记“资产减值损失”科目，贷记“存货跌价准备——消耗性生物资产”或“生产性生物资产减值准备”科目。

消耗性生物资产的可变现净值是指在日常活动中，消耗性生物资产的估计售价减去至出售时估计将要发生的成本、估计的销售费用以及相关税费后的金额，其确定应当遵循第二章存货的有关要求。生产性生物资产的可收回金额根据其公允价值减去处置费用后的净额与资产预计未来现金流量的现值两者之间较高者确定，应当遵循第九章资产减值的有关要求。

【例6-6】甲农业企业种植玉米150公顷，已发生成本330 000元。2×22年7月遭受冰雹，致使玉米严重受灾，期末玉米的可变现净值估计为300 000元。

甲企业的账务处理如下：

借：资产减值损失　　　　　　　　　30 000（330 000-300 000）

　　贷：存货跌价准备——消耗性生物资产（玉米）

　　　　　　　　　　　　　　　　　　　30 000（330 000-300 000）

【例6-7】2×17年8月，甲企业的橡胶园曾遭受过一次台风袭击，12月31日甲企业对橡胶园进行检查时认为可能发生减值。该橡胶园公允价值减去处置费用后的净额为1 200 000元，尚可使用5年，预计在未来5年内产生的现金净流量分别为400 000元、360 000元、320 000元、250 000元、200 000元（其中2×22年的现金流量已经考虑使用寿命结束时进行处置的现金净流量）。在考虑有关风险的基础上，甲企业决定采用5%的折现率。该橡胶园2×17年12月31日的账面价值为1 500 000元，以前年度没有计提减值准备。有关计算过程见表6-1。

表6－1　　甲企业生物资产未来现金流量现值计算表

年度	预计未来现金流量（元）	折现率（%）	折现系数	现值（元）
2×18	400 000	5	0.9524	380 960
2×19	360 000	5	0.9070	326 520
2×20	320 000	5	0.8638	276 416
2×21	250 000	5	0.8227	205 675
2×22	200 000	5	0.7835	156 700
合计				1 346 271

未来现金流量现值1 346 271元＞公允价值减去处置费用后的净额1 200 000元，因此该橡胶园的可收回金额为1 346 271元，应计提的减值准备＝1 500 000－1 346 271＝153 729（元）。

甲企业的账务处理如下：

借：资产减值损失　　153 729

　　贷：生产性生物资产减值准备——橡胶　　153 729

（3）已确认的消耗性生物资产跌价损失的转回。

企业在每年年度终了对消耗性生物资产进行检查时，如果消耗性生物资产减值的影响因素已经消失的，减记金额应当予以恢复，并在原已计提的减值准备金额内转回，转回的金额计入当期损益，借记“存货跌价准备——消耗性生物资产”科目，贷记“资产减值损失”科目。根据第九章资产减值的规定，生产性生物资产减值准备一经计提，不得转回。

3. 公益性生物资产不计提减值准备。

对于公益性生物资产而言，由于其持有目的与消耗性生物资产和生产性生物资产有本质不同，主要是出于防护、环境保护等特殊公益性目的，具有非经营性的特点，因此，公益性生物资产不计提减值准备。

（二）采用公允价值模式计量生物资产

1. 采用公允价值计量的条件。

生物资产通常按照成本计量，但有确凿证据表明其公允价值能够持续可靠取得的除外。对于采用公允价值计量的生物资产，应当同时满足下列两个条件：

（1）生物资产有活跃的交易市场，即该生物资产能够在交易市场中直接交易。

活跃的交易市场，是指同时具有下列特征的市场：①市场内交易的对象具有同质性；②可随时找到自愿交易的买方和卖方；③市场价格信息是公开的。

（2）能够从交易市场上取得同类或类似生物资产的市场价格及其他相关信息，从而对生物资产的公允价值作出科学合理的估计。

同类或类似的生物资产，是指品种相同、质量等级相同或类似、生长时间相同或类似、所处气候和地理环境相同或类似的有生命的动物和植物。这一规定表明，企业能够客观而非主观随意地使用公允价值。

此外，对于不存在活跃交易市场的生物资产，采用下列一种或多种方法，有确凿证据表明确定的公允价值是可靠的，也可以采用公允价值计量：

①从交易日至资产负债表日经济环境未发生重大变化的情况下，最近期的市场交易价格；

②对资产差别进行调整的类似资产的市场价格；

③行业基准，比如以亩表示的果园价值、千克肉品表示的牲畜价格等；

④以使用该项生物资产的预期净现金流量按以当前市场利率为基础确定的折现率计算出的现值（应当反映市场参与者预期该资产在其最相关市场产生的净现金流量）作为该资产当前的公允价值。

2. 公允价值模式下的会计处理。

在公允价值模式下，企业不再对生物资产计提折旧和计提减值准备，应当按照资产负债表日生物资产的公允价值减去出售费用后的净额计量，各期变动计入当期损益。一般情况下，企业对生物资产的计量模式一经确定，不得随意变更。已采用公允价值模式计量的生物资产，不得从公允价值模式转为成本模式。

六、生物资产的收获与处置

（一）生物资产的收获

收获，指消耗性生物资产生长过程的结束，如收割小麦、采伐用材林等，以及农产品从生产性生物资产上分离，如从苹果树上采摘下苹果、奶牛产出牛奶、绵羊产出羊毛等。

1. 收获农产品成本核算的一般要求。

农产品按照所处行业，一般可以分为种植业产品（如小麦、水稻、玉米、棉花、糖料、烟叶等）、畜牧养殖业产品（如牛奶、羊毛、肉类、禽蛋等）、林产品（如苗木、原木、水果等）和水产品（如鱼、虾、贝类等）。企业应当按照成本核算对象（消耗性生物资产、生产性生物资产、公益性生物资产和农产品）和成本项目等设置明细账，进行明细分类核算。

从收获农产品成本核算的截止时点看，由于种植业产品和林产品一般具有季节性强、生产周期长、经济再生产与自然再生产相交织的特点，种植业产品和林产品成本计算期因不同产品的特点而异。因此，企业在确定收获农产品的成本时，应特别注意成本计算的截止时点，而在收获时点之后的农产品应当适用第二章存货。按照成本与可变现净值孰低计量。例如，粮豆的成本算至入库或能够销售；棉花算至皮棉；纤维作物、香料作物、人参、啤酒花等算至纤维等初级产品；草成本算至干草；不入库的鲜活产品算至销售；入库的鲜活产品算至入库；年底尚未脱粒的作物，其产品成本算至预提脱粒费用等。再如，育苗的成本算至出圃；采割阶段，林木采伐算至原木产品；橡胶算至加工成干胶或浓缩胶乳；茶的成本算至各种毛茶；水果等其他收获活动算至产品能够销售等。

2. 收获农产品的会计处理。

（1）消耗性生物资产收获农产品。

从消耗性生物资产上收获农产品后，消耗性生物资产自身完全转为农产品而不复存在，如肉猪宰杀后的猪肉、收获后的蔬菜、用材林采伐后的木材等，企业应当将收获时点消耗性生物资产的账面价值结转为农产品的成本。借记“农产品”科目，贷记“消耗性生物资产”科目，已计提跌价准备的，还应同时结转跌价准备，借记“存货跌价准备——消耗性生物资产”科目；对于不通过入库直接销售的鲜活产品等，按实际成本，借记“主营业务成本”科目，贷记“消耗性生物资产”科目。

【例6－8】甲种植企业2×22年6月入库小麦20吨，成本为12 000元。

甲企业的账务处理如下：

借：农产品——小麦　　12 000

　　贷：消耗性生物资产——小麦　　12 000

（2）生物性生物资产收获农产品。

生产性生物资产具备自我生长性，能够在生产经营中长期、反复使用，从而不断产出农产品。从生产性生物资产上收获农产品后，生产性生物资产这一母体仍然存在，如奶牛产出牛奶、从果树上采摘下水果等。农业生产过程中发生的各项生产费用，按照经济用途可以分为直接材料、直接人工等直接费用以及间接费用，企业应当区别处理：

①农产品收获过程中发生的直接材料、直接人工等直接费用，直接计入相关成本核算对象，借记“农业生产成本——农产品”科目，贷记“库存现金”、“银行存款”、“原材料”、“应付职工薪酬”、“生产性生物资产累计折旧”等科目。

②农产品收获过程中发生的间接费用，如材料费、人工费、生产性生物资产的折旧费等应分摊的共同费用，应当在生产成本归集，借记“农业生产成本——共同费用”科目，贷记“库存现金”、“银行存款”、“原材料”、“应付职工薪酬”、“生产性生物资产累计折旧”等科目；在会计期末按一定的分配标准，分配计入有关的成本核算对象，借记“农业生产成本——农产品”科目，贷记“农业生产成本——共同费用”科目。

实务中，常用的间接费用分配方法通常以直接费用或直接人工为基础，直接费用比例法以生物资产或农产品相关的直接费用为分配标准，直接人工比例法以直接从事生产的工人工资为分配标准，其公式为：

间接费用分配率＝间接费用总额÷分配标准（即直接费用总额或直接人工总额）×100%

某项生物资产或农产品应分配的间接费用额＝该项资产相关的直接费用或直接人工×间接费用分配率

除此之外，还可以直接材料、生产工时等为基础进行分配，企业可以根据实际情况加以选用。例如，蔬菜的温床费用分配计算公式如下：

蔬菜应分配的温床（温室）费用＝[温床（温室）费用总额÷实际使用的格日（平方米日）总数]×该种蔬菜占用的格日（平方米日）数

其中，温床格日数是指某种蔬菜占用温床格数和在温床生产日数的乘积，温室平方米日数是指某种蔬菜占用位的平方米数和在温室生长日数的乘积。

【例6－9】甲农场利用温床培育丝瓜、西红柿两种秧苗，温床费用为3 200元，其中丝瓜占用温床40格，生长期为30天；西红柿占用温床10格，生长期为40天。秧苗育成移至温室栽培后，发生温室费用15 200元，其中丝瓜占用温室1 000平方米，生长期为70天；西红柿占用温室1 500平方米，生长期为80天。两种蔬菜发生的直接生产费用为3 000元，其中丝瓜1 360元，西红柿1 640元。应负担的间接费用共计4 500元，采用直接费用比例法分配。丝瓜和西红柿两种蔬菜的产量分别为38 000千克和29 000千克。

有关计算如下：

丝瓜应分配的温床费用 =3 200 ÷(40 ×30 +10 ×40) ×40 ×30 =2 400（元）

丝瓜应分配的温室费用 =15 200 ÷(1 000 ×70 +1 500 ×80) ×1 000 ×70 = 5 600（元）

丝瓜应分配的间接费用 =4 500 ÷(1 360 +1 640) ×1 360 =2 040（元）

西红柿应分配的温床费用 =3 200 ÷(40 ×30 +10 ×40) ×10 ×40 = 800（元）

西红柿应分配的温室费用 =15 200 ÷(1 000 ×70 +1 500 ×80) ×1 500 ×80 = 9 600（元）

西红柿应分配的间接费用 =4 500 ÷(1 360 +1 640) ×1 640 =2 460（元）

3. 成本结转方法。

在收获时点，企业应当将该时点归属于某农产品生产成本的账面价值结转为农产品的成本，借记"农产品"科目，贷记"农业生产成本——农产品"科目。具体的成本结转方法包括加权平均法、个别计价法、蓄积量比例法、轮伐期年限法等。企业可以根据实际情况选用合适的成本结转方法，但是一经确定，不得随意变更。

【例6 -10】 甲畜牧养殖企业2 ×22 年5 月末养殖的肉猪账面余额为24 000元，共计40 头；6 月6 日花费7 000 元新购入一批肉猪养殖，共计10 头；6 月30 日屠宰并出售肉猪20 头，支付屠宰费用100 元，出售取得价款16 000 元；6 月份共发生饲养费用500 元（其中，应付专职饲养员工资300 元，饲料200元）。甲企业采用移动加权平均法结转成本。

甲企业的账务处理如下：

平均单位成本 =(24 000 +7 000 +500) ÷(40 +10) =630（元）

出售肉猪的成本 =630 ×20 =12 600（元）

借：消耗性生物资产——肉猪	7 000	
贷：银行存款		7 000
借：消耗性生物资产——肉猪	500	
贷：应付职工薪酬		300
原材料		200
借：农产品——猪肉	12 700	
贷：消耗性生物资产——肉猪		12 600
库存现金		100
借：库存现金	16 000	

贷：主营业务收入　　　　16 000

借：主营业务成本　　　　12 700

贷：农产品——猪肉　　　　12 700

蓄积量比例法、轮伐期年限法、折耗率法是林业中通常使用的方法，具有林业的特殊性。

（1）蓄积量比例法。

在蓄积量比例法下，以达到经济成熟可供采伐的林木为“完工”标志，将包括已成熟和未成熟的所有林木按照完工程度（林龄、林木培育程度、费用发生程度等）折算为达到经济成熟可供采伐的林木总体蓄积量，然后，按照当期采伐林木的蓄积量占折算的林木总体蓄积量的比例，确定应该结转的林木资产成本。该方法主要适用于择伐方式和林木资产由于择伐更新使其价值处于不断变动的情况下。计算公式如下：

$$\text{某期应结转的林木资产成本}=\left(\text{当期采伐林木的蓄积量}\div\text{林木总体蓄积量}\right)\times\text{期初林木资产账面总值}$$

（2）轮伐期年限法。

在轮伐期年限法下，将林木原始价值按照可持续经营的要求，在其轮伐期的年份内平均摊销，并结转林木资产成本。其中，轮伐期，是指将一块林地上的林木均衡分批、轮流采伐一次所需要的时间（通常以年为单位计算）。计算公式如下：

某期应结转的林木资产成本 = 林木资产原值 ÷ 轮伐期

（3）折耗率法。

折耗率法也是林业上常用的方法之一。该方法按照采伐林木所消耗林木蓄积量占到采伐为止预计该地区、该树种可能达到的总蓄积量摊销、结转所采伐林木资产成本。计算公式如下：

采伐的林木应摊销的林木资产价值 = 折耗率 × 所采伐林木的蓄积量

折耗率 = 林木资产总价值 ÷ 到采伐为止预计的总蓄积量

其中的折耗率应分树种、地区分别测算；林木资产总价值是指该地区、该树种的营造林历史成本总和；预计总蓄积量是指到采伐为止预计该地区、该树种可能达到的总蓄积量。

（二）生物资产的处置

1. 生物资产出售。

消耗性生物资产出售时，企业应按实际收到的金额，借记“银行存款”

等科目，贷记“主营业务收入”等科目；应按其账面余额，借记“主营业务成本”等科目，贷记“消耗性生物资产”等科目，已计提减值准备的，还应同时结转减值准备。生产性生物资产出售时，应按实际收到的金额，借记“银行存款”等科目，按已计提的累计折旧，借记“生产性生物资产累计折旧”科目，按其账面余额，贷记“生产性生物资产”科目，按其差额，借记或贷记“资产处置损益”科目，已计提减值准备的，还应同时结转减值准备。

【例6－11】甲畜牧养殖企业于2×22年1月将育成的40头仔猪出售给乙食品加工厂，价款总额为20 000元，货款尚未收到。出售时仔猪的账面余额为12 000元，未计提跌价准备。

甲企业的账务处理如下：

借：应收账款——乙食品加工厂	20 000	
贷：主营业务收入		20 000
借：主营业务成本	12 000	
贷：消耗性生物资产——育肥猪		12 000

此外，企业出售、转让划分为持有待售类别的生物资产，应当按照第四十二章持有待售的非流动资产、处置组和终止经营进行会计处理。

2. 生物资产盘亏或死亡、毁损。

生物资产盘亏或死亡、毁损时，应当将处置收入扣除其账面价值和相关税费后的余额先记入“待处理财产损溢”科目，待查明原因后，根据企业的管理权限，经股东大会、董事会、经理（场长）会议或类似机构批准后，在期末结账前处理完毕。生物资产因盘亏或死亡、毁损造成的损失，在减去过失人或者保险公司等的赔款和残余价值之后，计入当期管理费用；属于自然灾害等非常损失的，计入营业外支出。

【例6－12】甲企业于2×22年8月4日丢失三头种牛，账面原值为11 600元，已经计提折旧600元；经查实，饲养员赵五负有一定管理责任，应赔偿3 000元。

甲企业的账务处理如下：

借：待处理财产损溢	11 000	
生产性生物资产累计折旧	600	
贷：生产性生物资产——种牛		11 600
借：其他应收款——赵五	3 000	
管理费用	8 000	

贷：待处理财产损溢　　11 000

3. 生物资产转换。

生物资产改变用途后，应将转出生物资产的账面价值作为转入资产的实际成本。通常包括如下情况：

（1）产畜或役畜淘汰转为育肥畜、或者林木类生产性生物资产转为林木类消耗性生物资产时，按转群或转变用途时的账面价值，借记“消耗性生物资产”科目，按已计提的累计折旧，借记“生产性生物资产累计折旧”科目，按其账面余额，贷记“生产性生物资产”科目。已计提减值准备的，还应同时结转已计提的减值准备。

育肥畜转为产畜或役畜、或者林木类消耗性生物资产转为林木类生产性生物资产时，应按其账面余额，借记“生产性生物资产”科目，贷记“消耗性生物资产”科目。计提减值准备的，还应同时结转减值准备。

【例6－13】2×22年4月，甲企业自行繁殖的200头种猪转为育肥猪，此批种猪的账面原价为500 000元，已经计提的累计折旧为200 000元，已经计提的资产减值准备为30 000元。

甲企业的账务处理如下：

借：消耗性生物资产——育肥猪　　270 000

　　生产性生物资产累计折旧　　200 000

　　生产性生物资产减值准备　　30 000

　贷：生产性生物资产——成熟生产性生物资产（种猪）　　500 000

（2）消耗性生物资产、生产性生物资产转为公益性生物资产时，应当按照第二章存货、第九章资产减值等规定，考虑其是否发生减值，发生减值时，应当首先计提减值准备，并以计提减值准备后的账面价值作为公益性生物资产的入账价值。转换时，应按其扣除减值准备后的账面价值，借记“公益性生物资产”科目，按已计提的生产性生物资产累计折旧，借记“生产性生物资产累计折旧”科目，按已计提的减值准备，借记“存货跌价准备”、“生产性生物资产减值准备”科目，按账面余额，贷记“消耗性生物资产”、“生产性生物资产”科目。

【例6－14】2×22年7月，由于区域生态环境的需要，甲林业有限责任公司的12公顷造纸原料林（杨树）被划为防风固沙林，仍由公司负责管理，该林的账面余额为80 000元，已经计提的跌价准备为4 000元。此时该林的可变现净值估计为70 000元。

甲企业的账务处理如下：

借：资产减值损失——消耗性生物资产（造纸原料林）

6 000（80 000 – 70 000 – 4 000）

贷：存货跌价准备——消耗性生物资产（造纸原料林） 6 000

借：公益性生物资产——防风固沙林（杨树） 70 000

存货跌价准备——消耗性生物资产（造纸原料林）

10 000（6 000 + 4 000）

贷：消耗性生物资产——造纸原料林（杨树） 80 000

公益性生物资产转为消耗性生物资产或生产性生物资产时，应按其账面余额，借记“消耗性生物资产”或“生产性生物资产”科目，贷记“公益性生物资产”科目。

【例6 – 15】2×22年9月，甲林业有限责任公司根据所属区域的林业发展规划和相关政策调整，将以马尾松为主的800公顷防风固沙林，全部转为以采脂为目的的商品林，该马尾松的账面价值为2 000 000元。其中，已经具备采脂条件的为600公顷，账面价值为1 600 000元，其余的尚不具备采脂条件。2×22年11月，甲公司根据国家政策规定，将乙林班100公顷作为防风固沙林的杨树转为作为造纸原料的商品林，该杨树的账面余额为180 000元。

甲企业的账务处理如下：

2×22年9月

借：生产性生物资产——成熟生产性生物资产（马尾松）

1 600 000

——未成熟生产性生物资产（马尾松）

400 000

贷：公益性生物资产——防风固沙林（马尾松） 2 000 000

2×22年11月

借：消耗性生物资产——造纸原料林（杨树） 180 000

贷：公益性生物资产——防风固沙林（杨树） 180 000

七、列示与披露

（一）列示

1. 消耗性生物资产应当在资产负债表“存货”项目中列示，根据“消耗性生物资产”科目的期末余额，减去“消耗性生物资产跌价准备”科目的期末余额后的金额填列。采用公允价值计量的消耗性生物资产，应根据“消耗性生物资产”科目的期末余额填列。

2. 生产性生物资产应当在资产负债表“生产性生物资产”项目中单独列示。该项目反映资产负债表日企业生产性生物资产的期末账面价值，应根据“生产性生物资产”科目的期末余额，减去“生产性生物资产累计折旧”和“生产性生物资产减值准备”科目的期末余额后的金额填列。采用公允价值计量的生产性生物资产，应根据“生产性生物资产”科目的期末余额填列。

3. 公益性生物资产应当在资产负债表“其他非流动资产”项目中列示，根据“公益性生物资产”科目的期末余额填列。

（二）披露

企业应当在附注中披露与生物资产有关的下列信息：（1）生物资产的类别以及各类生物资产的实物数量和账面价值；（2）各类消耗性生物资产的跌价准备累计金额，以及各类生产性生物资产的使用寿命、预计净残值、折旧方法、累计折旧和减值准备累计金额；（3）天然起源生物资产的类别、取得方式和实物数量；（4）用于担保的生物资产的账面价值；（5）生物资产相关的风险情况与管理措施。

同时，企业还应当在附注中披露与生物资产增减变动有关的信息，包括：（1）因购买而增加的生物资产；（2）因自行培育而增加的生物资产；（3）因出售而减少的生物资产；（4）因盘亏或死亡、毁损而减少的生物资产；（5）计提的折旧及计提的跌价准备或减值准备；（6）其他变动等。

八、衔接规定

根据《企业会计准则第38号——首次执行企业会计准则》的规定，企业在首次执行日之前发生的生物资产有关业务不应追溯调整。符合公益性生物资产定义和确认条件的生物资产应当在首次执行日重新分类为“公益性生物资产”，但以服务于生产经营、给企业带来经济利益为主要目的，同时有助于环境保护的农田防护林（包括经济林木），应当分类为生产性生物资产进行会计处理。

首次执行日之后发生的生物资产有关业务，企业应当按照本章进行会计处理。

第七章　无 形 资 产

一、总体要求

《企业会计准则第 6 号——无形资产》规范了无形资产的确认、计量和相关信息的披露要求，旨在推动企业科技创新，加大研发投入，提升企业价值和核心竞争力。无形资产的确认条件为：（1）与该无形资产有关的经济利益很可能流入企业；（2）该无形资产的成本能够可靠地计量。无形资产应当按照成本进行初始计量。企业内部研究开发项目的支出，应当区分研究阶段支出与开发阶段支出，进行相应的会计处理。研究阶段的支出在发生时应当费用化计入当期损益；开发阶段的支出在满足资本化确认条件时确认为无形资产，否则计入当期损益。后续计量中，使用寿命有限的无形资产，其应摊销金额应当在使用寿命内系统合理摊销，使用寿命不确定的无形资产不应摊销；无形资产的减值应当按照第九章资产减值进行会计处理。企业应当按照无形资产的类别在附注中披露与无形资产相关的信息。

二、适用范围

下列各项不属于本章规范的范围：

1. 作为投资性房地产的土地使用权，按照第四章投资性房地产进行会计处理。

2. 企业合并中形成的商誉，按照第九章资产减值和第二十章企业合并进行会计处理。

3. 石油天然气矿区权益，按照第二十八章石油天然气开采进行会计处理。

此外，按照第二十一章租赁的规定，承租人通过许可使用协议取得的电影、录像、剧本、文稿等版权、专利等项目的权利，以出让、划拨或转让方式取得的土地使用权，适用本章有关规定。

三、应设置的相关会计科目和主要账务处理

企业对无形资产的会计处理，一般应当设置下列会计科目。

（一）“无形资产”

1. 本科目核算企业持有的无形资产成本，包括专利权、非专利技术、商标权、著作权、土地使用权、作为无形资产确认的数据资源等。

2. 本科目可按无形资产项目进行明细核算。

3. 无形资产的主要账务处理。

（1）企业外购的无形资产，按应计入无形资产成本的金额，借记本科目，贷记“银行存款”等科目。采用分期付款方式购买无形资产，购买无形资产的价款超过正常信用条件延期支付，实际上具有融资性质的，按购买价款的现值，借记本科目；按应支付的金额，贷记“长期应付款”科目；按其差额，借记“未确认融资费用”科目。

自行开发的无形资产，按应予资本化的支出，借记本科目，贷记“研发支出”科目。

（2）无形资产预期不能为企业带来经济利益的，应按已计提的累计摊销，借记“累计摊销”科目，按其账面余额，贷记本科目，按其差额，借记“营业外支出”科目。已计提减值准备的，还应同时结转减值准备。

（3）出售无形资产，应按实际收到的金额等，借记“银行存款”等科目，按已计提的累计摊销，借记“累计摊销”科目，按应支付的相关税费及其他费用，贷记“应交税费”、“银行存款”等科目，按其账面余额，贷记本科目，按其差额，贷记或借记“资产处置损益”科目。已计提减值准备的，还应同时结转减值准备。

4. 本科目期末借方余额，反映企业无形资产的成本。

（二）“累计摊销”

1. 本科目核算企业对使用寿命有限的无形资产计提的累计摊销。

2. 本科目可按无形资产项目进行明细核算。

3. 企业按期（月）计提无形资产的摊销，借记“管理费用”、“其他业务支出”等科目，贷记本科目。处置无形资产还应同时结转累计摊销。

4. 本科目期末贷方余额，反映企业无形资产的累计摊销额。

（三）“无形资产减值准备”

1. 本科目核算企业无形资产的减值准备。

2. 本科目可按无形资产项目进行明细核算。

3. 无形资产减值准备的主要财务处理。

资产负债表日，无形资产发生减值的，按应减记的金额，借记“资产减值损失”科目，贷记本科目。处置无形资产还应同时结转减值准备。

4. 本科目期末贷方余额，反映企业已计提但尚未转销的无形资产减值准备。

（四）“研发支出”

1. 本科目核算企业进行研究与开发无形资产过程中发生的各项支出。

2. 本科目可按研究开发项目，分别“费用化支出”、“资本化支出”进行明细核算。

3. 研发支出的主要账务处理。

（1）企业自行开发无形资产发生的研发支出，不满足资本化条件的，借记本科目（费用化支出），满足资本化条件的，借记本科目（资本化支出），贷记“原材料”、“银行存款”、“应付职工薪酬”等科目。

（2）研究开发项目达到预定用途形成无形资产的，应按本科目（资本化支出）的余额，借记“无形资产”科目，贷记本科目（资本化支出）。

期（月）末，应将本科目归集的费用化支出金额转入“管理费用”科目，借记“管理费用”科目，贷记本科目（费用化支出）。

4. 本科目期末借方余额，反映企业正在进行无形资产研究开发项目满足资本化条件的支出。

四、无形资产的确认

（一）无形资产的定义及其基本特征

无形资产，是指企业拥有或者控制的没有实物形态的可辨认非货币性资产。相对于其他资产，无形资产具有下列特征：

1. 无形资产不具有实物形态。

无形资产通常表现为某种权利、某项技术或是某种获取超额利润的综合能力，它们不具有实物形态，比如，土地使用权、非专利技术等。企业的有形资产（例如固定资产）虽然也能为企业带来经济利益，但其为企业带来经济利益的方式与无形资产不同，固定资产是通过实物价值的磨损和转移来为企业带来未来经济利益，而无形资产很大程度上是通过自身所具有的技术等优势为企业带来未来经济利益。

某些无形资产的存在有赖于实物载体。比如，计算机软件需要存储在介质中。但这并不改变无形资产本身不具实物形态的特性。在确定一项包含无形和有形要素的资产是属于固定资产，还是属于无形资产时，需要通过判断来加以确定，通常以哪个要素更重要作为判断的依据。例如，计算机控制的机械工具没有特定计算机软件就不能运行时，说明该软件是构成相关硬件不可缺少的组成部分，该软件应作为固定资产处理；如果计算机软件不是相关硬件不可缺少的组成部分，则该软件应作为无形资产核算。

2. 无形资产具有可辨认性。

符合下列条件之一的，应当认定为其具有可辨认性：

（1）能够从企业中分离或者划分出来，并能单独用于出售或转让等，而不需要同时处置在同一获利活动中的其他资产，表明无形资产可以辨认。某些情况下无形资产可能需要与有关的合同一起用于出售转让等，这种情况下也视为可辨认无形资产。

（2）产生于合同性权利或其他法定权利，无论这些权利是否可以从企业或其他权利和义务中转移或者分离。如一方通过与另一方签订特许权合同而获得的特许使用权、通过法律程序申请获得的商标权等。

如果企业有权获得一项无形资产产生的未来经济利益，并能约束其他方获取这些利益，则表明企业控制了该项无形资产。例如，对于会产生经济利益的技术知识，若其受到版权、贸易协议约束（如果允许）等法定权利或雇员保密法定职责的保护，那么说明该企业控制了相关利益。

客户关系、人力资源等，由于企业无法控制其带来的未来经济利益，不符合无形资产的定义，不应将其确认为无形资产。

内部产生的品牌、报刊名、刊头、客户名单和实质上类似的项目支出，由于不能与整个业务开发成本区分开。因此，这类项目不应确认为无形资产。

商誉的存在无法与企业自身分离，不具有可辨认性，因此，不能作为无形资产。

3. 无形资产属于非货币性资产。

非货币性资产，指企业持有的货币资金和将以固定或可确定的金额收取的资产以外的其他资产。无形资产由于没有发达的交易市场，一般不容易转化成现金，在持有过程中为企业带来未来经济利益的情况不确定，不属于以固定或可确定的金额收取的资产，属于非货币性资产。

（二）无形资产的内容

无形资产通常包括专利权、非专利技术、商标权、著作权、特许权、土地使用权等。

1. 专利权。

专利权，是指国家专利主管机关依法授予发明创造专利申请人，对其发明创造在法定期限内所享有的专有权利，包括发明专利权、实用新型专利权和外观设计专利权。

2. 非专利技术。

非专利技术，也称专有技术。它是指不为外界所知、在生产经营活动中已采用了的、不享有法律保护的、可以带来经济效益的各种技术和诀窍。非专利技术一般包括工业专有技术、商业贸易专有技术、管理专有技术等。

3. 商标权。

商标是用来辨认特定的商品或劳务的标记。商标权指专门在某类指定的商品或产品上使用特定的名称或图案的权利。

4. 著作权。

著作权又称版权，是指作者对其创作的文学、科学和艺术作品依法享有的某些特殊权利。著作权包括作品署名权、发表权、修改权和保护作品完整权，还包括复制权、发行权、出租权、展览权、表演权、放映权、广播权、信息网络传播权、摄制权、改编权、翻译权、汇编权以及应当由著作权人享有的其他权利。

5. 特许权。

特许权，又称经营特许权、专营权，是指企业在某一地区经营或销售某种特定商品的权利或是一家企业接受另一家企业使用其商标、商号、技术秘密等的权利。通常有两种形式，一种是由政府机构授权，准许企业使用或在一定地区享有经营某种业务的特权，如水、电、邮电通信等专营权、烟草专卖权等；另一种指企业间依照签订的合同，有限期或无限期使用另一家企业的某些权利，如连锁店分店使用总店的名称等。另外，企业某些特殊业务也会产生特许权，如社会资本方的政府和社会资本合作（PPP）项目合同符合无形资产模式的应当确认无形资产并按照本章进行会计处理，具体见第十五章收入的相关内容。

6. 土地使用权。

土地使用权，是指国家准许某企业在一定期间内对国有土地享有开发、利用、经营的权利。根据《中华人民共和国土地管理法》的规定，我国实行土地的社会主义公有制，任何单位和个人不得侵占、买卖或者以其他形式非法转让土地，土地使用权可以依法转让。企业取得土地使用权的方式大致有以下几种：行政划拨取得、外购取得及投资者投资取得。

（三）无形资产的确认

企业确认无形资产需要符合无形资产的上述定义，同时还需要同时满足下列确认条件：

1. 与该无形资产有关的经济利益很可能流入企业；

2. 该无形资产的成本能够可靠地计量。

其中，企业在判断无形资产产生的经济利益是否很可能流入时，应当对无形资产在预计使用寿命内可能存在的各种经济因素作出合理估计，并且应当有明确证据支持。

例如，某数据标注企业在前期开发相关数据标注工具时，相关数据标注技术尚在探索当中，且数据标注市场需求难以预计，企业基于上述因素及相关证据分析，有关支出不能满足“与该无形资产有关的经济利益很可能流入企业”的确认条件，从而不能作为无形资产予以确认。又如，某企业在提供智能财务共享服务过程中涉及到客户企业的费用报销、合同台账等数据，分析认为如果取得客户授权并进行脱敏等加工处理，相关数据存在开发潜力，但在尚未构建起清晰的应用场景、无法确认预期能够带来经济利益时，不能作为无形资产予以确认。再如，某企业对轨道交通领域某细分行业和相关区域数据进行汇聚，形成相关分析工具，但该细分行业仍在发育初期，缺乏统一的行业规范标准，潜在客户对该分析工具的认可度也不够高，在需求前景不明、缺乏潜在客户的情况下无法确认预期能够带来经济利益，不能作为无形资产予以确认。

企业无形项目的支出，除下列情形外，均应于发生时计入当期损益：（1）符合无形资产的定义及确认条件的，构成无形资产成本的部分；（2）非同一控制下企业合并中取得的、不能单独确认为无形资产、构成购买日确认的商誉的部分。关于企业内部研究开发项目支出的有关会计处理，见本章“六、内部研究开发支出的确认和计量”的相关内容。

五、无形资产的初始计量

无形资产通常是按实际成本计量，即以取得无形资产并使之达到预定用途而发生的全部支出作为无形资产的成本。对于不同来源取得的无形资产，其成本构成不尽相同。

（一）外购的无形资产成本

外购的无形资产，其成本包括购买价款、相关税费以及直接归属于使该项资产达到预定用途所发生的其他支出。其中，直接归属于使该项资产达到预定用途所发生的其他支出包括使无形资产达到预定用途所发生的专业服务费用、测试无形资产是否能够正常发挥作用的费用等，但不包括为引入新产品进行宣传发生的广告费、管理费用及其他间接费用，也不包括在无形资产已经达到预定用途以后发生的费用。

无形资产达到预定用途后所发生的支出，不构成无形资产的成本。例如，在形成预定经济规模之前发生的初始运作损失。又如，企业研究开发形成一项数据库，达到了预定使用用途并按照本章规定将其确认为无形资产，之后定期发生的安全管理等支出并未增加企业未来的经济利益流入，应在实际发生时计入当期损益，不构成无形资产的成本。在无形资产达到预定用途之前发生的其他经营活动的支出，如果该经营活动并非是为使无形资产达到预定用途所必不可少的，有关经营活动的损益应于发生时计入当期损益，不构成无形资产的成本。

企业通过外购方式取得确认为无形资产的数据资源，其成本包括购买价款、相关税费，直接归属于使该项无形资产达到预定用途所发生的数据脱敏、清洗、标注、整合、分析、可视化等加工过程所发生的有关支出，以及数据权属鉴证、质量评估、登记结算、安全管理等费用；企业通过外购方式取得数据采集、脱敏、清洗、标注、整合、分析、可视化等服务所发生的有关支出，不符合无形资产定义和确认条件的，则应当根据用途计入当期损益。

采用分期付款方式购买无形资产，购买无形资产的价款超过正常信用条件延期支付，实际上具有融资性质的，无形资产的成本为购买价款的现值。购入无形资产时，按购买价款的现值，借记“无形资产”科目；按应支付的金额，贷记“长期应付款”科目；按其差额，借记“未确认融资费用”科目。无形资产购买价款的现值，应当按照各期支付的购买价款选择恰当的折现率进行折现后的金额加以确定。折现率是反映当前市场货币时间价值和延期付款债务特定风险的利率。该折现率实质上是无形资产出售方的必要报酬率。各期实际支付的价款与购买价款的现值之间的差额，符合第十七章借款费用中规定的资本化条件的，应当计入无形资产成本，其余部分应当在信用期间内确认为财务费用，计入当期损益。

【例 7－1】甲公司 2×21 年 1 月 8 日从乙公司购买一项商标权，由于甲公司资金周转比较紧张，经与乙公司协商采用分期付款方式支付款项。合同规定，该项商标权总价款 6 000 000 元，每年末付款 2 000 000 元，三年付清。假定银行同期贷款利率为10%。为了简化核算，假定不考虑有关税费，其有关计算如下：

无形资产现值 $=2\ 000\ 000\times(1+10\%)^{-1}+2\ 000\ 000\times(1+10\%)^{-2}+2\ 000\ 000\times(1+10\%)^{-3}=4\ 973\ 704$（元）

未确认融资费用 $=6\ 000\ 000-4\ 973\ 704=1\ 026\ 296$（元）

第一年应确认的融资费用 $=4\ 973\ 704\times10\%=497\ 370$（元）

第二年应确认的融资费用 $=(4\ 973\ 704-2\ 000\ 000+497\ 370)\times10\%=347\ 107$（元）

第三年应确认的融资费用 $=1\ 026\ 296-497\ 370-347\ 107=181\ 819$（元）

甲公司账务处理如下：

签订合同时：

借：无形资产——商标权　　4 973 704

　　未确认融资费用　　1 026 296

　　贷：长期应付款　　6 000 000

第一年底付款时：

借：长期应付款　　2 000 000

　　贷：银行存款　　2 000 000

借：财务费用　　497 370

　　贷：未确认融资费用　　497 370

第二年底付款时：

借：长期应付款　　2 000 000

　　贷：银行存款　　2 000 000

借：财务费用　　347 107

　　贷：未确认融资费用　　347 107

第三年底付款时：

借：长期应付款　　2 000 000

　　贷：银行存款　　2 000 000

借：财务费用　　181 819

　　贷：未确认融资费用　　181 819

（注：为便于计算，本例中按四舍五入作尾数调整）

（二）自行开发的无形资产成本

自行开发的无形资产，其成本的确定及具体处理见本章“六、内部研究开发支出的确认和计量”的相关内容。

（三）投资者投入的无形资产成本

投资者投入的无形资产，其成本应当按照投资合同或协议约定的价值确定；在投资合同或协议约定价值不公允的情况下，应按无形资产的公允价值入账。无形资产的公允价值与投资合同或协改约定的价值之间的差额计入资本公积。

（四）通过非货币性资产交换、债务重组或政府补助取得的无形资产成本

通过非货币性资产交换、债务重组或政府补助取得的无形资产，其成本的确定及具体处理见第八章非货币性资产交换、第十三章债务重组或第十六章政府补助的相关内容。

（五）企业合并中取得的无形资产成本

1. 非同一控制下的企业合并中，购买方取得的无形资产应以其在购买日的公允价值计量，而且合并中确认的无形资产并不仅限于被购买方原已确认的无形资产，只要该无形资产的公允价值能够可靠计量，购买方就应在购买日将其独立于商誉确认为一项资产。

（1）非同一控制下的企业合并中，购买方在对企业合并中取得的被购买方资产进行初始确认时，应当对被购买方拥有的但在其财务报表中未确认的无形资产进行充分辨认和合理判断，满足下列条件之一的，应确认为无形资产：①源于合同性权利或其他法定权利；②能够从被购买方中分离或者划分出来，并能单独或与相关合同、资产和负债一起，用于出售、转移、授予许可、租赁或交换。

（2）非同一控制下的企业合并中，取得无形资产的公允价值能够可靠计量的，应单独确认为无形资产。公允价值的确定见第三十九章公允价值计量的相关内容。

（3）非同一控制下的企业合并中，取得的无形资产本身可能是可以单独辨认的，但其计量或处置与有形的或无形的资产一并作价，如天然矿泉水的商标可能与特定的泉眼有关，所以不能独立于该泉眼出售。在这种情况下，如果该无形资产及与其相关的资产各自的公允价值不能可靠计量，则应将该资产组合（即将无形资产与其相关的有形资产一并）独立于商誉确认为一项资产。

2. 同一控制下的企业合并中，购买方取得的无形资产应按照被合并方合并日无形资产在最终控制方财务报表中的账面价值计量。

（六）土地使用权的处理

企业取得的土地使用权通常应确认为无形资产。土地使用权用于自行开发建造厂房等地上建筑物时，土地使用权的账面价值不与地上建筑物合并计算其成本，而仍作为无形资产进行核算，土地使用权与地上建筑物分别进行摊销和提取折旧。下列情况除外：

1. 房地产开发企业取得的土地使用权用于建造对外出售的房屋建筑物，相关的土地使用权应当计入所建造的房屋建筑物成本。

2. 企业外购的房屋建筑物，实际支付的价款中包括土地以及建筑物的价值，则应当对支付的价款按照合理的方法（例如，公允价值）在土地和地上建筑物之间进行分配；如果确实无法在地上建筑物与土地使用权之间进行合理分配的，应当全部作为固定资产核算。

企业改变土地使用权的用途，将其用于出租或增值目的时，应将其转为投资性房地产。

六、内部研究开发支出的确认和计量

对于企业自行进行的研究开发项目，应当区分研究阶段与开发阶段两个部分分别进行核算，企业应当根据研究与开发的实际情况加以判断。

（一）研究阶段和开发阶段的划分

1. 研究阶段。

研究是指为获取新的技术和知识等进行的有计划的调查，研究阶段活动的例子包括：意在获取知识而进行的活动；研究成果或其他知识的应用研究、评价和最终选择；材料、设备、产品、工序、系统或服务替代品的研究；新的或经改进的材料、设备、产品、工序、系统或服务的可能替代品的配制、设计、评价和最终选择。

研究阶段的特点在于：

（1）计划性。

研究阶段是建立在有计划的调查基础上，即研发项目已经董事会或者相关管理层的批准，并着手收集相关资料、进行市场调查等。例如，某药品公司为研究开发某药品，经董事会或者相关管理层的批准，有计划地收集相关资料、进行市场调查、比较市场相关药品的药性、效用等活动。

（2）探索性。

研究阶段基本上是探索性的，为进一步的开发活动进行资料及相关方面的准备，这一阶段不会形成阶段性成果。

从研究阶段活动的特点看，其研究是否能在未来形成成果，即通过开发后是否会形成无形资产均有很大的不确定性，企业也无法证明其研究活动一定能够形成带来未来经济利益的无形资产，因此，研究阶段的有关支出在发生时应当费用化计入当期损益。

2. 开发阶段。

开发是指在进行商业性生产或使用前，将研究成果或其他知识应用于某项计划或设计，以生产出新的或具有实质性改进的材料、装置、产品等。开发阶段活动的例子包括：生产前或使用前的原型和模型的设计、建造和测试；含新技术的工具、夹具、模具和冲模的设计；不具有商业性生产经济规模的试生产设施的设计、建造和运营；新的或改造的材料、设备、产品、工序、系统或服务所选定的替代品的设计、建造和测试等。

开发阶段的特点在于：

（1）具有针对性。

开发阶段是以研究阶段为基础，从而对项目的开发具有针对性。

（2）形成成果的可能性较大。

进入开发阶段的研发项目往往形成成果的可能性较大。

由于开发阶段相对于研究阶段更进一步，且很大程度上形成一项新产品或新技术的基本条件已经具备，此时，如果企业能够证明满足无形资产的定义及相关确认条件，所发生的开发支出可资本化，确认为无形资产的成本。

（二）开发阶段有关支出资本化的条件

在开发阶段，判断可以将有关支出资本化确认为无形资产，必须同时满足下列条件：

1. 完成该无形资产以使其能够使用或出售在技术上具有可行性。

判断无形资产的开发在技术上是否具有可行性，应当以目前阶段的成果为基础，并提供相关证据和材料，证明企业进行开发所需的技术条件等已经具备，不存在技术上的障碍或其他不确定性。比如，企业已经完成了全部计划、设计和测试活动，这些活动是使资产能够达到设计规划书中的功能、特征和技术所必需的活动或经过专家鉴定等。

2. 具有完成该无形资产并使用或出售的意图。

开发某项产品或专利技术产品等，通常是根据管理层决定该项研发活动的目的或者意图加以确定，也就是说，研发项目形成成果以后，是为出售还是为自己使用并从使用中获得经济利益，应当以管理层的决定为依据。因此，企业的管理层应当明确表明其持有拟开发无形资产的目的，并具有完成该项无形资产开发并使其能够使用或出售的可能性。

3. 无形资产产生经济利益的方式，包括能够证明运用该无形资产生产的产品存在市场或无形资产自身存在市场；无形资产将在内部使用的，应当证明其有用性。

开发支出资本化作为无形资产确认，其基本条件是能够为企业带来未来经济利益。如果有关的无形资产在形成以后，主要是用于形成新产品或新工艺的，企业应对运用该无形资产生产的产品市场情况进行估计，应能够证明所生产的产品存在市场，能够带来经济利益的流入；如果有关的无形资产开发以后主要是用于对外出售的，则企业应能够证明市场上存在对该类无形资产的需求，开发以后存在外在的市场可以出售并带来经济利益的流入；如果无形资产开发以后不是用于生产产品，也不是用于对外出售，而是在企业内部使用的，则企业应能够证明在企业内部使用时对企业的有用性。

4. 有足够的技术、财务资源和其他资源支持，以完成该无形资产的开发，并有能力使用或出售该无形资产。

这一条件主要包括：（1）为完成该项无形资产开发具有技术上的可靠性。开发的无形资产并使其形成成果在技术上的可靠性是继续开发活动的关键。因此，必须有确凿证据证明企业继续开发该项无形资产有足够的技术支持和技术能力。（2）财务资源和其他资源支持。财务和其他资源支持是能够完成该项无形资产开发的经济基础，因此，企业必须能够说明为完成该项无形资产的开发所需的财务和其他资源，是否能够足以支持完成该项无形资产的开发。（3）能够证明企业获取在开发过程中所需的技术、财务和其他资源的相关计划等。如在企业自有资金不足以提供支持的情况下，是否存在外部其他方面的资金支持，如银行等借款机构愿意为该无形资产的开发提供所需资金的声明等来证实。（4）有能力使用或出售该无形资产以取得收益。

5. 归属于该无形资产开发阶段的支出能够可靠计量。

企业对于研究开发活动发生的支出应单独核算，如发生的研究开发人员的工资、材料费等，在企业同时从事多项研究开发活动的情况下，所发生的支出同时用于支持多项研究开发活动的，应按照一定的标准在各项研究开发活动之间进行分配，无法明确分配的，应予费用化计入当期损益，不计入开发活动的成本。

（三）内部开发的无形资产的计量

内部开发阶段活动形成的无形资产，其成本由可直接归属于该资产的创造、生产并使该资产能够以管理层预定的方式运作的所有必要支出组成。可直接归属于该资产的成本包括：开发该无形资产时耗费的材料、劳务成本、注册费，在开发该无形资产过程中使用的其他专利权和特许权的摊销，按照第十七章借款费用的规定资本化的利息支出，以及为使该无形资产达到预定用途前所发生的其他费用。在开发无形资产过程中发生的除上述可直接归属于无形资产开发活动的其他销售费用、管理费用等间接费用、无形资产达到预定用途前发生的可辨认的无效和初始运作损失、为运行该无形资产发生的培训支出等，不构成无形资产的开发成本。

需要强调的是，内部开发无形资产的成本仅包括在满足资本化条件的时点至无形资产达到预定用途前发生的支出总额，对于同一项无形资产在开发过程中达到资本化条件之前已经费用化计入损益的支出不再进行调整。

（四）内部研究开发支出的处理

企业内部研究开发项目研究阶段的支出全部费用化，计入当期损益（管理费用）；开发阶段的支出，符合条件的才能资本化，不符合资本化条件的计入当期损益（管理费用）。只有同时满足前述开发阶段有关支出资本化各项条件的，才能确认为无形资产，否则计入当期损益。如果确实无法区分研究阶段和开发阶段的支出，应将所发生的研发支出全部费用化，计入当期损益。

企业购买正在进行中的研究开发项目且符合资本化条件的，应确认为无形资产。取得后发生的研发支出，应当比照上述内部研究开发项目支出的规定进行处理。

【例 7－2】 丙公司自行研究开发一项新产品专利技术，在研究开发过程中发生材料费 40 000 000 元、人工工资 10 000 000 元，以及用银行存款支付其他费用 30 000 000 元，总计 80 000 000 元，其中，符合资本化条件的支出为 50 000 000元。期末，该专利技术已经达到预定用途。假定不考虑相关税费。

相关费用发生时：

借：研发支出——费用化支出　　30 000 000
　　　　　　——资本化支出　　50 000 000
　　贷：原材料　　40 000 000
　　　　应付职工薪酬　　10 000 000
　　　　银行存款　　30 000 000

期末：

借：管理费用　　30 000 000

无形资产　　　　　　　　　　　　　　50 000 000
　贷：研发支出——费用化支出　　　　　　　30 000 000
　　　　　　——资本化支出　　　　　　　50 000 000

除了内部开发产生的无形资产外，其他内部产生的无形资产，比照上述原则进行处理。

七、无形资产的后续计量

（一）无形资产后续计量的原则

无形资产初始确认和计量后，在其后使用该项无形资产期间内应以成本减去累计摊销额和累计减值损失后的余额计量。需要强调的是，确定无形资产在使用过程中的累计摊销额，基础是估计其使用寿命，只有使用寿命有限的无形资产才需要在估计的使用寿命内采用系统合理的方法进行摊销，对于使用寿命不确定的无形资产，至少每年进行减值测试。

1. 估计无形资产使用寿命应考虑的因素。

企业应当于取得无形资产时分析判断其使用寿命。无形资产的使用寿命为有限的，应当估计该使用寿命的年限或者构成使用寿命的产量等类似计量单位数量；无法预见无形资产为企业带来未来经济利益期限的，应当视为使用寿命不确定的无形资产。

无形资产的后续计量是以其使用寿命为基础的。无形资产的使用寿命包括法定寿命和经济寿命两个方面，有些无形资产的使用寿命受法律、规章或合同的限制，称为法定寿命。如我国法律规定发明专利权的有效期为 20 年，商标权的有效期为 10 年。有些无形资产如永久性特许经营权、非专利技术等的寿命则不受法律或合同的限制。经济寿命是无形资产可以为企业带来经济利益的年限。由于受技术进步、市场竞争等因素的影响，无形资产的经济寿命往往短于法定寿命，因此，在估计无形资产的使用寿命时，应当综合考虑各方面相关因素的影响，合理确定无形资产的使用寿命。

确定无形资产的经济寿命，通常应考虑以下因素：该资产通常的产品寿命周期，以及可获得的类似资产使用寿命的信息；技术、工艺等方面的现实情况及对未来发展的估计；以该资产生产的产品或服务的市场需求情况；现在或潜在的竞争者预期采取的行动；为维持该资产产生未来经济利益的能力预期的维护支出及企业预计支付有关支出的能力；对该资产的控制期限，对该资产使用的法律或类似限制，如特许使用期间、租赁期间等；与企业持有的其他资产使用寿命的关联性等。对确认为无形资产的数据资源的使用寿命进行估计时，还应重点关注数据资源相关业务模式、权利限制、更新频率和时效性、有关产品或技术迭代、同类竞品等因素。

2. 无形资产使用寿命的确定。

源自合同性权利或其他法定权利取得的无形资产，其使用寿命不应超过合同性权利或其他法定权利的期限。例如，企业以支付土地出让金方式取得一块土地的使用权，如果企业准备持续持有，在 50 年期间内没有计划出售，该块土地使用权预期为企业带来未来经济利益的期间为 50 年。如果合同性权利或其他法定权利能够在到期时因续约等延续，当有证据表明企业续约不需要付出重大成本时，续约期才能够包括在使用寿命的估计中。下列情况一般说明企业无须付出重大成本即可延续合同性权利或其他法定权利：有证据表明合同性权利或法定权利将被重新延续，如果在延续之前需要第三方同意，则还需有第三方将会同意的证据；有证据表明为获得重新延续所必需的所有条件将被满足，以及企业为延续持有无形资产付出的成本相对于预期从重新延续中流入企业的未来经济利益相比不具有重要性。如果企业在延续无形资产持有期间时付出的成本与预期流入企业的未来经济利益相比具有重要性，本质上是企业获得了一项新的无形资产。

没有明确的合同或法律规定的无形资产，企业应当综合各方面情况，如聘请相关专家进行论证或与同行业的情况进行比较以及企业的历史经验等，来确定无形资产为企业带来未来经济利益的期限，如果经过这些努力确实无法合理确定无形资产为企业带来经济利益期限，再将其作为使用寿命不确定的无形资产。例如，企业通过公开拍卖取得一项出租车运营许可，按照所在地规定，以现有出租运营许可为限，不再授予新的运营许可，而且在旧的出租车报废以后，其运营许可可用于新的出租车。企业估计在有限的未来，其将持续经营出租车行业。对于该运营许可，其为企业带来未来经济利益的期限从目前情况看无法可靠估计，应视为使用寿命不确定的无形资产。需要强调的是，企业根据可获得的情况判断，有确凿证据表明无法合理估计其使用寿命的无形资产，才能作为使用寿命不确定的无形资产。企业不得随意判断使用寿命不确定的无形资产。

3. 无形资产使用寿命的复核。

企业至少应当于每年年度终了，对使用寿命有限的无形资产的使用寿命及摊销方法进行复核。无形资产的使用寿命或摊销方法与以前估计不同的（如由于合同的续约或无形资产应用条件的改善，延长了无形资产的使用寿命），应当改变摊销期限或摊销方法，并按照第二十九章会计政策、会计估计变更和差错更正进行处理。

企业应当在每个会计期间对使用寿命不确定的无形资产的使用寿命进行复核。如果有证据表明无形资产的使用寿命是有限的，应当估计其使用寿命，并按照本章和第二十九章会计政策、会计估计变更和差错更正进行处理。

（二）使用寿命有限的无形资产摊销

使用寿命有限的无形资产，应在其预计的使用寿命内采用系统合理的方法对应摊销金额进行摊销。其中应摊销金额是指无形资产的成本扣除残值后的金额。已计提减值准备的无形资产，还应扣除已计提的无形资产减值准备累计金额。使用寿命不确定的无形资产不应进行摊销。

1. 摊销期和摊销方法。

无形资产的摊销期自其可供使用时（即其达到预定用途）开始至终止确认时止。在无形资产的使用寿命内系统地分摊其应摊销金额，存在多种方法。这些方法包括直线法、生产总量法等。选择无形资产摊销方法时，应根据与无形资产有关的经济利益的预期消耗方式做出决定。例如，受技术陈旧因素影响较大的专利权和专有技术等无形资产，可采用类似固定资产加速折旧的方法进行摊销；有特定产量限制的特许经营权或专利权，可采用产量法进行摊销。无法可靠确定预期消耗方式的，应当采用直线法摊销。

需要注意的是，使用无形资产产生的收入可能受到投入、生产过程和销售等因素的影响，这些因素与无形资产有关经济利益的预期消耗方式无关，因此，企业通常不应以包括使用无形资产在内的经济活动所产生的收入为基础进行摊销。但是，下列极其有限的情况除外：（1）企业根据合同约定确定无形资产固有的根本性限制条款（如无形资产的使用时间、使用无形资产生产产品的数量或因使用无形资产而应取得固定的收入总额）的，当该条款为因使用无形资产而应取得的固定的收入总额时，取得的收入可以成为摊销的合理基础，如企业获得勘探开采黄金的特许权，且合同明确规定该特许权在销售黄金的收入总额达到某固定的金额时失效。（2）有确凿的证据表明收入的金额和无形资产经济利益的消耗是高度相关的。企业采用车流量法对高速公路经营权进行摊销的，不属于以包括使用无形资产在内的经济活动产生的收入为基础的摊销方法。

持有待售的无形资产或处置组中的无形资产不进行摊销，按照第四十二章持有待售的非流动资产、处置组和终止经营有关规定，以账面价值与公允价值减去处置费用后的净额孰低进行计量。

【例 7－3】丁公司从外单位购得一项商标权，支付价款 30 000 000 元，款项已支付，该商标权的使用寿命为 10 年，不考虑残值的因素，以直线法摊销。不考虑相关税费，账务处理如下：

借：无形资产——商标权　　30 000 000

　　贷：银行存款　　30 000 000

每年摊销时：

借：管理费用　　3 000 000（30 000 000 ÷ 10）

　　贷：累计摊销　　3 000 000

无形资产的摊销一般应计入当期损益，但某项目无形资产包含的经济利益通过所生产的产品或其他资产消耗的，其摊销金额应当计入相关资产的成本。例如，如果某项无形资产是专门用于生产某种产品的，其所包含的经济利益是通过转入到所生产的产品中体现的，无形资产的摊销费用应构成产品成本的一部分。

2. 残值的确定。

使用寿命有限的无形资产，其残值应当视为零，除非有第三方承诺在无形资产使用寿命结束时愿意以一定的价格购买该项无形资产，或者存在活跃的市场，通过市场可以得到无形资产使用寿命结束时的残值信息，并且从目前情况看，在无形资产使用寿命结束时，该市场还可能存在的情况下，可以预计无形资产的残值。

【例 7－4】甲公司取得一项专利技术，法律保护期间为 20 年，企业预计运用该专利生产的产品在未来 15 年内会为企业带来经济利益。就该项专利技术，第三方向企业承诺在 5 年内以其取得之日公允价值的 60% 购买该项专利权，从企业管理层目前的持有计划来看，准备在 5 年内将其出售给第三方，该项专利技术应在企业持有的 5 年内摊销，残值为该专利在取得之日公允价值的 60%。

无形资产的残值意味着在其经济寿命结束之前企业预计将会处置该无形资产，并且从该处置中取得利益。估计无形资产的残值应以资产处置时的可收回金额为基础，此时的可收回金额是指在预计出售日，出售一项使用寿命已满且处于类似使用状况下，同类无形资产预计的处置价格（扣除相关税费）。残值确定以后，在持有无形资产的期间，至少应于每年年末进行复核，预计其残值与原估计金额不同的，应按照会计估计变更进行处理。如果无形资产的残值重新估计以后高于其账面价值的，无形资产不再摊销，直至残值降至低于账面价值时再恢复摊销。

（三）无形资产的减值

企业应当在资产负债表日判断无形资产是否存在可能发生减值的迹象。使用寿命有限的无形资产，在出现减值迹象时进行减值测试；使用寿命不确定的无形资产，在持有期间内如果期末重新复核后仍为不确定的，无论是否存在减值迹象，每年都应当进行减值测试。

无形资产的可收回金额低于账面价值的，按其差额确认资产减值损失，并计提无形资产减值准备。资产减值损失确认后，无形资产的摊销费用应当在未来期间作相应调整，以使该资产在剩余使用寿命内，系统地分摊调整后的账面价值。无形资产减值准备一经计提，不得转回。

八、无形资产的处置

无形资产的处置，主要指无形资产的出售、报废等，此时无形资产无法为企业带来未来经济利益，应予转销并终止确认。

（一）无形资产的出售

企业将无形资产出售，表明企业放弃无形资产的所有权。企业出售无形资产，应当将取得的价款与该无形资产账面价值的差额作为资产处置利得或损失计入当期损益。已计提减值准备的，还应同时结转减值准备。

【例7－5】 乙公司将拥有的一项非专利技术出售，取得收入8 000 000元。该非专利技术的账面余额为7 000 000元，累计摊销额为3 500 000元，已计提的减值准备为2 000 000元。不考虑相关税费。账务处理如下：

借：银行存款　　8 000 000

　　累计摊销　　3 500 000

　　无形资产减值准备　　2 000 000

　　贷：无形资产——非专利技术　　7 000 000

　　　　资产处置损益　　6 500 000

对于符合持有待售类别划分条件的无形资产，企业应当按照第四十二章持有待售的非流动资产、处置组和终止经营的规定将其划分为持有待售非流动资产或处置组，并按其规定进行后续处理。

（二）无形资产的报废

如果无形资产预期不能为企业带来未来经济利益，不再符合无形资产的定义，应将其转销。无形资产已被其他新技术所替代，不能为企业带来经济利益；或者无形资产不再受到法律保护，且不能给企业带来经济利益等。例如，甲企业的某项无形资产法律保护期限已过，用其生产的产品没有市场，则说明该无形资产无法为企业带来未来经济利益，应予转销。

【例7-6】 丙公司的某项专利技术，其账面余额为6 000 000元。假定该项专利权的残值为0，摊销期限为10年，采用直线法进行摊销，已累计摊销3 000 000元，已计提的减值准备为1 600 000元。今年用其生产的产品没有市场，应予转销。假定不考虑其他相关因素，其账务处理如下：

借：累计摊销	3 000 000	
无形资产减值准备	1 600 000	
营业外支出	1 400 000	
贷：无形资产——专利权		6 000 000

九、列示与披露

（一）列示

企业应当在资产负债表中单独列示无形资产。资产负债表中的“无形资产”项目，反映企业无形资产期末净额。该项目应根据“无形资产”科目的账面余额减去“累计摊销”科目的账面余额和“无形资产减值准备”科目的账面余额计算填列。企业应当根据重要性原则并结合本企业的实际情况，在“无形资产”项目下增设“其中：数据资源”项目，反映资产负债表日确认为无形资产的数据资源的期末账面价值。

企业应当在资产负债表中单独列示开发支出。资产负债表中的“开发支出”项目，反映企业开发无形资产过程中能够资本化形成无形资产成本的支出部分。该项目应根据“研发支出——资本化支出”科目的账面余额，减去相关减值准备期末余额后的金额分析填列。企业应当根据重要性原则并结合本企业的实际情况，在“开发支出”项目下增设“其中：数据资源”项目，反映资产负债表日正在进行数据资源研究开发项目满足资本化条件的支出金额。

企业应当在利润表中单独列示研发费用。利润表中的“研发费用”项目，反映企业进行研究与开发过程中发生的费用化支出，以及计入管理费用的自行开发无形资产的摊销。该项目应根据“管理费用”科目下的“研究费用”明细科目的发生额，以及“管理费用”科目下的“无形资产摊销”明细科目的相关发生额分析填列。

（二）披露

1. 关于无形资产的一般披露要求。

企业应当按照无形资产的类别在会计报表附注中披露与无形资产有关的下列信息：（1）无形资产的期初和期末账面余额、累计摊销额及减值准备累计金额；（2）使用寿命有限的无形资产，其使用寿命的估计情况；使用寿命不确定的无形资产，其使用寿命不确定的判断依据；（3）无形资产的摊销方法；（4）用于担保的无形资产账面价值、当期摊销额等情况；（5）计入当期损益和确认为无形资产的研究开发支出金额。

2. 关于知识产权的其他披露要求。

除上述一般披露要求外，对知识产权还应当披露下列相关信息。

（1）对于确认为无形资产的知识产权，企业应当在会计报表附注中披露相关会计信息，包括：①按照无形资产类别披露的相关会计信息；②使用寿命有限的知识产权无形资产，其使用寿命的估计情况及摊销方法；使用寿命不确定的知识产权无形资产，其账面价值及使用寿命不确定的判断依据；③按照第二十九章会计政策、会计估计变更和差错更正的规定，披露对知识产权无形资产的摊销期、摊销方法或残值的变更内容、原因以及对当期和未来期间的影响数；④单独披露对企业财务报表具有重要影响的单项知识产权无形资产的内容、账面价值和剩余摊销期限；⑤所有权或使用权受到限制的知识产权无形资产账面价值、当期摊销额等情况。

（2）对于确认为无形资产的知识产权和企业拥有或控制的、预期会给企业带来经济利益的、但由于不满足本章确认条件而未确认为无形资产的知识产权，企业可以根据实际情况，在会计报表附注中自愿披露相关信息，包括：①知识产权的应用情况，包括知识产权的产品应用、作价出资、转让许可等情况；②重大交易事项中涉及的知识产权对该交易事项的影响及风险分析，重大交易事项包括但不限于企业的经营活动、投融资活动、质押融资、关联方及关联交易、承诺事项、或有事项、债务重组、资产置换、专利交叉许可等；③处于申请状态的知识产权的开始资本化时间、申请状态等信息；④知识产权权利失效的（包括失效后不继续确认的知识产权和继续确认的知识产权），披露其失效事由、账面原值及累计摊销、失效部分的会计处理，以及知识产权失效对企业的影响及风险分析；⑤企业认为有必要披露的其他知识产权相关信息。

3. 关于确认为无形资产的数据资源的披露要求。

除上述一般披露要求外，对确认为无形资产的数据资源，以及企业合法拥有或控制的、预期会给企业带来经济利益的、但由于不满足本章确认条件而未确认为无形资产的数据资源，还应当披露下列相关信息。

（1）对于确认为无形资产的数据资源，企业应当在会计报表附注中披露相关会计信息，包括：①按照外购无形资产、自行开发无形资产等类别披露的相关会计信息；②使用寿命有限的数据资源无形资产，企业应当披露其使用寿命的估计情况及摊销方法；对于使用寿命不确定的数据资源无形资产，企业应当披露其账面价值及使用寿命不确定的判断依据；③按照第二十九章会计政策、会计估计变更和差错更正的规定，披露对数据资源无形资产的摊销期、摊销方法或残值的变更内容、原因以及对当期和未来期间的影响数；④单独披露对企业财务报表具有重要影响的单项数据资源无形资产的内容、账面价值和剩余摊销期限；⑤所有权或使用权受到限制的数据资源无形资产，以及用于担保的数据资源无形资产的账面价值、当期摊销额等情况；⑥计入当期损益和确认为无形资产的数据资源研究开发支出金额；⑦按照第九章资产减值等规定，披露与数据资源无形资产减值有关的信息；⑧按照第四十二章持有待售的非流动资产、处置组和终止经营等规定，披露划分为持有待售类别的数据资源无形资产有关信息。

（2）对于确认为无形资产的数据资源，以及企业合法拥有或控制的、预期会给企业带来经济利益的、但由于不满足本章确认条件而未确认为无形资产的数据资源，企业可以根据实际情况，在会计报表附注中自愿披露相关信息，包括：①数据资源的应用场景或业务模式、对企业创造价值的影响方式，与数据资源应用场景相关的宏观经济和行业领域前景等；②用于形成相关数据资源的原始数据的类型、规模、来源、权属、质量等信息；③企业对数据资源的加工维护和安全保护情况，以及相关人才、关键技术等的持有和投入情况；④数据资源的应用情况，包括数据资源相关产品或服务等的运营应用、作价出资、流通交易、服务计费方式等情况；⑤重大交易事项中涉及的数据资源对该交易事项的影响及风险分析，重大交易事项包括但不限于企业的经营活动、投融资活动、质押融资、关联方及关联交易、承诺事项、或有事项、债务重组、资产置换等；⑥数据资源相关权利的失效情况及失效事由、对企业的影响及风险分析等，如数据资源已确认为无形资产的，还包括相关无形资产的账面原值及累计摊销、减值准备、失效部分的会计处理；⑦数据资源转让、许可或应用所涉及的地域限制、领域限制及法律法规限制等权利限制；⑧企业认为有必要披露的其他数据资源相关信息。

此外，需要注意的是，企业对数据资源进行评估且评估结果对企业财务报表具有重要影响的，应当披露评估依据的信息来源，评估结论成立的假设前提和限制条件，评估方法的选择，各重要参数的来源、分析、比较与测算过程等信息。

十、衔接规定

企业应当根据《企业会计准则第 38 号——首次执行企业会计准则》的规定，在首次执行日分别以下情况处理：

1. 首次执行日处于开发阶段的内部开发项目，首次执行日之前已经费用化的开发支出，不应追溯调整；首次执行日及以后发生的开发支出，符合无形资产确认条件的，应当予以资本化。

2. 首次执行日之前已计入在建工程和固定资产的土地使用权，符合本章的规定应当单独确认为无形资产的，首次执行日应当进行重分类，将归属于土地使用权的部分从原资产账面价值中分离，作为土地使用权的认定成本，按照本章进行会计处理。

3. 企业持有的无形资产，应当以首次执行日的摊余价值作为认定成本，对于使用寿命有限的无形资产，应当在剩余使用寿命内根据本章规定继续进行摊销。对于使用寿命不确定的无形资产，应以摊余价值为基础，在首次执行日后应当停止摊销，但至少应当在每年年末都进行减值测试。

4. 首次执行日之前购买的无形资产在超过正常信用条件的期限内延期付款，实质上具有融资性质的，首次执行日之前已计提的摊销额，不再追溯调整。在首次执行日，企业应当以尚未支付的款项与其现值之间的差额，减少资产的账面价值，同时确认为未确认融资费用。首次执行日后，企业应当以调整后的资产账面价值作为认定成本并以此为基础进行摊销或减值测试，未确认融资费用应当在剩余付款期限内采用实际利率法进行摊销。

首次执行日之后，企业应当按照本章进行会计处理。

第八章　非货币性资产交换

一、总体要求

《企业会计准则第 7 号——非货币性资产交换》（以下简称非货币性资产交换准则）规范了非货币性资产交换的确认、计量和相关信息的披露。企业应当按照本章的要求对适用范围内的非货币性资产交换进行会计处理。

非货币性资产交换中，换入资产应当在换入资产符合资产定义并满足资产确认条件时予以确认，换出资产应当在换出资产满足资产终止确认条件时终止确认。

非货币性资产交换同时满足具有商业实质、且换入资产或换出资产的公允价值能够可靠地计量这两个条件的，应当以公允价值为基础计量，否则应当以账面价值为基础计量。其中，以公允价值为基础计量时，换入资产和换出资产的公允价值均能够可靠计量的，应当以换出资产的公允价值为基础计量，但有确凿证据表明换入资产的公允价值更加可靠的除外。

二、适用范围

企业对于符合本章非货币性资产交换定义和适用范围的交易，应当按照本章的要求进行会计处理。

（一）适用其他章有关规定的非货币性资产交换

1. 企业以存货换取客户的非货币性资产的，相关收入的会计处理适用第十五章收入。第十五章收入对企业因转让存货取得非现金对价情形的会计处理作出了规范。

2. 非货币性资产交换中涉及企业合并的，适用第二十章企业合并、第三章长期股权投资和第三十四章合并财务报表。

3. 非货币性资产交换中涉及由第二十二章金融工具确认和计量规范的金融资产的，金融资产的确认、终止确认和计量适用第二十二章金融工具确认和计量和第二十三章金融资产转移。

4. 非货币性资产交换中涉及由第二十一章租赁规范的使用权资产或应收融资租赁款等的，相关资产的确认、终止确认和计量适用第二十一章租赁。

5. 非货币性资产交换构成权益性交易的，应当适用权益性交易的有关会计处理规定，企业不确认构成权益性交易部分的相关损益。企业应当遵循实质重于形式的原则判断非货币性资产交换是否构成权益性交易。主要包括下列情形：（1）非货币性资产交换的一方直接或间接对另一方持股且以股东身份进行交易；（2）非货币性资产交换的双方均受同一方或相同的多方最终控制，且该非货币性资产交换的交易实质是交换的一方向另一方进行了权益性分配或交换的一方接受了另一方权益性投入。例如，集团重组中发生的非货币性资产划拨、划转行为，在股东或最终控制方的安排下，企业无代价或以明显不公平的代价将非货币性资产转让给其他企业或接受其他企业的非货币性资产，该类转让的实质是企业进行了权益性分配或接受了权益性投入，不适用本章，应当适用权益性交易会计处理的有关规定。

（二）涉及非货币性资产但不属于本章规范范围的情形

实务中，某些交易和事项虽涉及非货币性资产，但不属于本章规范的非货币性资产交换，适用其他相关章的规定，包括但不限于下列情形：

1. 企业从政府无偿取得非货币性资产（比如，企业从政府无偿取得土地使用权等）的，适用第十六章政府补助。

2. 企业将非流动资产或处置组分配给所有者的，适用第四十二章持有待售的非流动资产、处置组和终止经营。

3. 企业以非货币性资产向职工发放非货币性福利的，适用第十章职工薪酬。

4. 企业以发行股票方式取得非货币性资产的，相当于以权益工具结算买入非货币性资产，适用其他相关章。例如，甲企业通过发行普通股股票取得乙企业固定资产，甲企业按照本书第五章固定资产等进行会计处理。

5. 企业用于交换的资产目前尚不存在或尚不属于本企业的，适用其他相关章。企业用于非货币性资产交换的非货币性资产应当符合资产的定义并满足资产的确认条件，且作为资产列报于企业的资产负债表上。企业用于交换的资产目前尚不存在或尚不属于本企业的情形，不属于本章规范范围。例如，甲企业从乙企业取得一项土地使用权，承诺未来 3 年内在该地块上建造写字楼，并待写字楼建造完成后向乙企业交付一幢写字楼，在这种情形下，由于甲企业用于交换的建筑物尚不存在，因此，无论对甲企业还是乙企业而言，该交易不属于本章规范的非货币性资产交换。

三、非货币性资产交换的定义

非货币性资产交换，是指企业主要以固定资产、无形资产、投资性房地产和长期股权投资等非货币性资产进行的交换。该交换不涉及或只涉及少量的货币性资产（即补价）。

非货币性资产是相对于货币性资产而言的。货币性资产，是指企业持有的货币资金和收取固定或可确定金额的货币资金的权利，包括库存现金、银行存款、应收账款和应收票据等。非货币性资产，是指货币性资产以外的资产，如存货（原材料、包装物、低值易耗品、库存商品等）、固定资产、在建工程、生产性生物资产、无形资产、投资性房地产、长期股权投资等。

通常情况下，交易双方对于某项交易是否为非货币性资产交换的判断是一致的。需要注意的是，企业应从自身的角度，根据交易的实质判断相关交易是否属于本章定义的非货币性资产交换。例如，投资方以一项固定资产出资取得对被投资方的权益性投资，对投资方来说，换出资产为固定资产，换入资产为长期股权投资，属于非货币性资产交换；对被投资方来说，则属于接受权益性投资，不属于非货币性资产交换。

非货币性资产交换一般不涉及货币性资产，或只涉及少量货币性资产，即补价。判断涉及少量货币性资产的交换是否为非货币性资产交换时，通常以补价占整个资产交换金额的比例是否低于25%作为参考比例。支付的货币性资产占换出资产公允价值与支付的货币性资产之和（或占换入资产公允价值）的比例、或者收到的货币性资产占换出资产公允价值（或占换入资产公允价值和收到的货币性资产之和）的比例低于25%的，视为非货币性资产交换；高于25%（含25%）的，不视为非货币性资产交换。

四、非货币性资产交换的确认

（一）非货币性资产交换的确认原则

非货币性资产交换中，换入资产应当在其符合资产定义并满足资产确认条件时予以确认；换出资产应当在其满足资产终止确认条件时终止确认。

根据上述原则，对于非货币性资产交换，企业将换入的资产视为购买取得资产，并按照相关章的规定进行初始确认；将换出的资产视为销售或处置资产，并按照相关章的规定进行终止确认。例如，某企业在非货币性资产交换中的换入资产和换出资产均为固定资产，按照第五章固定资产和第十五章收入的规定，换入的固定资产应当在与该固定资产有关的经济利益很可能流入企业，且成本能够可靠地计量时确认；换出的固定资产应当以交换对方（即换入企业）取得该固定资产控制权时点作为处置时点终止确认。又如，在非货币性资产交换交易中，如果换入资产为对联营企业的长期股权投资，按照第三章长期股权投资的规定，企业应当在能够对被投资单位实施重大影响时确认该换入的长期股权投资；如果换出资产为对联营企业的长期股权投资，企业应当在处置长期股权投资时点区分处置是否使企业丧失对被投资单位的重大影响，分别按照第二十二章金融工具确认和计量或第三章长期股权投资的规定进行会计处理。

（二）换入资产的确认时点与换出资产的终止确认时点存在不一致的情形

非货币性资产交换中的资产应当符合资产的定义并满足资产的确认条件，且作为资产列示在企业的资产负债表上。通常情况下，换入资产的确认时点与换出资产的终止确认时点应当相同或相近，也就是说，作为非货币性资产交换的一方，企业取得换入资产的时点与其销售或处置换出资产的时点应当相同或相近。

实务中，由于资产控制权转移所必须的运输或转移程序等方面的原因（如资产运输至对方地点所需的合理运输时间、办理股权或房产过户手续等），可能导致换入资产满足确认条件的时点与换出资产满足终止确认条件的时点存在短暂不一致，企业可以按照重要性原则，在换入资产满足确认条件和换出资产满足终止确认条件孰晚的时点进行会计处理。在换入资产的确认时点与换出资产的终止确认时点存在不一致的情形下，在资产负债表日，企业应当按照下列原则进行会计处理：换入资产满足资产确认条件，换出资产尚未满足终止确认条件的，在确认换入资产的同时将交付换出资产的义务确认为一项负债，如其他应付款等；换入资产尚未满足资产确认条件，换出资产满足终止确认条件的，在终止确认换出资产的同时将取得换入资产的权利确认为一项资产，如其他应收款等。

五、非货币性资产交换的计量

（一）非货币性资产交换的计量原则

非货币性资产交换同时满足下列条件的，应当以公允价值为基础计量：（1）该项交换具有商业实质；（2）换入资产或换出资产的公允价值能够可靠地计量。不满足上述条件的非货币性资产交换，应当以账面价值为基础计量。

根据这一规定，本章对非货币性资产交换的计量规定了两种计量原则：一是以公允价值为基础计量的非货币性资产交换，企业应当以换出资产的公允价值为基础确定换入资产的成本，换出资产的公允价值与其账面价值之间的差额计入当期损益，但换出资产的公允价值不能可靠地计量或有确凿证据表明换入资产的公允价值更加可靠的，企业应当以换入资产的公允价值为基础确定换入资产的初始计量金额，换入资产的公允价值与换出资产账面价值之间的差额计入当期损益。二是以账面价值为基础计量的非货币性资产交换，企业应当以换出资产的账面价值为基础确定换入资产的初始计量金额，换出资产终止确认时不确认损益。

（二）商业实质的判断

满足下列条件之一的非货币性资产交换具有商业实质：（1）换入资产的未来现金流量在风险、时间分布或金额方面与换出资产显著不同。（2）使用换入资产所产生的预计未来现金流量现值与继续使用换出资产所产生的预计未来现金流量现值不同，且其差额与换入资产和换出资产的公允价值相比是重大的。

在判断资产交换是否具有商业实质时，企业应当重点考虑由于发生了该项资产交换预计使企业未来现金流量发生变动的程度。只有当换入资产的未来现金流量和换出资产的未来现金流量相比发生较大变化，或使用换入资产进行经营和继续使用换出资产进行经营所产生的预计未来现金流量现值之间的差额较大时，才表明该交易的发生使企业经济状况发生了明显改变，交换才因而具有商业实质。企业应当遵循实质重于形式的原则，判断非货币性资产交换是否具有商业实质。

1. 判断条件。

（1）换入资产的未来现金流量在风险、时间分布或金额方面与换出资产显著不同。

企业应当对比考虑换入资产与换出资产的未来现金流量在风险、时间分布或金额的三个方面，对非货币性资产交换是否具有商业实质进行综合判断。通常情况下，只要换入资产和换出资产的未来现金流量在风险、时间分布或金额中的某个方面存在显著不同，即表明满足商业实质的判断条件。

例如，企业以一项生产用的设备换入一批存货，设备作为固定资产要在较长的时间内为企业带来现金流量，而存货流动性强，能够在较短的时间内产生现金流量。两者产生现金流量的时间相差较大，即使假定两者产生未来现金流量的风险和总额均相同，可以认为上述固定资产与存货的未来现金流量显著不同，因而交换具有商业实质。

又如，甲企业以其用于经营出租的一幢公寓楼，与乙企业同样用于经营出租的一幢公寓楼进行交换，两幢公寓楼的租期、每期租金总额均相同，但是甲企业的公寓楼是租给一家财务及信用状况良好的知名上市公司作为职工宿舍，乙企业的公寓楼则是租给多个个人租户。相比较而言，甲企业无法取得租金的风险较小，乙企业取得租金依赖于各个个人租户的财务和信用状况，两者现金流量流入的风险或不确定性程度存在明显差异，可以认为两幢公寓楼的未来现金流量显著不同，因而交换具有商业实质。

（2）使用换入资产所产生的预计未来现金流量现值与继续使用换出资产所产生的预计未来现金流量现值不同，且其差额与换入资产和换出资产的公允价值相比是重大的。

企业如果按照上述第（1）项判断条件难以判断非货币性资产交换是否具有商业实质，可以按照第（2）项条件，分别计算使用换入资产进行相关经营的预计未来现金流量现值和继续使用换出资产进行相关经营的预计未来现金流量现值，通过二者比较进行判断。企业在计算预计未来现金流量现值时，应当按照资产在企业自身持续使用过程和最终处置时预计产生的税后未来现金流量（使用企业自身的所得税税率），根据企业自身而不是市场参与者对资产特定风险的评价，选择恰当的折现率对预计未来现金流量折现后的金额加以确定，以体现资产对企业自身的特定价值。

从市场参与者的角度分析，换入资产和换出资产的未来现金流量在风险、时间分布或金额方面可能相同或相似。但是对于企业自身而言，鉴于换入资产的性质和换入企业经营活动的特征等因素，换入资产与换入企业其他现有资产相结合，能够比换出资产发挥更大的作用，使换入企业受该换入资产影响的经营活动部分产生的现金流量与换出资产明显不同，进而使用换入资产进行相关经营的预计未来现金流量现值与继续使用换出资产进行相关经营的预计未来现金流量现值存在重大差异，当其差额与换入资产和换出资产的公允价值相比是重大的，则表明交换具有商业实质。例如，甲企业以持有的某非上市公司A企业的10%股权换入乙企业拥有的一项专利权。假定从市场参与者的角度来看，通过第（1）项判断条件难以得出交易是否具有商业实质的结论。根据第（2）项判断条件，对换入专利权的甲企业来说，该项专利权能够解决其生产中的技术难题，使其未来的生产产量成倍增长，从而产生的预计未来现金流量现值与换出的股权投资有较大差异，且其差额与换入资产和换出资产的公允价值相比是重大的，因而可认为该交换具有商业实质；对换入股权的乙企业来说，其取得甲公司换出的A企业10%股权后，产生的预计未来现金流量现值与换出的专利权有较大差异，且其差额与换入资产和换出资产的公允价值相比也是重大的，因而可认为该交换具有商业实质。

2. 判断商业实质时对资产类别的考虑。

企业在判断非货币性资产交换是否具有商业实质时，通常还可以考虑资产是否属于同一类别来进行分析。同类别的资产是指在资产负债表中列示为同一报表项目的资产；不同类别的资产是指在资产负债表中列示为不同报表项目的资产，例如存货、固定资产、无形资产、投资性房地产、长期股权投资等都是不同类别的非货币性资产。一般来说，不同类别的非货币性资产产生经济利益的方式不同，其产生的未来现金流量在风险、时间分布或金额方面也很可能不相同。不同类别非货币性资产之间的交换（如存货和固定资产之间的交换、固定资产和长期股权投资之间的交换等）是否具有商业实质，通常较易判断；而同类别非货币性资产之间的交换（如存货之间、固定资产之间、长期股权投资之间的交换等）是否具有商业实质，则通常较难判断，需要根据上述两项判断条件综合判断。

例如，企业将一项用于出租的投资性房地产，与另一企业的厂房进行交换，换入的厂房作为自用固定资产，属于不同类别的非货币性资产之间的交换。在该交换交易下，换出的投资性房地产的未来现金流量为每期的租金，换入的固定资产的未来现金流量为该厂房独立产生、或包括该厂房的资产组协同产生的现金流量。通常情况下，由定期租金带来的现金流量与用于生产经营的固定资产产生的现金流量在风险、时间分布或金额方面显著不同，因而两项资产的交换具有商业实质。

再如，企业将其拥有的一幢建筑物，与另一企业拥有的在同地点的另一幢建筑物进行交换，两幢建筑物的建造时间、建造成本等均相同，属于同类别的非货币性资产之间的交换。在该交换交易下，两幢建筑物未来现金流量的风险、时间分布和金额可能相同，也可能不同。如果其中一幢建筑物可以立即出售，企业管理层也打算将其立即出售，而另一幢建筑物难以出售或只能在一段较长的时间内出售，则可以表明两项资产未来现金流量的风险、时间分布或金额显著不同，因而这两项资产的交换具有商业实质。

此外，需要说明的是，从事相同经营业务的企业之间相互交换具有类似性质和相等价值的商品，以便在不同地区销售，这种同类别的非货币性资产之间的交换不具有商业实质。实务中，这种交换通常发生在某些特定商品上，常见的例子如石油或牛奶等。

六、以公允价值为基础计量

非货币性资产交换具有商业实质，且换入资产或换出资产的公允价值能够可靠地计量的，企业应当以公允价值为基础计量。实务中，企业在进行非货币性资产交换时，相关换入资产或换出资产的公允价值通常会在合同中约定；对于合同中没有约定的，应当按照合同开始日（合同生效日）的公允价值确定。

换入资产和换出资产的公允价值均能够可靠计量的，应当以换出资产的公允价值为基础计量，但有确凿证据表明换入资产的公允价值更加可靠的除外，即换出资产的公允价值不能够可靠计量，或换入资产和换出资产的公允价值均能够可靠计量但有确凿证据表明换入资产的公允价值更加可靠的，应当以换入资产的公允价值为基础计量。

对于非货币性资产交换中换入资产和换出资产的公允价值均能够可靠计量的情形，企业在判断是否有确凿证据表明换入资产的公允价值更加可靠时，应当考虑确定公允价值所使用的输入值层次，企业可以参考下列情况：第一层次输入值为公允价值提供了最可靠的证据，第二层次直接或间接可观察的输入值比第三层次不可观察输入值为公允价值提供了更确凿的证据。对于换入资产和换出资产的公允价值所使用的输入值层次相同的，企业应当以换出资产的公允价值为基础计量。实务中，在考虑了补价因素的调整后，正常交易中换入资产的公允价值和换出资产的公允价值通常是一致的。

（一）会计处理原则

以公允价值为基础计量的非货币性资产交换中，换入资产和换出资产的计量分别按下列原则进行会计处理：

1. 对于换入资产，应当以换出资产的公允价值和应支付的相关税费作为换入资产的成本进行初始计量。换出资产的公允价值不能够可靠计量，或换入资产和换出资产的公允价值均能够可靠计量但有确凿证据表明换入资产的公允价值更加可靠的，应当以换入资产的公允价值和应支付的相关税费作为换入资产的初始计量金额。

其中，计入换入资产的应支付的相关税费应当符合相关章对资产初始计量成本的规定。例如，换入资产为存货的，包括相关税费、使该资产达到目前场所和状态所发生的运输费、装卸费、保险费以及可归属于该资产的其他成本；换入资产为长期股权投资的，包括与取得该资产直接相关的费用、税金和其他必要支出；换入资产为投资性房地产的，包括相关税费和可直接归属于该资产的其他支出；换入资产为固定资产的，包括相关税费、使该资产达到预定可使用状态前所发生的可归属于该资产的运输费、装卸费、安装费和专业人员服务费等；换入资产为生产性生物资产的，包括相关税费、运输费、保险费以及可直接归属于该资产的其他支出；换入资产为无形资产的，包括相关税费以及直接归属于使该资产达到预定用途所发生的其他支出。上述税费均不包括准予从增值税销项税额中抵扣的进项税额。

2. 对于换出资产，应当在终止确认时，将换出资产的公允价值与其账面价值之间的差额计入当期损益。换出资产的公允价值不能够可靠计量，或换入资产和换出资产的公允价值均能够可靠计量但有确凿证据表明换入资产的公允价值更加可靠的，应当在终止确认时，将换入资产的公允价值与换出资产账面价值之间的差额计入当期损益。

其中，计入当期损益的会计处理视换出资产类别的不同而有所区别：（1）换出资产为固定资产、在建工程、生产性生物资产和无形资产的，计入当期损益的部分通过“资产处置损益”科目核算，在利润表“资产处置收益”项目中列示；（2）换出资产为投资性房地产的，按换出资产公允价值或换入资产公允价值确认其他业务收入，按换出资产账面价值结转其他业务成本，二者之间的差额计入当期损益，二者分别在利润表“营业收入”和“营业成本”项目中列示；（3）换出资产为长期股权投资的，计入当期损益的部分通过“投资收益”科目核算，在利润表“投资收益”项目中列示。

【例8－1】甲公司和乙家具制造公司均为增值税一般纳税人，适用的增值税税率均为13%。经协商，甲公司与乙公司于2×23年1月30日签订资产交换合同，当日生效。合同约定，甲公司以生产经营过程中使用的一台设备与乙公司生产的一批办公家具进行交换，用于交换的设备和办公家具当日的公允价值均为7.5万元。合同签订日即交换日，甲公司设备的账面价值为7.4万元（其中账面原价为10万元，已计提折旧2.6万元）；乙公司办公家具的账面价值为7万元。甲公司将换入的办公家具作为固定资产使用和管理；乙公司将换入的设备作为固定资产使用和管理。甲公司和乙公司开具的增值税专用发票注明的计税价格均为7.5万元，增值税额9 750元。交易过程中，甲公司以银行存款支付设备清理费用1 500元。

假设甲公司和乙公司此前均未对上述资产计提减值准备。整个交易过程中未发生除增值税以外的其他税费。

本例中，对甲公司来说，整个资产交换过程没有涉及收付货币性资产，交换的资产为办公家具和设备，属于非货币性资产交换。

对甲公司来说，换入的办公家具虽然也作为固定资产使用和管理，但其未来现金流量是通过员工的使用来实现，而换出的设备的未来现金流量是通过生产产品并对外销售而产生，二者产生的现金流量在风险、时间分布和金额方面存在明显差异，因而交换具有商业实质。同时，两项资产的公允价值都能够可靠地计量，符合以公允价值为基础计量的条件。假设没有确凿证据表明换入资产的公允价值更加可靠，甲公司应以换出资产的公允价值为基础确定换入资产的成本，并确认换出资产产生的损益。

甲公司的账务处理如下：

借：固定资产清理　85 250
　　累计折旧　26 000
　　贷：固定资产——设备　100 000
　　　　银行存款　1 500
　　　　应交税费——应交增值税（销项税额）　9 750

借：固定资产——办公家具　75 000
　　应交税费——应交增值税（进项税额）　9 750
　　资产处置损益　500
　　贷：固定资产清理　85 250

对乙公司来说，相关收入应当按照第十五章收入的相关规定进行会计处理。假定换出存货的交易符合收入确认条件。

乙公司的账务处理如下：

借：固定资产——设备　75 000
　　应交税费——应交增值税（进项税额）　9 750
　　贷：主营业务收入　75 000
　　　　应交税费——应交增值税（销项税额）　9 750

同时，乙公司还应将换出存货的成本结转为当期营业成本。

【例8-2】 2×23年6月15日，甲冰箱制造公司为了提高产品质量，需要乙公司的一项专利权。经协商，甲公司与乙公司签订合同，甲公司以其持有的对其联营企业丙公司的20%股权作为对价购买乙公司的专利权。合同开始日，甲公司长期股权投资和乙公司专利权的公允价值均为 650 万元。专利权的过户手续于 2×23 年 6 月 28 日完成，正式转移至甲公司。乙公司取得对丙公司的 20% 股权后，向丙公司派遣 1 名董事替代原甲公司派遣的董事，且能够对丙公司实施重大影响，丙公司成为乙公司的联营企业。丙公司的股权过户、董事更换、相关董事会决议和章程修订于 2×23 年 6 月 30 日完成并生效。2×23 年 6 月 30 日，甲公司的长期股权投资的账面价值为 630 万元（其中投资成本 670 万元，损益调整 -40 万元）；乙公司专利权的账面价值为 680 万元（其中账面原价为 800 万元，累计摊销额为 120 万元）。

假设甲公司和乙公司此前均未对上述资产计提减值准备。丙公司自成立以来未发生其他综合收益变动。整个交易过程中未发生相关税费。

本例中，整个资产交换过程没有涉及收付货币性资产，交换的资产为长期股权投资和无形资产，属于非货币性资产交换。

对甲公司来说，换入的专利权能够大幅度改善产品质量，通过生产高质量的产品并对外销售而产生现金流量，与换出的对丙公司的长期股权投资通过获得股利产生现金流量相比，其预计未来现金流量的风险、时间分布和金额均不相同，因而交换具有商业实质；对乙公司来说，换入的对丙公司的长期股权投资，使丙公司成为其联营企业，可通过参与丙公司的财务和经营政策等方式，对其实施重大影响，由此从丙公司活动中获取现金流量，与换出的专利权预计产生的未来现金流量的风险、时间分布和金额均不相同，因而交换具有商业实质。同时，两项资产的公允价值都能够可靠地计量，符合以公允价值为基础计量的条件。假设双方均没有确凿证据表明换入资产的公允价值更加可靠，甲公司和乙公司均以换出资产的公允价值为基础确定换入资产的成本，并确认换出资产产生的损益。

由于因专利权和股权过户等原因导致换入资产和换出资产满足确认条件和终止确认条件的时点存在短暂不一致，甲公司和乙公司按照重要性原则在 2×23 年 6 月 30 日进行会计处理。

甲公司的账务处理如下：

借：无形资产——专利权　　6 500 000

　　长期股权投资——损益调整　　400 000

　　贷：长期股权投资——投资成本　　6 700 000

　　　　投资收益　　200 000

乙公司的账务处理如下：

借：长期股权投资——投资成本　　6 500 000
　　累计摊销　　1 200 000
　　资产处置损益　　300 000
　　贷：无形资产——专利权　　8 000 000

（二）涉及补价的情形

对于以公允价值为基础计量的非货币性资产交换，涉及补价的，应当分别下列情况进行处理：

1. 支付补价方：（1）以换出资产的公允价值为基础计量的，应当以换出资产的公允价值，加上支付补价的公允价值和应支付的相关税费，作为换入资产的成本，换出资产的公允价值与其账面价值之间的差额计入当期损益。（2）有确凿证据表明换入资产的公允价值更加可靠的，即以换入资产的公允价值为基础计量的，应当以换入资产的公允价值和应支付的相关税费作为换入资产的初始计量金额，换入资产的公允价值减去支付补价的公允价值，与换出资产账面价值之间的差额计入当期损益。

2. 收到补价方：（1）以换出资产的公允价值为基础计量的，应当以换出资产的公允价值，减去收到补价的公允价值，加上应支付的相关税费，作为换入资产的成本，换出资产的公允价值与其账面价值之间的差额计入当期损益。（2）有确凿证据表明换入资产的公允价值更加可靠的，即以换入资产的公允价值为基础计量的，应当以换入资产的公允价值和应支付的相关税费作为换入资产的初始计量金额，换入资产的公允价值加上收到补价的公允价值，与换出资产账面价值之间的差额计入当期损益。

【例 8－3】 沿用〖例 8－1〗，假设其他条件不变，合同约定甲公司用于交换的设备的公允价值为 7.5 万元，乙公司用于交换的办公家具的公允价值为 9 万元，甲公司以银行存款向乙公司支付补价 1.5 万元。甲公司开具的增值税专用发票注明的计税价格 7.5 万元，增值税额 9 750 元；乙公司开具的增值税专用发票注明的计税价格 9 万元，增值税额 1.17 万元；甲公司以银行存款向乙公司支付增值税差额 1 950 元。

本例中，涉及收付货币性资产，应当计算货币性资产占整个资产交换的比例。对于甲公司，支付的货币性资产 1.5 万元占换入资产公允价值 9 万元（或换出资产公允价值 7.5 万元和支付的货币性资产 1.5 万元之和）的比例为 16.67%，小于 25%，属于非货币性资产交换。

甲公司的账务处理如下：

借：固定资产清理　　85 250
　　累计折旧　　26 000
　　贷：固定资产——设备　　100 000
　　　　银行存款　　1 500
　　　　应交税费——应交增值税（销项税额）　　9 750

借：固定资产——办公家具　　90 000
　　应交税费——应交增值税（进项税额）　　11 700
　　资产处置损益　　500
　　贷：固定资产清理　　85 250
　　　　银行存款　　16 950

对乙公司来说，相关收入应当按照第十五章收入的相关规定进行会计处理。具体账务处理参照〖例8－1〗中乙公司的账务处理。

【例8－4】 沿用〖例8－2〗，假设其他条件不变，丙公司是上市公司，按照合同开始日的股票价格计算，丙公司的20%股权的公允价值为700万元。乙公司专利权的公允价值为650万元，系第三方报价机构使用乙公司自身数据通过估值技术确定的。由于甲公司迫切需要该专利权来提高产品质量，同意乙公司以银行存款支付补价40万元。2×23年6月30日，丙公司可辨认净资产公允价值为3 200万元。

本例中，涉及收付货币性资产，应当计算货币性资产占整个资产交换的比例。补价40万元占整个资产交换金额的比例小于25%，属于非货币性资产交换。

由于用于交换的两项资产的公允价值均能够可靠地计量，企业应当考虑是否有确凿证据表明换入资产的公允价值更加可靠。由于丙公司是上市公司，其20%的股权的公允价值是基于股票价格计算的，其公允价值输入值的层次为第一层次，即活跃市场上未经调整的报价。乙公司专利权的公允价值是基于估值技术的评估值，其公允价值输入值的层次为第三层次。因此，对甲公司来说，应当以换出资产丙公司的20%股权的公允价值（700万元）减去收到的补价（40万元）作为换入资产专利权的成本（700万元－40万元＝660万元），换出资产的公允价值与其账面价值之间的差额计入当期损益（700万元－630万元＝70万元）；对乙公司来说，有确凿证据表明换入资产丙公司的20%股权的公允价值更加可靠，应当以换入资产丙公司的20%股权的公允价值（700万元）作为其初始计量金额，换入资产的公允价值减去支付的补价，与换出资产专利权账面价值之间的差额计入当期损益（700 万元 – 40 万元 – 680 万元 = –20 万元）。

甲公司的账务处理如下：

借：无形资产——专利权	6 600 000
长期股权投资——损益调整	400 000
银行存款	400 000
贷：长期股权投资——投资成本	6 700 000
投资收益	700 000

乙公司的账务处理如下：

借：长期股权投资——投资成本	7 000 000
累计摊销	1 200 000
资产处置损益	200 000
贷：无形资产——专利权	8 000 000
银行存款	400 000

（三）涉及换入多项资产或换出多项资产的情形

非货币性资产交换中，企业可以以一项非货币性资产同时换入另一企业的多项非货币性资产，或同时以多项非货币性资产换入另一企业的一项非货币性资产，或以多项非货币性资产同时换入另一企业的多项非货币性资产，这些交换也可能涉及补价。对于涉及换入或换出多项资产的非货币性资产交换的计量，企业同样应当首先判断是否符合以公允价值为基础计量的两个条件，再分别确定各项换入资产的初始计量金额，以及各项换出资产终止确认的相关损益。

涉及换入多项资产或换出多项资产的非货币性资产交换符合以公允价值为基础计量的，通常可以分为下列情形：

1. 以换出资产的公允价值为基础计量的。

（1）对于同时换入的多项资产，由于通常无法将换入资产与换出的某项特定资产相对应，应当按照各项换入资产的公允价值的相对比例（换入资产的公允价值不能够可靠计量的，可以按照各项换入资产的原账面价值的相对比例或其他合理的比例），将换出资产公允价值总额（涉及补价的，加上支付补价的公允价值或减去收到补价的公允价值）分摊至各项换入资产，以分摊额和应支付的相关税费作为各项换入资产的成本进行初始计量。需要说明的是，如果同时换入的多项非货币性资产中包含由第二十二章金融工具确认和计量规范的金融资产，应当按照第二十二章金融工具确认和计量的规定进行会计处理，在确定换入的其他多项资产的初始计量金额时，应当将金融资产公允价值从换出资产公允价值总额中扣除。

（2）对于同时换出的多项资产，应当将各项换出资产的公允价值与其账面价值之间的差额，在各项换出资产终止确认时计入当期损益。

2. 以换入资产的公允价值为基础计量的。

（1）对于同时换入的多项资产，应当以各项换入资产的公允价值和应支付的相关税费作为各项换入资产的初始计量金额。

（2）对于同时换出的多项资产，由于通常无法将换入资产与换出的某项特定资产相对应，应当按照各项换出资产的公允价值的相对比例（换出资产的公允价值不能够可靠计量的，可以按照各项换出资产的账面价值的相对比例），将换入资产的公允价值总额（涉及补价的，减去支付补价的公允价值或加上收到补价的公允价值）分摊至各项换出资产，分摊额与各项换出资产账面价值之间的差额，在各项换出资产终止确认时计入当期损益。需要说明的是，如果同时换出的多项非货币性资产中包含由第二十二章金融工具确认和计量规范的金融资产，该金融资产应当按照第二十二章金融工具确认和计量和第二十三章金融资产转移的规定判断换出的该金融资产是否满足终止确认条件并进行终止确认的会计处理，在确定其他各项换出资产终止确认的相关损益时，应当将终止确认的金融资产公允价值从换入资产公允价值总额中扣除。

【例 8－5】甲公司和乙公司均为增值税一般纳税人。经协商，甲公司和乙公司于 2×23 年 1 月 25 日签订资产交换合同，当日生效。合同约定，甲公司用于交换的资产包括：一间生产用厂房，公允价值为 110 万元；一幢自购入时就全部用于经营出租的公寓楼，公允价值为 390 万元。乙公司用于交换的资产包括：一块土地的使用权，公允价值为 240 万元；经营过程中使用的 10 辆货车，公允价值为 300 万元。甲公司以银行存款向乙公司支付补价 40 万元。双方于 2×23 年 2 月 1 日完成了资产交换手续。交换当日，甲公司的厂房的账面价值为 120 万元（其中账面原价为 150 万元，已计提折旧 30 万元），作为采用成本模式计量的投资性房地产的公寓楼的账面价值为 360 万元（其中账面原价为 420 万元，已计提折旧 60 万元），乙公司的土地使用权的账面价值为 210 万元（其中成本 220 万元，累计摊销额为 10 万元），10 辆货车的账面价值为 320 万元（其中账面原价为 400 万元，已计提折旧 80 万元）。甲公司开具两张增值税专用发票，分别注明厂房的计税价格110万元、增值税额9.9万元；公寓楼的计税价格390万元、增值税额35.1万元。乙公司开具两张增值税专用发票，分别注明土地使用权的计税价格240万元、增值税额21.6万元；10辆货车的计税价格300万元、增值税额39万元。甲公司以银行存款向乙公司支付增值税差额15.6万元。交易过程中，甲公司用银行存款支付了土地使用权的契税及过户费用8万元，乙公司用银行存款分别支付了厂房和公寓楼的契税及过户费用4万元和12万元。

假设甲公司和乙公司此前均未对上述资产计提减值准备，上述资产交换后的用途不发生改变。不考虑其他税费。

本例中，涉及收付货币性资产，应当计算货币性资产占整个资产交换的比例。补价40万元占整个资产交换金额540万元的比例为7.41%，小于25%，属于非货币性资产交换。

本例中用于交换的厂房是通过在厂房使用寿命内与其他资产协同生产产品并对外销售而产生现金流量，公寓楼是通过经营出租并定期收取租金而产生稳定均衡的现金流量，土地使用权是通过在其上建造房屋后与房屋共同产生现金流量，货车是通过使用或提供服务而产生独立的现金流量，各项资产的未来现金流量在风险、时间分布和金额方面均明显不同，因而交换具有商业实质。同时，各项资产的公允价值都能够可靠地计量，符合以公允价值为基础计量的条件。假设均没有确凿证据表明换入资产的公允价值更加可靠，甲公司和乙公司均以换出资产的公允价值为基础确定各项换入资产的成本，并确认各项换出资产产生的损益。

甲公司的会计处理如下：

（1）确定各项换入资产的初始计量金额（见表8－1）。

表8－1　　单位：元

换入资产	公允价值	换出资产公允价值总额＋补价	分摊额	相关税费	初始计量金额
无形资产——土地使用权	2 400 000	不适用	2 400 000	80 000	2 480 000
固定资产——货车	3 000 000	不适用	3 000 000	0	3 000 000
合计	5 400 000	5 400 000	5 400 000	80 000	5 480 000

（2）确定各项换出资产终止确认的相关损益（见表 8－2）。

表 8－2

单位：元

换出资产	账面价值	公允价值	处置损益
固定资产——厂房	1 200 000	1 100 000	－100 000
投资性房地产	3 600 000	3 900 000	300 000
合计	4 800 000	5 000 000	200 000

（3）甲公司的账务处理如下：

①终止确认换出的厂房，转入固定资产清理。

借：固定资产清理 1 299 000
　　累计折旧——厂房 300 000
　　贷：固定资产——厂房 1 500 000
　　　　应交税费——应交增值税（销项税额） 99 000

②确认换入的土地使用权和货车，同时确认换出资产相关损益。

借：无形资产——土地使用权 2 400 000
　　固定资产——货车 3 000 000
　　应交税费——应交增值税（进项税额） 606 000
　　资产处置损益 100 000
　　贷：固定资产清理 1 299 000
　　　　其他业务收入 3 900 000
　　　　应交税费——应交增值税（销项税额） 351 000
　　　　银行存款 556 000

③确认换入的土地使用权的相关税费。

借：无形资产——土地使用权 80 000
　　贷：银行存款 80 000

④终止确认换出的投资性房地产，结转其他业务成本。

借：其他业务成本 3 600 000
　　投资性房地产累计折旧 600 000
　　贷：投资性房地产 4 200 000

乙公司的会计处理如下：

（1）确定各项换入资产的初始计量金额（见表 8－3）。

表 8-3 单位：元

换入资产	公允价值	换出资产公允价值总额－补价	分摊额	相关税费	初始计量金额
固定资产——厂房	1 100 000	不适用	1 100 000	40 000	1 140 000
投资性房地产	3 900 000	不适用	3 900 000	120 000	4 020 000
合计	5 000 000	5 000 000	5 000 000	160 000	5 160 000

（2）确定各项换出资产终止确认的相关损益（见表 8-4）。

表 8-4 单位：元

换出资产	账面价值	公允价值	处置损益
无形资产——土地使用权	2 100 000	2 400 000	300 000
固定资产——货车	3 200 000	3 000 000	-200 000
合计	5 300 000	5 400 000	100 000

（3）乙公司的账务处理如下：

①终止确认换出的 10 辆货车，转入固定资产清理。

借：固定资产清理 3 590 000

　　累计折旧——货车 800 000

　　贷：固定资产——货车 4 000 000

　　　　应交税费——应交增值税（销项税额） 390 000

②确认换入的厂房和公寓楼，同时确认换出资产相关损益。

借：固定资产——厂房 1 100 000

　　投资性房地产 3 900 000

　　应交税费——应交增值税（进项税额） 450 000

　　银行存款 556 000

　　累计摊销 100 000

　　贷：无形资产——土地使用权 2 200 000

　　　　应交税费——应交增值税（销项税额） 216 000

　　　　资产处置损益 100 000

　　　　固定资产清理 3 590 000

③确认换入的厂房和公寓楼的相关税费。

借：固定资产——厂房 40 000

投资性房地产　　120 000

贷：银行存款　　160 000

【例8-6】 沿用〖例8-5〗，假设其他条件不变，合同约定甲公司用于交换的资产还包括一项对P公司的股票投资，甲公司将该投资作为交易性金融资产核算。该股票投资在2×23年1月25日的公允价值为30万元，账面价值为25万元。由于该股票有较好的前景，按合同约定甲公司向乙公司支付补价10万元。

本例中，沿用〖例8-5〗的分析，甲公司和乙公司均以换出资产的公允价值为基础确定各项换入资产的成本，并确认各项换出资产产生的损益。另外，甲公司和乙公司用于交换的非货币性资产中包含交易性金融资产，属于由第二十二章金融工具确认和计量规范的金融资产。甲公司和乙公司应按照第二十二章金融工具确认和计量和第二十三章金融资产转移的规定分别对换出和换入的交易性金融资产进行会计处理。

甲公司的会计处理如下：

(1) 确定各项换入资产的初始计量金额（见表8-5）。

表8-5　　单位：元

换入资产	公允价值	换出资产公允价值总额+补价	分摊额	相关税费	初始计量金额
无形资产——土地使用权	2 400 000	不适用	2 400 000	80 000	2 480 000
固定资产——货车	3 000 000	不适用	3 000 000	0	3 000 000
合计	5 400 000	5 400 000	5 400 000	80 000	5 480 000

(2) 确定各项换出资产终止确认的相关损益（见表8-6）。

表8-6　　单位：元

换出资产	账面价值	公允价值	处置损益
交易性金融资产——P公司股票*	250 000	300 000	50 000
固定资产——厂房	1 200 000	1 100 000	-100 000
投资性房地产	3 600 000	3 900 000	300 000
合计	5 050 000	5 300 000	250 000

*注：假定根据第二十二章金融工具确认和计量和第二十三章金融资产转移的相关规定，换出的“交易性金融资产——P公司股票”满足整体终止确认的条件，甲公司应当按照相关章的规定对终止确认进行会计处理。

（3）甲公司的账务处理：略。

乙公司的会计处理如下：

（1）确定各项换入资产的初始计量金额。

乙公司换入的多项资产中包含交易性金融资产，应当按照第二十二章金融工具确认和计量的规定进行会计处理。乙公司在确定换入的其他多项资产的初始计量金额时，应当将该金融资产公允价值从换出资产公允价值总额（涉及补价的，加上支付补价的公允价值或减去收到补价的公允价值）中扣除。

用于分摊的金额计算如下：

换出资产的公允价值	无形资产——土地使用权	2 400 000
	固定资产——货车	3 000 000
换出资产的公允价值总额		5 400 000
减：收到的补价		-100 000
		5 300 000
减：换入的金融资产的公允价值		-300 000
用于分摊的金额		5 000 000

分摊的计算过程见表8-7。

表8-7 单位：元

换入资产	公允价值	用于分摊的金额	分摊额	相关税费	初始计量金额
固定资产——厂房	1 100 000	不适用	1 100 000	40 000	1 140 000
投资性房地产	3 900 000	不适用	3 900 000	120 000	4 020 000
合计	5 000 000	5 000 000	5 000 000	160 000	5 160 000
交易性金融资产——P公司股票	300 000	不适用	不适用	0	300 000

（2）确定各项换出资产终止确认的相关损益。

同〖例8-5〗，此处略。

（3）乙公司的账务处理：略。

七、以账面价值为基础计量

当非货币性资产交换不满足本章以公允价值为基础计量的条件时，即非货币性资产交换不具有商业实质，或者虽然具有商业实质但换入资产和换出资产的公允价值均不能可靠计量的，企业应当以账面价值为基础计量。

（一）会计处理原则

1. 对于换入资产，应当以换出资产的账面价值和应支付的相关税费作为换入资产的初始计量金额。

2. 对于换出资产，终止确认时不确认损益。

【例 8－7】 甲公司是一家制药公司，因经营战略发生重大转变，将专注于疫苗的生产和销售，其拥有的一项生产抗生素的专利权难以满足新的经营战略。乙公司也是一家制药公司，正在开展一系列抗生素方面的新业务。2×23 年 3 月 30 日，甲公司和乙公司协商后决定，甲公司将其抗生素的专利权转让给乙公司，作为交换，乙公司将其刚申请专利的一项传染病疫苗配方转让给甲公司，由其进行生产推广。当日，甲公司换出的抗生素专利权的账面价值为 45 万元（其中账面原价为 60 万元，累计摊销额为 15 万元）；乙公司刚申请专利的传染病疫苗已转为无形资产核算，账面价值为 50 万元，尚未进行摊销。假设两项专利权的公允价值不能可靠计量。整个交易过程中假定不考虑相关税费。双方取得专利权后仍分别作为无形资产核算。

本例中，整个资产交换过程没有涉及收付货币性资产，交换的资产为无形资产，属于非货币性资产交换。由于用于交换的两项药物专利权的公允价值不能可靠地计量，因此甲公司和乙公司均应当以换出资产的账面价值为基础确定换入资产的初始计量金额，换出资产不确认损益。

甲公司的账务处理如下：

借：无形资产——传染病疫苗专利权	450 000	
累计摊销——抗生素专利权	150 000	
贷：无形资产——抗生素专利权		600 000

乙公司的账务处理如下：

借：无形资产——抗生素专利权	500 000	
贷：无形资产——传染病疫苗专利权		500 000

（二）涉及补价的情形

对于以账面价值为基础计量的非货币性资产交换，涉及补价的，应当将补价作为确定换入资产初始计量金额的调整因素，分别下列情况进行处理：

1. 支付补价方：应当以换出资产的账面价值，加上支付补价的账面价值和应支付的相关税费，作为换入资产的初始计量金额，不确认损益。

2. 收到补价方：应当以换出资产的账面价值，减去收到补价的公允价值，加上应支付的相关税费，作为换入资产的初始计量金额，不确认损益。

【例8－8】甲公司拥有一台专有设备，该设备的账面价值为120万元（其中账面原价450万元，已计提折旧330万元）。乙公司拥有一项非专利技术，该技术的账面价值为105万元（其中账面原价120万元，累计摊销额为15万元）。2×23年4月30日，双方商定，乙公司以银行存款支付补价15万元，以非专利技术换取甲公司拥有的专有设备，该专有设备是生产某种产品必需的设备。假设该专有设备系当时专门制造、性质特殊，其公允价值不能可靠计量；乙公司拥有的非专利技术的公允价值也不能可靠计量。

假设甲公司和乙公司此前均未对上述资产计提减值准备，上述资产交换后的用途不发生改变。整个交易过程中假定不考虑相关税费。

本例中，涉及收付货币性资产，应当计算货币性资产占整个资产交换的比例。对于甲公司，收到的货币性资产15万元占换出资产账面价值120万元的比例为12.5%，小于25%，属于非货币性资产交换，乙公司的情况也类似。由于两项资产的公允价值不能可靠计量，因此，甲、乙公司换入资产的成本应当按照换出资产的账面价值确定，双方均不确认损益。

甲公司的账务处理如下：

借：固定资产清理　　1 200 000

　　累计折旧——专有设备　　3 300 000

　　贷：固定资产——专有设备　　4 500 000

借：无形资产——非专利技术　　1 050 000

　　银行存款　　150 000

　　贷：固定资产清理　　1 200 000

乙公司的账务处理如下：

借：固定资产——专有设备　　1 200 000

　　累计摊销——非专利技术　　150 000

　　贷：无形资产——非专利技术　　1 200 000

　　　　银行存款　　150 000

（三）涉及换入多项资产或换出多项资产的情形

对于以账面价值为基础计量的非货币性资产交换，如涉及换入多项资产或换出多项资产，或者同时换入和换出多项资产的，应当分别对换入的多项资产、换出的多项资产进行会计处理。

1. 对于换入的多项资产，由于通常无法将换出资产与换入的某项特定资产相对应，应当按照各项换入资产的公允价值的相对比例（换入资产的公允价值不能够可靠计量的，也可以按照各项换入资产的原账面价值的相对比例或其他合理的比例），将换出资产的账面价值总额（涉及补价的，加上支付补价的账面价值或减去收到补价的公允价值）分摊至各项换入资产，加上应支付的相关税费，作为各项换入资产的初始计量金额。

2. 对于同时换出的多项资产，各项换出资产终止确认时均不确认损益。

【例8－9】 沿用〖例8－7〗，假设其他条件不变，甲公司和乙公司进行专利权交换的同时，甲公司还将一套抗生素生产专用设备转移给乙公司，乙公司将一套专门用于传染病疫苗存储的设备转移给甲公司。2×23年3月30日，甲公司换出的专用设备的账面价值为420万元（其中账面原价为500万元，已计提折旧80万元），乙公司换出的疫苗存储设备账面价值为400万元（其中账面原价为700万元，已计提折旧300万元）。假设两项设备均为自行研究制造的专用设备，其公允价值不能可靠计量。

本例中，由于用于交换的两项药物专利和两套设备的公允价值均不能可靠地计量，因此，甲公司和乙公司均应当以换出资产的账面价值为基础确定换入资产的初始计量金额，换出资产不确认损益。对于同时换入的多项资产，由于换入资产的公允价值不能可靠地计量，甲公司和乙公司均按照各项换入资产的原账面价值的相对比例，将换出资产的账面价值总额分摊至各项换入资产，作为各项换入资产的初始计量金额。对于同时换出的多项资产，终止确认时按照账面价值转销，不确认损益。

甲公司的会计处理如下：

（1）确定各项换入资产的初始计量金额（见表8－8）。

表8－8 单位：元

换入资产	在换出方的原账面价值	换出资产账面价值	初始计量金额
无形资产——传染病疫苗专利权	500 000	不适用	516 667
固定资产——疫苗存储设备	4 000 000	不适用	4 133 333
合计	4 500 000	4 650 000	4 650 000

（2）对于同时换出的多项资产，终止确认时按照账面价值转销，不确认损益。

(3) 甲公司的账务处理如下：

借：固定资产清理　　4 200 000

　　累计折旧——抗生素专用设备　　800 000

　　贷：固定资产——抗生素专用设备　　5 000 000

借：无形资产——传染病疫苗专利权　　516 667

　　固定资产——疫苗存储设备　　4 133 333

　　累计摊销——抗生素专利权　　150 000

　　贷：无形资产——抗生素专利权　　600 000

　　　　固定资产清理　　4 200 000

乙公司的会计处理如下：

(1) 确定各项换入资产的初始计量金额（见表8-9)。

表8-9　　单位：元

换入资产	在换出方的原账面价值	换出资产账面价值	初始计量金额
无形资产——抗生素专利权	450 000	不适用	435 484
固定资产——抗生素专用设备	4 200 000	不适用	4 064 516
合计	4 650 000	4 500 000	4 500 000

(2) 对于同时换出的多项资产，终止确认时按照账面价值转销，不确认损益。

(3) 乙公司的账务处理如下：

借：固定资产清理　　4 000 000

　　累计折旧——疫苗存储设备　　3 000 000

　　贷：固定资产——疫苗存储设备　　7 000 000

借：无形资产——抗生素专利权　　435 484

　　固定资产——抗生素专用设备　　4 064 516

　　贷：无形资产——传染病疫苗专利权　　500 000

　　　　固定资产清理　　4 000 000

八、披露

企业应当在附注中披露有关非货币性资产交换的下列信息：（1）非货币性资产交换是否具有商业实质及其原因；（2）换入资产、换出资产的类别；

(3) 换入资产初始计量金额的确定方式；(4) 换入资产、换出资产的公允价值以及换出资产的账面价值；(5) 非货币性资产交换确认的损益。

需要说明的是，在披露非货币性资产交换是否具有商业实质的原因时，如果通过定性分析即可得出结论认定换入资产的未来现金流量在风险、时间分布或金额方面与换出资产显著不同，交换因而具有商业实质，则应当披露定性分析中所考虑的相关因素和相关结论。在这种情况下，不需要进一步披露使用换入资产和继续使用换出资产所产生的预计未来现金流量现值，以及通过计算进行的定量分析。如果难以通过定性分析直接得出结论认定非货币性资产交换具有商业实质，则应当披露使用换入资产进行相关经营的预计未来现金流量现值和继续使用换出资产进行相关经营的预计未来现金流量现值，以及相关的定量分析和结论。

九、衔接规定

企业首次执行非货币性资产交换准则的，应当自首次执行日起采用未来适用法。首次执行日之前发生的非货币性资产交换不应追溯调整；首次执行日及以后发生的非货币性资产交换，企业应当按照本章进行会计处理。

第九章 资产减值

一、总体要求

《企业会计准则第 8 号——资产减值》（以下简称资产减值准则）规范了资产减值损失的确认、计量和相关信息的列报。资产是指企业过去的交易或者事项形成的、由企业拥有或者控制的、预期会给企业带来经济利益的资源。资产的主要特征之一是它必须能够为企业带来经济利益的流入，如果资产不能够为企业带来经济利益或者带来的经济利益低于其账面价值，那么该资产就不能再予确认，或者不能再以原账面价值予以确认，否则将不符合资产的定义，也无法反映资产的实际价值，其结果会导致企业资产虚增和利润虚增。因此，当企业资产的可收回金额低于其账面价值时，即表明资产发生了减值，企业应当确认资产减值损失，并把资产的账面价值减记至可收回金额。

企业所有的资产在发生减值时，原则上都应当及时加以确认和计量。但是由于有关资产特性不同，其减值会计处理也有所差别，因而所适用的具体准则不尽相同。对于适用于本章进行减值会计处理的资产，企业应当在资产负债表日判断资产是否存在可能发生减值的迹象，存在减值迹象的，应当合理确定关键参数，估计可收回金额，充分、及时计提减值并披露与减值相关的重要信息；但是，因企业合并所形成的商誉和使用寿命不确定的无形资产，无论是否存在减值迹象，每年都应当进行减值测试。

二、适用范围

本章主要规范了企业下列非流动资产的减值会计问题：（1）对子公司、联营企业和合营企业的长期股权投资；（2）采用成本模式进行后续计量的投资性房地产；（3）固定资产；（4）生产性生物资产；（5）无形资产；（6）商誉；（7）使用权资产；（8）探明石油天然气矿区权益和井及相关设施等。

下列各项不纳入资产减值准则的范围：（1）存货的减值，按照第二章存货进行会计处理；（2）采用公允价值模式后续计量的投资性房地产的减值，按照第四章投资性房地产进行会计处理；（3）消耗性生物资产的减值，按照第六章生物资产进行会计处理；（4）递延所得税资产的减值，按照第十八章所得税进行会计处理；（5）合同资产、出租人的租赁应收款、第二十二章金融工具确认和计量规范的金融资产的减值，按照第二十二章金融工具确认和计量等进行会计处理；（6）未探明石油天然气矿区权益的减值，按照第二十八章石油天然气开采进行会计处理；（7）划分为持有待售的非流动资产的减值，按照第四十二章持有待售的非流动资产、处置组和终止经营进行会计处理。

三、应设置的相关会计科目和主要账务处理

企业对资产减值的会计处理，一般需要设置下列会计科目。

（一）“资产减值损失”

1. 本科目核算企业固定资产、在建工程、投资性房地产、无形资产、商誉、长期股权投资、生产性生物资产、使用权资产、石油天然气矿区权益和井及相关设施等资产计提各项资产减值准备所形成的损失。

2. 本科目可按资产减值损失的项目进行明细核算。

3. 资产减值损失的主要账务处理。

上述资产发生减值的，按应减记的金额，借记本科目，贷记“固定资产减值准备”、“在建工程减值准备”、“投资性房地产减值准备”、“无形资产减值准备”、“商誉减值准备”、“长期股权投资减值准备”、“生产性生物资产减值准备”、“使用权资产减值准备”、“油气资产减值准备”等科目。

4. 期末，应将本科目余额转入“本年利润”科目，结转后本科目无余额。

（二）“固定资产减值准备”

1. 本科目核算企业固定资产的减值准备。

在建工程发生减值的，可以单独设置“在建工程减值准备”科目，比照“固定资产减值准备”科目进行处理。

采用成本模式计量的投资性房地产发生减值的，可以单独设置“投资性房地产减值准备”科目，比照“固定资产减值准备”科目进行处理。

生产性生物资产发生减值的，可以单独设置“生产性生物资产减值准备”科目，比照“固定资产减值准备”科目进行处理。

石油天然气矿区权益和井及相关设施发生减值的，可以单独设置“油气资产减值准备”科目，比照“固定资产减值准备”科目进行处理。

2. 本科目可按固定资产项目进行明细核算。

3. 固定资产减值准备的主要账务处理。

资产负债表日，固定资产发生减值的，按应减记的金额，借记“资产减值损失”科目，贷记本科目。处置固定资产还应同时结转减值准备。

4. 本科目期末贷方余额，反映企业已计提但尚未转销的固定资产减值准备。

（三）“无形资产减值准备”

1. 本科目核算企业无形资产的减值准备。

2. 本科目可按无形资产项目进行明细核算。

3. 无形资产减值准备的主要账务处理。

资产负债表日，无形资产发生减值的，按应减记的金额，借记“资产减值损失”科目，贷记本科目。处置无形资产还应同时结转减值准备。

4. 本科目期末贷方余额，反映企业已计提但尚未转销的无形资产减值准备。

（四）“商誉减值准备”

1. 本科目核算企业商誉的减值准备。

2. 本科目可按分摊商誉的相关资产组或资产组组合进行明细核算。

3. 商誉减值准备的主要账务处理。

资产负债表日及发生商誉减值迹象时，企业根据本章确定商誉发生减值的，按应减记的金额，借记“资产减值损失”科目，贷记本科目。处置分摊商誉的相关资产组或资产组组合时，还应同时结转商誉减值准备。

4. 本科目期末贷方余额，反映企业已计提但尚未转销的商誉减值准备。

（五）“长期股权投资减值准备”

1. 本科目核算企业长期股权投资的减值准备。

2. 本科目可按被投资单位进行明细核算。

3. 长期股权投资减值准备的主要账务处理。

资产负债表日，长期股权投资发生减值的，按应减记的金额，借记“资产减值损失”科目，贷记本科目。处置长期股权投资时，应同时结转已计提的长期股权投资减值准备。

4. 本科目期末贷方余额，反映企业已计提但尚未转销的长期股权投资减值准备。

（六）"使用权资产减值准备"

1. 本科目核算使用权资产的减值准备。

2. 本科目可按租赁资产的类别和项目进行明细核算。

3. 使用权资产减值准备的主要账务处理。

（1）使用权资产发生减值的，按应减记的金额，借记"资产减值损失"科目，贷记本科目。

（2）因租赁范围缩小、租赁期缩短或转租等原因减记或终止确认使用权资产时，承租人应同时结转相应的使用权资产累计减值准备。

4. 本科目期末贷方余额，反映使用权资产的累计减值准备金额。

四、可能发生减值资产的认定

企业应当在资产负债表日判断资产是否存在可能发生减值的迹象，主要可从外部信息来源和内部信息来源两方面加以判断：

1. 从企业外部信息来源来看，如果出现了资产的市价在当期大幅度下跌，其跌幅明显高于因时间的推移或者正常使用而预计的下跌；企业经营所处的经济、技术或者法律等环境以及资产所处的市场在当期或者将在近期发生重大变化，从而对企业产生不利影响；市场利率或者其他市场投资报酬率在当期已经提高，从而影响企业计算资产预计未来现金流量现值的折现率，导致资产可收回金额大幅度降低；企业所有者权益的账面价值远高于其市值等，均属于资产可能发生减值的迹象。

2. 从企业内部信息来源来看，如果有证据表明资产已经陈旧过时或者其实体已经损坏；资产已经或者将被闲置、终止使用或者计划提前处置；企业内部报告的证据表明资产的经济绩效已经低于或者将低于预期，如资产所创造的净现金流量或者实现的营业利润远远低于原来的预算或者预计金额、资产发生的营业损失远远高于原来的预算或者预计金额、资产在建造或者收购时所需的现金支出远远高于最初的预算、资产在经营或者维护中所需的现金支出远远高于最初的预算等，均属于资产可能发生减值的迹象。

上述列举的资产减值迹象并不能穷尽所有的减值迹象，企业应当根据实际情况来认定资产可能发生减值的迹象。有确凿证据表明资产存在减值迹象的，应当在资产负债表日进行减值测试，估计资产的可收回金额。资产存在减值迹象是资产是否需要进行减值测试的必要前提，但是以下资产除外，即因企业合并形成的商誉和使用寿命不确定的无形资产，根据第二十章企业合并和第七章无形资产的规定，因企业合并所形成的商誉和使用寿命不确定的无形资产在后续计量中不再进行摊销，但是考虑到这两类资产的价值和产生的未来经济利益有较大的不确定性，为了避免资产价值高估，及时确认商誉和使用寿命不确定的无形资产的减值损失，如实反映企业财务状况和经营成果，对于这些资产，企业至少应当于每年年度终了进行减值测试。另外，对于尚未达到预定用途的无形资产，由于其价值通常具有较大的不确定性，也应当每年进行减值测试。

五、资产可收回金额的计量

（一）估计资产可收回金额的基本方法

资产存在减值迹象的，应当估计其可收回金额，然后将所估计的资产可收回金额与其账面价值相比较，以确定资产是否发生了减值，以及是否需要计提资产减值准备并确认相应的减值损失。在估计资产可收回金额时，原则上应当以单项资产为基础，企业难以对单项资产的可收回金额进行估计的，应当以该资产所属的资产组为基础确定资产组的可收回金额。有关资产组的认定及其减值处理将在本章“七、资产组的认定及减值处理”中阐述。

资产可收回金额的估计，应当根据其公允价值减去处置费用后的净额与资产预计未来现金流量的现值两者之间较高者确定。例如，对于采用权益法核算的长期股权投资，当被投资单位股价出现明显下跌且远低于被投资单位净资产的账面价值时，通常表明投资方持有的长期股权投资存在减值迹象，在对该项长期股权投资估计可收回金额时，应当根据该项长期股权投资的公允价值减去处置费用后的净额与该项长期股权投资预计未来现金流量的现值两者之间较高者确定。

因此，要估计资产的可收回金额，通常需要同时估计该资产的公允价值减去处置费用后的净额和资产预计未来现金流量的现值，但是，在下列情况下，可以有例外或者做特殊考虑：

1. 资产的公允价值减去处置费用后的净额与资产预计未来现金流量的现值，只要有一项超过了资产的账面价值，就表明资产没有发生减值，不需再估计另一项金额。

2. 没有确凿证据或者理由表明，资产预计未来现金流量现值显著高于其公允价值减去处置费用后的净额的，可以将资产的公允价值减去处置费用后的净额视为资产的可收回金额。企业所持有的待处置资产往往属于这种情况，即该资产在持有期间（处置之前）所产生的现金流量可能很少，其最终取得的未来现金流量往往就是资产的处置净收入，在这种情况下，以资产公允价值减去处置费用后的净额作为其可收回金额是适宜的，因为该类资产的未来现金流量现值通常不会显著高于其公允价值减去处置费用后的净额。

3. 资产的公允价值减去处置费用后的净额如果无法可靠估计的，应当以该资产预计未来现金流量的现值作为其可收回金额。

（二）资产的公允价值减去处置费用后的净额的估计

资产的公允价值减去处置费用后的净额，通常反映的是资产如果被出售或者处置时可以收回的净现金收入。其中，资产的公允价值是指市场参与者在计量日发生的有序交易中，出售一项资产所能收到的价格；处置费用是指可以直接归属于资产处置的增量成本，包括与资产处置有关的法律费用、相关税费、搬运费以及为使资产达到可销售状态所发生的直接费用等，但是财务费用和所得税费用不包括在内。

对于资产的公允价值，企业应当按照第三十九章公允价值计量进行估计，并在此基础上减去相关处置费用，以确定资产的公允价值减去处置费用后的净额。如确实无法可靠估计资产的公允价值减去处置费用后的净额的，应当以该资产预计未来现金流量的现值作为其可收回金额。

（三）资产预计未来现金流量的现值的估计

资产预计未来现金流量的现值，应当按照资产在持续使用过程中和最终处置时所产生的预计未来现金流量，选择恰当的折现率对其进行折现后的金额加以确定。

预计资产未来现金流量现值应当综合考虑下列因素：（1）企业预计从资产中获取的未来现金流量（在复杂情况下，可能是一组未来现金流量）的估计；（2）上述现金流量金额或时间的可能变化的预计；（3）反映现行市场无风险利率的货币时间价值；（4）资产内在不确定性的定价；（5）市场参与者将反映在其对企业从资产中获取的未来现金流量的定价中的其他因素（比如非流动性因素）。

需要说明的是，企业估计未来现金流量和利率的技术可能依据资产所处情形或者环境有所不同，但是，企业在应用现值技术计量资产价值时一般应遵循下列要求：（1）用于折现未来现金流量的利率的确定方式应当反映与内含在预计现金流量中的假设相一致的假设；（2）预计现金流量和折现率应当是无偏的，不应当考虑与资产无关的因素；（3）预计现金流量和折现率应当反映可能结果的范围。

根据上述因素和要求，企业在预计资产未来现金流量现值时，主要涉及三个方面：（1）资产的预计未来现金流量；（2）资产的使用寿命；（3）折现率。其中，资产使用寿命的预计与第五章固定资产、第七章无形资产等相关内容中的使用寿命预计方法相同。下面重点阐述资产未来现金流量和折现率的预计方法。

1. 资产未来现金流量的预计。

（1）预计资产未来现金流量的基础。

为了估计资产未来现金流量的现值，需要首先预计资产的未来现金流量，为此，企业管理层应当在合理和有依据的基础上对资产剩余使用寿命内整个经济状况进行最佳估计，并将对资产未来现金流量的预计建立在经企业管理层批准的最近财务预算或者预测数据之上。但是，出于数据可靠性和便于操作等方面的考虑，建立在该预算或者预测基础上的预计现金流量最多涵盖5年，企业管理层如能证明更长的期间是合理的，可以涵盖更长的期间。

如果资产未来现金流量的预计还包括最近财务预算或者预测期之后的现金流量，企业应当以该预算或者预测期之后年份稳定的或者递减的增长率为基础进行估计。但是，企业管理层如能证明递增的增长率是合理的，可以以递增的增长率为基础进行估计。所使用的增长率除了企业能够证明更高的增长率是合理的之外，不应当超过企业经营的产品、市场、所处的行业或者所在国家或者地区的长期平均增长率，或者该资产所处市场的长期平均增长率。在恰当、合理的情况下，该增长率可以是零或者负数。

由于经济环境随时都在变化，资产的实际现金流量往往会与预计数有出入，而且预计资产未来现金流量时的假设也有可能发生变化，企业管理层在每次预计资产未来现金流量时，应当首先分析以前期间现金流量预计数与现金流量实际数出现差异的情况，以评判当期现金流量预计所依据的假设的合理性。通常情况下，企业管理层应当确保当期现金流量预计所依据的假设与前期实际结果相一致。

（2）预计资产未来现金流量应当包括的内容。

①资产持续使用过程中预计产生的现金流入。

②为实现资产持续使用过程中产生的现金流入所必需的预计现金流出（包括为使资产达到预定可使用状态所发生的现金流出）。该现金流出应当是可直接归属于或者可通过合理和一致的基础分配到资产中的现金流出，后者通常是

指那些与资产直接相关的间接费用。

对于在建工程、开发过程中的无形资产等，企业在预计其未来现金流量时，应当包括预期为使该类资产达到预定可使用（或者可销售）状态而发生的全部现金流出数。

③资产使用寿命结束时，处置资产所收到或者支付的净现金流量。该现金流量应当是在公平交易中，熟悉情况的交易双方自愿进行交易时，企业预期可从资产的处置中获取或者支付的、减去预计处置费用后的金额。

（3）预计资产未来现金流量应当考虑的因素。

①以资产的当前状况为基础预计资产未来现金流量。

企业资产在使用过程中有时会因为改良、重组等原因而发生变化，在预计资产未来现金流量时，企业应当以资产的当前状况为基础，不应当包括与将来可能会发生的、尚未作出承诺的重组事项或者与资产改良有关的预计未来现金流量。

企业已经承诺重组的，在确定资产的未来现金流量的现值时，预计的未来现金流入和流出数，应当反映重组所能节约的费用和由重组所带来的其他利益，以及因重组所导致的估计未来现金流出数。其中，重组所能节约的费用和由重组所带来的其他利益，通常应当根据企业管理层批准的最近财务预算或者预测数据进行估计；因重组所导致的估计未来现金流出数应当根据第十四章或有事项的相关内容所确认的因重组所发生的预计负债金额进行估计。

企业未来发生的现金流出如果是为了维持资产正常运转或者资产正常产出水平而必要的支出或者属于资产维护支出，应当在预计资产未来现金流量时将其考虑在内。

②预计资产未来现金流量不应当包括筹资活动和所得税收付产生的现金流量。

企业预计的资产未来现金流量，不应当包括筹资活动产生的现金流入或者流出以及与所得税收付有关的现金流量。其原因：一是筹资活动与企业经营活动性质不同，其产生的现金流量不应纳入资产预计现金流量，而且所筹集资金的货币时间价值已经通过折现因素予以考虑，所以与筹资成本有关的现金流出也不应包括在预计的资产未来现金流量中；二是折现率要求是以税前基础计算确定的，因此，现金流量的预计也必须建立在税前基础之上，这样可以有效避免在资产未来现金流量现值的计算过程中可能出现的重复计算等问题，以保证现值计算的正确性。

③对通货膨胀因素的考虑应当与折现率相一致。

企业在预计资产未来现金流量和折现率时，考虑因一般通货膨胀而导致物价上涨的因素，应当采用一致的基础。如果折现率考虑了因一般通货膨胀而导致的物价上涨影响因素，资产预计未来现金流量也应予以考虑；反之，如果折现率没有考虑因一般通货膨胀而导致的物价上涨影响因素，资产预计未来现金流量也应当剔除这一影响因素。总之，在考虑通货膨胀因素的问题上，资产未来现金流量的预计和折现率的预计，应当保持一致。

④内部转移价格应当予以调整。

在一些企业集团里，出于集团整体战略发展的考虑，某些资产生产的产品或者其他产出可能是供其集团内部其他企业使用或者对外销售的，所确定的交易价格或者结算价格基于内部转移价格，而内部转移价格很可能与市场交易价格不同，在这种情况下，为了如实测算企业资产的价值，就不应当简单地以内部转移价格为基础预计资产未来现金流量，而应当采用在公平交易中能够达成最佳的未来市场价格估计数进行预计。

（4）预计资产未来现金流量的方法。

预计资产未来现金流量时，通常根据资产未来每期最有可能产生的现金流量进行预测。这种方法通常叫做传统法，它使用单一的未来每期预计现金流量和单一的折现率计算资产未来现金流量的现值。

【例9－1】甲企业拥有A固定资产，该固定资产剩余使用年限为3年，企业根据财务预算预计未来3年内，该资产每年可为企业产生的净现金流量分别为：第1年100万元，第2年50万元，第3年10万元。该现金流量通常即为最有可能产生的现金流量，企业应以该现金流量的预计数为基础计算A固定资产未来现金流量的现值。

在实务中，有时影响资产未来现金流量的因素较多，情况较为复杂，具有很大的不确定性，使用单一的现金流量可能并不会如实地反映资产创造现金流量的实际情况。这样，企业应当采用期望现金流量法预计资产未来现金流量。

【例9－2】沿用〖例9－1〗，假定利用A固定资产生产的产品受市场行情波动影响大，企业预计未来3年每年的现金流量情况如表9－1所示。

表 9 – 1 单位：万元

年度	产品行情好（30% 的可能性）	产品行情一般（60% 的可能性）	产品行情差（10% 的可能性）
第 1 年	150	100	50
第 2 年	80	50	20
第 3 年	20	10	0

在本例中，采用期望现金流量法比传统法更为合理。在期望现金流量法下，资产未来现金流量应当根据每期现金流量期望值进行预计，每期现金流量期望值按照各种可能情况下的现金流量与其发生概率加权计算。按照表 9 – 1 提供的情况，企业应当计算资产每年的预计未来现金流量如下：

第 1 年的预计现金流量（期望现金流量）= 150 × 30% + 100 × 60% + 50 × 10% = 110（万元）

第 2 年的预计现金流量（期望现金流量）= 80 × 30% + 50 × 60% + 20 × 10% = 56（万元）

第 3 年的预计现金流量（期望现金流量）= 20 × 30% + 10 × 60% + 0 × 10% = 12（万元）

企业在预计资产未来现金流量的现值时，如果资产未来现金流量的发生时间不确定，企业应当根据资产在每一种可能情况下的现值及其发生概率直接加权计算资产未来现金流量的现值。

2. 折现率的预计。

为了资产减值测试的目的，计算资产未来现金流量现值时所使用的折现率应当是反映当前市场货币时间价值和资产特定风险的税前利率。该折现率是企业在购置或者投资资产时所要求的必要报酬率。需要说明的是，如果在预计资产的未来现金流量时已经对资产特定风险的影响作了调整的，折现率的估计不需要考虑这些特定风险。如果用于估计折现率的基础是税后的，应当将其调整为税前的折现率，以便于与资产未来现金流量的估计基础相一致。

企业在确定折现率时，应当首先以该资产的市场利率为依据。如果该资产的利率无法从市场获得的，可以使用替代利率估计。在估计替代利率时，企业应当充分考虑资产剩余寿命期间的货币时间价值和其他相关因素，比如资产未来现金流量金额及其时间的预计离散程度、资产内在不确定性的定价等，如果资产预计未来现金流量已经对这些因素作了有关调整的，应当予以剔除。

替代利率在估计时，可以根据企业加权平均资金成本、增量借款利率或者其他相关市场借款利率作适当调整后确定。调整时，应当考虑与资产预计现金流量有关的特定风险以及其他有关政治风险、货币风险和价格风险等。

企业在估计资产未来现金流量现值时，通常应当使用单一的折现率。但是，如果资产未来现金流量的现值对未来不同期间的风险差异或者利率的期间结构反应敏感的，企业应当在未来各不同期间采用不同的折现率。

3. 资产未来现金流量现值的预计。

在预计资产未来现金流量和折现率的基础之上，资产未来现金流量的现值只需将该资产的预计未来现金流量按照预计的折现率在预计期限内加以折现即可确定。其计算公式如下：

$$\text{资产未来现金流量的现值（PV）} = \sum \frac{\text{第 t 年预计资产未来现金流量（}NCF_t\text{）}}{(1+\text{折现率 }R)^t}$$

【例9－3】 甲航运公司于2×20年末对一艘远洋运输船舶进行减值测试。该船舶账面价值为1.6亿元，预计尚可使用年限为8年。

该船舶的公允价值减去处置费用后的净额难以确定，因此，企业需要通过计算其未来现金流量的现值确定资产的可收回金额。假定公司当初购置该船舶用的资金是银行长期借款资金，借款年利率为6%，公司认为6%是该资产的最低必要报酬率，已考虑了与该资产有关的货币时间价值和特定风险。因此在计算其未来现金流量现值时，使用6%作为其折现率（税前）。

公司管理层批准的财务预算显示：公司将于2×25年更新船舶的发动机系统，预计为此发生资本性支出1 500万元，这一支出将降低船舶运输油耗、提高使用效率等，因此将提高资产的运营绩效。

为了计算该船舶在2×20年末未来现金流量的现值，公司首先必须预计其未来现金流量。假定公司管理层批准的2×20年末的该船舶预计未来现金流量如表9－2所示。

表9－2　　单位：万元

年度	预计未来现金流量（不包括改良的影响金额）	预计未来现金流量（包括改良的影响金额）
2×21	2 500	
2×22	2 460	
2×23	2 380	

续表

年度	预计未来现金流量（不包括改良的影响金额）	预计未来现金流量（包括改良的影响金额）
2×24	2 360	
2×25	2 390	
2×26	2 470	3 290
2×27	2 500	3 280
2×28	2 510	3 300

在2×20年末预计资产未来现金流量时，甲公司应当以资产当时的状况为基础，不应考虑与该资产改良有关的预计未来现金流量，因此，尽管2×25年船舶的发动机系统将进行更新以改良资产绩效，提高资产未来现金流量，但是在2×20年末对其进行减值测试时，则不应将其包括在内。即在2×20年末计算该资产未来现金流量的现值时，应当以不包括资产改良影响金额的未来现金流量为基础加以计算。具体如表9－3所示。

表9－3 金额单位：万元

年度	预计未来现金流量（不包括改良的影响金额）	以折现率为6%的折现系数	预计未来现金流量的现值
2×21	2 500	0.9434	2 359
2×22	2 460	0.8900	2 189
2×23	2 380	0.8396	1 998
2×24	2 360	0.7921	1 869
2×25	2 390	0.7473	1 786
2×26	2 470	0.7050	1 741
2×27	2 500	0.6651	1 663
2×28	2 510	0.6274	1 575
合计	—	—	15 180

注：表9－3中的各现值为相应年度的预计未来现金流量乘以折现系数，四舍五入后取整数。例如，在第1年的预计未来现金流量现值的计算过程为：2 500×0.9434≈2 359万元。

由于在2×20年末，该船舶的账面价值（尚未确认减值损失）为16 000

万元，而其可收回金额为 15 180 万元，账面价值高于其可收回金额，因此，应当确认减值损失，并计提相应的资产减值准备。

应确认的减值损失 = 16 000 - 15 180 = 820（万元）

假定在 2×21 年至 2×24 年间该船舶没有发生进一步减值的迹象，因此，不必再进行减值测试，无需计算其可收回金额。2×25 年发生了 1 500 万元的资本性支出，改良了资产绩效，导致其未来现金流量增加，但由于不允许将以前期间已经确认的资产减值损失予以转回，因此，在这种情况下，也不必计算其可收回金额。

4. 外币未来现金流量及其现值的预计。

随着我国企业日益融入世界经济体系和国际贸易的大幅度增加，企业使用资产所收到的未来现金流量有可能为外币，在这种情况下，企业应当按照下列顺序确定资产未来现金流量的现值：

首先，应当以该资产所产生的未来现金流量的结算货币为基础预计其未来现金流量，并按照该货币适用的折现率计算资产的现值。

然后，将该外币现值按照计算资产未来现金流量现值当日的即期汇率进行折算，从而折现成按照记账本位币表示的资产未来现金流量的现值。

最后，在该现值基础上，将其与资产公允价值减去处置费用后的净额相比较，确定其可收回金额，根据可收回金额与资产账面价值相比较，确定是否需要确认减值损失以及确认多少减值损失。

六、资产减值损失的确认与计量

（一）资产减值损失确认与计量的一般原则

企业在对资产进行减值测试并计算资产可收回金额后，如果资产的可收回金额低于其账面价值的，应当将资产的账面价值减记至可收回金额，减记的金额确认为资产减值损失，计入当期损益，同时计提相应的资产减值准备。企业当期确认的资产减值损失应当反映在其利润表中，而计提的资产减值准备应当作为相关资产的备抵项目，反映在资产负债表中，从而夯实企业资产价值，避免利润虚增，如实反映企业的财务状况和经营成果。

资产减值损失确认后，减值资产的折旧或者摊销费用应当在未来期间作相应调整，以使该资产在剩余使用寿命内，系统地分摊调整后的资产账面价值（扣除预计净残值）。比如，固定资产计提了减值准备后，固定资产账面价值将根据计提的减值准备相应抵减，固定资产在未来计提折旧时，应当按照当期计提减值准备后的新的固定资产账面价值为基础计提未来每期折旧。

考虑到固定资产、无形资产、商誉等资产发生减值后，一方面价值回升的可能性比较小，通常属于永久性减值；另一方面从会计信息谨慎性要求考虑，为了避免确认资产重估增值和操纵利润，资产减值损失一经确认，在以后会计期间不得转回。以前期间计提的资产减值准备，在资产处置、出售、对外投资、以非货币性资产交换方式换出、在债务重组中抵偿债务等时，才可予以转出。

（二）资产减值损失的账务处理

为了正确核算企业确认的资产减值损失和计提的资产减值准备，企业应当设置“资产减值损失”科目，反映各类资产在当期确认的资产减值损失金额；同时，设置“固定资产减值准备”、“在建工程减值准备”、“投资性房地产减值准备”、“无形资产减值准备”、“商誉减值准备”、“长期股权投资减值准备”、“生产性生物资产减值准备”、“使用权资产减值准备”、“油气资产减值准备”等科目。有关账务处理见本章“三、应设置的相关会计科目和主要账务处理”。

【例9－4】 沿用〖例9－3〗，根据测试和计算结果，甲航运公司应确认的船舶减值损失为820万元，账务处理如下：

借：资产减值损失——固定资产减值损失　　　　8 200 000

　　贷：固定资产减值准备　　　　　　　　　　　8 200 000

计提资产减值准备后，该船舶的账面价值变为15 180万元，在其剩余使用寿命内，公司应当以此为基础计提折旧。如果发生进一步减值的，再作进一步的减值测试。

七、资产组的认定及减值处理

（一）资产组的认定

如果有迹象表明一项资产可能发生减值的，企业应当以单项资产为基础估计其可收回金额。在企业难以对单项资产的可收回金额进行估计的情况下，应当以该资产所属的资产组为基础确定资产组的可收回金额。

1. 资产组的概念。

资产组是企业可以认定的最小资产组合，其产生的现金流入应当基本上独立于其他资产或者资产组。资产组应当由与创造现金流入相关的资产构成。

2. 认定资产组应当考虑的因素。

（1）资产组的认定，应当以资产组产生的主要现金流入是否独立于其他资产或者资产组的现金流入为依据。因此，资产组能否独立产生现金流入是认定资产组的最关键因素。比如，企业的某一生产线、营业网点、业务部门等，如果能够独立于其他部门或者单位等创造收入、产生现金流，或者其创造的收入和现金流入绝大部分独立于其他部门或者单位的，并且属于可认定的最小的资产组合的，通常应将该生产线、营业网点、业务部门等认定为一个资产组。

【例9-5】某矿业公司拥有一个煤矿，与煤矿的生产和运输相配套，建有一条专用铁路。该铁路除非报废出售，其在持续使用中，难以脱离煤矿相关的其他资产而产生单独的现金流入，因此，企业难以对专用铁路的可收回金额进行单独估计，专用铁路和煤矿其他相关资产必须结合在一起，成为一个资产组，以估计该资产组的可收回金额。

在资产组的认定中，企业几项资产的组合生产的产品（或者其他产出）存在活跃市场的，无论这些产品或者其他产出是用于对外出售还是仅供企业内部使用，均表明这几项资产的组合能够独立创造现金流入，在符合其他相关条件的情况下，应当将这些资产的组合认定为资产组。

【例9-6】甲企业生产某单一产品，并且只拥有A、B、C三家工厂。三家工厂分别位于三个不同的国家，而三个国家又位于三个不同的洲。工厂A生产一种组件，由工厂B或者C进行组装，最终产品由B或者C销往世界各地，工厂B的产品可以在本地销售，也可以在C所在洲销售（如果将产品从B运到C所在洲更加方便的话）。

工厂B和C的生产能力合在一起尚有剩余，并没有被完全利用。B和C生产能力的利用程度依赖于甲企业对于销售产品在两地之间的分配。下列分别认定与工厂A、B、C有关的资产组。

假定工厂A生产的产品（即组件）存在活跃市场，则工厂A很可能可以认定为一个单独的资产组，原因是它生产的产品尽管主要用于B或者C，但是，由于该产品存在活跃市场，可以带来独立的现金流量，因此，通常应当认定为一个单独的资产组。在确定其未来现金流量的现值时，甲企业应当调整其财务预算或预测，将未来现金流量的预计建立在公平交易的前提下工厂A生产产品的未来价格最佳估计数，而不是其内部转移价格。

对于工厂B和C而言，即使B和C组装的产品存在活跃市场，B和C的现金流入依赖于产品在两地之间的分配。工厂B和C的未来现金流入不可能单独地确定。因此，工厂B和C组合在一起是可以认定的、可产生基本上独立于其他资产或者资产组的现金流入的资产组合。工厂B和C应当认定为一个资产组。在确定该资产组未来现金流量的现值时，甲企业也应当调整其财务预算或预测，将未来现金流量的预计建立在公平交易的前提下，从工厂 A 所购入产品的未来价格的最佳估计数，而不是其内部转移价格。

【例 9－7】 沿用〖例 9－6〗，假定工厂 A 生产的产品不存在活跃市场。

在这种情况下，由于工厂 A 生产的产品不存在活跃市场，它的现金流入依赖于工厂 B 或者 C 生产的最终产品的销售，因此，工厂 A 很可能难以单独产生现金流入，其可收回金额很可能难以单独估计。

而对于工厂 B 和 C 而言，其生产的产品虽然存在活跃市场，但是，B 和 C 的现金流入依赖于产品在两个工厂之间的分配，B 和 C 在产能和销售上的管理是统一的，因此，工厂 B 和 C 也难以单独产生现金流量，因而也难以单独估计其可收回金额。

因此，只有 A、B、C 三个工厂组合在一起（即将甲企业作为一个整体）才很可能是一个可以认定的、能够基本上独立产生现金流入的最小的资产组合，从而将工厂 A、B、C 的组合认定为一个资产组。

（2）资产组的认定，应当考虑企业管理层对生产经营活动的管理或者监控方式（如是按照生产线、业务种类还是按照地区或者区域等）和对资产的持续使用或者处置的决策方式等。比如，企业各生产线都是独立生产、管理和监控的，那么各生产线很可能应当认定为单独的资产组；如果某些机器设备是相互关联、互相依存的，其使用和处置是一体化决策的，那么这些机器设备很可能应当认定为一个资产组。

3. 资产组认定后不得随意变更。

资产组一经确定后，在各个会计期间应当保持一致，不得随意变更。即资产组的各项资产构成通常不能随意变更。比如，甲设备在 2×22 年归属于 A 资产组，在无特殊情况下，该设备在 2×23 年仍然应当归属于 A 资产组，而不能随意将其变更至其他资产组。但是，如果由于企业重组、变更资产用途等原因，导致资产组构成确需变更的，企业可以进行变更，但企业管理层应当证明该变更是合理的，并应当在附注中作相应说明。

（二）资产组减值测试

资产组减值测试的原理和单项资产是一致的，即企业需要预计资产组的可收回金额和计算资产组的账面价值，并将两者进行比较，如果资产组的可收回金额低于其账面价值的，表明资产组发生了减值损失，应当予以确认。

1. 资产组账面价值和可收回金额的确定基础。

资产组账面价值的确定基础应当与其可收回金额的确定方式相一致。因为这样的比较才有意义，否则，如果两者在不同的基础上进行估计和比较，就难以正确估算资产组的减值损失。

资产组的可收回金额，应当按照该资产组的公允价值减去处置费用后的净额与其预计未来现金流量的现值两者之间较高者确定。

资产组的账面价值应当包括可直接归属于资产组并可以合理和一致地分摊至资产组的资产账面价值，通常不应当包括已确认负债的账面价值，但如不考虑该负债金额就无法确定资产组可收回金额的除外。这是因为在预计资产组的可收回金额时，既不包括与该资产组的资产无关的现金流量，也不包括与已在财务报表中确认的负债有关的现金流量。

资产组处置时如要求购买者承担一项负债（如环境恢复负债等）、该负债金额已经确认并计入相关资产账面价值，而且企业只能取得包括上述资产和负债在内的单一公允价值减去处置费用后的净额的，为了比较资产组的账面价值和可收回金额，在确定资产组的账面价值及其预计未来现金流量的现值时，应当将已确认的负债金额从中扣除。

【例9－8】乙公司在某山区经营一座有色金属矿山，根据规定公司在矿山完成开采后应当将该地区恢复原貌。恢复费用主要为山体表层复原费用（比如恢复植被等），因为山体表层必须在矿山开发前挖走。因此，乙公司在山体表层挖走后，确认了一项预计负债，并计入矿山成本，假定其金额为500万元。

2×22年12月31日，随着开采进展，乙公司发现矿山中的有色金属储量远低于预期，乙公司对该矿山进行了减值测试。考虑到矿山的现金流量状况，整座矿山被认定为一个资产组。该资产组在2×22年末的账面价值为1 000万元（包括确认的恢复山体原貌的预计负债）。

矿山（资产组）如于2×22年12月31日对外出售，买方愿意出价820万元（考虑了恢复山体原貌成本，即已经扣减这一成本因素），预计处置费用为20万元，因此，该矿山的公允价值减去处置费用后的净额为800万元。

矿山的预计未来现金流量的现值为1 200万元，不包括恢复费用。

为了比较资产组的账面价值和可收回金额，在确定资产组的账面价值及其预计未来现金流量的现值时，应当将已确认的负债金额从中扣除。

在本例中，资产组的公允价值减去处置费用后的净额为800万元，该金额已经考虑了恢复费用。该资产组预计未来现金流量的现值在考虑了恢复费用后为700万元（1 200－500）。因此，该资产组的可收回金额为800万元。资产组的账面价值在扣除了已确认的恢复原貌预计负债后的金额为500万元（1 000－500）。这样，资产组的可收回金额大于其账面价值，所以，资产组没有发生减值，不必确认减值损失。

2. 资产组减值的会计处理。

根据减值测试的结果，资产组（包括资产组组合，在后述有关总部资产或者商誉的减值测试时涉及）的可收回金额如低于其账面价值的，应当确认相应的减值损失。减值损失金额应当按照下列顺序进行分摊：

首先，抵减分摊至资产组中商誉的账面价值。

然后，根据资产组中除商誉之外的其他各项资产的账面价值所占比重，按比例抵减其他各项资产的账面价值。

以上资产账面价值的抵减，应当作为各单项资产（包括商誉）的减值损失处理，计入当期损益。抵减后的各资产的账面价值不得低于下列三者之中最高者：该资产的公允价值减去处置费用后的净额（如可确定的）、该资产预计未来现金流量的现值（如可确定的）和零。因此而导致的未能分摊的减值损失金额，应当按照相关资产组中其他各项资产的账面价值所占比重进行分摊。

【例9－9】丙公司有一条X生产线，该生产线生产某精密仪器，由A、B、C三部机器构成，成本分别为400 000元、600 000元和1 000 000元。使用年限为10年，净残值为零，以年限平均法计提折旧。各机器均无法单独产生现金流量，但整条生产线构成完整的产销单位，属于一个资产组。2×22年X生产线所生产的精密仪器有替代产品上市，到年底，导致公司精密仪器的销路锐减40%，因此，对X生产线进行减值测试。

2×22年12月31日，A、B、C三部机器的账面价值分别为200 000元、300 000元、500 000元。估计机器A的公允价值减去处置费用后的净额为150 000元，机器B、C都无法合理估计其公允价值减去处置费用后的净额以及未来现金流量的现值。

整条生产线预计尚可使用5年。经估计其未来5年的现金流量及其恰当的折现率后，得到该生产线预计未来现金流量的现值为600 000元。由于公司无法合理估计生产线的公允价值减去处置费用后的净额，公司以该生产线预计未来现金流量的现值为其可收回金额。

鉴于在2×22年12月31日，该生产线的账面价值为1 000 000元，而其可收回金额为600 000元，生产线的账面价值高于其可收回金额，因此，该生产线已经发生了减值，公司应当确认减值损失400 000元，并将该减值损失分摊到构成生产线的3部机器中。由于机器A的公允价值减去处置费用后的净额为150 000元，因此，机器A分摊了减值损失后的账面价值不应低于150 000元。具体分摊过程如表9-4所示。

表9-4 单位：元

	机器A	机器B	机器C	整个生产线（资产组）
账面价值	200 000	300 000	500 000	1 000 000
可收回金额				600 000
减值损失				400 000
减值损失分摊比率	20%	30%	50%	
分摊减值损失	50 000*	120 000	200 000	370 000
分摊后账面价值	150 000	180 000	300 000	
尚未分摊的减值损失				30 000
二次分摊比例		37.5%	62.5%	
二次分摊减值损失		11 250	18 750	30 000
二次分摊后应确认减值损失总额		131 250	218 750	400 000
二次分摊后账面价值	150 000	168 750	281 250	600 000

注：按照分摊比例，机器A应当分摊减值损失80 000元（400 000×20%），但由于机器A的公允价值减去处置费用后的净额为150 000元，因此，机器A最多只能确认减值损失50 000元（200 000-150 000），未能分摊的减值损失30 000元（80 000-50 000），应当在机器B和机器C之间进行再分摊。

根据上述计算和分摊结果，构成X生产线的机器A、机器B和机器C应当分别确认减值损失50 000元、131 250元和218 750元，账务处理如下：

借：资产减值损失——机器A　　50 000
　　　　　　　　——机器B　　131 250
　　　　　　　　——机器C　　218 750
　贷：固定资产减值准备——机器A　　50 000
　　　　　　　　　　　——机器B　　131 250
　　　　　　　　　　　——机器C　　218 750

（三）总部资产的减值测试

企业总部资产包括企业集团或其事业部的办公楼、电子数据处理设备、研发中心等资产。总部资产的显著特征是难以脱离其他资产或者资产组产生独立的现金流入，而且其账面价值难以完全归属于某一资产组。因此，总部资产通常难以单独进行减值测试，需要结合其他相关资产组或者资产组组合进行。资产组组合，是指由若干个资产组组成的最小资产组组合，包括资产组或者资产组组合，以及按合理方法分摊的总部资产部分。

在资产负债表日，如果有迹象表明某项总部资产可能发生减值的，企业应当计算确定该总部资产所归属的资产组或者资产组组合的可收回金额，然后将其与相应的账面价值相比较，据以判断是否需要确认减值损失。

企业对某一资产组进行减值测试时，应当先认定所有与该资产组相关的总部资产，再根据相关总部资产能否按照合理和一致的基础分摊至该资产组，分别下列情况处理：

1. 对于相关总部资产能够按照合理和一致的基础分摊至该资产组的部分，应当将该部分总部资产的账面价值分摊至该资产组，再据以比较该资产组的账面价值（包括已分摊的总部资产的账面价值部分）和可收回金额，并按照前述有关资产组减值测试的顺序和方法处理。

2. 对于相关总部资产中有部分资产难以按照合理和一致的基础分摊至该资产组的，应当按照下列步骤处理：首先，在不考虑相关总部资产的情况下，估计和比较资产组的账面价值和可收回金额，并按照前述有关资产组减值测试的顺序和方法处理。其次，认定由若干个资产组组成的最小的资产组组合，该资产组组合应当包括所测试的资产组与可以按照合理和一致的基础将该部分总部资产的账面价值分摊其上的部分。最后，比较所认定的资产组组合的账面价值（包括已分摊的总部资产的账面价值部分）和可收回金额，并按照前述有关资产组减值测试的顺序和方法处理。

【例9－10】丁公司系高科技企业，拥有A、B和C三个资产组，在2×22年末，这三个资产组的账面价值分别为400万元、600万元和800万元，没有商誉。这三个资产组为三条生产线，预计剩余使用寿命分别为10年、20年和20年，采用年限平均法计提折旧。由于丁公司的竞争对手通过技术创新推出了更高技术含量的产品，并且受到市场欢迎，从而对丁公司产品产生了重大不利影响，为此，丁公司于2×22年末对各资产组进行了减值测试。

在对资产组进行减值测试时，首先应当认定与其相关的总部资产。丁公司的经营管理活动由总部负责，总部资产包括一栋办公大楼和一个研发中心，其中，办公大楼的账面价值为300万元，研发中心的账面价值为100万元。办公大楼的账面价值可以在合理和一致的基础上分摊至各资产组，但是，研发中心的账面价值难以在合理和一致的基础上分摊至各相关资产组。对于办公大楼的账面价值，企业根据各资产组的账面价值和剩余使用寿命加权平均计算的账面价值分摊比例进行分摊，具体如表9－5所示。

表9－5 单位：万元

	资产组A	资产组B	资产组C	合计
各资产组账面价值	400	600	800	1 800
各资产组剩余使用寿命	10	20	20	
按剩余使用寿命计算的权重	1	2	2	
加权计算后的账面价值	400	1 200	1 600	3 200
办公大楼分摊比例（各资产组加权计算后的账面价值/各资产组加权计算后的账面价值合计）	12.5%	37.5%	50%	100%
办公大楼账面价值分摊到各资产组的金额	37.5	112.5	150	300
包括分摊的办公大楼账面价值部分的各资产组账面价值	437.5	712.5	950	2 100

丁公司随后应当确定各资产组的可收回金额，并将其与账面价值（包括已分摊的办公大楼的账面价值部分）相比较，以确定相应的减值损失。考虑到研发中心的账面价值难以按照合理和一致的基础分摊至资产组，因此，确定由A、B、C三个资产组组成最小资产组组合（即为整个丁公司），通过计算该资产组组合的可收回金额，并将其与账面价值（包括已分摊的办公大楼账面价值和研发中心的账面价值）相比较，以确定相应的减值损失。假定各资产组和资产组组合的公允价值减去处置费用后的净额难以确定，丁公司根据它们的预计未来现金流量的现值来计算其可收回金额，计算现值所用的折现率为6%，计算过程如表9－6所示。

表9－6 单位：万元

年份	资产组A		资产组B		资产组C		包括研发中心在内的最小资产组组合（丁公司）	
	未来现金流量	现值	未来现金流量	现值	未来现金流量	现值	未来现金流量	现值
1	36	34	18	17	20	19	78	74
2	62	55	32	28	40	36	144	128
3	74	62	48	40	68	57	210	176
4	84	67	58	46	88	70	256	203
5	94	70	64	48	102	76	286	214
6	104	73	66	47	112	79	310	219
7	110	73	67	45	120	80	324	215
8	110	69	70	44	126	79	332	208
9	106	63	70	41	130	77	334	198
10	96	54	70	39	132	74	338	189
11			72	38	132	70	264	139
12			70	35	132	66	262	130
13			70	33	132	62	262	123
14			66	29	130	57	256	113
15			60	25	123	51	244	102
16			52	20	120	47	230	91
17			44	16	114	42	216	80
18			36	13	103	36	194	68
19			28	9	86	28	170	56
20			21	7	70	22	142	44
现值合计		620		620		1 128		2 770

注：表9－6中的各现值为其对应资产在相应年度的预计未来现金流量乘以折现系数，四舍五入后取整数。例如，资产组A在第1年的预计未来现金流量现值的计算过程为：$36\times0.9434\approx34$（万元）。

根据上述资料，资产组A、B、C的可收回金额分别为620万元、620万元和1 128万元，相应的账面价值（包括分摊的办公大楼账面价值）分别为437.5万元、712.5万元和950万元，资产组B的可收回金额低于其账面价值，应当确认92.5万元(712.5-620)减值损失,并将该减值损失在办公大楼和资产组之间进行分摊。根据分摊结果,因资产组B发生减值损失92.5万元而导致办公大楼减值14.61万元(92.5×112.5÷712.5),导致资产组B中所包括资产发生减值77.89万元(92.5×600÷712.5)。

经过上述减值测试后,资产组A、B、C和办公大楼的账面价值分别为400万元、522.11万元(600-77.89)、800万元和285.39万元(300-14.61),研发中心的账面价值仍为100万元,由此包括研发中心在内的最小资产组组合(即丁公司)的账面价值总额为2 107.5万元(400+522.11+800+285.39+100),但其可收回金额为2 770万元,高于其账面价值,因此,企业不必再进一步确认减值损失。

八、商誉减值测试与处理

(一)商誉减值测试的基本要求

企业合并所形成的商誉,至少应当在每年年度终了进行减值测试。由于商誉难以独立产生现金流量,应当结合与其相关的资产组或者资产组组合进行减值测试。为了进行资产减值测试,因企业合并形成的商誉的账面价值,应当自购买日起按照合理的方法分摊至相关的资产组;难以分摊至相关的资产组的,应当将其分摊至相关的资产组组合。这些相关的资产组或者资产组组合应当是能够从企业合并的协同效应中受益的资产组或者资产组组合,应当代表企业基于内部管理目的对商誉进行监控的最低水平,但不应当大于按照第三十六章分部报告所确定的经营分部。企业在分摊商誉的账面价值时,应当依据相关的资产组或者资产组组合能够从企业合并的协同效应中获得的相对受益情况进行分摊,在此基础上进行商誉减值测试。

企业因重组等原因改变了其报告结构,从而影响到已分摊商誉的一个或者若干个资产组或者资产组组合构成的,应当按照合理的方法,将商誉重新分摊至受影响的资产组或者资产组组合。

(二)商誉减值测试的方法与会计处理

企业在对包含商誉的相关资产组或者资产组组合进行减值测试时,如与商誉相关的资产组或者资产组组合存在减值迹象的,应当按下列步骤处理:首先,对不包含商誉的资产组或者资产组组合进行减值测试,计算可收回金额,并与相关账面价值相比较,确认相应的减值损失;然后,再对包含商誉的资产组或者资产组组合进行减值测试,比较这些相关资产组或者资产组组合的账面价值（包括所分摊的商誉的账面价值部分）与其可收回金额，如相关资产组或者资产组组合的可收回金额低于其账面价值的，应当就其差额确认减值损失，减值损失金额应当首先抵减分摊至资产组或者资产组组合中商誉的账面价值；再根据资产组或者资产组组合中除商誉之外的其他各项资产的账面价值所占比重，按比例抵减其他各项资产的账面价值。

以上资产账面价值的抵减，都应当作为各单项资产（包括商誉）的减值损失处理，计入当期损益。抵减后的各资产的账面价值不得低于下列三者之中最高者：该资产的公允价值减去处置费用后的净额（如可确定的）、该资产预计未来现金流量的现值（如可确定的）和零。因此而导致的未能分摊的减值损失金额，应当按照相关资产组或者资产组组合中其他各项资产的账面价值所占比重进行分摊。

由于因企业合并所形成的商誉是母公司根据其在子公司所拥有的权益而确认的商誉，子公司中归属于少数股东的商誉并没有在合并财务报表中予以确认。因此，在对与商誉相关的资产组或者资产组组合进行减值测试时，由于其可收回金额的预计包括归属于少数股东的商誉价值部分，因此为了使减值测试建立在一致的基础上，企业应当调整资产组的账面价值，将归属于少数股东权益的商誉包括在内，然后根据调整后的资产组账面价值与其可收回金额进行比较，以确定资产组（包括商誉）是否发生了减值。

上述资产组如发生减值的，应当首先抵减商誉的账面价值，但由于根据上述方法计算的商誉减值损失包括了应由少数股东权益承担的部分，而少数股东权益拥有的商誉价值及其减值损失都不在合并财务报表中反映，合并财务报表只反映归属于母公司的商誉减值损失，因此，应当将商誉减值损失在可归属于母公司和少数股东权益部分之间按比例进行分摊，以确认归属于母公司的商誉减值损失。

【例9－11】甲企业在2×22年1月1日以1 600万元的价格收购了乙企业80%股权。在购买日，乙企业可辨认资产的公允价值为1 500万元，没有负债和或有负债。因此，甲企业在购买日编制的合并资产负债表中确认商誉400万元（1 600－1 500×80%）、乙企业可辨认净资产1 500万元和少数股东权益300万元（1 500×20%）。

假定乙企业的所有资产被认定为一个资产组，而且乙企业的所有可辨认净资产均未发生资产减值迹象，未进行过减值测试。由于该资产组包括商誉，因此，它至少应当于每年年度终了进行减值测试。

在2×22年末，甲企业确定该资产组的可收回金额为1 000万元，可辨认净资产的账面价值为1 350万元。由于乙企业作为一个单独的资产组的可收回金额1 000万元中，包括归属于少数股东权益在商誉价值中享有的部分，因此，出于减值测试的目的，在与资产组的可收回金额进行比较之前，必须对资产组的账面价值进行调整，使其包括归属于少数股东权益的商誉价值100万元［(1 600/80% －1 500)×20%］。然后再据以比较该资产组的账面价值和可收回金额，确定是否发生了减值损失。其测试过程如表9－7所示。

表9－7 单位：万元

2×22年末	商誉	可辨认资产	合计
账面价值	400	1 350	1 750
未确认归属于少数股东权益的商誉价值	100	—	100
调整后账面价值	500	1 350	1 850
可收回金额			1 000
减值损失			850

根据上述计算结果，资产组发生减值损失850万元，应当首先冲减商誉的账面价值，然后再将剩余部分分摊至资产组中的其他资产。在本例中，850万元减值损失中有500万元应当属于商誉减值损失，其中由于在合并财务报表中确认的商誉仅限于甲企业持有乙企业80%股权部分，因此，甲企业只需要在合并财务报表中确认归属于甲企业的商誉减值损失，即500万元商誉减值损失的80%，为400万元。剩余的350万元（850－500）减值损失应当冲减乙企业的可辨认资产的账面价值，作为乙企业可辨认资产的减值损失。减值损失的分摊过程如表9－8所示。

表9－8 单位：万元

2×22年末	商誉	可辨认资产	合计
账面价值	400	1 350	1 750
确认的减值损失	－400	－350	－750
确认减值损失后的账面价值	0	1 000	1 000

如果商誉已经分摊到某一资产组而且企业处置该资产组中的一项经营，与该

处置经营相关的商誉应当：（1）在确定处置损益时，将其包括在该经营的账面价值中；（2）按照该项处置经营和该资产组的剩余部分价值的比例为基础进行分摊，除非企业能够表明有其他更好的方法来反映与处置经营相关的商誉。

九、列示与披露

（一）列示

企业应当在利润表中单独列示"资产减值损失"项目，该项目应当根据"资产减值损失"科目的发生额分析填列。在资产负债表中，企业对固定资产、在建工程、投资性房地产、无形资产、商誉、长期股权投资、生产性生物资产、合同资产、使用权资产、石油天然气矿区权益和井及相关设施等计提的"固定资产减值准备"、"在建工程减值准备"、"投资性房地产减值准备"、"无形资产减值准备"、"商誉减值准备"、"长期股权投资减值准备"、"生产性生物资产减值准备"、"合同资产减值准备"、"使用权资产减值准备"、"油气资产减值准备"等减值准备，应当作为相应资产项目的备抵项，有关列示要求见各相关章。

（二）披露

1. 对于资产减值，企业应当在附注中披露与资产减值有关的下列信息：（1）当期确认的各项资产减值损失金额；（2）计提的各项资产减值准备累计金额；（3）提供分部报告信息的，应当披露每个报告分部当期确认的减值损失金额。其中前两项信息应当按照资产类别予以披露，资产类别应当以资产在企业生产经营活动中的性质或者功能是否相同或者相似为基础确定。

2. 企业发生重大资产减值损失的，应当在附注中披露下列相关信息：（1）导致每项重大资产减值损失的原因和当期确认的重大资产减值损失的金额。①如果发生重大减值损失的资产是单项资产的，应当披露该单项资产的性质，对于提供分部报告信息的，还应披露该项资产所属的报告分部。②如果发生重大减值损失的资产是资产组（或者资产组组合，下同）的，应当披露的信息包括：一是资产组的基本情况；二是资产组中所包括的各项资产于当期确认的减值损失金额，该信息应当按照资产类别予以披露，资产类别也应当以资产在企业生产经营活动中的性质或者功能是否相同或者相似为基础确定；三是资产组的组成与前期相比发生变化的，应当披露变化的原因以及前期和当期资产组组成情况。（2）资产（或者资产组，下同）可收回金额的确定方法：①可收回金额按资产的公允价值减去处置费用后的净额确定的，还应当披露公允价值减去处置费用后的净额的估计基础；②可收回金额按资产预计未来现金流量的现值确定的，还应当披露估计其现值时所采用的折现率，以及该资产前期可收回金额也按照其预计未来现金流量的现值确定的情况下，前期所采用的折现率。

3. 分摊到某资产组的商誉（或者使用寿命不确定的无形资产，下同）的账面价值占商誉账面价值总额的比例重大的，应当在附注中披露下列信息：（1）分摊到该资产组的商誉的账面价值。（2）该资产组可收回金额的确定方法，根据可收回金额确定方法的不同分别披露有关信息。①对于可收回金额按照资产组公允价值减去处置费用后的净额确定的，还应当披露确定公允价值减去处置费用后的净额的方法。资产组的公允价值减去处置费用后的净额不是按照市场价格确定的，应当披露企业管理层在确定公允价值减去处置费用后的净额时所采用的各关键假设及其依据，以及企业管理层在确定各关键假设相关的价值时，是否与企业历史经验或者外部信息来源相一致，如不一致，应当说明理由。②对于可收回金额按照资产组预计未来现金流量的现值确定的，应当披露：企业管理层预计未来现金流量的各关键假设及其依据；企业管理层在确定各关键假设相关的价值时，是否与企业历史经验或者外部信息来源相一致，如不一致，应当说明理由；以及估计现值时所采用的折现率。除此之外，还应当披露：（1）根据企业管理层批准的财务预算或预测所预计的未来现金流量的期间，如果该期间超过 5 年，应当说明理由；（2）用于外推超过最近预算或预测期间现金流量的预计增长率，以及使用任何超过企业经营的产品、市场、所处的行业或者所在国家或地区的长期平均增长率或者资产组（或资产组组合）所处市场的长期平均增长率的理由。

4. 商誉的全部或者部分账面价值分摊到多个资产组、且分摊到每个资产组的商誉的账面价值占商誉账面价值总额的比例不重大的，企业应当在附注中说明这一情况以及分摊到上述资产组的商誉合计金额。商誉账面价值按照相同的关键假设分摊到上述多个资产组、且分摊的商誉合计金额占商誉账面价值总额的比例重大的，企业应当在附注中说明这一情况，并披露下列信息：（1）分摊到上述资产组的商誉的账面价值合计；（2）采用的关键假设及其依据；（3）企业管理层在确定各关键假设相关的价值时，是否与企业历史经验或者外部信息来源相一致，如不一致，应当说明理由。

十、衔接规定

对于在首次执行日企业应确认的商誉，应当按照本章进行减值测试，发生减值的，应当以计提减值准备后的金额确认，并调整期初留存收益。除该资产外，其他资产按照本章应计提的减值准备与按原规定计提的减值准备存在差异的，均不作追溯调整。在首次执行日后，企业应当按照本章规定的原则和方法进行资产减值测试，确定资产减值金额，计提减值准备，并确认相应的减值损失。对于以前期间已确认的资产减值损失在首次执行日及其之后也均不得转回。

第十章 职工薪酬

一、总体要求

《企业会计准则第9号——职工薪酬》明确界定了职工和职工薪酬的含义，规范了职工薪酬的确认、计量和相关信息的披露要求，以真实、完整地反映企业发生的人工成本。

职工薪酬应当分类为短期薪酬、离职后福利、辞退福利和其他长期职工福利。企业应当严格按照本章的规定，根据职工薪酬的性质，对职工薪酬进行合理分类，作为职工薪酬会计处理的基础。

对于短期薪酬，企业应当在职工为其提供服务的会计期间，将实际发生的短期薪酬确认为负债，并计入当期损益或者相关资产成本。企业存在带薪缺勤的，应当将带薪缺勤分类为累积带薪缺勤和非累积带薪缺勤。对于累积带薪缺勤，企业应当在职工提供服务从而增加了其未来享有的带薪缺勤权利时，确认与累积带薪缺勤相关的职工薪酬，并以累积未行使权利而增加的预期支付金额计量。对于非累积带薪缺勤，企业应当在职工实际发生缺勤的会计期间确认与非累积带薪缺勤相关的职工薪酬。长期带薪缺勤则应当作为其他长期职工福利进行会计处理。

离职后福利计划分为设定提存计划和设定受益计划。对于设定提存计划，企业应当在职工为其提供服务的会计期间，根据设定提存计划计算的应缴存金额确认为负债，并计入当期损益或者相关资产成本。对于设定受益计划，企业应当根据预期累计福利单位法确定设定受益计划义务及相关义务的归属期间，在报告期末将设定受益计划所产生的服务成本、设定受益计划净负债或净资产的利息净额，计入当期损益或者相关资产成本；因重新计量设定受益计划净负债或净资产所产生的变动，应当计入其他综合收益，在后续会计期间不得转回至损益。

对于辞退福利，企业应当按照辞退计划条款的规定，合理预计和确认辞退福利产生的职工薪酬负债，并计入当期损益。

其他长期职工福利包括除短期薪酬、离职后福利和辞退福利以外的所有职工薪酬，具体包括长期带薪缺勤、长期残疾福利、长期利润分享计划（或长期奖金计划）等。企业对于符合设定提存计划条件的其他长期职工福利，应当适用离职后福利中设定提存计划的相关规定进行会计处理，对于其他情形，应当适用设定受益计划的相关规定进行会计处理，但是，重新计量其他长期职工福利净负债或者净资产所产生的变动，应当计入当期损益或者相关资产成本。

企业应当在财务报表附注中分别披露短期薪酬、离职后福利、辞退福利和其他长期职工福利相关信息，并在有关财务报表内予以恰当列示。

二、适用范围

企业应当遵循本章的要求对短期薪酬、离职后福利、辞退福利和其他长期职工福利等职工薪酬进行确认、计量和披露。

对于企业年金基金，企业应当按照第十一章企业年金基金进行会计处理。

对于企业向其职工发放的以股份为基础的支付，属于职工薪酬范畴，但其会计处理应当遵循第十二章股份支付的相关规定。

三、应设置的相关会计科目和主要账务处理

企业对职工薪酬进行会计处理，一般需要设置“应付职工薪酬”科目（以下简称本科目）。

1. 本科目核算企业根据有关规定应付给职工的各种薪酬。

2. 本科目可按“工资”、“职工福利”、“社会保险费”、“住房公积金”、“工会经费”、“职工教育经费”、“非货币性福利”、“累积带薪缺勤”、“利润分享计划”、“设定提存计划”、“设定受益计划”、“辞退福利”等进行明细核算。

3. 应付职工薪酬的主要账务处理。

（1）企业发生职工工资、津贴、补贴等短期薪酬时，应当根据职工提供服务情况和工资标准等计算应计入职工薪酬的金额，按照受益对象计入当期损益或相关资产成本，借记“生产成本”、“制造费用”、“管理费用”等科目，贷记本科目。实际发放时，借记本科目，贷记“银行存款”等科目。

（2）企业为职工缴纳医疗保险费等社会保险费和住房公积金时，应当根据规定的计提基础和计提比例计算确定相应的职工薪酬金额，按照受益对象计入当期损益或相关资产成本，借记“生产成本”、“制造费用”、“管理费用”

等科目，贷记本科目。实际支付时，借记本科目，贷记“银行存款”等科目。

（3）企业以自产产品或外购商品作为非货币性福利发放给职工的，应当按照该产品或商品的公允价值和相关税费确定职工薪酬金额，按照受益对象计入当期损益或相关资产成本，借记“生产成本”、“制造费用”、“管理费用”等科目，贷记本科目。实际发放时，借记本科目，贷记“主营业务收入”、“库存商品”、“应交税费——应交增值税”等科目。

（4）企业实施离职后福利计划的，应当区分设定提存计划和设定受益计划进行会计处理。对于设定提存计划，应当根据资产负债表日为换取职工在会计期间提供的服务而向单独主体缴存的提存金确认应付职工薪酬，并按照受益对象计入当期损益或相关资产成本，借记“生产成本”、“制造费用”、“管理费用”等科目，贷记本科目。对于设定受益计划，应当根据预期累计福利单位法确定设定受益计划所产生的义务及相关义务的归属期间，在资产负债表日将设定受益计划产生的服务成本（包括当期服务成本、过去服务成本和结算利得或损失）、设定受益计划净负债或净资产的利息净额（包括计划资产的利息收益、设定受益计划义务的利息费用以及资产上限影响的利息）计入当期损益或相关资产成本，借记“生产成本”、“制造费用”、“管理费用”、“财务费用”等科目，贷记本科目；重新计量设定受益计划净负债或净资产所产生的变动，应当计入其他综合收益，借记或贷记“其他综合收益”科目，贷记或借记本科目；设定受益计划终止时，应当在权益范围内将原计入其他综合收益的部分全部结转至未分配利润。

（5）企业向职工提供辞退福利的，应当在企业不能单方面撤回因解除劳动关系计划或裁减建议所提供的辞退福利与企业确认涉及支付辞退福利的重组相关的成本或费用孰早的时点，按照辞退计划条款的规定合理预计补偿金额，确认应付职工薪酬，并计入当期损益，借记“管理费用”等科目，贷记本科目。

4. 本科目期末贷方余额，反映企业应付未付的职工薪酬。

四、职工和职工薪酬的定义

（一）职工的定义

职工，是指与企业订立劳动合同的所有人员，含全职、兼职和临时职工，也包括虽未与企业订立劳动合同但由企业正式任命的人员。具体而言，职工至少应当包括：

1. 与企业订立劳动合同的所有人员，含全职、兼职和临时职工。按照我国《劳动法》和《劳动合同法》的规定，企业作为用人单位应当与劳动者订立劳动合同。与企业订立了固定期限、无固定期限和以完成一定工作作为期限的劳动合同的人员均属于职工。

2. 未与企业订立劳动合同但由企业正式任命的人员，如企业按照有关规定聘请的独立董事、外部监事等，虽然其未与企业订立劳动合同，但属于由企业正式任命的人员，也属于职工的范畴。

3. 在企业的计划和控制下，虽未与企业订立劳动合同或未由其正式任命，但向企业提供服务与职工所提供服务类似的人员，也属于职工的范畴，如通过企业与劳务中介公司签订用工合同而向企业提供服务的人员。

（二）职工薪酬的定义

职工薪酬，是指企业为获得职工提供的服务或解除劳动关系而给予的各种形式的报酬或补偿。企业提供给职工配偶、子女、受赡养人、已故员工遗属及其他受益人等的福利，也属于职工薪酬。

职工薪酬主要包括短期薪酬、离职后福利、辞退福利和其他长期职工福利。

1. 短期薪酬。

短期薪酬，是指企业在职工提供相关服务的年度报告期间结束后 12 个月内需要全部予以支付的职工薪酬，因解除与职工的劳动关系给予的补偿除外。因解除与职工的劳动关系给予的补偿属于辞退福利。

短期薪酬主要包括：

（1）职工工资、奖金、津贴和补贴，是指企业支付给职工的计时工资、计件工资、奖金等劳动报酬，为了补偿职工特殊或额外的劳动消耗和因其他特殊原因支付给职工的津贴，以及为了保证职工工资水平不受物价影响支付给职工的物价补贴等。其中，企业按照短期奖金计划向职工发放的奖金属于短期薪酬，按照长期奖金计划向职工发放的奖金属于其他长期职工福利。

（2）职工福利费，是指企业向职工提供的生活困难补助、丧葬补助费、抚恤费、职工异地安家费、防暑降温费等职工福利支出。

（3）医疗保险费、工伤保险费和生育保险费等社会保险费，是指企业按照国家规定的基准和比例计算，向社会保险经办机构缴存的医疗保险费、工伤保险费和生育保险费等。

（4）住房公积金，是指企业按照国家规定的基准和比例计算，向住房公积金管理机构缴存的住房公积金。

（5）工会经费和职工教育经费，是指企业为了改善职工文化生活、为职工学习先进技术和提高文化水平和业务素质，用于开展工会活动和职工教育及职业技能培训等相关支出。

（6）短期带薪缺勤，是指职工虽然缺勤但企业仍向其支付报酬的安排，包括年休假、病假、短期伤残、婚假、产假、丧假、探亲假等。长期带薪缺勤属于其他长期职工福利。

（7）短期利润分享计划，是指因职工提供服务而与职工达成的基于利润或其他经营成果提供薪酬的协议。长期利润分享计划属于其他长期职工福利。

（8）非货币性福利，是指企业以自产产品或外购商品作为福利发放给职工或者将自有资产或租赁资产无偿提供给职工使用等形式提供的福利。

（9）其他短期薪酬，是指除上述薪酬以外的其他为获得职工提供的服务而给予的短期薪酬。

2. 离职后福利。

离职后福利，是指企业为获得职工提供的服务而在职工退休或与企业解除劳动关系后，提供的各种形式的报酬和福利，属于短期薪酬和辞退福利的除外。

离职后福利计划，是指企业与职工就离职后福利达成的协议，或者企业为向职工提供离职后福利制定的规章或办法等。按照企业承担的风险和义务情况，离职后福利计划可以分为设定提存计划和设定受益计划两种类型。其中，设定提存计划，是指企业向独立的基金缴存固定费用后，不再承担进一步支付义务的离职后福利计划。设定受益计划，是指除设定提存计划以外的离职后福利计划。

3. 辞退福利。

辞退福利，是指企业在职工劳动合同到期之前解除与职工的劳动关系，或者为鼓励职工自愿接受裁减而给予职工的补偿。

辞退福利主要包括：

（1）在职工劳动合同尚未到期前，不论职工本人是否愿意，企业决定解除与职工的劳动关系而给予的补偿。

（2）在职工劳动合同尚未到期前，为鼓励职工自愿接受裁减而给予的补偿，职工有权利选择继续在职或接受补偿离职。

辞退福利通常采取在解除劳动关系时一次性支付补偿的方式，也有通过提高退休后养老金或其他离职后福利的标准，或者在职工不再为企业带来经济利益后，将职工工资支付到辞退后未来某一期间等方式。

4. 其他长期职工福利。

其他长期职工福利，是指除短期薪酬、离职后福利、辞退福利之外所有的职工薪酬，包括长期带薪缺勤、长期残疾福利、长期利润分享计划等。

五、短期薪酬的确认和计量

企业应当在职工为其提供服务的会计期间，将实际发生的短期薪酬确认为负债，并计入当期损益，其他相关章要求或允许计入资产成本的除外（以下简称计入当期损益或相关资产成本）。

（一）一般短期薪酬的确认和计量

企业发生的职工工资、津贴和补贴等短期薪酬，应当在职工为其提供服务的会计期间，根据职工提供服务情况和工资标准等计算确定计入职工薪酬的金额，按照受益对象计入当期损益或相关资产成本。

企业为职工缴纳的医疗保险费、工伤保险费、生育保险费等社会保险费和住房公积金，以及按规定提取的工会经费和职工教育经费，应当在职工为其提供服务的会计期间，根据规定的计提基础和计提比例计算确定相应的职工薪酬金额，并确认相关负债，按照受益对象计入当期损益或相关资产成本。

企业发生的职工福利费，应当在实际发生时根据实际发生额计入当期损益或相关资产成本。企业向职工提供非货币性福利的，应当按照公允价值计量。如企业以自产的产品作为非货币性福利提供给职工的，应当按照该产品的公允价值和相关税费确定职工薪酬的金额，并计入当期损益或相关资产成本。相关收入的确认、销售成本的结转以及相关税费的处理，与企业正常商品销售的会计处理相同。企业以外购的商品作为非货币性福利提供给职工的，应当按照该商品的公允价值和相关税费确定职工薪酬的金额，并计入当期损益或相关资产成本。

【例10－1】 2×22年7月，甲公司当月应发职工工资1 560万元，其中：生产部门生产工人工资1 000万元，生产部门管理人员工资200万元，管理部门管理人员工资360万元。根据甲公司所在地政府规定，甲公司每月分别按照应发职工工资的10%和8%计提并缴存医疗保险费和住房公积金。同时，甲公司每月分别按照应发职工工资的2%和1.5%计提工会经费和职工教育经费。假定不考虑其他因素以及所得税影响。

根据上述资料，甲公司计算其2×22年7月份的职工薪酬金额如下：

应当计入生产成本的职工薪酬金额＝1 000＋1 000×（10%＋8%＋2%＋1.5%）＝1 215（万元）

应当计入制造费用的职工薪酬金额 = 200 + 200 ×（10% + 8% + 2% + 1.5%）= 243（万元）

应当计入管理费用的职工薪酬金额 = 360 + 360 ×（10% + 8% + 2% + 1.5%）= 437.4（万元）

甲公司有关账务处理如下：

借：生产成本	12 150 000	
制造费用	2 430 000	
管理费用	4 374 000	
贷：应付职工薪酬——工资		15 600 000
——医疗保险费		1 560 000
——住房公积金		1 248 000
——工会经费		312 000
——职工教育经费		234 000

【例 10－2】 甲公司是一家生产笔记本电脑的企业，共有职工 2 000 名。2×22年 1 月 15 日，甲公司决定以其生产的笔记本电脑作为节日福利发放给公司每名职工。每台笔记本电脑的售价为 1.4 万元，成本为 1 万元。甲公司适用的增值税税率为 13%，已开具增值税专用发票。假定 2 000 名职工中 1 700 名为直接参加生产的职工，300 名为总部管理人员。假定甲公司于当日将笔记本电脑发放给各职工。

根据上述资料，甲公司计算笔记本电脑的售价总额及其增值税销项税额等如下：

笔记本电脑的售价总额 = 1.4 × 1 700 + 1.4 × 300 = 2 380 + 420 = 2 800（万元）

笔记本电脑的增值税销项税额 = 1.4 × 1 700 × 13% + 1.4 × 300 × 13% = 309.4 + 54.6 = 364（万元）

应当计入生产成本的职工薪酬金额 = 2 380 + 309.4 = 2 689.4（万元）

应当计入管理费用的职工薪酬金额 = 420 + 54.6 = 474.6（万元）

甲公司有关账务处理如下：

借：生产成本	26 894 000	
管理费用	4 746 000	
贷：应付职工薪酬——非货币性福利		31 640 000
借：应付职工薪酬——非货币性福利	31 640 000	
贷：主营业务收入		28 000 000

应交税费——应交增值税（销项税额）　　3 640 000

借：主营业务成本　　20 000 000

贷：库存商品　　20 000 000

（二）短期带薪缺勤的确认和计量

带薪缺勤应当根据其性质及其职工享有的权利，分为累积带薪缺勤和非累积带薪缺勤。企业应当对累积带薪缺勤和非累积带薪缺勤分别进行会计处理。如果带薪缺勤属于长期带薪缺勤的，企业应当作为其他长期职工福利处理。

1. 累积带薪缺勤及其会计处理。

累积带薪缺勤，是指带薪权利可以结转下期的带薪缺勤，本期尚未用完的带薪缺勤权利可以在未来期间使用。企业应当在职工提供了服务从而增加了其未来享有的带薪缺勤权利时，确认与累积带薪缺勤相关的职工薪酬，并以累积未行使权利而增加的预期支付金额计量。

对于未行使的累积带薪缺勤权利，职工在离开企业时能够获得现金支付的，企业应当确认必须支付的、职工全部累积未使用权利的金额。企业应当根据资产负债表日因累积未使用权利而导致的预期支付的追加金额，作为累积带薪缺勤费用进行预计。

【例10－3】乙公司共有1 000名职工，从2×22年1月1日起，该公司实行累积带薪缺勤制度。该制度规定，每个职工每年可享受5个工作日带薪年休假，未使用的年休假只能向后结转一个日历年度，超过1年未使用的权利作废；职工休年休假时，首先使用当年可享受的权利，不足部分再从上年结转的带薪年休假中扣除；职工离开公司时，对未使用的累积带薪年休假无权获得现金支付。

2×22年12月31日，每个职工当年平均未使用带薪年休假为2天。乙公司预计2×23年有950名职工将享受不超过5天的带薪年休假，剩余50名职工每人将平均享受6.5天年休假，假定这50名职工全部为总部管理人员，该公司平均每名职工每个工作日工资为500元。

根据上述资料，乙公司职工2×22年已休带薪年休假的，由于在休假期间照发工资，因此相应的薪酬已经计入公司每月确认的薪酬金额中。与此同时，公司还需要预计职工2×22年享有但尚未使用的、预期将在下一年度使用的累积带薪缺勤，并计入当期损益或者相关资产成本。在本例中，乙公司在2×22年12月31日预计由于职工累积未使用的带薪年休假权利而导致预期将支付的工资负债为75天（50×1.5）的年休假工资金额37 500元（75×500）。相关账务处理如下：

借：管理费用 37 500

贷：应付职工薪酬——累积带薪缺勤 37 500

2×23 年，如果10 名职工未享受累积未使用的带薪年休假，则应冲回上年度确认的相应费用7 500 元（37 500/50×10），该10 名职工本年度的工资费用照常确认；剩余40 名职工享受了累积未使用的带薪年休假，则在职工实际使用权利时，相应期间的工资费用应扣除上年度已确认的累积带薪费用。

2. 非累积带薪缺勤及其会计处理。

非累积带薪缺勤，是指带薪权利不能结转下期的带薪缺勤，本期尚未用完的带薪缺勤权利将予以取消，并且职工离开企业时也无权获得现金支付。我国企业职工休婚假、产假、丧假、探亲假、病假期间的工资通常属于非累积带薪缺勤。由于职工提供服务不能增加其能够享受的福利金额，企业在职工未缺勤时不应当计提相关费用和负债；企业应当在职工实际发生缺勤的会计期间确认与非累积带薪缺勤相关的职工薪酬，即视同职工出勤确认的当期费用或相关资产成本。通常情况下，与非累积带薪缺勤相关的职工薪酬已经包含在企业每期向职工发放的工资等薪酬中，不必作额外的账务处理。

（三）短期利润分享计划的确认和计量

企业制定并实施短期利润分享计划的，如当职工完成规定业绩指标或者在企业工作特定期限后，能够享有按照企业净利润的一定比例计算的薪酬，则企业应当按照本章的规定对其进行会计处理。

短期利润分享计划同时满足下列条件的，企业应当确认相关的应付职工薪酬，并计入当期损益或相关资产成本：

1. 企业因过去事项导致现在具有支付职工薪酬的法定义务或推定义务。

2. 因利润分享计划所产生的应付职工薪酬义务能够可靠估计。

属于下列三种情形之一的，视为应付职工薪酬义务金额能够可靠估计：

（1）在财务报告批准报出之前企业已确定应支付的薪酬金额。

（2）该利润分享计划的正式条款中包括确定薪酬金额的方式。

（3）过去的惯例为企业确定推定义务金额提供了明显证据。

企业在计量利润分享计划产生的应付职工薪酬时，应当反映职工因离职而没有得到利润分享计划支付的可能性。如果企业预期在职工为其提供相关服务的年度报告期间结束后12 个月内，不需要全部支付利润分享计划产生的应付职工薪酬，该利润分享计划应当适用其他长期职工福利的有关规定。

企业根据经营业绩或职工贡献等情况提取的奖金，属于奖金计划，应当比照短期利润分享计划进行会计处理。

【例 10－4】 丙公司于 2×22 年初制订和实施了一项短期利润分享计划，以对公司管理层进行激励。该计划规定，公司全年的净利润指标为 1 000 万元，如果在公司管理层的努力下完成的净利润超过 1 000 万元，公司管理层将可以分享超过 1 000 万元净利润部分的 10% 作为额外报酬。假定至 2×22 年 12 月 31 日，丙公司全年实际完成净利润 1 500 万元。假定不考虑离职等其他因素，则丙公司管理层按照利润分享计划可以分享利润 50 万元［(1 500－1 000)×10%］作为其额外的薪酬。

丙公司 2×22 年 12 月 31 日的相关账务处理如下：

借：管理费用　　500 000

　　贷：应付职工薪酬——利润分享计划　　500 000

六、离职后福利的确认和计量

离职后福利，是指企业为获得职工提供的服务而在职工退休或与企业解除劳动关系后提供的各种形式的报酬和福利，属于短期薪酬和辞退福利的除外。离职后福利包括退休福利（如养老金和一次性的退休支付）及其他离职后福利（如离职后人寿保险和离职后医疗保障）。企业向职工提供了离职后福利的，无论其是否设立了单独主体接受提存金并支付福利，均应当按照本章的相关要求对离职后福利进行会计处理。

职工正常退休时获得的养老金等离职后福利，是职工与企业签订的劳动合同到期或者职工达到国家规定的退休年龄时，获得的离职后生活补偿金额。引发企业给予补偿的事项是职工在职时提供的服务，因此，企业应当在职工提供服务的会计期间对离职后福利进行确认和计量。

离职后福利计划，是指企业与职工就离职后福利达成的协议，或者企业为向职工提供离职后福利制定的规章或办法等。按照企业承担的风险和义务情况，离职后福利计划可以分为设定提存计划和设定受益计划两种类型。

（一）设定提存计划的确认和计量

设定提存计划，是指企业向单独主体（如基金等）缴存固定费用后，不再承担进一步支付义务的离职后福利计划。

对于设定提存计划，企业应当根据在资产负债表日为换取职工在会计期间提供的服务而应向单独主体缴存的提存金，确认职工薪酬负债，并将其计入当期损益或相关资产成本。根据设定提存计划，企业预期不会在职工提供相关服务的年度报告期结束后12个月内支付全部应缴存金额的，应当参照资产负债表日与设定提存计划义务期限和币种相匹配的国债或活跃市场上的高质量公司债券的市场收益率确定的折现率，将全部应缴存金额以折现后的金额计量应付职工薪酬。

【例10-5】 承〖例10-1〗，甲公司根据所在地政府规定，每月按照应发职工工资的12%计提基本养老保险费，缴存当地社会保险经办机构。2×22年7月，甲公司缴存的基本养老保险费，应计入生产成本的金额为120万元，应计入制造费用的金额为24万元，应计入管理费用的金额为43.2万元。甲公司2×22年7月的账务处理如下：

借：生产成本	1 200 000	
制造费用	240 000	
管理费用	432 000	
贷：应付职工薪酬——设定提存计划		1 872 000

（二）设定受益计划的确认和计量

设定受益计划，是指除设定提存计划以外的离职后福利计划。

设定提存计划与设定受益计划的区分，取决于离职后福利计划的主要条款和条件所包含的经济实质。在设定提存计划下，企业的义务以企业应向独立主体缴存的提存金金额为限，职工未来所能取得的离职后福利金额取决于向独立主体支付的提存金金额以及提存金所产生的投资回报，从而精算风险（即福利将少于预期的风险）和投资风险（即投资的资产将不足以支付预期福利的风险）实质上要由职工来承担。在设定受益计划下，企业的义务是为现在及以前的职工提供约定的福利，计划相关的精算风险和投资风险实质上由企业来承担。

当企业负有下列义务时，该计划属于一项设定受益计划：（1）计划福利公式不仅与提存金金额相关，而且要求企业在资产不足以满足该公式的福利时提供进一步的提存金；或者（2）通过计划间接地或直接地对提存金的特定回报作出担保。

设定受益计划可能是不注入资金的，也可能全部或部分地由企业（有时由其职工）向独立主体以缴纳提存金形式注入资金，并由该独立主体向职工支付福利。到期时已注资福利的支付不仅取决于独立主体的财务状况和投资业绩，而且取决于企业补偿独立主体资产不足的意愿和能力。企业实质上承担着与计划相关的精算风险和投资风险。因此，设定受益计划所确认的费用并不一定是本期应付的提存金金额。企业存在多项设定受益计划的，应当对每一项计划分别进行会计处理。

企业应当按照下列步骤对每项设定受益计划进行会计处理：

1. 确定设定受益计划义务的现值和当期服务成本。

企业应当根据预期累计福利单位法，采用无偏且相互一致的精算假设对有关人口统计变量和财务变量等作出估计，计量设定受益计划所产生的义务，并确定相关义务的归属期间。企业应当根据资产负债表日与设定受益计划义务期限和币种相匹配的国债或活跃市场上的高质量公司债券的市场收益率确定折现率，将设定受益计划所产生的义务予以折现，以确定设定受益计划义务的现值和当期服务成本。

设定受益计划义务的现值，是指企业在不扣除任何计划资产的情况下，为履行获得当期和以前期间职工服务产生的最终义务，所需支付的预期未来金额的现值。设定受益计划的最终义务受到许多变量的影响，如职工离职率、死亡率、职工缴付的提存金等。企业在折现时，即使预期有部分义务在报告期间结束后的 12 个月内结算，企业仍应对整项义务进行折现。企业应当就至报告期末的任何重大交易及环境的其他重大变化（包括市场价格和利率的变化）进行调整，在每年年末进行复核。

企业应当通过预期累计福利单位法确定其设定受益计划义务的现值、当期服务成本和过去服务成本。根据预期累计福利单位法，职工每提供一个期间的服务，就会增加一个单位的福利权利，企业应当对每一单位的福利权利进行单独计量，并将所有单位的福利权利累计形成最终义务。企业应当将福利归属于提供设定受益计划的义务发生的期间。这一期间是指从职工提供服务以获取企业在未来报告期间预计支付的设定受益计划福利开始，至职工的继续服务不会导致这一福利金额显著增加之日为止。

企业在确定设定受益计划义务的现值、当期服务成本以及过去服务成本时，应当根据计划的福利公式将设定受益计划产生的福利义务归属于职工提供服务的期间，并计入当期损益或相关资产成本。

当职工后续年度的服务将导致其享有的设定受益计划福利水平显著高于以前年度时，企业应当按照直线法将累计设定受益计划义务分摊确认于职工提供服务而导致企业第一次产生设定受益计划义务至职工提供服务不再导致该义务显著增加的期间。在确定后续年度服务是否将导致职工享有的设定受益福利水平显著高于以前年度时，不应考虑仅因未来工资水平提高而导致设定受益计划义务显著增加的情况。

精算假设，是指企业对影响离职后福利最终义务的各种变量的最佳估计。精算假设应当是客观公正、相互可比、无偏且相互一致的。精算假设包括人口统计假设和财务假设。人口统计假设包括死亡率、职工的离职率、伤残率、提前退休率等。财务假设包括折现率、福利水平和未来薪酬等。其中，折现率应当根据资产负债表日与设定受益计划义务期限和币种相匹配的国债或活跃市场上的高质量公司债券的市场收益率确定。

经验调整是设定受益计划义务的实际数与估计数之间的差异。在某些情况下，设定受益计划对于未来福利水平调整未作出明确规定的，企业将有关福利水平的增加确认为精算假设与实际经验的差异（产生精算利得或损失），还是计划的修改（产生过去服务成本），需要运用职业判断。通常情况下，如果设定受益计划未明确规定未来福利水平的调整，过去的调整也并不频繁，同时，如果精算假设中并无福利水平增长的假设，企业应将福利水平变化的影响归属于过去服务成本。

【例 10－6】 甲公司在 2×22 年 1 月 1 日设立了一项设定受益计划，并于当日开始实施。该设定受益计划规定：

（1）甲公司向所有在职员工提供统筹外补充退休金，这些职工在退休后每年可以额外获得 12 万元退休金，直至去世。

（2）职工获得该额外退休金基于自该计划开始日起为公司提供的服务，而且应当自该设定受益计划开始日起一直为公司服务至退休。

为简化起见，假定符合计划的职工为 100 人，均为总部管理人员，当前平均年龄为 40 岁，退休年龄为 60 岁，还可以为公司服务 20 年。假定在退休前无人离职，退休后平均剩余寿命为 15 年。假定适用的折现率为 10%，不考虑未来通货膨胀影响等其他因素。

根据上述资料，设定受益计划义务及其现值计算见表 10－1，职工服务期间每期服务成本计算见表 10－2。

表 10－1　　设定受益计划义务及其现值计算表　　单位：万元

	退休后第 1 年	退休后第 2 年	退休后第 3 年	退休后第 4 年	……	退休后第 14 年	退休后第 15 年
（1）当年支付	1 200	1 200	1 200	1 200	……	1 200	1 200

续表

	退休后第1年	退休后第2年	退休后第3年	退休后第4年	……	退休后第14年	退休后第15年
（2）折现率	10%	10%	10%	10%	……	10%	10%
（3）复利现值系数	0.9091	0.8264	0.7513	0.6830	……	0.2633	0.2394
（4）退休时点现值=（1）×（3）	1 091	992	902	820	……	316	287
（5）退休时点现值合计	9 127						

表10－2　　职工服务期间每期服务成本计算表　　单位：万元

	服务第1年	服务第2年	……	服务第19年	服务第20年
（1）福利归属					
——以前年度	0	456.35	……	8 214.3	8 670.65
——当年	456.35*	456.35	……	456.35	456.35
——以前年度+当年	456.35	912.70	……	8 670.65	9 127
（2）期初义务	0	74.62	……	6 788.68	7 882.41
（3）利息	0	7.46	……	678.87	788.24
（4）当期服务成本	74.62**	82.08***	……	414.86****	456.35
（5）期末义务=（2）+（3）+（4）	74.62	164.16		7 882.41	9 127*****

注：456.35* = 9 127/20，74.62** = 456.35/$(1+10\%)^{19}$，82.08*** = 456.35/$(1+10\%)^{18}$，414.86**** = 456.35/（1+10%），9 127*****作尾数调整。

服务第1年年末，甲公司的账务处理如下：

借：管理费用　　746 200

　　贷：应付职工薪酬——设定受益计划　　746 200

服务第2年年末，甲公司的账务处理如下：

借：管理费用　　820 800

　　贷：应付职工薪酬——设定受益计划　　820 800

借：财务费用　　74 600

　　贷：应付职工薪酬——设定受益计划　　74 600

服务第3年至第20年，以此类推处理。

2. 确定设定受益计划净负债或净资产。

设定受益计划存在资产的，企业应当将设定受益计划义务的现值减去设定受益计划资产公允价值所形成的赤字或盈余确认为一项设定受益计划净负债或净资产。设定受益计划存在盈余的，企业应当以设定受益计划的盈余和资产上限两项的孰低者计量设定受益计划净资产。其中，资产上限，是指企业可从设定受益计划退款或减少未来向独立主体缴存提存金而获得的经济利益的现值。

计划资产包括长期职工福利基金持有的资产、符合条件的保险单等，但不包括企业应付但未付给独立主体的提存金、由企业发行并由独立主体持有的任何不可转换的金融工具。

3. 确定应当计入当期损益的金额。

报告期末，企业应当在损益中确认的设定受益计划产生的职工薪酬成本包括服务成本、设定受益计划净负债或净资产的利息净额。其中，服务成本包括当期服务成本、过去服务成本和结算利得或损失。设定受益计划净负债或净资产的利息净额包括计划资产的利息收益、设定受益计划义务的利息费用以及资产上限影响的利息。企业应当将服务成本和设定受益计划净负债或净资产的利息净额计入当期损益（其他相关章要求或允许计入资产成本的除外）。

（1）当期服务成本。当期服务成本，是指因职工当期提供服务所导致的设定受益计划义务现值的增加额。在〖例10－6〗中，甲公司在符合计划的职工提供服务第1年年末应当计入当期损益的当期服务成本为74.62万元。

（2）过去服务成本。过去服务成本，是指设定受益计划修改所导致的与以前期间职工提供服务相关的设定受益计划义务现值的增加或减少。当企业设立或取消一项设定受益计划或是改变现有设定受益计划下的应付福利时，设定受益计划就发生了修改。

过去服务成本可以是正的，如设立或改变设定受益计划从而导致设定受益计划义务的现值增加，也可以是负的，如取消或改变设定受益计划从而导致设定受益计划义务的现值减少。如果企业减少了设定受益计划的应付福利，但同时增加了在该计划下针对相同职工其他应付福利，企业应当将变动的净额作为单项变动处理。

过去服务成本不包括下列各项：

①以前假定的薪酬增长金额与实际发生金额之间的差额，对支付以前年度服务产生的福利义务的影响；

②企业对支付养老金增长金额具有推定义务的，对于可自行决定养老金增加金额的高估和低估；

③财务报表中已确认的精算利得或计划资产回报导致的福利变化的估计；

④在没有新的福利或福利未发生变化的情况下，职工达到既定要求之后导致既定福利（即并不取决于未来雇佣的福利）的增加。

（3）结算利得和损失。企业应当在设定受益计划结算时，确认一项结算利得或损失。设定受益计划结算，是指企业为了消除设定受益计划所产生的部分或所有未来义务进行的交易，而不是根据计划条款和所包含的精算假设向职工支付福利。

设定受益计划结算利得或损失是下列两项的差额：

①在结算日确定的设定受益计划义务的现值。

②结算价格，包括转移的计划资产的公允价值和企业直接发生的与结算相关的支付。

（4）设定受益计划净负债或净资产的利息净额。设定受益计划净负债或净资产的利息净额，是指设定受益计划净负债或净资产在职工提供服务期间由于时间变化而产生的变动，包括计划资产的利息收益、设定受益计划义务的利息费用以及资产上限影响的利息。

企业应当通过将设定受益计划净负债或净资产乘以适当的折现率来确定设定受益计划净负债或净资产的利息净额。企业应当在会计期间开始时确定设定受益计划净负债或净资产和折现率，并考虑该期间由于福利提存和福利支付所导致的设定受益计划净负债或净资产的变动，但不应当考虑设定受益计划净负债或净资产在本会计期间的任何其他变动（如精算利得或损失）。

企业应当通过将计划资产公允价值乘以折现率来确定计划资产的利息收益。计划资产的利息收益是计划资产回报的组成部分。计划资产的利息收益与计划资产回报之间的差额应当包括在设定受益计划净负债或净资产的重新计量中。

企业在计算设定受益计划净负债或净资产的利息净额时，还应当考虑资产上限的影响。企业应当通过将资产上限的影响乘以折现率来确定资产上限影响的利息。企业应当在会计期间开始时确定资产上限的影响和折现率。资产上限影响的利息是资产上限影响总变动的一部分，资产上限影响的利息金额与资产上限影响总变动之间的差额应当包括在设定受益计划净负债或净资产的重新计量中。

4. 确定应当计入其他综合收益的金额。

企业应当将重新计量设定受益计划净负债或净资产所产生的变动计入其他综合收益，并且在后续会计期间不允许转回至损益。在原设定受益计划终止时，企业应当在权益范围内将原计入其他综合收益的部分全部结转至未分配利润。计划终止，指该计划已不存在，即本企业已解除该计划所产生的所有未来义务。

重新计量设定受益计划净负债或净资产所产生的变动包括下列部分：

（1）精算利得或损失，即由于精算假设和经验调整导致之前所计量的设定受益计划义务现值的增加或减少。企业未能预计的过高或过低的职工离职率、提前退休率、死亡率、过高或过低的薪酬、福利的增长以及折现率变化等因素，将导致设定受益计划产生精算利得或损失。精算利得或损失不包括因设立、修改或结算设定受益计划所导致的设定受益计划义务的现值变动，或者设定受益计划下应付福利的变动。这些变动产生了过去服务成本或结算利得或损失。

【例 10－7】 承〖例 10－6〗，假定甲公司在该计划开始后职工提供服务的第 3 年年末重新计量该设定受益计划的净负债。甲公司发现，由于预期寿命等精算假设和经验调整导致该设定受益计划义务的现值增加，形成精算损失 15 万元。

甲公司的账务处理如下：

借：其他综合收益——设定受益计划净负债或净资产重新计量——精算损失
150 000

贷：应付职工薪酬——设定受益计划 150 000

（2）计划资产回报，扣除包括在设定受益计划净负债或净资产的利息净额中的金额。计划资产的回报，指计划资产产生的利息收益、股利和其他收入，以及计划资产已实现和未实现的利得或损失。企业在确定计划资产回报时，应当扣除管理该计划资产的成本以及计划本身的应付税款，但计量设定受益计划义务时所采用的精算假设所包括的税款除外。管理该计划资产以外的其他管理费用无需从计划资产回报中扣减。

（3）资产上限影响的变动，扣除包括在设定受益计划净负债或净资产的利息净额中的金额。

七、辞退福利的确认和计量

辞退福利，是指企业在职工劳动合同到期之前解除与职工的劳动关系，或者为鼓励职工自愿接受裁减而给予职工的补偿。由于导致义务产生的事项是终止雇佣而不是为获得职工的服务，企业应当将辞退福利作为单独一类职工薪酬进行会计处理。

辞退福利包括两方面内容：一是在职工劳动合同到期前，不论职工本人是否愿意，企业决定解除与职工的劳动关系而给予的补偿；二是在职工劳动合同到期前，为鼓励职工自愿接受裁减而给予职工的补偿，职工有权利选择继续在职或接受补偿离职。

在确定企业提供的经济补偿是否为辞退福利时，应当注意下列问题：

1. 区分辞退福利和正常退休养老金。辞退福利是在职工与企业签订的劳动合同到期前，企业根据法律与职工本人或职工代表（如工会）签订的协议或者基于商业惯例，对其提前终止与职工的雇佣关系支付的补偿，引发该补偿的事项是辞退。而职工正常退休获得的养老金，是对职工在职时提供的服务的补偿。

2. 对于职工虽然没有与企业解除劳动合同，但未来不再为企业提供服务，不能为企业带来经济利益，企业承诺提供实质上具有辞退福利性质的经济补偿的，应当比照辞退福利处理。例如，企业实施职工内部退休计划的，在其正式退休之前应当比照辞退福利处理，在其正式退休之后，应当按照离职后福利处理。

企业向职工提供辞退福利的，应当在下列两者孰早的时点确认辞退福利产生的职工薪酬负债，并计入当期损益（不计入资产成本）：

1. 企业不能单方面撤回因解除劳动关系计划或裁减建议所提供的辞退福利时。

2. 企业确认涉及支付辞退福利的重组相关的成本或费用时。

企业有详细、正式的重组计划并且该重组计划已对外公告时，表明企业承担了重组义务。重组计划包括重组涉及的业务、主要地点、需要补偿的职工人数及其岗位性质、预计重组支出、计划实施时间等。

企业应当按照辞退计划条款的规定，合理预计并确认辞退福利产生的职工薪酬负债，并具体考虑下列情况：

1. 对于职工没有选择权的辞退计划，企业应当根据计划条款规定拟解除劳动关系的职工数量、每一职位的辞退补偿等确认职工薪酬负债。

2. 对于自愿接受裁减建议的辞退计划，由于接受裁减的职工数量不确定，企业应当根据第十四章或有事项的相关会计处理规定，预计将会接受裁减建议的职工数量，根据预计的职工数量、每一职位的辞退补偿金额等确认职工薪酬负债。

3. 对于预期在辞退福利确认的年度报告期间结束后 12 个月内完全支付的辞退福利，企业应当适用短期薪酬的有关规定。

4. 对于预期在年度报告期间结束后 12 个月内不能完全支付的辞退福利，企业应当适用其他长期职工福利的有关规定，即实质性辞退工作在一年内实施完毕但补偿款项超过一年支付的辞退计划，企业应当选择恰当的折现率，以折现后的金额计量应计入当期损益的辞退福利金额。

【例 10 -8】 甲公司是一家空调制造企业。2×22 年 9 月，为了能够在下一年度顺利实施转产，甲公司管理层制订了一项辞退计划。该计划规定，从 2×23 年 1 月 1 日起，企业将以职工自愿方式，辞退其柜式空调生产车间的职工。辞退计划的详细内容，包括拟辞退的职工所在部门、数量、各级别职工能够获得的补偿金额以及计划大体实施的时间等均已与职工沟通，并达成一致意见。辞退计划已于 2×22 年 12 月 10 日经董事会正式批准，辞退计划将于下一个年度内实施完毕。该项辞退计划的详细内容如表 10 -3 所示。

表 10 -3　　甲公司辞退计划

所属部门	职位	辞退数量（人）	工龄（年）	每人补偿额（万元）
柜式空调生产车间	车间主任、副主任	10	1 ~ 10	10
			10 ~ 20	20
			20 ~ 30	30
	高级技工	50	1 ~ 10	8
			10 ~ 20	18
			20 ~ 30	28
	一般技工	100	1 ~ 10	5
			10 ~ 20	15
			20 ~ 30	25
合计		160		

注：本表中 1 ~ 10 包括 10，10 ~ 20 包括 20，20 ~ 30 包括 30，表 10 -4 同。

2×22 年 12 月 31 日，甲公司预计各级别职工拟接受辞退职工数量的最佳估计数（最可能发生数）及其应支付的补偿如表 10 -4 所示。

表 10－4　　甲公司预计辞退职工数量及补偿金额

所属部门	职位	辞退数量（人）	工龄（年）	拟接受数量（人）	每人补偿额（万元）	补偿金额（万元）
柜式空调生产车间	车间主任、副主任	10	1～10	5	10	50
			10～20	2	20	40
			20～30	1	30	30
	高级技工	50	1～10	20	8	160
			10～20	10	18	180
			20～30	5	28	140
	一般技工	100	1～10	50	5	250
			10～20	20	15	300
			20～30	10	25	250
合计		160		123		1 400

根据表 10－4，愿意接受辞退职工的最佳估计数为 123 名，预计补偿总额为 1 400 万元，则甲公司在 2×22 年（辞退计划于 2×22 年 12 月 10 日由董事会批准）应作如下账务处理：

借：管理费用　　14 000 000

　贷：应付职工薪酬——辞退福利　　14 000 000

企业实施职工内部退休计划的，在内退计划符合本章规定的确认条件时，企业应当将自职工停止提供服务日至正常退休日期间、企业拟支付的内退职工工资和缴纳的社会保险费等，确认为应付职工薪酬，一次性计入当期损益，而不能在职工内退后分期确认因支付内退职工工资和为其缴纳社会保险费等产生的义务。

八、其他长期职工福利的确认和计量

其他长期职工福利，是指除短期薪酬、离职后福利和辞退福利以外的其他所有职工福利，包括长期带薪缺勤、其他长期服务福利、长期残疾福利、长期利润分享计划和长期奖金计划等。

企业向职工提供的其他长期职工福利，符合设定提存计划条件的，应当按照设定提存计划的有关规定进行会计处理；符合设定受益计划条件的，应当按照设定受益计划的有关规定，确认和计量其他长期职工福利净负债或净资产。

在报告期末，企业应当将其他长期职工福利产生的职工薪酬成本确认为下列组成部分：

1. 服务成本。

2. 其他长期职工福利净负债或净资产的利息净额。

3. 重新计量其他长期职工福利净负债或净资产所产生的变动。

为了简化相关会计处理，上述项目的总净额应计入当期损益或相关资产成本。

长期残疾福利水平取决于职工提供服务期间长短的，企业应在职工提供服务的期间确认应付长期残疾福利义务，计量时应当考虑长期残疾福利支付的可能性和预期支付的期限；长期残疾福利水平与职工提供服务期间长短无关的，企业应当在导致职工长期残疾的事件发生的当期确认应付长期残疾福利义务。

九、列示与披露

（一）列示

在资产负债表中，企业应当根据应支付职工薪酬负债的流动性，对职工薪酬负债按照流动和非流动进行分类列示。

短期薪酬负债、离职后福利中的设定提存计划负债、其他长期职工福利中的符合设定提存计划条件的负债以及辞退福利中将于资产负债表日后 12 个月内支付的部分，应当在资产负债表的流动负债项下的“应付职工薪酬”项目中列示。

离职后福利中设定受益计划净负债、其他长期职工福利中的符合设定受益计划条件的净负债以及辞退福利中将于资产负债表日起 12 个月之后支付的部分，应当在资产负债表的非流动负债项下单独列示。

对于重新计量设定受益计划净负债或净资产所产生的变动，企业如在权益范围内转移这些在其他综合收益中确认的金额，应当在所有者权益变动表“（四）所有者权益内部结转”项下的“盈余公积弥补亏损”项目之下增设“结转重新计量设定受益计划净负债或净资产所产生的变动”项目予以列示。

（二）披露

1. 短期薪酬的披露。

企业应当在附注中披露与短期薪酬有关的下列信息：

（1）应当支付给职工的工资、奖金、津贴和补贴及其期末应付未付金额。

（2）应当为职工缴纳的医疗保险费、工伤保险费和生育保险费等社会保险费及其期末应付未付金额。

（3）应当为职工缴存的住房公积金及其期末应付未付金额。

（4）为职工提供的非货币性福利及其计算依据。

（5）依据短期利润分享计划提供的职工薪酬金额及其计算依据。

（6）其他短期薪酬。

具体披露格式如表10－5所示。涉及上述第4、5项计算依据的，还需要额外披露。

表10－5

短期薪酬项目	本期应付金额	期末应付未付金额
一、工资、奖金、津贴和补贴		
二、职工福利费		
三、社会保险费		
其中：1. 医疗保险费		
2. 工伤保险费		
3. 生育保险费		
四、住房公积金		
五、工会经费和职工教育经费		
六、短期带薪缺勤		
七、短期利润分享计划		
八、非货币性福利		
九、其他短期薪酬		
合计		

2. 离职后福利的披露。

（1）设定提存计划的披露要求。

企业应当在附注中披露所设立或参与的设定提存计划的性质、计算缴费金额的公式或依据、当期缴费金额以及期末应付未付金额。其中，设定提存计划的当期缴费金额和期末应付未付金额的具体披露格式见表10－6。

表 10 – 6

设定提存计划项目	当期缴费金额	期末应付未付金额
一、基本养老保险费		
二、失业保险费		
三、企业年金缴费		
……		
合计		

（2）设定受益计划的披露要求。

企业应当在附注中披露与设定受益计划有关的下列信息：

①设定受益计划的特征及与之相关的风险。

企业应当披露设定受益计划的特征，通常包括设定受益计划所提供的福利的性质、企业在该计划管理中的职责、国家对该类计划的监管要求等。

企业应当披露设定受益计划相关的风险，即设定受益计划使企业面临的风险，并重点关注企业特有或计划特有的异常风险以及重要风险的集中程度。例如，如果某企业的设定受益计划资产主要投资于房地产，则该计划可能导致企业面临集中的房地产市场风险。

企业如有对计划的修改或结算的，还应当披露修改或结算计划的有关情况。

②设定受益计划在财务报表中确认的金额及其变动。

企业应当披露设定受益净负债（或净资产）及其组成部分，以及设定受益计划产生的职工薪酬成本及其组成部分的期初余额和期末余额的调节情况。具体披露格式如表 10 – 7 所示。

表 10 – 7

项目	设定受益计划义务现值		计划资产的公允价值		设定受益计划净负债（净资产）	
	本期金额	上期金额	本期金额	上期金额	本期金额	上期金额
一、期初余额						
二、计入当期损益的设定受益计划相关薪酬成本						
1. 当期服务成本			—	—		

续表

项目	设定受益计划义务现值		计划资产的公允价值		设定受益计划净负债（净资产）	
	本期金额	上期金额	本期金额	上期金额	本期金额	上期金额
2. 过去服务成本			—	—		
3. 结算利得（损失以“-”表示）			—	—		
4. 利息净额						
三、计入其他综合收益的设定受益计划相关薪酬成本						
设定受益计划净负债（净资产）的重新计量						
1. 精算利得（损失以“-”表示）			—	—		
2. 计划资产回报（计入利息净额的除外）						
3. 资产上限影响的变动（计入利息净额的除外）						
四、其他变动						
1. 结算时消除的负债						
2. 已支付的福利						
五、期末余额						

企业不存在计划资产的，无需披露表10-7中的“设定受益计划义务现值”栏和“计划资产的公允价值”栏。

企业存在计划资产的，应当根据计划资产的性质和风险按类别披露计划资产的公允价值，具体披露格式如表10-8所示。企业还应当说明各类计划资产是否存在活跃市场公开报价。

表10-8

计划资产的构成	计划资产的公允价值	
	期末余额	期初余额
1. 现金和现金等价物		
2. 权益工具投资*		
（1）……		
（2）……		

续表

计划资产的构成	计划资产的公允价值	
	期末余额	期初余额
……		
3. 债务工具投资**		
（1）……		
（2）……		
……		
4. ……		
合计		

注：*按行业类型、公司规模、地域等分类；

**按债务工具发行人类型、信用评级、地域等分类。

③设定受益计划对企业未来现金流量金额、时间和不确定性的影响。

企业应当披露影响设定受益计划未来缴存金额的有关筹资政策和计划、下一会计年度预期将缴存的金额，并披露设定受益计划义务有关到期情况的信息，如设定受益计划义务的加权平均期间、对有关福利支付的到期日分析等。

④设定受益计划义务现值所依赖的重大精算假设及有关敏感性分析的结果。

企业应当披露精算估计所采用的重大假设，具体披露格式如表 10－9 所示。

表 10－9

精算估计的重大假设	本期期末	上期期末
折现率		
死亡率		
预计平均寿命		
薪酬的预期增长率		
……		

企业应当按照表 10－9 所列的重大精算假设，披露各项重大精算假设对设定受益计划义务的敏感性分析，并披露用于编制敏感性分析的方法和假设以及

有关方法的局限性。用于编制敏感性分析的方法和假设发生变动的，企业还应当披露这一事实，并说明变动的理由。

3. 辞退福利的披露。

企业应当在附注中披露本年度因解除劳动关系所提供的辞退福利及其期末应付未付金额。

【例10－9】 承〖例10－8〗，甲公司应当在2×22年财务报表附注中披露有关辞退福利的信息如下：

本公司本年度因解除劳动关系所提供的辞退福利为1 400万元，期末应付未付金额为1 400万元。

4. 其他长期职工福利的披露。

企业应当在附注中披露所提供的其他长期职工福利的性质、金额及其计算依据。

十、衔接规定

根据《企业会计准则第38号——首次执行企业会计准则》的规定，对于首次执行日存在的解除劳动关系计划，符合本章预计负债确认条件的，企业应当确认因解除与职工的劳动关系给予补偿而产生的负债，并追溯调整期初留存收益；对于首次执行日涉及的其他职工薪酬业务，采用未来适用法处理。

1. 对于首次执行日存在的解除与职工的劳动关系的计划或鼓励职工自愿接受裁减的建议，满足本章关于辞退福利预计负债确认条件的，不论是否已开始支付辞退福利款项，均应当分别职工无选择权和职工有选择权的辞退计划，根据计划中拟解除劳动关系的职工数量（无选择权计划）或按第十四章或有事项估计的职工数量（有选择权计划）以及计划中每个职位的补偿金额等，确认因辞退职工给予补偿而产生的负债，并调减期初留存收益。

在首次执行日，企业如存在一项辞退计划但尚未满足本章预计负债确认条件的，无需进行追溯调整。此后符合预计负债确认条件时，再按照本章规定确认预计负债，并计入当期损益。

2. 首次执行日企业的职工福利费余额应当全部转入应付职工薪酬（职工福利）。在首次执行日后的第一个会计期间（如上市公司对外提供的首份中期财务报告期间），企业应当按照本章规定，根据企业实际情况和当期职工福利计划，确认应付职工薪酬（职工福利），该项金额与原转入的应付职工薪酬

（职工福利）之间的差额调整当期管理费用。

首次执行日后发生的职工薪酬相关会计政策变更，适用第二十九章会计政策、会计估计变更和差错更正相关规定，但企业比较财务报表中披露的本章执行之前的信息与本章要求不一致的，无需按照本章的规定进行调整。

第十一章　企业年金基金

一、总体要求

《企业会计准则第10号——企业年金基金》规范了企业年金基金的确认、计量和列报。企业按照企业年金计划进行的缴费，属于职工薪酬的范围，其确认、计量和列报适用第十章职工薪酬。

企业年金基金是独立的会计主体。委托人、受托人、账户管理人、托管人、投资管理人和其他为企业年金基金管理提供服务的主体，应当将企业年金基金与其固有资产及其管理的其他资产严格区分，确保企业年金基金的安全。

企业年金基金应当分别资产、负债、收入、费用和净资产进行确认和计量。受托人、托管人、投资管理人应当设置相应会计科目和账簿，对企业年金基金发生的交易或者事项进行会计处理。

企业年金基金财务报表包括资产负债表、净资产变动表和附注。资产负债表反映企业年金基金在某一特定日期的财务状况，应当按照资产、负债和净资产分类列示。其中，净资产类项目列示企业年金基金净值。净资产变动表反映企业年金基金在一定会计期间的净资产增减变动情况。受托人应定期向委托人提交企业年金基金财务报告，托管人应定期向受托人提交企业年金基金财务报告。

二、应设置的会计科目

企业年金基金受托人、托管人、投资管理人应当根据各自的职责，设置相应会计科目和会计账簿，对企业年金基金发生的有关交易或者事项进行会计处理和报告。

企业年金基金缴费及其运营形成的各项资产包括：货币资金、应收证券清算款、应收利息、买入返售证券、其他应收款、债券投资、基金投资、股票投资、其他投资等。企业年金基金运营形成的各项负债包括：应付证券清算款、应付受益人待遇、应付受托人管理费、应付托管人管理费、应付投资管理人管理费、应交税金、卖出回购证券款、应付利息、应付佣金和其他应付款等。企业年金基金运营形成的各项收入包括：存款利息收入、买入返售证券收入、公允价值变动收益、投资处置收益和其他收入。企业年金基金运营发生的各项费用包括：交易费用、受托人管理费、托管人管理费、投资管理人管理费、卖出回购证券支出和其他费用。企业年金基金的净资产，是指企业年金基金的资产减去负债后的余额。净资产应当分别企业和职工个人设置账户，根据企业年金计划按期将运营收益分配计入各账户。

企业年金基金会计科目名称参见表11－1。

表11－1　　企业年金基金会计科目名称

顺序号	会计科目名称
一、资产类	
1	银行存款
2	结算备付金
3	交易保证金
4	应收利息
5	应收股利
6	应收红利
7	买入返售证券
8	其他应收款
9	交易性金融资产
10	其他资产
二、负债类	
11	应付受益人待遇
12	应付受托人管理费
13	应付托管人管理费
14	应付投资管理人管理费
15	应交税费
16	卖出回购证券款
17	应付利息
18	应付佣金

续表

顺序号	会计科目名称
19	其他应付款
三、共同类	
20	证券清算款
四、基金净值类	
21	企业年金基金
	个人账户结余
	企业账户结余
	净收益
	个人账户转入
	个人账户转出
	支付受益人待遇
22	本期收益
五、损益类	
23	存款利息收入
24	买入返售证券收入
25	公允价值变动损益
26	投资收益
27	其他收入
28	交易费用
29	受托人管理费
30	托管人管理费
31	投资管理人管理费
32	卖出回购证券支出
33	其他费用
34	以前年度损益调整

三、企业年金基金的定义及企业年金基金管理各方当事人

（一）企业年金基金的定义

企业年金，是指企业及其职工在依法参加基本养老保险的基础上，自主建立的补充养老保险制度，是我国多层次养老保险制度体系中第二支柱的重要组

成部分。国家鼓励企业建立企业年金，企业年金所需费用由企业和职工个人共同缴纳。

企业建立企业年金，应当与职工一方通过集体协商确定，并制定企业年金方案。企业年金方案应当提交职工代表大会或者全体职工讨论通过，并报送人力资源社会保障行政部门。企业和职工建立企业年金，应当确定企业年金受托人，由企业代表委托人与受托人签订受托管理合同。受托人可以是符合国家规定的法人受托机构，也可以是企业按照国家有关规定成立的企业年金理事会。

企业年金基金，是指根据依法制定的企业年金计划筹集的资金及其投资运营收益形成的企业补充养老保险基金。企业年金基金由两部分组成：一是企业和职工依照企业年金计划规定的缴费；二是企业年金基金投资运营而形成的收益。根据 2018 年 2 月 1 日起施行的《企业年金办法》（人力资源社会保障部、财政部令第 36 号），企业年金基金实行完全积累，为每个参加企业年金的职工建立个人账户，按照国家有关规定投资运营，投资运营收益并入企业年金基金。职工企业年金个人账户下设企业缴费子账户和个人缴费子账户，分别记录企业缴费分配给个人的部分及其投资收益，以及本人缴费及其投资收益。

企业年金基金作为一种信托财产，独立于委托人、受托人、账户管理人、托管人、投资管理人和其他为企业年金基金提供服务的自然人、法人或其他组织的固有资产及其管理的其他资产，应当作为独立的会计主体进行确认、计量和列报。

（二）企业年金基金管理各方当事人

企业年金基金管理各方当事人包括：委托人、受托人、账户管理人、托管人、投资管理人和中介服务机构等。建立企业年金计划的企业及其职工作为委托人，与受托人签订受托管理合同。受托人与账户管理人、托管人和投资管理人分别签订委托管理合同。

1. 企业年金基金委托人。

企业年金基金委托人，是指设立企业年金基金的企业及其职工。企业和职工是企业年金计划参与者，作为缴纳企业年金计划供款的主体，按规定缴纳企业年金供款，并作为委托人与受托人签订书面合同，将企业年金基金财产委托给受托人管理运作。

2. 企业年金基金受托人。

企业年金基金受托人，是指受托管理企业年金基金的符合国家规定的养老金管理公司等法人受托机构或者企业年金理事会。

受托人的主要职责有：选择、监督、更换账户管理人、托管人、投资管理人；制定企业年金基金战略资产配置策略；根据合同对企业年金管理进行监督；根据合同收取企业和职工缴费，并向受益人支付企业年金待遇；接受委托人查询，定期向委托人提交企业年金基金管理和财务会计报告；发生重大事件时，及时向委托人和有关监管部门报告；定期向有关监管部门提交开展企业年金基金受托管理业务情况的报告；按照国家规定保存与企业年金基金管理有关的记录。

3. 企业年金基金账户管理人。

企业年金基金账户管理人，是指接受受托人委托管理企业年金基金账户的专业机构。

账户管理人的主要职责有：建立企业年金基金企业账户和个人账户；记录企业、职工缴费以及企业年金基金投资收益；定期与托管人核对缴费数据以及企业年金基金账户财产变化状况，及时将核对结果提交受托人；计算企业年金待遇；向企业和受益人提供企业年金基金企业账户和个人账户信息查询服务；向受益人提供年度权益报告；定期向受托人提交账户管理数据等信息以及企业年金基金账户管理报告；定期向有关监管部门提交开展企业年金基金账户管理业务情况的报告；按照国家规定保存企业年金基金账户管理档案。

4. 企业年金基金托管人。

企业年金基金托管人，是指接受受托人委托保管企业年金基金财产的商业银行。

托管人的主要职责有：安全保管企业年金基金财产；以企业年金基金名义开设基金财产的资金账户和证券账户等；对所托管的不同企业年金基金财产分别设置账户，确保基金财产的完整和独立；根据受托人指令，向投资管理人分配企业年金基金财产；及时办理清算、交割事宜；负责企业年金基金会计核算和估值，复核、审查和确认投资管理人计算的基金财产净值；根据受托人指令，向受益人发放企业年金待遇；定期与账户管理人、投资管理人核对有关数据；按照规定监督投资管理人的投资运作，并定期向受托人报告投资监督情况；定期向受托人提交企业年金基金托管和财务会计报告；定期向有关监管部门提交开展企业年金基金托管业务情况的报告；按照国家规定保存企业年金基金托管业务活动记录、账册、报表和其他相关资料。

5. 企业年金基金投资管理人。

企业年金基金投资管理人，是指接受受托人委托投资管理企业年金基金财产的专业机构。

投资管理人的主要职责有：对企业年金基金财产进行投资；及时与托管人核对企业年金基金会计核算和估值结果；建立企业年金基金投资管理风险准备金；定期向受托人提交企业年金基金投资管理报告；定期向有关监管部门提交开展企业年金基金投资管理业务情况的报告；根据国家规定保存企业年金基金财产会计凭证、会计账簿、年度财务会计报告和投资记录。

6. 中介服务机构。

企业年金基金中介服务机构，是指为企业年金基金管理提供服务的投资顾问公司、信用评估公司、精算咨询公司、会计师事务所、律师事务所等专业机构。

四、企业年金基金缴费

（一）企业年金基金缴费及其流程

企业可以根据自身的经济效益情况和目标，在国家统一规定的范围内，自主决定企业缴费的具体比例，并按照企业年金计划约定的参保范围、企业年金种类和缴费方式，定期进行缴费。根据 2018 年 2 月 1 日起施行的《企业年金办法》（人力资源社会保障部、财政部令第 36 号），企业缴费每年不超过本企业职工工资总额的 8%；企业和职工个人缴费合计不超过本企业职工工资总额的 12%。企业缴费应当按照企业年金方案确定的比例和办法计入职工企业年金个人账户，职工个人缴费计入本人企业年金个人账户。职工个人缴费由企业从职工个人工资中代扣代缴。

企业年金基金缴费（供款）一般流程如下：

1. 企业年金计划开始时，委托人将相关职工缴费总额及明细情况通知受托人，受托人将相关信息提供给账户管理人。账户管理人据此进行系统设置和信息录入。

2. 缴费日前，账户管理人计算缴费总额及明细情况，生成企业缴费和职工个人缴费账单，报受托人确认。

3. 受托人收到账户管理人提供的缴费账单后，与委托人核对确认，核对无误后，将签字确认的缴费账单反馈给账户管理人。

4. 缴费日，受托人向委托人下达缴费指令，委托人向托管人划转缴费账单所列缴款总额，并通知受托人。

5. 受托人向托管人送达收账通知。托管人收到收账通知后，核对实收金额与受托人提供的收账通知金额，并向受托人反馈收账通知回执。

6. 受托人核对托管人反馈的收账通知回执后，通知账户管理人进行缴费的财务处理。账户管理人将缴费明细数据和托管人反馈的收账回执数据进行核对后，根据企业年金计划的约定在已建立的个人账户之间进行分配。

企业年金基金缴费流程如图11－1所示。

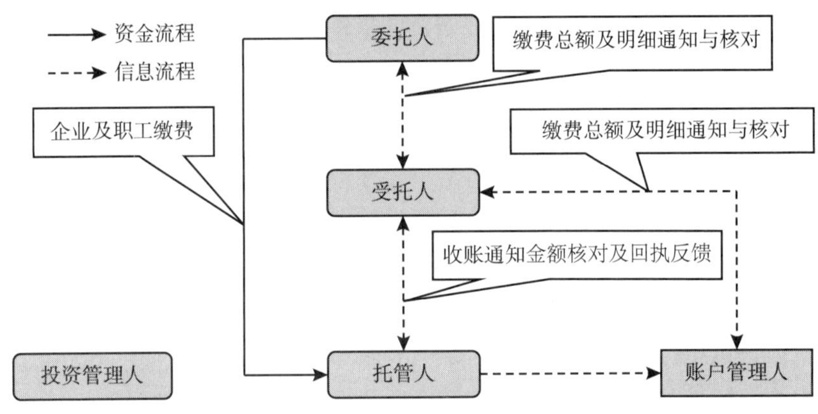

图11－1　企业年金基金缴费流程图

（二）企业年金基金收到缴费的账务处理

为了核算企业年金基金收到缴费等业务，企业年金基金应当设置“企业年金基金”、“银行存款”等科目。“企业年金基金”科目核算企业年金基金资产的来源和运用，应按个人账户结余、企业账户结余、净收益、个人账户转入、个人账户转出，以及支付受益人待遇等设置相应明细科目，本科目期末贷方余额，反映企业年金基金净值。

收到企业及职工个人缴费时，按实际收到的金额，借记“银行存款”科目，贷记“企业年金基金——个人账户结余”、“企业年金基金——企业账户结余”科目。

【例11－1】2×22年1月5日，甲企业年金基金收到缴费350万元，其中：企业缴费200万元、职工个人缴费150万元，存入企业年金账户，实收金额与缴费账单核对无误。按该企业年金计划约定，企业缴费200万元中，归属个人账户金额为110万元，其余90万元的权益归属条件尚未实现。该企业年金基金账务处理如下：

借：银行存款　　3 500 000

　贷：企业年金基金——个人账户结余（个人缴费）　　1 500 000

——个人账户结余（企业缴费） 1 100 000

——企业账户结余（企业缴费） 900 000

企业年金基金收到缴费后，如需账户管理人核对后确认，可先通过“其他应付款——企业年金基金供款”科目核算，确认后再转入“企业年金基金”科目。

五、企业年金基金投资运营

（一）企业年金基金投资运营原则和范围

根据《企业年金基金管理办法》（2011 年 2 月 12 日人力资源社会保障部、银监会、证监会、保监会令第 11 号公布 根据 2015 年 4 月 30 日《人力资源社会保障部关于修改部分规章的决定》修订），企业年金基金投资运营应当遵循谨慎、分散风险的原则，充分考虑企业年金基金财产的安全性、收益性和流动性，实行专业化管理，严格按照国家相关规定进行投资运营。

《企业年金基金管理办法》、《关于调整年金基金投资范围的通知》（人社部发〔2020〕95 号）规定，年金基金财产限于境内投资和香港市场投资。其中，境内投资范围包括银行存款，标准化债权类资产，债券回购，信托产品，债权投资计划，公开募集证券投资基金，股票，股指期货，国债期货，养老金产品；香港市场投资指年金基金通过股票型养老金产品或公开募集证券投资基金，投资内地与香港股票市场交易互联互通机制下允许买卖的香港联合交易所上市股票。

《关于调整年金基金投资范围的通知》（人社部发〔2020〕95 号）规定，年金基金财产以投资组合为单位，按照公允价值计算应当符合下列规定：

1. 投资一年期以内（含一年）的银行存款、中央银行票据，同业存单，剩余期限在一年期以内（含一年）的国债，剩余期限在一年期以内（含一年）的政策性、开发性银行债券，债券回购，货币市场基金，货币型养老金产品等流动性资产的比例，合计不得低于投资组合委托投资资产净值的 5%。清算备付金、证券清算款以及一级市场证券申购资金视为流动性资产。

2. 投资一年期以上的银行存款，标准化债权类资产，信托产品，债权投资计划，债券基金，固定收益型养老金产品，混合型养老金产品等固定收益类资产的比例，合计不得高于投资组合委托投资资产净值的 135%。债券正回购的资金余额在每个交易日均不得高于投资组合委托投资资产净值的 40%。已计入流动性资产的不再重复计入固定收益类资产。

3. 投资股票、股票基金、混合基金、股票型养老金产品（含股票专项型养老金产品）等权益类资产的比例，合计不得高于投资组合委托投资资产净值的 40%。其中，投资港股通标的产品的比例，不得高于投资组合委托投资资产净值的 20%；投资单只股票专项型养老金产品的比例，不得高于投资组合委托投资资产净值的 10%。

年金基金不得直接投资于权证，但因投资股票、分离交易可转换债等投资品种而衍生获得的权证，应当在权证上市交易之日起 10 个交易日内卖出。

4. 投资信托产品、债权投资计划，以及信托产品型、债权投资计划型养老金产品的比例，合计不得高于投资组合委托投资资产净值的 30%。其中，投资信托产品以及信托产品型养老金产品的比例，合计不得高于投资组合委托投资资产净值的 10%。

5. 专门投资组合是指将 80% 以上非现金资产投资于银行存款、信托产品、债权投资计划或者存款型、信托产品型、债权投资计划型养老金产品中的一类产品而专门设立的投资组合。专门投资组合可以不受第 1 项 5% 流动性限制。投资信托产品、债权投资计划或信托产品型、债权投资计划型养老金产品的专门投资组合，可以不受第 4 项 30% 和 10% 规定的限制。

《关于调整年金基金投资范围的通知》（人社部发〔2020〕95 号）规定，单个投资组合的年金基金财产，按照公允价值计算应当符合下列规定：

1. 投资一家企业所发行的股票，单期发行的同一品种标准化债权类资产，单只证券投资基金，分别不得超过上述证券发行量、该基金份额（基金产品份额数以最近一次公告或者发行人正式说明为准）的 5%，也分别不得超过该投资组合委托投资资产净值的 10%。其中，投资资产支持证券或资产支持票据的比例不得超过该只证券发行量的 10%。

2. 投资单期信托产品、债权投资计划，分别不得超过该期信托产品、债权投资计划资产管理规模的 20%。投资信托产品、债权投资计划的专门投资组合，可以不受此规定的限制。

企业年金基金有关监管部门将根据金融市场变化和投资运作情况，适时对企业年金基金投资范围和比例等进行调整。

（二）企业年金基金投资运营流程

企业年金基金投资运营一般流程如下：

1. 受托人通知托管人和投资管理人企业年金基金投资额度。

2. 托管人根据受托人指令，向投资管理人分配基金资产，并将资金到账情况通知投资管理人。

3. 投资管理人负责对企业年金基金财产进行投资。

4. 投资管理人及时与托管人核对企业年金基金会计核算和估值结果。

5. 投资管理人定期向受托人提交企业年金基金投资管理报告。

6. 托管人根据投资管理人发送的场外交易指令，并通过接收和处理交易所及中国证券登记结算公司发送的行情、交易、交收数据等，进行清算交收、会计核算、估值和投资运作监督。如果发现投资管理人的违规行为，应立即通知投资管理人，并及时向受托人和有关监管部门报告。

7. 托管人负责企业年金基金会计核算和估值，复核、审查和确认投资管理人计算的基金财产净值。

8. 托管人按照规定监督投资管理人的投资运作，并定期向受托人报告投资监督情况。

9. 托管人定期向受托人提交企业年金基金托管和财务会计报告。

10. 托管人将估值结果（企业年金基金净值和净值增长率）通知受托人和账户管理人。

11. 账户管理人根据企业年金基金净值和净值增长率，将基金投资运营收益按日或按周足额记入企业年金基金企业账户和个人账户。

企业年金基金投资运营一般流程如图 11－2 所示。

（三）企业年金基金投资运营的账务处理

企业年金基金在运营中根据国家规定的投资范围取得的国债、信用等级在投资级以上的金融债和企业债、可转债、投资性保险产品、证券投资基金、股票等具有良好流动性的金融产品，其初始取得和后续估值应当以公允价值计量。企业年金基金投资公允价值的确定，按照第三十九章公允价值计量有关要求进行。

企业年金基金投资运营的会计核算一般需要设置“交易性金融资产”、“公允价值变动损益”、“证券清算款”、“结算备付金”、“交易保证金”、“投资收益”、“交易费用”、“应收利息”、“应收股利”、“应收红利”、“本期收益”等科目。

1. 初始取得投资时的账务处理。

企业年金基金初始取得投资时，应当以交易日支付的价款（不含支付价款中所包含的、已到付息期但尚未领取的利息或已宣告但尚未发放的现金股利、基金红利）计入投资的成本，借记“交易性金融资产——成本”，按发生的交易费用及相关税费直接计入当期损益，借记“交易费用”科目，按支付价款中所包含的、已到付息期但尚未领取的利息或已宣告但尚未发放的现金股利、

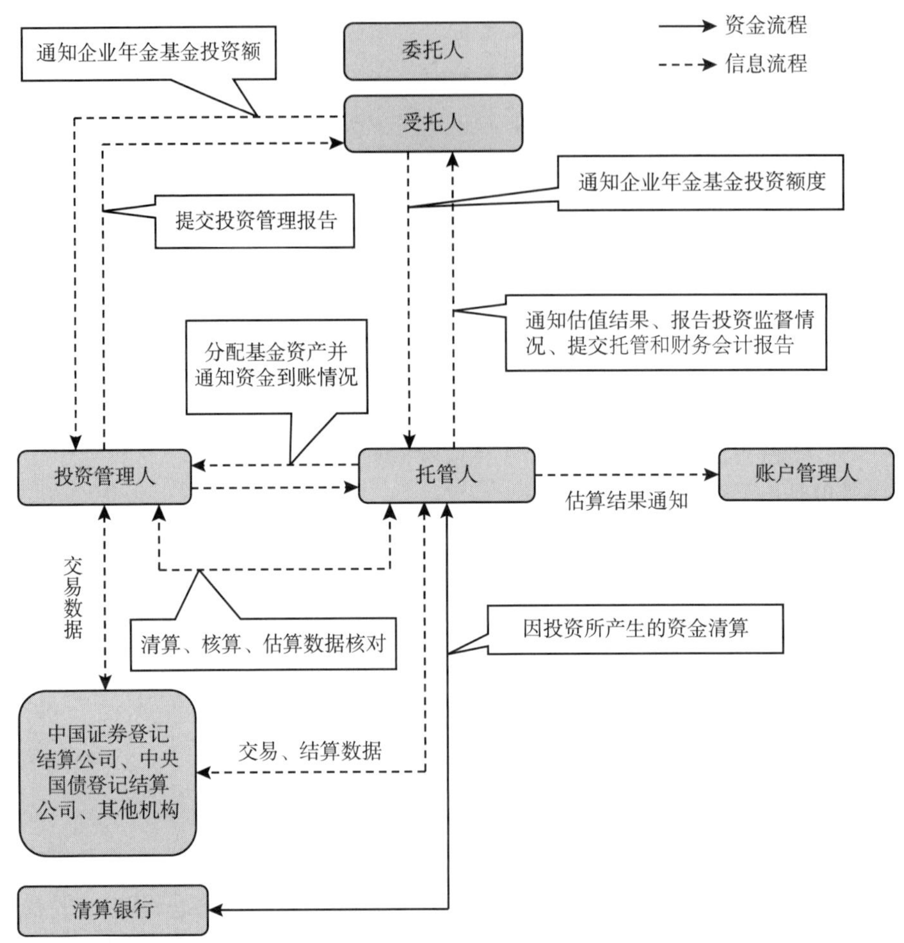

图11－2　企业年金基金投资运营流程图

红利，借记“应收利息”、“应收股利”或“应收红利”科目，贷记“证券清算款”、“银行存款”等科目。

资金交收日，按实际清算的金额，借记“证券清算款”科目，贷记“结算备付金”、“银行存款”等科目。

【例11－2】 2×22年9月1日，乙企业年金基金通过证券交易所购入分期付息、一次还本国债500手，每手债券面值为1 000元，票面年利率为3.6%，购买价款600 000元（含已到付息期但尚未领取的利息40 000元），另发生手续费、佣金及相关税费2 000元。

该企业年金基金账务处理如下：

(1) 交易日（T日，即9月1日）与证券登记结算机构清算应付证券款时：

借：交易性金融资产——成本（债券）　　560 000

　　应收利息　　40 000

　　交易费用　　2 000

　　贷：证券清算款　　602 000

（2）资金交收日（T+1，即9月2日）与证券登记结算机构交收资金时：

借：证券清算款　　602 000

　　贷：结算备付金　　602 000

【例11-3】 2×22年4月1日，丙企业年金基金通过证券交易所以每股10.3元（含已经宣告但尚未发放的现金股利0.3元）的价格购入A股票10万股，另发生券商佣金、印花税等2万元。

该企业年金基金账务处理如下：

（1）交易日（T日，即4月1日）与证券登记结算机构清算应付证券款时：

借：交易性金融资产——成本（A股票）　　1 000 000

　　应收股利——A股票　　30 000

　　交易费用　　20 000

　　贷：证券清算款　　1 050 000

（2）资金交收日（T+1日，即4月2日）与证券登记结算机构交收资金时：

借：证券清算款　　1 050 000

　　贷：结算备付金　　1 050 000

2. 投资持有期间的账务处理。

企业年金基金投资持有期间，被投资单位宣告发放的现金股利，或资产负债表日按债券票面利率计算的利息收入，应确认为投资收益，借记“应收股利”、“应收利息”或“应收红利”科目，贷记“投资收益”科目。期末，将“投资收益”科目余额转入“本期收益”科目。

【例11-4】 沿用〖例11-2〗，该企业年金基金持有国债期间，按债券票面价值和票面利率计提债券利息。假设一年按360天计算，每日计提利息，票面年利率3.6%。

该企业年金基金账务处理如下：

每日应计利息 $=500\ 000\times3.6\%\div360=50$（元）

每日计提利息时：

借：应收利息　　50

贷：投资收益 50

债券除息日（T 日），借记“证券清算款”科目，贷记“应收利息”科目。资金交收日（T+1 日），借记“结算备付金”科目，贷记“证券清算款”科目。

【例 11－5】 沿用〖例 11－3〗，2×22 年 4 月 5 日，企业年金基金收到购买 A 股票时已宣告的现金股利，该上市公司发放 A 股票的现金股利每股 0.3 元，合计 3 万元。

该企业年金基金账务处理如下：

借：结算备付金 30 000

贷：应收股利——A 股票 30 000

3. 估值日的账务处理。

企业年金基金的投资应当按日估值，或至少按周进行估值。估值日对投资进行估值时，应当以估值日的公允价值计量。公允价值与上一估值日公允价值的差额，计入当期损益，并以此调整原账面价值。借记或贷记“交易性金融资产——公允价值变动”科目，贷记或借记“公允价值变动损益”科目。

【例 11－6】 沿用〖例 11－5〗，2×22 年 4 月 12 日（估值日），企业年金基金持有的 A 股票的证券交易所收盘价为每股 11 元。

在估值日和资产负债表日，企业年金基金持有的上市流通的债券、基金、股票等交易性金融资产，以其估值日在证券交易所挂牌的市价（平均价或收盘价）估值；估值日无交易的，以最近交易日的市价估值。

估值日公允价值与上一估值日公允价值的差额 =（11－10）×100 000 = 100 000（元）

该企业年金基金账务处理如下：

借：交易性金融资产——公允价值变动（A 股票） 100 000

贷：公允价值变动损益 100 000

4. 投资处置的账务处理。

处置企业年金基金的投资时，应在交易日按照卖出投资所取得的价款与其账面价值的差额，确定为投资损益。出售投资时，按应收的金额，借记“证券清算款”科目，按该投资的账面余额，贷记或借记交易性金融资产（成本、公允价值变动），按其差额，贷记或借记“投资收益”科目。同时，将原计入该投资的公允价值变动转出，借记或贷记“公允价值变动损益”科目，贷记或借记“投资收益”科目。

因债券、基金、股票的交易比较频繁，出售债券、基金、股票等证券时，其投资成本应一并结转。出售证券成本的计算方法可采用加权平均法、移动加权平均法、先进先出法等，成本计算方法一经确定，不得随意变更。

【例11－7】 沿用〖例11－6〗，2×22年5月30日，该企业年金基金出售A股票5万股，每股市价13元，出售价款65万元，另发生券商佣金、印花税等1 800元。

该企业年金基金账务处理如下：

(1) 交易日（T日，即5月30日）与证券登记结算机构清算应收证券款时：

借：证券清算款 648 200
　　交易费用 1 800
　　贷：交易性金融资产——成本（A股票） 500 000
　　　　　　　　　　——公允价值变动（A股票） 50 000
　　　　投资收益 100 000

借：公允价值变动损益 50 000
　　贷：投资收益 50 000

(2) 资金交收日（T＋1日，即5月31日）与证券登记结算机构交收资金时：

借：结算备付金 648 200
　　贷：证券清算款 648 200

六、企业年金基金收入

（一）企业年金基金收入的构成

企业年金基金收入，是指企业年金基金在投资运营中所形成的经济利益的流入。企业年金基金收入能够带来企业年金基金资产的增加，也可能使企业年金基金负债减少，或二者兼而有之。企业年金基金收入由下列项目构成：(1) 存款利息收入；(2) 买入返售证券收入；(3) 公允价值变动收益；(4) 投资收益；(5) 风险准备金补亏等其他收入。

（二）企业年金基金收入的账务处理

企业年金基金收入项目中，公允价值变动收益、投资收益有关内容及其账务处理已在“五、企业年金基金投资运营”中进行了介绍。下面主要介绍存款利息收入、买入返售证券收入、其他收入账务处理有关内容。

1. 存款利息收入的账务处理。

存款利息收入包括活期存款、定期存款、结算备付金、交易保证金等利息收入。企业年金基金应按日或至少按周确认存款利息收入，并按存款本金和适用利率计提的金额入账。

按日或按周计提银行存款、结算备付金存款等利息时，借记“应收利息”科目，贷记“存款利息收入”科目。

【例 11－8】 2×22 年 9 月 1 日，丁企业年金基金在商业银行的存款本金为 1 800 000 元，假设一年按 360 天计算，银行存款年利率为 2%，每季末结息，该企业年金基金逐日估值。

每日银行存款应计利息＝存款本金×年利率÷360＝1 800 000×2%÷360＝100（元）

该企业年金基金账务处理如下：

（1）每日计提存款利息时：

	借方	贷方
借：应收利息	100	
贷：存款利息收入		100

（2）每季收到存款利息时（假设每季收息 9 000 元）：

	借方	贷方
借：银行存款	9 000	
贷：应收利息		9 000

2. 买入返售证券收入的账务处理。

买入返售证券业务，是指企业年金基金与其他企业以合同或协议的方式，按一定价格买入证券，到期日再按合同规定的价格将该批证券返售给其他企业，以获取利息收入的证券业务。企业年金基金应于买入证券时，按实际支付的价款确认为一项资产，在融券期限内按照买入返售证券价款和协议约定的利率逐日或每周计提的利息确认买入返售证券收入。

企业年金基金应设置“买入返售证券”、“买入返售证券收入”等科目，对买入返售证券业务进行账务处理。买入证券付款时，按实际支付的款项，借记“买入返售证券”科目，贷记“结算备付金”科目。计提利息时，借记“应收利息”科目，贷记“买入返售证券收入”科目。买入返售证券到期时，按实际收到的金额，借记“结算备付金”科目，按买入时的价款，贷记“买入返售证券”科目，按已计未收利息，贷记“应收利息”科目，按本期应计利息，贷记“买入返售证券收入”科目。期末，将“买入返售证券收入”科目余额转入“本期收益”科目。

3. 其他收入的账务处理。

其他收入，是指除上述收入以外的收入，如风险准备金补亏。根据《企业年金基金管理办法》的规定，投资管理人从当期收取的管理费中，提取20%作为企业年金基金投资管理风险准备金，专项用于弥补合同终止时所管理投资组合的企业年金基金当期委托投资资产的投资亏损。企业年金基金投资管理风险准备金应当存放于投资管理人在托管人处开立的专用存款账户，余额达到投资管理人所管理投资组合基金财产净值的10%时可以不再提取。

企业年金基金取得投资管理风险准备金用于补亏时，应当按照实际收到金额计入其他收入。

【例11－9】 2×22年1月10日，戊企业年金基金按日估值时确认当日亏损25万元。当日，该年金基金的投资管理人为其提取的投资管理风险准备金余额为60万元。戊企业年金基金按规定取得投资管理风险准备金25万元用于补亏。

该企业年金基金账务处理如下：

借：银行存款　　250 000

　贷：其他收入——风险准备金补亏　　250 000

七、企业年金基金费用

（一）企业年金基金费用的构成

企业年金基金费用，是指企业年金基金在投资运营等日常活动中所发生的经济利益的流出。企业年金基金费用可能表现为企业年金基金资产的减少，或企业年金基金负债的增加，或二者兼而有之。企业年金基金费用由下列项目构成：（1）交易费用；（2）受托人管理费；（3）托管人管理费；（4）投资管理人管理费；（5）卖出回购证券支出；（6）其他费用。

（二）企业年金基金费用的账务处理

1. 交易费用的账务处理。

交易费用，是指企业年金基金在投资运营中发生的手续费、佣金以及相关税费，包括支付给代理机构、咨询机构、券商的手续费和佣金以及相关税费等其他必要支出。

企业年金基金应设置“交易费用”科目，按照实际发生的金额，借记“交易费用”科目，贷记“证券清算款”、“银行存款”等科目。

2. 受托人管理费、托管人管理费和投资管理人管理费的账务处理。

受托人管理费、托管人管理费和投资管理人管理费，是指受托人、托管人和投资管理人根据企业年金计划或合同文件规定的比例，提取的相应管理费。根据《企业年金基金管理办法》，受托人年度提取的管理费不高于受托管理企业年金基金财产净值的 0.2%，托管人年度提取的管理费不高于托管企业年金基金财产净值的 0.2%，投资管理人年度提取的管理费不高于投资管理企业年金基金财产净值的 1.2%。账户管理人的管理费不属于企业年金基金费用，由建立企业年金计划的企业另行缴纳。

企业年金基金应当设置"受托人管理费"、"托管人管理费"、"投资管理人管理费"、"应付受托人管理费"、"应付托管人管理费"、"应付投资管理人管理费"等科目，对发生的上述管理费，分别进行账务处理。

企业年金基金计提相关费用时，应当按照应付的实际金额，借记"受托人管理费"、"托管人管理费"、"投资管理人管理费"科目，同时确认为负债，贷记"应付受托人管理费"、"应付托管人管理费"、"应付投资管理人管理费"科目。支付相关管理费用时，借记"应付受托人管理费"、"应付托管人管理费"、"应付投资管理人管理费"科目，贷记"银行存款"等科目。期末，将"受托人管理费"、"托管人管理费"、"投资管理人管理费"科目的借方余额全部转入"本期收益"科目。

【例 11-10】 2×22 年 4 月 1 日，己企业年金基金市值为 30 000 000 元。投资管理合同中约定：投资管理费年费率为基金净值（市值）的 1.2%；一年按 360 天计算，按日估值。

当日应计提的投资管理费 = 基金净值 × 年费率 ÷ 当年天数 = 30 000 000 × 1.2% ÷ 360 = 1 000（元）

该企业年金基金账务处理如下：

借：投资管理人管理费——××投资管理人　　　　1 000

　　贷：应付投资管理人管理费　　　　1 000

【例 11-11】 2×22 年 4 月 1 日，庚企业年金基金市值为 18 000 000 元。受托管理合同和托管合同中均约定：受托人管理费和托管人管理费年费率均为基金净值（市值）的 0.2%。假设一年按 360 天计算，按日估值。

当日应计提的受托人管理费 = 基金净值 × 年费率 ÷ 当年天数 = 18 000 000 × 0.2% ÷ 360 = 100（元）

当日应计提的托管人管理费 = 基金净值 × 年费率 ÷ 当年天数 = 18 000 000 × 0.2% ÷ 360 = 100（元）

该企业年金基金账务处理如下：

借：受托人管理费——××受托人　　100
　　贷：应付受托人管理费　　100
借：托管人管理费——××托管人　　100
　　贷：应付托管人管理费　　100

3. 卖出回购证券支出的账务处理。

卖出回购证券业务，是指企业年金基金与其他企业以合同或协议的方式，按照一定价格卖出证券，到期日再按合同约定的价格买回该批证券，以获得一定时期内资金的使用权的证券业务。企业年金基金应在融资期限内，按照卖出回购证券价款和协议约定的利率每日或每周确认、计算卖出回购证券支出。

企业年金基金应设置“卖出回购证券支出”、“卖出回购证券款”等科目，对卖出回购证券业务进行账务处理。

卖出证券收到款时，按实际收到价款，借记“结算备付金”科目，同时确认一笔负债，贷记“卖出回购证券款”科目。证券持有期内计提利息时，按计提的金额，借记“卖出回购证券支出”科目，贷记“应付利息”科目。到期回购时，按卖出证券时实际收款金额，借记“卖出回购证券款”科目，按应计提未到期的卖出回购证券利息，借记“应付利息”科目，按实际支付的款项，贷记“结算备付金”科目，按借贷方差额，借记“卖出回购证券支出”科目。期末将“卖出回购证券支出”科目余额转入“本期收益”科目。

4. 其他费用的账务处理。

其他费用，是指除交易费用、受托人管理费、托管人管理费、投资管理人管理费以及卖出回购证券支出以外的其他各项费用，包括注册登记费、上市年费、信息披露费、审计费用、律师费用等。

基金管理各方当事人因未履行义务导致的费用支出或资产的损失以及处理与基金运作无关的事项发生的费用不得列入企业年金基金费用。

企业年金基金应当设置“其他费用”等科目，按费用种类设置明细账，对发生的其他费用进行账务处理。发生其他费用时，应按实际发生的金额，借记“其他费用”科目，贷记“银行存款”等科目。如发生的其他费用金额较大，比如大于基金净值十万分之一，也可以采用待摊或预提的方法，待摊或预提计入基金损益，但一经采用，不得随意变更，且年末一般无余额。（1）采用待摊方法的，发生时，借记“待摊费用”科目，贷记“银行存款”科目；摊销时，借记“其他费用”科目，贷记“待摊费用”科目。（2）采用预提方法的，预提时，借记“其他费用”科目，贷记“预提费用”科目；支付费用时，借记“预提费用”科目，贷记“银行存款”科目。期末，应将“其他费用”科目的借方余额全部转入“本期收益”科目。

【例 11－12】 2×22 年 1 月 1 日，辛企业年金基金市值为 3.5 亿元，该日发生信息披露费 3 000 元，以银行存款支付。假设辛企业年金基金按日估值。

该企业年金基金账务处理如下：

借：其他费用　　3 000

　　贷：银行存款　　3 000

八、企业年金待遇给付及企业年金基金净资产

（一）企业年金待遇给付及其账务处理

职工在达到国家规定的退休年龄、完全丧失劳动能力、出国（境）定居时，可以领取企业年金；职工或者退休人员死亡后，其企业年金个人账户余额可以继承。企业年金待遇支付水平受到缴费金额、缴费时间、投资运营收益情况等因素影响。企业年金待遇给付方式，根据有关规定和企业年金计划约定，按月、分次或一次性支付。

企业年金待遇给付一般流程如下：

1. 委托人向受托人发送企业年金待遇支付或转移的通知。
2. 受托人通知账户管理人计算支付企业年金待遇。
3. 账户管理人将计算支付企业年金待遇结果反馈受托人，并与受托人核对。
4. 受托人核对后通知托管人和投资管理人进行份额赎回。
5. 受托人根据账户管理人提供的待遇支付表，通知托管人支付或转移金额，下达待遇支付指令。托管人根据受托人出具的待遇支付或转移支付指令进行划款，并向受托人反馈待遇支付结果。
6. 受托人指令账户管理人进行待遇支付的账户处理。账户管理人根据支付结果，扣减个人账户资产，并向受益人提供年金基金的最终账户数据或向新年金计划移交账户资料。

企业年金待遇给付运作流程如图 11－3 所示。

企业年金基金应设置“企业年金基金——支付受益人待遇”、“应付受益人待遇”等科目，按受益人设置明细账进行账务处理。给付企业年金待遇时，按应付金额，借记“企业年金基金——支付受益人待遇”科目，贷记“应付受益人待遇”科目；支付款项时，借记“应付受益人待遇”科目，贷记“银行存款”科目。

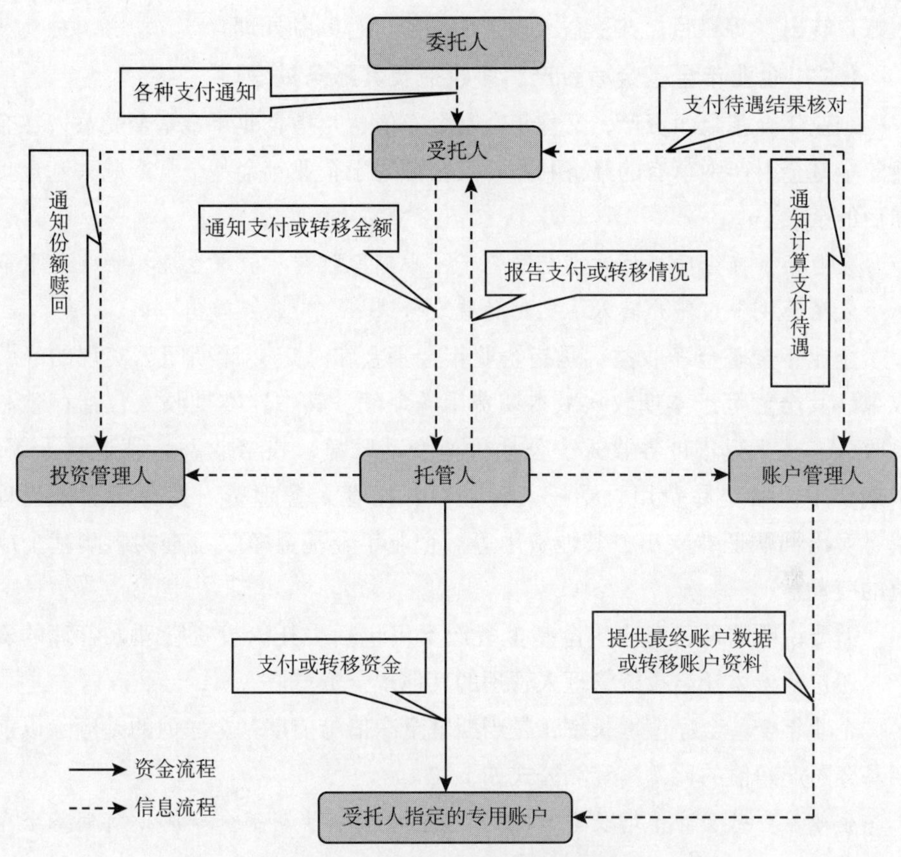

图 11－3　企业年金待遇给付流程图

【例 11－13】2×22 年 11 月 4 日，壬企业年金基金根据企业年金计划和委托人指令，支付退休人员企业年金待遇，金额共计 70 000 元。

该企业年金基金账务处理如下：

(1) 计算、确认给付企业年金待遇时：

借：企业年金基金——支付受益人待遇　　70 000

　贷：应付受益人待遇　　70 000

(2) 支付受益人待遇时：

借：应付受益人待遇　　70 000

　贷：银行存款　　70 000

此外，因职工调离企业而发生的个人账户转出金额，相应减少基金净资产；因职工调入企业而发生的个人账户转入金额，相应增加基金净资产。企业年金基金应设置“企业年金基金——个人账户转入”、“企业年金基金——个人账户转出”等科目，按受益人设置明细账进行账务处理。

（二）企业年金基金净资产、净收益及其账务处理

企业年金基金净资产，又称年金基金净值，是指企业年金基金受益人在企业年金基金财产中享有的经济利益，其金额等于企业年金基金资产减去基金负债后的余额。

企业年金基金净资产＝期初净资产＋本期净收益＋收取企业缴费＋收取职工个人缴费＋个人账户转入－支付受益人待遇－个人账户转出

企业年金基金净收益，是指企业年金基金在一定会计期间已实现的经营成果，其金额等于本期收入减本期费用的余额。其中，本期收入包括存款利息收入、买入返售证券收入、公允价值变动收益、投资收益、其他收入等。本期费用包括交易费用、受托人管理费、托管人管理费、投资管理人管理费、卖出回购证券支出、其他费用等。企业年金基金净收益直接影响基金净值的变动。

需要说明的是，企业年金基金资产不仅包括委托给投资管理人管理的资产，还包括未委托给投资管理人管理的其他现金资产。

企业年金基金净值增长率，是当期基金净值与前期基金净值的差额除以前期基金财产净值的比例。计算公式如下：

企业年金基金净值增长率＝（当期基金净值－前期基金净值）/前期基金净值×100%

企业年金基金账户管理人根据企业年金基金净值和净值增长率，按日或按周足额记入企业年金基金企业账户和个人账户。在收益记入日，账户管理人根据托管人提供的、经受托人复核的企业年金基金净值和净值增长率，并根据企业账户和职工个人账户前期余额，计算本期各账户应记入的投资运营收益。计算公式如下：

个人账户本期余额＝个人账户前期余额×（1＋企业年金基金净值增长率）

企业账户本期余额＝企业账户前期余额×（1＋企业年金基金净值增长率）

资产负债表日，应当将当期企业年金基金各项收入和费用结转至净资产，并根据企业年金计划按期将运营收益分配记入企业和职工个人账户。

企业年金基金应设置“本期收益”等科目。“本期收益”科目核算本期实现的基金净收益（或净亏损）。期末，结转企业年金基金净收益时，将“存款利息收入”、“买入返售证券收入”、“公允价值变动损益”、“投资收益”、“其他收入”等科目的余额转入“本期收益”科目贷方（“公允价值变动损益”、

"投资收益"科目为借方余额的，则转入"本期收益"科目借方)；将"交易费用"、"受托人管理费"、"托管人管理费"、"投资管理人管理费"、"卖出回购证券支出"、"其他费用"等科目的余额转入"本期收益"科目借方。"本期收益"科目余额，即为企业年金基金净收益（或净亏损)。净收益转入企业年金基金时，借记"本期收益"科目，贷记"企业年金基金——净收益"科目；如为净亏损，作相反分录。将净收益按企业年金计划约定的比例转入个人和企业账户时，借记"企业年金基金——净收益"科目，贷记"企业年金基金——个人账户结余"、"企业年金基金——企业账户结余"科目。

九、企业年金基金财务报表

（一）企业年金基金财务报表编报主体

《企业年金基金管理办法》规定，托管人应当在每季度结束后15日内向受托人提交企业年金基金托管和财务会计季度报告；并应当在年度结束后45日内向受托人提交企业年金基金托管和财务会计年度报告。

此外，受托人、账户管理人和投资管理人也应当按照规定报告企业年金基金管理情况，并对所报告内容的真实性、完整性负责。《企业年金基金管理办法》规定，受托人应当在每季度结束后30日内向委托人提交企业年金基金管理季度报告，并应当在年度结束后60日内向委托人提交企业年金基金管理和财务会计年度报告；账户管理人应当在每季度结束后15日内向受托人提交企业年金基金账户管理季度报告，并应当在年度结束后45日内向受托人提交企业年金基金账户管理年度报告；投资管理人应当在每季度结束后15日内向受托人提交经托管人确认财务管理数据的企业年金基金投资组合季度报告，并应当在年度结束后45日内向受托人提交经托管人确认财务管理数据的企业年金基金投资管理年度报告。

（二）企业年金基金财务报表构成

企业年金基金财务报表，是指企业年金基金对外提供的反映基金某一特定日期财务状况和一定会计期间的经营成果、净资产变动情况的书面文件。

企业年金基金财务报表包括下列内容：

1. 资产负债表。

资产负债表，是指反映企业年金基金在某一特定日期的财务状况，应当按资产、负债和净资产分类列示。资产类项目至少应当列示下列信息：（1）货币资金；（2）应收证券清算款；（3）应收利息；（4）买入返售证券；（5）其他应收款；（6）债券投资；（7）基金投资；（8）股票投资；（9）其他投资；（10）其他资产。负债类项目至少应当列示下列信息：（1）应付证券清算款；（2）应付受益人待遇；（3）应付受托人管理费；（4）应付托管人管理费；（5）应付投资管理人管理费；（6）应交税金；（7）卖出回购证券款；（8）应付利息；（9）应付佣金；（10）其他应付款。净资产类项目列示企业年金基金净值。

2. 净资产变动表。

净资产变动表，是指反映企业年金基金在一定会计期间的净资产增减变动情况的会计报表。净资产变动表应当列示下列信息：（1）期初净资产；（2）本期净资产增加数；（3）本期净资产减少数；（4）期末净资产。其中，本期净资产增加数包括本期收入、收取企业缴费、收取职工个人缴费、个人账户转入。本期收入由存款利息收入、买入返售证券收入、公允价值变动收益、投资处置收益、其他收入构成。本期净资产减少数，包括本期费用、支付受益人待遇、个人账户转出。其中，本期费用由交易费用、受托人管理费用、托管人管理费用、投资管理人管理费、卖出回购证券支出、其他费用构成。

3. 附注。

附注是对资产负债表、净资产变动表中列示项目的文字描述或明细资料，以及对未能在报表中列示项目的说明。

（三）企业年金基金财务报表编制

1. 资产负债表的编制说明。

（1）“货币资金”项目，反映期末存放在金融机构的各种款项，应根据“银行存款”、“结算备付金”、“交易保证金”等科目的期末余额填列。

（2）“应收证券清算款”项目，反映期末尚未收回的证券清算款，应根据“证券清算款”科目所属明细科目期末借方余额填列。

（3）“应收利息”项目，反映期末尚未收回的各项利息，应根据“应收利息”科目期末余额填列。

（4）“买入返售证券”项目，反映期末已经买入但尚未到期返售证券的实际成本，应根据“买入返售证券”科目期末余额填列。

（5）“其他应收款”项目，反映除应收证券清算款、应收利息、应收红利、应收股利以外的，期末尚未收回的其他各种应收款、暂付款项等，应根据“其他应收款”等科目的期末余额分析计算填列。

（6）“债券投资”项目，反映期末持有债券投资的公允价值，应根据“交易性金融资产”及其明细科目的期末余额分析填列。

(7)“基金投资”项目，反映期末持有基金投资的公允价值，应根据“交易性金融资产”及其明细科目的期末余额分析填列。

(8)“股票投资”项目，反映期末持有股票投资的公允价值，应根据“交易性金融资产”及其明细科目的期末余额分析填列。

(9)“其他投资”项目，反映期末持有的除上述投资以外的资产的公允价值，应根据“交易性金融资产”等相关科目的期末余额分析填列。

(10)“其他资产”项目，反映除上述资产以外的其他资产，应根据“交易性金融资产”等相关科目的期末余额分析填列。“应收红利”、“应收股利”科目期末余额也填列在此项目。

(11)“应付证券清算款”项目，反映期末尚未支付的证券清算款，应根据“证券清算款”科目所属明细科目期末余额填列。

(12)“应付受益人待遇”项目，反映期末尚未支付受益人待遇的款项，应根据“应付受益人待遇”科目所属明细科目期末余额填列。

(13)“应付受托人管理费”项目，反映期末尚未支付受托人的管理费用，应根据“应付受托人费用”科目期末余额填列。

(14)“应付托管人管理费”项目，反映期末尚未支付托管人的管理费用，应根据“应付托管人管理费”科目期末余额计算填列。

(15)“应付投资管理人管理费”项目，反映期末尚未支付投资管理人的管理费用，应根据“应付投资管理人管理费”科目期末余额计算填列。

(16)“应交税金”项目，反映期末应交未交的相关税费，应根据“应交税费”科目的期末余额填列。

(17)“卖出回购证券款”项目，反映已经卖出但尚未到期回购的证券款，应根据“卖出回购证券款”科目的期末余额填列。

(18)“应付利息”项目，反映期末尚未支付的各项利息，应根据“应付利息”科目期末余额填列。

(19)“应付佣金”项目，反映期末尚未支付券商的佣金，应根据“应付佣金”科目的期末余额填列。

(20)“其他应付款”项目，反映除上述负债以外的其他负债，如暂收款、多收的款项等，应根据“其他应付款”等有关科目期末余额分析填列。

(21)“企业年金基金净值”项目，反映期末企业年金基金净值，应根据“企业年金基金”及其明细科目分析填列。

2. 净资产变动表的编制说明。

（1）“期初净资产”项目，反映企业年金基金期初净值，应根据上期末“企业年金基金”及其明细科目贷方余额分析填列。

（2）“存款利息收入”项目，反映本期存放金融机构各种存款的利息收入，应根据“存款利息收入”科目期末结转“本期收益”科目的数额填列。

（3）“买入返售证券收入”项目，反映本期买入返售证券业务而实现的利息收入，应根据“买入返售证券收入”科目期末结转“本期收益”科目的数额填列。

（4）“公允价值变动收益”项目，反映本期持有债券、基金、股票等投资的公允价值变动情况，应根据“公允价值变动损益”科目期末结转“本期收益”科目的数额填列。

（5）“投资处置收益”项目，反映本期投资处置时实现的收益，以及投资持有期间收到被投资单位发放的现金股利、红利，或按债券票面利率计算的利息收入。应根据“投资收益”科目期末结转“本期收益”科目的数额分析填列。

（6）“其他收入”项目，反映本期除以上收入外的其他收入，应根据“其他收入”科目期末结转“本期收益”科目的数额填列。

（7）“收取的企业缴费”项目，反映本期收到的企业缴费，应根据“企业年金基金”及其明细科目的余额分析填列。

（8）“收取的职工个人缴费”项目，反映本期收到的职工个人缴费，应根据“企业年金基金”及其明细科目的余额分析填列。

（9）“个人账户转入”项目，反映本期从其他企业调入本企业职工个人账户转入的金额，应根据“企业年金基金——个人账户转入”科目的余额填列。

（10）“交易费用”项目，反映本期投资运营中发生的手续费、佣金及其他必要支出，应根据“交易费用”科目期末结转“本期收益”科目的数额填列。

（11）“受托人管理费”项目，反映本期按照合同约定计提的受托人管理费用，应根据“受托人管理费”科目期末结转“本期收益”科目的数额填列。

（12）“托管人管理费”项目，反映本期按照合同约定计提的托管人管理费用，应根据“托管人管理费”科目期末结转“本期收益”科目的数额填列。

（13）“投资管理人管理费”项目，反映本期按照合同约定计提的投资管理人管理费用，应根据“投资管理人管理费”科目期末结转“本期收益”科目的数额填列。

（14）“卖出回购证券支出”项目，反映本期发生的卖出回购证券业务的支出，应根据“卖出回购证券款”科目期末结转“本期收益”科目的数额填列。

（15）“其他费用”项目，反映本期除上述费用之外的其他各项费用，应根据“其他费用”科目期末结转“本期收益”科目的数额填列。

（16）“支付受益人待遇”项目，反映本期支付受益人待遇的金额，应根据“企业年金基金”及其明细科目的期末余额填列。

（17）“个人账户转出”项目，反映本期企业职工调出、离职等原因从个人账户转出的金额，应根据“企业年金基金——个人账户转出”科目的期末余额填列。

3. 附注披露内容和要求。

企业年金基金在附注中应当披露下列内容：

（1）企业年金计划的主要内容及重大变化。

（2）财务报表的编制基础。

（3）遵循企业年金基金准则的声明。

（4）重要会计政策的说明，包括财务报表项目的计量基础和会计政策的确定依据等。

（5）重要会计估计的说明，包括下一会计期间内很可能导致资产和负债账面价值重大调整的会计估计的确定依据等。

（6）会计政策和会计估计变更及差错更正的说明，包括会计政策、会计估计变更和差错更正的内容、理由、影响数或影响数不能合理确定的理由等。

（7）投资种类、金额及公允价值的确定方法。

（8）各类投资占投资总额的比例。

（9）企业年金基金净收益，包括本期收入、本期费用的构成。

（10）报表重要项目的说明，包括货币资金、买入返售证券、债券投资、基金投资、股票投资、其他投资、卖出回购证券款、收取企业缴费、收取职工个人缴费、个人账户转入、支付受益人待遇、个人账户转出等。

（11）资产负债表日后事项、关联方关系及其交易的说明等。

（12）企业年金基金投资组合情况、风险管理政策。

（13）可能使投资价值受到重大影响的其他事项。

第十二章　股 份 支 付

一、总体要求

《企业会计准则第 11 号——股份支付》规范了股份支付的确认、计量和相关信息的披露。

股份支付，是指企业为获取职工和其他方提供服务而授予权益工具或者承担以权益工具为基础确定的负债的交易。本章所指的权益工具是指企业自身权益工具，包括企业自身、企业的母公司或同集团其他会计主体的权益工具。

股份支付分为以权益结算的股份支付和以现金结算的股份支付。以权益结算的股份支付，是指企业为获取服务以股份或其他权益工具作为对价进行结算的交易。以现金结算的股份支付，是指企业为获取服务承担以股份或其他权益工具为基础计算确定的交付现金或其他资产义务的交易。

以权益结算的股份支付换取职工提供服务的，应当以授予职工权益工具的公允价值计量。以权益结算的股份支付换取其他方服务的，如其他方服务的公允价值能够可靠计量，应当按照其他方服务在取得日的公允价值，计入相关成本或费用，相应增加所有者权益；如其他方服务的公允价值不能可靠计量但权益工具公允价值能够可靠计量，应当按照权益工具在服务取得日的公允价值，计入相关成本或费用，相应增加所有者权益。

以现金结算的股份支付，应当按照企业承担的以股份或其他权益工具为基础计算确定的负债的公允价值计量。

企业合并中发行权益工具取得其他企业净资产的交易，适用第二十章企业合并。以权益工具作为对价取得其他金融工具等交易，适用第二十二章金融工具确认和计量。

二、应设置的相关会计科目和主要账务处理

企业对股份支付的会计处理，一般需要设置下列会计科目。

（一）“资本公积”

1. 本科目核算企业收到投资者出资额超出其在注册资本或股本中所占份额的部分。以权益结算的股份支付，以及企业采用权益法核算长期股权投资时应享有的被投资单位除净损益、利润分配、其他综合收益变动以外的所有者权益的其他变动份额，也在本科目核算。

2. 资本公积——其他资本公积的主要账务处理。

（1）授予后立即可行权的换取职工服务的以权益结算的股份支付，企业应在授予日按照权益工具的公允价值，将取得的服务计入相关成本费用，借记“管理费用”、“生产成本”、“制造费用”等科目，贷记“资本公积——其他资本公积”科目。

（2）完成等待期内的服务或达到规定业绩条件以后才可行权的换取职工服务的以权益结算的股份支付，在等待期内的每个资产负债表日，应当以对可行权权益工具数量的最佳估计为基础，按照权益工具在授予日的公允价值，将当期取得的服务计入相关成本费用，借记“管理费用”、“生产成本”、“制造费用”等科目，贷记“资本公积——其他资本公积”科目。

（3）以权益结算的股份支付换取其他方服务的，应当按照其他方服务在取得日的公允价值（如其他方服务的公允价值能够可靠计量）或权益工具在服务取得日的公允价值（如其他方服务的公允价值不能可靠计量但权益工具公允价值能够可靠计量），计入相关成本费用，借记“管理费用”、“生产成本”、“制造费用”等科目，贷记“资本公积——其他资本公积”科目。

（4）在行权日，应当按照应结转等待期内确认的资本公积，借记“资本公积——其他资本公积”科目，按实际行权的权益工具数量计算确定应转入实收资本或股本的金额，贷记“实收资本”或“股本”科目，按其差额，贷记“资本公积——资本溢价（股本溢价）”科目。

（二）“应付职工薪酬”

1. 本科目核算企业根据有关规定应付给职工的各种薪酬。以现金结算的股份支付也在本科目核算。

2. 本科目可按“工资”、“职工福利”、“社会保险费”、“住房公积金”、“工会经费”、“职工教育经费”、“非货币性福利”、“辞退福利”、“累积带薪缺勤”、“利润分享计划”、“设定提存计划”、“设定受益计划”、“股份支付”等进行明细核算。

3. 应付职工薪酬——股份支付的主要账务处理。

（1）授予后立即可行权的以现金结算的股份支付，企业应当在授予日按照企业承担负债的公允价值确认相关成本费用，借记“管理费用”、“生产成本”、“制造费用”等科目，贷记本科目。

（2）完成等待期内的服务或达到规定业绩条件以后才可行权的以现金结算的股份支付，在等待期内的每个资产负债表日，应当以对可行权情况的最佳估计为基础，按照企业承担负债的公允价值确认相关成本费用，借记“管理费用”、“生产成本”、“制造费用”等科目，贷记本科目。

（3）在可行权日之后、结算前的每个资产负债表日和结算日，企业应对以现金结算的股份支付的负债的公允价值重新计量，按其当期公允价值的变动金额，借记或贷记“公允价值变动损益”科目，贷记或借记本科目。

（4）在行权日（结算日），按实际支付的现金金额，借记本科目，贷记“银行存款”等科目。

三、股份支付的概念

股份支付，是指企业为获取职工和其他方提供服务而授予权益工具或者承担以权益工具为基础确定的负债的交易。

（一）股份支付的特征

股份支付具有下列特征：一是股份支付是企业与职工或其他方之间发生的交易。以股份为基础的支付可能发生在企业与股东之间、合并交易中的合并方与被合并方之间或者企业与其职工之间，其中，只有发生在企业与其职工或向企业提供服务的其他方之间的交易，才可能符合本章对股份支付的定义。二是股份支付是以获取职工或其他方服务为目的的交易。企业在股份支付交易中意在获取其职工或其他方提供的服务（费用）或取得这些服务的权利（资产）。企业获取这些服务或权利的目的在于激励企业职工更好地从事生产经营以达到业绩条件而不是转手获利等。三是股份支付交易的对价或其定价与企业自身权益工具未来的价值密切相关。这是股份支付交易与企业与其职工间其他类型交易的重要差异。在股份支付中，企业要么向职工支付其自身权益工具，要么向职工支付一笔现金，而其金额高低取决于行权时企业自身权益工具的公允价值。

以薪酬性股票期权为例，典型的股份支付通常涉及四个主要环节：授予、可行权、行权和出售。四个环节如图 12－1 所示。

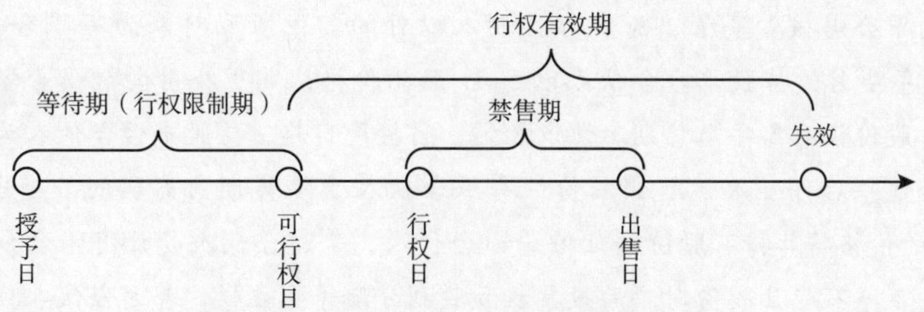

图 12－1 典型的股份支付交易环节示意图

授予日是股份支付协议获得批准的日期。其中："获得批准"，是指企业与职工或其他方就股份支付的协议条款和条件已达成一致，该协议获得股东大会或类似机构的批准。"达成一致"，是指双方在对该计划或协议内容充分形成一致理解的基础上，均接受其条款和条件。如果按照相关法规的规定，在提交股东大会或类似机构之前存在必要程序或要求，则应履行该程序或满足该要求。

可行权日是可行权条件得到满足、职工或其他方具有从企业取得权益工具或现金权利的日期。有的股份支付协议是一次性可行权，有的是分批可行权。一次性可行权和分批可行权类似购买合同一次性付款和分期付款，只有达到可行权条件的股票期权，才是职工真正拥有的"财产"，才能择机行权。从授予日至可行权日的时段，是可行权条件得到满足的期间，称为"等待期"，又称"行权限制期"。

行权日是职工和其他方行使权利、获取现金或权益工具的日期。例如，持有股票期权的职工行使以特定价格购买一定数量本公司股票的权利的日期即为行权日。行权是按期权的约定价格实际购买股票，一般是在可行权日之后到期权到期日之前的可选择时段内行权。

出售日是股票的持有人将行使期权所取得的股票出售的日期。按照我国相关规定，用于期权激励的股份支付协议应在行权日与出售日之间设立禁售期，其中，国有控股上市公司的禁售期不得少于 2 年。

（二）股份支付的判断

企业应当按照本章有关股份支付的定义和特征等规定，判断企业实施的股权激励计划是否属于本章规范的股份支付。

【例 12－1】 上市公司甲公司设立员工持股平台（有限合伙企业）用于实施股权激励计划，甲公司实际控制人为持股平台的普通合伙人，该实际控制人同时为甲公司核心高管，除实际控制人以外的其他激励对象为有限合伙人。2×23 年 4 月，持股平台合伙人以 5 元/股的价格认购甲公司向该平台增发的股份，股份设有 3 年限售期。协议约定，自授予日起，持股平台合伙人为公司服务满 3 年后可一次性解锁股份；有限合伙人于限售期内离职的，应当以 6 元/股的价格将其持有股份转让给普通合伙人，普通合伙人受让有限合伙人股份后，不享有受让股份对应的投票权和股利分配等受益权，普通合伙人须在股权激励计划 3 年限售期内将受让股份以 6 元/股的价格再次分配给员工持股平台的其他有限合伙人。

本例中，普通合伙人受让有限合伙人股份后，不享有受让股份对应的投票权和股利分配等受益权，且其必须在约定的时间（3 年限售期内）、以受让价格（6 元/股）将受让股份再次分配给员工持股平台的合伙人，上述事实表明普通合伙人未从受让股份中获得收益，仅以代持身份暂时持有受让股份，该交易不符合股份支付的定义，不构成新的股份支付。

实务中，判断普通合伙人受让股份属于代持行为通常需要考虑下列证据：（1）受让前应当明确约定受让股份将再次授予其他激励对象；（2）对再次授予其他激励对象有明确合理的时间安排；（3）在再次授予其他激励对象之前的持有期间，受让股份所形成合伙份额相关的利益安排（如股利等）与代持未形成明显的冲突。

【例 12－2】甲公司实施一项股权激励计划，甲公司按照公允价值从二级市场回购甲公司股票并授予自愿参与该计划的员工，授予价格为授予日股票的公允价值，激励对象在甲公司服务满 3 年后可以一次性解锁所授予的股份。该股权激励计划同时约定，甲公司控股股东对员工因解锁日前股票价格变动产生的损失进行兜底，即甲公司股票价格上涨的收益归员工所有，甲公司股票价格下跌的损失由甲公司控股股东承担且以现金支付损失。

本例中，甲公司控股股东承担了甲公司员工因股票价格下跌而产生的损失，属于企业集团与职工之间发生的交易；该交易安排要求员工为获得收益（享有股票增值收益且不承担贬值损失）连续 3 年为公司提供服务，因此该交易以获取员工服务为目的；该交易的对价与公司股票未来价值密切相关。综上，该交易符合股份支付的定义，适用本章。

控股股东交付现金的金额与甲公司股票价格下行风险相关，该股份支付属于为获取服务承担以股份为基础计算确定的交付现金的交易，在控股股东合并报表中，应当将该交易作为以现金结算的股份支付处理。甲公司作为接受服务企业，没有结算义务，应当将该交易作为以权益结算的股份支付处理。

四、股份支付的确认和计量

（一）股份支付的确认和计量原则

1. 以权益结算的股份支付。

以权益结算的股份支付，是指企业为获取服务以股份或其他权益工具作为对价进行结算的交易。

（1）换取职工服务的以权益结算的股份支付。

对于换取职工服务的以权益结算的股份支付，企业应当以授予职工的权益工具的公允价值计量。企业应在等待期内的每个资产负债表日，以对可行权权益工具数量的最佳估计为基础，按照权益工具在授予日的公允价值，将当期取得的服务计入相关资产成本或当期费用，同时计入资本公积（其他资本公积）。

对于授予后立即可行权的换取职工服务的以权益结算的股份支付（如授予限制性股票的股份支付），应在授予日按照当日权益工具的公允价值，将取得的服务计入相关资产成本或当期费用，同时计入资本公积（其他资本公积）。

（2）换取其他方服务的以权益结算的股份支付。

换取其他方服务，是指企业以自身权益工具换取职工以外的其他方为企业提供的服务。在某些情况下，这些服务可能难以辨认，但仍会有迹象表明企业是否取得了该服务。

对于换取其他方服务的股份支付，企业应当以股份支付所换取服务的公允价值计量。一般而言，职工以外的其他方所提供的服务能够可靠计量的，应当优先采用其他方提供服务在取得日的公允价值；如果其他方服务的公允价值不能可靠计量，但权益工具的公允价值能够可靠计量，应当按照权益工具在服务取得日的公允价值计量。企业应当根据所确定的公允价值计入相关资产成本或费用。

（3）权益工具公允价值无法可靠确定时的处理。

在极少情况下，授予权益工具的公允价值无法可靠计量。在这种情况下，企业应当在获取对方提供服务的时点、后续的每个报告日以及结算日，以内在价值计量该权益工具，内在价值变动计入当期损益。同时，企业应当以最终可行权或实际行权的权益工具数量为基础，确认取得服务的金额。内在价值，是指交易对方有权认购或取得的股份的公允价值与按照股份支付协议应当支付的价格间的差额。企业对上述以内在价值计量的已授予权益工具进行结算，应当遵循下列要求：

①结算发生在等待期内的，企业应当将结算作为加速可行权处理。即立即确认本应于剩余等待期内确认的服务金额。

②结算时支付的款项应当作为回购该权益工具处理，即减少所有者权益。结算支付的款项高于该权益工具在回购日内在价值的部分，计入当期损益。

2. 以现金结算的股份支付。

以现金结算的股份支付，是指企业为获取服务承担以股份或其他权益工具为基础计算确定的交付现金或其他资产义务的交易。

企业应当在等待期内的每个资产负债表日，以对可行权情况的最佳估计为基础，按照企业承担负债的公允价值，将当期取得的服务计入相关资产成本或当期费用，同时计入负债，并在结算前的每个资产负债表日和结算日对负债的公允价值重新计量，将其变动计入损益。

对于授予后立即可行权的以现金结算的股份支付（例如授予虚拟股票或业绩股票的股份支付），企业应当在授予日按照企业承担负债的公允价值计入相关资产成本或费用，同时计入负债，并在结算前的每个资产负债表日和结算日对负债的公允价值重新计量，将其变动计入损益。

（二）权益工具公允价值的确定

本部分关于权益工具公允价值确定的规定，既适用于接受职工服务并授予股份或期权的情况，也适用于从职工之外的其他方取得服务的情况。

1. 股份。

对于授予职工的股份，其公允价值应按企业股份的市场价格计量，同时考虑授予股份所依据的条款和条件（不包括市场条件之外的可行权条件）进行调整。如果企业股份未公开交易，则应按估计的市场价格计量，并考虑授予股份所依据的条款和条件进行调整。

授予条款和条件规定职工无权在等待期内取得股利的，则在估计所授予股份的公允价值时应考虑此因素。授予条款和条件规定股份的转让在可行权日后受到限制的，则在估计所授予股份的公允价值时，也应考虑此因素，但不应超出相互独立、熟悉情况、有能力并自愿进行交易的市场参与者愿意为该股份支付的价格受到可行权限制的影响程度。在估计所授予股份在授予日的公允价值时，不应考虑在等待期内转让的限制或其他限制，因为这些限制是可行权条件中的非市场条件规定的。

2. 股票期权。

对于授予的存在相同或类似可观察市场报价的股票期权等权益工具，应当按照市场报价确定其公允价值。对于授予的不存在相同或类似可观察市场报价的股票期权等权益工具，应当采用期权定价模型等确定其公允价值。

对于授予职工的股票期权，因其通常受到一些不同于在市场交易的期权的条款和条件的限制，在许多情况下难以获得其市场价格，因而需通过期权定价模型来估计其公允价值。用于估计授予职工期权的定价模型至少应考虑下列因素：（1）期权的行权价格；（2）期权的期限；（3）基础股份的现行价格；（4）股价的预计波动率；（5）股份的预计股利；（6）期权期限内的无风险利率。

此外，企业选择的期权定价模型还应当考虑相互独立、熟悉情况、有能力并自愿进行交易的市场参与者在确定期权价格时会考虑的其他因素（如提前行权的可能性等），但不包括那些在确定期权公允价值时不考虑的可行权条件和再授予特征因素。例如，因期权不能自由转让或因职工须在终止劳动合同关系前行使所有可行权期权的，在确定授予职工的股票期权的公允价值应当考虑预计提前行权的影响。再授予特征，是指只要期权持有人用企业的股份而不是现金来支付行权价格以行使原先授予的期权，就自动授予额外股票期权。对于具有再授予特征的股票期权，在确定其公允价值时不考虑再授予特征，而应在发生后续授予时，将其作为一项新授予的股票期权进行处理。

另需说明的是，在估计授予职工的股票期权（或其他权益工具）的公允价值时，不应考虑相互独立、熟悉情况、有能力并自愿进行交易的市场参与者在确定股票期权（或其他权益工具）价格时不会考虑的其他因素。例如，对于授予职工的股票期权，那些仅从单个职工的角度影响期权价值的因素，并不影响相互独立、熟悉情况、有能力并自愿进行交易的市场参与者确定期权的价格，因此，在确定相关期权的公允价值时不应考虑此类因素。

下面进一步具体说明估计授予职工的期权价格所应考虑的因素：

1. 期权定价模型的输入变量的估计。

在估计基础股份的预计波动率和股利时，目标是尽可能接近当前市场或协议交换价格所反映的价格预期。类似地，在估计职工股票期权提前行权时，目标是尽可能接近外部人基于授予日所掌握信息（包括职工行权行为的信息）做出的预期。通常情况下，对于未来波动率、股利和行权行为的预期存在一个合理的区间。这时，应将区间内的每项可能数额乘以其发生概率后加总计算得到上述输入变量的期望值。

一般情况下，对未来的预期建立在历史经验基础上，但如果能够合理预期未来与历史经验不同的，则应对该预期进行修正。未经上述调整的历史经验对未来的预测价值很有限，而且有时可能难以获取历史信息。因此，企业在估计期权定价模型的输入变量时，应充分考虑基于历史经验合理预测未来的程度和能力，而不能简单地根据历史信息估计波动率、行权行为和股利。

2. 预计提早行权。

从实务来看，职工经常在期权失效日之前即行使股票期权。考虑预计提早行权对期权公允价值影响的具体方法，取决于所采用的期权定价模型的类型。但无论采用何种方法，估计预计提早行权时都要考虑下列因素：（1）等待期的长度；（2）以往发行在外的类似期权的平均存续时间；（3）基础股份的价格（根据历史经验，职工在股价超过行权价格特定水平时倾向于行使期权）；（4）职工在企业中所处的层次（根据历史经验，高层职工倾向于较晚行权）；（5）基础股份的预计波动率（一般而言，职工倾向于更早地行使高波动率的股份的期权）。

如前所述，将对期权预计期限的估计作为期权定价模型的输入变量，可以在确定期权公允价值时考虑提早行权的影响。其中，在估计授予一个职工群体的期权的预计期限时，企业可用加权平均方法估计该群职工的整体预计期权期限。如果能根据职工行权行为的更详细数据在该职工群内恰当分组，则企业可将具有类似行权行为的职工分为一组，在此基础上将授予的期权分不同组别进行估计。

在有些情况下，上述分组方法很重要。期权价值不是期权期限的线性函数，随着期权期限的延长，期权价值以递减的速度增长。例如，如果所有其他假设相同，虽然一份两年期的期权要比一份一年期的期权值钱，但达不到后者价值的两倍。这意味着，如果估计期权授予的职工群中各职工之间存在较大的行权行为差异，则以职工个人期限预计为基础加权平均计算出来的总期权价值，将高估授予整群职工的期权的公允价值总额。如果将授予的期权依照行权行为分为不同组别，因为行权行为类似，所以，每个组别的加权平均期限都只包含相对较小的期限范围，这将减少对授予整群职工的期权的公允价值总额的高估。

采用二项模型或其他类似模型时，也应做类似考虑。例如，对于向各层级职工普遍授予期权的企业，如其历史经验表明，高级管理人员倾向持有期权的时间比中层管理人员更长，基层职工则倾向最早行使期权，则以具有类似行权行为的职工组为基础划分期权授予，将更能准确地估计企业所授予期权的公允价值总额。

3. 预计波动率。

预计波动率是对预期股份价格在一个期间内可能发生的波动金额的度量。期权定价模型中所用的波动率的量度，是一段时间内股份的连续复利回报率的年度标准差。波动率通常以年度表示，而不管计算时使用的是何种时间跨度基础上的价格，如每日、每周或每月的价格。

一个期间股份的回报率（可能是正值也可能是负值）衡量了股东从股份的股利和价格涨跌中受益的多少。股份的预计年度波动率是指一个范围（置信区间），连续复利年回报率预期处在这个范围内的概率大约为2/3（置信区间）。

【例12－3】 甲公司预计年度连续复利回报率为12%的普通股的波动率为30%，年初股价为10元/股，且未支付股利，请问年末股价在什么范围的概率大约为2/3?

根据概率论知识，公司普通股年度连续复利回报率的均值为12%，标准差为30%，意味着该普通股一年期的回报率在－18%（12%－30%）和42%（12%＋30%）之间的概率约为2/3。年初股价为10元/股，则年末股价处在8.353元/股（$10 \times e^{-0.18}$）至15.22元/股（$10 \times e^{0.42}$）之间（常数 e = 2.71828）的概率约为2/3。

估计预计波动率要考虑下列因素：

（1）如果企业有股票期权或其他包含期权特征的交易工具（如可转换公司债券）的买卖，则应考虑这些交易工具所内含的企业股价波动率。

（2）在与期权的预计期限（考虑期权剩余期限和预计提早行权的影响）大体相当的最近一个期间内企业股价的历史波动率。

（3）企业股份公开交易的时间。与上市时间更久的类似企业相比，新上市企业的历史波动率可能更大。

（4）波动率向其均值（即长期平均水平）回归的趋势，以及表明预计未来波动率可能不同于以往波动率的其他因素。企业股价在某一特定期间因特定原因（如收购要约或重大重组失败）剧烈波动的，在计算历史平均年度波动率时可剔除该特殊期间。

（5）获取价格要有恰当且规律的间隔。价格的获取在各期应保持一贯性。例如，企业可用每周收盘价或每周最高价，但不应在某些周用收盘价、某些周用最高价。再如，获取价格时应使用与行权价格相同的货币来表示。

除上述考虑因素外，如果企业因新上市而没有关于历史波动率的充分信息，应按可获得交易活动数据的最长期间计算其历史波动率，也可考虑类似企业在类似阶段可比期间的历史波动率。如果企业是非上市企业，在估计预计波动率时没有历史信息可循，可考虑下列替代方法：

（1）定期向其职工（或其他方）发行期权或股份的非上市企业已为其股份设立内部“市场”的，估计预计波动率时可以考虑这些“股价”的波动率。

（2）如果上述方法不适用，而企业以类似上市企业股价为基础估计自身股份的价值的，企业可考虑类似上市企业股价的历史或内含波动率。

（3）如果企业未以类似上市企业股价为基础估计自身股份的价值，而是采用了其他方法对自身股份进行估价的，企业可推导出一个与该估价方法基础一致的预计波动率估计数。例如，企业以净资产或净利润为基础对其股份进行估价，那么，可以考虑以净资产或净利润的预计波动率为基础对其股份价格的波动率进行估计。

4. 预计股利。

计量所授予的股份或期权的公允价值是否应当考虑预计股利，取决于被授予方是否有权取得股利或股利的等价物。

如果职工被授予期权，并有权在授予日和行权日之间取得基础股份的股利或股利的等价物（可现金支付，也可抵减行权价格），所授予的期权应当像不支付基础股份的股利那样进行估价，即预计股利的输入变量应为零。类似地，如果职工有权取得在等待期内支付的股利，在估计授予职工的股份在授予日的公允价值时，也不应因预计股利而进行调整。

相反，如果职工对等待期内或行权前的股利或股利的等价物没有要求权，对股份或期权在授予日的公允价值的估计就应考虑预计股利因素，在估计所授予期权的公允价值时，期权定价模型的输入变量中应包含预计股利，即从估价中扣除预计会在等待期内支付的股利现值。期权定价模型通常使用预计股利率，但也可能对模型进行修正后使用预计股利金额。如果企业使用股利金额，应根据历史经验考虑股利的增长模式。

一般来说，预计股利应以公开可获得的信息为基础。不支付的股利且没有支付股利计划的企业应假设预计股利收益率为零。如果无股利支付历史的新企业被预期在其职工股票期权期限内开始支付股利，可使用其历史股利收益率（零）与大致可比的同类企业的股利收益率均值的平均数。

5. 无风险利率。

无风险利率，一般是指期权行权价格以该货币表示的、剩余期限等于被估价期权的预计期限（基于期权的剩余合同期限并考虑预计提早行权的影响）的零息国债当前可获得的内含收益率。如果没有此类国债或零息国债的内含收益率不能代表无风险利率的，应使用适当的替代利率。同样，在估计有效期与被估价期权的预计期限相等的其他期权的公允价值时，如果市场参与者一般使用某种适当的替代利率而不是零息国债的内含收益率来确定无风险利率，则企业也应使用该适当的替代利率。

6. 资本结构的影响。

通常情况下，期权是由第三方而不是企业签发的。当这些股票期权行权时，签发人将股份支付给期权持有者。这些股份是从现在的股东手中取得的。因此，期权的行权不会有稀释效应。

如果股票期权是企业签发的，在行权时需要增加已发行在外的股份数量（通过正式增发或者使用先前回购的库存股）。假定股份将按行权价格而不是行权日的市场价格发行，这种现实或潜在的稀释效应可能会降低股价，因此，期权持有者行权时，无法获得像行使其他方面类似但不稀释股价的期权一样多的利益。这一问题是否对企业授予股票期权的价值产生显著影响取决于各种因素，包括行权时增加的股份数量（相对于已发行在外的股份数量）等。如果市场已预期企业将会授予期权，则可能已将潜在的稀释效应体现在了授予日的股价中。企业应考虑所授予的股票期权未来行权的潜在稀释效应，是否可能对股票期权在授予日的公允价值构成影响。企业可修改期权定价模型，以将潜在稀释效应纳入考虑范围。

需要说明的是，对于“布莱克—斯科尔斯—默顿”期权定价模型，由于其未考虑在期权到期日之前行权的可能性、在期权期限内企业股价预计波动率和该模型其他输入变量发生变动的可能性，无法充分反映前述因素对相关期权公允价值的影响，因而可能影响其对某些股票期权的适用性。对于期限相对较短的期权以及在授予日后很短时间内即行权的期权来说，一般不用考虑上述影响，采用“布莱克—斯科尔斯—默顿”模型与采用其他期权定价模型得出的公允价值结果通常不会有大的差异。

五、股份支付的会计处理

股份支付的会计处理必须以完整、有效的股份支付协议为基础。

（一）授予日

除立即可行权的股份支付外，无论权益结算的股份支付还是现金结算的股份支付，企业在授予日均不做会计处理。

对于授予后立即可行权的换取职工服务的以权益结算的股份支付，企业应在授予日按照权益工具的公允价值，将取得的服务计入相关成本费用，相应增加资本公积。以权益结算的股份支付换取其他方服务的，如果其他方服务的公允价值能够可靠计量，企业应当按照其他方服务在取得日的公允价值，计入相关成本费用，相应增加资本公积；如果其他方服务的公允价值不能可靠计量但权益工具公允价值能够可靠计量，企业应当按照权益工具在服务取得日的公允价值，计入相关成本费用，相应增加资本公积。

对于授予后立即可行权的以现金结算的股份支付，企业应当在授予日按照企业承担负债的公允价值确认相关成本费用，相应增加应付职工薪酬。

（二）等待期内每个资产负债表日

1. 可行权条件。

可行权条件，是指能够确定企业是否得到职工或其他方提供的服务、且该服务使职工或其他方具有获取股份支付协议规定的权益工具或现金等权利的条件；反之，为非可行权条件。

可行权条件包括服务期限条件或业绩条件。服务期限条件，是指职工或其他方完成规定服务期限才可行权的条件。业绩条件，是指职工或其他方完成规定服务期限且企业已经达到特定业绩目标才可行权的条件，具体包括市场条件和非市场条件。市场条件，是指行权价格、可行权条件以及行权可能性与权益工具的市场价格相关的业绩条件，如股份支付协议中关于股价至少上升至何种水平职工可相应取得多少股份的规定。企业在确定权益工具在授予日的公允价值时，应考虑股份支付协议规定的可行权条件中的市场条件和非可行权条件的影响。但市场条件是否得到满足，不影响企业对预计可行权情况的估计。非市场条件，是指除市场条件之外的其他业绩条件，如股份支付协议中关于达到最低盈利目标或销售目标才可行权的规定。企业在确定权益工具在授予日的公允价值时，不考虑非市场条件的影响。但非市场条件是否得到满足，影响企业对预计可行权情况的估计。

对于可行权条件为业绩条件的股份支付，只要职工满足了其他所有非市场条件（如利润增长率、服务期限等），企业就应当确认已取得的服务。股份支付存在非可行权条件的，只要职工或其他方满足了所有可行权条件中的非市场条件（如服务期限等），企业应当确认已得到服务相对应的成本费用。职工或其他方能够选择满足非可行权条件但在等待期未满足非可行权条件的，企业应当将其作为授予权益工具的取消处理。

【例12－4】 2×21年1月，为奖励并激励高管，甲上市公司与其管理层成员签署股份支付协议，约定如果管理层成员未来3年都在公司任职服务，并且公司股价每年均提高10%以上，管理层成员即可以低于市价的价格购买一定数量的本公司股票。同时，作为协议的补充，甲公司把全体管理层成员的年薪提高了50 000元，但这部分年薪将按月存入公司专门建立的内部基金，3年后，管理层成员可用属于其个人的部分抵减未来行权时的股票购买价款。如果管理层成员决定退出这项基金，可随时全额提取。

甲公司以期权定价模型估计授予的此项期权在授予日的公允价值为3 000 000元。

在授予日，甲公司估计3年内管理层离职的比例为每年10%；第二年年末，甲公司调整其管理层估计离职率为5%；到第三年末，甲公司管理层实际离职率为6%。

甲公司股价第一年提高了10.5%，第二年提高了11%，第三年提高了6%。甲公司在第一年、第二年末预计下年能实现股价增长10%以上的目标。

本例中，如果不能同时满足服务3年和公司股价年增长10%以上的要求，管理层成员就无权行使其股票期权，因此，二者都属于可行权条件，其中：服务满3年是一项服务期限条件，股价每年增长10%以上是一项市场业绩条件。虽然公司要求管理层成员将部分薪金存入统一账户保管，但不影响其是否可行权，因此，统一账户条款不属于可行权条件。甲公司各年应确认的服务费用计算如下：

第一年末应确认的服务费用＝3 000 000×1/3×90%＝900 000（元）

第二年末累计应确认的服务费用＝3 000 000×2/3×95%＝1 900 000（元）

第二年应确认的服务费用＝1 900 000－900 000＝1 000 000（元）

第三年末累计应确认的服务费用＝3 000 000×94%＝2 820 000（元）

第三年应确认的服务费用＝2 820 000－1 900 000＝920 000（元）

最后，94%的管理层成员满足了市场条件之外的全部可行权条件。尽管股价每年增长10%以上的市场条件未得到满足，甲公司在第3年末仍应确认已取得的管理层成员服务对应的费用。

股份支付以首次公开募股成功为可行权条件的，企业应当合理估计未来成功完成首次公开募股的可能性及完成时点，将授予日至该时点的期间作为等待期，并在等待期内每个资产负债表日对预计可行权数量作出估计，确认相应的股权激励费用。等待期内企业估计其成功完成首次公开募股的时点发生变化的，应当根据重估时点确定等待期，截至当期累计应确认的股权激励费用扣减前期累计已确认金额，作为当期应确认的股权激励费用。

2. 会计处理。

企业应当在等待期内的每个资产负债表日，将取得职工提供的服务计入成本费用，同时确认所有者权益或负债。对于附有市场条件的股份支付，只要职工满足了其他所有非市场条件，企业就应当确认已取得的服务。

等待期确定后，业绩条件为非市场条件的，如果后续信息表明需要调整对可行权情况的估计的，应对前期估计进行修改。

对于完成等待期内的服务或达到规定业绩条件以后才可行权的换取职工服务的以权益结算的股份支付，在等待期内每个资产负债表日，企业应当以对可行权权益工具数量的最佳估计为基础，按照授予日权益工具的公允价值，将当期取得的服务计入相关成本费用和资本公积（其他资本公积），不确认其后续公允价值变动。以权益结算的股份支付换取其他方服务的，应当按照其他方服务在取得日的公允价值（如其他方服务的公允价值能够可靠计量）或权益工具在服务取得日的公允价值（如其他方服务的公允价值不能可靠计量但权益工具公允价值能够可靠计量）计入相关成本费用和资本公积。

对于完成等待期内的服务或达到规定业绩条件以后才可行权的以现金结算的股份支付，企业应当以对可行权情况的最佳估计为基础，按照企业承担负债的公允价值金额确定相关成本费用和应付职工薪酬。

在等待期内每个资产负债表日，企业应当根据最新取得的可行权职工人数变动等后续信息做出最佳估计，修正预计可行权的权益工具数量。在可行权日，最终预计可行权权益工具的数量应当与实际可行权工具的数量一致。

根据上述权益工具的公允价值和预计可行权的权益工具数量，计算截至当期累计应确认的成本费用金额，再减去前期累计已确认金额，作为当期应确认的成本费用金额。

（三）可行权日之后

1. 对于以权益结算的股份支付，企业在可行权日之后不再对已确认的成本费用和所有者权益总额进行调整。企业应在行权日根据行权情况，确认股本和股本溢价，同时结转等待期内确认的资本公积（其他资本公积）。

2. 对于以现金结算的股份支付，企业在可行权日之后不再确认成本费用，负债（应付职工薪酬）公允价值的变动应当计入当期损益（公允价值变动损益）。

【例12－5】 2×21年1月1日，甲上市公司向其200名管理人员每人授予100股股票期权，这些管理人员从2×21年1月1日起在该公司连续服务3年，即可以每股4元的价格购买100股甲公司股票（面值为1元）。甲公司估计该期权在授予日的公允价值为15元。

在被授予股票期权的200名管理人员中，第一年有20人离开甲公司，甲公司估计三年中离职的比例将达到20%；第二年有10人离开公司，甲公司将估计的离职比例修正为15%；第三年有15人离开。

1. 甲公司该股份支付相关费用计算如表12－1所示。

表12－1　　单位：元

年份	计算	当期费用	累计费用
2×21	200×100×（1－20%）×15×1/3	80 000	80 000
2×22	200×100×（1－15%）×15×2/3－80 000	90 000	170 000
2×23	155×100×15－170 000	62 500	232 500

2. 甲公司的账务处理如下：

（1）2×21年1月1日，授予日不做处理。

（2）2×21年12月31日，确认当期服务费用。

借：管理费用　　80 000

　　贷：资本公积——其他资本公积　　80 000

（3）2×22年12月31日，确认当期服务费用。

借：管理费用　　90 000

　　贷：资本公积——其他资本公积　　90 000

（4）2×23年12月31日，确认当期服务费用。

借：管理费用　　62 500

　　贷：资本公积——其他资本公积　　62 500

（5）假设155名管理人员均于2×23年12月31日行权。

借：银行存款　　62 000

　　资本公积——其他资本公积　　232 500

贷：股本　　15 500

　　资本公积——股本溢价　　279 000

【例 12 -6】2×20 年 1 月 1 日，甲公司向其 100 名管理人员每人授予 100 份股票期权，其可行权条件为：在 2×20 年末，公司当年净利润增长率达到 20%；在 2×21 年末，公司 2×20 ~2×21 年两年净利润平均增长率达到 15%；在 2×22 年末，公司 2×20 ~2×22 年三年净利润平均增长率达到 10%。每份期权在 2×20 年 1 月 1 日的公允价值为 24 元。

2×20 年 12 月 31 日，公司净利润增长了 18%，有 8 名管理人员离职，公司预计 2×21 年将以相同速度增长，即 2×20 ~2×21 年两年净利润平均增长率能够达到 18%，因此，预计上述股票期权在 2×21 年 12 月 31 日将可行权，并预计第二年将有 8 名管理人员离职。

2×21 年 12 月 31 日，公司净利润仅增长 10%，但公司预计 2×20 ~2×22 年三年净利润平均增长率可达到 12%，因此，预计上述股票期权在 2×22 年 12 月 31 日将可行权。另外，第二年实际有 10 名管理人员离职，预计第三年将有 12 名管理人员离职。

2×22 年 12 月 31 日，公司净利润增长了 8%，三年平均增长率为 12%，满足了可行权条件（即三年净利润平均增长率达到 10%）。当年实际有 8 名管理人员离职。

本例中，股票期权的可行权条件是一项非市场业绩条件。

第一年末，虽然没能实现净利润增长 20% 的目标，但公司预计 2×21 年将以同样的速度增长，因而预计能实现两年净利润平均增长 15% 的目标。因此，公司将股票期权的预计等待期调整为 2 年。由于第一年有 8 名管理人员离职并预计第二年将有 8 名管理人员离职，公司预计期满（两年）后可行权的人员数量为 84 人（100 -8 -8）。

第二年末，虽然未能实现两年净利润平均增长 15% 的目标，但公司仍然估计能够在第三年取得较理想的业绩，从而实现 3 年净利润平均增长 10% 的目标。因此，公司将股票期权的预计等待期调整为 3 年。由于第二年实际有 10 名管理人员离职，并预计第三年将有 12 名管理人员离职，公司将期满（三年）后预计可行权的人员数量调整为 70 人（100 -8 -10 -12）。

第三年末，实现三年净利润平均增长 10% 的目标，第三年实际离职 8 人。

甲公司根据上述情况计算确定该股份支付相关费用如表 12 -2 所示。账务处理略。

表 12-2

单位：元

年份	计算	当期费用	累计费用
2×20	(100-8-8)×100×24×1/2	100 800	100 800
2×21	(100-8-10-12)×100×24×2/3-100 800	11 200	112 000
2×22	(100-8-10-8)×100×24-112 000	65 600	177 600

【例 12-7】2×19 年初，甲公司向其 200 名中层以上职员每人授予 100 份现金股票增值权，这些职员从 2×19 年 1 月 1 日起在该公司连续服务 3 年即可按照当时股价的增长幅度获得现金，该增值权应在 2×23 年 12 月 31 日之前行使。甲公司对该增值权在负债结算之前的每一资产负债表日以及结算日的公允价值和可行权后的每份增值权现金支出额的估计如表 12-3 所示。

表 12-3

单位：元

年份	增值权公允价值	支付现金
2×19	14	
2×20	15	
2×21	18	16
2×22	21	20
2×23		25

第一年有 20 名职员离开甲公司，甲公司估计三年中还将有 15 名职员离开；第二年又有 10 名职员离开公司，公司估计还将有 10 名职员离开；第三年又有 15 名职员离开。第三年末，有 70 人行使股份增值权取得了现金。第四年末，有 50 人行使了股份增值权。第五年末，剩余 35 人也行使了股份增值权。

1. 甲公司该股份支付相关费用和应付职工薪酬计算如表 12-4 所示。

表 12-4

单位：元

年份	负债计算	支付现金计算	负债	支付现金	当期费用
	①	②	③=①	④=②	当期⑤=当期③-前一期③+当期④
2×19	(200-35)×100×14×1/3		77 000		77 000
2×20	(200-40)×100×15×2/3		160 000		83 000

续表

年份	负债计算	支付现金计算	负债	支付现金	当期费用
	①	②	③=①	④=②	当期⑤=当期③－前一期③+当期④
2×21	（200－45－70）×100×18	70×100×16	153 000	112 000	105 000
2×22	（200－45－70－50）×100×21	50×100×20	73 500	100 000	20 500
2×23	0	35×100×25	0	87 500	14 000
总额				299 500	299 500

2. 甲公司的账务处理如下：

（1）2×19年12月31日，确认当期服务费用。

借：管理费用　77 000

　　贷：应付职工薪酬——股份支付　77 000

（2）2×20年12月31日，确认当期服务费用。

借：管理费用　83 000

　　贷：应付职工薪酬——股份支付　83 000

（3）2×21年12月31日，确认当期服务费用和支付现金。

借：管理费用　105 000

　　贷：应付职工薪酬——股份支付　105 000

借：应付职工薪酬——股份支付　112 000

　　贷：银行存款　112 000

（4）2×22年12月31日，确认负债公允价值变动和支付现金。

借：公允价值变动损益　20 500

　　贷：应付职工薪酬——股份支付　20 500

借：应付职工薪酬——股份支付　100 000

　　贷：银行存款　100 000

（5）2×23年12月31日，确认负债公允价值变动和支付现金。

借：公允价值变动损益　14 000

　　贷：应付职工薪酬——股份支付　14 000

借：应付职工薪酬——股份支付　87 500

　　贷：银行存款　87 500

（四）回购股份进行职工期权激励

企业以回购股份形式奖励本企业职工的，属于以权益结算的股份支付，应当进行下列处理：

1. 回购股份。

企业回购股份时，应当按照回购股份的全部支出作为库存股处理，同时进行备查登记。

2. 确认成本费用。

企业应当在等待期内每个资产负债表日，按照权益工具在授予日的公允价值，将取得的职工服务计入成本费用，同时增加资本公积（其他资本公积）。

3. 职工行权。

企业应于职工行权购买本企业股份时，转销交付职工的库存股成本和等待期内资本公积（其他资本公积）累计金额，同时，按照其差额调整资本公积（股本溢价）。

（五）企业集团内涉及不同企业的股份支付交易

企业集团（由母公司和其全部子公司构成）内发生的股份支付交易，应当进行下列处理：

1. 结算企业以其自身权益工具结算的，应当将该股份支付交易作为以权益结算的股份支付处理；除此之外，应当作为以现金结算的股份支付处理。

结算企业是接受服务企业的投资者的，应当按照授予日权益工具的公允价值或应承担负债的公允价值确认为对接受服务企业的长期股权投资，同时确认资本公积（其他资本公积）或负债。

2. 接受服务企业没有结算义务或授予本企业职工的是其自身权益工具的，应当将该股份支付交易作为以权益结算的股份支付处理；接受服务企业负有结算义务且授予本企业职工的是集团内其他企业权益工具的，应当将该股份支付交易作为以现金结算的股份支付处理。

以〖例12－2〗为例，在甲公司实施的股权激励计划中，甲公司按照公允价值从二级市场回购甲公司股票并授予自愿参与该计划的员工，并约定甲公司控股股东对员工因解锁日前股票价格变动产生的损失进行兜底，甲公司控股股东承担了甲公司员工因股票价格下跌而产生的损失，其交付现金的金额与甲公司股票价格下行风险相关，属于为获取服务承担以股份为基础计算确定的交付现金的股份支付交易，在控股股东合并报表中，应当将该交易作为以现金结算的股份支付处理。甲公司作为接受服务企业，没有结算义务，应当将该交易作为以权益结算的股份支付处理。

（六）授予限制性股票的股权激励计划

1. 授予限制性股票的会计处理。

上市公司实施限制性股票的股权激励安排中，常见做法是上市公司以非公开发行的方式向激励对象授予一定数量的公司股票，并规定锁定期和解锁期，在锁定期和解锁期内，不得上市流通及转让。达到解锁条件，可以解锁；如果全部或部分股票未被解锁而失效或作废，通常由上市公司按照事先约定的价格立即进行回购。

对于此类授予限制性股票的股权激励计划，向职工发行的限制性股票按有关规定履行了注册登记等增资手续的，上市公司应当根据收到职工缴纳的认股款确认股本和资本公积（股本溢价），按照职工缴纳的认股款，借记“银行存款”等科目，按照股本金额，贷记“股本”科目，按照其差额，贷记“资本公积——股本溢价”科目；同时，就回购义务确认负债（作收购库存股处理），按照发行限制性股票的数量以及相应的回购价格计算确定的金额，借记“库存股”科目，贷记“其他应付款——限制性股票回购义务”等科目（包括未满足条件而须立即回购的部分）。

上市公司应当综合考虑限制性股票锁定期和解锁期等相关条款，按照本章相关规定判断等待期并进行会计处理。对于因回购产生的义务确认的负债，应当按照第二十二章金融工具确认和计量相关规定进行会计处理。上市公司未达到限制性股票解锁条件而需回购的股票，按照应支付的金额，借记“其他应付款——限制性股票回购义务”等科目，贷记“银行存款”等科目；同时，按照注销的限制性股票数量相对应的股本金额，借记“股本”科目，按照注销的限制性股票数量相对应的库存股的账面价值，贷记“库存股”科目，按其差额，借记“资本公积——股本溢价”科目。上市公司达到限制性股票解锁条件而无需回购的股票，按照解锁股票相对应的负债的账面价值，借记“其他应付款——限制性股票回购义务”等科目，按照解锁股票相对应的库存股的账面价值，贷记“库存股”科目，如有差额，则借记或贷记“资本公积——股本溢价”科目。

2. 等待期内发放现金股利的会计处理。

上市公司在等待期内发放现金股利的会计处理，应视其发放的现金股利是否可撤销采取不同的方法：

（1）现金股利可撤销，即一旦未达到解锁条件，被回购限制性股票的持有者将无法获得（或需要退回）其在等待期内应收（或已收）的现金股利。

等待期内，上市公司在核算应分配给限制性股票持有者的现金股利时，应合理估计未来解锁条件的满足情况，该估计与进行股份支付会计处理时在等待期内每个资产负债表日对可行权权益工具数量进行的估计应当保持一致。对于预计未来可解锁限制性股票持有者，上市公司应分配给限制性股票持有者的现金股利应当作为利润分配进行会计处理，借记“利润分配——应付现金股利或利润”科目，贷记“应付股利——限制性股票股利”科目；同时，按分配的现金股利金额，借记“其他应付款——限制性股票回购义务”等科目，贷记“库存股”科目；实际支付时，借记“应付股利——限制性股票股利”科目，贷记“银行存款”等科目。对于预计未来不可解锁限制性股票持有者，上市公司应分配给限制性股票持有者的现金股利应当冲减相关的负债，借记“其他应付款——限制性股票回购义务”等科目，贷记“应付股利——限制性股票股利”科目；实际支付时，借记“应付股利——限制性股票股利”科目，贷记“银行存款”等科目。后续信息表明不可解锁限制性股票的数量与以前估计不同的，应当作为会计估计变更处理，直到解锁日预计不可解锁限制性股票的数量与实际未解锁限制性股票的数量一致。

（2）现金股利不可撤销，即不论是否达到解锁条件，限制性股票持有者仍有权获得（或不得被要求退回）其在等待期内应收（或已收）的现金股利。

等待期内，上市公司在核算应分配给限制性股票持有者的现金股利时，应合理估计未来解锁条件的满足情况，该估计与进行股份支付会计处理时在等待期内每个资产负债表日对可行权权益工具数量进行的估计应当保持一致。对于预计未来可解锁限制性股票持有者，上市公司应分配给限制性股票持有者的现金股利应当作为利润分配进行会计处理，借记“利润分配——应付现金股利或利润”科目，贷记“应付股利——限制性股票股利”科目；实际支付时，借记“应付股利——限制性股票股利”科目，贷记“银行存款”等科目。对于预计未来不可解锁限制性股票持有者，上市公司应分配给限制性股票持有者的现金股利应当计入当期成本费用，借记“管理费用”等科目，贷记“应付股利——应付限制性股票股利”科目；实际支付时，借记“应付股利——限制性股票股利”科目，贷记“银行存款”等科目。后续信息表明不可解锁限制性股票的数量与以前估计不同的，应当作为会计估计变更处理，直到解锁日预计不可解锁限制性股票的数量与实际未解锁限制性股票的数量一致。

（七）授予第二类限制性股票的股权激励计划

第二类限制性股票的实质是公司赋予员工在满足可行权条件后以约定价格

（授予价格）购买公司股票的权利，员工可获取行权日股票价格高于授予价格的上行收益，但不承担股价下行风险，为一项股票期权，属于以权益结算的股份支付交易。在等待期内的每个资产负债表日，应当以对可行权的股票期权数量的最佳估计为基础，按照授予日股票期权的公允价值，计算当期需确认的股份支付费用，计入相关成本或费用和资本公积。采用期权定价模型确定授予日股票期权的公允价值的，该公允价值包括期权的内在价值和时间价值，通常高于同等条件下第一类限制性股票对应股份的公允价值。

六、条款和条件的修改

通常情况下，股份支付协议生效后，不应对其条款和条件随意修改。但在某些情况下，可能需要修改授予权益工具的股份支付协议中的条款和条件。例如，股票除权、除息或其他原因需要调整行权价格或股票期权数量。此外，为了得到更佳的激励效果，有关法规也允许企业依据股份支付协议的规定，调整行权价格或股票期权数量。但应当由董事会作出决议并经股东大会审议批准，或者由股东大会授权董事会决定。如果有关法规对股份支付修改的方式和批准原则进行严格限定，则企业需要遵循相关要求。

在会计核算上，无论已授予的权益工具的条款和条件如何修改，甚至取消权益工具的授予或结算该权益工具，企业都应至少确认按照所授予的权益工具在授予日的公允价值来计量获取的相应的服务，除非因不能满足权益工具的可行权条件（除市场条件外）而无法可行权。

（一）条款和条件的有利修改

企业应当分别下列情况，确认导致股份支付公允价值总额升高以及其他对职工有利的修改的影响：

1. 如果修改增加了所授予的权益工具的公允价值，企业应按照权益工具公允价值的增加相应地确认取得服务的增加。权益工具公允价值的增加是修改前后的权益工具在修改日的公允价值之间的差额。

如果修改发生在等待期内，在确认修改日至修改后的可行权日之间取得服务的公允价值时，应当既包括在剩余原等待期内以原权益工具授予日公允价值为基础确定的服务金额，也包括权益工具公允价值的增加。如果修改发生在可行权日之后，企业应当立即确认权益工具公允价值的增加。如果股份支付协议要求职工只有先完成更长期间的服务才能取得修改后的权益工具，则企业应在整个等待期内确认权益工具公允价值的增加。

2. 如果修改增加了所授予的权益工具的数量，企业应将增加的权益工具的公允价值相应地确认为取得服务的增加。

如果修改发生在等待期内，在确认修改日至增加的权益工具可行权日之间取得服务的公允价值时，应当既包括在剩余原等待期内以原权益工具授予日公允价值为基础确定的服务金额，也包括增加的权益工具的公允价值。

3. 如果企业按照有利于职工的方式修改可行权条件，如缩短等待期、变更或取消业绩条件（而非市场条件），企业在处理可行权条件时，应当考虑修改后的可行权条件。

（二）条款和条件的不利修改

如果企业以减少股份支付公允价值总额的方式或其他不利于职工的方式修改条款和条件，企业仍应继续对取得的服务进行会计处理，如同该变更从未发生，除非企业取消了部分或全部已授予的权益工具。具体包括下列情况：

1. 如果修改减少了授予的权益工具的公允价值，企业应当继续以权益工具在授予日的公允价值为基础，确认取得服务的金额，而不应考虑权益工具公允价值的减少。

2. 如果修改减少了授予的权益工具的数量，企业应当将减少部分作为已授予的权益工具的取消来进行处理。

3. 如果企业以不利于职工的方式修改了可行权条件，如延长等待期、增加或变更业绩条件（而非市场条件），企业在处理可行权条件时，不应当考虑修改后的可行权条件。

（三）取消或结算

如果在等待期内取消了所授予的权益工具或结算了所授予的权益工具（因未满足可行权条件而被取消的除外），企业应当：

1. 将取消或结算作为加速可行权处理，将原本应在剩余等待期内确认的金额立即计入当期损益，同时确认资本公积（其他资本公积）。

2. 在取消或结算时支付给职工的所有款项均应作为权益的回购处理，回购支付的金额高于该权益工具在回购日公允价值的部分，计入当期费用。

3. 如果向职工授予新的权益工具，并在新权益工具授予日认定所授予的新权益工具是用于替代被取消的权益工具的，企业应以与处理原权益工具条款和条件修改相同的方式，对所授予的替代权益工具进行处理。权益工具公允价值的增加，是在替代权益工具的授予日，替代权益工具公允价值与被取消的权益工具净公允价值之间的差额。被取消的权益工具的净公允价值，是其在取消前立即计量的公允价值减去因取消原权益工具而作为权益回购支付给职工的款项。如果企业未将新授予的权益工具认定为替代权益工具，则应将其作为一项新授予的股份支付进行处理。

企业如果回购其职工已可行权的权益工具，应当借记所有者权益，回购支付的金额高于该权益工具在回购日公允价值的部分，计入当期费用。

职工自愿退出股权激励计划不属于未满足可行权条件的情况，而属于股权激励计划的取消，因此，企业应当作为加速行权处理，将剩余等待期内应确认的金额立即计入当期损益，同时确认资本公积，不应当冲回以前期间确认的成本或费用。

（四）企业将以现金结算的股份支付修改为以权益结算的股份支付

企业修改以现金结算的股份支付协议中的条款和条件，使其成为以权益结算的股份支付的，在修改日，企业应当按照所授予权益工具当日的公允价值计量以权益结算的股份支付，将已取得的服务计入资本公积，同时终止确认以现金结算的股份支付在修改日已确认的负债，两者之间的差额计入当期损益。上述规定同样适用于修改发生在等待期结束后的情形。如果由于修改延长或缩短了等待期，企业应当按照修改后的等待期进行上述会计处理（无需考虑不利修改的有关会计处理规定）。如果企业取消一项以现金结算的股份支付，授予一项以权益结算的股份支付，并在授予权益工具日认定其是用来替代已取消的以现金结算的股份支付（因未满足可行权条件而被取消的除外）的，适用上述规定。

【例12－8】2×21年初，甲公司向其500名中层以上职工每人授予100份现金股票增值权，这些职工从2×21年1月1日起在该公司连续服务4年即可按照股价的增长幅度获得现金。甲公司估计，该增值权在2×21年末和2×22年末的公允价值分别为10元和12元。2×22年12月31日，甲公司将向职工授予100份现金股票增值权修改为授予100股股票期权，这些职工从2×23年1月1日起在该公司连续服务3年，即可以每股5元购买100股甲公司股票。每份期权在2×22年12月31日的公允价值为16元。甲公司预计所有的职工都将在服务期限内提供服务。假设甲公司500名职工都在2×25年12月31日行权，股份面值为1元。假定不考虑其他因素。

本例中，企业将以现金结算的股份支付修改为以权益结算的股份支付，修改日为2×22年12月31日。

2×21年12月31日，甲公司按照承担负债的公允价值，将当期取得的服务计入相关费用和相应的负债，金额为 $100\times500\times10\times1/4=125\ 000$ 元。账务处理如下：

借：管理费用　　125 000

　贷：应付职工薪酬——股份支付　　125 000

2×22 年 12 月 31 日，甲公司将以现金结算的股份支付修改为以权益结算的股份支付，等待期由 4 年延长至 5 年。甲公司应当按照权益工具在修改日的公允价值，将当期取得的服务计入资本公积，金额为 $100\times500\times16\times2/5=320\ 000$ 元，同时终止确认已确认的负债，两者的差额计入当期损益，金额为 $320\ 000-125\ 000=195\ 000$ 元。账务处理如下：

借：管理费用　　195 000

　应付职工薪酬——股份支付　　125 000

　贷：资本公积——其他资本公积　　320 000

2×23 年 12 月 31 日，按照权益工具在修改日的公允价值将当期取得的服务计入相关费用和资本公积，金额为 $100\times500\times16\times3/5-320\ 000=160\ 000$ 元。账务处理如下：

借：管理费用　　160 000

　贷：资本公积——其他资本公积　　160 000

2×24 年 12 月 31 日，按照权益工具在修改日的公允价值将当期取得的服务计入相关费用和资本公积，金额为 $100\times500\times16\times4/5-320\ 000-160\ 000=160\ 000$ 元。账务处理如下：

借：管理费用　　160 000

　贷：资本公积——其他资本公积　　160 000

2×25 年 12 月 31 日，按照权益工具在修改日的公允价值将当期取得的服务计入相关费用和资本公积，金额为 $100\times500\times16-320\ 000-160\ 000-160\ 000=160\ 000$ 元。账务处理如下：

借：管理费用　　160 000

　贷：资本公积——其他资本公积　　160 000

当日，职工行权。账务处理如下：

借：银行存款　　250 000

　资本公积——其他资本公积　　800 000

　贷：股本　　50 000

　　资本公积——股本溢价　　1 000 000

七、披露

1. 企业应当在附注中披露与股份支付有关的下列信息：

（1）当期授予、行权和失效的各项权益工具总额。

（2）期末发行在外的股份期权或其他权益工具行权价格的范围和合同剩余期限。

（3）当期行权的股份期权或其他权益工具以其行权日价格计算的加权平均价格。

（4）权益工具公允价值的确定方法。

企业对性质相似的股份支付信息可以合并披露。

2. 企业应当在附注中披露股份支付交易对当期财务状况和经营成果的影响，至少包括下列信息：

（1）当期因以权益结算的股份支付而确认的费用总额。

（2）当期因以现金结算的股份支付而确认的费用总额。

（3）当期以股份支付换取的职工服务总额及其他方服务总额。

八、衔接规定

企业应当根据《企业会计准则第38号——首次执行企业会计准则》的规定，对于在首次执行日之前可行权的股份支付，不应追溯调整。

授予职工的可行权日在首次执行日或之后的权益结算的股份支付，应当按照权益工具在授予日的公允价值调整期初留存收益，相应增加资本公积；授予日的公允价值不能可靠计量的，应当按照权益工具在首次执行日的公允价值计量。

授予职工的可行权日在首次执行日或之后的现金结算的股份支付，应当按照在等待期内首次执行日之前各资产负债表日的公允价值调整期初留存收益，相应增加应付职工薪酬。上述各资产负债表日的公允价值不能可靠计量的，应当按照权益工具在首次执行日的公允价值计量。

授予其他方的可行权日在首次执行日或之后的股份支付，在首次执行日比照授予职工的股份支付处理。

首次执行日之后新授予的股份支付、首次执行日存在的股份支付在首次执行日之后，均应当按照本章的相关规定进行处理。

第十三章　债务重组

一、总体要求

《企业会计准则第 12 号——债务重组》规范了债务重组的确认、计量和相关信息的披露。

债务重组是指在不改变交易对手方的情况下，经债权人和债务人协定或法院裁定，就清偿债务的时间、金额或方式等重新达成协议的交易。债务重组方式主要包括采用债务人以资产清偿债务、债务人将债务转为权益工具、修改其他条款方式，以及上述一种以上方式的组合。

债务重组采用以资产清偿债务方式，或者采用将债务转为权益工具方式且导致债权人将债权转为对联营企业或合营企业的权益性投资的，债权人初始确认受让的非金融资产应当以成本计量。债务重组采用债务人以多项资产或者组合方式清偿债务的，债权人应当首先按照第二十二章金融工具确认和计量的规定，确认和计量受让的金融资产和重组债权，然后按照受让各项非金融资产的公允价值比例，对放弃债权的公允价值扣除受让金融资产和重组债权确认金额后的净额进行分配，并以此为基础分别确定各项资产的成本。放弃债权的公允价值与账面价值之间的差额，应当计入当期损益。如果债权人与债务人间的债务重组是在公平交易的市场环境中达成的交易，放弃债权的公允价值通常与受让资产的公允价值相等，且通常不高于放弃债权的账面余额。

债务重组采用将债务转为权益工具方式的，债务人初始确认权益工具时应当按照权益工具的公允价值计量；权益工具的公允价值不能可靠计量的，应当按照所清偿债务的公允价值计量。债务人所清偿债务账面价值与权益工具确认金额之间的差额，应当计入当期损益。债务重组采用债务人以多项资产或者组合方式清偿债务的，所清偿债务的账面价值与转让资产的账面价值以及权益工具和重组债务的确认金额之和的差额，应当计入当期损益。

债权人应当在附注中根据债务重组方式分组披露债权账面价值和债务重组

相关损益，以及债务重组导致的对联营企业或合营企业的权益性投资增加额、该投资占联营企业或合营企业股份总额的比例。债务人应当在附注中根据债务重组方式分组披露债务账面价值和债务重组相关损益，以及债务重组导致的股本等所有者权益的增加额。

二、适用范围

本章规范了债务重组的确认、计量和相关信息的披露。经法院裁定进行债务重整并按持续经营进行会计核算的，适用本章。债务人在破产清算期间进行的债务重组不属于本章规范的范围，应当按照企业破产清算有关会计处理规定处理。

对于符合本章定义的债务重组，应当按照本章进行会计处理，但下列各项不属于本章规范范围：

1. 债务重组中涉及的债权、重组债权、债务、重组债务和其他金融工具的确认、计量和列报，适用第二十二章金融工具确认和计量和第三十八章金融工具列报等。

2. 通过债务重组形成企业合并的，适用第二十章企业合并。债务人以股权投资清偿债务或者将债务转为权益工具，可能对应导致债权人取得被投资单位或债务人控制权，在债权人的个别财务报表层面和合并财务报表层面，债权人取得长期股权投资或者资产和负债的确认和计量适用第二十章企业合并的有关规定。

3. 债务重组构成权益性交易的，应当适用权益性交易的有关会计处理规定，债权人和债务人不确认构成权益性交易的债务重组相关损益。债务重组构成权益性交易的情形包括：（1）债权人直接或间接对债务人持股，或者债务人直接或间接对债权人持股，且持股方以股东身份进行债务重组；（2）债权人与债务人在债务重组前后均受同一方或相同的多方最终控制，且该债务重组的交易实质是债权人或债务人进行了权益性分配或接受了权益性投入。

例如，甲公司是乙公司股东，为了弥补乙公司临时性经营现金流短缺，甲公司向乙公司提供1 000万元无息借款，并约定于6个月后收回。借款期满时，尽管乙公司具有充足的现金流，甲公司仍然决定免除乙公司800万元本金还款义务，仅收回200万元借款。在此项交易中，如果甲公司不以股东身份而是以市场交易者身份参与交易，在乙公司具有足够偿债能力的情况下不可能免除其部分本金。因此，甲公司和乙公司应当将该交易作为权益性交易，不确认债务重组相关损益。

债务重组中不属于权益性交易的部分仍然适用本章。例如，假设前例中债务人乙公司确实出现财务困难，其他债权人（不含甲公司）对其债务普遍进行了减半的豁免，那么甲公司作为债权人比其他债权人多豁免300万元债务的交易应当作为权益性交易，与其他债权人同等减半豁免500万元债务的交易适用本章。

企业在判断债务重组是否构成权益性交易时，应当遵循实质重于形式原则。例如，假设债权人对债务人的权益性投资通过其他人代持，债权人虽不具有股东身份，但实质上拥有股东权利，是以股东身份进行债务重组，债权人和债务人应当认为该债务重组构成权益性交易。

三、应设置的相关会计科目和主要账务处理

企业对债务重组的会计处理，一般需要设置下列会计科目。

（一）"投资收益"

1. 本科目核算企业确认的投资收益或投资损失。

2. 本科目应当按照投资项目进行明细核算。

3. 投资收益的主要账务处理。

（1）债权人的账务处理。

①债务重组采用以资产清偿债务或者将债务转为权益工具方式进行的，债权人受让包括现金在内的单项或多项金融资产的，金融资产初始确认应当以公允价值计量，金融资产确认金额与债权终止确认日账面价值之间的差额，记入"投资收益"科目；债权人受让金融资产以外的资产时，受让的非金融资产应当以放弃债权的公允价值以及可直接归属于该资产的税费等成本计量，放弃债权的公允价值与账面价值之间的差额，记入"投资收益"科目。

②债务重组采用以修改其他条款方式进行的，如果修改其他条款导致全部债权终止确认，债权人应当按照修改后的条款以公允价值初始计量重组债权，重组债权的确认金额与债权终止确认日账面价值之间的差额，记入"投资收益"科目。如果修改其他条款未导致债权终止确认，对于以摊余成本计量的债权，债权人应当根据重新议定合同的现金流量变化情况，重新计算该重组债权的账面余额，并将相关利得或损失记入"投资收益"科目。

③债务重组采用组合方式进行的，一般可以认为对全部债权的合同条款作出了实质性修改，债权人应当按照修改后的条款，以公允价值初始计量重组债

权和受让的新金融资产，按照受让的金融资产以外的各项资产在债务重组合同生效日的公允价值比例，对放弃债权在合同生效日的公允价值扣除重组债权和受让金融资产当日公允价值后的净额进行分配，并以此为基础分别确定各项资产的成本。放弃债权的公允价值与账面价值之间的差额，记入“投资收益”科目。

（2）债务人的账务处理。

①债务重组采用以资产清偿债务方式进行的，债务人以单项或多项金融资产清偿债务的，债务的账面价值与偿债金融资产账面价值的差额，记入“投资收益”科目。对于以分类为以公允价值计量且其变动计入其他综合收益的债务工具投资清偿债务的，之前计入其他综合收益的累计利得或损失应当从其他综合收益中转出，记入“投资收益”科目；债务人以单项或多项长期股权投资清偿债务的，债务的账面价值与偿债长期股权投资账面价值的差额，记入“投资收益”科目；债务重组采用将债务转为权益工具方式进行的，债务人初始确认权益工具时，应当按照权益工具的公允价值计量，权益工具的公允价值不能可靠计量的，应当按照所清偿债务的公允价值计量。所清偿债务账面价值与权益工具确认金额之间的差额，记入“投资收益”科目。

②债务重组采用修改其他条款方式进行的，如果修改其他条款导致债务终止确认，债务人应当按照公允价值计量重组债务，终止确认的债务账面价值与重组债务确认金额之间的差额，记入“投资收益”科目。如果修改其他条款未导致债务终止确认，或者仅导致部分债务终止确认，对于未终止确认的部分债务，债务人应当继续按原分类进行后续计量。对于以摊余成本计量的债务，债务人应当根据重新议定合同的现金流量变化情况，重新计算该重组债务的账面价值，并将相关利得或损失记入“投资收益”科目。

③债务重组采用以资产清偿债务、将债务转为权益工具、修改其他条款等组合方式进行的，对于权益工具，债务人应当在初始确认时按照权益工具的公允价值计量，权益工具的公允价值不能可靠计量的，应当按照所清偿债务的公允价值计量。对于修改其他条款形成的重组债务，债务人应当参照本章“七、债务人的会计处理（三）修改其他条款”中的规定，确认和计量重组债务。所清偿债务的账面价值与转让资产的账面价值以及权益工具和重组债务的确认金额之和的差额，记入“其他收益——债务重组收益”或“投资收益”（仅涉及金融工具、长期股权投资时）科目。

4. 期末，应将本科目余额转入“本年利润”科目，本科目结转后应无余额。

（二）“其他收益——债务重组收益”

1. 本明细科目核算企业债务重组形成的利得或损失。

2. 其他收益——债务重组收益的主要账务处理。

（1）债务人以单项或多项其他非金融资产（如固定资产、投资性房地产、生物资产、无形资产、日常活动产出的商品或服务等，下同）清偿债务，或者以包括金融资产和其他非金融资产在内的多项资产清偿债务的，应将所清偿债务账面价值与转让资产账面价值之间的差额，记入“其他收益——债务重组收益”科目。

（2）债务人以包含非金融资产的处置组清偿债务的，应当将所清偿债务和处置组中负债的账面价值之和，与处置组中资产的账面价值之间的差额，记入“其他收益——债务重组收益”科目。

（3）债务重组采用以资产清偿债务、将债务转为权益工具、修改其他条款等组合方式进行的，对于权益工具，债务人应当在初始确认时按照权益工具的公允价值计量，权益工具的公允价值不能可靠计量的，应当按照所清偿债务的公允价值计量。对于修改其他条款形成的重组债务，债务人应当参照本章“七、债务人的会计处理（三）修改其他条款”中的规定，确认和计量重组债务。所清偿债务的账面价值与转让资产的账面价值以及权益工具和重组债务的确认金额之和的差额，记入“其他收益——债务重组收益”或“投资收益”（仅涉及金融工具、长期股权投资时）科目。

3. 期末，应将本明细科目的余额转入“本年利润”科目，结转后本明细科目应无余额。

四、债务重组的定义和方式

（一）债务重组的定义

债务重组涉及债权人和债务人，对债权人而言为“债权重组”，对债务人而言为“债务重组”，为便于表述统称为“债务重组”。根据本章规定，债务重组，是指在不改变交易对手方的情况下，经债权人和债务人协定或法院裁定，就清偿债务的时间、金额或方式等重新达成协议的交易。

1. 关于交易对手方。

债务重组是在不改变交易对手方的情况下进行的交易。实务中经常出现第三方参与相关交易的情形，例如，某公司以不同于原合同条款的方式代债务人向债权人偿债；又如，新组建的公司承接原债务人的债务，与债权人进行债务重组；再如，资产管理公司从债权人处购得债权，再与债务人进行债务重组。在上述第三方参与相关交易的情形下，企业应当首先考虑债权和债务是否发生终止确认，适用第二十二章金融工具确认和计量和第二十三章金融资产转移等，再就债务重组交易适用本章。

债务重组不强调在债务人发生财务困难的背景下进行，也不论债权人是否作出让步。也就是说，无论何种原因导致债务人未按原定条件偿还债务，也无论双方是否同意债务人以低于债务的金额偿还债务，只要债权人和债务人就债务条款重新达成了协议，就符合债务重组的定义，属于本章规范的范围。例如，债权人在减免债务人部分债务本金的同时提高剩余债务的利息，或者债权人同意债务人用等值库存商品抵偿到期债务等，均属于本章规范的债务重组。

2. 关于债权和债务的范围。

债务重组涉及的债权和债务，是指第二十二章金融工具确认和计量规范的债权和债务，包括租赁应收款和租赁应付款，但不包括合同资产、合同负债、预计负债等。

（二）债务重组的方式

债务重组的方式主要包括：债务人以资产清偿债务、将债务转为权益工具、修改其他条款，以及前述一种以上方式的组合。这些债务重组方式都是通过债权人和债务人重新协定或者法院裁定达成的，与原来约定的偿债方式不同。

1. 债务人以资产清偿债务。

债务人以资产清偿债务，是债务人转让其资产给债权人以清偿债务的债务重组方式。债务人用于偿债的资产通常是已经在资产负债表中确认的资产，例如，现金、应收账款、长期股权投资、投资性房地产、固定资产、在建工程、生物资产、无形资产等。债务人以日常活动产出的商品或服务清偿债务的，用于偿债的资产可能体现为存货等资产。

在受让上述资产后，按照相关会计准则要求及本企业会计核算要求，债权人核算相关受让资产的类别可能与债务人不同。例如，债务人以作为固定资产核算的房产清偿债务，债权人可能将受让的房产作为投资性房地产核算；债务人以部分长期股权投资清偿债务，债权人可能将受让的投资作为金融资产核算；债务人以存货清偿债务，债权人可能将受让的资产作为固定资产核算等。

除上述已经在资产负债表中确认的资产外，债务人也可能以不符合确认条件而未予确认的资产清偿债务。例如，债务人以未确认的内部产生品牌清偿债务，债权人在获得的商标权符合无形资产确认条件的前提下作为无形资产核算。在少数情况下，债务人还可能以处置组（即一组资产和与这些资产直接相关的负债）清偿债务。

2. 债务人将债务转为权益工具。

债务人将债务转为权益工具，这里的权益工具，是指根据第三十八章金融工具列报分类为“权益工具”的金融工具，体现为股本、实收资本、资本公积等。

实务中，有些债务重组名义上采用“债转股”的方式，但同时附加相关条款，如约定债务人在未来某个时点有义务以某一金额回购股权，或债权人持有的股份享有强制分红权等。对于债务人，这些“股权”可能并不是根据第三十八章金融工具列报分类为权益工具的金融工具，从而不属于债务人将债务转为权益工具的债务重组方式。债权人和债务人还可能协议以一项同时包含金融负债成分和权益工具成分的复合金融工具替换原债权债务，这类交易也不属于债务人将债务转为权益工具的债务重组方式。

3. 修改其他条款。

修改债权和债务的其他条款，是债务人不以资产清偿债务，也不将债务转为权益工具，而是改变债权和债务的其他条款的债务重组方式，如调整债务本金、改变债务利息、变更还款期限等。经修改其他条款的债权和债务分别形成重组债权和重组债务。

4. 组合方式。

组合方式，是采用债务人以资产清偿债务、债务人将债务转为权益工具、修改其他条款三种方式中一种以上方式的组合清偿债务的债务重组方式。例如，债权人和债务人约定，由债务人以机器设备清偿部分债务，将另一部分债务转为权益工具，调减剩余债务的本金，但利率和还款期限不变；再如，债务人以现金清偿部分债务，同时将剩余债务展期等。

五、债权和债务的终止确认

债务重组中涉及的债权和债务的终止确认，应当遵循第二十二章金融工具确认和计量和第二十三章金融资产转移有关金融资产和金融负债终止确认的规定。债权人在收取债权现金流量的合同权利终止时终止确认债权，债务人在债务的现时义务解除时终止确认债务。在签署债务重组合同的时点，如果债务的现时义务尚未解除，债务人不能确认债务重组相关损益。

由于债权人与债务人之间进行的债务重组涉及债权和债务的认定，以及清偿方式和期限等的协商，通常需要经历较长时间，例如破产重整中进行的债务重组。只有在符合上述终止确认条件时才能终止确认相关债权和债务，并确认债务重组相关损益。对于在报告期间已经开始协商但在报告期资产负债表日后完成的债务重组，不属于资产负债表日后调整事项。

对于终止确认的债权，债权人应当结转已计提的减值准备中对应该债权终止确认部分的金额。对于终止确认的分类为以公允价值计量且其变动计入其他综合收益的债权，之前计入其他综合收益的累计利得或损失应当从其他综合收益中转出，记入“投资收益”科目。

（一）以资产清偿债务或将债务转为权益工具

对于以资产清偿债务或者将债务转为权益工具方式进行的债务重组，由于债权人在拥有或控制相关资产时，通常其收取债权现金流量的合同权利也同时终止，债权人一般可以终止确认该债权。同样地，由于债务人通过交付资产或权益工具解除了其清偿债务的现时义务，债务人一般可以终止确认该债务。

（二）修改其他条款

对于债权人，债务重组通过调整债务本金、改变债务利息、变更还款期限等修改合同条款方式进行的，合同修改前后的交易对手方没有发生改变，合同涉及的本金、利息等现金流量很难在本息之间及债务重组前后作出明确分割，即很难单独识别合同的特定可辨认现金流量。因此，通常情况下，应当整体考虑是否对全部债权的合同条款作出了实质性修改。如果作出实质性修改，或者债权人与债务人之间签订协议，以获取实质上不同的新金融资产方式替换债权，应当终止确认原债权，并按照修改后的条款或新协议确认新金融资产。

对于债务人，如果对债务或部分债务的合同条款作出实质性修改形成重组债务，或者债权人与债务人之间签订协议，以承担实质上不同的重组债务方式替换原债务，债务人应当终止确认原债务，同时按照修改后的条款确认一项新金融负债。其中，如果重组债务未来现金流量（包括支付和收取的某些费用）现值与原债务的剩余期间现金流量现值之间的差异超过 10%，则意味着新的合同条款进行了实质性修改或者重组债务是实质上不同的，有关现值的计算均采用原债务的实际利率。

（三）组合方式

对于债权人，与上述“修改其他条款”部分的分析类似，通常情况下应当整体考虑是否终止确认全部债权。由于组合方式涉及多种债务重组方式，一般可以认为对全部债权的合同条款作出了实质性修改，从而终止确认全部债权，并按照修改后的条款确认新金融资产。

对于债务人，组合中以资产清偿债务或者将债务转为权益工具方式进行的债务重组，如果债务人清偿该部分债务的现时义务已经解除，应当终止确认该部分债务；组合中以修改其他条款方式进行的债务重组，需要根据具体情况，判断对应的部分债务是否满足终止确认条件。

六、债权人的会计处理

（一）以资产清偿债务或将债务转为权益工具

债务重组采用以资产清偿债务或者将债务转为权益工具方式进行的，债权人应当将受让的相关资产在符合其定义和确认条件时予以确认。

1. 债权人受让金融资产。

债权人受让包括现金在内的单项或多项金融资产的，应当按照第二十二章金融工具确认和计量的规定进行确认和计量。金融资产初始确认时应当以其公允价值计量。金融资产确认金额与债权终止确认日账面价值之间的差额，记入“投资收益”科目，但收取的金融资产的公允价值与交易价格（即放弃债权的公允价值）存在差异的，应当按照第二十二章金融工具确认和计量“十、金融工具的计量（一）金融资产和金融负债的初始计量”中的规定处理。

2. 债权人受让非金融资产。

债权人初始确认受让的金融资产以外的资产时，应当按照下列原则以成本计量：（1）存货的成本，包括放弃债权的公允价值，以及使该资产达到当前位置和状态所发生的可直接归属于该资产的税金、运输费、装卸费、保险费等其他成本。（2）对联营企业或合营企业投资的成本，包括放弃债权的公允价值，以及可直接归属于该资产的税金等其他成本。（3）投资性房地产的成本，包括放弃债权的公允价值，以及可直接归属于该资产的税金等其他成本。（4）固定资产的成本，包括放弃债权的公允价值，以及使该资产达到预定可使用状态前所发生的可直接归属于该资产的税金、运输费、装卸费、安装费、专业人员服务费等其他成本。确定固定资产成本时，应当考虑预计弃置费用因素。（5）生物资产的成本，包括放弃债权的公允价值，以及可直接归属于该资产的税金、运输费、保险费等其他成本。（6）无形资产的成本，包括放弃债权的公允价值，以及可直接归属于使该资产达到预定用途所发生的税金等其他成本。放弃债权的公允价值与账面价值之间的差额，记入“投资收益”科目。

3. 债权人受让多项资产。

债权人受让多项非金融资产，或者包括金融资产、非金融资产在内的多项资产的，应当按照第二十二章金融工具确认和计量的规定确认和计量受让的金融资产；按照受让的金融资产以外的各项资产在债务重组合同生效日的公允价值比例，对放弃债权在合同生效日的公允价值扣除受让金融资产当日公允价值后的净额进行分配，并以此为基础分别确定各项资产的成本。放弃债权的公允价值与账面价值之间的差额，记入“投资收益”科目。

4. 债权人受让处置组。

债务人以处置组清偿债务的，债权人应当分别按照第二十二章金融工具确认和计量和其他章的规定，对处置组中的金融资产和负债进行初始计量，然后按照金融资产以外的各项资产在债务重组合同生效日的公允价值比例，对放弃债权在合同生效日的公允价值以及承担的处置组中负债的确认金额之和，扣除受让金融资产当日公允价值后的净额进行分配，并以此为基础分别确定各项资产的成本。放弃债权的公允价值与账面价值之间的差额，记入“投资收益”科目。

5. 债权人将受让的资产或处置组划分为持有待售类别。

债务人以资产或处置组清偿债务，且债权人在取得日未将受让的相关资产或处置组作为非流动资产和非流动负债核算，而是将其划分为持有待售类别的，债权人应当在初始计量时，比较假定其不划分为持有待售类别情况下的初始计量金额和公允价值减去出售费用后的净额，以两者孰低计量，公允价值减去出售费用后的净额低于不划分为持有待售类别情况下的初始计量金额的差额记入“资产减值损失”科目。

（二）修改其他条款

债务重组采用以修改其他条款方式进行的，如果修改其他条款导致全部债权终止确认，债权人应当按照修改后的条款以公允价值初始计量重组债权，重组债权的确认金额与债权终止确认日账面价值之间的差额，记入“投资收益”科目。

如果修改其他条款未导致债权终止确认，债权人应当根据其分类，继续以摊余成本、以公允价值计量且其变动计入其他综合收益，或者以公允价值计量且其变动计入当期损益进行后续计量。对于以摊余成本计量的债权，债权人应当根据重新议定合同的现金流量变化情况，重新计算该重组债权的账面余额，并将相关利得或损失记入“投资收益”科目。重新计算的该重组债权的账面余额，应当根据将重新议定或修改的合同现金流量按债权原实际利率折现的现值确定，购买或源生的已发生信用减值的重组债权，应按经信用调整的实际利率折现。对于修改或重新议定合同所产生的成本或费用，债权人应当调整修改后的重组债权的账面价值，并在修改后重组债权的剩余期限内摊销。

（三）组合方式

债务重组采用组合方式进行的，一般可以认为对全部债权的合同条款作出了实质性修改，债权人应当按照修改后的条款，以公允价值初始计量重组债权和受让的新金融资产，按照受让的金融资产以外的各项资产在债务重组合同生效日的公允价值比例，对放弃债权在合同生效日的公允价值扣除重组债权和受让金融资产当日公允价值后的净额进行分配，并以此为基础分别确定各项资产的成本。放弃债权的公允价值与账面价值之间的差额，记入“投资收益”科目。

七、债务人的会计处理

（一）债务人以资产清偿债务

债务重组采用以资产清偿债务方式进行的，债务人应当将所清偿债务账面价值与转让资产账面价值之间的差额计入当期损益。

1. 债务人以金融资产清偿债务。

债务人以单项或多项金融资产清偿债务的，债务的账面价值与偿债金融资产账面价值的差额，记入“投资收益”科目。偿债金融资产已计提减值准备的，应结转已计提的减值准备。对于以分类为以公允价值计量且其变动计入其他综合收益的债务工具投资清偿债务的，之前计入其他综合收益的累计利得或损失应当从其他综合收益中转出，记入“投资收益”科目。对于以指定为以公允价值计量且其变动计入其他综合收益的非交易性权益工具投资清偿债务的，之前计入其他综合收益的累计利得或损失应当从其他综合收益中转出，计入留存收益。

2. 债务人以非金融资产清偿债务。

债务人以单项或多项长期股权投资清偿债务的，债务的账面价值与偿债长期股权投资账面价值的差额，记入“投资收益”科目。

债务人以单项或多项其他非金融资产（如固定资产、投资性房地产、生物资产、无形资产、日常活动产出的商品或服务等）清偿债务，或者以包括金融资产和其他非金融资产在内的多项资产清偿债务的，不需要区分资产处置损益和债务重组损益，也不需要区分不同资产的处置损益，而应将所清偿债务账面价值与转让资产账面价值之间的差额，记入“其他收益——债务重组收益”科目。偿债资产已计提减值准备的，应结转已计提的减值准备。

债务人以包含非金融资产的处置组清偿债务的，应当将所清偿债务和处置组中负债的账面价值之和，与处置组中资产的账面价值之间的差额，记入“其他收益——债务重组收益”科目。处置组所属的资产组或资产组组合按照第九章资产减值分摊了企业合并中取得的商誉的，该处置组应当包含分摊至处置组的商誉。处置组中的资产已计提减值准备的，应结转已计提的减值准备。

（二）债务人将债务转为权益工具

债务重组采用将债务转为权益工具方式进行的，债务人初始确认权益工具时，应当按照权益工具的公允价值计量，权益工具的公允价值不能可靠计量的，应当按照所清偿债务的公允价值计量。所清偿债务账面价值与权益工具确认金额之间的差额，记入“投资收益”科目。债务人因发行权益工具而支出的相关税费等，应当依次冲减资本溢价、盈余公积、未分配利润等。

（三）修改其他条款

债务重组采用修改其他条款方式进行的，如果修改其他条款导致债务终止确认，债务人应当按照公允价值计量重组债务，终止确认的债务账面价值与重组债务确认金额之间的差额，记入“投资收益”科目。

如果修改其他条款未导致债务终止确认，或者仅导致部分债务终止确认，对于未终止确认的部分债务，债务人应当继续按原分类进行后续计量。对于以摊余成本计量的债务，债务人应当根据重新议定合同的现金流量变化情况，重新计算该重组债务的账面价值，并将相关利得或损失记入“投资收益”科目。重新计算的该重组债务的账面价值，应当根据将重新议定或修改的合同现金流量按债务的原实际利率或按第二十四章套期会计相关规定重新计算的实际利率（如适用）折现的现值确定。对于修改或重新议定合同所产生的成本或费用，债务人应当调整修改后的重组债务的账面价值，并在修改后重组债务的剩余期限内摊销。

（四）组合方式

债务重组采用以资产清偿债务、将债务转为权益工具、修改其他条款等组合方式进行的，对于权益工具，债务人应当在初始确认时按照权益工具的公允价值计量，权益工具的公允价值不能可靠计量的，应当按照所清偿债务的公允价值计量。对于修改其他条款形成的重组债务，债务人应当参照本章“七、债务人的会计处理（三）修改其他条款”中的规定，确认和计量重组债务。所清偿债务的账面价值与转让资产的账面价值以及权益工具和重组债务的确认金额之和的差额，记入“其他收益——债务重组收益”或“投资收益”（仅涉及金融工具、长期股权投资时）科目。

八、相关示例

【例 13－1】 2×22 年 6 月 18 日，甲公司向乙公司销售商品一批，应收乙公司款项的入账金额为 95 万元。甲公司将该应收款项分类为以摊余成本计量的金融资产。乙公司将该应付账款分类为以摊余成本计量的金融负债。2×22 年 10 月 18 日，双方签订债务重组合同，乙公司以一项作为无形资产核算的非专利技术偿还该欠款。该无形资产的账面余额为 100 万元，累计摊销额为 10 万元，已计提减值准备 2 万元。2×22 年 10 月 22 日，双方办理完成该无形资产转让手续，甲公司支付评估费用 4 万元。当日，甲公司应收款项的公允价值为 87 万元，已计提坏账准备 7 万元，乙公司应付款项的账面价值仍为 95 万元。假设不考虑相关税费。

1. 2×22 年 10 月 22 日，债权人甲公司取得该无形资产的成本为债权公允价值（87 万元）与评估费用（4 万元）的合计（91 万元）。甲公司的账务处理如下：

借：无形资产　　910 000
　　坏账准备　　70 000
　　投资收益　　10 000
　　贷：应收账款　　950 000
　　　　银行存款　　40 000

2. 2×22 年 10 月 22 日，乙公司的账务处理如下：

借：应付账款　　950 000
　　累计摊销　　100 000
　　无形资产减值准备　　20 000
　　贷：无形资产　　1 000 000
　　　　其他收益——债务重组收益　　70 000

承〖例 13－1〗，假设甲公司管理层决议，受让该非专利技术后将在半年内将其出售，当日无形资产的公允价值为87万元，预计未来出售该非专利技术时将发生1万元的出售费用，该非专利技术满足持有待售资产确认条件。

本例中，2×22年10月22日，甲公司对该非专利技术进行初始确认时，按照无形资产入账（91万元）与公允价值减出售费用［87－1＝86（万元）］孰低计量。债权人甲公司的账务处理如下：

借：持有待售资产——无形资产　　860 000
　　坏账准备　　70 000
　　投资收益　　10 000
　　资产减值损失　　50 000
　　贷：应收账款　　950 000
　　　　银行存款　　40 000

【例13－2】 2×22年2月10日，甲公司从乙公司购买一批材料，约定6个月后甲公司应结清款项100万元（假定无重大融资成分）。乙公司将该应收款项分类为以公允价值计量且其变动计入当期损益的金融资产；甲公司将该应付款项分类为以摊余成本计量的金融负债。2×22年8月12日，甲公司因无法支付货款与乙公司协商进行债务重组，双方商定乙公司将该债权转为对甲公司的股权投资。2×22年10月20日，甲公司应付款项的账面价值仍为100万元；乙公司办结了对甲公司的增资手续，甲公司和乙公司分别支付手续费等相关费用1.5万元和1.2万元。债转股后甲公司总股本为100万元，乙公司持有的抵债股权占甲公司总股本的25%，对甲公司具有重大影响，甲公司股权公允价值不能可靠计量。

2×22年6月30日，乙公司应收款项和甲公司应付款项的公允价值均为85万元。

2×22年8月12日，乙公司应收款项和甲公司应付款项的公允价值均为76万元。

2×22年10月20日，乙公司应收款项和甲公司应付款项的公允价值仍为76万元。

假定不考虑其他相关税费。

1. 乙公司的账务处理如下：

（1）2×22年6月30日：

借：公允价值变动损益　　150 000
　　贷：交易性金融资产——公允价值变动　　150 000

(2) 2×22 年 8 月 12 日：

借：公允价值变动损益　　90 000

　　贷：交易性金融资产——公允价值变动　　90 000

(3) 2×22 年 10 月 20 日，乙公司对甲公司长期股权投资的成本为应收款项公允价值（76 万元）与相关税费（1.2 万元）的合计 77.2 万元。

借：长期股权投资——甲公司　　772 000

　　交易性金融资产——公允价值变动　　240 000

　　贷：交易性金融资产——成本　　1 000 000

　　　　银行存款　　12 000

2. 2×22 年 10 月 20 日，由于甲公司股权的公允价值不能可靠计量，初始确认权益工具公允价值时应当按照所清偿债务的公允价值 76 万元计量，并扣除因发行权益工具支出的相关税费 1.5 万元。甲公司的账务处理如下：

借：应付账款　　1 000 000

　　贷：实收资本　　250 000

　　　　资本公积——资本溢价　　495 000

　　　　银行存款　　15 000

　　　　投资收益　　240 000

【例 13-3】2×21 年 11 月 5 日，甲公司向乙公司赊购一批材料，含税价为 234 万元，甲公司以摊余成本计量该项应付账款，乙公司对该项应收账款以摊余成本计量。2×22 年 9 月 10 日，甲公司因发生财务困难，无法按合同约定偿还债务，双方协商进行债务重组，乙公司同意甲公司用其生产的商品、作为固定资产管理的机器设备和一项债券投资抵偿欠款；当日，该债权的公允价值为 210 万元，甲公司用于抵债的商品市价（不含增值税）为 90 万元，用于抵债设备的公允价值为 75 万元，用于抵债的债券投资市价为 23.55 万元。

2×22 年 9 月 20 日，抵债设备转让完毕，甲公司发生设备运输费用 0.65 万元，乙公司发生设备安装费用 1.5 万元。

2×22 年 9 月 20 日，乙公司对该应收账款已计提坏账准备 19 万元；乙公司将受让的商品、设备和债券投资分别作为低值易耗品、固定资产和以公允价值计量且其变动计入当期损益的金融资产核算；当日，乙公司受让债券投资的市价为 21 万元。

2×22 年 9 月 20 日，甲公司该项应付账款的账面价值仍为 234 万元；当日，甲公司用于抵债的商品成本为 70 万元；抵债设备的账面原值为 150 万元，累计折旧为40万元，已计提减值准备18万元；甲公司以摊余成本计量用于抵债的债券投资，债券票面价值总额为15万元，票面利率与实际利率一致，按年付息，假定甲公司尚未对债券确认利息收入。

甲、乙公司均为增值税一般纳税人，适用增值税税率为13%，经税务机关核定，该项交易中商品和设备的计税价格分别为90万元和75万元。不考虑其他相关税费。

1. 2×22年9月20日，乙公司的账务处理如下：

低值易耗品可抵扣增值税＝90×13%＝11.7（万元）

设备可抵扣增值税＝75×13%＝9.75（万元）

低值易耗品和固定资产的成本应当以其公允价值比例对放弃债权公允价值扣除受让金融资产公允价值后的净额进行分配后的金额为基础确定。

低值易耗品的成本＝90/（90＋75）×（210－23.55－11.7－9.75）＝90（万元）

固定资产的成本＝75/（90＋75）×（210－23.55－11.7－9.75）＝75（万元）

（1）结转债务重组相关损益：

借：低值易耗品	900 000	
在建工程——在安装设备	750 000	
应交税费——应交增值税	214 500	
交易性金融资产	210 000	
坏账准备	190 000	
投资收益	75 500	
贷：应收账款——甲公司		2 340 000

（2）支付安装费用：

借：在建工程——在安装设备	15 000	
贷：银行存款		15 000

（3）安装完毕达到可使用状态：

借：固定资产——××设备	765 000	
贷：在建工程——在安装设备		765 000

2. 2×22年9月20日，甲公司的账务处理如下：

借：固定资产清理	920 000	
累计折旧	400 000	

固定资产减值准备　　180 000

　　贷：固定资产　　1 500 000

借：固定资产清理　　6 500

　　贷：银行存款　　6 500

借：应付账款　　2 340 000

　　贷：固定资产清理　　926 500

　　　　库存商品　　700 000

　　　　应交税费——应交增值税　　214 500

　　　　债权投资——面值　　150 000

　　　　其他收益——债务重组收益　　349 000

【例13-4】 甲公司为上市公司，2×19年1月1日，甲公司取得乙银行贷款5 000万元，约定贷款期限为4年（即2×22年12月31日到期），年利率6%，按年付息，甲公司以摊余成本计量该贷款。4年期间，甲公司按时支付所有利息。2×22年12月31日，甲公司出现严重资金周转问题，多项债务违约，信用风险增加，无法偿还贷款本金。2×23年1月10日，甲企业该贷款的账面价值为5 000万元；当日，乙银行同意与甲公司就该项贷款重新达成协议，新协议约定：(1) 甲公司将一项作为固定资产核算的房产转让给乙银行，用于抵偿债务本金1 000万元，该房产账面原值1 200万元，累计折旧400万元，未计提减值准备；(2) 甲公司向乙银行增发股票500万股，面值为1元/股，占甲公司股份总额的1%，用于抵偿债务本金2 000万元，甲公司股票于2×23年1月10日的收盘价为4元/股；(3) 在甲公司履行上述偿债义务后，乙银行免除甲公司500万元债务本金，并将尚未偿还的债务本金1 500万元展期至2×23年12月31日，年利率8%；如果甲公司未能履行(1)、(2)所述偿债义务，乙银行有权终止债务重组协议，尚未履行的债权调整承诺随之失效。

乙银行以摊余成本计量该贷款，已计提贷款损失准备300万元。该贷款于2×23年1月10日的公允价值为4 600万元，予以展期的1 500万元贷款的公允价值为1 500万元。2×23年3月2日，双方办理完成房产转让手续，乙银行将该房产作为投资性房地产核算。2×23年3月31日，乙银行为全部贷款补提了100万元的损失准备。2×23年5月9日，双方办理完成股权转让手续，乙银行将该股权投资分类为以公允价值计量且其变动计入当期损益的金融资产，甲公司股票当日收盘价为4.02元/股。不考虑相关税费。

1. 债权人乙银行的账务处理如下：

甲公司与乙银行以组合方式进行债务重组，同时涉及以资产清偿债务、将债务转为权益工具、包括债务豁免的修改其他条款等方式，可以认为对全部债权的合同条款作出了实质性修改，债权人在收取债权现金流量的合同权利终止时应当终止确认全部债权，即在2×23年5月9日该债务重组协议的执行过程和结果不确定性消除时，可以确认债务重组相关损益，并按照修改后的条款确认新金融资产。

（1）2×23年3月2日：

投资性房地产成本＝放弃债权公允价值－受让股权公允价值－重组债权公允价值＝4 600－2 000－1 500＝1 100（万元）

借：投资性房地产　　11 000 000

　　贷：贷款——本金　　11 000 000

（2）2×23年3月31日：

借：信用减值损失　　1 000 000

　　贷：贷款损失准备　　1 000 000

（3）2×23年5月9日：

受让股权的公允价值＝4.02×500＝2 010（万元）

借：交易性金融资产　　20 100 000

　　贷款——本金　　15 000 000

　　贷款损失准备　　4 000 000

　　贷：贷款——本金　　39 000 000

　　　　投资收益　　100 000

2. 债务人甲公司的账务处理如下：

该债务重组协议的执行过程和结果不确定性于2×23年5月9日消除时，债务人清偿该部分债务的现时义务已经解除，可以确认债务重组相关损益，并按照修改后的条款确认新金融负债。

（1）2×23年3月2日：

借：固定资产清理　　8 000 000

　　累计折旧　　4 000 000

　　贷：固定资产　　12 000 000

借：长期借款——本金　　8 000 000

　　贷：固定资产清理　　8 000 000

(2) 2×23年5月9日：

借款的新现金流量现值=1 500×(1+8%)/(1+6%)=1 528.3（万元）

现金流变化=（1 528.3－1 500）/1 500=1.89%<10%

因此，针对1 500万元本金部分的合同条款的修改不构成实质性修改，不终止确认该部分负债。

借：长期借款——本金	42 000 000
贷：股本	5 000 000
资本公积	15 100 000
长期借款——本金	15 283 000
其他收益——债务重组收益	6 617 000

本例中，即使没有“甲公司未能履行（1）、（2）所述偿债义务，乙银行有权终止债务重组协议，尚未履行的债权调整承诺随之失效”的条款，债务人仍然应当谨慎处理，考虑在债务的现时义务解除时终止确认原债务。

九、披露

债务重组中涉及的债权、重组债权、债务、重组债务和其他金融工具的披露，应当按照第三十八章金融工具列报的规定处理。此外，债权人和债务人还应当在附注中披露与债务重组有关的额外信息。

债权人应当在附注中披露与债务重组有关的下列信息：（1）根据债务重组方式，分组披露债权账面价值和债务重组相关损益。分组时，债权人可以按照以资产清偿债务方式、将债务转为权益工具方式、修改其他条款方式、组合方式为标准分组，也可以根据重要性原则以更细化的标准分组。（2）债务重组导致的对联营企业或合营企业的权益性投资增加额，以及该投资占联营企业或合营企业股份总额的比例。

债务人应当在附注中披露与债务重组有关的下列信息：（1）根据债务重组方式，分组披露债务账面价值和债务重组相关损益。分组的标准与对债权人的要求类似。（2）债务重组导致的股本等所有者权益的增加额。

报表使用者可能关心与债务重组相关的其他信息，例如，债权人和债务人是否具有关联方关系；又如，如何确定债务转为权益工具方式中的权益工具以及修改其他条款方式中的重组债权或重组债务等的公允价值；再如，是否存在与债务重组相关的或有事项等，企业应当根据第十四章或有事项、第二十二章金融工具确认和计量、第三十七章关联方披露、第三十八章金融工具列报、第三十九章公允价值计量等规定，披露相关信息。

十、衔接规定

企业对于首次执行日之前发生的债务重组，不需要按照本章规定进行追溯调整。对于在首次执行日及之后发生的债务重组，采用未来适用法处理。

第十四章　或有事项

一、总体要求

《企业会计准则第 13 号——或有事项》规范了或有事项的确认、计量和相关信息的披露，以及时反映或有事项对企业潜在的财务影响和企业可能因此承担的风险。

或有事项，是指过去的交易或者事项形成的，其结果须由某些未来事项的发生或不发生才能决定的不确定事项。企业在经营活动中有时会面临诉讼、仲裁、产品质量保证、重组等具有较大不确定性的经济事项。这些不确定事项对企业的财务状况和经营成果可能会产生较大的影响。或有事项的结果可能会产生预计负债、或有负债或者或有资产等。其中，预计负债属于负债的范畴，通常符合负债的确认条件而应予以确认。企业不应确认或有负债和或有资产。随着未来事项的发生或者不发生，或有负债可能转化为企业的预计负债。或有资产只有在企业基本确定能够收到的情况下才能转化为企业的资产，从而应予以确认。

二、适用范围

本章适用于所有或有事项，但由第十章职工薪酬、第十五章收入、第十八章所得税、第二十章企业合并、第二十一章租赁以及第二十五章保险合同、第二十六章原保险合同和第二十七章再保险合同（以下简称保险合同相关章）等规范的或有事项，分别适用相应的章。

企业提供的、不能作为第十五章收入规定的单项履约义务的质量保证（以下简称保证类质量保证），适用本章的规定。

社会资本方与政府方依法依规就 PPP 项目合作订立合同（以下简称 PPP 项目合同），为使 PPP 项目资产保持一定的服务能力或在移交给政府方之前保持一定的使用状态，社会资本方根据 PPP 项目合同而提供的服务不构成单项履约义务的，应当将预计发生的支出，按照本章的规定进行会计处理。

财务担保合同（详见第二十二章金融工具确认和计量）、待执行合同不适用本章，但待执行合同变成亏损合同的，应当适用本章有关亏损合同的规定。

三、应设置的相关会计科目和主要账务处理

企业对或有事项进行会计处理，一般需要设置“预计负债”科目（以下简称本科目）。

1. 本科目核算企业确认的对外提供担保、未决诉讼、保证类质量保证、亏损合同、弃置义务、重组义务等预计负债。

2. 本科目可按形成预计负债的交易或事项进行明细核算。

3. 预计负债的主要账务处理。

（1）企业因对外提供担保、未决诉讼、重组义务产生的预计负债，应当按确定的金额，借记“营业外支出”、“管理费用”等科目，贷记本科目。

因保证类质量保证产生的预计负债，应当按确定的金额，借记“主营业务成本”、“其他业务成本”等科目，贷记本科目。

因亏损合同产生的预计负债，应当按照功能分类，借记“主营业务成本”、“其他业务成本”等科目，贷记本科目。

因资产弃置义务产生的预计负债，应当按确定的金额，借记“固定资产”、“油气资产”科目，贷记本科目。在固定资产或油气资产的使用寿命内，按计算确定各期应负担的利息费用，借记“财务费用”科目，贷记本科目。

（2）实际清偿或冲减的预计负债，借记本科目，贷记“银行存款”等科目。

（3）根据确凿证据需要对已确认的预计负债进行调整的，调整增加的预计负债，借记有关科目，贷记本科目；调整减少的预计负债做相反的会计分录。

4. 本科目期末贷方余额，反映企业已确认尚未支付的预计负债。

四、或有事项的特征以及或有负债和或有资产

（一）或有事项的特征

或有事项具有下列特征：

1. 或有事项是由过去的交易或者事项形成的。

或有事项作为一种不确定事项，是由企业过去的交易或者事项形成的。由

过去的交易或者事项形成，是指或有事项的现存状况是过去交易或者事项引起的客观存在。例如，未决诉讼虽然是正在进行中的诉讼，但该诉讼是企业因过去的经济行为导致起诉其他单位或被其他单位起诉，这是现存的一种状况而不是未来将要发生的事项。

由于或有事项具有因过去的交易或者事项而形成这一特征，未来可能发生的自然灾害、交通事故、经营亏损等事项，不属于本章规范的或有事项。

2. 或有事项的结果具有不确定性。

或有事项的结果具有不确定性，是指或有事项的结果是否发生具有不确定性或者或有事项的结果预计将会发生，但发生的具体时间或金额具有不确定性。例如，在有些未决诉讼中，被告是否会败诉，在案件审理过程中有时是难以确定的，需要根据法院判决情况加以确定。再如，某企业因生产排污治理不力并对周围环境造成污染而被起诉，如无特殊情况，该企业很可能败诉。但是，在诉讼成立时，该企业因败诉将支出多少金额，或者何时将发生这些支出，可能是难以确定的。

3. 或有事项的结果须由未来事项决定。

由未来事项决定，是指或有事项的结果只能由未来不确定事项的发生或不发生才能决定。或有事项对企业是有利影响还是不利影响，或已知是有利影响或不利影响但影响多大，在或有事项发生时是难以确定的，只能由未来不确定事项的发生或不发生才能证实。

常见的或有事项主要包括：未决诉讼或未决仲裁、债务担保、保证类质量保证（含产品安全保证）、亏损合同、重组义务、弃置义务、环境污染整治、承诺等。

需要注意的是，虽然或有事项与不确定性联系密切，但会计处理过程中存在的不确定性并不一定都会形成本章所规范的或有事项，企业应当按照或有事项的定义和特征进行判断。例如，固定资产折旧的计提虽然涉及对固定资产净残值和使用寿命的估计，具有一定的不确定性，但固定资产原值是确定的，其价值最终会转移到成本或费用中也是确定的，因此，固定资产折旧不是或有事项。

（二）或有负债和或有资产

或有事项的结果可能会产生预计负债、或有负债或者或有资产等，其中，预计负债属于负债的范畴，通常符合负债的确认条件而应予以确认。随着某些未来事项的发生或者不发生，或有负债可能转化为企业的预计负债或者消失；或有资产也有可能形成企业的资产或者消失。

1. 或有负债。

或有负债，是指过去的交易或者事项形成的潜在义务，其存在须通过未来不确定事项的发生或不发生予以证实；或过去的交易或者事项形成的现时义务，履行该义务不是很可能导致经济利益流出企业或该义务的金额不能可靠计量。

或有负债涉及两类义务：一类是潜在义务；另一类是现时义务。

（1）潜在义务。潜在义务是指结果取决于不确定未来事项的可能义务。也就是说，潜在义务最终是否转变为现时义务，由某些未来不确定事项的发生或不发生才能决定。或有负债作为一项潜在义务，其结果如何只能由未来不确定事项的发生或不发生来证实。

（2）现时义务。现时义务是指企业在现行条件下已承担的义务。作为或有负债的现时义务，其特征是：该现时义务的履行不是很可能导致经济利益流出企业，或者该现时义务的金额不能可靠地计量。其中，“不是很可能导致经济利益流出企业”，是指该现时义务导致经济利益流出企业的可能性不超过50%（含50%）。“金额不能可靠计量”，是指该现时义务导致经济利益流出企业的“金额”难以合理预计，现时义务履行的结果具有较大的不确定性。

或有负债无论是潜在义务还是现时义务，均不符合负债的确认条件，因而不应在财务报表中予以确认，但应当按照相关规定在财务报表附注中披露有关信息。

2. 或有资产。

或有资产，是指过去的交易或者事项形成的潜在资产，其存在须通过未来不确定事项的发生或不发生予以证实。

或有资产作为一种潜在资产，其结果具有较大的不确定性，只有随着经济情况的变化，通过某些未来不确定事项的发生或不发生才能证实其是否会形成企业真正的资产。例如，甲企业向法院起诉乙企业侵犯了其专利权。法院尚未对该案件进行公开审理，甲企业是否胜诉尚难判断。对于甲企业而言，将来可能胜诉而获得的赔偿属于一项或有资产，但这项或有资产是否会转化为真正的资产，要由法院的判决结果确定。如果终审判决结果是甲企业胜诉，那么这项或有资产就转化为甲企业的一项资产。如果终审判决结果是甲企业败诉，那么或有资产就消失了，不会形成甲企业的资产。

或有资产不符合资产确认条件，因而不能在财务报表中确认。企业通常不应当披露或有资产，但或有资产很可能给企业带来经济利益的，应当披露其形成的原因、预计产生的财务影响等。

3. 或有负债和或有资产转化为预计负债（负债）和资产。

虽然或有负债和或有资产不符合负债或资产的定义和确认条件，企业不应当将其确认为负债和资产，但影响或有负债和或有资产的多种因素处于不断变化之中，企业应当持续地对这些因素予以关注。随着时间推移和事态的进展，或有负债对应的潜在义务可能转化为现时义务，原本不是很可能导致经济利益流出的现时义务也可能被证实将很可能导致经济利益流出企业，并且现时义务的金额也能够可靠计量。在这种情况下，或有负债就转化为企业的预计负债，应当予以确认。或有资产也是一样，其对应的潜在资产最终是否能够流入企业会逐渐变得明确，如果某一时点企业基本确定能够收到这项潜在资产并且其金额能够可靠计量，应当将其确认为企业的资产。

例如，未决诉讼对于预期会胜诉的一方而言，因未决诉讼形成了一项或有资产，该或有资产最终是否转化为企业的资产，要根据诉讼的最终判决而定。最终判决其胜诉的，该或有资产就转化为企业的资产。对于预期会败诉的一方而言，因未决诉讼形成了一项或有负债或预计负债。如为或有负债，该或有负债最终是否会转化为企业的预计负债，需根据诉讼的进展而定。企业根据法律规定、律师建议等因素判断自身很可能败诉且赔偿金额能够合理估计的，该或有负债就转化为了企业的预计负债。

五、或有事项的确认和计量

或有事项的确认和计量通常是指与或有事项相关的义务的确认和计量。或有事项形成的或有资产只有在企业基本确定能够收到的情况下，才转化为真正的资产，从而应当予以确认。

（一）与或有事项相关的义务的确认条件

与或有事项相关的义务同时满足下列条件的，应当确认为预计负债：该义务是企业承担的现时义务；履行该义务很可能导致经济利益流出企业；该义务的金额能够可靠地计量。

1. 该义务是企业承担的现时义务。

该义务是企业承担的现时义务，是指与或有事项相关的义务是在企业当前条件下已承担的义务，企业没有其他现实的选择，只能履行该现时义务。通常情况下，过去的事项导致现时义务是比较明确的，但也存在极少情况，如法律诉讼，特定事项是否已发生或这些事项是否已产生了一项现时义务可能难以确定，企业应当考虑包括资产负债表日后所有可获得的证据、专家意见等，以此确定资产负债表日是否存在现时义务。如果据此判断，资产负债表日很可能存在现时义务，且符合预计负债确认条件的，应当确认一项预计负债；如果资产负债表日现时义务很可能不存在的，企业应披露一项或有负债，除非其导致经济利益流出企业的可能性极小。

此处的义务包括法定义务和推定义务。其中，法定义务，是指因合同、法规或其他司法解释等产生的义务，通常是企业在经济管理和经济协调中，依照经济法律、法规的规定必须履行的责任。比如，企业与其他方签订购货合同产生的义务，就属于法定义务。又如，从事矿山开采、石油天然气开采、建设工程施工、危险品生产与储存、交通运输等业务的企业按照国家有关规定提取的安全费，也属于法定义务。如果拟订中的新法律的具体条款还未最终确定，并且仅当该法律基本确定会按草拟的文本颁布时才形成义务，该义务应视为法定义务。推定义务是因企业以往的习惯做法、已公开的承诺或声明、已公开宣布的政策等而承担的义务。由于以往的习惯做法或通过公开的承诺或声明，企业向外界表明了它将承担特定的责任，从而使受影响的各方形成了其将履行那些责任的合理预期。例如，甲公司是一家化工企业，因扩大经营规模，到 A 国创办了一家分公司。假定 A 国尚未针对甲公司这类企业的生产经营可能产生的环境污染制定相关法律，因而甲公司的分公司对在 A 国生产经营可能产生的环境污染不承担法定义务。但是，甲公司为在 A 国树立良好的形象，自行向社会公告，宣称将对生产经营可能产生的环境污染进行治理。甲公司的分公司为此承担的义务就属于推定义务。

义务通常涉及指向的另一方，该另一方可能是具体身份并不明确的公众。通常情况下，义务总是涉及对另一方的承诺，但是，管理层或董事会的决定在资产负债表日并不一定形成推定义务，除非该决定在资产负债表日之前已经以一种相当具体的方式传达给受影响的各方，使各方形成了企业将履行其责任的合理预期。

2. 履行该义务很可能导致经济利益流出企业。

履行该义务很可能导致经济利益流出企业，是指履行与或有事项相关的现时义务时，导致经济利益流出企业的可能性超过 50% 但小于或等于 95%。

履行或有事项相关义务导致经济利益流出的可能性，通常按照下列情况加以判断（见表 14－1）：

表 14－1

结果的可能性	对应的概率区间
基本确定	大于95%但小于100%
很可能	大于50%但小于或等于95%
可能	大于5%但小于或等于50%
极小可能	大于0但小于或等于5%

企业存在很多类似义务，如保证类产品质量保证或类似合同，履行时要求的经济利益流出的可能性应通过总体考虑才能确定。对于某个项目而言，虽然经济利益流出的可能性较小，但包括该项目的该类义务很可能导致经济利益流出的，应当视同该项目义务很可能导致经济利益流出企业。

3. 该义务的金额能够可靠地计量。

该义务的金额能够可靠地计量，是指与或有事项相关的现时义务的金额能够合理地估计。由于或有事项具有不确定性，因或有事项产生的现时义务的金额也具有不确定性，需要估计。对或有事项确认一项预计负债，相关现时义务的金额应当能够可靠估计。例如，甲企业（被告）涉及一桩诉讼案。根据以往的审判案例推断，甲企业很可能要败诉，相关的赔偿金额也可以估算出一个范围。这种情况下，可以认为甲企业因未决诉讼承担的现时义务的金额能够可靠地估计。又如，乙企业因合同纠纷被起诉，法院一审已判决其败诉并确定其赔偿金额，这表明该义务已经满足预计负债的确认条件，乙企业应确认相应的预计负债，不能仅因不服一审判决将上诉或二审仍在进行等原因而不确认预计负债。

（二）或有事项的计量

或有事项的计量通常是指与或有事项相关的义务形成的预计负债的计量。当与或有事项相关的义务符合确认为负债的条件时，应当将其确认为预计负债，预计负债应当按照履行相关现时义务所需支付金额的最佳估计数进行初始计量。此外，企业清偿预计负债所需支出还可能从第三方或其他方获得补偿。因此，预计负债的计量主要涉及两个问题：一是最佳估计数的确定；二是预期可获得补偿的处理。

1. 最佳估计数的确定。

预计负债应当按照履行相关现时义务所需支出的最佳估计数进行初始计量。最佳估计数的确定应当分别下列两种情况处理：

（1）所需支出存在一个连续范围（或区间，下同），且该范围内各种结果发生的可能性相同，则最佳估计数应当按照该范围内的中间值，即上下限金额的平均数确定。

【例14－1】2×21年11月20日，甲银行批准乙公司的信用贷款（无担保、无抵押）申请，同意向其贷款2 000万元，期限1年，年利率7.2%。2×22年11月20日，乙公司的借款（本金和利息）到期。乙公司具有还款能力，但因与甲银行之间存在其他经济纠纷，而未按时归还甲银行的贷款。甲银行遂与乙公司协商，但没有达成协议。2×22年12月25日，甲银行向法院提起诉讼。截至2×22年12月31日，法院尚未对甲银行提起的诉讼进行审理。

本例中，甲银行如无特殊情况很可能在诉讼中获胜。因此，从2×22年12月31日看，甲银行可以作“很可能胜诉”的判断，并预计除可以收回本金和利息外，还可能获得罚息等。假定甲银行根据规定的标准估计，将来最可能获得罚息等收入24万元（这项金额在提起诉讼时已作出估计）。根据本章规定，甲银行不应当确认这项或有资产，而应当在2×22年12月31日的资产负债表附注中披露或有资产24万元，同时说明很可能收回乙公司所欠的贷款本金和利息2 144万元（2 000＋2 000×7.2%）。

乙公司如无特殊情况很可能败诉。为此，乙公司不仅需要偿还贷款本金和利息，还需要支付罚息、诉讼费等费用。假定乙公司预计将要支付的罚息、诉讼费等费用为20万元至24万元之间，而且这个区间内每个金额的可能性都大致相同。乙公司应在2×22年12月31日确认一项预计负债22万元［（20＋24）÷2＝22，其中支付的诉讼费为3万元］，同时在附注中进行披露。有关账务处理如下：

借：管理费用——诉讼费　　30 000
　　营业外支出——罚息支出　　190 000
　　贷：预计负债——未决诉讼　　220 000

需要注意的是，企业在估计诉讼相关的预计负债时，如判断原告起诉的赔偿金额将通过企业聘请律师为其辩护后有所下降，则预计负债不仅要考虑律师辩护后预期赔偿给原告的较低金额，还需考虑预计支付给律师的费用。

（2）所需支出不存在一个连续范围，或者虽然存在一个连续范围但该范围内各种结果发生的可能性不相同。在这种情况下，最佳估计数按照如下方法确定：

① 或有事项涉及单个项目的，按照最可能发生金额确定。“涉及单个项目”指或有事项涉及的项目只有一个，如一项未决诉讼、一项未决仲裁等。

【例14-2】2×22年11月2日，甲公司因合同纠纷被起诉。截至2×22年12月31日，诉讼尚未判决。甲公司认为其存在过错，很可能需要承担赔偿责任。据预计，甲公司承担还款金额200万元责任的可能性为60%，承担还款金额100万元责任的可能性为40%（假定不考虑诉讼费）。

本例中，甲公司因在交易过程中存在过错而承担了现时义务，该义务的履行很可能导致经济利益流出企业，且该义务的金额能够可靠地计量。甲公司应在2×22年12月31日确认一项预计负债200万元（最可能发生金额），并在附注中作相关披露。有关账务处理如下：

借：营业外支出——赔偿支出　　2 000 000

　贷：预计负债——未决诉讼　　2 000 000

② 或有事项涉及多个项目的，按照各种可能结果及相关概率计算确定。“涉及多个项目”指或有事项涉及的项目不止一个，如在保证类产品质量保证中，提出产品保修要求的可能有许多客户。相应地，企业对这些客户负有保修义务。

【例14-3】2×22年，乙企业销售产品3万件，销售额1.2亿元。乙企业的保证类产品质量保证条款规定：产品售出后一年内，如发生正常质量问题，乙企业将免费负责修理。根据以往的经验，如果出现较小的质量问题，则须发生的修理费为销售额的1%；而如果出现较大的质量问题，则须发生的修理费为销售额的2%。据预测，本年度已售产品中，有80%不会发生质量问题，有15%将发生较小质量问题，有5%将发生较大质量问题。

本例中，2×22年末乙企业应确认的预计负债金额（最佳估计数）=(1.2×1%)×15%+(1.2×2%)×5%=0.003（亿元）。

2. 预期可获得的补偿。

企业清偿预计负债所需支出全部或部分预期由第三方补偿的，补偿金额只有在基本确定能够收到时才能作为资产单独确认。确认的补偿金额不应当超过预计负债的账面价值。

企业预期从第三方获得的补偿，是一种潜在资产，其最终是否真的会转化为企业真正的资产（即企业是否能够收到这项补偿）具有较大的不确定性，企业只能在基本确定能够收到补偿时才能对其进行确认。其次，根据资产和负债不能随意抵销的原则，预期可获得的补偿在基本确定能够收到时应当确认为一项资产，而不能作为预计负债金额的扣减。

补偿金额的确认涉及两个问题：一是确认时间，补偿只有在“基本确定”

能够收到时予以确认；二是确认金额，确认的金额是基本确定能够收到的金额，而且不能超过相关预计负债的账面价值。例如，甲企业因或有事项确认了一项预计负债 50 万元，同时，因该或有事项，甲企业还可从乙企业获得 35 万元的赔偿，且这项金额基本确定能够收到。在这种情况下，甲企业应分别确认一项预计负债 50 万元和一项资产 35 万元。如果甲企业基本确定能从乙企业获得 55 万元的赔偿，则应分别确认一项预计负债 50 万元和一项资产 50 万元。

3. 预计负债计量需要考虑的因素。

企业在确定最佳估计数时，应当综合考虑与或有事项有关的风险、不确定性和货币时间价值等因素。

（1）风险和不确定性。

风险是对过去的交易或事项结果的变化可能性的一种描述。风险的变动可能增加预计负债的金额。企业在不确定的情况下进行判断需要谨慎，使得收益或资产不会被高估，费用或负债不会被低估。

企业需要谨慎从事，充分考虑与或有事项有关的风险和不确定性，既不能忽略风险和不确定性对或有事项计量的影响，也要避免对风险和不确定性进行重复调整，从而在低估和高估预计负债金额之间寻找平衡点。

（2）货币时间价值。

预计负债的金额通常应当等于未来应支付的金额，但未来应支付金额与其现值相差较大的，如油汽井及相关设施的弃置费用等，应当按照未来应支付金额的现值确定。因货币时间价值的影响，资产负债表日后不久发生的现金流出，要比一段时间之后发生的同样金额的现金流出负有更大的义务。所以，如果预计负债的确认时点距离实际清偿有较长的时间跨度，货币时间价值的影响重大，那么在确定预计负债的金额时，应考虑采用现值计量，即通过对相关未来现金流出进行折现后确定最佳估计数。

将未来现金流出折算为现值时，需要注意下列三点：① 用来计算现值的折现率，应当是反映货币时间价值的当前市场估计和相关负债特有风险的税前利率。② 风险和不确定性既可以在计量未来现金流出时作为调整因素，也可以在确定折现率时予以考虑，但不能重复反映。③ 随着时间的推移，即使在未来现金流出和折现率均不改变的情况下，预计负债的现值将逐渐增长。企业应当在资产负债表日，对预计负债的现值进行重新计量。

（3）未来事项。

在确定预计负债金额时，企业应当考虑可能影响履行现时义务所需金额的相关未来事项。也就是说，如果有足够的客观证据表明相关未来事项将发生，则应当在预计负债计量中考虑相关未来事项的影响，但不应考虑预期处置相关资产形成的利得。

预期的未来事项可能对预计负债的计量较为重要。例如，某核电企业预计在生产结束时清理核废料的费用将因未来技术的变化而显著降低。那么，该企业因此确认的预计负债金额应当反映有关专家对技术发展以及清理费用减少作出的合理预测。但是，这种预计需要得到相当客观的证据予以支持。

（三）资产负债表日对预计负债账面价值的复核

企业应当在资产负债表日对预计负债的账面价值进行复核。有确凿证据表明该账面价值不能真实反映当前最佳估计数的，应当按照当前最佳估计数对该账面价值进行调整。例如，某化工企业对环境造成了污染，按照当时的法律规定，只需要对污染进行清理。随着国家对环境保护越来越重视，按照现在的法律规定，该企业不但需要对污染进行清理，还很可能要对居民进行赔偿。这种法律要求的变化，会对企业预计负债的计量产生影响。企业应当在资产负债表日对为此确认的预计负债金额进行复核，如有确凿证据表明预计负债金额不再能反映真实情况时，需要按照当前情况下企业清理和赔偿支出的最佳估计数对预计负债的账面价值进行相应的调整。

弃置费用形成的预计负债在确认后，按照实际利率法计算的利息费用应当确认为财务费用。由于技术进步、法律要求或市场环境变化等原因，特定固定资产的弃置义务可能发生支出金额、预计弃置时点、折现率等变动而引起的预计负债变动，应按照下列原则调整该固定资产的成本：

（1）对于预计负债的减少，以该固定资产账面价值为限扣减固定资产成本。如果预计负债的减少额超过该固定资产账面价值，超出部分确认为当期损益。

（2）对于预计负债的增加，增加该固定资产的成本。

按照上述原则调整的固定资产，在资产剩余使用年限内计提折旧。一旦该固定资产的使用寿命结束，预计负债的所有后续变动应在发生时确认为损益。

【例 14－4】甲公司经国家批准建造了一项固定资产，其主体设备将会对当地的生态环境产生一定的影响。根据法律法规规定，企业应在该项设备使用期满后将其拆除，并对造成的污染进行整治。2×18 年 1 月 1 日，该项设备建造完成并交付使用，预计使用寿命为 10 年。建造成本为 80 000 000 元，预计弃置费用为 2 590 000 元。假定折现率（即实际利率）为 10%。弃置费用的现值为 1 000 000 元［2 590 000 ×（P/F，10%，10）= 2 590 000 × 0.3855 =

998 445，为便于计算，作尾数调整，取 1 000 000］。该设备的入账价值为 81 000 000元（80 000 000 + 1 000 000）。假设该项设备的残值为 0 元，甲公司按直线法计提折旧。

2 × 22 年 12 月 31 日，该项设备已使用满 5 年，在考虑按照实际利率法计算的利息之后，该项设备的弃置义务金额由 1 000 000 元上升至 1 610 000 元［2 590 000 ×（P/F，10%，5）= 2 590 000 × 0. 6209 = 1 608 131，为便于计算，作尾数调整，取 1 610 000］。假设折现率仍为 10%，由于技术进步，甲公司预计 5 年后弃置费用的现值将从 1 610 000 元下降为800 000元，应将该设备的账面价值调减 810 000 元（1 610 000 – 800 000）。

2 × 22 年 12 月 31 日，甲公司的会计处理如下：

借：预计负债　　810 000

　　贷：固定资产　　810 000

2 × 22 年 12 月 31 日，该项设备已累计计提折旧 40 500 000 元（81 000 000 ÷ 10 × 5）。经上述调整后，该项设备的账面价值为 39 690 000 元（81 000 000 – 40 500 000 – 810 000）。

2 × 23 年，假设该项设备的折旧年限和残值率未发生变化，并在剩余 5 年的使用寿命内继续按直线法计提折旧，则该项设备在 2 × 23 年应计提折旧 7 938 000 元（39 690 000 ÷ 5），该项设备的弃置义务应按照实际利率法确认财务费用 80 000 元（800 000 × 10%）。

如果上述预计负债的变动是由于折现率的变化所引起的，而不是由于预计现金流量的变化所引起的，那么对该预计负债变动的会计处理保持不变，但在下年度该项设备的弃置义务应使用新的折现率按照实际利率法确认财务费用。

另需注意的是，企业应当区分对各或有事项确认的预计负债。在相关或有事项导致实际支出发生并据此冲减预计负债时，应当仅限于最初为之确认预计负债的支出。也就是说，只有与该预计负债有关的支出才能冲减预计负债，否则将会混淆不同预计负债确认事项的影响。

【例 14 – 5】甲公司为机床生产和销售企业。按照当地法律规定，甲公司对其销售的机床作出不属于单项履约义务的产品质量保证承诺（即保证类质量保证），具体承诺内容如下：机床在售出后 3 年内如出现非意外事件造成的故障和质量问题，甲公司免费负责维修（含零部件更换）。假定甲公司 2 × 21 年“预计负债——产品质量保证”科目年末余额为 12 万元。2 × 22 年第一季度、第二季度、第三季度和第四季度分别销售机床 200 台、300 台、400 台和 350 台，每台售价为5万元。根据以往的经验，发生的保修费一般为销售额的1%～1.5%之间。假定甲公司2×22年四个季度实际发生的维修费分别为2万元、20万元、18万元和35万元。

本例中，甲公司因销售机床而承担了现时义务，该义务的履行很可能导致经济利益流出甲公司，且该义务的金额能够可靠地计量，甲公司应在每季度末确认一项负债。有关账务处理如下：

(1) 第一季度发生产品质量保证费用（维修费）：

借：预计负债——产品质量保证　　20 000

　　贷：银行存款或原材料等　　20 000

第一季度末应确认的产品质量保证预计负债金额＝200×50 000×[(0.01＋0.015)]÷2＝125 000（元）

借：主营业务成本——产品质量保证　　125 000

　　贷：预计负债——产品质量保证　　125 000

第一季度末，“预计负债——产品质量保证”科目余额为225 000元。

(2) 第二季度发生产品质量保证费用（维修费）：

借：预计负债——产品质量保证　　200 000

　　贷：银行存款或原材料等　　200 000

第二季度末应确认的产品质量保证预计负债金额＝300×50 000×[(0.01＋0.015)]÷2＝187 500（元）

借：主营业务成本——产品质量保证　　187 500

　　贷：预计负债——产品质量保证　　187 500

第二季度末，“预计负债——产品质量保证”科目余额为212 500元。

(3) 第三季度发生产品质量保证费用（维修费）：

借：预计负债——产品质量保证　　180 000

　　贷：银行存款或原材料等　　180 000

第三季度末应确认的产品质量保证预计负债金额＝400×50 000×[(0.01＋0.015)]÷2＝250 000（元）

借：主营业务成本——产品质量保证　　250 000

　　贷：预计负债——产品质量保证　　250 000

第三季度末，“预计负债——产品质量保证”科目余额为282 500元。

(4) 第四季度发生产品质量保证费用（维修费）：

借：预计负债——产品质量保证　　350 000

贷：银行存款或原材料等　　350 000

第四季度末应确认的产品质量保证预计负债金额 = 350 × 50 000 × [(0.01 + 0.015)] ÷ 2 = 218 750（元）

借：主营业务成本——产品质量保证　　218 750

贷：预计负债——产品质量保证　　218 750

第四季度末，“预计负债——产品质量保证”科目余额为151 250元。

在对保证类质量保证确认预计负债时，需要注意以下方面：

（1）如果发现保证费用的实际发生额与预计数相差较大，应及时对预计比例进行调整；

（2）如果企业针对特定批次产品确认预计负债，则在保修期结束时，应将“预计负债——产品质量保证”余额冲销，同时冲减“主营业务成本”等科目；

（3）已对其确认预计负债的产品，如果企业不再生产了，应在相应的质量保证期满后，将“预计负债——产品质量保证”余额冲销，不留余额。

六、亏损合同

（一）待执行合同与亏损合同

待执行合同，是指合同各方尚未履行任何合同义务，或部分地履行了同等义务的合同。企业与其他方签订的尚未履行或部分履行了同等义务的合同，如商品买卖合同、劳务合同、租赁合同等，均属于待执行合同。待执行合同不属于本章规范的内容，但待执行合同变成亏损合同的，应当作为本章规范的或有事项。

亏损合同，是指履行合同义务不可避免会发生的成本超过预期经济利益的合同。其中，“履行合同义务不可避免会发生的成本”应当反映退出该合同的最低净成本，即履行该合同的成本与未能履行该合同而发生的补偿或处罚两者之间的较低者。履行该合同的成本包括履行合同的增量成本和与履行合同直接相关的其他成本的分摊金额。其中，履行合同的增量成本包括直接人工、直接材料等；与履行合同直接相关的其他成本的分摊金额包括用于履行合同的固定资产的折旧费用分摊金额等。

（二）亏损合同的会计处理

待执行合同变成亏损合同的，当该亏损合同产生的义务满足预计负债的确认条件时，应当确认为预计负债。预计负债的计量应当反映退出该合同的最低净成本，即履行该合同的成本与未能履行该合同而发生的补偿或处罚两者之中的较低者。

企业对亏损合同进行会计处理，需要遵循下列要求：

（1）如果与亏损合同相关的义务无需支付任何补偿即可撤销，企业通常不存在现时义务，不应确认预计负债；如果与亏损合同相关的义务不可撤销，则企业承担了现时义务，该义务很可能导致经济利益流出企业且金额能够可靠地计量的，应当确认为预计负债。

（2）亏损合同存在用于履行合同的资产的，应当对用于履行合同的资产进行减值测试并按规定确认减值损失，如果预计亏损超过该减值损失，应将超过部分确认为预计负债；合同不存在用于履行合同的资产的，亏损合同相关义务满足预计负债确认条件时，应当确认为预计负债。

【例14-6】甲公司于2×22年12月1日签订一项生产线租赁合同，租赁期2年，租赁期自2×23年2月1日开始。甲公司计划利用该生产线生产A产品，预计每年可获利20万元。2×22年12月31日，甲公司因市政规划调整必须迁址，且因宏观政策调整决定停产A产品，但前述租赁合同不可撤销，该生产线无法转租给其他单位。

本例中，甲公司签订了不可撤销的租赁合同，负有履行合同（交纳租金）的法定义务，因迁址和停产A产品，甲公司履行该租赁合同不可避免会发生的成本将超过预期获得的经济利益，该租赁合同成为一项亏损合同，在租赁期开始日之前应当适用本章，甲公司在2×22年12月31日应当按照履行该合同的成本与未能履行该合同而发生的补偿或处罚两者之中的较低者确认预计负债。自租赁期开始日起，甲公司应当按照第二十一章租赁的相关规定进行处理。

【例14-7】乙企业2×22年11月5日与某外贸公司签订了一项产品销售合同，约定在2×22年12月31日以每件产品150元的价格向外贸公司提供1万件A产品，若不能按期交货，将对乙企业处以总价款30%的违约金。由于这批产品为定制产品，签订合同时产品尚未开始生产，乙企业在2×22年12月1日筹备原材料以生产该批产品时，原材料价格突然上升，预计生产每件产品需要花费成本175元，假定无销售费用等其他相关税费。2×22年12月31日，乙企业如期完成1万件A产品的生产并交付给外贸公司。

本例中，乙企业生产A产品的成本为每件175元，而销售价格为每件150元，因此，乙企业生产并向外贸公司提供1万件A产品将发生损失25万元。如果乙企业撤销合同，则需要交纳45万元的违约金。因此，该项产品销售合同变成一项亏损合同。

有关账务处理如下：

（1）2×22年12月1日，乙企业应当按照履行合同所需成本与违约金中的较低者（即25万元）确认一项预计负债。

借：主营业务成本　　250 000
　　贷：预计负债　　250 000

（2）2×22年12月31日，确认完工A产品的成本，并将已确认的预计负债冲减产品成本。

借：库存商品　　1 750 000
　　贷：原材料或应付职工薪酬等　　1 750 000
借：预计负债　　250 000
　　贷：库存商品　　250 000

七、重组义务

重组是指企业制定和控制的，将显著改变企业组织形式、经营范围或经营方式的计划实施行为。属于重组的事项主要包括：（1）出售或终止企业的部分业务；（2）对企业的组织结构进行较大调整；（3）关闭企业的部分营业场所，或将营业活动由一个国家或地区迁移到其他国家或地区。

企业应当将重组与企业合并、债务重组区别开。因为重组通常是企业内部资源的调整和组合，谋求现有资产效能的最大化；企业合并是将两个或者两个以上单独的企业合并形成一个报告主体的交易或事项；债务重组是在不改变交易对手方的情况下，经债权人和债务人协定或法院裁定，就清偿债务的时间、金额或方式等重新达成协议的交易。

企业只有在承诺出售部分业务（即签定了约束性出售协议）时，才能确认因重组而承担的重组义务。

（一）重组义务的确认

企业因重组而承担了重组义务，并且同时满足预计负债确认条件时，才能确认预计负债。

首先，同时存在下列情况的，表明企业承担了重组义务：（1）有详细、正式的重组计划，包括重组涉及的业务、主要地点、需要补偿的职工人数、预计重组支出、计划实施时间等；（2）该重组计划已对外公告，重组计划已开始实施，或已向受其影响的各方通告了该计划的主要内容，从而使各方形成了对该企业将实施重组的合理预期。

其次，需要判断重组义务是否同时满足预计负债的确认条件，即判断其承担的重组义务是否是现时义务、履行重组义务是否很可能导致经济利益流出企业、重组义务的金额是否能够可靠计量。只有同时满足这三个确认条件，才能将重组义务确认为预计负债。

例如，某公司董事会决定关闭一个事业部。如果有关决定尚未传达到受影响的各方，也未采取任何措施实施该项决定，该公司就没有开始承担重组义务，不应确认预计负债；如果有关决定已经传达到受影响的各方并使各方对企业将关闭事业部形成合理预期，通常表明企业开始承担重组义务，同时满足该义务很可能导致经济利益流出企业和金额能够可靠计量的，应当确认预计负债。

（二）重组义务的计量

企业应当按照与重组有关的直接支出确定预计负债金额，计入当期损益。其中，直接支出是企业重组必须承担的、与主体继续进行的活动无关的支出（如自愿遣散、强制遣散、不再使用厂房的租赁撤销费等），不包括留用职工岗前培训、市场推广、新系统和营销网络投入等支出，因为这些支出与未来经营活动有关，在资产负债表日不是重组义务。

企业在计量预计负债时不应当考虑预期处置相关资产的利得或损失。即，在计量与重组义务相关的预计负债时，即使资产的出售构成重组的一部分，企业也不考虑处置相关资产（如厂房、店面、事业部等）可能形成的利得或损失。处置重组涉及资产的利得或损失应当在企业丧失相关资产的控制权时单独确认。例如，企业转让某球场（包括球场土地使用权和球场上相关设施），转让价格 5 亿元，球场处置前账面价值 1 亿元，由于关闭该球场，企业预计支付给球会会员的赔偿金约 2 亿元。本例中，企业应当在相关赔偿金满足预计负债确认条件时确认预计负债 2 亿元，在球场控制权转移时确认 4 亿元的资产处置损益。

八、列示与披露

（一）列示

企业应当在资产负债表中单独列示预计负债。

企业应当按照预计负债的种类、形成原因以及经济利益预期流出时间的长短，根据总账余额和明细账余额分析填列资产负债表。具体而言，对于期限在一年或一个营业周期以内的预计负债，在“其他流动负债”项目列报，其他预计负债在非流动负债中的“预计负债”项目列报；将于一年内到期的“预计负债”应当重分类至“一年内到期的非流动负债”。

（二）披露

企业应当在附注中披露与或有事项有关的下列信息：

1. 预计负债。

（1）预计负债的种类、形成原因以及经济利益流出不确定性的说明。

（2）各类预计负债的期初、期末余额和本期变动情况。

（3）与预计负债有关的预期补偿金额和本期已确认的预期补偿金额。

2. 或有负债（不包括极小可能导致经济利益流出企业的或有负债）。

（1）或有负债的种类及其形成原因，包括已贴现商业承兑汇票、未决诉讼、未决仲裁、对外提供担保等形成的或有负债。

（2）经济利益流出不确定性的说明。

（3）或有负债预计产生的财务影响以及获得补偿的可能性；无法预计的，应当说明原因。

3. 企业通常不应当披露或有资产，但或有资产很可能会给企业带来经济利益的，应当披露其形成的原因、预计产生的财务影响等。

在涉及未决诉讼、未决仲裁的情况下，按照上述要求披露全部或部分信息预期对企业造成重大不利影响的，企业无须披露这些信息，但应当披露该未决诉讼、未决仲裁的性质，以及未披露这些信息的事实和原因。

九、衔接规定

按照《企业会计准则第 38 号——首次执行企业会计准则》的规定，在首次执行日，企业应当将满足预计负债确认条件的重组义务确认为预计负债，并调整期初留存收益。同时，应当对首次执行日尚未履行完所有义务的合同执行本章“六、亏损合同”中有关“履行合同义务不可避免会发生的成本”的规定，累积影响数应当调整期初留存收益及其他相关的财务报表项目，不调整前期比较财务报表数据。首次执行日以后，企业发生的或有事项按照本章的规定进行处理。

第十五章　收　入

一、总体要求

《企业会计准则第 14 号——收入》（以下简称收入准则）主要规范了收入的确认、计量和相关信息的披露要求。收入，是指企业在日常活动中形成的、会导致所有者权益增加的、与所有者投入资本无关的经济利益的总流入。其中，日常活动，是指企业为完成其经营目标所从事的经常性活动以及与之相关的活动。例如，工业企业制造并销售产品、商品流通企业销售商品、咨询公司提供咨询服务、软件公司为客户开发软件、安装公司提供安装服务、建筑企业提供建造服务等，均属于企业的日常活动。日常活动所形成的经济利益的流入应当确认为收入。企业确认收入的方式应当反映其向客户转让商品或提供服务（以下简称转让商品）的模式，收入的金额应当反映企业因转让这些商品或提供这些服务而预期有权收取的对价金额，以如实反映企业的生产经营成果，核算企业实现的损益。企业应当向财务报表使用者提供与客户之间的合同产生的收入及现金流量的性质、金额、时间分布和不确定性等相关的有用信息。除非特别说明，本章所称商品，既包括商品，也包括服务。

本章规范的是企业与客户之间的单个合同的会计处理。但是，为便于实务操作，当企业能够合理预计，将本章应用于具有类似特征的合同（或履约义务）组合或应用于该组合中的每一个合同（或履约义务），将不会对企业的财务报表产生显著不同的影响时，企业可以在合同组合层面应用本章，此时，企业应当采用能够反映该合同组合规模和构成的估计和假设。收入确认和计量大致分为五步：第一步，识别与客户订立的合同；第二步，识别合同中的单项履约义务；第三步，确定交易价格；第四步，将交易价格分摊至各项履约义务；第五步，履行各项履约义务时确认收入。其中，第一步、第二步和第五步主要与收入的确认有关，第三步和第四步主要与收入的计量有关。

二、适用范围

本章适用于所有与客户之间的合同，但下列各项除外：一是由第三章长期股权投资、第二十二章金融工具确认和计量、第二十三章金融资产转移、第二十四章套期会计、第三十四章合并财务报表以及第四十章合营安排规范的金融工具及其他合同权利和义务，分别适用上述相应章内容；二是由第二十一章租赁规范的租赁合同，适用第二十一章租赁内容；三是由保险合同相关会计准则规范的保险合同，适用第二十五章保险合同或者第二十六章原保险合同、第二十七章再保险合同相关内容。根据上述规定，企业对外出租资产收取的租金、进行债权投资收取的利息、进行股权投资取得的现金股利等，不适用本章。企业以存货换取客户的存货、固定资产、无形资产等非货币性资产的，按照本章进行会计处理；其他非货币性资产交换，按照第八章非货币性资产交换进行会计处理。企业处置固定资产、无形资产等，在确定处置时点以及计量处置损益时，按照本章的有关规定进行处理。企业以存货清偿债务的，按照第十三章债务重组进行会计处理。

本章所称客户，是指与企业订立合同以向该企业购买其日常活动产出的商品并支付对价的一方。如果合同对方与企业订立合同的目的是共同参与一项活动（如合作开发一项资产），合同对方和企业一起分担（或分享）该活动产生的风险（或收益），而不是获取企业日常活动产出的商品，则该合同对方不是企业的客户，企业与其签订的该份合同也不属于本章规范范围。

此外，当企业与客户之间的合同部分属于本章规范范围，而其他部分属于上述其他章规范范围时，如果上述其他章明确规定了如何对合同中的一个或多个组成部分进行区分或初始计量，企业应当首先按照这些规定进行处理，并将按照上述其他章进行初始计量的合同组成部分的金额排除在本章规定的交易价格之外；否则，企业应当按照本章对合同中的一个或多个组成部分进行区分和初始计量。

三、应设置的相关会计科目和主要账务处理

企业对收入的会计处理，一般需要设置下列会计科目。

（一）“主营业务收入”

1. 本科目核算企业确认的销售商品、提供服务等主营业务的收入。

2. 本科目可按主营业务的种类进行明细核算。

3. 主营业务收入的主要账务处理。

（1）企业在履行了合同中的单项履约义务时，应按照已收或应收的合同价款，加上应收取的增值税额，借记“银行存款”、“应收账款”、“应收票据”、“合同资产”等科目，按应确认的收入金额，贷记本科目，按应收取的增值税额，贷记“应交税费——应交增值税（销项税额）”、“应交税费——待转销项税额”等科目。

（2）合同中存在企业为客户提供重大融资利益的，企业应按照应收合同价款，借记“长期应收款”等科目，按照假定客户在取得商品控制权时即以现金支付而需支付的金额（即现销价格）确定的交易价格，贷记本科目，按其差额，贷记“未实现融资收益”科目；合同中存在客户为企业提供重大融资利益的，企业应按照已收合同价款，借记“银行存款”等科目，按照假定客户在取得商品控制权时即以现金支付的应付金额（即现销价格）确定的交易价格，贷记“合同负债”等科目，按其差额，借记“未确认融资费用”科目。涉及增值税的，还应进行相应的处理。

（3）企业收到的对价为非现金资产时，应按该非现金资产在合同开始日的公允价值，借记“存货”、“固定资产”、“无形资产”等有关科目，贷记本科目。涉及增值税的，还应进行相应的处理。

4. 期末，应将本科目的余额转入“本年利润”科目，结转后本科目应无余额。

（二）“其他业务收入”

1. 本科目核算企业确认的除主营业务活动以外的其他经营活动实现的收入，包括销售材料、用材料进行非货币性交换（非货币性资产交换具有商业实质且公允价值能够可靠计量）等实现的收入。企业出租固定资产、授予知识产权许可、出租包装物和商品等以及企业（保险）经营受托管理业务收取的管理费收入，也通过本科目核算。

2. 本科目可按其他业务的种类进行明细核算。

3. 其他业务收入的主要账务处理。企业确认其他业务收入的主要账务处理参见“主营业务收入”科目。

4. 期末，应将本科目的余额转入“本年利润”科目，结转后本科目应无余额。

（三）“主营业务成本”

1. 本科目核算企业确认销售商品、提供服务等主营业务收入时应结转的成本。

2. 本科目可按主营业务的种类进行明细核算。

3. 主营业务成本的主要账务处理。

期末，企业应根据本期销售各种商品、提供各种服务等实际成本，计算应结转的主营业务成本，借记本科目，贷记“库存商品”、“合同履约成本”等科目。

采用计划成本或售价核算库存商品的，平时的营业成本按计划成本或售价结转，月末，还应结转本月销售商品应分摊的产品成本差异或商品进销差价。

4. 期末，应将本科目的余额转入“本年利润”科目，结转后本科目无余额。

（四）“其他业务成本”

1. 本科目核算企业确认的除主营业务活动以外的其他经营活动所发生的支出，包括销售材料的成本等。出租固定资产的折旧额、摊销知识产权的成本及发生与授予有关的各种费用支出、出租包装物的成本或摊销额，也通过本科目核算。除主营业务活动以外的其他经营活动发生的相关税费（不含增值税），在“税金及附加”科目核算。采用成本模式计量投资性房地产的，其投资性房地产计提的折旧额或摊销额，也通过本科目核算。

2. 本科目可按其他业务成本的种类进行明细核算。

3. 其他业务成本的主要账务处理。

企业发生的其他业务成本，借记本科目，贷记“原材料”、“周转材料”等科目。

4. 期末，应将本科目的余额转入“本年利润”科目，结转后本科目无余额。

（五）“合同资产”

1. 本科目核算企业已向客户转让商品而有权收取对价的权利。仅取决于时间流逝因素的权利不在本科目核算。

2. 本科目应按合同进行明细核算。

3. 合同资产的主要账务处理。

企业在客户实际支付合同对价或在该对价到期应付之前，已经向客户转让了商品的，应当按因已转让商品而有权收取的对价金额，借记本科目或“应收账款”科目，贷记“主营业务收入”、“其他业务收入”等科目；企业取得无条件收款权时，借记“应收账款”等科目，贷记本科目。涉及增值税的，还应进行相应的处理。

（六）“合同负债”

1. 本科目核算企业已收或应收客户对价而应向客户转让商品的义务。

2. 本科目应按合同进行明细核算。

3. 合同负债的主要账务处理。

企业在向客户转让商品之前，客户已经支付了合同对价或企业已经取得了无条件收取合同对价权利的，企业应当在客户实际支付款项与到期应支付款项孰早时点，按照该已收或应收的金额（不包含增值税部分），借记“银行存款”、“应收账款”、“应收票据”等科目，贷记本科目；企业向客户转让相关商品时，借记本科目，贷记“主营业务收入”、“其他业务收入”等科目。涉及增值税的，还应进行相应的处理。

企业因转让商品收到的预收款适用本章进行会计处理时，不再使用“预收账款”科目及“递延收益”科目。尚未向客户履行转让商品的义务而已收或应收客户对价中的增值税部分，因不符合合同负债的定义，不应确认为合同负债。

4. 本科目期末贷方余额，反映企业在向客户转让商品之前，已经收到的合同对价或已经取得的无条件收取合同对价权利的金额。

（七）“合同履约成本”

1. 本科目核算企业为履行当前或预期取得的合同所发生的、不属于其他章规范范围且按照本章应当确认为一项资产的成本。企业因履行合同而产生的毛利不在本科目核算。

2. 本科目可按合同，分别“服务成本”、“工程施工”等进行明细核算。

3. 合同履约成本的主要账务处理。

企业发生上述合同履约成本时，借记本科目，贷记“银行存款”、“应付职工薪酬”、“原材料”等科目；对合同履约成本进行摊销时，借记“主营业务成本”、“其他业务成本”科目，贷记本科目。涉及增值税的，还应进行相应的处理。

4. 本科目期末借方余额，反映企业尚未结转的合同履约成本。

（八）“合同取得成本”

1. 本科目核算企业取得合同发生的、预计能够收回的增量成本。

2. 本科目可按合同进行明细核算。

3. 合同取得成本的主要账务处理。

企业发生上述合同取得成本时，借记本科目，贷记“银行存款”、“其他应付款”等科目；对合同取得成本进行摊销时，按照其相关性借记“销售费用”等科目，贷记本科目。涉及增值税的，还应进行相应的处理。

4. 本科目期末借方余额，反映企业尚未结转的合同取得成本。

（九）“合同资产减值准备”

1. 本科目核算合同资产的减值准备。

2. 本科目应按合同进行明细核算。

3. 合同资产减值准备的主要账务处理。

合同资产发生减值的，按应减记的金额，借记“资产减值损失”科目，贷记本科目；转回已计提的资产减值准备时，做相反的会计分录。

4. 本科目期末贷方余额，反映企业已计提但尚未转销的合同资产减值准备。

（十）“合同履约成本减值准备”

1. 本科目核算与合同履约成本有关的资产的减值准备。

2. 本科目可按合同进行明细核算。

3. 合同履约成本减值准备的主要账务处理。

与合同履约成本有关的资产发生减值的，按应减记的金额，借记“资产减值损失”科目，贷记本科目；转回已计提的资产减值准备时，做相反的会计分录。

4. 本科目期末贷方余额，反映企业已计提但尚未转销的合同履约成本减值准备。

（十一）“合同取得成本减值准备”

1. 本科目核算与合同取得成本有关的资产的减值准备。

2. 本科目可按合同进行明细核算。

3. 合同取得成本减值准备的主要账务处理。

与合同取得成本有关的资产发生减值的，按应减记的金额，借记“资产减值损失”科目，贷记本科目；转回已计提的资产减值准备时，做相反的会计分录。

4. 本科目期末贷方余额，反映企业已计提但尚未转销的合同取得成本减值准备。

（十二）“应收退货成本”

1. 本科目核算销售商品时预期将退回商品的账面价值，扣除收回该商品预计发生的成本（包括退回商品的价值减损）后的余额。

2. 本科目可按合同进行明细核算。

3. 应收退货成本的主要账务处理。

企业发生附有销售退回条款的销售的，应在客户取得相关商品控制权时，按照已收或应收合同价款，借记“银行存款”、“应收账款”、“应收票据”、“合同资产”等科目，按照因向客户转让商品而预期有权收取的对价金额（即，不包含预期因销售退回将退还的金额），贷记“主营业务收入”、“其他业务收入”等科目，按照预期因销售退回将退还的金额，贷记“预计负债——应付退货款”等科目；结转相关成本时，按照预期将退回商品转让时的账面价值，扣除收回该商品预计发生的成本（包括退回商品的价值减损）后的余额，借记本科目，按照已转让商品转让时的账面价值，贷记“库存商品”等科目，按其差额，借记“主营业务成本”、“其他业务成本”等科目。涉及增值税的，还应进行相应处理。

4. 本科目期末借方余额，反映企业预期将退回商品转让时的账面价值，扣除收回该商品预计发生的成本（包括退回商品的价值减损）后的余额，在资产负债表中按其流动性计入“其他流动资产”或“其他非流动资产”项目。

四、收入的确认

企业应当在履行了合同中的履约义务，即在客户取得相关商品控制权时确认收入。取得相关商品控制权，是指能够主导该商品的使用并从中获得几乎全部的经济利益，也包括有能力阻止其他方主导该商品的使用并从中获得经济利益。企业在判断商品的控制权是否发生转移时，应当从客户的角度进行分析，即客户是否取得了相关商品的控制权以及何时取得该控制权。取得商品控制权同时包括下列三项要素：

一是，能力。企业只有在客户拥有现时权利，能够主导该商品的使用并从中获得几乎全部经济利益时，才能确认收入。如果客户只能在未来的某一期间主导该商品的使用并从中获益，则表明其尚未取得该商品的控制权。例如，企业与客户签订合同为其生产产品，虽然合同约定该客户最终将能够主导该产品的使用，并获得几乎全部的经济利益，但是，只有在客户真正获得这些权利时（根据合同约定，可能是在生产过程中或更晚的时点），企业才能确认收入，在此之前，企业不应当确认收入。

二是，主导该商品的使用。客户有能力主导该商品的使用，是指客户在其活动中有权使用该商品，或者能够允许或阻止其他方使用该商品。

三是，能够获得几乎全部的经济利益。客户必须拥有获得商品几乎全部经济利益的能力，才能被视为获得了对该商品的控制。商品的经济利益，是指该商品的潜在现金流量，既包括现金流入的增加，也包括现金流出的减少。客户可以通过使用、消耗、出售、处置、交换、抵押或持有等多种方式直接或间接地获得商品的经济利益。

（一）识别与客户订立的合同

1. 合同的识别。

（1）合同的含义。本章所称合同，是指双方或多方之间订立有法律约束力的权利义务的协议。合同包括书面形式、口头形式以及其他形式（如隐含于商业惯例或企业以往的习惯做法中等）。企业与客户之间的合同同时满足下列五项条件的，企业应当在履行了合同中的履约义务，即在客户取得相关商品控制权时确认收入：一是合同各方已批准该合同并承诺将履行各自义务；二是该合同明确了合同各方与所转让商品相关的权利和义务；三是该合同有明确的与所转让商品相关的支付条款；四是该合同具有商业实质，即履行该合同将改变企业未来现金流量的风险、时间分布或金额；五是企业因向客户转让商品而有权取得的对价很可能收回。企业在进行上述判断时，需要注意下列三点：

①合同约定的权利和义务是否具有法律约束力，需要根据企业所处的法律环境和实务操作进行判断。不同的企业可能采取不同的方式和流程与客户订立合同，同一企业在与客户订立合同时，对于不同类别的客户以及不同性质的商品也可能采取不同的方式和流程。企业在判断其与客户之间的合同是否具有法律约束力，以及这些具有法律约束力的权利和义务在何时设立时，应当考虑上述因素的影响。合同各方均有权单方面终止完全未执行的合同，且无需对合同其他方作出补偿的，在应用本章时，该合同应当被视为不存在。其中，完全未执行的合同，是指企业尚未向客户转让任何合同中承诺的商品，也尚未收取且尚未有权收取已承诺商品的任何对价的合同。

②合同具有商业实质，是指履行该合同将改变企业未来现金流量的风险、时间分布或金额。关于商业实质，应按照第八章非货币性资产交换的有关规定进行判断。

③企业在评估其因向客户转让商品而有权取得的对价是否很可能收回时，仅应考虑客户到期时支付对价的能力和意图（即客户的信用风险）。当对价是可变对价时，由于企业可能会向客户提供价格折让，企业有权收取的对价金额可能会低于合同标价。企业向客户提供价格折让的，应当在估计交易价格时进行考虑。

【例 15－1】甲房地产开发公司与乙公司签订合同，向其销售一栋建筑物，合同价款为 100 万元。该建筑物的成本为 60 万元，乙公司在合同开始日即取得了该建筑物的控制权。根据合同约定，乙公司在合同开始日支付了 5% 的保证金 5 万元，并就剩余 95% 的价款与甲公司签订了不附追索权的长期融资协议，如果乙公司违约，甲公司可重新拥有该建筑物，即使收回的建筑物不能涵盖所欠款项的总额，甲公司也不能向乙公司索取进一步的赔偿。

乙公司计划在该建筑物内开设一家餐馆，并以该餐馆的收益偿还甲公司的欠款。但是，在该建筑物所在的地区，餐饮行业面临激烈的竞争，且乙公司缺乏餐饮行业的经营经验。

本例中，乙公司计划以该餐馆产生的收益偿还甲公司的欠款，除此之外并无其他的经济来源，乙公司也未对该笔欠款设定任何担保。如果乙公司违约，则甲公司可重新拥有该建筑物，但是，根据合同约定，即使收回的建筑物不能涵盖所欠款项的总额，甲公司也不能向乙公司索取进一步的赔偿。因此，甲公司对乙公司还款的能力和意图存在疑虑，认为该合同不满足合同价款很可能收回的条件。甲公司应当将收到的 5 万元确认为一项负债。

【例 15－2】A 公司向国外 B 公司销售一批商品，合同标价为 100 万元。在此之前，A 公司从未向 B 公司所在国家的其他客户进行过销售，B 公司所在国家正在经历严重的经济困难。A 公司预计不能从 B 公司收回全部的对价金额，而是仅能收回 60 万元。尽管如此，A 公司预计 B 公司所在国家的经济情况将在未来 2～3 年内好转，且 A 公司与 B 公司之间建立的良好关系将有助于其在该国家拓展其他潜在客户。

本例中，根据 B 公司所在国家的经济情况以及 A 公司的销售战略，A 公司认为其将向 B 公司提供价格折让，A 公司能够接受 B 公司支付低于合同对价的金额，即 60 万元，且估计很可能收回该对价。A 公司认为，该合同满足“有权取得的对价很可能收回”的条件；该公司按照本章的规定确定交易价格时，应当考虑其向 B 公司提供的价格折让的影响。因此，A 公司确定的交易价格不是合同标价 100 万元，而是 60 万元。

实务中，企业在对合同组合中的每一份合同进行评估时，均认为其合同对价很可能收回，但是，根据历史经验，企业预计可能无法收回该合同组合中的全部对价。此时，企业应当认为这些合同满足“因向客户转让商品而有权取得的对价很可能收回”这一条件，并以此为基础估计交易价格。同时，企业应当考虑这些合同下确认的合同资产或应收款项是否存在减值。

对于不符合本章“四、收入的确认”（以下简称本章第四部分）相关条件的合同，企业只有在不再负有向客户转让商品的剩余义务（例如，合同已完成或取消），且已向客户收取的对价（包括全部或部分对价）无需退回时，才能将已收取的对价确认为收入；否则，应当将已收取的对价作为负债进行会计处理，该负债代表了企业在未来向客户转让商品或者支付退款的义务。其中，企业向客户收取无需退回的对价的，应当在已经将该部分对价所对应的商品的控制权转移给客户，并且已经停止向客户转让额外的商品，也不再负有此类义务时；或者，相关合同已经终止、不再负有向客户转让商品的剩余义务时，将该部分对价确认为收入。

需要说明的是，没有商业实质的非货币性资产交换，无论何时，均不应确认收入。从事相同业务经营的企业之间，为便于向客户或潜在客户销售而进行的非货币性资产交换（例如，两家石油公司之间相互交换石油，以便及时满足各自不同地点客户的需求），不应当确认收入。

（2）合同的持续评估。企业与客户之间的合同，在合同开始日即满足本章第四部分相关条件的，企业在后续期间无需对其进行重新评估，除非有迹象表明相关事实和情况发生重大变化。合同开始日，是指合同开始赋予合同各方具有法律约束力的权利和义务的日期，通常是指合同生效日。例如，企业与客户签订一份合同，在合同开始日，企业认为该合同满足本章第四部分的相关条件，但是，在后续期间，客户的信用风险显著升高，企业需要评估其在未来向客户转让剩余商品而有权取得的对价是否很可能收回，如果不能满足很可能收回的条件，则该合同自此开始不再满足本章第四部分的相关条件，应当停止确认收入，并且只有当后续合同条件再度满足时或者当企业不再负有向客户转让商品的剩余义务，且已向客户收取的对价无需退回时，才能将已收取的对价确认为收入，但是，不应当调整在此之前已经确认的收入。

【例15－3】甲公司与乙公司签订合同，将一项专利技术授权给乙公司使用，并按其使用情况收取特许权使用费。甲公司评估认为，该合同在合同开始日满足本章第四部分的相关条件。该专利技术在合同开始日即授权给乙公司使用。在合同开始日后的第一年内，乙公司每季度向甲公司提供该专利技术的使用情况报告，并在约定的期间内支付特许权使用费。在合同开始日后的第二年内，乙公司继续使用该专利技术，但是，乙公司的财务状况下滑，融资能力下降，可用资金不足，因此，乙公司仅按合同支付了当年第一季度的特许权使用费，而后三个季度仅按象征性金额付款。在合同开始日后的第三年内，乙公司继续使用甲公司的专利技术。但是，甲公司得知，乙公司已经完全丧失了融资能力，且流失了大部分客户，因此，乙公司的付款能力进一步恶化，信用风险显著升高。

本例中，该合同在合同开始日满足本章第四部分的相关条件，因此，甲公司在乙公司使用该专利技术的行为发生时，按照约定的特许权使用费确认收入。合同开始后的第二年，由于乙公司的信用风险升高，甲公司在确认收入的同时，按照第二十二章金融工具确认和计量的要求对乙公司的应收款项进行减值测试。合同开始日后的第三年，由于乙公司的财务状况恶化，信用风险显著升高，甲公司对该合同进行了重新评估，认为不再满足“企业因向客户转让商品而有权取得的对价很可能收回”这一条件，因此，甲公司不再确认特许权使用费收入，同时，按照第二十二章金融工具确认和计量对现有应收款项是否发生减值继续进行评估。

企业与客户之间的合同，不符合本章第四部分的相关条件的，企业应当在后续期间对其进行持续评估，判断其能否满足本章第四部分的相关条件。如果企业在此之前已经向客户转移了部分商品，当该合同在后续期间满足本章第四部分的相关条件时，企业应当将在此之前已经转移的商品所分摊的交易价格确认为收入。

（3）合同存续期间的确定。合同存续期间是合同各方拥有现时可执行的具有法律约束力的权利和义务的期间。实务中，有些合同可能有固定的期间，有些合同则可能没有（如无固定期间且合同各方可随时要求终止或变更的合同、定期自动续约的合同等）。企业应当确定合同存续期间，并在该期间内按照本章规定对合同进行会计处理。

在确定合同存续期间时，企业应考虑合同终止条款的有关约定，当合同约定任何一方均可以随时无代价地终止合同时，合同双方并不具有有法律约束力的权利和义务，无论该合同是否有明确约定的合同期间，该合同的存续期间都不会超过已经提供的商品所涵盖的期间；当合同约定任何一方在某一特定期间之后才可以随时无代价地终止合同时，该合同的存续期间不会超过该特定期间；当合同约定任何一方均可以提前终止合同，但要求终止合同的一方需要向另一方支付重大的违约金时，合同存续期间很可能与合同约定的期间一致，这是因为该重大的违约金实质上使得合同双方在合同约定的整个期间内均具有有法律约束力的权利和义务；当只有客户拥有无条件终止合同的权利时，客户的该项权利才会被视为客户拥有的一项续约选择权，重大的续约选择权应当作为单项履约义务进行会计处理。

【例15－4】 A公司与客户签订合同，每月为客户提供一次保洁服务，合同期限为3年。

情形一：3年内，合同各方均有权在每月末无理由要求终止合同，只需提前5个工作日通知对方，无需向对方支付任何违约金。

情形二：3年内，客户有权在每月末要求提前终止合同，且无需向A公司支付任何违约金。

情形三：3年内，客户有权在每月末要求提前终止合同，但是客户如果在合同开始日之后的12个月内要求终止合同，必须向A公司支付一定金额的违约金。

本例中，对于情形一，尽管合同约定的服务期为3年，但是在已提供服务的期间之外，该合同对于合同双方均未产生具有法律约束力的权利和义务，因此该合同应被视为逐月订立的合同。对于情形二，该合同应视为逐月订立的合同，同时，客户拥有续约选择权，A公司应当判断提供给客户的该续约选择权是否构成重大权利，从而应作为单项履约义务进行会计处理。对于情形三，A公司需要判断合同约定的违约金是否足够重大，以至于使该合同在合同开始日之后的12个月内对于合同双方都产生了具有法律约束力的权利和义务，如果是，则该合同的存续期间为12个月；否则，与情形二相同，该合同应视为逐月订立的合同。

2. 合同合并。

企业与同一客户（或该客户的关联方）同时订立或在相近时间内先后订立的两份或多份合同，在满足下列条件之一时，应当合并为一份合同进行会计处理：（1）该两份或多份合同基于同一商业目的而订立并构成一揽子交易，如一份合同在不考虑另一份合同的对价的情况下将会发生亏损；（2）该两份或多份合同中的一份合同的对价金额取决于其他合同的定价或履行情况，如一份合同如果发生违约，将会影响另一份合同的对价金额；（3）该两份或多份合同中所承诺的商品（或每份合同中所承诺的部分商品）构成本章第四部分的相关条件的单项履约义务。两份或多份合同合并为一份合同进行会计处理的，仍然需要区分该一份合同中包含的各项履约义务。

3. 合同变更。

本章所称合同变更，是指经合同各方批准对原合同范围或价格作出的变更。合同变更既可能形成新的具有法律约束力的权利和义务，也可能是变更了合同各方现有的具有法律约束力的权利和义务。与合同初始订立时相同，合同各方可能以书面形式、口头形式或其他形式（如隐含于企业以往的习惯做法中）批准合同变更。

某些情况下，合同各方对于合同范围或价格的变更还存在争议，或者合同各方已批准合同范围的变更，但尚未确定相应的价格变动，企业应当考虑包括合同条款及其他证据在内的所有相关事实和情况，以确定该变更是否形成了新的有法律约束力的权利和义务，或者变更了现有的有法律约束力的权利和义务。合同各方已批准合同范围变更，但尚未确定相应价格变动的，企业应当按照本章有关可变对价的规定对合同变更所导致的交易价格变动进行估计。

【例 15-5】 甲公司与乙公司签订合同，在乙公司厂区内为其修建一座大型综合性仓库。根据合同约定，乙公司应当在合同开始日起30天内允许甲公司进场施工，导致甲公司未能及时开始施工的任何事件（包括不可抗力的影响），甲公司均能够获得补偿，补偿金额相当于甲公司因工程延误而直接发生的实际成本。由于当地连降暴雨对施工场地造成了破坏，甲公司直到合同开始日后的60天才开始进场施工，甲公司根据合同约定向乙公司提出了索赔申请，但是，直到会计期末，乙公司尚未同意对甲公司进行补偿。

本例中，甲公司对于提出索赔申请的法律依据进行了评估，虽然乙公司直到会计期末尚未同意该索赔申请，但是，由于该申请是依据合同约定而提出，是一项有法律约束力的权利。因此，甲公司将该索赔作为合同变更进行会计处理，由于该项变更没有导致向客户提供额外的商品，因此，该合同变更没有变更合同范围，只是变更了合同价格，甲公司在估计交易价格时应当考虑这一合同变更的影响，并遵循将可变对价计入交易价格的限制要求。

企业应当区分下列三种情形对合同变更分别进行会计处理：

（1）合同变更部分作为单独合同。合同变更增加了可明确区分的商品及合同价款，且新增合同价款反映了新增商品单独售价的，应当将该合同变更部分作为一份单独的合同进行会计处理。此类合同变更不影响原合同的会计处理。（以下简称合同变更第一种情形）

判断新增合同价款是否反映了新增商品的单独售价时，应当考虑为反映该特定合同的具体情况而对新增商品价格所作的适当调整。例如，在合同变更时，企业由于无需发生为发展新客户等所须发生的相关销售费用，可能会向客户提供一定的折扣，从而适当调整新增商品的单独售价，该调整不影响新增商品单独售价的判断。

【例15－6】甲公司承诺向某客户销售120件产品，每件产品售价100元。该批产品彼此之间可明确区分，且将于未来6个月内陆续转让给该客户。甲公司将其中的60件产品转让给该客户后，双方对合同进行了变更，甲公司承诺向该客户额外销售30件相同的产品，这30件产品与原合同中的产品可明确区分，其售价为每件95元（假定该价格反映了合同变更时该产品的单独售价）。上述价格均不包含增值税。

本例中，由于新增的30件产品是可明确区分的，且新增的合同价款反映了新增产品的单独售价，因此，该合同变更实际上构成了一份单独的、在未来销售30件产品的新合同，该新合同并不影响对原合同的会计处理。甲公司应当对原合同中的120件产品按每件产品100元确认收入，对新合同中的30件产品按每件产品95元确认收入。

（2）合同变更作为原合同终止及新合同订立。合同变更不属于上述第（1）种情形，且在合同变更日已转让的商品或已提供的服务（以下简称已转让的商品）与未转让的商品或未提供的服务（以下简称未转让的商品）之间可明确区分的，应当视为原合同终止，同时，将原合同未履约部分与合同变更部分合并为新合同进行会计处理。（以下简称合同变更第二种情形）

未转让的商品既包括原合同中尚未转让的商品，也包括合同变更新增的商品。新合同的交易价格应当为下列两项金额之和：一是原合同交易价格中尚未确认为收入的部分（包括已从客户收取的金额）；二是合同变更中客户已承诺的对价金额。

【例15－7】沿用〖例15－6〗，甲公司新增销售的30件产品售价为每件80元（假定该价格不能反映合同变更时该产品的单独售价）。同时，由于客户发现甲公司已转让的60件产品存在瑕疵，要求甲公司对已转让的产品提供每件15元的销售折让以弥补损失。经协商，双方同意将价格折让在销售新增的30件产品的合同价款中进行抵减，金额为900元。上述价格均不包含增值税。

本例中，由于900元的折让金额与已经转让的60件产品有关，因此应当将其作为已销售的60件产品的销售价格的抵减，在该折让发生时冲减当期销售收入。对于合同变更新增的30件产品，由于其售价不能反映该产品在合同变更时的单独售价，因此，该合同变更不能作为单独合同进行会计处理。由于尚未转让给客户的产品（包括原合同中尚未交付的60件产品以及新增的30件产品）与已转让的产品是可明确区分的，因此，甲公司应当将该合同变更作为原合同终止，同时，将原合同的未履约部分与合同变更合并为新合同进行会计处理。该新合同中，剩余产品为90件，其对价为8 400元，即原合同下尚未确认收入的客户已承诺对价6 000元（100×60）与合同变更部分的对价2 400元（80×30）之和，新合同中的90件产品每件产品应确认的收入为93.33元（8 400÷90）。

【例15-8】A公司与客户签订合同，每周为客户的办公楼提供保洁服务，合同期限为3年，客户每年向A公司支付服务费10万元（假定该价格反映了合同开始日该项服务的单独售价）。在第2年末，合同双方对合同进行了变更，将第3年的服务费调整为8万元（假定该价格反映了合同变更日该项服务的单独售价），同时以20万元的价格将合同期限延长3年（假定该价格不反映合同变更日该3年服务的单独售价），即每年的服务费为6.67万元，于每年年初支付。上述价格均不包含增值税。

本例中，在合同开始日，A公司认为其每周为客户提供的保洁服务是可明确区分的，但由于A公司向客户转让的是一系列实质相同且转让模式相同的、可明确区分的服务，因此，根据本章第四部分的相关条件，应当将其作为单项履约义务。在合同开始的前2年，即合同变更之前，A公司每年确认收入10万元。在合同变更日，由于新增的3年保洁服务的价格不能反映该项服务在合同变更时的单独售价，因此，该合同变更不能作为单独的合同进行会计处理；由于在剩余合同期间需提供的服务与已提供的服务是可明确区分的，A公司应当将该合同变更作为原合同终止，同时，将原合同中未履约的部分与合同变更合并为一份新合同进行会计处理。该新合同的合同期限为4年，对价为28万元，即原合同下尚未确认收入的对价8万元与新增的3年服务相应的对价20万元之和，新合同中A公司每年确认的收入为7万元（28÷4）。

（3）合同变更部分作为原合同的组成部分。合同变更不属于上述第（1）种情形，且在合同变更日已转让的商品与未转让的商品之间不可明确区分的，应当将该合同变更部分作为原合同的组成部分，在合同变更日重新计算履约进度，并调整当期收入和相应成本等。

【例15-9】2×21年1月15日，乙建筑公司和客户签订了一项总金额为1 000万元的固定造价合同，在客户自有土地上建造一幢办公楼，预计合同总成本为700万元。假定该建造服务属于在某一时段内履行的履约义务，并根据累计发生的合同成本占合同预计总成本的比例确定履约进度。

截至2×21年末，乙公司累计已发生成本420万元，履约进度为60%（420÷700）。因此，乙公司在2×21年确认收入600万元（1 000×60%）。

2×22 年初，合同双方同意更改该办公楼屋顶的设计，合同价格和预计总成本因此而分别增加 200 万元和 120 万元。

在本例中，由于合同变更后拟提供的剩余服务与在合同变更日或之前已提供的服务不可明确区分（即该合同仍为单项履约义务），因此，乙公司应当将合同变更作为原合同的组成部分进行会计处理。合同变更后的交易价格为 1 200 万元（1 000 +200），乙公司重新估计的履约进度为 51.2% ［420 ÷（700 + 120）］，乙公司在合同变更日应额外确认收入 14.4 万元（51.2% ×1 200 - 600）。

综上所述，判断合同变更的会计处理的步骤如图 15 -1 所示。

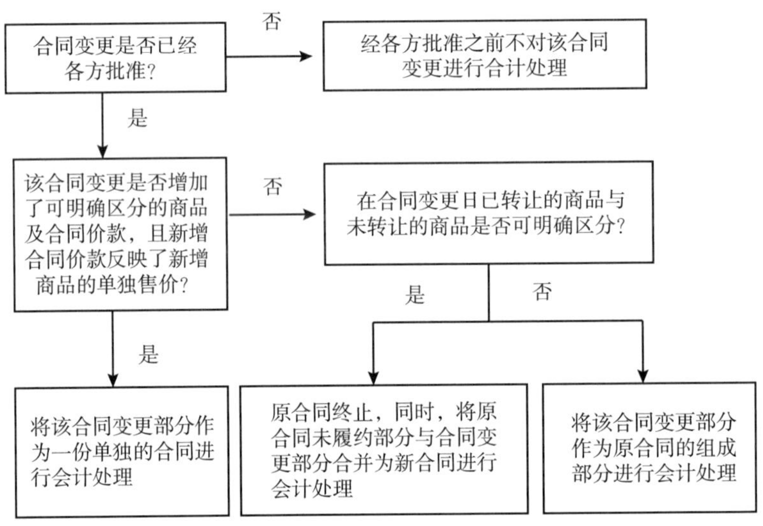

图 15 -1　判断合同变更的会计处理步骤

如果在合同变更日未转让的商品为上述第（2）种和第（3）种情形的组合，企业应当分别相应按照上述第（2）种或第（3）种情形的方式对合同变更后尚未转让（或部分未转让）的商品进行会计处理。

【例 15 -10】 甲公司与客户乙公司签订合同，为其提供广告投放服务，广告投放时间为 2×20 年 1 月 1 日至 6 月 30 日，投放渠道为一个灯箱，合同金额为 60 万元。合同中无折扣、折让等金额可变条款，也未约定投放效果标准，且根据甲公司已公开宣布的政策、特定声明或者以往的习惯做法等相关事实和情况表明，甲公司不会提供价格折让等安排。双方约定，2×20 年 1 月至 6 月乙公司于每月月底支付 10 万元。广告投放内容由乙公司决定，对于甲公司而言，该广告投放为一系列实质相同且转让模式相同的、可明确区分的商品。广告投放以后，由于出现外部突发原因，周边人流量骤减，乙公司对广告投放效果不满意。2×20年3月31日，甲公司与乙公司达成了广告投放服务补充协议，且双方已批准执行，假定分以下三种情形：

情形一：对后续广告服务打五折处理，即2×20年4月至6月客户于每月月底支付5万元。

情形二：增加广告投放时间，即合同期限延长至2×20年8月31日，但合同总价60万元不变，客户于4月至8月每月月底支付6万元。

情形三：增加广告投放媒体，即从2×20年4月1日起到2×20年6月30日，甲公司为乙公司提供两个灯箱来投放广告，在新增的灯箱上提供的广告服务本身是可明确区分的，合同总价60万元和付款情况不变。

假设甲公司为提供广告服务而占用的灯箱不构成租赁，不考虑其他因素和相关税费。本案例不涉及亏损合同的相关会计处理分析。

本例中，由于甲公司与乙公司签订合同时并没有约定可变对价，且甲公司已公开宣布的政策、特定声明或者以往的习惯做法等相关事实和情况表明，甲公司不会提供折扣或折让等安排，甲乙公司的合同中不存在可变对价，对于2×20年3月31日的补充协议，三种情形均应当作为合同变更进行会计处理。

对于情形一，甲乙双方批准对合同价格作出变更，合同变更并没有增加可明确区分的商品及合同价款，且合同变更日已提供的广告服务与未提供的广告服务之间可明确区分，所以甲公司应当将合同变更作为原合同终止及新合同订立进行会计处理。新合同的服务时间为2×20年4月1日至2×20年6月30日，交易价格为15元（原合同交易价格中未确认为收入的部分30万元与合同变更中客户已承诺的对价金额-15万元之和）。

对于情形二，甲乙双方批准对合同范围作出变更，合同变更增加的广告投放时间本身可明确区分，甲公司承诺增加的服务时间与原服务时间并未形成组合产出，不存在重大修改和定制、高度关联等情况，因此，合同变更增加了可明确区分的广告投放服务时间，没有新增合同价款，所以甲公司应当将合同变更作为原合同终止及新合同订立进行会计处理。新合同的服务时间为2×20年4月1日至2×20年8月31日，交易价格为30万元（原合同交易价格中未确认为收入的部分30万元与合同变更中客户已承诺的对价金额0元之和）。

对于情形三，甲乙双方批准对合同范围作出变更，合同变更增加了广告投放服务的范围，在新增的灯箱上提供的广告服务本身是可明确区分的，因此合同变更增加了可明确区分的广告投放服务，但是没有新增合同价款，甲公司应当将合同变更作为原合同终止及新合同订立进行会计处理。新合同（两个灯箱）的服务时间为 2×20 年 4 月 1 日至 2×20 年 6 月 30 日，交易价格为 30 万元（原合同交易价格中未确认为收入的部分 30 万元与合同变更中客户已承诺的对价金额 0 元之和）。

（二）识别合同中的单项履约义务

合同开始日，企业应当对合同进行评估，识别该合同所包含的各单项履约义务，并确定各单项履约义务是在某一时段内履行，还是在某一时点履行，然后，在履行了各单项履约义务时分别确认收入。履约义务，是指合同中企业向客户转让可明确区分商品的承诺。下列情况下，企业应当将向客户转让商品的承诺作为单项履约义务：一是企业向客户转让可明确区分商品（或者商品的组合）的承诺。二是企业向客户转让一系列实质相同且转让模式相同的、可明确区分商品的承诺。

企业承诺向客户转让的商品通常会在合同中明确约定，然而，在某些情况下，虽然合同中没有明确约定，但是企业已公开宣布的政策、特定声明或以往的习惯做法等可能隐含了企业将向客户转让额外商品的承诺。这些隐含的承诺不一定具有法律约束力，但是，如果在合同订立时，客户根据这些隐含的承诺能够对企业将向其转让某项商品形成合理的预期，则企业在识别合同中所包含的单项履约义务时，应当考虑此类隐含的承诺。例如，企业向客户销售商品，虽然合同没有约定，但是，企业在其宣传广告中宣称，对于购买该商品的客户，企业将为其提供为期 5 年的免费保养服务，如果该广告使客户对于企业提供的保养服务形成合理预期，企业应当考虑该项服务是否构成单项履约义务；又如，企业向客户销售软件，根据企业以往的习惯做法，企业会向客户提供免费的升级服务，如果该习惯做法使得客户对于企业提供的软件升级服务形成合理预期，则企业应当考虑该项服务是否构成单项履约义务。这里的客户既包括直接购买本企业商品的客户，也包括向客户购买本企业商品的第三方，即“客户的客户”，也就是说，企业需要评估其对于客户的客户所作的承诺是否构成单项履约义务，并进行相应的会计处理。

【例 15－11】甲公司与其经销商乙公司签订合同，将其生产的产品销售给乙公司，乙公司再将该产品销售给最终用户。乙公司是甲公司的客户。

情形一：合同约定，从乙公司购买甲公司产品的最终用户可以享受甲公司提供的该产品正常质量保证范围之外的免费维修服务。甲公司委托乙公司代为提供该维修服务，并且按照约定的价格向乙公司支付相关费用；如果最终用户没有使用该维修服务，则甲公司无需向乙公司付款。

情形二：合同开始日，双方并未约定甲公司将提供任何该产品正常质量保证范围之外的维修服务，甲公司通常也不提供此类服务。甲公司向乙公司交付产品时，产品控制权转移给乙公司，该合同完成。在乙公司将产品销售给最终用户之前，甲公司主动提出免费为向乙公司购买该产品的最终用户提供该产品正常质量保证范围之外的维修服务。

本例中，对于情形一，甲公司在该合同下的承诺包括销售产品以及提供维修服务两项履约义务；对于情形二，甲公司和乙公司签订的合同在合同开始日并未包含提供维修服务的承诺，甲公司也未通过其他明确或隐含的方式承诺向乙公司或最终用户提供该项服务，因此，甲公司在该合同下的承诺只有销售产品一项履约义务，甲公司因承诺提供维修服务产生的相关义务应当按照第十四章或有事项进行会计处理。

企业为履行合同而应开展的初始活动，通常不构成履约义务，除非该活动向客户转让了承诺的商品。实务中，企业可能会为订立合同而开展一些行政管理性质的准备工作，这些准备工作并未向客户转让任何承诺的商品，因此，不构成单项履约义务。例如，某俱乐部为注册会员建立档案，该活动并未向会员转让承诺的商品，因此不构成单项履约义务。

在识别合同中的单项履约义务时，如果合同承诺的某项商品不可明确区分，企业应当将该商品与合同中承诺的其他商品进行组合，直到该组合满足可明确区分的条件。某些情况下，合同中承诺的所有商品组合在一起构成单项履约义务。

1. 可明确区分的商品。

实务中，企业向客户承诺的商品可能包括企业为销售而生产的产品、为转售而购进的商品或使用某商品的权利（如机票等）、向客户提供的各种服务、随时准备向客户提供商品或提供随时可供客户使用的服务（如随时准备为客户提供软件更新服务等）、安排他人向客户提供商品、授权使用许可、可购买额外商品的选择权等。其中，企业随时准备向客户提供商品，是指企业保证客户在其需要时能够随时取得相关商品，而不一定是所提供的每一件具体商品或每一次具体服务本身。例如，健身俱乐部随时可供会员健身，其提供的是随时准备在会员需要时向其提供健身服务的承诺，而并非每一次具体的健身服务。企业向客户承诺的商品同时满足下列两项条件的，应当作为可明确区分的商品：

（1）客户能够从该商品本身或从该商品与其他易于获得资源一起使用中受益，即该商品本身能够明确区分。当客户能够使用、消耗或以高于残值的价格出售商品，或者以能够产生经济利益的其他方式持有商品时，表明客户能够从该商品本身获益。对于某些商品而言，客户可以从该商品本身获益，而对于另一些商品而言，客户可能需要将其与其他易于获得的资源一起使用才能从中获益。其他易于获得的资源，是指企业（或其他企业）单独销售的商品，或者客户已经从企业获得的资源（包括企业按照合同将会转让给客户的商品）或从其他交易或事项中获得的资源。表明客户能够从某项商品本身或者将其与其他易于获得的资源一起使用获益的因素有很多，例如，企业通常会单独销售该商品等。

需要特别指出的是，在评估某项商品是否能够明确区分时，应当基于该商品自身的特征，而与客户可能使用该商品的方式无关。因此，企业无需考虑合同中可能存在的阻止客户从其他来源取得相关资源的限制性条款。

（2）企业向客户转让该商品的承诺与合同中其他承诺可单独区分，即转让该商品的承诺在合同中是可明确区分的。企业确定了商品本身能够明确区分后，还应当在合同层面继续评估转让该商品的承诺是否与合同中其他承诺彼此之间可明确区分。这一评估的目的在于确定承诺的性质，即根据合同约定，企业承诺转让的究竟是每一项商品，还是由这些商品组成的一个或多个组合产出。很多情况下，组合产出的价值应当高于或者显著不同于各项商品的价值总和。

在确定企业转让商品的承诺是否可单独区分时，需要运用判断并综合考虑所有事实和情况。下列情形通常表明企业向客户转让商品的承诺与合同中的其他承诺不可单独区分：

一是，企业需提供重大的服务以将该商品与合同中承诺的其他商品进行整合，形成合同约定的某个或某些组合产出转让给客户。换言之，企业以该商品作为投入，生产或向客户交付其所要求的组合产出。因此，企业应当评估其在合同中承诺的每一项商品本身就是合同约定的各项产出，还是仅为一个或多个组合产出的投入。

【例15－12】 沿用〖例15－9〗，不涉及合同变更。本例中，乙公司向客户提供的单项商品可能包括砖头、水泥、人工等，虽然这些单项商品本身都能够使客户获益（如客户可将这些建筑材料以高于残值的价格出售，也可以将其与其他建筑商提供的材料或人工等资源一起使用），但是，在该合同下，乙公司向客户承诺的是为其建造一栋办公楼，而并非提供这些砖头、水泥和人工等，乙公司需提供重大的服务将这些单项商品进行整合，以形成合同约定的一项组合产出（即办公楼）转让给客户。因此，在该合同中，砖头、水泥和人工等商品彼此之间不能单独区分。

二是，该商品将对合同中承诺的其他商品予以重大修改或定制。如果某项商品将对合同中的其他商品作出重大修改或定制，实质上每一项商品将被整合在一起（即作为投入）以生产合同约定的组合产出。例如，企业承诺向客户提供其开发的一款现有软件，并提供安装服务，虽然该软件无需更新或技术支持也可直接使用，但是企业在安装过程中需要在该软件现有基础上对其进行定制化的重大修改，为该软件增加重要的新功能，以使其能够与客户现有的信息系统相兼容。在这种情况下，转让软件的承诺与提供定制化重大修改的承诺在合同层面是不可明确区分的。

【例15－13】 乙公司与客户签订合同，向客户出售一台其生产的设备并提供安装服务。该设备可以不经任何定制或改装而直接使用，不需要复杂安装，除乙公司外，市场上还有其他供应商也能提供此项安装服务。

本例中，客户可以使用该设备或将其以高于残值的价格转售，能够从该设备与市场上其他供应商提供的此项安装服务一起使用中获益，也可从安装服务与客户已经获得的其他资源（例如设备）一起使用中获益，表明该设备和安装服务能够明确区分。此外，在该合同中，乙公司对客户的承诺是交付设备之后再提供安装服务，而非两者的组合产出，该设备仅需简单安装即可使用，乙公司并未对设备和安装提供重大整合服务，安装服务没有对该设备作出重大修改或定制，虽然客户只有获得设备的控制权之后才能从安装服务中获益，但是企业履行其向客户转让设备的承诺能够独立于其提供安装服务的承诺，因此安装服务并不会对设备产生重大影响。该设备与安装服务彼此之间不会产生重大的影响，也不具有高度关联性，表明两者在合同中彼此之间可明确区分。因此，该项合同包含两项履约义务，即销售设备和提供安装服务。

假定其他条件不变，但是按照合同规定只能由乙公司向客户提供安装服务。在这种情况下，合同限制并没有改变相关商品本身的特征，也没有改变企业对客户的承诺。虽然根据合同约定，客户只能选择由乙公司提供安装服务，但是设备和安装服务本身仍然符合可明确区分的条件，仍然是两项履约义务。

此外，如果乙公司提供的安装服务很复杂，该安装服务可能对其销售的设备进行定制化的重大修改，即使市场上有其他的供应商也可以提供此项安装服务，乙公司也不能将该安装服务作为单项履约义务，而是应当将设备和安装服务合并作为单项履约义务。

三是，该商品与合同中承诺的其他商品具有高度关联性。也就是说，合同中承诺的每一单项商品均受到合同中其他商品的重大影响。合同中包含多项商品时，如果企业无法通过单独交付其中的某一项商品而履行其合同承诺，可能表明合同中的这些商品会受到彼此的重大影响。例如，企业承诺为客户设计一种实验性的新产品并负责生产 10 个样品，企业在生产和测试样品的过程中需要对产品的设计进行不断的修正，导致已生产的样品均可能需要进行不同程度的返工。当企业预计由于设计的不断修正，大部分或全部拟生产的样品均可能需要进行一些返工时，在不对生产造成重大影响的情况下，由于提供设计服务与提供样品生产服务产生的风险不可分割，客户没有办法选择仅购买设计服务或者仅购买样品生产服务，因此，企业提供的设计服务和生产样品的服务是不断交替反复进行的，两者高度关联，在合同层面是不可明确区分的。

【例 15－14】甲公司与客户签订合同，向客户销售一款软件，提供软件安装服务，并且在 2 年内向客户提供不定期的软件升级和技术支持服务。甲公司通常也会单独销售该款软件、提供安装服务、软件升级服务和技术支持服务。甲公司提供的安装服务通常也可由其他方执行，且不会对软件作出重大修改。甲公司销售的该软件无需升级和技术支持服务也能正常使用。

本例中，甲公司的承诺包括销售软件、提供安装服务、软件升级服务和技术支持服务。甲公司通常会单独销售软件、提供安装服务、软件升级服务和技术支持服务，该软件先于其他服务交付，且无需经过升级和技术支持服务也能正常使用，安装服务是常规性的且可以由其他服务供应商提供，客户能够从该软件与市场上其他供应商提供的此项安装服务一起使用中获益，也能够从安装服务以及软件升级服务与已经取得的软件一起使用中获益，因此，客户能够从单独使用该合同中承诺的各项商品和服务中获益，或从将其与易于获得的其他商品一起使用中获益，表明这些商品和服务能够明确区分；此外，甲公司虽然需要将软件安装到客户的系统中，但是该安装服务是常规性的，并未对软件作出重大修改，不会重大影响客户使用该软件并从中获益的能力，软件升级服务也一样，合同中承诺的各项商品和服务没有对彼此作出重大修改或定制；甲公司也没有提供重大服务将这些商品和服务整合成一组组合产出；由于甲公司在不提供后续服务的情况下也能够单独履行其销售软件的承诺，因此，软件和各项服务之间不存在高度关联性，表明这些商品在合同中彼此之间可明确区分。

因此，该合同中包含四项履约义务，即软件销售、安装服务、软件升级服务以及技术支持服务。

【例 15 - 15】 丙公司与客户签订合同，向客户销售一台其生产的可直接使用的医疗设备，并且在未来 3 年内向该客户提供用于该设备的专用耗材。该耗材只有丙公司能够生产，因此客户只能从丙公司购买该耗材。该耗材既可与设备一起销售，也可单独对外销售。

本例中，丙公司在合同中对客户的承诺包括销售设备和专用耗材，虽然客户同时购买了设备和专用耗材，但是由于耗材可以单独出售，客户可以从将设备与单独购买的耗材一起使用中获益，表明设备和专用耗材能够明确区分；此外，丙公司未对设备和耗材提供重大的整合服务以将两者形成组合产出，设备和耗材并未对彼此作出重大修改或定制，也不具有高度关联性（这是因为，尽管没有耗材，设备无法使用，耗材也只有用于设备才有用，但是丙公司能够单独履行其在合同中的每一项承诺，也就是说，即使客户没有购买任何耗材，丙公司也可以履行其转让设备的承诺；即使客户单独购买设备，丙公司也可以履行其提供耗材的承诺），表明设备和耗材在合同中彼此之间可明确区分。因此，该项合同包含两项履约义务，即销售设备和提供专用耗材。

需要说明的是，在企业向客户销售商品的同时，约定企业需要将商品运送至客户指定的地点的情况下，企业需要根据相关商品的控制权转移时点判断该运输活动是否构成单项履约义务。通常情况下，控制权转移给客户之前发生的运输活动不构成单项履约义务，而只是企业为了履行合同而从事的活动，相关成本应当作为合同履约成本，在确认商品或服务收入时按照与收入确认相同的基础摊销计入“主营业务成本”或“其他业务成本”科目，并在利润表“营业成本”项目中列示；相反，控制权转移给客户之后发生的运输活动则可能表明企业向客户提供了一项运输服务，企业应当考虑该项服务是否构成单项履约义务。

【例 15 - 16】 甲公司与乙公司签订合同，向其销售一批产品，并负责将该批产品运送至乙公司指定的地点，甲公司承担相关的运输费用。假定销售该产品属于在某一时点履行的履约义务，且控制权在出库时转移给乙公司。

本例中，甲公司向乙公司销售产品，并负责运输。该批产品在出库时，控制权转移给乙公司。在此之后，甲公司为将产品运送至乙公司指定的地点而发生的运输活动，属于为乙公司提供了一项运输服务。如果该运输服务构成单项履约义务，且甲公司是运输服务的主要责任人。甲公司应当按照分摊至该运输服务的交易价格确认收入。

【例15－17】 甲公司与乙公司签订合同，向其销售一批产品，并负责将该批产品运送至乙公司指定的地点，甲公司承担相关的运输费用。假定销售该产品属于在某一时点履行的履约义务，且控制权在送达乙公司指定地点时转移给乙公司。

本例中，甲公司向乙公司销售产品，并负责运输。该批产品在送达乙公司指定地点时，控制权转移给乙公司。由于甲公司的运输活动是在产品的控制权转移给客户之前发生的，因此不构成单项履约义务，而是甲公司为履行合同发生的必要活动。

2. 一系列实质相同且转让模式相同的、可明确区分的商品。

当企业向客户连续转让某项承诺的商品时，如每天提供类似劳务的长期劳务合同等，如果这些商品属于实质相同且转让模式相同的一系列商品，企业应当将这一系列商品作为单项履约义务。其中，转让模式相同，是指每一项可明确区分的商品均满足本章第四部分的在某一时段内履行履约义务的条件，且采用相同方法确定其履约进度。

【例15－18】 企业与客户签订为期一年的保洁服务合同，承诺每天为客户提供保洁服务。

本例中，企业每天所提供的服务都是可明确区分且实质相同的，并且，根据控制权转移的判断标准，每天的服务都属于在某一时段内履行的履约义务。因此，企业应当将每天提供的保洁服务合并在一起作为单项履约义务进行会计处理。

企业在判断所转让的一系列商品是否实质相同时，应当考虑合同中承诺的性质，当企业承诺的是提供确定数量的商品时，需要考虑这些商品本身是否实质相同。例如，企业与客户签订2年的合同，每月向客户提供工资核算服务，共计24次，由于企业提供服务的次数是确定的，在判断每月的服务是否实质相同时，应当考虑每次提供的具体服务是否相同，由于同一家企业的员工结构、工资构成以及核算流程等相对稳定，企业每月提供的该项服务很可能符合“实质相同”的条件；当企业承诺的是在某一期间内随时向客户提供某项服务时，需要考虑企业在该期间内的各个时间段（如每天或每小时）的承诺是否相同，而并非具体的服务行为本身。例如，企业向客户提供2年的酒店管理服务，具体包括保洁、维修、安保等，但没有具体的服务次数或时间的要求，尽管企业每天提供的具体服务不一定相同，但是企业每天对于客户的承诺都是相同的，即按照约定的酒店管理标准，随时准备根据需要为其提供相关服务，因此，企业每天提供的该酒店管理服务符合“实质相同”的条件。

（三）履行每一项履约义务时确认收入

企业应当在履行了合同中的履约义务，即客户取得相关商品控制权时确认收入。企业将商品的控制权转移给客户，该转移可能在某一时段内（即履行履约义务的过程中）发生，也可能在某一时点（即履约义务完成时）发生。企业应当在合同开始日，根据实际情况，首先按照本章第四部分的相关条件判断履约义务是否满足在某一时段内履行的条件，如不满足，则该履约义务属于在某一时点履行的履约义务。对于在某一时段内履行的履约义务，企业应当选取恰当的方法来确定履约进度；对于在某一时点履行的履约义务，企业应当综合分析控制权转移的迹象，判断其转移时点。

1. 在某一时段内履行的履约义务。

（1）在某一时段内履行履约义务的条件。满足下列条件之一的，属于在某一时段内履行履约义务，相关收入应当在该履约义务履行的期间内确认：

①客户在企业履约的同时即取得并消耗企业履约所带来的经济利益。企业在履约过程中是持续地向客户转移企业履约所带来的经济利益的，该履约义务属于在某一时段内履行的履约义务，企业应当在履行履约义务的期间确认收入。对于例如保洁服务的一些服务类的合同而言，可以通过直观的判断获知，企业在履行履约义务（即提供保洁服务）的同时，客户即取得并消耗了企业履约所带来的经济利益。对于难以通过直观判断获知结论的情形，企业在进行判断时，可以假定在企业履约的过程中更换为其他企业继续履行剩余履约义务，当该继续履行合同的企业实质上无需重新执行企业累计至今已经完成的工作时，表明客户在企业履约的同时即取得并消耗了企业履约所带来的经济利益。例如，甲企业承诺将客户的一批货物从A市运送到B市，假定该批货物在途经C市时，由乙运输公司接替甲企业继续提供该运输服务，由于A市到C市之间的运输服务是无需重新执行的，表明客户在甲企业履约的同时即取得并消耗了甲企业履约所带来的经济利益，因此，甲企业提供的运输服务属于在某一时段内履行的履约义务。

企业在判断其他企业是否实质上无需重新执行企业累计至今已经完成的工作时，应当基于下列两个前提：一是不考虑可能会使企业无法将剩余履约义务转移给其他企业的潜在限制，包括合同限制或实际可行性限制，在上述甲企业提供运输服务的例子中，甲企业为客户提供运输服务时，双方可能会在合同中约定，合同双方均不得解除合同，在进行上述判断时不需要考虑这一约定；二是假设继续履行剩余履约义务的其他企业将不会享有企业目前已控制的、且在剩余履约义务转移给其他企业后仍然控制的任何资产的利益。

【例 15－19】甲公司与乙公司签订合同，为其进行某新药的药理药效实验。合同约定，甲公司按照乙公司预先确定的实验测试的材料、方式和次数进行实验并记录实验结果，且需向乙公司实时汇报和提交实验过程中所获取的数据资料，实验完成后应向乙公司提交一份药理药效实验报告，用于乙公司后续的临床医药实验。假定该合同仅包含一项履约义务。该项实验工作的流程和所使用的技术相对标准化，如果甲公司中途被更换，乙公司聘请另一家实验类企业（以下简称新聘企业）可以在甲公司已完成的工作基础上继续进行药理药效实验并提交实验报告，新聘企业在继续履行剩余履约义务时将不会享有甲公司目前已控制的、且在将剩余履约义务转移给该企业后仍然控制的任何资产的利益。

本例中，甲公司在判断其他企业是否实质上无需重新执行甲公司累计至今已经完成的工作时，应当基于下列两个前提：一是不考虑可能会使甲公司无法将剩余履约义务转移给其他企业的合同限制或实际可行性限制；二是假设新聘企业将不享有甲公司目前已控制的、且在将剩余履约义务转移给该新聘企业后仍然控制的任何资产的利益。由于甲公司实验过程中的资料和数据已实时提交给乙公司，且如果在甲公司履约的过程中更换其他企业继续进行药理药效实验，其他企业可以在甲公司已完成的工作基础上继续进行药理药效实验并提交实验报告，实质上无需重复执行甲公司累计已经完成的工作，因此，乙公司在甲公司履约的同时即取得并消耗了甲公司履约所带来的经济利益，甲公司提供的实验服务属于在某一时段内履行的履约义务。

②客户能够控制企业履约过程中在建的商品。企业在履约过程中在建的商品包括在产品、在建工程、尚未完成的研发项目、正在进行的服务等，由于客户控制了在建的商品，客户在企业提供商品的过程中获得其利益，因此，该履约义务属于在某一时段内履行的履约义务，应当在该履约义务履行的期间内确认收入。

【例 15－20】甲企业与客户签订合同，在客户拥有的土地上按照客户的设计要求为其建造厂房。在建造过程中客户有权修改厂房设计，并与甲企业重新协商设计变更后的合同价款。客户每月末按当月工程进度向甲企业支付工程款。如果客户终止合同，已完成建造部分的厂房归客户所有。

本例中，甲企业为客户建造厂房，该厂房位于客户的土地上，客户终止合同时，已建造的厂房归客户所有。这些均表明客户在该厂房建造的过程中就能够控制该在建的厂房。因此，甲企业提供的该建造服务属于在某一时段内履行的履约义务，企业应当在提供该服务的期间内确认收入。

③企业履约过程中所产出的商品具有不可替代用途，且该企业在整个合同期间内有权就累计至今已完成的履约部分收取款项。

一是，商品具有不可替代用途。具有不可替代用途，是指因合同限制或实际可行性限制，企业不能轻易地将商品用于其他用途。当企业产出的商品只能提供给某特定客户，而不能被轻易地用于其他用途（例如销售给其他客户）时，该商品就具有不可替代用途。在判断商品是否具有不可替代用途时，企业既应当考虑合同限制，也应当考虑实际可行性限制，但无需考虑合同被终止的可能性。企业在判断商品是否具有不可替代用途时，需要注意下列四点：

第一，判断时点是合同开始日。企业应当在合同开始日判断所承诺的商品是否具有不可替代用途，此后，除非发生合同变更，且该变更显著改变了原合同约定的履约义务，否则，企业无需重新进行判断。

第二，考虑合同限制。当合同中存在实质性的限制条款，导致企业不能将合同约定的商品用于其他用途时，该商品满足具有不可替代用途的条件。在判断限制条款是否具有实质性时，应当考虑企业试图把合同中约定的商品用于其他用途时，客户是否可以根据这些限制条款，主张其对该特定商品的权利，如果是，那么这些限制条款就是实质性的；相反，如果合同中约定的商品和企业的其他商品在很大程度上能够互相替换（例如企业生产的标准化产品），而不会导致企业违约，也无需发生重大的成本，则表明该限制条款不具有实质性。此外，如果合同中的限制条款仅为保护性条款，也不应考虑。例如，企业与客户约定，当企业清算时，不能向第三方转让代客户销售的某商品，该限制条款的目的是在企业清算时为客户提供保护，因此，应作为保护性条款，在判断该商品是否具有可替代用途时不应考虑。

第三，考虑实际可行性限制。虽然合同中没有限制条款，但是，当企业将合同中约定的商品用作其他用途，将导致企业遭受重大的经济损失时，企业将该商品用作其他用途的能力实际上受到了限制。企业遭受重大经济损失的原因可能是需要发生重大的返工成本，也可能是只能在承担重大损失的情况下才能将这些商品销售给其他客户。例如，企业根据某客户的要求，为其专门设计并生产了一套专用设备，由于该设备是定制化产品，企业如果将其销售给其他客户，需要发生重大的改造成本，表明企业将该产品用于其他用途的能力受到实际可行性的限制，因此，该产品满足“具有不可替代用途”的条件。

第四，基于最终转移给客户的商品的特征判断。当商品在生产的前若干个生产步骤是标准化的，只是从某一时点（或者某一流程）才进入定制化的生产时，企业应当根据最终转移给客户时该商品的特征来判断其是否满足“具有不可替代用途”的条件。例如，某汽车零部件生产企业，为客户提供定制零部件的生产，该生产通常需要经过四道工序，前两道工序是标准工序，后两道工序是特殊工序，处于前两道工序的在产品，可以用于任一客户的需要，但是，进入第三道工序后的产品只能销售给某特定客户。在企业与该特定客户之间的有关最终产品的合同下，最终产品符合“具有不可替代用途”的条件。

二是，企业在整个合同期间内有权就累计至今已完成的履约部分收取款项。有权就累计至今已完成的履约部分收取款项，是指在由于客户或其他方原因终止合同的情况下，企业有权就累计至今已完成的履约部分收取能够补偿其已发生成本和合理利润的款项，并且该权利具有法律约束力。需要强调的是，合同终止必须是由于客户或其他方而非企业自身的原因所致，在整个合同期间内的任一时点，企业均应当拥有此项权利。企业在进行判断时，需要注意下列五点：

第一，企业有权收取的该款项应当大致相当于累计至今已经转移给客户的商品的售价，即该金额应当能够补偿企业已经发生的成本和合理利润。企业有权收取的款项为保证金或仅是补偿企业已经发生的成本或可能损失的利润的，不满足这一条件。补偿企业的合理利润并不意味着补偿金额一定要等于该合同的整体毛利水平。下列两种情形都属于补偿企业的合理利润：一是根据合同终止前的履约进度对该合同的毛利水平进行调整后确定的金额作为补偿金额。二是如果该合同的毛利水平高于企业同类合同的毛利水平，以企业从同类合同中能够获取的合理资本回报或者经营毛利作为利润补偿。此外，当客户先行支付的合同价款金额足够重大（通常指全额预付合同价款），以致能够在整个合同期间内任一时点补偿企业已经发生的成本和合理利润时，如果客户要求提前终止合同，企业有权保留该款项并无需返还，且有相关法律法规支持的，则表明企业能够满足在整个合同期间内有权就累计至今已完成的履约部分收取款项的条件。

第二，该规定并不意味着企业拥有现时可行使的无条件收款权。企业通常会在与客户的合同中约定，只有在达到某一重要时点、某重要事项完成后或者整个合同完成之后，企业才拥有无条件的收取相应款项的权利。在这种情况下，企业在判断其是否有权就累计至今已完成的履约部分收取款项时，应当考虑，假设在发生由于客户或其他方原因导致合同在该重要时点、重要事项完成前或合同完成前终止时，企业是否有权主张该收款权利，即是否有权要求客户补偿其累计至今已完成的履约部分应收取的款项。

第三，当客户只有在某些特定时点才有权终止合同，或者根本无权终止合同时，客户终止了合同（包括客户没有按照合同约定履行其义务），但是，合同条款或法律法规要求，企业应继续向客户转移合同中承诺的商品并因此有权要求客户支付对价，此种情况也符合“企业有权就累计至今已完成的履约部分收取款项”的要求。

第四，企业在进行判断时，既要考虑合同条款的约定，还应当充分考虑适用的法律法规、补充或者凌驾于合同条款之上的以往司法实践以及类似案例的结果等。例如，即使在合同没有明确约定的情况下，相关的法律法规等是否支持企业主张相关的收款权利；以往的司法实践是否表明合同中的某些条款没有法律约束力；在以往的类似合同中，企业虽然拥有此类权利，却在考虑了各种因素之后没有行使该权利，这是否会导致企业主张该权利的要求在当前的法律环境下不被支持等。

第五，企业和客户之间在合同中约定的付款时间进度表，不一定就表明企业有权就累计至今已完成的履约部分收取款项，这是因为合同约定的付款进度和企业的履约进度可能并不匹配。此种情况下，企业仍需要证据对其是否有该收款权进行判断。

【例 15－21】甲公司与乙公司签订合同，针对乙公司的实际情况和面临的具体问题，为改善其业务流程提供咨询服务，并出具专业的咨询意见。双方约定，甲公司仅需要向乙公司提交最终的咨询意见，而无需提交任何其在工作过程中编制的工作底稿和其他相关资料；在整个合同期间内，如果乙公司单方面终止合同，乙公司需要向甲公司支付违约金，违约金的金额等于甲公司已发生的成本加上 15% 的成本加成率，该成本加成率与甲公司在类似合同中能够赚取的成本加成率大致相同。

本例中，在合同执行过程中，由于乙公司无法获得甲公司已经完成工作的工作底稿和其他任何资料，假设在执行合同的过程中，因甲公司无法履约而需要由其他公司来继续提供后续咨询服务并出具咨询意见时，其需要重新执行甲公司已经完成的工作，表明乙公司并未在甲公司履约的同时即取得并消耗了甲公司履约所带来的经济利益。然而，由于该咨询服务是针对乙公司的具体情况而提供的，甲公司无法将最终的咨询意见用作其他用途，表明其具有不可替代用途；此外，在整个合同期间内，如果乙公司单方面终止合同，甲公司根据合同条款可以主张其已发生的成本及合理利润，表明甲公司在整个合同期间内有权就累计至今已完成的履约部分收取款项。因此，甲公司向乙公司提供的咨询服务属于在某一时段内履行的履约义务，甲公司应当在其提供服务的期间内按照适当的履约进度确认收入。

【例15－22】甲公司是一家造船企业，与乙公司签订了一份船舶建造合同，按照乙公司的具体要求设计和建造船舶。甲公司在自己的厂区内完成该船舶的建造，乙公司无法控制在建过程中的船舶。甲公司如果想把该船舶出售给其他客户，需要发生重大的改造成本。双方约定，如果乙公司单方面解约，乙公司需向甲公司支付相当于合同总价30%的违约金，且建造中的船舶归甲公司所有。假定该合同仅包含一项履约义务，即设计和建造船舶。

本例中，船舶是按照乙公司的具体要求进行设计和建造的，甲公司需要发生重大的改造成本将该船舶改造之后才能将其出售给其他客户，因此，该船舶具有不可替代用途。然而，如果乙公司单方面解约，仅需向甲公司支付相当于合同总价30%的违约金，表明甲公司无法在整个合同期间内都有权就累计至今已完成的履约部分收取能够补偿其已发生成本和合理利润的款项。因此，甲公司为乙公司设计和建造船舶不属于在某一时段内履行的履约义务。

【例15－23】甲公司与乙公司签订合同，为其开发一套定制化软件系统。合同约定，为确保信息安全以及软件开发完成后能够迅速与乙公司系统对接，甲公司需在乙公司办公现场通过乙公司的内部模拟系统进行软件开发，开发过程中所形成的全部电脑程序、代码等应存储于乙公司的内部模拟系统中，开发人员不得将程序代码等转存至其他电脑中，开发过程中形成的程序、文档等所有权和知识产权归乙公司所有。如果甲公司被中途更换，其他供应商无法利用甲公司已完成工作，而需要重新执行软件定制工作。乙公司对甲公司开发过程中形成的代码和程序没有合理用途，乙公司并不能够利用开发过程中形成的程序、文档，并从中获取经济利益。乙公司将组织里程碑验收和终验，并按照合同约定分阶段付款，其中预付款比例为合同价款的5%，里程碑验收时付款比例为合同价款的65%，终验阶段付款比例为合同价款的30%。如果乙公司违约，需支付合同价款10%的违约金。

本例中，（1）如果甲公司被中途更换，新供应商需要重新执行软件定制工作，所以乙公司在甲公司履约的同时并未取得并消耗甲公司软件开发过程中所带来的经济利益；（2）甲公司虽然在乙公司的办公场地的模拟系统中开发软件产品，乙公司也拥有软件开发过程中形成的所有程序、文档等所有权和知识产权，可以主导其使用，但上述安排主要是基于信息安全的考虑，乙公司并不能够合理利用开发过程中形成的程序、文档，并从中获得几乎全部的经济利益，所以乙公司不能够控制甲公司履约过程中在建的商品；（3）甲公司履约过程中产出的商品为定制软件，具有不可替代用途，但是，乙公司按照合同约定分阶段付款，预付款仅5%，后续进度款仅在相关里程碑达到及终验时才支付，且如果乙公司违约，仅需支付合同价款10%的违约金，表明甲公司并不能在整个合同期内任一时点就累计至今已完成的履约部分收取能够补偿其已发生成本和合理利润的款项。因此，该定制软件开发业务不满足属于在某一时段内履行履约义务的条件，属于在某一时点履行的履约义务。

【例15－24】甲公司与乙公司签订合同，在乙公司申请首次公开发行股票时，提供包括依法对乙公司申请文件、证券发行募集文件进行核查，出具保荐意见等保荐服务。乙公司在签订合同后支付10%保荐费，在首次公开发行股票申请被受理后再支付50%保荐费，其余40%保荐费在首次公开发行股票完成后支付，已支付的费用无需返还。如果因乙公司或其他方原因终止合同时（如乙公司首次公开发行股票申请未被受理），甲公司无权收取剩余款项，但可就其发生的差旅费等直接费用获取补偿。根据相关监管要求，保荐人应当结合尽职调查过程中获得的信息对发行人进行审慎核查，对其提供的资料和披露的内容进行独立判断，保荐人的工作底稿应当独立保存至少10年，如果乙公司更换保荐机构，新的保荐机构需要重新执行原保荐机构已完成的保荐工作，并且乙公司需要重新履行申报程序。假定该合同不涵盖承销服务及上市后的持续督导等其他服务。

本例中，除非甲公司完成乙公司上市前的全部保荐服务，乙公司不能从甲公司提供的各项服务本身获益，或将其与其他易于获得的资源一起使用并受益，即该保荐服务中的各项服务本身是不能够明确区分的。同时，该合同所约定的各项服务具有高度关联性，即合同中承诺的各项服务在合同层面是不可单独区分的。因此，甲公司提供的保荐服务属于单项履约义务。

本例中，（1）如果乙公司在首次发行股票申请过程中更换保荐机构，新的保荐公司需要重新执行原保荐机构已完成的保荐工作，乙公司在甲公司履约的同时并未取得并消耗甲公司提供服务所带来的经济利益；（2）甲公司按照相关监管要求独立进行核查并出具保荐意见，工作底稿归甲公司所有且应当独立保存至少10年，乙公司不能控制甲公司正在履行的保荐服务；（3）虽然甲公司是针对乙公司的具体情况提供保荐服务，该服务具有不可替代用途，但是，该合同约定首付款仅10%，后续进度款直到首发申请被受理及首发完成才支付，并且由于乙公司或其他方原因终止合同时，甲公司无权收取剩余款项，仅可就发生的差旅费等直接费用获取补偿，因此，上述情况表明甲公司并不能在整个合同期间内任一时点就累计至今已完成的履约部分收取能够补偿其已发生成本和合理利润的款项。综合上述情况，甲公司提供的保荐服务不满足在某一时段内履行履约义务的条件，属于在某一时点履行的履约义务。

【例15－25】甲公司是一家中国境内的房地产开发企业，在中国境内从事房地产住宅项目的开发与销售。甲公司于2×20年1月通过招拍挂取得一块土地使用权，并在该块土地上开发A小区商品房，于同年10月取得预售许可证之后开始预售A小区商品房，预计将于2×22年6月竣工后交付给客户。2×21年3月1日，甲公司和某客户签订商品房买卖合同，将A小区的一套商品房预售给购房人该客户（买受人，下同），付款方式为客户于合同签订日一次性全额支付合同价款。合同的主要条款约定如下：

1. 甲公司向该客户预售的商品房为：A小区1号楼1单元3层303室；

2. 甲公司不能将该商品房出售给合同约定的购房人之外的其他方；

3. 该商品房应于2×22年7月31日前交付给购房人，该商品房在建期间购房人不拥有该商品房的法定所有权，不能将在建商品房用于出售或抵押；

4. 在下列情形下购房人有权解除合同：（1）购房人所购商品房套内建筑面积误差比绝对值超过3%；（2）甲公司逾期交房超过30天；（3）房屋交付后，主体结构质量不合格。除上述情形外，如果购房人单方要求解除合同，应当向甲公司支付合同价款的20%作为违约金。

本例中，甲公司的履约义务为向指定购房人销售建造的商品房，针对该项履约义务：（1）甲公司负责建造商品房，商品房在建期间购房人尚未取得相关商品房的法定所有权，购房人并不能够在甲公司建造商品房的同时即取得并消耗甲公司建造商品房所带来的经济利益。（2）甲公司在其自己拥有土地使用权的土地上建造商品房，商品房建造期间购房人尚未取得相关商品房的法定所有权，无法将该在建商品房用于出售或抵押，也无权主导房屋的建设、改变房屋设计或用途，表明购房人不能主导该商品房的使用并从中获得几乎全部的经济利益，因此，购房人不能够控制甲公司履约过程中在建的相关商品房。

(3) 合同约定购房人与甲公司销售的商品房为指定楼栋门牌号的唯一房屋单位，甲公司不能替换向购房人预售的房屋单位，也不能再与购房人之外的其他方签订该指定商品房的买卖合同，甲公司将按照合同约定建造房屋并按期交付给购房人，因此，该指定商品房具有不可替代用途。但是，如果购房人单方要求解除合同，仅需向甲公司支付合同价款的20%作为违约金，表明甲公司并不能够在整个合同期间内任一时点就累计至今已完成的履约部分收取能够补偿其已发生成本和合理利润的款项。综合上述情况，甲公司该商品房预售业务不满足在某一时段内履行履约义务的条件，属于在某一时点履行的履约义务，甲公司应当在购房人取得该指定商品房控制权时（通常为交付商品房时）确认收入。

需要注意的是，如果因为购房人单方要求或者第三方原因导致解除商品房买卖合同，除非房地产开发企业有权保留预售房款全额并无需返还，且有相关法律法规支持的，才表明房地产开发企业能够满足“在整个合同期间内有权就累计至今已完成的履约部分收取款项”的条件；在我国相关法律法规下，即使在商品房买卖合同中没有约定解约条款，按照《最高人民法院关于审理商品房买卖合同纠纷案件适用法律若干问题的解释》，如果因为购房人单方要求或者第三方原因导致解除商品房买卖合同，购房人支付的违约金金额通常并不能补偿在整个合同期间内任一时点房地产开发企业就累计至今已完成的履约部分已发生的成本和合理利润。

综上所述，商品具有不可替代用途和企业在整个合同期间内有权就累计至今已完成的履约部分收取款项这两个要素，在判断是否满足在某一时段履行的履约义务的第③种情况时缺一不可，且均与控制权的判断有关联。这是因为，当企业无法轻易地将产出的商品用于其他用途时，企业实际上是按照客户的要求生产商品，在这种情况下，如果合同约定，由于客户或其他方的原因导致合同被终止时，客户必须就企业累计至今已完成的履约部分支付款项，且该款项能够补偿企业已经发生的成本和合理利润，那么企业将因此而防止终止合同时企业未保留该商品或只保留几乎无价值的商品的风险。这与商品购销交易中，客户通常只有在取得对商品的控制权时才有义务支付相应的合同价款是一致的。因此，客户有义务（或无法避免）就企业已经完成的履约部分支付相应款项的情况表明，客户已获得企业履约所带来的经济利益。

（2）在某一时段内履行的履约义务的收入确认。对于在某一时段内履行的履约义务，企业应当在该段时间内按照履约进度确认收入，但是，履约进度不能合理确定的除外。企业应当考虑商品的性质，采用产出法或投入法确定恰当的履约进度，并且在确定履约进度时，应当扣除那些控制权尚未转移给客户的商品和服务。企业按照履约进度确认收入时，通常应当在资产负债表日按照合同的交易价格总额乘以履约进度扣除以前会计期间累计已确认的收入后的金额，确认为当期收入。

①产出法。产出法是根据已转移给客户的商品对于客户的价值确定履约进度的方法，通常可采用实际测量的完工进度、评估已实现的结果、已达到的里程碑、时间进度、已完工或交付的产品等产出指标确定履约进度。企业在评估是否采用产出法确定履约进度时，应当考虑具体的事实和情况，并选择能够如实反映企业履约进度和向客户转移商品控制权的产出指标。当选择的产出指标无法计量控制权已转移给客户的商品时，不应采用产出法。例如，当处于生产过程中的在产品在其完工或交付前已属于客户时，如果该在产品对本合同或财务报表具有重要性，则在确定履约进度时不应使用已完工或已交付的产品作为产出指标，这是因为处于生产过程中的在产品的控制权也已经转移给了客户，而这些在产品并没有包括在产出指标的计量中，因此该指标并未如实反映已向客户转移商品的进度。又如，如果企业在合同约定的各个里程碑之间向客户转移了重大的商品的控制权，则很可能表明基于已达到的里程碑确定履约进度的方法是不恰当的。实务中，为便于操作，当企业有权向客户收取的对价金额与向客户转让增量商品价值直接相一致时，如企业按照固定的费率以及发生的工时向客户开具账单，企业直接按照有权开具账单金额确认收入也是一种恰当的产出法。

【例 15－26】甲公司与客户签订合同，为该客户拥有的一条铁路更换 100 根铁轨，合同价格为 10 万元（不含税价）。截至 2×21 年 12 月 31 日，甲公司共更换铁轨 60 根，剩余部分预计在 2×22 年 3 月 31 日之前完成。该合同仅包含一项履约义务，且该履约义务满足在某一时段内履行的条件。假定不考虑其他情况。

本例中，甲公司提供的更换铁轨的服务属于在某一时段内履行的履约义务，甲公司按照已完成的工作量确定履约进度。因此，截至 2×21 年 12 月 31 日，该合同的履约进度为 60%（60÷100），甲公司应确认的收入为 6 万元（10×60%）。

产出法是根据能够代表向客户转移商品控制权的产出指标直接计算履约进度的，因此通常能够客观地反映履约进度。但是，产出法下有关产出指标的信息有时可能无法直接观察获得，企业为获得这些信息需要花费很高的成本，这就可能需要采用投入法来确定履约进度。

②投入法。投入法是根据企业履行履约义务的投入确定履约进度的方法，通常可采用投入的材料数量、花费的人工工时或机器工时、发生的成本和时间进度等投入指标确定履约进度。当企业从事的工作或发生的投入是在整个履约期间内平均发生时，企业也可以按照直线法确认收入。

【例 15 – 27】 乙公司经营一家健身俱乐部。2×21 年 2 月 1 日，某客户与乙公司签订合同，成为乙公司的会员，并向乙公司支付会员费 3 600 元（不含税价），可在未来的 12 个月内在该俱乐部健身，且没有次数的限制。

本例中，客户在会籍期间可随时来俱乐部健身，且没有次数限制，客户已使用俱乐部健身的次数不会影响其未来继续使用的次数，乙公司在该合同下的履约义务是承诺随时准备在客户需要时为其提供健身服务，因此，该履约义务属于在某一时段内履行的履约义务，并且该履约义务在会员的会籍期间内随时间的流逝而被履行。因此，乙公司按照直线法确认收入，即每月应当确认的收入为 300 元（3 600÷12），截至 2×21 年 12 月 31 日，乙公司应确认的收入为 3 300 元（300×11）。

需要说明的是，如果客户购买的是确定数量的服务，如在未来 12 个月内，客户可随时来健身俱乐部健身 100 次，则乙公司的履约义务是为客户提供这 100 次健身服务，而不是随时准备为其提供健身服务的承诺。因此，乙公司应当按照客户已使用健身服务的次数确认收入。

投入法所需要的投入指标虽然易于获得，但是，投入指标与企业向客户转移商品的控制权之间未必存在直接的对应关系。因此，企业在采用投入法确定履约进度时，应当扣除那些虽然已经发生、但是未导致向客户转移商品的投入。例如，企业为履行合同应开展一些初始活动，如果这些活动并没有向客户转移企业承诺的服务，则企业在使用投入法确定履约进度时，不应将为开展这些活动发生的相关投入包括在内。

实务中，通常按照累计实际发生的成本占预计总成本的比例（即，成本法）确定履约进度，累计实际发生的成本包括企业向客户转移商品过程中所发生的直接成本和间接成本，如直接人工、直接材料、分包成本以及其他与合同相关的成本。在下列情形下，企业在采用成本法确定履约进度时，可能需要对已发生的成本进行适当的调整：

一是，已发生的成本并未反映企业履行履约义务的进度。例如，因企业生产效率低下等原因而导致的非正常消耗，包括非正常消耗的直接材料、直接人工及制造费用等，不应包括在累计实际发生的成本中，这是因为这些非正常消耗并没有为合同进度作出贡献，但是，企业和客户在订立合同时已经预见会发生这些成本并将其包括在合同价款中的除外。

二是，已发生的成本与企业履行履约义务的进度不成比例。当企业已发生的成本与履约进度不成比例，企业在采用成本法确定履约进度时需要进行适当调整，通常仅以其已发生的成本为限确认收入。对于施工中尚未安装、使用或耗用的商品（本段的商品不包括服务）或材料成本等，当企业在合同开始日就预期将能够满足下列所有条件时，应在采用成本法确定履约进度时不包括这些成本：第一，该商品或材料不可明确区分，即不构成单项履约义务；第二，客户先取得该商品或材料的控制权，之后才接受与之相关的服务，且二者的时间间隔较长；第三，该商品或材料的成本相对于预计总成本而言是重大的；第四，企业自第三方采购该商品或材料，且未深入参与其设计和制造，对于包含该商品的履约义务而言，企业是主要责任人。

【例 15－28】 2×21 年 10 月，甲公司与客户签订合同，为客户装修一栋办公楼，包括安装一部电梯，合同总金额为 100 万元。甲公司预计的合同总成本为 80 万元，其中包括电梯的采购成本 30 万元。

2×21 年 12 月，甲公司将电梯运达施工现场并经过客户验收，客户已取得对电梯的控制权，但是，根据装修进度，预计到 2×22 年 6 月才会安装该电梯。截至 2×21 年 12 月，甲公司累计发生成本 40 万元，其中包括支付给电梯供应商的采购成本 30 万元以及因采购电梯发生的运输和人工等相关成本 5 万元。

假定：该装修服务（包括安装电梯）构成单项履约义务，并属于在某一时段内履行的履约义务，甲公司是主要责任人，但不参与电梯的设计和制造；甲公司采用成本法确定履约进度；上述金额均不含增值税。

本例中，截至 2×21 年 12 月，甲公司发生成本 40 万元（包括电梯采购成本 30 万元以及因采购电梯发生的运输和人工等相关成本 5 万元），甲公司认为其已发生的成本和履约进度不成比例，因此需要对履约进度的计算作出调整，将电梯的采购成本排除在已发生成本和预计总成本之外。在该合同中，该电梯不构成单项履约义务，其成本相对于预计总成本而言是重大的，甲公司是主要责任人，但是未参与该电梯的设计和制造，客户先取得了电梯的控制权，随后才接受与之相关的安装服务，因此，甲公司在客户取得该电梯控制权时，按照该电梯采购成本的金额确认转让电梯产生的收入。

2×21 年 12 月，该合同的履约进度为 20% [(40－30)÷(80－30)]，应确认的收入和成本金额分别为 44 万元 [(100－30)×20%+30] 和 40 万元 [(80－30)×20%+30]。

企业为履行属于在某一时段内履行的单项履约义务而发生的支出并非均衡发生的，在采用某种方法（例如，成本法）确定履约进度时，可能会导致企业对于较早生产的产品确认更多的收入和成本。例如，企业承诺向客户交付一定数量的商品，且该承诺构成单项履约义务，在履约的前期，由于经验不足、技术不成熟、操作不熟练等原因，企业可能会发生较高的成本，而随着经验的不断累积，企业的生产效率逐步提高，导致企业的履约成本逐步下降。这一结果是合理的，因为这表明企业在合同早期的履约情况具有更高的价值，正如企业只销售一件产品的售价可能会高于销售多件产品时的平均价格一样。如果该单项履约义务属于在某一时点履行的履约义务，企业则需要按照其他相关章对相关支出进行会计处理（例如，按照第二章存货，生产商品的成本将作为存货进行累计，企业应选择适当方法计量存货）；不属于其他章范围的，应当按照本章“六、合同成本”（以下简称本章第六部分）的规定判断将其确认为一项资产还是计入当期损益。

每一资产负债表日，企业应当对履约进度进行重新估计。当客观环境发生变化时，企业也需要重新评估履约进度是否发生变化，以确保履约进度能够反映履约情况的变化，该变化应当作为会计估计变更进行会计处理。对于每一项履约义务，企业只能采用一种方法来确定其履约进度，并加以一贯运用。对于类似情况下的类似履约义务，企业应当采用相同的方法（例如，成本法）确定履约进度。

对于在某一时段内履行的履约义务，只有当其履约进度能够合理确定时，才应当按照履约进度确认收入。企业如果无法获得确定履约进度所需的可靠信息，则无法合理地确定其履行履约义务的进度。当履约进度不能合理确定时，企业已经发生的成本预计能够得到补偿的，应当按照已经发生的成本金额确认收入，直到履约进度能够合理确定为止。

2. 在某一时点履行的履约义务。

对于不属于在某一时段内履行的履约义务，应当属于在某一时点履行的履约义务，企业应当在客户取得相关商品控制权时点确认收入。在判断客户是否已取得商品控制权（即客户是否能够主导该商品的使用并从中获得几乎全部的经济利益）时，企业应当考虑下列五个迹象：

（1）企业就该商品享有现时收款权利，即客户就该商品负有现时付款义务。当企业就该商品享有现时收款权利时，可能表明客户已经有能力主导该商品的使用并从中获得几乎全部的经济利益。

（2）企业已将该商品的法定所有权转移给客户，即客户已拥有该商品的法定所有权。当客户取得了商品的法定所有权时，可能表明其已经有能力主导该商品的使用并从中获得几乎全部的经济利益，或者能够阻止其他企业获得这些经济利益，即客户已取得对该商品的控制权。如果企业仅仅是为了确保到期收回货款而保留商品的法定所有权，那么该权利通常不会对客户取得对该商品的控制权构成障碍。

（3）企业已将该商品实物转移给客户，即客户已占有该商品实物。客户如果已经占有商品实物，则可能表明其有能力主导该商品的使用并从中获得其几乎全部的经济利益，或者使其他企业无法获得这些利益。需要说明的是，客户占有了某项商品实物并不意味着其就一定取得了该商品的控制权，反之亦然。

①委托代销安排。这一安排是指委托方和受托方签订代销合同或协议，委托受托方向终端客户销售商品。在这种安排下，企业应当评估受托方在企业向其转让商品时是否已获得对该商品的控制权，如果没有，企业不应在此时确认收入，通常应当在受托方售出商品时确认销售商品收入；受托方应当在商品销售后，按合同或协议约定的方法计算确定的手续费确认收入。表明一项安排是委托代销安排的迹象包括但不限于：一是在特定事件发生之前（例如，向最终客户出售商品或指定期间到期之前），企业拥有对商品的控制权。二是企业能够要求将委托代销的商品退回或者将其销售给其他方（如其他经销商）。三是尽管受托方可能被要求向企业支付一定金额的押金，但是，其并没有承担对这些商品无条件付款的义务。

【例 15－29】甲公司委托乙公司销售 W 商品 1 000 件，W 商品已经发出，每件成本为 70 元。合同约定乙公司应按每件 100 元对外销售，甲公司按不含增值税的销售价格的 10% 向乙公司支付手续费。除非这些商品在乙公司存放期间内由于乙公司的责任发生毁损或丢失，否则在 W 商品对外销售之前，乙公司没有义务向甲公司支付货款。乙公司不承担包销责任，没有售出的 W 商品须退回给甲公司，同时，甲公司也有权要求收回 W 商品或将其销售给其他的客户。乙公司对外实际销售 1 000 件，开出的增值税专用发票上注明的销售价格为 100 000 元，增值税税额为 13 000 元，款项已经收到，乙公司立即向甲公司开具代销清单并支付货款。甲公司收到乙公司开具的代销清单时，向乙公司开具一张相同金额的增值税专用发票。假定甲公司发出W商品时纳税义务尚未发生，手续费增值税税率为6%，不考虑其他因素。

本例中，甲公司将W商品发送至乙公司后，乙公司虽然已经实物占有W商品，但是仅是接受甲公司的委托销售W商品，并根据实际销售的数量赚取一定比例的手续费。甲公司有权要求收回W商品或将其销售给其他的客户，乙公司并不能主导这些商品的销售，这些商品对外销售与否、是否获利以及获利多少等不由乙公司控制，乙公司没有取得这些商品的控制权。因此，甲公司将W商品发送至乙公司时，不应确认收入，而应当在乙公司将W商品销售给最终客户时确认收入。根据上述资料，甲公司的账务处理如下：

（1）发出商品。

借：发出商品——乙公司　　70 000

　　贷：库存商品——W商品　　70 000

（2）收到代销清单，同时发生增值税纳税义务。

借：应收账款——乙公司　　113 000

　　贷：主营业务收入——销售W商品　　100 000

　　　　应交税费——应交增值税（销项税额）　　13 000

借：主营业务成本——销售W商品　　70 000

　　贷：发出商品——乙公司　　70 000

借：销售费用——代销手续费　　10 000

　　应交税费——应交增值税（进项税额）　　600

　　贷：应收账款——乙公司　　10 600

（3）收到乙公司支付的货款。

借：银行存款　　102 400

　　贷：应收账款——乙公司　　102 400

乙公司的账务处理如下：

（1）收到商品。

借：受托代销商品——甲公司　　100 000

　　贷：受托代销商品款——甲公司　　100 000

（2）对外销售。

借：银行存款　　113 000

　　贷：受托代销商品——甲公司　　100 000

应交税费——应交增值税（销项税额） 13 000

（3）收到增值税专用发票。

借：受托代销商品款——甲公司 100 000

应交税费——应交增值税（进项税额） 13 000

贷：应付账款——甲公司 113 000

（4）支付货款并计算代销手续费。

借：应付账款——甲公司 113 000

贷：银行存款 102 400

其他业务收入——代销手续费 10 000

应交税费——应交增值税（销项税额） 600

②售后代管商品安排。售后代管商品是指根据企业与客户签订的合同，已经就销售的商品向客户收款或取得了收款权利，但是直到在未来某一时点将该商品交付给客户之前，仍然继续持有该商品实物的安排。实务中，客户可能会因为缺乏足够的仓储空间或生产进度延迟而要求与销售方订立此类合同。在这种情况下，尽管企业仍然持有商品的实物，但是，当客户已经取得了对该商品的控制权时，即使客户决定暂不行使实物占有的权利，其依然有能力主导该商品的使用并从中获得几乎全部的经济利益。因此，企业不再控制该商品，而只是向客户提供了代管服务。

在售后代管商品安排下，除了应当考虑客户是否取得商品控制权的迹象之外，还应当同时满足下列四项条件，才表明客户取得了该商品的控制权：一是该安排必须具有商业实质，例如，该安排是应客户的要求而订立的；二是属于客户的商品必须能够单独识别，例如，将属于客户的商品单独存放在指定地点；三是该商品可以随时交付给客户；四是企业不能自行使用该商品或将该商品提供给其他客户。实务中，越是通用的、可以和其他商品互相替换的商品，越有可能难以满足上述条件。

需要注意的是，如果在满足上述条件的情况下，企业对尚未发货的商品确认了收入，则企业应当考虑是否还承担了其他的履约义务，例如，向客户提供保管服务等，从而应当将部分交易价格分摊至该履约义务。

【例 15－30】 2×21 年 1 月 1 日，甲公司与乙公司签订合同，向其销售一台设备和专用零部件。设备和零部件的制造期为 2 年。甲公司在完成设备和零部件的生产之后，能够证明其符合合同约定的规格。假定在该合同下，向客户转让设备和零部件是可明确区分的，因此，企业应将其作为两项履约义务，且都属于在某一时点履行的履约义务。

2×22年12月31日，乙公司支付了该设备和零部件的合同价款，并对其进行了验收。乙公司运走了设备，但是，考虑到其自身的仓储能力有限，且其工厂紧邻甲公司的仓库，因此，要求将零部件存放于甲公司的仓库中，并且要求甲公司按照其指令随时安排发货。乙公司已拥有零部件的法定所有权，且这些零部件可明确识别为属于乙公司的物品。甲公司在其仓库内的单独区域内存放这些零部件，并应乙公司的要求可随时发货，甲公司不能使用这些零部件，也不能将其提供给其他客户使用。

本例中，2×22年12月31日，设备的控制权已转移给乙公司；对于零部件而言，甲公司已经收取合同价款，但是应乙公司的要求尚未发货，乙公司已拥有零部件的法定所有权并且对其进行了验收，虽然这些零部件实物尚由甲公司持有，但是其满足在售后代管商品的安排下客户取得商品控制权的条件，这些零部件的控制权也已经转移给了乙公司。因此，甲公司应当确认销售设备和零部件的相关收入。除此之外，甲公司还为乙公司提供了仓储保管服务，该服务与设备和零部件可明确区分，构成单项履约义务。

【例15-31】A公司生产并销售笔记本电脑。2×21年，A公司与零售商B公司签订销售合同，向其销售1万台电脑。由于B公司的仓储能力有限，无法在2×21年底之前接收该批电脑，双方约定A公司在2×22年按照B公司的指令按时发货，并将电脑运送至B公司指定的地点。2×21年12月31日，A公司共有上述电脑库存1.2万台，其中包括1万台将要销售给B公司的电脑。然而，这1万台电脑和其余2 000台电脑一起存放并统一管理，并且彼此之间可以互相替换。

本例中，尽管是由于B公司没有足够的仓储空间才要求A公司暂不发货，并按照其指定的时间发货，但是由于这1万台电脑与A公司的其他产品可以互相替换，且未单独存放保管，A公司在向B公司交付这些电脑之前，能够将其提供给其他客户或者自行使用。因此，这1万台电脑在2×21年12月31日不满足售后代管商品安排下确认收入的条件。

（4）企业已将该商品所有权上的主要风险和报酬转移给客户，即客户已取得该商品所有权上的主要风险和报酬。企业向客户转移了商品所有权上的主要风险和报酬，可能表明客户已经取得了主导该商品的使用并从中获得其几乎全部经济利益的能力。但是，在评估商品所有权上的主要风险和报酬是否转移时，不应考虑导致企业在除所转让商品之外产生其他单项履约义务的风险。例如，企业将产品销售给客户，并承诺提供后续维护服务的安排中，销售产品和提供维护服务均构成单项履约义务，企业将产品销售给客户之后，虽然仍然保留了与后续维护服务相关的风险，但是，由于维护服务构成单项履约义务，所以该保留的风险并不影响企业已将产品所有权上的主要风险和报酬转移给客户的判断。

（5）客户已接受该商品。如果客户已经接受了企业提供的商品，例如，企业销售给客户的商品通过了客户的验收，可能表明客户已经取得了该商品的控制权。合同中有关客户验收的条款，可能允许客户在商品不符合约定规格的情况下解除合同或要求企业采取补救措施。因此，企业在评估是否已经将商品的控制权转移给客户时，应当考虑此类条款。当企业能够客观地确定其已经按照合同约定的标准和条件将商品的控制权转移给客户时，客户验收只是一项例行程序，并不影响企业判断客户取得该商品控制权的时点。例如，企业向客户销售一批必须满足规定尺寸和重量的产品，合同约定，客户收到该产品时，将对此进行验收。由于该验收条件是一个客观标准，企业在客户验收前就能够确定其是否满足约定的标准，客户验收可能只是一项例行程序。实务中，企业应当根据过去执行类似合同积累的经验以及客户验收的结果取得相应证据。当在客户验收之前确认收入时，企业还应当考虑是否还存在剩余的履约义务，例如设备安装等，并且评估是否应当对其单独进行会计处理。

相反，当企业无法客观地确定其向客户转让的商品是否符合合同规定的条件时，在客户验收之前，企业不能认为已经将该商品的控制权转移给了客户。这是因为，在这种情况下，企业无法确定客户是否能够主导该商品的使用并从中获得其几乎全部的经济利益。例如，客户主要基于主观判断进行验收时，该验收往往不能被视为仅仅是一项例行程序，在验收完成之前，企业无法确定其商品是否能够满足客户的主观标准，因此，企业应当在客户完成验收并接受该商品时才能确认收入。实务中，定制化程度越高的商品，越难以证明客户验收仅仅是一项例行程序。

此外，如果企业将商品发送给客户供其试用或者测评，且客户并未承诺在试用期结束前支付任何对价，则在客户接受该商品或者在试用期结束之前，该商品的控制权并未转移给客户。

需要强调的是，在上述五个迹象中，并没有哪一个或哪几个迹象是决定性的，企业应当根据合同条款和交易实质进行分析，综合判断其是否将商品的控制权转移给客户以及何时转移的，从而确定收入确认的时点。此外，企业应当从客户的角度进行评估，而不应当仅考虑企业自身的看法。

五、收入的计量

企业应当首先确定合同的交易价格，再按照分摊至各项履约义务的交易价格计量收入。

（一）确定交易价格

交易价格，是指企业因向客户转让商品而预期有权收取的对价金额。企业代第三方收取的款项（例如增值税）以及企业预期将退还给客户的款项，应当作为负债进行会计处理，不计入交易价格。合同标价并不一定代表交易价格，企业应当根据合同条款，并结合以往的习惯做法确定交易价格。在确定交易价格时，企业应当考虑可变对价、合同中存在的重大融资成分、非现金对价以及应付客户对价等因素的影响，并应当假定将按照现有合同的约定向客户转移商品，且该合同不会被取消、续约或变更。

1. 可变对价。

企业与客户的合同中约定的对价金额可能是固定的，也可能会因折扣、价格折让、返利、退款、奖励积分、激励措施、业绩奖金、索赔等因素而变化。此外，企业有权收取的对价金额，将根据一项或多项或有事项的发生有所不同的情况，也属于可变对价的情形，例如，企业售出商品但允许客户退货时，由于企业有权收取的对价金额将取决于客户是否退货，因此该合同的交易价格是可变的。企业在判断交易价格是否为可变对价时，应当考虑各种相关因素（如企业已公开宣布的政策、特定声明、以往的习惯做法、销售战略以及客户所处的环境等），以确定其是否会接受一个低于合同标价的金额，即企业向客户提供一定的价格折让。

【例 15 – 32】 甲公司为其客户建造一栋厂房，合同约定的价款为 100 万元，但是，如果甲公司不能在合同签订之日起的 120 天内竣工，则须支付 10 万元罚款，该罚款从合同价款中扣除。上述金额均不含增值税。

本例中，该合同的对价金额实际由两部分组成，即 90 万元的固定价格以及 10 万元的可变对价。

【例 15 – 33】 甲公司与乙公司签订合同，为其提供电力能源节约设备。甲公司向乙公司仅提供设备购置安装，不参与乙公司电力能源供应的运营和管理，不提供其他服务，但是需要根据法定要求提供质量保证，该合同仅包含一项履约义务。在设备安装完成投入运营后，乙公司向甲公司支付固定价款，总金额为5 000万元（等于甲公司对于设备生产安装的实际成本），5 000万元固定价款付清后，设备所有权移交给乙公司。在设备投入运营后的4年内，乙公司于每年结束后，按电力能源实际节约费用的20%支付给甲公司。假定不考虑其他因素。

本例中，该合同的对价金额由两部分组成，即5 000万元的固定价格以及在4年内按乙公司电力能源实际节约费用的20%计算的可变对价。对于固定价格，甲公司应当将5 000万元直接计入交易价格。对于可变对价，甲公司应当按照期望值或最可能发生金额确定该可变对价的最佳估计数，计入交易价格的可变对价金额还应该满足本章规定的限制条件（即包含可变对价的交易价格，应当不超过在相关不确定性消除时，累计已确认的收入极可能不会发生重大转回的金额）。为此，甲公司需要根据电力能源节约设备相关合同约定、项目可行性报告、乙公司的供电运营与管理历史情况、建设项目的最佳供电能力等因素，综合分析评估项目在合同约定的未来4年内预计电力能源节约成本，据此确定可变对价的最佳估计数，同时，计入交易价格的可变对价金额还应该满足本章规定的限制条件，并在不确定性消除之前的每一资产负债表日重新评估该可变对价的金额。

企业在判断合同中是否存在可变对价时，不仅应当考虑合同条款的约定，在下列情况下，即使合同中没有明确约定，合同的对价金额也是可变的：一是根据企业已公开宣布的政策、特定声明或者以往的习惯做法等，客户能够合理预期企业将会接受低于合同约定的对价金额，即企业会以折扣、返利等形式提供价格折让。二是其他相关事实和情况表明，企业在与客户签订合同时即打算向客户提供价格折让。例如，企业与一新客户签订合同，虽然企业没有对该客户销售给予折扣的历史经验，但是，根据企业拓展客户关系的战略安排，企业愿意接受低于合同约定的价格。合同中存在可变对价的，企业应当对计入交易价格的可变对价进行估计。

企业在实务中应当正确区分合同变更和可变对价分别进行会计处理。合同变更，是指经合同各方批准对原合同范围或价格作出的变更，是对原合同的后续变更。可变对价，是指合同中约定的对价金额是可变的，不涉及对原合同的后续变更。

【例15－34】甲公司与客户乙公司签订合同，在一年内以固定单价100元向乙公司交付120件标准配件，无折扣、折让等金额可变条款，且根据甲公司已公开宣布的政策、特定声明或者以往的习惯做法等相关事实和情况表明，甲公司不会提供价格折让等可能导致对价金额可变的安排。甲公司向乙公司交付60件配件后，市场新出现一款竞争产品，单价为每件65元。为了维系客户关系，甲公司与乙公司达成协议，将剩余60件配件的价格降为每件60元，已转让的60件配件与未转让的60件配件可明确区分。假定不考虑亏损合同等其他因素。

本例中，由于合同无折扣、折让等金额可变条款，且根据甲公司已公开宣布的政策、特定声明或者以往的习惯做法等相关事实和情况表明，甲公司不会提供价格折让等可能导致对价金额可变的安排，该价格折让是市场条件的变化引发，这种变化是甲公司在合同开始日根据其所获得的相关信息无法合理预期的，由此导致的合同各方达成协议批准对原合同价格做出的变更，不属于可变对价，应作为合同变更进行会计处理。该合同变更未增加可明确区分的商品，甲公司已转让的商品（已转让的60件配件）与未转让的商品（未转让的60件配件）之间可明确区分，因此，该合同变更应作为原合同终止及新合同订立进行会计处理，甲公司向乙公司交付剩余60件配件时，确认收入3 600元(60×60)。本案例不涉及亏损合同的相关会计处理分析。

【例15－35】2×20年1月1日，甲公司与客户乙公司签订合同，在一年内以固定单价100元向乙公司交付120件标准配件。甲公司以往的习惯做法表明，在该商品出现瑕疵时，将根据商品的具体瑕疵情况给予客户价格折让，企业综合考虑相关因素后认为会向客户提供一定的价格折让。合同开始日，甲公司估计将提供300元价格折让。2×20年1月30日，甲公司向乙公司交付60件配件，假定乙公司已取得60件配件的控制权，甲公司确认收入5 850元(100×60－300×60/120)。2×20年1月31日，乙公司发现配件存在质量瑕疵，需要返工，甲公司返工处理后，乙公司对返工后的配件表示满意。甲公司对存在质量瑕疵配件提供的返工服务是为了保证销售的配件符合既定标准，属于保证类质量保证，不构成单项履约义务，甲公司已根据第十四章或有事项对相关的质保义务进行了会计处理。2×20年1月31日，为了维系客户关系，甲公司按以往的习惯做法主动提出对合同中120件配件给予每件3元的价格折让，共计360元，该折让符合甲公司以往的习惯做法。甲公司与乙公司达成协议，通过调整剩余60件配件价格的形式提供价格折让，即将待交付的60件配件的单价调整为94元。

本例中，对于配件存在的质量瑕疵，甲公司已进行返工处理，且乙公司对返工后的配件表示满意，甲公司的质保义务已经履行。为维系客户关系，甲公司提供了质保之外的价格折让，并且在合同开始日，根据甲公司以往的习惯，可以预期如果商品不符合合同约定的质量标准，甲公司将给予乙公司一定的价格折让，而后续实际给予的折扣与初始预计的折扣差异属于相关不确定性消除而发生的可变对价的变化，而非合同变更导致的，应作为合同可变对价的后续变动进行会计处理。由于并无证据表明甲公司给予的价格折让与某部分履约义务相关，因此甲公司给予的价格折让与整个合同相关，应当分摊至合同中的各项履约义务，其中，已交付的60件配件的履约义务已经完成，其控制权已经转移，因此，甲公司在交易价格发生变动的当期，将价格折让增加额60元（360－300）分摊至已交付的60件配件，冲减当期收入30元（60×60/120）。甲公司在乙公司取得剩余60件配件控制权时，相应确认收入。

（1）可变对价最佳估计数的确定。在对可变对价进行估计时，企业应当按照期望值或最可能发生金额确定可变对价的最佳估计数。这并不意味着企业可以在两种方法之间随意进行选择，而是应当选择能够更好地预测其有权收取的对价金额的方法，并且对于类似的合同，应当采用相同的方法进行估计。

期望值是按照各种可能发生的对价金额及相关概率计算确定的金额。如果企业拥有大量具有类似特征的合同，企业据此估计合同可能产生多个结果时，按照期望值估计可变对价金额通常是恰当的。

【例15－36】 甲公司生产和销售电视机。2×21年3月，甲公司向零售商乙公司销售1 000台电视机，每台价格为3 000元，合同价款合计300万元。甲公司向乙公司提供价格保护，同意在未来6个月内，如果同款电视机售价下降，则按照合同价格与最低售价之间的差额向乙公司支付差价。甲公司根据以往执行类似合同的经验，预计各种结果发生的概率如表15－1所示。

表15－1

未来6个月内的降价金额（元/台）	概率（%）
0	40
200	30
500	20
1 000	10

上述价格均不包含增值税。

本例中，甲公司认为期望值能够更好地预测其有权获取的对价金额。假定不考虑本章“五、收入的计量”（以下简称本章第五部分）有关将可变对价计入交易价格的限制要求，在该方法下，甲公司估计交易价格为每台2 740元（3 000×40%＋2 800×30%＋2 500×20%＋2 000×10%）。

最可能发生金额是一系列可能发生的对价金额中最可能发生的单一金额，即合同最可能产生的单一结果。当合同仅有两个可能结果（例如，企业能够达到或不能达到某业绩奖金目标）时，按照最可能发生金额估计可变对价金额可能是恰当的。

【例15－37】沿用〖例15－32〗，甲公司对合同结果的估计如下：工程按时完工的概率为90%，工程延期的概率为10%。

本例中，由于该合同涉及两种可能结果，甲公司认为按照最可能发生金额能够更好地预测其有权获取的对价金额。因此，甲公司估计的交易价格为100万元，即为最可能发生的单一金额。

需要说明的是，对于某一事项的不确定性对可变对价金额的影响，企业应当在整个合同期间一致地采用同一种方法进行估计。但是，当存在多个不确定性事项均会影响可变对价金额时，企业可以采用不同的方法对其进行估计。企业在对可变对价进行估计时，应当考虑能够合理获得的所有信息（包括历史信息、当前信息以及预测信息），并且在合理的数量范围内估计各种可能发生的对价金额以及概率。通常情况下，企业在估计可变对价金额时使用的信息，应当与其在对相关商品进行投标或定价时所使用的信息一致。

【例15－38】甲公司与乙公司签订固定造价合同，在乙公司的厂区内为其建造一栋办公楼，合同价款为500万元。根据合同约定，该项工程的完工日期为2×22年3月31日，如果甲公司能够在该日期之前完工，则每提前一天，合同价款将增加2万元；相反，如果甲公司未能按期完工，则每推迟一天，合同价款将会减少2万元。此外，合同约定，该项工程完工之后将参与省级优质工程奖的评选，如果能够获奖，乙公司将额外奖励甲公司20万元。

本例中，产生可变对价的事项有两项：一是是否按期完工；二是能否获得省级优质工程奖。甲公司可以采用不同的方法对其进行估计：对于前者，甲公司按照期望值进行估计；对于后者，甲公司按照最有可能的金额进行估计。

（2）计入交易价格的可变对价金额的限制。企业按照期望值或最可能发生金额确定可变对价金额之后，计入交易价格的可变对价金额还应该满足限制条件，即包含可变对价的交易价格，应当不超过在相关不确定性消除时，累计已确认的收入极可能不会发生重大转回的金额。企业在评估与可变对价相关的不确定性消除时，累计已确认的收入金额是否极可能不会发生重大转回时，应当同时考虑收入转回的可能性及转回金额的比重。其中，“极可能”是一个比较高的门槛，其发生的概率应远高于“很可能（即，可能性超过50%）”，但不要求达到“基本确定（即，可能性超过95%）”，其目的是避免因为一些不确定性因素的发生导致之前已经确认的收入发生转回；在评估收入转回金额的比重时，应同时考虑合同中包含的固定对价和可变对价，也就是说，企业应当评估可能发生的收入转回金额相对于合同总对价（包括固定对价和可变对价）而言的比重。企业应当将满足上述限制条件的可变对价的金额，计入交易价格。

导致收入转回的可能性增强或转回金额比重增加的因素包括但不限于：一是对价金额极易受到企业影响范围之外的因素影响，例如市场波动性、第三方的判断或行动、天气状况、已承诺商品存在较高的陈旧过时风险等。二是对价金额的不确定性预计在较长时期内无法消除。三是企业对类似合同的经验（或其他证据）有限，或者相关经验（或其他证据）的预测价值有限。四是企业在以往实务中对于类似情况下的类似合同，或曾提供了多种不同程度的价格折扣，或曾给予不同的付款条件。五是合同有多种可能的对价金额，且这些对价金额分布非常广泛。需要说明的是，将可变对价计入交易价格的限制条件不适用于企业向客户授予知识产权许可并约定按客户实际销售或使用情况收取特许权使用费的情况。

每一资产负债表日，企业应当重新估计可变对价金额（包括重新评估对可变对价的估计是否受到限制），以如实反映报告期末存在的情况以及报告期内发生的情况变化。

【例15－39】2×22年12月1日，甲公司与其分销商乙公司签订合同，向乙公司销售1 000件产品，每件产品的售价为100元，合同总价为10万元，乙公司当日取得这些产品的控制权。乙公司通常在取得产品后的90天内将其对外售出，且乙公司在这些产品售出后才向甲公司支付货款。上述价格均不包含增值税。该合同中虽然约定了销售价格，但是基于甲公司过往的实务经验，为了维护与乙公司的客户关系，甲公司预计会向乙公司提供价格折扣，以便于乙公司能够以更加优惠的价格向最终客户销售这些产品，从而促进该产品的整体销量。因此，甲公司认为该合同的对价是可变的。

甲公司已销售该产品及类似产品多年，积累了丰富的经验，可观察的历史数据表明，甲公司以往销售此类产品时会给予客户大约20%的折扣。同时，根据当前市场信息分析，20%的降价幅度足以促进该产品的销量，从而提高其周转率。甲公司多年来向客户提供的折扣从未超过20%。

本例中，甲公司按照期望值估计可变对价的金额，因为该方法能够更好地预测其有权获得的对价金额。甲公司估计的交易价格为80 000元［100×(1－20%)×1 000］。同时，甲公司还需考虑有关将可变对价计入交易价格的限制要求，以确定能否将估计的可变对价金额80 000元计入交易价格。根据其销售此类产品的历史经验、所取得的当前市场信息以及对当前市场的估计，甲公司预计，尽管存在某些不确定性，但是该产品的价格将可在短期内确定。因此，甲公司认为，在不确定性消除（即，折扣的总金额最终确定）时，已确认的累计收入金额80 000元极可能不会发生重大转回。因此，甲公司应当于2×22年12月1日将产品控制权转移给乙公司时，确认收入80 000元。

【例15－40】 沿用〖例15－39〗，甲公司虽然有销售类似产品的经验。但是，甲公司的产品较易过时，且产品定价波动性很大。根据以往经验，甲公司针对同类产品给予客户的折扣范围较广（约为销售价格的20%～60%不等）。根据当前市场情况，降价幅度需要达到15%～50%，才能有效地提高该产品周转率。

本例中，甲公司按照期望值估计可变对价的金额，因为该方法能够更好地预测其有权获得的对价金额。甲公司采用期望值法估计将提供40%的折扣，因此估计的交易价格为60 000元［100×(1－40%)×1 000］。同时，甲公司还需考虑有关将可变对价计入交易价格的限制要求，以确定能否将估计的可变对价金额60 000元计入交易价格。由于甲公司的产品价格极易受到超出甲公司影响范围之外的因素（即，产品陈旧过时）的影响，并且为了提高该产品的周转率，甲公司可能需要提供的折扣范围也较广，因此，甲公司不能将该60 000元（即，提供40%折扣之后的价格）计入交易价格，这是因为，将该金额计入交易价格不满足已确认的累计收入金额极可能不会发生重大转回的条件。

但是，根据当前市场情况，降价幅度达到15%～50%，能够有效地提高该产品周转率，在以往的类似交易中，甲公司实际的降价幅度与当时市场信息基本一致。在这种情况下，尽管甲公司以往提供的折扣范围为20%～60%，但是，甲公司认为，如果将50 000元（即，提供50%折扣之后的价格）计入交易价格，已确认的累计收入金额极可能不会发生重大转回。因此，甲公司应当于2×22年12月1日将产品控制权转移给乙公司时，确认50 000元的收入，并在不确定性消除之前的每一资产负债表日重新评估该交易价格的金额。

【例15－41】2×22年1月1日，甲公司与乙公司签订合同，向其销售A产品。合同约定，当乙公司在2×22年的采购量不超过2 000件时，每件产品的价格为80元，当乙公司在2×22年的采购量超过2 000件时，每件产品的价格为70元。乙公司在第一季度的采购量为150件，甲公司预计乙公司全年的采购量不会超过2 000件。2×22年4月，乙公司因完成产能升级而增加了原材料的采购量，第二季度共向甲公司采购A产品1 000件，甲公司预计乙公司全年的采购量将超过2 000件，因此，全年采购量适用的产品单价均将调整为70元。

本例中，2×22年第一季度，甲公司根据以往经验估计乙公司全年的采购量将不会超过2 000件，甲公司按照80元的单价确认收入，满足在不确定性消除之后（即，乙公司全年的采购量确定之后），累计已确认的收入将极可能不会发生重大转回的要求，因此，甲公司在第一季度确认的收入金额为12 000元（80×150）。2×22年第二季度，甲公司对交易价格进行重新估计，由于预计乙公司全年的采购量将超过2 000件，按照70元的单价确认收入，才满足极可能不会导致累计已确认的收入发生重大转回的要求。因此，甲公司在第二季度确认收入68 500元［70×（1 000＋150）－12 000］。

【例15－42】2×22年10月1日，甲公司签订合同，为一只股票型基金提供资产管理服务，合同期限为3年。甲公司所能获得的报酬包括两部分：一是每季度按照本季度末该基金净值的1%收取管理费，该管理费不会因基金净值的后续变化而调整或被要求退回；二是该基金在3年内的累计回报如果超过10%，则乙公司可以获得超额回报部分的20%作为业绩奖励。2×22年12月31日，该基金的净值为5亿元。假定不考虑相关税费影响。

本例中，甲公司在该项合同中收取的管理费和业绩奖励均为可变对价，其金额极易受到股票价格波动的影响，这是在甲公司影响范围之外的，虽然甲公司以往有类似合同的经验，但是，该经验在确定未来市场表现方面并不具有预测价值。因此，在合同开始日，甲公司无法对其能够收取的管理费和业绩奖励进行估计，也就是说，如果将估计的某一金额的管理费或业绩奖励计入交易价格，将不满足累计已确认的收入金额极可能不会发生重大转回的要求。

2×22年12月31日，甲公司重新估计该合同的交易价格，影响本季度管理费收入金额的不确定性已经消除，甲公司确认管理费收入500万元（5亿元×1%）。甲公司未确认业绩奖励收入，这是因为，该业绩奖励仍然会受到基金未来累计回报的影响，难以满足将可变对价计入交易价格的限制条件。在后续的每一资产负债表日，甲公司应当重新估计交易价格是否满足将可变对价计入交易价格的限制条件，以确定其收入金额。

2. 合同中存在重大融资成分。

当企业将商品的控制权转移给客户的时间与客户实际付款的时间不一致时，如企业以赊销的方式销售商品，或者要求客户支付预付款等，如果各方以在合同中明确（或者以隐含的方式）约定的付款时间为客户或企业就转让商品的交易提供了重大融资利益，则合同中即包含了重大融资成分，企业在确定交易价格时，应当对已承诺的对价金额作出调整，以剔除货币时间价值的影响。

合同中存在重大融资成分的，企业应当按照假定客户在取得商品控制权时即以现金支付的应付金额（即，现销价格）确定交易价格。在评估合同中是否存在融资成分以及该融资成分对于该合同而言是否重大时，企业应当考虑所有相关的事实和情况，包括：一是已承诺的对价金额与已承诺商品的现销价格之间的差额，如果企业（或其他企业）在销售相同商品时，不同的付款时间会导致销售价格有所差别，则通常表明各方知晓合同中包含了融资成分。二是企业将承诺的商品转让给客户与客户支付相关款项之间的预计时间间隔和相应的市场现行利率的共同影响，尽管向客户转让商品与客户支付相关款项之间的时间间隔并非决定性因素，但是，该时间间隔与现行利率两者的共同影响可能提供了是否存在重大融资利益的明显迹象。

企业向客户转让商品与客户支付相关款项之间存在时间间隔并不足以表明合同包含重大融资成分。企业向客户转让商品与客户支付相关款项之间虽然存在时间间隔，但两者之间的合同没有包含重大融资成分的情形有：一是客户就商品支付了预付款，且可以自行决定这些商品的转让时间。例如，企业向客户出售其发行的储值卡，客户可随时到该企业持卡购物；再如，企业向客户授予奖励积分，客户可随时到该企业兑换这些积分等。二是客户承诺支付的对价中有相当大的部分是可变的，该对价金额或付款时间取决于某一未来事项是否发生，且该事项实质上不受客户或企业控制。例如，按照实际销售量收取的特许权使用费。三是合同承诺的对价金额与现销价格之间的差额是由于向客户或企业提供融资利益以外的其他原因所导致的，且这一差额与产生该差额的原因是相称的。例如，合同约定的支付条款是为了向企业或客户提供保护，以防止另一方未能依照合同充分履行其部分或全部义务。

【例 15－43】 2×22 年 1 月，甲公司与乙公司签订了一项施工总承包合同。合同约定的工期为 30 个月，工程造价为 8 亿元（不含税价）。甲乙双方每季度进行一次工程结算，并于完工时进行竣工结算，每次工程结算额（除质保金及相应的增值税外）由客户于工程结算后 5 个工作日内支付；除质保金外的工程尾款于竣工结算后 10 个工作日内支付；合同金额的 3% 作为质保金，用以保证项目在竣工后 2 年内正常运行，在质保期满后 5 个工作日内支付。该质保金条款符合相关法律法规，质保金额与付款期间等与行业惯例一致。

本例中，乙公司保留了 3% 的质保金直到项目竣工 2 年后支付，虽然服务完成时间与乙公司付款的时间间隔较长，但是，该质保金旨在为乙公司提供工程质量保证，以防甲公司未能完成其合同义务，而并非向乙公司提供融资。因此，甲公司认为该合同中不包含重大融资成分，无需就延期支付质保金的影响调整交易价格。

需要说明的是，企业应当在单个合同层面考虑融资成分是否重大，而不应在合同组合层面考虑这些合同中的融资成分的汇总影响对企业整体而言是否重大。

合同中存在重大融资成分的，企业在确定该重大融资成分的金额时，应使用将合同对价的名义金额折现为商品现销价格的折现率。该折现率一经确定，不得因后续市场利率或客户信用风险等情况的变化而变更。企业确定的交易价格与合同承诺的对价金额之间的差额，应当在合同期间内采用实际利率法摊销。

【例 15－44】 2×21 年 1 月 1 日，甲公司与乙公司签订合同，向其销售一批产品。合同约定，该批产品将于 2 年之后交货。合同中包含两种可供选择的付款方式，即乙公司可以在 2 年后交付产品时支付 449.44 万元，或者在合同签订时支付 400 万元。乙公司选择在合同签订时支付货款。该批产品的控制权在交货时转移。甲公司于 2×21 年 1 月 1 日收到乙公司支付的货款。上述价格均不包含增值税，且假定不考虑相关税费影响。

本例中，按照上述两种付款方式计算的内含利率为 6%。考虑到乙公司付款时间和产品交付时间之间的间隔以及现行市场利率水平，甲公司认为该合同包含重大融资成分，在确定交易价格时，应当对合同承诺的对价金额进行调整，以反映该重大融资成分的影响。假定该融资费用不符合借款费用资本化的要求。甲公司的账务处理为：

（1）2×21 年 1 月 1 日收到货款。

借：银行存款　　　　　　　　　　　　4 000 000

未确认融资费用 494 400

贷：合同负债 4 494 400

（2）2×21 年 12 月 31 日确认融资成分的影响。

借：财务费用 240 000（4 000 000×6%）

贷：未确认融资费用 240 000

（3）2×22 年 12 月 31 日交付产品。

借：财务费用 254 400（4 240 000×6%）

贷：未确认融资费用 254 400

借：合同负债 4 494 400

贷：主营业务收入 4 494 400

为简化实务操作，如果在合同开始日，企业预计客户取得商品控制权与客户支付价款间隔不超过一年的，可以不考虑合同中存在的重大融资成分。企业应当对类似情形下的类似合同一致地应用这一简化处理方法。

企业在编制利润表时，应当将合同中存在的重大融资成分的影响（即，利息收入和利息支出）与按照本章确认的收入区分开来，分别列示。企业在按照本章对与客户的合同进行会计处理时，只有在确认了合同资产（或应收款项）和合同负债时，才应当分别确认相应的利息收入和利息支出。

3. 非现金对价。

当企业因转让商品而有权向客户收取的对价是非现金形式时，如实物资产、无形资产、股权、客户提供的广告服务等。企业通常应当按照非现金对价在合同开始日的公允价值确定交易价格。非现金对价公允价值不能合理估计的，企业应当参照其承诺向客户转让商品的单独售价间接确定交易价格。

非现金对价的公允价值可能会因对价的形式而发生变动（例如，企业有权向客户收取的对价是股票，股票本身的价格会发生变动），也可能会因为其形式以外的原因而发生变动（例如，企业有权收取非现金对价的公允价值因企业的履约情况而发生变动）。合同开始日后，非现金对价的公允价值因对价形式以外的原因而发生变动的，应当作为可变对价，按照与计入交易价格的可变对价金额的限制条件相关的规定进行处理；合同开始日后，非现金对价的公允价值因对价形式而发生变动的，该变动金额不应计入交易价格。

【例 15－45】甲企业为客户生产一台专用设备。双方约定，如果甲企业能够在 30 天内交货，则可以额外获得 100 股客户的股票作为奖励。合同开始日，该股票的价格为每股 5 元；由于缺乏执行类似合同的经验，当日，甲企业估计，该 100 股股票的公允价值计入交易价格将不满足累计已确认的收入极可能不会发生重大转回的限制条件。合同开始日之后的第 25 天，企业将该设备交付给客户，从而获得了 100 股股票，该股票在此时的价格为每股 6 元。假定企业将该股票作为以公允价值计量且其变动计入当期损益的金融资产。

本例中，合同开始日，该股票的价格为每股 5 元，由于缺乏执行类似合同的经验，当日，甲企业估计，该 100 股股票的公允价值计入交易价格将不满足累计已确认的收入极可能不会发生重大转回的限制条件，因此，甲企业不应将该 100 股股票的公允价值 500 元计入交易价格。合同开始日之后的第 25 天，甲企业获得了 100 股股票，该股票在此时的价格为每股 6 元。甲企业应当将股票（非现金对价）的公允价值因对价形式以外的原因而发生的变动，即 500 元（5×100）确认为收入，因对价形式原因而发生的变动，即 100 元（600－500）计入公允价值变动损益。

企业在向客户转让商品的同时，如果客户向企业投入材料、设备或人工等商品，以协助企业履行合同，企业应当评估其是否取得了对这些商品的控制权，取得这些商品控制权的，企业应当将这些商品作为从客户收取的非现金对价进行会计处理。

4. 应付客户对价。

企业在向客户转让商品的同时，需要就商品向客户或第三方支付对价的，应当将该应付对价冲减交易价格，但应付客户对价是为了自客户取得其他可明确区分商品的除外。这里的应付客户对价还包括可以抵减应付企业金额的相关项目金额，如优惠券、兑换券等。这里的第三方通常指向企业的客户购买本企业商品的一方，即处于企业分销链上的“客户的客户”，例如，企业将其生产的产品销售给经销商，经销商再将这些产品销售给最终用户，最终用户即是第三方，企业向该第三方进行支付。有时，企业需要向其支付款项的第三方是本企业客户的客户，但处于企业分销链之外，如果企业认为该第三方也是本企业的客户，或者根据企业与其客户的合同约定，企业有义务向该第三方支付款项，则企业向该第三方支付的款项也应被视为应付客户对价进行会计处理。应付客户对价中包含可变金额的，企业应当根据本章有关可变对价的相关规定对其进行估计。

企业应付客户对价是为了自客户取得其他可明确区分商品的，应当采用与企业其他采购相一致的方式确认所购买的商品。企业自客户取得其他可明确区分商品的，确认该商品时应当以其公允价值为限，企业应付客户对价超过自客户取得的可明确区分商品公允价值的，超过金额应当作为应付客户对价冲减交易价格。自客户取得的可明确区分商品公允价值不能合理估计的，企业应当将应付客户对价全额冲减交易价格。

在对应付客户对价冲减交易价格进行会计处理时，企业应当在确认相关收入与支付（或承诺支付）客户对价二者孰晚的时点冲减当期收入。

（二）将交易价格分摊至各项履约义务

当合同中包含两项或多项履约义务时，需要将交易价格分摊至各项履约义务，以使企业分摊至各项履约义务（或可明确区分的商品）的交易价格能够反映其因向客户转让已承诺的相关商品而预期有权收取的对价金额。

1. 分摊的一般原则。

合同中包含两项或多项履约义务的，企业应当在合同开始日，按照各项履约义务所承诺商品的单独售价的相对比例，将交易价格分摊至各项履约义务。

【例 15－46】 甲公司与客户签订合同，向其销售 A、B、C 三件产品，合同价款为 10 000 元。A、B、C 产品的单独售价分别为 5 000 元、2 500 元和 7 500 元，合计 15 000 元。上述价格均不包含增值税。

本例中，根据上述交易价格分摊原则，A 产品应当分摊的交易价格为 3 333 元（5 000 ÷ 15 000 × 10 000），B 产品应当分摊的交易价格为 1 667 元（2 500 ÷ 15 000 × 10 000），C 产品应当分摊的交易价格为 5 000 元（7 500 ÷ 15 000 × 10 000）。

单独售价，是指企业向客户单独销售商品的价格。企业在类似环境下向类似客户单独销售某商品的价格，应作为确定该商品单独售价的最佳证据。合同或价目表上的标价可能是商品的单独售价，但不能默认其一定是该商品的单独售价。例如，企业为其销售的产品制定了标准价格，但是，在实务中经常以低于该标准价格的折扣价格对外销售，此时，企业在估计该产品的单独售价时，应当考虑这一因素。

单独售价无法直接观察的，企业应当综合考虑其能够合理取得的全部相关信息，采用市场调整法、成本加成法、余值法等方法合理估计单独售价，应考虑的信息包括市场情况（如，商品的市场供求状况、竞争、限制和趋势等）、企业特定因素（如，企业的定价策略和实务操作安排等）以及与客户有关的信息（如，客户类型、所在地区和分销渠道等）等；企业应当最大限度地采用可观察的输入值，并对类似的情况采用一致的估计方法。

市场调整法，是指企业根据某商品或类似商品的市场售价，考虑本企业的成本和毛利等进行适当调整后的金额，确定其单独售价的方法。企业可以对其销售商品的市场进行评估，进而估计客户在该市场上购买本企业的商品所愿意支付的价格，也可以参考其竞争对手销售类似商品的价格，并在此基础上进行必要调整以反映本企业的成本及毛利。

成本加成法，是指企业根据某商品的预计成本加上其合理毛利后的金额，确定其单独售价的方法。其中，预计成本应当与企业在定价时通常会考虑的成本因素一致，既包括直接成本，也包括间接成本；企业在确定合理毛利时，应当考虑的因素包括类似商品单独售价的毛利水平、行业内的历史毛利水平、行业平均售价、市场情况以及企业的利润目标等。

余值法，是指企业根据合同交易价格减去合同中其他商品可观察单独售价后的余额，确定某商品单独售价的方法。企业在商品近期售价波动幅度巨大，或者因未定价且未曾单独销售而使售价无法可靠确定时，可采用余值法估计其单独售价。其中，售价波动幅度巨大，是指企业在相同或相近的时间向不同客户出售同一种商品时的价格差异很大，因而导致企业无法从以往的交易或其他可观察的证据中识别出具有代表性的单独售价；未定价且未曾单独销售，是指企业尚未对该商品进行定价，且该商品过往未曾单独出售过，即销售价格尚未确定。例如，企业以10万元的价格向客户销售A、B、C三件可明确区分的商品，其中，A商品和B商品经常单独对外销售，销售价格分别为2.5万元和4.5万元，C商品为新产品，企业尚未对其定价且未曾单独销售，市场上也无类似商品出售，在这种情况下，企业采用余值法估计C商品的单独售价为3万元，即合同价格10万元减去A商品和B商品的单独售价之和7万元（2.5+4.5）后的余额。

如果合同中存在两项或两项以上的商品，其销售价格变动幅度较大或尚未确定，企业可能需要采用多种方法相结合的方式，对合同所承诺的商品的单独售价进行估计。例如，企业可能采用余值法估计销售价格变动幅度较大或尚未确定的多项可明确区分商品的单独售价总和，然后再采用其他方法估计其中包含的每一项可明确区分商品的单独售价。企业采用多种方法相结合的方式估计合同所承诺的每一项商品的单独售价时，应当评估该方式是否满足交易价格分摊的目标，即，企业分摊至各项履约义务（或可明确区分的商品）的交易价格能够反映其因向客户转让已承诺的相关商品而预期有权收取的对价金额。例如，当企业采用余值法估计确定的某单项履约义务的单独售价为零或仅为很小的金额时，企业应当评估该结果是否恰当，这是因为合同中包含的可明确区分商品对于客户而言都应该是有一定价值的。

2. 分摊合同折扣。

当客户购买的一组商品中所包含的各项商品的单独售价之和高于合同交易价格时，表明客户因购买该组商品而取得了合同折扣。合同折扣，是指合同中各项履约义务所承诺商品的单独售价之和高于合同交易价格的金额。企业应当在各项履约义务之间按比例分摊合同折扣。有确凿证据表明合同折扣仅与合同中一项或多项（而非全部）履约义务相关的，企业应当将该合同折扣分摊至相关的一项或多项履约义务。

同时满足下列三项条件时，企业应当将合同折扣全部分摊至合同中的一项或多项（而非全部）履约义务：一是企业经常将该合同中的各项可明确区分商品单独销售或者以组合的方式单独销售；二是企业也经常将其中部分可明确区分的商品以组合的方式按折扣价格单独销售；三是归属于上述第二项中每一组合的商品的折扣与该合同中的折扣基本相同，且针对每一组合中的商品的分析为将该合同的整体折扣归属于某一项或多项履约义务提供了可观察的证据。

【例15－47】甲公司与客户签订合同，向其销售A、B、C三种产品，合同总价款为120万元，这三种产品构成三项履约义务。企业经常以50万元单独出售A产品，其单独售价可直接观察；B产品和C产品的单独售价不可直接观察，企业采用市场调整法估计的B产品单独售价为25万元，采用成本加成法估计的C产品单独售价为75万元。甲公司通常以50万元的价格单独销售A产品，并将B产品和C产品组合在一起以70万元的价格销售。上述价格均不包含增值税。

本例中，三种产品的单独售价合计为150万元，而该合同的价格为120万元，该合同的整体折扣为30万元。由于甲公司经常将B产品和C产品组合在一起以70万元的价格销售，该价格与其单独售价之和（100万元）的差额为30万元，与该合同的整体折扣一致，而A产品单独销售的价格与其单独售价一致，证明该合同的整体折扣仅应归属于B产品和C产品。因此，在该合同下，分摊至A产品的交易价格为50万元，分摊至B产品和C产品的交易价格合计为70万元，甲公司应当进一步按照B产品和C产品的单独售价的相对比例将该价格在二者之间进行分摊：B产品应分摊的交易价格为17.5万元（25÷100×70），C产品应分摊的交易价格为52.5万元（75÷100×70）。

有确凿证据表明，合同折扣仅与合同中的一项或多项（而非全部）履约义务相关，且企业采用余值法估计单独售价的，应当首先在该一项或多项（而非全部）履约义务之间分摊合同折扣，然后再采用余值法估计单独售价。

【例15－48】 沿用〖例15－47〗，A、B、C产品的单独售价均不变，合计为150万元，B、C产品组合销售的折扣仍为30万元。但是，合同总价款为160万元，甲公司与该客户签订的合同中还包括销售D产品。D产品的价格波动巨大，甲公司向不同的客户单独销售D产品的价格在20万元至60万元之间。

本例中，由于D产品价格波动巨大，甲公司计划用余值法估计其单独售价。由于合同折扣30万元仅与B、C产品有关，因此，甲公司首先应当在B、C产品之间分摊合同折扣。A、B和C产品在分摊了合同折扣之后的单独售价分别为50万元、17.5万元和52.5万元，合计为120万元。然后，甲公司采用余值法估计D产品的单独售价为40万元（160－120），该金额在甲公司以往单独销售D产品的价格区间之内，表明该分摊结果符合分摊交易价格的目标，即该金额能够反映甲公司因转让D产品而预期有权收取的对价金额。

假定合同总价款不是160万元，而是125万元时，甲公司采用余值法估计的D产品的单独售价仅为5万元（125－120），该金额在甲公司过往单独销售D产品的价格区间之外，表明该分摊结果可能不符合分摊交易价格的目标，即该金额不能反映甲公司因转让D产品而预期有权收取的对价金额。在这种情况下，用余值法估计D产品的单独售价可能是不恰当的，甲公司应当考虑采用其他的方法估计D产品的单独售价。

3. 分摊可变对价。

合同中包含可变对价的，该可变对价可能与整个合同相关，也可能仅与合同中的某一特定组成部分有关，后者包括两种情形：一是可变对价可能与合同中的一项或多项（而非全部）履约义务有关，例如，是否获得奖金取决于企业能否在指定时期内转让某项已承诺的商品。二是可变对价可能与企业向客户转让的构成单项履约义务的一系列可明确区分商品中的一项或多项（而非全部）商品有关，例如，为期两年的保洁服务合同中，第二年的服务价格将根据指定的通货膨胀率确定。

同时满足下列两项条件的，企业应当将可变对价及可变对价的后续变动额全部分摊至与之相关的某项履约义务，或者构成单项履约义务的一系列可明确区分商品中的某项商品：一是可变对价的条款专门针对企业为履行该项履约义务或转让该项可明确区分商品所作的努力（或者是履行该项履约义务或转让该项可明确区分商品所导致的特定结果）；二是企业在考虑了合同中的全部履约义务及支付条款后，将合同对价中的可变金额全部分摊至该项履约义务或该项可明确区分商品符合分摊交易价格的目标。对于不满足上述条件的可变对价及可变对价的后续变动额，以及可变对价及其后续变动额中未满足上述条件的剩余部分，企业应当按照分摊交易价格的一般原则，将其分摊至合同中的各项履约义务。对于已履行的履约义务，其分摊的可变对价后续变动额应当调整变动当期的收入。

【例15－49】 甲公司与乙公司签订合同，将其拥有的两项专利技术X和Y授权给乙公司使用。假定两项授权均分别构成单项履约义务，且都属于在某一时点履行的履约义务。合同约定，授权使用专利技术X的价格为80万元，授权使用专利技术Y的价格为乙公司使用该专利技术所生产的产品销售额的3%。专利技术X和Y的单独售价分别为80万元和100万元。甲公司估计其就授权使用专利技术Y而有权收取的特许权使用费为100万元。上述价格均不包含增值税。

本例中，该合同中包含固定对价和可变对价，其中，授权使用专利技术X的价格为固定对价，且与其单独售价一致，授权使用专利技术Y的价格为乙公司使用该专利技术所生产的产品销售额的3%，属于可变对价，该可变对价全部与授权使用专利技术Y能够收取的对价有关，且甲公司基于实际销售情况估计收取的特许权使用费的金额接近Y的单独售价。因此，甲公司将可变对价部分的特许权使用费金额全部由Y承担符合交易价格的分摊目标。

4. 交易价格的后续变动。

合同开始日之后，由于相关不确定性的消除或环境的其他变化等原因，交易价格可能会发生变化，从而导致企业因向客户转让商品而预期有权收取的对价金额发生变化。交易价格发生后续变动的，企业应当按照在合同开始日所采用的基础将该后续变动金额分摊至合同中的履约义务。企业不得因合同开始日之后单独售价的变动而重新分摊交易价格。

对于合同变更导致的交易价格后续变动，应当按照本章有关合同变更的规定进行会计处理。合同变更之后发生可变对价后续变动的，企业应当区分下列三种情形分别进行会计处理：一是合同变更属于本章第四部分规定的合同变更第一种情形的，企业应当判断可变对价后续变动与哪一项合同相关，并按照分摊可变对价的相关规定进行会计处理。二是合同变更属于本章第四部分规定的合同变更第二种情形的，且可变对价后续变动与合同变更前已承诺可变对价相关的，企业应当首先将该可变对价后续变动额以原合同开始日确定的单独售价为基础进行分摊，然后再将分摊至合同变更日尚未履行履约义务的该可变对价后续变动额以新合同开始日确定的基础进行二次分摊。三是合同变更之后发生除上述第一种和第二种情形以外的可变对价后续变动的，企业应当将该可变对价后续变动额分摊至合同变更日尚未履行（或部分未履行）的履约义务。

【例15－50】2×21年9月1日，甲公司与乙公司签订合同，向其销售A产品和B产品。A产品和B产品均为可明确区分商品且两种产品单独售价相同，也均属于在某一时点履行的履约义务。合同约定，A产品和B产品分别于2×21年11月1日和2×22年3月31日交付给乙公司。合同约定的对价包括1 000元的固定对价和估计金额为200元的可变对价。假定甲公司将200元的可变对价计入交易价格，满足本章有关将可变对价金额计入交易价格的限制条件。因此，该合同的交易价格为1 200元。上述价格均不包含增值税。

2×21年12月1日，双方对合同范围进行了变更，乙公司向甲公司额外采购C产品，合同价格增加300元，C产品与A、B两种产品可明确区分，但该增加的价格不反映C产品的单独售价。C产品的单独售价与A产品和B产品相同。C产品将于2×22年6月30日交付给乙公司。

2×21年12月31日，企业预计有权收取的可变对价的估计金额由200元变更为240元，该金额符合将可变对价金额计入交易价格的限制条件。因此，合同的交易价格增加了40元，且甲公司认为该增加额与合同变更前已承诺的可变对价相关。

假定上述三种产品的控制权均随产品交付而转移给乙公司。

本例中，在合同开始日，该合同包含两项履约义务，甲公司应当将估计的交易价格分摊至这两项履约义务。由于两种产品的单独售价相同，且可变对价不符合分摊至其中一项履约义务的条件，因此，甲公司将交易价格1 200元平均分摊至A产品和B产品，即A产品和B产品各自分摊的交易价格均为600元。

2×21年11月1日，当A产品交付给客户时，甲公司相应确认收入600元。

2×21年12月1日，双方进行了合同变更。该合同变更属于本章合同变更第二种情形，因此该合同变更应当作为原合同终止，并将原合同的未履约部分与合同变更部分合并为新合同进行会计处理。在该新合同下，合同的交易价格为900元（600＋300），由于B产品和C产品的单独售价相同，分摊至B产品和C产品的交易价格的金额均为450元。

2×21年12月31日，甲公司重新估计可变对价，增加了交易价格40元。由于该增加额与合同变更前已承诺的可变对价相关，因此应首先将该增加额分摊给A产品和B产品，之后再将分摊给B产品的部分在B产品和C产品形成的新合同中进行二次分摊。在本例中，由于A、B和C产品的单独售价相同，在将40元的可变对价后续变动分摊至A产品和B产品时，各自分摊的金额为20元。由于甲公司已经转让了A产品，在交易价格发生变动的当期即应将分摊至A产品的20元确认为收入。之后，甲公司将分摊至B产品的20元平均分摊至B产品和C产品，即各自分摊的金额为10元，经过上述分摊后，B产品和C产品的交易价格金额均为460元（450+10）。因此，甲公司分别在B产品和C产品控制权转移时确认收入460元。

六、合同成本

（一）合同履约成本

企业为履行合同可能会发生各种成本，企业应当对这些成本进行分析，属于其他章（例如，第二章存货、第五章固定资产、第七章无形资产等）规范范围的，应当按照相关章进行会计处理；不属于其他章范围且同时满足下列条件的，应当作为合同履约成本确认为一项资产。企业向客户提供劳务服务的，劳务服务相关成本的确认和计量等应按照本章进行处理。

1. 该成本与一份当前或预期取得的合同直接相关。

预期取得的合同应当是企业能够明确识别的合同，例如，现有合同续约后的合同、尚未获得批准的特定合同等。与合同直接相关的成本包括直接人工（例如，支付给直接为客户提供所承诺服务的人员的工资、奖金等）、直接材料（例如，为履行合同耗用的原材料、辅助材料、构配件、零件、半成品的成本和周转材料的摊销及租赁费用等）、制造费用（或类似费用，例如，组织和管理相关生产、施工、服务等活动发生的费用，包括管理人员的职工薪酬、劳动保护费、固定资产折旧费及修理费、物料消耗、取暖费、水电费、办公费、差旅费、财产保险费、工程保修费、排污费、临时设施摊销费等）、明确由客户承担的成本以及仅因该合同而发生的其他成本（例如，支付给分包商的成本、机械使用费、设计和技术援助费用、施工现场二次搬运费、生产工具和用具使用费、检验试验费、工程定位复测费、工程点交费用、场地清理费等）。

2. 该成本增加了企业未来用于履行（包括持续履行）履约义务的资源。

3. 该成本预期能够收回。

企业应当在下列支出发生时，将其计入当期损益：一是管理费用，除非这些费用明确由客户承担。二是非正常消耗的直接材料、直接人工和制造费用（或类似费用），这些支出为履行合同发生，但未反映在合同价格中。三是与履约义务中已履行（包括已全部履行或部分履行）部分相关的支出，即该支出与企业过去的履约活动相关。对于企业在一段时间内履行的履约义务，在采用产出法计量履约进度时，如果企业为履行该履约义务实际发生的成本超过了按照产出法确定的成本，这些成本是与过去已履行的履约情况相关的支出，因此，不会增加企业未来用于履行（包括持续履行）履约义务的资源，不应当作为资产确认。四是无法在尚未履行的与已履行（或已部分履行）的履约义务之间区分的相关支出。

【例 15 –51】甲公司与乙公司签订合同，为乙公司信息中心提供管理服务，合同期限为 5 年。在向乙公司提供服务之前，甲公司设计并搭建了一个信息技术平台供其内部使用，该信息技术平台由相关的硬件和软件组成。甲公司需要提供设计方案，将该信息技术平台与乙公司现有的信息系统对接，并进行相关测试。该平台并不会转让给乙公司，但是，将用于向乙公司提供服务。甲公司为该平台的设计、购买硬件和软件以及信息中心的测试发生了成本。除此之外，甲公司专门指派两名员工，负责向乙公司提供服务。

本例中，甲公司为履行合同发生的上述成本中，购买硬件和软件的成本应当分别按照第五章固定资产和第七章无形资产进行会计处理；设计服务成本和信息中心的测试成本不属于其他章的规范范围，但是这些成本与履行该合同直接相关，并且增加了甲公司未来用于履行履约义务（即提供管理服务）的资源，如果甲公司预期该成本可通过未来提供服务收取的对价收回，则甲公司应当将这些成本确认为一项资产。甲公司向两名负责该项目的员工支付的工资费用，虽然与向乙公司提供服务有关，但是由于其并未增加企业未来用于履行履约义务的资源，因此，应当于发生时计入当期损益。

【例 15 –52】甲公司经营一家酒店，该酒店是甲公司的自有资产。甲公司在进行会计核算时，除发生的餐饮、商品材料等成本外，还需要计提与酒店经营相关的固定资产折旧（如酒店、客房以及客房内的设备家具等）、无形资产摊销（如酒店土地使用权等）费用等，应如何对这些折旧、摊销进行会计处理。

本例中，甲公司经营一家酒店，主要通过提供客房服务赚取收入，而客房服务的提供直接依赖于酒店物业（包含土地）以及家具等相关资产，即与客房服务相关的资产折旧和摊销属于甲公司为履行与客户的合同而发生的服务成本。该成本需先考虑是否满足本章第六部分规定的资本化条件，如果满足，应作为合同履约成本进行会计处理，并在收入确认时对合同履约成本进行摊销，计入营业成本。此外，这些酒店物业等资产中与客房服务不直接相关的，例如财务部门相关的资产折旧等费用或者销售部门相关的资产折旧等费用，则需要按功能将相关费用计入管理费用或销售费用等科目。

（二）合同取得成本

企业为取得合同发生的增量成本预期能够收回的，应当作为合同取得成本确认为一项资产。增量成本，是指企业不取得合同就不会发生的成本，如销售佣金等。为简化实务操作，该资产摊销期限不超过一年的，可以在发生时计入当期损益。企业采用该简化处理方法的，应当对所有类似合同一致采用。

企业为取得合同发生的、除预期能够收回的增量成本之外的其他支出，例如，无论是否取得合同均会发生的差旅费、投标费、为准备投标资料发生的相关费用等，应当在发生时计入当期损益，除非这些支出明确由客户承担。

【例 15－53】甲公司是一家咨询公司，其通过竞标赢得一个新客户，为取得与该客户的合同，甲公司聘请外部律师进行尽职调查支付相关费用为 15 000 元，为投标而发生的差旅费为 10 000 元，支付销售人员佣金 5 000 元。甲公司预期这些支出未来均能够收回。此外，甲公司根据其年度销售目标、整体盈利情况及个人业绩等，向销售部门经理支付年度奖金 10 000 元。

本例中，甲公司因签订该客户合同而向销售人员支付的佣金属于为取得合同发生的增量成本，应当将其作为合同取得成本确认为一项资产。甲公司聘请外部律师进行尽职调查发生的支出、为投标发生的差旅费，无论是否取得合同都会发生，不属于增量成本，因此，应当于发生时直接计入当期损益。甲公司向销售部门经理支付的年度奖金也不是为取得合同发生的增量成本，这是因为该奖金发放与否以及发放金额还取决于其他因素（包括公司的盈利情况和个人业绩），并不能直接归属于可识别的合同。

企业因现有合同续约或发生合同变更需要支付的额外佣金，也属于为取得合同发生的增量成本。实务中，当涉及合同取得成本的安排比较复杂时，企业需要运用判断，对发生的合同取得成本进行恰当的会计处理，例如，合同续约或合同变更时需要支付额外的佣金、企业支付的佣金金额取决于客户未来的履约情况或者取决于累计取得的合同数量或金额等。

【例15－54】 根据甲公司的相关政策，销售部门的员工每取得一份新的合同，可以获得提成100元，现有合同每续约一次，员工可以获得提成60元。甲公司预期上述提成均能够收回。

本例中，甲公司为取得新合同支付给员工的提成100元，属于为取得合同发生的增量成本，且预期能够收回，因此，应当确认为一项资产。同样地，甲公司为现有合同续约支付给员工的提成60元，也属于为取得合同发生的增量成本，这是因为如果不发生合同续约，就不会支付相应的提成，由于该提成预期能够收回，甲公司应当在每次续约时将应支付的相关提成确认为一项资产。

假定：除上述规定外，甲公司相关政策规定，当合同变更时，如果客户在原合同的基础上，向甲公司支付额外的对价以购买额外的商品，则甲公司需根据该新增的合同金额向销售人员支付一定的提成。在这种情况下，无论相关合同变更属于本章第四部分规定的合同变更哪一种情形，甲公司均应当将应支付的提成视同为取得合同（变更后的合同）发生的增量成本进行会计处理。

为取得合同需要支付的佣金在履行合同的过程中分期支付、且客户违约时企业无需支付剩余佣金的，如果该合同在合同开始日即满足本章第四部分的相关条件，该佣金预期能够从客户支付的对价中获得补偿，且取得合同后，收取佣金的一方不再为企业提供任何相关服务，则企业应当将应支付的佣金全额作为合同取得成本确认为一项资产。后续期间，如果客户的履约情况发生变化，企业应当评估该合同是否仍然满足本章第四部分的相关条件以及确认为资产的合同取得成本是否发生减值，并进行相应的会计处理。这一处理也同样适用于客户违约可能导致企业收回已经支付的佣金的情况。当企业发生的合同取得成本与多份合同相关（例如，企业支付的佣金取决于累计取得的合同数量或金额）时，情况可能更为复杂，企业应当根据实际情况进行判断，并进行相应的会计处理。

（三）摊销和减值

1. 摊销。

根据上述（一）和（二）确认的与合同履约成本和合同取得成本有关的企业资产（以下简称与合同成本有关的资产），应当采用与该资产相关的商品收入确认相同的基础（即，在履约义务履行的时点或按照履约义务的履约进度）进行摊销，计入当期损益。

在确定与合同成本有关的资产的摊销期限和方式时，如果该资产与一份预期将要取得的合同（如续约后的合同）相关，则在确定相关摊销期限和方式时，应当考虑该将要取得的合同的影响。但是，对于合同取得成本而言，如果合同续约时，企业仍需要支付与取得原合同相当的佣金，这表明取得原合同时支付的佣金与未来预期取得的合同无关，该佣金只能在原合同的期限内进行摊销。企业为合同续约仍需支付的佣金是否与原合同相当，需要根据具体情况进行判断。例如，如果两份合同的佣金按照各自合同金额的相同比例计算，通常表明这两份合同的佣金水平是相当的，但是，实务中，与取得原合同相比，现有合同续约的难度可能较低，因此，即使合同续约时应支付的佣金低于取得原合同的佣金，也可能表明这两份合同的佣金水平是相当的。

某些情况下，企业将为取得某份合同发生的增量成本确认为一项资产，但是该合同中包含多项履约义务，且这些履约义务在不同的时点或时段内履行。在确定该项资产的摊销方式时，企业可以基于各项履约义务分摊的交易价格的相对比例，将该项资产分摊至各项履约义务，再以与该履约义务（可明确区分的商品）的收入确认相同的基础进行摊销；或者，企业可以考虑合同中包含的所有履约义务，采用恰当的方法确定合同的完成情况，即，应当最能反映该资产随相关商品的转移而被“耗用”的情况，并以此为基础对该资产进行摊销。通常情况下，上述两种方法的结果可能是近似的，但是，后者无需将合同取得成本特别分摊至合同中的各项履约义务。

企业应当根据向客户转让与上述资产相关的商品的预期时间变化，对资产的摊销情况进行复核并更新，以反映该预期时间的重大变化。此类变化应当作为会计估计变更，按照第二十九章会计政策、会计估计变更和差错更正进行会计处理。

2. 减值。

与合同成本有关的资产，其账面价值高于下列第一项减去第二项的差额的，超出部分应当计提减值准备，并确认为资产减值损失：一是企业因转让与该资产相关的商品预期能够取得的剩余对价；二是为转让该相关商品估计将要发生的成本。这里，企业应当按照确定交易价格的原则（关于可变对价估计的限制要求除外）预计其能够取得的剩余对价。估计将要发生的成本主要包括直接人工、直接材料、制造费用（或类似费用）、明确由客户承担的成本以及仅因该合同而发生的其他成本等。以前期间减值的因素之后发生变化，使得企业上述第一项减去第二项后的差额高于该资产账面价值的，应当转回原已计提的资产减值准备，并计入当期损益，但转回后的资产账面价值不应超过假定不计提减值准备情况下该资产在转回日的账面价值。

在确定与合同成本有关的资产的减值损失时，企业应当首先对按照其他相关章确认的、与合同有关的其他资产确定减值损失；然后，按照上一段的要求确定与合同成本有关的资产的减值损失。企业按照第九章资产减值测试相关资产组的减值情况时，应当将按照上述要求确定上述资产减值后的新账面价值计入相关资产组的账面价值。

七、特定交易的会计处理

（一）附有销售退回条款的销售

企业将商品转让给客户之后，可能会因为各种原因允许客户选择退货（例如，客户对所购商品的款式不满意等）。附有销售退回条款的销售，是指客户依照有关合同有权退货的销售方式。合同中有关退货权的条款可能会在合同中明确约定，也有可能是隐含的。隐含的退货权可能来自企业在销售过程中向客户作出的声明或承诺，也有可能是来自法律法规的要求或企业以往的习惯做法等。客户选择退货时，可能有权要求返还其已经支付的全部或部分对价、抵减其对企业已经产生或将会产生的欠款或者要求换取其他商品。

客户取得商品控制权之前退回该商品不属于销售退回。需要说明的是，企业在允许客户退货的期间内随时准备接受退货的承诺，并不构成单项履约义务，但可能会影响收入确认的金额。企业应当遵循可变对价（包括将可变对价计入交易价格的限制要求）的处理原则来确定其预期有权收取的对价金额，即交易价格不应包含预期将会被退回的商品的对价金额。

企业应当在客户取得相关商品控制权时，按照因向客户转让商品而预期有权收取的对价金额（即，不包含预期因销售退回将退还的金额）确认收入，按照预期因销售退回将退还的金额确认负债；同时，按照预期将退回商品转让时的账面价值，扣除收回该商品预计发生的成本（包括退回商品的价值减损）后的余额，确认一项资产，按照所转让商品转让时的账面价值，扣除上述资产成本的净额结转成本。每一资产负债表日，企业应当重新估计未来销售退回情况，并对上述资产和负债进行重新计量。如有变化，应当作为会计估计变更进行会计处理。

【例 15－55】 甲公司是一家健身器材销售公司。2×21 年 10 月 1 日，甲公司向乙公司销售 5 000 件健身器材，单位销售价格为 500 元，单位成本为 400 元，开出的增值税专用发票上注明的销售价格为 250 万元，增值税税额为 32.5

万元。健身器材已经发出，但款项尚未收到。根据协议约定，乙公司应于2×21年12月1日之前支付货款，在2×22年3月31日之前有权退还健身器材。发出健身器材时，甲公司根据过去的经验，估计该批健身器材的退货率约为20%；在2×21年12月31日，甲公司对退货率进行了重新评估，认为只有10%的健身器材会被退回。甲公司为增值税一般纳税人，健身器材发出时纳税义务已经发生，实际发生退回时取得税务机关开具的红字增值税专用发票。假定健身器材发出时控制权转移给乙公司。甲公司的账务处理如下：

(1) 2×21年10月1日发出健身器材。

借：应收账款	2 825 000	
贷：主营业务收入		2 000 000
预计负债——应付退货款		500 000
应交税费——应交增值税（销项税额）		325 000
借：主营业务成本	1 600 000	
应收退货成本	400 000	
贷：库存商品		2 000 000

(2) 2×21年12月1日前收到货款。

借：银行存款	2 825 000	
贷：应收账款		2 825 000

(3) 2×21年12月31日，甲公司对退货率进行重新评估。

借：预计负债——应付退货款	250 000	
贷：主营业务收入		250 000
借：主营业务成本	200 000	
贷：应收退货成本		200 000

(4) 2×22年3月31日发生销售退回，实际退货量为400件，退货款项已经支付。

借：库存商品	160 000	
应交税费——应交增值税（销项税额）	26 000	
预计负债——应付退货款	250 000	
贷：应收退货成本		160 000
主营业务收入		50 000
银行存款		226 000
借：主营业务成本	40 000	

贷：应收退货成本 40 000

附有销售退回条款的销售，在客户要求退货时，如果企业有权向客户收取一定金额的退货费，则企业在估计预期有权收取的对价金额时，应当将该退货费包括在内。

【例 15－56】 甲公司向家具店销售 10 张餐桌，每张餐桌的价格为 1 000 元，成本为 750 元。根据合同约定，家具店有权在收到餐桌的 30 天内退货，但是需要向甲公司支付 10% 的退货费（即每张餐桌的退货费为 100 元）。根据历史经验，甲公司预计的退货率为 10%，且退货过程中，甲公司预计为每张退货的餐桌发生的成本为 50 元。上述价格均不包含增值税，假定不考虑相关税费影响，甲公司在将餐桌的控制权转移给家具店时的账务处理为：

借：应收账款 10 000
　贷：主营业务收入 9 100
　　预计负债——应付退货款 900
借：主营业务成本 6 800
　应收退货成本 700
　贷：库存商品 7 500

【例 15－57】 乙公司与客户签订合同，向其销售 A 产品。客户在合同开始日即取得了 A 产品的控制权，并在 90 天内有权退货。由于 A 产品是最新推出的产品，乙公司尚无有关该产品退货率的历史数据，也没有其他可以参考的市场信息。该合同对价为 12 100 元，根据合同约定，客户应于合同开始日后的第二年年末付款。A 产品在合同开始日的现销价格为 10 000 元。A 产品的成本为 8 000 元。退货期满后，未发生退货。上述价格均不包含增值税，假定不考虑相关税费影响。

本例中，客户有退货权，因此，该合同的对价是可变的。由于乙公司缺乏有关退货情况的历史数据，考虑将可变对价计入交易价格的限制要求，在合同开始日不能将可变对价计入交易价格，因此，乙公司在 A 产品控制权转移时确认的收入为 0，其应当在退货期满后，根据实际退货情况，按照预期有权收取的对价金额确定交易价格。此外，考虑到 A 产品控制权转移与客户付款之间的时间间隔以及该合同对价与 A 产品现销价格之间的差异等因素，乙公司认为该合同存在重大融资成分。乙公司的账务处理如下：

（1）在合同开始日，乙公司将 A 产品的控制权转移给客户。

借：应收退货成本 8 000

贷：库存商品　　8 000

(2) 在90天的退货期内，乙公司尚未确认合同资产和应收款项，因此，无需确认重大融资成分的影响。

(3) 退货期满日（假定应收款项在合同开始日和退货期满日的公允价值无重大差异）。

借：长期应收款　　12 100

　贷：主营业务收入　　10 000

　　未实现融资收益　　2 100

借：主营业务成本　　8 000

　贷：应收退货成本　　8 000

在后续期间，乙公司应当考虑在剩余合同期限确定实际利率，将上述应收款项的金额与合同对价之间的差额（2 100元）按照实际利率法进行摊销，确认相关的利息收入。此外，乙公司还应当按照金融工具相关章评估上述应收款项是否发生减值，并进行相应的会计处理。

需要说明的是，客户以一项商品换取类型、质量、状况及价格均相同的另一项商品，不应被视为退货。此外，如果合同约定客户可以将质量有瑕疵的商品退回以换取正常的商品，企业应当按照附有质量保证条款的销售进行会计处理。对于具有类似特征的合同组合，企业也可以在确定退货率、坏账率、合同存续期间等方面运用组合法进行估计。

（二）附有质量保证条款的销售

企业在向客户销售商品时，根据合同约定、法律规定或本企业以往的习惯做法等，可能会为所销售的商品提供质量保证，这些质量保证的性质可能因行业或者客户而不同。其中，有一些质量保证是为了向客户保证所销售的商品符合既定标准，即保证类质量保证；而另一些质量保证则是在向客户保证所销售的商品符合既定标准之外提供了一项单独的服务，即服务类质量保证。

企业应当对其所提供的质量保证的性质进行分析，对于客户能够选择单独购买质量保证的，表明该质量保证构成单项履约义务；对于客户虽然不能选择单独购买质量保证，但是，如果该质量保证在向客户保证所销售的商品符合既定标准之外提供了一项单独服务的，也应当作为单项履约义务。作为单项履约义务的质量保证应当按本章规定进行会计处理，并将部分交易价格分摊至该项履约义务。对于不能作为单项履约义务的质量保证，企业应当按照第十四章或有事项的规定进行会计处理。

企业在评估一项质量保证是否在向客户保证所销售的商品符合既定标准之外提供了一项单独的服务时，应当考虑的因素包括：

1. 该质量保证是否为法定要求。当法律要求企业提供质量保证时，该法律规定通常表明企业承诺提供的质量保证不是单项履约义务，这是因为，这些法律规定通常是为了保护客户，以免其购买瑕疵或缺陷商品，而并非为客户提供一项单独的服务。

2. 质量保证期限。企业提供质量保证的期限越长，越有可能表明企业向客户提供了保证商品符合既定标准之外的服务。因此，企业承诺提供的质量保证越有可能构成单项履约义务。

3. 企业承诺履行任务的性质。如果企业必须履行某些特定的任务以保证所销售的商品符合既定标准（例如，企业负责运输被客户退回的瑕疵商品），则这些特定的任务可能不构成单项履约义务。

【例15－58】甲公司与客户签订合同，销售一部手机。该手机自售出起一年内如果发生质量问题，甲公司负责提供质量保证服务。此外，在此期间内，由于客户使用不当（例如手机进水）等原因造成的产品故障，甲公司也免费提供维修服务。该维修服务不能单独购买。

本例中，甲公司的承诺包括：销售手机、提供质量保证服务以及维修服务。甲公司针对产品的质量问题提供的质量保证服务是为了向客户保证所销售商品符合既定标准，因此不构成单项履约义务；甲公司对由于客户使用不当而导致的产品故障提供的免费维修服务，属于在向客户保证所销售商品符合既定标准之外提供的单独服务，尽管其没有单独销售，该服务与手机可明确区分，应该作为单项履约义务。因此，在该合同下，甲公司的履约义务有两项：销售手机和提供维修服务，甲公司应当按照其各自单独售价的相对比例，将交易价格分摊至这两项履约义务，并在各项履约义务履行时分别确认收入。甲公司提供的质量保证服务，应当按照第十四章或有事项进行会计处理。

企业提供的质量保证同时包含保证类质量保证和服务类质量保证的，应当分别对其进行会计处理；无法合理区分的，应当将这两类质量保证一起作为单项履约义务按照本章进行会计处理。

当企业销售的商品对客户造成损害或损失时，如果相关法律法规要求企业需要对此进行赔偿，该法定要求不会产生单项履约义务。如果企业承诺，当企业向客户销售的商品由于专利权、版权、商标或其他侵权等原因被索赔而对客户造成损失时，向客户赔偿该损失，该承诺也不会产生单项履约义务。企业应当按照第十四章或有事项的规定对上述义务进行会计处理。

（三）主要责任人和代理人

当企业向客户销售商品涉及其他方参与其中时，企业应当确定其自身在该交易中的身份是主要责任人还是代理人。主要责任人应当按照已收或应收对价总额确认收入；代理人应当按照预期有权收取的佣金或手续费的金额确认收入。

1. 主要责任人或代理人的判断原则。

企业在判断其是主要责任人还是代理人时，应当根据其承诺的性质，也就是履约义务的性质，确定企业在某项交易中的身份是主要责任人还是代理人。企业承诺自行向客户提供特定商品的，其身份是主要责任人；企业承诺安排他人提供特定商品的，即为他人提供协助的，其身份是代理人。自行向客户提供特定商品可能也包含委托另一方（包括分包商）代为提供特定商品。

在确定企业承诺的性质时，企业应当首先识别向客户提供的特定商品。这里的特定商品，是指向客户提供的可明确区分的商品或可明确区分的一揽子商品，根据前述可明确区分的商品的内容，该特定的商品也包括享有由其他方提供的商品的权利。例如，旅行社销售的机票向客户提供了乘坐航班的权利，团购网站销售的餐券向客户提供了在指定餐厅用餐的权利等。当企业与客户订立的合同中包含多项特定商品时，对于某些商品而言，企业可能是主要责任人，而对于其他商品而言，企业可能是代理人。例如，企业与客户订立合同，向客户销售其生产的产品并且负责将该产品运送至客户指定的地点，假定销售产品和提供运输服务是两项履约义务，企业需要分别判断其在这两项履约义务中的身份是主要责任人还是代理人。

然后，企业应当评估特定商品在转让给客户之前，企业是否控制该商品。企业在将特定商品转让给客户之前控制该商品的，表明企业的承诺是自行向客户提供该商品，或委托另一方（包括分包商）代其提供该商品，因此，企业为主要责任人；相反，企业在特定商品转让给客户之前不控制该商品的，表明企业的承诺是安排他人向客户提供该商品，是为他人提供协助，因此，企业为代理人。当企业仅仅是在特定商品的法定所有权转移给客户之前，暂时性地获得该商品的法定所有权时，并不意味着企业一定控制了该商品。

2. 企业作为主要责任人的情况。

当存在第三方参与企业向客户提供商品时，企业向客户转让特定商品之前能够控制该商品的，应当作为主要责任人。企业作为主要责任人的情形包括：

(1) 企业自该第三方取得商品或其他资产控制权后，再转让给客户。这里的商品或其他资产也包括企业向客户转让的未来享有由其他方提供服务的权利。企业应当评估该权利在转让给客户前，企业是否控制该权利。在进行上述评估时，企业应当考虑该权利是仅在转让给客户时才产生，还是在转让给客户之前就已经存在，且企业一直能够主导其使用，如果该权利在转让给客户之前不存在，则企业实质上并不能在该权利转让给客户之前控制该权利。

【例 15－59】 甲公司是一家旅行社，从航空公司购买了一定数量的折扣机票，并对外销售。甲公司向旅客销售机票时，可自行决定机票的价格，未售出的机票不能退还给航空公司。

本例中，甲公司向客户提供的特定商品为机票，该机票代表了客户可以乘坐某特定航班（即享受航空公司提供的飞行服务）的权利。甲公司在确定特定客户之前已经预先从航空公司购买了机票，因此，该权利在转让给客户之前已经存在。甲公司从航空公司购入机票之后，可以自行决定该机票的用途，即是否用于对外销售，以何等价格以及向哪些客户销售等，甲公司有能力主导该机票的使用并且能够获得其几乎全部的经济利益。因此，甲公司在将机票销售给客户之前，能够控制该机票，甲公司在向旅客销售机票的交易中的身份是主要责任人。

【例 15－60】 甲公司经营某购物网站，在该网站购物的消费者可以明确获知在该网站上销售的商品均为其他零售商直接销售的商品，这些零售商负责发货以及售后服务等。甲公司与零售商签订的合同约定，该网站所售商品的采购、定价、发货以及售后服务等均由零售商自行负责，甲公司仅负责协助零售商和消费者结算货款，并按照每笔交易的实际销售额收取5%的佣金。

本例中，甲公司经营的购物网站是一个购物平台，零售商可以在该平台发布所销售商品信息，消费者可以从该平台购买零售商销售的商品。消费者在该网站购物时，向其提供的特定商品为零售商在网站上销售的商品，除此之外，甲公司并未提供任何其他的商品。这些特定商品在转移给消费者之前，甲公司没有能力主导这些商品的使用，例如，甲公司不能将这些商品提供给购买该商品的消费者之外的其他方，也不能阻止零售商向该消费者转移这些商品。因此，消费者在该网站购物时，在相关商品转移给消费者之前，甲公司并未控制这些商品，甲公司的履约义务是安排零售商向消费者提供相关商品，而非自行提供这些商品，甲公司在该交易中的身份是代理人。

【例 15－61】 甲公司向客户销售某餐厅的代金券，购买了该代金券的客户可以使用该代金券在指定的餐厅用餐。该代金券一旦售出，不可退还。客户无需提前购买该代金券，只需要在消费时购买即可。根据甲公司和该餐厅的协议约定，代金券在销售给客户之前，甲公司不必要、也没有承诺预先自行购买该代金券。代金券的销售价格由甲公司和该餐厅共同制定，甲公司在代金券出售时有权收取代金券价格的10%作为佣金。甲公司会协助购买该代金券在餐厅用餐的客户解决与用餐有关的投诉，并对客户进行满意度调查；餐厅负责履行与该代金券有关的义务，包括对不满餐厅服务的客户进行补偿等。

本例中，向客户提供的特定商品为代金券，该代金券代表了客户可以在指定餐厅用餐（即享受该餐厅提供的餐饮服务）的权利。甲公司不必要、也没有承诺预先自行购买该代金券，只有当客户向其购买代金券时，其才会同时向指定餐厅购买该代金券，对于甲公司而言，该权利仅在转让给客户时才产生，而在转让给客户之前并不存在，甲公司并不能随时主导该权利的使用并从中获益。因此，甲公司在将代金券销售给客户之前，并未控制该代金券，甲公司在该交易中的身份为代理人。

（2）企业能够主导第三方代表本企业向客户提供服务。当企业承诺向客户提供服务，并委托第三方（例如分包商、其他服务提供商等）代表企业向客户提供服务时，如果企业能够主导该第三方代表本企业向客户提供服务，则表明企业在相关服务提供给客户之前能够控制该相关服务。

【例15-62】甲公司与乙公司签订合同，为其写字楼提供保洁服务，并商定了服务范围及其价格。甲公司每月按照约定的价格向乙公司开具发票，乙公司按照约定的日期向甲公司付款。双方签订合同后，甲公司委托服务供应商丙公司代表其为乙公司提供该保洁服务，并与其签订了合同。甲公司和丙公司商定了服务价格，双方签订的合同付款条款大致上与甲公司和乙公司约定的付款条款一致。当丙公司按照与甲公司的合同约定提供了服务时，无论乙公司是否向甲公司付款，甲公司都必须向丙公司付款。乙公司无权主导丙公司提供未经甲公司同意的服务。

本例中，甲公司向乙公司提供的特定服务是写字楼的保洁服务，除此之外，甲公司并没有向乙公司承诺任何其他的商品。根据甲公司与丙公司签订的合同，甲公司能够主导丙公司所提供的服务，包括要求丙公司代表甲公司向乙公司提供保洁服务，相当于甲公司利用其自身资源履行了该合同。乙公司无权主导丙公司提供未经甲公司同意的服务。因此，甲公司在丙公司向乙公司提供保洁服务之前控制了该服务，甲公司在该交易中的身份为主要责任人。

（3）企业自第三方取得商品控制权后，通过提供重大的服务将该商品与其他商品整合成合同约定的某组合产出转让给客户。此时，企业承诺提供的特定商品就是合同约定的组合产出。企业只有获得为生产该特定商品所需要的投入（包括从第三方取得的商品）的控制权，才能够将这些投入加工整合为合同约定的组合产出。

【例15-63】甲公司与乙公司签订合同，向其销售一台特种设备，并商定了该设备的具体规格和销售价格，甲公司负责按照约定的规格设计该设备，并按双方商定的销售价格向乙公司开具发票。该特种设备的设计和制造高度相关。为履行该合同，甲公司与其供应商丙公司签订合同，委托丙公司按照其设计方案制造该设备，并安排丙公司直接向乙公司交付设备；丙公司将设备交付给乙公司后，甲公司按与丙公司约定的价格向丙公司支付制造设备的对价；丙公司负责设备质量问题，甲公司负责设备由于设计原因引致的问题。

本例中，甲公司向乙公司提供的特定商品是其设计的专用设备。虽然甲公司将设备的制造工作分包给丙公司进行，但是，甲公司认为该设备的设计和制造高度相关，不能明确区分，应当作为单项履约义务。由于甲公司负责该合同的整体管理，如果在设备制造过程中发现需要对设备规格作出任何调整，甲公司需要负责制定相关的修订方案，通知丙公司进行相关调整，并确保任何调整均符合修订后的规格要求。甲公司主导了丙公司的制造服务，并通过必需的重大整合服务，将其整合作为向乙公司转让的组合产出（专用设备）的一部分，在该专用设备转让给客户前控制了该专用设备。因此，甲公司在该交易中的身份为主要责任人。

企业无论是主要责任人还是代理人，均应当在履约义务履行时确认收入。企业为主要责任人的，应当按照其自行向客户提供商品而有权收取的对价总额确认收入；企业为代理人的，应当按照其因安排他人向客户提供特定商品而有权收取的佣金或手续费的金额确认收入，该金额可能是按照既定的佣金金额或比例确定，也可能是按照已收或应收对价总额扣除应支付给提供该特定商品的其他方的价款后的净额确定。

3. 需要考虑的相关事实和情况。实务中，企业在判断其在向客户转让特定商品之前是否已经拥有对该商品的控制权时，不应仅局限于合同的法律形式，而应当综合考虑所有相关事实和情况进行判断，这些事实和情况包括但不仅限于：

（1）企业承担向客户转让商品的主要责任。该主要责任包括就特定商品的可接受性（例如，确保商品的规格满足客户的要求）承担责任等。当存在第三方参与向客户提供特定商品时，如果企业就该特定商品对客户承担主要责任，则可能表明该第三方是在代表企业提供该特定商品。企业在评估是否承担向客户转让商品的主要责任时，应当从客户的角度进行评估，即客户认为哪一方承担了主要责任。例如，客户认为谁对商品的质量或性能负责、谁负责提供售后服务、谁负责解决客户投诉等。

（2）企业在转让商品之前或之后承担了该商品的存货风险。当企业在与客户订立合同之前已经购买或者承诺将自行购买特定商品时，这可能表明企业在将该特定商品转让给客户之前，承担了该特定商品的存货风险，企业有能力主导特定商品的使用并从中取得几乎全部的经济利益。在附有销售退回条款的销售中，企业将商品销售给客户之后，客户有权要求向该企业退货，这可能表明企业在转让商品之后仍然承担了该商品的存货风险。

（3）企业有权自主决定所交易商品的价格。企业有权决定与客户交易的特定商品的价格，可能表明企业有能力主导该商品的使用并从中获得几乎全部的经济利益。然而，在某些情况下，代理人可能在一定程度上也拥有定价权（例如，在主要责任人规定的某一价格范围内决定价格），以便其在代表主要责任人向客户提供商品时，能够吸引更多的客户，从而赚取更多的收入。例如，当代理人向主要责任人的客户提供一定折扣优惠，以激励该客户购买主要责任人的商品时，即使代理人有一定的定价能力，也并不表明其身份是主要责任人，代理人只是放弃了一部分自己应当赚取的佣金或手续费而已。

需要强调的是，企业在判断其是主要责任人还是代理人时，应当以该企业在特定商品转让给客户之前是否能够控制该商品为原则。上述相关事实和情况仅为支持对控制权的评估，不能取代控制权的评估，也不能凌驾于控制权评估之上，更不是单独或额外的评估；并且这些事实和情况并无权重之分，其中某一项或几项也不能被孤立地用于支持某一结论。企业应当根据相关商品的性质、合同条款的约定以及其他具体情况，综合进行判断。不同的合同可能需要采用上述不同的事实和情况提供支持证据。

当第三方承担了企业的履约义务并享有了合同中的权利，从而使企业不再负有自行向客户转让特定商品的义务时，企业不再是主要责任人，不应再按照主要责任人确认收入，而应当评估其履约义务是否是为该第三方取得合同，即企业是否为代理人，并确认相应的收入。

【例 15 - 64】 甲公司是一家经营高端品牌的百货公司，采用与品牌服装供应商合作的经营模式。某高端品牌供应商乙公司在甲公司指定区域设立专柜（或专卖店）提供约定品牌商品，并委派营业员销售商品，假定本案例不包含租赁。乙公司负责专柜内的商品保管、出售、调配或下架，承担丢失和毁损风险，拥有未售商品的所有权。乙公司负责实际定价销售，甲公司负责对百货公司内销售的商品统一收款，开具发票。甲公司将收到客户款项扣除10%后支付给乙公司。

甲公司通过各种促销活动以提高百货公司的总体业绩。促销活动分为甲公司主导的促销活动和乙公司自行打折活动。甲公司主导的相关促销活动费用，有些由甲公司自行承担，有些由甲公司与乙公司共同承担。乙公司自行开展的打折活动需要获得甲公司同意，甲公司会要求其打折的幅度和范围符合甲公司的定位，例如打折幅度不能过大，保证不打折的新品的比例不能过低等。如果需办理退换货的，甲公司可自行决定为客户办理退换货、赔偿等事项，之后可向乙公司追偿。假定客户丙购买商品，向甲公司支付价款1 000元，甲公司扣除100元后支付给乙公司900元。假定不考虑其他因素。

本例中，企业应当根据其在向客户转让商品前是否拥有对该商品的控制权，来判断其从事交易时的身份是主要责任人还是代理人。在客户付款购买商品之前，乙公司能够主导商品的使用，例如出售、调配或下架，并从中获得其几乎全部的经济利益，因此拥有对该商品的控制权，是主要责任人，在客户丙取得商品控制权时确认收入1 000元。甲公司在商品转移给客户之前，不能自行或者要求乙公司把这些商品用于其他用途，也不能禁止乙公司把商品用于其他用途，因此，甲公司没有获得对该商品的控制权，只是负责协助乙公司进行商品销售，是代理人，在客户丙取得商品控制权时确认收入100元。

另外需要说明的是，本例中对于与控制权相关的三个迹象：一是从客户的角度，甲公司承担退换货和赔偿的主要责任；二是乙公司承担了该商品的存货风险；三是销售商品价格主要是由供应商乙公司确定，但甲公司对于商品的定价权有一定的影响力。与控制权相关的三个迹象的分析，并不能明确区分主要责任人和代理人，这些相关事实和情况的迹象仅为支持对控制权的评估，不能取代控制权的评估，也不能凌驾于控制权评估之上，更不是单独或额外的评估。

综上，企业应当根据其在向客户转让商品前是否拥有对该商品的控制权，来判断其从事交易时的身份是主要责任人还是代理人。在客户付款购买商品之前，乙公司拥有对该商品的控制权，是主要责任人，甲公司没有获得对该商品的控制权，是代理人。

【例 15－65】 甲公司是一家经营高端品牌的百货公司，采用自主选择品牌直营模式。甲公司根据品牌定位，挑选某高端品牌乙公司作为其供应商之一，乙公司提供约定品牌商品，并与其他品牌同类商品统一摆放在甲公司指定位置。甲公司委派营业员销售该品牌商品，并负责专柜内的商品保管、出售、调配或下架，承担丢失和毁损风险，拥有未售商品的所有权。甲公司对百货公司内商品统一定价，统一收款。如果需办理退换货的，甲公司可自行决定为客户办理退换货、赔偿等事项，如属商品质量问题，可向乙公司追偿。假定不考虑其他因素。

本例中，企业应当根据其在向客户转让商品前是否拥有对该商品的控制权，来判断其从事交易时的身份是主要责任人还是代理人。在客户付款购买商品之前，甲公司能够主导商品的使用，例如出售、调配或下架，并从中获得其几乎全部的经济利益，拥有对该商品的控制权，是主要责任人，在客户取得商品控制权时确认收入。

【例 15－66】 甲公司是一家知名服装品牌生产零售商，拥有数百家直营连锁店。小型服装生产商乙公司向甲公司供应服装，乙公司将按照甲公司选定《供货清单》的要求将商品发送到甲公司指定的直营门店。商品收到后，甲公司组织验货，按照《供货清单》核对商品，确保没有短溢、货不对板等情形。甲公司将从乙公司采购的服装与其自产的服装一起管理并负责实际销售，其商标为甲公司商标，对外宣传为联名款。甲乙双方协商确定吊牌价，甲公司在吊牌价 7 折以上可自行对外销售并制定相应的促销策略，7 折以下需得到乙公司的许可。甲乙双方根据销售收入每月五五分成。

如果商品自上架陈列 30 日仍未售出，甲公司有权将未出售的商品全部退回给乙公司，但在甲公司决定将商品退回前，乙公司不得取回、调换或移送商品。如果需办理退换货的，甲公司可自行决定为客户办理退换货、赔偿等事项，之后可向乙公司追偿。假定不考虑其他因素。

本例中，企业应当根据其在向客户转让商品前是否拥有对该商品的控制权，来判断其从事交易时的身份是主要责任人还是代理人。在客户付款购买商品之前，甲公司能够主导商品的使用，例如出售、调配或下架，并从中获得其几乎全部的经济利益，因此拥有对该商品的控制权，是主要责任人。

另外需要说明的是，本例中对于与控制权相关的三个迹象：一是从客户的角度，甲公司承担销售、退换货和赔偿的主要责任；二是在转让商品之前，甲乙公司均承担了该商品的存货风险，转让商品之后，乙公司承担了该商品的存货风险；三是双方协商确定吊牌价，甲乙双方均无权自主决定所交易商品的价格。与控制权相关的三个迹象的分析，并不能明确区分主要责任人和代理人，这些相关事实和情况的迹象仅为支持对控制权的评估，不能取代控制权的评估，也不能凌驾于控制权评估之上，更不是单独或额外的评估。

综上，企业应当根据其在向客户转让商品前是否拥有对该商品的控制权，来判断其从事交易时的身份是主要责任人还是代理人。商品的控制权在转移给客户之前，甲公司拥有对该商品的控制权，是主要责任人。

另外，乙公司将商品发送到甲公司指定的直营门店并经甲公司验收后（假定该时点为商品控制权转移的时点）应该确认销售收入。由于30日未售出的商品或消费者退回的商品，甲公司有权退回给乙公司或向乙公司追偿，乙公司应当按照附有销售退回条款的销售进行会计处理。

（四）附有客户额外购买选择权的销售

某些情况下，企业在销售商品的同时，会向客户授予选择权，允许客户可以据此免费或者以折扣价格购买额外的商品。企业向客户授予的额外购买选择权的形式包括销售激励、客户奖励积分、未来购买商品的折扣券以及合同续约选择权等。

对于附有客户额外购买选择权的销售，企业应当评估该选择权是否向客户提供了一项重大权利。如果客户只有在订立了一项合同的前提下才取得了额外购买选择权，并且客户行使该选择权购买额外商品时，能够享受到超过该地区或该市场中其他同类客户所能够享有的折扣，则通常认为该选择权向客户提供了一项重大权利。该选择权向客户提供了重大权利的，应当作为单项履约义务。在这种情况下，客户在该合同下支付的价款实际上购买了两项单独的商品：一是客户在该合同下原本购买的商品；二是客户可以免费或者以折扣价格购买额外商品的权利。企业应当将交易价格在这两项商品之间进行分摊，其中，分摊至后者的交易价格与未来的商品相关，因此，企业应当在客户未来行使该选择权取得相关商品的控制权时，或者在该选择权失效时确认为收入。在考虑授予客户的该项权利是否重大时，应根据其金额和性质综合判断。例如，企业实施一项奖励积分计划，客户每消费10元便可获得1个积分，每个积分的单独售价为0.1元，该积分可累积使用，用于换取企业销售的产品，虽然客户每笔消费所获取的积分的价值相对于消费金额而言并不重大，但是由于该积分可以累积使用，基于企业的历史数据，客户通常能够累积足够的积分来免费换取产品，这可能表明该积分向客户提供了重大权利。

当企业向客户提供了额外购买选择权，但客户在行使该选择权购买商品的价格反映了该商品的单独售价时，即使客户只能通过与企业订立特定合同才能获得该选择权，该选择权也不应被视为企业向该客户提供了一项重大权利。例如，电信公司与客户签订合同，以套餐的方式向客户销售一部手机和两年的通信服务，包括每月200分钟的语音服务和4G的数据流量，并按月收取固定费用；同时，客户可以根据需要，在任何月份按照约定的价格购买额外的语音服务和数据流量。如果该约定的价格与其他客户单独购买语音服务和数据流量时的价格相同，则表明电信公司向客户提供的该额外购买选择权并不构成一项重大权利，企业无需分摊交易价格，只有在客户行使选择权购买额外的商品时才需要进行相应的会计处理。

企业提供的额外购买选择权构成单项履约义务的，企业应当按照交易价格分摊的相关原则，将交易价格分摊至该履约义务。客户额外购买选择权的单独售价无法直接观察的，企业应当综合考虑客户行使和不行使该选择权所能获得的折扣的差异以及客户行使该选择权的可能性等全部相关信息后，予以合理估计。

【例15-67】甲公司以100元的价格向客户销售A商品，购买该商品的客户可得到一张40%的折扣券，客户可以在未来的30天内使用该折扣券购买甲公司原价不超过100元的任一商品。同时，甲公司计划推出季节性促销活动，在未来30天内针对所有产品均提供10%的折扣。上述两项优惠不能叠加使用。根据历史经验，甲公司预计有80%的客户会使用该折扣券，额外购买的商品的金额平均为50元。上述金额均不包含增值税，且假定不考虑相关税费影响。

本例中，购买A商品的客户能够取得40%的折扣券，其远高于所有客户均能享有的10%的折扣，因此，甲公司认为该折扣券向客户提供了重大权利，应当作为单项履约义务。考虑到客户使用该折扣券的可能性以及额外购买的金额，甲公司估计该折扣券的单独售价为12元［50×80%×(40%-10%)］。甲公司按照A产品和折扣券单独售价的相对比例对交易价格进行分摊，A商品分摊的交易价格为89元［100÷(100+12)×100］，折扣券选择权分摊的交易价格为11元［12÷(100+12)×100］。甲公司在销售A商品时的账务处理如下：

借：银行存款　　　　　　　　　　　　　100

　贷：主营业务收入　　　　　　　　　　　　89

合同负债　　11

【例15－68】2×21年1月1日，甲公司开始推行一项奖励积分计划。根据该计划，客户在甲公司每消费10元可获得1个积分，每个积分从次月开始在购物时可以抵减1元。截至2×21年1月31日，客户共消费100 000元，可获得10 000个积分，根据历史经验，甲公司估计该积分的兑换率为95%。上述金额均不包含增值税，且假定不考虑相关税费影响。

本例中，甲公司认为其授予客户的积分为客户提供了一项重大权利，应当作为单项履约义务。客户购买商品的单独售价合计为100 000元，考虑积分的兑换率，甲公司估计积分的单独售价为9 500元（1×10 000×95%）。甲公司按照商品和积分单独售价的相对比例对交易价格进行分摊：

商品分摊的交易价格＝[100 000÷(100 000＋9 500)]×100 000＝91 324(元)

积分分摊的交易价格＝[9 500÷(100 000＋9 500)]×100 000＝8 676(元)

因此，甲公司应当在商品的控制权转移时确认收入91 324元，同时，确认合同负债8 676元。

截至2×21年12月31日，客户共兑换了4 500个积分，甲公司对该积分的兑换率进行了重新估计，仍然预计客户将会兑换的积分总数为9 500个。因此，甲公司以客户兑换的积分数占预期将兑换的积分总数的比例为基础确认收入。积分当年应当确认的收入为4 110元（4 500÷9 500×8 676）；剩余未兑换的积分为4 566元（8 676－4 110），仍然作为合同负债。

截至2×22年12月31日，客户累计兑换了8 500个积分。甲公司对该积分的兑换率进行了重新估计，预计客户将会兑换的积分总数为9 700个。积分当年应当确认的收入为3 493元（8 500÷9 700×8 676－4 110）；剩余未兑换的积分为1 073元（8 676－4 110－3 493），仍然作为合同负债。

需要说明的是，企业向客户授予奖励积分，该积分可能有多种使用方式，例如该积分只能用于兑换本企业提供的商品、只能用于兑换第三方的商品，或者客户可以在二者中进行选择。企业授予客户的奖励积分为客户提供了重大权利从而构成单项履约义务时，企业应当根据具体情况确定收入确认的时点和金额。具体而言，该积分只能用于兑换本企业提供的商品的，企业通常只能在将相关商品转让给客户或该积分失效时，确认与积分相关的收入；该积分只能用于兑换第三方提供的商品的，企业应当分析，对于该项履约义务而言，其身份是主要责任人还是代理人，企业是代理人的，通常应在完成代理服务时（例如协助客户自第三方兑换完积分时）按照其有权收取的佣金等确认收入；客户可以选择兑换由本企业或第三方提供的商品的，在客户选择如何兑换积分或该积分失效之前，企业需要随时准备为客户兑换积分提供商品，当客户选择兑换本企业的商品时，企业通常只能在将相关商品转让给客户或该积分失效时确认相关收入，当客户选择兑换第三方提供的商品时，企业需要分析其是主要责任人还是代理人，并进行相应的会计处理。

当客户享有的额外购买选择权是一项重大权利时，如果客户行使该权利购买的额外商品与原合同下购买的商品类似，且企业将按照原合同条款提供该额外商品的，则企业可以无需估计该选择权的单独售价，而是直接把其预计将提供的额外商品的数量以及预计将收取的相应对价金额纳入原合同，并进行相应的会计处理。这是一种便于实务操作的简化处理方式，常见于企业向客户提供续约选择权的情况。例如，企业与客户签订为期一年的合同，以每件 2 000 元的价格向客户销售 A 产品，数量不限，客户可以选择在合同到期时以与原合同相同的条款续约一年，这款产品通常每年提价 20%，由于行使续约选择权的客户可以按原合同价格（低于当年的市场价格）购买 A 产品，企业认为该续约选择权向客户提供了重大权利，且符合简化处理的条件，因此，企业可以无需将原合同的交易价格分摊至该续约选择权，而是直接按照每件 2 000 元的价格确认原合同和续约后的合同下销售的 A 产品收入。

【例 15－69】 2×20 年 1 月 1 日，甲公司与 100 位客户签订为期一年的服务合同，每份合同的价格均为 10 000 元，并在当日全额支付了款项。该项服务是甲公司推出的一项新业务。为推广该业务，该合同约定，客户有权在 2×20 年年末选择以同样的价格续约一年并立即支付 10 000 元；选择在 2×20 年年末续约的客户还有权在 2×21 年年末选择以同样的价格再续约一年并立即支付 10 000 元。甲公司在 2×21 年和 2×22 年将对该项服务的价格分别提高至每年 30 000 元和 50 000 元。2×20 年年末及其后，没有续约但之后又向甲公司购买该项服务的客户以及新客户都将适用当年涨价后的价格。假定甲公司提供该服务属于在一段时间内履行的履约义务，并按照成本法确定履约进度。上述金额均不包含增值税。合同开始日即 2×20 年 1 月 1 日，甲公司估计有 90% 的客户（即 90 位客户）会在 2×20 年年末选择续约，其中又有 90% 的客户（即 81 位客户）会在 2×21 年年末再次选择续约。2×20 年至 2×22 年的合同预计成本分别为 6 000 元、7 500 元和 10 000 元。

本例中，只有签订了该合同的客户才有权选择续约，且客户行使该权利续约时所能够享受的价格远低于该项服务当时的市场价格，因此，甲公司认为该续约选择权向客户提供了重大权利，且符合简化处理的条件，即甲公司无需估计该续约选择权的单独售价，而是直接把其预计将提供的额外服务以及预计将收取的相应对价金额纳入原合同，进行会计处理。

在合同开始日，甲公司根据其对客户续约选择权的估计，估计每份合同的交易价格为27 100元（10 000 +10 000 ×90% +10 000 ×81%），预计每份合同各年应分摊的交易价格如表15 –2所示。

表15 –2 单位：元

年度	预计成本	考虑续约可能性调整后的成本	分摊的交易价格
2 ×20	6 000	6 000（6 000 ×100%）	7 799［（6 000 ÷20 850）×27 100］
2 ×21	7 500	6 750（7 500 ×90%）	8 773［（6 750 ÷20 850）×27 100］
2 ×22	10 000	8 100（10 000 ×81%）	10 528［（8 100 ÷20 850）×27 100］
合计	23 500	20 850	27 100

假定客户实际选择续约的情况与甲公司的估计一致。甲公司在各年收款、确认收入以及年末合同负债的情况如表15 –3所示。

表15 –3 单位：元

年度	收款	确认收入	合同负债
2 ×20	1 900 000	779 900	1 120 100
2 ×21	810 000	877 300	1 052 800
2 ×22	—	1 052 800	—
合计	2 710 000	2 710 000	

如果客户实际选择续约的情况与甲公司的估计不一致，则甲公司需要根据实际情况对于交易价格、履约进度以及各年确认的收入进行相应调整。

（五）授予知识产权许可

授予知识产权许可，是指企业授予客户对企业拥有的知识产权享有相应权利。常见的知识产权包括软件和技术、影视和音乐等的版权、特许经营权以及专利权、商标权和其他版权等。

1. 授予知识产权许可是否构成单项履约义务。

企业向客户授予知识产权许可时，可能也会同时销售商品，这些承诺可能在合同中明确约定，也可能隐含于企业已公开宣布的政策、特定声明或者企业以往的习惯做法中。在这种情况下，企业应当评估授予客户的知识产权许可是否可与所售商品明确区分，即该知识产权许可是否构成单项履约义务，并进行相应的会计处理。

授予客户的知识产权许可不构成单项履约义务的，企业应当将该知识产权许可和所售商品一起作为单项履约义务进行会计处理。知识产权许可与所售商品不可明确区分的情形包括：一是该知识产权许可构成有形商品的组成部分并且对于该商品的正常使用不可或缺，例如，企业向客户销售设备和相关软件，该软件内嵌于设备之中，该设备必须安装了该软件之后才能正常使用；二是客户只有将该知识产权许可和相关服务一起使用才能够从中获益，例如，客户取得授权许可，但是只有通过企业提供的在线服务才能访问相关内容。

【例 15－70】 甲生物制药公司将其拥有的某合成药的专利权许可证授予乙公司，授权期限为 10 年。同时，甲公司承诺为乙公司生产该种药品。除此之外，甲公司不会从事任何与支持该药品相关的活动。该药品的生产流程特殊性极高，没有其他公司能够生产该药品。

本例中，甲公司向乙公司授予专利权许可，并为其提供生产服务。由于市场上没有其他公司能够生产该药品，客户将无法从该专利权许可中单独获益，因此，该专利权许可和生产服务不可明确区分，应当将其一起作为单项履约义务进行会计处理。

相反，如果该药品的生产流程特殊性不高，其他公司也能够生产该药品，则该专利权许可和生产服务可明确区分，应当各自分别作为单项履约义务进行会计处理。

2. 授予知识产权许可属于在某一时段履行的履约义务。

授予客户的知识产权许可构成单项履约义务的，企业应当根据该履约义务的性质，进一步确定其是在某一时段内履行还是在某一时点履行。企业向客户授予的知识产权许可，同时满足下列三项条件的，应当作为在某一时段内履行的履约义务确认相关收入；否则，应当作为在某一时点履行的履约义务确认相关收入：

（1）合同要求或客户能够合理预期企业将从事对该项知识产权有重大影响的活动。企业向客户授予知识产权许可之后，还可能会从事一些后续活动，例如市场推广、知识产权的继续开发或者能够影响知识产权价值的日常活动等，这些活动可能会在企业与客户的合同中明确约定，也可能是客户基于企业公开宣布的政策、特定声明或者企业以往的习惯做法而合理预期企业将会从事这些活动。如果企业和客户之间约定共享该知识产权的经济利益（例如，企业收取的特许权使用费基于客户的销售情况确定），虽然并非决定性因素，但是这可能表明客户能够合理预期企业将从事对该项知识产权有重大影响的活动。

企业从事的活动存在下列情况之一的，将会对该项知识产权有重大影响：一是这些活动预期将显著改变该项知识产权的形式（如知识产权的设计、内容）或者功能（如执行某任务的能力）；二是客户从该项知识产权中获益的能力在很大程度上来源于或者取决于这些活动，即，这些活动会改变该项知识产权的价值，例如企业授权客户使用其品牌，客户从该品牌获得的利益价值取决于企业为维护或提升其品牌价值而持续从事的活动。当该项知识产权具有重大的独立功能，且该项知识产权绝大部分的经济利益来源于该项功能时，客户从该项知识产权中获得的利益可能不受企业从事的相关活动的重大影响，除非这些活动显著改变了该项知识产权的形式或者功能。具有重大独立功能的知识产权主要包括软件、生物合成物或药物配方以及已完成的媒体内容（例如电影、电视节目以及音乐录音）版权等。

（2）该活动对客户将产生有利或不利影响。企业从事的这些后续活动将直接导致相关知识产权许可对客户产生影响，且这种影响既包括有利影响，也包括不利影响。如果企业从事的后续活动并不影响授予客户的知识产权许可，那么企业的后续活动只是在改变其自己拥有的资产。虽然这些活动可能影响企业提供未来知识产权许可的能力，但将不会影响客户已控制或使用的内容。

（3）该活动不会导致向客户转让某项商品。企业向客户授予知识产权许可，并承诺从事与该许可相关的某些后续活动时，如果这些活动本身构成了单项履约义务，那么企业在评估授予知识产权许可是否属于在某一时段履行的履约义务时应当不予考虑。

【例 15－71】甲公司是一家设计制作连环漫画的公司，乙公司是一家大型游轮的运营商。甲公司授权乙公司可在 4 年内使用其 3 部连环漫画中的角色形象和名称，乙公司可以以不同的方式（例如，展览或演出）使用这些漫画中的角色。甲公司的每部连环漫画都有相应的主要角色，并会定期创造新的角色，角色的形象也会随时演变。合同要求乙公司必须使用最新的角色形象。在授权期内，甲公司每年向乙公司收取 1 000 万元。

本例中，甲公司除了授予知识产权许可外不存在其他履约义务。也就是说，与知识产权许可相关的额外活动并未向客户提供其他商品，因为这些活动是企业授予知识产权许可承诺的一部分，且实际上改变了客户享有知识产权许可的内容。甲公司基于下列因素的考虑，认为该许可的相关收入应当在某一时段内确认：一是乙公司合理预期（根据甲公司以往的习惯做法），甲公司将实施对该知识产权许可产生重大影响的活动，包括创作角色及出版包含这些角色的连环漫画等；二是合同要求乙公司必须使用甲公司创作的最新角色，这些角色塑造得成功与否，会直接对乙公司产生有利或不利影响；三是尽管乙公司可以通过该知识产权许可从这些活动中获益，但在这些活动发生时并没有导致向乙公司转让任何商品。

由于合同规定乙公司在一段固定期间内可无限制地使用其取得授权许可的角色，因此，甲公司按照时间进度确定履约进度。

3. 授予知识产权许可属于在某一时点履行的履约义务。

授予知识产权许可不属于在某一时段内履行的履约义务的，应当作为在某一时点履行的履约义务，在履行该履约义务时确认收入。在客户能够使用某项知识产权许可并开始从中获利之前，企业不能对此类知识产权许可确认收入。例如，企业授权客户在一定期间内使用软件，但是，在企业向客户提供该软件的密钥之前，客户都无法使用该软件，因此，企业在向客户提供该密钥之前虽然客户已经得到授权，但也不应确认收入。

【例 15－72】 A 公司是一家软件开发公司，与 B 公司签订软件授权许可合同，将其自行研发的成熟的标准化软件产品授权给 B 公司永久使用，并提供为期 1 年的保证类质量保证，质保期自软件激活之日起算。2×22 年 1 月 1 日，A 公司按合同约定的价格向 B 公司交付软件产品，包括：（1）软件授权书；（2）软件及安装调试介质（光盘）。当日，B 公司清点交付的软件产品，签署了验收签收单。根据合同约定，B 公司应于 1 个月的正常信用期内支付货款，除非软件产品本身存在质量问题，否则 B 公司无权要求退货。A 公司判断 B 公司具有可靠的偿付能力。B 公司取得软件产品后可随时自行安装软件，安装完成后，在系统中输入软件授权书中的授权许可信息即可在线获取 A 公司系统中自动生成的激活码，录入激活码激活软件之后 B 公司可永久使用该软件。2×22 年 1 月 15 日，B 公司支付软件采购价款。B 公司自 2×22 年 1 月 1 日获取该软件后，由于相关配套硬件设施及其他系统尚未安装完成，因此 B 公司并未激活该软件，直至 2×22 年 3 月 1 日，相关配套硬件设施及其他系统已安装完成，B 公司激活并正式开始使用该软件。假设该合同中仅包含软件授权许可一项履约义务，并属于在某一时点履行的履约义务，不考虑其他因素。

本例中，2×22 年 1 月 1 日，软件授权许可的相关文档已移交给 B 公司，B 公司有权随时自行安装，可凭软件授权书中的授权许可信息获取 A 公司系统中自动生成的激活码以激活软件并开始使用，因此激活码的生成及软件的激活并无实质性障碍，B 公司已经可以主导该软件产品的使用并从中获得几乎全部的经济利益，同时也负有向 A 公司支付货款的义务。因此 2×22 年 1 月 1 日，B 公司已经取得了该软件产品的控制权，B 公司此时尚未生成激活码不影响 B 公司取得该软件产品的控制权。A 公司应当于 2×22 年 1 月 1 日确认软件授权许可收入。

【例 15－73】 A 公司是一家软件开发公司，与 B 公司签订软件授权许可合同，将其自行研发的成熟的标准化软件产品授权给 B 公司永久使用，并提供为期 1 年的保证类质量保证，质保期自软件激活之日起算。2×22 年 1 月 1 日，A 公司按合同约定的价格向 B 公司交付软件产品，包括：（1）软件授权书；（2）软件及安装调试介质（光盘）。当日，B 公司清点交付的软件产品，签署了验收签收单。根据合同约定，除非软件产品本身存在质量问题，否则 B 公司无权要求退货。B 公司考虑到软件产品可能大约 3 个月后才会投入使用，经与 A 公司协商，双方在合同中约定 B 公司可以于 3 个月内支付货款，并在支付完软件采购价款后 B 公司才能在线提出申请激活码。A 公司判断 B 公司具有可靠的偿付能力，但 3 个月时间超出其正常的信用期（1 个月），因此 A 公司在其系统中对出售给 B 公司的软件授权书进行了备注，B 公司需在支付完软件采购价款后，在线提出申请激活码，经 A 公司相关部门审核批准才能生成并获取激活码。2×22 年 3 月 25 日，B 公司完成软件采购价款的支付，并向 A 公司申请激活码，A 公司审核批准后，当日生成激活码并提供给 B 公司，B 公司录入激活码激活并正式开始使用该软件。假设该合同中仅包含软件授权许可一项履约义务，并属于在某一时点履行的履约义务，不考虑其他因素。

本例中，2×22 年 1 月 1 日，A 公司将软件产品交付给 B 公司时，A 公司并未在系统中对 B 公司开放自动获取激活码的权限，B 公司想要使用软件产品仍需支付完软件采购价款并经过 A 公司的审核批准，因此 B 公司并不能主导软件产品的使用并从中获得几乎全部经济利益，此时 B 公司未取得软件产品的控制权。2×22 年 3 月 25 日，B 公司支付完软件采购价款并经 A 公司审核批准后获取了激活码，自此才获得了软件产品的控制权。A 公司应当于 2×22 年

3 月 25 日确认软件授权许可收入。

【例 15－74】 甲音乐唱片公司将其拥有的一首经典民歌的版权授予乙公司，并约定乙公司在两年内有权在国内所有商业渠道（包括电视、广播和网络广告等）使用该经典民歌。因提供该版权许可，甲公司每月收取 1 000 元的固定对价。除该版权之外，甲公司无需提供任何其他的商品。该合同不可撤销。

本例中，甲公司除了授予该版权许可外不存在其他履约义务。甲公司并无任何义务从事改变该版权的后续活动，该版权也具有重大的独立功能（即民歌的录音可直接用于播放），乙公司主要通过该重大独立功能获利，而非甲公司的后续活动。因此，合同未要求甲公司从事对该版权许可有重大影响的活动，乙公司对此也没有形成合理预期，甲公司授予该版权许可属于在某一时点履行的履约义务，应在乙公司能够主导该版权的使用并从中获得几乎全部经济利益时，全额确认收入。

此外，由于甲公司履约的时间与客户付款时间（2 年内每月支付）之间间隔较长，甲公司需要判断该项合同中是否存在重大的融资成分，并进行相应的会计处理。

需要注意的是，在判断某项知识产权许可是属于在某一时段内履行的履约义务还是在某一时点履行的履约义务时，企业不应考虑下列因素：一是该许可在时间、地域、排他性以及相关知识产权消耗和使用方面的限制，这是因为这些限制界定了已承诺的许可的属性，并不能界定企业是在某一时点还是在某一时段内履行其履约义务。二是企业就其拥有的知识产权的有效性以及防止未经授权使用该知识产权许可所提供的保证，这是因为保护知识产权的承诺并不构成履约义务，该保护行为是为了保护企业知识产权资产的价值，并且就所转让的知识产权许可符合合同约定的具体要求而向客户提供保证。

4. 基于销售或使用情况的特许权使用费。

企业向客户授予知识产权许可，并约定按客户实际销售或使用情况（如按照客户的销售额）收取特许权使用费的，应当在客户后续销售或使用行为实际发生与企业履行相关履约义务二者孰晚的时点确认收入。这是估计可变对价的一个例外规定，该例外规定只有在下列两种情形下才能使用：一是特许权使用费仅与知识产权许可相关。二是特许权使用费可能与合同中的知识产权许可和其他商品都相关，但是，与知识产权许可相关的部分占有主导地位。当企业能够合理预期，客户认为知识产权许可的价值远高于合同中与之相关的其他商品时，该知识产权许可可能是占有主导地位的。对于不适用该例外规定的特许权使用费，应当按照估计可变对价的一般原则进行处理。

【例15－75】 甲电影发行公司与乙公司签订合同，将其拥有的一部电影的版权授权给乙公司，乙公司可在其旗下的影院放映该电影，放映期间为6周。除了将该电影版权授权给乙公司之外，甲公司还同意在该电影放映之前，向乙公司提供该电影的片花，在乙公司的影院播放，并且在该电影放映期间在当地知名的广播电台播放广告。甲公司将获得乙公司播放该电影的票房分成。

本例中，甲公司的承诺包括授予电影版权许可、提供电影片花以及提供广告服务。甲公司在该合同下获得的对价为按照乙公司实际销售情况收取的特许权使用费，与之相关的授予电影版权许可是占有主导地位的，这是因为，甲公司能够合理预期，客户认为该电影版权许可的价值远高于合同中提供的电影片花和广告服务。因此，甲公司应当在乙公司放映该电影的期间按照约定的分成比例确认收入。如果授予电影版权许可、提供电影片花以及广告服务分别构成单项履约义务，甲公司应当将该取得的分成收入在这些履约义务之间进行分摊。

此外，企业使用上述例外规定时，应当对特许权使用费整体采用该规定，而不应当将特许权使用费进行分拆，即部分采用该例外规定进行处理，而其他部分按照估计可变对价的一般原则进行处理。

【例15－76】 甲公司是一家著名的足球俱乐部，授权乙公司在其设计生产的服装、帽子、水杯以及毛巾等产品上使用甲公司球队的名称和图标，授权期间为2年。合同约定，甲公司收取的合同对价由两部分组成：一是200万元固定金额的使用费；二是按照乙公司销售上述商品所取得销售额的5%计算的提成。乙公司预期甲公司会继续参加当地顶级联赛，并取得优异的成绩。

本例中，该合同仅包括一项履约义务，即授予使用权许可，甲公司继续参加比赛并取得优异成绩等活动是该许可的组成部分。由于乙公司能够合理预期甲公司将继续参加比赛，甲公司的成绩将会对其品牌（包括名称和图标等）的价值产生重大影响，而该品牌价值可能会进一步影响乙公司产品的销量，甲公司从事的上述活动并未向乙公司转让任何可明确区分的商品，因此，甲公司授予的该使用权许可，属于在2年内履行的履约义务。甲公司收取的200万元固定金额的使用费应当在2年内平均确认收入，按照乙公司销售相关商品所取得销售额的5%计算的提成应当在乙公司的销售发生时确认收入。

（六）售后回购

售后回购，是指企业销售商品的同时承诺或有权选择日后再将该商品购回的销售方式。被购回的商品包括原销售给客户的商品、与该商品几乎相同的商品，或者以该商品作为组成部分的其他商品。

一般来说，售后回购通常有三种形式：一是企业和客户约定企业有义务回购该商品，即存在远期安排。二是企业有权利回购该商品，即企业拥有回购选择权。三是当客户要求时，企业有义务回购该商品，即客户拥有回售选择权。对于不同类型的售后回购交易，企业应当区分下列两种情形分别进行会计处理：

1. 企业因存在与客户的远期安排而负有回购义务或企业享有回购权利的。

企业因存在与客户的远期安排而负有回购义务或企业享有回购权利的，尽管客户可能已经持有了该商品的实物，但是，由于企业承诺回购或者有权回购该商品，导致客户主导该商品的使用并从中获取几乎全部经济利益的能力受到限制，因此，在销售时点，客户并没有取得该商品的控制权。在这种情况下，企业应根据下列情况分别进行相应的会计处理：一是回购价格低于原售价的，应当视为租赁交易，按照第二十一章租赁的相关规定进行会计处理。二是回购价格不低于原售价的，应当视为融资交易，在收到客户款项时确认金融负债，而不是终止确认该资产，并将该款项和回购价格的差额在回购期间内确认为利息费用等。

【例 15－77】 2×20 年 4 月 1 日，甲公司向乙公司销售一台设备，销售价格为 200 万元，同时双方约定 2 年之后，即 2×22 年 4 月 1 日，甲公司将以 120 万元的价格回购该设备。

本例中，根据合同约定，甲公司负有在 2 年后回购该设备的义务，因此，乙公司并未取得该设备的控制权。假定不考虑货币时间价值，该交易的实质是乙公司支付了 80 万元（200－120）的对价取得了该设备 2 年的使用权。甲公司应当将该交易作为租赁交易进行会计处理。

【例 15－78】 沿用〖例 15－77〗，假定甲公司将在 2×22 年 4 月 1 日不是以 120 万元，而是以 250 万元的价格回购该设备。

本例中，假定不考虑货币时间价值，该交易的实质是甲公司以该设备作为质押取得了 200 万元的借款，2 年后归还本息合计 250 万元。甲公司应当将该交易视为融资交易，不应当终止确认该设备，而应当在收到客户款项时确认金融负债，并将该款项和回购价格的差额在回购期间内确认为利息费用等。

2. 企业应客户要求回购商品的。

企业负有应客户要求回购商品义务的，应当在合同开始日评估客户是否具有行使该要求权的重大经济动因。客户具有行使该要求权的重大经济动因的，企业应当将回购价格与原售价进行比较，并按照上述第1种情形下的原则将该售后回购作为租赁交易或融资交易进行相应的会计处理。客户不具有行使该要求权的重大经济动因的，企业应当将该售后回购作为附有销售退回条款的销售交易进行相应的会计处理。

在判断客户是否具有行权的重大经济动因时，企业应当综合考虑各种相关因素，包括回购价格与预计回购时市场价格之间的比较以及权利的到期日等。当回购价格明显高于该资产回购时的市场价值时，通常表明客户有行权的重大经济动因。

【例15－79】甲公司向乙公司销售其生产的一台设备，销售价格为2 000万元，双方约定，乙公司在5年后有权要求甲公司以1 500万元的价格回购该设备。甲公司预计该设备在回购时的市场价值将远低于1 500万元。

本例中，假定不考虑时间价值的影响，甲公司的回购价格1 500万元低于原售价2 000万元，但远高于该设备在回购时的市场价值，甲公司判断乙公司有重大的经济动因行使其权利要求甲公司回购该设备。因此，甲公司应当将该交易作为租赁交易进行会计处理。

对于上述两种情形，企业在比较回购价格和原销售价格时，应当考虑货币的时间价值。在企业有权要求回购或者客户有权要求企业回购的情况下，企业或者客户到期未行使权利的，应在该权利到期时终止确认相关负债，同时确认收入。

（七）客户未行使的权利

企业因销售商品向客户收取的预收款，赋予了客户一项在未来从企业取得该商品的权利，并使企业承担了向客户转让该商品的义务，因此，企业应当将预收的款项确认为合同负债，待未来履行了相关履约义务，即向客户转让相关商品时，再将该负债转为收入。

某些情况下，企业收取的预收款无需退回，但是客户可能会放弃其全部或部分合同权利，例如，放弃储值卡的使用等。企业预期将有权获得与客户所放弃的合同权利相关的金额的，应当按照客户行使合同权利的模式按比例将上述金额确认为收入；否则，企业只有在客户要求其履行剩余履约义务的可能性极低时，才能将相关负债余额转为收入。企业在确定其是否预期将有权获得与客户所放弃的合同权利相关的金额时，应当考虑将估计的可变对价计入交易价格的限制要求。

如果有相关法律规定，企业所收取的、与客户未行使权利相关的款项须转交给其他方的（例如，法律规定无人认领的财产需上交政府），企业不应将其确认为收入。

【例 15－80】 甲公司经营连锁面包店。2×22 年，甲公司向客户销售了 5 000 张不可退回的储值卡，每张卡的面值为 200 元，总额为 1 000 000 元。客户可在甲公司经营的任何一家门店使用该储值卡进行消费。根据历史经验，甲公司预期客户购买的储值卡中将有大约相当于储值卡面值金额 5%（即 50 000 元）的部分不会被消费。截至 2×22 年 12 月 31 日，客户使用该储值卡消费的金额为 400 000 元。甲公司为增值税一般纳税人，在客户使用该储值卡消费时发生增值税纳税义务。

本例中，甲公司预期将有权获得与客户未行使的合同权利相关的金额为 50 000 元，该金额应当按照客户行使合同权利的模式按比例确认为收入。

因此，甲公司在 2×22 年销售的储值卡应当确认的收入金额为 362 976 元［(400 000＋50 000×400 000÷950 000)÷(1＋16%)］。甲公司的账务处理为：

（1）销售储值卡：

借：库存现金	1 000 000	
贷：合同负债		862 069
应交税费——待转销项税额		137 931

（2）根据储值卡的消费金额确认收入，同时将对应的待转销项税额确认为销项税额：

借：合同负债	362 976	
应交税费——待转销项税额	55 172	
贷：主营业务收入		362 976
应交税费——应交增值税（销项税额）		55 172

（八）无需退回的初始费

企业在合同开始日（或邻近合同开始日）向客户收取的无需退回的初始费通常包括入会费、接驳费、初装费等。企业收取该初始费时，应当评估该初始费是否与向客户转让已承诺的商品相关。该初始费与向客户转让已承诺的商品相关，且该商品构成单项履约义务的，企业应当在转让该商品时，按照分摊至该商品的交易价格确认收入；该初始费与向客户转让已承诺的商品相关，但该商品不构成单项履约义务的，企业应当在包含该商品的单项履约义务履行时，按照分摊至该单项履约义务的交易价格确认收入；该初始费与向客户转让已承诺的商品不相关的，该初始费应当作为未来将转让商品的预收款，在未来转让该商品时确认为收入。当企业向客户授予了续约选择权，且该选择权向客户提供了重大权利时，这部分收入确认的期间将可能长于初始合同期限。

在合同开始日（或邻近合同开始日），企业通常必须开展一些初始活动，为履行合同进行准备，如一些行政管理性质的准备工作，这些活动虽然与履行合同有关，但并没有向客户转让已承诺的商品，因此，不构成单项履约义务。在这种情况下，即使企业向客户收取的无需退还的初始费与这些初始活动有关（例如，企业为了补偿开展这些活动所发生的成本而向客户收取初始费），也不应在这些活动完成时将该初始费确认为收入，而应当将该初始费作为未来将转让商品的预收款，在未来转让该商品时确认为收入。

企业为履行合同开展初始活动，但这些活动本身并没有向客户转让已承诺的商品的，企业为开展这些活动所发生的支出，应当按照本章的有关合同履约成本的相关规定确认为一项资产或计入当期损益，并且企业在确定履约进度时，也不应当考虑这些成本，因为这些成本并不反映企业向客户转让商品的进度。

【例 15－81】甲公司经营一家会员制健身俱乐部。甲公司与客户签订了为期 2 年的合同，客户入会之后可以随时在该俱乐部健身。除俱乐部的年费 2 000 元之外，甲公司还向客户收取了 50 元的入会费，用于补偿俱乐部为客户进行注册登记、准备会籍资料以及制作会员卡等初始活动所花费的成本。甲公司收取的入会费和年费均无需返还。

本例中，甲公司承诺的服务是向客户提供健身服务（即可随时使用的健身场地），而甲公司为会员入会所进行的初始活动并未向客户提供其所承诺的服务，而只是一些内部行政管理性质的工作。因此，甲公司虽然为补偿这些初始活动向客户收取了入会费，但是该入会费实质上是客户为健身服务所支付的对价的一部分，故应当作为健身服务的预收款，与收取的年费一起在 2 年内分摊确认为收入。

（九）政府和社会资本合作（PPP）项目合同

PPP 项目合同，是指社会资本方与政府方依法依规就 PPP 项目合作所订立的合同，该合同应当同时符合“双特征”、“双控制”的要求。其中，社会资本方，是指与政府方签署 PPP 项目合同的社会资本或项目公司；政府方，是指政府授权或指定的 PPP 项目实施机构。

“双特征”是指：（1）社会资本方在合同约定的运营期间内代表政府方使

用 PPP 项目资产提供公共产品和服务，即，根据合同约定或政府方授权，社会资本方在 PPP 项目资产的使用期或运营期内享有建设、运营、管理、维护本项目设施等权利，同时承担代表政府方提供公共产品和服务的义务，而不能仅为政府方的代理人；（2）社会资本方在合同约定的期间内就其提供的公共产品和服务获得补偿，即，社会资本方就其在运营期内运营或维护 PPP 项目资产等按照合同约定获得回报。PPP 项目资产，是指 PPP 项目合同中确定的用来提供公共产品和服务的资产。实务中不符合双特征的情形，比如租赁，即政府方作为出租人的租赁合同，承租方虽然可能使用项目资产提供公共产品和服务，但并非代表政府方来提供，不满足特征（1）的规定，不适用《企业会计准则解释第 14 号》（以下简称解释第 14 号）和本章内容；又如无偿捐赠，即政府方作为接受捐赠方的无偿捐赠合同，因捐赠方未获得补偿，不满足特征（2）的规定，不适用解释第 14 号和本章内容。

"双控制"是指：（1）政府方控制或管制社会资本方使用 PPP 项目资产必须提供的公共产品和服务的类型、对象和价格，既包括由政府方购买项目资产的全部产出，也包括由其他使用者购买项目资产的全部或部分产出；（2）PPP 项目合同终止时，政府方通过所有权、收益权或其他形式控制 PPP 项目资产的重大剩余权益，既包括 PPP 项目合同终止时，社会资本方应当将项目资产移交给政府方或者政府指定的第三方，且移交的项目资产预期仍能为政府方带来经济利益流入或者产生服务潜力的情形，也包括政府方能够通过合同条款限制社会资本方处置或抵押项目资产，并拥有在合同期内持续控制项目资产使用的权利，保障重大剩余权益不受损害的情形。其中，"双控制"条件（1）中的"控制"，指的是政府方通过具有法律效力的合同条款等方式，有权决定社会资本方提供的公共产品和服务的类型、对象和价格。通常情况下，政府方和社会资本方在 PPP 项目合同中应当明确规定社会资本方提供的公共产品和服务的类型、对象和价格。"双控制"条件（1）中的"管制"，指的是社会资本方提供的公共产品和服务的类型、对象和价格，虽未在 PPP 项目合同中进行明确规定，但受有关法律法规或监管部门规章制度的约束。如果某 PPP 项目合同涉及政府方及与政府方相关联的代表公共利益的监管方，则在应用"双控制"条件（1）时应当将这些主体一起考虑。政府方对价格的"控制或管制"不需要完全控制价格，比如定价的基础或框架受到监管约束的情形，再如根据设定的政府调价机制、社会资本方进行调价前应当经过政府方审核同意、或者设定有实质性的价格上限机制的情况，又如项目合同条款给予社会资本方自主定价权、但约定超额收益全部归政府方所有社会资本方的收益被限定的情形，均符合价格控制或管制要求。

在判断“双控制”时，需要注意以下几点：一是对于运营期占项目资产全部使用寿命的 PPP 项目合同，即使项目合同结束时项目资产不存在重大剩余权益，如果项目合同符合“双控制”条件（1）的，仍符合“双控制”条件。二是当政府方满足了“双控制”条件（1）规定的控制条件并保留了 PPP 项目资产的重大剩余权益时，表明社会资本方只是代表政府方管理 PPP 项目资产，尽管很多情况下社会资本方有一定管理自主权，但是此时社会资本方的“管理”不应视为“双控制”条件中的“控制”。三是在合同约定的运营期间，社会资本方对不可分离的 PPP 项目资产进行更新改造的（包括更换部分设施设备等），应当将更新改造前后的项目资产视为一个整体来考虑；如果政府方控制了更新改造后项目资产的重大剩余权益，则该项目合同整体满足“双控制”条件（2）。四是 PPP 项目资产中部分资产在功能设置和空间分布上可分割且能独立运营，并且满足第九章资产减值中资产组的定义，应当单独进行分析。如果政府方不能控制该部分资产，则该部分资产不适用解释第 14 号。五是社会资本方使用 PPP 项目资产提供不受政府方控制的辅助性服务，并不减损政府方对 PPP 项目资产的控制，在应用“双控制”条件时不应当考虑该项服务。

社会资本方提供建造服务（含建设和改扩建，下同）或发包给其他方等，应当按照本章内容确定其身份是主要责任人还是代理人，并进行会计处理，确认合同资产。社会资本方根据 PPP 项目合同约定，提供多项服务（如既提供 PPP 项目资产建造服务又提供建成后的运营服务、维护服务）的，应当按照本章的规定，识别合同中的单项履约义务，将交易价格按照各项履约义务的单独售价的相对比例分摊至各项履约义务。如果单独售价无法直接观察的，或者缺少类似的市场价格的，企业可以考虑市场情况、企业特定因素以及与客户有关的信息等相关信息，采用市场调整法、成本加成法、余值法等方法合理估计单独售价。

社会资本方根据 PPP 项目合同约定，在项目运营期间，有权向获取公共产品和服务的对象收取费用，但收费金额不确定的，该权利不构成一项无条件收取现金的权利，应当在 PPP 项目资产达到预定可使用状态时，将相关 PPP 项目资产的对价金额或确认的建造收入金额确认为无形资产，并按照第七章无形资产的规定进行会计处理。

在 PPP 项目资产的建造过程中发生的借款费用，社会资本方应当按照第十七章借款费用的规定进行会计处理。对于按照上述要求确认为无形资产的部分，社会资本方在相关借款费用满足资本化条件时，应当将其予以资本化，计入“PPP 借款支出”科目，期末，“PPP 借款支出”科目的借方余额应在资产负债表“无形资产”项目中列报；在 PPP 项目资产达到预定可使用状态时，将计入“PPP 借款支出”科目的金额结转至“无形资产”科目。除上述情形以外的其他借款费用，社会资本方均应予以费用化，计入财务费用。

对于社会资本方将相关 PPP 项目资产的对价金额或确认的建造收入金额确认为无形资产的部分，在相关建造期间确认的合同资产应当在资产负债表“无形资产”项目中列报；对于其他在建造期间确认的合同资产，应当根据其预计是否自资产负债表日起一年内变现，在资产负债表“合同资产”或“其他非流动资产”项目中列报。

对于社会资本方将相关 PPP 项目资产的对价金额或确认的建造收入金额确认为无形资产的部分，相关建造期间发生的建造支出应当作为投资活动现金流量进行列示。除上述情形以外的社会资本方在 PPP 项目建造期间发生的建造支出，应当作为经营活动现金流量进行列示。社会资本方应当将 PPP 项目建造期间发生的重大建造支出的现金流量信息在财务报表附注中披露。

集团合并范围内甲公司（发包方）自政府方承接 PPP 项目，并发包给集团合并范围内的乙公司（承包方），企业集团编制合并报表时应当按照第三十四章合并财务报表有关规定对内部交易进行抵销，以体现企业集团整体对外提供的建造服务收入和成本。如甲公司作为主要责任人的，从企业集团角度看，在会计处理上需要抵销发包方成本和承包方收入等；如甲公司作为代理人的，从企业集团角度看，在会计处理上不存在需要抵销的发包方成本和承包方收入等。

【例 15 -82】甲公司在境内从事各类公路的投资建设和运营业务。2×21 年1 月，甲公司与当地政府签订 PPP 项目合同，甲公司作为社会资本方负责当地高速公路的建设、运营和维护。根据 PPP 项目合同约定，PPP 项目合同期间为 10 年，其中项目建设期为 2 年、运营期为 8 年。甲公司有权在运营期内向通行车辆收取高速公路通行费，政府不对未来能够收取的车辆通行费或者通过的车流量提供保证。运营期间，该高速公路需要保持一定的使用状态，假定运营期间对道路的磨损是平均发生的，当路面磨损程度低于特定标准时，甲公司需要对路面进行翻修。甲公司预计其将在 2×28 年末进行路面翻修的支出为

1 000 万元。运营期满后，甲公司将 PPP 项目资产无偿移交给政府方。假设甲公司的建造服务和运营服务均构成单项履约义务，均满足在某一时段确认收入的条件，且甲公司从事 PPP 项目的身份为主要责任人；甲公司对路面翻修不构成单项履约义务。假设该合同满足解释第 14 号的“双特征”和“双控制”条件。

甲公司预计其提供建造和运营服务的成本如表 15－4 所示。

表 15－4 单位：万元

项目	年份	成本
建造服务（每年）	2×21～2×22 年	4 000
运营服务（每年）	2×23～2×30 年	80

甲公司从事该 PPP 项目的资金全部来源于银行借款，借款年利率为 6.7%。假设市场类似建造服务的合理成本加成率为 5%；甲公司 2×23 年和 2×24 年根据实际车流量收取的通行费用均为 1 600 万元（以后年度略）；合同期间各年的现金流均在年末发生。

假定不考虑其他因素和相关税费。

本例中，甲公司向政府方提供建造高速公路的服务，并获得在合同约定的运营期内运营该高速公路的权利。虽然甲公司在运营期间有权向通行车辆收取高速公路通行费，但是其金额不确定，取决于通行车辆的类型、数量以及通行距离等，因此该权利不构成一项无条件收取现金的权利，应当适用解释第 14 号第一部分相关会计处理第 4 条的无形资产模式进行会计处理。

甲公司通过向政府方提供建造服务取得高速公路运营权，属于非现金对价安排，甲公司应当按照本章的相关规定，通常按照非现金对价在合同开始日的公允价值确定交易价格，确认建造服务的收入。由于该无形资产的公允价值不能合理估计，甲公司采用成本加成法确定建造服务的单独售价，从而确定交易价格。考虑市场情况、行业平均毛利水平等因素之后，估计建造服务的合理成本加成率为 5%。甲公司预计其提供建造服务的成本和收入如表 15－5 所示。

表 15－5 单位：万元

项目	年份	成本	收入
建造服务（每年）	2×21～2×22 年	4 000	4 200［4 000×(1＋5%)］

甲公司在建造期间每年确认建造服务收入4 200万元，同时确认合同资产，在项目资产达到预定可使用状态时，将合同资产结转为无形资产，并按照第七章无形资产的规定进行会计处理。在运营期间，甲公司将收到的通行费确认为运营服务收入。

甲公司承担的路面翻修义务，是由于在运营期对高速公路的使用和磨损导致的，不构成单项履约义务，应当按照第十四章或有事项的相关规定，按照履行相关现时义务所需支出的最佳估计数确认一项预计负债，并考虑货币时间价值（本例假定折现率为6%）。因为甲公司预计在运营期间对道路的磨损是平均发生的，则在进行道路翻修前的6年运营期间内平均每年的金额约为167万元（即1 000/6，考虑折现影响前），路面翻修义务预计负债按表15－6计算确定。

表15－6 单位：万元

年份	当期确认的预计负债	当期确认的利息费用	预计负债余额
	①	②＝期初③×6%	③＝期初③＋①＋②
2×23	125*	—	125
2×24	132	8	265
2×25	140	16	421
2×26	149	25	595
2×27	158	36	789
2×28	167	44**	1 000
合计	871	129	

$*125 = 167/(1+6\%)^5$，以此类推。

**作尾数调整：44＝1000－789－167

甲公司在合同期间各年的账务处理如下（单位为万元）：

1. 2×21年的账务处理：

确认建造服务收入和成本。

借：合同资产 4 200

　　贷：主营业务收入 4 200

借：合同履约成本 4 000

贷：原材料、应付职工薪酬等 4 000

借：主营业务成本 4 000

贷：合同履约成本 4 000

注：由于现金流在年末发生，因此第一年没有借款费用资本化的影响。

2. 2×22 年的账务处理：

（1）确认建造服务收入和成本（与 2×21 年相同）。

（2）确认资本化的借款费用。

借：PPP 借款支出 268（4 000×6.7%）

贷：短期借款/长期借款 268

（3）在 PPP 项目资产达到预定可使用状态时，将合同资产及 PPP 借款支出结转为无形资产。

借：无形资产 8 668（8 400+268）

贷：合同资产 8 400

PPP 借款支出 268

3. 2×23 年的账务处理：

（1）确认运营服务收入和成本。

借：银行存款 1 600

贷：主营业务收入 1 600

借：合同履约成本 80

贷：原材料、应付职工薪酬等 80

借：主营业务成本 80

贷：合同履约成本 80

（2）对无形资产进行摊销。

借：主营业务成本 1 084（8 668÷8）

贷：无形资产——累计摊销 1 084

（3）确认路面翻修义务预计负债。

借：主营业务成本 125

贷：预计负债 125

4. 2×24 年的账务处理：

（1）确认运营服务收入和成本（与 2×23 年相同）。

（2）对无形资产进行摊销（与 2×23 年相同）。

（3）确认路面翻修义务预计负债。

借：主营业务成本 132

财务费用 8

贷：预计负债 140

5. 2×25 年及以后账务处理略。

社会资本方根据 PPP 项目合同约定，在项目运营期间，满足有权收取可确定金额的现金（或其他金融资产）条件的，应当在社会资本方拥有收取该对价的权利（该权利仅取决于时间流逝的因素）时确认为应收款项，并按照第二十二章金融工具确认和计量的规定进行会计处理。社会资本方应当在 PPP 项目资产达到预定可使用状态时，将相关 PPP 项目资产的对价金额或确认的建造收入金额，超过有权收取可确定金额的现金（或其他金融资产）的差额，确认为无形资产。

【例 15－83】 甲公司在境外某地从事各类公路的投资建设和运营业务。2×21 年 1 月，甲公司与当地政府签订 PPP 项目合同，甲公司作为社会资本方负责当地高速公路的建设、运营和维护。根据 PPP 项目合同约定，PPP 项目合同期间为 10 年，其中项目建设期为 2 年、运营期为 8 年。根据 PPP 项目合同约定，合同期间的第 8 年末（即 2×28 年末），甲公司需要对路面进行翻修，以使该道路保持一定的使用状态。运营期满后，甲公司将 PPP 项目资产无偿移交给政府方。甲公司的履约义务包括提供道路建造、运营和路面翻修的服务，假设上述服务均构成单项履约义务，均满足在某一时段确认收入的条件，且甲公司从事 PPP 项目的身份是主要责任人。假设该合同满足解释第 14 号的“双特征”和“双控制”条件。

按照 PPP 项目合同约定，政府方需要对甲公司提供的 PPP 项目资产进行验收，包括满足道路如期完工通车、符合当地环保要求，并在运营期间持续保持道路的使用状态和正常通行等要求。如果未满足验收条件，政府方则有权要求甲公司进行整改，直至验收合格。政府方验收合格后，在运营期间每年末向甲公司支付 1 600 万元。甲公司合理估计其能够达到验收条件。

甲公司采用成本加成法确定各项履约义务的单独售价，考虑市场情况、行业平均毛利水平等因素之后，估计建造、运营以及路面翻修服务的合理成本加成率分别为 5%、20% 和 10%。甲公司预计其提供建造、运营和路面翻修服务的成本和收入如表 15－7 所示。

表 15－7 单位：万元

项目	年份	成本	收入
建造服务（每年）	2×21～2×22 年	4 000	4 200［4 000×(1＋5%)］
运营服务（每年）	2×23～2×30 年	80	96［80×(1＋20%)］
路面翻修服务	2×28 年	800	880［800×(1＋10%)］

假设合同期间各年的现金流均在年末发生，通过插值法（使在合同开始日各项履约义务确认的收入现值等于各期现金流量现值的折现率）计算出该 PPP 项目的实际利率为 6.18%（假设该实际利率体现了合同开始时甲公司与政府方进行单独融资交易所反映的利率）。

假定不考虑其他因素和相关税费。

本例中，根据 PPP 项目合同约定，在项目运营期间，甲公司每年自政府方取得 1 600 万元的对价，即甲公司在项目运营期间有权收取可确定金额的现金，应当适用解释第 14 号第一部分相关会计处理第 5 条中的金融资产模式进行会计处理。甲公司在建造期间每年确认建造服务收入 4 200 万元，同时确认合同资产，并在以后年度甲公司拥有收取对价的权利（该权利仅取决于时间流逝的因素）时，将合同资产转为应收款项。甲公司在运营期间每年确认的运营服务收入为 96 万元，在 2×28 年确认的路面翻修服务收入为 880 万元。

甲公司在合同期间各年的账务处理如下（单位为万元）：

1. 2×21 年的账务处理：

确认建造服务收入和成本。

借：合同资产　　4 200
　　贷：主营业务收入　　4 200
借：合同履约成本　　4 000
　　贷：原材料、应付职工薪酬等　　4 000
借：主营业务成本　　4 000
　　贷：合同履约成本　　4 000

注：由于现金流在年末发生，因此第一年没有融资成分的影响。

2. 2×22 年的账务处理：

（1）确认建造服务收入和成本（与 2×21 年相同）。

（2）确认融资成分的影响。

借：合同资产　　260（4 200×6.18%）

贷：财务费用、利息收入等 260

3. 2×23 年的账务处理：

(1) 确认运营服务收入和成本。

借：合同资产 96

贷：主营业务收入 96

借：合同履约成本 80

贷：应付职工薪酬等 80

借：主营业务成本 80

贷：合同履约成本 80

(2) 确认融资成分的影响。

借：合同资产 535

贷：财务费用、利息收入等 535

注：535 = [4 200 × (1 + 6.18%) + 4 200] × 6.18%。

(3) 甲公司在拥有收取对价的权利（该权利仅取决于时间流逝的因素）时，本例为政府方承担向甲公司支付款项的义务时，将合同资产转为应收款项。

借：应收账款 1 600

贷：合同资产 1 600

(4) 从政府方收到款项。

借：银行存款 1 600

贷：应收账款 1 600

4. 2×24 年至 2×27 年比照 2×23 年的会计分录进行账务处理，此处略。

5. 2×28 年的账务处理：

(1) 确认路面翻修服务收入和成本。

借：合同资产 880

贷：主营业务收入 880

借：合同履约成本 800

贷：原材料、应付职工薪酬等 800

借：主营业务成本 800

贷：合同履约成本 800

(2) 其余账务处理比照 2×23 年的会计分录进行，此处略。

6. 2×29 年及以后账务处理略。

【**例15－84**】甲公司在境外某地从事各类公路的投资建设和运营业务。2×21年1月，甲公司与当地政府签订PPP项目合同，甲公司作为社会资本方负责当地某段高速公路的建设、运营和维护。根据PPP项目合同约定，PPP项目合同期间为10年，其中项目建设期为2年、运营期为8年。运营期满后，甲公司将PPP项目资产无偿移交给政府方。甲公司的履约义务包括提供道路建造、运营服务，假设上述服务均构成单项履约义务，均满足在某一时段确认收入的条件，且甲公司从事PPP项目的身份为主要责任人。假设该合同满足解释第14号的“双特征”和“双控制”条件。

按照PPP项目合同约定，运营期间甲公司有权向通行车辆收取通行费。由于该条高速公路尚未全线贯通，对车流量可能有一定的不利影响，为保证甲公司的投资回报，政府方向甲公司保证甲公司在运营期间收到的金额不少于5 600万元，以及按6%年利率确定的利息金额以补偿甲公司取得收益的货币时间价值。甲公司预计运营期间每年收取的通行费用是1 600万元。

甲公司采用成本加成法确定各项履约义务的单独售价，考虑市场情况、行业平均毛利水平等因素之后，估计建造的合理成本加成率为5%。甲公司预计其提供建造和运营服务的成本如表15－8所示。

表15－8　　单位：万元

项目	年份	成本
建造服务（每年）	2×21～2×22年	4 000
运营服务（每年）	2×23～2×30年	80

甲公司从事该PPP项目的资金全部来源于银行借款，借款年利率为6.7%。假设合同期间各年的现金流均在年末发生。

假定不考虑其他因素和相关税费。

分析：本例中，甲公司为政府方提供建造高速公路的服务，其有权收取的对价包括两部分：一是自政府方收取5 600万元现金的收款权利；二是在运营期间向通行车辆收取通行费的权利。由于确认的建造收入金额超过有权收取可确定金额的现金，因此应当适用解释第14号第一部分相关会计处理第5条中的混合模式进行会计处理。

甲公司建造期间每年确认收入金额为4 200万元［4 000×（1＋5%）］，两年合计金额为8 400万元，甲公司在确认建造收入的同时确认合同资产，其中未来将分别确认为应收款项和无形资产的部分分摊如表 15－9 所示。

表 15－9　　　　单位：万元

年份	履约义务	收入	合同资产分摊	
			应收款项	无形资产
2×21	建造服务	4 200	2 800	1 400
2×22	建造服务	4 200	2 800	1 400
合计		8 400	5 600	2 800
分摊比例			67%	33%

甲公司提供建造服务取得对价中对应应收款项的部分包含重大融资成分，应当考虑货币时间价值的影响，在建造期间应确认的利息收入为 168 万元（2 800×6%）。因此，在建造期结束时，甲公司未来应确认为应收款项的合同资产金额为 5 768 万元（5 600＋168）。

运营期间甲公司收到的通行费需要在应收款项和无形资产之间进行分摊，其中分摊至应收款项的部分，视为应收款项的收回；分摊至无形资产的部分，确认为运营服务收入。分摊计算如表 15－10 所示。

表 15－10　　　　单位：万元

项目	金额
运营期初合同资产余额	5 768
实际利率	6%
运营期年数	8
每年分摊至应收款项的部分	929*
每年分摊至无形资产的部分	671（1 600－929）

*注：通过年金方法计算，929＝5768/(P/A，6%，8)。

甲公司在合同期间各年的账务处理如下（单位为万元）：

1. 2×21 年的账务处理：

确认建造服务收入和成本。

借：合同资产　　　　4 200

　　贷：主营业务收入　　　　4 200

借：合同履约成本　　　　4 000

贷：原材料、应付职工薪酬等　　4 000

借：主营业务成本　　4 000

贷：合同履约成本　　4 000

2. 2×22 年的账务处理：

（1）确认建造服务收入和成本（与 2×21 年相同）。

（2）确认融资成分的影响。

借：合同资产　　168（2 800×6%）

贷：财务费用、利息收入等　　168

（3）确认资本化的借款费用。

借：PPP 借款支出　　88（4 000×6.7%×33%）

贷：短期借款/长期借款　　88

注：2×22 年的其余借款费用 180 万元（4 000×6.7%×67%）按照第十七章借款费用的相关规定计入财务费用。

（4）在 PPP 项目资产达到预定可使用状态时，将合同资产及 PPP 借款支出结转为无形资产。

借：无形资产　　2 888

贷：合同资产　　2 800

PPP 借款支出　　88

建造期结束后，"合同资产"科目的余额为 5 768 万元（4 200×2+168－2 800）。该部分合同资产属于在未来收取可确定金额的部分（即 5 600 万元），并按照实际利率法确认融资成分的影响，在甲公司拥有收取对价的权利（该权利仅取决于时间流逝的因素）时确认为应收款项；"无形资产"科目余额为 2 888 万元，该部分无形资产在运营期间按照直线法进行摊销。

3. 2×23 年的账务处理：

（1）当甲公司拥有收取对价的权利（该权利仅取决于时间流逝的因素）时，将取得无条件收款权的对价转为应收款项。当甲公司收到款项时，确认应收款项的收回。

借：应收账款　　929

贷：合同资产　　929

借：银行存款　　929

贷：应收账款　　929

（2）确认融资成分的影响。

借：合同资产 346（5 768×6%）

贷：财务费用、利息收入等 346

（3）确认运营服务收入和成本。

借：银行存款 671

贷：主营业务收入 671

借：合同履约成本 80

贷：原材料、应付职工薪酬等 80

借：主营业务成本 80

贷：合同履约成本 80

（4）对无形资产进行摊销。

借：主营业务成本 361（2 888÷8）

贷：无形资产——累计摊销 361

4. 2×24 年及以后账务处理略。

此外，社会资本方不得将 PPP 项目资产确认为其固定资产。社会资本方根据 PPP 项目合同，自政府方取得其他资产，该资产构成政府方应付合同对价的一部分的，社会资本方应当按照本章的规定进行会计处理，不作为政府补助。PPP 项目资产达到预定可使用状态后，社会资本方应当按照本章内容确认与运营服务相关的收入。为使 PPP 项目资产保持一定的服务能力或在移交给政府方之前保持一定的使用状态，社会资本方根据 PPP 项目合同而提供的服务不构成单项履约义务的，应当将预计发生的支出，按照第十四章或有事项的规定进行会计处理。

八、列示与披露

（一）列示

1. 合同资产和合同负债。

合同一方已经履约的，即企业依据合同履行履约义务或客户依据合同支付合同对价，企业应当根据其履行履约义务与客户付款之间的关系，在资产负债表中列示合同资产或合同负债。企业拥有的、无条件（即仅取决于时间流逝）向客户收取对价的权利应当作为应收款项单独列示。

企业在向客户转让商品之前，如果客户已经支付了合同对价或企业已经取得了无条件收取合同对价的权利，则企业应当在客户实际支付款项与到期应支付款项孰早时点，将该已收或应收的款项列示为合同负债。合同负债，是指企业已收或应收客户对价而应向客户转让商品的义务。例如，企业与客户签订不可撤销的合同，向客户销售其生产的产品，合同开始日，企业收到客户支付的合同价款 1 000 元，相关产品将在 2 个月之后交付给客户，这种情况下，企业应当将该 1 000 元作为合同负债进行处理。需要说明的是，尚未向客户履行转让商品的义务而已收或应收客户对价中的增值税部分，因不符合合同负债的定义，不应确认为合同负债。

相反，在客户实际支付合同对价或在该对价到期应付之前，企业如果已经向客户转让了商品，则应当将因已转让商品而有权收取对价的权利列示为合同资产，但不包括应收款项。合同资产，是指企业已向客户转让商品而有权收取对价的权利，且该权利取决于时间流逝之外的其他因素。企业应当按照第二十二章金融工具确认和计量评估合同资产的减值，该减值的计量、列报和披露应当按照第二十二章金融工具确认和计量和第三十八章金融工具列报的规定进行会计处理。合同资产发生减值的，应当计入“资产减值损失”科目。

应收款项是企业无条件收取合同对价的权利。只有在合同对价到期支付之前仅仅随着时间的流逝即可收款的权利，才是无条件的收款权。有时，企业有可能需要在未来返还全部或部分的合同对价（例如，企业在附有销售退回条款的合同下收取的合同对价），但是，企业仍然拥有无条件收取合同对价的权利，未来返还合同对价的潜在义务并不会影响企业收取对价总额的现时权利，因此，企业仍应当确认一项应收款项，同时将预计未来需要返还的部分确认为一项负债。需要说明的是，合同资产和应收款项都是企业拥有的有权收取对价的合同权利，二者的区别在于，应收款项代表的是无条件收取合同对价的权利，即企业仅仅随着时间的流逝即可收款，而合同资产并不是一项无条件收款权，该权利除了时间流逝之外，还取决于其他条件（例如，履行合同中的其他履约义务）才能收取相应的合同对价。因此，与合同资产和应收款项相关的风险是不同的，应收款项仅承担信用风险，而合同资产除信用风险之外，还可能承担其他风险，如履约风险等。企业应当按照第二十二章金融工具确认和计量和第三十八章金融工具列报的内容对应收款项进行会计处理。企业根据本章内容确认的应收款项，在初始确认时，按照第二十二章金融工具确认和计量内容计量的金额与收入确认的金额之间的差额，应当计入当期损益。

【例 15－85】 2×22 年 3 月 1 日，甲公司与客户签订合同，向其销售 A、B 两项商品，合同价款为 2 000 元。合同约定，A 商品于合同开始日交付，B 商品在一个月之后交付，只有当 A、B 两项商品全部交付之后，甲公司才有权收取2 000元的合同对价。假定A商品和B商品构成两项履约义务，其控制权在交付时转移给客户，分摊至A商品和B商品的交易价格分别为400元和1 600元。上述价格均不包含增值税，且假定不考虑相关税费影响。

本例中，甲公司将A商品交付给客户之后，与该商品相关的履约义务已经履行，但是需要等到后续交付B商品时，企业才具有无条件收取合同对价的权利，因此，甲公司应当将因交付A商品而有权收取的对价400元确认为合同资产，而不是应收账款，相应的账务处理如下：

(1) 交付A商品时：

借：合同资产　　400

　贷：主营业务收入　　400

(2) 交付B商品时：

借：应收账款　　2 000

　贷：合同资产　　400

　　主营业务收入　　1 600

【例15－86】2×22年1月1日，乙公司与客户签订合同，以每件产品150元的价格向其销售产品；如果客户在2×22年全年的采购量超过100万件，该产品的销售价格将追溯下调至每件125元。该产品的控制权在交付时转移给客户。在合同开始日，乙公司估计该客户全年的采购量能够超过100万件。2×22年1月31日，乙公司交付了第一批产品共10万件。上述价格均不包含增值税，且假定不考虑相关税费影响。

本例中，乙公司将产品交付给客户时取得了无条件的收款权，即乙公司有权按照每件产品150元的价格向客户收取款项，直到客户的采购量达到100万件为止。由于乙公司估计客户的采购量能够达到100万件，因此，根据将可变对价计入交易价格的限制要求，乙公司确定每件产品的交易价格为125元。2×22年1月31日，乙公司交付产品时的账务处理为：

借：应收账款　　15 000 000

　贷：主营业务收入　　12 500 000

　　预计负债——应付退货款　　2 500 000

【例15－87】甲公司经营一家电商平台，平台商家自行负责商品的采购、定价、发货以及售后服务，甲公司仅提供平台供商家与消费者进行交易并负责协助商家和消费者结算货款，甲公司按照货款的5%向商家收取佣金，并判断自己在商品买卖交易中是代理人。2×22年，甲公司向平台的消费者销售了

1 000 张不可退的电子购物卡，每张卡的面值为200 元，总额200 000 元。假设不考虑相关税费的影响。

本例中，考虑到甲公司在商品买卖交易中为代理人，仅为商家和消费者提供平台及结算服务，并收取佣金，因此，甲公司销售电子购物卡收取的款项200 000 元中，仅佣金部分10 000 元（200 000 ×5%，不考虑相关税费）代表甲公司已收客户（商家）对价而应在未来消费者消费时作为代理人向商家提供代理服务的义务，应当确认合同负债。对于其余部分（即190 000 元），为甲公司代商家收取的款项，作为其他应付款，待未来消费者消费时支付给相应的商家。甲公司的账务处理为：

借：银行存款　　200 000

　　贷：合同负债　　10 000

　　　　其他应付款　　190 000

【例15 –88】甲公司经营一家连锁超市，以主要责任人的身份销售商品给客户。2 ×22 年，甲公司向客户销售了5 000 张不可退的储值卡，每张卡的面值为200 元，总额为1 000 000 元。客户可在甲公司经营的任意一家门店使用该等储值卡进行消费。根据历史经验，甲公司预期客户购买的储值卡金额将全部被消费。甲公司为增值税一般纳税人，甲公司销售的商品适用不同的增值税税率，在客户使用该等储值卡消费时发生增值税纳税义务。

本例中，甲公司经营一家连锁超市，销售适用不同税率的各种商品，并收取商品价款及相应的增值税。因此甲公司销售储值卡收取的款项1 000 000 元中，仅商品价款部分代表甲公司已收客户对价而应向客户转让商品的义务，应当确认合同负债，其中增值税部分，因不符合合同负债的定义，不应确认为合同负债。

甲公司应根据历史经验（例如公司以往年度类似业务的综合税率等）估计客户使用该类储值卡购买不同税率商品的情况，将估计的储值卡款项中的增值税部分确认为应交税费——待转销项税额，将剩余的商品价款部分确认为合同负债。实际消费情况与预计不同时，根据实际情况进行调整；后续每个资产负债表日根据最新信息对合同负债和应交税费的金额进行重新估计。

合同资产和合同负债应当在资产负债表中单独列示。同一合同下的合同资产和合同负债应当以净额列示，不同合同下的合同资产和合同负债不能互相抵销。

通常情况下，企业对其已向客户转让商品而有权收取的对价金额应当确认为合同资产或应收账款；对于其已收或应收客户对价而应向客户转让商品的义务，应当按照已收或应收的金额确认合同负债。由于同一合同下的合同资产和合同负债应当以净额列示，企业也可以设置“合同结算”科目（或其他类似科目），以核算同一合同下属于在某一时段内履行履约义务涉及与客户结算对价的合同资产或合同负债，并在此科目下设置“合同结算——价款结算”科目反映定期与客户进行结算的金额，设置“合同结算——收入结转”科目反映按履约进度结转的收入金额。资产负债表日，“合同结算”科目的期末余额在借方的，根据其流动性，在资产负债表中分别列示为“合同资产”或“其他非流动资产”项目；期末余额在贷方的，根据其流动性，在资产负债表中分别列示为“合同负债”或“其他非流动负债”项目。

【例15－89】2×18年1月1日，甲建筑公司与乙公司签订一项大型设备建造工程合同，根据双方合同，该工程的造价为6 300万元，工程期限为1年3个月，甲公司负责工程的施工及全面管理，乙公司按照第三方工程监理公司确认的工程完工量，分三次分别于2×18年6月30日、2×18年12月31日、2×19年3月30日与甲公司结算；预计2×19年3月30日竣工；预计可能发生的总成本为4 000万元。假定该建造工程整体构成单项履约义务，并属于在某一时段履行的履约义务，甲公司采用成本法确定履约进度，增值税税率为10%，不考虑其他相关因素。

2×18年6月30日，工程累计实际发生成本1 500万元，甲公司与乙公司结算合同价款2 500万元，甲公司实际收到价款2 000万元；2×18年12月31日，工程累计实际发生成本3 000万元，甲公司与乙公司结算合同价款1 100万元，甲公司实际收到价款1 000万元；2×19年3月30日，工程累计实际发生成本4 100万元，乙公司与甲公司结算了合同竣工价款2 700万元，并支付剩余工程款3 300万元。上述价款均不含增值税额。假定甲公司与乙公司结算时即发生增值税纳税义务，乙公司在实际支付工程价款的同时支付其对应的增值税款。甲公司的账务处理为：

（1）2×18年1月1日至6月30日实际发生工程成本时：

借：合同履约成本　　　　　　　　　　　　　　15 000 000

　贷：原材料、应付职工薪酬等　　　　　　　　　　15 000 000

（2）2×18年6月30日：

履约进度＝15 000 000÷40 000 000＝37.5%

合同收入＝63 000 000×37.5%＝23 625 000（元）

借：合同结算——收入结转　　23 625 000
　　贷：主营业务收入　　23 625 000
借：主营业务成本　　15 000 000
　　贷：合同履约成本　　15 000 000
借：应收账款　　27 500 000
　　贷：合同结算——价款结算　　25 000 000
　　　　应交税费——应交增值税（销项税额）　　2 500 000
借：银行存款　　22 000 000
　　贷：应收账款　　22 000 000

当日，“合同结算”科目的余额为贷方137.5万元（2 500 - 2 362.5），表明甲公司已经与客户结算但尚未履行履约义务的金额为137.5万元，由于甲公司预计该部分履约义务将在2×18年内完成，因此，应在资产负债表中作为合同负债列示。

（3）2×18年7月1日至12月31日实际发生工程成本时：

借：合同履约成本　　15 000 000
　　贷：原材料、应付职工薪酬等　　15 000 000

（4）2×18年12月31日：

履约进度 = 30 000 000 ÷ 40 000 000 = 75%

合同收入 = 63 000 000 × 75% - 23 625 000 = 23 625 000（元）

借：合同结算——收入结转　　23 625 000
　　贷：主营业务收入　　23 625 000
借：主营业务成本　　15 000 000
　　贷：合同履约成本　　15 000 000
借：应收账款　　12 100 000
　　贷：合同结算——价款结算　　11 000 000
　　　　应交税费——应交增值税（销项税额）　　1 100 000
借：银行存款　　11 000 000
　　贷：应收账款　　11 000 000

当日，“合同结算”科目的余额为借方1 125万元（2 362.5 - 1 100 - 137.5），表明甲公司已经履行履约义务但尚未与客户结算的金额为1 125万元，由于该部分金额将在2×19年内结算，因此，应在资产负债表中作为合同资产列示。

(5) 2×19年1月1日至3月30日实际发生工程成本时：

借：合同履约成本 11 000 000

  贷：原材料、应付职工薪酬等 11 000 000

(6) 2×19年3月30日：

由于当日该工程已竣工决算，其履约进度为100%。

合同收入 =63 000 000 −23 625 000 −23 625 000 =15 750 000（元）

借：合同结算——收入结转 15 750 000

  贷：主营业务收入 15 750 000

借：主营业务成本 11 000 000

  贷：合同履约成本 11 000 000

借：应收账款 29 700 000

  贷：合同结算——价款结算 27 000 000

    应交税费——应交增值税（销项税额） 2 700 000

借：银行存款 36 300 000

  贷：应收账款 36 300 000

当日，“合同结算”科目的余额为0（1 125 +1 575 −2 700）。

【例15 −90】甲建筑公司与其客户签订一项总金额为580万元的固定造价合同，该合同不可撤销。甲公司负责工程的施工及全面管理，客户按照第三方工程监理公司确认的工程完工量，每年与甲公司结算一次；该工程已于2×18年2月开工，预计2×21年6月完工；预计可能发生的工程总成本为550万元。2×19年底，由于材料价格上涨等因素，甲公司将预计工程总成本调整为600万元。2×20年年末根据工程最新情况将预计工程总成本调整为610万元。假定该建造工程整体构成单项履约义务，并属于在某一时段内履行的履约义务，该公司采用成本法确定履约进度，不考虑其他相关因素。该合同的其他有关资料如表15 −11所示。

表15 −11 单位：万元

项目	2×18年	2×19年	2×20年	2×21年	2×22年
年末累计实际发生成本	154	300	488	610	—
年末预计完成合同尚需发生成本	396	300	122	—	—
本期结算合同价款	174	196	180	30	—
本期实际收到价款	170	190	190	—	30

按照合同约定，工程质保金30万元需等到客户于2×22年底保证期结束且未发生重大质量问题方能收款。上述价款均为不含税价款，不考虑相关税费的影响。

会计处理分为不同阶段：

（1）2×18年账务处理如下：

①实际发生合同成本。

借：合同履约成本　　1 540 000

　　贷：原材料、应付职工薪酬等　　1 540 000

②确认计量当年的收入并结转成本。

履约进度＝1 540 000÷（1 540 000＋3 960 000）＝28%

合同收入＝5 800 000×28%＝1 624 000（元）

借：合同结算——收入结转　　1 624 000

　　贷：主营业务收入　　1 624 000

借：主营业务成本　　1 540 000

　　贷：合同履约成本　　1 540 000

③结算合同价款。

借：应收账款　　1 740 000

　　贷：合同结算——价款结算　　1 740 000

④实际收到合同价款。

借：银行存款　　1 700 000

　　贷：应收账款　　1 700 000

2×18年12月31日，“合同结算”科目的余额为贷方11.6万元（174－162.4），表明甲公司已经与客户结算但尚未履行履约义务的金额为11.6万元，由于甲公司预计该部分履约义务将在2×19年内完成，因此，应在资产负债表中作为合同负债列示。

（2）2×19年的账务处理如下：

①实际发生合同成本。

借：合同履约成本　　1 460 000

　　贷：原材料、应付职工薪酬等　　1 460 000

②确认计量当年的收入并结转成本，同时，确认合同预计损失。

履约进度＝3 000 000÷（3 000 000＋3 000 000）＝50%

合同收入＝5 800 000×50%－1 624 000＝1 276 000（元）

借：合同结算——收入结转 1 276 000

贷：主营业务收入 1 276 000

借：主营业务成本 1 460 000

贷：合同履约成本 1 460 000

借：主营业务成本 100 000

贷：预计负债 100 000

合同预计损失 =（3 000 000 + 3 000 000 − 5 800 000）×（1 − 50%）= 100 000（元）

2×19 年底，由于该合同预计总成本（600 万元）大于合同总收入（580 万元），预计发生损失总额为 20 万元，由于其中 20 万元 ×50% = 10 万元已经反映在损益中，因此应将剩余的、为完成工程将发生的预计损失 10 万元确认为当期损失。

根据第十四章或有事项的相关规定，待执行合同变成亏损合同的，该亏损合同产生的义务满足相关条件的，则应当对亏损合同确认预计负债。因此，为完成工程将发生的预计损失 10 万元应当确认为预计负债。

③结算合同价款。

借：应收账款 1 960 000

贷：合同结算——价款结算 1 960 000

④实际收到合同价款。

借：银行存款 1 900 000

贷：应收账款 1 900 000

2×19 年 12 月 31 日，“合同结算”科目的余额为贷方 80 万元（11.6 + 196 − 127.6），表明甲公司已经与客户结算但尚未履行履约义务的金额为 80 万元，由于甲公司预计该部分履约义务将在 2×20 年内完成，因此，应在资产负债表中作为合同负债列示。

（3）2×20 年的账务处理如下：

①实际发生的合同成本。

借：合同履约成本 1 880 000

贷：原材料、应付职工薪酬等 1 880 000

②确认计量当年的合同收入并结转成本，同时调整合同预计损失。

履约进度 = 4 880 000 ÷（4 880 000 + 1 220 000）= 80%

合同收入 = 5 800 000 × 80% − 1 624 000 − 1 276 000 = 1 740 000（元）

合同预计损失 =（4 880 000 + 1 220 000 – 5 800 000）×（1 – 80%）– 100 000 = –40 000（元）

借：合同结算——收入结转　　1 740 000
　　贷：主营业务收入　　1 740 000
借：主营业务成本　　1 880 000
　　贷：合同履约成本　　1 880 000
借：预计负债　　40 000
　　贷：主营业务成本　　40 000

2×20 年底，由于该合同预计总成本（610 万元）大于合同总收入（580 万元），预计发生损失总额为 30 万元，由于其中 30 万元×80% =24 万元已经反映在损益中，因此预计负债的余额为 30 万元 –24 万元 =6 万元，反映剩余的、为完成工程将发生的预计损失，因此，本期应转回合同预计损失 4 万元。

③结算合同价款。

借：应收账款　　1 800 000
　　贷：合同结算——价款结算　　1 800 000

④实际收到合同价款。

借：银行存款　　1 900 000
　　贷：应收账款　　1 900 000

2×20 年 12 月 31 日，“合同结算”科目的余额为贷方 86 万元（80 +180 – 174），表明甲公司已经与客户结算但尚未履行履约义务的金额为 86 万元，由于该部分履约义务将在 2×21 年 6 月底前完成，因此，应在资产负债表中作为合同负债列示。

（4）2×21 年 1 ~6 月的账务处理如下：

①实际发生合同成本。

借：合同履约成本　　1 220 000
　　贷：原材料、应付职工薪酬等　　1 220 000

②确认计量当期的合同收入并结转成本及已计提的合同损失。

2×21 年 1 ~6 月确认的合同收入 = 合同总金额 – 截至目前累计已确认的收入 =5 800 000 –1 624 000 –1 276 000 –1 740 000 =1 160 000（元）

借：合同结算——收入结转　　1 160 000
　　贷：主营业务收入　　1 160 000
借：主营业务成本　　1 220 000

贷：合同履约成本 1 220 000

借：预计负债 60 000

贷：主营业务成本 60 000

2×21 年6月30日，“合同结算”科目的余额为借方30万元（86－116），是工程质保金，需等到客户于2×22年底保质期结束且未发生重大质量问题后方能收款，应当在2×21年末资产负债表中作为合同资产列示。

（5）2×22年的账务处理：

①保质期结束且未发生重大质量问题。

借：应收账款 300 000

贷：合同结算 300 000

②实际收到合同价款。

借：银行存款 300 000

贷：应收账款 300 000

2. 合同履约成本和合同取得成本。

根据本章确认为资产的合同履约成本，初始确认时摊销期限不超过一年或一个正常营业周期的，在资产负债表中计入“存货”项目；初始确认时摊销期限在一年或一个正常营业周期以上的，在资产负债表中计入“其他非流动资产”项目。

根据本章确认为资产的合同取得成本，初始确认时摊销期限不超过一年或一个正常营业周期的，在资产负债表中计入“其他流动资产”项目；初始确认时摊销期限在一年或一个正常营业周期以上的，在资产负债表中计入“其他非流动资产”项目。

（二）披露

企业应当在财务报表附注中充分披露与收入有关的下列定性和定量信息，以使财务报表使用者能够了解与客户之间的合同产生的收入及现金流量的性质、金额、时间分布和不确定性等相关信息。

1. 收入确认和计量所采用的会计政策，对于确定收入确认的时点和金额具有重大影响的判断以及这些判断的变更。在披露这些判断及其变更时，企业应当披露下列信息：

（1）履约义务履行的时点。对于在某一时段内履行的履约义务，企业应当披露确认收入所采用的方法（例如，企业是按照产出法还是投入法确认收入，企业如何运用该方法确认收入等），以及该方法为何能够如实地反映商品的转让的说明性信息。对于在某一时点履行的履约义务，企业应当披露在评估客户取得所承诺商品控制权时点时所作出的重大判断。

（2）交易价格以及分摊至各项履约义务的金额。企业应当披露在确定交易价格（包括但不限于估计可变对价、调整货币时间价值的影响以及计量非现金对价等）、估计计入交易价格的可变对价、分摊交易价格（包括估计所承诺商品的单独售价、将合同折扣以及可变对价分摊至合同中的某一特定部分等）以及计量预期将退还给客户的款项等类似义务时所采用的方法、输入值以及各项假设等信息。

2. 与合同相关的信息。

企业应当单独披露与客户的合同相关的下列信息，除非这些信息已经在利润表中单独列报：一是按照本章确认的收入，且该收入应当区别于企业其他的收入来源而单独披露。二是企业已经就与客户之间的合同相关的任何应收款项或合同资产确认的减值损失，且该减值损失也应当区别于针对其他合同确认的减值损失而单独披露。

（1）本期确认的收入。企业应当将本期确认的收入按照不同的类别进行分解，这些类别应当反映经济因素如何影响收入及现金流量的性质、金额、时间分布和不确定性。此外，企业应当充分披露上述信息，以便财务报表使用者能够理解上述将收入按不同类别进行分解的信息与企业在分部信息中披露的每一报告分部的收入之间的关系。

在确定对收入进行分解的类别时，企业应当考虑其在下列情况下是如何列报和披露与收入有关的信息：①在财务报表之外披露的信息，例如，在企业的业绩公告、年报或向投资者报送的相关资料中披露的收入信息；②管理层为评价经营分部的财务业绩所定期复核的信息；以及③企业或企业的财务报表使用者在评价企业的财务业绩或作出资源分配决策时，所使用的类似于上述①和②的信息类型的其他信息。

企业在对收入信息进行分解时，可以采用的类别包括但不限于：商品类型、经营地区、市场或客户类型、合同类型（例如，固定造价合同、成本加成合同等）、商品转让的时间（例如，在某一时点转让或在某一时段内转让）、合同期限（例如，长期合同、短期合同等）、销售渠道（例如，直接销售或通过经销商销售等）等。

【例 15－91】甲公司有三个报告分部，分别为消费品、汽车和能源。甲公司在其年报中将收入按照主要经营地区、主要产品类型以及收入确认时间进行分类并披露相关信息。甲公司认为该分类能够反映相关经济因素对于企业的收入和现金流量的性质、金额、时间分布以及不确定性的影响。因此，甲公司在其财务报表附注中对于收入按照同样的分类方法进行披露（见表15－12）。

表15－12　　单位：万元

报告分布	消费品	汽车	能源	合计
主要经营地区				
东北	990	2 250	5 250	8 490
华北	300	750	1 000	2 050
西北	700	260	—	960
合计	1 990	3 260	6 250	11 500
主要产品类型				
办公用品	600	—	—	600
家用电器	900	—	—	900
服装	400	—	—	400
汽车	—	3 260	—	3 260
太阳能电池板	—	—	1 000	1 000
发电	—	—	5 250	5 250
合计	1 990	3 260	6 250	11 500
收入确认时间				
商品（在某一时点转让）	1 990	3 260	1 000	6 250
服务（在某一时段内提供）	—	—	5 250	5 250
合计	1 990	3 260	6 250	11 500

（2）应收款项、合同资产和合同负债的账面价值。

企业应当披露与应收款项、合同资产和合同负债的账面价值有关的下列信息：①应收款项、合同资产和合同负债的期初和期末账面价值；②对上述应收款项和合同资产确认的减值损失；③在本期确认的包括在合同负债期初账面价值中的收入；以及④前期已经履行（或部分履行）的履约义务在本期确认的收入（例如，交易价格的变动）。

企业应当说明其履行履约义务的时间与通常的付款时间之间的关系，以及此类因素对合同资产和合同负债账面价值的影响的定量或定性信息。企业还应当以定性和定量信息的形式说明合同资产和合同负债的账面价值在本期内发生的重大变动。合同资产和合同负债的账面价值发生变动的情形包括：①企业合并导致的变动；②对收入进行累积追加调整导致的相关合同资产和合同负债的变动，此类调整可能源于估计履约进度的变化、估计交易价格的变化（包括对于可变对价是否受到限制的评估发生变化）或者合同变更；③合同资产发生减值；④对合同对价的权利成为无条件权利（即，合同资产重分类为应收款项）的时间安排发生变化；以及⑤履行履约义务（即从合同负债转为收入）的时间安排发生变化。

（3）履约义务。企业应当披露与履约义务相关的信息包括：①企业通常在何时履行履约义务，包括在售后代管商品的安排中履行履约义务的时间，例如，发货时、交付时、服务提供时或服务完成时等；②重要的支付条款，例如，合同价款通常何时到期、合同是否存在重大融资成分、合同对价是否为可变金额以及对可变对价的估计是否通常受到限制等；③企业承诺转让的商品的性质，如有企业为代理人的情形，需要着重说明；④企业承担的预期将退还给客户的款项等类似义务；以及⑤质量保证的类型及相关义务。

（4）分摊至剩余履约义务的交易价格。企业应当披露与剩余履约义务有关的下列信息：①分摊至本期末尚未履行（或部分未履行）履约义务的交易价格总额；②上述金额确认为收入的预计时间，企业可以按照对于剩余履约义务的期间而言最恰当的时间段为基础提供有关预计时间的定量信息，或者使用定性信息进行说明。

【例 15－92】 2×20 年 7 月 1 日，甲公司与客户签订不可撤销的合同，为其提供草坪修剪服务，合同期限为 2 年。根据合同约定，在合同期限内，甲公司在客户需要时为其提供服务，但是每月提供服务的次数最多不超过 4 次，客户每月向甲公司支付 4 000 元。甲公司按照时间进度确定其履约进度。上述金额不含增值税额。

本例中，截至 2×20 年年末，该合同下分摊至尚未履行的履约义务的交易价格为 72 000 元，甲公司在编制其 2×20 年财务报表时，对于上述金额确认为收入的预计时间披露如表 15－13 所示。

表 15－13 单位：元

年度	2×21 年	2×22 年	合计
该合同预计将确认的收入	48 000	24 000	72 000

为简化实务操作，当满足下列条件之一时，企业无需针对某项履约义务披露上述信息：一是该项履约义务是原预计合同期限不超过一年的合同中的一部分。二是企业有权对该履约义务下已转让的商品向客户发出账单，且账单金额能够代表企业累计至今已履约部分转移给客户的价值。

【例15－93】 2×22年7月1日，乙公司与客户签订不可撤销的合同，为其提供保洁服务，合同期限为2年。根据合同约定，乙公司每月至少为客户提供一次服务，收费标准为每小时25元，客户按照乙公司的实际工作时间向其支付服务费。

本例中，乙公司按照固定的费率以及实际发生的工时向客户收费，乙公司有权对已提供的服务向客户发出账单，且账单金额能够代表乙公司累计至今已履约部分转移给客户的价值。因此，乙公司可以采用上述简化处理方法。

企业应当提供定性信息以说明其是否采用了上述简化操作方法，以及是否存在任何对价金额未纳入交易价格，从而未纳入对于分摊至剩余履约义务的交易价格所需披露的信息之中，例如，由于将可变对价计入交易价格的限制要求而未计入交易价格的可变对价。

【例15－94】 2×20年7月1日，丙公司与客户签订不可撤销的合同，两年内在客户需要时为其提供保洁服务。合同价款包括两部分：一是每月10 000元的固定对价；二是最高金额为100 000元的奖金。丙公司预计可以计入交易价格的可变对价金额为75 000元。丙公司按照时间进度确定履约进度。上述金额均不包含增值税。

本例中，丙公司认为该合同下为客户提供两年的保洁服务构成单项履约义务，估计的交易价格为315 000元（10 000×24＋75 000），丙公司将该金额按照合同期24个月平均确认为收入，即每月确认的收入为13 125元，2×20年确认的收入金额为78 750元（13 125×6），尚未确认的收入为236 250元，其中2×21年将确认的收入金额为157 500元（13 125×12），其余的78 750元将于2×22年确认。

该合同的下列信息将会包含在2×20年财务报表附注的相关披露之中：

（1）定量披露（见表15－14）。

表15－14 单位：元

年度	2×21年	2×22年	合计
该合同预计将确认的收入	157 500	78 750	236 250

（2）定性披露。

奖金25 000元因对可变对价有关的限制要求而未被计入交易价格，因此没有包括在上述披露之中。

【例15－95】2×20年2月1日，丁公司与客户签订合同，为客户建造一栋办公楼，合同对价为500万元。丁公司在该合同下为客户提供的建造服务构成单项履约义务，且该履约义务在某一时段内履行。丁公司在2×20年对该合同确认的收入金额为240万元。丁公司估计该项工程将于2×21年年底完工，但是也很可能会延期至2×22年3月完工。

本例中，丁公司应当在2×20年的财务报表中披露尚未确认为收入的金额以及预计将该金额确认为收入的时间。由于未来确认收入的时间存在不确定性，丁公司对该信息进行定性披露，例如，“2×20年12月31日，分摊至剩余履约义务的交易价格为260万元，本公司预计该金额将随着工程的完工进度，在未来12～15个月内确认为收入”。

3. 与合同成本有关的资产相关的信息。

企业应当披露与合同成本有关的资产相关的下列信息：（1）在确定该资产的金额时所运用的判断；（2）该资产的摊销方法；（3）按该资产的主要类别（如为取得合同发生的成本、为履行合同开展的初始活动发生的成本等）披露合同取得成本或合同履约成本的期末账面价值以及（4）本期确认的摊销以及减值损失的金额等。

4. 有关简化处理方法的披露。

如果企业选择对于合同中存在的重大融资成分或为取得合同发生的增量成本采取简化的处理方法，即企业根据本章第五部分规定因预计客户取得商品控制权与客户支付价款间隔未超过一年而未考虑合同中存在的重大融资成分，或者根据本章第六部分规定因与合同取得成本有关的资产的摊销期限未超过一年而将其在发生时计入当期损益的，企业应当对这一事实进行披露。

5. 社会资本方参与PPP项目合同的，应当按照重要性原则，在附注中披露下列信息，或者将一组具有类似性质的PPP项目合同合并披露下列信息：一是PPP项目合同的相关信息，包括PPP项目合同的概括性介绍；PPP项目合同中可能影响未来现金流量金额、时间分布和风险的相关重要条款；社会资本方对PPP项目资产享有的相关权利（包括使用、收益、续约或终止选择权等）和承担的相关义务（包括投融资、购买或建造、运营、移交等）；本期PPP项目合同的变更情况；PPP项目合同的分类方式等。二是社会资本方除应当按照相关章对 PPP 项目合同进行披露外，还应当披露相关收入、资产等确认和计量方法、金额等会计信息。其中，一组具有类似性质的 PPP 项目是指一组包含类似性质服务的 PPP 项目合同（如高速公路收费、污水处理服务、垃圾处理项目等）。

九、衔接规定

1. 首次执行收入准则的企业，应当根据首次执行收入准则的累积影响数，调整首次执行收入准则当年年初留存收益及财务报表其他相关项目金额，对可比期间信息不予调整。企业可以仅对在首次执行日尚未完成的合同的累积影响数进行调整。同时，企业应当在附注中披露，与收入相关会计准则制度的原规定相比，执行收入准则对当期财务报表相关项目的影响金额，如有重大影响的，还需披露其原因。

已完成的合同，是指企业按照与收入相关会计准则制度的原规定已完成合同中全部商品的转让的合同。尚未完成的合同，是指除已完成的合同之外的其他合同。

2. 对于最早可比期间期初之前或首次执行收入准则当年年初之前发生的合同变更，企业可予以简化处理，即无需按照本章第四部分关于合同变更的规定进行追溯调整，而是根据合同变更的最终安排，识别已履行的和尚未履行的履约义务、确定交易价格以及在已履行的和尚未履行的履约义务之间分摊交易价格。

企业采用该简化处理方法的，应当对所有合同一致采用，并且在附注中披露该事实以及在合理范围内对采用该简化处理方法的影响所作的定性分析。

第十六章　政府补助

一、总体要求

《企业会计准则第 16 号——政府补助》（以下简称政府补助准则）规范了政府补助的确认、计量、列示和相关信息的披露。企业应当根据政府补助的定义和特征对来源于政府的经济资源进行判断，并按照本章的要求对政府补助进行相应的会计处理。

政府向企业提供经济支持，以鼓励或扶持特定行业、地区或领域的发展，是政府进行宏观调控的重要手段，也是国际上通行的做法。对企业而言，并不是所有来源于政府的经济资源都属于本章规范的政府补助，除政府补助外，还可能是政府对企业的资本性投入或者政府购买服务所支付的对价。企业应当首先根据交易或者事项的实质对来源于政府的经济资源所归属的类型作出判断，对于符合政府补助定义和特征的，再按照本章的要求进行确认、计量、列示与披露。

二、适用范围

企业对于符合本章关于政府补助定义和特征的政府补助，应当按照本章的要求进行会计处理。下列各项不纳入本章的范围，适用其他相关章：

1. 企业从政府取得的经济资源，如果与企业销售商品或提供服务等活动密切相关，且是企业商品或服务的对价或者是对价的组成部分，应当适用第十五章收入等相关规定。

2. 所得税减免，适用第十八章所得税。

政府以投资者身份向企业投入资本，享有相应的所有者权益，政府与企业之间是投资者与被投资者的关系，属于互惠性交易，不适用本章。

【例 16－1】甲企业是一家生产和销售高效照明产品的企业。国家为了支持高效照明产品的推广使用，通过统一招标的形式确定中标企业、高效照明产品及中标协议供货价格。甲企业作为中标企业，需以中标协议供货价格减去财政补贴资金后的价格将高效照明产品销售给终端用户，并按照高效照明产品实际安装数量、中标供货协议价格、补贴标准，申请财政补贴资金。2×22 年度，甲企业因销售高效照明产品获得财政资金 5 000 万元。

本例中，甲企业虽然取得财政补贴资金，但最终受益人是从甲企业购买高效照明产品的大宗用户和城乡居民，相当于政府以中标协议供货价格从甲企业购买了高效照明产品，再以中标协议供货价格减去财政补贴资金后的价格将产品销售给终端用户。实际操作时，政府并没有直接从事高效照明产品的购销，但以补贴资金的形式通过甲企业的销售行为实现了政府推广使用高效照明产品的目标。对甲企业而言，销售高效照明产品是其日常经营活动，甲企业仍按照中标协议供货价格销售了产品，其销售收入由两部分构成，一是终端用户支付的购买价款，二是财政补贴资金，财政补贴资金是甲企业产品销售对价的组成部分。因此，甲企业收到的补贴资金 5 000 万元应当按照第十五章收入的规定进行会计处理。

三、应设置的相关会计科目和主要账务处理

企业对政府补助的会计处理，一般需要设置下列会计科目。

（一）“递延收益”

1. 本科目核算企业确认的应在以后期间计入当期损益的政府补助。

2. 本科目可按政府补助的项目进行明细核算。

3. 递延收益的主要账务处理。

（1）与资产相关的政府补助，总额法下，按收到或应收的金额借记“银行存款”、“其他应收款”等科目，贷记本科目。在相关资产使用寿命内按合理、系统的方法分期计入损益，借记本科目，贷记“其他收益”、“营业外收入”等科目。

净额法下，企业先取得与资产相关的政府补助、再确认所购建的长期资产的，按收到或应收的金额借记“银行存款”、“其他应收款”等科目，贷记本科目。在相关资产达到预定可使用状态或预定用途时，借记本科目，贷记“固定资产”等科目。

（2）与收益相关的政府补助，用于补偿企业以后期间的相关成本费用或损失的，按收到或应收的金额，借记“银行存款”、“其他应收款”等科目，贷记本科目。在确认相关成本费用或损失的期间，总额法下，借记本科目，贷

记“其他收益”、“营业外收入”等科目；净额法下，借记本科目，贷记“管理费用”、“营业外支出”等科目或冲减相关成本。用于补偿企业已发生的相关成本费用或损失的，直接计入当期损益或冲减相关成本，不通过本科目核算。

4. 本科目期末贷方余额，反映企业应在以后期间计入当期损益或冲减相关成本的政府补助。

（二）“其他收益”

1. 本科目核算总额法下与日常活动相关的政府补助，以及其他与日常活动相关且应直接计入本科目的项目，如企业当期直接减免的增值税、实际缴纳增值税时加计抵减的金额、企业作为个人所得税的扣缴义务人收到的扣缴税款手续费、企业超比例安排残疾人就业或者为安排残疾人就业做出显著成绩按规定收到的奖励等。企业债务重组形成的利得或损失，也在本科目核算。

2. 本科目涉及政府补助的，可按政府补助的类型进行明细核算。

3. 政府补助涉及的其他收益的主要账务处理。

对于总额法下与日常活动相关的政府补助，企业在实际收到或应收时，或者将先确认为“递延收益”的政府补助分摊计入收益时，借记“银行存款”、“其他应收款”、“递延收益”等科目，贷记本科目。

4. 期末，应将本科目余额转入“本年利润”科目，结转后本科目无余额。

四、政府补助的定义和特征

（一）政府补助的定义

政府补助是指企业从政府无偿取得货币性资产或非货币性资产。政府补助主要形式包括政府对企业的无偿拨款、税收返还、财政贴息，以及无偿给予非货币性资产等。通常情况下，直接减征、免征、增加计税抵扣额、抵免部分税额等不涉及资产直接转移的经济资源，不适用本章。

需要说明的是，增值税出口退税不属于政府补助。根据税法规定，在对出口货物取得的收入免征增值税的同时，退付出口货物前道环节发生的进项税额，增值税出口退税实际上是政府退回企业事先垫付的进项税，不属于政府补助。

（二）政府补助的特征

政府补助具有下列特征：

1. 政府补助是来源于政府的经济资源。这里的政府主要是指行政事业单位及类似机构。对于企业收到的来源于其他方的补助，有确凿证据表明政府是补助的实际拨付者，其他方只起到代收代付作用的，该项补助也属于来源于政府的经济资源。例如，某集团公司母公司收到一笔政府补助款，有确凿证据表明该补助款实际的补助对象为该母公司下属子公司，母公司只是起到代收代付作用，在这种情况下，该补助款属于对子公司的政府补助。

2. 政府补助是无偿的。即企业取得来源于政府的经济资源，不需要向政府交付商品或服务等对价。无偿性是政府补助的基本特征，这一特征将政府补助与政府以投资者身份向企业投入资本、政府购买服务等政府与企业之间的互惠性交易区别开来。需要说明的是，政府补助通常附有一定条件，这与政府补助的无偿性并不矛盾，只是政府为了推行其宏观经济政策，对企业使用政府补助的时间、使用范围和方向进行了限制。

【例16-2】2×23年2月，乙企业与所在城市的开发区人民政府签订了项目合作投资协议，实施"退城进园"技改搬迁。根据协议，乙企业在开发区内投资约4亿元建设电子信息设备生产基地。生产基地占地面积400亩，该宗项目用地按开发区工业用地基准地价挂牌出让，乙企业摘牌并按挂牌出让价格缴纳土地出让金4 800万元。乙企业自开工之日起须在18个月内完成搬迁工作，从原址搬迁至开发区，同时将乙企业位于城区繁华地段的原址用地（200亩，按照所在地段工业用地基准地价评估为1亿元）移交给开发区政府收储，开发区政府将向乙企业支付补偿资金1亿元。

本例中，为实施"退城进园"技改搬迁，乙企业将其位于城区繁华地段的原址用地移交给开发区政府收储，开发区政府为此向乙企业支付补偿资金1亿元。由于开发区政府对乙企业的搬迁补偿是基于乙企业原址用地的公允价值确定的，实质是政府按照相应资产的市场价格向企业购买资产，企业从政府取得的经济资源是企业让渡其资产的对价，双方的交易是互惠性交易，不符合政府补助无偿性的特点。因此，乙企业收到的1亿元搬迁补偿资金不作为政府补助处理，而应作为处置非流动资产的收入。

【例16-3】丙企业是一家生产和销售重型机械的企业。为推动科技创新，丙企业所在地政府于2×23年8月向丙企业拨付了3 000万元资金，要求丙企业将这笔资金用于技术改造项目研究，研究成果归丙企业享有。

本例中，丙企业的日常经营活动是生产和销售重型机械，其从政府取得了3 000万元资金用于研发支出，且研究成果归丙企业享有。因此，这项财政拨款具有无偿性的特征，丙企业收到的3 000万元资金应当按照本章的规定进行会计处理。

五、政府补助的分类

确定了来源于政府的经济资源属于政府补助后，企业还应当对其进行恰当的分类。政府补助应当划分为与资产相关的政府补助和与收益相关的政府补助。这两类政府补助给企业带来经济利益或者弥补相关成本或费用的形式不同，从而在具体会计处理上存在差别。

与资产相关的政府补助，是指企业取得的、用于购建或以其他方式形成长期资产的政府补助。通常情况下，相关补助文件会要求企业将补助资金用于取得长期资产。长期资产将在较长的期间内给企业带来经济利益，因此相应的政府补助的受益期也较长。

与收益相关的政府补助，是指除与资产相关的政府补助之外的政府补助。此类补助主要是用于补偿企业已发生或即将发生的相关成本费用或损失，受益期相对较短，通常在满足补助所附条件时计入当期损益或冲减相关成本。

【例 16－4】 丁公司租赁某物业，租赁期为 5 年，每 3 个月支付一次租金。为支持丁公司经营发展，当地政府为丁公司提供租金扶持补贴，丁公司在每 3 个月支付租金后向政府提交租金支付凭证等申请文件，政府审核通过后发放相应 3 个月的租金扶持补贴。

本例中，丁公司收到的政府补助在性质上为政府对企业所付物业租金的补贴，弥补的是企业相关期间的租赁成本费用，不符合与资产相关的政府补助的定义，因此属于与收益相关的政府补助，应当按照本章中与收益相关的政府补助的有关规定进行会计处理。

六、政府补助的确认与计量

关于政府补助的确认条件，政府补助同时满足下列条件的，才能予以确认：一是企业能够满足政府补助所附条件；二是企业能够收到政府补助。

关于政府补助的计量属性，政府补助为货币性资产的，应当按照收到或应收的金额计量。如果企业已经实际收到补助资金，应当按照实际收到的金额计量；如果资产负债表日企业尚未收到补助资金，但企业在符合了相关政策规定后就相应获得了收款权，且与之相关的经济利益很可能流入企业，企业应当在这项补助成为应收款时按照应收的金额计量。政府补助为非货币性资产的，应当按照公允价值计量；公允价值不能可靠取得的，按照名义金额计量。

政府补助有两种会计处理方法：总额法和净额法。总额法是在确认政府补助时，将其全额一次或分次确认为收益，而不是作为相关资产账面价值或者成本费用等的扣减。净额法是将政府补助确认为对相关资产账面价值或者所补偿成本费用等的扣减。需要说明的是，根据第一章基本准则的要求，同一企业不同时期发生的相同或者相似的交易或者事项，应当采用一致的会计政策，不得随意变更；确需变更的，应当在附注中说明。企业应当根据经济业务的实质，判断某一类政府补助业务应当采用总额法还是净额法进行会计处理，通常情况下，对同类或类似政府补助业务只能选用一种方法，同时，企业对该业务应当一贯地运用该方法，不得随意变更。企业对某些补助只能采用一种方法，例如，对一般纳税人增值税即征即退只能采用总额法进行会计处理。

与企业日常活动相关的政府补助，应当按照经济业务实质，计入其他收益或冲减相关成本费用。与企业日常活动无关的政府补助，计入营业外收入或冲减相关损失。通常情况下，若政府补助补偿的成本费用是营业利润之中的项目，或该补助与日常销售等经营行为密切相关（如增值税即征即退等），则认为该政府补助与日常活动相关。

（一）与资产相关的政府补助

实务中，企业通常先收到补助资金，再按照政府要求将补助资金用于购建固定资产或无形资产等长期资产。企业在取得与资产相关的政府补助时，应当选择采用总额法或净额法进行会计处理。

总额法下，企业在取得与资产相关的政府补助时应当按照补助资金的金额借记“银行存款”等科目，贷记“递延收益”科目；然后在相关资产使用寿命内按合理、系统的方法分期计入损益。如果企业先取得与资产相关的政府补助，再确认所购建的长期资产，总额法下应当在开始对相关资产计提折旧或进行摊销时按照合理、系统的方法将递延收益分期计入当期收益；如果相关长期资产投入使用后企业再取得与资产相关的政府补助，总额法下应当在相关资产的剩余使用寿命内按照合理、系统的方法将递延收益分期计入当期收益。需要说明的是，采用总额法的，如果对应的长期资产在持有期间发生减值损失，递延收益的摊销仍保持不变，不受减值因素的影响。企业对与资产相关的政府补助选择总额法的，应当将递延收益分期转入其他收益或营业外收入，借记“递延收益”科目，贷记“其他收益”或“营业外收入”科目。相关资产在使用寿命结束时或结束前被处置（出售、报废、转让、发生毁损等），尚未分配的相关递延收益余额应当转入资产处置当期的损益，不再予以递延。对相关资产划分为持有待售类别的，先将尚未分配的递延收益余额冲减相关资产的账面价值，再按照第四十二章持有待售的非流动资产、处置组和终止经营的要求进行会计处理。

净额法下，企业在取得政府补助时应当按照补助资金的金额冲减相关资产的账面价值。如果企业先取得与资产相关的政府补助，再确认所购建的长期资产，净额法下应当将取得的政府补助先确认为递延收益，在相关资产达到预定可使用状态或预定用途时将递延收益冲减资产账面价值；如果相关长期资产投入使用后企业再取得与资产相关的政府补助，净额法下应当在取得补助时冲减相关资产的账面价值，并按照冲减后的账面价值和相关资产的剩余使用寿命计提折旧或进行摊销。

实务中存在政府无偿给予企业长期非货币性资产的情况，如无偿给予土地使用权、天然起源的天然林等。企业取得的政府补助为非货币性资产的，应当按照公允价值计量；公允价值不能可靠取得的，按照名义金额（1 元）计量。企业在收到非货币性资产的政府补助时，应当借记有关资产科目，贷记“递延收益”科目；然后在相关资产使用寿命内按合理、系统的方法分期计入损益，借记“递延收益”科目，贷记“其他收益”或“营业外收入”科目。但是，对以名义金额计量的政府补助，在取得时计入当期损益。

【例 16－5】按照国家有关政策，企业购置环保设备可以申请补贴以补偿其环保支出。甲企业于 2×22 年 1 月向政府有关部门提交了 210 万元的补助申请，作为对其购置环保设备的补贴。2×22 年 3 月 15 日，甲企业收到了政府补贴款 210 万元。2×22 年 4 月 20 日，甲企业购入不需安装的环保设备一台，实际成本为 480 万元，使用寿命 10 年，采用直线法计提折旧（不考虑净残值）。2×30 年 4 月，甲企业的这台设备发生毁损而报废。本例中不考虑相关税费等其他因素。

甲企业的账务处理如下：

方法一：甲企业选择总额法对此类补助进行会计处理

(1) 2×22 年 3 月 15 日实际收到财政拨款，确认递延收益：

借：银行存款　　2 100 000

　　贷：递延收益　　2 100 000

(2) 2×22 年 4 月 20 日购入设备：

借：固定资产　　4 800 000

　　贷：银行存款　　4 800 000

(3) 自2×22年5月起每个资产负债表日(月末)计提折旧,同时分摊递延收益:

①计提折旧(假设该设备用于污染物排放测试,折旧费用计入制造费用):

借:制造费用　　40 000

　贷:累计折旧　　40 000

②分摊递延收益:

借:递延收益　　17 500

　贷:其他收益　　17 500

(4) 2×30年4月设备毁损,同时转销递延收益余额:

借:固定资产清理　　960 000

　累计折旧　　3 840 000

　贷:固定资产　　4 800 000

借:递延收益　　420 000

　贷:固定资产清理　　420 000

借:营业外支出　　540 000

　贷:固定资产清理　　540 000

方法二:甲企业选择净额法对此类补助进行会计处理

(1) 2×22年3月15日实际收到财政拨款,确认递延收益:

借:银行存款　　2 100 000

　贷:递延收益　　2 100 000

(2) 2×22年4月20日购入设备:

借:固定资产　　4 800 000

　贷:银行存款　　4 800 000

借:递延收益　　2 100 000

　贷:固定资产　　2 100 000

(3) 自2×22年5月起每个资产负债表日(月末)计提折旧:

借:制造费用　　22 500

　贷:累计折旧　　22 500

(4) 2×30年4月设备毁损:

借:固定资产清理　　540 000

　累计折旧　　2 160 000

贷：固定资产　　　　　　　　　　　　　　　　　　　　2 700 000

借：营业外支出　　　　　　　　　　　　　　　　　540 000

贷：固定资产清理　　　　　　　　　　　　　　　　　　540 000

（二）与收益相关的政府补助

与收益相关的政府补助，应当分情况按照以下规定进行会计处理：用于补偿企业以后期间的相关成本费用或损失的，确认为递延收益，并在确认相关成本费用或损失的期间，计入当期损益或冲减相关成本；用于补偿企业已发生的相关成本费用或损失的，直接计入当期损益或冲减相关成本。对与收益相关的政府补助，企业同样可以选择采用总额法或净额法进行会计处理：选择总额法的，应当计入其他收益或营业外收入；选择净额法的，应当冲减相关成本费用或营业外支出。

1. 与收益相关的政府补助如果用于补偿企业以后期间的相关成本费用或损失，企业在取得时应当先判断企业能否满足政府补助所附条件。只有满足政府补助确认条件的才能予以确认，而客观情况通常表明企业能够满足政府补助所附条件，企业应当将其确认为递延收益，并在确认相关成本费用或损失的期间，计入当期损益或冲减相关成本。

【例 16－6】 乙企业于 2×22 年 3 月 15 日与其所在地地方政府签订合作协议，根据协议约定，当地政府将向乙企业提供 1 000 万元奖励资金，用于企业的人才激励和人才引进奖励，乙企业必须按年向当地政府报送详细的资金使用计划并按规定用途使用资金。协议同时还约定，乙企业自获得奖励起 10 年内注册地址不得迁离本地区，否则政府有权追回奖励资金。乙企业于 2×22 年 4 月 10 日收到 1 000 万元补助资金，分别在 2×22 年 12 月、2×23 年 12 月、2×24 年 12 月使用了 400 万元、300 万元和 300 万元，用于发放给总裁级高管年度奖金。本例中不考虑相关税费等其他因素。

本例中，乙企业应当在取得政府补助时先判断是否满足政府补助的确认条件。如果客观情况表明乙企业在未来 10 年内离开该地区的可能性很小，比如通过成本效益分析认为乙企业迁离该地区的成本远高于收益，则乙企业在收到补助资金时应当计入“递延收益”科目，实际按规定用途使用补助资金时，再计入当期损益。

假设乙企业选择净额法对此类补助进行会计处理，其账务处理如下：

（1）2×22 年 4 月 10 日乙企业实际收到补助资金：

借：银行存款　　　　　　　　　　　　　　　　10 000 000

贷：递延收益 10 000 000

(2) 2×22 年 12 月、2×23 年 12 月、2×24 年 12 月乙企业将补助资金用于发放高管奖金时相应结转递延收益：

①2×22 年 12 月：

借：递延收益 4 000 000

贷：管理费用 4 000 000

②2×23 年 12 月：

借：递延收益 3 000 000

贷：管理费用 3 000 000

③2×24 年 12 月：

借：递延收益 3 000 000

贷：管理费用 3 000 000

如果本例中乙企业选择按总额法对此类政府补助进行会计处理，则应当在确认相关管理费用的期间，借记“递延收益”科目，贷记“其他收益”科目。

如果乙企业在取得补助资金时暂时无法确定能否满足政府补助所附条件(即在未来10 年内注册地址不得迁离本地区)，则应当将收到的补助资金先计入“其他应付款”科目，待客观情况表明其能够满足政府补助所附条件后再转入“递延收益”科目。

2. 用于补偿企业已发生的相关成本费用或损失的，直接计入当期损益或冲减相关成本。这类补助通常与企业已经发生的行为有关，是对企业已发生的成本费用或损失的补偿，或是对企业过去行为的奖励。

【例 16－7】 丙企业销售其自主开发的软件。按照国家有关规定，该企业的这种产品适用增值税即征即退政策，按 13% 的税率征收增值税后，对其增值税实际税负超过 3% 的部分，实行即征即退。丙企业 2×22 年 8 月在进行纳税申报时，对归属于 7 月的增值税即征即退提交退税申请，经主管税务机关审核后的退税额为 10 万元。

本例中，软件企业即征即退增值税与企业日常销售密切相关，属于与企业的日常活动相关的政府补助。丙企业 2×22 年 8 月申请退税并确定了增值税退税额，账务处理如下：

借：其他应收款 100 000

贷：其他收益 100 000

【例 16－8】 丁企业 2×22 年 11 月遭受重大自然灾害，并于 2×22 年 12 月

20日收到了政府补助资金200万元用于弥补其遭受自然灾害的损失。

2×22年12月20日，丁企业实际收到补助资金并对此类补助选择按总额法进行会计处理，其账务处理如下：

借：银行存款　　2 000 000

　贷：营业外收入　　2 000 000

【例16－9】甲企业是集芳烃技术研发、生产于一体的高新技术企业。芳烃的原料是石脑油。石脑油按成品油项目在生产环节征消费税。根据国家有关规定，对使用燃料油、石脑油生产乙烯芳烃的企业购进并用于生产乙烯、芳烃类化工产品的石脑油、燃料油，按实际耗用数量退还所含消费税。假设甲企业石脑油单价为5 333元/吨（其中，消费税2 105元/吨）。2×22年7月，甲企业将115吨石脑油投入生产，石脑油转换率为1.15∶1（即1.15吨石脑油可生产1吨乙烯芳烃），共生产乙烯芳烃100吨。甲企业根据当期产量及所购原料供应商的消费税证明，向税务机关申请退还相应的消费税。

本例中，甲企业当期应退消费税为100×1.15×2 105＝242 075（元）。甲企业在期末结转存货成本和主营业务成本之前，对该政府补助的账务处理如下：

借：其他应收款　　242 075

　贷：生产成本　　242 075

（三）政府补助退回的会计处理

已确认的政府补助需要退回的，应当在需要退回的当期分情况按照以下规定进行会计处理：（1）初始确认时冲减相关资产账面价值的，调整资产账面价值；（2）存在相关递延收益的，冲减相关递延收益账面余额，超出部分计入当期损益；（3）属于其他情况的，直接计入当期损益。

此外，对于属于前期差错的政府补助退回，应当按照第二十九章会计政策、会计估计变更和差错更正作为前期差错更正进行追溯调整。

【例16－10】承〖例16－5〗，假设2×23年5月，因客观环境改变甲企业不再符合申请补助的条件，有关部门要求甲企业全额退回补助款。甲企业于当月退回了补助款210万元。甲企业的账务处理如下：

方法一：甲企业选择总额法对此类补助进行会计处理

甲企业应当结转尚未分配的递延收益，并将超出部分计入当期损益。因为本例中该项补助与日常活动相关，所以这部分退回的补助冲减应退回当期的其他收益。

2×23年5月甲企业退回补助款时：

借：递延收益　　1 890 000

　　其他收益　　210 000

　　贷：银行存款　　2 100 000

方法二：甲企业选择净额法对此类补助进行会计处理

甲企业计算应补提的折旧，将这部分费用计入当期损益，相应调整固定资产的账面价值。

2×23年5月甲企业退回补助款时：

借：固定资产　　2 100 000

　　其他收益　　210 000

　　贷：银行存款　　2 100 000

　　　　累计折旧　　210 000

【例16-11】 甲企业于2×22年11月与某开发区政府签订合作协议，在开发区内投资设立生产基地。协议约定，开发区政府自协议签订之日起6个月内向甲企业提供300万元产业补贴资金，用于奖励该企业在开发区内投资并开展经营活动，甲企业自获得补贴起5年内注册地址不得迁离本区。如果甲企业在此期限内提前迁离开发区，开发区政府允许甲企业按照实际留在本区的时间保留部分补贴，并按剩余时间追回补贴资金。甲企业于2×23年1月3日收到补贴资金。

假设甲企业在实际收到补助资金时，客观情况表明甲企业在未来5年内迁离开发区的可能性很小，甲企业在收到补助资金时应当计入“递延收益”科目。由于协议约定如果甲企业提前迁离开发区，开发区政府有权按扣除实际留在本区时间后的剩余时间追回部分补助，说明企业每留在开发区内一年，就有权取得与这一年相关的补助，与这一年补助有关的不确定性基本消除，补贴收益得以实现，所以甲企业应当将该补助在5年内平均摊销结转计入损益。本例中，开发区政府对甲企业的补助是对该企业在开发区内投资并开展经营活动的奖励，并不指定用于补偿特定的成本费用。甲企业的账务处理如下：

（1）2×23年1月3日，甲企业实际收到补助资金：

借：银行存款　　3 000 000

　　贷：递延收益　　3 000 000

（2）2×23年~2×27年每年12月31日，甲企业分期将递延收益结转入当期损益：

借：递延收益　　　　600 000

　　贷：其他收益　　　　600 000

假设 2×25 年 1 月，甲企业因重大战略调整迁离开发区，开发区政府根据协议要求甲企业退回补助 180 万元：

借：递延收益　　　　1 800 000

　　贷：其他应付款　　　　1 800 000

七、特定业务的会计处理

（一）综合性项目政府补助的会计处理

对于同时包含与资产相关部分和与收益相关部分的政府补助，企业应当采用合理的方法将其进行分解，区分不同部分分别进行会计处理；确实难以区分的，企业应当将其整体归类为与收益相关的政府补助进行会计处理。

【例 16－12】2×22 年 6 月 15 日，某市科技创新委员会与乙企业签订了科技计划项目合同书，拟对乙企业的新药临床研究项目提供研究补助资金。该项目总预算为 600 万元，其中，市科技创新委员会资助 200 万元，乙企业自筹 400 万元。市科技创新委员会资助的 200 万元用于补助设备费 60 万元，材料费 15 万元，测试化验加工费 95 万元，差旅费 10 万元，会议费 5 万元，专家咨询费 8 万元，管理费用 7 万元，假设除设备费外的其他各项费用都属于研究支出。市科技创新委员会应当在合同签订之日起 30 日内将资金拨付给乙企业。根据双方约定，乙企业应当按合同规定的开支范围，对市科技创新委员会资助的经费实行专款专用。项目实施期限为自合同签订之日起 30 个月，期满后乙企业如未通过验收，在该项目实施期满后 3 年内不得再向市政府申请科技补贴资金。乙企业于 2×22 年 7 月 10 日收到补助资金，在项目期内按照合同约定的用途使用了补助资金。乙企业于 2×22 年 7 月 25 日按项目合同书的约定购置了相关设备，设备成本 150 万元，其中使用补助资金 60 万元，该设备使用年限为 10 年，采用直线法计提折旧（不考虑净残值）。假设本例中不考虑相关税费等其他因素。

本例中，乙企业收到的政府补助是综合性项目政府补助，需要区分与资产相关的政府补助和与收益相关的政府补助并分别进行处理。假设乙企业对收到的与资产相关的政府补助选择净额法进行会计处理。乙企业的账务处理如下：

（1）2×22 年 7 月 10 日乙企业实际收到补贴资金：

借：银行存款　　　　2 000 000

贷：递延收益 2 000 000

(2) 2×22年7月25日购入设备：

借：固定资产 1 500 000

贷：银行存款 1 500 000

借：递延收益 600 000

贷：固定资产 600 000

(3) 自2×22年8月起每个资产负债表日（月末）计提折旧，折旧费用计入研发支出：

借：研发支出 7 500

贷：累计折旧 7 500

(4) 对其他与收益相关的政府补助，乙企业应当按照相关经济业务的实质确定是计入其他收益还是冲减相关成本费用，在企业按规定用途实际使用补助资金时计入损益，或者在实际使用的当期期末根据当期累计使用的金额计入损益，借记“递延收益”科目，贷记有关损益科目。

（二）政策性优惠贷款贴息的会计处理

政策性优惠贷款贴息是政府为支持特定领域或区域发展，根据国家宏观经济形势和政策目标，对承贷企业的银行借款利息给予的补贴。企业取得政策性优惠贷款贴息的，应当区分财政将贴息资金拨付给贷款银行和财政将贴息资金直接拨付给企业两种情况，分别进行会计处理。

1. 财政将贴息资金拨付给贷款银行。

在财政将贴息资金拨付给贷款银行的情况下，由贷款银行以政策性优惠利率向企业提供贷款。这种方式下，受益企业按照优惠利率向贷款银行支付利息，并没有直接从政府取得利息补助，企业可以选择下列方法之一进行会计处理：一是以实际收到的借款金额作为借款的入账价值，按照借款本金和该政策性优惠利率计算相关借款费用。通常情况下，实际收到的金额即为借款本金。二是以借款的公允价值作为借款的入账价值并按照实际利率法计算借款费用，实际收到的金额与借款公允价值之间的差额确认为递延收益。递延收益在借款存续期内采用实际利率法摊销，冲减相关借款费用。企业选择了上述两种方法之一后，应当一致地运用，不得随意变更。

在这种情况下，向企业发放贷款的银行并不是受益主体，其仍然按照市场利率收取利息，只是一部分利息来自企业，另一部分利息来自财政贴息。所以贷款银行发挥的是中介作用，并不需要确认与贷款相关的递延收益。

【例16-13】2×23年1月1日，丙企业向银行贷款100万元，期限2年，按月计息，按季度付息，到期一次还本。这笔贷款资金将被用于国家扶持产业，符合财政贴息的条件，所以贷款利率显著低于丙企业取得同类贷款的市场利率。假设丙企业取得同类贷款的年市场利率为9%，丙企业与银行签订的贷款合同约定的年利率为3%，丙企业按季度向银行支付贷款利息，财政按年向银行拨付贴息资金。贴息后丙企业实际支付的年利息率为3%，贷款期间的利息费用满足资本化条件，计入相关在建工程的成本。

表16-1　相关借款费用的计算和递延收益的摊销　单位：元

月度	按市场利率应支付银行的利息①	财政贴息②	实际现金流③	实际现金流折现④	长期借款各期实际利息⑤	递延收益摊销金额⑥	长期借款的期末账面价值⑦
0							890 554
1	7 500	5 000	2 500	2 481	6 679	4 179	894 733
2	7 500	5 000	2 500	2 463	6 711	4 211	898 944
3	7 500	5 000	2 500	2 445	6 742	4 242	903 186
4	7 500	5 000	2 500	2 426	6 774	4 274	907 460
5	7 500	5 000	2 500	2 408	6 806	4 306	911 766
6	7 500	5 000	2 500	2 390	6 838	4 338	916 104
7	7 500	5 000	2 500	2 373	6 871	4 371	920 475
8	7 500	5 000	2 500	2 355	6 904	4 404	924 878
9	7 500	5 000	2 500	2 337	6 937	4 437	929 315
10	7 500	5 000	2 500	2 320	6 970	4 470	933 785
11	7 500	5 000	2 500	2 303	7 003	4 503	938 288
12	7 500	5 000	2 500	2 286	7 037	4 537	942 825
13	7 500	5 000	2 500	2 269	7 071	4 571	947 397
14	7 500	5 000	2 500	2 252	7 105	4 605	952 002
15	7 500	5 000	2 500	2 235	7 140	4 640	956 642
16	7 500	5 000	2 500	2 218	7 175	4 675	961 317
17	7 500	5 000	2 500	2 202	7 210	4 710	966 027
18	7 500	5 000	2 500	2 185	7 245	4 745	970 772
19	7 500	5 000	2 500	2 169	7 281	4 781	975 553
20	7 500	5 000	2 500	2 153	7 317	4 817	980 369

续表

月度	按市场利率应支付银行的利息①	财政贴息②	实际现金流③	实际现金流折现④	长期借款各期实际利息⑤	递延收益摊销金额⑥	长期借款的期末账面价值⑦
21	7 500	5 000	2 500	2 137	7 353	4 853	985 222
22	7 500	5 000	2 500	2 121	7 389	4 889	990 111
23	7 500	5 000	2 500	2 105	7 426	4 926	995 037
24	7 500	5 000	1 002 500	837 921	7 463	4 963	1 000 000
合计	180 000	120 000	1 060 000	890 554	169 447	109 446	

注：(1) 实际现金流折现④为各月实际现金流③2 500元按照月市场利率0.75%（=9%÷12）折现的金额。例如，第一个月实际现金流折现=2 500÷(1+0.75%)=2 481（元），第二个月实际现金流折现=2 500÷$(1+0.75\%)^2$=2 463（元）。

(2) 长期借款各期实际利息⑤为各月长期借款账面价值⑦与月市场利率0.75%的乘积。例如，第一个月长期借款实际利息=本月初长期借款账面价值890 554×0.75%=6 679（元），第二个月长期借款实际利息=本月初长期借款账面价值894 733×0.75%=6 711（元）。

(3) 摊销金额⑥是长期借款各期实际利息⑤扣减每月实际支付的利息③2 500元后的金额。例如，第一个月摊销金额=当月长期借款实际利息6 679－当月实际支付的利息2 500=4 179（元），第二个月摊销金额=当月长期借款实际利息6 711－当月实际支付的利息2 500=4 211（元）。

丙企业按方法一的账务处理如下：

(1) 2×23年1月1日，丙企业取得银行贷款100万元：

借：银行存款　　1 000 000

　贷：长期借款——本金　　1 000 000

(2) 2×23年1月31日起每月月末，丙企业按月计提利息，企业实际承担的利息支出为1 000 000×3%÷12=2 500（元）：

借：在建工程　　2 500

　贷：应付利息　　2 500

丙企业按方法二的账务处理如下：

(1) 2×23年1月1日，丙企业取得银行贷款100万元：

借：银行存款　　1 000 000

　长期借款——利息调整　　109 446

　贷：长期借款——本金　　1 000 000

　　递延收益　　109 446

(2) 2×23年1月31日，丙企业按月计提利息：

借：在建工程　　6 679

贷：应付利息　　2 500

长期借款——利息调整　　4 179

同时，摊销递延收益：

借：递延收益　　4 179

贷：在建工程　　4 179

在上述两种方法下，丙企业每月计入在建工程的利息支出是一致的，均为 2 500 元。不同的是，在方法一下，丙企业该笔银行贷款 2×23 年 1 月 1 日长期借款的账面价值为 1 000 000 元；在方法二下，丙企业该笔银行贷款 2×23 年 1 月 1 日长期借款的账面价值为 890 554 元，此外还有递延收益 109 446 元，各月需要按照实际利率法对递延收益进行摊销。

2. 财政将贴息资金直接拨付给企业。

财政将贴息资金直接拨付给受益企业，企业先按照同类贷款市场利率向银行支付利息，财政部门定期与企业结算贴息。在这种方式下，由于企业先按照同类贷款市场利率向银行支付利息，所以实际收到的借款金额通常就是借款的公允价值，企业应当将对应的贴息冲减相关借款费用。

【例 16－14】 2×23 年 1 月 1 日，丙企业向银行贷款 100 万元，期限 2 年，按月计息，按季度付息，到期一次还本。这笔贷款资金将被用于国家扶持产业，符合财政贴息的条件，财政将贴息资金直接拨付给丙企业。丙企业与银行签订的贷款合同约定的年利率为 9%，丙企业按月计提利息，按季度向银行支付贷款利息，以付息凭证向财政申请贴息资金，财政按年与丙企业结算贴息资金，贴息后丙企业实际负担的年利息率为 3%。丙企业的账务处理如下：

（1）2×23 年 1 月 1 日，丙企业取得银行贷款 100 万元：

借：银行存款　　1 000 000

贷：长期借款——本金　　1 000 000

（2）2×23 年 1 月 31 日起每月月末，丙企业按月计提利息，应向银行支付的利息金额为 1 000 000×9%÷12＝7 500（元），企业实际承担的利息支出为 1 000 000×3%÷12＝2 500（元），应收政府贴息为 5 000 元：

借：在建工程　　7 500

贷：应付利息　　7 500

借：其他应收款　　5 000

贷：在建工程　　5 000

八、列示与披露

(一) 政府补助在利润表上的列示

企业应当在利润表中的“营业利润”项目之上单独列示“其他收益”项目，计入其他收益的政府补助在该项目中反映。冲减相关成本费用的政府补助，在相关成本费用项目中反映。与企业日常经营活动无关的政府补助，在利润表的营业外收支项目中反映。

(二) 政府补助在财务报表附注中的披露

因政府补助涉及递延收益、其他收益、营业外收入以及相关成本费用等多个报表项目，为了全面反映政府补助情况，企业应当在附注中单独披露与政府补助有关的下列信息：政府补助的种类、金额和列报项目；计入当期损益的政府补助金额；本期退回的政府补助金额及原因。其中，列报项目不仅包括总额法下计入其他收益、营业外收入、递延收益等项目，还包括净额法下冲减的资产和成本费用等项目。

九、衔接规定

企业首次执行政府补助准则的，应当自首次执行日起采用未来适用法。首次执行日之前发生的政府补助不应追溯调整；首次执行日及以后发生的政府补助，企业应当按照本章进行会计处理。

第十七章　借款费用

一、总体要求

在市场经济条件下，资金是企业生存和发展的生命源泉，其需求大量增加，来源日益多元化。无论是固定资产的购建、对外投资，还是材料或者商品的采购等，都需要资金。企业除了利用权益性资金解决部分资金需求外，通常会采取借款方式筹措生产经营所需资金。《企业会计准则第 17 号——借款费用》规范了借款费用的确认、计量和相关信息的披露要求，有助于如实反映企业资金成本，评估企业的财务状况和经营成果。

企业发生的借款费用，可直接归属于符合资本化条件的资产的购建或者生产的，应当予以资本化，计入相关资产成本；其他借款费用，应当在发生时根据其发生额确认为费用，计入当期损益。本章还对借款费用资本化的开始、暂停和停止时点作出了规定，只有发生在资本化期间的借款费用才能资本化；在资本化期间内，每一会计期间的利息资本化金额，根据一般借款和专门借款等不同情况各有其计量要求。

二、适用范围

企业发生的借款费用，应当按照本章进行会计处理。

借款费用是企业因借入资金所付出的代价，包括按照第二十二章金融工具确认和计量中的实际利率法计算确定的利息费用（包括折价或者溢价的摊销和相关辅助费用）和因外币借款所发生的汇兑差额等。折价或者溢价主要指发行债券等所发生的折价或者溢价，发行债券中的折价或者溢价，其实质是对债券票面利息的调整（即将债券票面利率调整为实际利率），属于借款费用的范畴。辅助费用指企业在借款过程中发生的诸如手续费、佣金等费用，由于这些费用是因安排借款而发生的，也属于借入资金所付出的代价，是借款费用的构成部分。承租人根据第二十一章租赁所确认的租赁负债发生的利息费用，也适用本章相关内容。

三、应设置的相关会计科目和主要账务处理

企业对借款费用的会计处理，一般需要设置下列会计科目。

（一）“财务费用”

1. 本科目核算企业为筹集生产经营所需资金等而发生的筹资费用，包括利息支出（减利息收入）、汇兑损益以及相关的手续费等。本章中企业因借入资金所付出的不符合资本化条件的借款费用、除外币专门借款之外的其他外币借款本金及其利息所产生的汇兑差额等，也在本科目核算。

为购建或生产满足资本化条件的资产发生的应予资本化的借款费用，在“在建工程”、“制造费用”、“开发成本”、“投资性房地产”等科目核算。

2. 本科目可按照费用项目进行明细核算。

3. 财务费用的主要账务处理。

企业发生的财务费用，借记本科目，贷记“银行存款”、“未确认融资费用”等科目。发生的应冲减财务费用的利息收入、汇兑损益，借记“银行存款”、“应付账款”等科目，贷记本科目。

4. 期末，应将本科目余额转入“本年利润”科目，结转后本科目无余额。

（二）“短期借款”

1. 本科目核算企业以摊余成本计量的向银行或其他金融机构等借入的期限在1年以下（含1年）的各项借款。

2. 本科目可按借款种类、贷款人和币种等进行明细核算。

3. 短期借款的主要账务处理。

企业借入的各种短期借款，借记“银行存款”科目，贷记本科目；归还借款做相反的会计分录。资产负债表日，应按计算确定的短期借款利息费用，借记“财务费用”、“利息支出”等科目，贷记“银行存款”、“应付利息”、本科目等科目。

4. 本科目期末贷方余额，反映企业尚未偿还的短期借款。

关于“应付利息”、“长期借款”、“应付债券”等会计科目的有关说明及主要账务处理，见第二十二章金融工具确认和计量。

四、借款费用的确认

借款费用的确认主要解决的是将每期发生的借款费用资本化、计入相关资

产的成本，还是将有关借款费用费用化、计入当期损益的问题。借款费用确认的基本原则是：企业发生的借款费用可直接归属于符合资本化条件的资产购建或者生产的，应当予以资本化，计入相关资产成本；其他借款费用应当在发生时根据其发生额确认为费用，计入当期损益。

本章中的借款包括专门借款和一般借款。专门借款是为购建或者生产符合资本化条件的资产而专门借入的款项。专门借款通常应当有明确的用途，即为购建或者生产某项符合资本化条件的资产而专门借入的，并通常应当具有标明该用途的借款合同。例如，某制造企业为了建造厂房向某银行专门贷款1亿元，某房地产开发企业为了开发某住宅小区向某银行专门贷款2亿元等，均属于专门借款，其使用目的明确，而且其使用受与银行相关合同的限制。一般借款是除专门借款之外的借款，相对于专门借款而言，一般借款在借入时，其用途通常没有特指用于符合资本化条件的资产的购建或者生产。

符合资本化条件的资产，是指需要经过相当长时间的购建或者生产活动才能达到预定可使用或者可销售状态的固定资产、投资性房地产和存货等资产。无形资产的开发支出等在符合条件的情况下，也可以认定为符合资本化条件的资产。符合资本化条件的存货主要包括房地产开发企业开发的用于对外出售的房地产开发产品、企业制造的用于对外出售的大型机器设备等。这类存货通常需要经过相当长时间的建造或生产过程，才能达到预定可销售状态。其中，“相当长时间”应当是指为资产的购建或者生产所必需的时间，通常为一年以上（含一年）。

在开发建造房屋建筑物过程中，关于企业取得的土地使用权是否符合“符合资本化条件的资产”的定义，应当区别下列情况处理：(1) 自行开发建造厂房等建筑物，土地使用权与建筑物应当分别进行会计处理，土地使用权的账面价值不与地上建筑物合并计算其成本，而仍作为无形资产进行会计处理。在该情形下，土地使用权在取得时通常已达到预定可使用状态，土地使用权不满足本章中“符合资本化条件的资产”定义。因此，企业应当以建造支出（包括土地使用权在房屋建造期间计入在建工程的摊销金额）为基础，而不是以土地使用权支出为基础，确定应予资本化的借款费用金额。(2) 房地产开发企业，取得的土地使用权用于建造对外出售的房屋建筑物，相关的土地使用权应当计入所建造的房屋建筑物成本。在该情况下，建造的房屋建筑物满足本章中“符合资本化条件的资产”定义。因此，企业应当以包括土地使用权支出的建造成本为基础，确定应予资本化的借款费用金额。

在实务中，如果由于人为或者故意等非正常因素导致资产的购建或者生产时间相当长的，该资产不属于符合资本化条件的资产。购入即可使用的资产，或者购入后需要安装但所需安装时间较短的资产，或者需要建造或生产但建造或生产时间较短的资产，均不属于符合资本化条件的资产。

企业只有对发生在资本化期间内的有关借款费用才允许资本化，资本化期间的确定是借款费用确认和计量的重要前提。借款费用资本化期间，是指从借款费用开始资本化时点到停止资本化时点的期间，但不包括借款费用暂停资本化的期间。

（一）借款费用开始资本化的时点

借款费用允许开始资本化必须同时满足三个条件，即资产支出已经发生、借款费用已经发生、为使资产达到预定可使用或者可销售状态所必要的购建或者生产活动已经开始。这三个条件中，只要有一个条件不满足，相关借款费用就不能资本化。

1. 资产支出已经发生。

资产支出包括支付现金、转移非现金资产和承担带息债务形式所发生的支出。

（1）支付现金，是指用货币资金支付符合资本化条件的资产的购建或者生产支出。

【例17－1】甲企业用现金或者银行存款购买为建造或者生产符合资本化条件的资产所需材料，支付有关职工薪酬，向工程承包商支付工程进度款等，这些支出均属于资产支出。

（2）转移非现金资产，是指企业将自己的非现金资产直接用于符合资本化条件的资产的购建或者生产。

【例17－2】乙企业将自己生产的产品，包括自己生产的水泥、钢材等，用于符合资本化条件的资产的建造或者生产，该企业同时还将自己生产的产品向其他企业换取用于符合资本化条件的资产的建造或者生产所需工程物资的，这些产品成本均属于资产支出。

（3）承担带息债务，是指企业为了购建或者生产符合资本化条件的资产所需物资等而承担的带息应付款项（如带息应付票据）。企业以赊购方式购买这些物资所产生的债务可能带息，也可能不带息。如果企业赊购这些物资承担的是不带息债务，就不应当将购买价款计入资产支出，因为该债务在偿付前不需要承担利息，也没有占用借款资金。企业只有等到实际偿付债务，发生了资源流出时，才能将其作为资产支出。如果企业赊购物资承担的是带息债务，企业要为这笔债务付出代价，支付利息，与企业向银行借入款项用以支付资产支出在性质上是一致的。企业为购建或者生产符合资本化条件的资产而承担的带息债务应当作为资产支出，当该带息债务发生时，视同资产支出已经发生。

【例17－3】 丙企业因建设长期工程所需，于2×22年3月1日购入一批工程用物资，开出一张10万元的带息银行承兑汇票，期限为6个月，票面年利率为6%。对于该事项，企业尽管没有为工程建设直接支付现金，但承担了带息债务，所以，应当将10万元的购买工程用物资款作为资产支出，自3月1日开出承兑汇票开始即表明资产支出已经发生。

2. 借款费用已经发生。

借款费用已经发生，是指企业已经发生了因购建或者生产符合资本化条件的资产而专门借入款项的借款费用，或者所占用的一般借款的借款费用。

【例17－4】 丁企业于2×22年1月1日为建造一幢建设期为2年的厂房，从银行专门借入款项5 000万元，当日开始计息。在2×22年1月1日即应当认为借款费用已经发生。

3. 为使资产达到预定可使用或者可销售状态所必要的购建或者生产活动已经开始。

为使资产达到预定可使用或者可销售状态所必要的购建或者生产活动已经开始，是指符合资本化条件的资产的实体建造或者生产工作已经开始，如主体设备的安装、厂房的实际开工建造等。它不包括仅仅持有资产但没有发生为改变资产形态而进行的实质上的建造或者生产活动。

【例17－5】 戊企业为了建设厂房购置了建筑用地，但是尚未开工兴建房屋，有关房屋实体建造活动也没有开始。在这种情况下，即使企业为了购置建筑用地已经发生了支出，也不应当将其认为为使资产达到预定可使用状态所必要的购建活动已经开始。

企业只有在上述三个条件同时满足的情况下，有关借款费用才可开始资本化；只要其中有一个条件没有满足，借款费用就不能开始资本化。

（二）借款费用暂停资本化的时间

符合资本化条件的资产在购建或者生产过程中发生非正常中断且中断时间连续超过3个月的，应当暂停借款费用的资本化。中断的原因必须是非正常中断，属于正常中断的，相关借款费用仍可资本化。在实务中，企业应当遵循“实质重于形式”等原则来判断借款费用暂停资本化的时间，如果相关资产购建或者生产的中断时间较长而且满足其他规定条件的，相关借款费用应当暂停资本化。

【例17－6】 甲企业于2×21年1月1日利用专门借款开工兴建一幢办公楼，支出已经发生，因此借款费用从当日起开始资本化。工程预计于2×22年3月完工。

2×21年5月15日，由于工程施工发生了安全事故，导致工程中断，直到9月10日才复工。

该中断就属于非正常中断且中断时间连续超过3个月，因此，上述专门借款在5月15日至9月10日间所发生的借款费用不应资本化，而应作为财务费用计入当期损益。

非正常中断，通常是由于企业管理决策上的原因或者其他不可预见的原因等所导致的中断。例如，企业因与施工方发生了质量纠纷，或者工程、生产用料没有及时供应，或者资金周转发生了困难，或者施工、生产发生了安全事故，或者发生了与资产购建、生产有关的劳动纠纷等原因，导致资产购建或者生产活动发生中断，均属于非正常中断。

非正常中断与正常中断显著不同。正常中断通常仅限于因购建或者生产符合资本化条件的资产达到预定可使用或者可销售状态所必要的程序，或者事先可预见的不可抗力因素导致的中断。例如，某些工程建造到一定阶段必须暂停下来进行质量或者安全检查，检查通过后才可继续下一阶段的建造工作，这类中断是在施工前可以预见的，而且是工程建造必须经过的程序，属于正常中断。某些地区的工程在建造过程中，由于可预见的不可抗力因素（如雨季或冰冻季节等原因）导致施工出现停顿，也属于正常中断。

【例17－7】 乙企业在北方某地建造某工程期间，遇上冰冻季节（通常为6个月），工程施工因此中断，待冰冻季节过后方能继续施工。

由于该地区在施工期间出现较长时间的冰冻为正常情况，由此导致的施工中断是可预见的不可抗力因素导致的中断，属于正常中断。在正常中断期间所发生的借款费用可以继续资本化，计入相关资产的成本。

（三）借款费用停止资本化的时点

购建或者生产符合资本化条件的资产达到预定可使用或者可销售状态时，借款费用应当停止资本化。如果所购建或者生产的符合资本化条件的资产的各部分分别建造、分别完工的，企业应当区别情况界定借款费用停止资本化的时点。

所购建或者生产的符合资本化条件的资产的各部分分别完工，且每部分在其他部分继续建造或者生产过程中可供使用或者可对外销售，且为使该部分资产达到预定可使用或可销售状态所必要的购建或者生产活动实质上已经完成的，应当停止与该部分资产相关的借款费用的资本化，因为该部分资产已经达到了预定可使用或者可销售状态。

【例17－8】甲企业利用借入资金建造由若干幢厂房组成的生产车间，每幢厂房完工时间不一样，但每幢厂房在其他厂房继续建造期间均可单独使用。

本例中，当其中的一幢厂房完工并达到预定可使用状态时，企业应当停止该幢厂房相关借款费用的资本化。

【例17－9】乙公司借入一笔款项，于2×21年2月1日采用出包方式开工兴建一幢办公楼。2×22年10月10日工程全部完工，达到合同要求。10月30日工程验收合格，11月15日办理工程竣工结算，11月20日完成全部资产移交手续，12月1日办公楼正式投入使用。

本例中，乙公司应当将2×22年10月10日确定为工程达到预定可使用状态的时点，作为借款费用停止资本化的时点。后续的工程验收日、竣工结算日、资产移交日和投入使用日均不应作为借款费用停止资本化的时点，否则会导致资产价值和利润的高估。

如果企业购建或者生产的资产的各部分分别完工，但必须等到整体完工后才可使用或者对外销售的，应当在该资产整体完工时停止借款费用的资本化。在这种情况下，即使各部分资产已经完工，也不能认为该部分资产已经达到了预定可使用或者可销售状态；企业只能在所购建固定资产整体完工时，才能认为资产已经达到了预定可使用或者可销售状态，借款费用方可停止资本化。

【例17－10】丙企业建设某一涉及数项工程的钢铁冶炼项目，各项工程都是根据各道冶炼工序设计建造的，只有在各项工程都建造完毕后，整个冶炼项目才能正式运转，达到生产和设计要求。每项工程完工后不应认为资产已经达到了预定可使用状态，只有等到整个冶炼项目全部完工，达到预定可使用状态时，才能停止借款费用的资本化。

五、借款费用的计量

（一）借款利息资本化金额的确定

1. 为购建或者生产符合资本化条件的资产而借入专门借款的，应当以专门借款当期实际发生的利息费用，减去将尚未动用的借款资金存入银行取得的利息收入或进行暂时性投资取得的投资收益后的金额，确定专门借款应予资本化的利息金额。

2. 为购建或者生产符合资本化条件的资产而占用了一般借款的，企业应当根据累计资产支出超过专门借款部分的资产支出加权平均数乘以所占用一般借款的资本化率，计算确定一般借款应予资本化的利息金额。资本化率应当根据一般借款加权平均利率计算确定。

3. 每一会计期间的利息资本化金额不应当超过当期相关借款实际发生的利息金额。

企业在确定每期利息（包括折价或溢价的摊销）资本化金额时，应当首先判断符合资本化条件的资产在购建或者生产过程中所占用的资金来源。如果所占用的资金是专门借款资金，则应当在资本化期间内，根据每期实际发生的专门借款利息费用，确定应予资本化的金额。在企业将闲置的专门借款资金存入银行取得利息收入或者进行暂时性投资获取投资收益的情况下，企业还应当将这些相关的利息收入或者投资收益从资本化金额中扣除，以如实反映符合资本化条件的资产的实际成本。

【例 17－11】 甲公司于2×21 年1 月1 日正式动工兴建一幢厂房，工期预计为1 年零6 个月，工程采用出包方式，分别于2×21 年1 月1 日、2×21 年7 月1 日和2×22 年1 月1 日支付工程进度款。

甲公司为建造厂房于2×21 年1 月1 日专门借款2 000 万元，借款期限为3 年，年利率为6%。另外，在2×21 年7 月1 日又专门借款4 000 万元，借款期限为5 年，年利率为7%。借款利息按年支付。（如无特别说明，本章例题中名义利率与实际利率相同）

闲置借款资金均用于固定收益债券短期投资（按摊余成本计量），该短期投资月收益率为0.5%，每月月末收到本月收益。

厂房于2×22 年6 月30 日完工，达到预定可使用状态。

甲公司为建造该厂房的支出金额如表17－1 所示。

表 17－1 单位：万元

日期	每期资产支出金额	累计资产支出金额	闲置借款资金用于短期投资金额
2×21 年1 月1 日	1 500	1 500	500
2×21 年7 月1 日	2 500	4 000	2 000
2×22 年1 月1 日	1 500	5 500	500
总计	5 500	—	3 000

由于甲公司使用了专门借款建造厂房，而且厂房建造支出没有超过专门借款金额，因此甲公司 2×21 年、2×22 年为建造厂房应予资本化的利息金额计算如下：

（1）确定借款费用资本化期间为 2×21 年 1 月 1 日至 2×22 年 6 月 30 日。

（2）计算在资本化期间内专门借款实际发生的利息金额：

2×21 年专门借款发生的利息金额 = 2 000 × 6% + 4 000 × 7% × 6/12 = 260（万元）

2×22 年 1 月 1 日 ~ 6 月 30 日专门借款发生的利息金额 = 2 000 × 6% × 6/12 + 4 000 × 7% × 6/12 = 200（万元）

（3）计算在资本化期间内利用闲置的专门借款资金进行短期投资的收益：

2×21 年短期投资收益 = 500 × 0.5% × 6 + 2 000 × 0.5% × 6 = 75（万元）

2×22 年 1 月 1 日 ~ 6 月 30 日短期投资收益 = 500 × 0.5% × 6 = 15（万元）

（4）由于在资本化期间内，专门借款利息费用的资本化金额应当以其实际发生的利息费用减去将闲置的借款资金进行短期投资取得的投资收益后的金额确定，因此：

甲公司 2×21 年的利息资本化金额 = 260 − 75 = 185（万元）

甲公司 2×22 年的利息资本化金额 = 200 − 15 = 185（万元）

有关账务处理如下：

2×21 年 12 月 31 日：

借：在建工程　　1 850 000
　　银行存款　　750 000
　　贷：长期借款——应计利息　　2 600 000

2×22 年 6 月 30 日：

借：在建工程　　1 850 000
　　银行存款　　150 000
　　贷：长期借款——应计利息　　2 000 000

企业在购建或者生产符合资本化条件的资产时，如果专门借款资金不足而占用了一般借款资金的，或者企业为购建或者生产符合资本化条件的资产并没有借入专门借款，而占用的都是一般借款资金，企业应当根据为购建或者生产符合资本化条件的资产而发生的累计资产支出超过专门借款部分的资产支出加权平均数乘以所占用一般借款的资本化率，计算确定一般借款应予资本化的利息金额。资本化率应当根据一般借款加权平均利率计算确定。如果符合资本化条件的资产的购建或者生产没有借入专门借款，应以累计资产支出加权平均数为基础计算所占用的一般借款利息资本化金额。即企业占用一般借款资金购建或者生产符合资本化条件的资产时，一般借款的借款费用资本化金额的确定应当与资产支出挂钩。

【例 17-12】 沿用〖例 17-11〗，假定甲公司为建造厂房于 2×21 年 1 月 1 日专门借款 2 000 万元，借款期限为 3 年，年利率为 6%。除此之外，没有其他专门借款。

在厂房建造过程中占用了两笔一般借款，具体资料如下：

(1) 向某银行长期贷款 2 000 万元，期限为 2×20 年 12 月 1 日至 2×23 年 12 月 1 日，年利率为 6%，按年支付利息。

(2) 发行公司债券 1 亿元，于 2×20 年 1 月 1 日发行，期限为 5 年，年利率为 8%，按年支付利息。

假定全年按 360 天计算。

其他相关资料均同〖例 17-11〗。

本例中，甲公司应当首先计算专门借款利息的资本化金额，然后计算所占用一般借款利息的资本化金额。具体如下：

(1) 计算专门借款利息资本化金额。

2×21 年专门借款利息资本化金额 = 2 000 × 6% - 500 × 0.5% × 6 = 105 (万元)

2×22 年专门借款利息资本化金额 = 2 000 × 6% × 180/360 = 60 (万元)

(2) 计算一般借款资本化金额。

在建造厂房过程中，自 2×21 年 7 月 1 日起已经有 2 000 万元占用了一般借款，另外，2×22 年 1 月 1 日支出的 1 500 万元也占用了一般借款。计算这两笔资产支出的加权平均数如下：

2×21 年占用了一般借款的资产支出加权平均数 = 2 000 × 180/360 = 1 000 (万元)

一般借款利息资本化率 (年) = (2 000 × 6% + 10 000 × 8%)/(2 000 + 10 000) = 7.67%

2×21 年应予资本化的一般借款利息金额 = 1 000 × 7.67% = 76.70 (万元)

2×22 年占用了一般借款的资产支出加权平均数 = (2 000 + 1 500) × 180/360 = 1 750 (万元)

则 2×22 年应予资本化的一般借款利息金额 = 1 750 × 7.67% = 134.23

（万元）

（3）根据上述计算结果，公司建造厂房应予资本化的利息金额如下：

2×21年利息资本化金额=105+76.70=181.70（万元）

2×22年利息资本化金额=60+134.23=194.23（万元）

（4）有关账务处理如下：

2×21年12月31日：

借：在建工程　　1 817 000

　　财务费用　　8 433 000

　　银行存款　　150 000

　　贷：长期借款——应计利息　　10 400 000

注：2×21年1月1日~6月30日，利用闲置的专门借款资金进行短期投资的收益=500×0.5%×6=15（万元）。

2×21年实际借款利息=2 000×6%+2 000×6%+10 000×8%=1 040（万元）

2×22年6月30日：

借：在建工程　　1 942 300

　　财务费用　　3 257 700

　　贷：应付债券——应计利息　　4 000 000

　　　　长期借款——应计利息　　1 200 000

注：2×22年1月1日至6月30日的实际借款利息=(2 000×6%+2 000×6%+10 000×8%)/2=520（万元），其中债券的实际借款利息为10 000×8%/2=400（万元），长期借款的实际借款利息为（2 000×6%+2 000×6%)/2=120（万元）。

（二）外币专门借款汇兑差额资本化金额的确定

企业为购建或者生产符合资本化条件的资产所借入的专门借款为外币借款时，由于取得外币借款日、使用外币借款日和会计结算日往往并不一致，而外汇汇率又在随时发生变化，因此，外币借款会产生汇兑差额。相应地，在借款费用资本化期间内，为购建固定资产而专门借入的外币借款所产生的汇兑差额，是购建固定资产的一项代价，应当予以资本化，计入固定资产成本。出于简化核算的考虑，在资本化期间内，外币专门借款本金及其利息的汇兑差额应当予以资本化，计入符合资本化条件的资产的成本；除外币专门借款之外的其他外币借款本金及其利息所产生的汇兑差额，应当作为财务费用计入当期损益。

【例 17 -13】乙公司于 2×21 年 1 月 1 日，为建造某工程项目专门以面值发行美元公司债券 1 000 万美元，年利率为 8%，期限为 3 年，假定不考虑与发行债券有关的辅助费用。合同约定，发行债券后每年 1 月 1 日支付利息，到期还本。

工程于 2×21 年 1 月 1 日开始实体建造，2×22 年 6 月 30 日完工，达到预定可使用状态，期间发生的资产支出如下：

2×21 年 1 月 1 日，支出 200 万美元；

2×21 年 7 月 1 日，支出 500 万美元；

2×22 年 1 月 1 日，支出 300 万美元。

乙公司的记账本位币为人民币，外币业务采用外币业务发生时当日的市场汇率折算。假定相关汇率如下：

2×21 年 1 月 1 日，市场汇率为 1 美元 =6.35 元人民币；

2×21 年 12 月 31 日，市场汇率为 1 美元 =6.40 元人民币；

2×22 年 1 月 1 日，市场汇率为 1 美元 =6.45 元人民币；

2×22 年 6 月 30 日，市场汇率为 1 美元 =6.70 元人民币。

本例中，乙公司计算外币借款汇兑差额资本化金额如下：

(1) 计算 2×21 年汇兑差额资本化金额：

①债券应付利息 =1 000×8%×6.40 =80×6.40 =512（万元）

账务处理为：

借：在建工程　　5 120 000

　贷：应付债券——应计利息　　5 120 000

②外币债券本金及利息汇兑差额 =1 000×(6.40 -6.35) +80×(6.40 -6.40) =50（万元）

账务处理为：

借：在建工程　　500 000

　贷：应付债券　　500 000

(2) 2×22 年 1 月 1 日实际支付利息时，应当支付 80 万美元，折算成人民币为 516 万元。该金额与原账面金额之间的差额 4 万元应当继续予以资本化，计入在建工程成本。账务处理为：

借：应付债券——应计利息　　5 120 000

　在建工程　　40 000

　贷：银行存款　　5 160 000

（3）计算2×22年6月30日时的汇兑差额资本化金额

①债券应付利息 =1 000×8%×1/2×6.70=40×6.70=268（万元）

账务处理为：

借：在建工程　　2 680 000

　　贷：应付债券——应计利息　　2 680 000

②外币债券本金及利息汇兑差额 =1 000×(6.70−6.45)+40×(6.70−6.70)=250（万元）

账务处理为：

借：在建工程　　2 500 000

　　贷：应付债券　　2 500 000

六、列示与披露

（一）列示

对于已经资本化的借款费用，由于有关金额已计入与之相关的资产类会计科目，因此，应当在资产负债表的存货、固定资产、投资性房地产等相关资产类项目中列示；对于已经费用化的借款费用，应当在利润表的“财务费用”项目中列示。

（二）披露

企业应当在附注中披露与借款费用有关的下列信息：（1）当期资本化的借款费用金额；（2）当期用于计算确定借款费用资本化金额的资本化率。

七、衔接规定

根据《企业会计准则第38号——首次执行企业会计准则》的规定，在借款费用确认与计量上，在首次执行日因采用本章规定产生的差异而对有关财务报表项目的影响金额，均不再追溯调整。首次执行日后，企业新发生的借款费用（含尚未完成开发或尚未完工的各项资产新发生的借款费用），应当按照本章进行会计处理。

第十八章　所　得　税

一、总体要求

企业的会计处理和税收处理分别遵循不同的原则，服务于不同的目的。在我国，会计的确认、计量、报告应当遵从企业会计准则的规定，目的在于真实、完整地反映企业的财务状况、经营成果和现金流量等，为投资者、债权人以及其他会计信息使用者提供对其决策有用的信息。税法则是以课税为目的，根据国家有关税收法律、法规的规定，确定一定时期内纳税人应交纳的税额，从所得税的角度，主要是确定企业的应纳税所得额，以对企业的经营所得征税。

所得税会计的形成和发展是所得税法规和会计准则规定相互分离的必然结果，两者分离的程度和差异的种类、数量直接影响和决定了所得税会计处理方法的改进。我国所得税会计采用资产负债表债务法，资产负债表债务法较为完全地体现了资产负债观，在所得税的会计核算方面贯彻了资产、负债的界定。从资产负债表角度考虑，资产的账面价值代表的是企业在持续持有及最终处置某项资产的一定期间内，该项资产能够为企业带来的未来经济利益，而其计税基础代表的是在这一期间内，就该项资产按照税法规定可以税前扣除的金额。一项资产的账面价值小于其计税基础的，表明该项资产于未来期间产生的经济利益流入低于按照税法规定允许税前扣除的金额，产生可抵减未来期间应纳税所得额的因素，减少未来期间以应交所得税的方式流出企业的经济利益，应确认为资产。反之，一项资产的账面价值大于其计税基础的，两者之间的差额将会于未来期间产生应税金额，增加未来期间的应纳税所得额及应交所得税，对企业形成经济利益流出的义务，应确认为负债。

《企业会计准则第 18 号——所得税》是从资产负债表出发，通过比较资产负债表上列示的资产、负债按照会计准则规定确定的账面价值与按照税法规定确定的计税基础，对于两者之间的差异分别应纳税暂时性差异与可抵扣暂时性差异，确认相关的递延所得税负债与递延所得税资产，在综合考虑当期应交所得税的基础上，确定每一会计期间利润表中的所得税费用。

二、适用范围

本章所称所得税，包括企业以应纳税所得额为基础的各种境内和境外税额。本章不涉及政府补助的确认和计量，但因政府补助产生的暂时性差异的所得税影响，应当按照本章进行确认和计量。

三、应设置的相关会计科目和主要账务处理

企业对所得税的会计处理，一般需要设置下列会计科目。

（一）“递延所得税资产”

1. 本科目核算企业确认的可抵扣暂时性差异产生的递延所得税资产。

2. 本科目应按可抵扣暂时性差异等项目进行明细核算。

根据税法规定可用以后年度税前利润弥补的亏损及税款抵减产生的所得税资产，也在本科目核算。

3. 递延所得税资产的主要账务处理。

（1）资产负债表日，企业确认的递延所得税资产，借记本科目，贷记“所得税费用——递延所得税费用”科目。资产负债表日递延所得税资产的应有余额大于其账面余额的，应按其差额确认，借记本科目，贷记“所得税费用——递延所得税费用”等科目；资产负债表日递延所得税资产的应有余额小于其账面余额的差额做相反的会计分录。

企业合并中取得资产、负债的入账价值与其计税基础不同形成可抵扣暂时性差异的，应于购买日确认递延所得税资产，借记本科目，贷记“商誉”等科目。

与直接计入所有者权益的交易或事项相关的递延所得税资产，借记本科目，贷记“资本公积——其他资本公积”、“其他综合收益”等科目。

（2）资产负债表日，预计未来期间很可能无法获得足够的应纳税所得额用以抵扣可抵扣暂时性差异的，按原已确认的递延所得税资产中应减记的金额，借记“所得税费用——递延所得税费用”、“资本公积——其他资本公积”、“其他综合收益”等科目，贷记本科目。

4. 本科目期末借方余额，反映企业确认的递延所得税资产。

（二）“递延所得税负债”

1. 本科目核算企业确认的应纳税暂时性差异产生的所得税负债。

2. 本科目可按应纳税暂时性差异的项目进行明细核算。

3. 递延所得税负债的主要账务处理。

（1）资产负债表日，企业确认的递延所得税负债，借记“所得税费用——递延所得税费用”科目，贷记本科目。资产负债表日递延所得税负债的应有余额大于其账面余额的，应按其差额确认，借记“所得税费用——递延所得税费用”科目，贷记本科目；资产负债表日递延所得税负债的应有余额小于其账面余额的做相反的会计分录。

与直接计入所有者权益的交易或事项相关的递延所得税负债，借记“资本公积——其他资本公积”、“其他综合收益”等科目，贷记本科目。

（2）企业合并中取得资产、负债的入账价值与其计税基础不同形成应纳税暂时性差异的，应于购买日确认递延所得税负债，同时调整商誉，借记“商誉”等科目，贷记本科目。

4. 本科目期末贷方余额，反映企业已确认的递延所得税负债。

（三）“所得税费用”

1. 本科目核算企业确认的应从当期利润总额中扣除的所得税费用。

2. 本科目可按“当期所得税费用”、“递延所得税费用”进行明细核算。

3. 所得税费用的主要账务处理。

（1）资产负债表日，企业按照税法规定计算确定的当期应交所得税，借记本科目（当期所得税费用），贷记“应交税费——应交所得税”科目。

（2）资产负债表日，根据递延所得税资产的应有余额大于“递延所得税资产”科目余额的差额，借记“递延所得税资产”科目，贷记本科目（递延所得税费用）、“资本公积——其他资本公积”等科目；递延所得税资产的应有余额小于“递延所得税资产”科目余额的差额做相反的会计分录。

企业应予确认的递延所得税负债，应当比照上述原则调整本科目、“递延所得税负债”科目及有关科目。

4. 期末，应将本科目的余额转入“本年利润”科目，结转后本科目无余额。

（四）“应交税费——应交所得税”

1. 本科目核算企业按照税法等规定计算应交纳的所得税。

2. 企业按照税法规定计算应交的所得税，借记“所得税费用”等科目，贷记本科目（应交所得税）。交纳的所得税，借记本科目，贷记“银行存款”等科目。

3. 本科目期末贷方余额，反映企业尚未交纳的所得税；期末如为借方余额，反映企业多交或尚未抵扣的所得税。

四、资产负债表债务法及所得税会计核算的一般程序

采用资产负债表债务法核算所得税的情况下，企业一般应于每一资产负债表日进行所得税的核算。发生特殊交易或事项时，如企业合并，在确认因交易或事项取得的资产、负债时即应确认相关的所得税影响。企业进行所得税核算一般应遵循下列程序：

1. 按照相关章规定确定资产负债表中除递延所得税资产和递延所得税负债以外的其他资产和负债项目的账面价值。其中资产、负债的账面价值，是指企业按照相关章的规定进行核算后在资产负债表中列示的金额。例如，企业持有的应收账款账面余额为2 000万元，企业对该应收账款计提了100万元的坏账准备，其账面价值为1 900万元，为该应收账款在资产负债表中的列示金额。

2. 以适用的税收法规为基础，确定资产负债表中有关资产、负债项目的计税基础。

3. 比较资产、负债的账面价值与其计税基础，对于两者之间存在差异的，分析其性质，除特殊情况外，分别应纳税暂时性差异与可抵扣暂时性差异并乘以适用的所得税税率，确定资产负债表日递延所得税负债和递延所得税资产的应有金额，并与期初递延所得税负债和递延所得税资产的余额相比，确定当期应予进一步确认的递延所得税资产和递延所得税负债金额或应予转销的金额，作为构成利润表中所得税费用的其中一个组成部分——递延所得税。

4. 按照适用的税法规定计算确定当期应纳税所得额，将应纳税所得额与适用的所得税税率计算的结果确认为当期应交所得税，作为利润表中应予确认的所得税费用的另外一个组成部分——当期所得税。

5. 确定利润表中的所得税费用。利润表中的所得税费用包括当期所得税和递延所得税两个组成部分，企业在计算确定了当期所得税和递延所得税后，两者之和（或之差），是利润表中的所得税费用。

五、资产、负债的计税基础及暂时性差异

所得税会计的关键在于确定资产、负债的计税基础。在确定资产、负债的

计税基础时，应严格遵循税收法规中对于资产的税务处理以及可税前扣除的费用等的规定进行。

（一）资产的计税基础

资产的计税基础，是指企业收回资产账面价值过程中，计算应纳税所得额时按照税法规定可以自应税经济利益中抵扣的金额，即某一项资产在未来期间计税时按照税法规定可以税前扣除的金额。

资产在初始确认时，其计税基础一般为取得成本，即企业为取得某项资产支付的成本在未来期间准予税前扣除。在资产持续持有的过程中，其计税基础是指资产的取得成本减去以前期间按照税法规定已经税前扣除的金额后的余额，该余额代表的是按照税法规定，就涉及的资产在未来期间计税时仍然可以税前扣除的金额。如固定资产、无形资产等长期资产在某一资产负债表日的计税基础是指其成本扣除按照税法规定已在以前期间税前扣除的累计折旧额或累计摊销额后的金额。

现对资产负债表中部分资产项目计税基础的确定介绍如下：

1. 固定资产。

以各种方式取得的固定资产，初始确认时按照会计准则规定确定的入账价值基本上是被税法认可的，即取得时其账面价值一般等于计税基础。

固定资产在持有期间进行后续计量时，第五章固定资产规定按照“成本－累计折旧－固定资产减值准备”进行计量，税收是按照“成本－按照税法规定已在以前期间税前扣除的折旧额”进行计量。由于会计与税收处理规定的不同，固定资产的账面价值与计税基础的差异主要产生于折旧方法、折旧年限的不同以及固定资产减值准备的提取。

（1）折旧方法、折旧年限的差异。第五章固定资产规定，企业应当根据与固定资产有关的经济利益的预期消耗方式合理选择折旧方法，如可以按直线法计提折旧，也可以按照双倍余额递减法、年数总和法等计提折旧，前提是有关的方法能够反映固定资产为企业带来经济利益的消耗情况。税法一般会规定固定资产的折旧方法，除某些按照规定可以加速折旧的情况外，基本上可以税前扣除的是按照直线法计提的折旧。

另外，税法还就每一类固定资产的折旧年限作出了规定，而会计处理时折旧年限是由企业根据固定资产的性质和使用情况合理确定的。如企业进行会计处理时确定的折旧年限与税法规定不同，也会产生固定资产持有期间账面价值与计税基础的差异。

（2）因计提固定资产减值准备产生的差异。持有固定资产的期间内，在对固定资产计提了减值准备以后，因税法规定按照会计规定计提的资产减值准备在资产发生实质性损失前不允许税前扣除，也会造成固定资产的账面价值与计税基础的差异。

【例18－1】 甲企业于2×20年末以600万元购入一项生产用固定资产，按照该项固定资产的预计使用情况，甲企业估计其使用寿命为20年，按照直线法计提折旧，预计净残值为0。假定税法规定的折旧年限、折旧方法及净残值与会计规定相同。2×22年12月31日，甲企业估计该项固定资产的可收回金额为500万元。

本例中，该项固定资产在2×22年12月31日的账面价值＝600－600÷20×2－40＝500（万元）。其中40万元（540－500）为该项固定资产计提的减值金额，计提减值前固定资产账面价值600－600÷20×2＝540万元，可收回金额为500万元。

该项固定资产在2×22年12月31日的计税基础＝600－600÷20×2＝540（万元）

该项固定资产的账面价值500万元与其计税基础540万元之间产生的40万元差额，在未来期间会减少企业的应纳税所得额和应交所得税。

2. 无形资产。

除内部研究开发形成的无形资产以外，以其他方式取得的无形资产，初始确认时按照会计规定确定的入账价值与按照税法规定确定的成本之间一般不存在差异。无形资产的账面价值与计税基础之间的差异主要产生于内部研究开发形成的无形资产以及使用寿命不确定的无形资产。

（1）对于内部研究开发形成的无形资产，第七章无形资产规定有关内部研究开发活动区分两个阶段，研究阶段的支出应当费用化计入当期损益，开发阶段符合资本化条件以后至达到预定用途前发生的支出应当资本化作为无形资产的成本。对于研究开发费用的税前扣除，税法中规定企业为开发新技术、新产品、新工艺发生的研究开发费用，未形成无形资产计入当期损益的，在按照规定据实扣除的基础上，自2023年1月1日起，再按照实际发生额的100%在税前加计扣除；形成无形资产的，自2023年1月1日起，按照无形资产成本的200%在税前摊销。如该无形资产的确认不是产生于企业合并交易，同时在确认时既不影响会计利润也不影响应纳税所得额，则按照本章的规定，不确认有关暂时性差异的所得税影响。

【例18－2】 乙企业当期发生研究开发支出共计2 000万元，其中，研究阶段支出400万元，开发阶段符合资本化条件前发生的支出为400万元，符合资本化条件后至达到预定用途前发生的支出为1 200万元。税法规定，研究开发支出未形成无形资产计入当期损益的，按照研究开发费用实际发生额的100%在税前加计扣除；形成无形资产的，按照无形资产成本的200%在税前摊销。假定开发形成的无形资产在当期期末已达到预定用途（尚未开始摊销）。

本例中，乙企业当期发生的研究开发支出中，按照第七章无形资产规定应予费用化的金额为800万元，形成无形资产的成本为1 200万元，即期末所形成无形资产的账面价值为1 200万元。

乙企业当期发生的2 000万元研究开发支出，按照税法规定可在当期税前扣除的金额为1 600万元（费用化金额800万元＋100%加计扣除金额800万元）。所形成无形资产在未来期间可予税前扣除的金额为2 400万元，其计税基础为2 400万元，形成暂时性差异1 200万元。

该内部开发形成的无形资产的账面价值与其计税基础之间产生的1 200万元暂时性差异系资产初始确认时产生的，确认该资产时既不影响会计利润也不影响应纳税所得额，按照本章规定，不确认暂时性差异的所得税影响。

（2）无形资产在后续计量时，会计与税收的差异主要产生于对无形资产是否需要摊销及无形资产减值准备的提取。

第七章无形资产规定，无形资产在取得以后，应根据其使用寿命情况区分为使用寿命有限的无形资产与使用寿命不确定的无形资产。对于使用寿命不确定的无形资产，不要求摊销，但持有期间每年应进行减值测试。税法规定，企业取得的无形资产成本应在一定期限内摊销，即税法中没有界定使用寿命不确定的无形资产，除外购商誉外所有的无形资产成本均应在一定期间内摊销。

对于使用寿命不确定的无形资产，会计处理时不予摊销，但计税时其按照税法规定确定的摊销额允许税前扣除，造成该类无形资产的账面价值与计税基础的差异。

在对无形资产计提减值准备的情况下，因税法对按照会计规定计提的无形资产减值准备在形成实质性损失前不允许税前扣除，即无形资产的计税基础不会随减值准备的提取发生变化，但其账面价值会因资产减值准备的提取而下降，从而造成无形资产的账面价值与计税基础的差异。

3. 以公允价值计量且其变动计入当期损益的金融资产。

按照第二十二章金融工具确认和计量的规定，对于以公允价值计量且其变动计入当期损益的金融资产，其于某一会计期末的账面价值为该时点的公允价值。税法规定，企业以公允价值计量的金融资产、金融负债以及投资性房地产等，持有期间公允价值的变动不计入应纳税所得额，在实际处置或结算时，处置取得的价款扣除其历史成本或以历史成本为基础确定的处置成本后的差额应计入处置或结算期间的应纳税所得额。按照该规定，以公允价值计量的金融资产在持有期间公允价值的波动在计税时不予考虑，有关金融资产在某一会计期末的计税基础为其取得成本，从而造成在公允价值变动的情况下，对以公允价值计量的金融资产账面价值与计税基础之间的差异。

企业持有的以公允价值计量且其变动计入其他综合收益的金融资产，其计税基础的确定，与以公允价值计量且其变动计入当期损益的金融资产类似，可比照处理。

【例 18－3】 2×22 年 10 月 20 日，丙公司自公开市场取得一项权益性投资，支付价款 1 600 万元，作为交易性金融资产核算。2×22 年资产负债表日，该项权益性投资的市价为 1 760 万元。

假定税法规定对于交易性金融资产在持有期间公允价值的变动不计入应纳税所得额，待出售时一并计算应计入应纳税所得额的金额。

2022 年资产负债表日，该项交易性金融资产的市价为 1 760 万元，按照会计规定其在当日的账面价值为 1 760 万元。

因税法规定交易性金融资产在持有期间的公允价值变动不计入应纳税所得额，其在 2×22 年资产负债表日的计税基础应维持原取得成本不变，即为 1 600 万元。

该交易性金融资产的账面价值 1 760 万元与其计税基础 1 600 万元之间产生了 160 万元的暂时性差异，该暂时性差异在未来期间转回时会增加未来期间的应纳税所得额，导致企业应交所得税的增加。

4. 长期股权投资。

企业持有的长期股权投资，按照第三章长期股权投资规定区别对被投资单位的影响程度等分别采用成本法及权益法进行核算。

税法中对于投资资产的处理，要求按规定确定其成本后，在转让或处置投资资产时，其成本准予扣除。因此，税法中对于长期股权投资并没有权益法的概念。长期股权投资取得以后，如果按照第三章长期股权投资规定采用权益法核算，则一般情况下在持有过程中随着应享有被投资单位净资产份额的变化，其账面价值与计税基础会产生差异，该差异主要源于下列三种情况：

（1）初始投资成本的调整。采用权益法核算的长期股权投资，取得时应比较其初始投资成本与按照持股比例计算应享有被投资单位可辨认净资产公允价值的份额，在初始投资成本小于按照比例计算应享有被投资单位可辨认净资产公允价值份额的情况下，应当调整长期股权投资的账面价值，同时确认为当期收益。因该种情况下在确定了长期股权投资的初始投资成本以后，按照税法规定并不要求对其成本进行调整，计税基础维持原取得成本不变，其账面价值与计税基础会产生差异。

（2）投资损益的确认。对于采用权益法核算的长期股权投资，持有投资期间在被投资单位实现净利润或发生净损失时，投资企业按照持股比例计算应享有的部分，一方面应调整长期股权投资的账面价值，同时确认为各期损益。在长期股权投资的账面价值因确认投资损益变化的同时，其计税基础不会随之发生变化。按照税法规定，居民企业直接投资于其他居民企业取得的投资收益免税，即作为投资企业，其在未来期间自被投资单位分得有关现金股利或利润时，该部分现金股利或利润免税，在持续持有的情况下，该部分差额对未来期间不会产生计税影响。

（3）应享有被投资单位其他权益的变化。采用权益法核算的长期股权投资，除确认应享有被投资单位的净损益外，对于应享有被投资单位的其他权益变化，也应调整长期股权投资的账面价值，但其计税基础不会发生变化。

【例18－4】 甲公司于2×22年1月2日以6 000万元取得乙公司30%的有表决权股份，拟长期持有并能够对乙公司施加重大影响，该项长期股权投资采用权益法核算。投资时乙公司可辨认净资产公允价值总额为18 000万元（假定取得投资时乙公司各项可辨认资产、负债的公允价值与账面价值相同）。乙公司2×22年实现净利润2 300万元，未发生影响权益变动的其他交易或事项。甲公司及乙公司均为居民企业，适用的所得税税率均为25%，双方采用的会计政策及会计期间相同。税法规定，居民企业之间的股息红利免税。

具体会计处理如下：

①确认初始投资成本：

借：长期股权投资　　60 000 000

　贷：银行存款　　60 000 000

因该项长期股权投资的初始投资成本（6 000万元）大于按照持股比例计算应享有B公司可辨认净资产公允价值的份额（5 400万元），其初始投资成本无须调整。

②确认当年投资损益：

借：长期股权投资——损益调整　6 900 000（23 000 000×30%）

　　贷：投资收益　6 900 000

该项长期股权投资的计税基础如下：

（1）取得时成本为6 000万元；

（2）期末因税法中没有权益法的概念，对于应享有被投资单位的净损益不影响长期股权投资的计税基础，其于2×22年12月31日的计税基础仍为6 000万元。

5. 其他资产。

因会计规定与税收法规规定不同，企业持有的其他资产可能造成其账面价值与计税基础之间存在差异的，如计提了资产减值准备的相关资产、采用公允价值模式计量的投资性房地产等。

【例18－5】丁公司2×22年购入原材料成本为4 000万元，因部分生产线停工，当年未领用任何该原材料，2×22年资产负债表日考虑到该原材料的市价及用其生产产成品的市价情况，估计其可变现净值为3 200万元。假定该原材料在2×22年的期初余额为0。

该项原材料因期末可变现净值低于其成本，应计提存货跌价准备，其金额＝4 000－3 200＝800（万元），计提该存货跌价准备后，该项原材料的账面价值为3 200万元。

因计算交纳所得税时，按照会计规定计提的资产减值准备不允许税前扣除，该项原材料的计税基础不会因存货跌价准备的提取而发生变化，其计税基础应维持原取得成本4 000万元不变。

该存货的账面价值3 200万元与其计税基础4 000万元之间产生了800万元的暂时性差异，该差异会减少企业在未来期间的应纳税所得额和应交所得税。

【例18－6】甲公司2×22年12月31日应收账款余额为6 000万元，该公司期末对应收账款计提了600万元的坏账准备。税法规定，不符合国务院财政、税务主管部门规定的各项资产减值准备不允许税前扣除。假定该公司期初应收账款及坏账准备的余额均为0。

该项应收账款在2×22年资产负债表日的账面价值为5 400万元（6 000－600），因有关的坏账准备不允许税前扣除，其计税基础6 000万元，该计税基础与其账面价值之间产生了600万元暂时性差异，在应收账款发生实质性损失时，会减少未来期间的应纳税所得额。

（二）负债的计税基础

负债的计税基础，是指负债的账面价值减去未来期间计算应纳税所得额时按照税法规定可予抵扣的金额。用公式表示，即：

负债的计税基础 = 账面价值 − 未来期间按照税法规定可予税前扣除的金额

负债的确认与偿还一般不会影响企业的损益，也不会影响其应纳税所得额，未来期间计算应纳税所得额时按照税法规定可予抵扣的金额为0，计税基础即为账面价值，如企业的短期借款、应付账款等。但是，某些情况下，负债的确认可能会影响企业的损益，进而影响不同期间的应纳税所得额，使得其计税基础与账面价值之间产生差额，如按照会计规定确认的某些预计负债。

1. 企业因销售商品提供售后服务等原因确认的预计负债。

按照第十四章或有事项规定，企业对于预计提供保证类的售后服务将发生的支出在满足有关确认条件时，销售当期即应确认为相关成本，同时确认预计负债。如果税法规定，与销售产品相关的支出应于发生时税前扣除。因该类事项产生的预计负债在期末的计税基础为其账面价值与未来期间可税前扣除的金额之间的差额，如有关的支出实际发生时可全部税前扣除，其计税基础为0；如果税法规定对于上述支出按照权责发生制原则确定税前扣除时点，所形成负债的计税基础等于账面价值。

因其他事项确认的预计负债，应按照税法规定的计税原则确定其计税基础。某些情况下，因有些事项确认的预计负债，税法规定其支出无论是否实际发生均不允许税前扣除，即未来期间按照税法规定可予抵扣的金额为0，账面价值等于计税基础。

【例18－7】甲企业2×22年因销售产品承诺提供3年的保修服务，在当年度利润表中因该事项确认了400万元的营业成本，同时确认为预计负债，当年度未发生任何保修支出。假定税法规定，与产品售后服务相关的支出在实际发生时允许税前扣除。

该项预计负债在甲企业2×22年12月31日资产负债表中的账面价值为400万元。

因税法规定与产品保修相关的支出在未来期间实际发生时允许税前扣除，则该项负债的计税基础 = 账面价值 − 未来期间计算应纳税所得额时按照税法规定可予抵扣的金额。未来期间计算应纳税所得额时按照税法规定可予抵扣的金额为400万元，该项负债的计税基础 = 400万元 − 400万元 = 0。

2. 合同负债。

企业在收到客户预付的销售商品款项时，因不符合收入确认条件，会计上将其确认为负债（合同负债），待履行了相关履约义务时再转为收入。税法中对于收入的确认原则一般与会计规定相同，即会计上未确认收入时，计税时一般亦不计入应纳税所得额，该部分经济利益在未来期间计税时可予税前扣除的金额为0，计税基础等于账面价值。

某些情况下，因不符合第十五章收入规定的收入确认条件，未确认为收入而确认为合同负债的，按照税法规定应计入当期应纳税所得额时，该合同负债的计税基础为0，即因其产生时已经计算交纳所得税，未来期间可全额税前扣除。

【例18－8】乙公司于2×22年12月20日自客户收到一笔合同预付款，金额为2 000万元，因不符合收入确认条件，将其作为合同负债核算。假定按照适用税法规定，该款项应计入取得当期应纳税所得额计算交纳所得税。

该款项在乙公司2×22年12月31日资产负债表中的账面价值为2 000万元。

因假定按照税法规定，该款项应计入取得当期的应纳税所得额计算交纳所得税，与该项负债相关的经济利益已在取得当期计算交纳所得税，未来期间按照会计规定应确认收入时，不再计入应纳税所得额，即其于未来期间计算应纳税所得额时可予税前扣除的金额为2 000万元，计税基础＝账面价值2 000万元－未来期间计算应纳税所得额时按照税法规定可予抵扣的金额2 000万元＝0。

该项负债的账面价值2 000万元与其计税基础0之间产生的2 000万元暂时性差异，会减少企业于未来期间的应纳税所得额，使企业未来期间以应交所得税的方式流出经济利益减少。

3. 应付职工薪酬。

第十章职工薪酬规定，企业为获得职工提供的服务给予的各种形式的报酬以及其他相关支出均应作为企业的成本费用，在未支付之前确认为负债。税法中对于合理的职工薪酬基本允许税前扣除，但税法中如果规定了税前扣除标准的，按照会计规定计入成本费用的金额超过规定标准部分，应进行纳税调整。因超过部分在发生当期不允许税前扣除，在以后期间也不允许税前扣除，即该部分差额对未来期间计税不产生影响，所产生应付职工薪酬负债的账面价值等于计税基础。

【例18－9】丙企业2×22年12月计入成本费用的职工工资总额为3 200

万元，至 2×22 年 12 月 31 日尚未支付，体现为资产负债表中的应付职工薪酬负债。假定按照适用税法规定，当期计入成本费用的 3 200 万元工资支出中，可予税前扣除的合理部分为 2 400 万元。

会计规定，企业为获得职工提供的服务给予的各种形式的报酬以及其他相关支出均应作为成本费用，在未支付之前确认为负债。该项应付职工薪酬负债的账面价值为 3 200 万元。

企业实际发生的工资支出 3 200 万元与允许税前扣除的金额 2 400 万元之间所产生的 800 万元差额在发生当期即应进行纳税调整，并且在以后期间不能够税前扣除，该项应付职工薪酬负债的计税基础 = 账面价值 3 200 万元 - 未来期间计算应纳税所得额时按照税法规定可予抵扣的金额 0 = 3 200（万元）。

该项负债的账面价值 3 200 万元与其计税基础 3 200 万元相同，不形成暂时性差异。

4. 其他负债。

企业的其他负债项目，如应交的罚款和滞纳金等，在尚未支付之前按照会计规定确认为费用，同时作为负债反映。税法规定，罚款和滞纳金不能税前扣除，即该部分费用无论是在发生当期还是在以后期间均不允许税前扣除，其计税基础为账面价值减去未来期间计税时可予税前扣除的金额 0 之间的差额，即计税基础等于账面价值。

其他交易或事项产生的负债，其计税基础应当按照适用税法的相关规定确定。

【例 18 - 10】 丁公司 2×22 年 12 月因违反当地有关环保法规的规定，接到环保部门的处罚通知，要求其支付罚款 400 万元。税法规定，企业因违反国家有关法律法规规定支付的罚款和滞纳金，计算应纳税所得额时不允许税前扣除。至 2×22 年 12 月 31 日，该项罚款尚未支付。

对于该项罚款，丁公司应计入 2×22 年利润表，同时确认为资产负债表中的负债。

因按照税法规定，企业违反国家有关法律法规规定支付的罚款和滞纳金不允许税前扣除，与该项负债相关的支出在未来期间计税时按照税法规定准予税前扣除的金额为 0，其计税基础 = 账面价值 400 万元 - 未来期间计算应纳税所得额时按照税法规定可予抵扣的金额 0 = 400（万元）。

该项负债的账面价值 400 万元与其计税基础 400 万元相同，不形成暂时性差异。

（三）特殊交易或事项中产生资产、负债计税基础的确定

除企业在正常生产经营活动过程中取得的资产和负债以外，对于某些特殊交易中产生的资产、负债，其计税基础的确定应遵从税法规定，如企业合并过程中取得资产、负债计税基础的确定。

第二十章企业合并中，视参与合并各方在合并前及合并后是否为同一方或相同的多方最终控制，分为同一控制下的企业合并与非同一控制下的企业合并两种类型。对于同一控制下的企业合并，合并中取得的有关资产、负债基本上维持其原账面价值不变，合并中不产生新的资产和负债；对于非同一控制下的企业合并，合并中取得的有关资产、负债应按其在购买日的公允价值计量，企业合并成本大于合并中取得的可辨认净资产公允价值的份额部分确认为商誉，企业合并成本小于合并中取得的可辨认净资产公允价值的份额部分计入合并当期损益。

对于企业合并的税收处理，通常情况下，被合并企业应视为按公允价值转让、处置全部资产，计算资产的转让所得，依法缴纳所得税。合并企业接受被合并企业的有关资产，计税时可以按经评估确认的价值确定计税基础。另外，在考虑有关于企业合并是应税合并还是免税合并时，还需要考虑在合并中涉及的非股权支付额的比例，具体划分标准和条件应遵从税法规定。

由于会计与税收法规对企业合并的划分标准不同，处理原则不同，某些情况下，会造成企业合并中取得的有关资产、负债的入账价值与其计税基础的差异。

（四）暂时性差异

暂时性差异是指资产、负债的账面价值与其计税基础不同产生的差额。由于资产、负债的账面价值与其计税基础不同，产生了在未来收回资产或清偿负债的期间内，应纳税所得额增加或减少并导致未来期间应交所得税增加或减少的情况，形成企业的递延所得税资产和递延所得税负债。

需要说明的是，资产负债表债务法下，仅确认暂时性差异的所得税影响，原按照利润表下纳税影响会计法核算的永久性差异，因从资产负债表角度考虑，不会产生资产、负债的账面价值与其计税基础的差异，即不形成暂时性差异，对企业在未来期间计税没有影响，不产生递延所得税。

根据暂时性差异对未来期间应纳税所得额的影响，分为应纳税暂时性差异和可抵扣暂时性差异。

除因资产、负债的账面价值与其计税基础不同产生的暂时性差异以外，按

照税法规定可以结转以后年度的未弥补亏损和税款抵减，也视同可抵扣暂时性差异处理。

1. 应纳税暂时性差异。

应纳税暂时性差异，是指在确定未来收回资产或清偿负债期间的应纳税所得额时，将导致产生应税金额的暂时性差异，该差异在未来期间转回时，会增加转回期间的应纳税所得额，即在未来期间不考虑该事项影响的应纳税所得额的基础上，由于该暂时性差异的转回，会进一步增加转回期间的应纳税所得额和应交所得税金额。在应纳税暂时性差异产生当期，应当确认相关的递延所得税负债。

应纳税暂时性差异通常产生于下列情况：

（1）资产的账面价值大于其计税基础。一项资产的账面价值代表的是企业在持续使用或最终出售该项资产时将取得的经济利益的总额，而计税基础代表的是一项资产在未来期间可予税前扣除的金额。资产的账面价值大于其计税基础，该项资产未来期间产生的经济利益不能全部税前抵扣，两者之间的差额需要交税，产生应纳税暂时性差异。例如，一项资产账面价值为 200 万元，计税基础如果为 150 万元，两者之间的差额会造成未来期间应纳税所得额和应交所得税的增加。在应纳税暂时性差异产生当期，符合确认条件的情况下，应确认相关的递延所得税负债。

（2）负债的账面价值小于其计税基础。一项负债的账面价值为企业预计在未来期间清偿该项负债时的经济利益流出，而其计税基础代表的是账面价值在扣除税法规定未来期间允许税前扣除的金额之后的差额。因负债的账面价值与其计税基础不同产生的暂时性差异，本质上是税法规定就该项负债在未来期间可以税前扣除的金额（即与该项负债相关的费用支出在未来期间可予税前扣除的金额）。负债的账面价值小于其计税基础，则意味着就该项负债在未来期间可以税前抵扣的金额为负数，即应在未来期间应纳税所得额的基础上调增，增加未来期间的应纳税所得额和应交所得税金额，产生应纳税暂时性差异，应确认相关的递延所得税负债。

2. 可抵扣暂时性差异。

可抵扣暂时性差异是指在确定未来收回资产或清偿负债期间的应纳税所得额时，将导致产生可抵扣金额的暂时性差异。该差异在未来期间转回时会减少转回期间的应纳税所得额，减少未来期间的应交所得税。在可抵扣暂时性差异产生当期，符合确认条件的情况下，应当确认相关的递延所得税资产。

可抵扣暂时性差异一般产生于下列情况：

（1）资产的账面价值小于其计税基础，从经济含义来看，资产在未来期间产生的经济利益少，按照税法规定允许税前扣除的金额多，则就账面价值与计税基础之间的差额，企业在未来期间可以减少应纳税所得额并减少应交所得税，符合有关条件时，应当确认相关的递延所得税资产。例如，一项资产的账面价值为 200 万元，计税基础为 260 万元，则企业在未来期间就该项资产可以在其自身取得经济利益的基础上多扣除 60 万元。从整体上来看，未来期间应纳税所得额会减少，应交所得税也会减少，形成可抵扣暂时性差异，符合确认条件时，应确认相关的递延所得税资产。

（2）负债的账面价值大于其计税基础，负债产生的暂时性差异实质上是税法规定就该项负债可以在未来期间税前扣除的金额。即：

$$\begin{aligned}\text{负债产生的暂时性差异} &= \text{账面价值} - \text{计税基础} \\ &= \text{账面价值} - \left(\text{账面价值} - \text{未来期间计税时按照税法规定可予税前扣除的金额}\right) \\ &= \text{未来期间计税时按照税法规定可予税前扣除的金额}\end{aligned}$$

一项负债的账面价值大于其计税基础，意味着未来期间按照税法规定与该项负债相关的全部或部分支出可以自未来应税经济利益中扣除，减少未来期间的应纳税所得额和应交所得税。例如，企业对将发生的产品保修成本在销售当期确认预计负债 200 万元，但如果税法规定有关费用支出只有在实际发生时才能够税前扣除，其计税基础为 0。企业确认预计负债的当期相关费用不允许税前扣除，但在以后期间有关费用实际发生时允许税前扣除，使得未来期间的应纳税所得额和应交所得税减少，产生可抵扣暂时性差异，符合有关确认条件时，应确认相关的递延所得税资产。

3. 特殊项目产生的暂时性差异。

（1）未作为资产、负债确认的项目产生的暂时性差异。某些交易或事项发生以后，因为不符合资产、负债的确认条件而未体现为资产负债表中的资产或负债，但按照税法规定能够确定其计税基础的，其账面价值为零与计税基础之间的差异也构成暂时性差异。如企业发生的符合条件的广告费和业务宣传费支出，除另有规定外，不超过销售收入 15% 的部分准予扣除；超过部分准予向以后纳税年度结转扣除。该类费用在发生时按照会计规定即计入当期损益，不形成资产负债表中的资产，但按照税法规定可以确定其计税基础，两者之间的差异也形成暂时性差异。

【例 18－11】 甲公司 2×22 年发生了 2 000 万元广告费支出，发生时已作为销售费用计入当期损益，税法规定，该类支出不超过当年销售收入 15% 的部分允许当期税前扣除，超过部分允许向以后纳税年度结转税前扣除。甲公司 2×22 年实现销售收入 10 000 万元。

该广告费用支出因按照会计规定在发生时已计入当期损益，不体现为资产负债表中的资产，如果将其视为资产，其账面价值为 0。

因按照税法规定，该类支出税前列支有一定的标准限制，根据当期甲公司销售收入 15% 计算，当期可予税前扣除 1 500 万元（10 000×15%），当期未予税前扣除的 500 万元可以向以后纳税年度结转扣除，其计税基础为 500 万元。

该项资产的账面价值 0 与其计税基础 500 万元之间产生了 500 万元的暂时性差异，该暂时性差异在未来期间可减少企业的应纳税所得额，为可抵扣暂时性差异，符合确认条件时，应确认相关的递延所得税资产。

（2）可抵扣亏损及税款抵减产生的暂时性差异。对于按照税法规定可以结转以后年度的未弥补亏损及税款抵减，虽不是因资产、负债的账面价值与计税基础不同产生的，但本质上可抵扣亏损和税款抵减与可抵扣暂时性差异具有同样的作用，均能减少未来期间的应纳税所得额和应交所得税，视同可抵扣暂时性差异，在符合确认条件的情况下，应确认与其相关的递延所得税资产。

【例 18－12】 乙公司于 2×22 年因政策性原因发生经营亏损 4 000 万元，按照税法规定，该亏损可用于抵减以后 5 个年度的应纳税所得额。该公司预计其于未来 5 年期间能够产生足够的应纳税所得额利用该经营亏损。

该经营亏损虽不是因比较资产、负债的账面价值与其计税基础产生的，但从其性质上来看可以减少未来期间的应纳税所得额和应交所得税，视同可抵扣暂时性差异。在企业预计未来期间能够产生足够的应纳税所得额利用该可抵扣亏损时，应确认相关的递延所得税资产。

六、递延所得税负债及递延所得税资产

企业在计算确定了应纳税暂时性差异与可抵扣暂时性差异后，应当按照本章规定的原则确认与应纳税暂时性差异相关的递延所得税负债和与可抵扣暂时性差异相关的递延所得税资产。

（一）递延所得税负债的确认和计量

递延所得税负债产生于应纳税暂时性差异。因应纳税暂时性差异在转回期

间将增加企业的应纳税所得额和应交所得税，导致企业经济利益的流出，在其发生当期，构成企业应支付税金的义务，应作为负债确认。

确认应纳税暂时性差异产生的递延所得税负债时，交易或事项发生时影响到会计利润或应纳税所得额的，相关的所得税影响应作为利润表中所得税费用的组成部分；与直接计入所有者权益的交易或事项相关的，其所得税影响应减少所有者权益；与企业合并中取得资产、负债相关的，递延所得税影响应调整购买日应确认的商誉或是计入合并当期损益的金额。

1. 递延所得税负债的确认。

企业在确认因应纳税暂时性差异产生的递延所得税负债时，应遵循下列原则：

（1）除本章明确规定可不确认递延所得税负债的情况以外，企业对于所有的应纳税暂时性差异均应确认相关的递延所得税负债。

基于谨慎性原则，为了充分反映交易或事项发生后对未来期间的计税影响，除特殊情况可不确认相关的递延所得税负债外，企业应尽可能地确认与应纳税暂时性差异相关的递延所得税负债。

【例 18－13】 沿用〖例 18－3〗中有关资料，假定丙公司 2×22 年除该交易性金融资产外，当期发生的交易和事项不存在其他会计与税收的差异。

2×22 年资产负债表日，该项交易性金融资产的账面价值 1 760 万元与其计税基础 1 600 万元之间产生 160 万元应纳税暂时性差异，丙公司应确认相关的递延所得税负债。

（2）不确认递延所得税负债的特殊情况。

有些情况下，虽然资产、负债的账面价值与其计税基础不同，产生了应纳税暂时性差异，但出于各方面考虑，不确认相应的递延所得税负债，主要包括：

①商誉的初始确认。非同一控制下的企业合并中，企业合并成本大于合并中取得的被购买方可辨认净资产公允价值份额的差额，按照会计规定应确认为商誉。因会计与税收的划分标准不同，按照税收法规规定作为免税合并的情况下，计税时不认可商誉的价值，即从税法角度，商誉的计税基础为 0，两者之间的差额形成应纳税暂时性差异。对于商誉的账面价值与其计税基础不同产生的该应纳税暂时性差异，不确认与其相关的递延所得税负债，原因在于：

一是确认该部分暂时性差异产生的递延所得税负债，则意味着购买方在企业合并中获得的可辨认净资产的价值量下降，企业应增加商誉的价值，商誉的账面价值增加以后，可能很快就要计提减值准备，同时其账面价值的增加还会进一步产生应纳税暂时性差异，使得递延所得税负债和商誉价值量的变化不断循环。

二是商誉本身即是企业合并成本在取得的被购买方可辨认资产、负债之间进行分配后的剩余价值，确认递延所得税负债进一步增加其账面价值会影响到会计信息的可靠性。

【例 18-14】甲企业以增发市场价值为 6 000 万元的自身普通股为对价购入乙企业 100% 的净资产，对乙企业进行非同一控制下的吸收合并。假定该项合并符合税法规定的免税合并条件，购买日乙企业各项可辨认资产、负债的公允价值及其计税基础如表 18-1 所示。

表 18-1 单位：万元

	公允价值	计税基础	暂时性差异
固定资产	2 700	1 550	1 150
应收账款	2 100	2 100	—
存货	1 740	1 240	500
其他应付款	(300)	0	(300)
应付账款	(1 200)	(1 200)	0
合计	5 040	3 690	1 350

假定本例中企业适用的所得税税率为 25%，该项交易中应确认递延所得税负债及商誉的金额计算如下：(以下单位为万元)

可辨认净资产公允价值 5 040

递延所得税资产 75 (300 ×25%)

递延所得税负债 412.50 (1 650 ×25%)

考虑递延所得税后

可辨认资产、负债的公允价值 4 702.50

商誉 1 297.50

企业合并成本 6 000

因该项合并符合税法规定的免税合并条件，如果当事各方选择进行免税处理，则作为购买方其在免税合并中取得的被购买方有关资产、负债应维持其原计税基础不变。被购买方原账面上未确认商誉，即商誉的计税基础为0。

该项合并中所确认的商誉金额1 297.50万元与其计税基础0之间产生的应纳税暂时性差异，不确认相关的所得税影响。

需要说明的是，按照会计规定在非同一控制下企业合并中确认了商誉，并且按照所得税法规的规定该商誉在初始确认时计税基础等于账面价值的，该商誉在后续计量过程中因会计规定与税法规定不同产生暂时性差异的，应当确认相关的所得税影响。

②除企业合并以外的其他交易或事项中，如果该项交易或事项发生时既不影响会计利润，也不影响应纳税所得额，则所产生的资产、负债的初始确认金额与其计税基础不同，形成应纳税暂时性差异的，交易或事项发生时不确认相应的递延所得税负债。

该规定主要是考虑到由于交易发生时既不影响会计利润，也不影响应纳税所得额，确认递延所得税负债的直接结果是增加有关资产的账面价值或是降低所确认负债的账面价值，使得资产、负债在初始确认时，违背历史成本原则，影响会计信息的可靠性。

③与子公司、联营企业、合营企业投资等相关的应纳税暂时性差异，一般应确认相关的递延所得税负债，但同时满足下列两个条件的除外：一是投资企业能够控制暂时性差异转回的时间；二是该暂时性差异在可预见的未来很可能不会转回。满足上述条件时，投资企业可以运用自身的影响力决定暂时性差异的转回，如果不希望其转回，则在可预见的未来该项暂时性差异即不会转回，从而对未来期间不会产生所得税影响，无须确认相应的递延所得税负债。

企业在运用上述条件不确认与联营企业、合营企业等投资相关的递延所得税负债时，应有明确的证据表明其能够控制有关暂时性差异转回的时间。一般情况下，企业对联营企业的生产经营决策仅能够实施重大影响，并不能够主导被投资单位包括利润分配政策在内的主要生产经营决策的制定，满足能够控制暂时性差异转回时间的条件一般是通过与其他投资者签订协议等，达到能够控制被投资单位利润分配政策等情况下。

对于采用权益法核算的长期股权投资，其账面价值与计税基础产生的暂时性差异是否应确认相关的所得税影响，应当考虑该项投资的持有意图。

如果企业拟长期持有该项投资，则因初始投资成本的调整产生的暂时性差异预计未来期间不会转回，对未来期间没有所得税影响；因确认投资损益产生的暂时性差异，如果在未来期间逐期分回现金股利或利润时免税，也不存在对未来期间的所得税影响；因确认应享有被投资单位其他权益的变动而产生的暂时性差异，在长期持有的情况下预计未来期间也不会转回。因此，在准备长期持有的情况下，对于采用权益法核算的长期股权投资账面价值与计税基础之间的差异一般不确认相关的所得税影响。

对于采用权益法核算的长期股权投资，如果投资企业改变持有意图拟对外出售的情况下，按照税法规定，企业在转让或者处置投资资产时，投资资产的成本准予扣除。在持有意图由长期持有转变为拟近期出售的情况下，因长期股权投资账面价值与计税基础不同产生的有关暂时性差异，均应确认相关的所得税影响。

【例 18－15】 沿用〖例 18－4〗该例中涉及的长期股权投资在长期持有的情况下，其账面价值 6 690 万元与计税基础 6 000 万元产生的 690 万元暂时性差异，因在未来期间取得现金股利或利润时免税，不产生所得税影响，可以理解为适用的所得税税率为 0，因而不需要确认相关的递延所得税负债；或者在长期持有的情况下，因未来期间甲公司自乙公司分得的现金股利或利润免税，其计税基础也可以理解为 6 690 万元，因而不产生暂时性差异，无须确认相关的递延所得税。

2. 递延所得税负债的计量。

（1）资产负债表日，对于递延所得税负债，应当根据适用税法规定，按照预期清偿该负债期间的适用税率计量，即递延所得税负债应以相关应纳税暂时性差异转回期间按照税法规定适用的所得税税率计量。

在我国，除享受优惠政策的情况以外，企业适用的所得税税率在不同年度之间一般不会发生变化，企业在确认递延所得税负债时，可以现行适用税率为基础计算确定。对于享受优惠政策的企业，如经国家批准的经济技术开发区内的企业，享受一定期间的税率优惠，则所产生的暂时性差异应以预计其转回期间的适用所得税税率为基础计量。

（2）无论应纳税暂时性差异的转回期间如何，递延所得税负债不要求折现。对递延所得税负债进行折现，企业需要对相关的应纳税暂时性差异进行详细的分析，确定其具体的转回时间表，并在此基础上，按照一定的利率折现后确定递延所得税负债的金额。实务中，要求企业进行类似的分析工作量较大、包含的主观判断因素较多，且很多情况下无法合理确定暂时性差异的具体转回时间，因此，递延所得税负债不予折现。

（二）递延所得税资产的确认和计量

1. 递延所得税资产的确认。

（1）确认的一般原则。

递延所得税资产产生于可抵扣暂时性差异。资产、负债的账面价值与其计税基础不同产生可抵扣暂时性差异的，在估计未来期间能够取得足够的应纳税所得额用以利用该可抵扣暂时性差异时，应当以很可能取得用来抵扣可抵扣暂时性差异的应纳税所得额为限，确认相关的递延所得税资产。

同递延所得税负债的确认相同，有关交易或事项发生时，对税前会计利润或是应纳税所得额产生影响的，所确认的递延所得税资产应作为利润表中所得税费用的调整；有关的可抵扣暂时性差异产生于直接计入所有者权益的交易或事项的，确认的递延所得税资产也应计入所有者权益；企业合并中取得的有关资产、负债产生的可抵扣暂时性差异，其所得税影响应相应调整合并中确认的商誉或是应计入合并当期损益的金额。

确认递延所得税资产时，应关注下列问题：

①递延所得税资产的确认应以未来期间很可能取得的用来抵扣可抵扣暂时性差异的应纳税所得额为限。在可抵扣暂时性差异转回的未来期间内，企业无法产生足够的应纳税所得额用以利用可抵扣暂时性差异的影响，使得与可抵扣暂时性差异相关的经济利益无法实现的，则不应确认递延所得税资产；企业有明确的证据表明其于可抵扣暂时性差异转回的未来期间能够产生足够的应纳税所得额，进而利用可抵扣暂时性差异的，则应以很可能取得的应纳税所得额为限，确认相关的递延所得税资产。

在判断企业于可抵扣暂时性差异转回的未来期间是否能够产生足够的应纳税所得额时，应考虑下列两个方面的影响：

一是通过正常的生产经营活动能够实现的应纳税所得额，如企业通过销售商品、提供劳务等所实现的收入，扣除有关的成本费用等支出后的金额。该部分情况的预测应当以经企业管理层批准的最近财务预算或预测数据以及该预算或者预测期之后年份稳定的或者递减的增长率为基础。

二是以前期间产生的应纳税暂时性差异在未来期间转回时将增加的应纳税所得额。

考虑到可抵扣暂时性差异转回的期间内可能取得应纳税所得额的限制，因无法取得足够的应纳税所得额而未确认相关的递延所得税资产的，应在会计报表附注中进行披露。

②对与子公司、联营企业、合营企业的投资相关的可抵扣暂时性差异，同时满足下列条件的，应当确认相关的递延所得税资产：一是暂时性差异在可预见的未来很可能转回；二是未来很可能获得用来抵扣可抵扣暂时性差异的应纳税所得额。

对联营企业和合营企业等的投资产生的可抵扣暂时性差异，主要产生于权益法下被投资单位发生亏损时，投资企业按照持股比例确认应予承担的部分相应减少长期股权投资的账面价值，但税法规定长期股权投资的成本在持有期间不发生变化，造成长期股权投资的账面价值小于其计税基础，产生可抵扣暂时性差异。投资企业对长期股权投资计提减值准备的情况下，也会产生可抵扣暂时性差异。

③对于按照税法规定可以结转以后年度的未弥补亏损（可抵扣亏损）和税款抵减，应视同可抵扣暂时性差异处理。在预计可利用可弥补亏损或税款抵减的未来期间内很可能取得足够的应纳税所得额时，应当以很可能取得的应纳税所得额为限，确认相应的递延所得税资产，同时减少确认当期的所得税费用。

可抵扣亏损是指企业按照税法规定计算确定准予用以后年度的应纳税所得弥补的亏损。与可抵扣亏损和税款抵减相关的递延所得税资产，其确认条件与其他可抵扣暂时性差异产生的递延所得税资产相同，即在能够利用可抵扣亏损及税款抵减的期间内，企业是否能够取得足够的应纳税所得额抵扣该部分暂时性差异。因此，如企业最近期间发生亏损，仅在有足够的应纳税暂时性差异可供利用的情况下或取得其他确凿的证据表明其于未来期间能够取得足够的应纳税所得额的情况下，才能够确认与可抵扣亏损和税款抵减相关的递延所得税资产。在估计未来期间是否能够产生足够的应纳税所得额用以利用该部分可抵扣亏损或税款抵减时，应考虑下列相关因素的影响：

一是在可抵扣亏损到期前，企业是否会因以前期间产生的应纳税暂时性差异转回而产生足够的应纳税所得额；

二是在可抵扣亏损到期前，企业是否可能通过正常的生产经营活动产生足够的应纳税所得额；

三是可抵扣亏损是否产生于一些在未来期间不可能重复发生的特殊原因；

四是是否存在其他的证据表明在可抵扣亏损到期前能够取得足够的应纳税所得额。

企业在确认与可抵扣亏损和税款抵减相关的递延所得税资产时，应当在会计报表附注中说明在可抵扣亏损和税款抵减到期前，企业能够产生足够的应纳税所得额的估计基础。

（2）不确认递延所得税资产的特殊情况。

某些情况下，如果企业发生的某项交易或事项不属于企业合并，并且交易发生时既不影响会计利润也不影响应纳税所得额，且该项交易中产生的资产、负债的初始确认金额与其计税基础不同，产生可抵扣暂时性差异的，在交易或事项发生时不确认相关的递延所得税资产。其原因同该种情况下不确认递延所得税负债相同，如果确认递延所得税资产，则需调整资产、负债的入账价值，对实际成本进行调整将有违会计核算中的历史成本原则，影响会计信息的可靠性。

【例18－16】 沿用〖例18－2〗，乙企业进行内部研究开发所形成的无形资产成本为1 200万元，因按税法规定可予未来期间税前扣除的金额为2 400万元，其计税基础为2 400万元。该项无形资产并非产生于企业合并，同时在初始确认时既不影响会计利润也不影响应纳税所得额，确认其账面价值与计税基础之间产生暂时性差异的所得税影响需要调整该项资产的历史成本。因该资产并非产生于企业合并，同时在初始确认时既不影响会计利润也不影响应纳税所得额，不应确认相关的递延所得税资产。

2. 递延所得税资产的计量。

（1）适用税率的确定。同递延所得税负债的计量原则相一致，确认递延所得税资产时，应当以预期收回该资产期间的适用所得税税率为基础计算确定。

另外，无论相关的可抵扣暂时性差异转回期间如何，递延所得税资产均不要求折现。

（2）递延所得税资产的减值。资产负债表日，企业应当对递延所得税资产的账面价值进行复核。如果未来期间很可能无法取得足够的应纳税所得额用以利用可抵扣暂时性差异带来的经济利益，应当减记递延所得税资产的账面价值。

同其他资产的确认和计量原则相一致，递延所得税资产的账面价值应当代表其为企业带来未来经济利益的能力。企业在确认了递延所得税资产以后，因各方面情况变化，导致按照新的情况估计，在有关可抵扣暂时性差异转回的期间内，无法产生足够的应纳税所得额用以利用可抵扣暂时性差异，使得与递延所得税资产相关的经济利益无法全部实现的，对于预期无法实现的部分，应当减记递延所得税资产的账面价值。除原确认时计入所有者权益（如资本公积、留存收益、其他综合收益等）的递延所得税资产，其减记金额亦应计入所有者权益外，其他的情况应增加减记当期的所得税费用。

因无法取得足够的应纳税所得额利用可抵扣暂时性差异而减记递延所得税资产账面价值的，未来期间根据新的环境和情况判断能够产生足够的应纳税所得额利用可抵扣暂时性差异，使得递延所得税资产包含的经济利益能够实现的，应相应恢复递延所得税资产的账面价值。

另外，需要说明的是，无论是递延所得税资产还是递延所得税负债的计量，均应考虑资产负债表日企业预期收回资产或清偿负债方式的所得税影响，在计量递延所得税资产和递延所得税负债时，应当采用与收回资产或清偿债务的预期方式相一致的税率和计税基础。

（三）特定交易或事项中涉及递延所得税的确认

1. 与直接计入所有者权益的交易或事项相关的所得税。

与当期及以前期间直接计入所有者权益的交易或事项相关的当期所得税及递延所得税应当计入所有者权益。直接计入所有者权益的交易或事项如对会计政策变更采用追溯调整法或对前期差错更正采用追溯重述法调整期初留存收益的、以公允价值计量且其变动计入其他综合收益的金融资产公允价值的变动金额、同时包含负债及权益成分的金融工具在初始确认时计入所有者权益的情况等。

在特定情况下，归属于直接计入所有者权益的交易或事项的当期所得税及递延所得税难以明确区分时，例如，下列情况下可能涉及这类问题：（1）当税率或其他税收法规的改变，影响以前借记或贷记入权益的项目（全部或部分）相关的递延所得税资产或负债时；（2）当企业决定确认或不再全部确认一项递延所得税资产，且该项递延所得税资产与以前贷记或借记入权益的项目（全部或部分）相关时。该类情况下，与贷记或借记入权益的项目相关的当期所得税及递延所得税，应以所涉及的税收管辖区内该企业的当期所得税及递延所得税的合理分摊或以其他更为合理的方法为基础进行分配。

【例 18－17】 甲公司于 2×22 年 2 月自公开市场以每股 8 元的价格取得乙公司普通股 100 万股，指定为以公允价值计量且其变动计入其他综合收益的非交易性权益工具投资核算（假定不考虑交易费用），2×22 年 12 月 31 日，甲公司该股票投资尚未出售，当日市价为每股 12 元。按照税法规定，资产在持有期间公允价值的变动不计入应纳税所得额，待处理时一并计算应计入应纳税所得额的金额。甲公司适用的所得税税率为25%。假定除公允价值变动之外，其他均无变化。

甲公司在2×22年12月31日应进行的会计处理：

借：其他权益工具投资　　4 000 000

　　贷：其他综合收益　　4 000 000

借：其他综合收益　　1 000 000

　　贷：递延所得税负债　　1 000 000

假定甲公司以每股13元的价格将该股票于2×23年对外出售，结转该股票出售损益时：

借：其他综合收益　　4 000 000

　　贷：利润分配——未分配利润　　4 000 000

借：银行存款　　13 000 000

　　贷：其他权益工具投资　　12 000 000

　　　　利润分配——未分配利润　　1 000 000

借：递延所得税负债　　1 000 000

　　贷：其他综合收益　　1 000 000

2. 与企业合并相关的递延所得税。

企业在发生企业合并交易或事项时，因会计规定与税法规定不同应当进行的处理及递延所得税的确认见本章〖例18－14〗。

企业合并发生后，购买方对于合并前本企业已经存在的可抵扣暂时性差异及未弥补亏损等，可能因为企业合并后估计很可能产生足够的应纳税所得额利用可抵扣暂时性差异，从而确认相关的递延所得税资产。该递延所得税资产的确认不应为企业合并的组成部分，不影响企业合并中应予确认的商誉或是因企业合并成本小于合并中取得的被购买方可辨认净资产公允价值的份额应计入合并当期损益的金额。

在企业合并中，购买方取得被购买方的可抵扣暂时性差异，比如，购买日取得的被购买方在以前期间发生的未弥补亏损等可抵扣暂时性差异，按照税法规定可以用于抵减以后年度应纳税所得额，但在购买日不符合递延所得税资产确认条件的，不应予以确认。购买日后12个月内，如果取得新的或进一步的信息表明相关情况在购买日已经存在，预期被购买方在购买日可抵扣暂时性差异带来的经济利益能够实现的，购买方应当确认相关的递延所得税资产，同时减少由该企业合并所产生的商誉，商誉不足冲减的，差额部分确认为当期损益

(所得税费用)。除上述情况以外(比如,购买日后超过12个月、或在购买日不存在相关情况但在购买日以后出现新的情况导致可抵扣暂时性差异带来的经济利益预期能够实现),如果符合了递延所得税资产的确认条件,确认与企业合并相关的递延所得税资产,应当计入当期损益(所得税费用),不得调整商誉金额。

【例18－18】 某非同一控制下的企业合并,因会计规定与适用税法规定的处理方法不同在购买日产生可抵扣暂时性差异300万元。假定购买日及未来期间企业适用的所得税税率为25%。

购买日因预计未来期间无法取得足够的应纳税所得额,未确认与可抵扣暂时性差异相关的递延所得税资产75万元。购买日确认的商誉金额为2 000万元。

在购买日后9个月,企业预计能够产生足够的应纳税所得额用来抵扣原合并时产生的300万元可抵扣暂时性差异的影响,企业应当考虑导致该利益变为很可能实现的事实和环境是否在购买日已经存在。

如果这些事实和环境出现在购买日之后,企业应当进行下列账务处理:

借:递延所得税资产　　750 000

　贷:所得税费用　　750 000

如果这些事实和环境在购买日已经存在,企业应当进行下列账务处理:

借:递延所得税资产　　750 000

　贷:商誉　　750 000

3. 与股份支付相关的当期及递延所得税。

与股份支付相关的支出在按照第十二章股份支付规定确认为成本费用时,其相关的所得税影响应区别于税法的规定进行处理:如果税法规定与股份支付相关的支出不允许税前扣除,则不形成暂时性差异;如果税法规定与股份支付相关的支出允许税前扣除,在按照会计规定确认成本费用的期间内,企业应当根据会计期末取得的信息估计可税前扣除的金额计算确定其计税基础及由此产生的暂时性差异,符合确认条件的情况下应当确认相关的递延所得税。其中预计未来期间可税前扣除的金额超过会计规定确认的与股份支付相关的成本费用,超过部分的所得税影响应直接计入所有者权益(资本公积——其他资本公积)。

4. 发行方分类为权益工具的金融工具相关股利的所得税影响。

对于企业(指发行方)按照第三十八章金融工具列报等规定分类为权益

工具的金融工具（如分类为权益工具的永续债等），相关股利支出按照税收政策相关规定在企业所得税税前扣除的，企业应当在确认应付股利时，确认与股利相关的所得税影响。该股利的所得税影响通常与过去产生可供分配利润的交易或事项更为直接相关，企业应当按照与过去产生可供分配利润的交易或事项时所采用的会计处理相一致的方式，将股利的所得税影响计入当期损益或所有者权益项目（含其他综合收益项目）。对于所分配的利润来源于以前产生损益的交易或事项，该股利的所得税影响应当计入当期损益；对于所分配的利润来源于以前确认在所有者权益中的交易或事项，该股利的所得税影响应当计入所有者权益项目（如其他综合收益等）。

（四）适用税率变化对已确认递延所得税资产和递延所得税负债的影响

因适用税收法规的变化，导致企业在某一会计期间适用的所得税税率发生变化的，企业应对已确认的递延所得税资产和递延所得税负债按照新的税率进行重新计量。递延所得税资产和递延所得税负债的金额代表的是有关可抵扣暂时性差异或应纳税暂时性差异于未来期间转回时，导致应交所得税金额的减少或增加的情况。因国家税收法律、法规等的变化导致适用税率变化的，必然导致应纳税暂时性差异或可抵扣暂时性差异在未来期间转回时产生应交所得税金额的变化，在适用税率变动的情况下，应对原已确认的递延所得税资产及递延所得税负债的金额进行调整，反映税率变化带来的影响。

除直接计入所有者权益的交易或事项产生的递延所得税资产及递延所得税负债，相关的调整金额应计入所有者权益以外，其他情况下因税率变化产生的递延所得税资产及递延所得税负债的调整金额应确认为变化当期的所得税费用（或收益）。

（五）关于单项交易产生的递延所得税不适用初始确认豁免的特殊情形

对于不是企业合并、交易发生时既不影响会计利润也不影响应纳税所得额（或可抵扣亏损）、且初始确认的资产和负债导致产生等额应纳税暂时性差异和可抵扣暂时性差异的单项交易（包括承租人在租赁期开始日初始确认租赁负债并计入使用权资产的租赁交易，以及因固定资产等存在弃置义务而确认预计负债并计入相关资产成本的交易等），不适用本章关于豁免初始确认递延所得税负债和递延所得税资产的规定。企业对该交易因资产和负债的初始确认所产生的应纳税暂时性差异和可抵扣暂时性差异，应当根据本章第六部分有关规定，在交易发生时分别确认相应的递延所得税负债和递延所得税资产。

【例18-19】 2×22年1月1日，承租人甲公司与出租人乙公司签订了为期7年的商铺租赁合同。每年的租赁付款额为450 000元（不含税），在每年年末支付。甲公司无法确定租赁内含利率，其增量借款利率为5.04%。在租赁期开始日（即2×22年1月1日，下同），甲公司按租赁付款额的现值所确认的租赁负债为2 600 000元，甲公司已支付与该租赁相关的初始直接费用50 000元。甲公司在租赁期内按照直线法对使用权资产计提折旧。假定按照适用税法规定，该交易属于税法上的经营租赁，甲公司支付的初始直接费用于实际发生时一次性税前扣除，每期支付的租金允许在支付当期进行税前抵扣，甲公司适用的所得税税率为25%。假设甲公司未来期间能够取得足够的应纳税所得额用以抵扣可抵扣暂时性差异，不考虑其他因素。

本例中，在租赁期开始日，甲公司租赁负债的账面价值为2 600 000元，计税基础（即账面价值减去未来期间计算应纳税所得额时按照税法规定可予抵扣的金额）为0，产生可抵扣暂时性差异2 600 000元；甲公司使用权资产的账面价值为2 650 000元（2 600 000+50 000），其中按照与租赁负债等额确认的使用权资产部分（2 600 000元）的计税基础（即收回资产账面价值过程中计算应纳税所得额时按照税法规定可以自应税经济利益中抵扣的金额）为0，产生应纳税暂时性差异2 600 000元。

对于不是企业合并、交易发生时既不影响会计利润也不影响应纳税所得额（或可抵扣亏损）、且初始确认的资产和负债导致产生等额应纳税暂时性差异和可抵扣暂时性差异的单项交易，不适用本章第六部分关于豁免初始确认递延所得税负债和递延所得税资产的规定。企业对该交易因资产和负债的初始确认所产生的应纳税暂时性差异和可抵扣暂时性差异，应当在交易发生时分别确认相应的递延所得税负债和递延所得税资产。按照上述规定，甲公司在上述租赁交易中，租赁负债及按照与租赁负债等额确认的使用权资产部分，其账面价值与计税基础之间的暂时性差异，均满足递延所得税确认条件，因此，应当分别确认递延所得税资产及递延所得税负债。本例中，计入甲公司使用权资产的租赁初始直接费用的账面价值为50 000元，计税基础为0（根据税法规定初始直接费用已从支付当年应纳税所得额中全额扣除，因此未来收回资产账面价值过程中计算应纳税所得额时按照税法规定可以自应税经济利益中进一步抵扣的金额为0），产生应纳税暂时性差异50 000元；同时，由于该初始直接费用影响交易发生时的应纳税所得额，因此不适用豁免初始确认递延所得税负债的规定，甲公司应当就该初始直接费用相关的暂时性差异确认相应的递延所得税负债。

租赁期开始日，甲公司确认的使用权资产与租赁负债及其递延所得税情况如表18－2所示。

表18－2 单位：元

项目	账面价值	计税基础	可抵扣暂时性差异/（应纳税暂时性差异）	递延所得税资产/（递延所得税负债）
使用权资产：	2 650 000	0	（2 650 000）	（662 500）
租赁负债等额部分	2 6000 000	0	（2 600 000）	（650 000）
初始直接费用	50 000	0	（50 000）	（12 500）
租赁负债	2 600 000	0	（2 600 000）	650 000

1. 租赁期开始日，甲公司关于递延所得税影响的账务处理为：

借：递延所得税资产　　650 000（2 600 000×25%）

　　所得税费用　　12 500

　　贷：递延所得税负债　　662 500［（2 600 000＋50 000）×25%］

注：甲公司关于租赁交易等账务处理略，下同。

2. 租赁期第1年，甲公司计提租赁负债利息131 040元（2 600 000×5.04%），甲公司向乙公司支付第1年的租赁付款额450 000元，甲公司租赁期第1年年末租赁负债账面价值为2 281 040元（2 600 000＋131 040－450 000），与年初相比，租赁负债账面价值减少318 960元，相关的可抵扣暂时性差异亦减少318 960元。甲公司相应调整递延所得税资产的账面价值，账务处理为：

借：所得税费用　　79 740（318 960×25%）

　　贷：递延所得税资产　　79 740

同时，甲公司使用权资产在初始确认时的账面价值（未计提折旧前）为2 650 000元，按直线法在7年内计提折旧，年折旧费为378 571元（2 650 000÷7）。租赁期第1年年末，使用权资产的账面价值减少378 571元，相关的应纳税暂时性差异亦减少378 571元。甲公司相应调整递延所得税负债的账面价值，账务处理为：

借：递延所得税负债　　94 643（378 571×25%）

　　贷：所得税费用　　94 643

3. 租赁期第 2 年及以后年度，甲公司比照第 1 年进行账务处理，具体账务处理略。

注：450 000 ×（P/A，5.04%，7）=2 600 098 元，为便于计算，本例中作尾数调整，取 2 600 000 元。

七、所得税费用的确认和计量

企业核算所得税，主要是为确定当期应交所得税以及利润表中应确认的所得税费用。按照资产负债表债务法核算所得税的情况下，利润表中的所得税费用由两个部分组成：当期所得税和递延所得税。

（一）当期所得税

当期所得税是指企业按照税法规定计算确定的针对当期发生的交易和事项，应交纳给税务部门的所得税金额，即应交所得税，当期所得税应以适用的税收法规为基础计算确定。

企业在确定当期所得税时，对于当期发生的交易或事项，会计处理与税收处理不同的，应在会计利润的基础上，按照适用税收法规的规定进行调整，计算出当期应纳税所得额，按照应纳税所得额与适用所得税税率计算确定当期应交所得税。一般情况下，应纳税所得额可在会计利润的基础上，考虑会计与税收之间的差异，按照下列公式计算确定：

应纳税所得额 = 会计利润 + 按照会计规定计入利润表但计税时不允许税前扣除的费用 ± 计入利润表的费用与按照税法规定可予税前抵扣的费用金额之间的差额 ± 计入利润表的收入与按照税法规定应计入应纳税所得额的收入之间的差额 - 税法规定的不征税收入 ± 其他需要调整的因素

当期所得税 = 当期应交所得税 = 应纳税所得额 × 适用的所得税税率

企业向投资者分配现金股利或利润时，如果按照适用税收法规规定需要将所分配现金股利或利润的一定比例代投资者缴纳给税务部门的，即代扣代交税款，该部分代扣代交税款应作为股利的一部分计入权益。

【例 18 -20】丙企业为设立在我国境内企业，其主要投资者为境外某企业。丙企业 2 ×22 年董事会决定分派现金股利，其境外投资者按照持股比例计算可分得 2 000 万元，假定适用税法规定，其中 20% 应由丙企业代扣作为境外投资者在我国境内应交的所得税，则丙企业就该利润分配事项应进行的会计处理为：

借：利润分配——未分配利润　　20 000 000

　　贷：应付股利　　16 000 000

　　　　应交税费——应交所得税　　4 000 000

该种情况下，是视同将有关利润分配给投资者后，按照我国税法规定投资者需就其自我国境内取得的现金股利或利润应缴纳一部分税款的情况，是投资者自该项利润分配中获取利益的减少，原则上应是利润分配的一个组成部分。

（二）递延所得税

递延所得税是指按照本章规定应予确认的递延所得税资产和递延所得税负债在期末应有的金额相对于原已确认金额之间的差额，即递延所得税资产及递延所得税负债当期发生额的综合结果。用公式表示为：

递延所得税=（期末递延所得税负债－期初递延所得税负债）－（期末递延所得税资产－期初递延所得税资产）

需要说明的是，企业因确认递延所得税资产和递延所得税负债产生的递延所得税，一般应当计入所得税费用，但下列两种情况除外：

一是某项交易或事项按照会计规定应计入所有者权益的，由该交易或事项产生的递延所得税资产或递延所得税负债及其变化亦应计入所有者权益，不构成利润表中的递延所得税费用（或收益）。

二是企业合并中取得的资产、负债，其账面价值与计税基础不同，应确认相关递延所得税的，该递延所得税影响合并中产生的商誉或是计入合并当期损益的金额，不影响所得税费用。

（三）所得税费用

计算确定了当期所得税及递延所得税以后，利润表中应予确认的所得税费用为两者之和，即：

所得税费用＝当期所得税＋递延所得税

【例18－21】丁公司2×21年度利润表中利润总额为2 400万元，该公司适用的所得税税率为25%。递延所得税资产及递延所得税负债不存在期初余额。与所得税核算有关的情况如下：

1. 2×21年发生的有关交易和事项中，会计处理与税收处理存在差别的有：

（1）2×21年1月开始计提折旧的一项固定资产，成本为1 200万元，使用年限为10年，净残值为0，会计处理按双倍余额递减法计提折旧，税收处理按直线法计提折旧。假定税法规定的使用年限及净残值与会计规定相同。

(2) 向关联企业捐赠现金400万元。假定按照税法规定，企业向关联方的捐赠不允许税前扣除。

(3) 期末持有的交易性金融资产成本为600万元，公允价值为1 200万元。税法规定，以公允价值计量的金融资产持有期间市价变动不计入应纳税所得额。

(4) 违反环保规定应支付罚款200万元。

(5) 期末对持有的存货计提了60万元的存货跌价准备。

2. 2×21年度应交所得税。

应纳税所得额 = 24 000 000 + 1 200 000 + 4 000 000 − 6 000 000 + 2 000 000 + 600 000 = 25 800 000（元）

应交所得税 = 25 800 000 × 25% = 6 450 000（元）

3. 2×21年度递延所得税。

丁公司2×21年资产负债表相关项目金额及其计税基础如表18－3所示。

表18－3 单位：元

项目	账面价值	计税基础	差异	
			应纳税暂时性差异	可抵扣暂时性差异
存货	16 000 000	16 600 000		600 000
固定资产：				
固定资产原价	12 000 000	12 000 000		
减：累计折旧	2 400 000	1 200 000		
减：固定资产减值准备	0	0		
固定资产账面价值	9 600 000	10 800 000		1 200 000
交易性金融资产	12 000 000	6 000 000	6 000 000	
其他应付款	2 000 000	2 000 000		
总计			6 000 000	1 800 000

递延所得税资产 = 1 800 000 × 25% = 450 000（元）

递延所得税负债 = 6 000 000 × 25% = 1 500 000（元）

递延所得税 = 1 500 000 − 450 000 = 1 050 000（元）

4. 利润表中应确认的所得税费用。

所得税费用 = 6 450 000 + 1 050 000 = 7 500 000（元）

借：所得税费用　　7 500 000
　　递延所得税资产　　450 000
　　贷：应交税费——应交所得税　　6 450 000
　　　　递延所得税负债　　1 500 000

【例18－22】沿用〖例18－21〗中有关资料，假定丁公司2×22年当期应交所得税为924万元。资产负债表中有关资产、负债的账面价值与其计税基础相关资料如表18－4所示，除所列项目外，其他资产、负债项目不存在会计和税收的差异。

表18－4　　单位：元

项目	账面价值	计税基础	差异	
			应纳税暂时性差异	可抵扣暂时性差异
存货	32 000 000	33 600 000		1 600 000
固定资产：				
固定资产原价	12 000 000	12 000 000		
减：累计折旧	4 320 000	2 400 000		
减：固定资产减值准备	400 000	0		
固定资产账面价值	7 280 000	9 600 000		2 320 000
交易性金融资产	10 400 000	5 000 000	5 400 000	
预计负债	2 000 000	0		2 000 000
总计			5 400 000	5 920 000

本例中：

1. 当期所得税＝当期应交所得税＝9 240 000（元）

2. 递延所得税

（1）期末递延所得税负债　　1 350 000（5 400 000×25%）

期初递延所得税负债　　1 500 000

递延所得税负债减少　　150 000

（2）期末递延所得税资产　　1 480 000（5 920 000×25%）

期初递延所得税资产　　450 000

递延所得税资产增加　　1 030 000

递延所得税＝－150 000－1 030 000＝－1 180 000（元）

3. 所得税费用

所得税费用＝9 240 000－1 180 000＝8 060 000（元）

借：所得税费用　　8 060 000

　　递延所得税资产　　1 030 000

　　递延所得税负债　　150 000

　贷：应交税费——应交所得税　　9 240 000

（四）合并财务报表中因抵销未实现内部销售损益产生的递延所得税

企业在编制合并财务报表时，因抵销未实现内部销售损益导致合并资产负债表中资产、负债的账面价值与其在纳入合并范围的企业按照适用税法规定确定的计税基础之间产生暂时性差异的，在合并资产负债表中应当确认递延所得税资产或递延所得税负债，同时调整合并利润表中的所得税费用，但与直接计入所有者权益的交易或事项及企业合并相关的递延所得税除外。

企业在编制合并财务报表时，按照合并报表的编制原则，应将纳入合并范围的企业之间发生的未实现内部交易损益予以抵销，因此，对于所涉及的资产负债项目在合并资产负债表中列示的价值与其所属的企业个别资产负债表中的价值会不同，进而可能产生与有关资产、负债所属个别纳税主体计税基础的不同，从合并财务报表作为一个完整会计主体的角度，应当确认该暂时性差异的所得税影响。

【例18－23】甲公司拥有乙公司80%的有表决权股份，能够控制乙公司的生产经营决策。2×22年9月甲公司以800万元将一批自产产品销售给乙公司，该批产品在甲公司的生产成本为500万元。至2×22年12月31日，乙公司尚未对外销售该批商品，假定涉及商品未发生减值。甲、乙公司适用的所得税税率均为25%，且在未来期间预计不会发生变化。税法规定，企业的存货以历史成本作为计税基础。

甲公司在编制合并财务报表时，对于与乙公司发生的内部交易应进行下列抵销处理：

借：营业收入　　8 000 000

　贷：营业成本　　5 000 000

　　　存货　　3 000 000

经过上述抵销处理后，该项内部交易中涉及的存货在合并资产负债表中体现的价值为500万元，即未发生减值的情况下，为出售方的成本，其计税基础为800万元。两者之间产生了300万元可抵扣暂时性差异，与该暂时性差异相关的递延所得税在乙公司并未确认，为此，在合并财务报表中应进行下列处理：

借：递延所得税资产　　750 000

　　贷：所得税费用　　750 000

八、列示与披露

（一）列示

企业对所得税的核算结果，除利润表中列示的所得税费用以外，在资产负债表中形成的应交税费（应交所得税）以及递延所得税资产和递延所得税负债应当遵循本章规定进行列报。其中，递延所得税资产和递延所得税负债一般应当分别作为非流动资产和非流动负债在资产负债表中列示，所得税费用应当在利润表中单独列示。

1. 同时满足下列条件时，企业应当将当期所得税资产及当期所得税负债以抵销后的净额列示：

（1）企业拥有以净额结算的法定权利；

（2）意图以净额结算或取得资产、清偿债务同时进行。

对于当期所得税资产及当期所得税负债以净额列示是指，当企业实际交纳的所得税税款大于按照税法规定计算的应交税时，超过部分在资产负债表中应当列示为“其他流动资产”；当企业实际交纳的所得税税款小于按照税法规定计算的应交税时，差额部分应当作为资产负债表中的“应交税费”项目列示。

2. 同时满足下列条件时，企业应当将递延所得税资产及递延所得税负债以抵销后的净额列示：

（1）企业拥有以净额结算当期所得税资产及当期所得税负债的法定权利；

（2）递延所得税资产及递延所得税负债是与同一税收征管部门对同一纳税主体征收的所得税相关或者是对不同的纳税主体相关，但在未来每一具有重要性的递延所得税资产及负债转回的期间内，涉及的纳税主体意图以净额结算当期所得税资产和负债或是同时取得资产、清偿债务。

一般情况下，在个别财务报表中，当期所得税资产与负债及递延所得税资产及递延所得税负债可以以抵销后的净额列示。在合并财务报表中，纳入合并范围的企业中，一方的当期所得税资产或递延所得税资产与另一方的当期所得税负债或递延所得税负债一般不能予以抵销，除非所涉及的企业具有以净额结算的法定权利并且意图以净额结算。

（二）披露

根据本章的有关规定，企业应当在附注中披露与所得税有关的下列信息：（1）所得税费用（收益）的主要组成部分。（2）所得税费用（收益）与会计利润关系的说明。（3）未确认递延所得税资产的可抵扣暂时性差异、可抵扣亏损的金额（如果存在到期日，还应披露到期日）。（4）对每一类暂时性差异和可抵扣亏损，在列报期间确认的递延所得税资产或递延所得税负债的金额，确认递延所得税资产的依据。（5）未确认递延所得税负债的，与对子公司、联营企业及合营企业投资相关的暂时性差异金额。

九、衔接规定

企业应当根据《企业会计准则第 38 号——首次执行企业会计准则》的规定，在首次执行日，分别原采用应付税款法或以利润表为基础的纳税影响会计法的情况，确定其自原制度转为资产负债表债务法时应进行的处理。

对于原采用应付税款法核算所得税的企业，在首次执行日，应以按照《企业会计准则第 38 号——首次执行企业会计准则》中规定的衔接办法为基础，首先调整相关资产、负债的账面价值，以资产、负债调整后的账面价值为基础，比较其与计税基础之间的差异。对于形成应纳税暂时性差异和可抵扣暂时性差异的，应确认相关的递延所得税负债及递延所得税资产，有关影响相应调整期初留存收益。

对于原采用以利润表为基础的纳税影响会计法核算所得税的企业，在首次执行日应以按照《企业会计准则第 38 号——首次执行企业会计准则》中规定的衔接办法为基础，首先调整相关资产、负债的账面价值，以调整后的账面价值为基础，比较其与计税基础之间的差异，对于形成应纳税暂时性差异和可抵扣暂时性差异的，确定应予确认的递延所得税负债及递延所得税资产，同时冲减资产负债表中原已确认的递延税款贷项及递延税款借项，上述调整的结果增加（或减少）期初留存收益。

需要说明的是，上述无论企业原采用应付税款法还是以利润表为基础的纳税影响会计法核算所得税，首次执行日按照《企业会计准则第 38 号——首次执行企业会计准则》等的规定调整有关资产、负债账面价值的且相关调整计入所有者权益（如资本公积、留存收益、其他综合收益等）的，相关的所得税影响也应计入所有者权益（如资本公积、留存收益、其他综合收益等）。

企业在首次执行日确认递延所得税资产或递延所得税负债时，应以现行国家有关税收法规为基础确定适用税率。未来期间适用税率发生变更的，应当按照新的税率对原已确认的递延所得税资产和递延所得税负债进行调整，有关调整金额计入变更当期的所得税费用等。

在首次执行日，企业对于能够结转以后年度的可抵扣亏损和税款抵减，应以很可能获得用来抵扣可抵扣亏损和税款抵减的未来应纳税所得额为限，确认相应的递延所得税资产，同时调整期初留存收益。

第十九章　外币折算

一、总体要求

《企业会计准则第 19 号——外币折算》主要规范了记账本位币的确定、外币交易的会计处理、外币财务报表的折算和相关信息的披露。

记账本位币，是指企业经营所处的主要经济环境中的货币。企业通常应当选择人民币作为记账本位币；业务收支以人民币以外的货币为主的企业，可以按照本章规定确定其中一种货币作为记账本位币，但编报的财务报表应当折算为人民币。

外币交易包括买入或者卖出以外币计价的商品或者劳务、借入或者借出外币资金和其他以外币计价或者结算的交易。企业发生外币交易，应当采用交易发生日的即期汇率或即期汇率的近似汇率将外币金额折算为记账本位币金额，按照折算后的记账本位币金额登记有关记账本位币账户；同时，按照外币金额登记相应的外币账户。资产负债表日或结算日，企业应当分别对外币货币性项目和外币非货币性项目进行会计处理。

如果企业的子公司、合营企业、联营企业和分支机构的记账本位币不同于企业的记账本位币，在将企业境外经营通过合并财务报表、权益法核算等纳入企业的财务报表中时，需要将境外经营的财务报表折算为以企业记账本位币反映的财务报表。企业对处于恶性通货膨胀经济情况下的境外经营的财务报表进行折算时，需要先对其财务报表进行重述，然后再折算为以企业记账本位币反映的财务报表。

与购建或生产符合资本化条件的资产相关的外币借款产生的汇兑差额，适用第十七章借款费用。外币项目的套期，适用第二十四章套期会计。现金流量表中的外币折算，适用第三十二章现金流量表。

二、应设置的相关会计科目和主要账务处理

企业按照本章的规定对外币交易进行会计处理，一般需要设置下列会计科目。

（一）“财务费用——汇兑差额”

1. 本明细科目核算企业因汇率折算而产生的汇兑差额。

2. 财务费用——汇兑差额的主要账务处理。

（1）对于外币货币性项目，因结算或采用资产负债表日的即期汇率折算而产生的汇兑差额，借记或贷记本明细科目，贷记或借记“应收账款”、“应付账款”、“银行存款”等科目。

（2）企业发生的外币兑换业务或涉及外币兑换的交易事项，应当以交易实际采用的汇率，即银行买入价或卖出价折算，由于汇率变动产生的折算差额，借记或贷记本明细科目，贷记或借记“银行存款”等科目。

3. 期末，应将本明细科目余额转入“本年利润”科目，结转后本明细科目无余额。

（二）“货币兑换”

1. 本科目核算企业（金融）采用分账制核算外币交易所产生的不同币种之间的兑换。

2. 本科目按币种进行明细核算。

3. 货币兑换的主要账务处理。

（1）企业发生的外币交易仅涉及货币性项目的，应按相同币种金额，借记或贷记有关货币性项目科目，贷记或借记本科目（外币）。

（2）企业发生的外币交易同时涉及货币性项目和非货币性项目的，按相同外币金额记入货币性项目科目和本科目（外币）；同时，按以交易发生日即期汇率折算为记账本位币的金额记入非货币性项目和本科目（记账本位币）。

结算外币货币性项目产生的汇兑差额记入“汇兑损益”科目。

（3）期末，应将所有以外币反映的本科目余额按期末汇率折算为记账本位币金额，并与本科目（记账本位币）余额进行比较，如为借方差额，借记“汇兑损益”科目，贷记本科目（记账本位币）；如为贷方差额，做相反的会计分录。

4. 本科目期末应无余额。

（三）“汇兑损益”

1. 本科目核算企业（金融）发生的外币交易因汇率变动而产生的汇兑损益。

2. 汇兑损益的主要账务处理。

采用统账制核算的，各外币货币性项目的外币期末余额，应当按照期末汇率折算为记账本位币金额。按照期末汇率折算的记账本位币金额与原账面记账本位币金额之间的差额，如为汇兑收益，借记有关科目，贷记本科目；如为汇兑损失，做相反的会计分录。

采用分账制核算的，期末将所有以外币表示的“货币兑换”科目余额按期末汇率折算为记账本位币金额，折算后的记账本位币金额与“货币兑换——记账本位币”科目余额进行比较，如为贷方差额，借记“货币兑换——记账本位币”科目，贷记本科目；如为借方差额，做相反的会计分录。

3. 期末，应将本科目的余额转入“本年利润”科目，结转后本科目应无余额。

三、记账本位币的确定

记账本位币是指企业经营所处的主要经济环境中的货币。它通常是企业主要收、支现金的经济环境中的货币。我国会计法规制度中所称的记账本位币与国际财务报告准则中的功能货币虽然名称不同，但其实质内容是一致的。

（一）记账本位币的确定

1. 企业记账本位币的确定。

根据《中华人民共和国会计法》，企业通常应选择人民币作为记账本位币。业务收支以人民币以外的货币为主的企业，可以确定其中一种货币作为记账本位币，但是，编报的财务报告应当折算为人民币。

企业确定记账本位币，应当考虑下列因素：

（1）该货币主要影响商品和劳务销售价格，通常以该货币进行商品和劳务的计价和结算。例如，甲公司为从事商品贸易的企业，80%以上的销售收入以人民币计价和结算，人民币是主要影响甲公司商品销售价格的货币。

（2）该货币主要影响商品和劳务所需人工、材料和其他费用，通常以该货币进行上述费用的计价和结算。例如，乙公司为商品制造企业，所需机器设备、厂房、人工、原材料等均在国内采购，以人民币计价和结算，人民币是主要影响其商品制造所需人工、材料和其他费用的货币。

实务中，企业确定记账本位币，通常应综合考虑上述两项因素，而不是仅考虑其中一项，因为企业的经营活动往往是收支并存的。

（3）融资活动获得的资金以及保存从经营活动中收取的款项时所使用

的货币。

在有些情况下，企业根据收支情况难以确定记账本位币，需要在收支基础上结合融资活动获得的资金或保存从经营活动中收取款项时所使用的货币进行综合分析后作出判断。

例如，国内丙公司为外贸自营出口企业，超过70%的营业收入来自向欧盟各国的出口，其商品销售价格主要受欧元的影响，以欧元计价，因此，从影响商品和劳务销售价格的角度看，丙公司应将欧元确定为记账本位币。如果丙公司除厂房设施、30%的人工成本在国内以人民币采购外，生产所需原材料、机器设备及70%以上的人工成本以欧元在欧盟市场采购，则丙公司应将欧元确定为记账本位币。但是，如果丙公司的人工成本、原材料及相应的厂房设施、机器设备等95%以上在国内采购并以人民币计价，则需要结合第三项因素以确定其记账本位币。如果丙公司取得的欧元营业收入在汇回国内时直接兑换成人民币存款，且丙公司对欧元波动产生的外汇风险进行了套期保值，则丙公司应将人民币确认为记账本位币。

又如，丁公司为国内一家婴儿配方奶粉加工企业，其原材料牛奶全部来自瑞士，主要加工技术、机器设备及主要技术人员均由瑞士方面提供，生产的婴儿配方奶粉面向国内出售。企业依据第一、二项因素难以确定记账本位币，需要考虑第三项因素。假定为满足采购原材料牛奶等所需瑞士法郎的需要，丁公司向瑞士某银行借款10亿瑞士法郎，期限为20年，该借款是丁公司当期流动资金净额的4倍。由于原材料采购以瑞士法郎结算，且企业经营所需要的营运资金，即融资获得的资金也使用瑞士法郎，因此，丁公司应当以瑞士法郎作为记账本位币。

需要说明的是，在确定企业的记账本位币时，上述因素的重要程度因企业具体情况不同而不同，需要企业管理层根据实际情况进行判断，但这并不是说企业管理层可以根据需要随意选择记账本位币，而是根据实际情况只能将其中的一种货币确定为记账本位币。

2. 境外经营记账本位币的确定。

境外经营的判断，不是以其位置是否在境外为标准，而是要看其记账本位币是否与企业的记账本位币相同。因此，境外经营包含两种情况：一是企业在境外的子公司、合营企业、联营企业、分支机构；二是企业在境内的子公司、联营企业、合营企业、分支机构，采用不同于本企业记账本位币的，也视同境外经营。

企业在确定境外经营的记账本位币时，除上述确定企业记账本位币需要考虑的因素外，还应考虑下列有关该境外经营与企业之间关系的因素：

（1）境外经营对其所从事的活动是否拥有很强的自主性。如果境外经营所从事的活动是视同企业经营活动的延伸，构成企业经营活动的组成部分，该境外经营应当选择与企业记账本位币相同的货币作为记账本位币，如果境外经营所从事的活动拥有极大的自主性，境外经营应当根据其实际情况确定记账本位币，不必与企业记账本位币保持一致。

（2）境外经营活动中与企业的交易是否在境外经营活动中占有较大比重。如果境外经营与企业的交易在境外经营活动中所占的比例较高，境外经营应当选择与企业记账本位币相同的货币作为记账本位币；反之，应选择其他货币。

（3）境外经营活动产生的现金流量是否直接影响企业的现金流量、是否可以随时汇回。如果境外经营活动产生的现金流量直接影响企业的现金流量，并可随时汇回，境外经营应当选择与企业记账本位币相同的货币作为记账本位币；反之，应选择其他货币。

（4）境外经营活动产生的现金流量是否足以偿还其现有债务和可预期的债务。在企业不提供资金的情况下，如果境外经营活动产生的现金流量难以偿还其现有债务和正常情况下可预期的债务，境外经营应当选择与企业记账本位币相同的货币作为记账本位币，反之，应选择其他货币。

综上所述，企业确定本企业记账本位币或其境外经营记账本位币时，在综合多项因素记账本位币不明显的情况下，应当优先考虑“1. 企业记账本位币的确定”中的第一、二项因素，然后考虑融资活动获得的货币、保存从经营活动中收取款项时所使用的货币，以及“2. 境外经营记账本位币的确定”中的因素，以确定记账本位币。

（二）记账本位币的变更

企业记账本位币一经确定，不得随意变更，除非与确定记账本位币相关的企业经营所处的主要经济环境发生重大变化。主要经济环境发生重大变化，通常是指企业主要收取和支出现金的环境发生重大变化，使用该环境中的货币最能反映企业的主要交易业务的经济结果。

企业因经营所处的主要经济环境发生重大变化，确需变更记账本位币的，应当采用变更当日的即期汇率将所有项目折算为变更后的记账本位币，折算后的金额作为以新的记账本位币计量的历史成本，由于采用同一即期汇率进行折算，不会产生汇兑差额。企业需要提供确凿的证据证明企业经营所处的主要经济环境确实发生了重大变化，并应当在附注中披露变更的理由。

企业记账本位币发生变更的，在按照变更当日的即期汇率将所有项目折算为变更后的记账本位币时，其比较财务报表应当以可比当日的即期汇率折算所有资产负债表和利润表项目。

四、外币交易的会计处理

外币交易包括：买入或者卖出以外币计价的商品或者劳务；借入或者借出外币资金；其他以外币计价或者结算的交易。

买入或者卖出以外币计价的商品或者劳务，通常情况下指以外币买卖商品，或者以外币结算劳务合同。这里所说的商品，可以是有实物形态的存货、固定资产等，也可以是无实物形态的无形资产等。例如，以人民币为记账本位币的国内甲公司向国外乙公司出口商品，以美元结算货款；企业与银行发生货币兑换业务，都属于外币交易。

借入或者借出外币资金，指企业向银行或非银行金融机构借入以记账本位币以外的货币表示的资金，或者银行或非银行金融机构向人民银行、其他银行或非银行金融机构借贷以记账本位币以外的货币表示的资金，以及发行以外币计价或结算的债券等。

其他以外币计价或者结算的交易，指以记账本位币以外的货币计价或结算的其他交易。例如，接受外币现金捐赠等。

外币交易的会计处理主要涉及两个环节：一是在交易日对外币交易进行初始确认，将外币金额折算为记账本位币金额；二是在资产负债表日对相关项目进行折算，因汇率变动产生的差额计入当期损益。

（一）折算汇率

无论是在交易日对外币交易进行初始确认时，还是在资产负债表日对外币交易余额进行处理或者对外币财务报表进行折算时，均涉及折算汇率的选择。本章规定了两种折算汇率，即即期汇率和即期汇率的近似汇率。

1. 即期汇率。

汇率指两种货币相兑换的比率，是一种货币单位用另一种货币单位所表示的价格。根据表示方式的不同，汇率可以分为直接汇率和间接汇率，直接汇率是指一定数量的其他货币单位折算为本国货币的金额，间接汇率是指一定数量的本国货币折算为其他货币的金额。通常情况下，人民币汇率是以直接汇率表示。在银行，汇率有三种表示方式：买入价、卖出价和中间价。买入价指银行买入其他货币的价格，卖出价指银行出售其他货币的价格，中间价是银行买入价与卖出价的平均价，银行的卖出价一般高于买入价，以获取其中的差价。

无论买入价还是卖出价，均是立即交付的结算价格，也就是即期汇率，即期汇率是相对于远期汇率而言的，远期汇率是在未来某一日交付时的结算价格。即期汇率，通常指中国人民银行公布的当日人民币汇率的中间价。企业发生单纯的货币兑换交易或涉及货币兑换的交易时，仅用中间价不能反映货币买卖的损益，需要使用买入价或卖出价折算。

中国人民银行每日公布银行间外汇市场人民币兑外币的中间价。企业发生的外币交易只涉及人民币与中国人民银行公布的货币之间折算的，可直接采用公布的人民币汇率的中间价作为即期汇率进行折算；企业发生的外币交易涉及人民币与其他货币之间折算的，应以国家外汇管理局公布的各种货币对美元折算率采用套算的方法进行折算；企业发生的外币交易涉及人民币以外的货币之间折算的，可直接采用国家外汇管理局公布的各种货币对美元折算率进行折算。

2. 即期汇率的近似汇率。

当汇率变动不大时，为简化核算，企业在外币交易日或对外币财务报表的某些项目进行折算时，也可以选择即期汇率的近似汇率。即期汇率的近似汇率是按照系统合理的方法确定的、与交易发生日即期汇率近似的汇率，通常是指当期平均汇率或加权平均汇率等。例如，假定某周美元兑人民币的即期汇率为：周一7.21，周二7.20，周三7.19，周四7.21，周五7.19，则美元兑人民币的周平均汇率为7.2［(7.21+7.20+7.19+7.21+7.19)÷5］。月平均汇率的计算方法与周平均汇率的计算方法相同。月加权平均汇率需要采用当月外币交易的外币金额作为权重进行计算。

无论是采用平均汇率还是加权平均汇率，或者其他方法确定的即期汇率的近似汇率，该方法应在前后各期保持一致。如果汇率波动使得采用即期汇率的近似汇率折算不适当时，应当采用交易发生日的即期汇率折算。至于何时采用即期汇率的近似汇率折算不适当，需要企业根据汇率变动情况及计算即期汇率的近似汇率的方法等进行判断。

（二）交易日的会计处理

企业发生外币交易的，应当在初始确认时采用交易日的即期汇率或即期汇率的近似汇率将外币金额折算为记账本位币金额。

【例19-1】国内甲公司的记账本位币为人民币。2×22年12月4日，向国外乙公司出口一批商品，货款共计 80 000 美元，取得无条件收款权，货款尚未收到，当日即期汇率为 1 美元 =6.98 人民币元。假定不考虑增值税等相关税费。甲公司账务处理如下：

借：应收账款　558 400（80 000 ×6.98）

　贷：主营业务收入　558 400（80 000 ×6.98）

【例 19 –2】国内甲公司为增值税一般纳税人，记账本位币为人民币。2 ×23 年 4 月 6 日，从国外乙公司购入某原材料，共计 50 000 美元，当日即期汇率为 1 美元 =6.88 人民币元，按照规定应缴纳的进口关税为 17 200 人民币元、进口增值税为 46 956 人民币元，货款尚未支付，进口关税及增值税已以银行存款支付。甲公司账务处理如下：

借：原材料　361 200

　应交税费——应交增值税（进项税额）　46 956

　贷：应付账款——乙公司（美元）　344 000（50 000 ×6.88）

　　银行存款　64 156（17 200 +46 956）

【例 19 –3】国内甲公司的记账本位币为人民币。2 ×22 年 12 月 18 日从中国工商银行借入 12 000 欧元，期限为 6 个月，年利率为 5%，当日即期汇率为 1 欧元 =7.39 人民币元。假定借入的欧元暂存银行，甲公司账务处理如下：

借：银行存款——工商银行（欧元）　88 680（12 000 ×7.39）

　贷：短期借款——工商银行（欧元）　88 680（12 000 ×7.39）

企业收到投资者以外币投入的资本，无论是否有合同约定汇率，均不得采用合同约定汇率和即期汇率的近似汇率折算，而应当采用交易日即期汇率折算，外币投入资本与相应的货币性项目的记账本位币金额相等，不产生外币资本折算差额。

【例 19 –4】国内甲公司的记账本位币为人民币。2 ×22 年 12 月 12 日，按照与某外商签订的投资合同，收到外商投入资本 20 000 美元，当日即期汇率为 1 美元 =6.98 人民币元，假定投资合同约定汇率为 1 美元 =7.12 人民币元。甲公司账务处理如下：

借：银行存款　139 600（20 000 ×6.98）

　贷：实收资本　139 600（20 000 ×6.98）

（三）资产负债表日或结算日的会计处理

资产负债表日，企业应当分别外币货币性项目和外币非货币性项目进行会计处理。

1. 外币货币性项目。

货币性项目，是指企业持有的货币资金和将以固定或可确定的金额收取的资产或者偿付的负债。货币性项目分为货币性资产和货币性负债。货币性资产包括现金、银行存款、应收账款、其他应收款、长期应收款、债权投资、其他债权投资等；货币性负债包括短期借款、应付账款、其他应付款、长期借款、应付债券、长期应付款等。

对于外币货币性项目，因结算或采用资产负债表日的即期汇率折算而产生的汇兑差额，计入当期损益，同时调增或调减外币货币性项目的记账本位币金额。汇兑差额指的是对同样数量的外币金额采用不同的汇率折算为记账本位币金额所产生的差额。例如，资产负债表日或结算日，以不同于交易日即期汇率或前一资产负债表日即期汇率的汇率折算同一外币金额产生的差额即为汇兑差额。

【例 19－5】 国内甲公司的记账本位币为人民币。2×22 年 12 月 4 日，向国外乙公司出口一批商品，货款共计 80 000 美元，取得无条件收款权，货款尚未收到，当日即期汇率为 1 美元＝6.98 人民币元。假定 2×22 年 12 月 31 日的即期汇率为 1 美元＝7.12 人民币元，不考虑增值税等相关税费，则：

对该笔交易产生的外币货币性项目“应收账款”采用 2×22 年 12 月 31 日的即期汇率（1 美元＝7.12 人民币元）折算为记账本位币 569 600 人民币元（80 000×7.12），与其交易日折算为记账本位币的金额 558 400 人民币元（80 000×6.98）的差额为 11 200 人民币元，应当计入当期损益，同时调整货币性项目的原记账本位币金额。2×22 年 12 月 31 日甲公司账务处理如下：

借：应收账款——乙公司（美元）　　11 200

　贷：财务费用——汇兑差额　　11 200

假定 2×23 年 1 月 31 日收到上述货款（即结算日），当日的即期汇率为 1 美元＝6.79 人民币元，甲公司实际收到的货款 80 000 美元折算为记账本位币是 543 200 人民币元（80 000×6.79），与当日应收账款中该笔货款的账面金额 569 600 人民币元的差额为－26 400 人民币元。甲公司当日账务处理如下：

借：银行存款　　543 200

　　财务费用——汇兑差额　　26 400

　贷：应收账款——乙公司（美元）　　569 600

【例 19－6】 国内甲公司的记账本位币为人民币。2×22 年 8 月 24 日，从国外乙供货商购入一批商品，商品已经验收入库；根据双方供货合同，货款共计 100 000 美元，货到后 10 日内甲公司付清所有货款；到货当日即期汇率为 1 美元 =6.79 人民币元。假定 2×22 年 8 月 31 日的即期汇率为 1 美元 =6.81 人民币元，不考虑增值税等相关税费，则：

对该笔交易产生的外币货币性项目“应付账款”采用 2×22 年 8 月 31 日即期汇率 1 美元 = 6.81 人民币元折算为记账本位币 681 000 人民币元 (100 000×6.81)，与其交易日折算为记账本位币的金额 679 000 人民币元 (100 000×6.79) 的差额为 2 000 人民币元，应计入当期损益。2×22 年 8 月 31 日甲公司账务处理如下：

借：财务费用——汇兑差额　　2 000

　　贷：应付账款——乙公司（美元）　　2 000

2×22 年 9 月 3 日，甲公司根据供货合同以美元存款付清所有货款（即结算日）。当日的即期汇率为 1 美元 =6.8 人民币元。甲公司账务处理如下：

借：应付账款——乙公司（美元）　　681 000

　　贷：银行存款　　680 000

　　　　财务费用——汇兑差额　　1 000

【例 19－7】 沿用〖例 19－3〗，假定 2×22 年 12 月 31 日的即期汇率为 1 欧元 =7.41 人民币元，则“银行存款——欧元”产生的汇兑差额为 240 人民币元 [12 000×(7.41－7.39)]，“短期借款——欧元”产生的汇兑差额为 240 人民币元 [12 000×(7.41－7.39)]，由于借贷方均为货币性项目，产生的汇兑差额相互抵销。甲公司账务处理如下：

借：银行存款——欧元　　240

　　贷：短期借款——欧元　　240

2×23 年 1 月 18 日，甲公司以人民币购买欧元归还欧元短期借款，当日银行的欧元卖出价为 1 欧元 =7.43 人民币元，假定借款利息在到期归还本金时一并支付，则当日应归还银行借款利息 300 欧元（12 000×5% ÷12×6），按当日欧元卖出价折算为2 229 人民币元（300×7.43）。甲公司账务处理如下：

借：短期借款——欧元　　88 920（12 000×7.41）

　　财务费用——汇兑差额　　240

　　贷：银行存款——人民币元　　89 160（12 000×7.43）

借：财务费用——利息费用　　2 229

　　贷：银行存款——人民币元　　2 229

2. 外币非货币性项目。

非货币性项目，是指货币性项目以外的项目，包括存货、长期股权投资、交易性金融资产（股票、基金）、固定资产、无形资产、预收账款、预付账款、合同负债等。

（1）对于以历史成本计量的外币非货币性项目，已在交易发生日按当日即期汇率折算，资产负债表日不应改变其原记账本位币金额，不产生汇兑差额。因为这些项目在取得时已按当日即期汇率折算，从而构成这些项目的历史成本，如果再按资产负债表日的即期汇率折算，就会导致这些项目价值不断变动，从而使这些项目的折旧、摊销和减值不断地随之变动。这与这些项目按历史成本计量的实际情况不符。

【例19－8】 某外商投资企业的记账本位币是人民币。2×22年8月15日，进口一台机器设备，设备价款500 000美元，尚未支付，当日的即期汇率为1美元＝6.79人民币元。2×22年8月31日的即期汇率为1美元＝6.81人民币元。假定不考虑其他相关税费，该项设备属于企业的固定资产，在购入时已按当日即期汇率折算为3 395 000人民币元。由于“固定资产”属于非货币性项目，因此，2×22年8月31日，不需要按照当日即期汇率进行调整。

（2）对于以成本与可变现净值孰低计量的存货，在以外币购入存货并且该存货在资产负债表日的可变现净值以外币反映的情况下，确定资产负债表日存货价值时应当考虑汇率变动的影响。即先将可变现净值按资产负债表日即期汇率折算为记账本位币金额，再与以记账本位币反映的存货成本进行比较，从而确定该项存货的期末价值。

【例19－9】 甲公司以人民币为记账本位币。2×22年11月20日以每台2 000美元的价格从美国某供货商手中购入国际最新型号H商品10台，并于当日支付了相应货款（假定甲公司有美元存款）。2×22年12月31日，已售出H商品2台，国内市场仍无H商品供应，但H商品在国际市场的价格已降至每台1 950美元。2×22年11月20日的即期汇率是1美元＝7.16人民币元，2×22年12月31日的汇率是1美元＝7.12人民币元。假定不考虑增值税等相关税费。甲公司账务处理如下：

2×22年11月20日，购入H商品

借：库存商品——H　　　　143 200（2 000×10×7.16）

　　贷：银行存款　　　　　143 200（2 000×10×7.16）

2×22年12月31日，由于库存8台H商品市场价格下跌，表明其可变现净值低于成本，应计提的存货跌价准备=2 000×8×7.16－1 950×8×7.12=3 488（人民币元）。

借：资产减值损失　　3 488

　　贷：存货跌价准备　　3 488

本例中，期末，在计算库存H商品的可变现净值时，在国内没有相应产品的价格，因此，只能依据H商品的国际市场价格为基础确定其可变现净值，但需要考虑汇率变动的影响。即，以国际市场价格为基础确定的可变现净值应按照期末汇率折算，再与库存H商品的记账本位币成本相比较，确定其应计提的跌价准备。

（3）对于以公允价值计量的股票、基金等非货币性项目，期末公允价值以外币反映的，应当先将该外币金额按照公允价值确定当日的即期汇率折算为记账本位币金额，再与原记账本位币金额进行比较。对于以公允价值计量且其变动计入当期损益的金融资产，折算后的记账本位币金额与原记账本位币金额之间的差额应计入当期损益。对于指定为以公允价值计量且其变动计入其他综合收益的非交易性权益工具投资，其折算后的记账本位币金额与原记账本位币金额之间的差额应计入其他综合收益（处置时直接转入留存收益）。

【例19－10】国内甲公司的记账本位币为人民币。2×22年12月5日以每股1.5美元的价格购入10 000股乙公司B股股票作为交易性金融资产，当日即期汇率为1美元=6.98人民币元，款项已付。2×22年12月31日，当月购入的乙公司B股股票的市价变为每股2美元，当日即期汇率为1美元=7.12人民币元。假定不考虑相关税费的影响。

2×22年12月5日，甲公司购入股票的账务处理如下：

借：交易性金融资产——成本　　104 700（1.5×10 000×6.98）

　　贷：银行存款　　104 700（1.5×10 000×6.98）

由于该项交易性金融资产以外币计价，在资产负债表日，不仅应考虑B股股票市价的波动，还应一并考虑美元与人民币之间汇率变动的影响，上述交易性金融资产在资产负债表日应按142 400人民币元（2×10 000×7.12）入账，与原账面价值104 700人民币元（1.5×10 000×6.98）的差额为37 700人民币元，应计入公允价值变动损益。该差额既包含甲公司所购乙公司B股股票公允价值变动的影响，也包含人民币与美元之间汇率变动的影响。甲公司相关账务处理如下：

借：交易性金融资产——公允价值变动　　37 700

　贷：公允价值变动损益　　37 700

2×23 年 2 月 27 日，甲公司将所购乙公司 B 股股票按当日市价每股 2.2 美元全部售出，所得价款为 22 000 美元，按当日即期汇率 1 美元 = 6.83 人民币元折算为 150 260 人民币元（22 000×6.83），与其原账面价值 142 400 人民币元的差额为 7 860 人民币元。对于汇率的变动和股票市价的变动不进行区分，均作为投资收益进行处理。因此，售出乙公司 B 股股票当日，甲公司相关账务处理如下：

借：银行存款　　150 260

　贷：交易性金融资产——成本　　104 700

　　　　　　　　　——公允价值变动　　37 700

　　投资收益　　7 860

3. 货币兑换的折算。

企业发生的外币兑换业务或涉及外币兑换的交易事项，应当以交易实际采用的汇率，即银行买入价或卖出价折算。由于汇率变动产生的折算差额计入当期损益。

【例 19-11】 甲公司的记账本位币为人民币，2×23 年 4 月 18 日以人民币从中国银行买入 5 000 美元，甲公司以中国人民银行公布的人民币汇率中间价作为即期汇率，当日的即期汇率为 1 美元 = 6.88 人民币元，中国银行当日美元卖出价为 1 美元 =6.91 人民币元。甲公司账务处理如下：

借：银行存款——美元　　34 400（5 000×6.88）

　　财务费用——汇兑差额　　150

　贷：银行存款——人民币元　　34 550（5 000×6.91）

（四）分账制记账方法

金融类企业的外币交易频繁，涉及外币币种较多，可以采用分账制记账方法进行日常核算。资产负债表日，采用分账制记账方法的企业应当分别货币性项目和非货币性项目进行处理：货币性项目按资产负债表日即期汇率折算，非货币性项目按交易日即期汇率折算，产生的汇兑差额计入当期损益。

实务中，企业可采取下列两种方法进行核算：

1. 所有外币交易均通过"货币兑换"科目处理。

【例 19-12】 假定甲银行采用分账制记账方法，确定的记账本位币为人民币并以人民币列报财务报表。2×22年12月，甲银行发生下列交易：

(1) 12月5日，收到投资者投入的货币资本100 000美元，无合同约定汇率，当日即期汇率为1美元=6.98人民币元；

(2) 12月10日，以2 000美元购入一项固定资产，当日即期汇率为1美元=6.96人民币元；

(3) 12月15日，某客户以34 900人民币元购入5 000美元，当日美元卖出价为1美元=6.98人民币元；

(4) 12月20日，发放短期贷款5 000美元，当日即期汇率为1美元=7.02人民币元；

(5) 12月25日，向其他银行拆借资金10 000欧元，期限为1个月，年利率为5%，当日即期汇率为1欧元=7.39人民币元；

(6) 12月31日的汇率为1美元=7.12人民币元，1欧元=7.41人民币元。

对于上述交易，甲银行账务处理如下：

(1) 2×22年12月5日，收到美元资本投入：

借：银行存款（美元）　　USD$100 000

　　贷：货币兑换（美元）　　USD$100 000

借：货币兑换（人民币元）　　RMB￥698 000（100 000×6.98）

　　贷：实收资本　　RMB￥698 000（100 000×6.98）

(2) 2×22年12月10日，以美元购入固定资产：

借：固定资产　　RMB￥13 920（2 000×6.96）

　　贷：货币兑换（人民币元）　　RMB￥13 920（2 000×6.96）

借：货币兑换（美元）　　USD$2 000

　　贷：银行存款（美元）　　USD$2 000

(3) 2×22年12月15日，售出美元：

借：银行存款（人民币元）　　RMB￥34 900

　　贷：货币兑换（人民币元）　　RMB￥34 900

借：货币兑换（美元）　　USD$5 000

　　贷：银行存款（美元）　　USD$5 000

(4) 2×22年12月20日，发放美元短期贷款：

借：贷款（美元）　　USD$5 000

贷：银行存款（美元） USD＄5 000

（5）2×22 年 12 月 25 日，向其他银行拆借欧元资金：

借：银行存款（欧元） €10 000

贷：拆入资金（欧元） €10 000

“货币兑换（美元）”账户有贷方余额 USD＄93 000（100 000－2 000－5 000），按月末汇率折算为人民币金额余额为 RMB￥662 160（93 000×7.12）；

“货币兑换（人民币）”账户有借方余额 RMB￥649 180（698 000－13 920－34 900）。

“货币兑换”账户的借方余额合计为 RMB￥649 180，贷方余额合计为 RMB￥662 160，借贷方之间的差额为－RMB￥12 980（649 180－662 160），即为当期产生的汇兑差额，账务处理如下：

借：货币兑换（人民币元） RMB￥12 980

贷：汇兑损益 RMB￥12 980

2. 外币交易的日常核算不通过“货币兑换”科目，仅在资产负债表日结转汇兑损益时通过“货币兑换”科目处理。

在外币交易发生时直接以发生的币种进行账务处理，期末，由于所有账户均需要折算为记账本位币列报，因此，所有以外币反映的账户余额均需要折算为记账本位币余额，其中，货币性项目以资产负债表日即期汇率折算，非货币性项目以交易日即期汇率折算。折算后，所有账户借方余额之和与所有账户贷方余额之和的差额即为当期汇兑差额，应当计入当期损益。

【例 19－13】 仍以〖例 19－12〗为例，甲银行相关账务处理如下：

（1）2×22 年 12 月 5 日，收到美元资本投入：

借：银行存款（美元） USD＄100 000

贷：实收资本 USD＄100 000

（2）2×22 年 12 月 10 日，以美元购入固定资产：

借：固定资产 USD＄2 000

贷：银行存款（美元） USD＄2 000

（3）2×22 年 12 月 15 日，售出美元：

借：银行存款（人民币元） RMB￥34 900

贷：银行存款（美元） USD＄5 000

（4）2×22年12月20日，发放美元短期贷款：

借：贷款（美元）　　USD $5 000

　　贷：银行存款（美元）　　USD $5 000

（5）2×22年12月25日，向其他银行拆借欧元资金：

借：银行存款（欧元）　　€ 10 000

　　贷：拆入资金（欧元）　　€ 10 000

资产负债表日，甲银行编制账户科目余额（人民币）调节表：外币货币性项目以资产负债表日即期汇率折算，外币非货币性项目以交易日即期汇率折算（如表19－1所示）。

表19－1　　账户科目余额调节表

借方余额账户	币种	外币余额	汇率	人民币余额	贷方余额账户	币种	外币余额	汇率	人民币余额
银行存款	美元	88 000	7.12	700 660	拆入资金	欧元	10 000	7.41	74 100
	欧元	10 000	7.41						
贷款	美元	5 000	7.12	35 600	实收资本	美元	100 000	6.98	698 000
固定资产	美元	2 000	6.96	13 920					
银行存款	人民币元			34 900					
人民币余额合计				785 080	人民币余额合计				772 100
汇兑损益									12 980

甲公司账务处理如下：

借：货币兑换（人民币元）　　RMB ¥12 980

　　贷：汇兑损益　　RMB ¥12 980

需要强调的是，无论是采用分账制记账方法，还是采用统账制记账方法，只是账务处理程序不同，但产生的结果应当相同，计算出的汇兑差额相同。

五、外币财务报表的折算

（一）境外经营财务报表的折算

企业的子公司、合营企业、联营企业和分支机构如果采用与企业相同的记账本位币，即使是设在境外，其财务报表也不存在折算问题。但是，如果企业境外经营的记账本位币不同于企业的记账本位币，在将企业的境外经营通过合并报表、权益法核算等纳入企业的财务报表中时，需要将境外经营的财务报表折算为以企业记账本位币反映的财务报表。

1. 境外经营财务报表的折算。

在对企业境外经营财务报表进行折算前，应当调整境外经营的会计期间和会计政策，使之与企业的会计期间和会计政策相一致，根据调整后的会计期间和会计政策编制相应货币（记账本位币以外的货币）的财务报表，再按照下列规定进行折算：

（1）资产负债表中的资产和负债项目，采用资产负债表日的即期汇率折算，所有者权益项目除“未分配利润”项目外，其他项目采用发生时的即期汇率折算。

（2）利润表中的收入和费用项目，采用交易发生日的即期汇率折算；也可以采用按照系统合理的方法确定的、与交易发生日的即期汇率近似的汇率折算。

（3）产生的外币财务报表折算差额，在资产负债表中所有者权益项目下的“其他综合收益”项目列示。

比较财务报表的折算比照上述规定处理。

【例 19－14】 国内甲公司的记账本位币为人民币，该公司仅有一家设在美国的全资子公司乙公司，无其他境外经营。乙公司自主经营，所有办公设备及绝大多数人工成本等均以美元支付，除极少量的商品购自甲公司外，其余的商品采购均来自当地，乙公司所需资金由其自行在当地融资、自担风险。因此，根据记账本位币的确定原则，乙公司的记账本位币应为美元。2×22 年 12 月 31 日，甲公司准备编制合并财务报表，需要先将乙公司的美元财务报表折算为人民币报表。乙公司有关资料如下：

假定 2×22 年 12 月 31 日的即期汇率为 1 美元＝7.12 人民币元，2×22 年的平均汇率为 1 美元＝6.98 人民币元。乙公司在设立时收到的实收资本为 125 000 美元，收到当日的即期汇率为 1 美元＝7.4 人民币元，2×21 年 12 月 31 日的即期汇率为 1 美元＝6.37 人民币元，累计盈余公积为 11 000 美元，折算为 70 400 人民币元；累计未分配利润为 20 000 美元，折算为 128 000 人民币元。乙公司 2×22 年提取盈余公积 6 000 美元。

乙公司相关的利润表（简表）、资产负债表（简表）、所有者权益变动表（简表）如表19－2、表19－3和表19－4所示。

表19－2 **利润表（简表）**

编制单位：乙公司 2×22年度 单位：元

项目	本年金额（美元）	折算汇率	折算为人民币金额
一、营业收入	105 000	6.98	732 900
减：营业成本	40 000	6.98	279 200
税金及附加	6 000	6.98	41 880
销售费用	8 000	6.98	55 840
管理费用	12 000	6.98	83 760
财务费用	10 000	6.98	69 800
二、营业利润	29 000	—	202 420
加：营业外收入	5 000	6.98	34 900
减：营业外支出	4 000	6.98	27 920
三、利润总额	30 000	—	209 400
减：所得税费用	10 000	6.98	69 800
四、净利润	20 000	—	139 600
五、其他综合收益的税后净额	0	—	－9 880
六、综合收益总额	20 000	—	129 720

表 19－3 资产负债表（简表）

编制单位：乙公司 2×22 年 12 月 31 日 单位：元

资产	期末数（美元）	折算汇率	折算为人民币金额	负债和所有者权益	期末数（美元）	折算汇率	折算为人民币金额
流动资产：				流动负债：			
货币资金	20 000	7.12	142 400	短期借款	10 000	7.12	71 200
交易性金融资产	10 000	7.12	71 200	应付票据	2 000	7.12	14 240
应收票据	8 000	7.12	56 960	应付账款	15 000	7.12	106 800
应收账款	22 000	7.12	156 640	应付职工薪酬	12 000	7.12	85 440
存货	40 000	7.12	284 800	应交税费	3 000	7.12	21 360
流动资产合计	100 000	—	712 000	流动负债合计	42 000	—	299 040
非流动资产：				非流动负债：			
固定资产	120 000	7.12	854 400	长期借款	12 000	7.12	85 440
无形资产	30 000	7.12	213 600	长期应付款	20 000	7.12	142 400
非流动资产合计	150 000	—	1 068 000	非流动负债合计	32 000	—	227 840
				负债合计	74 000	—	526 880
				所有者权益：			
				实收资本	125 000	7.4	925 000
				其他综合收益	0		-9 880
				盈余公积	17 000		112 280
				未分配利润	34 000		225 720
				所有者权益合计			1 253 120
资产总计	250 000		1 780 000	负债和所有者权益总计	250 000		1 780 000

表 19－4

所有者权益变动表（简表）

编制单位：乙公司　　2×22 年度　　单位：元

项目	实收资本			其他综合收益	盈余公积			未分配利润		所有者权益合计
	美元	折算汇率	人民币	人民币	美元	折算汇率	人民币	美元	人民币	人民币
一、本年年初余额	125 000	7.4	925 000		11 000		70 400	20 000	128 000	1 123 400
二、本年增减变动金额										
（一）综合收益总额										129 720
净利润								20 000	139 600	139 600
其他综合收益的税后净额										
其中：外币报表折算差额				－9 880						－9 880
（二）利润分配										
提取盈余公积					6 000	6.98	41 880	－6 000	－41 880	0
三、本年年末余额	125 000	7.4	925 000	－9 880	17 000		112 280	34 000	225 720	1 253 120

2. 包含境外经营的合并财务报表编制的特别处理。

企业境外经营为其子公司的情况下，企业在编制合并财务报表时，对于境外经营财务报表折算差额，需要在母公司与子公司少数股东之间按照各自在境外经营所有者权益中所享有的份额进行分摊，其中：属于母公司应分担的部分在合并资产负债表和合并所有者权益变动表中所有者权益项目下"其他综合收益"项目列示，属于子公司少数股东应分担的部分应并入"少数股东权益"项目列示。

企业存在实质上构成对子公司（境外经营）净投资的外币货币性项目的情况下，在编制合并财务报表时，应分别下列两种情况编制抵销分录：

（1）实质上构成对子公司净投资的外币货币性项目以母公司或子公司的记账本位币反映的，应在抵销长期应收应付项目的同时，将其产生的汇兑差额转入"其他综合收益"项目。

（2）实质上构成对子公司净投资的外币货币性项目以母、子公司的记账本位币以外的货币反映的，应将母、子公司此项外币货币性项目产生的汇兑差额相互抵销，差额转入"其他综合收益"项目。

如果合并财务报表中各子公司之间也存在实质上构成对另一子公司（境外经营）净投资的外币货币性项目，在编制合并财务报表时应比照上述原则编制相应的抵销分录。

【例 19-15】 国内甲上市公司以人民币为记账本位币，2×22 年 1 月 3 日，以 22 960 万人民币元从英国某投资商中购入该国乙公司 80% 的股权，从而使乙公司成为其子公司。乙公司为该投资商以英镑投资设立，2×22 年 1 月 3 日乙公司的可辨认资产、负债的公允价值等于其账面价值，当日净资产为 3 500 万英镑，乙公司的记账本位币为英镑。有关资料如下：

2×22 年 1 月 3 日，甲公司的累计未分配利润为 3 696 万人民币元，累计盈余公积为 2 600 万人民币元。乙公司的实收资本为 3 410 万英镑，折算为 27 962 万人民币元，累计未分配利润为 80 万英镑，折算为 656 万人民币元，累积盈余公积为 10 万英镑，折算为 82 万人民币元。2×22 年 4 月 1 日，为补充乙公司经营所需资金，甲公司以长期应收款形式借给乙公司 500 万英镑。除此之外，假定 2×22 年甲、乙公司之间未发生任何交易。甲、乙公司相关的资产负债表（简表）、利润表（简表）如表 19-5、表 19-6 所示。

表 19－5　　资产负债表（简表）

2×22 年 12 月 31 日　　单位：万元

资产	甲公司（人民币）	乙公司（英镑）	负债和所有者权益	甲公司（人民币）	乙公司（英镑）
流动资产：			流动负债：		
货币资金	22 000	1 000	应付账款	9 960	750
应收账款	16 000	2 000	流动负债合计	9 960	750
存货	12 000	1 400	非流动负债：		
流动资产合计	50 000	4 400	长期借款	10 000	
非流动资产：			长期应付款	2 000	500
长期应收款	3 900		非流动负债合计	12 000	500
长期股权投资	22 960	0	负债合计	21 960	1 250
固定资产	30 000	1 400	所有者权益：		
非流动资产合计	56 860	1 400	实收资本	60 000	3 410
			盈余公积	4 600	130
			未分配利润	20 300	1 010
			所有者权益合计	84 900	4 550
资产总计	106 860	5 800	负债和所有者权益总计	106 860	5 800

表 19－6　　利润表（简表）

2×22 年度　　单位：万元

项目	甲公司（人民币）	乙公司（英镑）
一、营业收入	800 000	8 000
减：营业成本	650 000	6 000
管理费用	80 000	300
财务费用	43 380	200
加：投资收益	0	0
二、营业利润	26 620	1 500

续表

项目	甲公司（人民币）	乙公司（英镑）
三、利润总额	26 620	1 500
减：所得税费用	8 016	450
四、净利润	18 604	1 050
五、其他综合收益的税后净额	0	0
六、综合收益总额	18 604	1 050

假定2×22年1月3日的即期汇率为1英镑=8.2人民币元，4月1日的即期汇率为1英镑=8人民币元，12月31日的即期汇率为1英镑=7.8人民币元，年平均汇率为1英镑=8人民币元。由于汇率波动不大，甲公司以平均汇率折算乙公司利润表。2×22年甲、乙公司采用相同的会计期间和会计政策，经分析，甲公司借给乙公司的500万英镑资金实质上构成对乙公司的净投资的一部分。2×22年，甲公司未对此计提坏账准备，甲公司对乙公司投资未发生减值。

甲公司当年提取盈余公积2 000万人民币元，乙公司当年提取盈余公积120万英镑，除此之外，甲、乙公司的所有者权益均未生其他变动。不考虑所得税影响。

(1) 2×22年1月3日，甲公司取得乙公司80%的股权时，账务处理如下：

借：长期股权投资　　229 600 000

　贷：银行存款　　229 600 000

(2) 2×22年4月1日，甲公司向乙公司借出500万英镑时，账务处理如下：

借：长期应收款——乙公司（英镑）　40 000 000（5 000 000×8）

　贷：银行存款——英镑　　40 000 000（5 000 000×8）

(3) 2×22年12月31日，甲公司借给乙公司的500万英镑因汇率变动产生的汇兑差额为100万人民币元（40 000 000－5 000 000×7.8）的账务处理如下：

借：财务费用——汇兑差额　　1 000 000

　贷：长期应收款——英镑　　1 000 000

以上会计处理已体现在表19－5、19－6中。

(4) 2×22年12月31日，折算乙公司外币财务报表，乙公司实现净利润

1 050 万英镑，折算为 8 400 万人民币元（1 050×8），经折算，乙公司所有者权益为 35 490 万人民币元［（5 800－1 250）×7.8］，其中：股本为 27 962 万人民币元，盈余公积为 1 042 万人民币元（82＋120×8），未分配利润为 8 096 万人民币元［656＋（1 050－120）×8］，产生外币报表折算差额为－1 610 万人民币元（35 490－27 962－1 042－8 096），据此，将甲公司对乙公司的长期股权投资由成本法调整为权益法：

①借：长期股权投资　　67 200 000

　贷：投资收益　　67 200 000（84 000 000×80%）

②借：其他综合收益——外币报表折算差额

　　12 880 000（16 100 000×80%）

　贷：长期股权投资——外币报表折算差额　　12 880 000

在编制合并财务报表时，由于甲公司借给乙公司的 500 万英镑资金实质上构成对乙公司净投资的一部分，需要将该部分应收款项上产生的汇兑差额转入其他综合收益。因此，甲公司在合并财务报表层面需要进行下列调整：

③借：其他综合收益——外币报表折算差额　　1 000 000

　贷：财务费用——汇兑差额　　1 000 000

其他相关抵销分录如下：

④借：股本　　279 620 000

　盈余公积——年初　　820 000

　　——本年　　9 600 000

　未分配利润——年初　　6 560 000

　　——本年　　74 400 000

　贷：长期股权投资　　283 920 000

　　少数股东权益　　70 980 000

　　其他综合收益——外币报表折算差额　　16 100 000

⑤借：长期应付款——甲公司　　39 000 000

　贷：长期应收款——乙公司　　39 000 000

⑥借：投资收益　　67 200 000

　少数股东损益　　16 800 000

　贷：提取盈余公积　　9 600 000

　　未分配利润——本年　　74 400 000

表 19-7 合并财务报表工作底稿 单位：万元

项目	甲公司			乙公司			合计数	抵销		合并数	少数股东权益
	报表金额	借方	贷方	期末数	汇率	折算为人民币金额		借方	贷方		
货币资金	22 000			1 000	7.8	7 800	29 800			29 800	
应收账款	16 000			2 000	7.8	15 600	31 600			31 600	
存货	12 000			1 400	7.8	10 920	22 920			22 920	
长期应收款	3 900						3 900		⑤3 900	0	
长期股权投资	22 960	①6 720	②1 288				28 392		④28 392	0	
固定资产	30 000			1 400	7.8	10 920	40 920			40 920	
资产总计	106 860	6 720	1 288	5 800		45 240	157 532		32 292	125 240	
应付账款	9 960			750	7.8	5 850	15 810			15 810	
长期借款	10 000						10 000			10 000	
长期应付款	2 000			500	7.8	3 900	5 900	⑤3 900		2 000	
实收资本	60 000			3 410	8.2	27 962	87 962	④27 962		60 000	
其他综合收益		②1 288				-1 610	-2 898	③100	④1 610	-1 388	
本年盈余公积	2 000			120		960	2 960	④960		2 000	
年初盈余公积	2 600			10		82	2 682	④82		2 600	
年初未分配利润	3 696			80		656	4 352	④656		3 696	
本年未分配利润	16 604		6 720	930		7 440	30 764	④7 440	100	23 424	
少数股东权益									④7 098		7 098

续表

项目	甲公司			乙公司			合计数	抵销		合并数	少数股东权益
	报表金额	借方	贷方	期末数	汇率	折算为人民币金额		借方	贷方		
负债和所有者权益总计	106 860	1 288	6 720	5 800		45 240	157 532	41 100	8 808	125 240	
营业收入	800 000			8 000	8	64 000	864 000			864 000	
减：营业成本	650 000			6 000	8	48 000	698 000			698 000	
管理费用	80 000			300	8	2 400	82 400			82 400	
财务费用	43 380			200	8	1 600	44 980		③100	44 880	
加：投资收益	0		①6 720	0			6 720	⑥6 720		0	
营业利润	26 620		6 720	1 500		12 000	45 340	6 720	100	38 720	
利润总额	26 620		6 720	1 500		12 000	45 340	6 720	100	38 720	
减：所得税费用	8 016			450	8	3 600	11 616			11 616	
净利润	18 604		6 720	1 050		8 400	33 724	6 720	100	27 104	
归属于母公司股东的净利润										25 424	
少数股东损益								⑥1 680			1 680
利润分配：											
提取盈余公积	2 000			120	8	960	2 960		⑥960	2 000	
未分配利润——本年	16 604		6 720	930	8	7 440	30 764	100	⑥7 440	23 424	
其他综合收益						－1 610	－1 610			－1 610	

续表

项目	甲公司			乙公司			合计数	抵销		合并数	少数股东权益
	报表金额	借方	贷方	期末数	汇率	折算为人民币金额		借方	贷方		
权益法下被投资单位外币报表折算的影响							-1 288	100		-1 388	
归属于少数股东的其他综合收益							-322				-322
综合收益总额	18 604		6 720	1 050		6 790	32 114	6 720	100	25 494	
归属于母公司所有者的综合收益总额										24 036	
归属于少数股东的综合收益总额											1 358

表 19－8

合并资产负债表

编制单位：甲公司　　2×22 年 12 月 31 日　　单位：万元

资产	期末余额	负债和所有者权益	期末余额
流动资产：		流动负债：	
货币资金	29 800	应付账款	15 810
应收账款	31 600	流动负债合计	15 810
存货	22 920	非流动负债：	
流动资产合计	84 320	长期借款	10 000
非流动资产：		长期应付款	2 000
长期应收款	0	非流动负债合计	12 000
固定资产	40 920	负债合计	27 810
非流动资产合计	40 920	股东权益：	
		实收资本	60 000
		其他综合收益	－1 388
		盈余公积	4 600
		未分配利润	27 120
		归属于母公司所有者权益合计	90 332
		少数股东权益	7 098
		所有者权益合计	97 430
资产总计	125 240	负债和所有者权益总计	125 240

表 19－9

合并利润表

编制单位：甲公司　　2×22 年度　　单位：万元

项目	本年金额
一、营业总收入	864 000
二、营业总成本	825 280
其中：营业成本	698 000
管理费用	82 400
财务费用	44 880
加：投资收益	0
三、营业利润	38 720
四、利润总额	38 720
减：所得税费用	11 616
五、净利润	27 104
归属于母公司股东的净利润	25 424
少数股东损益	1 680
六、其他综合收益的税后净额	－1 388
七、综合收益总额	24 036

表 19－10

合并所有者权益变动表

2×22 年度

编制单位：甲公司　　　　单位：万元

项目	归属于母公司所有者权益				少数股东权益	所有者权益合计
	实收资本	其他综合收益	盈余公积	未分配利润		
一、本年年初余额	60 000		2 600	3 696	5 740	72 036
二、本年增减变动金额						
（一）综合收益总额						
净利润				25 424	1 680	27 104
其他综合收益的税后净额						
其中：外币报表折算差额		－1 388			－322	－1 710
（二）利润分配						
提取盈余公积			2 000	－2 000		
三、本年年末余额	60 000	－1 388	4 600	27 120	7 098	97 430

境外经营现金流量表的折算见第三十二章现金流量表。

企业的记账本位币不是人民币的，在按照《中华人民共和国会计法》的要求将外币财务报表折算为人民币财务报表时，也应当按照上述规定进行折算。

（二）恶性通货膨胀经济中境外经营财务报表的折算

1. 恶性通货膨胀经济的判定。

当一个国家经济环境显示出（但不局限于）下列特征时，应当判定该国处于恶性通货膨胀经济中：

（1）最近三年累计通货膨胀率接近或超过100%；

（2）利率、工资和物价与物价指数挂钩，物价指数是物价变动趋势和幅度的相对数；

（3）公众不是以当地货币、而是以相对稳定的外币为单位作为衡量货币金额的基础；

（4）公众倾向于以非货币性资产或相对稳定的外币来保存自己的财富，持有的当地货币立即用于投资以保持购买力；

（5）即使信用期限很短，赊销、赊购交易仍按补偿信用期预计购买力损失的价格成交。

2. 处于恶性通货膨胀经济中境外经营财务报表的折算。

企业对处于恶性通货膨胀经济中的境外经营财务报表进行折算时，需要先对其财务报表进行重述：对资产负债表项目运用一般物价指数予以重述，对利润表项目运用一般物价指数变动予以重述。然后，再按照资产负债表日即期汇率进行折算。

（1）资产负债表项目的重述。在对资产负债表项目进行重述时，由于现金、应收账款、其他应收款等货币性项目已经以资产负债表日的计量单位表述，因此不需要进行重述；通过协议与物价变动挂钩的资产和负债，应根据协议约定进行调整；非货币项目中，有些是以资产负债表日的计量单位列示的，如存货已经以可变现净值列示，不需要进行重述。其他非货币性项目，如固定资产、无形资产等，应自购置日起根据自购置日至资产负债表日期间的一般物价指数变动对各项目的历史成本和累计折旧（累计摊销）等进行重述。但是，对于在资产负债表日以公允价值计量的非货币性资产，例如投资性房地产，以资产负债表日的公允价值列示。

（2）利润表项目的重述。在对利润表项目进行重述时，所有项目金额都需要自其初始确认之日起，以一般物价指数变动进行重述，以使利润表的所有项目都以资产负债表日的计量单位表述。由于上述重述而产生的差额计入当期净利润。

对资产负债表和利润表项目进行重述后，再按资产负债表日的即期汇率将资产负债表和利润表折算为以企业记账本位币反映的财务报表。

在境外经营不再处于恶性通货膨胀经济中时，应当停止重述，按照停止之日的价格水平重述的财务报表进行折算。

（三）境外经营的处置

企业可能通过出售、清算、返还股东、放弃全部或部分权益等方式处置其在境外经营中的利益。企业在处置境外经营时，应当将资产负债表所有者权益项目中与该境外经营相关的外币财务报表折算差额，转入处置当期损益；部分处置境外经营的，应当按处置的比例计算处置部分对应的外币报表折算差额，转入处置当期损益。

六、披露

企业应当在附注中披露与外币折算有关的下列信息：

（一）企业及其境外经营确定的记账本位币及确定的原因，记账本位币发生变更的，说明变更理由。

（二）采用近似汇率的，近似汇率的确定方法。

（三）计入当期损益的汇兑差额。

（四）处置境外经营对外币财务报表折算差额的影响。

七、衔接规定

首次执行日后，根据本章规定需要变更记账本位币的，应当采用变更当日的即期汇率将所有项目折算为变更后的记账本位币。企业在首次执行日后新接受的外币投入资本按本章规定进行处理，在此之前已经接受的外币投入资本已按照合同约定汇率折算的，仍然按折算后的记账本位币金额反映，不再进行追溯调整。首次执行日后的外币交易，按照本章规定的原则进行会计处理。

第二十章　企业合并

一、总体要求

企业合并是将两个或两个以上单独的企业合并形成一个报告主体的交易或事项。企业合并的结果通常是一个企业取得了对一个或一个以上业务的控制权。《企业会计准则第 20 号——企业合并》主要规范了对不同类型企业合并的会计处理。企业合并划分为两大基本类型——同一控制下的企业合并与非同一控制下的企业合并，两种类型的企业合并遵循不同的会计处理原则。

对于同一控制下的企业合并，其会计处理方法类似于权益结合法，将企业合并看作是两个或两个以上参与合并企业权益的重新整合。该方法是从最终控制方的角度去考虑其在合并前后所控制的经济资源并没有发生变化，因此，在会计处理时不将其视为一项购买交易。同一控制下企业合并取得的各项资产和负债以被合并方在最终控制方合并报表中的账面价值为基础确定，不产生新的资产和负债，亦不产生新的商誉。合并方在企业合并中取得的净资产的入账价值与为企业合并所支付对价的账面价值之间的差额，调整所有者权益，不计入企业合并商誉或者当期损益。合并方在编制合并日的合并财务报表时，应对合并当期期初至合并日止期间及比较期间的相关项目进行调整，视同合并后的报告主体自最终控制方开始实施控制时一直是一体化存续下来的。

对于非同一控制下的企业合并采用购买法进行会计处理。购买法是从购买方的角度出发，购买方取得了对被购买方的控制权，应确认企业合并产生的商誉以及取得的各项可辨认资产、负债和被购买方的少数股东权益。其中，对于取得的可辨认资产及承担的负债，按照其在购买日的公允价值进行初始计量；对于被购买方的少数股东权益，按照被购买方可辨认资产和负债的公允价值净额中少数股东权益所占的份额来进行计量，对于购买方支付的企业合并对价大于其取得的被购买方可辨认净资产公允价值份额的差额应确认为商誉，对于企业合并成本小于其取得的被购买方可辨认净资产公允价值份额的差额应计入当期损益。被购买方的资产及负债、收入及成本费用、现金流量等自购买日开始纳入购买方的合并财务报表，并以购买日确定的公允价值为基础进行后续计量。

二、适用范围

（一）企业合并

企业合并是将两个或两个以上单独的企业合并形成一个报告主体的交易或事项。

企业合并的结果通常是一个企业取得了对一个或一个以上企业（或业务）的控制权。构成企业合并至少包括两层含义：一是取得对另一个或一个以上企业（或业务）的控制权；二是所合并的企业必须构成业务。如果一个企业取得了对另一个或一个以上企业的控制权，而被购买方（或被合并方）并不构成业务，则该交易或事项不形成企业合并。企业取得了不构成业务的一组资产或是净资产时，应将购买成本以购买日所取得各项可辨认资产、负债的相对公允价值为基础进行分配，不按照本章进行处理。

从企业合并的定义看，是否形成企业合并，除要看取得的企业是否构成业务之外，关键还要看有关交易或事项发生前后，是否引起报告主体的变化。报告主体的变化产生于控制权的变化。在交易事项发生以后，一方控制了另一方，形成母子公司关系，就涉及控制权的转移，从合并财务报表角度导致了报告主体的变化（关于投资方是否能够控制被投资方的判断，见第三十四章合并财务报表）；交易事项发生以后，一方能够控制另一方的全部净资产，被合并的企业在合并后失去其法人资格，也涉及到控制权及报告主体的变化，形成企业合并。仅通过合同而不是所有权份额将两个或两个以上单独的企业（或特殊目的主体）合并形成一个报告主体的企业合并，也应当按照本章相关规定进行会计处理。实务中，对于交易或事项发生前后是否形成控制权的转移，应当遵循实质重于形式原则，综合可获得的各方面情况进行判断。

假定在企业合并前，甲、乙两个企业为各自独立的法律主体，且构成业务（在合并交易发生前，不存在任何投资关系），企业合并包括但不限于下列情形：

1. 甲企业通过增发自身的普通股自乙企业原股东处取得乙企业的全部股权，该交易事项发生后，乙企业仍持续经营。

2. 甲企业支付对价取得乙企业的净资产，该交易事项发生后，撤销乙企业的法人资格。

3. 甲企业以其资产作为出资投入乙企业，取得对乙企业的控制权，该交易事项发生后，乙企业仍维持其独立法人资格继续经营。

（二）企业合并中取得的经营活动或资产的组合是否构成业务的判断

1. 构成业务的要素。

业务是指企业内部某些生产经营活动或资产的组合，该组合一般具有投入、加工处理过程和产出能力，能够独立计算其成本费用或所产生的收入。合并方在合并中取得的生产经营活动或资产的组合（以下简称组合）构成业务，通常应具有下列三个要素：

（1）投入，指原材料、人工、必要的生产技术等无形资产以及构成产出能力的机器设备等其他长期资产的投入。

（2）加工处理过程，指具有一定的管理能力、运营过程，能够组织投入形成产出能力的系统、标准、协议、惯例或规则。

（3）产出，包括为客户提供的产品或服务、为投资者或债权人提供的股利或利息等投资收益，以及企业日常活动产生的其他的收益。

2. 构成业务的判断条件。

有关组合是否构成一项业务，应结合所取得生产经营活动或资产的内在联系及加工处理过程等进行综合判断。合并方在合并中取得的组合应当至少同时具有一项投入和一项实质性加工处理过程，且二者相结合对产出能力有显著贡献，该组合才构成业务。例如，甲企业收购乙企业的股权，乙企业的资产包括一项采矿权和少量现金，未持有开采活动所需的生产设施、巷道等其他开展生产经营活动所必要的资产，也未开展开采活动，甲企业的该项股权收购未能满足同时具有一项投入和一项实质性加工处理过程，也无实际产出，不构成业务。合并方在合并中取得的组合是否有实际产出并不是判断其构成业务的必要条件。实务中出现的如一个企业对另一个企业某条具有独立生产能力的生产线的合并、一家保险公司对另一家保险公司寿险业务的合并等，一般构成业务合并。

企业应当考虑产出的下列情况分别判断加工处理过程是否是实质性的：

（1）该组合在合并日无产出的，同时满足下列条件的加工处理过程应判断为是实质性的：①该加工处理过程对投入转化为产出至关重要；②具备执行该过程所需技能、知识或经验的有组织的员工，且具备必要的材料、权利、其他经济资源等投入，例如技术、研究和开发项目、房地产或矿区权益等。

（2）该组合在合并日有产出的，满足下列条件之一的加工处理过程应判断为是实质性的：①该加工处理过程对持续产出至关重要，且具备执行该过程所需技能、知识或经验的有组织的员工；②该加工处理过程对产出能力有显著贡献，且该过程是独有、稀缺或难以取代的。

企业在判断组合是否构成业务时，应当从市场参与者角度考虑可以将其作为业务进行管理和经营，而不是根据合并方的管理意图或被合并方的经营历史来判断。

3. 判断非同一控制下企业合并中取得的组合是否构成业务，也可选择采用集中度测试。

集中度测试是非同一控制下企业合并的购买方在判断取得的组合是否构成一项业务时，可以选择采用的一种简化判断方式。进行集中度测试时，如果购买方取得的总资产的公允价值几乎相当于其中某一单独可辨认资产或一组类似可辨认资产的公允价值的，则该组合通过集中度测试，应判断为不构成业务，且购买方无须按照上述“2. 构成业务的判断条件”的规定进行判断；如果该组合未通过集中度测试，购买方仍应按照上述“2. 构成业务的判断条件”的规定进行判断。

购买方应当按照下列规定进行集中度测试：

（1）计算确定取得的总资产的公允价值。取得的总资产不包括现金及现金等价物、递延所得税资产以及由递延所得税负债影响形成的商誉。购买方通常可以通过下列公式之一计算确定取得的总资产的公允价值：

①总资产的公允价值＝合并中取得的非现金资产的公允价值＋(购买方支付的对价＋购买日被购买方少数股东权益的公允价值＋购买日前持有被购买方权益的公允价值－合并中所取得的被购买方可辨认净资产公允价值)－递延所得税资产－由递延所得税负债影响形成的商誉

②总资产的公允价值＝购买方支付的对价＋购买日被购买方少数股东权益的公允价值＋购买日前持有被购买方权益的公允价值＋取得负债的公允价值(不包括递延所得税负债)－取得的现金及现金等价物－递延所得税资产－由递延所得税负债影响形成的商誉

（2）关于单独可辨认资产。单独可辨认资产是企业合并中作为一项单独可辨认资产予以确认和计量的一项资产或资产组。如果资产（包括租赁资产）及其附着物分拆成本重大，应当将其一并作为一项单独可辨认资产，例如土地和建筑物。

(3) 关于一组类似资产。企业在评估一组类似资产时，应当考虑其中每项单独可辨认资产的性质及其与管理产出相关的风险等。例如，某企业收购一家新药研发企业，该企业正在进行两项研发活动，分别开发治疗两种不同疾病的药物，均已进入临床试验阶段，由于两种药物分别用于治疗不同疾病，开发和完成药物的技术风险等存在不同，考虑这两项单独可辨认资产的性质及其与管理产出相关的风险，不应作为一组类似资产。下列情形通常不能作为一组类似资产：①有形资产和无形资产；②不同类别的有形资产，例如存货和机器设备；③不同类别的可辨认无形资产，例如商标权和特许权；④金融资产和非金融资产；⑤不同类别的金融资产，例如应收款项和权益工具投资；⑥同一类别但风险特征存在重大差别的可辨认资产等。

例如，甲企业购买从事仓储物流服务的乙企业100%股权，甲、乙在股权交易前不存在关联方关系，甲企业选择采用集中度测试判断取得的组合是否构成业务。乙企业除持有少量现金资产外，其核心资产为若干个化工产品仓储相关的储罐，由于相关储罐资产处于同一物流基地，所提供的仓储服务对象、经营风险等非常类似，考虑其中每项单独可辨认资产的性质及其与管理产出相关的风险后可以识别为一组类似资产。经测算，由于甲企业取得的总资产的公允价值几乎相当于其中储罐资产的公允价值，该组合通过了集中度测试，不构成业务。

（三）不包括在本章规范范围内的交易或事项

实务中，某些交易或事项因不符合企业合并的界定，不属于本章规范范围，或者虽然从定义上属于企业合并，但因交易条件等各方面的限制，不包括在本章规范范围之内。

1. 购买子公司的少数股权。购买子公司的少数股权，是指在一个企业已经能够对另一个企业实施控制，双方存在母子公司关系的基础上，为增加持股比例，母公司自子公司的少数股东处购买少数股东持有的对该子公司全部或部分股权。考虑到该交易或事项发生前后，不涉及控制权的转移，不形成报告主体的变化，不属于企业合并。

2. 对于两个或两个以上的参与方共同控制、且各参与方仅对该安排的净资产享有权利的合营安排（即合营企业），由于合营企业的各参与方中并不存在占主导作用的控制方，在合营安排自身财务报表中对合营安排形成的会计处理，不属于企业合并。

三、应设置的相关会计科目和主要账务处理

企业对企业合并的会计处理，一般需要设置下列会计科目。

（一）“长期股权投资”

1. 本科目核算企业持有的长期股权投资。

2. 本科目应当按照被投资单位进行明细核算。

3. 企业合并形成的长期股权投资的主要账务处理。

（1）同一控制下企业合并形成的长期股权投资，合并方以支付现金、转让非现金资产或承担债务方式作为合并对价的，应在合并日按取得被合并方所有者权益在最终控制方合并财务报表中的账面价值的份额，借记本科目（投资成本），按支付的合并对价的账面价值，贷记或借记有关资产、负债科目，按其差额，贷记“资本公积——资本溢价或股本溢价”科目；如为借方差额，借记“资本公积——资本溢价或股本溢价”科目，资本公积（资本溢价或股本溢价）不足冲减的，应依次借记“盈余公积”、“利润分配——未分配利润”科目。合并方以发行权益性证券作为合并对价的，应当在合并日按照被合并方所有者权益在最终控制方合并财务报表中的账面价值的份额，借记本科目（投资成本），按照发行股份的面值总额，贷记“股本”科目，按其差额，贷记“资本公积——资本溢价或股本溢价”科目；如为借方差额，借记“资本公积——资本溢价或股本溢价”科目，资本公积（资本溢价或股本溢价）不足冲减的，应依次借记“盈余公积”、“利润分配——未分配利润”科目。

（2）非同一控制下企业合并形成的长期股权投资，购买方以支付现金、转让非现金资产或承担债务方式等作为合并对价的，应在购买日按照本章确定的合并成本，借记本科目（投资成本），按付出的合并对价的账面价值，贷记或借记有关资产、负债科目，按其差额，贷记或借记“资产处置损益”、“投资收益”等科目。购买方以发行权益性证券作为合并对价的，应在购买日按照发行的权益性证券的公允价值，借记本科目（投资成本），按照发行的权益性证券的面值总额，贷记“股本”科目，按其差额，贷记“资本公积——资本溢价或股本溢价”科目。

企业为企业合并（包括同一控制企业合并和非同一控制下企业合并）发生的审计、法律服务、评估咨询等中介费用以及其他相关管理费用，应当于发生时借记“管理费用”科目，贷记“银行存款”等科目。

4. 本科目期末借方余额，反映企业长期股权投资的价值。

（二）“资本公积”

1. 本科目核算企业收到投资者出资额超出其在注册资本或股本中所占份额的部分。以权益结算的股份支付，以及企业采用权益法核算长期股权投资时应享有的被投资单位除净损益、利润分配、其他综合收益变动以外的所有者权益的其他变动份额，也在本科目核算。

2. 本科目应当分别“资本溢价（股本溢价）”、“其他资本公积”进行明细核算。

3. 企业合并中涉及的资本公积的主要账务处理。

同一控制下控股合并形成的长期股权投资，应在合并日按取得被合并方所有者权益账面价值的份额，借记“长期股权投资”科目，按享有被投资单位已宣告但尚未发放的现金股利或利润，借记“应收股利”科目，按支付的合并对价的账面价值，贷记有关资产科目或借记有关负债科目，按其差额，贷记本科目（资本溢价或股本溢价）；如为借方差额，借记本科目（资本溢价或股本溢价），资本公积（资本溢价或股本溢价）不足冲减的，应依次借记“盈余公积”、“利润分配——未分配利润”科目。

同一控制下吸收合并涉及的资本公积，比照上述原则进行处理。

4. 本科目期末贷方余额，反映企业的资本公积。

（三）“商誉”

1. 本科目核算企业合并中形成的商誉价值。

2. 商誉的主要账务处理。

在非同一控制下企业合并中，企业合并成本大于合并中取得的被购买方可辨认净资产公允价值份额的差额，确认为商誉，应当借记本科目，贷记有关科目。

3. 本科目期末借方余额，反映企业商誉的价值。

（四）“商誉减值准备”

1. 本科目核算商誉的减值准备。

2. 本科目应当按照商誉分摊的相关资产组或资产组组合进行明细核算。

3. 商誉减值准备的主要账务处理。

资产负债表日及发生商誉减值迹象时，企业根据第九章资产减值确定商誉发生减值准备的，按应减记的金额，借记“资产减值损失”科目，贷记本科目。处置商誉分摊的相关资产组或资产组组合还应同时结转减值准备。

4. 本科目期末贷方余额，反映企业已计提但尚未转销的商誉减值准备。

（五）“营业外收入”

1. 本科目核算企业发生的营业利润以外的收益，主要包括与企业日常活动无关的政府补助、盘盈利得、捐赠利得（企业接受股东或股东的子公司直接或间接的捐赠，经济实质属于股东对企业的资本性投入的除外）等，以及在非同一控制下企业合并中，企业合并成本小于合并中取得的被购买方可辨认净资产公允价值份额的差额（即负商誉）。

2. 本科目可按营业外收入项目进行明细核算。

3. 企业合并中涉及的营业外收入的主要账务处理。

在非同一控制下企业合并中，企业合并成本小于合并中取得的被购买方可辨认净资产公允价值份额的差额，应当借记有关科目，贷记本科目。

4. 期末，应将本科目本期发生额转入“本年利润”科目，结转后本科目无余额。

四、企业合并的类型

企业合并分为同一控制下的企业合并与非同一控制下的企业合并。企业合并的类型不同，所遵循的会计处理原则也不同。

（一）同一控制下的企业合并

同一控制下的企业合并，是指参与合并的企业在合并前后均受同一方或相同的多方最终控制且该控制并非暂时性的。

判断某一企业合并是否属于同一控制下的企业合并，应当把握下列要点：

1. 能够对参与合并各方在合并前后均实施最终控制的一方通常指企业集团的母公司。

同一控制下的企业合并一般发生于企业集团内部，如集团内子公司向母公司购买其他子公司或业务、子公司向集团内其他子公司购买其下属子公司或业务等。因为该类合并从本质上是集团内部企业之间的资产或权益的转移，能够对参与合并企业在合并前后均实施最终控制的一方为集团的母公司。

2. 能够对参与合并的企业在合并前后均实施最终控制的相同多方，是指根据合同或协议的约定，拥有最终控制的投资者群体。

3. 实施控制的时间性要求，是指参与合并各方在合并前后较长时间内为最终控制方所控制。具体是指在企业合并之前（即合并日之前），参与合并各方在最终控制方的控制时间一般在 1 年以上（含 1 年），企业合并后所形成的报告主体在最终控制方的控制时间也应达到1年以上（含1年）。

4. 企业之间的合并是否属于同一控制下的企业合并，应综合构成企业合并交易的各方面情况，按照实质重于形式的原则进行判断。通常情况下，同一控制下的企业合并是指发生在同一企业集团内部企业之间的合并。同受国家控制的企业之间发生的合并，不应仅仅因为参与合并各方在合并前后均受国家控制而将其作为同一控制下的企业合并。

（二）非同一控制下的企业合并

非同一控制下的企业合并，是指参与合并各方在合并前后不受同一方或相同的多方最终控制的合并交易，即同一控制下企业合并以外的其他企业合并。

五、同一控制下企业合并的处理

（一）同一控制下企业合并的处理原则

对于同一控制下的企业合并，其会计处理方法类似于权益结合法。该方法下，将企业合并看作是两个或两个以上参与合并企业权益的重新整合，由于最终控制方的存在，从最终控制方的角度，该类企业合并一定程度上并不会造成企业集团整体的经济利益流入和流出，最终控制方在合并前后实际控制的经济资源并没有发生变化，有关交易事项不应视为出售或购买。

1. 合并方在合并中确认取得的被合并方的资产、负债仅限于被合并方账面上原已确认的资产和负债，合并中不产生新的资产和负债。

同一控制下的企业合并，从最终控制方的角度，其在企业合并发生前后能够控制的净资产价值量并没有发生变化，因此，即便是在合并过程中，取得的净资产入账价值与支付的合并对价账面价值之间存在差额，同一控制下的企业合并中一般也不产生新的商誉因素，即不确认新的资产，但被合并方在企业合并前账面上原已确认的商誉应作为合并中取得的资产确认。

2. 合并方在合并中取得的被合并方各项资产、负债应维持其在被合并方的原账面价值不变。

被合并方在企业合并前采用的会计政策和会计期间与合并方不一致的，应基于重要性原则，首先统一会计政策和会计期间，即合并方应当按照本企业会计政策和会计期间对被合并方资产、负债的账面价值进行调整，并以调整后的账面价值作为有关资产、负债的入账价值。在被合并方是最终控制方以前年度从第三方收购来的情况下，应视同合并后形成的报告主体自最终控制方开始实施控制时起，一直是一体化存续下来的，应以被合并方的资产、负债（包括最终控制方收购被合并方而形成的商誉）在最终控制方财务报表中的账面价值为基础，进行相关会计处理。进行上述调整的一个基本原因是将该项合并中涉及的合并方及被合并方作为一个整体对待，对于一个完整的会计主体，其对相关交易、事项应当采用相对统一的会计政策和会计期间，在此基础上反映其财务状况和经营成果。在同一控制下的企业合并中，被合并方同时进行公司制改制并对资产负债进行评估调账的，应以评估调账后的账面价值并入合并方。

3. 合并方在合并中取得的净资产的入账价值与为进行企业合并支付的对价账面价值之间的差额，应当调整所有者权益相关项目，不计入企业合并当期损益。合并方在同一控制下的企业合并，本质上不作为购买，而是两个或两个以上会计主体权益的整合。合并方在企业合并中取得的价值量相对于所放弃价值量之间存在差额的，应当调整所有者权益。在根据合并差额调整合并方的所有者权益时，应首先调整资本公积（资本溢价或股本溢价），资本公积（资本溢价或股本溢价）的余额不足冲减的，依次冲减盈余公积和未分配利润。

4. 对于同一控制下的控股合并，应视同合并后形成的报告主体自最终控制方开始实施控制时一直是一体化存续下来的，体现在其合并财务报表上，即由合并后形成的母子公司构成的报告主体，无论是其资产规模还是其经营成果都应持续计算。

编制合并财务报表时，无论该项合并发生在报告期的任一时点，合并利润表、合并现金流量表均反映的是由母子公司构成的报告主体自合并当期期初至合并日实现的损益及现金流量情况，相应地，合并资产负债表的“盈余公积”和“未分配利润”项目，应当反映母子公司如果一直作为一个整体运行至合并日应实现的盈余公积和未分配利润的情况。

对于同一控制下的控股合并，在编制合并日的合并财务报表时，应当对合并资产负债表的期初数进行调整，同时应当对比较报表的相关项目进行调整，视同合并后的报告主体在以前期间一直存在。实务中有些情况下，合并方的设立日可能晚于被合并方，例如，某集团公司新设一家子公司，将现有其他子公司或业务注入该新设公司，该交易构成同一控制下企业合并，如果该新设公司的成立日晚于被注入的其他子公司或业务的成立日，该新设公司应当追溯至自比较期最早期初开始编制合并财务报表，即使比较期最早期初早于该新设公司的成立日，但应不早于被注入的其他子公司或业务处于最终控制方控制的时点。

（二）同一控制下企业合并的会计处理

同一控制下的企业合并，视合并方式不同，应当分别下列情况进行会计处理。

1. 同一控制下的控股合并。

同一控制下的控股合并中，合并方在合并日涉及两个方面的问题：一是对于因该项企业合并形成的对被合并方的长期股权投资的确认和计量；二是合并日合并财务报表的编制。

（1）长期股权投资的确认和计量。

按照第三章长期股权投资的规定，同一控制下企业合并形成的长期股权投资，合并方应当在合并日按照被合并方所有者权益在最终控制方合并财务报表中的账面价值的份额作为长期股权投资的初始投资成本，其相关会计处理见第三章长期股权投资的相关内容。

（2）合并日合并财务报表的编制。

同一控制下的企业合并形成母子公司关系的，合并方一般应在合并日编制合并财务报表。编制合并日的合并财务报表时，一般包括合并资产负债表、合并利润表及合并现金流量表等。

①合并资产负债表。

被合并方的有关资产、负债应以其在最终控制方合并财务报表中的账面价值并入合并财务报表。合并方与被合并方在合并日及以前期间发生的交易，应作为内部交易，按照第三十四章合并财务报表有关原则进行抵销。

在合并资产负债表中，对于被合并方在企业合并前实现的留存收益（盈余公积和未分配利润之和）中归属于合并方的部分，应按下列原则，自合并方的资本公积转入盈余公积和未分配利润：

一是确认企业合并形成的长期股权投资后，合并方账面资本公积（资本溢价或股本溢价）贷方余额大于被合并方在合并前实现的留存收益中归属于合并方的部分，在合并资产负债表中，应将被合并方在合并前实现的留存收益中归属于合并方的部分自“资本公积”转入“盈余公积”和“未分配利润”。在合并工作底稿中，借记“资本公积”项目，贷记“盈余公积”和“未分配利润”项目。

二是确认企业合并形成的长期股权投资后，合并方账面资本公积（资本溢价或股本溢价）贷方余额小于被合并方在合并前实现的留存收益中归属于合并方的部分的，在合并资产负债表中，应以合并方资本公积（资本溢价或股本溢价）的贷方余额为限，将被合并方在企业合并前实现的留存收益中归属于合并方的部分自“资本公积”转入“盈余公积”和“未分配利润”。在合并工作底稿中，借记“资本公积”项目，贷记“盈余公积”和“未分配利润”项目。

因合并方的资本公积（资本溢价或股本溢价）余额不足，被合并方在合并前实现的留存收益中归属于合并方的部分在合并资产负债表中未予全额恢复的，合并方应当在报表附注中对这一情况进行说明。

【例20－1】甲、乙公司分别为丙公司控制下的两家子公司。甲公司于2×20年3月10日自母公司丙处取得乙公司100%的股权，合并后乙公司仍维持其独立法人资格继续经营。为进行该项企业合并，甲公司发行了600万股本公司普通股（每股面值1元）作为对价。假定甲、乙公司采用的会计政策和会计期间相同，乙公司资产、负债和所有者权益的账面价值与其在最终控制方丙公司合并财务报表中的账面价值一致，不考虑所得税影响。合并日，甲公司及乙公司的所有者权益构成如表20－1所示。

表20－1 单位：元

甲公司		乙公司	
项目	金额	项目	金额
股本	36 000 000	股本	6 000 000
资本公积	10 000 000	资本公积	2 000 000
盈余公积	8 000 000	盈余公积	4 000 000
未分配利润	20 000 000	未分配利润	8 000 000
合计	74 000 000	合计	20 000 000

甲公司在合并日应进行的账务处理为：

借：长期股权投资——投资成本——乙公司　　20 000 000

　　贷：股本　　6 000 000

　　　　资本公积——股本溢价　　14 000 000

进行上述处理后，甲公司在合并日编制合并资产负债表时，对于企业合并前乙公司实现的留存收益中归属于合并方的部分1 200万元（400＋800）应自资本公积（资本溢价或股本溢价）转入盈余公积和未分配利润。本例中甲公司在确认对乙公司的长期股权投资以后，其资本公积的账面余额为2 400万元（1 000＋1 400），假定其中资本溢价或股本溢价的金额为1 800万元。在合并工作底稿中，应编制以下调整分录：

借：资本公积　　12 000 000

　贷：盈余公积　　4 000 000

　　未分配利润　　8 000 000

【例 20－2】甲公司以一项账面价值为 280 万元的固定资产（原价 400 万元，累计折旧 120 万元）和一项账面价值为 320 万元的无形资产（原价 500 万元，累计摊销 180 万元）为对价取得同一集团内另一家全资企业乙公司 100%的股权。假定甲、乙公司采用的会计政策和会计期间相同，乙公司资产、负债和所有者权益的账面价值与其在最终控制方合并财务报表中的账面价值一致，不考虑所得税影响。合并日，甲公司和乙公司所有者权益构成如表 20－2 所示。

表 20－2　　单位：元

甲公司		乙公司	
项目	金额	项目	金额
股本	36 000 000	股本	2 000 000
资本公积	1 000 000	资本公积	2 000 000
盈余公积	8 000 000	盈余公积	3 000 000
未分配利润	20 000 000	未分配利润	3 000 000
合计	65 000 000	合计	10 000 000

甲公司在合并日应确认对乙公司的长期股权投资，进行以下账务处理：

借：固定资产清理　　2 800 000

　　累计折旧　　1 200 000

　贷：固定资产　　4 000 000

借：长期股权投资——投资成本——乙公司　　10 000 000

　　累计摊销　　1 800 000

　贷：固定资产清理　　2 800 000

　　无形资产　　5 000 000

　　资本公积——股本溢价　　4 000 000

进行上述处理后，甲公司资本公积账面余额为 500 万元（100＋400），假定全部属于资本溢价或股本溢价，小于乙公司在合并前实现的留存收益中归属于甲公司的部分600万元（300+300），甲公司编制合并财务报表时，应以账面资本公积（资本溢价或股本溢价）的余额为限，将乙公司在合并前实现的留存收益中归属于甲公司的部分相应转入盈余公积和未分配利润。合并工作底稿中的调整分录为：

借：资本公积　　5 000 000
　贷：盈余公积　　2 500 000
　　　未分配利润　　2 500 000

②合并利润表。

合并方在编制合并日的合并利润表时，应包含合并方及被合并方自合并当期期初至合并日实现的净利润。例如，同一控制下的企业合并发生于2×21年3月31日，合并方当日编制合并利润表时，应包括合并方及被合并方自2×21年1月1日至2×21年3月31日实现的净利润。双方在当期发生的交易，应当按照第三十四章合并财务报表的有关规定进行抵销。

为了帮助企业的会计信息使用者了解合并利润表中净利润的构成，发生同一控制下企业合并的当期，合并方在合并利润表中的“净利润”项下应单列“其中：被合并方在合并前实现的净利润”项目，反映合并当期期初至合并日自被合并方带入的损益。

③合并现金流量表。

合并方在编制合并日的合并现金流量表时，应包含合并方及被合并方自合并当期期初至合并日产生的现金流量。涉及双方当期发生内部交易产生的现金流量，应按照第三十四章合并财务报表的有关规定进行抵销。

【例20-3】2×21年6月30日，甲公司向乙公司的股东定向增发1 000万股普通股（每股面值为1元）对乙公司进行合并，并于当日取得对乙公司100%的股权。本例中假定甲公司和乙公司为同一集团内两个全资子公司，合并前其共同的母公司为丙公司，该项合并中参与合并的企业在合并前及合并后均为丙公司最终控制，为同一控制下的企业合并，假定甲、乙公司采用的会计政策和会计期间相同，乙公司资产、负债和所有者权益的账面价值与其在最终控制方丙公司合并财务报表中的账面价值一致，不考虑所得税影响。自2×21年6月30日开始，甲公司能够对乙公司的净资产实施控制，该日即为合并日。参与合并企业在2×21年6月30日企业合并前，有关资产、负债情况如表20-3所示。

表 20－3　　资产负债表（简表）

2×21 年 6 月 30 日　　单位：元

	甲公司		乙公司	
	账面价值		账面价值	公允价值
资产：				
货币资金	17 250 000		1 800 000	1 800 000
应收账款	12 000 000		8 000 000	8 000 000
存货	20 800 000		900 000	1 680 000
合同资产	4 000 000		120 000	120 000
长期股权投资	20 000 000		8 600 000	15 200 000
固定资产	20 000 000		10 000 000	20 000 000
使用权资产	8 000 000		2 000 000	2 000 000
无形资产	18 000 000		2 000 000	6 000 000
商誉	0		0	0
资产总计	120 050 000		33 420 000	54 800 000
负债和所有者权益：				
短期借款	10 000 000		6 000 000	6 000 000
应付账款	5 000 000		1 200 000	1 200 000
合同负债	2 000 000		1 000 000	1 000 000
租赁负债	8 000 000		2 000 000	2 000 000
其他负债	1 500 000		1 200 000	1 200 000
负债合计	26 500 000		11 400 000	11 400 000
实收资本（股本）	30 000 000		10 000 000	
资本公积	20 000 000		6 000 000	
盈余公积	20 000 000		2 000 000	
未分配利润	23 550 000		4 020 000	
所有者权益合计	93 550 000		22 020 000	43 400 000
负债和所有者权益总计	120 050 000		33 420 000	

甲公司及乙公司 2×21 年 1 月 1 日至 6 月 30 日的利润表如表 20－4 所示。

表 20-4　　　　　　　　利润表（简表）

2×21 年 1 月 1 日至 6 月 30 日　　　　　　单位：元

	甲公司	乙公司
一、营业收入	42 500 000	12 000 000
减：营业成本	33 800 000	9 550 000
税金及附加	200 000	50 000
销售费用	600 000	200 000
管理费用	1 500 000	500 000
财务费用	400 000	350 000
加：其他收益	100 000	100 000
投资收益	300 000	100 000
信用减值损失	-100 000	-100 000
二、营业利润	6 300 000	1 450 000
加：营业外收入	500 000	450 000
减：营业外支出	450 000	550 000
三、利润总额	6 350 000	1 350 000
减：所得税费用	2 100 000	400 000
四、净利润	4 250 000	950 000

（1）甲公司对该项合并进行账务处理时：

借：长期股权投资　　22 020 000

　贷：股本　　10 000 000

　　资本公积——股本溢价　　12 020 000

（2）假定甲公司与乙公司在合并前未发生任何交易，则甲公司在编制合并日的合并财务报表时：

抵销分录：

借：实收资本　　10 000 000

　资本公积　　6 000 000

　盈余公积　　2 000 000

　未分配利润　　4 020 000

　贷：长期股权投资　　22 020 000

将被合并方在企业合并前实现的留存收益中归属于合并方的部分，自资本公积（假定资本公积中“资本溢价或股本溢价”的金额为3 000 万元）转入留存收益，合并调整分录为：

借：资本公积　　6 020 000

　贷：盈余公积　　2 000 000

　　　未分配利润　　4 020 000

表 20－5　　合并资产负债表（简表）

2×21 年 6 月 30 日　　单位：元

	甲公司	乙公司	抵销分录		合并金额
			借方	贷方	
资产：					
货币资金	17 250 000	1 800 000			19 050 000
应收账款	12 000 000	8 000 000			20 000 000
存货	20 800 000	900 000			21 700 000
合同资产	4 000 000	120 000			4 120 000
长期股权投资	42 020 000	8 600 000		22 020 000	28 600 000
固定资产	20 000 000	10 000 000			30 000 000
使用权资产	8 000 000	2 000 000			10 000 000
无形资产	18 000 000	2 000 000			20 000 000
商誉	0	0			0
资产总计	142 070 000	33 420 000		22 020 000	153 470 000
负债和所有者权益：					
短期借款	10 000 000	6 000 000			16 000 000
应付账款	5 000 000	1 200 000			6 200 000
合同负债	2 000 000	1 000 000			3 000 000
租赁负债	8 000 000	2 000 000			10 000 000
其他负债	1 500 000	1 200 000			2 700 000
负债合计	26 500 000	11 400 000			37 900 000
实收资本（股本）	40 000 000	10 000 000	10 000 000		40 000 000
资本公积	32 020 000	6 000 000	12 020 000		26 000 000
盈余公积	20 000 000	2 000 000	0		22 000 000
未分配利润	23 550 000	4 020 000	0		27 570 000
所有者权益合计	115 570 000	22 020 000	22 020 000		115 570 000
负债和所有者权益总计	142 070 000	33 420 000			153 470 000

（3）

表 20－6　　　　　　　　　　合并利润表（简表）

2×21 年 1 月 1 日至 6 月 30 日　　　　　　　　单位：元

	甲公司	乙公司	抵销分录		合并金额
			借方	贷方	
一、营业收入	42 500 000	12 000 000			54 500 000
减：营业成本	33 800 000	9 550 000			43 350 000
税金及附加	200 000	50 000			250 000
销售费用	600 000	200 000			800 000
管理费用	1 500 000	500 000			2 000 000
财务费用	400 000	350 000			750 000
加：其他收益	100 000	100 000			200 000
投资收益	300 000	100 000			400 000
信用减值损失	－100 000	－100 000			－200 000
二、营业利润	6 300 000	1 450 000			7 750 000
加：营业外收入	500 000	450 000			950 000
减：营业外支出	450 000	550 000			1 000 000
三、利润总额	6 350 000	1 350 000			7 700 000
减：所得税费用	2 100 000	400 000			2 500 000
四、净利润	4 250 000	950 000			5 200 000
其中：被合并方在合并前实现的净利润					950 000

合并现金流量表略。

④比较报表的编制。

同一控制下的企业合并，在编制合并当期期末的比较报表时，应视同参与合并各方在最终控制方开始实施控制时即以目前的状态存在。提供比较报表时，应对前期比较报表进行调整。因企业合并实际发生在当期，以前期间合并方账面上并不存在对被合并方的长期股权投资，在编制比较报表时，应将被合并方的有关资产、负债并入后，因合并而增加的净资产在比较报表中调整所有者权益项下的资本公积（资本溢价或股本溢价）。

【例 20-4】 沿用〖例 20-3〗中有关资料，甲公司和乙公司在 2×20 年 12 月 31 日的个别资产负债表如表 20-7 所示。假定甲公司与乙公司在 2×20 年未发生内部交易。

表 20-7　　资产负债表（简表）

2×20 年 12 月 31 日

单位：元

	甲公司	乙公司
	账面价值	账面价值
资产：		
货币资金	12 000 000	2 000 000
应收账款	5 700 000	860 000
存货	20 000 000	5 000 000
合同资产	4 000 000	110 000
长期股权投资	20 000 000	8 400 000
固定资产	21 000 000	10 000 000
使用权资产	9 000 000	2 400 000
无形资产	21 600 000	2 400 000
商誉	0	0
资产总计	113 300 000	31 170 000
负债和所有者权益：		
短期借款	8 000 000	4 800 000
应付账款	3 500 000	1 000 000
合同负债	2 000 000	1 000 000
租赁负债	8 500 000	2 200 000
其他负债	2 000 000	1 100 000
负债合计	24 000 000	10 100 000
实收资本	30 000 000	10 000 000
资本公积	20 000 000	6 000 000
盈余公积	19 200 000	1 920 000
未分配利润	20 100 000	3 150 000
所有者权益合计	89 300 000	21 070 000
负债和所有者权益总计	113 300 000	31 170 000

甲公司及乙公司2×20年1月1日至12月31日的利润表如表20－8所示。

表20－8　　利润表（简表）

2×20年1月1日至12月31日　　单位：元

	甲公司	乙公司
一、营业收入	86 000 000	11 000 000
减：营业成本	71 900 000	9 860 000
税金及附加	300 000	20 000
销售费用	800 000	150 000
管理费用	1 200 000	300 000
财务费用	600 000	50 000
加：其他收益	100 000	100 000
投资收益	400 000	200 000
信用减值损失	－100 000	－100 000
二、营业利润	11 600 000	820 000
加：营业外收入	1 000 000	600 000
减：营业外支出	400 000	300 000
三、利润总额	12 200 000	1 120 000
减：所得税费用	4 200 000	320 000
四、净利润	8 000 000	800 000

本例中甲公司在编制2×21年比较报表时，视同该项合并在以前期间即已发生。将被合并方的有关资产、负债在抵销内部交易的影响后并入合并财务报表，同时增加合并资产负债表中所有者权益项下的资本公积。在合并工作底稿中应作以下调整：

(1) 借：实收资本　　10 000 000
　　资本公积　　6 000 000
　　盈余公积　　1 920 000
　　未分配利润　　3 150 000
　　贷：资本公积　　21 070 000

同时，对于乙公司在2×20年以前实现的留存收益中归属于甲公司的部分，在合并工作底稿中应自资本公积转入留存收益：

（2）借：资本公积　　5 070 000

　　贷：盈余公积　　1 920 000

　　　　未分配利润　　3 150 000

甲公司2×21年合并财务报表中，比较资产负债表及比较利润表的编制如表20－9及表20－10所示。

（1）合并资产负债表。

表20－9　**合并资产负债表（简表）**

2×20年12月31日

单位：元

	甲公司	乙公司	调整或抵销分录		合并金额
	账面价值	账面价值	借方	贷方	
资产：					
货币资金	12 000 000	2 000 000			14 000 000
应收账款	5 700 000	860 000			6 560 000
存货	20 000 000	5 000 000			25 000 000
合同资产	4 000 000	110 000			4 110 000
长期股权投资	20 000 000	8 400 000			28 400 000
固定资产	21 000 000	10 000 000			31 000 000
使用权资产	9 000 000	2 400 000			11 400 000
无形资产	21 600 000	2 400 000			24 000 000
商誉	0	0			0
资产总计	113 300 000	31 170 000			144 470 000
负债和所有者权益：					
短期借款	8 000 000	4 800 000			12 800 000
应付账款	3 500 000	1 000 000			4 500 000
合同负债	2 000 000	1 000 000			3 000 000
租赁负债	8 500 000	2 200 000			10 700 000
其他负债	2 000 000	1 100 000			3 100 000
负债合计	24 000 000	10 100 000			34 100 000
实收资本	30 000 000	10 000 000	①10 000 000		30 000 000
资本公积	20 000 000	6 000 000	①6 000 000 ②5 070 000	①21 070 000	36 000 000

续表

	甲公司	乙公司	调整或抵销分录		合并金额
	账面价值	账面价值	借方	贷方	
盈余公积	19 200 000	1 920 000	①1 920 000	②1 920 000	21 120 000
未分配利润	20 100 000	3 150 000	①3 150 000	②3 150 000	23 250 000
所有者权益合计	89 300 000	21 070 000			110 370 000
负债和所有者权益总计	113 300 000	31 170 000			144 470 000

（2）合并利润表。

表 20－10　合并利润表（简表）

2×20 年 1 月 1 日至 12 月 31 日　　单位：元

	甲公司	乙公司	抵销分录		合并金额
			借方	贷方	
一、营业收入	86 000 000	11 000 000			97 000 000
减：营业成本	71 900 000	9 860 000			81 760 000
税金及附加	300 000	20 000			320 000
销售费用	800 000	150 000			950 000
管理费用	1 200 000	300 000			1 500 000
财务费用	600 000	50 000			650 000
加：其他收益	100 000	100 000			200 000
投资收益	400 000	200 000			600 000
信用减值损失	－100 000	－100 000			－200 000
二、营业利润	11 600 000	820 000			12 420 000
加：营业外收入	1 000 000	600 000			1 600 000
减：营业外支出	400 000	300 000			700 000
三、利润总额	12 200 000	1 120 000			13 320 000
减：所得税费用	4 200 000	320 000			4 520 000
四、净利润	8 000 000	800 000			8 800 000

2. 同一控制下的吸收合并。

同一控制下的吸收合并中，合并方主要涉及合并日取得被合并方资产、负债入账价值的确定，以及合并中取得有关净资产的入账价值与支付的合并对价账面价值之间差额的处理。

合并方对同一控制下吸收合并中取得的资产、负债应当按照相关资产、负债在最终控制方合并财务报表中的账面价值入账。

合并方在确认了合并中取得的被合并方的资产和负债后，以发行权益性证券方式进行的该类合并，所确认的净资产入账价值与发行股份面值总额的差额，应记入资本公积（资本溢价或股本溢价），资本公积（资本溢价或股本溢价）的余额不足冲减的，依次冲减盈余公积和未分配利润；以支付现金、非现金资产方式进行的该类合并，所确认的净资产入账价值与支付的现金、非现金资产账面价值的差额，应调整资本公积（资本溢价或股本溢价），资本公积（资本溢价或股本溢价）的余额不足冲减的，依次冲减盈余公积和未分配利润。

【例 20－5】 沿用〖例 20－3〗中有关资料，2×21 年 6 月 30 日，甲公司向乙公司的股东定向增发 1 000 万股普通股（每股面值为 1 元，市价为 4.34 元）对乙公司进行吸收合并，并于当日取得乙公司净资产。

本例中假定甲公司和乙公司为同一集团内两家全资子公司，合并前其共同的母公司为丙公司。该项合并中参与合并的企业在合并前及合并后均为丙公司最终控制，为同一控制下的企业合并。自 2×21 年 6 月 30 日开始，甲公司能够对乙公司的净资产实施控制，该日即为合并日。

因合并后乙公司失去其法人资格，甲公司应确认合并中取得的乙公司的各项资产和负债，假定甲公司与乙公司在合并前采用的会计政策和会计期间相同，不考虑所得税影响。甲公司对该项合并应进行的会计处理为：

借：银行存款（货币资金）	1 800 000	
应收账款	8 000 000	
库存商品（存货）	900 000	
合同资产	120 000	
长期股权投资	8 600 000	
固定资产	10 000 000	
使用权资产	2 000 000	
无形资产	2 000 000	
贷：短期借款		6 000 000
应付账款		1 200 000

合同负债	1 000 000
租赁负债	2 000 000
其他应付款（其他负债）	1 200 000
股本	10 000 000
资本公积	12 020 000

同一控制下的吸收合并中，合并方在合并当期期末比较报表的编制应区别不同的情况，如果合并方在合并当期期末，仅需要编制个别财务报表、不需要编制合并财务报表的，合并方在编制前期比较报表时，无须对以前期间已经编制的比较报表进行调整；如果合并方在合并当期期末需要编制合并财务报表的，在编制前期比较合并财务报表时，应将吸收合并取得的被合并方前期有关财务状况、经营成果及现金流量等并入合并方前期合并财务报表。前期比较报表的具体编制原则比照同一控制下控股合并比较报表的编制。

3. 合并方为进行企业合并发生的有关费用的处理。

合并方为进行企业合并发生的有关费用，指合并方为进行企业合并发生的各项直接相关费用，如为进行企业合并支付的审计费用、资产评估费用以及有关的法律咨询费用等增量费用。同一控制下企业合并进行过程中发生的各项直接相关费用，应于发生时费用化计入当期损益，借记“管理费用”等科目，贷记“银行存款”等科目。但下列两种情况除外：

（1）以发行债券方式进行的企业合并，与发行债券相关的佣金、手续费等应按照第二十二章金融工具确认和计量的有关规定进行会计处理。

（2）发行权益性证券作为合并对价的，与所发行权益性证券相关的佣金、手续费等应按照第三十八章金融工具列报的有关规定进行会计处理。

企业专设的并购部门发生的日常管理费用，如果该部门的设置并不是与某项企业合并直接相关，而是企业的一个常设部门，其设置是为了寻找相关的并购机会等，维持该部门日常运转的有关费用，不属于与企业合并直接相关的费用，应当于发生时费用化计入当期损益。

4. 同一控制下企业合并或有对价的会计处理。

某些情况下，合并各方可能在合并协议中约定，根据未来一项或多项或有事项的发生，合并方通过发行额外证券、支付额外现金或其他资产等方式追加合并对价，或者要求返还之前已经支付的对价，即或有对价。同一控制下企业合并或有对价应按照第三章长期股权投资的有关规定进行会计处理。

（三）通过多次交易分步实现的同一控制下企业合并

企业通过多次交易分步取得同一控制下被投资单位的股权，最终形成企业合并的，按照第三章长期股权投资、第三十四章合并财务报表的有关规定进行会计处理。

六、非同一控制下企业合并的处理

（一）非同一控制下企业合并的处理原则

1. 确定购买方。

对于非同一控制下的企业合并采用购买法进行会计处理。购买法是从购买方的角度出发，该项交易中购买方取得了被购买方的净资产或是对净资产的控制权，应确认所取得的资产以及应当承担的债务，包括被购买方原来未予确认的资产和负债。就购买方自身而言，其原持有的资产及负债的计量不受该交易事项的影响。采用购买法核算企业合并的首要前提是确定购买方。购买方是指在企业合并中取得对另一方或多方控制权的一方。非同一控制下的企业合并中，应当根据第三十四章合并财务报表关于控制的定义和所涉及的相关要素等有关规定，在综合考虑所有相关事实和情况的基础上确定购买方。

某些情况下可能难以确定企业合并中的购买方，如参与合并的两家或两家以上企业规模相当，这种情况下，往往可以结合一些迹象表明购买方的存在。在具体判断时，可以考虑下列相关因素：

（1）以支付现金、转让非现金资产或承担负债的方式进行的企业合并，一般支付现金、转让非现金资产或是承担负债的一方为购买方。

（2）考虑参与合并各方的股东在合并后主体的相对投票权，其中股东在合并后主体具有相对较高投票比例的一方一般为购买方。

（3）参与合并各方的管理层对合并后主体生产经营决策的主导能力，如果合并导致参与合并一方的管理层能够主导合并后主体生产经营政策的制定，其管理层能够实施主导作用的一方一般为购买方。

（4）参与合并一方的公允价值远远大于另一方的，公允价值较大的一方很可能为购买方。

（5）企业合并是通过以有表决权的股份换取另一方的现金及其他资产的，则付出现金或其他资产的一方很可能为购买方。

（6）通过权益互换实现的企业合并，发行权益性证券的一方通常为购买方。但如果有证据表明发行权益性证券的一方在合并后被参与合并的另一方控制，则其应为被购买方，参与合并的另一方为购买方。该类合并通常称为反向购买。反向购买中，购买方的会计处理见本章相关部分内容。

2. 确定购买日。

购买日是购买方获得对被购买方控制权的日期，即企业合并交易进行过程中，发生控制权转移的日期。根据企业合并方式的不同，在控股合并的情况下，购买方应在购买日确认因企业合并形成的对被购买方的长期股权投资；在吸收合并的情况下，购买方应在购买日确认合并中取得的被购买方各项可辨认资产、负债等。

确定购买日的基本原则是控制权转移的时点。企业在实务操作中，应当结合合并合同或协议的约定及其他有关的影响因素，按照实质重于形式的原则进行判断。同时满足了下列条件时，一般可认为实现了控制权的转移，形成购买日。有关的条件包括：

（1）企业合并合同或协议已获股东大会等内部权力机构通过。企业合并一般涉及的交易规模较大，无论是合并当期还是合并以后期间，均会对企业的生产经营产生重大影响，在能够对企业合并进行确认，形成实质性的交易前，该交易或事项应经过企业的内部权力机构批准，如对于股份有限公司，其内部权力机构一般指股东大会。

（2）按照规定，合并事项需要经过国家有关主管部门审批的，已获得相关部门的批准。按照国家有关规定，企业并购需要经过国家有关部门批准的，取得相关批准文件是确定购买日的重要因素。

（3）参与合并各方已办理了必要的财产权交接手续。作为购买方，其通过企业合并无论是取得对被购买方的股权还是取得被购买方的全部净资产，能够形成与取得股权或净资产相关的风险和报酬的转移，一般需办理相关的财产权交接手续，从而从法律上保障有关风险和报酬的转移。

（4）购买方已支付了购买价款的大部分（一般应超过50%），并且有能力、有计划支付剩余款项。购买方要取得与被购买方净资产相关的风险和报酬，其前提是必须支付一定的对价，一般在形成购买日之前，购买方应当已经支付了购买价款的大部分，并且从其目前财务状况判断，有能力支付剩余款项。

（5）购买方实际上已经控制了被购买方的财务和生产经营政策，享有相应的收益并承担相应的风险。

企业合并涉及一次以上交易的，例如通过分阶段取得股份最终实现合并，企业应于每一交易日确认对被投资单位的各项投资。“交易日”是指合并方或购买方在自身的账簿和报表中确认对被投资单位投资的日期。分步实现的企业合并中，购买日是指按照有关标准判断购买方最终取得对被购买企业控制权的日期。

如甲企业于2×20年10月20日取得乙公司30%的股权（假定能够对被投资单位施加重大影响），在与取得股权相关的风险和报酬发生转移的情况下，当日甲企业应确认对乙公司的长期股权投资。在已经拥有乙公司30%股权的基础上，甲企业又于2×21年12月8日取得乙公司30%的股权，在其持股比例达到60%的情况下，假定于当日开始能够对乙公司实施控制，则2×21年12月8日为第二次购买股权的交易日，同时因在当日能够对乙公司实施控制，形成企业合并的购买日。

3. 确定企业合并成本。

企业合并成本包括购买方为进行企业合并支付的现金或非现金资产、发生或承担的债务、发行的权益性证券等在购买日的公允价值，公允价值的确定见第三十九章公允价值计量。购买方为企业合并发生的审计、法律服务、评估咨询等中介费用以及其他相关管理费用，应当于发生时计入当期损益；购买方作为合并对价发行的权益性证券或债务性证券的交易费用，应按照第二十二章金融工具确认和计量、第三十八章金融工具列报的有关规定进行会计处理。

某些情况下，合并各方可能在合并协议中约定，根据未来一项或多项或有事项的发生，购买方通过发行额外证券、支付额外现金或其他资产等方式追加合并对价，或者要求返还之前已经支付的对价。购买方应当将合并协议约定的或有对价作为企业合并转移对价的一部分，按照其在购买日的公允价值计入企业合并成本。根据第三十八章金融工具列报、第二十二章金融工具确认和计量以及其他相关章的规定，或有对价符合权益工具和金融负债定义的，购买方应当将支付或有对价的义务确认为一项权益或负债；符合资产定义并满足资产确认条件的，购买方应当将符合合并协议约定条件的、可收回的部分已支付合并对价的权利确认为一项资产。

购买日后12个月内出现对购买日已存在情况的新的或者进一步证据而需要调整或有对价的，应当予以确认并对原计入合并商誉的金额进行调整；其他情况下发生的或有对价变化或调整，应当区分下列情况进行会计处理：或有对价为权益性质的，不进行会计处理；或有对价为资产或负债性质的，按照相应章有关规定处理，如果属于第二十二章金融工具确认和计量中的金融工具，应采用公允价值计量，公允价值变化产生的利得和损失应按该章规定计入当期损益；如果不属于第二十二章金融工具确认和计量中的金融工具，应按照第十四章或有事项或其他相应章处理。

4. 对购买日取得的可辨认资产和负债的分类和指定。

企业合并的实质是业务合并，而业务是不同的资产和负债构成的。非同一控制下的企业合并就是购买业务，购买业务类似于购买资产和负债，这些资产和负债在购买日可能发生类别上的变化。

购买方在购买日取得的被购买方可辨认资产和负债通常应当按照原分类或指定的原则予以确认，不需要或也不应进行重新分类或指定。但是，如果购买方在购买日取得的是被购买方的金融资产和金融负债、衍生工具、嵌入衍生工具等，可能需要对其恰当地进行重新分类或指定。非同一控制下的企业合并中，购买方在购买日取得被购买方可辨认资产和负债，应当结合购买日存在的合同条款、经营政策、并购政策等相关因素进行分类或指定，主要包括下列方面：

（1）根据第二十二章金融工具确认和计量，对特定金融资产和金融负债予以分类。

（2）根据第二十四章套期会计，将衍生工具指定为套期工具。

（3）根据第二十二章金融工具确认和计量，分析判断嵌入衍生工具是否应当与主合同进行分拆。

此外，在购买日如果涉及被购买方的租赁合同的，对于被购买方是出租人的租赁合同，购买方应当根据合同条款和其他因素，在合同开始时而不是购买日，根据第二十一章租赁的规定，将该租赁合同分类为融资租赁或经营租赁；如果在购买日合同的相关方对租赁合同的条款作出了修订，购买方应当根据第二十一章租赁的规定，并结合修订的条款和其他因素对租赁合同进行分类。

如果涉及被购买方的保险合同，购买方执行《企业会计准则第25号——原保险合同》（财会〔2006〕3号）、《企业会计准则第26号——再保险合同》（财会〔2006〕3号）的，应当根据合同条款和其他因素，在合同开始时而不是购买日，根据第二十六章原保险合同等规定，对该保险合同予以分类；如果在购买日合同的相关方对保险合同的条款作出了修订，购买方应当根据第二十六章原保险合同等规定，并结合修订的条款和其他因素对保险合同进行重新分类。购买方执行《企业会计准则第25号——保险合同》（财会〔2020〕20号）的，应当根据第二十五章保险合同的规定，在购买日对该保险合同予以分类。

5. 企业合并成本在取得的可辨认资产和负债之间的分配。

非同一控制下的企业合并中，购买方取得了对被购买方净资产的控制权，视合并方式的不同，应分别在合并财务报表或个别财务报表中确认合并中取得的各项可辨认资产和负债。

（1）购买方在企业合并中取得的被购买方各项可辨认资产和负债，要作为本企业的资产、负债（或合并财务报表中的资产、负债）进行确认，在购买日，应当满足资产、负债的确认条件。有关的确认条件包括：

①合并中取得的被购买方的各项资产（无形资产除外），其所带来的未来经济利益预期能够流入企业且公允价值能够可靠计量的，应单独作为资产确认。

②合并中取得的被购买方的各项负债（或有负债除外），履行有关的义务预期会导致经济利益流出企业且公允价值能够可靠计量的，应单独作为负债确认。

（2）企业合并中取得无形资产的确认。购买方在企业合并中取得的无形资产应符合第七章无形资产中对于无形资产的界定且其在购买日的公允价值能够可靠计量。没有实物形态的非货币性资产要符合无形资产的定义，关键要看其是否满足可辨认性标准，即是否能够从企业中分离或者划分出来，并能单独或者与相关合同、资产或负债一起，用于出售、转移、授予许可、租赁或者交换；或者应源自于合同性权利或其他法定权利，无论这些权利是否可以从企业或其他权利和义务中转移或分离。非同一控制下的企业合并中，购买方在对企业合并中取得的被购买方资产进行初始确认时，应当对被购买方拥有的、但在其财务报表中未确认的无形资产进行充分辨认和合理判断，满足下列条件之一的，应确认为无形资产：

①源于合同性权利或其他法定权利；

②能够从被购买方中分离或者划分出来，并能单独或与相关合同、资产和负债一起，用于出售、转移、授予许可、租赁或交换。

公允价值能够可靠计量的情况下，应区别于商誉单独确认的无形资产一般包括：商标、版权及与其相关的许可协议、特许权、分销权等类似权利、专利技术、专有技术等。企业应当在附注中披露在非同一控制下的企业合并中取得的被购买方无形资产的公允价值及其公允价值的确定方法。

（3）企业合并中产生或有负债的确认。为了尽可能反映购买方因为进行企业合并可能承担的潜在义务，对于购买方在企业合并时可能需要代被购买方承担的或有负债，在购买日，可能相关的或有事项导致经济利益流出企业的可能性还比较小，但其公允价值能够合理确定的情况下，即需要作为合并中取得的负债确认。

（4）对于被购买方在企业合并之前已经确认的商誉和递延所得税项目，购买方在对企业合并成本进行分配、确认合并中取得可辨认资产和负债时不应予以考虑。在按照规定确定了合并中应予确认的各项可辨认资产、负债的公允价值后，其计税基础与账面价值不同形成暂时性差异的，应当按照第十八章所得税的规定确认相应的递延所得税资产或递延所得税负债。

在非同一控制下的企业合并中，购买方确认在合并中取得的被购买方各项可辨认资产和负债不仅局限于被购买方在合并前已经确认的资产和负债，还可能包括企业合并前被购买方在其资产负债表中未予确认的资产和负债，该类资产和负债在企业合并前可能由于不符合确认条件未确认为被购买方的资产和负债，但在企业合并发生后，因符合了有关的确认条件则需要作为合并中取得的可辨认资产和负债进行确认。例如，被购买方在企业合并前存在的未弥补亏损，在企业合并前因无法取得足够的应纳税所得额用于抵扣该亏损而未确认相关的递延所得税资产，如按照税法规定能够抵扣购买方未来期间实现的应纳税所得额而且购买方在未来期间预计很可能取得足够的应纳税所得额的情况下，有关的递延所得税资产应作为合并中取得的可辨认资产予以确认。

6. 企业合并成本与合并中取得的被购买方可辨认净资产公允价值份额之间差额的处理。

购买方对于企业合并成本与确认的被购买方可辨认净资产公允价值份额的差额，应视情况分别处理：

（1）企业合并成本大于合并中取得的被购买方可辨认净资产公允价值份额的差额，应确认为商誉。视企业合并方式不同，控股合并情况下，该差额是指合并财务报表中应列示的商誉；吸收合并情况下，该差额是购买方在其账簿及个别财务报表中应确认的商誉。

商誉在确认以后，持有期间不要求摊销，企业应当按照第九章资产减值的规定对其进行减值测试，对于可收回金额低于账面价值的部分，应计提减值准备。

（2）企业合并成本小于合并中取得的被购买方可辨认净资产公允价值份额的差额，应计入合并当期损益。

该种情况下，要对合并中取得的各项可辨认资产、负债的公允价值、作为合并对价的非现金资产或发行的权益性证券等的公允价值进行复核，复核结果表明所确定的各项可辨认资产和负债的公允价值及企业合并成本是恰当的，应将企业合并成本低于合并中取得的被购买方可辨认净资产公允价值份额之间的差额，计入合并当期的营业外收入，并在报表附注中予以说明。

在吸收合并的情况下，上述企业合并成本小于合并中取得的被购买方可辨认净资产公允价值份额的差额，应计入合并当期购买方的个别利润表；在控股合并的情况下，上述差额应体现在合并当期的合并利润表中。

7. 企业合并成本或合并中取得的可辨认资产、负债公允价值的调整。

按照购买法核算的企业合并，基本原则是确定公允价值，无论是作为合并对价付出的各项资产的公允价值，还是合并中取得被购买方各项可辨认资产、负债的公允价值，如果在购买日或合并当期期末，因各种因素影响无法合理确定的，合并当期期末，购买方应以暂时确定的价值为基础对企业合并进行核算。

（1）购买日后 12 个月内对有关价值量的调整。

合并当期期末，对合并成本或所取得的被购买方可辨认资产、负债以暂时确定的价值对企业合并进行处理，自购买日算起 12 个月内取得进一步的信息表明需对原暂时确定的价值进行调整的，应视同在购买日发生，进行追溯调整，同时对以暂时性价值为基础提供的比较报表信息，也应进行相关的调整。

例如，甲企业于 2×21 年 11 月 20 日对乙公司进行吸收合并，合并中取得的一项固定资产不存在活跃市场，为确定其公允价值，甲企业聘请了有关的资产评估机构对其进行评估。至甲企业 2×21 年财务报告对外报出时，尚未取得评估报告。甲企业在其 2×21 年财务报告中对该项固定资产暂估的价值为 300 000 元，预计使用年限为 5 年，净残值为 0，按照直线法计提折旧。该项企业合并中甲企业确认商誉 1 200 000 元。本例中假定甲企业不编制中期财务报告。

2×22 年 3 月，甲企业取得了资产评估报告，确认该项固定资产的价值为 450 000 元。则甲企业应视同在购买日确定的该项固定资产的公允价值为 450 000 元，相应在编制 2×22 年财务报表时调整 2×21 年比较报表中的商誉价值（调减 150 000 元）及折旧费用（调增 2 500 元）。进行有关调整后，甲企业还应在其 2×22 年报表附注中对有关情况作出说明。

（2）超过规定期限后的价值量调整。

自购买日算起 12 个月以后对企业合并成本或合并中取得的可辨认资产、

负债价值的调整，应当按照第二十九章会计政策、会计估计变更和会计差错更正的原则进行处理，即对于企业合并成本、合并中取得可辨认资产、负债公允价值等进行的调整，应作为前期差错处理。

（3）在企业合并中，购买日取得的被购买方在以前期间发生的未弥补亏损等可抵扣暂时性差异，按照税法规定可以用于抵减以后年度应纳税所得额，但在购买日不符合递延所得税资产确认条件的，不应予以确认。购买日后12个月内，如果取得新的或进一步的信息表明相关情况在购买日已经存在，预期被购买方在购买日可抵扣暂时性差异带来的经济利益能够实现的，购买方应当确认相关的递延所得税资产，同时减少由该企业合并所产生的商誉，商誉不足冲减的，差额部分确认为当期损益（所得税费用）。比如，购买方在购买日之前研发某种新产品，暂时无法合理预计该研发是否成功及新产品的市场前景，因此，购买方在购买日无法可靠确定所取得的被购买方的可抵扣哲时性差异、在可预见的未来是否很可能取得用来抵扣该暂时性差异的应纳税所得额，但在购买日后12个月内，由于该产品开发成功投产并迅速打开了市场，预计未来将获得足够的应纳税所得额以抵扣该差异。在这种情况下，购买方应当对在购买日存在的可抵扣暂时性差异确认递延所得税资产，同时冲减由该企业合并所产生的商誉，如果商誉金额不足冲减，则其差额部分计入当期所得税费用。

除上述情况以外（比如，购买日后超过12个月、或在购买日不存在相关情况但购买日以后开始出现新的情况导致可抵扣暂时性差异带来的经济利益预期能够实现），如果符合了递延所得税资产的确认条件，确认与企业合并相关的递延所得税资产，应当计入当期损益（所得税费用），不得调整商誉金额。

举例见第十八章所得税〖例18－18〗。

8. 购买日合并财务报表的编制。

非同一控制下的控股合并中，购买方一般应于购买日编制合并资产负债表，反映其于购买日开始能够控制的经济资源情况。在合并资产负债表中，合并中取得的被购买方各项可辨认资产、负债应以其在购买日的公允价值计量，长期股权投资的成本大于合并中取得的被购买方可辨认净资产公允价值份额的差额，体现为合并财务报表中的商誉；长期股权投资的成本小于合并中取得的被购买方可辨认净资产公允价值份额的差额，应计入合并当期损益，因购买日不需要编制合并利润表，该差额体现在合并资产负债表上，应调整合并资产负债表的留存收益。

需要强调的是，非同一控制下的企业合并中，作为购买方的母公司在进行有关会计处理后，应单独设置备查簿，记录其在购买日取得的被购买方各项可辨认资产、负债的公允价值以及因企业合并成本大于合并中取得的被购买方可辨认净资产公允价值的份额应确认的商誉金额，或因企业合并成本小于合并中取得的被购买方可辨认净资产公允价值的份额计入当期损益的金额，作为企业合并当期以及以后期间编制合并财务报表的基础。企业合并当期期末以及合并以后期间，应当纳入到合并财务报表中的被购买方资产、负债等，是以购买日确定的公允价值为基础持续计算的结果。

（二）非同一控制下企业合并的会计处理

1. 非同一控制下的控股合并。

（1）长期股权投资初始投资成本的确定。

非同一控制下的控股合并中，购买方在购买日应当按照确定的企业合并成本（不包括应自被投资单位收取的现金股利或利润），作为形成的对被购买方长期股权投资的初始投资成本。具体见第三章长期股权投资的相关内容。

购买方为取得对被购买方的控制权，以支付非货币性资产为对价的，有关非货币性资产在购买日的公允价值与其账面价值的差额，应作为资产的处置损益，计入合并当期的利润表。

（2）购买日合并财务报表的编制。

【例 20－6】 沿用〖例 20－3〗，甲公司在该项合并中发行 1 000 万股普通股（每股面值 1 元），市场价格为每股 3.5 元，取得了乙公司 70% 的股权。假定该项合并为非同一控制下的企业合并，编制购买方于购买日的合并资产负债表。

（1）计算确定商誉。

假定乙公司除已确认资产外，不存在其他需要确认的资产及负债，甲公司首先计算合并中应确认的合并商誉：

合并商誉＝企业合并成本－合并中取得被购买方可辨认净资产公允价值份额＝3 500－4 340×70%＝462 万元

（2）编制调整或抵销分录。

借：存货　　780 000

　　长期股权投资　　6 600 000

　　固定资产　　10 000 000

　　无形资产　　4 000 000

　贷：资本公积　　21 380 000

借：实收资本　　10 000 000
　　资本公积　　27 380 000
　　盈余公积　　2 000 000
　　未分配利润　　4 020 000
　　商誉　　4 620 000
　　贷：长期股权投资　　35 000 000
　　　　少数股东权益　　13 020 000

（3）

表 20－11　　**合并资产负债表（简表）**

2×21 年 6 月 30 日　　单位：元

	甲公司	乙公司	调整或抵销分录		合并金额
			借方	贷方	
资产：					
货币资金	17 250 000	1 800 000			19 050 000
应收账款	12 000 000	8 000 000			20 000 000
存货	20 800 000	900 000	①780 000		22 480 000
合同资产	4 000 000	120 000			4 120 000
长期股权投资	55 000 000	8 600 000	①6 600 000	②35 000 000	35 200 000
固定资产	20 000 000	10 000 000	①10 000 000		40 000 000
使用权资产	8 000 000	2 000 000			10 000 000
无形资产	18 000 000	2 000 000	①4 000 000		24 000 000
商誉	0	0	②4 620 000		4 620 000
资产总计	155 050 000	33 420 000			179 470 000
负债和所有者权益：					
短期借款	10 000 000	6 000 000			16 000 000
应付账款	5 000 000	1 200 000			6 200 000
合同负债	2 000 000	1 000 000			3 000 000
租赁负债	8 000 000	2 000 000			10 000 000
其他负债	1 500 000	1 200 000			2 700 000
负债合计	26 500 000	11 400 000			37 900 000
实收资本（股本）	40 000 000	10 000 000	②10 000 000		40 000 000

续表

	甲公司	乙公司	调整或抵销分录		合并金额
			借方	贷方	
资本公积	45 000 000	6 000 000	②27 380 000	①21 380 000	45 000 000
盈余公积	20 000 000	2 000 000	②2 000 000		20 000 000
未分配利润	23 550 000	4 020 000	②4 020 000		23 550 000
少数股东权益				②13 020 000	13 020 000
所有者权益合计	128 550 000	22 020 000			141 570 000
负债和所有者权益总计	155 050 000	33 420 000			179 470 000

2. 非同一控制下的吸收合并。

非同一控制下的吸收合并，购买方在购买日应当将合并中取得的符合确认条件的各项可辨认资产、负债，按其公允价值确认为本企业的资产和负债；作为合并对价的有关非货币性资产在购买日的公允价值与其账面价值的差额，应作为资产处置损益计入合并当期的利润表；确定的企业合并成本与所取得的被购买方可辨认净资产公允价值份额之间的差额，视情况分别确认为商誉或是计入企业合并当期的损益。

（三）通过多次交易分步实现的非同一控制下企业合并

企业通过多次交易分步实现非同一控制下企业合并，例如因追加投资等原因能够对非同一控制下的被投资方实施控制的，应当按照第三章长期股权投资、第三十四章合并财务报表等有关规定进行会计处理。

（四）反向购买的处理

非同一控制下的企业合并，以发行权益性证券交换股权的方式进行的，通常发行权益性证券的一方为购买方。但某些企业合并中，发行权益性证券的一方在合并后被参与合并的另一方所控制的，发行权益性证券的一方虽然为法律上的母公司，但其为会计上的被购买方，该类企业合并通常称为“反向购买”。例如，甲公司为一家规模较小的上市公司，乙公司为一家规模较大的贸易公司。乙公司拟通过收购甲公司的方式达到上市目的，但该交易是通过甲公司向乙公司原股东发行普通股用以交换乙公司原股东持有的对乙公司股权方式实现。该项交易后，乙公司原股东持有甲公司50%以上股权，甲公司持有乙公司50%以上股权，甲公司为法律上的母公司、乙公司为法律上的子公司，但从会计角度，甲公司为被购买方，乙公司为购买方。

1. 企业合并成本。

反向购买中，法律上的子公司（购买方）的企业合并成本是指其如果以发行权益性证券的方式为获取在合并后报告主体的股权比例，应向法律上母公司（被购买方）的股东发行的权益性证券数量与权益性证券的公允价值计算的结果。购买方的权益性证券在购买日存在公开报价的，通常应以公开报价作为其公允价值；购买方的权益性证券在购买日不存在可靠公开报价的，应参照购买方的公允价值和被购买方的公允价值二者之中有更为明显证据支持的作为基础，确定假定应发行权益性证券的公允价值。

2. 合并财务报表的编制。

反向购买后，法律上的母公司应当遵从下列原则编制合并财务报表：

（1）合并财务报表中，法律上子公司的资产、负债应以其在合并前的账面价值进行确认和计量。

（2）合并财务报表中的留存收益和其他权益余额应当反映的是法律上子公司在合并前的留存收益和其他权益余额。

（3）合并财务报表中的权益性工具的金额应当反映法律上子公司合并前发行在外的股份面值以及假定在确定该项企业合并成本过程中新发行的权益性工具的金额。但是，在合并财务报表中的权益结构应当反映法律上母公司的权益结构，即法律上母公司发行在外权益性证券的数量及种类。

（4）法律上母公司的有关可辨认资产、负债在并入合并财务报表时，应以其在购买日确定的公允价值进行合并，企业合并成本大于合并中取得的法律上母公司（被购买方）可辨认净资产公允价值份额的差额体现为商誉，小于合并中取得的法律上母公司（被购买方）可辨认净资产公允价值份额的差额确认为合并当期损益。

（5）合并财务报表的比较信息应当是法律上子公司的比较信息（即法律上子公司的前期合并财务报表）。

（6）法律上子公司的有关股东在合并过程中未将其持有的股份转换为对法律上母公司股份的，该部分股东享有的权益份额在合并财务报表中应作为少数股东权益列示。因法律上子公司的部分股东未将其持有的股份转换为法律上母公司的股权，其享有的权益份额仍仅限于对法律上子公司的部分，该部分少数股东权益反映的是少数股东按持股比例计算享有法律上子公司合并前净资产账面价值的份额。另外，对于法律上母公司的所有股东，虽然该项合并中其被认为被购买方，但其享有合并形成报告主体的净资产及损益，不应作为少数股东权益列示。

（7）非上市公司以所持有的对子公司投资等资产为对价取得上市公司的控制权，构成反向购买的，上市公司编制合并财务报表时应当区别下列情况处理：

①交易发生时，上市公司未持有任何资产负债或仅持有现金等不构成业务的资产或负债的，应当按照权益性交易的原则进行处理，不得确认商誉，也不得将差额计入当期损益。

②交易发生时，上市公司保留的资产、负债构成业务的，企业合并成本与取得的上市公司可辨认净资产公允价值份额的差额应当确认为商誉或计入当期损益。

需要注意的是，上市公司在其个别财务报表中应当按照第三章长期股权投资等的规定确定取得资产的入账价值。上市公司的前期比较个别财务报表应为其自身个别财务报表。

3. 每股收益的计算。

发生反向购买当期，用于计算每股收益的发行在外普通股加权平均数为：

（1）自当期期初至购买日，发行在外的普通股数量应假定为在该项合并中法律上母公司向法律上子公司股东发行的普通股数量；

（2）自购买日至期末发行在外的普通股数量为法律上母公司实际发行在外的普通股股数。

反向购买后对外提供比较合并财务报表的，其比较前期合并财务报表中的基本每股收益，应以法律上子公司在每一比较报表期间归属于普通股股东的净损益除以在反向购买中法律上母公司向法律上子公司股东发行的普通股股数计算确定。

上述假定法律上子公司发行的普通股股数在比较期间内和自反向购买发生期间的期初至购买日之间内未发生变化。如果法律上子公司发行的普通股股数在此期间发生了变动，计算每股收益时应适当考虑其影响进行调整。

【例20－7】甲上市公司于2×21年9月30日通过定向增发本公司普通股对乙企业进行合并，取得乙企业100%股权。假定不考虑所得税影响。甲公司及乙企业在2×21年9月30日合并前，个别财务报表中有关资产、负债及所有者权益情况如表20－12所示。

表 20-12 单位：万元

	甲公司	乙企业
流动资产	2 000	3 000
非流动资产	14 000	40 000
资产总额	16 000	43 000
流动负债	800	1 000
非流动负债	200	2 000
负债总额	1 000	3 000
所有者权益：		
股本	1 000	600
资本公积		
盈余公积	4 000	11 400
未分配利润	10 000	28 000
所有者权益总额	15 000	40 000

其他资料：

（1）2×21 年 9 月 30 日，甲公司通过定向增发本公司普通股，以 2 股换 1 股的比例自乙企业原股东处取得了乙企业全部股权。甲公司共发行了 1 200 万股普通股以取得乙企业全部 600 万股普通股。

（2）甲公司每股普通股在 2×21 年 9 月 30 日的公允价值为 20 元，乙企业每股普通股当日的公允价值为 40 元。甲公司、乙企业每股普通股的面值均为 1 元。

（3）2×21 年 9 月 30 日，甲公司除非流动资产公允价值较账面价值高 3 000 万元以外，其他资产、负债项目的公允价值与其账面价值相同。

（4）假定甲公司与乙企业在合并前不存在任何关联方关系。

对于该项企业合并，虽然在合并中发行权益性证券的一方为甲公司，但因其生产经营决策的控制权在合并后由乙企业原股东控制，乙企业应为购买方，甲公司为被购买方。

1. 确定该项合并中乙企业的合并成本：

甲公司在该项合并中向乙企业原股东增发了 1 200 万股普通股，合并后乙企业原股东持有甲公司的股权比例为 54.55% [1 200 ÷ (1 000 + 1 200)]，如果假定乙企业发行本企业普通股在合并后主体享有同样的股权比例，则乙企业应当发行的普通股股数为 500 万股（600 ÷ 54.55% − 600），其公允价值为

20 000 万元，企业合并成本为 20 000 万元。

2. 企业合并成本在可辨认资产、负债之间的分配：

企业合并成本	20 000
甲公司可辨认资产、负债：	
流动资产	2 000
非流动资产	17 000
流动负债	(800)
非流动负债	(200)
商誉	2 000 [20 000 - (2 000 + 17 000 - 800 - 200)]

甲公司与乙企业形成的主体在 2×21 年 9 月 30 日企业合并后，合并财务报表中有关资产、负债及所有者权益情况如表 20-13 所示。

表 20-13　　单位：万元

	金额
流动资产	5 000
非流动资产	57 000
商誉	2 000
资产总额	64 000
流动负债	1 800
非流动负债	2 200
负债总额	4 000
股本（2200 万股普通股）	1 100
资本公积	19 500
盈余公积	11 400
未分配利润	28 000
所有者权益总额	60 000

3. 每股收益。

本例中假定乙企业 2×20 年实现合并净利润 1 200 万元，2×21 年甲公司与乙企业形成的主体实现合并净利润 2 300 万元，自 2×20 年 1 月 1 日至 2×21 年 9 月 30 日，乙企业发行在外的普通股股数未发生变化。甲公司 2×21 年 9 月 30 日以前发行在外的普通股为 1 000 万股。

甲公司2×21年基本每股收益：2 300/(1 200×9÷12+2 200×3÷12)=1.59元

提供比较报表的情况下，比较报表中的每股收益应进行调整，甲公司2×20年的每股收益=1 200/1 200=1元

4. 少数股东权益。

上例中，乙企业的全部股东中假定只有其中的90%以原持有的对乙企业股权换取了甲公司增发的普通股。甲公司应发行的普通股股数为1 080万股(600×90%×2)。企业合并后，乙企业的股东拥有合并后报告主体的股权比例为51.92%［1 080÷(1 000+1 080)］。通过假定乙企业向甲公司发行本企业普通股在合并后主体享有同样的股权比例，在计算乙企业须发行的普通股数量时，不考虑少数股权的因素，故乙企业应当发行的普通股股数为500万股(600×90%÷51.92%－600×90%)，乙企业在该项合并中的企业合并成本为20 000万元［(1 040－540)×40］，乙企业未参与股权交换的股东拥有乙企业的股份为10%，享有乙企业合并前净资产的份额为4 000万元（40 000×10%)，在合并财务报表中应作为少数股东权益列示。

（五）购买子公司少数股权的处理

企业在取得对子公司的控制权，形成企业合并后，购买少数股东全部或部分权益的，实质上是股东之间的权益性交易，应当分别母公司个别财务报表以及合并财务报表两种情况进行处理：

1. 母公司个别财务报表中对于自子公司少数股东处新取得的长期股权投资，应当按照第三章长期股权投资的规定，确定长期股权投资的入账价值。

2. 在合并财务报表中，子公司的资产、负债应以购买日（或合并日）开始持续计算的金额反映。按照第三十四章合并财务报表的有关内容，母公司因购买少数股权新取得的长期股权投资与按照新增持股比例计算应享有子公司自购买日（或合并日）开始持续计算的净资产份额之间的差额，应当调整合并财务报表中的资本公积（资本溢价或股本溢价），资本公积不足冲减的，依次冲减盈余公积、未分配利润。

【例20－8】甲公司于2×20年12月29日以8 000万元取得对乙公司70%的股权，能够对乙公司实施控制，形成非同一控制下的企业合并。2×21年12月25日，甲公司又出资3 000万元自乙公司的少数股东处取得乙公司20%的股权。本例中甲公司与乙公司的少数股东在相关交易发生前不存在任何关联方关系。

（1）2×20年12月29日，甲公司在取得乙公司70%股权时，乙公司可辨认净资产公允价值总额为10 000万元。

（2）2×21年12月25日，乙公司有关资产、负债的账面价值、自购买日开始持续计算的金额（对母公司的价值）如表20－14所示。

表20－14 单位：万元

	乙公司有关资产、负债的账面价值	乙公司有关资产、负债自购买日开始持续计算的金额（对母公司的价值）
存货	500	500
应收款项	2 500	2 500
固定资产	4 000	4 600
无形资产	800	1 200
其他资产	2 200	3 200
应付款项	600	600
其他负债	400	400
净资产	9 000	11 000

1. 确定甲公司对乙公司长期股权投资的成本。

2×20年12月29日为该非同一控制下企业合并的购买日，甲公司取得对乙公司长期股权投资的成本为8 000万元。

2×21年12月25日，甲公司在进一步取得乙公司20%的少数股权时，支付价款3 000万元。

该项长期股权投资在2×21年12月25日的账面余额＝8 000＋3 000＝11 000万元。

2. 编制合并财务报表时的处理。

（1）商誉的计算。

甲公司取得对乙公司70%股权时产生的商誉＝8 000－10 000×70%＝1 000万元。

在合并财务报表中应体现的商誉总额为1 000万元。

（2）所有者权益的调整。

合并财务报表中，乙公司的有关资产、负债应以其对母公司甲的价值进行合并，即与新取得的20%股权相对应的被投资单位可辨认资产、负债的金额＝

11 000 ×20% =2 200 万元。

因购买少数股权新增加的长期股权投资成本3 000万元与按照新取得的股权比例（20%）计算确定应享有子公司自购买日开始持续计算的可辨认净资产份额2 200万元之间的差额800万元，在合并资产负债表中调整所有者权益相关项目，首先调整资本公积（资本溢价或股本溢价），在资本公积（资本溢价或股本溢价）的金额不足冲减的情况下，依次冲减盈余公积和未分配利润。

（六）被购买方的会计处理

非同一控制下的企业合并中，购买方通过企业合并取得被购买方100%股权的，被购买方可以按照合并中确定的可辨认资产、负债的公允价值确认其账面价值。除此之外，其他情况下被购买方不应因企业合并改记有关资产、负债的账面价值。

七、列示与披露

（一）列示

1. 合并资产负债表的列示要求。

非同一控制下控股合并中，企业合并成本大于合并中取得的被购买方可辨认净资产公允价值份额的差额，在合并资产负债表中资产项目下以“商誉”项目列示。已计提减值准备的，还应扣减相应的减值准备。

子公司所有者权益中不属于母公司的份额，应当作为少数股东权益，在合并资产负债表中所有者权益项目下以“少数股东权益”项目列示。

2. 合并利润表的列示要求。

同一控制下控股合并中，合并当期期初至合并日自被合并方带入的损益，在合并利润表中的“净利润”项下，单列“其中：被合并方在合并前实现的净利润”项目列示。

（二）披露

1. 对于同一控制下的企业合并，企业合并发生当期的期末，合并方应当在附注中披露与同一控制下企业合并有关的下列信息：（1）参与合并企业的基本情况；（2）属于同一控制下企业合并的判断依据；（3）合并日的确定依据；（4）以支付现金、转让非现金资产以及承担债务作为合并对价的，所支付对价在合并日的账面价值；以发行权益性证券作为合并对价的，合并中发行权益性证券的数量及定价原则，以及参与合并各方交换有表决权股份的比例；（5）被合并方的资产、负债在上一会计期间资产负债表日及合并日的账面价值；被合并方自合并当期期初至合并日的收入、净利润、现金流量等情况；（6）合并合同或协议约定将承担被合并方或有负债的情况；（7）被合并方采用的会计政策和会计期间与合并方不一致所作调整情况的说明；（8）合并后已处置或准备处置被合并方资产、负债的账面价值、处置价格等。

2. 对于非同一控制下的企业合并，企业合并发生当期的期末，购买方应当在附注中披露与非同一控制下企业合并有关的下列信息：（1）参与合并企业的基本情况；（2）购买日的确定依据；（3）合并成本的构成及其账面价值、公允价值及公允价值的确定方法；（4）被购买方各项可辨认资产、负债在上一会计期间资产负债表日及购买日的账面价值和公允价值；（5）合并合同或协议约定将承担被购买方或有负债的情况；（6）被购买方自购买日起至报告期期末的收入、净利润和现金流量等情况；（7）被合并方采用的会计政策和会计期间与合并方不一致所作调整情况的说明；（8）商誉的金额及其确定方法；（9）因合并成本小于合并中取得的被购买方可辨认净资产公允价值的份额计入当期损益的金额；（10）合并后已处置或准备处置被购买方资产、负债的账面价值、处置价格等。

八、衔接规定

1. 企业在首次执行日之前发生的控股合并，相关长期股权投资在首次执行日的调整见第三章长期股权投资的相关内容。

2. 企业在首次执行日之前发生的吸收合并，应当按照《企业会计准则第38号——首次执行企业会计准则》处理，即：

（1）属于同一控制下的企业合并，原已确认商誉的摊余价值应当全额冲销，并调整期初留存收益；属于非同一控制下企业合并的，应当将商誉在首次执行日的摊余价值作为认定成本，不再进行摊销。

（2）首次执行日之前发生的企业合并，合并合同或协议中约定根据未来事项的发生对合并成本进行调整的，如果首次执行日预计未来事项很可能发生并对合并成本的影响金额能够可靠计量的，应当按照该影响金额调整已确认商誉的账面价值。

（3）企业应当按照第九章资产减值的规定，在首次执行日对商誉进行减值测试，发生减值的，应当以计提减值准备后的金额确认，并调整期初留存收益。

第二十一章　租　　赁

一、总体要求

《企业会计准则第 21 号——租赁》规范了租赁的确认、计量和相关信息的列报。本章明确了租赁的定义和识别标准，并分别承租人和出租人对租赁业务的会计处理进行了规定。

租赁，是指在一定期间内，出租人将资产的使用权让与承租人以获取对价的合同。承租人不再区分融资租赁和经营租赁，而应对所有租赁（按照本章的规定选择采用简化处理的短期租赁和低价值资产租赁除外）确认使用权资产和租赁负债，参照第五章固定资产对使用权资产计提折旧，并采用固定的周期性利率确认每期利息费用；出租人仍将租赁分为融资租赁和经营租赁两大类，并分别采用不同的会计处理方法。

企业应基于单项租赁进行会计处理。为便于实务操作，如果企业能够合理预计，将本章应用于具有类似特征的租赁组合与应用于该组合中的各单项租赁相比，不会对财务报表产生显著不同的影响，则企业可将本章应用于该租赁组合。此时，企业应当采用能够反映该组合规模和构成的估计和假设。

二、适用范围

本章适用于所有租赁，但下列各项除外：一是承租人通过许可使用协议取得的电影、录像、剧本、文稿等版权、专利等项目的权利，以及以出让、划拨或转让方式取得的土地使用权，适用第七章无形资产；二是出租人授予的知识产权许可，适用第十五章收入；三是勘探或使用矿产、石油、天然气及类似不可再生资源的租赁，承租人承租生物资产，采用建设经营移交等方式参与公共基础设施建设、运营的特许经营权合同，适用其他相关章。

出租人出租持有的投资性房地产、固定资产等，除租赁相关事项适用本章外，其他会计处理适用其他相关章。

按照本章规定采用简化处理的短期租赁和低价值资产租赁合同变成亏损合同的，以及在租赁期开始日前已是亏损合同的租赁合同，适用第十四章或有事项有关亏损合同的规定。

三、应设置的相关会计科目和主要账务处理

企业对租赁进行会计处理，一般需要设置下列会计科目。

（一）承租人的相关会计科目

1. “使用权资产”。

（1）本科目核算承租人持有的使用权资产的原价。

（2）本科目可按租赁资产的类别和项目进行明细核算。

（3）使用权资产的主要账务处理。

①在租赁期开始日，承租人应当按成本借记本科目，按尚未支付的租赁付款额，贷记“租赁负债——租赁付款额”科目，按尚未支付的租赁付款额与其现值的差额，借记“租赁负债——未确认融资费用”科目；对于租赁期开始日之前支付租赁付款额的（扣除已享受的租赁激励），贷记“预付账款”等科目；按发生的初始直接费用，贷记“银行存款”等科目；按预计将发生的为拆卸及移除租赁资产、复原租赁资产所在场地或将租赁资产恢复至租赁条款约定状态等成本的现值，贷记“预计负债”科目。

②在租赁期开始日后，承租人按变动后的租赁付款额的现值重新计量租赁负债的，当租赁负债增加时，应当按增加额借记本科目，贷记“租赁负债”科目；除下述③中的情形外，当租赁负债减少时，应当按减少额借记“租赁负债”科目，贷记本科目；若使用权资产的账面价值已调减至零，应当按仍需进一步调减的租赁负债金额，借记“租赁负债”科目，贷记“制造费用”、“销售费用”、“管理费用”、“研发支出”等科目。

③租赁变更导致租赁范围缩小或租赁期缩短的，承租人应当按缩小或缩短的相应比例，借记“租赁负债”、“使用权资产累计折旧”、“使用权资产减值准备”科目，贷记本科目，差额借记或贷记“资产处置损益”科目。

④企业转租使用权资产形成融资租赁的，应当借记“应收融资租赁款”、“使用权资产累计折旧”、“使用权资产减值准备”科目，贷记本科目，差额借记或贷记“资产处置损益”科目。

（4）本科目期末借方余额，反映承租人使用权资产的原价。

2. “使用权资产累计折旧”。

（1）本科目核算使用权资产的累计折旧。

（2）本科目可按租赁资产的类别和项目进行明细核算。

（3）使用权资产累计折旧的主要账务处理。

①承租人通常应当自租赁期开始日起按月计提使用权资产的折旧，借记“制造费用”、“销售费用”、“管理费用”、“研发支出”、“其他业务成本”等科目，贷记本科目。当月计提确有困难的，也可从下月起计提折旧，并在附注中予以披露。

②因租赁范围缩小、租赁期缩短或转租等原因减记或终止确认使用权资产时，承租人应同时结转相应的使用权资产累计折旧。

（4）本科目期末贷方余额，反映使用权资产的累计折旧额。

3. “使用权资产减值准备”。

（1）本科目核算使用权资产的减值准备。

（2）本科目可按租赁资产的类别和项目进行明细核算。

（3）使用权资产减值准备的主要账务处理。

①使用权资产发生减值的，按应减记的金额，借记“资产减值损失”科目，贷记本科目。

②因租赁范围缩小、租赁期缩短或转租等原因减记或终止确认使用权资产时，承租人应同时结转相应的使用权资产累计减值准备。

（4）本科目期末贷方余额，反映使用权资产的累计减值准备金额。

4. “租赁负债”。

（1）本科目核算承租人尚未支付的租赁付款额的现值。

（2）本科目可按租赁资产的类别和项目，分别“租赁付款额”、“未确认融资费用”等进行明细核算。

（3）租赁负债的主要账务处理。

①在租赁期开始日，承租人应当按尚未支付的租赁付款额，贷记“租赁负债——租赁付款额”科目；按尚未支付的租赁付款额的现值，借记“使用权资产”科目；按尚未支付的租赁付款额与其现值的差额，借记“租赁负债——未确认融资费用”科目。

②承租人在确认租赁期内各个期间的利息时，应当借记“财务费用——利息费用”、“在建工程”等科目，贷记“租赁负债——未确认融资费用”科目。

③承租人支付租赁付款额时，应当借记“租赁负债——租赁付款额”等

科目，贷记“银行存款”等科目。

④在租赁期开始日后，承租人按变动后的租赁付款额的现值重新计量租赁负债的，当租赁负债增加时，应当按租赁付款额现值的增加额，借记“使用权资产”科目，按租赁付款额的增加额，贷记“租赁负债——租赁付款额”科目，按其差额，借记“租赁负债——未确认融资费用”科目；除下述⑤中的情形外，当租赁负债减少时，应当按租赁付款额的减少额，借记“租赁负债——租赁付款额”科目，按租赁付款额现值的减少额，贷记“使用权资产”科目，按其差额，贷记“租赁负债——未确认融资费用”科目；若使用权资产的账面价值已调减至零，应当按仍需进一步调减的租赁付款额，借记“租赁负债——租赁付款额”科目，按仍需进一步调减的租赁付款额现值，贷记“制造费用”、“销售费用”、“管理费用”、“研发支出”、“其他业务成本”等科目，按其差额，贷记“租赁负债——未确认融资费用”科目。

⑤租赁变更导致租赁范围缩小或租赁期缩短的，承租人应当按缩小或缩短的相应比例，借记“租赁负债——租赁付款额”、“使用权资产累计折旧”、“使用权资产减值准备”科目，贷记“租赁负债——未确认融资费用”、“使用权资产”科目，差额借记或贷记“资产处置损益”科目。

（4）本科目的期末贷方余额，反映承租人尚未支付的租赁付款额的现值。

（二）出租人的相关会计科目

1.“融资租赁资产”。

（1）本科目核算租赁企业作为出租人为开展融资租赁业务取得资产的成本。租赁业务不多的企业，也可通过“固定资产”等科目核算。租赁企业和其他企业对于融资租赁资产在非融资租赁期间的会计处理遵循第五章固定资产或其他相关章。

（2）本科目可按租赁资产类别和项目进行明细核算。

（3）融资租赁资产的主要账务处理。

①出租人购入和以其他方式取得融资租赁资产的，借记本科目，贷记“银行存款”等科目。

②在租赁期开始日，出租人应当按尚未收到的租赁收款额，借记“应收融资租赁款——租赁收款额”科目，按预计租赁期结束时的未担保余值，借记“应收融资租赁款——未担保余值”科目，按已经收取的租赁款，借记“银行存款”等科目，按融资租赁方式租出资产的账面价值，贷记本科目；融资租赁方式租出资产的公允价值与账面价值的差额，借记或贷记“资产处置损益”

科目；按发生的初始直接费用，贷记“银行存款”等科目；差额贷记“应收融资租赁款——未实现融资收益”科目。

（4）本科目期末借方余额，反映企业融资租赁资产的成本。

2. “应收融资租赁款”。

（1）本科目核算出租人融资租赁产生的租赁投资净额。

（2）本科目可按租赁资产的类别和项目，分别“租赁收款额”、“未实现融资收益”、“未担保余值”等进行明细核算。

（3）应收融资租赁款的主要账务处理。

①在租赁期开始日，出租人应当按尚未收到的租赁收款额，借记“应收融资租赁款——租赁收款额”科目，按预计租赁期结束时的未担保余值，借记“应收融资租赁款——未担保余值”科目，按已经收取的租赁款，借记“银行存款”等科目，按融资租赁方式租出资产的账面价值，贷记“融资租赁资产”等科目，按融资租赁方式租出资产的公允价值与其账面价值的差额，借记或贷记“资产处置损益”科目，按发生的初始直接费用，贷记“银行存款”等科目，差额贷记“应收融资租赁款——未实现融资收益”科目。

企业认为有必要对发生的初始直接费用进行单独核算的，也可以按照发生的初始直接费用的金额，借记“应收融资租赁款——初始直接费用”科目，贷记“银行存款”等科目；然后借记“应收融资租赁款——未实现融资收益”科目，贷记“应收融资租赁款——初始直接费用”科目。

②出租人在确认租赁期内各个期间的利息收入时，应当借记“应收融资租赁款——未实现融资收益”科目，贷记“租赁收入”、“其他业务收入”等科目。

③出租人收到租赁收款额时，应当借记“银行存款”科目，贷记“应收融资租赁款——租赁收款额”科目。

（4）本科目的期末借方余额，反映未担保余值和尚未收到的租赁收款额的现值之和。

3. “应收融资租赁款减值准备”。

（1）本科目核算应收融资租赁款的减值准备。

（2）应收融资租赁款减值准备的主要账务处理。

计提应收融资租赁款的预期信用损失准备，按应减记的金额，借记“信用减值损失”科目，贷记本科目。转回已计提的减值准备时，做相反的会计分录。

（3）本科目期末贷方余额，反映应收融资租赁款的累计减值准备金额。

4. “租赁收入”。

（1）本科目核算租赁企业作为出租人确认的融资租赁和经营租赁的租赁收入。一般企业根据自身业务特点确定租赁收入的核算科目，例如“其他业务收入”等。

（2）本科目可按租赁资产类别和项目进行明细核算。

（3）租赁收入的主要账务处理。

①出租人在经营租赁下，将租赁收款额采用直线法或其他系统合理的方法在租赁期内进行分摊确认时，应当借记“银行存款”、“应收账款”等科目，贷记“租赁收入”、“其他业务收入”等科目。

出租人在融资租赁下，在确认租赁期内各个期间的利息收入时，应当借记“应收融资租赁款——未实现融资收益”科目，贷记“租赁收入”、“其他业务收入”等科目。出租人为金融企业的，在融资租赁下，在确认租赁期内各个期间的利息收入时，应当借记“应收融资租赁款——未实现融资收益”科目，贷记“利息收入”等科目。

②出租人确认未计入租赁收款额的可变租赁付款额时，应当借记“银行存款”、“应收账款”等科目，贷记“租赁收入”、“其他业务收入”等科目。

（4）期末，应将本科目余额转入“本年利润”科目，结转后本科目无余额。

四、租赁的识别

（一）租赁的定义

租赁，是指在一定期间内，出租人将资产的使用权让与承租人以获取对价的合同。如果合同一方让渡了在一定期间内控制一项或多项已识别资产使用的权利以换取对价，则该合同为租赁或者包含租赁。

根据上述定义，一项租赁应当包含下列要素：一是存在一定期间；二是存在已识别资产；三是资产供应方向客户转移对已识别资产使用权的控制。在合同中，“一定期间”也可以表述为已识别资产的使用量，如某项设备的产出量。如果客户有权在部分合同期内控制已识别资产的使用，则合同包含一项在该部分合同期间的租赁。

企业应当在合同开始日，评估合同是否为租赁或者包含租赁。除非合同条款或条件发生变化，否则，企业无需在合同开始日后重新评估合同是否为租赁或者是否包含租赁。

同时符合下列条件的，使用已识别资产的权利构成一项单独租赁：（1）承租人可从单独使用该资产或将其与易于获得的其他资源一起使用中获利；（2）该资产与合同中的其他资产不存在高度依赖或高度关联关系。

另外，接受商品或服务的合同可能由合营安排或合营安排的代表签订。在这种情况下，企业评估合同是否包含租赁时，应将整个合营安排视为该合同中的客户，评估该合营安排是否在使用期间有权控制已识别资产的使用。

（二）已识别资产

1. 对资产的指定。

已识别资产通常由合同明确指定，也可以在资产可供客户使用时隐性指定。

【例 21－1】 甲公司（客户）与乙公司（供应方）就一节火车车厢的使用签订 5 年期合同。该车厢是为专用于运输甲公司生产过程中使用的特殊材料而设计，未经重大改造不适合其他客户使用。合同中没有通过序列号等明确指定车厢，但是乙公司仅拥有一节适合甲公司使用的火车车厢。如果车厢不能正常工作，合同要求乙公司修理或更换车厢。

本例中，虽然甲公司具体使用哪节火车车厢未在合同中明确指定，但因为乙公司仅拥有一节适合甲公司使用的火车车厢，必须使用其来履行合同，乙公司无法自由替换该车厢。因此，该火车车厢是一项被隐性指定的已识别资产。

2. 物理可区分。

如果资产的部分产能在物理上可区分（如建筑物的一层），则该部分产能属于已识别资产。如果资产的某部分产能与其他部分在物理上不可区分（如光缆的部分容量），则该部分不属于已识别资产，除非其实质上代表该资产的全部产能，从而使客户获得因使用该资产所产生的几乎全部经济利益的权利。

【例 21－2】 情形 1：甲公司（客户）与乙公司（公用设施公司）签订了一份为期 15 年的合同，以取得连接 A、B 城市光缆中三条指定的物理上可区分的光纤使用权。若光纤损坏，乙公司应负责修理和维护。乙公司拥有额外的光纤，但仅可因修理、维护或故障等原因替换指定给甲公司使用的光纤。

情形 2：甲公司与乙公司签订了一份为期 15 年的合同，以取得连接 A、B 城市光缆中约定带宽的光纤使用权。甲公司约定的带宽相当于所使用光缆中三条光纤的全部传输容量（乙公司的光缆包含 15 条传输容量相近的光纤）。

本例情形 1 中，合同明确指定了三条光纤，并且这些光纤与光缆中的其他光纤在物理上可区分，乙公司不可因修理、维护或故障以外的原因替换这些光纤，因此，情形1中存在三条已识别光纤。

本例情形2中，甲公司仅使用光缆的部分传输容量，乙公司提供给甲公司使用的光纤与其余光纤在物理上不可区分，且不代表光缆的几乎全部传输容量，因此，情形2中不存在已识别资产。

3. 实质性替换权。

如果资产供应方在整个使用期间拥有对该资产的实质性替换权，即使合同已对资产进行指定，则该资产也不属于已识别资产。因为如果资产供应方在整个使用期间均能自由替换合同指定的资产，那么实际上，合同仅规定了满足客户需求的一类资产，而不是被唯一识别出的一项或几项资产。

同时符合下列条件时，表明资产供应方拥有资产的实质性替换权：

（1）资产供应方拥有在整个使用期间替换资产的实际能力。例如，客户无法阻止供应方替换资产，且资产供应方易于获得或可以在合理期间内取得用于替换的资产。

（2）资产供应方通过行使替换资产的权利将获得经济利益。即，替换资产的预期经济利益将超过替换资产所需成本。

企业应当在各潜在单独租赁部分（如可单独使用的资产）的层面评估资产供应方的替换权是否为实质性权利，并注意下列事项：

（1）应基于合同开始日的事实和情况，而不应考虑在合同开始日企业认为不可能发生的未来事件。例如，①未来某个客户为使用该资产同意支付高于市价的价格；②引入了在合同开始日尚未实质开发的新技术；③客户对资产的实际使用或资产实际性能与在合同开始日认为可能的使用或性能存在重大差异；④使用期间资产市价与合同开始日认为可能的市价存在重大差异。

（2）应考虑资产供应方是否在整个使用期间都具有替换资产的实际能力，并能通过行使替换资产的权利获得经济利益。如果合同仅赋予资产供应方在特定日期或者特定事件发生日或之后拥有替换资产的权利或义务，考虑到资产供应方没有在整个使用期间替换资产的实际能力，资产供应方的替换权不具有实质性。例如，资产供应方在资产运行结果不佳或者进行技术升级的情况下，因修理和维护而替换资产的权利或义务不属于实质性替换权。

企业难以确定资产供应方是否拥有实质性替换权的，应视为资产供应方没有对该资产的实质性替换权。

【例21－3】甲公司（客户）与乙公司（供应方）签订合同，要求乙公司在5年内按照约定的时间表使用指定型号的火车车厢为甲公司运输约定数量的货物。合同中约定的时间表和货物数量相当于甲公司在5年内有权使用10节指定型号火车车厢。合同规定了所运输货物的性质。乙公司有大量类似的车厢可以满足合同要求。车厢不用于运输货物时存放在乙公司处。

本例中，（1）乙公司在整个使用期间有替换每节车厢的实际能力。用于替换的车厢是乙公司易于获得的，且无需甲公司批准即可替换。（2）乙公司可通过替换车厢获得经济利益。车厢存放在乙公司处，乙公司拥有大量类似的车厢，替换每节车厢的成本极小，乙公司可以通过替换车厢获益，例如，使用已位于任务所在地的车厢执行任务，或利用某客户未使用而闲置的车厢。因此，乙公司拥有车厢的实质性替换权，合同中用于运输甲公司货物的车厢不属于已识别资产。

【例21－4】甲公司是一家便利店运营企业，与某机场运营商乙公司签订了使用机场内某处商业区域销售商品的3年期合同。合同规定了商业区域的面积，商业区域可以位于机场内的任一登机区域，乙公司有权在整个使用期间随时调整分配给甲公司的商业区域位置。甲公司使用易于移动的自有售货亭销售商品。机场有很多符合合同规定的区域可供甲公司使用。

本例中，（1）乙公司在整个使用期间有变更甲公司使用的商业区域的实际能力。机场内有许多区域符合合同规定的商业区域，乙公司有权随时将甲公司使用的商业区域的位置变更至其他区域而无需甲公司批准。（2）乙公司通过替换商业区域将获得经济利益。因为售货亭易于移动，所以乙公司变更甲公司所使用商业区域的成本极小。乙公司能够根据情况变化最有效地利用机场登机区域，因此乙公司能够通过替换机场内的商业区域获益。甲公司控制的是自有的售货亭，而合同约定的是机场内的商业区域，乙公司可随意变更该商业区域，因此乙公司有替换甲公司所使用商业区域的实质性权利。因此，尽管合同具体规定了甲公司使用的商业区域的面积，但合同中不存在已识别资产。

【例21－5】甲公司（客户）与乙公司（供应方）签订了使用一架指定飞机的两年期合同，合同详细规定了飞机的内、外部规格。合同规定，乙公司在两年合同期内可以随时替换飞机，在飞机出现故障时则必须替换飞机；无论哪种情况下，所替换的飞机必须符合合同中规定的内、外部规格。在乙公司的机队中配备符合甲公司要求规格的飞机所需成本高昂。

本例中，合同明确指定了飞机，尽管合同允许乙公司替换飞机，但配备另一架符合合同要求规格的飞机会发生高昂的成本，乙公司不会因替换飞机而获益，因此，乙公司的替换权不具有实质性，合同指定的飞机属于已识别资产。

（三）客户是否控制已识别资产使用权的判断

为确定合同是否让渡了在一定期间内控制已识别资产使用的权利，企业应当评估合同中的客户是否有权获得在使用期间因使用已识别资产所产生的几乎全部经济利益，并有权在该使用期间主导已识别资产的使用。

1. 客户是否有权获得因使用资产所产生的几乎全部经济利益。

在评估客户是否有权获得因使用已识别资产所产生的几乎全部经济利益时，企业应当在约定的客户权利范围内考虑其所产生的经济利益。例如，如果合同规定汽车在使用期间仅限在某一特定区域使用，则企业应当仅考虑在该区域内使用汽车所产生的经济利益，而不包括在该区域外使用汽车所产生的经济利益。又如，如果合同规定客户在使用期间仅能在特定里程范围内驾驶汽车，则企业应当仅考虑在允许的里程范围内使用汽车所产生的经济利益，而不包括超出该里程范围使用汽车所产生的经济利益。

为控制已识别资产的使用，客户应当有权获得整个使用期间使用该资产所产生的几乎全部经济利益。客户可以通过多种方式直接或间接获得使用资产所产生的经济利益，例如，通过使用、持有或转租资产。使用资产所产生的经济利益包括资产的主要产出和副产品（包括来源于这些项目的潜在现金流量）以及通过与第三方之间的商业交易实现的其他经济利益。

如果合同规定客户应向资产供应方或另一方支付因使用资产所产生的部分现金流量作为对价，该现金流量仍应视为客户因使用资产而获得的经济利益的一部分。例如，如果客户因使用零售区域需向供应方支付零售收入的一定比例作为对价，该条款本身并不妨碍客户拥有获得使用零售区域所产生的几乎全部经济利益的权利。因为零售收入所产生的现金流量是客户使用零售区域而获得的经济利益，而客户支付给零售区域供应方的部分现金流量是使用零售区域的权利的对价。

2. 客户是否有权主导资产的使用。

存在下列情形之一的，可视为客户有权主导对已识别资产在整个使用期间的使用：

（1）客户有权在整个使用期间主导已识别资产的使用目的和使用方式；

（2）已识别资产的使用目的和使用方式在使用期间前已预先确定，并且客户有权在整个使用期间自行或主导他人按照其确定的方式运营该资产，或者客户设计了已识别资产（或资产的特定方面）并在设计时已预先确定了该资产在整个使用期间的使用目的和使用方式。

对于上述第一种情况，如果客户有权在整个使用期间在合同界定的使用权范围内改变资产的使用目的和使用方式，则视为客户有权在该使用期间主导资产的使用目的和使用方式。在判断客户是否有权在整个使用期间主导已识别资产的使用目的和使用方式时，企业应当考虑在该使用期间与改变资产的使用目的和使用方式最为相关的决策权。相关决策权是指对使用资产所产生的经济利益产生影响的决策权。最为相关的决策权可能因资产性质、合同条款和条件的不同而不同。此类例子包括：①变更资产的产出类型的权利。例如，决定将集装箱用于运输商品还是储存商品，或者决定在零售区域销售的产品组合。②变更资产的产出时间的权利。例如，决定机器或发电厂的运行时间。③变更资产的产出地点的权利。例如，决定卡车或船舶的目的地，或者决定设备的使用地点。④变更资产是否产出以及产出数量的权利。例如，决定是否使用发电厂发电以及发电量的多少。

某些决策权并未授予客户改变资产的使用目的和使用方式的权利。例如，在资产的使用目的和使用方式未预先确定的情况下，客户所拥有的运行或维护资产的权利。这些权利对于资产的高效使用通常是必要的，但它们并非主导资产的使用目的和使用方式的权利，而且往往依赖于有关资产使用目的和使用方式的权利。

对于上述第二种情况，与资产使用目的和使用方式相关的决策可以通过很多方式预先确定，例如，通过设计资产或在合同中对资产的使用作出限制来预先确定相关决策。对于在合同中预先确定关于资产使用目的和使用方式相关决策的，企业应当考虑该做法是对客户使用资产的范围作出限定，还是对客户在整个使用期间与改变资产的使用目的和使用方式相关的决策权作出限定，如果仅是对客户使用资产的范围作出限定的，该限定不妨碍客户获得主导资产使用的权利。例如，合同可能包含一些旨在保护资产供应方在已识别资产中的权益、保护资产供应方的工作人员或者确保资产供应方不因客户使用租赁资产而违反法律法规的条款和条件（如在合同中规定资产使用的最大工作量、限制客户使用资产的地点或时间、要求客户遵守特定的操作惯例或者要求客户在变更资产使用方式时通知资产供应方等）。这些权利虽然对客户使用资产权利的范围作出了限定，但是其本身不足以否定客户拥有主导资产使用的权利。

需要强调的是，在评估客户是否有权主导资产的使用时，除非资产（或资产的特定方面）由客户设计，否则，企业应当仅考虑在使用期间对资产使用作出决策的权利。例如，如果客户仅能在使用期间之前指定资产的产出而没有与资产使用相关的任何其他决策权，则该客户享有的权利与购买该项商品或服务的其他客户享有的权利并无不同。

【例 21－6】 甲公司（客户）与乙公司（供应方）就使用一辆卡车在一周时间将货物从 A 地运至 B 地签订了合同。根据合同，乙公司只提供卡车、发运及到货的时间和站点，甲公司负责派人驾车自 A 地到 B 地。合同中明确指定了卡车，并规定在合同期内该卡车只允许用于运输合同中指定的货物，乙公司没有替换权。合同规定了卡车可行驶的最大里程。甲公司可在合同规定的范围内选择具体的行驶速度、路线、停车休息地点等。甲公司在指定路程完成后无权继续使用这辆卡车。

本例中，合同明确指定了一辆卡车，且乙公司无权替换，因此合同存在已识别资产。合同预先确定了卡车的使用目的和使用方式，即在规定时间内将指定货物从 A 地运至 B 地。甲公司有权在整个使用期间操作卡车（如决定行驶速度、路线、停车休息地点），因此，甲公司主导了卡车的使用，甲公司通过控制卡车的操作在整个使用期间全权决定卡车的使用。

【例 21－7】 甲公司（客户）与乙公司（供应方）签订了购买某一新太阳能电厂 20 年生产的全部电力的合同。合同明确指定了太阳能电厂，且乙公司没有替换权。太阳能电厂的产权归乙公司所有，乙公司不能通过其他电厂向甲公司供电。太阳能电厂在建造之前由甲公司设计，甲公司聘请了太阳能专家协助其确定太阳能电厂的选址和设备工程。乙公司负责按照甲公司的设计建造太阳能电厂，并负责电厂的运行和维护。关于是否发电、发电时间和发电量无需再进行决策，该项资产在设计时已经预先确定了这些决策。

本例中，合同明确指定了太阳能电厂，且乙公司无权替换，因此合同存在已识别资产。由于太阳能电厂使用目的、使用方式等相关决策在太阳能电厂设计时已预先确定，因此，尽管太阳能电厂的运营由乙公司负责，但是该电厂由甲公司设计这一事实赋予了甲公司主导电厂使用的权利，甲公司在整个 20 年使用期有权主导太阳能电厂的使用。

【例 21－8】 沿用〖例 21－7〗，但电厂由乙公司在合同签订前自行设计。

本例中，合同明确指定了电厂，且乙公司无权替换，因此合同存在已识别资产。电厂的使用目的和使用方式，即是否发电、发电时间和发电量，在合同中已预先确定。甲公司在使用期间无权改变电厂的使用目的和使用方式，没有关于电厂使用的其他决策权（例如，甲公司不运营电厂），也未参与电厂的设计，因此，甲公司在使用期间无权主导电厂的使用。

【例21－9】 甲公司（客户）与乙公司（供应方）签订合同，使用指定的乙公司船只将货物从甲地运至乙地。合同明确规定了船只、运输的货物以及装卸日期。乙公司没有替换船只的权利。运输的货物将占据该船只几乎全部的运力。乙公司负责船只的操作和维护，并负责船上货物的安全运输。合同期间，甲公司不得雇佣其他人员操作船只或自行操作船只。

本例中，合同明确指定了船只，且乙公司无权替换，因此合同存在已识别资产。合同预先确定了船只的使用目的和使用方式，即在规定的装卸日期将指定货物从甲地运至乙地。甲公司在使用期间无权改变船只的使用目的和使用方式，也没有关于船只使用的其他决策权（例如，甲公司无权操作船只），也未参与该船只的设计，因此甲公司在使用期间无权主导船只的使用。

【例21－10】 甲公司（客户）与电信公司乙公司（供应方）签订了两年期的网络服务合同，合同要求乙公司提供约定传输速度和质量的网络服务。为提供这项服务，乙公司在甲公司处安装并配置了服务器；在保证约定的甲公司在网络上使用服务器传输数据的速度和质量的前提下，乙公司有权决定使用服务器传输数据的方式（包括服务器接入的网络）、是否重新配置服务器以及是否将服务器用于其他用途。甲公司并不操作服务器或对其使用作出任何重大决定。

本例中，乙公司是使用期间唯一可就服务器的使用作出相关决策的一方。尽管甲公司可以在使用期开始前决定网络的服务水平（网络服务的传输速度和质量），但其不能直接影响网络服务的配置，也不能决定服务器的使用方式和使用目的，因此，甲公司在使用期间不能主导服务器的使用。

【例21－11】 甲公司（客户）与乙公司（供应方）签订了使用指定船只的5年期合同。合同明确规定了船只，且乙公司没有替换权。甲公司在整个5年使用期决定运输的货物、船只是否航行以及航行的时间和目的港，但需遵守合同规定的限制条件。这些限制条件是为了防止甲公司将船只驶入遭遇海盗风险较高的水域或装载危险品。乙公司负责船只的操作与维护，并负责船上货物的安全运输。合同期间，甲公司不得雇佣其他人员操作船只或自行操作船只。

本例中，合同明确指定了船只，且乙公司无权替换，因此存在已识别资产。合同中关于船只可航行水域和可运输货物的限制限定了甲公司使用船只的权利的范围，但目的仅是保护乙公司船只和人员安全。因为甲公司在使用权范围内可以决定船只是否航行、航行的时间和地点以及所运输的货物，所以甲公司在整个5年使用期可以决定船只的使用目的和使用方式，并有权改变这些决定。尽管船只的操作和维护对于船只的有效使用必不可少，但乙公司在这些方面的决策并未赋予其主导船只使用目的和使用方式的权利。相反，乙公司的决策取决于甲公司关于船只使用目的和使用方式的决定。因此，甲公司在整个5年使用期有权主导该船只的使用。

（四）评估流程

综上，合同开始日，企业评估合同是否为租赁或是否包含租赁可参考图21－1。

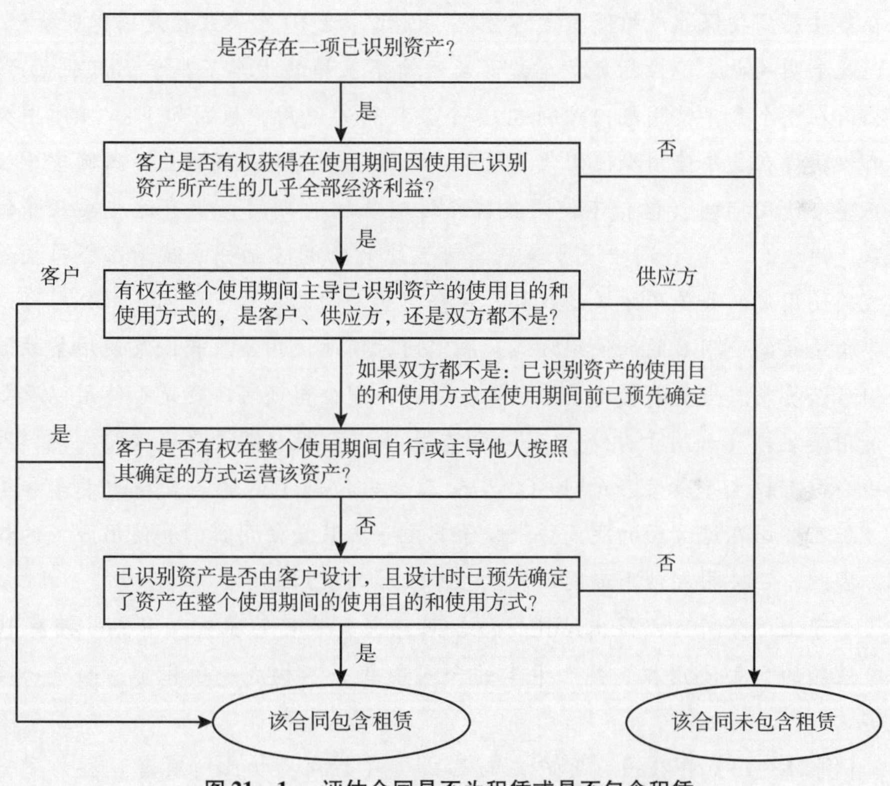

图21－1 评估合同是否为租赁或是否包含租赁

【例21－12】甲公司（客户）与乙公司（货运商）签订了一份使用10个指定型号集装箱的5年期合同。合同指定了具体的集装箱，集装箱归乙公司所有。甲公司有权决定何时何地使用这些集装箱以及用其运输什么货物。不用时，集装箱存放在甲公司处。甲公司可将集装箱用于其他目的（如用于存储）。但合同明确规定甲公司不能运输特定类型的货物（如爆炸物）。若某个集装箱需要保养或维修，乙公司应以同类型的集装箱替换。除非甲公司违约，乙公司在这合同期内不得收回集装箱。除集装箱外，合同还约定乙公司应按照甲公司的要求提供运输集装箱的卡车和司机。卡车存放在乙公司处，乙公司向司机发出指示详细说明甲公司的货物运输要求。乙公司可使用任一卡车满足甲公司的需求，卡车既可以用于运输甲公司的货物，也可以运输其他客户的货物，即，如果其他客户要求运输货物的目的地与甲公司要求的目的地距离不远且时间接近，乙公司可以用同一卡车运送甲公司使用的集装箱及其他客户的货物。

本例中，合同明确指定了10个集装箱，乙公司一旦交付集装箱给甲公司，仅在集装箱需要保养或维修时方可替换，因此，这10个集装箱是已识别资产。合同既未明确也未隐性指定卡车，因此运输集装箱的卡车不属于已识别资产。甲公司在整个5年使用期内控制这10个集装箱的使用，原因如下：（1）甲公司有权获得在5年使用期使用集装箱所产生的几乎全部经济利益。本例中甲公司在整个使用期间（包括不使用集装箱运输货物的期间）拥有这些集装箱的独家使用权。（2）合同中关于集装箱可运输货物的限制并未赋予乙公司主导集装箱使用目的和使用方式的权利。在合同约定的使用权范围内，甲公司可以主导集装箱的使用目的和使用方式，决定何时何地使用集装箱以及使用集装箱运输什么货物。当集装箱不用于运输货物时，甲公司还可决定是否使用以及如何使用集装箱（如用于存储）。甲公司在5年使用期内有权改变这些决定，因此甲公司有权主导集装箱的使用。尽管乙公司控制了运输集装箱的卡车和司机，但乙公司在这方面的决策并未赋予其主导集装箱使用目的和使用方式的权利。因此，乙公司在使用期间不能主导集装箱的使用。

基于上述分析可以得出结论，该合同包含集装箱的租赁，甲公司拥有10个集装箱的5年使用权。关于卡车的合同条款并不构成一项租赁，而是一项服务。

【例21-13】甲公司（客户）与乙公司（某商场物业所有者）签订了一份使用商铺A的5年期合同。商铺A是某商场的一部分，该商场包含许多商铺。合同授予了甲公司商铺A的使用权。乙公司可以要求甲公司搬至另一商铺，在这种情况下，乙公司应向甲公司提供与商铺A面积和位置类似的商铺，并支付搬迁费用。仅当有新的重要租户决定租用较大零售区域，并支付至少足够涵盖甲公司及零售区域内其他租户搬迁费用的租赁费时，乙公司才能因甲公司搬迁而获得经济利益。尽管这种情形不完全排除发生的可能性，但根据合同开始日情况来看，企业认为属于不可能发生的情况。合同要求甲公司在商场的营业时间内使用商铺A经营其知名店铺品牌以销售商品。甲公司在使用期间就商铺A的使用作出决定。例如，甲公司决定该商铺所销售的商品组合、商品价格和存货量。合同要求甲公司向乙公司支付固定付款额，并按商铺A销售额的一定比例支付可变付款额。作为合同的一部分，乙公司提供清洁、安保及广告服务。

本例中，商铺A在合同中明确指定乙公司有替换商铺的实际能力，但仅在特定情况下才能获益，根据合同开始日的情形分析不太可能出现这种情况，因此，乙公司的替换权不具有实质性，商铺A属于已识别资产。甲公司在整个5年使用期控制商铺A的使用，原因如下：（1）甲公司有权获得在5年使用期使用商铺A所产生的几乎全部经济利益。本例中，甲公司在整个使用期间拥有商铺A的独家使用权。尽管商铺A销售所产生的部分现金流量将从甲公司流向乙公司，但这仅代表甲公司为使用商铺A而支付给乙公司的对价，并不妨碍甲公司拥有获得使用商铺A所产生的几乎全部经济利益的权利。（2）合同关于商铺A销售的商品以及营业时间的限制限定了甲公司使用商铺A的权利的范围。在合同界定的使用权范围内，甲公司可以决定商铺A的使用目的和使用方式，例如，甲公司能够决定在商铺A销售的商品组合以及商品售价。甲公司在5年使用期有权改变这些决定。因此甲公司有权主导商铺A的使用。尽管清洁、安保和广告服务对于商铺A的有效使用必不可少，但乙公司在这些方面的决定并未赋予其主导商铺A使用目的和使用方式的权利。

基于上述分析可以得出结论，该合同包含商铺A的租赁，甲公司拥有商铺A 5年的使用权。

【例21－14】甲公司（客户）与乙公司（制造商）签订了3年期合同，购买一定数量特定材质、版型和尺码的西装。乙公司仅有一家符合甲公司需求的工厂，且乙公司无法用另一家工厂生产的西装供货或从第三方公司购买西装供货。乙公司工厂的产能超过与甲公司签订的合同中的数量（即甲公司未就工厂的几乎全部产能签订合同）。乙公司全权决定该工厂的运营，包括工厂的产出水平以及将不用于满足该合同的产出用于履行哪些客户合同。

本例中，乙公司仅可通过使用一家工厂履行合同，工厂是隐性指定的，因此是已识别资产。但是，甲公司无权获得使用该工厂所产生的几乎全部经济利益，因为乙公司在使用期间可以使用该工厂履行其他客户合同。另外，甲公司在3年使用期内也无权主导工厂的使用目的和使用方式，因为乙公司有权决定工厂的产出水平以及将生产的产品用于履行哪些客户合同，所以乙公司有权主导工厂的使用。甲公司的权利仅限于合同中规定的工厂的特定产出。甲公司对工厂的使用享有与从工厂购买西装的其他客户同样的权利。

单凭甲公司无权获得使用工厂所产生的几乎全部经济利益这一事实，或单凭甲公司无权主导工厂的使用这一事实，均足以判断甲公司在使用期间不能控制工厂的使用权。

【例21-15】 甲公司（客户）与乙公司（信息技术公司）签订了使用一台指定服务器的3年期合同。乙公司根据甲公司的指示在甲公司处交付和安装服务器，并在整个使用期间根据需要提供服务器的维修和保养服务。乙公司仅在服务器发生故障时替换服务器。甲公司决定在服务器中存储哪些数据以及如何将服务器与其运营整合，并在整个使用期间有权改变这些决定。

本例中，合同明确指定了服务器，乙公司仅在服务器发生故障时方可替换，合同存在已识别资产。甲公司在整个3年使用期控制服务器的使用，原因如下：(1) 甲公司有权获得在3年使用期使用服务器所产生的几乎全部经济利益。因此，甲公司在整个使用期间拥有服务器的独家使用权；(2) 甲公司有权决定使用该服务器支持其运营的哪些方面以及存储哪些数据，甲公司可就服务器的使用目的和使用方式作出相关决定，且甲公司是使用期间唯一可对服务器的使用作出决定的一方，因此甲公司有权主导服务器的使用。

基于上述分析可以得出结论，该合同包含服务器的租赁，甲公司拥有服务器3年的使用权。

【例21-16】 甲公司为管道运营商，与乙公司签订合同，取得20年内在乙公司拥有土地使用权的地下空间铺设石油管道的权利。合同明确了铺设管道的地下空间的具体位置和面积。乙公司虽保留了管道上方地面的使用权，但在20年使用期内既无权接触合同所规定的地下空间也无法改变该地下空间的使用。甲公司有权随时进入该地下空间进行检查、维修和保养工作（包括在必要时更换管道的损坏部分）。

本例中，合同明确了铺设石油管道的地下空间的具体位置和面积，该空间与该土地的其余部分在物理上可区分，且乙公司无权在整个使用期内替换该地下空间。该空间位于地下这一事实本身不影响该空间是否为一项已识别资产。因此，合同所明确的地下空间为一项已识别资产。

甲公司在20年使用期内独家使用合同所规定的地下空间，其在整个使用期内有权获得因使用合同所规定的地下空间所产生的几乎全部经济利益。同时，甲公司在20年使用期内有权主导该地下空间的使用。因为该地下空间的使用目的和使用方式在合同中已预先确定，即用于铺设运输石油的具有特定尺寸的管道；甲公司有权进行检查、维修和保养工作，从而有权运营该地下空间。甲公司拥有在20年使用期内主导该地下空间使用的权利。因此，本例中的合同包含租赁。

五、租赁的分拆和合并

（一）租赁的分拆

1. 分拆的原则。

合同中同时包含多项单独租赁的，承租人和出租人应当将合同予以分拆，并分别各项单独租赁进行会计处理。

同时符合下列条件的，使用已识别资产的权利构成合同中的一项单独租赁：

（1）承租人可从单独使用该资产或将其与易于获得的其他资源一起使用中获利。易于获得的资源是指出租人或其他供应方单独销售或出租的商品或服务，或者承租人已从出租人或其他交易中获得的资源。

（2）该资产与合同中的其他资产不存在高度依赖或高度关联关系。例如，若承租人租入资产的决定不会对承租人使用合同中的其他资产的权利产生重大影响，则表明该项资产与合同中的其他资产不存在高度依赖或高度关联关系。

合同中同时包含租赁和非租赁部分的，承租人和出租人应当按照本章的规定将租赁和非租赁部分进行分拆（承租人按照本章的规定选择不分拆的除外）。分拆后，各租赁部分应当分别按照本章进行会计处理，非租赁部分应当按照其他相关章进行会计处理。

另需注意的是，出租人可能要求承租人承担某些款项，却并未向承租人转移商品或服务。例如，出租人可能将管理费或与租赁相关的其他成本计入应付金额，但并未向承租人转移商品或服务。此类应付金额不构成合同中单独的组成部分，而应视为总对价的一部分分摊至单独识别的合同组成部分。

2. 承租人的处理。

在分拆合同包含的租赁和非租赁部分时，承租人应当按照各项租赁部分单独价格及非租赁部分的单独价格之和的相对比例分摊合同对价。租赁和非租赁部分的相对单独价格，应当根据出租人或类似资产供应方就该部分或类似部分对外单独收取的价格确定。如果可观察的单独价格不易于获得，承租人应当最大限度地利用可观察的信息估计单独价格。

为简化处理，承租人可以按照租赁资产的类别选择是否分拆合同包含的租赁和非租赁部分。承租人选择不分拆的，应当将各租赁部分及与其相关的非租赁部分分别合并为租赁，按照本章进行会计处理。但是，对于按照第二十二章金融工具确认和计量应分拆的嵌入衍生工具，承租人不应将其与租赁部分合并进行会计处理。

【例 21－17】甲公司从乙公司租赁一台推土机、一辆卡车和一台长臂挖掘机用于采矿业务，租赁期为 4 年。乙公司同意在整个租赁期内维护各项设备。合同固定对价为 3 000 000 元，按年分期支付，每年支付 750 000 元。合同对价包含了各项设备的维护费用。

本例中，甲公司未采用简化处理，而是将非租赁部分（维护服务）与租入的各项设备分别进行会计处理。甲公司认为租入的推土机、卡车和长臂挖掘机分别属于单独租赁，原因如下：（1）甲公司可分别单独使用这三项设备或将其与易于获得的其他资源一起使用并从中获利（如甲公司易于租入或购买其他卡车或挖掘机用于其采矿业务）；（2）尽管甲公司租入这三项设备只有一个目的（即从事采矿业务），但这些设备不存在高度依赖或高度关联关系。因此，甲公司得出结论，合同中存在三个租赁部分和对应的三个非租赁部分（维护服务）。甲公司将合同对价分摊至三个租赁部分和非租赁部分。

市场上有多家供应方提供类似推土机和卡车的维护服务，因此这两项租入设备的维护服务存在可观察的单独价格。假设其他供应方的支付条款与甲、乙公司签订的合同条款相似，甲公司能够确定推土机和卡车维护服务的可观察单独价格分别为 160 000 元和 80 000 元。长臂挖掘机是高度专业化机械，其他供应方不出租类似挖掘机或为其提供维护服务。乙公司对从本公司购买相似长臂挖掘机的客户提供 4 年的维护服务，可观察对价为固定金额 280 000 元，分 4 年支付。因此，甲公司估计长臂挖掘机维护服务的单独价格为 280 000 元。甲公司观察到乙公司在市场上单独出租租赁期为 4 年的推土机、卡车和长臂挖掘机的价格分别为 900 000 元、580 000 元和 1 200 000 元。

甲公司将合同固定对价 3 000 000 元分摊至租赁和非租赁部分的情况如表 21－1 所示。

表 21－1　　　　金额单位：元

		推土机	卡车	长臂挖掘机	合计
可观察的单独价格	租赁部分	900 000	580 000	1 200 000	2 680 000
	非租赁部分*				520 000
	合计				3 200 000
合同固定对价总额					3 000 000
分摊率（%）**					93.75

注：（1）非租赁部分* ＝160 000＋80 000＋280 000＝520 000；

（2）分摊率（%）**＝3 000 000÷3 200 000＝93.75%（承租人按照推土机、卡车、长臂挖掘机这三个租赁部分的单独价格900 000元、580 000元、1 200 000元和非租赁部分的单独价格之和520 000元的相对比例进行合同对价分摊）。分拆后，推土机、卡车和长臂挖掘机的租赁付款额（折现前）分别为843 750元、543 750元和1 125 000元。

3. 出租人的处理。

在分拆合同包含的租赁和非租赁部分时，出租人应当根据第十五章收入关于交易价格分摊的规定分摊合同对价。

（二）租赁的合并

企业与同一交易方或其关联方在同一时间或相近时间订立的两份或多份包含租赁的合同，在满足下列条件之一时，应当合并为一份合同进行会计处理：

（1）该两份或多份合同基于总体商业目的而订立并构成一揽子交易，若不作为整体考虑则无法理解其总体商业目的。

（2）该两份或多份合同中的某份合同的对价金额取决于其他合同的定价或履行情况。

（3）该两份或多份合同让渡的资产使用权合起来构成一项单独租赁。

两份或多份合同合并为一份合同进行会计处理的，仍然需要区分该一份合同中的租赁部分和非租赁部分。

六、租赁期

租赁期是指承租人有权使用租赁资产且不可撤销的期间；承租人有续租选择权，即有权选择续租该资产，且合理确定将行使该选择权的，租赁期还应当包含续租选择权涵盖的期间；承租人有终止租赁选择权，即有权选择终止租赁该资产，但合理确定将不会行使该选择权的，租赁期应当包含终止租赁选择权涵盖的期间。

（一）租赁期开始日

租赁期自租赁期开始日起计算。租赁期开始日，是指出租人提供租赁资产使其可供承租人使用的起始日期。如果承租人在租赁协议约定的起租日或租金起付日之前已获得对租赁资产使用权的控制，则表明租赁期已经开始。租赁协议中对起租日或租金支付时间的约定，并不影响租赁期开始日的判断。

【例21－18】 在某商铺的租赁合同中，出租人于2×22年1月1日将房屋钥匙交付承租人，承租人在收到钥匙后，就可以自主安排对商铺的装修布置并安排搬迁。合同约定有3个月的免租期，起租日为2×22年4月1日，承租人自起租日开始支付租金。

本例中，由于承租人自2×22年1月1日起就已拥有对商铺使用权的控制，因此租赁期开始日为2×22年1月1日，即租赁期包含出租人给予承租人的免租期。

（二）不可撤销期间

在确定一项租赁的租赁期和评估其不可撤销期间时，企业应根据租赁条款的约定确定可强制执行合同的期间。当承租人和出租人双方均有权在未经另一方许可的情况下终止租赁，且所受惩罚不重大时，该租赁不再可强制执行。

如果只有承租人有权终止租赁，则在确定租赁期时，企业应将该项权利视为承租人可行使的终止租赁选择权予以考虑。如果只有出租人有权终止租赁，则该租赁的不可撤销期间包括终止租赁选择权所涵盖的期间。

需要注意的是，在作出“所受惩罚不重大”的判断时，企业除考虑终止合同的罚款外，还应当考虑与合同相关的其他经济因素，如弃置或拆卸租赁资产改良的成本等。例如，在合同无明确终止期限、企业可连续续租直至合同一方通知终止租赁的情况下，如果企业预期在合同可终止日之后继续使用不可拆除的重大租赁资产改良，则其终止租赁可能面临的惩罚并非不重大，此时企业应考虑合同是否至少在租赁资产改良的预计使用期间是可强制执行的。

【例21－19】 承租人与出租人签订了一份租赁合同，约定自租赁期开始日1年内不可撤销，如果撤销，双方将支付重大罚金，1年期满后，经双方同意可再延长1年，如有一方不同意，将不再续期，没有罚款且预计对双方造成的经济损失不重大。假设承租人对于租赁资产并不具有重大依赖。

本例中，自租赁期开始日起的第1年有强制的权利和义务，是不可撤销期间。而此后1年的延长期并非不可撤销期间，因为承租人或出租人均可单方面选择不续约而无需支付任何罚款且预计对双方造成的经济损失不重大。

（三）续租选择权和终止租赁选择权

在租赁期开始日，企业应当评估承租人是否合理确定将行使续租或购买租赁资产的选择权，或者将不行使终止租赁选择权。在评估时，企业应当考虑对承租人行使续租选择权或不行使终止租赁选择权带来经济利益的所有相关事实和情况，包括自租赁期开始日至选择权行使日之间的事实和情况的预期变化。需考虑的因素包括但不限于以下方面：

（1）与市价相比，选择权期间的合同条款和条件。例如，选择权期间内为使用租赁资产而需支付的租金；可变租赁付款额或其他或有款项（如因终止租赁罚款和余值担保导致的应付款项）；初始选择权期间后可行使的其他选择权的条款和条件（如续租期结束时可按低于市价的价格行使购买选择权）。

（2）在合同期内承租人进行或预期进行重大租赁资产改良的，在可行使续租选择权、终止租赁选择权或者购买租赁资产选择权时，预期能为承租人带来的重大经济利益。

（3）与终止租赁相关的成本。例如，谈判成本、搬迁成本、寻找与选择可满足承租人需求的替代资产所发生的成本、将新资产融入运营所发生的整合成本、终止租赁的罚款、将租赁资产恢复至租赁条款约定状态的成本、将租赁资产归还至租赁条款约定地点的成本等。

（4）租赁资产对承租人运营的重要程度。例如，租赁资产是否为一项专门资产，租赁资产位于何地以及是否可获得合适的替换资产等。

（5）与行使选择权相关的条件及满足相关条件的可能性。例如，租赁条款约定仅在满足一项或多项条件时方可行使选择权的，还应考虑相关条件及满足相关条件的可能性。

租赁的不可撤销期间的长短会影响对承租人是否合理确定将行使或不行使选择权的评估。通常，不可撤销期间越短，获取替代资产的相对成本就越高，承租人行使续租选择权或不行使终止租赁选择权的可能性就越大。此外，在评估承租人是否合理确定将行使或不行使选择权时，如果承租人曾经使用过特定类型的租赁资产或自有资产，则可以参考承租人使用该类资产的通常期限及原因。例如，承租人通常在特定时期内使用某类资产，或承租人通常对某类租赁资产行使选择权，则承租人应考虑以往这些做法的原因，以评估是否合理确定将对此类租赁资产行使选择权。

续租选择权或终止租赁选择权可能与租赁的其他条款相结合。例如，无论承租人是否行使选择权，均保证向出租人支付基本相等的最低或固定现金，在此情形下，应假定承租人合理确定将行使续租选择权或不行使终止租赁选择权。又如，同时存在原租赁和转租赁时，转租赁期限超过原租赁期限，如原租赁包含5年的不可撤销期间和2年的续租选择权，而转租赁的不可撤销期限为7年，此时应考虑转租赁期限及相关租赁条款对续租选择权评估的可能影响。

购买选择权的评估方式应与续租选择权或终止租赁选择权的评估方式相同，购买选择权在经济上与将租赁期延长至租赁资产全部剩余经济寿命的续租选择权类似。

【例21－20】 承租人签订了一份设备租赁合同，合同包含4年不可撤销期间和2年按照固定价格行使的续租选择权，续租选择权期间的合同条款和条件与市价接近，没有终止租赁罚款或其他因素表明承租人合理确定将行使续租选择权。因此，在租赁期开始日，确定租赁期为4年。

【例21－21】 承租人签订了一份建筑租赁合同，合同包含4年不可撤销期间和2年按照市价行使的续租选择权。在搬入该建筑之前，承租人花费了大量资金对租赁建筑进行了改良，预计在第4年结束时租赁资产改良仍具有重大价值，且该价值仅可通过继续使用租赁资产实现。

本例中，如果承租人在第4年结束时放弃该租赁资产改良，将蒙受重大经济损失。因此，承租人合理确定将行使续租选择权，在租赁开始时确定租赁期为6年。

（四）对租赁期和购买选择权的重新评估

发生承租人可控范围内的重大事件或变化，且影响承租人是否合理确定将行使相应选择权的，承租人应当对其是否合理确定将行使续租选择权、购买选择权或不行使终止租赁选择权进行重新评估，并根据重新评估结果修改租赁期。承租人可控范围内的重大事件或变化包括但不限于下列情形：

（1）在租赁期开始日未预计到的重大租赁资产改良，在可行使续租选择权、终止租赁选择权或购买选择权时，预期将为承租人带来重大经济利益；

（2）在租赁期开始日未预计到的租赁资产的重大改动或定制化调整；

（3）承租人做出的与行使或不行使选择权直接相关的经营决策。例如，决定续租互补性资产、处置可替代的资产或处置包含相关使用权资产的业务。

如果不可撤销的租赁期间发生变化，企业应当修改租赁期。例如，在下述情况下，不可撤销的租赁期将发生变化：（1）承租人实际行使了选择权，但该选择权在之前企业确定租赁期时未涵盖；（2）承租人未实际行使选择权，但该选择权在之前企业确定租赁期时已涵盖；（3）某些事件的发生导致根据合同规定承租人有义务行使选择权，但该选择权在之前企业确定租赁期时未涵盖；（4）某些事件的发生导致根据合同规定禁止承租人行使选择权，但该选择权在之前企业确定租赁期时已涵盖。

在租赁期开始日，企业应当基于所有相关事实和情况判断可强制执行合同的期间以及是否存在实质续租、终止等选择权以合理确定租赁期，其他相关会计估计应与此一致。例如，与该租赁相关的租赁资产改良支出、初始直接费用等的摊销期限应当与租赁期保持一致。

七、承租人会计处理

在租赁期开始日，承租人应当对租赁确认使用权资产和租赁负债，但应用短期租赁和低价值资产租赁简化处理的除外。

（一）租赁负债的初始计量

租赁负债应当按照租赁期开始日尚未支付的租赁付款额的现值进行初始计量。识别应纳入租赁负债的相关付款项目是计量租赁负债的关键。

1. 租赁付款额。

租赁付款额，是指承租人向出租人支付的与在租赁期内使用租赁资产的权利相关的款项。

租赁付款额包括下列五项内容：

（1）固定付款额及实质固定付款额，存在租赁激励的，扣除租赁激励相关金额。

实质固定付款额是指在形式上可能包含变量但实质上无法避免的付款额。常见情形包括：

①付款额设定为可变租赁付款额，但该可变条款几乎不可能发生，没有真正的经济实质。例如，付款额仅需在租赁资产经证实能够在租赁期间正常运行时支付，或者仅需在不可能不发生的事件发生时支付。又如，付款额初始设定为与租赁资产使用情况相关的可变付款额，但其潜在可变性将于租赁期开始日之后的某个时点消除，在可变性消除时，该类付款额成为实质固定付款额。

②承租人有多套付款额方案，但其中仅有一套是可行的。在此情况下，承租人应采用该可行的付款额方案作为租赁付款额。

③承租人有多套可行的付款额方案，但必须选择其中一套。在此情况下，承租人应采用总折现金额最低的一套作为租赁付款额。

【例21－22】甲公司是一家知名零售商，从乙公司租入已成熟开发的零售场所开设一家商店。根据租赁合同，甲公司在正常工作时间内必须经营该商店，且甲公司不得将商店闲置或进行分租。合同中关于租赁付款额的条款为：如果甲公司开设的这家商店没有发生销售，则甲公司应付的年租金为100元；如果这家商店发生销售，则甲公司应付的年租金为1 000 000元。

本例中，该租赁包含每年1 000 000元的实质固定付款额。该金额不是取决于销售额的可变付款额。因为甲公司是一家知名零售商，根据租赁合同，甲公司应在正常工作时间内经营该商店，所以甲公司开设的这家商店不可能不发生销售。

【例21－23】 承租人甲公司签订了一份为期5年的卡车租赁合同。合同中关于租赁付款额的条款为：如果该卡车在某月份的行驶里程不超过1万公里，则该月应付的租金为10 000元；如果该卡车在某月份的行驶里程超过1万公里但不超过2万公里，则该月应付的租金为16 000元；该卡车1个月内的行驶里程最高不能超过2万公里，否则承租人需支付巨额罚款。

本例中，租赁付款额中包含基于使用情况的可变性，且在某些月份里确实可避免支付较高租金，然而，月付款额10 000元是不可避免的。因此，月付款额10 000元属于实质固定付款额，应被纳入租赁负债的初始计量中。

【例21－24】 承租人甲公司租入一台预计使用寿命为5年的机器。不可撤销的租赁期为3年。在第3年末，甲公司必须以20 000元购买该机器，或者将租赁期延长2年，如延长，则在续租期内每年末支付10 500元。

本例中，甲公司在租赁期开始时评估认为，不能合理确定在第3年末将购买该机器，还是将租赁期延长2年。如果甲公司单独考虑购买选择权或续租选择权，那么在租赁期开始时，购买选择权的行权价格与续租期内的应付租金都不会纳入租赁负债中。然而，该安排在第3年末包含一项实质固定付款额。这是因为，甲公司必须行使上述两种选择权中的其中一个，且不论在哪种选择权下，甲公司都必须进行付款。因而在该安排中，实质固定付款额的金额是下述两项金额中的较低者：购买选择权的行权价格（20 000元）的现值与续租期（2年）内付款额（每年末支付10 500元）的现值。

租赁激励，是指出租人为达成租赁向承租人提供的优惠，包括出租人向承租人支付的与租赁有关的款项、出租人为承租人偿付或承担的成本等。存在租赁激励的，承租人在确定租赁付款额时，应扣除租赁激励相关金额。

（2）取决于指数或比率的可变租赁付款额。

可变租赁付款额，是指承租人为取得在租赁期内使用租赁资产的权利，而向出租人支付的因租赁期开始日后的事实或情况发生变化（而非时间推移）而变动的款项。

可变租赁付款额可能与下列指标或情况挂钩：

①市场比率或指数。例如，随基准利率或消费者价格指数变动调整租赁付款额。

②承租人源自租赁资产的绩效。例如，零售业不动产租赁可能会要求基于使用该不动产取得的销售收入的一定比例确定租赁付款额；某设备租赁可能基于该设备运营收入的一定比例确定租赁付款额。

③租赁资产的使用。例如，车辆租赁可能要求承租人在超过特定里程数时支付额外的租赁付款额。

需要注意的是，纳入租赁负债初始计量的可变租赁付款额仅限取决于指数或比率的可变租赁付款额，包括与消费者价格指数挂钩的款项、与基准利率挂钩的款项和为反映市场租金费率变化而变动的款项等。此类可变租赁付款额应当根据租赁期开始日的指数或比率确定。除取决于指数或比率的可变租赁付款额外的其他可变租赁付款额，均不纳入租赁负债的初始计量，而应当在实际发生时计入当期损益（按照其他章的规定应计入相关资产成本的除外）。

【例 21-25】 承租人甲公司签订了一项为期 10 年的不动产租赁合同，每年的租赁付款额为 50 000 元，于每年年初支付。合同规定，租赁付款额在租赁期开始日后每两年基于过去 24 个月消费者价格指数的上涨进行上调。租赁期开始日的消费者价格指数为 125。

本例中，甲公司在初始计量租赁负债时，应基于租赁期开始日的消费者物价指数确定租赁付款额，无需对后续年度因消费者物价指数而导致的租金变动作出估计。因此，在租赁期开始日，甲公司应以每年 50 000 元的租赁付款额为基础计量租赁负债。

（3）购买选择权的行权价格，前提是承租人合理确定将行使该选择权。

在租赁期开始日，承租人应评估是否合理确定将行使购买租赁资产的选择权。在评估时，承租人应考虑对其行使或不行使购买选择权产生经济激励的所有相关事实和情况。如果承租人合理确定将行使购买租赁资产的选择权，则租赁付款额中应包含购买选择权的行权价格。

【例 21-26】 承租人甲公司与出租人乙公司签订了一份不可撤销的 5 年期设备租赁合同。合同规定，甲公司可以选择在租赁期结束时以 5 000 元购买这台设备。已知该设备应用于不断更新、迅速变化的科技领域，租赁期结束时其公允价值可能出现大幅波动，估计在4 000元至9 000元之间，在5年租赁期内可能会有更好的替代产品出现。

本例中，在租赁期开始日，甲公司对于其是否将行使购买选择权的经济动机作出全面评估，并最终认为不能合理确定将行使购买选择权。该评估包括：租赁期结束时该设备公允价值的重大波动性，以及在租赁期间内可能出现更好替代产品的可能性等。评估甲公司是否合理确定将行使购买选择权可能涉及重大判断。假设甲公司租赁设备时，约定更短的租赁期限（如1年或2年）或设备所处环境不同（如租赁设备并非应用于不断更新的科技领域，而是应用于相对稳定的行业，并且其未来的公允价值能够可靠预测和估计），则甲公司是否行使购买选择权的判断可能不同。

（4）行使终止租赁选择权需支付的款项，前提是租赁期反映出承租人将行使终止租赁选择权。

在租赁期开始日，承租人应评估是否合理确定将行使终止租赁的选择权。在评估时，承租人应考虑对其行使或不行使终止租赁选择权产生经济激励的所有相关事实和情况。如果承租人合理确定将行使终止租赁选择权，则租赁付款额中应包含行使终止租赁选择权需支付的款项，并且租赁期不应包含终止租赁选择权涵盖的期间。

【例21－27】承租人甲公司租入某办公楼的一层楼，为期10年。甲公司有权选择在第5年后提前终止租赁，并以相当于6个月的租金作为罚金。每年的租赁付款额为固定金额120 000元。该办公楼是全新的，并且在周边商业园区的办公楼中处于技术领先水平。上述租赁付款额与市场租金水平相符。

本例中，在租赁期开始日，甲公司评估后认为，6个月的租金对于甲公司而言金额重大，同等条件下，也难以按更优惠的价格租入其他办公楼，可以合理确定不会选择提前终止租赁，因此其租赁负债不应包括提前终止租赁时需支付的罚金，租赁期确定为10年。

（5）根据承租人提供的担保余值预计应支付的款项。

担保余值，是指与出租人无关的一方向出租人提供担保，保证在租赁结束时租赁资产的价值至少为某指定的金额。如果承租人提供了对余值的担保，则租赁付款额应包含该担保下预计应支付的款项，它反映了承租人预计将支付的金额，而不是承租人担保余值下的最大敞口。

【例21－28】承租人甲公司与出租人乙公司签订了汽车租赁合同，租赁期为5年。合同中就担保余值的规定为：如果该汽车在租赁期结束时的公允价值低于40 000元，则甲公司需向乙公司支付40 000元与汽车公允价值之间的差额，因此，甲公司在该担保余值下的最大敞口为40 000元。

本例中，在租赁期开始日，甲公司预计该汽车在租赁期结束时的公允价值为40 000元，即，甲公司预计在担保余值下将支付的金额为零。因此，甲公司在计算租赁负债时，与担保余值相关的付款额为零。

需要说明的是，承租人向出租人支付的款项中包含增值税的，该增值税不属于租赁付款额的范畴，不应纳入租赁负债和使用权资产的计量。出租人为确保承租人履行合同相关义务收取租赁保证金的，该租赁保证金也不属于承租人的租赁付款额，承租人应将其作为单独的资产进行会计处理。

2. 折现率。

租赁负债应当按照租赁期开始日尚未支付的租赁付款额的现值进行初始计量。在计算租赁付款额的现值时，承租人应当采用租赁内含利率作为折现率；无法确定租赁内含利率的，应当采用承租人增量借款利率作为折现率。

租赁内含利率，是指使出租人的租赁收款额的现值与未担保余值的现值之和等于租赁资产公允价值与出租人的初始直接费用之和的利率。其中，未担保余值，是指租赁资产余值中，出租人无法保证能够实现或仅由与出租人有关的一方予以担保的部分。初始直接费用，是指为达成租赁所发生的增量成本。增量成本，是指若企业不取得该租赁，则不会发生的成本，如佣金、印花税等。无论是否实际取得租赁都会发生的支出，不属于初始直接费用，如为评估是否签订租赁合同而发生的差旅费、法律费用等，此类费用应当在发生时计入当期损益。

【例21－29】承租人甲公司与出租人乙公司签订了一份车辆租赁合同，租赁期为5年。在租赁期开始日，该车辆的公允价值为100 000元，乙公司预计在租赁结束时其公允价值（即未担保余值）将为10 000元。租赁付款额为每年23 000元，于年末支付。乙公司发生的初始直接费用为5 000元。乙公司计算租赁内含利率r的方法如下：

$$23\,000\times(P/A,\ r,\ 5)+10\,000\times(P/F,\ r,\ 5)=100\,000+5\,000$$

本例中，计算得出的租赁内含利率r为5.79%。

承租人增量借款利率，是指承租人在类似经济环境下为获得与使用权资产价值接近的资产，在类似期间以类似抵押条件借入资金须支付的利率。该利率与下列事项相关：（1）承租人自身情况，即承租人的偿债能力和信用状况；（2）“借款”的期限，即租赁期；（3）“借入”资金的金额，即租赁负债的金额；（4）“抵押条件”，即租赁资产的性质和质量；（5）经济环境，包括承租人所处的司法管辖区、计价货币、合同签订时间等。

在具体操作时，承租人可以先根据所处经济环境，以可观察的利率作为确定增量借款利率的参考基础，然后根据承租人自身情况、租赁资产情况、租赁期和租赁负债金额等租赁业务具体情况对参考基础进行调整，得出适用的承租人增量借款利率。企业应当对确定承租人增量借款利率的依据和过程做好记录。

实务中，承租人增量借款利率常见的参考基础包括：承租人同期银行贷款利率、相关租赁合同利率、承租人最近一期类似资产抵押贷款利率、与承租人信用状况相似的企业发行的同期债券利率等，但承租人还需根据上述事项在参考基础上相应进行调整。

【例21－30】 2×21年1月1日，承租人甲公司签订了一份为期10年的不动产租赁协议，并拥有5年的续租选择权。每年的租赁付款额固定为人民币900 000元，于每年年末支付。

在租赁期开始日，甲公司评估后认为，不能合理确定将行使续租选择权，因此将租赁期确定为10年。甲公司无法确定租赁内含利率，需采用增量借款利率作为折现率来计算租赁付款额的现值。

甲公司现有的借款包括：

①一笔为期6个月的短期借款，金额为500 000元，借款起始日为2×20年10月1日，到期日为2×21年3月31日，利率为4.0%，每季末支付利息，到期时一次性偿还本金，无任何抵押；

②一笔为期15年的债券，金额为50 000 000元，发行日为2×19年1月1日，到期日为2×33年12月31日，票面利率为9.0%，每年末支付利息，到期时一次性偿还本金，无任何抵押。

本例中，为确定该租赁的增量借款利率，甲公司可以找到类似期限（即租赁期10年）、类似抵押条件（即以租赁资产作为抵押）、类似经济环境下（如借入时点是租赁期开始日，偿付方式是每年等额偿付900 000元，10年后拥有与续租权类似的借款选择权），借入与使用权资产价值接近的资金（即人民币9 000 000元）须支付的固定利率。由于无法直接获取满足上述全部条件的利率，甲公司以其现有的借款利率以及市场可参考信息（如相同期限的国债利率等）作为基础，估计该租赁的增量借款利率。

以可观察的借款利率作为参考基础确定增量借款利率时，通常需要考虑的因素包括但不限于：

(1) 借款金额不同，例如，作为参考基础的借款金额远高于租赁负债；

(2) 本息偿付方式不同，例如，作为参考基础的借款是每年付息、到期一次性偿还本金，而不是每年等额偿付本息；

(3) 借款期限不同，例如，作为参考基础的借款短于或长于租赁期；

(4) 抵押、担保情况不同，例如，作为参考基础的借款为无抵押借款；

(5) 资金借入时间的不同，例如，作为参考基础的债券是 2 年前发行的，而市场利率水平在 2 年内发生了较大变化；

(6) 提前偿付或其他选择权的影响；

(7) 借款币种不同，例如，作为参考基础的借款为人民币借款，但租赁付款额的币种为美元。

情形一：甲公司发行的债券有公开市场。

当甲公司发行的债券有公开市场时，通常需考虑该债券的市场价格及市场利率，因为其反映了甲公司的现有信用状况以及债权投资者所要求的现时回报率。甲公司结合其自身情况判断后认为，以自身发行的 15 年期债券利率作为估计增量借款利率的起点最为恰当。

甲公司在 15 年期债券利率的基础上，执行了如下步骤，以确定该租赁的增量借款利率：

第一步，确定 15 年期债券的市场利率。甲公司根据该债券的市场价格和剩余 13 年的还款情况（即，每年末根据票面利率支付利息、到期一次性偿还本金），计算该债券的市场利率。该市场利率反映了甲公司的现有信用状况以及债权投资者所要求的现时回报率，甲公司无需因该债券的发行时间（即 2 年前）而进行额外调整。

第二步，考虑借款金额的不同并视情况作必要调整。15 年期债券的金额为 50 000 000 元，租赁付款总额为 9 000 000。甲公司根据估计日（租赁期开始日）的市场情况考虑上述借款金额的不同是否影响借款利率并相应进行调整。

第三步，考虑本息偿付方式的不同并视情况作必要调整。该租赁是每年支付固定的租赁付款额，而 15 年期债券是每年末付息并到期一次性偿还本金。甲公司应考虑该事项对借款利率的影响并作相应调整。

第四步，考虑借款期间的不同并视情况作必要调整。该租赁的租赁期为 10 年，而 15 年期债券的剩余期间为 13 年。甲公司应考虑该事项对借款利率的影响并作相应调整。

第五步，考虑抵押情况的不同并视情况作必要调整。在确定增量借款利率时，租赁合同视为以租赁资产作为抵押而获得借款，而15年期债券无任何抵押。甲公司应考虑该事项对借款利率的影响并作相应调整。

情形二：甲公司发行的债券没有公开市场。

当甲公司发行的债券没有公开市场、但甲公司存在可观察的信用评级时，可考虑以与甲公司信用评级相同的企业所发行的公开交易债券的利率为基础，确定上述第一步的参考利率。

当甲公司发行的债券没有公开市场、且甲公司没有可观察的信用评级时，在市场利率水平和甲公司信用状况在债券发行日至增量借款利率估计日期间没有发生重大变化的情况下，可考虑以该15年期债券发行时的实际利率为基础，然后再参照情形一的步骤将其调整为增量借款利率。

情形三：甲公司没有任何借款。

当甲公司没有任何借款时，可考虑通过银行询价的方式获取同期借款利率，并进行适当调整后确定其增量借款利率；也可考虑聘用第三方评级机构获取其信用评级，以与甲公司信用评级相同的企业所发行的公开交易债券的利率为基础，然后再参照情形一的步骤将其调整为增量借款利率。

（二）使用权资产的初始计量

使用权资产，是指承租人可在租赁期内使用租赁资产的权利。在租赁期开始日，承租人应当按照成本对使用权资产进行初始计量。该成本包括下列四项：

（1）租赁负债的初始计量金额。

（2）在租赁期开始日或之前支付的租赁付款额；存在租赁激励的，应扣除已享受的租赁激励相关金额。

（3）承租人发生的初始直接费用。

（4）承租人为拆卸及移除租赁资产、复原租赁资产所在场地或将租赁资产恢复至租赁条款约定状态预计将发生的成本。前述成本属于为生产存货而发生的，应按照第二章存货的相关规定进行会计处理。

关于上述第4项成本，承租人有可能在租赁期开始日就承担了上述成本的支付义务，也可能在特定期间内因使用租赁资产而承担了相关义务。承租人应在其有义务承担上述成本时，将这些成本确认为使用权资产成本的一部分。但是，承租人由于在特定期间内将使用权资产用于生产存货而发生的上述成本，应按照第二章存货的相关规定进行会计处理。承租人应当按照第十四章或有事项对上述成本的支付义务进行确认和计量。

在某些情况下，承租人可能在租赁期开始前就发生了与租赁资产相关的经济业务或事项。例如，租赁合同双方经协商约定，租赁资产需经建造或重新设计后方可供承租人使用；根据合同条款与条件，承租人需支付与资产建造或设计相关的成本。承租人如发生与租赁资产建造或设计相关的成本，应适用其他相关章（如第五章固定资产）进行会计处理。需要注意的是，与租赁资产建造或设计相关的成本不包括承租人为获取租赁资产使用权而支付的款项，此类款项无论在何时支付，均属于租赁付款额。

承租人发生的租赁资产改良支出不属于使用权资产，应当记入“长期待摊费用”科目。由租赁资产改良导致的预计复原支出按照本章有关使用权资产初始计量的规定进行处理。

【例 21－31】 承租人甲公司就某写字楼的一层楼与出租人乙公司签订为期10年的租赁协议，并拥有5年的续租选择权。有关资料如下：（1）初始租赁期内的不含税租金为每年50 000元，续租期间为每年55 000元，所有款项应于每年年初支付；（2）为获得该项租赁，甲公司发生初始直接费用20 000元，其中，15 000元为向该楼层前任租户支付的款项，5 000元为向房地产中介支付的佣金；（3）作为对甲公司的激励，乙公司同意补偿甲公司5 000元的佣金；（4）在租赁期开始日，甲公司评估后认为，不能合理确定将行使续租选择权，因此，将租赁期确定为10年；（5）甲公司无法确定租赁内含利率，其增量借款利率为每年5%，该利率反映的是甲公司以类似抵押条件借入期限为10年、与使用权资产等值的相同币种的借款而必须支付的利率。假设不考虑相关税费影响。

本例中，承租人甲公司的会计处理如下：

第一步，计算租赁期开始日租赁付款额的现值，并确认租赁负债和使用权资产。

在租赁期开始日，甲公司支付第1年的租金50 000元，并以剩余9年租金（每年50 000元）按5%的年利率折现后的现值计量租赁负债。租赁付款额及其现值的计算过程如下：

剩余9期租赁付款额＝50 000×9＝450 000（元）

租赁负债＝剩余9期租赁付款额的现值＝50 000×（P/A，5%，9）＝355 391（元）

未确认融资费用＝剩余9期租赁付款额－剩余9期租赁付款额的现值＝

450 000 - 355 391 = 94 609（元）

借：使用权资产　405 391

租赁负债——未确认融资费用　94 609

贷：租赁负债——租赁付款额　450 000

银行存款（第 1 年的租赁付款额）　50 000

第二步，将初始直接费用计入使用权资产的初始成本。

借：使用权资产　20 000

贷：银行存款　20 000

第三步，将已收的租赁激励相关金额从使用权资产入账价值中扣除。

借：银行存款　5 000

贷：使用权资产　5 000

综上，甲公司使用权资产的初始成本为：405 391 + 20 000 - 5 000 = 420 391（元）。

（三）租赁负债的后续计量

1. 计量基础。

在租赁期开始日后，承租人应当按照下列原则对租赁负债进行后续计量：

（1）确认租赁负债的利息时，增加租赁负债的账面金额；

（2）支付租赁付款额时，减少租赁负债的账面金额；

（3）因重估或租赁变更等原因导致租赁付款额发生变动时，重新计量租赁负债的账面价值。

承租人应当按照固定的周期性利率计算租赁负债在租赁期内各期间的利息费用，并计入当期损益，但按照第十七章借款费用等其他章的规定应当计入相关资产成本的，从其规定。此处的周期性利率，是指承租人对租赁负债进行初始计量时所采用的折现率，或者因租赁付款额发生变动或因租赁变更而需按照修订后的折现率对租赁负债进行重新计量时，承租人所采用的修订后的折现率。

【例 21 - 32】 承租人甲公司与出租人乙公司签订了为期 7 年的商铺租赁合同，作为甲公司的专设售后服务网点。每年的租赁付款额为 450 000 元，于每年年末支付。甲公司无法确定租赁内含利率，其增量借款利率为 5.04%。

本例中，在租赁期开始日，甲公司按租赁付款额的现值所确认的租赁负债为 2 600 000 元。在第 1 年年末，甲公司向乙公司支付第 1 年的租赁付款额 450 000元，其中，131 040 元（2 600 000 × 5.04%）是当年的利息，318 960

元（450 000 - 131 040）是本金，即租赁负债的账面价值减少 318 960 元。甲公司的账务处理如下：

借：租赁负债——租赁付款额　　450 000

　贷：银行存款　　450 000

借：财务费用——利息费用　　131 040

　贷：租赁负债——未确认融资费用　　131 040

未纳入租赁负债计量的可变租赁付款额（即并非取决于指数或比率的可变租赁付款额），应当在实际发生时计入当期损益，但按照第二章存货等其他章的规定应当计入相关资产成本的，从其规定。

【例 21 - 33】 沿用〖例 21 - 32〗，除固定付款额外，合同还规定租赁期间甲公司商铺当年销售额超过 1 000 000 元的，当年应再支付按销售额的 2% 计算的租金，于当年年末支付。

本例中，由于该可变租赁付款额与未来的销售额挂钩，而并非是取决于指数或比率的，因此不应被纳入租赁负债的初始计量中。假设在租赁的第 3 年，该商铺的销售额为 1 500 000 元，甲公司第 3 年年末以银行存款支付可变租赁付款额 30 000 元（1 500 000 × 2%）。甲公司的账务处理如下：

借：销售费用　　30 000

　贷：银行存款　　30 000

2. 租赁负债的重新计量。

在租赁期开始日后，当发生下列四种情形时，承租人应当按照变动后的租赁付款额的现值重新计量租赁负债，并相应调整使用权资产的账面价值。使用权资产的账面价值已调减至零，但租赁负债仍需进一步调减的，承租人应当将剩余金额计入当期损益。

（1）实质固定付款额发生变动。

如果租赁付款额最初是可变的，但在租赁期开始日后的某一时点转为固定，那么，在潜在可变性消除时，该付款额成为实质固定付款额，应纳入租赁负债的计量中。承租人应当按照变动后租赁付款额的现值重新计量租赁负债。在该情形下，承租人采用的折现率不变，即，采用租赁期开始日确定的折现率。

【例 21 - 34】 承租人甲公司签订了一份为期 10 年的机器租赁合同。租金于每年年末支付，并按以下方式确定：第 1 年，租金根据该机器在第 1 年下半年的实际产能确定；第 2 至第 10 年，每年的租金根据该机器在第 1 年下半年的实际产能确定，即，租金将在第1年年末转变为固定付款额。在租赁期开始日，甲公司无法确定租赁内含利率，其增量借款利率为5%。假设在第1年年末，根据该机器在第1年下半年的实际产能所确定的租赁付款额为每年20 000元。

本例中，在租赁期开始时，由于未来的租金尚不确定，因此甲公司的租赁负债为零。在第1年年末，租金的潜在可变性消除，成为实质固定付款额（即每年20 000元），因此甲公司应基于变动后的租赁付款额重新计量租赁负债，并采用不变的折现率（即5%）进行折现。在支付第1年的租金之后，甲公司后续年度需支付的租赁付款额为180 000元（20 000×9），租赁付款额在第1年末的现值为142 156元［20 000×(P/A，5%，9)］，未确认融资费用为37 844元（180 000－142 156）。甲公司在第1年末的相关账务处理如下：

①支付第1年的可变租金并计入当期损益：

借：制造费用等　　20 000

　　贷：银行存款　　20 000

②确认使用权资产和租赁负债：

借：使用权资产　　142 156

　　租赁负债——未确认融资费用　　37 844

　　贷：租赁负债——租赁付款额　　180 000

（2）担保余值预计的应付金额发生变动。

在租赁期开始日后，承租人应对其在担保余值下预计支付的金额进行估计。该金额发生变动的，承租人应当按照变动后租赁付款额的现值重新计量租赁负债。在该情形下，承租人采用的折现率不变。

【例21－35】沿用〖例21－28〗，在租赁期开始日后，承租人甲公司对该汽车在租赁期结束时的公允价值进行监测。假设在第1年年末，甲公司预计该汽车在租赁期结束时的公允价值为30 000元。那么，甲公司应将该担保余值下预计应付的金额10 000元（40 000－30 000）纳入租赁付款额，并采用不变的折现率折现来重新计量租赁负债。

（3）用于确定租赁付款额的指数或比率发生变动。

在租赁期开始日后，因浮动利率的变动而导致未来租赁付款额发生变动的，承租人应当按照变动后租赁付款额的现值重新计量租赁负债。在该情形下，承租人应采用反映利率变动的修订后的折现率进行折现。

在租赁期开始日后，因用于确定租赁付款额的指数或比率（浮动利率除外）的变动而导致未来租赁付款额发生变动的，承租人应当按照变动后租赁付款额的现值重新计量租赁负债。在该情形下，承租人采用的折现率不变。

需要注意的是，仅当现金流量发生变动时，即租赁付款额的变动生效时，承租人才应重新计量租赁负债，以反映变动后的租赁付款额。承租人应基于变动后的合同付款额，确定剩余租赁期内的租赁付款额。

【例 21－36】 沿用〖例 21－25〗，假设在租赁第 3 年年初的消费者价格指数为 135，甲公司在租赁期开始日采用的折现率为 5%。在第 3 年年初，在对因消费者价格指数变化而导致未来租赁付款额的变动进行会计处理以及支付第 3 年的租赁付款额之前，租赁负债为 339 320 元［50 000 + 50 000 ×（P/A，5%，7）］。经消费者价格指数调整后的第 3 年租赁付款额为 54 000 元（50 000 × 135 ÷ 125）。

本例中，因用于确定租赁付款额的消费者价格指数的变动，而导致未来租赁付款额发生变动，甲公司应当于第 3 年年初重新计量租赁负债，以反映变动后的租赁付款额，即租赁负债应当以每年 54 000 元的租赁付款额（剩余 8 笔）为基础进行重新计量。在第 3 年年初，甲公司按以下金额重新计量租赁负债：每年 54 000 元的租赁付款额按不变的折现率（即 5%）进行折现，现值为 366 466 元［54 000 + 54 000 ×（P/A，5%，7）］。因此，甲公司的租赁负债将增加27 146 元，即重新计量后的租赁负债（366 466 元）与重新计量前的租赁负债（339 320 元）之间的差额。不考虑其他因素，甲公司相关账务处理如下：

借：使用权资产　　27 146

　　租赁负债——未确认融资费用　　4 854

　贷：租赁负债——租赁付款额　　32 000［（54 000 － 50 000）× 8］

（4）购买选择权、续租选择权或终止租赁选择权的评估结果或实际行使情况发生变化。

租赁期开始日后，发生下列情形的，承租人应采用修订后的折现率对变动后的租赁付款额进行折现，以重新计量租赁负债：

①发生承租人可控范围内的重大事件或变化，且影响承租人是否合理确定将行使续租选择权或终止租赁选择权的，承租人应当对其是否合理确定将行使相应选择权进行重新评估。上述选择权的评估结果发生变化的，承租人应当根据新的评估结果重新确定租赁期和租赁付款额。前述选择权的实际行使情况与原评估结果不一致等导致租赁期变化的，也应当根据新的租赁期重新确定租赁付款额。

②发生承租人可控范围内的重大事件或变化，且影响承租人是否合理确定将行使购买选择权的，承租人应当对其是否合理确定将行使购买选择权进行重新评估。评估结果发生变化的，承租人应根据新的评估结果重新确定租赁付款额。

上述两种情形下，承租人在计算变动后租赁付款额的现值时，应当采用剩余租赁期间的租赁内含利率作为折现率；无法确定剩余租赁期间的租赁内含利率的，应当采用重估日的承租人增量借款利率作为折现率。

【例 21－37】 承租人甲公司与出租人乙公司签订了一份为期 5 年的设备租赁合同。甲公司计划开发自有设备以替代租赁资产，自有设备计划在 5 年内投入使用。甲公司拥有在租赁期结束时以 5 000 元购买该设备的选择权。每年的租赁付款额固定为 10 000 元，于每年年末支付。甲公司无法确定租赁内含利率，其增量借款利率为 5%。在租赁期开始日，甲公司对行使购买选择权的可能性进行评估后认为，不能合理确定将行使购买选择权。这是因为，甲公司计划开发自有设备，继而在租赁期结束时替代租赁资产。

本例中，在租赁期开始日，甲公司确认的租赁负债为 43 300 元［10 000 ×（P/A，5%，5）］。租赁负债将按表 21－2 所示方法进行后续计量：

表 21－2 单位：元

租赁期	租赁负债年初金额	确认利息	支付租赁付款额	租赁负债年末金额
	①	②＝①×5%	③	④＝①＋②－③
第 1 年	43 300	2 165	10 000	35 465
第 2 年	35 465	1 773	10 000	27 238
第 3 年	27 238	1 362	10 000	18 600
第 4 年	18 600	930	10 000	9 530
第 5 年	9 530	470*	10 000	—

注：（1）为便于计算，本例中的年金现值系数取两位小数，其他计算四舍五入取整数。
（2）作尾数调整：470*＝10 000－9 530。

假设在第 3 年年末，甲公司作出削减开发项目的战略决定，包括上述替代设备的开发。该决定在甲公司的可控范围内，并影响其能否合理确定将行使购买选择权。此外，甲公司预计该设备在租赁期结束时的公允价值为 20 000 元。甲公司重新评估其行使购买选择权的可能性后认为，其合理确定将行使该购买选择权。原因是：在租赁期结束时不大可能有可用的替代设备，并且该设备在租赁期结束时的预期市场价值（20 000 元）远高于行权价格（5 000 元）。因此，甲公司应在第 3 年年末将购买选择权的行权价格纳入租赁付款额中。假设甲公司无法确定剩余租赁期间的租赁内含利率，其第 3 年年末的增量借款利率为 5.5%。在第 3 年年末，甲公司重新计量租赁负债以涵盖购买选择权的行权价格，并采用修订后的折现率 5.5% 进行折现。重新计量后的租赁负债（支付前 3 年的付款额后）为 22 960 元［10 000 ×（P/F，5.5%，1）+（10 000 + 5 000）×（P/F，5.5%，2）］。此后，租赁负债将按表 21 – 3 所示方法进行后续计量：

表 21 – 3　　　　单位：元

租赁期	租赁负债年初金额	确认利息	支付租赁付款额	租赁负债年末金额
	①	② = ① × 5.5%	③	④ = ① + ② – ③
第 4 年	22 960	1 263	10 000	14 223
第 5 年	14 223	777 *	15 000	—

注：作尾数调整：777 * = 10 000 + 5 000 – 14 223（行权价格）

【例 21 – 38】 承租人甲公司租入一层办公楼，为期 10 年，并拥有可续租 5 年的选择权。初始租赁期间（10 年）的租赁付款额为每年 50 000 元，可选续租期间（5 年）的租赁付款额为每年 55 000 元，均在每年年初支付。在租赁期开始日，甲公司评估后认为，不能合理确定将会行使续租选择权，因此确定租赁期为 10 年。甲公司无法确定租赁内含利率，其增量借款利率为 5%。在租赁期开始日，甲公司支付第 1 年的租赁付款额 50 000 元，并确认租赁负债 355 390 元［50 000 ×（P/A，5%，9）］。在第 5 至第 6 年，甲公司的业务和人员规模显著增长，需要扩租办公楼。为降低成本，甲公司额外签订了一份为期 8 年、在同一办公楼内其他楼层的租赁合同，自第 7 年年初起租。

本例中，将增长的人员安置在同一办公楼内其他楼层的决定，在甲公司的可控范围内，并影响其能否合理确定将行使现有租赁合同下的续租选择权。如果在其他办公楼中租入一个类似的楼层，甲公司可能会产生额外的费用，因为其人员将处于两栋不同的办公楼中，而将全部人员搬迁到其他办公楼的费用可能会更高。在第 6 年年末，甲公司重新评估后认为，其合理确定将行使现有租赁合同下的续租选择权，因此该租赁的租赁期由 10 年变为 15 年。在对租赁期的变化进行会计处理前，即基于10年租赁期时，甲公司在第6年年末的租赁负债（支付前6年的付款额后）为186 160元［50 000+50 000×(P/A，5%，3)］。

在第6年年末，甲公司重新评估后的租赁期为15年，因此应将剩余租赁期（第7至15年）内的租赁付款额（共9笔）纳入租赁负债，并采用修订后的折现率进行折现。假设甲公司无法确定剩余租赁期间的租赁内含利率，其第6年末的增量借款利率为4.5%。甲公司重新计量后的租赁负债为399 030元［50 000+50 000×(P/A，4.5%，3)+55 000×(P/A，4.5%，5)×(P/F，4.5%，3)］。

【例21－39】承租人甲公司与出租人乙公司签订为期5年的库房租赁合同，每年年末支付固定租金10 000元。甲公司拥有在租赁期结束时以300 000元购买该库房的选择权。在租赁期开始日，甲公司评估后认为，不能合理确定将行使该购买选择权。第3年年末，该库房所在地房价显著上涨，甲公司预计租赁期结束时该库房的市价为600 000元，甲公司重新评估后认为，能够合理确定将行使该购买选择权。

本例中，该库房所在地区的房价上涨属于市场情况发生的变化，不在甲公司的可控范围内。因此，虽然该事项导致购买选择权的评估结果发生变化，但甲公司不应在第3年年末重新计量租赁负债。

然而，如果甲公司在第3年年末不可撤销地通知乙公司，其将在第5年末行使购买选择权，则属于购买选择权实际行使情况发生了变化，甲公司需要在第3年年末按修订后的折现率对变动后的租赁付款额进行折现，重新计量租赁负债。

【例21－40】承租人甲公司与出租人乙公司签订了一份办公楼租赁合同，每年的租赁付款额为50 000元，于每年年末支付。甲公司无法确定租赁内含利率，其增量借款利率为5%。合同约定的不可撤销租赁期间为5年，第5年末甲公司有权选择以每年50 000元续租5年，或者以1 000 000元购买该房产。甲公司在租赁期开始时评估认为，可以合理确定将行使续租选择权，而不会行使购买选择权，因此将租赁期确定为10年。

本例中，在租赁期开始日，甲公司确认的租赁负债和使用权资产为386 000元［50 000×(P/A，5%，10)］。租赁负债将按表21－4所示方法进行后续计量：

表 21-4　　单位：元

租赁期	租赁负债年初金额	确认利息	支付租赁付款额	租赁负债年末金额
	①	②=①×5%	③	④=①+②-③
第1年	386 000	19 300	50 000	355 300
第2年	355 300	17 765	50 000	323 065
第3年	323 065	16 155	50 000	289 255
第4年	289 255	14 465	50 000	253 765
第5年	253 765	12 690	50 000	216 490
第6年	216 490	10 825	50 000	177 325
第7年	177 325	8 865	50 000	136 165
第8年	136 165	6 810	50 000	93 010
第9年	93 010	4 650	50 000	47 650
第10年	47 650	2 350*	50 000	—

注：(1) 为便于计算，本例中的年金现值系数取两位小数，其他计算四舍五入取整数。

(2) 作尾数调整：2 350* =50 000 - 47 650。

在租赁期开始日，甲公司的账务处理如下：

借：使用权资产　　386 000

　　租赁负债——未确认融资费用　114 000（500 000 - 386 000）

　　贷：租赁负债——租赁付款额　　500 000

第4年，该房产所在地房价显著上涨，甲公司预计租赁期结束时该房产的市价为2 000 000元，甲公司第4年年末重新评估后认为，能够合理确定将行使上述购买选择权，而不会行使上述续租选择权。该房产所在地区的房价上涨属于市场情况发生的变化，不在甲公司的可控范围内。因此，虽然该事项导致购买选择权及续租选择权的评估结果发生变化，但甲公司不需重新计量租赁负债。

第5年末，甲公司实际行使了购买选择权。截至该时点，使用权资产的原值为386 000元，累计折旧为193 000元（386 000×5/10）；支付第5年租赁付款额之后，租赁负债的账面价值为216 490元，其中，租赁付款额为250 000元，未确认融资费用为33 510元（250 000 - 216 490）。甲公司行使购买选择权的账务处理如下：

借：固定资产——办公楼　　976 510

　　使用权资产累计折旧　　193 000

　　租赁负债——租赁付款额　　250 000

贷：使用权资产　　386 000
　　租赁负债——未确认融资费用　　33 510
　　银行存款　　1 000 000

（四）使用权资产的后续计量

1. 计量基础。

在租赁期开始日后，承租人应当采用成本模式对使用权资产进行后续计量，即，以成本减累计折旧及累计减值损失计量使用权资产。承租人按照本章有关规定重新计量租赁负债的，应当相应调整使用权资产的账面价值。

2. 使用权资产的折旧。

承租人应当参照第五章固定资产有关折旧规定，自租赁期开始日起对使用权资产计提折旧。使用权资产通常应自租赁期开始的当月计提折旧，当月计提确有困难的，为便于实务操作，企业也可以选择自租赁期开始的下月计提折旧，但应对同类使用权资产采取相同的折旧政策。计提的折旧金额应根据使用权资产的用途，计入相关资产的成本或者当期损益。

承租人在确定使用权资产的折旧方法时，应当根据与使用权资产有关的经济利益的预期消耗方式作出决定。通常，承租人按直线法对使用权资产计提折旧。如果其他折旧方法更能反映使用权资产有关经济利益预期消耗方式的，应采用其他折旧方法。

承租人在确定使用权资产的折旧年限时，应遵循下列原则：承租人能够合理确定租赁期届满时取得租赁资产所有权的，应当在租赁资产剩余使用寿命内计提折旧；承租人无法合理确定租赁期届满时能够取得租赁资产所有权的，应当在租赁期与租赁资产剩余使用寿命两者孰短的期间内计提折旧。如果使用权资产的剩余使用寿命短于前两者，则应在使用权资产的剩余使用寿命内计提折旧。

3. 使用权资产的减值。

在租赁期开始日后，承租人应当按照第九章资产减值的规定，确定使用权资产是否发生减值，并对已识别的减值损失进行会计处理。使用权资产发生减值的，按应减记的金额，借记“资产减值损失”科目，贷记“使用权资产减值准备”科目。使用权资产减值准备一旦计提，不得转回。承租人应当按照扣除减值损失之后的使用权资产的账面价值，计提后续折旧。

【例 21－41】 承租人甲公司签订了一份为期 10 年的机器租赁合同，用于甲公司生产经营。相关使用权资产的初始账面价值为 100 000 元，按直线法在

10 年内计提折旧，年折旧费为 10 000 元。在第 5 年年末，确认该使用权资产发生的减值损失 20 000 元，计入当期损益。该使用权资产在减值前的账面价值为 50 000 元（100 000 × 5/10）。计提减值损失之后，该使用权资产的账面价值减至 30 000 元（50 000 - 20 000），之后每年的折旧费也相应减至 6 000 元（30 000 ÷ 5）。

（五）租赁变更的会计处理

租赁变更，是指原合同条款之外的租赁范围、租赁对价、租赁期限的变更，包括增加或终止一项或多项租赁资产的使用权，延长或缩短合同规定的租赁期等。租赁变更生效日，是指双方就租赁变更达成一致的日期。

1. 租赁变更作为一项单独租赁处理。

租赁发生变更且同时符合下列条件的，承租人应当将该租赁变更作为一项单独租赁进行会计处理：

（1）该租赁变更通过增加一项或多项租赁资产的使用权而扩大了租赁范围；

（2）增加的对价与租赁范围扩大部分的单独价格按该合同情况调整后的金额相当。

【例 21 - 42】 承租人甲公司与出租人乙公司就 2 000 平方米的办公场所签订了一项为期 10 年的租赁合同。在第 6 年年初，甲公司和乙公司同意对原租赁合同进行变更，以扩租同一办公楼内 3 000 平方米的办公场所。扩租的场所于第 6 年第二季度末可供甲公司使用。增加的租赁对价与新增 3 000 平方米办公场所的当前市价（根据甲公司获取的扩租折扣进行调整后的金额）相当。扩租折扣反映了乙公司节约的成本，即，若将相同场所租赁给新租户，乙公司将会发生的额外成本（如营销成本）。

在本例中，甲公司应当将该变更作为一项单独的租赁，与原来的 10 年期租赁分别进行会计处理。原因在于，该租赁变更通过增加 3 000 平方米办公场所的使用权而扩大了租赁范围，并且增加的租赁对价与新增使用权的单独价格按该合同情况调整后的金额相当。据此，在新租赁的租赁期开始日（即第 6 年第二季度末），甲公司确认与新增 3 000 平方米办公场所租赁相关的使用权资产和租赁负债。甲公司对原有 2 000 平方米办公场所租赁的会计处理不会因为该租赁变更而进行任何调整。

2. 租赁变更未作为一项单独租赁处理。

租赁变更未作为一项单独租赁进行会计处理的，在租赁变更生效日，承租人应当按照本章前述有关租赁分拆的规定对变更后合同的对价进行分摊；按照本章前述有关租赁期的规定确定变更后的租赁期；并采用变更后的折现率对变更后的租赁付款额进行折现，以重新计量租赁负债。在计算变更后租赁付款额的现值时，承租人应当采用剩余租赁期间的租赁内含利率作为折现率；无法确定剩余租赁期间的租赁内含利率的，应当采用租赁变更生效日的承租人增量借款利率作为折现率。

就上述租赁负债调整的影响，承租人应区分下列情形进行会计处理：

（1）租赁变更导致租赁范围缩小或租赁期缩短的，承租人应当调减使用权资产的账面价值，以反映租赁的部分终止或完全终止。承租人应将部分终止或完全终止租赁的相关利得或损失计入当期损益。

（2）其他租赁变更，承租人应当相应调整使用权资产的账面价值。

【例21－43】承租人甲公司与出租人乙公司就5 000平方米的办公场所签订了10年期的租赁合同。年租赁付款额为100 000元，于每年年末支付。甲公司无法确定租赁内含利率。在租赁期开始日，甲公司的增量借款利率为6%，相应的租赁负债和使用权资产的初始确认金额均为736 000元［100 000×(P/A，6%，10)］。在第6年年初，甲公司和乙公司同意对原租赁合同进行变更，即自第6年年初起，将原租赁场所缩减至2 500平方米。每年的租赁付款额（自第6至第10年）调整为60 000元。承租人在第6年年初的增量借款利率为5%。

本例中，在租赁变更生效日（即第6年年初），甲公司基于下列情况对租赁负债进行重新计量：①剩余租赁期为5年；②年付款额为60 000元；③采用修订后的折现率5%进行折现。据此，计算得出租赁变更后的租赁负债为259 770元［60 000×(P/A，5%，5)］。

甲公司应基于原使用权资产部分终止的比例（即缩减的2 500平方米占原使用权资产的50%），来确定使用权资产账面价值的调减金额。在租赁变更之前，原使用权资产的账面价值为368 000元（736 000×5/10），50%的账面价值为184 000元；原租赁负债的账面价值为421 240元［100 000×(P/A，6%，5)］，50%的账面价值为210 620元。因此，在租赁变更生效日（第6年年初），甲公司终止确认50%的原使用权资产和原租赁负债，并将租赁负债减少额与使用权资产减少额之间的差额26 620元（210 620－184 000），作为利得计入当期损益。其中，租赁负债的减少额（210 620元）包括：租赁付款额的减少额250 000元（100 000×50%×5），以及未确认融资费用的减少额39 380

元（250 000－210 620）。甲公司终止确认50%的原使用权资产和原租赁负债的账务处理如下：

借：租赁负债——租赁付款额　　250 000

　贷：租赁负债——未确认融资费用　　39 380

　　使用权资产　　184 000

　　资产处置损益　　26 620

此外，甲公司将剩余租赁负债（210 620元）与变更后重新计量的租赁负债（259 770元）之间的差额49 150元，相应调整使用权资产的账面价值。其中，租赁负债的增加额（49 150元）包括两部分：租赁付款额的增加额50 000元［(60 000－100 000×50%)×5］，以及未确认融资费用的增加额850元（50 000－49 150）。甲公司调整使用权资产账面价值的账务处理如下：

借：使用权资产　　49 150

　租赁负债——未确认融资费用　　850

　贷：租赁负债——租赁付款额　　50 000

注：100 000×(P/A，6%，10)＝736 010（元），为便于计算，本例中作尾数调整，取736 000元。

【例21－44】 承租人甲公司与出租人乙公司就5 000平方米的办公场所签订了一项为期10年的租赁。年租赁付款额为100 000元，于每年年末支付。甲公司无法确定租赁内含利率。甲公司在租赁期开始日的增量借款利率为6%。在第7年年初，甲公司和乙公司同意对原租赁合同进行变更，即，将租赁期延长4年。每年的租赁付款额不变（即在第7至第14年的每年年末支付100 000元）。甲公司在第7年年初的增量借款利率为7%。

本例中，在租赁变更生效日（即第7年年初），甲公司基于下列情况对租赁负债进行重新计量：①剩余租赁期为8年；②年付款额为100 000元；③采用修订后的折现率7%进行折现。据此，计算得出租赁变更后的租赁负债为597 130元［100 000×(P/A，7%，8)］。租赁变更前的租赁负债为346 510元［100 000×(P/A，6%，4)］。甲公司将变更后租赁负债的账面价值与变更前的账面价值之间的差额250 620元（597 130－346 510），相应调整使用权资产的账面价值。

需要注意的是，租赁变更导致租赁期缩短至1年以内的，承租人应当按照前述要求，调减使用权资产的账面价值，将部分终止租赁的相关利得或损失记入“资产处置损益”科目，不得改按短期租赁进行简化处理或追溯调整。

3. 基准利率改革导致的租赁变更的会计处理。

基准利率改革可能导致租赁变更，包括修改租赁合同以将租赁付款额的参考基准利率替换为替代基准利率，从而导致租赁合同现金流量的确定基础发生变更等情形。

（1）对仅因基准利率改革导致租赁变更的会计处理。当仅因基准利率改革直接导致租赁变更，以致未来租赁付款额的确定基础发生变更且变更前后的确定基础在经济上相当时，承租人应当按照仅因基准利率改革导致变更后的租赁付款额的现值重新计量租赁负债，并相应调整使用权资产的账面价值。在重新计量租赁负债时，承租人应当根据租赁付款额的确定基础因基准利率改革发生的变更，参照浮动利率变动的处理方法对原折现率进行相应调整。使变更前后的确定基础在经济上相当的方式请见第二十二章金融工具确认和计量“十、金融工具的计量（四）基准利率改革导致金融资产或金融负债合同现金流量的确定基础发生变更的会计处理”部分。

（2）同时发生其他变更的会计处理。除仅因基准利率改革导致的上述变更外，同时发生其他租赁变更的，承租人应当将所有租赁变更适用本章有关租赁变更的规定。

（六）短期租赁和低价值资产租赁

对于短期租赁和低价值资产租赁，承租人可以选择不确认使用权资产和租赁负债。作出该选择的，承租人应当将短期租赁和低价值资产租赁的租赁付款额，在租赁期内各个期间按照直线法计入相关资产成本或当期损益，其他系统合理的方法能够更好地反映承租人的受益模式的，承租人应当采用该方法。

1. 短期租赁。

短期租赁，是指在租赁期开始日，租赁期不超过12个月的租赁。包含购买选择权的租赁（即使租赁期不超过12月）不属于短期租赁。

对于短期租赁，承租人可以按照租赁资产的类别作出采用简化会计处理的选择。如果承租人对某类租赁资产作出了简化会计处理的选择，则该类资产下所有的短期租赁都应采用简化会计处理。某类租赁资产是指企业运营中具有类似性质和用途的一组租赁资产。

采用简化会计处理的短期租赁，发生租赁变更或者因其他原因导致租赁期发生变化的，承租人应当将其视为一项新租赁，重新按照上述原则判断该项新租赁是否可以选择简化会计处理。

【例21－45】承租人与出租人签订了一份租赁合同，约定不可撤销期间为

9个月，且承租人拥有4个月的续租选择权。在租赁期开始日，承租人判断可以合理确定将行使续租选择权，因为续租期的月租赁付款额明显低于市场价格。在此情况下，承租人确定租赁期为13个月，不属于短期租赁，承租人不能选择采用简化会计处理。

2. 低价值资产租赁。

低价值资产租赁，是指单项租赁资产为全新资产时价值较低的租赁。

承租人在判断是否是低价值资产租赁时，应基于租赁资产全新状态下的绝对价值进行评估，不受承租人规模、性质等影响，也不应考虑资产已被使用的年限以及该资产对于承租人或相关租赁交易的重要性。同时，低价值资产租赁还应当符合下列规定：承租人可从单独使用该资产或将其与易于获得的其他资源一起使用中获利，且该资产与合同中的其他资产不存在高度依赖或高度关联关系。

常见的低价值资产包括平板电脑、普通办公家具、电话等小型资产。

对于低价值资产租赁，承租人可根据每项租赁的具体情况作出简化会计处理选择。如果承租人已经或者预期要转租该租赁资产的，则不能将原租赁按照低价值资产租赁进行简化会计处理。

值得注意的是，符合低价值资产租赁的，并不代表承租人若采取购入方式取得该资产时其不符合固定资产的确认条件。

【例21－46】承租人与出租人签订了一份租赁合同，约定的租赁资产包括：(1) IT设备，包括供员工个人使用的笔记本电脑、台式电脑、平板电脑、桌面打印机和手机等；(2) 服务器，其中包括增加服务器容量的单独组件，这些组件根据承租人需要陆续添加到大型服务器以增加服务器存储容量；(3) 办公家具，如桌椅和办公隔断等；(4) 饮水机。

通常，办公笔记本电脑全新时的单独价格不超过人民币10 000元，台式电脑、平板电脑、桌面打印机和手机全新时的单独价格不超过人民币5 000元，普通办公家具的单独价格不超过人民币10 000元，饮水机的单独价格不超过人民币1 000元，服务器单个组件的单独价格不超过人民币10 000元。

本例中，上述租赁资产中，各种IT设备、办公家具、饮水机都能够单独使承租人获益，且与其他租赁资产没有高度依赖或高度关联关系。通常情况下，符合低价值资产租赁的资产全新状态下的绝对价值应低于人民币40 000元。本例中，承租人将IT设备、办公家具、饮水机的租赁作为低价值资产租赁，选择按照简化方法进行会计处理。对于服务器中的组件，尽管单个组件的单独价格较低，但由于每个组件都与服务器中的其他部分高度相关，承租人若不租赁服务器就不会租赁这些组件，这些组件不构成单独的租赁部分，因此不能作为低价值资产租赁进行会计处理。

八、出租人会计处理

（一）出租人的租赁分类

1. 融资租赁和经营租赁。

出租人应当在租赁开始日将租赁分为融资租赁和经营租赁。

租赁开始日，是指租赁合同签署日与租赁各方就主要租赁条款作出承诺日中的较早者。租赁开始日可能早于租赁期开始日，也可能与租赁期开始日重合。

一项租赁属于融资租赁还是经营租赁取决于交易的实质，而不是合同的形式。如果一项租赁实质上转移了与租赁资产所有权有关的几乎全部风险和报酬，出租人应当将该项租赁分类为融资租赁。出租人应当将除融资租赁以外的其他租赁分类为经营租赁。

出租人的租赁分类应当以租赁转移与租赁资产所有权相关的风险和报酬的程度为依据。其中，风险包括由于生产能力的闲置或技术陈旧可能造成的损失，以及由于经济状况的改变可能造成的回报变动。报酬可以表现为在租赁资产的预期经济寿命期间经营的盈利以及因增值或残值变现可能产生的利得。

除非发生租赁变更，否则，出租人无需在租赁开始日后对租赁的分类进行重新评估。租赁开始日后，租赁资产预计使用寿命、预计余值等会计估计变更或发生承租人违约、承租人按照原合同条款行使续租选择权或终止租赁选择权导致租赁期变化等情况的，不属于租赁变更，出租人无需对相关租赁的分类进行重新评估。

租赁合同可能包括因租赁开始日与租赁期开始日之间发生的特定变化而需对租赁付款额进行调整的条款与条件（例如，出租人租赁资产的成本发生变动，或出租人对该租赁的融资成本发生变动）。在此情况下，出于租赁分类目的，此类变动的影响均视为在租赁开始日已发生。

2. 融资租赁的分类标准。

一项租赁存在下列一种或多种情形的，通常分类为融资租赁：

（1）在租赁期届满时，租赁资产的所有权转移给承租人。即，如果在租赁合同中已经约定或者根据其他条件，在租赁开始日就可以合理地判断，租赁期届满时出租人会将资产的所有权转移给承租人，那么该项租赁通常分类为融资租赁。

（2）承租人有购买租赁资产的选择权，所订立的购买价款预计将远低于行使选择权时租赁资产的公允价值，因而在租赁开始日就可以合理确定承租人将行使该选择权。

（3）资产的所有权虽然不转移，但租赁期占租赁资产使用寿命的大部分。实务中，此处的“大部分”一般指租赁期占租赁开始日租赁资产使用寿命的75%以上（含75%，下同）。需要说明的是，此条标准是租赁期占租赁资产剩余使用寿命的比例，而非租赁期占该项资产全部可使用年限的比例。如果租赁资产是旧资产，在租赁前已使用年限超过资产全新时可使用年限的75%以上时，不能采用这条标准确定租赁的分类。

（4）在租赁开始日，租赁收款额的现值几乎相当于租赁资产的公允价值。实务中，此处的“几乎相当于”通常指90%以上。

（5）租赁资产性质特殊，如果不作较大改造，只有承租人才能使用。例如，租赁资产由出租人根据承租人对资产型号、规格等方面的特殊要求专门购买或建造的，具有专购、专用性质，不作较大改造，其他企业通常难以使用。

一项租赁存在下列一项或多项迹象的，也可能分类为融资租赁：

（1）若承租人撤销租赁，撤销租赁对出租人造成的损失由承租人承担。

（2）租赁资产余值的公允价值波动所产生的利得或损失归属于承租人。例如，租赁结束时，出租人以相当于资产销售收益的绝大部分金额作为对租金的退还，说明承租人承担了租赁资产余值的几乎所有风险和报酬。

（3）承租人有能力以远低于市场水平的租金继续租赁至下一期间。此经济激励政策与购买选择权类似，如果续租选择权行权价格远低于市场水平，可以合理确定承租人将继续租赁至下一期间。

需要说明的是，出租人判断租赁类型时，上述情形和迹象并非总是决定性的，相关量化标准只是指导性标准，企业在具体运用时，应综合考虑经济激励的有利方面和不利方面，以与租赁资产所有权相关的风险和报酬的转移程度为依据进行综合判断。若有其他特征充分表明，租赁实质上没有转移与租赁资产所有权相关的几乎全部风险和报酬，则该租赁应分类为经营租赁。例如，若租赁资产的所有权在租赁期结束时是以相当于届时其公允价值的可变付款额转让至承租人，或者因存在可变租赁付款额导致出租人实质上没有转移几乎全部风险和报酬，就可能出现这种情况。

（二）出租人对融资租赁的会计处理

1. 初始计量。

在租赁期开始日，出租人应当对融资租赁确认应收融资租赁款，并终止确认融资租赁资产。出租人对应收融资租赁款进行初始计量时，应当以租赁投资净额作为应收融资租赁款的入账价值。

租赁投资净额为未担保余值和租赁期开始日尚未收到的租赁收款额按照租赁内含利率折现的现值之和。租赁内含利率，是指使出租人的租赁收款额的现值与未担保余值的现值之和（即租赁投资净额）等于租赁资产公允价值与出租人的初始直接费用之和的利率。因此，出租人发生的初始直接费用包括在租赁投资净额中，也即包括在应收融资租赁款的初始入账价值中。

租赁收款额，是指出租人因让渡在租赁期内使用租赁资产的权利而应向承租人收取的款项。租赁收款额包括下列五项内容：

（1）承租人需支付的固定付款额及实质固定付款额。存在租赁激励的，应当扣除租赁激励相关金额。

（2）取决于指数或比率的可变租赁付款额。该款项在初始计量时根据租赁期开始日的指数或比率确定。

（3）购买选择权的行权价格，前提是合理确定承租人将行使该选择权。

（4）承租人行使终止租赁选择权需支付的款项，前提是租赁期反映出承租人将行使终止租赁选择权。

（5）由承租人、与承租人有关的一方以及有经济能力履行担保义务的独立第三方向出租人提供的担保余值。

出租人向承租人收取的款项中包含增值税的，该增值税不属于租赁收款额的范畴，不应纳入应收融资租赁款的计量。出租人为确保承租人履行合同相关义务收取租赁保证金的，该租赁保证金不属于出租人的租赁收款额，出租人应当将其作为单独的负债进行会计处理，不应冲减应收融资租赁款。

【例21－47】 2×20年12月1日，甲公司与乙公司（租赁企业）签订了一份租赁合同，从乙公司租入一台塑钢机。租赁合同主要条款如下：

（1）租赁资产：全新塑钢机。

（2）租赁期开始日：2×21年1月1日。

（3）租赁期：2×21年1月1日至2×26年12月31日，共72个月。

（4）固定付款额：自2×21年1月1日，每年年末支付租金160 000元。如果甲公司能够在每年年末的最后一天及时付款，则给予减少租金10 000元的奖励。

（5）取决于指数或比率的可变租赁付款额：租赁期限内，如遇中国人民银行贷款基准利率调整时，出租人将对租赁利率作出同方向、同幅度的调整。

基准利率调整日之前各期和调整日当期租金不变，从下一期开始按调整后的租金金额收取。

(6) 租赁开始日租赁资产的公允价值：2×20 年 12 月 31 日该机器的公允价值为 700 000 元，账面价值为 600 000 元。

(7) 初始直接费用：签订租赁合同过程中乙公司发生可归属于租赁项目的手续费、佣金 10 000 元。

(8) 承租人的购买选择权：租赁期届满时，甲公司享有优惠购买该机器的选择权，购买价为 20 000 元，估计该日租赁资产的公允价值为 80 000 元。

(9) 取决于租赁资产绩效的可变租赁付款额：2×22 年和 2×23 年，甲公司每年按该机器所生产的塑钢窗户的年销售收入的 5% 向乙公司支付。

(10) 承租人的终止租赁选择权：甲公司享有终止租赁选择权。在租赁期间，如果甲公司终止租赁，需支付的款项为剩余租赁期间的固定付款额。

(11) 担保余值和未担保余值均为 0。

(12) 全新塑钢机的使用寿命为 7 年。

出租人乙公司的会计处理如下：

第一步，判断租赁类型。

本例存在优惠购买选择权，优惠购买价 20 000 元远低于行使选择权日租赁资产的公允价值 80 000 元，因此，乙公司在 2×20 年 12 月 31 日就可合理确定甲公司将会行使购买选择权。另外，在本例中，租赁期 6 年，占租赁开始日租赁资产使用寿命的 86%（占租赁资产使用寿命的大部分）。同时，乙公司综合考虑其他情形和迹象，认为该租赁实质上转移了与该项设备所有权有关的几乎全部风险和报酬，因此，将这项租赁分类为融资租赁。

第二步，确定租赁收款额。

(1) 承租人的固定付款额为扣除租赁激励后的金额。

(160 000 - 10 000) ×6 = 900 000（元）

(2) 取决于指数或比率的可变租赁付款额。

该款项在初始计量时根据租赁期开始日的指数或比率确定，因此，本例中在租赁期开始日不作考虑。

(3) 承租人购买选择权的行权价格。

如前述分析，乙公司在 2×20 年 12 月 31 日就可合理确定甲公司将会行使购买选择权。因此，租赁收款额中应包含承租人购买选择权的行权价格 20 000 元。

(4) 终止租赁的罚款。

虽然甲公司享有终止租赁选择权，但若终止租赁，甲公司需支付的款项为剩余租赁期间的固定付款额。因此，可以合理确定甲公司不会行使终止租赁选择权，终止租赁的罚款不应纳入租赁收款额。

(5) 承租人提供的担保余值：甲公司向乙公司提供的担保余值为0元。

综合以上情况，租赁收款额 = 900 000 + 20 000 = 920 000（元）

第三步，确定租赁投资总额。

租赁投资总额 = 租赁收款额 + 未担保余值 = 920 000 + 0 = 920 000（元）

第四步，确定租赁投资净额和未实现融资收益。

租赁投资净额 = 租赁开始日租赁资产的公允价值 + 出租人发生的租赁初始直接费用 = 700 000 + 10 000 = 710 000（元）

未实现融资收益 = 租赁投资总额 - 租赁投资净额 = 920 000 - 710 000 = 210 000（元）

第五步，计算租赁内含利率。

租赁内含利率是使租赁投资总额的现值（即租赁投资净额）等于租赁资产在租赁开始日的公允价值与出租人的初始直接费用之和的利率。

由（160 000 - 10 000）×（P/A，r，6）+ 20 000 ×（P/F，r，6）= 710 000 计算得到租赁内含利率为7.82%。

第六步，账务处理。

2×21年1月1日的账务处理如下：

借：应收融资租赁款——租赁收款额　　920 000
　贷：银行存款　　10 000
　　融资租赁资产　　600 000
　　资产处置损益　　100 000
　　应收融资租赁款——未实现融资收益　　210 000

对于以收到租赁保证金为生效条件的融资租赁合同，出租人在收到承租人交来的租赁保证金时，借记“银行存款”等科目，贷记“其他应付款——租赁保证金”科目。承租人到期不交租金，以保证金抵作租金时，借记“其他应付款——租赁保证金”科目，贷记“应收融资租赁款”科目。因承租人违约，出租人按租赁合同约定没收保证金时，借记“其他应付款——租赁保证金”科目，贷记“营业外收入”等科目。承租人未发生违约，出租人到期归还保证金时，借记“其他应付款——租赁保证金”科目，贷记“银行存款”

等科目。

2. 融资租赁的后续计量。

出租人应当按照固定的周期性利率计算并确认租赁期内各个期间的利息收入。

该周期性利率通常为租赁内含利率。在转租的情况下，若转租的租赁内含利率无法确定，转租出租人可采用原租赁的折现率（根据与转租有关的初始直接费用进行调整）。出租人按照第二十二章金融工具确认和计量关于修改或重新议定合同的规定对融资租赁变更进行会计处理的，该周期性利率为按照第二十二章金融工具确认和计量的相关规定所确定的折现率。

【例21－48】 沿用〖例21－47〗，出租人乙公司确认计量租赁期内各期间的利息收入如下。

本例中，第一步，计算租赁期内各期的利息收入（如表21－5所示）。

表21－5　　　　单位：元

日期	收取租赁款项	确认的利息收入	租赁投资净额余额
	①	②＝期初③×7.82%	期末③＝期初③－①＋②
2×21年1月1日			710 000
2×21年12月31日	150 000	55 522	615 522
2×22年12月31日	150 000	48 134	513 656
2×23年12月31日	150 000	40 168	403 824
2×24年12月31日	150 000	31 579	285 403
2×25年12月31日	150 000	22 319	157 722
2×26年12月31日	150 000	12 278*	20 000
2×26年12月31日	20 000		
合计	920 000	210 000	

注：（1）为便于计算，本表中利息收入的计算四舍五入取整数。

（2）作尾数调整：12 278*＝150 000＋20 000－157 722。

第二步，账务处理。

2×21年12月31日收到第一期租金并确认租赁收入：

借：银行存款　　　　150 000

　　贷：应收融资租赁款——租赁收款额　　　　150 000

借：应收融资租赁款——未实现融资收益　　55 522

　　贷：租赁收入　　55 522

2×22年12月31日收到第二期租金并确认租赁收入：

借：银行存款　　150 000

　　贷：应收融资租赁款——租赁收款额　　150 000

借：应收融资租赁款——未实现融资收益　　48 134

　　贷：租赁收入　　48 134

纳入出租人租赁投资净额的可变租赁付款额仅限取决于指数或比率的可变租赁付款额。在初始计量时，应当采用租赁期开始日的指数或比率进行初始计量。出租人应定期复核计算租赁投资总额时所使用的未担保余值。若预计未担保余值降低，出租人应修改租赁期内的收益分配，并立即确认预计的减少额。

出租人取得的未纳入租赁投资净额计量的可变租赁付款额，如与资产的未来绩效或使用情况挂钩的可变租赁付款额，应当在实际发生时计入当期损益。

【例21－49】沿用〖例21－47〗，假设2×22年和2×23年，甲公司分别实现塑钢窗户年销售收入1 000 000和1 500 000元。根据租赁合同，乙公司2×22年和2×23年应向甲公司收取的与销售收入挂钩的租金分别为50 000元和75 000元。甲公司于2×22年和2×23年末以银行存款向乙公司支付前述租金。

出租人乙公司的账务处理如下：

2×22年收取并确认与销售收入挂钩的租金收入：

借：银行存款　　50 000

　　贷：租赁收入　　50 000

2×23年收取并确认与销售收入挂钩的租金收入：

借：银行存款　　75 000

　　贷：租赁收入　　75 000

【例21－50】沿用〖例21－47〗，租赁期届满时的处理——承租人行使购买权。

出租人乙公司的账务处理如下：

借：银行存款　　20 000

　　贷：应收融资租赁款——租赁收款额　　20 000

3. 融资租赁变更的会计处理。

融资租赁发生变更且同时符合下列条件的，出租人应当将该变更作为一项单独租赁进行会计处理：

（1）该变更通过增加一项或多项租赁资产的使用权而扩大了租赁范围；

（2）增加的对价与租赁范围扩大部分的单独价格按该合同情况调整后的金额相当。

【例 21－51】 承租人就某套机器设备与出租人签订了一项为期 5 年的租赁合同，构成融资租赁。在第 2 年年初，承租人和出租人同意对原租赁进行修改，再租入 1 套机器设备，租赁期也为 5 年。扩租的设备从第 2 年第二季度末时可供承租人使用。租赁总对价的增加额与新增的该套机器设备的当前出租市价扣减相关折扣相当。其中，折扣反映了出租人节约的成本，即若将同样的设备租赁给新租户出租人会发生的营销等成本。

本例中，该变更通过增加一项或多项租赁资产的使用权而扩大了租赁范围，增加的对价与租赁范围扩大部分的单独价格按该合同情况调整后的金额相当，应将该变更作为一项单独租赁。

如果融资租赁的变更未作为一项单独租赁进行会计处理，且满足假如变更在租赁开始日生效，该租赁会被分类为经营租赁条件的，出租人应当自租赁变更生效日开始将其作为一项新租赁进行会计处理，并以租赁变更生效日前的租赁投资净额作为租赁资产的账面价值。

【例 21－52】 承租人就某套机器设备与出租人签订了一项为期 5 年的租赁，构成融资租赁。合同规定，每年末承租人向出租人支付租金 10 000 元，租赁期开始日出租资产的公允价值为 37 908 元。由 10 000 ×（P/A，r，5）= 37 908 计算得到租赁内含利率为 10%，租赁收款额为 50 000 元，未确认融资收益为 12 092 元。在第 2 年年初，承租人和出租人同意对原租赁进行修改，租赁期限缩短至第 3 年年末，每年支付租金时点不变，租金总额从50 000 元变更至 33 000 元。假设本例中不涉及未担保余值、担保余值、终止租赁罚款等。

本例中，如果原租赁期限设定为 3 年，在租赁开始日，出租人将该租赁分类为经营租赁，那么，在租赁变更生效日，即第 2 年年初，出租人将租赁投资净额余额 31 699 元（37 908 + 37 908 × 10% － 10 000）作为该套机器设备的入账价值，并从第 2 年年初开始，作为一项新的经营租赁（2 年租赁期，每年末收取租金 11 500 元）进行会计处理。

出租人第 2 年年初账务处理如下：

借：固定资产　　　　31 699

　　应收融资租赁款——未确认融资收益

　　　　8 301（12 092 － 37 908 × 10%）

贷：应收融资租赁款——租赁收款额　40 000（50 000－10 000）

如果融资租赁的变更未作为一项单独租赁进行会计处理，且满足假如变更在租赁开始日生效，该租赁会被分类为融资租赁条件的，出租人应当按照第二十二章金融工具确认和计量有关修改或重新议定合同的规定进行会计处理。即，修改或重新议定租赁合同，未导致应收融资租赁款终止确认，但导致未来现金流量发生变化的，应当重新计算该应收融资租赁款的账面余额，并将相关利得或损失计入当期损益。重新计算应收融资租赁款账面余额时，应当根据重新议定或修改的租赁合同现金流量按照应收融资租赁款的原折现率或按照第二十四章套期会计相关规定重新计算的折现率（如适用）折现的现值确定。对于修改或重新议定租赁合同所产生的所有成本和费用，企业应当调整修改后的应收融资租赁款的账面价值，并在修改后的应收融资租赁款的剩余期限内进行摊销。

【例21－53】 承租人就某套机器设备与出租人（租赁企业）签订了一项为期5年的租赁，构成融资租赁。合同规定，每年年末承租人向出租人支付租金10 000元，租赁期开始日租赁资产公允价值为37 908元，如〖例21－52〗，租赁内含利率10%。在第2年年初，承租人和出租人因为设备适用性等原因同意对原租赁进行修改，从第2年开始，每年支付租金额变更为9 500元，租金总额从50 000元变更为48 000元。

本例中，如果此租金变更在租赁开始日生效，该租赁仍被分类为融资租赁，那么，在租赁变更生效日，即第2年年初，按原租赁内含利率10%重新计算租赁投资净额为30 114元［9 500×(P/A，10%，4)］，与原租赁投资净额账面余额31 699元的差额1 585元（其中"应收融资租赁款——租赁收款额"减少2 000元，"应收融资租赁款——未确认融资收益"减少415元）计入当期损益。

出租人第2年年初账务处理如下：

借：租赁收入　1 585

　　应收融资租赁款——未确认融资收益　415

　贷：应收融资租赁款——租赁收款额　2 000

在融资租赁期间，如果承租人欠付租金，但租赁合同未发生变更的，出租人应继续按照原租赁合同进行相关会计处理，并按照第二十二章金融工具确认和计量有关减值的规定对应收融资租赁款计提减值准备。

（三）出租人对经营租赁的会计处理

1. 租金的处理。

在租赁期内各个期间，出租人应采用直线法将经营租赁的租赁收款额确认为租金收入，计入租赁收入或其他业务收入等。如果其他系统合理的方法能够更好地反映因使用租赁资产所产生经济利益的消耗模式的，则出租人应采用该方法。

2. 出租人对经营租赁提供激励措施。

出租人提供免租期的，出租人应将租金总额在不扣除免租期的整个租赁期内，按直线法或其他合理的方法进行分配，免租期内应当确认租金收入。出租人承担了承租人某些费用的，出租人应将该费用自租金收入总额中扣除，按扣除后的租金收入余额在租赁期内进行分配。

3. 初始直接费用。

出租人发生的与经营租赁有关的初始直接费用应当资本化至租赁资产的成本，在租赁期内按照与租金收入相同的确认基础分期计入当期损益。

4. 折旧和减值。

对于经营租赁资产中的固定资产，出租人应当采用类似资产的折旧政策计提折旧，折旧费计入其他业务成本等；对于其他经营租赁资产，出租人应当根据该资产适用的相关章的规定，采用系统合理的方法进行摊销。

出租人应当按照第九章资产减值的规定，确定经营租赁资产是否发生减值，并对已识别的减值损失进行会计处理。

5. 可变租赁付款额。

出租人取得的与经营租赁有关的可变租赁付款额，如果是与指数或比率挂钩的，应在租赁期开始日计入租赁收款额；除此之外的其他可变租赁付款额，应当在实际发生时计入当期损益。

6. 经营租赁的变更。

经营租赁发生变更的，出租人应自变更生效日开始，将其作为一项新的租赁进行会计处理，与变更前租赁有关的预收或应收租赁收款额视为新租赁的收款额。

九、特殊租赁业务的会计处理

（一）转租赁

转租情况下，原租赁合同和转租赁合同通常都是单独协商的，交易对手也是不同的企业，转租出租人对原租赁合同和转租赁合同应当分别根据承租人和出租人会计处理要求进行会计处理。

在对转租赁进行分类时，转租出租人应基于原租赁中产生的使用权资产，而不是租赁资产（如作为租赁对象的不动产或设备）进行分类。原租赁资产不归转租出租人所有，原租赁资产也未计入其资产负债表。因此，转租出租人应基于其控制的资产（即使用权资产）进行会计处理。

原租赁为短期租赁，且转租出租人作为承租人已采用简化会计处理的，应将转租赁分类为经营租赁。

【例21－54】甲企业（原租赁承租人）与乙企业（原租赁出租人）就5 000平方米办公场所签订了一项为期5年的租赁（原租赁）。在第3年年初，甲企业将该5 000平方米办公场所转租给丙企业（转租赁），期限为原租赁的剩余3年时间。假设不考虑初始直接费用。

本例中，甲企业应基于原租赁形成的使用权资产对转租赁进行分类。转租赁的期限覆盖了原租赁的所有剩余期限，综合考虑其他因素，甲企业判断其实质上转移了与该项使用权资产有关的几乎全部风险和报酬，甲企业将该项转租赁分类为融资租赁。

甲企业的会计处理为：（1）终止确认与原租赁相关且转给丙企业（转租承租人）的使用权资产，并确认转租赁投资净额；（2）将使用权资产与转租赁投资净额之间的差额确认为损益；（3）在资产负债表中保留原租赁的租赁负债，该负债代表应付原租赁出租人的租赁付款额的现值。在转租期间，转租出租人既要确认转租赁的融资收益，也要确认原租赁的利息费用。

【例21－55】甲企业（原租赁承租人）与乙企业（原租赁出租人）就5 000平方米办公场所签订了一项为期5年的租赁（原租赁）。在原租赁的租赁期开始日，甲企业将该5 000平方米办公场所转租给丙企业，期限为2年（转租赁）。

本例中，甲企业基于原租赁形成的使用权资产对转租赁进行分类，考虑各种因素后，将其分类为经营租赁。签订转租赁合同时，甲企业在其资产负债表中继续保留与原租赁相关的租赁负债和使用权资产。在转租期间，甲企业应继续确认使用权资产的折旧费用和租赁负债的利息并确认转租赁的租赁收入。

（二）生产商或经销商出租人的融资租赁

生产商或经销商通常为客户提供购买或租赁其产品或商品的选择。如果生产商或经销商出租其产品或商品构成融资租赁，则该交易产生的损益应相当于按照考虑适用的交易量或商业折扣后的正常售价直接销售该资产所产生的损益。在租赁期开始日，生产商或经销商出租人应当按照租赁资产公允价值与租赁收款额按市场利率折现的现值两者孰低确认收入，并按照租赁资产账面价值扣除未担保余值的现值后的余额结转销售成本，收入和销售成本的差额作为销售损益。

由于取得融资租赁所发生的成本主要与生产商或经销商赚取的销售利得相关，生产商或经销商出租人应当在租赁期开始日将其计入损益。即，与其他融资租赁出租人不同，生产商或经销商出租人取得融资租赁所发生的成本不属于初始直接费用，不计入租赁投资净额。

【例 21－56】甲公司是一家设备生产商，与乙公司（生产型企业）签订了一份租赁合同，向乙公司出租所生产的设备，合同主要条款如下：(1) 租赁资产：设备 A；(2) 租赁期：2×21 年 1 月 1 日至 2×23 年 12 月 31 日，共 3 年；(3) 租赁付款额：自 2×21 年起每年年末支付年租金 1 000 000 元；(4) 租赁合同规定的利率：5%（年利率），与市场利率相同；(5) 该设备于 2×21 年 1 月 1 日的公允价值为 2 700 000 元，账面价值为 2 000 000 元；(6) 甲公司为该租赁发生的相关成本为 5 000 元；(7) 该设备于 2×21 年 1 月 1 日交付乙公司，预计使用寿命为 8 年，无残值；租赁期届满时，乙公司可以 100 元购买该设备，预计租赁到期日该设备的公允价值不低于 1 500 000 元，乙公司对此金额提供担保；租赁期内该设备的保险、维修等费用均由乙公司自行承担。假设不考虑其他因素和各项税费影响。

本例中，甲公司的会计处理如下：

第一步，判断租赁类型。根据租赁期满乙公司可以远低于租赁到期日租赁资产公允价值的金额购买租赁资产，甲公司认为其可以合理确定乙公司将行使购买选择权，综合考虑其他因素，与该项资产所有权有关的几乎所有风险和报酬已实质转移给乙公司，因此，甲公司将该租赁分类为融资租赁。

第二步，计算租赁期开始日租赁收款额按市场利率折现的现值，确定销售收入。

租赁收款额＝租金×期数＋购买价格＝1 000 000×3＋100＝3 000 100（元）

租赁收款额按市场利率折现的现值＝1 000 000×(P/A，5%，3)＋100×(P/F，5%，3)＝2 723 286（元）

按照租赁资产公允价值与租赁收款额按市场利率折现的现值两者孰低的原则，确定销售收入为 2 700 000 元。

第三步，计算租赁资产账面价值扣除未担保余值的现值后的余额，确定销售成本。

销售成本＝租赁资产账面价值－未担保余值的现值＝2 000 000－0＝2 000 000（元）

第四步，账务处理。

2×21年1月1日（租赁期开始日）账务处理如下：

借：应收融资租赁款——租赁收款额　　3 000 100
　　贷：主营业务收入　　2 700 000
　　　　应收融资租赁款——未实现融资收益　　300 100

借：主营业务成本　　2 000 000
　　贷：库存商品　　2 000 000

借：销售费用　　5 000
　　贷：银行存款　　5 000

由于甲公司在确定销售收入和租赁投资净额（即应收融资租赁款）时，是基于租赁资产的公允价值，因此，甲公司需要根据租赁收款额、未担保余值和租赁资产公允价值重新计算租赁内含利率。

由1 000 000×（P/A，r，3）＋100×（P/F，r，3）＝2 700 000计算得到租赁内含利率r＝5.4606%。

租赁期内各期分摊的融资收益如表21－6所示。

表21－6　　单位：元

日期	收取租赁款项	分摊的融资收益	应收租赁款减少额	应收租赁款净额
	①	②＝期初④×5.4606%	③＝①－②	期末④＝期初④－③
2×21年1月1日				2 700 000
2×21年12月31日	1 000 000	147 436	852 564	1 847 436
2×22年12月31日	1 000 000	100 881	899 119	948 317
2×23年12月31日	1 000 000	51 783*	948 217**	100
2×23年12月31日	100		100	
合计	3 000 100	300 100	2 700 000	

注：（1）为便于计算，本表中分摊的融资收益的计算四舍五入取整数。
（2）作尾数调整：51 783*＝1 000 000－948 217；948 217**＝948 317－100。

2×21 年 12 月 31 日账务处理如下：

借：应收融资租赁款——未实现融资收益　　147 436

　　贷：财务费用——利息收入　　147 436

借：银行存款　　1 000 000

　　贷：应收融资租赁款——租赁收款额　　1 000 000

2×22 年 12 月 31 日和 2×23 年 12 月 31 日的账务处理略。

【例 21－57】 甲公司是一家设备生产商，与乙公司（生产型企业）签订了一份租赁合同，向乙公司出租所生产的设备，合同主要条款如下：（1）租赁资产：设备 A；（2）租赁期：2×21 年 1 月 1 日至 2×27 年 12 月 31 日，共 7 年；（3）租赁付款额：自 2×21 年起每年末支付年租金 475 000 元；（4）租赁合同规定的利率：6%（年利率），与市场利率相同；（5）该设备于 2×21 年 1 月 1 日的公允价值为 2 700 000 元，账面价值为 2 000 000 元，甲公司认为租赁到期时该设备余值为 72 800 元，乙公司及其关联方未对余值提供担保；（6）甲公司为该租赁发生的相关成本为 5 000 元；（7）该设备于 2×21 年 1 月 1 日交付乙公司，预计使用寿命为 7 年；租赁期内该设备的保险、维修等费用均由乙公司自行承担。假设不考虑其他因素和各项税费影响。

本例中，甲公司的会计处理如下：

第一步，判断租赁类型。租赁期与租赁资产预计使用寿命一致，另外租赁收款额的现值为 2 651 600 元（计算过程见后），约为租赁资产公允价值的 98%，综合考虑其他因素，甲公司认为与该项资产所有权有关的几乎所有风险和报酬已实质转移给乙公司，所以将该租赁分类为融资租赁。

第二步，计算租赁期开始日租赁收款额按市场利率折现的现值，确定销售收入。

租赁收款额＝租金×期数＝475 000×7＝3 325 000（元）

租赁收款额按市场利率折现的现值＝475 000×（P/A，6%，7）＝2 651 600（元）

按照租赁资产公允价值与租赁收款额按市场利率折现的现值两者孰低的原则，确定销售收入为 2 651 600 元。

注：475 000×（P/A，6%，7）＝2 651 640（元），为便于计算，作尾数调整，取 2 651 600 元。

第三步，计算租赁资产账面价值扣除未担保余值的现值后的余额，确定销售成本。

未担保余值的现值 =72 800 ×（P/F，6%，7）=48 400（元）

注：72 800 ×（P/F，6%，7）=48 412 元，为便于计算，作尾数调整，取 48 400 元。

销售成本 = 租赁资产账面价值 – 未担保余值的现值 =2 000 000 –48 400 = 1 951 600（元）

第四步，账务处理。

2×21 年 1 月 1 日（租赁期开始日）账务处理如下：

借：应收融资租赁款——租赁收款额　　3 325 000
　　贷：主营业务收入　　2 651 600
　　　　应收融资租赁款——未实现融资收益　　673 400

借：主营业务成本　　1 951 600
　　应收融资租赁款——未担保余值　　72 800
　　贷：库存商品　　2 000 000
　　　　应收融资租赁款——未实现融资收益　　24 400

借：销售费用　　5 000
　　贷：银行存款　　5 000

由于甲公司在确定销售收入和租赁投资净额（即应收融资租赁款）时，是基于租赁收款额按市场利率折现的现值，因此，甲公司无需重新计算租赁内含利率。甲公司按上述折现率6%计算租赁期内各期分摊的融资收益如表 21 –7 所示。

表 21 –7　　单位：元

日期	收取租赁款项	分摊的融资收益*	应收租赁款减少额	应收租赁款净额
	①	② = 期初④ ×6%	③ = ① – ②	期末④ = 期初④ – ③
2×21 年 1 月 1 日				2 700 000
2×21 年 12 月 31 日	475 000	162 000	313 000	2 387 000
2×22 年 12 月 31 日	475 000	143 220	331 780	2 055 220
2×23 年 12 月 31 日	475 000	123 313	351 687	1 703 533
2×24 年 12 月 31 日	475 000	102 212	372 788	1 330 745
2×25 年 12 月 31 日	475 000	79 845	395 155	935 590
2×26 年 12 月 31 日	475 000	56 135	418 865	516 725

续表

日期	收取租赁款项	分摊的融资收益*	应收租赁款减少额	应收租赁款净额
	①	②=期初④×6%	③=①-②	期末④=期初④-③
2×27年12月31日	475 000	31 075**	443 925***	72 800
2×27年12月31日			72 800	
合计	3 325 000	697 800	2 700 000	

注：(1) *包括未实现融资收益的摊销和未担保余值产生的利息两部分，计算四舍五入取整数。

(2) 作尾数调整：31 075** = 475 000 - 443 925；443 925*** = 516 725 - 72 800（假定租赁资产余值估计一直未变）。

2×21年12月31日账务处理如下：

借：应收融资租赁款——未实现融资收益　　162 000

　贷：财务费用——利息收入　　162 000

借：银行存款　　475 000

　贷：应收融资租赁款——租赁收款额　　475 000

2×22~2×26年度的账务处理略。

假设2×27年12月31日，乙公司到期归还租赁资产，甲公司将该资产处置，取得处置款72 800元，甲公司的账务处理如下：

借：应收融资租赁款——未实现融资收益　　31 075

　贷：财务费用——利息收入　　31 075

借：银行存款　　475 000

　贷：应收融资租赁款——租赁收款额　　475 000

借：融资租赁资产　　72 800

　贷：应收融资租赁款——未担保余值　　72 800

借：银行存款　　72 800

　贷：融资租赁资产　　72 800

为吸引客户，生产商或经销商出租人有时以较低利率报价。使用该利率会导致出租人在租赁期开始日确认的收入偏高。在这种情况下，生产商或经销商出租人应当将销售利得限制为采用市场利率所能取得的销售利得。

(三) 售后租回交易

若企业（卖方兼承租人）将资产转让给其他企业（买方兼出租人），并从买方兼出租人租回该项资产，则卖方兼承租人和买方兼出租人均应按照售后租回交易的规定进行会计处理。企业应当按照第十五章收入的规定，评估确定售后租回交易中的资产转让是否属于销售，并进行相应会计处理。

在资产的法定所有权转移给出租人并将资产租赁给承租人之前，承租人可能会先获得该资产的法定所有权。但是，是否具有资产的法定所有权本身并非会计处理的决定性因素。如果承租人在资产转移给出租人之前已经取得对该资产的控制，则该交易属于售后租回交易。然而，如果承租人在资产转移给出租人之前未能取得对该资产的控制，那么即便承租人在资产转移给出租人之前先获得该资产的法定所有权，该交易也不属于售后租回交易。

1. 售后租回交易中的资产转让属于销售。

卖方兼承租人应当按原资产账面价值中与租回获得的使用权有关的部分，计量售后租回所形成的使用权资产，并仅就转让至买方兼出租人的权利确认相关利得或损失。买方兼出租人根据其他适用的相关章对资产购买进行会计处理，并根据本章对资产出租进行会计处理。

如果销售对价的公允价值与资产的公允价值不同，或者出租人未按市场价格收取租金，企业应当将销售对价低于市场价格的款项作为预付租金进行会计处理，将销售对价高于市场价格的款项作为买方兼出租人向卖方兼承租人提供的额外融资进行会计处理。同时，承租人按照公允价值调整相关销售利得或损失，出租人按市场价格调整租金收入。

企业在按照上述要求确定销售对价与市场价格的差额以及调整销售利得或损失（承租人）或租金收入（出租人）时，应当基于下列二者中较易确定者进行：(1）销售对价的公允价值与资产的公允价值的差异；(2）合同付款额的现值与按市场租金计算的付款额的现值的差异。

在租赁期开始日后，承租人应当按照本章有关使用权资产后续计量的规定对售后租回所形成的使用权资产进行后续计量，并按照本章有关租赁负债后续计量的规定对售后租回所形成的租赁负债进行后续计量。承租人在对售后租回所形成的租赁负债进行后续计量时，确定租赁付款额或变更后租赁付款额的方式不得导致其确认与租回所获得的使用权有关的利得或损失。租赁变更导致租赁范围缩小或租赁期缩短的，承租人仍应当按照本章的规定将部分终止或完全终止租赁的相关利得或损失计入当期损益，不受前述规定的限制。

【例21－58】 甲公司（卖方兼承租人）以40 000 000元的价格向乙租赁公司（买方兼出租人）转让一栋建筑物，乙公司以银行存款支付转让款项，转让前该建筑物的账面原值为24 000 000元，累计折旧为4 000 000元。同日，甲公司与乙公司签订合同，取得该建筑物18年的使用权（全部剩余使用年限为40年），年租金为2 400 000元，于每年年末支付。根据交易的条款和条件，甲公司转让该建筑物符合第十五章收入关于销售成立的条件。该建筑物在销售当日的公允价值为36 000 000元。假设不考虑初始直接费用和各项税费的影响。

本例中，由于该建筑物的销售对价高于该建筑物在销售当日的公允价值，超额售价4 000 000元（40 000 000－36 000 000）作为乙公司向甲公司提供的额外融资进行会计处理。甲公司和乙公司按照公允价值分别确定销售利得、租赁收入等。

甲、乙公司均确定租赁内含年利率为4.5%。18年付款额现值为29 183 980元（年付款额2 400 000，共18期，按每年4.5%进行折现），其中：4 000 000元与额外融资相关（对应的未折现年付款额为328 948元），25 183 980元（29 183 980－4 000 000）与租赁相关（对应的未折现年付款额为2 071 052元），具体计算过程如下：

18年付款额现值＝2 400 000×(P/A，4.5%，18)＝29 183 980（元）

额外融资年付款额＝4 000 000÷29 183 980×2 400 000＝328 948（元）

租赁相关年付款额＝2 400 000－328 948＝2 071 052（元）。

(1) 在租赁期开始日，甲公司账务处理如下：

第一步，按该建筑物原账面价值中与租回获得的使用权有关的部分计量售后租回所形成的使用权资产。

使用权资产＝该建筑物原账面价值×(租赁相关付款额的现值÷该建筑物的公允价值)＝(24 000 000－4 000 000)×(25 183 980÷36 000 000)＝13 991 100（元）

第二步，计算与转让至乙公司的权利相关的利得。

出售该建筑物的全部利得＝36 000 000－20 000 000＝16 000 000（元），其中：

与使用权相关的利得＝16 000 000×(25 183 980÷36 000 000)＝11 192 880（元）

与转让至乙公司的权利相关的利得＝16 000 000－11 192 880＝4 807 120（元）

第三步，账务处理。

①额外融资的账务处理。

借：银行存款　　　　4 000 000

　　贷：长期应付款　　　　4 000 000

②租赁相关的账务处理。

借：固定资产清理　　20 000 000
　　累计折旧　　4 000 000
　　贷：固定资产　　24 000 000

借：银行存款　　36 000 000
　　使用权资产　　13 991 100
　　租赁负债——未确认融资费用　　12 094 956
　　贷：固定资产清理　　20 000 000
　　　　租赁负债——租赁付款额　　37 278 936
　　　　资产处置损益　　4 807 120

其中：

租赁付款额＝租赁相关年付款额×18＝2 071 052×18＝37 278 936（元）

未确认融资费用＝37 278 936－25 183 980＝12 094 956（元）

租赁期开始日后，甲公司支付的年付款额2 400 000元中，2 071 052元作为支付租赁付款额处理，其余328 948元作为偿还额外融资的本金及支付相关利息进行会计处理。以第1年年末为例，甲公司的账务处理如下：

借：租赁负债——租赁付款额　　2 071 052
　　长期应付款　　148 948
　　财务费用——利息费用　　1 313 279
　　贷：租赁负债——未确认融资费用　　1 133 279
　　　　银行存款　　2 400 000

其中：

长期应付款相关利息费用＝4 000 000×4.5%＝180 000（元）

租赁负债相关利息费用＝25 183 980×4.5%＝1 133 279（元）

长期应付款减少额＝328 948－180 000＝148 948（元）

（2）综合考虑租期占该建筑物剩余使用年限的比例等因素，乙公司将该建筑物的租赁分类为经营租赁。

在租赁期开始日，乙公司账务处理如下：

借：投资性房地产　　36 000 000
　　长期应收款　　4 000 000
　　贷：银行存款　　40 000 000

租赁期开始日后，乙公司将年收款额2 400 000元中的2 071 052元作为租赁收款额进行会计处理，其余328 948元作为收回额外融资的本金及取得相关利息进行会计处理。以第 1 年年末为例，乙公司的账务处理如下：

借：银行存款 2 400 000

　贷：租赁收入 2 071 052

　　利息收入 180 000

　　长期应收款 148 948

【例 21－59】2×23 年 1 月 1 日，甲公司（卖方兼承租人）以 1 800 000 元的价格向乙公司（买方兼出租人）转让一栋建筑物，转让前该建筑物的账面原值为 2 100 000 元，累计折旧为 1 100 000 元，未计提减值准备。同日，甲公司与乙公司签订合同，取得该建筑物 5 年的使用权（全部剩余使用年限为 20 年），作为其总部管理人员的办公场所，年租金包括 50 000 元的固定租赁付款额和非取决于指数或比率的可变租赁付款额，均于每年年末支付。根据交易的条款和条件，甲公司转让该建筑物符合第十五章收入关于销售成立的条件。该建筑物转让当日的公允价值为 1 800 000 元。甲公司无法确定租赁内含利率，在租赁期开始日，甲公司的增量借款年利率为 3%。2×23 年 12 月 31 日，甲公司以银行存款实际支付租金 99 321 元。

甲公司按照本章规定制定了相关会计政策：对于包含非取决于指数或比率的可变租赁付款额的售后租回交易，可以采用在租赁期开始日合理估计的各期预期租赁付款额（包含固定和可变租赁付款额，下同）的现值占转让当日该资产公允价值的比例或者其他合理方法（如按市场租金、租回建筑面积占比、租回期间占比等）确定租回所保留的权利占比。

情形 1：甲公司在租赁期开始日能够合理估计上述售后租回交易租赁期内各期预期租赁付款额，具体情况如表 21－8 所示。

表 21－8 单位：元

支付日期	预期租赁付款额
2×23 年 12 月 31 日	95 902
2×24 年 12 月 31 日	98 124
2×25 年 12 月 31 日	99 243
2×26 年 12 月 31 日	100 101
2×27 年 12 月 31 日	98 121
合计	491 491

情形2：甲公司在租赁期开始日不能合理估计上述售后租回交易租赁期内各期预期租赁付款额，但能采用其他合理方法确定租回所保留的权利占比为25%。

甲公司采用直线法对使用权资产计提折旧。假设不考虑相关税费和其他因素。

本例中，甲公司（卖方兼承租人）转让该建筑物符合第十五章收入关于销售成立的条件。根据本章规定，售后租回交易中的资产转让属于销售的，初始计量时，承租人应当按原资产账面价值中与租回获得的使用权有关的部分，计量售后租回所形成的使用权资产，并仅就转让至出租人的权利确认相关利得或损失。在租赁期开始日后，承租人应当按照本章有关使用权资产后续计量的规定对售后租回所形成的使用权资产进行后续计量，并按照本章有关租赁负债后续计量的规定对售后租回所形成的租赁负债进行后续计量。承租人在对售后租回所形成的租赁负债进行后续计量时，确定租赁付款额或变更后租赁付款额的方式不得导致其确认与租回所获得的使用权有关的利得或损失（因租赁变更导致租赁范围缩小或租赁期缩短而部分终止或完全终止租赁的相关利得或损失除外）。

按照上述要求，甲公司在初始计量和后续计量中不得确认与租回所获得的使用权有关的利得或损失。为此，甲公司需以租赁期开始日合理估计的各期租赁付款额的现值占转让当日该资产公允价值的比例或其他合理方法确定租回所保留的权利占比。对于本例中的两种情形，甲公司应分别进行如下会计处理：

情形1：甲公司以在租赁期开始日合理估计的各期预期租赁付款额的现值占转让当日该资产公允价值的比例确定租回所保留的权利占比。

在该情形下，甲公司根据估计的预期租赁付款额确定各期租赁付款额如表21－9所示。

表21－9 单位：元

支付日期	租赁付款额
2×23年12月31日	95 902
2×24年12月31日	98 124
2×25年12月31日	99 243
2×26年12月31日	100 101

续表

支付日期	租赁付款额
2×27 年 12 月 31 日	98 121
合计	491 491

甲公司的账务处理如下：

(1) 2×23 年 1 月 1 日，租回所售资产。

第一步，计算租赁付款额的现值。

租赁付款额的现值 =95 902×(P/F，3%，1) +98 124×(P/F，3%，2) +99 243×(P/F，3%，3) +100 101×(P/F，3%，4) +98 121×(P/F，3%，5) =450 000（元）

第二步，确定售后租回所形成的使用权资产的初始计量金额。

租回所保留的权利占比 = 租赁付款额的现值/转让当日该建筑物的公允价值 =450 000 ÷1 800 000 =25%

转让当日该建筑物的账面价值 =2 100 000 −1 100 000 =1 000 000（元）

使用权资产 = 转让当日该建筑物的账面价值 × 租回所保留的权利占比 =1 000 000×25% =250 000（元）

第三步，计算与转让至乙公司的权利相关的利得。

与转让至乙公司的权利相关的利得 = 转让该建筑物的全部利得 − 与该建筑物使用权相关的利得 =(1 800 000 −1 000 000) −(1 800 000 −1 000 000)×25% =600 000（元）

第四步，计算未确认融资费用。

未确认融资费用 =5 年租赁付款额 −5 年租赁付款额的现值 =491 491 −450 000 =41 491（元）

第五步，账务处理。

借：固定资产清理　　1 000 000
　　累计折旧　　1 100 000
　　贷：固定资产　　2 100 000

借：银行存款　　1 800 000
　　使用权资产　　250 000
　　租赁负债——未确认融资费用　　41 491

贷：固定资产清理　1 000 000

租赁负债——租赁付款额　491 491

资产处置损益　600 000

（2）2×23年12月31日，计提使用权资产折旧，确认租赁负债的利息。

使用权资产本期折旧额＝250 000÷5＝50 000（元）

借：管理费用　50 000

贷：使用权资产累计折旧　50 000

租赁负债的利息＝450 000×3%＝13 500（元）

借：财务费用——利息费用　13 500

贷：租赁负债——未确认融资费用　13 500

（3）确认本期实际支付的租金，并按租赁期开始日已纳入租赁负债初始计量的当期租赁付款额减少租赁负债的账面金额，两者的差额计入当期损益。

2×23年12月31日，甲公司实际支付租金99 321元，与已纳入租赁负债初始计量的当期租赁付款额（即租赁期开始日估计的当期预期租赁付款额）95 902元的差额为3 419元，计入当期损益。

借：租赁负债——租赁付款额　95 902

管理费用　3 419

贷：银行存款　99 321

2×24年1月1日以后的账务处理比照2×23年进行。租赁负债按表21－10所示方法进行后续计量。

表21－10　单位：元

年度	租赁负债期初余额	确认利息	支付租赁付款额	租赁负债期末余额
	①	②＝①×3%	③	④＝①＋②－③
2×23年	450 000	13 500	95 902	367 598
2×24年	367 598	11 028	98 124	280 502
2×25年	280 502	8 415	99 243	189 674
2×26年	189 674	5 690	100 101	95 263
2×27年	95 263	2 858	98 121	—

注：为便于计算，本表中利息的计算四舍五入取整数。

情形2：甲公司在租赁期开始日不能合理估计该售后租回交易租赁期内各期预期租赁付款额，但能采用其他合理方法确定租回所保留的权利占比为25%。

该情形下，甲公司根据租回所保留的权利占比确定相关使用权资产和租赁负债的初始计量金额，并结合折现率确定等额的各期租赁付款额。

甲公司的账务处理如下：

(1) 2×23年1月1日，租回所售资产。

第一步，根据租回所保留的权利占比确定售后租回所形成的使用权资产的初始计量金额。

转让当日该建筑物的账面价值＝2 100 000－1 100 000＝1 000 000（元）

使用权资产＝转让当日该建筑物的账面价值×租回所保留的权利占比＝1 000 000×25%＝250 000（元）

第二步，计算与转让至乙公司的权利相关的利得。

与转让至乙公司的权利相关的利得＝转让该建筑物的全部利得－与该建筑物使用权相关的利得＝(1 800 000－1 000 000)－(1 800 000－1 000 000)×25%＝600 000（元）

第三步，根据租回所保留的权利占比确定售后租回所形成的租赁负债的初始计量金额。

租赁付款额的现值＝1 800 000×25%＝450 000（元）

第四步，根据租赁付款额的现值和增量借款利率确定售后租回租赁期内各期等额的租赁付款额（详见表21－11）。

各期租赁付款额＝450 000/(P/A，3%，5)＝98 260（元）

表21－11 单位：元

支付日期	租赁付款额
2×23年12月31日	98 260
2×24年12月31日	98 260
2×25年12月31日	98 260
2×26年12月31日	98 260
2×27年12月31日	98 260
合计	491 300

第五步，计算未确认融资费用。

未确认融资费用＝5年租赁付款额－5年租赁付款额的现值＝491 300－450 000＝41 300（元）

第六步，账务处理。

借：固定资产清理　　1 000 000
　　累计折旧　　1 100 000
　　贷：固定资产　　2 100 000

借：银行存款　　1 800 000
　　使用权资产　　250 000
　　租赁负债——未确认融资费用　　41 300
　　贷：固定资产清理　　1 000 000
　　　　租赁负债——租赁付款额　　491 300
　　　　资产处置损益　　600 000

（2）2×23年12月31日，计提使用权资产折旧，确认租赁负债的利息。

使用权资产本期折旧额＝250 000÷5＝50 000（元）

借：管理费用　　50 000
　　贷：使用权资产累计折旧　　50 000

租赁负债的利息＝450 000×3%＝13 500（元）

借：财务费用——利息费用　　13 500
　　贷：租赁负债——未确认融资费用　　13 500

（3）确认本期实际支付的租金，并按租赁期开始日已纳入租赁负债初始计量的当期租赁付款额减少租赁负债的账面金额，两者的差额计入当期损益。

2×23年12月31日，甲公司实际支付租金99 321元，与前期已纳入租赁负债初始计量的本期租赁付款额（即租赁期开始日确定的等额的各期租赁付款额）98 260元的差额为1 061元，计入当期损益。

借：租赁负债——租赁付款额　　98 260
　　管理费用　　1 061
　　贷：银行存款　　99 321

2×24年1月1日以后的账务处理比照2×23年进行。租赁负债按表21－12所示方法进行后续计量。

表 21－12　　单位：元

年度	租赁负债期初余额	确认利息	支付租赁付款额	租赁负债期末余额
	①	②＝①×3%	③	④＝①＋②－③
2×23 年	450 000	13 500	98 260	365 240
2×24 年	365 240	10 957	98 260	277 937
2×25 年	277 937	8 338	98 260	188 015
2×26 年	188 015	5 640	98 260	95 395
2×27 年	95 395	2 865*	98 260	—

注：（1）为便于计算，本表中利息的计算四舍五入取整数。
（2）作尾数调整：2 865* ＝98 260－95 395。

2. 售后租回交易中的资产转让不属于销售。

卖方兼承租人不终止确认所转让的资产，而应当将收到的现金作为金融负债，并按照第二十二章金融工具确认和计量进行会计处理。买方兼出租人不确认被转让资产，而应当将支付的现金作为金融资产，并按照第二十二章金融工具确认和计量进行会计处理。

【例 21－60】甲公司（卖方兼承租人）以 24 000 000 元的价格向乙公司（买方兼出租人）转让一栋建筑物，乙公司以银行存款支付转让价款，转让前该建筑物的账面原值为 24 000 000 元，累计折旧为 4 000 000 元。同日，甲公司与乙公司签订合同，取得该建筑物 18 年的使用权（全部剩余使用年限为 40 年），年租金为 2 000 000 元，于每年年末支付，租赁期届满时，甲公司将以 100 元购买该建筑物。根据交易的条款和条件，甲公司转让该建筑物不符合第十五章收入关于销售成立的条件。该建筑物在转让当日的公允价值为 36 000 000 元。假设不考虑初始直接费用和各项税费的影响。

本例中，甲公司与乙公司在转让该建筑物的同时，就该建筑物签订了租赁合同，并约定在租赁期届满时以 100 元（远低于该建筑物当日公允价值）回购该建筑物，表明乙公司在转让时点并未取得该建筑物的控制权，因而不符合第十五章收入关于销售成立的条件。因此，卖方兼承租人不应终止确认所转让的建筑物，收到的转让价款应作为长期应付款处理；买方兼出租人不确认被转让的建筑物，支付的转让价款应作为长期应收款处理。

在租赁期开始日，甲公司有关账务处理如下：

借：银行存款　　24 000 000

贷：长期应付款　　24 000 000

在租赁期开始日，乙公司有关账务处理如下：

借：长期应收款　　24 000 000

贷：银行存款　　24 000 000

十、列示与披露

（一）承租人的列示和披露

1. 资产负债表。

承租人应当在资产负债表中单独列示使用权资产和租赁负债。其中，租赁负债通常分别非流动负债和一年内到期的非流动负债（即资产负债表日后12个月内租赁负债预期减少的金额）列示。

【例21－61】沿用〖例21－37〗，在租赁期开始日，甲公司确认的租赁负债为43 300元，租赁负债将按表21－13所示方法进行后续计量：

表21－13　　单位：元

租赁期	租赁负债年初金额	确认利息	支付租赁付款额	租赁负债年末金额
	①	②＝①×5%	③	④＝①＋②－③
第1年	43 000	2 165	10 000	35 465
第2年	35 465	1 773	10 000	27 238
第3年	27 238	1 362	10 000	18 600
第4年	18 600	930	10 000	9 530
第5年	9 530	470*	10 000	—

注：（1）为便于计算，本表中利息的计算四舍五入取整数。

（2）作尾数调整：470*＝10 000－9 530。

在第1年年末，甲公司的租赁负债为35 465元，其中，应列示为非流动负债的金额为27 238元，应列示为一年内到期的非流动负债的金额为8 227元（35 465－27 238），该金额是资产负债表日后12个月内租赁负债预期减少的金额。

2. 利润表。

承租人应当在利润表中分别列示租赁负债的利息费用与使用权资产的折旧费用。其中，租赁负债的利息费用在“财务费用”项目列示。对于金融企业，利润表中没有“财务费用”项目，因此，租赁负债的利息费用在“业务及管理费用”项目中列示，并应当在财务报表附注中进一步披露。

3. 现金流量表。

承租人应当在现金流量表中按照如下方式列示：

（1）偿还租赁负债本金和利息所支付的现金，应当计入筹资活动现金流出；

（2）支付的按照本章规定简化处理的短期租赁付款额和低价值资产租赁付款额，应当计入经营活动现金流出；

（3）支付的未纳入租赁负债计量的可变租赁付款额，应当计入经营活动现金流出；

（4）支付的预付租金和租赁保证金，应当计入筹资活动现金流出；

（5）支付的与按照本章规定简化处理的短期租赁和低价值资产租赁相关的预付租金和租赁保证金应当计入经营活动现金流出。

4. 承租人的披露。

承租人应当在财务报表附注中披露有关租赁活动的定性和定量信息，以便财务报表使用者评估租赁活动对承租人的财务状况、经营成果和现金流量的影响。

承租人应当在财务报表的单独附注或单独章节中披露其作为承租人的信息，但无需重复已在财务报表其他部分列示或披露的信息，只需要在租赁的相关附注中通过交叉索引的方式体现该信息。

承租人应当在财务报表附注中披露与租赁有关的下列信息：

（1）各类使用权资产的期初余额、本期增加额、期末余额以及累计折旧额和减值金额。

（2）租赁负债的利息费用。

（3）有关简化处理方法的披露。

承租人对短期租赁和低价值资产租赁进行简化处理的，应当披露这一事实，并披露计入当期损益的短期租赁费用和低价值资产租赁费用。其中，短期租赁费用无需包含租赁期在 1 个月以内的租赁相关费用，低价值资产租赁费用不应包含已包括在上述短期租赁费用中的低价值资产短期租赁费用。

若承租人在报告期末承诺的短期租赁组合与上述披露的短期租赁费用所对应的短期租赁组合不同，则承租人应当披露简化处理的短期租赁的租赁承诺金额。

（4）计入当期损益的未纳入租赁负债计量的可变租赁付款额。

（5）转租使用权资产取得的收入。

（6）与租赁相关的总现金流出。

（7）售后租回交易产生的相关损益。

（8）按照第三十八章金融工具列报应当披露的有关租赁负债的信息，包括单独披露租赁负债的到期期限分析、对相关流动性风险的管理等。

承租人应当以列表格式披露上述信息，其他格式更为适当的除外。另需注意的是，承租人披露的金额应包含已在当期计入其他资产账面价值的成本。

此外，承租人应当根据理解财务报表的需要，披露有关租赁活动的其他定性和定量信息。此类信息包括：

（1）租赁活动的性质。例如，租入资产的类别及数量、租赁期、是否存在续租选择权等租赁基本情况信息。

（2）未纳入租赁负债计量的未来潜在现金流出。

未纳入租赁负债计量的未来潜在现金流出主要来源于下列风险敞口：一是可变租赁付款额，二是续租选择权与终止租赁选择权，三是担保余值，四是承租人已承诺但尚未开始的租赁。

①可变租赁付款额。

承租人可能需要根据具体情况披露与可变租赁付款额有关的额外信息，以帮助财务报表使用者进行评估。例如，承租人使用可变租赁付款额的原因，以及使用此类付款额的普遍性；可变租赁付款额相对于固定付款额的大小；可变租赁付款额所依据的主要变量，以及付款额预期将如何随主要变量的变化而变动；可变租赁付款额的其他经营及财务影响。

【例21-62】零售商甲公司租入了大量零售店铺，其中许多租赁包含与店铺销售额挂钩的可变付款额条款。甲公司的政策规定，可变租赁付款额条款的使用情形以及所有租赁商洽均须集中审批，租赁付款额受到集中监督。甲公司认为，关于可变租赁付款额的信息对财务报表使用者有重大意义，且无法从财务报表的其他部分获得。此外，甲公司认为，下列信息对财务报表使用者也有重大意义：甲公司就可变租赁付款额所用的不同类型的合同条款，这些条款对其财务状况的影响，以及可变租赁付款额对销售额变化的敏感度等。这些信息与向甲公司的高级管理层报告时所用的有关可变租赁付款额的信息类似。因此，甲公司在其财务报表附注中对租赁进行如下披露：

本集团的许多房地产租赁包含与租入店铺的销售额挂钩的可变租赁付款额条款，使用此类条款的主要目的是尽可能将租赁付款额与店铺产生的现金流相匹配。对于单独的店铺，最高可有100%的付款额是基于可变租赁付款额的，而且用于确定付款额的销售额比例范围较大。在某些情况下，可变租赁付款额条款还包含年度付款额的下限或上限。

在2×22年度，租赁付款额及条款汇总如表21－14所示。

表21－14

条款	店铺数量（个）	固定付款额（元）	可变付款额（元）	付款额总额（元）
仅有固定付款额	1 490	1 153 000	—	1153 000
有可变付款额且无最低标准	986	—	562 000	562 000
有可变付款额且有最低标准	3 089	1 091 000	1 435 000	2 526 000
合计	5 565	2 244 000	1 997 000	4 241 000

若本集团全部店铺的销售额增长1%，租赁付款额总额预期将增长约0.6%～0.7%；若本集团全部店铺的销售额增长5%，租赁付款额总额预期将增长约2.6%～2.8%。

【例21－63】零售商甲公司租入了大量零售店铺，这些租赁包含差异较大的可变租赁付款额条款，租赁条款由当地管理层商洽和监督。甲公司认为，关于可变租赁付款额的信息对财务报表使用者有重大意义，且无法从财务报表的其他部分获得。甲公司还认为，关于如何管理房地产租赁组合的信息以及关于以后年度可变租赁付款额预计水平的信息（与向甲公司的高级管理层报告时所用的信息类似）对财务报表使用者有重大意义。因此，甲公司在其财务报表附注中对租赁进行如下披露：

本集团的许多房地产租赁包含可变租赁付款额条款。当地管理层对店铺的利润率负责，因此，租赁条款由当地管理层商洽确定，付款额条款类型多样。使用可变租赁付款额条款有多种原因，包括最小化新开店铺的固定成本额、管理利润率以及保持经营灵活性等。本集团的可变租赁付款额条款差异较大：大部分可变租赁付款额条款是基于店铺销售额的一定比例；基于可变条款的付款额占单个房地产租赁付款总额的比例为0～20%；部分可变租赁付款额条款包含下限或上限条款。

使用可变租赁付款额条款的总体财务影响是：店铺的销售额越高，租金成本越高。这将有利于本集团的利润管理。预计未来几年可变租赁付款额相关的租赁费用占店铺销售额的比例将保持类似水平。

②续租选择权与终止租赁选择权。

根据具体情况，承租人可能需要披露与续租选择权或终止租赁选择权有关的额外信息，以帮助财务报表使用者进行评估。例如，承租人使用续租选择权或终止选择权的原因，以及此类选择权的普遍性；选择权期间租金相对于租赁付款额的大小；行使未纳入租赁负债计量的选择权的普遍性；此类选择权的其他经营及财务影响。

【例21－64】承租人甲公司有大量设备租赁，这些租赁的条款和条件差异较大。租赁条款由当地管理层商洽和监督。甲公司认为，如何对终止租赁选择权和续租选择权的使用进行管理的信息对财务报表使用者有重大意义，且无法从财务报表的其他部分获得。此外，甲公司还认为，下列信息对财务报表使用者也有重大意义：重新评估上述选择权的财务影响，以及在其短期租赁组合中，包含无罚金年度解约条款的租赁所占的比例。因此，甲公司在其财务报表附注中对租赁进行如下披露：

本集团有大量设备租赁包含续租选择权和终止租赁选择权。当地管理层负责管理其租赁。因此，租赁条款是以逐项租赁为基础进行商洽的，并且这些租赁的条款和条件差异较大。在可能的情况下，租赁会使用续租选择权和终止租赁选择权条款，以便当地管理层在取得所需设备与履行客户合同的一致性方面拥有更大的灵活性。本集团所用的租赁具体条款和条件不尽相同。

大部分续租选择权和终止租赁选择权仅可由本集团行使，而非由相应的出租人行使。若本集团不能合理确定将行使续租选择权，则续租期间的相关付款额不纳入租赁负债的计量。

2×22年，因续租选择权或终止租赁选择权的评估结果或实际行使情况发生变化导致租赁期变化，本集团确认的租赁负债增加489 000元。

此外，本集团有大量租赁安排包含无罚金的年度解约条款。这些租赁被分类为短期租赁，且未包含在租赁负债中。本集团在2×22年确认的短期租赁费用为30 000元，其中包含年度解约条款的租赁发生的租赁费用为27 000元。

【例21－65】承租人甲公司有大量大型设备租赁，这些租赁包含可由甲公司行使的续租选择权。甲公司的政策是，在可能的情况下使用续租选择权，从而使得已承诺的大型设备的租赁期与相关客户合同的初始合同期限一致，同时保留管理大型设备以及在不同合同间重新分配资产的灵活性。甲公司认为，关于续租选择权的信息对财务报表使用者有重大意义，且无法从财务报表的其他部分获得。此外，甲公司认为，下列信息对财务报表使用者也有重大意义：未纳入租赁负债计量的未来租赁付款额的潜在风险敞口，以及过去已行使的续租选择权所占比例。这与向甲公司的高级管理层报告时所用的有关续租选择权的信息类似。因此，甲公司在其财务报表附注中对租赁进行如下披露：

本集团的许多大型设备租赁包含续租选择权。这些条款可最大化合同管理的灵活性。在许多情况下，这些条款并未纳入租赁负债的计量，因为本集团无法合理确定是否将行使这些选择权。表 21－15 汇总了与续租选择权可行权之后的期间相关的潜在未来付款额：

表 21－15

业务分部	已确认的租赁负债（已折现）（元）	未纳入租赁负债的潜在未来付款额（未折现）（元）	以往行使续租选择权的比例（%）
分部 A	569 000	799 000	52
分部 B	2 455 000	269 000	69
分部 C	269 000	99 000	75
分部 D	1 002 000	111 000	41
分部 E	914 000	312 000	76
	5 209 000	1 590 000	67

③担保余值。

根据具体情况，承租人可能需要披露与担保余值有关的额外信息，以帮助财务报表使用者进行评估。例如，承租人提供担保余值的原因，以及此类条款的普遍性；承租人担保余值风险敞口的相对大小；被担保资产的性质；其他经营及财务影响。

（3）租赁导致的限制或承诺。

根据具体情况，承租人可能需要披露与租赁导致的限制或承诺有关的额外信息，以帮助财务报表使用者进行评估。例如，租赁合同中关于承租人维持特定财务比率的条款。

（4）售后租回交易。

根据具体情况，承租人可能需要披露与售后租回有关的额外信息，以帮助财务报表使用者进行评估。例如，承租人进行售后租回交易的原因，以及此类交易的普遍性；各项售后租回交易的主要条款与条件；未纳入租赁负债计量的付款额；售后租回交易对当期现金流量的影响。

（5）其他相关信息。

在确定有关租赁活动的上述其他定性和定量信息是否属于必要信息时，承租人应考虑以下两个方面：

①该信息是否与财务报表使用者相关。承租人应当仅在预期其他定性和定量信息与财务报表使用者相关的情况下，才提供这些信息。如果这些信息可帮助财务报表使用者了解以下事项，则可能属于此情形：一是租赁带来的灵活性，如承租人可通过行使终止选择权或以有利的条款和条件进行续租的方式降低风险敞口；二是租赁施加的限制，如要求承租人维持特定的财务比率；三是报表信息对关键变量的敏感性，如报表信息可能对未来可变租赁付款额较为敏感；四是租赁产生的其他风险敞口；五是偏离行业惯例，如此类偏离可能包括一些罕见或特殊的租赁条款与条件，从而影响承租人的租赁组合。

②该信息是否可以从财务报表主表列示或附注中披露的信息直观得出。承租人无需重复披露已在财务报表其他部分列示或披露的信息。

（二）出租人的列示和披露

出租人应当根据资产的性质，在资产负债表中列示经营租赁资产。应收融资租赁款应在“长期应收款”项目中列示，其中，自资产负债表日起一年内（含一年）到期的，在“一年内到期的非流动资产”中列示。出租业务较多的出租人，也可在“长期应收款”项目下单独列示为“其中：应收融资租赁款”。

对于日常经营活动为租赁的企业，其租赁收入和利息收入可以作为营业收入列报。

出租人应当在财务报表附注中披露有关租赁活动的定性和定量信息，以便财务报表使用者评估租赁活动对出租人的财务状况、经营成果和现金流量的影响。

1. 与融资租赁有关的信息。

出租人应当在附注中披露与融资租赁有关的下列信息：

（1）销售损益（生产商或经销商出租人）、租赁投资净额的融资收益以及与未纳入租赁投资净额的可变租赁付款额相关的收入；

出租人应当以列表形式披露上述信息，其他形式更为适当的除外。

（2）资产负债表日后连续五个会计年度每年将收到的未折现租赁收款额，以及剩余年度将收到的未折现租赁收款额总额；不足五个会计年度的，披露资产负债表日后连续每年将收到的未折现租赁收款额。

出租人应进行上述到期分析，并对融资租赁投资净额账面金额的重大变动提供定性和定量说明，以使财务报表使用者能够更准确地预测未来的租赁现金流量流动性风险。

（3）未折现租赁收款额与租赁投资净额的调节表。

调节表应说明与租赁应收款相关的未实现融资收益、未担保余值的现值。

2. 与经营租赁有关的信息。

出租人应当在附注中披露与经营租赁有关的下列信息：

（1）租赁收入，并单独披露与未纳入租赁收款额计量的可变租赁付款额相关的收入。

与融资租赁出租人披露信息类似，出租人应当以列表形式披露上述信息，其他形式更为适当的除外。

（2）将经营租赁固定资产与出租人持有自用的固定资产分开，并按经营租赁固定资产的类别提供第五章固定资产要求披露的信息。

出租人对经营租赁下租赁的资产采用与其在其他经营活动中持有和使用的自有资产相似的方式进行会计处理。然而，租赁资产与自有资产通常被用于不同的目的，即租赁资产产生租赁收入，而不是对出租人的其他经营活动作出贡献。因此，将出租人持有和使用的自有资产与产生租赁收入的租赁资产分开披露，有利于财务报表使用者了解更多信息。

（3）资产负债表日后连续五个会计年度每年将收到的未折现租赁收款额，以及剩余年度将收到的未折现租赁收款总额。不足五个会计年度的，披露资产负债表日后连续每年将收到的未折现租赁收款额。

与融资租赁披露类似，上述到期分析将使财务报表使用者能够更准确地预测未来的租赁现金流量流动性风险。

3. 其他信息。

出租人应当根据理解财务报表的需要，披露有关租赁活动的其他定性和定量信息。此类信息包括：

（1）租赁活动的性质。例如，租出资产的类别及数量、租赁期、是否存在续租选择权等租赁基本情况信息。

（2）对其在租赁资产中保留的权利进行风险管理的情况。

出租人应当披露对其在租赁资产中保留的权利进行风险管理的策略，包括出租人降低风险的方式。该等方式可包括回购协议、担保余值条款或因超出规定限制使用资产而支付的可变租赁付款额等。例如，租赁设备和车辆的市场价值的下降幅度超过出租人在为租赁定价时的预计幅度将对该项租赁的收益能力产生不利影响，租赁期结束时租赁资产余值的不确定性往往是出租人面临的重要风险，因此，披露有关出租人如何对租赁资产中保留的权利进行管理的信息，有利于财务报表使用者了解更多出租人相关风险管理情况。

（3）其他相关信息。

4. 转租赁的列示。

原租赁以及转租同一资产形成的资产和负债所产生的风险敞口不同于由于单一租赁应收款净额或租赁负债所产生的风险敞口，因此，企业不得以净额为基础对转租赁进行列示。除非满足第三十八章金融工具列报关于金融资产负债抵销的规定，转租出租人不得抵销由于原租赁和转租同一租赁资产而形成的资产和负债，以及与原租赁和转租同一租赁资产相关的租赁收益和租赁费用。

十一、衔接规定

对于首次执行日前已存在的合同，企业在首次执行日可以选择不重新评估其是否为租赁或者包含租赁。选择不重新评估的，企业应当在财务报表附注中披露这一事实，并一致应用于前述所有合同。

（一）承租人衔接规定

对于首次执行日前的融资租赁，承租人在首次执行日应当按照融资租入资产和应付融资租赁款的原账面价值，分别计量使用权资产和租赁负债。

对于首次执行日前的经营租赁，承租人在首次执行日应当根据剩余租赁付款额按首次执行日承租人增量借款利率（具有相似特征的租赁可采用同一折现率）折现的现值计量租赁负债，按租赁负债的计量金额并根据预付租金进行必要调整后的金额计量使用权资产。首次执行日前的经营租赁将于首次执行日后12个月内执行完毕或其租赁资产属于低价值资产的，承租人可以选择不确认使用权资产和租赁负债。

在首次执行日，承租人应当按照第九章资产减值的规定，对使用权资产进行减值测试并进行相应会计处理。作为减值测试的替代，承租人也可根据第十四章或有事项的规定，评估包含租赁的合同在首次执行日前是否为亏损合同，并根据首次执行日前计入资产负债表的亏损准备金额调整使用权资产。

对于首次执行日前已存在的售后租回交易，企业在首次执行日不重新评估资产转让是否满足第十五章收入作为销售进行会计处理的规定。对于首次执行日前应当作为销售和融资租赁进行会计处理的售后租回交易，卖方（承租人）应当按照与首次执行日存在的其他融资租赁相同的方法对租回进行会计处理，并继续在租赁期内摊销相关递延收益或损失。对于首次执行日前应当作为销售和经营租赁进行会计处理的售后租回交易，卖方（承租人）应当按照与首次执行日存在的其他经营租赁相同的方法对租回进行会计处理，并根据首次执行日前计入资产负债表的相关递延收益或损失调整使用权资产。

承租人首次执行本章的累积影响数，应调整期初留存收益及财务报表其他相关项目，不调整可比期间信息。

首次执行日后，承租人应当按照本章的规定进行处理。

（二）出租人衔接规定

对于首次执行日前划分为经营租赁且在首次执行日后仍存续的转租赁，转租出租人在首次执行日应当基于原租赁和转租赁的剩余合同期限和条款进行重新评估，并按照本章的规定进行分类。

除上述情形外，出租人应当自首次执行日起采用未来适用法进行处理。

第二十二章　金融工具确认和计量

一、总体要求

《企业会计准则第22号——金融工具确认和计量》（财会〔2017〕7号，以下简称金融工具确认计量准则）规范了金融资产和金融负债的分类、确认和计量、嵌入衍生工具的会计处理、金融工具的减值，以及金融资产和金融负债所产生的相关利得和损失的会计处理。金融资产转移的会计处理由第二十三章金融资产转移规范。运用套期会计对套期业务进行的会计处理，由第二十四章套期会计规范。金融负债与权益工具的区分、金融资产和金融负债的抵销、金融工具相关列报等，由第三十八章金融工具列报规范。

企业取得的金融资产和承担的金融负债，应当按照本章的规定进行会计处理，并按照第三十八章金融工具列报的规定进行列报。

金融资产和金融负债的分类是确认和计量的基础。企业应当根据其管理金融资产的业务模式和金融资产的合同现金流量特征，对金融资产进行合理的分类。金融资产的分类一经确定，不得随意变更。同时，企业应当结合自身业务特点和风险管理要求，对金融负债进行合理的分类。金融负债的分类一经确定，不得变更。

企业应当根据金融资产和金融负债确认和终止确认的条件，分别对其进行确认和终止确认。企业初始确认金融资产和金融负债时，通常应当按照公允价值计量。金融资产和金融负债的后续计量与分类密切相关。初始确认后，企业应当对不同类别的金融资产，分别以摊余成本、以公允价值计量且其变动计入其他综合收益或以公允价值计量且其变动计入当期损益进行后续计量；对不同类别的金融负债，企业应当分别以摊余成本、以公允价值计量且其变动计入当期损益或其他适当方法进行后续计量。

在资产负债表日，企业应当对以摊余成本计量和以公允价值计量且其变动计入其他综合收益的金融资产（不含指定为以公允价值计量且其变动计入其他综合收益的非交易性权益工具）、租赁应收款、合同资产以及相关贷款承诺（以公允价值计量且其变动计入当期损益的金融负债除外）和财务担保合同等，以预期信用损失为基础进行减值会计处理，及时、足额地计提减值准备，如实反映相关金融工具的信用风险。

二、适用范围

通常情况下，符合金融工具定义的项目，应当按照本章进行会计处理。但有些符合金融工具定义的项目，适用其他章；有些非金融项目合同则要按照本章进行会计处理。具体情况如下：

（一）涉及适用其他章的情况

1. 由第三章长期股权投资规范的对子公司、合营企业和联营企业的投资，适用第三章长期股权投资，但企业根据第三章长期股权投资要求对上述投资按照本章规定进行会计处理的，适用本章。企业持有的与在子公司、合营企业或联营企业中的权益相联系的衍生工具，适用本章；该衍生工具符合第三十八章金融工具列报规定的权益工具定义的，适用第三十八章金融工具列报。

2. 由第十章职工薪酬规范的职工薪酬计划形成的企业的权利和义务，符合金融工具的定义，但由于职工薪酬相关权利和义务的计量具有一定的特殊性，其会计处理适用第十章职工薪酬。

3. 由第十二章股份支付规范的股份支付，适用第十二章股份支付，但是，股份支付中属于本章规定范围的买入或卖出非金融项目合同的，适用本章。

4. 由第十三章债务重组规范的债务重组，适用第十三章债务重组。

5. 因清偿按照第十四章或有事项所确认的预计负债而获得补偿的权利，适用第十四章或有事项。

6. 由第十五章收入规范的属于金融工具的合同权利和义务，适用第十五章收入，但第十五章收入要求在确认和计量相关合同权利的减值损失和利得时应当按照本章规定进行会计处理的，适用本章有关减值的规定。

7. 购买方（或合并方）与出售方之间签订的、将在未来购买日（或合并日）形成第二十章企业合并规范的企业合并，且其期限不超过企业合并获得批准并完成交易所必须的合理期限的远期合同，符合本章关于金融工具和衍生工具的定义，但不适用本章。

8. 由第二十一章租赁规范的租赁相关权利和义务，适用第二十一章租赁。但下列情况除外：

（1）企业作为出租人的，其租赁应收款的减值、终止确认的会计处理，适用本章。

（2）企业作为承租人的，其租赁应付款（即租赁负债）的终止确认的会计处理，适用本章。

（3）租赁中嵌入的衍生工具的会计处理，适用本章。

9. 金融资产转移，适用第二十三章金融资产转移。

10. 套期会计，适用第二十四章套期会计。

11. 由第二十五章保险合同、第二十六章原保险合同、第二十七章再保险合同（以下简称保险合同相关准则）规范的保险合同所产生的权利和义务，以及因具有相机分红特征而由保险合同相关准则规范的合同所产生的权利和义务，适用保险合同相关准则。但对于嵌入保险合同的衍生工具，该嵌入衍生工具本身不是保险合同的，适用本章。

12. 财务担保合同，是指当特定债务人到期不能按照最初或修改后的债务工具条款偿付债务时，要求发行方向蒙受损失的合同持有人赔付特定金额的合同。实务中发行方对财务担保合同有两种处理方式，即按照金融工具相关准则进行会计处理，或者按照保险合同相关准则进行会计处理（如融资性担保公司）。因此，本章从实务角度出发，规定财务担保合同的发行方可做如下选择：

（1）发行方之前明确表明将此类合同视作保险合同，并且已按照保险合同相关准则进行会计处理的，可以选择适用本章或保险合同相关准则。该选择可以基于单项合同，但选择一经做出，不得撤销。

（2）其他情况下，相关财务担保合同适用本章。

13. 企业发行的、按照第三十八章金融工具列报规定应当分类为权益工具的金融工具，适用第三十八章金融工具列报。

（二）属于本章范围的买卖非金融项目的合同

对于能够以现金或其他金融工具净额结算（即不交付非金融项目本身，而是根据双方合同权利义务的价值差以现金或其他金融工具结算），或者通过交换金融工具结算的买入或卖出非金融项目的合同，企业应当将该合同视同金融工具，适用本章。但企业按照预定的购买、销售或使用要求签订并持有旨在收取或交付非金融项目的合同除外。

以现金或其他金融工具净额结算，或者通过交换金融工具结算的买入或卖出非金融项目的合同可能有下列情况：

（1）合同条款允许合同一方以现金或其他金融工具进行净额结算或通过

交换金融工具结算。

（2）合同条款虽对此没有明确规定，但是，企业具有对类似合同以现金或其他金融工具进行净额结算或通过交换金融工具进行结算的惯例。

（3）企业具有收到合同标的（如贵金属）之后在短期内将其再次出售以从短期波动中获取利润的惯例。

（4）作为合同标的的非金融项目易于转换为现金。

符合上述（2）或（3）所述条件的合同并非企业按照预定的购买、出售或使用要求签订并持有、旨在收取或交付非金融项目的合同，因此，应适用本章。对于符合上述（1）或（4）所述条件的合同，企业应进行评估以确定其是否为按照预定的购买、出售或使用要求签订并持有、旨在收取或交付非金融项目的合同，以确定其是否适用本章。

【例 22－1】 2×22 年 1 月 1 日，甲企业根据其预计使用需求签订了一份按固定价格购买 1 000 吨铜的远期合同。合同规定，甲企业在 12 个月后可以接受实物交割，或者根据铜的公允价值变动以支付或收取现金进行净额结算。

本例中，如果甲企业打算通过接受实物交割来结算合同，并且对类似合同没有以现金进行净额结算，或者接受铜的交割但在交割后短时间内将其再次出售以从短期波动中获取利润的惯例，那么，此合同属于按照预定的购买、销售或使用要求签订并持有、旨在收取或交付非金融项目的合同，应适用其他相关章。

对于能够以现金或其他金融工具净额结算，或者通过交换金融工具结算的买入或卖出非金融项目的合同，即使其属于按照预定的购买、销售或使用要求签订并持有旨在收取或交付非金融项目的合同，企业也可以将该合同指定为以公允价值计量且其变动计入当期损益的金融资产或金融负债。企业只能在合同开始时作出该指定，并且应能够通过该指定消除或显著减少会计错配。该指定一经作出，不得撤销。例如，某些公共事业企业通常会有大量需要进行交割的能源合同，这些合同属于企业按照预定的购买、销售或使用要求签订并持有、旨在收取或交付非金融项目的合同。企业通常使用能源衍生工具对此类合同进行套期。通过选择将此类合同指定为以公允价值计量且其变动计入当期损益的金融资产或金融负债，将能够消除会计错配，而无需采用套期会计。

对于属于本章范围的买卖非金融项目的合同，企业按照本章的规定作为衍生工具进行会计处理后又发生实物交割的，企业应在发生交割时终止确认该衍生工具，并按照交割当日衍生工具的公允价值以及其他应支付（若为采购）或应收取（若为销售）的款项确认相关非金融项目或销售收入，而不得转回前期已就该衍生工具确认的累计利得或损失，也不得按此调整相关非金融项目的成本或销售收入。

（三）属于本章范围的贷款承诺

贷款承诺，是指按照预先规定的条款和条件提供信用的确定承诺。下列贷款承诺属于本章规范范围：

1. 企业指定为以公允价值计量且其变动计入当期损益的金融负债的贷款承诺。

2. 能够以现金或者通过交付或发行其他金融工具净额结算的贷款承诺。此类贷款承诺属于衍生工具。企业不得仅仅因为相关贷款将分期拨付（如按工程进度分期拨付的按揭建造贷款）而将该贷款承诺视为以净额结算。

3. 如果企业存在先例，在贷款承诺形成贷款资产后随即将该资产出售（即等同于以净额结算贷款承诺），则企业所有的同类贷款承诺均应适用本章。

4. 以低于市场利率贷款的贷款承诺。

所有贷款承诺均适用本章关于终止确认的规定。企业作为贷款承诺发行方的，还适用本章关于减值的规定。同时，所有贷款承诺均应当按照第三十八章金融工具列报的有关要求进行列报。

三、金融工具的相关定义

金融工具是指形成一方的金融资产并形成其他方的金融负债或权益工具的合同。合同包括书面形式和非书面形式。实务中，金融工具合同通常采用书面形式。非合同的资产和负债不属于金融工具。例如，应交所得税是企业按照税收法规规定承担的义务，而不是以合同为基础的义务，因而不符合金融工具的定义。一般来说，金融工具包括金融资产、金融负债和权益工具，也可能包括一些尚未确认的项目。

（一）金融资产

金融资产，是指企业持有的现金、其他方的权益工具以及符合下列条件之一的资产：

1. 从其他方收取现金或其他金融资产的合同权利。例如，企业的银行存款、应收账款、应收票据和发放的贷款等均属于金融资产。预付账款不是金融资产，因为其产生的未来经济利益不是收取现金或其他金融资产的权利。

2. 在潜在有利条件下，与其他方交换金融资产或金融负债的合同权利。例如，企业购入的看涨期权或看跌期权等衍生工具。

【例22-2】 2×22年1月31日，丙上市公司的股票价格为113元。甲企业与乙企业签订6个月后结算的期权合同。合同规定，甲企业以每股4元的期权费买入6个月后执行价格为115元的丙公司股票的看涨期权。2×22年7月31日，如果丙公司股票的价格高于115元，则行权对甲企业有利，甲企业将选择执行该期权。

本例中，甲企业享有在潜在有利条件下与乙企业交换金融资产的合同权利，应当在取得该看涨期权时按照其公允价值（每股4元）确认一项衍生金融资产。

3. 将来须用或可用企业自身权益工具进行结算的非衍生工具合同，且企业根据该合同将收到可变数量的自身权益工具。

【例22-3】 甲企业为上市公司，为回购其普通股股份，于2×22年2月1日与乙企业签订合同，并向其支付100万现金。根据合同，乙企业将于2×22年6月30日向甲企业交付与100万元等值的甲企业普通股。甲企业可获取的普通股的具体数量以2×22年6月30日甲企业的股价确定。

本例中，甲企业收到的自身普通股的数量随着其普通股市场价格的变动而变动。在该情况下，甲企业应当在签订合同时确认一项金额为100万元的金融资产，同时应将回购自身普通股股份的义务确认为一项金融负债，其金额等于回购所需支付金额的现值（即100万元）。

4. 将来须用或可用企业自身权益工具进行结算的衍生工具合同，但以固定数量的自身权益工具交换固定金额的现金或其他金融资产的衍生工具合同除外。其中，企业自身权益工具不包括应当按照第三十八章金融工具列报分类为权益工具的可回售工具或发行方仅在清算时才有义务向另一方按比例交付其净资产的金融工具，也不包括本身就要求在未来收取或交付企业自身权益工具的合同。

【例22-4】 甲企业于2×21年2月1日向乙企业支付5 000元购入以自身普通股为标的的看涨期权。根据该期权合同，甲企业有权以每股100元的价格向乙企业购入甲企业普通股1 000股，行权日为2×22年6月30日。在行权日，期权将以甲企业普通股净额结算。假设行权日甲企业普通股的每股市价为125元，则期权的公允价值为25 000元，甲企业会收到200股（25 000/125）自身普通股对看涨期权进行净额结算。

本例中，期权合同属于将来须用企业自身权益工具进行结算的衍生工具合同，由于合同约定以甲企业的普通股净额结算期权的公允价值，而非按照每股100元的价格全额结算1 000股甲企业股票，因此不属于“以固定数量的自身权益工具交换固定金额的现金”的衍生工具合同。在该情况下，甲企业应当在取得该看涨期权时按照其公允价值（5 000 元）确认一项衍生金融资产。

（二）金融负债

金融负债，是指企业承担的符合下列条件之一的负债：

1. 向其他方交付现金或其他金融资产的合同义务。例如，企业的应付账款、应付票据和应付债券等均属于金融负债。预收账款不是金融负债，因为其导致的未来经济利益流出不是交付现金或其他金融资产的合同义务。

2. 在潜在不利条件下，与其他方交换金融资产或金融负债的合同义务。例如，企业签出的看涨期权或看跌期权等。沿用〚例 22－2〛资料，乙企业承担在潜在不利条件下与甲企业交换金融资产的合同义务，应当确认一项衍生金融负债。

3. 将来须用或可用企业自身权益工具进行结算的非衍生工具合同，且企业根据该合同将交付可变数量的自身权益工具。

4. 将来须用或可用企业自身权益工具进行结算的衍生工具合同，但以固定数量的自身权益工具交换固定金额的现金或其他金融资产的衍生工具合同除外。企业对全部现有同类别非衍生自身权益工具的持有方同比例发行配股权、期权或认股权证，使之有权按比例以固定金额的任何货币换取固定数量的该企业自身权益工具的，该类配股权、期权或认股权证应当分类为权益工具。其中，企业自身权益工具不包括应当按照第三十八章金融工具列报分类为权益工具的可回售工具或发行方仅在清算时才有义务向另一方按比例交付其净资产的金融工具，也不包括本身就要求在未来收取或交付企业自身权益工具的合同。

权益工具的定义及金融负债和权益工具的区分详见第三十八章金融工具列报。

（三）衍生工具

衍生工具，是指属于本章范围并同时具备下列特征的金融工具或其他合同：

1. 其价值随特定利率、金融工具价格、商品价格、汇率、价格指数、费率指数、信用等级、信用指数或其他变量的变动而变动，变量为非金融变量（如特定区域的地震损失指数、特定城市的气温指数等）的，该变量不应与合同的任何一方存在特定关系。

衍生工具的价值变动取决于标的变量的变化。例如，国内甲金融企业与境外乙金融企业签订了一份 1 年期利率互换合约，每半年末甲企业向乙企业支付美元固定利息、从乙企业收取以6个月美元担保隔夜融资利率（SOFR）计算确定的浮动利息，合约名义金额为1亿美元。合约签订时，其公允价值为零。假定合约签订半年后，浮动利率（6个月美元SOFR）与合约签订时不同，甲企业将根据未来可收取的浮动利息现值扣除将支付的固定利息现值确定该合约的公允价值。这里的合约的公允价值因浮动利率的变化而改变。

2. 不要求初始净投资，或者与对市场因素变化预期有类似反应的其他合同相比，要求较少的初始净投资。

企业从事衍生工具交易不要求初始净投资，通常指签订某项衍生工具合同时不需要支付现金。例如，某企业与其他企业签订一项将来买入债券的远期合同，就不需要在签订合同时支付将来购买债券所需的现金。但是，不要求初始净投资，并不排除企业按照约定的交易惯例或规则相应缴纳一笔保证金，如企业进行期货交易时要求缴纳一定的保证金。缴纳保证金不构成一项企业解除负债现时义务的支付，因为保证金仅具有“保证”性质。

在某些情况下，企业从事衍生工具交易也会遇到要求进行现金支付的情况，但该现金支付只是相对很少的初始净投资。例如，从市场上购入备兑认股权证，就需要先支付一笔款项。但相对于行权时购入相应股份所需支付的款项，此项支付往往是金额很小的。又如，企业进行货币互换时，通常需要在合同签订时支付以某种货币计价的一笔款项，但同时也会收到以另一种货币计价的一笔“等值”的款项，无论是从该企业的角度，还是从其对手（合同的另一方）看，初始净投资均为零。

3. 在未来某一日期结算。

衍生工具在未来某一日期结算，表明衍生工具结算需要经历一段特定期间。衍生工具通常在未来某一特定日期结算，也可能在未来多个日期结算。例如，利率互换可能涉及合同到期前多个结算日期。另外，有些期权可能由于是价外期权而到期不行权，这也是在未来日期结算的一种方式。

远期合同是常见的衍生金融工具。例如，某项6个月后结算的远期合同。根据该合同，合同一方（买方）承诺支付100万元现金，以换取面值为100万元的固定利率债券；合同的另一方（卖方）承诺交付面值100万元的固定利率债券以换取100万元现金。在这6个月的期间内，双方均有交换现金或金融资产的合同权利或义务。如果债券的市价超过100万元，情况对买方有利，而对卖方不利；如果债券的市价低于100万元，结果正好相反。可见，买方既有与所持有看涨期权下类似的合同权利（金融资产），也有与所签出看跌期权下类似的合同义务（金融负债）；卖方既有与所持有看跌期权下类似的合同权利（金融资产），也有与所签出看涨期权下类似的合同义务（金融负债）。与期权相同，这些合同权利和合同义务构成的金融资产和金融负债与合同中的基础金融工具（被交换的债券和现金）有明显的区别。远期合同的双方都有义务在约定时间执行合同，而期权合同仅当期权持有方选择行使权利的情况下才会被执行。

如果若干项非衍生工具交易的结果实质上构成了一项衍生工具，则应将其合并作为一项衍生工具处理。例如，甲银行向乙银行发放一笔5年期的固定利率贷款，同时乙银行向甲银行发放一笔本金金额相同的5年期浮动利率贷款，因双方有净额结算协议，甲银行和乙银行在两笔贷款开始时不转移本金。在该情形下，上述贷款合同的结果相当于一项无初始净投资的利率互换协议，符合衍生工具的定义，因此，应将其合并作为一项衍生工具处理。另需说明的是，由于衍生工具的定义并未要求净额结算，因此，上述情形中，即使甲银行和乙银行没有净额结算协议，也不影响得出的前述结论。

若干项非衍生工具交易的结果实质上构成一项衍生工具的迹象包括：这些非衍生工具交易是同时达成的并互为条件、具有相同的交易对手方、与相同的风险相关，并且单独构建这些交易在经济上没有明显的必要性或在商业上没有实质意义。

四、应设置的相关会计科目和主要账务处理

企业对金融工具进行确认和计量，一般需要设置下列会计科目。

（一）“银行存款”

1. 本科目核算企业以摊余成本计量的、存入银行或其他具有存款资格的金融机构的各种款项。

2. 企业可按开户银行和其他金融机构、存款种类等设置“银行存款日记账”，根据收付款凭证，按照业务的发生顺序逐笔登记。每日终了，应结出余额。“银行存款日记账”应定期与“银行对账单”核对，至少每月核对一次。企业银行存款账面余额与银行对账单余额之间如有差额，应编制“银行存款余额调节表”调节相符。

3. 银行存款的主要账务处理。

企业增加银行存款，借记本科目，贷记“库存现金”、“应收账款”等科目；减少银行存款做相反的会计分录。

4. 本科目期末借方余额，反映企业以摊余成本计量的、存放于银行或其他金融机构的各种款项。

（二）“其他货币资金”

1. 本科目核算企业以摊余成本计量的银行汇票存款、银行本票存款、信用卡存款、信用证保证金存款、存出投资款、外埠存款等其他货币资金。

2. 本科目可按银行汇票或本票、信用证的收款单位，外埠存款的开户银行等，分别“银行汇票”、“银行本票”、“信用卡”、“信用证保证金”、“存出投资款”、“外埠存款”等进行明细核算。

3. 其他货币资金的主要账务处理。

企业增加其他货币资金，借记本科目，贷记“银行存款”等科目；减少其他货币资金，借记有关科目，贷记本科目。

4. 本科目期末借方余额，反映企业持有的以摊余成本计量的其他货币资金。

（三）“交易性金融资产”

1. 本科目核算企业持有的以公允价值计量且其变动计入当期损益的股票投资、债券投资、基金投资等金融资产，包括按照本章规定应当分类为以公允价值计量且其变动计入当期损益的金融资产和企业指定为以公允价值计量且其变动计入当期损益的金融资产。

2. 本科目可按金融资产的类别和品种，分别“成本”、“应计利息”、“公允价值变动”等进行明细核算。企业持有的指定为以公允价值计量且其变动计入当期损益的金融资产可在本科目下单设“指定类”明细科目核算。

3. 交易性金融资产的主要账务处理。

（1）企业取得交易性金融资产，按其公允价值，借记本科目（成本），按发生的交易费用，借记“投资收益”科目，按支付价款中包含的已到付息期但尚未领取的利息或已宣告但尚未发放的现金股利，借记“应收利息”或“应收股利”科目，按实际支付的金额，贷记“银行存款”、“存放中央银行款项”、“结算备付金”等科目。

（2）交易性金融资产持有期间，被投资单位宣告发放现金股利，应借记“应收股利”科目，贷记“投资收益”科目。交易性金融资产为债权投资的，可以将按票面或合同利率计算的利息计入投资收益，借记本科目（应计利息），贷记“投资收益”科目；也可以不单独确认前述利息，而通过本科目（公允价值变动）汇总反映包含利息的债权投资的公允价值变化。

（3）资产负债表日，交易性金融资产的公允价值高于账面余额的差额，借记本科目（公允价值变动），贷记“公允价值变动损益”科目，公允价值低于账面余额的差额做相反分录。

（4）出售交易性金融资产，应按实际收到的金额，借记“银行存款”、“存放中央银行款项”、“结算备付金”等科目，按该金融资产的账面余额，贷记或借记本科目（成本、应计利息、公允价值变动），按其差额，贷记或借记“投资收益”科目。

4. 本科目期末借方余额反映企业持有的以公允价值计量且其变动计入当期损益的金融资产的公允价值。

（四）“买入返售金融资产”

1. 本科目核算企业（金融）以摊余成本计量的、按照返售协议约定先买入再按固定价格返售给卖出方的票据、证券等金融资产所融出的资金。

2. 本科目可按买入返售金融资产的类别和融资方，分别“成本”、“应计利息”等进行明细核算。

3. 买入返售金融资产的主要账务处理。

（1）企业根据返售协议买入金融资产，应按实际支付的金额，借记本科目（成本），贷记“银行存款”、“存放中央银行款项”、“结算备付金”等科目。

（2）资产负债表日，按照实际利率法计算的利息收入，借记本科目（应计利息），贷记“利息收入”科目。

资产负债表日，应以预期信用损失为基础确定应计提的减值准备金额，该金额大于当前减值准备账面金额的，按其差额，借记“信用减值损失”科目，贷记“买入返售金融资产减值准备”科目。应计提的减值准备金额小于当前减值准备账面金额的，按其差额做相反分录。

（3）返售日，应按实际收到的金额，借记“银行存款”、“存放中央银行款项”、“结算备付金”等科目，按相关减值准备余额，借记“买入返售金融资产减值准备”科目，按其账面余额，贷记本科目（成本、应计利息），按其差额，贷记或借记“信用减值损失”科目。

4. 本科目期末借方余额反映企业持有的以摊余成本计量的买入返售金融资产的账面余额。

（五）“应收票据”

1. 本科目核算企业以摊余成本计量的因销售商品、提供劳务等而收到的商业汇票，包括银行承兑汇票、财务公司承兑汇票、商业承兑汇票等。

2. 本科目可按开出、承兑商业汇票的单位进行明细核算。

3. 应收票据的主要账务处理。

（1）企业因销售商品、提供劳务等而收到开出、承兑的商业汇票，按商业汇票的票面金额，借记本科目，按确认的营业收入，贷记“主营业务收入”等科目。涉及增值税销项税额的，还应进行相应的处理。

（2）持未到期的商业汇票向银行贴现，符合终止确认条件的，应按实际收到的金额（即减去贴现息后的净额），借记“银行存款”等科目，按贴现息部分，借记“财务费用”等科目，按商业汇票的票面金额，贷记本科目；不符合终止确认条件的，应按实际收到的金额（即减去贴现息后的净额），借记“银行存款”等科目，贷记“短期借款”等科目。一次性支付的贴现息体现在后续按实际利率法分期确认的利息费用中。

（3）将持有的商业汇票背书转让以取得所需物资，按应计入取得物资成本的金额，借记“材料采购”、“原材料”、“库存商品”等科目，符合终止确认条件的，按商业汇票的票面金额，贷记本科目，如有差额，借记或贷记“银行存款”等科目；不符合终止确认条件的，应按照第二十三章金融资产转移的规定进行处理。涉及增值税进项税额的，还应进行相应的处理。

（4）商业汇票到期，应按实际收到的金额，借记“银行存款”科目，按商业汇票的票面金额，贷记本科目。

4. 本科目期末借方余额，反映企业持有的以摊余成本计量的商业汇票的票面金额。

（六）“应收账款”

1. 本科目核算企业以摊余成本计量的因销售商品、提供劳务等日常经营活动应收取的款项。

企业（金融）核算应收取的手续费和佣金，可将本科目改为“应收手续费及佣金”科目。尚未执行第二十五章保险合同的企业（保险）核算按照原保险合同约定应向投保人收取的保费，可将本科目改为“应收保费”科目。

2. 本科目可按债务人进行明细核算。企业（金融）可按债务人对应收手续费及佣金进行明细核算。企业（保险）可按照投保人对应收保费进行明细核算。

3. 应收账款的主要账务处理。

（1）企业发生应收账款，按应收金额，借记本科目，按确认的营业收入，贷记“主营业务收入”等科目。收回应收账款时，借记“银行存款”等科目，贷记本科目。涉及增值税销项税额的，还应进行相应的处理。

(2) 代购货单位垫付的包装费、运杂费，借记本科目，贷记“银行存款”等科目。收回代垫费用时，借记“银行存款”科目，贷记本科目。

4. 本科目期末借方余额，反映企业以摊余成本计量的尚未收回的应收账款。

（七）“应收利息”

1. 本科目核算企业发放的贷款和持有的各类债权投资、存放中央银行款项、拆出资金、买入返售金融资产等已过付息期但尚未收到的利息（含取得金融资产所支付价款中包含的已到付息期但尚未领取的利息）。

2. 本科目可按借款人或被投资单位进行明细核算。

3. 应收利息的主要账务处理。

（1）企业取得债权投资等金融资产时，按支付的价款中所包含的已到付息期但尚未领取的利息，借记本科目，贷记“银行存款”、“存放中央银行款项”等科目。

（2）企业持有贷款、债权投资、买入返售金融资产等金融资产期间产生的应收利息的账务处理，见“贷款”、“债权投资”、“买入返售金融资产”等科目的账务处理。

（3）应收利息实际收到时，借记“银行存款”、“存放中央银行款项”等科目，贷记本科目。

4. 本科目期末借方余额，反映企业已过付息期但尚未收回的利息。

（八）“其他应收款”

1. 本科目核算企业以摊余成本计量的、除存出保证金、买入返售金融资产、应收票据、应收账款、预付账款、应收股利、应收利息、应收代位追偿款、应收分保账款、应收分保未到期责任准备金、应收分保保险责任准备金、长期应收款等以外的其他各种应收及暂付款项。

2. 本科目可按对方单位（或个人）进行明细核算。

3. 其他应收款的主要账务处理。

（1）企业发生其他各种应收、暂付款项（如应收赔偿款等）时，借记本科目，贷记“银行存款”、“固定资产清理”等科目；收回或转销各种款项时，借记“库存现金”、“银行存款”等科目，贷记本科目。

（2）采用售后回购方式融出资金的，应按实际支付的金额，借记本科目，贷记“银行存款”等科目。销售价格与原购买价格之间的差额，应在售后回购期间内按期计提利息费用，借记本科目，贷记“财务费用”等科目。按合同约定返售商品时，应按实际收到的金额，借记“银行存款”等科目，贷记本科目。

4. 本科目期末借方余额，反映企业以摊余成本计量的尚未收回的其他应收款项。

（九）“坏账准备”

1. 本科目核算企业以摊余成本计量的应收款项计提的预期信用损失准备。

2. 本科目可按应收款项的类别进行明细核算。

3. 坏账准备的主要账务处理。

（1）资产负债表日，应以预期信用损失为基础确定对各应收款项应计提的坏账准备金额，该金额大于当前坏账准备账面余额的，按其差额，借记“信用减值损失”科目，贷记本科目。应计提的坏账准备小于其账面余额的，按其差额做相反分录。

（2）对于确实无法收回的应收款项，按管理权限报经批准后予以核销的，借记本科目，贷记“应收票据”、“应收账款”、“其他应收款”、“长期应收款”等科目。若核销金额大于已计提的坏账准备，还应按其差额借记“信用减值损失”科目。

（3）已核销的应收款项以后又收回的，应按实际收回的金额，借记“应收票据”、“应收账款”、“其他应收款”、“长期应收款”等科目，贷记本科目；借记本科目，贷记“信用减值损失”科目。同时，借记“银行存款”科目，贷记“应收票据”、“应收账款”、“其他应收款”、“长期应收款”等科目。

4. 本科目期末贷方余额，反映企业已计提但尚未转销的坏账准备。

（十）“贷款”

1. 本科目核算企业（金融）按规定发放的以摊余成本计量的各类贷款。

企业（银行）按规定发放的具有贷款性质的银团贷款、贸易融资、协议透支、信用卡透支、转贷款以及垫款等，也可以在本科目核算。

2. 本科目可按贷款类别、客户，分别“本金”、“利息调整”、“应计利息”等进行明细核算。

3. 贷款的主要账务处理。

（1）企业发放贷款，应按贷款的合同本金，借记本科目（本金），按实际支付的金额，贷记“吸收存款”、“存放中央银行款项”等科目，按其差额，借记或贷记本科目（利息调整）。

（2）资产负债表日，应将按合同利率计算确定的利息，借记本科目（应计利息），按实际利率法计算确定的利息收入，贷记“利息收入”科目，按其差额，借记或贷记本科目（利息调整）。对于已过付息期但尚未收到的利息，应借记“应收利息”科目，贷记本科目（应计利息）。

资产负债表日，应以预期信用损失为基础确定应计提的减值准备金额，该金额大于当前贷款损失准备账面余额的，按其差额，借记“信用减值损失”科目，贷记“贷款损失准备”科目。应计提的减值准备金额小于当前贷款损失准备账面余额的，按其差额做相反分录。

（3）企业处置贷款，应重新计算剩余存续期预期信用损失，该损失金额大于当前贷款损失准备账面余额的，按其差额，借记“信用减值损失”科目，贷记“贷款损失准备”科目；该损失金额小于当前贷款损失准备账面余额的，按其差额做相反分录。

终止确认贷款时，按实际收到的金额，借记“吸收存款”、“存放中央银行款项”等科目，按相关贷款损失准备余额，借记“贷款损失准备”科目，按该贷款的账面余额，贷记或借记本科目（本金、利息调整、应计利息），按其差额，贷记或借记“投资收益”科目。

（4）到期收回贷款，应按实际收到的金额，借记“吸收存款”、“存放中央银行款项”等科目，按相关贷款损失准备余额，借记“贷款损失准备”科目，按该贷款的账面余额，贷记或借记本科目（本金、利息调整、应计利息），按其差额，贷记或借记“信用减值损失”科目。

4. 本科目期末借方余额反映以摊余成本计量的贷款的账面余额。

（十一）“贷款损失准备”

1. 本科目核算企业（银行）以摊余成本计量的贷款以预期信用损失为基础计提的损失准备。计提贷款损失准备的资产包括客户贷款、拆出资金、贴现资产、银团贷款、贸易融资、协议透支、信用卡透支、转贷款和垫款等。

2. 本科目可按贷款类别、客户进行明细核算。

3. 贷款损失准备的主要账务处理见“贷款”科目的账务处理。

4. 本科目期末贷方余额反映企业已计提但尚未转销的贷款损失准备。

（十二）“债权投资”

1. 本科目核算企业以摊余成本计量的债权投资。取得债权投资所支付价款中包含的已宣告但尚未发放的利息在“应收利息”科目核算。

2. 本科目可按债券、资产支持证券等债权投资的类别和品种，分别“成本”、“利息调整”、“应计利息”等进行明细核算。

3. 债权投资的主要账务处理。

（1）企业取得债权投资，应按该投资的面值，借记本科目（成本），按支付价款中包含的已到付息期但尚未领取的利息，借记“应收利息”科目，按实际支付的金额，贷记“银行存款”、“存放中央银行款项”、“结算备付金”等科目，按其差额，借记或贷记本科目（利息调整）。

（2）资产负债表日，应将按票面或合同利率计算确定的利息，借记本科目（应计利息），按实际利率法计算确定的利息收入，贷记“投资收益”、“利息收入”等科目，按其差额，借记或贷记本科目（利息调整）。对于已过付息期但尚未收到的利息，应借记“应收利息”科目，贷记本科目（应计利息）。

资产负债表日，应以预期信用损失为基础确定应计提的减值准备金额，该金额大于当前减值准备账面余额的，按其差额，借记“信用减值损失”科目，贷记“债权投资减值准备”科目。应计提的减值准备金额小于当前减值准备账面余额的，按其差额做相反分录。

（3）出售债权投资，应重新计算剩余存续期预期信用损失，该损失金额大于当前减值准备账面余额的，按其差额，借记“信用减值损失”科目，贷记“债权投资减值准备”科目；该损失金额小于当前减值准备账面余额的，按其差额做相反分录。

终止确认债权投资时，按实际收到的金额，借记“银行存款”、“存放中央银行款项”、“结算备付金”等科目，按相关债权投资减值准备余额，借记“债权投资减值准备”科目，按该金融资产的账面余额，贷记或借记本科目（成本、利息调整、应计利息），按其差额，贷记或借记“投资收益”科目。

（4）到期收回债权投资，应按实际收到的金额，借记“银行存款”、“存放中央银行款项”、“结算备付金”等科目，按相关债权投资减值准备余额，借记“债权投资减值准备”科目，按该金融资产的账面余额，贷记或借记本科目（成本、利息调整、应计利息），按其差额，贷记或借记“信用减值损失”科目。

4. 本科目期末借方余额反映以摊余成本计量的债权投资的账面余额。

（十三）“债权投资减值准备”

1. 本科目核算企业以摊余成本计量的债权投资以预期信用损失为基础计提的减值准备。

2. 本科目可按债券、资产支持证券等债权投资的类别和品种进行明细核算。

3. 债权投资减值准备的主要账务处理见“债权投资”科目的账务处理。

4. 本科目期末贷方余额反映企业已计提但尚未转销的债权投资减值准备。

（十四）“其他债权投资”

1. 本科目核算企业按照本章规定应当分类为以公允价值计量且其变动计入其他综合收益的金融资产。

2. 本科目可按债券、资产支持证券等金融资产类别和品种，分别“成本”、“利息调整”、“应计利息”、“公允价值变动”等进行明细核算。

3. 其他债权投资的主要账务处理。

（1）企业取得其他债权投资，应按该投资的面值，借记本科目（成本），按支付价款中包含的已到付息期但尚未领取的利息，借记“应收利息”科目，按实际支付的金额，贷记“银行存款”、“存放中央银行款项”、“结算备付金”等科目，按其差额，借记或贷记本科目（利息调整）。

（2）资产负债表日，应将按票面或合同利率计算确定的利息，借记本科目（应计利息），按实际利率法计算确定的利息收入，贷记“投资收益”、“利息收入”等科目，按其差额，借记或贷记本科目（利息调整）。对于已过付息期但尚未收到的利息，应借记“应收利息”科目，贷记本科目（应计利息）。

资产负债表日，应以预期信用损失为基础确定应计提的减值准备金额，该金额大于当前减值准备账面余额的，按其差额，借记“信用减值损失”科目，贷记“其他综合收益——信用减值准备”科目。应计提的减值准备金额小于当前减值准备账面余额的，按其差额做相反分录。

（3）资产负债表日，其他债权投资的公允价值高于账面余额的差额，借记本科目（公允价值变动），贷记“其他综合收益——其他债权投资公允价值变动”科目，公允价值低于账面余额的差额做相反分录。

（4）出售其他债权投资，应重新计算剩余存续期预期信用损失，该损失金额大于当前减值准备账面余额的，按其差额，借记“信用减值损失”科目，贷记“其他综合收益——信用减值准备”科目；该损失金额小于当前减值准备账面余额的，按其差额做相反分录。

终止确认其他债权投资时，按实际收到的金额，借记“银行存款”、“存放中央银行款项”、“结算备付金”等科目，按相关债权投资减值准备余额，借记“其他综合收益——信用减值准备”科目，按该金融资产的账面余额，贷记或借记本科目（成本、利息调整、应计利息、公允价值变动），按应从其他综合收益中转出的公允价值累计变动额，借记或贷记“其他综合收益——其他债权投资公允价值变动”科目，按其差额，贷记或借记“投资收益”科目。

（5）到期收回其他债权投资，应按收到的金额，借记“银行存款”等科目，按相关债权投资减值准备余额，借记“其他综合收益——信用减值准备”科目，按该金融资产的账面余额，贷记或借记本科目（成本、利息调整、应计利息、公允价值变动），按应从其他综合收益中转出的公允价值累计变动额，借记或贷记“其他综合收益——其他债权投资公允价值变动”科目，按其差额，贷记或借记“信用减值损失”科目。

4. 本科目期末借方余额反映分类为以公允价值计量且其变动计入其他综合收益的金融资产的公允价值。

（十五）“其他权益工具投资”

1. 本科目核算企业指定为以公允价值计量且其变动计入其他综合收益的非交易性权益工具投资。

2. 本科目可按其他权益工具投资的类别和品种，分别“成本”、“公允价值变动”等进行明细核算。

3. 其他权益工具投资的主要账务处理。

（1）企业取得其他权益工具投资时，按其公允价值和发生的交易费用，借记本科目（成本），按已宣告但尚未发放的现金股利，借记“应收股利”科目，按实际支付的金额，贷记“银行存款”、“存放中央银行款项”、“结算备付金”等科目。

（2）其他权益工具投资持有期间被投资单位宣告发放的现金股利，借记“应收股利”科目，贷记“投资收益”科目。

（3）资产负债表日，其他权益工具投资的公允价值高于其账面余额的差额，借记本科目（公允价值变动），贷记“其他综合收益——其他权益工具投资公允价值变动”科目；公允价值低于其账面余额的，按其差额做相反分录。

（4）出售其他权益工具投资，应按实际收到的金额，借记“银行存款”、“存放中央银行款项”、“结算备付金”等科目，按该权益工具的账面余额，贷记或借记本科目（成本、公允价值变动），按其差额，计入留存收益。同时，将持有期间计入其他综合收益的公允价值累计变动额转入留存收益。

4. 本科目期末借方余额，反映企业持有的其他权益工具投资的公允价值。

（十六）“交易性金融负债”

1. 本科目核算企业承担的以公允价值计量且其变动计入当期损益的金融

负债，包括交易性金融负债和指定为以公允价值计量且其变动计入当期损益的金融负债。

2. 本科目可按金融负债类别，分别“本金”、“应计利息”、“公允价值变动”等进行明细核算。企业持有的指定为以公允价值计量且其变动计入当期损益的金融负债可在本科目下单设“指定类”明细科目核算。

3. 交易性金融负债的主要账务处理。

（1）企业承担交易性金融负债，应按实际收到的金额，借记“银行存款”、“存放中央银行款项”、“结算备付金”等科目，按发生的交易费用，借记“投资收益”科目，按其公允价值，贷记本科目（本金）。

（2）企业在承担交易性金融负债的期间，可以单独确认按票面或合同利率计算的利息，借记“投资收益”、“财务费用”等科目，贷记本科目（应计利息）；也可以不单独确认前述利息，而通过本科目（公允价值变动）汇总反映包含利息的交易性金融负债的公允价值变化。

（3）资产负债表日，交易性金融负债的公允价值高于账面余额的差额，借记“公允价值变动损益”科目，贷记本科目（公允价值变动），公允价值低于账面余额的，按其差额做相反分录。

（4）处置交易性金融负债，应按金融负债的账面余额，借记或贷记本科目（本金、应计利息、公允价值变动），按实际支付的金额，贷记“银行存款”、“存放中央银行款项”、“结算备付金”等科目，按其差额，贷记或借记“投资收益”科目。

4. 本科目期末贷方余额反映企业承担的交易性金融负债的公允价值。

（十七）“应付票据”

1. 本科目核算企业以摊余成本计量的购买材料、商品和接受劳务供应等而开出、承兑的商业汇票，包括银行承兑汇票、财务公司承兑汇票、商业承兑汇票等。

2. 本科目可按债权人进行明细核算。

3. 应付票据的主要账务处理。

（1）企业开出、承兑商业汇票或以承兑商业汇票抵付货款、应付账款等，借记“材料采购”、“库存商品”等科目，贷记本科目。涉及增值税进项税额的，还应进行相应的处理。

（2）支付银行承兑汇票的手续费，借记“财务费用”科目，贷记“银行存款”科目。支付票款，借记本科目，贷记“银行存款”科目。

（3）银行承兑汇票到期，企业无力支付票款的，按应付票据的票面金额，借记本科目，贷记“短期借款”科目。

4. 本科目期末贷方余额，反映企业以摊余成本计量的尚未到期的商业汇票的票面金额。

（十八）“应付账款”

1. 本科目核算企业以摊余成本计量的因购买材料、商品和接受劳务等日常经营活动应支付的款项。

企业（金融）核算应支付但尚未支付的手续费和佣金，可将本科目改为“应付手续费及佣金”科目。尚未执行第二十五章保险合同的企业（保险）核算应支付但尚未支付的赔付款项，可将本科目改为“应付赔付款”科目。

2. 本科目可按债权人进行明细核算。企业（金融）可按对方单位（或个人）对应付手续费及佣金进行明细核算。企业（保险）可按保险受益人对应付赔付款进行明细核算。

3. 应付账款的主要账务处理。

（1）企业购入材料、商品等验收入库，但货款尚未支付的，根据有关凭证（发票账单、随货同行发票上记载的实际价款或暂估价值），借记“材料采购”、“在途物资”等科目，按应付的款项，贷记本科目。涉及增值税进项税额的，还应进行相应的处理。

（2）接受供应单位提供劳务而发生的应付未付款项，根据供应单位的发票账单，借记“生产成本”、“管理费用”等科目，贷记本科目。涉及增值税进项税额的，还应进行相应的处理。

（3）支付相关款项时，借记本科目，贷记“银行存款”等科目。

4. 本科目期末贷方余额，反映企业以摊余成本计量的尚未支付的应付账款余额。

（十九）“长期借款”

1. 本科目核算企业以摊余成本计量的向银行或其他金融机构借入的期限在1年以上（不含1年）的各项借款。

2. 本科目可按贷款单位和贷款种类，分别“本金”、“利息调整”、“应计利息”等进行明细核算。

3. 长期借款的主要账务处理。

（1）企业借入长期借款，应按实际收到的金额，借记“银行存款”科目，贷记本科目（本金）。如有差额，还应借记本科目（利息调整）。

（2）资产负债表日，应将按摊余成本和实际利率计算确定的长期借款的利息费用，借记“在建工程”、“制造费用”、“财务费用”、“研发支出”等科目，按合同利率计算确定的应付未付利息，贷记本科目（应计利息），按其差额，贷记本科目（利息调整）。对于已过付息期但尚未支付的利息，应借记本科目（应计利息），贷记“应付利息”科目。

（3）长期借款到期，支付借款本息，借记本科目（本金、应计利息）、“应付利息”等科目，贷记“银行存款”科目。存在利息调整余额的，借记或贷记“在建工程”、“制造费用”、“财务费用”、“研发支出”等科目，贷记或借记本科目（利息调整）。

4. 本科目期末贷方余额，反映企业尚未偿还的长期借款的摊余成本。

（二十）“应付债券”

1. 本科目核算企业以摊余成本计量的为筹集资金而发行的债券本金和利息。企业发行的可转换公司债券，应将负债和权益成分进行分拆，分拆后形成的负债成分在本科目核算。

2. 本科目可按债券的类别和品种，分别“面值”、“利息调整”、“应计利息”等进行明细核算。

3. 应付债券的主要账务处理。

（1）企业发行债券，应按实际收到的金额，借记“银行存款”等科目，按债券票面金额，贷记本科目（面值）。存在差额的，还应借记或贷记本科目（利息调整）。

（2）资产负债表日，应将按摊余成本和实际利率计算确定的债券利息费用，借记“在建工程”、“制造费用”、“财务费用”、“研发支出”等科目，按票面利率计算确定的应付未付利息，贷记“应付债券——应计利息”科目，按其差额，借记或贷记本科目（利息调整）。对于已过付息期但尚未支付的利息，应借记本科目（应计利息），贷记“应付利息”科目。

（3）长期债券到期，支付债券本息，借记本科目（面值、应计利息）、“应付利息”等科目，贷记“银行存款”等科目。同时，存在利息调整余额的，借记或贷记本科目（利息调整），贷记或借记“在建工程”、“制造费用”、“财务费用”、“研发支出”等科目。

4. 本科目期末贷方余额，反映企业尚未偿还的应付债券的摊余成本。

（二十一）“应付利息”

1. 本科目核算企业按照合同约定应支付的已过付息期但尚未支付的利息，

包括吸收存款、分期付息到期还本的长期借款、企业债券等的利息。

2. 本科目可按存款人或债权人进行明细核算。

3. 应付利息的主要账务处理见“长期借款”、“应付债券”等科目的账务处理。

4. 本科目期末贷方余额，反映企业已过付息期但尚未支付的利息。

（二十二）“衍生工具”

1. 本科目核算企业衍生工具的公允价值及其变动形成的衍生金融资产或衍生金融负债。作为套期工具的衍生工具在“套期工具”科目核算。

2. 本科目可按衍生工具的类别进行明细核算。

3. 衍生工具的主要账务处理。

（1）企业取得衍生工具，按其公允价值，借记本科目，按发生的交易费用，借记“投资收益”科目，按实际支付的金额，贷记“银行存款”等科目。

（2）资产负债表日，衍生工具的公允价值高于账面余额的差额，借记本科目（公允价值变动），贷记“公允价值变动损益”科目，公允价值低于账面余额的差额做相反分录。

（3）终止确认衍生工具，应当比照“交易性金融资产”、“交易性金融负债”等科目的相关规定进行处理。

4. 本科目所属明细科目期末借方余额，反映衍生工具形成资产的公允价值，在资产负债表的“衍生金融资产”项目中列示；本科目所属明细科目贷方余额反映衍生工具形成负债的公允价值，在资产负债表的“衍生金融负债”项目中列示。

（二十三）“信用减值损失”

1. 本科目核算企业计提的各项金融工具减值准备所形成的预期信用损失。

2. 本科目可按金融资产的类别和品种进行明细核算。

3. 信用减值损失的主要账务处理见“坏账准备”、“贷款”、“债权投资”、“其他债权投资”等科目的账务处理。

4. 期末，应将本科目的余额全部转入“本年利润”科目，结转后本科目应无余额。

（二十四）“其他综合收益——信用减值准备”

1. 本明细科目核算企业按照本章的规定应当分类为以公允价值计量且其变动计入其他综合收益的金融资产以预期信用损失为基础计提的减值准备。

2. 其他综合收益——信用减值准备的主要账务处理见“其他债权投资”

等科目的账务处理。

3. 本明细科目期末余额反映企业对按照本章的规定应当分类为以公允价值计量且其变动计入其他综合收益的金融资产计提的减值准备。

五、金融资产和金融负债的确认和终止确认

（一）金融资产和金融负债的确认条件

企业成为金融工具合同的一方时，应当确认一项金融资产或金融负债。根据此确认条件，企业应将本章范围内的衍生工具合同形成的权利或义务，确认为金融资产或金融负债。但是，如果衍生工具涉及金融资产转移且导致该金融资产转移不符合终止确认条件的，则不应将其确认为金融资产或金融负债，否则将导致衍生工具合同形成的权利或义务被重复确认（见第二十三章金融资产转移）。

企业确认金融资产或金融负债的常见情形如下：

1. 当企业成为金融工具合同的一方，并因此拥有收取现金的权利或承担支付现金的义务时，应将无条件的应收款项或应付款项确认为金融资产或金融负债。

2. 因买卖商品或劳务的确定承诺而将获得的资产或将承担的负债，通常直到至少合同一方履约才予以确认。例如，收到订单的企业通常不在承诺时确认一项资产（发出订单的企业也不在承诺时确认一项负债），而是直到所订购的商品或劳务已装运、交付或提供时才予以确认。本章中的买卖非金融项目的确定承诺，其公允价值净额（若不为零）应在承诺日确认为一项资产或负债。此外，如果以前未确认的确定承诺被指定为公允价值套期中的被套期项目，在套期开始之后，归属于被套期风险的公允价值变动应当确认为一项资产或负债。

3. 企业应在成为本章中的远期合同的一方时（承诺日而不是结算日），确认一项金融资产或金融负债。当企业成为远期合同的一方时，权利和义务的公允价值通常相等，因此，该远期合同的公允价值净额为零。如果权利和义务的公允价值净额不为零，则该合同应被确认为一项金融资产或金融负债。

企业签订在未来购买标的公司股权使其成为联营或合营企业的远期合同，应当在企业成为该远期合同的一方时确认相应的衍生金融资产或负债。

4. 企业应在成为本章中的期权合同的一方时，确认一项金融资产或金融负债。

此外，当企业尚未成为合同一方时，即使企业已有计划在未来交易，不管

其发生的可能性有多大，企业均不应确认相关金融资产或金融负债。

（二）关于以常规方式购买或出售金融资产

以常规方式购买或出售金融资产，是指企业按照合同规定购买或出售金融资产，并且该合同条款规定，企业应当根据通常由法规或市场惯例所确定的时间安排来交付金融资产。如果合同规定或允许对合同价值变动进行净额结算，该合同通常不是以常规方式购买或出售的合同，企业应将其作为衍生工具处理。证券交易所、银行间市场、外汇交易中心等市场发生的证券、外汇买卖交易，通常采用常规方式。

以常规方式买卖金融资产，应当在交易日按照下列原则进行会计处理：（1）在交易日确认将于结算日取得的资产及承担的负债；（2）在交易日终止确认将于结算日交付的金融资产并确认处置利得或损失，同时确认将于结算日向买方收取的款项。上述交易形成资产和负债的相关利息，通常应于结算日所有权转移后开始计提并确认。交易日是指企业承诺买入或者卖出金融资产的日期。结算日是指企业交付或收取金融资产的日期。

（三）金融资产的终止确认

金融资产终止确认，是指企业将之前确认的金融资产从其资产负债表中予以转出。金融资产满足下列条件之一的，应当终止确认：

1. 收取该金融资产现金流量的合同权利终止。例如，企业买入一项期权，并直到期权到期日仍未行权，那么企业在合同权利到期后应当终止确认该期权形成的金融资产。

2. 该金融资产已转移，且该转移满足第二十三章金融资产转移关于金融资产终止确认的规定。

下列情形也会导致金融资产的终止确认：

1. 合同的实质性修改。企业与交易对手方修改或者重新议定合同而且构成实质性修改的，将导致企业终止确认原金融资产，同时按照修改后的条款确认一项新金融资产。

2. 核销金融资产。当企业合理预期不再能够全部或部分收回金融资产合同现金流量时，应当直接减记该金融资产的账面余额。这种减记构成该金融资产（或其一部分）的终止确认。

（四）金融负债的终止确认

金融负债终止确认，是指企业将之前确认的金融负债从其资产负债表中予以转出。金融负债（或其一部分）的现时义务已经解除的，企业应当终止确认该金融负债（或该部分金融负债）。

【例22－5】甲企业因购买商品于2×22年3月1日确认了一项应付账款1 000万元。按合同约定，甲企业于2×22年4月1日以银行存款支付1 000万元解除了相关现时义务，为此，甲企业应将应付账款1 000万元终止确认。如果按合同约定，该货款应于2×22年4月1日、4月30日分两次等额清偿。那么，甲企业应在4月1日支付货款500万元时，终止确认应付账款500万元，在4月30日支付剩余的货款500万元时终止确认剩余的应付账款500万元。

出现下列两种情况之一时，金融负债（或其一部分）的现时义务已经解除：

1. 债务人通过履行义务（如偿付债权人）解除了金融负债（或其一部分）的现时义务。债务人通常使用现金、其他金融资产等方式偿债。

2. 债务人通过法定程序（如法院裁定）或债权人（如债务豁免），合法解除了债务人对金融负债（或其一部分）的主要责任。

企业在判断金融负债现时义务的解除时应注意下列情形：

1. 企业将用于偿付金融负债的资产转入某个机构或设立信托，偿付债务的义务仍存在的，不应当终止确认该金融负债，也不能终止确认转出的资产。换言之，虽然企业已为金融负债设立了“偿债基金”，但金融负债对应的债权人仍然拥有全额追索的权利时，不能认为企业的相关现时义务已解除，从而不能终止确认金融负债。

2. 企业（借入方）与借出方之间签订协议，以承担新金融负债方式替换原金融负债（或其一部分），且合同条款实质上不同的，企业应当终止确认原金融负债（或其一部分），同时确认一项新金融负债。其中，“实质上不同”是指按照新的合同条款，金融负债未来现金流量（包括支付和收取的任何费用）现值与原金融负债的剩余期间现金流量现值之间的差异至少相差10%。有关现值的计算均采用原金融负债的实际利率。在确定支付和收取的任何费用时，借款人应仅包括借款人与出借人之间支付和收取的与该借款相关的费用（含借款人或出借人代表对方支付和收取的费用）。

3. 如果一项债务工具的发行人回购了该工具，即使该发行人是该工具的做市商或打算在近期将其再次出售，企业（发行人）也应当终止确认该债务工具。

金融负债（或其一部分）终止确认的，企业应当将其账面价值与支付的对价（包括转出的非现金资产或承担的负债）之间的差额，计入当期损益。

在某些情况下，债权人解除了债务人对金融负债的主要责任，但要求债务人提供担保（承诺在合同主要责任方拖欠时进行支付）的，债务人应当以其担保义务的公允价值为基础确认一项新的金融负债，并按支付的价款加上新金融负债公允价值之和与原金融负债账面价值的差额确认利得和损失。

企业回购金融负债一部分的，应当在回购日按照继续确认部分和终止确认部分各自的公允价值占整体公允价值的比例，对该金融负债整体的账面价值进行分配。分配给终止确认部分的账面价值与支付的对价（包括转出的非现金资产或承担的负债）之间的差额，应当计入当期损益。

六、金融资产的分类

金融资产的分类是确认和计量的基础。企业应当根据其管理金融资产的业务模式和金融资产的合同现金流量特征，将金融资产划分为下列三类：（1）以摊余成本计量的金融资产；（2）以公允价值计量且其变动计入其他综合收益的金融资产；（3）以公允价值计量且其变动计入当期损益的金融资产。上述分类一经确定，不得随意变更。

（一）关于企业管理金融资产的业务模式

1. 业务模式评估。

企业管理金融资产的业务模式，是指企业如何管理其金融资产以产生现金流量。业务模式决定企业所管理金融资产现金流量的来源是收取合同现金流量、出售金融资产还是两者兼有。

企业确定其管理金融资产的业务模式时，应当注意下列方面：

（1）企业应当在金融资产组合的层次上确定管理金融资产的业务模式，而不必按照单个金融资产逐项确定业务模式。金融资产组合的层次应当反映企业管理该金融资产的层次。有些情况下，企业可能将金融资产组合分拆为更小的组合，以合理反映企业管理该金融资产的层次。例如，企业购买一个抵押贷款组合，该组合中的一部分贷款以收取合同现金流量为目标管理，其他贷款以出售为目标管理，在该情况下，企业可将该抵押贷款组合分拆为两个更小的组合以确定其管理相关金融资产的业务模式。

（2）一个企业可能会采用多个业务模式管理其金融资产。例如，企业持有一组以收取合同现金流量为目标的投资组合，同时还持有另一组既以收取合同现金流量为目标又以出售该金融资产为目标的投资组合，企业对这两个投资组合的管理采用了不同的业务模式。

（3）企业应当以企业关键管理人员决定的对金融资产进行管理的特定业务目标为基础，确定管理金融资产的业务模式。其中，“关键管理人员”是指第三十七章关联方披露中定义的关键管理人员。

（4）企业的业务模式并非企业自愿指定，而是一种客观事实，通常可以从企业为实现其目标而开展的特定活动中得以反映。企业应当考虑在业务模式评估日可获得的所有相关证据，包括企业评价和向关键管理人员报告金融资产业绩的方式、影响金融资产业绩的风险及其管理方式以及相关业务管理人员获得报酬的方式（如报酬是基于所管理资产的公允价值还是所收取的合同现金流量）等。

（5）企业不得以按照合理预期不会发生的情形为基础确定管理金融资产的业务模式。例如，对于某金融资产组合，如果企业预期仅会在压力情形下将其出售，且企业合理预期该压力情形不会发生，则该压力情形不得影响企业对该金融资产组合的业务模式的评估。

（6）企业集团及各子公司应当根据各自的实际情况确定其管理金融资产的业务模式。对于同一金融资产组合，集团和子公司对其管理该组合的业务模式的判断通常应当一致。

此外，如果金融资产实际现金流量的实现方式不同于评估业务模式时的预期，只要企业在评估业务模式时已经考虑了当时所有可获得的相关信息，这一差异不构成企业财务报表的前期差错，也不改变企业在该业务模式下持有的剩余金融资产的分类。但是，企业在评估新的金融资产的业务模式时，应当考虑这些信息。

2. 以收取合同现金流量为目标的业务模式。

在以收取合同现金流量为目标的业务模式下，企业管理金融资产旨在通过在金融资产存续期内收取合同付款来实现现金流量，而不是通过持有并出售金融资产产生整体回报。

需要说明的是，以收取合同现金流量为目标的业务模式并不要求企业必须将所有此类金融资产持有至到期。换言之，即使企业出售金融资产或者预计未来会出售金融资产，此类金融资产的业务模式仍然可能是以收取合同现金流量为目标。企业在评估其业务模式时，应当考虑此前出售此类资产的原因、时间、频率和出售的价值以及对未来出售的预期。此前出售资产的事实只是为企业提供相关依据，而不能决定业务模式。如果企业能够解释出售的原因，并且证明出售并不反映业务模式的改变，出售频率或者出售价值在特定时期内的增加不一定与以收取合同现金流量为目标的业务模式相矛盾，在这种情况下，不能仅因存在出售情况或者出售超过一定比例而认为其管理相关金融资产的业务模式不是以收取合同现金流量为目标。

在以收取合同现金流量为目标的业务模式下，金融资产的信用质量影响着企业收取合同现金流量的能力。因此，企业在金融资产的信用风险增加时，为减少因信用恶化所导致的潜在信用损失而将其出售，其管理该金融资产的业务模式仍然可能是以收取合同现金流量为目标。如果企业在金融资产到期日前出售金融资产，即使与信用风险管理活动无关，在出售只是偶然发生（即使价值重大），或者单独及汇总而言出售的价值非常小（即使频繁发生）的情况下，企业管理相关金融资产的业务模式仍然可能是以收取合同现金流量为目标。此外，如果出售发生在金融资产临近到期时，且出售所得接近待收取的剩余合同现金流量，企业管理相关金融资产的业务模式仍然可能是以收取合同现金流量为目标。

【例 22－6】 甲企业购买了一个贷款组合，该组合包含已发生信用减值的贷款。如果贷款不能按时偿付，甲企业将通过各种方式尽可能实现合同现金流量，如通过邮件、电话或其他方法与借款人联系催收。同时，甲企业签订了一项利率互换合同，将贷款组合的利率由浮动利率转换为固定利率。

本例中，甲企业管理该贷款组合的业务模式是以收取合同现金流量为目标。即使甲企业预期无法收取全部合同现金流量（部分贷款已发生信用减值），但并不影响其业务模式。此外，该企业签订利率互换合同也不影响该贷款组合的业务模式。

【例 22－7】 甲银行向客户发放贷款，并随后向资产证券化专项计划（结构化主体）出售，由专项计划向投资者发行资产支持证券。甲银行控制资产证券化专项计划，并将其纳入合并财务报表范围。专项计划收取贷款的合同现金流量，并将该现金流量转付给其投资者。假定专项计划未终止确认作为基础资产的贷款，因此，甲银行合并财务报表中应继续确认此贷款。

本例中，从甲银行合并财务报表角度来看，发放贷款的目标是持有该贷款以收取合同现金流量。从甲银行个别财务报表角度来看，发放贷款的目标不是收取合同现金流量，而是向专项计划出售。

3. 以收取合同现金流量和出售金融资产为目标的业务模式。

在同时以收取合同现金流量和出售金融资产为目标的业务模式下，企业的关键管理人员认为收取合同现金流量和出售金融资产对于实现其管理目标而言都是不可或缺的。例如，企业的目标是管理日常流动性需求同时维持特定的收益率，或将金融资产的存续期与相关负债的存续期进行匹配。

与以收取合同现金流量为目标的业务模式相比，此业务模式涉及的出售通常频率更高、金额更大。因为出售金融资产是此业务模式的目标之一，在该业务模式下不存在出售金融资产的频率或者价值的明确界限。

【例22－8】甲银行持有某金融资产组合以满足其流动性需求。为了降低其管理流动性需求的成本，甲银行高度关注该金融资产组合的回报，包括收取的合同现金流量和出售金融资产的利得或损失。

本例中，甲银行管理该金融资产组合的业务模式以收取合同现金流量和出售金融资产为目标。

【例22－9】甲保险公司持有某金融资产组合，为偿付保险合同负债提供资金。甲保险公司用金融资产的合同现金流量收入偿付到期的保险合同负债。为确保来自金融资产的合同现金流量足以偿付保险合同负债，甲保险公司定期进行重大的购买和出售金融资产的活动，以不断平衡其资产组合，并满足偿付保险合同负债所需的现金流量。

本例中，甲保险公司管理该金融资产组合的业务模式以收取合同现金流量和出售金融资产为目标。

4. 其他业务模式。

如果企业管理金融资产的业务模式不是以收取合同现金流量为目标，也不是以收取合同现金流量和出售金融资产为目标，则该企业管理金融资产的业务模式是其他业务模式。例如，企业持有金融资产的目的是交易性的或者基于金融资产的公允价值作出决策并对其进行管理。在该情况下，企业管理金融资产的目标是通过出售金融资产以实现现金流量。即使企业在持有金融资产的过程中会收取合同现金流量，企业管理金融资产的业务模式也不是以收取合同现金流量和出售金融资产为目标，因为收取合同现金流量对实现该业务模式目标来说只是附带性质的活动。

同样，对于将金融负债指定为以公允价值计量且其变动计入当期损益的金融负债的指定条件中“以公允价值为基础对金融负债组合或金融资产和金融负债组合进行管理和业绩评价”所涉及的金融资产，企业重点关注的是其公允价值信息，以及利用其公允价值信息来评估相关金融资产的业绩并进行决策。因此，企业管理这些金融资产的业务模式既不是以收取合同现金流量为目标，也不是以收取合同现金流量和出售金融资产为目标。

（二）关于金融资产的合同现金流量特征

金融资产的合同现金流量特征，是指金融工具合同约定的、反映相关金融资产经济特征的现金流量属性。分类为以摊余成本计量的金融资产和以公允价值计量且其变动计入其他综合收益的金融资产，其合同现金流量特征应当与基本借贷安排相一致，即相关金融资产在特定日期产生的合同现金流量仅为对本金和以未偿付本金金额为基础的利息的支付（以下简称本金加利息的合同现金流量特征）。无论金融资产的法律形式是否为一项贷款，都可能是一项基本借贷安排。

1. 金融资产本金和利息的含义。

本金是指金融资产在初始确认时的公允价值，本金金额可能因提前还款等原因在金融资产的存续期内发生变动；利息包括对货币时间价值、与特定时期未偿付本金金额相关的信用风险、以及其他基本借贷风险、成本和利润的对价。企业应当使用金融资产的计价货币来评估金融资产的合同现金流量特征。此外，如果一项贷款具有完全追索权并有抵押品作为担保，该事实并不影响企业对其合同现金流量特征的评估。

在基本借贷安排中，利息的构成要素中最重要的通常是货币时间价值和信用风险的对价。例如，甲银行有一项支付逆向浮动利率（即贷款利率与市场利率呈负相关关系）的贷款，则该贷款的利息金额不是以未偿付本金金额为基础的货币时间价值的对价，所以其不符合本金加利息的合同现金流量特征。又如，甲企业持有一项具有固定到期日的美元债券，债券本金和利息的支付与美国的通胀指数挂钩。该债权投资未利用杠杆，而且对合同的本金进行保护。其利息的支付与非杠杆的通胀指数挂钩，实质上将货币时间价值重设为当前水平，债券的利率反映的是考虑通胀影响的真实利率。因此，利息金额是以未偿付本金金额为基础的货币时间价值的对价。

利息还可包括与特定时期内持有的金融资产相关的其他基本借贷风险（如流动性风险）和成本（如管理费用）的对价。此外，利息也可包括与基本借贷安排相一致的利润率。在某些极端经济环境下，利息可能是负值。例如，金融资产的持有人在特定期间内为保证资金安全而支付费用，且支付的费用超过了持有人按照货币时间价值、信用风险及其他基本借贷风险和成本所收取的对价，导致其利息为负值。

但是，如果金融资产合同中包含与基本借贷安排无关的合同现金流量风险敞口或波动性敞口（如权益价格或商品价格变动敞口）的条款，则此类合同不符合本金加利息的合同现金流量特征。例如，甲企业持有一项可转换成固定数量的发行人权益工具的债券，则该债券不符合本金加利息的合同现金流量特征，因为其回报与发行人的权益价值挂钩。又如，如果贷款的利息支付金额与涉及债务人业绩的一些变量（如债务人的净收益）挂钩或者与权益指数挂钩，则该贷款不符合本金加利息的合同现金流量特征。

【例22－10】 甲企业持有一项具有固定到期日且支付浮动市场利率的债券，合同规定了利率浮动的上限。

对于固定利率或浮动利率特征的金融工具，只要利息反映了对货币时间价值、与特定时期未偿付本金金额相关的信用风险、以及其他基本借贷风险、成本和利润的对价，则其符合本金加利息的合同现金流量特征。本例中，合同条款设定利率上限，可以看作是固定利率和浮动利率相结合的工具，通过合同设定利率上限可能降低合同现金流量的波动性。

2. 修正的货币时间价值。

货币时间价值是利息要素中仅因为时间流逝而提供对价的部分，不包括为所持有金融资产的其他风险或成本提供的对价，但货币时间价值要素有时可能存在修正。在货币时间价值要素存在修正的情况下，企业应当对相关修正进行评估，以确定金融资产是否符合本金加利息的合同现金流量特征。企业可以通过定性或者定量的方式进行评估并作出判断。如果企业经过简单分析即可清晰评估并作出判断，则企业可以通过定性方式进行评估而无需进行详细的定量分析。

修正的货币时间价值要素评估的目标，是确定未折现合同现金流量与假如未对货币时间价值要素进行修正的情形下未折现的合同现金流量（基准现金流量）之间的差异。例如，合同约定金融资产的利率定期重设，但重设的频率与利率的期限并不匹配。假设一项金融资产包含每月重设为1年期利率的浮动利率条款，则企业每月应收的利息实际上反映了未来12个月货币时间价值的平均数，而非当月的货币时间价值（例如，如果在之后11个月的期间合同利率逐月提高，则各月货币时间价值的平均数将高于当月的货币时间价值）。换言之，按合同计算的利息是对实际货币时间价值的修正。在该情况下，企业可将该金融资产与具有相同合同条款和相同信用风险的、但浮动利率为每月重设为1个月利率的金融工具的合同现金流量（基准现金流量）进行比较。如果两个现金流量存在显著差异，那么该金融资产不符合本金加利息的合同现金流量特征。在进行上述评估时，企业必须考虑修正的货币时间价值在每一报告期间的影响以及在金融工具整个存续期内的累积影响。

在评估修正的货币时间价值时，企业应当考虑可能影响未来合同现金流量的因素。例如，企业持有一项5年期债券，该债券的浮动利率每6个月重设为5年期利率。企业评估当时的利率曲线发现5年期利率与6个月利率之间不存在显著差异，企业不得简单地得出结论认为其符合本金加利息的合同现金流量特征。企业应当同时考虑5年期利率与6个月利率之间的关系在债券存续期内会如何变化，是否可能导致债券存续期内未折现合同现金流量与未折现基准现金流量存在显著差异。但是，企业仅需要考虑合理的可能发生的情形，而无须考虑所有可能的情形。

有时，出于宏观经济管理或产业政策考虑等原因，政府监管部门设定某些利率或利率调整等浮动区间。在此情形下，货币时间价值要素虽然有可能不单纯是时间流逝的对价，但如果利率所提供的对价与时间流逝大致相符且并未导致与基本借贷安排不一致的合同现金流量风险敞口或波动性敞口，那么具有该利率的金融资产应当视为符合本金加利息的合同现金流量特征。

3. 导致合同现金流量的时间分布或金额变更的合同条款。

金融资产包含可能导致其合同现金流量的时间分布或金额变更的合同条款的（如包含可提前还款或者可展期特征），企业应当对相关条款进行评估（如评估提前还款特征的公允价值是否非常小），以确定该金融资产是否符合本金加利息的合同现金流量特征。

在进行上述评估时，企业应当同时评估变更之前和之后可能产生的合同现金流量。企业还可评估导致合同现金流量的时间分布或金额变更的所有或有事项（即触发事件）的性质。例如，合同规定当债务人拖欠的款项达到特定金额时，利率将重设为较高利率；或者当指定的权益指数达到特定水平时，利率将重设为较高利率。在对上述两种金融资产的合同现金流量特征进行评估和比较时，考虑或有事项的性质可在一定程度上为评估其合同现金流量特征提供参考。考虑到根据累计拖欠的金额调整利率可能是为了反映信用风险的增加，而指定的权益指数变化与基本借贷安排无关，因此，在上述两种情形下，债务人拖欠的款项达到特定金额时利率上浮的情形更有可能符合本金加利息的合同现金流量特征。

通常情况下，下列涉及合同现金流量的时间分布或金额变更的合同条款，符合本金加利息的合同现金流量特征：

（1）浮动利率包含对货币时间价值、与特定时期未偿付本金金额相关的信用风险（对信用风险的对价可能仅在初始确认时确定，因而可能是固定的）、其他基本借贷风险、成本和利润的对价。

（2）合同条款允许发行人（即债务人）在到期前提前偿付债务，或者允许持有人（即债权人）在到期前将债务工具卖回给发行人，而且这些提前偿付的金额实质上反映了尚未支付的本金及以未偿付本金金额为基础的利息，其中可能包括因提前终止合同而支付或收取的合理补偿。

（3）合同条款允许发行人或持有人延长债务工具的合同期限（即展期选择权），并且展期选择权条款导致展期期间的合同现金流量仅为对本金及以未偿付本金金额为基础的利息的支付，其中可能包含为合同展期而支付的合理的额外补偿。

对于企业以溢价或折价购入或源生的、且具有提前偿付特征的债务工具，如果同时满足下列条件，则其符合本金加利息的合同现金流量特征：

（1）提前偿付金额实质上反映了合同面值和已计提但尚未支付的合同利息，其中可能包括因提前终止合同而支付或收取的合理补偿。

（2）在企业初始确认该金融资产时，提前偿付特征的公允价值非常小。

【例22－11】 甲企业向客户出售汽车时以低于现行市场利率的利率向客户提供融资作为营销激励。由于甲企业提供的利率低于市场利率，该金融资产的初始入账价值将是合同面值的折价。根据合同约定，客户有权在合同到期前的任一时点以合同面值提前偿还该债务。对于客户来说该融资具有优势（利率低于市场利率），不太可能会选择提前偿付，导致该金融资产提前偿付特征的公允价值非常小。在此情况下，该金融资产符合本金加利息的合同现金流量特征。

【例22－12】 某金融工具是一项永续工具，按市场利率支付利息，发行人可自主决定在任一时点回购该工具，并向持有人支付面值和累计应付利息。如果发行人无法保持后续偿付能力，可以不支付该工具利息，而且递延支付的利息不产生额外孳息。

本例中，该工具不符合本金加利息的合同现金流量特征。但是，如果该工具的合同条款要求对递延支付的利息计息，则其可能符合本金加利息的合同现金流量特征。

需要注意的是，仅因为该工具是永续工具并不能判定其不符合本金加利息的合同现金流量特征。永续工具可视为具有连续性的多项展期选择权。如果利息支付具有强制性且必须无限期支付，则可能导致其符合本金加利息的合同现金流量特征。

同样，仅因为该工具可赎回并不能判定其不符合本金加利息的合同现金流量特征，除非赎回金额实质上并未反映对未偿付本金及未偿付本金金额的利息的支付。即使赎回金额中包含因提前终止该工具而对持有人作出合理补偿的金额，其也有可能符合本金加利息的合同现金流量特征。

4. 合同挂钩工具。

在某些交易中，发行人可利用多个合同挂钩工具（分级）来安排向金融资产持有人付款的优先劣后顺序。对于某一分级的金融资产持有人来说，仅当发行人取得足够的现金流量以满足更优先级的支付时，此类工具的持有人才有权取得对本金和未偿付本金的利息的偿付。在此类交易中，仅当同时符合下列条件时，企业持有的某一分级的金融资产才符合本金加利息的合同现金流量特征：

（1）分级的合同条款（在未穿透至基础资产的情况下）产生的现金流量仅为对本金和以未偿付本金金额为基础的利息的支付（如该分级的利率未与商品价格指数挂钩）。

（2）基础资产包含一个或多个符合本金加利息的合同现金流量特征的工具（以下称基础工具）。

（3）该分级所承担的基础资产的信用风险等于或小于基础资产本身所面临的信用风险。例如，某分级的信用评级等于或高于假设发行不分级的单一工具时该工具所得到的信用评级。

基础资产，是指企业穿透至可以识别出其源生（而非过手）的现金流量的基础工具池。除上述符合本金加利息的合同现金流量特征的基础工具外，基础资产还可以包含下列工具：

（1）可以降低基础工具现金流量的波动性，并且当其与基础工具相结合时，能够产生仅为对本金和以未偿付本金金额为基础的利息的支付的现金流量（如对作为基础工具的贷款设置的利率上限或下限、可降低基础工具信用风险的合同）。

（2）可以协调各分级的合同现金流量与基础工具的现金流量以解决两者在利率（如分级的合同现金流量基于固定利率，而基础工具的现金流量基于浮动利率）、计价货币（包括通货膨胀因素）以及现金流量时间分布上的差异。

在开展上述评估时，企业无须针对基础资产中的每一项工具进行详尽分析。但是，企业应当运用判断并进行充分的分析以确定基础资产中的工具是否满足上述条件，同时还应参照本章下文关于仅构成极其微小影响的合同现金流量特征的指引进行判断。

如果某一分级的金融资产持有人在初始确认时无法按照上述条件进行评估，那么分级的金融资产应当分类为以公允价值计量且其变动计入当期损益的金融资产。如果在初始确认后基础资产可能发生变化，导致基础资产不满足上述条件的，那么分级的金融资产应当分类为以公允价值计量且其变动计入当期损益的金融资产。如果基础资产包含了有抵押物的工具，但抵押物不满足上述对基础资产的要求条件，企业不应当考虑该抵押物的影响，除非企业购买分级金融资产的目的是控制该抵押物。

【例22－13】某资产证券化信托计划向投资者发行合同挂钩工具。资产支持证券分优先档和次级档，优先档的本息偿付次序优于次级档。该信托计划投资的基础资产为一组符合本金加利息的合同现金流量特征的贷款。优先档有明确的固定票息，而次级档无明确的票息，次级档的收益取决于基础资产的最终收益水平。该计划需将收到的贷款本金和利息回收款优先支付给优先档持有人，即待向优先档持有人按合同条款支付了相应的本金及收益后，才能将剩余的回收款支付给次级档持有人。

本例中，从优先档资产支持证券持有人的角度看，其分级的合同现金流量符合基本借贷安排。因为优先档本身及其基础资产均符合本金加利息的合同现金流量特征，且优先档的信用风险不高于基础资产的信用风险。从次级档资产支持证券持有人的角度看，其分级的合同现金流量不符合基本借贷安排。因为次极档本身不符合本金加利息的合同现金流量特征，且次级档承担了高于基础资产的信用风险。

【例22－14】甲公司持有某结构化主体的份额（甲公司对该结构化主体不具有控制、共同控制或重大影响），该结构化主体的基础资产为一组符合本金加利息的合同现金流量特征的贷款，组合中贷款的期限均未超过结构化主体的存续期，结构化主体在存续期内不得买卖基础资产。该结构化主体的份额不分层且无保本保收益承诺，而是按照合同约定将基础资产产生的现金流入扣除约定税费、固定管理费等现金流出后的全部剩余金额等比例向所有份额持有人分配。在该情形下，甲公司持有的结构化主体份额是否符合本金加利息的合同现金流量特征？

本例中，甲公司持有的结构化主体份额的基础资产为一组符合本金加利息的合同现金流量特征的贷款，组合中贷款的期限均未超过结构化主体的存续期，并且结构化主体在存续期内不得买卖基础资产，因此，结构化主体的基础资产符合本金加利息的合同现金流量特征。此外，尽管结构化主体不对其发行份额保本保收益，但合同约定将基础资产产生的现金流入扣除约定的税费、固定管理费等现金流出后的全部剩余金额向所有份额持有人不分优先劣后地等比例分配，此分配方式未产生不符合本金加利息特征的合同现金流量，也未以一种与代表本金加利息的支付不一致的方式限制现金流量，因而不影响甲公司持有的结构化主体份额通过合同现金流量特征测试。

5. 合同现金流量评估的其他特殊情形。

（1）某些金融资产的合同现金流量特征中包含杠杆因素，杠杆导致合同现金流量的变动性增加，不符合利息的经济特征。期权、远期合同和互换合同均属于该情况，因此，此类合同不符合本金加利息的合同现金流量特征。

（2）某些金融资产合同中使用本金和利息描述合同现金流量，但此类合同可能并不符合本金加利息的合同现金流量特征。如果金融资产代表对特定资产或现金流量的投资，则可能属于这种情况。

例如，借款合同规定，随着使用特定收费公路的车辆数目增多，借款合同的利息将增加，此合同产生了与基本借贷安排无关的合同现金流量风险敞口，因此，该金融资产不符合本金加利息的合同现金流量特征。

又如，某些合同使用本金和利息描述合同现金流量，但债权人的索偿要求仅限于债务人的特定资产或产生于特定资产的现金流量，此类合同可能不符合本金加利息的合同现金流量特征。然而，债权人的索偿要求仅限于债务人的特定资产或基于特定资产的现金流量并不一定会导致金融资产不符合本金加利息的合同现金流量特征。企业需要对特定的基础资产或其现金流量进行评估（即穿透），以确定待分类的金融资产是否符合本金加利息的合同现金流量特征。如果金融资产的合同条款产生了其他现金流量，或者以一种与代表本金和利息的支付不一致的方式限制了现金流量，则该金融资产不符合本金加利息的合同现金流量特征。

无论基础资产为金融资产还是非金融资产，均不会影响合同现金流量评估。在某些情况下，企业可能无法了解基础资产的具体情况（如投资的具体组成、期限、条款等），因而无法对特定的基础资产或其现金流量进行评估，则企业无法确定待分类的金融资产是否符合本金加利息的合同现金流量特征。

（3）在一般的借款合同中，通常都会规定债权人持有的金融工具相对于债务人的其他债权人持有的工具的优先劣后顺序。对于劣后于其他工具的工具，如果债务人不付款构成违约，并且即使在债务人破产的情况下债权人也拥有收取本金及以未偿付本金金额为基础的利息的合同权利，则该工具可能符合本金加利息的合同现金流量特征。反之，如果次级特征以任何方式限制了合同现金流量或产生了任何形式的其他现金流量，则该工具不符合本金加利息的合同现金流量特征。例如，甲企业持有一笔被列为普通债权的应收账款，如果其债务人乙企业还有一笔从丙银行取得的借款，且该借款存在抵押物，从而使得丙银行在乙企业破产时可优先于甲企业等普通债权人索偿（但并不影响普通债权人收取乙企业尚未支付的本金和其他应付金额的合同权利），则该应收账款仍可能符合本金加利息的合同现金流量特征。

（4）如果合同现金流量特征仅对金融资产的合同现金流量构成极其微小的影响，则其不会影响金融资产的分类。要作出此判断，企业必须考虑合同现金流量特征在每一会计期间的潜在影响以及在金融工具整个存续期内的累积影响。此外，如果合同现金流量特征（无论在某一会计期间还是在金融工具整个存续期）对合同现金流量的影响超过了极其微小的程度，企业应当进一步判断该现金流量特征是否是不现实的。如果现金流量特征仅在极端罕见、显著异常且几乎不可能的事件发生时才影响该工具的合同现金流量，那么该现金流量特征是不现实的。如果该现金流量特征不现实，则其不影响金融资产的分类。

企业根据中国人民银行改革完善贷款市场报价利率（LPR）形成机制的决定，将确定该金融资产利息的基础调整为“贷款市场报价利率”时，除非存在其他导致不符合本金加利息的合同现金流量特征的因素，从“贷款基准利率”调整为“贷款市场报价利率”本身不会导致相关金融资产不符合本金加利息的合同现金流量特征。例如，利率为“贷款市场报价利率+200基点”的贷款符合本金加利息的合同现金流量特征。再如，利率为“贷款市场报价利率向上浮动20%”的贷款不符合本金加利息的合同现金流量特征。

（三）金融资产的具体分类

1. 以摊余成本计量的金融资产。

金融资产同时符合下列条件的，应当分类为以摊余成本计量的金融资产：

（1）企业管理该金融资产的业务模式是以收取合同现金流量为目标。

（2）该金融资产的合同条款规定，在特定日期产生的现金流量，仅为对本金和以未偿付本金金额为基础的利息的支付。

例如，银行向企业客户发放的固定利率贷款，在没有其他特殊安排的情况下，贷款通常符合本金加利息的合同现金流量特征。如果银行管理该贷款的业务模式是以收取合同现金流量为目标，则该贷款可以分类为以摊余成本计量的金融资产。再如，普通债券的合同现金流量是到期收回本金及按约定利率在合同期间按时收取固定或浮动利息。在没有其他特殊安排的情况下，普通债券通常符合本金加利息的合同现金流量特征。如果企业管理该债券的业务模式是以收取合同现金流量为目标，则该债券可以分类为以摊余成本计量的金融资产。又如，企业正常商业往来形成的具有一定信用期限的应收账款，如果企业拟根据应收账款的合同现金流量收取现金，且不打算提前处置应收账款，则该应收账款可以分类为以摊余成本计量的金融资产。

2. 以公允价值计量且其变动计入其他综合收益的金融资产。

金融资产同时符合下列条件的，应当分类为以公允价值计量且其变动计入其他综合收益的金融资产：

（1）企业管理该金融资产的业务模式既以收取合同现金流量为目标又以出售该金融资产为目标。

（2）该金融资产的合同条款规定，在特定日期产生的现金流量，仅为对本金和以未偿付本金金额为基础的利息的支付。

【例22－15】 甲企业在销售中通常会给予客户一定期间的信用期。为了盘活存量资产，提高资金使用效率，甲企业与银行签订应收账款无追索权保理总协议，银行向甲企业一次性授信10亿元人民币，甲企业可以在需要时随时向银行出售应收账款。历史上甲企业频繁向银行出售应收账款，且出售金额重大，上述出售满足金融资产终止确认的规定。

本例中，应收账款的业务模式符合“既以收取合同现金流量为目标又以出售该金融资产为目标”，且该应收账款符合本金加利息的合同现金流量特征，因此，应当分类为以公允价值计量且其变动计入其他综合收益的金融资产。

3. 以公允价值计量且其变动计入当期损益的金融资产。

企业分类为以摊余成本计量的金融资产和以公允价值计量且其变动计入其他综合收益的金融资产之外的金融资产，应当分类为以公允价值计量且其变动计入当期损益的金融资产。

企业常见的下列投资产品通常应当分类为以公允价值计量且其变动计入当期损益的金融资产：

（1）股票。股票的合同现金流量源自收取被投资企业未来股利分配以及其清算时获得剩余权益的权利。由于股利及获得剩余权益的权利均不符合关于本金和利息的定义，因此，股票不符合本金加利息的合同现金流量特征。在不考虑非交易性权益工具特殊指定的情况下，企业持有的股票投资应当分类为以公允价值计量且其变动计入当期损益的金融资产。

（2）基金。常见的开放式股票型基金、债券型基金、货币基金或混合基金，通常投资于动态管理的资产组合，投资者从该类投资中所取得的现金流量既包括投资期间基础资产产生的合同现金流量，也包括处置基础资产的现金流量，因而，通常不符合本金加利息的合同现金流量特征，一般应当分类为以公允价值计量且其变动计入当期损益的金融资产。

（3）可转换债券。可转换债券投资除按一般债权类投资的特性到期收回本金、获取约定利息或收益外，还嵌入了一项转股权。通过嵌入衍生工具，企业获得的收益在基本借贷安排的基础上，会产生基于其他因素变动的不确定性。企业持有的可转换债券投资不再将转股权单独分拆，而是将其作为一个整体进行评估，由于不符合本金加利息的合同现金流量特征，企业持有的可转换债券投资应当分类为以公允价值计量且其变动计入当期损益的金融资产。

（4）结构性存款。对于商业银行吸收的符合《中国银保监会办公厅关于进一步规范商业银行结构性存款业务的通知》（银保监办发〔2019〕204号）定义的结构性存款，即嵌入金融衍生产品的存款，通过与利率、汇率、指数等的波动挂钩或者与某实体的信用情况挂钩，使存款人在承担一定风险的基础上获得相应的收益，其通常不符合本金加利息的合同现金流量特征，一般应当分类为以公允价值计量且其变动计入当期损益的金融资产。

此外，在初始确认时，如果能够消除或显著减少会计错配，企业可以将金融资产指定为以公允价值计量且其变动计入当期损益的金融资产。该指定一经作出，不得撤销。

（四）金融资产分类的特殊规定

权益工具投资一般不符合本金加利息的合同现金流量特征，因此，应当分类为以公允价值计量且其变动计入当期损益的金融资产。然而，在初始确认时，企业可以将非交易性权益工具投资指定为以公允价值计量且其变动计入其他综合收益的金融资产。该指定一经作出，不得撤销。企业投资上市公司股票或者非上市公司股权的，都可能属于这种情形。

1. 关于“非交易性”和“权益工具投资”的界定。

金融资产或金融负债满足下列条件之一的，表明企业持有该金融资产或承担该金融负债的目的是交易性的：

（1）取得相关金融资产或承担相关金融负债的目的，主要是为了近期出售或回购。例如，企业以赚取差价为目的从二级市场购入的股票、债券和基金等，或者发行人根据债务工具的公允价值变动计划在近期回购的、有公开市场报价的债务工具。

（2）相关金融资产或金融负债在初始确认时属于集中管理的可辨认金融工具组合的一部分，且有客观证据表明近期实际存在短期获利模式。在该情况下，即使组合中有某个组成项目持有的期限稍长也不受影响。其中，“金融工具组合”指金融资产组合或金融负债组合。

（3）相关金融资产或金融负债属于衍生工具（符合财务担保合同定义的衍生工具以及被指定为有效套期工具的衍生工具除外）。例如，未作为套期工具的利率互换或外汇期权。

只有不符合上述条件的非交易性权益工具投资才可以被指定为以公允价值计量且其变动计入其他综合收益的金融资产。

此处权益工具投资中的“权益工具”，是指对于工具发行方来说，满足第三十八章金融工具列报中权益工具定义的工具。例如，对于发行方而言，普通股满足权益工具的定义，对于投资方而言，其持有的普通股投资属于权益工具投资。

对于符合金融负债定义、但按照第三十八章金融工具列报被分类为权益工具的可回售工具（如可随时赎回的开放式基金份额）和发行方仅在清算时才有义务向另一方按比例交付其净资产的金融工具（如属于有限寿命工具的封闭式基金、理财产品的份额或信托计划等寿命固定的结构化主体的份额）等特殊金融工具，因其从发行方的角度而言并不符合权益工具的定义，只是按照第三十八章金融工具列报作为权益工具列报，因此，从投资方的角度而言，其持有的此类特殊金融工具投资不符合指定为以公允价值计量且其变动计入其他综合收益的金融资产的条件。

2. 基本会计处理原则。

初始确认时，企业可基于单项非交易性权益工具投资，将其指定为以公允价值计量且其变动计入其他综合收益的金融资产，其公允价值的后续变动计入其他综合收益，不需计提减值准备。除了获得的股利收入（明确作为投资成本部分收回的股利收入除外）计入当期损益外，其他相关的利得和损失（包括汇兑损益）均应当计入其他综合收益，且后续不得转入损益。当金融资产终止确认时，之前计入其他综合收益的累计利得或损失应当从其他综合收益中转出，计入留存收益。

需要注意的是，企业在非同一控制下的企业合并中确认的或有对价构成金融资产的，该金融资产应当分类为以公允价值计量且其变动计入当期损益的金融资产，不得将其指定为以公允价值计量且其变动计入其他综合收益的金融资产。此外，企业通过不同部门或在不同时点取得并持有的对同一被投资单位的权益工具投资整体不构成控制、共同控制或重大影响并适用本章的，企业可以基于“单项”权益工具投资进行金融资产分类，即可以分别作为以公允价值计量且其变动计入当期损益的金融资产或指定为以公允价值计量且其变动计入其他综合收益的金融资产进行会计处理。

（五）金融资产分类流程图

金融资产分类的流程总结如图22－1所示。

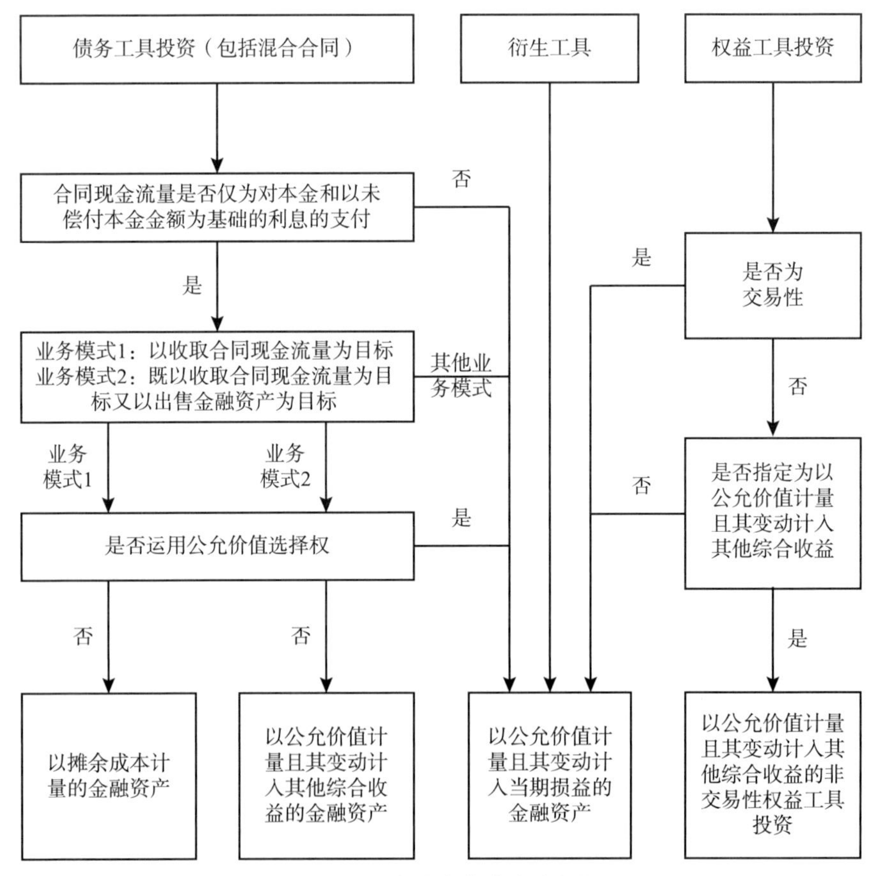

图22－1　金融资产分类流程图

七、金融负债的分类

（一）金融负债的分类

除下列各项外，企业应当将金融负债分类为以摊余成本计量的金融负债：

1. 以公允价值计量且其变动计入当期损益的金融负债，包括交易性金融负债（含属于金融负债的衍生工具）和指定为以公允价值计量且其变动计入当期损益的金融负债。

2. 不符合终止确认条件的金融资产转移或继续涉入被转移金融资产所形成的金融负债。对此类金融负债，企业应当按照第二十三章金融资产转移相关规定进行计量。

3. 不属于上述第 1 项或第 2 项情形的财务担保合同，以及不属于上述第 1 项的、以低于市场利率贷款的贷款承诺。企业作为此类财务担保合同的担保方或此类贷款承诺的发行方的，应当在初始确认后按照依据本章所确定的损失准备金额以及初始确认金额扣除依据第十五章收入相关规定所确定的累计摊销额后的余额孰高进行计量。

在非同一控制下的企业合并中，企业作为购买方确认的或有对价形成金融负债的，该金融负债应当按照以公允价值计量且其变动计入当期损益进行会计处理。

（二）公允价值选择权

在初始确认时，为了提供更相关的会计信息，企业可以将一项金融负债或者一组金融工具（金融负债或者金融资产及金融负债）指定为以公允价值计量且其变动计入当期损益，但该指定应当满足下列条件之一：

1. 该指定能够消除或显著减少会计错配。例如，有些金融资产被分类为以公允价值计量且其变动计入当期损益的金融资产，但与之直接相关的金融负债却分类为以摊余成本计量的金融负债，从而导致会计错配。如果将该金融负债直接指定为以公允价值计量且其变动计入当期损益的金融负债，那么这种会计错配就能够消除，此种情况下，企业可以将该金融负债指定为以公允价值计量且其变动计入当期损益的金融负债。

再如，企业拥有某些金融资产且承担某些金融负债，该金融资产和金融负债承担某种相同的风险（如利率风险），且各自的公允价值变动方向相反、趋于相互抵销。但是，其中只有部分金融资产或金融负债（如交易性）按照以公允价值计量且其变动计入当期损益的方式计量，此时会出现会计错配。套期会计有效性难以达到要求时，也会出现类似问题。在这些情况下，如果将所有这些金融资产和金融负债均进行公允价值指定，可以消除或显著减少会计错配现象，此种情况下，企业可以将所有这些金融资产和金融负债指定为以公允价值计量且其变动计入当期损益的金融资产和金融负债。

又如，企业拥有某些金融资产且承担某些金融负债，该金融资产和金融负债承担某种相同的风险，且各自的公允价值变动方向相反，趋于相互抵销。但是，因为这些金融资产或金融负债中没有一项是以公允价值计量且其变动计入当期损益的，不满足被指定为套期工具的条件，从而导致企业不具备运用套期会计方法的条件，出现相关利得或损失在确认方面的重大不一致。例如，某银行通过发行上市债券为一组特定贷款提供融资，且债券与贷款的公允价值变动可相互抵销。如果银行定期发行和回购该债券，但是很少买卖该贷款，则同时采用以公允价值计量且其变动计入当期损益的方式计量该贷款和债券，将消除两者均以摊余成本计量且每次回购债券时确认一项利得或损失所导致的利得和损失确认时间不一致的问题，此种情况下，企业可以将该贷款和债券分别指定为以公允价值计量且其变动计入当期损益的金融资产和金融负债。

需要指出的是，对于上述情况，实务中企业可能难以做到将所涉及的金融资产和金融负债在同一时间进行指定。如果企业能够将每项相关交易在初始确认时予以指定，且预期剩下的交易将会发生，那么对所涉及的金融资产和金融负债的指定可以有合理的延迟。此外，公允价值选择权只能应用于一项金融工具整体，而不能应用于金融工具的某一组成部分。

2. 根据正式书面文件载明的企业风险管理或投资策略，企业以公允价值为基础对金融负债组合或金融资产和金融负债组合进行管理和业绩评价，并在内部以此为基础向关键管理人员报告。此项条件强调的是企业日常管理和评价业绩的方式，而不是关注金融工具组合中各组成部分的性质。

对于以公允价值为基础进行管理的金融资产组合，由于其按照本章规定已被分类为以公允价值计量且其变动计入当期损益的金融资产，因此，无需应用此处所述的公允价值选择权。

企业将一项金融负债或者一组金融工具（金融负债或者金融资产及金融负债）指定为以公允价值计量且其变动计入当期损益的，一经作出不得撤销。即使造成会计错配的金融工具被终止确认，也不得撤销这一指定。

八、嵌入衍生工具

（一）嵌入衍生工具的概念

衍生工具通常是独立存在的，但也可能嵌入到非衍生金融工具或其他合同（主合同）中，这种衍生工具称为嵌入衍生工具。嵌入衍生工具与主合同构成混合合同（如企业持有的可转换公司债券）。嵌入衍生工具对混合合同的现金流量产生影响的方式，应当与单独存在的衍生工具类似，且该混合合同的全部或部分现金流量随特定利率、汇率、金融工具价格、商品价格、价格指数、费率指数、信用等级、信用指数或其他变量变动而变动，变量为非金融变量的，该变量不应与合同的任何一方存在特定关系。

1. 主合同通常包括租赁合同、保险合同、服务合同、特许权合同、债务工具合同、合营合同等。

2. 在混合合同中，嵌入衍生工具通常以具体合同条款体现。例如，甲公司签订了按一般物价指数调整租金的 3 年期租赁合同。根据该合同，第 1 年的租金先约定，从第 2 年开始，租金按前 1 年的一般物价指数调整。此例中，主合同是租赁合同，嵌入衍生工具体现为一般物价指数调整条款。以下为常见的、可体现嵌入衍生工具的合同条款：可转换公司债券中嵌入的股份转换选择权条款、与权益工具挂钩的本金或利息支付条款、与商品或其他非金融项目挂钩的本金或利息支付条款、看涨期权条款、看跌期权条款、提前还款权条款、信用违约支付条款等。

3. 衍生工具如果附属于一项金融工具但根据合同规定可以独立于该金融工具进行转让，或者具有与该金融工具不同的交易对手方，则该衍生工具不是嵌入衍生工具，应当作为一项单独存在的衍生工具处理。例如，某贷款合同可能附有一项相关的利率互换。如该互换能够单独转让，那么该互换是一项独立存在的衍生工具，而不是嵌入衍生工具，即使该互换与主合同（贷款合同）的交易对手（借款人）是同一方。同样，如果某工具是衍生工具与其他非衍生工具“合成”或“拼成”的，那么其中的衍生工具也不能视为嵌入衍生工具，而应作为单独存在的衍生工具处理。例如，某公司有一项 5 年期浮动利率债务工具投资和一项 5 年期支付浮动利率、收取固定利率的利率互换合同，两者放在一起创造了一项“合成”的 5 年期固定利率债务工具投资。在该情况下，“合成”工具中的利率互换不应作为嵌入衍生工具处理。

（二）嵌入衍生工具与主合同的关系

嵌入衍生工具的核算有两种模式，从混合合同中分拆或不分拆。混合合同包含的主合同属于本章规范的资产的，企业不应从该混合合同中分拆嵌入衍生工具，而应当将该混合合同作为一个整体适用本章关于金融资产分类的相关规定。如果主合同并非本章范围的资产，企业对嵌入衍生工具进行会计处理时，应当合理地判断其与主合同的关系，根据其经济特征和风险是否与主合同的经济特征和风险紧密相关，并结合其他条件决定是否分拆。

企业判断嵌入衍生工具的经济特征和风险是否与主合同的经济特征和风险紧密相关时，应当重点关注嵌入衍生工具与主合同的风险敞口是否相似，以及嵌入衍生工具是否可能会对混合合同的现金流量产生重大改变。除本章特殊规定外，一般情况下，如果嵌入衍生工具与主合同的风险敞口不同或者嵌入衍生工具可能对混合合同的现金流量产生重大改变，则嵌入衍生工具的经济特征和风险与主合同的经济特征和风险很可能不紧密相关。

通常情况下，企业应当首先明确主合同的经济特征和风险。如果主合同没有明确的或事先确定的到期日，且代表了在某一企业净资产中的剩余利益，那么该主合同的经济特征和风险即为权益工具的经济特征和风险，而且嵌入衍生工具需要拥有和同一企业相关的权益特征才能视为与主合同紧密相关；如果主合同不是一项权益工具但符合金融工具的定义，那么该主合同的经济特征和风险即为债务工具的经济特征和风险。

其次，嵌入的非期权衍生工具（如嵌入的远期合同或互换合同），应基于标明或暗含的实质性条款将其从主合同中分拆，其在初始确认时的公允价值为零。以期权为基础的嵌入衍生工具（如嵌入的看跌期权、看涨期权、利率上限、利率下限或互换期权），应基于标明的期权特征的条款将其从主合同中分拆，主合同的初始账面金额即为分拆出嵌入衍生工具后的剩余金额。

再者，一项混合合同中的多项嵌入衍生工具通常应视同为一项工具处理。但是，归类为权益的嵌入衍生工具应与归类为资产或负债的嵌入衍生工具分开核算。此外，如果某混合合同嵌入了多项衍生工具而这些衍生工具又与不同的风险敞口相关，且这些嵌入衍生工具易于分离并相互独立，则这些嵌入衍生工具应分别进行核算。

1. 下列情况下，嵌入衍生工具的经济特征和风险不与主合同紧密相关：

（1）主债务工具中嵌入看跌期权，使得持有人有权要求发行人以一定金额的现金或其他资产回购这项工具，其中现金或其他资产的金额随着某一权益工具或商品价格或指数的变动而变动，该看跌期权不与主债务工具紧密相关。

（2）债务工具剩余期限展期的选择权或自动展期条款不与主债务工具紧

密相关，除非在展期的同时将利率调整至与当前市场利率大致相当的水平。企业发行了一项债务工具，且该债务工具的持有人向第三方签出针对该债务工具的看涨期权时，如果该期权行使后发行人可能被要求参与或协助债务工具的重新流通，则发行人应将此看涨期权视为债务工具的展期。

（3）嵌入在主债务工具或保险合同中且与权益挂钩的利息或本金支付额（即利息或本金金额与权益工具价值挂钩），不与主合同工具紧密相关，因为内含在主合同工具的风险与嵌入衍生工具中的风险不同。

（4）嵌入在主债务工具或保险合同中且与商品价格挂钩的利息或本金支付额（即利息或本金金额与商品价格挂钩），不与主合同工具紧密相关，因为内含在主合同工具的风险与嵌入衍生工具中的风险不同。

（5）嵌入在主债务工具或保险合同中的看涨期权、看跌期权或提前偿付选择权不与主合同工具紧密相关，除非在每一行权日，该期权的行权价大致等于主债务工具的摊余成本或主保险合同的账面价值，或者提前偿付选择权的行权价格包含了对债权人的补偿，且该补偿不应超过相当于主合同剩余存续期内的利息损失的现值。利息损失按提前偿付的本金乘以利率差计算。这里的利率差是指，如果债权人将提前偿付的本金再投资于与主合同类似剩余期限和条件的工具，该工具的实际利率低于主合同实际利率的差。企业应当在按照第三十八章金融工具列报分拆可转换债务工具的权益要素前，评估看涨期权或看跌期权是否与主债务工具紧密相关。

（6）嵌入在主债务工具中，允许一方（受益人）将特定标的资产的信用风险（受益人可能不实际拥有该项资产）转移给另一方（保证人）的信用衍生工具，不与主债务工具紧密相关。这种信用衍生工具让保证人在不直接拥有标的资产的情况下承担标的资产的相关信用风险。

2. 下列情况下，嵌入衍生工具的经济特征和风险与主合同的经济特征和风险紧密相关：

（1）以利率或利率指数为标的，且能改变带息主债务合同或保险合同须支付或收取的利息额的嵌入衍生工具，与主合同紧密相关，除非混合合同的结算可能造成持有人不能收回几乎所有已确认投资，或者嵌入衍生工具可能使持有人在主合同上的初始报酬率至少加倍，并能够使回报率至少达到与主合同条款相同的合同的市场报酬率的两倍。

（2）嵌入利率下限或利率上限的债务合同或保险合同发行时，若该利率上限等于或高于市场利率，而利率下限等于或低于市场利率，并且该利率上限或下限与主合同之间不存在杠杆关系，那么该利率上限或下限与主合同紧密相关。同样，一项购买或出售某一资产（如某商品）的合同，如果设定了为该资产将支付或收取的价格上限和下限的条款，并且在开始时该价格上限和下限均为价外且与主合同之间没有杠杆关系，则该条款与主合同紧密相关。

（3）嵌入主债务工具（如双重货币债券）中的外币衍生工具使发行人以外币支付本金或利息，该嵌入外币衍生工具与主债务工具紧密相关。

（4）嵌入在属于保险合同或非金融工具合同的主合同中的外币衍生工具（如购买或出售非金融项目的合同以外币标价），如果与主合同没有杠杆关系且不具有期权特征，并且规定以下述任何一种货币支付，则该外币衍生工具与主合同紧密相关：①合同任一主要方的记账本位币；②国际商业交往中通常用以对所获得或交付的相关商品或劳务进行标价的货币（如对原油交易进行标价的美元）；③在交易所处的经济环境中，买卖非金融项目的合同通常使用的货币（如在当地的商业交易或对外贸易中使用的相对稳定以及流动性较好的货币）。

（5）如果利息剥离或本金剥离最初是通过分离收取金融工具合同现金流量的权利形成的，而该金融工具本身不包括嵌入衍生工具，且不包含任何未在原主债务合同中列示的条款，则嵌入在利息剥离或本金剥离中的提前偿付选择权与主合同紧密相关。

（6）主租赁合同的嵌入衍生工具，如果是下述三者之一，则该嵌入衍生工具与主合同紧密相关：①与通货膨胀有关的指数（如消费者物价指数）挂钩的租赁付款额指数（假设该租赁不是杠杆租赁，且该指数与企业自身经济环境中的通货膨胀有关）；②基于相关销售额的或有租金；③基于变动利率的或有租金。

（7）嵌入在主金融工具或主保险合同中的投资联结特征（属于嵌入衍生工具），如果其以单位计价的付款额是以反映基金资产公允价值的当前单位价值计量的，则该投资连结特征与主金融工具或主保险合同紧密相关。投资连结特征是一项要求付款额以内部或外部的投资基金单位计价的合同条款。

（8）嵌入在主保险合同中的衍生工具，如果与主保险合同互相依赖，使得企业无法单独计量该嵌入衍生工具，则该嵌入衍生工具与主保险合同紧密相关。

实务中企业可能持有或发行可回售工具（属于混合合同）。该金融工具的特征在于，持有人拥有将该金融工具回售给发行人以换取一定金额现金或其他金融资产的权利，其中，相关现金或其他金融资产的金额随着可能发生增减变动的权益指数或商品指数的变动而变动。除非发行人在初始确认时将该可回售工具指定为以公允价值计量且其变动计入当期损益的金融负债，否则，发行人应分拆嵌入衍生工具（即与权益工具或商品指数挂钩的本金支付），因为该嵌入衍生工具与主合同（债务工具）不紧密相关。但是，对于可随时回售以换取与企业净资产价值一定比例份额等值的现金的可回售工具（如开放式共同基金份额或某些投资联结产品），分拆嵌入衍生工具并对其各组成部分进行核算的结果是，发行人在报告期末以应付的赎回金额来计量混合合同，因此可以不分拆。

（三）嵌入衍生工具的会计处理

1. 嵌入衍生工具的分拆。

混合合同包含的主合同不属于本章规范的资产，且同时符合下列条件的，企业应当从混合合同中分拆嵌入衍生工具，将其作为单独存在的衍生工具处理：

（1）嵌入衍生工具的经济特征和风险与主合同的经济特征和风险不紧密相关。

（2）与嵌入衍生工具具有相同条款的单独工具符合衍生工具的定义。

（3）该混合合同不是以公允价值计量且其变动计入当期损益进行会计处理（即嵌在以公允价值计量且其变动计入当期损益的金融负债中的衍生工具不予分拆）。

【例22-16】 甲公司发行了一项可回售可转换优先股。该优先股条款约定，若甲公司5年内未能成功上市，则投资者有权在第5年末将该优先股按照约定的收益率回售给甲公司。此外，投资者可以随时将该优先股转换成甲公司的普通股，初始转股价格固定，但当甲公司后续发行新股的价格低于初始转股价格时，投资者有权要求将初始转股价格下调，且下调后不再转回。

本例中，股份转换权属于嵌入衍生工具，与主债务合同不紧密相关。如果混合合同整体没有指定为以公允价值计量且其变动计入当期损益的金融负债，则应将该股份转换权分拆为单独的衍生工具核算。

当企业首次成为混合合同的一方时，即应评估是否应将嵌入衍生工具分拆出来作为单独的衍生工具处理。随后，除非混合合同条款的变化将对原混合合同现金流量产生重大影响，否则，企业不应对是否分拆嵌入衍生工具进行重新评估。混合合同条款的变化导致原混合合同现金流量发生重大改变的，应重新评估嵌入衍生工具是否应分拆。企业在确定现金流量调整是否重大时，应当分析判断与嵌入衍生工具、主合同或两者相关的预计未来现金流量发生改变的程度，以及相对于合同以前预计现金流量是否有重大的改变。

前段所述的评估要求不适用于在非同一控制下企业合并以及合营企业设立中取得的合同中的嵌入衍生工具，以及在非同一控制下企业合并的购买日可能需要对前述嵌入衍生工具进行的重新评估。

嵌入衍生工具从混合合同中分拆的，企业应当按照适用的相关章的规定，对混合合同的主合同进行会计处理。单独存在的衍生工具，通常应采用公允价值进行初始计量和后续计量。

2. 将混合合同指定为以公允价值计量且其变动计入当期损益。

当企业成为混合合同的一方，而主合同不属于本章规范的资产且包含一项或多项嵌入衍生工具时，企业应识别所有此类嵌入衍生工具、评估其是否需要与主合同分拆、并对需与主合同分拆的嵌入衍生工具以公允价值进行初始确认和后续计量。与整项金融工具均以公允价值计量且其变动计入当期损益相比，上述要求可能更为复杂或导致可靠性更差。为此，本章允许企业将整项混合合同指定为以公允价值计量且其变动计入当期损益，但下列情况除外：

（1）嵌入衍生工具不会对混合合同的现金流量产生重大改变。

（2）在初次确定类似的混合合同是否需要分拆时，几乎不需分析就能明确其包含的嵌入衍生工具不应分拆。如嵌入贷款的提前还款权，允许持有人以接近摊余成本的金额提前偿还贷款，该提前还款权不需要分拆。

此外，企业无法根据嵌入衍生工具的条款和条件对嵌入衍生工具的公允价值进行可靠计量的，该嵌入衍生工具的公允价值应当根据混合合同公允价值和主合同公允价值之间的差额确定。使用了上述方法后，该嵌入衍生工具在取得日或后续资产负债表日的公允价值仍然无法单独计量的，企业应当将该混合合同整体指定为以公允价值计量且其变动计入当期损益的金融工具。

九、金融工具的重分类

（一）金融工具重分类的原则

企业改变其管理金融资产的业务模式时，应当对所有受影响的相关金融资产进行重分类。企业对所有金融负债均不得进行重分类。

企业对金融资产进行重分类，应当自重分类日起采用未来适用法进行相关会计处理，不得对以前已经确认的利得、损失（包括减值损失或利得）或利息进行追溯调整。重分类日，是指导致企业对金融资产进行重分类的业务模式发生变更后的首个报告期间的第一天。例如，甲上市公司决定于2×22年3月22日改变其管理某金融资产的业务模式，按照我国上市公司的相关规定其按季度披露财务报告，则其重分类日为2×22年4月1日（即下一个季度会计期间的期初）。

企业管理金融资产业务模式的变更是一种极其少见的情形。该变更源自外部或内部的变化，对企业的经营非常重要，须由企业的高级管理层进行决策，并能够向外部各方证实。因此，只有当企业开始或终止某项对其经营有重大影响的活动时（如收购、处置或终止某一业务线时），其管理金融资产的业务模式才会发生变更。例如，某银行决定终止零售抵押贷款业务，该业务线不再接受新业务，并且该银行正在积极寻求出售其抵押贷款组合，则该银行管理其零售抵押贷款的业务模式发生了变更。下列情形不属于业务模式的变更：

1. 企业持有特定金融资产的意图改变。企业即使在市场状况发生重大变化的情况下改变对特定资产的持有意图，也不属于业务模式变更。

2. 金融资产特定市场暂时性消失从而暂时影响金融资产出售。

3. 金融资产在企业具有不同业务模式的各部门之间转移。

另需注意的是，企业业务模式的变更必须在重分类日之前生效。例如，某银行决定于2×22年10月15日终止其零售抵押贷款业务，并在2×23年1月1日对所有受影响的金融资产进行重分类。在2×22年10月15日之后，其不应开展新的零售抵押贷款业务，或从事与之前零售抵押贷款业务模式相同的活动。

【例22－17】甲公司持有拟在短期内出售的某商业贷款组合。甲公司近期收购了乙资产管理公司，乙公司持有贷款的业务模式是以收取合同现金流量为目标。甲公司决定，对其原持有的商业贷款组合不再以出售为目标，而是将该组合与乙公司持有的其他贷款一起管理，并以收取合同现金流量为目标。

本例中，甲公司管理其原有商业贷款组合的业务模式发生了变更。

如果企业管理金融资产的业务模式没有发生变更，而金融资产的条款发生变更但未导致终止确认的，不应对相关金融资产进行重分类。如果金融资产的条款发生变更导致终止确认的，企业应当终止确认原金融资产，同时按照变更后的条款确认一项新的金融资产，不涉及对原金融资产进行重分类的问题。

（二）金融资产重分类的计量

1. 以摊余成本计量的金融资产的重分类。

（1）企业将一项以摊余成本计量的金融资产重分类为以公允价值计量且其变动计入当期损益的金融资产的，应当按照该资产在重分类日的公允价值进行计量。原账面价值与公允价值之间的差额计入当期损益。

（2）企业将一项以摊余成本计量的金融资产重分类为以公允价值计量且其变动计入其他综合收益的金融资产的，应当按照该金融资产在重分类日的公允价值进行计量。原账面价值与公允价值之间的差额计入其他综合收益。该金融资产重分类不影响其实际利率和预期信用损失的计量。

【例22－18】2×21年10月15日，甲银行以公允价值500 000元购入一项债券投资，并按规定将其分类为以摊余成本计量的金融资产，该债券的账面余额为500 000元。2×22年10月15日，甲银行变更了其管理债券投资组合的业务模式，其变更符合重分类的要求，因此，甲银行于2×23年1月1日将该债券投资从以摊余成本计量的金融资产重分类为以公允价值计量且其变动计入当期损益的金融资产。2×23年1月1日，该债券的公允价值为490 000元，已确认的减值准备为6 000元。假设不考虑该债券的利息。

2×23年1月1日，甲银行对该债券投资进行重分类的账务处理如下：

借：交易性金融资产	490 000	
债权投资减值准备	6 000	
公允价值变动损益	4 000	
贷：债权投资		500 000

2. 以公允价值计量且其变动计入其他综合收益的金融资产的重分类。

（1）企业将一项以公允价值计量且其变动计入其他综合收益的金融资产重分类为以摊余成本计量的金融资产的，应当将之前计入其他综合收益的累计利得或损失转出，调整该金融资产在重分类日的公允价值，并以调整后的金额作为新的账面价值，即视同该金融资产一直以摊余成本计量。该金融资产重分类不影响其实际利率和预期信用损失的计量。

（2）企业将一项以公允价值计量且其变动计入其他综合收益的金融资产重分类为以公允价值计量且其变动计入当期损益的金融资产的，应当继续以公允价值计量该金融资产。同时，企业应当将之前计入其他综合收益的累计利得或损失从其他综合收益转入当期损益。

【例22－19】2×21年9月15日，甲银行以公允价值500 000元购入一项债券投资，并按规定将其分类为以公允价值计量且其变动计入其他综合收益的金融资产，该债券的面值为500 000元。2×22年10月15日，甲银行变更了其管理债券投资组合的业务模式，其变更符合重分类的要求，因此，甲银行于2×23年1月1日将该债券投资从以公允价值计量且其变动计入其他综合收益的金融资产重分类为以摊余成本计量的金融资产。2×23年1月1日，该债券的公允价值为490 000元，已计提的减值准备为6 000元。假设不考虑该债券的利息。

2×23年1月1日，甲银行对该债券投资进行重分类的账务处理如下：

借：债权投资　500 000

　其他债权投资——公允价值变动　10 000

　其他综合收益——信用减值准备　6 000

　贷：其他债权投资——成本　500 000

　　其他综合收益——其他债权投资公允价值变动　10 000

　　债权投资减值准备　6 000

3. 以公允价值计量且其变动计入当期损益的金融资产的重分类。

（1）企业将一项以公允价值计量且其变动计入当期损益的金融资产重分类为以摊余成本计量的金融资产的，应当以其在重分类日的公允价值作为新的账面余额。

（2）企业将一项以公允价值计量且其变动计入当期损益的金融资产重分类为以公允价值计量且其变动计入其他综合收益的金融资产的，应当继续以公允价值计量该金融资产。

对以公允价值计量且其变动计入当期损益的金融资产进行重分类的，企业应当根据该金融资产在重分类日的公允价值确定其实际利率。同时，企业应当自重分类日起对该金融资产适用本章关于金融资产减值的相关规定，并将重分类日视为初始确认日。

十、金融工具的计量

（一）金融资产和金融负债的初始计量

企业初始确认金融资产或金融负债，应当按照公允价值计量。对于以公允价值计量且其变动计入当期损益的金融资产和金融负债，相关交易费用应当直接计入当期损益；对于其他类别的金融资产或金融负债，相关交易费用应当计入初始确认金额。但是，企业初始确认的应收账款未包含第十五章收入所定义的重大融资成分或根据第十五章收入规定不考虑不超过一年的合同中的融资成分的，应当按照第十五章收入定义的交易价格进行初始计量。

交易费用，是指可直接归属于购买、发行或处置金融工具的增量费用。增量费用是指企业没有发生购买、发行或处置相关金融工具的情形就不会发生的费用，包括支付给代理机构、咨询公司、券商、证券交易所、政府有关部门等的手续费、佣金、相关税费以及其他必要支出，不包括债券溢价、折价、融资费用、内部管理成本和持有成本等与交易不直接相关的费用。商业银行作为信用卡、借记卡的发卡行或交易收单行支付给银联等清算机构的相关服务支出，商业银行在电子支付业务中支付给第三方支付公司的相关服务支出，以及商业银行开展债券投资、同业拆借、衍生品交易等业务、按照达成意向的交易笔数或金额计价向第三方机构支付的各类交易服务费用等，属于手续费及佣金支出；无论信用卡分期是否办理成功、商业银行均需向外包公司支付的信用卡分期外呼营销支出，则属于业务及管理费。

金融工具初始确认时的公允价值通常指交易价格（即所收到或支付对价的公允价值），但是，如果收到或支付的对价的一部分并非针对该金融工具，该金融工具的公允价值应根据估值技术进行估计。例如，一项不带息的长期贷款或应收款项公允价值的估计数是以信用等级相当的类似金融工具（计价的币种、条款、利率类型和其他因素相类似）的当前市场利率，对所有未来现金收款额折现所得出的现值。任何额外支付的金额应作为一项费用或收益的抵减项处理，除非其符合确认为其他类型资产的条件。此外，还应注意，如果企业按低于市场利率发放一项贷款（如类似贷款市场利率为 8% 时，该贷款的利率为 5%），并且直接收到一项费用作为补偿，该企业应以公允价值确认这项贷款，即以发放的本金减去收到的费用作为初始确认金额。之后，企业应采用实际利率法将相关折价计入损益。

企业应当根据第三十九章公允价值计量的规定，确定金融资产和金融负债在初始确认时的公允价值。公允价值通常为相关金融资产或金融负债的交易价格。金融资产或金融负债公允价值与交易价格存在差异的，企业应当区别下列情况进行处理：

1. 在初始确认时，金融资产或金融负债的公允价值依据相同资产或负债在活跃市场上的报价或者以仅使用可观察市场数据的估值技术确定的，企业应当将该公允价值与交易价格之间的差额确认为一项利得或损失。

2. 在初始确认时，金融资产或金融负债的公允价值以其他方式确定的，企业应当将该公允价值与交易价格之间的差额递延。初始确认后，企业应当根据某一因素在相应会计期间的变动程度将该递延差额确认为相应会计期间的利得或损失。该因素应当仅限于市场参与者对该金融工具定价时将予考虑的因素，包括时间等。

企业取得金融资产所支付的价款中包含的已宣告但尚未发放的现金股利或已过付息期但尚未收到的利息，应当单独确认为应收项目处理。

（二）金融资产的后续计量

1. 金融资产后续计量原则。

金融资产的后续计量与金融资产的分类密切相关。企业应当对不同类别的金融资产，分别以摊余成本、以公允价值计量且其变动计入其他综合收益或以公允价值计量且其变动计入当期损益进行后续计量。

如果一项金融工具以前被确认为一项金融资产并以公允价值计量，而其现在的公允价值低于零，则企业应将该金融工具确认为一项负债。但对于主合同为资产的混合合同，即使整体公允价值可能低于零，企业仍应始终将混合合同整体作为一项金融资产进行分类和计量。

2. 以摊余成本计量的金融资产的会计处理。

（1）实际利率。

实际利率，是指将金融资产或金融负债在预计存续期的估计未来现金流量折现为该金融资产账面余额（不考虑减值）或该金融负债摊余成本所使用的利率。在确定实际利率时，应当在考虑金融资产或金融负债所有合同条款（如提前还款、展期、看涨期权或其他类似期权等）的基础上估计预期现金流量，但不应当考虑预期信用损失。

经信用调整的实际利率，是指将购入或源生的已发生信用减值的金融资产在预计存续期的估计未来现金流量，折现为该金融资产当前摊余成本的利率。在确定经信用调整的实际利率时，应当在考虑金融资产的所有合同条款（如提前还款、展期、看涨期权或其他类似期权等）以及初始已发生预期信用损失的基础上估计预期现金流量。

企业通常能够可靠估计金融工具（或一组类似金融工具）的现金流量和预计存续期。在极少数情况下，金融工具（或一组金融工具）的估计未来现金流量或预计存续期无法可靠估计的，企业在计算确定其实际利率（或经信用调整的实际利率）时，应当基于该金融工具在整个合同期内的合同现金流量。

合同各方之间支付或收取的、属于实际利率或经信用调整的实际利率组成部分的各项费用及溢价或折价等，应当在确定实际利率或经信用调整的实际利率时予以考虑。

（2）构成实际利率组成部分的各项费用。

构成金融工具实际利率组成部分的各项费用包括：①企业形成或取得某项金融资产而收取的必不可少的费用。例如，评估借款人财务状况，评估并记录各类担保、担保物和其他担保安排，议定金融工具的合同条款，编制和处理相关文件，达成交易等相关活动而收取的补偿。又如，银行开展信用卡分期还款业务时向合作第三方支付的服务费用，如果该服务费用属于可直接归属于形成信用卡分期资产的增量费用（即交易费用），则其构成相关金融资产的实际利率组成部分。②企业收取的发放贷款的承诺费用。若贷款承诺不以公允价值计量，且企业很可能签订相关借款协议，此费用可视为企业持续涉入取得金融工具的过程而获得的补偿。如果该贷款承诺到期前未发放相关贷款，企业应当在到期日将承诺费用确认为收入。③企业发行以摊余成本计量的金融负债而支付的必不可少的费用。企业应当区分构成相关金融负债实际利率组成部分的必不可少的费用和涉及提供服务（如投资管理服务）的交易费用，前者应纳入实际利率考虑，后者应根据服务提供的进度在相应期间确认为收入。

不构成金融工具实际利率组成部分的各项费用包括：①企业为贷款提供服务而收取的费用。②企业收取的发放贷款承诺的费用。前提是贷款承诺不以公允价值计量，且企业签订相关借款协议的可能性较小。③企业因组织银团贷款而收取的费用，且企业自身不保留该贷款的任何一部分（或者虽然保留该贷款的一部分但采用与其他贷款参与者针对类似风险使用的实际利率相同的实际利率）。企业对于不构成金融工具实际利率组成部分的各项费用，应当按照第十五章收入进行会计处理。

企业通常应当在金融工具的预计存续期内，对实际利率计算中包括的各项费用、支付或收取的贴息、交易费用及溢价或折价进行摊销。但如果上述各项涉及更短的期间，企业应当在这一更短期间内进行摊销。在某些情况下，如果与上述各项相关的变量在该金融工具预计到期日前按市场利率重新定价，那么摊销期间应为截至下一个重新定价日的期间。例如，如果某浮动利率金融工具的折溢价反映了该金融工具自上一个付息日起应计的利息，或自浮动利率重设为市场利率起所发生的变化，那么该折溢价应当在截至下一个利率重设日的期间内进行摊销。因为在利率重设日，该折溢价所涉及的变量（即利率）将按市场利率重新定价，因此该折溢价与截至下一个利率重设日的期间相关。但是，如果该折溢价源自对该金融工具浮动利率中信用利差的变化，或无需重设为市场利率的其他变量，该折溢价应当在该金融工具的预计存续期内摊销。

（3）摊余成本。

金融资产或金融负债的摊余成本，应当以该金融资产或金融负债的初始确认金额经下列调整确定：

①扣除已偿还的本金。

②加上或减去采用实际利率法将该初始确认金额与到期日金额之间的差额进行摊销形成的累计摊销额。

③扣除计提的累计信用减值准备（仅适用于金融资产）。

实际利率法，是指计算金融资产或金融负债的摊余成本以及将利息收入或利息费用分摊计入各会计期间的方法。

对于以摊余成本计量的金融资产和分类为以公允价值计量且其变动计入其他综合收益的金融资产，按照实际利率法计算的利息收入，金融企业应当记入“利息收入”科目并在利润表中的“利息收入”项目列示。

对于浮动利率金融资产或浮动利率金融负债，以反映市场利率波动而对现金流量的定期重估将改变实际利率。如果浮动利率金融资产或浮动利率金融负债的初始确认金额等于到期日应收或应付本金的金额，则未来利息付款额的重估通常不会对该资产或负债的账面价值产生重大影响。

企业与交易对手方修改或重新议定合同，未导致金融资产终止确认、但导致合同现金流量发生变化的，或者企业修正了对合同现金流量的估计的，应当重新计算该金融资产的账面余额，并将相关利得或损失计入当期损益。重新计算的该金融资产的账面余额，应当根据将重新议定或修改的合同现金流量按金融资产的原实际利率（购买或源生的已发生信用减值的金融资产应按经信用调整的实际利率）折现的现值确定。对于修改或重新议定合同所产生的所有成本或费用，企业应当调整修改后的金融资产账面余额，并在修改后金融资产的剩余期限内摊销。

以摊余成本计量且不属于任何套期关系的金融资产所产生的利得或损失，应当在终止确认、重分类、按照实际利率法摊销或确认减值时，计入当期损益。

【例22－20】 2×18年1月1日，甲公司（非金融企业）支付价款1 000万元（含交易费用）从公开市场购入乙公司同日发行的5年期公司债券12 500份，债券票面总额为1 250万元，票面年利率为4.72%，于年末支付本年度债券利息（即每年利息为59万元），本金在债券到期时一次偿还。合同约定，该债券的发行方在遇到特定情况时可以将债券提前赎回，且无需为提前赎回支付额外款项。甲公司在购买该债券时，预计发行方不会提前赎回。甲公司根据其管理该债券的业务模式和该债券的合同现金流量特征，将该债券分类为以摊余成本计量的金融资产。假定不考虑所得税、减值损失等因素。

本例中，甲公司将该债券分类为以摊余成本计量的金融资产，该债券的实际利率r计算如下：

$$59\times(1+r)^{-1}+59\times(1+r)^{-2}+59\times(1+r)^{-3}+59\times(1+r)^{-4}+(59+1\,250)\times(1+r)^{-5}=1\,000$$

采用插值法，计算得出 $r=10\%$。

情形1：假定甲公司在整个持有期间预计发行方不会提前赎回该债券。

甲公司按照实际利率法计算该债券投资的摊余成本并将相关利息收入分摊至各期间（详见表22－1）。

表22－1

单位：万元

年度	期初摊余成本	实际利息收入	现金流入	期末摊余成本
	①	②＝①×10%	③	④＝①＋②－③
2×18年	1 000	100	59	1 041
2×19年	1 041	104	59	1 086
2×20年	1 086	109	59	1 136
2×21年	1 136	114	59	1 191
2×22年	1 191	118*	1 309	0

注：118*＝1 250＋59－1 191（尾数调整）。

该情形下，甲公司的有关账务处理如下：

（1）2×18年1月1日，购入乙公司债券。

借：债权投资——成本　　12 500 000

　贷：银行存款　　10 000 000

　　债权投资——利息调整　　2 500 000

（2）2×18年12月31日，确认乙公司债券实际利息收入、收到债券利息。

借：债权投资——应计利息　　590 000
　　　　　　——利息调整　　410 000
　　贷：投资收益　　1 000 000

借：银行存款　　590 000
　　贷：债权投资——应计利息　　590 000

(3) 2×19 年 12 月 31 日，确认乙公司债券实际利息收入、收到债券利息。

借：债权投资——应计利息　　590 000
　　　　　　——利息调整　　450 000
　　贷：投资收益　　1 040 000

借：银行存款　　590 000
　　贷：债权投资——应计利息　　590 000

(4) 2×20 年 12 月 31 日，确认乙公司债券实际利息收入、收到债券利息。

借：债权投资——应计利息　　590 000
　　　　　　——利息调整　　500 000
　　贷：投资收益　　1 090 000

借：银行存款　　590 000
　　贷：债权投资——应计利息　　590 000

(5) 2×21 年 12 月 31 日，确认乙公司债券实际利息收入、收到债券利息。

借：债权投资——应计利息　　590 000
　　　　　　——利息调整　　550 000
　　贷：投资收益　　1 140 000

借：银行存款　　590 000
　　贷：债权投资——应计利息　　590 000

(6) 2×22 年 12 月 31 日，确认乙公司债券实际利息收入、收到债券利息和本金。

借：债权投资——应计利息　　590 000
　　　　　　——利息调整　　590 000
　　贷：投资收益　　1 180 000

借：银行存款　　590 000

　　贷：债权投资——应计利息　　590 000

借：银行存款　　12 500 000

　　贷：债权投资——成本　　12 500 000

情形2：假定在2×20年1月1日，甲公司预计将于2×20年12月31日收回本金的50%（即625万元），剩余50%将于2×22年12月31日付清。

该情形下，甲公司应当根据修正的合同现金流量和原实际利率重新计算并调整该债券投资2×20年1月1日的账面余额，与原账面余额的差额计入当期损益。据此，调整该债券投资的摊余成本及相关利息收入分摊如表22－2所示。

表22－2　　单位：万元

年度	期初摊余成本	实际利息收入	现金流入	期末摊余成本
	①	②＝①×10%	③	④＝①＋②－③
2×18年	1 000	100	59	1 041
2×19年	1 041	104	59	1 086
2×20年	1 139*	114	684	569
2×21年	569	57	30**	596
2×22年	596	59***	655	0

注：1 139* ＝(625＋59)×(1＋10%)$^{-1}$＋30×(1＋10%)$^{-2}$＋(625＋30)×(1＋10%)$^{-3}$（四舍五入）。与原账面余额的差额＝1 139－1 086＝53（万元）。

30**＝625×4.72%（四舍五入）。

59***＝625＋30－596（尾数调整）。

根据上述调整，甲公司的账务处理如下：

(1) 2×20年1月1日，调整乙公司债券账面余额。

借：债权投资——利息调整　　530 000

　　贷：投资收益　　530 000

(2) 2×20年12月31日，确认乙公司债券实际利息收入、收回本金等。

借：债权投资——应计利息　　590 000

　　　　　　——利息调整　　550 000

　　贷：投资收益　　1 140 000

借：银行存款　　590 000

　　贷：债权投资——应计利息　　590 000

借：银行存款　　6 250 000

　贷：债权投资——成本　　6 250 000

（3）2×21 年 12 月 31 日，确认乙公司债券实际利息收入等。

借：债权投资——应计利息　　300 000

　　　　——利息调整　　270 000

　贷：投资收益　　570 000

借：银行存款　　300 000

　贷：债权投资——应计利息　　300 000

（4）2×22 年 12 月 31 日，确认乙公司债券实际利息收入、收回本金等。

借：债权投资——应计利息　　300 000

　　　　——利息调整　　290 000

　贷：投资收益　　590 000

借：银行存款　　300 000

　贷：债权投资——应计利息　　300 000

借：银行存款　　6 250 000

　贷：债权投资——成本　　6 250 000

情形 3：假定甲公司购买的乙公司债券为到期一次还本付息，且利息不以复利计算。

该情形下，甲公司所购买乙公司债券的实际利率 r 计算如下：

$(59+59+59+59+59+1\ 250)\times(1+r)^{-5}=1\ 000$

由此计算得出 r≈9.05%。

据此，重新计算该债券投资的摊余成本及相关利息收入分摊如表 22－3 所示。

表 22－3

单位：万元

年度	期初摊余成本	实际利息收入	现金流入	期末摊余成本
	①	②＝①×9.05%	③	④＝①＋②－③
2×18 年	1 000	90.5	0	1 090.5
2×19 年	1 090.5	98.69	0	1 189.19
2×20 年	1 189.19	107.62	0	1 296.81
2×21 年	1 296.81	117.36	0	1 414.17
2×22 年	1 414.17	130.83*	1 545	0

注：130.83*＝1 250＋295－1 414.17（尾数调整）。

该情形下，甲公司的有关账务处理如下：

（1）2×18年1月1日，购入乙公司债券。

借：债权投资——成本　　12 500 000
　　贷：银行存款　　10 000 000
　　　　债权投资——利息调整　　2 500 000

（2）2×18年12月31日，确认乙公司债券实际利息收入。

借：债权投资——应计利息　　590 000
　　　　　　——利息调整　　315 000
　　贷：投资收益　　905 000

（3）2×19年12月31日，确认乙公司债券实际利息收入。

借：债权投资——应计利息　　590 000
　　　　　　——利息调整　　396 900
　　贷：投资收益　　986 900

（4）2×20年12月31日，确认乙公司债券实际利息收入。

借：债权投资——应计利息　　590 000
　　　　　　——利息调整　　486 200
　　贷：投资收益　　1 076 200

（5）2×21年12月31日，确认乙公司债券实际利息收入。

借：债权投资——应计利息　　590 000
　　　　　　——利息调整　　583 600
　　贷：投资收益　　1 173 600

（6）2×22年12月31日，确认乙公司债券实际利息收入、收回债券本金和票面利息。

借：债权投资——应计利息　　590 000
　　　　　　——利息调整　　718 300
　　贷：投资收益　　1 308 300
借：银行存款　　15 450 000
　　贷：债权投资——成本　　12 500 000
　　　　　　　　——应计利息　　2 950 000

3. 以公允价值进行后续计量的金融资产的会计处理。

（1）对于以公允价值进行后续计量的金融资产，其公允价值变动形成的利得或损失，除与套期会计有关外，应当按照下列规定处理：

①以公允价值计量且其变动计入当期损益的金融资产的利得或损失，应当计入当期损益。以公允价值计量且其变动计入当期损益的金融资产的利息，可以单独确认并计入投资收益，也可以汇总反映在该金融资产的公允价值变动中。

②分类为以公允价值计量且其变动计入其他综合收益的金融资产所产生的利得或损失，除减值损失或利得和汇兑损益外，均应当计入其他综合收益，直至该金融资产终止确认或被重分类。但是，按照实际利率法计算的该金融资产的利息应当计入当期损益。该类金融资产计入各期损益的金额应当与视同其一直按摊余成本计量而计入各期损益的金额相等。

该类金融资产终止确认时，之前计入其他综合收益的累计利得或损失应当从其他综合收益中转出，计入当期损益。

③对于指定为以公允价值计量且其变动计入其他综合收益的非交易性权益工具投资，除了获得的股利（属于投资成本收回部分的除外）计入当期损益外，其他相关的利得和损失（包括汇兑损益）均应计入其他综合收益，且后续不得转入当期损益。当其终止确认时，之前计入其他综合收益的累计利得或损失应当从其他综合收益中转出，计入留存收益。

（2）企业只有在同时符合下列条件时，才能确认股利收入并计入当期损益：

①企业收取股利的权利已经确立；

②与股利相关的经济利益很可能流入企业；

③股利的金额能够可靠计量。

需要注意的是，企业对权益工具投资和与此类投资相联系的合同以公允价值计量的，当成本不能代表相关金融资产的公允价值时，企业应当基于初始确认日后可获得的关于被投资方业绩和经营的所有信息，对其公允价值进行估值。仅在有限情况下，如果用以确定公允价值的近期信息不足，或者公允价值的可能估计金额分布范围很广，而成本代表了该范围内对公允价值的最佳估计的，该成本可代表其在该分布范围内对公允价值的恰当估计。

【例22－21】2×18年1月1日，甲公司（非金融企业）支付价款1 000万元（含交易费用）从公开市场购入乙公司同日发行的5年期公司债券12 500份，债券票面总额为1 250万元，票面年利率为4.72%，于年末支付本年度债券利息（即每年利息为59万元），本金在债券到期时一次偿还。合同约定，该债券的发行方在遇到特定情况时可以将债券提前赎回，且无需为提前赎回支付额外款项。甲公司在购买该债券时，预计发行方不会提前赎回。甲公司根据其管理该债券的业务模式和该债券的合同现金流量特征，将该债券投资分类为以公允价值计量且其变动计入其他综合收益的金融资产。假定不考虑所得税、减值损失等因素。该债券后续期间的公允价值及处置情况如下：

(1) 2×18 年 12 月 31 日，乙公司债券的公允价值为 1 200 万元（不含利息）。

(2) 2×19 年 12 月 31 日，乙公司债券的公允价值为 1 300 万元（不含利息）。

(3) 2×20 年 12 月 31 日，乙公司债券的公允价值为 1 250 万元（不含利息）。

(4) 2×21 年 12 月 31 日，乙公司债券的公允价值为 1 200 万元（不含利息）。

(5) 2×22 年 1 月 20 日，甲公司通过公开市场出售乙公司债券，取得价款 1 260 万元。

本例中，甲公司将该债券投资分类为以公允价值计量且其变动计入其他综合收益的金融资产，该债券的实际利率 r 计算如下：

$59\times(1+r)^{-1}+59\times(1+r)^{-2}+59\times(1+r)^{-3}+59\times(1+r)^{-4}+(59+1\,250)\times(1+r)^{-5}=1\,000$

采用插值法，计算得出 r = 10%。

该债券投资的利息收入和公允价值变动等情况如表 22－4 所示。

表 22－4 单位：万元

日期	现金流入	实际利息收入	已收回的本金	摊余成本余额	公允价值	公允价值变动额	公允价值变动累计金额
	①	② = 期初④ × 10%	③ = ① － ②	④ = 期初④ － ③	⑤	⑥ = ⑤ － ④ － 期初⑦	⑦ = 期初⑦ + ⑥
2×18 年 1 月 1 日				1 000	1 000	0	0
2×18 年 12 月 31 日	59	100	－41	1 041	1 200	159	159
2×19 年 12 月 31 日	59	104	－45	1 086	1 300	55	214
2×20 年 12 月 31 日	59	109	－50	1 136	1 250	－100	114
2×21 年 12 月 31 日	59	113	－54	1 190	1 200	－104	10

甲公司的有关账务处理如下：

(1) 2×18年1月1日，购入乙公司债券。

借：其他债权投资——成本 12 500 000

贷：银行存款 10 000 000

其他债权投资——利息调整 2 500 000

(2) 2×18年12月31日，确认乙公司债券实际利息收入、公允价值变动，收到债券利息。

借：其他债权投资——应计利息 590 000

——利息调整 410 000

贷：投资收益 1 000 000

借：银行存款 590 000

贷：其他债权投资——应计利息 590 000

借：其他债权投资——公允价值变动 1 590 000

贷：其他综合收益——其他债权投资公允价值变动 1 590 000

(3) 2×19年12月31日，确认乙公司债券实际利息收入、公允价值变动，收到债券利息。

借：其他债权投资——应计利息 590 000

——利息调整 450 000

贷：投资收益 1 040 000

借：银行存款 590 000

贷：其他债权投资——应计利息 590 000

借：其他债权投资——公允价值变动 550 000

贷：其他综合收益——其他债权投资公允价值变动 550 000

(4) 2×20年12月31日，确认乙公司债券实际利息收入、公允价值变动，收到债券利息。

借：其他债权投资——应计利息 590 000

——利息调整 500 000

贷：投资收益 1 090 000

借：银行存款 590 000

贷：其他债权投资——应计利息 590 000

借：其他综合收益——其他债权投资公允价值变动 1 000 000

贷：其他债权投资——公允价值变动 1 000 000

（5）2×21 年 12 月 31 日，确认乙公司债券实际利息收入、公允价值变动，收到债券利息。

借：其他债权投资——应计利息　590 000
　　　　　　　——利息调整　540 000
　贷：投资收益　1 130 000

借：银行存款　590 000
　贷：其他债权投资——应计利息　590 000

借：其他综合收益——其他债权投资公允价值变动　1 040 000
　贷：其他债权投资——公允价值变动　1 040 000

（6）2×22 年 1 月 20 日，确认出售乙公司债券实现的损益。

借：银行存款　12 600 000
　其他综合收益——其他债权投资公允价值变动　100 000
　其他债权投资——利息调整　600 000
　贷：其他债权投资——成本　12 500 000
　　　　　　　　——公允价值变动　100 000
　　投资收益　700 000

【例 22－22】2×21 年 1 月 2 日，甲公司（非金融企业）从二级市场购入丙公司债券，支付价款合计 1 020 000 元（含已过付息期但尚未领取的利息 20 000 元），另发生交易费用 20 000 元。该债券面值 1 000 000 元，剩余期限为 2 年，票面年利率为 4%，每半年末付息一次，其合同现金流量特征满足仅为对本金和以未偿付本金金额为基础的利息的支付。甲公司根据其管理该债券的业务模式和该债券的合同现金流量特征，将该债券分类为以公允价值计量且其变动计入当期损益的金融资产。其他资料如下：

（1）2×21 年 1 月 5 日，收到丙公司债券 2×20 年下半年利息 20 000 元。

（2）2×21 年 6 月 30 日，丙公司债券的公允价值为 1 150 000 元（不含利息）。

（3）2×21 年 7 月 1 日，收到丙公司债券 2×21 年上半年利息。

（4）2×21 年 12 月 31 日，丙公司债券的公允价值为 1 100 000 元（不含利息）。

（5）2×22 年 1 月 1 日，收到丙公司债券 2×21 年下半年利息。

（6）2×22 年 6 月 20 日，通过二级市场出售丙公司债券，取得价款 1 180 000元（含一季度利息 10 000 元）。

假定不考虑其他因素，甲公司的账务处理如下：

(1) 2×21年1月2日，从二级市场购入丙公司债券。

借：交易性金融资产——成本　　1 000 000
　　应收利息　　20 000
　　投资收益　　20 000
　　贷：银行存款　　1 040 000

(2) 2×21年1月5日，收到该债券2×20年下半年利息20 000元。

借：银行存款　　20 000
　　贷：应收利息　　20 000

(3) 2×21年6月30日，确认丙公司债券公允价值变动和投资收益。

借：交易性金融资产——公允价值变动　　150 000
　　贷：公允价值变动损益　　150 000
借：交易性金融资产——应计利息　　20 000
　　贷：投资收益　　20 000

甲公司也可以通过“交易性金融资产——公允价值变动”科目汇总反映包含利息的丙公司债券的公允价值变动（下同）。

(4) 2×21年7月1日，收到丙公司债券2×21年上半年利息。

借：银行存款　　20 000
　　贷：交易性金融资产——应计利息　　20 000

(5) 2×21年12月31日，确认丙公司债券公允价值变动和投资收益。

借：公允价值变动损益　　50 000
　　贷：交易性金融资产——公允价值变动　　50 000
借：交易性金融资产——应计利息　　20 000
　　贷：投资收益　　20 000

(6) 2×22年1月1日，收到丙公司债券2×21年下半年利息。

借：银行存款　　20 000
　　贷：交易性金融资产——应计利息　　20 000

(7) 2×22年6月20日，通过二级市场出售丙公司债券。

借：银行存款　　1 180 000
　　贷：交易性金融资产——成本　　1 000 000
　　　　　　　　　　　——公允价值变动　　100 000
　　　　投资收益　　80 000

【**例22-23**】2×21年5月6日，甲公司（非金融企业）支付价款1 016万元（含交易费用1万元和已宣告发放现金股利15万元），购入乙公司发行的股票200万股，占乙公司有表决权股份的0.5%。其他资料如下：

2×21年5月10日，甲公司收到乙公司发放的现金股利15万元。

2×21年6月30日，该股票市价为每股5.2元。

2×21年12月31日，甲公司仍持有该股票；当日，该股票市价为每股5元。

2×22年5月9日，乙公司宣告发放股利4 000万元。

2×22年5月13日，甲公司收到乙公司发放的现金股利。

2×22年5月20日，甲公司由于某特殊原因，以每股4.9元的价格将股票全部转让。

假定不考虑其他因素。

情形1：甲公司将其指定为以公允价值计量且其变动计入其他综合收益的非交易性权益工具投资。

该情形下，甲公司的账务处理如下：

（1）2×21年5月6日，购入乙公司股票。

借：应收股利　　150 000

　　其他权益工具投资——成本　　10 010 000

　　贷：银行存款　　10 160 000

（2）2×21年5月10日，收到现金股利。

借：银行存款　　150 000

　　贷：应收股利　　150 000

（3）2×21年6月30日，确认乙公司股票公允价值变动。

借：其他权益工具投资——公允价值变动　　390 000

　　贷：其他综合收益——其他权益工具投资公允价值变动　　390 000

（4）2×21年12月31日，确认乙公司股票公允价值变动。

借：其他综合收益——其他权益工具投资公允价值变动　　400 000

　　贷：其他权益工具投资——公允价值变动　　400 000

（5）2×22年5月9日，确认应收现金股利。

借：应收股利　　200 000

　　贷：投资收益　　200 000

（6）2×22年5月13日，收到现金股利。

借：银行存款　　200 000

　贷：应收股利　　200 000

（7）2×22 年 5 月 20 日，出售乙公司股票。

借：银行存款　　9 800 000

　其他权益工具投资——公允价值变动　　10 000

　利润分配——未分配利润　　200 000

　贷：其他权益工具投资——成本　　10 010 000

借：利润分配——未分配利润　　10 000

　贷：其他综合收益——其他权益工具投资公允价值变动　　10 000

此处出售股票产生的损失以及之前计入其他综合收益的累计损失转出均计入未分配利润。实务中，影响盈余公积计提的，企业还应对盈余公积作相应调整。

情形 2：甲公司将乙公司股票分类为以公允价值计量且其变动计入当期损益的金融资产，并假定 2×21 年 12 月 31 日乙公司股票市价为每股 4.8 元，其他资料不变。

该情形下，甲公司的相关账务处理如下：

（1）2×21 年 5 月 6 日，购入乙公司股票。

借：应收股利　　150 000

　交易性金融资产——成本　　10 000 000

　投资收益　　10 000

　贷：银行存款　　10 160 000

（2）2×21 年 5 月 10 日，收到现金股利。

借：银行存款　　150 000

　贷：应收股利　　150 000

（3）2×21 年 6 月 30 日，确认乙公司股票公允价值变动。

借：交易性金融资产——公允价值变动　　400 000

　贷：公允价值变动损益　　400 000

（4）2×21 年 12 月 31 日，确认乙公司股票公允价值变动。

股票公允价值变动 = 200 ×（4.8 − 5.2）= −80（万元）

借：公允价值变动损益　　800 000

　贷：交易性金融资产——公允价值变动　　800 000

（5）2×22 年 5 月 9 日，确认应收现金股利。

借：应收股利　　200 000
　　贷：投资收益　　200 000

（6）2×22年5月13日，收到现金股利。

借：银行存款　　200 000
　　贷：应收股利　　200 000

（7）2×22年5月20日，出售乙公司股票。

借：银行存款　　9 800 000
　　交易性金融资产——公允价值变动　　400 000
　　贷：交易性金融资产——成本　　10 000 000
　　　　投资收益　　200 000

（三）金融负债的后续计量

1. 金融负债后续计量原则。

企业应当按照下列原则对金融负债进行后续计量：

（1）以公允价值计量且其变动计入当期损益的金融负债，应当按照公允价值进行后续计量。

（2）金融资产转移不符合终止确认条件或继续涉入被转移金融资产所形成的金融负债。对此类金融负债，企业应当按照第二十三章金融资产转移相关规定进行计量。

（3）不属于指定为以公允价值计量且其变动计入当期损益的金融负债的财务担保合同或没有指定为以公允价值计量且其变动计入当期损益并将以低于市场利率贷款的贷款承诺，企业作为此类金融负债发行方的，应当在初始确认后按照依据本章所确定的损失准备金额以及初始确认金额扣除依据第十五章收入相关规定所确定的累计摊销额后的余额孰高进行计量。

（4）上述金融负债以外的金融负债，应当按摊余成本进行后续计量。

2. 金融负债后续计量的会计处理。

（1）对于以公允价值进行后续计量的金融负债，其公允价值变动形成的利得或损失，除与套期会计有关外，应当计入当期损益。

【例22－24】2×21年7月1日，甲公司（非金融企业）经批准在全国银行间债券市场公开发行10亿元人民币短期融资券，期限为1年，票面年利率5.58%，每张面值为100元，到期一次还本付息。所募集资金主要用于公司购买生产经营所需的原材料及配套件等。甲公司将该短期融资券指定为以公允价值计量且其变动计入当期损益的金融负债。假定不考虑发行短期融资券相关的交易费用以及企业自身信用风险变动。2×21年12月31日，该短期融资券市场价格每张为120元（不含利息）；2×22年6月30日，该短期融资券到期兑付完成。

本例中，甲公司的相关账务处理如下：

(1) 2×21年7月1日，发行短期融资券。

借：银行存款　　1 000 000 000

　　贷：交易性金融负债——本金　　1 000 000 000

(2) 2×21年12月31日，年末确认该短期融资券的公允价值变动和利息费用。

借：公允价值变动损益　　200 000 000

　　贷：交易性金融负债——公允价值变动　　200 000 000

借：财务费用　　27 900 000

　　贷：交易性金融负债——应计利息　　27 900 000

甲公司也可以通过"交易性金融负债——公允价值变动"科目汇总反映包含利息的短期融资券的公允价值变动（下同）。

(3) 2×22年6月30日，短期融资券到期。

借：财务费用　　27 900 000

　　贷：交易性金融负债——应计利息　　27 900 000

借：交易性金融负债——本金　　1 000 000 000

　　　　——公允价值变动　　200 000 000

　　　　——应计利息　　55 800 000

　　贷：银行存款　　1 055 800 000

　　　　投资收益　　200 000 000

(2) 以摊余成本计量且不属于任何套期关系一部分的金融负债所产生的利得或损失，应当在终止确认时计入当期损益或在按照实际利率法摊销时计入相关期间损益。

企业与交易对手方修改或重新议定合同，未导致金融负债终止确认、但导致合同现金流量发生变化的，应当重新计算该金融负债的账面价值，并将相关利得或损失计入当期损益。重新计算的该金融负债的账面价值，应当根据将重新议定或修改的合同现金流量按金融负债的原实际利率或按第二十四章套期会计相关规定重新计算的实际利率（如适用）折现的现值确定。对于修改或重新议定合同所产生的所有成本或费用，企业应当调整修改后的金融负债账面价值，并在修改后金融负债的剩余期限内进行摊销。

【例22－25】 甲公司（非金融企业）发行公司债券为建造专用生产线筹集资金。有关资料如下：

（1）2×18年12月31日，委托证券公司以7 755万元的价格发行3年期分期付息公司债券。该债券面值为8 000万元，票面年利率4.5%，实际年利率5.64%，每年付息一次，到期后按面值偿还。假定不考虑发行公司债券相关的交易费用。

（2）生产线建造工程采用出包方式，于2×19年1月1日开始动工，发行债券所得款项当日全部支付给建造承包商，2×20年12月31日所建造生产线达到预定可使用状态。

（3）假定各年度利息均为下年度1月10日支付；2×22年1月10日支付2×21年度利息，一并偿付面值。

（4）所有款项均以银行存款支付。

本例中，甲公司计算该债券在各年末的摊余成本、应付利息金额、当年应予资本化或费用化的利息金额、利息调整的本年摊销和年末余额如表22－5所示。

表22－5 单位：万元

项目		2×18年12月31日	2×19年12月31日	2×20年12月31日	2×21年12月31日
年末摊余成本	面值	8 000	8 000	8 000	8 000
	利息调整	－245	－167.62	－85.87	0
	合计	7 755	7 832.38	7 914.13	8 000
当年应予资本化或费用化的利息金额			437.38	441.75	445.87
年末应付利息金额			360	360	360
“利息调整”本年摊销额			77.38	81.75	85.87

甲公司的相关账务处理如下：

（1）2×18年12月31日，发行债券。

借：银行存款 77 550 000

　　应付债券——利息调整 2 450 000

　　贷：应付债券——面值 80 000 000

(2) 2×19 年 12 月 31 日，确认和结转利息。

借：在建工程　　4 373 800

　贷：应付债券——应计利息　　3 600 000

　　　　　　——利息调整　　773 800

(3) 2×20 年 1 月 10 日，支付利息。

借：应付债券——应计利息　　3 600 000

　贷：银行存款　　3 600 000

(4) 2×20 年 12 月 31 日，确认和结转利息。

借：在建工程　　4 417 500

　贷：应付债券——应计利息　　3 600 000

　　　　　　——利息调整　　817 500

(5) 2×21 年 1 月 10 日，支付利息。

借：应付债券——应计利息　　3 600 000

　贷：银行存款　　3 600 000

(6) 2×21 年 12 月 31 日，确认和结转利息。

借：财务费用　　4 458 700

　贷：应付债券——应计利息　　3 600 000

　　　　　　——利息调整　　858 700

(7) 2×22 年 1 月 10 日，债券到期兑付。

借：应付债券——应计利息　　3 600 000

　　　　　——面值　　80 000 000

　贷：银行存款　　83 600 000

3. 指定为公允价值计量的金融负债自身信用风险变动的会计处理。

(1) 信用风险的含义。

信用风险，是指金融工具的一方不履行义务，造成另一方发生财务损失的风险。金融负债信用风险引起的公允价值变动与金融负债发行人未能履行特定金融负债义务的风险相关。这一风险未必与发行人的特定信用状况相关。例如，企业发行一项担保负债和一项无担保负债（假定这两项负债的其他条件完全相同），虽然上述两项负债是由同一个企业发行的，但其信用风险也不同。担保负债的信用风险低于无担保负债的信用风险且有可能几乎为零。

需要注意的是，信用风险不同于与特定资产相关的业绩风险。特定资产相关的业绩风险与企业未能履行特定金融负债义务的风险无关，而是与单项或一组金融资产的业绩较差或完全不履约的风险有关。例如，下列两种情况与特定资产的业绩风险有关：

①具有投资连结特征的负债，合同规定应付给投资者的金额将基于特定资产的业绩情况确定。该投资连结特征对负债公允价值的影响即为与特定资产相关的业绩风险，而非信用风险。

②具有下列特征的结构化主体所发行的负债：该结构化主体在法律上是独立的，其资产受破产隔离的保护，唯一的受益者是投资者；该主体未发生任何其他交易，且该主体的资产也无法用作抵押；仅当受破产隔离保护的资产产生现金流量时，该主体才承担向其投资者支付一定金额的义务。这种情况下，负债的公允价值变动主要反映资产的公允价值变动。此类资产的业绩情况对负债公允价值的影响即为与特定资产相关的业绩风险，而不是信用风险。

（2）信用风险变化影响的确定。

一般情况下，企业应当从金融负债的公允价值变动金额中扣除由于市场风险因素引起的市场风险变化所导致的公允价值变动金额，来确定由信用风险引起的公允价值变动金额。市场风险因素包括基准利率变动、其他企业（或结构化主体）的金融工具价格变动、商品价格变动、外汇汇率变动，以及价格指数或利率指数变动等。如果企业认为有其他方法能够更公允地计量由信用风险引起的公允价值变动金额，可使用其他方法。

如果计量上述市场风险的唯一变量是可观察基准利率，对于信用风险变动引起的金融负债的公允价值变动金额，企业可以按下列步骤估计：

首先，运用该金融负债的期初公允价值和期初合同现金流量计算出内含报酬率。从该内含报酬率中减去期初可观察基准利率，得到与该金融负债特定相关的部分。

其次，计算出该金融负债期末合同现金流量的现值。使用的折现率为以下两者之和：①期末可观察基准利率；②内含报酬率中与该金融负债特定相关的利率部分。该现值代表企业信用风险不变情况下，该负债期末应当具有的公允价值。

最后，该金融负债的期末公允价值与上述计算得出的金融负债期末合同现金流量的现值之间的差额，即为信用风险变动引起的金融负债的公允价值变动金额。

在运用以上方法时，应当假设除信用风险和利率风险之外的因素所导致的该金融负债公允价值变动金额不重大。如果重大，则应当采用其他方法确定由信用风险引起的公允价值变动金额。如果金融负债中包含嵌入衍生工具，则在计算信用风险变动引起的金融负债的公允价值变动金额时，应扣除嵌入衍生工具的公允价值变动金额。

此外，企业用于确定由信用风险变动引起的金融负债公允价值变动的计量方法，应当最大限度地使用相关的可观察输入值，尽可能少使用不可观察输入值。

【例22－26】 2×22年1月1日，甲公司按面值发行5年期债券，面值为500 000 000元，票面年利率为5%，每年末付息，到期一次性还本。甲公司将该债券指定为以公允价值计量且其变动计入当期损益的金融负债。

假设甲公司发行该债券无其他交易费用，该债券信用评级为AAA级，发行时的公允价值等于面值。2×22年1月1日，甲公司采用的可观察基准利率为4%。2×22年12月31日，评级公司将甲公司的信用评级下调为A级，该债券公允价值为509 244 006元，甲公司采用的可观察基准利率下降至3%。假设除信用风险和利率风险之外的因素所导致的该金融负债公允价值变动金额均不重大。

本例中，2×22年12月31日，由甲公司自身信用风险变动所引起的该债券的公允价值变动部分计算如下：

1. 2×22年1月1日，该债券的内含报酬率为5%（发行时的公允价值等于其面值，因此内含报酬率等于票面利率），期初可观察基准利率为4%，则与该金融负债特定相关的部分为1%。

2. 2×22年12月31日，该债券未来合同现金流量的折现率为4%（1%＋3%）。该债券合同现金流量现值为518 149 476元。

3. 2×22年12月31日，该债券的公允价值与上述合同现金流量现值的差额为8 905 470元（518 149 476－509 244 006），即为信用风险变动引起的金融负债的公允价值变动金额。

（3）金融负债自身信用风险变动的会计处理原则。

企业将金融负债指定为以公允价值计量且其变动计入当期损益的金融负债的，该金融负债所产生的利得或损失应当按照下列规定进行处理：

①由企业自身信用风险变动引起的该金融负债公允价值的变动金额，应当计入其他综合收益；

②该金融负债的其他公允价值变动计入当期损益。

该金融负债终止确认时，之前计入其他综合收益的累计利得或损失应当从其他综合收益中转出，计入留存收益。

按照上述①的规定对该金融负债的自身信用风险变动的影响进行处理会造成或扩大损益中的会计错配的，企业应当将该金融负债的全部利得或损失（包括企业自身信用风险变动的影响金额）计入当期损益。

为确定将金融负债自身信用风险变动的影响计入其他综合收益是否会造成或扩大损益中的会计错配，企业应评估金融负债信用风险变动的影响预期是否会被损益中另一项以公允价值计量且其变动计入当期损益的金融工具的公允价值变动所抵销。企业应当以该金融负债的特征与另一金融工具的特征之间的经济关系为基础进行前述评估。企业应当在金融负债初始确认时进行前述评估，且不得重新评估。一般情况下，企业对类似的经济关系应当运用一致的评估方法。

实务中，企业无需在同一时点确认产生会计错配的所有资产和负债。只要其余的交易预期会发生，允许有合理的递延。

（四）基准利率改革导致金融资产或金融负债合同现金流量的确定基础发生变更的会计处理

基准利率改革可能导致金融资产或金融负债合同现金流量的确定基础发生变更，包括修改合同条款以将参考基准利率替换为替代基准利率、改变参考基准利率的计算方法、因基准利率改革触发现行合同中有关更换参考基准利率的条款等情形。

1. 对仅因基准利率改革导致变更的会计处理。当仅因基准利率改革直接导致采用实际利率法确定利息收入或费用的金融资产或金融负债合同现金流量的确定基础发生变更，且变更前后的确定基础在经济上相当时，企业无需评估该变更是否导致终止确认该金融资产或金融负债，也不调整该金融资产或金融负债的账面余额，而应当参照浮动利率变动的处理方法，按照仅因基准利率改革导致变更后的未来现金流量重新计算实际利率，并以此为基础进行后续计量。

企业通常应当根据变更前后金融资产或金融负债的合同现金流量整体是否基本相似判断其确定基础是否在经济上相当。企业可能通过下列方式使变更前后的确定基础在经济上相当：在替换参考基准利率或变更参考基准利率计算方法时增加必要的固定利差，以补偿变更前后确定基础之间的基差；为适应基准利率改革变更重设期间、重设日期或票息支付日之间的天数；增加包含前两项内容的补充条款等。

2. 同时发生其他变更的会计处理。除仅因基准利率改革导致的上述变更外，采用实际利率法确定利息收入或费用的金融资产或金融负债同时发生其他变更的，企业应当先根据上述规定对基准利率改革导致的变更进行会计处理，即按照仅因基准利率改革导致变更后的未来现金流量重新计算实际利率，再评估其他变更是否导致终止确认该金融资产或金融负债。导致终止确认的，企业应当按照本章有关终止确认的规定进行会计处理；未导致终止确认的，企业应当根据考虑所有变更后的未来现金流量按照上述规定重新计算的实际利率折现的现值重新确定金融资产或金融负债的账面余额，并将相关利得或损失计入当期损益。

十一、金融工具的减值

（一）概述

本章对金融工具减值的规定通常称为“预期信用损失法”。该方法与过去规定的、根据实际已发生减值损失确认减值准备的方法有着根本性不同。在预期信用损失法下，减值准备的计提不以减值的实际发生为前提，而是以未来可能的违约事件造成的损失的期望值来计量当前（资产负债表日）应当确认的减值准备。

1. 预期信用损失的定义。

预期信用损失，是指以发生违约的风险为权重的金融工具信用损失的加权平均值。这里的发生违约的风险，可以理解为发生违约的概率。这里的信用损失，是指企业根据合同应收的现金流量与预期能收到的现金流量之间的差额（以下简称现金流缺口）的现值。根据现值的定义，即使企业能够全额收回合同约定的金额，但如果收款时间晚于合同规定的时间，也会产生信用损失。

2. 适用减值规定的金融工具。

如果一项金融工具可能受到该工具发行方、担保方或者其他相关方（如被担保方）信用风险的影响而造成企业未来现金流量的减少或者流出，且该影响不能通过本章第十部分金融工具的计量的相关规定反映在企业当期损益中的，则该工具应当适用本章关于金融工具减值的规定。

需要注意的是，本章金融工具减值规定的适用范围大于本章整体的适用范围，不仅包括金融资产（通常为企业持有的债务工具），还包括本章范围以外的资产（如合同资产）、某些金融负债或者尚未确认的确定承诺。具体包括下列各项：

（1）按照本章规定应当分类为以摊余成本计量的金融资产（含应收款项）；

（2）按照本章规定应当分类为以公允价值计量且其变动计入其他综合收益的金融资产；

（3）租赁应收款；

（4）合同资产；

（5）企业作出的贷款承诺（分类为以公允价值计量且其变动计入当期损益的金融负债的除外）；

（6）不属于下列情形的财务担保合同：①以公允价值计量且其变动计入当期损益的金融负债（包括交易性金融负债和指定为以公允价值计量且其变动计入当期损益的金融负债）；②金融资产转移不符合终止确认条件或继续涉入被转移金融资产所形成的金融负债。

3. 金融工具减值的三阶段。

除购买或源生时已发生信用减值的金融资产以及应收款项、合同资产和租赁应收款外，企业应当在每个资产负债表日评估相关金融工具的信用风险自初始确认后是否显著增加，并按照信用风险自初始确认后已显著增加或未显著增加的情形分别计量其损失准备、确认预期信用损失及其变动。

具体而言，对于购买或源生时未发生信用减值的金融工具（始终按照整个存续期内预期信用损失的变动确认损失准备的除外），企业可以将其发生信用减值的过程分为三个阶段，对于不同阶段的金融工具的减值有不同的会计处理方法：

（1）信用风险自初始确认后未显著增加（第一阶段）。

对处于该阶段的金融工具，企业应当按照未来12个月的预期信用损失计量损失准备，并按其账面余额（即未扣除减值准备）和实际利率计算利息收入（若该工具为金融资产，下同）。

（2）信用风险自初始确认后已显著增加但尚未发生信用减值（第二阶段）。

对处于该阶段的金融工具，企业应当按照该工具整个存续期的预期信用损失计量损失准备，并按其账面余额和实际利率计算利息收入。

（3）初始确认后发生信用减值（第三阶段）。

对处于该阶段的金融工具，企业应当按照该工具整个存续期的预期信用损失计量损失准备，并按其摊余成本（账面余额减已计提减值准备，也即账面价值）和实际利率计算利息收入。

对于购买或源生时已发生信用减值的金融资产，企业应当仅将初始确认后整个存续期内预期信用损失的变动确认为损失准备，并按其摊余成本和经信用调整的实际利率计算利息收入。

（二）对信用风险显著增加的评估

1. 一般原则。

企业应当在资产负债表日评估金融工具信用风险自初始确认后是否已显著增加。信用风险，是指发生违约的概率。

(1) 判断标准。

企业应当通过比较金融工具在初始确认时所确定的预计存续期内的违约概率和该工具在资产负债表日所确定的预计存续期内的违约概率，来判定其信用风险是否显著增加。

在进行上述判断时，需要注意下列几点：

①此处的违约概率，是指在某一时点上所确定的未来期间发生违约的概率，而不是在该时点发生违约的概率。企业应当以此口径理解本章中的“资产负债表日发生违约的风险”和“初始确认日发生违约的风险”。

②对于贷款承诺和财务担保合同，由于其在资产负债表日可能尚未在资产负债表中确认，或者在确认前已经对企业形成信用风险敞口，因此，其初始确认日应当为该企业作出的不可撤销承诺的生效日。注意该日期不一定是承诺日，因为企业作出承诺后，该承诺可能需要履行一定的程序或者满足一定的条件才能生效。

③因为预计存续期与违约风险之间的复杂关系，企业在对信用风险的变化进行评估时，不能简单地比较违约风险随时间推移的绝对变化。例如，如果一项预计存续期为 10 年的金融工具在初始确认时确定的违约概率，与后来预计存续期仅剩 5 年时确定的违约概率相同，则可能表明其信用风险已经增加。因为一般而言，在信用风险不变的情况下，金融工具的存续期越长，则违约概率越高。随着存续期的消减，违约概率一般也逐渐降低（对于仅在临近到期日才具有重大付款义务的金融工具而言，发生违约的概率不一定随时间的推移而降低）。

实务中，企业可以用未来 12 个月内发生违约风险的变化作为整个存续期内发生违约风险变化的合理估计，以确定自初始确认后信用风险是否已显著增加。但是，在某些情形下可能并不适合使用未来 12 个月内发生违约风险的变化来确定是否应当确认整个存续期预期信用损失。例如，合同现金流在预计存续期内分布不均匀，其在未来12个月内没有现金流；或者未来12个月的违约风险不能充分反映相关的宏观经济因素或其他信用因素的变化。

④对于自初始确认后信用风险变化的显著性，应当在与初始确认时确定的违约概率相比较的基础上进行考虑。假如违约概率变化的绝对值一定，则初始确认时违约概率较低的金融工具与初始确认时违约概率较高的金融工具相比，其信用风险变化更为显著。

（2）评估信用风险变化所考虑的因素。

在确定金融工具的信用风险水平时，企业应当考虑以合理成本即可获得的、可能影响金融工具信用风险的、合理且有依据的信息。合理成本即无须付出不必要的额外成本或努力。

企业在评估中可能需要考虑的因素包括：

①信用风险变化所导致的内部价格指标的显著变化。例如，同一金融工具或具有相同条款及相同交易对手的类似金融工具，在最近期间发行时的信用利差相对于过去发行时的变化。

②若现有金融工具在报告日作为新金融工具源生或发行，该金融工具的利率或其他条款将发生的显著变化（如更严格的合同条款、增加抵押品或担保物、更高的收益率等）。

③同一金融工具或具有相同预计存续期的类似金融工具的信用风险的外部市场指标的显著变化。这些指标包括：1）信用利差；2）针对借款人的信用违约互换价格；3）金融资产的公允价值小于其摊余成本的时间长短和程度；4）与借款人相关的其他市场信息（如借款人的债务工具或权益工具的价格变动）。

④金融工具外部信用评级实际或预期的显著变化。

⑤对借款人实际或预期的内部信用评级下调。如果内部信用评级可与外部评级相对应或可通过违约调查予以证实，则更为可靠。

⑥预期将导致借款人履行其偿债义务的能力发生显著变化的业务、财务或外部经济状况的不利变化。例如，实际或预期的利率上升，实际或预期的失业率显著上升。

⑦借款人经营成果实际或预期的显著变化。例如，借款人收入或毛利率下降、经营风险增加、营运资金短缺、资产质量下降、杠杆率上升、流动比率下降、管理出现问题、业务范围或组织结构变更（如某些业务分部终止经营）。

⑧同一借款人发行的其他金融工具的信用风险显著增加。

⑨借款人所处的监管、经济或技术环境的显著不利变化。例如，技术变革导致对借款人产品的需求下降。

⑩作为债务抵押的担保物价值或第三方提供的担保或信用增级质量的显著变化。这些变化预期将降低借款人按合同规定期限还款的经济动机或者影响违约概率。例如，如果房价下降导致担保物价值下跌，则借款人可能会有更大动机拖欠抵押贷款。

⑪预期将降低借款人按合同约定期限还款的经济动机的显著变化。例如，母公司或其他关联公司能够提供的财务支持减少，或者信用增级质量的显著变化。关于信用增级的质量变化，企业应当考虑担保人的财务状况，次级权益预计能否吸收预期信用损失等。

⑫借款合同的预期变更，包括预计违反合同的行为可能导致的合同义务的免除或修订、给予免息期、利率跳升、要求追加抵押品或担保或者对金融工具的合同作出其他变更。

⑬借款人预期表现和还款行为的显著变化。例如，一组贷款资产中延期还款的数量或金额增加、接近授信额度或每月最低还款额的信用卡持有人的预期数量增加。

⑭企业对金融工具信用管理方法的变化。例如，企业信用风险管理实务预计将变得更为积极或者对该金融工具更加侧重，包括更密切地监控或更紧密地控制有关金融工具、对借款人实施特别干预。

⑮逾期信息。

在某些情形下，企业通过获得的定性和非统计定量信息，就可以确定金融工具的信用风险是否已显著增加。但在另一些情形下，企业可能需要考虑源自统计模型或信用评级流程处理的有关信息，才能确定金融工具的信用风险是否已显著增加。

（3）逾期与信用风险显著增加。

金融资产发生逾期，是指交易对手未按合同规定时间支付约定的款项，既包括本金不能按时足额支付的情况，也包括利息不能按时足额支付的情况。

逾期是金融工具信用风险显著增加的常见结果。因此，逾期可能被作为信用风险显著增加的标志。但是，信用风险显著增加作为逾期的主要原因，通常先于逾期发生。企业只有在难于获得前瞻性信息，从而无法在逾期发生前确定信用风险显著增加的情况下，才能以逾期的发生来确定信用风险的显著增加。换言之，企业应尽可能在逾期发生前确定信用风险的显著增加。

如果以合理成本即可获得合理且有依据的前瞻性信息，企业在确定信用风险是否显著增加时，不得仅依赖逾期信息。然而，如果以合理成本无法获得逾期信息以外的前瞻性信息，企业可采用逾期信息来确定信用风险是否显著增加。

无论企业采用何种方式评估信用风险是否显著增加，如果合同付款逾期超过30日（含30日，下同），则通常可以推定金融资产的信用风险已显著增加，除非企业以合理成本即可获得合理且有依据的信息，证明即使逾期超过30日，其信用风险仍未显著增加。例如，如果未能及时付款是由于管理上的疏忽而并非借款人本身的财务困难所致。再如，企业能够获得的历史统计数据表明，发生违约的风险显著增加与逾期超过30日之间不存在相关性。

企业通常应当在金融工具逾期前确认整个存续期内的预期信用损失，因此，如果企业在逾期超过30日前可以确定信用风险显著增加，那么不得适用上述推定。

类似地，企业也不得将相关金融资产发生信用减值的时点作为其信用风险显著增加并确认整个存续期预期信用损失的时点，不得将企业内部标准构成违约的时点作为信用风险显著增加并确认整个存续期预期信用损失的时点。总之，企业确定信用风险显著增加的时点应当早于实际发生减值的时点，这是“预期信用损失法”的应有之义。

（4）逾期与违约。

企业在确定信用风险时所采用的违约定义，应当与其内部基于信用风险管理目的而采用的违约定义保持一致，并在必要时考虑其他定性指标，例如借款合同对债务人财务指标作出的限制性条款。

实务中，一些企业以逾期达到一定天数作为违约的标准。企业可以根据所处环境和债务工具特点对构成违约的逾期天数作出定义，但是，如果一项金融工具逾期超过90日（含90日），则企业应当推定该金融工具已发生违约，除非企业有合理且有依据的信息，表明以更长的逾期时间作为违约标准更为恰当。企业应当对所有相关金融工具一致地适用上述关于违约的规定，除非有证据表明对特定金融工具采用不同的违约标准更为恰当。

通常，在金融资产发生信用减值或者违约之前，其信用风险都已显著增加。因此，企业在评估金融工具自初始确认后信用风险是否显著增加时，不能仅基于在报告日金融资产发生违约的证据。

（5）以组合为基础的评估。

对某些金融工具而言，企业在单项工具层面无法以合理成本获得关于信用风险显著增加的充分证据，而在组合基础上评估信用风险是否显著增加则是可行的。例如，对于零售贷款，商业银行可能无法跟踪每个借款人的个人信用变化，从而无法在逾期前识别出信用风险的显著变化。然而，如果所有零售贷款的整体信用风险受当地经济社会环境的影响，银行就应当通过就业率等前瞻性经济指标在组合基础上进行信用风险变化的评估。

在组合基础上进行信用风险变化评估，企业应以共同风险特征为依据，将金融工具分为不同组别，从而使有关评估更为合理并能及时识别信用风险的显著增加。企业不应将具有不同风险特征的金融工具归为同一组别，从而形成不相关的结论。

企业可能采用的共同风险特征包括：①金融工具类型；②信用风险评级；③担保物类型；④初始确认日期；⑤剩余合同期限；⑥借款人所处行业；⑦借款人所处地理位置；⑧贷款抵押率（Loan – To – Collateral，LTC）。

企业为评估信用风险变化而确定的金融工具组合，可能会随着单项资产层面以及组合层面的信用风险相关信息的可获得性的变化而变化。例如，如果由于企业信息系统的建设，过去无法获得的个人信用变化信息现在变为可获得，企业就应当从以组合为基础的评估变更为以单项工具为基础的评估。

（6）合同修改的影响。

在债务重组等情况下，企业与其交易对手可能会修改或重新议定金融资产合同。如果合同的修改导致现有金融资产的终止确认，并确认修改后的金融资产，企业应当将修改后的金融资产视为新的资产进行减值会计处理。如果合同的修改未导致金融资产终止确认，但导致合同现金流量的时间分布和金额发生变化的，企业在评估相关金融工具的信用风险是否已经显著增加时，应当将基于变更后的合同条款在资产负债表日发生违约的风险与基于原合同条款在初始确认时发生违约的风险进行比较。

①合同修改形成的新金融资产的处理。

对于合同修改形成的新金融资产，企业应当将合同修改日作为新资产的初始确认日。通常情况下，在该金融资产符合确认整个存续期内预期信用损失的要求之前，企业应当按照 12 个月内预期信用损失的金额计量其减值准备。但是，在某些特殊情况下，当合同双方作出导致原金融资产终止确认的合同修改后，可能出现表明修改后的新资产在初始确认时已发生信用减值的证据，从而使该金融资产成为一项源生已发生信用减值的资产。

②合同修改未导致终止确认的合同现金流量变化的处理。

该情形下，企业应当基于以合理成本即可获得的、合理且有依据的信息，来评估该金融资产自初始确认（初始确认日不因合同的修改而变化）后信用风险是否已显著增加，而不得将该资产直接假定为具有较低的信用风险。如果企业认为该金融资产在合同修改后不再符合确认整个存续期内预期信用损失的要求，应当在当期资产负债表日按照相当于未来12个月内预期信用损失的金额计量该金融工具的损失准备，由此形成的损失准备的转回金额应当作为减值利得计入当期损益。通常情况下，只有债务人在一段时期内一贯地表现出良好的还款行为，企业才能认为相关信用风险已经降低。例如，银行对于客户漏付某笔还款或未全额还清的历史记录，通常不能简单地因为其依照修改后的合同条款及时作出了一次还款行为而消除。

2. 特殊情形。

出于简化会计处理、兼顾现行实务的考虑，在下列两类情形下，企业无需就金融工具初始确认时的信用风险与资产负债表日的信用风险进行比较分析。

（1）较低信用风险的金融工具。

如果企业确定金融工具的违约风险较低，借款人在短期内履行其支付合同现金流量义务的能力很强，并且即使较长时期内经济形势和经营环境存在不利变化，也不一定会降低借款人履行其支付合同现金流量义务的能力，那么该金融工具可被视为具有较低的信用风险。例如，企业在具有较高信用评级的商业银行的定期存款可能被视为具有较低的信用风险。

对于在资产负债表日具有较低信用风险的金融工具，企业可以不用与其初始确认时的信用风险进行比较，而直接作出该工具的信用风险自初始确认后未显著增加的假定（企业对这种简化处理有选择权）。

金融工具不能仅因其担保物的价值较高而被视为具有较低的信用风险，也不能仅因为其与其他金融工具相比违约风险较低，或者相对于企业所处的地区的信用风险水平而言风险相对较低而被视为具有较低的信用风险。

如果一项金融工具的外部信用评级为“投资级”以上，则该工具可能被视为具有较低的信用风险。当然，金融工具并非一定要具有外部评级才能被视为具有较低的信用风险。此外，企业应当始终从市场参与者的角度而非自身角度，结合金融工具的所有条款来考虑和确定其是否具有较低的信用风险。

如果某项金融工具在上一资产负债表日被视为具有较低信用风险而在当前资产负债表日不被视为具有较低信用风险，企业不能仅因这一事实就判定其信用风险显著增加，而仍应当通过比较该工具初始确认时的信用风险和当前资产负债表日的信用风险作出判定。

（2）应收款项、租赁应收款和合同资产。

对于不包含重大融资成分（包括不考虑不超过一年的合同中融资成分的情况）的应收款项和合同资产，企业应当始终按照整个存续期内预期信用损失的金额计量其损失准备（企业对此没有选择权）。

对于包含重大融资成分的应收款项、合同资产和租赁应收款，企业可以选择始终按照相当于整个存续期内预期信用损失的金额计量其损失准备。企业可分别对应收款项、合同资产和租赁应收款作出前述会计政策选择。

3. 信用风险评估示例。

下列示例说明了企业评估金融工具信用风险自初始确认后是否显著增加的一些具体方法。为简便起见，这些示例可能只侧重说明了信用风险评估中的某个或某几个考虑因素。实务中，企业的评估应当考虑所有与被评估金融工具相关的、以合理成本即可获取的、合理且有依据的信息并进行全面的分析，不能简单机械套用这些示例得出相关金融工具信用风险是否显著增加的结论。

【例22－27】 乙银行为甲公司提供一项贷款。在发放该笔贷款时，与其他具有相似信用风险的发行人相比，甲公司的杠杆率较高，但乙银行预计甲公司在该贷款的存续期内能够履行贷款合同的约定。同时，乙银行预计在该工具存续期内，甲公司所属行业能够产生稳定的收入和现金流量，但在提高现有业务毛利率方面存在一定商业风险。

在初始确认时，乙银行考虑了该工具在初始确认时的信用风险水平，由于该贷款不符合已发生信用减值的金融资产的定义，因此，判断其不属于源生的已发生信用减值的贷款。

自初始确认后，由于宏观经济波动，甲公司所属行业的总体销售情况和甲公司的销售情况均发生了下滑，甲公司的收入和现金流量低于其经营计划和乙银行的预计。尽管甲公司已采取加快库存清理等措施，但其销售情况仍未达到预期水平。为保证流动性，甲公司已提用了另一项循环信贷额度，导致其杠杆率升高。甲公司目前（即乙银行的资产负债表日）已处于对乙银行的贷款违约的边缘。

乙银行在资产负债表日对甲公司进行了总体信用风险评估，全面考虑了自初始确认后所有与信用风险评估相关的、以合理成本即可获得的、合理且有依据的信息。具体情况如下：

1. 乙银行预计宏观经济环境将持续恶化，并对甲公司现金流量和去杠杆的能力进一步产生负面影响。

2. 甲公司距离对乙银行的贷款违约越来越近，可能导致重组贷款或者修改该贷款合同。

3. 在基准利率等市场环境未发生重大变化的情况下，甲公司所发行的债券的交易价格已下降，新取得的贷款的信用利差已提高。乙银行通过进一步比较同行业其他公司发现，甲公司所发行债券的价格下跌及其贷款信用利差提高是由甲公司特有的因素造成的。

4. 乙银行根据反映信用风险增加的可获得信息，重新评估了该贷款的内部风险评级。

本例中，乙银行对甲公司的贷款自初始确认后信用风险已显著增加。因此，乙银行对该贷款确认了整个存续期内的预期信用损失。

需要说明的是，本例中乙银行调整了对甲公司贷款的内部风险评级，但是否调整内部风险评级并不是确定自初始确认后信用风险是否显著增加的决定性因素。即使乙银行尚未调整该贷款的内部风险评级，仍然将得出上述结论。

【例22－28】 甲公司是乙集团的控股公司，乙集团生产经营所处的行业具有周期性。丙银行向甲公司发放了一笔贷款。在发放该贷款时，丙银行预期该行业的全球需求将进一步增长，因此，对该行业的总体前景看好，但考虑到原料价格的波动性以及该行业在经营周期中所处的位置，预计销量会有所下降。

此外，甲公司以往一直致力于扩大经营规模，不断通过收购相关行业公司的多数股份实现外部增长。因此，乙集团结构复杂并且一直在发生变化。投资者很难对乙集团的预期业绩和甲公司在控股公司层面可用的现金流量进行准确分析和预测。在丙银行向甲公司发放贷款时，尽管甲公司的债权人普遍认为其杠杆率尚处于可接受的程度，但因甲公司有融资即将到期，债权人仍然担心甲公司是否有能力为其现有债务开展再融资以及甲公司是否有能力继续使用从子公司分得的股息支付当前债务的利息。

在丙银行发放贷款时，基于对该贷款预期存续期内的预测，甲公司的杠杆率与其他的具有相似信用风险的银行客户的杠杆率基本一致。如果不发生违约事件，甲公司的偿债能力比率距离上限还有很大空间。丙银行以其内部评级为基础，综合考虑所有与甲公司贷款相关的、以合理成本即可获取的、合理且有依据的信息，评估确定该贷款在存续期内的信用风险。在初始确认时，丙银行认为，该贷款属于高信用风险贷款，具有一定投机因素；甲公司受不确定因素

(如对乙集团产生现金流量的不确定性预期)的影响可能导致违约。但是，该贷款尚不属于购入或源生的已发生信用减值的金融资产。

在丙银行的资产负债表日之前，甲公司发布公告，因市场条件持续恶化，乙集团的5家重要子公司中有3家销量锐减，但根据对行业周期的预测，这些子公司的销售情况将在今后数月中得到显著改善；乙集团的另2家子公司的销量稳定。此外，甲公司还宣布将进行公司重组以整合各子公司，此次公司重组将提高为现有债务进行再融资的灵活性，并提升子公司向甲公司支付股息的能力。

本例中，尽管甲公司的市场条件恶化，丙银行经评估后认为对甲公司贷款的信用风险自初始确认后并未显著增加。具体分析如下：

1. 尽管当前乙集团的销量下降，但丙银行在初始确认时已预计到该情况。与丙银行在初始确认时的预期相比，这一因素尚未导致更负面的变化。此外，丙银行预计乙集团的销量在接下来的数月中将有所改善。

2. 考虑到子公司层面对现有债务进行再融资的灵活性和向甲公司支付股息的能力将得以提高，丙银行认为此次公司重组将导致信用提升。不过，丙银行对甲公司在控股公司层面对现有债务进行再融资的能力仍然存在一些担心。

3. 丙银行内部负责跟踪甲公司信用风险的部门认为，各种最新进展尚不足以证明需变更甲公司贷款的内部信用风险级别。

因此，丙银行未对该贷款按整个存续期内预期信用损失确认损失准备，但对12个月内预期信用损失的计量进行了更新。

【例22-29】 为取得一项不动产，甲公司从乙银行借入一笔5年期贷款，并以该不动产作为该笔贷款的抵押，贷款抵押率(贷款对担保物价值的比率)为50%。该笔贷款在该不动产的担保顺序上排在第一位。在初始确认时，乙银行认为该贷款不属于源生的已发生信用减值的贷款。

自初始确认后，由于宏观经济环境不佳，甲公司的收入和营业利润下降。此外，市场预计监管部门对甲公司所属行业的监管要求可能趋于严格，因而可能进一步对甲公司的收入和营业利润产生负面影响。上述变化可能对甲公司的运营产生重大且持续的负面影响。

由于上述近期最新情况以及预计会出现的不利经济状况，乙银行预计甲公司的自由现金流量将下降至按合同偿还贷款可能非常紧张的程度。同时，乙银行估计，如果甲公司的现金流量状况进一步恶化，将可能致使其无法按合同规定按时偿还贷款，即发生逾期。

此外，近期的第三方评估结果表明，由于房地产价值下跌，该贷款的抵押率已升至70%。

本例中，在资产负债表日，乙银行不能认为对甲公司的贷款只具有较低的信用风险，而应当在不考虑其持有担保物的情况下，评估甲公司的信用风险自初始确认后是否显著增加。乙银行评估发现，甲公司的现金流量此时即使出现微小恶化都可能导致其无法按合同规定按时还款，该贷款在资产负债表日具有高信用风险。因此，乙银行认为，该贷款的信用风险（即违约的风险）自初始确认后已显著增加，因而应当按照相当于该贷款整个存续期内预期信用损失的金额计量该贷款的损失准备。

尽管乙银行应当按照该贷款整个存续期内预期信用损失的金额计量该贷款的损失准备，但因预期信用损失的计量应当反映预期自担保物上收回的金额（见下文关于预期信用损失计量中担保物的影响部分），因此，乙银行对该贷款确认的预期信用损失金额可能较小。

【例 22－30】甲公司是一家大型全国性物流上市公司，其资本结构中唯一的债务是一项公开发行的 5 年期债券。根据该债券募集合同的规定，甲公司不能进一步举债。甲公司按季度向其股东发布报告。乙基金是该债券的投资方之一。在初始确认时，乙基金认为甲公司在短期内具有较强的偿债能力，该债券的违约风险较低；长期来看，经济形势和经营环境存在发生不利变化的可能，但未必导致甲公司偿付能力降低。因此，乙基金对该债券的内部信用评级等同于国际信用评级的投资级。

在资产负债表日，乙基金对于该债券信用风险的担忧主要是甲公司营业额面临持续的压力，该压力有可能导致甲公司经营活动现金流量下降。

由于乙基金仅为甲公司的债券投资人，难以取得有关甲公司的非公开信息，其对信用风险变化的评估主要依赖甲公司公开的年报、中期报告等公告以及其他公开信息，包括评级机构发布的消息和新闻中提到的相关信息等。

本例中，乙基金希望对该债券投资采用低信用风险简化处理。因此，在报告日，乙基金使用所有以合理成本即可获得的、合理且有依据的信息，评估该债券是否属于低信用风险。在这一评估中，乙基金对该债券的内部信用评级进行了重新评估，并认为该债券不再等同于外部信用评级中的投资级债券，理由如下：

1. 甲公司的最新季报显示，其营业收入同比下降 20%，营业利润同比下降 12%。

2. 评级机构对于甲公司的盈利预告作出负面反应，并对其信用级别进行复核以确定是否需要将其由投资级降至非投资级。不过，在报告日，其外部信用风险评级暂时保持不变。

3. 该债券的价格显著下跌，导致到期收益率增高。乙基金认为，该债券价格的下跌是由甲公司信用风险增加引起的。因为乙基金发现，基准利率、流动性等市场环境并未发生大的变化，通过比较同行业其他企业所发行债券的价格，判断甲公司债券价格下跌主要是甲公司特有因素所导致的。

尽管甲公司目前尚能履行合同规定的偿付义务，但其所处的不利经济形势和经营环境导致了重大不确定因素，增加了该债券的违约风险。鉴于上述原因，乙基金认为，该债券在资产负债表日不再属于只具有较低信用风险的金融资产。因此，乙基金决定评估该债券自初始确认后信用风险是否已显著增加。经过评估，乙基金认为，该债券的信用风险自初始确认后已显著增加。

【例22－31】甲银行在甲、乙、丙三个不同的地区发放住房抵押贷款，其发放的抵押贷款涉及多种贷款抵押率和不同的收入水平。根据其抵押贷款申请流程，客户需要提供其从事的行业、抵押房产所在地的地址等相关信息。

甲银行的住房抵押贷款审批标准以信用评分为基础。对于信用评分在“正常”以上的贷款申请，甲银行认为借款人有能力按合同规定履行偿还贷款的义务，其信用状况是“可接受的”，因而将批准对其发放贷款。甲银行确定初始确认时的违约风险也以信用评分为基础。

在资产负债表日，甲银行认为其开展住房抵押贷款业务的三个地区的经济状况均将显著恶化，住宅房产的价值将下跌，导致贷款抵押率上升，预期其抵押贷款组合的违约率将上升。

本例中，甲银行根据其实际情况，对甲地区的所有住房抵押贷款采用单项评估的方法，即应用自动化行为评分流程对每笔住房抵押贷款进行评估；对乙地区和丙地区的住房抵押贷款，因不具备自动化评分能力，甲银行在单项评估确定信用风险显著增加的抵押贷款（如逾期30日以上的贷款）的基础上，对其他贷款采用组合评估的方法。具体情况如下：

在甲地区，甲银行按月使用自动化行为评分流程对每笔住房抵押贷款进行信用评估。该信用评分模型基于下列参数：（1）当前和历史的逾期情况；（2）客户的负债水平；（3）贷款抵押率指标。甲银行通过重估房产价值的自动化程序定期更新贷款抵押率指标，重估房产价值所用的信息包括各地址区域的近期房产销售信息，以及其他能以合理成本即可获得的合理且有依据的前瞻性信息；(4) 客户在甲银行其他金融工具上的还款表现；(5) 贷款金额；(6) 住房抵押贷款自发放起的已存续时间。

在乙地区和丙地区，甲银行主要通过逾期状态跟踪违约风险。对逾期 30 日以上的贷款，甲银行按整个存续期内的预期信用损失确认损失准备。同时，为了评估是否应对逾期未超过 30 日的贷款按整个存续期内的预期信用损失确认损失准备，甲银行考虑了其他能以合理成本即可获得的合理且有依据的前瞻性信息。具体情况如下：

1. 乙地区。

乙地区内有一个主要依赖原油生产的大型油田。甲银行注意到，因国际油价和产能原因，该油田销售额逐年显著下滑，越来越多的该油田生产作业单位前往其他地区承揽业务。该油田已宣布将逐步关闭部分矿区，并实施减员增效等措施。尽管乙地区的相关住房抵押贷款客户在资产负债表日并未逾期，但考虑到预期就业形势的影响，甲银行认为，其客户中属于该油田员工或与油田经营状况关系密切的公司员工的，其抵押贷款的违约风险已经显著增加。因此，甲银行使用贷款申请流程中收集的部分信息，根据客户所在的行业对抵押贷款组合进行细分，以识别与该油田相关的客户。

基于以上情况，对于与该油田相关的客户的住房抵押贷款，甲银行按整个存续期内的信用损失确认损失准备；对于乙地区的其他住房抵押贷款则按 12 个月内的预期信用损失确认损失准备。对于根据单项评估确定的信用风险显著增加的抵押贷款（如逾期 30 日以上的贷款），甲银行仍按照整个存续期内的预期信用损失确认损失准备。

对于向与该油田相关的借款人新发放的贷款，由于其信用风险在自初始确认后并无显著增加，甲银行按 12 个月内的预期信用损失确认损失准备。但鉴于预期部分矿区将逐步关闭，一部分此类贷款的信用风险可能在初始确认后不久即显著增加。

2. 丙地区。

丙地区位于境外，预计在抵押贷款的整个存续期内利率将逐渐上升，因此，甲银行预计丙地区抵押贷款的信用风险将增加。甲银行还发现，利率上升是导致丙地区抵押贷款（特别是浮动利率贷款）未来发生违约的一项主要原因。历史数据显示，利率上升的幅度与浮动利率贷款组合中信用风险显著增加的贷款比例具有相关性。当前，丙地区的利率上升了 200 个基点。根据其掌握的历史资料，甲银行估计在该涨幅下，20% 的浮动利率抵押贷款组合的信用风险将会显著增加。

基于以上情况，甲银行对上述20%的浮动利率贷款组合按照整个存续期内的预期信用损失确认损失准备，对其余贷款组合则按12个月内的预期信用损失确认损失准备。对于根据单项评估确定的信用风险显著增加的抵押贷款（如逾期30日以上的贷款），甲银行仍按照整个存续期内的预期信用损失确认损失准备。

【例22－32】甲银行发放合同条款和条件相似的两种汽车贷款组合。为发放上述贷款，甲银行制定了基于其内部信用评级体系的贷款审批政策。甲银行的内部信用评级体系综合考虑贷款客户的信用历史、对甲银行其他产品的偿付行为以及其他因素，并在发放贷款时给每笔贷款评定内部信用风险级别。该评级结果分1级（最低级）至10级（最高级），违约风险随信用风险级别增加而呈指数级升高。例如，信用风险评级为1级和2级的贷款之间信用风险绝对值的差异小于信用风险评级为2级和3级的贷款之间信用风险绝对值的差异。

在甲银行发放的汽车贷款组合中，贷款组合1仅发放给具有相似内部信用风险级别的现有银行客户，而且在初始确认时所有贷款均评级为信用风险评级的3级或4级，该组合在初始确认时能接受的最高内部信用风险评级为4级；贷款组合2仅发放给对汽车贷款广告有反应的客户，而且在初始确认时这些客户的内部信用风险评级在4级到7级之间。甲银行从不发放内部信用风险评级高于7级的汽车贷款。

本例中，甲银行认定贷款组合1中的所有贷款均具有相似的初始信用风险。考虑到其内部信用风险评级的特点，甲银行认为该组合中的贷款从3级上升到4级并不代表信用风险显著增加，但任何上升到高于5级的贷款即为信用风险显著增加。因此，在评估自初始确认后信用风险的变化时，甲银行无需了解该贷款组合中每笔贷款的初始信用风险评级，仅需确定其在资产负债表日的内部信用风险评级是否高于5级，即可确定其信用风险是否显著增加。

对于贷款组合2，若以是否超过内部信用风险评级的7级作为信用风险自初始确认后是否显著增加的标准则不恰当。因为，尽管甲银行从不发放内部信用风险评级高于7级的汽车贷款，但是贷款组合2初始确认时的信用风险不像贷款组合1那样足够相似，因此，不能适用对贷款组合1所采用的方法。由于组合2中贷款的初始信用质量差别较大，甲银行不能简单地通过将在资产负债表日的信用风险与初始确认时的最差信用质量进行比较（如将组合2中贷款的内部信用风险评级与内部风险评级的7级进行比较）以确定信用风险是否已显著增加。例如，如果组合2中某笔贷款的初始信用风险评级为4级，当其内部信用风险评级变为6级时，该笔贷款的信用风险即已显著增加，无需等待其变为7级。

【例22－33】2×18年，甲银行向乙公司发放了一笔1亿元的15年期贷款，当时乙公司的内部信用风险评级为4级。在甲银行的信用评级体系中，1级代表信用风险级别最低，10级代表信用风险级别最高，违约风险随着信用风险级别增加而呈指数级上升。2×20年，乙公司的内部信用风险评级变为6级，甲银行向其又发放了一笔5 000万元的10年期贷款。2×22年，乙公司未能续签某重要客户，导致其收入锐减。甲银行认为，由于丢失该客户，乙公司履行还贷义务的能力显著下降，因而将其内部信用风险评级调为8级。

在信用风险管理中，甲银行从交易对手角度对信用风险进行评估，认为乙公司的信用风险显著增加。尽管甲银行未对乙公司的每笔贷款的自初始确认后的信用风险变化进行单项评估，但是，从交易对手方层面评估信用风险并对乙公司发放的所有贷款按照整个存续期内预期信用损失确认损失准备，仍然符合关于金融工具减值的规定。因为即使从最后一笔贷款发放时乙公司达到最高信用风险状态算起，其信用风险也已显著增加。甲银行开展的从交易对手方层面进行评估的结果，与对每笔贷款的信用风险变化进行单项评估的结果保持了一致。

（三）预期信用损失的计量

预期信用损失是以违约概率为权重的、金融工具现金流缺口（即合同现金流量与预期收到的现金流量之间的差额）的现值的加权平均值。

企业计量金融工具预期信用损失的方法应当反映下列各项要素：（1）通过评价一系列可能的结果而确定的无偏概率加权平均金额；（2）货币时间价值；（3）在资产负债表日无须付出不必要的额外成本或努力即可获得的有关过去事项、当前状况以及未来经济状况预测的合理且有依据的信息。

在不违反金融工具预期信用损失计量方法应反映的上述各项要素的前提下，企业可在计量预期信用损失时运用简便方法。例如，对于应收账款的预期信用损失，企业可参照历史信用损失经验，编制应收账款逾期天数与固定准备率对照表，以此为基础计算预期信用损失。

如果企业的历史经验表明不同细分客户群体发生损失的情况存在显著差异，那么企业应当对客户群体进行恰当的分组，在分组基础上运用上述简便方法。企业可用于对资产进行分组的标准可能包括：地理区域、产品类型、客户评级、担保物以及客户类型（如批发和零售客户）。

1. 预期信用损失的计算基础。

（1）对于金融资产，信用损失应为下列两者差额的现值：①企业依照合同应收取的合同现金流量，②企业预期能收到的现金流量。

（2）对于租赁应收款，信用损失的计算方法与金融资产相同，其用于确定预期信用损失的现金流量，应当与按照第二十一章租赁计量租赁应收款的现金流量口径保持一致。

（3）对于未提用的贷款承诺，信用损失应为下列两者差额的现值：①如果贷款承诺的持有人提用相应贷款，企业应收的合同现金流量；②如果持有人提用相应贷款，企业预期收取的现金流量。企业对贷款承诺预期信用损失的估计，应当基于对该贷款承诺提用情况的预期。企业在估计未来12个月的预期信用损失时，应当考虑预计将在资产负债表日后12个月内提用的贷款承诺部分；而在估计整个存续期预期信用损失时，应当考虑预计将在贷款承诺整个存续期内提用的贷款承诺部分。

（4）对于财务担保合同，只有当债务人按照所担保的金融工具合同条款发生违约事件时，企业才需要进行赔付。因此，财务担保合同的信用损失是企业就合同持有人发生的信用损失向其作出赔付的预期付款额，减去企业预期向该合同持有人、债务人或其他方收取的金额的差额的现值。

（5）对于购买或源生时未发生信用减值、但在后续资产负债表日已发生信用减值的金融资产，企业在计量其预期信用损失时，应当基于该金融资产的账面余额与按该金融资产原实际利率折现的预计未来现金流量的现值之间的差额。

2. 折现率。

企业应当采用相关金融工具初始确认时确定的实际利率或其近似值，将现金流缺口折现为资产负债表日的现值，而不是预计违约日或其他日期的现值。如果金融工具具有浮动利率，则应当采用当前实际利率（即最近一次利率重设后的实际利率）对现金流缺口进行折现。

（1）对于购买或源生已发生信用减值的金融资产，企业应当采用在初始确认时确定的经信用调整的实际利率（即购买或源生时将减值后的预计未来现金流量折现为摊余成本的利率）。

（2）对于租赁应收款，企业应当采用按照第二十一章租赁计量租赁应收款所使用的相同折现率。

（3）对于贷款承诺，企业应当采用在确认源自该承诺的贷款时将应用的实际利率或其近似值。

（4）对于无法确定实际利率的财务担保合同或贷款承诺，企业应当采用反映货币时间价值和相关现金流量特有风险的折现率。

3. 预期信用损失的概率加权属性。

根据预期信用损失的定义以及本章的相关规定，企业对预期信用损失的估计是概率加权的结果，应当始终反映发生信用损失的可能性和不发生信用损失的可能性（即便最可能发生的结果是不存在任何信用损失），而不是仅对最坏或最好的情形作出估计。

实务中，在某些情形下，运用相对简单的模型可能就足以满足上述要求。例如，一个较大的具有共同风险特征的金融工具组合（如小额贷款）的平均信用损失，可能是概率加权金额的合理估计值。而在某些情形下，可能需要使用大量具体的情景模拟，以识别有关现金流量金额、时间分布以及各种结果估计概率的具体数值。在该情形下，预期信用损失应当至少反映发生信用损失和不发生信用损失两种可能性（即需要估计发生信用损失的概率和金额）。

4. 计量预期信用损失所采集和使用的信息。

金融工具预期信用损失的计量方法，应当反映能够以合理成本即可获取的合理且有依据的关于过去事项、当前状况以及未来经济状况预测的信息。换言之，企业应当采集上述信息，作为金融工具预期信用损失计量的依据。

企业所采集和使用的信息既应当包含与借款人特定因素相关的信息，也应当包含反映总体经济状况和趋势的信息。企业可同时使用内部和外部的数据，包括关于信用损失的企业内部历史经验、企业内部评级、其他企业的信用损失经验、外部评级、外部报告和外部统计数据等。如果企业没有关于特定金融工具的数据来源或此类来源的数据不够充分，那么企业可以使用同行业内对类似金融工具的经验数据。

历史信息是企业计量预期信用损失的重要基准。在某些情形下，未经调整的历史信息可能是最佳的合理且有依据的信息。而在其他情形下，企业可能需要对历史数据进行调整，以反映当前状况和未来预测的影响，并剔除与未来现金流量不相关的历史因素的影响。

企业对预期信用损失的估计，应当反映相关可观察数据（如就业率、房价、商品价格等）的变化并与其保持方向一致。如果存在关于特定金融工具或类似金融工具信用风险的可观察的市场信息（如针对特定主体的信用风险违约掉期的市场价格），企业应当在预期信用损失计量中予以考虑。企业还应当定期复核用于估计预期信用损失的可观察数据，以减少估计值与实际信用损失之间的差异。

在考虑前瞻性信息时，企业无需对金融工具整个预计存续期内的情况作出预测。企业在估计预期信用损失时需要运用的判断程度的高低，取决于具体信息的可获取性。预测的时间跨度越大，具体信息的可获取性越低，则企业在估计预期信用损失时所运用判断的程度就越高。本章并不要求企业对很远的未来作出详细估计，企业只需根据现有资料对未来情况进行推断。

5. 估计预期信用损失的期间。

估计预期信用损失的期间，是指相关金融工具可能发生的现金流缺口所属的期间。企业计量预期信用损失的最长期限应当为企业面临信用风险的最长合同期限（包括由于续约选择权可能延续的合同期限）。对于贷款承诺和财务担保合同，计量预期信用损失的最长期限应当为企业承担提供信贷或财务担保的现时义务的最长合同期限。

需要注意的是，估计信用损失的期间，与金融工具是否按整个存续期内预期信用损失金额计量损失准备是两个不同的概念。12 个月内预期信用损失，是指因资产负债表日后 12 个月内（若金融工具的预计存续期少于 12 个月则为更短的存续期间）可能发生的违约事件而导致的金融工具在整个存续期内现金流缺口的加权平均现值，而非发生在 12 个月内的现金流缺口的加权平均现值。例如，企业预计一项剩余存续期为 3 年的债务工具在未来 12 个月内将发生债务重组，重组将对该工具整个存续期内的合同现金流量进行调整，则所有合同现金流量的调整（无论归属在哪个期间）都属于计算 12 个月内预期信用损失的考虑范围。

某些金融工具可能同时包含贷款和未提用的贷款承诺，企业根据合同规定有通知借款人还款和取消未提用信用额度的能力，但这种能力未将企业所面临信用损失的期间限定在通知期之内，则企业对于此类金融工具确认预期信用损失的期间，应当为其面临信用风险且无法用信用风险管理措施予以缓释的期间，即使该期间超过了最长合同期限（通知期）。例如，对于信用卡持卡人，银行可以最短提前 1 天通知撤销循环信用额度，但在实务中，银行只有当持卡人出现违约后才会撤销授信额度，而此时对于阻止全部或部分预期信用损失的发生而言可能已经太迟。因此，银行不能以 1 天的通知期作为估计预期信用损失的期间，而应当以其面临信用风险且无法用信用风险管理措施予以缓释的期间作为估计预期信用损失的期间。此类金融工具通常同时具备下列特征：（1）不具有固定的存续期或还款结构，且合同取消期通常较短；（2）出借方依照合同规定取消该合同的能力无法在该金融工具的一般日常管理中实施，而只有当企业（出借方）已获悉在授信额度层面的信用风险增加后才可能取消该合同；（3）企业在组合基础上对该金融工具进行管理。

6. 担保物的影响。

在预期信用损失计量中，企业对现金流缺口的估计应当反映源自担保物或其他信用增级的预期现金流（即使该现金流的预期发生时间超过了合同期限），前提是该担保物或信用增级属于金融工具合同条款的组成部分且企业尚未将其在资产负债表中确认。企业在判断信用增级是否属于合同条款组成部分时，应当结合多种因素进行考虑。例如，金融工具的合同是否对该信用增级进行了索引、金融工具的相关监管法规是否强制要求纳入相关信用增级、金融工具合同与相关信用增级是否为同时或相近时间签订且互为条件、相关信用增级是否可以单独转让等。需要说明的是，“属于合同条款组成部分的其他信用增级”并不要求其必须与金融工具载于同一合同，未与金融工具载于同一合同、但实质上与金融工具的合同构成一个整体的其他信用增级条款也包括在内。

企业对被担保金融工具的预期现金流缺口的估计，应当反映源自担保物的预期现金流的金额（减去取得和出售该担保物的成本）和时间，无需考虑该抵债是否很可能发生。

对于所有因抵债而获得的担保物，企业均不应将其独立于被担保金融工具单独确认为一项资产，除非该担保物满足本章或其他章规定的资产确认标准。

7. 预期信用损失计量示例。

为简便起见，下列示例只说明了预期信用损失计量中的某个或某几个方面。实务中，企业不能简单仿照这些示例计量预期信用损失。

【例22－34】甲银行发放了一笔1 000 000元的10年期分期还本贷款。考虑到对具有相似信用风险的其他金融工具的预期、借款人的信用风险以及未来12个月的经济形势前景，甲银行估计初始确认时，该贷款在后续12个月内的违约概率为0.5%。此外，为确定自初始确认后信用风险是否已显著增加，甲银行还认定未来12个月的违约概率变动，合理近似于整个存续期的违约概率变动。

本例中，在初始确认后首个资产负债表日（在该贷款最终还款到期日之前），甲银行预计未来12个月的违约概率无变化，因此认为自初始确认后信用风险并无显著增加。甲银行预计，如果该贷款违约，将会损失账面余额的25%（即违约损失率为25%）。

甲银行按照未来12个月的违约概率0.5%计量未来12个月的预期信用损失，并据此相应确认损失准备。因此，在该资产负债表日，该笔贷款12个月内的预期信用损失为1 250元（1 000 000×0.5%×25%）。

【例22-35】 甲银行向某本地百货公司的客户发放联名信用卡。该信用卡设有为期1天的通知期。按照合同规定，甲银行有权在通知期结束后取消该信用卡（包括已提用部分和未提用部分），但甲银行在日常管理中从未行使过这种取消信用卡的合同权利，而只有当甲银行通过风险监控发现某单个客户信用风险增加时，才取消其信用额度。因此，甲银行认为，取消信用卡的合同权利无法将信用损失敞口限制在合同通知期内。

在管理上述信用卡业务的信用风险时，甲银行把客户合同现金流量视为一个整体进行评估，在资产负债表日不对单个客户的已提用和未提用部分进行区分。甲银行以此为基础对该信用卡组合进行管理，并基于信用额度整体计量预期信用损失。

在资产负债表日，该信用卡组合的未偿还余额为6亿元，未提用额度为4亿元。

甲银行在资产负债表日对预计信用额度面临信用风险的期间进行估计，并以此为基础确定该组合的预计存续期。该估计的具体考虑因素包括：（1）类似信用卡组合面临信用风险的期间；（2）类似金融工具出现违约所用的时间；（3）由于类似金融工具信用风险增加而采取信用风险管理措施的以往事件，如减少或取消未提用信用额度。据此，甲银行估计该信用卡组合的预计存续期为30个月。

在资产负债表日，甲银行对该组合自初始确认后的信用风险变化进行评估，相关判断如下：

1. 该信用卡组合中有25%的客户的信用风险自初始确认后已显著增加。

2. 在未提用额度4亿元中，有1亿元未提用额度的信用风险自初始确认后已显著增加。

3. 在未偿还余额6亿元中，应确认整个预计存续期内的预期信用损失的未偿还余额为2亿元。

4. 在信用风险自初始确认后已显著增加的1亿元未提用额度中，根据甲银行基于历史数据的估计（包括考虑信用风险显著增加的客户对信用的需求更加迫切），客户预计后续30个月（该信用卡组合的预计存续期）内将从这1亿元额度中实际提用5 000万元。

5. 在信用风险自初始确认后未显著增加3亿元未提用额度中，根据甲银行基于历史数据估计（包括考虑信用风险未显著增加的客户对信用的需求不太迫切），客户预计后续12个月内将从这3亿元额度中实际提用5 000万元。

本例中，对贷款承诺预期信用损失的估计，应当与其对该贷款承诺提用情况的预期保持一致。即，在估计12个月的预期信用损失时，应当考虑预计将在资产负债表日后12个月内提用的贷款承诺部分，而在估计整个存续期预期信用损失时，应当考虑预计将在贷款承诺整个存续期内提用的贷款承诺部分。甲银行按此考虑了该信用卡组合预计存续期内（30个月）的额度预计提用情况，并估计了客户违约时该组合的预计未偿还余额。根据其信用风险模型，甲银行认为：

1. 应当确认整个存续期内预期信用损失的信用卡额度违约风险敞口为25 000万元（包括应确认整个预计存续期内的预期信用损失的未偿还余额20 000万元，以及预计后续30个月内将从信用风险自初始确认后已显著增加的未提用额度10 000万元中实际提用的5 000万元）。

2. 应确认12个月内预期信用损失的信用卡额度违约风险敞口为45 000万元（包括应确认12个月内预期信用损失的未偿还余额60 000 − 20 000 = 40 000万元，以及预计后续12个月内将从信用风险自初始确认后未显著增加的未提用额度30 000万元中实际提用的5 000万元）。

甲银行通过上述过程确定了违约风险敞口和预计存续期，并以此为基础计算该信用卡组合的整个存续期内预期信用损失和12个月内预期信用损失。

由于甲银行基于信用额度整体计量预期信用损失，因而无法区分未提用承诺部分的预期信用损失和贷款部分的预期信用损失。在甲银行的资产负债表中，未提用承诺部分的预期信用损失与贷款部分的损失准备合并列示。如果合并列示的预期信用损失超出了金融资产的账面余额，超出部分应列示为预计负债。如果甲银行基于未提用承诺和贷款分别计量预期信用损失，则未提用承诺部分的预期信用损失应在资产负债表中列示为预计负债。

【例22－36】 2×20年1月1日，甲银行发放一笔5年期贷款，合同面值为1 000万元，年利率5%（假定与实际利率一致），按年付息，到期一次偿还本金。

2×20年12月31日，由于该贷款自初始确认后信用风险未显著增加，甲银行按12个月内预期信用损失确认损失准备，损失准备余额为20万元。

2×21年12月31日，甲银行确定该贷款自初始确认后的信用风险已显著增加，因此对该笔贷款确认整个存续期内的预期信用损失，损失准备余额为30万元。

2×22年12月31日，由于借款人出现重大财务困难，甲银行修改了该笔贷款的合同条款和现金流量，并将该笔贷款的合同期限延长了一年，其剩余期限变为三年。本次修改并未导致甲银行终止确认该贷款。甲银行按照初始实际利率5%，重新计算修改后的合同现金流量的现值为920万元，作为该贷款新的账面余额，与修改前的账面余额之间的差额80万元确认为合同修改损失。

在考虑修改后的合同现金流量的基础上，甲银行评估了是否应继续对该贷款按整个存续期内预期信用损失计量损失准备，并重新计算了损失准备。甲银行将当前信用风险（基于修改后的现金流量）与初始确认时的信用风险（基于初始未修改的现金流量）进行比较，认为其信用风险已显著增加，因此，继续按照整个存续期内的预期信用损失计量损失准备。在资产负债表日，该贷款按照整个存续期内的预期信用损失计量的损失准备余额为100万元。

甲银行对于上述合同现金流量修改的相关计算如表22－6所示。

表22－6 单位：万元

期间	期初账面余额	减值损失	合同修改损失	利息收入	现金流量	期末账面余额	损失准备	期末摊余成本
	①	②	③	④＝①×5%	⑤	⑥＝①＋③＋④－⑤	⑦	⑧＝⑥－⑦
第1年	1 000	(20)		50	50	1 000	20	980
第2年	1 000	(10)		50	50	1 000	30	970
第3年	1 000	(70)	(80)	50	50	920	100	820

注：括号内的金额代表损失。

在后续资产负债表日，甲银行应将该贷款初始确认时的信用风险（基于初始未修改的现金流量）与资产负债表日的信用风险（基于修改后的现金流量）进行比较，以评估信用风险是否显著增加。

假定在2×23年12月31日，与修改日的预期相比，借款人的实际业绩明显好于其经营计划，而且借款人所属行业的前景也好于此前预测。通过使用以合理成本即可获得的、合理且有依据的信息进行评估，甲银行发现该贷款的整体信用风险和在整个存续期内的违约风险率下降，因此，甲银行在第 4 年末调整了借款人的内部信用评级。

考虑到这一进展，甲银行对该贷款信用状况进行了重新评估，并确定该贷款的信用风险已经下降，与初始确认时的信用风险相比已无显著增加。因此，甲银行重新按 12 个月内预期信用损失计量该贷款的损失准备。

【例 22－37】甲公司是一家制造业企业，其经营地域单一且固定。2×22 年 12 月 31 日，甲公司应收账款合计为 3 亿元。考虑到客户群由众多小客户构成，甲公司根据代表偿付能力的客户共同风险特征对应收账款进行分类。上述应收账款不包含重大融资成分，甲公司对上述应收账款始终按整个存续期内的预期信用损失计量损失准备。

甲公司使用逾期天数与违约损失率对照表确定其应收账款组合的预期信用损失。对照表以此类应收账款预计存续期的历史违约损失率为基础，并根据前瞻性估计予以调整。在每个资产负债表日，甲公司都将分析前瞻性估计的变动，并据此对历史违约损失率进行调整。2×22 年 12 月 31 日，甲公司更新后的逾期天数与违约损失率对照表如表 22－7 所示。

表 22－7

逾期情况	未逾期	逾期 1～30 日	逾期 31～60 日	逾期 61～90 日	逾期＞90 日
违约损失率	0.3%	1.6%	3.6%	6.6%	10.6%

2×22 年 12 月 31 日，甲公司根据逾期天数与违约损失率对照表，计算其 30 000 000 元应收账款的预期信用损失如表 22－8 所示。

表 22－8

逾期情况	账面余额（元）	违约损失率（%）	预期信用损失（元）
	①	②	③＝①×②
未逾期	15 000 000	0.3	45 000
逾期 1～30 日	7 500 000	1.6	120 000
逾期 31～60 日	4 000 000	3.6	144 000
逾期 61～90 日	2 500 000	6.6	165 000
逾期＞90 日	1 000 000	10.6	106 000
合计	30 000 000	—	580 000

（四）金融资产减值与利息收入的计算

1. 未发生信用减值的金融资产。

对于处于信用减值第一阶段和第二阶段的金融资产以及适用实务简化处理的应收款项、合同资产和租赁应收款，企业应当按照该金融资产的账面余额（即不考虑减值影响）乘以实际利率的金额确定其利息收入。

2. 已发生信用减值的金融资产。

当对金融资产预期未来现金流量具有不利影响的一项或多项事件发生时，该金融资产成为已发生信用减值的金融资产，即处于信用减值第三阶段的金融资产。

金融资产已发生信用减值的证据包括下列可观察信息：（1）发行方或债务人发生重大财务困难；（2）债务人违反合同，如偿付利息或本金违约或逾期等；（3）债权人出于与债务人财务困难有关的经济或合同考虑，给予债务人在任何其他情况下都不会做出的让步；（4）债务人很可能破产或进行其他财务重组；（5）发行方或债务人财务困难导致该金融资产的活跃市场消失；（6）以大幅折扣购买或源生一项金融资产，该折扣反映了发生信用损失的事实。金融资产发生信用减值，有可能是多个事件的共同作用所致，未必是可单独识别的事件所致。

对于已发生信用减值的金融资产，企业应分下列两种情形计算和确认利息收入：

（1）对于购买或源生时未发生信用减值、但在后续期间发生信用减值的金融资产，企业应当在发生减值的后续期间，按照该金融资产的摊余成本（即账面余额减已计提减值）乘以初始确认时确定的实际利率计算得到的金额确认利息收入。

（2）对于购买或源生时已发生信用减值的金融资产，企业应当自初始确认起，按照该金融资产的摊余成本乘以经信用调整的实际利率（即购买或源生时将减值后的预计未来现金流量折现为摊余成本的利率）计算得到的金额确认利息收入。

（五）金融工具减值处理流程图

金融工具减值的判断和处理流程总结如图 22－2 所示。

需要强调的是，企业应当以预期信用损失为基础对以摊余成本计量的应收账款、其他应收款等进行减值会计处理并确认损失准备，不得以应收账款尚处于信用期内或信用卡年费未逾期等为由不对其确认损失准备。企业在对应收账

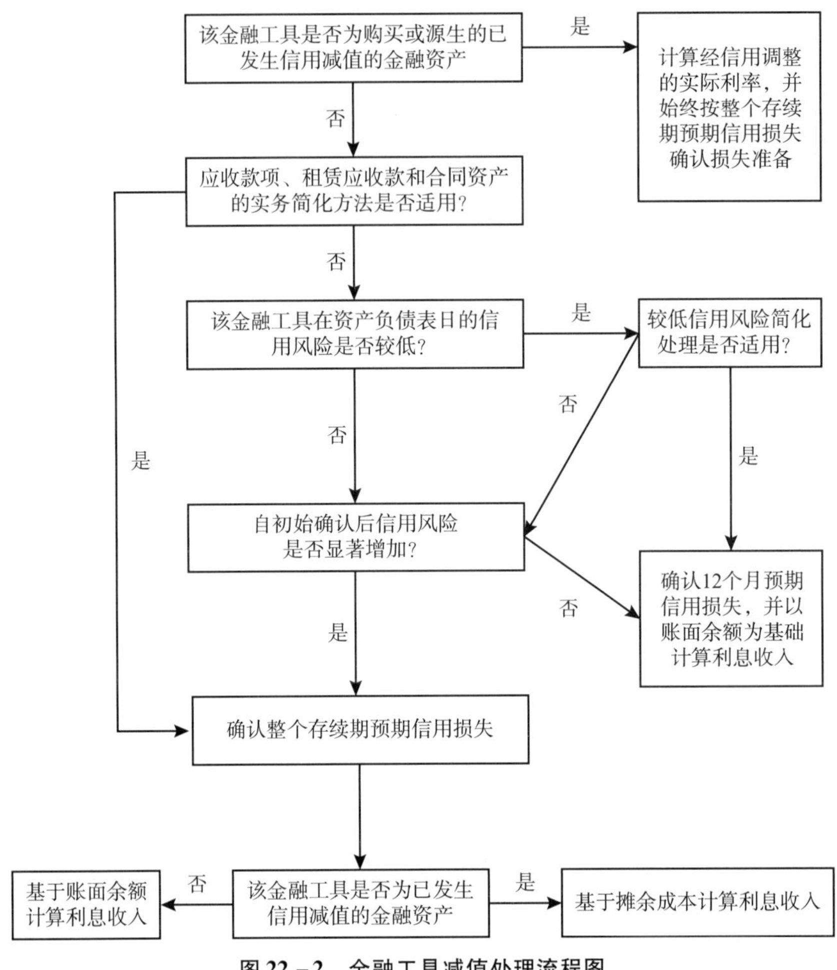

图22－2　金融工具减值处理流程图

款的预期信用损失准备进行估计时，应当充分考虑客户的类型、所处行业、信用风险评级、历史回款情况等信息，判断同一账龄组合中的客户是否具有共同的信用风险特征。若某一客户信用风险特征与组合中其他客户显著不同，或该客户信用风险特征发生显著变化，企业不应继续将应收该客户款项纳入原账龄组合计提损失准备。

企业以预期信用损失为基础，对向其他企业提供的委托贷款、财务担保或向集团关联企业提供资金借贷等进行减值会计处理时，应当将其发生信用减值的过程分为三个阶段，对不同阶段的预期信用损失采用相应的会计处理方法，不得采用按照整个存续期内预期信用损失的金额计量损失准备的简化处理方法。

此外，如果企业在资产负债表日考虑所有合理且有依据的信息，已采用预期信用损失法基于有关过去事项、当前状况以及未来经济状况预测对相关金融资产计提了损失准备，该金融资产在资产负债表日至财务报告批准报出日之间到期并全额收回的，不应仅仅因资产负债表日后交易情况认为已计提的减值准备不合理而调整资产负债表日的财务报表。

（六）金融工具减值的账务处理

1. 减值准备的计提和转回。

企业应当在资产负债表日计算金融工具（或金融工具组合）预期信用损失。如果该预期信用损失大于该金融工具（或金融工具组合）当前减值准备的账面金额，企业应当将其差额确认为减值损失，借记“信用减值损失”科目，根据金融工具的种类，贷记“贷款损失准备”、“债权投资减值准备”、“坏账准备”、“租赁应收款减值准备”、“预计负债”（用于贷款承诺及财务担保合同）、“其他综合收益——信用减值准备”（用于以公允价值计量且其变动计入其他综合收益的债权类资产）等科目（以下统称“贷款损失准备”等科目）；如果资产负债表日计算的预期信用损失小于该金融工具（或金融工具组合）当前减值准备的账面金额，则应当将差额确认为减值利得，做相反的会计分录。

2. 已发生信用损失金融资产的核销。

企业实际发生信用损失，认定相关金融资产无法收回，经批准予以核销的，应当根据经批准的核销金额，借记“贷款损失准备”、“坏账准备”等科目，贷记“贷款”、“应收账款”等科目。若核销金额大于已计提的损失准备，还应按其差额借记“信用减值损失”科目。

企业已核销的金融资产以后又收回的，应按实际收到的金额，借记“贷款”、“应收账款”等科目，贷记“贷款损失准备”、“坏账准备”等科目；借记“存放中央银行款项”、“银行存款”等科目，贷记“贷款”、“应收账款”等科目；借记“贷款损失准备”、“坏账准备”等科目，贷记“信用减值损失”科目。

【例22－38】 甲公司于2×22年10月15日购入一项公允价值为1 000万元的债务工具，分类为以公允价值计量且其变动计入其他综合收益的金融资产。该工具合同期限为10年，年利率为5%（假定与实际利率一致）。初始确认时，甲公司确定其不属于购入或源生的已发生信用减值的金融资产。2×22年12月31日，由于市场利率变动，该债务工具的公允价值跌至950万元。甲公司认为，该工具的信用风险自初始确认后并无显著增加，应按12个月内预期信用损失计量损失准备，损失准备金额为30万元。2×23年1月1日，甲公司决定以当日的公允价值950万元，出售该债务工具。为简化起见，假定不考虑利息。

甲公司相关账务处理如下：

1. 2×22年10月15日购入该工具时：

借：其他债权投资——成本　　10 000 000

　　贷：银行存款　　10 000 000

2. 2×22年12月31日确认减值损失和公允价值变动：

借：信用减值损失　　300 000

　　贷：其他综合收益——信用减值准备　　300 000

借：其他综合收益——其他债权投资公允价值变动　　500 000

　　贷：其他债权投资——公允价值变动　　500 000

3. 2×23年1月1日出售该工具时：

借：银行存款　　9 500 000

　　投资收益　　200 000

　　其他综合收益——信用减值准备　　300 000

　　其他债权投资——公允价值变动　　500 000

　　贷：其他综合收益——其他债权投资公允价值变动　　500 000

　　　　其他债权投资——成本　　10 000 000

【例22-39】2×20年1月1日，甲银行向乙公司发放一笔5年期信用贷款，贷款本金5 000万元，年利率4%，每年末付息，到期一次还本。甲银行以摊余成本计量该贷款。假设不考虑交易费用，该贷款的实际利率为4%。

2×20年12月31日，乙公司按合同约定支付利息。甲银行评估认为该贷款的信用风险自初始确认以来未显著增加，并计算其未来12个月内预期信用损失为80万元。

2×21年12月31日，乙公司按合同约定支付利息。甲银行评估认为该贷款信用风险自初始确认以来已经显著增加，并计算整个存续期内预期信用损失为300万元。

2×22年6月30日，甲银行了解到乙公司面临重大财务困难，认定该贷款已发生减值。同日，甲银行计算整个存续期内预期信用损失为800万元。

2×22年12月31日，乙公司未按合同约定支付利息。甲银行计算整个存续期内预期信用损失为1 200万元。

2×23年6月30日，甲银行计算整个存续期内预期信用损失为1 600万元，并以3 500万元价格将该贷款转让给丙资产管理公司，该贷款所有权上的所有风险和报酬均转移至丙资产管理公司。

丙资产管理公司以摊余成本计量该贷款。根据其掌握的情况，将该贷款认定为已发生信用减值的金融资产，并预计该贷款的未来现金流量如表22－9所示。

表22－9　　单位：元

日期	金额
2×24年12月31日	20 000 000
2×25年6月30日	18 500 000

根据以上数据，丙资产管理公司计算该贷款经信用调整的实际利率为5.6352%，并计算该贷款账面价值摊余过程如表22－10所示。

表22－10　　单位：元

日期	计提利息期限（年）	按经信用调整的实际利率计算的利息	还款	摊余成本
2×23年6月30日	—	—	—	35 000 000
2×23年12月31日	0.5	972 649	—	35 972 649
2×24年12月31日	1	2 027 138	－20 000 000	17 999 787
2×25年6月30日	0.5	500 213	－18 500 000	—

2×23年12月31日，丙资产管理公司对该贷款回收金额和回收时间的预期未发生改变（即预期信用损失变动为零）。

2×24年12月31日，丙资产管理公司实际收到乙公司还款2 000万元，对该贷款后续回收金额和回收时间的预期未发生改变。

2×25年6月30日，丙资产管理公司实际收到乙公司还款1 900万元，贷款合同终止。

假定不考虑税费影响，甲银行和丙资产管理公司的相关账务处理如下：

1. 甲银行。

（1）2×20年1月1日，发放贷款：

借：贷款——本金　　50 000 000

　　贷：吸收存款　　50 000 000

（2）2×20年12月31日，确认利息收入和收到的利息：

利息收入＝账面余额×实际利率＝5 000×4%＝200（万元）

借：贷款——应计利息　　2 000 000

　　贷：利息收入　　2 000 000

借：吸收存款　　2 000 000

　　贷：贷款——应计利息　　2 000 000

计提减值准备：

借：信用减值损失　　800 000

　　贷：贷款损失准备　　800 000

（3）2×21年12月31日，确认利息收入和收到的利息：

借：贷款——应计利息　　2 000 000

　　贷：利息收入　　2 000 000

借：吸收存款　　2 000 000

　　贷：贷款——应计利息　　2 000 000

补提减值准备：

借：信用减值损失　　2 200 000

　　贷：贷款损失准备　　2 200 000

（4）2×22年6月30日，确认实际减值前利息收入：

利息收入＝账面余额×实际利率＝$50\ 000\ 000\times[(1+4\%)^{0.5}-1]=990\ 195$（元）

借：贷款——应计利息　　990 195

　　贷：利息收入　　990 195

补提减值准备：

借：信用减值损失　　5 000 000

　　贷：贷款损失准备　　5 000 000

（5）2×22年12月31日，确认实际减值后利息收入：

利息收入＝摊余成本×实际利率＝$(50\ 000\ 000+990\ 195-8\ 000\ 000)\times[(1+4\%)^{0.5}-1]=851\ 374$（元）

借：贷款——应计利息　　851 374

　　贷：利息收入　　851 374

补提减值准备：

借：信用减值损失　　4 000 000

　　贷：贷款损失准备　　4 000 000

2×23 年 1 月 1 日，甲银行应将已过付息期但未收到的利息 1 841 569 元（990 195 + 851 374）转入“应收利息”科目。

借：应收利息　　1 841 569

　　贷：贷款——应计利息　　1 841 569

（6）2×23 年 6 月 30 日，确认利息收入：

利息收入 = 摊余成本 × 实际利率 = (50 000 000 + 990 195 + 851 374 − 12 000 000) × $[(1+4\%)^{0.5}-1]$ = 789 019（元）

借：应收利息　　789 019

　　贷：利息收入　　789 019

补提减值准备：

借：信用减值损失　　4 000 000

　　贷：贷款损失准备　　4 000 000

终止确认贷款：

借：存放中央银行款项　　35 000 000

　　贷款损失准备　　16 000 000

　　投资收益　　1 630 588

　　贷：贷款——本金　　50 000 000

　　　　应收利息　　2 630 588

2. 丙资产管理公司。

（1）2×23 年 6 月 30 日，确认购入贷款：

借：债权投资——成本　　35 000 000

　　贷：银行存款　　35 000 000

（2）2×23 年 12 月 31 日，确认利息收入：

借：债权投资——应计利息　　972 649

　　贷：利息收入　　972 649

（3）2×24 年 12 月 31 日，确认利息收入：

借：债权投资——应计利息　　2 027 138

　　贷：利息收入　　2 027 138

确认收到的还款：

借：银行存款　　20 000 000
　　贷：债权投资——成本　　17 000 213
　　　　　　　　——应计利息　　2 999 787

（4）2×25年6月30日，确认利息收入：

借：债权投资——应计利息　　500 213
　　贷：利息收入　　500 213

确认收到的还款，终止确认贷款：

借：银行存款　　19 000 000
　　贷：债权投资——成本　　17 999 787
　　　　　　　　——应计利息　　500 213
　　　　信用减值损失　　500 000

十二、衔接规定

（一）首次执行企业会计准则

在首次执行日，企业应当按照下列要求进行衔接处理：

1. 关于金融资产的分类。

在首次执行日，企业应当按照本章规定对金融资产进行重新分类。分类或指定为以公允价值计量且其变动计入其他综合收益的金融资产或以公允价值计量且其变动计入当期损益的金融资产的，应当在首次执行日按照公允价值计量，并将账面价值与公允价值的差额调整期初留存收益。分类为摊余成本计量的金融资产的，应当自首次执行日起改按实际利率法，在随后的会计期间采用摊余成本计量。

2. 关于指定为以公允价值计量且其变动计入当期损益的金融负债。

对于在首次执行日指定为以公允价值计量且其变动计入当期损益的金融负债，应当在首次执行日按照公允价值计量，并将账面价值与公允价值的差额调整期初留存收益。

3. 关于未确认或已按成本计量的衍生工具。

对于未在资产负债表内确认或已按成本计量的衍生工具（不包括套期工具），应当在首次执行日按照公允价值计量，同时调整期初留存收益。

4. 关于嵌入衍生工具。

对于嵌入衍生工具，按照本章规定应当从混合合同分拆的，应当在首次执行日将其从混合合同分拆并单独处理，但该嵌入衍生工具的公允价值无法单独计量的除外。

除上述情形外，企业在首次执行日均采用未来适用法进行处理。

（二）金融工具确认计量准则转换

在金融工具确认计量准则施行日（以下简称施行日），企业应当按照下列要求进行衔接处理：

施行日之前的金融工具确认和计量与本章要求不一致的，企业应当追溯调整，本章另有规定的除外。在施行日已经终止确认的项目，不适用本章。

1. 关于金融资产的分类。

（1）关于业务模式评估。

企业应当以施行日的既有事实和情况为基础，根据本章规定评估其管理金融资产的业务模式是以收取合同现金流量为目标，还是以既收取合同现金流量又出售金融资产为目标，或者其他目标，并据此确定金融资产的分类，进行追溯调整，无须考虑企业之前的业务模式。

（2）关于合同现金流量评估。

企业应当基于金融资产初始确认时而非施行日存在的事实和情况为基础，对金融资产的合同现金流量进行评估。下列情形除外：

①企业在考虑具有修正的货币时间价值要素的金融资产的合同现金流量特征时，需要对特定货币时间价值要素修正进行评估的，该评估应当以该金融资产初始确认时存在的事实和情况为基础。该评估不切实可行的，企业不应考虑本章关于货币时间价值要素修正的规定。

②企业在考虑具有提前还款特征的金融资产的合同现金流量特征时，需要对该提前还款特征的公允价值是否非常小进行评估的，该评估应当以该金融资产初始确认时存在的事实和情况为基础。该评估不切实可行的，企业不应认为提前还款特征的公允价值非常小。

2. 相关指定或撤销指定。

（1）金融资产的指定或撤销指定。

企业应当以施行日的既有事实和情况为基础，根据本章的相关规定，对相关金融资产进行指定或撤销指定，并追溯调整：

①在施行日，企业可以根据本章的规定，将满足条件的金融资产指定为以公允价值计量且其变动计入当期损益的金融资产。但企业之前指定为以公允价值计量且其变动计入当期损益的金融资产，不满足本章规定的指定条件的，应当解除之前做出的指定；之前指定为以公允价值计量且其变动计入当期损益的

金融资产继续满足本章规定的指定条件的，企业可以选择继续指定或撤销之前的指定。

②在施行日，企业可以根据本章规定，将非交易性权益工具投资指定为以公允价值计量且其变动计入其他综合收益的金融资产。

（2）金融负债的指定或撤销指定。

企业应当以施行日的既有事实和情况为基础，根据本章的相关规定，对相关金融负债进行指定或撤销指定，并追溯调整：

①在施行日，为了消除或显著减少会计错配，企业可以根据本章的规定，将金融负债指定为以公允价值计量且其变动计入当期损益的金融负债。

②企业之前初始确认金融负债时，为了消除或显著减少会计错配，已将该金融负债指定为以公允价值计量且其变动计入当期损益的金融负债，但在施行日不再满足本章规定的指定条件的，企业应当撤销之前的指定；该金融负债在施行日仍然满足本章规定的指定条件的，企业可以选择继续指定或撤销之前的指定。

同时，在施行日，企业存在根据本章规定将金融负债指定为以公允价值计量且其变动计入当期损益的金融负债，并且按照本章规定将由企业自身信用风险变动引起的该金融负债公允价值的变动金额计入其他综合收益的，企业应当以该日的既有事实和情况为基础，判断按照上述规定处理是否会造成或扩大损益的会计错配，进而确定是否应当将该金融负债的全部利得或损失（包括企业自身信用风险变动的影响金额）计入当期损益，并按照上述结果追溯调整。

3. 关于金融工具的减值。

在施行日，企业按照本章计量金融工具减值的，应当使用无须付出不必要的额外成本或努力即可获得的合理且有依据的信息，确定金融工具在初始确认日的信用风险，并将该信用风险与施行日的信用风险进行比较。

在确定自初始确认后信用风险是否显著增加时，企业可以应用本章相关规定根据其是否具有较低的信用风险进行判断，或者应用本章规定根据相关金融资产逾期是否超过 30 日进行判断。企业在施行日必须付出不必要的额外成本或努力才可获得合理且有依据的信息的，企业在该金融工具终止确认前的所有资产负债表日的损失准备应当等于其整个存续期的预期信用损失。

4. 衔接调整与计量。

（1）混合合同。

在施行日，企业存在根据本章相关规定应当以公允价值计量的混合合同但之前末以公允价值计量的，该混合合同在前期比较财务报表期末的公允价值应当等于其各组成部分在前期比较财务报表期末公允价值之和。在施行日，企业应当将整个混合合同在该日的公允价值与该混合合同各组成部分在该日的公允价值之和之间的差额，计入施行日所在报告期间的期初留存收益或其他综合收益。

（2）以摊余成本计量的金融资产或金融负债。

在施行日，企业按照本章规定对相关金融资产或金融负债以摊余成本进行计量、应用实际利率法追溯调整不切实可行的，应当按照下列原则进行处理：

①以金融资产或金融负债在前期比较财务报表期末的公允价值，作为企业调整前期比较财务报表数据时该金融资产的账面余额或该金融负债的摊余成本；

②以金融资产或金融负债在施行日的公允价值，作为该金融资产在施行日的新账面余额或该金融负债的新摊余成本。

（3）无公开报价的权益工具投资。

在施行日，对于之前以成本计量的、在活跃市场中没有报价且其公允价值不能可靠计量的权益工具投资或与该权益工具挂钩并须通过交付该工具进行结算的衍生金融资产，企业应当以其在施行日的公允价值计量。原账面价值与公允价值之间的差额，应当计入施行日所在报告期间的期初留存收益或其他综合收益。

在施行日，对于之前以成本计量的、与在活跃市场中没有报价的权益工具挂钩并须通过交付该权益工具进行结算的衍生金融负债，企业应当以其在施行日的公允价值计量。原账面价值与公允价值之间的差额，应当计入施行日所在报告期间的期初留存收益。

（4）可供出售金融资产。

在施行日，企业将之前的可供出售金融资产分类为以公允价值计量且其变动计入当期损益的金融资产的，原计入其他综合收益的累计金额应转入施行日所在年度报告期间的期初留存收益。

在施行日，原分类为可供出售金融资产的权益工具投资，按照本章指定为以公允价值计量且其变动计入其他综合收益的金融资产的，企业应当以其在施行日的公允价值计量，原账面价值与公允价值之间的差额，应当计入其他综合收益，后续不得转入当期损益，待该权益工具终止确认时转入留存收益。在施行日，该权益工具投资原来计入其他综合收益的累计金额不做处理，待该权益工具终止确认时转入留存收益。该权益工具投资原来计入损益的累计减值损失，原则上应当转入其他综合收益，实务上出于简化考虑，允许不对累计减值损失做出处理。

（5）会计政策统一相关问题。

企业已执行金融工具确认计量准则、《企业会计准则第23号——金融资产转移》（财会〔2017〕8号）、《企业会计准则第24号——套期会计》（财会〔2017〕9号）和《企业会计准则第37号——金融工具列报》（财会〔2017〕14号）（以下简称新金融工具相关准则）的，在编制合并财务报表时应当统一其子公司所采用的会计政策，即使其子公司是保险公司且符合暂缓执行新金融工具相关准则的条件，也应当遵循前述统一会计政策的要求，对子公司财务报表进行必要的调整或要求子公司按照母公司的会计政策另行编报财务报表。

企业已执行新金融工具相关准则的，在对其联营企业或合营企业采用权益法进行会计处理时，应统一联营企业或合营企业的会计政策。发生下列情形的，企业可以不进行统一会计政策的调整：（1）企业执行新金融工具相关准则，但其联营企业或合营企业暂缓执行新金融工具相关准则。（2）企业暂缓执行新金融工具相关准则，但联营企业或合营企业执行新金融工具相关准则。企业可以对每个联营企业或合营企业单独选择是否进行统一会计政策的调整。该豁免在保险公司执行第二十五章保险合同后的财务报告期间不再适用。

企业会计准则应用指南汇编 2024

（下册）

财政部会计司编写组　编

中国财经出版传媒集团
中国财政经济出版社
·北京·

图书在版编目（CIP）数据

企业会计准则应用指南汇编. 2024. 下册/财政部会计司编写组编. --北京：中国财政经济出版社，2024. 3（2024.6重印）

ISBN 978-7-5223-2972-7

Ⅰ. ①企… Ⅱ. ①财… Ⅲ. ①企业—会计准则—中国—指南 Ⅳ. ①F279. 23-62

中国国家版本馆 CIP 数据核字（2024）第 053847 号

责任编辑：黎子民　刘子鋆　黄　硕　　责任校对：胡永立
封面设计：卜建辰　　责任印制：党　辉

企业会计准则应用指南汇编 2024（下册）

QIYE KUAIJI ZHUNZE YINGYONG ZHINAN HUIBIAN 2024（XIACE）

中国财政经济出版社 出版

URL：http：//www. cfeph. cn

E-mail：cfeph@ cfemg. cn

社址：北京市海淀区阜成路甲 28 号　邮政编码：100142

营销中心电话：010-88191522

天猫网店：中国财政经济出版社旗舰店

网址：https：//zgczjjcbs. tmall. com

北京鑫海金澳胶印有限公司印装　各地新华书店经销

成品尺寸：175×250 毫米　16 开　104. 25 印张　1 777 000 字

2024 年 3 月第 1 版　2024 年 6 月北京第 3 次印刷

定价：298. 00 元（上、下册）

ISBN 978-7-5223-2972-7

（图书出现印装问题，本社负责调换，电话：010-88190548）

本社质量投诉电话：010-88190744

打击盗版举报热线：010-88191661　QQ：2242791300

目录
CONTENTS

上册

下册

第二十三章　金融资产转移

一、总体要求

《企业会计准则第23号——金融资产转移》（财会〔2017〕8号，以下简称金融资产转移准则）明确了金融资产转移的认定以及金融资产转移是否导致金融资产终止确认的判断原则，规范了金融资产转移和终止确认的相关会计处理。此处的金融资产既包括单项金融资产，也包括一组类似金融资产。一组类似金融资产通常指金融资产的合同现金流量在金额和时间分布上相似并且具有相似的风险特征。金融资产的定义和范围见第二十二章金融工具确认和计量的相关规定。

金融资产转移，是指企业（转出方）将金融资产（或其现金流量）让与或交付给该金融资产发行方之外的另一方（转入方）。金融资产终止确认，是指企业将之前确认的金融资产从其资产负债表中予以转出。

企业应当在收取金融资产现金流量的合同权利终止时终止确认该金融资产。如果该合同权利尚未终止，只有在金融资产已转移，且该转移满足终止确认条件的规定时才能终止确认。因此，本章规定的金融资产转移仅包含两种情形：

1. 企业将收取金融资产现金流量的合同权利转移给其他方。

2. 企业保留了收取金融资产现金流量的合同权利，但承担了将收取的该现金流量支付给一个或多个最终收款方的合同义务，且同时满足下列条件：

（1）企业只有从该金融资产收到对等的现金流量时，才有义务将其支付给最终收款方。企业提供短期垫付款，但有权全额收回该垫付款并按照市场利率计收利息的，视同满足本条件。

（2）转让合同规定禁止企业出售或抵押该金融资产，但企业可以将其作为向最终收款方支付现金流量义务的保证。

（3）企业有义务将代表最终收款方收取的所有现金流量及时划转给最终收款方，且无重大延误。企业无权将该现金流量进行再投资，但在收款日和最终收款方要求的划转日之间的短暂结算期内，将所收到的现金流量进行现金或现金等价物投资，并且按照合同约定将此类投资的收益支付给最终收款方的，视同满足本条件。

对于符合本章规定的金融资产转移的两种情形，企业可根据本章的规定进一步进行风险报酬以及控制的判断；对于除此之外的情形，企业应当继续确认相关金融资产。

企业在判断金融资产转移是否导致金融资产终止确认时，应当评估其在多大程度上保留了金融资产所有权上的风险和报酬。企业转移了金融资产所有权上几乎所有风险和报酬的，应当终止确认该金融资产，并将转移中产生或保留的权利和义务单独确认为资产或负债；企业保留了金融资产所有权上几乎所有风险和报酬的，应当继续确认该金融资产；企业既没有转移也没有保留金融资产所有权上几乎所有风险和报酬的，应当进一步判断其是否保留了对金融资产的控制。企业未保留对该金融资产控制的，应当终止确认该金融资产，并将转移中产生或保留的权利和义务单独确认为资产或负债；企业保留了对该金融资产控制的，应当按照其继续涉入被转移金融资产的程度确认有关金融资产，并相应确认相关负债。

企业应当在金融资产转移整体满足终止确认条件时，将被转移金融资产在终止确认日的账面价值与因转移金融资产而收到的对价（包含取得的新资产减去承担的新负债）和原直接计入其他综合收益的公允价值变动累计额中对应终止确认部分的金额（涉及被转移金融资产为按照第二十二章金融工具确认和计量的规定应当分类为以公允价值计量且其变动计入其他综合收益的金融资产的情形）之和的差额计入当期损益。

企业对于保留了被转移金融资产所有权上几乎所有风险和报酬而不满足终止确认条件的金融资产转移，应当继续确认被转移金融资产整体，并将收到的对价确认为一项金融负债，所涉及的金融资产与所确认的相关金融负债应当分别确认和计量，不得相互抵销。

企业既没有转移也没有保留金融资产所有权上几乎所有风险和报酬，且保留了对该金融资产控制的，应当按照其继续涉入被转移金融资产的程度确认相关金融资产，并相应确认相关负债。被转移金融资产和相关负债的计量应当充分反映企业所保留的权利和承担的义务。

企业对金融资产转入方具有控制权的，除在该企业个别财务报表基础上应用本章外，在编制合并财务报表时，还应当按照第三十四章合并财务报表的规定合并所有纳入合并范围的子公司（含结构化主体），并在合并财务报表层面应用本章。

二、应设置的相关会计科目和主要账务处理

企业对金融资产转移进行会计处理，一般需要设置下列会计科目。

（一）“继续涉入资产”

1. 本科目核算企业（转出方）由于对转出金融资产提供信用增级（如提供担保、持有次级权益）而继续涉入被转移金融资产时，企业所承担的最大可能损失金额（即企业继续涉入被转移金融资产的程度）。

2. 企业可以按金融资产转移业务的类别、继续涉入的性质或者被转移金融资产的类别设置明细科目。

3. 继续涉入资产的主要账务处理。

（1）企业通过对被转移金融资产提供担保方式继续涉入的，应当在转移日按照金融资产的账面价值和担保金额两者之中的较低者，借记本科目，按照转移金融资产收到的对价，借记“银行存款”、“存放中央银行款项”等科目，同时按照担保金额和担保合同的公允价值之和，贷记“继续涉入负债”科目，按照金融资产账面余额，贷记“贷款”、“应收账款”等科目，差额借记或贷记“投资收益”等科目。已计提信用减值准备的，还应同时结转信用减值准备。后续期间，担保失效的，按照失效的担保金额，借记“继续涉入负债”，贷记本科目；发生担保事项的，按照需要支付的担保金额，借记“信用减值损失”科目，贷记本科目。

（2）企业对金融资产的继续涉入仅限于金融资产一部分的，应当在转移日按照分配至继续确认金融资产部分的账面金额，借记本科目，按照转移终止确认金融资产部分所收到的对价，借记“银行存款”、“存放中央银行款项”等科目，同时按照因继续涉入而确认负债的金额，贷记“继续涉入负债”，按照终止确认金融资产部分的账面余额，贷记“贷款”、“应收账款”等科目，差额借记或贷记“投资收益”等科目。已计提信用减值准备的，还应同时结转终止确认金融资产部分对应的信用减值准备。

4. 本科目期末借方余额，反映企业继续涉入被转移金融资产的金额。

（二）“继续涉入负债”

1. 本科目核算企业在金融资产转移中因继续涉入被转移资产而产生的义务。

2. 企业可以按金融资产转移业务的类别、被转移金融资产的类别或者交易对手设置明细科目。

3. 继续涉入负债的主要账务处理。

（1）企业通过对被转移金融资产提供担保方式继续涉入的，应当在转移日按照金融资产的账面价值和担保金额两者之中的较低者，借记“继续涉入资产”科目，按照转移金融资产收到的对价，借记“银行存款”、“存放中央银行款项”等科目，同时按照担保金额和担保合同的公允价值之和，贷记本科目，按照金融资产账面余额，贷记“贷款”、“应收账款”等科目，差额借记或贷记“投资收益”等科目。已计提信用减值准备的，还应同时结转信用减值准备。后续期间，摊销担保合同初始公允价值的，借记本科目，贷记“其他业务收入”等科目；担保到期失效的，按照失效的担保金额，借记本科目，贷记“继续涉入资产”科目。发生担保事项并实际支付赔偿时，按照实际支付的金额，借记本科目，贷记“银行存款”等科目。

（2）企业因持有看涨期权或签出看跌期权而继续涉入以摊余成本计量的被转移金融资产的，应当在转移日按照收到的对价，借记“银行存款”等科目，贷记本科目。后续期间，被转移金融资产在期权到期日的账面余额和相关负债初始确认金额之间的差额，应当采用实际利率法摊销，借记“投资收益”等科目，贷记本科目。相关期权行权时，按照本科目余额，借记本科目，按照行权价格，贷记“银行存款”等科目，差额借记或贷记“投资收益”等科目。相关期权不行权的，按照本科目余额，借记本科目，按照被转移金融资产的账面余额，贷记“债权投资”等科目。被转移金融资产已计提信用减值准备的，还应同时结转信用减值准备。

（3）企业因持有看涨期权而继续涉入以公允价值计量的被转移金融资产的，应当在转移日按照收到的对价，借记“银行存款”等科目，贷记本科目。后续期间，应当按照被转移金融资产的公允价值变动金额，借记或贷记“交易性金融资产”、“其他债权投资”等科目，按照继续涉入负债的变动金额，贷记或借记本科目，差额借记或贷记“公允价值变动损益”、“其他综合收益”等科目。相关期权行权时，按照本科目余额，借记本科目，按照行权价格，贷记“银行存款”等科目，差额借记或贷记“投资收益”、“其他综合收益”等科目。相关期权不行权的，按照本科目余额，借记本科目，贷记“交易性金融资产”、“其他债权投资”等科目，差额借记或贷记“投资收益”、“其他综合收益”等科目。

（4）企业因签出看跌期权而继续涉入以公允价值计量的被转移金融资产的，应当在转移日按照收到的对价，借记“银行存款”等科目，按照看跌期权的行权价格与时间价值之和，贷记本科目，差额贷记“交易性金融资产”、“其他债权投资”等科目。后续期间，因按照被转移金融资产公允价值和看跌期权的行权价格孰低计量导致的金融资产价值变动金额，借记或贷记“交易性金融资产”、“其他债权投资”等科目，按照继续涉入负债的变动金额，贷记或借记本科目，差额借记或贷记“公允价值变动损益”、“其他综合收益”等科目。相关期权行权时，按照本科目余额，借记本科目，按照行权价格，贷记“银行存款”等科目，差额借记或贷记“投资收益”、“其他综合收益”等科目。相关期权不行权的，按照本科目余额，借记本科目，按照被转移金融资产的账面余额，贷记“交易性金融资产”、“其他债权投资”等科目，差额借记或贷记“投资收益”、“其他综合收益”等科目。

（5）企业因同时持有看涨期权和签出看跌期权而继续涉入以公允价值计量的被转移金融资产的，应当在转移日按照收到的对价，借记“银行存款”等科目，贷记本科目。后续期间，应当按照被转移金融资产的公允价值变动金额，借记或贷记“交易性金融资产”、“其他债权投资”等科目，按照继续涉入负债的变动金额，借记或贷记本科目，差额借记或贷记“公允价值变动损益”、“其他综合收益”等科目。相关期权行权时，按照本科目余额，借记本科目，按照行权价格，贷记“银行存款”等科目，差额借记或贷记“投资收益”、“其他综合收益”等科目。相关期权不行权的，按照本科目余额，借记本科目，按照被转移金融资产的账面余额，贷记“交易性金融资产”、“其他债权投资”等科目，差额借记或贷记“投资收益”、“其他综合收益”等科目。

（6）企业对金融资产的继续涉入仅限于金融资产一部分的，应当在转移日按照分配至继续确认金融资产部分的账面金额，借记“继续涉入资产”科目，按照转移终止确认金融资产部分所收到的对价，借记“银行存款”、“存放中央银行款项”等科目，同时按照因继续涉入而确认负债的金额，贷记本科目，按照终止确认金融资产部分的账面余额，贷记“贷款”、“应收账款”等科目，差额借记或贷记“投资收益”等科目。已计提信用减值准备的，还应同时结转终止确认金融资产部分对应的信用减值准备。

4. 本科目期末贷方余额，反映企业因继续涉入被转移资产而产生义务的金额。

三、金融资产终止确认的定义

金融资产转移中通常需要判断是否应终止确认所转移的金融资产。如果企业转移金融资产后不再保留任何与被转移金融资产相关的权利或义务，这种情况下终止确认被转移金融资产的结论通常比较明确。另一种情况是企业在转移金融资产后承担无条件以转让价格回购被转移金融资产的义务，且在回购之前需要支付利息，这种情况下企业承担的被转移金融资产的风险与自身持有的相同金融资产的风险没有实质区别，则不能终止确认被转移金融资产。如果金融资产的转移介于上述两种极端情况之间，企业在转移金融资产后保留了与被转移金融资产相关的某些权利或义务，则是否能够终止确认被转移金融资产就需要进行更加详细的分析，必须严格按照金融资产终止确认流程进行判断。票据背书转让、商业票据贴现、应收账款保理、资产证券化、债券买断式回购、融资融券等业务中都涉及金融资产转移和终止确认的判断和相应会计处理。

金融资产终止确认，是指企业将之前确认的金融资产从其资产负债表中予以转出。金融资产满足下列条件之一的，应当终止确认：

1. 收取该金融资产现金流量的合同权利终止。

2. 该金融资产已转移，且该转移满足本章关于终止确认的规定。

在第一个条件下，企业收取金融资产现金流量的合同权利终止，如因合同到期而使合同权利终止，金融资产不能再为企业带来经济利益，应当终止确认该金融资产。在第二个条件下，企业收取一项金融资产现金流量的合同权利并未终止，但若企业转移了该项金融资产，同时该转移满足本章关于终止确认的规定，在这种情况下，企业也应当终止确认被转移的金融资产。

下列情形也会导致金融资产的终止确认：

1. 合同的实质性修改。企业与交易对手方修改或者重新议定合同并且构成实质性修改的，将导致企业终止确认原金融资产，同时按照修改后的条款确认一项新金融资产。

2. 核销金融资产。当企业合理预期不再能够全部或部分收回金融资产合同现金流量时，应当直接减记该金融资产的账面余额。这种减记构成相关金融资产的终止确认。

四、金融资产终止确认的判断流程

企业在判断金融资产是否应当终止确认以及在多大程度上终止确认时，应当遵循下列步骤：

（一）确定适用金融资产终止确认规定的报告主体层面

企业（转出方）对金融资产转入方具有控制权的，除在该企业个别财务报表基础上应用本章外，在编制合并财务报表时，还应当按照第三十四章合并财务报表的规定合并所有纳入合并范围的子公司（含结构化主体），并在合并财务报表层面应用本章。

在资产证券化实务中，企业通常设立“信托计划”、“专项支持计划”等结构化主体作为结构化融资的载体，由结构化主体向第三方发行证券并向企业自身购买金融资产。这种情况下，从法律角度看企业可能已将金融资产转移到结构化主体，两者之间实现了风险隔离。但在进行金融资产终止确认判断时，企业应首先确定报告主体，即是编制合并财务报表还是个别财务报表。如果是合并财务报表，企业应当首先按照第三十四章合并财务报表等有关规定合并所有子公司（含结构化主体），然后将本章的规定应用于合并财务报表，即在合并财务报表层面进行金融资产转移及终止确认分析。

（二）确定金融资产是部分还是整体适用终止确认原则

当且仅当一项金融资产（或一组金融资产，下同）的一部分满足下列三个条件之一时，终止确认的相关规定适用于该金融资产部分：

1. 该金融资产部分仅包括金融资产所产生的特定可辨认现金流量。如企业就某债务工具与转入方签订一项利息剥离合同，合同规定转入方拥有获得该债务工具利息现金流量的权利，但无权获得该债务工具本金现金流量，则终止确认的规定适用于该债务工具的利息现金流量。

2. 该金融资产部分仅包括与该金融资产所产生的全部现金流量完全成比例的现金流量部分。如企业就某债务工具与转入方签订转让合同，合同规定转入方拥有获得该债务工具全部现金流量90%份额的权利，则终止确认的规定适用于这些现金流量的90%。如果转入方不止一个，只要转出方所转移的份额与金融资产的现金流量完全成比例即可，不要求每一转入方均持有成比例的现金流量份额。

3. 该金融资产部分仅包括与该金融资产所产生的特定可辨认现金流量完全成比例的现金流量部分。如企业就某债务工具与转入方签订转让合同，合同规定转入方拥有获得该债务工具利息现金流量90%份额的权利，则终止确认的规定适用于该债务工具利息现金流量90%部分。如果转入方不止一个，只要转出方所转移的份额与金融资产的特定可辨认现金流量完全成比例即可，不要求每一转入方均持有成比例的现金流量份额。

除上述情况外，金融资产终止确认的相关规定适用于金融资产的整体。

例如，企业转移了公允价值为100万元人民币的一组类似的固定期限贷款组合，约定向转入方支付贷款组合预期所产生的现金流量的前90万元人民币，企业保留了取得剩余现金流量的次级权益。因为最初90万元人民币的现金流量既可能来自贷款本金也可能来自利息，且无法辨认来自贷款组合中的哪些贷款，所以不是特定可辨认的现金流量，也不是该金融资产所产生的全部或部分现金流量的完全成比例的份额。在这种情况下，企业不能将终止确认的相关规定适用于该金融资产90万元人民币的部分，而应当适用于该金融资产的整体。

又如，企业转移了一组应收款项产生的现金流量90%的权利，同时提供了一项担保以补偿转入方可能遭受的信用损失，最高担保额为应收款项本金金额的8%。在这种情况下，由于存在担保，在发生信用损失的情况下，企业可能需要向转入方支付部分已经收到的企业自留的10%的现金流量，以补偿对方就90%现金流量所遭受的损失，导致该组应收款项下实际合同现金流量的分布并非按90%及10%完全成比例分配，因此终止确认的相关规定适用于该组金融资产的整体。

（三）确定收取金融资产现金流量的合同权利是否终止

企业在确定适用金融资产终止确认规定的报告主体层面（合并财务报表层面或个别财务报表层面）以及对象（金融资产整体或部分）后，即可开始判断是否对金融资产进行终止确认。收取金融资产现金流量的合同权利已经终止的，企业应当终止确认该金融资产。如一项应收账款的债务人在约定期限内支付了全部款项，或者在期权合同到期时期权持有人未行使期权权利，导致收取金融资产现金流量的合同权利终止，企业应终止确认金融资产。

若收取金融资产的现金流量的合同权利没有终止，企业应当判断是否转移了金融资产，并根据下列有关金融资产转移的相关判断标准确定是否应当终止确认被转移金融资产。

（四）判断企业是否已转移金融资产

企业在判断是否已转移金融资产时，应分下列两种情形作进一步的判断：

1. 企业将收取金融资产现金流量的合同权利转移给其他方。

企业将收取金融资产现金流量的合同权利转移给其他方，表明该项金融资产发生了转移，通常表现为金融资产的合法出售或者金融资产现金流量权利的合法转移。例如，实务中常见的票据背书转让、商业票据贴现等，均属于这一种金融资产转移的情形。在这种情形下，转入方拥有了获取被转移金融资产所有未来现金流量的权利，转出方应进一步判断金融资产风险和报酬转移情况来确定是否应当终止确认被转移金融资产。

2. 企业保留了收取金融资产现金流量的合同权利，但承担了将收取的该现金流量支付给一个或多个最终收款方的合同义务。

这种金融资产转移的情形通常被称为“过手安排”。在某些金融资产转移交易中，转出方在出售金融资产后，会继续作为收款服务方或收款代理人等收取金融资产的现金流量，再转交给转入方或最终收款方。这种金融资产转移情形常见于资产证券化业务。例如，在某些情况下，银行可能负责收取所转移贷款的本金和利息并最终支付给收益权持有者，同时收取相应服务费。当企业保留了收取金融资产现金流量的合同权利，但承担了将收取的该现金流量支付给一个或多个最终收款方的合同义务时，当且仅当同时符合下列三个条件时，转出方才能按照金融资产转移的情形进行后续分析及处理，否则，被转移金融资产应予以继续确认：

（1）企业（转出方）只有从该金融资产收到对等的现金流量时，才有义务将其支付给最终收款方。

在有的资产证券化等业务中，如发生由于被转移金融资产的实际收款日期与向最终收款方付款的日期不同而导致款项缺口的情况，转出方需要提供短期垫付款项。在这种情况下，当且仅当转出方有权全额收回该短期垫付款并按照市场利率就该垫款计收利息时，方能视同满足这一条件。在有转出方短期垫付安排的资产证券化业务中，如果转出方收回该垫款的权利仅优先于次级资产支持证券持有人、但劣后于优先级资产支持证券持有人，或者转出方不计收利息的，均不能满足这一条件。

例如，在一项资产证券化交易中，按照交易协议规定，转出方在设立结构化主体时需要向结构化主体提供现金或其他资产以建立流动性储备，确保在收取基础资产款项发生延误时能够向资产证券化产品的持有者按协议规定付款，被动用的流动性储备只能通过提留基础资产后续产生的现金流量的方式收回。假设转出方合并该结构化主体，在该种情况下，由于转出方出资设立了流动性储备（即提供了垫付款项），在发生收款延误时，转出方有义务向最终收款方支付尚未从基础资产收取的款项，且如果出现基础资产后续产生的现金流量不足的情况下，转出方没有收回权，导致该交易不满足上述“转出方只有从该金融资产收到对等的现金流量时，才有义务将其支付给最终收款方”的条件。类似地，如果资产证券化协议规定转出方承担或转出方实际承担了在需要时向结构化主体提供现金借款的确定承诺，且该借款只能通过提留基础资产后续产生的现金流的方式收回，则该资产证券化交易也不满足本条件。

如果结构化主体的流动性储备不是由转出方预提或承诺提供的，而是来自基础资产产生的现金流量或者由资产支持证券的第三方次级权益持有者提供，且转出方不控制（即不需合并）该结构化主体，由于转出方没有向结构化主体（即转入方）支付从被转移金融资产取得的现金流量以外的其他现金流量，这种流动性储备安排满足本条件的情形。

（2）转让合同规定禁止企业（转出方）出售或抵押该金融资产，但企业可以将其作为向最终收款方支付现金流量义务的保证。

企业不能出售该项金融资产，也不能以该项金融资产作为质押品对外进行担保，意味着转出方不再拥有出售或处置被转移金融资产的权利。但是，由于企业负有向最终收款方支付该项金融资产所产生的现金流量的义务，该项金融资产可以作为企业如期向最终收款方支付现金流量的保证。

（3）企业（转出方）有义务将代表最终收款方收取的所有现金流量及时划转给最终收款方，且无重大延误。企业无权将该现金流量进行再投资。但是，如果企业在收款日和最终收款方要求的划转日之间的短暂结算期内将代为收取的现金流量进行现金或现金等价物投资，并且按照合同约定将此类投资的收益支付给最终收款方，则视同满足本条件。

这一条件不仅对转出方在收款日至向最终收款方支付日的短暂结算期间内将收取的现金流量再投资作出了限制，而且将转出方为了最终收款人利益而进行的投资严格地限定为现金或现金等价物投资。在这种情况下，现金和现金等价物应当符合第三十二章现金流量表中的定义，而且不允许转出方在这些现金或现金等价物投资中保留任何投资收益，所有的投资收益必须支付给最终收款方。例如，如果按照某过手安排，合同条款允许企业将代最终收款方收取的现金流量投资于不满足现金和现金等价物定义的某些理财产品或货币市场基金等产品，则该过手安排不满足本条件，进而不能按照金融资产转移进行后续判断和会计处理。此外，在通常情况下，如果根据合同条款，企业自代为收取现金流量之日起至最终划转给最终收款方的期间超过三个月，则视为有重大延误，进而该过手安排不满足本条件，因此，不构成金融资产转移。

（五）分析所转移金融资产的风险和报酬转移情况

企业转移收取现金流量的合同权利或者通过符合条件的过手安排方式转移

金融资产的，应进一步对被转移金融资产进行风险和报酬转移分析，以判断是否应终止确认被转移金融资产。

企业在判断金融资产转移是否导致金融资产终止确认时，应当评估其在多大程度上保留了金融资产所有权上的风险和报酬，即比较其在转移前后所承担的、该金融资产未来净现金流量金额及其时间分布变动的风险，并分别下列情形进行处理：

1. 企业转移了金融资产所有权上几乎所有风险和报酬的，应当终止确认该金融资产，并将转移中产生或保留的权利和义务单独确认为资产或负债。

金融资产转移后，企业承担的金融资产未来净现金流量现值变动的风险与转移前金融资产未来净现金流量现值变动的风险相比不再显著的，表明该企业已经转移了金融资产所有权上几乎所有风险和报酬。

需要注意的是，金融资产转移后企业承担的未来净现金流量现值变动的风险占转移前变动风险的比例，并不等同于企业保留的现金流量金额占全部现金流量的比例。例如，在一项资产证券化交易中，次级资产支持证券的份额占全部资产支持证券的5%，转出方持有全部次级资产支持证券，这并不意味着转出方仅保留金融资产5%的风险和报酬。实际上，次级资产支持证券向优先级资产支持证券提供了信用增级，而使得基础资产未来现金流量在优先级和次级之间不再是完全成比例分配，因此，转移后企业承担的次级资产支持证券对应的未来净现金流量现值变动的风险可能远大于转移前全部变动风险的5%。

关于这里所指的“几乎所有风险和报酬”，企业应当根据金融资产的具体特征作出判断。需要考虑的风险类型通常包括利率风险、信用风险、外汇风险、逾期未付风险、提前偿付风险（或报酬）、权益价格风险等。

在通常情况下，通过分析金融资产转移协议中的条款，企业就可以比较容易地确定是否转移或保留了金融资产所有权上几乎所有的风险和报酬，而不需要通过计算确定。下列情形表明企业已将金融资产所有权上几乎所有的风险和报酬转移给了转入方：

（1）企业无条件出售金融资产。企业出售金融资产时，如果根据与购买方之间的协议约定，在任何时候（包括所出售金融资产的现金流量逾期未收回时）购买方均不能够向企业进行追偿，企业也不承担任何未来损失，此时，企业可以认定几乎所有的风险和报酬已经转移，应当终止确认该金融资产。

例如，某银行向某资产管理公司出售了一组贷款，双方约定，在出售后银行不再承担该组贷款的任何风险，该组贷款发生的所有损失均由资产管理公司承担，资产管理公司不能因该组已出售贷款的包括逾期未付在内的任何未来损失向银行要求补偿。在这种情况下，银行已经将该组贷款上几乎所有的风险和报酬转移，可以终止确认该组贷款。

（2）企业出售金融资产，同时约定按回购日该金融资产的公允价值回购。企业通过与购买方签订协议，按一定价格向购买方出售了一项金融资产，同时约定到期日企业再将该金融资产购回，回购价为到期日该金融资产的公允价值。此时，该项金融资产如果发生公允价值变动，其公允价值变动由购买方承担，因此，可以认定企业已经转移了该项金融资产所有权上几乎所有的风险和报酬，应当终止确认该金融资产。同样，企业在金融资产转移以后只保留了优先按照回购日公允价值回购该金融资产的权利的，也应当终止确认所转移的金融资产。

【例 23－1】 2×23 年 2 月 1 日，甲公司将其持有的乙上市公司股票转让给丙公司，甲公司与丙公司约定，在 4 个月后（即 6 月 1 日）将按照 6 月 1 日乙公司股票的市价回购被转让股票。由于甲公司已经将乙公司股票的所有价值变动风险和报酬转让给丙公司，可以认定甲公司已经转移了该项金融资产所有权上几乎所有的风险和报酬，应当终止确认其转让的乙公司股票。

（3）企业出售金融资产，同时与转入方签订看跌或看涨期权合约，且该看跌或看涨期权为深度价外期权（即到期日之前不大可能变为价内期权），此时可以认定企业已经转移了该项金融资产所有权上几乎所有的风险和报酬，应当终止确认该金融资产。

【例 23－2】 2×23 年 2 月 1 日，甲公司将其持有的面值为 100 万元的国债转让给丙公司，并向丙公司签发看跌期权，约定在出售后的 4 个月内，丙公司可以 60 万元价格将国债卖回给甲公司。由于国债信用等级高、预计未来 4 个月内市场利率将维持稳定，甲公司分析认为该看跌期权属于深度价外期权。在此情况下，甲公司应终止确认被转让的国债。

企业需要通过计算判断是否转移或保留了金融资产所有权上几乎所有风险和报酬的，在计算金融资产未来现金流量净现值时，应考虑所有合理、可能的现金流量变动，采用适当的市场利率作为折现率，并采用概率加权平均方法。

2. 企业保留了金融资产所有权上几乎所有风险和报酬的，应当继续确认该金融资产。

企业在判断是否保留了金融资产所有权上几乎所有的风险和报酬时，应当比较其在转移前后面临的该金融资产未来净现金流量金额及其时间分布变动的风险。企业承担的风险没有因金融资产转移发生显著改变的，表明企业仍保留了金融资产所有权上几乎所有的风险和报酬。

下列情形通常表明企业保留了金融资产所有权上几乎所有的风险和报酬：

（1）企业出售金融资产并与转入方签订回购协议，协议规定企业将按照固定价格或是按照原售价加上合理的资金成本向转入方回购原被转移金融资产，或者与售出的金融资产相同或实质上相同的金融资产。例如，采用买断式回购、质押式回购交易卖出债券等。

（2）企业融出证券或进行证券出借。例如，证券公司将自身持有的证券借给客户，合同约定借出期限和出借费率，到期客户需归还相同数量的同种证券，并向证券公司支付出借费用。证券公司保留了融出证券所有权上几乎所有的风险和报酬。因此，证券公司应当继续确认融出的证券。

（3）企业出售金融资产并附有将市场风险敞口转回给企业的总回报互换。在附总回报互换的金融资产出售中，企业出售了一项金融资产，并与转入方达成一项总回报互换协议，如转入方将该资产实际产生的现金流量支付给企业以换取固定付款额或浮动利率付款额，该项资产公允价值的所有增减变动由企业（转出方）承担，从而使企业保留了该金融资产所有权上几乎所有的风险和报酬。在这种情况下，企业应当继续确认所出售的金融资产。

（4）企业出售短期应收款项或信贷资产，并且全额补偿转入方可能因被转移金融资产发生的信用损失。企业将短期应收款项或信贷资产整体出售，符合金融资产转移的条件。但由于企业出售金融资产时作出承诺，当已转移的金融资产将来发生信用损失时，由企业（出售方）进行全额补偿。在这种情况下，企业保留了该金融资产所有权上几乎所有的风险和报酬，因此，不应当终止确认所出售的金融资产。这种情形经常出现在资产证券化实务中。例如，企业通过持有次级权益或承诺对特定现金流量担保，实现了对证券化资产的信用增级。如果通过这种信用增级，企业保留了被转移资产所有权上几乎所有的风险和报酬，那么企业就不应当终止确认该金融资产。

（5）企业出售金融资产，同时与转入方签订看跌或看涨期权合约，且该看跌期权或看涨期权为一项价内期权。例如，企业出售某金融资产但同时持有深度价内的看涨期权（即到期日之前不大可能变为价外期权），或者企业出售金融资产而转入方有权通过同时签订的深度价内看跌期权在以后将该金融资产回售给企业。在这两种情况下，由于企业都保留了该项金融资产所有权上几乎所有的风险和报酬，因此不应当终止确认该金融资产。

（6）采用附追索权方式出售金融资产。企业出售金融资产时，如果根据与购买方之间的协议约定，在所出售金融资产的现金流量无法收回时，购买方能够向企业进行追偿，企业也应承担未来损失。此时，可以认定企业保留了该金融资产所有权上几乎所有的风险和报酬，不应当终止确认该金融资产。

3. 企业既没有转移也没有保留金融资产所有权上几乎所有的风险和报酬的，应当判断其是否保留了对金融资产的控制，根据是否保留了控制分别进行处理。

实务中，可通过分析金融资产转移协议中的条款和现金流量分布实际情况（例如将超额服务费等纳入考虑），计算确定金融资产转移前后所承担的未来现金流量现值变动情况，且实践中存在多种可行的计算方法，下列举例说明了两种常用的方法。企业可以根据具体情况选用合适的计算方法并在附注中进行说明，计算方法一经确定，不得随意变更。

【例 23－3】甲公司向不存在关联方关系的乙公司出售剩余期限为 30 天、总金额为 100 万元人民币的短期应收账款组合。根据历史经验，此类应收账款的平均损失率为 2%。假设甲公司承诺为应收账款组合最先发生的、不超过应收账款总金额 1.25% 损失的部分提供担保，且该交易被认定为金融资产转移。

本例中，为了判断该短期应收账款组合所有权上的风险和报酬转移的程度，甲公司对应收账款组合的未来现金流量设定了 6 种不同的合理且可能发生的假设情景进行分析，估计每种情景下的现金流量现值和发生概率，甲公司采用现值变动的绝对值与发生概率的乘积来衡量风险变动程度，计算得出转移前甲公司面临该应收账款组合的现金流量变动总额，即未来现金流量现值预计变动敞口，如表 23－1 所示。

表 23－1　应收账款组合转移前未来现金流量现值预计变动　单位：元

假设情景	未来现金流量现值	发生概率	概率加权	假设情景下的现值变动	现值变动概率加权	预计变动
	①	②	③＝①×②	④＝①－∑③	⑤＝②×④	⑥
低损失	990 000	15.0%	148 500	11 050	1 658	1 658
正常损失和少量提前还款	985 000	20.0%	197 000	6 050	1 210	1 210
正常损失	980 000	35.0%	343 000	1 050	368	368

续表

假设情景	未来现金流量现值	发生概率	概率加权	假设情景下的现值变动	现值变动概率加权	预计变动
	①	②	③=①×②	④=①-∑③	⑤=②×④	⑥
正常损失和大量提前还款	970 000	25.0%	242 500	-8 950	-2 238	2 238
严重损失	960 000	4.5%	43 200	-18 950	-853	853
非常严重损失	950 000	0.5%	4 750	-28 950	-145	145
合计	—	100%	978 950	-38 700	—	6 472

采用类似的方法可以计算出转移后甲公司面临该应收账款组合的预期现金流量变动情况，如表23-2所示。

表23-2　　应收账款组合转移后未来现金流量现值预计变动　　单位：元

假设情景	未来现金流量现值	发生概率	概率加权	假设情景下的现值变动	现值变动概率加权	预计变动
	①	②	③=①×②	④=①-∑③	⑤=②×④	⑥
低损失	10 000	15.0%	1 500	-2 126	-319	319
正常损失和少量提前还款	12 500	20.0%	2 500	374	75	75
正常损失	12 500	35.0%	4 375	374	131	131
正常损失和大量提前还款	12 500	25.0%	3 125	374	94	94
严重损失	12 500	4.5%	563	374	17	17
非常严重损失	12 500	0.5%	63	374	2	2
合计	—	100%	12 126	-256	—	638

注：为便于计算，本表中概率加权和现值变动概率加权计算结果四舍五入保留整数。

根据上述计算，转移后甲公司承受的相对变动为638÷6 472=9.86%，表明甲公司已经转移了该应收账款组合所有权上几乎所有的风险和报酬，应当终止确认该应收账款组合。

【例23－4】 甲银行持有一组类似的可提前偿还的固定利率贷款，2×22年1月1日该组贷款的本金和摊余成本均为1亿元人民币，合同利率和实际利率均为10%，剩余偿还期限为2年。经协商，甲银行拟将该组贷款转移给某信托机构（以下简称转入方）进行证券化。有关资料如下：

2×22年1月1日，甲银行与转入方签订协议，将该组贷款转移给转入方，并办理有关手续。甲银行收到款项9 115万元人民币，同时保留以下权利：（1）收取本金1 000万元人民币以及这部分本金按10%的利率所计算确定利息的权利；（2）收取以9 000万元人民币为本金、以0.5%为利率所计算确定利息（超额利差账户）的权利。转入方取得收取该组贷款本金中的9 000万元人民币以及这部分本金按9.5%的利率收取利息的权利。根据双方签订的协议，如果债务人提前偿付该组贷款，则偿付金额按1∶9的比例在甲银行和转入方之间进行分配；但是，如该组贷款发生违约，则违约金额从甲银行拥有的1 000万元人民币贷款本金中扣除，直到扣完为止。

本例中，该交易不满足将终止确认的规定适用于金融资产部分的判断条件，因此，应对金融资产整体适用相关规定。假设该交易可以被认定为金融资产转移，为了判断甲银行保留的该组贷款所有权上的风险和报酬的程度，甲银行对该组贷款的未来现金流量设定了4种不同的假设情景进行分析，估计每种情景下的现金流量金额和发生概率，并采用8.5%的折现率进行折现，如表23－3所示。

表23－3　　贷款组合各假设情景下的预计现金流量及现值　　单位：万元

假设情景		合计	转入方	甲银行
情形1：所有贷款被立刻提前偿还且没有违约，发生概率20%	2×22年1月1日未折现的预计现金流量	10 000	9 000	1 000
	现金流量净现值合计	10 000	9 000	1 000
情形2：所有贷款在1年后被提前偿还且没有违约，发生概率30%	2×22年1月1日未折现的预计现金流量	—	—	—
	2×23年1月1日未折现的预计现金流量	11 000	9 855	1 145
	现金流量净现值合计	10 138	9 083	1 055

续表

假设情景		合计	转入方	甲银行
情形3：所有贷款在2年后到期日被偿还且没有违约，发生概率30%	2×22年1月1日未折现的预计现金流量	—	—	—
	2×23年1月1日未折现的预计现金流量	1 000	855	145
	2×24年1月1日未折现的预计现金流量	11 000	9 855	1 145
	现金流量净现值合计	10 265	9 159	1 106
情形4：所有贷款在1年后违约，处置后收回现金10 741万元，发生概率20%	2×22年1月1日未折现的预计现金流量	—	—	—
	2×23年1月1日未折现的预计现金流量	10 741	9 855	886
	现金流量净现值合计	9 900	9 083	817

甲银行采用现值变动的标准差来衡量风险和报酬的变动程度，计算得出转移前甲银行面临该组贷款的现金流量变动总额，即未来现金流量现值变动敞口，如表23－4所示。用现值变动概率加权合计18 600的平方根衡量转移前甲银行承担的该组贷款的风险敞口为136万元。

表23－4　　贷款组合转移前未来现金流量现值预计变动及概率加权　　单位：万元

假设情景	未来现金流量现值	发生概率	概率加权	现值变动	现值变动概率加权
	①	②	③＝①×②	④＝①－$\sum$③	⑤＝④^2×②
情形1	10 000	20%	2 000	－101	2 040
情形2	10 138	30%	3 041	37	411
情形3	10 265	30%	3 080	164	8 069
情形4	9 900	20%	1 980	－201	8 080
合计	—	100%	10 101	—	18 600

注：为便于计算，本表中概率加权和现值变动概率加权计算结果四舍五入保留整数。

甲银行采用相同的方法计算得出转移后甲银行面临该组贷款的未来现金流量现值变动敞口，如表23－5所示。用现值变动概率加权合计10 840的平方根衡量转移后甲银行承担的该组贷款的风险敞口为104万元。

表 23－5　贷款组合转移后未来现金流量现值预计变动及概率加权　单位：万元

假设情景	未来现金流量现值	发生概率	概率加权	假设情景下的现值变动	现值变动概率加权
	①	②	③＝①×②	④＝①－$\sum$③	⑤＝$④^2$×②
情形 1	1 000	20%	200	－12	29
情形 2	1 055	30%	317	43	555
情形 3	1 106	30%	332	94	2 651
情形 4	817	20%	163	－195	7 605
合计	—	100%	1 012	—	10 840

注：为便于计算，本表中概率加权和现值变动概率加权计算结果四舍五入保留整数。

比较转移前后甲银行承担的该组贷款的风险敞口的变动情况（104÷136＝76%），甲银行认为其既没有转移也没有保留该组贷款所有权上几乎所有风险和报酬，应当进一步判断其是否保留了对金融资产的控制来确定是否应终止确认该组贷款。

（六）分析企业是否保留了控制

若企业既没有转移也没有保留金融资产所有权上几乎所有的风险和报酬，应当判断企业是否保留了对该金融资产的控制。如果没有保留对该金融资产的控制的，应当终止确认该金融资产。

此处所述的“控制”概念，与第三十四章合并财务报表中的“控制”概念相比，在适用场景和判断条件上都有所不同。第三十四章合并财务报表中的控制是指投资方拥有对被投资方的权力，通过参与被投资方的相关活动而享有可变回报，并且有能力运用对被投资方的权力影响其回报金额。本章中，企业在判断是否保留了对被转移金融资产的控制时，应当重点关注转入方出售被转移金融资产的实际能力。如果转入方有实际能力单方面决定将转入的金融资产整体出售给与其不相关的第三方，且没有额外条件对此项出售加以限制，则表明企业作为转出方未保留对被转移金融资产的控制；在除此之外的其他情况下，则应视为企业保留了对金融资产的控制。

在判断转入方是否具有将转入的金融资产不受额外条件限制地整体出售给与其不相关的第三方的实际能力时，应当关注转入方实际上能够采取的行动。即转入方实际上能够做什么，而不是合同规定转入方可以做什么或不可以做什么。企业在运用上述原则进行判断时，应当遵循下列要求：

1. 如果不存在被转移资产的市场，则处置被转移资产的合同权利几乎没有实际作用。

2. 如果转入方不能自由地处置被转移金融资产，则处置该资产的能力几乎没有实际作用。这意味着转入方处置被转移资产的能力必须独立于其他方的行为，是一种可单方面行动的能力，并且转入方应当在没有任何限制条件或约束（例如规定如何为被转移资产提供服务，或赋予转入方回购该资产的选择权）的情况下即能够处置被转移资产。

根据上述要求，在评估转入方处置被转移金融资产的实际能力时，企业（转出方）应当关注被转移金融资产的市场。如果被转移金融资产可以在活跃市场交易，通常表明转入方有出售被转移资产的实际能力，因为当转入方需要将被转移金融资产交还给企业时，它能够在市场上回购该被转移金融资产。例如，企业转让了一项上市公司股票，该转让附带有允许企业在未来某个日期从转入方回购该公司股票的期权。假设该股票存在活跃市场，则转入方可以自行向第三方出售该股票，当企业行使期权时，转入方可以方便地在市场上买回该股票履行义务。相应地，如果不存在被转移金融资产的市场，即使合同约定转入方有权处置被转移金融资产，由于该处置权不具有实际作用，因此，不能判断为转出方未保留对被转移金融资产的控制。再如，一般认为，在我国现行法规环境下不良信贷资产转入方可能没有实际能力在市场上方便地处置被转移不良信贷资产。

虽然转入方不大可能出售被转移资产并不意味着企业（转出方）保留了对被转移资产的控制，但是若在金融资产转移时附有一项限制了转入方处置该金融资产的看跌期权或者担保，则意味着企业保留了对被转移资产的控制。例如，企业转移金融资产时附有一项深度价内看跌期权，这意味着该资产当前的市场价格显著低于行权价，转入方不可能放弃行权而以市场价格将资产出售给第三方。若转入方以不低于行权价的价格将资产出售，则第三方将会要求转入方签发类似的看跌期权。

上述情况下，转入方实际上无法在不附加类似看跌期权或其他限制性条款的情况下出售该金融资产，因此，企业保留了对该金融资产的控制。

企业既没有转移也没有保留金融资产所有权上几乎所有的风险和报酬，且未放弃对该金融资产控制的，应当按照其继续涉入被转移金融资产的程度确认有关金融资产，并相应确认有关负债。在这种情况下，确认的有关金融资产和有关负债反映了企业所承担的被转移金融资产价值变动风险或报酬的程度。导致转出方对被转移金融资产形成继续涉入的常见方式有：具有部分追索权，享有继续服务权，签订回购协议，签发或持有期权或提供担保等。

如果企业对金融资产的继续涉入仅限于金融资产的一部分，例如，企业持有回购一部分被转移金融资产的看涨期权，或者企业保留了某项剩余权益但并未导致企业保留所有权上几乎所有的风险和报酬，且企业保留了控制权，则企业应当按照转移日因继续涉入而继续确认部分和不再确认部分的相对公允价值，在两者之间分配金融资产的原账面价值，并按其继续涉入被转移金融资产的部分确认有关金融资产，并相应确认有关负债。

按照上述流程，可将金融资产转移时的终止确认情况总结为表 23－6。

表 23－6

<table>
<tr><th colspan="2">情形</th><th>结果</th></tr>
<tr><td colspan="2">已转移金融资产所有权上几乎所有的风险和报酬</td><td rowspan="2">终止确认该金融资产（确认新资产/负债）</td></tr>
<tr><td rowspan="2">既没有转移也没有保留金融资产所有权上几乎所有的风险和报酬</td><td>放弃了对金融资产的控制</td></tr>
<tr><td>未放弃对金融资产的控制</td><td>按照继续涉入被转移金融资产的程度确认有关资产和负债</td></tr>
<tr><td>保留了金融资产所有权上几乎所有的风险和报酬</td><td colspan="2">继续确认该金融资产，并将收到的对价确认为金融负债</td></tr>
</table>

企业认定金融资产所有权上几乎所有风险和报酬已经转移的，除非企业在新的交易中重新获得被转移金融资产，不应当在未来期间再次确认该金融资产。

在金融资产转移不满足终止确认条件的情况下，转入方不应当将被转移金融资产全部或部分确认为自身资产。转入方应当终止确认所支付的现金或其他对价，同时确认一项对转出方的应收款项。企业（转出方）同时拥有以固定金额重新控制整个被转移金融资产的权利和义务的（如以固定金额回购被转移金融资产），在满足第二十二章金融工具确认和计量关于摊余成本计量规定的情况下，转入方可以将该应收款项以摊余成本计量。

（七）流程图

上述金融资产终止确认判断流程可总结为图 23－1。

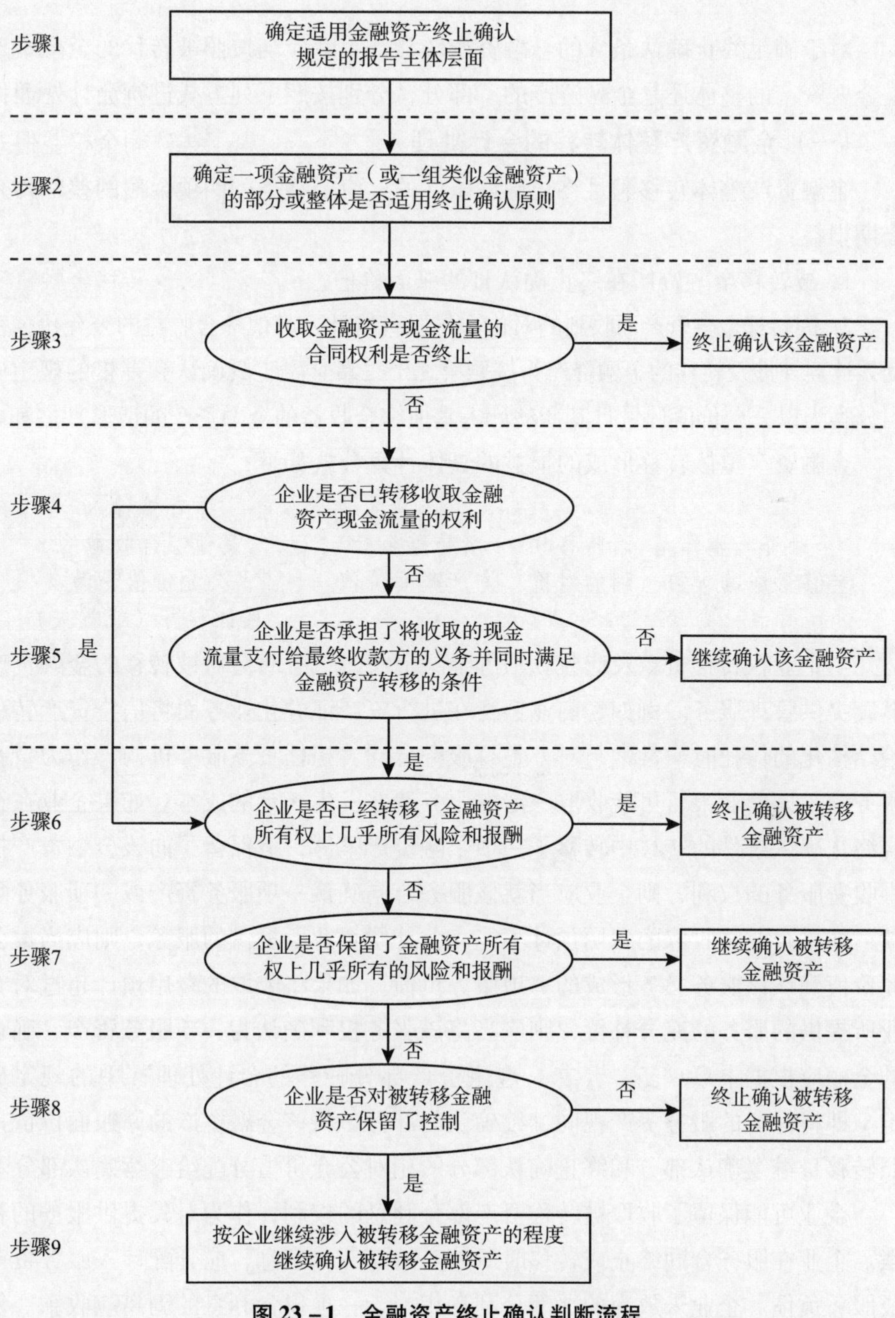

图 23－1　金融资产终止确认判断流程

五、满足终止确认条件的金融资产转移的会计处理

对于满足终止确认条件的金融资产转移，企业应当按照被转移的金融资产是金融资产的整体还是金融资产的一部分，分别按照下列方式进行会计处理：

（一）金融资产整体转移的会计处理

金融资产整体转移满足终止确认条件的，应当将下列两项金额的差额计入当期损益：

1. 被转移金融资产在终止确认日的账面价值。

2. 因转移金融资产而收到的对价，与原直接计入其他综合收益的公允价值变动累计额（涉及转移的金融资产为按照第二十二章金融工具确认和计量的规定应当分类为以公允价值计量且其变动计入其他综合收益的金融资产的情形）之和。

金融资产整体转移形成的损益的具体计算公式如下：

$$\text{金融资产整体转移形成的损益}=\text{因转移收到的对价}-\text{所转移金融资产账面价值}+/-\text{原直接计入其他综合收益的公允价值变动累计利得（或损失）}$$

当企业在转移贷款及应收款项等金融资产时，有时会对被转移的金融资产继续提供管理服务。例如，商业银行在进行资产证券化业务而将信贷资产转移给结构化的信托时，常常与对方签订服务合同，担任贷款服务机构。作为贷款服务商，该商业银行可能收取一定的服务费并发生一定的成本。如果企业在符合终止确认条件的转移中转移了一项金融资产整体，但保留了向该金融资产提供收费服务的权利，则企业应当就该服务合同确认一项服务资产或一项服务负债。如果企业将收取的费用预计不能充分补偿企业所提供的服务，则应当按公允价值确认该服务义务形成的一项服务负债。如果将收取的费用预计超过对企业所提供的服务的充分补偿，则应当将该服务权利确认为一项服务资产，确认的金额应根据本章“五、（二）金融资产部分转移的会计处理”中的规定确定。即将保留的服务资产视同继续确认的部分，将该金融资产的原账面价值按照转移日继续确认部分和终止确认部分的相对公允价值分配给继续确认部分。

企业可能保留了收取被转移资产部分利息的权利，作为对其提供服务的补偿。企业在服务合同终止或转移时所放弃的那部分利息，应分配计入服务资产或服务负债。企业未放弃的那部分利息相当于一项仅含利息的剥离应收款。例如，如果企业在服务合同终止或转移时不放弃任何利息，那么整个息差就构成一项仅含利息的剥离应收款。当企业将应收款项账面价值在终止确认部分和继

续确认部分之间进行分配时，应考虑上述服务资产的公允价值和仅含利息的剥离应收款的公允价值。

【例23－5】 2×23年1月20日，甲银行与乙资产管理公司签订协议，甲银行将100笔贷款打包出售给乙资产管理公司。该组贷款总金额为8 000万元人民币，原已计提减值准备为1 200万元人民币，双方协议转让价为6 000万元人民币，转让后甲银行不再保留任何权利和义务。2×23年2月20日，甲银行收到该批贷款出售款项。

本例中，由于甲银行将贷款转让后不再保留任何权利和义务，因此，可以判断，贷款所有权上的风险和报酬已经全部转移给乙公司，甲银行应当终止确认该组贷款。甲银行应作如下账务处理：

借：存放中央银行款项	60 000 000	
贷款损失准备	12 000 000	
投资收益	8 000 000	
贷：贷款		80 000 000

对于按照第二十二章金融工具确认和计量的规定应当分类为以公允价值计量且其变动计入其他综合收益的金融资产整体转移满足终止确认条件的，企业在计量该项转移形成的损益时，应当将原计入其他综合收益的公允价值变动累计利得或损失转出。

【例23－6】 2×22年1月1日，甲公司将持有的乙公司发行的10年期公司债券出售给丙公司，经协商出售价格为311万元人民币，2×21年12月31日该债券公允价值为310万元人民币。该债券于2×21年1月1日发行，甲公司持有该债券时将其分类为以公允价值计量且其变动计入其他综合收益的金融资产，面值（取得成本）为300万元人民币。假设甲公司和丙公司在出售协议中约定，出售后该公司债券发生的所有损失均由丙公司自行承担，甲公司已将债券所有权上的几乎所有风险和报酬转移给丙公司，因此，应当终止确认该金融资产。

本例中，首先，根据上述资料确定出售日该债券的账面价值。由于资产负债表日（即2×21年12月31日）该债券的公允价值为310万元人民币，而且该债券属于以公允价值计量且其变动计入其他综合收益的金融资产，因此，出售日该债券账面价值为310万元人民币。

其次，应确定已计入其他综合收益的公允价值累计变动额。2×21年12月31日甲公司计入其他综合收益的利得为10万元（310－300）人民币。

最后，确定甲公司出售该债券形成的损益。按照金融资产整体转移形成的损益的计算公式计算，出售该债券形成的收益为 11 万元（311 - 310 + 10）（包含因终止确认而从其他综合收益中转出至当期损益的 10 万元）。

甲公司出售该债券的账务处理如下：

借：银行存款　　3 110 000

　　贷：其他债权投资　　3 100 000

　　　　投资收益　　10 000

同时，将原计入其他综合收益的公允价值变动转出：

借：其他综合收益——公允价值变动　　100 000

　　贷：投资收益　　100 000

因金融资产转移获得了新金融资产或承担了新金融负债或服务负债的，应当在转移日按照公允价值确认该新金融资产、金融负债或服务负债，并将该新金融资产扣除新金融负债及服务负债后的净额作为因转移收到的对价的组成部分。新获得的金融资产或新承担的金融负债，通常包括看涨期权、看跌期权、担保负债、远期合同、互换等。

因转移收到的对价的具体计算公式如下：

因转移收到的对价 = 因转移交易实际收到的价款 + 新获得金融资产的公允价值 + 因转移获得的服务资产的价值 - 新承担金融负债的公允价值 - 因转移承担的服务负债的公允价值

【例 23 - 7】 沿用〖例 23 - 6〗资料，甲公司将债券出售给丙公司时，同时签订了一项看涨期权合约，期权行权日为 2 × 22 年 12 月 31 日，行权价为 400 万元人民币，期权的公允价值为 1 万元人民币，假定该看涨期权为深度价外期权，其他条件不变。

本例中，转出方持有的看涨期权属于深度价外期权，即预计该期权在行权日之前不太可能变为价内期权。所以，在转让日，可以判定债券所有权上的几乎所有风险和报酬已经转移给丙公司，甲公司应当终止确认该债券。但是，由于同时签订了看涨期权合约，甲公司获得了一项新的资产，应当按照在转让日的公允价值（1 万元）确认该期权。

甲公司出售该债券的账务处理如下：

借：银行存款　　3 110 000

　　衍生工具　　10 000

　　贷：其他债权投资　　3 100 000

　　　　投资收益　　20 000

同时，将原计入其他综合收益的公允价值变动转出：

借：其他综合收益——公允价值变动　　100 000

　贷：投资收益　　100 000

（二）金融资产部分转移的会计处理

企业转移了金融资产的一部分，且该被转移部分满足终止确认条件的，应当将转移前金融资产整体的账面价值，在终止确认部分和继续确认部分（在此种情形下，所保留的服务资产应当视同继续确认金融资产的一部分）之间，按照转移日各自的相对公允价值进行分摊，并将下列两项金额的差额计入当期损益：

1. 终止确认部分在终止确认日的账面价值。

2. 终止确认部分收到的对价（包括获得的所有新资产减去承担的所有新负债），与原计入其他综合收益的公允价值变动累计额中对应终止确认部分的金额（涉及部分转移的金融资产为按照第二十二章金融工具确认和计量的规定应当分类为以公允价值计量且其变动计入其他综合收益的金融资产的情形）之和。

企业在确定继续确认部分的公允价值时，应当遵循下列规定：（1）企业出售过与继续确认部分类似的金融资产，或继续确认部分存在其他市场交易的，近期实际交易价格可作为其公允价值的最佳估计。（2）继续确认部分没有报价或近期没有市场交易的，其公允价值的最佳估计为转移前金融资产整体的公允价值扣除终止确认部分的对价后的差额。在计量终止确认部分和继续确认部分的公允价值时，除适用上述规定外，企业还应适用第三十九章公允价值计量的相关规定。

六、继续确认被转移金融资产的会计处理

企业保留了被转移金融资产所有权上几乎所有的风险和报酬的，表明企业所转移的金融资产不满足终止确认的条件，不应当将其从企业的资产负债表中转出。此时，企业应当继续确认所转移的金融资产整体，因资产转移而收到的对价，应当在收到时确认为一项金融负债。需要注意的是，该金融负债与被转移金融资产应当分别确认和计量，不得相互抵销。在后续会计期间，企业应当继续确认该金融资产产生的收入或利得以及该金融负债产生的费用或损失。

【例 23－8】2×23 年 4 月 1 日，甲公司（金融企业）将其持有的一笔国债出售给丙公司，售价为 20 万元人民币。同时，双方签订一项回购协议，约定 3 个月后由甲公司将该笔国债购回，回购价格为 20.175 万元。2×23 年 7 月 1 日，甲公司按照约定回购价格将该笔国债购回。假定不考虑其他因素。

甲公司应作如下账务处理：

（1）判断应否终止确认。

由于此项出售属于附回购协议的金融资产出售，到期后甲公司应按固定价格将该笔国债购回，因此，可以判断，甲公司保留了该笔国债几乎所有的风险和报酬，不应终止确认，该笔国债应按转移前的计量方法继续进行后续计量。

（2）2×23 年 4 月 1 日，甲公司出售该笔国债时：

借：银行存款　　200 000

　　贷：卖出回购金融资产款　　200 000

（3）2×23 年 6 月 30 日，甲公司应按根据未来回购价格计算的该卖出回购金融资产款的实际利率计算并确认有关利息费用，计算得出该卖出回购金融资产的实际利率为 3.5%。

卖出回购国债的利息费用 = 200 000 × 3.5% × 3/12 = 1 750（元）

借：利息支出　　1 750

　　贷：卖出回购金融资产款　　1 750

（4）2×23 年 7 月 1 日，甲公司回购该笔国债时：

借：卖出回购金融资产款　　201 750

　　贷：银行存款　　201 750

需要注意的是，该笔国债与该笔卖出回购金融资产款在资产负债表上不应抵销，该笔国债确认的收益与该笔卖出回购金融资产款产生的利息支出在利润表中也不应抵销。

七、继续涉入被转移金融资产的会计处理

企业既没有转移也没有保留金融资产所有权上几乎所有风险和报酬，且保留了对该金融资产控制的，应当按照其继续涉入被转移金融资产的程度继续确认该被转移金融资产，并相应确认相关负债。企业所确认的被转移的金融资产和相关负债，应当反映企业所保留的权利和承担的义务。

企业应当对因继续涉入被转移金融资产形成的有关资产确认相关收益，对继续涉入形成的有关负债确认相关费用。按继续涉入程度继续确认的被转移金融资产应根据所转移金融资产的原性质及其分类，继续列报于资产负债表中的贷款、应收款项等项目。被转移的金融资产以摊余成本计量的，被转移资产和相关负债的账面价值等于企业保留的权利和义务的摊余成本；被转移金融资产以公允价值计量的，被转移资产和相关负债的账面价值等于企业保留的权利和

义务按独立基础计量的公允价值。如果所转移的金融资产以摊余成本计量，相关负债不得指定为以公允价值计量且其变动计入当期损益的金融负债。

（一）通过对被转移金融资产提供担保方式继续涉入被转移金融资产

企业通过对被转移金融资产提供担保方式继续涉入的，应当在转移日按照金融资产的账面价值和担保金额两者之中的较低者，按继续涉入的程度继续确认被转移资产，同时按照担保金额和担保合同的公允价值之和确认相关负债。这里的担保金额，是指企业所收到的对价中，将可能被要求偿还的最高金额。担保合同的公允价值，通常是指提供担保而收取的费用。

【例23－9】甲银行与乙银行签订一笔贷款转让协议，由甲银行将其本金为1 000万元、年利率为10%、贷款期限为9年的组合贷款出售给乙银行，售价为990万元。双方约定，由甲银行为该笔贷款提供担保，担保金额为300万元，实际贷款损失超过担保金额的部分由乙银行承担。转移日，该笔贷款（包括担保）的公允价值为1 000万元，其中，担保的公允价值为100万元。甲银行没有保留对该笔贷款的管理服务权。假定该贷款没有市场，乙银行不具备出售该笔贷款的实际能力。

本例中，由于甲银行既没有转移也没有保留该笔组合贷款所有权上几乎所有的风险和报酬，而且该贷款没有市场，乙银行不具备出售该笔贷款的实际能力，导致甲银行保留了对该笔贷款的控制，所以，应当按照甲银行继续涉入被转移金融资产的程度继续确认该被转移金融资产，并相应确认相关负债。

由于转移日该笔贷款的账面价值为1 000万元，提供的担保金额为300万元，甲银行应当按照300万元继续确认该笔贷款。由于担保合同的公允价值为100万元，所以甲银行确认相关负债金额为400万元（300＋100）。因此，转移日甲银行应作如下账务处理：

借：存放中央银行款项	9 900 000	
继续涉入资产	3 000 000	
投资收益	1 100 000	
贷：贷款		10 000 000
继续涉入负债		4 000 000

【例23－10】甲公司（非金融企业）持有一组应收账款，该组应收账款的合同到期日为2×23年6月30日，账面价值500万元。2×23年1月1日，甲公司和乙公司签订了保理协议，将该组应收账款转让给乙公司，转让价格为490万元。双方约定，如果应收账款发生迟付，甲公司需按实际迟付天数（不

超过 30 日）支付年化 6% 的费率。如果应收账款逾期 30 日，则认定为违约，乙公司将向其他信用保险公司（与甲公司不相关）索偿。除迟付风险外，甲公司没有保留任何其他信用风险或利率风险，也不承担应收账款管理的相关服务。该组应收账款没有交易市场。迟付风险担保的公允价值为 2 万元。

本例中，甲公司保留了迟付风险，但转移了其他风险。根据测算，甲公司既未转移也未保留该组应收账款所有权上几乎所有风险和报酬。由于该组应收账款没有市场，乙公司没有出售被转移资产的实际能力，甲公司保留了对该组应收账款的控制。因此，甲公司继续涉入该组被转移的应收账款。

2×23 年 1 月 1 日，甲公司应按下列金额中孰低者确认对被转移资产的继续涉入程度：

（1）被转移资产的账面价值 500 万元。

（2）甲公司因提供迟付风险担保可能被要求偿还的最高金额，即 2.5 万元（500×30/360×6%）。

同时，甲公司应按照担保金额与担保的公允价值之和 4.5 万元（2.5+2）确认相关负债。具体账务处理如下：

借：银行存款　　4 900 000

　　继续涉入资产　　25 000

　　投资收益　　120 000

　　贷：应收账款　　5 000 000

　　　　继续涉入负债　　45 000

甲公司后续期间的账务处理如下：

（1）摊销担保的对价：

借：继续涉入负债　　20 000

　　贷：其他业务收入　　20 000

（2）如果乙公司按时收到所有应收账款，则担保到期失效。随着被转移应收账款的及时付款，甲公司可能被要求偿还的最高金额减为零，甲公司在保留迟付风险的后续期间作如下账务处理：

借：继续涉入负债　　25 000

　　贷：继续涉入资产　　25 000

（3）如果在甲公司保留迟付风险的后续期间，预计因发生迟付风险需向乙公司支付 1.5 万元，则甲公司的账务处理如下：

借：信用减值损失　　15 000

　　贷：继续涉入资产　　　　　　　　　　　　　　　　　　　　15 000

如果担保到期因发生迟付风险而实际向乙公司支付1.5万元，则甲公司的账务处理如下：

借：继续涉入负债　　　　　　　　　　　　　　　　　　15 000

　　贷：银行存款　　　　　　　　　　　　　　　　　　　　15 000

借：继续涉入负债　　　　　　　　　　　　　　　　　　10 000

　　贷：继续涉入资产　　　　　　　　　　　　　　　　　　10 000

（二）因持有看涨期权或签出看跌期权而继续涉入以摊余成本计量的被转移金融资产

企业因持有看涨期权或签出看跌期权而继续涉入被转移金融资产，且该金融资产以摊余成本计量的，应当按照其可能回购的被转移金融资产的金额继续确认被转移金融资产，在转移日按照收到的对价确认相关负债。

后续期间，被转移金融资产在期权到期日的账面余额和相关负债初始确认金额之间的差额，应当采用实际利率法摊销，计入当期损益；同时，调整相关负债的账面价值。相关期权行权的，应当在行权时，将相关负债的账面价值与行权价格之间的差额计入当期损益。

【例23-11】乙公司（非金融企业）持有一笔将于2×27年12月31日到期的长期债券投资，该债券在公开市场不能交易且不易获得，乙公司将其分类为以摊余成本计量的金融资产。2×22年1月1日，乙公司以100万元价款将该笔债券（当日账面余额为102万元）出售给丙公司，同时与丙公司签订一项看涨期权合约，行权日为2×23年12月31日，行权价为105万元。行权日该债券的账面余额为106万元，公允价值为104万元。

本例中，乙公司收取债券未来现金流量（债券本金和利息）的权利没有终止，而将这项权利转移给了丙公司。但是，出售债券所附的看涨期权既不是重大的价内期权也不是重大的价外期权，因此，乙公司既没有转移也没有保留该债券所有权上几乎所有的风险和报酬。同时，因债券没有活跃的市场，丙公司不拥有出售该债券的实际能力，所以，乙公司保留了对该债券的控制。因此，乙公司应当按照继续涉入程度确认和计量被转移债券。

乙公司有关计算和账务处理如下：

(1) 2×22年1月1日，乙公司应按照收到的对价100万元确认继续涉入形成的负债。

借：银行存款　　　　　　　　　　　　　　　　　　1 000 000

贷：继续涉入负债　　　　1 000 000

（2）2×22年1月1日至2×23年12月31日期间，乙公司将该负债与行权日债券的账面余额之间的差额6万元（106－100），采用实际利率法分期摊销并计入损益，使继续涉入形成的负债在2×23年12月31日的账面价值达到106万元。实际利率法摊销的账务处理（分期）如下：

借：财务费用　　　　60 000

贷：继续涉入负债　　　　60 000

同时，乙公司继续以摊余成本计量该债券，并采用实际利率法分期摊销债券行权日的账面余额与出售日账面余额之间的差额4万元（106－102），使该债券在2×23年12月31日的账面余额达到106万元。实际利率法摊销的账务处理（分期）如下：

借：债权投资　　　　40 000

贷：投资收益　　　　40 000

（3）2×23年12月31日，如果乙公司行权：

借：继续涉入负债　　　　1 060 000

贷：银行存款　　　　1 050 000

投资收益　　　　10 000

如果乙公司不行权：

借：继续涉入负债　　　　1 060 000

贷：债权投资　　　　1 060 000

如果转出方向转入方签出一项看跌期权，其会计处理方法与上例类似。

（三）因持有看涨期权而继续涉入以公允价值计量的被转移金融资产

企业因持有看涨期权而继续涉入以公允价值计量的被转移金融资产的，应当继续按照公允价值计量被转移金融资产，同时按照下列规定计量相关负债：

1. 该期权是价内或平价期权的，应当按照期权的行权价格扣除期权的时间价值后的金额，计量相关负债。

2. 该期权是价外期权的，应当按照被转移金融资产的公允价值扣除期权的时间价值后的金额，计量相关负债。

【例23－12】2×21年1月1日，甲公司向乙公司出售一项分类为以公允价值计量且其变动计入其他综合收益的债务工具投资，该金融资产初始入账价值为80万元，出售日的公允价值为104万元。双方签订了一项甲公司可以于2×22年12月31日以105万元购回该资产的看涨期权合约。上述交易中，乙公司向甲公司支付对价100万元。假定乙公司没有出售该资产的实际能力，即甲公司保留了对该资产的控制。

本例中，由于甲公司持有一项看涨期权，使得其既没有转移也没有保留该金融资产所有权上几乎所有的风险和报酬，同时也保留了对该金融资产的控制，因此，应当按照继续涉入程度确认有关金融资产和负债。

具体账务处理如下：

（1）2×21年1月1日，甲公司继续按照公允价值确认该金融资产。其在其他综合收益中累计确认的利得为24万元（104－80）。

由于该看涨期权为价外期权（行权价105万元大于转移日资产的公允价值104万元），内在价值为零，甲公司收到的对价低于该金融资产公允价值的差额4万元（104－100）即为期权的时间价值，因此，继续涉入负债的入账价值为100万元（104－4）。账务处理如下：

借：银行存款　　1 000 000

　　贷：继续涉入负债　　1 000 000

（2）2×21年12月31日，假定资产的公允价值增加为106万元，此时，该期权为价内期权（行权价105万元小于资产的公允价值106万元），假定其时间价值为2万元。因此，继续涉入负债变为103万元（105－2）。账务处理如下：

借：其他债权投资　　20 000

　　其他综合收益　　10 000

　　贷：继续涉入负债　　30 000

（3）2×22年12月31日，假定该金融资产的公允价值未发生变动，甲公司将以价内行权。账务处理如下：

借：继续涉入负债　　1 030 000

　　其他综合收益　　20 000

　　贷：银行存款　　1 050 000

同时，将原计入其他综合收益的公允价值变动210 000元（1 040 000－800 000－10 000－20 000）转出：

借：其他综合收益　　210 000

　　贷：投资收益　　210 000

假定资产的公允价值降为103万元，此时，甲公司将不会行权，则甲公司将终止确认该金融资产和继续涉入的负债，账务处理如下：

借：继续涉入负债　　1 030 000

其他综合收益　230 000
　贷：其他债权投资　1 060 000
　　投资收益　200 000

（四）因签出看跌期权而继续涉入以公允价值计量的被转移金融资产

企业因签出看跌期权而继续涉入以公允价值计量的被转移金融资产的，应当按照该金融资产的公允价值和该期权行权价格两者的较低者，计量继续涉入形成的资产；同时，按照该期权的行权价格与时间价值之和，计量相关负债。也就是说，如果企业签出的一项看跌期权使其不能终止确认被转移金融资产，则企业仍应按继续涉入的程度继续确认该项资产。由于企业对被转移金融资产公允价值高于期权行权价格的部分不拥有权利，因此，当该金融资产原按照公允价值进行计量时，继续确认该项资产的金额为其公允价值与期权行权价格之间的较低者。

【例23－13】 2×21年12月31日，甲公司向乙公司出售一项分类为以公允价值计量且其变动计入其他综合收益的债务工具投资，该投资初始入账价值为80万元，转让日的公允价值为97万元。双方还签订了一项看跌期权协议，约定两年后乙公司可以96万元的价格返售给甲公司。上述交易中，乙公司向甲公司支付对价102万元。假定乙公司没有出售该金融资产的实际能力，即甲公司保留了对该资产的控制。

本例中，由于甲公司签出一项看跌期权，使得其既没有转移也没有保留该金融资产所有权上几乎所有的风险和报酬，同时保留了对该金融资产的控制，因此，应当按照继续涉入程度确认有关金融资产和负债。

具体计算和账务处理如下：

（1）2×21年12月31日，甲公司应当按照该金融资产的公允价值（97万元）和该期权行权价格（96万元）之间的较低者，确认继续涉入形成的资产为96万元。由于看跌期权的时间价值（额外收款额）为5万元（102－97），因此，继续涉入形成负债的入账金额为101万元（96＋5），账务处理为：

借：银行存款　1 020 000
　贷：继续涉入负债　1 010 000
　　其他债权投资　10 000

（2）2×22年12月31日，假定资产公允价值下跌为94万元。此时，期权为价内期权（行权价96万元大于资产的公允价值94万元），假设期权时间价值为2万元。因此，继续涉入资产的价值从96万元降为94万元，相应地，继续涉入负债的金额从101万元降为98万元（96+2），账务处理为：

借：继续涉入负债　　30 000

　贷：其他债权投资　　20 000

　　其他综合收益　　10 000

（3）2×23年12月31日，假定资产的公允价值没有发生变动，乙公司决定在价内行权，甲公司必须以行权价重新取得该投资，账务处理为：

借：继续涉入负债　　980 000

　贷：银行存款　　960 000

　　其他综合收益　　20 000

（五）因同时持有看涨期权和签出看跌期权而继续涉入以公允价值计量的被转移金融资产

企业因同时持有看涨期权和签出看跌期权（即上下限期权）而继续涉入以公允价值计量的被转移金融资产的，应当继续按照公允价值计量被转移金融资产，同时按照下列规定计量相关负债：

1. 该看涨期权是价内或平价期权的，应当按照看涨期权的行权价格和看跌期权的公允价值之和，扣除看涨期权的时间价值后的金额，计量相关负债。

2. 该看涨期权是价外期权的，应当按照被转移金融资产的公允价值和看跌期权的公允价值之和，扣除看涨期权的时间价值后的金额，计量相关负债。

【例23－14】甲公司与乙公司签订一项股票转让协议，同时购入一项行权价为110万元的看涨期权，并出售一项行权价为90万元的看跌期权。假定转移日该股票的公允价值为100万元，看涨期权和看跌期权公允价值也即时间价值（由于上述期权均为价外期权，因此，无内在价值）分别为5万元和2万元，甲公司收到97万元。

本例中，由于甲公司因卖出一项看跌期权和购入一项看涨期权使所转移股票投资不满足终止确认条件，且按照公允价值来计量该股票投资，因此，甲公司应当在转移日仍按照公允价值确认被转移金融资产。甲公司应确认的金融资产金额为100万元，由于该看涨期权是价外期权，应确认的继续涉入形成的负债金额为97万元［（100+2）－5］。

借：银行存款　　970 000

　贷：继续涉入负债　　970 000

（六）对金融资产的继续涉入仅限于金融资产一部分

对金融资产的继续涉入仅限于金融资产一部分的，企业应当按照转移日因继续涉入而继续确认部分和不再确认部分的相对公允价值，在两者之间分配金融资产的账面价值，并将下列两项金额的差额计入当期损益：

1. 分配至不再确认部分的账面金额（以转移日为准）。

2. 不再确认部分所收到的对价。

如果涉及转移的金融资产为按照第二十二章金融工具确认和计量的规定应当分类为以公允价值计量且其变动计入其他综合收益的金融资产的，不再确认部分的金额对应的原计入其他综合收益的公允价值变动累计额应当计入当期损益。

【例23－15】 沿用〖例23－4〗资料，并补充以下资料：

2×22年1月1日，该组贷款的公允价值为10 100万元，0.5%的超额利差账户的公允价值为40万元。

本例中，(1) 甲银行收到的9 115万元对价由两部分构成：一部分是转移的90%贷款及相关利息的对价，即9 090万元（10 100×90%）；另一部分是因使保留的权利次级化所取得的对价25万元（9 115－9 090）。此外，由于超额利差账户的公允价值为40万元，因此，甲银行的该项金融资产转移交易的信用增级相关的对价为65万元。

假定甲银行无法取得所转移该组贷款的90%和10%部分各自的公允价值，则甲银行所转移该组贷款的90%部分形成的利得或损失计算如表23－7所示。

表23－7

项目	估计公允价值（万元）	占整体公允价值的百分比（%）	分摊的账面价值（万元）
终止确认部分	9 090	90	9 000
继续确认部分	1 010	10	1 000
合计	10 100	100	10 000

甲银行该项金融资产转移形成的利得＝9 090－9 000＝90（万元）

(2) 甲银行仍保留贷款部分的账面价值为1 000万元。

(3) 双方协议约定的、因信用增级使甲银行不能收到的现金流入量最大值1 000万元是甲银行因继续涉入而形成的资产；超额利差账户形成的资产40万元本质上也是继续涉入形成的资产。

因继续涉入而确认负债的金额，包括因信用增级使甲银行不能收到的现金流入最大值1 000万元和信用增级的公允价值总额65万元，两项合计为1 065

万元。

据此，甲银行在金融资产转移日应作如下账务处理：

借：存放中央银行款项　91 150 000
　继续涉入资产——次级权益　10 000 000
　　　　　——超额利差账户　400 000
　贷：贷款　90 000 000
　　继续涉入负债　10 650 000
　　投资收益　900 000

（4）金融资产转移后，甲银行应采用实际利率法将信用增级取得的对价65万元分期予以确认。账务处理（分期）如下：

借：继续涉入负债　650 000
　贷：其他业务收入　650 000

此外，还应在资产负债表日计提减值损失。假设2×22年12月31日，已转移贷款的信用损失为200万元，则甲银行应作如下账务处理：

借：信用减值损失　2 000 000
　贷：贷款损失准备　2 000 000
借：继续涉入负债　2 000 000
　贷：继续涉入资产——次级权益　2 000 000

八、金融资产转移中向转入方提供非现金担保物的会计处理

企业向金融资产转入方提供了非现金担保物（如债务工具或权益工具投资等）的，企业（转出方）和转入方应当按照下列规定处理：

1. 转入方按照合同或惯例有权出售该担保物或将其再作为担保物的，企业（转出方）应当将该非现金担保物在资产负债表中重新分类，并单独列报。

2. 转入方已将该担保物出售的，应确认出售担保物收到的款项；同时转入方应当就归还担保物义务，按照公允价值确认一项负债。

3. 除企业（转出方）因违约丧失赎回担保物权利外，企业应当继续将担保物确认为一项资产；转入方不得将该担保物确认为资产。

4. 企业（转出方）因违约丧失赎回担保物权利的，应当终止确认该担保物；转入方应当将该担保物确认为一项资产。若转出方因违约丧失赎回担保物权利前，转入方已出售该担保物，则转入方应当终止确认归还担保物的义务。

九、衔接规定

（一）首次执行企业会计准则

按照《企业会计准则第 38 号——首次执行企业会计准则》的规定，企业应当自首次执行日起，对金融资产转移采用未来适用法进行处理。

（二）金融资产转移准则转换

在金融资产转移准则施行日（以下简称施行日），企业仍继续涉入被转移金融资产的，应当按照第二十二章金融工具确认和计量及本章关于被转移金融资产确认和计量的相关规定进行追溯调整，再按照本章的规定对其所确认的相关负债进行重新计量，并将相关影响按照与被转移金融资产一致的方式在施行日进行调整。追溯调整不切实可行的除外。

第二十四章　套期会计

一、总体要求

《企业会计准则第24号——套期会计》（财会〔2017〕9号，以下简称套期会计准则）对开展套期业务的企业选择运用套期会计时的会计处理进行了规范。

企业在经营活动中会面临各类风险，其中涉及外汇风险、利率风险、价格风险、信用风险等。对于此类风险敞口，企业可能会选择通过利用金融工具产生反向的风险敞口（即开展套期业务）来进行风险管理活动。套期会计的目标是在财务报告中反映企业采用金融工具管理因特定风险引起的风险敞口的风险管理活动的影响。

企业开展的套期业务符合本章规定的运用套期会计的条件且企业选择运用套期会计的，应当按照本章的规定进行会计处理，并按照第三十八章金融工具列报有关套期会计披露的要求进行信息披露。企业开展的套期业务不符合运用套期会计的条件，或者虽然符合运用套期会计的条件、但企业未选择运用套期会计的，应当适用其他相关章的规定。

按照本章的规定，企业应当将套期分为公允价值套期、现金流量套期和境外经营净投资套期，分别进行会计处理。企业应当按照本章规定进行套期关系的评估。适用套期关系再平衡的，企业应当进行套期关系再平衡，通过调整套期关系的套期比率，使其重新满足套期有效性要求，从而延续套期关系。企业一旦正式指定套期关系并选择应用套期会计的，只能在该套期关系不再符合本章规定的特定条件时终止应用套期会计，不得自行终止应用套期会计。

作为套期会计的替代，企业可以将符合条件的某项面临信用风险的金融工具的整体或部分指定为以公允价值计量且其变动计入当期损益的金融工具，以减少与作为套期工具的信用衍生工具之间会计计量的不匹配，使两者公允价值变动形成自然对冲，从而便于企业管理信用风险，减少损益波动。

二、应设置的相关会计科目和主要账务处理

企业按照本章的规定对套期业务进行会计处理，一般需要设置下列会计科目。

（一）“套期工具”

1. 本科目核算企业开展套期业务（包括公允价值套期、现金流量套期和境外经营净投资套期）的套期工具及其公允价值变动形成的资产或负债。

2. 本科目可按套期工具类别或套期关系进行明细核算。

3. 套期工具的主要账务处理。

（1）企业将已确认的衍生工具、以公允价值计量且其变动计入当期损益的非衍生金融资产或非衍生金融负债等金融资产或金融负债指定为套期工具的，应当按照其账面价值，借记或贷记本科目，贷记或借记“衍生工具”、“交易性金融资产”等科目。

（2）资产负债表日，对于公允价值套期，应当按照套期工具产生的利得，借记本科目，贷记“套期损益”、“其他综合收益——套期损益”等科目，套期工具产生损失做相反的会计分录；对于现金流量套期，应当按照套期工具产生的利得，借记本科目，按照套期有效部分的变动额，贷记“其他综合收益——套期储备”等科目，按照套期工具产生的利得和套期有效部分变动额的差额，贷记“套期损益”科目，套期工具产生损失做相反的会计分录。

（3）金融资产或金融负债不再作为套期工具核算的，应当按照套期工具形成的资产或负债，借记或贷记有关科目，贷记或借记本科目。

4. 本科目期末借方余额，反映企业套期工具形成资产的公允价值；本科目期末贷方余额，反映企业套期工具形成负债的公允价值。

（二）“被套期项目”

1. 本科目核算企业开展套期业务的被套期项目及其公允价值变动形成的资产或负债。

2. 本科目可按被套期项目类别或套期关系进行明细核算。

3. 被套期项目的主要账务处理。

（1）企业将已确认的资产、负债或其组成部分指定为被套期项目的，应当按照其账面价值，借记或贷记本科目，贷记或借记“原材料”、“债权投资”、“长期借款”等科目。已计提跌价准备或减值准备的，还应当同时结转跌价准备或减值准备。

（2）资产负债表日，对于公允价值套期，应当按照被套期项目因被套期风险敞口形成的利得，借记本科目，贷记“套期损益”、“其他综合收益——套期损益”等科目；被套期项目因被套期风险敞口形成损失做相反的会计分录。

（3）资产或负债不再作为被套期项目核算的，应当按照被套期项目形成的资产或负债，借记或贷记有关科目，贷记或借记本科目。

4. 本科目期末借方余额，反映企业被套期项目形成的资产；本科目期末贷方余额，反映企业被套期项目形成的负债。

（三）“套期损益”

1. 本科目核算套期工具和被套期项目价值变动形成的利得和损失。

2. 本科目可按套期关系进行明细核算。

3. 套期损益的主要账务处理。

（1）资产负债表日，对于公允价值套期，应当按照套期工具产生的利得，借记“套期工具”科目，贷记本科目；套期工具产生损失做相反的会计分录。对于现金流量套期，套期工具的利得中属于套期无效的部分，借记“套期工具”科目，贷记本科目；套期工具的损失中属于套期无效的部分，做相反的会计分录。

（2）资产负债表日，对于公允价值套期，应当按照被套期项目因被套期风险敞口形成的利得，借记“被套期项目”科目，贷记本科目；被套期项目因被套期风险敞口形成损失做相反的会计分录。

4. 期末，应当将本科目余额转入“本年利润”科目，结转后本科目无余额。

（四）“净敞口套期损益”

1. 本科目核算净敞口套期下被套期项目累计公允价值变动转入当期损益的金额或现金流量套期储备转入当期损益的金额。

2. 本科目可按套期关系进行明细核算。

3. 净敞口套期损益的主要账务处理。

（1）对于净敞口公允价值套期，应当在被套期项目影响损益时，将被套期项目因被套期风险敞口形成的累计利得或损失转出，贷记或借记“被套期项目”等科目，借记或贷记本科目。

（2）对于净敞口现金流量套期，应当在将相关现金流量套期储备转入当期损益时，借记或贷记“其他综合收益——套期储备”等科目，贷记或借记本科目；将相关现金流量套期储备转入资产或负债的，当资产和负债影响损益时，借记或贷记资产（或其备抵科目）、负债科目，贷记或借记本科目。

4. 期末，应当将本科目余额转入“本年利润”科目，结转后本科目无余额。

（五）“其他综合收益——套期储备”

1. 本明细科目核算现金流量套期下套期工具累计公允价值变动中的套期有效部分。

2. 本明细科目可按套期关系进行明细核算。

3. 其他综合收益——套期储备的主要账务处理。

（1）资产负债表日，套期工具形成的利得或损失中属于套期有效部分的，借记或贷记“套期工具”科目，贷记或借记本明细科目；属于套期无效部分的，借记或贷记“套期工具”科目，贷记或借记“套期损益”科目。

（2）企业将套期储备转出时，借记或贷记本明细科目，贷记或借记有关科目。

（六）“其他综合收益——套期损益”

1. 本明细科目核算公允价值套期下对指定为以公允价值计量且其变动计入其他综合收益的非交易性权益工具投资或其组成部分进行套期时，套期工具和被套期项目公允价值变动形成的利得和损失。

2. 本明细科目可按套期关系进行明细核算。

3. 其他综合收益——套期损益的主要账务处理。

（1）资产负债表日，应当按照套期工具产生的利得，借记“套期工具”科目，贷记本明细科目；套期工具产生损失做相反的会计分录。

（2）资产负债表日，应当按照被套期项目因被套期风险敞口形成的利得，借记“被套期项目”科目，贷记本明细科目；被套期项目因被套期风险敞口形成损失做相反的会计分录。

（3）当套期关系终止时，应当借记或贷记本明细科目，贷记或借记“利润分配——未分配利润”等科目。

（七）“其他综合收益——套期成本”

1. 本明细科目核算企业将期权的时间价值、远期合同的远期要素或金融工具的外汇基差排除在套期工具之外时，期权的时间价值等产生的公允价值变动。

2. 本明细科目可按套期关系进行明细核算。

3. 其他综合收益——套期成本的主要账务处理。

（1）资产负债表日，对于期权的时间价值等的公允价值变动中与被套期项目相关的部分，应当借记或贷记“衍生工具”等科目，贷记或借记本明细科目。

（2）企业在将相关金额从其他综合收益中转出时，借记或贷记本明细科目，贷记或借记有关科目。

三、套期会计方法

（一）套期的概念

套期，是指企业为管理外汇风险、利率风险、价格风险、信用风险等特定风险引起的风险敞口，指定金融工具为套期工具，以使套期工具的公允价值或现金流量变动，预期抵销被套期项目全部或部分公允价值或现金流量变动的风险管理活动。例如，企业运用商品期货进行套期时，其套期策略通常是，买入（卖出）与现货市场数量相当、但交易方向相反的期货合同，以期在未来某一时间通过期货合同的公允价值变动来补偿现货市场价格变动所带来的价格风险。又如，企业为规避外汇风险，与某金融机构签订外币期权合同，对现存数额较大的美元敞口进行外汇风险套期。

（二）套期的分类

在套期会计中，套期分为公允价值套期、现金流量套期和境外经营净投资套期。

1. 公允价值套期。

公允价值套期，是指对已确认资产或负债、尚未确认的确定承诺，或上述项目组成部分的公允价值变动风险敞口进行的套期。该公允价值变动源于特定风险，且将影响企业的损益或其他综合收益。其中，确定承诺，是指在未来某特定日期或期间，以约定价格交换特定数量资源、具有法律约束力的协议；尚未确认，是指尚未在资产负债表中确认；影响其他综合收益的情形，仅限于企业对指定为以公允价值计量且其变动计入其他综合收益的非交易性权益工具投资的公允价值变动风险敞口进行的套期。

公允价值套期的示例如下：

（1）某企业签订一项以固定利率换浮动利率的利率互换合约，对其承担的固定利率负债的利率风险引起的公允价值变动风险敞口进行套期。

（2）某石油公司签订一项 6 个月后以固定价格购买原油的合同（尚未确

认的确定承诺），为规避原油价格风险，该公司签订一项未来卖出原油的期货合约，对该确定承诺的价格风险引起的公允价值变动风险敞口进行套期。

（3）某企业购买一项看跌期权合同，对持有的指定为以公允价值计量且其变动计入其他综合收益的非交易性权益工具投资的证券价格风险引起的公允价值变动风险敞口进行套期。

2. 现金流量套期。

现金流量套期，是指对现金流量变动风险敞口进行的套期。该现金流量变动源于与已确认资产或负债、极可能发生的预期交易，或与上述项目组成部分有关的特定风险，且将影响企业的损益。

现金流量套期的示例如下：

（1）某企业签订一项以浮动利率换固定利率的利率互换合约，对其承担的浮动利率债务的利率风险引起的现金流量变动风险敞口进行套期。

（2）某橡胶制品公司签订一项未来买入橡胶的远期合同，对 3 个月后预期极可能发生的与购买橡胶相关的价格风险引起的现金流量变动风险敞口进行套期。

（3）某企业签订一项购入外币的外汇远期合同，对以固定外币价格买入原材料的极可能发生的预期交易的外汇风险引起的现金流量变动风险敞口进行套期。

3. 境外经营净投资套期。

境外经营净投资套期，是指对境外经营净投资外汇风险敞口进行的套期。境外经营净投资套期中的被套期风险是指境外经营的记账本位币与母公司的记账本位币之间的折算差额。

此外，企业对确定承诺的外汇风险进行套期的，可以将其作为现金流量套期或公允价值套期处理。例如，某航空公司签订一项 3 个月后以固定外币金额购买飞机的合同（尚未确认的确定承诺），为规避外汇风险，签订一项外汇远期合同，对该确定承诺的外汇风险引起的公允价值变动或者现金流量变动风险敞口进行套期。

（三）套期会计方法

对于满足本章规定条件的套期，企业可运用套期会计方法进行处理。

套期会计方法，是指企业将套期工具和被套期项目产生的利得或损失在相同会计期间计入当期损益（或其他综合收益）以反映风险管理活动影响的方法。

企业开展套期业务以进行风险管理，但是如果按照常规的会计处理方法，可能会导致损益产生更大的波动，这是因为企业被套期的风险敞口和对风险敞口进行套期的金融工具的确认和计量基础不一定相同。例如，企业使用衍生工具对某项极可能发生的预期交易的价格风险进行套期，按照常规会计处理方法，该衍生工具应当以公允价值计量且其变动计入当期损益，而预期交易则需到交易发生时才能予以确认，这样，企业利润表反映的损益就会产生较大的波动。再如，企业使用衍生工具对其持有的存货的价格风险进行套期，按照常规会计处理方法，该衍生工具应当以公允价值计量且其变动计入当期损益，而存货则以成本与可变现净值孰低计量，这同样会导致企业利润表反映的损益产生较大的波动。企业使用金融工具进行风险管理的目的是对冲风险，减少企业损益的波动，而由于常规会计处理方法中有关确认和计量基础不一致，在一定会计期间不仅可能无法如实反映企业的风险管理活动，反而可能会在财务报表上"扩大风险"。因此，尽管从长期来看，被套期项目和套期工具实现了风险的对冲，但是在套期存续期所涵盖的各个会计报告期间内，在常规会计处理方法下有可能会产生会计错配和损益波动。套期会计方法基于企业风险管理活动，将套期工具和被套期项目产生的利得或损失在相同会计期间计入当期损益（或其他综合收益），有助于处理被套期项目和套期工具在确认和计量方面存在的上述差异，并在企业财务报告中如实反映企业进行风险管理活动的影响。

四、套期工具和被套期项目

（一）套期工具

1. 符合条件的套期工具。

套期工具，是指企业为进行套期而指定的、其公允价值或现金流量变动预期可抵销被套期项目的公允价值或现金流量变动的金融工具。

根据套期工具的定义和本章的规定，可以作为套期工具的金融工具包括：

（1）以公允价值计量且其变动计入当期损益的衍生工具，但签出期权除外。企业只有在对购入期权（包括嵌入在混合合同中的购入期权）进行套期时，签出期权才可以作为套期工具。嵌入在混合合同中但未分拆的衍生工具不能作为单独的套期工具。

衍生工具通常可以作为套期工具。衍生工具包括远期合同、期货合同、互换和期权，以及具有远期合同、期货合同、互换和期权中一种或一种以上特征的工具等。例如，某企业为规避库存铜价格下跌的风险，可以卖出一定数量铜期货合同。其中，铜期货合同即是套期工具。

衍生工具无法有效地对冲被套期项目风险的，不能作为套期工具。企业的签出期权（除非该签出期权指定用于抵销购入期权）不能作为套期工具，因为该期权的潜在损失可能大大超过被套期项目的潜在利得，从而不能有效地对冲被套期项目的风险。而购入期权的一方可能承担的损失最多就是期权费，可能拥有的利得通常等于或大大超过被套期项目的潜在损失，可被用来有效对冲被套期项目的风险，因此购入期权的一方可以将购入的期权作为套期工具。

（2）以公允价值计量且其变动计入当期损益的非衍生金融资产或非衍生金融负债，但指定为以公允价值计量且其变动计入当期损益、且其自身信用风险变动引起的公允价值变动计入其他综合收益的金融负债除外。

对于指定为以公允价值计量且其变动计入当期损益、且其自身信用风险变动引起的公允价值变动计入其他综合收益的金融负债，由于没有将整体公允价值变动计入损益，不能被指定为套期工具。

【例24－1】甲公司持有1年期的票据，其收益率与黄金价格指数挂钩。甲公司将该票据分类为以公允价值计量且其变动计入当期损益的金融资产。同时，甲公司签订了一项1年后以固定价格购买黄金的合同（尚未确认的确定承诺），以满足生产需要。

本例中，该票据作为以公允价值计量且其变动计入当期损益的非衍生金融资产，可以被指定为套期工具，对尚未确认的确定承诺的价格风险引起的公允价值变动风险敞口进行套期。

需要注意的是，并非所有以公允价值计量且其变动计入当期损益的金融工具均为符合条件的套期工具。企业应当对因运用公允价值选择权而被指定为以公允价值计量且其变动计入当期损益的金融工具进行评估，以确保套期工具的指定并未与运用公允价值选择权的目标相冲突，即不会再次产生已通过运用公允价值选择权消除的会计错配。

（3）对于外汇风险套期，企业可以将非衍生金融资产（指定为以公允价值计量且其变动计入其他综合收益的非交易性权益工具投资除外）或非衍生金融负债的外汇风险成分指定为套期工具。

【例24－2】甲公司的记账本位币为人民币，发行了5 000万美元、年利率5%的固定利率债券，每半年支付一次利息，2年后到期。甲公司将该债券分类为以摊余成本计量的金融负债。甲公司同时签订了2年后到期的、5 000万美元的固定价格销售承诺（尚未确认的确定承诺）。

本例中，甲公司可以将以摊余成本计量的美元负债的外汇风险成分作为套期工具，对固定价格销售承诺的外汇风险引起的公允价值变动或者现金流量变动风险敞口进行套期。

2. 对套期工具的指定。

（1）企业在确立套期关系时，应当将前述符合条件的金融工具整体（或外汇风险套期中的非衍生金融资产或非衍生金融负债的外汇风险成分）指定为套期工具。因为企业对套期工具进行计量时，通常以该金融工具整体为对象，采用公允价值对其进行计量。但是，由于期权的时间价值、远期合同的远期要素和金融工具的外汇基差通常具备套期成本的特征且可以单独计量，为便于提高某些套期关系的有效性，本章允许企业在对套期工具进行指定时，作出下列例外处理：

①对于期权，企业可以将期权的内在价值和时间价值分开，只将期权的内在价值变动指定为套期工具。期权的价值包括内在价值（立即执行期权时现货价格与行权价格之差所带来的收益）和时间价值（期权的价格与内在价值之差）。随着期权临近到期，期权的时间价值不断减少直至为零。当企业仅指定期权的内在价值变动为套期工具时，与期权的时间价值相关的公允价值变动被排除在套期有效性评估之外，从而能够提高套期的有效性。

②对于远期合同，企业可以将远期合同的远期要素和即期要素分开，只将即期要素的价值变动指定为套期工具。远期合同的即期要素反映了基础项目远期价格和现货价格的差异，而远期要素的特征取决于不同的基础项目。当企业仅指定远期合同的即期要素的价值变动为套期工具时，能够提高套期的有效性。

③对于金融工具，企业可以将金融工具的外汇基差单独分拆，只将排除外汇基差后的金融工具指定为套期工具。外汇基差反映了货币主权信用差异、市场供求等因素所带来的成本。将外汇基差分拆，只将排除外汇基差后的金融工具指定为套期工具，能够提高套期的有效性。

（2）企业可以将套期工具的一定比例指定为套期工具，但不可以将套期工具剩余期限内某一时段的公允价值变动部分指定为套期工具。

【例24－3】甲公司拥有一项支付固定利息、收取浮动利息的互换合同，拟将其用于对该公司所发行的浮动利率债券进行套期。该互换合同的剩余期限为10年，而债券的剩余期限为5年。在这种情况下，甲公司不能将该互换合同剩余期限中前5年的互换合同公允价值变动指定为套期工具。

（3）企业可以将两项或两项以上金融工具（或其一定比例）的组合指定为套期工具（包括组合内的金融工具形成风险头寸相互抵销的情形）。

【例24－4】甲公司发行了10年期的固定利率债券。甲公司的风险管理策略为固定未来12个月的利率。因此，甲公司在发行该债券时签订了10年期收取固定利率、支付浮动利率的互换合同（互换条款与债券条款完全匹配）和1年期收取浮动利率、支付固定利率的互换合同。

本例中，如果其他套期会计条件均满足，甲公司可以将这两个互换合同的组合指定为对该债券第2年到第10年利率风险进行公允价值套期的套期工具。

对于一项由签出期权和购入期权组成的期权（如利率上下限期权），或对于两项或两项以上金融工具（或其一定比例）的组合，其在指定日实质上相当于一项净签出期权的，不能将其指定为套期工具。只有在对购入期权（包括嵌入在混合合同中的购入期权）进行套期时，净签出期权才可以作为套期工具。

对于一项由签出期权和购入期权组成的期权，当同时满足下列条件时，实质上不是一项净签出期权，可以将其指定为套期工具：

①企业在期权组合开始时以及整个期间未收取净期权费；

②除了行权价格，签出期权组成部分和购入期权组成部分的关键条款是相同的（包括基础变量、计价货币及到期日）；

③签出期权的名义金额不大于购入期权的名义金额。

【例24－5】甲公司发行了5年期、1亿元的浮动利率债券。为了对该债券利率风险进行套期，甲公司在债券发行当日购入利率上下限期权组合以对债券高于8%、低于4%的利率风险进行套期。发行当日市场上同等期限债券的市场利率为6%，购入期权的上限与签出期权的下限相比很可能产生溢价，因此甲公司支付净期权费50万元。该利率上下限期权组合中购入的上限8%和签出的下限4%的名义本金同为1亿元。

本例中，由于甲公司未收取净期权费（支付净期权费50万元），签出期权和购入期权的关键条款相同，且签出期权的名义本金不大于购入期权的名义本金，因此，甲公司可以将该利率上下限期权组合指定为对浮动利率债券进行现金流量套期的套期工具。

3. 使用单一套期工具对多种风险进行套期。

企业通常将单项套期工具指定为对一种风险进行套期。但是，如果套期工具与被套期项目的不同风险敞口之间有具体对应关系，则一项套期工具可以被指定为对一种以上的风险进行套期。

【例 24-6】甲公司的记账本位币是人民币，其承担了一项 5 年期浮动利率的美元债务。为规避该金融负债的外汇风险和利率风险，甲公司与某金融机构签订一项交叉货币利率互换合同（互换合同的条款与金融负债的条款相匹配），并将该互换合同指定为套期工具。根据该互换合同，甲公司将定期收取以美元浮动利率计算确定的利息，同时支付以人民币固定利率计算确定的利息。

本例中，一项互换合同被指定为同时对金融负债的外汇风险和利率风险进行套期的套期工具。

（二）被套期项目

1. 符合条件的被套期项目。

被套期项目，是指使企业面临公允价值或现金流量变动风险，且被指定为被套期对象的、能够可靠计量的项目。

根据被套期项目的定义和本章的规定，企业可以将下列单个项目、项目组合或其组成部分指定为被套期项目：

（1）已确认资产或负债。

（2）尚未确认的确定承诺。

【例 24-7】甲公司为我国境内机器生产企业，采用人民币作为记账本位币。甲公司与境外乙公司签订了一项设备购买合同，约定 6 个月后按固定的外币价格购入设备，即甲公司与乙公司达成了一项确定承诺。同时，甲公司签订了一份外币远期合同，以对该项确定承诺产生的外汇风险进行套期。

本例中，该确定承诺可以被指定为被套期项目，外币远期合同可以被指定为公允价值套期或现金流量套期中的套期工具。

（3）极可能发生的预期交易。其中，预期交易，是指尚未承诺但预期会发生的交易。评估预期交易发生的可能性不能仅依靠企业管理人员的意图，而应当基于可观察的事实和相关因素。在评估预期交易发生的可能性时，企业应当考虑下列因素：

①类似交易之前发生的频率；

②企业在财务和经营上从事此项交易的能力；

③企业有充分的资源（例如，在短期内仅能用于生产某一类型商品的设备）能够完成此项交易；

④交易不发生时可能对经营带来的损失和破坏程度；

⑤为达到相同的业务目标，企业可能会使用在实质上不同的交易的可能性（例如，计划筹集资金的企业可以通过获取银行贷款或者发行股票等方式筹集

资金）；

⑥企业的业务计划。

此外，企业还应当考虑预期交易发生时点距离当前的时间跨度和预期交易的数量或价值占企业相同性质交易的数量或价值的比例。在其他因素相同的情况下，预期交易发生的时点距离当前越远或预期交易的数量或价值占企业相同性质交易的数量或价值的比例越高，预期交易发生的可能性就越小，就越需要有更强有力的证据来支持“极可能发生”的判断。例如，企业预计将在3年后发生的交易比预计将在3个月后发生的交易的可能性小，判断前者“极可能发生”时需要更多的证据支持；企业预计将在1个月内销售1 000件商品（假设在过去3个月平均每月的销售量为1 000件）比预计将在1个月内销售200件商品的可能性小，判断前者“极可能发生”时需要更多的证据支持。

需要注意的是，企业在将极可能发生的预期交易指定为被套期项目时，应当在相关文件中记录足够具体的有关预期交易的时间、数量等信息，以便其在此类交易发生时能够识别该交易是否为被套期的交易，而不能仅对某一期间销售量或购买量的一定百分比进行指定。

企业应当明确区分预期交易与确定承诺。

【例24－8】预期交易：2×22年5月1日，甲公司预期2个月后将购买200吨铜，用于2×22年7月的生产。

确定承诺：2×22年5月1日，甲公司签订了一份法律上具有约束力的采购协议，约定于2×22年6月30日向乙公司以每吨4万元的价格购买200吨铜。

本例中，签订了法律上具有约束力的采购协议为确定承诺，而尚未承诺但预期会发生的交易为预期交易。

（4）境外经营净投资。

境外经营净投资可以被指定为被套期项目。境外经营净投资，是指企业在境外经营净资产中的权益份额。企业既无计划也无可能在可预见的未来会计期间结算的长期外币货币性应收项目（含贷款），应当视同实质构成境外经营净投资的组成部分。因销售商品或提供劳务等形成的期限较短的应收账款不构成境外经营净投资。

境外经营可以是企业在境外的子公司、合营安排、联营企业或分支机构。在境内的子公司、合营安排、联营企业或分支机构，采用不同于企业记账本位币的，也视同境外经营。

【例24－9】甲公司的记账本位币为人民币。2×22年1月1日，甲公司以

1亿美元从非关联方处购买了境外乙公司的全部普通股股份，取得控制权。在购买日，乙公司的可辨认净资产的公允价值为7 000万美元，甲公司因该合并确认商誉3 000万美元（此处的商誉为购买价款1亿美元与乙公司可辨认净资产公允价值7 000万美元的差额）。同时，在购买日，甲公司向乙公司提供长期借款2 000万美元，甲公司将其作为长期应收款处理，但甲公司既无计划也无可能在可预见的未来会计期间收回这笔长期应收款。

在购买日，如果甲公司计划对乙公司的境外经营净投资进行套期，则能够被指定为被套期项目的境外经营净投资的最大金额为1.2亿美元，包括所购境外经营的可辨认净资产7 000万美元，构成境外经营净投资一部分的商誉3 000万美元，以及甲公司对乙公司的长期应收款2 000万美元。

企业确定被套期项目时，应当注意下列几点：

（1）作为被套期项目，应当会使企业面临公允价值或现金流量变动风险（即被套期风险），在本期或未来期间会影响企业的损益或其他综合收益。与之相关的被套期风险，通常包括外汇风险、利率风险、商品价格风险、股票价格风险等。企业的一般经营风险（如固定资产毁损风险等）不能作为被套期风险，因为这些风险不能具体识别和单独计量。同样地，企业合并交易中，与购买另一个企业的确定承诺相关的风险（不包括外汇风险）也不能作为被套期风险。

（2）采用权益法核算的股权投资不能在公允价值套期中作为被套期项目，因为权益法下，投资方只是将其在联营企业或合营企业中的损益份额确认为当期损益，而不确认投资的公允价值变动。与之相类似，对纳入合并财务报表范围的子公司投资也不能作为被套期项目，但对境外经营净投资可以作为被套期项目，因为相关的套期指定针对的是外汇风险，而不是境外经营净投资的公允价值变动风险。

（3）在运用套期会计时，在合并财务报表层面，只有与企业集团之外的对手方之间交易形成的资产、负债、尚未确认的确定承诺或极可能发生的预期交易才能被指定为被套期项目；在合并财务报表层面，只有与企业集团之外的对手方签订的合同才能被指定为套期工具。对于同一企业集团内的主体之间的交易，在企业个别财务报表层面可以运用套期会计，在企业集团合并财务报表层面不得运用套期会计，但下列情形除外：

①在合并财务报表层面，符合第三十四章合并财务报表规定的投资性主体与其以公允价值计量且其变动计入当期损益的子公司之间的交易，可以运用套期会计。

②企业集团内部交易形成的货币性项目的汇兑收益或损失，不能在合并财务报表中全额抵销的，企业可以在合并财务报表层面将该货币性项目的外汇风险指定为被套期项目。

③企业集团内部极可能发生的预期交易，按照进行此项交易的主体的记账本位币以外的货币标价，且相关的外汇风险将影响合并损益的，企业可以在合并财务报表层面将该外汇风险指定为被套期项目。

2. 项目组成部分作为被套期项目的规定和要求。

企业可以将上述已确认资产或负债、尚未确认的确定承诺、极可能发生的预期交易以及境外经营净投资等单个项目整体或者项目组合指定为被套期项目，企业也可以将上述单个项目或者项目组合的一部分（项目组成部分）指定为被套期项目。

项目组成部分是指小于项目整体公允价值或现金流量变动的部分，它仅反映其所属项目整体面临的某些风险，或仅反映一定程度的风险（如对某项目的一定比例进行指定时）。企业只能将下列项目组成部分或其组合指定为被套期项目：

（1）项目整体公允价值或现金流量变动中仅由某一个或多个特定风险引起的公允价值或现金流量变动部分（风险成分）。

在风险管理实务中，企业经常不是为了对被套期项目整体公允价值或现金流量变动进行套期，而仅为了对特定风险成分进行套期。允许对风险成分进行指定使企业能够更灵活地识别被套期风险。在将风险成分指定为被套期项目时，该风险成分应当能够单独识别并可靠计量。

在识别可被指定为被套期项目的风险成分时，企业应当基于该等风险及相关套期活动所发生的特定市场环境进行评估，并考虑因风险和市场而异的相关事实和情况（如相关风险成分是否都有市场报价从而能够可靠计量）。同时，企业应当考虑该风险成分是合同明确的风险成分，还是非合同明确的风险成分。非合同明确的风险成分存在于两种情况：①不构成合同的项目（如极可能发生的预期交易）；②未明确该风险成分的合同（如确定承诺中仅包含一项单一价格，并未列明基于不同基础变量的定价公式）。

【例24－10】甲公司与乙公司订立了一项以合同指定公式进行定价的长期天然气供应合同，该公式主要参考商品价格（例如柴油）和其他因素（例如运输费）对长期天然气进行定价。为了管理长期天然气供应合同涉及的长期天然气价格风险，甲公司利用柴油远期合同对该供应合同定价中的柴油价格风险进行套期。由于该供应合同的条款和条件对柴油组成部分作出了明确规定，因而柴油价格风险引起的公允价值变动部分属于合同明确的风险成分。

本例中，根据长期天然气供应合同定价公式，该风险成分能够单独识别；同时，市场上存在可交易的柴油远期合同，该风险成分能够可靠计量。因此，甲公司的长期天然气供应合同定价中的柴油价格风险引起的公允价值变动部分可以作为符合条件的风险成分，被指定为被套期项目。

【例24－11】 甲公司为一家航空公司，为了管理其所消耗的航空燃油价格风险，对未来拟购买的部分航空燃油进行套期。

甲公司基于进行套期的时间跨度（时间跨度会影响衍生工具的市场流动性），使用了不同类型的套期工具对未来拟购买的航空燃油价格变动风险敞口进行套期。其中，对于较长的时间跨度（12个月至24个月），甲公司使用原油期货合同进行套期，因为只有此类原油期货合同才具有充分的市场流动性；对于6个月至12个月的时间跨度，甲公司使用具有充分流动性的柴油期货合同进行套期；对于6个月以下的时间跨度，甲公司则使用航空燃油期货合同进行套期。

本例中，尽管甲公司没有任何合同安排对航空燃油中的原油和柴油成分作出明确规定，但甲公司仍可得出结论认为，其购买航空燃油的价格风险包括原油价格风险成分和柴油价格风险成分，这两项风险成分属于非合同明确的风险成分，并且这两项风险成分能够单独识别并可靠计量。因此，甲公司可以将这两项风险成分指定为被套期项目。

【例24－12】 甲公司持有一项固定利率债务工具，该债务工具以上海银行间同业拆放利率（SHIBOR）为基准利率，与该基准利率相比较确定其价差，进而确定其票面利率，因此，该债务工具的公允价值直接随着基准利率的变动而变化。

本例中，甲公司所持有的固定利率债务工具中基准利率的利率风险引起的公允价值变动部分是能够单独识别和可靠计量的风险成分。因此，甲公司可将该风险成分指定为被套期项目。

在企业风险管理活动中，有时企业只对被套期项目的单边风险进行套期，即对被套期项目公允价值或现金流量变动中仅高于或仅低于特定价格或其他变量的部分进行套期。按照本章规定，该套期的部分风险也可被视为风险成分，可以被指定为被套期项目。例如，某企业预期将购买一批商品，为了管理该批商品未来价格上涨风险，企业可以将因该批商品未来价格上涨而导致的未来现金流量变动风险指定为被套期项目。在这种情况下，企业仅对商品高于特定价格所导致的现金流量损失部分进行指定。企业在风险管理活动中，通常会使用期权作为套期工具进行单边风险的套期。一项购入期权的内在价值，而非时间价值，反映的就是被套期项目的单边风险。

通货膨胀风险一般无法单独识别和可靠计量，因此不能被指定为金融工具的风险成分，除非该通货膨胀风险是合同明确的。但是，在个别情况下，由于通货膨胀环境和相关债务市场的特定因素，企业有可能可以把能够单独识别和可靠计量的通货膨胀风险指定为金融工具的风险成分。例如，企业在某市场环境中发行债券，通货膨胀挂钩债券的交易量和完整的利率期限结构使得该债券市场是一个具有充分流动性的市场，从而能够构造一个零息债券真实利率期限结构。这意味着对相应的货币而言，通货膨胀是市场应予以单独考虑的一项相关因素。在这种情况下，可通过使用零息债券真实利率期限结构将被套期债务工具的现金流量进行折现，来确定通货膨胀风险成分（即类似于无风险利率组成部分的确定方式）。反之，在大多数情况下，通货膨胀风险成分无法单独识别和可靠计量。例如，企业发行仅具有名义利率的债券，而在发行该债券的市场中，通货膨胀挂钩债券的流动性不足以构造零息债券真实利率期限结构。在这种情况下，对市场结构以及相关事实和情况的分析将无法得出通货膨胀是市场予以单独考虑的因素的结论，因此，通货膨胀风险成分不符合指定为被套期项目的条件。在实务中，无论企业实际上使用何种通货膨胀套期工具，上述结论均适用。需要强调的是，已确认的通货膨胀挂钩债券的现金流量中属于合同列明的通货膨胀风险成分（假定不要求对嵌入衍生工具进行单独会计处理）的，该通货膨胀风险能够单独识别和可靠计量，但前提是该工具的其他现金流量不会受到通货膨胀风险成分的影响。

（2）一项或多项选定的合同现金流量。

在企业风险管理活动中，企业有时会对一项或多项选定的合同现金流量进行套期。例如，企业有一笔期限为 10 年、年利率 8%、按年付息的长期银行借款，企业出于风险管理需要，对该笔借款所产生的前 5 年应支付利息进行套期。按照本章规定，一项或多项选定的合同现金流量可以被指定为被套期项目。

（3）项目名义金额的组成部分。

项目名义金额的组成部分，是指项目整体金额或数量的特定部分，其可以是项目整体的一定比例部分，也可以是项目整体的某一层级部分。不同的组成部分类型产生不同的会计处理结果。因此，企业在指定名义金额组成部分时应当与其风险管理目标保持一致。

项目名义金额的组成部分包括项目整体的一定比例部分（如一项贷款的合同现金流量的50%部分）和项目整体的某一层级部分。其中，项目某一层级部分可以从已设定但开放式的总体中指定一个层级，也可以从已设定的名义金额中指定一个层级。下列各项均属于项目某一层级部分：

①货币性交易量的一部分。例如，甲公司2×22年1月实现首笔20万美元的出口销售之后，下一笔金额为20万美元的出口销售所产生的现金流量，可以作为指定的被套期项目。

②实物数量的一部分。例如，甲公司储藏在某地的500万立方米的底层天然气，可以作为指定的被套期项目。

③实物或其他交易量的一部分。例如，甲炼化公司2×22年6月购入的前1 000桶石油、乙发电企业2×22年6月售出的前100兆瓦小时的电力等，均可以作为指定的被套期项目。

④被套期项目的名义金额的某一层。例如，金额为1亿元的确定承诺的最后8 000万元部分；金额为1亿元的固定利率债券的底层2 000万元部分；可按公允价值提前偿付的总金额为1亿元（设定的名义金额为1亿元）的固定利率债务的顶层3 000万元部分。

如果某一层级部分在公允价值套期中被指定为被套期项目，则企业应从设定的名义金额中对其进行指定。企业应根据公允价值变动重新计量被套期项目（即根据归属于被套期风险的公允价值变动重新计量相关项目），以满足公允价值套期的要求。公允价值套期调整必须在损益中确认，且确认时间不得迟于该项目终止确认的时点。因此，企业应当对所设定的名义金额进行跟踪。例如，必须对上述设定的总名义金额1亿元的固定利率债券进行跟踪，以跟踪底层的2 000万元或顶层的3 000万元部分。

如果项目整体的某一层级部分包含提前还款权，且该提前还款权的公允价值受被套期风险变化影响的，企业不得将该层级指定为公允价值套期的被套期项目，但企业在计量被套期项目的公允价值时已包含该提前还款权影响的情况除外。

【例24－13】 甲公司向乙银行申请了一笔本金为100万元人民币、期限为5年的贷款，该贷款允许债务人于每年年末最多偿还本金10万元，即贷款本金中的40万元可以提前偿还（分别在贷款第1年至第4年年末偿还），而贷款本金中的60万元则不可提前偿还且具有5年的固定期限。由于该60万元属于固定期限债务、不可提前偿还，且其公允价值不包含提前还款选择权的影响（即该层组成部分不包含提前还款选择权），因此，甲公司可将此项金额的某一层组成部分指定为被套期项目。但是，与可提前还款的40万元相关的公允价值变动则包含提前还款选择权（其公允价值受利率变动风险的影响），因此，40万元的该层组成部分无法成为符合条件的项目组成部分，不能作为被套期项目，除非甲公司在确定被套期项目的公允价值变动时已包含相关提前还款选择权的影响。

3. 汇总风险敞口作为被套期项目的规定和要求。

企业可以将符合被套期项目条件的风险敞口与衍生工具组合形成的汇总风险敞口指定为被套期项目。在指定此类被套期项目时，企业应当评估该汇总风险敞口是否是由风险敞口与衍生工具相结合，从而产生了不同于该风险敞口的另一个风险敞口，并将其作为针对某项（或几项）特定风险的一个风险敞口进行管理。在这种情况下，企业可基于该汇总风险敞口指定被套期项目。

【例24－14】甲公司的记账本位币为人民币，利用合同期限为15个月的咖啡期货合同对在未来15个月后极可能发生的确定数量的咖啡采购进行套期，以管理其价格（基于美元）风险。

本例中，该极可能发生的咖啡采购和咖啡期货合同的组合可被视为一项15个月后固定金额的美元外汇风险敞口（汇总风险敞口）。

【例24－15】甲公司的记账本位币为人民币，有一笔10年期的固定利率美元债务，甲公司拟对该笔美元债务在整个债务期间的外汇风险进行套期。同时，甲公司的利率风险管理策略是仅需要锁定其人民币的中短期（2年）利率风险敞口，剩余期间其人民币的风险敞口为浮动利率。即甲公司在每2年年末（即每2年滚动一次）锁定未来2年的利率风险敞口。甲公司签订了一项10年期的固定利率换取浮动利率的交叉货币利率互换合同，将固定利率的美元债务转换为浮动利率的人民币债务。

本例中，甲公司出于利率风险管理目的，可以将其固定利率美元债务和10年期的固定利率换取浮动利率的交叉货币利率互换合同相结合作为一项基于人民币的10年期浮动利率汇总风险敞口。同时，甲公司可以签订一项基于人民币的2年期利率互换合同，将未来2年的浮动利率债务转换为固定利率债务，对此汇总风险敞口进行套期。

企业基于汇总风险敞口指定被套期项目时，应当在评估套期有效性和计量套期无效部分时考虑构成该汇总风险敞口的所有项目的综合影响。但是，构成该汇总风险敞口的项目仍须单独进行会计处理，具体要求如下：

（1）作为汇总风险敞口组成部分的衍生工具应当单独确认为以公允价值计量的资产或负债；

（2）如果在构成汇总风险敞口的各项目之间指定套期关系，则衍生工具作为汇总风险敞口组成部分的方式应当与该衍生工具在此汇总风险敞口层面上被指定为套期工具的方式保持一致。例如，对于构成汇总风险敞口的各项目之间的套期关系，如果企业在指定套期工具时将衍生工具的远期要素排除在外，则企业在将该衍生工具作为汇总风险敞口的组成部分指定为被套期项目时也应当将远期要素予以排除。

4. 项目组成部分与项目总现金流量之间的关系。

当金融项目或非金融项目的现金流量的组成部分被指定为被套期项目时，该组成部分应当少于或等于整个项目的现金流量总额。但是，整个项目的所有现金流量可以被指定为被套期项目，而且被套期的只能是某一特定风险（如一项基准利率或者基准商品价格变动所形成的变动风险）。

【例 24－16】甲公司发行了一笔固定利率债券，该债券利率以 SHIBOR 4.20% 减去 20 个基点为基础确定，即 4.00%。

本例中，甲公司不能将该债券等于 SHIBOR 的利息部分（即 4.20%）指定为被套期项目，因为该金额大于债券的合同现金流量总额。但是甲公司可以将该债券的所有合同现金流量指定为被套期项目，并明确这些被套期的现金流量是可归属于 SHIBOR 的变动部分。

企业在初始确认一项固定利率资产或负债后对其进行公允价值套期的，如果基准利率高于该资产或负债所收到或支付的合同固定利率，企业可以将等于基准利率部分的现金流量指定为被套期项目，但其前提是该基准利率应当低于如同企业在首次指定被套期项目日购入或发行该工具所重新计算的该资产或负债的实际利率。

【例 24－17】甲公司购入一项面值为 100 万元、年实际利率为 6% 的固定利率金融资产，当时的 SHIBOR 为 4%。经过一段时间后，SHIBOR 上升至 8%，该项金融资产的公允价值跌至 90 万元，此时，甲公司开始对该项金融资产进行套期。甲公司计算出若其在首次将相关 SHIBOR 风险指定为被套期项目的当日购入该金融资产，基于当时公允价值 90 万元确定该金融资产的实际收益率为 9.5%。由于指定日的 SHIBOR（8%）低于该实际收益率（9.5%），甲公司可对等于基准利率 SHIBOR（8%）的现金流量组成部分进行指定，该组成部分包含该固定利率金融资产的合同利息现金流量（6%）以及该金融资产当日公允价值（90 万元）与到期应付金额（100 万元）之间的差额的一部分。

【例 24－18】 甲公司有一项浮动利率金融负债并按 3 个月期 SHIBOR 减 20 个基点的利率（利率下限为零）计息。在该负债的剩余存续期内，只要 3 个月期 SHIBOR 的远期利率不低于 20 个基点，则该负债的现金流量变动将等于 3 个月期 SHIBOR 引起的现金流量变动。但是，在该负债的剩余存续期内，如果 3 个月期 SHIBOR 的远期利率低于 20 个基点，则该负债的现金流量变动将低于 3 个月期 SHIBOR 引起的现金流量变动。

因此，甲公司只可将由 SHIBOR 变动引起的负债整体的现金流量变动，即按 3 个月期 SHIBOR 减 20 个基点的利率（考虑利率下限）计算的负债整体的现金流量变动（而非 3 个月期 SHIBOR 引起的负债现金流量变动），指定为被套期项目。

【例 24－19】 甲公司产于某特定油田的特定类型的原油基于相关基准原油价格进行定价。甲公司在销售合同中对该原油的定价为：（基准原油价格－10 美元）/桶，但底价不低于 15 美元/桶。只要针对每次交易的远期价格不低于 25 美元/桶，则由基准原油价格变动引起的销售合同整体现金流量变动将等于基准原油价格引起的现金流量变动。但是，针对某次交易的远期价格如果低于 25 美元/桶，则由基准原油价格变动引起的销售合同整体现金流量变动将低于基准原油价格变动引起的现金流量变动。

因此，甲公司只可将由基准原油价格变动引起的该销售合同整体现金流量变动指定为被套期项目，而不能对基准原油价格变动引起的现金流量变动作为组成部分进行指定。

5. 被套期项目的组合。

当企业出于风险管理目的对一组项目进行组合管理，且组合中的每一个项目（包括其组成部分）单独都属于符合条件的被套期项目时，可以将该项目组合指定为被套期项目。一组风险相互抵销的项目形成风险净敞口，一组风险不存在相互抵销的项目形成风险总敞口。只有当企业出于风险管理目的以净额为基础进行套期时，风险净敞口才符合运用套期会计的条件。判断企业是否以净额为基础进行套期应当基于事实，而不仅仅是声明或文件记录。因此，如果仅仅为了达到特定的会计结果却无法反映企业的风险管理策略和风险管理目标，企业不得运用以净额为基础的套期会计。净敞口套期必须是既定风险管理策略的组成部分，通常应当获得企业关键管理人员的批准。

当企业将形成风险净敞口的一组项目指定为被套期项目时，应当将构成该净敞口的所有项目的项目组合整体指定为被套期项目，不应当将不明确的净敞口抽象金额指定为被套期项目。例如，某公司拥有一组在9个月后履约的金额为100万美元的确定销售承诺，以及一组在18个月后履约的金额为120万美元的确定购买承诺。在这种情况下，该公司不能将一个最大金额为20万美元的抽象金额的净头寸进行指定，而必须对形成该被套期净头寸的购买总额和销售总额进行指定。

风险净敞口并非在任何情况下都符合运用套期会计的条件。在现金流量套期中，企业仅可以将外汇风险净敞口指定为被套期项目，并且应当在套期指定中明确预期交易预计影响损益的报告期间，以及预期交易的性质和数量。

企业根据其风险管理目标，可以将一组项目的一定比例或某一层级指定为被套期项目。当企业将一组项目的某一层级部分指定为被套期项目时，应当同时满足下列条件：

（1）该层级能够单独识别并可靠计量。

（2）企业的风险管理目标是对该层级进行套期。

（3）该层级所在的整体项目组合中的所有项目均面临相同的被套期风险。

（4）对于已经存在的项目（如已确认资产或负债、尚未确认的确定承诺）进行的套期，被套期层级所在的整体项目组合可识别并可追踪。

（5）该层级包含提前还款权且该提前还款权的公允价值受被套期风险变化影响的，企业在计量被套期项目的公允价值时已包含该提前还款权的影响。

【例24－20】甲公司拥有一个在同一个月发行的固定利率、分期还款的人民币贷款投资组合，但不可提前还款。该投资组合中的各项贷款遵循相同的分期还款时间表，且甲公司能够识别每一项贷款的合同现金流量的发生时间。该投资组合中所有贷款的名义金额之和为10亿元，甲公司的风险管理目标是对相当于该组贷款总额中底层名义金额2.5亿元部分的利率风险进行套期。为此，甲公司可以从该组贷款中识别出指定为被套期项目的2.5亿元底层贷款部分。

五、套期关系评估

（一）运用套期会计的条件

公允价值套期、现金流量套期或境外经营净投资套期同时满足下列条件的，才能运用套期会计方法进行处理：

第一，套期关系仅由符合条件的套期工具和被套期项目组成。

第二，在套期开始时，企业正式指定了套期工具和被套期项目，并准备了关于套期关系和企业从事套期的风险管理策略和风险管理目标的书面文件。该文件至少载明了套期工具、被套期项目、被套期风险的性质以及套期有效性评估方法（包括套期无效部分产生的原因分析以及套期比率确定方法）等内容。

第三，套期关系符合套期有效性要求。套期有效性，是指套期工具的公允价值或现金流量变动能够抵销被套期风险引起的被套期项目公允价值或现金流量变动的程度。套期工具的公允价值或现金流量变动大于或小于被套期项目的公允价值或现金流量变动的部分为套期无效部分。

1. 风险管理策略和风险管理目标。

企业应当区分风险管理策略和风险管理目标。风险管理策略由企业风险管理最高决策机构制定，一般在企业有关纲领性文件中阐述，并通过含有具体指引的政策性文件在企业范围内贯彻落实。风险管理策略通常应当识别企业面临的各类风险并明确企业如何应对这些风险，风险管理策略一般适用于较长时期的风险管理活动，并且包含一定的灵活性以适应策略实施期间内环境的变化（例如，不同利率或商品价格水平导致不同程度的套期）。而风险管理目标是指企业在某一特定套期关系层面上，确定如何指定套期工具和被套期项目，以及如何运用指定的套期工具对指定为被套期项目的特定风险敞口进行套期。因此，风险管理策略可以涵盖许多不同的套期关系，而这些套期关系的风险管理目标旨在落实整体的风险管理策略。

【例 24－21】 甲公司制定了管理债务融资利率风险敞口的策略，该策略规定甲公司将维持20%~40%的固定利率债务。甲公司根据市场利率水平决定如何执行该风险管理策略，即其固定利率债务风险敞口将锁定在20%~40%范围内的某一位置。在市场利率较低时，与利率较高时相比，甲公司将选择维持更大比例的固定利率债务。在这种情况下，甲公司风险管理策略本身保持不变，但是根据市场利率变化对风险管理策略的执行发生了改变，即风险管理目标发生了变化（被套期的利率敞口发生变化）。

2. 套期有效性要求。

套期同时满足下列条件的，企业应当认定套期关系符合套期有效性要求：

（1）被套期项目和套期工具之间存在经济关系。该经济关系使得套期工具和被套期项目的价值因面临相同的被套期风险而发生方向相反的变动。

如果被套期项目和套期工具之间存在经济关系，则套期工具的价值与被套期项目的价值预期将产生系统性变动，以反映同一基础变量或一组因采用类似的方式来应对被套期风险而存在经济关系的基础变量（例如布伦特原油和西德克萨斯中质原油等）产生的变动。

如果基础变量不同但在经济上相关，则有可能发生套期工具的价值和被套期项目的价值呈同向变动的情况，例如，两个相关的基础变量之间的价差产生了变动，而这两个基础变量本身却未发生显著变动。即便如此，当基础变量发生变动的同时，套期工具的价值与被套期项目的价值预期在通常情况下仍将沿着相反方向变动的，套期工具与被套期项目之间仍然存在经济关系。

当对净头寸进行套期时，企业应当考虑净头寸中各项目的价值变动以及套期工具的公允价值变动。例如，甲公司为境内企业，记账本位币为人民币，拥有一组在 9 个月后履约的金额为 100 万美元的确定销售承诺，以及一组在 18 个月后履约的金额为 120 万美元的确定购买承诺。甲公司可利用未来购入金额为 20 万美元的外汇远期合同对其未来需支付 20 万美元的净头寸的外汇风险进行套期。在确定该套期关系是否符合套期有效性的要求时，企业应当考虑下列两者之间的关系：①外汇远期合同的公允价值变动及确定销售承诺与外汇风险相关的价值变动；②确定购买承诺与外汇风险相关的价值变动。

与此类似，如果在上述例子中企业持有一个净头寸为零的组合，则企业在确定该套期关系是否符合套期有效性的要求时，应当考虑确定销售承诺与外汇风险相关的价值变动和确定购买承诺与外汇风险相关的价值变动之间的关系。

（2）被套期项目和套期工具经济关系产生的价值变动中，信用风险的影响不占主导地位。

由于套期会计方法建立在套期工具和被套期项目所产生的利得和损失能够相互抵销这一基本概念之上，因此套期有效性不仅取决于套期工具和被套期项目之间的经济关系，还取决于信用风险对套期工具和被套期项目价值的影响。信用风险的影响意味着，即使套期工具与被套期项目之间存在经济关系，两者之间相互抵销的程度仍可能变得不规律。这可能是由于套期工具或被套期项目的信用风险的变化所致，而且此类信用风险的变化可能会达到一定程度，使信用风险将主导价值变动。例如，企业使用无担保的衍生工具对商品价格风险敞口进行套期。如果该衍生工具交易对手方的信用状况严重恶化，则与商品价格的变动相比，该交易对手方信用状况的变化对套期工具公允价值所产生的影响可能更大，而被套期项目的价值变动则主要取决于商品价格的变动。

如果由信用风险引起的损失或利得将干扰基础变量的变动对套期工具或被套期项目价值的影响，则信用风险的变化程度导致了信用风险在价值变动中起主导作用。反之，如果基础变量在特定期间内发生很小的变动，即使与信用风险相关的很小的价值变动可能会超过基础变量变动所引起的价值变动，信用风险的变化也未必形成主导作用。

（3）套期关系的套期比率，应当等于企业实际套期的被套期项目数量与对其进行套期的套期工具实际数量之比。

被套期项目和套期工具的数量可根据其性质采用多种方式进行计量。作为一般原则，套期关系的套期比率应当与从风险管理角度而设定的套期比率相同。在某些情况下，套期比率可能为 1∶1，因为被套期项目的关键条款将与套期工具的关键条款相匹配；然而在实务中的很多情况下，由于多种原因，实际套期比率可能并非 1∶1。如果企业对某一项目不足 100% 的风险敞口（例如，85%）进行套期，则其用来指定套期关系的套期比率应当与上述 85% 的风险敞口以及企业用于对上述 85% 的风险敞口进行套期的套期工具实际数量所形成的套期比率相一致。与此类似，如果企业使用名义金额为 40 个单位的金融工具对某个风险敞口进行套期，则其用来指定套期关系的套期比率应当与上述 40 个单位（即企业不能使用其所持有的总数中更多的数量单位或更少的数量单位来确定套期比率），以及实际被套期项目的数量所形成的套期比率相一致。

套期比率不应当反映被套期项目和套期工具相对权重的失衡，这种失衡会导致套期无效，并可能产生与套期会计目标不一致的会计结果。因此，在指定套期关系时，企业必须调整由其实际使用的被套期项目数量和套期工具数量形成的套期比率，以避免这种失衡。

如果被套期项目和套期工具的特定权重将导致套期无效部分，企业应当确定该套期无效部分是否具有商业理由。例如，企业使用上海期货交易所的铜期货合约对 28 吨铜采购进行套期，该交易所的铜期货合约的标准交易单位为 5 吨/手。企业只能使用 5 手或 6 手铜期货合约（分别为 25 吨和 30 吨）对 28 吨铜采购进行套期。在该情况下，企业应当采用其实际使用的铜期货合约数量所形成的套期比率来指定套期关系，因为由被套期项目和套期工具的权重不匹配导致的套期无效部分不会产生与套期会计目标不一致的会计结果。

企业不得为避免确认现金流量套期的无效部分而改变现金流量套期比率，也不得为创造更多的被套期项目公允价值调整而改变公允价值套期比率。这种会计结果不符合套期会计的目标。

3. 套期有效性评价方法。

企业应当在套期开始日及以后期间持续地对套期关系是否符合套期有效性要求进行评估，尤其应当分析在套期剩余期限内预期将影响套期关系的套期无效部分产生的原因。企业至少应当在资产负债表日及相关情形发生重大变化将影响套期有效性要求时对套期关系进行评估。

一般情况下，套期工具和被套期项目的公允价值或现金流量变动难以实现完全抵销，因而会出现套期无效部分。套期工具的公允价值或现金流量变动大于或小于被套期项目的公允价值或现金流量变动的部分为套期无效部分。在计量套期无效部分时，企业应当考虑货币的时间价值。套期无效部分的形成源于多方面的因素。这些因素通常包括：①套期工具和被套期项目以不同的货币表示；②套期工具和被套期项目有不同的到期期限；③套期工具和被套期项目内含不同的利率或权益指数变量；④套期工具和被套期项目使用不同市场的商品价格标价；⑤套期工具和被套期项目对应不同的交易对手；⑥套期工具在套期开始时的公允价值不等于零等。

为计算被套期项目的价值变动，企业可使用其条款与被套期项目的主要条款相匹配的衍生工具（通常称为虚拟衍生工具）。在使用虚拟衍生工具估计被套期项目的价值时，不能使用仅存在于套期工具中而被套期项目不具备的特征。例如，对于以外币计价的债务（无论固定利率还是浮动利率），企业在使用虚拟衍生工具计算该债务的价值变动或其现金流量累计变动的现值时，即便实际的衍生工具的不同货币汇兑可能包括汇兑费用，虚拟衍生工具也不能简单地直接反映这种费用，因为被套期项目中可能不包含这项费用。

在评估被套期项目和套期工具之间是否存在经济关系时，企业可以采用定性或定量的方法。如果套期工具和被套期项目的主要条款（例如名义金额、到期期限和基础变量）均匹配或大致相符，企业可以根据此类主要条款进行定性评估。如果套期工具和被套期项目的主要条款并非基本匹配，企业可能需要进行定量评估（例如通过比较被套期风险引起的套期工具和被套期项目公允价值或现金流量变动的比率，或通过采用回归分析方法分析套期工具和被套期项目价值变动的相关性），但两个变量之间仅仅存在某种统计相关性的事实本身不足以有效证明套期工具与被套期项目之间存在经济关系。

企业的风险管理策略是评估套期关系是否符合套期有效性要求的主要信息来源。这意味着，用于决策目的的管理分析信息可作为评估套期关系是否符合套期有效性要求的依据。因此，套期有效性评价方法应当与企业的风险管理策略相吻合，并在套期开始时就在风险管理有关的正式文件中详细加以说明。如果相关情况发生变化从而影响套期有效性，企业可能需要改变评估套期关系是否符合套期有效性要求的方法，以确保该评估仍能够考虑套期关系的相关特征（包括套期无效部分的来源）。当评估套期有效性的方法发生改变时，应当对套期关系书面文件作相应更新。

（二）套期关系再平衡

套期关系由于套期比率的原因而不再符合套期有效性要求，但指定该套期关系的风险管理目标没有改变的，企业应当进行套期关系再平衡。

套期关系再平衡，是指对已经存在的套期关系中被套期项目或套期工具的数量进行调整，以使套期比率重新符合套期有效性要求。基于其他目的对被套期项目或套期工具所指定的数量进行变动，例如仅对特定风险敞口更多或更少的数量进行套期以符合企业的风险管理策略，不构成套期关系再平衡。

调整套期比率使得企业可以应对由于基础变量或风险变量而引起的套期工具和被套期项目之间关系的变动。例如，当套期关系中的套期工具和被套期项目具有不同但是相关的基础变量（如不同但相关的指数、比率或价格）时，套期关系会随着这两个基础变量之间关系的变动而发生变化。当套期工具和被套期项目之间关系发生的变动能通过调整套期比率得以弥补时，再平衡将可以使得套期关系得到延续。但是，在套期工具与被套期项目之间的关系变动不能通过调整套期比率来弥补的情况下，再平衡并不能促使套期关系得到延续。

【例24－22】甲公司运用参考外币B的外币衍生工具对外币A的风险敞口进行套期，而外币A和外币B之间的汇率是挂钩的（即其汇率由中央银行或其他监管机构设定或者保持在某一区间）。如果外币A与外币B的汇率发生了变动（即设定了一个新区间或汇率），则再平衡套期关系以反映新汇率，可确保套期关系在新情况下的套期比率继续满足套期有效性的要求。但是，如果外币衍生工具发生违约，则更改套期比率并不能确保套期关系能够继续满足套期有效性的要求。

并非所有套期工具的公允价值变动和被套期项目的公允价值或现金流量变动之间抵销程度的变化，均会导致套期工具与被套期项目之间的套期关系的变化。企业应当分析预期将在存续期内影响套期关系的套期无效部分的来源，并评估抵销程度的变化属于下列哪一种情形：

1. 抵销程度的变化属于围绕套期比率的正常波动（即能够继续适当反映套期工具与被套期项目之间的关系）；

2. 抵销程度的变化表明套期比率不再能够恰当反映套期工具与被套期项目之间的关系。

为应对每一特定结果而调整套期比率的做法，并不能减少围绕某个固定套期比率的上下波动及由此产生的套期无效部分。在该情况下，只需对套期无效部分进行确认和计量，而无需作出再平衡。

与此相反，如果抵销程度的变化表明该波动围绕着一个套期比率，而该套期比率不同于当前针对该套期关系所使用的套期比率，或存在偏离目前采用的套期比率的趋势，企业可以通过调整套期比率来降低套期无效部分，而保留原套期比率将显著增加套期的无效部分。在该情况下，企业必须评价套期关系是否反映出被套期项目与套期工具之间权重的失衡，这种失衡可能产生套期无效（无论确认与否），并可能产生与套期会计目标不一致的会计结果。如果套期比率被调整，则会同时影响套期无效部分的确认和计量。

通常，再平衡中对被套期项目或套期工具数量的调整应当反映企业实际使用的套期工具和被套期项目的数量调整。但是，如果出现下列情况，则企业必须调整根据实际使用的被套期项目或套期工具的数量而得出的套期比率：

1. 由企业的套期工具或被套期项目的实际数量变动所产生的套期比率反映出某种失衡，这种失衡可能导致套期无效，并可能产生与套期会计目标不一致的会计结果；

2. 企业维持套期工具和被套期项目的实际数量而得出的套期比率在新的情况下反映出某种失衡，这种失衡可能导致套期无效，并可能产生与套期会计目标不一致的会计结果。

企业对套期关系作出再平衡，可以通过增加或减少被套期项目或套期工具数量的方式调整套期比率。但是，数量的减少并不一定意味着那些项目或交易不再存在，或预计不再发生，而是表明其不再是套期关系的一部分。例如，企业减少套期工具的数量，但仍然保留某项衍生工具，该衍生工具仅有一部分将继续作为套期关系中的套期工具。

（三）套期关系的终止

企业不得撤销指定并终止一项继续满足套期风险管理目标并在再平衡之后继续符合套期会计条件的套期关系。但是，如果套期关系不再满足套期风险管理目标或在再平衡之后不符合套期会计条件等本章规定情形的，则企业必须终止套期关系。

企业应当采用未来适用法，自不再满足套期会计条件或风险管理目标之日起终止运用套期会计。

当只有部分套期关系不再满足运用套期会计的条件时，套期关系将部分终止，其余部分将继续适用套期会计。例如，当对套期关系作出再平衡时，对套期比率进行的调整可能使得部分被套期项目的数量不再构成套期关系的一部分。因此，仅针对不再构成套期关系一部分的被套期项目的数量终止运用套期会计；或者当作为被套期项目的预期交易的部分数量不再极可能发生时，仅对不再极可能发生的被套期项目的数量终止运用套期会计。然而，如果企业曾将预期交易指定为被套期项目，并在后续期间确定该预期交易预计不再会发生，则企业在预测类似的预期交易时，其准确预测预期交易的能力将受到质疑，这将影响对于类似的预期交易是否极可能发生的评估，并进而影响到这些类似的预期交易是否符合被套期项目的评估。

企业发生下列情形之一的，应当终止运用套期会计（包括部分终止运用套期会计和整体终止运用套期会计）：

1. 因风险管理目标发生变化，导致套期关系不再满足风险管理目标。

【例24－23】假定甲公司共发行有1亿元的浮动利率债券，公司的风险管理策略是在其债务总额中需要维持20%~40%的固定利率债务。为此，公司在债券发行之初，选择了对其中4 000万元的浮动利率债券进行套期，通过互换合同将其转换为固定利率债券。此后，由于市场利率走低，公司管理层决定调低固定利率债务占比至20%。在此情况下，公司风险管理目标发生了变化，公司应将原被套期的4 000万元浮动利率债券中的2 000万元终止运用套期会计。

2. 套期工具已到期、被出售、合同终止或已行使。在套期工具已到期、被出售、合同终止或已行使的情况下，套期关系或其一部分不再满足套期会计的条件，因此应当相应终止运用套期会计。

企业发生下列情形之一的，不作为套期工具已到期或合同终止处理：

（1）套期工具展期或被另一项套期工具替换，而且该展期或替换是企业书面文件所载明的风险管理目标的组成部分。

（2）由于法律法规或其他相关规定的要求，套期工具的原交易对手方变更为一个或多个清算交易对手方（如清算机构或其他主体），以最终达成由同一中央交易对手方进行清算的目的。如果存在套期工具其他变更的，该变更应当仅限于替换交易对手方所必须的变更。在将原交易对手方更换为清算交易对手方并确认相应变更的影响时，应当将该影响反映在套期工具的计量中，进而纳入对套期有效性的评估和计量。例如，对于套期关系中被指定为套期工具的衍生工具，由于新的法律法规要求变更为中央交易对手方，且该变更仅涉及替换交易对手方所必须的变更，则企业应当将原有衍生工具终止确认，并新确认变更交易对手方后的衍生工具，但是变更前的套期关系将作为持续的套期关系进行会计处理，企业无需对套期关系终止运用套期会计。

3. 被套期项目与套期工具之间不再存在经济关系，或者被套期项目和套期工具经济关系产生的价值变动中，信用风险的影响开始占主导地位。

4. 套期关系不再满足本章所规定的运用套期会计方法的其他条件。例如，套期工具或被套期项目不再符合条件。在适用套期关系再平衡的情况下，企业应当首先考虑套期关系再平衡，然后评估套期关系是否满足本章所规定的运用套期会计方法的条件。

当部分或整体终止运用套期会计时，企业可以对原套期关系中套期工具或被套期项目指定新的套期关系，这种情况并不构成套期关系的延续，而是重新开始一项套期关系。例如，某一套期工具出现严重信用恶化，企业以新的套期工具将其取代，这意味着原套期关系未能实现风险管理目标，因此被整体终止。新的套期工具被指定为对先前被套期的相同风险敞口进行的套期，并形成新的套期关系。在这种情况下，被套期项目的公允价值或现金流量变动的计量起始日应当是新套期关系的指定日，而非原套期关系的指定日。

六、套期的确认和计量

（一）公允价值套期

1. 公允价值套期会计处理原则。

公允价值套期满足运用套期会计方法条件的，应当按照下列规定处理：

（1）套期工具产生的利得或损失应当计入当期损益。如果套期工具是对指定为以公允价值计量且其变动计入其他综合收益的非交易性权益工具投资（或其组成部分）进行套期的，套期工具产生的利得或损失应当计入其他综合收益。

（2）被套期项目因被套期风险敞口形成的利得或损失应当计入当期损益，同时调整未以公允价值计量的已确认被套期项目的账面价值。被套期项目为按照第二十二章金融工具确认和计量的规定应当分类为以公允价值计量且其变动计入其他综合收益的金融资产（或其组成部分）的，其因被套期风险敞口形成的利得或损失应当计入当期损益，其账面价值已经按公允价值计量，不需要调整；被套期项目为企业指定为以公允价值计量且其变动计入其他综合收益的非交易性权益工具投资（或其组成部分）的，其因被套期风险敞口形成的利得或损失应当计入其他综合收益，其账面价值已经按公允价值计量，不需要调整。

需要说明的是，被套期项目为尚未确认的确定承诺（或其组成部分）的，其在套期关系指定后因被套期风险引起的公允价值累计变动额应当确认为一项资产或负债，相关的利得或损失应当计入各相关期间损益。当履行确定承诺而取得资产或承担负债时，应当调整该资产或负债的初始确认金额，以包括已确认的被套期项目的公允价值累计变动额。

公允价值套期中，被套期项目为以摊余成本计量的金融工具（或其组成部分）的，企业对被套期项目账面价值所作的调整应当按照开始摊销日重新计算的实际利率进行摊销，并计入当期损益。该摊销可以自调整日开始，但不应当晚于对被套期项目终止进行套期利得和损失调整的时点。被套期项目为按照第二十二章金融工具确认和计量的规定应当分类为以公允价值计量且其变动计入其他综合收益的金融资产（或其组成部分）的，企业应当按照相同的方式对累计已确认的套期利得或损失进行摊销，并计入当期损益，但不调整金融资产（或其组成部分）的账面价值。

2. 公允价值套期会计处理举例。

【例24－24】2×22年1月1日，甲公司为规避所持有铜存货公允价值变动风险，与某金融机构签订了一项铜期货合同，并将其指定为对2×22年前两个月铜存货的商品价格变化引起的公允价值变动风险的套期工具。铜期货合同的标的资产与被套期项目铜存货在数量、质次和产地方面相同。假设不考虑期货市场中每日无负债结算制度的影响。

2×22年1月1日，铜期货合同的公允价值为0，被套期项目（铜存货）的账面价值和成本均为1 000 000元，公允价值为1 100 000元。2×22年1月31日，铜期货合同公允价值上涨了25 000元，铜存货的公允价值下降了25 000元。2×22年2月28日，铜期货合同公允价值下降了15 000元，铜存货的公允价值上升了15 000元。当日，甲公司将铜存货以1 090 000元的价格出售、取得的价款存入银行，并将铜期货合同结算。

甲公司通过分析发现，铜存货与铜期货合同存在经济关系，且经济关系产生的价值变动中信用风险不占主导地位，套期比率也反映了套期的实际数量，符合套期有效性要求。

假定不考虑商品销售相关的增值税及其他因素。

甲公司的账务处理如下：

(1) 2×22年1月1日，指定铜存货为被套期项目：

借：被套期项目——库存商品铜 1 000 000

贷：库存商品——铜 1 000 000

2×22年1月1日，被指定为套期工具的铜期货合同的公允价值为0，不作账务处理。

(2) 2×22年1月31日，确认套期工具和被套期项目公允价值变动：

借：套期工具——铜期货合同 25 000

贷：套期损益 25 000

借：套期损益 25 000

贷：被套期项目——库存商品铜 25 000

(3) 2×22年2月28日，确认套期工具和被套期项目公允价值变动：

借：套期损益 15 000

贷：套期工具——铜期货合同 15 000

借：被套期项目——库存商品铜 15 000

贷：套期损益 15 000

确认铜存货销售收入：

借：银行存款 1 090 000

贷：主营业务收入 1 090 000

结转铜存货销售成本：

销售成本＝1 000 000－25 000＋15 000＝990 000（元）

借：主营业务成本 990 000

贷：被套期项目——库存商品铜 990 000

结算铜期货合同：

借：银行存款 10 000

贷：套期工具——铜期货合同 10 000（25 000－15 000）

注：由于甲公司采用套期进行风险管理，规避了铜存货公允价值变动风险，因此其铜存货公允价值下降没有对预期毛利100 000元（1 100 000－1 000 000）产生不利影响。同时，甲公司运用公允价值套期将套期工具与被套期项目的公允价值变动损益计入相同会计期间，消除了因企业风险管理活动可能导致的损益波动。

【例24－25】甲公司为境内商品生产企业，记账本位币为人民币。2×22

年 3 月 3 日，甲公司与某境外公司签订了一项设备购买合同（确定承诺），设备价格为 1 000 000 美元，交货日期及付款日为 2×22 年 4 月 30 日。

2×22 年 3 月 3 日，甲公司签订了一项购买 1 000 000 美元的外汇远期合同。根据该远期合同，甲公司将于 2×22 年 4 月 30 日支付人民币 6 300 000 元购入 1 000 000 美元。2×22 年 3 月 3 日，外汇远期合同的公允价值为 0。

甲公司将该外汇远期合同指定为对美元兑人民币汇率变动可能引起的以美元计价的确定承诺公允价值变动风险进行套期的套期工具。

2×22 年 4 月 30 日，甲公司履行确定承诺并以净额结算该远期合同，当日即期汇率为 1 美元 =6. 62 人民币元。

与该套期有关的远期汇率以及外汇远期合同的资料如表 24 –1 所示。

表 24 –1

日期	2×22 年 4 月 30 日的远期汇率（美元／人民币）	本期外汇远期合同公允价值变动（人民币元）	本期末外汇远期合同公允价值（人民币元）
2×22 年 3 月 3 日	6. 30	—	—
2×22 年 3 月 31 日	6. 35	50 000	50 000
2×22 年 4 月 30 日	—	270 000	320 000

为简化核算，本例中假定不考虑设备购买有关的税费、运输和安装费用等因素。同时，假设被套期项目与套期工具因美元兑人民币汇率变动引起的公允价值变动金额相同。

根据上述资料，甲公司应当进行如下账务处理（单位：人民币元）：

(1) 2×22 年 3 月 3 日，因为远期合同和确定承诺当日公允价值均为 0，所以无需进行账务处理，但需编制套期关系指定相关文件。

(2) 2×22 年 3 月 31 日，确认确定承诺因汇率变动引起的公允价值变动：

借：套期损益　　50 000

　　贷：被套期项目——确定承诺　　50 000

确认套期工具的公允价值变动：

借：套期工具——远期合同　　50 000

　　贷：套期损益　　50 000

(3) 2×22 年 4 月 30 日，确认确定承诺因汇率变动引起的公允价值变动：

借：套期损益　　270 000

贷：被套期项目——确定承诺　　270 000

确认套期工具的公允价值变动：

借：套期工具——远期合同　　270 000

贷：套期损益　　270 000

结算远期合同：

借：银行存款　　320 000

贷：套期工具——远期合同　　320 000（50 000 + 270 000）

履行确定承诺购入固定资产：

借：固定资产——设备　　6 300 000（6 620 000 - 320 000）

被套期项目——确定承诺　　320 000（50 000 + 270 000）

贷：银行存款　　6 620 000（1 000 000 × 6.62）

注：甲公司通过运用套期进行风险管理，使所购设备的成本锁定在确定承诺的购买价格1 000 000美元按1美元=6.30人民币元（套期开始日的远期合同汇率）进行折算确定的金额，即人民币6 300 000元。

【例24-26】 2×20年1月1日，甲公司以每股50元的价格购入乙公司股票20 000股（占乙公司有表决权股份的3%），且将其指定为以公允价值计量且其变动计入其他综合收益的非交易性权益工具投资。为规避该股票价格下跌风险，甲公司于2×20年12月31日签订一份股票远期合同，约定将于2×22年12月31日以每股65元的价格出售其所持的乙公司股票20 000股，2×20年12月31日该股票远期合同的公允价值为0。2×22年12月31日，甲公司履行远期合同，出售乙公司股票。假设不考虑相关税费及远期合同的远期要素。

甲公司购入的乙公司股票和股票远期合同的公允价值如表24-2所示。

表24-2　　单位：元

股票和远期合同公允价值	2×20年12月31日	2×21年12月31日	2×22年12月31日
乙公司股票每股价格	65	60	57
乙公司股票公允价值	1 300 000	1 200 000	1 140 000
远期合同公允价值	—	100 000	160 000

据此，甲公司进行的套期有效性分析及账务处理如下：

（1）套期有效性分析：

甲公司通过分析发现，乙公司股票与远期合同存在经济关系，且价值变动中信用风险不占主导地位，套期比率也反映了套期的实际数量，符合套期有效性要求。

（2）账务处理：

①2×20年1月1日，确认购入乙公司股票：

借：其他权益工具投资　　1 000 000

　　贷：银行存款　　1 000 000

②2×20年12月31日，确认乙公司股票的公允价值变动：

借：其他权益工具投资　　300 000

　　贷：其他综合收益——公允价值变动　　300 000

将非交易性权益工具投资指定为被套期项目：

借：被套期项目——其他权益工具投资　　1 300 000

　　贷：其他权益工具投资　　1 300 000

远期合同的公允价值为0，无需进行会计处理。

③2×21年12月31日，确认套期工具公允价值变动：

借：套期工具——远期合同　　100 000

　　贷：其他综合收益——套期损益　　100 000

确认被套期项目公允价值变动：

借：其他综合收益——套期损益　　100 000

　　贷：被套期项目——其他权益工具投资　　100 000

④2×22年12月31日，确认套期工具公允价值变动：

借：套期工具——远期合同　　60 000

　　贷：其他综合收益——套期损益　　60 000

确认被套期项目公允价值变动：

借：其他综合收益——套期损益　　60 000

　　贷：被套期项目——其他权益工具投资　　60 000

履行远期合同，出售乙公司股票：

借：银行存款　　1 300 000

　　贷：被套期项目——其他权益工具投资　　1 140 000

　　　　套期工具——远期合同　　160 000

将计入其他综合收益的公允价值变动转出，计入留存收益：

借：其他综合收益——公允价值变动　　300 000

　　贷：利润分配——未分配利润　　300 000

此处转出之前计入其他综合收益的公允价值变动时均计入未分配利润。实务中，影响盈余公积计提的，企业还应对盈余公积作相应调整。

【例 24－27】 2×21 年 12 月 31 日，甲银行按面值购入 1 亿元国债，票面利率为 3.39%，按季度付息，到期日为 2×22 年 12 月 31 日。甲银行采用摊余成本计量该国债投资。2×21 年 12 月 31 日，甲银行与交易对手签订名义金额为 1 亿元的 1 年期利率互换合约，起息日为 2×21 年 12 月 31 日。甲银行按照 3.39% 的固定利率支付利息，按季度付息，同时每季度按照重置的 1 个月期上海银行间同业拆放利率（SHIBOR）收取浮动利息，首次利率确定日为2×21年 12 月 30 日。国债和利率互换合约均按照 30/360 计息。利率互换合约的初始公允价值为 0。甲银行于 2×21 年 12 月 31 日将利率互换合约指定为套期工具，对该 1 亿元国债投资因市场利率变动产生的公允价值变动风险进行套期。假设不考虑国债的信用风险。

2×22 年 7 月 1 日，甲银行的风险管理目标发生变化，导致套期关系不再满足运用套期会计的条件，甲银行在当日对上述指定终止运用套期会计。

利率互换合约现金流量以及公允价值变动如表 24－3 所示。

表 24－3 单位：千元

日期	收：浮动利率（1 个月期 SHIBOR）	付：固定利率	净利息结算	期初余额（结算利息后）	本期公允价值变动	期末余额（结算利息后）
2×22 年 3 月 31 日	5.009%	3.39%	405	—	131	131
2×22 年 6 月 30 日	3.521%	3.39%	33	131	(651)	(520)
2×22 年 9 月 30 日	3.091%	3.39%	(75)	(520)	237	(283)
2×22 年 12 月 31 日	3.002%	3.39%	(97)	(283)	283	0

被套期项目因利率风险引起的公允价值变动金额及被套期项目账面价值的调整情况如表 24－4 所示。

表 24－4　　单位：千元

日期	因利率风险引起的公允价值变动	公允价值变动累计金额	被套期项目调整后账面价值
2×22 年 3 月 31 日	（129）	（129）	99 871
2×22 年 6 月 30 日	656	527	100 527

据此，甲银行对被套期项目账面价值所作调整的摊销以及账务处理如下：

（1）对被套期项目账面价值所作调整的摊销。

假设甲银行自被套期项目账面价值调整日（2×22 年 3 月 31 日）开始摊销，具体摊销情况如表 24－5 所示。

表 24－5　　单位：千元

日期	期初摊余成本	实际利率	实际利息收入	现金流入	本期摊销	期末摊余成本（调整前）	本期对被套期项目的调整	期末摊余成本（调整后）
2×22 年 3 月 31 日	100 000	3. 39%	847	（847）	—	100 000	（129）	99 871
2×22 年 6 月 30 日	99 871	3. 56%	890	（847）	43	99 914	656	100 570
2×22 年 9 月 30 日	100 570	2. 24%	563	（847）	（284）	100 286	0	100 286
2×22 年 12 月 31 日	100 286	2. 24%	561	（100 847）	（286）	0	0	0

（2）账务处理。

①2×21 年 12 月 31 日，购入国债，并将其指定为被套期项目。

借：被套期项目——债权投资（成本）　　100 000 000

　　贷：银行存款　　100 000 000

被指定为套期工具的利率互换合约的初始公允价值为 0，无需作账务处理。

②2×22 年 3 月 31 日，确认国债利息收入，收到国债利息：

借：被套期项目——债权投资（应计利息）　　847 000

贷：利息收入　　847 000

借：银行存款　　847 000

贷：被套期项目——债权投资（应计利息）　　847 000

结算利率互换合约利息：

借：银行存款　　405 000

贷：利息收入　　405 000

确认套期工具公允价值变动并计入当期损益：

借：套期工具——利率互换合约　　131 000

贷：套期损益　　131 000

确认被套期项目因利率风险引起的公允价值变动并调整被套期项目的账面价值：

借：套期损益　　129 000

贷：被套期项目——债权投资（公允价值变动）　　129 000

③2×22年6月30日，确认国债利息收入，收到国债利息：

借：被套期项目——债权投资（应计利息）　　847 000

——债权投资（公允价值变动）　　43 000

贷：利息收入　　890 000

借：银行存款　　847 000

贷：被套期项目——债权投资（应计利息）　　847 000

结算利率互换合约利息：

借：银行存款　　33 000

贷：利息收入　　33 000

确认套期工具公允价值变动：

借：套期损益　　651 000

贷：套期工具——利率互换合约　　651 000

确认被套期项目因利率风险引起的公允价值变动：

借：被套期项目——债权投资（公允价值变动）　　656 000

贷：套期损益　　656 000

④2×22年7月1日，套期关系终止：

借：债权投资——成本　　100 000 000

——利息调整　　570 000

贷：被套期项目——债权投资　　100 570 000

借：套期工具——利率互换合约　　520 000

　贷：衍生工具——利率互换合约　　520 000

⑤2×22 年 9 月 30 日，确认国债利息收入，收到国债利息：

借：债权投资——应计利息　　847 000

　贷：利息收入　　563 000

　　债权投资——利息调整　　284 000

借：银行存款　　847 000

　贷：债权投资——应计利息　　847 000

结算利率互换合约利息：

借：投资收益　　75 000

　贷：银行存款　　75 000

确认利率互换合约公允价值变动：

借：衍生工具——利率互换合约　　237 000

　贷：公允价值变动损益　　237 000

⑥2×22 年 12 月 31 日，确认利息收入，收到国债本金和利息：

借：债权投资——应计利息　　847 000

　贷：利息收入　　561 000

　　债权投资——利息调整　　286 000

借：银行存款　　100 847 000

　贷：债权投资——应计利息　　847 000

　　　　　　——成本　　100 000 000

结算利率互换合约利息：

借：投资收益　　97 000

　贷：银行存款　　97 000

确认利率互换合约公允价值变动：

借：衍生工具——利率互换合约　　283 000

　贷：公允价值变动损益　　283 000

注：本例中，甲银行对被套期项目账面价值所作调整的摊销，也可以自 2×22 年 7 月 1 日（被套期项目终止进行套期利得和损失调整的时点）开始。此外，如果甲银行在 2×22 年 7 月 1 日不终止套期会计，套期关系持续至 2×22 年 12 月 31 日，即对被套期项目终止进行套期利得和损失调整的时点与被套期项目的到期日相同，则对于被套期项目账面价值所作调整的累计金额为

0。在此情况下，如果甲银行选择自2×22年12月31日开始摊销，则甲银行在2×22年12月31日不需要进行额外会计处理。

（二）现金流量套期

1. 现金流量套期会计处理原则。

现金流量套期的目的是将套期工具产生的利得或损失递延至被套期的预期未来现金流量影响损益的同一期间或多个期间。现金流量套期满足运用套期会计方法条件的，应当按照下列规定处理：

（1）套期工具产生的利得或损失中属于有效套期的部分，作为现金流量套期储备，应当计入其他综合收益。现金流量套期储备的金额，应当按照下列两项的绝对额中较低者确定：

①套期工具自套期开始的累计利得或损失；

②被套期项目自套期开始的预计未来现金流量现值的累计变动额。

每期计入其他综合收益的现金流量套期储备的金额应当为当期现金流量套期储备的变动额。

（2）套期工具产生的利得或损失中属于无效套期的部分（即扣除计入其他综合收益后的其他利得或损失），应当计入当期损益。

企业应当按照下列规定对现金流量套期储备进行后续处理：

（1）被套期项目为预期交易，且该预期交易使企业随后确认一项非金融资产或非金融负债，或者非金融资产或非金融负债的预期交易形成一项适用于公允价值套期会计的确定承诺时，企业应当将原在其他综合收益中确认的现金流量套期储备金额转出，计入该资产或负债的初始确认金额。

（2）对于不属于上述（1）涉及的现金流量套期，企业应当在被套期的预期现金流量影响损益的相同期间，将原在其他综合收益中确认的现金流量套期储备金额转出，计入当期损益。

（3）如果在其他综合收益中确认的现金流量套期储备金额是一项损失，且该损失全部或部分预计在未来会计期间不能弥补的，企业应当将预计不能弥补的部分从其他综合收益中转出，计入当期损益。

当企业对现金流量套期终止运用套期会计时，在其他综合收益中确认的累计现金流量套期储备金额，应当按照下列规定进行处理：

（1）被套期的未来现金流量预期仍然会发生的，累计现金流量套期储备的金额应当予以保留，并按照前述现金流量套期储备的后续处理规定进行会计处理。

（2）被套期的未来现金流量预期不再发生的，累计现金流量套期储备的金额应当从其他综合收益中转出，计入当期损益。被套期的未来现金流量预期不再极可能发生但可能预期仍然会发生，在预期仍然会发生的情况下，累计现金流量套期储备的金额应当予以保留，并按照前述现金流量套期储备的后续处理规定进行会计处理。

2. 现金流量套期会计处理举例。

【例24－28】2×22年1月1日，甲公司预期在2×22年2月28日销售一批商品，数量为100吨，预期售价为1 100 000元。为规避该预期销售中与商品价格有关的现金流量变动风险，甲公司于2×22年1月1日与某金融机构签订了一项商品期货合同，且将其指定为对该预期商品销售的套期工具。商品期货合同的标的资产与被套期预期销售商品在数量、质次、价格变动和产地等方面相同，并且商品期货合同的结算日和预期商品销售日均为2×22年2月28日。

2×22年1月1日，商品期货合同的公允价值为0。2×22年1月31日，商品期货合同的公允价值上涨了25 000元，预期销售价格下降了25 000元。2×22年2月28日，商品期货合同的公允价值上涨了10 000元，商品销售价格下降了10 000元。当日，甲公司将商品出售、取得的价款存入银行，并结算了商品期货合同。

甲公司分析认为该套期符合套期有效性的条件。假定不考虑商品销售相关的增值税及其他因素，且不考虑期货市场每日无负债结算制度的影响。

甲公司的账务处理如下：

（1）2×22年1月1日，甲公司不作账务处理，但需编制套期关系指定文档。

（2）2×22年1月31日，确认现金流量套期储备：

借：套期工具——商品期货合同　　25 000

　贷：其他综合收益——套期储备　　25 000

（3）2×22年2月28日，确认现金流量套期储备：

借：套期工具——商品期货合同　　10 000

　贷：其他综合收益——套期储备　　10 000

套期工具自套期开始的累计利得或损失与被套期项目自套期开始的预计未来现金流量现值的累计变动额一致，因此将套期工具公允价值变动全部作为现金流量套期储备计入其他综合收益。

确认商品的销售收入：

借：银行存款　　1 065 000

贷：主营业务收入　　1 065 000

结算商品期货合同：

借：银行存款　　35 000

贷：套期工具——商品期货合同　　35 000

将现金流量套期储备金额转出，调整主营业务收入：

借：其他综合收益——套期储备　　35 000

贷：主营业务收入　　35 000

【例 24-29】 甲公司于 2×21 年 11 月 1 日与境外乙公司签订合同，约定于 2×22 年 1 月 30 日以外币（FC）每吨 60 元的价格购入 100 吨橄榄油。甲公司为规避购入橄榄油成本的外汇风险，于当日与某金融机构签订一项 3 个月到期的外汇远期合同，约定汇率为 1FC = 45 人民币元，合同金额 FC 6 000 元。2×22 年 1 月 30 日，甲公司以净额方式结算该外汇远期合同，并购入橄榄油。

假定：（1）2×21 年 12 月 31 日，FC 对人民币 1 个月远期汇率为 1FC = 44.8 人民币元；（2）2×22 年 1 月 30 日，FC 对人民币即期汇率为 1FC = 44.6 人民币元；（3）该套期符合运用套期会计的条件；（4）不考虑增值税等相关税费和远期合同的远期要素。

对确定承诺的外汇风险进行的套期，既可以划分为公允价值套期，也可以划分为现金流量套期。以下分别两种情形进行会计处理。

情形 1：甲公司将上述套期划分为公允价值套期。

（1）2×21 年 11 月 1 日，外汇远期合同的公允价值为 0，不作账务处理，但需编制指定文档。

（2）2×21 年 12 月 31 日，确认套期工具和被套期项目公允价值变动：

当期外汇远期合同的公允价值变动 = (44.8 - 45) × 6 000 = -1 200（人民币元）

借：套期损益　　1 200

贷：套期工具——外汇远期合同　　1 200

借：被套期项目——确定承诺　　1 200

贷：套期损益　　1 200

（3）2×22 年 1 月 30 日，确认套期工具公允价值变动：

当期外汇远期合同的公允价值变动 = (44.6 - 44.8) × 6 000 = -1 200（人民币元）

借：套期损益　　1 200

贷：套期工具——外汇远期合同　　1 200

以净额结算外汇远期合同：

借：套期工具——外汇远期合同　　2 400

贷：银行存款　　2 400

确认被套期项目公允价值变动：

借：被套期项目——确定承诺　　1 200

贷：套期损益　　1 200

购入橄榄油：

借：库存商品——橄榄油　　267 600

贷：银行存款　　267 600

将被套期项目的余额转入橄榄油的账面价值：

借：库存商品——橄榄油　　2 400

贷：被套期项目——确定承诺　　2 400

情形2：甲公司将上述套期划分为现金流量套期。

(1) 2×21年11月1日，外汇远期合同的公允价值为0，不作账务处理，但需编制指定文档。

(2) 2×21年12月31日，确认现金流量套期储备：

当期外汇远期合同的公允价值变动＝(44.8－45)×6 000＝－1 200（人民币元）

借：其他综合收益——套期储备　　1 200

贷：套期工具——外汇远期合同　　1 200

(3) 2×22年1月30日，确认现金流量套期储备：

当期外汇远期合同的公允价值变动＝(44.6－44.8)×6 000＝－1 200（人民币元）

借：其他综合收益——套期储备　　1 200

贷：套期工具——外汇远期合同　　1 200

以净额结算外汇远期合同：

借：套期工具——外汇远期合同　　2 400

贷：银行存款　　2 400

购入橄榄油：

借：库存商品——橄榄油　　267 600

贷：银行存款　　267 600

将计入其他综合收益中的套期储备转出：

借：库存商品——橄榄油　　2 400

　　贷：其他综合收益——套期储备　　2 400

（三）境外经营净投资套期

1. 境外经营净投资套期会计处理原则。

对境外经营净投资的套期，包括对作为净投资的一部分进行会计处理的货币性项目的套期，应当按照类似于现金流量套期会计的规定处理：

（1）套期工具形成的利得或损失中属于套期有效的部分，应当计入其他综合收益。

全部或部分处置境外经营时，上述计入其他综合收益的套期工具利得或损失应当相应转出，计入当期损益。

（2）套期工具形成的利得或损失中属于套期无效的部分，应当计入当期损益。

2. 多个母公司进行的套期。

在一项由境外经营净投资产生的外汇风险的套期中，被套期项目的金额可以等于或小于母公司合并财务报表中该境外经营净资产账面价值。企业可以将被套期风险指定为境外经营的记账本位币与其任何母公司（直接的、中间的或最终的母公司）的记账本位币之间产生的外汇风险敞口。通过中间母公司持有净投资不影响最终母公司所面临外汇风险的性质。但是，境外经营净投资产生的外汇风险敞口只有在合并财务报表中才可能符合套期会计的条件。如果同一境外经营净资产的同一风险被集团内部一家以上的母公司（例如，直接和间接母公司）分别进行套期，则在最终母公司合并财务报表中只有一项套期关系符合套期会计的条件。

如果一项套期关系由较低层次间接母公司在其合并财务报表中进行了指定，那么在更高层次的母公司合并财务报表中可以决定保留该套期关系或重新指定。如果较高层次的母公司决定不保留该套期关系而是重新指定，那么，在较高层次母公司的合并财务报表中必须先转回较低层次母公司所运用的套期会计，再按照重新指定的套期关系运用套期会计。相反地，套期会计可以在较高层次母公司的合并财务报表中直接指定，不必在较低层次间接母公司的合并财务报表中进行指定。

3. 集团内可以持有套期工具的企业。

一项衍生或非衍生金融工具（或衍生和非衍生金融工具的组合）可以被

指定为境外经营净投资套期工具。只要满足本章对境外经营净投资套期的指定、文件记录和有效性要求，套期工具就可由集团内部的任一家或几家企业持有。

如果持有套期工具的企业的记账本位币与投资于境外经营的母公司的记账本位币相同，就较容易进行套期有效性评估，因为在评估套期有效性时，可以假设持有境外经营的母公司也同时持有套期工具。如果持有套期工具的企业的记账本位币与投资于境外经营的母公司的记账本位币不同，评估套期有效性会较为复杂。这种情况下，套期有效性不仅要反映持有套期工具的企业的利得或损失（如果不使用套期会计，应计入合并损益），还应当反映对套期工具重新折算为母公司记账本位币的影响（如果不使用套期会计，应在合并其他综合收益中确认）。有效性的评估并不受套期工具是否是衍生工具的影响，也不受合并方法的影响。

【例 24－30】 2×21 年 10 月 1 日，甲公司（记账本位币为人民币）在其境外子公司有一项境外经营净投资外币（FC）5 000 万元。为规避境外经营净投资外汇风险，甲公司与某境外金融机构签订了一项外汇远期合同，约定于 2×22 年 4 月 1 日卖出 FC 5 000 万元。其他有关资料如表 24－6 所示。

表 24－6

日期	即期汇率（FC/人民币）	远期汇率（FC/人民币）	远期合同的公允价值（人民币元）
2×21 年 10 月 1 日	1.71	1.70	0
2×21 年 12 月 31 日	1.64	1.63	3 430 000
2×22 年 3 月 31 日	1.60	不适用	5 000 000

假定不考虑远期合同的远期要素。甲公司的上述套期业务满足运用套期会计方法的所有条件。

甲公司的账务处理如下：

（1）2×21 年 10 月 1 日，外汇远期合同的公允价值为 0，不作账务处理。

（2）2×21 年 12 月 31 日，确认外汇远期合同的公允价值变动：

借：套期工具——外汇远期合同　　　　3 430 000

　　贷：其他综合收益——外币报表折算差额　　　　3 430 000

确认对子公司净投资的汇兑损益：

借：其他综合收益——外币报表折算差额　　　　　　3 500 000

　贷：长期股权投资　　　　　　　　　　　　　　　3 500 000

(3) 2×22 年 3 月 31 日，确认外汇远期合同的公允价值变动：

借：套期工具——外汇远期合同　　　　　　　　　　1 570 000

　贷：其他综合收益——外币报表折算差额　　　　　1 570 000

确认对子公司净投资的汇兑损益：

借：其他综合收益——外币报表折算差额　　　　　　2 000 000

　贷：长期股权投资　　　　　　　　　　　　　　　2 000 000

结算外汇远期合同：

借：银行存款　　　　　　　　　　　　　　　　　　5 000 000

　贷：套期工具——外汇远期合同　　　　　　　　　5 000 000

注：境外经营净投资中套期工具形成的利得在其他综合收益中列示，直至子公司被处置。

（四）套期关系再平衡的会计处理

企业对套期关系作出再平衡的，应当在调整套期关系之前确定套期关系的套期无效部分，并将相关利得或损失立即计入当期损益。同时，更新在套期剩余期限内预期将影响套期关系的套期无效部分产生原因的分析，并相应更新套期关系的书面文件。

套期关系再平衡可能会导致企业增加或减少指定套期关系中被套期项目或套期工具的数量。企业增加了指定的被套期项目或套期工具的，增加部分自指定增加之日起作为套期关系的一部分进行处理；企业减少了指定的被套期项目或套期工具的，减少部分自指定减少之日起不再作为套期关系的一部分，作为套期关系终止处理。

【例 24 - 31】 2×21 年 1 月 1 日，甲公司预计在未来 12 个月内采购 100 万桶西德克萨斯中质原油（WTI 原油）。甲公司采用现金流量套期，并购入 105 万桶布伦特原油（Brent 原油）期货合约，以对极可能发生的 100 万桶 WTI 原油的预期采购进行套期（套期比率为 1∶1.05）。该期货合约在指定日的公允价值为 0。

2×21 年 6 月 30 日，被套期项目 WTI 原油的预期采购自套期开始的预计未来现金流量现值的累计变动额为 200 万美元，套期工具的公允价值累计下降了 229 万美元。甲公司通过分析发现，Brent 原油相对 WTI 原油的经济关系与预期不同，因此考虑对套期关系进行再平衡。甲公司通过分析决定将套期比率重新设定为 1∶0.98。

为了在 2×21 年 6 月 30 日进行再平衡，甲公司可以指定更大的被套期风险敞口或终止指定部分套期工具。甲公司决定选择后者，即终止指定 7 万桶 Brent 原油期货合约的套期工具。

假定甲公司的上述套期满足运用套期会计方法的所有条件，不考虑其他因素。

甲公司的账务处理如下（假定美元兑人民币的汇率为 1∶6）：

（1）2×21 年 1 月 1 日，甲公司不作账务处理。

（2）2×21 年 6 月 30 日：

借：其他综合收益——套期储备　　12 000 000

　　套期损益　　1 740 000

　　贷：套期工具——期货合同　　13 740 000

在总计 105 万桶布伦特原油期货合约中，7 万桶不再属于该套期关系。因此，甲公司需将 7/105 的套期工具重分类为衍生工具，有关套期文件的书面记录应当相应更新。

甲公司进行再平衡时的会计处理如下：

借：套期工具——期货合同　　916 000

　　贷：衍生工具——期货合同　　916 000

［再平衡时，重分类的套期工具的公允价值为 13 740 000×7/105＝916 000（人民币元）］

【例 24－32】 2×22 年 4 月 1 日，甲公司预期极可能在 5 个月后采购 10 000 吨柴油。为此，甲公司采用现金流量套期，并指定 9 500 吨以 D2 柴油普氏价格为标的的期货合约，对极可能于 9 月 1 日采购的 10 000 吨柴油进行套期（套期比率为 1∶0.95）。指定日期货合约公允价值为 0。

2×22 年 6 月 30 日，被套期项目自套期开始的预计未来现金流量现值的累计变动额为 820 万美元，套期工具公允价值累计下降 650 万美元。基于分析，甲公司认为，未来适当的套期比率为 1∶1.05。因此，甲公司决定进行套期关系再平衡，甲公司可以选择增加套期工具数量或减少被套期项目数量。根据成本效益分析，甲公司决定将被套期项目数量减少 952 吨（10 000－9 500/1.05）。

2×22 年 6 月 30 日，甲公司从被套期项目中减少预期采购的 952 吨柴油，预期采购的剩余 9 048 吨仍保留在套期关系中。

甲公司的账务处理如下（假定美元兑人民币的汇率为1:6）：

(1) 2×22年4月1日，甲公司不作账务处理。

(2) 2×22年6月30日：

借：其他综合收益——套期储备　　39 000 000

　贷：套期工具——期货合同　　39 000 000

（将套期工具公允价值的累计变动650万美元作为现金流量套期储备计入其他综合收益）

甲公司进行再平衡时，套期文件有关书面记录应当予以相应更新，无需进行账务处理。

(五) 一组项目套期的会计处理

1. 风险净敞口套期的会计处理。

对于被套期项目为风险净敞口的套期，被套期风险影响利润表不同列示项目的，企业应当将相关套期利得或损失单独列示，不应当影响利润表中与被套期项目相关的损益列示项目（如营业收入或营业成本）金额。例如，某公司有一笔由100万美元的预期外币销售收入和80万美元的预期外币费用构成的外汇风险净头寸，该公司利用金额为20万美元的外汇远期合同对该外汇风险净头寸进行套期。当该外汇风险净头寸影响损益时，该外汇远期合同产生的现金流量套期储备重分类至损益的利得或损失应当与被套期的销售收入和费用区分开来并单独列示。如果销售收入产生的期间早于费用发生的期间，则销售收入仍应当按照即期汇率计量。相关的套期利得或损失应当单独列示，从而在损益中反映出净头寸套期的影响，并相应调整现金流量套期储备。如果被套期的费用将影响以后期间的损益（例如该费用将分期摊销），则之前对费用确认的套期利得或损失应在以后期间重分类至损益，且在利润表中与包含被套期费用的项目区分开单独列示。

再如，企业通过利率互换合同对固定利率债务工具的利率风险进行套期。企业的套期目标旨在将固定利率现金流量转换成浮动利率现金流量。在对净头寸（例如，一项固定利率资产和一项固定利率负债构成的净头寸）进行套期时，套期工具的应计净利息应当单独列示，以避免将单个套期工具产生的利得或损失净额以相互抵销的总额形式在不同的报表项目中分别列示（即，不得将单项利率互换合同产生的净利息收入列示为利息收入总额和利息支出总额）。

因此，企业开展净敞口套期业务的，应当在利润表中增设“净敞口套期收益”项目，将“净敞口套期损益”科目的当期发生额在该项目中列示。

对于被套期项目为风险净敞口的公允价值套期，涉及调整被套期各组成项目账面价值的，企业应当对各项资产和负债的账面价值作相应调整。

【例 24－33】2×22 年 1 月 1 日，甲公司预期 2×22 年 12 月 31 日将有一项 1 000 万美元的现金销售和一项 1 200 万美元的固定资产现金采购，上述交易极有可能发生。甲公司的记账本位币为人民币。

2×22 年 1 月 1 日，甲公司签订了一项 1 年期外汇远期合同对上述 200 万美元的外汇净头寸进行套期，甲公司 1 年后将按 1 美元＝6.5 人民币元的汇率购入 200 万美元。上述固定资产将采用直线法在 5 年内计提折旧。

2×22 年 1 月 1 日及 2×22 年 12 月 31 日美元的即期汇率分别为 1 美元＝6.5 人民币元及 1 美元＝6.4 人民币元。2×22 年 1 月 1 日，外汇远期合同的公允价值为 0。2×22 年 12 月 31 日，外汇远期合同的公允价值为亏损 20 万人民币元。

预期销售现金流入和预期采购现金流出如期于 2×22 年 12 月 31 日发生，外汇远期合同也于 2×22 年 12 月 31 日结算。假设不考虑外汇远期合同的远期要素。

甲公司相关账务处理如下：

（1）2×22 年 1 月 1 日，外汇远期合同公允价值为 0，无需进行账务处理。

（2）2×22 年 12 月 31 日，确认套期工具公允价值变动。

借：其他综合收益——套期储备　　200 000

　　贷：套期工具——外汇远期合同　　200 000

结算外汇远期合同：

借：套期工具——外汇远期合同　　200 000

　　贷：银行存款　　200 000

将套期工具的累计损失中对应预期销售的部分 10 000 000×（6.5－6.4）＝1 000 000 元人民币利得从其他综合收益中转出，并将其计入净敞口套期损益。

借：其他综合收益——套期储备　　1 000 000

　　贷：净敞口套期损益　　1 000 000

借：应收账款或银行存款　　64 000 000

　　贷：主营业务收入　　64 000 000

将套期工具的累计损失中对应预期采购的部分 12 000 000×（6.4－6.5）＝－1 200 000 元人民币损失从其他综合收益中转出，并将其计入固定资产的初始确认金额。

借：固定资产　　78 000 000

　　贷：银行存款　　76 800 000

　　　　其他综合收益——套期储备　　1 200 000

后续第2年至第6年，基于固定资产采购价格（不含套期调整）每年计提折旧 = 76 800 000/5 = 15 360 000（人民币元）。

借：制造费用——折旧费用　　15 360 000

　　贷：累计折旧　　15 360 000

将套期调整在固定资产折旧期间进行摊销 = 1 200 000/5 = 240 000（人民币元），并将其计入净敞口套期损益。

借：净敞口套期损益　　240 000

　　贷：累计折旧　　240 000

注：由于本例涉及净敞口套期，因此与被套期项目相关的利润表列示项目（即营业收入和营业成本）不会因采用套期会计而受到影响。

2. 其他一组项目套期的会计处理。

除上述有关风险净敞口套期会计处理规定外，对于被套期项目为一组项目的公允价值套期，企业在套期关系存续期间，应当针对被套期项目组合中各组成项目，分别确认公允价值变动所引起的相关利得或损失，计入当期损益或其他综合收益（适用于被套期项目为指定为以公允价值计量且其变动计入其他综合收益的金融资产或其组成部分的情形）；涉及调整被套期各组成项目账面价值的，应当对各项资产和负债的账面价值作相应调整。被套期项目为尚未确认的确定承诺（或其组成部分）的，其在套期关系指定后因被套期风险引起的公允价值累计变动额应当确认为一项资产或负债，相关的利得或损失应当计入各相关期间损益；当履行确定承诺而取得资产或承担负债时，应当调整该资产或负债的初始确认金额，以包括已确认的被套期项目的公允价值累计变动额。

除上述有关风险净敞口套期会计处理规定外，对于被套期项目为一组项目的现金流量套期，企业在将其他综合收益中确认的相关现金流量套期储备转出时，应当按照系统、合理的方法将转出金额在被套期各组成项目中分摊，并按照下列规定进行处理：

（1）被套期项目为预期交易，且该预期交易使企业随后确认一项非金融资产或非金融负债，或者非金融资产或非金融负债的预期交易形成一项适用于公允价值套期会计的确定承诺的，企业应当将原在其他综合收益中确认的现金流量套期储备金额转出，计入该资产或负债的初始确认金额。

（2）对于不属于前述（1）情形的现金流量套期，企业应当在被套期的预期现金流量影响损益的相同期间，将原在其他综合收益中确认的现金流量套期储备金额转出，计入当期损益。

（3）如果在其他综合收益中确认的现金流量套期储备金额是一项损失，且该损失全部或部分预计在未来会计期间不能弥补的，企业应当将预计不能弥补的部分从其他综合收益中转出，计入当期损益。

此外，企业通过签订衍生金融工具对日常销售或采购非金融项目的合同或者一组类似的合同（能够以现金或其他金融工具净额结算，或者通过交换金融工具结算）形成的公允价值变动风险进行套期的，为了消除或显著减少会计错配，企业可以选择将上述合同直接指定为以公允价值计量且其变动计入当期损益的金融资产或金融负债，无需按照套期会计进行处理。企业通过签订衍生金融工具对一组形成净敞口的上述合同进行套期的，如果净敞口变动频繁，采用套期会计通常不符合成本效益原则，为了消除或显著减少会计错配，企业可以选择将一组形成净敞口的上述合同直接指定为以公允价值计量且其变动计入当期损益的金融资产或金融负债。

（六）期权时间价值的会计处理

企业将期权合同的内在价值和时间价值分开，只将期权的内在价值变动指定为套期工具时，应当区分被套期项目的性质是与交易相关还是与时间段相关，并进行不同的会计处理。

在评估期权是对与交易相关的被套期项目还是与时间段相关的被套期项目进行套期时，关键在于被套期项目的性质，包括被套期项目影响损益的方式和时间。无论是公允价值套期还是现金流量套期，企业均应当基于被套期项目的性质来评估。

1. 被套期项目与交易相关的，对其进行套期的期权的时间价值具备该项交易成本的特征。如果该被套期项目导致确认一项初始计量包含交易成本的项目（如企业对预期交易或确定承诺涉及的商品价格风险进行套期，并将交易成本纳入存货的初始计量），则期权的时间价值应纳入特定的被套期项目的初始计量。与此类似，对构成预期交易或确定承诺商品销售的商品价格风险进行套期的企业，应当将期权的时间价值作为销售成本的一部分，在被套期的销售确认收入的相同期间计入损益。具体而言，企业应当将期权时间价值的公允价值变动中与被套期项目相关的部分计入其他综合收益，并按照与现金流量套期储备相同的会计处理方法进行处理。

2. 被套期项目与时间段相关的，对其进行套期的期权时间价值具备为保护企业在特定时间段内规避风险所需支付成本的特征。例如，如果使用期限为6个月的期权对企业的存货在该6个月中的价格风险进行套期，期权的时间价值应在这6个月期间内采用系统、合理的方法进行摊销计入损益。又如，在使用外汇期权对境外经营净投资进行为期18个月的套期时，期权的时间价值将在这18个月期间内进行分摊。

当期权被用于对与时间段相关的被套期项目进行套期时，被套期项目的特征（包括被套期项目影响损益的方式和时间）同时会影响期权时间价值的摊销期间，这与运用套期会计时期权内在价值影响损益的期间相一致。例如，如果使用某一利率期权（利率上限）来防止浮动利率债券利息费用增加，则利率上限的时间价值摊销计入损益的期间与利率上限的内在价值影响损益的期间相同，即：如果使用利率上限对5年期浮动利率债券的前3年的利率上升风险进行套期，则利率上限的时间价值在前3年摊销计入损益；或者如果利率上限是远期起始期权，用于对5年期的浮动利率债券的第2年至第3年的利率上升风险进行套期，则利率上限的时间价值应在第2年和第3年进行摊销计入损益。

具体而言，企业应当将期权时间价值的公允价值变动中与被套期项目相关的部分计入其他综合收益。同时，企业应当按照系统、合理的方法，将期权被指定为套期工具当日的时间价值中与被套期项目相关的部分，在套期关系影响损益或其他综合收益（仅限于企业对指定为以公允价值计量且其变动计入其他综合收益的非交易性权益工具投资的公允价值套期）的期间内摊销，摊销金额从其他综合收益中转出，计入当期损益。由于期权的时间价值在期权到期时将归零，因此在期权存续期内的累计时间价值的公允价值变动等于指定套期时的时间价值。时间价值变动计入其他综合收益的金额应当根据变动的实际情况确定，但从其他综合收益转入当期损益（即摊销）的金额应当按照系统、合理的方法确定。转入和转出的金额最终是一致的，即指定套期时的时间价值。若企业终止运用套期会计，则其他综合收益中剩余的相关金额应当转出，计入当期损益。

期权的主要条款（如名义金额、期限和标的）与被套期项目相一致的，期权的实际时间价值与被套期项目相关；期权的主要条款与被套期项目不完全一致的，企业应当通过对主要条款与被套期项目完全匹配的期权进行估值确定校准时间价值，并确认期权的实际时间价值中与被套期项目相关的部分。

在套期关系开始时，期权的实际时间价值高于校准时间价值的，企业应当以校准时间价值为基础，将其累计公允价值变动计入其他综合收益，并将这两个时间价值的公允价值变动差额计入当期损益；在套期关系开始时，期权的实际时间价值低于校准时间价值的，企业应当将两个时间价值中累计公允价值变动的较低者计入其他综合收益，如果实际时间价值的累计公允价值变动扣减累计计入其他综合收益金额后尚有剩余的，应当计入当期损益。

本章对期权时间价值的会计处理同样适用于由购入期权和签出期权组成的组合期权，该组合期权在被指定为套期工具之日的净时间价值为零（通常被称为零成本上下限期权）。在这种情况下，即使在套期关系的整个期间内时间价值的累计变动为零，企业也应当将各期间时间价值的变动计入其他综合收益。如果期权的时间价值涉及与交易相关的被套期项目，在套期关系结束时调整被套期项目或是重分类至损益的时间价值为零；如果期权的时间价值涉及与时间段相关的被套期项目，在套期关系结束时期权时间价值相关摊销金额为零。

【例 24－34】 甲公司发行了一项 7 年期浮动利率债券，并希望在前 2 年内使其免于因利率上升而导致利息费用增加所带来的风险。因此，甲公司买进了一份为期 2 年的利率上限期权。在现金流量套期中，仅将利率上限期权的内在价值指定为套期工具。

假定该期权被指定时的实际时间价值为 200 000 元，甲公司将该金额按照系统、合理的方法在保护期（即前 2 年）内分摊至当期损益。为简化核算，本例中以直线法分摊至当期损益。

（1）实际时间价值等于校准时间价值的情形。

由于期权被指定时的实际时间价值为 200 000 元，假定其开始时的校准时间价值也为 200 000 元，因此，期权实际时间价值等于校准时间价值。假定期权的时间价值在第 1 年末金额为 130 000 元。

在这种情形下，期权时间价值的变动如表 24－7 所示。

表 24－7 单位：元

期权时间价值及其变动	指定套期时	第 1 年末	第 2 年末	合计
期权的时间价值	200 000	130 000	0	—
计入其他综合收益的公允价值变动	—	70 000	130 000	200 000
从其他综合收益转出（分摊）的金额	—	100 000	100 000	200 000

甲公司有关期权时间价值的账务处理如下：

①第1年：

借：其他综合收益——套期成本　　70 000

　　贷：衍生工具　　70 000

借：财务费用　　100 000

　　贷：其他综合收益——套期成本　　100 000

②第2年：

借：其他综合收益——套期成本　　130 000

　　贷：衍生工具　　130 000

借：财务费用　　100 000

　　贷：其他综合收益——套期成本　　100 000

（2）实际时间价值高于校准时间价值的情形。

期权指定时的实际时间价值为200 000元，假定开始时的校准时间价值为150 000元，此时期权实际时间价值高于校准时间价值。假定该期权的实际时间价值在第1年末金额为100 000元，校准时间价值在第1年末金额为90 000元。

在该情形下，期权时间价值的变动如表24-8所示。

表24-8　　单位：元

期权时间价值及其变动	指定套期时	第1年末	第2年末	合计
期权的实际时间价值	200 000	100 000	0	—
期权的校准时间价值	150 000	90 000	0	—
期权实际时间价值的变动金额	—	100 000	100 000	200 000
期权校准时间价值的变动金额（计入其他综合收益）	—	60 000	90 000	150 000
期权实际时间价值变动不计入其他综合收益的部分	—	40 000	10 000	50 000
从其他综合收益转出（分摊）的金额	—	75 000	75 000	150 000
影响当期损益的金额	—	115 000	85 000	200 000

甲公司有关期权时间价值的账务处理如下：

①第1年：

借：其他综合收益——套期成本　　60 000

公允价值变动损益　　40 000
　　贷：衍生工具　　100 000
借：财务费用　　75 000
　　贷：其他综合收益——套期成本　　75 000

②第 2 年：

借：其他综合收益——套期成本　　90 000
　　公允价值变动损益　　10 000
　　贷：衍生工具　　100 000
借：财务费用　　75 000
　　贷：其他综合收益——套期成本　　75 000

（3）实际时间价值低于校准时间价值的情形。

期权指定时的实际时间价值为 200 000 元，假定开始时的校准时间价值为 240 000 元，此时期权实际时间价值低于校准时间价值。假定该期权的实际时间价值在第 1 年末金额为 120 000 元，校准时间价值在第 1 年末金额为 100 000 元。

在这种情形下，期权时间价值的变动如表 24－9 所示。

表 24－9　　单位：元

期权时间价值及其变动	指定套期时	第 1 年末	第 2 年末	合计
期权的实际时间价值	200 000	120 000	0	—
期权的校准时间价值	240 000	100 000	0	—
期权实际时间价值的变动金额	—	80 000	120 000	200 000
期权校准时间价值的变动金额	—	140 000	100 000	240 000
计入其他综合收益的变动金额	—	80 000	120 000	200 000
从其他综合收益转出（分摊）的金额	—	100 000	100 000	200 000
影响当期损益的金额	—	100 000	100 000	200 000

甲公司有关期权时间价值的账务处理如下：

①第 1 年：

借：其他综合收益——套期成本　　80 000
　　贷：衍生工具　　80 000
借：财务费用　　100 000
　　贷：其他综合收益——套期成本　　100 000

②第 2 年：

借：其他综合收益——套期成本 120 000

　　贷：衍生工具 120 000

借：财务费用 100 000

　　贷：其他综合收益——套期成本 100 000

（七）远期合同的远期要素和金融工具的外汇基差的会计处理

企业将远期合同的远期要素和即期要素分开、只将即期要素的价值变动指定为套期工具的，或者将金融工具的外汇基差单独分拆、只将排除外汇基差后的金融工具指定为套期工具的，可以按照与期权时间价值相同的处理方式对远期合同的远期要素或金融工具的外汇基差进行会计处理，也可以按照常规会计处理方法进行处理。

七、信用风险敞口的公允价值选择权

许多金融机构通过信用衍生工具管理借贷活动产生的信用风险敞口。例如，金融机构运用信用衍生工具对信用风险敞口进行套期以将其贷款或贷款承诺的信用损失风险转移至第三方。但是根据第二十二章金融工具确认和计量的相关规定，企业的信用衍生工具应当以公允价值计量且其变动计入当期损益，而贷款等并不一定以公允价值计量且其变动计入当期损益（如按摊余成本计量或尚未确认）。因此，在被套期风险敞口未按与信用衍生工具相同的基础进行计量的情况下，将会产生会计错配。

由于金融项目的信用风险通常无法单独识别，不属于符合条件的被套期项目，因此使用信用衍生工具对信用风险敞口进行套期的企业将无法运用套期会计。

为解决这一问题，并允许企业在一定程度上反映其信用风险管理活动，本章允许企业可以选择采用以公允价值计量且其变动计入当期损益的方式计量被套期风险敞口的方法替代套期会计。

（一）指定条件

企业使用以公允价值计量且其变动计入当期损益的信用衍生工具管理金融工具（或其组成部分）的信用风险敞口时，可以在该金融工具（或其组成部分）初始确认时、后续计量中或尚未确认时，将其指定为以公允价值计量且其变动计入当期损益的金融工具，并同时作出书面记录，但应当同时满足下列条件：

1. 金融工具信用风险敞口的主体（如借款人或贷款承诺持有人）与信用衍生工具涉及的主体相一致。

2. 金融工具的偿付级次与根据信用衍生工具条款须交付的工具的偿付级次相匹配。

需要说明的是，与第二十二章金融工具确认和计量规定的公允价值选择权不同，本章规定的对采用信用衍生工具管理信用风险敞口的金融工具的公允价值选择权，有以下灵活性：一是可以在金融工具初始确认后进行指定；二是可以对金融工具的一部分作出指定，而非仅限于金融工具全部；三是可以在一定条件下终止指定。

【例 24－35】 甲银行授予乙公司 2 亿元的不可撤销的贷款承诺，乙公司可以在 5 年内随时提取。第 3 年末，甲银行认为有必要降低对乙公司的信用风险敞口。甲银行以乙公司作为目标主体订立了一项信用违约互换合同（CDS），对授予乙公司的贷款额度中 5 000 万元的信用风险进行管理。信用违约互换合同的期限为 3 年，贷款的受偿顺序与发生信用事件时根据信用衍生工具条款所交割贷款的受偿顺序一致，均为一般债务。

甲银行选择对未提用的 5 000 万元的贷款承诺指定为以公允价值计量且其变动计入当期损益，以便与以公允价值计量且其变动计入当期损益的信用违约互换合同的后续计量相匹配。

（二）相关会计处理

金融工具（或其组成部分）被指定为以公允价值计量且其变动计入当期损益的，企业应当在指定时将其账面价值（如有）与其公允价值之间的差额计入当期损益。如果该金融工具是按照第二十二章金融工具确认和计量的规定应当分类为以公允价值计量且其变动计入其他综合收益的金融资产的，企业应当将之前计入其他综合收益的累计利得或损失转出，计入当期损益。

在选择运用针对信用风险敞口（全部或部分）的公允价值选择权之后，同时满足下列条件的，企业应当对金融工具（或其一定比例）终止以公允价值计量且其变动计入当期损益：

1. 本章规定的条件不再适用，例如信用衍生工具或金融工具（或其一定比例）已到期、被出售、合同终止或已行使，或企业的风险管理目标发生变化，不再通过信用衍生工具进行风险管理。

2. 金融工具（或其一定比例）按照第二十二章金融工具确认和计量的规定，仍然不满足以公允价值计量且其变动计入当期损益的金融工具的条件。

当企业对金融工具（或其一定比例）终止以公允价值计量且其变动计入当期损益时，该金融工具（或其一定比例）在终止时的公允价值应当作为其新的账面价值。同时，企业应当采用与该金融工具被指定为以公允价值计量且其变动计入当期损益之前相同的方法进行计量。

【例 24－36】 甲银行向乙公司提供了一笔 1 亿元的 5 年期浮动利率贷款。甲银行管理该贷款的业务模式以收取合同现金流量为目标，且合同现金流量特征仅为对本金和以未偿付本金金额为基础的利息的支付，因此以摊余成本计量。甲银行的信用风险政策要求针对整个贷款存续期内的全部信用风险进行风险管理。甲银行使用的风险管理工具为信用违约互换合同。

由于信用违约互换合同以公允价值计量且其变动计入当期损益，但贷款以摊余成本计量，为了降低上述计量不一致所产生的损益波动，甲银行将贷款指定为以公允价值计量且其变动计入当期损益。为确保有可恢复至以摊余成本计量的灵活性，甲银行清晰地记录了该指定是按照本章的规定作出，而非根据第二十二章金融工具确认和计量的规定作出。信用违约互换合同的目标债务为乙公司 1 亿元的 5 年期浮动利率债务，甲银行贷款的受偿顺序与发生信用损失事件时根据信用违约互换合同所交割贷款的受偿顺序一致，均为次级债务。

2 年后，甲银行认为，根据银行的信用风险管理政策，该项贷款的信用风险已降至无需通过信用违约互换合同管理的程度，于是终止了该信用违约互换合同。此时贷款的公允价值为 1.1 亿元。

甲银行持有该项贷款的业务模式仍是以收取合同现金流量为目标，所以不满足以公允价值计量且其变动计入当期损益的条件。因此，甲银行对该贷款终止以公允价值计量且其变动计入当期损益，并开始以摊余成本计量，实际利率基于该项贷款的新账面价值 1.1 亿元计算。

八、衔接规定

（一）首次执行企业会计准则

企业在首次执行日，应当按照本章的规定对已存在的套期关系进行评估。对于不符合套期会计方法运用条件的套期业务，应当终止采用原套期会计方法，并按照本章有关终止套期会计方法的原则处理。对于首次执行日存在的符合套期会计方法运用条件的套期业务，采用未来适用法处理。

（二）套期会计准则转换

套期会计准则施行日（以下简称施行日）之前套期会计处理与本章要求

不一致的，企业不作追溯调整。同时，企业在施行日应当按照本章的规定对已存在的套期关系进行评估。在符合本章要求的情况下可以进行再平衡，再平衡后仍然符合本章规定的运用套期会计方法条件的，将其视为持续的套期关系，并将再平衡所产生的相关利得或损失计入当期损益。

在下列情况下，企业应当按照本章的规定，对在比较期间最早的期初已经存在的、以及在此之后被指定的套期关系进行追溯调整：

（1）企业将期权的内在价值和时间价值分开，只将期权的内在价值变动指定为套期工具。

（2）由于法律法规或其他相关规定的要求，套期工具的原交易对手方变更为一个或多个清算交易对手方（如清算机构或其他主体），以最终达成由同一中央交易对手方进行清算的目的。如果存在套期工具其他变更的，该变更应当仅限于达成此类替换交易对手方所必需的变更。

此外，企业将远期合同的远期要素和即期要素分开、只将即期要素的价值变动指定为套期工具的，或者将金融工具的外汇基差单独分拆、只将排除外汇基差后的金融工具指定为套期工具的，可以按照与本章有关期权时间价值相同的处理方式对远期合同的远期要素和金融工具的外汇基差的会计处理进行追溯调整。如果选择追溯调整，企业应当对所有满足该选择条件的套期关系进行追溯调整。

【例24－37】甲保险公司于2×21年5月购入3年期乙公司债券，并对该债券以摊余成本计量。为管理债券价格下跌的风险，甲公司于2×21年5月同时购入了以该债券为标的的3年期看跌期权，并将上述看跌期权的内在价值指定为套期工具，对该债券的公允价值变动风险进行套期。甲保险公司自2×23年1月1日起实施套期会计准则。由于该套期关系在甲公司2×23年度财务报表的最早比较期间的期初（即2×22年1月1日）已经存在，因此，甲公司应当根据本章对期权时间价值的会计处理要求予以追溯调整，即将上述期权时间价值的公允价值变动中与被套期项目相关的部分先计入其他综合收益，再按照本章要求摊销至各期损益。

第二十五章　保险合同

一、总体要求

《企业会计准则第 25 号——保险合同》[①]（财会〔2020〕20 号，以下简称保险合同准则）规范了保险合同的确认、计量和相关信息的列报。

本章规范的是保险合同的会计处理，非保险企业签发的符合保险合同定义的合同，同样可能适用本章。保险合同，是指企业（合同签发人）与保单持有人约定，在特定保险事项对保单持有人产生不利影响时给予其赔偿，并因此承担源于保单持有人重大保险风险的合同。企业应当评估各单项合同的保险风险是否重大，并据此判断该合同是否为保险合同。企业在应用本章时，应当考虑其实质性权利义务，这些权利义务可能源于合同，也可能源于法律法规，但企业应忽略合同中无商业实质的条款。

本章要求对保险合同进行分组，并将合同组作为计量单元。企业应当在将具有相似风险且统一管理的保险合同归为同一保险合同组合后进行分组确认和计量。企业应当在责任期开始日、保单持有人首付款到期日或者未约定首付款到期日时企业实际收到首付款日、发生亏损时这三个时点中的最早时点确认其签发的合同组。除适用本章简化处理规定的合同组外，保险合同负债的计量应当包含以下组成要素：一是履约现金流量，包括与履行保险合同直接相关的未来现金流量的估计、货币时间价值及金融风险调整、非金融风险调整；二是合同服务边际，即企业因在未来提供保险合同服务而将于未来确认的未赚利润。

---

① 在境内外同时上市的企业以及在境外上市并采用国际财务报告准则或企业会计准则编制财务报表的企业，自 2023 年 1 月 1 日起执行；其他执行企业会计准则的企业自 2026 年 1 月 1 日起执行。同时，允许企业提前执行。

执行《企业会计准则第 25 号——保险合同》（财会〔2020〕20 号）的企业，不再执行财政部于 2006 年 2 月印发的《财政部关于印发〈企业会计准则第 1 号——存货〉第 38 项具体准则的通知》（财会〔2006〕3 号）中的《企业会计准则第 25 号——原保险合同》和《企业会计准则第 26 号——再保险合同》，以及财政部于 2009 年 12 月印发的《保险合同相关会计处理规定》（财会〔2009〕15 号）。

除保险合同负债的一般计量方法外，本章还规定了几类特殊计量方法，如对具有直接参与分红特征的保险合同组采用浮动收费法，对符合一定条件（如责任期不超过 1 年）的保险合同组简化采用保费分配法，以及针对亏损合同组和分出再保险合同组的特殊规定等。

企业在履行保险合同过程中，应当随保险合同履约义务的履行逐期确认收入和费用。企业应当按照提供保险合同服务的模式，合理确定合同组在责任期内各个期间的责任单元，并据此对合同服务边际账面价值进行摊销，计入当期及以后期间保险服务收入。企业因当期提供保险合同服务导致未到期责任负债账面价值的减少额，应当确认为保险服务收入；因当期发生赔案及其他相关费用导致已发生赔款负债账面价值的增加额，以及与之相关的履约现金流量的后续变动额，应当确认为保险服务费用。未到期责任负债账面价值中分摊至亏损部分的金额不得计入当期保险服务收入。企业在确认保险服务收入和保险服务费用时，不得包含保险合同中的投资成分。

企业应当按照本章规定列示财务报表相关项目，并披露相关信息。

二、适用范围

（一）保险合同

本章适用于企业签发的保险合同（含分入的再保险合同）、分出的再保险合同，以及在合同转让或非同一控制下企业合并中取得的上述保险合同。

保险合同，是指企业（合同签发人）与保单持有人约定，在特定保险事项对保单持有人产生不利影响时给予其赔偿，并因此承担源于保单持有人重大保险风险的合同。

再保险合同，是指再保险分入人（再保险合同签发人）与再保险分出人约定，对再保险分出人由对应的保险合同所引起的赔付等进行补偿的保险合同。

合同签发人通常是保险机构。比如，甲保险公司作为合同签发人向丁销售一份车险合同；乙再保险公司作为再保险合同签发人按照 80% 的分保比例承保甲保险公司当年承保的全部车险合同。非保险机构在一些情形下同样可能成为保险合同签发人。比如，丙银行在其签发的信用卡合同中约定，如果持卡人死亡，银行将豁免其剩余还款额，该信用卡合同如果符合保险合同的定义，丙银行即为本章规范的合同签发人。

保单持有人，包括投保人、被保险人或者受益人。投保人是指与合同签发人订立保险合同，并按照合同约定负有支付保费义务的人。被保险人是指其财产或者人身受保险合同保障，享有保险金请求权的人。投保人可以为被保险人。受益人是指人身保险合同中由被保险人或者投保人指定的享有保险金请求权的人。投保人、被保险人可以为受益人。

保险赔偿可能是现金赔付或非现金赔付。保险合同条款约定以非现金方式赔付的情形下，企业向保单持有人提供商品或服务，以履行因保险事项的发生而需要对保单持有人进行赔偿的义务。

【例25-1】 甲公司签发一份保险合同，约定当承保标的设备在约定期间被盗时，甲公司应提供与标的设备相同型号的设备，以补偿保单持有人的实物损失。该例中的赔偿为非现金赔付。

【例25-2】 甲公司签发一份保险合同，约定当被保险人在合同约定的期间生病且该疾病为合同承保范围内的疾病时，甲公司可安排符合资格的医院向被保险人提供约定的医疗服务，或以现金方式向被保险人赔付其进行相关治疗所产生的费用。该例中的赔偿包括了现金赔付或非现金赔付。

1. 保险事项。

保险事项，是指保险合同所承保的、产生保险风险的不确定未来事项。不确定性在保险合同开始日主要体现在保险事项的发生概率不确定、保险事项的发生时间不确定，或者一旦保险事项发生，合同签发人的赔付金额不确定。

在某些保险合同中，损失在合同期间内发生，但该损失是由保险合同开始前发生的事项所引起的。在另一些保险合同中，保险事项是在合同期间内发生的事项，但该事项所导致的损失在合同期满后才会被发现。还有一些保险合同承保的是已经发生但其财务影响尚不确定的事项，例如，为已发生事项的不利发展提供保险保障的保险合同，其约定的保险事项是确定最终赔付成本。

【例25-3】 保单持有人张某购买了甲公司签发的一份意外险保险合同，约定就被保险人在2×21年1月1日至2×21年12月31日期间发生的人身意外保险事项进行赔付。2×21年5月1日，被保险人张某遭遇意外车祸，预计需要长期卧床治疗。甲公司须按约定支付被保险人因此所产生的治疗费用，但是治疗的总费用尚无法确定。2×22年3月1日，由于被保险人仍在治疗中，甲公司将其未来仍需承担的赔偿责任分保给乙公司。

本例中，乙公司签发的保险合同（即分入的再保险合同）承保的保险事项是甲公司未来赔付的不确定性事项，即未来需要支付给张某的赔款尚不确定，因此该再保险合同是乙公司为因车祸导致甲公司需要赔付金额的不确定性向甲公司提供保险保障服务。

2. 保险风险。

保险风险，是指从保单持有人转移至合同签发人的除金融风险之外的风险。

（1）保险风险源于不确定未来事项对合同持有人产生的不利影响，并将由持有人转移至签发人。

一些合同要求在特定不确定的未来事项发生时进行赔付，但并不要求将对保单持有人产生不利影响作为赔付的前提条件，即使合同持有人使用该合同缓释潜在风险敞口，这样的合同也不是保险合同。例如，合同持有人使用一项衍生工具对某项资产的现金流量变动风险敞口进行套期，这项衍生工具不是保险合同，因为合同持有人是否因源于该项资产的现金流量减少而受到不利影响不是付款的前提条件。在保险合同中，不利影响是合同签发人进行赔付的合约性前提条件，这种合约性前提条件不要求合同签发人对保险事项造成的不利影响进行调查，但允许合同签发人在不能确定保险事项是否造成不利影响时拒绝赔付。

【例 25－4】甲银行发行信用风险缓释凭证，该凭证担保的标的为某公司发行的债券。合同条款约定，凭证认购方无须持有对应数量的标的债券。债券认购方在认购债券时同时购买信用风险缓释凭证。如果债券发行方到期未支付利息或偿还本金，即使凭证持有方并不持有标的债券因而不最终遭受损失，甲银行仍将支付给凭证持有方约定的款项。该信用风险缓释凭证对应的款项支付并不以违约事项对持有人造成不利影响为前提，因此该合同不是保险合同。

保险风险是企业必须从保单持有人处接受的、保单持有人已面临的风险。任何由合同给企业或保单持有人带来的新的风险都不是保险风险。失效风险或续保风险由保单持有人取消合同的时间早于或晚于合同签发人在定价时预计的时间所引起，其导致的向保单持有人支付款项的变动并非取决于对保单持有人造成不利影响的不确定未来事项，因此该类风险不是保险风险。费用风险与合同签发人提供合同服务有关的管理成本意外增加相关，而非与保险事项有关的赔付成本意外增加相关，由于合同签发人管理成本增加并未对保单持有人造成不利影响，因此费用风险不是保险风险。例如，甲保险公司签发了一项车险合同，车辆在使用过程中可能因发生交通事故而产生车损是保单持有人已经面临的现实风险，属于保险风险；甲公司后续管理车险合同发生的费用可能超过其预计的金额，由此产生的费用风险不是保险风险。

综上，仅使企业面临失效风险、续保风险或费用风险的合同不是保险合同。但是，如果企业通过分出再保险合同将自身面临的上述失效风险、续保风险或费用风险转移至另一方以降低自身承担的上述风险，那么，该再保险合同使分入人面临了保险风险，即该再保险合同转移了保险风险。

(2) 仅使签发人承担金融风险而不承担重大保险风险的合同不是保险合同。

金融风险，是指一项或多项特定利率、金融工具价格、商品价格、汇率、物价或利率指数、信用等级或信用指数或者其他变量在未来可能发生变化的风险，变量为非金融变量的，该变量不应与合同的任何一方存在特定关系。

非金融变量可能与合同一方存在或者不存在特定关系。金融风险不包括与合同一方特定相关的非金融变量在未来可能发生变化的风险。例如，由于合同一方所持有的一项特定非金融资产的公允价值不仅取决于同类资产市场价格（金融变量），还取决于该项资产的实际状况（非金融变量），因此该项非金融资产公允价值变动的风险不是金融风险。

【例25-5】 甲公司签发了一份合同，约定甲公司需要对合同持有人乙拥有的某辆车的残值进行担保。

本例中，该车的残值因其物理状况（与乙特定相关的非金融变量）变化而变化，因此，甲公司承担的合同持有人转移的风险不是金融风险。

【例25-6】 甲公司签发了一份合同，约定如果未来乙公司持有的某项资产因火灾而损坏，则甲公司应按照合同约定就乙公司的相关损失进行赔偿。

本例中，火灾对该保单持有人特定资产造成的损害为与合同一方存在特定关系的非金融变量，因此，该非金融变量在未来发生变化的风险不是金融风险。

某些合同除了使签发人面临重大保险风险外，还面临金融风险，此类合同是保险合同。某些合同中保险事项引发的赔付金额与价格指数挂钩，如果保险事项引发的额外赔付金额重大，此类合同是保险合同。

【例25-7】 甲公司与保单持有人乙签订了一份终身寿险合同，约定甲公司根据乙所缴保费的90%为乙设置一个账户，并保证每年结算给乙的最低投资收益率为年初该账户余额的1%。当乙退保时，可以领取对应时点的账户余额；当乙身故时，甲支付给乙指定受益人的金额为对应时点账户余额的130%。

本例中，甲公司不仅因保证该账户的最低收益率水平而面临金融风险，还面临重大保险风险，即当乙身故时在支付保单持有人账户余额之外还额外支付重大的金额，所以该合同为保险合同。

【例25-8】 甲公司签发一份养老年金保险合同，约定在年金领受人退休以后直至其身故，甲公司每月支付的养老年金金额与全国居民消费价格指数挂钩。

本例中，该消费价格指数为金融变量，但是由于每一笔挂钩该指数的赔付还取决于年金领受人在该笔赔付对应的期间是否生存，因此，该合同同时包含金融风险和保险风险，如果转移的保险风险是重大的，那么该合同为保险合同。

3. 保险合同举例。

如果下列合同所转移的保险风险是重大的，这些合同为保险合同：

（1）实物失窃或者损坏的保险。例如，个人电子产品财产保险、机动车损失保险、财产盗窃、抢劫保险等。

（2）产品责任、民事责任、职业责任的保险。例如，董事、监事及高级管理人员职业责任保险、监护人责任保险等。

（3）人寿保险和预付殡葬服务合同。例如，终身人寿保险、定期人寿保险等。

（4）年金和养老金保险，即在保单持有人生存（不确定未来事项）的期间内，合同签发人定期向保单持有人支付约定金额的款项，以防保单持有人在长寿情况下出现经济风险。例如，即期年金保险。但是，由第十章职工薪酬规范的离职后福利计划中的雇主责任不属于本章的适用范围。

（5）伤残及医疗保险。例如，个人住院医疗保险、收入失能保险、护理保险、团体意外伤害保险等。

（6）履约保证和投标保证等担保，即合同签发人在第三方不履行合同义务时补偿保单持有人损失的合同。例如，建设工程完工履约保证保险、投标履约保证保险等。

（7）质量保证。例如，产品质量保证保险、船舶建造质量保证保险、汽车产品三包质量保证保险等。其中，第三方对生产商、经销商或零售商所售商品或服务签发的质量保证属于本章的适用范围；由生产商、经销商或零售商对其所售商品或服务提供的质量保证不属于本章的适用范围。

（8）知识产权保险。例如，侵犯专利权责任保险、知识产权许可保险等。

（9）旅游保险，即对保单持有人旅行过程中所遭受的损失进行赔偿。例如，旅游观光景点、娱乐场所意外伤害保险等。

（10）当发生保险事项导致发行人遭受一定损失时，将视损失大小免除债券发行方偿还全部或部分债券本金和未付利息义务的债券合同。

（11）要求对于与合同一方特定相关的气候、地质或其他物理变量的变化而导致损失进行赔付的合同。

下列合同不是保险合同：

(1) 具有保险合同的法律形式，但合同持有人未向企业（合同签发人）转移重大保险风险的投资合同。

(2) 具有保险合同的法律形式，但通过不可撤销并强制执行的机制，使保单持有人未来支付金额因保险损失作出调整，从而将所有重大保险风险转回给保单持有人。例如，甲公司与乙公司签订形式上的再保险合同，约定甲公司支付保费后，对应保险合同引起的甲公司赔款全部由乙公司承担。但是，如果乙公司向甲公司支付的赔款及按适当利率计算的利息之和大于保费及按适当利率计算的利息之和，甲公司需要向乙公司返还该差额；反之，乙公司需要向甲公司支付该差额。根据该合同条款，甲公司实际仅能获得相当于其支付的保费及按适当利率计算的利息之和的金额，甲公司实质上并未转移保险风险。一些财务再保险或团体保险合同将所有重大保险风险都转回给了保单持有人，这些合同通常为金融工具或服务合同，不适用本章，通常适用第二十二章金融工具确认和计量、第二十三章金融资产转移、第二十四章套期会计和第三十八章金融工具列报（以下统称金融工具相关章）或第十五章收入。

(3) 集团或企业内部保险。例如，企业向其子公司签发保险合同，在该企业合并财务报表层面，由于不存在与合并范围外另一方的合同，因此不存在保险合同。又如，企业分支机构向其总部签发保险合同，在该企业财务报表层面，由于不存在与企业外另一方的合同，因此不存在保险合同。

(4) 要求在特定的不确定未来事项发生时进行付款，但不以该事项对合同持有人造成不利影响作为付款的合约性前提条件的合同。

(5) 在第三方债务人到期未偿还债务时，即使合同持有人并未遭受损失仍要求合同签发人支付款项的、与信用相关的担保。

(6) 要求基于不与合同一方特定相关的气候、地质或其他物理变量确定付款的合同，例如，天气衍生工具。

(7) 发行人基于不与合同一方特定相关的气候、地质或其他物理变量，减额支付本金、利息或本息的合同。

(二) 财务担保合同

财务担保合同，是指当特定债务人到期不能按照最初或修改后的债务工具条款偿付债务时，要求发行方向蒙受损失的合同持有人赔付特定金额的合同。本章从实务角度出发规定，财务担保合同的发行方可以作出如下会计政策选择：

1. 企业之前明确表明将此类合同视作保险合同，并且已按照保险合同相关会计准则进行会计处理的，可以选择适用本章或金融工具相关章。该选择应当基于单项合同，选择一经作出，不得撤销。

2. 其他情形下，财务担保合同适用金融工具相关章。

（三）以固定收费方式提供服务的合同

符合保险合同定义但主要以固定收费方式提供服务的合同同时符合下列三个条件时，企业可以选择对其签发的此类合同适用第十五章收入或本章，该选择应当基于单项合同，选择一经作出，不得撤销。这些条件包括：第一，合同定价不反映对单个保单持有人的风险评估；第二，合同通过提供服务而非支付现金补偿保单持有人；第三，合同转移的保险风险主要源于保单持有人对服务的使用而非服务成本的不确定性。当无法同时符合上述三个条件时，该合同应适用本章。

【例 25－9】 甲公司签发的一份符合保险合同定义的合同约定，甲公司向保单持有人收取固定费用后，将在一年内为保单持有人约定的车辆提供不限次数的道路救援服务。

本例中，企业在合同定价时并未针对不同的客户进行单独风险评估，且合同通过向保单持有人提供道路救援服务的方式对其进行补偿，同时，该合同转移的保险风险主要是保单持有人在合同期内是否会使用道路救援服务这一不确定未来事项所带来的风险，而非服务成本的不确定性。该合同符合保险合同的定义，属于同时符合上述三个条件的以固定收费方式提供服务的合同，可以选择适用第十五章收入或本章。

（四）赔偿仅限于保单持有人支付义务的合同

符合保险合同定义但对保险事项的赔偿金额仅限于清算保单持有人因该合同而产生的支付义务的合同，企业可以选择适用金融工具相关章或本章。该选择应当基于保险合同组合，选择一经作出，不得撤销。

【例 25－10】 甲银行发放了一项贷款，贷款合同约定，如果借款人在合同期内因意外身故，则无须再偿还该贷款合同尚未偿还的本金和利息。

本例中，该贷款合同转移的保险风险是借款人是否会意外身故这一不确定未来事项所带来的风险，当保险事项发生后，基于该事项赔偿的金额仅限于贷款合同剩余的本息。因此，甲银行可以选择对该贷款合同所属的保险合同组合适用金融工具相关章或本章。

（五）具有相机参与分红特征的投资合同

具有相机参与分红特征的投资合同，是指赋予特定投资者合同权利以收取保证金额和附加金额的金融工具。其中，保证金额的支付时间和具体金额不受合同签发人相机抉择制约；附加金额的支付时间或具体金额由合同签发人基于特定项目回报相机决定，且预计构成整个合同利益的重要部分。特定项目回报可以基于特定合同组合或特定类型合同的回报、签发人所持有特定资产组合的已实现或未实现投资收益，或者签发该合同的企业的盈利或亏损。具有相机参与分红特征的投资合同通常与一些保险合同共享基础项目，基础项目是指用于确定某些应付保单持有人金额的项目，基础项目可能包含资产组合、企业的净资产或者企业净资产中的特定部分。

具有相机参与分红特征的投资合同属于金融工具，可以为投资者提供收取附加金额的合同利益，该附加金额是对保证金额的补充。由于这些合同不转移重大保险风险，因此不符合保险合同的定义。但是，由于具有相机参与分红特征的投资合同通常与一些保险合同共享基础项目，且具有相机参与分红特征的投资合同的条款与一些保险合同条款类似，因此本章要求，如果签发保险合同的企业同时签发具有相机参与分红特征的投资合同，则该类投资合同应当适用本章，不得适用金融工具相关章。不签发保险合同的企业签发的具有相机参与分红特征的投资合同，应当适用金融工具相关章。

【例25-11】甲保险公司在签发其他符合本章定义的保险合同的同时签发一份万能型人寿保单，条款约定最低保证结算利率为年利率1.0%，每月实际结算利率由该保险公司根据其特定的万能险产品账户的实际投资回报相机决定，且预计构成整个合同利益的重要部分，保险金额和退保时的现金价值相等，均为保单对应的账户价值。

本例中，该万能型人寿保单未转移保险风险，符合具有相机参与分红特征的投资合同定义。由于该保险公司同时签发其他保险合同，该万能型人寿保单应当适用本章。

（六）属于其他章规范的情形

1. 由第七章无形资产、第十五章收入和第二十一章租赁规范的基于非金融项目未来使用情况等形成的合同权利或义务，如许可费、特许权使用费、可变及或有租金等，分别适用第七章无形资产、第十五章收入和第二十一章租赁。

2. 由第十章职工薪酬和第十二章股份支付规范的职工薪酬计划、股份支付等形成的权利和义务，分别适用第十章职工薪酬和第十二章股份支付。

3. 由第十五章收入规范的附有质量保证条款的销售，适用第十五章收入。

4．生产商、经销商或零售商提供的余值担保，以及租赁合同中由承租方提供的余值担保，分别适用第十五章收入和第二十一章租赁。

5．企业合并中的或有对价，适用第二十章企业合并。

6．符合保险合同定义的信用卡合同或类似合同，如果定价时未单独评估和反映单一保单持有人的保险风险，合同条款中除保险保障服务以外的部分，适用金融工具相关章或其他相关章；合同条款中的保险保障服务部分适用本章。

7．保险合同中分拆的、向保单持有人提供的可明确区分的商品或非保险合同服务的承诺，适用第十五章收入。

8．保险合同中分拆的嵌入衍生工具和可明确区分的投资成分，适用金融工具相关章，除非该投资成分为适用本章的、具有相机参与分红特征的投资合同。

三、应设置的相关会计科目和主要账务处理

企业对保险合同的会计处理，一般需要设置下列会计科目。

（一）“未到期责任负债”

1. 本科目核算企业签发的保险合同的未到期责任负债或资产。

2. 本科目可分别“未来现金流量现值”、“非金融风险调整”、“合同服务边际”等进行明细核算。

3. 未到期责任负债的主要账务处理。

（1）保险合同组中相关合同初始确认时，终止确认与该合同相关的保险获取现金流量资产，借记本科目，贷记“保险获取现金流量资产”科目。终止确认此前已确认的、与该合同相关的其他资产，借记“保险合同赔付和费用”科目，贷记其他资产相关科目，也可以作为待结转支出，借记“待结转支出”科目，贷记其他资产相关科目，借记“保险合同赔付和费用”科目，贷记“待结转支出”科目；同时借记本科目，贷记“保险服务收入”科目。终止确认此前已确认的与保险合同相关的其他负债，借记其他负债相关科目，贷记本科目。根据初始确认时计量的非金融风险调整和合同服务边际，借记本科目下“未来现金流量现值”明细科目，贷记本科目下“非金融风险调整”和“合同服务边际”明细科目；根据初始确认时的首日亏损，借记“亏损保险合同损益”科目，贷记本科目。

（2）保险合同组中相关合同确认时或确认后，企业应当在收到保单持有

人实际支付相关款项时，借记“银行存款”等科目，贷记本科目；在保险合同约定的给付责任发生时，对于其中的投资成分金额，借记本科目，贷记“已发生赔款负债”科目。

（3）确认保险服务收入时，借记本科目，贷记“保险服务收入”科目。

（4）期末，将与保险获取现金流量相关的手续费及佣金、税金及附加、业务及管理费和其他支出等待结转支出分摊至保险合同组时，借记本科目，贷记“待结转支出”科目。对于保险获取现金流量的摊销，采用保费分配法的，借记“保险合同赔付和费用”科目，贷记本科目；未采用保费分配法的，可以借记“保险合同赔付和费用”科目，贷记本科目，借记本科目，贷记“保险服务收入”科目，也可以借记“保险合同赔付和费用”科目，贷记“保险服务收入”科目。对于由货币时间价值及金融风险的影响导致的未到期责任负债账面价值的变动额，如果企业在合同组合层面选择将保险合同金融变动额分解计入当期保险财务损益和其他综合收益，借记或贷记“承保财务损益”科目，借记或贷记“其他综合收益——承保合同金融变动额”科目，贷记或借记本科目；如果企业未行使该选择权，借记或贷记“承保财务损益”科目，贷记或借记本科目。对于亏损部分的分摊，除保险合同金融变动额以外的部分，借记本科目，贷记“保险合同赔付和费用”科目；对于亏损部分的确认或转回，借记或贷记“亏损保险合同损益”科目，贷记或借记本科目。对于之前计入其他负债相关科目的未到期责任负债，借记其他负债相关科目，贷记本科目。

4. 本科目期末贷方余额或借方余额，反映保险合同的未到期责任负债或资产。

（二）“已发生赔款负债”

1. 本科目核算企业签发的保险合同的已发生赔款负债或资产。

2. 本科目可分别“未来现金流量现值”、“非金融风险调整”等进行明细核算。

3. 已发生赔款负债的主要账务处理。

（1）保险合同约定的给付责任发生时，对于其中的保险成分，借记“保险合同赔付和费用”科目，贷记本科目；对于其中的投资成分，借记“未到期责任负债”科目，贷记本科目。

（2）企业在实际支付赔款或费用时，借记本科目，贷记“银行存款”等科目。

（3）期末，企业重新评估已发生赔款负债时，借记或贷记“保险合同赔付和费用”科目，贷记或借记本科目。将除保险获取现金流量外与保险合同履约直接相关的手续费及佣金、税金及附加、业务及管理费和其他支出等待结转支出分摊至保险合同组时，借记“保险合同赔付和费用”科目，贷记本科目，借记本科目，贷记“待结转支出”科目，也可以借记“保险合同赔付和费用”科目，贷记“待结转支出”科目。对于由货币时间价值及金融风险的影响导致的已发生赔款负债账面价值的变动额，如果企业在合同组合层面选择将保险合同金融变动额分解计入当期保险财务损益和其他综合收益，借记或贷记“承保财务损益”科目，借记或贷记“其他综合收益——承保合同金融变动额”科目，贷记或借记本科目；如果企业未行使该选择权，借记或贷记“承保财务损益”科目，贷记或借记本科目。对于之前计入其他负债相关科目的已发生赔款负债，借记其他负债相关科目，贷记本科目。

4. 本科目期末贷方余额或借方余额，反映保险合同的已发生赔款负债或资产。

（三）“分保摊回未到期责任资产”

1. 本科目核算企业（再保险分出人）应从再保险分入人处摊回的未到期责任资产或负债。

2. 本科目可分别“未来现金流量现值”、“非金融风险调整”、“合同服务边际”等进行明细核算。

3. 分保摊回未到期责任资产的主要账务处理。

（1）分出的再保险合同组中相关合同初始确认时，如果企业购买再保险合同组的净成本与购买再保险合同组之前发生的事项有关，应当按照该净成本的金额，借记“分出保费的分摊”，贷记本科目。分出的再保险合同组中相关合同初始确认时，根据计量的非金融风险调整和合同服务边际，借记或贷记本科目下“非金融风险调整”和“合同服务边际”明细科目，贷记或借记本科目下“未来现金流量现值”明细科目；分出再保险合同组对应亏损合同组的，对于亏损摊回部分，借记本科目，贷记“摊回保险服务费用”科目。

（2）分出的再保险合同组中相关合同确认时或确认后，企业在实际支付分出保费时，借记本科目，贷记“银行存款”等科目。分出的再保险合同组约定的对应保险合同给付责任发生时，对于其中摊回的投资成分，借记“分保摊回已发生赔款资产”科目，贷记本科目。

（3）再保险分入人向企业提供服务时，企业应借记“分出保费的分摊”

科目，贷记本科目。

（4）期末，对于由货币时间价值及金融风险的影响导致的分保摊回未到期责任资产账面价值的变动额，如果企业在合同组合层面选择将保险合同金融变动额分解计入当期保险财务损益和其他综合收益，借记或贷记“分出再保险财务损益”科目，借记或贷记“其他综合收益——分出再保险合同金融变动额”科目，贷记或借记本科目；如果企业未行使该选择权，借记或贷记“分出再保险财务损益”科目，贷记或借记本科目。企业重新评估应从再保险分入人处摊回的亏损摊回部分金额，该调整金额中除分出再保险合同的保险合同金融变动额以外的部分借记或贷记本科目，贷记或借记“摊回保险服务费用”科目。

4. 本科目期末借方余额或贷方余额，反映分出再保险合同的分保摊回未到期责任资产或负债。

（四）“分保摊回已发生赔款资产”

1. 本科目核算企业（再保险分出人）应从再保险分入人处摊回的赔款和费用所形成的资产或负债。

2. 本科目可分别“未来现金流量现值”、“非金融风险调整”等进行明细核算。

3. 分保摊回已发生赔款资产的主要账务处理。

（1）分出的再保险合同组约定的对应保险合同给付责任发生时，对于应从再保险分入人处摊回的赔款和费用中的保险成分，借记本科目，贷记“摊回保险服务费用”科目；对于其中摊回的投资成分，借记本科目，贷记“分保摊回未到期责任资产”科目。

（2）从再保险分入人处收到摊回赔款和费用时，借记“银行存款”等科目，贷记本科目。

（3）期末，企业重新评估应从再保险分入人处摊回的赔款和费用，借记或贷记本科目，贷记或借记“摊回保险服务费用”科目。对于由货币时间价值及金融风险的影响导致的分保摊回已发生赔款资产账面价值的变动额，如果企业在合同组合层面选择将保险合同金融变动额分解计入当期保险财务损益和其他综合收益的，借记或贷记“分出再保险财务损益”科目，借记或贷记“其他综合收益——分出再保险合同金融变动额”科目，贷记或借记本科目；如果企业未行使该选择权，借记或贷记“分出再保险财务损益”科目，贷记或借记本科目。

4. 本科目期末借方余额或贷方余额，反映分出再保险合同的分保摊回已发生赔款资产或负债。

（五）“保险获取现金流量资产”

1. 本科目核算企业在保险合同组初始确认前已付或应付的、分摊至相关保险合同组的保险获取现金流量。

2. 保险获取现金流量资产的主要账务处理。

（1）对于保险合同组初始确认前已付或应付的保险获取现金流量，借记本科目，贷记“银行存款”、“应付账款”等科目，也可以借记“待结转支出”科目，贷记“银行存款”、“应付账款”等科目，再于期末时，借记本科目，贷记“待结转支出”科目。

（2）保险合同组中相关合同初始确认时，终止确认与该合同相关的保险获取现金流量资产，借记“未到期责任负债”科目，贷记本科目。

（3）期末，对于尚未确认的保险合同组已付或应付的、与保险获取现金流量相关的手续费及佣金、税金及附加、业务及管理费和其他支出等待结转支出，借记本科目，贷记“待结转支出”科目。

（4）期末，保险获取现金流量资产发生减值的，应当按照减值金额，借记“保险合同赔付和费用”科目，贷记本科目。转回已计提的保险获取现金流量资产减值时，做相反的会计分录。

3. 本科目期末借方余额，反映企业的保险获取现金流量资产。

（六）“保险服务收入”

1. 本科目核算企业确认的保险服务收入。

2. 本科目可分别“预计保险服务费用”、“非金融风险调整变动”、“合同服务边际摊销”、“保险获取现金流量摊销”、“保费分配法分摊”等进行明细核算。

3. 保险服务收入的主要账务处理。

（1）保险合同组中相关合同初始确认时，终止确认此前已确认的、与该合同相关的、除保险获取现金流量资产以外的资产，借记“保险合同赔付和费用”科目，贷记其他资产相关科目，也可以作为待结转支出，借记“待结转支出”科目，贷记其他资产相关科目，借记“保险合同赔付和费用”科目，贷记“待结转支出”科目；同时借记“未到期责任负债”科目，贷记本科目。

（2）确认保险服务收入时，借记“未到期责任负债”科目，贷记本科目。

（3）对于保险获取现金流量的摊销，未采用保费分配法的，可以借记

“保险合同赔付和费用”科目，贷记“未到期责任负债”科目，借记“未到期责任负债”科目，贷记本科目，也可以借记“保险合同赔付和费用”科目，贷记本科目。

4. 期末，应将本科目余额转入“本年利润”科目，结转后本科目应无余额。

（七）“保险合同赔付和费用”

1. 本科目核算企业签发的保险合同已付或应付的给付款项和相关费用。企业也可设置“保险服务费用”科目，并将本科目作为其明细科目。

2. 本科目可分别“当期赔款及其他费用”、“保险获取现金流量摊销”、“已发生赔款负债履约现金流量变动”等进行明细核算。

3. 保险合同赔付和费用的主要账务处理。

（1）保险合同组中相关合同初始确认时，终止确认此前已确认的、与该合同相关的、除保险获取现金流量资产以外的资产，借记本科目，贷记其他资产相关科目，也可以作为待结转支出，借记“待结转支出”科目，贷记其他资产相关科目，借记本科目，贷记“待结转支出”科目；同时借记“未到期责任负债”科目，贷记“保险服务收入”科目。

（2）保险合同约定的给付责任发生时，对于其中的保险成分，借记本科目，贷记“已发生赔款负债”科目。对于保险获取现金流量的摊销，采用保费分配法的，借记本科目，贷记“未到期责任负债”科目；未采用保费分配法的，可以借记本科目，贷记“未到期责任负债”科目，借记“未到期责任负债”科目，贷记“保险服务收入”科目，也可以借记本科目，贷记“保险服务收入”科目。

（3）期末，企业重新评估已发生赔款负债时，借记或贷记本科目，贷记或借记“已发生赔款负债”科目。将除保险获取现金流量外与保险合同履约直接相关的手续费及佣金、税金及附加、业务及管理费和其他支出等待结转支出分摊至保险合同组时，借记本科目，贷记“待结转支出”科目，也可以借记本科目，贷记“已发生赔款负债”科目，借记“已发生赔款负债”科目，贷记“待结转支出”科目。保险获取现金流量资产发生减值的，应当按照减值金额，借记本科目，贷记“保险获取现金流量资产”科目。转回已计提的保险获取现金流量资产减值时，做相反的会计分录。对于未到期责任负债亏损部分的分摊，除保险合同金融变动额以外的部分，借记“未到期责任负债”科目，贷记本科目。

4. 期末，应将本科目余额转入“本年利润”科目，结转后本科目应无余额。

（八）“亏损保险合同损益”

1. 本科目核算企业签发的亏损保险合同产生的损益。企业也可设置“保险服务费用”科目，并将本科目作为其明细科目。

2. 亏损保险合同损益的主要账务处理。

（1）亏损保险合同组中相关合同初始确认时，借记本科目，贷记“未到期责任负债”科目。

（2）期末，对于未到期责任负债亏损部分的确认或转回，借记或贷记本科目，贷记或借记“未到期责任负债”科目。

3. 期末，应将本科目余额转入“本年利润”科目，结转后本科目应无余额。

（九）“分出保费的分摊”

1. 本科目核算企业（再保险分出人）因取得再保险分入人提供的保险合同服务而承担的成本。

2. 本科目可分别“预计摊回赔付和费用”、“非金融风险调整变动”、“合同服务边际摊销”、“保费分配法分摊”等进行明细核算。

3. 分出保费的分摊的主要账务处理。

（1）如果购买再保险合同组的净成本与购买再保险合同组之前发生的事项有关，企业应当按照该净成本的金额，借记本科目，贷记“分保摊回未到期责任资产”科目。

（2）企业在再保险分入人提供再保险合同服务时，借记本科目，贷记“分保摊回未到期责任资产”科目。

4. 期末，应将本科目余额转入“本年利润”科目，结转后本科目应无余额。

（十）“摊回保险服务费用”

1. 本科目核算企业（再保险分出人）从再保险分入人摊回的赔付款项以及相关费用。

2. 本科目可分别“摊回当期赔付和费用”、“亏损摊回部分的确认及转回”、“分保摊回已发生赔款资产履约现金流量变动”等进行明细核算。

3. 摊回保险服务费用的主要账务处理。

（1）分出的再保险合同组初始确认时，对应的保险合同组存在亏损合同的，对于亏损摊回部分，借记“分保摊回未到期责任资产”科目，贷记本科目。

（2）分出的再保险合同约定的对应保险合同给付责任发生时，对于应从再保险分入人处摊回的赔款和费用中的保险成分，借记“分保摊回已发生赔款资产”科目，贷记本科目。

（3）期末，企业重新评估应从再保险分入人处摊回的亏损摊回部分金额，对于该调整金额中除分出再保险合同的保险合同金融变动额以外的部分，借记或贷记“分保摊回未到期责任资产”科目，贷记或借记本科目。企业重新评估应从再保险分入人处摊回的赔款和费用，借记或贷记“分保摊回已发生赔款资产”科目，贷记或借记本科目。

4. 期末，应将本科目余额转入“本年利润”科目，结转后本科目应无余额。

（十一）“待结转支出”

1. 本科目核算与保险合同履约直接或不直接相关的已付或应付各项待结转支出，包括手续费及佣金、职工工资及福利费、折旧或摊销费、咨询和审计费、邮电通讯费、诉讼费、印刷费、业务招待费、公杂费、业务宣传费、广告费、差旅费、培训费、会议费、车辆使用费、物业费、租赁费、防御费、电子设备运转费、修理费、研究开发费、保险保障基金缴费、交强险救助基金缴费、城市维护建设税、教育费附加等。对于与保险合同履约直接相关的支出，企业也可以直接记入“未到期责任负债”或“保险合同赔付和费用”等相关科目，而不通过本科目结转。对于与保险合同履约不相关的支出，企业也可以直接记入“业务及管理费”等相关科目，而不通过本科目结转。

2. 本科目可分别“手续费及佣金”、“业务及管理费”、“税金及附加”和“其他支出”等进行明细核算。

3. 待结转支出的主要账务处理。

（1）待结转支出实际发生时，企业应当借记本科目，贷记“银行存款”或“应付账款”等科目。

（2）保险合同组中相关合同初始确认时，终止确认此前已确认的、与该合同相关的、除保险获取现金流量资产以外的资产，借记“保险合同赔付和费用”科目，贷记其他资产相关科目，也可以作为待结转支出，借记本科目，贷记其他资产相关科目，借记“保险合同赔付和费用”科目，贷记本科目；同时借记“未到期责任负债”科目，贷记“保险服务收入”科目。

（3）期末，对于尚未确认的保险合同组已付或应付的、与保险获取现金流量相关的待结转支出，借记“保险获取现金流量资产”科目，贷记本科目。对于保险合同组中相关合同初始确认之前发生的、除保险获取现金流量外与保险合同履约直接相关的待结转支出，借记其他资产相关科目，贷记本科目。

保险合同组中相关合同初始确认时和之后发生的、与保险获取现金流量相关的待结转支出分摊至相关合同组时，借记“未到期责任负债”科目，贷记本科目。对于保险合同组中相关合同确认时和之后发生的、除保险获取现金流量外与保险合同履约直接相关的待结转支出分摊至相关合同组时，借记“保险合同赔付和费用”科目，贷记本科目，也可以借记“保险合同赔付和费用”科目，贷记“已发生赔款负债”科目，借记“已发生赔款负债”科目，贷记本科目。

与保险合同履约不直接相关的待结转支出，借记“手续费及佣金”、“业务及管理费”、“税金及附加”或“其他业务成本”等科目，贷记本科目。

4. 期末，本科目应无余额。

（十二）“承保财务损益”

1. 本科目核算企业签发的保险合同所产生的与货币时间价值及金融风险的影响相关的损益。

2. 本科目可分别“未到期责任负债”、“已发生赔款负债”等进行明细核算。

3. 承保财务损益的主要账务处理。

对于与企业签发的保险合同相关的保险合同金融变动额中计入损益的部分，借记或贷记本科目，贷记或借记“未到期责任负债”和“已发生赔款负债”科目。

4. 期末，应将本科目余额转入“本年利润”科目，结转后本科目应无余额。

（十三）“分出再保险财务损益”

1. 本科目核算企业分出的再保险合同所产生的与货币时间价值及金融风险的影响相关的损益。

2. 本科目可分别“分保摊回未到期责任资产”、“分保摊回已发生赔款资产”等进行明细核算。

3. 分出再保险财务损益的主要账务处理。

对于与分出再保险合同相关的保险合同金融变动额中计入损益的部分，借记或贷记“分保摊回未到期责任资产”和“分保摊回已发生赔款资产”科目，贷记或借记本科目。

4. 期末，应将本科目余额转入“本年利润”科目，结转后本科目应无余额。

四、保险合同的识别、合并和分拆

（一）保险合同的识别

企业应当评估各单项合同的保险风险是否重大，即进行重大保险风险测试，据此判断该合同是否为保险合同，只有转移了重大保险风险的合同才是保险合同。即使合同组合或者合同组发生重大损失的可能性很小，单项合同的保险风险仍然可能是重大的，企业必须以单项合同为基础识别保险合同。对于合同开始日经评估符合保险合同定义的合同，后续不再重新评估，除非该合同因修改而终止确认并被确认为一项新合同。

企业在进行重大保险风险测试时，应当认定同时符合下列条件的合同转移了重大保险风险：

1. 至少在一个具有商业实质的情形下，发生合同约定的保险事项可能导致签发人支付重大额外金额，即使保险事项发生可能性极小，或者或有现金流量按概率加权计算所得的预期现值占保险合同剩余现金流量的预期现值的比例很小。其中，对交易没有经济上的可辨认影响的，表明不具有商业实质。

一般情况下，企业在判断上述额外金额是否重大时，可以计算额外金额占保险事项不发生的情形下企业支付金额现值的比例，如果上述比例超过一定百分比（如5%），则可认为转移的保险风险是重大的，否则转移的保险风险不重大。

额外金额是保险事项发生时比不发生时多支付金额（包括索赔处理费和理赔估损费）的现值，例如，一项寿险合同赔付的死亡给付金额的现值大于保单持有人生存时应付金额的现值，该多支付的现值为额外金额。额外金额应当按现值计算。如果某合同约定签发人在某一发生时间不确定的事项发生时进行赔付，而该赔付金额不按货币时间价值进行调整，则可能出现即使赔付的名义金额是固定的，其现值仍会增加的情形。企业应当根据符合要求的折现率确定额外金额的现值。

【例25－12】 甲公司签发一份固定金额的终身寿险合同，该合同无到期日，当保单持有人身故时，甲公司支付固定死亡给付。甲公司根据符合要求确定的折现率大于零。

本例中，保单持有人的死亡是确定事项，但死亡的日期是不确定的。如果保单持有人早于预期身故，则甲公司需要比预期死亡时间提前支付死亡给付，在此情形下，尽管赔付的名义金额是固定的，但其现值大于预期，从而可能产生重大的保险风险。

额外金额不包括：（1）因未能向保单持有人提供未来服务而少收取的管理费。例如，在一项投连人寿保险合同中，当保单持有人死亡时企业无法继续履行投资管理服务并进行收费，但是由于企业的经济损失并非由保险风险所致，因此在评估合同转移保险风险是否重大时，不应考虑未来投资管理费的潜在损失。（2）因保单持有人死亡而免除撤销合同或退保应收取的手续费。由于这些手续费因合同而产生，免除手续费并不能补偿保单持有人在取得合同前已存在的风险，因此在评估合同转移保险风险是否重大时不予考虑。（3）针对未导致保单持有人重大损失的事项而支付的款项。（4）通过分出再保险合同摊回的金额。企业对分出的再保险合同摊回的金额应当单独进行会计处理。

【例25－13】甲公司签发一份合同，根据合同条款，如果一项资产遭到物理损坏，对合同持有人造成1元的不重大经济损失，则合同签发人应当赔付10万元。

本例中，合同持有人将损失1元的不重大风险转移给了签发人。签发人可能赔付的10万元是针对未导致保单持有人重大损失的事项而支付的款项，因此不应作为额外金额。本例中，签发人并未从持有人处接受重大保险风险，因此，该合同不是保险合同。

2. 至少在一个具有商业实质的情形下，发生合同约定的保险事项可能导致签发人按现值计算遭受损失。

一般情况下，企业判断是否因上述保险事项遭受损失的标准是保险事项发生的情形下企业的未来现金流出现值大于流入现值。但是，即使一项再保险合同可能不会使其签发人遭受重大损失，只要该再保险合同将对应的保险合同分出部分中几乎所有的保险风险转移给了再保险分入人，那么该再保险合同仍被视为转移了重大保险风险。

在进行重大保险风险测试时，企业不应考虑合同边界外的现金流量。保险合同边界内的现金流量，是与该合同履约直接相关的现金流量，包括企业可相机确定其金额和时间的现金流量。企业有权要求保单持有人支付保费或者有实质性义务向保单持有人提供保险合同服务的，该权利或义务所产生的现金流量在保险合同边界内。

存在下列情形之一时，表明企业无实质性义务向保单持有人提供保险合同服务：（1）企业有实际能力重新评估该保单持有人的风险，并据此可重新设定价格或承诺利益水平以充分反映该风险；（2）企业有实际能力重新评估该合同所属合同组合的风险，并据此可重新设定价格或承诺利益水平以充分反映该风险，且重新评估日前对应保费在定价时未考虑重新评估日后的风险。

企业有实际能力重新设定价格或承诺利益水平以充分反映保险合同的风险，是指在重新评估日企业能够不受约束地进行定价，使该保险合同与在该日签发的、与其特征相同的新合同的价格相同，或者企业可以修改合同利益水平，使其与收取的保费相称。如果企业能给一项保险合同重新定价以反映其所属合同组合的整体风险变化，即使对每个保单持有人设定的价格无法反映该保单持有人的风险变化，仍然表明企业有实际能力重新定价以充分反映该项合同所属合同组合的风险。在评估企业是否有实际能力对尚未提供的服务部分重新设定价格或承诺利益水平以充分反映保险合同风险时，企业应当考虑在续约日核保与尚未提供服务部分具有相同条款的合同时将会考虑的所有风险。

对于某些合同，保险风险在一段时间后才向合同签发人转移。例如，甲合同提供特定投资收益，同时给予合同持有人使用到期投资收益购买年金险保单的选择权，选择购买年金险保单时的定价与届时签发人为新的年金险保单所设定的价格相同。因为签发人可以重新评估合同持有人的风险并据此设定年金险保单的价格以充分反映该风险，所以行使选择权而将发生的现金流量不在甲合同的边界内，包含在甲合同的边界内的行使选择权之前的现金流量未转移重大保险风险，甲合同在其签发时不是保险合同。只有当持有人行使上述选择权购买年金险保单时，企业才能在对年金险保单进行的重大保险风险测试中，考虑该年金险保单所产生的现金流量。但是，如果甲合同在其签发时就设定了年金险保单的价格，则该合同向签发人转移了保险风险，因为如果合同持有人行使选择权，可能使签发人面临长寿风险，此时因行使选择权而产生的现金流量在甲合同的边界内，在进行重大保险风险测试时，应考虑该部分现金流量。

（二）保险合同的合并

与相同或相关联的合同对方订立的一个保险合同集合或一系列保险合同，可能实现或旨在实现某一整体商业目的，企业应当将这些保险合同合并为一个整体进行会计处理，以反映此类合同的商业实质。例如，如果一项合同中的权利或义务仅是完全抵销在同一时间与相同的合同对方订立的另一项合同中的权利或义务，则两项合同合并的结果不存在任何权利或义务。又如，如果在同一时间与相同的合同对方订立的两项保险合同中的权利或义务互为前提、互相依赖，则企业应当将两项保险合同合并为一个整体进行会计处理。

如果保单持有人同时购买多份保单或者购买一份保单后再购买保单以获得价格折扣，不足以表明这些合同旨在实现某一整体商业目的。

（三）保险合同的分拆

实务中，保险合同可能包含一系列产生现金流入和流出的权利和义务。一些保险合同只提供保险保障服务，另一些保险合同可能还包含一个或多个不同的非保险成分，如嵌入衍生工具、投资成分及商品或非保险合同服务的承诺成分。

1. 嵌入衍生工具。

保险合同中通常包含嵌入衍生工具，如退保选择权。根据第二十二章金融工具确认和计量，如果同时符合下列条件，即嵌入衍生工具的经济特征和风险与主合同的经济特征和风险不紧密相关，与嵌入衍生工具具有相同条款的单独工具符合衍生工具的定义，且该混合合同不以公允价值计量且其变动计入当期损益进行会计处理，企业应当分拆嵌入衍生工具，但嵌入衍生工具本身是保险合同且适用本章的除外，分拆出的嵌入衍生工具应当适用金融工具相关章。

2. 投资成分。

若保险合同中包含的投资成分是可明确区分的投资成分，企业应当将其分拆，并根据金融工具相关章对该投资成分进行会计处理，但如果该投资成分为适用本章的、具有相机参与分红特征的投资合同，应当根据本章进行会计处理。投资成分，是指无论保险事项是否发生，企业均须根据保险合同要求偿还给保单持有人的金额。

如果投资成分同时符合下列条件，则视为可明确区分的投资成分：

（1）投资成分和保险成分非高度关联。如果符合下列条件之一，投资成分和保险成分高度关联：①投资成分和保险成分不可单独计量，即无法在不考虑另一个成分的情况下计量其中一个成分。如果一个成分的价值随另一个成分的价值变动而变动，则两个成分高度关联；②保单持有人无法从其中一个成分单独获益，只能在两个成分同时存在时获益。如果合同中一个成分的失效或到期会造成另一个成分的失效或到期，则两个成分高度关联。

（2）签发该保险合同的企业或其他方可以在相同的市场或地区单独出售

与投资成分具有相同条款的合同。企业在进行以上判断时应考虑所有可合理获得的信息，但在判断某投资成分是否可单独出售时，无须对市场上所有合同进行全面识别。

【例 25-14】甲公司签发了一份含有账户价值的人寿保险合同。甲公司在合同签发时收到保费 1 200 元。账户价值每年随保单持有人自愿支付的金额增加而增加，随特定资产投资回报金额而变化，并因甲公司根据合同约定从账户中扣取费用而减少。合同约定，如果被保险人在责任期内死亡，则甲公司支付的死亡给付为当时的账户价值加上 6 000 元；如果保单持有人退保，则甲公司将支付账户价值。该合同提供的保险保障服务与账户价值只能同时存在，也将同时失效或满期。假设该人寿保险合同符合转移重大保险风险的条件。

甲公司理赔部门负责处理收到的赔案，资产管理部门负责管理投资。同时，市场上有另一个金融机构在销售一款具有与账户价值条款相同但不提供保险保障服务的投资产品。

本例中，虽然市场上存在一款与账户价值条款相同的投资产品，但是由于该合同的保险保障服务与账户价值同时失效或满期，表明保险成分与账户价值高度关联，所以该账户价值不符合可明确区分的投资成分的条件，不应从该保险合同中分拆。

【例 25-15】2×21 年 1 月 1 日，甲公司与乙市政府机构签订了《乙市城镇居民大病医疗保险协议》，责任期为 2×21 年 1 月 1 日至 2×21 年 12 月 31 日。假设该协议除是否转移重大保险风险尚待测试之外，符合以该政府机构为保单持有人的保险合同的定义。

协议条款约定，如果针对大病医疗的最终赔付率不足 95%，甲公司在正常支付赔款的基础上，还应另行向该政府机构支付保费×(95% - 最终赔付率）计算所得的金额，但该另行支付的金额最高不超过保费的 15%（由于根据历史数据和经验，该类大病医疗保险的最终赔付率低于 80% 的概率非常低，因而合同双方商定将另行支付的最高比例设定为 15%）；如果最终赔付率高于 95%，甲公司在正常支付赔款之外，无须另行支付任何金额，但如果最终赔付率高于 110%，甲公司在正常支付赔款之后，该政府机构应向甲公司支付保费×(最终赔付率 - 110%）计算所得的金额。假设本例无其他履约现金流量，也不考虑货币时间价值等其他因素。

本例中，发生保险事项时甲公司支付的净赔付金额的上限为保费的 110%，超过不发生保险事项时甲公司支付的金额，即保费的 15%，该额外金额与不发生保险事项时甲公司支付金额的比例［（110% －15%）/15% = 633%］较大，即甲公司支付重大额外金额。此外，因发生保险事项产生的净赔付金额可能达到保费的110%，从而导致甲公司因保险事项而遭受损失（按现值计算）。因此，此协议符合转移重大保险风险的条件。

无论保险事项是否发生，甲公司必须支付的最低金额（即甲公司须偿还给保单持有人的金额）为保费的15%，即该保险合同中的投资成分为保费的15%。由于该保险合同中的投资成分与保险成分一起失效或到期，两个成分高度关联，因此该投资成分为不可明确区分的投资成分。

本例中的协议条款在一定程度上体现了城镇居民大病医疗保险收支平衡、保本微利的原则。当最终赔付率较低时，甲公司适当向该政府机构返还金额，假定本例中最终赔付率为77%，甲公司支付的净赔付金额仍达到保费的92%（即77% +15%），体现了"微利"原则。协议中约定的最低返还金额比例（如本例中的15%）越大，该合同的不可明确区分的投资成分占保费的比例也越高。当最终赔付率较高时，政府机构向甲公司支付一定金额，以使甲公司支付的净赔付金额不超过保费的110%，体现了"保本"的原则。如果协议中约定的该比例（即本例中的110%）等于或小于100%时，该协议不符合转移重大保险风险的条件。

3. 商品或非保险合同服务的承诺。

企业应当在分拆符合第二十二章金融工具确认和计量分拆条件的嵌入衍生工具和可明确区分的投资成分后，再考虑分拆可明确区分的商品或非保险合同服务的承诺，并适用第十五章收入。

保险合同服务，是指企业为保险事项提供的保险保障服务、为不具有直接参与分红特征的保险合同持有人提供的投资回报服务，以及代具有直接参与分红特征的保险合同持有人管理基础项目的投资相关服务。

企业应当分拆可明确区分的商品或非保险合同服务，不应考虑其为履行合同义务而必须实施的其他活动，除非企业在该活动发生时向保单持有人提供了保险合同服务之外的商品或服务。例如，为了做好订立合同的准备，企业可能需要完成若干行政管理性质的工作，企业在执行该活动时并未向保单持有人提供服务，所以不存在需要拆分的可明确区分的非保险合同服务。

对于企业向保单持有人承诺的商品或非保险合同服务，如果保单持有人能够从单独使用或与其他易于获得的资源一起使用该商品或非保险合同服务中受益，则应当将其作为可明确区分的商品或非保险合同服务的承诺。易于获得的资源是指企业或其他企业单独销售的商品或服务，或者保单持有人已经从企业获得的资源（包括企业按照合同将会转让给保单持有人的商品）或从其他交易或事项中获得的资源。

如果同时符合下列条件，商品或非保险合同服务的承诺不可明确区分：(1) 该商品或非保险合同服务承诺的相关现金流量及风险与合同中保险成分的相关现金流量及风险高度关联；(2) 企业提供了重大的服务以将该商品或非保险合同服务承诺与保险成分进行整合。

【例25-16】沿用〖例25-14〗，对于甲公司而言，理赔活动和资产管理活动都是甲公司为了履行合同而必须实施的活动，而且甲公司没有因为执行这些活动而向保单持有人转让商品或非保险合同服务，因此不应从保险合同中分拆理赔服务成分和资产管理服务成分。

【例25-17】2×21年，甲保险公司与乙公司签订了一份保险合同，约定以250万元作为起赔点，由乙公司自行承担其雇员当年在250万元以下的医疗费用，超过250万元的部分，甲公司提供100%的保险保障服务。同时，甲公司于2×21年内为乙公司的雇员提供理赔服务，无论乙公司员工医疗赔付是否超过起赔点250万元，甲公司均负责代表乙公司处理雇员的医疗赔付，且对该理赔服务单独收费。甲公司注意到市场上有企业单独提供类似的代表客户处理理赔事务的服务，但不含任何保险保障成分。甲公司对理赔服务的收费与市场价格一致。

本例中，甲公司在判断是否应当将该理赔服务作为可明确区分的服务进行分拆时，考虑了如下因素：(1) 乙公司从甲公司提供的理赔服务中获得的利益独立于保险保障服务。如果甲公司不提供该项服务，乙公司需要自行处理雇员的医疗赔付或者雇佣其他服务供应商提供该项服务。(2) 理赔服务的相关现金流量与保险保障服务的现金流量不是高度关联的，且甲公司未提供整合理赔服务和保险成分的重大服务。

综合分析上述因素，甲公司提供的理赔服务是可明确区分的服务，甲公司应当从该保险合同中分拆出该项理赔服务，并根据第十五章收入进行会计处理。

4. 保险成分。

企业在识别并分拆出符合上述分拆条件的非保险成分后，剩余的保险成分应当按照本章进行会计处理。值得一提的是，保险成分中还包含了未分拆的嵌入衍生工具、不可明确区分的投资成分和不可明确区分的商品或非保险合同服务的承诺。

通常情况下，如果单项合同的剩余组成部分在法律形式上的权利和义务实质体现为一个整体，则企业不应进一步分拆单项合同中剩余的组成部分，而应当将该剩余组成部分作为一个整体并按照本章进行会计处理。单项合同中包含不同类型的保险保障服务本身并不足以表明其可以分拆为多个成分分别进行会计处理。即使单项再保险合同的保障范围同时覆盖多项对应的保险合同，也并不足以表明该再保险合同可以分拆为多个成分分别进行会计处理。

实务中也可能存在一些其他情形，例如，一项合同中包含的多项保险成分仅是为了简化保单持有人的操作手续，且该合同的定价也仅是多项保险成分各自价格的简单相加，此时企业不应当将单项合同的剩余组成部分作为整体进行会计处理。

【例25－18】银行与甲保险公司签署的一项合同约定，从签署日起一年内，该银行发放按揭贷款的所有借款人可自行选择购买该合同提供给借款人在相关按揭贷款存续期内的人身保险保障服务，甲公司根据每个借款人的情况单独确定了人身保险保障服务的价格。如果借款人选择购买该服务，那么当其身故或伤残导致无法履行还款义务时，由甲公司直接向银行偿还相关按揭贷款未偿还本金和利息。除了向该银行申请按揭贷款外，这些借款人之间没有其他关联关系。

本例中，虽然在法律形式上，甲公司与银行已签署的团体保险合同是一项合同，但是甲公司应考虑下列因素：（1）每个借款人的保险保障服务单独定价和出售；（2）借款人之间互相不关联；（3）每个借款人都可以自主选择是否购买保险保障服务。综上，当不存在表明该合同的权利和义务实质是一个整体的其他因素时，甲公司与银行签署的团体保险合同应当分拆为多项保险合同进行会计处理，即每项与该银行借款人的保险保障服务约定都视作单项保险合同。

对于一项包括主险和附加险的保险合同，企业应当根据该合同条款的约定和其他事实情况，考虑以下因素以决定主险和附加险是否应当分拆为多个成分：（1）主险和附加险是否可以分开销售和定价；（2）主险和附加险是否同时失效；（3）主险和附加险的风险是否相互依赖。

运用保险合同合并规定和保险合同分拆规定，应当得出关于合并、分拆的相同判断结果。例如，根据保险合同分拆规定判断应当分拆出的不同成分，企业不应当再根据保险合同合并规定判断将其合并；反之亦然。

初始确认时，企业应当根据保险合同分拆情况分摊合同现金流量，合同现金流量扣除已分拆的嵌入衍生工具和可明确区分的投资成分的现金流量后，在保险成分和可明确区分的商品或非保险合同服务的承诺之间进行分摊。具体来说，企业应当根据第十五章收入，将现金流入分摊至保险成分和可明确区分的商品或非保险合同服务承诺成分；将与保险成分和可明确区分的商品或非保险合同服务承诺成分直接相关的现金流出分摊至该成分，将与保险成分和可明确区分的商品或非保险合同服务承诺成分不直接相关的现金流出，在系统合理的、反映若该成分为一个单独合同时企业预计将产生的现金流出的基础上进行分摊。分摊至保险成分的现金流量适用本章。

五、保险合同的分组和确认

大多数保险活动的基本模式是企业签发大量类似的合同并预期部分合同将导致赔款，而部分合同则不会。签发大量合同可能减少所有合同产生的结果与企业预期间的差异率，因此企业基于合同分组确认和计量保险合同是反映企业财务状况和经营成果的重要方式。

（一）保险合同组合

企业应当将具有相似风险且统一管理的保险合同归为一个保险合同组合。同一产品线的保险合同一般具有相似风险，如果企业将其统一管理，这些合同就属于一个保险合同组合，例如，企业财产保险合同组合、家庭财产保险合同组合、货物运输保险合同组合等。不同产品线的保险合同一般不具有相似风险，因此通常归为不同的保险合同组合，例如趸缴年金险与期缴定期寿险。

（二）保险合同组

1. 一般规定。

企业应当将保险合同组合进一步细分形成保险合同组，并将保险合同组作为计量单元。保险合同组由一项或多项各自签发日之间间隔不超过一年且预计获利水平相似的保险合同组成。企业应当以合同组合中单项合同为基础，逐项评估其归属的合同组。但有合理可靠的信息表明多项合同属于同一合同组的，企业可以多项合同为基础评估其归属的合同组。

企业应当至少将同一合同组合分为下列合同组：（1）初始确认时存在亏损的合同组；（2）初始确认时无显著可能性在未来发生亏损的合同组；（3）该组合中剩余合同组成的合同组。在此基础上，企业可以按照获利能力、亏损程度或初始确认后在未来发生亏损的可能性等，对合同组作进一步细分。

例如，企业可以基于内部报告中有关保险合同在初始确认时的亏损程度的更详细信息，细分更多个初始确认时存在亏损的合同组。

对于不采用保费分配法的合同，企业在评估初始确认时未发生亏损的合同有无显著可能性在未来发生亏损时，应当考虑以下因素：（1）足以导致这些合同变为亏损合同的假设发生变化的可能性。（2）内部报告所提供的关于假设变化对这些合同变为亏损合同的可能性产生影响的信息，但企业不必考虑内部报告以外的信息来源。

2. 特殊规定。

如果企业针对具有不同特征的保单持有人设定不同价格或承诺不同利益水平的实际能力因法律法规或监管要求而受到限制，并将因此限制而导致合同组合中的合同被归入不同合同组，企业可以不考虑相关限制的影响，仍将这些合同归入同一合同组。例如，对于属于同一个保险合同组合的机动车辆保险，根据历史理赔情况的统计，不同性别的驾驶员出险概率存在差异，但根据该国家或地区法律规定，不得对不同性别驾驶员区别对待，因此，保险公司在对该款机动车辆保险定价时未考虑性别因素差异。对于此类合同，保险公司可以不考虑因该限制导致不同性别驾驶员投保的保险合同的获利水平不同，将这些合同归入同一合同组。

企业不应当将该项特殊规定类推至其他情形，即该项特殊规定不应适用于企业针对具有不同特征的保单持有人设定不同价格或承诺不同利益水平的实际能力因法律法规或监管要求而受到限制之外的其他情形，因为在这些其他情形下，不同的获利水平是各保险合同组的重要经济差异，据此分组将提供更有用的财务信息。例如，企业出于对自身品牌声誉等考虑，在合同定价时未考虑地域的差异，从而导致某特定地域内的合同是亏损的，但其他地域内的合同是盈利的。如果法律法规或监管要求并未禁止企业将地域作为定价因素，则该种情形不得适用上述特殊规定，即企业不得将该特定地域的合同与其他地域合同归入同一保险合同组。

（三）保险合同组的确认

企业应当在下列时点中的最早时点确认其签发的合同组：（1）责任期开始时；（2）保单持有人首付款到期日，或者未约定首付款到期日时企业实际收到首付款日；（3）发生亏损时。责任期，是指企业向保单持有人提供保险合同服务的期间。

合同组合中的合同符合上述时点要求时，企业应当评估其归属的合同组，后续不再重新评估。

（四）保险获取现金流量

保险获取现金流量，是指因销售、核保和承保已签发或预计签发的合同组而产生的、可直接归属于其对应合同组合的现金流量。企业应当采用系统合理的方法将可直接归属于合同组的保险获取现金流量分摊至该合同组和包含该合同组内合同的预计续约合同的合同组，将其他可直接归属于合同组合但无法直接归属于合同组合中单项合同或合同组的保险获取现金流量分摊至该合同组合中的合同组。期末，企业应当更新分摊至每个合同组的保险获取现金流量，以反映分摊方法中参数的估计变更。如果合同组已包含组内应有的所有合同，企业不应当再更新已分摊至该合同组的保险获取现金流量。

企业应当将合同组确认前已付或应付的、系统合理分摊至相关合同组的保险获取现金流量，确认为保险获取现金流量资产。资产负债表日，如果事实或情况表明保险获取现金流量资产可能存在减值迹象，企业应当估计其可收回性。保险获取现金流量资产的账面价值超过相关合同组的履约现金流量净流入的，或者如果保险获取现金流量分摊至包含预计续约合同的合同组，且保险获取现金流量资产的账面价值超过该合同组中预计续约合同所产生的履约现金流量净流入的，超过部分应当确认为保险合同赔付和费用，同时，应当减记保险获取现金流量资产账面价值。导致以前期间减值因素已经消失的，应当恢复原已减记的保险获取现金流量资产账面价值，恢复的金额计入当期损益。

【例 25 – 19】 2×21 年初，甲公司支付了可直接归属于将于 1 年内签发的保险合同组的佣金 40 000 元，该佣金符合保险获取现金流量的定义。甲公司预计年内签发的保险合同（责任期为 1 年）的持有人将在第 2 年、第 3 年和第 4 年续约。假设不考虑折现、非金融风险调整的影响。甲公司于 2×21 年初确认了保险获取现金流量资产 40 000 元，并根据系统合理的方法将 40 000 元分摊至预计未来签发的保险合同组，分摊结果如表 25 – 1 所示。

表 25 – 1 单位：元

项目	第 1 组：将于第 1 年确认的合同	第 2 组：第 1 组预计于第 2 年产生的续约合同和其他新确认合同	第 3 组：第 1 组预计于第 3 年产生的继续续约合同和其他新确认合同	第 4 组：第 1 组预计于第 4 年产生的继续续约合同和其他新确认合同	合计
保险获取现金流量资产	26 000	5 000	5 000	4 000	40 000

2×21 年末，甲公司因确认第 1 组保险合同组而终止确认了该合同组对应的保险获取现金流量资产 26 000 元，并用于计量第 1 组保险合同组的履约现金流量。假设分摊至第 2 组至第 4 组的保险获取现金流量没有变化，同时没有迹象表明分摊至第 2 组至第 4 组的保险获取现金流量资产存在减值。因此，2×21年末保险获取现金流量资产的账面价值为 14 000 元。

2×22 年末，甲公司因确认第 2 组保险合同组而终止确认了该合同组对应的保险获取现金流量资产 5 000 元，并用于计量第 2 组保险合同组的履约现金流量。假设分摊至第 3 组和第 4 组的保险获取现金流量没有变化，且第 2 组保险合同组没有发生任何需要分摊至第 3 组和第 4 组的保险获取现金流量。有迹象表明分摊至第 3 组和第 4 组的保险获取现金流量资产可能存在减值，甲公司进行了如下减值测试。

首先，甲公司在 2×22 年末预计第 3 组和第 4 组的履约现金流量如表 25－2 所示。

表 25－2 单位：元

项目	第 3 组	第 4 组
预计续约合同的履约现金流量净流入①	3 000	1 000
预计续约合同之外新确认合同的履约现金流量净流入②	6 000	1 000
预计履约现金流量净流入③＝①＋②	9 000	2 000

其次，甲公司按合同组将保险获取现金流量资产与履约现金流量进行比较，如表 25－3 所示。

表 25－3 单位：元

项目	第 3 组	第 4 组
预计履约现金流量净流入③	9 000	2 000
保险获取现金流量资产④	5 000	4 000
小计⑤＝min［（③－④），0］	—	（2 000）

此外，甲公司按合同组将保险获取现金流量资产与预计续约合同所产生的履约现金流量进行比较，如表 25－4 所示。

表 25-4 单位：元

项目	第3组	第4组	合计
预计续约合同的履约现金流量净流入①	3 000	1 000	4 000
保险获取现金流量资产④	5 000	4 000	9 000
小计⑤			(2 000)
小计⑥ = min [(①-④-⑤), 0]			(3 000)
合计⑦ = ⑤ + ⑥			(5 000)

综上，2×22 年末甲公司保险获取现金流量资产共发生减值5 000元，甲公司的账务处理如下：

借：保险合同赔付和费用　　5 000

　贷：保险获取现金流量资产　　5 000

2×23 年和2×24 年的分析略。

六、保险合同计量的一般规定

（一）初始计量

企业应当以合同组为计量单元，在合同组初始确认时按照履约现金流量与合同服务边际之和对保险合同负债进行初始计量。履约现金流量包括与履行保险合同直接相关的未来现金流量的估计、货币时间价值及金融风险调整和非金融风险调整。履约现金流量的估计不考虑企业自身的不履约风险。合同服务边际，是指企业因在未来提供保险合同服务而将于未来确认的未赚利润。

企业应当在合同组初始确认时计算下列各项之和：（1）履约现金流量；（2）在该日终止确认保险获取现金流量资产以及其他相关资产或负债对应的现金流量；（3）合同组内合同在该日产生的现金流量。

上述各项之和反映为现金净流入的，企业应当将其确认为合同服务边际；反映为现金净流出即合同组在初始确认时发生首日亏损的，企业应当将上述各项之和计入当期损益，即亏损保险合同损益，同时，将该亏损部分增加未到期责任负债账面价值。初始确认时，亏损合同组的保险合同负债账面价值等于其履约现金流量，合同服务边际为零。

1. 未来现金流量。

未来现金流量，是指合同组内每一项合同边界范围内的所有未来现金流量，企业可以在高于合同组或合同组合的汇总层面估计未来现金流量，并采用系统合理的方法分摊至合同组。

（1）未来现金流量的估计。

未来现金流量的估计应当符合下列要求：

①未来现金流量的估计值为无偏的概率加权平均值。

企业应当基于无须付出不必要的额外成本或努力即可获得的、合理可靠的、与未来现金流量金额、时间及不确定性有关的信息估计未来现金流量。这些信息包括过去事项、当前情况所提供的信息，以及企业对未来情况的预测信息。企业从自身信息系统中可获得的信息是无须付出不必要的额外成本或努力即可获得的信息。

企业估计未来现金流量时，应当考虑反映未来现金流量所有可能结果的情景，但无须识别每一可能的情景。例如，如果企业采用少量参数确定的概率分布与未来现金流量可能的概率分布基本一致，那么在估计未来现金流量时只需考虑这些少量的参数即可。在某些情形下，如果企业采用相对简单的模型产生的结果处于可接受范围内，就无须进行大量详细的随机情景模拟。如果未来现金流量受复杂因素驱动并随经济情况变化发生非线性变化，例如，当未来现金流量反映一系列互相关联的期权的影响时，企业应当运用更加复杂的随机情景模拟计算方法。每个情景包含了某个特定结果对应现金流量的金额、时间及该结果的发生概率。企业应当考虑这些情景下的现金流量发生的概率并进行折现以得到概率加权平均值，而不是未来现金流量最有可能产生的结果。

设定的情景应当包括现有合同发生巨额损失的概率，但不包括未来可能签订的合同可能发生的赔付。在估计现有合同的未来现金流量时，企业应当基于下列信息：一是保单持有人已经报告的索赔信息。二是保险合同的已知特征或估计特征。三是企业基于自身经验的历史数据，必要时从其他来源获得的历史数据可作为补充信息。企业应当对历史数据进行调整以反映当前情况，例如，保单持有人总体特征与历史数据对应的总体特征不同或将会变得不同，有迹象表明历史趋势不会延续或者经济和人口等特征的变化可能会影响现有保险合同的现金流量，或者核保或理赔管理程序已经发生了变化进而可能影响历史数据与保险合同的相关程度等。四是可获得的风险相似的再保险合同和金融工具（如天气衍生工具等）的当前价格，以及类似保险合同转让的近期市场价格，但企业应当调整信息以反映这些类似合同与现有合同之间的现金流量差异。

②有关市场变量的估计值应当与这些变量可观察的市场价格一致。

企业应当从自身角度估计未来现金流量，但是与市场变量相关的估计应当与这些变量的市场价格相一致。市场变量是指在市场上观察到的或直接来源于市场的变量，例如，公开交易的证券价格和利率等。非市场变量是除了市场变量以外的其他变量，例如，保险赔付的频率和金额大小或死亡率等。市场变量通常会产生金融风险，非市场变量通常会产生非金融风险。与金融风险相关的假设也可能无法在市场上观察到或直接来源于市场。

在计量日，企业估计市场变量时应当尽可能使用可观察输入值，而非用估计值替代市场报价，但不包括第三十九章公允价值计量中规定除外的情形。如果企业因可观察市场变量不存在等原因需要推算市场变量，该推算的市场变量应当与可观察的市场变量尽量一致。为使市场变量的估计值与可观察的市场变量相一致，特别是为使保险合同包含的选择权及保证利益的计量结果与其可观察的市场价格（如有）相一致，企业应当选用适当的方法。

在某些情形下，市场上可能存在某些资产或资产组合，其在所有情景下现金流量的金额、时间和不确定性与保险合同组的现金流量完全匹配。企业可以这些资产或资产组合的公允价值计量保险合同组的相关履约现金流量（以下简称复制资产组合法），而不必分别估计未来现金流量和折现率。如果存在复制资产或资产组合而企业未选择采用复制资产组合法，企业应当确保选择采用的方法与复制资产组合法的计量结果无重大差异。

估计非市场变量时，企业需要根据实际情况确定非市场外部数据（例如全国死亡率统计数据）和内部数据（例如内部死亡率统计数据）两者的权重，企业应当对更有说服力的信息赋予更大权重。例如，如果保单持有人的人口特征与全国人口特征显著不同，签发保险合同的企业内部死亡率的统计数据可能比全国死亡率数据更有说服力，那么应当给予内部数据更大权重。

企业对非市场变量的估计不应与可观察的市场变量相矛盾，市场变量和非市场变量可能是相关联的。企业估计的与市场变量有关的情景概率和非金融风险调整，应当与依赖于这些市场变量的可观察市场价格相一致。

③未来现金流量的估计应当以当前可获得的信息为基础，反映计量时存在的情况和假设。

每个报告期末，企业应当根据该期末的实际情况对未来现金流量的估计进行更新，估计的变更应当如实反映当期实际情况的变化。例如，假设当期期初的估计值处于合理区间的一端且当期情况未发生变化，如果期末时将估计值调整为合理区间的另一端，该估计变更就不能如实反映当期的实际情况。企业更新估计时，应当同时考虑支持以前估计的证据和新获取的证据，并赋予更有说服力的证据更大的权重。如果期末之后发生的事项使期末不确定的事项变成了事实，并不意味着该事项能为期末当时的情况提供证据。

【例25－20】甲公司签发一组巨灾保险合同，2×21年末，根据所有合理可获取的信息，在该组保险合同责任期剩余的6个月内，估计有30%的概率会发生一场属于该保险合同组保险责任范围内的大风暴。2×22年3月，甲公司2×21年度的财务报表尚未发布前，大风暴发生。甲公司在2×21年末仍应基于30%的大风暴发生概率计量其签发的保险合同组。同时，甲公司应当根据第三十章资产负债表日后事项的规定，在其2×21年度财务报表中披露期后发生的非调整事项。

企业估计未来现金流量时，不必完全依据最近实际发生的经验，因为多种因素可能导致最近经验的变化，包括死亡率变化趋势、保单持有人特征的变化（如核保和销售的变化，或者身体非常健康的保单持有人选择退保等）、偶发因素等。企业应当调查经验变化的原因，同时依据最近的经验、以前的经验和其他信息重新估计现金流量及其发生概率。对于非市场变量的估计，企业应当考虑反映保险事项当前水平及趋势的信息，例如，许多国家死亡率长期持续下降。

如果分摊至某保险合同组的现金流量对通货膨胀敏感，企业在确定履约现金流量时需要考虑对未来通货膨胀率的估计。由于通货膨胀率很可能与市场利率相关，所以计量履约现金流量时，企业对于未来通货膨胀率情景的估计概率应当与用于估计折现率的市场利率所隐含的概率尽量一致。

企业估计未来现金流量时，应当考虑可能影响现金流量的预期未来事项。必要时，企业应当设立反映这些未来事项的现金流量情景及每个情景下现金流量估计值的无偏概率。但是，企业在当期不应考虑尚未颁布的法规预计对保险合同现有义务的影响。

④未来现金流量应与货币时间价值及金融风险调整分别估计，除非估计技术（如复制资产组合法）适合合并估计。

（2）保险合同边界内的现金流量。

企业在估计未来现金流量时应当考虑合同组内各单项保险合同边界内的现金流量，不得将未来保险合同的预计保费或预计赔付等现金流量确认为保险合同负债。许多保险合同条款赋予保单持有人续约选择权、退保选择权、转换选择权，以及停止支付保费但仍享有合同项下利益的选择权等。如果这些权利对应的现金流量属于保险合同边界之内，在计量保险合同组时，企业应当估计合同组中保单持有人将如何行使这些选择权，而非金融风险调整则应当反映企业对保单持有人的实际行为可能偏离于预期行为的当前估计。当合同条款要求企业续约或以其他方式延续合同时，企业应当评估因续约或以其他方式延续合同产生的保费等相关现金流量是否在原合同的边界内。

合同边界内的现金流量包括下列各项：

①从保单持有人处收到的保费（包括批改保费和分期保费）及其产生的相关现金流量。

②向保单持有人支付或代其支付的款项，包括已报告未支付的赔款、已发生未报告的赔款，以及将在未来发生的企业承担实质性义务的赔款。

③向保单持有人支付或代其支付的随基础项目回报而变动的款项。

④保险合同中嵌入衍生工具（例如未从保险合同中分拆的嵌入选择权及保证利益）所产生的向保单持有人支付或代其支付的款项。

⑤直接归属于保险合同组合的保险获取现金流量分摊至该保险合同的现金流量。

⑥理赔费用，即企业进行调查、处理和解决保单索赔所发生的成本，包括律师费、诉讼费、损失检验费、理赔人员薪酬和其他理赔查勘费用等。

⑦未来以非现金方式结算保险事项产生的赔偿义务所发生的成本。

⑧保单管理和维持费用，如保单转换、复效等保单批改成本，包括企业因保单持有人继续支付合同边界内的保费而预计向中介支付的佣金。

⑨由保险合同直接产生的或分摊至保险合同的流转税等相关税费，如增值税、保险保障基金缴费。

⑩代扣代缴保单持有人的相关税费。

⑪对保险合同未来赔付进行追偿（例如损余物资和代位追偿）产生的预计现金流入，及对合同过去赔付进行追偿产生的、未作为单独资产确认的预计现金流入。

⑫使用系统合理的方法分摊的可直接归属于保险合同的固定及可变费用，例如会计、人力资源和信息技术支持费用，以及建筑物折旧、租金、维修支出和水电费等。分摊方法与相似性质成本的分摊方法一致。

⑬企业进行投资活动以提高保单持有人的保险保障服务受益水平而产生的成本。如果企业进行投资活动预计产生的投资收益能使保单持有人在保险事项发生时受益，则该投资活动提高了保险保障服务受益水平。

⑭为不具有直接参与分红特征的保险合同持有人提供的投资回报服务，以

及代具有直接参与分红特征的保险合同持有人管理基础项目的投资相关服务而发生的成本。

⑮合同条款明确规定向保单持有人收取的其他费用。

企业在估计未来现金流量时，不应当包括下列各项：

①企业的投资回报。投资回报应当单独确认、计量和列报。

②分出的再保险合同产生的现金流量（付款或收款）。分出的再保险合同应当单独确认、计量和列报。

③未来保险合同可能产生的现金流量，即现有保险合同边界外的现金流量。

④不可直接归属于该保险合同所在合同组合的相关现金流量，例如部分产品的开发和培训成本，此类成本在发生时计入当期损益。

⑤保险合同履约过程中人力或其他资源非正常损耗的相关现金流量，此类成本在发生时计入当期损益。

⑥所得税款项，但合同条款明确规定向保单持有人收取的除外。

⑦企业不同账户（如分红账户和其他账户）之间发生的、不改变向保单持有人支付金额的资金往来。

⑧从保险合同中分拆出的其他成分产生的、适用于其他准则的现金流量。

保险合同初始确认后，企业不应重新评估保险合同边界，除非后续企业对其重新设定价格或承诺利益水平的实际能力因情况变化而发生变化，或因合同条款修改而导致合同边界发生实质性变化。

（3）共享基础项目回报的保险合同现金流量。

某些保险合同同时具备下列特征，从而影响其他合同向其持有人支付的现金流量：①保单持有人与其他合同持有人共享同一基础项目的回报；②因向共享同一基础项目回报的其他合同持有人付款而导致保单持有人享有的基础项目回报相应减少，或者因向保单持有人付款而导致其他合同持有人享有的基础项目回报相应减少。付款包括支付的承诺利益。

上述保险合同组的履约现金流量反映该组内合同使企业受到预计现金流量影响的程度，而无论企业是向该合同组还是其他合同组的保单持有人支付这些预计现金流量。因此，保险合同组的履约现金流量包括企业根据现有合同条款需要向其他合同组的当前或未来保单持有人支付的款项，但不包括已经包含在其他合同组的履约现金流量范围内、支付给上述合同组保单持有人的款项。

某些情况下，企业可能仅在高于合同组的汇总层面识别基础项目的变动及其导致的现金流量的变动，在这种情况下，企业应当将基础项目变动对现金流量的影响系统合理地分摊至每个合同组。

当合同组内合同的保险合同服务已全部提供，该合同组的履约现金流量仍可能包括预计将支付给其他合同组的当前或未来保单持有人的款项。企业无须继续将这些履约现金流量分摊至某特定合同组，而是可以将这些由所有合同组产生的履约现金流量确认为负债。

2. 折现率。

企业在估计履约现金流量时采用的折现率应当反映货币时间价值及未包含在未来现金流量估计中的有关金融风险。折现率应当基于与保险合同具有一致现金流量特征（例如期限、币种和流动性等）的金融工具当前的可观察市场数据（如有）确定，且不考虑与保险合同现金流量无关但影响可观察市场数据的其他因素。

在估计折现率时，企业应当考虑折现率与保险合同计量涉及的其他估计的关系，应避免出现重复考虑同一因素或遗漏重要因素的情形。例如，未来现金流量估计使用名义现金流量即包含通货膨胀影响时，应当使用包含通货膨胀影响的折现率对其进行折现；未来现金流量估计使用不包含通货膨胀影响的现金流量时，应当使用不包含通货膨胀影响的折现率对其进行折现。

对于不随基础项目回报而变动的预计现金流量，应当采用不反映基础项目回报变动的折现率。对于随基础项目回报而变动的预计现金流量，应当采用反映该变动的折现率，或者根据该变动的影响对预计现金流量进行调整，并采用反映该调整的折现率，无论该变动源于合同条款，还是企业的相机决择，也无论企业是否持有该基础项目，均应考虑该变动的影响。对于具有可变回报的基础项目，现金流量随回报而变动但保证最低回报的，即使保证的金额低于基础项目的预计回报，该现金流量也不是仅随基础项目回报而变动的，企业应当对已反映回报变动的折现率进行调整，从而反映该保证的影响。

企业可以选择将不随基础项目回报而变动和随基础项目回报而变动的预计现金流量进行分拆以采用不同的折现率，或者不进行分拆而采用反映全部预计现金流量特征的折现率。如果企业选择不进行分拆，则可以使用随机建模技术或风险中性计量技术来确定适用于全部预计现金流量的折现率。

若企业不能获得与保险合同具有一致现金流量特征的金融工具的当前可观察利率等相关市场数据，或者虽然可以获得类似工具的可观察利率等相关市场数据，但是不能单独识别该工具区别于保险合同的因素，企业应当估计合适的折现率。估计合适的折现率时，企业应当：①尽可能多地使用可观察的输入值，并反映所有无须付出不必要的额外成本或努力即可获得的、合理可靠的、内部与外部非市场变量信息。企业应当注意使用的折现率不应与任何可获得的相关市场数据相矛盾，且使用的非市场变量不应与可观察的市场变量相矛盾；②从市场参与者的角度反映当前市场情况；③运用判断来评估所计量的保险合同与存在可观察利率等相关市场数据的金融工具之间特征的相似程度，并调整市场数据来反映两者之间的差异。

不随基础项目回报而变动的保险合同现金流量的折现率应当反映适当币种、持有人不承担信用风险（或信用风险可忽略）的金融工具的收益率曲线，并进行调整以反映保险合同组的流动性特征，该调整应当反映保险合同组与用来确定收益率曲线的金融资产之间流动性特征的差异。这是因为，收益率曲线反映在活跃市场中交易的资产的收益率情况，该资产的持有人通常可以随时在无须付出重大成本的情况下出售这类资产。与此不同的是，并不能强制要求企业在发生保险合同的保险事项之前或在合同规定的时点之前进行付款。对于不随基础项目回报而变动的保险合同现金流量，企业可以采用以下方法确定该现金流量对应的折现率：

（1）“自下而上的方法”，即通过对高流动性的无风险收益率曲线进行调整来确定折现率，调整应反映市场上可观察到基础利率曲线的金融工具与保险合同之间的流动性特征的差异。

企业在采用“自下而上的方法”确定以人民币计价的、不随基础项目回报而变动的保险合同现金流量对应的折现率时，可以考虑基础曲线加溢价的构建方法。

①基础曲线考虑由以下三段组成：

一是20年以内期限的曲线部分为当前无风险收益率曲线，如中国国债收益率曲线、政策性金融债收益率曲线等；

二是20年至40年期限的曲线部分为采用二次插值法、Smith - Wilson方法等系统合理的插值方法计算得到的终极利率过渡曲线；

三是40年以上期限的曲线部分为用按系统合理的方法确定的终极利率表示的曲线。

②溢价。

溢价应当反映未包含在基础曲线中的流动性效应、税收影响等保险合同现金流量特征，不包括逆周期调整等与保险合同现金流量特征无关的因素。溢价应当基于当前可观察市场数据确定。

企业采用“自下而上的方法”确定以外币计价的、不随基础项目回报而变动的保险合同现金流量对应的折现率时，应当基于该外币无风险收益率曲线的实际情况和保险合同现金流量特征确定。

(2)“自上而下的方法”，即基于以公允价值计量的参照资产组合内含的当前市场收益率曲线，剔除与保险合同不相关的因素，但企业不必就保险合同与参照资产组合的流动性特征差异对该收益率曲线进行调整。应予剔除的与保险合同不相关的因素包括：①组合内资产现金流量与保险合同现金流量的金额、时间和不确定性差异；②仅与组合内资产有关的信用风险的市场风险溢价。尽管本章并未对参照资产组合作出限制，但当参照资产组合与计量的保险合同具有相似特征时，剔除与保险合同不相关的因素所需进行的调整就会比较少。例如，对于不随基础项目回报而变动的保险合同现金流量，如果企业选择使用债务工具而非权益工具作为起点，所需进行的调整就会比较少。

采用“自上而下的方法”和“自下而上的方法”得到的收益率曲线可能并不相同，因为每种方法对调整的估计都存在固有的限制，且“自上而下的方法”可能缺乏针对流动性特征差异的调整。企业无须因根据选定的方法确定的折现率与假设用另一种方法确定的折现率不同而进行调整。

3. 非金融风险调整。

企业在估计履约现金流量时应当考虑非金融风险调整，以反映非金融风险对履约现金流量的影响。企业应当单独估计非金融风险调整，不得在未来现金流量和折现率的估计中隐含非金融风险调整。

非金融风险调整，是指企业在履行保险合同时，因承担非金融风险导致的未来现金流量在金额和时间方面的不确定性而要求得到的补偿。非金融风险调整也反映了企业在确定因承担该风险而要求的补偿时所包含的、因风险分散而获益的程度，及有利和不利的结果，以体现企业的风险厌恶程度。例如，企业估计的与履行一项保险合同直接相关的未来现金净流出的现值为1万元，但由于该保险合同所包含的非金融风险所导致的不确定性，实际与履行该保险合同直接相关的未来现金净流出的现值可能会超过1万元，企业因承担这些风险而要求得到补偿的金额就是非金融风险调整。非金融风险调整应当包含保险风险和其他非金融风险，例如失效风险和费用风险，不包括并非由保险合同产生的风险，例如一般操作风险。

非金融风险调整应当具有下列特征：（1）发生频率低但风险严重程度高导致的非金融风险调整，会高于发生频率高但风险严重程度低所导致的非金融风险调整。（2）对于相似的风险，期限较长的合同比期限较短的合同将导致更高的非金融风险调整。（3）概率分布较分散的风险比概率分布较集中的风险将导致更高的非金融风险调整。（4）对当前的估计及其趋势了解得越少，非金融风险调整就越高。（5）当新的经验使现金流量金额和时间的不确定性减少时，非金融风险调整将减少；反之亦然。

【例25－21】甲公司签发了100份责任期为三年的保险合同，这些合同构成了一个保险合同组。责任期从保险合同签发时开始。甲公司预计在初始确认后能立即收到保费1 800元，且对每年末发生的现金流出情况进行了估计。市场上反映上述现金流量特征的折现率为5%。保险合同初始确认时，甲公司估计非金融风险调整为120元。

情形1：假设甲公司预计未来每年末现金流出为400元，总计1 200元。

情形2：假设甲公司预计未来每年末现金流出为800元，总计2 400元。

假设不考虑其他因素。

本例中，甲公司初始计量保险合同组的相关计算如表25－5所示。

表25－5 单位：元

项目	情形1	情形2
未来现金流入现值的估计①	1 800	1 800
未来现金流出现值的估计②	$-[400/(1+5\%)+400/(1+5\%)^2+400/(1+5\%)^3]=(1\ 089)$	$-[800/(1+5\%)+800/(1+5\%)^2+800/(1+5\%)^3]=(2\ 179)$
未来现金流量现值的估计③＝①＋②	711	（379）
非金融风险调整④	（120）	（120）
履约现金流量⑤＝③＋④	591	（499）
合同服务边际[注]⑥＝－Max（⑤，0）	（591）	—
初始确认时的保险合同负债[注]⑦＝⑤＋⑥	—	（499）

注：负数代表贷方发生额。

情形1，甲公司的账务处理如下：

（1）初始确认时。

借：未到期责任负债——未来现金流量现值 711

贷：未到期责任负债——非金融风险调整 120

——合同服务边际 591

（2）收到保费。

借：银行存款 1 800

贷：未到期责任负债——未来现金流量现值 1 800

情形2，甲公司的财务处理如下：

（1）初始确认时。

借：亏损保险合同损益 499

贷：未到期责任负债 499

（2）收到保费的账务处理同情形1。

4. 保险获取现金流量资产及其他相关资产或负债。

合同组合中的合同归入其所属合同组时，企业应当采用系统合理的方法终止确认该合同对应的保险获取现金流量资产，并将对应金额用于其所属合同组的计量。当企业将不同保险合同归入其所属合同组的时间分属不同报告期间时，企业应当终止确认当期归入所属合同组的合同对应的保险获取现金流量资产，并继续确认预计在未来期间归入该合同组的合同对应的保险获取现金流量资产。

在保险合同组初始确认前，除保险获取现金流量之外的、与履行该合同组内合同直接相关的现金流量，可能因为已发生或根据其他企业会计准则的要求确认为资产，例如企业预付该合同所在合同组履约相关的、作为维持费用的水电费。在该合同组初始确认时，企业应终止确认这些现金流量所形成的资产，并将终止确认的金额计入保险服务费用，同时减少保险合同负债金额并确认保险服务收入，以反映该类现金流量对应的保费的收回。如果这些现金流量发生在保险合同组初始确认之后，则应当作为该合同组的履约现金流量。

（二）后续计量

企业应当在资产负债表日通过未到期责任负债与已发生赔款负债对保险合同组进行后续计量。未到期责任负债包括资产负债表日分摊至保险合同组的、与未到期责任有关的履约现金流量和当日该合同组的合同服务边际。已发生赔款负债包括资产负债表日分摊至保险合同组的、与已发生赔案及其他相关费用有关的履约现金流量。

1. 合同服务边际。

对于不具有直接参与分红特征的保险合同组，资产负债表日合同组的合同服务边际账面价值应当以期初账面价值为基础，经下列各项调整后予以确定：

（1）当期归入该合同组的合同对合同服务边际的影响金额。

（2）合同服务边际在当期计提的利息。

计息利率为保险合同组初始确认时不随基础项目回报而变动的现金流量所适用的折现率，即该合同组内合同确认时、不随基础项目回报而变动的现金流量所适用的加权平均利率。当期合同组内新增合同导致加权平均利率发生变化的，应当自期初起使用更新后的加权平均利率。

（3）与未来服务相关的履约现金流量的变动金额，但履约现金流量增加额超过合同服务边际账面价值所导致的亏损部分，以及履约现金流量减少额抵销的未到期责任负债的亏损部分除外，上述"导致的亏损部分"或"抵销的亏损部分"应当计入当期损益。

与未来服务相关的履约现金流量的变动包括：

①企业采用合同组初始确认时所适用的反映保险合同组现金流量特征的折现率（即该合同组内合同确认时、反映保险合同组现金流量特征的加权平均利率）计量的、由当期收到的与未来服务相关的保费及相关现金流量（如保险获取现金流量和增值税）产生的经验调整。

②企业采用合同组初始确认时所适用的反映保险合同组现金流量特征的折现率计量的、未到期责任负债未来现金流量现值的估计变更，货币时间价值及金融风险及其变动的影响所导致的履约现金流量变动除外。

③投资成分的当期预计应付金额（当期期初预计付款额及其至实际应付之前产生的相关保险合同金融变动额）与当期实际应付金额之间的差额。

④保单贷款的当期预计应收金额（当期期初预计收款额及其至实际应收之前产生的相关保险合同金融变动额）与当期实际应收金额之间的差额。

⑤与未来服务相关的非金融风险调整变动额。如果企业选择区分由货币时间价值及金融风险的影响导致的非金融风险调整变动额和非金融风险变动导致的非金融风险调整变动额，并将前者作为保险合同金融变动额，则与未来服务相关的非金融风险调整变动额仅包括企业采用合同组初始确认时所适用的反映保险合同组现金流量特征的折现率计量的、非金融风险变动导致的非金融风险调整变动额。

企业不应因下列与未来服务不相关的履约现金流量变动调整合同服务边际：

①货币时间价值及金融风险及其变动的影响所导致的未来现金流量现值的变动。

②企业选择作为保险合同金融变动额的、货币时间价值及金融风险的影响导致的非金融风险调整变动额。

③已发生赔款负债的履约现金流量估计的变更。

④除采用合同组初始确认时所适用的反映保险合同组现金流量特征的折现率计量的、由当期收到的与未来服务相关的保费及相关现金流量产生的经验调整外的其他经验调整。

合同条款可能允许企业相机确定向保单持有人支付的现金流量。企业应当在合同开始时说明用以确定预计支付的现金流量的基础，如固定利率或随特定资产回报而变动的回报，以使企业能将相机现金流量的金额变动分解为金融风险相关假设变更导致的变动和相机抉择变动导致的变动。企业应当将相机抉择变动导致的现金流量变动视为与未来服务相关的履约现金流量变动，并调整合同服务边际，金融风险相关假设变更导致的现金流量变动不应调整合同服务边际。如果企业在合同开始时作出上述说明不切实可行，则应当将合同开始时估计的履约现金流量中隐含的回报，作为预计支付的现金流量，该现金流量的后续变动中与金融风险相关的变动应作为金融风险相关假设变更导致的变动，不应调整合同服务边际。

【例25－22】2×21年初，甲公司签发了一份万能险合同，该份合同符合保险合同的定义且单独构成一个合同组，假设甲公司遵循一般规定计量该合同组。合同条款约定，甲公司有权自行决定与保单持有人间的结算利率，但结算利率不得为负。甲公司在合同开始时，用书面文档说明了确定预计支付的现金流量的基础，即结算利率等于投资收益率乘以分配比例，该分配比例在合同开始时确定为80%。该文档同时说明了，投资收益率变动导致的结算利率的变动，即实际投资收益率与预计投资收益率的差额乘以之前确定的分配比例，是金融风险相关假设变更导致的变动；而企业调整分配比例导致的结算利率的变动，即分配比例调整额乘以实际投资收益率，是相机抉择变动导致的变动。甲公司预计每年投资收益率是5%，即结算利率为4%。初始确认后，由于投资收益不佳，甲公司2×22年的投资收益率只有2%，为了更多让利给保单持有人，决定将其中的90%分配给保单持有人，即当年结算利率为1.8%。

本例中，结算利率从4%变为1.8%，共减少2.2%，受到相机抉择变动和金融风险相关假设变更的综合影响。在2×22年末，区分金融风险相关假设变更导致的变动与相机抉择变动导致的变动时，甲公司计算金融风险相关假设变更（即投资收益率的变动）导致的变动部分为（2%－5%）×80%＝－2.4%；

相机抉择变动而导致的变动部分为 2% ×（90% －80%）＝0.2%，该部分对应的现金流量变动是与未来服务相关的履约现金流量的变动。

（4）合同服务边际在当期产生的汇兑差额。

（5）合同服务边际在当期的摊销金额。

企业应当根据合同组当期和未来预计提供的保险合同服务，将计算确定的合同服务边际在合同组的责任期内进行摊销。企业在分摊合同服务边际前，应当先识别合同组中的责任单元，即考虑每项合同所提供的利益金额或数量及预计责任期。企业应当将合同服务边际平均分摊至当期和未来预期提供的每一责任单元，并计入当期及以后期间保险服务收入。

企业为不具有直接参与分红特征的保险合同持有人提供的投资回报服务或代具有直接参与分红特征的保险合同持有人管理基础项目的投资相关服务的期间结束日，应不晚于企业向合同组中当前保单持有人支付与该服务相关的全部应付金额的日期，应付金额无须考虑该合同组履约现金流量中包含的应向未来保单持有人支付的金额。不具有直接参与分红特征的保险合同同时符合下列条件的，可能提供了投资回报服务：①存在投资成分或保单持有人有权收回一项金额；②企业预计该投资成分或保单持有人有权收回的金额中包含投资回报；③企业预计将进行投资活动以取得该投资回报。

2. 保险服务收入。

企业确认保险服务收入的方式应当反映其向保单持有人提供保险合同服务的模式，保险服务收入的确认金额应当反映企业因提供这些服务而预计有权收取的对价金额。对于每一组保险合同，企业确认的保险服务收入总额应当等于企业因提供保险合同服务而有权取得的总对价，考虑货币时间价值及金融风险的影响，并扣除投资成分后的金额。

对于未采用保费分配法的保险合同组，企业确认的当期保险服务收入由下列部分组成：

（1）未到期责任负债账面价值当期减少额中因当期提供保险合同服务而预计取得的对价金额。具体包括：①期初预计在当期发生的、与提供保险合同服务有关的保险服务费用；②非金融风险调整的减少；③合同服务边际的摊销；④其他，如与未来服务不相关的保费经验调整等。

下列未到期责任负债账面价值的当期变动不应确认为保险服务收入：①与当期提供保险合同服务不相关的变动，包括收取保费的现金流入、与当期投资成分相关的变动、保单贷款相关现金流量、代扣代缴流转税（如增值税）、保险合同金融变动额、保险获取现金流量，以及因合同转让终止确认保险合同；②分摊至未到期责任负债亏损部分的金额。由于企业预计对亏损部分无权取得对价，所以不应将其确认为保险服务收入。

（2）保险获取现金流量摊销的金额。企业应当将合同组内的保险获取现金流量随时间流逝进行系统摊销，确认责任期内各个期间的保险服务收入，以反映该类现金流量所对应的保费的收回。

3. 保险服务费用。

当期保险服务费用应当包括当期发生赔款及其他相关费用、保险获取现金流量的摊销、亏损部分的确认及转回和已发生赔款负债相关履约现金流量变动，不得包含保险合同中的投资成分。

4. 保险合同金融变动额。

企业应当将货币时间价值及金融风险的影响导致的未到期责任负债和已发生赔款负债账面价值变动额，作为保险合同金融变动额。通货膨胀假设基于价格指数或基于资产收益与通货膨胀率挂钩的资产价格的，该通货膨胀假设与金融风险有关；通货膨胀假设基于企业预期的特定价格变化的，该通货膨胀假设与金融风险不相关。基础项目价值变动（新增和领取除外）所导致的保险合同组计量的变动，是货币时间价值及金融风险的影响所引起的变动。

企业可以选择不区分由货币时间价值及金融风险的影响导致的非金融风险调整变动额和非金融风险变动导致的非金融风险调整变动额，并将全部非金融风险调整变动额都不作为保险合同金融变动额。如果企业选择作出区分，应将由货币时间价值及金融风险的影响导致的非金融风险调整变动额作为保险合同金融变动额。

企业可以选择将保险合同金融变动额全额计入当期损益，即保险财务损益，或分解计入当期保险财务损益和其他综合收益。企业在作出上述会计政策选择时，应当考虑持有的相关资产及其会计处理，在合同组合层面作出选择。选择将保险合同金融变动额分解计入当期保险财务损益和其他综合收益的，企业应当在合同组剩余期限内，采用系统合理的方法确定计入各个期间保险财务损益的金额，其与保险合同金融变动额的差额计入其他综合收益。上述系统合理的方法包括：

（1）对于不具有直接参与分红特征的保险合同。

企业应当基于保险合同的特征，无须考虑不影响保险合同现金流量的因素。例如，如果资产预期回报不影响合同组内合同的现金流量，则保险合同金融变动额的分解不应考虑相关资产回报。在对保险合同金融变动额进行分解时，应当确保在合同组期限内计入其他综合收益的保险合同金融变动额总额为零，即计入各个期间保险财务损益的总额与保险合同金融变动额总额相等。

由货币时间价值及金融风险的影响导致的非金融风险调整变动额作为保险合同金融变动额且分解计入当期保险财务损益和其他综合收益的，分解采用的系统合理方法，应与由货币时间价值及金融风险影响导致的未来现金流量变动额分解采用的方法相一致。

对于金融风险相关假设变更对企业支付给保单持有人的金额不具有重大影响的保险合同组，企业应当采用合同组初始确认时确定的、反映不随基础项目回报变动的现金流量特征的折现率，确定保险合同金融变动额计入当期保险财务损益的金额。

对于金融风险相关假设变更对企业支付给保单持有人的金额具有重大影响的保险合同组，企业可以采用下列方法之一确定保险合同金融变动额计入当期保险财务损益的金额：①实际分摊率法，即采用内含利率将更新后的预期保险合同金融变动额总额在合同组的剩余期限内进行系统合理的分摊。该内含利率应于每个报告期末进行更新，以确保在合同组期限内计入其他综合收益的保险合同金融变动额总额为零；②预期结算利率法，即对于使用结算利率确定应付保单持有人金额的合同，企业基于当期结算利息金额与未来期间预期结算利息金额，将保险合同金融变动额进行系统合理的分摊。

对于采用保费分配法计量的保险合同组，如果企业对已发生赔款负债进行调整以反映货币时间价值及金融风险的影响，企业应当按赔案发生时确定的、反映不随基础项目回报变动的现金流量特征的折现率，确定已发生赔款负债的保险合同金融变动额计入各个期间保险财务损益的金额。

【例25－23】 2×21年1月1日，甲公司签发了100份责任期为三年的保险合同，这些合同构成了一个合同组。这些保险合同的责任期均为2×21年1月1日至2×23年12月31日，每份保险合同趸缴保费30元，甲公司于2×21年1月1日初始确认该合同组的同时收到3 000元保费，并将收到的保费投资于2年期的固定利率债券，预计年化投资收益率为10%，该债券到期后甲公司会将到期收回的资金再投资于一年期的预计年化投资收益率为10%的固定利率债券。

甲公司向保单持有人的利益分配政策为将合同组责任期结束时投资资产余额的94.64%支付给保单持有人。2×21年12月31日，市场上资产的实际投资收益率从每年10%下降到每年5%。由于甲公司持有的是年化收益率是10%的固定利率债券，所以其预计2×22年的投资收益率仍为10%，但该债券于2×22年12月31日到期后，甲公司会再投资，由于市场投资收益率已下降到每年5%，甲公司将第3年预计投资收益率从10%调整为5%，并修改了第3年末预计支付的未来现金流量。

假设这些保险合同均为不具有直接参与分红特征的保险合同，不符合采用保费分配法计量的条件。甲公司选择将未来现金流量变动中货币时间价值及金融风险的影响部分分解计入保险财务损益和其他综合收益，假设甲公司采用实际分摊率法计算计入保险财务损益的金额。假设在合同组责任期结束前没有合同失效，不考虑非金融风险调整、债券投资的信用风险、保险获取现金流量等其他因素。

本例中，初始确认时的相关信息如表25-6所示。

表25-6

合同组初始确认时投资资产公允价值（元）	3 000
投资资产的预期余额（第3年末）（元）	$3\ 993 = 3\ 000 \times 1.1^3$
支付给保单持有人的比例（%）	94.64
预期第3年末向保单持有人支付的金额（元）	$3\ 779 = 3\ 993 \times 94.64\%$
预期第3年末向保单持有人支付金额（折现到初始确认时）的现值（元）	$2\ 839 = 3\ 779/(1.1^3)$
用于系统合理地分摊保险合同金融变动额的利率（实际分摊率）（%）	$10\% = \sqrt[3]{(3\ 779/2\ 839)} - 1$

2×21年12月31日，因实际市场收益率下降，甲公司调整第3年末投资资产余额和预期向保单持有人支付金额如表25-7所示。

表25-7

项目	第3年末
投资资产的预期余额（第3年末，更新后）（元）	$3\ 812 = 3\ 000 \times 1.1^2 \times 1.05$
支付给保单持有人的比例（%）	94.64
预期第3年末向保单持有人支付的金额（更新后）（元）	$3\ 608 = 3\ 812 \times 94.64\%$

甲公司于第1年末更新用于系统合理地分摊计入当期保险财务损益的利

率，即实际分摊率（r），以确保在合同组期限内分摊计入保险财务损益各期总额与保险合同金融变动额总额相等。

合同组期限内保险合同金融变动额总额 = 3 608 − 2 839 = 769（元）= 分摊计入保险财务损益各期总额 = 2 839 × 10% + 2 839 × (1 + 10%) × r + 2 839 × (1 + 10%) × (1 + r) × r

解得：r = 7.48%。

未来现金流量估计现值、保险合同金融变动额、系统合理地分摊计入保险财务损益的金额如表 25 − 8 所示。

表 25 − 8

项目	初始确认时（实际）	第 1 年末（实际）	第 2 年末（预期）	第 3 年末（预期）
未来现金流量估计现值①注1（元）	2 839	3 272	3 436	3 608
当年用于系统分摊计入当年保险财务损益的利率（实际分摊率）（%）		10	7.48	7.48
当年保险合同金融变动额② = 当年末① − 上年末①（元）		433	164	172
其中：当年计入保险财务损益③注2（元）		284	234	251
计入其他综合收益（累计金额）④ = ② − ③ + 上年④（元）	—	149	79	0

注 1：第 1 年末未来现金流量现值 = 3 608/$(1 + 5\%)^2$ = 3 272（元）；第 2 年末未来现金流量现值 = 3 608/(1 + 5%) = 3 436（元）。

注 2：第 1 年计入保险财务损益的金额 = 2 839 × 10% = 284（元）；第 2 年计入保险财务损益的金额 = 2 839 × (1 + 10%) × 7.48% = 234（元）；第 3 年计入保险财务损益的金额 = 2 839 × (1 + 10%) × (1 + 7.48%) × 7.48% = 251（元）。

【例 25 − 24】 沿用〖例 25 − 23〗，甲公司向保单持有人的利益分配政策改为每年保单持有人账户价值的结算利率为投资收益率减 2 个百分点，例如投资收益率为每年 10% 时，结算利率为每年 8%，该政策是甲公司用以确定预期支付的相机现金流量的基础。甲公司采用预期结算利率法计算保险合同金融变动额分摊计入保险财务损益部分的金额，其他信息同上例。

本例中，初始确认时的相关信息如表 25 − 9 所示。

表 25－9

项目	初始确认时	第 1 年末	第 2 年末	第 3 年末
保单持有人账户价值的结算利率①（%）		8	8	8
预期保单持有人账户价值②＝上年②×(1＋①)（元）	3 000	3 240	3 499	3 779

初始确认时，未来现金流量现值＝3 779/(1＋10%)^3＝2 839（元）。

2×21 年 12 月 31 日，因实际市场投资收益率下降，预计 2×23 年的结算利率将修改为 3%（5%－2%），所以，甲公司调整第 3 年末预计保单持有人账户价值为 3 000×(1＋8%)^2×(1＋3%)＝3 604（元）。

甲公司于第 1 年末更新用于系统分摊计入当年保险财务损益的利率（即“调整后预期结算利率”），该“调整后预期结算利率”是经当年实际和未来预期结算利率调整而来，假设调整因子为 K。“调整后预期结算利率”应确保在合同组期限内，分摊计入保险财务损益各期总额与保险合同金融变动额总额相等。

合同组期限内保险合同金融变动额总额＝3 604 － 2 839＝765（元）＝分摊计入保险财务损益各期总额＝2 839×[(1＋8%)×K－1]＋2 839×[(1＋8%)×K]×[(1＋8%)×K－1]＋2 839×[(1＋8%)×K]^2×[(1＋3%)×K－1]

解得：K＝1.01854。

所以，第 1 年“调整后预期结算利率”＝(1＋8%)×K － 1＝10.002%。

第 2 年“调整后预期结算利率”＝(1＋8%)× K － 1＝10.002%。

第 3 年“调整后预期结算利率”＝(1＋3%)× K － 1＝4.910%。

未来现金流量估计现值、保险合同金融变动额、系统分摊计入保险财务损益的金额如表 25－10 所示。

表 25－10

项目	初始确认时（实际）	第 1 年末（实际）	第 2 年末（预期）	第 3 年末（预期）
未来现金流量估计现值①注1（元）	2 839	3 269	3 432	3 604
当年用于系统分摊计入当年保险财务损益的利率（“调整后预期结算利率”）（%）		10.002	10.002	4.910

续表

项目	初始确认时（实际）	第1年末（实际）	第2年末（预期）	第3年末（预期）
当年保险合同金融变动额② = 当年末① - 上年末①（元）		430	163	172
其中：当年计入保险财务损益③注2（元）		284	312	169
计入其他综合收益（累计金额）④ = ② - ③ + 上年④（元）	—	146	(3)	—

注1：第1年末未来现金流量现值 = 3 604/$(1+5\%)^2$ = 3 269（元）；第2年末未来现金流量现值 3 604/(1 + 5%) = 3 432（元）。

注2：第1年计入保险财务损益的金额 = 2 839 × 10.002% = 284（元）；第2年计入保险财务损益的金额 = 2 839 × (1 + 10.002%) × 10.002% = 312（元）；第3年计入保险财务损益的金额 = 2 839 × $(1 + 10.002\%)^2$ × 4.910% = 169（元）。

（2）对于具有直接参与分红特征的保险合同。

①如果企业持有基础项目，企业应当使用当期账面收益率法对当期保险合同金融变动额进行分解，即计入当期保险财务损益的金额应当等于其持有的基础项目按照相关会计准则规定计入当期损益的金额，使这些损益相抵后净额为零。其中，相抵损益的金额不包括企业使用衍生工具、分出的再保险合同或以公允价值计量且其变动计入当期损益的非衍生金融工具管理与履约现金流量变动相关的金融风险时，选择将该履约现金流量变动中货币时间价值及金融风险的影响计入当期保险财务损益的金额。

②如果企业不持有基础项目，企业应当根据前述不具有直接参与分红特征的保险合同所适用的方法，对当期保险合同金融变动额进行分解。

企业可能在某些期间内持有基础项目，而在其他期间内不持有基础项目。如果企业此前持有基础项目，但由于情况变化而不再持有基础项目，或者此前不持有基础项目但由于情况变化而持有基础项目，对于基于该变更发生前最近时点的假设计算的、变更前计入其他综合收益的累计金额，企业应当视同沿用原方法（如实际分摊率法、预期结算利率法、当期账面收益率法等）将该金额计入以后期间的保险财务损益。在进行上述变更时，企业不得重述以前期间的比较信息，不得重新计算变更前计入其他综合收益的累计金额，变更日之后也不得改变用以确定变更日之前计入其他综合收益累计金额的假设。

【例25-25】 2×21年1月1日，甲公司签发了100份保险合同，这些合同构成了一个合同组。假设这些保险合同符合具有直接参与分红特征的保险合同的定义，责任期均为2×21年1月1日至2×23年12月31日。每份保险合同趸缴保费30元，甲公司于2×21年1月1日收到3 000元保费，并将收到的保费投资于3年期到期一次性还本付息的固定利率债券（即其持有的基础项目），甲公司将投资的债券分类为以公允价值计量且其变动计入其他综合收益的金融资产。债券的年化实际利率为10%。债券在2×21年、2×22年和2×23年年末的公允价值分别为3 622元、3 803元和3 993元。2×21年1月1日市场上债券的年化投资收益率为10%，假设第1年末下降至5%。

保险合同条款约定，合同满期时，甲公司将当日基础项目公允价值扣减5%的资产管理费后的净值，即基础项目公允价值的95%支付给保单持有人。

甲公司选择将未来现金流量估计变动中货币时间价值及金融风险的影响部分分解计入保险财务损益和其他综合收益。假设责任期结束前没有合同失效，不考虑死亡时应给付的额外现金流量、非金融风险调整、债券投资的信用风险、保险获取现金流量等其他因素，合同服务边际在剩余责任期内均匀摊销。

本例中，由于甲公司持有基础项目，因此，采用当期账面收益率法计算各期计入保险财务损益的金额。甲公司计算保险合同金融变动额分解计入其他综合收益和保险财务损益的过程如表25－11所示。

表25－11

项目	初始确认时	第1年末	第2年末	第3年末
债券的实际利率①（%）		10	10	10
债券的公允价值②（元）	3 000	3 622	3 803	3 993
债券的摊余成本③＝上年③×（1＋①）（元）	3 000	3 300	3 630	3 993
债券计入其他综合收益的累计金额④＝②－③（元）		322	173	—
债券计入当年损益的金额⑤＝③－上年③（元）	—	300	330	363
当年保险合同金融变动额⑥＝②－上年②（元）	—	622	181	190
其中：当年计入保险财务损益的金额⑦＝⑤（元）		300	330	363
当年计入其他综合收益的金额⑧＝⑥－⑦（元）	—	322	（149）	（173）

【例25－26】 2×20年12月31日，甲公司签发了100份责任期为3年的保险合同，这些合同构成了一个合同组。责任期自2×21年1月1日至2×23年12月31日，每张保单趸缴保费18元，合同条款约定的保费付款到期日为2×21年1月1日。甲公司于2×21年1月1日初始确认该合同组时预计将立刻收到趸缴保费1 800元，且预计每年年末发生的现金流出为400元。当时市场上反映该现金流量特征的折现率为5%。保险合同初始确认时，甲公司估计的非金融风险调整为120元，甲公司选择不将货币时间价值及金融风险的影响导致的非金融风险调整变动额作为保险合同金融变动额。非金融风险调整预计将在责任期内每年均匀地释放40元并确认为损益。甲公司选择将保险合同金融变动额全部计入保险财务损益。假设这些合同均为不具有直接参与分红特征的保险合同，不符合采用保费分配法计量的条件，这些合同在责任期内各年的责任单元相等，责任单元的计算不折现。

第1年末，甲公司实际赔付金额与预期一致。

第2年末，甲公司实际赔付金额为300元，比预计赔付减少了100元，非金融风险调整当年释放40元。甲公司同时将第3年的未来现金流出估计改为280元，而非初始确认时预计的400元，将与未来现金流量估计相关的非金融风险调整修改为30元，并预计将在第3年释放。

第3年末，甲公司实际赔付金额与第2年末的预期一致。

假设在责任期结束前没有合同失效，没有投资成分，市场上反映该合同组现金流量特征的折现率始终为5%，不考虑其他因素。

本例中，初始确认时甲公司计量保险合同组并估计后续每年末的履约现金流量如表25－12所示。

表25－12 单位：元

项目	初始确认时	第1年	第2年	第3年
未来现金流入现值的估计①	1 800	—	—	—
未来现金流出现值的估计[注1]②	(1 089)	(744)	(381)	—
未来现金流量现值的估计③＝①＋②	711	(744)	(381)	—
非金融风险调整④	(120)	(80)	(40)	—
履约现金流量⑤＝③＋④	591	(824)	(421)	—

续表

项目	初始确认时	第1年	第2年	第3年
合同服务边际⑥	(591)			
初始确认时的保险合同负债⑦=⑤+⑥	—			

注1：第2年末的未来现金流出现值=400/(1+5%)=381（元）；第1年末的未来现金流出现值=400/(1+5%)^2+400/(1+5%)=744（元）；初始确认时的未来现金流出现值=400/(1+5%)^3+400/(1+5%)^2+400/(1+5%)=1 089（元）。

第1年内，保险合同负债自年初至年末的变动如表25－13所示。

表25－13

单位：元

项目	未来现金流量现值的估计	非金融风险调整	合同服务边际	保险合同负债[注2]
年初余额①	—	—	—	—
与未来服务相关的变动：新合同②	711	(120)	(591)	—
年初现金流量③	(1 800)	—	—	(1 800)
保险财务损益[注3]④	(55)	—	(29)	(84)
与当年服务相关的变动[注4]⑤	—	40	207	247
年末现金流量⑥	400	—	—	400
年末余额⑦=①+②+③+④+⑤+⑥	(744)	(80)	(413)	(1 237)

注2：负数代表贷方。

注3：未来现金流量现值估计计息产生的保险财务损益=－(0+711－1 800)×5%=55（元）；合同服务边际计息产生的保险财务损益=－(0－591)×5%=29（元）。

注4：与当年服务相关的变动中非金融风险调整为40元，即120/3；合同服务边际为207元，即(591+29)/3。

修改后第2年末的履约现金流量估计如表25－14所示。

表25－14

单位：元

项目	初始确认时	第1年	第2年	第3年
未来现金流入现值的估计①	1 800	—	—	—
未来现金流出现值的估计②	(1 089)	(744)	(267)[注5]	—
未来现金流量现值的估计③=①+②	711	(744)	(267)	—

续表

项目	初始确认时	第 1 年	第 2 年	第 3 年
非金融风险调整④	(120)	(80)	(30)	—
履约现金流量⑤ = ③ + ④	591	(824)	(297)	—
合同服务边际⑥	(591)			
初始确认时的保险合同负债⑦ = ⑤ + ⑥	—			

注 5：修改后第 2 年末的未来现金流出现值 = 280/(1 + 5%) = 267（元）。

第 2 年末，保险合同负债自年初至年末的变动如表 25 – 15 所示。

表 25 – 15 单位：元

项目	未来现金流量现值的估计	非金融风险调整	合同服务边际	保险合同负债
年初余额①	(744)	(80)	(413)	(1 237)
年初现金流量②	—	—	—	—
保险财务损益③	(37)	—	(21)	(58)
与未来服务相关的变动[注6]④	114	10	(124)	—
与当年服务相关的变动[注7]⑤	100	40	279	419
年末现金流量⑥	300	—	—	300
年末余额⑦ = ① + ② + ③ + ④ + ⑤ + ⑥	(267)	(30)	(279)	(576)

注 6：与未来服务相关的未来现金流量现值估计变动额 = (400 – 280)/(1 + 5%) = 114（元），非金融风险调整变动额 = 40 – 30 = 10 元，两者变动合计调整合同服务边际 124（元）。

注 7：与当年服务相关的未来现金流量现值估计变动额 = 400 – 300 = 100（元），非金融风险调整变动额为 40 元，合同服务边际摊销金额 = (413 + 124 + 21)/2 = 279（元）。

第 3 年末，保险合同负债自年初至年末的变动如表 25 – 16 所示。

表 25 – 16 单位：元

项目	未来现金流量现值的估计	非金融风险调整	合同服务边际	保险合同负债
年初余额①	(267)	(30)	(279)	(576)
年初现金流量②	—	—	—	—
保险财务损益③	(13)	—	(14)	(27)
与未来服务相关的变动④	—	—	—	—

续表

项目	未来现金流量现值的估计	非金融风险调整	合同服务边际	保险合同负债
与当年服务相关的变动⑤	—	30	293	323
年末现金流量⑥	280	—	—	280
年末余额⑦ =①+②+③+④+⑤+⑥	—	—	—	—

甲公司的账务处理如下：

（1）初始确认时。

借：未到期责任负债——未来现金流量现值 711

贷：未到期责任负债——非金融风险调整 120

——合同服务边际 591

（2）收到保费。

借：银行存款 1 800

贷：未到期责任负债 1 800

（3）第1年发生赔付。

借：保险合同赔付和费用 400

贷：已发生赔款负债 400

（4）第1年支付赔款。

借：已发生赔款负债 400

贷：银行存款 400

（5）第1年确认保险财务损益。

借：承保财务损益 84

贷：未到期责任负债 84

（6）确认第1年保险服务收入。

借：未到期责任负债 647

贷：保险服务收入 647

（7）第2年发生赔付。

借：保险合同赔付和费用 300

贷：已发生赔款负债 300

（8）第2年支付赔款。

借：已发生赔款负债 300

贷：银行存款　300

（9）第2年，因第3年赔付和非金融风险调整的预期减少而调整合同服务边际。

借：未到期责任负债——未来现金流量现值　114

——非金融风险调整　10

贷：未到期责任负债——合同服务边际　124

（10）第2年确认保险财务损益。

借：承保财务损益　58

贷：未到期责任负债　58

（11）确认第2年保险服务收入。

借：未到期责任负债　719

贷：保险服务收入　719

（12）第3年发生赔付。

借：保险合同赔付和费用　280

贷：已发生赔款负债　280

（13）第3年支付赔款。

借：已发生赔款负债　280

贷：银行存款　280

（14）第3年确认保险财务损益。

借：承保财务损益　27

贷：未到期责任负债　27

（15）确认第3年保险服务收入。

借：未到期责任负债　603

贷：保险服务收入　603

【例25－27】 2×20年12月31日，甲公司签发了200份3年期的符合保险合同定义的合同，责任期自2×21年1月1日至2×23年12月31日，这些保险合同属于同一合同组，每份保险合同趸缴保费20元，合同条款约定的保费付款到期日为2×21年1月1日，甲公司于2×21年1月1日初始确认该合同组时预计将立刻收到趸缴保费4 000元。假设甲公司在责任期内均匀提供保险保障服务和投资回报服务。合同条款还约定，保单持有人在责任期内死亡时收到账户价值及一笔重大固定赔付金额（但为了单独说明本例中事项的影响，简化起见，本例不考虑该重大固定赔付金额的影响），若责任期满仍然生存则于责任期末作为满期金收到账户价值。

每年年末保单持有人的账户价值为：年初余额，加上当年年初收到的保费（如有），减去年初账户价值与收到保费（如有）之和的2%（即账户管理费），加上年末结算的利息（由甲公司相机确定），减去保单持有人死亡或责任期满时向保单持有人支付的账户价值。甲公司在合同开始前就确定了预期支付的相机现金流量的基础，即以内部特定资产的回报率减去2个百分点所得的利率作为向保单持有人账户价值结算利息的利率。假设甲公司遵循一般规定计量该合同组。

保险合同组初始确认时，甲公司预计特定资产回报率为10%，并确定适用不随基础项目回报而变动的现金流量的折现率为4%，按是否随基础项目回报变动对预计现金流量进行分拆，并对分拆后的现金流量采用不同的折现率。预计每年年末会有1位保单持有人死亡，赔付立即支付。预计非金融风险调整为30元，并假设其在责任期内均匀地确认为损益。甲公司未选择将货币时间价值及金融风险的影响导致的非金融风险调整变动额作为保险合同金融变动额，选择将保险合同金融变动额全部计入保险财务损益。

保险合同组初始确认时，甲公司的预期如表25－17所示。

表25－17

项目	初始确认时	第1年	第2年	第3年
保费/人（元）	20			
保费（元）		4 000		
账户管理费率（%）		2	2	2
预期投资收益率（%）		10	10	10
账户价值结息率（%）		8	8	8
不随基础项目回报而变动的现金流量折现率（%）		4	4	4
年末死亡人数（人）		1	1	1
初始确认时及各年末有效人数（人）	200	199	198	197
初始确认时及各年末非金融风险调整（元）	30	20	10	0

第1年特定资产回报率为10%，与预期一致。于第1年末，甲公司预计未来特定资产回报率仍为10%。但是，第2年特定资产回报率仅为7%，第2年末，甲公司将第3年特定资产预期回报率估计修改为7%。甲公司改变第2年

和第3年向保单持有人账户价值结算利息的相机抉择，改为以特定资产回报率减1个百分点所得利率，即第2年和第3年每年保单持有人账户价值结算利息的利率为6%，而非最初预计的8%。

第2年末实际情形和甲公司更新后的第3年预期如表25－18所示。

表25－18

项目	初始确认时	第1年	第2年	第3年
保费/人（元）	20			
保费（元）		4 000		
账户管理费率（%）		2	2	2
预期投资收益率（%）		10	10	7
实际投资收益率（%）		10	7	未知
账户价值结息率（%）		8	6	6
不随基础项目回报而变动的现金流量折现率（%）		4	4	4
年末死亡人数（人）		1	1	1
初始确认时及各年末有效人数（人）	200	199	198	197
初始确认时及各年末非金融风险调整（元）	30	20	10	0

第3年的实际情形与第2年末的预期一致。

假设本例中非金融风险调整始终与预期一致，且不考虑其他履约现金流量等因素。

本例中，初始确认时甲公司预估的未来每年末的账户价值如表25－19所示。

表25－19　　单位：元

项目	第1年	第2年	第3年
账户价值（年初）①	—	4 213	4 437
年初收到的保费②	4 000	—	—
账户管理费③＝－（①＋②）×2%	（80）	（84）	（89）
结息④＝（①＋②＋③）×8%	314	330	348

续表

项目	第1年	第2年	第3年
赔付⑤ = －（①+②+③+④）×（本年死亡人数+满期人数）/年初有效人数	(21)	(22)	(4 696)
账户价值（年末）⑥=①+②+③+④+⑤	4 213	4 437	—

初始确认时，甲公司计量保险合同组并估计后续每年末的履约现金流量如表25－20所示。

表25－20 单位：元

项目	初始确认时	第1年	第2年	第3年
未来现金流入现值的估计①	4 000	—	—	—
未来现金流出的估计	—	(21)	(22)	(4 696)
未来现金流出现值的估计[注1]②	(3 566)	(3 901)	(4 269)	—
未来现金流量现值的估计③=①+②	434			
非金融风险调整④	(30)			
履约现金流量⑤=③+④	404			
合同服务边际⑥	(404)			
初始确认时的保险合同负债⑦=⑤+⑥	—			

注1：第2年末的未来现金流出现值=4 696/(1+10%)=4 269（元）；第1年末的未来现金流出现值=(4 269+22)/(1+10%)=3 901（元）；初始确认时的未来现金流出现值=(3 901+21)/(1+10%)=3 566（元）。

甲公司第1年保险合同负债自年初至年末的余额变动如表25－21所示。

表25－21 单位：元

项目	未来现金流量现值的估计	非金融风险调整	合同服务边际	保险合同负债
年初余额①	—	—	—	—
与未来服务相关的变动：新合同②	434	(30)	(404)	—
年初现金流量③	(4 000)	—	—	(4 000)
保险财务损益[注2]④	(356)	—	(16)	(372)

续表

项目	未来现金流量现值的估计	非金融风险调整	合同服务边际	保险合同负债
与当年服务相关的变动⑤	—	10	140	150
年末现金流量⑥	21	—	—	21
年末余额⑦=①+②+③+④+⑤+⑥	(3 901)	(20)	(280)	(4 201)

注2：由于第1年末反映保险合同现金流量特征的折现率仍为10%，未来现金流量现值计息所采用的折现率为10%；合同服务边际计息所采用的折现率为保险合同组初始确认时确定的不随基础项目回报而变动的现金流量的折现率4%。未来现金流量现值的估计计息产生的保险财务损益＝－(0＋434－4 000)×10%＝356（元）；合同服务边际计息产生的保险财务损益＝－(0－404)×4%＝16（元）。

第2年末，甲公司将保单持有人账户价值变动分解为金融假设变更的影响和相机抉择变更的影响如表25－22所示。

表25－22

保单持有人的账户价值	初始确认时的预期		因金融假设变更进行修改后		因金融假设变更及相机抉择变更进行修改后	
	比例（%）	金额（元）	比例（%）	金额（元）	比例（%）	金额（元）
第1年初余额		—		—		—
收到保费		4 000		4 000		4 000
账户管理费率	2	(80)	2	(80)	2	(80)
结算利息	8	314	8	314	8	314
死亡给付		(21)		(21)		(21)
结转至第2年初的余额		4 213		4 213		4 213
账户管理费率	2	(84)	2	(84)	2	(84)
结算利息	8	330	5	206	6	248
死亡给付		(22)		(22)		(22)
结转至第3年初的余额		4 437		4 313		4 355
账户管理费率	2	(89)	2	(86)	2	(87)
结算利息	8	348	5	211	6	256
死亡给付		(24)		(22)		(23)
第3年末满期金		4 672		4 416		4 501

甲公司在第2年和第3年的未来现金流量估计如表25－23所示。

表25－23　　　　单位：元

项目	初始确认时的预期	因金融假设变更进行修改后	因金融假设变更及相机抉择变更进行修改后
第2年死亡给付①	22	22	22
第3年死亡给付②	24	22	23
第3年满期金给付③	4 672	4 416	4 501
第2年初未来现金流量的估计④＝①＋②＋③	4 718	4 460	4 546

甲公司因金融假设变更和相机抉择变更而对履约现金流量的影响如表25－24所示。

表25－24　　　　单位：元

第2年未来现金流量估计的变动	未来现金流量估计	未来现金流量现值的估计[注3]
第2年初（用10%折现的现值）①	4 718	3 901
第2年末因金融假设变更进行修改后（用7%折现的现值）②	4 460	4 170
第2年金融假设变更的影响（含计提的利息）③＝②－①	(258)	269
第2年末因金融假设变更及相机抉择变更进行修改后（用7%折现的现值）④	4 546	4 250
第2年相机抉择变更的影响（用7%折现的现值）⑤＝④－②	86	80
支付的现金流量⑥	(22)	(22)
第2年末⑦＝④＋⑥	4 524	4 228

注3：第2年初的未来现金流量现值的估计为第2年末和第3年末未来现金流出用10%折现率进行折现的现值，即 $22/(1+10\%)+(24+4\ 672)/(1+10\%)^2=3\ 901$（元）。

第2年末因金融假设变更进行修改后的未来现金流量现值的估计，为第3年末未来现金流出以7%折现率进行折现的现值和第2年末现金流出之和，即 $(22+4\ 416)/(1+7\%)+22=4\ 170$（元）。

第2年末因金融假设变更及相机抉择变更进行修改后的未来现金流量现值的估计，为第3年末未来现金流出以7%折现率进行折现的现值和第2年末现金流出之和，即 $(23+4\ 501)/(1+7\%)+22=4\ 250$（元）。

甲公司第2年保险合同负债自年初至年末的余额变动如表25－25所示。

表 25－25

单位：元

项目	未来现金流量现值的估计注4	非金融风险调整	合同服务边际	保险合同负债
年初余额	(3 901)	(20)	(280)	(4 201)
保险财务损益	(271)	—	(11)	(282)
与未来服务相关的变动——相机抉择的变化	(78)	—	78	—
与当年服务相关的变动	—	10	107	117
年末现金流出	22	—	—	22
年末余额	(4 228)	(10)	(106)	(4 344)

注4：未来现金流量现值中因相机抉择变化而影响的与未来服务相关的现金流量变动，应调整合同服务边际，该调整的金额为对因相机抉择变化而影响的未来现金流量的变动按保险合同组初始确认时确定的折现率10%折现所得，即86/(1＋10%)＝78（元）。

由于甲公司选择将保险合同金融变动额全部计入保险财务损益，未来现金流量现值变动中计入保险财务损益的金额为269＋80－78＝271（元）。

甲公司第3年保险合同负债自年初至年末的余额变动如表25－26所示。

表 25－26

单位：元

项目	未来现金流量现值的估计	非金融风险调整	合同服务边际	保险合同负债
年初余额	(4 228)	(10)	(106)	(4 344)
保险财务损益	(296)	—	(4)	(300)
与当年服务相关的变动	—	10	110	120
年末现金流出	4 524	—	—	4 524
年末余额	—	—	—	—

甲公司的账务处理如下：

(1) 初始确认时。

借：未到期责任负债——未来现金流量现值　　434

　　贷：未到期责任负债——非金融风险调整　　30

　　　　　　　　　　——合同服务边际　　404

(2) 收到保费。

借：银行存款 4 000

贷：未到期责任负债 4 000

(3) 第1年确认保险财务损益。

借：承保财务损益 372

贷：未到期责任负债 372

(4) 第1年发生赔付（全部为投资成分）。

借：未到期责任负债 21

贷：已发生赔款负债 21

(5) 第1年支付赔款。

借：已发生赔款负债 21

贷：银行存款 21

(6) 确认第1年保险服务收入。

借：未到期责任负债 150

贷：保险服务收入 150

(7) 第2年，因相机抉择变动导致的现金流量变动调整合同服务边际。

借：未到期责任负债——合同服务边际 78

贷：未到期责任负债——未来现金流量现值 78

(8) 第2年确认保险财务损益。

借：承保财务损益 282

贷：未到期责任负债 282

(9) 第2年发生赔付（全部为投资成分）。

借：未到期责任负债 22

贷：已发生赔款负债 22

(10) 第2年支付赔款。

借：已发生赔款负债 22

贷：银行存款 22

(11) 确认第2年保险服务收入。

借：未到期责任负债 117

贷：保险服务收入 117

(12) 第3年确认保险财务损益。

借：承保财务损益 300

贷：未到期责任负债　　300

（13）第3年发生赔付（全部为投资成分）。

借：未到期责任负债　　4 524

　　贷：已发生赔款负债　　4 524

（14）第3年支付赔款。

借：已发生赔款负债　　4 524

　　贷：银行存款　　4 524

（15）确认第3年保险服务收入。

借：未到期责任负债　　120

　　贷：保险服务收入　　120

（三）中期财务报表的政策选择

对于中期财务报表中根据本章作出的相关会计估计处理结果，企业应当就是否在本年度以后中期财务报表和年度财务报表中进行调整作出会计政策选择，并一致应用于本章适用范围内的合同组。

【例25-28】甲公司和乙公司各自签发了同样的两年期保险合同组，各组内保险合同均为不具有直接参与分红特征的保险合同且不符合采用保费分配法计量的条件，其责任期均为2×21年1月1日至2×22年12月31日，各组的保费均为20 000元，预期赔付均为10 000元。2×21年12月，甲公司和乙公司改变了其保险合同组未来赔付的预期，都预期会在第2年多发生赔付3 000元。甲公司和乙公司除了编制年度财务报表外，均编制半年度的中期财务报表。假设上述合同组用于合同服务边际摊销的责任单元在责任期内的每个半年均相同，折现率为0。

本例中，各保险合同组初始确认时的合同服务边际均是10 000元（20 000-10 000）。假设甲公司选择在年度财务报表中调整本年度中期财务报表中作出的会计估计处理结果。在2×21年上半年确认因合同服务边际摊销而确认的保险服务收入2 500元（10 000/4）。由于其在2×21年12月改变了对未来现金流出的估计，所以在年底计算当年合同服务边际摊销额前，需要考虑与未来服务相关的履约现金流量的变动，合同服务边际摊销前的余额变为7 000元（10 000 - 3 000）。甲公司在2×21年全年因合同服务边际摊销而确认的保险服务收入为3 500元（7 000/2），2×21年下半年合同服务边际摊销的金额为1 000元（3 500-2 500）。2×21年末的合同服务边际为3 500元。

假设乙公司选择在年度财务报表中不调整本年度中期财务报表中作出的会

计估计处理结果。在2×21年的上半年确认因合同服务边际摊销而确认的保险服务收入2 500元，2×21年7月初，其合同组的合同服务边际为7 500元（10 000 - 2 500）。2×21年末，因与未来服务相关的履约现金流量发生变动调整合同服务边际后余额为4 500元（7 500 - 3 000），在2×21年下半年和2×22年期间进行摊销，即2×21年下半年因合同服务边际摊销而确认的保险服务收入为1 500元（4 500/1.5×0.5）。2×21年末的合同服务边际为3 000元。

甲公司和乙公司合同服务边际摊销情况如表25-27所示。

表25-27　　单位：元

公司	2×21年上半年	2×21年下半年	2×21年合计	2×21年末合同服务边际余额
甲公司	2 500	1 000	3 500	3 500
乙公司	2 500	1 500	4 000	3 000

（四）涉及外币现金流量的合同组计量

企业对产生外币现金流量的合同组进行计量时，应当将保险合同负债视为货币性项目，根据第十九章外币折算有关规定处理。

资产负债表日，产生外币现金流量的合同组的汇兑差额应当计入当期损益。企业选择将保险合同金融变动额分解计入当期保险财务损益和其他综合收益的，与计入其他综合收益的金额相关的汇兑差额，应当计入其他综合收益。

七、保险合同计量的特殊规定和简化处理规定

（一）具有相机参与分红特征的投资合同计量的特殊规定

企业对于其签发的、适用本章的具有相机参与分红特征的投资合同，应当按照本章有关保险合同的规定进行会计处理，但下列各项按照下列特殊规定处理：

1. 初始确认的时点为企业成为合同一方的日期。

2. 企业有支付现金的实质性义务的，该义务所产生的现金流量在合同边界内。企业有实际能力对其支付现金的承诺进行重新定价以充分反映其承诺支付现金的金额及相关风险的，表明企业无支付现金的实质性义务。

3. 企业应当按照投资服务的提供模式，在合同组期限内采用系统合理的

方法对合同服务边际进行摊销，计入当期及以后期间损益。

（二）具有直接参与分红特征的保险合同组计量的特殊规定

企业计量具有直接参与分红特征的保险合同组，应当采用浮动收费法。企业应当按照基础项目公允价值扣除浮动收费的差额，估计具有直接参与分红特征的保险合同组的履约现金流量。浮动收费，是指企业因代保单持有人管理基础项目并提供投资相关服务而取得的对价，等于基础项目公允价值中企业享有份额减去不随基础项目回报而变动的履约现金流量。

1. 浮动收费法的适用条件。

具有直接参与分红特征的保险合同在很大程度上是投资相关服务合同，企业需要就基于基础项目的投资回报作出承诺。具有直接参与分红特征的保险合同，是指在合同开始日同时符合下列条件的保险合同：

（1）合同条款规定保单持有人参与分享清晰可辨认的基础项目。具有直接参与分红特征的保险合同的条款（包括法律法规）必须明确规定，保单持有人将参与分享一个清晰可辨认的基础项目，这并不影响企业进行一定程度的相机抉择，以改变向保单持有人支付的金额。如果企业可以追溯改变用于确定企业应承担的支付义务的基础项目，就表明不存在清晰可辨认的基础项目。保单持有人获得的回报大体反映了企业的整体业绩和预期或企业持有的部分资产的业绩和预期，并不足以表明存在清晰可辨认的基础项目。

（2）企业预计将基础项目公允价值变动回报中的相当大部分支付给保单持有人。

（3）预计应付保单持有人金额变动中的相当大部分将随基础项目公允价值的变动而变动。企业应在保险合同的期限内基于概率加权平均的现值而非最好或最坏情景评估金额变动。例如，如果企业预计将支付基础项目公允价值变动回报中相当大部分给保单持有人，但必须以保证最低回报为前提，则可能出现最低保证回报和不随基础项目回报而变动的现金流量之和高于或低于基础项目公允价值变动回报的情况，企业对金额变动的评估应反映上述所有情况的概率加权平均现值。

企业应当在合同开始日评估一项合同是否为具有直接参与分红特征的保险合同，后续不再重新评估。分入和分出的再保险合同不适用具有直接参与分红特征的保险合同组计量的特殊规定。

2. 浮动收费法下的计量。

对于具有直接参与分红特征的保险合同组，资产负债表日合同组的合同服务边际账面价值应当以期初账面价值为基础，经下列调整后予以确定：

（1）当期归入该合同组的合同对合同服务边际的影响金额。

（2）基础项目公允价值中企业享有份额的变动金额，但以下情形除外：①企业使用衍生工具或分出再保险合同等风险管理措施对该变动金额相关的金融风险予以缓释时，同时符合规定条件的，可以选择将该变动金额中由货币时间价值及金融风险的影响导致的部分计入当期保险财务损益，不调整合同服务边际。但企业将分出再保险合同的保险合同金融变动额分解计入当期保险财务损益和其他综合收益的，该企业享有份额的变动金额中的相应部分也应予以分解；②基础项目公允价值中企业享有份额的减少额超过合同服务边际账面价值所导致的亏损部分；③基础项目公允价值中企业享有份额的增加额抵销的未到期责任负债的亏损部分。

（3）与未来服务相关且不随基础项目回报而变动的履约现金流量的变动金额，包括：①货币时间价值及除基础项目公允价值变动之外的金融风险影响导致的变动，例如财务担保的影响；②采用与不具有直接参与分红特征的保险合同相一致的方法确定的、与未来服务相关的履约现金流量的其他变动。但以下情形除外：①企业使用衍生工具、分出再保险合同或以公允价值计量且其变动计入当期损益的非衍生金融工具等风险管理措施对与该履约现金流量变动相关的金融风险予以缓释时，同时符合规定条件的，可以选择将该履约现金流量变动中由货币时间价值及金融风险的影响导致的部分计入当期保险财务损益，不调整合同服务边际。但企业将分出再保险合同的保险合同金融变动额分解计入当期保险财务损益和其他综合收益的，该履约现金流量变动中的相应部分也应予以分解；②该履约现金流量的增加额超过合同服务边际账面价值所导致的亏损部分；③该履约现金流量的减少额抵销的未到期责任负债的亏损部分。

上述（2）和（3）中的规定条件包括：①企业制定了关于风险管理目标和策略的书面文件；②保险合同与用于风险管理的衍生工具、分出再保险合同或以公允价值计量且其变动计入当期损益的非衍生金融工具之间存在经济抵销关系；③经济抵销关系产生的价值变动中，信用风险的影响不占主导地位。企业应当自不再符合上述条件之日起，将上述（2）和（3）相关金额变动中由货币时间价值及金融风险的影响导致的部分调整合同服务边际，之前已经计入保险财务损益的金额不予调整。

企业可以对上述（2）和（3）中的变动金额进行合并调整。

向保单持有人支付与基础项目公允价值相等金额的义务发生的变动与未来

服务无关，应当作为保险合同金融变动额，不调整合同服务边际。

（4）合同服务边际在当期产生的汇兑差额。

（5）合同服务边际在当期的摊销金额。企业应当按照提供保险合同服务的模式，合理确定合同组在责任期内各个期间的责任单元，并据此对根据上述（1）至（4）调整后的合同服务边际账面价值进行摊销，计入当期及以后期间保险服务收入。

【例25－29】 甲公司签发一份30年期的分红型保险合同，假设该合同符合具有直接参与分红特征的保险合同的定义，并构成了一个合同组。甲公司选择将保险合同金融变动额分解计入保险财务损益和其他综合收益。因在基础项目中所享有的份额含有金融风险，甲公司在签发保单时使用一项衍生工具对冲该份额对应的金融风险。

甲公司持有的基础项目都是以公允价值计量且其变动计入当期损益的金融资产，第1年基础项目的公允价值增加比预期多500元，合同条款明确规定保单持有人享有70%的份额，因此甲公司预计未来支付给保单持有人的金额增加350元。甲公司持有的衍生工具当期产生公允价值损失为160元。假设合同服务边际的摊销各年相同，且在第1年之后除摊销外无其他变动，不考虑其他现金流量和其他因素影响。

情形1，假设甲公司不符合运用风险管理缓释选择权的条件，从而将因金融风险的影响导致基础项目公允价值中甲公司享有份额的变动额150元（500×30%）调整合同服务边际。在此情形下，基础项目中的金融资产公允价值变动与衍生工具公允价值变动之和为340元（500－160），货币时间价值及金融风险的影响对履约现金流量变动的影响500元计入保险财务损益。

情形2，假设甲公司使用衍生工具管理与基础项目公允价值中甲公司享有份额的金额相关的金融风险符合运用风险管理缓释选择权的条件，甲公司选择将因金融风险的影响导致基础项目公允价值中甲公司享有份额的变动额150元计入当期损益，而不调整合同服务边际。在此情形下，基础项目中的金融资产公允价值变动与衍生工具公允价值变动之和为340元，计入保险财务损益的金额为350元，由货币时间价值及金融风险的影响对履约现金流量变动的影响计入保险财务损益的500元（借方）和基础项目公允价值中甲公司享有份额的变动额计入保险财务损益150元（贷方）组成。

两种情形下（调整或不调整合同服务边际），相关利润项目影响金额如表25－28所示。

表 25－28

单位：元

利润项目	情形1			情形2		
	第1年	后续年度	合计	第1年	后续年度	合计
保险服务收入①	5[注]	145	150	—	—	—
保险服务费用②	—	—	—	—	—	—
保险服务业绩③＝①－②	5	145	150	—	—	—
公允价值变动损益④	340	—	340	340	—	340
承保财务损益⑤	(500)	—	(500)	(350)	—	(350)
净利润⑥＝③＋④＋⑤	(155)	145	(10)	(10)	—	(10)

注：150/30＝5（元）。

【例25－30】 2×20年12月31日，甲公司签发了100份2年期的投资连结险保险合同，责任期为2×20年12月31日至2×22年12月31日。假设这些保险合同符合具有直接参与分红特征的保险合同的定义，并构成了一个合同组。根据合同约定，甲公司为保单持有人设立独立的账户，账户价值反映账户资产的公允价值。每份合同趸缴保费1 000元，合同条款约定的保费付款到期日为2×20年12月31日，甲公司于2×20年12月31日初始确认该合同组时预计将立刻收到保费100 000元。根据合同条款约定，一次性初始扣费为保费的5%，共计5 000元，每年的资产管理费为年初账户价值的1%，从2×21年12月31日起每年末从账户中直接扣取。甲公司在初始确认该合同组时，预计每年死亡1人，死亡给付为当时的账户价值加上500元，假设赔付在每年末发生和支付。若责任期满时保单持有人仍然生存，则于责任期末作为满期金收到账户价值。甲公司预计每年账户资产及账户外资产的投资收益率在责任期内都始终为5%，假设具有随基础项目回报而变动的履约现金流量特征的折现率与具有不随基础项目回报而变动的履约现金流量特征的折现率预计在责任期内都始终为5%（见表25－29）。

表 25－29

项目	2×20年12月31日	2×21年12月31日	2×22年12月31日
保费/人（元）	1 000		
保费合计（元）	100 000		
账户管理费率（%）		1	1

续表

项目	2×20 年 12 月 31 日	2×21 年 12 月 31 日	2×22 年 12 月 31 日
预期投资收益率（%）		5	5
折现率（%）		5	5
死亡人数（人）		1	1
有效人数（人）	100	99	98

2×21 年内，甲公司的实际投资收益率为 4%。2×21 年末，折现率下降为 3%，此时甲公司预期 2×22 年的投资收益率为 3%（见表 25－30）。

表 25－30

项目	2×20 年 12 月 31 日	2×21 年 12 月 31 日	2×22 年 12 月 31 日
保费/人（元）	1 000		
保费合计（元）	100 000		
账户管理费率（%）		1	1
预期投资收益率（%）		5	3
实际投资收益率（%）		4	未知
折现率（%）			3
死亡人数（人）		1	1
有效人数（人）	100	99	98

假设合同组在责任期内各年的责任单元是当年的有效人数，账户资产全部为以公允价值计量且其变动计入当期损益的金融资产，不考虑保险获取现金流量、非金融风险调整等其他因素。

本例中，合同组于 2×20 年 12 月 31 日初始确认时，甲公司预期的未来每年账户价值变动如表 25－31 所示。

表 25－31 单位：元

项目	2×20 年	2×21 年	2×22 年
年初账户价值①	—	95 000	97 812
收到的保费②	100 000	—	—

续表

项目	2×20年	2×21年	2×22年
初始扣费③	(5 000)	—	—
账户管理费④=-①×1%		(950)	(978)
公允价值变动损益⑤=①×5%		4 750	4 891
死亡给付——账户部分⑥=-[①+②+③+④+⑤]×本年死亡人数/年初有效人数		(988)	(1 028)
年末（满期给付前的）账户价值⑦=①+②+③+④+⑤+⑥	95 000	97 812	100 697

初始确认时，甲公司计量保险合同组并预期后续每年末的履约现金流量如表25-32所示。

表25-32 单位：元

项目	初始确认时	2×21年12月31日	2×22年12月31日
未来现金流入——保费①	100 000	—	—
死亡给付——账户部分②	—	(988)	(1 028)
死亡给付——非账户部分③	—	(500)	(500)
满期给付④	—	—	(100 697)
未来现金流出的估计合计⑤=②+③+④	—	(1 488)	(102 225)
未来现金流出现值的估计（折现率为5%）⑥	(94 138)	(97 356)	
履约现金流量⑦=①+⑥	5 862		
合同服务边际⑧=-⑦	(5 862)		

初始确认时，甲公司预期2×21年和2×22年的浮动收费如表25-33所示。

表25-33 单位：元

浮动收费	2×21年	2×22年
基础项目公允价值中企业享有份额的金额	950	978
不随基础项目回报变动的履约现金流量	(500)	(500)

初始确认时，甲公司预期浮动收费金额的现值 $=5\ 000+(950-500)/(1+5\%)+(978-500)/(1+5\%)^2=5\ 862$（元）。

初始确认时，甲公司预期的账户外资产的变动如表25－34所示。

表25－34 单位：元

账户外资产	2×20年	2×21年	2×22年
年初余额①	—	5 000	5 700
公允价值变动损益②＝①×5%	—	250	285
现金流入③	5 000	950	978
现金流出④	—	(500)	(500)
年末余额⑤＝①＋②＋③＋④	5 000	5 700	6 463

初始确认时，基础项目公允价值中甲公司享有份额的金额预计变动表如表25－35所示。

表25－35 单位：元

基础项目公允价值中企业享有份额的金额	2×21年[注1]	2×22年
年初余额①	1 792	932
现金流入②	(950)	(978)
基础项目公允价值中企业享有份额的变动额③＝④－(①＋②)	90	46
年末余额（等于年末基础项目公允价值中企业享有份额金额的现值）④	932	—

注1：2×21年初金额 $=950/(1+5\%)+978/(1+5\%)^2=1\ 792$（元）；2×21年末金额 $=978/(1+5\%)=932$（元）。

初始确认时，甲公司预期合同服务边际的变动如表25－36所示。

表25－36 单位：元

合同服务边际的变动	2×20年	2×21年	2×22年
责任单元		100	99
年初余额①	—	5 862	2 938

续表

合同服务边际的变动	2×20年	2×21年	2×22年
新合同②	5 862	—	—
与未来服务相关且不随基础项目回报变动的履约现金流量的变动额调整合同服务边际注2③	—	(46)	(24)
基础项目公允价值中企业享有份额的变动金额调整合同服务边际④	—	90	46
摊销注3⑤	—	(2 968)	(2 960)
年末余额⑥=①+②+③+④+⑤	5 862	2 938	—

注2：2×21年变动额=［500/(1+5%)+500/(1+5%)^2］×5%=46（元）；2×22年变动额=500/(1+5%)×5%=24（元）。

注3：2×21年的摊销金额=(5 862-46+90)×100/(100+99)=2 968（元）。

2×22年的摊销金额=(2 938-24+46)×99/99=2 960（元）。

初始确认时，甲公司预计的有关利润项目及其组成部分如表25-37所示。

表25-37　　单位：元

利润项目及其组成部分	2×21年	2×22年
保险服务收入①	3 468	3 460
-预期赔付和费用注4	500	500
-合同服务边际摊销	2 968	2 960
保险服务费用②	(500)	(500)
-实际赔付和费用注4	(500)	(500)
保险服务业绩③=①+②	2 968	2 960
公允价值变动损益注5④	5 000	5 176
保险财务损益注6⑤	(4 750)	(4 891)
投资业绩⑥=④+⑤	250	285
净利润⑦=③+⑥	3 218	3 245

注4：预期和实际的赔付和费用为死亡给付中非账户价值部分。账户价值部分为投资成分，不计入损益。

注5：公允价值变动损益包括账户资产产生的公允价值变动损益和账户外资产产生的公允价值变动损益。

注6：计入当期保险财务损益的金额应当等于账户资产计入当期损益的金额，使这些损益相抵后净额为零。

初始确认时，甲公司预计的有关资产负债表项目如表25－38所示。

表25－38　　单位：元

资产负债表项目	2×20年12月31日	2×21年12月31日	2×22年12月31日
资产[注7]	100 000	103 512	6 463
负债[注8]	（100 000）	（100 294）	—
所有者权益	—	3 218	6 463

注7：资产为相应时点的账户资产和账户外资产。2×20年12月31日的资产＝95 000（见表25－31）+5 000（见表25－34）＝100 000（元）；2×21年12月31日的资产＝97 812（见表25－31）+5 700（见表25－34）＝103 512（元）；2×22年12月31日的资产＝100 697（见表25－31）－100 697（见表25－32）+6 463（见表25－34）＝6 463（元）。

注8：负债为相应时点的保险合同负债。2×20年12月31日的负债＝－5 862（初始确认时履约现金流量，见表25－32）+5 862（初始确认时合同服务边际，见表25－32）+100 000（2×20年收到的保费，见表25－31）＝100 000（元）；2×21年12月31日的负债＝97 356（见表25－32）+2 938（见表25－36）＝100 294（元）。

2×21年实际投资收益率发生变化，甲公司于2×21年末调整2×22年的预期投资收益率为3%，甲公司2×21年的实际账户价值变动和预估的2×22年账户价值变动如表25－39所示。

表25－39　　单位：元

项目	2×20年	2×21年	2×22年
年初账户价值①	—	95 000	96 871
当年收到的保费②	100 000	—	—
初始扣费③	（5 000）	—	—
账户管理费④＝－①×1%	—	（950）	（969）
公允价值变动损益⑤＝①×投资收益率[注9]	—	3 800	2 906
死亡给付——账户部分⑥＝－［①+②+③+④+⑤］×本年死亡人数/年初有效人数	—	（979）	（998）
年末（满期给付前的）账户价值⑦＝①+②+③+④+⑤+⑥	95 000	96 871	97 810

注9：2×21年实际投资收益率为4%，2×21年末预计2×22年投资收益率为3%。

2×21年末，甲公司更新预期2×22年的履约现金流量如表25－40所示。

表 25－40

单位：元

项目	初始确认时	2×21 年 12 月 31 日	2×22 年 12 月 31 日
未来现金流入现值的估计——保费①	100 000	—	—
死亡给付——账户部分②	—	(979)	(998)
死亡给付——非账户部分③	—	(500)	(500)
满期给付④	—	—	(97 810)
未来现金流出的估计合计⑤＝②＋③＋④	—	(1 479)	(99 308)
未来现金流出现值的估计（折现率为3%）⑥	(94 138)	(96 415)	—
履约现金流量⑦＝①＋⑥	5 862	—	—
合同服务边际⑧＝－⑦	(5 862)	—	—

甲公司 2×21 年实际和 2×21 年末预计的 2×22 年浮动收费如表 25－41 所示。

表 25－41

单位：元

浮动收费	2×21 年	2×22 年
基础项目公允价值中企业享有份额的金额	950	969
不随基础项目回报变动的履约现金流量	(500)	(500)

甲公司 2×21 年实际和 2×21 年末预计 2×22 年的账户外资产变动如表 25－42 所示。

表 25－42

单位：元

账户外资产	2×20 年	2×21 年	2×22 年
年初余额①	—	5 000	5 650
公允价值变动损益②＝①×投资收益率[注10]	—	200	170
现金流入③	5 000	950	969
现金流出④	—	(500)	(500)
年末余额⑤＝①＋②＋③＋④	5 000	5 650	6 289

注 10：2×21 年的实际投资收益率为 4%，2×21 年末预计 2×22 年投资收益率为 3%。

基础项目公允价值中甲公司享有份额的金额变动表如下，其中2×22年为更新后的预期数据，其他为实际数据（见表25－43）。

表25－43 单位：元

基础项目公允价值中企业享有份额的金额	2×21年	2×22年
年初余额①	1 792	941
现金流入②	(950)	(969)
基础项目公允价值中企业享有份额的变动额③＝④－(①＋②)	99	28
年末余额（等于年末基础项目公允价值中企业享有份额金额的现值）④注11	941	—

注11：2×21年末金额＝969/(1＋3%)＝941（元）。

甲公司2×21年实际和2×21年末预计2×22年的合同服务边际的变动如表25－44所示。

表25－44 单位：元

合同服务边际的变动	2×20年	2×21年	2×22年
责任单元		100	99
年初余额①	—	5 862	2 938
新合同②	5 862	—	—
与未来服务相关且不随基础项目回报而变动的履约现金流量的变动额调整合同服务边际注12③	—	(55)	(15)
基础项目公允价值中企业享有份额的变动金额调整合同服务边际④	—	99	28
摊销⑤	—	(2 968)	(2 951)
年末余额⑥＝①＋②＋③＋④＋⑤	5 862	2 938	—

注12：2×21年变动额＝$500+500/(1+3\%)-[500/(1+5\%)+500/(1+5\%)^2]=55$（元）；2×22年变动额＝500－500/(1＋3%)＝15（元）。

甲公司2×21年实际和2×21年末预计2×22年有关利润项目及其组成部分如表25－45所示。

表 25－45

单位：元

利润项目及其组成部分	2×21 年	2×22 年
保险服务收入①	3 468	3 451
－预期赔付和费用	500	500
－合同服务边际摊销	2 968	2 951
保险服务费用②	(500)	(500)
－实际赔付和费用	(500)	(500)
保险服务业绩③＝①＋②	2 968	2 951
公允价值变动损益④	4 000	3 076
保险财务损益⑤	(3 800)	(2 906)
投资业绩⑥＝④＋⑤	200	170
净利润⑦＝③＋⑥	3 168	3 121

甲公司 2×20 年末实际、2×21 年末实际和 2×21 年末预计 2×22 年末部分资产负债表项目如表 25－46 所示。

表 25－46

单位：元

资产负债表项目	2×20 年 12 月 31 日	2×21 年 12 月 31 日	2×22 年 12 月 31 日
资产[注13]	100 000	102 521	6 289
负债[注14]	(100 000)	(99 353)	—
所有者权益	—	3 168	6 289

注 13：2×21 年 12 月 31 日的资产＝96 871（见表 25－39）＋5 650（见表 25－42）＝102 521（元）；2×22 年 12 月 31 日的资产＝97 810（见表 25－39）－97 810（见表 25－40）＋6 289 元（见表 25－42）＝6 289（元）。

注 14：2×21 年 12 月 31 日的负债＝96 415（见表 25－40）＋2 938（见表 25－44）＝99 353（元）。

甲公司账务处理如下：

（1）初始确认时。

借：未到期责任负债——未来现金流量现值　　5 862

　　贷：未到期责任负债——合同服务边际　　5 862

（2）收到保费。

借：银行存款　　100 000

　　贷：未到期责任负债　　100 000

(3) 确认资产第1年的公允价值变动损益。

借：交易性金融资产　4 000

　　贷：公允价值变动损益　4 000

(4) 第1年确认保险财务损益。

借：承保财务损益　3 800

　　贷：未到期责任负债　3 800

(5) 第1年发生赔付。

借：未到期责任负债　979

　　保险合同赔付和费用　500

　　贷：已发生赔款负债　1 479

(6) 第1年末支付赔款。

借：已发生赔款负债　1 479

　　贷：银行存款　1 479

(7) 确认第1年保险服务收入。

借：未到期责任负债　3 468

　　贷：保险服务收入　3 468

(8) 确认资产第2年的公允价值变动损益。

借：交易性金融资产　3 076

　　贷：公允价值变动损益　3 076

(9) 第2年确认保险财务损益。

借：承保财务损益　2 906

　　贷：未到期责任负债　2 906

(10) 第2年发生赔付、满期应付账户价值。

借：未到期责任负债　98 808

　　保险合同赔付和费用　500

　　贷：已发生赔款负债　99 308

(11) 第2年末支付赔款和满期时的账户价值。

借：已发生赔款负债　99 308

　　贷：银行存款　99 308

(12) 确认第2年保险服务收入。

借：未到期责任负债　3 451

　　贷：保险服务收入　3 451

【例 25 -31】2×20 年 12 月 31 日，甲公司签发 100 份 2 年期的趸缴型定期寿险（分红型）保单，责任期为 2×21 年 1 月 1 日至 2×22 年 12 月 31 日。假设这些保单符合保险合同的定义且组成一个合同组，每份保单趸缴保费 10 元，合同条款约定的保费付款到期日为 2×20 年 12 月 31 日。甲公司于 2×20 年 12 月 31 日初始确认该合同组并于稍后收到保费 1 000 元。根据合同条款约定，每份保单的保额为 150 元。如果被保险人在责任期内身故，甲公司向保单持有人支付 150 元后保单终止，假设其中 2 元为投资成分。这些分红保单的分红利源为死差和利差，甲公司将于责任期满时向当时仍持有效保单的保单持有人支付现金红利。合同条款明确规定，该分红产品的分红比例为 70%。假设这些合同为具有直接参与分红特征的保险合同，且其对应的基础项目均是甲公司持有的与这些保单对应的分红险账户中以公允价值计量且其变动计入当期损益的金融资产。甲公司无其他分红险保单。甲公司将收到的保费划入保单对应的分红险账户，分红险账户产生的投资收益归属于该账户，并从该分红险账户中支付赔付、退保金以及向保单持有人分红。

保险合同组初始确认时，甲公司预计每年会有 2 位保单持有人身故，无人退保。甲公司选择将货币时间价值及金融风险的影响分解计入当期保险财务损益和其他综合收益。

假设身故及其对应的赔付均发生在各年年末，不考虑折现、非金融风险调整等其他因素，预期投资收益率为 0，不考虑责任期内各个期间的责任单元的差异，即每年末摊销前的合同服务边际余额在当年和剩余责任期内均匀摊销。

甲公司第 1 年和第 2 年分红险账户内金融资产的公允价值增加额分别为 0 和 150 元，每年实际赔付与预期一致。

在本例中，甲公司的保险合同负债的变动情况如表 25 -47 所示。

表 25 -47　　　　单位：元

项目	未到期责任负债——未来现金流量现值的估计	未到期责任负债——合同服务边际	已发生赔款负债——未来现金流量现值的估计	保险合同负债合计
初始确认时余额	120注1	(120)注1		—
收到保费	(1 000)			(1 000)
预期赔付和费用	296注2			296

续表

项目	未到期责任负债——未来现金流量现值的估计	未到期责任负债——合同服务边际	已发生赔款负债——未来现金流量现值的估计	保险合同负债合计
实际赔付和费用			(296)注2	(296)
投资成分	4注2		(4)注2	—
合同服务边际摊销		60注3		60
实际支付赔款			300	300
2×21 年末/2×22 年初余额	(580)注4	(60)		(640)
预期赔付和费用	296注2			296
实际赔付和费用			(296)注2	(296)
投资成分	4注2		(4)注2	—
基础项目的公允价值变动	(150)注5			(150)
基础项目公允价值中企业享有份额的变动金额调整合同服务边际	45注6	(45)注6		—
确定将向保单持有人支付的现金红利	385注7		(385)	—
合同服务边际摊销		105		105
支付赔款和现金红利			685	685
2×22 年末余额	—	—	—	—

注 1：在收到保费前，初始确认时的未来现金流量现值的估计 = 100×10 − 4×150 − （100×10 − 4×150）×70% = 120（元），因此合同服务边际为 120 元。初始确认时的未来现金流量现值的估计也等于当日的基础项目公允价值（0 元）扣除浮动收费［(100×10 − 4×150)×(1 − 70%) = 120（元）］的差额。

注 2：2×21 年和 2×22 年，实际赔付和预期赔付一致，均为 2×(150 − 2) = 296（元），投资成分为 2×2 = 4（元）。

注 3：2×21 年，合同服务边际摊销 = 120/2 = 60（元）。

注 4：当日未来现金流量现值的估计也等于当日的基础项目公允价值，即分红账户内金融资产的公允价值 = 1000 − 300 = 700（元），扣除浮动收费［(100×10 − 4×150)×(1 − 70%) = 120（元）］的差额。

注 5：2×22 年，分红险账户内金融资产的公允价值增加 150 元，所以基础项目的公允价值增加 150 元。

注 6：2×22 年，基础项目公允价值中企业享有份额的变动金额 = 基础项目的公允价值变动 150×(1 − 70%) = 45（元），该部分变动金额同时调整合同服务边际。

注 7：2×22 年末，甲公司确定将向保单持有人支付的现金红利 = (10×100 − 4×150 + 150)×70% = 385（元）。

甲公司估计的有关利润项目及其组成部分如表 25 − 48 所示。

表 25-48

单位：元

利润项目及其组成部分	2×21 年	2×22 年
保险服务收入①	356	401
-预期赔付和费用	296	296
-合同服务边际摊销	60	105
保险服务费用②	(296)	(296)
-实际赔付和费用	(296)	(296)
保险服务业绩③=①+②	60	105
公允价值变动损益④	—	150
保险财务损益⑤	—	(150)[注8]
投资业绩⑥=④+⑤	—	—
净利润⑦=③+⑥	60	105

注8：由于甲公司持有分红合同组对应的基础项目，甲公司同时选择将保险合同金融变动额分解计入当期保险财务损益和其他综合收益，因此本例中该合同组计入当期保险财务收益的金额等于其持有的基础项目计入当期损益的金额。

甲公司账务处理如下：

(1) 初始确认时。

借：未到期责任负债——未来现金流量　　120

　　贷：未到期责任负债——合同服务边际　　120

(2) 甲公司收到保费。

借：银行存款　　1 000

　　贷：未到期责任负债　　1 000

(3) 第1年发生赔付。

借：保险合同赔付和费用　　296

　　贷：已发生赔款负债　　296

借：未到期责任负债　　4

　　贷：已发生赔款负债　　4

(4) 第1年末实际支付赔款。

借：已发生赔款负债　　300

　　贷：银行存款　　300

(5) 确认第1年保险服务收入。

借：未到期责任负债　　356

贷：保险服务收入　　356

（6）确认第 2 年资产的公允价值变动损益。

借：交易性金融资产　　150

贷：公允价值变动损益　　150

（7）确认第 2 年保险财务损益。

借：承保财务损益　　150

贷：未到期责任负债　　150

（8）第 2 年基础项目公允价值中企业享有份额发生变动。

借：未到期责任负债——未来现金流量　　45

贷：未到期责任负债——合同服务边际　　45

（9）第 2 年发生赔付。

借：保险合同赔付和费用　　296

贷：已发生赔款负债　　296

借：未到期责任负债　　4

贷：已发生赔款负债　　4

（10）第 2 年发生红利支出。

借：未到期责任负债　　385

贷：已发生赔款负债　　385

（11）第 2 年末实际支付赔款和现金红利。

借：已发生赔款负债　　685

贷：银行存款　　685

（12）确认第 2 年保险服务收入。

借：未到期责任负债　　401

贷：保险服务收入　　401

（三）亏损保险合同组计量的特殊规定

发生下列情形之一导致合同组在后续计量时成为亏损合同组的，企业应当确认亏损并计入亏损保险合同损益，同时将该亏损部分增加未到期责任负债账面价值：①因与未来服务相关的未来现金流量或非金融风险调整的估计发生变更，导致履约现金流量增加额超过合同服务边际账面价值；②对于具有直接参与分红特征的保险合同组，其基础项目公允价值中企业享有份额的减少额超过合同服务边际的账面价值。

对于未到期责任负债履约现金流量的下列后续变动，企业应当采用系统合理的方法分摊至未到期责任负债中的亏损部分和非亏损部分：①因发生保险服务费用导致的估计未来现金流量现值的减少额；②因相关风险释放而计入当期损益的非金融风险调整的变动金额；③保险合同金融变动额。上述系统合理的方法应实现保险合同组责任期结束时未到期责任负债的亏损部分余额为零。

企业在确认合同组的亏损后，对于因与未来服务相关的未来现金流量或非金融风险调整的估计变更所导致的履约现金流量增加额，以及具有直接参与分红特征的保险合同组的基础项目公允价值中企业享有份额的减少额，企业应当确认为新增亏损并计入当期保险服务费用，同时将该亏损部分增加未到期责任负债账面价值；对于因与未来服务相关的未来现金流量或非金融风险调整的估计变更所导致的履约现金流量减少额，以及具有直接参与分红特征的保险合同组的基础项目公允价值中企业享有份额的增加额，企业应当减少未到期责任负债的亏损部分，冲减当期保险服务费用，不得计入当期保险服务收入，超出亏损部分的金额，确认为合同服务边际。

企业可以自行选择将未到期责任负债的履约现金流量的后续变动系统合理地分摊至未到期责任负债的亏损部分和非亏损部分，以及将与未来服务相关的履约现金流量的减少额和具有直接参与分红特征的保险合同组的基础项目公允价值中企业享有份额的增加额冲减未到期责任负债亏损部分二者间的先后顺序。该项会计政策选择一经确定，不得随意变更。

【例 25-32】 2×21 年 1 月 1 日，甲公司签发一份一年期的亏损保险合同（假设此保险合同成为一个合同组），责任期为 2×21 年 1 月 1 日至 2×21 年 12 月 31 日。2×21 年 1 月 1 日，甲公司收到保费 80 元，预计 2×21 年 12 月 31 日发生赔付并于当日支付 100 元（其中 5 元为投资成分），甲公司实际赔付金额与签发合同时的预期赔付一致。假设此合同为不具有直接参与分红特征的保险合同，甲公司未对此合同组采用保费分配法，不考虑折现、非金融风险调整等其他因素。

（1）初始确认时，甲公司确认未到期责任负债的亏损部分 20 元。

借：亏损保险合同损益　　20

　　贷：未到期责任负债　　20

（2）确认收到的保费 80 元。

借：银行存款　　80

　　贷：未到期责任负债　　80

（3）2×21 年 12 月 31 日，发生赔付。

借：保险合同赔付和费用　　95

贷：已发生赔款负债　　95

借：未到期责任负债　　5

贷：已发生赔款负债　　5

（4）2×21 年 12 月 31 日，支付赔款。

借：已发生赔款负债　　100

贷：银行存款　　100

（5）2×21 年确认保险服务收入 75 元，以及未到期责任负债履约现金流量的后续变动（本例中为因发生保险服务费用导致的估计未来现金流量现值的减少额）分摊至未到期责任负债的亏损部分 20 元。

借：未到期责任负债　　95

贷：保险合同赔付和费用　　20

保险服务收入　　75

在确认保险服务收入时，不应包含未到期责任负债履约现金流量后续变动中分摊至亏损部分的金额 20 元。

【例 25－33】 2×21 年 1 月 1 日，甲公司签发了 100 份 3 年期的保险合同，责任期为 2×21 年 1 月 1 日至 2×23 年 12 月 31 日，这些合同属于同一合同组。甲公司于 2×21 年 1 月 1 日初始确认后预计于当日收到趸缴保费 1 600 元，并估计 2×21 年、2×22 年、2×23 年每年末发生赔付并支付 800 元。甲公司初始确认该保险合同组时确定的折现率为 5%，并预计非金融风险调整为 480 元，在 3 年责任期内均匀释放。甲公司未选择将货币时间价值及金融风险的影响导致的非金融风险调整变动额作为保险合同金融变动额，选择将保险合同金融变动额全部计入保险财务损益。保险合同组初始确认时，甲公司预计的保险合同组相关信息如表 25－49 所示。

表 25－49

项目	第一年初	第一年末	第二年末	第三年末
未来现金流入（元）	1 600			
未来现金流出（元）		（800）	（800）	（800）
折现率（%）		5	5	5
非金融风险调整（元）	（480）			

假设第 1 年和第 2 年内，所有事项实际发生时间和金额与初始确认时的预

期一致。第 2 年末，甲公司将第 3 年内的未来现金流出估计调整为 200 元，与该现金流量有关的非金融风险调整保持不变。第 3 年内，所有事项实际发生时间和金额与第 2 年末的预期一致。

第 2 年末，前两年合同组的实际情况及更新后的第 3 年预期如表 25－50 所示。

表 25－50

项目	第一年初	第一年末	第二年末	第三年末
未来现金流入（元）	1 600			
每年现金流出（元）		（800）	（800）	（200）
折现率（%）		5	5	5
非金融风险调整（元）	（480）			

假设这些合同为不具有直接参与分红特征的保险合同，也不符合采用保费分配法的条件，在责任期结束前没有合同失效，在责任期内各年的责任单元相等，不考虑其他履约现金流量（包括投资成分等）等其他因素。

本例中，初始确认时，甲公司预计的未来现金流量如表 25－51 所示。

表 25－51

单位：元

项目	第一年初	第一年末	第二年末	第三年末
未来现金流入现值①	1 600			
未来现金流出预计	（2 400）	（800）	（800）	（800）
未来现金流出现值②	（2 179）	（1 488）	（762）	
未来现金流量净现值③＝①＋②	（579）			
非金融风险调整④	（480）			
履约现金流量⑤＝③＋④	（1 059）			
合同服务边际⑥＝－max（⑤，0）	—			
保险合同负债⑦＝⑤＋⑥	（1 059）			

第 1 年内所有事项实际发生时间和金额与初始确认时的预期一致。第 1 年内应当采用系统合理的方法分摊至未到期责任负债中的亏损部分和非亏损部分的未到期责任负债履约现金流量的变动包括如下三个部分：因发生保险服务费

用导致的估计未来现金流量现值的减少额800元；因相关风险释放而计入当期损益的非金融风险调整的变动金额160元；保险合同金融变动额109元，即(1 600 +579) ×5%。

甲公司应当将上述未到期责任负债的履约现金流量的后续变动系统合理地分摊至未到期责任负债的非亏损部分和亏损部分。甲公司确定的分摊比例是初始确认时未到期责任负债的亏损部分占未来现金流出现值与非金融风险调整之和的比例，甲公司预计分摊至亏损部分的比例为40%，即1 059/(1 600 + 1 059)。具体分摊情况如表25 –52所示。

表25 –52 单位：元

项目	未到期责任负债的非亏损部分	未到期责任负债的亏损部分	合计
因发生保险服务费用导致的估计未来现金流量现值的减少额（预期赔付和费用）	481	319	800
因相关风险释放而计入当期损益的非金融风险调整的变动金额	96	64	160
保险服务收入	577	—	577
保险服务费用 – 保险合同赔付和费用	—	383	383

保险服务收入包括未到期责任负债（非亏损部分）中预期赔付和费用及因相关风险释放的非金融风险调整变动金额，保险服务费用（保险合同赔付和费用）包括未到期责任负债（亏损部分）中预期赔付和费用及因相关风险释放的非金融风险调整变动金额。

第1年，甲公司保险合同负债中未到期责任负债和已发生赔款负债的变动情况如表25 –53所示。

表25 –53 单位：元

项目	未到期责任负债的非亏损部分	未到期责任负债的亏损部分	已发生赔款负债	保险合同负债
年初余额	—	—	—	—
初始确认时确认亏损保险合同损益		(1 059)		(1 059)

续表

项目	未到期责任负债的非亏损部分	未到期责任负债的亏损部分	已发生赔款负债	保险合同负债
现金流入	（1 600）			（1 600）
保险财务损益注1	（66）	（43）	—	（109）
保险服务收入	577			577
保险服务费用－保险合同赔付和费用		383	（800）	（417）
现金流出			800	800
年末余额	（1 089）	（719）	—	（1 808）

注1：甲公司按（1－40%）：40%的比例将未来现金流量的计息分摊至未到期责任负债的非亏损和亏损部分，例如109×（1－40%）=66（元）。

甲公司保险合同负债中未来现金流量现值、非金融风险调整和合同服务边际的变动情况如表25－54所示。

表25－54 单位：元

项目	未来现金流量现值	非金融风险调整	合同服务边际	保险合同负债
年初余额	—	—	—	—
与未来服务相关的变动：新合同	（579）	（480）	—	（1 059）
现金流入	（1 600）			（1 600）
保险财务损益	（109）	—	—	（109）
与当年服务相关的变动	—	160	—	160
现金流出	800			800
年末余额	（1 488）	（320）	—	（1 808）

第2年内所有事项实际发生时间和金额与初始确认时的预期一致。第2年内应当采用系统合理的方法分摊至未到期责任负债中的亏损部分和非亏损部分的未到期责任负债履约现金流量的变动包括如下三个部分：因发生保险服务费用导致的估计未来现金流量现值的减少额800元；因相关风险释放而计入当期损益的非金融风险调整的变动金额160元；保险合同金融变动额74元，即

（1 488×5%）。

甲公司仍按（1－40%）：40%的比例将上述未到期责任负债的履约现金流量的后续变动分摊至未到期责任负债的非亏损部分和亏损部分（见表25－55）。

表25－55 单位：元

项目	未到期责任负债的非亏损部分	未到期责任负债的亏损部分	合计
因发生保险服务费用导致的估计未来现金流量现值的减少额（预期赔付和费用）	481	319	800
因相关风险释放而计入当期损益的非金融风险调整的变动金额	96	64	160
保险服务收入	577		577
保险服务费用－保险合同赔付和费用		383	383

第2年，甲公司保险合同负债中未到期责任负债和已发生赔款负债的变动情况如表25－56所示。

表25－56 单位：元

项目	未到期责任负债的非亏损部分	未到期责任负债的亏损部分	已发生赔款负债	保险合同负债
年初余额	（1 089）	（719）	—	（1 808）
现金流入	—			—
保险财务损益	（45）	（29）	—	（74）
保险服务收入[注2]	680			680
保险服务费用－保险合同赔付和费用		383	（800）	（417）
保险服务费用－亏损保险合同损益[注3]		365		365

续表

项目	未到期责任负债的非亏损部分	未到期责任负债的亏损部分	已发生赔款负债	保险合同负债
现金流出			800	800
年末余额	(454)	—	—	(454)

注2：第2年保险服务收入680元由表25－55中的577元和当年合同服务边际摊销103元组成，其中合同服务边际摊销计算见注4。

注3：由于第2年末甲公司调整了第3年的预期现金流出，由原来的800元减少至200元，因此第2年末与未来服务相关的未来现金流出的现值减少额571元，即（800－200）/（1＋5%），将对应冲减未到期责任负债亏损部分。由于该减少额超过冲减前未到期责任负债的亏损部分365元（719＋29－383），所以甲公司应减少未到期责任负债的亏损部分365元。

第2年，甲公司保险合同负债中未来现金流量现值、非金融风险调整和合同服务边际的变动情况如表25－57所示。

表25－57 单位：元

项目	未来现金流量现值	非金融风险调整	合同服务边际[注4]	保险合同负债
年初余额	(1 488)	(320)	—	(1 808)
现金流入	—			
保险财务损益	(74)	—	—	(74)
与未来服务相关的变动	571	—	(206)	365
与当年服务相关的变动	—	160	103	263
现金流出	800			800
年末余额	(191)	(160)	(103)	(454)

注4：由于与未来服务相关的未来现金流量现值减少571元，冲减全部未到期责任负债的亏损部分365元后还剩余206元，应确认为合同服务边际。

第2年末，甲公司对经过调整后的合同服务边际余额进行摊销，以确认与当年服务相关的变动，计入保险服务收入。由于责任期还剩两年，所以第2年合同服务边际摊销金额为103元（206/2）。

第3年，甲公司保险合同负债中未来现金流量现值、非金融风险调整和合同服务边际的变动情况如表25－58所示。

表 25－58 单位：元

项目	未来现金流量现值	非金融风险调整	合同服务边际	保险合同负债
年初余额	(191)	(160)	(103)	(454)
现金流入	—			—
保险财务损益	(9)	—	(5)	(14)
与未来服务相关的变动	—	—	—	—
与当年服务相关的变动	—	160	108	268
现金流出	200			200
年末余额	—	—	—	—

第 3 年，甲公司保险合同负债中未到期责任负债和已发生赔款负债的变动情况如表 25－59 所示。

表 25－59 单位：元

项目	未到期责任负债的非亏损部分	未到期责任负债的亏损部分	已发生赔款负债	保险合同负债
年初余额	(454)	—	—	(454)
现金流入	—			
保险财务损益	(14)	—	—	(14)
保险服务收入[注5]	468			468
保险服务费用－保险合同赔付和费用		—	(200)	(200)
保险服务费用－亏损保险合同损益		—		
现金流出			200	200
年末余额	—	—	—	—

注 5：第 3 年，甲公司确认的保险服务收入包括预期赔付和费用 200 元、非金融风险调整变动金额 160 元和合同服务边际摊销 108 元，合计 468 元。

甲公司账务处理如下：

（1）初始确认时，甲公司确认未到期责任负债的亏损部分和亏损保险合同损益。

借：亏损保险合同损益　　1 059

　　贷：未到期责任负债　　1 059

(2) 第1年初收到保费。

借：银行存款 1 600

贷：未到期责任负债 1 600

(3) 第1年确认未到期责任负债计息。

借：承保财务损益 109

贷：未到期责任负债 109

(4) 第1年末发生赔付。

借：保险合同赔付和费用 800

贷：已发生赔款负债 800

(5) 第1年末支付赔款。

借：已发生赔款负债 800

贷：银行存款 800

(6) 第1年确认保险服务收入以及未到期责任负债的履约现金流量的后续变动分摊至未到期责任负债的亏损部分。

借：未到期责任负债 960

贷：保险服务收入 577

保险合同赔付和费用 383

(7) 第2年确认未到期责任负债计息。

借：承保财务损益 74

贷：未到期责任负债 74

(8) 第2年发生赔付。

借：保险合同赔付和费用 800

贷：已发生赔款负债 800

(9) 第2年支付赔款。

借：已发生赔款负债 800

贷：银行存款 800

(10) 第2年，将与未来服务相关的预期现金流出减少额冲减未到期责任负债的亏损部分。

借：未到期责任负债 365

贷：亏损保险合同损益 365

(11) 第2年，甲公司将与未来服务相关的预期现金流出减少额超过亏损部分的金额，确认为合同服务边际。

借：未到期责任负债——未来现金流量现值　　206

　　贷：未到期责任负债——合同服务边际　　206

（12）第2年确认保险服务收入以及未到期责任负债的履约现金流量的后续变动分摊至未到期责任负债的亏损部分。

借：未到期责任负债　　1 063

　　贷：保险服务收入　　680

　　　　保险合同赔付和费用　　383

（13）第3年确认未到期责任负债计息。

借：承保财务损益　　14

　　贷：未到期责任负债　　14

（14）第3年发生赔付。

借：保险合同赔付和费用　　200

　　贷：已发生赔款负债　　200

（15）第3年支付赔款。

借：已发生赔款负债　　200

　　贷：银行存款　　200

（16）确认第3年保险服务收入。

借：未到期责任负债　　468

　　贷：保险服务收入　　468

（四）保险合同组计量的简化处理规定

1. 保费分配法的适用条件。

符合下列条件之一的，企业可以采用保费分配法简化合同组的计量：

（1）企业能够合理预计采用与未采用保费分配法计量合同组未到期责任负债的结果无重大差异。如果企业预计履约现金流量在赔案发生前将发生重大波动，表明该合同组不符合本条件。一般情况下，合同组的责任期越长，履约现金流量的波动性越大，履约现金流量的波动性还可能随保险合同中嵌入衍生工具的影响而增大。

（2）该合同组内各项合同的责任期不超过一年。

企业在判断合同组是否符合上述条件时，应当根据该合同组中每项合同开始时的情况进行判断。

企业对其签发的保险合同采用保费分配法时，在没有相关事实和情况表明其存在亏损时，不必评估该合同是否存在亏损，即假设初始确认时该合同并非亏损合同。

2. 保费分配法下的计量。

(1) 初始计量。

企业采用保费分配法计量合同组的，初始确认时未到期责任负债账面价值等于已收保费减去初始确认时发生的保险获取现金流量（选择在发生时计入当期损益的除外），减去或加上在合同组初始确认时终止确认的保险获取现金流量资产以及其他相关资产或负债的金额。

企业采用保费分配法时，合同组内各项合同初始确认时的责任期均不超过一年的，可以选择在保险获取现金流量发生时将其确认为费用，计入当期损益。

(2) 后续计量。

资产负债表日未到期责任负债账面价值等于期初账面价值加上当期已收保费，减去当期发生的保险获取现金流量（选择在发生时计入当期损益的除外），加上当期确认为保险服务费用的保险获取现金流量摊销金额和针对融资成分的调整金额，减去因当期提供保险合同服务而确认为保险服务收入的金额和当期已付或转入已发生赔款负债中的投资成分。

合同组内的合同中存在重大融资成分的，企业应当按照合同组初始确认时确定的折现率，对未到期责任负债账面价值进行调整，以反映货币时间价值及金融风险的影响。合同组初始确认时，如果企业预计提供保险合同服务每一部分服务的时点与相关保费到期日之间的间隔不超过一年，可以不考虑合同中存在的重大融资成分。

在责任期内的任一时点，如果相关事实和情况表明合同组存在亏损，企业应当将该日与未到期责任相关的履约现金流量超过未到期责任负债账面价值的金额确认为亏损，并计入当期亏损保险合同损益，同时增加未到期责任负债账面价值。其中，如果企业未对已发生赔款负债进行调整以反映货币时间价值及金融风险的影响，对与未到期责任相关的履约现金流量也不应进行调整以反映货币时间价值及金融风险的影响。

企业应当根据与已发生赔案及其他相关费用有关的履约现金流量计量已发生赔款负债。相关履约现金流量预计在赔案发生后一年内支付或收取的，企业可以不考虑货币时间价值及金融风险的影响。如果企业对已发生赔款负债进行调整以反映货币时间价值及金融风险的影响，应当采用资产负债表日根据本章要求确定的折现率。

对于已收和预计收取的保费扣除投资成分并对重大融资成分进行调整后分摊至当期的金额，企业应当确认为保险服务收入。企业应当随时间流逝在责任期内分摊经调整的已收和预计收取的保费；保险合同的风险在责任期内不随时间流逝为主释放的，应当以保险服务费用预计发生时间为基础分摊保费。如果与保险合同风险释放有关的事实和情况发生了变化，企业应当相应调整保费的分摊基础。

【例25－34】2×21年7月1日，甲公司签发了一组保险合同，组内保险合同的责任期均为10个月，即从2×21年7月1日至2×22年4月30日。2×21年7月1日，甲公司初始确认该合同组的同时收到趸缴保费1 320元，支付保险获取现金流量20元。2×21年7月1日至2×21年12月31日期间，发生赔付700元，与赔付相关的非金融风险调整为36元；2×22年1月1日至2×22年6月30日的报告期内将发生赔付500元，与赔付相关的非金融风险调整为24元；2×22年8月31日，甲公司最终确定赔付金额1 270元并于当日支付。

假设该保险合同组符合保费分配法的适用条件，初始确认时及责任期内的事实和情况均未表明该保险合同组是亏损的。甲公司对合同组采用保费分配法进行计量。

甲公司预计提供保险合同服务每一部分服务的时点与相关保费到期日之间不超过一年，而且相关赔款均在赔案发生后一年内支付，甲公司选择不对未到期责任负债和已发生赔款负债的账面价值进行调整以反映货币时间价值及金融风险的影响。甲公司选择将保险获取现金流量在发生时一次性确认为费用。甲公司编制半年度和年度财务报告。假设责任期内该合同组没有合同失效，风险预计在责任期内随时间流逝释放。不考虑其他履约现金流量（包括投资成分等）等其他因素。

本例中，赔付发生和支付的情况如表25－60所示。

表25－60 单位：元

项目	2×21年7月1日至12月31日	2×22年1月1日至6月30日	2×22年7月1日至12月31日
发生的赔付	700	500	
赔付相关非金融风险调整	36	24	
最终确定赔款的金额并支付			1 270

甲公司未到期责任负债和保险服务收入如表25－61所示。

表25－61　　单位：元

未到期责任负债[注1]	初始确认时	初始确认后至2×21年12月31日	2×22年1月1日至2×22年6月30日
期初余额①＝上期⑤	—	（1 320）	（528）
当期收到的保费②	（1 320）	—	—
保险服务收入③＝－④×赚取比例[注2]		792	528
未确认的保险服务收入④＝上期［③＋④］＋本期②	（1 320）	（1 320）	（528）
期末余额⑤＝①＋②＋③	（1 320）	（528）	—

注1：计量未到期责任负债时未考虑保险获取现金流量，因为甲公司选择将保险获取现金流量在发生时一次性确认为费用。

注2：本例中该比例为收取的保费随时间流逝在责任期内分摊的比例。

各相关时点保险合同组的保险合同负债如表25－62所示。

表25－62　　单位：元

保险合同负债	初始确认时	2×21年12月31日	2×22年6月30日
未到期责任负债	（1 320）	（528）	—
已发生赔款负债	—	（736）	（1 260）
保险合同负债	（1 320）	（1 264）	（1 260）

甲公司估计的有关利润项目如表25－63所示。

表25－63　　单位：元

利润项目	2×21年下半年	2×22年上半年	2×22年下半年
保险服务收入	792	528	—
保险服务费用	（756）	（524）	（10）
保险服务业绩	36	4	（10）
净利润	36	4	（10）

甲公司各相关时点的有关资产负债表项目如表 25－64 所示。

表 25－64 单位：元

资产负债表项目	2×21 年 12 月 31 日	2×22 年 6 月 30 日	2×22 年 12 月 31 日
资产	1 300	1 300	30
负债	（1 264）	（1 260）	—
所有者权益	36	40	30

甲公司账务处理如下：

（1）甲公司收到保费。

借：银行存款 1 320

贷：未到期责任负债 1 320

（2）支付保险获取现金流量。

借：待结转支出 20

贷：银行存款 20

根据费用分摊结果，一次性确认为费用。

借：保险合同赔付和费用 20

贷：待结转支出 20

（3）2×21 年下半年发生赔案。

借：保险合同赔付和费用 700

贷：已发生赔款负债 700

期末评估赔付相关的非金融风险调整。

借：保险合同赔付和费用 36

贷：已发生赔款负债 36

（4）确认 2×21 年下半年保险服务收入。

借：未到期责任负债 792

贷：保险服务收入 792

（5）2×22 年上半年发生赔案。

借：保险合同赔付和费用 500

贷：已发生赔款负债 500

期末评估赔付相关的非金融风险调整。

借：保险合同赔付和费用 24

　　贷：已发生赔款负债　　24

（6）确认2×22年上半年保险服务收入。

借：未到期责任负债　　528

　　贷：保险服务收入　　528

（7）2×22年下半年确定赔款最终金额。

借：保险合同赔付和费用　　10

　　贷：已发生赔款负债　　10

（8）2×22年下半年支付赔款。

借：已发生赔款负债　　1 270

　　贷：银行存款　　1 270

【例25－35】 2×20年12月31日，甲公司签发了100份3年期的保险合同，责任期为2×21年1月1日至2×23年12月31日，这些合同属于同一合同组。这些合同约定的保费付款到期日为2×20年12月31日，甲公司于该日初始确认该合同组的同时收到趸缴保费1 200元及支付保险获取现金流量180元。假设保险合同在责任期内均匀发生赔付，且其风险在责任期内随时间流逝释放，甲公司在2×20年末预计未来每年赔付率为60%，赔款在发生赔案当年末支付。

假设该保险合同组符合保费分配法的适用条件，甲公司对合同组采用保费分配法进行计量。甲公司未选择将保险获取现金流量在发生时一次性确认为费用。

第2年末，甲公司根据最新情况和估计将第3年的赔付率更改为120%。

假设责任期内该合同组中没有合同失效，不考虑折现、其他履约现金流量（包括投资成分等）等其他因素。

本例中，初始确认时，甲公司预计未来每年的现金流出及现值如表25－65所示。

表25－65　　单位：元

项目	第1年	第2年	第3年	合计
预期未来现金流出[注1]	240	240	240	720

注1：每年预期的未来现金流出为每年所对应的保费乘以赔付率。例如，第1年内发生赔案，预计赔款＝1 200/3×60%＝240（元），根据赔款支付模式，该金额在第1年末支付。

第 2 年末，第 1 年和第 2 年实际情况以及甲公司调整第 3 年赔付率后更新的预期未来现金流出如表 25－66 所示。

表 25－66 单位：元

项目	第 1 年（实际）	第 2 年（实际）	第 3 年（预期）	合计
现金流出	240	240	480	960

保险合同组的未到期责任负债和保险服务收入计算如表 25－67 所示。

表 25－67 单位：元

未到期责任负债	初始确认时	第 1 年	第 2 年	第 3 年
年初余额（非亏损部分）①		（1 020）	（680）	（340）
收到的保费②	（1 200）	—	—	
保险获取现金流量③	180	—	—	
保险获取现金流量摊销④＝－保险获取现金流量×摊销比例		（60）	（60）	（60）
保险服务收入⑤＝－⑥×赚取比例		400	400	400
未确认的保险服务收入[注2]⑥＝上年（⑤＋⑥）＋本年②	（1 200）	（1 200）	（800）	（400）
年末余额（非亏损部分）⑦＝①＋②＋③＋④＋⑤	（1 020）	（680）	（340）	—
预期未来现金流量的现值⑧	（720）	（480）	（480）	—
亏损部分年末余额⑨＝Min｛［⑧－⑦］，0｝			（140）	

注 2：本例中，未确认的保险服务收入为已收取的保费扣除以前年度已确认为保险服务收入的金额。

甲公司每年末的保险合同负债如表 25－68 所示。

表 25－68 单位：元

保险合同负债	初始确认时	第 1 年末	第 2 年末	第 3 年末
未到期责任负债	（1 020）	（680）	（480）	—
已发生赔款负债	—	—	—	—

甲公司有关利润项目及其组成部分如表25－69所示。

表25－69 单位：元

利润项目及其组成部分	第1年	第2年	第3年
保险服务收入	400	400	400
保险服务费用	(300)	(440)	(400)
－保险合同赔付和费用	(300)	(300)	(540)
－保险获取现金流量摊销	(60)	(60)	(60)
－保险合同的赔付和其他费用	(240)	(240)	(480)
－亏损保险合同损益[注3]	—	(140)	140
保险服务业绩	100	(40)	—
净利润	100	(40)	—

注3：本例中，各年的亏损保险合同损益为年末未到期责任负债的亏损部分的账面价值减去年初账面价值。例如，第2年的相关金额＝－140－0＝－140（元）。

甲公司每年末的有关资产负债表项目如表25－70所示。

表25－70 单位：元

资产负债表项目	初始确认时	第1年末	第2年末	第3年末
资产[注4]	1 020	780	540	60
负债	(1 020)	(680)	(480)	—
所有者权益	—	100	60	60

注4：每年末的资产账面价值＝年初账面价值－当年现金流出。例如，第1年末资产的账面价值＝1 020－240＝780（元）。

甲公司账务处理如下：

(1) 甲公司收到保费。

借：银行存款　　1 200

　贷：未到期责任负债　　1 200

(2) 支付保险获取现金流量。

借：待结转支出　　180

　贷：银行存款　　180

根据费用分摊结果，计入未到期责任负债。

借：未到期责任负债　180

　　贷：待结转支出　180

（3）第1年摊销保险获取现金流量。

借：保险合同赔付和费用　60

　　贷：未到期责任负债　60

（4）第1年内发生赔案。

借：保险合同赔付和费用　240

　　贷：已发生赔款负债　240

（5）第1年末支付赔款。

借：已发生赔款负债　240

　　贷：银行存款　240

（6）第1年确认保险服务收入。

借：未到期责任负债　400

　　贷：保险服务收入　400

（7）第2年摊销保险获取现金流量。

借：保险合同赔付和费用　60

　　贷：未到期责任负债　60

（8）第2年内发生赔案。

借：保险合同赔付和费用　240

　　贷：已发生赔款负债　240

（9）第2年末支付赔款。

借：已发生赔款负债　240

　　贷：银行存款　240

（10）第2年确认亏损保险合同损益。

借：亏损保险合同损益　140

　　贷：未到期责任负债　140

（11）第2年确认保险服务收入。

借：未到期责任负债　400

　　贷：保险服务收入　400

（12）第3年摊销保险获取现金流量。

借：保险合同赔付和费用　60

　　贷：未到期责任负债　60

(13) 第 3 年内发生赔案。

借：保险合同赔付和费用 480

贷：已发生赔款负债 480

(14) 第 3 年末支付赔款。

借：已发生赔款负债 480

贷：银行存款 480

(15) 第 3 年转回亏损保险合同损益。

借：未到期责任负债 140

贷：亏损保险合同损益（或“保险合同赔付和费用”）[注] 140

(16) 第 3 年确认保险服务收入

借：未到期责任负债 400

贷：保险服务收入 400

注：采用保费分配法计量的保险合同组，对于亏损部分的分摊，记入“保险合同赔付和费用”或“亏损保险合同损益”科目均可；而采用一般规定计量的保险合同组，对于亏损部分的分摊，应当记入“保险合同赔付和费用”科目。

八、分出的再保险合同组的确认和计量

企业对分出的再保险合同组进行确认和计量，除本部分“分出的再保险合同组的确认和计量”另有规定外，应当遵循本章有关保险合同的其他相关规定，但关于亏损合同组计量的相关规定不适用于分出的再保险合同组。由于企业可能进行转分保交易，所以本章所述“对应的保险合同”也包括分入的再保险合同。

（一）分出的再保险合同的分组

企业应当将同一分出的再保险合同组合至少分为下列合同组：①初始确认时存在净利得的合同组；②初始确认时无显著可能性在未来产生净利得的合同组；③该组合中剩余合同组成的合同组。

企业可以按照净成本或净利得水平以及初始确认后在未来产生净利得的可能性等，对分出的再保险合同组作进一步细分。企业不得将分出时间间隔超过一年的合同归入同一分出的再保险合同组。

（二）分出的再保险合同组的初始确认

企业应当在下列时点中的最早时点确认其分出的再保险合同组：①分出的

再保险合同组责任期开始日；②分出的再保险合同组所对应的保险合同组确认为亏损合同组时。但是，分出的再保险合同组分出成比例责任，且其对应的所有保险合同的初始确认时点均晚于分出的再保险合同组的责任期开始日的，企业确认该再保险合同组的时点应当推迟至对应的保险合同最早初始确认的时点。

【例25－36】2×20年12月15日，甲公司作为分出方与分入方乙公司签订一份成比例的再保险合同，该再保险合同约定，乙公司对甲公司签发的责任期开始日处于2×21年1月1日至2×21年12月31日的所有责任期为一年的保险合同的赔付提供10%的保障。假设甲公司将该分出再保险合同作为一个单独合同组进行计量。

2×20年12月21日，甲公司签发了100份责任期为一年的保险合同，这些保险合同的责任期开始日均为2×21年1月1日，其中有10份是亏损保险合同。甲公司于2×20年12月21日确认这10份亏损保险合同，并将这10份合同作为一个单独的亏损合同组，假设不考虑其他因素。

对于分出人甲公司而言，上述分出的再保险合同组的责任期开始日是2×21年1月1日，而对应的亏损保险合同组的初始确认时点是2×20年12月21日，因此，应以2×20年12月21日作为该分出的再保险合同组的初始确认时点。

（三）分出的再保险合同组的初始计量

企业在初始确认其分出的再保险合同组时，应当按照履约现金流量与合同服务边际之和对分出再保险合同资产进行初始计量。

分出再保险合同组的履约现金流量包含与履行分出再保险合同直接相关的未来现金流量的估计、货币时间价值及金融风险调整，以及非金融风险调整。企业在估计分出的再保险合同组的未来现金流量现值时，采用的相关假设应当与计量所对应的保险合同组保持一致，并考虑再保险分入人的不履约风险，包括担保物的影响、争议导致的损失等。企业应当根据分出的再保险合同组转移给再保险分入人的风险，估计非金融风险调整。

分出再保险合同组的合同服务边际，是指企业为在未来获得再保险分入人提供的保险合同服务而产生的净成本或净利得。

企业应当在分出的再保险合同组初始确认时计算下列各项之和：①履约现金流量；②在该日终止确认的相关资产或负债对应的现金流量；③分出再保险合同组内合同在该日产生的现金流量；④分保摊回未到期责任资产亏损摊回部

分的金额。企业应当将上述各项之和所反映的净成本或净利得，确认为合同服务边际。

净成本与分出前发生的事项有关的，企业应当将其确认为费用并计入当期损益。

【例25－37】 2×21年1月1日，甲公司作为分出方签订了一份再保险合同（假设此合同成为一个合同组），该合同责任期始于2×21年1月1日。对于对应的保险合同组的每一笔未来发生保险事项所导致的赔付，该分出再保险合同均提供20%的保障，合同约定支付给再保险分入人的趸缴分出保费是440元。假设无其他履约现金流量，不考虑其他因素。

分出再保险合同对应的保险合同组的情况为：2×21年1月1日为初始确认时点，未来现金流量现值为250元，即未来保费流入现值2 500元减去未来赔付流出现值2 250元，非金融风险调整150元，对应的保险合同组初始确认时的合同服务边际是100元（250－150）。

甲公司在估计该分出的再保险合同组的未来现金流量现值时，采用的相关假设与计量对应的保险合同组保持一致。因此，分出再保险合同组的未来现金流入现值的估计为450元，即摊回对应的保险合同组的赔付2 250元的20%；此外，甲公司估计再保险分入人的不履约风险对应的金额为3元。

甲公司按照能反映分出的再保险合同组转移给再保险分入人的风险的金额确定非金融风险调整。因此，甲公司估计的分出再保险合同组的非金融风险调整为30元（预计将对应的保险合同组风险的20%转移给再保险分入人，即150×20%）。

因此，该分出的再保险合同组于初始确认时的合同服务边际账面价值为贷方37元，即该分出的再保险合同组于初始确认时与未来获得再保险分入人保险合同服务相关的净利得（未来摊回赔付现值450元－支付的分出保费现值440元－再保险分入人的不履约风险对应的金额3元＋非金融风险调整30元）。

本例中，如果假设上述支付的分出保费为500元，其他信息不变，则该分出的再保险合同组于初始确认时的合同服务边际账面价值为借方23元，即该分出的再保险合同组于初始确认时与未来获得再保险分入人保险合同服务相关的净成本（未来现金流入现值450元－支付的分出保费现值500元－再保险分入人的不履约风险对应的金额3元＋非金融风险调整30元）。

【例25－38】 甲公司签发了若干份符合保险合同定义的短期人身意外保险

合同，个别被保险人出险后长期卧床治疗，甲公司根据合同条款承担高度不确定的医疗费用。为了减少赔付的不确定性，甲公司通过签订一份再保险合同，将目前因被保险人已出险而导致其需承担的后续医疗赔付责任分出给一家再保险公司。甲公司预计该分出再保险合同将使其产生净成本500万元，由于净成本与购买该分出再保险合同之前已发生的事项有关，甲公司应当将该净成本计入当期损益。

对于订立时点不晚于对应的保险合同确认时点的分出的再保险合同，企业在初始确认对应的亏损合同组或者将对应的亏损保险合同归入合同组而确认损失时，应当根据下列两项的乘积确定分出再保险合同组分保摊回未到期责任资产亏损摊回部分的金额：①对应的保险合同确认的损失；②预计从分出再保险合同组摊回的对应的保险合同赔付的比例。企业应当按照上述亏损摊回部分的金额调整分出再保险合同组的合同服务边际，同时确认为摊回保险服务费用。

实务中，一个亏损保险合同组可能既包含分出的再保险合同组对应的亏损合同，又包含其他的亏损合同。企业应当采用系统合理的分摊方法，确定该亏损保险合同组确认的损失中与分出再保险合同组对应的亏损合同相关的金额，再按照上述方法计量亏损摊回部分的金额。

（四）分出的再保险合同组的后续计量

1. 分出再保险合同资产。

企业应当在资产负债表日按照分保摊回未到期责任资产与分保摊回已发生赔款资产之和对分出再保险合同资产进行后续计量。分保摊回未到期责任资产包括资产负债表日分摊至分出的再保险合同组的、与未到期责任有关的履约现金流量和当日该合同组的合同服务边际。分保摊回已发生赔款资产包括资产负债表日分摊至分出的再保险合同组的、与已发生赔款及其他相关费用的摊回有关的履约现金流量。

资产负债表日分出的再保险合同组的合同服务边际账面价值应当以期初账面价值为基础，经下列各项调整后予以确定：

（1）当期归入该合同组的合同对合同服务边际的影响金额。

（2）合同服务边际在当期计提的利息，计息利率为该合同组内合同确认时、不随基础项目回报而变动的现金流量所适用的加权平均利率。当期合同组内新增合同导致加权平均利率发生变化的，应当自新增合同加入该合同组的当期期初起使用更新后的加权平均利率。

（3）企业在初始确认对应的亏损合同组或者将对应的亏损保险合同归入合同组而确认亏损时计算的分保摊回未到期责任资产亏损摊回部分的金额，以及与分出再保险合同组的履约现金流量变动无关的分保摊回未到期责任资产亏损摊回部分的转回。

（4）采用分出的再保险合同组初始确认时所适用的反映其现金流量特征的折现率计量的、与未来服务相关的履约现金流量的变动金额。但分摊至对应的保险合同组且不调整其合同服务边际的履约现金流量的变动而导致的变动，以及对应的保险合同组采用保费分配法计量时因确认或转回亏损而导致的变动，应当确认为摊回保险服务费用。

（5）合同服务边际在当期产生的汇兑差额。

（6）合同服务边际在当期的摊销金额。企业应当按照取得保险合同服务的模式，合理确定分出再保险合同组在责任期内各个期间的责任单元，并据此对根据（1）至（5）调整后的合同服务边际账面价值进行摊销，计入当期及以后期间损益。

企业在对分出的再保险合同组进行后续计量时，应当调整亏损摊回部分的金额以反映对应的保险合同亏损部分的变化，调整后的亏损摊回部分金额不应超过企业预计从分出再保险合同组摊回的、对应的保险合同亏损部分的相应金额。

再保险分入人不履约风险导致的履约现金流量的变动金额与未来服务无关，企业不应当因此调整分出再保险合同组的合同服务边际。

2. 分出保费的分摊和摊回保险服务费用。

企业当期取得再保险分入人提供的保险合同服务而导致分保摊回未到期责任资产账面价值的减少额，应当确认为分出保费的分摊。因当期发生赔款及其他相关费用的摊回导致分保摊回已发生赔款资产账面价值的增加额，以及与之相关的履约现金流量的后续变动额，应当确认为摊回保险服务费用。当期摊回保险服务费用，包括摊回当期发生赔款及其他相关费用、亏损摊回部分的确认及转回和分保摊回已发生赔款资产相关履约现金流量变动。

企业应当将预计从再保险分入人收到的、取决于对应的保险合同赔付的金额，作为摊回保险服务费用的一部分；将预计从再保险分入人收到的、不取决于对应的保险合同赔付的金额，例如根据分出保费的固定比例计算的分保摊回手续费，作为分出保费的分摊的减项；将分保摊回未到期责任资产亏损摊回部分确认和转回的金额，作为摊回保险服务费用的一部分。企业在确认分出保费的分摊和摊回保险服务费用时，不得包含分出再保险合同中的投资成分。

【例25－39】 2×21年1月1日，甲公司作为分出方与乙公司签订了一份再保险合同（假设此合同成为一个合同组），合同约定支付给再保险分入人乙公司的分出保费为900元，乙公司对于对应的保险合同的每一笔赔付提供40%的保障。在该再保险合同签订后，对应的保险合同均于2×21年1月1日签发，责任期均为2×21年1月1日至2×23年12月31日。

该分出的再保险合同对应的部分保险合同在初始确认时是亏损的，因此甲公司确认了一个亏损合同组。其余的对应的保险合同盈利且确认为另一合同组。甲公司在初始确认对应的保险合同组后立即收到对应的保险合同的保费2 790元，并立即支付分出保费900元。

假设上述合同均是不具有直接参与分红特征的保险合同，也均不符合保费分配法的适用条件，其保险合同服务在责任期内均匀提供，上述再保险合同对应的保险合同的赔付在责任期内均匀发生并立即支付，在甲公司支付对应的保险合同赔付的同一天收到从乙公司摊回的赔款，折现率为0，不考虑非金融风险调整以及再保险分入人的不履约风险等其他因素。

2×21年1月1日，对应的盈利合同组的情况预计为：未来现金流入净现值750元，即未来现金流入现值2 250元－未来现金流出现值1 500元，因此合同服务边际为750元；对应的亏损合同组的情况预计为：未来现金流出净现值60元，即未来现金流入现值540元－未来现金流出现值600元，因此初始确认未到期责任负债亏损部分60元（贷方）以及亏损保险合同损益60元（借方）。

分出的再保险合同组于2×21年1月1日初始确认时，未来现金流入现值的估计为840元，即摊回对应的保险合同组未来现金流出（1 500＋600）元×40%，未来现金流出现值是900元，即约定的分出保费。分保摊回未到期责任资产亏损摊回部分为24元的收益，即对应的亏损合同组确认的损失60元×40%，因此，该分出再保险合同组的合同服务边际（调整亏损摊回部分后）的账面价值为84元（借方），即未来现金流入现值840元－未来现金流出现值900元－亏损摊回部分24元。初始确认时，确认分保摊回未到期责任资产24元（借方）和与亏损摊回部分有关的收益24元（贷方）。

初始确认时，甲公司的保险合同负债和分出再保险合同资产如表25－71所示。

表 25－71　　单位：元

项目	保险合同负债		分出再保险合同资产
	盈利合同组	亏损合同组	
未来现金流入现值的估计①	2 250	540	840
未来现金流出现值的估计②	(1 500)	(600)	(900)
履约现金流量③＝①＋②	750	(60)	(60)
分出的再保险合同组的合同服务边际（调整亏损摊回部分前）④			60
亏损摊回部分⑤			24
分出的再保险合同组的合同服务边际（调整亏损摊回部分后）⑥＝④＋⑤			84
对应的保险合同组的合同服务边际⑦＝－max（③，0）	(750)	—	
保险合同负债⑧＝③＋⑦	—	(60)	
分出再保险合同资产⑨＝③＋⑥			24

2×21 年，对应的保险合同实际现金流量与预期一致。

2×21 年，对应的盈利合同组的合同服务边际当年摊销金额为 250 元（750/3），分出再保险合同组的合同服务边际每年摊销金额为 28 元（84/3）。2×21 年 12 月 31 日，对应的盈利合同组的合同服务边际余额为 500 元（750－250），分出再保险合同组的合同服务边际余额为 56 元（84－28）（借方）。

2×21 年 12 月 31 日，甲公司的保险合同负债和分出再保险合同资产如表 25－72 所示。

表 25－72　　单位：元

项目	保险合同负债		分出再保险合同资产
	盈利合同组	亏损合同组	
未来现金流入现值的估计①	—	—	560[注1]
未来现金流出现值的估计②	(1 000)[注1]	(400)[注1]	—
履约现金流量③＝①＋②	(1 000)	(400)	560

续表

项目	保险合同负债		分出再保险合同资产
	盈利合同组	亏损合同组	
合同服务边际④	（500）	—	56
保险合同负债⑤＝③＋④	（1 500）	（400）	
分出再保险合同资产⑥＝③＋④			616

注 1：2×21 年 12 月 31 日，甲公司对应的盈利合同组的未来现金流出现值为 1 000 元，即 1 500/3×2；对应的亏损合同组的未来现金流出现值为 400 元，即 600/3×2；分出再保险合同组的未来现金流入现值为 560 元，即（1 000＋400）×40%。

2×22 年 12 月 31 日，甲公司更新对应的保险合同组履约现金流量估计前，保险合同负债和分出再保险合同资产如表 25－73 所示。

表 25－73 单位：元

项目	保险合同负债		分出再保险合同资产
	盈利合同组	亏损合同组	
未来现金流入现值的估计①	—	—	280
未来现金流出现值的估计②	（500）	（200）	—
履约现金流量③＝①＋②	（500）	（200）	280
合同服务边际④	（500）	—	56
保险合同负债⑤＝③＋④	（1 000）	（200）	
分出再保险合同资产⑥＝③＋④			336

2×22 年 12 月 31 日，甲公司更新了对应的保险合同组履约现金流量的估计。甲公司估计对应的保险合同组未来现金流出将增加 20%，从 700 元（1 500/3＋600/3）增加到 840 元。相应的，甲公司估计分出的再保险合同组的未来现金流入也增加 20%，从 280 元（700×40%）增加到 336 元。

2×22 年 12 月 31 日，甲公司的保险合同负债和分出再保险合同资产如表 25－74 所示。

表 25-74

单位：元

项目	保险合同负债		分出再保险合同资产
	盈利合同组	亏损合同组	
未来现金流入现值的估计①	—	—	336注2
未来现金流出现值的估计②	(600)注2	(240)注2	—
履约现金流量③=①+②	(600)	(240)	336
合同服务边际④	(200)注3	—	8注6
保险合同负债⑤=③+④	(800)	(240)	
分出再保险合同资产⑥=③+④			344
确认的亏损和亏损摊回⑦		(40)注4	16注5

注2：对应的保险合同组的预期未来现金流出增加140元（对应的盈利合同组500×20%+对应的亏损合同组200×20%），相应地，分出的再保险合同组的预期现金流入增加56元，即原预期未来摊回金额280元×20%，分出的再保险合同组更新后的未来现金流入现值为336元。

注3：由于对应的盈利合同组与未来服务相关的履约现金流量产生不利变动100元（500×20%），相应调减对应的盈利合同组的合同服务边际账面金额100元。经调整后合同服务边际的当年摊销金额为200元，即（500-100)/2，计入保险服务收入。因此，2×22年12月31日，对应的盈利合同组的合同服务边际账面价值为（贷方）200元（500-100-200）。

注4：对于对应的亏损合同组，与未来服务相关的履约现金流量的增加额40元（200×20%），应确认为新增亏损并计入当期损益。

注5：对应的亏损合同组与未来服务相关的履约现金流量增加引起的分出再保险合同组亏损摊回部分增加16元（40×40%），该变动金额由分摊至对应的保险合同组且不调整其合同服务边际的履约现金流量的变动导致，因此不调整分出的再保险合同组的合同服务边际，确认为当期损益。

除上述不调整合同服务边际的部分，分出的再保险合同组履约现金流量变化的其余部分金额为40元（对应的盈利合同组预期未来现金流出增加额100元×40%），调整分出的再保险合同组的合同服务边际。

注6：经调整后的分出的再保险合同组的合同服务边际为（借方）16元（年初借方余额56元-本年调整金额40元），合同服务边际当年摊销金额为8元（16/2），确认为当期损益。2×22年12月31日，分出的再保险合同组的合同服务边际账面价值为8元（借方）。

2×22年，甲公司的分出再保险合同资产变动情况如表25-75所示。

表 25-75

单位：元

项目	分保摊回未到期责任资产①		分保摊回已发生赔款资产②	分出再保险合同资产合计③=①+②
	非亏损摊回部分	亏损摊回部分		
2×22年1月1日余额	600	16注7	—	616
分出保费的分摊	(280)注8	—	—	(280)
从分入人摊回的金额	—	8注9	280	288

续表

项目	分保摊回未到期责任资产①		分保摊回已发生赔款资产②	分出再保险合同资产合计③=①+②
	非亏损摊回部分	亏损摊回部分		
现金流量（收到摊回赔款）	—	—	(280)	(280)
2×22年12月31日余额	320	24	—	344

注7：此例中，在甲公司更新了对应的保险合同组履约现金流量的估计前，分出的再保险合同组的亏损摊回部分每年分摊金额为8元（24/3），因此，2×22年1月1日，亏损摊回部分账面价值为（借方）16元（即2×21年1月1日的账面价值24元-2×21年的分摊金额8元）。

注8：2×22年，分出保费的分摊=分出的再保险合同当年预期从再保险分入人摊回的赔付和费用280元［(500+200)×40%］-分出的再保险合同亏损摊回部分当年分摊金额8元（上述注7）+分出的再保险合同组的合同服务边际当年摊销金额8元（上述注6）=280（元）。

注9：从再保险分入人亏损摊回的金额=亏损摊回部分变动中计入损益的部分16元（上述注5）-亏损摊回部分的分摊金额8元（上述注7）=8（元）。

上述对应的保险合同组和分出的再保险合同组的相关损益情况如表25-76所示。

表25-76 单位：元

项目	2×21年	2×22年	2×23年	合计
保险服务收入①	930[注10]	880[注12]	980[注14]	2 790
保险服务费用②	(740)[注10]	(720)[注12]	(780)[注14]	(2 240)
签发的保险合同的保险损益③=①+②	190	160	200	550
分出保费的分摊④	(300)[注11]	(280)[注13]	(320)[注15]	(900)
摊回保险服务费用⑤	296[注11]	288[注13]	312[注15]	896
分出再保险合同的保险损益⑥=④+⑤	(4)	8	(8)	(4)
保险服务业绩⑦=③+⑥	186	168	192	546

注10：2×21年，保险服务收入=对应的盈余合同组发生的预期赔付和费用500元（1 500/3）+对应的盈余合同组合同服务边际当期摊销250元（750/3）+对应的亏损合同组发生的预期赔付和费用200元（600/3）-对应的亏损合同组亏损部分当期分摊20元（60/3）= 930（元）。

保险服务费用=对应的盈余合同组发生的实际赔付和费用500元（1 500/3）+对应的亏损合同组发生的实际赔付和费用200元（600/3）+对应的亏损合同组当期新确认的亏损60元-对应的亏损合同组亏损部分当期分摊20元（60/3）=740（元）。

注11：2×21年，分出保费的分摊=分出的再保险合同组当年预期从再保险分入人摊回保险服务费用280元［(500+200)×40%］-分出的再保险合同组亏损摊回部分当年分摊金额8元（上述注7）+分出的再保险合同组的合同服务边际当年摊销金额28元（84/3）=300（元）。

摊回保险服务费用=分出的再保险合同组初始确认亏损摊回部分24元+分出的再保险合同组当年

实际摊回的赔付和费用280元－分出的再保险合同组亏损摊回部分当年分摊金额8元＝296（元）。

注12：2×22年，保险服务收入＝对应的盈余合同组发生的预期赔付和费用500元（1 500/3）＋对应的盈余合同组合同服务边际当期摊销200元［（500－100）/2］＋对应的亏损合同组发生的预期赔付和费用200元（600/3）－对应的亏损合同组亏损部分当期分摊20元（60/3）＝880（元）。

保险服务费用＝对应的盈余合同组发生的实际赔付和费用500元（1 500/3）＋对应的亏损合同组发生的实际赔付和费用200元（600/3）＋对应的亏损合同组当期新确认的亏损40元－对应的亏损合同组亏损部分当期分摊20元（60/3）＝720（元）。

注13：2×22年，分出保费的分摊同上述注8。

摊回保险服务费用＝分出的再保险合同组当年实际摊回的赔付和费用280元－分出的再保险合同组亏损摊回部分当年分摊金额8元＋分出的再保险合同组亏损摊回部分当年新增16元（上述注5）＝288（元）。

注14：2×23年，保险服务收入＝对应的盈余合同组发生的预期赔付和费用600元［500×（1＋20%）］＋对应的盈余合同组合同服务边际当期摊销200元［（500－100）/2］＋对应的亏损合同组发生的预期赔付和费用240元［200×（1＋20%）］－对应的亏损合同组亏损部分当期分摊60元（即2×22年末的账面价值，即亏损合同组初始确认时的亏损部分60元－该亏损部分于2×21年与2×22年的分摊60/3×2＋上述注4所述的与未来服务相关的履约现金流量增加导致的该亏损部分增加额40）＝980（元）。

保险服务费用＝对应的盈余合同组发生的实际赔付和费用600元＋对应的亏损合同组发生的实际赔付和费用240元－对应的亏损合同组亏损部分当期分摊60元＝780（元）。

注15：2×23年，分出保费的分摊＝分出的再保险合同组当年预期从再保险分入人摊回保险服务费用336元（上述注2）－分出的再保险合同组亏损摊回部分当年分摊金额24元（即2×22年末的账面价值，即初始确认时的该亏损摊回部分24元－该亏损摊回部分于2×21年与2×22年的分摊24/3×2＋上述注5所述的对应的亏损合同组与未来服务相关的履约现金流量增加导致的该亏损摊回部分增加额16元）＋分出的再保险合同组的合同服务边际当年摊销金额8元（即上述注6中2×22年末的合同服务边际账面价值全部在2×23年摊销）＝320（元）。

摊回保险服务费用＝分出的再保险合同组当年实际摊回的赔付和费用336元－分出的再保险合同组亏损摊回部分当年分摊金额24元＝312（元）。

甲公司对于分出的再保险合同组的账务处理如下：

（1）2×21年1月1日，确认分出的再保险合同组亏损摊回部分。

借：分保摊回未到期责任资产　　24

　　贷：摊回保险服务费用　　24

（2）2×21年1月1日，向分入人支付再保险合同的保费。

借：分保摊回未到期责任资产　　900

　　贷：银行存款　　900

（3）2×21年，根据对应的保险合同组发生的赔付和费用，甲公司从分入人摊回赔付和费用，并收到该摊回款项。

借：分保摊回已发生赔款资产　　280

　　贷：摊回保险服务费用　　280

借：银行存款　　280

　　贷：分保摊回已发生赔款资产　　280

（4）2×21年12月31日，按照预期摊回的赔款和费用减去亏损摊回部分的分摊金额后的净额确认分出的再保险合同分出保费的分摊。

借：分出保费的分摊　　272

　　贷：分保摊回未到期责任资产　　272

（5）2×21年12月31日，确认分出的再保险合同组亏损摊回部分的分摊金额。

借：摊回保险服务费用　　8

　　贷：分保摊回未到期责任资产　　8

（6）2×21年12月31日，确认分出的再保险合同组的合同服务边际当年摊销金额。

借：分出保费的分摊　　28

　　贷：分保摊回未到期责任资产　　28

（7）2×22年，根据对应的保险合同组发生的赔付和费用，从分入人摊回赔付和费用，并收到该摊回款项。

借：分保摊回已发生赔款资产　　280

　　贷：摊回保险服务费用　　280

借：银行存款　　280

　　贷：分保摊回已发生赔款资产　　280

（8）2×22年12月31日，按照预期摊回的赔款和费用减去亏损摊回部分的分摊金额后的净额确认分出的再保险合同分出保费的分摊。

借：分出保费的分摊　　272

　　贷：分保摊回未到期责任资产　　272

（9）2×22年12月31日，确认分出的再保险合同组亏损摊回部分的分摊金额。

借：摊回保险服务费用　　8

　　贷：分保摊回未到期责任资产　　8

（10）2×22年12月31日，由于预期履约现金流量发生变化，确认分出的再保险合同组亏损摊回部分。

借：分保摊回未到期责任资产　　16

　　贷：摊回保险服务费用　　16

（11）2×22年12月31日，确认分出的再保险合同组的合同服务边际当年的摊销金额。

借：分出保费的分摊　　8

贷：分保摊回未到期责任资产　　8

(12) 2×23年，从分入人摊回的赔付和费用，并收到相应款项。

借：分保摊回已发生赔款资产　　336

贷：摊回保险服务费用　　336

借：银行存款　　336

贷：分保摊回已发生赔款资产　　336

(13) 2×23年12月31日，按照预期摊回的赔款和费用减去亏损摊回部分的分摊金额后的净额确认分出的再保险合同分出保费的分摊。

借：分出保费的分摊　　312

贷：分保摊回未到期责任资产　　312

(14) 2×23年12月31日，确认分出的再保险合同组亏损摊回部分的分摊金额。

借：摊回保险服务费用　　24

贷：分保摊回未到期责任资产　　24

(15) 2×23年12月31日，确认分出的再保险合同组合同服务边际当年的摊销金额。

借：分出保费的分摊　　8

贷：分保摊回未到期责任资产　　8

【例25-40】 2×21年1月1日，甲公司作为分出方与乙公司签订了一份再保险合同，假设此合同成为一个合同组，不符合采用保费分配法计量的条件。合同条款约定，对于对应的保险合同组内合同发生的每一笔赔付，乙公司都提供10%的保障。假设不存在其他履约现金流量、投资成分、不考虑折现的影响、非金融风险调整以及再保险分入人的不履约风险等其他因素。

对应的保险合同组内合同均于2×21年1月1日签发，责任期为2×21年1月1日至2×22年12月31日，且预计均为盈利合同，不符合采用保费分配法计量的条件。2×21年1月1日，甲公司预计对应的合同组收到保费1 200元，未来发生赔付900元，于2×21年和2×22年各发生450元，对应的保险合同组初始确认时的合同服务边际为300元。相应的，甲公司预计从乙公司摊回的金额共90元（900×10%）。

2×21年12月31日，对应的保险合同组实际发生赔款550元，比预计赔付金额超出100元，属于与当年提供服务相关的经验调整，甲公司将该部分差异确认为当期损益。甲公司将2×22年预计发生的赔款变更为600元。

本例中，由于更新后2×22年的预计发生赔款比初始确认时增加的150元（600－450）与未来服务相关，甲公司将该部分差异调整合同服务边际。因此，甲公司预计将从乙公司摊回的赔款变更为115元［(550＋600)×10%］，比之前预计的金额增加25元（115－90），其中10元［(550－450)×10%］由对应的保险合同组与当年提供服务相关的经验调整导致，不调整对应的保险合同组的合同服务边际，所以由其导致的分出的再保险合同组的履约现金流量的变动也不调整分出的再保险合同组的合同服务边际，而是确认为当期损益。对于剩余的分出的再保险合同组与未来服务相关的履约现金流量变动15元（25－10），应调整分出的再保险合同组的合同服务边际。

（五）分出的再保险合同组计量的简化处理规定

符合下列条件之一的，企业可以采用保费分配法简化分出的再保险合同组的计量：

1. 企业能够合理预计采用与不采用保费分配法计量分出再保险合同组的结果无重大差异。企业预计履约现金流量在赔案发生前将发生重大波动的，表明该合同组不符合本条件。一般情况下，分出的再保险合同的责任期越长，履约现金流量的波动性就越大，履约现金流量的波动性还可能随合同中嵌入衍生工具的影响而增大。

2. 该分出的再保险合同组内各项再保险合同的责任期不超过一年。

企业在判断分出的再保险合同组是否符合上述条件时，应当根据该合同组中每项合同开始时的情况进行判断。

企业采用保费分配法计量分出的再保险合同组时，分保摊回未到期责任资产亏损摊回部分确认和转回的金额，应当调整分出再保险合同组的分保摊回未到期责任资产账面价值，同时确认为摊回保险服务费用。

九、合同转让或非同一控制下企业合并中取得的保险合同的确认和计量

企业对合同转让（不构成业务，下同）或非同一控制下企业合并中取得的保险合同进行确认和计量，除下列规定外，应当适用本章其他相关规定。企业在合同转让或非同一控制下企业合并中取得的保险合同，应当视为在转让日（或购买日）订立该合同，并将该合同归入其所属合同组。合同转让日，是指合同中实质性权利义务从转出方转移至转入方的日期。

企业在合同转让或非同一控制下企业合并中为取得保险合同而收到或支付的对价，应当视为收到或支付的保费。为取得保险合同收到或支付的对价不包

括同一交易中取得的其他资产和负债所产生的对价。非同一控制下企业合并中为取得保险合同而收到或支付的对价是购买日该合同的公允价值。在确定公允价值时，企业应当遵循第三十九章公允价值计量中除具有可随时要求偿还特征的金融负债公允价值的确定以外的其他规定。例如，对于约定保单持有人可随时退保的保险合同，其公允价值可以低于保单持有人随时要求企业支付的金额。

如果取得的保险合同为亏损合同，企业应当将该合同的履约现金流量减去收到的对价（或加上支付的对价）所得的金额作为亏损部分，并就该亏损部分增加未到期责任负债账面价值，同时作如下处理：（1）对于非同一控制下企业合并中取得的保险合同，亏损部分与合并成本之和大于或小于合并中取得的被购买方可辨认净资产公允价值份额的，其差额确认为商誉或当期损益；（2）对于在合同转让中取得的保险合同，亏损部分计入当期损益。初始确认后，上述未到期责任负债亏损部分的后续计量应当适用本章亏损合同相关处理规定。

对于合同转让或非同一控制下企业合并中取得的、订立时点不晚于对应的保险合同确认时点的分出的再保险合同，企业在初始确认对应的亏损合同组或者将对应的亏损保险合同归入合同组时，应当根据下列两项的乘积确定分出再保险合同组在转让日（或购买日）的分保摊回未到期责任资产亏损摊回部分的金额，并调整合同服务边际：（1）转让日（或购买日）对应保险合同的未到期责任负债的亏损部分；（2）转让日（或购买日）预计从分出再保险合同组摊回的对应的保险合同赔付的比例。同时作如下处理：（1）对于非同一控制下企业合并中取得的分出再保险合同，按照上述方法确定的亏损摊回部分金额减少商誉，或不存在商誉时计入当期损益；（2）对于在合同转让中取得的分出再保险合同，亏损摊回部分计入当期损益。

亏损保险合同组在转让日（或购买日）可能既包含分出的再保险合同组对应的亏损合同，又包含其他亏损合同，企业应当采用系统合理的分摊方法，确定该亏损保险合同组确认的损失中与分出再保险合同组对应的亏损合同相关的金额。

企业在合同转让或非同一控制下企业合并中取得保险合同时，应当以获得的下列权利在转让日（或购买日）的公允价值计量保险获取现金流量资产，这些权利包括取得下列合同的权利：（1）在转让日（或购买日）确认的保险合同预计续约产生的未来保险合同；（2）除（1）之外的未来保险合同，且企业无须在转让日（或购买日）后再支付出让方（或被购买方）已付的、可直接归属于相关保险合同组合的保险获取现金流量。企业在转让日（或购买日）对取得的保险合同组进行计量时，不应包含保险获取现金流量资产的金额。

【例25－41】甲公司与乙公司签订一份保险合同转让协议，约定乙公司向甲公司转让乙公司所签发的部分保险合同。甲公司从乙公司收到转让对价10 000元，并按照本章规定将转让中取得的保险合同归入同一合同组。

2×21年1月1日为转让日，也是甲公司初始确认该保险合同组的日期。甲公司于当日收到转让对价10 000元，估计该保险合同组的履约现金流量为净流出8 000元。甲公司不对该保险合同组采用保费分配法进行计量，假设不考虑其他因素。

本例中，甲公司应当将从乙公司收到的对价视为收到的保费。因此，该保险合同组初始确认时的合同服务边际＝10 000－8 000 ＝2 000（元），收到转让对价后保险合同负债为10 000元（8 000＋2 000）。

收到转让对价时，甲公司账务处理如下：

借：银行存款　　10 000

　　贷：未到期责任负债　　10 000

假设本例中甲公司在转让日估计该保险合同组的履约现金流量改为净流出12 000元，其他信息不变。由于取得的保险合同组履约现金流量大于收到的对价，该保险合同组初始确认时，应确认亏损2 000元（12 000－10 000），收到转让的对价后保险合同负债为12 000元，其中亏损部分为2 000元。

甲公司账务处理如下：

（1）初始确认亏损。

借：亏损保险合同损益　　2 000

　　贷：未到期责任负债　　2 000

（2）收到转让对价。

借：银行存款　　10 000

　　贷：未到期责任负债　　10 000

【例25－42】2×21年1月1日，甲公司支付160 000元，从乙公司的原股东购入乙公司100%股权，乙公司成为甲公司的全资子公司。本次合并为非同一控制下的企业合并，假设此次企业合并中甲公司取得的所有保险合同构成同一合同组。2×21年1月1日为购买日，也是甲公司初始确认该保险合同组的日期，当日该合同组保险合同负债的公允价值为100 000元，当日乙公司其他可辨认净资产的公允价值为250 000元。甲公司估计该保险合同组履约现金流量为净流出98 000元。假设甲公司对该保险合同组采用一般规定进行计量，不考虑其他因素。

本例中，甲公司在非同一控制下企业合并中为取得保险合同而收到的对价，是购买日保险合同负债的公允价值，所以该保险合同组初始确认时的合同服务边际=100 000 - 98 000=2 000（元），保险合同负债为100 000元(98 000+2 000)。

在购买日，甲公司合并报表层面的账务处理如下：

借：商誉　10 000

　其他可辨认净资产（各项资产与负债科目略）　250 000

　贷：未到期责任负债　100 000

　　银行存款　160 000

假设本例中甲公司在购买日估计该保险合同组的履约现金流量为净流出101 000元，其他信息不变。

由于取得的保险合同组履约现金流量大于收到的对价，甲公司应当在购买日将超过部分1 000元（101 000-100 000）作为未到期责任负债的亏损部分，并确认非同一控制下企业合并的商誉。保险合同负债为101 000元。

在购买日，甲公司合并报表层面的账务处理如下：

借：商誉　11 000

　其他可辨认净资产（各项资产与负债科目略）　250 000

　贷：未到期责任负债　101 000

　　银行存款　160 000

十、保险合同的修改和终止确认

保险合同条款的修改符合下列条件之一的，企业应当终止确认原合同，并按照修改后的合同条款确认一项新合同：

1. 假设修改后的合同条款自合同开始日适用，出现下列情形之一：（1）修改后的合同不属于本章的适用范围；（2）修改后的合同应当予以分拆且分拆后适用本章的组成部分发生变化；（3）修改后的合同的边界发生实质性变化；（4）修改后的合同归属于不同的合同组。

2. 原合同与修改后的合同仅有其一符合具有直接参与分红特征的保险合同的定义。

3. 原合同采用保费分配法，修改后的合同不符合采用保费分配法的条件。

保险合同条款的修改不符合上述条件的，企业应当将合同条款修改导致的现金流量变动作为履约现金流量的估计变更进行处理。如果企业或者保单持有人只是行使原合同条款中包含的权利，则并非是对原合同条款的修改。

保险合同约定的义务因履行、取消或到期而解除的，企业应当终止确认保险合同。企业终止确认一项保险合同，应当调整该保险合同所属合同组的履约现金流量，扣除与终止确认的权利义务相关的未来现金流量现值和非金融风险调整；调整合同组的合同服务边际；调整合同组在当期及以后期间的责任单元。

企业修改原合同并确认新合同时，应当按照下列两项金额的差额调整原合同所属合同组的合同服务边际：（1）因终止确认原合同所导致的合同组履约现金流量变动金额；（2）修改日订立与新合同条款相同的合同预计将收取的保费减去因修改原合同而收取的额外保费后的保费净额。企业在计量新合同所属合同组时，应当假设于修改日收到该保费净额。

企业因合同转让而终止确认一项保险合同的，应当按照因终止确认该合同所导致的合同组履约现金流量变动金额与受让方收取的保费之间的差额，调整该合同所属合同组的合同服务边际。

企业因合同修改或转让而终止确认一项保险合同时，应当将与该合同相关的、由于会计政策选择而在以前期间确认为其他综合收益的余额转入当期损益；但对于企业持有基础项目的具有直接参与分红特征的保险合同，企业不得仅因终止确认该保险合同而进行上述会计处理。

【例25-43】 2×21年1月1日，甲公司签发了一组保险合同（以下简称原保险合同组），合同组内保险合同的责任期均为2年，即从2×21年1月1日至2×22年12月31日。该合同组于2×21年1月1日初始确认时的合同服务边际为1 000元。该合同组内某一保险合同（以下简称原合同）的保费（为该合同唯一的现金流入）为100元，初始确认时预计其未来现金流出为90元。2×21年1月1日，甲公司收到原保险合同组的全部保费，包括原合同的保费100元。

2×21年1月31日，原合同的保单持有人尚未发生保险事项，甲公司与保单持有人就原合同的条款进行修改，因合同条款修改需要额外收取保费65元，保单持有人在修改日尚未支付该笔保费，预计增加的赔付和费用等未来现金流出为60元。假设该项修改符合终止确认原合同并按照修改后的条款确认一项新保险合同的规定，甲公司于2×21年1月31日终止确认原合同，并将修改后的保险合同确认为一项新保险合同（以下简称新合同），新合同不属于原保险合同组。如果甲公司于2×21年1月31日新签发一份与修改后保险合同条款相同的合同，预计将收取的保费为160元。假设原保险合同组内的其他保险合同未发生变化，甲公司遵循一般规定计量原合同和新合同，不考虑非金融风险调整、合同服务边际的摊销和折现等其他因素。

本例中，对于原保险合同组，2×21年1月31日，因终止确认原合同而导致其所属的原保险合同组未到期责任负债的履约现金流量部分账面价值减少90元。

2×21年1月31日，甲公司因终止确认原合同所导致的原保险合同组履约现金流量变动金额为90元，修改日订立与新合同条款相同的合同预计将收取的保费减去因修改原合同而收取的额外保费后的保费净额为95元（160－65）。因此，修改合同条款导致原保险合同组的合同服务边际调减5元（90－95）。

2×21年1月31日，与履行新合同（即修改后的保险合同）直接相关的现金流量包括计量因修改原合同条款而确认的新合同时假设甲公司在修改日收到的保费净额95元；未来现金流入，即因修改原合同条款而收取的额外保费金额65元；未来现金流出150元，即原合同预计未来的赔付和费用90元，加上合同条款修改而增加的赔付和费用60元。因此，新合同所属的合同组（以下简称新保险合同组）的合同服务边际应当调增10元（95＋65－150）。

修改日，甲公司的账务处理如下：

借：未到期责任负债——合同服务边际（原保险合同组）　5

——未来现金流量现值（原保险合同组）　90

贷：未到期责任负债——未来现金流量现值（新保险合同组）　85

——合同服务边际（新保险合同组）　10

十一、保险合同的列报

企业应当根据自身实际情况，合理确定列报保险合同的详细程度，避免列报大量不重要信息或不恰当汇总实质性不同信息。

（一）报表中相关项目的列示

1. 资产负债表。

企业应当在资产负债表中分别列示与保险合同有关的下列项目：（1）保

险合同资产；（2）保险合同负债；（3）分出再保险合同资产；（4）分出再保险合同负债。

保险获取现金流量资产在资产负债表日的账面价值应当计入保险合同组合账面价值，即保险获取现金流量资产与未到期责任负债和已发生赔款负债在保险合同组合层面合并计算的账面价值为借方余额的，在资产负债表中列示为保险合同资产；为贷方余额的，列示为保险合同负债。分保摊回未到期责任资产和分保摊回已发生赔款资产在分出再保险合同组合层面合并计算的账面价值为借方余额的，在资产负债表中列示为分出再保险合同资产；为贷方余额的，列示为分出再保险合同负债。

2. 利润表。

企业应当在利润表中分别列示与保险合同有关的下列项目：（1）保险服务收入；（2）保险服务费用；（3）分出保费的分摊；（4）摊回保险服务费用；（5）承保财务损益；（6）分出再保险财务损益。

企业不得将分出保费的分摊列示为保险服务收入的减项。

企业应当分别列示签发的保险合同的保险合同金融变动额和分出的再保险合同的保险合同金融变动额中计入其他综合收益的金额。

（二）报表中相关项目的披露

企业应当在财务报表附注中披露本章适用范围内的合同的定性和定量信息，包括其在财务报表中确认的金额、应用本章时所作的重大判断及其变更，以及这些合同所产生的风险的性质和程度。企业可以按照合同类型（如主要产品线）、地理区域（如国家或地区）或报告分部等对保险合同的信息披露进行恰当汇总。

1. 未到期责任负债（或分保摊回未到期责任资产）和已发生赔款负债（或分保摊回已发生赔款资产）余额调节表。

企业应当在附注中分别就签发的保险合同和分出的再保险合同，单独披露未到期责任负债（或分保摊回未到期责任资产）和已发生赔款负债（或分保摊回已发生赔款资产）余额调节表，以反映与保险合同账面价值变动有关的下列信息：

（1）保险合同负债和保险合同资产（或分出再保险合同资产和分出再保险合同负债）的期初和期末余额及净额，以及净额调节情况。

（2）未到期责任负债（或分保摊回未到期责任资产）当期变动情况，亏损部分（或亏损摊回部分）应单独披露。

（3）已发生赔款负债（或分保摊回已发生赔款资产）当期变动情况，采用保费分配法的保险合同应分别披露未来现金流量现值和非金融风险调整。

（4）当期保险服务收入。

（5）当期保险服务费用。

（6）当期分出保费的分摊。

（7）当期摊回保险服务费用。

（8）不计入当期损益的投资成分。

（9）与当期服务无关但影响保险合同账面价值的金额，包括当期现金流量、再保险分入人不履约风险变动额、保险合同金融变动额、其他与保险合同账面价值变动有关的金额。当期现金流量应分别披露收到保费（或支付分出保费）、支付保险获取现金流量、支付赔款及其他相关费用（或收到摊回赔款及其他相关费用）。

企业签发的保险合同的未到期责任负债和已发生赔款负债自期初余额至期末余额的调节表示例如表 25－77 所示。

表 25－77[注1]

项目	未采用保费分配法计量的合同				采用保费分配法计量的合同				
	未到期责任负债		已发生赔款负债	合计	未到期责任负债		已发生赔款负债		合计
	非亏损部分	亏损部分			非亏损部分	亏损部分	未来现金流量现值的估计	非金融风险调整	
期初/年初的保险合同负债（1）									
期初/年初的保险合同资产（2）									
期初/年初的保险合同净负债/资产（3）=（1）+（2）									
保险服务收入[注2]（4）									
当期发生赔款及其他相关费用（保险获取现金流量除外）（5）									
保险获取现金流量的摊销（6）									

续表

项目	未采用保费分配法计量的合同				采用保费分配法计量的合同				
	未到期责任负债		已发生赔款负债	合计	未到期责任负债		已发生赔款负债		合计
	非亏损部分	亏损部分			非亏损部分	亏损部分	未来现金流量现值的估计	非金融风险调整	
亏损部分的确认及转回（7）									
已发生赔款负债相关履约现金流量变动（8）									
其他费用（9）									
保险服务费用（10）=（5）+（6）+（7）+（8）+（9）									
保险服务业绩（11）=（4）±（10）									
保险合同金融变动额（12）									
其他损益变动（13）									
其他综合收益其他变动[注3]（14）									
相关综合收益变动合计（15）=（11）+（12）+（13）+（14）									
投资成分[注4]（16）									
收到的保费[注4]（17）									
支付的保险获取现金流量（18）									
支付的赔款及其他相关费用（含投资成分）（19）									
其他现金流量（20）									
现金流量合计（21）=（17）+（18）+（19）+（20）									
其他变动（22）									
期末/年末的保险合同净负债/资产（23）=（3）+（15）+（16）+（21）+（22）									

续表

项目	未采用保费分配法计量的合同				采用保费分配法计量的合同				
	未到期责任负债		已发生赔款负债	合计	未到期责任负债		已发生赔款负债		合计
	非亏损部分	亏损部分			非亏损部分	亏损部分	未来现金流量现值的估计	非金融风险调整	
期末/年末的保险合同资产（24）									
期末/年末的保险合同负债（25）									

注1：表格中的灰色格子一般不应填入金额，下同。

注2：如果企业在当期内存在过渡日采用修正追溯调整法及公允价值法的合同，应将此行分成四行以分别披露过渡日采用修正追溯调整法的合同、过渡日采用公允价值法的合同及其余合同的保险服务收入以及保险服务收入合计金额。

注3：例如，外币报表折算差额。

注4：保费返还可以作为“投资成分”或“收到的保费”的减项。

分出的再保险合同的分保摊回未到期责任资产和分保摊回已发生赔款资产自期初余额至期末余额的调节表示例如表25－78所示。

表25－78

项目	未采用保费分配法计量的合同				采用保费分配法计量的合同				
	分保摊回未到期责任资产		分保摊回已发生赔款资产	合计	分保摊回未到期责任资产		分保摊回已发生赔款资产		合计
	非亏损摊回部分	亏损摊回部分			非亏损摊回部分	亏损摊回部分	未来现金流量现值的估计	非金融风险调整	
期初/年初的分出再保险合同资产（1）									
期初/年初的分出再保险合同负债（2）									
期初/年初的分出再保险合同净资产/负债（3）＝（1）＋（2）									
分出保费的分摊（4）									

续表

项目	未采用保费分配法计量的合同				采用保费分配法计量的合同				
	分保摊回未到期责任资产		分保摊回已发生赔款资产	合计	分保摊回未到期责任资产		分保摊回已发生赔款资产		合计
	非亏损摊回部分	亏损摊回部分			非亏损摊回部分	亏损摊回部分	未来现金流量现值的估计	非金融风险调整	
摊回当期发生赔款及其他相关费用（5）									
亏损摊回部分的确认及转回（6）									
分保摊回已发生赔款资产相关履约现金流量变动（7）									
再保险分入人不履约风险变动额（8）									
其他摊回费用（9）									
摊回保险服务费用（10）=（5）+（6）+（7）+（8）+（9）									
分出再保险合同的保险损益（11）=（4）+（10）									
分出再保险合同的保险合同金融变动额（12）									
其他损益变动（13）									
其他综合收益其他变动[注5]（14）									
相关综合收益变动合计（15）=（11）+（12）+（13）+（14）									
投资成分[注6]（16）									
支付的分出保费[注6]（17）									
收到的摊回赔款及其他相关费用（含投资成分）（18）									
其他现金流量（19）									

续表

项目	未采用保费分配法计量的合同				采用保费分配法计量的合同				
	分保摊回未到期责任资产		分保摊回已发生赔款资产	合计	分保摊回未到期责任资产		分保摊回已发生赔款资产		合计
	非亏损摊回部分	亏损摊回部分			非亏损摊回部分	亏损摊回部分	未来现金流量现值的估计	非金融风险调整	
现金流量合计（20）=（17）+（18）+（19）									
其他变动（21）									
期末/年末的分出再保险合同净资产/负债（22）=（3）+（15）+（16）+（20）+（21）									
期末/年末的分出再保险合同资产（23）									
期末/年末的分出再保险合同负债（24）									

注5：例如，外币报表折算差额。

注6：分出保费返还可以作为“投资成分”或“支付的分出保费”的减项。

对于未采用保费分配法的保险合同，企业还应当在附注中分别就签发的保险合同和分出的再保险合同，单独披露履约现金流量和合同服务边际余额调节表，以反映与保险合同账面价值变动有关的下列信息：

（1）保险合同负债和保险合同资产（或分出再保险合同资产和分出再保险合同负债）的期初和期末余额及净额，以及净额调节情况。

（2）未来现金流量现值当期变动情况。

（3）非金融风险调整当期变动情况。

（4）合同服务边际当期变动情况。

（5）与当期服务相关的变动情况，包括合同服务边际的摊销、非金融风险调整的变动、当期经验调整。

（6）与未来服务相关的变动情况，包括当期初始确认的保险合同影响金额、调整合同服务边际的估计变更、不调整合同服务边际的估计变更。

（7）与过去服务相关的变动情况，包括已发生赔款负债（或分保摊回已发生赔款资产）相关履约现金流量变动。

（8）与当期服务无关但影响保险合同账面价值的金额，包括当期现金流量、再保险分入人不履约风险变动额、保险合同金融变动额、其他与保险合同账面价值变动有关的金额。当期现金流量应分别披露收到保费（或支付分出保费）、支付保险获取现金流量、支付赔款及其他相关费用（或收到摊回赔款及其他相关费用）。

企业签发的保险合同和分出的再保险合同的履约现金流量和合同服务边际自期初余额至期末余额的调节表示例如下。

（1）签发的保险合同。

表 25－79

项目	未采用保费分配法计量的合同			
	未来现金流量现值	非金融风险调整	合同服务边际注7	合计
期初/年初的保险合同负债（1）				
期初/年初的保险合同资产（2）				
期初/年初的保险合同净负债/资产（3）=（1）+（2）				
合同服务边际的摊销（4）				
非金融风险调整的变动（5）				
当期经验调整（6）				
与当期服务相关的变动（7）=（4）+（5）+（6）				
当期初始确认的保险合同影响（8）				
调整合同服务边际的估计变更（9）				
不调整合同服务边际的估计变更（10）				
其他与未来服务相关变动（11）				
与未来服务相关的变动（12）=（8）+（9）+（10）+（11）				
已发生赔款负债相关履约现金流量变动（13）				

续表

项目	未采用保费分配法计量的合同			
	未来现金流量现值	非金融风险调整	合同服务边际[注7]	合计
其他与过去服务相关的变动（14）				
与过去服务相关的变动（15）=（13）+（14）				
保险服务业绩（16）=（7）+（12）+（15）				
保险合同金融变动额（17）				
其他损益变动（18）				
其他综合收益其他变动[注8]（19）				
相关综合收益变动合计（20）=（16）+（17）+（18）+（19）				
收到的保费（21）				
支付的保险获取现金流量（22）				
支付的赔款及其他相关费用（含投资成分）（23）				
其他现金流量（24）				
现金流量合计（25）=（21）+（22）+（23）+（24）				
其他变动（26）				
期末/年末的保险合同净负债/资产（27）=（3）+（20）+（25）+（26）				
期末/年末的保险合同资产（28）				
期末/年末的保险合同负债（29）				

注7：如果企业在当期内存在过渡日采用修正追溯调整法及公允价值法的合同，应将此列分成四列以分别披露过渡日采用修正追溯调整法的合同、过渡日采用公允价值法的合同及其余合同的合同服务边际以及合同服务边际合计金额。

注8：例如，外币报表折算差额。

（2）分出的再保险合同。

表25-80

项目	未采用保费分配法计量的合同			
	未来现金流量现值	非金融风险调整	合同服务边际[注9]	合计
期初/年初的分出再保险合同资产（1）				
期初/年初的分出再保险合同负债（2）				
期初/年初的分出再保险合同净资产/负债（3）=（1）+（2）				
合同服务边际的摊销（4）				
非金融风险调整的变动（5）				
当期经验调整（6）				
与当期服务相关的变动（7）=（4）+（5）+（6）				
当期初始确认的分出再保险合同影响（8）				
调整合同服务边际的估计变更（9）				
不调整合同服务边际的估计变更（10）				
亏损摊回部分的确认及转回（11）				
其他与未来服务相关变动（12）				
与未来服务相关的变动（13）=（8）+（9）+（10）+（11）+（12）				
分保摊回已发生赔款资产相关履约现金流量变动（14）				
其他与过去服务相关的变动（15）				
与过去服务相关的变动（16）=（14）+（15）				
再保险分入人不履约风险变动额（17）				
分出再保险合同的保险损益（18）=（7）+（13）+（16）+（17）				
分出再保险合同的保险合同金融变动额（19）				
其他损益变动（20）				
其他综合收益其他变动[注10]（21）				

续表

项目	未采用保费分配法计量的合同			
	未来现金流量现值	非金融风险调整	合同服务边际注9	合计
相关综合收益变动合计（22）=（18）+（19）+（20）+（21）				
支付的分出保费（23）				
收到的摊回赔款及其他相关费用（含投资成分）（24）				
其他现金流量（25）				
现金流量合计（26）=（23）+（24）+（25）				
其他变动（27）				
期末/年末的分出再保险合同净资产/负债（28）=（3）+（22）+（26）+（27）				
期末/年末的分出再保险合同资产（29）				
期末/年末的分出再保险合同负债（30）				

注9：如果企业在当期内存在过渡日采用修正追溯调整法及公允价值法的合同，应将此列分成四列以分别披露过渡日采用修正追溯调整法的合同、过渡日采用公允价值法的合同及其余合同的合同服务边际以及合同服务边际合计金额。

注10：例如，外币报表折算差额。

2. 保险获取现金流量资产。

企业应当在附注中披露关于保险获取现金流量资产的下列定量信息：

（1）保险获取现金流量资产的期初和期末余额及其调节情况。

（2）保险获取现金流量资产当期的减值损失和转回情况。

（3）期末保险获取现金流量资产预计在未来按适当的时间段终止确认的相关信息。

3. 当期初始确认的保险合同对资产负债表的影响。

对于未采用保费分配法的保险合同，企业应当在附注中分别就签发的保险合同和分出的再保险合同，披露当期初始确认的保险合同对资产负债表影响的下列信息：

（1）未来现金流出现值，保险获取现金流量的金额应单独披露。

（2）未来现金流入现值。

（3）非金融风险调整。

（4）合同服务边际。

对于当期初始确认的亏损合同组以及在合同转让或非同一控制下企业合并中取得的保险合同，企业应当分别披露其对资产负债表影响的上述信息。

4. 未采用保费分配法的保险合同的保险服务收入和合同服务边际。

对于企业签发的未采用保费分配法的保险合同，应当在附注中披露与本期确认保险服务收入相关的下列定量信息：

（1）与未到期责任负债变动相关的保险服务收入，分别披露期初预计当期发生的保险服务费用、非金融风险调整的变动、合同服务边际的摊销、其他金额（如与当期服务或过去服务相关的保费经验调整）。

（2）保险获取现金流量的摊销。

对于未采用保费分配法的保险合同，企业应当在附注中分别就签发的保险合同和分出的再保险合同，披露期末合同服务边际在剩余期限内按适当的时间段摊销计入利润表的定量信息。

5. 保险合同金融变动额。

企业应当披露当期保险合同金融变动额的定量信息及其解释性说明，包括对保险合同金融变动额与相关资产投资回报关系的说明。

6. 具有直接参与分红特征的保险合同。

企业应当披露具有直接参与分红特征的保险合同相关的下列信息：

（1）基础项目及其公允价值。

（2）运用风险管理缓释选择权将货币时间价值及金融风险的影响金额计入当期保险财务损益或其他综合收益对当期合同服务边际的影响。

对于具有直接参与分红特征的保险合同组，企业选择将保险合同金融变动额分解计入当期保险财务损益和其他综合收益的，因是否持有基础项目的情况发生变动导致计入当期保险财务损益的计量方法发生变更的，应当披露变更原因和对财务报表项目的影响金额，以及相关合同组于变更当日的账面价值。

（三）与保险合同计量相关的披露

企业应当披露与保险合同计量所采用的方法、输入值和假设等相关的下列信息：

（1）保险合同计量所采用的方法以及估计相关输入值的程序。企业应当披露相关输入值的定量信息，不切实可行的除外。

（2）上述（1）中所述方法和程序的变更及其原因，以及受影响的合同类型。

(3) 与保险合同计量有关的下列信息:

①对于不具有直接参与分红特征的保险合同,区分相机抉择与其他因素导致未来现金流量估计变更的方法。

②确定非金融风险调整的计量方法及计量结果所对应的置信水平,以及非金融风险调整变动额在利润表中的列示方法(即是否选择将货币时间价值及金融风险的影响导致的非金融风险调整变动额不作为保险合同金融变动额)。企业采用置信水平法以外方法确定非金融风险调整的,应当披露所采用方法及其结果所对应的置信水平。

③确定折现率的方法,以及用于不随基础项目回报变动的现金流量折现的收益率曲线(或收益率曲线范围)。企业采用多个保险合同组汇总结果对折现率曲线进行披露的,应当采用加权平均(或相对狭窄区间)的方式披露收益率曲线(或收益率曲线范围)。

④确定投资成分的方法。

⑤确定责任单元组成部分及相对权重的方法。

企业选择将保险合同金融变动额分解计入当期保险财务损益和其他综合收益的,应当披露确定保险财务损益金额的方法及其说明。

对于采用保费分配法计量的保险合同组,企业应当披露下列信息:

(1) 合同组适用保费分配法的判断依据。

(2) 未到期责任负债(或分保摊回未到期责任资产)和已发生赔款负债(或分保摊回已发生赔款资产)的计量是否反映货币时间价值及金融风险的影响。

(3) 是否在保险获取现金流量发生时将其确认为费用。

企业根据本章要求披露保险合同计量方法、输入值和假设、余额调节表等相关信息的,已经满足第二十九章会计政策、会计估计变更和差错更正中有关保险合同会计估计变更的披露要求,无需重复披露。

(四) 与风险相关的披露

企业应当披露与保险合同产生的保险风险和金融风险等相关的定性和定量信息。金融风险包括市场风险、信用风险、流动性风险等。对于保险合同产生的各类风险,企业应当按类别披露下列信息:

(1) 风险敞口及其形成原因,以及在本期发生的变化。

(2) 风险管理的目标、政策和程序以及计量风险的方法及其在本期发生的变化。

(3) 期末风险敞口的汇总数据。该数据应当以向内部关键管理人员提供的相关信息为基础。期末风险敞口不能反映企业本期风险敞口变动情况的，企业应当进一步提供相关信息，包括披露相关事实、期末风险敞口不具代表性的原因，以及能够代表本期风险敞口的进一步信息。

（4）风险集中度信息，包括企业确定风险集中度的说明和参考因素（如保险事项类型、行业特征、地理区域、货币种类等）。

企业应当披露相关监管要求（如最低资本要求、保证利率等）对本章适用范围内的合同的影响。保险合同分组时，企业未考虑针对不同特征保单持有人设定不同价格或承诺不同利益水平的实际能力受到的法律法规或监管要求限制、将这些合同归入同一合同组的，企业应当披露这一事实。

1. 保险风险和市场风险。

企业应当对保险风险和市场风险进行敏感性分析并披露下列信息：

（1）资产负债表日保险风险变量和各类市场风险变量发生合理、可能的变动时，将对企业损益和所有者权益产生的影响。

对于保险风险，敏感性分析应当反映对企业签发的保险合同及其经分出的再保险合同进行风险缓释后的影响。

对于各类市场风险，敏感性分析应当反映保险合同所产生的风险变量与企业持有的金融资产所产生的风险变量之间的关联性。

（2）本期进行敏感性分析所使用的方法和假设，以及在本期发生的变化及其原因。

企业为管理保险合同所产生的风险，采用不同于上述方法进行敏感性分析的，应当披露下列信息：

（1）用于敏感性分析的方法、选用的主要参数和假设。

（2）所用方法的目的，以及该方法提供信息的局限性。

企业应当披露索赔进展情况，以反映已发生赔款的实际赔付金额与未经折现的预计赔付金额的比较信息，及其与资产负债表日已发生赔款负债账面价值的调节情况。

索赔进展情况的披露应当从赔付时间和金额在资产负债表日仍存在不确定性的重大赔付最早发生期间开始，但最长披露期限可不超过十年。赔付时间和金额的不确定性在未来一年内将消除的索赔进展信息可以不披露。

【例25－44】某保险集团合并财务报表关于保险风险敏感性分析披露的示例如下。

1. 寿险。

表 25－81

假设	假设变化	对税前/税后利润的影响[注]		对所有者权益的影响		对税前/税后利润的影响		对所有者权益的影响	
		再保前	再保后	再保前	再保后	再保前	再保后	再保前	再保后
		2×21 年	2×21 年	2×21 年 12 月 31 日	2×21 年 12 月 31 日	2×20 年	2×20 年	2×20 年 12 月 31 日	2×20 年 12 月 31 日
死亡率	+×%								
死亡率	-×%								
疾病发生率	+×%								
疾病发生率	-×%								
……	……								
……	……								

注：企业可自行选择披露对税前利润或税后利润的影响。

2. 产险。

表 25－82

假设	假设变化	对税前/税后利润的影响		对所有者权益的影响		对税前/税后利润的影响		对所有者权益的影响	
		再保前	再保后	再保前	再保后	再保前	再保后	再保前	再保后
		2×21 年	2×21 年	2×21 年 12 月 31 日	2×21 年 12 月 31 日	2×20 年	2×20 年	2×20 年 12 月 31 日	2×20 年 12 月 31 日
赔付率	+×%								
赔付率	-×%								
……	……								
……	……								

【例 25－45】 某财产保险公司只经营机动车辆险，且其赔付时间和金额于 2×19 年 12 月 31 日仍存在不确定性的重大赔付最早发生在 2×10 年之前，该公司 2×19 年 12 月 31 日的索赔进展情况披露示例如表 25－83 所示。

表 25－83

机动车辆险	事故发生年度										
	2×10	2×11	2×12	2×13	2×14	2×15	2×16	2×17	2×18	2×19	合计
再保前											
未经折现的累计赔付款项总额估计额											
事故年度末											
一年后											
两年后											
三年后											
四年后											
五年后											
六年后											
七年后											
八年后											
九年后											
累计已支付的赔款总额											
总负债——事故年度在2×10至2×19年之间											
总负债——事故年度在2×10年之前											
间接理赔费用、非金融风险调整及折现的影响											
……											
已发生赔款负债总额											
再保后											
未经折现的累计赔付款项净额估计额											
事故年度末											
一年后											

续表

机动车辆险	事故发生年度										
	2×10	2×11	2×12	2×13	2×14	2×15	2×16	2×17	2×18	2×19	合计
两年后											
三年后											
四年后											
五年后											
六年后											
七年后											
八年后											
九年后											
累计已支付的赔款净额											
净负债——事故年度在2×10至2×19年之间											
净负债——事故年度在2×10年之前											
……											
已发生赔款负债净额											
分保摊回已发生赔款资产总额											
已发生赔款负债总额											

2. 信用风险。

企业应当披露与保险合同所产生的信用风险相关的下列信息：

（1）签发的保险合同和分出的再保险合同分别于资产负债表日的最大信用风险敞口。

（2）与分出再保险合同资产的信用质量相关的信息。

3. 流动性风险。

企业应当披露与保险合同所产生的流动性风险相关的下列信息：

（1）对管理流动性风险的说明。

（2）对资产负债表日保险合同负债和分出再保险合同负债的到期期限分析。

到期期限分析应当基于合同组合，在汇总层面就保险合同负债和分出再保险合同负债进行披露，不要求逐个组合进行披露。所使用的时间段至少应当为资产负债表日后一年以内、一年至两年以内、两年至三年以内、三年至四年以内、四年至五年以内、五年以上。列入各时间段内的金额可以是未来现金流量现值或者未经折现的合同剩余净现金流量。

到期期限分析可以不包括采用保费分配法计量的保险合同负债和分出再保险合同负债中与未到期责任相关的部分。

（3）保单持有人可随时要求偿还的金额。企业应当说明该金额与相关保险合同组合账面价值之间的关联性。

【例25－46】 某保险公司对2×21年12月31日保险合同负债和分出再保险合同负债的到期期限分析进行披露（假设该公司选择披露的金额是未来现金流量现值）。

本公司保险合同负债和分出再保险合同负债的未来现金流量现值如表25－84和表25－85所示。

表25－84

项目	2×21年12月31日						
	1年以下	1～2年	2～3年	3～4年	4～5年	5年以上	合计
保险合同负债对应的未来现金流量现值							
分出再保险合同负债对应的未来现金流量现值							

表25－85

项目	2×20年12月31日						
	1年以下	1～2年	2～3年	3～4年	4～5年	5年以上	合计
保险合同负债对应的未来现金流量现值							
分出再保险合同负债对应的未来现金流量现值							

十二、衔接规定

（一）衔接方法

企业首次执行日之前的保险合同会计处理与本章规定不一致的，应当按照第二十九章会计政策、会计估计变更和差错更正的规定采用追溯调整法处理；对合同组采用追溯调整法不切实可行的，企业应当采用修正追溯调整法或公允价值法；对合同组采用修正追溯调整法也不切实可行的，企业应当采用公允价值法。首次执行日是指企业首次采用保险合同准则的年度期间的起始日。企业进行追溯调整的，无需披露当期和各个列报前期财务报表受影响的项目和每股收益的调整金额。

1. 追溯调整法。

企业采用追溯调整法时，应当在过渡日按照下列规定进行衔接处理：

（1）假设一直按照本章要求识别、确认和计量保险合同组。

（2）假设一直按照本章要求识别、确认和计量保险获取现金流量资产，但无须估计该资产于过渡日前的可收回性。

（3）确认追溯调整对所有者权益的累积影响数。

（4）不得在过渡日前运用本章规定的风险管理缓释选择权。

过渡日是指保险合同准则首次执行日前最近一个会计年度的期初，企业列报经调整的更早期间的比较信息的，过渡日是更早比较期间的期初。

2. 修正追溯调整法。

修正追溯调整法，是指企业在采用追溯调整法不切实可行时，使用在过渡日无须付出不必要的额外成本或努力即可获得的合理可靠的信息，以获得接近追溯调整法结果为目标，在衔接处理上予以简化的方法。为了实现修正追溯法的目标，对于每一项修正追溯调整法下衔接处理上的简化方法，企业仅在对该事项采用追溯调整法不切实可行时方可采用。

企业采用修正追溯调整法时，应当在过渡日识别下列事项并进行衔接处理：

（1）保险合同组，但在按照本章规定进行保险合同分组时无法获得合理可靠的信息的，企业可以将签发或分出时间间隔超过一年的合同归入同一合同组。

（2）具有直接参与分红特征的保险合同。

（3）不具有直接参与分红特征的保险合同中的相机抉择现金流量。

（4）具有相机参与分红特征的投资合同。

企业采用修正追溯调整法时，对于在合同转让或非同一控制下企业合并中取得的保险合同，应当将该类合同在转让日或购买日前已发生的赔付义务确认为已发生赔款负债。

对不具有直接参与分红特征的保险合同组在过渡日的合同服务边际或未到期责任负债亏损部分采用修正追溯调整法时，企业应当按照下列规定进行衔接处理：

（1）以过渡日或更早日期（如适用）估计的未来现金流量为基础，根据合同组初始确认时至过渡日或更早日期（如适用）发生的现金流量进行调整，确定合同组在初始确认时的未来现金流量。

（2）企业应当采用下列方法（修正追溯调整法下不具有直接参与分红特征的保险合同组折现率曲线的近似确定方法）确定合同组初始确认时或以后的折现率：

①如果存在一条可观察的收益率曲线，该曲线在过渡日前最近至少三个会计年度，与按本章规定确定的折现率曲线近似，则企业应当采用该可观察的收益率曲线作为合同组初始确认时或以后的折现率。

②如果不存在上述收益率曲线，企业应当确定一条可观察的收益率曲线，计算该曲线在过渡日前最近至少三个会计年度内与根据本章规定确定的折现率曲线之间的平均利差，并就上述利差调整该可观察的收益率曲线，作为合同组初始确认时或以后的折现率。

（3）以过渡日估计的非金融风险调整金额为基础，根据在过渡日签发或分出的类似保险合同的相关风险释放方式，估计过渡日之前合同组非金融风险调整的变动金额，确定合同组在初始确认时的非金融风险调整金额。

（4）采用与过渡日后一致的方法，将过渡日前已付或应付的保险获取现金流量（不包括过渡日前已不存在的保险合同对应的保险获取现金流量）系统合理地分摊至过渡日确认和预计将于过渡日后确认的合同组，分别调整过渡日合同服务边际和确认为保险获取现金流量资产。企业无法获得合理可靠的信息进行上述处理的，则不应调整合同服务边际或确认保险获取现金流量资产。

（5）合同组在初始确认时根据上述（1）至（4）确认合同服务边际的，应当按照上述（2）确定的初始确认时折现率计提利息，并基于过渡日合同组中的剩余责任单元和该日前的责任单元，确定过渡日前计入损益的合同服务边际。

（6）合同组在初始确认时根据上述（1）至（4）确认未到期责任负债亏损部分的，应当采用系统合理的方法，确定分摊至过渡日前的亏损部分。

（7）对于订立时点不晚于对应的亏损保险合同确认时点的分出再保险合同，应当根据过渡日对应的亏损保险合同的未到期责任负债亏损部分乘以预计从分出的再保险合同组摊回的对应的保险合同赔付的比例，计算分出再保险合同组分保摊回未到期责任资产在过渡日的亏损摊回部分金额，企业无法获得合理可靠的信息确定该亏损摊回部分金额的，则不应确认亏损摊回部分。

一个亏损保险合同组可能既包含分出的再保险合同组对应的亏损合同，又包含其他的亏损合同。为计算过渡日亏损摊回部分金额，企业应当采用系统合理的分摊方法，确定该亏损保险合同组确认的损失中与分出的再保险合同组对应的亏损合同相关的金额。

【例25－47】 企业对过渡日前初始确认的一组签发的不具有直接参与分红特征的保险合同采用追溯调整法不切实可行，因此对该组保险合同采用修正追溯调整法进行衔接处理，以获得接近追溯调整法的结果。由于无法获得合理可靠的信息，企业将签发时间间隔超过一年的合同归入同一合同组。

在过渡日，企业估计履约现金流量为下列各项之和：

（1）未来现金流出现值估计1 240万元（包括未来现金流出估计1 540万元和货币时间价值及金融风险调整－300万元）。

（2）非金融风险调整200万元。

保险合同初始确认时至过渡日期间实际发生的现金净流入为1 600万元，由该期间企业收到的保费2 000万元以及企业支付的现金流出400万元组成。

企业将可观察的、在过渡日前最近至少三个会计年度内均与按本章规定的折现率相似的折现率曲线作为初始确认时或以后适用的折现率。

假设不考虑其他因素。

企业确定过渡日的合同服务边际的具体过程如下：

第一步，企业估计保险合同组初始确认时的未来现金净流入为60万元，为根据以下两项计算所得：①于过渡日估计的未来现金流出1 540万元；②保险合同组自初始确认时至过渡日期间的实际已发生的现金净流入1 600万元。

第二步，企业对第一步中计算所得初始确认时的未来现金流量，进行货币时间价值及金融风险调整后得到初始确认时未来现金流量现值为460万元，货币时间价值及金融风险调整金额为400万元。

第三步，企业参考在过渡日签发的类似保险合同的相关风险释放方式，以及过渡日估计的非金融风险调整的金额 200 万元，确定初始确认时至过渡日期间释放的非金融风险调整金额为 40 万元，从而确定初始确认时的非金融风险调整金额为 240 万元。

第四步，企业根据第二步计算所得的初始确认时未来现金流量现值 460 万元，第三步计算所得的初始确认时非金融风险调整金额 240 万元，得到初始确认时的履约现金流量净流入 220 万元，因此确定初始确认时计量的合同服务边际为 220 万元。

第五步，通过计算初始确认时至过渡日期间内合同服务边际计提的利息金额以及因提供服务而计入损益的摊销金额，该期间合同服务边际的净减少金额为 180 万元，企业确定在过渡日的合同服务边际为 40 万元。

企业初始确认时和过渡日的相关信息和计算结果如表 25－86 所示。

表 25－86

单位：万元

项目	过渡日	初始确认时
未来现金流量净流入（流出）估计	（1 540）	60
货币时间价值及金融风险调整	300	400
未来现金流量净流入（流出）现值的估计	（1 240）	460
非金融风险调整	（200）	（240）
履约现金流量	（1 440）	220

对具有直接参与分红特征的保险合同组在过渡日的合同服务边际或未到期责任负债亏损部分采用修正追溯调整法时，企业应当按照下列规定进行衔接处理：

（1）以过渡日基础项目公允价值减去该日履约现金流量的金额为基础，根据过渡日前相关现金流量以及非金融风险调整的变动进行恰当调整。过渡日前相关现金流量以及非金融风险调整的变动包括：①过渡日前企业向保单持有人收取的金额（包含从基础项目中扣取的金额）；②过渡日前支付的不随基础项目变动的金额；③根据在过渡日签发的类似保险合同的相关风险释放方式估计的过渡日之前非金融风险调整的变动；④分摊至该合同组的过渡日前已付或应付的保险获取现金流量。

（2）合同组根据上述（1）确认合同服务边际的，应当基于过渡日合同组中的剩余责任单元和该日前的责任单元，确定过渡日前计入损益的合同服务边际。

（3）合同组根据上述（1）确认未到期责任负债亏损部分的，应当将该亏损部分调整为零，同时将该亏损部分增加过渡日未到期责任负债账面价值。

企业应当采用与过渡日后一致的方法将过渡日前已付或应付的保险获取现金流量（不包括过渡日前已不存在的保险合同对应的保险获取现金流量）系统合理地分摊至过渡日确认和预计将于过渡日后确认的合同组，分别调整过渡日合同服务边际［即上述（1）中④的金额］和确认为保险获取现金流量资产。企业无法获得合理可靠的信息进行上述处理的，则不应调整合同服务边际或确认保险获取现金流量资产。

【例 25-48】 企业在过渡日前5年初签发了1 000份具有直接参与分红特征的保险合同，这些保险合同于签发时确认并归属于同一合同组。这些合同的责任期均为10年，保单持有人于责任期开始时趸缴保费；企业为每位保单持有人设立账户价值，并在每年年末从账户价值中扣取服务费；如果被保险人在责任期内死亡，企业将支付该时点保单账户价值和最低死亡给付孰高的金额；如果被保险人在责任期结束时仍生存，企业将支付该时点保单账户价值。

假设过渡日前的5个会计年度内，该合同组发生了下列事项：企业支付死亡给付和其他费用合计240万元，包括随基础项目回报而变动的现金流量220万元，以及不随基础项目回报而变动的现金流量20万元；企业从基础项目中扣取服务费54万元。

由于对该保险合同组采用追溯调整法不切实可行，因此企业选择对该合同组采用修正追溯调整法。

企业估计过渡日的履约现金流量为920万元，由未来现金净流出现值估计910万元以及非金融风险调整10万元组成。当日基础项目的公允价值是940万元。

基于对过渡日签发的类似合同相关风险释放方式的分析，企业估计过渡日前5个会计年度内的风险释放引起的非金融风险调整变动为14万元；过渡日剩余责任单元为该合同组责任单元总计的40%。

假设不考虑其他因素。

企业采用修正追溯调整法，确定过渡日的合同服务边际如表25-87所示。

表 25-87 单位：万元

项目	金额
基础项目于过渡日的公允价值①	940
过渡日合同组的履约现金流量②	(920)

续表

项目	金额
调整：	
－过渡日前从基础项目中扣取的收费③	54
－过渡日前已付的不随基础项目回报变动的金额④	（20）
－过渡日前风险释放引起的非金融风险调整变动⑤	（14）
合同组在损益确认之前的合同服务边际⑥＝①＋②＋③＋④＋⑤	40
过渡日前计入损益的合同服务边际的估计金额⑦＝－⑥×60%	（24）
过渡日合同服务边际⑧＝⑥＋⑦	16

因此，保险合同负债于过渡日的账面金额等于936万元，即履约现金流量920万元与合同服务边际16万元之和。

企业对过渡日保险合同金融变动额采用修正追溯调整法时，将签发或分出时间相隔超过一年的合同归入同一合同组的，应当按照下列规定进行衔接处理：

（1）企业可以在过渡日（而非初始确认时或赔案发生日）确定合同组用于计提合同服务边际利息、计量合同服务边际变动、采用保费分配法时选择对未到期责任负债（或分保摊回未到期责任资产）账面价值进行调整以反映货币时间价值及金融风险影响的折现率，及对当期保险合同金融变动额进行分解时所使用的折现率。

（2）企业选择将保险合同金融变动额分解计入保险财务损益和其他综合收益的，对于金融风险相关假设变更对企业支付给保单持有人的金额不具有重大影响的保险合同，应当采用下列方法之一计算过渡日计入其他综合收益的累计金额：

①根据修正追溯调整法下不具有直接参与分红特征的保险合同组折现率曲线的近似确定方法估计合同组初始确认时适用的折现率的，企业应当以此折现率计算过渡日计入其他综合收益的累计金额。

②将过渡日计入其他综合收益的累计金额确定为零。

对于金融风险相关假设变更对企业支付给保单持有人的金额具有重大影响的保险合同，企业应当将初始确认时采用的与金融风险相关的假设作为过渡日采用的假设，即过渡日计入其他综合收益的累计金额为零。

对于保费分配法下企业对已发生赔款负债（或分保摊回已发生赔款资产）进行调整以反映货币时间价值及金融风险影响的保险合同，应当采用下列方法之一计算过渡日计入其他综合收益的累计金额：

①根据修正追溯调整法下不具有直接参与分红特征的保险合同组折现率曲线的近似确定方法估计合同组初始确认时或以后适用的折现率的，企业应当以由此确定的赔案发生日的折现率计算过渡日计入其他综合收益的累计金额。

②将过渡日计入其他综合收益的累计金额确定为零。

对于企业持有基础项目的具有直接参与分红特征的保险合同，过渡日计入其他综合收益的累计金额应当等于基础项目计入其他综合收益的累计金额。

企业对过渡日保险合同金融变动额采用修正追溯调整法时，未将签发或分出时间相隔超过一年的合同归入同一合同组的，应当按照下列规定进行衔接处理：

（1）根据修正追溯调整法下不具有直接参与分红特征的保险合同组折现率曲线的近似确定方法估计合同组初始确认时或以后适用的折现率的，企业应当以此为基础，确定计提合同服务边际利息、计量合同服务边际变动、采用保费分配法时选择对未到期责任负债（或分保摊回未到期责任资产）账面价值进行调整以反映货币时间价值及金融风险的影响所使用的折现率，及对当期保险合同金融变动额进行分解时所使用的折现率。

（2）企业选择将保险合同金融变动额分解计入保险财务损益和计入其他综合收益的，应当按照下列方法确定过渡日计入其他综合收益的累计金额：

①对于金融风险相关假设变更对企业支付给保单持有人的金额不具有重大影响的保险合同，根据修正追溯调整法下不具有直接参与分红特征的保险合同组折现率曲线的近似确定方法估计合同组初始确认时适用的折现率的，企业应当以此折现率计算过渡日计入其他综合收益的累计金额。

②对于金融风险相关假设变更对企业支付给保单持有人的金额具有重大影响的保险合同，企业应当将初始确认时采用的与金融风险相关的假设作为过渡日采用的假设，即过渡日计入其他综合收益的累计金额为零。

③对于保费分配法下企业对已发生赔款负债（或分保摊回已发生赔款资产）进行调整以反映货币时间价值及金融风险影响的保险合同，根据修正追溯调整法下不具有直接参与分红特征的保险合同组折现率曲线的近似确定方法估计合同组初始确认时或以后适用的折现率的，企业应当以由此确定的赔案发生日的折现率计算过渡日计入其他综合收益的累计金额。

④对于企业持有基础项目的具有直接参与分红特征的保险合同，过渡日计入其他综合收益的累计金额应当等于基础项目计入其他综合收益的累计金额。

企业选择不调整中期财务报表有关会计估计处理结果的，应当在过渡日对该会计政策采用追溯调整法处理。采用追溯调整法不切实可行的，企业可以采用修正追溯调整法，对保险合同金融变动额和不具有直接参与分红特征的保险合同的合同服务边际或未到期责任负债亏损部分进行衔接处理时，视同过渡日前未编制中期财务报表。

3. 公允价值法。

公允价值法，是指以过渡日合同组公允价值与履约现金流量的差额确定合同组在该日的合同服务边际或未到期责任负债亏损部分，并在衔接处理上予以简化的方法。

企业在过渡日前符合运用风险管理缓释选择权的条件，使用衍生工具、分出的再保险合同或以公允价值计量且其变动计入当期损益的非衍生金融工具管理合同组产生的金融风险，并自过渡日起采用未来适用法运用风险管理缓释选择权进行会计处理的，企业可以对该合同组采用公允价值法进行衔接处理。

企业采用公允价值法时，可以使用在合同开始日或初始确认时根据合同条款和市场状况可确定的合理可靠的信息，或使用在过渡日可获得的合理可靠的信息，识别下列事项并进行衔接处理：

（1）保险合同组，企业可以将签发或分出时间间隔超过一年的合同归入同一合同组。

（2）具有直接参与分红特征的保险合同。

（3）不具有直接参与分红特征的保险合同中的相机抉择现金流量。

（4）具有相机参与分红特征的投资合同。

企业采用公允价值法时，对于在合同转让或非同一控制下企业合并中取得的保险合同，可以将该类合同在转让日或购买日前已发生的赔付义务确认为已发生赔款负债。

企业采用公允价值法时，应当将过渡日合同组公允价值与履约现金流量的差额确认为过渡日合同组的合同服务边际或未到期责任负债的亏损部分。在确定公允价值时，企业应当遵循第三十九章公允价值计量中除具有可随时要求偿还特征的金融负债公允价值的确定以外的其他规定。

企业采用公允价值法时，按照下列规定进行衔接处理：

（1）企业可以在过渡日（而非初始确认时或赔案发生日）确定合同组初始确认时的折现率或保费分配法下赔案发生日的折现率。

（2）对于分出的再保险合同组对应亏损保险合同的，应当根据过渡日对应的亏损保险合同的未到期责任负债亏损部分乘以预计从分出的再保险合同组摊回的对应的保险合同赔付的比例，计算分出再保险合同组分保摊回未到期责任资产在过渡日的亏损摊回部分金额。

一个亏损保险合同组在过渡日可能既包含分出的再保险合同组对应的亏损合同，又包含其他的亏损合同。为计算上述亏损摊回部分，企业应当采用系统合理的分摊方法，确定该亏损保险合同组确认的损失中与分出的再保险合同组对应的亏损合同相关的金额。

（3）企业选择将保险合同金融变动额分解计入保险财务损益和其他综合收益的，应当按照下列方法确定过渡日计入其他综合收益的累计金额：

①在可获得合理可靠的必要信息时，采用追溯调整法或②中的方法确定该累计金额。

②对于企业持有基础项目的具有直接参与分红特征的保险合同，该累计金额应当等于基础项目计入其他综合收益的累计金额；对于其他的保险合同，将该累计金额确定为零。

（4）对保险获取现金流量资产采用追溯调整法不切实可行时，企业应当将在过渡日为取得下列权利而需发生的保险获取现金流量，确认为保险获取现金流量资产：

①有权根据过渡日已签订但尚未确认的保险合同收取保费，以收回保险获取现金流量。

②有权获得在过渡日当日确认的合同和上述第①项所述合同的续约产生的未来保险合同。

③有权获得除上述第②项外的过渡日后将会产生的保险合同，且企业无须重复支付直接归属于相关合同组合的已付的保险获取现金流量。

企业在过渡日计量保险合同组的保险合同负债时，不应包括保险获取现金流量资产的金额。

对于具有直接参与分红特征的保险合同，企业选择将保险合同金融变动额分解计入当期保险财务损益和其他综合收益的，如果对应的基础项目包括以公允价值计量且其变动计入当期损益的资产（或负债）以外的资产（或负债），企业在使用上述修正追溯法或公允价值法时，为避免基础项目中这些资产（或负债）对应的保险合同金融变动额计入其他综合收益的累计金额在相关保险合同与基础项目终止确认后仍无法为零的情况，在首次执行日，企业可以选择按照以下两项之差确定基础项目中资产（或负债）所产生的保险合同金融变动额计入其他综合收益的累计金额，并相应调整期初未分配利润：

（1）资产（或负债）的公允价值；

（2）资产（或负债）的账面价值扣除该资产（或负债）计入其他综合收益的累计影响金额。

（二）相关列报

企业应当在附注中披露与衔接处理相关的下列信息：

（1）在采用修正追溯调整法和公允价值法的保险合同的存续期间，说明该类保险合同在过渡日的衔接处理。

（2）在未到期责任负债（或分保摊回未到期责任资产）和已发生赔款负债（或分保摊回已发生赔款资产）、未采用保费分配法的保险合同的履约现金流量和合同服务边际余额调节表中，分别就过渡日采用修正追溯调整法和公允价值法的保险合同，在该类保险合同存续期间单独披露其对保险服务收入和合同服务边际的影响。

（3）企业采用修正追溯调整法或公允价值法确定过渡日保险合同金融变动额计入其他综合收益的累计金额的，在该金额减计为零之前的期间，应当披露与此类保险合同组相关的、以公允价值计量且其变动计入其他综合收益的相关金融资产计入其他综合收益的累计金额自期初至期末的调节情况。调节信息应当包含当期计入其他综合收益的利得或损失、前期计入其他综合收益在当期转出计入损益的利得或损失等。

企业无须披露比首次执行日前最近一个会计年度更早期间的信息。企业选择披露未经调整的更早期间的比较信息的，应当列示该类信息并说明其编制基础。

企业可以选择不披露未公开的、比首次执行日前四个会计年度更早期间发生的索赔进展情况，但应当披露这一选择。

（三）分类重叠法

根据本章衔接规定，企业应当提供过渡日至首次执行日期间的保险服务收入、保险服务费用、保险财务损益、保险合同负债等比较财务报表信息，而金融工具相关章的衔接规定允许但不要求企业重述金融资产的比较财务报表信息，同时不允许企业追溯调整首次执行日前已终止确认的金融资产。本章与金融工具相关章在衔接规定上的不一致，可能导致企业比较财务报表上保险合同负债与相关金融资产之间产生会计错配，为缓解上述问题，符合条件的企业可以选择在首次执行保险合同准则时对金融资产采用分类重叠法。

分类重叠法，是指首次执行保险合同准则的企业根据金融工具相关章的分类、计量和减值要求，对一项或多项金融资产进行重分类等会计处理，用于列报过渡日至保险合同准则首次执行日期间的比较信息。企业在对金融资产进行减值会计处理时，可选择应用《企业会计准则第 22 号——金融工具确认和计量》（财会〔2006〕3 号）或第二十二章金融工具确认和计量规定的方法。企业采用分类重叠法的选择应当基于单项金融资产。

（1）首次同时执行保险合同准则和金融工具相关准则的企业，符合下列条件之一的，可以选择对一项或多项金融资产采用分类重叠法列报经调整的过渡日至保险合同准则首次执行日期间的比较信息：

①企业选择不根据金融工具相关准则列报经调整的过渡日至保险合同准则首次执行日的比较信息。

②企业选择根据金融工具相关准则列报经调整的过渡日至保险合同准则首次执行日期间的比较信息，但该项金融资产在首次执行日前已终止确认。

在符合上述条件之一的情况下选择采用分类重叠法时，企业应当使用在过渡日可获得的合理可靠的信息预计保险合同准则首次执行日相关金融资产的分类，用于列报过渡日至保险合同准则首次执行日期间的比较信息。如果确定的金融资产分类在金融工具相关准则的施行日不符合金融工具相关准则的要求，企业应当在该日按金融工具相关准则的要求重新确定金融资产的分类，并追溯采用。

（2）首次执行保险合同准则之前已执行金融工具相关会计准则的企业，可以对过渡日至保险合同准则首次执行日期间终止确认的一项或多项金融资产，选择采用分类重叠法列报经调整的过渡日至保险合同准则首次执行日期间的比较信息。在该情况下选择采用分类重叠法时，企业应当根据本章在保险合同准则首次执行日对相关金融资产进行分类相一致的处理方式，确定采用分类重叠法下相关金融资产的分类。

企业选择对金融资产采用分类重叠法的，应当将该金融资产在过渡日的新账面价值与原账面价值之间的差额，计入过渡日的留存收益或其他综合收益。

企业选择采用分类重叠法时，应当披露下列定性信息：

（1）采用分类重叠法的金融资产范围，例如，分类重叠法是否适用于过渡日至保险合同准则首次执行日期间所有终止确认的金融资产。

（2）企业在过渡日至保险合同准则首次执行日期间是否及多大程度上对采用分类重叠法的金融资产应用第二十二章金融工具确认和计量的减值会计处理要求。

（四）特殊规定

企业在保险合同准则首次执行日前执行金融工具相关准则的，应当在保险合同准则首次执行日对金融资产进行下列处理：

（1）企业可以对管理金融资产的业务模式进行重新评估并确定金融资产分类，但为了与本章适用范围内合同无关的活动而持有的金融资产除外。

（2）在首次执行日前被指定为以公允价值计量且其变动计入当期损益的金融资产，因企业执行保险合同准则而不再符合指定条件的，应当撤销之前的指定。

（3）金融资产因企业执行保险合同准则而符合指定为以公允价值计量且其变动计入当期损益的金融资产条件的，可以进行此项指定。例如，为消除或显著减少与具有直接参与分红特征的保险合同计量的不一致，将基础项目中的若干项金融资产指定为以公允价值计量且其变动计入当期损益的金融资产。

（4）企业可以将非交易性权益工具投资指定为以公允价值计量且其变动计入其他综合收益的金融资产，或撤销之前的指定。

企业应当以保险合同准则首次执行日的事实和情况为基础进行上述处理并追溯调整，金融资产重新指定前的账面价值与保险合同准则首次执行日账面价值的差额，应当调整首次执行保险合同准则当年年初留存收益或其他综合收益。企业无须调整可比期间信息。企业选择调整可比期间信息的，应当以前期事实和情况为基础，以反映金融工具相关会计准则的要求。

企业根据上述规定对金融资产进行处理的，应当披露下列信息：

（1）根据本章对管理相关金融资产的业务模式进行重新评估并确定金融资产分类的标准。

（2）相关金融资产列报类型和账面价值的变化。

（3）撤销之前指定为以公允价值计量且其变动计入当期损益的金融资产的期末账面价值。

（4）指定或撤销指定以公允价值计量且其变动计入当期损益的相关金融资产的原因。

第二十六章　原保险合同

一、总体要求

《企业会计准则第25号——原保险合同》（财会〔2006〕3号，以下简称原保险合同准则）和《保险合同相关会计处理规定》（财会〔2009〕15号）规范了原保险合同的确认、计量和相关信息的列报。

保险人主要经营对象是保险风险，保险人承担的被保险人保险风险是通过与投保人签订保险合同体现的。保险合同分为原保险合同和再保险合同。原保险合同准则和《保险合同相关会计处理规定》着重规范了与原保险合同有关的确认和计量，尤其是保险合同和原保险合同的界定、原保险合同的分类、原保险合同收入的处理、保险合同准备金的处理、赔付成本的处理等问题。

原保险合同，是指保险人向投保人收取保费，对约定的可能发生的事故因其发生所造成的财产损失承担赔偿保险金责任，或者当被保险人死亡、伤残、疾病或者达到约定的年龄、期限时承担给付保险金责任的保险合同。保险人与投保人签订原保险合同，承担了源于被保险人的保险风险。判断保险人与投保人签订的合同是否属于原保险合同，应当关注合同的经济实质而不是法律形式，并根据合同条款判断保险人是否承担了被保险人的保险风险。保险人签订的既有保险风险又有其他风险的保险混合合同，在保险风险部分和其他风险部分不能够区分，或者虽能够区分但不能够单独计量时，应当进行重大保险风险测试。

企业应当按照本章的规定确认原保险合同保费收入和相关成本。保费收入同时满足一定条件时，才能予以确认。原保险合同成本，是指原保险合同发生的、会导致所有者权益减少的、与向所有者分配利润无关的经济利益的总流出。原保险合同成本主要包括发生的手续费或佣金支出、赔付成本，以及提取的未决赔款准备金、寿险责任准备金、长期健康险责任准备金等。

根据保险人在原保险合同延长期内是否承担赔付保险金责任，应当将原保险合同分为寿险原保险合同和非寿险原保险合同。原保险合同准备金包括未到期责任准备金、未决赔款准备金、寿险责任准备金和长期健康险责任准备金。其中，未到期责任准备金、未决赔款准备金适用于非寿险原保险合同，寿险责任准备金、长期健康险责任准备金适用于寿险原保险合同，分别由未到期责任准备金和未决赔款准备金组成。未决赔款准备金、寿险责任准备金和长期健康险责任准备金又称为保险责任准备金。基于会计信息质量的谨慎性要求，并考虑成本效益原则，保险人应当至少于每年年度终了，以掌握的有关资料为依据，选择恰当的方法对保险责任准备金进行充足性测试。

企业应当按照原保险合同准则规定列示与原保险合同有关的项目，并披露相关信息。

二、保险合同的相关定义

（一）保险合同的定义

保险合同，是指保险人与投保人约定保险权利义务关系，并承担源于被保险人保险风险的协议，其中，保险人是指与投保人订立保险合同，并承担赔偿或者给付保险金责任的保险公司。对于原保险合同而言，投保人是指与保险公司订立原保险合同，并按照合同约定负有支付保险费义务的自然人、法人或其他组织；对于再保险合同而言，投保人是指与保险公司（再保险接受人）订立再保险合同，并按照合同约定负有支付保险费义务的保险公司。被保险人是指其财产或者人身受保险合同保障，享有保险金请求权的自然人、法人或其他组织，投保人可以为被保险人。融资性担保公司发生的担保业务，以及其他非保险企业签发的符合保险合同定义的合同，亦应当按照本章的相关规定进行会计处理。

分析保险合同的定义可以发现，承担被保险人的保险风险是保险合同的本质特征，是保险合同区别于其他合同的关键。保险人承担的保险风险是被保险人已经存在的风险，其表现形式有多种。例如，可能对被保险人财产造成损害或毁坏的水灾的发生或不发生，被保险人是否能生存到合同约定的年龄、被保险人是否会患合同约定的重大疾病等。如果保险人承担了被保险人的保险风险，双方签订的合同是保险合同；如果保险人没有承担被保险人的保险风险，承担的是其他风险，如金融工具价格、商品价格、汇率、费率指数、信用等级、信用指数等可能发生变化的风险，则双方签订的合同不是保险合同。有时，保险人与投保人签订的合同可能具有保险合同的法律形式，但是保险人并没有承担被保险人的保险风险，在这种情况下，双方签订的合同就不属于保险合同。根据保险人与投保人签订的协议，如果保险人承担源于被保险人的保险风险不重大，双方签订的合同也不属于保险合同。

一项合同在认定为保险合同后，在所有的权利和义务未被履行或清偿之前，一直是保险合同，不需要在每个资产负债表日重新进行测试。

（二）原保险合同的定义

原保险合同，是指保险人向投保人收取保费，对约定的可能发生的事故因其发生所造成的财产损失承担赔偿保险金责任，或者当被保险人死亡、伤残、疾病或者达到约定的年龄、期限时承担给付保险金责任的保险合同。

保险人与投保人签订原保险合同，承担了源于被保险人的保险风险。判断保险人与投保人签订的合同是否属于原保险合同，应当关注合同的经济实质而不是法律形式，并根据合同条款判断保险人是否承担了被保险人的保险风险。如果保险人能够判断一组相对同质的合同中的某项合同，使保险人承担了被保险人的保险风险，那么不需要对该组相对同质合同中的其他合同进行分析判断，就可确定该组相对同质的所有合同均属于原保险合同。

确定保险人是否承担了被保险人的保险风险，应当根据合同条款判断发生保险事故是否可能导致保险人承担赔付保险金责任。如果发生保险事故可能导致保险人承担赔付保险金责任，保险人承担了被保险人的保险风险；如果发生保险事故不可能导致保险人承担赔付保险金责任，保险人就没有承担被保险人的保险风险。其中，保险事故是指保险合同约定的保险责任范围内的事故。例如，被保险人死亡、伤残、疾病或者达到约定的年龄、期限仍生存；火灾、爆炸、暴雨、台风、洪水、雷击、泥石流、雹灾、碰撞、自燃等可能造成财产损失的事故，均可在合同中约定作为保险事故。

（三）原保险合同的分类

根据保险人在原保险合同延长期内是否承担赔付保险金责任，应将原保险合同分为寿险原保险合同和非寿险原保险合同。

如果保险人在原保险合同延长期内承担赔付保险金责任，该原保险合同为寿险原保险合同；如果保险人在原保险合同延长期内不承担赔付保险金责任，该原保险合同为非寿险原保险合同。通常情况下，定期寿险、终身寿险、两全保险、年金保险、长期健康保险等均属于寿险原保险合同；企业财产保险、家庭财产保险、工程保险、责任保险、信用保险、保证保险、机动车交通事故责任强制保险、船舶保险、货物运输保险、农业保险、短期健康保险和意外伤害保险等均属于非寿险原保险合同。

原保险合同延长期，是指投保人自上一期保费到期日未交纳保费，保险人仍承担赔付保险金责任的期间。原保险合同是否存在延长期取决于保单是否存在现金价值。在保单存在现金价值时，即使投保人后期未交保费，保险人仍可以保单现金价值自动垫缴保费，从而延长原保险合同有效期，直至保单现金价值用完为止。也就是说，保单存在现金价值，原保险合同存在延长期，否则，原保险合同不存在延长期。原保险合同延长期不同于宽限期，宽限期是保险人给予投保人延期缴费的一种优惠，由合同加以约定，被保险人在宽限期内发生保险事故，保险人应负保险责任。

保单现金价值，是指寿险原保险合同具有的价值，通常体现为投保人解除原保险合同时，由保险人向投保人退还的金额。对于寿险原保险合同而言，保险人通常采取均衡保费的方法收取保费，将投保人需要交纳的全部保费在整个交费期内均摊，在被保险人年轻时，死亡概率低，投保人交纳的保费比实际需要的多，多交的保费由保险人逐年积累；在被保险人年老时，死亡概率高，投保人当期交纳的保费不足以支付当期赔付款，不足的部分将正好由被保险人年轻时多交的保费予以弥补。这部分多交的保费加上每年产生的利息滚存累积的金额，就是保单现金价值。

通常情况下，保险人在出现下列情况时，应当按照合同约定向投保人退还保单现金价值：（1）保险人根据规定解除保险合同，且投保人已经交足两年以上的保险费；（2）以死亡为给付保险金条件的合同，自合同成立之日起两年内被保险人自杀；（3）被保险人故意犯罪导致其自身伤残或死亡，且投保人已经交足两年保险费；（4）投保人解除合同，且已经交足两年以上保险费。

（四）混合风险合同的分拆

保险人与投保人签订的合同，有可能使得保险人既承担保险风险，又承担其他风险。对于既含有保险风险又含有其他风险的合同，保险人应当分别情况进行处理。

保险风险部分和其他风险部分能够区分，并且能够单独计量的，保险人可以将保险风险部分和其他风险部分进行分拆。通常情况下，在保险人根据合同条款就可以清楚地区分保险风险部分和其他风险部分，并且分拆处理后能够提供有关保险人财务状况和经营成果等更可靠、更相关的会计信息时，保险人应当将二者进行分拆。保险人将保险风险部分和其他风险部分进行分拆的，保险风险部分应确定为原保险合同，其他风险部分不应确定为原保险合同。保险人不能将保险风险部分和其他风险部分进行分拆的，应当进行重大保险风险测试，并根据不同情况进行会计处理。

【例 26－1】 甲财产保险股份有限公司（以下简称甲公司）的 B 投资保障型（3 年期）合同约定，每份保险金额为 10 000 元，每份保险金额对应的保险投资金额为 2 000 元，每份保险的年保费为 12 元。保费由保险人从投资收益中获得（年收益率预计为 2.2%），投保人无须在交纳保险投资金额外另行支付。

本例中，甲公司的 B 投资保障型合同既有保险风险部分又有投资风险部分。根据合同条款可以清楚地认定保险风险部分为年保费 12 元，其他风险部分为保险投资金额 2 000 元。因此，甲公司应当将保险风险部分和其他风险部分进行分拆，将保险风险部分确定为原保险合同，将其他风险部分不确定为原保险合同。

（五）重大保险风险测试

保险人签订的既有保险风险又有其他风险的保险混合合同，在保险风险部分和其他风险部分不能够区分，或者虽能够区分但不能够单独计量时，应当进行重大保险风险测试。如果保险风险重大，应当将整个合同确定为保险合同，按照本章、第二十七章再保险合同等进行处理；如果保险风险不重大，不应当将整个合同确定为保险合同，而应当作为金融工具进行处理。

1. 保险人应当以单项合同为基础进行重大保险风险测试。

在进行重大保险风险测试时，保险人应当在合同初始确认日以单项合同为基础进行，而不应当视其对财务报表的重要性进行评估。这样做，即使整个合同组合发生重大损失的可能性很小，保险风险也可能是重大的。以单项合同为基础进行重大保险风险测试，更易于将一项合同归为保险合同。但是，如果保险人知道一组相对同质的合同中的所有合同均转移了重大保险风险，那么保险人不必对该合同组合中的每项合同进行测试，以识别出少数几个没有转移重大保险风险的合同。

2. 保险人可以按同质保险风险的合同组合为基础进行重大保险风险测试。

在进行重大保险风险测试时，如果不同合同的保险风险同质，保险人可以按合同组合为基础进行重大保险风险测试，这样更符合成本效益原则。在实务中，保险人应当在综合考虑产品业务线、产品特征、产品定价方法和方式、保险合同的风险特征、保单生效年度、保险人的风险管理政策等基础上确定分组水平，即保单组。分组标准在各年度应当保持一致，不得随意变更。如果保险人变更重大保险风险测试分组标准，应当对变更的原因、影响及变更的事实等进行披露。

3. 保险风险重大的前提条件是发生合同约定的保险事故可能导致保险人支付重大附加利益。

附加利益，是指保险人在发生保险事故时的支付额，超过不发生保险事故时的支付额的金额。附加利益包括保险人支付的索赔管理费和索赔评估费，但不包括：（1）向投保人提供未来服务的收费能力受损。保险人的这种经济损失并不反映保险风险，在评估合同转移了多少保险风险时，未来投资管理费的潜在损失是无关的。（2）放弃因死亡而撤销合同或退保应收取的手续费。这些手续费是因合同而产生的，这些手续费的放弃并不能补偿投保人在合同前已存在的风险，因此，在评估合同转移了多少保险风险时，这类手续费的豁免是无关的。（3）赔付针对的是并不给合同持有人造成重大损失的事项。例如，根据合同规定，如果一项资产遭到物理损坏，对持有人造成 1 元的不重大经济损失，那么保险人应当赔付 100 万元。在这项合同中，持有人将损失 1 元的不重大风险转移给保险人。同时，该合同产生了非保险风险，即如果特定事项发生，保险人需要赔付 999 999 元。因为保险人没有从持有人处接受重大保险风险，该合同不是保险合同。

判断附加利益是否重大的计算公式如下：

$$\frac{\text{保险事故发生情况下的支付额}-\text{保险事故不发生情况下的支付额}}{\text{保险事故不发生情况下的支付额}}$$

如果计算结果表明，上述比例超过一定比例，如 5%，则转移的保险风险是重大的；如果上述比例没有超过规定的比例，则转移的保险风险不是重大的。

4. 合同的签发对交易双方的经济利益没有可辨认影响表明合同不具有商业实质。

在合同的签发对交易双方的经济利益没有可辨认的影响时，表明保险人与投保人签订的合同不具有商业实质。理解保险人与投保人签订的合同是否具有商业实质，需要保险人全面理解合同的内容和实质，以及相关的合同或协议，在此基础上作出职业判断。具体来说，主要是看合同签订后发生保险事故时是否会对保险人和被保险人产生经济影响，或者说保险事故发生后的经济影响是否会影响到合同双方的定价决策。对于原保险保单，如果保险事故的发生会导致保险人承担赔付保险金的责任，这个保单就具有商业实质，否则就不具有商业实质。对于再保险保单，具有商业实质是指再保险分入人支付分保赔款的金额和时间取决于原保险保单已决赔款的支付金额和支付时间，并且直接随着已决赔款金额和时间的变化而变化。如果再保险分入人支付分保赔款的金额或时间发生重大改变的可能性非常小，该合同就不具有商业实质。

三、适用范围

1. 保险人签发的原保险合同产生的损余物资等资产的减值，适用第二章存货。

2. 保险人向投保人签发的承担保险风险以外的其他风险的合同，适用第二十二章金融工具确认和计量、第三十八章金融工具列报。

3. 保险人签发、持有的再保险合同，适用第二十七章再保险合同。

四、应设置的相关会计科目和主要账务处理

企业对原保险合同的会计处理，一般需要设置下列会计科目。

（一）“应收代位追偿款”

1. 本科目核算企业（保险）按照原保险合同约定承担赔付保险金责任后确认的代位追偿款。

2. 本科目可按被追偿单位（或个人）进行明细核算。

3. 应收代位追偿款的主要账务处理。

（1）企业承担赔付保险金责任后确认的代位追偿款，借记本科目，贷记“赔付支出”科目。

（2）收回应收代位追偿款时，按实际收到的金额，借记“库存现金”、“银行存款”等科目，按其账面余额，贷记本科目，按其差额，借记或贷记“赔付支出”科目。已计提坏账准备的，还应同时结转坏账准备。

4. 本科目期末借方余额，反映企业已确认尚未收回的代位追偿款。

（二）“损余物资”

1. 本科目核算企业（保险）按照原保险合同约定承担赔偿保险金责任后取得的损余物资成本。

2. 本科目可按损余物资种类进行明细核算。

损余物资发生减值的，可以单独设置“损余物资跌价准备”科目，比照“存货跌价准备”科目进行处理。

3. 损余物资的主要账务处理。

（1）企业承担赔偿保险金责任后取得的损余物资，按同类或类似资产的市场价格计算确定的金额，借记本科目，贷记“赔付支出”科目。

（2）处置损余物资时，按实际收到的金额，借记“库存现金”、“银行存款”等科目，按其账面余额，贷记本科目，按其差额，借记或贷记“赔付支出”科目。已计提跌价准备的，还应同时结转跌价准备。

4. 本科目期末借方余额，反映企业承担赔偿保险金责任后取得的损余物资成本。

（三）“存出资本保证金”

1. 本科目核算企业（保险）按规定比例缴存的资本保证金。

2. 企业存出的资本保证金，借记本科目，贷记“银行存款”等科目。

3. 本科目期末借方余额，反映企业缴存的资本保证金。

（四）“独立账户资产”

1. 本科目核算企业（保险）对分拆核算的投资连结产品不属于风险保障部分确认的独立账户资产价值。

2. 本科目可按资产类别进行明细核算。

3. 独立账户资产的主要账务处理。

（1）向独立账户划入资金，借记本科目（银行存款及现金），贷记“独立账户负债”科目。

（2）独立账户进行投资，借记本科目（债券、股票等），贷记本科目（银行存款及现金）。

对独立账户投资进行估值，按估值增值，借记本科目（估值），贷记“独立账户负债”科目；估值减值的做相反的会计分录。

（3）按照独立账户计提的保险费，借记“银行存款”科目，贷记“保费收入”科目；同时，借记“独立账户负债”科目，贷记本科目（银行存款及现金）。

对独立账户计提账户管理费，借记“银行存款”科目，贷记“手续费及佣金收入”科目；同时，借记“独立账户负债”科目，贷记本科目（银行存款及现金）。

（4）支付独立账户资产，借记“独立账户负债”科目，贷记本科目（银行存款及现金）。

4. 本科目期末借方余额，反映企业确认的独立账户资产价值。

（五）“应付保单红利”

1. 本科目核算企业（保险）按原保险合同约定应付未付投保人的红利。

2. 本科目可按投保人进行明细核算。

3. 企业按原保险合同约定计提应支付的保单红利，借记“保单红利支出”科目，贷记本科目。向投保人支付的保单红利，借记本科目，贷记“库存现金”、“银行存款”等科目。

4. 本科目期末贷方余额，反映企业应付未付投保人的红利。

（六）“未到期责任准备金”

1. 本科目核算企业（保险）提取的非寿险原保险合同未到期责任准备金。

再保险接受人提取的再保险合同分保未到期责任准备金，也在本科目核算。

2. 本科目可按保险合同进行明细核算。

3. 未到期责任准备金的主要账务处理。

（1）企业确认原保费收入、分保费收入的当期，应按保险精算确定的未到期责任准备金，借记“提取未到期责任准备金”科目，贷记本科目。

（2）资产负债表日，按保险精算重新计算确定的未到期责任准备金与已确认的未到期责任准备金的差额，借记本科目，贷记“提取未到期责任准备金”科目。

（3）原保险合同提前解除的，按相关未到期责任准备金余额，借记本科目，贷记“提取未到期责任准备金”科目。

4. 本科目期末贷方余额，反映企业的未到期责任准备金。

（七）“保险责任准备金”

1. 本科目核算企业（保险）提取的原保险合同保险责任准备金，包括未决赔款准备金、寿险责任准备金、长期健康险责任准备金。

再保险接受人提取的再保险合同保险责任准备金，也在本科目核算。

企业（保险）也可以单独设置“未决赔款准备金”、“寿险责任准备金”、“长期健康险责任准备金”等科目。

2. 本科目可按保险责任准备金类别、保险合同进行明细核算。

3. 保险责任准备金的主要账务处理。

（1）企业确认寿险保费收入，应按保险精算确定的寿险责任准备金、长期健康险责任准备金，借记“提取保险责任准备金”科目，贷记本科目。

投保人发生非寿险保险合同约定的保险事故当期，企业应按保险精算确定的未决赔款准备金，借记“提取保险责任准备金”科目，贷记本科目。

对保险责任准备金进行充足性测试，应按补提的保险责任准备金，借记“提取保险责任准备金”科目，贷记本科目。

（2）原保险合同保险人确定支付赔付款项金额或实际发生理赔费用的当期，应按冲减的相应保险责任准备金余额，借记本科目，贷记“提取保险责任准备金”科目。

再保险接受人收到分保业务账单的当期，应按分保保险责任准备金的相应冲减金额，借记本科目，贷记“提取保险责任准备金”科目。

（3）寿险原保险合同提前解除的，应按相关寿险责任准备金、长期健康险责任准备金余额，借记本科目，贷记“提取保险责任准备金”科目。

4. 本科目期末贷方余额，反映企业的保险责任准备金。

（八）“保户储金”

1. 本科目核算企业（保险）收到投保人以储金本金增值作为保费收入的储金。

企业（保险）收到投保人投资型保险业务的投资款，可将本科目改为“保户投资款”科目。

企业（保险）应向投保人支付的储金或投资款增值，也在本科目核算。

2. 本科目可按投保人进行明细核算。

3. 企业收到投保人交纳的储金，借记“银行存款”、“库存现金”等科目，贷记本科目。向投保人支付储金做相反的会计分录。

4. 本科目期末贷方余额，反映企业应付未付投保人储金。

（九）“独立账户负债”

1. 本科目核算企业（保险）对分拆核算的投资连结产品不属于风险保障部分确认的独立账户负债。

2. 本科目可按负债类别进行明细核算。

3. 独立账户负债的主要账务处理。

（1）向独立账户划入资金，借记“独立账户资产——银行存款及现金”科目，贷记本科目。

（2）对独立账户投资进行估值，按估值增值，借记“独立账户资产”科目，贷记本科目；估值减值的做相反的会计分录。

（3）按照独立账户计提的保险费，借记“银行存款”科目，贷记“保费收入”科目；同时，借记本科目，贷记“独立账户资产”科目。

对独立账户计提账户管理费，借记“银行存款”科目，贷记“手续费及佣金收入”科目；同时，借记本科目，贷记“独立账户资产”科目。

（4）支付独立账户资产，借记本科目，贷记“独立账户资产”科目。

4. 本科目期末贷方余额，反映企业确认的独立账户负债。

（十）“保费收入”

1. 本科目核算企业（保险）确认的保费收入。

2. 本科目可按保险合同和险种进行明细核算。

3. 保费收入的主要账务处理。

（1）企业确认的原保险合同保费收入，借记“应收保费”、“预收保费”、“银行存款”、“库存现金”等科目，贷记本科目。

（2）非寿险原保险合同提前解除的，按原保险合同约定计算确定的应退还投保人的金额，借记本科目，贷记“库存现金”、“银行存款”等科目。

（3）确认的再保险合同分保费收入，借记“应收分保账款”科目，贷记本科目。

（4）收到分保业务账单，按账单标明的金额对分保费收入进行调整，按调整增加额，借记“应收分保账款”科目，贷记本科目；调整减少额做相反的会计分录。

4. 期末，应将本科目余额转入“本年利润”科目，结转后本科目无余额。

（十一）“提取未到期责任准备金”

1. 本科目核算企业（保险）提取的非寿险原保险合同未到期责任准备金和再保险合同分保未到期责任准备金。

2. 本科目可按保险合同和险种进行明细核算。

3. 提取未到期责任准备金的主要账务处理。

（1）企业在确认原保费收入、分保费收入的当期，应按保险精算确定的未到期责任准备金，借记本科目，贷记“未到期责任准备金”科目。

（2）资产负债表日，应按保险精算重新计算确定的未到期责任准备金与已确认的未到期责任准备金的差额，借记“未到期责任准备金”科目，贷记本科目。

（3）原保险合同提前解除的，应按相关未到期责任准备金余额，借记“未到期责任准备金”科目，贷记本科目。

（4）在确认非寿险原保险合同保费收入的当期，按相关再保险合同约定计算确定的相关应收分保未到期责任准备金金额，借记“应收分保合同准备金”科目，贷记本科目。

资产负债表日，调整原保险合同未到期责任准备金余额的，按相关再保险合同约定计算确定的应收分保未到期责任准备金的调整金额，借记本科目，贷记“应收分保合同准备金”科目。

4. 期末，应将本科目余额转入“本年利润”科目，结转后本科目无余额。

（十二）“提取保险责任准备金”

1. 本科目核算企业（保险）提取的原保险合同保险责任准备金，包括提取的未决赔款准备金、提取的寿险责任准备金、提取的长期健康险责任准备金。

再保险接受人提取的再保险合同保险责任准备金，也在本科目核算。

企业（保险）也可以单独设置“提取未决赔款准备金”、“提取寿险责任准备金”、“提取长期健康险责任准备金”等科目。

2. 本科目可按保险责任准备金类别、险种和保险合同进行明细核算。

3. 提取保险责任准备金的主要账务处理。

（1）企业确认寿险保费收入，应按保险精算确定的寿险责任准备金、长期健康险责任准备金，借记本科目，贷记“保险责任准备金”科目。

投保人发生非寿险保险合同约定的保险事故当期，企业应按保险精算确定的未决赔款准备金，借记本科目，贷记“保险责任准备金”科目。

对保险责任准备金进行充足性测试，应按补提的保险责任准备金，借记本科目，贷记“保险责任准备金”科目。

（2）原保险合同保险人确定支付赔付款项金额或实际发生理赔费用的当期，应按冲减的相应保险责任准备金余额，借记“保险责任准备金”科目，贷记本科目。

再保险接受人收到分保业务账单的当期，应按分保保险责任准备金的相应冲减金额，借记“保险责任准备金”科目，贷记本科目。

（3）寿险原保险合同提前解除的，应按相关寿险责任准备金、长期健康险责任准备金余额，借记“保险责任准备金”科目，贷记本科目。

4. 期末，应将本科目余额转入“本年利润”科目，结转后本科目无余额。

（十三）“赔付支出”

1. 本科目核算企业（保险）支付的原保险合同赔付款项和再保险合同赔付款项。

企业（保险）可以单独设置“赔款支出”、“满期给付”、“年金给付”、

“死伤医疗给付”、“分保赔付支出” 等科目。

2. 本科目可按保险合同和险种进行明细核算。

3. 赔付支出的主要账务处理。

(1) 企业在确定支付赔付款项金额或实际发生理赔费用的当期，借记本科目，贷记“银行存款”、“库存现金” 等科目。

(2) 承担赔付保险金责任后应当确认的代位追偿款，借记“应收代位追偿款”科目，贷记本科目。

收到应收代位追偿款时，应按实际收到的金额，借记“库存现金”、“银行存款”等科目，按应收代位追偿款的账面余额，贷记“应收代位追偿款”科目，按其差额，借记或贷记本科目。已计提坏账准备的，还应同时结转坏账准备。

(3) 承担赔偿保险金责任后取得的损余物资，应按同类或类似资产的市场价格计算确定的金额，借记“损余物资”科目，贷记本科目。

处置损余物资，应按实际收到的金额，借记“库存现金”、“银行存款”等科目，按损余物资的账面余额，贷记“损余物资”科目，按其差额，借记或贷记本科目。已计提跌价准备的，还应同时结转跌价准备。

(4) 再保险接受人收到分保业务账单的当期，应按账单标明的分保赔付款项金额，借记本科目，贷记“应付分保账款”科目。

4. 期末，应将本科目余额转入“本年利润”科目，结转后本科目无余额。

(十四)“保单红利支出”

1. 本科目核算企业（保险）按原保险合同约定支付给投保人的红利。

2. 本科目可按保单红利来源进行明细核算。

3. 企业按原保险合同约定计提应支付的保单红利，借记本科目，贷记“应付保单红利”科目。

4. 期末，应将本科目余额转入“本年利润”科目，结转后本科目无余额。

(十五)“退保金”

1. 本科目核算企业（保险）寿险原保险合同提前解除时按照约定应当退还投保人的保单现金价值。

企业（保险）寿险原保险合同提前解除时应当退还投保人的不属于保单现金价值的款项，以及非寿险原保险合同提前解除时应当退还投保人的款项，在“保费收入”科目核算。

2. 本科目可按险种进行明细核算。

3. 企业寿险原保险合同提前解除的，应按原保险合同约定计算确定的应退还投保人的保单现金价值，借记本科目，贷记“库存现金”、“银行存款”等科目。

4. 期末，应将本科目余额转入“本年利润”科目，结转后本科目无余额。

五、原保险合同收入的确认和计量

原保险合同保费收入同时满足下列条件时，才能予以确认。

（一）原保险合同成立并承担相应的保险责任

原保险合同成立并承担相应的保险责任，是指原保险合同已经签订，保险人在原保险合同生效时开始承担约定的保险责任。保险人和投保人在签订原保险合同时，通常会约定一个保险责任起讫时间。例如，某非寿险原保险合同约定，保险责任起讫时间以保险单载明的时间为准。从保险责任起始日起，每12个月为一个保险年度。再如，某寿险原保险合同约定，保险责任自保险人同意承保并收到首期保费的次日零时开始，至合同列明的终止性保险事故发生时止。如果原保险合同签订日和生效日不是同一天，保险人在合同生效日前收到的款项，不应确认为保费收入，而应确认为一笔负债。

（二）与原保险合同相关的经济利益很可能流入

与原保险合同相关的经济利益很可能流入，是指与原保险合同相关的保费收回的可能性大于不能收回的可能性。

保险人在确定保费能否收回时，应当结合以前和投保人交往的直接经验、投保人的信用和财务状况、其他方面取得的信息等因素，综合进行判断。如果投保人信用良好，能够按照合同约定的期限和金额按期支付保费，通常表明相关的经济利益很可能流入；如果投保人破产、死亡，财务状况出现严重困难，或由于其他原因造成投保人的生产或生存环境严重恶化，通常表明相关的经济利益不是很可能流入。通常情况下，对于一次性收取保费的原保险合同，签订合同时通常会收到保费，表明相关的经济利益已经流入；对于分期收取保费的原保险合同，签订合同时通常会收到第一期保费，其他各期保费尚未收到，因此，其他各期保费是否能够收回，需要保险人进行职业判断。

（三）与原保险合同相关的收入能够可靠地计量

保险人签发的原保险合同，保费金额通常已经确定，表明保费收入金额能够可靠计量。对于非寿险原保险合同和寿险原保险合同，保险人承担的保险风险性质不同，保费计量依据的假设不同，保费收入的计量方法也各不相同。

1. 非寿险原保险合同。

非寿险原保险合同的保险期间一般较短，保费通常一次性收取。即使在分期收取保费的情况下，投保人一般也不能单方面取消合同，保险人在签订原保险合同时通常即可认为保费收回的可能性大于不能收回的可能性。因此，保险人应当根据原保险合同约定的保费总额确定保费收入金额。

【例 26－2】 2×22 年 1 月 1 日，甲公司与王某签订一份家庭财产保险合同，保险金额为 1 000 000 元，保险期间为 1 年，保费为 1 000 元。合同规定，甲公司自 2 月 1 日零时起开始承担保险责任。合同签订当日，甲公司收到王某缴纳的全部保费并存入银行。

甲公司的账务处理如下：

（1）2×22 年 1 月 1 日收到保费 1 000 元。

借：银行存款　　1 000

　　贷：预收保费　　1 000

（2）2×22 年 2 月 1 日确认原保费收入 1 000 元。

借：预收保费　　1 000

　　贷：保费收入　　1 000

【例 26－3】 2×21 年 1 月 1 日，甲公司与丙公司签订一份工程保险合同，保险金额为 4 000 000 元，保险期间为 2×21 年 1 月 1 日零时至 2×22 年 12 月 31 日 24 时；保费总额为 4 000 元，分两年于每年年初等额收取。合同生效当日，甲公司收至到第一期保费并存入银行。

甲公司的账务处理如下：

（1）2×21 年 1 月 1 日收到保费 2 000 元，确认原保费收入 4 000 元。

借：银行存款　　2 000

　　应收保费　　2 000

　　贷：保费收入　　4 000

（2）2×22 年 1 月 1 日收取保费 2 000 元。

借：银行存款　　2 000

　　贷：应收保费　　2 000

2. 寿险原保险合同。

寿险原保险合同的保险期间一般较长，保费通常分期收取，一次性趸交较少；投保人可以单方面取消合同，保费的收回存在不确定性。因此，对于分期收取保费的寿险原保险合同，保险人应当根据当期应收取的保费确定保费收入金额；对于一次性收取保费的寿险原保险合同，保险人应当根据一次性应收取的保费确定保费收入金额。

【例26－4】 2×21年12月31日，乙公司与李某签订一份定期寿险合同，保险金额为1 000 000元，保险期间为2×22年1月1日零时至2×41年12月31日24时；保费总额为60 000元，分5期于前5年每年1月1日等额收取。合同生效当日，乙公司收到李某缴纳的第一期保费12 000元（60 000÷5）。

乙公司的账务处理如下：

借：银行存款　　12 000

　　贷：保费收入　　12 000

以后各年收取保费的账务处理同上。

【例26－5】 2×21年12月31日，乙公司与王某签订一份两全保险合同，保险金额为1 500 000元，保费总额为80 000元，保险期间为2×22年1月1日零时至2×31年12月31日24时。合同生效当日，乙公司收到王某缴纳的保费总额80 000元。

乙公司的账务处理如下：

借：银行存款　　80 000

　　贷：保费收入　　80 000

六、原保险合同准备金的确认和计量

原保险合同准备金包括未到期责任准备金、未决赔款准备金、寿险责任准备金和长期健康险责任准备金。其中，未到期责任准备金、未决赔款准备金适用于非寿险原保险合同，寿险责任准备金、长期健康险责任准备金适用于寿险原保险合同，分别由未到期责任准备金和未决赔款准备金组成。未决赔款准备金、寿险责任准备金和长期健康险责任准备金又称为保险责任准备金。

（一）保险合同准备金的计量

保险合同准备金的计量，涉及保险合同准备金的计量单元、合理估计金额的确定、边际的确定、货币时间价值的考虑、保险精算假设的选定等内容。在计量保险合同准备金时，保险人不得计提以平滑收益为目的的巨灾准备金、平衡准备金、平滑准备金等。

1. 保险合同准备金的计量单元。

保险人在确定保险合同准备金时，应当确定合理的计量单元。通常情况下，保险人应当将单项保险合同作为一个计量单元，据此计算的保险合同准备金结果更为准确可信。但是，如果保险风险同质，也可以将保险风险同质的保险合同组合在一起作为一个计量单元，这样做符合成本效益原则和保险合同准备金计量的大数法则。在实务中，保险人应当在综合考虑产品业务线、产品特征、产品定价方法和方式、保险合同的风险特征、保单生效年度、保险人的风险管理政策等基础上确定分组水平，将其作为保险合同准备金的计量单元。分组标准在各年度应当保持一致，不得随意变更。如果保险人变更保险合同准备金计量单元的确定标准，应当对变更的原因、影响及变更的事实等进行披露。

2. 合理估计金额的确定。

在计量保险合同准备金时，保险人应当以履行保险合同相关义务所需支出的合理估计金额为基础加以确定。其中，保险人履行保险合同相关义务所需支出，是指由保险合同产生的预期未来现金流出与预期未来现金流入的差额，即预期未来净现金流出。

预期未来现金流出，是指保险人为履行保险合同相关义务所必需的合理现金流出，主要包括：（1）根据保险合同承诺的保证利益，包括死亡给付、残疾给付、疾病给付、生存给付、满期给付等；（2）根据保险合同构成推定义务的非保证利益，包括保单红利给付等；（3）管理保险合同或处理相关赔付必需的合理费用，包括保单维持费用、保单管理费用、理赔费用、手续费或佣金等。预期未来现金流入，是指保险人为承担保险合同相关义务而获得的现金流入，包括保险费和其他收费。

保险人在确定履行保险合同相关义务所需支出的合理估计金额时，应当以资产负债表日可获取的当前信息为基础，按照各种情形的可能结果及相关概率计算确定。换句话说，保险人履行保险合同相关义务所需支出的合理估计金额，是一个以概率加权的平均数，是无偏估计数，而不是一个最可能发生的金额。保险人在确定各种情形的可能结果和相关概率时，可能使用两方面参数：（1）市场参数，即可以在市场上直接观察到，或直接源于市场的参数，如市场利率等。市场参数的估计应当与资产负债表日可观察的市场数据相一致。即使其他证据表明这些市场参数并不代表资产负债表日的状况，保险人也不应当以自身的估计数取代市场参数；（2）非市场参数，即除市场参数以外的其他参数，如保险索赔的发生频率、保险事故的严重程度、死亡率等。非市场参数的估计数应当反映所有可获取的证据，既包括内部的证据也包括外部的证据。在实务中，保险人可以参照保险人的最近实际经验或行业经验确定非市场参数。

3. 边际的确定。

保险合同准备金计量时所指的边际，包括风险调整和剩余边际，属于保险合同准备金的组成部分，在财务报表中不需要分别列示，但应当单独计量并分别在报表附注中进行披露。

（1）风险调整。

保险合同准备金计量时涉及的风险调整概念中的风险，描述的是未来现金流量结果的可变性。计量风险调整的目的在于反映基于保险人角度，未来现金流量在金额和时间方面的不确定性影响。在所有其他因素相同的情况下，风险调整通常会增加保险合同准备金的计量金额。

为提供有关未来现金流量的有用信息，风险调整应当具有下列基本特征：①有关现金流量当前估计数和趋势的不确定性越小，风险调整金额越小，有关现金流量当前估计数和趋势的不确定性越大，风险调整金额越大；②发生频率低、结果严重性大的保险合同，其风险调整金额比发生频率高、结果不严重的保险合同的风险调整金额大；③对于相同或类似的风险，保险合同期限越长，其风险调整金额相对来说也就越大；④概率分布广的风险，其风险调整金额比概率分布窄的保险合同的风险调整金额大。

在选择用于计算确定风险调整金额的技术时，保险人应当根据本公司的业务实际和技术水平，合理运用职业判断加以确定。通常情况下，保险人应当选择置信区间法、条件尾部期望值法、资本成本法等技术中的一种。在置信区间法下，保险人应当确定一个置信区间（如75%），在该置信区间的赔付款项金额与赔付款项金额概率加权平均值之间的差额，即为风险调整金额。在条件尾部期望值法下，保险人应当确定一个置信区间（如75%），在该置信区间的赔付款项金额与超过该置信区间的赔付款项金额概率加权平均值之和，与赔付款项金额概率加权平均值之间的差额，即为风险调整金额。在资本成本法下，保险人应当确定一个置信区间（如99.5%），在该置信区间的赔付款项金额与赔付款项金额概率加权平均值之间的差额，即为保险人为承担保险合同现金流量不确定性而需要持有的资本，以需持有的资本乘以保险人的加权平均资本成本，即可得出风险调整金额。

在每个资产负债表日，保险人应当重新计算风险调整金额，风险调整金额与上一资产负债表日风险调整余额之间的差额，应当计入当期损益。

（2）剩余边际。

在保险合同初始确认日，如果保费的预期现值超过了未来现金流出预期现值和风险调整之和的差额，即发生首日利得，保险人应当将其确认为剩余边际，作为保险合同准备金的组成部分；如果保费的预期现值小于未来现金流出预期现值和风险调整之和的差额，即发生首日损失，保险人应当在当期损益中立即予以确认。

在初始确认剩余边际后，对剩余边际进行重新计量没有实际意义，也缺乏经济实质，因此，剩余边际的后续计量是一个摊销过程，摊销金额应当计入当期损益。在实务中，保险人应当采用直线法进行摊销，除非其他的摊销方法更为合理。

4. 货币时间价值的考虑。

在计量保险合同准备金时，保险人应当考虑货币时间价值的影响。货币时间价值影响重大的，应当对相关未来现金流量进行折现。计量货币时间价值所采用的折现率，应当以资产负债表日可获取的当前信息为基础确定，不得锁定。

对于未来保险利益不受对应资产组合投资收益影响的保险合同，用于计算保险合同准备金的折现率，应当根据与负债现金流出期限和风险相当的市场利率确定。其中，期限相当，是指决定市场利率的资产的期限与负债净现金流出的期限一致。如果负债现金流出的期限长于可观察到的市场利率的期限，需要采用合理的方法对利率曲线进行外推。风险相当，是指决定市场利率的资产的风险与负债的风险一致。折现率应当在无风险利率的基础上，考虑流动性溢价、所得税等因素加以确定。

对于未来保险利益随对应资产组合投资收益变化的保险合同，用于计算保险合同准备金的折现率，应当根据对应资产组合预期产生的未来投资收益率确定。如果对应资产组合还承担了与保险合同准备金特征无关的其他风险，如信用风险，则在确定折现率时，应当扣除由于此类风险带来的风险溢价，即考虑保险合同准备金的特征，不考虑为支持保险合同准备金而持有的资产的特征。

5. 保险精算假设的选定。

保险精算假设是保险合同准备金计量的重要组成部分。对于保险事故发生率假设，如死亡发生率、疾病发生率、伤残率等，保险人应当根据实际经验和未来的发展变化趋势，确定合理估计值。对于退保率假设，保险人应当根据实际经验和未来的发展变化趋势，在考虑产品特征、销售渠道、缴费方式、资本市场条件等基础上，确定合理估计值。对于费用假设，保险人应当根据费用分析结果和未来的发展变化趋势，确定合理估计值。对于保单红利假设，保险人应当根据分红保险账户的预期投资收益率、管理层的红利政策、保单持有人的合理预期等因素，确定合理估计值。

（二）未到期责任准备金

在保险人按原保险合同约定的保费总额确认保费收入的情况下，为了真实地反映保险人当期已赚取的保费收入，保险人就有必要在确认保费收入的当期期末，按照保险精算确定的未到期责任准备金金额，提取未到期责任准备金，作为保费收入的调整，并确认未到期责任准备金负债。

未到期责任准备金，是指保险人为尚未终止的非寿险保险责任提取的准备金。通常情况下，对同一尚未终止的非寿险保险责任而言，保险人在资产负债表日按照保险精算重新计算确定的未到期责任准备金金额应当小于上一资产负债表日已确认的未到期责任准备金余额。保险人应当在资产负债表日，按照保险精算重新计算确定的未到期责任准备金金额与已确认的未到期责任准备金余额的差额，对未到期责任准备金余额进行调整。

【例26－6】2×22年11月1日，甲公司确认丁公司投保的A财产保险合同保费收入48 000元；11月30日，甲公司保险精算部门计算确定A财产保险合同未到期责任准备金金额为44 000元；12月31日，甲公司保险精算部门计算确定A财产保险合同未到期责任准备金金额为40 000元。

甲公司的账务处理如下：

（1）2×22年11月1日确认原保费收入48 000元。

借：银行存款　　48 000

　　贷：保费收入　　48 000

（2）2×22年11月30日确认未到期责任准备金44 000元。

借：提取未到期责任准备金　　44 000

　　贷：未到期责任准备金　　44 000

（3）2×22年12月31日调减未到期责任准备金4 000（44 000－40 000）元。

借：未到期责任准备金　　4 000

　　贷：提取未到期责任准备金　　4 000

（三）未决赔款准备金

保险人与投保人签订原保险合同，向投保人收取保费，同时承担了在保险事故发生时向受益人赔付保险金的责任。对于非寿险原保险合同，在保险事故发生之前，保险人承担的向受益人赔付保险金的责任是一种潜在义务，不满足负债的确认条件，不应当确认为负债。保险事故一旦发生，保险人承担的向受益人赔付保险金的责任变成一种现时义务，满足负债的确认条件，应当确认为负债。因此，保险人应当在非寿险保险事故发生的当期，按照保险精算确定的未决赔款准备金金额，提取未决赔款准备金，并确认未决赔款准备金负债。

未决赔款准备金，是指保险人为非寿险保险事故已发生尚未结案的赔偿提取的准备金，包括已发生已报案未决赔款准备金、已发生未报案未决赔款准备金和理赔费用准备金。其中，已发生已报案未决赔款准备金，是指保险人为非寿险保险事故已发生并已向保险人提出索赔、尚未结案的赔案提取的准备金。已发生已报案未决赔款准备金的基础数据主要来源于理赔部门，应当反映理赔部门对于理赔模式、赔付支出变化、零赔案、大赔案等问题的经验和判断。已发生未报案未决赔款准备金，是指保险认为非寿险保险事故已发生、尚未向保险人提出索赔的赔案提取的准备金。理赔费用准备金，是指保险人为非寿险保险事故已发生尚未结案的赔案可能发生的律师费、诉讼费、损失检验费、相关理赔人员薪酬等理赔查勘费用提取的准备金。根据与具体赔案之间的关系，理赔费用准备金可分为直接理赔费用准备金和间接理赔费用准备金。保险人专门设置的理赔部门发生的理赔人员薪酬，通常应当根据与具体赔案之间的关系，分别归属于直接理赔费用准备金和间接理赔费用准备金。直接理赔费用准备金，是指保险人为直接发生于具体赔案的律师费、诉讼费、损失检验费等提取的理赔费用准备金。间接理赔费用准备金，是指保险人为非直接发生于具体赔案的理赔人员薪酬等理赔查勘费用提取的理赔费用准备金。在计算确定间接理赔费用准备金金额时，保险精算部门通常采用比率分摊法进行评估。

【例 26－7】 2×22 年 5 月 31 日，甲公司保险精算部门计算确定的某类财产保险合同未决赔款准备金金额为 100 000 元，其中，已发生已报案未决赔款准备金为 60 000 元，已发生未报案未决赔款准备金为 20 000 元，理赔费用准备金为 20 000 元。

甲公司的账务处理如下：

借：提取保险责任准备金　　100 000

　　贷：保险责任准备金　　100 000

（四）寿险（长期健康险）责任准备金

保险人与投保人签订原保险合同，向投保人收取保费，同时承担了在保险事故发生时向受益人赔付保险金的责任，这种责任是保险人承担的现实义务。寿险原保险合同保险事故的表现形式是被保险人死亡、伤残、疾病或者达到约定的年龄、期限，对于这类保险事故，保险人承担赔付保险金责任导致经济利益流出的可能性超过50%。虽然寿险原保险合同保险事故具体发生的时间具有不确定性，保险事故发生时具体应当给付的金额具有不确定性，但是，根据保险精算的原理，保险人能够可靠地估计承担的向受益人赔付保险金责任的大小和时间。因此，保险人承担的向受益人赔付保险金的责任满足负债的确认条件，应当确认为负债，即保险人应当在确认寿险保费收入的当期，按照保险精算确定的寿险责任准备金、长期健康险责任准备金金额，提取寿险责任准备金、长期健康险责任准备金，并确认为负债。

寿险责任准备金，是指保险人为尚未终止的人寿保险责任提取的准备金。长期健康险责任准备金，是指保险人为尚未终止的长期健康保险责任提取的准备金。通常情况下，对于定期寿险、终身寿险、两全保险、年金保险等原保险合同，保险人应当在确认保费收入的当期，根据保险精算部门确定的寿险责任准备金确认寿险责任准备金负债；对于长期健康保险等原保险合同，保险人应当在确认保费收入的当期，根据保险精算部门确定的长期健康险责任准备金确认长期健康险责任准备金负债。

【例26-8】2×22年12月31日，乙公司保险精算部门计算确定的某团体终身寿险合同寿险责任准备金金额为120 000元。

乙公司的账务处理如下：

借：提取保险责任准备金　　120 000

　　贷：保险责任准备金　　120 000

（五）保险责任准备金充足性测试

保险人在非寿险保险事故发生的当期，已经根据保险精算部门确定的未决赔款准备金金额确认了保险责任准备金（未决赔款准备金）；在确认寿险保费收入的当期，已经根据保险精算部门确定的寿险责任准备金、长期健康险责任准备金金额确认了保险责任准备金（寿险责任准备金、长期健康险责任准备金）。但是，随着理赔案件调查的深入（如未决赔款准备金）和时间的推移（如寿险责任准备金、长期健康险责任准备金），原定保险精算假设可能发生变化，导致已确认的保险责任准备金金额与保险人应承担的赔付保险金责任不一致。此时，如果不对已确认的保险责任准备金金额进行调整，就不能真实地反映保险人承担的赔付保险金责任。

基于会计信息质量的谨慎性要求，并考虑成本效益原则，保险人应当至少于每年年度终了，以掌握的有关资料为依据，选择恰当的方法对保险责任准备金进行充足性测试。如果保险人按照保险精算重新计算确定的相关保险责任准备金金额超过充足性测试日已确认的相关保险责任准备金余额，应当按照其差额补提相关保险责任准备金；如果保险人按照保险精算重新计算确定的相关保险责任准备金金额小于充足性测试日已确认的相关保险责任准备金余额的，不调整相关保险责任准备金。

【例 26－9】 2×22 年 12 月 31 日，甲公司保险精算部门计算确定的某财产保险合同未决赔款准备金金额为 160 000 元，前期已确认的相关未决赔款准备金金额为 110 000 元。甲公司补提未决赔款准备金 50 000 元（160 000－110 000）。

甲公司的账务处理如下：

借：提取保险责任准备金　　　　50 000

　贷：保险责任准备金　　　　　　50 000

（六）原保险合同提前解除

保险人与投保人签订的原保险合同，投保人由于各种原因可能提前解除。投保人要求提前解除原保险合同的，保险人应当按照原保险合同约定计算确定应退还投保人的金额，其表现形式是退保费。原保险合同提前解除时，保险人应当分别不同的原保险合同进行处理。

1. 非寿险原保险合同。

对于非寿险原保险合同，投保人在保险责任开始后要求提前解除原保险合同的，保险人可以收取自保险责任开始之日起至合同解除之日止期间的保险费，剩余的应当退还投保人的保险费即为退保费。投保人在保险责任开始前要求提前解除原保险合同的，投保人应当向保险人支付手续费，保险人应当退还保险费。保险人在这种情况下退还的保险费不是退保费，而是预收保费的退还。同时，保险人在确认非寿险原保险合同保费收入的当期，通过确认未到期责任准备金，作为保费收入的调整。在非寿险原保险合同提前解除时，尚未赚取的保费收入已经不可能再赚取。因此，保险人应当在非寿险原保险合同提前解除时，转销相关的尚未赚取的保费收入，即转销相关未到期责任准备金余额。

对于非寿险原保险合同确认的未决赔款准备金，其确认的前提条件是发生非寿险保险事故。在发生非寿险保险事故的情况下，理性的投保人是不可能要求解除合同的，因此，一般也就不存在转销相关的未决赔款准备金余额。

【例 26－10】 2×22 年 10 月 8 日，甲公司收到丙公司通知，要求提前解除投保的企业财产保险合同。甲公司按约定计算应退还丙公司保费 6 000 元，并于当日以银行存款转账支付。假定甲公司已为该企业财产保险合同确认未到期责任准备金 5 000 元。

甲公司的账务处理如下：

借：保费收入　　6 000

　　贷：银行存款　　6 000

借：未到期责任准备金　　5 000

　　贷：提取未到期责任准备金　　5 000

2. 寿险原保险合同。

对于寿险原保险合同，投保人在保险责任开始后提前解除原保险合同的，如果在犹豫期内，保险人应当在扣除手续费后退还保险费，退还的保险费作为退保费，应直接冲减保费收入。如果过了犹豫期，保险人应当按照合同约定退还保险单的现金价值，保险人退还的保险单的现金价值即为退保费，应计入退保金。同时，保险人在确认寿险原保险合同保费收入的当期，已经将未来应承担的赔付保险金责任确认为寿险责任准备金、长期健康险责任准备金。在寿险原保险合同提前解除时，保险人原确认的未来应承担的赔付保险金责任已经不复存在，应当同时转销相关准备金余额。因此，保险人应当在寿险原保险合同提前解除时，转销已确认的相关寿险责任准备金、长期健康险责任准备金。

七、原保险合同成本的确认和计量

原保险合同成本，是指原保险合同发生的、会导致所有者权益减少的、与向所有者分配利润无关的经济利益的总流出。原保险合同成本主要包括发生的手续费或佣金支出、赔付成本，以及提取的未决赔款准备金、寿险责任准备金、长期健康险责任准备金等。

（一）保单取得成本

保单取得成本，是指保险人在取得原保险合同过程中发生的支出，包括发生的手续费或佣金支出、保单签订费、医药费、检查费等。其中，保险人在取得原保险合同过程中发生的手续费或佣金支出，是保单取得成本的主要内容。

保单取得成本分为增量保单取得成本和非增量保单取得成本。增量保单取得成本，是指保险人如果不出售、签发保险合同就不会发生的保险合同的出售、签发成本。非增量保单取得成本，是指除增量保单取得成本以外的保单的取得成本。增量保单取得成本，应当作为保险合同准备金负债的组成部分；非增量保单成本，应当在发生时计入当期损益。

（二）赔付成本

赔付成本包括保险人支付的赔款、给付，以及在理赔过程中发生的律师费、诉讼费、损失检验费、相关理赔人员薪酬等理赔费用。

1. 确定支付赔付款项。

(1) 非寿险原保险合同。

对于非寿险原保险合同，保险人在发生保险事故当期，已经根据保险精算部门计算确定的未决赔款准备金金额，确认了保险责任准备金（未决赔款准备金）负债，同时确认提取保险责任准备金，计入当期损益。保险人在确定了实际应支付赔偿款项金额的当期，首先应当将确定支付的赔偿款项金额计入当期赔付支出；其次，应当按照确定支付的赔偿款项金额，冲减相应的保险责任准备金（未决赔款准备金）余额。

保险人将实际应支付的赔偿款确认为赔付支出单独核算，而不是直接冲减未决赔款准备金余额，主要是为了满足赔付率监管的需要，并与未决赔款准备金精算实务相衔接。在实务中，保险精算部门是根据有效保单定期计算未决赔款准备金余额，已决保单没有包括在有效保单内。在资产负债表日，会计部门根据保险精算结果按差额确认未决赔款准备金时，已经自动将已决保单相关的未决赔款准备金转销。

【例 26-11】 2×22 年 4 月 12 日，甲公司确定应赔偿张某投保的家庭财产保险款 80 000 元，款项尚未支付。同时，甲公司应冲减为该保险事故确认的未决赔款准备金 80 000 元。

甲公司的账务处理如下：

借：赔付支出　　80 000

　　贷：应付赔付款　　80 000

借：保险责任准备金　　80 000

　　贷：提取保险责任准备金　　80 000

保险人在保险事故发生后较短的时间内（通常为保险事故发生当月）即能够结案定损的，保险人不需要先确认未决赔款准备金，再予以转销，而可以直接将确定支付的赔付款项金额计入当期损益。

【例 26-12】 2×22 年 5 月 15 日，甲公司某被保险人发生交通事故死亡；5 月 20 日，甲公司确定应赔偿该保险受益人保险款 120 000 元并于当日支付。

甲公司的账务处理如下：

借：赔付支出　　120 000

贷：银行存款　　120 000

（2）寿险原保险合同。

对于寿险原保险合同，保险人在确认保费收入当期，已经根据保险精算部门计算确定的寿险责任准备金、长期健康险责任准备金金额，确认了保险责任准备金（寿险责任准备金、长期健康险责任准备金）负债，同时确认提取保险责任准备金，计入当期损益。保险人在确定了实际支付给付款项金额的当期，首先应当将确定支付的给付款项金额，计入当期赔付支出；其次，应当按照确定支付的给付款项金额，冲减相应的保险责任准备金（寿险责任准备金、长期健康险责任准备金）余额。

【例26－13】2×22年6月30日，乙公司确定应给付李某投保的团体终身寿险款项600 000元，款项尚未支付。

乙公司的账务处理如下：

借：赔付支出　　600 000

　　贷：应付赔付款　　600 000

借：保险责任准备金　　600 000

　　贷：提取保险责任准备金　　600 000

2. 发生理赔费用。

保险事故发生后，保险人为了确定应承担赔付保险金责任的金额，需要经过一系列的调查核实过程，如现场查勘、审查有关单证、审核责任、核定赔偿范围等。在这一过程中发生的律师费、诉讼费、损失检验费、相关理赔人员薪酬等，即为理赔费用。

保险人发生的理赔费用，应当在实际发生的当期计入赔付支出，同时冲减相应的保险责任准备金（未决赔款准备金、寿险责任准备金、长期健康险责任准备金）余额。理赔费用准备金中包括的相关理赔人员薪酬，应当在实际分配的当期计入赔付支出，同时冲减相应的保险责任准备金（未决赔款准备金、寿险责任准备金、长期健康险责任准备金）余额。

【例26－14】2×22年5月31日，乙公司分配相关理赔人员薪酬43 000元，其中与寿险责任准备金有关的金额为23 000元，与长期健康险责任准备金有关的金额为20 000元。乙公司的账务处理如下：

借：赔付支出　　43 000

　　贷：应付职工薪酬　　43 000

借：保险责任准备金——寿险责任准备金　　23 000

——长期健康险责任准备金　　20 000

贷：提取保险责任准备金　　43 000

（三）损余物资

损余物资，是指保险人对非寿险保险事故承担赔偿保险金责任后取得的原保险标的受损后的财产。

通常情况下，保险人承担赔偿保险金责任时，一般将取得的有关财产折价给受益人，该财产不属于保险人的损余物资，不应当纳入保险人的资产负债表内反映，应当将其从应支付的赔偿款项中扣除，按扣除后的金额支付给受益人。

如果保险人承担赔偿保险金责任时，没有将取得的原保险标的受损后的有关财产折价给受益人，该资产属于保险人的损余物资，在满足确认条件时应纳入保险人的资产负债表内反映。保险人取得的损余物资是对其发生赔付支出的补偿，因此，在确认损余物资时，应当按照同类或类似资产的市场价格计算确定的金额确认为资产，同时冲减赔付支出。同类或类似资产，通常是指与损余物资的性质相同、功能相近的资产。保险人处置损余物资时，收到的金额与相关损余物资账面价值的差额，应当调整当期赔付支出。

【例 26－15】张某投保的小轿车发生被盗保险事故，甲公司已结案并支付保险金。2×22 年 4 月 12 日，甲公司通过公安部门找回了该被盗小轿车，参照同类资产的市场价格确定的入账价值为 80 000 元。

甲公司的账务处理如下：

借：损余物资　　80 000

贷：赔付支出　　80 000

（四）代位追偿款

代位追偿款，是指保险人承担赔偿保险金责任后，依法从被保验人取得代位追偿权向第三者责任人索赔而应取得的赔款。

保险人承担赔付保险金责任后应取得的代位追偿款，只有在同时满足规定的条件时才能予以确认。对于不满足确认条件的代位追偿款，保险人不应当确认。在判断代位追偿款能否收回时，保险人应当根据以往的经验、第三者责任人的财务状况和现金流量等相关信息进行合理估计。如果判断代位追偿款收回的可能性大于不能收回的可能性，就应当认为代位追偿款能够收回。如果判断代位追偿款收回的可能性小于不能收回的可能性，就不应当确认应收代位追偿款，但应当提供确凿的证据。

保险人确认的应收代位追偿款，其实质是对保险人发生的赔付支出的补偿，在确认时应当冲减赔付支出。收到应收代位追偿款时，保险人应当按照收到的金额与相关应收代位追偿款账面价值的差额，调整当期赔付支出。

【例26－16】 2×22年5月15日，李某投保的小轿车发生碰撞保险事故，甲公司赔偿保险金责任后，取得向责任方代位追偿的权利，估计能够收回的代位追偿款为30 000元。6月23日，甲公司从责任方收到代位追偿款29 000元，款项已存入银行。

甲公司的账务处理如下：

（1）2×22年5月15日确认应收代位追偿款30 000元。

借：应收代位追偿款	30 000	
贷：赔付支出		30 000

（2）2×22年6月23日收到应收代位追偿款29 000元。

借：银行存款	29 000	
赔付支出	1 000	
贷：应收代位追偿款		30 000

八、衔接规定

根据《企业会计准则第38号——首次执行企业会计准则》的规定，在原保险合同的确认与计量上，因新旧准则的变化而对有关财务报表项目的影响金额，在首次执行日均不再追溯调整。

在首次执行日，按照原制度计算的原保险合同准备金余额与按照本章计算的余额之间的差额，计入首次执行日的当期损益，不调整期初留存收益；代位追偿款满足确认条件的，应确认应收代位追偿款，并冲减当期赔付支出，不调整期初留存收益。

在首次执行日后，企业新签发的原保险合同，应当按照本章的规定进行会计处理。

《保险合同相关会计处理规定》发布后，保险公司自编制2009年度财务报告开始，对于以前年度发生的有关交易或事项的会计处理与《保险合同相关会计处理规定》不一致的，应当进行追溯调整。但是，追溯调整不切实可行的除外。

第二十七章　再保险合同

一、总体要求

《企业会计准则第 26 号——再保险合同》（财会〔2006〕3 号，以下简称再保险合同准则）和《保险合同相关会计处理规定》（财会〔2009〕15 号）规范了再保险合同的确认、计量和相关信息的列报。

为加强风险管理、均衡业务、稳定经营，保险人需要将超过自身业务承受能力的一部分风险责任转嫁给其他保险人来分担，由此产生再保险业务。保险公司之间的再保险关系是通过签订再保险合同确立的。再保险合同业务包括分出业务和分入业务。再保险合同准则和《保险合同相关会计处理规定》着重规范了与再保险分出业务和分入业务有关的确认、计量和列报，尤其是分出业务的分出保费、摊回各项准备金、摊回分保费用、摊回赔付成本的处理，分入业务的分保费收入、分保费用、分保赔付成本的处理。

再保险合同，是指一个保险人（再保险分出人）分出一定的保费给另一个保险人（再保险接受人），再保险接受人对再保险分出人由原保险合同所引起的赔付成本及其他相关费用进行补偿的保险合同。再保险合同是保险人与保险人之间签订的合同，一方为再保险分出人，另一方为再保险接受人。再保险合同是补偿性合同。不论原保险合同是寿险合同还是非寿险合同，再保险合同的标的都是再保险分出人所承担的保险责任。再保险合同独立于原保险合同。再保险合同的再保险接受人与原保险合同的投保人和保险受益人之间不发生任何法律或业务关系，再保险合同的再保险接受人无权向原保险合同的投保人收取保费，原保险合同的保险受益人无权直接向再保险合同的再保险接受人提出索赔要求。

企业应当按照本章规定进行与再保险分出业务和分入业务有关的会计处理。再保险分出业务涉及分出保费、摊回分保手续费、摊回赔付成本等基本业务，再保险分入业务涉及收取分保费、支付分保手续费、支付分保赔付款等基本业务。分出业务的会计处理主要包括应收分保准备金、分出保费及摊回成本费用、预收赔款和存入分保保证金等，分入业务的会计处理主要包括分保费收入及分保费用、分保赔付成本、预付赔款和存出分保保证金等。

企业应当按照再保险合同准则规定列示与再保险合同有关的项目，并披露相关信息。

二、再保险合同的相关定义

（一）再保险合同的概念及特征

再保险合同，是指一个保险人（再保险分出人）分出一定的保费给另一个保险人（再保险接受人），再保险接受人对再保险分出人由原保险合同所引起的赔付成本及其他相关费用进行补偿的保险合同。再保险合同属于保险合同，与原保险合同相比较，具有下列特征：

1. 再保险合同是保险人与保险人之间签订的合同，一方为再保险分出人，另一方为再保险接受人。再保险分出人是根据再保险合同，有义务向再保险接受人支付一定保费，同时有权利就其由原保险合同所引起的赔付成本及其他相关费用从再保险接受人获得补偿的保险人；再保险接受人是根据再保险合同，有权利向再保险分出人收取一定保费，同时有义务对再保险分出人由原保险合同所引起的赔付成本及其他相关费用进行补偿的保险人。

2. 再保险合同是补偿性合同。不论原保险合同是寿险合同还是非寿险合同，再保险合同的标的都是再保险分出人所承担的保险责任。再保险合同不直接对原保险合同标的进行赔偿或给付，而是补偿再保险分出人对原保险合同所承担的保险责任，即对于原保险合同标的发生保险事故所产生的损失，先由再保险分出人全额进行赔偿或给付，然后由再保险接受人向再保险分出人进行补偿。

3. 再保险合同独立于原保险合同。再保险合同的再保险接受人与原保险合同的投保人和保险受益人之间不发生任何法律或业务关系，再保险合同的再保险接受人无权向原保险合同的投保人收取保费，原保险合同的保险受益人无权直接向再保险合同的再保险接受人提出索赔要求。原保险合同的保险人（再保险合同的再保险分出人）也不得以再保险接受人不对其履行补偿义务为借口而拒绝、减少或延迟履行其对保险受益人的赔偿或给付义务。

（二）再保险合同基本业务

再保险合同业务包括分出业务和分入业务。

再保险分出业务涉及分出保费、摊回分保手续费、摊回赔付成本等基本业务。与原保险合同转嫁风险需要支付保费相同，再保险分出人转嫁保险风险责任也要向再保险接受人支付一定的保费，这种保费叫做分保费或再保险费；同时，由于再保险分出人在销售原保险保单以及维护和管理保险业务过程中发生了一定的费用，再保险分出人需要向再保险接受人摊回一部分费用予以补偿，这种由再保险接受人支付给再保险分出人的费用称为分保手续费。当被保险人发生保险责任范围内的保险事故时，再保险分出人按原保险合同约定负责向保险受益人提供赔偿或给付，再将应由再保险接受人承担的份额摊回，此为摊回赔付成本。

与再保险分出业务相对应，再保险分入业务涉及收取分保费、支付分保手续费、支付分保赔付款等基本业务。

此外，再保险接受人与再保险分出人之间还有支付和收取纯益手续费的业务。纯益手续费是指再保险接受人为鼓励再保险分出人谨慎地选择原保险合同所承保的业务，在其取得纯益基础上付给再保险分出人一定比例（即纯益手续费率）的报酬。“纯益”指某个业务年度的再保险分入业务获得的纯收益，即该年度分入业务收入项目合计减去支出项目合计的差额。

保险人之间履行再保险合同约定、办理再保险业务和进行再保险资金结算的主要凭据是分保业务账单（基本格式及内容见表 27 - 1）。分保业务账单一般由再保险分出人按季度编制。为了减少付款次数和不必要的汇款费用，再保险合同双方通常约定按照账单上各项应收应付款项相抵后的净额结算。表 27 - 1 中“应付你方余额”为账单贷方金额合计减去借方金额合计后的净额，是再保险分出人应向再保险接受人实际支付的金额；“应付我方余额”为账单借方金额合计减去贷方金额合计后的净额，是再保险接受人应向再保险分出人实际支付的金额。

表 27 - 1　　　　分保业务账单

分出公司名称：　　　　分入公司名称：
账单期：　　　　业务年度：
合同名称：　　　　币种：

借方		贷方	
项目	金额	项目	金额
分保手续费		分保费	
分保赔付费			

续表

借方		贷方	
项目	金额	项目	金额
纯益手续费			
应付你方余额		应付我方余额	
合计			
备注			

经办人：　　　　复核人：　　　　批准人：
日期：
盖章：

（三）再保险合同分类

再保险合同按自留额和分保额计算基础的不同，可分为比例再保险合同和非比例再保险合同。自留额是指再保险分出人对于每一危险单位或一系列危险单位的责任或损失，承担自负责任的限额；分保额是指对于再保险分出人每一危险单位或一系列危险单位的责任或损失，再保险接受人承担分保责任的限额。

1. 比例再保险合同。

比例再保险合同，是指以原保险合同保险金额为自留额和分保额计算基础的一种再保险合同。该种再保险方式下，再保险分出人与再保险接受人按照保险金额的一定比例分担责任，并按此比例分出保费和分摊赔付款。比例再保险合同又分为成数再保险合同和溢额再保险合同。

（1）成数再保险合同。

成数再保险合同签约双方一般对某种业务的每一危险单位自留额和分保额约定固定的比例，再保险分出人对约定的业务，一律按分保比例向再保险接受人分出保费和摊回赔付款。成数再保险合同有时还约定再保险接受人所承担分保额的最高限额。

（2）溢额再保险合同。

溢额再保险合同签约双方一般约定再保险分出人对某种业务每一危险单位保险金额自己所承担的自留额，当保险金额超出自留额时，超出部分（即溢额）由再保险接受人承担，但再保险接受人承担的溢额不超过合同约定的最高限额（在最高限额之内承担的溢额为分保额）。签约双方以自留额和分保额为基础，计算确定每一危险单位的自留额和分保额之间的比例，分别称为自留比例和分保比例；再保险分出人按分保比例向再保险接受人分出保费和摊回赔付款；对于溢额超出再保险接受人最高承担限额的部分，再保险分出人不作分保或另作分保安排。与成数分保不同的是，溢额分保的比例不是固定的，而是根据每一标的的保额大小而变动，分出保费和赔付款项的摊回金额也随之相应变化。

2. 非比例再保险合同。

非比例再保险合同，是指以再保险分出人赔付款金额（实际损失）为自留额和分保额计算基础的一种再保险合同。该种再保险方式下，再保险分出人与再保险接受人并不是按比例分配相关的保费和赔付款，而是通常先规定两个限额，一是再保险分出人自己承担的赔付限额（赔款限额或赔付率限额）；二是再保险接受人承担的最高赔付限额。再保险分出人按合同规定在期初向再保险接受人预付一定的保费，合同责任期满后再对预付保费进行调整；当原保险事故发生后的赔付金额或全年赔付率不超过再保险分出人自负责任限额时，相关损失由再保险分出人自行承担；对于超过自负责任限额部分的赔付款由再保险接受人承担，但不超过约定应承担的最高限额。非比例再保险是在比例再保险承担补偿责任以后才承担补偿责任的再保险。非比例再保险合同分为超额赔款再保险合同和赔付率超赔再保险合同。

（1）超额赔款再保险合同。

超额赔款再保险合同一般约定，以再保险分出人每一危险单位所发生的赔款金额或者一次巨灾事故中多数危险单位的责任累积赔款为基础，确定再保险分出人的自负责任限额和再保险接受人承担的分保限额，自负责任限额以内的损失由再保险分出人自行承担，超过自负责任限额以上的损失由再保险接受人负担最高限额内的部分。其中，以再保险分出人每一危险单位所发生的赔款金额为基础确定自留额和分保额的，为险位超赔再保险合同；以一次巨灾事故中多数危险单位的责任累积赔款额为基础确定自留额和分保额的，为事故（或巨灾）超赔再保险合同。安排超额赔款再保险时，可将所要求的整个超赔保障数额分割为几“层”。

（2）赔付率超赔再保险合同。

赔付率超赔再保险合同一般约定，按再保险分出人年度赔付率为基础计算自负责任额和分保责任额，当再保险分出人赔付率超过规定赔付率时，超过部分的赔付款由再保险接受人负担至一定的限额。

本章着重讲解了与再保险分出业务和分入业务有关的确认、计量和列报，尤其是分出业务的分出保费、摊回各项准备金、摊回分保费用、摊回赔付成本的处理，分入业务的分保费收入、分保费用、分保赔付成本的处理。

三、适用范围

本章适用于保险人签发、持有的再保险合同。保险人将分入的再保险业务转分给其他保险人而签订的转分保合同，比照本章处理。

保险人签发的原保险合同，适用第二十六章原保险合同。

四、应设置的相关会计科目和主要账务处理

企业对再保险合同的会计处理，一般需要设置下列会计科目。

（一）“应收分保账款”

1. 本科目核算企业（保险）从事再保险业务应收取的款项。

2. 本科目可按再保险分出人或再保险接受人和再保险合同进行明细核算。

3. 再保险分出人应收分保账款的主要账务处理。

（1）企业在确认原保险合同保费收入的当期，按相关再保险合同约定计算确定的应向再保险接受人摊回的分保费用，借记本科目，贷记“摊回分保费用”科目。

（2）在确定支付赔付款项金额或实际发生理赔费用而冲减原保险合同相应未决赔款准备金、寿险责任准备金、长期健康险责任准备金余额的当期，按相关再保险合同约定计算确定的应向再保险接受人摊回的赔付成本金额，借记本科目，贷记“摊回赔付支出”科目。

（3）在因取得和处置损余物资、确认和收到应收代位追偿款等而调整原保险合同赔付成本的当期，按相关再保险合同约定计算确定的摊回赔付支出的调整金额，借记或贷记“摊回赔付支出”科目，贷记或借记本科目。

（4）计算确定应向再保险接受人收取纯益手续费的，按相关再保险合同约定计算确定的纯益手续费，借记本科目，贷记“摊回分保费用”科目。

（5）在原保险合同提前解除的当期，按相关再保险合同约定计算确定的摊回分保费用的调整金额，借记“摊回分保费用”科目，贷记本科目。

（6）对于超额赔款再保险等非比例再保险合同，在能够计算确定应向再保险接受人摊回的赔付成本时，按摊回的赔付成本金额，借记本科目，贷记“摊回赔付支出”科目。

4. 再保险接受人应收分保账款的主要账务处理。

（1）企业确认再保险合同保费收入时，借记本科目，贷记“保费收入”科目。

（2）收到分保业务账单时，按账单标明的金额对分保费收入进行调整，按调整增加额，借记本科目，贷记“保费收入”科目；按调整减少额做相反的会计分录。

按照账单标明的再保险分出人扣存本期分保保证金，借记“存出保证金”科目，贷记本科目。按账单标明的再保险分出人返还上期扣存分保保证金，借记本科目，贷记“存出保证金”科目。

（3）计算存出分保保证金利息，借记本科目，贷记“利息收入”科目。

5. 再保险分出人、再保险接受人结算分保账款时，按应付分保账款金额，借记“应付分保账款”科目，按应收分保账款金额，贷记本科目，按其差额，借记或贷记“银行存款”科目。

6. 本科目期末借方余额，反映企业从事再保险业务应收取的款项。

（二）“应收分保合同准备金”

1. 本科目核算企业（再保险分出人）从事再保险业务确认的应收分保未到期责任准备金，以及应向再保险接受人摊回的保险责任准备金。

企业（再保险分出人）可以单独设置“应收分保未到期责任准备金”、“应收分保未决赔款准备金”、“应收分保寿险责任准备金”、“应收分保长期健康险责任准备金”等科目。

2. 本科目可按再保险接受人和再保险合同进行明细核算。

3. 应收分保合同准备金的主要账务处理。

（1）企业在确认非寿险原保险合同保费收入的当期，按相关再保险合同约定计算确定的相关应收分保未到期责任准备金金额，借记本科目，贷记“提取未到期责任准备金”科目。

资产负债表日，调整原保险合同未到期责任准备金余额，按相关再保险合同约定计算确定的应收分保未到期责任准备金的调整金额，借记“提取未到期责任准备金”科目，贷记本科目。

（2）在提取原保险合同未决赔款准备金、寿险责任准备金、长期健康险责任准备金的当期，按相关再保险合同约定计算确定的应向再保险接受人摊回的保险责任准备金金额，借记本科目，贷记“摊回保险责任准备金”科目。

（3）在确定支付赔付款项金额或实际发生理赔费用而冲减原保险合同相应未决赔款准备金、寿险责任准备金、长期健康险责任准备金余额的当期，按相关应收分保保险责任准备金的相应冲减金额，借记“摊回保险责任准备金”科目，贷记本科目。

（4）在对原保险合同未决赔款准备金、寿险责任准备金、长期健康险责任准备金进行充足性测试补提保险责任准备金时，按相关再保险合同约定计算确定的应收分保保险责任准备金的相应增加额，借记本科目，贷记“摊回保险责任准备金”科目。

（5）在原保险合同提前解除而转销相关未到期责任准备金余额的当期，借记“提取未到期责任准备金”科目，贷记本科目。

在原保险合同提前解除而转销相关寿险责任准备金、长期健康险责任准备金余额的当期，按相关应收分保保险责任准备金余额，借记“摊回保险责任准备金”科目，贷记本科目。

4. 本科目期末借方余额，反映企业从事再保险业务确认的应收分保合同准备金余额。

（三）“应付分保账款”

1. 本科目核算企业（保险）从事再保险业务应付未付的款项。

2. 本科目可按再保险分出人或再保险接受人和再保险合同进行明细核算。

3. 再保险分出人应付分保账款的主要账务处理。

（1）企业在确认原保险合同保费收入的当期，按相关再保险合同约定计算确定的分出保费金额，借记“分出保费”科目，贷记本科目。

在原保险合同提前解除的当期，按相关再保险合同约定计算确定的分出保费的调整金额，借记本科目，贷记“分出保费”科目。

对于超额赔款再保险等非比例再保险合同，按相关再保险合同约定计算确定的分出保费金额，借记“分出保费”科目，贷记本科目。

（2）发出分保业务账单时，按账单标明的扣存本期分保保证金，借记本科目，贷记“存入保证金”科目。按账单标明的返还上期扣存分保保证金，借记“存入保证金”科目，贷记本科目。

按期计算的存入分保保证金利息，借记“利息支出”科目，贷记本科目。

4. 再保险接受人应付分保账款的主要账务处理。

（1）企业在确认分保费收入的当期，按相关再保险合同约定计算确定的分保费用金额，借记“分保费用”科目，贷记本科目。

收到分保业务账单时，按账单标明的金额对分保费用进行调整，按调整增加额，借记“分保费用”科目，贷记本科目；按调整减少额做相反的会计分录。

（2）计算确定应向再保险分出人支付纯益手续费的，按相关再保险合同约定计算确定的纯益手续费金额，借记“分保费用”科目，贷记本科目。

（3）收到分保业务账单的当期，按账单标明的分保赔付款项金额，借记“赔付支出”科目，贷记本科目。

5. 再保险分出人、再保险接受人结算分保账款时，按应付分保账款金额，借记本科目，按应收分保账款金额，贷记“应收分保账款”科目，按其差额，借记或贷记“银行存款”科目。

6. 本科目期末贷方余额，反映企业从事再保险业务应付未付的款项。

（四）“摊回保险责任准备金”

1. 本科目核算企业（再保险分出人）从事再保险业务应向再保险接受人摊回的保险责任准备金，包括未决赔款准备金、寿险责任准备金、长期健康险责任准备金。

企业（再保险分出人）也可以单独设置“摊回未决赔款准备金”、“摊回寿险责任准备金”、“摊回长期健康险责任准备金”等科目。

2. 本科目可按保险责任准备金类别和险种进行明细核算。

3. 摊回保险责任准备金的主要账务处理。

（1）企业在提取原保险合同保险责任准备金的当期，应按相关再保险合同约定计算确定的应向再保险接受人摊回的保险责任准备金，借记“应收分保合同准备金”科目，贷记本科目。

对原保险合同保险责任准备金进行充足性测试补提保险责任准备金，应按相关再保险合同约定计算确定的应收分保保险责任准备金的相应增加额，借记“应收分保合同准备金”科目，贷记本科目。

（2）在确定支付赔付款项金额或实际发生理赔费用而冲减原保险合同相应保险责任准备金余额的当期，应按相关应收分保保险责任准备金的相应冲减金额，借记本科目，贷记“应收分保合同准备金”科目。

（3）在寿险原保险合同提前解除而转销相关寿险责任准备金、长期健康险责任准备金余额的当期，应按相关应收分保保险责任准备金余额，借记本科目，贷记“应收分保合同准备金”科目。

4. 期末，应将本科目余额转入“本年利润”科目，结转后本科目无余额。

（五）“摊回赔付支出”

1. 本科目核算企业（再保险分出人）向再保险接受人摊回的赔付成本。

企业（再保险分出人）也可以单独设置“摊回赔款支出”、“摊回年金给付”、“摊回满期给付”、“摊回死伤医疗给付”等科目。

2. 本科目可按险种进行明细核算。

3. 摊回赔付支出的主要账务处理。

（1）企业在确定支付赔付款项金额或实际发生理赔费用而确认原保险合同赔付成本的当期，应按相关再保险合同约定计算确定的应向再保险接受人摊回的赔付成本金额，借记“应收分保账款”科目，贷记本科目。

（2）在因取得和处置损余物资、确认和收到应收代位追偿款等而调整原保险合同赔付成本的当期，应按相关再保险合同约定计算确定的摊回赔付成本的调整金额，借记或贷记本科目，贷记或借记“应收分保账款”科目。

（3）对于超额赔款再保险等非比例再保险合同，计算确定应向再保险接受人摊回的赔付成本的，应按摊回的赔付成本金额，借记“应收分保账款”科目，贷记本科目。

4. 期末，应将本科目余额转入“本年利润”科目，结转后本科目无余额。

（六）“摊回分保费用”

1. 本科目核算企业（再保险分出人）向再保险接受人摊回的分保费用。

2. 本科目可按险种进行明细核算。

3. 摊回分保费用的主要账务处理。

（1）企业在确认原保险合同保费收入的当期，应按相关再保险合同约定计算确定的应向再保险接受人摊回的分保费用，借记“应收分保账款”科目，贷记本科目。

（2）计算确定应向再保险接受人收取的纯益手续费的，应按相关再保险合同约定计算确定的纯益手续费，借记“应收分保账款”科目，贷记本科目。

（3）在原保险合同提前解除的当期，应按相关再保险合同约定计算确定的摊回分保费用的调整金额，借记本科目，贷记“应收分保账款”科目。

4. 期末，应将本科目余额转入“本年利润”科目，结转后本科目无余额。

（七）“分出保费”

1. 本科目核算企业（再保险分出人）向再保险接受人分出的保费。

2. 本科目可按险种进行明细核算。

3. 分出保费的主要账务处理。

（1）企业在确认原保险合同保费收入的当期，应按再保险合同约定计算确定的分出保费金额，借记本科目，贷记“应付分保账款”科目。

在原保险合同提前解除的当期，应按再保险合同约定计算确定的分出保费的调整金额，借记“应付分保账款”科目，贷记本科目。

（2）对于超额赔款再保险等非比例再保险合同，应按再保险合同约定计算确定的分出保费金额，借记本科目，贷记“应付分保账款”科目。调整分出保费时，借记或贷记本科目，贷记或借记“应付分保账款”科目。

4. 期末，应将本科目余额转入“本年利润”科目，结转后本科目无余额。

（八）“分保费用”

1. 本科目核算企业（再保险接受人）向再保险分出人支付的分保费用。

2. 本科目可按险种进行明细核算。

3. 分保费用的主要账务处理。

（1）企业在确认分保费收入的当期，应按再保险合同约定计算确定的分保费用金额，借记本科目，贷记“应付分保账款”科目。

收到分保业务账单，按账单标明的金额对分保费用进行调整，借记或贷记本科目，贷记或借记“应付分保账款”科目。

（2）计算确定应向再保险分出人支付的纯益手续费的，应按再保险合同约定计算确定的纯益手续费，借记本科目，贷记“应付分保账款”科目。

4. 期末，应将本科目余额转入“本年利润”科目，结转后本科目无余额。

五、分出业务的会计处理

分出业务的会计处理主要包括应收分保准备金、分出保费及摊回成本费用、预收赔款和存入分保保证金等。

（一）应收分保准备金

1. 应收分保准备金与相关原保险合同准备金不得相互抵销。

再保险分出人不应当将再保险合同形成的资产与有关原保险合同形成的负债相互抵销。这里“再保险合同形成的资产”主要指再保险分出人对再保险合同确认的各项应收分保准备金；“原保险合同形成的负债”主要指再保险分出人对原保险合同提取的各项准备金。

在签订再保险合同的情况下，再保险分出人提取相关原保险合同各项准备金（未到期责任准备金除外）确认应付保险受益人负债的同时，也产生了向再保险接受人收取补偿金额的权利，该权利所带来的经济利益很可能流入保险人并且权利金额能够可靠地计量，符合资产要素的定义及确认条件，应当确认为应收分保准备金资产。需要说明的是，应收分保未到期责任准备金属于分出的未赚保费，本质上不属于预期从再保险接受人处获得补偿的权利金额。

应收分保准备金的确认应符合与有关原保险合同准备金不相互抵销的要求，即再保险分出人不应仅以各项原保险合同准备金扣除相关应收分保准备金后的金额列示于资产负债表。原保险合同准备金反映再保险分出人应付保险受益人的负债，而应收分保准备金反映的则是再保险分出人应收再保险接受人的债权。再保险合同的签订并不能减少或免除再保险分出人对原保险合同保险受益人的保险责任，无论再保险接受人能否对再保险分出人支付补偿金额，再保险分出人都要向保险受益人全额履行赔付义务。因此，应收分保准备金与相关原保险合同准备金不应相互抵销，抵销处理会掩盖再保险分出人客观存在的信用风险，造成信息披露不充分。按照本章要求，再保险分出人应在资产负债表中全额列示原保险合同各项准备金，以全面、真实反映其对原保险合同保险受益人的负债情况，同时将各项应收分保准备金作为资产单独列示，以真实反映其对再保险接受人应有的债权。这样，也有利于准确考核再保险分出人的偿付能力。应收分保未到期责任准备金和未到期责任准备金同样不符合相抵销条件。

2. 应收分保准备金的确认。

再保险分出人应当在确认非寿险原保险合同保费收入的当期，按照相关再保险合同的约定，计算确认相关的应收分保未到期责任准备金资产，并冲减提取未到期责任准备金。再保险分出人应当在提取原保险合同未决赔款准备金、寿险责任准备金、长期健康险责任准备金的当期，按照相关再保险合同的约定，计算确定应向再保险接受人摊回的相应准备金，确认为相应的应收分保准备金资产。

应收分保未到期责任准备金实质属于分出的未赚保费，确认应收分保未到期责任准备金是对当期分出保费的调整。提取未到期责任准备金（含分保未到期责任准备金）和确认应收分保未到期责任准备金的最终结果都是对当期自留保费（原保险合同保费收入加上分保费收入再减去分出保费后的金额）的调整，即将当期的自留保费调整为已赚保费。因此，确认应收分保未到期责任准备金时应作冲减提取未到期责任准备金处理，通过“提取未到期责任准备金”科目集中反映将当期自留保费调整为已赚保费的调整金额。而应收分保未决赔款准备金、应收分保寿险责任准备金和应收分保长期健康险责任准备金都表示再保险分出人预期从再保险接受人处获得补偿的金额，确认时应作为摊回相应准备金处理。

【例 27-1】2×21 年 12 月 2 日，甲保险股份有限公司（以下简称甲公司）与 A 保险股份有限公司（以下简称 A 公司）签订一份成数分保财险再保险合同，将合同规定范围内的原保险业务向 A 公司办理分保。合同约定，分保比例为 10%；分保手续费以分出保费作为计算基础，分保手续费率为 25%；合同起期日为 2×22 年 1 月 1 日，保险责任期间为 1 年。2×22 年 1 月 1 日，甲公司就该再保险合同规定业务范围内的×企业财产保险合同确认保费收入 12 万元；1 月 31 日，甲公司就×企业财产保险合同提取未到期责任准备金 11 万元；3 月 18 日，×企业财产保险合同约定的保险事故发生，至 3 月 31 日尚未结案定损，甲公司就该合同提取未决赔款准备金 7 500 万元。甲公司确认应收分保准备金的会计处理如下：

（1）2×22 年 1 月 31 日，确认应收分保未到期责任准备金。

甲公司应确认的对 A 公司应收分保未到期责任准备金 = 11 × 10% = 1.1（万元）

借：应收分保未到期责任准备金　　11 000

　　贷：提取未到期责任准备金　　11 000

（2）2×22 年 3 月 31 日，确认应收分保未决赔款准备金。

甲公司应确认的对 A 公司应收分保未决赔款准备金 = 7 500 × 10% = 750（万元）

借：应收分保未决赔款准备金　　7 500 000

　　贷：摊回未决赔偿准备金　　7 500 000

3. 应收分保准备金账面余额的调整。

（1）应收分保未到期责任准备金的调整。

再保险分出人在资产负债表日按照重新计算确定的未到期责任准备金额与已提取的未到期责任准备金余额的差额调整未到期责任准备金余额时，应按照相关再保险合同约定计算确定应收分保未到期责任准备金的相应调整金额，调整应收分保未到期责任准备金和提取未到期责任准备金的账面余额。

（2）应收分保未决赔款准备金、应收分保寿险责任准备金、应收分保长期健康险责任准备金的调整。

再保险分出人对未决赔款准备金、寿险责任准备金、长期健康险责任准备金进行充足性测试而补提相关准备金时，应按照相关再保险合同约定计算确定相关应收分保准备金的增加金额，调整增加相关应收分保准备金和摊回责任准备金的账面余额。

4. 应收分保准备金的冲减或转销。

（1）再保险分出人在确定支付赔付款项金额或实际发生理赔费用而冲减原保险合同未决赔款准备金、寿险责任准备金、长期健康险责任准备金余额的当期，应按照相关再保险合同约定计算确定相关应收分保准备金的相应冲减金额，冲减相关应收分保准备金和摊回责任准备金的账面余额。

（2）再保险分出人应当在原保险合同提前解除而转销相关未到期责任准备金、寿险责任准备金、长期健康险责任准备金余额的当期，转销相关应收分保准备金余额。

（二）分出保费及摊回款项

1. 分出保费及摊回款项与相关原保险合同收入或费用不得相互抵销。

再保险分出人不应当将再保险合同形成的收入或费用与有关原保险合同形成的费用或收入相互抵销。这里“再保险合同形成的收入”指再保险分出人按照再保险合同约定向再保险接受人摊回的准备金、分保费用、赔付成本等；“再保险合同形成的费用”指再保险分出人按照再保险合同约定向再保险接受人分出的保费等。

分出业务的分出保费及摊回金额与原保险合同保费收入及相关费用所反映的经济内容与实质不同。原保险合同保费收入是再保险分出人向投保人销售保单，为承担源自被保险人的保险风险责任所取得的收入；分出保费则是再保险分出人向再保险接受人购买保险所付出的代价，不同于共同保险业务各保险人之间对保费收入的分配。分出业务各项摊回金额是对再保险分出人由原保险合同所引起的提取保险责任准备金、赔付成本及其他相关费用的补偿，而非对原保险合同受益人的直接赔偿或给付。因此，为全面、真实地反映再保险分出人原保险业务和再保险业务的经济内容与实质，再保险合同分出业务的分出保费不应直接计入原保险合同保费收入的借方进行抵减，再保险合同分出业务摊回准备金、摊回赔付成本、摊回分保费用不应直接计入原保险合同提取准备金、赔付成本、手续费支出等的贷方进行抵减，均应单独确认并在利润表中分别列报。

2. 分出保费、摊回分保手续费及摊回赔付成本的处理。

（1）分出保费、摊回分保手续费、摊回赔付成本的确认。

再保险分出人应当在确认原保险合同保费收入的当期，按照相关再保险合同的约定，计算确定分出保费和应向再保险接受人摊回的分保费用，计入当期损益。再保险分出人应当在确定支付赔付款项金额或实际发生理赔费用而冲减原保险合同相应准备金余额的当期，冲减相应的应收分保准备金余额；同时，按照相关再保险合同的约定，计算确定应向再保险接受人摊回的赔付成本，计入当期损益。

这里“摊回的分保费用”指摊回的分保手续费。

摊回准备金和摊回赔付成本的区别在于：摊回准备金是预计由再保险接受人补偿的金额；摊回赔付成本是由再保险接受人实际补偿的金额。因此，在确认摊回赔付成本的同时应冲减相应的摊回准备金。

分出保费、摊回分保费用、摊回赔付成本的计算方法因再保险合同种类的不同而不同，具体计量金额一般由保险人业务部门根据再保险合同约定计算确定。

【例27-2】 2×22年1月31日，乙公司与客户刘某签订一份人身意外伤害保险合同，保险金额为360万元，自2×22年2月1日零时合同生效，保险期间为1年；刘某于合同生效当日一次性交纳保险费0.72万元，乙公司开始承担保险责任并确认了保费收入。该份人身意外伤害保险合同属于乙公司与E保险股份有限公司（以下简称E公司）签订的溢额再保险合同约定的业务范围。该再保险合同约定：每一被保险人的意外险自留额为100万元，E公司的分保额最高限额为300万元，分保手续费率为25%。2×22年7月10日，被保险人刘某发生车祸死亡，乙公司确定该事故属于全额赔偿责任范围，于事故发生当月确认了赔付成本360万元。2×22年7月29日，乙公司向刘某家属支付了保险赔款，该保险事故结案。乙公司就上述业务计算出应向E公司分出的保费金额为0.52万元［0.72×(360－100)÷360］，分保手续费金额为0.13(0.52×25%)万元，应从E公司摊回赔款金额为260万元［360×(360－100)÷360］，乙公司分出保费、摊回分保费用、摊回赔付成本的账务处理如下：

(1) 2×22年2月，确认分出保费及摊回分保费用。

借：分出保费　　5 200

　　贷：应付分保账款——E公司　　5 200

借：应收分保账款——E公司　　1 300

　　贷：摊回分保费用　　1 300

(2) 2×22年7月，确认应摊回的赔付成本。

借：应收分保账款——E公司　　2 600 000

　　贷：摊回赔付支出　　2 600 000

注：实务中，保险公司对于保险事故发生后很快（一般指当月）能够结案定损的，往往不提未决赔款准备金，本例即属于此种情况，因此在确认摊回赔付成本时不涉及转销相关应收分保未决赔款准备金的处理。

（2）分出保费、摊回分保手续费、摊回赔付成本的调整。

再保险分出人对分出保费、摊回分保手续费、摊回赔付成本进行调整时，应将调整金额计入调整当期的损益。主要有下列几种情况：

① 再保险分出人应当在原保险合同提前解除的当期，按照相关再保险合同的约定，计算确定分出保费、摊回分保费用的调整金额，计入当期损益。

② 再保险分出人应当在因取得和处置损余物资、确认和收到应收代位追偿款等而调整原保险合同赔付成本的当期，按照相关再保险合同的约定，计算确定摊回赔付成本的调整金额，计入当期损益。

③ 再保险分出人与再保险接受人约定采用浮动（或累进）分保手续费方式下，再保险分出人依据合同规定在能够计算确定实际分保手续费率而调整分保手续费时，应将调整金额计入当期损益。再保险分出人确认入账的分保手续费调整金额应为经再保险接受人确认一致后的金额。

【例27－3】甲公司与F保险股份有限公司（以下简称F公司）签订一份成数分保财产再保险合同，将约定的原保险业务向F公司办理分保。合同约定分保手续费采用浮动分保手续费率制，预付分保手续费率为30%。假定甲公司对该再保险合同业务年度的业务进行结算时实际计算确定的分保手续费率为35%，据此计算的分保手续费调整金额为800万元并经F公司确认一致。此时，甲公司调整分保手续费的账务处理如下：

借：应收分保账款——F公司	8 000 000	
贷：摊回分保费用		8 000 000

3. 纯益手续费的处理。

再保险分出人应当根据相关再保险合同的约定，在能够计算确定应向再保险接受人收取的纯益手续费时，将该项纯益手续费作为摊回分保费用计入当期损益。

纯益手续费只有再保险接受人实际上有“纯益”时才给付。实务中，保险人通常按照业务年度计算纯益，而一个业务年度的再保险业务往往要跨越若干个会计年度才能结算出损益。再保险分出人确认纯益手续费收入主要应考虑其可靠计量问题，只有能够依据相关数据计算确定应向再保险接受人收取的纯益手续费时，即纯益手续费能够可靠计量时，纯益手续费收入才予以确认。

分保手续费是再保险接受人对再保险分出人取得和经营原保险业务所发生费用的补偿，纯益手续费是再保险接受人对再保险分出人谨慎地选择原保险业务而为其带来盈利的一种“奖励”措施，其实质是对再保险分出人经营原保险业务的“额外”补偿。因此纯益手续费与分保手续费性质相类似，确认应取得的纯益手续费时应作摊回分保费用处理。

【例27－4】沿用〖例27－3〗的资料，假定再保险合同签订3年后甲公司与F公司确认一致的纯益手续费金额为140.4万元。甲公司应于双方确认一致时作如下账务处理：

借：应收分保账款——F公司　　　　1 404 000

　　贷：摊回分保费用　　　　1 404 000

4. 非比例再保险合同分出保费、摊回赔付成本的处理。

对于超额赔款再保险等非比例再保险合同，再保险分出人应当根据再保险合同的约定，计算确定分出保费，计入当期损益。再保险分出人调整分出保费时，应当将调整金额计入当期损益。再保险分出人应当在能够计算确定应向再保险接受人摊回的赔付成本时，将该项应摊回的赔付成本计入当期损益。

这里“再保险分出人应当根据再保险合同的约定，计算确定分出保费，计入当期损益”指的是再保险分出人向再保险接受人预付保费的情况。预付保费通常与所谓的最低保费数额相同。对于非比例再保险合同，再保险分出人难以根据每一原保险合同保费收入的一定比例来计算分保费，而是按照再保险合同保险责任年度毛净保费（年度原保险保费收入减去退保费和比例再保险分出保费后的金额）乘以超赔费率来计算确定。年度毛净保费往往要到再保险责任年度终了后才能计算确定，但再保险分出人通常要在合同起期时按估计的年度毛净保费向再保险接受人计算预付一定金额的保费。预付保费可以分期支付，也可于合同起期时一次性支付。一次性支付预付保费的，应在发出预付分保费账单时将预付金额一次性计入当期损益；分次支付预付保费的，应在每次发出预付分保费账单时按每次支付金额分次计入当期损益。非比例再保险合同通常不需要按一定期间编发账单。其首期账单一般要求在合同起期后即刻发送（一般不能迟于合同起期后的两周），主要内容是向再保险接受人预付分保费，合同责任期满后调整预付分保费时再编制分保费调整账单。超额赔款再保险合同项下发生的赔款，均须编送出险通知和赔款账单。

这里“再保险分出人调整分出保费时，应当将调整金额计入当期损益”指的是再保险责任年度终了后再保险分出人能够按合同约定计算确定毛净保费，进而计算确定分出保费的最终金额时，应将分出保费的最终金额与预付金额的差额计入当期损益。有的再保险合同约定在年度中期要对预付保费先行调整一次，会计处理方法与年度终了后的调整一致。

对于非比例再保险合同，再保险分出人应在能够计算确定应向再保险接受人摊回的赔付成本时，将该项应摊回的赔付成本计入当期损益。

【例27－5】 2×21年12月20日，甲公司与G保险股份有限公司（以下简称G公司）签订一份事故超赔再保险合同，将由台风引发的保险赔款向G公司办理分保。合同起期日为2×22年1月1日，保险责任期间为1年。2×22年1月3日，甲公司向G公司发出的分保业务账单中标明的一次性预付保费金额为2 280万元。2×22年12月31日，由台风引起的索赔案件基本结案定损，甲公司计算出应向G公司摊回的赔款金额为4 560万元，同时按照实际年度毛净保费计算出应向G公司支付的实际保费金额为2 500万元。甲公司相关会计处理如下：

（1）2×22年1月3日，确认分出保费：

借：分出保费　　22 800 000

　　贷：应付分保账款——G公司　　22 800 000

（2）2×22年12月31日：

调整预付保费：

借：分出保费　　2 200 000

　　贷：应付分保账款——G公司　　2 200 000

确认摊回赔款：

借：应收分保账款——G公司　　45 600 000

　　贷：摊回赔付支出　　45 600 000

（三）预收赔款和存入分保保证金

1. 预收赔款的处理。

再保险分出人在发生大额索赔的情况下有可能会垫付很大金额的再保险份额的赔款。为了避免这种情况，有些再保险合同约定再保险分出人承保的每一张保险单项下或每一次事故的估计损失达到或超过合同约定的限额时，再保险分出人可根据已决赔款或预付赔款的结付金额向再保险接受人发出现金赔款通知书及相关理赔资料，要求再保险接受人预先支付分保份额相对应的现金赔款；再保险分出人收到该现金赔款后，视为已决赔款，在当期季度账单中进行冲销。这种情况下，分保业务账单的贷方栏中会增加“现金赔款

（冲销）”等类似项目。再保险分出人收到再保险接受人预付的现金赔款时，借记“银行存款”科目，贷记“预收赔付款”科目；发出分保业务账单时，按照账单中转销的现金赔款金额，借记“预收赔付款”科目，贷记“应收分保账款”科目。

2. 存入分保保证金的处理。

分保保证金是再保险分出人从应付给再保险接受人的分保费中以一定比例扣存，作为再保险接受人履行分保未了责任的保证金。该保证金留存期一般为12个月，至次年同期归还，归还时要支付利息。分保保证金从性质上属于再保险接受人的预付款。当再保险接受人无力履行分保赔付责任时，扣存的分保保证金给再保险分出人提供了一定安全保障。在再保险合同约定再保险分出人扣存分保保证金的情况下，相关分保业务账单借方栏中会增加“扣存分保保证金”项目，贷方栏中会增加“转回上年度扣存的分保保证金”、“分保保证金利息”等项目。

因再保险分出人扣存分保保证金的交易具体体现在分保业务账单中，再保险分出人应当在发出分保业务账单时，依据账单标明的相关金额进行会计处理。再保险分出人对于存入分保保证金，应当按期计提利息。

【例27-6】2×21年12月8日，甲公司作为分出人与H保险股份有限公司（以下简称H公司）签订一份溢额再保险合同，合同起期日为2×22年1月1日，保险责任期间为1年。合同约定，甲公司在每季度账单中，从应付给H公司的分保费中按照一定比例计算扣存分保保证金，扣存期为12个月，次年同期归还，归还同时支付利息，保证金年利率为4%。假定甲公司2×22年4月15日发出的当年第一季度账单中，“扣存本期分保保证金”项目金额为360万元。甲公司相关账务处理如下：

借：应付分保账款——H公司　　3 600 000

　贷：存入保证金　　3 600 000

甲公司应自2×22年4月至2×23年3月每月计提分保保证金利息，每月分保保证金利息＝360×4%÷12＝1.2（万元），每月计提分保保证金利息时：

借：利息支出　　12 000

　贷：应付分保账款——H公司　　12 000

甲公司于2×23年4月发出的本年度第一季度对H公司的分保业务账单中，“转回上年同期扣存分保保证金”项目金额为360万元。甲公司账务处理如下：

借：存入保证金　　3 600 000
　　贷：应付分保账款——H 公司　　3 600 000

六、分入业务的会计处理

（一）分保费收入及分保费用

1. 分保费收入及分保手续费的处理。

分保费收入同时满足下列条件的才能予以确认：

（1）再保险合同成立并承担相应保险责任。

再保险合同一般自签订日起成立，但自合同规定的起期日起才开始承担保险责任。因此，再保险合同的签订日与开始承担保险责任的日期可能一致，也可能不一致。分保费收入的确认应以再保险合同成立并承担相应保险责任为条件。

（2）与再保险合同相关的经济利益很可能流入。

对于再保险接受人而言，与再保险合同相关的经济利益即为分保费。如果再保险接受人能够确定分保费收回的可能性大于不能收回的可能性，则表明经济利益很可能流入。一般情况下，如果再保险分出人信用良好，能够按照合同规定如期发送分保业务账单，并能够按约定及时进行分保往来款项的结算，则意味着与再保险合同相关的经济利益很可能流入再保险接受人。

（3）与再保险合同相关的收入能够可靠地计量。

由于再保险合同一般只是规定某一时期再保险所承保的业务范围和地区范围、自留额和分保额的计算基础、分保费及手续费的计算方法等，并不直接明确分保费的具体金额，分保费的具体金额往往要根据再保险分出人原保险合同保费收入金额来计算确定，因此，再保险接受人在判断“与再保险合同相关的收入能够可靠地计量”条件时应注意下列情况：

一是再保险接受人可以在每一会计期间对该期间的分保费收入金额作出合理估计。如果再保险接受人具有长期积累的丰富经验和大量数据资料，能够采用先进的估算方法，借助专门的技术手段，对再保险合同项下每一会计期间再保险分出人相关原保险合同保费收入进行估计，进而按照再保险合同约定计算出相关分保费收入金额，且该估计金额与收到的分保业务账单标明的分保费金额比较接近，则表明再保险接受人可以在每一会计期间对该期间内的分保费收入金额进行可靠计量。在这种情况下，如果分保费收入确认的其他条件均满足，再保险接受人应在每一会计期间按照估计金额确认当期分保费收入，并按照再保险合同约定计算确认当期分保费用，待后期收到该期间的分保业务账单时，再按照账单标明的金额进行调整，将调整金额计入调整当期的损益。按账单金额调整估计金额属于资产负债表日后事项的，按第三十章资产负债表日后事项进行处理。

二是再保险接受人只有收到分保业务账单时才能对分保费收入进行可靠计量。如果再保险接受人由于缺乏丰富的经验数据资料和先进的技术方法、手段，而无法对再保险合同项下每一会计期间分保费收入金额进行估计，或估计金额可能与实际金额产生重大差异，则表明再保险接受人只能于收到分保业务账单时才能对分保费收入进行可靠计量。在这种情况下，如果分保费收入确认的其他条件均满足，再保险接受人应当于收到分保业务账单时根据账单标明的金额确认分保费收入及相关的分保费用。

【例 27－7】 2×21 年 12 月 22 日，丙保险股份有限公司（以下简称丙公司）与 I 保险股份有限公司（以下简称 I 公司）签订一份成数再保险合同，接受 I 公司分出的原保险业务。合同约定的分保比例为 40%，分保手续费率为 35%。合同起期日为 2×22 年 1 月 1 日，保险责任期间为 1 年。丙公司经验、技术等方面比较成熟，采用预估方法确认每期的分保费收入。假定丙公司预估 2×22 年第一季度各月份与 I 公司再保险合同项下的分保费收入金额为：1 月份 680 万元，2 月份 730 万元，3 月份 600 万元。丙公司于 5 月 20 日收到 I 公司发来的第一季度的分保业务账单，账单标明的分保费为 2 100 万元，分保手续费为 735 万元。丙公司相关账务处理如下：

（1）2×22 年 1 月：

借：应收分保账款——I 公司	6 800 000	
贷：保费收入		6 800 000
借：分保费用	2 380 000	
贷：应付分保账款——I 公司		2 380 000

（2）2×22 年 2 月：

借：应收分保账款——I 公司	7 300 000	
贷：保费收入		7 300 000
借：分保费用	2 555 000	
贷：应付分保账款——I 公司		2 555 000

（3）2×22 年 3 月：

借：应收分保账款——I 公司	6 000 000	

贷：保费收入 6 000 000

借：分保费用 2 100 000

贷：应付分保账款——I公司 2 100 000

（4）2×22年4月预估确认分保费收入和分保费用的会计分录略。

（5）2×22年5月20日，收到账单时调整第一季度确认的分保费收入和分保费用：

分保费收入调整金额＝2 100－（680＋730＋600）＝90（万元）

分保手续费调整金额＝735－（238＋255.5＋210）＝31.5（万元）

借：应收分保账款——I公司 900 000

贷：保费收入 900 000

借：分保费用 315 000

贷：应付分保账款——I公司 315 000

此例中，若丙公司不具备对分保费收入进行预估确认的条件，则丙公司应在2×22年5月20日收到分保业务账单时直接作如下账务处理：

借：应收分保账款——I公司 21 000 000

贷：保费收入 21 000 000

借：分保费用 7 350 000

贷：应付分保账款——I公司 7 350 000

2. 纯益手续费的处理。

因纯益手续费计算的特殊性，再保险接受人应当根据相关再保险合同的约定，在能够计算确定应向再保险分出人支付的纯益手续费时，将该项纯益手续费作为分保费用，计入当期损益。再保险接受人确认入账的纯益手续费支出金额应为经双方确认一致后的金额。

【例27－8】沿用〖例27－4〗的资料，F公司确认纯益手续费支出的账务处理如下：

借：分保费用 1 404 000

贷：应付分保账款——甲公司 1 404 000

（二）分保赔付成本

再保险接受人确认分保赔付成本的会计处理与保险人确认原保险合同赔付成本的会计处理相类似，即再保险接受人应当在收到分保业务账单的当期，按照账单标明的分保赔付款项金额，作为分保赔付成本，计入当期损益；同时，冲减相应的分保准备金余额。

【例27-9】沿用〖例27-7〗的资料，丙公司于2×22年5月20日收到I公司发来的第一季度分保业务账单中标明的分保赔款金额为900万元，丙公司已提取的相应分保未决赔款准备金为900万元。丙公司相关账务处理如下：

借：分保赔付支出　　9 000 000

　　贷：应付分保账款——I公司　　9 000 000

借：未决赔款准备金　　9 000 000

　　贷：提取未决赔款准备金　　9 000 000

（三）预付赔款和存出分保保证金

1. 预付赔款的处理。

再保险接受人向再保险分出人预付的现金赔款，应当在支付预付赔款时，借记“预付赔付款”科目，贷记“银行存款”科目；收到分保业务账单时，按照账单上转销的赔款，借记“应付分保账款”科目，贷记“预付赔付款”科目。

2. 存出分保保证金的处理。

再保险接受人应当在收到分保业务账单时，依据账单标明的相关金额进行存出分保保证金的会计处理。再保险接受人对存出的分保保证金，应当按期计提利息。

七、衔接规定

在首次执行日，应按照本章规定计算确定分出业务各项准备金金额，确认为应收分保准备金资产，同时调整增加各项准备金的账面余额。除上述项目外，不作追溯调整。

首次执行日后，企业新签发的再保险合同，应当按照本章的规定进行会计处理。

第二十八章　石油天然气开采

一、总体要求

石油天然气行业是为国民经济提供重要能源的矿产采掘行业，生产对象是不可再生的油气资源，生产活动所依赖的主要是埋藏于地下的油气储量，其生产过程包括矿区权益的获取、油气勘探、油气开发和油气生产等内容。由于石油天然气特殊的生产过程，其生产经营活动具有高投入、高风险、投资回收期长、油气储量发现成本与发现储量的价值之间不存在密切相关关系等特点。《企业会计准则第 27 号——石油天然气开采》主要规范石油天然气开采企业的矿区权益取得、勘探、开发和生产等石油天然气开采（以下简称油气开采）活动的会计处理和相关信息披露，不包括油气的储运、炼制、销售等下游活动的处理。

企业应当根据进行油气开采活动所划分的区域或独立的开发单元划分矿区，将取得矿区权益而发生的成本在发生时予以资本化，采用成果法对钻井勘探支出予以资本化或计入当期损益，在油气生产过程中采用产量法或年限平均法对探明矿区权益和井及相关设施计提折耗，并区分探明矿区权益和未探明矿区权益进行减值处理、对矿区权益的转让进行会计处理。

为了开采油气，企业需要增置一些附属的辅助设备和设施，如房屋、机器等。按照本章规定，这类固定资产应计提折旧，而不是计提折耗。处于勘探活动中的矿区权益，应当按照本章进行处理；处于勘探活动开始前和结束后的矿区权益，应按照其他相关章进行处理。石油天然气以外的采掘业企业的勘探和评价活动参照本章执行，其他活动应按照相关章进行处理。

二、应设置的相关会计科目和主要账务处理

企业对油气开采活动的会计处理，一般需要设置下列会计科目。

（一）“油气资产”

1. 本科目核算企业持有的矿区权益和油气井及相关设施的原价。

企业可以单独设置“油气资产清理”、“油气资产减值准备”科目，比照“固定资产清理”、“固定资产减值准备”科目进行处理。

企业与油气开采活动相关的辅助设备及设施在“固定资产”科目核算。

2. 本科目可按油气资产的类别、不同矿区或油田等进行明细核算。

3. 油气资产的主要账务处理。

（1）企业购入油气资产（含取得矿区权益）的成本，借记本科目，贷记“银行存款”、“应付票据”、“其他应付款”等科目。

（2）自行建造的油气资产，在油气勘探、开发工程达到预定可使用状态时，借记本科目，贷记“油气勘探支出”、“油气开发支出”等科目。

（3）油气资产存在弃置义务的，应在产生相关弃置义务时，按预计弃置费用的现值，借记本科目，贷记“预计负债”科目。在油气资产的使用寿命内，计算确定各期应负担的利息费用，借记“财务费用”科目，贷记“预计负债”科目。

（4）处置油气资产，应按收到的处置价款，借记“银行存款”等科目，按该项油气资产已计提的累计折耗，借记“累计折耗”科目，按其账面原价，贷记本科目，按应确认的处置损益，贷记或借记“资产处置损益”科目。已计提减值准备的，还应同时结转减值准备。

4. 本科目期末借方余额，反映企业油气资产的原价。

（二）“累计折耗”

1. 本科目核算企业油气资产的累计折耗。

2. 本科目可按油气资产的类别、不同矿区或油田进行明细核算。

3. 累计折耗的主要账务处理。

企业按期（月）计提油气资产的折耗，借记“生产成本”等科目，贷记本科目。处置油气资产时，还应同时结转油气资产累计折耗。

4. 本科目期末贷方余额，反映企业油气资产的累计折耗额。

（三）“油气勘探支出”

1. 企业可以单独设置“油气勘探支出”科目。本科目核算企业油气勘探过程中发生的各项钻井勘探支出。

企业可以单独设置“油气勘探支出减值准备”科目，比照“在建工程减值准备”科目进行处理。

2. 油气勘探支出的主要账务处理。

（1）企业在油气勘探过程中发生的各项钻井勘探支出，借记本科目，贷记“银行存款”、“应付职工薪酬”等科目。

（2）与发现探明经济可采储量相关的钻井勘探支出，在油气勘探、开发工程达到预定可使用状态时，借记“油气资产”科目，贷记本科目；属于未发现探明经济可采储量的钻井勘探支出，借记“勘探费用”科目，贷记本科目。

3. 本科目期末借方余额，反映勘探尚未完工或没有明确结论的钻井勘探支出。

（四）“油气开发支出”

1. 企业可以单独设置“油气开发支出”科目。本科目核算企业进行油气开发过程中所发生的各项支出。

企业可以单独设置“油气开发支出减值准备”科目，比照“在建工程减值准备”科目进行处理。

2. 油气开发支出的主要账务处理。

（1）企业在油气开发过程中发生的各项相关支出，借记本科目，贷记“银行存款”、“应付职工薪酬”等科目。

（2）开发工程项目达到预定可使用状态时，借记“油气资产”科目，贷记本科目。

3. 本科目期末借方余额，反映尚未达到预定可使用状态的油气开发工程的实际支出。

（五）“勘探费用”

1. 本科目核算企业在油气勘探过程中发生的非钻井勘探支出和未发现探明经济可采储量的钻井勘探支出等。非钻井勘探支出主要包括进行地质调查、地球物理勘探以及维持未开发储量等活动发生的支出。

2. 本科目可按勘探项目进行明细核算。

3. 勘探费用的主要账务处理。

（1）企业油气勘探过程中发生的各项非钻井勘探支出，借记本科目，贷记“银行存款”、“应付职工薪酬”等科目。

（2）油气勘探过程中发生的各项钻井勘探支出中属于未发现探明经济可采储量的钻井勘探支出，借记本科目，贷记“油气勘探支出”科目。

4. 期末，应将本科目余额转入“本年利润”科目，结转后本科目无余额。

三、油气开采及油气资产

油气开采的会计核算是以矿区为基础的。矿区是指企业开展油气开采活动所处的区域，具有相同的油藏地质构造或储层条件以及独立的压力系统和独立的集输系统，可作为独立的开发单元。矿区是计提折耗、进行减值测试等活动的成本中心，是石油天然气会计中的重要概念。矿区的划分应遵循下列原则：（1）一个油气藏可作为一个矿区；（2）若干相邻且地质构造或储层条件相同或相近的油气藏可作为一个矿区；（3）一个独立集输计量系统为一个矿区；（4）一个大的油气藏分为几个独立集输系统并分别计量的，可以分为几个矿区；（5）采用重大新型采油技术并工业化推广的区域可作为一个矿区；（6）一般而言，划分矿区应优先考虑国家的不同，在同一地理区域内不得将分属不同国家的作业区划分在同一个矿区或矿区组内。

在油气开采活动中，与某一或某几个油气藏相关的单项资产，例如单井，能够单独产生可计量现金流量的情况极为少见。通常情况下，特定矿区在勘探、开发和生产期间所发生的所有资本化成本作为一个整体来产生现金流，因此计提折耗和减值测试均应以矿区作为成本中心。

从事油气开采的企业所拥有或控制的井及相关设施和矿区权益统称油气资产。油气资产是一种递耗资产，反映了企业在油气开采活动中取得的油气储量以及利用这些储量生产原油或天然气的设施的价值。油气开采企业通过计提折耗，将油气资产的价值随着开采工作的开展逐渐转移到所开采的产品成本中。油气资产折耗是油气资源实体上的直接耗减，折耗费用是产品成本的直接组成部分。油气资产的内容应包括取得探明经济可采储量的成本、暂时资本化的未探明经济可采储量的成本、全部油气开发支出以及预计的弃置成本。油气资产是油气生产企业最重要的资产，其价值在企业总资产中所占的份额相当大。

四、油气开采的确认和计量

（一）油气开采活动发生的支出

油气开采包括矿区的取得、油气勘探、油气开发和油气生产等四个主要环节。因此，油气开采活动中发生的支出可以分为矿区取得支出、油气勘探支出、油气开发支出和油气生产成本四类。

1. 矿区取得支出。

矿区取得支出是指为了取得一个矿区的探矿权和采矿权（包括未探明和已探明）而发生的购买、租赁支出等，包括探矿权价款、采矿权价款、土地使用权、签字费、租赁定金、购买支出、咨询顾问费、审计费以及与获得矿区有关的其他支出。

2. 油气勘探支出。

勘探支出是指为了识别可以进行勘查的区域和对特定区域探明或进一步探明油气储量而发生的地质调查、地球物理勘探、钻探探井和勘探型详探井、评价井和资料井以及维持未开发储量而发生的支出。勘探支出可能发生在取得有关矿区之前，也可能发生在取得矿区之后。

3. 油气开发支出。

开发支出是发生于为了获得探明储量和建造或更新用于采集、处理和现场储存油气的设施而发生的支出，包括开采探明储量的开发井的成本和生产设施的支出，这些生产设施诸如矿区输油管、分离器、处理器、加热器、储罐、提高采收率系统和附近的天然气加工设施。

4. 油气生产成本（操作成本）。

生产成本是指在油田把油气提升到地面，并对其进行收集、拉运、现场处理加工和储存的活动成本。这里所指的“生产成本”，并非取得、勘探、开发和生产过程中的所有成本，而是在井上进行作业和井的维护中所发生的相关成本。生产成本包括在井和设施上进行作业的人工费用、修理和维护费用、消耗的材料和供应品、相关税费等。

（二）钻井勘探支出的资本化采用成果法

采用成果法对钻井勘探支出进行资本化，是指以矿区为成本归集和计算中心，只有与发现探明经济可采储量相关的钻井勘探支出才能资本化；如不能确定钻井勘探支出是否发现了探明经济可采储量，应在一年内对其暂时资本化；与发现探明经济可采储量不直接相关的支出，作为当期费用处理。

采用全部成本法对钻井勘探支出进行资本化，是指对勘探活动中发生的全部支出都加以资本化的一种方法，不论这些支出的发生是否导致了探明经济可采储量的发现。

两种方法的主要差异如表 28 –1 所示。

表 28 – 1　　成果法与全部成本法的主要差异

项目	成果法下的处理	全部成本法下的处理
地质/地理研究支出	当期费用	资本化
矿区权益取得支出	暂时资本化，根据评估结果进行处理	资本化
钻井勘探支出	暂时资本化，根据评估结果进行处理	资本化
开发钻井支出	资本化	资本化
生产	当期费用	当期费用
折耗	以矿区或矿区组为成本中心；以账面价值为折耗基础；以探明经济可采储量或已开发探明经济可采储量为基础计算折耗率	以国家为成本中心；以账面价值加未来开发支出为折耗基础；以已开发及未开发探明经济可采储量为基础计算折耗率

企业应当采用类似成果法，对钻井勘探支出分别以下情况进行处理：

1. 确定该井发现了探明经济可采储量的，应将钻探该井的支出结转为井及相关设施成本。

2. 确定未发现探明经济可采储量的，应将钻探该井的支出扣除净残值后计入当期损益。

3. 完井当时无法确定是否发现了探明经济可采储量的，应暂时资本化，但暂时资本化时间不应超过 1 年。

4. 完井 1 年后仍无法确定是否发现了探明经济可采储量的，应将暂时资本化的支出全部计入当期损益，除非同时满足下列条件：

（1）该井已发现足够数量的储量，但要确定是否属于探明经济可采储量，还需实施进一步的勘探活动；

（2）进一步的勘探活动已在实施中或已有明确计划并即将实施。

其中，“已有明确计划”是指企业已在其内部管理活动中通过了该计划的实施，例如已拨付资金、已制定出明确的时间表或实施计划并对所涉及人员进行了传达。

5. 直接归属于发现了探明经济可采储量的有效井段的钻井勘探支出结转为井及相关设施；无效井段支出计入当期损益。

（三）弃置义务的处理

企业在矿区内废弃井及相关设施的活动，受《中华人民共和国环境保护法》等法律法规的约束，有时还可能受与所在地利益相关方达成协议的约束，例如在废弃时必须拆移、清理设施、恢复生态环境等。因为资产的弃置义务与油气开发活动直接相关，因此，企业应当根据第十四章或有事项，按照现值计算确定应计入井及相关设施原价的金额和相应的预计负债。井及相关设施以外的油气储存、集输、加工和销售等设施的弃置义务，企业可参照井及相关设施的弃置义务进行处理。

在计入井及相关设施原价并确认为预计负债时，企业应在油气资产的使用寿命内，采用实际利率法确定各期间应负担的利息费用。

企业应在油气资产的使用寿命内的每一资产负债表日对弃置义务和预计负债进行复核。如必要，企业应对其进行调整，使之反映当前最合理的估计。

（四）油气资产折耗方法

企业应当采用产量法或年限平均法对井及相关设施和矿区权益计提折耗。

产量法，又称单位产量法。该方法认为，油气资产的服务潜力随着使用程度而减退，特定矿区所发生的资本化成本与发现并开发该矿区的探明经济可采储量密切相关，每一产量单位应当承担相同比例的成本。按照产量法对油气资产计提折耗时，对矿区权益以探明经济可采储量为基础计提折耗，对井及相关设施以探明已开发经济可采储量为基础计提折耗。因此，油气资产按照产量法计提折耗比较符合该类资产价值损耗的特点。

年限平均法是将资本化支出均衡地分摊到各会计期间。采用这种方法计算的每期油气资产折耗额相等。如果各期间油气产量相对比较稳定，按照年限平均法与按照产量法计提的油气资产折耗无显著差异。

例如，某油田开始几年年产量要高于随后几年的年产量，如果采用直线法，则开始几年单位产量的折耗比随后几年单位产量的折耗低。另外，随着油田中后期开采难度越来越大，由于单位变动成本增加，需要支出更多的设备维修费用。考虑这些生产后期单位生产成本上升的因素，年限平均法就可能歪曲企业的经营成果，即开始几年的利润比较大，而随后年份的利润较低。该情况下，企业应当采用产量法计提折耗。

（五）相关资产的减值

相关资产主要有矿区权益（包括探明矿区权益和未探明矿区权益）、井及相关设施、辅助设备及设施。对于这些资产的减值处理，应遵循下列规定：

1. 探明矿区权益、井及相关设施、辅助设备及设施的减值，按照第九章资产减值处理。油气资产以矿区或矿区组作为资产组，按此进行减值测试、计提减值准备。

2. 未探明矿区权益的减值应按照本章的规定，分别下列情况处理：

（1）按照单个矿区进行减值测试并计提准备的，除应每年进行减值测试外，其处理与第九章资产减值的其他长期资产减值相同。

（2）按照矿区组进行减值测试并计提准备的，该减值损失不在不同的单个矿区权益之间进行分配，因为未探明的矿区权益中包含很大风险，分配到单个矿区没有实际意义。

（六）矿区权益转让的会计处理

1. 探明矿区权益的转让。

（1）转让全部探明矿区权益。

企业应将转让所得与矿区权益账面价值之间的差额计入当期损益。

【例28－1】甲石油公司转让了其拥有的矿区A，其账面原值为1 000万元，已计提减值准备200万元，目前账面价值为800万元，转让所得900万元。该公司采用产量法计提折耗，截至转让前未对矿区A进行开采，因此产量为0。

甲公司应当将转让所得大于矿区权益账面价值的差额确认为收益。相关账务处理如下：

借：银行存款　　9 000 000
　　油气资产减值准备　　2 000 000
　　贷：油气资产——矿区权益　　10 000 000
　　　　资产处置损益　　1 000 000

如果转让所得为700万元，甲公司应当将转让所得小于矿区权益账面价值的差额确认为损失。相关账务处理如下：

借：银行存款　　7 000 000
　　油气资产减值准备　　2 000 000
　　资产处置损益　　1 000 000
　　贷：油气资产——矿区权益　　10 000 000

（2）转让部分探明矿区权益。

企业应按照转让权益和保留权益的公允价值比例，计算确定已转让部分矿区权益账面价值，转让所得与已转让矿区权益账面价值的差额计入当期损益。

【例28－2】乙石油公司转让了其拥有的矿区B中的20平方千米，转让部分的公允价值为400万元，转让所得500万元。整个矿区B的面积为50平方千米，账面原值为1 000万元，已计提减值准备200万元，目前账面价值为800万元，公允价值为900万元。该公司采用产量法计提折耗，截至转让前未对矿区B进行开采，因此产量为0。

乙公司转让部分矿区权益、且剩余矿区权益成本的收回不存在较大不确定性，因此应按照转让权益和保留权益的公允价值比例，计算确定已转让部分矿区权益账面价值：

400/900×800＝356（万元）

随转让部分矿区转出的油气资产减值准备：

400/900×200＝89（万元）

相关账务处理如下：

借：银行存款　　5 000 000
　　油气资产减值准备　　890 000
　　贷：油气资产——矿区权益　　4 450 000（3 560 000＋890 000）
　　　　资产处置损益　　1 440 000

如果转让所得为300万元，相关账务处理如下：

借：银行存款　　3 000 000
　　油气资产减值准备　　890 000
　　资产处置损益　　560 000
　　贷：油气资产——矿区权益　　4 450 000（3 560 000＋890 000）

2. 未探明矿区权益的转让。

（1）转让全部未探明矿区权益、且该矿区权益单独计提减值准备。

企业应将转让全部未探明矿区权益的所得与矿区权益账面价值之间的差额计入当期损益。

【例28－3】丙石油公司转让未探明矿区C，其账面原值为1 000万元，已计提减值准备200万元，目前账面价值800万元，转让所得900万元。

丙公司转让全部未探明矿区权益C，应当将转让所得大于矿区权益账面价值的差额确认为收益。相关账务处理如下：

借：银行存款　　9 000 000
　　油气资产减值准备　　2 000 000
　　贷：油气资产——矿区权益　　10 000 000
　　　　资产处置损益　　1 000 000

如果转让所得为700万元，丙公司应当将转让所得小于矿区权益账面价值的差额确认为损失。相关账务处理如下：

借：银行存款　　7 000 000

油气资产减值准备　　2 000 000

资产处置损益　　1 000 000

贷：油气资产——矿区权益　　10 000 000

（2）转让全部未探明矿区权益、且该矿区权益以矿区组为基础计提减值准备。

如果转让所得大于未探明矿区权益的账面原值，应将其差额确认为收益；如果转让所得小于矿区权益的账面原值，将转让所得冲减矿区组权益的账面价值，冲减至零为止。

【例 28－4】 丁石油公司拥有的未探明矿区 D1 和 D2 在进行减值测试时构成一个矿区组。其中 D1 矿区权益账面原值为 1 000 万元，D2 矿区权益账面原值为 2 000 万元，矿区组已计提减值准备 600 万元，目前矿区组账面价值为 2 400 万元。现丁公司转让矿区 D1，转让所得 1 100 万元。

转让所得大于未探明 D1 矿区权益的账面原值，丁公司应将其差额确认为收益。相关账务处理如下：

借：银行存款　　11 000 000

贷：油气资产——矿区权益　　10 000 000

资产处置损益　　1 000 000

如果转让所得为 900 万元，转让所得小于未探明 D1 矿区权益的账面原值，丁公司应将转让所得冲减矿区组权益的账面价值。相关账务处理如下：

借：银行存款　　9 000 000

贷：油气资产——矿区权益　　9 000 000

（3）转让部分未探明矿区权益、且该矿区权益单独计提减值准备。

如果转让部分未探明矿区权益所得大于该未探明矿区权益的账面价值，应将其差额计入收益；如果转让所得小于其账面价值，应将转让所得冲减被转让矿区权益账面价值，冲减至零为止。

【例 28－5】 戊石油公司拥有的未探明矿区 E，面积 50 平方千米，其账面原值为 1 000 万元，已计提减值准备 200 万元，目前账面价值为 800 万元。

①戊公司转让 E 矿区中的 20 平方千米，转让所得为 200 万元。

因转让所得小于 E 的账面价值（800 万元），故戊公司应将转让所得冲减被转让矿区权益账面价值。相关账务处理如下；

借：银行存款　　2 000 000

贷：油气资产——矿区权益　　2 000 000

②戊公司再次转让E矿区中的10平方千米，转让所得为500万元。

因转让所得小于其账面价值（600万元），故戊公司应将转让所得冲减被转让矿区权益账面价值。相关账务处理如下：

借：银行存款　　5 000 000

　　贷：油气资产——矿区权益　　5 000 000

③如果戊公司转让E矿区剩余的20平方千米，转让所得为400万元。

戊公司转让部分E的所得大于该未探明矿区权益的账面价值（100万元），应将其差额计入收益。相关账务处理如下：

借：银行存款　　4 000 000

　　油气资产减值准备　　2 000 000

　　贷：油气资产——矿区权益　　3 000 000

　　　　资产处置损益　　3 000 000

④如果戊公司转让E矿区剩余的20平方千米，转让所得为50万元。

戊公司转让E矿区的所得小于该未探明矿区权益的账面价值，应继续将转让所得冲减被转让矿区权益账面价值，冲减至零为止。

借：银行存款　　500 000

　　贷：油气资产——矿区权益　　500 000

戊公司期末应对E矿区权益的剩余账面价值全额计提减值准备。计算减值损失为（1 000－200）－200－500－50＝50（万元）。账务处理如下：

借：资产减值损失　　500 000

　　贷：油气资产减值准备　　500 000

（4）转让部分未探明矿区权益、且该矿区权益以矿区组为基础计提减值准备。

如果转让所得大于未探明矿区权益的账面原值，企业应将其差额计入收益；如果转让所得小于该未探明矿区权益的账面原值，企业应将转让所得冲减矿区组的账面价值，冲减至零为止。

【例28－6】 庚石油公司拥有的未探明矿区F1和F2在进行减值测试时构成一个矿区组。其中F1账面原值1 000万元，F2账面原值为2 000万元，矿区组已经计提减值准备600万元，矿区组账面价值为2 400万元。2×22年4月和10月分别转让矿区Fl的一部分，10月将整个F1转让完毕。

①4月，转让所得为500万元。

转让所得小于F1的账面原值，庚公司应将转让所得冲减矿区组的账面价值。相关账务处理如下：

借：银行存款　5 000 000

　贷：油气资产——矿区权益　5 000 000

②10 月，如果转让所得为 600 万元。

转让所得已经大于 F1 的账面原值，庚公司应将其差额计入收益。相关账务处理如下：

借：银行存款　6 000 000

　贷：油气资产——矿区权益　5 000 000

　　资产处置损益　1 000 000

③10 月，如果转让所得为 400 万元。

累计转让所得小于 F1 的账面原值，庚公司应将转让所得继续冲减矿区组的账面价值。相关账务处理如下：

借：银行存款　4 000 000

　贷：油气资产——矿区权益　4 000 000

（七）关于产品分成合同的处理

由于油气开采活动需要大量投资，具有高风险、高投入和高回报的特征，因此，石油公司经常采用合资、合作的方式开采油气。此外，在一些复杂地质条件下，开采油气通常需要采用专有的技术和工艺；又如为确保资源国的利益，一些国家规定本国政府或国家石油公司应参与油气资源的勘探和开发活动。在各种因素的综合作用下，为了合理分担投资，规避各种政治、经济和经营风险，共享专有技术，提高开采效益，油气开采行业形成了不同形式的联合作业模式，共同开发油气资源。其中，产品分成合同是目前广泛采用的一种联合作业模式，这也是目前我国石油天然气资源对外合作经营的主要模式。

在产品分成合同模式下，通常在合同各方面订立的联合作业协议中指定一方为作业者。作业者按照合同各方的意图，管理合同矿区的日常生产经营作业活动，并负责设立联合账簿，根据合同中规定的程序和要求进行核算。联合账簿的目的是为了向合同各方提供筹资、成本和投资回收和分配的会计信息，以满足合同各方以及相关政府部门的需要。联合作业矿区不具有法人资格，其报告内容主要是反映合作矿区的资产和负债状况。

合同各方对联合账簿的投入按照自营油田的会计处理原则，确认在联合账簿中享有的油气资产份额和应承担的份额费用；从合同矿区取得的油气收入，均作为油气销售收入处理。合同各方对合作矿区中利益份额相关项目处理，可参照第四十章合营安排中有关共同经营的内容。

五、列示与披露

（一）列示

企业资产负债表中的“油气资产”项目应根据“油气资产”科目的期末余额，扣减“累计折耗”科目余额填列，已计提减值准备的，还应扣减相应的减值准备。“油气勘探支出”、“油气开发支出”科目的期末余额，在资产负债表的“在建工程”项目中填列，已计提减值准备的，还应扣减相应的减值准备。

企业可以在利润表中设置“勘探费用”项目，根据“勘探费用”科目的发生额填列。

（二）披露

企业应当在附注中披露与石油天然气开采活动有关的下列信息：（1）拥有国内和国外油气储量年初、年末数据；（2）当期在国内和国外发生的取得矿区权益、油气勘探和油气开发各项支出的总额；（3）探明矿区权益、井及相关设施的账面原值，累计折耗和减值准备累计金额及其计提方法；与油气开采相关的辅助设备及设施的账面原价，累计折旧和减值准备累计金额及其计提方法。

六、衔接规定

按照《企业会计准则第 38 号——首次执行企业会计准则》的规定，在首次执行日，企业应当预计首次执行日前尚未计入资产成本的弃置费用，预计时应当满足预计负债的确认条件，选择该项资产初始确认时适用的折现率，以该项预计负债折现后的金额增加资产成本，据此计算确认应补提的油气资产折耗，同时调整期初留存收益。折现率的选择应当考虑货币时间价值和相关期间通货膨胀等因素的影响。预计弃置费用的范围适用本章的规定。

首次执行日后，企业应当按照本章进行会计处理。

第二十九章　会计政策、会计估计变更和差错更正

一、总体要求

《企业会计准则第 28 号——会计政策、会计估计变更和差错更正》规范了企业会计政策的应用，会计政策、会计估计变更和前期差错更正的确认、计量和相关信息的披露要求，以提高企业财务报表的相关性和可靠性，以及同一企业不同期间和同一期间不同企业的财务报表可比性。本章主要涉及三类事项：一是关于会计政策变更。企业采用的会计政策在每一个会计期间和前后各期应当保持一致，不得随意变更，但如果法律、行政法规或者国家统一的会计制度等要求变更，或者会计政策变更能够提供更可靠、更相关的会计信息时，企业可以变更会计政策。在变更时，前种情形应当按照国家相关会计规定进行处理，后种情形通常应当按照追溯调整法进行处理。二是关于会计估计变更。如果企业资产和负债的当前状况及预期经济利益和义务发生了变化，从而需对资产或负债的账面价值或者资产的定期消耗金额进行调整，此时企业应当进行会计估计变更，并采用未来适用法处理。三是关于前期差错更正。企业应当采用追溯重述法更正重要的前期差错，但确定前期差错累积影响数不切实可行的除外。

会计政策变更和前期差错更正的所得税影响，按照第十八章所得税进行会计处理。

二、应设置的相关会计科目和主要账务处理

就会计政策变更和前期差错更正而言，企业对以前年度损益进行调整时，一般需要设置“以前年度损益调整”科目（以下简称本科目）。

1. 本科目核算企业本年度发生的调整以前年度损益的事项以及本年度发

现的重要前期差错更正涉及调整以前年度损益的事项。企业在资产负债表日至财务报告批准报出日之间发生的需要调整报告年度损益的事项，也可以通过本科目核算。

2. 以前年度损益调整的主要账务处理。

（1）企业调整增加以前年度利润或减少以前年度亏损，借记有关科目，贷记本科目；调整减少以前年度利润或增加以前年度亏损做相反的会计分录。

（2）由于以前年度损益调整增加的所得税费用，借记本科目，贷记“应交税费——应交所得税”等科目；由于以前年度损益调整减少的所得税费用做相反的会计分录。

（3）经上述调整后，应将本科目的余额转入“利润分配——未分配利润”科目。本科目如为贷方余额，借记本科目，贷记“利润分配——未分配利润”科目；如为借方余额做相反的会计分录。

3. 本科目结转后应无余额。

三、会计政策、会计估计和前期差错的概念和特征

（一）会计政策

1. 会计政策的概念。

会计政策，是指企业在会计确认、计量和报告中所采用的原则、基础和会计处理方法。

（1）原则，是指按照企业会计准则规定的、适合于企业会计要素确认过程中所采用的具体会计原则。例如，第十五章收入中关于企业应当在履行了合同中的履约义务，即在客户取得相关商品控制权时确认收入的规定，就属于收入确认的具体会计原则。

（2）基础，是指为了将会计原则应用于交易或者事项而采用的基础，主要是计量基础（即计量属性），包括历史成本、重置成本、可变现净值、现值和公允价值等。

（3）会计处理方法，是指企业按照法律、行政法规或者国家统一的会计制度等规定采用或者选择的、适合于本企业的具体会计处理方法。

2. 会计政策的判断。

原则、基础和会计处理方法构成了会计政策相互关联的有机整体，对会计政策的判断通常应当考虑从会计要素的确认出发，根据各项资产、负债、所有者权益、收入、费用等会计要素的确认条件、计量属性以及两者相关的处理方

法、列报要求等确定相应的会计政策。比如：在资产方面，存货的取得、发出和期末计价的处理方法，长期股权投资的取得及后续计量中的成本法和权益法，投资性房地产的确认及其后续计量模式，固定资产、无形资产的确认条件及其减值政策、金融资产的分类等，属于资产要素的会计政策。

在负债方面，债务重组的确认和计量、预计负债的确认条件、应付职工薪酬和股份支付的确认和计量、金融负债的分类等，属于负债要素的会计政策。

在所有者权益方面，权益工具的确认和计量、复合金融工具的分拆等，属于所有者权益要素的会计政策。

在收入方面，商品销售合同、租赁合同、保险合同、贷款合同等合同收入的确认与计量方法，属于收入要素的会计政策。

在费用方面，营业成本的确认、期间费用的划分等，属于费用要素的会计政策。

除会计要素相关会计政策外，财务报表列报方面所涉及的编制现金流量表的直接法和间接法、合并财务报表合并范围的判断、分部报告中报告分部的确定，也属于会计政策。

（二）会计估计

1. 会计估计的概念。

会计估计，是指企业对结果不确定的交易或者事项以最近可利用的信息为基础所作的判断。由于商业活动中内在的不确定因素影响，许多财务报表中的项目不能精确地计量，而只能加以估计。估计涉及以最近可利用的、可靠的信息为基础所作的判断。

2. 会计估计的特点。

会计估计有下列特点：

（1）会计估计的存在是由于经济活动中内在的不确定性因素的影响。在会计核算中，企业总是力求保持会计核算的准确性，但有些经济业务本身具有不确定性（例如，预期信用损失、固定资产折旧年限、固定资产残余价值、无形资产摊销年限、在某一时段内履行的履约义务的履约进度，等等），因而需要根据经验及相关信息作出估计。可以说，在进行会计核算和相关信息披露的过程中，会计估计是不可避免的，并不削弱其可靠性。

（2）进行会计估计时，往往以最近可利用的信息或资料为基础。企业在会计核算中，由于经营活动中内在的不确定性，不得不经常进行估计。一些估计的主要目的是确定资产或负债的账面价值，例如，坏账准备、担保责任引起的负债；另一些估计的主要目的是确定将在某一期间记录的收益或费用的金额，例如，某一期间的折旧、摊销的金额。企业在进行会计估计时，通常应根据当时的情况和经验，以一定的信息或资料为基础。但是，随着时间的推移、环境的变化，进行会计估计的基础可能会发生变化，因此，进行会计估计所依据的信息或者资料不得不经常发生变化。由于最新的信息是最接近目标的信息，以其为基础所作的估计最接近实际，所以，进行会计估计时，应以最近可利用的信息或资料为基础。

（3）进行会计估计并不会削弱会计确认和计量的可靠性。企业为了定期、及时地提供有用的会计信息，将延续不断的经营活动人为划分为一定的期间，并在权责发生制的基础上对企业的财务状况和经营成果进行定期确认和计量。例如，在会计分期的情况下，许多企业的交易跨越若干会计年度，以至于需要在一定程度上作出决定：某一年度发生的开支，哪些可以合理地预期能够产生其他年度以收益形式表示的利益，从而全部或部分向后递延；哪些可以合理地预期在当期能够得到补偿，从而确认为费用。也就是说，需要决定在结算日，哪些开支可以在资产负债表中处理，哪些开支可以在损益表中作为当年费用处理。因此，由于会计分期和货币计量的前提，在确认和计量过程中，不得不对许多尚在延续中、其结果尚未确定的交易或事项予以估计入账。

3. 会计估计的判断。

会计估计的判断，应当考虑与会计估计相关项目的性质和金额，通常情况下，下列属于会计估计：

（1）存货可变现净值的确定。

（2）采用公允价值模式下投资性房地产公允价值的确定。

（3）固定资产的使用寿命、预计净残值和折旧方法、弃置费用的确定。

（4）消耗性生物资产可变现净值的确定、生产性生物资产的使用寿命、预计净残值和折旧方法。

（5）使用寿命有限的无形资产的预计使用寿命、残值、摊销方法。

（6）非货币性资产公允价值的确定。

（7）固定资产、无形资产、长期股权投资等非流动资产可收回金额的确定。

（8）职工薪酬金额的确定。

（9）与股份支付相关的公允价值的确定。

（10）与债务重组相关的公允价值的确定。

（11）预计负债金额的确定。

（12）收入金额中交易价格的确定、履约进度的确定等。

（13）与政府补助相关的公允价值的确定。

（14）一般借款资本化金额的确定。

（15）应纳税暂时性差异和可抵扣暂时性差异的确定。

（16）与非同一控制下的企业合并相关的公允价值的确定。

（17）租赁资产公允价值的确定、租赁付款额现值的确定、承租人折现率的确定、承租人对未确认融资费用的分摊、出租人对未实现融资收益的分配、未担保余值的确定。

（18）与金融工具相关的公允价值的确定、摊余成本的确定、信用减值损失的确定。

（19）继续涉入所转移金融资产程度的确定、金融资产所有权上风险和报酬转移程度的确定。

（20）套期工具和被套期项目公允价值的确定。

（21）探明矿区权益、井及相关设施的折耗计提方法。与油气开采活动相关的辅助设备及设施的折旧方法，弃置费用的确定。

（22）其他按照相关章规定属于会计估计的情况。

（三）会计政策变更与会计估计变更的划分

企业应当正确划分会计政策变更与会计估计变更，并按照不同的方法进行相关会计处理。

1. 会计政策变更与会计估计变更的划分基础。

企业应当以变更事项的会计确认、计量基础和列报项目是否发生变更作为判断该变更是会计政策变更，还是会计估计变更的划分基础。

（1）以会计确认是否发生变更作为判断基础。第一章基本准则规定了资产、负债、所有者权益、收入、费用和利润等六项会计要素的确认标准，是会计处理的首要环节。一般地，对会计确认的指定或选择是会计政策，其相应的变更是会计政策变更。会计确认、计量的变更一般会引起列报项目的变更。

【例29-1】甲企业在前期将某项内部研发项目开发阶段的支出计入当期损益，而当期按照第七章无形资产的规定，该项支出符合无形资产的确认条件，应当确认为无形资产。该事项的会计确认发生变更，即前期将开发费用确认为一项费用，而当期将其确认为一项资产。该事项中会计确认发生了变化，所以该变更属于会计政策变更。

（2）以计量基础是否发生变更作为判断基础。第一章基本准则规定了历史成本、重置成本、可变现净值、现值和公允价值等5项会计计量属性，是会计处理的计量基础。一般地，对计量基础的指定或选择是会计政策，其相应的变更是会计政策变更。

【例29－2】乙企业在前期对购入的价款超过正常信用条件延期支付的固定资产初始计量采用历史成本，而当期按照第五章固定资产的规定，该类固定资产的初始成本应以购买价款的现值为基础确定。该事项的计量基础发生了变化，所以该变更属于会计政策变更。

（3）以列报项目是否发生变更作为判断基础。第三十一章财务报表列报规定了财务报表项目应采用的列报原则。一般地，对列报项目的指定或选择是会计政策，其相应的变更是会计政策变更。当然，在实务中，有时列报项目的变更往往伴随着会计确认的变更或者相反。

【例29－3】某商业企业在前期将商品采购费用列入营业费用，当期根据第二章存货的规定，将采购费用列入成本。因为列报项目发生了变化，所以，该变更是会计政策变更。当然，这里也涉及会计确认、计量的变更。

（4）根据会计确认、计量基础和列报项目所选择的、为取得与该项目有关的金额或数值所采用的处理方法，不是会计政策，而是会计估计，其相应的变更是会计估计变更。

【例29－4】丁企业需要对某项资产采用公允价值进行计量，而公允价值的确定需要根据市场情况选择不同的处理方法。在能够取得相同资产在活跃市场上的报价的情况下，应将该报价不加调整地应用于该资产的公允价值计量；在仅能取得活跃市场中类似资产的报价、非活跃市场中相同或类似资产的报价等可观察的输入值的情况下，应当根据该资产的特征，对输入值进行调整；在相关资产不存在市场活动或者市场活动很少导致相关可观察输入值无法取得或取得不切实可行的情况下，才能使用不可观察输入值确定其公允价值。因为企业所确定的公允价值是与该项资产有关的金额，所以为确定公允价值所采用的处理方法是会计估计，不是会计政策。相应地，当企业面对的市场情况发生变化时，其采用的确定公允价值的方法变更是会计估计变更，不是会计政策变更。

总之，在单个会计期间，会计政策决定了财务报表所列报的会计信息和列报方式；会计估计是用来确定与财务报表所列报的会计信息有关的金额和数值。

2. 划分会计政策变更和会计估计变更的方法。

企业可以采用下列具体方法划分会计政策变更与会计估计变更：分析并判断该事项是否涉及会计确认、计量基础选择或列报项目的变更，当至少涉及其中一项划分基础变更的，该事项是会计政策变更；不涉及这些划分基础变更时，该事项可以判断为会计估计变更。

【例 29－5】 甲企业在前期将自行购建的固定资产相关的一般借款费用计入当期损益，当期根据第十七章借款费用的规定，将符合条件的有关借款费用予以资本化，企业因此将对该事项进行变更。该事项的计量基础未发生变更，即都是以历史成本作为计量基础；该事项的会计确认发生变更，即前期将借款费用确认为一项费用，而当期将其确认为一项资产；同时，会计确认的变更导致该事项在资产负债表和利润表相关项目的列报也发生变更。该事项涉及会计确认和列报的变更，所以属于会计政策变更。

【例 29－6】 乙企业原采用双倍余额递减法计提固定资产折旧，根据固定资产使用的实际情况，企业决定改用直线法计提固定资产折旧。该事项前后采用的两种计提折旧方法都是以历史成本作为计量基础，对该事项的会计确认和列报项目也未发生变更，只是固定资产折旧、固定资产净值等相关金额发生了变化。因此，该事项属于会计估计变更。

（四）前期差错

前期差错，是指由于没有运用或错误运用下列两种信息，而对前期财务报表造成省略或错报：（1）编报前期财务报表时预期能够取得并加以考虑的可靠信息；（2）前期财务报告批准报出时能够取得的可靠信息。前期差错通常包括计算错误、应用会计政策错误、疏忽或曲解事实以及舞弊产生的影响等。

四、会计政策变更

（一）会计政策变更的概念

会计政策变更，是指企业对相同的交易或者事项由原来采用的会计政策改用另一会计政策的行为。为保证会计信息的可比性，使财务报表使用者在比较企业一个以上期间的财务报表时，能够正确判断企业的财务状况、经营成果和现金流量的趋势，一般情况下，企业采用的会计政策，在每一会计期间和前后各期应当保持一致，不得随意变更。否则，势必削弱会计信息的可比性。

1. 会计政策变更的条件。

满足下列（1）、（2）条件之一的，可以变更会计政策：

（1）法律、行政法规或者国家统一的会计制度等要求变更。这种情况是指，按照法律、行政法规以及国家统一的会计制度的规定，要求企业采用新的会计政策，则企业应当按照法律、行政法规以及国家统一的会计制度的规定改变原会计政策，按照新的会计政策执行。

【例29－7】《企业会计准则第1号——存货》规定，不允许企业采用后进先出法核算发出存货成本，这就要求执行企业会计准则体系的企业按照新规定，将原来以后进先出法核算发出存货成本改为准则规定可以采用的会计政策。

【例29－8】《企业会计准则第8号——资产减值》规定，已计提固定资产减值准备不允许转回，这就要求企业按照新准则规定改变原允许固定资产减值准备转回的做法，变更原有会计政策。

【例29－9】2017年修订的《企业会计准则第14号——收入》规定，企业应在履行了合同履约义务，即在客户取得相关商品控制权时确认收入，这就要求企业按照新准则规定改变原划分销售商品收入、提供劳务收入、让渡资产使用权收入、建造合同收入的做法，变更原有会计政策。

（2）会计政策变更能够提供更可靠、更相关的会计信息。由于经济环境、客观情况的改变，使企业原采用的会计政策所提供的会计信息，已不能恰当地反映企业的财务状况、经营成果和现金流量等情况。在这种情况下，应改变原有会计政策，按变更后新的会计政策进行会计处理，以便对外提供更可靠、更相关的会计信息。

【例29－10】丙企业一直采用成本模式对投资性房地产进行后续计量，如果该企业能够从房地产交易市场上持续地取得同类或类似房地产的市场价格及其他相关信息，从而能够对投资性房地产的公允价值作出合理的估计，此时采用公允价值模式对投资性房地产进行后续计量可以更好地反映其价值。这种情况下，该企业可以将投资性房地产的后续计量方法由成本模式变更为公允价值模式。

需要注意的是，除法律、行政法规以及国家统一的会计制度要求变更会计政策的，应当按照国家的相关规定执行外，企业因满足上述条件（2）变更会计政策时，必须有充分、合理的证据表明其变更的合理性，并说明变更会计政策后，能够提供关于企业财务状况、经营成果和现金流量等更可靠、更相关的会计信息的理由。对会计政策的变更，企业仍应经股东大会或董事会、经理（厂长）会议或类似机构批准，并按照法律、行政法规等的规定报送有关各方备案。如无充分、合理的证据表明会计政策变更的合理性，或者未重新经股东大会或董事会、经理（厂长）会议或类似机构批准擅自变更会计政策的，或者连续、反复地自行变更会计政策的，视为滥用会计政策，按照前期差错更正的方法进行处理。

2. 不属于会计政策变更的情况。

（1）本期发生的交易或者事项与以前相比具有本质差别而采用新的会计政策。

【例29－11】丁企业以往出租的设备均为承租人临时需要而租赁，因此按经营租赁会计处理方法核算，但自本年度起出租的设备均采用融资租赁方式，该企业自本年度起对新出租的设备采用融资租赁会计处理方法核算。由于丁企业自本年度起出租的设备均改为融资租赁，经营租赁和融资租赁有着本质差别，因而改变会计政策不属于会计政策变更。

（2）对初次发生的或不重要的交易或者事项采用新的会计政策。

【例29－12】甲企业初次签订一项建造服务合同，为另一企业建造厂房，假定该建造服务合同整体构成单项履约义务，并属于在某一时段履行的履约义务，该企业在提供该建造服务的期间内确认收入。由于该企业初次发生该项交易，在提供该建造服务的期间内确认该项合同的收入，不属于会计政策变更。

（二）会计政策变更的会计处理

1. 会计政策变更的会计处理原则。

会计政策变更根据具体情况，分别按照下列规定处理：

（1）法律、行政法规或者国家统一的会计制度等要求变更的情况下，企业应当分别按下列情况进行处理：

①国家发布相关的会计处理办法，则按照国家发布的相关会计处理规定进行处理。例如，2007年1月1日我国上市公司等企业执行新企业会计准则，会计政策发生了较大的变动，财政部制定了《企业会计准则第38号——首次执行企业会计准则》规定了企业执行新会计准则时应遵循的处理办法；再如，2018年1月1日起修订印发后的《企业会计准则第14号——收入》在我国执行企业会计准则的企业中分步实施，相关会计政策发生了较大的变动，《企业会计准则第14号——收入》中的衔接规定明确了企业执行新收入准则时应遵循的处理办法。

②国家没有发布相关的会计处理办法，则采用追溯调整法进行会计处理。

（2）会计政策变更能够提供更可靠、更相关的会计信息的情况下，企业应当采用追溯调整法进行会计处理，将会计政策变更累积影响数调整列报前期最早期初留存收益，其他相关项目的期初余额和列报前期披露的其他比较数据也应当一并调整。

（3）确定会计政策变更对列报前期影响数不切实可行的，应当从可追溯调整的最早期间期初开始应用变更后的会计政策。

（4）在当期期初确定会计政策变更对以前各期累积影响数不切实可行的，应当采用未来适用法处理。例如，企业因账簿、凭证超过法定保存期限而销毁，或因不可抗力而毁坏、遗失，如火灾、水灾等，或因人为因素，如盗窃、故意毁坏等，可能使当期期初确定会计政策变更对以前各期累积影响数无法计算，即不切实可行，在这种情况下，会计政策变更应当采用未来适用法进行处理。

2. 追溯调整法。

追溯调整法，是指对某项交易或事项变更会计政策，视同该项交易或事项初次发生时，即采用变更后的会计政策，并以此对财务报表相关项目进行调整的方法。

追溯调整法的运用通常由下列步骤构成：

第一步，计算会计政策变更的累积影响数；

第二步，编制相关项目的调整分录；

第三步，调整列报前期最早期初财务报表相关项目及其金额；

第四步，附注说明。

采用追溯调整法时，对于比较财务报表期间的会计政策变更，应调整各期间净损益各项目和财务报表其他相关项目，视同该政策在比较财务报表期间一直采用。对于比较财务报表可比期间以前的会计政策变更的累积影响数，应调整比较财务报表最早期间的期初留存收益，财务报表其他相关项目的数字也应一并调整。因此，追溯调整法，是将会计政策变更的累积影响数调整列报前期最早期初留存收益，而不是计入当期损益。但是，确定会计政策变更对列报前期影响数不切实可行的，应当从可追溯调整的最早期间期初开始应用变更后的会计政策。

3. 会计政策变更累积影响数。

会计政策变更累积影响数，是指按照变更后的会计政策对以前各期追溯计算的列报前期最早期初留存收益应有金额与现有金额之间的差额。根据上述定义的表述，会计政策变更的累积影响数可以分解为下列两个金额之间的差额：（1）在变更会计政策当期，按变更后的会计政策对以前各期追溯计算，所得到列报前期最早期初留存收益金额；（2）在变更会计政策当期，列报前期最早期初留存收益金额。

上述留存收益金额，包括法定盈余公积、任意盈余公积以及未分配利润各项目，不考虑由于损益的变化而应当补分的利润或股利。例如，某企业由于会计政策变化，增加了以前期间可供分配的利润，该企业通常按净利润的20%分派股利。但在计算调整会计政策变更当期期初的留存收益时，不应当考虑由于以前期间净利润的变化而需要分派的股利。

在财务报表只提供列报项目上一个可比会计期间比较数据的情况下，上述第（2）项在变更会计政策当期，列报前期最早期初留存收益金额，即为上期资产负债表所反映的期初留存收益，可以从上年资产负债表项目中获得；需要计算确定的是第（1）项，即按变更后的会计政策对以前各期追溯计算所得到的上期期初留存收益金额。

累积影响数通常可以通过下列步骤计算获得：

第一步，根据新会计政策重新计算受影响的前期交易或事项；

第二步，计算两种会计政策下的差异；

第三步，计算差异的所得税影响金额；

第四步，确定前期中的每一期的税后差异；

第五步，计算会计政策变更的累积影响数。

4. 不切实可行的判断。

不切实可行，是指企业在作出所有合理努力后仍然无法采用某项会计准则规定。

对于下列特定前期，对某项会计政策变更应用追溯调整法是不切实可行的：

（1）应用追溯调整法的累积影响数不能确定。

（2）应用追溯调整法要求对管理层在该期当时的意图作出假定。

（3）应用追溯调整法要求对有关金额进行重大估计，并且不可能将提供有关交易发生时存在状况的证据（例如，有关金额确认、计量或披露日期存在事实的证据，以及在受变更影响的当期和未来期间确认会计估计变更的影响的证据）和该期间财务报表批准报出时能够取得的信息这两类信息与其他信息客观地加以区分。

在某些情况下，调整一个或者多个前期比较信息以获得与当期会计信息的可比性是不切实可行的。例如，某个或者多个前期财务报表有关项目的数据难以收集，而要再造会计信息则可能是不切实可行的。

在前期采用一项新会计政策时，不论是对管理层在某个前期的意图作出假定，还是估计在前期确认、计量或者披露的金额，都不应当使用“后见之明”。

5. 未来适用法。

未来适用法，是指将变更后的会计政策应用于变更日及以后发生的交易或者事项，或者在会计估计变更当期和未来期间确认会计估计变更影响数的方法。

在未来适用法下，不需要计算会计政策变更产生的累积影响数，也无须重编以前年度的财务报表。企业会计账簿记录及财务报表上反映的金额，变更之日仍保留原有的金额，不因会计政策变更而改变以前年度的既定结果，并在现有金额的基础上再按新的会计政策进行核算。

（三）会计政策变更的披露

企业应当在附注中披露与会计政策变更有关的下列信息：

1. 会计政策变更的性质、内容和原因。包括：对会计政策变更的简要阐述、变更的日期、变更前采用的会计政策和变更后所采用的新会计政策及会计政策变更的原因。例如，依据法律或会计准则等行政法规、规章的要求变更会计政策时，在财务报表附注中应当披露所依据的文件。对于由于执行企业会计准则而发生的变更，应在财务报表附注中说明：依据《企业会计准则第×号——××》的要求变更会计政策……。

2. 当期和各个列报前期财务报表中受影响的项目名称和调整金额。包括：采用追溯调整法时，计算出的会计政策变更的累积影响数；当期和各个列报前期财务报表中需要调整的净损益及其影响金额，以及其他需要调整的项目名称和调整金额。

3. 无法进行追溯调整的，说明该事实和原因以及开始应用变更后的会计政策的时点、具体应用情况。包括：无法进行追溯调整的事实；确定会计政策变更对列报前期影响数不切实可行的原因；在当期期初确定会计政策变更对以前各期累积影响数不切实可行的原因；开始应用新会计政策的时点和具体应用情况。

【例29－13】甲股份有限公司（以下简称甲公司）是一家海洋石油开采公

司，于2×15年开始建造一座海上石油开采平台，根据法律法规规定，该开采平台在使用期满后要将其拆除，需要对其造成的环境污染进行整治。2×16年12月15日，该开采平台建造完成并交付使用，建造成本共120 000 000元，预计使用寿命10年，采用年限平均法计提折旧。2×22年1月1日甲公司开始执行企业会计准则，企业会计准则对于具有弃置义务的固定资产，要求将相关弃置费用计入固定资产成本，对之前尚未计入资产成本的弃置费用，应当进行追溯调整。已知甲公司保存的会计资料比较齐备，可以通过会计资料追溯计算。甲公司预计该开采平台的弃置费用10 000 000元。假定甲公司只有该开采平台一项固定资产，折现率（即为实际利率）为10%。不考虑相关税费及其他因素影响。

根据上述资料，甲公司的会计处理如下：

(1) 计算确认弃置义务后的累积影响数（见表29-1）。

2×17年1月1日，该开采平台计入资产成本弃置费用的现值=10 000 000×(P/F，10%，10)=10 000 000×0.3855=3 855 000（元）；每年应计提折旧=3 855 000÷10=385 500（元）。

表29-1 单位：元

年份	计息金额	实际利率	利息费用 ①	折旧 ②	差异 -(①+②)
2×17	3 855 000	10%	385 500	385 500	-771 000
2×18	4 240 500	10%	424 050	385 500	-809 550
2×19	4 664 550	10%	466 455	385 500	-851 955
2×20	5 131 005	10%	513 100.50	385 500	-898 600.50
小计	—	—	1 789 105.50	1 542 000	-3 331 105.50
2×21	5 644 105.50	10%	564 410.55	385 500	-949 910.55
合计	—	—	2 353 516.05	1 927 500	-4 281 016.05

甲公司确认该开采平台弃置费用后的净影响额为-4 281 016.05元，即为该公司确认资产弃置费用后的累积影响数。

（2）2×22 年 1 月 1 日，编制有关项目的调整分录。

①调整确认的弃置费用。

借：固定资产——开采平台——弃置义务　　3 855 000

　　贷：预计负债——开采平台弃置义务　　3 855 000

②调整会计政策变更累积影响数。

借：利润分配——未分配利润　　4 281 016.05

　　贷：累计折旧　　1 927 500

　　　　预计负债——开采平台弃置义务　　2 353 516.05

此处对留存收益的调整均计入未分配利润。实务中，影响盈余公积计提的，企业还应对盈余公积作相应调整。

（3）财务报表调整和重述。

甲公司在编制 2×22 年度的财务报表时，应调整资产负债表的年初数（见表 29－2），利润表、股东权益变动表的上年数（见表 29－3、表 29－4）也应作相应调整。2×22 年 12 月 31 日资产负债表的期末数栏、股东权益变动表的未分配利润项目上年数栏应以调整后的数字为基础编制。

表 29－2　　资产负债表（简表）

会企 01 表

编制单位：甲股份有限公司　　2×22 年 12 月 31 日　　单位：元

资产	年初余额		负债和股东权益	年初余额	
	调整前	调整后		调整前	调整后
……			……		
固定资产	60 000 000	61 927 500	预计负债	0	6 208 516.05
			……		
			未分配利润	5 000 000	718 983.95
……			……		

在利润表中，根据账簿的记录，甲公司重新确认了 2×21 年度营业成本和财务费用，分别调增 385 500 元和 564 410.55 元，其结果为净利润调减 949 910.55 元（385 500＋564 410.55）。

表 29－3　　利润表（简表）

会企 02 表

编制单位：甲股份有限公司　　2×22 年度　　单位：元

项目	上期金额	
	调整前	调整后
一、营业收入	18 000 000	18 000 000
减：营业成本	13 000 000	13 385 500
……		
财务费用	260 000	824 410.55
……		
二、营业利润	3 900 000	2 950 089.45
……		
四、净利润	4 060 000	3 110 089.45
……		

表 29－4　　所有者权益变动表（简表）

会企 04 表

编制单位：甲股份有限公司　　2×22 年度　　单位：元

项目	本年金额		
……	……	未分配利润	……
一、上年年末余额		5 000 000	
加：会计政策变更		－4 281 016.05	
前期差错更正			
二、本年年初余额		718 983.95	
……			

（4）附注说明。

2×22 年 1 月 1 日，甲公司按照企业会计准则规定，对 2×16 年 12 月 15 日建造完成并交付使用的开采平台的弃置义务进行确认。此项会计政策变更采用追溯调整法，2×21 年的比较报表已经调整。2×22 年期初运用新的方法追溯计算的会计政策变更累积影响数为－4 281 016.05 元。会计政策变更对

2×21 年度财务报表的损益的影响为调减净利润 949 910.55 元，调减 2×21 年的期末未分配利润 4 281 016.05 元。

五、会计估计变更

（一）会计估计变更的概念

会计估计变更，是指由于资产和负债的当前状况及预期经济利益和义务发生了变化，从而对资产或负债的账面价值或者资产的定期消耗金额进行调整。

由于企业经营活动中内在的不确定因素，许多财务报表项目不能准确地计量，只能加以估计，估计过程涉及以最近可以得到的信息为基础所作的判断。但是，估计毕竟是就现有资料对未来所作的判断，随着时间的推移，如果赖以进行估计的基础发生变化，或者由于取得了新的信息、积累了更多的经验或后来的发展可能不得不对估计进行修订，但会计估计变更的依据应当真实、可靠。会计估计变更的情形包括：

1. 赖以进行估计的基础发生了变化。企业进行会计估计，总是依赖于一定的基础。如果其所依赖的基础发生了变化，则会计估计也应相应发生变化。

【例 29－14】 乙企业的一项无形资产摊销年限原定为 10 年，以后发生的情况表明，该资产的受益年限已不足 10 年，相应调减摊销年限。

2. 取得了新的信息、积累了更多的经验。企业进行会计估计是就现有资料对未来所作的判断，随着时间的推移，企业有可能取得新的信息、积累更多的经验，在这种情况下，企业可能不得不对会计估计进行修订，即发生会计估计变更。

【例 29－15】 丙企业原根据当时能够得到的信息，以预期信用损失为基础对某应收账款计提了一定金额的坏账准备。现在掌握了新的信息，判定应收账款基本不能收回，企业应当全额计提坏账准备。

会计估计变更，并不意味着以前期间会计估计是错误的，只是由于情况发生变化，或者掌握了新的信息，积累了更多的经验，使得变更会计估计能够更好地反映企业的财务状况和经营成果。如果以前期间的会计估计是错误的，则属于会计差错，按会计差错更正的会计处理办法进行处理。

（二）会计估计变更的会计处理

企业对会计估计变更应当采用未来适用法处理，其处理方法为：

1. 会计估计变更仅影响变更当期的，其影响数应当在变更当期予以确认。

2. 既影响变更当期又影响未来期间的，其影响数应当在变更当期和未来期间予以确认。

【例29－16】 丁企业的一项可计提折旧的固定资产，其有效使用年限或预计净残值的估计发生变更，影响了变更当期及资产以后使用年限内各个期间的折旧费用，这项会计估计的变更，应于变更当期及以后各期确认。

会计估计变更的影响数应计入变更当期与前期相同的项目。为了保证不同期间的财务报表具有可比性，会计估计变更的影响如果以前包括在企业日常活动的损益中，则以后也应包括在相应的损益类项目；如果会计估计变更的影响数以前包括在特殊项目中，则以后也相应作为特殊项目反映。

3. 企业应当正确划分会计政策变更和会计估计变更，并按不同的方法进行相关会计处理。企业通过判断会计政策变更和会计估计变更划分基础仍然难以对某项变更进行区分的，应当将其作为会计估计变更处理。

（三）会计估计变更的披露

企业应当在附注中披露与会计估计变更有关的下列信息：

1. 会计估计变更的内容和原因。包括变更的内容、变更日期以及会计估计变更的原因。

2. 会计估计变更对当期和未来期间的影响数。包括会计估计变更对当期和未来期间损益的影响金额，以及对其他各项目的影响金额。

3. 会计估计变更的影响数不能确定的，披露这一事实和原因。

【例29－17】 甲公司有一台管理用设备，原始价值为84 000元，预计使用寿命为8年，净残值为4 000元，自2×18年1月1日起按年限平均法计提折旧。2×22年1月，由于新技术的发展等原因，需要对原预计使用寿命和净残值作出修正，修改后的预计使用寿命为6年，净残值为2 000元。公司的所得税税率为25%，假定税法允许按变更后的折旧额在税前扣除。假定不考虑减值等其他因素。

甲公司对上述会计估计变更的会计处理如下：

（1）不调整以前各期折旧，也不计算累积影响数。

（2）变更日以后发生的经济业务改按新估计使用寿命提取折旧。

按原估计，每年折旧额为10 000元，已提折旧4年，共计40 000元，固定资产净值为44 000元，则第5年相关科目的期初余额如下：

固定资产	84 000
减：累计折旧	40 000
固定资产净值	44 000

改变估计使用寿命后，2×22 年 1 月 1 日起每年计提的折旧费用为 21 000 元［（44 000－2 000）÷（6－4）］。2×22 年不必对以前年度已提折旧进行调整，只需按重新预计的尚可使用寿命和净残值计算确定的年折旧费用，编制会计分录如下：

借：管理费用　21 000

　贷：累计折旧　21 000

（3）附注说明。

本公司一台管理用设备，原始价值为 84 000 元，原预计使用寿命为 8 年，预计净残值为 4 000 元，按年限平均法计提折旧。由于新技术的发展，该设备已不能按原预计使用寿命计提折旧，本公司于 2×22 年初变更该设备的使用寿命为 6 年，预计净残值为 2 000 元，以反映该设备的真实耐用寿命和净残值。此估计变更影响本年度净利润减少数为 8 250 元［（21 000－10 000）×（1－25%）］。

六、前期差错更正

（一）前期差错重要性的判断

重要的前期差错，是指足以影响财务报表使用者对企业财务状况、经营成果和现金流量作出正确判断的前期差错。不重要的前期差错，是指不足以影响财务报表使用者对企业财务状况、经营成果和现金流量作出正确判断的前期差错。

前期差错的重要性取决于在相关环境下对遗漏或错误表述的规模和性质的判断。前期差错所影响的财务报表项目的金额或性质，是判断该前期差错是否具有重要性的决定性因素。一般来说，前期差错所影响的财务报表项目的金额越大、性质越严重，其重要性水平越高。

企业应当严格区分会计估计变更和前期差错更正，对于前期根据当时的信息、假设等作了合理估计，在当期按照新的信息、假设等需要对前期估计金额作出变更的，应当作为会计估计变更处理，不应作为前期差错更正处理。

（二）前期差错更正的会计处理

会计差错产生于财务报表项目的确认、计量、列报的会计处理过程中，如果财务报表中包含重要差错，或者差错不重要但是故意造成的（以便形成对企业财务状况、经营成果和现金流量等会计信息某种特定形式的列报），即应认为该财务报表未遵循企业会计准则的规定进行编报。在当期发现的当期差错应当在财务报表发布之前予以更正。当重要差错直到下一期间才被发现，就形成了前期差错。

企业应当采用追溯重述法更正重要的前期差错，但确定前期差错累积影响数不切实可行的除外。追溯重述法，是指在发现前期差错时，视同该项前期差错从未发生过，从而对财务报表相关项目进行更正的方法。

1. 不重要的前期差错的处理。

对于不重要的前期差错，企业不需调整财务报表相关项目的期初数，但应调整发现当期与前期相同的相关项目。属于影响损益的，应直接计入本期与上期相同的净损益项目；属于不影响损益的，应调整本期与前期相同的相关项目。

2. 重要的前期差错的处理。

对于重要的前期差错，企业应当在其发现当期的财务报表中，调整前期比较数据。具体地说，企业应当在重要的前期差错发现当期的财务报表中，通过下述处理对其进行追溯更正：（1）追溯重述差错发生期间列报的前期比较金额；（2）如果前期差错发生在列报的最早前期之前，则追溯重述列报的最早前期的资产、负债和所有者权益相关项目的期初余额。

对于发生的重要前期差错，如影响损益，应将其对损益的影响数调整发现当期的期初留存收益，财务报表其他相关项目的期初数也应一并调整；如不影响损益，应调整财务报表相关项目的期初数。

在编制比较财务报表时，对于比较财务报表期间的重要的前期差错，应调整各该期间的净损益和其他相关项目，视同该差错在产生的当期已经更正；对于比较财务报表期间以前的重要的前期差错，应调整比较财务报表最早期间的期初留存收益，财务报表其他相关项目的数字也应一并调整。

确定前期差错影响数不切实可行的，可以从可追溯重述的最早期间开始调整留存收益的期初余额，财务报表其他相关项目的期初余额也应当一并调整，也可以采用未来适用法。当企业确定前期差错对列报的一个或者多个前期比较信息的特定期间的累积影响数不切实可行时，应当追溯重述切实可行的最早期间的资产、负债和所有者权益相关项目的期初余额（可能是当期）；当企业在当期期初确定前期差错对所有前期的累积影响数不切实可行时，应当从确定前期差错影响数切实可行的最早日期开始采用未来适用法追溯重述比较信息。

需要注意的是，为了保证经营活动的正常进行，企业应当建立健全内部控制制度，保证会计资料的真实、完整。对于年度资产负债表日至财务报告批准报出日之间发现的报告年度的会计差错及报告年度前不重要的前期差错，应按照第三十章资产负债表日后事项的规定进行处理。此外，需要注意的是，会计准则允许进行差错更正是为了保证会计信息的真实、完整，并非企业为其实施财务造假及舞弊的辩解理由。会计差错与会计造假及舞弊有着本质区别，会计造假是导致会计差错的原因之一，也是前期差错更正的内容之一，会计差错仅仅是表现形式。本章关于前期差错更正的处理要求，不影响对财务造假及舞弊行为的认定。

（三）前期差错更正的披露

企业应当在附注中披露与前期差错更正有关的下列信息：（1）前期差错的性质；（2）各个列报前期财务报表中受影响的项目名称和更正金额；（3）无法进行追溯重述的，说明该事实和原因以及对前期差错开始进行更正的时点、具体更正情况。

在以后期间的财务报表中，不需要重复披露在以前期间的附注中已披露的前期差错更正的信息。

【例29－18】不重要的前期差错的会计处理

乙公司在2×19年12月31日发现，一台价值9 600元、应计入固定资产并于2×18年2月1日开始计提折旧的管理用设备，在2×18年计入了当期费用。该公司固定资产折旧采用年限平均法，该资产估计使用年限为4年，假设不考虑净残值、减值和所得税等因素。则在2×19年12月31日更正此差错的会计分录为：

借：固定资产	9 600	
贷：管理费用		5 000
累计折旧		4 600

假设该项差错直到2×22年2月后才发现，则不需要做任何分录，因为该项差错已经抵销了。

【例29－19】重要的前期差错的会计处理

丙公司在2×22年发现，2×21年公司漏记一项固定资产的折旧费用150 000元，所得税申报表中应扣除而未扣除该项费用。假设2×21年适用所得税税率为25%，无其他纳税调整事项。该公司按净利润的15%提取盈余公积。公司2×21年发行在外的普通股加权平均数为1 800 000股。假定不考虑其他因素。

（1）分析前期差错的影响数。

2×21年少计折旧费用150 000元；多计所得税费用37 500元（150 000×

25%）；多计净利润 112 500 元；多计应交税费 37 500 元（150 000×25%）；多提盈余公积 16 875 元（112 500×15%）。假定税法允许调整应交所得税。

（2）编制有关项目的调整分录。

①补提折旧。

借：以前年度损益调整　　150 000

　　贷：累计折旧　　150 000

②调整应交所得税。

借：应交税费——应交所得税　　37 500

　　贷：以前年度损益调整　　37 500

③将“以前年度损益调整”科目余额转入利润分配。

借：利润分配——未分配利润　　112 500

　　贷：以前年度损益调整　　112 500

④调整利润分配有关数字。

借：盈余公积　　16 875

　　贷：利润分配——未分配利润　　16 875

（3）财务报表调整和重述（财务报表略）。

丙公司在列报 2×22 年度财务报表时，应调整 2×22 年资产负债表有关项目的年初余额，利润表有关项目及所有者权益变动表的上年金额也应进行调整。

①资产负债表项目的调整：

调减固定资产 150 000 元；调减应交税费 37 500 元；调减盈余公积 16 875 元；调减未分配利润 95 625 元。

②利润表项目的调整：

调增营业成本上年金额 150 000 元；调减所得税费用上年金额 37 500 元；调减净利润上年金额 112 500 元；调减基本每股收益上年金额 0.0625 元（112 500÷1 800 000）。

③所有者权益变动表项目的调整：

调减前期差错更正项目中盈余公积上年余额 16 875 元，未分配利润上年金额 95 625 元，所有者权益合计上年金额 112 500 元。

（4）附注说明。

本年度发现 2×21 年漏记固定资产折旧 150 000 元，在编制 2×21 年与 2×22 年比较财务报表时，已对该项差错进行了更正。更正后，调减 2×21 年净利润及留存收益112 500元，调增累计折旧150 000元。

七、衔接规定

企业因首次执行企业会计准则而导致的会计政策变更和会计估计变更，应当按照《企业会计准则第38号——首次执行企业会计准则》的规定处理。

首次执行日后发生的会计政策、会计估计变更和前期差错更正，应当按照本章进行会计处理。

第三十章　资产负债表日后事项

一、总体要求

《企业会计准则第 29 号——资产负债表日后事项》规范了资产负债表日后事项的确认、计量和相关信息的披露要求。财务报告的编制需要一定的时间，因此，资产负债表日与财务报告的批准报出日之间往往存在时间差，这段时间发生的一些事项可能对财务报告使用者有重要影响。资产负债表日后事项，是指资产负债表日至财务报告批准报出日之间发生的有利或不利事项，包括资产负债表日后调整事项和资产负债表日后非调整事项。资产负债表日后调整事项，是指对资产负债表日已经存在的情况提供了新的或进一步证据的事项，应当调整资产负债表日的财务报表；资产负债表日后非调整事项，是指表明资产负债表日后发生的情况的事项，不应当调整资产负债表日的财务报表。资产负债表日后事项表明持续经营假设不再适用的，企业不应当在持续经营基础上编制财务报表。

二、资产负债表日后事项及其内容

（一）资产负债表日后事项的概念

资产负债表日后事项是指资产负债表日至财务报告批准报出日之间发生的有利或不利事项。

1. 资产负债表日。

资产负债表日是指会计年度末和会计中期期末。其中，年度资产负债表日是指公历 12 月 31 日；会计中期通常包括半年度、季度和月度等，会计中期期末相应地是指公历半年末、季末和月末等。

如果母公司或者子公司在国外，无论该母公司或子公司如何确定会计年度和会计中期，其向国内提供的财务报告都应根据《中华人民共和国会计法》和企业会计准则的要求确定资产负债表日。

2. 财务报告批准报出日。

财务报告批准报出日是指董事会或类似机构批准财务报告报出的日期。通常是指对财务报告的内容负有法律责任的单位或个人批准财务报告对外公布的日期。

财务报告的批准者包括所有者、所有者中的多数、董事会或类似的管理单位、部门和个人。公司制企业的董事会有权批准对外公布财务报告，因此，公司制企业财务报告批准报出日是指董事会批准财务报告报出的日期。对于非公司制企业，财务报告批准报出日是指经理（厂长）会议或类似机构批准财务报告报出的日期。

3. 有利或不利事项。

资产负债表日后事项中的“有利或不利事项”，是指资产负债表日后对企业财务状况和经营成果具有一定影响（既包括有利影响也包括不利影响）的事项。如果某些事项的发生对企业财务状况和经营成果无任何影响，那么，这些事项既不是有利事项也不是不利事项，也就不属于资产负债表日后事项。

（二）资产负债表日后事项涵盖的期间

资产负债表日后事项涵盖的期间是自资产负债表日次日起至财务报告批准报出日止的一段时间，具体是指报告期下一期间的第一天至董事会或类似机构批准财务报告对外公布的日期。财务报告批准报出以后、实际报出之前又发生与资产负债表日后事项有关的事项，并由此影响财务报告对外公布日期的，应以董事会或类似机构再次批准财务报告对外公布的日期为截止日期。

【例 30－1】 甲上市公司 2×20 年的年度财务报告于 2×21 年 3 月 15 日编制完成，注册会计师完成年度审计工作并签署审计报告的日期为 2×21 年 4 月 12 日，2×21 年 4 月 20 日董事会批准财务报告对外公布，财务报告实际对外公布的日期为 2×21 年 4 月 25 日，股东大会召开日期为 2×21 年 5 月 6 日。

本例中，该公司 2×20 年年报的资产负债表日后事项涵盖的期间为 2×21 年 1 月 1 日至 2×21 年 4 月 20 日。如果在 4 月 20 日至 25 日之间发生了重大事项，需要调整财务报表相关项目的数字或需要在财务报表附注中披露；经调整或说明后的财务报告再经董事会批准报出的日期为 2×21 年 4 月 28 日，则资产负债表日后事项涵盖的期间为 2×21 年 1 月 1 日至 2×21 年 4 月 28 日。

（三）资产负债表日后事项的内容

资产负债表日后事项包括资产负债表日后调整事项（以下简称调整事项）和资产负债表日后非调整事项（以下简称非调整事项）两类。

1. 调整事项。

资产负债表日后调整事项，是指对资产负债表日已经存在的情况提供了新的或进一步证据的事项。

如果资产负债表日及所属会计期间已经存在某种情况，但当时并不知道其存在或者不能知道确切结果，资产负债表日后发生的事项能够证实该情况的存在或者确切结果，则该事项属于资产负债表日后事项中的调整事项。如果资产负债表日后事项对资产负债表日的情况提供了进一步的证据，证据表明的情况与原来的估计和判断不完全一致，则需要对原来的会计处理进行调整。

2. 非调整事项。

资产负债表日后非调整事项，是指表明资产负债表日后发生的情况的事项。非调整事项的发生不影响资产负债表日企业的财务报表数字，只说明资产负债表日后发生了某些情况。对于财务报告使用者来说，非调整事项说明的情况有的重要，有的不重要；其中重要的非调整事项虽然与资产负债表日的财务报表数字无关，但可能影响资产负债表日以后的财务状况和经营成果，应适当披露。

3. 调整事项与非调整事项的区别。

如何确定资产负债表日后发生的某一事项是调整事项还是非调整事项，是运用本章的关键。某一事项究竟是调整事项还是非调整事项，取决于该事项表明的情况在资产负债表日或资产负债表日以前是否已经存在。若该情况在资产负债表日或之前已经存在，则属于调整事项；反之，则属于非调整事项。

【例 30 -2】债务人乙公司财务情况恶化导致债权人甲公司发生坏账损失。包括两种情况：(1) 2×21 年 12 月 31 日乙公司财务状况良好，以预期信用损失法为基础，甲公司预计应收账款基本可按时收回，故按 2% 的比例计提坏账准备；乙公司一周后发生重大火灾，导致甲公司 50% 的应收账款无法收回。(2) 2×22 年 12 月 31 日甲公司根据掌握的资料判断，乙公司有可能破产清算，以预期信用损失法为基础，甲公司估计对乙公司的应收账款将有 30% 无法收回，故按 30% 的比例计提坏账准备。一周后甲公司接到通知，乙公司已被宣告破产清算，甲公司估计有 70% 的债权无法收回。

本例中，(1) 导致甲公司 2×21 年度应收账款损失的因素是火灾，应收账款发生损失这一事实在资产负债表日以后才发生，因此，乙公司发生火灾导致甲公司应收款项发生坏账的事项属于非调整事项。(2) 导致甲公司 2×22 年度应收账款无法收回的事实是乙公司财务状况恶化，该事实在资产负债表日已经存在，乙公司被宣告破产只是证实了资产负债表日财务状况恶化的情况，因此，该事项属于调整事项。

三、资产负债表日后调整事项的会计处理

（一）资产负债表日后调整事项的处理原则

企业发生资产负债表日后调整事项，应当调整资产负债表日已编制的财务报表。对于年度财务报告而言，由于资产负债表日后事项发生在报告年度的次年，报告年度的有关账目已经结转，特别是损益类科目在结账后已无余额。因此，年度资产负债表日后发生的调整事项，应分别按下列情况进行处理：

1. 涉及损益的事项，通过“以前年度损益调整”科目核算。调整增加以前年度利润或调整减少以前年度亏损的事项，记入“以前年度损益调整”科目的贷方；反之，记入“以前年度损益调整”科目的借方。

需要注意的是，涉及损益的调整事项在企业所得税方面应按税收有关法律法规要求进行处理，可能会调整报告年度的应纳税所得额、应纳所得税税额，也可能会调整本年度（即报告年度的次年）的应纳税所得额、应纳所得税税额。

2. 涉及利润分配调整的事项，直接在“利润分配——未分配利润”科目中核算。

3. 不涉及损益以及利润分配的事项，调整相关科目。

4. 通过上述账务处理后，还应同时调整财务报表相关项目的数字，包括：（1）资产负债表日编制的财务报表相关项目的期末数或本年发生数；（2）当期编制的财务报表相关项目的期初数或上年数；（3）经过上述调整后，如果涉及报表附注内容的，还应作出相应调整。

（二）资产负债表日后调整事项的具体会计处理

下列〖例30－3〗至〖例30－5〗举例说明了资产负债表日后调整事项的具体会计处理。假定甲公司财务报告批准报出日是次年3月31日，按净利润的10%提取法定盈余公积，提取法定盈余公积后不再作其他分配；调整事项按税收有关法律法规规定均应调整报告年度应缴纳的所得税；涉及递延所得税资产的，均假定未来期间很可能取得用来抵扣暂时性差异的应纳税所得额。

1. 资产负债表日后诉讼案件结案，法院判决证实了企业在资产负债表日已经存在现时义务，需要调整原先确认的与该诉讼案件相关的预计负债，或确认一项新负债。

这一事项是指导致诉讼的事项在资产负债表日已经发生，但尚不具备确认负债的条件而未确认，因此，法院判决后应确认一项新负债；或者虽已确认，但需要调整已确认负债的金额。

【例 30－3】甲公司因违约，于2×20年12月被乙公司告上法庭，要求甲公司赔偿80万元。2×20年12月31日法院尚未判决，甲公司按第十四章或有事项对该诉讼事项确认预计负债50万元。2×21年3月10日，经法院判决甲公司应赔偿乙公司60万元，甲、乙两公司均服从判决。判决当日，甲公司向乙公司支付赔偿款60万元。假定该项预计负债产生的损失不允许在预计时税前扣除，只有在损失实际发生时才允许税前抵扣。公司适用的所得税税率为25%。

本例中，2×21年3月10日的判决证实了甲、乙两公司在资产负债表日（即2×20年12月31日）分别存在现时赔偿义务和获赔权利，因此，两公司都应将“法院判决”这一事项作为调整事项进行处理。

（1）甲公司的账务处理如下：

①2×21年3月10日，记录支付的赔款，并调整递延所得税资产。

借：以前年度损益调整　　100 000

　　贷：其他应付款　　100 000

借：应交税费——应交所得税　　25 000

　　贷：以前年度损益调整　　25 000（100 000×25%）

借：应交税费——应交所得税　　125 000（500 000×25%）

　　贷：以前年度损益调整　　125 000

借：以前年度损益调整　　125 000

　　贷：递延所得税资产　　125 000

借：预计负债　　500 000

　　贷：其他应付款　　500 000

借：其他应付款　　600 000

　　贷：银行存款　　600 000

注：2×20年末因确认预计负债50万元时已确认相应的递延所得税资产，日后事项发生后递延所得税资产不复存在，故应冲销相应记录。

②将“以前年度损益调整”科目余额转入未分配利润。

借：利润分配——未分配利润　　75 000

　　贷：以前年度损益调整　　75 000

③因净利润变动，调整盈余公积。

借：盈余公积　　　　　　　　　　　7 500（75 000×10%）

　　贷：利润分配——未分配利润　　　　　　　　　7 500

④调整报告年度财务报表。

资产负债表项目的年末数调整：调减递延所得税资产125 000元；调减预计负债500 000元；调增其他应付款600 000元；调减应交税费150 000元；调减盈余公积7 500元；调减未分配利润67 500元。

利润表项目的调整：调增营业外支出100 000元；调减所得税费用25 000元；调减净利润75 000元。

所有者权益变动表的调整：调减“综合收益总额”75 000元；“提取盈余公积”项目中“盈余公积”一栏调减7 500元，“未分配利润”一栏调减67 500元。

（2）乙公司的账务处理如下：

①2×21年3月10日，记录收到的赔款。

借：其他应收款　　　　　　　　　　　　600 000

　　贷：以前年度损益调整　　　　　　　　　　600 000

借：以前年度损益调整　　　　150 000（600 000×25%）

　　贷：应交税费——应交所得税　　　　　　　150 000

借：银行存款　　　　　　　　　　　　　600 000

　　贷：其他应收款　　　　　　　　　　　　　600 000

②将“以前年度损益调整”科目余额转入未分配利润。

借：以前年度损益调整　　　　　　　　　450 000

　　贷：利润分配——未分配利润　　　　　　　450 000

③因净利润增加，补提盈余公积。

借：利润分配——未分配利润　　　　　　　45 000

　　贷：盈余公积　　　　　　　　45 000（450 000×10%）

④调整报告年度财务报表。

资产负债表项目的年末数字调整：调增其他应收款600 000元；调增盈余公积45 000元；调增未分配利润405 000元；调增应交税费150 000元。

利润表项目的调整：调增营业外收入600 000元；调增所得税费用150 000元；调增净利润450 000元。

所有者权益变动表项目的调整：调增“综合收益总额”450 000元；“提取盈余公积”项目中“盈余公积”一栏调增45 000元，“未分配利润”一栏调增405 000元。

2. 资产负债表日后取得确凿证据，表明某项资产在资产负债表日发生了减值或者需要调整该项资产原先确认的减值金额。

【**例30－4**】2×21年4月甲公司销售给乙公司一批产品，货款为58 000元（含增值税），乙公司于5月收到所购物资并验收入库，该批产品的控制权已转移给乙公司。按合同规定，乙公司应于收到所购物资后一个月内付款。由于乙公司财务状况不佳，到2×21年12月31日仍未付款。甲公司于12月31日编制2×21年度财务报表时，已为该项应收账款提取坏账准备2 900元；12月31日资产负债表上“应收账款”项目的金额为76 000元，其中55 100元为该项应收账款。甲公司于2×22年2月2日收到法院通知，乙公司已宣告破产清算，无力偿还所欠部分货款。甲公司预计可收回应收账款的40%。适用的所得税税率为25%。

本例中，甲公司在收到法院通知后，首先可判断该事项属于资产负债表日后调整事项；然后应根据调整事项的处理原则进行处理。具体过程如下：

①补提坏账准备。

应补提的坏账准备＝58 000×60%－2 900＝31 900（元）

借：以前年度损益调整　　31 900

　贷：坏账准备　　31 900

②调整递延所得税资产。

借：递延所得税资产　　7 975

　贷：以前年度损益调整　　7 975（31 900×25%）

③将“以前年度损益调整”科目的余额转入利润分配。

借：利润分配——未分配利润　　23 925

　贷：以前年度损益调整　　23 925（31 900－7 975）

④因净利润变动，调整盈余公积。

借：盈余公积　　2 392.50（23 925×10%）

　贷：利润分配——未分配利润　　2 392.50

⑤调整报告年度财务报表。

资产负债表项目的调整：调减应收账款年末数31 900元；调增递延所得税资产7 975元；调减盈余公积2 392.50元；调减未分配利润21 532.50元。

利润表项目的调整：调增信用减值损失31 900元；调减所得税费用7 975元；调减净利润23 925元。

所有者权益变动表项目的调整：调减“综合收益总额”23 925 元，“提取盈余公积”项目中“盈余公积”一栏调减 2 392.50 元，“未分配利润”一栏调减 21 532.50 元。

3. 资产负债表日后进一步确定了资产负债表日前购入资产的成本或售出资产的收入。

这类调整事项包括两方面的内容：（1）若资产负债表日前购入的资产已经按暂估金额等入账，资产负债表日后获得证据，可以进一步确定该资产的成本，则应该对已入账的资产成本进行调整。（2）企业在资产负债表日已根据收入确认条件确认资产销售收入，但资产负债表日后获得关于资产收入的进一步证据，如发生符合资产负债表日后调整事项判断条件的销售退回等，此时也应调整财务报表相关项目的金额。需要说明的是，资产负债表日后发生的销售退回，既包括报告年度或报告中期销售的商品在资产负债表日后发生的销售退回，也包括以前期间销售的商品在资产负债表日后发生的销售退回。

资产负债表所属期间或以前期间所售商品在资产负债表日后退回的，企业应当根据相关事实和情况综合判断其是否应作为资产负债表日后调整事项处理。例如，由于资产负债表日后外汇汇率突然发生此前不可预期的重大变化，导致出口产品的退回比例大幅高于在资产负债表日合理估计的退回比例，可能属于资产负债表日后非调整事项。

发生于资产负债表日后至财务报告批准报出日之间的销售退回事项，如属于资产负债表日后调整事项，则应调整报告年度会计报表的收入、成本等，但该销售退回事项所涉及的应缴所得税，应按照税收有关法律法规要求进行调整。

【例 30 -5】甲公司 2×21 年 12 月 20 日销售一批商品给丙企业，取得收入 100 000 元（不含税，增值税税率为 13%）。甲公司发出商品后，按照正常情况已确认收入，并结转成本 80 000 元。此笔货款到年末尚未收到，甲公司未对应收账款计提坏账准备。2×22 年 3 月 5 日，由于发现了资产负债表日已经存在但当时未被发现的产品质量问题，本批货物被退回。假定甲公司适用的所得税税率为 25%，按照税收有关法律法规要求，该销售退回事项应当调整 2×22 年度的应纳税所得额、应纳所得税税额。

本例中，销售退回业务发生在资产负债表日后事项涵盖期间内，且是由于资产负债表日已经存在但在资产负债表日后才被发现的产品质量问题而发生的销售退回，是对资产负债表日已经存在的情况提供了进一步证据的事项，因此，应属于资产负债表日后调整事项。

甲公司的账务处理如下：

①2×22 年 3 月 5 日，调整销售收入。

借：以前年度损益调整　　100 000

　　应交税费——应交增值税（销项税额）　　13 000

　　贷：应收账款　　113 000

②调整销售成本。

借：库存商品　　80 000

　　贷：以前年度损益调整　　80 000

③将“以前年度损益调整”科目余额转入未分配利润。

借：利润分配——未分配利润　　20 000

　　贷：以前年度损益调整　　2 0000

④因净利润变动，调整盈余公积。

借：盈余公积　　2 000（20 000×10%）

　　贷：利润分配——未分配利润　　2 000

⑤调整报告年度相关财务报表。

资产负债表项目的年末数调整：调减应收账款 113 000 元；调增存货 80 000 元；调减应交税费 13 000 元；调减盈余公积 2 000 元；调减未分配利润 18 000 元。

利润表项目的调整：调减营业收入 100 000 元；调减营业成本 80 000 元；调减净利润 20 000 元。

所有者权益表项目的调整：调减“综合收益总额”20 000 元；“提取盈余公积”项目中“盈余公积”一栏调减 2 000 元，“未分配利润”一栏调减18 000 元。

4. 资产负债表日后发现了财务报表舞弊或差错。

这一事项是指资产负债表日后发现报告期或以前期间存在的财务报表舞弊或差错。企业发生这一事项后，应当将其作为资产负债表日后调整事项，调整报告期间财务报告相关项目的数字。

四、资产负债表日后非调整事项的会计处理

（一）资产负债表日后非调整事项的处理原则

资产负债表日后发生的非调整事项，是表明资产负债表日后发生的情况的事项，与资产负债表日存在状况无关，不应当调整资产负债表日的财务报表。但有的非调整事项对财务报告使用者具有重大影响，如不加以说明，将不利于财

务报告使用者作出正确估计和决策，因此，应当在附注中披露“重要的资产负债表日后非调整事项的性质、内容，及其对财务状况和经营成果的影响”。

（二）资产负债表日后非调整事项的具体会计处理

资产负债表日后发生的非调整事项，应当在报表附注中披露每项重要的资产负债表日后非调整事项的性质、内容，及其对财务状况和经营成果的影响。无法作出估计的，应当说明原因。

资产负债表日后非调整事项的主要例子有：

1. 资产负债表日后发生重大诉讼、仲裁、承诺。

资产负债表日后发生的重大诉讼等事项，对企业影响较大，为防止误导投资者及其他财务报告使用者，应当在报表附注中进行相关披露。

2. 资产负债表日后资产价格、税收政策、外汇汇率发生重大变化。

资产负债表日后发生的资产价格、税收政策和外汇汇率的重大变化，虽然不会影响资产负债表日财务报表相关项目的数据，但对企业资产负债表日后期间的财务状况和经营成果有重要影响，应当在报表附注中予以披露。如发电企业资产负债表日后发生的上网电价的调整。

3. 资产负债表日后因自然灾害导致资产发生重大损失。

【例30－6】甲公司拥有某外国公司（乙公司）15%的股权，无重大影响，投资成本2 000 000元。乙公司的股票在国外的某家股票交易所上市交易。在编制2×21年12月31日的资产负债表时，甲公司对乙公司投资的账面价值按公允价值反映。2×22年1月，该国发生海啸造成乙公司的股票市场价值大幅下跌，甲公司对乙公司的股权投资遭受重大损失。

本例中，自然灾害导致的资产重大损失对企业资产负债表日后财务状况的影响较大，如果不加以披露，有可能使财务报告使用者作出错误的决策，因此，应作为非调整事项在报表附注中进行披露。本例中，海啸发生在2×22年1月，属于资产负债表日后才发生或存在的事项，应当作为非调整事项在2×21年度报表附注中进行披露。

4. 资产负债表日后发行股票和债券以及其他巨额举债。

企业发行股票、债券以及向银行或非银行金融机构举借巨额债务都是比较重大的事项，虽然这一事项与企业资产负债表日的存在状况无关，但这一事项的披露能使财务报告使用者了解与此有关的情况及可能带来的影响，故应予以披露。

5. 资产负债表日后资本公积转增资本。

企业以资本公积转增资本将会改变企业的资本（或股本）结构，影响较大，需要在报表附注中进行披露。

6. 资产负债表日后发生巨额亏损。

企业资产负债表日后发生巨额亏损将会对企业报告期以后的财务状况和经营成果产生重大影响，应当在报表附注中及时披露该事项，以便为投资者或其他财务报告使用者作出正确决策提供信息。

7. 资产负债表日后发生企业合并或处置子公司。

企业合并或者处置子公司的行为可以影响股权结构、经营范围等方面，对企业未来生产经营活动能产生重大影响。因此，企业应在附注中披露企业合并或者处置子公司的信息。

8. 资产负债表日后，企业利润分配方案中拟分配的以及经审议批准宣告发放的股利或利润。

资产负债表日后，企业制订利润分配方案，拟分配或经审议批准宣告发放股利或利润的行为，并不会致使企业在资产负债表日形成现时义务，因此，虽然发生该事项可导致企业负有支付股利或利润的义务，但支付义务在资产负债表日尚不存在，不应该调整资产负债表日的财务报告，因此，该事项为非调整事项。但由于该事项对企业资产负债表日后的财务状况有较大影响，可能导致现金较大规模流出、企业股权结构变动等，为便于财务报告使用者更充分了解相关信息，企业需要在财务报告中适当披露该信息。

五、披露

除本章中的上述有关披露要求外，企业还应当在附注中披露与资产负债表日后事项有关的财务报告批准报出者和财务报告批准报出日。按照有关法律、行政法规等规定，企业所有者或其他方面有权对报出的财务报告进行修改的，应当披露这一情况。

同时，企业在资产负债表日后取得了影响资产负债表日存在情况的新的或进一步的证据，应当调整与之相关的披露信息。

六、衔接规定

根据《企业会计准则第38号——首次执行企业会计准则》的规定，资产负债表日后调整事项对有关财务报表项目的影响金额，在首次执行日不追溯调整。

首次执行日后，企业发生的资产负债表日后调整事项，应当按照本章进行会计处理。

第三十一章　财务报表列报

一、总体要求

《企业会计准则第30号——财务报表列报》规范了财务报表的列报。列报，是指交易和事项在报表中的列示和在附注中的披露。其中，“列示”通常反映资产负债表、利润表、现金流量表和所有者权益（或股东权益，下同）变动表等报表中的信息，“披露”通常反映附注中的信息。本章主要规范了财务报表的组成，财务报表列报的基本要求，资产负债表、利润表、所有者权益变动表的列示和附注的披露内容、结构及其编制方法等问题。

财务报表是对企业财务状况、经营成果和现金流量的结构性表述。一套完整的财务报表至少应当包括“四表一注”，即资产负债表、利润表、现金流量表、所有者权益变动表和附注，并且这些组成部分在列报上具有同等的重要程度，企业不得强调某张报表或某些报表（或附注）较其他报表（或附注）更为重要。

企业应当依据会计确认和计量的结果编制财务报表；企业编制财务报表时应当对企业持续经营能力进行评估；企业应当按照权责发生制编制财务报表，但现金流量表信息除外；企业财务报表项目的列报应当在各个会计期间保持一致；企业单独列报或汇总列报相关项目时应当遵循重要性原则；企业财务报表项目一般不得以金额抵销后的净额列报；企业应当列报可比会计期间的比较数据等。

资产负债表应当按照资产、负债和所有者权益三大类别分类列报，并且资产和负债应当按照流动性列示。利润表应当对费用按照功能分类进行列报，同时在附注中披露费用按照性质分类的利润表补充资料；利润表中其他综合收益项目应当根据其他有关章的规定分为“不能重分类进损益的其他综合收益项目”和“将重分类进损益的其他综合收益项目”两类列报。所有者权益变动表应当反映构成所有者权益的各组成部分当期的增减变动情况，综合收益和与所有者（或股东）的资本交易导致的所有者权益变动应当分别列示。本章还对附注至少应披露的信息进行了规范。

企业应当根据本章规定，并结合自身经营活动的性质，确定本企业适用的财务报表格式。企业如存在特殊项目或特殊行业企业确有特别需要的，可以结合本企业的实际情况，对财务报表格式进行相应调整和补充。

二、适用范围

本章适用于个别财务报表和合并财务报表，以及年度财务报表和中期财务报表。在遵循本章规定的基础上，企业编制合并财务报表的，还应当遵循第三十四章合并财务报表的有关规定。企业编制中期财务报表的，还应当遵循第三十三章中期财务报告的有关规定，中期财务报告至少应当包括资产负债表、利润表、现金流量表和附注，企业可以根据需要自行决定是否编制中期所有者权益变动表。与年度财务报表相比，除中期财务报告中的附注披露可适当简化外，中期资产负债表、利润表、现金流量表和所有者权益变动表（如果编制的话）的格式和内容应当与年度财务报表相一致。

从财务报表组成部分来看，本章主要对资产负债表、利润表、所有者权益变动表的列报和附注的披露进行了规范，企业编制现金流量表还应当遵循第三十二章现金流量表的有关规定，但是本章对财务报表列报的基本要求同样适用于现金流量表的列报。

本章对财务报表列报进行了原则性和框架性的规定，是企业列报财务报表的最低要求，企业还应当同时遵循其他有关章规定的特殊列报要求。

三、财务报表列报的基本要求

（一）依据各项会计准则确认和计量的结果编制财务报表

企业应当根据实际发生的交易和事项，遵循第一章基本准则以及其他有关章规定进行确认和计量，并在此基础上编制财务报表。

企业应当在附注中对这一情况作出声明，只有遵循了企业会计准则的所有规定时，财务报表才应当被称为“遵循了企业会计准则”。同时，企业不应以在附注中披露代替对交易和事项的确认和计量，也就是说，企业采用的不恰当的会计政策，不得通过在附注中披露等其他形式予以更正，企业应当对交易和事项进行正确的确认和计量。

此外，如果按照各项会计准则规定披露的信息不足以让报表使用者了解特定交易或事项对企业财务状况、经营成果和现金流量的影响时，企业还应当披露其他的必要信息。

（二）列报基础

企业应当以持续经营为基础编制财务报表。持续经营是会计的基本前提，也是会计确认、计量及编制财务报表的基础。在编制财务报表的过程中，企业管理层应当全面评估企业的持续经营能力。企业管理层在对企业持续经营能力进行评估时，应当利用其所有可获得的信息，评估涵盖的期间应包括企业自资产负债表日起至少 12 个月，评估需要考虑的因素包括宏观政策风险、市场经营风险、企业目前或长期的盈利能力、偿债能力、财务弹性以及企业管理层改变经营政策的意向等。评价结果表明对持续经营能力产生重大怀疑的，企业应当在附注中披露导致对持续经营能力产生重大怀疑的影响因素以及企业拟采取的改善措施。

企业在评估持续经营能力时应当结合考虑企业的具体情况。通常情况下，如果企业过去每年都有可观的净利润，并且易于获取所需的财务资源，则对持续经营能力的评估易于判断，这表明企业以持续经营为基础编制财务报表是合理的，而无需进行详细的分析。反之，如果企业过去多年有亏损的记录等情况，则需要通过考虑更加广泛的相关因素来作出评价，比如目前和预期未来的获利能力、债务清偿计划、替代融资的潜在来源等。

企业如果存在以下情况之一，则通常表明其处于非持续经营状态：（1）企业已在当期进行清算或停止营业；（2）企业已经正式决定在下一个会计期间进行清算或停止营业；（3）企业已确定在当期或下一个会计期间没有其他可供选择的方案而将被迫进行清算或停止营业。企业处于非持续经营状态时，应当采用清算价值等其他基础编制财务报表，比如经人民法院宣告破产处于破产清算期间的企业，在破产清算期间的资产应当以破产资产清算净值计量，在破产清算期间的负债应当以破产债务清偿价值计量等。在非持续经营情况下，企业应当在附注中声明财务报表未以持续经营为基础列报、披露未以持续经营为基础的原因以及财务报表的编制基础。

（三）权责发生制

除现金流量表按照收付实现制编制外，企业应当按照权责发生制编制其他财务报表。在采用权责发生制会计的情况下，当项目符合第一章基本准则中财务报表要素的定义和确认标准时，企业就应当确认相应的资产、负债、所有者权益、收入和费用，并在财务报表中加以反映。

（四）列报的一致性

可比性是会计信息质量的一项重要质量要求，目的是使同一企业不同期间和同一期间不同企业的财务报表相互可比。财务报表项目的列报应当在各个会计期间保持一致，不得随意变更。这一要求不仅只针对财务报表中的项目名称，还包括财务报表项目的分类、排列顺序等方面。

在下列情况下，企业可以变更财务报表项目的列报：（1）会计准则要求改变财务报表项目的列报；（2）企业经营业务的性质发生重大变化或对企业经营影响较大的交易或事项发生后，变更财务报表项目的列报能够提供更可靠、更相关的会计信息。企业变更财务报表项目列报的，应当提供列报的比较信息。

（五）依据重要性原则单独或汇总列报项目

关于项目在财务报表中是单独列报还是汇总列报，应当依据重要性原则来判断。总的原则是，如果某项目单个看不具有重要性，则可将其与其他项目汇总列报；如具有重要性，则应当单独列报。企业应当遵循如下规定：

1. 性质或功能不同的项目，一般应当在财务报表中单独列报，但是不具有重要性的项目可以汇总列报。比如，存货和固定资产在性质上和功能上都有本质差别，必须分别在资产负债表上单独列报。

2. 性质或功能类似的项目，一般可以汇总列报，但是对其具有重要性的类别应该单独列报。比如，原材料、低值易耗品等项目在性质上类似，均通过生产过程形成企业的产品存货，因此可以汇总列报，汇总之后的类别统称为“存货”在资产负债表上单独列报。

3. 项目单独列报的原则不仅适用于报表，还适用于附注。某些项目的重要性程度不足以在资产负债表、利润表、现金流量表或所有者权益变动表中单独列示，但对附注却具有重要性，在这种情况下应当在附注中单独披露。比如，对某制造业企业而言，原材料、在产品、库存商品等项目的重要性程度不足以在资产负债表上单独列示，因此在资产负债表上汇总列示，但是鉴于其对该制造业企业的重要性，应当在附注中单独披露。

4. 本章规定在财务报表中单独列报的项目，企业应当单独列报。其他有关章规定单独列报的项目，企业应当增加单独列报项目。

重要性是判断财务报表项目是否单独列报的重要标准。重要性是指在合理预期下，如果财务报表某项目的省略或错报会影响使用者据此作出经济决策的，则该项目就具有重要性。企业在进行重要性判断时，应当根据所处环境，从项目的性质和金额大小两方面予以判断：一方面，应当考虑该项目的性质是否属于企业日常活动、是否显著影响企业的财务状况、经营成果和现金流量等因素；另一方面，判断项目金额大小的重要性，应当通过单项金额占资产总额、负债总额、所有者权益总额、营业收入总额、营业成本总额、净利润、综合收益总额等直接相关或所属报表单列项目金额的比重加以确定。企业对于各个项目的重要性判断标准一经确定，不得随意变更。

（六）财务报表项目金额间的相互抵销

财务报表项目应当以总额列报，资产和负债、收入和费用、直接计入当期利润的利得项目和损失项目的金额不能相互抵销，即不得以净额列报，但企业会计准则另有规定的除外。比如，企业欠客户的应付款不得与其他客户欠本企业的应收款相抵销，否则就掩盖了交易的实质。再如，收入和费用反映了企业投入和产出之间的关系，是企业经营成果的两个方面，为了更好地反映经济交易的实质、考核企业经营管理水平以及预测企业未来现金流量，收入和费用不得相互抵销。

以下三种情况不属于抵销：

1. 一组类似交易形成的利得和损失以净额列示的，不属于抵销。例如，汇兑损益应当以净额列报，为交易目的而持有的金融工具形成的利得和损失应当以净额列报。但是，如果相关的利得和损失具有重要性，则应当单独列报。

2. 资产或负债项目按扣除备抵项目后的净额列示，不属于抵销。例如，资产计提的减值准备，实质上意味着资产的价值确实发生了减损，资产项目应当按扣除减值准备后的净额列示，这样才反映了资产当时的真实价值。

3. 非日常活动产生的利得和损失，以同一交易形成的收益扣减相关费用后的净额列示更能反映交易实质的，不属于抵销。非日常活动并非企业主要的业务，非日常活动产生的损益以收入扣减费用后的净额列示，更能有利于报表使用者的理解。例如，非流动资产处置形成的利得或损失，应当按处置收入扣除该资产的账面金额和相关销售费用后的净额列报。

（七）比较信息的列报

企业在列报当期财务报表时，至少应当提供所有列报项目上一个可比会计期间的比较数据，以及与理解当期财务报表相关的说明，目的是向报表使用者提供对比数据，提高信息在会计期间的可比性。列报比较信息的这一要求适用于财务报表的所有组成部分，即既适用于四张报表，也适用于附注。

通常情况下，企业列报所有列报项目上一个可比会计期间的比较数据，至少包括两期各报表及相关附注。当企业追溯应用会计政策或追溯重述、或者重新分类财务报表项目时，按照第二十九章会计政策、会计估计变更和差错更正等的规定，企业应当在一套完整的财务报表中列报最早可比期间期初的财务报表，即应当至少列报三期资产负债表、两期其他各报表（利润表、现金流量表和所有者权益变动表）及相关附注。其中，列报的三期资产负债表分别指当期期末的资产负债表、上期期末（即当期期初）的资产负债表、以及上期期初的资产负债表。

企业根据本章规定确需变更财务报表项目列报的，应当至少对可比期间的数据按照当期的列报要求进行调整，并在附注中披露调整的原因和性质、以及调整的各项目金额。但是，在某些情况下，对可比期间比较数据进行调整是不切实可行的，比如，企业在以前期间可能没有按照可以进行重新分类的方式收集数据，并且重新生成这些信息是不切实可行的，则企业应当在附注中披露不能调整的原因、以及假设金额重新分类可能进行的调整的性质。

关于企业变更会计政策或更正差错时要求的对比较信息的调整，按照第二十九章会计政策、会计估计变更和差错更正进行会计处理。

（八）财务报表表首的列报要求

财务报表通常与其他信息（如企业年度报告等）一起公布，企业应当将按照企业会计准则编制的财务报告与一起公布的同一文件中的其他信息相区分。

企业在财务报表的显著位置（通常是表首部分）应当至少披露下列基本信息：

1. 编报企业的名称。如企业名称在所属当期发生了变更的，还应明确标明。

2. 对资产负债表而言，应当披露资产负债表日；对利润表、现金流量表、所有者权益变动表而言，应当披露报表涵盖的会计期间。

3. 货币名称和单位。按照我国企业会计准则的规定，企业应当以人民币列报财务报表，并标明金额单位，如人民币元、人民币万元等。

4. 财务报表是合并财务报表的，应当予以标明。

（九）报告期间

企业至少应当按年编制财务报表。根据《中华人民共和国会计法》的规定，会计年度自公历 1 月 1 日起至 12 月 31 日止。因此，企业在编制年度财务报表时，可能存在年度财务报表涵盖的期间短于一年的情况，比如企业在年度中间（如 3 月 1 日）开始设立等。在这种情况下，企业应当披露年度财务报表的实际涵盖期间及其短于一年的原因，并应当说明由此引起财务报表项目与比较数据不具可比性这一事实。

四、资产负债表

资产负债表是反映企业在某一特定日期的财务状况的会计报表，即反映了某一特定日期关于企业资产、负债、所有者权益及其相互关系的信息。

（一）资产负债表列报的总体要求

1. 分类别列报。

资产负债表列报应当如实反映企业在资产负债表日所拥有的资产、所承担的负债以及所有者所拥有的权益。资产负债表应当按照资产、负债和所有者权益三大类别分类列报。

2. 资产和负债按流动性列报。

资产负债表上资产和负债应当按照流动性分别分为流动资产和非流动资产、流动负债和非流动负债列示。流动性，通常按资产的变现或耗用时间长短或者负债的偿还时间长短来确定。企业应当先列报流动性强的资产或负债，再列报流动性弱的资产或负债。

对于一般企业（比如工商企业）而言，通常在明显可识别的营业周期内销售产品或提供服务，应当将资产和负债分别分为流动资产和非流动资产、流动负债和非流动负债列示，有助于反映本营业周期内预期能实现的资产和应偿还的负债。但是，对于银行、证券、保险等金融企业而言，其销售产品或提供服务不具有明显可识别营业周期，在经营内容上也不同于一般企业，导致其资产和负债的构成项目也与一般企业有所不同，具有特殊性，金融企业的有些资产或负债无法严格区分为流动资产和非流动资产。在这种情况下，按照流动性列示往往能够提供可靠且更相关信息，因此，金融企业等特殊行业企业等可以大体按照流动性顺序列示所有的资产和负债。

对于从事多种经营的企业，可以采用混合的列报基础进行列报，即对一部分资产和负债按照流动资产和非流动资产、流动负债和非流动负债列报，同时对其他资产和负债按照流动性顺序列报，但前提是能够提供可靠且更加相关的信息。

3. 列报相关的合计、总计项目。

资产负债表中的资产类至少应当列示流动资产和非流动资产的合计项目；负债类至少应当列示流动负债、非流动负债以及负债的合计项目；所有者权益类应当列示所有者权益的合计项目。但是，按照企业的经济性质列报“流动资产合计"、"非流动资产合计"、"流动负债合计"、"非流动负债合计" 等项目不切实可行的，则无需列报这些项目。比如，金融企业等特殊行业企业的资产和负债按照流动性顺序列报的情况。

资产负债表遵循了"资产 = 负债 + 所有者权益" 这一会计恒等式，把企业在特定时日所拥有的经济资源和与之相对应的企业所承担的债务及偿债以后属于所有者的权益充分反映出来。因此，资产负债表应当分别列示资产总计项目和负债与所有者权益之和的总计项目，并且这二者的金额应当相等。

（二）资产的列报

资产负债表中的资产反映由过去的交易、事项形成并由企业在某一特定日期所拥有或控制的、预期会给企业带来经济利益的资源。资产应当按照流动资产和非流动资产两大类别在资产负债表中列示，在流动资产和非流动资产类别下进一步按性质分项列示。

1. 流动资产和非流动资产的划分。

资产满足下列条件之一的，应当归类为流动资产：

（1）预计在一个正常营业周期中变现、出售或耗用。这主要包括存货、应收账款等资产。需要指出的是，变现一般针对应收账款等而言，指将资产变为现金；出售一般针对产品等存货而言；耗用一般指将存货（如原材料）转变成另一种形态（如产成品）。

（2）主要为交易目的而持有。比如一些根据第二十二章金融工具确认和计量划分的交易性金融资产。但是，并非所有交易性金融资产均为流动资产，比如自资产负债表日起超过 12 个月到期且预期持有超过 12 个月的衍生工具应当划分为非流动资产或非流动负债。

（3）预计在资产负债表日起一年内（含一年，下同）变现。

（4）自资产负债表日起一年内，交换其他资产或清偿负债的能力不受限制的现金或现金等价物。

流动资产以外的资产应当归类为非流动资产。

对于同时包含资产负债表日后一年内和一年之后预期将收回或清偿金额的资产和负债单列项目，企业应当披露超过一年后预期收回或清偿的金额。比如，金融企业资产负债表中的资产和负债项目按照流动性顺序列示，有些资产或负债项目中同时包含了资产负债表日后一年内和一年之后预期收回或清偿的金额，针对这些项目，企业应当在附注中披露资产负债表日后一年之后预期收回或清偿的金额。再如，房地产开发企业的正常营业周期通常长于一年，其已经开发完工和正在开发的房地产作为存货在资产负债表的流动资产部分列示，企业对于该存货还应当在附注中披露资产负债表日后一年之后预期收回的金额。

2. 正常营业周期。

在判断流动资产、流动负债时所指的正常营业周期，是指企业从购买用于加工的资产起至实现现金或现金等价物的期间。

正常营业周期通常短于一年，在一年内有几个营业周期。但是，因生产周期较长等导致正常营业周期长于一年的，尽管相关资产往往超过一年才变现、出售或耗用，仍应当划分为流动资产。例如，房地产开发企业开发用于出售的房地产开发产品，造船企业制造的用于出售的大型船只等，从购买原材料进入生产，到制造出产品出售并收回现金或现金等价物的过程，往往超过一年，在这种情况下，与生产循环相关的产成品、应收账款、原材料尽管超过一年才变现、出售或耗用，仍应作为流动资产列示。

当正常营业周期不能确定时，企业应当以一年（12 个月）作为正常营业周期。

（三）负债的列报

资产负债表中的负债反映在某一特定日期企业所承担的、预期会导致经济利益流出企业的现时义务。负债应当按照流动负债和非流动负债在资产负债表中进行列示，在流动负债和非流动负债类别下再进一步按性质分项列示。

1. 流动负债与非流动负债的划分。

流动负债的判断标准与流动资产的判断标准相类似。负债满足下列条件之一的，应当归类为流动负债：

（1）预计在一个正常营业周期中清偿。

（2）主要为交易目的而持有。

（3）自资产负债表日起一年内到期应予以清偿。

（4）企业在资产负债表日没有将负债清偿推迟至资产负债表日后一年以上的实质性权利。企业是否有行使上述实质性权利的主观可能性，并不影响负债的流动性划分。对于符合本章非流动负债划分条件的负债，即使企业有意图或者计划在资产负债表日后一年内提前清偿该负债，或者在资产负债表日至财务报告批准报出日之间已提前清偿该负债，该负债仍应归类为非流动负债。

其中，上述规定（1）、（3）和（4）中所指的负债清偿，是指企业向交易对手方以转移现金、其他经济资源（如商品或服务）或企业自身权益工具的方式解除负债。

需要注意的是，负债的条款导致企业在交易对手方选择的情况下通过交付自身权益工具进行清偿的，如果按照第三十八章金融工具列报的规定将上述选择权分类为权益工具并将其作为复合金融工具的权益组成部分单独确认，则该条款不影响该项负债的流动性划分。

【例 31－1】 2×22 年 12 月 1 日，甲公司发行总面值为 5 000 000 元的可转换债券，每张面值 1 000 元，期限 5 年，到期前债券持有人有权随时按每张面值 1 000 元的债券转换 50 股的转股价格，将持有的债券转换为甲公司的普通股。甲公司按照第三十八章金融工具列报的规定将该选择权分类为权益工具并将其作为复合金融工具的权益组成部分单独确认。根据这一转换条款，甲公司有可能在该批债券到期前（包括资产负债表日起 12 个月内）予以清偿，但甲公司在 2×22 年 12 月 31 日资产负债表日判断该可转换债券的负债成分为流动负债还是非流动负债时，不应考虑转股导致的清偿情况，因此，该可转换债券的负债成分在 2×22 年 12 月 31 日甲公司的资产负债表上仍应当分类为非流动负债（假定不考虑其他因素和情况）。

企业在应用流动负债的判断标准时，应当注意以下两点：（1）企业对资产和负债进行流动性分类时，应当采用相同的正常营业周期。（2）企业正常营业周期中的经营性负债项目即使在资产负债表日后超过一年才予清偿的，仍应划分为流动负债。

经营性负债项目包括应付账款、应付职工薪酬等，这些项目属于企业正常营业周期中使用的营运资金的一部分。

2. 资产负债表日后事项对流动负债与非流动负债划分的影响。

流动负债与非流动负债的划分是否正确，直接影响到对企业短期和长期偿债能力的判断。企业在判断流动负债与非流动负债的划分时，对于资产负债表日后事项对流动负债与非流动负债划分的影响，需要特别加以考虑。总的判断原则是，企业在资产负债表上对债务流动和非流动的划分，应当反映在资产负债表日有效的合同安排，考虑在资产负债表日起一年内企业是否必须无条件清偿，而资产负债表日之后（即使是财务报告批准报出日前）的再融资、展期或提供宽限期等行为，与资产负债表日判断负债的流动性状况无关。

（1）资产负债表日起一年内到期的负债。

对于在资产负债表日起一年内到期的负债，企业有意图且有能力自主地将清偿义务展期至资产负债表日后一年以上的，应当归类为非流动负债；不能自主地将清偿义务展期的，即使在资产负债表日后、财务报告批准报出日前签订了重新安排清偿计划协议，该项负债在资产负债表日仍应当归类为流动负债。

【例31－2】 甲企业于2×18年7月1日向A银行举借五年期的长期借款，则在2×22年12月31日的资产负债表上，该长期借款应当划分为流动负债。假定存在以下情况：

①假定甲企业在2×22年12月1日与A银行完成长期再融资或展期，则该借款在2×22年12月31日的资产负债表上应当划分为非流动负债。

②假定甲企业在2×23年2月1日（财务报告批准报出日为2×23年3月31日）完成长期再融资或展期，则该借款在2×22年12月31日的资产负债表上应当划分为流动负债。

③假定甲企业与A银行的贷款协议上规定，甲企业在长期借款到期前可以自行决定是否展期，无需征得债权人同意，并且甲企业打算要展期，则该借款在2×22年12月31日的资产负债表上应当划分为非流动负债。

（2）在资产负债表日或之前企业违反长期借款协议。

企业在资产负债表日或之前违反了长期借款协议，导致贷款人可随时要求清偿的负债，应当归类为流动负债。这是因为，在这种情况下，债务清偿的主动权并不在企业，企业只能被动地无条件归还贷款，而且该事实在资产负债表日即已存在，所以该负债应当作为流动负债列报。但是，如果贷款人在资产负债表日或之前同意提供在资产负债表日后一年以上的宽限期，在此期限内企业能够改正违约行为，且贷款人不能要求随时清偿的，在资产负债表日的此项负债并不符合流动负债的判断标准，应当归类为非流动负债。

企业的其他长期负债存在类似情况的，应当比照上述有关规定进行处理。

3. 附有契约条件的贷款安排的流动性划分。

对于企业贷款安排产生的负债，企业将负债清偿推迟至资产负债表日后一年以上的权利可能取决于企业是否遵循了贷款安排中规定的条件（以下简称契约条件）。企业根据本章规定对该负债的流动性进行划分时，应当区别下列情况考虑在资产负债表日是否具有推迟清偿负债的权利：

（1）企业在资产负债表日或者之前应遵循的契约条件，即使在资产负债表日之后才对该契约条件的遵循情况进行评估（如有的契约条件规定在资产负债表日之后基于资产负债表日财务状况进行评估），影响该权利在资产负债表日是否存在的判断，进而影响该负债在资产负债表日的流动性划分。

（2）企业在资产负债表日之后应遵循的契约条件（如有的契约条件规定

基于资产负债表日之后6个月的财务状况进行评估），不影响该权利在资产负债表日是否存在的判断，与该负债在资产负债表日的流动性划分无关。

（四）所有者权益的列报

资产负债表中的所有者权益是企业资产扣除负债后的剩余权益。资产负债表中的所有者权益类一般按照净资产的不同来源和特定用途进行分类，资产负债表中的所有者权益类应当按照实收资本（或股本）、其他权益工具、资本公积、其他综合收益、专项储备、盈余公积、未分配利润等项目分项列示。

（五）一般企业资产负债表的列报格式和列报方法

1. 一般企业资产负债表的列报格式。

资产负债表采用账户式的格式，即左侧列报资产方，右侧列报负债方和所有者权益方，且资产负债表中的资产各项目的合计等于负债和所有者权益各项目的合计。

企业需要提供比较资产负债表，以便报表使用者通过比较不同时点资产负债表的数据，掌握企业财务状况的变动情况及发展趋势。资产负债表还就各项目再分为“上年年末余额”和“期末余额”两栏分别填列。一般企业资产负债表的格式如表31－1所示。

表31－1　　　　**资产负债表**

会企01表

编制单位：　　　　____年____月____日　　　　单位：元

资产	期末余额	上年年末余额	负债和所有者权益（或股东权益）	期末余额	上年年末余额
流动资产：			流动负债：		
货币资金			短期借款		
交易性金融资产			交易性金融负债		
衍生金融资产			衍生金融负债		
应收票据			应付票据		
应收账款			应付账款		
应收款项融资			预收款项		
预付款项			合同负债		
其他应收款			应付职工薪酬		
存货			应交税费		

续表

资产	期末余额	上年年末余额	负债和所有者权益（或股东权益）	期末余额	上年年末余额
合同资产			其他应付款		
持有待售资产			持有待售负债		
一年内到期的非流动资产			一年内到期的非流动负债		
其他流动资产			其他流动负债		
流动资产合计			流动负债合计		
非流动资产：			非流动负债：		
债权投资			长期借款		
其他债权投资			应付债券		
长期应收款			其中：优先股		
长期股权投资			永续债		
其他权益工具投资			租赁负债		
其他非流动金融资产			长期应付款		
投资性房地产			预计负债		
固定资产			递延收益		
在建工程			递延所得税负债		
生产性生物资产			其他非流动负债		
油气资产			非流动负债合计		
使用权资产			负债合计		
无形资产			所有者权益（或股东权益）：		
开发支出			实收资本（或股本）		
商誉			其他权益工具		
长期待摊费用			其中：优先股		
递延所得税资产			永续债		
其他非流动资产			资本公积		
非流动资产合计			减：库存股		
			其他综合收益		
			专项储备		

续表

资产	期末余额	上年年末余额	负债和所有者权益（或股东权益）	期末余额	上年年末余额
			盈余公积		
			未分配利润		
			所有者权益（或股东权益）合计		
资产总计			负债和所有者权益（或股东权益）总计		

企业如有下列情况，应当在资产负债表中调整或增设相关项目：

（1）企业根据相关法规制度，通过内部结算中心、财务公司等对母公司及成员单位资金实行集中统一管理的，对于成员单位未归集至集团母公司账户而直接存入财务公司的资金，成员单位应当在资产负债表“货币资金”项目中列示，根据重要性原则并结合本企业的实际情况，成员单位还可以在“货币资金”项目之下增设“其中：存放财务公司款项”项目单独列示。对于成员单位归集至集团母公司账户的资金，成员单位应当在资产负债表“其他应收款”项目中列示，或者根据重要性原则并结合本企业的实际情况，在“其他应收款”项目之上增设“应收资金集中管理款”项目单独列示。

上述所称财务公司，是指依法接受国家金融监督管理总局的监督管理，以加强企业集团资金集中管理和提高企业集团资金使用效率为目的，为企业集团成员单位提供财务管理服务的非银行金融机构。

（2）企业应当根据重要性原则并结合本企业的实际情况，在“存货”项目下增设“其中：数据资源”项目，反映资产负债表日确认为存货的数据资源的期末账面价值；在“无形资产”项目下增设“其中：数据资源”项目，反映资产负债表日确认为无形资产的数据资源的期末账面价值；在“开发支出”项目下增设“其中：数据资源”项目，反映资产负债表日正在进行数据资源研究开发项目满足资本化条件的支出金额。

2. 一般企业资产负债表的列报方法。

企业应当根据资产、负债和所有者权益类科目的期末余额填列资产负债表“期末余额”栏，具体包括如下情况：

（1）根据总账科目的余额填列。“衍生金融资产”、“其他权益工具投资”、“长期待摊费用”、“递延所得税资产”、“短期借款”、“衍生金融负债”、“应付票据”、“预收款项”、“应交税费”、“持有待售负债”、“递延收益”、“递延所得税负债”、“实收资本（或股本）”、“资本公积”、“库存股”、“其他综合收益”、“专项储备”、“盈余公积”等项目，应根据有关总账科目的余额填列。

有些项目则应根据几个总账科目的余额计算填列，如“货币资金”项目，需根据“库存现金”、“银行存款”、“其他货币资金”、“数字货币——人民币”等总账科目余额的合计数填列；“其他应付款”项目，应根据“应付利息”、“应付股利”和“其他应付款”科目的期末余额合计数填列，其中的“应付利息”仅反映相关金融工具已到期应支付但于资产负债表日尚未支付的利息；“其他流动资产”、“其他流动负债”项目，应根据有关科目的期末余额分析填列。

（2）根据明细账科目的余额计算填列。“交易性金融资产”项目，应根据“交易性金融资产”科目的相关明细科目的期末余额分析填列；“应收款项融资”项目，应根据相关科目中的应分类为以公允价值计量且其变动计入其他综合收益的应收票据和应收账款等的期末余额分析填列；“其他债权投资”项目，应根据“其他债权投资”科目的相关明细科目的期末余额分析填列；“交易性金融负债”项目，应根据“交易性金融负债”科目的相关明细科目的期末余额填列；“应付账款”项目，应根据“应付账款”和“预付账款”科目所属的相关明细科目的期末贷方余额合计数填列；“合同负债”项目，应根据“合同资产”、“合同负债”、“合同结算”科目的相关明细科目的期末余额分析填列；“一年内到期的非流动资产”、“一年内到期的非流动负债”项目，应按照本章关于划分流动资产和非流动资产、流动负债和非流动负债的原则，根据有关非流动资产或负债项目的明细科目余额分析填列，已计提减值准备的，还应扣减相应的减值准备；“其他非流动金融资产”项目，应根据“交易性金融资产”科目的相关明细科目的期末余额分析填列；“应付职工薪酬”项目，应根据“应付职工薪酬”科目的明细科目期末余额分析填列；“预计负债”项目，应根据“预计负债”科目的明细科目期末余额分析填列；“应付债券”、“其他权益工具”项目，应分别根据“应付债券”、“其他权益工具”科目的明细科目期末余额分析填列，对于资产负债表日企业发行在外的金融工具，分类为金融负债的应在“应付债券”项目填列（其中，优先股和永续债还应在“应付债券”项目下的“优先股”项目和“永续债”项目分别填列），分类为权益工具的应在“其他权益工具”项目填列（其中，优先股和永续债还应在“其他权益工具”项目下的“优先股”项目和“永续债”项目分别填列）；

"未分配利润"项目，应根据"利润分配"科目中所属的"未分配利润"明细科目期末余额填列。

(3) 根据总账科目和明细账科目的余额分析计算填列。"长期借款"项目，应根据"长期借款"总账科目余额扣除"长期借款"科目所属的明细科目中将在资产负债表日起一年内到期、且企业在资产负债表日没有将负债清偿推迟至资产负债表日后一年以上的实质性权利的长期借款后的金额计算填列；"其他非流动资产"项目，应根据有关科目的期末余额减去将于一年内（含一年）收回数后的金额填列；"租赁负债"项目，应根据"租赁负债"科目的期末余额扣除资产负债表日后 12 个月内租赁负债预期减少的金额计算填列；"其他非流动负债"项目，应根据有关科目的期末余额减去将于一年内（含一年）到期偿还数后的金额填列。

(4) 根据有关科目余额减去其备抵科目余额后的净额填列。"债权投资"、长期股权投资"、"商誉"、"持有待售资产"项目，应根据相关科目的期末余额填列，已计提减值准备的，还应扣减相应的减值准备；"投资性房地产"、"生产性生物资产"、"使用权资产"、"无形资产"、"油气资产"项目，应根据相关科目的期末余额扣减相关的累计折旧（或摊销、折耗）填列，已计提减值准备的，还应扣减相应的减值准备，采用公允价值计量的上述资产，应根据相关科目的期末余额填列；"长期应收款"项目，应根据"长期应收款"科目和"应收融资租赁款"科目的期末余额，减去相应的"未实现融资收益"、"坏账准备"、"应收融资租赁款减值准备"科目所属相关明细科目期末余额后的金额填列。

(5) 综合运用上述填列方法分析填列。主要包括："应收票据"项目，应根据"应收票据"科目的期末余额，减去"坏账准备"科目中相关坏账准备期末余额后的金额分析填列；"应收账款"项目，应根据"应收账款"科目的期末余额，减去"坏账准备"科目中相关坏账准备期末余额后的金额分析填列；"预付款项"项目，应根据"预付账款"和"应付账款"科目所属各明细科目的期末借方余额合计数，减去"坏账准备"科目中有关预付款项计提的坏账准备期末余额后的金额填列；"其他应收款"项目，应根据"应收利息"、"应收股利"和"其他应收款"科目的期末余额合计数，减去"坏账准备"科目中相关坏账准备期末余额后的金额填列，其中的"应收利息"仅反映相关金融工具已到期可收取但于资产负债表日尚未收到的利息；"存货"项目，应根据"材料采购"、"原材料"、"发出商品"、"库存商品"、"周转材料"、"委托加工物资”、“生产成本”、“受托代销商品”、“合同履约成本”等科目的期末余额合计，减去“受托代销商品款”、“存货跌价准备”、“合同履约成本减值”科目期末余额后的金额填列，材料采用计划成本核算，以及库存商品采用计划成本核算或售价核算的企业，还应按加或减材料成本差异、商品进销差价后的金额填列；“合同资产”项目，应根据“合同资产”、“合同负债”、“合同结算”科目的相关明细科目的期末余额，减去“合同资产减值准备”科目中相关减值准备期末余额后的金额分析填列；“固定资产”项目，应根据“固定资产”科目期末余额，减去“累计折旧”和“固定资产减值准备”科目的期末余额后的金额，以及“固定资产清理”科目的期末余额填列；“在建工程”项目，应根据“在建工程”和“工程物资”等科目的期末余额合计数，减去“在建工程减值准备”及“工程物资减值准备”等科目的期末余额后的金额分析填列；“开发支出”项目，应根据“研发支出”科目中所属的“资本化支出”明细科目期末余额，减去相关减值准备期末余额后的金额分析填列；“长期应付款”项目，应根据“长期应付款”科目的期末余额，减去相应的“未确认融资费用”科目期末余额后的金额，以及“专项应付款”科目的期末余额填列。

有关章规定相关资产和负债应当以抵销后的净额列示的，相关报表项目应当按有关规定分析填列，例如满足第十八章所得税规定的有关条件的当期所得税资产及当期所得税负债、递延所得税资产及递延所得税负债，满足第十五章收入规定的有关条件的合同资产及合同负债，等等。

企业应当根据上年末资产负债表“期末余额”栏有关项目填列本年度资产负债表“上年年末余额”栏。如果企业发生了会计政策变更、前期差错更正，应当按照第二十九章会计政策、会计估计变更和差错更正的规定，对“上年年末余额”栏中的有关项目进行相应调整，其他相关章另有规定的除外；如果企业上年度资产负债表规定的项目名称和内容与本年度不一致，应当对上年年末资产负债表相关项目的名称和金额按照本年度的规定进行调整，填入“上年年末余额”栏。

【例31－3】甲公司2×21年12月31日的资产负债表（上年年末余额略）及2×22年12月31日的科目余额表分别如表31－2和表31－3所示。假定甲公司适用的所得税税率为25%，不考虑其他因素。

表 31－2 **资产负债表**

会企 01 表

编制单位：甲公司 2×21 年 12 月 31 日 单位：元

资产	期末余额	上年年末余额	负债和所有者权益（或股东权益）	期末余额	上年年末余额
流动资产：			流动负债：		
货币资金	1 161 300		短期借款	302 500	
交易性金融资产	15 000		交易性金融负债	0	
衍生金融资产	0		衍生金融负债	0	
应收票据	246 000		应付票据	200 000	
应收账款	299 100		应付账款	953 800	
应收款项融资	0		预收款项	0	
预付款项	100 000		合同负债	0	
其他应收款	5 000		应付职工薪酬	110 000	
存货	2 580 000		应交税费	36 600	
合同资产	0		其他应付款	51 000	
持有待售资产	0		持有待售负债	0	
一年内到期的非流动资产	0		一年内到期的非流动负债	1 000 000	
其他流动资产	100 000		其他流动负债	0	
流动资产合计	4 506 400		流动负债合计	2 653 900	
非流动资产：			非流动负债：		
债权投资	200 000		长期借款	600 000	
其他债权投资	55 000		应付债券	0	
长期应收款	0		其中：优先股	0	
长期股权投资	424 000		永续债	0	
其他权益工具投资	0		租赁负债	0	
其他非流动金融资产	0		长期应付款	0	
投资性房地产	0		预计负债	0	
固定资产	1 100 000		递延收益	0	
在建工程	1 500 000		递延所得税负债	2 500	
生产性生物资产	0		其他非流动负债	0	
油气资产	0		非流动负债合计	602 500	
使用权资产	0		负债合计	3 256 400	

续表

资产	期末余额	上年年末余额	负债和所有者权益（或股东权益）	期末余额	上年年末余额
无形资产	600 000		所有者权益（或股东权益）：		
开发支出	0		实收资本（或股本）	5 000 000	
商誉	0		其他权益工具	0	
长期待摊费用	0		其中：优先股	0	
递延所得税资产	0		永续债	0	
其他非流动资产	202 500		资本公积	0	
非流动资产合计	4 081 500		减：库存股	0	
			其他综合收益	31 500	
			专项储备	0	
			盈余公积	100 000	
			未分配利润	200 000	
			所有者权益（或股东权益）合计	5 331 500	
资产总计	8 587 900		负债和所有者权益（或股东权益）总计	8 587 900	

表 31 – 3 **科目余额表** 单位：元

科目名称	借方余额	科目名称	贷方余额
库存现金	2 000	短期借款	105 150
银行存款	929 831	应付票据	100 000
其他货币资金	7 300	应付账款	953 800
交易性金融资产	0	合同负债	400 000
应收票据	66 000	其他应付款	50 000
应收账款	600 000	应付职工薪酬	180 000
坏账准备	–1 800	应交税费	226 731
预付账款	100 000	应付利息	0
其他应收款	5 000	应付股利	20 026. 25
材料采购	275 000	递延所得税负债	0
原材料	45 000	长期借款	1 160 000

续表

科目名称	借方余额	科目名称	贷方余额
周转材料	38 050	租赁负债	0
库存商品	2 122 400	股本	5 000 000
材料成本差异	4 250	资本公积	0
其他流动资产	100 000	其他综合收益	64 500
其他债权投资	286 000	盈余公积	136 960
债权投资	0	利润分配（未分配利润）	512 613. 75
长期股权投资	652 000		
固定资产	2 401 000		
累计折旧	－170 000		
固定资产减值准备	－30 000		
工程物资	300 000		
在建工程	428 000		
使用权资产	0		
无形资产	600 000		
累计摊销	－60 000		
递延所得税资产	9 750		
其他非流动资产	200 000		
合计	8 909 781	合计	8 909 781

根据上述资料，编制甲公司 2×22 年 12 月 31 日的资产负债表，如表 31－4 所示。

表 31－4　　　　资产负债表

会企 01 表

编制单位：甲公司　　　　2×22 年 12 月 31 日　　　　单位：元

资产	期末余额	上年年末余额	负债和所有者权益（或股东权益）	期末余额	上年年末余额
流动资产：			流动负债：		
货币资金	939 131	1 161 300	短期借款	105 150	302 500
交易性金融资产	0	15 000	交易性金融负债	0	0

续表

资产	期末余额	上年年末余额	负债和所有者权益（或股东权益）	期末余额	上年年末余额
衍生金融资产	0	0	衍生金融负债	0	0
应收票据	66 000	246 000	应付票据	100 000	200 000
应收账款	598 200	299 100	应付账款	953 800	953 800
应收款项融资	0	0	预收款项	0	0
预付款项	100 000	100 000	合同负债	400 000	0
其他应收款	5 000	5 000	应付职工薪酬	180 000	110 000
存货	2 484 700	2 580 000	应交税费	226 731	36 600
合同资产	0	0	其他应付款	70 026. 25	51 000
持有待售资产	0	0	持有待售负债	0	0
一年内到期的非流动资产	0	0	一年内到期的非流动负债	0	1 000 000
其他流动资产	100 000	100 000	其他流动负债	0	0
流动资产合计	4 293 031	4 506 400	流动负债合计	2 035 707. 25	2 653 900
非流动资产：			非流动负债：		
债权投资	0	200 000	长期借款	1 160 000	600 000
其他债权投资	286 000	55 000	应付债券	0	0
长期应收款	0	0	其中：优先股	0	0
长期股权投资	652 000	424 000	永续债	0	0
其他权益工具投资	0	0	租赁负债	0	0
其他非流动金融资产	0	0	长期应付款	0	0
投资性房地产	0	0	预计负债	0	0
固定资产	2 201 000	1 100 000	递延收益	0	0
在建工程	728 000	1 500 000	递延所得税负债	0	2 500
生产性生物资产	0	0	其他非流动负债	0	0
油气资产	0	0	非流动负债合计	1 160 000	602 500
使用权资产	0	0	负债合计	3 195 707. 25	3 256 400
无形资产	540 000	600 000	所有者权益（或股东权益）：		
开发支出	0	0	实收资本（或股本）	5 000 000	5 000 000
商誉	0	0	其他权益工具	0	0
长期待摊费用	0	0	其中：优先股	0	0

续表

资产	期末余额	上年年末余额	负债和所有者权益（或股东权益）	期末余额	上年年末余额
递延所得税资产	9 750	0	永续债	0	0
其他非流动资产	200 000	202 500	资本公积	0	0
非流动资产合计	4 616 750	4 081 500	减：库存股	0	0
			其他综合收益	64 500	31 500
			专项储备	0	0
			盈余公积	136 960	100 000
			未分配利润	512 613.75	200 000
			所有者权益（或股东权益）合计	5 714 073.75	5 331 500
资产总计	8 909 781	8 587 900	负债和所有者权益（或股东权益）总计	8 909 781	8 587 900

（六）金融企业资产负债表的列报格式和列报方法

1. 金融企业资产负债表的列报格式。

金融企业资产负债表的格式如表 31－5 所示。

表 31－5　　**资产负债表**

会金融 01 表

编制单位：　　___年___月___日　　单位：元

资产	期末余额	上年年末余额	负债和所有者权益（或股东权益）	期末余额	上年年末余额
资产：			负债：		
[现金及存放中央银行款项][3]			短期借款		
货币资金			[向中央银行借款][3]		
[其中：客户资金存款][1]			[应付短期融资款][1]		
结算备付金			[同业及其他金融机构存放款项][3]		
[其中：客户备付金][1]			拆入资金		
[存放同业款项][3]			交易性金融负债		
贵金属			衍生金融负债		

续表

资产	期末余额	上年年末余额	负债和所有者权益（或股东权益）	期末余额	上年年末余额
拆出资金			卖出回购金融资产款		
[融出资金][1]			[吸收存款][3]		
衍生金融资产			[代理买卖证券款][1]		
[存出保证金][1]			[代理承销证券款][1]		
应收款项			[预收保费][2]		
合同资产			[应付手续费及佣金][2]		
[应收保费][2]			[应付分保账款][2]		
[应收代位追偿款][2]			应付职工薪酬		
[应收分保账款][2]			应交税费		
[应收分保未到期责任准备金][2]			应付款项		
[应收分保未决赔款准备金][2]			合同负债		
[应收分保寿险责任准备金][2]			持有待售负债		
[应收分保长期健康险责任准备金][2]			[应付赔付款][2]		
[保户质押贷款][2]			[应付保单红利][2]		
买入返售金融资产			[保户储金及投资款][2]		
持有待售资产			[未到期责任准备金][2]		
[发放贷款和垫款][3]			[未决赔款准备金][2]		
金融投资：			[寿险责任准备金][2]		
交易性金融资产			[长期健康险责任准备金][2]		
债权投资			预计负债		
其他债权投资			长期借款		
其他权益工具投资			应付债券		
长期股权投资			其中：优先股		
[存出资本保证金][2]			永续债		
投资性房地产			[独立账户负债][2]		

续表

资产	期末余额	上年年末余额	负债和所有者权益（或股东权益）	期末余额	上年年末余额
固定资产			递延所得税负债		
在建工程			其他负债		
无形资产			负债合计		
[独立账户资产][2]			所有者权益（或股东权益）：		
递延所得税资产			实收资本（或股本）		
其他资产			其他权益工具		
			其中：优先股		
			永续债		
			资本公积		
			减：库存股		
			其他综合收益		
			盈余公积		
			一般风险准备		
			未分配利润		
			所有者权益（或股东权益）合计		
资产总计			负债和所有者权益（或股东权益）总计		

注1：[……][1]系证券公司专用项目，企业正式使用时不加方括号。下同。
注2：[……][2]系适用第二十六章原保险合同、第二十七章再保险合同的保险公司专用项目。
注3：[……][3]系银行专用项目。
注4：无方括号和角标的项目为通用项目，适用于两类及两类以上金融企业。

2. 金融企业资产负债表的列报方法。

与一般企业资产负债表相同的栏目和项目，如无特别说明，比照一般企业资产负债表的填列方法处理。其他有关项目和栏目的填列方法如下：

（1）“应收款项”项目，反映资产负债表日企业因销售商品和提供服务等经营活动形成的收取款项的合同权利以及收到的商业汇票（包括银行承兑汇票和商业承兑汇票）的期末账面价值。

（2）“发放贷款和垫款”项目，反映银行发放贷款和垫款业务形成的金融资产的期末账面价值，包括以摊余成本计量的发放贷款和垫款、分类为以公允价值计量且其变动计入其他综合收益的贷款和垫款、以及以公允价值计量且其变动计入当期损益的贷款和垫款。企业应根据第三十八章金融工具列报的规定在附注中披露各明细项的账面价值。

（3）“金融投资：交易性金融资产”项目，即符合第二十二章金融工具确认和计量规定的金融资产分类的金融投资，包括资产负债表日企业列示在“金融投资”项下的下列资产的期末账面价值：为交易目的持有的金融资产，企业持有的指定为以公允价值计量且其变动计入当期损益的金融资产，以及因不符合分类为摊余成本计量的金融资产或以公允价值计量且其变动计入其他综合收益的金融资产的条件而分类为以公允价值计量且其变动计入当期损益的金融资产。企业同时应当在附注中分别单独反映第三十八章金融工具列报所要求披露的以公允价值计量且其变动计入当期损益的金融资产的各明细项。

（4）“金融投资：债权投资”项目，即符合第二十二章金融工具确认和计量规定的金融资产分类的金融投资，反映资产负债表日企业列示在“金融投资”项下的以摊余成本计量的金融资产的期末账面价值（扣除减值准备）。该项目金额与其他以摊余成本计量的金融资产（例如“发放贷款和垫款”项目中的以摊余成本计量的金融资产）金额的合计，为第三十八章金融工具列报所要求列报的“以摊余成本计量的金融资产”的金额。

（5）“金融投资：其他债权投资”项目，即符合第二十二章金融工具确认和计量的金融资产分类的金融投资，反映资产负债表日企业列示在“金融投资”项下的按照第二十二章金融工具确认和计量分类为以公允价值计量且其变动计入其他综合收益的金融资产的期末账面价值。该项目金额与其他分类为以公允价值计量且其变动计入其他综合收益的金融资产（例如“发放贷款和垫款”项目中的分类为以公允价值计量且其变动计入其他综合收益的金融资产）金额的合计，为第三十八章金融工具列报所要求列报的“以公允价值计量且其变动计入其他综合收益的金融资产”的金额。

（6）“金融投资：其他权益工具投资”项目，即企业按照第二十二章金融工具确认和计量指定计量的金融投资，反映资产负债表日企业指定为以公允价值计量且其变动计入其他综合收益的非交易性权益工具投资的期末账面价值。此处“权益工具投资”中的权益工具，是指从该工具发行方角度满足第三十八章金融工具列报中权益工具定义的工具。

（7）企业应当按照第二十二章金融工具确认和计量的相关规定确认利息收入和利息费用。基于实际利率法计提的金融工具的利息应包含在相应金融工具的账面余额中，并反映在相关“拆出资金”、“金融投资：债权投资”、“金融投资：其他债权投资”、“发放贷款和垫款”、“应付债券”、“长期借款”等项目中，而不应单独列示“应收利息”项目或“应付利息”项目。“应收利息”科目和“应付利息”科目应仅反映相关金融工具已到期可收取或应支付但于资产负债表日尚未收到或尚未支付的利息，通常由于金额相对较小，应在“其他资产”或“其他负债”项目中列示。

（8）“应付款项”项目，反映资产负债表日以摊余成本计量的、企业因购买商品和接受服务等经营活动形成的支付款项的合同义务以及开出、承兑的商业汇票（包括银行承兑汇票和商业承兑汇票）的账面价值（即摊余成本）。

（9）本表中的部分金融资产项目的金额可能反映多种计量基础。企业在附注中披露的相关金额，应当分别反映同一计量基础在不同项目中的金额之和。

（七）适用第二十五章保险合同的保险公司资产负债表的列报格式和列报方法

1. 保险公司资产负债表的列报格式。

保险公司资产负债表的格式如表 31－6 所示。

表 31－6　　　　　资产负债表

会保险 01 表

编制单位：　　　　　　　　＿＿年＿＿月＿＿日　　　　　　　　单位：元

资产	期末余额	上年年末余额	负债和所有者权益（或股东权益）	期末余额	上年年末余额
资产：			负债：		
货币资金			短期借款		
拆出资金			拆入资金		
衍生金融资产			交易性金融负债		
应收款项			衍生金融负债		
合同资产			卖出回购金融资产款		
买入返售金融资产			预收保费		

续表

资产	期末余额	上年年末余额	负债和所有者权益（或股东权益）	期末余额	上年年末余额
持有待售资产			应付职工薪酬		
金融投资：			应交税费		
交易性金融资产			应付款项		
债权投资			合同负债		
其他债权投资			持有待售负债		
其他权益工具投资			预计负债		
保险合同资产			长期借款		
分出再保险合同资产			应付债券		
长期股权投资			其中：优先股		
存出资本保证金			永续债		
投资性房地产			保险合同负债		
固定资产			分出再保险合同负债		
在建工程			租赁负债		
使用权资产			递延所得税负债		
无形资产			其他负债		
递延所得税资产			负债合计		
其他资产			所有者权益（或股东权益）：		
			实收资本（或股本）		
			其他权益工具		
			其中：优先股		
			永续债		
			资本公积		
			减：库存股		
			其他综合收益		
			盈余公积		
			一般风险准备		
			未分配利润		
			所有者权益（或股东权益）合计		
资产总计			负债和所有者权益（或股东权益）总计		

2. 保险公司资产负债表的列报方法。

除下列项目以外的其他栏目和项目，比照金融企业资产负债表、一般企业资产负债表的填列方法处理：

（1）保险公司因签发或者分出不适用第二十五章保险合同的保单形成的金融资产或金融负债，应根据第二十二章金融工具确认和计量等的规定，反映在“衍生金融资产”、“应收款项”、“交易性金融资产”、“债权投资”、“其他债权投资”、“其他权益工具投资”、“交易性金融负债”、“衍生金融负债”、“应付款项”和“应付债券”等项目中。

（2）“保险合同资产”项目，反映保险合同组合层面的保险获取现金流量资产、未到期责任负债和已发生赔款负债合计的账面借方余额。“保险获取现金流量资产”、“未到期责任负债”和“已发生赔款负债”科目在保险合同组合层面的期末余额合计数为借方的，应在此项目填列。

（3）“分出再保险合同资产”项目，反映分出再保险合同组合层面的分保摊回未到期责任资产与分保摊回已发生赔款资产合计的账面借方余额。“分保摊回未到期责任资产”和“分保摊回已发生赔款资产”科目在分出再保险合同组合层面的期末余额合计数为借方的，应在此项目填列。

（4）“预收保费”项目，反映资产负债表日保险公司收到的尚未确定与哪组已确认的保险合同履约直接相关的保费，或尚未确认的保险合同的保费。该项目应根据“预收保费”科目的期末贷方余额填列。

（5）“保险合同负债”项目，反映保险合同组合层面的保险获取现金流量资产、未到期责任负债和已发生赔款负债合计的账面贷方余额。“保险获取现金流量资产”、“未到期责任负债”和“已发生赔款负债”科目在保险合同组合层面的期末余额合计数为贷方的，应在此项目填列。

（6）“分出再保险合同负债”项目，反映分出再保险合同组合层面的分保摊回未到期责任资产与分保摊回已发生赔款资产合计的账面贷方余额。“分保摊回未到期责任资产”和“分保摊回已发生赔款资产”科目在分出再保险合同组合层面的期末余额合计数为贷方的，应在此项目填列。

五、利润表

利润表是反映企业在一定会计期间的经营成果的会计报表，反映了企业经营业绩的主要来源和构成。

（一）利润表列报的总体要求

企业在利润表中应当对费用按照功能分类，分为从事经营业务发生的成本、管理费用、销售费用和财务费用等。企业的活动通常可以划分为生产、销售、管理、融资等，每一种活动上发生的费用所发挥的功能并不相同，因此，按照费用功能法将其分开列报，有助于使用者了解费用发生的活动领域。

但是，由于银行、保险、证券等金融企业的日常活动与一般企业不同，具有特殊性，金融企业可以根据其特殊性列示利润表项目。例如，商业银行将利息支出作为利息收入的抵减项目。

与此同时，企业还应当在附注中披露费用按照性质分类的利润表补充资料，可将费用分为耗用的原材料、职工薪酬费用、折旧费用、摊销费用等，以有助于报表使用者预测企业的未来现金流量。

（二）综合收益的列报

综合收益，是指企业在某一期间除与所有者以其所有者身份进行的交易之外的其他交易或事项所引起的所有者权益变动。综合收益总额项目反映净利润和其他综合收益扣除所得税影响后的净额相加后的合计金额。其他综合收益，是指企业根据其他章规定未在当期损益中确认的各项利得和损失。

企业应当以扣除相关所得税影响后的净额在利润表上单独列示各项其他综合收益项目，并且其他综合收益项目应当根据其他相关章的规定分为下列两类列报：

1. 不能重分类进损益的其他综合收益项目，主要包括：

（1）重新计量设定受益计划变动额。根据第十章职工薪酬，有设定受益计划离职后福利的企业应当将重新计量设定受益计划净负债或净资产导致的变动计入其他综合收益，并且在后续会计期间不允许转回至损益。

（2）权益法下不能转损益的其他综合收益。根据第三章长期股权投资，投资方取得长期股权投资后，应当按照应享有或应分担的被投资单位其他综合收益的份额，确认其他综合收益，同时调整长期股权投资的账面价值。投资单位在确定应享有或应分担的被投资单位其他综合收益的份额时，该份额的性质取决于被投资单位的其他综合收益的性质，即如果被投资单位的其他综合收益属于“不能重分类进损益的其他综合收益”类别，则投资方确认的份额也属于“不能重分类进损益的其他综合收益”类别。

（3）其他权益工具投资公允价值变动。根据第二十二章金融工具确认和计量，企业应当将指定为以公允价值计量且其变动计入其他综合收益的非交易性权益工具投资发生的公允价值变动计入其他综合收益，并且在后续期间不允许转回至损益。

（4）企业自身信用风险公允价值变动。根据第二十二章金融工具确认和计量，企业应当将指定为公允价值计量且其变动计入当期损益的金融负债，由企业自身信用风险变动引起的公允价值变动计入其他综合收益，并且在后续期间不允许转回至损益。

2. 在满足规定条件时将重分类进损益的其他综合收益项目，主要包括：

（1）权益法下可转损益的其他综合收益。根据第三章长期股权投资，投资方取得长期股权投资后，应当按照应享有或应分担的被投资单位其他综合收益的份额，确认其他综合收益，同时调整长期股权投资的账面价值。如果被投资单位的其他综合收益属于“将重分类进损益的其他综合收益”类别，则投资方确认的份额也属于“将重分类进损益的其他综合收益”类别。

（2）其他债权投资公允价值变动。根据第二十二章金融工具确认和计量，企业应当将分类为以公允价值计量且其变动计入其他综合收益的金融资产所产生的所有利得或损失（除减值利得或损失和汇兑损益之外）计入其他综合收益。企业将一项公允价值计量且其变动计入其他综合收益的金融资产重分类为以摊余成本计量的金融资产，或重分类为以公允价值计量且其变动计入当期损益的金融资产时，应当将之前计入其他综合收益的累计利得或损失从其他综合收益中转出的金额作为该项目的减项。

（3）金融资产重分类计入其他综合收益的金额。根据第二十二章金融工具确认和计量，企业将一项以摊余成本计量的金融资产重分类为以公允价值计量且其变动计入其他综合收益的资产时，应当将原账面价值与公允价值之间的差额计入其他综合收益；在该金融资产终止确认时转出，计入当期损益。

（4）其他债权投资信用减值准备。根据第二十二章金融工具确认和计量，企业应当将以公允价值计量且其变动计入其他综合收益的金融资产的减值准备计入其他综合收益。

（5）现金流量套期储备。根据第二十四章套期会计，现金流量套期工具产生的利得或损失中属于有效套期的部分，作为现金流量套期储备，应当计入其他综合收益；属于无效套期的部分，应当计入当期损益。对于前者，第二十四章套期会计规定在一定的条件下，将原在其他综合收益中确认的现金流量套期储备金额转出，计入当期损益。

（6）外币财务报表折算差额。根据第十九章外币折算，企业对境外经营的财务报表进行折算时，应当将外币财务报表折算差额在资产负债表中所有者权益项目下单独列示（其他综合收益）；企业在处置境外经营时，应当将资产负债表中所有者权益项目下列示的、与该境外经营相关的外币报表折算差额，自所有者权益项目转入处置当期损益，部分处置境外经营的，应当按处置的比例计算处置部分的外币财务报表折算差额，转入处置当期损益。

（7）根据相关章规定的其他项目。比如根据第四章投资性房地产，自用房地产或作为存货的房地产转换为以公允价值模式计量的投资性房地产在转换日公允价值大于账面价值部分计入其他综合收益；待该投资性房地产处置时，将该部分转入当期损益等。

（三）一般企业利润表的列报格式和列报方法

1. 一般企业利润表的列报格式。

利润表采用多步式的格式，即通过对当期的收入、费用、支出项目按性质加以归类，按利润形成的主要环节列示一些中间性利润指标，便于使用者理解企业经营成果的不同来源。

企业需要提供比较利润表，以使报表使用者通过比较不同期间利润表的数据，判断企业经营成果的未来发展趋势。利润表还就各项目再分为“本期金额”和“上期金额”两栏分别填列。一般企业利润表的格式如表 31－7 所示。

表 31－7　　**利润表**

会企 02 表

编制单位：　　____年____月　　单位：元

项目	本期金额	上期金额
一、营业收入		
减：营业成本		
税金及附加		
销售费用		
管理费用		
研发费用		
财务费用		
其中：利息费用		
利息收入		
加：其他收益		
投资收益（损失以“－”号填列）		
其中：对联营企业和合营企业的投资收益		

续表

项目	本期金额	上期金额
以摊余成本计量的金融资产终止确认收益（损失以“－”号填列）		
净敞口套期收益（损失以“－”号填列）		
公允价值变动收益（损失以“－”号填列）		
信用减值损失（损失以“－”号填列）		
资产减值损失（损失以“－”号填列）		
资产处置收益（损失以“－”号填列）		
二、营业利润（亏损以“－”号填列）		
加：营业外收入		
减：营业外支出		
三、利润总额（亏损总额以“－”号填列）		
减：所得税费用		
四、净利润（净亏损以“－”号填列）		
（一）持续经营净利润（净亏损以“－”号填列）		
（二）终止经营净利润（净亏损以“－”号填列）		
五、其他综合收益的税后净额		
（一）不能重分类进损益的其他综合收益		
1. 重新计量设定受益计划变动额		
2. 权益法下不能转损益的其他综合收益		
3. 其他权益工具投资公允价值变动		
4. 企业自身信用风险公允价值变动		
……		
（二）将重分类进损益的其他综合收益		
1. 权益法下可转损益的其他综合收益		
2. 其他债权投资公允价值变动		
3. 金融资产重分类计入其他综合收益的金额		
4. 其他债权投资信用减值准备		
5. 现金流量套期储备		
6. 外币财务报表折算差额		
……		

续表

项目	本期金额	上期金额
六、综合收益总额		
七、每股收益：		
（一）基本每股收益		
（二）稀释每股收益		

2. 一般企业利润表的列报方法。

企业应当根据损益类科目和所有者权益类有关科目的发生额填列利润表“本期金额”栏，具体包括如下情况：

（1）“营业收入”、“营业成本”、“税金及附加”、“销售费用”、“财务费用”、“其他收益”、“投资收益”、“净敞口套期收益”、“公允价值变动收益”、“信用减值损失”、“资产减值损失”、“资产处置收益”、“营业外收入”、“营业外支出”、“所得税费用”等项目，应根据有关损益类科目的发生额分析填列。

其中，“净敞口套期收益”项目，反映企业开展的净敞口套期下被套期项目累计公允价值变动转入当期损益的金额或现金流量套期储备转入当期损益的金额。如为损失，以“－”号填列。

“信用减值损失”项目，反映企业按照第二十二章金融工具确认和计量相关规定计提金融工具信用损失准备所确认的信用损失。

“资产处置收益”项目，反映企业出售分类为持有待售的非流动资产（金融工具、长期股权投资和投资性房地产除外）或处置组（子公司和业务除外）时确认的处置利得或损失，以及处置未划分为持有待售的固定资产、在建工程、生产性生物资产、无形资产及使用权资产而产生的处置利得或损失。非货币性资产交换中换出非流动资产产生的利得或损失在本项目中反映。

“营业外收入”项目，反映企业发生的除营业利润以外的收益，主要包括与企业日常活动无关的政府补助、盘盈利得、捐赠利得（企业接受股东或股东的子公司直接或间接的捐赠，经济实质属于股东对企业的资本性投入的除外）等。

“营业外支出”项目，反映企业发生的除营业利润以外的支出，主要包括公益性捐赠支出、非常损失、盘亏损失、非流动资产毁损报废损失等。

（2）“管理费用”、“研发费用”等项目，应根据“管理费用”科目所属的相关明细科目的发生额分析填列；“其中：利息费用”、“利息收入”等项目，应根据“财务费用”科目所属的相关明细科目的发生额分析填列；“其中：对联营企业和合营企业的投资收益”、“以摊余成本计量的金融资产终止确认收益”等项目，应根据“投资收益”科目所属的相关明细科目的发生额分析填列。

（3）“其他综合收益的税后净额”项目及其各组成部分，应根据“其他综合收益”科目及其所属明细科目的本期发生额分析填列。

（4）“营业利润”、“利润总额”、“净利润”、“综合收益总额”项目，应根据本表中相关项目计算填列。

其中，“净利润”项目下的“（一）持续经营净利润”和“（二）终止经营净利润”项目，分别反映净利润中与持续经营相关的净利润和与终止经营相关的净利润；如为净亏损，以“-”号填列。该两个项目应按照第四十二章持有待售的非流动资产、处置组和终止经营的相关规定分别列报。

（5）普通股或潜在普通股已公开交易的企业，以及正处于公开发行普通股或潜在普通股过程中的企业，还应当在利润表中列示每股收益信息，并在附注中详细披露计算过程，以供投资者投资决策参考。基本每股收益和稀释每股收益项目应当按照第三十五章每股收益的规定计算填列。

企业应当根据上年同期利润表“本期金额”栏内所列数字填列本年度利润表的“上期金额”栏。如果企业发生了会计政策变更、前期差错更正，应当按照第二十九章会计政策、会计估计变更和差错更正的规定，对“上期金额”栏中的有关项目进行相应调整，其他相关章另有规定的除外；如果企业上年该期利润表规定的项目的名称和内容与本期不一致，应当对上年该期利润表相关项目的名称和金额按照本期的规定进行调整，填入“上期金额”栏。

【例31-4】沿用〖例31-3〗的资料，甲公司2×22年度有关损益类科目和“其他综合收益”明细科目的本年累计发生净额分别如表31-8和表31-9所示。

表31-8　　甲公司损益类科目2×22年度累计发生净额　　单位：元

科目名称	借方发生额	贷方发生额
主营业务收入		1 250 000
主营业务成本	750 000	
税金及附加	2 000	

续表

科目名称	借方发生额	贷方发生额
销售费用	20 000	
管理费用	157 100	
财务费用——利息费用	51 500	
财务费用——利息收入		10 000
信用减值损失	1 800	
资产减值损失	29 100	
投资收益		227 500
营业外收入		50 000
营业外支出	19 700	
所得税费用	136 700	

表 31－9　甲公司“其他综合收益”明细科目 2×22 年度累计发生净额　单位：元

明细科目名称	借方发生额	贷方发生额
权益法下可转损益的其他综合收益		36 000
其他债权投资公允价值变动		3 750
金融资产重分类计入其他综合收益的金额	6 750	
合计	6 750	39 750

根据上述资料，编制甲公司 2×22 年度利润表，如表 31－10 所示。

表 31－10　利润表

会企 02 表

编制单位：甲公司　2×22 年度　单位：元

项目	本期金额	上期金额（略）
一、营业收入	1 250 000	
减：营业成本	750 000	
税金及附加	2 000	
销售费用	20 000	
管理费用	157 100	

续表

项目	本期金额	上期金额（略）
研发费用	0	
财务费用	41 500	
其中：利息费用	51 500	
利息收入	10 000	
加：其他收益	0	
投资收益（损失以“－”号填列）	227 500	
其中：对联营企业和合营企业的投资收益	（略）	
以摊余成本计量的金融资产终止确认收益（损失以“－”号填列）	0	
净敞口套期收益（损失以“－”号填列）	0	
公允价值变动收益（损失以“－”号填列）	0	
信用减值损失（损失以“－”号填列）	－1 800	
资产减值损失（损失以“－”号填列）	－29 100	
资产处置收益（损失以“－”号填列）	0	
二、营业利润（亏损以“－”号填列）	476 000	
加：营业外收入	50 000	
减：营业外支出	19 700	
三、利润总额（亏损总额以“－”号填列）	506 300	
减：所得税费用	136 700	
四、净利润（净亏损以“－”号填列）	369 600	
（一）持续经营净利润（净亏损以“－”号填列）	369 600	
（二）终止经营净利润（净亏损以“－”号填列）	0	
五、其他综合收益的税后净额	33 000	
（一）不能重分类进损益的其他综合收益	0	
1. 重新计量设定受益计划变动额	0	
2. 权益法下不能转损益的其他综合收益	0	
3. 其他权益工具投资公允价值变动	0	
4. 企业自身信用风险公允价值变动	0	
……		
（二）将重分类进损益的其他综合收益	33 000	

续表

项目	本期金额	上期金额（略）
1. 权益法下可转损益的其他综合收益	36 000	
2. 其他债权投资公允价值变动	3 750	
3. 金融资产重分类计入其他综合收益的金额	-6 750	
4. 其他债权投资信用减值准备	0	
5. 现金流量套期储备	0	
6. 外币财务报表折算差额	0	
……		
六、综合收益总额	402 600	
七、每股收益：		
（一）基本每股收益	（略）	
（二）稀释每股收益	（略）	

（四）金融企业利润表的列报格式和列报方法

1. 金融企业利润表的列报格式。

金融企业利润表的格式如表 31-11 所示。

表 31-11　　利润表

会金融 02 表

编制单位：　　　　____年____月　　　　单位：元

项目	本期金额	上期金额
一、营业总收入		
利息收入		
[已赚保费		
保险业务收入		
其中：分保费收入		
减：分出保费		
提取未到期责任准备金][2]		
手续费及佣金收入		
[其中：经纪业务手续费收入		
投资银行业务手续费收入		

续表

项目	本期金额	上期金额
资产管理业务手续费收入][1]		
投资收益（损失以“-”号填列）		
其中：对联营企业和合营企业的投资收益		
以摊余成本计量的金融资产终止确认产生的收益（损失以“-”号填列）		
净敞口套期收益（损失以“-”号填列）		
其他收益		
公允价值变动收益（损失以“-”号填列）		
汇兑收益（损失以“-”号填列）		
其他业务收入		
资产处置收益（损失以“-”号填列）		
二、营业总支出		
利息支出		
手续费及佣金支出		
[其中：经纪业务手续费支出		
投资银行业务手续费支出		
资产管理业务手续费支出][1]		
[退保金][2]		
[赔付支出		
减：摊回赔付支出][2]		
[提取保险责任准备金		
减：摊回保险责任准备金][2]		
[保单红利支出][2]		
[分保费用][2]		
税金及附加		
业务及管理费		
[减：摊回分保费用][2]		
信用减值损失		
其他资产减值损失		
其他业务成本		

续表

项目	本期金额	上期金额
三、营业利润（亏损以“－”号填列）		
加：营业外收入		
减：营业外支出		
四、利润总额（亏损总额以“－”号填列）		
减：所得税费用		
五、净利润（净亏损以“－”号填列）		
（一）持续经营净利润（净亏损以“－”号填列）		
（二）终止经营净利润（净亏损以“－”号填列）		
六、其他综合收益的税后净额		
（一）不能重分类进损益的其他综合收益		
1. 重新计量设定受益计划变动额		
2. 权益法下不能转损益的其他综合收益		
3. 其他权益工具投资公允价值变动		
4. 企业自身信用风险公允价值变动		
……		
（二）将重分类进损益的其他综合收益		
1. 权益法下可转损益的其他综合收益		
2. 其他债权投资公允价值变动		
3. 金融资产重分类计入其他综合收益的金额		
4. 其他债权投资信用损失准备		
5. 现金流量套期储备		
6. 外币财务报表折算差额		
……		
七、综合收益总额		
八、每股收益：		
（一）基本每股收益		
（二）稀释每股收益		

注1：[……][1]系证券公司专用项目，企业正式使用时不加方括号。下同。
注2：[……][2]系适用第二十六章原保险合同、第二十七章再保险合同的保险公司专用项目。
注3：[……][3]系银行专用项目。
注4：无方括号和角标的项目为通用项目，适用于两类及两类以上金融企业。

2. 金融企业利润表的列报方法。

与一般企业利润表相同的栏目和项目，如无特别说明，比照一般企业利润表的填列方法处理，其他有关项目的填列方法如下：

(1)“利息收入”项目，反映企业按照第二十二章金融工具确认和计量相关规定对分类为以摊余成本计量的金融资产和分类为以公允价值计量且其变动计入其他综合收益的金融资产按照实际利率法计算的利息收入。其他项目的利息收入不得计入本项目；应计入本项目的利息收入金额也不得计入“投资收益”等其他项目。

银行及证券公司可在营业总收入下列示“利息净收入”项目，并在“利息净收入”项目下分列“利息收入”项目与“利息支出”项目。

(2)“手续费及佣金收入”与“手续费及佣金支出”项目。银行可在营业总收入下列示“手续费及佣金净收入”项目，并在“手续费及佣金净收入”项目下分列“手续费及佣金收入”项目和“手续费及佣金支出”项目。证券公司可在营业总收入下列示“手续费及佣金净收入”项目，并在“手续费及佣金净收入”项目下分列“经纪业务手续费净收入”、“投资银行业务手续费净收入”和“资产管理业务手续费净收入”等项目。

(3)“汇兑收益”项目，主要包括外币交易因汇率变动而产生的损益以及外汇衍生金融工具产生的损益。如为损失，以“-”号填列。

(4)“资产处置收益”项目。商业银行、证券公司等金融企业处置抵押、质押资产的利得或损失，依据被处置资产的类别在本项目或“投资收益”等相关项目中反映。如为处置损失，以“-”号填列。

(5)“业务及管理费”项目，应根据“业务及管理费”科目的发生额填列，租赁负债的利息费用也在本项目中列示，并在报表附注中进一步披露。

(6)“其他资产减值损失”项目，反映除“信用减值损失”外，企业按照相关章的规定计提其他资产的减值准备所确认的减值损失。

(五) 适用第二十五章保险合同的保险公司利润表的列报格式和列报方法

1. 保险公司利润表的列报格式。

保险公司利润表的格式如表 31 - 12 所示。

表 31－12　　　　利润表

会保险 02 表

编制单位：　　　　____年____月　　　　单位：元

项目	本期金额	上期金额
一、营业总收入		
保险服务收入		
利息收入		
投资收益（损失以“－”号填列）		
其中：对联营企业和合营企业的投资收益		
以摊余成本计量的金融资产终止确认产生的收益		
净敞口套期收益（损失以“－”号填列）		
其他收益（损失以“－”号填列）		
公允价值变动收益（损失以“－”号填列）		
汇兑收益（损失以“－”号填列）		
其他业务收入		
资产处置收益（损失以“－”号填列）		
二、营业总支出		
保险服务费用		
分出保费的分摊		
减：摊回保险服务费用		
承保财务损失		
减：分出再保险财务收益		
利息支出		
手续费及佣金支出		
税金及附加		
业务及管理费		
信用减值损失		
其他资产减值损失		
其他业务成本		
三、营业利润（亏损以“－”号填列）		

续表

项目	本期金额	上期金额
加：营业外收入		
减：营业外支出		
四、利润总额（亏损总额以“－”号填列）		
减：所得税费用		
五、净利润（净亏损以“－”号填列）		
（一）持续经营净利润		
（二）终止经营净利润		
六、其他综合收益的税后净额		
（一）不能重分类进损益的其他综合收益		
1. 重新计量设定受益计划变动额		
2. 权益法下不能转损益的其他综合收益		
3. 其他权益工具投资公允价值变动		
4. 企业自身信用风险公允价值变动		
5. 不能转损益的保险合同金融变动		
……		
（二）将重分类进损益的其他综合收益		
1. 权益法下可转损益的其他综合收益		
2. 其他债权投资公允价值变动		
3. 金融资产重分类计入其他综合收益的金额		
4. 其他债权投资信用损失准备		
5. 现金流量套期储备		
6. 外币财务报表折算差额		
7. 可转损益的保险合同金融变动		
8. 可转损益的分出再保险合同金融变动		
……		
七、综合收益总额		
八、每股收益：		
（一）基本每股收益		
（二）稀释每股收益		

2. 保险公司利润表的列报方法。

除下列项目以外的其他栏目和项目，比照金融企业利润表、一般企业利润表的填列方法处理：

（1）“保险服务收入”项目，反映保险公司按照第二十五章保险合同相关规定确认的保险服务收入，企业不得将分出保费的分摊列示为保险服务收入的减项。该项目应根据“保险服务收入”科目的发生额填列。

（2）“保险服务费用”项目，反映保险公司按照第二十五章保险合同相关规定确认的保险合同赔付和费用、亏损保险合同损益等。该项目应根据“保险合同赔付和费用”和“亏损保险合同损益”科目的发生额合计数填列。

（3）“分出保费的分摊”和“摊回保险服务费用”项目，分别反映保险公司按照第二十五章保险合同相关规定确认的分出保费的分摊和摊回保险服务费用。该项目应分别根据“分出保费的分摊”和“摊回保险服务费用”科目的发生额填列。

（4）“承保财务损失”和“分出再保险财务收益”项目，分别反映保险公司按照第二十五章保险合同相关规定确认的签发的保险合同所产生的承保财务损失和分出再保险合同所产生的分出再保险财务收益。该项目应分别根据“承保财务损益”和“分出再保险财务损益”科目的发生额填列。

（5）“手续费及佣金支出”、“业务及管理费”和“其他业务成本”项目，反映保险公司确认的与保险合同履约不直接相关的手续费及佣金支出、业务及管理费和其他业务成本。该项目应分别根据“手续费及佣金支出”、“业务及管理费”和“其他业务成本”科目的发生额填列。

（6）“不能转损益的保险合同金融变动”项目，反映保险公司采用浮动收费法计量保险公司持有基础项目的、具有直接参与分红特征的保险合同组，并选择将保险合同金融变动额分解计入保险财务损益和其他综合收益时，与基础项目不能重分类进损益的其他综合收益对应的、计入其他综合收益的保险合同金融变动额。该项目应根据“其他综合收益”科目的明细发生额填列。

（7）“可转损益的保险合同金融变动”项目，反映保险公司在签发的保险合同组合层面选择将保险合同金融变动额分解计入保险财务损益和其他综合收益时，除已在“不能转损益的保险合同金融变动”项目中列示以外的、计入其他综合收益的保险合同金融变动额。该项目应根据“其他综合收益”科目的明细发生额填列。

(8)“可转损益的分出再保险合同金融变动”项目，反映保险公司在分出再保险合同组合层面选择将保险合同金融变动额分解计入分出再保险财务损益和其他综合收益时，计入其他综合收益的保险合同金融变动额。该项目应根据“其他综合收益”科目的明细发生额填列。

六、所有者权益变动表

所有者权益变动表是反映构成所有者权益的各组成部分当期的增减变动情况的报表。所有者权益变动表应当全面反映一定时期所有者权益变动的情况，不仅包括所有者权益总量的增减变动，还包括所有者权益增减变动的重要结构性信息，有助于报表使用者理解所有者权益增减变动的根源。

（一）所有者权益变动表列报的总体要求

所有者权益是指企业资产扣除负债后由所有者享有的剩余权益。所有者权益的来源包括所有者投入的资本（包括实收资本、其他权益工具、资本溢价等资本公积）、其他综合收益、专项储备、留存收益（包括盈余公积和未分配利润）等。所有者权益变动表应当反映构成所有者权益的各组成部分当期的增减变动情况。综合收益和与所有者（或股东）的资本交易导致的所有者权益的变动，应当分别列示。与所有者的资本交易，是指与所有者以其所有者身份进行的、导致企业所有者权益变动的交易。

（二）一般企业所有者权益变动表的列报格式和列报方法

1. 一般企业所有者权益变动表的列报格式。

企业应当反映所有者权益各组成部分的期初和期末余额及其调节情况。因此，企业应当以矩阵的形式列示所有者权益变动表：一方面，列示导致所有者权益变动的交易或事项，按所有者权益变动的来源对一定时期所有者权益变动情况进行全面反映；另一方面，按照所有者权益各组成部分（包括实收资本、其他权益工具、资本公积、其他综合收益、专项储备、盈余公积、未分配利润、库存股等）及其总额列示相关交易或事项对所有者权益的影响。

企业需要提供比较所有者权益变动表，所有者权益变动表还就各项目再分为“本年金额”和“上年金额”两栏分别填列。一般企业所有者权益变动表的格式如表 31 - 13 所示。

表 31－13

所有者权益变动表

会企 04 表

编制单位：　　　　　　　　＿＿＿＿年度　　　　　　　　单位：元

项目	本年金额												上年金额											
	实收资本（或股本）	其他权益工具			资本公积	减：库存股	其他综合收益	专项储备	盈余公积	未分配利润	所有者权益合计		实收资本（或股本）	其他权益工具			资本公积	减：库存股	其他综合收益	专项储备	盈余公积	未分配利润	所有者权益合计	
		优先股	永续债	其他										优先股	永续债	其他								
一、上年年末余额																								
加：会计政策变更																								
前期差错更正																								
其他																								
二、本年年初余额																								
三、本年增减变动金额（减少以“－”号填列）																								
（一）综合收益总额																								
（二）所有者投入和减少资本																								
1. 所有者投入的普通股																								
2. 其他权益工具持有者投入资本																								
3. 股份支付计入所有者权益的金额																								
4. 其他																								

续表

<table>
<tr><th rowspan="3">项目</th><th colspan="11">本年金额</th><th colspan="11">上年金额</th></tr>
<tr><th rowspan="2">实收资本（或股本）</th><th colspan="3">其他权益工具</th><th rowspan="2">资本公积</th><th rowspan="2">减：库存股</th><th rowspan="2">其他综合收益</th><th rowspan="2">专项储备</th><th rowspan="2">盈余公积</th><th rowspan="2">未分配利润</th><th rowspan="2">所有者权益合计</th><th rowspan="2">实收资本（或股本）</th><th colspan="3">其他权益工具</th><th rowspan="2">资本公积</th><th rowspan="2">减：库存股</th><th rowspan="2">其他综合收益</th><th rowspan="2">专项储备</th><th rowspan="2">盈余公积</th><th rowspan="2">未分配利润</th><th rowspan="2">所有者权益合计</th></tr>
<tr><th>优先股</th><th>永续债</th><th>其他</th><th>优先股</th><th>永续债</th><th>其他</th></tr>
<tr><td>（三）利润分配</td><td></td><td></td><td></td><td></td><td></td><td></td><td></td><td></td><td></td><td></td><td></td><td></td><td></td><td></td><td></td><td></td><td></td><td></td><td></td><td></td><td></td><td></td></tr>
<tr><td>1. 提取盈余公积</td><td></td><td></td><td></td><td></td><td></td><td></td><td></td><td></td><td></td><td></td><td></td><td></td><td></td><td></td><td></td><td></td><td></td><td></td><td></td><td></td><td></td><td></td></tr>
<tr><td>2. 对所有者（或股东）的分配</td><td></td><td></td><td></td><td></td><td></td><td></td><td></td><td></td><td></td><td></td><td></td><td></td><td></td><td></td><td></td><td></td><td></td><td></td><td></td><td></td><td></td><td></td></tr>
<tr><td>3. 其他</td><td></td><td></td><td></td><td></td><td></td><td></td><td></td><td></td><td></td><td></td><td></td><td></td><td></td><td></td><td></td><td></td><td></td><td></td><td></td><td></td><td></td><td></td></tr>
<tr><td>（四）所有者权益内部结转</td><td></td><td></td><td></td><td></td><td></td><td></td><td></td><td></td><td></td><td></td><td></td><td></td><td></td><td></td><td></td><td></td><td></td><td></td><td></td><td></td><td></td><td></td></tr>
<tr><td>1. 资本公积转增资本（或股本）</td><td></td><td></td><td></td><td></td><td></td><td></td><td></td><td></td><td></td><td></td><td></td><td></td><td></td><td></td><td></td><td></td><td></td><td></td><td></td><td></td><td></td><td></td></tr>
<tr><td>2. 盈余公积转增资本（或股本）</td><td></td><td></td><td></td><td></td><td></td><td></td><td></td><td></td><td></td><td></td><td></td><td></td><td></td><td></td><td></td><td></td><td></td><td></td><td></td><td></td><td></td><td></td></tr>
<tr><td>3. 盈余公积弥补亏损</td><td></td><td></td><td></td><td></td><td></td><td></td><td></td><td></td><td></td><td></td><td></td><td></td><td></td><td></td><td></td><td></td><td></td><td></td><td></td><td></td><td></td><td></td></tr>
<tr><td>4. 设定受益计划变动额结转留存收益</td><td></td><td></td><td></td><td></td><td></td><td></td><td></td><td></td><td></td><td></td><td></td><td></td><td></td><td></td><td></td><td></td><td></td><td></td><td></td><td></td><td></td><td></td></tr>
<tr><td>5. 其他综合收益结转留存收益</td><td></td><td></td><td></td><td></td><td></td><td></td><td></td><td></td><td></td><td></td><td></td><td></td><td></td><td></td><td></td><td></td><td></td><td></td><td></td><td></td><td></td><td></td></tr>
<tr><td>6. 其他</td><td></td><td></td><td></td><td></td><td></td><td></td><td></td><td></td><td></td><td></td><td></td><td></td><td></td><td></td><td></td><td></td><td></td><td></td><td></td><td></td><td></td><td></td></tr>
<tr><td>四、本年年末余额</td><td></td><td></td><td></td><td></td><td></td><td></td><td></td><td></td><td></td><td></td><td></td><td></td><td></td><td></td><td></td><td></td><td></td><td></td><td></td><td></td><td></td><td></td></tr>
</table>

2. 一般企业所有者权益变动表的列报方法。

企业应当根据所有者权益类科目和损益类有关科目的发生额分析填列所有者权益变动表“本年金额”栏，具体包括如下情况：

（1）“上年年末余额”项目，应根据上年资产负债表中“实收资本（或股本）”、“其他权益工具”、“资本公积”、“库存股”、“其他综合收益”、“专项储备”、“盈余公积”、“未分配利润”等项目的年末余额填列。

（2）“会计政策变更”和“前期差错更正”项目，应根据“盈余公积”、“利润分配”、“以前年度损益调整”等科目的发生额分析填列，并在“上年年末余额”的基础上调整得出“本年年初金额”项目。

（3）“本年增减变动额”项目分别反映如下内容：

①“综合收益总额”项目，反映企业当年的综合收益总额，应根据当年利润表中“其他综合收益的税后净额”和“净利润”项目填列，并对应列在“其他综合收益”和“未分配利润”栏。

②“所有者投入和减少资本”项目，反映企业当年所有者投入的资本和减少的资本，其中：

“所有者投入的普通股”项目，反映企业接受投资者投入形成的实收资本（或股本）和资本公积，应根据“实收资本”、“资本公积”等科目的发生额分析填列，并对应列在“实收资本”和“资本公积”栏。

“其他权益工具持有者投入资本”项目，反映企业发行的除普通股以外分类为权益工具的金融工具的持有者投入资本的金额。该项目应根据“其他权益工具”等科目的相关明细科目的发生额分析填列。

“股份支付计入所有者权益的金额”项目，反映企业处于等待期中的权益结算的股份支付当年计入资本公积的金额，应根据“资本公积”科目所属的“其他资本公积”二级科目的发生额分析填列，并对应列在“资本公积”栏。

③“利润分配”下各项目，反映当年对所有者（或股东）分配的利润（或股利）金额和按照规定提取的盈余公积金额，并对应列在“未分配利润”和“盈余公积”栏。其中：

“提取盈余公积”项目，反映企业按照规定提取的盈余公积，应根据“盈余公积”、“利润分配”科目的发生额分析填列。

“对所有者（或股东）的分配”项目，反映对所有者（或股东）分配的利润（或股利）金额，应根据“利润分配”科目的发生额分析填列。

④“所有者权益内部结转”下各项目，反映不影响当年所有者权益总额的所有者权益各组成部分之间当年的增减变动，包括资本公积转增资本（或股本）、盈余公积转增资本（或股本）、盈余公积弥补亏损等。其中：

“资本公积转增资本（或股本）”项目，反映企业以资本公积转增资本或股本的金额，应根据“实收资本”、“资本公积”等科目的发生额分析填列。

“盈余公积转增资本（或股本）”项目，反映企业以盈余公积转增资本或股本的金额，应根据“实收资本”、“盈余公积”等科目的发生额分析填列。

“盈余公积弥补亏损”项目，反映企业以盈余公积弥补亏损的金额，应根据“盈余公积”、“利润分配”等科目的发生额分析填列。

“设定受益计划变动额结转留存收益”项目，反映企业设定受益计划终止确认时，之前重新计量设定受益计划净负债或净资产所产生的变动计入其他综合收益的累积利得或损失从其他综合收益中转入留存收益的金额。该项目应根据“其他综合收益”科目的相关明细科目的发生额分析填列。

“其他综合收益结转留存收益”项目，主要反映：(1) 企业指定为以公允价值计量且其变动计入其他综合收益的非交易性权益工具投资终止确认时，之前计入其他综合收益的累计利得或损失从其他综合收益中转入留存收益的金额；(2) 企业指定为以公允价值计量且其变动计入当期损益的金融负债终止确认时，之前由企业自身信用风险变动引起而计入其他综合收益的累计利得或损失从其他综合收益中转入留存收益的金额等。该项目应根据“其他综合收益”科目的相关明细科目的发生额分析填列。

企业应当根据上年度所有者权益变动表“本年金额”栏内所列数字填列本年度“上年金额”栏内各项数字。如果上年度所有者权益变动表规定的项目的名称和内容同本年度不一致，应对上年度所有者权益变动表相关项目的名称和金额按本年度的规定进行调整，填入所有者权益变动表“上年金额”栏内。

【例 31－5】 沿用〖例 31－3〗和〖例 31－4〗的资料，甲公司 2×22 年度的其他相关资料为：提取盈余公积 36 960 元，宣告向投资者分配现金股利 20 026.25 元。

根据上述资料，甲公司编制 2×22 年度的所有者权益变动表，如表 31－14 所示。

表 31－14

所有者权益变动表

会企 04 表

编制单位：甲公司　　　　2×22 年度　　　　单位：元

项目	本年金额											上年金额（略）										
	实收资本（或股本）	其他权益工具			资本公积	减：库存股	其他综合收益	专项储备	盈余公积	未分配利润	所有者权益合计	实收资本（或股本）	其他权益工具			资本公积	减：库存股	其他综合收益	专项储备	盈余公积	未分配利润	所有者权益合计
		优先股	永续债	其他									优先股	永续债	其他							
一、上年年末余额	5 000 000	0	0	0	0	0	31 500	0	100 000	200 000	5 331 500											
加：会计政策变更																						
前期差错更正																						
其他																						
二、本年年初余额	5 000 000	0	0	0	0	0	31 500	0	100 000	200 000	5 331 500											
三、本年增减变动金额（减少以“－”号填列）																						
（一）综合收益总额							33 000			369 600	402 600											
（二）所有者投入和减少资本																						
1. 所有者投入的普通股																						
2. 其他权益工具持有者投入资本																						
3. 股份支付计入所有者权益的金额																						
4. 其他																						

续表

项目	本年金额											上年金额（略）										
	实收资本（或股本）	其他权益工具			资本公积	减：库存股	其他综合收益	专项储备	盈余公积	未分配利润	所有者权益合计	实收资本（或股本）	其他权益工具			资本公积	减：库存股	其他综合收益	专项储备	盈余公积	未分配利润	所有者权益合计
		优先股	永续债	其他									优先股	永续债	其他							
（三）利润分配																						
1. 提取盈余公积									36 960	－36 960	0											
2. 对所有者（或股东）的分配										－20 026. 25	－20 026. 25											
3. 其他																						
（四）所有者权益内部结转																						
1. 资本公积转增资本（或股本）																						
2. 盈余公积转增资本（或股本）																						
3. 盈余公积弥补亏损																						
4. 设定受益计划变动额结转留存收益																						
5. 其他综合收益结转留存收益																						
6. 其他																						
四、本年年末余额	5 000 000	0	0	0	0	0	64 500	0	136 960	512 613. 75	5 714 073. 75											

（三）金融企业所有者权益变动表的列报格式和列报方法

1. 金融企业所有者权益变动表的列报格式。

金融企业所有者权益变动表的格式如表31－15所示。

2. 金融企业所有者权益变动表的列报方法。

除下列项目以外的其他栏目和项目，比照一般企业所有者权益变动表的填列方法处理：

（1）“其他权益工具”项目，反映企业发行的除普通股以外分类为权益工具的金融工具。企业应根据实际情况在该项目下设“优先股”、“永续债”和“其他”三个项目，分别反映企业发行的分类为权益工具的优先股和永续工具等项目。

（2）“其他权益工具持有者投入资本”项目，反映企业发行的除普通股以外分类为权益工具的金融工具的持有者投入资本的金额。

（3）“对所有者（或股东）的分配”项目，反映企业对普通股东以及企业发行的除普通股以外分类为权益工具的金融工具持有者的股利分配。

（4）“其他综合收益结转留存收益”项目，主要反映：①企业指定为以公允价值计量且其变动计入其他综合收益的非交易性权益工具投资终止确认时，之前计入其他综合收益的累计利得或损失从其他综合收益中转入留存收益的金额；②企业指定为以公允价值计量且其变动计入当期损益的金融负债终止确认时，之前由企业自身信用风险变动引起而计入其他综合收益的累计利得或损失从其他综合收益中转入留存收益的金额等。

（四）适用第二十五章保险合同的保险公司所有者权益变动表的列报格式和列报方法

1. 保险公司所有者权益变动表的列报格式。

保险公司所有者权益变动表的格式如表31－16所示。

2. 保险公司所有者权益变动表的列报方法。

除下列项目以外的其他栏目和项目，比照金融企业所有者权益变动表、一般企业所有者权益变动表的填列方法处理：

“其他综合收益结转留存收益”项目，除应反映重新计量设定受益计划产生的不重分类进损益的其他综合收益、权益法下不能转损益的其他综合收益、其他权益工具投资公允价值变动和保险公司自身信用风险公允价值变动形成的其他综合收益外，对于保险公司持有基础项目、具有直接参与分红特征的保险合同组，保险公司选择将保险合同金融变动额分解计入保险财务损益和其他综合收益的，还应反映在基础项目不能重分类进损益的其他综合收益转入留存收

表 31－15

所有者权益变动表

会金融 04 表

编制单位：　　　　＿＿＿＿年度　　　　单位：元

项目	本年金额												上年金额											
	实收资本（或股本）	其他权益工具			资本公积	减：库存股	其他综合收益	盈余公积	一般风险准备	未分配利润	所有者权益合计		实收资本（或股本）	其他权益工具			资本公积	减：库存股	其他综合收益	盈余公积	一般风险准备	未分配利润	所有者权益合计	
		优先股	永续债	其他										优先股	永续债	其他								
一、上年年末余额																								
加：会计政策变更																								
前期差错更正																								
其他																								
二、本年年初余额																								
三、本年增减变动金额（减少以“－”号填列）																								
（一）综合收益总额																								
（二）所有者投入和减少资本																								
1. 所有者投入的普通股																								
2. 其他权益工具持有者投入资本																								
3. 股份支付计入所有者权益的金额																								
4. 其他																								

续表

项目	本年金额											上年金额										
	实收资本（或股本）	其他权益工具			资本公积	减：库存股	其他综合收益	盈余公积	一般风险准备	未分配利润	所有者权益合计	实收资本（或股本）	其他权益工具			资本公积	减：库存股	其他综合收益	盈余公积	一般风险准备	未分配利润	所有者权益合计
		优先股	永续债	其他									优先股	永续债	其他							
（三）利润分配																						
1. 提取盈余公积																						
2. 提取一般风险准备																						
3. 对所有者（或股东）的分配																						
4. 其他																						
（四）所有者权益内部结转																						
1. 资本公积转增资本（或股本）																						
2. 盈余公积转增资本（或股本）																						
3. 盈余公积弥补亏损																						
4. 设定受益计划变动额结转留存收益																						
5. 其他综合收益结转留存收益																						
6. 其他																						
四、本年年末余额																						

表 31 - 16

所有者权益变动表

会保险 04 表

编制单位：　　　　＿＿＿＿年度　　　　单位：元

项目	本年金额												上年金额											
	实收资本（或股本）	其他权益工具			资本公积	减：库存股	其他综合收益	盈余公积	一般风险准备	未分配利润	所有者权益合计	实收资本（或股本）	其他权益工具			资本公积	减：库存股	其他综合收益	盈余公积	一般风险准备	未分配利润	所有者权益合计
		优先股	永续债	其他									优先股	永续债	其他							
一、上年年末余额																								
加：会计政策变更																								
前期差错更正																								
其他																								
二、本年年初余额																								
三、本年增减变动额（减少以“-”号填列）																								
（一）综合收益总额																								
（二）所有者投入和减少资本																								
1. 所有者投入的普通股																								
2. 其他权益工具持有者投入资本																								
3. 股份支付计入所有者权益的金额																								
4. 其他																								

续表

项目	本年金额												上年金额											
	实收资本（或股本）	其他权益工具			资本公积	减：库存股	其他综合收益	盈余公积	一般风险准备	未分配利润	所有者权益合计	实收资本（或股本）	其他权益工具			资本公积	减：库存股	其他综合收益	盈余公积	一般风险准备	未分配利润	所有者权益合计
		优先股	永续债	其他									优先股	永续债	其他							
（三）利润分配																								
1. 提取盈余公积																								
2. 提取一般风险准备																								
3. 对所有者（或股东）的分配																								
4. 其他																								
（四）所有者权益内部结转																								
1. 资本公积转增资本（或股本）																								
2. 盈余公积转增资本（或股本）																								
3. 盈余公积弥补亏损																								
4. 其他综合收益结转留存收益																								
5. 其他																								
四、本年年末余额																								

益时，与该基础项目对应的、不能重分类进损益的保险合同金融变动额分解形成的其他综合收益转入留存收益的金额等。

七、附注

附注是对在资产负债表、利润表、现金流量表和所有者权益变动表等报表中列示项目的文字描述或明细资料，以及对未能在这些报表中列示项目的说明等。本章对附注的披露要求是对企业附注披露的最低要求，应当适用于所有类型的企业，企业还应当按照各有关章的规定在附注中披露相关信息。

（一）附注披露的总体要求

附注相关信息应当与资产负债表、利润表、现金流量表和所有者权益变动表等报表中列示的项目相互参照，以有助于使用者联系相关联的信息，并由此从整体上更好地理解财务报表。

企业在披露附注信息时，应当以定量、定性信息相结合，按照一定的结构对附注信息进行系统合理的排列和分类，以便于使用者理解和掌握。

（二）附注披露的主要内容

附注一般应当按照下列顺序至少披露有关内容，具体包括：

1. 企业的基本情况。

（1）企业注册地、组织形式和总部地址。

（2）企业的业务性质和主要经营活动。如企业所处的行业、所提供的主要产品或服务、客户的性质、销售策略、监管环境的性质等。

（3）母公司以及集团最终母公司的名称。

（4）财务报告的批准报出者和财务报告批准报出日。如果企业已在财务报表其他部分披露了财务报告的批准报出者和批准报出日信息，则无需重复披露；或者已有相关人员签字批准报出财务报告，可以其签名及其签字日期为准。

（5）营业期限有限的企业，还应当披露有关其营业期限的信息。

2. 财务报表的编制基础。

企业应当根据本章的规定判断企业是否持续经营，并披露财务报表是否以持续经营为基础编制。

3. 遵循企业会计准则的声明。

企业应当声明编制的财务报表符合企业会计准则的要求，真实、完整地反映了企业的财务状况、经营成果和现金流量等有关信息，以此明确企业编制财务报表所依据的制度基础。如果企业编制的财务报表只是部分地遵循了企业会计准则，附注中不得做出这种表述。

4. 重要会计政策和会计估计。

（1）重要会计政策的说明。企业应当披露采用的重要会计政策，并结合企业的具体实际披露其重要会计政策的确定依据和财务报表项目的计量基础。其中，会计政策的确定依据主要是指企业在运用会计政策过程中所做的重要判断，这些判断对在报表中确认的项目金额具有重要影响。比如，企业如何判断持有的金融资产是以摊余成本计量的金融资产而不是以公允价值计量且其变动计入其他综合收益的金融资产，出租人如何判断与租赁资产相关的所有风险和报酬已转移给承租人从而符合融资租赁的标准，投资性房地产的判断标准是什么等。财务报表项目的计量基础包括历史成本、重置成本、可变现净值、现值和公允价值等会计计量属性，比如存货是按成本还是按可变现净值计量的等。

（2）重要会计估计的说明。企业应当披露重要会计估计，并结合企业的具体实际披露其会计估计所采用的关键假设和不确定因素。

重要会计估计的说明，包括可能导致下一个会计期间内资产、负债账面价值重大调整的会计估计的确定依据等。例如，固定资产可收回金额的计算需要根据其公允价值减去处置费用后的净额与预计未来现金流量的现值两者之间的较高者确定，在计算资产预计未来现金流量的现值时需要对未来现金流量进行预测，并选择适当的折现率，企业应当在附注中披露未来现金流量预测所采用的假设及其依据、所选择的折现率为什么是合理的等。又如，对于正在进行中的诉讼提取准备，企业应当披露最佳估计数的确定依据等。

5. 会计政策和会计估计变更以及差错更正的说明。

企业应当按照第二十九章会计政策、会计估计变更和差错更正的规定，披露会计政策和会计估计变更以及差错更正的情况。

6. 报表重要项目的说明。

企业应当按照资产负债表、利润表、现金流量表、所有者权益变动表及其项目列示的顺序，采用文字和数字描述相结合的方式披露报表重要项目的说明。报表重要项目的明细金额合计，应当与报表项目金额相衔接。

企业还应当在附注中披露如下信息：

（1）费用按照性质分类的利润表补充资料，可将费用分为耗用的原材料、职工薪酬费用、折旧费用、摊销费用等。具体的披露格式如表 31 – 17 所示。

表 31 – 17　　费用按照性质分类的补充资料

项目	本期金额	上期金额
耗用的原材料		
产成品及在产品存货变动		
职工薪酬费用		
折旧费和摊销费用		
非流动资产减值损失		
支付的租金		
财务费用		
其他费用		
……		
合计		

（2）关于其他综合收益各项目的信息，包括：①其他综合收益各项目及其所得税影响；②其他综合收益各项目原计入其他综合收益、当期转出计入当期损益的金额；③其他综合收益各项目的期初和期末余额及其调节情况。上述①和②的具体披露格式如表 31 – 18 所示，③的具体披露格式如表 31 – 19 所示。

表 31 – 18　　其他综合收益各项目及其所得税影响和转入损益情况

项目	本期发生额			上期发生额		
	税前金额	所得税	税后净额	税前金额	所得税	税后净额
一、不能重分类进损益的其他综合收益						
1. 重新计量设定受益计划变动额						
2. 权益法下不能转损益的其他综合收益						
3. 其他权益工具投资公允价值变动						
4. 企业自身信用风险公允价值变动						

续表

项目	本期发生额			上期发生额		
	税前金额	所得税	税后净额	税前金额	所得税	税后净额
……						
二、将重分类进损益的其他综合收益						
1. 权益法下可转损益的其他综合收益						
减：前期计入其他综合收益当期转入损益						
小计						
2. 其他债权投资公允价值变动						
减：前期计入其他综合收益当期转入损益						
小计						
3. 金融资产重分类计入其他综合收益的金额						
减：前期计入其他综合收益当期转入损益						
小计						
4. 其他债权投资信用减值准备						
减：前期计入其他综合收益当期转入损益						
小计						
5. 现金流量套期储备						
减：前期计入其他综合收益当期转入损益						
转为被套期项目初始确认金额的调整额						
小计						
6. 外币财务报表折算差额						
减：前期计入其他综合收益当期转入损益						
小计						
……						
三、其他综合收益合计						

表31－19　**其他综合收益各项目的调节情况**

项目	重新计量设定受益计划变动额	权益法下不能转损益的其他综合收益	其他权益工具投资公允价值变动	企业自身信用风险公允价值变动	权益法下可转损益的其他综合收益	其他债权投资公允价值变动	金融资产重分类计入其他综合收益的金额	其他债权投资信用减值准备	现金流量套期储备	外币财务报表折算差额	……	其他综合收益合计
一、上年年初余额												
二、上年增减变动金额（减少以"－"号填列）												
三、本年年初余额												
四、本年增减变动金额（减少以"－"号填列）												
五、本年年末余额												

【例31－6】沿用〖例31－3〗、〖例31－4〗和〖例31－5〗的资料，甲公司2×22年度与其他综合收益相关的业务如下（假定不考虑交易费用及其他相关因素）：

①2×22年2月1日，甲公司将持有的A公司债券全部售出，售价为每份5元；该债券共1万份，系甲公司于2×21年8月1日购入，当时的公允价值为每份4.5元（不含利息），剩余期限为5年，每年的3月31日为上一个计息年度的付息日。初始确认时甲公司将该债券划分为以公允价值计量且其变动计入其他综合收益的金融资产，2×21年12月31日的公允价值为每份5.5元（不含利息）。

②2×22年7月1日，甲公司从二级市场购入1万份B公司债券，当时的公允价值为每份10元（不含利息），剩余期限为5年，每年的3月31日为上一个计息年度的付息日。初始确认时，甲公司将该债券划分为以公允价值计量且其变动计入其他综合收益的金融资产；2×22年12月31日，甲公司仍持有该债券，当时的公允价值为每份11.5元（不含利息）。

③2×22年9月1日，甲公司出于流动性考虑，将所持有C公司债券的10%出售；该批债券系甲公司于2×21年7月1日从二级市场平价购入，面值200 000元，剩余期限3年，划分为以摊余成本计量的金融资产。2×22年9月1日甲公司出售该债券时，该债券的整体公允价值和摊余成本分别为190 000元和200 000元。

④甲公司持有乙公司30%的股份，能够对乙公司施加重大影响。2×21年度和2×22年度，乙公司因持有的以公允价值计量且其变动计入其他综合收益的金融资产公允价值变动计入其他综合收益的金额分别为80 000元和120 000元。假定甲公司与乙公司适用的会计政策、会计期间相同，投资时乙公司有关资产、负债的公允价值与其账面价值相同，双方在当期及以前期间未发生任何内部交易。

根据上述资料，甲公司在2×22年度财务报表附注中应当披露关于其他综合收益各项目的信息，如表31－20和表31－21所示。

表31－20　　其他综合收益各项目及其所得税影响和转入损益情况

项目	本期发生额			上期发生额		
	税前金额	所得税	税后净额	税前金额	所得税	税后净额
一、不能重分类进损益的其他综合收益	0	0	0	0	0	0
二、将重分类进损益的其他综合收益	32 000	－1 000	33 000	34 000	2 500	31 500

续表

项目	本期发生额			上期发生额		
	税前金额	所得税	税后净额	税前金额	所得税	税后净额
1. 权益法下可转损益的其他综合收益	36 000			24 000		
减：前期计入其他综合收益当期转入损益	0			0		
小计	36 000	0	36 000	24 000	0	24 000
2. 其他债权投资公允价值变动	15 000			10 000		
减：前期计入其他综合收益当期转入损益	－10 000			0		
小计	5 000	1 250	3 750	10 000	2 500	7 500
3. 金融资产重分类计入其他综合收益的金额	－9 000			0		
减：前期计入其他综合收益当期转入损益	0			0		
小计	－9 000	－2 250	－6 750	0	0	0
三、其他综合收益合计	32 000	－1 000	33 000	34 000	2 500	31 500

表 31－21　　其他综合收益各项目的调节情况

项目	权益法下可转损益的其他综合收益	其他债权投资公允价值变动	金融资产重分类计入其他综合收益的金额	其他综合收益合计
一、上年年初余额	0	0	0	0
二、上年增减变动金额（减少以“－”号填列）	24 000	7 500	0	31 500
三、本年年初余额	24 000	7 500	0	31 500
四、本年增减变动金额（减少以“－”号填列）	36 000	3 750	－6 750	33 000
五、本年年末余额	60 000	11 250	－6 750	64 500

（3）在资产负债表日后、财务报告批准报出日前提议或宣布发放的股利总额和每股股利金额（或向投资者分配的利润总额）。

（4）终止经营的收入、费用、利润总额、所得税费用和净利润，以及归属于母公司所有者的终止经营利润。企业披露的上述数据应当是针对终止经营在整个报告期间的经营成果。有关终止经营的内容见第四十二章持有待售的非流动资产、处置组和终止经营。

（5）企业根据相关法规制度，通过内部结算中心、财务公司等对母公司及成员单位资金实行集中统一管理的，应当披露企业实行资金集中管理的事实，作为“货币资金”列示但因资金集中管理支取受限的资金的金额和情况，作为“货币资金”列示、存入财务公司的资金金额和情况，以及与资金集中管理相关的“其他应收款”、“应收资金集中管理款”、“其他应付款”等列报项目、金额及减值有关信息。

（6）对于附有契约条件且归类为非流动负债的贷款安排，且企业推迟清偿负债的权利取决于在资产负债表日后一年内应遵循的契约条件的，企业应当在附注中披露下列信息，以使报表使用者了解该负债可能在资产负债表日后一年内清偿的风险：

①关于契约条件的信息（包括契约条件的性质和企业应遵循契约条件的时间），以及相关负债的账面价值。

②如果存在表明企业可能难以遵循契约条件的事实和情况，则应当予以披露（如企业在报告期内或报告期后已采取行动以避免或减轻潜在的违约事项等）。假如基于企业在资产负债表日的实际情况进行评估，企业将被视为未遵循相关契约条件的，则应当披露这一事实。

（7）企业在根据第三十二章现金流量表进行附注披露时，应当汇总披露与供应商融资安排（又称供应链融资、应付账款融资或反向保理安排，下同）有关的下列信息，以有助于报表使用者评估这些安排对该企业负债、现金流量以及该企业流动性风险敞口的影响：

一是供应商融资安排的条款和条件（如延长付款期限和担保提供情况等）。但是，针对具有不同条款和条件的供应商融资安排，企业应当予以单独披露。

二是报告期期初和期末的下列信息：①属于供应商融资安排的金融负债在资产负债表中的列报项目和账面金额。②上述第①项披露的金融负债中供应商已从融资提供方收到款项的，应披露所对应的金融负债的列报项目和账面金额。③上述第①项披露的金融负债的付款到期日区间（例如自收到发票后的30至40天），以及不属于供应商融资安排的可比应付账款（例如与第①项披露的金融负债属于同一业务或地区的应付账款）的付款到期日区间。如果付款到期日区间的范围较大，企业还应当披露有关这些区间的解释性信息或额外的区间信息（如分层区间）。

三是上述“报告期期初和期末的下列信息”中的第①项披露的金融负债账面金额中不涉及现金收支的当期变动（包括企业合并、汇率变动以及其他不需使用现金或现金等价物的交易或事项）的类型和影响。

同时，企业在根据第三十八章金融工具列报的要求披露流动性风险信息时，应当考虑其是否已获得或已有途径获得通过供应商融资安排向企业提供延期付款或向其供应商提供提前收款的授信。企业在根据第三十八章金融工具列报的要求识别流动性风险集中度时，应当考虑供应商融资安排导致企业将其原来应付供应商的部分金融负债集中于融资提供方这一因素。

以上所称供应商融资安排，应当具有下列特征：一个或多个融资提供方提供资金，为企业支付其应付供应商的款项，并约定该企业根据安排的条款和条件，在其供应商收到款项的当天或之后向融资提供方还款。与原付款到期日相比，供应商融资安排延长了该企业的付款期，或者提前了该企业供应商的收款期。仅为企业提供信用增级的安排（如用作担保的信用证等财务担保）以及企业用于直接与供应商结算应付账款的工具（如信用卡）不属于供应商融资安排。

需要说明的是，企业在首次披露供应商融资安排有关信息时，无需披露可比期间相关信息，并且无需在首次披露供应商融资安排有关信息的年度报告中披露上述“报告期期初和期末的下列信息”中的第②和③项所要求的期初信息；企业无需在首次披露供应商融资安排有关信息的中期报告中披露上述“供应商融资安排的条款和条件”和“报告期期初和期末的下列信息”所要求的信息。

7. 或有和承诺事项、资产负债表日后非调整事项、关联方关系及其交易等需要说明的事项。

企业应当按照有关章的规定进行披露。

8. 有助于财务报表使用者评价企业管理资本的目标、政策及程序的信息。

资本管理受行业监管部门监管要求的金融等行业企业，除遵循相关监管要求外，比如我国商业银行遵循《商业银行资本管理办法（试行）》、《关于进一步贯彻落实新金融工具相关会计准则的通知》（财会〔2020〕22 号）进行有关资本充足率等的信息披露，还应当在财务报表附注中披露有助于财务报表使用者评价企业管理资本的目标、政策及程序的信息。

企业应当基于可获得的信息充分披露如下内容：

（1）企业资本管理的目标、政策及程序的定性信息，包括：①对企业资本管理的说明；②受制于外部强制性资本要求的企业，应当披露这些要求的性质以及企业如何将这些要求纳入其资本管理之中；③企业如何实现其资本管理的目标。

（2）资本结构的定量数据摘要，包括资本与所有者权益之间的调节关系等。比如，有的企业将某些金融负债（如次级债）作为资本的一部分，有的企业将资本视作扣除某些权益项目（如现金流量套期产生的利得或损失）后的部分。

（3）自前一会计期间开始上述（1）和（2）中的所有变动。

（4）企业当期是否遵循了其受制的外部强制性资本要求；以及当企业未遵循外部强制性资本要求时，其未遵循的后果。

企业按照总体对上述信息披露不能提供有用信息时，还应当对每项受管制的资本要求单独披露上述信息，比如，跨行业、跨国家或地区经营的企业集团可能受一系列不同的资本要求监管。

八、衔接规定

企业应当按照《企业会计准则第 38 号——首次执行企业会计准则》的规定，在首次执行日调整资产负债表的“上年年末余额”，涉及有关比较报表数据的，也应当作相应调整。

首次执行日后，企业应当按照本章编报有关报表及附注信息。

第三十二章　现金流量表

一、总体要求

《企业会计准则第 31 号——现金流量表》（以下简称现金流量表准则）规范了现金流量表的编制和列报，既适用于一般企业、也适用于金融企业。企业的现金流转情况在很大程度上影响着企业的生存和发展。企业现金充裕，就可以及时购入必要的材料物资和固定资产，及时支付工资、偿还债务、支付股利和利息；反之，轻则影响企业的正常生产经营，重则危及企业生存。现金管理已经成为企业财务管理的一个重要方面，受到企业管理人员、投资者、债权人以及政府监管部门的关注。

现金流量表，是反映企业一定会计期间现金和现金等价物流入和流出的报表。编制现金流量表的主要目的，是为财务报表使用者提供企业一定会计期间内现金和现金等价物流入和流出的信息，以便于财务报表使用者了解和评价企业获取现金和现金等价物的能力，并据以预测企业未来现金流量。现金流量表的作用主要体现在下列三个方面：一是有助于评价企业支付能力、偿债能力和周转能力；二是有助于预测企业未来现金流量；三是有助于分析企业收益质量及影响现金净流量的因素，掌握企业经营活动、投资活动和筹资活动的现金流量，可从现金流量的角度了解净利润的质量，为分析和判断企业的财务前景提供信息。合并现金流量表的编制和列报，应当按照第三十四章合并财务报表进行会计处理。

二、现金流量表的基本要求

（一）现金流量表的编制基础

现金流量表以现金及现金等价物为基础编制，划分为经营活动、投资活动和筹资活动，按照收付实现制原则编制，将权责发生制下的盈利信息调整为收付实现制下的现金流量信息。

1. 现金。

现金，是指企业库存现金以及可以随时用于支付的存款。不能随时用于支付的存款不属于现金。现金主要包括：

（1）库存现金。库存现金指企业持有可随时用于支付的现金，与“库存现金”科目的核算内容一致。

（2）银行存款。银行存款指企业存入金融机构、可以随时用于支取的存款，与“银行存款”科目核算内容基本一致，但不包括不能随时用于支付的存款。例如，不能随时支取的定期存款等不应作为现金；提前通知金融机构便可支取的定期存款则应当包括在现金范围内。

（3）其他货币资金。其他货币资金指存放在金融机构的外埠存款、银行汇票存款、银行本票存款、信用卡存款和存出投资款等，与“其他货币资金”科目核算内容一致。

2. 现金等价物。

现金等价物，是指企业持有的期限短、流动性强、易于转换为已知金额现金、价值变动风险很小的投资。其中，“期限短”一般是指从购买日起3个月内到期。例如可在证券市场上流通的3个月内到期的短期债券等。

现金等价物虽然不是现金，但其支付能力与现金的差别不大，可视为现金。例如，企业为保证支付能力，手持必要的现金，为了不使现金闲置，可以购买短期债券，在需要现金时，随时可以变现。

现金等价物的定义本身，包含了判断一项投资是否属于现金等价物的四个条件，即：①期限短；②流动性强；③易于转换为已知金额的现金；④价值变动风险很小。其中，期限短、流动性强，强调了变现能力，而易于转换为已知金额的现金、价值变动风险很小，则强调了支付能力的大小。现金等价物通常包括3个月内到期的短期债券投资。权益性投资变现的金额通常不确定，因而不属于现金等价物。

3. 现金及现金等价物范围的确定和变更。

不同企业现金及现金等价物的范围可能不同。企业应当根据经营特点等具体情况，确定现金及现金等价物的范围。商业银行与一般工商企业的现金及现金等价物的范围可能不同，例如，某商业银行的现金及现金等价物包括库存现金、存放中央银行可随时支取的备付金、存放同业款项、拆放同业款项、同业间买入返售证券、短期国债投资等。企业应当根据具体情况，确定现金及现金等价物的范围，一经确定不得随意变更。如果发生变更，应当按照会计政策变更处理。

（二）现金流量的分类及列示

1. 现金流量的分类。

现金流量指企业现金和现金等价物的流入和流出。在现金流量表中，现金及现金等价物被视为一个整体，企业现金（含现金等价物，下同）形式的转换不会产生现金的流入和流出。例如，企业从银行提取现金，是企业现金存放形式的转换，并未流出企业，不构成现金流量。同样，现金与现金等价物之间的转换也不属于现金流量，例如，企业用现金购买 3 个月内到期的国库券。

根据企业业务活动的性质和现金流量的来源，编制现金流量表时将企业一定期间产生的现金流量分为三类：经营活动现金流量、投资活动现金流量和筹资活动现金流量。

（1）经营活动。经营活动，是指企业投资活动和筹资活动以外的所有交易和事项。各类企业由于行业特点不同，对经营活动的认定存在一定差异。对于工商企业而言，经营活动主要包括销售商品、提供劳务、购买商品、接受劳务、支付税费等。对于商业银行而言，经营活动主要包括吸收存款、发放贷款、同业存放、同业拆借等。对于保险公司而言，经营活动主要包括原保险业务和再保险业务等。对于证券公司而言，经营活动主要包括自营证券、代理承销证券、代理兑付证券、代理买卖证券等。

（2）投资活动。投资活动，是指企业长期资产的购建和不包括在现金等价物范围内的投资及其处置活动。长期资产指固定资产、无形资产、在建工程、其他资产等持有期限在一年或一个营业周期以上的资产。这里所讲的投资活动，既包括实物资产投资，也包括非实物资产投资。这里之所以将“包括在现金等价物范围内的投资”排除在投资活动之外，是因为已经将包括在现金等价物范围内的投资视同现金。不同企业由于行业特点不同，对投资活动的认定也存在差异。

（3）筹资活动。筹资活动，是指导致企业资本及债务规模和构成发生变化的活动。这里所说的资本，既包括实收资本（股本），也包括资本溢价（股本溢价）；这里所说的债务，指对外举债，包括向银行借款、发行债券以及偿还债务等。通常情况下，应付账款、应付票据等属于经营活动，不属于筹资活动。

对于企业日常活动之外特殊的、不经常发生的特殊项目，如自然灾害损失、保险赔款、捐赠等，应当归并到相关类别中，并单独反映。比如，对于自然灾害损失和保险赔款，如果能够确指属于流动资产损失，应当列入经营活动产生的现金流量；属于固定资产损失，应当列入投资活动产生的现金流量。如果不能确指，则可以列入经营活动产生的现金流量。捐赠收入和支出，可以列入经营活动。如果特殊项目的现金流量金额不大，则可以列入现金流量类别下的“其他”项目，不单列项目。

2. 现金流量的列示。

通常情况下，现金流量应当分别按照现金流入和现金流出总额列报，从而全面揭示企业现金流量的方向、规模和结构。但是，下列各项可以按照净额列报：

（1）代客户收取或支付的现金以及周转快、金额大、期限短项目的现金流入和现金流出。例如，证券公司代收的客户证券买卖交割费、印花税等，旅游公司代游客支付的房费、餐费、交通费、文娱费、行李托运费、门票费、票务费、签证费等费用。

（2）金融企业的有关项目，主要指期限较短、流动性强的项目。对于商业银行而言，主要包括短期贷款发放与收回的贷款本金、活期存款的吸收与支付、同业存款和存放同业款项的存取、向其他金融企业拆入和拆出资金等净额；对于保险公司而言，主要包括分入再保险合同的现金净额、分出再保险合同的现金净额；对于证券公司而言，主要包括自营证券和代理业务收到或支付的现金净额等。

上述这些项目由于周转快，在企业停留的时间短，企业加以利用的余地比较小，净额更能说明其对企业支付能力、偿债能力的影响；反之，如果以总额反映，反而会放大现金流量，对评价企业的支付能力和偿债能力、分析企业的未来现金流量产生误导。

（三）现金流量表的编制方法及程序

1. 直接法和间接法。

编制现金流量表时，列报经营活动现金流量的方法有两种：一是直接法，二是间接法。这两种方法通常也称为编制现金流量表的方法。

所谓直接法，是指按现金收入和现金支出的主要类别直接反映企业经营活动产生的现金流量，如销售商品、提供劳务收到的现金；购买商品、接受劳务支付的现金等就是按现金收入和支出的类别直接反映的。在直接法下，一般是以利润表中的营业收入为起算点，调节与经营活动有关的项目的增减变动，然后计算出经营活动产生的现金流量。

所谓间接法，是指以净利润为起算点，调整不涉及现金的收入、费用、营业外收支等有关项目，剔除投资活动、筹资活动对现金流量的影响，据此计算出经营活动产生的现金流量。由于净利润是按照权责发生制原则确定的，且包括与投资活动和筹资活动相关的收益和费用，将净利润调节为经营活动现金流量，实际上就是将按权责发生制原则确定的净利润调整为现金净流入，并剔除投资活动和筹资活动对现金流量的影响。

采用直接法编报的现金流量表，便于分析企业经营活动产生的现金流量的来源和用途，预测企业现金流量的未来前景；采用间接法编报现金流量表，便于将净利润与经营活动产生的现金流量净额进行比较，了解净利润与经营活动产生的现金流量差异的原因，从现金流量的角度分析净利润的质量。所以，企业应当采用直接法编报现金流量表，同时应当在附注中提供以净利润为基础调节到经营活动现金流量的信息。

2. 工作底稿法或T型账户法。

在具体编制现金流量表时，可以采用工作底稿法或T型账户法，也可以根据有关科目记录分析填列。

（1）工作底稿法。

采用工作底稿法编制现金流量表，是以工作底稿为手段，以资产负债表和利润表数据为基础，对每一项目进行分析并编制调整分录，从而编制现金流量表。工作底稿法的程序是：

第一步，将资产负债表的期初数和期末数过入工作底稿的期初数栏和期末数栏。

第二步，对当期业务进行分析并编制调整分录。编制调整分录时，要以利润表项目为基础从“营业收入”开始，结合资产负债表项目逐一进行分析。在调整分录中，有关现金和现金等价物的事项，并不直接借记或贷记现金，而是分别记入“经营活动产生的现金流量”、“投资活动产生的现金流量”、“筹资活动产生的现金流量”有关项目。借记表示现金流入，贷记表示现金流出。

第三步，将调整分录过入工作底稿中的相应部分。

第四步，核对调整分录，借方、贷方合计数均已经相等，资产负债表项目期初数加减调整分录中的借贷金额后，等于期末数。

第五步，根据工作底稿中的现金流量表项目部分编制正式的现金流量表。

（2）T型账户法。

采用T型账户法编制现金流量表，是以T型账户为手段，以资产负债表和利润表数据为基础，对每一项目进行分析并编制调整分录，从而编制现金流量表。T 型账户法的程序是：

第一步，为所有的非现金项目（包括资产负债表项目和利润表项目）分别开设 T 型账户，并将各自的期末期初变动数过入各相关账户。如果项目的期末数大于期初数，则将差额过入和项目余额相同的方向；反之，过入相反的方向。

第二步，开设一个大的“现金及现金等价物”T 型账户，每边分为经营活动、投资活动和筹资活动三个部分，左边记现金流入，右边记现金流出。与其他账户一样，过入期末期初变动数。

第三步，以利润表项目为基础，结合资产负债表分析每一个非现金项目的增减变动，并据此编制调整分录。

第四步，将调整分录过入各 T 型账户，并进行核对，该账户借贷相抵后的余额与原先过入的期末期初变动数应当一致。

第五步，根据大的“现金及现金等价物”T 型账户编制正式的现金流量表。

三、现金流量表编制

（一）一般企业现金流量表的编制

现金流量表格式区分一般企业、金融企业等企业类型予以规定。企业应当根据其经营活动的性质，确定本企业适用的现金流量表格式。

一般企业现金流量表格式如表 32 - 1 所示。

表 32 - 1　　现金流量表

会企 03 表

编制单位：　　____年____月　　单位：元

项目	本期金额	上期金额
一、经营活动产生的现金流量：		
销售商品、提供劳务收到的现金		
收到的税费返还		
收到其他与经营活动有关的现金		
经营活动现金流入小计		
购买商品、接受劳务支付的现金		

续表

项目	本期金额	上期金额
支付给职工以及为职工支付的现金		
支付的各项税费		
支付其他与经营活动有关的现金		
经营活动现金流出小计		
经营活动产生的现金流量净额		
二、投资活动产生的现金流量：		
收回投资收到的现金		
取得投资收益收到的现金		
处置固定资产、无形资产和其他长期资产收回的现金净额		
处置子公司及其他营业单位收到的现金净额		
收到其他与投资活动有关的现金		
投资活动现金流入小计		
购建固定资产、无形资产和其他长期资产支付的现金		
投资支付的现金		
取得子公司及其他营业单位支付的现金净额		
支付其他与投资活动有关的现金		
投资活动现金流出小计		
投资活动产生的现金流量净额		
三、筹资活动产生的现金流量：		
吸收投资收到的现金		
取得借款收到的现金		
收到其他与筹资活动有关的现金		
筹资活动现金流入小计		
偿还债务支付的现金		
分配股利、利润或偿付利息支付的现金		
支付其他与筹资活动有关的现金		
筹资活动现金流出小计		
筹资活动产生的现金流量净额		
四、汇率变动对现金及现金等价物的影响		
五、现金及现金等价物净增加额		
加：期初现金及现金等价物余额		
六、期末现金及现金等价物余额		

如表32－1所示，现金流量表的项目主要有：经营活动产生的现金流量、投资活动产生的现金流量、筹资活动产生的现金流量、汇率变动对现金及现金等价物的影响、现金及现金等价物净增加额、期末现金及现金等价物余额等项目。

1. 经营活动产生的现金流量有关项目的编制。

（1）销售商品、提供劳务收到的现金。

本项目反映企业销售商品、提供劳务实际收到的现金，包括销售收入和应向购买者收取的增值税销项税额，具体包括：本期销售商品、提供劳务收到的现金，以及前期销售商品、提供劳务本期收到的现金和本期预收的款项，减去本期销售本期退回的商品和前期销售本期退回的商品支付的现金。企业销售材料和代购代销业务收到的现金，也在本项目反映。本项目可以根据“库存现金”、“银行存款”、“应收票据”、“应收账款”、“合同资产”、“合同负债”、“主营业务收入”、“其他业务收入”等科目的记录分析填列。

【例32－1】甲企业本期销售商品一批，开出的增值税专用发票上注明的销售价款为2 800 000元，增值税销项税额为364 000元，以银行存款收讫；应收票据期初余额为270 000元，期末余额为60 000元；应收账款期初余额为1 000 000元，期末余额为400 000元；年度内核销已发生坏账损失的应收账款为20 000元。另外，本期因商品质量问题发生退货，支付银行存款30 000元，货款已通过银行转账支付。

本期销售商品、提供劳务收到的现金计算如下：

本期销售商品收到的现金	3 164 000
加：本期收到前期的应收票据	210 000（270 000－60 000）
本期收到前期的应收账款	580 000（1000 000－400 000－20 000）
减：本期因销售退回支付的现金	30 000
本期销售商品、提供劳务收到的现金	3 924 000

（2）收到的税费返还。

本项目反映企业收到返还的各种税费，如收到的增值税、所得税、消费税、关税和教育费附加返还款等。企业收到或缴回增值税期末留抵退税款项产生的现金流量，属于经营活动产生的现金流量，应当将收到的增值税期末留抵退税款项有关现金流量在本项目中反映；缴回并继续按规定抵扣进项税额的增值税期末留抵退税款项有关现金流量不在本项目中反映，应当在“支付的各项税费”项目中反映。本项目可以根据有关科目的记录分析填列。

【例 32-2】甲企业前期出口商品一批，已缴纳增值税，按规定应退增值税 8 500 元，前期未退，本期以转账方式收讫；本期收到教育费附加返还款 33 000 元，款项已存入银行。

本期收到的税费返还计算如下：

本期收到的出口退增值税额	8 500
加：收到的退教育费附加返还额	33 000
本期收到的税费返还	41 500

(3) 收到其他与经营活动有关的现金。

本项目反映企业除上述各项目外，收到的其他与经营活动有关的现金，如出租人经营租赁固定资产收到的现金、投资性房地产收到的租金收入、流动资产损失中由个人赔偿的现金收入、除税费返还外的其他政府补助、罚款收入等。其他与经营活动有关的现金，如果金额较大的，应当单列项目反映。本项目可以根据“库存现金”、“银行存款”、“管理费用”、“销售费用”等科目的记录分析填列。

(4) 购买商品、接受劳务支付的现金。

本项目反映企业购买材料、商品、接受劳务实际支付的现金，包括支付的货款以及与货款一并支付的增值税进项税额，具体包括：本期购买商品、接受劳务支付的现金，以及本期支付前期购买商品、接受劳务的未付款项和本期预付款项，减去本期发生的购货退回收到的现金。为购置存货而发生的借款利息资本化部分，应在“分配股利、利润或偿付利息支付的现金”项目中反映。本项目可以根据“库存现金”、“银行存款”、“应付票据”、“应付账款”、“预付账款”、“主营业务成本”、“其他业务成本”等科目的记录分析填列。

【例 32-3】甲公司本期购买原材料，收到的增值税专用发票上注明的材料价款为 150 000 元，增值税进项税额为 19 500 元，款项已通过银行转账支付；本期支付应付票据 100 000 元；购买工程用物资 150 000 元，货款已通过银行转账支付。

本期购买商品、接受劳务支付的现金计算如下：

本期购买原材料支付的价款	150 000
加：本期购买原材料支付的增值税进项税额	19 500
本期支付的应付票据	100 000
本期购买商品、接受劳务支付的现金	269 500

（5）支付给职工以及为职工支付的现金。

本项目反映企业实际支付给职工的现金以及为职工支付的现金，包括企业为获得职工提供的服务，本期实际给予各种形式的报酬以及其他相关支出，如支付给职工的工资、奖金、各种津贴和补贴等，以及为职工支付的其他费用，不包括支付给在建工程人员的工资。支付的在建工程人员的工资，在“购建固定资产、无形资产和其他长期资产所支付的现金”项目中反映。

企业为职工支付的医疗、养老、失业、工伤、生育等社会保险基金、补充养老保险、住房公积金、工会经费，企业为职工交纳的商业保险金，因解除与职工劳动关系给予的补偿，现金结算的股份支付，代扣代缴的个人所得税款，以及企业支付给职工或为职工支付的其他福利费用等，应当根据职工的工作性质和服务对象，分别在“购建固定资产、无形资产和其他长期资产支付的现金”和“支付给职工以及为职工支付的现金”项目中反映。

本项目可以根据“库存现金”、“银行存款”、“应付职工薪酬”等科目的记录分析填列。

【例32－4】 甲企业本期实际支付工资500 000元，其中经营人员工资300 000元，在建工程人员工资200 000元。

本期支付给职工以及为职工支付的现金300 000元。

（6）支付的各项税费。

本项目反映企业按规定支付的各项税费，包括本期发生并支付的税费，以及本期支付以前各期发生的税费和预交的税金，如支付的增值税、消费税、所得税、教育费附加、印花税、房产税、土地增值税、车船税等。不包括本期退回的增值税、所得税等。本期退回的增值税、所得税等，在“收到的税费返还”项目中反映。本项目可以根据“应交税费”、“库存现金”、“银行存款”等科目分析填列。

【例32－5】 甲企业本期向税务机关交纳增值税34 000元；本期发生的所得税3 100 000元已全部交纳，企业期初未交所得税280 000元，期末未交所得税120 000元。

本期支付的各项税费计算如下：

本期支付的增值税额	34 000
加：本期发生并交纳的所得税额	3 100 000
前期发生本期交纳的所得税额	160 000（280 000－120 000）
本期支付的各项税费	3 294 000

（7）支付其他与经营活动有关的现金。

本项目反映企业除上述各项目外，支付的其他与经营活动有关的现金，如支付的差旅费，业务招待费，保险费，按第二十一章租赁的有关内容简化处理的短期租赁和低价值资产的租赁付款额、相关的预付租金和租赁保证金，未纳入租赁负债计量的可变租赁付款额，罚款支出等。其他与经营活动有关的现金，如果金额较大的，应当单列项目反映。本项目可以根据有关科目的记录分析填列。

2. 投资活动产生的现金流量有关项目的编制。

（1）收回投资收到的现金。

本项目反映企业出售、转让或到期收回除现金等价物以外的分类为以公允价值计量且其变动计入当期损益的金融资产（以下简称交易性金融资产）、分类为以摊余成本计量的金融资产（以下简称债权投资）、分类为以公允价值计量且其变动计入其他综合收益的金融资产（以下简称其他债权投资）、指定为以公允价值计量且其变动计入其他综合收益的金融资产（以下简称其他权益工具投资）、长期股权投资等而收到的现金，但不包括债权性投资收回的利息、收回的非现金资产，以及处置子公司及其他营业单位收到的现金净额。债权性投资收回的本金，在本项目反映，债权性投资收回的利息，不在本项目中反映，而在“取得投资收益收到的现金”项目中反映。处置子公司及其他营业单位收到的现金净额单设项目反映。本项目可以根据“交易性金融资产”、“债权投资”、“其他债权投资”、“其他权益工具投资”、“长期股权投资”、“库存现金”、“银行存款”等科目的记录分析填列。

【例 32 – 6】 甲企业出售某项长期股权投资，收回的全部投资金额为 480 000 元；出售某项长期债权性投资，收回的全部投资金额为 410 000 元，其中，60 000 元是债券利息。

本期收回投资所收到的现金计算如下：

收回长期股权投资金额	480 000
加：收回长期债权性投资本金	350 000（410 000 – 60 000）
本期收回投资收到的现金	830 000

（2）取得投资收益收到的现金。

本项目反映企业因股权性投资而分得的现金股利、因债权性投资而取得的现金利息收入。股票股利由于不产生现金流量，不在本项目中反映。包括在现金等价物范围内的债权性投资，其利息收入在本项目中反映。本项目可以根据

“应收股利”、“应收利息”、“投资收益”、“库存现金”、“银行存款”等科目的记录分析填列。

【例32－7】 甲企业期初长期股权投资余额2 000 000元，其中1 500 000元投资于联营企业A企业，占其股本的25%，采用权益法核算，另外200 000元和300 000元分别投资于B企业和C企业，各占被投资企业总股本的5%和10%，该投资作为交易性金融资产进行核算。当年A企业盈利2 000 000元，分配现金股利800 000元；B企业亏损，没有分配股利；C企业盈利600 000元，分配现金股利200 000元。企业已如数收到现金股利。

本期取得投资收益收到的现金计算如下：

取得A企业实际分回的投资收益	200 000（800 000×25%）
加：取得C企业实际分回的投资收益	20 000（200 000×10%）
本期取得投资收益收到的现金	220 000

（3）处置固定资产、无形资产和其他长期资产收回的现金净额。

本项目反映企业出售固定资产、无形资产和其他长期资产（如投资性房地产）所取得的现金，减去为处置这些资产而支付的有关费用后的净额。处置固定资产、无形资产和其他长期资产所收到的现金，与处置活动支付的现金，两者在时间上比较接近，以净额反映更能准确反映处置活动对现金流量的影响。由于自然灾害等原因所造成的固定资产等长期资产报废、毁损而收到的保险赔偿收入，在本项目中反映。如处置固定资产、无形资产和其他长期资产所收回的现金净额为负数，则应当作为投资活动产生的现金流量，在“支付的其他与投资活动有关的现金”项目中反映。本项目可以根据“固定资产清理”、“库存现金”、“银行存款”等科目的记录分析填列。

【例32－8】 乙公司出售一台不需用设备，收到价款30 000元，该设备原价40 000元，已提折旧15 000元。支付该项设备拆卸费用2 000元，运输费用800元，设备已由购入单位运走。

本期处置固定资产、无形资产和其他长期资产所收回的现金净额计算如下：

本期出售固定资产收到的现金	30 000
减：支付出售固定资产的清理费用	2 800
本期处置固定资产、无形资产和其他长期资产收回的现金净额	27 200

（4）处置子公司及其他营业单位收到的现金净额。

本项目反映企业处置子公司及其他营业单位所取得的现金减去子公司或其他营业单位持有的现金和现金等价物以及相关处置费用后的净额。本项目可以根据有关科目的记录分析填列。

由于企业处置子公司或其他营业单位是整体交易，子公司和其他营业单位可能持有现金和现金等价物。这样，整体处置子公司或其他营业单位的现金流量，就应当以处置价款中收到现金的部分，减去子公司或其他营业单位持有的现金和现金等价物以及相关处置费用后的净额反映。

处置子公司及其他营业单位收到的现金净额如为负数，则将该金额填列至“支付其他与投资活动有关的现金”项目中。

（5）收到其他与投资活动有关的现金。

本项目反映企业除上述各项目外，收到的其他与投资活动有关的现金。其他与投资活动有关的现金，如果金额较大的，应当单列项目反映。本项目可以根据有关科目的记录分析填列。

（6）购建固定资产、无形资产和其他长期资产支付的现金。

本项目反映企业购买、建造固定资产，取得无形资产和其他长期资产（如投资性房地产）支付的现金，包括购买机器设备所支付的现金、建造工程支付的现金、支付在建工程人员的工资等现金支出，不包括为购建固定资产、无形资产和其他长期资产而发生的借款利息资本化部分，以及偿还租赁负债本金和利息所支付的现金。为购建固定资产、无形资产和其他长期资产而发生的借款利息资本化部分，在“分配股利、利润或偿付利息支付的现金”项目中反映；偿还租赁负债本金和利息所支付的现金，在“支付的其他与筹资活动有关的现金”项目中反映。本项目可以根据“固定资产”、“在建工程”、“工程物资”、“无形资产”、“使用权资产”、“库存现金”、“银行存款”等科目的记录分析填列。

【例32－9】乙公司购入房屋一幢，价款为1 850 000元，通过银行转账1 800 000元，其他价款用公司产品抵偿。为在建厂房购进建筑材料一批，价款为160 000元，已通过银行转账支付。

本期购建固定资产、无形资产和其他长期资产支付的现金计算如下：

购买房屋支付的现金	1 800 000
加：为在建工程购买材料支付的现金	160 000
本期购建固定资产、无形资产和其他长期资产支付的现金	1 960 000

（7）投资支付的现金。

本项目反映企业进行权益性投资和债权性投资所支付的现金，包括企业取得的除现金等价物以外的交易性金融资产、债权投资、其他债权投资、其他权益工具投资、长期股权投资而支付的现金，以及支付的佣金、手续费等交易费用，但不包括为取得子公司及其他营业单位支付的现金净额。

企业购买股票和债券时，实际支付的价款中包含的已宣告但尚未领取的现金股利或已到付息期但尚未领取的债券利息，应当在“支付的其他与投资活动有关的现金”项目中反映；收回购买股票和债券时支付的已宣告但尚未领取的现金股利或已到付息期但尚未领取的债券利息，应当在“收到的其他与投资活动有关的现金”项目中反映。

本项目可以根据“交易性金融资产”、“债权投资”、“其他债权投资”、“其他权益工具投资”、“长期股权投资”、“库存现金”、“银行存款”等科目的记录分析填列。

【例 32－10】 甲企业以银行存款 2 000 000 元投资于 A 企业的股票。此外，购买某银行发行的金融债券，面值总额为 200 000 元，票面利率 4%，实际支付金额为 202 000 元。

本期投资所支付的现金计算如下：

投资于 A 企业股票的现金总额	2 000 000
投资于某银行金融债券的现金总额	202 000
本期投资支付的现金	2 202 000

（8）取得子公司及其他营业单位支付的现金净额。

本项目反映企业为取得子公司及其他营业单位而支付的对价中以现金支付的部分，减去子公司或其他营业单位持有的现金和现金等价物后的净额。本项目可以根据有关科目的记录分析填列。

整体购买一个单位，其结算方式是多种多样的，如购买方全部以现金支付或一部分以现金支付而另一部分以实物清偿。同时，企业购买子公司及其他营业单位是整体交易，子公司和其他营业单位除有固定资产和存货等外，还可能持有现金和现金等价物。这样，整体购买子公司或其他营业单位的现金流量，就应当以支付对价中以现金支付的部分减去子公司或其他营业单位持有的现金和现金等价物后的净额反映，如为负数应当在“收到其他与投资活动有关的现金”项目中反映。

【例 32－11】 甲企业购买丙企业的一子公司，对价为 1 500 000 元，全部以银行存款转账支付。该子公司的有关资料如表 32－2 所示。

表 32－2　　资产负债表（简表）　　单位：元

资产	金额	负债及所有者权益	金额
现金及银行存款	150 000	短期借款	400 000
存货	300 000	应付账款	500 000
固定资产	1 500 000	长期应付款	200 000
长期股权投资	600 000	实收资本	1 200 000
其他资产	50 000	资本公积	200 000
		盈余公积	100 000
资产总额	2 600 000	负债及所有者权益总额	2 600 000

该子公司有150 000元的现金及银行存款，没有现金等价物，企业的实际现金流出为：

购买子公司对价	1 500 000
减：子公司持有的现金和现金等价物	150 000
本期购买子公司支付的现金净额	1 350 000

（9）支付其他与投资活动有关的现金。

本项目反映企业除上述各项目外，支付的其他与投资活动有关的现金。其他与投资活动有关的现金，如果金额较大的，应当单列项目反映。本项目可以根据有关科目的记录分析填列。

3. 筹资活动产生的现金流量有关项目的编制。

（1）吸收投资收到的现金。

本项目反映企业以发行股票等方式筹集资金实际收到的款项净额（发行收入减去支付的佣金等发行费用后的净额）。以发行股票等方式筹集资金而由企业直接支付的审计、咨询等费用，在“支付其他与筹资活动有关的现金”项目中反映。本项目可以根据“实收资本（或股本）”、“资本公积”、“其他权益工具”、“库存现金”、“银行存款”等科目的记录分析填列。

【例32－12】 甲企业对外公开募集股份1 000 000股，每股面值1元，发行价每股1.1元，代理发行的证券公司为其支付的各种费用，共计15 000元。甲企业已收到银行存款1 085 000元。

本期吸收投资收到的现金计算如下：

发行股票取得的现金	1 085 000
其中：发行总额	1 100 000（1 000 000×1.1）
减：发行费用	15 000
本期吸收投资收到的现金	1 085 000

（2）取得借款收到的现金。

本项目反映企业举借各种短期、长期借款而收到的现金，以及发行债券实际收到的款项净额（发行收入减去直接支付的佣金等发行费用后的净额）。本项目可以根据“短期借款”、“长期借款”、“交易性金融负债”、“应付债券”、“库存现金”、“银行存款”等科目的记录分析填列。

（3）收到其他与筹资活动有关的现金。

本项目反映企业除上述各项目外，收到的其他与筹资活动有关的现金。其他与筹资活动有关的现金，如果金额较大的，应当单列项目反映。本项目可根据有关科目的记录分析填列。

（4）偿还债务支付的现金。

本项目反映企业以现金偿还债务的本金，包括：归还金融企业的借款本金、偿付企业到期的债券本金等。企业偿还的借款利息、债券利息，在“分配股利、利润或偿付利息支付的现金”项目中反映。本项目可以根据“短期借款”、“长期借款”、“交易性金融负债”、“应付债券”、“库存现金”、“银行存款”等科目的记录分析填列。

（5）分配股利、利润或偿付利息支付的现金。

本项目反映企业实际支付的现金股利、支付给其他投资单位的利润或用现金支付的借款利息、债券利息。不同用途的借款，其利息的开支渠道不一样，如在建工程、财务费用等，均在本项目中反映。本项目可以根据“应付股利”、“应付利息”、“利润分配”、“财务费用”、“在建工程”、“制造费用”、“研发支出”、“库存现金”、“银行存款”等科目的记录分析填列。

【例32－13】 甲企业期初应付现金股利为21 000元，本期宣告并已发放现金股利50 000元，期末应付现金股利12 000元。

本期分配股利、利润或偿付利息所支付的现金计算如下：

本期宣告并已发放的现金股利	50 000
加：本期支付的前期应付股利	9 000（21 000－12 000）
本期分配股利、利润或偿付利息支付的现金	59 000

（6）支付其他与筹资活动有关的现金。

本项目反映企业除上述各项目外，支付的其他与筹资活动有关的现金，如以发行股票、债券等方式筹集资金而由企业直接支付的审计、咨询等费用，偿还租赁负债本金和利息所支付的现金，支付的预付租金和租赁保证金，以及以分期付款方式构建固定资产、无形资产等各期支付的现金。其他与筹资活动有关的现金，如果金额较大的，应当单列项目反映。本项目可以根据有关科目的记录分析填列。

4. 汇率变动对现金的影响。

外币现金流量以及境外子公司的现金流量，应当采用现金流量发生日的即期汇率或即期汇率的近似汇率折算。汇率变动对现金的影响额应当作为调节项目，在现金流量表中单独列报。

汇率变动对现金的影响，指企业外币现金流量及境外子公司的现金流量折算成记账本位币时，所采用的是现金流量发生日的即期汇率或即期汇率的近似汇率，而现金流量表中“现金及现金等价物净增加额”项目中外币现金净增加额是按资产负债表日的即期汇率折算。这两者的差额即为汇率变动对现金的影响。

【例 32－14】 甲企业当期出口商品一批，售价为 10 000 美元，款项已收到，收汇当日汇率为 1∶6.90。当期进口货物一批，买价为 5 000 美元，款项已支付，结汇当日汇率为 1∶6.92。资产负债表日的即期汇率为 1∶6.93。假定银行存款的期初余额为 0，当期没有发生其他业务。

汇率变动对现金的影响额计算如下：

经营活动流入的现金	10 000（美元）
汇率变动	×0.03（6.93－6.90）
汇率变动对现金流入的影响额	300（元）
经营活动流出的现金	5 000（美元）
汇率变动	×0.01（6.93－6.92）
汇率变动对现金流出的影响额	50（元）
汇率变动对现金的影响额	250（元）

现金流量表中：

经营活动流入的现金	69 000
经营活动流出的现金	34 600
经营活动产生的现金流量净额	34 400
汇率变动对现金的影响额	250
现金及现金等价物净增加额	34 650

现金流量表补充资料中：

现金及现金等价物净增加情况：

银行存款的期末余额	34 650（5 000 ×6.93）

银行存款的期初余额　0

现金及现金等价物净增加额　34 650

从上例可以看出，现金流量表中“现金及现金等价物净增加额”项目数额与现金流量表补充资料中“现金及现金等价物净增加额”数额相等，应当核对相符。在编制现金流量表时，对当期发生的外币业务，也可不必逐笔计算汇率变动对现金的影响，可以通过现金流量表补充资料中“现金及现金等价物净增加额”数额与现金流量表中“经营活动产生的现金流量净额”、“投资活动产生的现金流量净额”、“筹资活动产生的现金流量净额”三项之和比较，其差额即为“汇率变动对现金的影响额”。

（二）金融企业现金流量表的编制

金融企业应当遵循现金流量表准则的规定编制现金流量表。在现金流量表的列报格式方面，商业银行、证券公司以及执行第二十六章原保险合同、第二十七章再保险合同的保险公司，应当遵循《财政部关于修订印发2018年度金融企业财务报表格式的通知》（财会〔2018〕36号）中的有关规定；执行第二十五章保险合同的保险公司，应当遵循《财政部关于修订印发2023年度保险公司财务报表格式的通知》（财会〔2022〕37号）中的有关规定。

四、现金流量表附注

（一）现金流量表补充资料的编制

现金流量表附注适用于一般企业、金融企业等各类企业。企业应当采用间接法在现金流量表附注中披露将净利润调节为经营活动现金流量的信息。现金流量表补充资料包括将净利润调节为经营活动现金流量、不涉及现金收支的重大投资和筹资活动、现金及现金等价物净变动情况等项目，披露格式如表32－3所示。

表32－3　单位：元

补充资料	本期金额	上期金额
1. 将净利润调节为经营活动现金流量：		
净利润		
加：资产减值准备		
信用减值准备		
固定资产折旧、使用权资产折旧、油气资产折耗、生产性生物资产折旧		

续表

补充资料	本期金额	上期金额
无形资产摊销		
长期待摊费用摊销		
处置固定资产、无形资产和其他长期资产的损失（收益以“－”号填列）		
固定资产报废损失（收益以“－”号填列）		
公允价值变动损失（收益以“－”号填列）		
财务费用（收益以“－”号填列）		
投资损失（收益以“－”号填列）		
递延所得税资产减少（增加以“－”号填列）		
递延所得税负债增加（减少以“－”号填列）		
存货的减少（增加以“－”号填列）		
经营性应收项目的减少（增加以“－”号填列）		
经营性应付项目的增加（减少以“－”号填列）		
其他		
经营活动产生的现金流量净额		
2. 不涉及现金收支的重大投资和筹资活动：		
债务转为资本		
一年内到期的可转换公司债券		
新增使用权资产		
3. 现金及现金等价物净变动情况：		
现金的期末余额		
减：现金的期初余额		
加：现金等价物的期末余额		
减：现金等价物的期初余额		
现金及现金等价物净增加额		

1. 将净利润调节为经营活动现金流量的编制。

（1）资产减值准备。

这里所指的资产减值准备是指除信用减值准备之外的当期计提扣除转回的减值准备，包括：存货跌价准备、投资性房地产减值准备、长期股权投资减值准备、固定资产减值准备、在建工程减值准备、工程物资减值准备、生物性资产减值准备、无形资产减值准备、商誉减值准备、合同资产减值准备、使用权资产减值准备等。企业当期计提和按规定转回的各项资产减值准备，包括在利润表中，属于利润的减除项目，但没有发生现金流出。所以，在将净利润调节为经营活动现金流量时，需要加回。本项目可根据“资产减值损失”科目的记录分析填列。

（2）信用减值准备。

这里所指的信用减值准备，是指企业按照第二十二章金融工具确认和计量的要求在当期计提扣除转回的信用减值准备，包括：坏账准备、债权投资减值准备、贷款损失准备、租赁应收款减值准备等。企业当期计提和按规定转回的各项信用减值准备，包括在利润表中，属于利润的减除项目，但没有发生现金流出。所以，在将净利润调节为经营活动现金流量时，需要加回。本项目可根据“信用减值损失”科目的记录分析填列。

（3）固定资产折旧、使用权资产折旧、油气资产折耗、生产性生物资产折旧。

企业计提的固定资产折旧，有的包括在管理费用等期间费用中，有的包括在制造费用中。计入管理费用等期间费用中的部分，作为期间费用在计算净利润时从中扣除，但没有发生现金流出，在将净利润调节为经营活动现金流量时，需要予以加回。计入制造费用中已经变现的部分，在计算净利润时通过销售成本予以扣除，但没有发生现金流出；计入制造费用中没有变现的部分，既不涉及现金收支，也不影响企业当期净利润。由于在调节存货时，已经从中扣除，在将净利润调节为经营活动现金流量时，需要予以加回。同理，企业计提的油气资产折耗、生产性生物资产折旧、使用权资产折旧，也需要予以加回。本项目可根据“累计折旧”、“累计折耗”、“生产性生物资产折旧”、“使用权资产折旧”等科目的贷方发生额分析填列。

（4）无形资产摊销和长期待摊费用摊销。

企业对使用寿命有限的无形资产计提摊销时，计入管理费用或制造费用。长期待摊费用摊销时，有的计入管理费用，有的计入销售费用，有的计入制造费用。计入管理费用等期间费用和计入制造费用中的已变现的部分，在计算净利润时已从中扣除，但没有发生现金流出；计入制造费用中的没有变现的部分，在调节存货时已经从中扣除，但不涉及现金收支，所以，在将净利润调节为经营活动现金流量时，需要予以加回。本项目可根据“累计摊销”、“长期待摊费用”等科目的贷方发生额分析填列。

（5）处置固定资产、无形资产和其他长期资产的损失（减：收益）。

企业处置固定资产、无形资产和其他长期资产发生的损益，属于投资活动产生的损益，不属于经营活动产生的损益，所以，在将净利润调节为经营活动现金流量时，需要予以剔除。如为损失，在将净利润调节为经营活动现金流量时，应当加回；如为收益，在将净利润调节为经营活动现金流量时，应当扣除。本项目可根据“资产处置损益”等科目所属有关明细科目的记录分析填列；净收益以“-”填列。

【例32-15】2×22年度，甲企业处置设备一台，原价为180 000元，已提折旧110 000元，收到现金80 000元，产生处置收益10 000元［80 000-(180 000-110 000)］。处置固定资产的收益10 000元，在将净利润调节为经营活动现金流量时应当扣除。

（6）固定资产报废损失。

企业发生的固定资产报废损益，属于投资活动产生的损益，不属于经营活动产生的损益，所以，在将净利润调节为经营活动现金流量时，需要予以剔除。如为净损失，在将净利润调节为经营活动现金流量时，应当加回；如为净收益，在将净利润调节为经营活动现金流量时，应当扣除。本项目可根据“营业外支出”、“营业外收入”等科目所属有关明细科目的记录分析填列；如为收益，以“-”填列。

【例32-16】2×22年度，甲企业盘亏机器一台，原价130 000元，已提折旧120 000元；报废汽车一辆，原价为180 000元，已提折旧110 000元；共发生固定资产盘亏、报废损失为80 000元［(130 000-120 000)+(180 000-110 000)］。固定资产盘亏、报废损失80 000元，在将净利润调节为经营活动现金流量时应当加回。

（7）公允价值变动损失（减：收益）。

公允价值变动损失反映企业交易性金融资产、投资性房地产等公允价值变动形成的应计入当期损益的利得或损失。企业发生的公允价值变动损益，通常与企业的投资活动或筹资活动有关，而且并不影响企业当期的现金流量。为此，应当将其从净利润中剔除。如为持有损失，在将净利润调节为经营活动现金流量时，应当加回；如为持有利得，在将净利润调节为经营活动现金流量时，应当扣除。本项目可以根据“公允价值变动损益”科目的发生额分析填列；如为收益，以“-”填列。

【例32-17】2×21年12月31日，甲企业持有交易性金融资产的公允价值为8 000 000元，2×22年度未发生投资性房地产的增减变动，2×22年12月31日，该企业持有交易性金融资产的公允价值为8 050 000元，公允价值变动损益为50 000元。该50 000元的资产持有利得，在将净利润调节为经营活动现金流量时应当扣除。

（8）财务费用。

企业发生的财务费用中不属于经营活动的部分，应当在将净利润调节为经营活动现金流量时将其加回。本项目可根据“财务费用”科目的本期借方发生额分析填列；如为收益，以“－”填列。

【例32－18】2×22年度，甲企业共发生财务费用350 000元，其中属于经营活动的为50 000元，属于筹资活动的为300 000元。属于筹资活动的财务费用300 000元，在将净利润调节为经营活动现金流量时应当加回。

（9）投资损失（减：收益）。

企业发生的投资损益，属于投资活动产生的损益，不属于经营活动产生的损益，所以，在将净利润调节为经营活动现金流量时，需要予以剔除。如为净损失，在将净利润调节为经营活动现金流量时，应当加回；如为净收益，在将净利润调节为经营活动现金流量时，应当扣除。本项目可根据利润表中“投资收益”项目的金额填列；如为投资收益，以“－”填列。

（10）递延所得税资产减少（减：增加）。

递延所得税资产减少使计入所得税费用的金额大于当期应交的所得税税额，二者之间的差额没有发生现金流出，但在计算净利润时已经扣除，在将净利润调节为经营活动现金流量时，应当加回。递延所得税资产增加使计入所得税费用的金额小于当期应交的所得税税额，二者之间的差额并没有发生现金流入，但在计算净利润时已经包括在内，在将净利润调节为经营活动现金流量时，应当扣除。本项目可以根据资产负债表“递延所得税资产”项目期初、期末余额分析填列。

【例32－19】2×22年1月1日，甲企业递延所得税资产借方余额为5 000元。2×22年12月31日，递延所得税资产借方余额为12 500元，增加了7 500元，经分析，该金额是因为该企业计提了固定资产减值准备30 000元，使资产和负债的账面价值与计税基础不一致。递延所得税资产增加的7 500元，在将净利润调节为经营活动现金流量时应当扣减。

（11）递延所得税负债增加（减：减少）。

递延所得税负债增加使计入所得税费用的金额大于当期应交的所得税税

额，二者之间的差额没有发生现金流出，但在计算净利润时已经扣除，在将净利润调节为经营活动现金流量时，应当加回。如果递延所得税负债减少使计入当期所得税费用的金额小于当期应交的所得税税额，二者之间的差额并没有发生现金流入，但在计算净利润时已经包括在内，在将净利润调节为经营活动现金流量时，应当扣除。本项目可以根据资产负债表"递延所得税负债"项目期初、期末余额分析填列。

（12）存货的减少（减：增加）。

期末存货比期初存货减少，说明本期生产经营过程耗用的存货有一部分是期初的存货，耗用这部分存货并没有发生现金流出，但在计算净利润时已经扣除，所以，在将净利润调节为经营活动现金流量时，应当加回。期末存货比期初存货增加，说明当期购入的存货除耗用外，还剩余了一部分，这部分存货也发生了现金流出，但在计算净利润时没有包括在内，所以，在将净利润调节为经营活动现金流量时，需要扣除。当然，存货的增减变化过程还涉及应付项目，这一因素在"经营性应付项目的增加（减：减少）"中考虑。本项目可根据资产负债表中"存货"项目的期初数、期末数之间的差额填列；期末数大于期初数的差额，以"－"填列。如果存货的增减变化过程属于投资活动，如在建工程领用存货，应当将这一因素剔除。

【例32－20】 2×22年1月1日，甲企业存货余额为200 000元。2×22年12月31日，存货余额为360 000元。2×22年度，存货增加了160 000元（360 000－200 000）。存货的增加金额160 000元，在将净利润调节为经营活动现金流量时应当扣除。

（13）经营性应收项目的减少（减：增加）。

经营性应收项目包括应收票据、应收账款、预付账款、合同资产、长期应收款和其他应收款中，与经营活动有关的部分，以及应收的增值税销项税额等。经营性应收项目期末余额小于经营性应收项目期初余额，说明本期收回的现金大于利润表中所确认的销售收入，所以，在将净利润调节为经营活动现金流量时，需要加回。经营性应收项目期末余额大于经营性应收项目期初余额，说明本期销售收入中有一部分没有收回现金，但是，在计算净利润时这部分销售收入已包括在内，所以，在将净利润调节为经营活动现金流量时，需要扣除。本项目应当根据有关科目的期初、期末余额分析填列；如为增加，以"－"填列。

【例32－21】 2×22年1月1日，甲企业应收账款为750 000元，应收票据为230 000元。2×22年12月31日，该企业应收账款为950 000元，应收票据为200 000元。2×22年度内，该企业经营性应收项目年末比年初增加了170 000元［(950 000－750 000)+(200 000－230 000)］。经营性应收项目增加金额170 000元，在将净利润调节为经营活动现金流量时应当扣除。

（14）经营性应付项目的增加（减：减少）。

经营性应付项目包括应付票据、应付账款、预收账款、合同负债、应付职工薪酬、应交税费、应付利息、长期应付款、其他应付款中与经营活动有关的部分，以及应付的增值税进项税额等。经营性应付项目期末余额大于经营性应付项目期初余额，说明本期购入的存货中有一部分没有支付现金，但是，在计算净利润时却通过销售成本包括在内，在将净利润调节为经营活动现金流量时，需要加回；经营性应付项目期末余额小于经营性应付项目期初余额，说明本期支付的现金大于利润表中所确认的销售成本，在将净利润调节为经营活动产生的现金流量时，需要扣除。本项目应当根据有关科目的期初、期末余额分析填列；如为减少，以“－”填列。

【例32－22】2×22年1月1日，甲企业应付账款为600 000元，应付票据为390 000元，应付职工薪酬为10 000元，应交税费为60 000元。2×22年12月31日，该企业应付账款为850 000元，应付票据为300 000元，应付职工薪酬为15 000元，应交税费为40 000元。2×22年度内，该企业经营性应付项目年末比年初增加了145 000元［(850 000－600 000)+(300 000－390 000)+(15 000－10 000)+(40 000－60 000)］。经营性应付项目增加金额145 000元，在将净利润调节为经营活动现金流量时应当加回。

2. 不涉及现金收支的重大投资和筹资活动的披露。

不涉及现金收支的重大投资和筹资活动，反映企业一定期间内影响资产或负债但不形成该期现金收支的所有重大投资和筹资活动的信息。这些投资和筹资活动虽然不涉当期现金收支，但对以后各期的现金流量有重大影响。例如，企业租入设备（短期租赁或低价值资产租赁除外），将形成的负债记入“租赁负债”科目，当期并不支付租金，但以后各期必须为此支付现金，从而在一定期间内形成了一项固定的现金支出。

企业应当在附注中披露不涉及当期现金收支但影响企业财务状况或在未来可能影响企业现金流量的重大投资和筹资活动，主要包括：（1）债务转为资本，反映企业本期转为资本的债务金额；（2）一年内到期的可转换公司债券，反映企业一年内到期的可转换公司债券的本息；（3）新增使用权资产，反映企业本期因租赁而新增的使用权资产。

（二）影响企业现金流量其他重要信息的披露

1. 企业当期取得或处置子公司及其他营业单位。

企业当期取得子公司及其他营业单位的有关信息包括：取得的价格、支付的现金和现金等价物金额、支付的现金和现金等价物净额、取得子公司净资产等信息；企业当期处置子公司及其他营业单位的有关信息包括：处置的价格、收到的现金和现金等价物金额、收到的现金和现金等价物净额、处置子公司的净资产等信息。企业当期取得或处置子公司及其他营业单位有关信息的披露格式如表 32－4 所示。

表 32－4　　单位：元

项目	金额
一、取得子公司及其他营业单位的有关信息：	
1. 取得子公司及其他营业单位的价格	
2. 取得子公司及其他营业单位支付的现金和现金等价物	
减：子公司及其他营业单位持有的现金和现金等价物	
3. 取得子公司及其他营业单位支付的现金净额	
4. 取得子公司的净资产	
流动资产	
非流动资产	
流动负债	
非流动负债	
二、处置子公司及其他营业单位的有关信息：	
1. 处置子公司及其他营业单位的价格	
2. 处置子公司及其他营业单位收到的现金和现金等价物	
减：子公司及其他营业单位持有的现金和现金等价物	
3. 处置子公司及其他营业单位支付的现金净额	
4. 处置子公司的净资产	
流动资产	
非流动资产	
流动负债	
非流动负债	

2. 现金和现金等价物有关信息。

企业在附注中披露与现金和现金等价物有关的下列信息：（1）现金和现金等价物的构成及其在资产负债表中的相应金额；（2）企业持有但不能由母公司或集团内其他子公司使用的大额现金和现金等价物金额。现金和现金等价物有关信息的披露格式如表 32－5 所示。

表 32－5 单位：元

项目	本期金额	上期金额
一、现金		
其中：库存现金		
可随时用于支付的银行存款		
可随时用于支付的其他货币资金		
可用于支付的存放中央银行存款		
存放同业款项		
拆放同业款项		
二、现金等价物		
其中：三个月内到期的债券投资		
三、期末现金及现金等价物余额		
其中：母公司或集团内子公司使用受限的现金和现金等价物		

五、衔接规定

在首次执行日后按照企业会计准则编制的首份年度财务报表（以下简称首份年度财务报表）期间，企业应当按照本章的规定编制现金流量表及附注。

对外提供合并财务报表的，企业应当遵循第三十四章合并财务报表的规定。在首份年度财务报表涵盖的期间内对外提供中期财务报告的，应当遵循第三十三章中期财务报告的规定。

企业应当在附注中披露首次执行企业会计准则财务报表项目金额的变动情况。

首份年度财务报表至少应当包括上年度按照企业会计准则列报的比较信息。企业首份年度现金流量表的“上期金额”，应当根据首次执行日按照企业会计准则编制的期初资产负债表、上期利润表等有关数据和资料填列。

第三十三章　中期财务报告

一、总体要求

在市场经济条件下，投资者、债权人等对公开披露的财务报告信息的及时性和相关性提出了更高的要求。中期财务报告可以使对企业业绩评价和监督管理更加及时，更有助于揭示问题，寻求相应的应对措施，从而规范企业经营者的行为，以满足投资者决策需求。《企业会计准则第 32 号——中期财务报告》规范了企业中期财务报告的编制及应当遵循的确认与计量原则，既适用于一般企业、也适用于金融企业。

中期财务报告，是指以中期为基础编制的财务报告。“中期”，是指短于一个完整的会计年度（自公历 1 月 1 日起至 12 月 31 日止）的报告期间。它可以是一个月、一个季度或者半年，也可以是其他短于一个会计年度的期间，如 1 月 1 日至 9 月 30 日的期间等。由此可以得出，中期财务报告包括月度财务报告、季度财务报告、半年度财务报告，也包括年初至本中期末的财务报告。

中期财务报告至少应当包括以下部分：（1）资产负债表；（2）利润表；（3）现金流量表；（4）附注。这是中期财务报告最基本构成。在编制中期财务报告时，应当注意下列三点：

1. 资产负债表、利润表、现金流量表和附注是中期财务报告至少应当编制的法定内容，对其他财务报表或者相关信息，如所有者权益（或股东权益）变动表等，企业可以根据需要自行决定。但其他财务报表或者相关信息一旦在中期财务报告中提供，就应当遵循本章要求。比如企业需要编制所有者权益（或者股东权益）变动表的，其内容和格式也应当与上年度相一致。

2. 中期资产负债表、利润表和现金流量表的格式和内容，应当与上年度财务报表相一致。但如果当年新施行的会计准则对财务报表格式和内容作了修改的，中期财务报表应当按照修改后的报表格式和内容编制，与此同时，在中期财务报告中提供的上年度比较财务报表的格式和内容也应当作相应的调整。

如 2017 年修订印发的《企业会计准则第 14 号——收入》规定，合同资产和合同负债（满足净额列示条件的除外）应当在资产负债表中单独列示，企业执行该准则后，在提供比较中期财务报告时，应当按新准则的要求作出相应调整。

3. 中期财务报告中的附注相对于年度财务报告中的附注而言，是适当简化的。中期财务报告附注的编制应当遵循重要性原则。如果某项信息没有在中期财务报告附注中披露，会影响到投资者等信息使用者对企业财务状况、经营成果和现金流量判断的正确性，那么就认为这一信息是重要的。但企业至少应当在中期财务报告附注中披露本章规定的信息。

二、中期财务报告编制应遵循的原则

（一）应当遵循与年度财务报告相一致的会计政策

企业在编制中期财务报告时，应当将中期视同为一个独立的会计期间，所采用的会计政策应当与年度财务报表所采用的会计政策相一致。企业在编制中期财务报告时不得随意变更会计政策。

（二）应当遵循重要性原则

重要性原则是企业编制中期财务报告的一项十分重要的原则。在遵循重要性原则时应注意下列几点：

1. 重要性程度的判断应当以中期财务数据为基础，而不得以预计的年度财务数据为基础。这里所指的“中期财务数据”，既包括本中期的财务数据，也包括年初至本中期末的财务数据。

2. 重要性原则的运用应当保证中期财务报告包括与理解企业中期末财务状况和中期经营成果及其现金流量相关的信息。企业在运用重要性原则时，应当避免在中期财务报告中由于不确认、不披露或者忽略某些信息而对信息使用者的决策产生误导。

3. 重要性程度的确定需要根据具体情况作具体分析和职业判断。通常，在判断某一项目的重要性程度时，应当根据所处环境，从项目的性质和金额大小两方面予以判断：一方面，应当考虑该项目的性质是否属于企业日常活动、是否显著影响企业的财务状况、经营成果和现金流量等因素；另一方面，判断项目金额大小的重要性，应当通过单项金额占资产总额、负债总额、所有者权益总额、营业收入总额、营业成本总额、净利润、综合收益总额等直接相关或所属报表单列项目金额的比重加以确定。企业对于各个项目的重要性判断标准一经确定，不得随意变更。在一些特殊情况下，单独依据项目的金额或者性质就可以判断其重要性，例如，企业发生会计政策变更，该变更事项对当期期末财务状况或者当期损益的影响可能比较小，但对以后期间财务状况或者损益的影响却比较大，因此，会计政策变更从性质上属于重要事项，应当在财务报告中予以披露。

（三）应当遵循及时性原则

编制中期财务报告的目的是为了向会计信息使用者提供比年度财务报告更加及时的信息，以提高会计信息的决策有用性。中期财务报告所涵盖的会计期间短于一个会计年度，其编报的时间通常也短于年度财务报告，所以，中期财务报告应当能够提供比年度财务报告更加及时的信息。为了体现企业编制中期财务报告的及时性原则，中期财务报告计量相对于年度财务数据的计量而言，在很大程度上依赖于估计。例如，企业通常在会计年度末对存货进行全面、详细的实地盘点，因此，对年末存货可以达到较为精确的计价。但是，在中期末，由于时间上的限制和成本方面的考虑，有时不大可能对存货进行全面、详细的实地盘点，在这种情况下，对于中期末存货的计价就可在更大程度上依赖于会计估计，但是，企业应当确保所提供的中期财务报告包括了相关的重要信息。

需要强调的是，中期财务报告编制的重要性和及时性原则，是企业编制中期财务报告时需要特殊考虑的两个关键因素。同时，对于其他会计原则，比如可比性原则、谨慎性原则、实质重于形式原则等，企业在编制中期财务报告时也应当像年度财务报告一样予以遵循。

三、中期财务报告的编制

（一）中期财务报告编制中的确认与计量

1. 中期财务报告编制中的确认与计量的基本原则。

（1）中期会计要素的确认和计量原则应当与年度财务报表相一致。

中期财务报告中各会计要素的确认和计量原则应当与年度财务报告所采用的原则相一致。即企业在中期根据所发生交易或者事项，对资产、负债、所有者权益（股东权益）、收入、费用和利润等会计要素进行确认和计量时，应当符合相应会计要素定义和确认、计量标准，不能因为财务报告期间的缩短（相对于会计年度而言）而改变。

企业在编制中期财务报告时，不能根据会计年度内以后中期将要发生的交易或者事项来判断当前中期的有关项目是否符合会计要素的定义，也不能人为均衡会计年度内各中期的收益。

【例33-1】 甲图书出版公司对外征订图书，收到订单和购书款与发送图书分属于不同的中期，则企业在收到订单和购书款的中期就不能确认图书的销售收入，因为此时图书的控制权尚未转移，不符合收入确认的条件，企业只能在发送图书，并且图书控制权已经转移给客户的中期才能确认收入。

企业在中期资产负债表日对于待处理财产损溢项目，也应当像会计年度末一样，将其计入当期损益，不能递延到以后中期，因为它已经不符合资产的定义和确认标准。

【例33-2】 乙公司为一家化工生产企业，需要编制季度财务报告。2×22年6月30日，乙公司在盘点库存时，发现一批账面价值为100万元的存货已经毁损。

本例中，对乙公司而言，该批存货已无任何价值，不会再给企业带来经济利益，不再符合资产的定义。因此，在编制乙公司第2季度财务报告时，该批存货就不能再作为资产列示，而应当确认一项损失。

企业在中期资产负债表日不能把潜在义务（即使该义务很可能在会计年度的以后中期变为现时义务）确认为负债，也不能把当时已经符合负债确认条件的现时义务（即使履行该义务的时间和金额还须等到会计年度以后中期才能够完全确定）递延到以后中期进行确认。

【例33-3】 丙公司是一家软件开发商，需要编制季度财务报告。2×22年4月1日，丙公司将其2×22年新版MNX管理信息系统软件投放市场，市场前景看好。4月10日，丙公司收到丁公司（丁公司为一家财务软件开发商）来函，声明MNX管理信息系统软件中的财务管理软件包与该公司开发的并已于2×21年申请专利的财务管理系统相同，要求丙公司停止侵权，并赔偿损失1 000万元。丙公司不服，继续销售其新产品。丁公司遂于4月15日将丙公司告上法庭，要求丙公司停止侵权行为，公开道歉，并赔偿该公司损失1 000万元。法院受理了此案，随后作了数次调查取证后，初步认定丙公司的确侵犯了丁公司的专利权，根据有关规定，将要赔偿丁公司大约800万~1 000万元的损失。为此，丙公司在6月30日提出，希望能够庭外和解，丁公司初步表示同意。8月2日，双方经过数次调解，没有达成和解协议，只能再次通过法律诉讼程序。9月20日，法院判决，丙公司立即停止对丁公司的侵权行为，赔偿丁公司损失980万元，并在媒体上公开道歉。丙公司不服，继续上诉。12

月1日，二审判决，维持原判。2×23年1月20日，根据最终判决，丙公司被强制执行，向丁公司支付侵权赔偿款980万元。

本例中，尽管从2×22年度财务报表的角度，该事项已经属于确定事项，980万元的赔偿款应当在丙公司2×22年年度资产负债表中确认为一项负债。但是，由于丙公司需要编制季度财务报告，这样在2×22年第2季度，该事项属于或有事项，且在2×22年第2季度末，丙公司已经可以合理预计在诉讼案中公司将很可能会败诉，需要向丁公司赔偿由于侵权导致的损失，公司在当时已经承担了一项现时义务，而且赔偿金额可以可靠估计，因此应当在2×22年第2季度末就确认一项负债（即预计负债），金额为900万元［(800+1 000)/2］，而不是等到以后季度或者年末时再予确认。在2×22年第3季度财务报告中，由于法院一审已经判决，要求丙公司赔偿980万元，所以，丙公司在第3季度财务报告中还应当再确认80万元负债，以反映丙公司在第3季度末的现时义务。与此同时，作为预计负债和会计估计变更事项，丙公司还应当在附注中作相应披露。

（2）中期会计计量应当以年初至本中期末为基础。

中期会计计量应当以年初至本中期末为基础，财务报告的频率不应当影响年度结果的计量。也就是说，无论企业中期财务报告的频率是月度、季度还是半年度，企业中期会计计量的结果最终应当与年度财务报告中的会计计量结果相一致。为此，企业中期财务报告的计量应当以年初至本中期末为基础，即企业在中期应当以年初至本中期末作为中期会计计量的期间基础，而不应当以本中期作为会计计量的期间基础。

【例33-4】 丙公司于2×22年11月利用专门借款资金开工兴建一项固定资产。2×23年3月1日，固定资产建造工程由于资金周转发生困难而停工。公司预计在1个半月内即可获得补充专门借款，解决资金周转问题，工程可以重新施工。

根据第十七章借款费用，固定资产的购建活动发生非正常中断并且中断时间连续超过3个月的，应当暂停借款费用的资本化，将在中断期间发生的借款费用确认为当期费用，直至资产的购建活动重新开始。据此，在第1季度末，公司考虑到所购建固定资产的非正常中断时间将短于3个月，所以，在编制2×23年第1季度财务报告时，没有中断借款费用的资本化，将3月份发生的符合资本化条件的借款费用继续资本化，计入在建工程成本。后来的事实发展表明，公司直至2×23年6月15日才获得补充专门借款，工程才重新开工。

这样，公司在编制2×23年第2季度财务报告时，如果仅仅以第2季度发生的交易或者事项作为会计计量的基础，那么，公司在第2季度发生工程非正常中断的时间也只有2个半月，短于第十七章借款费用中关于借款费用应当暂停资本化的3个月的期限，从而在第2季度内将4月1日至6月15日之间所发生的与购建固定资产有关的借款费用将继续资本化，计入在建工程成本。

显然，上述处理是错误的。因为，如果企业只需编制年度财务报告，不必编制季度财务报告，那么，从全年来看，企业建造固定资产工程发生非正常中断的时间为3个半月，企业应当暂停这3个半月内所发生借款费用资本化。也就是说，如果以整个会计年度作为会计计量的基础，上述3月1日至6月15日之间发生的借款费用都应当予以费用化，计入当期损益。而如果仅仅以每一报告季度作为会计计量的基础，则上述3月1日至6月15日之间发生的相关借款费用都将继续资本化，计入在建工程成本。季度计量的结果与年度计量的结果将发生不一致，而这种不一致的产生就是由于财务报告的频率由按年编报变为按季编报所致。毫无疑问，单纯以季度为基础对上述固定资产建造中断期间所发生的借款费用进行计量是不正确的。为了避免企业中期会计计量与年度会计计量的不一致，防止企业因财务报告的频率而影响其年度财务结果的计量，企业应当以年初至本中期末为期间基础进行中期会计计量。

在本例中，当企业编制第2季度财务报告时，对于所购建固定资产中断期间所发生的借款费用的会计处理，应当以2×23年1月1日至6月30日的期间为基础。显然，在1月1日至6月30日的期间基础之上，所购建固定资产的中断期间超过了3个月，应当将中断期间所发生的所有借款费用全部费用化，所以，在编制第2季度财务报告时，不仅第2季度4月1日至6月15日之间发生的借款费用应当费用化，计入第2季度的损益，而且，上一季度已经资本化了的3月份的借款费用也应当费用化，调减在建工程成本，调增财务费用，这样计量的结果将能够保证中期会计计量结果与年度会计计量结果相一致，实现财务报告的频率不影响年度结果计量的目标。

需要说明的是，本例还涉及会计估计变更事项，因此，企业还应当在其第2季度财务报告附注中作相应披露。

（3）中期采用的会计政策应当与年度财务报告相一致，会计政策、会计估计变更应当符合规定。

为了保持企业前后各期会计政策的一贯性，以提高会计信息的可比性和有用性，企业在中期不得随意变更会计政策，应当采用与年度财务报告相一致的会计政策。如果上年度资产负债表日之后按规定变更了会计政策，且该变更后的会计政策将在本年度财务报告中采用，中期财务报告应当采用该变更后的会计政策。

对于中期会计政策的变更需要注意下列两点：

①企业变更会计政策应当符合第二十九章会计政策、会计估计变更和差错更正的有关条件，即企业只有在满足下列条件之一时，才能在中期进行会计政策变更：一是法律、行政法规或者国家统一的会计制度等要求变更；二是会计政策变更能够提供更可靠、更相关的会计信息。

②企业在中期进行会计政策变更时，通常应当确保该项会计政策亦将在年度财务报告中采用，即不允许企业在同一会计年度的各个中期之间随意变更会计政策，但符合国家法律、行政法规以及相关会计准则规定的除外。

对于会计估计变更，在同一会计年度内，以前中期财务报表项目在以后中期发生了会计估计变更的，以后中期财务报表应当反映该会计估计变更后的金额，但对以前中期财务报表项目金额不作调整。也就是说，企业在一个会计年度内，前一个或者几个中期（如季度）的会计估计在以后一个中期或者几个中期（如季度）里发生了变更，不需要对以前中期已经报告过的会计估计金额作追溯调整，也不重编以前中期的财务报表。

会计估计变更的影响数计入变更当期，如果还影响到以后期间，还应当将会计估计变更的影响数计入以后期间，同时在附注中作相应披露。

2. 季节性、周期性或者偶然性取得收入的确认和计量。

企业取得季节性、周期性或者偶然性收入，应当在发生时予以确认和计量，不应当在中期财务报表中预计或者递延，但会计年度末允许预计或者递延的除外。

企业经营的季节性特征，是指企业营业收入的取得或者营业成本的发生主要集中在全年度的某一季节或者某段期间内。例如，供暖企业的营业收入主要来自于冬季；冷饮企业的营业收入主要来自于夏季。

企业经营的周期性特征，是指企业每隔一个周期就会稳定地取得一定的收入或者发生一定的成本的情况。例如某房地产开发企业开发房地产通常需要一个周期，如需要 2 ~ 3 年才能完成开发，而该企业又不同时开发多个项目，这样在房地产开发完成并出售之前，企业不能确认收入，所发生的相关成本费用则作为房地产的开发成本，企业通常只有在将所开发完成的房地产对外出售之后满足收入确认条件时才能确认收入。

通常情况下，企业各项收入一般是在一个会计年度的各个中期内均匀发生的，各中期之间实现的收入差异不会很大。但是，因季节性、周期性或者偶然性取得的收入，往往集中在会计年度的个别中期内。对于这些收入，企业应当在发生时予以确认和计量，不应当在中期财务报告中予以预计或者递延，也就是说，企业应当在这些收入取得并实现时及时予以确认和计量，不应当为了平衡各中期的收益而将这些收入在会计年度的各个中期之间进行分摊。同时，季节性、周期性或者偶然性取得的收入在会计年度末允许预计或者递延的，则在中期财务报表中也允许预计或者递延。这些收入的确认标准和计量基础应当遵循第十五章收入等有关内容。

【例33－5】丁公司为一家房地产开发公司，采取滚动开发房地产的方式，即每开发完成一个房地产项目后，再开发下一个房地产项目。该公司于2×22年1月1日开始开发一住宅小区，小区建成完工需2年。公司采取边开发、边销售楼盘的策略。假定该公司在2×22年各季度分别收到楼盘销售款1 000万元、3 000万元、2 500万元和2 000万元；为小区建设分别发生开发成本2 000万元、1 500万元、2 200万元和1 800万元；在2×23年各季度分别收到楼盘销售款2 500万元、3 000万元、3 000万元和1 000万元；为小区建设分别发生开发成本1 000万元、1 700万元、1 500万元和300万元。小区所有商品房于2×23年11月完工，12月全部交付给购房者，并办理完有关产权手续。

本例中，丁公司的经营业务具有明显的周期性特征，公司只有在每隔一个周期，待房地产开发完成并实现对外销售后，才能确认收入，即公司只有在2×23年12月所建商品房完工后，商品房的控制权已经转移给了购房者，符合收入确认标准后，才能确认收入。这一收入就属于周期性取得的收入，在2×23年12月之前的各中期都不能预计收入，也不能将已经收到的楼盘销售款直接确认为收入，企业应当在收到这些款项时将其作为合同负债处理。对于开发小区所发生的成本也应当首先归集在“开发成本”中，待到确认收入时，再结转相应的成本。另外，该公司对于其经营的周期性特征，则应当在各有关中期财务报告附注中予以披露。

3. 会计年度中不均匀发生的费用的确认与计量。

企业在会计年度中不均匀发生的费用，应当在发生时予以确认和计量，不应在中期财务报表中预提或者待摊，但会计年度末允许预提或者待摊的除外。

通常情况下，与企业生产经营和管理活动有关的费用往往是在一个会计年度的各个中期内均匀发生的，各中期之间发生的费用不会有较大差异。但是，对于一些费用，如员工培训费等，往往集中在会计年度的个别中期内。对于这些会计年度中不均匀发生的费用，企业应当在发生时予以确认和计量，不应当在中期财务报表中予以预提或者待摊。也就是说，企业不应当为了使各中期之间收益的平滑而将这些费用在会计年度的各个中期之间进行分摊。如果会计年度内不均匀发生的费用在会计年度末允许预提或者待摊，则在中期末也允许预提或者待摊。

【例 33－6】 甲公司根据年度培训计划，在 2×22 年 6 月份对员工进行了专业技能和管理知识方面的集中培训，共发生培训费用 30 万元。

本例中，对于该项培训费用，公司应当直接计入 6 月份的损益，不能在 6 月份之前预提，也不能在 6 月份之后待摊。

（二）中期合并财务报表的编报要求

上年度编制合并财务报表的，中期期末应当编制合并财务报表。上年度财务报告除了包括合并财务报表，还包括母公司财务报表的，中期财务报告也应当包括母公司财务报表。具体包括下列内容：

1. 上年度编报合并财务报表的企业，其中期财务报告也应当编制合并财务报表，而且合并财务报表的合并范围、合并原则、编制方法和合并财务报表的格式与内容等也应当与上年度合并财务报表相一致。但当年企业会计准则有新规定的除外。

2. 上年度财务报告包括了合并财务报表，但报告中期内处置了所有应纳入合并范围的子公司的，中期财务报告应包括当年子公司处置前的相关财务信息。

3. 企业在报告中期内新增子公司的，在中期末就应当将该子公司财务报表纳入合并财务报表的合并范围中。

4. 应当编制合并财务报表的企业，如果在上年度财务报告中除了提供合并财务报表之外，还提供了母公司财务报表，那么在其中期财务报告中除了应当提供合并财务报表之外，也应当提供母公司财务报表。

（三）比较财务报表的编报要求

为了提高财务报告信息的可比性、相关性和有用性，企业在中期末除了编制中期末资产负债表、中期利润表和现金流量表之外，还应当提供前期比较财务报表。中期财务报告应当按照下列规定提供比较财务报表：

1. 本中期末的资产负债表和上年度末的资产负债表。

2. 本中期的利润表、年初至本中期末的利润表以及上年度可比期间的利润表。其中，上年度可比期间的利润表包括：上年度可比中期的利润表和上年度年初至上年可比中期末的利润表。

3. 年初至本中期末的现金流量表和上年度年初至上年可比中期末的现金流量表。

【例33－7】乙企业按照要求需提供季度财务报告，则该企业在截至2×22年3月31日、6月30日和9月30日分别提供各季度财务报告（即第1、2、3季度财务报告）中就应当分别提供如下财务报表：

（1）2×22年第1季度财务报告应当提供的财务报表如表33－1所示。

表33－1

报表类别	本年度中期财务报表时间（或期间）	上年度比较财务报表时间（或期间）
资产负债表	2×22年3月31日	2×21年12月31日
利润表*	2×22年1月1日至3月31日	2×21年1月1日至3月31日
现金流量表	2×22年1月1日至3月31日	2×21年1月1日至3月31日

注：*在第1季度财务报告中，“本中期”与“年初至本中期末”的期间是相同的，所以在第1季度财务报告中只需提供一张利润表，因为在第1季度，本中期利润表即为年初至本中期末利润表，相应地，上年度的比较财务报表也只需提供一张利润表。

（2）2×22年第2季度财务报告应当提供的财务报表如表33－2所示。

表33－2

报表类别	本年度中期财务报表时间（或期间）	上年度比较财务报表时间（或期间）
资产负债表	2×22年6月30日	2×21年12月31日
利润表（本中期）	2×22年4月1日至6月30日	2×21年4月1日至6月30日
利润表（年初至本中期末）	2×22年1月1日至6月30日	2×21年1月1日至6月30日
现金流量表	2×22年1月1日至6月30日	2×21年1月1日至6月30日

（3）2×22年第3季度财务报告应当提供的财务报表如表33－3所示。

表 33－3

报表类别	本年度中期财务报表时间（或期间）	上年度比较财务报表时间（或期间）
资产负债表	2×22 年 9 月 30 日	2×21 年 12 月 31 日
利润表（本中期）	2×22 年 7 月 1 日至 9 月 30 日	2×21 年 7 月 1 日至 9 月 30 日
利润表（年初至本中期末）	2×22 年 1 月 1 日至 9 月 30 日	2×21 年 1 月 1 日至 9 月 30 日
现金流量表	2×22 年 1 月 1 日至 9 月 30 日	2×21 年 1 月 1 日至 9 月 30 日

需要说明的是，企业在中期财务报告中提供比较财务报表时，应当注意下列几个方面：

（1）企业在中期内按新会计准则的规定，对财务报表项目进行了调整，则上年度比较财务报表项目及其金额应当按照本年度中期财务报表的要求进行重新分类，以确保其与本年度中期财务报表的相应信息相互可比。同时，企业还应当在附注中说明财务报表项目重新分类的原因及内容。如果企业因原始数据收集、整理或者记录等方面的原因，无法对比较财务报表中的有关项目进行重新分类，应当在附注中说明不能进行重新分类的原因。

（2）企业在中期内发生了会计政策变更的，其累积影响数能合理确定且涉及本会计年度以前中期财务报表净损益和其他相关项目数字的，应当予以追溯调整，视同该会计政策在整个会计年度一贯采用；对于比较财务报表可比期间以前的会计政策变更的累积影响数，应当根据规定调整比较财务报表最早期间的期初留存收益，财务报表其他相关项目的数字也应当一并调整。同时，在附注中说明会计政策变更的性质、内容、原因及其影响数；无法追溯调整的，应当说明原因。

（3）对于在本年度中期内发生的调整以前年度损益事项，企业应当调整本年度财务报表相关项目的年初数，同时，中期财务报告中相应的比较财务报表也应当为已经调整以前年度损益后的报表。

（四）中期财务报告附注

1. 中期财务报告附注披露要求。

中期财务报告附注，是对中期资产负债表、利润表、现金流量表等报表中列示项目的文字描述或明细资料，以及对未能在这些报表中列示项目的说明等。其目的是使财务报告信息对会计信息使用者的决策更加相关、有用，但同时又要考虑成本效益原则。

（1）中期财务报告附注应当以年初至本中期末为基础披露。

编制中期财务报告的目的是为了向报告使用者提供自上年度资产负债表日之后所发生的重要交易或者事项，因此，中期财务报告附注应当以“年初至本中期末”为基础进行编制，而不应当仅仅只披露本中期所发生的重要交易或者事项。

【例33－8】 丙公司需要编制季度财务报告，该公司在2×22年3月5日对外进行重大投资，设立一家子公司。

本例中，对于这一事项，丙公司不仅应当在2×22年度第1季度财务报告附注中予以披露，在2×22年度第2季度财务报告和第3季度财务报告附注中也应当予以披露。

【例33－9】 丁公司为一家水果生产和销售企业，需要对外提供季度财务报告，公司水果的收获和销售主要集中在每年的第3季度。该公司在2×22年1月1日至9月30日（即年初至第3季度末）间累计实现净利润400万元，其中第1季度发生亏损1 400万元，第2季度发生亏损1 200万元，第3季度实现净利润3 000万元。第3季度末的存货（库存水果）为150万元，公司考虑到该批存货已经过了销售旺季，可变现净值已经远低于账面价值，确认了存货跌价损失120万元。

本例中，尽管该批存货跌价损失仅仅占丁公司第3季度净利润总额的4%（120/3 000），可能并不重要。但是，该项损失占公司1～9月份累计净利润的30%（120/400），对于理解丁公司2×22年第1～9月份的经营成果来讲，却属于重要事项。所以，丁公司应当在第3季度财务报告附注中披露该事项。在实务工作中，企业还应当综合考虑资产规模、经营特征等因素，以对重要性作出较为合理的判断。

（2）中期财务报告附注应当对自上年度资产负债表日之后发生的重要交易或者事项进行披露。

为了全面反映企业财务状况、经营成果和现金流量，中期财务报告附注应当以年初至本中期末为基础编制，披露自上年度资产负债表日之后发生的，有助于理解企业财务状况、经营成果和现金流量变化情况的重要交易或者事项。此外，对于理解本中期财务状况、经营成果和现金流量有关的重要交易或者事项，也应当在附注中作相应披露。

【例33－10】 甲公司在2×22年1月1日至6月30日累计实现净利润2 500万元，其中，第2季度实现净利润80万元，公司在第2季度转回前期计提的坏账准备100万元，第2季度末应收账款账面余额为800万元。

本例中，尽管该公司第2季度转回的坏账准备仅仅占甲公司1~6月份净利润总额的4%（100/2 500），可能并不重要，但是该项转回金额占第2季度净利润的125%（100/80），占第2季度末应收账款账面余额的12.5%（100/800），对于理解第2季度（4~6月份）经营成果和第2季度末财务状况而言，属于重要事项，所以，甲公司应当在第2季度财务报告附注中披露该事项。在实务工作中，企业还应当综合考虑资产规模、经营特征等因素，以对重要性作出较为合理的判断。

2. 中期财务报告附注披露内容。

中期财务报告附注至少应当包括下列信息：

（1）中期财务报告所采用的会计政策与上年度财务报表相一致的声明。企业在中期会计政策发生变更的，应当说明会计政策变更的性质、内容、原因及其影响数；无法进行追溯调整的，应当说明原因。

（2）会计估计变更的内容、原因及其影响数；影响数不能确定的，应当说明原因。

（3）前期差错的性质及其更正金额；无法进行追溯重述的，应当说明原因。

（4）企业经营的季节性或者周期性特征。

（5）存在控制关系的关联方发生变化的情况；关联方之间发生交易的，应当披露关联方关系的性质、交易类型和交易要素。

（6）合并财务报表的合并范围发生变化的情况。

（7）对性质特别或者金额异常的财务报表项目的说明。

（8）证券发行、回购和偿还情况。

（9）向所有者分配利润的情况，包括在中期内实施的利润分配和已提出或者已批准但尚未实施的利润分配情况。

（10）根据第三十六章分部报告披露分部报告信息的，应当披露报告分部的分部收入与分部利润（亏损）。

（11）中期资产负债表日至中期财务报告批准报出日之间发生的非调整事项。

（12）上年度资产负债表日以后所发生的或有负债和或有资产的变化情况。

（13）企业结构变化情况，包括企业合并，对被投资单位具有重大影响、共同控制或者控制关系的长期股权投资的购买或者处置，终止经营等。

（14）其他重大交易或者事项，包括重大的长期资产转让及其出售情况、重大的固定资产和无形资产取得情况、重大的研究和开发支出、重大的资产减值损失情况等。

企业在提供上述第（5）项和第（10）项有关关联方交易、分部收入与分部利润（亏损）信息时，应当同时提供本中期（或者本中期末）和本年度初至本中期末的数据，以及上年度可比中期（或者可比期末）和可比年初至本中期末的比较数据。

此外，在同一会计年度内，如果以前中期财务报告中的某项估计金额在最后一个中期发生了重大变更、而企业又不单独编制该最后中期的财务报告的，企业应当在年度财务报告的附注中披露该项会计估计变更的内容、原因及其影响金额。例如，某公司需要编制季度财务报告，但不需单独编制第4季度财务报告。假设该公司在第4季度里，对第1、2或者第3季度财务报表中所采用的会计估计，如固定资产折旧年限、资产减值、预计负债等估计作了重大变更，则需要在其年度财务报告附注中，按照第二十九章会计政策、会计估计变更和差错更正披露该项会计估计变更的内容、原因及其影响金额。同样地，假如一家公司是需要编制半年度财务报告的企业，但不单独编制下半年财务报告，如果该公司对于上半年财务报告中所采用的会计估计在下半年作了重大变更，应当在其年度财务报告的附注中予以说明。

（五）中期会计政策变更的处理

企业在中期发生了会计政策变更的，应当按照第二十九章会计政策、会计估计变更和差错更正处理，并在财务报告附注中作相应披露。会计政策变更的累积影响数能够合理确定且涉及本会计年度以前中期财务报表相关项目数字的，应当予以追溯调整，视同该会计政策在整个会计年度一贯采用；同时，上年度可比中期财务报表也应当作相应调整。

一般情况下，中期会计政策变更时，企业应当根据本章的要求，对以前年度比较中期财务报表最早期间的期初留存收益和这些财务报表其他相关项目的数字，进行追溯调整；同时，涉及本会计年度内会计政策变更以前各中期财务报表相关项目数字的，也应当予以追溯调整，视同该会计政策在整个会计年度和可比中期财务报表期间一贯采用。反之，会计政策变更的累积影响数不能合理确定，以及不涉及本会计年度以前中期财务报表相关项目数字的，应当采用未来适用法。同时，在财务报表附注中说明会计政策变更的性质、内容、原因及其影响数，如果累积影响数不能合理确定的，也应当说明理由。

企业中期财务报告中应披露下列会计政策变更的影响数：披露会计政策变更对以前年度的累积影响数，包括对比较中期财务报表最早期间期初留存收益的影响数、以前年度可比中期损益的影响数；披露会计政策变更对变更中期、年初至变更中期末损益的影响数；披露会计政策变更对当年度会计政策变更前各中期损益的影响数。

企业需要编制季度财务报告的，对会计政策变更的累积影响数能够合理确定且涉及本会计年度以前中期财务报表相关项目数字进行调整时，如果会计政策变更发生在会计年度的第 1 季度，企业除了计算会计政策变更的累积影响数并作相应的账务处理之外，在财务报表的列报方面，只需要根据变更后的会计政策编制第 1 季度和当年度以后季度财务报表，并对提供的以前年度比较财务报表最早期间的期初留存收益和这些财务报表的其他相关项目数字作相应调整。在财务报告附注的披露方面，应当披露会计政策变更对以前年度的累积影响数（包括对比较财务报表最早期间期初留存收益的影响数和以前年度可比中期损益的影响数）和对第 1 季度损益的影响数，在当年度第 1 季度之后的其他季度财务报表附注中，则应当披露第 1 季度发生的会计政策变更对当季度损益的影响数和年初至本季度末损益的影响数。

如果企业的会计政策变更发生在会计年度内第 1 季度之外的其他季度，如第 2 季度、第 3 季度等，其会计处理相对于会计政策变更发生在第 1 季度而言要复杂一些。企业除了应当计算会计政策变更的累积影响数并作相应的账务处理之外，在财务报表的列报方面，还需要调整提供的以前年度比较财务报表最早期间的期初留存收益和比较财务报表其他相关项目的数字，以及在会计政策变更季度财务报告中或者变更以后季度财务报告中所涉及的本会计年度内发生会计政策变更之前季度财务报表相关项目的数字。在财务报告的附注披露方面，企业需要披露会计政策变更对以前年度的累积影响数，主要有：（1）对比较财务报表最早期间期初留存收益的影响数；（2）以前年度可比中期损益的影响数，包括可比季度损益的影响数和可比年初至季度末损益的影响数；（3）对当年度变更季度、年初至变更季度末损益的影响数；（4）当年度会计政策变更前各季度损益的影响数。

四、衔接规定

企业应当按照《企业会计准则第 38 号——首次执行企业会计准则》的规

定，分别下列情况进行处理：

1. 对于首次按照企业会计准则编制中期财务报告的企业，如果该企业在以前年度没有编制可比中期（包括可比中期和可比年初至可比中期末）的财务报表，该企业首次采用企业会计准则的年度所提供的中期财务报告中，可以不提供上年度可比中期的财务报表。

2. 企业以前年度编制中期财务报告的，首次采用企业会计准则的年度所提供的中期财务报告中，应当提供上年度可比中期财务报表。如果上年度可比中期财务报告所采用的会计政策与企业会计准则不相符的，还应当作追溯调整。从按照企业会计准则编制中期财务报表的第二年起，应当提供企业会计准则规定的所有可比中期的财务报表。

3. 中期财务报告应当按照第三十一章财务报表列报和第三十二章现金流量表中的格式和内容进行编制，上年度比较中期财务报告的格式和内容也应当一并作相应调整。

4. 对于首份中期财务报告的“上年年末余额”、“上期金额”，应当根据《企业会计准则第 38 号——首次执行企业会计准则》的相关规定，对相关项目进行追溯调整。

第三十四章　合并财务报表

一、总体要求

《企业会计准则第 33 号——合并财务报表》主要规范合并财务报表合并范围的确定及合并财务报表的编制和列报，以及特殊交易在合并财务报表中的处理。合并财务报表，是指反映母公司和其全部子公司形成的企业集团整体财务状况、经营成果和现金流量的财务报表。母公司，是指控制一个或一个以上主体（含企业、被投资单位中可分割的部分，以及企业所控制的结构化主体等，下同）。子公司，是指被母公司控制的主体。

与个别财务报表相比，合并财务报表具有下列特点：

1. 合并财务报表反映的对象是由母公司和其全部子公司组成的会计主体。

2. 合并财务报表的编制者是母公司，但所对应的会计主体是由母公司及其控制的所有子公司所构成的合并财务报表主体（简称为合并集团）。

3. 合并财务报表是站在合并财务报表主体的立场上，以纳入合并范围的企业个别财务报表为基础，根据其他有关资料，抵销母公司与子公司、子公司相互之间发生的内部交易，考虑了特殊交易事项对合并财务报表的影响后编制的，旨在反映合并财务报表主体作为一个整体的财务状况、经营成果和现金流量。

合并财务报表至少应当包括下列组成部分：合并资产负债表、合并利润表、合并现金流量表、合并所有者权益（或股东权益，下同）变动表、附注。企业集团中期期末编制合并财务报表的，至少应当包括合并资产负债表、合并利润表、合并现金流量表和附注。

二、适用范围

母公司应当编制合并财务报表。如果母公司是投资性主体，且不存在为其投资活动提供相关服务的子公司，则不应编制合并财务报表。除上述情况外，不允许有其他情况的豁免。

例如，甲公司在 2×20 年报告期内处置了唯一的子公司，并且于 2×20 年 12 月 31 日已经没有子公司，是否需要编制 2×20 年合并财务报表？本例中，甲公司在报告期内处置子公司，应当将该子公司期初至处置日的收入、费用、利润纳入合并利润表，将该子公司期初至处置日的现金流量纳入合并现金流量表，编制合并资产负债表时不应当调整合并资产负债表的期初数。因此，甲公司应当按照本章的有关规定，编制 2×20 年合并财务报表。

与合并财务报表有关的外币报表的折算按照第十九章外币折算和第三十二章现金流量表进行会计处理；合并财务报表中有关在子公司权益的披露按照第四十一章在其他主体中权益的披露处理。

三、合并范围

合并财务报表的合并范围应当以控制为基础予以确定，不仅包括根据表决权（或类似权利）本身或者结合其他安排确定的子公司，也包括基于一项或多项合同安排决定的结构化主体。

控制，是指投资方拥有对被投资方的权力，通过参与被投资方的相关活动而享有可变回报，并且有能力运用对被投资方的权力影响其回报金额。控制的定义包含三项基本要素：一是投资方拥有对被投资方的权力，二是因参与被投资方的相关活动而享有可变回报，三是有能力运用对被投资方的权力影响其回报金额。在判断投资方是否能够控制被投资方时，当且仅当投资方具备上述三要素时，才能表明投资方能够控制被投资方。

（一）投资方拥有对被投资方的权力

投资方拥有对被投资方的权力是判断控制的第一要素，这要求投资方需要识别被投资方并评估其设立目的和设计、识别被投资方的相关活动以及对相关活动进行决策的机制、确定投资方及涉入被投资方的其他方拥有的与被投资方相关的权利等，以确定投资方当前是否有能力主导被投资方的相关活动。

1. 评估被投资方的设立目的和设计。

被投资方可能是一个有限责任公司、股份有限公司、尚未进行公司制改建的国有企业，也可能是一个合伙企业、信托、专项资产管理计划等。在少数情况下，也可能包括被投资方的一个可分割部分。

在判断投资方对被投资方是否拥有权力时，通常要结合被投资方的设立目的和设计。评估被投资方的设立目的和设计，有助于识别被投资方的哪些活动是相关活动、相关活动的决策机制、被投资方相关活动的主导方以及涉入被投资方的哪一方能从相关活动中取得可变回报。

（1）被投资方的设计安排表明表决权是判断控制的决定因素。当对被投资方的控制是通过持有其一定比例表决权或是潜在表决权的方式时，在不存在其他改变决策的安排的情况下，主要根据通过行使表决权来决定被投资方的财务和经营政策的情况判断控制。例如，在不存在其他因素时，通常持有半数以上表决权的投资方控制被投资方，但是，当章程或者其他协议存在某些特殊约定（如，被投资方相关活动的决策需要三分之二以上表决权比例通过）时，拥有半数以上但未达到约定比例等并不意味着能够控制被投资方。

（2）被投资方的设计安排表明表决权不是判断控制的决定因素。当表决权仅与被投资方的日常行政管理活动有关，不能作为判断控制被投资方的决定性因素，被投资方的相关活动可能由其他合同安排规定时，投资方应结合被投资方设计产生的风险和收益、被投资方转移给其他投资方的风险和收益，以及投资方面临的风险和收益等一并判断是否控制被投资方。

需要强调的是，在判断控制的各环节都需要考虑被投资方的设立目的和设计。

【例 34－1】 A 企业为有限合伙企业，经营期限为 3 年。A 企业将全部资金用于对非关联方 B 公司的全资子公司 C 增资，增资完成后，A 企业持有 C 公司 60% 有表决权的股份，B 公司持有 C 公司 40% 有表决权的股份。根据协议，B 公司将在 3 年后以固定价格回购 A 企业持有的 C 公司股份。C 公司是专门建造某大型资产并用于租赁的项目公司，建造期为 5 年，A 企业增资时，该资产已经建造了 2 年。

本例中，被投资方 C 公司的相关活动是用 5 年的时间建造某大型资产，之后以租金的方式取得回报。A 企业增资时，C 公司的资产建造已经开始，大多与建造事项有关的决策很可能已完成，当 A 企业的经营期限结束并将持有的 C 公司股份以固定价格出售给 B 公司时，C 公司刚刚完成建造活动，尚未开始产生回报。因此，A 企业并不能主导 C 公司的相关活动，而且 A 企业也无法通过参与 C 公司的相关活动取得可变回报，A 企业是通过 B 公司回购股份的方式收回其投资成本并取得收益的，因此，即使 A 企业拥有半数以上的表决权，也不能控制被投资方 C 公司。

2. 识别被投资方的相关活动及其决策机制。

（1）被投资方的相关活动。被投资方为经营目的而从事众多活动，但这些活动并非都是相关活动，相关活动是对被投资方的回报产生重大影响的活动。

识别被投资方相关活动的目的是确定投资方对被投资方是否拥有权力。不同企业的相关活动可能是不同的，应当根据企业的行业特征、业务特点、发展阶段、市场环境等具体情况来进行判断，这些活动可能包括但不限于下列活动：商品或劳务的销售和购买；金融资产的管理；资产的购买和处置；研究与开发；融资活动。对许多企业而言，经营和财务活动通常对其回报产生重大影响。

【例34－2】 B投资公司由A资产管理公司设立，A公司持有B公司30%有表决权的股份，剩余70%的股份由与A公司无关联关系的公众投资者持有，这些投资者的持股比例十分分散。此外，B公司还向其他公众投资者发行债务工具。B公司使用发行债务工具和权益工具所筹集的资金进行金融资产组合投资，并均投资于债务工具，这样，B公司将可能面临投资本金和利息不能收回的信用风险。为此，双方在协议中明确，当所持金融资产组合投资出现违约事项时，B公司的权益工具持有人首先承担由违约事项带来的损失，在违约事项带来的损失超过权益工具金额之后，剩余损失由债务工具持有人承担；在违约事项带来的损失超过权益工具金额之前，A公司管理B公司的投资组合；在违约事项带来的损失超过权益工具金额之后，由债务工具持有人指定的其他方管理B公司存在违约事项的资产及剩余金融资产的投资。

本例中，在未发生违约事项或违约事项带来的损失小于权益工具金额的情况下，B公司的相关活动是金融资产投资组合的管理，而在违约事项带来的损失超过权益工具的金额后，B公司的相关活动转变为对存在违约事项的资产及剩余金融资产投资的管理。同一公司不同时间的相关活动不同，需要进一步判断哪一相关活动为最显著影响其可变回报的相关活动。

（2）被投资方相关活动的决策机制。投资方是否拥有权力，不仅取决于被投资方的相关活动，还取决于对相关活动进行决策的方式，例如，对被投资方的经营、融资等活动作出决策（包括编制预算）的方式，任命被投资方的关键管理人员、给付薪酬及终止劳动合同关系的决策方式等。

相关活动一般由企业章程、协议中约定的权力机构（例如股东会、董事会）来决策，特殊情况下，相关活动也可能根据合同协议约定等由其他主体决策，如专门设置的管理委员会等。有限合伙企业的相关活动可能由合伙人大会决策，也可能由普通合伙人或者投资管理公司等决策。

被投资方通常从事若干相关活动，并且这些活动可能不是同时进行。当两个或两个以上投资方能够分别单方面主导被投资方的不同相关活动时，能够主导对被投资方回报产生最重大影响的活动的一方拥有对被投资方的权力，此时，通常需要考虑的因素包括：被投资方的设立目的和设计；影响被投资方利润率、收入和企业价值的决定因素；每一投资方有关上述因素的决策职权范围及其对被投资方回报的影响程度；投资方承担可变回报风险的大小。

【例34－3】 A公司和B公司共同投资设立C公司。C公司的主营业务活动为药品研发和销售。根据C公司章程和合资协议的约定，在所研发药品获得相关监管部门的生产批准前，A公司可以单方面主导C公司药品研发活动，而在获得相关监管部门的生产批准后，则由B公司单方面主导该药品的生产和营销决策。

本例中，C公司的药品研发、生产和营销活动均会对C公司的回报产生重大影响。投资方在判断是否对C公司拥有权力时，除了需要结合上述四点进行综合分析以外，还需要考虑下列因素：获得监管部门批准的不确定性和难易程度、被投资方成功开发药品并获取生产批准的历史纪录、产品定位、当前药品所处的开发阶段、所需开发时间、同类药品开发的难易程度、取得同类药品营销渠道的难易程度、开发完成后可实际控制该药品相关经营活动的投资方等。

3. 确定投资方拥有的与被投资方相关的权力。

通常情况下，当被投资方从事一系列对其回报产生显著影响的经营及财务活动，且需要就这些活动连续地进行实质性决策时，表决权或类似权利本身或者结合其他安排，将赋予投资方拥有权力。但在一些情况下，表决权不能对被投资方回报产生重大影响（例如，表决权可能仅与日常行政活动有关），被投资方的相关活动由一项或多项合同安排决定。

（1）投资方拥有多数表决权。表决权是对被投资方经营计划、投资方案、年度财务预算方案和决算方案、利润分配方案和弥补亏损方案、内部管理机构的设置、聘任或解聘公司经理及确定其报酬、公司的基本管理制度等事项进行表决而持有的权利。表决权比例通常与其出资比例或持股比例是一致的，但公司章程另有规定的除外。

通常情况下，当被投资方的相关活动由持有半数以上表决权的投资方决定，或者主导被投资方相关活动的管理层多数成员（管理层决策由多数成员表决通过）由持有半数以上表决权的投资方聘任时，无论该表决权是否行使，持有被投资方过半数表决权的投资方拥有对被投资方的权力，但下述两种情况除外：

一是存在其他安排赋予被投资方的其他投资方拥有对被投资方的权力。例如，存在赋予其他方拥有表决权或实质性潜在表决权的合同安排，且该其他方不是投资方的代理人时，投资方不拥有对被投资方的权力。

二是投资方拥有的表决权不是实质性权利。例如，有确凿证据表明，由于客观原因无法获得必要的信息或存在法律法规的障碍，投资方虽持有半数以上表决权但无法行使该表决权时，该投资方不拥有对被投资方的权力。

投资方在判断是否拥有对被投资方的权力时，应当仅考虑与被投资方相关的实质性权利，包括自身所享有的实质性权利以及其他方所享有的实质性权利。

①实质性权利。实质性权利是持有人在对相关活动进行决策时有实际能力行使的可执行权利。判断一项权利是否为实质性权利，应当综合考虑所有相关因素，包括权利持有人行使该项权利是否存在财务、价格、条款、机制、信息、运营、法律法规等方面的障碍；当权利由多方持有或者行权需要多方同意时，是否存在实际可行的机制使得这些权利持有人在其愿意的情况下能够一致行权；权利持有人是否可从行权中获利等。实质性权利通常是当前可执行的权利，但某些情况下当前不可行使的权利也可能是实质性权利。

【例 34－4】投资方持有一份将于 25 天后结算的远期股权购买合同，该合同赋予投资方行权后能够持有被投资方的多数表决权股份。另外，能够对被投资方相关活动进行决策的最早时间是 30 天后才能召开的特别股东大会。其他投资方不能对被投资方相关活动现行的政策作出任何改变。

本例中，虽然投资方持有的远期股权购买合同 25 天后才能结算，不是当前可执行的权利，但是由于股东大会最早召开的时间在 30 天后，晚于远期合同的可行权日（25 天后），在投资方执行远期合同之前，没有其他任何一方可以改变与被投资方的相关活动有关的决策。因此，虽然该权利当前不可执行，但仍然为一项实质性权利。

对于投资方拥有的实质性权利，即便投资方并未实际行使，也应在评估投资方是否对被投资方拥有权力时予以考虑。

有时，其他投资方也可能拥有可行使的实质性权利，使得投资方不能控制被投资方。其他投资方拥有的可行使的实质性权利包括提出议案的主动性权利和对议案予以批准或否定的被动性权利，当这些权利不仅仅是保护性权利时，其他方拥有的这些权利可能导致投资方不能控制被投资方。

②保护性权利。保护性权利仅为了保护权利持有人利益却没有赋予持有人对相关活动的决策权。通常包括应由股东大会（或股东会，下同）行使的修改公司章程，增加或减少注册资本，发行公司债券，公司合并、分立、解散或变更公司形式等事项持有的表决权。例如，少数股东批准超过正常经营范围的资本性支出或发行权益工具、债务工具的权利。再如，贷款方限制借款方从事损害贷款方权利的活动的权利，这些活动将对借款方信用风险产生不利影响从而损害贷款方权利，以及贷款方在借款方发生违约行为时扣押其资产的权利等。保护性权利通常只能在被投资方发生根本性改变或某些例外情况发生时才能够行使，它既没有赋予其持有人对被投资方拥有权力，也不能阻止被投资方的其他投资方对被投资方拥有权力。仅享有保护性权利的投资方不拥有对被投资方的权力。

保护性权利通常只能在被投资方发生根本性改变或某些例外情况发生时才能够行使，但并不是所有在例外情况下行使的权利或在不确定事项发生时才能行使的权利都是保护性权利。例如，当被投资方的活动和回报已被预先设定，只有在发生某些特定事项时才需要进行决策，且这些决策将对被投资方的回报产生重大影响时，这些特定事项引发的活动才属于相关活动，就此行使的权利就不是保护性权利。对于有权主导这些相关活动的投资者，在判断其对被投资方是否拥有权力时，不需要考虑这些特定事项是否已经发生。

对于被投资方作为特许权经营方（被特许人）的情况，特许经营协议通常赋予特许人保护特许品牌的权利，也赋予特许人一些与被特许人经营相关的决策权。一般而言，这些权利并不限制其他方作出对被特许人回报产生重大影响的决策权利，也不一定使得特许人当前有能力主导对被特许人的相关活动。被特许人依据特许经营协议的条款能够自行决定其业务运营。在对被投资方进行分析时，需要区分两种不同的权利：一是当前有能力作出对被特许人回报产生重大影响的决策权利，二是有能力作出保护特许品牌的决策权利。被特许人的法律形式和资本结构等基本决策也可以由特许人之外的其他方行使并会对被特许人的回报产生重大影响。当其他方享有现时权利使其当前有能力主导被特许人的相关活动时，特许人没有拥有对被特许人的权力。特许人提供的财务支持越少，特许人面临的被特许人的回报的可变性越小，则特许人就越有可能只拥有保护性权利。

投资方持有被投资方半数以上表决权的情况通常包括如下三种：一是投资方直接持有被投资方半数以上表决权，二是投资方间接持有被投资方半数以上表决权，三是投资方以直接和间接方式合计持有被投资方半数以上表决权。

（2）投资方持有被投资方半数或以下表决权，但通过与其他表决权持有人之间的协议能够控制半数以上表决权。投资方自己持有的表决权虽然只有半数或以下，但通过与其他表决权持有人之间的协议使其可以持有足以主导被投资方相关活动的表决权，从而拥有对被投资方的权力。该类协议安排需确保投资方能够主导其他表决权持有人的表决，即，其他表决权持有人按照投资方的意愿进行表决，而不是投资方与其他表决权持有人协商并根据双方协商一致的结果进行表决。

（3）投资方拥有多数表决权但没有权力。确定持有半数以上表决权的投资方是否拥有权力，关键在于该投资方现时是否有能力主导被投资方的相关活动。当其他投资方现时有权力能够主导被投资方的相关活动，且其他投资方不是投资方的代理人时，投资方就不拥有对被投资方的权力。当表决权不是实质性权利时，即使投资方持有被投资方多数表决权，也不拥有对被投资方的权力。例如，被投资方相关活动被政府、法院、管理人、接管人、清算人或监管人等其他方主导时，投资方虽然持有多数表决权，但也不可能主导被投资方的相关活动。被投资方自行清算的除外。

（4）持有被投资方半数或半数以下表决权。

持有半数或半数以下表决权的投资方（或者虽持有半数以上表决权，但表决权比例仍不足以主导被投资方相关活动的投资方，本部分以下同），应综合考虑下列事实和情况，以判断其持有的表决权与相关事实和情况相结合是否赋予投资方拥有对被投资方的权力。

①投资方持有的表决权份额相对于其他投资方持有的表决权份额的大小，以及其他投资方持有表决权的分散程度。投资方持有的绝对表决权比例或相对于其他投资方持有的表决权比例越高，其现时能够主导被投资方相关活动的可能性越大；为否决投资方意见而需要联合的其他投资方越多，投资方现时能够主导被投资方相关活动的可能性越大。

【例34－5】 A公司持有B公司48%有表决权股份，剩余股份由分散的小股东持有，所有小股东单独持有的有表决权股份均未超过1%，且他们之间或其中一部分股东均未达成进行集体决策的协议。

本例中，在判断A公司是否拥有对B公司的权力时，由于A公司虽然持有的B公司有表决权的股份（48%）不足50%，但是，根据其他股东持有股份的相对规模及其分散程度，且其他股东之间未达成集体决策协议等情况，可以判断A公司拥有对B公司的权力。

②投资方和其他投资方持有的潜在表决权。潜在表决权是获得被投资方表决权的权利，例如，可转换工具、可执行认股权证、远期股权购买合同或其他期权所产生的权利。确定潜在表决权是否赋予其持有者权力时需要考虑下列三方面：

一是潜在表决权工具的设立目的和设计，以及投资方涉入被投资方其他方式的目的和设计。

二是潜在表决权是否为实质性权利，判断控制仅考虑满足实质性权利要求的潜在表决权。

三是投资方是否持有其他表决权或其他与被投资方相关的表决权，这些权利与投资方持有的潜在表决权结合后是否赋予投资方拥有对被投资方的权力。

【例34－6】A公司与B公司分别持有被投资方70%及30%有表决权的股份。A公司与B公司签订的期权合同规定，B公司可以在当前及未来两年内以固定价格购买A公司持有的被投资方50%有表决权股份，该期权在当前及预计未来两年内都是深度价外期权（即依据期权合约的条款设计，使得买方B公司到期前行权的可能性极小）。历史上，A公司一直通过表决权主导被投资方的相关活动。

本例中，B公司当前持有购买A公司有表决权股份的可行使期权，如果行使该期权，将使B公司持有被投资方80%有表决权的股份。但由于这些期权在当前及预计未来两年内都是深度价外期权，B公司无法从该期权的行使中获利，因此，这些期权并不构成实质性权利，在评估B公司是否拥有对被投资方的权力时不应予以考虑。

【例34－7】A公司与其他两个投资方各自持有被投资方三分之一的表决权。除了权益工具外，A公司同时持有被投资方发行的可转换债券，这些可转换债券可以在当前及未来两年内任何时间以固定价格转换为被投资方的普通股。按照该价格，当前该期权为价外期权，但非深度价外期权。被投资方的经营活动与A公司密切相关（例如，降低A公司的运营成本、确保稀缺产品的供应等）。如可转换债券全部转换为普通股，A公司将持有被投资方60%的表决权。

本例中，可转换债券到期可转换为普通股且全部转换为普通股后，A公司将持有被投资方60%的表决权，而其他两个投资方各持有被投资方20%的表决权，据此可以判断A公司能够主导被投资方的相关活动并从中获益。因此，A公司持有的潜在表决权为实质性权利。A公司持有的表决权与实质性潜在表决权相结合，使得A公司拥有对被投资方的权力。

③其他合同安排产生的权利。投资方可能通过持有的表决权和其他决策权相结合的方式使其当前能够主导被投资方的相关活动。例如，合同安排赋予投资方能够聘任被投资方董事会或类似权力机构多数成员，这些成员能够主导董事会或类似权力机构对相关活动的决策。但是，在不存在其他权利时，仅仅是被投资方对投资方的经济依赖（如供应商和其主要客户的关系）不会导致投资方对被投资方拥有权力。

【例34－8】A公司持有B公司40%有表决权股份，其他12个投资方各持有B公司5%有表决权股份，且他们之间或其中一部分股东之间不存在进行集体决策的协议。根据全体股东协议，A公司有权聘任或解聘董事会多数成员，董事会主导被投资者的相关活动。

本例中，A公司持有的B公司有表决权股份（40%）不足50%，且其他12个投资方各持有B公司5%有表决权股份，根据A公司自身持有股份的绝对规模和其他股东的相对规模，难以得出A公司对B公司拥有权力。但是，综合考虑全体股东协议授予A公司聘任或解聘董事会多数成员，以及其他股东之间不存在集体决策的协议，可以判断A公司对B公司拥有权力。

④其他相关事实或情况。如果根据上述第①至③项所列因素尚不足以判断投资方是否控制被投资方，应综合考虑投资方享有的权利、被投资方以往表决权行使情况及下列事实或情况进行判断：

一是投资方是否能够任命或批准被投资方的关键管理人员，这些关键管理人员能够主导被投资方的相关活动。

二是投资方是否能够出于自身利益决定或者否决被投资方的重大交易。

三是投资方是否能够控制被投资方董事会等类似权力机构成员的任命程序，或者从其他表决权持有人手中获得代理投票权。

四是投资方与被投资方的关键管理人员或董事会等类似权力机构中的多数成员是否存在关联关系（例如，被投资方首席执行官与投资方首席执行官为同一人）。

五是投资方与被投资方之间是否存在特殊关系。在评价投资方是否拥有对被投资方的权力时，应当适当考虑这种特殊关系的影响，这种特殊关系可能为投资方享有权力提供了证据。特殊关系通常包括：被投资方的关键管理人员是投资方的现任或前任职工，被投资方的经营活动依赖于投资方（例如，被投资方依赖于投资方提供经营活动所需的大部分资金，投资方为被投资方的大部分债务提供了担保，被投资方在关键服务、技术、供应或原材料方面依赖于投资方，投资方掌握了诸如专利权、商标等对被投资方经营而言至关重要的资产，被投资方依赖于投资方为其提供具备与被投资方经营活动相关专业知识等的关键管理人员等），被投资方活动的重大部分有投资方参与其中或者是以投资方的名义进行，投资方自被投资方承担可变回报的风险（或享有可变回报的收益）的程度远超过其持有的表决权或其他类似权利的比例（例如，投资方承担或有权获得被投资方回报的比例为70%，但仅持有不到半数的表决权）等。

投资方持有被投资方表决权比例越低，否决投资方提出的关于相关活动的议案所需一致行动的其他投资者数量越少，投资者就越需要在更大程度上运用上述证据，以判断是否拥有主导被投资方相关活动的权力。

在被投资方的相关活动是通过表决权进行决策的情况下，当投资方持有的表决权比例不超过半数时，投资方在考虑了所有相关情况和事实后仍不能确定投资方是否拥有被投资方的权力的，投资方不控制被投资方。

【例34－9】甲集团进行内部业务重组，将业务具有协同效应的全资子公司乙和子公司丙进行整合，具体形式为，乙公司与甲集团签订托管经营协议，甲集团将丙公司托管给乙公司经营。托管协议主要条款为：托管范围包括丙公司的整体经营权，乙公司不仅拥有对丙公司资产、经营、投资、管理等日常经营活动事项的权力，还拥有包括重大资产购建、处置、重大投融资等事项的决策权力。具体而言，乙公司能够自主决定丙公司董事会等类似权力机构成员和关键管理人员的任命以及丙公司的重大交易等重大事项。托管期限为长期，除经双方协商一致，甲集团不得随意终止委托关系。乙公司不向甲集团收取托管费用。托管期间，丙公司产生的盈利或亏损均由乙公司享受或承担。

本例中，乙公司接受其控股股东甲集团委托，受托管理甲集团旗下丙公司。乙公司全面负责丙公司的生产、经营和管理，包括决定丙公司的生产经营活动、重大的投融资活动，并且拥有对丙公司重大资产的处置权等。委托管理期限为长期，并且未经过乙公司同意，委托方不能单方面终止委托管理关系，因此乙公司拥有对丙公司的权力。乙公司不仅可以获得受托期间生产经营损益的回报，而且通过享有对丙公司重大资产处置和筹资活动的权利，乙公司实质上还享有和承担丙公司内在价值变动的报酬和风险，因此乙公司享有丙公司的可变回报。乙公司通过主导丙公司的董事会等类似权力机构的表决，可以独立地对丙公司的可变回报施加影响。虽然乙公司在法律上的身份是基于委托管理合同的受托方，但乙公司基于合同产生的决策权范围广泛、受托期限长，享有受托期间重大的可变回报且甲集团不享有实质性罢免权，因此乙公司是决策的主要责任人，不是甲集团的代理人。综上，乙公司控制受托管理的丙公司。

【**例 34-10**】A 公司持有 B 公司 45% 有表决权股份，其他 11 个投资方各持有 B 公司 5% 有表决权股份。

本例中，根据 A 公司持有股份的绝对规模和与其他股东股份的相对规模难以判断 A 公司对 B 公司拥有权力。需要考虑其他事实和情况提供的证据，以判断 A 公司是否拥有对 B 公司的权力。

（5）权力来自表决权之外的其他权利。投资方对被投资方的权力通常来自表决权，但有时，投资方对一些主体的权力不是来自表决权，而是由一项或多项合同安排决定。例如，证券化产品、资产支持融资工具、部分投资基金等结构化主体。结构化主体，是指在确定其控制方时没有将表决权或类似权利作为决定因素而设计的主体。主导该主体相关活动的依据通常是合同安排或其他安排形式。有关结构化主体的判断见第四十一章在其他主体中权益的披露。

由于主导结构化主体的相关活动不是来自表决权（或类似权利），而是由合同安排决定，这无形中加大了投资方有关是否拥有对该类主体权力的判断难度。投资方需要评估合同安排，以评价其享有的权利是否足够使其拥有对被投资方的权力。在评估时，投资方通常应考虑下列四方面：

①在设立被投资方时的决策及投资方的参与度。在评估被投资方的设立目的和设计时，投资者应考虑设立被投资方时的决策及投资方的参与度，以判断相关交易条款与参与特点是否为投资方提供了足以获得权力的权利。参与被投资方的设立本身虽然不足以表明参与方控制被投资方，但可能使参与方有机会获得使其拥有对被投资方权力的权利。

②相关合同安排。投资方需考虑结构化主体设立之初的合同安排是否赋予投资方主导结构化主体相关活动的权利。例如，看涨期权、看跌期权、清算权等可能为投资方提供权力的合同安排。在评估对结构化主体是否拥有权力时，应当考虑投资方在这些合同安排中享有的决策权。

③仅在特定情况或事项发生时开展的相关活动。结构化主体的活动及其回报在其设计时就已经明确，除非特定情况或事项发生。当特定情况或事项发生时，只有对结构化主体回报产生重大影响的活动才属于相关活动。相应地，对

这些相关活动具有决策权的投资方才享有权力。决策权依赖于特定情况或特定事件的发生这一事实本身并不表示该权利为保护性权利。

④投资方对被投资方作出的承诺。为确保结构化主体持续按照原定设计和计划开展活动，投资方可能会作出一些承诺（包括明确的承诺和暗示性的承诺），因而可能会扩大投资方承担的可变回报风险，由此促使投资方更有动机获取足够多的权利，使其能够主导结构化主体的相关活动。投资方作出的确保此类主体遵守原定设计经营的承诺可能是投资方拥有权力的迹象，但其本身并不赋予投资方权力，也不会阻止其他方拥有权力。

【例 34－11】 A 公司为一家小额贷款公司，发起设立主体 C，A 公司向主体 C 转让一个资产池，其中包含多笔 A 公司向不同的第三方发放的期限在 12 个月内的小额贷款。主体 C 经批准以该资产池为基础资产公开发行一项资产管理计划，计划存续期为 3 年，存续期内分期发行，每期期限为 1 年。第三方投资者共认购该计划 75% 的份额（每个单一投资者认购的比例都小于 0.5%），A 公司认购剩余 25% 的份额。

根据主体 C 设立时订立的章程和协议安排，主体 C 唯一的经营活动是按照既定的还款计划向贷款人收取本金和利息，并在收到款项后，在既定时间内扣除按与市场水平相当的费率计算的固定比例收取的手续费后，将款项按份额比例支付给资产管理计划的投资方。主体 C 日常活动的事务，如人事、财务、行政等管理事务均由与 A 公司和主体 C 不存在关联关系的第三方资产管理公司 B 负责管理并按市价收取管理费。资产管理计划存续期间的所有相关资金流均由独立于各方的第三方银行 D 托管并按市价收取资金托管费。

如果主体 C 在既定还款时间收取既定的款项，主体 C 则按照投资者的投资比例将收取的款项分配给投资者。如果主体 C 未能在既定的还款时间内收取既定的款项，主体 C 则先将已收取的款项按约定比例分配后支付给除 A 公司以外的投资者，剩余部分再支付给 A 公司。当应收款项出现违约时，A 公司有权根据违约时间、抵押品情况、违约方信用等级调整主体 C 下一步的收款计划。当已收取的款项已经无法向除 A 公司以外的投资方进行足额支付时，主体 C 按照某一事先约定的价格将应收款项全部出售给 A 公司，由 A 公司开展进一步的收款或者债务重组安排。

本例中，第一，首先判断主体 C 为结构化主体且为被投资方，A 公司参与了主体 C 的设立。主体 C 设立的目的是管理和回收 A 公司发放的小额贷款。A 公司在主体 C 设立时的安排，包括认购资产管理计划的较大份额（25%）、承担劣后偿付的风险（即，如果主体 C 未能在既定的还款时间内收取既定的款项，主体 C 先将已收取的款项按约定比例分配后支付给除 A 公司以外的投资者，剩余部分再支付给 A 公司）以及 A 公司将以固定价格收回全部应收款项（当已收取的款项已经无法向除 A 公司以外的投资方进行足额支付时）的承诺均显示出 A 公司承担了重大的回报可变性，表明其有动机获取对主体 C 权力。

第二，确定主体 C 的相关活动是对违约应收款项的管理活动。原因在于：主体 C 在应收款项违约之前的活动仅仅是按照固定的还款计划向贷款人收取预先确定的款项并过手转交给投资方，同时收取固定比例的收款手续费，主体 C 的回报不存在重大不确定性；在应收款项出现违约时，A 公司根据实际情况管理违约应收款项并调整收款计划的方式，以及按照固定价格收回应收款项的约定都会对主体 C 的回报产生重大影响。因此，主体 C 的相关活动是对违约应收款项的管理活动，即使应收款项出售给 A 公司后，管理违约资产的活动由 A 公司开展而并非在主体 C 的法律框架下开展。

第三，在确定主体 C 的相关活动后，评估投资方对主体 C 的权力时，只应考虑与管理违约应收款项相关的权利，尽管该权利只会在应收款项发生违约的特定情况下才会被运用。当应收款项出现违约时，A 公司有权调整主体 C 下一步的收款计划或者债务重组安排，因此，A 公司享有对主体 C 的权力。

另外，结构化主体在设立后的运营中，由其法律上的权力机构表决的事项通常仅与行政事务相关，表决权对投资方的回报往往不具有重大的直接联系。因此，投资方在评估结构化主体设立目的和设计时，应考虑其被专门设计用于承担回报可变性的类型、投资方通过参与其相关活动是否承担了部分或全部的回报可变性等。

（二）因参与被投资方的相关活动而享有可变回报

判断投资方是否控制被投资方的第二项基本要素是，因参与被投资方的相关活动而享有可变回报。可变回报是不固定的并可能随被投资方业绩而变动的回报，可能是正数，也可能是负数，或者有正有负。投资方在判断其享有被投资方的回报是否变动以及如何变动时，应当根据合同安排的实质，而不是法律形式。例如，投资方持有固定利率的交易性债券投资时，虽然利率是固定的，但该利率取决于债券违约风险及债券发行方的信用风险，因此，固定利率也可能属于可变回报。再如，管理被投资方资产获得的固定管理费也属于可变回报，因为管理者是否能获得此回报依赖于被投资方是否能够产生足够的收益用于支付该固定管理费。其他可变回报的例子包括：

1. 股利、被投资方经济利益的其他分配（例如，被投资方发行的债务工具产生的利息）、投资方对被投资方投资的价值变动。

2. 因向被投资方的资产或负债提供服务而得到的报酬、因提供信用支持或流动性支持收取的费用或承担的损失、被投资方清算时在其剩余净资产中所享有的权益、税务利益，以及因涉入被投资方而获得的未来流动性。

3. 其他利益持有方无法得到的回报。例如，投资方将自身资产与被投资方的资产一并使用，以实现规模经济，达到节约成本、为稀缺产品提供资源、获得专有技术或限制某些运营或资产，从而提高投资方其他资产的价值。

投资方的可变回报通常体现为从被投资方获取股利。受法律法规的限制，投资方有时无法通过分配被投资方利润或盈余的形式获得回报，例如，当被投资方的法律形式为信托机构时，其盈利可能不是以股利形式分配给投资者。此时，需要根据具体情况，以投资方的投资目的为出发点，综合分析投资方是否获得除股利以外的其他可变回报，被投资方不能进行利润分配并不必然代表投资方不能获取可变回报。

另外，即使只有一个投资方控制被投资方，也不能说明只有该投资方才能获取可变回报。例如，少数股东可以分享被投资方的利润。

【例34-12】 见〖例34-11〗。由于A公司认购了主体C发行资产计划25%的份额，由此承担了主体C应收款项无法收回时本金和利息损失的重大风险。此外，A公司认购的份额还属于劣后偿付级别，且A公司将以固定价格收回全部应收款项（当已收取的款项已经无法向除A公司以外的投资方进行足额支付时），这些情况表明，与其他投资方相比，A公司承担了更大的回报可变性。A公司承担的可变回报与其对主体C所拥有的权力密切相关。

本例中，A公司通过行使其对主体C所拥有的权力主导主体C的相关活动（即对违约应收款项的管理），这一权力的实际行使情况将直接影响到A公司从主体C获得的可变回报。

综合上述及〖例34-11〗中的分析，A公司享有对主体C的控制权，应将主体C纳入合并范围。

（三）有能力运用对被投资方的权力影响其回报金额

判断控制的第三项基本要素是，有能力运用对被投资方的权力影响其回报金额。只有当投资方不仅拥有对被投资方的权力、通过参与被投资方的相关活动而享有可变回报，并且有能力运用对被投资方的权力来影响其回报的金额时，投资方才控制被投资方。因此，拥有决策权的投资方在判断是否控制被投资方时，需要考虑其决策行为是以主要责任人（即，实际决策人）的身份进行还是以代理人的身份进行。此外，在其他方拥有决策权时，投资方还需要考虑其他方是否是以代理人的身份代表该投资方行使决策权。

1. 投资方的代理人。

代理人是相对于主要责任人而言的，代表主要责任人行动并服务于该主要责任人的利益。主要责任人可能将其对被投资方的某些或全部决策权授予代理人，但在代理人代表主要责任人行使决策权时，代理人并不对被投资方拥有控制。主要责任人的权力有时可以通过代理人根据主要责任人的利益持有并行使，但权力行使人不会仅仅因为其他方能从其行权中获益而成为代理人。

在判断控制时，代理人的决策权应被视为由主要责任人直接持有，权力属于主要责任人而非代理人，因此，投资方应当将授予代理人的决策权视为自己直接持有的决策权，即使被投资方有多个投资方且其中两个或两个以上投资方有代理人。

决策者在确定其是否为代理人时，应综合考虑该决策者与被投资方以及其他方之间的关系，尤其需要考虑下列四项：

（1）决策者对被投资方的决策权范围。在评估决策权范围时，应考虑相关协议或法规允许决策者决策的活动，以及决策者对这些活动进行决策时的自主程度。与该评估相关的因素包括但不限于：被投资方的设立目的与设计、被投资方面临的风险及转移给其他投资方的风险，以及决策者在设计被投资方过程中的参与程度。例如，如果决策者参与被投资方设计的程度较深（包括确定决策权范围），则可能表明决策者有机会，也有动机获得使其有能力主导相关活动的权利，但这一情况本身并不足以认定决策者必然能够主导相关活动。允许决策者（如资产管理人）主导被投资方相关活动的决策权范围越广，越能表明决策者拥有权力，但并不意味着该决策者一定是主要责任人。

（2）其他方享有的实质性权利。其他方享有的实质性权利可能会影响决策者主导被投资方相关活动的能力。其他方持有实质性罢免权或其他权利并不一定表明决策者是代理人。存在单独一方拥有实质性罢免权并能够无理由罢免决策者的事实，足以表明决策者是代理人。当拥有此权利者超过一方，且不存在未经其他方同意即可罢免决策者的一方时，这些权利本身不足以表明决策者为其他方的代理人。在罢免决策者时需要联合起来行使罢免权的各方的数量越多，决策者的其他经济利益（即薪酬和其他利益）的比重和可变动性越强，则其他方所持有的权利在判断决策者是否是代理人时的权重就越轻。

在判断决策者是否是代理人时，应考虑其他方所拥有的限制决策者决策的实质性权利，这与考虑上述罢免权的方法相似。例如，决策者决策所需取得认可的其他方的数量越少，该决策者越有可能是代理人。在考虑其他方持有的权利时，应评估被投资方董事会（或其他权力机构）可行使的权利及其对决策权的影响。

（3）决策者的薪酬水平。相对于被投资方活动的预期回报，决策者薪酬的比重（量级）和可变动性越大，决策者越有可能不是代理人。当同时满足下列两项时，决策者有可能是代理人：一是决策者的薪酬与其所提供的服务相称；二是薪酬协议仅包括在公平交易基础上有关类似服务和技能水平商定的安排中常见的条款、条件或金额。决策者不能同时满足上述两个条件的，不可能是代理人。

（4）决策者因持有被投资方的其他利益而承担可变回报的风险。持有被投资方其他利益表明该决策者可能是主要责任人。对于在被投资方持有其他利益（如对被投资方进行投资或提供被投资方业绩担保）的决策者，在判断其是否为代理人时，应评估决策者因该利益所面临的可变回报的风险。评估时，决策者应考虑：

①决策者享有的经济利益（包括薪酬和其他利益）的比重和可变动性。决策者享有的经济利益的比重和可变动性越大，该决策者越有可能是主要责任人。

②决策者面临的可变回报风险是否与其他投资方不同，如果是，这些不同是否会影响其行为。例如，决策者持有次级权益，或向被投资方提供其他形式的信用增级，表明决策者可能是主要责任人。

决策者还应评估所承担的可变回报风险相对于被投资方回报总体变动的风险而言的程度。该评估主要应根据预期从被投资方的活动中得到的回报，但也应考虑决策者通过持有其他利益而承担的被投资方可变回报的最大风险。

综合上述四项因素的分析，当存在单独一方持有实质性罢免权并能无理由罢免决策者时，决策者属于代理人。除此以外，需综合考虑上述四项因素以判断决策者是否作为代理人行使决策权。

【例 34－13】 某主体 A 作为资产管理人发起设立一项投资计划，为众多投资者提供投资机会。主体 A 在投资授权设定的范围内，以全体投资者的利益最大化为前提作出决策，并拥有较大主导投资计划相关活动的决策权，包括具体资产的配置、买入卖出时点以及投资资产出现风险时（如信用违约等）的后续管理等。主体A按照计划资产净值的1%加上达到特定盈利水平后投资计划利润的20%收取管理费，该管理费符合市场和行业惯例，与主体A提供的服务相称。

本例假定：参与该计划的投资者人数较多，单个投资者的投资比例均小于0.5%且投资者之间不存在关联关系；该投资计划设有年度投资者大会，经出席该会议的投资者所持份额的2/3以上一致通过，可以罢免主体A的资产管理人资格，不存在可以无理由罢免主体A的资产管理人资格的单独一方的投资者；主体A自身持有该投资计划2%的份额，主体A没有为该计划的其他投资者提供保证其收回初始投资及最低收益率的承诺，主体A对超过其2%投资以外的损失不承担任何义务。

本例中，由于没有任何一方可以无条件罢免主体A的资产管理人资格，因此，主体A在确定其是投资计划的主要责任人还是代理人时需要结合其他因素进一步分析。

主体A对于投资计划享有较大的决策权，可以主导投资计划的相关活动。虽然投资计划设立了年度投资者大会，但由于投资者人数较多，且单个投资者之间不存在关联关系，不太可能出现较多非关联的投资者集合在一起进行表决并否决主体A的情况。因此，结合主体A的决策权范围和其他方持有的权利，可以得出主体A拥有对该投资计划的权力。

主体A收取的管理费与其服务相称这一事实表明，主体A可能作为代理人行使权力。为进一步判断主体A是否为代理人，还需要考虑主体A持有的份额，主体A还持有该投资计划2%的份额，该投资加大了主体A面临的可变回报风险，但该风险尚未重大到表明主体A是主要责任人的程度。

根据上述分析，主体A为该投资计划的代理人。

【例34－14】见〖例34－13〗。本例假定：在主体A违反合同的情况下，其他投资者有权罢免主体A。主体A自身持有该投资计划20%的份额，主体A没有为该计划的其他投资者提供保证收回初始投资及最低收益率的承诺，主体A没有对超过该20%的投资承担任何额外损失的义务。

本例中，投资方有权在主体A违约时罢免主体A。由于该权利只有在主体A违约时才能行使，该权利属于保护性权利，但是，主体A通过与其服务相称的管理费以及20%的直接投资承担并有权获取投资计划的可变回报，且该回报的比重和可变动性均较为重大的情况表明，主体A通过对投资计划行使权力而影响其回报的金额和程度较大，主体A享有较大的实质性权利。因此，主体A为该投资计划的主要责任人。

在不同事实和情况下（例如，资产管理人的薪酬或其他因素不同），形成控制所要求的投资比例可能会不同。

【例34-15】 见〖例34-13〗。本例假定：投资计划设有董事会，所有董事都独立于主体A，并由其他投资者任命。董事会每年任命资产管理人。如果董事会决定不再继续聘任主体A，主体A提供的服务可以由同行业的其他主体接替。主体A自身持有该投资计划20%的份额，主体A没有为该计划的其他投资者提供保证收回初始投资及最低收益率的承诺，主体A没有对超过该20%的投资承担任何额外损失的义务。

本例中，主体A收取的管理费以及持有的20%投资表明，主体A承担并有权获取投资计划的可变回报，并且该回报的比重和可变动性足以表明其是主要责任人，但是，独立于主体A的投资者组成的董事会可以罢免主体A，这样，有权任命董事的其他投资者拥有罢免主体A的实质性权利。因此，应综合考虑董事会的构成、决策机制等情况判断该罢免权是否为实质性权利。如果该罢免权属于实质性权利，则在分析主体A是否为代理人时，应给予该项实质性罢免权以更大的权重。因此，尽管主体A拥有较大的决策权，并面临重大的可变回报风险，如果综合相关因素判断其他投资者享有实质性罢免权，则表明主体A是代理人。

【例34-16】 见〖例34-13〗。本例假定：在主体A违反合同的情况下，其他投资者有权罢免主体A。主体A自身持有该投资计划5%的份额，主体A为该投资计划的其他投资者提供了保证收回初始投资的承诺。

本例中，主体A拥有对该投资计划的实质性权利，其他投资者拥有的罢免权为保护性权利。尽管主体A通过管理费以及5%的投资面临的可变回报风险不足以表明主体A是主要责任人，但主体A为计划的其他投资者提供保证本金收回的事实表明，主体A承担的可变回报风险较大，同时表明，主体A所面临的可变回报风险与其他投资者不同。这种情况下，应进一步结合投资计划可能的业绩情况，评估主体A承担的可变回报风险程度（包括考虑该项可变回报风险的差异是否会影响主体A的行为），从而判断主体A是主要责任人还是代理人。

2. 实质代理人。

在判断控制时，投资方应当考虑与所有其他方之间的关系、他们是否代表投资方行动（即，识别投资方的实质代理人），以及其他方之间、其他方与投资方之间如何互动。上述关系不一定在合同安排中列明。当投资方（或有能力主导投资方活动的其他方）能够主导某一方代表其行动时，被主导方为投资方的实质代理人。在这种情况下，投资方在判断是否控制被投资方时，应将其实质代理人的决策权以及通过实质代理人而间接承担（或享有）的可变回报风险（或权利）与其自身的权利一并考虑。

根据各方的关系，表明一方可能是投资方的实质代理人的情况包括但不限于：投资方的关联方；因投资方出资或提供贷款而取得在被投资方中权益的一方；未经投资方同意，不得出售、转让或抵押其持有的被投资方权益的一方（不包括此项限制系通过投资方和其他非关联方之间自愿协商同意的情形）；没有投资方的财务支持难以获得资金支持其经营的一方；被投资方权力机构的多数成员或关键管理人员与投资方权力机构的多数成员或关键管理人员相同；与投资方具有紧密业务往来的一方，如专业服务的提供者与其中一家重要客户的关系。

（四）对被投资方可分割部分的控制

投资方通常应当对是否控制被投资方整体进行判断。但在少数情况下，如果有确凿证据表明同时满足下列条件并且符合相关法律法规规定的，投资方应当将被投资方的一部分（以下简称该部分）视为被投资方可分割部分，进而判断是否控制该部分：

1. 该部分的资产是偿付该部分负债或该部分其他权益的唯一来源，不能用于偿还该部分以外的被投资方的其他负债；

2. 除与该部分相关的各方外，其他方不享有与该部分资产相关的权利，也不享有与该部分资产剩余现金流量相关的权利。

因此，实质上该部分的所有资产、负债及相关权益均与被投资方的其他部分相隔离，即：该部分的资产产生的回报不能由该部分以外的被投资方其他部分使用，该部分的负债也不能用该部分以外的被投资方资产偿还。

如果被投资方的一部分资产和负债及相关权益满足上述条件，构成可分割部分，则投资方应当基于控制的判断标准确定其是否能够控制该可分割部分，包括考虑该可分割部分的相关活动及其决策机制，投资方是否有能力主导可分割部分的相关活动并据以从中取得可变回报等。如果投资方控制该可分割部分，则应将其进行合并。此时，其他方在考虑是否控制并合并被投资方时，应仅对被投资方的剩余部分进行评估，不包括该可分割部分。

【例 34-17】甲公司和乙公司在 2×20 年成立了一家合营企业丙公司，生产和销售一种特殊的建筑材料 A，甲与乙共同控制丙公司。2×23 年，甲公司想继续投资 A 材料的高端产品 A1，由于种种原因，甲公司计划通过丙公司进行 A1 产品的生产和销售。因此，甲公司、乙公司与丙公司达成如下协议安排：

在丙公司内部设立 A1 项目部，专门负责 A1 产品的生产和销售。A1 项目部所需要的资金全部由甲公司提供。A1 项目独立核算，产生的净利润全部归属于甲公司，其净利润的计算公式为：

A1 产品净利润 = 销售 A1 产品的全部收入 - 能够直接归属于 A1 项目的全部成本税金及费用 - 按照约定的计算公式分配给 A1 项目的成本税金及费用

A1 项目的所有资产和负债均全部归属于甲公司。A1 项目的财务和经营等相关活动的决策完全由甲公司作出，乙公司对此不干涉。

本例中，根据相关法律的规定，丙公司是一个法人主体，如果丙公司被其债务人起诉，要求以丙公司的资产来偿还债务，则可能出现 A1 项目相关资产被用于偿还 A 项目负债的情况。因此，A1 项目部并非可分割部分，不应认定为可分割部分。

【例 34-18】A 公司为有限责任公司，专门从事房地产开发，其主要经营活动为在 B 地块上开发住宅和商业地产项目。B 地块的开发分三期执行，各期地块的开发成本和销售收入分设三个独立子账套进行单独核算管理，但与各期开发相关的开发支出均由 A 公司作为同一法人主体进行清偿，各期项目相关的土地增值税及所得税等相关税收也均由 A 公司作为同一纳税主体进行统一申报和清算。各地块的相关经营决策互相独立，其经营损益分别归属于不同的权利人。

本例中，虽然各期开发项目区分了三个账套进行独立核算管理，但是，这并不足以说明其中一期开发项目的有关资产、负债和权益均与其余各期的剩余部分相隔离。各期开发支出和相应税负仍以 A 公司作为单一主体进行清偿就表明某期资产并非仅承担与该期资产相关的负债，某期资产也并非与该期开发相关的负债的唯一支付来源。因此，本例中的各期开发项目并非可分割的部分，不应被认定为可分割部分。

（五）控制的持续评估

控制的评估是持续的，当环境或情况发生变化时，投资方需要评估控制的三项基本要素中的一项或多项是否发生了变化。如果有任何事实或情况表明控制的三项基本要素中的一项或多项发生了变化，投资方应重新评估对被投资方是否具有控制。

1. 如果对被投资方的权力的行使方式发生变化，该变化必须反映在投资方对被投资方权力的评估中。例如，决策机制的变化可能意味着投资方不再通过表决权主导相关活动，而是由协议或者合同等其他安排赋予其他方主导相关活动的现时权利。

2. 某些事件即使不涉及投资方，也可能导致该投资方获得或丧失对被投资方的权力。例如，其他方以前拥有的能阻止投资方控制被投资方的决策权到期失效，则可能使投资方因此而获得权力。

3. 投资方应考虑因其参与被投资方相关活动而承担的可变回报风险敞口的变化带来的影响。例如，如果拥有权力的投资方不再享有可变回报（如与业绩相关的管理费合同到期），则该投资方将由于不满足控制三要素的第二要素而丧失对被投资方的控制。

4. 投资方还应考虑其作为代理人或主要责任人的判断是否发生了变化。投资方与其他方之间整体关系的变化可能意味着原为代理人的投资方不再是代理人；反之亦然。例如，如果投资方或其他方的权利发生了变化，投资方应重新评估其代理人或主要责任人的身份。

投资方有关控制的判断结论，或者初始评估其是主要责任人或代理人的结果，不会仅因为市场情况的变化（如因市场情况的变化导致被投资方的可变回报发生变化）而变化，除非市场情况的变化导致控制三要素的一项或多项发生了变化，或导致主要责任人与代理人之间的关系发生变化。

（六）投资性主体

母公司应当将其全部子公司（包括母公司所控制的被投资单位可分割部分、结构化主体）纳入合并范围。如果母公司是投资性主体，则只应将那些为投资性主体的投资活动提供相关服务的子公司纳入合并范围，其他子公司不应予以合并，应按照公允价值计量且其变动计入当期损益。

一个投资性主体的母公司如果其本身不是投资性主体，则应当将其控制的全部主体，包括投资性主体以及通过投资性主体间接控制的主体，纳入合并财务报表范围。

1. 投资性主体的定义。

投资性主体的定义中包含了三个需要同时满足的条件：一是该公司以向投资方提供投资管理服务为目的，从一个或多个投资者获取资金；二是该公司的唯一经营目的，是通过资本增值、投资收益或两者兼有而让投资者获得回报；三是该公司按照公允价值对几乎所有投资的业绩进行计量和评价。

（1）以向投资方提供投资管理服务为目的。投资性主体的主要活动是向投资者募集资金，且其目的是为这些投资者提供投资管理服务，这是一个投资性主体与其他主体的显著区别。

（2）唯一经营目的是通过资本增值、投资收益或两者兼有而获得回报。投资性主体的经营目的一般可能通过其设立目的、投资管理方式、投资期限、投资退出战略等体现出来，例如，一个基金在募集说明书中可能说明其投资的目的是为了实现资本增值、一般情况下的投资期限较长、制定了比较清晰的投资退出战略等，这些描述与投资性主体的经营目的是一致的；反之，一个基金的经营目的如果是与被投资方合作开发、生产或者销售某种产品，则说明其不是一个投资性主体。

①向投资方或第三方提供投资相关服务。投资性主体为实现其经营目的，可能向投资方或者第三方提供投资咨询、投资管理、投资的日常行政管理及支持等服务，这些服务并不影响该主体符合投资性主体的条件，即使这些服务构成其业务的重要部分，因为这些服务是投资性主体经营的延伸。

②向被投资方提供其他服务和支持。投资性主体可能向被投资方提供管理或战略建议服务，或者贷款或担保等财务方面的支持，当这些活动与其获取资本增值或者投资收益的整体目的一致，且这些活动本身并不构成一项单独的重要收入来源时，该主体的经营目的仍然可能符合投资性主体的经营目的。当投资性主体设立专门为被投资方提供投资咨询、投资管理等服务的子公司时，该投资性主体应该合并这一子公司。

③投资目的及回报方式。主体有时出于多种目的投资于另一个主体，例如，从事高科技产品研发、生产和销售的企业集团，发起设立了一家基金专门投资于一些尚处于研发初期的创新企业以获取资本增值。同时，企业集团与该基金签订协议，双方约定：如果其中某项高科技产品研发成功，该集团享有优先购买权。这种情况下，该基金的经营目的除了获取资本增值外，还包含了为其企业集团获取新产品开发的渠道，获取资本增值并不是该基金的唯一经营目的，因此，该基金不符合投资性主体的条件。

不符合投资性主体投资目的及回报的情况包括但不仅限于：该主体或其所在企业集团其他成员购买、使用、交换或开发被投资方的流程、资产或技术，该主体与被投资方就开发、生产、销售或提供产品或服务达成合营安排或其他协议，被投资方为该主体的借款提供财务担保或以被投资方的资产作为抵押，该主体的关联方持有的、可从所在集团其他成员处购买该主体持有的被投资方所有者权益的购买选择权，该主体或所在集团其他成员与被投资方的关联方之间的非公允交易、且该交易属于被投资方或该主体经营活动的重大组成部分等。

当主体的投资战略是投资于同一个行业、地区或者市场的多个主体以在被投资方之间形成协同效应时，即使该主体存在上述非公允交易，该主体也不会仅因为被投资方之间的交易而被认定为不符合投资性主体。

④退出战略。投资性主体与非投资性主体的一个区别是投资性主体不打算无限期持有其投资。退出战略明确了其退出投资的时间表，没有退出战略，可能表明其计划无限期地持有相关投资。这是因为权益性投资和非金融资产投资通常是无限期持有。将有期限的债务工具持有至到期，可以视为存在退出战略，因为主体不可能无限期持有这类债务工具。没有退出战略的永续债投资，表明可能该主体计划无限期持有。仅针对违约事项的退出机制不被视为退出战略。

（3）按照公允价值对投资业绩进行计量和评价。投资性主体定义的基本要素之一是以公允价值作为其首要的计量和评价属性，因为相对于合并子公司财务报表或者按照权益法核算对联营企业或合营企业的投资而言，公允价值计量所提供的信息更具有相关性。公允价值计量体现在：在会计准则允许的情况下，在向投资方报告其财务状况和经营成果时应当以公允价值计量其投资；向其关键管理人员提供公允价值信息，以供他们据此评估投资业绩或作出投资决策。但投资性主体没有必要以公允价值计量其固定资产等非投资性资产或其负债。

2. 投资性主体的特征。

投资性主体通常应当具备下列四个特征：一是拥有一个以上投资；二是拥有一个以上投资者；三是投资者不是该主体的关联方；四是该主体的所有者权益以股权或类似权益存在。当主体不完全具备上述四个特征时，需要审慎评估，判断是否有确凿证据证明虽然缺少其中一个或几个特征，但该主体仍然符合投资性主体的定义。

（1）拥有一个以上投资。一个投资性主体通常会同时持有多项投资以分散风险、最大化回报，但通过直接或间接持有对另一投资性主体（该主体持有多项投资）的一项投资的主体也可能是投资性主体。当主体刚设立、尚未寻找到多个符合要求的投资项目，或者刚处置了部分投资、尚未进行新的投资，或者该主体正处于清算过程中时，即使主体仅持有一项投资，该主体仍可能为投资性主体。另外，如果某项投资要求较高的最低出资额，单个投资方很难进行如此高额的投资时，可能设立投资性主体用以募集多个投资方的资金进行集中投资。

（2）拥有一个以上投资者。投资性主体通常拥有多个投资者，拥有多个投资者使投资性主体或其所在企业集团中的其他企业获取除资本增值、投资收益外的收益的可能性减小。当主体刚刚设立、正在积极识别合格投资者，或者原持有的权益已经赎回、正在寻找新的投资者，或者处于清算过程中时，即使主体仅拥有一个投资者，该主体仍可能符合投资性主体的定义。还有一些特殊的投资性主体，其投资者只有一个，但其目的是为了代表或支持一个较大的投资者集合的利益而设立的。例如，某企业设立一个年金基金，其目的是为了支持该企业职工退休后福利，该基金的投资者虽然只有一个，但却代表了一个较大的投资者集合的利益，仍然属于投资性主体。

（3）投资者不是该主体的关联方。投资性主体通常拥有若干投资者，这些投资者既不是其关联方，也不是所在集团中的其他成员，这一情况使得投资性主体或其所在企业集团中的其他企业获取除资本增值、投资收益外的收益的可能性减小。但是，关联投资者的存在并非表明该主体一定不是投资性主体。例如，某基金的投资方之一可能是该基金的关键管理人员出资设立的企业，其目的是更好地激励基金的关键管理人员，这一安排并不影响该基金符合投资性主体的定义。

（4）该主体的所有者权益以股权或类似权益存在。投资性主体通常是单独的法律主体，但没有要求投资性主体必须是单独的法律主体。但无论其采取何种形式，其所有者权益通常采取股权或者类似权益的形式（例如，合伙权益），且净资产按照所有者权益比例份额享有。然而，拥有不同类型的投资者，并且其中一些投资者可能仅对某类或某组特定投资拥有权利，或者不同类型的投资者对净资产享有不同比例的分配权的情况，并不说明该主体不是一个投资性主体。

【例 34－19】 A 有限合伙企业于 2×20 年设立，合伙年限为 10 年。根据合伙协议，A 有限合伙企业的设立目的是投资于有潜力高速增长的企业以实现资本增值。H 公司作为一般合伙人拥有 A 有限合伙企业 1% 的资本，并承担识别合适投资的责任，75% 的有限合伙人向 A 有限合伙企业提供了 99% 的资本，这些有限合伙人与H公司不存在关联关系。

A有限合伙企业成立当年，没有合适的投资。2×21年，A有限合伙企业获得对B公司的控制权，2×22年获得对其他5家经营公司的权益投资。除上述情况外，A有限合伙企业不从事其他活动。A有限合伙企业以公允价值计量和评价其投资，并向一般合伙人H公司和其他外部投资者提供这些信息。A有限合伙企业计划在合伙年限内以直接出售、推动某投资公司公开上市后出售该投资公司股份等方式处置这些投资。

本例中，A有限合伙企业在2×20年至2×22年符合投资性主体的定义，主要原因如下：一是A有限合伙企业的资金主要由有限合伙人提供，并向有限合伙人提供投资管理服务；二是A有限合伙企业的唯一活动是向经营公司进行权益投资以实现资本增值，A有限合伙企业有明确的退出战略；三是A有限合伙企业以公允价值计量和评价其投资，并向其投资者提供这些信息。

【例34－20】A技术公司设立B高新技术基金，以投资于高新技术创业公司而获取资本增值。A技术公司持有B高新技术基金70%的权益并且控制该基金，该基金其余30%的权益由其他10个不相关投资者持有。

A技术公司同时持有以公允价值购买B基金持有投资的选择权，如果行使该选择权，A技术公司将受益于B基金被投资者开发的技术。B基金没有明确的退出投资的计划，且B基金由该基金投资者代理人作为投资顾问管理。

本例中，即使B基金的经营目的是为资本增值而进行投资，并向其投资者提供投资管理服务，B基金也不是投资性主体，主要原因如下：一是A公司持有购买B基金持有投资的选择权，B基金被投资方开发的资产将使A技术公司受益，这样，除资本增值外，B基金还提供了其他利益；二是B基金的投资计划不包括作为权益投资的投资退出战略，A技术公司持有的选择权并非由B基金控制，也不构成退出战略。

3. 投资性主体的转换。

投资性主体的判断需要持续进行，当有事实和情况表明构成投资性主体定义的三项要素发生变化，或者任何典型特征发生变化时，应当重新评估其是否符合投资性主体。

当母公司由非投资性主体转变为投资性主体时，除仅将为其投资活动提供相关服务的子公司纳入合并财务报表范围编制合并财务报表外，企业自转变日起对其他子公司不应予以合并，其会计处理参照部分处置子公司股权但不丧失控制权的处理原则：终止确认与其他子公司相关资产（包括商誉）及负债的账面价值，以及其他子公司相关少数股东权益（包括属于少数股东的其他综合收益）的账面价值，并按照对该子公司的投资在转变日的公允价值确认一项以公允价值计量且其变动计入当期损益的金融资产，同时将对该子公司的投资在转变日的公允价值作为处置价款，其与当日合并财务报表中该子公司净资产（资产、负债及相关商誉之和，扣除少数股东权益）的账面价值之间的差额，调整资本公积（资本溢价或股本溢价），资本公积不足冲减的，调整留存收益。

当母公司由投资性主体转变为非投资性主体时，应将原未纳入合并财务报表范围的子公司于转变日纳入合并财务报表范围，将转变日视为购买日，原未纳入合并财务报表范围的子公司于转变日的公允价值视为购买的交易对价，按照非同一控制下企业合并的会计处理方法进行会计处理。

（七）对结构化主体的控制

随着企业所有权和经营组织形式的多样化，企业参与合伙企业、信托计划、资产管理计划、资产支持证券、基金、理财产品等结构化主体的投资、发起设立或管理也日益普遍和多样化。对于发起设立、管理或投资的结构化主体，企业应当严格按照本章的相关规定，以控制为基础判断是否应将其纳入合并范围。

实务中，商业银行及其子公司（以下统称商业银行）发行多种形式的理财产品。商业银行应当判断是否控制其发行的理财产品。如果商业银行控制该理财产品，应当将该理财产品纳入合并范围。

商业银行在判断是否控制其发行的理财产品时，应当综合考虑其本身直接享有以及通过所有子公司（包括控制的结构化主体）间接享有权利而拥有的权力、可变回报及其联系。分析可变回报时，至少应当关注下列方面：

可变回报通常包括商业银行因向理财产品提供管理服务等获得的决策者薪酬和其他利益：前者包括各种形式的理财产品管理费（含各种形式的固定管理费和业绩报酬等），还可能包括以销售费、托管费以及其他各种服务收费的名义收取的实质上为决策者薪酬的收费；后者包括各种形式的直接投资收益，提供信用增级或支持等而获得的补偿或报酬，因提供信用增级或支持等而可能发生或承担的损失，与理财产品进行其他交易或者持有理财产品其他利益而取得的可变回报，以及销售费、托管费和其他各种名目的服务收费等。其中，提供的信用增级包括担保（例如保证理财产品投资者的本金或收益、为理财产品的债务提供保证等）、信贷承诺等；提供的支持包括财务或其他支持，例如流动性支持、回购承诺、向理财产品提供融资、购买理财产品持有的资产、同理财产品进行衍生交易等。

商业银行在分析享有的可变回报时，不仅应当分析与理财产品相关的法律法规及各项合同安排的实质，还应当分析理财产品成本与收益是否清晰明确，交易定价（含收费）是否符合市场或行业惯例，以及是否存在其他可能导致商业银行最终承担理财产品损失的情况等。商业银行应当慎重考虑其是否在没有合同义务的情况下，对过去发行的具有类似特征的理财产品提供过信用增级或支持的事实或情况，至少包括下列几个方面：

1. 提供该信用增级或支持的触发事件及其原因，以及预期未来发生类似事件的可能性和频率。

2. 商业银行提供该信用增级或支持的原因，以及作出这一决定的内部控制和管理流程；预期未来出现类似触发事件时，是否仍将提供信用增级和支持（此评估应当基于商业银行对于此类事件的应对机制以及内部控制和管理流程，且应当考虑历史经验）。

3. 因提供信用增级或支持而从理财产品获取的对价，包括但不限于该对价是否公允，收取该对价是否存在不确定性以及不确定性的程度。

4. 因提供信用增级或支持而面临损失的风险程度。

如果商业银行根据控制的三要素判断对所发行的理财产品不构成控制，但在该理财产品的存续期内，商业银行向该理财产品提供了合同义务以外的信用增级或支持，商业银行应当至少考虑上述各项事实和情况，重新评估是否对该理财产品形成控制。经重新评估后认定对理财产品具有控制的，商业银行应当将该理财产品纳入合并范围。同时，对于发行的具有类似特征（如具有类似合同条款、基础资产构成、投资者构成、商业银行参与理财产品而享有可变回报的构成等）的理财产品，商业银行也应当按照一致性原则予以重新评估。

【例 34－21】 2×20 年 4 月，甲证券公司设立 A 集合资产管理计划（以下简称 A 资管计划），并同时决定了该计划的目标规模、托管人等事项。乙银行是该资管计划的托管人。甲公司自 2×20 年 4 月 1 日起向客户推广 A 资管计划，并于当日结束推广。A 资管计划的所有募集资金全部划入托管人乙银行开立的 A 资管计划托管专户。A 资管计划本次募集资金的优先级投资人的投入金额为人民币 1.8 亿元；甲公司作为计划管理人，以自有资金购买全部风险级份额，金额为人民币 0.2 亿元，占本次资管计划所有募集金额的 10%。

根据《A 集合资产管理计划资产管理合同》，A 资管计划的投资以固定收益类资产投资为主，优选高收益的优质债券，比如国债、地方政府债、优良的公司债等，以及保本浮动收益商业银行理财计划、银行存款等，并构建投资组合，在严格控制风险的前提下，力求获取超额的投资收益。相关合同约定，资管计划成立时，风险级份额净值与资管计划份额总净值的比例不低于10∶100；存续期内，风险级份额净值与资管计划份额总净值的比例不低于4∶100，否则甲公司需在10个工作日内以自有资金补充投入需增加的风险级份额。

该资管计划的优先级份额自资管计划成立后每满1个月开放一次。每期优先级份额发行前，甲公司综合考虑风险级份额净值目前的占比情况以及自有资金可用头寸，以确定是否发行新的优先级份额，并确定本期的优先级预期收益率及规模上限等。资管计划存续期内，风险级份额可以在满足合同约定的风险级份额占比条件下，在持有满12个月后的每个开放期的首个工作日办理退出业务。

资管计划投资当期出现净亏损时，风险级份额不进行收益分配；资管计划风险级份额应保障优先级份额的约定收益（即由甲公司定期制定并提前公布的每期预期收益率），并每月对优先级份额进行分配。如果当期投资有超额收益，甲公司享有全部超额收益。甲公司持有该资管计划风险级投资的全部份额，以风险级份额对应的全部资产为各期优先级客户的预期收益及本金回收提供有限保障。根据甲公司的估计，风险级投资所占份额足以吸收该资管计划可能发生的所有损失。甲公司按前一日资管计划资产净值的1.5%的年费率收取管理费。

根据该资管计划截至2×20年底所公布的8期收益结果来看，有3期实际收益率低于甲公司事先设定的预期收益率，但甲公司仍按原设定的预期收益率实际分配给优先级投资人，即甲公司在实际执行时以自己的风险级份额对应的资产及收益来保证优先级投资人的预期收益及本金的回收。截至2×20年12月31日，该资管计划的优先级份额净值为18亿元，风险级份额净值为7 500万元。

本例中，（1）从被投资方的设立目的和设计来看，A资管计划的设立目的是运用所募集资金，选择比较优质的债权投资及其他收益较为固定、风险较低的投资，以获取较高收益。

（2）从被投资方的相关活动以及相关活动的决策过程来看，基于资管计划的设立目的，A资管计划的主要经济活动是将募集资金进行债权投资等，以获取收益。因此，其相关活动是决定募集资金的规模、确定投资项目及每一期的预期收益并进行分配。而根据相关文件规定，该等相关活动，均由甲公司对该计划的运营状况进行分析后作出决策。

(3) 从投资方享有的权利是否使其目前有能力主导被投资方的相关活动来看，从上述被投资方的相关活动及其决策过程的分析可见，甲公司作为管理人在确定投资范围、作出投资决策及确定每一期优先级收益率方面拥有全部决策权，而优先级投资者不享有该权利。优先级投资人没有罢免或替换该计划管理人（即甲公司）的权利。因此，甲公司对该资管计划拥有权力。

(4) 从评估投资方是否享有可变回报来看，甲公司作为管理人，按前一日资管计划资产净值的1.5%的年费率收取管理费，这与市场上固定收益类资管计划的管理者薪酬相仿。甲公司的可变回报来自于其收取的管理费、在资管计划中投资的份额（10% ~4%不等）所带来的收益、享有所有的超额收益以及对优先级投资者的投资补偿承诺。因此，甲公司享有资管计划的可变回报。

(5) 从权力与回报之间是否相关来看，由于甲公司作为该资管计划的管理人，对于该资管计划的相关活动具有决策权，同时作为风险级投资人首先承担了资管计划的下行风险同时享有所有的超额回报，所以甲公司可以运用其所享有的决策权影响其可变回报。

(6) 从投资方与其他方的关系来看，根据协议，优先级投资人不能罢免管理人（即甲公司），因此不存在一个罢免甲公司的机制。同时，基于前述上述内容的分析，可以看出甲公司享有的决策权是广泛且实质的；甲公司因持有该资管计划其他权益，享有的超额收益以及对优先级投资者的投资补偿承诺，所承担的可变回报的风险是实质的，甲公司作为风险级投资者，首先承担了该资管计划投资的信用风险和流动性风险，并且甲公司的投资足以吸收该资管计划可能发生的所有损失，因此其面临的可变回报风险与优先级投资者显著不同。所以，甲公司判断其是决策的主要责任人。

综上，甲公司拥有对A资管计划的权力，享有可变回报，并有能力运用其权力影响其回报，因此甲公司控制A资管计划。

【例34-22】乙证券公司发起设立一项资产管理计划并担任管理人，该资产管理计划的募集资金用于投资上市公司小额股票质押贷款组合。资产管理计划分为优先级份额和劣后级份额，存续期内优先级份额与劣后级份额的比例不超过9:1。优先级份额设有预期年化收益率，享有优先分配权；劣后级份额不设固定收益率，用于吸收初始损失以保护优先级投资者，并获取所有剩余回报。由于投资的基础资产有较好的质押物增信，按照过往经验数据，乙公司预计来自质押贷款发行方的信用风险和投资组合管理相关利率风险的整体风险波动导致本金亏损达到10%以上的可能性极小。

乙公司作为资产管理人，根据资产管理计划的资金募集说明书设定的投资政策进行决策，以投资者利益最大化管理该资产组合。乙公司按照资产管理计划资产净值的1%加上达到特定盈利水平后资产管理计划投资利润的10%收取管理费，该管理费符合市场和行业惯例，与乙公司提供的服务相称。乙公司同时持有资产管理计划35%的劣后级份额，剩下65%的劣后级份额和所有优先级份额被众多分散且非关联第三方投资方持有。其他投资方可以通过简单多数表决无理由地罢免资产管理人。

本例中，乙公司作为资产管理人获取固定费用和与业绩挂钩的费用，这些费用与其提供的服务相称，其收取的报酬使得其对增加基金价值的利益与其他投资方的利益一致。同时，由于乙公司持有35%的劣后级份额并获取相应报酬，其因管理资产管理计划相关活动享有或承担重大可变回报及其波动风险。乙公司尽管需要根据被投资方的资管计划募集说明书设定的政策进行运营，但目前有能力作出能够对被投资方回报产生重大影响的投资决策，且因为其他投资方持有的罢免权被大量分散且非关联第三方的投资方所持有，此项罢免权利在控制分析中影响不大。本例中，乙公司重点关注因其劣后于优先级份额的劣后级权益份额承担的基金回报可变性敞口，其持有35%的权益使得承担被投资方损失和享有其回报权利的次级敞口重大到足以表明乙公司是主要责任人。综上，乙公司控制该资产管理计划。

如果本例中，资产管理计划募集的资金用于股权性投资或其他风险波动较大投资，且10%的劣后级权益可能无法吸收资产管理计划几乎所有的风险敞口，在此情况下需要根据资产管理计划的预期收益及波动性等综合因素进行分析，是否控制资产管理计划的结论可能会有所不同。

四、合并程序

（一）合并财务报表的编制原则

合并财务报表作为财务报表，必须符合财务报表编制的一般原则和基本要求，这些基本要求包括真实可靠、内容完整、重要性等。合并财务报表的编制除了遵循财务报表编制的一般原则和要求外，还应遵循一体性原则，即，合并财务报表反映的是由多个主体组成的企业集团的财务状况、经营成果和现金流量。在编制合并财务报表时应当将母公司和所有子公司作为整体来看待，视为一个会计主体，母公司和子公司发生的经营活动都应当从企业集团这一整体的角度进行考虑，包括对项目重要性的判断。

在编制合并财务报表时，对于母公司与子公司、子公司相互之间发生的经济业务，应当视为同一会计主体的内部业务处理，对合并财务报表的财务状况、经营成果和现金流量不产生影响。另外，对于某些特殊交易，如果站在企业集团角度的确认和计量与个别财务报表角度的确认和计量不同，还需要站在企业集团角度就同一交易或事项予以调整。

（二）编制合并财务报表的前期准备工作

合并财务报表的编制涉及多个子公司，为了使编制的合并财务报表准确、全面反映企业集团的真实情况，必须做好一系列的前期准备工作，主要包括以下几个方面。

1. 统一母子公司的会计政策。

会计政策是编制财务报表的基础。统一母公司和子公司的会计政策是保证母子公司财务报表各项目反映内容一致的基础。只有在财务报表各项目反映的内容一致的情况下，才能对其进行加总，编制合并财务报表。因此，在编制合并财务报表前，应统一要求子公司所采用的会计政策与母公司保持一致。对一些境外子公司，由于所在国或地区法律、会计政策等方面的原因，确实无法使其采用的会计政策与母公司所采用的会计政策保持一致，则应当要求其按照母公司所采用的会计政策，重新编报财务报表，也可以由母公司根据自身所采用的会计政策对境外子公司报送的财务报表进行调整，以重编或调整编制的境外子公司的财务报表，作为编制合并财务报表的基础。

需要注意的是，中国境内企业设在境外的子公司在境外发生的交易或事项，因受法律法规限制等境内不存在或交易不常见，企业会计准则未作出规范的，可以将境外子公司已经进行的会计处理结果，在符合基本准则的原则下，按照国际财务报告准则进行调整后，并入境内母公司合并财务报表的相关项目。

2. 统一母子公司的资产负债表日及会计期间。

母公司和子公司的个别财务报表只有在反映财务状况的日期和反映经营成果的会计期间都一致的情况下，才能进行合并。为了编制合并财务报表，必须统一企业集团内母公司和所有子公司的资产负债表日和会计期间，使子公司的资产负债表日和会计期间与母公司的资产负债表日和会计期间保持一致，以便于子公司提供相同资产负债表日和会计期间的财务报表。

对于境外子公司，由于当地法律限制确实不能与母公司财务报表决算日和会计期间一致的，母公司应当按照自身的资产负债表日和会计期间对子公司的财务报表进行调整，以调整后的子公司财务报表为基础编制合并财务报表，也可以要求子公司按照母公司的资产负债表日和会计期间另行编制报送其个别财务报表。

3. 对子公司以外币表示的财务报表进行折算。

对母公司和子公司的财务报表进行合并，其前提必须是母子公司个别财务报表所采用的货币计量单位一致。外币业务比较多的企业应该遵循外币折算准则有关选择记账本位币的相关规定，在符合准则规定的基础上，确定是否采用某一种外币作为记账本位币。在将境外经营纳入合并范围时，应该按照第十九章外币折算的相关规定进行处理。

4. 收集编制合并财务报表的相关资料。

合并财务报表以母公司和其子公司的财务报表以及其他有关资料为依据，由母公司合并有关项目的数额编制。为编制合并财务报表，母公司应当要求子公司及时提供下列有关资料：

（1）子公司相应期间的财务报表；

（2）采用的与母公司不一致的会计政策及其影响金额；

（3）与母公司不一致的会计期间的说明；

（4）与母公司及与其他子公司之间发生的所有内部交易的相关资料，包括但不限于内部购销交易、债权债务、投资及其产生的现金流量和未实现内部销售损益的期初、期末余额及变动情况等资料；

（5）子公司所有者权益变动和利润分配的有关资料。

（6）编制合并财务报表所需要的其他资料。

（三）合并财务报表格式

合并财务报表至少包括合并资产负债表、合并利润表、合并所有者权益变动表和合并现金流量表。其中，一般企业、金融企业等的合并资产负债表、合并利润表和合并所有者权益变动表以第三十一章财务报表列报中的相关报表为基础，增加下列项目：

1. 合并资产负债表中：（1）在所有者权益项目下增加“归属于母公司所有者权益（或股东权益）合计”，用于反映企业集团的所有者权益中归属于母公司所有者权益的部分，包括实收资本（或股本）、其他权益工具、资本公积、库存股、其他综合收益、专项储备、盈余公积、一般风险准备、未分配利润等项目的金额；（2）在所有者权益项目下，增加“少数股东权益”项目，用于反映非全资子公司的所有者权益中不属于母公司的份额。合并资产负债表格式如表 34－1 所示。

2. 合并利润表中：（1）在“净利润”项目下增加“归属于母公司所有者的净利润”和“少数股东损益”两个项目，分别反映净利润中由母公司所有者享有的份额和非全资子公司当期实现的净利润中归属于少数股东的份额。同一控制下企业合并增加子公司的，当期合并利润表中还应在“净利润”项目下增加“其中：被合并方在合并前实现的净利润”项目，用于反映同一控制下企业合并中取得的被合并方在合并日前实现的净利润。（2）在“综合收益总额”项目下增加“归属于母公司所有者的综合收益总额”和“归属于少数股东的综合收益总额”两个项目，分别反映综合收益总额中由母公司所有者享有的份额和非全资子公司当期综合收益总额中归属于少数股东的份额。同时，在“其他综合收益的税后净额”部分，区分“归属于母公司所有者的其他综合收益的税后净额”和“归属于少数股东的其他综合收益的税后净额”两部分进行列示。合并利润表格式如表 34－2 所示。

3. 合并所有者权益变动表中，增加“少数股东权益”栏目，反映少数股东权益变动的情况。另外，参照合并资产负债表中的“其他权益工具”、“专项储备”、“一般风险准备”等项目的列示，合并所有者权益变动表中应单列上述各栏目反映。合并所有者权益变动表格式如表 34－3 所示。

合并现金流量表的格式与第三十二章现金流量表中的现金流量报表格式基本相同。合并现金流量表格式如表 34－4 所示。

对于纳入合并财务报表的子公司既有一般工商企业，又有金融企业等的，如果母公司在企业集团经营中权重较大，以母公司主业是一般企业还是金融企业确定其报表类别，根据集团其他业务适当增加其他报表类别的相关项目；如果母公司在企业集团经营中权重不大，以企业集团的主业确定其报表类别，根据集团其他业务适当增加其他报表类别的相关项目；以金融企业为主的企业集团，应当以金融企业财务报表格式为基础，结合上述合并财务报表格式的要求，对合并财务报表项目进行调整；对于不符合上述情况的，合并财务报表采用一般企业报表格式，根据集团其他业务适当增加其他报表类别的相关项目。

表 34－1　　合并资产负债表

会合 01 表

编制单位：　　　　　______年___月___日　　　　　单位：元

资产	期末余额	上年年末余额	负债和所有者权益（或股东权益）	期末余额	上年年末余额
流动资产：			流动负债：		
货币资金			短期借款		
结算备付金*			向中央银行借款*		
拆出资金*			拆入资金*		
交易性金融资产			交易性金融负债		
衍生金融资产			衍生金融负债		
应收票据			应付票据		
应收账款			应付账款		
应收款项融资			预收款项		
预付款项			合同负债		
应收保费*			卖出回购金融资产款*		
应收分保账款*			吸收存款及同业存放*		
应收分保合同准备金*			代理买卖证券款*		
其他应收款			代理承销证券款*		
买入返售金融资产*			应付职工薪酬		
存货			应交税费		
合同资产			其他应付款		
持有待售资产			应付手续费及佣金*		
一年内到期的非流动资产			应付分保账款*		
其他流动资产			持有待售负债		
流动资产合计			一年内到期的非流动负债		
非流动资产：			其他流动负债		
发放贷款和垫款*			流动负债合计		
债权投资			非流动负债：		
其他债权投资			保险合同准备金*		
长期应收款			长期借款		
长期股权投资			应付债券		

续表

资产	期末余额	上年年末余额	负债和所有者权益（或股东权益）	期末余额	上年年末余额
其他权益工具投资			其中：优先股		
其他非流动金融资产			永续债		
投资性房地产			租赁负债		
固定资产			长期应付款		
在建工程			预计负债		
生产性生物资产			递延收益		
油气资产			递延所得税负债		
使用权资产			其他非流动负债		
无形资产			非流动负债合计		
开发支出			负债合计		
商誉			所有者权益（或股东权益）：		
长期待摊费用			实收资本（或股本）		
递延所得税资产			其他权益工具		
其他非流动资产			其中：优先股		
非流动资产合计			永续债		
			资本公积		
			减：库存股		
			其他综合收益		
			专项储备		
			盈余公积		
			一般风险准备*		
			未分配利润		
			归属于母公司所有者权益（或股东权益）合计		
			少数股东权益		
			所有者权益（或股东权益）合计		
资产总计			负债和所有者权益（或股东权益）总计		

注：标注“*”的项目为金融企业专用行项目。

表 34－2　　合并利润表

会合 02 表

编制单位：　　　　＿＿年＿＿月　　　　单位：元

项目	本期金额	上期金额
一、营业总收入		
其中：营业收入		
利息收入*		
已赚保费*		
手续费及佣金收入*		
二、营业总成本		
其中：营业成本		
利息支出*		
手续费及佣金支出*		
退保金*		
赔付支出净额*		
提取保险责任准备金净额*		
保单红利支出*		
分保费用*		
税金及附加		
销售费用		
管理费用		
研发费用		
财务费用		
其中：利息费用		
利息收入		
加：其他收益		
投资收益（损失以“－”号填列）		
其中：对联营企业和合营企业投资收益		
以摊余成本计量的金融资产终止确认收益		
汇兑收益（损失以“－”号填列）*		
净敞口套期收益（损失以“－”号填列）		
公允价值变动收益（损失以“－”号填列）		
信用减值损失（损失以“－”号填列）		
资产减值损失（损失以“－”号填列）		
资产处置收益（损失以“－”号填列）		

续表

项目	本期金额	上期金额
三、营业利润（亏损以“－”号填列）		
加：营业外收入		
减：营业外支出		
四、利润总额（亏损总额以“－”号填列）		
减：所得税费用		
五、净利润（净亏损以“－”号填列）		
（一）按经营持续性分类		
1. 持续经营净利润（净亏损以“－”号填列）		
2. 终止经营净利润（净亏损以“－”号填列）		
（二）按所有权归属分类		
1. 归属于母公司股东的净利润（净亏损以“－”号填列）		
2. 少数股东损益（净亏损以“－”号填列）		
六、其他综合收益的税后净额		
（一）归属于母公司所有者的其他综合收益的税后净额		
1. 不能重分类进损益的其他综合收益		
（1）重新计量设定受益计划变动额		
（2）权益法下不能转损益的其他综合收益		
（3）其他权益工具投资公允价值变动		
（4）企业自身信用风险公允价值变动		
……		
2. 将重分类进损益的其他综合收益		
（1）权益法下可转损益的其他综合收益		
（2）其他债权投资公允价值变动		
（3）金融资产重分类计入其他综合收益的金额		
（4）其他债权投资信用减值准备		
（5）现金流量套期储备		
（6）外币财务报表折算差额		
……		
（二）归属于少数股东的其他综合收益的税后净额		
七、综合收益总额		
（一）归属于母公司所有者的综合收益总额		
（二）归属于少数股东的综合收益总额		
八、每股收益		
（一）基本每股收益		
（二）稀释每股收益		

注：标注“＊”的项目为金融企业专用行项目。

表 34－3

合并所有者权益变动表

会合 04 表

编制单位： ______年度 单位：元

项目	本年金额														上年金额													
	归属于母公司所有者权益												少数股东权益	所有者权益合计	归属于母公司所有者权益												少数股东权益	所有者权益合计
	实收资本（或股本）	其他权益工具			资本公积	减：库存股	其他综合收益	专项储备	盈余公积	一般风险准备*	未分配利润	小计			实收资本（或股本）	其他权益工具			资本公积	减：库存股	其他综合收益	专项储备	盈余公积	一般风险准备*	未分配利润	小计		
		优先股	永续债	其他												优先股	永续债	其他										
一、上年年末余额																												
加：会计政策变更																												
前期差错更正																												
其他																												
二、本年年初余额																												
三、本年增减变动金额（减少以“－”号填列）																												
（一）综合收益总额																												
（二）所有者投入和减少资本																												
1. 所有者投入的普通股																												
2. 其他权益工具持有者投入资本																												
3. 股份支付计入所有者权益的金额																												
4. 其他																												
（三）利润分配																												

续表

项目	本年金额														上年金额													
	归属于母公司所有者权益												少数股东权益	所有者权益合计	归属于母公司所有者权益												少数股东权益	所有者权益合计
	实收资本（或股本）	其他权益工具			资本公积	减：库存股	其他综合收益	专项储备	盈余公积	一般风险准备*	未分配利润	小计			实收资本（或股本）	其他权益工具			资本公积	减：库存股	其他综合收益	专项储备	盈余公积	一般风险准备*	未分配利润	小计		
		优先股	永续债	其他												优先股	永续债	其他										
1. 提取盈余公积																												
2. 提取一般风险准备*																												
3. 对所有者（或股东）的分配																												
4. 其他																												
（四）所有者权益内部结转																												
1. 资本公积转增资本（或股本）																												
2. 盈余公积转增资本（或股本）																												
3. 盈余公积弥补亏损																												
4. 设定受益计划变动额结转留存收益																												
5. 其他综合收益结转留存收益																												
6. 其他																												
四、本年年末余额																												

注：标注“*”的项目为金融企业专用行项目。

表 34－4　　合并现金流量表

会合 03 表

编制单位：　　　　____年____月　　　　单位：元

项目	本期金额	上期金额
一、经营活动产生的现金流量		
销售商品、提供劳务收到的现金		
客户存款和同业存放款项净增加额*		
向中央银行借款净增加额*		
向其他金融机构拆入资金净增加额*		
收到原保险合同保费取得的现金*		
收到再保业务现金净额*		
保户储金及投资款净增加额*		
收取利息、手续费及佣金的现金*		
拆入资金净增加额*		
回购业务资金净增加额*		
代理买卖证券收到的现金净额*		
收到的税费返还		
收到其他与经营活动有关的现金		
经营活动现金流入小计		
购买商品、接受劳务支付的现金		
客户贷款及垫款净增加额*		
存放中央银行和同业款项净增加额*		
支付原保险合同赔付款项的现金*		
拆出资金净增加额*		
支付利息、手续费及佣金的现金*		
支付保单红利的现金*		
支付给职工及为职工支付的现金		
支付的各项税费		
支付其他与经营活动有关的现金		
经营活动现金流出小计		
经营活动产生的现金流量净额		

续表

项目	本期金额	上期金额
二、投资活动产生的现金流量		
收回投资收到的现金		
取得投资收益收到的现金		
处置固定资产、无形资产和其他长期资产收回的现金净额		
处置子公司及其他营业单位收到的现金净额		
收到其他与投资活动有关的现金		
投资活动现金流入小计		
购建固定资产、无形资产和其他长期资产支付的现金		
投资支付的现金		
质押贷款净增加额*		
取得子公司及其他营业单位支付的现金净额		
支付其他与投资活动有关的现金		
投资活动现金流出小计		
投资活动产生的现金流量净额		
三、筹资活动产生的现金流量		
吸收投资收到的现金		
其中：子公司吸收少数股东投资收到的现金		
取得借款收到的现金		
收到其他与筹资活动有关的现金		
筹资活动现金流入小计		
偿还债务支付的现金		
分配股利、利润或偿付利息支付的现金		
其中：子公司支付给少数股东的股利、利润		
支付其他与筹资活动有关的现金		
筹资活动现金流出小计		
筹资活动产生的现金流量净额		
四、汇率变动对现金及现金等价物的影响		
五、现金及现金等价物净增加额		
加：期初现金及现金等价物余额		
六、期末现金及现金等价物余额		

注：标注“*”的项目为金融企业专用行项目。

（四）合并财务报表的编制程序

合并财务报表编制的一般程序如下：

1. 设置合并工作底稿。合并工作底稿的作用是为合并财务报表的编制提供基础。在合并工作底稿中，对母公司和纳入合并范围的子公司的个别财务报表各项目的数据进行汇总、调整和抵销处理，最终计算得出合并财务报表各项目的合并数。

2. 将个别财务报表的数据过入合并工作底稿。将母公司和纳入合并范围的子公司的个别资产负债表、个别利润表、个别现金流量表及个别所有者权益变动表各项目的数据过入合并工作底稿，并在合并工作底稿中对母公司和子公司个别财务报表各项目的数据进行加总，计算得出个别资产负债表、个别利润表、个别现金流量表及个别所有者权益变动表各项目合计数额。

3. 编制调整分录和抵销分录。根据本章第五部分等编制调整分录与抵销分录，进行调整抵销处理是合并财务报表编制的关键和主要内容，其目的在于将因会计政策及计量基础的差异对个别财务报表的影响进行调整，以及将个别财务报表各项目的加总数据中重复的因素等予以抵销或调整等。

4. 计算合并财务报表各项目的合并金额。在母公司和纳入合并范围的子公司个别财务报表项目加总金额的基础上，分别计算合并财务报表中各资产项目、负债项目、所有者权益项目、收入项目和费用项目等的合并金额。其计算方法如下：

（1）资产类项目，其合并金额根据该项目加总的金额，加上该项目调整分录与抵销分录有关的借方发生额，减去该项目调整分录与抵销分录有关的贷方发生额计算确定。

（2）负债类和所有者权益类项目，其合并金额根据该项目加总的金额，减去该项目调整分录与抵销分录有关的借方发生额，加上该项目调整分录与抵销分录有关的贷方发生额计算确定。

（3）有关收入、收益、利得类项目，其合并金额根据该项目加总的金额，减去该项目调整分录与抵销分录的借方发生额，加上该项目调整分录与抵销分录的贷方发生额计算确定。

（4）有关成本费用、损失类项目和有关利润分配的项目，其合并金额根据该项目加总的金额，加上该项目调整分录与抵销分录的借方发生额，减去该项目调整分录与抵销分录的贷方发生额计算确定。

（5）“专项储备”和“一般风险准备”项目由于既不属于实收资本（或

股本）、资本公积，也与留存收益、未分配利润不同，在长期股权投资与子公司所有者权益相互抵销后，应当按归属于母公司所有者的份额予以恢复。

5. 填列合并财务报表。根据合并工作底稿中计算出的资产、负债、所有者权益、收入、成本费用类以及现金流量表中各项目的合并金额，填列生成正式的合并财务报表。

合并所有者权益变动表也可以根据合并资产负债表和合并利润表进行编制。

（五）报告期内增减子公司的处理

1. 增加子公司。

母公司因追加投资等原因控制了另一个企业即实现了企业合并，应当根据第二十章企业合并相关规定编制合并日或购买日的合并财务报表。在企业合并发生当期的期末和以后会计期间，母公司应当编制合并财务报表，分别情况进行处理：

（1）同一控制下企业合并增加的子公司或业务，视同合并后形成的企业集团报告主体自最终控制方开始实施控制时一直是一体化存续下来的。编制合并资产负债表时，应当调整合并资产负债表的期初数，合并资产负债表的留存收益项目应当反映母子公司视同一直作为一个整体运行至合并日应实现的盈余公积和未分配利润的情况，同时应当对比较报表的相关项目进行调整；编制合并利润表时，应当将该子公司或业务自合并当期期初至报告期末的收入、费用、利润纳入合并利润表，而不是从合并日开始纳入合并利润表，同时应当对比较报表的相关项目进行调整。由于这部分净利润是因按第二十章企业合并所规定的同一控制下企业合并的编表原则所致，而非母公司管理层通过生产经营活动实现的净利润，因此，应当在合并利润表中单列“其中：被合并方在合并前实现的净利润”项目进行反映，该单列项目应考虑合并方和被合并方之间在合并前存在需要抵销的事项且抵销对合并净利润产生的影响；在编制合并现金流量表时，应当将该子公司或业务自合并当期期初到报告期末的现金流量纳入合并现金流量表，同时应当对比较报表的相关项目进行调整。在编制合并当年合并财务报表时，应当对母公司与该子公司或业务自合并当期期初至报告期末之间的内部交易进行抵销处理。

（2）非同一控制下企业合并或其他方式增加的子公司或业务，应当从购买日开始编制合并财务报表，在编制合并资产负债表时，不调整合并资产负债表的期初数，企业以非货币性资产出资设立子公司或对子公司增资的，需要将该非货币性资产调整恢复至原账面价值，并在此基础上持续编制合并财务报表；在编制合并利润表时，应当将该子公司或业务自购买日至报告期末的收入、费用、利润纳入合并利润表；在编制合并现金流量表时，应当将该子公司购买日至报告期期末的现金流量纳入合并现金流量表。

2. 处置子公司。

在报告期内，如果母公司处置子公司或业务，失去对子公司或业务的控制，被投资方从处置日（即丧失控制权日）开始不再是母公司的子公司，不应继续将其纳入合并财务报表的合并范围，在编制合并资产负债表时，不应当调整合并资产负债表的期初数；在编制合并利润表时，应当将该子公司或业务自当期期初至处置日的收入、费用、利润纳入合并利润表；在编制合并现金流量表时，应将该子公司或业务自当期期初至处置日的现金流量纳入合并现金流量表。在编制处置当年合并财务报表时，应当对母公司与该子公司或业务自处置当期期初至处置日之间的内部交易进行抵销处理。

五、合并财务报表综合案例

本案例说明了合并财务报表的一般编制程序，主要包括合并资产负债表、合并利润表、合并现金流量表和合并所有者权益变动表及合并财务报表工作底稿的编制方法和过程。

【例 34－23】 A 股份有限公司（以下简称 A 公司）是一家从事新能源产业开发的上市公司。2×20 年 1 月 1 日，A 公司以定向增发普通股股票的方式，从非关联方处购买取得了 B 股份有限公司（以下简称 B 公司）70% 的股权，于同日通过产权交易所完成了该项股权转让程序，并完成了工商变更登记。A 公司定向增发普通股股票 5 000 万股，每股面值为 1 元，每股市场价格为 2.95 元。A 公司与 B 公司属于非同一控制下的企业。

1. B 公司 2×20 年 1 月 1 日（购买日）资产负债表有关项目信息列示如下：

（1）股东权益总额为 16 000 万元。其中：股本为 10 000 万元，资本公积为 4 000 万元，盈余公积为 600 万元，未分配利润为 1 400 万元。

（2）应收账款账面价值为 1 960 万元，经评估的公允价值为 1 560 万元；存货的账面价值为 10 000 万元，经评估的公允价值为 11 000 万元；固定资产账面价值为 9 000 万元，经评估的公允价值为 12 000 万元，固定资产评估增值为公司办公楼增值，该办公楼采用年限平均法计提折旧，该办公楼的剩余折旧年限为15年。

2. B公司2×20年12月31日资产负债表有关项目信息列示如下：

（1）股东权益总额为19 150万元。其中：股本为10 000万元，资本公积为4 000万元、其他综合收益150万元（其他权益工具投资公允价值变动的利得），盈余公积为1 600万元、未分配利润为3 400万元。

（2）2×20年全年实现净利润5 250万元，当年提取盈余公积1 000万元，年末向股东宣告分配现金股利2 250万元，现金股利款项尚未支付。

（3）截至2×20年12月31日，应收账款按购买日评估确认的金额收回，评估确认的坏账已核销；购买日发生评估增值的存货当年已全部实现对外销售。

3. 2×20年，A公司和B公司内部交易和往来事项列示如下：

（1）截至2×20年12月31日，A公司个别资产负债表应收账款中有480万元为应收B公司账款，该应收账款账面余额为500万元，A公司当年计提坏账准备20万元。B公司个别资产负债表中应付账款中列示有应付A公司账款500万元。

（2）2×20年5月1日，A公司向B公司销售商品1 000万元，商品销售成本为700万元，B公司以支票支付商品价款500万元，其余价款待商品售出后支付。B公司购进的该商品本期全部未实现对外销售而形成年末存货。2×20年年末，B公司对存货进行检查时，发现该商品已经部分陈旧，其可变现净值已降至980万元。为此，B公司2×20年年末对该存货计提存货跌价准备20万元，并在其个别财务报表中列示。

2×20年6月1日，B公司向A公司销售商品1 200万元，商品销售成本为800万元，A公司以支票支付全款。A公司购进该商品本期40%未实现对外销售。年末，A公司对剩余存货进行检查，并未发生存货跌价损失。

（3）2×20年6月20日，A公司将其资产原值为1 000万元，账面价值为600万元的某厂房，以1 200万元的价格变卖给B公司作为厂房使用，B公司以支票支付全款。该厂房预计剩余使用年限为15年，A公司和B公司均采用直线法对其计提折旧。

A公司取得B公司可辨认资产、负债和所有者权益在购买日的公允价值备查簿见表34－5；2×20年1月1日，A公司资产负债表、B公司资产负债表及资产负债公允价值见表34－6；2×20年12月31日，A公司、B公司资产负债表见表34－8；2×20年，A公司、B公司当年利润表、现金流量表和所有者权益变动表分别见表 34－9 至表 34－11。

假定 A 公司、B 公司均是中国境内公司，A 公司计划长期持有对 B 公司的股权，不考虑上述合并事项中所发生的审计、评估、股票发行以及法律服务等相关费用，B 公司的会计政策和会计期间与 A 公司一致，购买日，B 公司资产和负债的公允价值与其计税基础之间形成的暂时性差异均符合确认递延所得税资产或递延所得税负债的条件，不考虑 A 公司、B 公司除企业合并和编制合并财务报表之外的其他税费，两家公司适用的所得税税率均为 25%。除非有特别说明，本案例中的资产和负债的账面价值与计税基础相同。（本案例的会计分录以万元表示）

（一）合并范围的确定

本例中，A 公司持有 B 公司 70% 表决权股份，能够主导 B 公司的经营、财务等相关活动，表明 A 公司对 B 公司拥有权力，且 A 公司可通过参与 B 公司的经营、财务等相关活动而影响并享有可变回报（如，A 公司可以决定 B 公司股利分配决策并取得 B 公司分配的股利等），因此 A 公司对 B 的财务决策和经营决策等均具有实质性权利，即 A 公司有能力运用对 B 公司的权力影响其回报金额。综上所述，A 公司对 B 公司的权力符合本章控制定义，因此，A 公司编制合并财务报表时，应当将 B 公司纳入合并范围。

（二）购买日合并资产负债表的编制

本例中，A 公司购买 B 公司股权形成了非同一控制下的企业合并，A 公司应当编制购买日的合并资产负债表，因企业合并取得的被购买方各项可辨认资产、负债应当以公允价值列示，A 公司应当设置备查簿，记录企业合并中取得的子公司各项可辨认资产、负债在购买日的公允价值。

A 公司取得 B 公司可辨认资产、负债和所有者权益在购买日的公允价值备查簿见表 34－5。

2×20 年 1 月 1 日，A 公司资产负债表和 B 公司资产负债表及评估确认的资产负债公允价值见表 34－6。

1. 对母子公司个别资产负债表的调整。

（1）调整母公司长期股权投资的入账价值。

A 公司将购买取得 B 公司 70% 的股权作为长期股权投资入账的会计处理如下：

借：长期股权投资——B 公司　　（2.95×5 000）14 750　　（1）

　　贷：股本　　5 000

资本公积　　9 750

（2）调整子公司资产和负债的公允价值。

编制购买日的合并资产负债表时，根据A公司购买B公司设置的股权备查簿中登记的信息，将B公司资产和负债的评估增值或减值分别调增或调减相关资产和负债项目的金额。根据税法规定，在购买日子公司B公司的资产和负债的计税基础还是其原来的账面价值。购买日子公司资产和负债的公允价值与其计税基础之间的差异，形成暂时性差异。在符合有关原则和确认条件的情况下，编制购买日合并财务报表时，需要对该暂时性差异确认相应的递延所得税资产或递延所得税负债。

本例中，B公司应收账款的公允价值低于其计税基础的金额为400万元（1 960－1 560），形成可抵扣暂时性差异，应当对其确认递延所得税资产100万元（400×25%）；存货的公允价值高于其计税基础的金额为1 000万元（11 000－10 000），形成应纳税暂时性差异，应当对其确认递延所得税负债250万元（1 000×25%）；固定资产中的办公楼的公允价值高于其计税基础的金额为3 000万元（4 000－1 000），形成应纳税暂时性差异，应当对其确认递延所得税负债750万元（3 000×25%）。在合并工作底稿中的调整分录如下：

借：存货　　1 000　　（2）
　　固定资产　　3 000
　　递延所得税资产　　100
　　贷：应收账款　　400
　　　　递延所得税负债　　（250＋750）1 000
　　　　资本公积　　2 700

2. 母公司长期股权投资与子公司所有者权益的抵销处理。

经过对B公司资产和负债的公允价值调整后，B公司所有者权益总额＝16 000＋2 700＝18 700（万元），A公司对B公司所有者权益中拥有的份额为13 090万元（18 700×70%），A公司对B公司长期股权投资的金额为14 750万元，因此合并商誉为1 660万元（14 750－13 090）。A公司购买B公司股权所形成的商誉，在A公司个别财务报表中表示对B公司长期股权投资的一部分，在编制合并财务报表时，将长期股权投资与在子公司所有者权益中所拥有的份额相抵销，其抵销差额在合并资产负债表中则表现为商誉。

表 34－5　　**A 公司购买股权备查簿——B 公司**

会企 01 表

单位：万元

购买日：2×20 年 1 月 1 日　　购买价：14 750 万元　　本次交易后累计持股：70%

项目	购买日账面价值	购买日公允价值	公允价值与账面价值的差额	剩余使用年限	公允价值变动调整折旧或摊销额（年）	公允价值变动调整后余额	备注
流动资产	17 500	18 100	600				
其中：应收账款	1 960	1 560	-400				
存货	10 000	11 000	1 000				
非流动资产	11 500	14 500	3 000				
其中：固定资产——B 公司办公楼	1 000	4 000	3 000	15	200	2 800	采用年限平均法计提折旧
资产合计	29 000	32 600	3 600				
流动负债	10 500	10 500	0				
非流动负债	2 500	2 500	0				
负债合计	13 000	13 000	0				
实收资本（或股本）	10 000	10 000	0				
资本公积	4 000						
盈余公积	600	600	0				
未分配利润	1 400	1 400	0				
所有者权益合计	16 000	19 600	3 600				
负债和所有者权益总计	29 000	32 600	3 600				

表 34－6 **资产负债表（简表）**

会企 01 表

编制单位：A 公司　　2×20 年 1 月 1 日　　单位：万元

资产	A 公司	B 公司		负债和所有者权益（或股东权益）	A 公司	B 公司	
		账面价值	公允价值			账面价值	公允价值
流动资产：				流动负债：			
货币资金	4 500	2 100	2 100	短期借款	6 000	2 500	2 500
交易性金融资产	2 000	900	900	交易性金融负债	1 900	0	0
应收票据	2 350	1 500	1 500	应付票据	5 000	1 500	1 500
应收账款	1 900	1 960	1 560	应付账款	9 000	2 100	2 100
预付款项	1 000	440	440	预收款项	200	0	0
其他应收款	2 100	0	0	合同负债	1 300	650	650
存货	15 500	10 000	11 000	应付职工薪酬	3 000	800	800
合同资产	1 000	0	0	应交税费	1 000	600	600
其他流动资产	650	600	600	其他应付款	2 000	2 000	2 000
流动资产合计	31 000	17 500	18 100	其他流动负债	600	350	350
非流动资产：				流动负债合计	30 000	10 500	10 500
债权投资	5 500	0	0	非流动负债：			
长期应收款	0	0	0	长期借款	2 000	1 500	1 500
长期股权投资	16 000	0	0	应付债券	9 000	600	600
其他权益工具投资	3 000	700	700	租赁负债	1 000	400	400
固定资产	10 500	9 000	12 000	长期应付款	1 000	0	0

续表

资产	A 公司	B 公司		负债和所有者权益（或股东权益）	A 公司	B 公司	
		账面价值	公允价值			账面价值	公允价值
在建工程	10 000	1 000	1 000	递延所得税负债	0	0	0
使用权资产	1 200	500	500	其他非流动负债	0	0	0
无形资产	800	300	300	非流动负债合计	13 000	2 500	2 500
商誉	0	0	0	负债合计	43 000	13 000	13 000
长期待摊费用	0	0	0	所有者权益（或股东权益）：			
递延所得税资产	0	0	0	实收资本（或股本）	20 000	10 000	10 000
其他非流动资产	0	0	0	资本公积	5 000	4 000	7 600
非流动资产合计	47 000	11 500	14 500	减：库存股	0	0	0
				其他综合收益	0	0	0
				盈余公积	5 500	600	600
				未分配利润	4 500	1 400	1 400
				所有者权益（或股东权益）合计	35 000	16 000	19 600
资产合计	78 000	29 000	32 600	负债和所有者权益（或股东权益）合计	78 000	29 000	32 600

A公司长期股权投资与其在B公司所有者权益中拥有份额的抵销分录如下：

借：股本　　10 000　　（3）
　资本公积　　6 700
　盈余公积　　600
　未分配利润　　1 400
　商誉　　1 660
　贷：长期股权投资——B公司　　14 750
　　少数股东权益　　5 610

需要注意的是，母子公司有交互持股情形的，在编制合并财务报表时，对于母公司持有的子公司股权，与通常情况下母公司长期股权投资与子公司所有者权益的合并抵销处理相同。对于子公司持有的母公司股权，应当按照子公司取得母公司股权日所确认的长期股权投资的初始投资成本，将其转为合并财务报表中的库存股；对于子公司持有母公司股权所确认的投资收益（如利润分配或现金股利），应当进行抵销处理。子公司将所持有的母公司股权分类为以公允价值计量且其变动计入当期损益的金融资产或者指定为以公允价值计量且其变动计入其他综合收益的金融资产的，按照公允价值计量的，同时冲销子公司累计确认的公允价值变动。

3. 编制购买日合并资产负债表工作底稿及合并资产负债表。

根据上述调整分录和抵销分录，A公司编制购买日合并资产负债表工作底稿见表34－7。

根据上述合并资产负债表工作底稿中各项目的合并金额，编制购买日的合并资产负债表（略）。

（三）购买日后合并财务报表的编制

母公司应当以自身和其子公司的财务报表为基础，根据其他有关资料，编制合并财务报表。

A公司和B公司2×20年12月31日资产负债表见表34－8。

表 34－7

合并资产负债表工作底稿

会企 01 表

编制单位：A 公司　　　　2×20 年 1 月 1 日　　　　单位：万元

项目	A 公司	B 公司	合计金额	调整分录		抵销分录		合并金额
				借方	贷方	借方	贷方	
流动资产：								
货币资金	4 500	2 100	6 600					6 600
交易性金融资产	2 000	900	2 900					2 900
应收票据	2 350	1 500	3 850					3 850
应收账款	1 900	1 960	3 860		（2）400			3 460
预付款项	1 000	440	1 440					1 440
其他应收款	2 100	0	2 100					2 100
存货	15 500	10 000	25 500	（2）1 000				26 500
合同资产	1 000	0	0					1 000
其他流动资产	650	600	12 500					1 250
流动资产合计	31 000	17 500	48 500	1 000	400	0	0	49 100
非流动资产：								
债权投资	5 500	0	5 500					5 500
长期应收款	0	0	0					0
长期股权投资	16 000	0	16 000	（1）14 750			（3）14 750	16 000

续表

项目	A公司	B公司	合计金额	调整分录		抵销分录		合并金额
				借方	贷方	借方	贷方	
其他权益工具投资	3 000	700	3 700					3 700
固定资产	10 500	9 000	19 500	（2）3 000				22 500
在建工程	10 000	1 000	11 000					11 000
使用权资产	1 200	500	1 700					1 700
无形资产	800	300	1 100					1 100
商誉	0	0	0			（3）1 660		1 660
递延所得税资产	0	0	0	（2）100				100
其他非流动资产	0	0	0					0
非流动资产合计	47 000	11 500	58 500	17 850	0	1 660	14 750	63 260
资产合计	78 000	29 000	107 000	18 850	400	1 660	14 750	112 360
流动负债：								
短期借款	6 000	2 500	8 500					8 500
交易性金融负债	1 900	0	1 900					1 900
应付票据	5 000	1 500	6 500					6 500
应付账款	9 000	2 100	11 100					11 100
预收款项	200	0	200					200
合同负债	1 300	650	1 950					1 950
应付职工薪酬	3 000	800	3 800					3 800

续表

项目	A公司	B公司	合计金额	调整分录		抵销分录		合并金额
				借方	贷方	借方	贷方	
应交税费	1 000	600	1 600					1 600
其他应付款	2 000	2 000	4 000					4 000
其他流动负债	600	350	950					950
流动负债合计	30 000	10 500	40 500					40 500
非流动负债：								0
长期借款	2 000	1 500	3 500					3 500
应付债券	9 000	600	9 600					9 600
租赁负债	1 000	400	1 400					1 400
长期应付款	1 000	0	1 000					1 000
递延所得税负债	0	0	0		（2）1 000			1 000
其他非流动负债	0	0	0					0
其他非流动负债合计	13 000	2 500	15 500		1 000			16 500
负债合计	43 000	13 000	56 000		1 000			57 000
所有者权益（或股东权益）：								
实收资本（或股本）	20 000	10 000	30 000		（1）5 000	（3）10 000		25 000

续表

项目	A公司	B公司	合计金额	调整分录		抵销分录		合并金额
				借方	贷方	借方	贷方	
资本公积	5 000	4 000	9 000		（1）9 750 （2）2 700	（3）6 700		14 750
其他综合收益	0	0	0					0
盈余公积	5 500	600	6 100			（3）600		5 500
未分配利润	4 500	1 400	5 900			（3）1 400		4 500
归属于母公司所有者权益（或股东权益）合计	35 000	16 000	51 000	0	17 450	18 700	0	40 750
少数股东权益							（3）5 610	5 610
所有者权益（或股东权益）合计	35 000	16 000	51 000	0	17 450	18 700	5 610	55 360
负债和所有者权益（或股东权益）合计	78 000	29 000	107 000	0	18 450	18 700	5 610	112 360

表 34-8　　资产负债表（简表）

会企 01 表

编制单位：A 公司/B 公司　　2×20 年 12 月 31 日　　单位：万元

资产	A 公司	B 公司	负债和所有者权益（或股东权益）	A 公司	B 公司
流动资产：			流动负债：		
货币资金	2 850	3 250	短期借款	5 000	2 400
交易性金融资产	1 500	2 500	交易性金融负债	2 000	1 200
应收票据	3 600	1 800	应付票据	6 500	1 800
应收账款	2 250	2 550	应付账款	9 000	2 600
预付款项	750	1 250	预收款项	300	0
其他应收款	2 650	650	合同负债	1 700	1 950
存货	18 500	9 000	应付职工薪酬	2 500	800
合同资产	2 000	0	应交税费	1 350	700
其他流动资产	900	500	其他应付款	2 650	2450
流动资产合计	35 000	21 500	其他流动负债	1 000	450
非流动资产：			流动负债合计	32 000	14 350
债权投资	7 000	2 000	非流动负债：		
长期应收款	0	0	长期借款	2 000	2 400
长期股权投资	34 750	0	应付债券	8 200	3 100
其他权益工具投资	4 500	900	租赁负债	1 800	400
固定资产	14 000	13 000	长期应付款	3 000	0
在建工程	6 500	1 200	递延所得税负债	0	100
使用权资产	2 000	500	其他非流动负债	0	0
无形资产	1 000	400	非流动负债合计	15 000	6 000
商誉	0	0	负债合计	47 000	20 350
长期待摊费用	0	0	所有者权益（或股东权益）：		
递延所得税资产	0	0	实收资本（或股本）	25 000	10 000
其他非流动资产	0	0	资本公积	14 750	4 000
非流动资产合计	69 750	18 000	其他综合收益	0	150
			盈余公积	9 000	1 600
			未分配利润	9 000	3 400
			所有者权益（或股东权益）合计	57 750	19 150
资产合计	104 750	39 500	负债和所有者权益（或股东权益）合计	104 750	39 500

A公司和B公司2×20年度利润表见表34－9。

表34－9　　利润表（简表）

会企02表

编制单位：A公司/B公司　　2×20年度　　单位：万元

项目	A公司	B公司
一、营业收入	75 000	47 400
减：营业成本	48 000	36 500
税金及附加	900	500
销售费用	2 600	1 700
管理费用	2 000	1 450
研发费用	1 000	500
财务费用	600	400
加：投资收益（损失以“－”号填列）	4 900	100
信用减值损失（损失以“－”号填列）	－100	－50
资产减值损失（损失以“－”号填列）	－200	－100
资产处置收益（损失以“－”号填列）	700	1 000
二、营业利润（亏损以“－”号填列）	25 200	7 300
加：营业外收入	100	200
减：营业外支出	1 300	500
三、利润总额（亏损总额以“－”号填列）	24 000	7 000
减：所得税费用	6 000	1 750
四、净利润（净亏损以“－”号填列）	18 000	5 250
五、其他综合收益的税后净额	0	150
（一）不能重分类进损益的其他综合收益	0	150
其中：其他权益工具投资公允价值变动	0	150
（二）将重分类进损益的其他综合收益	0	0
六、综合收益总额	18 000	5 400

A 公司和 B 公司 2×20 年度现金流量表见表 34－10。

表 34－10　　现金流量表（简表）

会企 03 表

编制单位：A 公司/B 公司　　2×20 年度　　单位：万元

项目	A 公司	B 公司
一、经营活动产生的现金流量：		
销售商品、提供劳务收到的现金	53 000	45 000
收到其他与经营活动有关的现金	0	0
经营活动现金流入小计	53 000	45 000
购买商品、接受劳务支付的现金	42 400	36 600
支付给职工以及为职工支付的现金	6 000	4 500
支付的各项税费	4 495	1 775
支付其他与经营活动有关的现金	0	0
经营活动现金流出小计	52 895	42 875
经营活动产生的现金流量净额	105	2 125
二、投资活动产生的现金流量：		
取得投资收益收到的现金	125	0
处置固定资产、无形资产和其他长期资产收回的现金净额	100	0
收到其他与投资活动有关的现金	0	0
投资活动现金流入小计	225	0
购建固定资产、无形资产和其他长期资产支付的现金	1 030	225
投资支付的现金	0	0
支付其他与投资活动有关的现金	0	0
投资活动现金流出小计	1 030	225
投资活动产生的现金流量净额	－805	－225
三、筹资活动产生的现金流量：		
吸收投资收到的现金	0	0
收到其他与筹资活动有关的现金	0	0

续表

项目	A公司	B公司
筹资活动现金流入小计	0	0
偿还债务支付的现金	950	750
支付其他与筹资活动有关的现金	0	0
筹资活动现金流出小计	950	750
筹资活动产生的现金流量净额	-950	-750
四、现金及现金等价物净增加额	-1 650	1 150
加：期初现金及现金等价物余额	4 500	2 100
五、期末现金及现金等价物余额	2 850	3 250

A公司和B公司2×20年度所有者权益变动表见表34-11。

1. 对母子公司个别财务报表的调整处理。

（1）调整子公司资产和负债的公允价值。

根据A公司购买B公司设置的股权备查簿中登记的信息，将B公司资产和负债的评估增值或减值分别调增或调减相关资产和负债项目的金额。在合并工作底稿中的调整分录如下：

借：存货　1 000　（1）
　　固定资产　3 000
　　递延所得税资产　100
　　贷：应收账款　400
　　　　递延所得税负债　（250+750）1 000
　　　　资本公积　2 700

（2）根据子公司已实现的公允价值调整当期净利润。

本例中，合并财务报表要求以子公司资产、负债的公允价值为基础进行确认，而子公司个别财务报表是按其资产、负债的原账面价值为基础编制的，其当期计算的净利润也是以其资产、负债的原账面价值为基础计算的结果。

表 34－11

所有者权益变动表（简表）

会企 04 表

编制单位：A 公司/B 公司 2×20 年度 单位：万元

项目	A 公司							B 公司						
	实收资本（或股本）	资本（或股本）溢价	减：库存股	其他综合收益	盈余公积	未分配利润	所有者权益合计	实收资本（或股本）	资本（或股本）溢价	减：库存股	其他综合收益	盈余公积	未分配利润	所有者权益合计
一、上年年末余额	20 000	5 000		0	5 500	4 500	35 000	10 000	4 000		0	600	1 400	16 000
加：会计政策变更														
前期差错更正														
二、本年年初余额	20 000	5 000			5 500	4 500	35 000	10 000	4 000			600	1 400	16 000
三、本年增减变动金额（减少以“－”号填列）														
（一）综合收益总额						18 000	18 000				150		5 250	5 400
（二）所有者投入和减少资本														
1. 所有者投入的普通股	5 000	9 750					14 750							
2. 股份支付计入所有者权益的金额														
3. 其他														
（三）利润分配														
1. 提取盈余公积					3 500	－3 500	0					1 000	－1 000	0
2. 对所有者（或股东）的分配						－10 000	－10 000						－2 250	－2 250

续表

项目	A公司							B公司						
	实收资本（或股本）	资本（或股本）溢价	减：库存股	其他综合收益	盈余公积	未分配利润	所有者权益合计	实收资本（或股本）	资本（或股本）溢价	减：库存股	其他综合收益	盈余公积	未分配利润	所有者权益合计
3. 其他														
（四）所有者权益内部结转														
1. 资本公积转增资本（或股本）														
2. 盈余公积转增资本（或股本）														
3. 盈余公积弥补亏损														
4. 其他														
四、本年年末余额	25 000	14 750			9 000	9 000	57 750	10 000	4 000		150	1 600	3 400	19 150

因此，上述公允价值与原账面价值存在差额的资产或负债项目，在经营过程中因资产的折旧、摊销和减值等对子公司当期净利润的影响，需要在净利润计算中予以反映。在合并财务报表工作底稿中的调整分录如下：

借：营业成本　1 000　（2）
　　管理费用　200
　　应收账款　400
　　贷：存货　1 000
　　　　固定资产　200
　　　　信用减值损失　400

因此，经已实现公允价值调整后的B公司2×20年度净利润=5 250+400（因购买日应收账款公允价值减值的实现而调减信用减值损失）-1 000（因购买日存货公允价值增值的实现而调增营业成本）-200（因固定资产公允价值增值计算的折旧而调增管理费用）=4 450（万元）。

（3）递延所得税资产或递延所得税负债的暂时性差异的转回。

由于B公司应收账款按购买日评估确认的金额已收回，评估确认的坏账已核销，因递延所得税资产的转回而增加当期所得税费用100万元（400×25%）；由于B公司购买日发生评估增值的存货当年已全部实现对外销售，因递延所得税负债的转回而减少当期所得税费用250万元（1 000×25%）；由于B公司购买日发生增值的办公楼2×20年年末应纳税暂时性差异为2 800万元（3 000-200），应确认的递延所得税负债为700万元（2 800×25%），因递延所得税负债的转回而减少当期所得税费用50万元（750-700）。在合并财务报表工作底稿中的调整分录如下：

借：递延所得税负债　(250+50) 300　（3）
　　贷：递延所得税资产　100
　　　　所得税费用　200

因此，考虑递延所得税后B公司当年净利润为4 650万元（4 450+200）。

（4）按照权益法调整母公司财务报表项目。

编制合并财务报表时，按照权益法对母公司个别财务报表进行调整。本例中，应当调整A公司2×20年投资B公司取得的投资收益3 255万元（4 650×70%），已确认取得的B公司已宣告分派的现金股利1 575万元（2 250×70%）

以及 B 公司本期其他综合收益 150 万元中归属于 A 公司的份额 105 万元（150×70%）。在合并财务报表工作底稿中的调整分录如下：

借：长期股权投资　　（3 255＋105）3 360　　（4）
　　投资收益　　1 575
　　贷：投资收益　　3 255
　　　　长期股权投资　　1 575
　　　　其他综合收益　　105

2. 抵销合并财务报表相关项目。

（5）抵销长期股权投资与所有者权益项目。

将 A 公司对 B 公司的长期股权投资与其在 B 公司股东权益中拥有的份额予以抵销。B 公司 2×20 年年末经调整后的未分配利润＝1 400（年初）＋4 650（经已实现公允价值和递延所得税调整后的本年净利润）－1 000（提取盈余公积）－2 250（分派股利）＝2 800（万元）；B 公司本期由于其他权益工具投资公允价值变动增加其他综合收益 150 万元，其中归属于 A 公司的份额为 105 万元（150×70%），归属于少数股东的份额为 45 万元（150－105）；A 公司 2×20 年年末对 B 公司长期股权投资为 16 535 万元（14 750＋3 255－2 250×70%＋105）；少数股东权益为 6 375 万元［5 610（2×20 年 1 月 1 日少数股东投入资本）＋1 395（4 650×30%，本年少数股东损益）＋45（归属于少数股东的其他综合收益）－675（2 250×30%，本年对少数股东的利润分配）］。在合并财务报表工作底稿中的抵销分录如下：

借：股本　　10 000　　（5）
　　资本公积　　6 700
　　其他综合收益　　150
　　盈余公积　　1 600
　　未分配利润——年末　　2 800
　　商誉　　1 660
　　贷：长期股权投资　　16 535
　　　　少数股东权益　　6 375

（6）抵销投资收益与子公司利润分配等项目。

将 A 公司对 B 公司的投资收益与 B 公司本年利润分配有关项目的金额予

以抵销。B 公司年末向股东宣告分配现金股利 2 250 万元，其中，归属于少数股东的现金股利为 675 万元（2 250 − 1 575）。在合并财务报表工作底稿中的抵销分录如下：

借：投资收益　　　　　　　　　　（4 650 × 70%）3 255　　（6）
　　少数股东损益　　　　　　　　（4 650 × 30%）1 395
　　未分配利润——年初　　　　　　　　　　　　1 400
　　贷：未分配利润——本年提取盈余公积　　　　　　1 000
　　　　　　　　——本年利润分配　　　　　　　　　2 250
　　　　　　　　——年末　　　　　　　　　　　　　2 800

（7）抵销应收账款与应付账款项目。

在合并财务报表工作底稿中的抵销分录如下：

借：应付账款　　　　　　　　　　　　500　　（7）
　　贷：应收账款　　　　　　　　　　　　500

（8）抵销坏账准备与信用减值损失项目。

A 公司将与 B 公司往来的内部应收账款与应付账款相互抵销的同时，还应将内部应收账款计提的坏账准备予以抵销。在合并财务报表工作底稿中的抵销分录如下：

借：应收账款　　　　　　　　　　　　20　　（8）
　　贷：信用减值损失　　　　　　　　　　20

需要注意的是，在连续编制合并财务报表时，对于内部应收款项及其坏账准备，应当按照如下程序进行合并处理：首先，将内部应收款项与应付款项予以抵销，按照内部应付款项的数额，借记“应付账款”、“应付票据”等项目，贷记“应收账款”、“应收票据”等项目；其次，应将上期信用减值损失中抵销的各内部应收款项计提的相应坏账准备对本期期初未分配利润的影响予以抵销，按照上期信用减值损失项目中抵销的各内部应收款项计提的相应坏账准备的数额，借记“应收账款”等项目，贷记“未分配利润——期初”项目；最后，对于本期各内部应收款项在个别财务报表中补提或者冲销的相应坏账准备的数额也应予以抵销，按照本期期末内部应收款项在个别资产负债表中补提（或冲销）的坏账准备的数额，借记（或贷记）“应收账款”等项目，贷记（或借记）“信用减值损失”项目。

（9）抵销因抵销坏账准备与信用减值损失产生的所得税影响。

在合并财务报表工作底稿中的抵销分录如下：

借：所得税费用　　（20×25%）5　　（9）

　　贷：递延所得税资产　　5

（10）抵销应收股利与应付股利项目。

A公司根据B公司宣告分派现金股利的公告，按照其所享有的金额已确认应收股利，并在其资产负债表中计列应收股利1 575万元。在合并财务报表工作底稿中的抵销分录如下：

借：其他应付款　　1 575　　（10）

　　贷：其他应收款　　1 575

3. 抵销内部顺流交易的存货。

（11）抵销内部销售收入、成本和内部销售形成的存货价值中包含的未实现内部销售损益。

在合并财务报表工作底稿中的抵销分录如下：

借：营业收入　　1 000　　（11）

　　贷：营业成本　　700

　　　　存货　　300

需要注意的是，在连续编制合并财务报表时，对于内部销售存货，应当按照如下程序进行合并处理：首先，将上期抵销的存货价值中包含的未实现内部损益对本期期初未分配利润的影响进行抵销，按照上期内部购入存货价值中包含的未实现内部销售损益的数额，借记“未分配利润——期初”项目，贷记“营业成本”项目；其次，对于本期发生的内部销售存货，将内部销售收入、内部销售成本及内部购入存货中未实现内部销售损益予以抵销，按照销售企业内部销售收入的数额，借记“营业收入”项目，贷记“营业成本”项目；最后，将期末内部购入存货价值中包含的未实现内部销售损益予以抵销，对于期末内部销售形成的存货（包括上期结转形成的本期存货），应当按照购买企业期末内部购入存货价值中包含的未实现内部销售损益的数额，借记“营业成本”项目，贷记“存货”项目。

（12）抵销B公司本期计提的存货跌价准备。

在合并财务报表工作底稿中的抵销分录如下：

借：存货　20　(12)

　贷：资产减值损失　20

需要注意的是，在连续编制合并财务报表时，对于内部销售存货的存货跌价准备，应当按照如下程序进行合并处理：首先，将上期资产减值损失中抵销的存货跌价准备对本期期初未分配利润的影响予以抵销，按照上期资产减值损失项目中抵销的存货跌价准备的数额，借记“存货”项目，贷记“未分配利润——期初”项目；其次，对于本期对内部购入存货在个别财务报表中补提（或冲销）的存货跌价准备的数额也应予以抵销，按照本期对内部购入存货在个别财务报表中补提（或冲销）的存货跌价准备的数额，借记（或贷记）“存货”项目，贷记（或借记）“资产减值损失”项目。

对于抵销存货跌价准备的数额，应当分别下列不同情况进行处理：当本期内部购入存货的可变现净值低于持有该存货企业的取得成本但高于抵销未实现内部销售损益后的取得成本（即销售企业对该存货的取得成本）时，其抵销的存货跌价准备的金额为本期存货跌价准备的增加额；当本期内部购入存货的可变现净值低于抵销未实现内部销售损益后的取得成本（即销售企业对该存货的取得成本）时，其抵销的存货跌价准备的金额为相对于购买企业该存货的取得成本高于销售企业取得成本的差额部分计提的跌价准备的数额扣除期初内部购入存货计提的存货跌价准备的金额后的余额，即本期期末存货中包含的未实现内部销售损益的金额减去期初内部购入存货计提的存货跌价准备的金额后的余额。

(13) 抵销内部顺流存货交易的所得税影响。

在合并财务报表工作底稿中的抵销分录如下：

借：递延所得税资产　[(300 - 20) × 25%] 70　(13)

　贷：所得税费用　70

(14) 抵销顺流存货交易中内部存货交易的现金流量。

在合并财务报表工作底稿中的抵销分录如下：

借：购买商品、接受劳务支付的现金　500　(14)

　贷：销售商品、提供劳务收到的现金　500

4. 抵销内部逆流交易的存货。

(15) 抵销内部销售收入、成本和内部销售形成的存货中包含的未实现内部销售损益。

存货中包含的未实现内部销售损益为 160 万元［（1 200 - 800）×40%］。在合并财务报表工作底稿中的抵销分录如下：

借：营业收入　　1 200　　（15）

　　贷：营业成本　　1 040

　　　　存货　　160

（16）抵销因逆流存货交易的所得税影响。

在合并财务报表工作底稿中的抵销分录如下：

借：递延所得税资产　　（160×25%）40　　（16）

　　贷：所得税费用　　40

（17）将内部销售形成的存货中包含的未实现内部销售损益进行分摊。

在存货中包含的未实现内部销售损益中，归属于少数股东的未实现内部销售损益分摊金额为 48 万元（160×30%）。在合并财务报表工作底稿中的抵销分录如下：

借：少数股东权益　　48　　（17）

　　贷：少数股东损益　　48

（18）抵销因抵销逆流存货交易发生的递延所得税对少数股东权益的份额。

在合并财务报表工作底稿中的抵销分录如下：

借：少数股东损益　　（40×30%）12　　（18）

　　贷：少数股东权益　　12

（19）抵销逆流存货交易中内部存货交易的现金流量。

在合并财务报表工作底稿中的抵销分录如下：

借：购买商品、接受劳务支付的现金　　1 200　　（19）

　　贷：销售商品、提供劳务收到的现金　　1 200

5. 抵销内部固定资产购销交易。

（20）抵销内部固定资产购销交易中包含的未实现内部销售损益。

在合并财务报表工作底稿中的抵销分录如下：

借：资产处置收益　　（1 200 - 600）600　　（20）

　　贷：固定资产——从 A 公司购入 X 厂房　　600

（21）抵销内部固定资产交易计提折旧中包含的未实现内部销售损益。

在合并财务报表工作底稿中的抵销分录如下：

借：固定资产——从A公司购入X厂房　　（$600\div15\times1/2$）20　　（21）

　贷：管理费用　　20

需要注意的是，在连续编制合并财务报表时，对于内部销售固定资产，应当按照如下程序进行合并处理：首先，将内部交易固定资产中包含的未实现内部销售损益抵销，并调整期初未分配利润，按照内部交易固定资产中包含的未实现内部销售损益数额，借记"未分配利润——期初"项目，贷记"固定资产"项目；其次，将以前会计期间内部交易固定资产多计提的累计折旧抵销，并调整期初未分配利润，按照以前会计期间抵销该内部交易固定资产因包含未实现内部销售损益而多计提的累计折旧额，借记"固定资产"项目，贷记"未分配利润——期初"；最后，将当期由于该内部交易固定资产因包含未实现内部销售损益而多计提的折旧费用予以抵销，并调整本期计提的累计折旧额，按照本期该内部交易的固定资产多计提的折旧额，借记"固定资产"项目，贷记"管理费用"等费用项目。

（22）抵销内部固定资产交易对所得税的影响。

在合并财务报表工作底稿中的抵销分录如下：

借：递延所得税资产　　［（600－20）×25%］145　　（22）

　贷：所得税费用　　145

（23）抵销内部固定资产交易的现金流量。

在合并财务报表工作底稿中的抵销分录如下：

借：购建固定资产、无形资产和其他长期资产支付的现金

1 200　　（23）

　贷：处置固定资产、无形资产和其他长期资产收回的现金净额

1 200

根据上述资料及有关调整、抵销分录编制合并工作底稿见表34－12。

根据合并工作底稿，编制该集团2×20年合并资产负债表、合并利润表、合并现金流量表及合并所有者权益变动表见表34－13至表34－16。

表 34－12

合并财务报表工作底稿

编制单位：A 公司　　　　2×20 年 12 月 31 日　　　　单位：万元

项目	A 公司	B 公司	合计金额	调整、抵销分录				少数股东权益	合并金额
				借方		贷方			
（利润表项目）									
一、营业收入	75 000	47 400	122 400	（11） （15）	1 000 1 200				120 200
减：营业成本	48 000	36 500	83 500	（2）	1 000	（11） （15）	700 1 040		83 760
税金及附加	900	500	1 400						1 400
销售费用	2 600	1 700	4 300						4 300
管理费用	2 000	1 450	3 450	（2）	200	（21）	20		3 630
研发费用	1 000	500	1 500						1 500
财务费用	600	400	1 000						1 000
加：投资收益（损失以“－”号填列）	4 900	100	5 000	（4）（6）	1 575 3 255	（4）	3 255		3 425
信用减值损失（损失以“－”号填列）	－100	－50	－150			（2） （8）	400 20		270
资产减值损失（损失以“－”号填列）	－200	－100	－300			（12）	20		－280
资产处置收益（损失以“－”号填列）	700	1 000	1 700	（20）	600				1 100
二、营业利润（亏损以“－”号填列）	25 200	7 300	32 500		8 830		5 455		29 125

续表

项目	A公司	B公司	合计金额	调整、抵销分录		少数股东权益	合并金额
				借方	贷方		
加：营业外收入	100	200	300				300
减：营业外支出	1 300	500	1 800				1 800
三、利润总额（亏损总额以“－”号填列）	24 000	7 000	31 000	8 830	5 455		27 625
减：所得税费用	6 000	1 750	7 750	（9） 5	（3） 200 （13） 70 （16） 40 （22） 145		7 300
四、净利润（净亏损以“－”号填列）	18 000	5 250	23 250	8 835	5 910		20 325
少数股东损益				（6） 1 395 （18） 12	（17） 48	1 359	1 359
归属于母公司股东的净利润	18 000	5 250	23 250	10 242	5 958		18 966
五、其他综合收益的税后净额	0	150	150	150	105	45	150
（一）归属于母公司所有者的其他综合收益的税后净额	0	150	150	150	105		105
1. 不能重分类进损益的其他综合收益	0	150	150	150	105		105
其中：其他权益工具投资公允价值变动	0	150	150	（5） 150	（4） 105		105
2. 将重分类进损益的其他综合收益	0	0	0				0
（二）归属于少数股东的其他综合收益的税后净额	0	0	0			（5） 45	45

续表

项目	A公司	B公司	合计金额	调整、抵销分录		少数股东权益	合并金额
				借方	贷方		
六、综合收益总额	18 000	5 400	23 400	8 985	6 015	45	20 475
归属于母公司所有者的综合收益总额							19 071
归属于少数股东的综合收益总额						1 404	1 404
（所有者权益变动表项目）							
一、未分配利润——年初	4 500	1 400	5 900	（6） 1 400			4 500
未分配利润——本期	4 500	2 000	6 500				5 466
其中：归属于母公司股东的净利润	18 000	5 250	23 250	10 242	5 958		18 966
提取盈余公积	−3 500	−1 000	−4 500		（6） 1 000		−3 500
对所有者（或股东）的分配	−10 000	−2 250	−12 250		（6） 2 250		−10 000
未分配利润——期末	9 000	3 400	12 400	（5） 2 800 14 442	（6） 2 800 12 008		9 966
（资产负债表项目）							
流动资产：							
货币资金	2 850	3 250	6 100				6 100
交易性金融资产	1 500	2 500	4 000				4 000
应收票据	3 600	1 800	5 400				5 400
应收账款	2 250	2 550	4 800	（2） 400	（1） 400		4 320
				（8） 20	（7） 500		

续表

项目	A公司	B公司	合计金额	调整、抵销分录				少数股东权益	合并金额
				借方		贷方			
预付款项	750	1 250	2 000				2 000		
其他应收款	2 650	650	3 300			(10)	1 575		1 725
存货	18 500	9 000	27 500	(1) (12)	1 000 20	(2) (11) (15)	1 000 300 160		27 060
合同资产	2 000	0	2 000						2 000
其他流动资产	900	500	1 400						1 400
流动资产合计	35 000	21 500	56 500		1 440		3 935		54 005
非流动资产：									0
债权投资	7 000	2 000	9 000						9 000
长期股权投资	34 750	0	34 750	(4)	3 360	(4) (5)	1 575 16 535		20 000
其他权益工具投资	4 500	900	5 400						5 400
固定资产	14 000	13 000	27 000	(1) (21)	3 000 20	(2) (20)	200 600		29 220
在建工程	6 500	1 200	7 700						7 700
使用权资产	2 000	500	2 500						2 500

续表

项目	A公司	B公司	合计金额	调整、抵销分录		少数股东权益	合并金额
				借方	贷方		
无形资产	1 000	400	1 400				1 400
商誉	0	0	0	(5) 1 660			1 660
递延所得税资产	0	0	0	(1) 100 (13) 70 (16) 40 (22) 145	(3) 100 (9) 5		250
非流动资产合计	69 750	18 000	87 750	8 395	19 015		77 130
资产合计	104 750	39 500	144 250	9 835	22 950		131 135
流动负债：							
短期借款	5 000	2 400	7 400				7 400
交易性金融负债	2 000	1 200	3 200				3 200
应付票据	6 500	1 800	8 300				8 300
应付账款	9 000	2 600	11 600	(7) 500			11 100
预收款项	300	0	300				300
合同负债	1 700	1 950	3 650				3 650
应付职工薪酬	2 500	800	3 300				3 300
应交税费	1 350	700	2 050				2 050
其他应付款	2 650	2 450	5 100	(10) 1 575			3 525

续表

项目	A公司	B公司	合计金额	调整、抵销分录				少数股东权益	合并金额
				借方		贷方			
其他流动负债	1 000	450	1 450						1 450
流动负债合计	32 000	14 350	46 350		2 075		0		44 275
非流动负债：									0
长期借款	2 000	2 400	4 400						4 400
应付债券	8 200	3 100	11 300						11 300
租赁负债	1 800	400	2 200						2 200
长期应付款	3 000	0	3 000						3 000
递延所得税负债	0	100	100	（3）	300	（1）	1 000		800
非流动负债合计	15 000	6 000	21 000		300		1 000		21 700
负债合计	47 000	20 350	67 350		2 375		1 000		65 975
所有者权益（或股东权益）：									
实收资本（或股本）	25 000	10 000	35 000	（5）	10 000				25 000
资本公积	14 750	4 000	18 750	（5）	6 700	（1）	2 700		14 750
其他综合收益	0	150	150					45	105
盈余公积	9 000	1 600	10 600	（5）	1 600				9 000
未分配利润	9 000	3 400	12 400		14 442		12 008		9 966
归属于母公司所有者权益（或股东权益）合计									58 821

续表

项目	A公司	B公司	合计金额	调整、抵销分录		少数股东权益	合并金额
				借方	贷方		
少数股东权益			0	（17） 48	（5） 6 330 （18） 12	45	6 339
所有者权益（或股东权益）合计	57 750	19 150	76 900	32 940	21 200		65 160
负债和所有者权益（或股东权益）总计	104 750	39 500	144 250	35 315	22 200		131 135
（现金流量表项目）							
一、经营活动产生的现金流量：							
销售商品、提供劳务收到的现金	53 000	45 000	98 000		（14）（19） 500 1 200		96 300
经营活动现金流入小计	53 000	45 000	98 000		1 700		96 300
购买商品、接受劳务支付的现金	42 400	36 600	79 000	（14）（19） 500 1 200			77 300
支付给职工以及为职工支付的现金	6 000	4 500	10 500				10 500
支付的各项税费	4 495	1 775	6 270				6 270
经营活动现金流出小计	52 895	42 875	95 770	1 700			94 070
经营活动产生的现金流量净额	105	2 125	2 230	1 700	1 700		2 230
二、投资活动产生的现金流量：							
取得投资收益收到的现金	125	0	125				125

续表

项目	A公司	B公司	合计金额	调整、抵销分录		少数股东权益	合并金额
				借方	贷方		
处置固定资产、无形资产和其他长期资产收回的现金净额	100	0	100		（23） 1 200		-1 100
投资活动现金流入小计	225	0	225	0	1 200		-975
购建固定资产、无形资产和其他长期资产支付的现金	1 030	225	1 255	（23） 1 200			55
投资活动现金流出小计	1 030	225	1 255	1 200	0		55
投资活动产生的现金流量净额	-805	-225	-1 030	1 200	1 200		-1 030
三、筹资活动产生的现金流量：							
吸收投资收到的现金	0	0	0				0
取得借款收到的现金	0	0	0				0
筹资活动现金流入小计	0	0	0				0
分配股利、利润或偿付利息支付的现金	950	750	1 700				1 700
筹资活动现金流出小计	950	750	1 700				1 700
筹资活动产生的现金流量净额	-950	-750	-1 700				-1 700
四、现金及现金等价物净增加额	-1 650	1 150	-500				-500
加：期初现金及现金等价物余额	4 500	2 100	6 600				6 600
五、期末现金及现金等价物余额	2 850	3 250	6 100				6 100

表 34－13　　合并资产负债表（简表）

会合01表

编制单位：A公司　　2×20年12月31日　　单位：万元

资产	期末余额	年初余额	负债和所有者权益（或股东权益）	期末余额	年初余额
流动资产：			流动负债：		
货币资金	6 100		短期借款	7 400	
交易性金融资产	4 000		交易性金融负债	3 200	
应收票据	5 400		应付票据	8 300	
应收账款	4 320		应付账款	11 100	
预付款项	2 000		预收款项	300	
其他应收款	1 725		合同负债	3 650	
存货	27 060		应付职工薪酬	3 300	
合同资产	2 000		应交税费	2 050	
其他流动资产	1 400		其他应付款	3 525	
流动资产合计	54 005		其他流动负债	1 450	
非流动资产：			流动负债合计	44 275	
债权投资	9 000		非流动负债：		
长期股权投资	20 000		长期借款	4 400	
其他权益工具投资	5 400		应付债券	11 300	
固定资产	29 220		租赁负债	2 200	
在建工程	7 700		长期应付款	3 000	
使用权资产	2 500		递延所得税负债	800	
无形资产	1 400		非流动负债合计	21 700	
商誉	1 660		负债合计	65 975	
递延所得税资产	250		所有者权益（或股东权益）：		
非流动资产合计	77 130		实收资本（或股本）	25 000	
			资本公积	14 750	
			其他综合收益	105	
			盈余公积	9 000	
			未分配利润	9 966	
			归属母公司所有者权益（或股东权益）合计	58 821	
			少数股东权益	6 339	
			所有者权益（或股东权益）合计	65 160	
资产总计	131 135		负债和所有者权益（或股东权益）总计	131 135	

表 34－14　合并利润表（简表）

会合 02 表

编制单位：A 公司　　2×20 年度　　单位：万元

项目	本期金额	上期金额
一、营业总收入	120 200	
其中：营业收入	120 200	
二、营业总成本	91 075	
其中：营业成本	83 760	
税金及附加	1 400	
销售费用	4 300	
管理费用	3 630	
研发费用	1 500	
财务费用	1 000	
加：投资收益（损失以“－”号填列）	3 425	
信用减值损失（损失以“－”号填列）	270	
资产减值损失（损失以“－”号填列）	－280	
资产处置收益（损失以“－”号填列）	1 100	
三、营业利润（亏损以“－”号填列）	29 125	
加：营业外收入	300	
减：营业外支出	1 800	
四、利润总额（亏损总额以“－”号填列）	27 625	
减：所得税费用	7 300	
五、净利润（净亏损以“－”号填列）	20 325	
1. 归属于母公司股东的净利润（净亏损以“－”号填列）	18 966	
2. 少数股东损益（净亏损以“－”号填列）	1 359	
六、其他综合收益的税后净额	150	
（一）归属于母公司所有者的其他综合收益的税后净额	105	
不能重分类进损益的其他综合收益	105	
其中：其他权益工具投资公允价值变动	105	
（二）归属于少数股东的其他综合收益的税后净额	45	
七、综合收益总额	20 475	
（一）归属于母公司所有者的综合收益总额	19 071	
（二）归属于少数股东的综合收益总额	1 404	

表 34－15　　合并现金流量表（简表）

会合 03 表

编制单位：A 公司　　2×20 年度　　单位：万元

项目	本期金额	上期金额
一、经营活动产生的现金流量		
销售商品、提供劳务收到的现金	96 300	
收到其他与经营活动有关的现金	0	
经营活动现金流入小计	96 300	
购买商品、接受劳务支付的现金	77 300	
支付给职工及为职工支付的现金	10 500	
支付的各项税费	6 270	
支付其他与经营活动有关的现金	0	
经营活动现金流出小计	94 070	
经营活动产生的现金流量净额	2 230	
二、投资活动产生的现金流量		
收回投资收到的现金	0	
取得投资收益收到的现金	125	
处置固定资产、无形资产和其他长期资产收回的现金净额	－1 100	
收到其他与投资活动有关的现金	0	
投资活动现金流入小计	－975	
购建固定资产、无形资产和其他长期资产支付的现金	55	
支付其他与投资活动有关的现金	0	
投资活动现金流出小计	55	
投资活动产生的现金流量净额	－1 030	
三、筹资活动产生的现金流量		
吸收投资收到的现金	0	
收到其他与筹资活动有关的现金	0	
筹资活动现金流入小计	0	
偿还债务支付的现金	1 700	
支付其他与筹资活动有关的现金	0	
筹资活动现金流出小计	1 700	
筹资活动产生的现金流量净额	－1 700	
四、现金及现金等价物净增加额	－500	
加：期初现金及现金等价物余额	6 600	
五、期末现金及现金等价物余额	6 100	

根据上述合并资产负债表和合并利润表编制集团的合并所有者权益变动表如表 34－16 所示。

表 34－16

合并所有权益变动表（简表）

会合 04 表

编制单位：A 公司　　2×20 年度　　单位：万元

项目	本年金额								上年金额							
	归属于母公司所有者权益						少数股东权益	所有者权益合计	归属于母公司所有者权益						少数股东权益	所有者权益合计
	实收资本（或股本）	资本公积	其他综合收益	盈余公积	未分配利润	小计			实收资本（或股本）	资本公积	其他综合收益	盈余公积	未分配利润	小计		
一、上年年末余额	20 000	5 000	0	5 500	4 500	35 000	0	35 000								
加：会计政策变更																
前期差错更正																
二、本年年初余额	20 000	5 000	0	5 500	4 500	35 000	0	35 000								
三、本年增减变动金额（减少以“－”号填列）																
（一）综合收益总额			105		18 966	19 071	1 404	20 475								
（二）所有者投入和减少资本																
1. 所有者投入的普通股	5 000	9 750				14 750	5 610	20 360								
2. 其他																
（三）利润分配																
1. 提取盈余公积				3 500	－3 500											
2. 对所有者（或股东）的分配					－10 000	－10 000	－675	－10 675								
3. 其他																
（四）所有者权益内部结转																
四、本年年末余额	25 000	14 750	105	9 000	9 966	58 821	6 339	65 160								

六、特殊交易的会计处理

（一）追加投资的会计处理

追加投资既包括母公司购买少数股东拥有的子公司股权的情况，也包括企业因追加投资等原因能够对非同一控制下或同一控制下的被投资方实施控制的情况。追加投资的会计处理应分别个别财务报表和合并财务报表进行会计处理，个别财务报表的会计处理，见第三章长期股权投资的相关内容，合并财务报表中的会计处理应当分别下列情况：

1. 母公司购买子公司少数股东拥有的子公司股权的，因购买少数股权新取得的长期股权投资与按照新增持股比例计算应享有子公司自购买日（或合并日）开始持续计算的净资产份额之间的差额，应当调整资本公积（资本溢价或股本溢价），资本公积不足冲减的，依次冲减盈余公积、未分配利润。

【例34－24】2×20年12月29日，A公司以8 000万元取得B公司70%的股权，能够对B公司实施控制，形成非同一控制下的企业合并。2×21年12月25日，A公司又以公允价值为3 000万元，原账面价值为2 500万元的固定资产作为对价，自B公司的少数股东取得B公司20%的股权。本例中A公司与B公司的少数股东在交易前不存在任何关联方关系（不考虑所得税等影响）。

2×20年12月29日，A公司在取得B公司70%股权时，B公司可辨认净资产公允价值为10 000万元。

2×21年12月25日，B公司自购买日开始持续计算的净资产账面价值为11 000万元。

本例中，2×21年12月25日，A公司进一步取得B公司20%的股权时，A公司合并财务报表的会计处理如下：

合并财务报表中，B公司的有关资产、负债按照自购买日开始持续计算的价值进行合并，无需按照公允价值进行重新计量。A公司按新增持股比例计算应享有自购买日开始持续计算的净资产份额为2 200万元［11 000×(90%－70%)］，与新增长期股权投资（3 000万元）之间的差额为800万元，在合并资产负债表中应调整所有者权益相关项目，首先调整归属于母公司的资本公积（资本溢价或股本溢价），资本公积不足冲减的，冲减归属于母公司的盈余公积，盈余公积不足冲减的，冲减归属于母公司的未分配利润。

A公司作为对价的固定资产的公允价值为3 000万元，与原账面价值2 500

万元的差异500万元应计入合并利润表中的资产处置收益。

2. 企业因追加投资等原因能够对非同一控制下的被投资方实施控制的，对于购买日之前持有的被购买方的股权，应当按照该股权在购买日的公允价值进行重新计量；购买日之前持有的被购买方股权被指定为以公允价值计量且其变动计入其他综合收益的金融资产的，公允价值与其账面价值之间的差额计入留存收益，该股权原计入其他综合收益的累计公允价值变动转出至留存收益；购买日之前持有的被购买方的股权作为以公允价值计量且其变动计入当期损益的金融资产或者权益法核算的长期股权投资的，公允价值与其账面价值之间的差额计入当期投资收益；购买日之前持有的被购买方的股权涉及权益法核算下的其他综合收益以及权益法核算下的除净损益、其他综合收益和利润分配外的其他所有者权益变动（以下简称“其他所有者权益变动”）的，与其相关的其他综合收益应当在购买日采用与被投资方直接处置相关资产或负债相同的基础进行会计处理，与其相关的其他所有者权益变动应当转为购买日所属当期投资收益。

企业通过多次交易分步实现非同一控制下企业合并的，在合并财务报表上，首先，应结合分步交易的各个步骤的协议条款，以及各个步骤中所分别取得的股权比例、取得对象、取得方式、取得时点及取得对价等信息来判断分步交易是否属于“一揽子交易”。各项交易的条款、条件以及经济影响符合以下一种或多种情况的，通常应将多次交易事项作为“一揽子交易”进行会计处理：（1）这些交易是同时或者在考虑了彼此影响的情况下订立的；（2）这些交易整体才能达成一项完整的商业结果；（3）一项交易的发生取决于至少一项其他交易的发生；（4）一项交易单独看是不经济的，但是和其他交易一并考虑时是经济的。

如果分步取得对子公司股权投资直至取得控制权的各项交易属于“一揽子交易”，应当将各项交易作为一项取得子公司控制权的交易，并区分企业合并的类型分别进行会计处理。

如果不属于“一揽子交易”，在合并财务报表中，还应区分企业合并的类型分别进行会计处理。对于分步实现的非同一控制下企业合并，应按照上述相关规定进行会计处理。

【例34-25】 2×20年1月1日，A公司以500万元购入B公司股权，并由此持有B公司2%股权。投资前A公司与B公司不存在关联方关系。A公司将对B公司的该项非交易性权益工具投资指定为以公允价值计量且其变动计入其他综合收益的金融资产。2×21年1月1日，A公司以现金1.75亿元为对价，向B公司大股东收购B公司50%的股权，从而取得对B公司的控制权；当日A公司持有的对B公司2%股权的公允价值为700万元，B公司可辨认净资产的公允价值为2亿元。A公司购买B公司2%股权和后续购买50%的股权不构成“一揽子交易”（不考虑所得税等影响）。

A公司在编制合并财务报表时，首先，应考虑对原持有股权进行公允价值的重新计量。由于A公司将原持有B公司2%的股权指定为以公允价值计量且其变动计入其他综合收益的金融资产进行核算，因此，购买日（即2×21年1月1日）该项金融资产的公允价值与其账面价值相等，即700万元，不存在差额；同时，将原计入其他综合收益的200万元（700－500）转入合并留存收益。

其次，按照第二十章企业合并有关非同一控制下企业合并的相关规定，A公司购买B公司股权并取得控制权的合并对价为1.82亿元（原持有股权在购买日的公允价值700万元＋合并日应支付的对价1.75亿元）。由于A公司享有B公司于购买日的可辨认净资产公允价值的份额为1.04亿元（2×52%），因此，购买日形成的商誉为0.78亿元（1.82－1.04）。

【例34－26】 2×20年1月1日，A公司以现金3 000万元取得B公司20%股权并具有重大影响，按权益法进行核算。当日，B公司可辨认净资产公允价值为1.4亿元。2×21年1月1日，A公司另支付现金8 000万元取得B公司40%股权，并取得对B公司的控制权。购买日，A公司原持有的对B公司20%股权的公允价值为4 000万元，账面价值为3 500万元（其中，与B公司权益法核算相关的累计净损益为100万元、指定为以公允价值计量且其变动计入其他综合收益的金融资产公允价值变动产生的累计其他综合收益为400万元）；B公司可辨认净资产公允价值为1.8亿元（不考虑所得税等影响）。A公司购买B公司20%股权和后续购买40%股权不构成“一揽子交易”。

A公司在编制合并财务报表时，首先，应考虑对原持有股权进行公允价值的重新计量。购买日（即2×21年1月1日），该项股权投资的公允价值（4 000万元）与其账面价值（3 500万元）的差额500万元计入合并当期投资收益，同时，将原计入其他综合收益的400万元转入合并留存收益。

其次，对于A公司购买B公司股权并取得控制权的合并对价1.2亿元（原持有股权于购买日的公允价值4 000万元＋合并日应支付的对价8 000万元）。由于A公司享有B公司于购买日的可辨认净资产公允价值的份额为1.08

亿元（1.8×60%），因此，购买日形成的商誉为0.12亿元（1.2－1.08）。

3. 通过多次交易分步实现的同一控制下企业合并。

对于分步实现的同一控制下企业合并，在编制合并财务报表时，应视同参与合并的各方在最终控制方开始控制时即以目前的状态存在进行调整，在编制比较报表时，以不早于合并方和被合并方同处于最终控制方的控制之下的时点为限，将被合并方的有关资产、负债并入合并方合并财务报表的比较报表中，并将合并而增加的净资产在比较报表中调整所有者权益项下的相关项目。

为避免对被合并方净资产的价值进行重复计算，合并方在取得被合并方控制权之前持有的股权投资，在取得原股权之日与合并方和被合并方同处于同一方最终控制之日孰晚日起至合并日之间已确认有关损益、其他综合收益以及其他净资产变动，应分别冲减比较报表的期初留存收益或当期损益。

【例34－27】A公司为P公司的全资子公司。2×18年1月1日，A公司与非关联方B公司分别出资200万元及800万元设立C公司，并分别持有C公司20%及80%的股权。

2×20年1月1日，P公司向B公司收购其持有C公司80%的股权，C公司成为P公司的全资子公司，当日C公司净资产的账面价值与其公允价值相等。

2×21年1月1日，A公司向P公司购买其持有C公司80%的股权，C公司成为A公司的全资子公司。

A公司与B公司不存在关联关系，A公司购买C公司80%股权的交易和原取得C公司20%股权的交易不属于“一揽子交易”，A公司在可预见的未来打算一直持有C公司股权。

2×18年1月1日至2×20年1月1日，C公司实现净利润500万元，2×20年1月1日至2×21年1月1日，实现的净利润为300万元（不考虑所得税等影响）。

本例中，2×20年1月1日，A公司从P公司手中购买C公司80%股权的交易属于同一控制下企业合并。A公司虽然2×18年1月1日开始持有C公司20%的股权，但2×20年1月1日开始与C公司同受P公司最终控制，A公司合并财务报表应自取得原股权之日（即2×18年1月1日）和双方同处于同一方最终控制之日（2×20年1月1日）孰晚日（即2×20年1月1日）起开始将C公司纳入合并范围，即：视同自2×20年1月1日起A公司即持有C公司100%股权并重述合并财务报表的比较数据。2×18年1月1日至2×20年1月

1 日的合并财务报表不应重溯。

在A公司合并财务报表中，重溯2×20年1月1日的报表项目，由于C公司净资产的账面价值为1 500万元（1 000+500）。此前，2×20年1月1日持有对C公司的长期股权投资的账面价值为300万元（200+500×20%）。因此，A公司在编制合并财务报表时，将C公司2×20年（比较期间）初各项资产、负债并入后，因合并而增加的净资产1 500万元应调整资本公积1 200万元（1 500－300）。

借：资产、负债　　15 000 000

　　贷：长期股权投资　　3 000 000

　　　　资本公积　　12 000 000

A公司对于合并日（即2×21年1月1日）的各报表项目，除按照本章“五、合并程序”的一般规定编制合并分录外，还应冲减2×20年1月1日至2×21年1月1日对C公司20%的投资的权益法核算结果，即，冲减期初留存收益300万元×20%＝60（万元）。

借：期初留存收益　　600 000

　　贷：长期股权投资　　600 000

如果合并日不在年初，对于C公司当年实现的净利润中按照权益法核算归属于A公司的份额，还应冲减当期投资收益。

（二）处置对子公司投资的会计处理

处置对子公司的投资既包括母公司处置对子公司长期股权投资但不丧失控制权的情况，也包括处置对子公司长期股权投资而丧失控制权的情况。处置子公司的会计处理应分别个别财务报表和合并财务报表进行会计处理，个别财务报表的会计处理，见第三章长期股权投资的相关内容，合并财务报表中的会计处理应当分别以下情况：

1. 母公司在不丧失控制权的情况下部分处置对子公司的长期股权投资的会计处理。

处置价款与处置长期股权投资相对应享有子公司自购买日或合并日开始持续计算的净资产份额之间的差额，应当调整资本公积（资本溢价或股本溢价），资本公积不足冲减的，依次冲减盈余公积、未分配利润。

2. 母公司因处置对子公司长期股权投资而丧失控制权的会计处理。

（1）一次交易的处置。

母公司因处置部分股权投资或其他原因丧失了对原有子公司控制的，在合并财务报表中，对于剩余股权，应当按照丧失控制权日的公允价值进行重新计量。处置股权取得的对价和剩余股权公允价值之和，减去按原持股比例计算应享有原有子公司自购买日开始持续计算的净资产的份额与商誉之和的差额，计入丧失控制权当期的投资收益。

此外，与原有子公司的股权投资相关的其他综合收益应当在丧失控制权时采用与原有子公司直接处置相关资产或负债相同的基础进行会计处理，与原有子公司相关的涉及权益法核算下的其他所有者权益变动应当在丧失控制权时转入当期损益。

【例34－28】2×20年6月30日，A公司以现金9 000万元取得了B公司60%的股权，并自该日起控制B公司，由于收购B公司产生商誉3 000万元。当日，B公司可辨认净资产账面价值为9 500万元，公允价值为10 000万元。2×22年6月30日，A公司以8 000万元的对价将其持有的B公司40%的股权出售给第三方公司，处置后对B公司的剩余持股比例降为20%。剩余20%股权的公允价值为4 000万元。当日，B公司可辨认净资产账面价值为10 200万元，自购买日开始持续计算的可辨认净资产账面价值为10 700万元。

B公司在2×20年7月1日至2×22年6月30日之间实现的净利润为600万元，其他综合收益为100万元。其他综合收益源自B公司的联营公司的将重分类进损益的其他综合收益的变动，A公司商誉未减值（不考虑所得税等影响）。

本例中，A公司应在合并财务报表中进行如下会计处理：

第一，终止确认长期股权资产、商誉等的账面价值，并终止确认少数股东权益（包括属于少数股东的其他综合收益）的账面价值。

第二，视同在丧失控制权之日处置子公司，并按当日剩余20%股权的公允价值（4 000万元）重新计量该剩余股权。

同时，分别根据第三章长期股权投资或第二十二章金融工具确认和计量的相关内容对该20%剩余股权进行会计处理，并列示于A公司合并财务报表中。

第三，处置股权取得的对价（8 000万元）与剩余股权公允价值（4 000万元）之和12 000万元，减去按原持股比例（60%）计算应享有B公司自购买日开始持续计算的可辨认净资产账面价值的份额6 420万元（10 700×60%）以及与B公司的相关商誉3 000万元之间的差额2 580万元（12 000－6 420－3 000），计入丧失控制权当期的投资收益。

最后，B公司其他综合收益和其他所有者权益中归属于A公司的部分60

万元（100×60%）也应当转为当期投资收益。

（2）多次交易分步处置子公司。

①会计处理。

企业通过多次交易分步处置对子公司股权投资直至丧失控制权，在合并财务报表中，首先，应结合分步交易的各个步骤的交易协议条款、分别取得的处置对价、出售股权的对象、处置方式、处置时点等信息来判断分步交易是否属于“一揽子交易”。

如果分步交易不属于“一揽子交易”，则在丧失对子公司控制权以前的各项交易，应按照本章上述“母公司在不丧失控制权的情况下部分处置对子公司的长期股权投资”的有关规定进行会计处理。

如果分步交易属于“一揽子交易”，则应将各项交易作为一项处置原有子公司并丧失控制权的交易进行会计处理，其中，对于丧失控制权之前的每一次交易，处置价款与处置投资对应的享有该子公司自购买日开始持续计算的净资产账面价值的份额之间的差额，在合并财务报表中应当计入其他综合收益，在丧失控制权时一并转入丧失控制权当期的损益。

【例34－29】A公司主要从事机械产品的生产与销售，B公司为A公司的全资子公司，主要从事化工产品的生产与销售。A公司计划整合集团业务、剥离辅业，集中发展机械产品的主营业务。2×21年11月30日，A公司与C公司签订不可撤销的转让协议，约定A公司向C公司转让其持有的B公司100%股权，对价总额为5 000万元。考虑到C公司的资金压力以及股权平稳过渡，双方在协议中约定，C公司应在2×21年12月31日之前支付2 000万元，以先取得B公司20%股权；C公司应在2×22年12月31日之前支付3 000万元，以取得B公司剩余80%股权。2×21年12月31日至2×22年12月31日期间，B公司的相关活动仍然由A公司单方面主导，若B公司在此期间向股东进行利润分配，则后续80%股权的购买对价按C公司已分得的金额进行相应调整。

2×21年12月31日，按照协议约定，C公司向A公司支付2 000万元，A公司将其持有的B公司20%股权转让给C公司并已办理股权变更手续；当日，B公司自购买日持续计算的净资产账面价值为3 500万元。

2×22年6月30日，C公司向A公司支付3 000万元，A公司将其持有的B公司剩余80%股权转让给C公司并已办理股权变更手续，自此C公司取得B公司的控制权；当日，B公司自购买日持续计算的净资产账面价值为4 000万元。

2×22年1月1日至2×22年6月30日，B公司实现净利润500万元，无其他净资产变动事项（不考虑所得税等影响）。

本例中，A公司通过两次交易处置其持有的B公司100%股权，第一次交易处置B公司20%股权，仍保留对B公司的控制；第二次交易处置剩余80%股权，并于第二次交易后丧失对B公司的控制权。

首先，需要分析上述两次交易是否属于"一揽子交易"：

一是A公司处置B公司股权的商业目的是出于业务整合，剥离辅业的考虑，A公司的目的是处置其持有的B公司100%股权，两次处置交易结合起来才能达到其商业目的；

二是两次交易在同一转让协议中同时约定；

三是第一次交易中，20%股权的对价为2 000万元，相对于100%股权的对价总额5 000万元而言，第一次交易单独看并不经济，和第二次交易一并考虑才反映真正的经济影响，此外，如果在两次交易期间B公司进行了利润分配，也将据此调整对价，说明两次交易是在考虑了彼此影响的情况下订立的。

综合上述，在合并财务报表中，两次交易应作为"一揽子交易"，按照分步处置子公司股权至丧失控制权并构成"一揽子交易"的相关规定进行会计处理。

2×21年12月31日，A公司转让持有的B公司20%股权，在B公司的股权比例下降至80%，A公司仍控制B公司。处置价款2 000万元与处置20%股权对应的B公司净资产账面价值的份额700万元（3 500×20%）之间的差额1 300万元，在合并财务报表中计入其他综合收益：

借：银行存款　　20 000 000

　贷：少数股东权益　　7 000 000

　　　其他综合收益　　13 000 000

此外，由于A公司已经签订了不可撤销的股权出售协议且预计处置将在1年内完成，A公司还应根据第四十二章持有待售的非流动资产、处置组和终止经营中有关持有待售资产和终止经营的有关规定进行相应的会计处理和列报。2×22年1月1日至2×22年6月30日，B公司作为A公司持股80%的非全资子公司纳入A公司合并财务报表合并范围，B公司实现的净利润500万元中归属于C公司的份额100万元（500×20%），在A公司合并财务报表中确认少数股东损益100万元，并调整少数股东权益。

2×22年6月30日，A公司转让B公司剩余80%股权，丧失对B公司控制权，不再将B公司纳入合并范围。A公司应终止确认对B公司长期股权投资及少数股东权益等，并将处置价款3 000万元与享有的B公司净资产份额3 200万元（4 000×80%）之间的差额200万元，计入当期损益；同时，将第一次交易计入其他综合收益的1 300万元转入当期损益。

②所得税影响。

根据我国《企业所得税法》的相关规定，符合条件的居民企业之间的股息、红利等权益性投资收益为免税收入。因此，通常情况下，当居民企业持有另一居民企业的股权意图为长期持有，通过股息、红利或者其他协同效应获取回报时，其实质所得税率为零，不存在相关所得税费用。只有当居民企业通过转让股权获取资本利得收益时，该笔资产转让利得才产生相应的所得税费用。

实务中，由于股权投资的处置往往需要董事会和股东大会的审议，涉及重大交易还需要相关监管部门的审批核准，后续公司还要进行股权交割和工商登记变更等手续，期间涉及流程和手续较多，从公司有明确意图处置股权至实际转移之间往往存在跨期的情况。如果资产负债表日股权处置已由股东大会等权力机构审议通过，也经相关监管部门审批批准，即使尚未办理实际转移手续等，公司处置该项长期股权投资的意图已经十分清晰，将股权处置损益的所得税影响延迟到下一会计期间进行处理往往会导致低估递延所得税负债、高估利润的情况。因此，如果预期出现母公司处置股权至实际转移之间存在跨期的情况，母公司应在合并财务报表中考虑上述递延所得税的影响。

（三）因子公司的少数股东增资而稀释母公司拥有的股权比例

有时，子公司的其他股东对子公司进行增资，由此稀释了母公司对子公司的股权比例但未丧失控制权，在这种情况下，应当按照增资前的母公司股权比例计算其在增资前子公司账面净资产中的份额，该份额与增资后按母公司持股比例计算的在增资后子公司账面净资产份额之间的差额计入资本公积，资本公积不足冲减的，依次冲减盈余公积、未分配利润。

因其他投资方对子公司增资而导致母公司持股比例下降并丧失控制权的，应按照本章“母公司因处置对子公司长期股权投资而丧失控制权的会计处理”的有关规定进行会计处理。

【例34－30】 A公司原持有B公司100%的股权并控制B公司。2×21年1月1日，第三方C公司向B公司增资100万元，增资前B公司净资产账面价值为900万元，增资后B公司净资产账面价值和公允价值均为1 000万元。增资后C公司占B公司10%的股权，A公司仍控制B公司（不考虑所得税等影响）。

本例中，由于第三方C公司增资导致A公司持股比例下降。A公司按原持股比例享有的子公司净资产账面价值的份额900万元（900×100%）和按新持股比例享有的子公司净资产账面价值900万元（1 000×90%）份额之间的差额为0，因此对归属母公司股东的权益不产生影响。

【例34－31】 2×21年，A公司和B公司分别出资750万元和250万元设立C公司，A公司、B公司的持股比例分别为75%和25%。C公司为A公司的子公司。

2×22年B公司对C公司增资500万元，增资后占C公司股权比例为35%。交易完成后，A公司仍控制C公司。

C公司自成立日至增资前实现净利润1 000万元，除此以外，不存在其他影响C公司净资产变动的事项（不考虑所得税等影响）。

本例中，在A公司合并财务报表中，B公司对C公司增资的会计处理如下：

A公司持股比例原为75%，由于少数股东增资而变为65%。增资前，A公司按照75%的持股比例享有的C公司净资产账面价值为1 500万元（2 000×75%）；增资后，A公司按照65%持股比例享有的净资产账面价值为1 625万元（2 500×65%），两者之间的差额125万元，在A公司合并资产负债表中应调增资本公积。

（四）其他特殊交易

对于站在企业集团合并财务报表角度的确认和计量结果与其所属的母公司或子公司的个别财务报表层面的确认和计量结果不一致的，在编制合并财务报表时，应站在企业集团角度对该特殊交易事项予以调整。

随着我国市场经济的快速发展和各类型经济交易的日益复杂化、多元化，在母、子公司个别财务报表及在母公司合并财务报表中，部分特殊交易由于会计主体假设的不同而导致对同一事项的会计处理结果存在差异。在这种情况下，仅仅通过常规的抵销分录则难以真实、全面地反映企业集团整体财务状况、经营成果和现金流量状况，需要站在企业集团合并财务报表的角度对这类交易予以调整。例如，母公司将借款作为实收资本投入子公司用于长期资产的建造，母公司应在合并财务报表层面反映借款利息的资本化金额。又如，子公司作为投资性房地产的大厦，出租给集团内其他企业使用，母公司应在合并财务报表层面作为固定资产反映。再如，子公司发行的按照第三十八章金融工具列报分类为权益工具的特殊金融工具，子公司在其个别财务报表中作为权益工具列报，母公司应在合并财务报表中将对应的少数股东权益部分列报为金融负债。

子公司发行累积优先股等其他权益工具的，无论当期是否宣告发放其股利，在计算列报母公司合并利润表中的“归属于母公司股东的净利润”时，应扣除当期归属于除母公司之外的其他权益工具持有者的可累积分配股利，扣除金额应在“少数股东损益”项目中列示。子公司发行不可累积优先股等其他权益工具的，在计算列报母公司合并利润表中的“归属于母公司股东的净利润”时，应扣除当期宣告发放的归属于除母公司之外的其他权益工具持有者的不可累积分配股利，扣除金额应在“少数股东损益”项目中列示。

七、衔接规定

企业在首次执行企业会计准则时，应当根据《企业会计准则第 38 号——首次执行企业会计准则》的规定进行新旧准则衔接。

在首次执行日，对于原未纳入合并范围但按照本章规定应纳入合并范围的子公司，在上年度的比较合并财务报表中，企业应当将该子公司纳入合并范围；对于原已纳入合并范围但按照本章规定不应纳入合并范围的子公司，在上年度的比较合并财务报表中，企业不应将该子公司纳入合并范围。在企业合并财务报表中，不再将原合营企业纳入合并范围且不再采用比例合并法对原合营企业进行核算。上年度比较合并财务报表中列示的少数股东权益，应当按照本章的规定，在所有者权益类列示。

首次执行日之后，企业应当按照本章编制合并财务报表。

第三十五章　每股收益

一、总体要求

每股收益是指普通股股东每持有一股普通股所能享有的企业净利润或需承担的企业净亏损。每股收益用于反映企业的经营成果，衡量普通股的获利水平及投资风险，是投资者等信息使用者据以评价企业盈利能力、预测企业成长潜力、进而作出相关经济决策的重要财务指标之一。它有助于同一会计期间内不同企业之间以及同一企业在不同会计期间进行业绩比较。《企业会计准则第 34 号——每股收益》规范了每股收益的计算和列报要求。

每股收益包括基本每股收益和稀释每股收益两类。基本每股收益是按照归属于普通股股东的当期净利润除以当期实际发行在外普通股的加权平均数计算的每股收益。稀释每股收益是以基本每股收益为基础，假定企业所有发行在外的稀释性潜在普通股均已转换为普通股，从而分别调整归属于普通股股东的当期净利润以及发行在外普通股的加权平均数计算的每股收益。基本每股收益仅考虑当期实际发行在外的普通股股份，而稀释每股收益的计算和列报主要是为了避免每股收益虚增可能带来的信息误导。

普通股或潜在普通股已公开交易的企业，以及正处于公开发行普通股或潜在普通股过程中的企业，应当计算每股收益指标，并在招股说明书、年度财务报告、中期财务报告等公开披露信息中予以列报。每股收益的计算以及相关信息的列报应当严格遵循本章的规定。

企业对外提供合并财务报表的，应当以合并财务报表为基础计算每股收益，并在合并财务报表中予以列报；与合并财务报表一同提供的母公司财务报表中不要求计算和列报每股收益，如果企业自行选择列报的，应以母公司个别财务报表为基础计算每股收益，并在其个别财务报表中予以列报。

二、基本每股收益

基本每股收益只考虑当期实际发行在外的普通股股份，按照归属于普通股股东的当期净利润除以当期实际发行在外普通股的加权平均数计算确定。

（一）分子的确定

计算基本每股收益时，分子为归属于普通股股东的当期净利润，即企业当期实现的可供普通股股东分配的净利润或应由普通股股东分担的净亏损金额。发生亏损的企业，每股收益以负数列示。以合并财务报表为基础计算的每股收益，分子应当是归属于母公司普通股股东的当期合并净利润，即扣减少数股东损益后的余额。与合并财务报表一同提供的母公司财务报表中企业自行选择列报每股收益的，以母公司个别财务报表为基础计算的每股收益，分子应当是归属于母公司全部普通股股东的当期净利润。

企业存在发行在外的除普通股以外的金融工具的，在计算基本每股收益时，分子不应包含其他权益工具的股利或利息。其中，对于发行的不可累积优先股等其他权益工具应扣除当期宣告发放的股利，对于发行的累积优先股等其他权益工具，无论当期是否宣告发放股利，均应予以扣除。对于同普通股股东一起参加剩余利润分配的其他权益工具，在计算普通股每股收益时，归属于普通股股东的净利润不应包含根据可参加机制计算的应归属于其他权益工具持有者的净利润。

（二）分母的确定

计算基本每股收益时，分母为当期发行在外普通股的加权平均数，即期初发行在外普通股股数根据当期新发行或回购的普通股股数与相应时间权数的乘积进行调整后的股数。其中，作为权数的已发行时间、报告期时间和已回购时间通常按天数计算，在不影响计算结果合理性的前提下，也可以采用简化的计算方法，如按月数计算。公司库存股不属于发行在外的普通股，且无权参与利润分配，应当在计算分母时扣除。

【例35－1】甲公司按月数计算每股收益的时间权数。2×22年期初发行在外的普通股为20 000万股；2月28日新发行普通股10 800万股；12月1日回购普通股4 800万股，以备将来奖励职工之用。该公司当年度实现净利润6 500万元。2×22年度基本每股收益计算如下：

发行在外普通股加权平均数为：

20 000×12/12＋10 800×10/12－4 800×1/12＝28 600（万股）

或者 20 000 ×2/12 +30 800 ×9/12 +26 000 ×1/12 =28 600（万股）

基本每股收益 =6 500/28 600 =0.23（元）

新发行普通股股数应当根据发行合同的具体条款，从应收或实收对价之日起计算确定。一般情况下，应收或实收对价之日即为股票发行日，例如，企业发行新股；但在一些特定发行情况下，如定向增发，两个日期可能并不一致，企业应当以应收或实收对价之日为准，例如，企业购买一项资产，并以未来将发行的一定普通股股份作为支付对价，那么这部分普通股股数应当自资产确认之日起计入发行在外普通股加权平均数。

企业合并中作为对价发行的普通股何时计入发行在外普通股的加权平均数，应当区分两种情况处理：

（1）非同一控制下的企业合并，购买方自购买日起取得对被购买方的实际控制权。被购买方在购买日以前实现的净利润包含在合并成本中，购买方能够真正控制和享有的被购买方净利润应当从购买日起计算，也就是说，自购买日起购买方才将被购买方的收入、费用和利润并入其利润表中。由于计算每股收益时分母普通股股数与分子净利润的口径应当保持一致，因此，非同一控制下的企业合并中作为对价发行的普通股股数也应当从购买日起计算。可见，非同一控制下的企业合并每股收益的计算与一般企业新发行股票每股收益的计算，并无本质区别。

（2）同一控制下的企业合并，参与合并的企业在合并前后均受同一方或相同的多方最终控制。从最终控制方角度看，视同合并后形成的以合并财务报表为基础的报告主体在以前期间就一直存在，合并后以合并财务报表为基础的报告主体的留存收益包括参与合并各方在合并前实现净利润的累积金额。因此，与分子净利润口径相一致，同一控制下的企业合并中作为对价发行的普通股，也应当视同列报最早期间期初就已发行在外，计入各列报期间普通股的加权平均数。

【例 35 -2】 甲公司和乙公司分别为丙公司控制下的两家全资子公司。2 ×22 年 6 月 30 日，甲公司自母公司丙公司处取得乙公司 100% 的股权，合并后乙公司仍维持其独立法人资格继续经营。为进行该项企业合并，甲公司向乙公司的股东定向增发 8 000 万股本公司普通股（每股面值为 1 元）。该项合并中参与合并的企业在合并前及合并后均为丙公司最终控制，为同一控制下的企业合并。假定甲公司和乙公司采用的会计政策和会计期间相同，两家公司在合并前未发生任何交易，合并前甲公司旗下没有子公司。甲公司 2 ×21 年度净利润为 6 400 万元，乙公司 2×21 年度净利润为 800 万元；甲公司 2×22 年度合并净利润为 8 400 万元，其中包括被合并方乙公司在合并前实现的净利润 760 万元。合并前甲公司发行在外的普通股为 32 000 万股，假定除企业合并过程中定向增发股票外股数未发生其他变动。2×22 年度甲公司比较利润表中基本每股收益的计算如下：

2×22 年度基本每股收益 = 8 400/(32 000 + 8 000) = 0.21（元）

2×21 年度基本每股收益 = (6 400 + 800)/(32 000 + 8 000) = 0.18（元）

三、稀释每股收益

存在稀释性潜在普通股的复杂股权结构的公司，除了应当按照上述“二、基本每股收益”要求计算和列报基本每股收益外，还应当同时根据稀释性潜在普通股的影响计算和列报稀释每股收益。

（一）计算稀释每股收益应当考虑的因素

企业在计算稀释每股收益时应当考虑稀释性潜在普通股以及对分子和分母调整因素的影响。

1. 稀释性潜在普通股。

潜在普通股是指赋予其持有者在报告期或以后期间享有取得普通股权利的一种金融工具或其他合同。目前，我国企业发行的潜在普通股主要有可转换公司债券、认股权证、股份期权等。潜在普通股通常对每股收益具有稀释的可能性。比如，可转换公司债券是一种潜在普通股，具有稀释每股收益的可能性，不是在实际转换时，而是在其存在期间具有稀释的可能性。等到实际转换时，就变为对基本每股收益的影响，而不是对稀释每股收益的影响。

稀释性潜在普通股，是指假设当期转换为普通股会减少每股收益的潜在普通股。对于亏损企业而言，稀释性潜在普通股假定当期转换为普通股，将会增加企业每股亏损的金额。如果潜在普通股转换为普通股，将增加每股收益或降低每股亏损的金额，则表明该潜在普通股不具有稀释性，而是具有反稀释性，在计算稀释每股收益时不应予以考虑。例如，某上市公司 2×22 年度亏损，基本每股收益为每股亏损 2 元，考虑到该公司年初发行了一批认股权证，假定该批认股权证于发行日即转换为普通股，从而导致公司发行在外普通股增加，在亏损总额不变的情况下，公司每股亏损减少为每股亏损 1 元，这种情况下，认股权证实际上产生了反稀释作用，在实际计算稀释每股收益时不应当考虑认股权证的影响。

需要特别说明的是，潜在普通股是否具有稀释性的判断标准是看其对持续经营每股收益的影响；也就是说，假定潜在普通股当期转换为普通股，如果会减少持续经营每股收益或增加持续经营每股亏损，表明具有稀释性，否则，具有反稀释性。一般情况下，每股收益是按照企业当期归属于普通股股东的全部净利润计算而得；但如果企业存在终止经营的情况，应当按照扣除终止经营净利润以后的当期归属于普通股股东的持续经营净利润进行计算。

2. 分子的调整。

计算稀释每股收益时，应当根据下列事项对归属于普通股股东的当期净利润进行调整：（1）当期已确认为费用的稀释性潜在普通股的利息。潜在普通股一旦假定转换成普通股，与之相关的利息等费用将不再发生，原本已从企业利润中扣除的费用应当加回来，从而增加归属于普通股股东的当期净利润。因此，在计算稀释每股收益时，这一因素一般作为一项调增因素对归属于普通股股东的当期净利润进行调整，最常见的例子为可转换公司债券的利息。（2）稀释性潜在普通股转换时将产生的收益或费用。潜在普通股假定转换成发行在外的普通股，除了直接导致当期净利润发生变化的调整因素外，还应当考虑一些随之而来的间接影响因素。例如，实行利润分享和奖金计划的企业，假定潜在普通股转换成发行在外的普通股，相关利息费用的减少将导致企业利润的增加，进而导致职工利润分享计划相关费用的增加，对此，也应当作为一项调减因素对归属于普通股股东的当期净利润进行调整。上述调整应当考虑相关的所得税影响，即按照税后影响金额进行调整。对于包含负债和权益成分的金融工具，仅需调整属于金融负债部分的相关利息、利得或损失。

【例35－3】甲上市公司于2×22年1月1日按面值发行25 000万元的三年期可转换公司债券，票面固定利率为2%，利息自发行之日起每年支付一次，每年12月31日为付息日。该批可转换公司债券自发行结束后18个月以后可转换为公司股票。债券利息不符合资本化条件，直接计入当期损益。所得税税率为25%。假设不考虑可转换公司债券负债和权益成分的分拆，且债券票面利率等于实际利率。按照公司利润分享计划约定，该公司高级管理人员按照当年税前利润的1%领取奖金报酬。该公司2×22年度税前利润为18 000万元，税后净利润为13 500万元。

为计算稀释每股收益，分子归属于普通股股东的当期净利润应调整的项目主要包括下列两方面：一是假定可转换公司债券期初转换为普通股而减少的利息费用，二是由此增加利润所导致的支付高管人员奖金的增加。

税后净利润	13 500
加：减少的利息费用	500（25 000×2%）
减：相关所得税影响	（125）（500×25%）
减：增加的高管人员奖金	（5）（500×1%）
加：相关所得税影响	1.25（5×25%）
稀释每股收益计算中归属于普通股股东的当期净利润	13 871.25

3. 分母的调整。

计算稀释每股收益时，当期发行在外普通股的加权平均数应当为计算基本每股收益时普通股的加权平均数与假定稀释性潜在普通股转换为已发行普通股而增加的普通股股数的加权平均数之和。

假定稀释性潜在普通股转换为已发行普通股而增加的普通股股数，应当根据潜在普通股的条件确定。当存在不止一种转换基础时，应当假定会采取从潜在普通股持有者角度看最有利的转换率或执行价格。

假定稀释性潜在普通股转换为已发行普通股而增加的普通股股数应当按照其发行在外时间进行加权平均。以前期间发行的稀释性潜在普通股，应当假设在当期期初转换为普通股；当期发行的稀释性潜在普通股，应当假定在发行日转换为普通股；当期被注销或终止的稀释性潜在普通股，应当按照当期发行在外的时间加权平均计入稀释每股收益；当期被转换或行权的稀释性潜在普通股，应当从当期期初至转换日（或行权日）计入稀释每股收益中，从转换日（或行权日）起所转换的普通股则计入基本每股收益中。

（二）可转换公司债券

可转换公司债券是指发行公司依法发行、在一定期间内依据约定的条件可以转换成股份的公司债券。对于可转换公司债券，可以采用假设转换法判断其稀释性，并计算稀释每股收益。首先，假定这部分可转换公司债券在当期期初（或发行日）即已转换成普通股，从而一方面增加了发行在外的普通股股数，另一方面节约了公司债券的利息费用，增加了归属于普通股股东的当期净利润。然后，用增加的净利润除以增加的普通股股数，得出增量股的每股收益，与原来的每股收益比较。如果增量股的每股收益小于原每股收益，则说明该可转换公司债券具有稀释作用，应当计入稀释每股收益的计算中。

计算稀释每股收益时，以基本每股收益为基础，分子的调整项目为可转换公司债券当期已确认为费用的利息等的税后影响额。对于溢价发行或折价发行的可转换公司债券，采用实际利率法当期摊销的溢价或折价金额，由于当期确认利息费用时已作为利息费用的调整项目进行会计处理，因此，在计算稀释每股收益分子时，应当一并予以调整回来。分母的调整项目为假定可转换公司债券当期期初（或发行日）转换为普通股的股数加权平均数。

【例35－4】 甲上市公司2×22年归属于普通股股东的净利润为25 500万元，期初发行在外普通股股数10 000万股，年内普通股股数未发生变化。2×22年1月1日，公司按面值发行40 000万元的三年期可转换公司债券，债券每张面值100元，票面固定年利率为2%，利息自发行之日起每年支付一次，每年12月31日为付息日。该批可转换公司债券自发行结束后12个月以后即可转换为公司股票，即转股期为发行12个月后至债券到期日止的期间。转股价格为每股10元，即每100元债券可转换为10股面值为1元的普通股。债券利息不符合资本化条件，直接计入当期损益，所得税税率为25%。

假设不具备转股权的类似债券的市场利率为3%。公司在对该批可转换公司债券初始确认时，根据第三十八章金融工具列报的有关规定将负债和权益成分进行了分拆。2×22年度稀释每股收益计算如下：

每年支付利息＝40 000×2%＝800（万元）

负债成分公允价值＝800÷（1＋3%）＋800÷$(1+3\%)^2$＋40 800÷$(1+3\%)^3$＝38 868.56（万元）

权益成分公允价值＝40 000－38 868.56＝1 131.44（万元）

假设转换所增加的净利润＝38 868.56×3%×(1－25%)＝874.54（万元）

假设转换所增加的普通股股数＝40 000/10＝4 000（万股）

增量股的每股收益＝874.54/4 000＝0.22（元）

基本每股收益＝25 500/10 000＝2.55（元）

增量股的每股收益小于基本每股收益，可转换公司债券具有稀释作用

稀释每股收益＝(25 500＋874.54)/(10 000＋4 000)＝1.88（元）

（三）认股权证和股份期权

认股权证是指公司发行的、约定持有人有权在履约期间内或特定到期日按约定价格向本公司购买新股的有价证券。股份期权是指公司授予持有人在未来一定期限内以预先确定的价格和条件购买本公司一定数量股份的权利，股份期权持有人对于其享有的股份期权，可以在规定的期间内以预先确定的价格和条件购买公司一定数量的股份，也可以放弃该种权利。

对于盈利企业，认股权证、股份期权等的行权价格低于当期普通股平均市场价格时，具有稀释性。对于亏损企业，认股权证、股份期权的假设行权一般

不影响净亏损，但增加普通股股数，从而导致每股亏损金额的减少，实际上产生了反稀释的作用，因此，这种情况下，不应当计算稀释每股收益。

对于稀释性认股权证、股份期权，计算稀释每股收益时，一般无需调整分子净利润金额，只需要按照下列步骤调整分母普通股加权平均数：

1. 假设这些认股权证、股份期权在当期期初（或发行日）已经行权，计算按约定行权价格发行普通股将取得的股款金额。

2. 假设按照当期普通股平均市场价格发行股票，计算需发行多少普通股能够带来上述相同的股款金额。

3. 比较行使股份期权、认股权证将发行的普通股股数与按照平均市场价格发行的普通股股数，差额部分相当于无对价发行的普通股，作为发行在外普通股股数的净增加。也就是说，认股权证、股份期权行权时发行的普通股可以视为两部分，一部分是按照平均市场价格发行的普通股，这部分普通股由于是按照市价发行，导致企业经济资源流入与普通股股数同比例增加，既没有稀释作用也没有反稀释作用，不影响每股收益金额；另一部分是无对价发行的普通股，这部分普通股由于是无对价发行，企业可利用的经济资源没有增加，但发行在外普通股股数增加，因此具有稀释性，应当计入稀释每股收益中。

4. 将净增加的普通股股数乘以其假设发行在外的时间权数，据此调整计算稀释每股收益时的分母数。

普通股平均市场价格的计算，理论上应当包括该普通股每次交易的价格，但实务操作中通常对每周或每月具有代表性的股票交易价格进行简单算术平均即可。股票价格比较平稳的情况下，可以采用每周或每月股票的收盘价作为代表性价格；股票价格波动较大的情况下，可以采用每周或每月股票最高价与最低价的平均值作为代表性价格。无论采用何种方法计算平均市场价格，一经确定，不得随意变更，除非有确凿证据表明原计算方法不再适用。当期发行认股权证或股份期权的，普通股平均市场价格应当自认股权证或股份期权的发行日起计算。

【例35－5】甲公司2×22年度归属于普通股股东的净利润为500万元，发行在外普通股加权平均数为1 250万股，该普通股平均每股市场价格为4元。2×22年1月1日，该公司对外发行250万份认股权证，行权日为2×23年3月1日，每份认股权证可以在行权日以3.5元的价格认购本公司1股新发的股份。该公司2×22年度每股收益计算如下：

基本每股收益＝500/1 250＝0.4（元）

调整增加的普通股股数 = 250 − 250 × 3.5 ÷ 4 = 31.25（万股）

稀释每股收益 = 500/(1 250 + 31.25) = 0.39（元）

需要注意的是，企业发行的金融工具中包含转股条款的，即存在潜在稀释性的，在计算稀释每股收益时考虑的因素与企业发行可转换公司债券、认股权证相同。

（四）企业承诺将回购其股份的合同

企业承诺将回购其股份的合同中规定的回购价格高于当期普通股平均市场价格时，应当考虑其稀释性。计算稀释每股收益时，与前面认股权证、股份期权的计算思路恰好相反，具体步骤为：

1. 假设企业于期初按照当期普通股平均市场价格发行普通股，以募集足够的资金来履行回购合同；合同日晚于期初的，则假设企业于合同日按照自合同日至期末的普通股平均市场价格发行足量的普通股。该假设前提下，由于是按照市价发行普通股，导致企业经济资源流入与普通股股数同比例增加，每股收益金额不变。

2. 假设回购合同已于当期期初（或合同日）履行，按照约定的行权价格回购本企业股票。

3. 比较假设发行的普通股股数与假设回购的普通股股数，差额部分作为净增加的发行在外普通股股数，再乘以相应的时间权数，据此调整计算稀释每股收益的分母数。

【例 35 − 6】 甲公司 2 × 22 年度归属于普通股股东的净利润为 400 万元，发行在外普通股加权平均数为 1 000 万股。2 × 22 年 3 月 2 日，该公司与股东签订一份远期回购合同，承诺一年后以每股 5.5 元的价格回购其发行在外的 240 万股普通股。假设该普通股 2 × 22 年 3 月至 12 月平均每股市场价格为 5 元。2 × 22 年度每股收益计算如下：

基本每股收益 = 400/1 000 = 0.4（元）

调整增加的普通股股数 = 240 × 5.5 ÷ 5 − 240 = 24（万股）

稀释每股收益 = 400/(1 000 + 24 × 10/12) = 0.39（元）

（五）多项潜在普通股

企业对外发行不同潜在普通股的，单独考察其中某潜在普通股可能具有稀释作用，但如果和其他潜在普通股一并考察时可能变为反稀释作用。例如，某公司先后发行甲、乙两种可转换公司债券（票面利率和转换价格均不同），甲债券导致的增量股每股收益为 1.5 元，乙债券导致的增量股每股收益为 3.5

元，假设基本每股收益为 4 元。如果分别考察甲、乙两种可转换公司债券，增量股每股收益小于基本每股收益，两种债券都具有稀释作用。并且，由于增量股每股收益越小，其稀释作用越大，甲债券的稀释作用大于乙债券。然而，如果综合考察甲、乙两种可转换公司债券，先计入甲债券使得每股收益稀释为 3.1 元，若再计入乙债券则使得每股收益反弹为 3.4 元，因此，乙债券在这种情况下不再具有稀释作用，不应计入稀释每股收益中。

为了反映潜在普通股最大的稀释作用，应当按照各潜在普通股的稀释程度从大到小的顺序计入稀释每股收益，直至稀释每股收益达到最小值。稀释程度根据增量股的每股收益衡量，即假定稀释性潜在普通股转换为普通股的情况下，将增加的归属于普通股股东的当期净利润除以增加的普通股股数的金额。需要强调的是，企业每次发行的潜在普通股应当视作不同的潜在普通股，分别判断其稀释性，而不能将其作为一个总体考虑。通常情况下，股份期权和认股权证排在前面计算，因为其假设行权一般不影响净利润。

对外发行多项潜在普通股的企业应当按照下列步骤计算稀释每股收益：

1. 列出企业发行在外的各潜在普通股。

2. 假设各潜在普通股已于当期期初（或发行日）转换为普通股，确定其对归属于普通股股东当期净利润的影响金额。可转换公司债券的假设转换一般会增加当期净利润金额；股份期权和认股权证的假设行权一般不影响当期净利润。

3. 确定各潜在普通股假设转换后将增加的普通股股数。值得注意的是，稀释性股份期权和认股权证假设行权后，计算增加的普通股股数不是发行的全部普通股股数，而应当是其中无对价发行部分的普通股股数。

4. 计算各潜在普通股的增量股每股收益，判断其稀释性。增量股每股收益越小的潜在普通股稀释程度越大。

5. 按照潜在普通股稀释程度从大到小的顺序，将各稀释性潜在普通股分别计入稀释每股收益中。分步计算过程中，如果下一步得出的每股收益小于上一步得出的每股收益，表明新计入的潜在普通股具有稀释作用，应当计入稀释每股收益中；反之，则表明具有反稀释作用，不计入稀释每股收益中。

6. 最后得出的最小每股收益金额即为稀释每股收益。

【例 35 -7】 甲公司 2×22 年度归属于普通股股东的净利润为 3 750 万元，发行在外普通股加权平均数为 12 500 万股。年初已发行在外的潜在普通股有：(1) 认股权证 4 800 万份，行权日为 2×23 年 6 月 1 日，每份认股权证可以在行权日以8元的价格认购1股本公司新发股票。(2) 按面值发行的五年期可转换公司债券50 000万元，债券每张面值100元，票面年利率为2.6%，转股价格为每股12.5元，即每100元债券可转换为8股面值为1元的普通股。(3) 按面值发行的三年期可转换公司债券100 000万元，债券每张面值100元，票面年利率为1.4%，转股价格为每股10元，即每100元债券可转换为10股面值为1元的普通股。当期普通股平均市场价格为12元，年度内没有认股权证被行权，也没有可转换公司债券被转换或赎回，所得税税率为25%。假设不考虑可转换公司债券负债和权益成分的分拆，且债券票面利率等于实际利率。

2×22年度每股收益计算如下：

基本每股收益=3 750/12 500=0.3（元）

计算稀释每股收益：

(1) 假设潜在普通股转换为普通股，计算增量股每股收益并排序（见表35-1）。

表35-1

项目	净利润增加（万元）	股数增加（万股）	增量股的每股收益（元）	顺序
认股权证	—	1 600①	—	1
2.6%债券	975②	4 000③	0.24	3
1.4%债券	1 050④	10 000⑤	0.11	2

①4 800-4 800×8÷12=1 600（万股）

②50 000×2.6%×(1-25%)=975（万元）

③50 000/12.5=4 000（万股）

④100 000×1.4%×(1-25%)=1 050（万元）

⑤100 000/10=10 000（万股）

由此可见，认股权证的稀释性最大，票面年利率为2.6%可转换公司债券的稀释性最小。

(2) 分步计入稀释每股收益（见表35-2）。

表35-2

项目	净利润（万元）	股数（万股）	每股收益（元）	稀释性
基本每股收益	3 750	12 500	0.3	

续表

项目	净利润（万元）	股数（万股）	每股收益（元）	稀释性
认股权证	0	1 600		
	3 750	14 100	0.27	稀释
1.4%债券	1 050	10 000		
	4 800	24 100	0.20	稀释
2.6%债券	975	4 000		
	5 775	28 100	0.21	反稀释

因此，稀释每股收益为0.20元。

（六）子公司、合营企业或联营企业发行的潜在普通股

子公司、合营企业、联营企业发行能够转换成其普通股的稀释性潜在普通股，不仅应当包括在其稀释每股收益的计算中，而且还应当包括在合并稀释每股收益以及投资者稀释每股收益的计算中。

【例35-8】甲公司2×22年度归属于普通股股东的净利润为48 000万元（不包括子公司乙公司利润或乙公司支付的股利），发行在外普通股加权平均数为40 000万股，持有乙公司80%的普通股股权。乙公司2×22年度归属于普通股股东的净利润为21 600万元，发行在外普通股加权平均数为9 000万股，该普通股当年平均市场价格为8元。年初，乙公司对外发行600万份可用于购买其普通股的认股权证，行权价格为4元，甲公司持有其中12万份认股权证，当年无认股权证被行权。假设除股利外，母子公司之间没有其他需抵销的内部交易；甲公司取得对乙公司投资时，乙公司各项可辨认资产、负债等的公允价值与其账面价值一致。2×22年度每股收益计算如下：

（1）子公司每股收益

①基本每股收益=21 600/9 000=2.4（元）

②调整增加的普通股股数=600-600×4÷8=300（万股）

稀释每股收益=21 600/(9 000+300)=2.32（元）

（2）合并每股收益

①归属于母公司普通股股东的母公司净利润=48 000（万元）

包括在合并基本每股收益计算中的子公司净利润部分=2.4×9 000×80%=17 280（万元）

基本每股收益=(48 000+17 280)/40 000=1.63（元）

②子公司净利润中归属于普通股且由母公司享有的部分 = 2.32 × 9 000 × 80% = 16 704（万元）

子公司净利润中归属于认股权证且由母公司享有的部分 = 2.32 × 300 × 12/600 = 13.92（万元）

稀释每股收益 = (48 000 + 16 704 + 13.92)/40 000 = 1.62（元）

四、限制性股票

上市公司实施限制性股票的股权激励安排中，常见做法是上市公司以非公开发行的方式向激励对象授予一定数量的公司股票，并规定锁定期和解锁期，在锁定期和解锁期内，不得上市流通及转让。达到解锁条件，可以解锁；如果全部或部分股票未被解锁而失效或作废，通常由上市公司按照事先约定的价格立即进行回购。

（一）等待期内基本每股收益的计算

上市公司在等待期内基本每股收益的计算，应视其发放的现金股利是否可撤销采取不同的方法：

1. 现金股利可撤销，即一旦未达到解锁条件，被回购限制性股票的持有者将无法获得（或需要退回）其在等待期内应收（或已收）的现金股利。等待期内计算基本每股收益时，分子应扣除当期分配给预计未来可解锁限制性股票持有者的现金股利；分母不应包含限制性股票的股数。

2. 现金股利不可撤销，即不论是否达到解锁条件，限制性股票持有者仍有权获得（或不得被要求退回）其在等待期内应收（或已收）的现金股利。等待期内计算基本每股收益时，应当将预计未来可解锁限制性股票作为同普通股一起参加剩余利润分配的其他权益工具处理，分子应扣除归属于预计未来可解锁限制性股票的净利润；分母不应包含限制性股票的股数。

（二）等待期内稀释每股收益的计算

等待期内计算稀释每股收益时，应视解锁条件不同采取不同的方法：

1. 解锁条件仅为服务期限条件的，企业应假设资产负债表日尚未解锁的限制性股票已于当期期初（或晚于期初的授予日）全部解锁，并参照本章股份期权的有关规定考虑限制性股票的稀释性。其中，行权价格为限制性股票的发行价格加上资产负债表日尚未取得的职工服务按第十二章股份支付有关规定计算确定的公允价值。锁定期内计算稀释每股收益时，分子应加回计算基本每股收益分子时已扣除的当期分配给预计未来可解锁限制性股票持有者的现金股利或归属于预计未来可解锁限制性股票的净利润。

2. 解锁条件包含业绩条件的，企业应假设资产负债表日即为解锁日并据以判断资产负债表日的实际业绩情况是否满足解锁要求的业绩条件。若满足业绩条件的，应当参照上述解锁条件仅为服务期限条件的有关规定计算稀释性每股收益；若不满足业绩条件的，计算稀释性每股收益时不必考虑此限制性股票的影响。

【例 35 -9】甲公司是一家上市公司，采用授予职工限制性股票的形式实施股权激励计划。甲公司发生的与该计划有关的交易或事项如下：

2×22 年 1 月 1 日，甲公司以非公开发行方式向 50 名管理人员每人授予 20 万股限制性股票，每股面值为 1 元，授予价格为每股 8 元。当日，甲公司将发行所得款项 8 000 万元存入银行，且限制性股票的登记手续已办理完成。甲公司估计该限制性股票股权激励在授予日的公允价值为每股 15 元。

股权激励计划规定，激励对象自 2×22 年 1 月 1 日起在甲公司连续服务 3 年的，所授予股票将于 2×25 年 1 月 1 日全部解锁（解锁条件未设置业绩条件）；其间离职的，甲公司将按照原授予价格每股 8 元回购。2×22 年 1 月 1 日至 2×25 年 1 月 1 日期间，所授予股票不得流通或转让；激励对象因获授限制性股票而取得的现金股利由甲公司代管，作为应付股利在解锁时向激励对象支付；对于未能解锁的限制性股票，甲公司在回购股票时应扣除激励对象已享有的该部分现金分红。

2×22 年 4 月 30 日，甲公司股东大会批准董事会制定的利润分配方案，即以 2×22 年 3 月 31 日包括上述限制性股票在内的 21 000 万股为基数，每股分配现金股利 1 元。

2×22 年度，甲公司实际有 4 名管理人员在 6 月 30 日离职，估计未来 2 年还有 10 名管理人员离职。

甲公司 2×22 年度实现的净利润为 50 000 万元，2×21 年 12 月 31 日发行在外的普通股（不含限制性股票）股数为 20 000 万股，2×22 年除发行限制性股票外股数未发生变化，2×22 年度普通股平均市场价格为每股 32 元。

假定不考虑相关税费和其他因素。

(1) 2×22 年度基本每股收益计算如下：

预计未来可解锁限制性股票的股数 =(50 -4 -10) ×20 =720（万股）

当期分配给预计未来可解锁限制性股票持有者的现金股利 =720 ×1 =720（万元）

基本每股收益 =（50 000 - 720）/20 000 = 2.46（元）

（2）2×22 年度稀释每股收益计算如下：

行权价格 = 8 + 15 × 2/3 = 18（元）

由于行权价格低于当期普通股平均市场价格，因此应当考虑限制性股票的稀释性

发行在外的限制性股票加权平均数 = 50 × 20 × 6/12 +（50 - 4）× 20 × 6/12 = 960（万股）

调整增加的普通股股数 = 960 - 960 × 18 ÷ 32 = 420（万股）

稀释每股收益 = 50 000/（20 000 + 420）= 2.45（元）

五、列示与披露

（一）重新计算

1. 派发股票股利、公积金转增资本、拆股和并股。

企业派发股票股利、公积金转增资本、拆股或并股等，会增加或减少其发行在外普通股或潜在普通股的数量，但并不影响所有者权益金额，这既不影响企业所拥有或控制的经济资源，也不改变企业的盈利能力，即意味着同样的损益现在要由扩大或缩小了的股份规模来享有或分担。因此，为了保持会计指标的前后期可比性，企业应当在相关报批手续全部完成后，按调整后的股数重新计算各列报期间的每股收益。上述变化发生于资产负债表日至财务报告批准报出日之间的，应当以调整后的股数重新计算各列报期间的每股收益。

【例 35 - 10】 甲公司 2×21 年和 2×22 年归属于普通股股东的净利润分别为 665 万元和 770 万元，2×21 年 1 月 1 日发行在外的普通股 400 万股，2×21 年 4 月 1 日按市价新发行普通股 80 万股，2×22 年 7 月 1 日分派股票股利，以 2×21 年 12 月 31 日总股本 480 万股为基数每 10 股送 3 股，假设不存在其他股数变动因素。2×22 年度比较利润表中基本每股收益的计算如下：

2×22 年度发行在外普通股加权平均数 =（400 + 80 + 144）× 12/12 = 624（万股）

2×21 年度发行在外普通股加权平均数 = 400 × 1.3 × 12/12 + 80 × 1.3 × 9/12 = 598（万股）

2×22 年度基本每股收益 = 770/624 = 1.23（元）

2×21 年度基本每股收益 = 665/598 = 1.11（元）

2. 配股。

配股在计算每股收益时比较特殊，因为它是向全部现有股东以低于当前股票市价的价格发行普通股，实际上可以理解为按市价发行股票和无对价送股的混合体。也就是说，配股中包含的送股因素具有与股票股利相同的效果，导致发行在外普通股股数增加的同时，却没有相应的经济资源流入。因此，计算基本每股收益时，应当考虑配股中的送股因素，将这部分无对价的送股（不是全部配发的普通股）视同列报最早期间期初就已发行在外，并据以调整各列报期间发行在外普通股的加权平均数，计算各列报期间的每股收益。

为此，企业首先应当计算出一个调整系数，再用配股前发行在外普通股的股数乘以该调整系数，得出计算每股收益时应采用的普通股股数。

每股理论除权价格 =（行权前发行在外普通股的公允价值总额 + 配股收到的款项）÷ 行权后发行在外的普通股股数

调整系数 = 行权前发行在外普通股的每股公允价值 ÷ 每股理论除权价格

因配股重新计算的上年度基本每股收益 = 上年度基本每股收益 ÷ 调整系数

本年度基本每股收益 = 归属于普通股股东的当期净利润 ÷（配股前发行在外普通股股数 × 调整系数 × 配股前普通股发行在外的时间权重 + 配股后发行在外普通股加权平均数）

【例 35 – 11】 甲公司 2×22 年度归属于普通股股东的净利润为 9 600 万元，2×22 年 1 月 1 日发行在外普通股股数为 4 000 万股，2×22 年 6 月 10 日，该企业发布增资配股公告，向截止到 2×22 年 6 月 30 日（股权登记日）所有登记在册的老股东配股，配股比例为每 5 股配 1 股，配股价格为每股 5 元，除权交易基准日为 2×22 年 7 月 1 日。假设行权前一日的市价为每股 11 元，2×21 年度基本每股收益为 2.2 元。2×22 年度比较利润表中基本每股收益的计算如下：

每股理论除权价格 =（11 × 4 000 + 5 × 800）÷（4 000 + 800）= 10（元）

调整系数 = 11 ÷ 10 = 1.1

因配股重新计算的 2×21 年度基本每股收益 = 2.2 ÷ 1.1 = 2（元）

2×22 年度基本每股收益 = 9 600 ÷（4 000 × 1.1 × 6/12 + 4 800 × 6/12）= 2.09（元）

需要特别说明的是，企业向特定对象以低于当前市价的价格发行股票的，不考虑送股因素。虽然它与配股具有相似的特征，即发行价格低于市价。但是，后者属于向非特定对象增发股票；而前者往往是企业出于某种战略考虑或其他动机向特定对象以较低的价格发行股票，或者特定对象除认购股份以外还需以其他形式予以补偿，因此，倘若综合这些因素，向特定对象发行股票的行为可以视为不存在送股因素，视同发行新股处理。

（二）列示

不存在稀释性潜在普通股的企业应当在利润表中单独列示基本每股收益。存在稀释性潜在普通股的企业应当在利润表中单独列示基本每股收益和稀释每股收益。编制比较财务报表时，各列报期间中只要有一个期间列示了稀释每股收益，那么所有列报期间均应当列示稀释每股收益，即使其金额与基本每股收益相等。

（三）披露

企业应当在附注中披露与每股收益有关的下列信息：（1）基本每股收益和稀释每股收益分子、分母的计算过程。（2）列报期间不具有稀释性但以后期间很可能具有稀释性的潜在普通股。（3）在资产负债表日至财务报告批准报出日之间，企业发行在外普通股或潜在普通股股数发生重大变化的情况。

企业如有终止经营的情况，应当在附注中分别持续经营和终止经营披露基本每股收益和稀释每股收益。

六、衔接规定

首次执行日之后企业应当按照本章计算和列报每股收益，首次执行当年比较财务报表中上年度的每股收益按照本章计算和列报。

第三十六章　分部报告

一、总体要求

随着市场经济的发展和经济全球化的深入，企业的生产经营规模日益扩大，经营范围也逐步突破单一业务界限，成为从事多种产品生产经营或从事多种业务经营活动的综合经营体；同时经营的地域范围也日益扩大，有的企业分别在国内不同地区甚至在境外设立分公司或子公司。在这种情况下，反映不同产品（或劳务）和不同地区经营风险和报酬的信息越来越普遍地受到会计信息使用者的重视。《企业会计准则第 35 号——分部报告》和《企业会计准则解释第 3 号》相关规定主要规范了企业分部报告的编制方法和应披露的信息，有助于充分披露会计信息，满足会计信息使用者的决策需要。

企业提供分部信息，能够帮助会计信息使用者更好地理解企业以往的经营业绩，更好地评估企业的风险和报酬，以便更好地把握企业整体的经营情况，对未来的发展趋势作出合理的预期。随着企业跨行业和跨地区经营，许多企业生产和销售各种各样的产品并提供不同形式的劳务，这些产品和劳务广泛分布于各个行业或不同地区。由于企业各种产品或提供的劳务在其整体的经营活动中所占的比重各不相同，其营业收入、成本费用以及产生的利润（亏损）也不尽相同。同样地，每种产品或提供的劳务在不同地区的经营业绩也存在差异。只有分析每种产品或所提供的劳务和不同经营地区的经营业绩，才能更好地把握企业整体的经营业绩。企业的整体风险，是由企业经营的各个业务部门（或品种）、或各个经营地区的风险和报酬构成的。一般来说，企业在不同业务部门和不同地区的经营，会具有不同的利润率、发展机会、未来前景和风险。评估企业整体的风险和报酬，需要借助企业在不同业务和不同地区经营的信息（分部信息）。因此，企业存在多种经营或跨地区经营的，应当确定报告分部，披露分部信息。

企业存在多种经营或跨地区经营的，应当按照本章规定披露分部信息，但是法律、行政法规另有规定的除外。企业应当以对外提供的财务报表为基础披露分部信息。对外提供合并财务报表的企业，应当以合并财务报表为基础披露分部信息。

二、报告分部的确定

企业（或企业集团，下同）在披露分部信息时，应当确定经营分部和报告分部。

（一）经营分部的确定

1. 经营分部的概念。

经营分部，是指企业内同时满足下列条件的组成部分：（1）该组成部分能够在日常活动中产生收入、发生费用；（2）企业管理层能够定期评价该组成部分的经营成果，以决定向其配置资源、评价其业绩；（3）企业能够取得该组成部分的财务状况、经营成果和现金流量等有关会计信息。

在理解经营分部的概念时，需要把握下列要点：

（1）不是企业的每个组成部分都必须是经营分部或经营分部的一个组成部分。例如，企业的管理总部或某些职能部门可能不赚取收入，或对于企业而言其赚取的收入仅仅是偶发性的，在这种情况下，这些部门就不是经营分部，或经营分部的一个组成部分。

（2）经营分部概念中所指的"企业管理层"强调的是一种职能，而不必是具有特定头衔的某一具体管理人员。该职能主要是向企业的经营分部配置资源，并评价其业绩。例如，通常情况下，企业管理层可能是企业的董事长、总经理，但是，也可能是由其他人员组成的管理团队。

（3）对许多企业来说，根据经营分部的概念，通常就可以清楚地确定经营分部。但是，企业可能将其经营活动以各种不同的方式在财务报告中予以披露。如果企业管理层使用多种分部信息，其他因素可能有助于企业管理层确定经营分部，如每一组成部分经营活动的性质、对各组成部分负责的管理人员、向董事会呈报的信息等。

2. 经营分部的确定。

企业应当以内部组织结构、管理要求、内部报告制度为依据确定经营分部。经济特征不相似的经营分部，应当分别确定为不同的经营分部。在实务中，并非所有的经营分部均作为独立的经营分部来考虑。在某些情况下，两个或两个以上的经营分部如果具有相似的经济特征，这些经营分部经常会表现出相似的长期财务业绩，如长期平均毛利率、资金回报率、未来现金流量等。此时，将他们合并披露可能更为恰当。

具有相似经济特征的两个或两个以上经营分部同时满足下列条件的，可以合并为一个经营分部：

（1）各项产品或劳务的性质相同或相似。

各项产品或劳务的性质，包括产品或劳务的规格、型号、最终用途等。通常情况下，产品和劳务的性质相同或相似的，其风险、报酬率及其成长率可能较为接近，因此，一般可以将其划分到同一经营分部中。对于性质完全不同的产品或劳务，不应当将其划分到同一经营分部中。

【例36－1】甲公司主要从事食品的生产和销售，业务范围包括饮料、奶制品及冰激凌；碗碟、炊具用品；巧克力、糖果及饼干；制药产品等。在确定经营分部时，甲公司应当分别将其作为不同的经营分部处理，而不能将碗碟、炊具用品与巧克力、糖果及饼干食品等作为一个经营分部。

（2）生产过程的性质相同或相似。

生产过程的性质，包括采用劳动密集或资本密集方式组织生产、使用相同或相似设备和原材料、采用委托生产或加工方式等。对于其生产过程的性质相同或相似的，可以将其划分为一个经营分部，如按资本密集型和劳动密集型划分经营部门。对于资本密集型的部门而言，其占用的设备较为先进，占用的固定资产较多，相应所负担的折旧费也较多，其经营成本受资产折旧费用影响较大，受技术进步因素的影响也较大；而对于劳动密集型部门而言，其使用的劳动力较多，相对而言劳动力的成本即人工费用的影响较大，其经营成果受人工成本的高低影响较大。

（3）产品或劳务的客户类型相同或相似。

产品或劳务的客户类型，包括大宗客户、零散客户等。对于购买产品或接受劳务的同一类型的客户，如果其销售条件基本相同，例如相同或相似的销售价格、销售折扣，相同或相似的售后服务，因而具有相同或相似的风险和报酬，而不同的客户，其销售条件不尽相同，由此可能导致其具有不同的风险和报酬。例如，某计算机生产企业，其生产的计算机可以分为商用计算机和个人用计算机，商用计算机主要销售客户是企业，一般是大宗购买，对计算机专用性要求比较强，售后服务相对较为集中；而个人用计算机，其客户对计算机的通用性要求较高，其售后服务相对较为分散。

（4）销售产品或提供劳务的方式相同或相似。

销售产品或提供劳务的方式，包括批发、零售、自产自销、委托销售、承包等。企业销售产品或提供劳务的方式不同，其承受的风险和报酬也不相同。比如，在赊销方式下，可以扩大销售规模，但发生的收账费用较大，并且发生应收账款坏账的风险也很大；而在现销方式下，则不存在应收账款的坏账问题，不会发生收账费用，但销售规模的扩大有限。

（5）生产产品或提供劳务受法律、行政法规的影响相同或相似。

生产产品或提供劳务受法律、行政法规的影响，包括经营范围或交易定价机制等。企业生产产品或提供劳务总是处于一定的经济法律环境之下，其所处的环境必然对其经营活动产生影响。对在不同法律环境下生产的产品或提供的劳务进行分类，进而向会计信息使用者提供不同法律环境下产品生产或劳务提供的信息，有利于会计信息使用者对企业未来的发展走向作出判断和预测；对相同或相似法律环境下的产品生产或劳务提供进行归类，以提供其经营活动所生成的信息，同样有利于明晰地反映该类产品生产和劳务提供的会计信息。比如，商业银行、保险公司等金融企业易受特别的、严格的监管政策，在考虑该类企业确定某组成部分的产品和劳务是否相关时，应当考虑所受监管政策的影响。

【例 36－2】 乙公司是一家全球性公司，总部设在中国内地，主要生产 A、B、C、D 四个品牌的皮箱、手提包、公文包、皮带等，以及相关产品的运输、销售，每种产品均由独立的业务部门完成。生产的产品主要销往中国内地、中国香港、日本、欧洲、美国等地。乙公司各项业务 2×22 年 12 月 31 日的有关资料如表 36－1 所示，不考虑其他因素。假定乙公司管理层定期评价各业务部门的经营成果，以配置资源、评价业务；各品牌皮箱的生产过程、客户类型、销售方式等类似；经预测，生产皮箱的 4 个部门今后 5 年内平均销售毛利率与 2×22 年差异不大。

表 36－1　　乙公司有关业务资料　　单位：万元

项目	品牌 A	品牌 B	品牌 C	品牌 D	手提包	公文包	皮带	销售公司	运输公司	合计
营业收入	106 000	130 000	100 000	95 000	260 000	230 000	69 000	270 000	50 000	1 310 000
其中：对外交易收入	100 000	120 000	80 000	90 000	180 000	150 000	50 000	270 000	50 000	1 090 000
分部间交易收入	6 000	10 000	20 000	5 000	80 000	80 000	19 000			220 000

续表

项目	品牌 A	品牌 B	品牌 C	品牌 D	手提包	公文包	皮带	销售公司	运输公司	合计
业务及管理费	74 200	92 300	69 000	66 500	156 000	142 600	55 200	220 000	30 000	905 800
其中：对外交易费用	60 000	78 300	57 000	62 000	149 000	132 000	47 200	205 000	30 000	820 500
分部间交易费用	14 200	14 000	12 000	4 500	7 000	10 600	8 000	15 000		85 300
利润总额	31 800	37 700	31 000	28 500	104 000	87 400	13 800	50 000	20 000	404 200
销售毛利率	30%	29%	31%	30%	40%	38%	20%	18.5%	40%	
资产总额	350 000	400 000	300 000	250 000	650 000	590 000	250 000	700 000	300 000	3 790 000
负债总额	150 000	170 000	130 000	100 000	300 000	200 000	150 000	300 000	180 000	1 680 000

本例中，乙公司的各组成部分能够分别在日常活动中产生收入、发生费用，乙公司管理层定期评价各组成部分的经营成果以配置资源、评价业绩，乙公司能够取得各组成部分的财务状况、经营成果和现金流量等会计信息，因此，各组成部分满足经营分部的定义，可以分别确定为不同的经营分部。与此同时，乙公司生产 A、B、C、D 品牌皮箱的 4 个部门，销售毛利率分别是 30%、29%、31%、30%，即具有相近的长期财务业绩；4 个品牌皮箱的生产过程、客户类型、销售方式等类似，具有相似的经济特征。因此，乙公司在确定经营分部时，可以将生产 A、B、C、D 品牌皮箱的 4 个部门予以合并，作为一个经营分部（皮箱分部）。合并后，皮箱经营分部的分部收入为 431 000 万元，分部费用为 302 000 万元，分部利润为 129 000 万元。

（二）报告分部的确定

1. 重要性标准的判断。

报告分部是指符合经营分部定义，按规定应予披露的经营分部。报告分部的确定应当以经营分部为基础，而经营分部的划分通常是以不同的风险和报酬为基础，而不论其是否重要。存在多种产品经营或者跨多个地区经营的企业可能会拥有大量规模较小、不是很重要的经营分部，而单独披露数量如此之多但规模较小的经营分部信息不仅会给财务报告使用者带来困惑，也会给财务报告编制者带来不必要的披露成本。因此，报告分部的确定应当考虑重要性原则，通常情况下，符合重要性标准的经营分部才能确定为报告分部。

经营分部满足下列条件之一的，应当确定为报告分部：

（1）该经营分部的分部收入占所有分部收入合计的10%或者以上。

分部收入，是指可归属于经营分部的对外交易收入和对其他分部交易收入。分部收入主要由可归属于经营分部的对外交易收入构成，通常为营业收入。可归属经营分部的收入来源于两个渠道：一是可以直接归属于经营分部的收入，即直接由经营分部的业务交易而产生；二是可以间接归属于经营分部的收入，即将企业交易产生的收入在相关经营分部之间进行分配，按属于某经营分部的收入金额确认为分部收入。

分部收入通常不包括下列项目：①利息收入（包括因预付或借给其他分部款项而确认的利息收入）和股利收入（采用成本法核算的长期股权投资取得的股利收入），但分部的日常活动是金融性质的除外。②营业外收入，如固定资产盘盈、与日常活动无关的政府补助，捐赠利得、罚没收益等。③处置投资产生的净收益，但分部的日常活动是金融性质的除外。④采用权益法核算的长期股权投资确认的投资收益，但分部的日常活动是金融性质的除外。

【例36－3】沿用〖例36－2〗的资料。生产A、B、C、D等4个品牌的皮箱分部合并后，分部收入合计431 000万元，占所有分部收入合计1 310 000万元的比例为32.9%（431 000÷1 310 000×100%），满足了不低于10%的条件。因此，从这一条件判断，乙公司在确定报告分部时，应当将皮箱分部确定为报告分部。

（2）该分部的分部利润（亏损）的绝对额，占所有盈利分部利润合计额或者所有亏损分部亏损合计额的绝对额两者中较大者的10%或者以上。

分部利润（亏损），是指分部收入减去分部费用后的余额。不属于分部收入和分部费用的项目，在计算分部利润（亏损）时不得作为考虑的因素。

分部费用，是指可归属于经营分部的对外交易费用和对其他分部交易费用。分部费用主要由可归属于经营分部的对外交易费用构成，通常包括营业成本、税金及附加、销售费用等。与分部收入的确认相同，归属于经营分部的费用也来源于两个渠道：一是可以直接归属于经营分部的费用，即直接由经营分部的业务交易而发生；二是可以间接归属于经营分部的费用，即将企业交易发生的费用在相关分部之间进行分配，按属于某经营分部的费用金额确认为分部费用。

分部费用通常不包括下列项目：①利息费用（包括因预收或向其他分部借款而确认的利息费用），如发行债券等，但分部的日常活动是金融性质的除外。②营业外支出，如发生固定资产等毁损报废损失。③处置投资发生的净损失，但分部的日常活动是金融性质的除外。④采用权益法核算的长期股权投资确认的投资损失，但分部的日常活动是金融性质的除外。⑤与企业整体相关的管理费用和其他费用。

【例36－4】沿用〖例36－2〗的资料。皮带分部的利润为13 800万元，占所有盈利分部利润合计404 200万元的比例为3.41%（13 800÷404 200×100%），低于10%的条件。因此，从这一条件判断，乙公司在确定报告分部时，不应当将皮带分部确定为报告分部。

销售公司分部的利润为50 000万元，占所有分部利润合计404 200万元的比例为12.37%（50 000÷404 200×100%），满足了不低于10%的条件。因此，从这一条件判断，乙公司在确定报告分部时，应当将销售公司分部确定为报告分部。

（3）该分部的分部资产占所有分部资产合计额的10%或者以上。

分部资产，是指经营分部日常活动中使用的可归属于该经营分部的资产，不包括递延所得税资产。如果与两个或两个以上经营分部共用资产相关的收入和费用也分配给这些经营分部，该共用资产应分配给这些经营分部。共用资产的折旧费或摊销费在计量分部经营成果时被扣减的，该资产应包括在分部资产中。企业在计量分部资产时，应当按照分部资产的账面价值进行计量，即按照扣除相关累计折旧或摊销额以及累计减值准备后的金额计量。

通常情况下，分部资产与分部利润（亏损）、分部费用等之间存在一定的对应关系，即：①如果分部利润（亏损）包括利息或股利收入，分部资产中就应当包括相应的应收账款、贷款、投资或其他金融资产。②如果分部费用包括某项固定资产的折旧费用，分部资产中就应当包括该项固定资产。③如果分部费用包括某项无形资产或商誉的摊销额或减值额，分部资产中就应当包括该项无形资产或商誉。

【例36－5】沿用〖例36－2〗的资料。运输公司分部的资产为300 000万元，占所有分部资产合计3 790 000万元的比例为7.92%（300 000÷3 790 000×100%），低于10%的条件。因此，从这一条件判断，乙公司在确定报告分部时，不应当将运输公司分部确定为报告分部。

公文包分部的资产为590 000万元，占所有分部资产合计3 790 000万元的比例为15.57%（590 000÷3 790 000×100%），满足了不低于10%的条件。因此，从这一条件判断，乙公司在确定报告分部时，应当将公文包分部确定为报告分部。

2. 低于10%重要性标准的选择。

经营分部未满足上述10%重要性标准的，可以按照下列规定确定报告分部：

（1）企业管理层如果认为披露该经营分部信息对会计信息使用者有用，那么可以将其确定为报告分部。在这种情况下，无论该经营分部是否满足10%的重要性标准，企业都可以直接将其指定为报告分部。

（2）将该经营分部与一个或一个以上的具有相似经济特征、满足经营分部合并条件的其他经营分部合并，作为一个报告分部。对经营分部10%的重要性测试可能会导致企业拥有大量未满足10%数量临界线的经营分部，在这种情况下，如果企业没有直接将这些经营分部指定为报告分部，可以将具有相似经济特征、满足经营分部合并条件的一个以上的经营分部合并成一个报告分部。

（3）不将该经营分部直接指定为报告分部，也不将该经营分部与其他未作为报告分部的经营分部合并为一个报告分部的，企业在披露分部信息时，应当将该经营分部的信息与其他组成部分的信息合并，作为其他项目单独披露。

3. 报告分部75%的标准。

企业的经营分部达到规定的10%重要性标准认定为报告分部后，确定为报告分部的经营分部的对外交易收入合计额占合并总收入或企业总收入的比重应当达到75%的比例。如果未达到75%的标准，企业必须增加报告分部的数量，将其他未作为报告分部的经营分部纳入报告分部的范围，直到该比重达到75%。此时，其他未作为报告分部的经营分部很可能未满足前述规定的10%重要性标准，但为了使报告分部的对外交易收入合计额占合并总收入或企业总收入的总体比重能够达到75%的比例要求，也应当将其确定为报告分部。

【例36-6】 沿用〖例36-2〗的资料。根据报告分部的确定条件，符合条件已被确定为报告分部的分别是皮箱分部、手提包分部、公文包分部、销售公司分部，由于各报告分部的对外交易收入占企业总收入的比例分别为35.78%、16.51%、13.76%、24.77%，合计为90.82%，已达到75%的限制性标准，乙公司不需要再增加报告分部的数量。具体计算结果见表36-2。

表 36－2　　报告分部重要性标准计算结果　　单位：万元

项目	皮箱	手提包	公文包	销售公司	小计	……	合计
营业收入	431 000	260 000	230 000	270 000	1 191 000	……	1 310 000
其中：对外交易收入	390 000	180 000	150 000	270 000	990 000	……	1 090 000
分部间交易收入	41 000	80 000	80 000		201 000	……	220 000
对外交易收入占企业总收入百分比	35.78%	16.51%	13.76%	24.77%	90.82%	……	100%

4. 报告分部的数量。

根据前述的确定报告分部的原则，企业确定的报告分部数量可能超过 10 个，此时，企业提供的分部信息可能变得非常繁琐，不利于会计信息使用者理解和使用。因此，报告分部的数量通常不应当超过 10 个。如果报告分部的数量超过 10 个，企业应当考虑将具有相似经济特征、满足经营分部合并条件的报告分部进行合并，以使合并后的报告分部数量不超过 10 个。

5. 为提供可比信息确定报告分部。

企业在确定报告分部时，除应当遵循相应的确定标准以外，还应当考虑不同会计期间分部信息的可比性和一致性。对于某一经营分部，在上期可能满足报告分部的确定条件从而确定为报告分部，但本期可能并不满足报告分部的确定条件。此时，如果企业认为该经营分部仍然重要，单独披露该经营分部的信息能够更有助于会计信息使用者了解企业的整体情况，则无需考虑该经营分部确定为报告分部的条件，仍应当将该经营分部确定为本期的报告分部。

对于某一经营分部，在本期可能满足报告分部的确定条件从而确定为报告分部，但上期可能并不满足报告分部的确定条件从而未确定为报告分部。此时，出于比较目的提供的以前会计期间的分部信息应当予以重述，以将该经营分部反映为一个报告分部，即使其不满足确定为报告分部的条件也是如此。如果重述所需要的信息无法获得，或者不符合成本效益原则，则不需要重述以前会计期间的分部信息。不论是否对以前期间相应的报告分部信息进行重述，企业均应当在报表附注中披露这一事实。

三、分部信息的披露

企业披露的分部信息，应当有助于会计信息使用者评价企业所从事经营活动的性质和财务影响，以及经营所处的经济环境。企业应当以对外提供的财务报表为基础披露分部信息；对外提供合并财务报表的企业，应当以合并财务报表为基础披露分部信息。

（一）描述性信息

1. 确定报告分部考虑的因素。

确定报告分部考虑的因素，通常包括企业管理层是否按照产品和劳务、地理区域、监管环境差异或综合各种因素进行组织管理。

【例36－7】 沿用〖例36－2〗的资料。乙公司披露的确定报告分部考虑的因素如下：

本公司的报告分部都是提供不同产品或劳务的业务单元。由于各种业务需要不同的技术和市场战略，因此，本公司分别独立管理各个报告分部的生产经营活动，分别评价其经营成果，以决定向其配置资源、评价其业绩。

2. 报告分部的产品和劳务的类型。

【例36－8】 沿用〖例36－2〗的资料。乙公司披露的报告分部的产品和业务的类型如下：

本公司有4个报告分部，分别为皮箱分部、手提包分部、公文包分部和销售公司分部。皮箱分部负责生产皮箱；手提包分部负责生产手提包；公文包分部负责生产公文包；销售公司分部负责销售本公司各组成部分生产的各种产品。

（二）每一报告分部的利润（亏损）总额、资产总额、负债总额信息

1. 每一报告分部的利润（亏损）总额信息。

每一报告分部的利润（亏损）总额信息，包括利润（亏损）总额组成项目的信息。

企业管理层在计量报告分部利润（亏损）时运用了下列数据，或者未运用下列数据但定期提供给企业管理层的，应当在附注中披露每一报告分部的下列信息：

（1）对外交易收入和分部间交易收入。

（2）利息收入和利息费用。但是，报告分部的日常活动是金融性质的除外。报告分部的日常活动是金融性质的，可以仅披露利息收入减去利息费用后的净额，同时披露这一处理方法。

（3）折旧费用和摊销费用，以及其他重大的非现金项目。

（4）采用权益法核算的长期股权投资确认的投资收益。

（5）所得税费用或所得税收益。

（6）其他重大的收益或费用项目。

2. 每一报告分部的资产总额、负债总额信息。

每一报告分部的资产总额、负债总额信息，包括资产总额组成项目的信息。

企业管理层在计量报告分部资产时运用了下列数据，或者未运用下列数据但定期提供给企业管理层的，应当在附注中披露每一报告分部的下列信息：

（1）采用权益法核算的长期股权投资金额。

（2）非流动资产（不包括金融资产、独立账户资产、递延所得税资产）金额。

报告分部的负债金额定期提供给企业管理层的，企业应当在附注中披露每一报告分部的负债金额。分部负债，是指分部经营活动形成的可归属于该分部的负债，不包括递延所得税负债。如果与两个或两个以上经营分部共同承担的负债相关的费用分配给这些经营分部，该共同承担的负债也应当分配给这些经营分部。

【例 36 –9】 沿用〖例 36 –2〗的资料。假定乙公司总部资产总额为20 000万元，总部负债总额为12 000 万元，其他资料如表 36 –3。

表 36 –3　　　　乙公司其他资料　　　　单位：万元

项目	品牌 A	品牌 B	品牌 C	品牌 D	手提包	公文包	皮带	销售公司	运输公司	合计
折旧费用	8 250	8 850	5 900	5 320	20 620	13 150	8 100	23 620	14 500	108 310
摊销费用	750	900	1 040	490	860	1 350	230	210		5 830
利润总额	31 000	28 000	32 050	37 950	104 000	87 400	17 000	50 000	16 800	404 200
所得税费用	7 750	7 000	8 012. 5	9 487. 5	26 000	21 850	4 250	12 500	4200	101 050
净利润	23 250	21 000	24 037. 5	28 462. 5	78 000	65 550	12 750	37 500	12 600	303 150
资本性支出	20 000	15 000	50 000	8 500	35 000	7 600		850	400	137 350

根据上述资料，乙公司编制的报告分部利润（亏损）、资产及负债信息见表 36 –4（注：前期比较数据略）。

表 36-4 乙公司报告分部利润（亏损）、资产及负债信息 单位：万元

项目	皮箱分部	手提包分部	公文包分部	销售公司分部	其他	分部间抵销	合计
一、对外交易收入	390 000	180 000	150 000	270 000	100 000		1 090 000
二、分部间交易收入	41 000	80 000	80 000		19 000	（220 000）	220 000
三、对联营企业和合营企业的投资收益							
四、资产减值损失							
五、折旧费和摊销费	31 500	21 480	14 500	23 830	22 830		114 140
六、利润总额（亏损总额）	129 000	104 000	87 400	50 000	33 800		404 200
七、所得税费用	32 250	26 000	21 850	12 500	8 450		101 050
八、净利润（净亏损）	96 750	78 000	65 550	37 500	25 350		303 150
九、资产总额	1 300 000	650 000	590 000	700 000	570 000		3 810 000
十、负债总额	550 000	300 000	200 000	300 000	342 000		1 692 000
十一、其他重要的非现金项目							
折旧费和摊销费以外的其他非现金费用	93 500	35 000	7 600	850	400		137 350
对联营企业和合营企业的长期股权投资							
长期股权投资以外的其他非流动资产增加额							

（三）分部会计政策

企业应当在附注中披露计量每一报告分部利润（亏损）的下列会计政策：（1）分部间转移价格的确定基础；（2）相关收入和费用分配给报告分部的基础；（3）确定报告分部利润（亏损）使用的计量方法发生变化的性质，以及这些变化产生的影响。企业应当在附注中披露计量每一报告分部资产、负债的下列会计政策：（1）分部间转移价格的确定基础；（2）相关资产或负债分配给报告分部的基础。

1. 分部间转移价格的确定及其变更。

企业在计量分部之间发生的交易收入时，需要确定分部间转移交易价格。一般情况下，分部之间的交易定价不同于市场公允交易价格，为准确计量分部间转移交易，企业在确定分部间交易收入时，应当以实际交易价格为基础计

量。转移价格的确定基础应当在附注中予以披露。同时，因企业不同期间生产的产品的成本等不同，可能会导致不同期间分部间转移价格的确定产生差异，对于转移交易价格的变更情况，也应当在附注中进行披露。

2. 分部会计政策的披露。

分部会计政策，是指编制合并财务报表或企业财务报表时采用的会计政策，以及与分部报告特别相关的会计政策。由于分部信息是企业整体会计信息的一个分解，企业提供分部信息所采用的会计政策，应当与编制企业集团合并财务报表或企业财务报表时所采用的会计政策一致。同时，由于分部信息不同于企业整体会计信息，某些分部信息对于外部会计信息使用者来说是有用的和相关的，因此，企业提供分部信息时除采用与编制企业集团合并财务报表或企业财务报表时相一致的会计政策以外，还会采用一些与分部特别相关的会计政策。与分部报告特别相关的会计政策包括分部的确定、分部间转移价格的确定方法，以及将收入和费用、资产或负债分配给报告分部的基础等。

企业应当披露分部会计政策。但是，如果分部会计政策与合并财务报表或企业财务报表一致，并且已按第三十四章合并财务报表和第三十一章财务报表列报等的规定在附注中进行了相关披露，则不需要在披露分部信息时重复披露。

有些会计政策变更只与分部报告相关，比如确定报告分部利润（亏损）使用的计量方法发生的变更等，这种变更不会影响到企业合并财务报表或企业财务报表的总额信息。当企业改变了其分部信息采用的会计政策，并且这种变更对分部信息产生了实质性影响时，企业应当披露这一变更情况，以及这些变更产生的影响，具体按照第二十九章会计政策、会计估计变更和差错更正的规定披露，并按规定提供相关比较数据。如果提供比较数据不切实可行，应当说明原因。例如，企业因管理战略改变对经营业务范围作出变更或对经营地区作出调整，使企业原已确定的报告分部所面临的风险和报酬产生较大差异，从而使企业必须改变原对分部所做的分类。在这种情况下，企业就应当对此项分部会计政策变更予以披露。

此外，企业改变分部的分类且提供比较数据不切实可行的，应当在改变分部分类的年度，分别披露改变前和改变后的报告分部信息。

（四）报告分部信息与企业信息总额的衔接

企业披露的分部信息，应当与合并财务报表或企业财务报表中的总额信息相衔接。

1. 报告分部收入总额应当与企业收入总额相衔接。

报告分部收入包括可归属于报告分部的对外交易收入和对其他分部交易收入。报告分部收入总额在与企业收入总额进行衔接时，需要将报告分部之间的内部交易进行抵销。各个报告分部的收入总额，加上未包含在任何报告分部中的对外交易收入金额之和，扣除报告分部之间交易形成的收入总额，应当与企业收入总额一致。

2. 报告分部利润（亏损）总额应当与企业利润（亏损）总额相衔接。

报告分部利润（亏损）是报告分部收入总额，扣除报告分部费用总额之后的差额。报告分部利润（亏损）总额与企业利润（亏损）总额进行衔接时，需要将报告分部之间的内部交易产生的利润（亏损）进行抵销。各个报告分部的利润（亏损）总额，加上未包含在任何报告分部中的利润（亏损）金额之和，扣除报告分部之间交易形成的利润（亏损）金额之和，应当与企业利润（亏损）总额一致。

3. 报告分部资产总额应当与企业资产总额相衔接。

企业资产总额由归属于报告分部的资产总额和未分配给各个报告分部的资产总额组成。报告分部资产总额加上未分配给各个报告分部的资产总额的合计额，与企业资产总额相一致。

4. 报告分部负债总额应当与企业负债总额相衔接。

企业负债总额由归属于报告分部的负债总额和未分配给各个报告分部的负债总额组成。报告分部负债总额加上未分配给各个报告分部的负债总额的合计额，与企业负债总额相一致。

（五）报告分部的比较信息

企业在披露分部信息时，为可比起见，应当提供前期的比较数据。对于某一经营分部，如果本期满足报告分部的确定条件确定为报告分部，即使前期没有满足报告分部的确定条件未确定为报告分部，也应当提供前期的比较数据。但是，重述信息不切实可行的除外。

企业内部组织结构改变导致报告分部组成发生变化的，应当提供前期比较数据。但是，提供比较数据不切实可行的除外。企业未提供前期比较数据的，应当在报告分部组成发生变化的当年，同时披露以新的报告分部和旧的报告分部为基础编制的分部信息。

不论企业是否提供前期比较数据，均应披露这一事实。

（六）未作为报告分部信息组成部分进行披露的内容

除已经作为报告分部信息组成部分的披露内容外，企业还应当披露下列信息：

1. 每一产品和劳务或每一类似产品和劳务的对外交易收入。但是，披露相关信息不切实可行的除外。企业披露相关信息不切实可行的，应当披露这一事实。企业披露的每一产品和劳务或每一类似产品和劳务的对外交易收入金额，应当以用于编制企业财务报表的信息为基础。

2. 企业取得的来自于本国的对外交易收入总额，以及企业从其他国家或地区取得的对外交易收入总额。但是，披露相关信息不切实可行的除外。企业披露相关信息不切实可行的，应当披露这一事实。企业从某个国家或地区取得的对外交易收入金额重要的，应当单独予以披露。

3. 企业取得的位于本国的非流动资产（不包括金融资产、独立账户资产、递延所得税资产）总额，以及企业位于其他国家或地区的非流动资产（不包括金融资产、独立账户资产、递延所得税资产）总额。但是，披露相关信息不切实可行的除外。企业披露相关信息不切实可行的，应当披露这一事实。企业位于某个国家或地区的非流动资产金额重要的，应当单独予以披露。

4. 企业对主要客户的依赖程度。企业与某一外部客户交易收入占合并总收入或企业总收入的 10% 或以上，应当披露这一事实，以及来自该外部客户的总收入和相关报告分部的特征。企业不需要报告主要客户的身份，每一报告分部也不需要报告来自该客户的收入。

四、衔接规定

首次执行日后，比较财务报表中涉及前期分部报告信息的，应当按照本章进行相关披露。

第三十七章　关联方披露

一、总体要求

关联方一般是指有关联的各方，关联方关系是指有关联的各方之间存在的内在联系。关联方关系及其交易的披露，有助于会计信息使用者了解企业真实的财务状况和经营成果，《企业会计准则第 36 号——关联方披露》规范了关联方关系及其交易的披露，《企业会计准则解释第 12 号》、《企业会计准则解释第 13 号》对关联方关系的判断进行了补充。企业应当按照本章的要求对关联方关系进行认定，对关联方交易进行判断，并在财务报表附注中对关联方关系及其交易进行信息披露。

关联方关系的存在往往是以控制、共同控制或重大影响为前提条件的，在判断是否存在关联方关系时，应当遵守实质重于形式的原则。对关联方交易的类型判断是否属于关联方交易时，应以交易是否发生为依据，而不是以是否收取价款为前提。企业无论是否发生关联方交易，均应当在附注中披露与该企业之间存在控制关系的母公司和子公司有关的信息。如果企业与关联方发生关联方交易的，应当在附注中披露该关联方关系的性质、交易类型及交易要素。

二、适用范围

一方控制、共同控制另一方或对另一方施加重大影响，以及两方或两方以上同受一方控制、共同控制的，构成关联方。因此，关联方关系往往以控制、共同控制或重大影响为基础。关联方具有下列特征：

一是关联方涉及两方或多方。关联方关系是有关联的双方或多方之间的相互关系。关联方关系必须存在于两方或多方之间，任何单独的个体不能构成关联方关系。例如，一个企业不能构成关联方关系。

二是关联方以各方之间的影响为前提。这种影响包括控制或被控制、共同控制或被共同控制、施加重大影响或被施加重大影响的各方之间。即，建立控制、共同控制和施加重大影响是关联方存在的主要特征。

这里所指的“控制”、“共同控制”和“重大影响”，与第三十四章合并财务报表、第四十章合营安排、第三章长期股权投资等的规定相同。关于构成“控制”、“共同控制”和“重大影响”的各种情况，见第三十四章合并财务报表、第四十章合营安排、第三章长期股权投资的相关内容。

企业应当在财务报表中披露所有关联方关系及其交易的相关信息；对外提供合并财务报表的，对于已经包括在合并范围内各企业之间的交易不予披露，但应当披露与合并范围外各关联方的关系及其交易。

三、关联方关系的认定

（一）关联方关系的认定

关联方关系的存在往往是以控制、共同控制或重大影响为前提条件的。在判断是否存在关联方关系时，应当遵守实质重于形式的原则。关联方关系存在于：

1. 企业与该企业的母公司。该企业的母公司不仅包括直接或间接地控制该企业的其他企业，也包括能够对该企业实施直接或间接控制的单位等。

（1）某一个企业直接控制一个或多个企业。例如，母公司控制一个或若干个子公司，则母公司与子公司之间即为关联方关系。

（2）某一个企业通过一个或若干个中间企业间接控制一个或多个企业。例如，母公司通过其子公司，间接控制子公司的子公司，表明母公司与其子公司的子公司存在关联方关系。

（3）某一个企业直接地和通过一个或若干中间企业间接地控制一个或多个企业。例如，母公司对某一企业的投资虽然没有达到控股的程度，但由于其子公司也拥有该企业的股份或权益，母公司与其子公司对该企业的投资之和能够使得母公司拥有对该企业控制权的，表明母公司与该企业之间存在关联方关系。

2. 企业与该企业的子公司。该企业的子公司包括直接或间接地被该企业控制的其他企业，也包括直接或间接地被该企业控制的企业、单位、基金等特殊目的实体。

3. 企业与和该企业受同一母公司控制的其他企业。因为两个或多个企业有相同的母公司，对它们都具有控制能力，即两个或多个企业如果有相同的母公司，它们的财务和经营政策都由相同的母公司决定，各个被投资企业之间由于受相同母公司的控制，可能为自身利益而进行的交易受到某种限制。因此，企业与和该企业受同一母公司控制的两个或多个企业之间构成关联方关系。

4. 企业与对该企业实施共同控制的投资方。这里的共同控制包括直接的共同控制和间接的共同控制。需要强调的是，对企业实施直接或间接共同控制的投资方与该企业之间是关联方关系，但这些投资方之间并不能仅仅因为共同控制了同一家企业而视为存在关联方关系。例如，A、B、C 三个企业共同控制 D 企业，从而 A 和 D、B 和 D 以及 C 和 D 构成关联方关系，如果不存在其他关联方关系，A 和 B、A 和 C 以及 B 和 C 之间不构成关联方关系。

5. 企业与对该企业施加重大影响的投资方。这里的重大影响包括直接的重大影响和间接的重大影响。对企业实施重大影响的投资方与该企业之间是关联方关系，但这些投资方之间并不能仅仅因为对同一家企业具有重大影响而视为存在关联方关系。例如，A 企业和 C 企业均能够对 B 企业施加重大影响，如果 A 和 C 不存在其他关联方关系，则 A 和 C 不构成关联方关系。

6. 企业与该企业的合营企业。例如，A、B、C、D 企业各占 E 企业表决权资本的 25%，按照合同约定，投资各方对 E 企业形成了共同控制，在这种情况下，A 和 E、B 和 E、C 和 E 以及 D 和 E 之间构成关联方关系。

7. 企业与该企业的联营企业。联营企业和重大影响是相联系的，如果投资者能对被投资企业施加重大影响，则该被投资企业视为投资者的联营企业，企业与该企业的联营企业之间构成关联方关系。

8. 企业与该企业所属企业集团的其他成员单位（包括母公司和子公司）的合营企业或联营企业。例如，A 企业的母公司为 P 企业，B 企业为 P 企业的合营企业，C 企业为 P 企业的联营企业，在这种情况下，A 和 B、A 和 C 之间构成关联方关系。

9. 企业的合营企业与企业的其他合营企业或联营企业。例如，A、B、C 三个企业共同控制 D 企业，A、E、F 三个企业共同控制 G 企业，A 对 H 企业具有重大影响，从而 D 和 G、D 和 H、G 和 H 之间构成关联方关系。

10. 企业与该企业的主要投资者个人及与其关系密切的家庭成员。主要投资者个人，是指能够控制、共同控制一个企业或者对一个企业施加重大影响的个人投资者。

（1）某一企业与其主要投资者个人之间的关系。例如，张某是 A 企业的主要投资者，则 A 企业与张某构成关联方关系。

（2）某一企业与其主要投资者个人关系密切的家庭成员之间的关系。例如，A 企业的主要投资者张某的儿子与 A 企业构成关联方关系。

11. 企业与该企业或其母公司的关键管理人员及与其关系密切的家庭成员。关键管理人员，是指有权力并负责计划、指挥和控制企业活动的人员。通常情况下，企业关键管理人员负责制定战略目标、经营计划、指挥调度生产经营活动等，主要包括董事长、董事、董事会秘书、总经理、总会计师、财务总监、主管各项事务的副总经理以及行使类似职能的人员等。

（1）某一企业与其关键管理人员之间的关系。例如，A 企业的总经理与 A 企业构成关联方关系。

（2）某一企业与其关键管理人员关系密切的家庭成员之间的关系。例如，A 企业的总经理的儿子与 A 企业构成关联方关系。

12. 企业与该企业主要投资者个人、关键管理人员或与其关系密切的家庭成员控制、共同控制或施加重大影响的其他企业。与主要投资者个人或关键管理人员关系密切的家庭成员，是指在处理与企业的交易时可能影响该个人或受该个人影响的家庭成员，例如父母、配偶、兄弟、姐妹和子女等。判断与主要投资者个人或关键管理人员关系密切的家庭成员是否为一个企业的关联方，应当视他们在处理与企业交易时的互相影响程度而定。对于这类关联方，应当根据主要投资者个人、关键管理人员或与其关系密切的家庭成员对两家企业的实际影响力具体分析判断，但是，需要注意的是，两方或两方以上同受一方重大影响的，不构成关联方，具体见本部分“（二）关联方关系界定的例外情况”。

（1）某一企业与受该企业主要投资者个人控制、共同控制或施加重大影响的其他企业之间的关系。例如，A 企业的主要投资者 H 拥有甲企业 60% 的表决权资本并控制甲企业，则 A 和甲存在关联方关系。

（2）某一企业与受该企业主要投资者个人关系密切的家庭成员控制、共同控制或施加重大影响的其他企业之间的关系。例如，A 企业的主要投资者 C 的配偶拥有乙企业 60% 的表决权资本并控制乙企业，则 A 和乙存在关联方关系。

（3）某一企业与受该企业关键管理人员控制、共同控制的其他企业之间的关系。例如，A 企业的关键管理人员 D 控制了丙企业，则 A 和丙存在关联方关系。

（4）某一企业与受该企业关键管理人员关系密切的家庭成员控制、共同控制的其他企业之间的关系。例如，A 企业的财务总监 Y 的配偶控制了丁企业，则 A 和丁存在关联方关系。

13. 企业与该企业设立的企业年金基金，也构成关联方关系。

另外，提供关键管理人员服务的主体（以下简称服务提供方）向接受该服务的主体（以下简称服务接受方）提供关键管理人员服务的，例如，证券公司与其设立并管理的资产管理计划之间存在提供和接受关键管理人员服务的关系，服务提供方和服务接受方之间是否构成关联方关系应当具体分析判断：

（1）服务接受方在编制财务报表时，应当将服务提供方作为关联方进行相关披露。

（2）服务提供方在编制财务报表时，不应仅仅因为向服务接受方提供了关键管理人员服务就将其认定为关联方，而应当按照本章判断双方是否构成关联方并进行相应的会计处理。

需要说明的是，本章所指的联营企业包括联营企业及其子公司，合营企业包括合营企业及其子公司。

（二）关联方关系界定的例外情况

如上所述，控制、共同控制和重大影响是判断关联方关系的基本标准，不符合相关标准的应当排除在外。具体而言，仅与企业存在下列关系的各方，不构成企业的关联方：

1. 与该企业发生日常往来的资金提供者、公用事业部门、政府部门和机构，以及与该企业发生大量交易而存在经济依存关系的单个客户、供应商、特许商、经销商和代理商之间，不构成关联方关系。因为，企业在日常经营活动中，往往与资金提供者，公用事业部门，与企业发生大量交易的供应商、代理商、购买者等往来比较密切，与政府部门和机构也有较多的联系，但是，如果上述相应各方之间不存在控制和被控制、共同控制和被共同控制、施加重大影响和被施加重大影响，通常情况下不构成关联方关系。

2. 与该企业共同控制合营企业的合营者之间，通常不构成关联方关系。因为，如果两个企业按照合同分享一个合营企业的控制权，某个企业单方面无法做出合营企业的经营和财务的决策，而合营企业是一个独立的法人，合营方各自对合营企业有重要的影响，但各合营方无法影响其他合营方。在没有其他关联关系的情况下，仅因为是某一合营企业的共同合营者，不能认定各合营方之间构成关联方。

3. 仅仅同受国家控制而不存在控制、共同控制或重大影响关系的企业，不构成关联方关系。因为，在我国，国家控制的企业如国有企业不同于本章所述的存在控制、共同控制、重大影响关系的企业，国有企业都是独立法人和经营主体，实行自主经营、自负盈亏，相互之间如果不存在控制、共同控制或重大影响关系的，不符合关联方关系。此外，如果将仅受国家控制但不存在控制、共同控制或重大影响关系的企业都视为关联方，这些企业之间的交易都作为关联交易来处理，在实务中无法操作；而且会扭曲关联方及其交易的本质，掩盖真正的关联方及其交易。所以，如果将同受国家控制的企业之间视为关联方，在不存在控制、共同控制和重大影响时，则所有的国有企业由于其拥有共同的所有者而都成为关联方，这就扩大了关联方的范围，混淆了关联方及其交易的本质特征。

4. 两方或两方以上同受一方重大影响的，不构成关联方。例如，同一个投资者的两家联营企业之间不构成关联方；仅拥有同一位关键管理人员的两家企业之间不构成关联方，某人既是一家企业的关键管理人员，同时又能对另一家企业实施重大影响，在不存在其他关联方关系的情况下，这两家企业不构成关联方。

四、关联方交易

（一）关联方交易的判断

关联方交易，是指关联方之间转移资源、劳务或义务的行为，而不论是否收取价款。这一定义的要点有：

1. 按照关联方定义，构成关联方关系的企业之间、企业与个人之间的交易，通常是在关联方关系已经存在的情况下，关联各方之间的交易。

2. 资源或义务的转移是关联方交易的主要特征，一般情况下，在资源或义务转移的同时，风险和报酬也相应地转移。

3. 关联方之间资源或义务的转移价格，也是判断关联方交易的重要方面。

（二）关联方交易的类型

判断是否属于关联方交易，应以交易是否发生为依据，而不是以是否收取价款为前提。关联方交易的类型主要有：

1. 购买或销售商品。购买或销售商品是较常见的关联方交易事项，例如，企业集团成员之间互相购买或销售商品，从而形成了关联方交易。

2. 购买或销售除商品以外的其他资产。例如，母公司出售设备或建筑物给其子公司等。

3. 提供或接受劳务。例如，A 企业是 B 企业的联营企业，A 企业专门从事设备维修服务，B 企业的所有设备均由 A 企业负责维修，B 企业每年支付设备维修费用 300 万元。

4. 担保。担保包括在借贷、买卖、货物运输、加工承揽等经济活动中，为了保障其债权实现而实行的担保等。当存在关联方关系时，一方往往为另一方提供为取得借款、买卖等经济活动中所需要的担保。

5. 提供资金（贷款或股权投资）。例如，企业从其关联方取得资金，或权益性资金在关联方之间的增减变动等。

6. 租赁。关联方之间的租赁合同也是主要的交易事项。

7. 代理。代理主要是依据合同条款，一方可为另一方代理某些事务，如代理销售货物，或代理签订合同等。

8. 研究与开发项目的转移。在存在关联方关系时，有时某一企业所研究与开发的项目会由于一方的要求而放弃或转移给其他企业。例如，B公司是A公司的子公司，A公司要求B公司停止对某一新产品的研究和试制，并将B公司研究的现有成果转给A公司最近购买的、研究与开发能力超过B公司的C公司继续研制，从而形成关联方交易。

9. 许可协议。当存在关联方关系时，关联方之间可能达成某项协议，允许一方使用另一方商标等，从而形成了关联方之间的交易。

10. 代表企业或由企业代表另一方进行债务结算。

11. 关键管理人员薪酬。企业支付给关键管理人员的报酬，也是一项主要的关联方交易。

关联方交易还包括就某特定事项在未来发生或不发生时所作出的采取相应行动的任何承诺，例如（已确认及未确认的）待执行合同。

五、关联方关系及其交易的披露

企业财务报表中应披露所有关联方关系及其交易的相关信息，具体内容包括：

（一）企业无论是否发生关联方交易，均应当在附注中披露与该企业之间存在控制关系的母公司和子公司有关的信息

关联方关系存在于母公司和子公司之间的，应当披露母公司和所有子公司的名称，母公司和子公司的业务性质、注册地、注册资本（或实收资本、股本）及其变化，以及母公司对该企业或者该企业对子公司的持股比例和表决权比例。在披露母公司名称时，母公司不是该企业最终控制方的，还应当披露企业集团内对该企业享有最终控制权的企业（或主体）的名称；母公司和最终控制方均不对外提供财务报表的，还应当披露母公司之上与其最相近的对外提

供财务报表的母公司名称。

（二）企业发生关联方交易的，应当在附注中披露该关联方关系的性质、交易类型及交易要素

关联方关系的性质，是指关联方与该企业的关系，即关联方是该企业的子公司、合营企业、联营企业等。交易类型通常包括购买或销售商品、购买或销售商品以外的其他资产、提供或接受劳务、担保、提供资金（贷款或股权投资）、租赁、代理、研究与开发项目的转移、许可协议、代表企业或由企业代表另一方进行债务结算等。交易要素至少应当包括：交易的金额；未结算项目的金额、条款和条件，包括上述承诺，以及有关提供或取得担保的信息；未结算应收项目坏账准备金额；定价政策。服务接受方可以不披露服务提供方所支付或应支付给服务提供方有关员工的报酬，但应当披露其接受服务而应支付的金额。关联方交易的金额应当披露相关比较数据。

关联方交易的披露应遵循重要性原则。对企业财务状况和经营成果有影响的关联方交易，应当分别关联方以及交易类型披露；不具有重要性的，类型相似的非重大交易可合并披露，但应以不影响财务报表阅读者正确理解企业财务状况、经营成果为前提。判断关联方交易是否重要，不应以交易金额的大小作为判断标准，而应当以交易对企业财务状况和经营成果的影响程度来确定。

此外，需要注意的是，企业只有在提供确凿证据的情况下，才能披露关联方交易是公平交易。

（三）对外提供合并财务报表的，对于已经包括在合并范围内各企业之间的交易不予披露

合并财务报表是将集团作为一个整体来反映与其有关的财务信息，在合并财务报表中，企业集团作为一个整体看待，企业集团内的交易已经在编制合并财务报表时予以抵销。因此，企业对外提供合并财务报表的，除了应按上述（一）、（二）的要求进行披露外，对于已经包括在合并范围内并已抵销的各企业之间的交易不予披露。

六、衔接规定

首次执行日之后，企业应当按照本章对关联方关系及其交易进行相关披露。

第三十八章 金融工具列报

一、总体要求

《企业会计准则第 37 号——金融工具列报》（财会〔2017〕14 号，以下简称金融工具列报准则）规范了金融负债和权益工具的区分，企业发行的金融工具相关利息、股利、利得和损失的会计处理，金融资产和金融负债的抵销，金融工具在财务报表中的列示和披露以及金融工具相关风险的披露。

金融工具相关披露的目标，是有助于财务报表使用者了解企业所发行金融工具的分类、计量和列示，以及企业所持有的金融资产和承担的金融负债的情况，并就金融工具对企业财务状况和经营成果影响的重要程度、金融工具使企业在报告期间和期末所面临风险的性质和程度，以及企业如何管理这些风险作出合理评价。

企业应当按照第三十一章财务报表列报的规定列报财务报表信息。由于金融工具交易相对于企业的其他经济业务更具特殊性，具有与金融市场结合紧密、风险敏感性强、对企业财务状况和经营成果影响大等特点，对于与金融工具相关的信息，除按照第三十一章财务报表列报的规定列报外，还应当按照本章的规定列报。

企业应当按照计量属性并结合自身实际情况对金融工具进行分类，在此基础上在资产负债表和利润表中列报其对财务状况和经营成果的影响，并披露金融资产和金融负债的公允价值信息。企业应当披露套期活动对企业风险敞口的影响，以及采用套期会计对财务报表的影响。

企业应当按照本章规定，根据合同条款所反映的经济实质，将所发行的金融工具或其组成部分划分为金融负债或权益工具，并依此确定相关利息、股利、利得或损失的会计处理。与金融负债或复合金融工具负债成分相关的利息、股利、利得或损失，应当计入当期损益；与权益工具或复合金融工具权益成分相关的利息、股利，应当作为权益的变动处理。发行方不应当确认权益工具的公允价值变动。

企业应当正确把握金融资产和金融负债的抵销原则。满足本章规定抵销条件的金融资产和金融负债应当以相互抵销后的净额在资产负债表内列示。企业应当充分考虑相关法律法规要求、合同或协议约定等各方面因素以及自身以总额还是净额结算的意图，对金融资产和金融负债是否符合抵销条件进行评估。

企业应当按风险类别（信用风险、市场风险和流动性风险）披露金融工具的定性和定量信息，包括风险敞口的来源、风险管理目标、政策和程序、风险敞口的汇总数据、风险集中度信息等，以便于财务报表使用者评估企业所面临风险的性质、程度以及企业风险管理活动的效果。

本章对于“金融资产转移”和“已转移金融资产的继续涉入”的定义不同于第二十三章金融资产转移。企业应当按照本章要求，对已转移尚未终止确认的金融资产以及已终止确认但继续涉入的金融资产披露相关信息。

二、适用范围

通常情况下，符合第二十二章金融工具确认和计量中金融工具定义的项目，应当按照第二十二章金融工具确认和计量核算，并按照本章列报。但一些符合金融工具定义的项目不按照第二十二章金融工具确认和计量核算，也不按照本章列报，或者不按照第二十二章金融工具确认和计量核算但应按照本章列报。同时，一些非金融项目合同有可能按照第二十二章金融工具确认和计量核算并按照本章列报。

具体而言，本章适用于所有企业发行或持有的各种类型的金融工具的列报，但下列情况除外：

1. 第四十一章在其他主体中权益的披露要求企业对子公司、合营安排和联营企业的投资在财务报表附注中进行披露。但是，涉及与在子公司、合营安排或联营企业中的权益相联系的衍生工具的，该衍生工具的列报适用本章。

2. 第三十四章合并财务报表规定，符合投资性主体定义的企业对为其投资活动提供相关服务的子公司以外的其他子公司不予合并，并且对这类其他子公司的投资按照公允价值计量且其变动计入当期损益。投资性主体对于为其活动提供相关服务的子公司以外的其他子公司的投资的核算，适用第二十二章金融工具确认和计量，相关的披露要求同时适用本章和第四十一章在其他主体中权益的披露。

3. 第三章长期股权投资规定，风险投资机构、共同基金以及类似主体持有的对联营企业或合营企业的投资，可以在初始确认时按照第二十二章金融工具确认和计量规定以公允价值计量且其变动计入当期损益。如果企业选择按照第二十二章金融工具确认和计量核算该类投资，则相关的披露要求同时适用本章和第四十一章在其他主体中权益的披露。

对于通过风险投资机构、共同基金、信托公司或包括投连险基金在内的类似主体间接持有的对联营企业或合营企业的投资，企业选择按照第二十二章金融工具确认和计量规定以公允价值计量且其变动计入当期损益的，其相关的披露要求同时适用本章和第四十一章在其他主体中权益的披露。

4. 企业在结构化主体（包括纳入和未纳入合并财务报表范围的结构化主体）中权益的披露，适用第四十一章在其他主体中权益的披露。但企业对结构化主体不实施控制或共同控制，且无重大影响的，企业在该结构化主体中权益的披露应当同时适用本章和第四十一章在其他主体中权益的披露。

5. 以股份为基础的支付合同虽然符合金融工具的定义，但其核算和列报由第十二章股份支付规范。但是，按照本章规定，股份支付合同可能适用本章。此外，股份支付中涉及企业发行、回购、出售或注销库存股适用本章。

6. 第十五章收入规范的属于金融工具的合同权利和义务，其披露适用该章。但是，确认和计量相关减值损失和利得时应当适用第二十二章金融工具确认和计量的合同权利，应当遵循本章有关信用风险披露的要求。

7. 债务重组中涉及的相关权利、义务的核算和列报，适用第十三章债务重组。对于债务重组中涉及的金融资产转移（例如以金融资产清偿债务），应当按本章要求进行披露。

8. 保险合同符合金融工具的定义，但因保险合同所涉及的保险负债的计量具有一定的特殊性，其核算和列报由保险合同相关章进行规范，不适用本章。

具有相机参与分红特征而适用保险合同相关章的金融工具，实质上具有与所有者权益类似的参与分享企业剩余收益的权利。该类金融工具不适用本章关于金融负债和权益工具区分的规定。

对于保险合同中嵌入的、按照第二十二章金融工具确认和计量规定予以分拆后单独核算的衍生工具，应按照第二十二章金融工具确认和计量进行核算，其列报适用本章。如果保险合同中嵌入的衍生工具本身就是一项保险合同，则该嵌入衍生工具的核算和列报适用保险合同相关章。企业选择按照第二十二章金融工具确认和计量核算的财务担保合同，其列报适用本章；企业选择按照保险合同相关章进行会计处理的财务担保合同，适用保险合同相关章。

9. 因职工薪酬计划形成的企业的义务，符合金融工具的定义。但由于职工薪酬相关义务的计量具有一定的特殊性，其核算和列报由第十章职工薪酬规范，不适用本章。

10. 买入或卖出非金融项目的合同，如果能够以现金或其他金融工具净额结算或通过交换金融工具结算，且不是为预定的购买、销售或使用要求而签订和持有（即交易目的本身不是为了购买、销售或使用非金融项目），适用本章。但是，即使上述合同是为预定的购买、销售或使用要求而签订和持有，如果企业根据第二十二章金融工具确认和计量的规定将该合同指定为以公允价值计量且其变动计入当期损益的金融资产或金融负债（例如，为消除与商品套期工具的计量错配），该合同仍适用本章。

11. 指定为以公允价值计量且其变动计入当期损益的金融负债的贷款承诺，能够以现金净额结算，或通过交换或发行其他金融工具结算的贷款承诺，以及以低于市场利率贷款的贷款承诺，应当按照第二十二章金融工具确认和计量的规定进行核算。对于适用第二十二章金融工具确认和计量已确认的贷款承诺的列报，应当适用本章；对于第二十二章金融工具确认和计量未规范的贷款承诺，以及其他未确认的金融工具的披露，也适用本章。例如，银行向某公司作出一项不可撤销贷款承诺，相关合同规定，公司以正在建设中的工程为抵押向银行贷款，银行将根据工程完工进度分期提供贷款，贷款利率按照市场利率确定。本例中，这是一项确定承诺，但不存在净额结算，贷款利率也不低于市场利率。如果银行没有将这项贷款承诺指定为以公允价值计量且其变动计入当期损益的金融负债，那么该项贷款承诺除减值外，在第二十二章金融工具确认和计量范围之外，但其披露适用本章。

12. 对于与金融工具相关的交易或事项涉及所得税的，应当按照第十八章所得税进行会计处理。

三、应设置的相关会计科目和主要账务处理

企业对本章涉及的相关账务处理，一般需要设置“其他权益工具”科目。需要设置的其他相关科目，在其他章进行介绍。

1. 本科目核算企业发行的除普通股以外的归类为权益工具的各种金融工具。

2. 本科目可按照发行金融工具的种类等进行明细核算。

3. 其他权益工具的主要账务处理。

（1）企业发行的金融工具分类为其他权益工具的，应按实际发行价格，借记“银行存款”、“存放中央银行款项”等科目，贷记本科目。发行其他权益工具发生的承销费、发行登记费等交易费用，应借记“资本公积”科目，贷记“银行存款”、“存放中央银行款项”等科目。

（2）分类为其他权益工具的金融工具在存续期间分派股利（含分类为权益工具的工具所产生的“利息”，下同）的，作为利润分配处理。发行方应根据经批准的股利分配方案，按应分配给金融工具持有方的股利金额，借记“利润分配——应付股利”科目，贷记“应付股利”科目。

（3）发行方发行的金融工具为既有负债成分又有权益工具成分的复合金融工具的，应按实际发行价格，借记“银行存款”、“存放中央银行款项”等科目，按金融工具的面值，贷记“应付债券——面值”等科目，按负债成分的公允价值与金融工具面值之间的差额，借记或贷记“应付债券——利息调整”等科目，按实际发行价格扣除负债成分的公允价值后的金额，贷记本科目。

发行复合金融工具发生的交易费用，应当在负债成分和权益成分之间按照各自占总发行价款的比例进行分摊。与多项交易相关的共同交易费用，应当在合理的基础上，采用与其他类似交易一致的方法，在各项交易之间进行分摊。对于分摊至负债成分的交易费用，应当计入该负债成分的初始计量金额（若该负债成分按摊余成本进行后续计量）或计入当期损益（若该负债成分按公允价值进行后续计量且其变动计入当期损益）；对于分摊至权益成分的交易费用，应当从权益（资本公积）中扣减，如资本公积不够冲减的，依次冲减盈余公积和未分配利润。

（4）由于发行金融工具的原合同条款约定的条件或事项随着时间的推移或经济环境的改变而发生变化，导致原归类为权益工具的金融工具重分类为金融负债的，应当于重分类日，按该工具的账面价值，借记本科目，按该工具的面值，贷记“应付债券——面值”等科目，按该工具的公允价值与面值之间的差额，借记或贷记“应付债券——利息调整”等科目，按该工具的公允价值与账面价值的差额，贷记或借记“资本公积——资本溢价（或股本溢价）”科目，如资本公积不够冲减的，依次冲减盈余公积和未分配利润。发行方以重分类日计算的实际利率作为应付债券后续计量利息调整等的基础。

因发行金融工具的原合同条款约定的条件或事项随着时间的推移或经济环境

境的改变而发生变化，导致原归类为金融负债的金融工具重分类为权益工具的，应于重分类日，按金融负债的账面价值，贷记本科目，按金融负债的面值，借记“应付债券——面值”等科目，按其差额，借记或贷记“应付债券——利息调整”等科目。

（5）发行方按合同条款约定赎回所发行的除普通股以外的分类为权益工具的金融工具，按赎回价格，借记“库存股——其他权益工具”科目，贷记“银行存款”或“存放中央银行款项”等科目；注销所购回的金融工具，按该工具对应的其他权益工具的账面价值，借记本科目，按该工具的赎回价格，贷记“库存股——其他权益工具”科目，按其差额，借记或贷记“资本公积——资本溢价（或股本溢价）”等科目，如资本公积不够冲减的，依次冲减盈余公积和未分配利润。

（6）发行方按合同条款约定将发行的除普通股以外的金融工具转换为普通股的，按该工具对应的其他权益工具或金融负债的账面价值，借记本科目、“应付债券”等科目，按普通股的面值，贷记“实收资本（或股本）”等科目，按其差额，贷记“资本公积——资本溢价（或股本溢价）”等科目。如转股时金融工具的账面价值零头不足转换为1股普通股，发行方以现金或其他金融资产退换零头时，还需按支付的现金或其他金融资产的金额，贷记“银行存款”、“存放中央银行款项”等科目。

四、金融负债和权益工具的区分

（一）金融负债和权益工具区分的总体要求

企业发行金融工具，应当按照该金融工具的合同条款及其所反映的经济实质而非法律形式，以及金融资产、金融负债和权益工具的定义，在初始确认时将该金融工具或其组成部分分类为金融资产、金融负债或权益工具。

1. 金融负债和权益工具的定义。

金融负债，是指企业符合下列条件之一的负债：

（1）向其他方交付现金或其他金融资产的合同义务，例如发行的承诺支付固定利息的公司债券。

（2）在潜在不利条件下，与其他方交换金融资产或金融负债的合同义务，例如签出的外汇期权。

（3）将来须用或可用企业自身权益工具进行结算的非衍生工具合同，且企业根据该合同将交付可变数量的自身权益工具。例如企业取得一项金融资产，并承诺两个月后向卖方交付本企业发行的普通股，交付的普通股数量根据交付时的股价确定，则该项承诺是一项金融负债。

（4）将来须用或可用企业自身权益工具进行结算的衍生工具合同（以固定数量的自身权益工具交换固定金额的现金或其他金融资产的衍生工具合同除外），例如以普通股净额结算的股票期权（见例38－7）。企业对全部现有同类别非衍生自身权益工具的持有方（如普通股股东）同比例发行配股权、期权或认股权证，使之有权按比例以固定金额的任何货币换取固定数量的该企业自身权益工具的，该类配股权、期权或认股权证应当分类为权益工具。其中，企业自身权益工具不包括应按照本章分类为权益工具的金融工具，也不包括本身就要求在未来收取或交付企业自身权益工具的合同。

权益工具，是指能证明拥有某个企业在扣除所有负债后的资产中的剩余权益的合同。在同时满足下列条件的情况下，企业应当将发行的金融工具分类为权益工具：

（1）该金融工具应当不包括交付现金或其他金融资产给其他方，或在潜在不利条件下与其他方交换金融资产或金融负债的合同义务。

（2）将来须用或可用企业自身权益工具结算该金融工具。如为非衍生工具，该金融工具应当不包括交付可变数量的自身权益工具进行结算的合同义务；如为衍生工具，企业只能通过以固定数量的自身权益工具交换固定金额的现金或其他金融资产结算该金融工具。企业自身权益工具不包括应按照本章分类为权益工具的特殊金融工具（如可回售工具、仅在清算时才有义务向另一方按比例交付其净资产的金融工具），也不包括本身就要求在未来收取或交付企业自身权益工具的合同。

2. 区分金融负债和权益工具需考虑的因素。

（1）合同所反映的经济实质。在判断一项金融工具是否应划分为金融负债或权益工具时，应当以相关合同条款及其所反映的经济实质而非仅以法律形式为依据，运用金融负债和权益工具区分的原则，正确地确定该金融工具或其组成部分的会计分类。对金融工具合同所反映经济实质的评估应基于合同的具体条款。企业不应仅依据监管规定或工具名称进行划分。

（2）工具的特征。有些金融工具（如企业发行的某些优先股）可能既有权益工具的特征，又有金融负债的特征。因此，企业应当全面细致地分析此类金融工具各组成部分的合同条款，以确定其显示的是金融负债还是权益工具的特征，并进行整体评估，以判定整个工具应划分为金融负债或权益工具，还是既包括负债成分又包括权益工具成分的复合金融工具。

（二）金融负债和权益工具区分的基本原则

1. 是否存在无条件地避免交付现金或其他金融资产的合同义务。

（1）如果企业不能无条件地避免以交付现金或其他金融资产来履行一项合同义务，则该合同义务符合金融负债的定义。实务中，常见的该类合同义务情形包括：

①不能无条件避免的赎回，即金融工具发行方不能无条件地避免赎回此金融工具。如果一项合同（根据本章分类为权益工具的特殊金融工具除外）使发行方承担了以现金或其他金融资产回购自身权益工具的义务，即使发行方的回购义务取决于合同对手是否行使回售权，发行方应当在初始确认时将该义务确认为一项金融负债，其金额等于回购所需支付金额的现值（如远期回购价格的现值、期权行权价格的现值或其他回售金额的现值）。如果发行方最终无须以现金或其他金融资产回购自身权益工具，应当在合同对手回售权到期时将该项金融负债按照账面价值重分类为权益工具。

对于永续债，如果合同未规定固定到期日且同时规定了未来赎回时间（即“初始期限”），当该初始期限仅约定为发行方清算日时，通常表明发行方没有交付现金或其他金融资产的合同义务。但清算确定将会发生且不受发行方控制，或者清算发生与否取决于该永续债持有方的，发行方仍具有交付现金或其他金融资产的合同义务。当该初始期限不是发行方清算日且发行方能自主决定是否赎回永续债时，发行方应当谨慎分析自身是否能无条件地自主决定不行使赎回权。如不能，通常表明发行方有交付现金或其他金融资产的合同义务。

【例 38－1】甲公司为中国境内注册的股份制企业（拟在境内上市），其控股股东为乙公司。2×21 年 1 月 1 日，丙公司作为战略投资人向甲公司增资 3 亿元人民币，甲公司按照相关规定完成了注册资本变更等手续。增资后，丙公司持有甲公司 20% 的股权，乙公司仍然控制甲公司。除普通股外，甲公司无其他权益工具。甲、乙、丙公司签署的增资协议约定，如果甲公司未能在 2×24年 12 月 31 日前完成首次公开募股（IPO），丙公司有权要求乙公司或乙公司指定的其他方以现金回购其持有的甲公司股权，回购价格为丙公司增资 3 亿元和按 8% 年化收益率及实际投资期限计算的收益之和。增资协议赋予丙公司的前述回售权属于持有人特征，即仅由丙公司享有，不能随股权转让。除上述外，不考虑其他因素。

本例中，2×21 年 1 月 1 日，甲、乙、丙公司签署的增资协议约定，如果甲公司未能在2×24年12月31日前完成首次公开募股，丙公司有权要求乙公司或乙公司指定的其他方以现金回购其持有的甲公司股权。能否在规定时间完成首次公开募股是发行人（甲公司）和持有人（丙公司）均不能控制的未来不确定事项，属于或有结算条款（见本章“四、金融负债和权益工具的区分”的“（四）或有结算条款”部分），且不属于“几乎不具有可能性”的情形。如果甲公司无法证明其不属于可能被乙公司指定的回购丙公司所持甲公司股权的其他方，则甲公司不能无条件地避免以现金回购自身权益工具的合同义务。因此，2×21年1月1日，甲公司应当根据收到的增资款确认股本和资本公积（股本溢价）；同时，按照回购所需支付金额的现值，将回购丙公司所持本公司股权的义务从权益重分类为一项金融负债。

乙公司承担的购买丙公司所持甲公司股权的义务实质上为乙公司向丙公司签出的一项看跌期权，在乙公司个别报表层面应当将其确认为一项衍生金融负债，按照该看跌期权的公允价值计量。在乙公司合并报表层面，由于集团整体不能无条件地避免交付现金的合同义务，应当将丙公司的增资按照回购所需支付金额的现值确认为一项金融负债。

②强制付息，即金融工具发行方被要求强制支付利息。例如，一项以面值人民币1亿元发行的优先股要求每年按6%的股息率支付优先股股息，则发行方承担了未来每年支付6%股息的合同义务，应当就该强制付息的合同义务确认金融负债。又如，企业发行的一项永续债，无固定还款期限且不可赎回、每年按8%的利率强制付息。尽管该项工具的期限永续且不可赎回，但由于企业承担了以利息形式永续支付现金的合同义务，因此符合金融负债的定义。

需要说明的是，对企业履行交付现金或其他金融资产的合同义务能力的限制（如无法获得外币、需要得到有关监管部门的批准才能支付或其他法律法规的限制等），并不能解除企业就该金融工具所承担的合同义务，也不能表明该企业无须承担该金融工具的合同义务。

【例38－2】甲公司为中国境内注册的股份制企业，其控股股东为乙公司。2×21年1月1日，丙公司作为战略投资人向甲公司增资3亿元人民币，甲公司按照相关规定完成了注册资本变更等手续。增资后，丙公司持有甲公司20%的股权，乙公司仍然控制甲公司。除普通股外，甲公司无其他权益工具。甲、乙、丙公司签署的增资协议约定，如果甲公司3年内营业收入年均增长率未达到10%，丙公司有权要求甲公司以现金回购其持有的甲公司股权，回购价格为丙公司增资3亿元和按8%年化收益率及实际投资期限计算的收益之和。增资协议赋予丙公司的前述回售权属于持有人特征，即仅由丙公司享有，不能随股权转让。按照相关法律规定，甲公司回购股份需要履行必要的减资程序。除上述外，不考虑其他因素。

本例中，丙公司有权要求甲公司以现金回购其持有的甲公司股权（即丙公司具有回售权），该回售权取决于发行人（甲公司）和持有人（丙公司）均不能控制的未来不确定事项（即甲公司3年内营业收入年均增长率未达到10%）的发生或不发生，属于或有结算条款（见本章“四、金融负债和权益工具的区分”的“（四）或有结算条款”部分），且不属于“几乎不具有可能性”的情形，甲公司不能无条件地避免以现金回购自身权益工具的合同义务。

虽然按照相关法律规定，甲公司回购股份需要履行必要的减资程序，但这只是甲公司履行合同义务的必要法律程序。“存在回购义务”与“履行回购义务”是两个不同的概念，对甲公司履行合同义务能力的限制，并不能解除甲公司就该金融工具所承担的合同义务，也不表明甲公司无须承担该金融工具的合同义务。因此，在2×21年1月1日，甲公司应当根据收到的增资款确认股本和资本公积（股本溢价）；同时，按照回购所需支付金额的现值，将回购丙公司所持本公司股权的义务从权益重分类为一项金融负债。

（2）如果企业能够无条件地避免交付现金或其他金融资产，例如能够根据相应的议事机制自主决定是否支付股息（即无支付股息的义务），同时所发行的金融工具没有到期日且合同对手没有回售权，或虽有固定期限但发行方有权无限期递延（即无支付本金的义务），则此类交付现金或其他金融资产的结算条款不构成金融负债。如果发放股利由发行方根据相应的议事机制自主决定，则股利是累积股利还是非累积股利本身不影响该金融工具被分类为权益工具。

例如，如果永续债合同明确规定无固定到期日且持有方在任何情况下均无权要求发行方赎回该永续债或清算，通常表明发行方没有交付现金或其他金融资产的合同义务。如果永续债合同规定发行方清算时永续债劣后于发行方发行的普通债券和其他债务，通常表明发行方没有交付现金或其他金融资产的合同义务。

实务中，优先股等金融工具发行时还可能会附有与普通股股利支付相连结的合同条款。这类工具常见的连结条款包括“股利制动机制”或“股利推动机制”等。“股利制动机制”的合同条款要求企业如果不宣派或支付（视具体合同条款而定，下同）优先股等金融工具的股利，则其也不能宣派或支付普通股股利。"股利推动机制"的合同条款要求企业如果宣派或支付普通股股利，则其也须宣派或支付优先股等金融工具的股利。如果优先股等金融工具所连结的是诸如普通股的股利，发行方根据相应的议事机制能够自主决定普通股股利的支付，则"股利制动机制"及"股利推动机制"本身均不会导致相关金融工具被分类为金融负债。对于本段所述判断依据，企业应谨慎地将其适用范围限制在普通股股利支付相连结的情形，不能推广适用到其他情形，例如与交叉保护条款或其他投资者保护条款相连结。

（3）判断一项金融工具是划分为权益工具还是金融负债，不受下列因素的影响：

①以前实施分配的情况；

②未来实施分配的意向；

③相关金融工具如果没有发放股利对发行方普通股的价格可能产生的负面影响；

④发行方的未分配利润等可供分配权益的金额；

⑤发行方对一段期间内损益的预期；

⑥发行方是否有能力影响其当期损益。

（4）有些金融工具虽然没有明确地包含交付现金或其他金融资产义务的条款和条件，但有可能通过其他条款和条件间接地形成合同义务。例如，某金融工具包含一项非金融合同义务（如交付等值100美元的黄金），当企业不能履行交付现金或其他金融资产的义务时，企业仅能通过履行非金融义务履约。再如，企业可能在显著不利的条件下选择交付现金或其他金融资产，而不是选择交付自身权益工具。

在实务中，相关合同可能包含利率跳升或票息递增等特征，往往可能构成发行方交付现金或其他金融资产的间接义务。企业须借助合同条款和相关信息，全面分析判断。例如，如果永续债合同规定没有固定到期日，同时规定了未来赎回时间、发行方有权自主决定未来是否赎回且如果发行方决定不赎回则永续债票息率上浮（即"利率跳升"或"票息递增"），发行方应当结合所处实际环境考虑该利率跳升条款是否构成交付现金或其他金融资产的合同义务。如果跳升次数有限、有最高票息限制（即"封顶"）且封顶利率未超过同期同行业同类型工具平均的利率水平，或者跳升总幅度较小且封顶利率未超过同期同行业同类型工具平均的利率水平，可能不构成间接义务；如果永续债合同条款虽然规定了票息封顶，但该封顶票息水平超过同期同行业同类型工具平均的利率水平，通常构成间接义务。

【例38－3】 甲公司发行了一项年利率为8%、无固定还款期限、可自主决定是否支付利息的不可累积永续债，其他合同条款如下：

（1）该永续债嵌入了一项看涨期权，允许甲公司在发行第5年及之后以面值回购该永续债。

（2）如果甲公司在第5年末没有回购该永续债，则之后的票息率增加至11%（通常称为“票息递增”特征）。假设11%未超过同期同行业同类型工具平均利率水平。

（3）该永续债票息在甲公司向其普通股股东支付股利时必须支付（即“股利推动机制”）。

甲公司根据相应的议事机制能够自主决定普通股股利的支付；该公司发行该永续债之前多年来均支付普通股股利。

本例中，尽管甲公司多年来均支付普通股股利，但由于甲公司能够根据相应的议事机制自主决定普通股股利的支付，并进而影响永续债利息的支付，对甲公司而言，该永续债利息并未形成交付现金或其他金融资产的合同义务；尽管甲公司有可能在第5年末行使回购权，但是甲公司并没有回购的合同义务。同时，虽然合同中存在利率跳升安排，但跳升次数有限，封顶利率11%未超过同期同行业同类型工具平均的利率水平，因此该安排也不构成企业无法避免的合同义务。综上，如果没有其他情形导致该工具被分类为金融负债，则该永续债应整体被分类为权益工具。

企业应当基于真实、完整的合同进行相关分析和判断。在实务中，有时存在部分条款措词不够严谨或不够明确的情况。企业应当确保合同措辞明确，能够以此为基础作出合理的会计判断。另外，某些永续债条款可能也会约定永续债债权人破产清算时的清偿顺序等同于其他债务。在此类情况下，企业应当考虑这些条款是否会导致该永续债分类为金融负债。

2. 是否通过交付固定数量的自身权益工具结算。

权益工具是证明拥有企业的资产扣除负债后的剩余权益的合同。因此，对于将来须交付企业自身权益工具的金融工具，如果未来结算时交付的权益工具数量是可变的，或者收到的对价的金额是可变的，则该金融工具的结算将通过影响剩余权益总额或者稀释其他权益工具，对其他权益工具所代表的剩余权益带来不确定性，也就不符合权益工具的定义。

实务中，一项须用或可用企业自身权益工具结算的金融工具是否对其他权益工具的价值带来不确定性，通常与该工具的交易目的相关。如果该自身权益工具是作为现金或其他金融资产的替代品（例如作为商品交易中的支付手段），则该自身权益工具的接收方一般需要该工具在交收时具有确定的公允价值，以便得到与接受现金或其他金融资产的同等收益，因此，企业所交付的自身权益工具数量是根据交付时的公允价值计算的，是可变的。反之，如果该自身权益工具是为了使持有方作为出资人享有企业（发行人）资产扣除负债的剩余权益，那么需要交付的自身权益工具数量通常在一开始就已商定，而不是在交付时计算确定。

将来须用或可用企业自身权益工具结算的金融工具应当区分衍生工具和非衍生工具。例如，甲公司发行了一项无固定期限、能够自主决定支付本息的可转换优先股。按合同规定，甲公司将在第5年末将发行的该工具强制转换为可变数量的普通股，则该可转换优先股是一项非衍生工具。又如，甲公司发行一项5年期分期付息到期还本，同时到期可转换为固定数量普通股的可转换债券，则该可转换债券中嵌入的转换权是一项衍生工具。

（1）基于自身权益工具的非衍生工具。

对于非衍生工具，如果发行方未来有义务交付可变数量的自身权益工具进行结算，则该非衍生工具是金融负债；否则，该非衍生工具是权益工具。

某项合同并不仅仅因为其可能导致企业交付自身权益工具而成为一项权益工具。企业可能承担交付一定数量的自身权益工具的合同义务，如果将交付的企业自身权益工具数量是变化的，使得将交付的企业自身权益工具的数量乘以其结算时的公允价值等于合同义务的金额，则无论该合同义务的金额是固定的，还是完全或部分地基于除企业自身权益工具的市场价格以外变量（例如利率、某种商品的价格或某项金融工具的价格）的变动而变动的，该合同均应当分类为金融负债。

【例38－4】甲公司与乙公司签订的合同约定，甲公司以100万元等值的自身权益工具偿还所欠乙公司债务。

本例中，甲公司需偿还的负债金额100万元是固定的，但甲公司需交付的自身权益工具的数量随着其权益工具市场价格的变动而变动。在这种情况下，甲公司发行的该金融工具应当划分为金融负债。

【例38－5】甲公司与乙公司签订的合同约定，甲公司以100盎司黄金等值的自身权益工具偿还所欠乙公司债务。

本例中，甲公司需偿还的负债金额随黄金价格变动而变动，同时，甲公司需交付的自身权益工具的数量随着其权益工具市场价格的变动而变动。在这种情况下，该金融工具应当划分为金融负债。

【例38－6】甲公司发行了名义金额人民币100元的优先股，合同条款规定甲公司在3年后将优先股强制转换为普通股，转股价格为转股日前一工作日的该普通股市价。

本例中，转股价格是变动的，未来须交付的普通股数量是可变的，实质可视作甲公司将在3年后使用自身普通股并按其市价履行支付优先股每股人民币100元的义务。在这种情况下，该强制可转换优先股整体是一项金融负债。

在上述三个例子中，虽然企业通过交付自身权益工具来结算合同义务，该合同仍属于一项金融负债，而并非企业的权益工具。因为企业以可变数量的自身权益工具作为合同结算方式，该合同不能证明持有方享有发行方在扣除所有负债后的资产中的剩余权益。

（2）基于自身权益工具的衍生工具。

对于衍生工具，如果发行方只能通过以固定数量的自身权益工具交换固定金额的现金或其他金融资产进行结算（即“固定换固定”），则该衍生工具是权益工具；如果发行方以固定数量自身权益工具交换可变金额现金或其他金融资产，或以可变数量自身权益工具交换固定金额现金或其他金融资产，或在转换价格不固定的情况下以可变数量自身权益工具交换可变金额现金或其他金融资产，则该衍生工具应当确认为衍生金融负债或衍生金融资产。例如，发行在外的股票期权赋予了工具持有方以固定价格购买固定数量的发行方股票的权利。该合同的公允价值可能会随着股票价格以及市场利率的波动而变动。但是，只要该合同的公允价值变动不影响结算时发行方可收取的现金或其他金融资产的金额，也不影响需交付的权益工具的数量，则发行方应将该股票期权作为一项权益工具处理。

运用上述“固定换固定”原则来判断会计分类的金融工具常见于可转换债券，具备转股条款的永续债、优先股等。如果发行的金融工具合同条款中包含在一定条件下转换成发行方普通股的约定且存在交付现金或其他金融资产的义务（例如每年支付固定股息的可转换优先股中的转换条款），该转股权将涉及发行方是否需要交付可变数量自身权益工具或者是否“固定换固定”的判断。在实务中，转股条款呈现的形式可能纷繁复杂，发行方应审慎确定其合同条款及所反映的经济实质是否能够满足“固定换固定”原则。

需要说明的是，在实务中，对于附有可转换为普通股条款的可转换债券等金融工具，在其转换权存续期内，发行方可能发生新的融资或者与资本结构调整有关的经济活动，例如股份拆分或合并、配股、转增股本、增发新股、发放现金股利等。通常情况下，即使转股价初始固定，但为了确保此类金融工具持有方在发行方权益中的潜在利益不会被稀释，合同条款会规定在此类事项发生时，转股价将相应进行调整。此类对转股价格以及相应转股数量的调整通常称为“反稀释”调整。原则上，如果按照转股价格调整公式进行调整，可使得稀释事件发生之前和之后，每一份此类金融工具所代表的发行方剩余利益与每一份现有普通股所代表的剩余利益的比例保持不变，即此类金融工具持有方相对于现有普通股股东所享有的在发行方权益中的潜在相对利益保持不变，则可认为这一调整并不违背“固定换固定”原则。如果不做任何调整，也可认为合同双方在此类工具发行时已在其估值中考虑了上述活动的预期影响。但如果做了调整且调整公式无法体现此类工具持有人与普通股股东在相关事件发生前后“同进同退”的原则，则不能认为这一调整符合“固定换固定”原则。

【例 38－7】甲公司于2×21年2月1日向乙公司发行以自身普通股为标的的看涨期权。根据该期权合同，如果乙公司行权，乙公司有权以每股102元的价格从甲公司购入普通股1 000股。有关资料如下：

（1）合同签订日2×21年2月1日；

（2）行权日（欧式期权）2×22年1月31日；

（3）2×21年1月31日应支付的固定行权价格102元；

（4）期权合同中的普通股数量1 000股；

（5）2×21年2月1日每股市价100元；

（6）2×21年12月31日每股市价104元；

（7）2×22年1月31日每股市价104元；

（8）2×21年2月1日期权的公允价值5 000元；

（9）2×21年12月31日期权的公允价值3 000元；

（10）2×22年1月31日期权的公允价值2 000元。

情形1：期权以现金净额结算

在现金净额结算约定下，甲公司不能完全避免向另一方支付现金的义务，因此应当将该期权划分为金融负债。

甲公司的账务处理如下：

①2×21年2月1日，确认发行的看涨期权：

借：银行存款　　5 000

　　贷：衍生工具——看涨期权　　5 000

②2×21年12月31日，确认期权公允价值减少：

借：衍生工具——看涨期权　　2 000

　　贷：公允价值变动损益　　2 000

③2×22年1月31日，确认期权公允价值减少：

借：衍生工具——看涨期权　　1 000

　　贷：公允价值变动损益　　1 000

同日，乙公司行使了该看涨期权，合同以现金净额方式进行结算。甲公司有义务向乙公司交付104 000元（104×1 000），并从乙公司收取102 000元（102×1 000），甲公司实际支付净额为2 000元。看涨期权结算的账务处理如下：

借：衍生工具——看涨期权　　2 000

　　贷：银行存款　　2 000

情形2：期权以普通股净额结算

普通股净额结算是指甲公司以普通股代替现金进行净额结算，支付的普通股公允价值等于应当支付的现金金额。在普通股净额结算约定下，由于甲公司须交付的普通股数量［（行权日每股价格－102）×1 000÷行权日每股价格］不确定，因此，应当将该期权划分为金融负债。

除期权以普通股净额结算外，其他资料与情形1相同。甲公司实际向乙公司交付普通股数量约为19.23股（2 000/104），因交付的普通股数量须为整数，实际交付19股，余下的金额24元（0.23×104）以现金方式支付。除下列账务处理外，甲公司其他账务处理与情形1相同：

2×22年1月31日：

借：衍生工具——看涨期权　　2 000

　　贷：股本　　19

　　　　资本公积——股本溢价　　1 957

　　　　银行存款　　24

情形3：期权以普通股总额结算

在普通股总额结算约定下，甲公司需交付的普通股数量固定，将收到的金额也是固定的，因此应当将该期权划分为权益工具。

除甲公司以约定的固定数量的自身普通股交换固定金额现金外，其他资料与情形1相同。因此，乙公司有权于2×22年1月31日以102 000元（102×1 000）购买甲公司1 000股普通股。

甲公司的账务处理如下：

①2×21年2月1日，确认发行的看涨期权：

借：银行存款　　5 000

　　贷：其他权益工具　　5 000

由于甲公司将以固定数量的自身股票换取固定金额现金，应将该衍生工具确认为权益工具。

②2×21年12月31日，由于该期权合同确认为权益工具，甲公司无需就该期权的公允价值变动作出会计处理，因此无需在2×21年12月31日编制会计分录。

由于该看涨期权是价内期权（行权价格每股102元小于市场价格每股104元），乙公司在行权日行使了该期权，向甲公司支付了102 000元以获取1 000股甲公司股票。

③2×22年1月31日，乙公司行权：

借：现金　　102 000

　　其他权益工具　　5 000

　　贷：股本　　1 000

　　　　资本公积——股本溢价　　106 000

（三）以外币计价的配股权、期权或认股权证

一般来说，如果企业的某项合同通过固定金额的外币（即企业记账本位币以外的其他货币）交换固定数量的自身权益工具进行结算，由于固定金额的外币代表的是以企业记账本位币计价的可变金额，因此，不符合“固定换固定”原则。但是，在“固定换固定”原则下对以外币计价的配股权、期权或认股权证规定了下列例外情况：企业对全部现有同类别非衍生自身权益工具的持有方同比例发行配股权、期权或认股权证，使之有权按比例以固定金额的任何货币交换固定数量的该企业自身权益工具的，该类配股权、期权或认股权证应当分类为权益工具。这是一类范围很窄的例外情况，不能以类推方式适用于其他工具（如以外币计价的可转换债券）。

【例38-8】一家在多地上市的企业，向其所有的现有普通股股东提供每持有2股普通股可购买其1股普通股的权利（配股比例为2股配1股），配股价格为配股公告当日股价的70%。由于该企业在多地上市，受到各国家和地

区当地的法规限制，配股权行权价的币种须与当地货币一致。

本例中，由于企业是按比例向其所有同类普通股股东提供配股权，且以固定金额的任何货币交换固定数量的该企业普通股，因此，该配股权应当分类为权益工具。

（四）或有结算条款

附有或有结算条款的金融工具，指是否通过交付现金或其他金融资产进行结算，或者是否以其他导致该金融工具成为金融负债的方式进行结算，需要由发行方和持有方均不能控制的未来不确定事项（如股价指数、消费价格指数变动，利率或税法变动，发行方未来收入、净收益或债务权益比率等）的发生或不发生（或发行方和持有方均不能控制的未来不确定事项的结果）来确定的金融工具。

对于附有或有结算条款的金融工具，发行方不能无条件地避免交付现金、其他金融资产或以其他导致该工具成为金融负债的方式进行结算的，应当分类为金融负债。但是，满足下列条件之一的，发行方应当将其分类为权益工具：

1. 要求以现金、其他金融资产或以其他导致该工具成为金融负债的方式进行结算的或有结算条款几乎不具有可能性，即相关情形极端罕见、显著异常且几乎不可能发生。

2. 只有在发行方清算时，才需以现金、其他金融资产或以其他导致该工具成为金融负债的方式进行结算。

3. 按本章规定分类为权益工具的可回售工具。

实务中，出于对自身商业利益的保障和公平原则考虑，合同双方会对一些不能由各自控制的情况下是否要求支付现金（包括股票）作出约定，这些“或有结算条款”可以包括与外部市场有关的、或者与发行方自身情况有关的事项。例如，甲公司发行了一项永续债，可能约定一旦发行人发生下列事项中的一项或几项，那么该永续债一次到期应付，除非持有人大会通过豁免的决议，这些事项包括：甲公司无力偿债，拖欠到期应付款项，停止或暂停支付所有或大部分债务，持续经营能力发生重大不利变化，发生超过净资产10%以上重大损失，收入、利润、资产负债率等财务指标承诺未达标，会计、税收或其他法规政策变动等导致财务状况发生重大变化，受到超过一定金额的处罚或受到政府机构、监管部门的调查，高管人员出现重大个人诚信问题，创始股东或实际控制人严重违约，控制权变更或信用评级被降级，首次公开发行（IPO）失败，股票停牌超过一定期限，发生投资者认定足以影响债权实现的其他事项。出于防止低估负债和防止通过或有条款的设置来避免对复合工具中负债成分进行确认的目的，发行方需要对这些条款确认金融负债，除非能够证明或有事件是极端罕见、显著异常且几乎不可能发生的情况或者仅限于清算事件。在上例中，由于发行人不能控制能否按时偿债、持续经营能力会否发生重大不利变化，是否会发生超过净资产10%以上重大损失、财务指标承诺能否达标、财务状况是否发生重大变化、是否受到处罚或调查、高管人员会否出现重大个人诚信问题、创始股东或实际控制人是否会违约、控制权是否会变更或信用等级是否会被降级、首次公开发行能否成功、是否会发生长期股票停牌、是否会发生其他投资者认定足以影响债权实现的事项等情形，且这些情形不是极端罕见、显著异常且几乎不可能发生的情况或者清算事件，发行人进而无法无条件地避免以交付现金或其他金融资产来履行一项合同义务。因此，包含此类条款的永续债应当被分类为金融负债。再如，甲公司发行了一项永续债，每年按照合同条款支付利息，但同时约定其利息只在发行方有可供分配利润时才需支付，如果发行方可供分配利润不足则可能无法履行该项支付义务。虽然利息的支付取决于是否有可供分配利润，使得利息支付义务成为或有情况下的义务，但是，甲公司并不能无条件地避免支付现金的合同义务，因此，该公司应当将该永续债划分为一项金融负债。

如果合同的或有结算条款要求只有在发生了极端罕见、显著异常且几乎不可能发生的事件时才会以现金、其他金融资产或以其他导致该工具成为金融负债的方式进行结算，那么可将该或有结算条款视为一项不具有可能性的条款。如果一项合同只有在上述不具有可能性的事件发生时才须以现金、其他金融资产或以其他导致该工具成为金融负债的方式进行结算，在对该金融工具进行分类时，不需要考虑这些或有结算条款，应将该合同确认为一项权益工具。

【例38－9】甲公司为中国境内注册的股份制企业（拟在境内上市），其控股股东为乙公司。2×21年1月1日，丙公司作为战略投资人向甲公司增资3亿元人民币，甲公司按照相关规定完成了注册资本变更等手续。增资后，丙公司持有甲公司20%的股权，乙公司仍然控制甲公司。除普通股外，甲公司无其他权益工具。甲、乙、丙公司签署的增资协议约定，如果甲公司未能在2×24年12月31日前完成首次公开募股（IPO），丙公司有权要求甲公司以现金回购其持有的甲公司股权，回购价格为丙公司增资3亿元和按8%年化收益率及实际投资期限计算的收益之和。增资协议赋予丙公司的前述回售权属于持有人特征，即仅由丙公司享有，不能随股权转让。

为推进甲公司的上市进程，甲、乙、丙公司根据相关法律和监管规定，在首次公开募股申报前清理所有特殊权益，三方于2×21年6月30日签署补充协议，约定自补充协议签署之日起中止丙公司的上述回售权；如果甲公司在2×24年12月31日前未能完成首次公开募股，则于2×25年1月1日恢复该回售权。除上述外，不考虑其他因素。

本例中，虽然丙公司的回售权自补充协议签署之日起中止，但补充协议同时约定了恢复该项权利的条件，即甲公司“未能按期完成首次公开募股”，这与增资协议中“如果甲公司未能在2×24年12月31日前完成首次公开募股，丙公司有权要求甲公司以现金回购其持有的甲公司股权”的约定没有实质差别。按照上述约定，丙公司是否行使回售权以使甲公司承担以现金回购自身权益工具的义务，取决于发行人（甲公司）和持有人（丙公司）均不能控制的未来不确定事项（即甲公司在2×24年12月31日前完成首次公开募股）的发生或不发生，属于或有结算条款，且不属于“几乎不具有可能性”的情形，甲公司不能无条件地避免以现金回购自身权益工具的合同义务。

因此，在2×21年1月1日，甲公司应当根据收到的增资款确认股本和资本公积（股本溢价）；同时，按照回购所需支付金额的现值，将回购丙公司所持本公司股权的义务从权益重分类为一项金融负债。如果甲公司在2×24年12月31日前完成首次公开募股，丙公司丧失回售权，甲公司应当在上市日将丙公司的增资重分类为权益工具，按照当日金融负债的账面价值计量。

【例38－10】甲公司为中国境内注册的股份制企业（拟在境内上市），其控股股东为乙公司。2×21年1月1日，丙公司作为战略投资人向甲公司增资3亿元人民币，甲公司按照相关规定完成了注册资本变更等手续。增资后，丙公司持有甲公司20%的股权，乙公司仍然控制甲公司。除普通股外，甲公司无其他权益工具。甲、乙、丙公司签署的增资协议约定，如果甲公司未能在2×24年12月31日前完成首次公开募股（IPO），丙公司有权要求甲公司或乙公司以现金回购其持有的甲公司股权，回购价格为丙公司增资3亿元和按8%年化收益率及实际投资期限计算的收益之和。增资协议赋予丙公司的前述回售权属于持有人特征，即仅由丙公司享有，不能随股权转让。

为推进甲公司的上市进程，甲、乙、丙公司根据相关法律和监管规定，在首次公开募股申报前清理所有特殊权益，三方于2×21年6月30日签署补充协议，约定自补充协议签署之日起终止丙公司的上述回售权；如果甲公司在2×24年12月31日前未能完成首次公开募股，丙公司自2×25年1月1日起有权要求乙公司以现金购买其持有的甲公司股权，但无权向甲公司提出回购要求。除上述外，不考虑其他因素。

本例中，2×21年1月1日，甲、乙、丙公司签署的增资协议包含或有结算条款，且不属于“几乎不具有可能性”的情形，甲公司不能无条件地避免以现金回购自身权益工具的合同义务，因此，甲公司应当根据收到的增资款确认股本和资本公积（股本溢价）；同时，按照回购所需支付金额的现值，将回购丙公司所持本公司股权的义务从权益重分类为一项金融负债。根据2×21年6月30日签署的补充协议，乙公司承担的购买丙公司所持甲公司股权的义务实质上为乙公司向丙公司签出的一项看跌期权，在乙公司个别报表层面应当将其确认为一项衍生金融负债，按照该看跌期权的公允价值计量。在乙公司合并报表层面，由于集团整体不能无条件地避免交付现金的合同义务，应当将丙公司的增资按照回购所需支付金额的现值确认为一项金融负债。

2×21年6月30日，甲、乙、丙公司签署补充协议，甲公司的回购义务终止，即甲公司可以无条件地避免以现金回购自身权益工具的合同义务，因此，甲公司应当终止确认就该回购义务确认的金融负债，同时确认一项新的权益工具，并按照该权益工具在当日的公允价值计量，但不可追溯调整以前年度对丙公司增资的分类。由于签署补充协议的目的是使甲公司符合法律和监管规定，丙公司之所以愿意接受补充协议的条款，是因为其股东身份以及在促成甲公司完成首次公开募股后能够以股东身份享有相关成果，因此，该交易应当按照权益性交易处理，即新确认权益工具公允价值与终止确认金融负债账面价值的差额应当计入权益。在乙公司个别报表层面，应当继续将承担的购买甲公司股权的义务确认为一项衍生金融负债。在乙公司合并报表层面，应当继续将丙公司的增资确认为一项金融负债。

【例38－11】 甲公司发行了一项年利率为8%、无固定还款期限、可自主决定是否支付利息的不可累积永续债，合同条款中包含的投资者保护条款如下：

当发行人未能清偿到期应付的其他债务融资工具、企业债或任何金融机构贷款的本金或利息时，发行人立即启动投资者保护机制（实务中有时将此类保护条款称为交叉保护），即主承销商于20个工作日内召开永续债持有人会议。永续债持有人有权对下列处理方案进行表决：

（1）无条件豁免违反约定；

（2）有条件豁免违反约定，即如果发行人采取了补救方案（如增加担保），并在30日内完成相关法律手续的，则豁免违反约定。

如上述豁免的方案经表决生效，发行人应无条件接受持有人会议作出的上述决议，并于30个工作日内完成相关法律手续。如上述方案未获表决通过，则永续债本息应在持有人会议召开日的次日立即到期应付。

本例中，首先，因为受市场对生产经营的影响等因素，能否有足够的资金支付到期的债务不在甲公司的控制范围内，即其无法控制是否会对债务产生违约；其次，当甲公司对债务产生违约时，其无法控制持有人大会是否会通过上述豁免的方案。而当持有人大会决定不豁免时，永续债本息就到期应付。因此，甲公司不能无条件地避免以交付现金或其他金融资产来履行一项合同义务，该永续债符合金融负债的定义，应当被分类为金融负债而非权益工具。

【例38－12】甲公司发行无固定到期日的中期票据，募集说明书中约定，在中期票据存续期内单独或同时发生下列应急事件时，应即刻启动投资者保护应急预案，召开持有人大会商议债权保护有关事宜：

1. 本公司发生未能清偿到期债务的违约情况；

2. 本公司发生超过净资产10%以上的重大损失，且足以影响到中期票据的按时、足额兑付；

3. 本公司作出减资、合并、分立、解散或申请破产的决定；

4. 其他可能引发投资者重大损失的事件。

发生以上情形的，持有人大会有权要求发行人回购或提供担保，发行人、发行人母公司、发行人下属子公司、债务融资工具清偿义务承继方等重要关联方没有表决权。持有人大会召集人应在会议表决截止日后第一个工作日将会议决议提交至发行人，并代表持有人及时就有关决议内容与发行人及其他有关机构进行沟通。持有人大会会议决议要求发行人回购或提供担保的，发行人应无条件接受。除上述外，不考虑其他因素。

本例中，如果甲公司（发行人）未能清偿到期债务、发生超过净资产10%以上重大损失且影响中期票据按时足额兑付、作出减资、合并、分立、解散或申请破产的决定以及发生其他可能引发投资者重大损失的事件等，将即刻启动投资者保护应急预案，召开持有人大会。由于未能清偿到期债务等应急事件的发生不由发行方控制，而上述应急事件一旦发生，按照募集说明书的约定，持有人大会有权要求发行人回购或提供担保，且发行人应无条件接受持有人大会的上述决议。因此，甲公司作为该中期票据的发行人，不能无条件地避免交付现金或其他金融资产的合同义务，应当将其确认为一项金融负债。

【例38－13】甲公司拟发行优先股。按合同条款约定，甲公司可根据相应的议事机制自行决定是否派发股利，如果甲公司的控股股东发生变更（该事项不受甲公司控制），甲公司必须按面值赎回该优先股。

本例中，该或有事项（控股股东变更）不受甲公司控制，属于或有结算事项。同时，该事项的发生并非“极端罕见、显著异常且几乎不可能发生”。甲公司不能无条件地避免赎回股份的义务，因此，该工具应当划分为一项金融负债。

（五）结算选择权

对于存在结算选择权的衍生工具（如合同规定发行方或持有方能选择以现金净额或以发行股份交换现金等方式进行结算的衍生工具），发行方应当将其确认为金融负债或金融资产；如果可供选择的结算方式均表明该衍生工具应当确认为权益工具，则应当将其确认为权益工具。例如，为防止附有转股权的金融工具的持有方行使转股权而导致发行方的普通股股东的股权被稀释，发行方会在衍生工具合同中加入一项现金结算选择权：发行方有权以等值于所应交付的股票数量乘以股票市价的现金金额支付给工具持有方，而不再发行新股。发行方应当将此类转股权确认为衍生金融负债或衍生金融资产。

（六）复合金融工具

企业应对发行的非衍生工具进行评估，以确定所发行的工具是否为复合金融工具。企业所发行的非衍生工具可能同时包含金融负债成分和权益工具成分。对于复合金融工具，发行方应于初始确认时将各组成部分分别分类为金融负债、金融资产或权益工具。企业发行的一项非衍生工具同时包含金融负债成分和权益工具成分的，应于初始计量时先确定金融负债成分的公允价值（包括可能包含的非权益性嵌入衍生工具的公允价值），再从复合金融工具公允价值中扣除负债成分的公允价值，作为权益工具成分的价值。

可转换债券等可转换工具可能被分类为复合金融工具。发行方对该类可转换工具进行会计处理时，应当注意下列方面：

1. 在可转换工具转换时，应终止确认负债成分，并将其确认为权益。原来的权益成分仍旧保留为权益（从权益的一个项目结转到另一个项目，如从“其他权益工具”转入“资本公积——资本溢价或股本溢价”）。可转换工具转换时不产生损益。

2. 企业通过在到期日前赎回或回购而终止一项仍具有转换权的可转换工具时，应在交易日将赎回或回购所支付的价款以及发生的交易费用分配至该工具的权益成分和负债成分。分配价款和交易费用的方法应与该工具发行时采用的分配方法一致。价款和交易费用分配后，所产生的利得或损失应分别根据权益成分和负债成分所适用的会计原则进行处理，分配至权益成分的款项计入权益，与债务成分相关的利得或损失计入当期损益。

【例38－14】 甲公司2×21年1月1日按每份面值1 000元发行了2 000份可转换债券，取得总收入2 000 000元。该债券期限为3年，票面年利息为6%，利息按年支付；每份债券均可在债券发行1年后的任何时间转换为250股普通股。甲公司发行该债券时，二级市场上与之类似但没有转股权的债券的市场利率为9%。假定不考虑其他相关因素。甲公司以摊余成本计量分类为金融负债的应付债券。

本例中，转股权的结算是以固定数量的债券换取固定数量的普通股，因此，该转股权应划分为权益工具。具体计算和账务处理如下：

（1）先对负债成分进行计量，债券发行收入与负债成分的公允价值之间的差额则分配到权益成分。负债成分的现值按9%的折现率计算，见表38－1。

表38－1 单位：元

本金的现值： 第3年年末应付本金2 000 000元（复利现值系数为0.7721835）	1 544 367
利息的现值： 3年期内每年应付利息120 000元（年金现值系数为2.5312917）	303 755
负债成分总额	1 848 122
权益成分金额	151 878
债券发行总收入	2 000 000

（2）甲公司的账务处理如下：

①2×21年1月1日，发行可转换债券：

借：银行存款　　2 000 000

　　应付债券——利息调整　　151 878

　　贷：应付债券——面值　　2 000 000

　　　　其他权益工具　　151 878

②2×21年12月31日，计提和实际支付利息：

计提债券利息时：

借：财务费用　　166 331

　　贷：应付债券——应计利息　　120 000

　　　　　　　　——利息调整　　46 331

实际支付利息时：

借：应付债券——应计利息　　120 000

　　贷：银行存款　　120 000

③2×22 年 12 月 31 日，债券转换前，计提和实际支付利息：

计提债券利息时：

借：财务费用　　170 501

　　贷：应付债券——应计利息　　120 000

　　　　　　　——利息调整　　50 501

实际支付利息时：

借：应付债券——应计利息　　120 000

　　贷：银行存款　　120 000

至此，转换前应付债券的摊余成本为 1 944 954 元（1 848 122 + 46 331 + 50 501）。

假定至 2×22 年 12 月 31 日，甲公司股票上涨幅度较大，可转换债券持有方均于当日将持有的可转换债券转为甲公司股份。由于甲公司对应付债券采用摊余成本进行后续计量，因此，在转换日，转换前应付债券的摊余成本应为 1 944 954 元，而权益成分的账面价值仍为 151 878 元。在转换日，甲公司发行股票数量为 500 000 股。对此，甲公司的账务处理如下：

借：应付债券——面值　　2 000 000

　　贷：应付债券——利息调整　　55 046

　　　　股本　　500 000

　　　　资本公积——股本溢价　　1 444 954

借：其他权益工具　　151 878

　　贷：资本公积——股本溢价　　151 878

3. 企业可能修订可转换工具的条款以促成持有方提前转换。例如，提供更有利的转换比率或在特定日期前转换则支付额外的对价。在条款修订日，对于持有方根据修订后的条款进行转换所能获得的对价的公允价值与根据原有条款进行转换所能获得的对价的公允价值之间的差额，企业（发行方）应将其确认为一项损失。

4. 企业发行认股权和债权分离交易的可转换公司债券，所发行的认股权符合有关权益工具定义的，应当确认为一项权益工具（其他权益工具），并以发行价格减去不附认股权且其他条件相同的公司债券公允价值后的净额进行计量。认股权持有方到期没有行权的，企业应当在到期时将原计入其他权益工具的部分转入资本公积（股本溢价）。

（七）合并财务报表中金融负债和权益工具的区分

在合并财务报表中对金融工具（或其组成部分）进行分类时，企业应考虑集团成员和金融工具的持有方之间达成的所有条款和条件，以确定集团作为一个整体是否由于该工具而承担了交付现金或其他金融资产的义务，或者承担了以其他导致该工具分类为金融负债的方式进行结算的义务。例如，某集团一子公司发行一项权益工具，同时其母公司或集团其他成员与该工具的持有方达成了其他附加协议，母公司或集团其他成员可能对相关的支付金额（如股利）作出担保；或者集团另一成员可能承诺在该子公司不能支付预期款项时购买这些股份。在这种情形下，尽管集团子公司（发行方）在没有考虑这些附加协议的情况下，在其个别财务报表中将这项工具分类为权益工具，但是在合并财务报表中，集团与该工具的持有方之间的附加协议的影响意味着集团作为一个整体无法避免经济利益的转移，导致其分类为金融负债。因此，合并财务报表应当考虑这些附加协议或条款，以确保从集团整体的角度反映所签订的所有合同和相关交易。

【例38－15】甲公司为乙公司的母公司，其向乙公司的少数股东签出一份在未来6个月后以乙公司普通股为基础的看跌期权。如果6个月后乙公司股票价格下跌，乙公司少数股东有权要求甲公司无条件地以固定价格购入乙公司少数股东所持有的乙公司股份。

本例中，在甲公司的个别财务报表中，由于该看跌期权的价值随着乙公司股票价格的变动而变动，并将于未来约定日期进行结算，因此，该看跌期权符合衍生工具的定义而应确认为一项衍生金融负债。在乙公司财务报表中，少数股东所持有的乙公司股份则是其自身权益工具。在集团合并报表层面，由于看跌期权使集团整体承担了不能无条件避免的交付现金的合同义务，因此，该少数股东权益不再符合权益工具定义，而应确认为一项金融负债，其金额等于回购所需支付金额的现值。

五、特殊金融工具的区分

（一）可回售工具

可回售工具，是指根据合同约定，持有方有权将该工具回售给发行方以获取现金或其他金融资产的权利，或者在未来某一不确定事项发生或者持有方死亡或退休时，自动回售给发行方的金融工具。例如，某些合作制法人的可随时回售的“权益”或者某些开放式基金的可随时赎回的基金份额。

符合金融负债定义，但同时具有一定特征的可回售工具，应当分类为权益工具。这些特征包括：

1. 赋予持有方在企业清算时按比例份额获得该企业净资产的权利。此处的企业净资产是扣除所有优先于该工具对企业资产要求权之后的剩余资产；此处的按比例份额是清算时将企业的净资产分拆为金额相等的单位，并且将单位金额乘以持有方所持有的单位数量。

2. 该工具所属的类别次于其他所有工具类别，即该工具在归属于该类别前无须转换为另一种工具，且在清算时对企业资产没有优先于其他工具的要求权。

3. 该工具所属的类别中（该类别次于其他所有工具类别），所有工具具有相同的特征（例如都具有可回售特征，并且用于计算回购或赎回价格的公式或其他方法都相同）。

4. 除了发行方应当以现金或其他金融资产回购或赎回该工具的合同义务外，该工具不满足金融负债定义中的任何其他特征。

5. 该工具在存续期内的预计现金流量总额，应当实质上基于该工具存续期内企业的损益、已确认净资产的变动、已确认和未确认净资产的公允价值变动（不包括该工具的任何影响）。

【例 38－16】 甲企业为合伙企业。相关合伙协议约定：新合伙人加入时按确定的金额和财产份额入伙，合伙人退休或退伙时以其财产份额的公允价值予以退还；合伙企业营运资金均来自合伙人，合伙人入伙期间可按财产份额分得合伙企业的利润（但利润分配由合伙企业自主决定）；当合伙企业清算时，合伙人可按财产份额获得合伙企业的净资产。

本例中，由于合伙企业在合伙人退休或退伙时有向合伙人交付金融资产的义务，因而该可回售工具（合伙协议）满足金融负债的定义。同时，其作为可回售工具具备了下列特征：（1）合伙企业清算时合伙人可按财产份额获得合伙企业的净资产；（2）该协议属于合伙企业中最次级类别的工具；（3）所有合伙人权益具有相同的特征；（4）合伙企业仅有以现金或其他金融资产回购该工具的合同义务；（5）合伙人入伙期间可获得的现金流量总额，实质上基于该工具存续期内企业的损益、已确认净资产的变动、已确认和未确认净资产的公允价值变动。因而，该金融工具属于本章所称特殊金融工具，应当分类为权益工具。

企业在认定可回售工具是否应分类为权益工具时，应当注意下列三点：

1. 在企业清算时具有优先要求权的工具不是有权按比例份额获得企业净资产的工具。例如，如果一项工具使持有方有权在企业清算时享有除企业净资产份额之外的固定股利，而类别次于该工具的其他工具在企业清算时仅仅享有企业净资产份额，则该工具所属类别中所有工具均不属于在企业清算时有权按比例份额获得企业净资产的工具。

2. 在确定一项工具是否属于最次级类别时，应当评估若企业在评估日发生清算时该工具对企业净资产的要求权。同时，应当在相关情况发生变化时重新评估对该工具的分类。例如，如果企业发行或赎回了另一项金融工具，可能会影响对该工具是否属于最次级类别的评估结果。如果企业只发行一类金融工具，则可视为该工具属于最次级类别。

【例38－17】 甲公司设立时发行了100单位A类股份，而后发行了10 000单位B类股份给其他投资人，B类股份为可回售股份。假定甲公司只发行了A、B两种金融工具，A类股份为甲公司最次级权益工具。

本例中，在甲公司的整个资本结构中，A类股份并不重大，且甲公司的主要资本来自B类股份，但由于B类股份并非甲公司发行的最次级的工具，因此，不应当将B类股份归类为权益工具。

3. 除了发行方应当以现金或金融资产回购或赎回该工具的合同义务外，该工具应当不包括其他符合金融负债定义的合同义务。对于符合条件的可回售工具的特殊规定，是仅针对回售权规定的一项债务与权益区分的例外。如果可回售工具中包含了回售权以外的其他构成发行方交付现金或其他金融资产的合同义务，则该回售工具不能适用这一例外。

例如，企业发行的工具是可回售的，除了这一回售特征外，还在合同中约定每年必须向工具持有方按照净利润的一定比例进行分配，这一约定构成了一项交付现金的义务，因此，企业发行的这项可回售工具不应分类为权益工具。

（二）发行方仅在清算时才有义务向另一方按比例交付其净资产的金融工具

符合金融负债定义，但同时具有一定特征的、发行方仅在清算时才有义务向另一方按比例交付其净资产的金融工具（例如封闭式基金、理财产品的份额、信托计划等寿命固定的结构化主体的份额，实务中也称有限寿命工具），应当分类为权益工具。这些特征包括：

1. 赋予持有方在企业清算时按比例份额获得该企业净资产的权利；

2. 该工具所属的类别次于其他所有工具类别；

3. 该工具所属的类别中（该类别次于其他所有工具类别），发行方对该类别中所有工具都应当在清算时承担按比例份额交付其净资产的同等合同义务。

产生上述合同义务的清算确定将会发生并且不受发行方的控制（如发行方本身是有限寿命主体），或者发生与否取决于该工具的持有方。

上述针对仅在清算时才有义务向另一方按比例交付其净资产的金融工具的特征要求，与针对可回售工具的其中几条特征要求是类似的，但特征要求相对较少。原因在于清算是触发该合同支付义务的唯一条件，因此，可以不必考虑其他特征，包括：不要求考虑除清算以外的其他的合同支付义务（如股利分配）；不要求考虑存续期间预期现金流量的确定方法（如根据净利润或净资产）；不要求该类别工具的所有特征均相同，仅要求清算时按比例支付净资产份额的特征相同。

（三）特殊金融工具分类为权益工具的其他条件

分类为权益工具的可回售工具，或发行方仅在清算时才有义务向另一方按比例交付其净资产的金融工具，除应当具有前述特征外，其发行方应当没有同时具备下列特征的其他金融工具或合同：（1）现金流量总额实质上基于企业的损益、已确认净资产的变动、已确认和未确认净资产的公允价值变动（不包括该工具或合同的任何影响）。（2）实质上限制或固定了本章所称特殊金融工具持有方所获得的剩余回报。

在实务中的一些安排下，股东将实质上的企业控制权和利润转让给非股东方享有。例如，甲企业可能与乙企业签订包括资产运营控制协议（乙企业承包甲企业的运营管理）、知识产权的独家服务协议（甲企业经营所需知识产权由乙企业独家提供）、借款合同（甲企业向乙企业借款满足营运需要）等系列协议，将经营权和收益转移到乙企业；同时，甲企业股东还可能与乙企业签订股权质押协议和投票权委托协议等，将甲企业股东权利转移给乙企业。这种情况下，甲企业形式上的股份已经不具有权益工具的实质。因此，本章所称特殊金融工具应当排除存在上述安排的情形。

当然，实务中的情况比较复杂。例如，合伙企业的合伙人除了作为企业所有者外，通常也作为企业雇员参与经营，并获取劳动报酬。这类劳动合同也可能形成对企业剩余回报的限制。为避免企业误判，在运用上述条件时，对于发行方与本章所称特殊金融工具持有方签订的非金融合同，如果其条款和条件与发行方和其他方之间可能订立的同等合同类似，不应考虑该非金融合同的影响。但如果不能作出此判断，则不得将该工具分类为权益工具。

下列按照涉及非关联方的正常商业条款订立的工具，不大可能导致满足可回售工具或发行方仅在清算时才有义务向另一方按比例交付其净资产的金融工具无法被分类为权益工具：（1）现金流量总额实质上基于企业的特定资产。（2）现金流量总额基于企业收入的一定比例。（3）就职工为企业提供的服务给予报酬的合同。（4）要求企业为其所提供的产品或服务支付一定报酬（占利润的比例非常小）的合同。

（四）特殊金融工具在母公司合并财务报表中的处理

由于将某些可回售工具以及仅在清算时才有义务向另一方按比例交付其净资产的金融工具分类为权益工具而不是金融负债是一个例外，不应当将该例外扩大到发行方母公司合并财务报表中少数股东权益的分类。因此，子公司在个别财务报表中作为权益工具列报的特殊金融工具，在其母公司合并财务报表中对应的少数股东权益部分，应当分类为金融负债。

六、金融负债和权益工具之间的重分类

由于发行的金融工具原合同条款约定的条件或事项随着时间的推移或经济环境的改变而发生变化，可能会导致已发行金融工具（含本章所称特殊金融工具）的重分类。例如，企业拥有可回售工具和其他工具，可回售工具并非最次级类别，并不符合分类为权益工具的条件。如果企业赎回其已发行的全部其他工具后，发行在外的可回售工具符合了分类为权益工具的全部特征和全部条件，那么，企业应从其赎回全部其他工具之日起将可回售工具重分类为权益工具。反之，如果原来被分类为权益工具的可回售工具因为更次级的新工具的发行，而不再满足分类为权益工具的条件，则企业应在新权益工具的发行日将可回售工具重分类为金融负债。

对于发行方原分类为权益工具的金融工具，自不再被分类为权益工具之日起，发行方应当将其重分类为金融负债，以重分类日该工具的公允价值计量，重分类日权益工具的账面价值和金融负债的公允价值之间的差额确认为权益。对于发行方原分类为金融负债的金融工具，自不再被分类为金融负债之日起，发行方应当将其重分类为权益工具，以重分类日金融负债的账面价值计量。

七、收益和库存股

（一）发行方对利息、股利、利得或损失的处理

将金融工具或其组成部分划分为金融负债还是权益工具，决定了发行方对相关利息、股利、利得或损失的会计处理方法。金融工具或其组成部分属于金融负债的，相关利息、股利、利得或损失，以及赎回或再融资产生的利得或损失等，应当计入当期损益。金融工具或其组成部分属于权益工具的，其发行（含再融资）、回购、出售或注销时，发行方应当作为权益的变动处理；发行方不应当确认权益工具的公允价值变动；发行方对权益工具持有方的分配应作利润分配处理，发放的股票股利不影响所有者权益总额。例如，发行方发行分类为权益工具的永续债，利息支出应当作为发行方的利润分配，计入应付股利。

与权益性交易相关的交易费用应当从权益（资本公积）中扣减，如资本公积不够冲减的，依次冲减盈余公积和未分配利润。交易费用是指可直接归属于购买、发行或处置金融工具的增量费用。只有那些可直接归属于发行新的权益工具或者购买此前已经发行在外的权益工具的增量费用才是与权益交易相关的费用。例如，在企业首次公开募股的过程中，除了会新发行一部分可流通的股份之外，也往往会将已发行的股份进行上市流通，在这种情况下，企业需运用专业判断以确定哪些交易费用与权益交易（发行新股）相关，应计入权益核算；哪些交易费用与其他活动（将已发行的股份上市流通）相关，尽管也是在发行权益工具的同时发生的，但是应当计入损益。与多项交易相关的共同交易费用，应当在合理的基础上，采用与其他类似交易一致的方法，在各项交易间进行分摊。

利息、股利、利得或损失的会计处理原则同样也适用于复合金融工具。任何与负债成分相关的利息、股利、利得或损失应计入当期损益，任何与权益成分相关的利息、股利、利得或损失应计入权益。发行复合金融工具发生的交易费用，也应当在负债成分和权益成分之间按照各自占总发行价款的比例进行分摊。例如，企业发行一项5年后以现金强制赎回的非累积优先股。在优先股存续期间内，企业可以自行决定是否支付股利。这一非累积可赎回优先股是一项复合金融工具，其中的负债成分为赎回金额的折现值。负债成分采用实际利率法确认的利息支出应计入当期损益，而与权益成分相关的股利支付应确认为利润分配。如果该优先股的赎回不是强制性的而是取决于持有方是否要求企业进

行赎回，或者该优先股需转换为可变数量的普通股，则仍然适用前述会计处理。但是，如果该优先股赎回时所支付的金额还包括未支付的股利，则整个工具是一项金融负债。在这种情况下，支付的所有股利都应计入当期损益。

发行方为分类为金融负债的金融工具支付的股利，在利润表中应当确认为费用，与其他负债的利息费用合并列示，并在财务报表附注中单独披露。作为权益扣减项的交易费用，应当在财务报表附注中单独披露。

（二）库存股

回购自身权益工具（库存股）支付的对价和交易费用，应当减少所有者权益，不得确认金融资产。库存股可由企业自身购回和持有，也可由集团合并范围内的其他成员购回和持有。其他成员包括子公司，但是不包括集团的联营和合营企业。此外，如果企业是替他人持有自身权益工具，例如金融机构作为代理人代其客户持有该金融机构自身的股票，那么所持有的这些股票不是金融机构自身的资产，也不属于库存股。

如果企业持有库存股之后又将其重新出售，反映的是不同所有者之间的转让，而非企业本身的利得或损失。因此，无论这些库存股的公允价值如何波动，企业应直接将支付或收取的所有对价在权益中确认，而不产生任何损益。

企业应当按照第三十一章财务报表列报的规定，在资产负债表中单独列示所持有的库存股金额。企业从关联方回购自身权益工具的，还应当按照第三十七章关联方披露的相关规定进行披露。

（三）对每股收益计算的影响

企业应当按照第三十五章每股收益规定计算每股收益。企业存在发行在外的除普通股以外的金融工具的，在计算每股收益时，应当按照下列原则处理：

1. 基本每股收益的计算。

在计算基本每股收益时，基本每股收益中的分子，即归属于普通股股东的净利润，不应包含其他权益工具的股利或利息。其中，对于发行的不可累积优先股等其他权益工具应扣除当期宣告发放的股利，对于发行的累积优先股等其他权益工具，无论当期是否宣告发放股利，均应予以扣除。

基本每股收益计算中的分母，为发行在外普通股的加权平均股数。

对于同普通股股东一起参加剩余利润分配的其他权益工具，在计算普通股每股收益时，归属于普通股股东的净利润不应包含根据可参加机制计算的应归属于其他权益工具持有者的净利润。

2. 稀释每股收益的计算。

企业发行的金融工具中包含转股条款的，即存在潜在稀释性的，在计算稀释每股收益时考虑的因素与企业发行可转换公司债券、认股权证相同。

八、金融资产和金融负债的抵销

（一）金融资产和金融负债相互抵销的条件

金融资产和金融负债应当在资产负债表内分别列示，不得相互抵销。但是，同时满足下列条件的，应当以相互抵销后的净额在资产负债表内列示：

1. 企业具有抵销已确认金额的法定权利，且该种法定权利是当前可执行的。

抵销权是债务人根据合同或其他协议，以应收债权人的金额全部或部分抵销应付债权人的金额的法定权利。在某些情况下，如债务人甲与债权人乙具有债权债务关系，同时，债务人甲是第三方丙的债权人，如果债务人甲、债权人乙和第三方丙三者之间签署的协议明确表示债务人拥有该抵销权，并且不违反法律法规或其他相关规定，债务人甲可能拥有以应收第三方丙的金额抵销应付债权人乙的金额的法定权利。

抵销权应当不取决于未来事项，而且在企业和所有交易对手方的正常经营过程中，或在出现违约、无力偿债或破产等各种情形下，企业均可执行该法定权利。在确定抵销权是否可执行时，企业应当充分考虑法律法规或其他相关规定以及合同约定等各方面因素。

当前可执行的抵销权不构成相互抵销的充分条件，企业既不打算行使抵销权（即净额结算），又无计划同时结算金融资产和金融负债的，该金融资产和金融负债不得抵销。在没有法定权利的情况下，一方或双方即使有意向以净额为基础进行结算或同时结算相关金融资产和金融负债的，该金融资产和金融负债也不得抵销。

需要说明的是，抵销协议中将支付或将收取的金额的不确定性并不妨碍企业的抵销权成为当前可执行的法定权利。同样地，抵销时间的不确定性也不妨碍抵销权成为当前可执行的法定权利，因为时间的推移并不意味着该抵销权取决于未来事件。但是，在某些未来事件发生之后则消失或成为不可执行的抵销权不满足抵销条件。例如，如果交易双方约定，在任何一方出现信用评级下降后，抵销条款不再适用或变为不可执行，则该抵销权自始至终都不满足抵销条件。

2. 企业计划以净额结算，或同时变现该金融资产和清偿该金融负债。

企业同时结算金融资产和金融负债的，如果该结算方式相当于净额结算，则满足以净额结算的标准。这种结算方式必须在同一结算过程或周期内处理了相关应收和应付款项，最终消除或几乎消除了信用风险和流动性风险。如果某结算方式同时具备下列特征，可视为满足净额结算标准：

（1）符合抵销条件的金融资产和金融负债在同一时点提交处理；

（2）金融资产和金融负债一经提交处理，各方即承诺履行结算义务；

（3）金融资产和金融负债一经提交处理，除非处理失败，这些资产和负债产生的现金流量不可能发生变动；

（4）以证券作为担保物的金融资产和金融负债，通过证券结算系统或其他类似机制进行结算（例如券款对付），即如果证券交付失败，则以证券作为抵押的应收款项或应付款项的处理也将失败，反之亦然；

（5）若发生（4）所述的失败交易，将重新进入处理程序，直至结算完成；

（6）由同一结算机构执行；

（7）有足够的日间信用额度，并且能够确保该日间信用额度一经申请提取即可履行，以支持各方能够在结算日进行支付处理。

当企业分别通过收取和支付总额来结算两项金融工具时，即使该两项工具结算的间隔期很短，但企业需承受的可能是重大的资产信用风险和负债流动性风险，在这种情况下以净额列报并不适合。但是，金融市场中的清算机构的运作机制可能有助于两项金融工具达到同时结算。在这种情况下，若符合上述条件，相关的现金流量实际上等于一项净额，企业所承受的信用风险或流动性风险并非针对总额，因而满足净额结算的条件。

（二）金融资产和金融负债不能相互抵销的情形

在下列情况下，通常认为不满足抵销条件，不得抵销相关金融资产和金融负债：

1. 使用多项不同金融工具来仿效单项金融工具的特征，即“合成工具”。例如，利用浮动利率长期债券与收取浮动利息且支付固定利息的利率互换，合成一项固定利率长期负债。

2. 金融资产和金融负债虽然具有相同的主要风险敞口（例如远期合同或其他衍生工具组合中的资产和负债），但涉及不同的交易对手。

3. 无追索权金融负债与作为其担保物的金融资产或其他资产。

4. 债务人为解除某项负债而将一定的金融资产进行托管（例如偿债基金或类似安排），但债权人尚未接受以这些资产清偿负债。

5. 因某些导致损失的事项而产生的义务与预计通过保险合同向第三方索赔而得到的补偿。

（三）总互抵协议

企业与同一交易对手进行多项金融工具交易时，可能与该交易对手签订涵盖其所有交易的“总互抵协议”。总互抵协议，是指协议所涵盖的所有金融工具中的任何一项合同在发生违约或终止时，就协议所涵盖的所有金融工具按单一净额进行结算。这些总互抵协议形成的法定抵销权利只有在出现特定的违约事项时，或出现在正常经营过程中不会发生的其他情况时，才会生效并影响单项金融资产的变现和单项金融负债的结算。这种协议常常被金融机构用于在交易对手破产或发生其他导致交易对手无法履行义务的情况时保护金融机构免受损失。一旦发生触发事件，这些协议通常规定对协议涵盖的所有金融工具按单一净额进行结算。例如，进行金融衍生品交易的金融机构间可能签订由国际掉期与衍生工具协会（ISDA）制定的衍生品交易主协议，国内金融机构间开展衍生品交易，也可能签订由中国银行间市场交易商协会（NAFMII）制定的衍生品交易主协议，这些协议中可能含有上述互抵条款。

总互抵协议的存在本身并不一定构成协议所涵盖的资产和负债相互抵销的依据。如果总互抵协议仅形成抵销已确认金额的有条件权利，这不符合企业必须拥有当前可执行的抵销已确认金额的法定权利的要求；同时，企业可能没有以净额为基础进行结算或同时变现资产和清偿负债的意图。

企业应当区分金融资产和金融负债的抵销与终止确认。抵销金融资产和金融负债并在资产负债表中以净额列示，不应当产生利得或损失；终止确认是从资产负债表列示的项目中移除相关金融资产或金融负债，有可能产生利得或损失。

九、金融工具对财务状况和经营成果影响的列报

（一）一般性规定

1. 企业在对金融工具各项目进行列报时，应当根据金融工具的特点及相关信息的性质对金融工具进行归类，充分披露与金融工具相关的信息，使得财务报表附注中的披露与财务报表列示的各项目相互对应。例如，对衍生工具进行披露时，将其分为外汇衍生工具、利率衍生工具、信用衍生工具等。

2. 企业应当根据自身实际情况，合理确定列报金融工具的详细程度，既不应列报大量过于详细的信息从而掩盖了真正重要的信息，也不得列报过于汇总的信息从而难以区分各项交易或相关风险之间的重要差异。

3. 在确定列报类型时，企业应当至少按计量属性将金融工具分为以摊余成本计量和以公允价值计量两种类型，并在此基础上做进一步分类。例如，以公允价值计量的金融工具可以进一步分为以公允价值计量且其变动计入当期损益的金融工具和以公允价值计量且其变动计入其他综合收益的金融工具。

4. 企业应当披露编制财务报表时对金融工具所采用的重要会计政策、计量基础和与理解财务报表相关的其他会计政策等信息，主要包括：

（1）对于指定为以公允价值计量且其变动计入当期损益的金融资产，企业应当披露下列信息：

①指定的金融资产的性质；

②企业如何满足运用指定的标准。企业应当披露该指定所针对的确认或计量不一致的描述性说明。

（2）对于指定为以公允价值计量且其变动计入当期损益的金融负债，企业应当披露下列信息：

①指定的金融负债的性质；

②初始确认时对上述金融负债作出指定的标准；

③企业如何满足运用指定的标准。对于以消除或显著减少会计错配为目的的指定，企业应当披露该指定所针对的确认或计量不一致的描述性说明。对于以更好地反映组合的管理实质为目的的指定，企业应当披露该指定符合企业正式书面文件载明的风险管理或投资策略的描述性说明。对于整体指定为以公允价值计量且其变动计入当期损益的混合工具，企业应当披露运用指定标准的描述性说明。

（3）如何确定每类金融工具的利得或损失。

上述（1）②和（2）③中的“企业如何满足运用指定的标准”，是指关于该项资产或者负债为什么满足第二十二章金融工具确认和计量中指定公允价值计量有关规定的说明。

【例38－18】某保险公司2×22年年报对指定为以公允价值计量且其变动计入当期损益的金融资产或金融负债和指定为以公允价值计量且其变动计入其他综合收益的非交易性权益工具投资有关的会计政策作出如下披露：

符合下列一项或一项以上标准的金融工具（不包括为交易目的所持有的金

融工具)，在初始确认时，公司管理层将其指定为以公允价值计量且其变动计入当期损益的金融资产或金融负债：

(1) 公司的该项指定可以消除或明显减少由于金融资产或金融负债的计量基础不同所导致的相关利得或损失在确认或计量方面不一致的情况。按照此标准，公司所指定的金融工具主要包括：

①部分长期债券及次级债务。

若干已发行的固定利率长期债券及次级债务的应付利息，已与“收固定/付浮动”利率互换的利息相匹配，并在公司利率风险管理策略正式书面文件中说明。如果这些金融负债仍以摊余成本计量，则会因为相关的衍生工具以公允价值计量且其变动计入当期损益而产生会计错配。因此，公司将这些金融负债指定为以公允价值计量且其变动计入当期损益的金融负债。

②投资连结合同项下的金融资产及金融负债。

在投资连结合同项下，公司对所购资产按照公允价值计量且其变动计入当期损益。为消除会计错配，公司按照与所购资产计量基础相一致的原则，将相关负债指定为以公允价值计量且其变动计入当期损益的金融负债。

(2) 公司风险管理或投资策略的正式书面文件已载明，该金融负债组合以公允价值为基础进行管理、评价并向关键管理人员报告。

(3) 公司发行的一些包含嵌入衍生工具的债务工具，其嵌入衍生工具对债务工具的现金流量产生重大改变。

对于某些非交易性权益工具投资，本公司将其指定为以公允价值计量且其变动计入其他综合收益的金融资产，公司拥有的这类金融工具包括股票、发行方分类为权益工具的永续债等。

公司对上述金融资产或金融负债的指定一经作出，将不会撤销。

(二) 资产负债表中的列示及相关披露

1. 部分金融资产的信用风险披露。

按照第二十二章金融工具确认和计量的规定，以摊余成本计量以及以公允价值计量且其变动计入其他综合收益的金融资产应当进行减值会计处理并按照本章披露信用风险相关信息。企业应当设置专门的备抵账户，按类别记录相关金融资产因信用损失发生的减值，并披露减值准备的期初余额，本期计提、转回、转销、核销及其他变动的金额和期末余额等信息。

企业将本应按摊余成本或以公允价值计量且其变动计入其他综合收益计量的一项或一组金融资产（债务工具投资）指定为以公允价值计量且其变动计

入当期损益的金融资产的，无需对其进行减值会计处理，也不适用本章有关信用风险披露的规定。但是，这些资产仍然面临信用风险，企业应当披露下列信息：

（1）该金融资产在资产负债表日使企业面临的最大信用风险敞口（通常是金融工具账面余额减去减值损失准备后的金额）；

（2）企业通过任何相关信用衍生工具或类似工具使得该最大信用风险敞口降低的金额；

（3）该金融资产因信用风险变动引起的公允价值本期变动额和累计变动额；

（4）相关信用衍生工具或类似工具自该金融资产被指定以来的的公允价值本期变动额和累计变动额。

【例38－19】某企业持有的本应以公允价值计量且其变动计入其他综合收益的一组金融资产符合指定为以公允价值计量且其变动计入当期损益的金融资产的条件。基于管理需要，该企业将该组金融资产指定为以公允价值计量且其变动计入当期损益的金融资产，且在管理中未使用信用衍生工具或类似工具。有关信息披露如下：

对于指定为以公允价值计量且其变动计入当期损益的金融资产：

（1）截至2×22年12月31日使企业面临的最大信用风险敞口为3 696万元。

（2）信用风险变动引起的公允价值本期变动额为10.8万元、累计变动额为35.4万元。这些变动额，是该金融资产公允价值变动扣除由于市场风险因素的变化导致公允价值变动后的金额。市场风险因素的变化包括可观察的利率、商品价格、汇率以及价格指数、利率指数、汇率指数等指数的变动。

此外，该企业还按照本章的规定，披露了该组金融资产因信用风险变动引起的公允价值本期变动额和累计变动额的确定方法。

2. 以公允价值计量的金融负债的披露。

企业将一项金融负债指定为以公允价值计量且其变动计入当期损益的金融负债，且企业自身信用风险变动引起的该金融负债公允价值的变动金额计入其他综合收益的，应当披露下列信息：

（1）该金融负债因自身信用风险变动引起的公允价值本期变动额和累计变动额；

（2）该金融负债的账面价值与按合同约定到期应支付债权人金额之间的

差额；

（3）该金融负债的累计利得或损失本期从其他综合收益转入留存收益的金额和原因。

企业将一项金融负债指定为以公允价值计量且其变动计入当期损益的金融负债，且该金融负债（包括企业自身信用风险变动的影响）的全部利得或损失计入当期损益的，应当披露下列信息：

（1）该金融负债因自身信用风险变动引起的公允价值本期变动额和累计变动额；

（2）该金融负债的账面价值与按合同约定到期应支付债权人金额之间的差额。

【例38-20】某公司对指定为以公允价值计量且其变动计入当期损益的金融负债的相关信息披露如表38-2所示。

表38-2 单位：元

项目	2×22年公允价值变动额	因相关信用风险变动引起的公允价值本期变动额	因相关信用风险变动引起的公允价值累计变动额
（1）发行的普通债券	1 236 358	835 000	1 034 610
（2）发行的次级债券	3 693 000	2 100 000	3 000 600
合计	4 929 358	2 935 000	4 035 210

2×22年12月31日，指定为以公允价值计量且其变动计入当期损益的金融负债的账面价值高于按合同约定到期应支付债权人金额58 300元。

3. 金融资产和金融负债互抵协议的影响。

为使财务报表使用者了解企业所签订的总互抵协议对企业财务状况的影响，对于所有可执行的总互抵协议或类似协议下的已确认金融工具以及符合抵销条件的已确认金融工具，企业应当在报告期末以表格形式（除非有其他更恰当的披露形式），分别按金融资产和金融负债披露下列定量信息：

（1）已确认金融资产和金融负债的总额。

（2）按本章规定抵销的金额（即已抵销金额）。

（3）在资产负债表中列示的净额。

（4）可执行的总互抵协议或类似协议确定的、未包含在（2）中的金额

（即潜在可能抵销金额），包括：①不满足抵销条件的已确认金融工具的金额；②与财务担保物（包括现金担保）相关的金额，以在资产负债表中列示的净额扣除（4）①后的余额为限。

（5）资产负债表中列示的净额扣除（4）后的余额。

企业还应当披露可执行的总互抵协议或类似协议中抵销权的条款及其性质等信息，以及不同计量基础的金融工具适用上述规定时产生的计量差异。

上述信息未在财务报表同一附注中披露的，企业应当提供不同附注之间的交叉索引。

【例38－21】 金融资产和金融负债抵销的相关披露示例如下：

（1）抵销的金融资产以及可执行的总互抵协议或类似协议下的金融资产如表38－3所示。

表38－3　　单位：百万元

金融工具类型	已确认金融资产的总额	在资产负债表中抵销的金额	在资产负债表中列示的净额	不满足抵销条件的工具	财务担保物	资产负债表中列示的净额扣除（4）后的余额
	（1）	（2）	（3）=（1）－（2）	（4）①	（4）②	（5）=（3）－（4）
衍生工具	200	（80）	120	（80）	（30）	10
逆回购、证券借贷协议或类似协议	90	—	90	（90）	—	—
其他金融工具	—	—	—	—	—	—
合计	290	（80）	210	（170）	（30）	10

注：表格中6项金额分别对应上述3.（1）～（5）。

（2）抵销的金融负债以及可执行的总互抵协议或类似协议下的金融负债如表38－4所示。

表 38－4　　单位：百万元

金融工具类型	已确认金融负债的总额	在资产负债表中抵销的金额	在资产负债表中列示的净额	不满足抵销条件的工具	财务担保物	资产负债表中列示的净额扣除（4）后的余额
	（1）	（2）	（3）=（1）－（2）	（4）①	（4）②	（5）=（3）－（4）
衍生工具	160	（80）	80	（80）	—	—
逆回购、证券借贷协议或类似协议	80	—	80	（80）	—	—
其他金融工具	—	—	—	—	—	—
合计	240	（80）	160	（160）	—	—

注：表格中 6 项金额分别对应上述 3.（1）～（5）。

企业应注意下列几点：

（1）此处所指的“类似协议”，包括所有可能导致金融资产和金融负债相抵销的协议，例如，衍生工具清算协议、总回购协议、证券借贷总协议以及与财务担保物相关的协议等。总互抵协议或类似协议下的已确认金融工具，可能包括衍生工具、买入返售、卖出回购和证券借贷协议等，不包括同一机构内的贷款或客户存款（除非其在资产负债表中予以抵销）和仅作为抵押担保协议项下的金融工具等。

（2）关于“按本章规定抵销的金额”。在同一安排下予以抵销的已确认金融资产和已确认金融负债的金额将同时在金融资产和金融负债抵销的披露中反映。但是，所披露的金额仅限于予以抵销的金额。例如，企业可能拥有满足本章规定抵销条件的已确认衍生金融资产和已确认衍生金融负债，如果衍生金融资产的总额大于衍生金融负债的总额，则在金融资产的披露和金融负债的披露中的可予以抵销的金额都应当是衍生金融负债的总额。

（3）如果企业拥有需按上述要求披露的工具，但该工具不满足本章规定的抵销条件，则该工具披露的在资产负债表中列示的净额等于已确认金融资产和金融负债的总额，且应与资产负债表中的单列项目金额勾稽对应。如果企业确定将单列项目金额予以合并或分解可提供更相关的信息，则必须将披露的已合并或分解金额与资产负债表中的单列项目金额相勾稽。

（4）对于收到或抵押出的作为财务担保物的金融工具的公允价值，企业披露的金额应当为实际收到或抵押出的担保物公允价值，而不是因返还或收回担保物而确认的应付款项或应收款项的公允价值。

对于单项金融工具，其潜在可能抵销的金额不应超过列示净额。因此，对于每一项金融工具，按照上述3.（4）披露的总额不能超过3.（3）披露的金额。因此，如果一项金融工具既存在不满足抵销条件的情况（将来可能满足抵销条件，如因一方发生违约而触发），也存在担保的情况，且两者涉及的金额之和大于当前列示净额，则企业应当调低担保相关金额，使得该工具的潜在可能抵销金额不超过列示净额。

（5）企业应当披露可执行的总互抵协议或类似协议下相关的抵销权利的信息，以及对权利性质的描述。例如，企业应当描述其附带条件的抵销权利。对于当前不符合抵销要求的金融工具，企业应当描述其不符合要求的原因。对于所有收到或抵押出的财务担保物，企业应当披露抵押担保协议的相关条款（例如担保物受到限制的情形）。

（6）上述定量披露可以分别按金融工具或交易的类型（例如，衍生工具、回购和逆回购协议或证券借贷安排）提供。企业也可以按金融工具或交易的类型提供上述3.（1）~（3）所要求的信息，按交易对手提供3.（3）~（5）所要求的信息。如果企业按交易对手提供要求披露的信息，无需列明交易对手的具体名称。为保持可比性，各年度内对交易对手的指定应当保持一致。企业还应当考虑提供有关交易对手的进一步定性信息。在按交易对手披露3.（3）~（5）所要求的有关金额时，相对于所有交易对手而言单项重要的金额应当单独披露，其余单项不重要的金额可以汇总为一个单列项目披露。

（7）为满足财务报表使用者评估净额结算安排对企业财务状况现实及潜在影响的需要，除按照要求披露金融资产和金融负债抵销相关信息之外，企业还应根据总互抵协议或类似协议的条款提供其他补充信息，如抵销权的条款及其性质等信息。此外，披露的金融工具可能遵循不同的计量要求（例如，与回购协议相关的应付款项以摊余成本计量，而衍生工具以公允价值计量），因此企业应当披露计量差异的情况。

（三）利润表中的列示及相关披露

企业应当披露与金融工具有关的下列收入、费用、利得或损失：

1. 以公允价值计量且其变动计入当期损益的金融资产和金融负债所产生

的利得或损失。其中，指定为以公允价值计量且其变动计入当期损益的金融资产和金融负债、根据第二十二章金融工具确认和计量必须分类为以公允价值计量且其变动计入当期损益的金融资产和根据第二十二章金融工具确认和计量必须分类为以公允价值计量且其变动计入当期损益的金融负债的净利得或净损失，应当分别披露。

2. 对于指定为以公允价值计量且其变动计入当期损益的金融负债，应当分别披露本期在其他综合收益中和在当期损益中确认的利得或损失。

3. 对于根据第二十二章金融工具确认和计量分类为以公允价值计量且其变动计入其他综合收益的金融资产，应当分别披露当期在其他综合收益中确认的利得或损失和当期终止确认时从其他综合收益转入当期损益的利得或损失。

4. 对于根据第二十二章金融工具确认和计量指定为以公允价值计量且其变动计入其他综合收益的非交易性权益工具投资，应当分别披露在其他综合收益中确认的利得和损失以及在当期损益中确认的股利收入。

5. 除以公允价值计量且其变动计入当期损益的金融资产或金融负债外，按实际利率法计算的金融资产或金融负债产生的利息收入或利息费用总额，以及在确定实际利率时未予包括并直接计入当期损益的手续费收入或支出。

6. 企业通过信托和其他托管活动代他人持有资产或进行投资而形成的，直接计入当期损益的手续费收入或支出。

企业在按照上述要求进行列示和披露时，应注意下列方面：

1. 企业至少应当按金融工具的计量基础分别披露相关利得或损失。由于金融工具按不同计量基础分类计量，这一披露要求有助于财务报表使用者更好地理解企业金融工具的经营成果。

2. 企业应披露的利息收入或利息费用为按实际利率法计算的金融资产或金融负债产生的利息收入或利息费用总额。

【例 38－22】 某银行利润表利息收入和利息费用披露格式如表 38－5 所示。

表 38－5

利息净收入	本期发生额	上期发生额
利息收入：		
存放中央银行款项		
发放贷款和垫款		

续表

利息净收入	本期发生额	上期发生额
债券投资		
拆出资金		
买入返售金融资产		
存放同业		
其他		
利息收入合计		
利息支出：		
吸收存款		
拆入资金		
卖出回购金融资产		
同业存放		
应付债券		
向中央银行借款		
其他		
利息支出合计		
利息净收入		

3. 企业应分别披露下列手续费收入或支出：

（1）金融资产和金融负债（不含以公允价值计量且其变动计入当期损益的金融资产和金融负债）产生的直接计入当期损益（即在确定实际利率时未包括）的手续费收入或支出；

（2）企业通过信托和其他托管活动代他人持有资产或进行投资而形成的，直接计入当期损益的手续费收入或支出。

对应上述（1）所要求的披露范围取决于企业的业务性质。例如，对于银行发放信用卡的业务，手续费可能包括信用卡的年费收入、处理借贷交易的商户服务佣金、透支手续费等。

（四）套期会计相关披露

套期活动属于企业风险管理活动，在符合套期会计应用条件的前提下，企业可以选择应用套期会计。企业应当按照第二十四章套期会计的规定，对符合条件并选择应用套期会计的套期活动，分别按公允价值套期、现金流量套期及境外经营净投资套期三种类型进行会计处理，同时按照本章规定进行披露，以便财务报表使用者理解企业套期关系的性质和这些套期关系对企业当期及未来期间经营成果的影响。

1. 与套期会计有关的信息。

企业应当披露与套期会计有关的下列信息：

（1）企业的风险管理策略以及如何应用该策略来管理风险；

（2）企业的套期活动可能对其未来现金流量金额、时间和不确定性的影响；

（3）套期会计对企业的资产负债表、利润表及所有者权益变动表的影响。

企业在披露套期会计相关信息时，应当合理确定披露的详细程度、披露的重点、恰当的汇总或分解水平，以及财务报表使用者是否需要额外的说明以评估企业披露的定量信息。企业按照本章要求所确定的信息披露汇总或分解水平应当和第三十九章公允价值计量的披露要求所使用的汇总或分解水平相同。

2. 风险管理策略相关信息。

企业应当披露其进行套期和运用套期会计的各类风险的风险敞口的风险管理策略相关信息，从而有助于财务报表使用者评价：每类风险是如何产生的、企业是如何管理各类风险的（包括企业是对某一项目整体的所有风险进行套期还是对某一项目的单个或多个风险成分进行套期及其理由），以及企业管理风险敞口的程度。

与风险管理策略相关的信息应当包括：

（1）企业指定的套期工具；

（2）企业如何运用套期工具对被套期项目的特定风险敞口进行套期；

（3）企业如何确定被套期项目与套期工具的经济关系以评估套期有效性；

（4）套期比率的确定方法；

（5）套期无效部分的来源。

企业将某一特定的风险成分指定为被套期项目的，除按照上述规定披露其进行套期和运用套期会计的各类风险的风险敞口的风险管理策略相关信息外，还应当披露下列定性或定量信息：

（1）企业如何确定该风险成分，包括风险成分与项目整体之间关系性质的说明；

（2）风险成分与项目整体的关联程度（例如被指定的风险成分以往平均

涵盖项目整体公允价值变动的百分比）。

【例38－23】针对商品价格风险管理策略的披露示例如下：

本公司从事铜产品的生产加工业务，持有的铜产品面临铜的价格变动风险。因此，本公司采用期货交易所的铜期货合同管理持有的全部铜产品所面临的商品价格风险。本公司生产加工的铜产品中所含的标准阴极铜与铜期货合同中对应的标准阴极铜相同，套期工具（铜期货合同）与被套期项目（本公司所持有的铜产品中的标准阴极铜）的基础变量均为标准阴极铜价格。套期无效部分主要来自基差风险、现货或期货市场供求变动风险以及其他现货或期货市场的不确定性风险等。本年度和上年度确认的套期无效的金额并不重大。本公司针对此类套期采用公允价值套期。

3. 按照风险类型披露相关信息。

企业应当按照风险类型披露相关定量信息，从而有助于财务报表使用者评价套期工具的条款和条件及这些条款和条件如何影响企业未来现金流量的金额、时间和不确定性。这些要求披露的明细信息应当包括：

（1）套期工具名义金额的时间分布；

（2）套期工具的平均价格或利率（如适用）。

【例38－24】表38－6列示了某企业（以人民币为记账本位币）被指定为套期工具的期权合同的到期日和平均汇率概况。

表38－6 单位：万元

	0～6个月	6～12个月	12个月以后
美元期权合同名义金额	125 000	105 000	150 000
人民币兑美元的平均汇率	6.85	6.91	6.87
欧元期权合同名义金额	(53 000)	(40 000)	(35 000)
人民币兑欧元的平均汇率	7.75	7.76	7.80
英镑期权合同名义金额	(82 000)	(64 000)	(90 000)
人民币兑英镑的平均汇率	8.68	8.77	8.78

对于公允价值套期，企业应当以表格形式、按风险类型分别披露与被套期项目相关的下列金额：

（1）资产负债表中已确认的被套期项目账面价值，资产项目和负债项目应分别列示；

（2）已确认的被套期项目账面价值中所包含的被套期项目累计公允价值套期调整，资产项目和负债项目应分别列示；

（3）被套期项目所属的资产负债表项目（即被套期项目在资产负债表中列示在哪个项目下，如“存货”、“应付债券”、“其他流动资产”）；

（4）本期用作确认套期无效部分基础的被套期项目价值变动；

（5）对于以摊余成本计量的金融工具作为被套期项目的情况，企业应当根据第二十四章套期会计要求对被套期项目价值调整进行摊销。若套期关系先于被套期项目终止（例如由于企业风险管理政策变化），则未摊销的价值调整还将保留在资产负债表中直至摊销完。该情况下，企业应当披露保留在资产负债表中的公允价值套期累计调整额。

对于现金流量套期和境外经营净投资套期，企业应当以表格形式、按风险类型分别披露与被套期项目相关的下列金额：

（1）本期用作确认套期无效部分基础的被套期项目价值变动；

（2）继续按照套期会计处理的现金流量套期储备的余额；

（3）继续按照套期会计处理的境外经营净投资套期计入其他综合收益的余额；

（4）不再适用套期会计的套期关系所导致的现金流量套期储备和境外经营净投资套期中计入其他综合收益的利得和损失的余额。

企业可以按照表 38－7 披露此类信息。

表 38－7

2×22 年 12 月 31 日　　　　单位：万元

	被套期项目的账面价值		被套期项目公允价值套期调整的累计金额（计入被套期项目的账面价值）		包含被套期项目的资产负债表列示项目	2×22 年用作确认套期无效部分基础的被套期项目公允价值变动	现金流量套期储备
	资产	负债	资产	负债			
现金流量套期							
商品价格风险 ——预期销售 ——终止的套期（预期销售）	 不适用 不适用	 不适用 不适用	 不适用 不适用	 不适用 不适用	 不适用 不适用	 ×× 不适用	 ×× ××
公允价值套期							

续表

	被套期项目的账面价值		被套期项目公允价值套期调整的累计金额（计入被套期项目的账面价值）		包含被套期项目的资产负债表列示项目	2×22年用作确认套期无效部分基础的被套期项目公允价值变动	现金流量套期储备
	资产	负债	资产	负债			
利率风险 ——应付债券 ——终止的套期（应付债券）	— —	×× ××	— —	×× ××	应付债券 应付债券	×× 不适用	不适用 不适用
外汇风险 ——确定承诺	××	××	××	××	其他流动资产	××	不适用

对于每类套期类型，企业应当按照以表格形式、按风险类型分别披露与套期工具相关金额。企业可以按照表38－8披露此类信息。

表38－8

2×22年12月31日　　单位：万元

	套期工具的名义金额	套期工具的账面价值		包含套期工具的资产负债表列示项目	2×22年用作确认套期无效部分基础的套期工具公允价值变动
		资产	负债		
现金流量套期					
商品价格风险 ——远期销售合同	××	××	××	衍生金融资产/负债	××
公允价值套期					
利率风险 ——利率互换合同	××	××	××	衍生金融资产/负债	××
外汇风险 ——外币贷款	××	××	××	衍生金融资产/负债	××

对于每类套期类型，企业应当以表格形式、按风险类型分别披露因采用套期会计所影响的利润表的相关金额。企业可以按照表38－9和表38－10披露此类信息。

表 38－9　　单位：万元

公允价值套期	计入当期损益的套期无效部分	计入其他综合收益的套期无效部分	计入当期损益的利润表列示项目（包括套期无效部分）
利率风险	××	不适用	公允价值变动收益
权益价格风险	××	××	公允价值变动收益

表 38－10　　单位：万元

现金流量套期	计入其他综合收益的套期工具的公允价值变动	计入当期损益的套期无效部分	包含已确认的套期无效部分的利润表列示项目	从现金流量套期储备重分类至当期损益的金额	包含重分类调整的利润表列示项目
商品价格风险 ——商品 ——终止的套期	×× 不适用	×× 不适用	公允价值变动收益不适用	×× ××	营业成本 营业成本

企业因使用信用衍生工具管理金融工具的信用风险敞口而将金融工具（或其一定比例）指定为以公允价值计量且其变动计入当期损益的，应当按照本章的规定进行披露。对于用于管理被指定为以公允价值计量且其变动计入当期损益的金融工具信用风险敞口的信用衍生工具，企业应当披露每一项工具的名义金额以及当期期初和期末公允价值的调节表。企业可以按照表 38－11 披露此类信息。

表 38－11　　单位：万元

信用衍生工具	名义金额	期初公允价值	本期公允价值变动	除公允价值变动外的影响		期末公允价值
				本期增加	本期减少	
信用衍生工具 A						
信用衍生工具 B						
……						

（五）公允价值披露

1. 公允价值与账面价值的比较。

除账面价值与公允价值差异很小的金融资产或金融负债（如短期应收账款或应付账款）、包含相机分红特征且其公允价值无法可靠计量的合同和租赁负债外，企业应当披露每一类金融资产和金融负债的公允价值，并与账面价值进行比较。此处的披露类别应当与在资产负债表中列示的类别相一致。对于在资产负债表中相互抵销的金融资产和金融负债，其公允价值应当以抵销后的金额披露。

2. 金融资产或金融负债初始确认时交易价格与公允价值差异产生利得或损失的信息披露。

金融资产或金融负债初始确认的公允价值与交易价格存在差异时，如果其公允价值并非基于相同资产或负债在活跃市场中的报价，也非基于仅使用可观察市场数据的估值技术，企业在初始确认金融资产或金融负债时不应将该差异确认为利得或损失，而应当将其递延，在后续期间根据相关因素的变动确认利得或损失。

在此情况下，企业应当按金融资产或金融负债的类型披露相关信息，这些信息包括：初始确认后续期间在损益中确认交易价格与初始确认的公允价值之间差额时所采用的会计政策，以反映市场参与者对资产或负债进行定价时所考虑的因素（包括时间因素）的变动；该项差异期初和期末尚未在损益中确认的金额和本期变动额；认定交易价格并非公允价值的最佳证据，以及确定公允价值的证据。

3. 金融工具公允价值信息披露的豁免。

对于账面价值与公允价值差异很小的金融资产或金融负债（如短期应收、应付账款）、包含相机分红特征且其公允价值无法可靠计量的合同和租赁负债，企业可以不披露其公允价值信息，但对于包含相机分红特征且其公允价值无法可靠计量的合同，企业需要披露额外信息以帮助财务报表使用者判断其账面价值和公允价值之间的可能差异：

（1）对金融工具的描述及其账面价值，以及因公允价值无法可靠计量而未披露其公允价值的事实和说明。

（2）金融工具的相关市场信息。

（3）企业是否有意图处置及如何处置这些金融工具。

（4）之前公允价值无法可靠计量的金融工具终止确认的，应当披露终止确认的事实，终止确认时该金融工具的账面价值和所确认的利得或损失金额。

十、与金融工具相关的风险披露

（一）定性和定量信息

1. 定性信息。

提供定性披露有助于财务报表使用者将相关披露联系起来，从而了解金融工具所产生风险的性质和程度的全貌。定性披露和定量披露的相互补充使企业披露的信息能够更好地帮助财务报表使用者评估企业所面临的风险敞口。

金融工具产生的各类风险，企业应当披露下列定性信息：

①风险敞口及其形成原因。

②风险管理目标、政策和程序。

i. 企业风险管理的目标和风险偏好设定；

ii. 企业风险管理的组织架构；

iii. 风险识别、评价、规避和报告流程；

iv. 企业的风险报告或计量系统的范围和性质；

v. 企业对风险进行套期或降低风险的政策，包括接受担保物的政策和程序；

vi. 企业对这种套期或降低风险的方法的持续有效性进行监控的流程；

vii. 企业避免风险过度集中的政策和程序。

③计量风险的方法。

企业应当披露定性信息与前期相比的所有变化。这些变化可能是企业面临的风险敞口改变或企业管理风险敞口的方式改变。披露这些信息有助于财务报表使用者了解这些变化对未来现金流量的性质、时间和不确定性的影响。

【例38－25】 某集团有关金融工具风险管理定性披露的示例如下：

风险管理

本集团在日常活动中面临各种金融工具的风险，主要包括信用风险、流动性风险、市场风险（包括汇率风险、利率风险和商品价格风险）。本集团的主要金融工具包括货币资金、股权投资、债权投资、借款、应收账款、应付账款及可转换债券等。与这些金融工具相关的风险，以及本集团为降低这些风险所采取的风险管理政策如下所述：

董事会负责规划并建立本集团的风险管理架构，制定本集团的风险管理政策和相关指引并监督风险管理措施的执行情况。本集团已制定风险管理政策以识别和分析本集团所面临的风险，这些风险管理政策对特定风险进行了明确规定，涵盖了市场风险、信用风险和流动性风险管理等诸多方面。本集团定期评估市场环境及本集团经营活动的变化以决定是否对风险管理政策及系统进行更新。本集团的风险管理由风险管理委员会按照董事会批准的政策开展。风险管理委员会通过与本集团其他业务部门的紧密合作来识别、评价和规避相关风险。本集团内部审计部门就风险管理控制及程序进行定期的审核，并将审核结果上报本集团的审计委员会。

本集团通过适当的多样化投资及业务组合来分散金融工具风险，并通过制定相应的风险管理政策减少集中于单一行业、特定地区或特定交易对手的风险。

信用风险

信用风险是指交易对手未能履行合同义务而导致本集团产生财务损失的风险。本集团已采取政策只与信用良好的交易对手合作并在必要时获取足够的抵押品，以此缓解因交易对手未能履行合同义务而产生财务损失的风险。本集团只与被评定为等同于投资级别或以上的主体进行交易。评级信息由独立评级机构提供，如不能获得此类信息，本集团将利用其他可公开获得的财务信息及自身的交易记录对主要顾客进行评级。本集团持续监控所面临的风险敞口及众多交易对手的信用评级。信用风险敞口通过对交易对手设定额度加以控制，且每年经风险管理委员会复核和审批。

应收账款的债务人为大量分布于不同行业和地区的客户。本集团持续对应收账款债务人的财务状况实施信用评估，并在适当时购买信用担保保险。由于货币资金和衍生金融工具的交易对手是声誉良好并拥有较高信用评级的银行，这些金融工具信用风险较低。

流动性风险

流动性风险是指本集团在履行以交付现金或其他金融资产结算的义务时遇到资金短缺的风险。本集团下属成员企业各自负责其现金流量预测。集团下属财务公司基于各成员企业的现金流量预测结果，在集团层面监控长短期资金需求。本集团通过在大型银行业金融机构设立的资金池计划统筹调度集团内的盈余资金，并确保各成员企业拥有充裕的现金储备以履行到期结算的付款义务。此外，本集团与主要业务往来银行订立融资额度授信协议，为本集团履行与商业票据相关的义务提供支持。

汇率风险

本集团以人民币编制合并财务报表并以多种外币开展业务，因此面临汇率风险，该风险对本集团的交易及境外经营的业绩和净资产的折算均构成影响。若采用套期会计，本集团将记录相关套期活动并持续评估套期有效性。

对于境外经营净投资，本集团通过指定持有的外币净借款并使用外币互换及远期合同对境外经营因美元汇率波动而面临的大部分风险敞口进行套期。

对于本集团外汇交易形成的外汇风险净敞口，本集团的套期政策是寻求对预期交易的外汇风险进行80%～100%的套期（以24个月期限的远期合同为限）。

对于外币债务，本集团使用交叉货币利率互换对外币借款相关的汇率风险进行套期。

本集团预计，已进行的套期将持续有效，因此套期无效性不会对利润表构成重大影响。

利率风险

本集团的利率风险敞口主要源自人民币、美元、欧元和英镑的利率波动。为了对利率风险进行管理，本集团于董事会批准限额范围内通过使用利率衍生工具管理付息负债的固定利率及浮动利率敞口的比例。这些风险管理的措施有助于减少本集团财务业绩的波动程度。为便于业务操作及运用套期会计，本集团的政策旨在将固定利率借款占预计净借款的比例维持在40%～60%之间。本集团大部分现有利率衍生工具均被指定为套期工具且预计该类套期是有效的。

商品价格风险

本集团使用商品期货合约对特定商品的价格风险进行套期。所有商品期货合约均对预期在未来发生的原材料采购进行套期。本集团采用商品价格风险总敞口动态套期的策略，根据预期原材料采购的总敞口的变化动态调整期货合约持仓量，总敞口与期货持仓量所代表的商品数量基本保持一致（由于期货合约商品数量为整数，造成少量净敞口）。

2. 定量信息。

对金融工具产生的各类风险，企业应当按类别披露期末风险敞口的汇总数据。该数据应当以向内部关键管理人员提供的相关信息为基础。企业运用多种方法管理风险的，披露的信息应当以最相关和可靠的方法为基础。根据第三十七章关联方披露，关键管理人员是指有权力并负责计划、指挥和控制企业活动的人员。

【例38－26】某公司关于外汇风险敞口披露的示例如下：

本集团面临的外汇风险主要为美元汇率波动。除本集团的几个下属子公司以美元进行采购和销售外，本集团的其他主要业务活动以人民币计价结算。2×22年12月31日，除表38－12所述资产为美元计价外，本集团的资产及负债均为人民币计价。

表 38－12　　单位：百万元

	2×22 年 12 月 31 日	2×21 年 12 月 31 日
现金及现金等价物	×	×
应收账款	×	×
其他应收款	×	×
资产合计	×	×
应付账款	×	×
其他应付款	×	×
短期借款	×	×
负债合计	×	×

除上述基于向关键管理人员提供的信息披露的数据外，企业还应当披露有关信用风险、流动性风险和市场风险的信息。

企业可以按总额和已扣除风险转移或其他分散风险交易后的净额进行披露。由于这些信息强调金融工具之间的联系，有助于财务报表使用者了解这些联系如何影响企业未来现金流量的性质、时间和不确定性。

企业还应当披露期末风险集中度信息。风险集中度来自具有相似特征并且受相似经济或其他条件变化影响的金融工具。识别风险集中度需要运用判断并应考虑企业的具体情况。风险集中度的披露可能包括：

①管理层确定风险集中度的说明。

②管理层确定风险集中度的参考因素（例如交易对手的信用评级、地理区域、货币种类、市场类型和所处的行业）。

③各风险集中度相关的风险敞口金额。

【例 38－27】 某公司有关金融工具风险集中度定量披露的示例如下：

不同行业及地区经济发展的不均衡以及经济周期的不同使得相关行业和地区的信用风险亦不相同。因某一行业或地区的授信客户具备某些共同经济特征，故授信在行业或地区维度上过于集中会增加信用风险。本公司主要通过客户授信环节的额度控制来统筹管理贷款和垫款的行业及地区信用风险集中度。

（1）发放贷款和垫款按行业类别分布情况如表 38－13 所示。

表 38－13

单位：百万元

行业类别	2×22 年 12 月 31 日	2×21 年 12 月 31 日
制造业	21 320	19 275
批发及零售业	15 943	16 237
房地产业	10 692	12 838
交通运输业	8 253	7 735
服务业	5 217	8 269
建筑业	4 927	3 184
金融业	4 356	5 769
公共事业	2 148	2 582
个人	8 629	8 237
合计	81 485	84 126

（2）发放贷款和垫款按地区分布情况如表 38－14 所示。

表 38－14

单位：百万元

地区分布	2×22 年 12 月 31 日	2×21 年 12 月 31 日
中国大陆	65 743	67 298
港澳台地区	5 673	6 245
北美	4 239	3 853
欧洲	3 267	2 941
其他国家和地区	2 563	3 789
合计	81 485	84 126

（二）信用风险披露

信用风险，是指金融工具的一方不履行义务，造成另一方发生财务损失的风险。

企业应按下列结构披露信用风险方面的信息：

信用风险披露的总体要求，包括：

1. 定性披露

1.1 信用风险管理实务，主要包括：

1.1.1 信用风险的评价方法

1.1.2　对违约的界定

1.1.3　对已发生减值的判定

1.2　预期信用损失相关会计政策、估计和判断，主要包括：

1.2.1　确定信用风险、预期信用损失、实际减值的方法、假设和参数

1.2.2　计算预期信用损失时对前瞻性信息（如经济预测信息）的使用

1.2.3　上述方法、假设的变动

2. 预期信用损失金额相关信息

2.1　预期信用损失金额本期变动（期初期末余额调节表）

2.2　计提预期信用损失的金融工具的账面余额本期变动

2.3　合同现金流量修改对预期信用损失的影响

2.4　担保物和其他信用增级对预期信用损失的影响，主要包括：

2.4.1　企业总信用风险敞口（不考虑信用增级）

2.4.2　信用增级的情况

2.4.3　信用增级降低信用损失的量化信息

3. 信用风险敞口相关信息

3.1　不同信用等级资产的风险敞口、不同信用等级上的风险集中度

3.2　不适用第二十二章金融工具确认和计量减值规定的金融工具信用风险敞口

4. 其他有用信息

通过信用增级所确认资产（如担保物）相关信息

下面对信用风险部分披露要求进行具体说明：

1. 信用风险管理实务。

企业应当披露与信用风险管理实务有关的下列信息：

（1）企业评估信用风险自初始确认后是否已显著增加的方法，以及下列信息：①根据第二十二章金融工具确认和计量的规定，在资产负债表日只具有较低的信用风险的金融工具及其确定依据（包括适用该情况的金融工具类别）；②逾期超过30日，而信用风险自初始确认后未被认定为显著增加的金融资产及其确定依据。

（2）企业对违约的界定及其原因。企业披露内容可包括：①在定义违约时所考虑的定性和定量因素；②是否针对不同类型的金融工具应用不同的定

义；③在金融资产发生违约后，关于“恢复率”（即恢复到正常状态的金融资产的数量）的假设。

（3）以组合为基础评估预期信用风险的金融工具的组合方法。

（4）确定金融资产已发生信用减值的依据。

（5）企业直接减记金融工具的政策，包括没有合理预期金融资产可以收回的迹象和已经直接减记但仍受执行活动影响的金融资产相关政策的信息。

（6）评估合同现金流量修改后金融资产的信用风险的，企业应当披露其信用风险的评估方法以及下列信息：①对于损失准备为整个存续期预期信用损失的金融资产，在发生合同现金流修改时，评估信用风险是否已下降，从而企业可以按照该金融资产未来12个月内预期信用损失金额确认计量其损失准备的情况；②对于上述金融资产，企业应当披露其如何监控后续该金融资产的信用风险是否显著增加，从而按照整个存续期预期信用损失的金额重新计量损失准备。

【例38－28】以某银行股份有限公司为例，基于假设的信用风险管理实务，相关信息披露示例如下。

1. 信用风险显著增加。

当触发下列一个或多个定量、定性标准或上限指标时，本公司认为金融工具的信用风险已发生显著增加。

（1）定量标准。

在资产负债表日，剩余存续期违约概率较初始确认时对应相同期限的违约概率上升超过表38－15至表38－17中的临界值。

零售按揭贷款：

表38－15

初始确认时整个存续期违约概率区间	违约概率增加临界值（超过该值则认为整个存续期违约概率显著增加）
≤a%	X‰
＞a%且≤b%	Y‰
＞b%且≤c%	Z‰
……	…

其他零售产品：

表 38－16

初始确认时整个存续期 违约概率区间	违约概率增加临界值 （超过该值则认为整个存续期违约概率显著增加）
≤a%	X‰
＞a%且≤b%	Y‰
＞b%且≤c%	Z‰
……	…

公司贷款：

表 38－17

初始确认时整个存续期 违约概率区间	违约概率增加临界值 （超过该值则认为整个存续期违约概率显著增加）
≤a%	X‰
＞a%且≤b%	Y‰
＞b%且≤c%	Z‰
……	…

以一笔期限为25年的零售按揭贷款为例。该贷款5年前初始确认，在初始确认时该贷款的预计整个存续期违约概率为3%，并且当时预计5年后（即当前的资产负债表日）该贷款的剩余存续期违约概率为2.5%。如果现在预计该贷款的剩余存续期违约概率为2.8%，则其预期违约概率增加了0.3%。企业应对比该0.3%是否超过表38－15中2.5%所属概率区间所对应的临界值，若0.3%超过该临界值，则该贷款的信用风险已显著增加。

（2）定性标准。

对于零售贷款组合，如果借款人满足下列一个或多个标准：

①银行给予借款人较短的还款宽限期；

②直接取消债务；

③展期；

④最近3个月发生过欠款（本公司根据自身信用风险管理政策确定该期间的长度）。

对于公司贷款，如果借款人被列入预警清单并且满足下列一个或多个标准：

①信用利差显著上升；

②借款人出现业务、财务和经济状况的重大不利变化；

③申请宽限期或债务重组；

④借款人经营情况的重大不利变化；

⑤担保物价值变低（仅针对抵质押贷款）；

⑥出现现金流/流动性问题的早期迹象，例如应付账款/贷款还款的延期。

(3) 上限指标。

如果借款人在合同付款日后逾期超过30天仍未付款，则视为该金融工具的信用风险显著增加。

对零售业务相关的金融工具，本公司每季度在组合层面评估其信用风险是否显著增加，该评估包含对前瞻性信息的考虑。对公司贷款及资金业务相关的金融工具，本公司使用预警清单监控信用风险，并在交易对手层面进行定期评估。用于识别信用风险显著增加的标准由独立的信用风险小组定期监控并复核其适当性。

截至2×22年12月31日，本公司未将任何金融工具视为具有较低信用风险而不再比较资产负债表日的信用风险与初始确认时相比是否显著增加。

2. 违约及已发生信用减值资产的定义。

当金融工具符合下列一项或多项条件时，本公司将该金融资产界定为已发生违约，其标准与已发生信用减值的定义一致：

(1) 定量标准。

借款人在合同付款日后逾期超过90天仍未付款。

(2) 定性标准。

借款人满足“难以还款”的标准，表明借款人发生重大财务困难，包括：

①借款人长期处于宽限期；

②借款人死亡；

③借款人破产；

④借款人违反合同中对债务人约束的条款（一项或多项）；

⑤由于借款人财务困难导致相关金融资产的活跃市场消失；

⑥债权人由于借款人的财务困难作出让步；

⑦借款人很可能破产；

⑧购入资产时获得了较高折扣、购入时资产已经发生信用损失。

上述标准适用于本公司所有的金融工具，且与内部信用风险管理所采用的违约定义一致。违约定义已被一致地应用于本公司在预期信用损失计算过程中建立的违约概率（PD）、违约风险敞口（EAD）及违约损失率（LGD）模型。

当某项金融工具连续6个月都不满足任何违约标准时，本公司不再将其视为处于违约状态的资产（即回调）。本公司根据历史数据分析了金融工具由回调再次进入违约状况的可能性，确定了6个月的观察期长度。

3. 以组合方式计量损失准备。

在按照组合方式计提预期信用损失准备时，本公司已将具有类似风险特征的敞口进行归类。在进行分组时，本公司获取了充分的信息，确保其统计上的可靠性。当无法从内部获取足够信息时，本公司参照外部的补充数据用于建立模型。信用风险小组定期监控并复核分组的恰当性。

本公司用于确定分组特征的信息以及补充数据如下：

零售贷款——组合计量

①按照抵押率（贷款余额/抵押品价值）的区间；

②信用评级的区间；

③产品类型（例如，住宅/出租按揭贷款、透支、信用卡）；

④还款方式（例如，只付本金/利息）；

⑤额度使用率区间。

公司贷款——组合计量

①行业——外部数据（源自××研究所2×21年3月1日所作的研究）；

②担保物类型；

③信用评级区间；

④风险敞口的地理区域——外部数据（源自××研究所2×21年6月21日所作的研究）。

本公司对下列敞口单项进行减值评估：

零售贷款

①当前敞口金额超过500万元的第三阶段贷款；

②处于抵押品变现流程中的资产。

公司贷款

①第三阶段贷款；

②敞口金额超过2亿元的第二阶段贷款。

4. 直接减记金融工具的政策。

当本公司执行了所有必要的程序后仍认为预期不能收回金融资产的整体或

一部分时，则将其进行直接减记。表明预期不能收回款项的迹象包括：①强制执行已终止；②本公司的收回方法是接管并处置担保物，但预期担保物的价值无法覆盖全部本息。

本公司有可能直接减记仍然处于强制执行中的金融资产。2×22 年 12 月 1 日，本公司已直接减记的资产对应的未结清的合同金额为人民币 2.35 亿元。本公司仍然力图全额收回合法享有的债权，但由于无法合理预期全额收回，因此进行部分直接减记。

5. 评估合同现金流量修改后金融资产信用风险的相关披露。

为了实现最大程度的收款，本公司有时会因商业谈判或借款人财务困难对贷款的合同条款进行修改。这类合同修改包括贷款展期、免付款期，以及提供还款宽限期。基于管理层判断客户很可能继续还款的贷款，本公司制定了贷款的具体重组政策和操作规程，且对该政策持续进行复核。对贷款进行重组的情况在中长期贷款的管理中最为常见。

当合同修改并未造成实质性变化且不会导致终止确认原有资产时，本公司在资产负债表日评估修改后资产的违约风险时，仍与原合同条款下初始确认时的违约风险进行对比。本公司对修改后资产的后续情况实施监控。本公司可能判断，经过合同修改信用风险已得到显著改善，因此相关资产从第三阶段或第二阶段转移至第一阶段，同时损失准备的计算基础由整个存续期预期信用损失转为 12 个月预期信用损失。资产应当经过至少连续 6 个月的观察达到特定标准后才能回调。2×22 年 12 月 31 日，此类条款修改的金融资产的账面余额为人民币 4.65 亿元。

本公司使用特定模型持续监控合同条款修改的金融资产后续是否出现信用风险显著增加。

表 38－18 列示了以整个存续期预期信用损失计量损失准备的金融资产在本公司贷款重组活动中发生合同现金流修改的情况，以及这些修改对本公司业绩的影响。

表 38－18　　单位：亿元

	发放贷款和垫款
修改前的摊余成本	4.33
合同修改的净损失	0.56

在上述披露示例中，该公司对零售按揭贷款、其他零售产品和公司贷款确定信用风险是否显著增加采用了类似的判断标准。实务中，对于不同的产品或组合，信用风险显著增加的标准可能不同。在这种情况下，应根据实际情况进行披露。

另外，根据第三十一章财务报表列报规定，企业应当披露采用的重要会计政策和会计估计，并结合企业的具体实际披露其重要会计政策的确定依据和财务报表项目的计量基础，及其会计估计所采用的关键假设和不确定因素。考虑到金融工具从 12 个月预期信用损失转为整个存续期预期信用损失对于减值结果的潜在影响重大，如何定义信用风险显著增加在整个预期信用损失估计中是一个尤其重要的部分。因此，企业应按照第三十一章财务报表列报的要求作出适当的披露。披露的性质取决于企业确定信用风险显著增加时采用的具体方法。对各种类型的组合产生的不同影响，需要不同程度的披露。

【例 38－29】 表 38－19 列示了改变判断信用风险显著增加时使用的违约概率临界值对 2×22 年 12 月 31 日预期信用损失准备的影响。预期信用损失增加（正数）表示本公司将确认更多的损失准备。

表 38－19

初始确认时整个存续期违约概率区间	应用的实际临界值	临界值变动	对预期信用损失的影响	
			更低的临界值	更高的临界值
零售按揭贷款				
≤a%	×‰	[－/＋×]‰	×	(×)
＞a% 且≤b%	×‰	[－/＋×]‰	×	(×)
＞b% 且≤c%	×‰	[－/＋×]‰	×	(×)
其他零售产品				
≤a%	×‰	[－/＋×]‰	×	(×)
＞a% 且≤b%	×‰	[－/＋×]‰	×	(×)
＞b% 且≤c%	×‰	[－/＋×]‰	×	(×)
公司贷款				
≤a%	×‰	[－/＋×]‰	×	(×)
＞a% 且≤b%	×‰	[－/＋×]‰	×	(×)
＞b% 且≤c%	×‰	[－/＋×]‰	×	(×)

2. 输入值、假设和估值技术。

企业应当披露金融工具减值所采用的输入值、假设和估值技术等信息，具体包括：

（1）用于确定下列各事项或数据的输入值、假设和估计技术：①金融工具的信用风险自初始确认后是否已显著增加；②未来12个月内预期信用损失和整个存续期内预期信用损失的计量；③金融资产是否已发生信用减值。

（2）确定预期信用损失时如何考虑前瞻性信息，包括宏观经济信息的使用。

（3）报告期估计技术或重大假设的变更及其原因。

企业用于确定信用风险自初始确认后增加程度或衡量金融工具预期信用损失的假设和输入值，可能包括从企业内部历史信息或外部评级报告获得的信息以及关于金融工具的预期寿命和出售抵押品的时间的假设。

【例38－30】某银行股份有限公司的相关信息披露示例如下：

1. 计量预期信用损失——对参数、假设及估计技术的说明。

根据信用风险是否显著增加以及资产是否已发生信用减值，本公司对不同的资产分别以12个月或整个存续期内预期信用损失计量损失准备。预期信用损失是违约概率（PD）、违约风险敞口（EAD）及违约损失率（LGD）三者的乘积折现后的结果。相关定义如下：

违约概率，是指借款人在未来12个月或在整个剩余存续期内无法履行其偿付义务的可能性（违约的定义参见例38－28）。

违约风险敞口，是指在未来12个月或在整个剩余存续期中，在违约发生时，本公司应被偿付的金额。例如，对于循环信贷协议，在违约发生时本公司已放款的贷款金额与合同限额内的预期提取金额之和视为违约风险敞口。

违约损失率，是指本公司对违约敞口发生损失程度作出的预期。根据交易对手的类型、追索的方式和优先级以及担保物或其他信用支持的可获得性不同，违约损失率也有所不同。

本公司通过预计未来各月份中单个敞口或资产组合的违约概率、违约损失率和违约风险敞口来确定预期信用损失。本公司将这三者相乘并根据其存续（即没有在更早期间发生提前还款或违约的情况）的可能性进行调整。这种做法可以计算出未来各月的预期信用损失。再将各月的计算结果折现至资产负债表日并加总。预期信用损失计算中使用的折现率为初始实际利率或其近似值。

整个存续期违约概率是运用到期模型、以12个月违约概率推导而来。到期模型描述了资产组合整个存续期的违约情况演进规律。该模型基于历史观察数据开发，并适用于同一组合和信用等级下的所有资产。上述方法得到经验分析的支持。

12个月及整个存续期的违约风险敞口根据预期还款安排确定，不同类型的产品将有所不同。

①对于分期还款以及一次性偿还的贷款，本公司根据合同约定的还款计划确定12个月或整个存续期违约敞口，并针对预期借款人作出的超额还款和提前还款/再融资进行调整。

②对于循环信贷产品，本公司使用已提取贷款余额加上“信用转换系数”估计剩余限额内的提款，来预测违约风险敞口。基于本公司的近期违约数据分析，这些假设因产品类型及限额利用率的差异而有所不同。

本公司根据对影响违约后回收的因素来确定12个月及整个存续期的违约损失率。不同产品类型的违约损失率有所不同。

①对于担保贷款，本公司主要根据担保物类型及预期价值、强制出售时的折扣率、回收时间及预计的收回成本等确定违约损失率。

②对于信用贷款，由于从不同借款人可回收金额差异有限，所以本公司通常在产品层面确定违约损失率。该违约损失率受到回收策略的影响，上述回收策略包括贷款转让计划及定价。

在确定12个月及整个存续期违约概率、违约敞口及违约损失率时应考虑前瞻性经济信息。考虑的前瞻性因素因产品类型的不同而有所不同。

本公司每季度监控并复核预期信用损失计算相关的假设，包括各期限下的违约概率及担保物价值的变动情况。

本报告期内，估计技术或关键假设未发生重大变化。

2. 预期信用损失模型中包括的前瞻性信息。

信用风险显著增加的评估及预期信用损失的计算均涉及前瞻性信息。本公司通过历史数据分析，识别出影响各资产组合的信用风险及预期信用损失的关键经济指标，包括利率、失业率、房价指数等。

这些经济指标及其对违约概率、违约敞口和违约损失率的影响，对不同的金融工具有所不同。本公司在此过程中应用了专家判断。本公司的经济学家团队每季度对这些经济指标进行预测，并提供未来五年经济情况的最佳估计。对于五年后至金融工具剩余存续期结束时的经济指标，本公司采用均值回归法，即认为经济指标在超过五年的期间内，趋向于长期保持平均值（如失业率水平），或长期保持平均增长率（如 GDP）。本公司通过进行回归分析确定这些经济指标历史上与违约概率、违约敞口和违约损失率之间的关系，并通过预测未来经济指标确定预期的违约概率、违约敞口和违约损失率。

除了提供基本经济情景外，本公司的经济学家团队也提供了其他可能的情景及情景权重。针对每一个主要产品类型分析、设定不同的情景，以确保考虑到指标非线性发展特征。本公司在每一个资产负债表日重新评估情景的数量及其特征。

本公司认为，在 2×22 年 1 月 1 日 2×22 年 12 月 31 日，对于公司的所有贷款组合（甲组合和乙组合除外），应当考虑应用 3 种不同情景来恰当反映关键经济指标发展的非线性特征。对于甲组合和乙组合，本公司认为需要额外添加两个经济下行的情景。本公司结合统计分析及专家判断来确定情景权重，也同时考虑了各情景所代表的可能结果的范围。

本公司在判断信用风险是否发生显著增加时，使用了基准及其他情景下的整个存续期违约概率乘以情景权重，并考虑了定性和上限指标。本公司以加权的 12 个月预期信用损失（第一阶段）或加权的整个存续期预期信用损失（第二阶段及第三阶段）计量相关的损失准备。上述加权的信用损失是由各情景下预期信用损失乘以相应情景的权重计算得出。

与其他经济预测类似，对预计经济指标和发生可能性的估计具有高度的固有不确定性，因此实际结果可能同预测存在重大差异。本公司认为这些预测体现了集团对可能结果的最佳估计。

关于经济指标的假设

2×22 年 12 月 31 日，本公司用于估计预期信用损失的重要经济指标的假设如表 38－20 所示。“基本”、“上升”及“下降”这三种情景适用于所有组合。“下降 2”和“下降 3”这两种情景仅适用于甲组合和乙组合。

表 38－20

		2×23 年	2×24 年	2×25 年	2×26 年	2×27 年
利率	基本	×%	×%	×%	×%	×%
	上升	×%	×%	×%	×%	×%
	下降	×%	×%	×%	×%	×%
	下降 2	×%	×%	×%	×%	×%
	下降 3	×%	×%	×%	×%	×%

续表

		2×23 年	2×24 年	2×25 年	2×26 年	2×27 年
失业率	基本	×%	×%	×%	×%	×%
	上升	×%	×%	×%	×%	×%
	下降	×%	×%	×%	×%	×%
	下降 2	×%	×%	×%	×%	×%
	下降 3	×%	×%	×%	×%	×%
房价指数	基本	×	×	×	×	×
	上升	×	×	×	×	×
	下降	×	×	×	×	×
	下降 2	×	×	×	×	×
	下降 3	×	×	×	×	×
国内生产总值	基本	×	×	×	×	×
	上升	×	×	×	×	×
	下降	×	×	×	×	×
	下降 2	×	×	×	×	×
	下降 3	×	×	×	×	×

2×22 年 12 月 31 日，本公司用于估计预期信用损失的各经济情景的权重设置如表 38－21 所示。

表 38－21

	基本	上升	下降	下降 2	下降 3
组合甲和乙	×%	×%	×%	×%	×%
所有其他组合	×%	×%	×%	不适用	不适用

2×22 年 1 月 1 日，本公司用于估计预期信用损失的重要经济指标的假设如表 38－22 所示。“基本”、“上升”及“下降”这三种情景适用于所有组合。“下降 2”和“下降 3”这两种情景仅适用于甲组合和乙组合。

表 38－22

		2×22 年	2×23 年	2×24 年	2×25 年	2×26 年
利率	基本	×%	×%	×%	×%	×%
	上升	×%	×%	×%	×%	×%
	下降	×%	×%	×%	×%	×%
	下降 2	×%	×%	×%	×%	×%
	下降 3	×%	×%	×%	×%	×%
失业率	基本	×%	×%	×%	×%	×%
	上升	×%	×%	×%	×%	×%
	下降	×%	×%	×%	×%	×%
	下降 2	×%	×%	×%	×%	×%
	下降 3	×%	×%	×%	×%	×%
房价指数	基本	×	×	×	×	×
	上升	×	×	×	×	×
	下降	×	×	×	×	×
	下降 2	×	×	×	×	×
	下降 3	×	×	×	×	×
国内生产总值	基本	×	×	×	×	×
	上升	×	×	×	×	×
	下降	×	×	×	×	×
	下降 2	×	×	×	×	×
	下降 3	×	×	×	×	×

2×22 年 1 月 1 日，本公司用于估计预期信用损失的各经济情景的权重设置如表 38－23 所示。

表 38－23

	基本	上升	下降	下降 2	下降 3
组合甲和乙	×%	×%	×%	×%	×%
所有其他组合	×%	×%	×%	不适用	不适用

对于其他未纳入上述情景的前瞻性因素（如监管变化、法律变化的影

响），本公司也已作出了考虑，但认为不具有重大影响，因此并未据此调整预期信用损失。本公司按季度复核并监控上述假设的恰当性。

企业在参考上述示例时，应当考虑如何根据自身具体情况作出披露，例如，如何针对不同地区的情况作出不同假设。

上例所示的基于到期信息由12个月违约概率进行推演的方法，是确定整个存续期违约概率的方法之一。其中，以历史数据为基础的到期分析覆盖了贷款从初始确认到整个存续期结束的违约变化情况；到期组合的基础是可观察的历史数据，并假定同一组合和信用等级的资产的情况相同。企业可根据实际情况选择合理方法。

上述示例中，该公司假设前三种宏观经济情景适用所有组合，后两种宏观经济情景仅适用于甲组合和乙组合。实务中，企业须根据实际情况为每一个重大资产组合确定宏观经济情景的数量和具体内容。

上述示例中，管理层认为无需针对监管变化、法律变化额外调整预期信用损失准备（即“叠加”调整）。但如果在临近资产负债表日时发生了重大事件，且无法通过预期信用损失模型和参数调整适当地反映该事件的潜在影响，则可能需要作出是否进行“叠加”调整的重要判断，并披露更多相关信息。

另外，根据第三十一章财务报表列报的规定，企业应当披露采用的重要会计政策和会计估计，并结合企业的具体实际披露其重要会计政策的确定依据和财务报表项目的计量基础，及其会计估计所采用的关键假设和不确定因素。因此，企业应考虑披露影响预期信用损失准备的重要假设及其敏感性分析。

【例38－31】某银行对影响预期信用损失准备的重要假设及其敏感性分析的披露示例如下：

敏感性分析：

（1）零售贷款组合。

①房价指数：对按揭贷款中担保物的估值具有重大影响；

②失业率：无论贷款合同有担保或无担保，对借款人按合同约定还款的能力具有一定影响。

（2）公司贷款组合。

①国内生产总值：对公司业绩和担保物估值具有重大影响；

②利率：对公司发生违约的可能性具有一定影响。

2×22年12月31日，假设本银行使用的经济指标发生合理变动而导致的预期信用损失变动情况如表38－24和表38－25所示（例如因基本、上升、下降这几种情景中预计失业率增加 ×% 而导致的预期信用损失变动)。

零售贷款组合:

表 38 – 24　　单位: 万元

房价指数	失业率		
	– ×%	无变动	+ ×%
+ ×%	×	×	×
无变动	×	—	×
– ×%	×	×	×

公司贷款组合:

表 38 – 25　　单位: 万元

国内生产总值	利率		
	– ×%	无变动	+ ×%
+ ×%	×	×	×
无变动	×	—	×
– ×%	×	×	×

以上所披露的敏感性关键驱动因素仅为示例，企业应当分析自身实际情况，确定相关参数进行敏感性分析，包括针对各项宏观经济情景权重变动进行敏感性分析。

此外，企业还应当考虑该披露的详细程度是否适宜，并可以根据不同组合的特点以及预期信用损失计算中各因素的影响程度来调整披露的详细程度。

3. 损失准备期初余额与期末余额的调节表。

企业应当以表格形式按金融工具的类别编制损失准备期初余额与期末余额的调节表，分别说明下列项目的变动情况:

(1) 按相当于未来 12 个月预期信用损失的金额计量的损失准备。

(2) 按相当于整个存续期预期信用损失的金额计量的下列各项的损失准备: ①自初始确认后信用风险已显著增加但并未发生信用减值的金融工具; ②对于资产负债表日已发生信用减值但并非购买或源生的已发生信用减值的金融资产; ③根据第二十二章金融工具确认和计量的规定计量减值损失准备的应

收账款、合同资产和租赁应收款。

（3）购买或源生的已发生信用减值的金融资产的变动。除调节表外，企业还应当披露本期初始确认的该类金融资产在初始确认时未折现的预期信用损失总额。

4. 金融工具账面余额变动情况。

为帮助财务报表使用者了解企业的损失准备变动信息，企业应当对本期发生损失准备变动的金融工具账面余额显著变动情况作出说明。这些说明信息应当包括定性和定量信息，并应当对损失准备的各项目分别单独披露，具体可包括下列情况下发生损失准备变动的金融工具账面余额显著变动信息：

（1）本期因购买或源生的金融工具所导致的变动。

（2）未导致终止确认的金融资产的合同现金流量修改所导致的变动。

（3）本期终止确认的金融工具（包括直接减记的金融工具）所导致的变动。对于当期已直接减记但仍受催收活动影响的金融资产，还应当披露尚未结算的合同金额。

（4）因金融资产在“未来12个月内预期信用损失”和“整个存续期内预期信用损失”两个类别之间转换而导致的在每个类别内的账面余额变动。

【例38－32】某集团影响损失准备变动的抵押贷款账面余额重大变动包括：

（1）购入某主要贷款组合导致住宅抵押贷款账面余额增加×%，并相应导致12个月预期信用损失的增加。

（2）本地房产市场大跌后，直接减记某资产组合人民币×元，导致有客观证据表明减值的金融资产的损失准备减少人民币×元。

（3）某地区的预期失业率上升导致按整个存续期预期信用损失计提损失准备的金融资产净增加，导致整个存续期预期信用损失准备净增加人民币×元。

对抵押贷款账面余额重大变动的进一步解释如表38－26所示。

表38－26 单位：百万元

抵押贷款——账面余额	未来12个月预期信用损失	整个存续期预期信用损失（组合评估）	整个存续期预期信用损失（单项评估）	已发生信用减值金融资产（整个存续期预期信用损失）
2×22年1月1日的账面余额	×	×	×	×

续表

抵押贷款——账面余额	未来12个月预期信用损失	整个存续期预期信用损失（组合评估）	整个存续期预期信用损失（单项评估）	已发生信用减值金融资产（整个存续期预期信用损失）
转入整个存续期预期信用损失的单项金融资产	（×）	—	×	—
转入已发生信用减值的金融资产的单项金融资产	（×）	—	（×）	×
从已发生信用减值的金融资产转回的单项金融资产	×	—	×	（×）
转入整个存续期预期信用损失的基于组合评估的金融资产	（×）	×	—	—
购买或源生的新金融资产	×	—	—	—
直接减记的金融资产	—	—	（×）	（×）
终止确认的金融资产	（×）	（×）	（×）	（×）
未导致终止确认的修改产生的变动	（×）	—	（×）	（×）
其他变动	×	×	×	×
2×22年12月31日的账面余额	×	×	×	×

5. 未导致终止确认的金融资产合同现金流量修改。

为有助于财务报表使用者了解未导致终止确认的金融资产合同现金流量修改的性质和影响，及其对预期信用损失计量的影响，企业应当披露下列信息：

（1）企业在本期修改了金融资产合同现金流量，且修改前损失准备是按整个存续期预期信用损失金额计量的，应当披露修改或重新议定合同前的摊余成本及修改合同现金流量的净利得或净损失。

（2）对于之前按照整个存续期内预期信用损失的金额计量了损失准备的金融资产，而当期按照相当于未来12个月内预期信用损失的金额计量该金融资产的损失准备的，应当披露该金融资产在资产负债表日的账面余额。

6. 担保物或其他信用增级。

为有助于财务报表使用者了解担保物或其他信用增级对预期信用损失金额的影响，企业应当按照金融工具的类别披露下列信息：

（1）在不考虑可利用的担保物或其他信用增级的情况下，企业在资产负债表日的最大信用风险敞口。

（2）作为抵押持有的担保物和其他信用增级的描述，包括：①所持有担保物的性质和质量的描述；②本期由于对方信用恶化或担保政策变更，导致担保物或信用增级的质量发生显著变化的说明；③由于存在担保物而未确认损失准备的金融工具的信息。

（3）企业在资产负债表日持有的担保物和其他信用增级为已发生信用减值的金融资产作抵押的定量信息（例如对担保物和其他信用增级降低信用风险程度的量化信息）。

企业既无须披露关于担保物和其他信用增级公允价值的信息，也无须对预期信用损失计算中包含的担保物的价值准确地量化。

担保物和其他信用增级的描述可以包含下列信息：

①担保物和其他信用增级的主要类型；

②持有的担保物和其他信用增级的数量及其在损失准备方面的作用；

③评估和管理担保物和其他信用增级的政策和流程；

④担保物和其他信用增级交易对手的主要类型及其信用等级。

7. 最大信用风险敞口。

对于每一类别的金融工具，企业应当披露在不考虑可利用的担保物或其他信用增级的情况下，企业在资产负债表日的最大信用风险敞口的金额。金融工具的账面价值能代表最大信用风险敞口的，无需提供此项披露。最大信用风险敞口的来源也包括企业未在资产负债表中确认的金融工具（如不可撤销的贷款承诺、财务担保）的信用风险敞口。

产生信用风险的交易，以及相应的最大信用风险敞口的某些情况示例如下：

（1）向客户提供信用或在其他机构中存放款项，其最大信用风险敞口为相关金融资产的账面价值。

（2）签订衍生工具合同，例如外汇远期、利率互换以及信用衍生工具。对于以公允价值计量的衍生工具，企业在资产负债表日面临的最大信用风险敞口等于其账面价值。

（3）提供财务担保。已提供财务担保的最大信用风险敞口等于须履行担保时企业必须支付的最大金额（无论履行担保的可能性如何）。该金额可能显著大于已作为负债确认的金额。

（4）对于在融资额度提供期内不可撤销的或只有当重大不利变化出现时

才可撤销的贷款承诺，如果该贷款承诺不能以现金或其他金融资产进行净额结算（例如，银行必须提供贷款全额，而不是仅向企业支付承诺利率和市场利率的差异），则其最大信用风险敞口是承诺的全部金额。这是因为任何未支取的金额在未来是否支取具有不确定性。因此，贷款承诺的最大信用风险敞口金额可能显著大于已确认的负债金额。

【例38－33】某集团有关金融工具信用风险和最大信用风险敞口的披露示例如下：

信用风险

信用风险是指因交易对手或债务人未能履行其全部或部分付款义务而造成本集团发生损失的风险。信用风险包括诸如由于整体宏观经济陷入衰退而导致损失的风险。本集团信贷业务主要向各类客户提供贷款、承兑、担保及其他信贷产品，并因此承担信用风险。信用风险是本集团业务经营所面临的重大风险之一。

董事会对本集团的信用风险管理承担最终责任。董事会负责审议及批准信用风险管理政策，授权风险管理委员会对信用风险管理实施的有效性进行日常监督；审议和批准风险管理委员会提交的信用风险评估报告并对集团信用风险状况作出评价。风险管理委员会定期召开会议以审阅分析本集团的信贷质量、风险集中度和压力测试等议题，并按季度向董事会报送信用风险评估报告。

信用风险敞口

本集团的信用风险敞口包括涉及信用风险的资产负债表表内项目和表外项目。在资产负债表日，本集团金融资产的账面价值已代表其最大信用风险敞口。资产负债表表外的最大信用风险敞口情况如表38－27所示（不考虑可利用的担保物或其他信用增级）。

表38－27　　　　单位：百万元

资产负债表表外项目	2×22年12月31日	2×21年12月31日
担保	5 347	6 053
不可撤销的贷款承诺	9 988	10 068
其他信用承诺	2 766	2 919
合计	18 101	19 040

【例38－34】某公司是一家拥有庞大客户群的上市零售企业。客户按照公

司的标准信用条款购买商品，公司同时向某些主要客户购买其他商品。有关其应收款项最大信用风险敞口的披露如表 38－28 所示。

表 38－28 单位：百万元

	2×21 年 12 月 31 日	2×20 年 12 月 31 日
应收款项账面余额	365 500	323 700
坏账准备	（14 620）	（12 948）
账面价值	350 880	310 752
应付客户的金额	（75 500）	（62 250）

本公司与客户订立协议，只有在客户发生拖欠的情况下，应付客户的金额才可以与应收客户的金额进行抵销。因此，本公司在每一资产负债表日面临的最大信用风险敞口为应向客户收取的总金额减去坏账准备后的金额。由于应付款项在资产负债表内不可抵销，因此该最大信用风险敞口未扣减应付客户的金额。

8. 重大信用风险集中度。

本章要求披露关于资产负债表日企业的信用风险敞口及重大信用风险集中度的信息。当一系列交易对手位于同一地理区域或从事类似活动且具有类似的经济特征，从而导致其履行合同义务的能力受到经济或其他状况变化的类似影响时，则存在信用风险集中。企业应当提供有关信息，以便财务报表使用者能够了解企业是否存在具有某种共同特征、对企业整体具有重大影响的金融工具组合（如同一地区、行业或发行人类型的金融资产）。

如果企业以组合为基础评估信用风险是否显著增加，则可能无法将确认整个存续期预期信用损失的单项金融资产的账面余额或者贷款承诺和财务担保合同的信用风险敞口分配至各个信用风险等级。在该情况下，企业应将本章要求应用于能够直接分配至某一信用风险等级的金融工具，并将在组合基础上计量整个存续期预期信用损失的金融工具的账面余额单独披露（即不分配至某一等级）。

所披露信息的风险等级，应与企业为内部信用风险管理目的而向关键管理人员内部报告时所使用的风险等级一致。但是，获取信用风险等级信息不可行或者成本过高，并采用逾期信息评估自初始确认后信用风险是否显著增加时，企业应提供对这些金融资产基于逾期情况的分析。

【例 38－35】某企业披露信用风险敞口和重大信用风险集中度信息的示例如表 38－29 至表 38－31 所示。

表 38－29　按内部评级进行信用风险分级的消费贷款信贷风险敞口　单位：百万元

内部评级	消费者——信用卡		消费者——汽车贷款	
	账面余额		账面余额	
	按整个存续期预期信用损失计量损失准备	按未来 12 个月预期信用损失计量损失准备	按整个存续期预期信用损失计量损失准备	按未来 12 个月预期信用损失计量损失准备
1～2	×	×	×	×
3～4	×	×	×	×
5～6	×	×	×	×
7	×	×	×	×
合计	×	×	×	×

表 38－30　按外部评级进行信用风险分级的企业贷款信贷风险敞口　单位：百万元

外部评级	企业——设备		企业——建设	
	账面余额		账面余额	
	按整个存续期预期信用损失计量损失准备	按未来 12 个月预期信用损失计量损失准备	按整个存续期预期信用损失计量损失准备	按未来 12 个月预期信用损失计量损失准备
AAA～AA	×	×	×	×
A	×	×	×	×
BBB～BB	×	×	×	×
B	×	×	×	×
CCC～CC	×	×	×	×
C	×	×	×	×
D	×	×	×	×
合计	×	×	×	×

表 38－31　按违约概率进行信用风险分级的公司贷款信贷风险敞口　单位：百万元

违约概率	公司——无担保		公司——有担保	
	账面余额		账面余额	
	按整个存续期预期信用损失计量损失准备	按未来 12 个月预期信用损失计量损失准备	按整个存续期预期信用损失计量损失准备	按未来 12 个月预期信用损失计量损失准备
0.00～0.10	×	×	×	×
0.11～0.40	×	×	×	×
0.41～1.00	×	×	×	×
1.01～3.00	×	×	×	×
3.01～6.00	×	×	×	×
6.01～11.00	×	×	×	×
11.01～17.00	×	×	×	×
17.01～25.00	×	×	×	×
25.01～50.00	×	×	×	×
50.01＋	×	×	×	×
合计	×	×	×	×

【例 38－36】 甲汽车制造企业为经销商和终端客户提供融资。甲企业将其经销商融资和消费者融资分别作为单独的金融工具类别予以披露，并对其应收账款应用简化方法，即始终按照相当于整个存续期内预期信用损失的金额计量其损失准备。甲企业对其应收账款进行的风险披露如表 38－32 所示。

表 38－32　单位：百万元

	应收账款逾期天数				
	未逾期或逾期 30 日以内（含 30 日）	30～60 日（含 60 日）	60～90 日（含 90 日）	90 日以上	合计
经销商融资					
预期信用损失率	0.10%	2%	5%	13%	
估计发生违约的账面余额	20 777	1 416	673	235	23 101

续表

	应收账款逾期天数				
	未逾期或逾期30日以内（含30日）	30~60日（含60日）	60~90日（含90日）	90日以上	合计
整个存续期预期信用损失	21	28	34	31	114
消费者融资					
预期信用损失率	0.20%	3%	8%	15%	
估计发生违约的账面余额	19 222	2 010	301	154	21 687
整个存续期预期信用损失	38	60	24	23	145

9. 贷款承诺和财务担保合同。

对于贷款承诺和财务担保合同，损失准备应确认为一项负债。企业应将关于金融资产损失准备变动的信息披露与关于贷款承诺和财务担保合同损失准备变动的信息披露区分开来。但是，如果一项金融工具同时包含贷款（即金融资产）和未使用的承诺（即贷款承诺）部分，则企业将无法把贷款承诺成分产生的预期信用损失与金融资产成分产生的预期信用损失单独区分开来。据此，贷款承诺的预期信用损失应与金融资产的损失准备一同确认。如果该两项预期信用损失的合计数超过金融资产的账面余额，则预期信用损失应当确认为一项准备（负债）。

（三）流动性风险披露

流动性风险，是指企业在履行以交付现金或其他金融资产的方式结算的义务时发生资金短缺的风险。

1. 到期期限分析。

（1）总体要求。

企业应当披露金融负债按剩余到期期限进行的到期期限分析，以及管理这些金融负债流动性风险的方法：①对于非衍生金融负债（包括财务担保合同），到期期限分析应当基于合同剩余到期期限；②对于衍生金融负债，如果合同到期期限是理解现金流量时间分布的关键因素（如剩余期限为5年的利率互换），到期期限分析应当基于合同剩余到期期限。

对于包含嵌入衍生工具的混合金融工具，尽管应当按照第二十二章金融工具确认和计量确定是否需要将嵌入衍生工具进行分拆，但在披露上述到期期限分析时，应当将包含嵌入衍生工具的混合金融工具整体视为非衍生金融负债进行披露。

如果有关衍生金融负债合同到期日的信息对了解现金流量的时间分布并非至关重要，则无需披露其合同到期期限分析。例如，企业经常买卖衍生工具（如金融机构交易账户内的衍生金融负债），反映合同的到期日可能对了解现金流量的时间分布并非至关重要，因为衍生金融负债可能被转让（例如买入的期货合约在亏损状态下平仓），而不是在合同到期时通过支付或收取工具规定的合同现金流量结算。在这种情况下，企业仍须提供衍生金融负债的到期期限分析，但该分析可按另外的基础列报。例如，可以基于预计的交易日，或者基于企业预计将在资产负债表日后的短时间内进行处置时需要支付的账面价值（即公允价值），或者基于其在资产负债表日列报的公允价值。

（2）时间段的确定。

企业在披露到期期限分析时，应当运用职业判断划分适当的时间段。企业可以但不限于按下列时间段进行到期期限分析：①一个月以内（含本数，下同）；②一个月至三个月；③三个月至一年以内；④一年至五年以内；⑤五年以上。

由于定量披露应基于企业向关键管理人员提供的信息，因此所披露的时间段应与内部报告的时间段相一致。某些企业可能需要采用比其他企业更多的时间段。但无论如何划分时间段，企业均应通过考虑其流动性需求的相应时间，来评价其流动性披露是否提供了有关流动性需求的充分信息。例如，企业可能有在一个月之内到期的重大支付义务，在这种情况下，将第一年内所有支付义务归总至同一个时间段并不恰当。

债权人可以选择收回债权时间的，债务人应当将相应的金融负债列入债权人可以要求收回债权的最早时间段内。例如，对于银行来说，活期存款应包括在存款持有方可要求银行进行偿付的最早时间段内。对于期权来说，持有方可随时行使的美式签出期权应在持有方可行使该期权的最早时间段内披露，而持有方仅在到期日才可行使的欧式期权则应归入到期日所在的时间段内。当交易对手对何时支付具有选择权时，流动性披露应当基于对企业来说“最坏”的情况，即交易对手可要求企业进行偿付的最早日期。例如，未使用的贷款承诺应归入可被要求支取的最早日期的时间段内。同样，对于财务担保合同形成的金融负债，担保人应当将最大担保金额列入相关方可以要求支付的最早时间段内。金融工具如要求分期付款，债务人应当把每期将支付的款项列入相应的最早时间段内。

如果企业发行被分类为金融负债的永续债务，企业应当考虑如何将期限为永续的现金流量纳入到期期限分析。企业还应当通过额外披露说明在永续工具下负有永续支付利息现金流量的义务，并对该永续工具的关键条款（如利率和名义金额）进行描述，以便于财务报表使用者更好地了解企业的流动性风险敞口。

（3）披露金额的确定。

企业在披露金融负债到期期限分析时，应将所披露的金额列入各时间段。列入各时间段内的金融负债金额，应当是未经折现的合同现金流量。例如，通过支付现金方式购买金融资产的远期协议中约定的价格、“付浮动——收固定”且以净现金结算的利率互换形成的净额、预付以总现金流量结算的衍生金融工具合同金额（如货币互换）、贷款承诺总额等。这些未折现的现金流量可能不同于资产负债表所列示的金额。

当应付金额不固定时，应当根据资产负债表日存在的情况确定披露的金额。如果应付金额随着指数的变化而变化，披露的金额可基于资产负债表日指数的水平来确定。

【例 38 – 37】某公司有关金融负债和表外担保项目按资产负债表日的合同剩余期限列示的应付现金流量如表 38 – 33 所示。表中披露的金融负债金额为未经折现的现金流量，因而可能与资产负债表中的账面价值有所不同。

表 38 – 33　　单位：百万元

	即时偿还	1 个月以内	1 ~ 3 个月	3 个月 ~ 1 年	1 ~ 5 年	5 年以上	总额
非衍生金融负债：							
应付票据	4 513	792	474	122	9	—	5 910
借款	5 055	2 352	3 961	1 982	2 111	279	15 740
应付债券	—	—	271	646	2 153	395	3 465
非衍生金融负债小计	9 568	3 144	4 706	2 750	4 273	674	25 115
衍生金融工具	—	164	276	481	586	216	1 723
担保	—	99	66	250	75	22	512
金融负债和或有负债总额	9 568	3 407	5 048	3 481	4 934	912	27 350

注：本公司持有的衍生工具均按净额结算。本公司对外提供担保的最大担保金额按照相关方能够要求支付的最早时间段列示。

2. 流动性风险管理。

企业不需要在所有情况下披露金融资产的到期期限分析。有关到期期限分析披露的要求仅适用于金融负债。但是，当企业将所持有的金融资产作为流动性风险管理的一部分（例如，根据企业的流动性需求持有一部分金融资产，这部分金融资产易于出售变现，以满足企业偿付金融负债现金流出的需求），且披露金融资产的到期期限分析使财务报表使用者能够恰当地评估企业流动性风险的性质和范围时，企业应当披露金融资产的到期期限分析。

企业在披露如何管理流动性风险时，也应披露可能考虑的其他因素。这些因素包括但不限于下列方面：企业是否拥有已承诺的贷款额度或其他授信额度；是否在中央银行有存款以备流动性之需；是否有多样化的资金来源；是否有资产或筹资来源方面的重大流动性集中情况；是否就管理流动性风险建立了内部控制程序和应急方案；是否有包含加速偿还（如在企业信用评级下降时）条款的工具；是否有协议约定必要时追加担保物（如为衍生交易追加保证金）；是否有协议约定允许企业选择以交付现金、其他金融资产或其自身权益工具来结算负债；是否约定交易结算遵循“总互抵协议”等。

（四）市场风险披露

金融工具的市场风险，是指金融工具的公允价值或未来现金流量因市场价格变动而发生波动的风险，包括汇率风险、利率风险和其他价格风险。

汇率风险，是指金融工具的公允价值或未来现金流量因外汇汇率变动而发生波动的风险。汇率风险可源于以记账本位币之外的外币进行计价的金融工具。

利率风险，是指金融工具的公允价值或未来现金流量因市场利率变动而发生波动的风险。利率风险可源于已确认的计息金融工具和未确认的金融工具（如某些贷款承诺）。

其他价格风险，是指汇率风险和利率风险以外的市场价格变动而发生波动的风险，无论这些变动是由与单项金融工具或其发行方有关的因素引起的，还是由与市场内交易的所有类似金融工具有关的因素引起的。其他价格风险可源于商品价格、股票市场指数、权益工具价格以及其他风险变量的变化。

编制市场风险敏感性分析的披露信息可以遵循下列步骤：

1. 识别风险来源。

企业需要识别企业面临的所有市场风险，包括汇率风险、利率风险和其他价格风险。

2. 确定资产负债表日的风险敞口及其影响。

企业应识别在资产负债表日其公允价值或现金流量受风险因素变化影响的所有金融工具。对于在资产负债表日已确认的金融工具，如果其现金流量根据合同规定与某一变量相连结，或者其公允价值取决于某一变量，且该变量的变化会影响损益或所有者权益的，企业应将该已确认金融工具纳入敏感性分析。

某些金融工具既不影响损益也不影响所有者权益。例如，以企业记账本位币计价、以摊余成本计量的固定利率债务工具，该工具相关利率的变动不会影响损益或所有者权益。又如，分类为权益工具的金融工具发行方不再重新计量，既不会影响损益也不会影响所有者权益。这些金融工具无需纳入敏感性分析。

3. 确定相关风险变量的合理可能变动。

企业确定何为相关风险变量的合理可能变动，应考虑企业经营所处的经济环境以及进行评估的时间段。在某一环境下相关风险变量的合理可能变动可能不同于在另一环境下的变动。企业须判断变动的合理范围，且合理可能变动不应包括罕见的“最坏的情况”或“压力测试”。对于相关风险变量的合理可能变动，企业应以本次披露至下一次披露（通常是下一个年度资产负债表日）的期间为时间框架进行评估。

由于合理可能变动的范围较广，因此企业无须披露该范围内的每一变动，仅披露在合理可能变动范围上下限内的变动的影响即可。

4. 确定披露中的适当汇总水平。

企业应汇总敏感性分析的结果以在更大程度上反映企业对市场风险的整体敏感性，但不应将来自重大不同经济环境的风险敞口的不同特征的信息汇总。例如，对面临恶性通货膨胀地区和低通货膨胀地区的市场风险敞口，企业应当分地区进行敏感性分析。对具有重大汇率风险敞口的每一种货币，应当分币种进行敏感性分析。

企业应当提供整个企业业务的敏感性分析，但是对不同类型的金融工具应当提供不同类型的敏感性分析。例如，以本币计价的金融工具和以外币计价的金融工具由于面对的风险敞口不同，应当分别进行敏感性分析。

企业可以根据内部管理风险的方式对业务的不同部分提供不同类型的敏感性分析。例如，一家金融机构可能包括零售银行分部和投资银行分部，并在投资银行分部使用风险价值分析（VaR）进行内部风险管理。企业可以选择对零售银行分部提供传统敏感性分析，对投资银行分部提供风险价值分析。但是，在这种情况下，企业需要审慎考虑如何处理这两个分部之间的交易和风险敞口，以避免披露产生误导。

5. 计算和列报敏感性分析。

企业应披露，假设相关风险变量的合理可能变动应用于资产负债表日的风险敞口时，这些变动对损益和所有者权益的影响。企业无须确定在相关风险变量的所有假设情况下对当期损益和所有者权益的影响金额。但是，企业应当就资产负债表日存在的风险敞口，披露如果相关风险变量在该日发生了合理可能变动而对损益和所有者权益的影响。例如，如果年末企业有一项浮动利率债务，企业应当假定利率在合理可能的范围内变动，并披露其对当期损益（即利息费用）的影响。

企业可以对损益以及所有者权益中的不同项目分别披露敏感性分析。企业也可针对对其具有重大利率风险敞口的每种货币分别披露利率风险的敏感性分析。损益的敏感性分析应与所有者权益的敏感性分析分开披露。

6. 提供额外披露。

对敏感性分析的披露不能反映金融工具市场风险的（例如期末的风险敞口不能反映当期的风险状况），企业应当披露这一事实及其原因。例如：

（1）金融工具包含了其影响不能由敏感性分析明显反映出来的条款和条件（如金融工具的价值不仅由敏感性分析所选风险变量决定，还由其他变量决定）。在这种情况下，额外的披露可能包括金融工具的条款和条件、期权被行权后对损益的影响以及企业如何对风险进行管理。

（2）金融资产的流动性低，在交易量少或缺少交易对手的情况下，所计算的损益变动很难实现。在这种情况下，额外的披露可能包括金融资产缺乏流动性的原因以及企业如何对风险进行管理。

（3）企业对某项资产持有量大，可按照市场报价的折价或溢价进行出售。在这种情况下，额外的披露可能包括证券的性质、持有比例、对损益的影响以及企业如何对风险进行管理。

十一、金融资产转移披露

（一）披露范围

出于不同的目标，本章有关金融资产转移的披露中涉及的“金融资产转移”和“继续涉入”的概念不同于第二十三章金融资产转移中的概念。

1. 金融资产转移。

本章所述的“金融资产转移”包含两种情形：（1）企业将收取金融资产现金流量的合同权利转移给另一方；（2）企业保留了收取金融资产现金流量的合同权利，并承担将收取的现金流量支付给一个或多个收款方的合同义务。这种情形通常被称为“过手协议”。

第二十三章金融资产转移定义的“金融资产转移”也包含两种情形，第一种情形与本章中的要求一致，但是对于第二种情形，还要求该“过手协议”若作为金融资产转移处理，必须同时满足3个条件。

可以看出，本章对于“金融资产转移”的定义比第二十三章金融资产转移更为宽泛。对于未满足3个条件的“过手协议”，尽管不是第二十三章金融资产转移定义的“金融资产转移”，但仍需按照本章进行披露。这是因为第二十三章金融资产转移规范的是终止确认问题，要防止形式上被转移而实质上未转移的资产出表；而本章规范的是披露问题，要通过充分的披露让报表使用者了解转移（包括形式上的转移）的金融资产和确认的相关负债的关系。

2. 继续涉入。

本章所述的“继续涉入”，是指企业保留了已转移金融资产中内在的合同权利或义务，或者取得了与已转移金融资产相关的新合同权利或义务。常规声明和保证、以公允价值回购已转移金融资产的合同，以及同时满足第二十三章金融资产转移中三个条件的“过手协议”不构成继续涉入。常规声明和保证是指企业为避免转让无效而作出的陈述，包括转移的真实性以及合理、诚信和公平交易等原则方面的陈述。例如，企业在合同中承诺其向资产接收方提供的资料、单据及信息是有效、真实、准确且完整的，没有遗漏任何重要信息。

而在第二十三章金融资产转移中，对于既没有转移也没有保留金融资产所有权上几乎所有的风险和报酬，且保留了对该金融资产控制的情形，属于该章所指的“继续涉入”。

本章所述的“继续涉入”情形（企业保留了已转移金融资产中内在的合同权利或义务，或者取得了与已转移金融资产相关的新合同权利或义务）在第二十三章金融资产转移中可能被认定为转移了金融资产所有权上几乎所有风险和报酬、保留了几乎所有风险和报酬、既没有转移也没有保留几乎所有风险和报酬三种情况。而只有第三种情况才有可能符合第二十三章金融资产转移的“继续涉入”定义。因此本章定义的“继续涉入”也比第二十三章金融资产转移的定义更为宽泛。这是因为本章的目的是让报表使用者了解企业保留的风险敞口。企业只要保留了已转移金融资产中内在的合同权利或义务，或者取得了与已转移金融资产相关的新合同权利或义务，就可能有风险敞口。

本章所述的“继续涉入”是以企业自身财务报告为基础进行考虑的。例如，子公司向非关联的第三方转让一项金融资产，而其母公司对该金融资产存在继续涉入，则子公司在自身财务报表中确定是否继续涉入已转移金融资产时，不应当考虑母公司的涉入；母公司在合并财务报表中确定是否继续涉入已转移金融资产时，应当考虑自身以及集团其他成员对子公司已转移金融资产的继续涉入情况。

“继续涉入”可能是源自于转出方与转入方签订的转让协议，也可能是源于与第三方单独签订的与转让相关的协议。但是，如果企业对已转移金融资产的未来业绩不享有任何利益，也不承担与已转移金融资产相关的任何未来支付义务，则不形成继续涉入。

企业，尤其是金融机构，在金融资产转移中，往往还会就被转移金融资产提供相应的服务，收取一定的服务费。在这种情况下，企业应当分析该服务合同是否构成本章定义的继续涉入。例如，银行转让贷款后，因提供后续贷款回收及转付服务而收取服务费。如果该服务费的收取金额是以贷款实际回收和转付的金额为依据计算，则该项新的合同权利与已转移贷款相关，构成继续涉入。如果服务费的收取与是否成功回收和转付贷款以及回收和转付的金额和时间无关，则该项新的合同权利与已转移贷款无关，不构成继续涉入。

从本章关于“金融资产转移”和“继续涉入”的定义，以及第二十三章金融资产转移关于金融资产终止确认的条件可以看出，尚在资产负债表中的金融资产可能因为转移而引起负债，而已经终止确认的金融资产可能因为继续涉入而引起风险敞口。对这两种情形，企业都需要提供相关信息帮助报表使用者判定其影响。

（二）已转移但未整体终止确认的金融资产的披露

对于已转移但未整体终止确认的金融资产，企业应当按照类别披露下列信息：

1. 已转移金融资产的性质；

2. 仍保留的与所有权有关的风险和报酬的性质；

3. 已转移金融资产与相关负债之间关系的性质，包括因转移引起的对企业使用已转移金融资产的限制；

4. 在转移金融资产形成的相关负债的交易对手方仅对已转移金融资产有

追索权的情况下，应当以表格形式披露所转移金融资产和相关负债的公允价值以及净头寸，即已转移金融资产和相关负债公允价值之间的差额；

5. 继续确认已转移金融资产整体的，披露已转移金融资产和相关负债的账面价值；

6. 按继续涉入程度确认所转移金融资产的，披露转移前该金融资产整体的账面价值、按继续涉入程度确认的资产和相关负债的账面价值。

上述第 4 项中所说的“交易对手仅对已转移资产有追索权”，是指交易对手仅能对该资产所产生的现金流向企业（转移方）进行追索，而不能对企业其他资产提出权利主张，即“有限追索权”的概念。有限追索权相关资产和负债的公允价值的差额（净头寸），代表着企业在该资产转移后仍保留的经济利益。

关于上述第 4 项和第 5 项的披露要求，企业可以参考表 38 – 34 进行披露。

表 38 – 34 单位：万元

<table>
<tr><th rowspan="2"></th><th colspan="2">以公允价值计量且其变动计入当期损益的金融资产</th><th colspan="2">以摊余成本计量的金融资产</th><th>以公允价值计量且其变动计入其他综合收益的金融资产</th></tr>
<tr><th>交易性金融资产</th><th>衍生工具</th><th>抵押贷款</th><th>消费贷款</th><th>债权投资</th></tr>
<tr><td>已转移金融资产的账面价值</td><td>×</td><td>×</td><td>×</td><td>×</td><td>×</td></tr>
<tr><td>相关负债的账面价值</td><td>（×）</td><td>（×）</td><td>（×）</td><td>（×）</td><td>（×）</td></tr>
<tr><td colspan="6">仅对已转移资产有追索权的交易：</td></tr>
<tr><td>已转移金融资产的公允价值</td><td>×</td><td>×</td><td>×</td><td>×</td><td>×</td></tr>
<tr><td>相关负债的公允价值</td><td>（×）</td><td>（×）</td><td>（×）</td><td>（×）</td><td>（×）</td></tr>
<tr><td>净头寸</td><td>×</td><td>×</td><td>×</td><td>×</td><td>×</td></tr>
</table>

无论是金融资产整体转移，还是金融资产部分转移，只要不满足终止确认的条件，均应按照以上要求进行披露。例如，企业只转移了一项金融资产所产生现金流量的 40% 部分，则企业应针对该 40% 部分的金融资产按照第二十三章金融资产转移判断是否满足终止确认的条件。假设该 40% 部分的金融资产

不满足终止确认的条件，因而未全部终止确认该部分金融资产，那么在这种情况下，这40%部分的金融资产需要按照本章对于已转移但未整体终止确认的金融资产的披露要求进行相应的披露。如果该40%部分的金融资产满足终止确认的条件，可以被终止确认，则这40%部分的金融资产不需要按照本章对于已转移但未整体终止确认的金融资产的披露要求进行相应的披露，但是要考虑企业是否继续涉入该部分已转移金融资产，并按照本章对于已整体终止确认但转出方继续涉入已转移金融资产的披露要求进行披露。对于剩余60%部分的金融资产，无论是在以上哪种假设情况下，都不涉及金融资产的转移，因而也无需按照本章进行披露。

（三）已整体终止确认但转出方继续涉入已转移金融资产的披露

在很多情况下，如果企业对于已转移的金融资产仍然继续涉入，则可能意味着该金融资产转移不满足终止确认的条件。但有时也存在尽管企业继续涉入已转移的金融资产，但是该金融资产仍满足整体终止确认条件的情况。例如，附带转入方持有重大价外看跌期权（或转出方持有重大价外看涨期权）的金融资产出售，由于期权为重大价外期权，致使到期时或到期前行权的可能性极小，可以认定企业已经转移了该项金融资产所有权上几乎所有的风险和报酬，应当终止确认这一金融资产。但是由于期权的存在形成了企业对该金融资产的继续涉入。

对于已整体终止确认但转出方继续涉入已转移金融资产的，企业应当至少按照类别披露下列信息：

1. 因继续涉入确认的资产和负债的账面价值和公允价值，以及在资产负债表中对应的项目。

2. 因继续涉入导致企业发生损失的最大风险敞口及确定方法。

3. 应当或可能回购已终止确认的金融资产需要支付的未折现现金流量（如期权协议中的行权价格）或其他应向转入方支付的款项，以及对这些现金流量或款项的到期期限分析。如果到期期限可能为一个区间，应当以企业必须或可能支付的最早日期为依据归入相应的时间段。到期期限分析应当分别反映企业应当支付的现金流量（如远期合同）、企业可能支付的现金流量（如签出看跌期权）以及企业可选择支付的现金流量（如购入看涨期权）。在现金流量不固定的情形下，上述金额应当基于每个资产负债表日的情况披露。

4. 对上述第1项至第3项定量信息的解释性说明，包括对已转移金融资产、继续涉入的性质和目的，以及企业所面临风险的描述等。其中，对企业所面临风险的描述包括下列各项：①企业对继续涉入已终止确认金融资产的风险进行管理的方法；②企业是否应先于其他方承担有关损失，以及先于本企业承担损失的其他方应承担损失的顺序及金额；③企业向已转移金融资产提供财务支持或回购该金融资产的义务的触发条件。

5. 金融资产转移日确认的利得或损失，以及因继续涉入已终止确认金融资产当期和累计确认的收益或费用（如衍生工具的公允价值变动）。

6. 终止确认产生的收款总额在本期分布不均衡的（例如大部分转移金额在临近报告期末发生），企业应当披露本期最大转移活动发生的时间段、该段期间所确认的金额（如相关利得或损失）和收款总额。

企业在披露上述信息时，应当按照其继续涉入面临的风险敞口类型分类汇总披露。例如，企业可按金融工具类别（如附担保或看涨期权继续涉入方式）或转让类型（如应收账款保理、证券化和融券）分类汇总披露。企业对某项终止确认的金融资产存在多种继续涉入方式的，可按其中一类汇总披露。

对于上述第 1 项至第 3 项的披露要求，企业可以参考表 38 – 35 和表 38 – 36 进行披露。

表 38 – 35　　单位：万元

继续涉入的类型	因继续涉入确认的资产和负债的账面价值			因继续涉入确认的资产和负债的公允价值		损失的最大风险敞口	回购已转移（已终止确认）资产需要支付的未折现现金流量
	以公允价值计量且其变动计入当期损益的金融资产	以公允价值计量且其变动计入其他综合收益的金融资产	以公允价值计量且其变动计入当期损益的金融负债	资产	负债		
签出的看跌期权			（×）		（×）	×	（×）
购入的看涨期权	×			×			（×）
融券业务			（×）	×	（×）	×	（×）
……							
合计	×		（×）	×	（×）	×	

表 38-36　回购已转移金融资产需要支付的未折现现金流量　单位：万元

继续涉入的类型	继续涉入的到期期限							
	合计	1 个月之内	1~3 个月	3~6 个月	6 个月~1 年	1~3 年	3~5 年	5 年以上
签出的看跌期权	×		×	×	×	×		
购入的看涨期权	×			×	×	×		×
融券业务	×	×	×					

企业按照上述第 3 项披露到期期限时，应当合理确定适当数量的时间段。

企业按照上述第 5 项披露相关的终止确认利得或损失时，应当披露利得或损失是否是由于该资产各组成部分（例如终止确认的部分和企业保留的部分）的公允价值和该资产整体的公允价值不同造成。如果是，企业还应披露该资产的公允价值计量是否包含可观察市场数据以外的重大输入值。

十二、衔接规定

（一）首次执行企业会计准则

在首次执行日，对于发行的包含负债和权益成分的非衍生金融工具，应当按照该负债在首次执行日的公允价值作为其初始确认金额，再按该复合金融工具公允价值扣除负债成分公允价值后的金额，作为权益成分的初始确认金额，但负债成分的公允价值难以合理确定的除外。

除上述外，企业在首次执行日均采用未来适用法进行处理。

（二）金融工具列报准则转换

自金融工具列报准则施行日（以下简称施行日）起，企业应当按照本章的规定列报金融工具相关信息。企业比较财务报表列报的信息与本章规定不一致的，不需要按照本章的规定进行调整。

企业在《企业会计准则第 22 号——金融工具确认和计量》（财会〔2017〕7 号，以下简称新 CAS22）、《企业会计准则第 23 号——金融资产转移》（财会〔2017〕8 号）、《企业会计准则第 24 号——套期会计》（财会〔2017〕9 号）施行日，应当披露下列内容：

1. 企业应当在施行日，用表格形式对每一类别的金融资产和金融负债披露下列信息：

（1）执行新 CAS22 之前存在的金融工具的原计量类别和账面价值；

（2）根据新 CAS22 确定的新计量类别和账面价值；

（3）资产负债表中之前被指定为以公允价值计量且其变动计入当期损益但不再作出这一指定的所有金融资产和金融负债的金额，并分别根据新 CAS22 规定作出重分类，以及企业选择在施行日进行重分类两种情况进行披露。

【例 38－38】在施行日，金融资产按照《企业会计准则第 22 号——金融工具确认和计量》（财会〔2006〕3 号，以下简称原 CAS22）和新 CAS22 的规定进行分类和计量结果对比如表 38－37 所示。

表 38－37　　　　单位：百万元

<table>
<tr><th rowspan="2">金融资产类别</th><th colspan="2">原 CAS22</th><th colspan="2">新 CAS22</th></tr>
<tr><th>计量类别</th><th>账面价值</th><th>计量类别</th><th>账面价值</th></tr>
<tr><td>现金及存放中央银行款项</td><td>摊余成本（贷款和应收款项）</td><td>4 343</td><td>摊余成本</td><td>4 343</td></tr>
<tr><td>存放同业</td><td>摊余成本（贷款和应收款项）</td><td>8 050</td><td>摊余成本</td><td>7 992</td></tr>
<tr><td rowspan="2">客户贷款及垫款</td><td rowspan="2">摊余成本（贷款和应收款项）</td><td rowspan="2">76 520</td><td>摊余成本</td><td>68 992</td></tr>
<tr><td>以公允价值计量且其变动计入当期损益（准则要求）</td><td>6 617</td></tr>
<tr><td>交易性金融资产</td><td>以公允价值计量且其变动计入当期损益（交易性）</td><td>10 880</td><td>以公允价值计量且其变动计入当期损益（准则要求）</td><td>10 880</td></tr>
<tr><td>套期衍生工具</td><td>以公允价值计量且其变动计入当期损益（套期工具）（注）</td><td>1 654</td><td>以公允价值计量且其变动计入当期损益（准则要求）（注）</td><td>1 654</td></tr>
</table>

续表

金融资产类别	原 CAS22		新 CAS22	
	计量类别	账面价值	计量类别	账面价值
证券投资	以公允价值计量且其变动计入其他综合收益（可供出售类资产）	2 678	以公允价值计量且其变动计入其他综合收益	1 228
	摊余成本（贷款和应收款项）	546	摊余成本	2 209
	摊余成本（持有至到期）	1 205		
	以公允价值计量且其变动计入当期损益（指定）	546	以公允价值计量且其变动计入当期损益（指定）	—
	以公允价值计量且其变动计入当期损益（嵌入衍生工具）	12	以公允价值计量且其变动计入当期损益（准则要求）	1 536

注：指定为现金流量套期关系的衍生工具，公允价值变动的有效部分通过其他综合收益计入套期储备，无效部分计入当期损益。

2. 在包含施行日的报告期间内，企业应当披露下列定性信息：

（1）企业应用新 CAS22 对金融资产进行重分类的情况；

（2）金融资产或金融负债在施行日被指定或被取消指定为以公允价值计量且其变动计入当期损益的原因。

3. 对于首次执行新 CAS22 的报告期间，企业应当披露新 CAS22 施行日金融资产和金融负债分类的变化，并分别列示：

（1）在重分类前计量类别下的账面价值变动；

（2）因采用新 CAS22 而产生的计量变更所导致的账面价值变动。

4. 对于企业在施行新 CAS22 的报告期间，因采用重分类为以摊余成本计量的金融资产或金融负债，或者将以公允价值计量且其变动计入当期损益的金融资产重分类为以公允价值计量且其变动计入其他综合收益的金融资产，应当披露下列信息：

（1）金融资产或金融负债在报告期末的公允价值；

（2）若金融资产或金融负债未作出重分类，应在报告期内计入当期损益或其他综合收益的公允价值变动金额。

在企业施行新 CAS22 的年度报告期间之后，无需提供本段所规定的披露。

5. 对于企业在施行新 CAS22 的报告期间，因将以公允价值计量且其变动计入当期损益类别的金融资产和金融负债重分类为其他类别时，企业应当披露下列信息：

（1）在施行日确定的实际利率；

（2）已确认的利息收入或费用。

如果企业根据新CAS22将金融资产或金融负债的公允价值作为施行日的新账面余额或新摊余成本，则应在直至终止确认之前（含终止确认时）的每一报告期间进行上述披露。

6. 企业在按照上述第3项至第5项进行披露时，一般无需重述前期报告。企业只有在仅根据重述期间所获取的信息就能重述前期报告的情况下（即重述不依赖于重述期间的后续期间所获取的信息），才可以重述。如果企业不进行重述，则应当将原账面价值和施行日所属的年度报告期间期初账面价值之间的差额确认为该期间的期初留存收益或其他综合收益。但是如果企业进行重述，重述的财务报告必须遵循新CAS22的所有要求。

7. 企业在按照上述第3项至第5项进行披露时，以及披露相关金融资产和金融负债的公允价值并与账面价值进行比较时，必须提供下列两项在施行日前后的对照信息：

（1）列报的计量类别；

（2）金融工具的类别。

【例38－39】 在施行日，原金融资产账面价值调整为新金融资产账面价值的调节表如表38－38所示。

表38－38　　单位：百万元

项目	附注	按原CAS 22列示的账面价值	重分类	重新计量	按新CAS 22列示的账面价值
摊余成本					
现金及存放中央银行款项					
按原CAS 22列示的余额和按新CAS 22列示的余额		4 343			4 343
存放同业					
按原CAS 22列示的余额		8 050			

续表

项目	附注	按原 CAS 22 列示的账面价值	重分类	重新计量	按新 CAS 22 列示的账面价值
重新计量：预期信用损失准备				（58）	
按新 CAS 22 列示的余额					7 992
客户贷款及垫款					
按原 CAS 22 列示的余额		76 520			
减：转出至以公允价值计量且其变动计入当期损益（新 CAS 22）			（6 541）		
重新计量：预期信用损失准备				（987）	
按新 CAS 22 列示的余额					68 992
证券投资——摊余成本					
按原 CAS 22 列示的余额		546			
减：转出至以公允价值计量且其变动计入当期损益（新 CAS 22）			（102）		
重新计量：预期信用损失准备				（4）	
加：自持有至到期金融资产（原 CAS 22）转入			1 205		
重新计量：预期信用损失准备				（10）	
加：自可供出售类（原 CAS 22）转入			341		
重新计量：由公允价值计量变为摊余成本计量				（1）	
加：自指定为以公允价值计量且其变动计入当期损益（原 CAS 22）转入			236		
重新计量：由公允价值计量变为摊余成本计量				（2）	
按新 CAS 22 列示的余额					2 209
证券投资——持有至到期					
按原 CAS 22 列示的余额		1 205			
减：转出至摊余成本（新 CAS 22）			（1 205）		

续表

项目	附注	按原 CAS 22 列示的账面价值	重分类	重新计量	按新 CAS 22 列示的账面价值
按新 CAS 22 列示的余额					—
以摊余成本计量的总金融资产		90 664	（6 066）	（1 062）	83 536
以公允价值计量且其变动计入当期损益					
交易性金融资产					
按原 CAS 22 列示的余额和按新 CAS 22 列示的余额		10 880			10 880
客户贷款及垫款					
按原 CAS 22 列示的余额		—			
加：自摊余成本（原 CAS 22）转入			6 541		
重新计量：由摊余成本计量变为公允价值计量				76	
按新 CAS 22 列示的余额					6 617
证券投资——以公允价值计量且其变动计入当期损益（按照要求必须分类为此）					
按原 CAS 22 列示的余额		12			
加：自可供出售类（原 CAS 22）转入			1 109		
加：自摊余成本（原 CAS 22）转入			102		
重新计量：由摊余成本计量变为公允价值计量				3	
加：自指定为以公允价值计量且其变动计入当期损益（原 CAS 22）转入			310		
按新 CAS 22 列示的余额					1 536

续表

项目	附注	按原 CAS 22 列示的账面价值	重分类	重新计量	按新 CAS 22 列示的账面价值
证券投资——以公允价值计量且其变动计入当期损益（指定）					
按原 CAS 22 列示的余额		546			
减：转出至按照要求必须分类为以公允价值计量且其变动计入当期损益（新 CAS 22）			（310）		
减：转出至摊余成本（新 CAS 22）			（236）		
按新 CAS 22 列示的余额					—
套期衍生工具（注）					
按原 CAS 22 列示的余额和按新 CAS 22 列示的余额		1 654			1 654
以公允价值计量且其变动计入当期损益的总金融资产		13 092	7 516	79	20 687
以公允价值计量且其变动计入其他综合收益					
证券投资——以公允价值计量且其变动计入其他综合收益（债务工具）					
按原 CAS 22 列示的余额		—			
加：自可供出售类（原 CAS 22）转入			778		
按新 CAS 22 列示的余额					778
证券投资——以公允价值计量且其变动计入其他综合收益（权益工具投资）					
按原 CAS 22 列示的余额		—			

续表

项目	附注	按原 CAS 22 列示的账面价值	重分类	重新计量	按新 CAS 22 列示的账面价值
加：自可供出售类（原 CAS 22）转入——指定			450		
按新 CAS 22 列示的余额					450
证券投资——可供出售金融资产					
按原 CAS 22 列示的余额		2 678			
减：转出至按照要求必须分类为以公允价值计量且其变动计入当期损益（新 CAS 22）			(1 109)		
减：转出至摊余成本（新 CAS 22）			(341)		
减：转出至以公允价值计量且其变动计入其他综合收益 ——权益工具投资			(450)		
减：转出至以公允价值计量且其变动计入其他综合收益 ——债务工具			(778)		
按新 CAS 22 列示的余额					—
以公允价值计量且其变动计入其他综合收益的总金融资产		2 678	(1 450)	—	1 228

注：指定为现金流量套期关系的衍生工具，公允价值变动的有效部分通过其他综合收益计入套期储备，无效部分计入当期损益。

8. 在新 CAS22 施行日，企业需要披露对下列两项进行调节的信息：

（1）根据原 CAS22 的相关规定计量的期末损失准备和根据第十四章或有事项计提的准备；

（2）根据新 CAS22 确定的期初损失准备。

对于金融资产，企业应当按照施行日前后的计量类别分别提供上述披露，并且应单独列示计量类别的变化对施行日损失准备的影响。

【例 38－40】 在施行日，原金融资产减值准备期末金额调整为按照新 CAS22 的规定进行分类和计量的新损失准备的调节表如表 38－39 所示。

表 38－39 单位：百万元

计量类别	按原 CAS 22 计提损失准备/按第十四章或有事项确认的预计负债	重分类	重新计量	按新 CAS 22 计提损失准备
贷款和应收款项（原 CAS 22）/以摊余成本计量的金融资产（新 CAS 22）				
现金及存放中央银行款项	—	—	—	—
存放同业	—	—	58	58
客户贷款及垫款	3 001	（65）	987	3 923
证券投资	—	—	7	7
总计	3 001	（65）	1 052	3 988
持有至到期（原 CAS 22）/以摊余成本计量的金融资产（新 CAS 22）				
证券投资	—	—	10	10
可供出售金融工具（原 CAS 22）/以公允价值计量且其变动计入其他综合收益的金融资产（新 CAS 22）				
证券投资	—	—	1	1
贷款承诺和财务担保合同				
贷款承诺准备	—	—	10	10
财务担保准备	—	—	65	65
总计	3 001	（65）	1 138	4 074

9. 在新 CAS22 施行日所属的报告期间内，企业无需披露根据原 CAS22 的分类和计量要求对本期项目进行列报的金额，也无需披露根据新 CAS22 的分类和计量要求对前期项目进行列报的金额。

10. 如果企业按照新 CAS22 的规定，在评估金融资产合同现金流量特征时不考虑关于时间价值要素修正的规定，则在该金融资产终止确认之前，企业均应披露该金融资产在资产负债表日的账面价值。

11. 如果企业按照新 CAS22 的规定，在评估金融资产合同现金流量特征时不考虑关于提前还款特征的规定，则在该金融资产终止确认之前，企业均应披露该金融资产在资产负债表日的账面价值。

第三十九章　公允价值计量

一、总体要求

《企业会计准则第 39 号——公允价值计量》（以下简称公允价值计量准则）明确了公允价值的定义，规定了统一的公允价值计量要求，并规范了公允价值相关信息的披露。

公允价值计量准则主要规范企业应当如何计量相关资产或负债的公允价值，以及应当披露哪些公允价值相关信息，但企业是否应当以公允价值计量相关资产或负债、何时进行公允价值计量、公允价值变动应当计入当期损益还是其他综合收益等会计处理问题，由要求或允许企业采用公允价值进行计量或披露的其他相关会计准则规范。

公允价值，是指市场参与者在计量日发生的有序交易中，出售一项资产所能收到或者转移一项负债所需支付的价格，即脱手价格。企业应当严格按照公允价值定义对相关资产或负债进行公允价值计量。在计量日，企业无论是否能够观察到相关资产或负债的交易价格或者其他市场信息（如类似资产或负债的报价、市场利率或其他输入值等），其公允价值计量的目标应当保持一致，即估计市场参与者在计量日的有序交易中出售一项资产或者转移一项负债的价格。

本章的计量要求适用于相关资产或负债的初始计量和后续计量。企业应当从市场参与者角度计量相关资产或负债的公允价值，而不应考虑企业自身持有资产、清偿或者以其他方式履行负债的意图和能力。企业以公允价值计量相关资产或负债，应当假定计量日出售资产或转移负债的有序交易发生在主要市场（或者在不存在主要市场情况下的最有利市场）中，并使用在当前情况下适用且有足够可利用数据和其他信息支持的估值技术，如市场法、收益法和成本法等。企业应当优先使用相同资产或负债在活跃市场的公开报价（第一层次输入值），其次使用相关资产或负债直接或间接可观察的输入值（第二层次输入值），最后再使用不可观察输入值（第三层次输入值）。企业应当根据对公允价值计量整体而言具有重要意义的输入值所属的最低层次，将公允价值计量划分为三个层次。

企业以公允价值计量非金融资产，还应当考虑该非金融资产的最佳用途和估值前提。企业以公允价值计量负债（包括金融负债和非金融负债）、企业自身权益工具，应当假定该负债、企业自身权益工具在计量日转移给市场参与者，而非与对方结清或以其他方式消除该负债或企业自身权益工具，并考虑不履约风险。企业以公允价值计量市场风险或信用风险可抵销的金融资产和金融负债，应当基于市场参与者在计量日有序交易中出售净多头（即资产）或转移净空头（即负债）的价格。

企业披露相关资产或负债的公允价值信息，应当对资产或负债进行恰当分组，区分持续的公允价值计量和非持续的公允价值计量，并按照公允价值计量的三个层次进行披露。企业应当披露公允价值计量所使用的估值技术和输入值，以及重大不可观察输入值在持续的公允价值计量中对当期损益或其他综合收益的影响，以使财务报表使用者合理评价公允价值相关信息。

二、适用范围

企业应当遵循本章的要求对相关资产或负债的公允价值进行计量和披露。但企业对哪些资产或负债采用公允价值计量，见其他相关章的要求。

对于第二章存货规范的可变现净值、第九章资产减值规范的预计未来现金流量现值等与公允价值类似的其他计量属性、股份支付业务以及租赁业务等，企业应当遵循其他相关章的要求进行计量和披露。

对于以公允价值减去处置费用后的净额确定可收回金额的资产、职工离职后福利计划资产、企业年金基金投资等，企业应当遵循本章的要求进行计量，但应当按照其他相关章的要求对这些资产进行披露。

三、应设置的相关会计科目和主要账务处理

企业对公允价值计量的会计处理，一般需要设置下列会计科目。

（一）“公允价值变动损益”

1. 本科目核算企业以公允价值计量且其变动计入当期损益的金融资产（以下简称交易性金融资产）、交易性金融负债，以及采用公允价值模式计量的投资性房地产、衍生工具、套期业务等公允价值变动形成的应计入当期损益

的利得或损失。

企业开展套期业务的，有效套期关系中套期工具或被套期项目的公允价值变动，也可以单独设置“套期损益”科目核算。

2. 本科目可按交易性金融资产、交易性金融负债、投资性房地产等进行明细核算。

3. 公允价值变动损益的主要账务处理。

（1）资产负债表日，企业应按交易性金融资产的公允价值高于其账面余额的差额，借记“交易性金融资产——公允价值变动”科目，贷记本科目；公允价值低于其账面余额的差额做相反的会计分录。

出售交易性金融资产时，应按实际收到的金额，借记“银行存款”、“存放中央银行款项”、“结算备付金”等科目，按该金融资产的账面余额，贷记“交易性金融资产”科目，按其差额，借记或贷记“投资收益”科目。

（2）资产负债表日，交易性金融负债的公允价值高于其账面余额的差额，借记本科目，贷记“交易性金融负债”等科目；公允价值低于其账面余额的差额做相反的会计分录。

处置交易性金融负债，应按该金融负债的账面余额，借记“交易性金融负债”科目，按实际支付的金额，贷记“银行存款”、“存放中央银行款项”、“结算备付金”等科目，按其差额，贷记或借记“投资收益”科目。

（3）采用公允价值模式计量的投资性房地产、衍生工具、套期工具、被套期项目等形成的公允价值变动，按照“投资性房地产”、“衍生工具”、“套期工具”、“被套期项目”等科目的相关规定进行处理。

4. 期末，应将本科目余额转入“本年利润”科目，结转后本科目无余额。

（二）“其他综合收益”

1. 本科目核算企业未在当期损益中确认的利得或损失。

2. 本科目可按其他债权投资公允价值变动、其他权益工具投资公允价值变动、投资性房地产公允价值变动、信用减值准备、指定以公允价值计量且其变动计入当期损益的金融负债公允价值变动中由企业自身信用风险变动引起的公允价值变动等进行明细核算。

3. 其他综合收益的主要账务处理。

（1）资产负债表日，分类为以公允价值计量且其变动计入其他综合收益的金融资产的公允价值高于其账面余额的差额，借记“其他债权投资——公允价值变动”科目，贷记本科目；公允价值低于其账面余额的差额做相反的会计分录。

分类为以公允价值计量且其变动计入其他综合收益的金融资产发生减值的，应按减记的金额，借记“信用减值损失”科目，贷记本科目。

出售分类为以公允价值计量且其变动计入其他综合收益的金融资产，应按实际收到的金额，借记“银行存款”等科目，按其账面余额，贷记“其他债权投资——成本”、“其他债权投资——应计利息”科目，贷记或借记“其他债权投资——公允价值变动”、“其他债权投资——利息调整”科目，借记或贷记本科目，按其差额，贷记或借记“投资收益”科目。

（2）资产负债表日，指定为以公允价值计量且其变动计入其他综合收益的非交易性权益工具投资的公允价值高于其账面余额的差额，借记“其他权益工具投资——公允价值变动”科目，贷记本科目；公允价值低于其账面余额的差额做相反的会计分录。

出售指定为以公允价值计量且其变动计入其他综合收益的非交易性权益工具投资，应按实际收到的金额，借记“银行存款”等科目，按其账面余额，贷记“其他权益工具投资——成本”科目，借记或贷记“其他权益工具投资——公允价值变动”科目，按应从其他综合收益中转出的公允价值累计变动额，借记或贷记本科目，贷记或借记“利润分配——未分配利润”等科目。

（3）资产负债表日，指定为以公允价值计量且其变动计入当期损益的金融负债公允价值变动中由企业自身信用风险变动引起的公允价值变动，借记或贷记“交易性金融负债”科目，贷记或借记本科目。

指定为以公允价值计量且其变动计入当期损益的金融负债终止确认时，按应从其他综合收益中转出的公允价值累计变动额，借记或贷记本科目，贷记或借记“利润分配——未分配利润”等科目。

（4）将作为存货或自用的房地产转换为采用公允价值模式计量的投资性房地产、处置采用公允价值模式计量的投资性房地产等形成的其他综合收益变动，按照“投资性房地产”等科目的相关规定进行处理。

4. 本科目期末余额，反映企业其他综合收益的期末余额。

四、公允价值计量的基本要求

（一）相关资产或负债

本章中相关资产或负债，是指其他相关章要求或允许企业以公允价值计量的资产或负债，也包括企业自身权益工具。例如，第四章投资性房地产规范的采用公允价值模式进行后续计量的投资性房地产，第六章生物资产中规范的采用公允价值进行后续计量的生物资产，第九章资产减值规范的使用公允价值确定可收回金额的资产，第十一章企业年金基金规范的以公允价值计量的企业年金基金投资，第十六章政府补助规范的以非货币性资产形式取得的政府补助，第二十章企业合并规范的非同一控制下企业合并中取得的可辨认资产和负债以及作为合并对价发行的权益工具，第二十二章金融工具确认和计量规范的以公允价值计量且其变动计入当期损益的金融资产或金融负债以及以公允价值计量且其变动计入其他综合收益的金融资产等。

企业以公允价值计量相关资产或负债，应当考虑该资产或负债的特征以及该资产或负债是以单项还是以组合的方式进行计量等因素。

1. 相关资产或负债的特征。

企业以公允价值计量相关资产或负债，应当考虑该资产或负债所具有的特征，例如，资产的状况及所在位置、出售或使用资产的限制等。如果市场参与者在计量相关资产或负债公允价值时会考虑这些资产或负债的特征，企业在计量该资产或负债公允价值时，也应当考虑这些特征因素。

(1) 资产状况和所在位置。市场参与者以公允价值计量一项非金融资产时，通常会考虑该资产的地理位置和环境、使用功能、结构、新旧程度、可使用状况等。因此，企业计量其公允价值时，也应考虑这些特征，对类似资产的可观察市场价格或其他交易信息进行调整，以确定该资产的公允价值。

【例 39－1】 2×22 年 1 月 1 日，甲企业将新开发建成的一栋写字楼用于出租，作为投资性房地产核算并采用公允价值模式进行后续计量。2×22 年 12 月 31 日，甲企业根据可获得的市场信息和相关数据，决定参考本地区同一地段的写字楼活跃市场价格，并考虑所处商圈位置、新旧程度、配套设施等因素，对本地区可比写字楼的市场交易价格进行调整，确定该写字楼在 2×22 年 12 月 31 日的公允价值。

(2) 对资产出售或使用的限制。企业以公允价值计量相关资产，应当考虑出售或使用该资产所存在的限制因素。企业为合理确定相关资产的公允价值，应当区分该限制是针对资产持有者的，还是针对该资产本身的。

如果该限制是针对相关资产本身的，那么此类限制是该资产具有的一项特征，任何持有该资产的企业都会受到影响，市场参与者在计量日对该资产进行定价时会考虑这一特征。因此，企业以公允价值计量该资产，应当考虑该限制特征。企业可以通过假定在特殊情况下将该资产转让给另外一方时该限制是否会“传递”至转入方来判断该限制是针对资产持有者还是针对该资产本身。如果该限制会“传递”至转入方，则表明该限制针对资产本身，如果该限制不会“传递”至转入方，则表明该限制针对资产持有人。

【例 39－2】 某上市公司的限售股在指定期间内无法在公开市场上出售。市场参与者在对该上市公司限售股进行定价时将会考虑该权益工具流动性受限的因素。因此，企业以公允价值计量该权益工具时，应当对在公开市场上交易的同一发行人的未受限制的相同权益工具的报价作出相应调整，即从报价中扣除市场参与者因承担指定期间内无法在公开市场上出售该权益工具的风险而要求获得补偿的金额。

【例 39－3】 某企业通过出让方式取得了一块土地，使用年限为 50 年。在土地使用权出让合同中，这块土地的用途被限定为工业用地。根据有关法律法规的要求，在未完成相关审批程序前，企业持有该土地使用权期间，不可以擅自改变其土地用途。企业在土地使用年限（50 年）内将该土地使用权转让给其他方的，受让方也不能擅自改变该土地用途。

本例中，限定为工业用地是此块土地本身的特征。即使企业转让该土地，作为受让方的市场参与者也不能擅自改变用途，在以公允价值计量该土地时需考虑这一特征。因此，企业在对该土地进行公允价值计量时，应当考虑土地使用用途受限的影响。

如果该限制是针对资产持有者的，那么此类限制并不是该资产的特征，只会影响当前持有该资产的企业，而其他企业不会受到该限制的影响，市场参与者在计量日对该资产进行定价时不会考虑该限制因素。因此，企业以公允价值计量该资产时，也不应考虑针对该资产持有者的限制因素。

【例 39－4】 甲公司与某商业银行签订一份借款合同。根据借款合同规定，甲公司将其持有的一块土地使用权作为抵押，在偿还该债务前，甲公司不能转让该土地使用权。

本例中，甲公司承诺在偿还该商业银行借款前不转让其持有的该土地使用权，该承诺是针对甲公司的限制，而非针对甲公司所持有的土地使用权，并不会转移给其他市场参与者。因此，甲公司在确定其持有的该土地使用权的公允价值时，不应考虑该限制。

2. 计量单元。

企业以公允价值计量相关资产或负债，该资产或负债可以是单项资产或负债（如一台机器设备、一项专利权或者一项金融负债），也可以是资产组合、负债组合或者资产和负债的组合（如由多台设备构成的一条生产线、第二十章企业合并规范的业务等）。

企业是以单项还是以组合的方式对相关资产或负债进行公允价值计量，取决于该资产或负债的计量单元。计量单元，是指相关资产或负债以单独或者组合方式进行计量的最小单位。企业在确认相关资产或负债时就已经确定了该资产或负债的计量单元。因此，企业以公允价值计量相关资产或负债，应当按照第九章资产减值、第二十二章金融工具确认和计量、第二十章企业合并等其他章规定的计量单元进行计量。

例如，甲公司拥有一台大型设备，主要用于生产医疗器械。2×22 年，该设备生产的医疗器械的销售量大幅下降。2×22 年 12 月 31 日，甲公司对该设备进行减值测试。按照第九章资产减值的有关规定，甲公司能够在期末确定该设备可收回金额的，计量单元则为该设备这一单项资产，否则，甲公司应将该设备所属的资产组作为一个计量单元，以确定该资产组的可收回金额。

对于市场风险或信用风险可抵销的金融资产、金融负债和其他合同，在符合本章要求的情况下，企业可以将该金融资产、金融负债和其他合同的组合作为计量单元。

（二）有序交易

企业以公允价值计量相关资产或负债，应当假定市场参与者在计量日出售资产或者转移负债的交易是当前市场情况下的有序交易。企业应用于相关资产或负债公允价值计量的有序交易，是在计量日前一段时期内该资产或负债具有惯常市场活动的交易，不包括被迫清算和抛售。

1. 相关资产或负债有序交易的识别。

企业在确定一项交易是否为有序交易时，应当全面理解交易环境和有关事实。企业应当基于可获取的信息，如市场环境变化、交易规则和习惯、价格波动幅度、交易量波动幅度、交易发生的频率、交易对手信息、交易原因、交易场所和其他能够获得的信息，运用专业判断对交易行为和交易价格进行分析，以判断该交易是否为有序交易。

企业不必为确定一项交易是否为有序交易而不计成本，但不能忽视可合理获得的信息。当企业成为交易一方时，通常假定该企业有充分的信息来判断该交易是否为有序交易。

当企业遇到下列情况时，相关资产或负债的交易活动通常不应作为有序交易：

（1）在当前市场情况下，市场在计量日之前一段时间内不存在相关资产或负债的惯常市场交易活动。

（2）在计量日之前，相关资产或负债存在惯常的市场交易，但资产出售方或负债转移方仅与单一的市场参与者进行交易。

（3）资产出售方或负债转移方处于或者接近于破产或托管状态，即资产出售方或负债转移方已陷入财务困境。

（4）资产出售方为满足法律或者监管规定而被要求出售资产，即被迫出售。

（5）与相同或类似资产或负债近期发生的其他交易相比，出售资产或转移负债的价格是一个异常值。

2. 相关资产或负债有序交易价格的应用。

企业判定相关资产或负债的交易是有序交易的，应当以该交易价格为基础确定该资产或负债的公允价值。企业在公允价值计量过程中赋予有序交易价格的权重时，应当考虑交易量、交易的可比性、交易日与计量日的临近程度等因素。

企业判定相关资产或负债的交易不是有序交易的，在以公允价值计量该资产或负债时，不应考虑该交易的价格，或者应赋予该交易价格较低权重。

企业根据现有信息不足以判定该交易是否为有序交易的，在以公允价值计量该资产或负债时，应当考虑该交易的价格，但不应将该交易价格作为计量公允价值的唯一依据或者主要依据。相对于其他已知的有序交易价格，企业应赋予该交易较低权重。

（三）主要市场或最有利市场

企业以公允价值计量相关资产或负债，应当假定出售资产或者转移负债的有序交易在该资产或负债的主要市场进行。不存在主要市场的，企业应当假定该交易在相关资产或负债的最有利市场进行。

主要市场，是指相关资产或负债交易量最大和交易活跃程度最高的市场。最有利市场，是指在考虑交易费用和运输费用后，能够以最高金额出售相关资产或者以最低金额转移相关负债的市场。

1. 主要市场或最有利市场的识别。

企业根据可合理取得的信息，能够在交易日确定相关资产或负债交易量最大和交易活跃程度最高的市场的，应当将该市场作为相关资产或负债的主要市场。

企业根据可合理取得的信息，无法在交易日确定相关资产或负债交易量最大和交易活跃程度最高的市场的，应当在考虑交易费用和运输费用后，能够以最高金额出售该资产或者以最低金额转移该负债的市场作为最有利市场。

企业在识别相关资产或负债的主要市场（或者在不存在主要市场情况下的最有利市场）时，应当考虑所有可以合理取得的信息，但不必不计成本地考察所有可能的市场。通常情况下，如果不存在相反的证据，企业正常进行资产出售或者负债转移的市场可以视为主要市场或最有利市场。

相关资产或负债的主要市场（或者在不存在主要市场情况下的最有利市场）应当是企业可进入的市场，但不要求企业于计量日在该市场上实际出售资产或者转移负债。企业应当从自身角度，而非市场参与者角度，判定相关资产或负债的主要市场（或者在不存在主要市场情况下的最有利市场）。

不同的企业可以进入不同的市场，对相同资产或负债而言，不同企业可能具有不同的主要市场（或者在不存在主要市场情况下的最有利市场）。例如，某企业与银行签订了一项初始交易价格为零的利率互换。该企业只能进入利率互换的零售市场，而银行则能够同时进入利率互换的零售市场和做市商市场，并且其主要业务发生在做市商市场。因此，该企业与银行存在不同的主要市场，该企业应当以零售市场为主要市场，该银行应当以做市商市场为主要市场。

2. 主要市场或最有利市场的应用。

企业应当以主要市场上相关资产或负债的价格为基础，计量该资产或负债的公允价值。主要市场是资产或负债流动性最强的市场，能够为企业提供最具代表性的参考信息。因此，无论相关资产或负债的价格能够直接从市场观察到，还是通过其他估值技术获得，企业都应当以主要市场上相关资产或负债的价格为基础，计量该资产或负债的公允价值。即使企业能够于计量日在主要市场以外的另一个市场上，获得更高的出售价格或更低的转移价格，企业也仍应当以主要市场上相关资产或负债的价格为基础，计量该资产或负债的公允价值。

不存在主要市场或者无法确定主要市场的，企业应当以相关资产或负债最有利市场的价格为基础，计量其公允价值。企业在确定最有利市场时，应当考虑交易费用、运输费用等。

交易费用不属于相关资产或负债的特征，只与特定交易有关，取决于企业参与该资产或负债交易的不同方式（例如，零售交易或者批发交易，交易所交易或者场外交易等）。交易费用是指企业发生的可直接归属于资产出售或者负债转移的不可避免的费用。交易费用直接由交易引起，并且是企业进行交易所必需的，如果企业不出售资产或转移负债，则该费用不会产生。企业应当根据其他章对交易费用进行会计处理。

企业在根据主要市场或最有利市场的交易价格确定相关资产或负债的公允价值时，不应根据交易费用对该价格进行调整。例如，甲企业委托某证券公司于 2×22 年 12 月 1 日购买某上市公司 100 万股普通股股票，作为交易性金融资产持有。2×22 年 12 月 1 日，该上市公司股票价格为每股 10 元。甲企业共支付 1 002 万元，其中 2 万元是支付给证券公司的手续费。甲公司在 2×22 年 12 月 1 日初始确认该交易性金融资产时，每一股股票的公允价值应当是 10 元，而不是 10.02 元。

交易费用不包括运输费用。相关资产所在地理位置是该资产的特征，企业应当根据使该资产从当前位置转移到主要市场（或者在不存在主要市场情况下的最有利市场）的运输费用调整主要市场（或者在不存在主要市场情况下的最有利市场）的价格。

【例 39－5】 2×22 年 12 月 31 日，甲公司在非同一控制下的企业合并业务中获得 100 吨原材料。在购买日，甲公司应当以公允价值计量该批原材料。根据市场交易情况，该原材料分别在乙城市和丙城市有活跃的交易市场。甲公司能够进入这两个市场，并能够取得该原材料在这两个市场的交易数据，如表 39－1 所示。

表 39－1　　2×22 年 12 月 31 日该原材料的市场交易数据

市场	销售价格（万元/吨）	历史交易量（万吨）
乙城市	26	980
丙城市	28	20

甲公司根据市场交易数据能够确定乙城市的市场拥有最大交易量、交易活跃程度最高，判定乙城市的市场为该原材料的主要市场。因此，甲公司应当以乙城市的市场价格为基础估计该批原材料的公允价值。

假定在乙城市的市场出售该批原材料的交易费用（如相关税费等）为 300 万元，将该批原材料运抵乙城市的成本为 20 万元；在丙城市的市场出售该批原材料的交易费用为 320 万元，将该批原材料运抵丙城市的成本为 40 万元。

甲公司在估计该批原材料的公允价值时，应当使用在主要市场中出售该原材料将收到的价格（26 万元），并考虑运输费用，但不考虑交易费用。因此，该批原材料的公允价值计量应使用乙城市的市场中的价格（2 600 万元）减去运输费用（20 万元），从而得到该批原材料的公允价值为 2 580 万元。

在本例中，尽管在丙城市的市场上出售该原材料的价格（28 万元）要高于乙城市的市场的价格（26 万元），甲公司也不能以丙城市的市场价格为基础确定该批原材料的公允价值。

【例 39－6】 承上例，如果甲公司无法获得该批原材料在乙城市和丙城市的历史交易量，则甲公司应当在考虑交易费用和运输费用后将能够获得经济利益最大化的市场确定为最有利市场，即在该市场中出售该批原材料收到的净额最高。

由于市场参与者在丙城市的市场中出售该原材料能够收到的净额为 2 440 万元（2 800－320－40），高于在乙城市的市场出售该原材料能够收到的净额 2 280 万元（2 600－300－20），因此，在甲公司无法确定主要市场情况下，丙城市的市场为最有利市场，在估计该批原材料的公允价值时，甲公司应当使用最有利市场的价格，并考虑运输费用，但不考虑交易费用，即使用丙城市的市场中的价格（2 800 万元）减去运输费用（40 万元），从而得到该批原材料的公允价值为 2 760 万元。

在本例中，尽管甲公司在确定最有利市场时考虑了交易费用，但在计量该批原材料的公允价值时不考虑交易费用，而仅针对运输费用进行调整。

企业以公允价值计量相关资产或负债，即使在计量日不存在提供出售资产或转移负债价格信息的可观察市场，企业仍应当从持有资产或承担负债的市场参与者的角度进行考虑，并假设当日发生了交易。该假设的交易是估计出售资产或转移负债价格的基础。

（四）市场参与者

企业以公允价值计量相关资产或负债，应当充分考虑市场参与者之间的交易，采用市场参与者在对该资产或负债定价时为实现其经济利益最大化所使用的假设。

1. 市场参与者的特征。

市场参与者，是指在相关资产或负债的主要市场（或者在不存在主要市场情况下的最有利市场）中，相互独立的、熟悉资产或负债情况的、能够且愿意进行资产或负债交易的买方和卖方。市场参与者应当具备下列特征：

（1）市场参与者应当相互独立，不存在第三十七章关联方披露所述的关联方关系。例如，甲公司是乙公司的母公司。2×22 年 12 月 31 日，甲公司与乙公司签订股权转让协议，以每股5元的协议价格受让乙公司持有的某上市公司200万股普通股股票，并作为交易性金融资产持有。当日，该上市公司普通股股票的公开市场报价（收盘价）为每股4.23元。由于甲公司和乙公司之间存在控制与被控制的关系，其签订的股份转让协议价格明显高于公开市场报价，因此，甲、乙公司之间的交易不能作为市场参与者之间的交易，其交易价格不能作为计量相关资产公允价值的基础。但如果企业有证据表明，关联方之间的交易是按市场条款达成的，则关联方之间的交易可以作为市场参与者之间的交易，交易价格可作为公允价值计量的基础。例如，若前述交易中，乙公司以每股4.23元的价格向甲公司转让该上市公司股份，两者之间的交易价格等于计量日公开市场报价，则甲、乙公司之间的交易可作为市场参与者之间的交易，其交易价格能够作为计量相关资产公允价值的基础。

（2）市场参与者应当熟悉情况，根据可获得的信息（包括通过正常的尽职调查获取的信息）对相关资产或负债以及交易具备合理认知。

（3）市场参与者应当有能力并自愿进行相关资产或负债的交易，而非被迫或以其他强制方式进行交易。

2. 市场参与者的确定。

企业在确定市场参与者时，应当考虑所计量的相关资产或负债、该资产或负债的主要市场（或者在不存在主要市场情况下的最有利市场）以及在该市场上与企业进行交易的市场参与者等因素，从总体上识别市场参与者。例如，某一市场参与者愿意为一项业务支付更高的价格，因为该市场参与者能从该业务中获得协同效应，而其他市场参与者无法获得相同的协同效用。企业在确定该业务的公允价值时，不应以该特定市场参与者的报价为基础，而是应当以大多数市场参与者愿意支付的价格为基础。

企业在确定市场参与者时至少应当考虑下列因素：

（1）所计量的相关资产或负债。例如，金融资产的市场参与者与非金融资产的市场参与者之间将存在较大差别。

（2）该资产或负债的主要市场（或者在不存在主要市场情况下的最有利市场）。主要市场（或者在不存在主要市场情况下的最有利市场）是基于企业角度确定的。因此，与企业在同一行业的其他企业有可能是市场参与者，但市场参与者也可能来自其他行业。例如，在计量制造业企业拥有的土地使用权的公允价值时，房地产开发企业也可能作为市场参与者。

（3）企业将在主要市场或最有利市场进行交易的市场参与者。

3. 市场参与者的应用。

企业以公允价值计量相关资产或负债，应当基于市场参与者之间的交易确定该资产或负债的公允价值。如果市场参与者在交易中考虑了相关资产或负债的特征以及相关风险等，并根据这些特征或风险对该资产或负债的交易价格进行了调整，那么，企业也应当采用市场参与者在对该资产或负债定价时所使用的这些假设。

企业应当从市场参与者角度计量相关资产或负债的公允价值，而不应考虑企业自身持有资产、清偿或者以其他方式履行负债的意图和能力。

【例39－7】 甲公司是一家日化企业，取得了竞争对手乙公司100%股权，并对乙公司进行了吸收合并。甲公司决定不再使用乙公司的商标，所有产品统一使用甲公司的商标。乙公司商标声誉良好，对其他企业而言具有价值，能够产生经济利益。甲公司以公允价值计量该商标时，不能因为公司自身放弃使用该商标，就将其公允价值确定为零，而是应当基于将该商标出售给熟悉情况、有意愿且有能力进行交易的其他市场参与者的价格，确定其公允价值。

（五）公允价值初始计量

企业应当根据交易性质和相关资产或负债的特征等，判断初始确认时的公允价值是否与其交易价格相等。企业在取得资产或者承担负债的交易中，交易价格是取得该资产所支付或者承担该负债所收到的价格，即进入价格。而相关资产或负债的公允价值是脱手价格，即出售该资产所能收到的价格或者转移该负债所需支付的价格。

企业未必以取得资产时所支付的价格出售该资产，同样，也未必以承担负债时所收取的价格转移该负债。虽然企业取得资产或承担负债的进入价格不一定等于该资产或负债的脱手价格，但在大多数情况下，相关资产或负债的进入价格等于其脱手价格。例如，在交易日，企业购买一项资产的交易发生在出售该项资产主要市场（或者在不存在主要市场情况下的最有利市场）上的，取得该资产的交易价格与其脱手价格相等。

但在下列情况中，企业以公允价值对相关资产或负债进行初始计量的，不应将取得资产或者承担负债的交易价格作为该资产或负债的公允价值：

（1）关联方之间的交易。但企业有证据表明关联方之间的交易是按照市场条款进行的，该交易价格可作为确定其公允价值的基础。

（2）被迫进行的交易，或者资产出售方（或负债转移方）在交易中被迫接受价格的交易。例如，资产出售方或负债转移方为满足监管或法律的要求而被迫出售资产或转移负债，或者资产出售方或负债转移方正陷于财务困境。

（3）交易价格所代表的计量单元不同于以公允价值计量的相关资产或负债的计量单元。例如，以公允价值计量的相关资产或负债仅是交易（如企业合并）中的一部分，而交易除该资产或负债外，还包括按照其他章应单独计量但未确认的无形资产。

（4）进行交易的市场不是该资产或负债的主要市场（或者在不存在主要市场情况下的最有利市场）。例如，某商业银行是银行间债券市场的做市商，既可以与其他做市商在银行间债券市场进行交易，也可以与客户在交易所市场进行交易，但对于该银行而言，债券交易的主要市场（或者在不存在主要市场情况下的最有利市场）是与其他做市商进行交易的银行间债券市场，交易所市场上的交易价格则有可能不同于银行间债券市场上的交易价格。

其他相关章要求或允许企业以公允价值对相关资产或负债进行初始计量，并且交易价格与公允价值不相等的，交易价格与公允价值的差额应当按照其他相关章的要求进行处理。如果其他相关章对此未作出明确规定的，企业应当将该差额计入当期损益。

（六）估值技术

企业以公允价值计量相关资产或负债，应当使用在当前情况下适用并且有足够可利用数据和其他信息支持的估值技术。企业使用估值技术的目的是估计市场参与者在计量日当前市场情况下的有序交易中出售资产或者转移负债的价格。

估值技术通常包括市场法、收益法和成本法。企业应当根据实际情况从市场法、收益法和成本法中选择一种或多种估值技术，用于估计相关资产或负债的公允价值。本章未规定企业应当优先使用何种估值技术，除非在活跃市场上存在相同资产或负债的公开报价。相关资产或负债存在活跃市场公开报价的，企业应当优先使用该报价确定该资产或负债的公允价值。

企业在应用估值技术估计相关资产或负债的公允价值时，应当根据可观察的市场信息定期校准估值模型，以确保所使用的估值模型能够反映当前市场状况，并识别估值模型本身可能存在的潜在缺陷。

如果企业所使用的估值技术未能考虑市场参与者在对相关资产或负债估值时所考虑的所有因素，那么企业通过该估值技术获得的金额不能作为对计量日当前交易价格的估计。

1. 市场法。

市场法是利用相同或类似的资产、负债或资产和负债组合的价格以及其他相关市场交易信息进行估值的技术。

企业应用市场法估计相关资产或负债公允价值的，可利用相同或类似的资产、负债或资产和负债的组合（如一项业务）的价格和其他相关市场交易信息进行估值。

企业在使用市场法时，应当以市场参与者在相同或类似资产出售中能够收到或者转移相同或类似负债需要支付的公开报价为基础。企业在市场价格或其他相关市场交易信息基础上，应当根据该资产或负债的特征，如当前状况、地理位置、出售和使用的限制等，对相同或类似资产或负债的市场价格进行调整，以确定该资产或负债的公允价值。

【例39－8】2×22年7月1日，甲企业购入乙上市公司100万股普通股股票，共支付500万元，假定不考虑相关税费。甲企业将对乙上市公司的投资作为交易性金融资产持有。2×22年12月31日，乙上市公司普通股股票的收盘价为每股4.8元。甲企业在编制2×22年度财务报表时，采用市场法确定其持有的乙上市公司普通股股票的公允价值。根据乙上市公司普通股股票2×22年12月31日的收盘价，甲企业确定其持有的乙上市公司100万股普通股股票的公允价值为480万元（4.8×100）。

企业在应用市场法时，除直接使用相同或类似资产或负债的公开报价外，还可以使用市场乘数法等估值方法。市场乘数法是一种使用可比企业市场数据估计公允价值的方法，包括上市公司比较法、交易案例比较法等。企业采用上市公司比较法时，可使用的市场乘数包括市盈率、市净率、企业价值/税息折旧及摊销前利润（EV/EBITDA）乘数等。企业应当进行职业判断，考虑与计量相关的定性和定量因素，选择恰当的市场乘数。

【例39－9】甲公司取得乙公司5%的股权并计划长期战略持有，在初始确认该股权投资时将其指定为以公允价值计量且其变动计入其他综合收益的金融资产。乙公司为一家非上市的股份公司，其股票不存在活跃市场的公开报价。2×22年12月31日，甲公司在编制其财务报表时，由于无法获得乙公司股票的公开市场报价，决定采用市场乘数法确定对乙公司股权投资的公允价值。

甲公司根据乙公司所处的行业、规模、经营业绩、风险、成长性等因素，选择了4家可比的上市公司。考虑到可比公司与乙公司之间资本结构和折旧政策存在差异，甲公司选择企业价值/税息折旧及摊销前利润乘数对乙公司进行估值。甲公司通过乙公司的税息折旧及摊销前利润和可比上市公司的企业价值/税息折旧及摊销前利润乘数计算出乙公司的企业价值，然后减去乙公司负债的公允价值，得到调整前的乙公司股东权益价值。甲公司在考虑流动性折价等因素后，得到调整后的乙公司股东权益价值，并根据其持股比例，最终得到所持乙公司5%股权投资的公允价值。

可比上市公司的企业价值/税息折旧及摊销前利润乘数如表39－2所示。

表39－2　可比上市公司企业价值/税息折旧及摊销前利润乘数数据

可比公司	EV/EBITDA 乘数
上市公司A	8.0倍
上市公司B	9.0倍
上市公司C	9.5倍
上市公司D	8.5倍
平均数	8.75倍

2×22年12月31日，假定乙公司税息折旧及摊销前利润为10 000万元。甲公司运用可比上市公司企业价值/税息折旧及摊销前利润乘数的平均数（8.75倍）得到乙公司的企业价值为87 500万元。假定乙公司在2×22年12月31日负债的公允价值是37 500万元。

甲公司根据下列程序（表39－3），确定其所持乙公司5%股权的公允价值为2 250万元。

表39－3　乙公司股权公允价值确定程序　单位：万元

（1）调整前的乙公司股东权益价值	乙公司企业价值－负债公允价值	87 500－37 500＝50 000
（2）流动性折价	该折价反映乙公司股票较可比公司的权益工具具有较低流动性。假定其流动性折价为10%	50 000×10%＝5 000
（3）调整后的乙公司股东权益价值		50 000－5 000＝45 000
（4）甲公司所持乙公司5%股权的公允价值		45 000×5%＝2 250

2. 收益法。

收益法是企业将未来金额转换成单一现值的估值技术。企业使用收益法时，应当反映市场参与者在计量日对未来现金流量或者收入费用等金额的预期。企业使用的收益法包括现金流量折现法、多期超额收益折现法、期权定价模型等估值方法。

(1) 现金流量折现法。现金流量折现法是企业在收益法中最常用到的估值方法，包括传统法（即折现率调整法）和期望现金流量法。

现值是企业运用折现率将未来金额与现在金额联系起来所使用的工具。企业使用现金流量折现法估计相关资产或负债的公允价值时，需要在计量日从市场参与者角度考虑相关资产或负债的未来现金流量、现金流量金额和时间的可能变动、货币时间价值、因承受现金流量固有不确定性而要求的补偿（即风险溢价）、与负债相关的不履约风险（包括企业自身信用风险）、市场参与者在当前情况下可能考虑的其他因素等。

企业采用的现金流量折现法因其中所包含的上述因素的不同而有可能不同。企业以现金流量折现法估计相关资产或负债的公允价值，为避免重复计算或忽略风险因素的影响，折现率与现金流量应当保持一致。例如，企业使用了合同现金流量的，应当采用能够反映预期违约风险的折现率；使用了概率加权现金流量的，应当采用无风险利率；使用了包含通货膨胀影响的现金流量的，应当采用名义折现率；使用了排除通货膨胀影响的现金流量的，应当采用实际利率；使用税后现金流量的，应当采用税后折现率；使用税前现金流量的，应当采用税前折现率；使用人民币现金流量的，应当使用与人民币相关的利率等。

企业在现金流量折现法中所使用的现金流量是估计金额，而非确定的已知金额。当存在违约风险时，即使是合同约定的金额（例如，贷款承诺中约定的贷款金额）也是不确定的，所以，企业使用现金流量折现法时，将面临较多不确定性。

企业在以公允价值计量该资产或负债时应当考虑风险溢价。企业在某些情况下确定合适的风险溢价可能会存在较大的困难，但企业不能仅仅因为难以确定风险溢价而在公允价值计量中不考虑风险调整因素。

根据对风险的调整方式和采用现金流量类型，可以将现金流量折现法区分为两种方法，传统法和期望现金流量法。

①传统法。传统法是使用在估计金额范围内最有可能的现金流量和经风险调整的折现率的一种折现方法。

企业在传统法中所使用的现金流量，包括合同现金流量、承诺现金流量或者最有可能的现金流量等。这些现金流量都以特定事项为前提条件，例如，债券中包含的合同现金流量或承诺现金流量是以债务人不发生违约为前提条件。

企业所使用的经风险调整的折现率，应当来自市场上交易的类似资产或负债的可观察回报率。在不存在可观察的市场回报率情况下，企业也可以使用估计的市场回报率。

【例39－10】2×21年12月31日，甲商业银行从全国银行间债券市场购入乙公司发行的中期票据，将其分类为以公允价值计量且其变动计入其他综合收益的金融资产。该票据的信用评级为AAA，期限为7年，自2×21年12月31日起至2×28年12月31日止。该票据面值为人民币100元，票面年利率为5%，假定起息日为2×21年12月31日，付息日为2×22至2×28年每年的12月31日。乙公司的长期信用评级为AAA。

2×22年12月31日，甲商业银行能够从中央国债登记结算有限责任公司公布的相关收益率曲线确定相同信用评级、相同期限债券的市场回报率为6%。

2×22年12月31日，甲商业银行可根据该中期票据约定的合同现金流量（利息和本金），运用市场回报率进行折现，得到对乙公司中期票据投资的公允价值为1 001万元，如表39－4所示。

表39－4　公允价值计算表　　单位：万元

项目	2×22年	2×23年	2×24年	2×25年	2×26年	2×27年	2×28年	合计
现金流量	50	50	50	50	50	50	1050	
折现率（6%）	1	0.9434	0.8900	0.8396	0.7921	0.7473	0.7050	
现值	50	47.2	44.5	42	39.6	37.4	740.3	1 001

【例39－11】甲公司采用公允价值模式对其拥有的投资性房地产进行后续计量。2×21年12月31日，甲公司将其在某市市中心拥有的一幢写字楼用于出租，租期为2×21年12月31日至2×24年12月31日。该写字楼共五层，总建筑面积为60 000平方米，可出租面积约35 000平方米。考虑到在计量日前一段时间内不存在相同或类似写字楼在活跃市场的交易价格，但类似商业房地产的租赁市场非常活跃，甲公司决定采用收益法中的现金流量折现法估计该写字楼于2×21年12月31日的公允价值，即通过将未来预测期内的现金流量和该写字楼在预测期最后一年的余值用恰当的折现率折现到计量日。

根据市场状况，甲公司采用了下列假设：

（1）预测期。预测期为2×21年12月31日至2×26年12月31日。

(2) 收益期。以计量日至土地使用权终止日之间的期间为收益期，即35年。

(3) 折现率。甲公司通过对该市大量类似商业房地产的市场调查，并考虑评估对象位置、交通便利性以及在营运期内的相关风险（如营运风险、房地产风险、现金流动风险以及其他风险）进行分析和调整，最终确定折现率为9%。

(4) 租金。截至2×24年12月31日，该写字楼带租赁合同运营。因此，甲公司分析租金收益时按租赁期内和租赁期外两种情况考虑，2×22年至2×24年租赁期内采用租赁合同规定的租金，2×25年和2×26年租赁期外采用市场租金。

(5) 费用支出。甲公司预计房产税、财产保险费、土地使用税、营运费用、营销推广费用等占每年租金收入的25%。

甲公司根据上述信息，确定该写字楼于2×21年12月31日的公允价值为91 602万元。具体计算过程如表39－5所示。

表39－5　　写字楼公允价值计算表　　单位：万元

项目	2×22年	2×23年	2×24年	2×25年	2×26年	合计
(1) 总租金收益	12 000	14 000	16 500	17 000	17 500	
(2) 总费用＝(1)×25%	3 000	3 500	4 125	4 250	4 375	
(3) 租金净收益＝(1)－(2)	9 000	10 500	12 375	12 750	13 125	
(4) 未来30年的现金流量					72 917*	
(5) 折现率（9%）	0.9174	0.8417	0.7722	0.7084	0.6499	
(6) 现金流量现值＝[(3)＋(4)]×(5)	8 257	8 838	9 556	9 032	55 919	91 602

注：*为了简化，假定该写字楼未来30年的余值折现到2×26年12月31日的价值为72 917万元。

企业在确定资产或负债是否类似时，需要考虑现金流量的性质（例如，现金流量是合同现金流量还是非合同现金流量、现金流量是否会对经济条件的改变作出类似反应）以及信用状况、抵押品、期限、限制性合同和流动性等其他因素。

②期望现金流量法。期望现金流量法是使用风险调整的期望现金流量和无风险利率，或者使用未经风险调整的期望现金流量和包含市场参与者要求的风险溢价的折现率的一种折现方法。

企业应当以概率为权重计算的期望现金流量反映未来所有可能的现金流

量。企业在期望现金流量法中使用的现金流量是对所有可能的现金流量进行了概率加权，最终得到的期望现金流量不再以特定事项为前提条件，这不同于企业在传统法中所使用的现金流量。

企业在应用期望现金流量法时，有两种方法调整相关资产或负债期望现金流量的风险溢价：

第一种方法是从以概率为权重计算的期望现金流量中扣除风险溢价，得到确定等值现金流量，并按照无风险利率对确定等值现金流量折现，从而估计出相关资产或负债的公允价值。当市场参与者对于以确定的现金流量交换期望现金流量无偏好时，该确定的现金流量即为确定等值现金流量。例如，如果市场参与者愿意以 1 000 元的确定现金流量交换 1 200 元的期望现金流量，该 1 000 元即为 1 200 元的确定等值（即 200 元代表风险溢价）。在这种情况下，持有 1 200元的期望现金流量和持有 1 000 元现金，对于市场参与者而言是无差异的。

第二种方法是在无风险利率之上增加风险溢价，得到期望回报率，并使用该期望回报率对以概率为权重计算的现金流量进行折现，从而估计出相关资产或负债的公允价值。企业可以使用对风险资产进行计价的模型（如资本资产定价模型）估计期望回报率。

【例 39－12】 为了说明期望现金流量法调整风险的两种方法，假定根据下列可能的现金流量和概率（表 39－6），计算确定资产在一年内拥有 800 万元的期望现金流量。假定适用的一年期无风险利率为 6%，具有相同风险状况的资产的系统性风险溢价为 2%。

表 39－6　　可能的现金流量及概率

可能的现金流量（万元） ①	概率（%） ②	概率加权现金流量（万元） ③ = ① × ②
600	20	120
800	60	480
1 000	20	200
期望现金流量		800

在本例中，期望现金流量（800 万元）代表三个可能结果的概率加权平均。在实际情况下，可能存在更多结果，但企业应用期望现金流量法时，不需

要运用复杂的模型和技术考虑所有可能的现金流量分布，而应当确定现金流量有限数量的可能结果和概率。例如，企业可能使用相关历史期间的实际现金流量，并在考虑市场参与者假设的基础上，对经济形势或市场情况、行业趋势和竞争程度等外部因素和具体影响企业内部因素的变动进行调整。

(1) 企业在使用期望现金流量法第一种方法时，应当根据风险溢价对期望现金流量进行调整。

第一步：企业通过使用2%的风险溢价，计算出现金流量的风险调整为15万元［800 -800×(1.06/1.08)］。

第二步：企业使用期望现金流量减去15万元风险调整，得出经市场风险调整的期望现金流量为785万元（800 -15）。

第三步：企业以无风险利率（6%）对经市场风险调整的期望现金流量进行折现，得到该项资产的现值（即公允价值）为741万元（785 /1.06）。

(2) 企业在使用期望现金流量法第二种方法时，应当根据风险溢价对折现率进行调整。

第一步：企业将无风险利率（6%）加上风险溢价（2%），得到期望回报率为8%。

第二步：企业使用期望回报率对期望现金流量（800万元）进行折现，得到该项资产的现值（即公允价值）为741万元（800 /1.08）。

企业使用期望现金流量法的上述两种方法得到的现金流量现值应当是相同的。因此，企业在使用期望现金流量法估计相关资产或负债的公允价值时，期望现金流量法的上述两种方法均可使用。企业对期望现金流量法第一种方法或第二种方法的选择，取决于被计量资产或负债的特征和环境因素、企业是否可获取足够多的数据以及企业运用判断的程度等。

(2) 期权定价模型。

企业可以使用布莱克－斯科尔斯模型、二叉树模型、蒙特卡洛模拟法等期权定价模型估计期权的公允价值。其中，布莱克－斯科尔斯期权定价模型可以用于认股权证和具有转换特征的金融工具的简单估值。布莱克－斯科尔斯期权定价模型中的输入值包括：即期价格、行权价格、合同期限、预计或内含波动率、无风险利率、期望股息率等。

【例39－13】甲公司持有乙上市公司发行的股票期权，作为交易性金融资产持有。根据该期权，甲公司可以在2×24年12月31日，按每股5元的行权价格向乙上市公司购买1 000万股普通股。由于该期权无活跃市场公开报价，甲公司管理层决定采用布莱克－斯科尔斯期权定价模型确定该期权在2×22年12月31日的公允价值。

布莱克－斯科尔斯期权定价模型中采用的主要输入值如表39－7所示。

表39－7　　　　布莱克－斯科尔斯期权定价模型中主要输入值

即期价格	甲上市公司普通股当日收盘价为4元/每股
行权价格	5元/每股
期权期限	2年
无风险利率	根据发行日国债收益率曲线，2年期的到期收益率为4%
股价波动率	基于甲上市公司自发行日起过去2年内的每日收盘价计算得到股价波动率为40%
期望股息率	基于甲上市公司过去2年的派息情况计算得到为3%

根据表39－7中的输入值，甲公司采用布莱克－斯科尔斯期权定价模型计算得到2×22年12月31日该期权的公允价值。

蒙特卡洛模拟法适用于包含复杂属性（如可变行权价格或转换价格、对行权时间具有限制条款等）的认股权证或具有转换特征的金融工具。蒙特卡洛模拟法将根据认股权证或具有转换特征的金融工具的条款、条件以及其他假设，随机生成数千甚至数百万的可能结果，计算每种可能情形的相关回报，这些回报用概率加权并折现以计算相关资产或负债的公允价值。

3. 成本法。

成本法，是反映当前要求重置相关资产服务能力所需金额的估值技术，通常是指现行重置成本法。在成本法下，企业应当根据折旧贬值情况，对市场参与者获得或构建具有相同服务能力的替代资产的成本进行调整。折旧贬值包括实体性损耗、功能性贬值以及经济性贬值。企业主要使用现行重置成本法估计与其他资产或其他资产和负债一起使用的有形资产的公允价值。

【例39－14】甲公司于2×20年1月1日购买了一台数控设备，其原始成本为400万元，预计使用寿命为20年。2×22年，该数控设备生产的产品有替代产品上市，导致甲公司产品市场份额骤降30%。2×22年12月31日，甲公司决定对该数控设备进行减值测试，根据该数控设备的公允价值减去处置费用后的净额与预计未来现金流量现值较高者确定可收回金额。根据可获得的市场信息，甲公司决定采用重置成本法估计该数控设备的公允价值。

甲公司在估计公允价值时，因无法获得该数控设备的市场交易数据，也无法获取其各项成本费用数据，故采用以设备历史成本为基础，根据同类设备的价格上涨指数来确定公允价值的物价指数法。假设自 2×20 年至 2×22 年，此类数控设备价格指数按年分别为上涨 5%、2% 和 5%。此外，在考虑实体性损耗、功能性贬值和经济性贬值后，在购买日该数控设备的成新率为 60%。因此，甲公司估计该设备公允价值为 270 万元（400×1.05×1.02×1.05×60%）。

4. 估值技术的选择。

企业在某些情况下使用单项估值技术是恰当的，如企业使用相同资产或负债在活跃市场上的公开报价计量该资产或负债的公允价值。但在有些情况下，企业可能需要使用多种估值技术以进行交叉检验，如企业对未上市企业股权投资的估值，将采用市场法和收益法。企业应当运用更多职业判断，确定恰当的估值技术。企业至少应当考虑下列因素：

（1）根据企业可获得的市场数据和其他信息，其中一种估值技术是否比其他估值技术更恰当；

（2）其中一种估值技术所使用的输入值是否更容易在市场上观察到或者只需作更少的调整；

（3）其中一种估值技术得到的估值结果区间是否在其他估值技术的估值结果区间内；

（4）市场法和收益法结果存在较大差异的，应进一步分析存在较大差异的原因，例如其中一种估值技术可能使用不当，或者其中一种估值技术所使用的输入值可能不恰当等。

企业在公允价值后续计量中使用了估值技术，并且运用了不可观察输入值的，应当确保该估值技术反映了计量日可观察的市场数据（如类似资产或负债的最近交易价格等）。企业以相关资产或负债的交易价格作为其初始确认时的公允价值，并在公允价值后续计量中使用了不可观察输入值的，应当校正后续计量中运用的估值技术，以使得该估值技术确定的初始确认结果与初始确认时的交易价格相等。企业通过校准估值技术，能够确保估值技术反映当前市场情况，避免发生估值技术未反映相关资产或负债特征的情况。

【例 39－15】 甲公司在 2×22 年 12 月 31 日购买了乙公司 10 万股普通股股票，占乙公司所有发行在外股份的 5%。乙公司是一家非上市的股份公司，其股票不存在活跃市场的公开报价。甲公司共支付 360 万元，假定该交易价格等于该股权投资在 2×22 年 12 月 31 日的公允价值。

甲公司预期后续将使用可比公司估值乘数技术计量这些股权的公允价值，并且将会在该估值技术中使用乙公司业绩衡量指标、流动性折价等不可观察输入值。因此，甲公司以 360 万元的交易价格对后续使用的估值模型进行校准，以使得使用该估值模型得到的该投资在初始确认时的估计值等于交易价格，确保该估值模型已充分反映了该投资的所有特征。

假定乙公司 2×22 年 12 月 31 日的税息折旧及摊销前利润为 800 万元，流动性折价为 10%，甲公司从市场上获得可比公司的企业价值/税息折旧及摊销前利润（EV/EBITDA）乘数为 10 倍。甲公司运用该乘数和乙公司税息折旧及摊销前利润估计得到乙公司在 2×22 年 12 月 31 日的价值为 8 000 万元，其持有的乙公司 5% 股权的价值为 400 万元，在考虑流动性折价后得到的估计价值为 360 万元（计算过程详见表 39－8）。因此，甲公司后续计量中使用的估值模型和选择的输入值反映了当前市场情况。

表 39－8　　乙公司估计价值计算表　　单位：万元

项目	金额
（1）乙公司 2×22 年 12 月 31 日的税息折旧及摊销前利润	800
（2）企业价值/税息折旧及摊销前利润乘数（10 倍）	
（3）乙公司价值＝（1）×（2）	8 000
（4）乙公司 5% 股权对应的价值＝5%×（3）	400
（5）流动性折价（10%）	
（6）流动性折价调整＝10%×（4）	40
（7）2×22 年 12 月 31 日乙公司 5% 股权的估计价值＝（4）－（6）	360

在每一个后续计量日，甲公司将评价在初始确认计量公允价值时使用的假设是否发生变动（即企业价值/税息折旧及摊销前利润乘数为 10 倍是否合适、用于取得少数股东权益折价和流动性折价的假设在计量日是否有效）。如果这些假设发生变化，甲公司将考虑这些变化如何影响计量以及新的事实是否需要纳入估值技术中。总之，甲公司应确保估值技术在计量日反映当前市场状况，如果影响乙公司价值的事实和情况及其经营环境发生变化，还应作出必要的调整。

企业在估计不存在活跃市场的权益工具的公允价值时，如果自权益工具购买日至计量日之间的间隔较短，并且在此期间没有发生对该权益工具价值产生重大影响的事件，企业可采用近期交易价格作为无公开报价权益工具的公允价值；如果权益工具非近期购买，或者自购买日至计量日之间发行权益工具的企业（发行人）发生了重大变化，企业可能不应按照近期交易价格确定权益工具的公允价值，应当根据发行人所处的发展阶段，选用恰当的估值方法进行估值。

例如，对于成熟的被投资企业，企业可采用市场法计量其无公开报价权益工具的公允价值。企业选择可比公司作为基准公司时，应当重点考虑业务的性质、业务的盈利能力及所在地。企业无法找到与被投资企业在同一行业的上市公司时，可选择最相近行业和具有相似经营风险和利润率的公司作为替代。企业选定可比公司后，应当对关键指标的差异进行调整，从而增强市场法的适用性和可靠性。需调整的关键指标差异包括可比公司所在不同市场的估值水平，可比公司与被投资企业之间增长性、盈利能力、股本回报率、流动性差异等。另外，企业也可使用行业特定的一些业务驱动因素进行比较（如股价/页面浏览量、股价/床位等）。

又如，对于迅速成长的被投资企业，企业可采用收益法计量其无公开报价权益工具的公允价值。企业使用该方法时，需要进行一系列的财务预测，预测时间至少包括企业一个业务周期，一般不少于5年。如果被投资企业已经确定在近期能够实现上市流通且相应的股价已大致确定，企业可采用投资收益折现法来确定被投资企业发行的权益工具的公允价值，使用较低的风险回报率确定计量日的现值。企业应当采用市场法对收益法的结果进行交叉检验。

企业在公允价值计量中使用的估值技术一经确定，不得随意变更。企业在公允价值计量中应用的估值技术应当在前后各会计期间保持一致，除非变更估值技术或其应用方法能使计量结果在当前情况下同样或者更能代表公允价值，包括但不限于下列情况：

（1）出现新的市场；

（2）可以取得新的信息；

（3）无法再取得以前使用的信息；

（4）改进了估值技术；

（5）市场状况发生变化等。

企业变更估值技术及其应用方法的，应当按照第二十九章会计政策、会计估计变更和差错更正的规定作为会计估计变更处理，并根据本章的披露要求对估值技术及其应用方法的变更进行披露，而不需要按照第二十九章会计政策、会计估计变更和差错更正的规定对相关会计估计变更进行披露。

企业无论使用何种估值技术，都应当考虑当前市场状况并作出市场参与者可能进行的风险调整，如对信用风险和流动性风险的调整。

（七）输入值

企业以公允价值计量相关资产或负债，应当考虑市场参与者在对相关资产或负债进行定价时所使用的假设，包括有关风险的假设（如所用特定估值技术的内在风险等）。市场参与者所使用的假设即为输入值，可分为可观察输入值和不可观察输入值。

企业使用估值技术时，应当优先使用可观察输入值，仅当相关可观察输入值无法取得或取得不切实可行时才使用不可观察输入值。企业通常可以从交易所市场、做市商市场、经纪人市场、直接交易市场获得可观察输入值。在交易所市场上，企业可直接获得相关资产或负债的收盘价。在做市商市场上，做市商随时准备用自有资本买入或者卖出做市项目，以此提供流动性并形成市场，所以，出价和要价比收盘价更容易获得。但在直接交易市场上，买卖双方独立协商，无中介参与，所以，企业难以获得这些交易。

企业为估计相关资产或负债公允价值必须使用一些不可观察输入值的，如果市场参与者在对该资产或负债的公允价值计量会用到这些不可观察输入值，那么企业也应当使用这些不可观察输入值。

无论企业在以公允价值计量相关资产或负债过程中是否使用不可观察输入值，其公允价值计量的目的仍是，基于市场参与者角度确定在当前市场条件下计量日有序交易中该资产或负债的脱手价格。

1. 公允价值计量中相关的溢价和折价。

企业应当选择与市场参与者在相关资产或负债交易中会考虑的、并且与该资产或负债特征相一致的输入值。在企业能够获得相同或类似资产或负债在活跃市场的报价、市场参与者将考虑与相关资产或负债的特征相关的溢价或折价的情况下，企业应当根据这些溢价或折价，如控制权溢价、少数股东权益折价、流动性折价等，对相同或类似资产或负债的市场交易价格进行调整。

企业不应考虑与要求或允许公允价值计量的其他相关章中规定的计量单元不一致的溢价或折价，如反映企业持有规模特征（即“大宗持有因素”）的溢价或折价。例如，某企业持有一家上市公司15 000万股普通股股票。该上市公司在资本市场上一般平均日交易量约为12 000万股普通股股票。如果该企业全部出售其持有的上市公司股份，将会造成流动性问题，该上市公司每股普通股股价将发生严重下跌。大宗持有因素是与交易相关的特定因素，因企业交易该资产的方式不同而有所不同。该因素与企业持有股份数量（即持有规模）有关，不是该资产（上市公司普通股股票）的特征。

2. 以出价和要价为基础的输入值。

相关资产或负债存在出价和要价的，企业应当以在出价和要价之间最能代表当前情况下公允价值的价格确定该资产或负债的公允价值。出价是经纪人或做市商购买一项资产或处置一项负债所愿意支付的价格，要价是经纪人或做市商出售一项资产或承担一项负债所愿意收取的价格。

企业可使用出价计量资产头寸、使用要价计量负债头寸，也可使用市场参与者在实务中使用的在出价和要价之间的中间价或其他定价惯例计量相关资产或负债。其他方法可作为权宜之计使用。但是，企业不应使用与公允价值计量假定不一致的权宜之计，如对资产使用要价、对负债使用出价。

（八）公允价值层次

为提高公允价值计量和相关披露的一致性和可比性，企业应当将估值技术所使用的输入值划分为三个层次，并首先使用第一层次输入值，其次使用第二层次输入值，最后使用第三层次输入值。

1. 第一层次输入值。

第一层次输入值是企业在计量日能够取得的相同资产或负债在活跃市场上未经调整的报价。活跃市场，是指相关资产或负债交易量及交易频率足以持续提供定价信息的市场。在活跃市场上，交易对象具有同质性，可随时找到自愿交易的买方和卖方，并且市场价格信息是公开的。当交易量和交易活动显著下降、可获得的价格因时间或市场参与者不同存在显著差异、可获得的价格并非当前价格时，当前市场可能不是活跃市场。

在活跃市场中，企业应当能够易于且可定期从交易所、交易商、经纪人、行业集团、定价机构或监管机构等获得相关资产或负债的报价。企业从活跃市场获得的这些报价，应当能够代表在公平交易基础上实际并经常发生的市场交易。异常的市场报价（如债券交易中出现的频繁对敲交易形成的市场价格）不应作为第一层次输入值。

企业使用相同资产或负债在活跃市场的公开报价对该资产或负债进行公允价值计量时，通常不应进行调整。但下列情况除外：

（1）企业持有大量类似但不相同的以公允价值计量的资产或负债，这些资产或负债存在活跃市场报价，但难以获得每项资产或负债在计量日单独的定价信息。例如，银行等金融机构持有大量的类似债券，可能在计量日较难取得每一债券的价格信息，故使用其中一些债券的报价确定其他类似债券的公允价值。在这种情况下，企业可使用不完全依赖于单个报价的备选定价方法作为权宜之计，但公允价值计量应当划入较低层次。

（2）因发生影响公允价值计量的重大事件等导致活跃市场的报价不代表计量日的公允价值。例如，在证券市场闭市之后但在计量日之前发生的买卖双方直接交易、经纪人交易、公告等重大事项。企业应当制定相应会计政策并一致应用，以识别那些可能影响公允价值计量的重大事项。企业根据该新信息而对报价有所调整的，公允价值计量应当划入较低层次。

（3）不存在相同或类似负债或企业自身权益工具可观察市场报价但其他方将其作为资产持有、企业以该资产的公允价值为基础确定该负债或自身权益工具的公允价值的，如果企业未对资产报价进行调整，则公允价值计量结果为第一层次；如果企业对资产报价进行了调整，则公允价值计量应当划入较低层次。

在活跃市场中，企业应当以单项资产或负债的市场报价（第一层次输入值）与企业持有数量的乘积确定其持有的金融资产或金融负债的公允价值。即使在市场正常日交易量不足以吸收企业的持有量、以致在市场交易中出售该金融资产或转移该金融负债可能影响市场报价的情况下也应如此。

2. 第二层次输入值。

第二层次输入值是除第一层次输入值外相关资产或负债直接或间接可观察的输入值。对于具有特定期限（如合同期限）的相关资产或负债，第二层次输入值必须在其几乎整个期限内是可观察的。第二层次输入值包括：

（1）活跃市场中类似资产或负债的报价。

（2）非活跃市场中相同或类似资产或负债的报价。

（3）除报价以外的其他可观察输入值，包括在正常报价间隔期间可观察的利率和收益率曲线等。

（4）市场验证的输入值等。市场验证的输入值，是指通过相关性分析或其他手段，主要来源于可观察市场数据的输入值或者经过可观察市场数据验证的输入值。

企业以公允价值计量相关资产或负债的，类似资产或负债在活跃市场或非活跃市场的报价为该资产或负债的公允价值计量提供了依据，但企业需要对该报价进行调整。企业在确定哪些资产或负债与相关资产或负债类似时，需要进行判断。

在非有序交易情况下，企业确定相关资产或负债的交易价格或报价不能完全代表计量日该资产或负债的公允价值，却又以该交易价格或报价为基础计量其公允价值的，则应当对该交易价格或报价进行调整。例如，在非活跃市场上，相同资产或负债的最近交易日不是该资产或负债的公允价值计量日的，企业应当考虑两个日期的间隔期间内市场状况是否发生变动，如金融工具发行人信用评级的变动、与市场风险相关的信用利差变动等。

企业应当根据相关资产或负债的特征，对第二层次输入值进行调整。这些特征包括资产状况或所在位置、输入值与可比资产或负债的相关程度、可观察输入值所在市场的交易量和活跃程度等。企业使用重要的不可观察输入值对第二层次输入值进行调整，且该调整对公允价值计量整体而言是重大的，公允价值计量结果应当划分为第三层次。

3. 第三层次输入值。

第三层次输入值是相关资产或负债的不可观察输入值。第三层次输入值包括不能直接观察和无法由可观察市场数据验证的利率、股票波动率、企业合并中承担的弃置义务的未来现金流量、企业使用自身数据作出的财务预测等。

企业只有在相关资产或负债几乎很少存在市场交易活动，导致相关可观察输入值无法取得或取得不切实可行的情况下，才能使用第三层次输入值，即不可观察输入值。但企业计量公允价值的目标仍应当保持不变，即从持有资产或承担负债的市场参与者角度确定资产或负债在计量日有序交易中的脱手价格。因此，企业使用不可观察输入值仍应当反映市场参与者给资产或负债定价时使用的假设，包括有关风险的假设（如特定估值技术及其输入值的固有风险的假设等）。

企业在确定不可观察输入值时，应当使用在当前情况下可以合理取得的最佳信息，包括所有可合理取得的市场参与者假设。企业可在内部数据的基础上确定不可观察输入值，但如果有证据表明其他市场参与者将使用不同于企业内部数据的其他数据，或者这些企业内部数据是企业特定数据、其他市场参与者不具备企业相关特征（如企业的协同效应）时，企业应当对其内部数据作出相应调整。

企业不必为获取关于市场参与者假设的信息而不计成本，但应当考虑所有可合理获得的有关市场参与者假设的信息。

如果市场参与者在对相关资产或负债定价时考虑了风险调整，则企业在公允价值计量时如果没有考虑该风险调整，那么该计量就不能代表公允价值。例如，当相关资产或负债（或类似资产或负债）的交易量或交易活动比正常市场交易活动显著下降，交易价格或报价无法代表该资产或负债的公允价值时，企业应当考虑风险调整。

企业遇到下列情形时，应当确定相关资产或负债的交易量或交易活跃程度是否出现大幅下降：

（1）最近几乎没有发生该资产或负债的交易；

（2）该资产或负债的报价信息不是基于当前信息；

（3）报价信息在一段时间内或在做市商之间（如一些经纪人市场）变化极大；

（4）以往与该资产或负债公允价值高度相关的指数被证明与该资产或负债近期公允价值的指导价格不相关；

（5）与企业对期望现金流量的估计相比，在考虑了关于该资产或负债信用风险和其他不履约风险可获得的所有市场数据后，可观察交易或报价的隐含流动性风险溢价、收益率或业绩指标（如拖欠率或损失严重程度）大幅增加；

（6）出价和要价之间的价差很大或者大幅增加；

（7）该资产或负债（或者类似资产或负债）一级市场的交易活动大幅降低或不存在此类市场；

（8）几乎没有公开可获得的信息，例如一些交易活动由买卖双方直接进行。

相关资产或负债的交易量或交易活跃程度大幅下降的，企业可能需要改变估值技术或者使用多种估值技术，例如使用市场法、收益法和成本法等。当权衡使用不同估值技术取得的公允价值计量结果时，企业应当考虑公允价值计量各种结果的合理性。即使相关资产或负债的交易量或活跃程度出现大幅下降，企业计量公允价值的目标仍应保持不变。如果资产或负债的交易量或交易活跃程度大幅下降，则企业需要根据计量日的事实和环境，估计市场参与者在计量日按照当前市场情况愿意进行交易的价格。

【例39－16】甲企业在2×22年1月1日（证券发行日）购入AAA级住房抵押贷款证券的次级份额，并将其分类为以公允价值计量且其变动计入其他综合收益的金融资产。该次级份额在该证券七个份额的优先次序中排在第三位。住房抵押贷款证券的基础担保品为2×20年9月1日签出的、无担保的住房抵押贷款。

在2×22年12月31日（计量日），该次级份额的评级为A级。该住房抵押贷款证券的份额之前通过经纪人市场进行交易。但是，该市场中的交易量较少，在2×22年1月1日至3月31日之间每月仅发生过几宗交易，而在2×22年3月31日至12月31日几乎没有任何交易活动。甲企业在评价了相关因素的重要性和相关性之后，考虑到计量日前的较长一段期间内几乎没有任何交易活动，认为该住房抵押贷款证券次级份额的交易量或交易活跃程度已显著下降。

由于不存在采用市场法估值技术可依据的交易活动，甲企业决定使用收益法，通过折现率调整法来计量住房抵押贷款证券在计量日的公允价值。甲企业使用了住房抵押贷款证券的合同现金流量。甲企业随后估计对该合同现金流量进行折现的折现率（即市场回报率）。市场回报率采用下列两项进行估计：

（1）无风险利率。

（2）针对可获得的市场数据与甲企业投资的住房抵押贷款证券的次级份额之间的差异进行的估计调整。该调整反映了市场参与者在计量日进行的有序交易中，按照当前市场状况对资产进行定价时，将考虑的预计不履约风险及其他风险（如违约风险、抵押品价值风险和流动性风险）的可获得的市场数据。

甲企业在估计调整时考虑了下列信息：

（1）初始交易价格反映的该住房抵押贷款证券的次级份额在发行日的信用利差。

（2）自发行日至计量日之间可比的住房抵押贷款证券的任何可观察价格或基于相关指数所反映的信用利差的变化。

（3）该住房抵押贷款证券的次级份额相对于可比住房抵押贷款证券或指数的特征，包括下列各项：①基础资产的质量，即有关基础抵押贷款的履约信息，例如拖欠率和止赎率、历史损失经验和提前偿付率；②所持有的住房抵押贷款证券份额的优先次序；③其他相关因素。

（4）分析师及信用评级机构发布的相关报告。

（5）由诸如经纪人或第三方报价机构提供的报价。

甲企业估计，市场参与者在对该住房抵押贷款证券的次级份额进行定价时，将使用的其中一个指导性市场回报率为12%（1 200个基点）。该市场回报率估计如下：

（1）2×22年12月31日无风险利率为300个基点，并以此为起点。

（2）针对该次级份额在2×22年1月发行时无风险利率的信用利差，加上250个基点。

（3）针对该次级份额自 2×22 年 1 月 1 日至 12 月 31 日的无风险利率信用利差的估计变动，加上 700 个基点。该估计是基于该期间内可获得的最具可比性指数的变动作出的。

（4）针对用于估计信用利差变动的指数与该次级份额之间的差异，作出减少 150 个基点（净值）的调整。所参考的指数包括次级抵押贷款，而甲企业持有的住房抵押贷款证券由具有更高信用状况的类似抵押贷款构成（从而对市场参与者更具吸引力）。但是，该指数并未反映当前市场状况下该次级份额的流动性风险溢价。因此，150 个基点的调整是下列两项调整相抵后的净值：

①第一项调整为 350 个基点的调减，该估计是通过比较 2×22 年 1 月住房抵押贷款证券的最近一期交易的内含收益率与相同日期的指数价格的内含收益率取得的。没有信息表明甲企业的证券与该指数之间的关系已发生了变化。

②第二项调整为 200 个基点的调增，这是甲企业在与相关指数比较后对其证券固有的额外流动性风险作出的最佳估计。该估计是考虑了一系列类似证券近期现金交易的内含流动风险溢价后得出的。

4. 公允价值计量结果所属的层次。

公允价值计量结果所属的层次，由对公允价值计量整体而言重要的输入值所属的最低层次决定。企业应当在考虑相关资产或负债特征的基础上判断输入值的重要性。企业在进行重要性评估时，应当考虑公允价值计量本身，而不是考虑公允价值的变动以及这些变动的会计处理。企业应当在书面文件中记录其如何评估输入值对于公允价值计量的重要性，并一致应用该政策。

公允价值计量结果所属的层次，取决于估值技术的输入值，而不是估值技术本身。当企业使用的所有输入值都属于同一层次时，例如企业使用未经调整的活跃市场的报价计量公允价值，公允价值计量结果所属的层次就比较容易确定，但企业在公允价值计量中所使用的输入值可能会属于不同层次。在这种情况下，企业评价某一输入值对公允价值计量整体的重要性，需要职业判断，考虑与相关资产或负债有关的特定因素。

【例 39－17】 沿用〖例 39－13〗资料，2×22 年 12 月 31 日，甲公司在确定该期权公允价值过程中，用到了一种以上的输入值，例如波动率、期望股息率、无风险利率等。其中，无风险利率属于第二层次，波动率和期望股息率属于第三层次。由于波动率和期望股息率对于公允价值计量整体而言是重要的，则该期权的公允价值计量结果应当划入第三层次。

如果企业在公允价值计量中需要使用不可观察输入值对可观察输入值进行

调整，并且该调整引起相关资产或负债公允价值计量结果显著增加或显著减少，则公允价值计量结果应当划入第三层次的公允价值计量。例如，企业拥有一家非上市公司100万股普通股股票，并将其指定为以公允价值计量且其变动计入其他综合收益的金融资产。企业以市场法估计该金融资产的公允价值，如可从可比上市公司获得可观察的市场乘数，并在此基础上考虑流动性折价的调整因素。由于流动性折价为不可观察输入值，企业使用该流动性折价对可观察的企业价值/税息折旧及摊销前利润乘数进行调整，如果该调整对该金融资产的公允价值计量具有重大影响，那么公允价值计量结果应当被划入第三层次的公允价值计量。

企业在确定公允价值计量所属的层次时，不应考虑为取得基于公允价值的其他计量所做的调整，例如计量公允价值减去处置费用时的处置费用。

5. 第三方报价机构的估值。

企业使用第三方报价机构（如经纪人、做市商等）提供的出价或要价计量相关资产或负债公允价值的，应当确保该第三方报价机构提供的出价或要价遵循了本章要求。企业应当综合考虑相关资产或负债所处市场的特点、交易是否活跃、是否有足够数量的报价方、报价方是否权威、报价是否持续等因素，对出价和要价的质量进行判断。

企业即使使用了第三方报价机构提供的估值，也不应简单将该公允价值计量结果划入第三层次输入值。企业应当了解估值服务中应用到的输入值，并根据该输入值的可观察性和重要性，确定相关资产或负债公允价值计量结果的层次。例如，第三方报价机构提供了相同资产或负债在活跃市场报价的，企业应当将该资产或负债的公允价值计量划入第一层次。

如果相关资产或负债的交易量或交易活跃程度出现大幅下降，企业应当评估第三方报价机构在形成报价过程中是否使用了反映有序交易的当前信息或是反映市场参与者假定（包括有关风险的假定）的估值技术。

企业在权衡作为公允价值计量输入值的报价时，应当考虑报价的性质，例如，报价是参考价格还是具有约束性的要约，如果是具有约束性的要约，企业应对第三方报价机构提供的具有约束性要约的报价赋予更高权重，并对不能反映交易结果的报价赋予较低权重。

五、非金融资产的公允价值计量

（一）非金融资产的最佳用途

企业以公允价值计量非金融资产，应当考虑市场参与者通过直接将该资产用于最佳用途产生经济利益的能力，或者通过将该资产出售给能够用于最佳用途的其他市场参与者产生经济利益的能力。

最佳用途，是指市场参与者实现一项非金融资产或其所属的一组资产和负债的价值最大化时该非金融资产的用途。最佳用途是评估行业在非金融资产（如房地产等）评估中所使用的估值概念，也称为最高最佳使用。企业判定非金融资产的最佳用途，应当考虑该用途是否为法律上允许、实物上可能以及财务上可行的使用方式。

企业判断非金融资产的用途在法律上是否允许，应当考虑市场参与者在对该非金融资产定价时所考虑的资产使用在法律上的限制。企业在计量日对非金融资产的使用必须未被法律禁止。例如，如果政府禁止在生态保护区内进行房地产开发和经营，则该保护区内土地的最佳用途不可能是工业或商业用途的开发。

企业判断非金融资产的用途在实物上是否可能，应当考虑市场参与者在对该非金融资产定价时所考虑的资产实物特征。例如，一栋建筑物是否能够作为仓库使用。

企业判断非金融资产的用途在财务上是否可行，应当考虑在法律上允许且实物上可能的情况下，市场参与者通过使用该非金融资产能否产生足够的收益或现金流量，从而在补偿将该非金融资产用于这一用途所发生的成本之后，仍然能够满足市场参与者所要求的投资回报。

企业应当从市场参与者的角度确定非金融资产的最佳用途，即使企业已经或者计划将非金融资产用于不同于市场参与者的用途。通常情况下，企业对非金融资产的当前用途可视为最佳用途，除非市场因素或者其他因素表明市场参与者按照其他用途使用该非金融资产可以实现价值最大化。

【例39－18】甲软件公司拥有一组资产，包括收费软件资产（向客户收取许可证费用）和配套使用的数据库支持系统，这两项资产结合使用。2×22年，由于市场上出现新的可替代软件，甲公司可收取的许可证费用大幅减少。因此，甲公司需要对该资产组进行减值测试。为此，甲公司需确定该资产组公允价值减去处置费用后的净额。

由于没有证据表明这些资产的当前用途并非其最佳用途，甲公司确定这些资产的最佳用途是其当前用途，并且每一项资产将主要通过与其他资产结合使用来为市场参与者提供最大价值。

假定市场参与者有两种类型，一种是同行业企业（如甲公司的竞争对手），另一种是不具有互补性投资的投资公司。不同市场参与者对这些资产的不同使用，决定了不同市场参与者对各项资产具有不同定价。

(1) 同行业企业：假定同行业企业拥有与软件资产配套使用的其他资产(即同行业企业具有协同效应)；软件资产只会在有限的过渡期内使用，且在过渡期结束时无法单独出售。由于同行业企业拥有替代资产，软件资产将不会在其整个剩余经济寿命内被使用。同行业企业对软件资产和配套资产的定价分别为360万元、290万元，整个资产组合的定价为650万元。这些价格反映了同行业企业使用该资产组合内这些资产所产生的协同效应。

(2) 投资公司：假定投资公司未拥有与软件资产配套使用的其他资产以及软件资产的替代资产。由于投资公司无替代资产，软件资产将在其整个剩余经济寿命内被使用。投资公司对软件资产和配套资产的定价分别为300万元、290万元，整个资产组合的定价为590万元。

假定两类买家对配套资产的定价相同，均为290万元。

根据上述分析，同行业企业愿意为整个资产组合支付的价格高于投资公司的价格，因此，软件资产和配套资产的公允价值应基于同行业企业对整个资产组合的使用来确定（即分别为360万元和290万元）。

【例39-19】 2×21年12月1日，甲公司在非同一控制下的吸收合并中取得一块土地的使用权。该土地在合并前被作为工业用地，一直用于出租。甲公司取得该土地使用权后，仍将其用于出租。甲公司以公允价值计量其拥有的投资性房地产。

2×22年3月31日，邻近的一块土地被开发用于建造住宅，作为高层公寓大楼的住宅用地使用。由于本地区的区域规划自2×22年1月1日以来已经作出调整，甲公司确定，在履行相关手续后，可将该土地的用途从工业用地变更为住宅用地，因为市场参与者在对该土地进行定价时，将考虑该土地可作为住宅用地进行开发的可能性。该土地的最佳用途将通过比较下列两项确定：

(1) 该土地仍用于工业用途（即该土地与厂房结合使用）的价值。

(2) 该土地作为用于建造住宅的空置土地的价值，同时应考虑为将该土地变为空置土地而必须发生的拆除厂房成本及其他成本。

该土地的最佳用途应根据上述两个价值的较高者来确定。假定该土地现时用于工业用途的价值是600万元，而用于建造住宅时其价值是1 000万元，同时，必须发生的拆除厂房成本及其他成本为250万元。因此，该土地使用权的公允价值应当为750万元（1 000-250=750万元>600万元）。

【例39-20】 甲公司根据与其债务人的债务重组协议，从债务人处取得一项研发项目。甲公司为合理确定债务重组业务中产生的资产转让损益，需要估计该研发项目的公允价值。

甲公司考虑到该项目一旦得以完成，将与甲公司拥有的某项专利技术构成竞争，为确保其自身专利技术的优势，甲公司决定不完成该研发项目，持有并封锁该研发项目，以防止其竞争对手获得该项技术。

甲公司应当基于市场参与者假设，确定该研发项目的最佳用途，以确定该研发项目的公允价值。

(1) 如果市场参与者将继续开发该项目，并且继续开发将实现利用该研发项目的资产组合或者资产和负债组合（即该资产将与其他资产或者其他资产和负债相结合使用）价值的最大化，则该研发项目的最佳用途是继续进行开发。如果市场参与者未拥有正在开发或已商业化的类似技术，也可能属于上述这种情况。该项目的公允价值将基于在当前市场环境下出售该项目的交易价格来确定，同时假定该研发项目将与其配套资产及相关负债相结合使用，并且市场参与者能够获得配套资产及相关负债。

(2) 如果出于竞争原因，市场参与者将封锁该研发项目，并且封锁将实现利用该研发项目的资产组合或者资产和负债组合价值的最大化，那么该研发项目的最佳用途是停止开发。如果市场参与者拥有处于更先进的开发阶段的技术，而该研发项目完成后将对其构成竞争，并且封锁该研发项目预期能够提升企业自身技术的发展前景，也可能属于上述这种情况。该研发项目的公允价值将基于在当前市场环境下出售该项目的交易价格来确定，同时假定该研发项目将与其配套资产及相关负债相结合使用（即被封锁），并且市场参与者能够获得配套资产及相关负债。

(3) 如果市场参与者将不再对该研发项目进行开发，其最佳用途是停止开发。如果预期该项目完成后将不能提供合理的市场回报，并且封锁该项目也不能够提供防御性价值，也可能属于上述这种情况。该研发项目的公允价值将基于在当前市场环境单独出售该研发项目的交易价格来确定（可能为零）。

（二）非金融资产的估值前提

企业以公允价值计量非金融资产，应当在最佳用途的基础上确定该非金融资产的估值前提，即单独使用该非金融资产还是将其与其他资产或负债组合使用：

1. 通过单独使用实现非金融资产最佳用途的，该非金融资产的公允价值应当是将该资产出售给同样单独使用该资产的市场参与者的当前交易价格。

2. 通过与其他资产或负债组合使用实现非金融资产最佳用途的，该非金融资产的公允价值应当是将该资产出售给以同样组合方式使用资产的市场参与者的当前交易价格，并且假定市场参与者可以取得组合中的其他资产或负债。其中，负债包括企业为筹集营运资金产生的负债，但不包括企业为组合之外的资产筹集资金所产生的负债。最佳用途假定应当一致地应用于组合中所有与最佳用途相关的资产。

企业以公允价值计量非金融资产时，即使通过与其他资产或负债组合使用实现该非金融资产最佳用途的，该资产也必须按照与其他章规定的计量单元相一致的方式（可能是单项资产）出售，因为假定市场参与者已取得使该资产正常运作的组合中其他资产和负债。例如，甲公司在非同一控制下的企业合并中取得一台精密设备，该设备是被并购方生产流水线上的专用设备。该设备需要与流水线上其他设备一起组合使用以实现最佳用途，在此基础上，甲公司采用收益法对整个流水线进行估值。甲公司按照一定标准，将该公允价值分配到各组成部分，最终确定该精密设备的公允价值。该精密设备作为单项资产，是其他章所规定的计量单元，因此，甲公司遵循最佳用途，以组合为基础进行估值，但在计量时按照计量单元，将组合的估值分配至各单项资产，以确定该精密设备的公允价值。

企业以公允价值计量与其他资产（如安装或配置）或与其他资产及负债（如一项业务）组合使用的非金融资产时，估值前提对该非金融资产公允价值的影响因下列情况而有所不同：

1. 非金融资产与其他资产或负债组合使用前提下的公允价值，与该非金融资产单独使用前提下的公允价值可能相等。例如，企业以公允价值对持续运营的业务进行计量时，需要对业务的整体进行估值。由于市场参与者都能获得业务中每一项资产或负债的协同效应，所以无论资产单独使用还是与其他资产或负债组合使用，协同效应都会影响各项资产和负债的公允价值。

2. 非金融资产与其他资产或负债组合使用前提下的公允价值，可通过对单独使用的该非金融资产价值进行调整反映。例如，非金融资产是一台机器设备，其公允价值计量基于类似机器（没有为使用进行安装或配置）的可观察价格确定，并就运输和安装成本进行调整，从而在公允价值计量中反映了机器的当前状况和位置。

3. 非金融资产与其他资产或负债组合使用前提下的公允价值，可通过市场参与者在资产公允价值计量中采用的假设反映。例如，非金融资产是特殊的存货（在产品），市场参与者会将存货转化为产成品，该存货的公允价值将假设市场参与者已经获取或能够获取将存货转化为产成品所需的任何特殊机器设备。

4. 非金融资产与其他资产或负债组合使用前提下的公允价值，可通过估值技术反映。例如，在使用多期超额收益法计量无形资产的公允价值时，该估值技术特别考虑了无形资产所在组合中的其他配套资产和相关负债的贡献。

5. 在少数情况下，非金融资产与其他资产或负债组合使用前提下的公允价值，可通过分配资产组合的公允价值，获得近似于公允价值的金额。例如，某电力集团拟处置其拥有的一家电厂及其输电系统，对于该输电系统，难以脱离该电厂等其他相关资产而单独产生现金流入，因此，该电力集团必须将电厂和输电系统组合在一起，先确定该资产组合的公允价值，然后从资产组合的公允价值中减去电厂的公允价值来确定输电系统的公允价值。

【例 39－21】 2×22 年 12 月 1 日，甲企业通过非货币性资产交换取得一项内部研发的软件资产以及与该软件资产结合使用的相关数据库。甲企业可通过向客户授予该软件资产的许可证取得收入。按照第八章非货币性资产交换的要求，甲企业应当确定该软件资产在初始确认时的公允价值。

甲企业确定，该软件资产将通过与相关数据库结合使用来为市场参与者提供最大价值，并且没有证据表明该软件资产的当前用途不是最佳用途。因此，甲企业认为，该软件资产的最佳用途是其当前用途。在本例中，授予软件资产的许可证本身并未表明该资产的公允价值可通过该资产单独被市场参与者使用而实现最大化。

考虑到甲企业无法获得关于可比软件资产的市场交易信息，因此，甲企业无法使用市场法。此外，该软件资产是利用专有信息开发的，其具有某些独有特征且不易被复制，甲企业确定市场参与者将无法研发出具有类似用途的替代软件资产，甲企业认为成本法也不适用。因此，甲企业采用收益法确定该软件资产的公允价值。

甲企业应用收益法时，将采用现金流量折现法。现金流量折现法所使用的现金流量反映了该软件资产在其经济寿命内预期产生的收入，即，向客户收取的许可证收入。该方法所得出的公允价值为 1 200 万元。因此，甲企业估计该软件资产在初始确认时的公允价值为根据收益法得出的 1 200 万元。

【例 39－22】 2×22 年 10 月 16 日（购买日），甲企业在非同一控制下的企业合并中获得一台可辨认的机器。按照第二十章企业合并的要求，甲企业需要估计该资产在2×22年10月16日的公允价值。被合并方最初通过外购取得该机器，并对该机器进行了小范围的特定配置，以适用于自身经营。甲企业自取得该机器后将其用于生产经营。

甲企业发现，该资产将在为使用安装或配置后通过与其他资产结合使用来为市场参与者提供最大价值，并且没有证据表明该机器的当前用途不是最佳用途。因此，该机器的最佳用途是与其他资产相结合的当前用途。

假定甲企业可获得应用成本法和市场法的充分数据。考虑到甲企业无法通过该机器取得单独可辨认收入作为未来现金流量的可靠估计，并且甲企业无法获得类似二手机器的租赁费率（即资产剩余服务寿命内的租赁付款额）用以预测该机器的未来收入，因此，甲企业未使用收益法。

甲企业关于市场法和成本法的应用如下：

①甲企业应用市场法时，将采用类似机器的报价，并就该配置后的机器与类似机器之间的差异进行调整。甲企业考虑了该机器当前状况及地理位置。甲企业运用市场法确定该机器在2×22年10月16日的公允价值为60万元。

②甲企业应用成本法时，需要估计当前建造具有类似用途并且经过配置后的替代机器所需的金额。甲企业应当考虑机器的现状及其运行所处的环境，包括实体性损耗、功能性贬值、经济性贬值，以及安装成本。甲企业运用成本法确定该机器在2×22年10月16日的公允价值为65万元。

考虑到市场法所使用的输入值（类似机器的报价）仅需作出较少调整，甲企业认为市场法得出的估计值更能代表该机器的公允价值。因此，甲企业确定该机器在2×22年10月16日的公允价值为60万元。

如果对该机器的特定配置涉及范围较广，或者无法获得应用市场法的充分数据，甲企业将应用成本法。如果资产是与其他资产相结合使用，则成本法假设该机器将出售给拥有配套资产的市场参与者买方。出售机器所收到的价格（即脱手价格）应当不超过市场参与者买方为购置或建造具有类似用途的替代机器将发生的成本或者市场参与者买方通过使用该机器将获得的经济利益。

六、负债和企业自身权益工具的公允价值计量

企业以公允价值计量负债，应当假定在计量日将该负债转移给市场参与者，而且该负债在转移后继续存在，由作为受让方的市场参与者履行相关义务。同样，企业以公允价值计量自身权益工具，应当假定在计量日将该自身权

益工具转移给市场参与者，而且该自身权益工具在转移后继续存在，并由作为受让方的市场参与者取得与该工具相关的权利、承担相应的义务。

在任何情况下，企业都应当最优先使用相关的可观察输入值，只有在相关可观察输入值无法取得或取得不切实可行的情况下，才可以使用不可观察输入值，用以估计在计量日市场参与者之间按照当前市场情况转移一项负债或权益工具的有序交易中的价格。

（一）确定负债或企业自身权益工具公允价值的方法

1. 具有可观察市场报价的相同或类似负债或企业自身权益工具。

如果存在相同或类似负债或企业自身权益工具可观察市场报价，企业应当以该报价为基础确定负债或企业自身权益工具的公允价值。

但在很多情况下，由于法律限制或企业未打算转移负债或企业自身权益工具等原因，企业可能无法获得转移相同或类似负债或企业自身权益工具的公开报价。

在上述情形下，企业应当确定该负债或自身权益工具是否被其他方作为资产持有。相关负债或企业自身权益工具被其他方作为资产持有的，企业应当在计量日从持有对应资产的市场参与者角度，以对应资产的公允价值为基础，确定该负债或企业自身权益工具的公允价值；相关负债或企业自身权益工具没有被其他方作为资产持有的，企业应当从承担负债或者发行权益工具的市场参与者角度，采用估值技术确定该负债或企业自身权益工具的公允价值。

2. 被其他方作为资产持有的负债或企业自身权益工具。

对于不存在相同或类似负债或企业自身权益工具报价但其他方将其作为资产持有的负债或企业自身权益工具，企业应当根据下列方法估计其公允价值：

（1）如果对应资产存在活跃市场的报价，并且企业能够获得该报价，企业应当以对应资产的报价为基础确定该负债或企业自身权益工具的公允价值。

（2）如果对应资产不存在活跃市场的报价，或者企业无法获得该报价，企业可使用其他可观察的输入值，例如对应资产在非活跃市场中的报价。

（3）如果（1）和（2）中的可观察价格都不存在，企业应使用收益法、市场法等估值技术。企业使用收益法的，应当考虑市场参与者将该负债或企业自身权益工具作为资产持有时预期收到的现金流量现值。企业使用市场法的，应当考虑其他市场参与者作为资产持有的类似负债或企业自身权益工具的报价。

对应资产的某些特征不适用于负债或企业自身权益工具的，企业应当对该资产的市场报价进行调整，以调整后的价格确定该负债或企业自身权益工具的公允价值。这些调整因素包括：

①对应资产的出售受到限制。

②与对应资产相关的负债或企业自身权益工具与所计量负债或企业自身权益工具类似但不相同。负债或企业自身权益工具可能具有一些特征（如发行方的信用），与被作为资产持有的类似负债或企业自身权益工具的公允价值中反映的特征不同。

③对应资产的计量单元与负债或企业自身权益工具的计量单元不完全相同。如果对应资产的价格反映了相关债权和第三方信用增级，而负债的计量单元不包括第三方的信用增级，则企业在以公允价值计量该负债时，应当调整对应资产的可观察价格，剔除第三方信用增级的影响。

④其他需要调整的因素。

【例 39－23】 2×22 年 3 月 5 日，甲企业发行了面值总额为 4 000 万元的 AA 级 15 年期固定利率债券，面值为 100 元，票面年利率为 10%。甲企业将该金融负债指定为以公允价值计量且其变动计入当期损益的金融负债。该债券在中国银行间债券市场具有大量交易。2×22 年 12 月 31 日，每百元面值在考虑应计利息付款额后的交易价格为 92.5 元。甲企业使用该债券的活跃市场报价估计其负债的公允价值。

甲企业在确定该债券的活跃市场报价是否代表负债的公允价值时，应当评估债券的报价是否包含不适用于负债公允价值计量的因素的影响，如债券的报价是否包含了第三方信用增级的影响。甲企业确定无需对资产的报价进行任何调整。据此，甲企业认为，该负债在 2×22 年 12 月 31 日的公允价值为 3 700 万元［4 000 ×(92.5 ÷100)］。

3. 未被其他方作为资产持有的负债或企业自身权益工具。

不存在相同或类似负债或企业自身权益工具报价，并且其他方未将其作为资产持有的，企业应当从承担负债或者发行权益工具的市场参与者角度，采用估值技术确定该负债或企业自身权益工具的公允价值。即使不存在对应资产（如弃置义务），企业也可使用估值技术计量该负债的公允价值，例如，市场参与者预期在履行义务时将发生的未来现金流出的现值。

企业使用现金流量折现法计量未被其他方作为资产持有的负债的公允价值时，应当估计市场参与者为履行相关义务预期流出的未来现金流量。这些流出的未来现金流量应当包括市场参与者关于履行义务成本的预期以及市场参与者为承担义务所要求的补偿。该补偿包括市场参与者承担履约义务（即履行义务的价值，例如使用了本可用于其他用途的资源）所要求的回报，以及承担与该义务相关风险（即反映实际现金流出可能不同于预期现金流出风险的风险溢价）所要求的回报。企业可通过增加现金流出金额，或者通过降低用于将未来现金流量折现到现值的折现率，将风险溢价反映在未被其他方作为资产持有的负债或企业自身权益工具的公允价值计量中。企业应确保不重复计算或忽略对风险的调整，例如，企业已考虑与承担义务相关的风险补偿，并增加了预计现金流量，则不应再为反映该风险而调整折现率。

企业采用现金流量折现法计量公允价值时，还应当考虑市场参与者在主要市场（或最有利市场）中发行相同合同条款的负债或权益工具时对相同项目（如具有相同信用特征的项目）进行定价时使用的假设，承担相同负债或发行相同权益工具所取得的金额。

【例39－24】 甲商业银行于2×22年1月1日发行了面值为10亿元的AAA级5年期固定利率债券，票面利率为10%。甲商业银行将该金融负债指定为以公允价值计量且其变动计入当期损益的金融负债。

2×22年12月31日，甲商业银行的信用评级仍是AAA。自该债券发行以来，包括可获得的利率、具有AAA信用评级债券的信用利差及流动性在内的市场情况并未发生改变。但是，由于其不履约风险的变化，甲商业银行信用利差下降了50个基点。在考虑所有市场情况后，甲商业银行认为，如果该债券在2×22年12月31日发行，其利率将为10.5%，或者甲商业银行发行该工具所取得的收入将低于其面值。甲商业银行使用现金流量折现法确定其负债的公允价值。

本例中，甲商业银行认为其利率已经反映了市场参与者因承担该负债而就风险或利润要求的补偿，因此，甲商业银行并未针对市场参与者因承担该负债而就风险或利润要求的补偿在其现金流量折现法中纳入任何额外的输入值。并在综合考虑后认为，市场参与者将使用下列所有输入值估计其承担甲商业银行义务时预计将会收到的价格：

（1）债券条款：①10%的票面利率；②10亿元的本金金额；③4年的期限。

（2）10.5%的市场利率（其包含自发行日以来不履约风险导致的50个基点的变动）。

甲商业银行使用现金流量折现法，确定该负债在2×22年12月31日的公允价值。

【例39－25】2×22年1月1日，甲企业通过非同一控制下的企业合并取得乙公司的控制权。乙公司为在东海海域开采石油，建立了一个钻井平台，并于2×22年1月1日投入使用。根据相关法律要求，乙公司在东海海域钻井平台寿命期结束后将其拆除，该平台的寿命期预计为10年。为编制合并日资产负债表，甲企业需估计各可辨认资产和负债的公允价值。

甲企业使用期望现金流量法来计量该弃置义务的公允价值。如果合同允许甲企业将其弃置义务转让给市场参与者，承担该弃置义务的市场参与者使用下列输入值估计预计将会收到的价格，适当时使用其加权平均数：

(1) 人工成本。

(2) 间接费用的分摊。

(3) 市场参与者因实施相关活动及承担与拆除该资产相关的风险而要求的补偿。此类补偿包括下列两项：①来自人工成本和间接费用的利润；②实际现金流出可能不同于预计现金流出的风险，不包括通货膨胀影响。

(4) 通货膨胀对估计的成本和利润的影响。

(5) 货币时间价值，通过无风险利率反映。

(6) 与甲企业不履行义务风险相关的不履约风险，包括甲企业自身信用风险。

基于市场参与者将考虑的上述输入值，甲企业以公允价值计量该弃置义务所使用的重大假设如下：

(1) 人工成本依据当前市场条件下聘请承包商拆除海上钻井平台的薪酬水平确定，并就预期未来薪酬增长进行调整。甲企业对估计区间内的现金流量值进行评估，相关估计值及概率如表39－9所示。

表39－9　　可能的现金流量及概率

可能的现金流量（万元）	概率（%）	概率加权现金流量（万元）
①	②	③＝①×②
20 000	25	5 000
25 000	50	12 500
35 000	25	8 750
期望现金流量		26 250

其中，概率评估是基于甲企业履行此类义务的经验及其对市场的了解而确定的。

（2）甲企业采用人工成本的一定比率（预计为人工成本的80%）估计应分摊的间接费用和设备运行成本。这与市场参与者的成本结构相符。

（3）甲企业估计市场参与者实施相关活动及承担与拆除该资产相关的风险而要求的补偿如下：

①第三方承包商通常对人工成本及分摊的内部成本进行加成以保证工程的利润率。所使用的利润率（20%）反映了甲企业对业内承包商拆除海上钻井平台通常赚取的经营利润的了解。甲企业认为该利润率与市场参与者就实施相关活动而要求的补偿率一致。

②由于为可能在10年内都不会进行的项目锁定当前价格存在固有不确定性，承包商通常要求就实际现金流出可能不同于预计现金流出的风险作出补偿。甲企业估计溢价金额为期望现金流量的5%，并包括了通货膨胀的影响。

（4）甲企业根据可获得的市场数据，假设10年期间的通货膨胀率为4%。

（5）2×22年1月1日，10年期无风险利率为5%。甲企业为反映不履约风险，在无风险利率基础上增加3.5%。因此，用于计算现金流量现值的折现率为8.5%。

甲企业认为上述假设与市场参与者的假设是一致的。如表39－10所示，甲企业估计该弃置义务在2×22年1月1日的公允价值为38 977万元。

表39－10　　甲企业估计弃置业务的公允价值　　单位：万元

项目	金额
（1）预计人工成本	26 250
（2）分摊的间接费用和设备成本＝0.80 ×（1）	21 000
（3）承包商的利润加成＝0.20 ×［（1）＋（2）］	9 450
（4）通货膨胀调整前的期望现金流量＝（1）＋（2）＋（3）	56 700
（5）10年期4%通货膨胀率的系数为1.4802	1.4802
（6）通货膨胀调整后的期望现金流量＝（4）×（5）	83 927
（7）市场风险溢价＝0.05 ×（6）	4 196
（8）市场风险调整后的期望现金流量＝（6）＋（7）	88 123
（9）8.5%折现率的系数为0.4423	0.4423
（10）折现后的期望现值＝（8）×（9）	38 977

（二）不履约风险

企业以公允价值计量相关负债，应当考虑不履约风险，并假定不履约风险在负债转移前后保持不变。不履约风险，是指企业不履行义务的风险，包括但不限于企业自身信用风险。

企业以公允价值计量相关负债时，应该考虑其信用风险（信用状况）的影响，以及其他可能影响负债履行的因素。这些因素的影响会因不同负债而有所不同，例如，该负债是否是一项偿付现金的义务（金融负债）或者一项提供商品或服务的义务（非金融负债），或者存在与该负债相关的信用增级条款。

企业以公允价值计量相关负债，应当基于该负债计量单元考虑不履约风险对负债公允价值的影响。负债附有不可分割的第三方信用增级（如第三方的债务担保），并且该信用增级与负债是分别进行会计处理的，企业估计该负债公允价值时不应考虑该信用增级的影响，而仅应当考虑企业自身的信用状况。

【例 39－26】甲企业的信用评级为 AA，可以 6% 的利率在市场上取得借款。乙企业的信用评级为 BBB，可以 12% 的利率在市场上取得借款。2×22 年 5 月 12 日，甲、乙企业分别与丙商业银行订立了一项借款合同，约定在 2×27 年 5 月 11 日各自向丙商业银行一次性偿还借款本金和利息 500 万元。根据甲、乙企业与丙商业银行签订的合同，甲企业于 2×22 年 5 月 12 日收到 374 万元（500 万元在 5 年内按 6% 进行折现后的现值）；而乙企业于 2×22 年 5 月 12 日收到 284 万元（500 万元在 5 年内按 12% 进行折现后的现值）。甲企业和乙企业相关负债的公允价值（即所取得的借款额）均考虑了其信用状况。

【例 39－27】2×22 年 1 月 1 日，信用评级为 AA 的甲商业银行向乙企业发行了 5 年期固定利率的结构化票据。甲商业银行在票据到期时应支付的合同本金与股票指数挂钩。不存在与该合同一起发行或与其相关的任何信用增级，即未提供任何抵押且不存在任何第三方担保。甲商业银行将该票据指定为以公允价值计量且其变动计入当期损益的金融负债。2×22 年甲商业银行采用期望现金流量法计量该票据（负债）的公允价值。

（1）2×22 年 1 月 1 日的公允价值。甲商业银行应当按 2×22 年 1 月 1 日的国债收益率曲线的无风险利率加上当前市场可观察的 AA 级公司债券与国债之间的利差，对期望现金流量进行折现，如果该现金流量未反映不履约风险，还应就甲商业银行的特定信用风险进行调整（上调或下调），即取得经信用调整的无风险利率。因此，由于现金流量反映了信用风险，甲商业银行在初始确认时考虑了不履约风险，包括其信用风险。

(2) 2×22年3月31日的公允价值。在2×22年3月期间，AA级公司债券的利差增大，而甲商业银行的特定信用风险则保持不变。甲商业银行应当按2×22年3月31日的国债收益率曲线的无风险利率加上当前市场可观察的AA级公司债券与国债之间的利差，对期望现金流量进行折现，如果不履约风险没有体现在该现金流量中，还应就甲商业银行的特定信用风险进行调整，即取得经信用调整的无风险利率。由于甲商业银行的特定信用风险自初始确认后没有发生变化，因此，甲商业银行负债的公允价值变动由信用利差的总体变动所致。信用利差的变动反映了当前市场参与者关于不履约风险的总体变化、流动性风险变化及承担这些风险要求获得的补偿等假设。

(3) 2×22年6月30日的公允价值。截至2×22年6月30日，AA级公司债券的利差没有发生变化。但是，根据已发行的结构化票据及其他定性信息，甲商业银行确定其自身信用状况得到增强。甲商业银行应当按2×22年6月30日的国债收益率曲线的无风险利率加上当前市场可观察的AA级公司债券与国债之间的利差（自2×22年3月31日以来并未发生变化），对期望现金流量进行折现，如果不履约风险没有体现在该现金流量中，还应就甲商业银行的信用风险进行调整，即取得经信用调整的无风险利率。因此，甲商业银行债务的公允价值变动是由自身信用风险变化所导致。

（三）负债或企业自身权益工具转移受限

企业以公允价值计量负债或自身权益工具，并且该负债或自身权益工具存在限制转移因素的，如果企业在公允价值计量的输入值中已经考虑了这些因素，则不应再单独设置相关输入值，也不应对其他输入值进行相关调整。

例如，债权人和债务人在交易日完全了解相关义务包含转移限制的情况，并接受负债的交易价格。由于交易价格已包含转移限制，企业不需要在交易日或后续计量日通过重新设立单独输入值或者对现有输入值的调整来反映转移限制的影响。

但对于负债或自身权益工具转移的限制未反映在交易价格或用于计量公允价值的其他输入值中的，企业应当对输入值进行调整，以反映该限制。

（四）具有可随时要求偿还特征的金融负债

具有可随时要求偿还特征的金融负债的公允价值，不应低于债权人要求偿还时的应付金额，即从可要求偿还的第一天起折现的现值。

例如，对于银行而言，其吸收的客户活期存款是具有可随时要求偿还特征的金融负债，反映了银行需根据存款人需求随时偿还现金给存款人或者存款人指定的第三方的合同义务。

在许多情况下，此类金融负债可观察的市场价格是客户与银行之间产生此类负债时所使用的价格，即要求偿还的金额。企业不应将具有可随时要求偿还特征的金融负债的公允价值确认为低于要求偿还时的应付金额，否则，这一做法将使此类金融负债因在初始确认时以低于随时要求偿还的金额计量而立即产生一项利得。该结果显然不合理。因此，具有可随时要求偿还特征的金融负债的公允价值，不应低于债权人要求偿还时的应付金额。

七、市场风险或信用风险可抵销的金融资产和金融负债的公允价值计量

企业持有一组金融资产和金融负债时，将会面临市场风险（包括利率风险、货币风险和其他价格风险等）和交易对手的信用风险。通常情况下，企业不是通过“出售”金融资产或“转移”金融负债来管理其面临的市场风险及信用风险敞口，而是基于一个或多个特定市场风险或特定交易对手信用风险的净敞口管理这些金融工具。

企业基于其市场风险或特定交易对手信用风险的净敞口来管理其金融资产和金融负债时，在满足本章要求的情况下，可以在当前市场情况下市场参与者之间于计量日进行的有序交易中，以出售特定风险敞口的净多头（即资产）所能收到的价格或转移特定风险敞口的净空头（即负债）所需支付的价格为基础，计量该组金融资产和金融负债的公允价值。企业应当以与市场参与者在计量日对净风险敞口定价相一致的方式，计量一组金融资产和金融负债的公允价值。

关于组合管理的金融资产和金融负债的列报，企业应当遵循其他章的要求。例如，如果相关章不允许金融工具以净额为基础列报，企业在资产负债表中应当分别列报金融资产和金融负债。在这种情况下，企业需要将以净风险敞口为基础组合管理的金融资产和金融负债组合的公允价值分配至各金融资产和金融负债。企业应当合理、一贯地采用适合于当前情况的方法进行分配。

（一）金融资产和金融负债组合计量的条件

企业以市场风险或信用风险的净敞口为基础管理金融资产和金融负债的，可以以计量日市场参与者在当前市场条件下有序交易中出售净多头（即资产）或者转移净空头（即负债）的价格为基础，计量该金融资产和金融负债组合的公允价值。

市场风险或信用风险可抵销的金融资产或金融负债，应当是由第二十二章

金融工具确认和计量规范的金融资产和金融负债，也包括不符合金融资产或金融负债定义但按照第二十二章金融工具确认和计量进行会计处理的其他合同。

与市场风险或信用风险可抵销的金融资产和金融负债相关的财务报表列报，应当适用其他相关章。

企业按照上述例外规定以公允价值计量金融资产和金融负债组合的，应当同时满足下列条件：

1. 企业在风险管理或投资策略的正式书面文件中已载明，以特定市场风险或特定对手信用风险的净敞口为基础，管理金融资产和金融负债的组合。企业应当提供证据，以证明其一致地基于市场风险或信用风险的净敞口管理金融工具。因为企业可能在各期间针对特定投资组合保持一致的管理，也可能在有些期间针对该投资组合运用净额基础，而在其他期间运用总额基础。

2. 企业以特定市场风险或特定对手信用风险的净敞口为基础，向企业关键管理人员报告金融资产和金融负债组合的信息。

3. 企业在每个资产负债表日持续以公允价值计量组合中的金融资产和金融负债。企业应当（或者已选择，如应用公允价值选择权）持续以公允价值计量这些金融工具。企业并未以净额基础管理风险敞口，或并未基于公允价值管理这些金融工具的，不应基于企业的净风险敞口来计量这些金融工具的公允价值。

（二）金融资产和金融负债的市场风险敞口

企业以公允价值计量基于特定市场风险的净敞口管理的金融资产和金融负债的，应当对市场风险净敞口使用价差（出价－要价）内最能代表当前市场环境下公允价值的价格。

企业以公允价值计量基于特定市场风险的净敞口管理的金融资产和金融负债的，金融资产和金融负债应当具有实质上相同的特定市场风险敞口。例如，企业不会对与金融资产相关的利率风险和与金融负债相关的商品价格风险进行结合管理，因为这样的做法不会减小企业利率风险或商品价格风险的敞口。企业运用该规定的，应当考虑由于市场风险参数不完全相同所引起的基差风险。企业会因基差风险不同而选择不同的市场风险输入值。因此，企业对金融资产和金融负债进行组合管理的，如果不能缓解金融资产面临的市场风险和金融负债面临的其他市场风险，则不应运用该规定。

类似地，企业以公允价值计量基于特定市场风险的净敞口管理的金融资产和金融负债的，金融资产和金融负债应当具有实质上相同的特定市场风险的期限。因期限不同而导致在一段时期市场风险未被抵销的，企业应当分别计量其在市场风险被抵销时期的市场风险净敞口，以及在其他时期（即市场风险未被抵销的时期）的市场风险总敞口。例如，企业使用12个月的期货合同对应5年期金融工具中与12个月利率风险敞口价值相关的现金流量，对于由这些金融资产和金融负债组成的组合，企业以净额为基础计量12个月利率风险敞口的公允价值，以总额为基础计量剩余利率风险敞口（即第2年至第5年）的公允价值。

（三）金融资产和金融负债的信用风险敞口

企业以公允价值计量相关资产或负债，如果已与交易对手达成了在出现违约情况下将考虑所有能够缓释信用风险敞口的安排（例如，与交易对手订立的总互抵协议，或者要求基于各方对另一方信用风险的净敞口交换担保品的协议），则应在公允价值计量中考虑交易对手信用风险的净敞口或者该交易对手对企业信用风险的净敞口。企业以公允价值计量相关资产或负债，应当反映市场参与者对这些安排在出现违约情况下能够依法强制执行的可能性的预期。

企业为管理一个或多个特定市场风险净敞口而进行组合管理的金融资产和金融负债，可以不同于企业为管理其特定交易对手信用风险净敞口而进行组合管理的金融资产和金融负债，因为企业所有合同不可能均与相同的交易对手订立。

八、公允价值披露

企业应当披露在公允价值计量中所使用的估值技术和输入值，以及在持续的公允价值计量中使用的重大不可观察输入值及其对当期损益或其他综合收益的影响，以使财务报表使用者能够作出合理评价。

企业应当根据所处的市场环境，考虑公允价值披露的详尽程度、重要程度、汇总或细化程度，以及是否需要向报表使用者提供额外信息，以帮助这些使用者评价公允价值披露的量化信息。

企业在进行公允价值披露时，应当区分持续的公允价值计量和非持续的公允价值计量，并适用不同的披露要求。持续的公允价值计量，是指其他相关章要求或允许企业在每个资产负债表日持续以公允价值进行的计量，例如对交易性金融资产公允价值的计量。非持续的公允价值计量，是指其他相关章要求或允许企业在特定情况下的资产负债表中以公允价值进行的计量，例如对持有待售的非流动资产公允价值的计量。

企业以公允价值计量市场风险或信用风险可抵销的金融资产和金融负债组合的，应当披露该事实。对于以公允价值计量并且附有不可分割的第三方信用增级的负债，企业应当披露该信用增级，并说明该负债的公允价值计量中是否已反映该信用增级。

企业应当以表格形式披露本章要求的量化信息，除非其他形式更恰当。

（一）对相关资产或负债进行分组

企业应当根据相关资产或负债的性质、特征、风险以及公允价值计量的层次，对相关资产或负债进行恰当分组，并按照组别披露公允价值计量的相关信息。

相关资产或负债的组别通常是在资产负债表列报项目基础上根据相关资产或负债的性质、特征、风险以及公允价值计量的层次（如估值技术、输入值或其他事项等）进一步细化。企业应当披露各组别与资产负债表列报项目之间的调节信息。对于第三层次公允价值计量，企业应当更加细化地披露，以充分反映第三层次公允价值计量涉及的不确定性和主观性。

其他章明确规定了相关资产或负债组别且其分组原则符合本章规定的，企业可直接使用该组别提供相关信息。

本章对已确认的公允价值计量有不同的披露要求，这取决于这些公允价值计量是持续的还是非持续的。因此，企业在进行公允价值披露时，应当区分持续的公允价值计量和非持续的公允价值计量，并适用不同的披露要求。

对于持续和非持续的公允价值计量，企业至少应提供各组资产或负债的定量信息，具体披露格式见表39－11。

（二）第一层次公允价值计量信息的披露要求

对于持续和非持续的第一层次公允价值计量，企业应当披露第一层次公允价值计量中所属项目及其金额。具体披露格式见表39－11。

（三）第二层次公允价值计量信息的披露要求

对于持续和非持续的第二层次公允价值计量，企业应当披露第二层次公允价值计量中所属项目及其金额，以及在公允价值计量中使用的估值技术和输入值的描述性信息。当变更估值技术时，企业还应当披露这一变更以及变更的原因。关于第二层次公允价值计量中所属项目及其金额，具体披露格式见表39－11。

企业披露的估值技术和输入值的描述性信息通常包括：

（1）是否存在可供企业选择的其他估值技术，如果存在，企业是如何在这些估值技术中进行选择的。

（2）企业所选估值技术可能存在的风险或缺陷。

（3）根据市场价格校准估值模型的方法和频率。

表 39-11　公允价值计量披露

项目	第一层次公允价值计量	第二层次公允价值计量	第三层次公允价值计量	2×22 年 12 月 31 日合计
一、持续的公允价值计量				
（一）以公允价值计量且其变动计入当期损益的金融资产				
1. 交易性金融资产				
（1）债务工具投资				
（2）权益工具投资				
（3）衍生金融资产				
2. 指定为以公允价值计量且其变动计入当期损益的金融资产				
（二）分类为以公允价值计量且其变动计入其他综合收益的金融资产				
（三）指定为以公允价值计量且其变动计入其他综合收益的金融资产				
（四）投资性房地产				
1. 出租的土地使用权				
2. 出租的建筑物				
3. 持有并准备增值后转让的土地使用权				
（五）生物资产				
1. 消耗性生物资产				
2. 生产性生物资产				
持续以公允价值计量的资产总额				
二、非持续的公允价值计量				
持有待售资产				
非持续以公允价值计量的资产总额				

注：企业可以根据本章的规定，并结合自身实际情况，对具体项目作相应调整。除非存在企业认为更适合的格式，否则负债将采用类似的表格披露。

（4）对使用第三方报价机构估值的描述，如获得多少个报价、使用了哪一个第三方报价机构的估值、为何选择该报价机构等。

（5）企业采用类似资产或负债的报价对相关资产或负债进行公允价值计量的，如何根据相关资产或负债的特征调整该报价。

（6）企业使用估值模型以外因素对模型进行调整的，描述这些因素是什么以及如何进行调整。

（四）第三层次公允价值计量信息的披露要求

1. 对于持续和非持续的第三层次公允价值计量，企业应当披露第三层次公允价值计量中所属项目及其金额。具体披露格式见表39－11。

2. 对于持续和非持续的第三层次公允价值计量，企业应当披露在公允价值计量中使用的估值技术和输入值的描述性信息。当变更估值技术时，企业还应当披露这一变更以及变更的原因。

由于第三层次公允价值计量相比第二层次公允价值计量主观性更强，企业应当参照第二层次公允价值计量对估值技术和输入值的描述性要求，披露更多信息，以帮助财务报表使用者更好地理解企业在公允价值计量中所作的判断和假设。

企业应当披露公允价值计量中使用的重要的、可合理取得的不可观察输入值的量化信息。在公开信息无法获取或获取不切实可行的情况下，企业披露这些信息，将有助于财务报表使用者了解公允价值计量所隐含的不确定性。

如果企业是直接应用第三方报价机构提供的报价或以前交易的实际交易价格，并且未进行任何调整，考虑到企业未参与设定该数量化的不可观察输入值，企业可以不披露相关不可观察输入值的定量信息。但企业不能忽略在公允价值计量中使用的、并且可合理取得的数量化的不可观察输入值。

为帮助财务报表使用者评价所披露的定量信息，企业可考虑披露以公允价值计量的项目的性质，包括在确定相关输入值时所考虑的相关资产或负债的特征，以及在计量公允价值时如何考虑经纪人或定价服务机构报价等第三方信息。

对于持续和非持续的第三层次公允价值计量，对于重要的、可合理取得的不可观察输入值的量化信息，企业可以采用表格形式披露相关信息，具体披露格式见表39－12。

表 39－12　　第三层次公允价值计量的定量信息

项目	2×22 年 12 月 31 日的公允价值	估值技术	不可观察输入值	范围区间（加权平均值）
权益工具投资		现金流量折现法	加权平均资本成本	
			长期收入增长率	
			长期税前营业利润	
			流动性折价	
			控制权溢价	
		上市公司比较法	流动性折价	
			控制权溢价	
债务工具投资		现金流量折现法	提前偿付率	
			违约概率	
			违约损失率	
衍生金融资产		期权定价模型	波动率	
			交易对手信用风险	
			自身信用风险	
出租的建筑物		现金流量折现法	长期净营业收入利润率	
			计算资产余值所使用的利率	

注：企业可以根据本章的规定，并结合自身实际情况，对具体项目作相应调整。除非存在企业认为更适合的格式，否则负债将采用类似的表格披露。

3. 对于持续和非持续的第三层次公允价值计量，企业应当披露估值流程的描述性信息，例如企业如何确定其估值政策、估值程序以及分析各期间公允价值计量的变动等。企业在披露估值流程的描述性信息时，通常包括下列信息：

（1）企业内部有专门的团队负责估值政策和估值流程的，应当披露企业内部如何决定估值政策以及估值流程的描述性信息。

（2）风险管理部门或审计委员会等是否定期讨论和评估公允价值计量，并且这些讨论和评估是如何进行的。

（3）各期间公允价值计量变动分析等。

4. 对于持续的第三层次公允价值计量，企业应当披露期初余额与期末余额之间的调节信息，包括计入当期损益的已实现利得或损失总额，以及确认这些利得或损失时的损益项目；期末持有资产或负债计入当期损益的未实现利得或损失总额，以及确认这些未实现利得或损失时的损益项目；计入当期其他综合收益的利得或损失总额，以及确认这些利得或损失时的其他综合收益项目；购买、出售、发行和结算以及转入、转出等情况。

对于划入第三层次的持续的公允价值计量，企业应当披露每组资产或负债如何从期初余额调节至期末余额。企业可以采用表格形式披露相关信息，具体披露格式见表 39－13。

表 39－13　第三层次公允价值计量

项目	期初余额	转入第三层次	转出第三层次	当期利得或损失总额		购买、发行、出售和结算				期末余额	对于在报告期末持有的资产，计入损益的当期未实现利得或损失的变动
				计入损益	计入其他综合收益	购买	发行	出售	结算		
交易性金融资产											
债务工具投资											
权益工具投资											
衍生金融资产											
指定为以公允价值计量且其变动计入当期损益的金融资产											
分类为以公允价值计量且其变动计入其他综合收益的金融资产											
指定为以公允价值计量且其变动计入其他综合收益的金融资产											
投资性房地产											
出租的土地使用权											
出租的建筑物											

续表

项目	期初余额	转入第三层次	转出第三层次	当期利得或损失总额		购买、发行、出售和结算				期末余额	对于在报告期末持有的资产，计入损益的当期未实现利得或损失的变动
				计入损益	计入其他综合收益	购买	发行	出售	结算		
持有并准备增值后转让的土地使用权											
生物资产											
消耗性生物资产											
生产性生物资产											
合计											

注：企业可以根据本章的规定，并结合自身实际情况，对具体项目作相应调整。除非存在企业认为更合适的格式，否则负债将采用类似的表格披露。

其中，计入当前损益的利得和损失中与金融资产和非金融资产有关的损益信息的披露格式见表39－14。

表39－14　与金融资产和非金融资产有关损益信息的披露

项目	与金融资产有关的损益	与非金融资产有关的损益
计入损益的当期利得或损失总额		
对于在报告期末持有的资产，计入损益的当期未实现利得或损失的变动		

5. 对于持续的第三层次公允价值计量，企业改变不可观察输入值可能导致公允价值显著变化的，应当按照相关资产或负债的类别披露有关敏感性分析的描述性信息。企业应当根据净利润、总资产或总负债、或者公允价值变动在其他综合收益中确认情况下的所有者权益判断该变化的显著性。

当这些可能导致公允价值显著变化的输入值与企业使用的其他不可观察输入值之间具有相关关系时，企业应当描述这种相关关系及其影响，其中不可观察输入值至少应当包括对公允价值计量而言重要的不可观察输入值。

对于金融资产和金融负债，企业为反映合理、可能的其他假设而变更一个或多个不可观察输入值导致公允价值显著变化的，还应当披露这一事实、变更的影响金额及其计算方法。为此，企业应当根据净利润、总资产或总负债、或者公允价值变动在其他综合收益中确认情况下的所有者权益判断该变化的显著性。

例如，对于以公允价值计量的住房抵押贷款证券，企业将会用到提前偿付率、违约率和违约损失率等重大不可观察输入值。每一项输入值的变动将导致该证券公允价值计量值显著变化。通常，企业关于违约率假设的变动将会导致有关违约损失率假设的同方向变动，并导致有关提前偿付率假设的反方向变动。

（五）公允价值计量各层次之间转换的披露要求

对于持续的公允价值计量，企业应当披露在公允价值计量各层次之间转换的金额和原因。无论各层次之间转换的金额是否重大，企业都应当披露转入或转出第一、第二、第三层次的金额，以有助于财务报表使用者分析企业未来的流动性风险和企业对公允价值计量相对主观性的风险敞口，并且每一层次的转入与转出应当分别披露。

企业应当披露确定各层次之间转换时点的政策。企业确定转换时点的政策应至少包括下列内容：

（1）导致各层次发生转换的事件或情况变化的日期。

（2）报告期期初。

（3）报告期期末。

企业调整公允价值计量层次转换时点的相关会计政策，应当一致地应用于转出的公允价值计量层次和转入的公允价值计量层次，并在前后各会计期间保持一致。

（六）非金融资产最佳用途不同于当前用途的披露要求

对于持续和非持续的公允价值计量，非金融资产的最佳用途与其当前用途不同的，企业应当披露这一事实及其原因。企业披露该信息有助于报表使用者了解企业有关该非金融资产的使用方式以及与企业战略和经营计划的契合方式，能够为财务报表使用者提供预测未来现金流量的有用信息。

（七）不以公允价值计量但以公允价值披露项目的披露要求

对于不以公允价值计量但以公允价值披露的资产和负债，企业应当披露下列信息：

（1）公允价值计量结果所属的层次。

（2）对于第二层次公允价值计量，披露使用的估值技术和输入值的描述性信息。当变更估值技术时，披露这一变更以及变更的原因。

（3）对于第三层次公允价值计量，披露使用的估值技术和输入值的描述性信息。当变更估值技术时，披露这一变更以及变更的原因。

（4）非金融资产最佳用途与其当前用途不同的，披露这一事实及其原因。

九、衔接规定

首次执行日前，公允价值计量与本章要求不一致的，企业不作追溯调整。比较财务报表中披露的信息与本章要求不一致的，企业不需要按照本章的规定进行调整。

第四十章　合营安排

一、总体要求

《企业会计准则第40号——合营安排》（以下简称合营安排准则）明确提出了合营安排的定义，规定了合营安排的认定与分类的原则和方法、并规范了各参与方在合营安排中利益份额的会计处理。

合营安排是一项由两个或两个以上的参与方共同控制的安排。合营安排具有两个特征：一是各参与方均受到该安排的约束；二是两个或两个以上的参与方对该安排实施共同控制，即任何一个参与方都不能够单独控制该安排，对该安排具有共同控制的任何一个参与方均能够阻止其他参与方或参与方组合单独控制该安排。是否存在共同控制是判断一项安排是否为合营安排的关键。共同控制是按照相关约定等分享对一项安排的控制权，并且仅在对相关活动（即对该安排的回报具有重大影响的活动）的决策要求分享控制权的参与方一致同意时才存在。

合营安排分为两类，即共同经营和合营企业。共同经营是指共同控制一项安排的参与方享有与该安排相关资产的权利，并承担与该安排相关负债的合营安排。合营企业是共同控制一项安排的参与方仅对该安排的净资产享有权利的合营安排。认定一项安排是合营安排后，应当根据合营方获得回报的方式这一经济实质，来判断该合营安排应当被划分为共同经营还是合营企业。如果合营方通过对合营安排的资产享有权利，并对合营安排的义务承担责任来获得回报，则该合营安排应当被划分为共同经营；如果合营方仅对合营安排的净资产享有权利，则该合营安排应当被划分为合营企业。

二、适用范围

本章适用于符合合营安排定义的各项安排，包括共同经营和合营企业。本章规范了各参与方在共同经营和合营企业中利益份额的会计处理原则，会计处理上适用其他章的，本章作了相应说明。合营方在合营安排中权益的披露，适用第四十一章在其他主体中权益的披露。

当认定风险资本组织、共同基金、信托公司或包括投连险基金在内的类似主体在合营企业中拥有权益时，考虑到对这些主体所持有的投资以公允价值计量比采用权益法核算能够为财务报表使用者提供更有用的信息，允许这些主体对持有的在合营企业中的权益，按照第二十二章金融工具确认和计量以公允价值计量，且其变动计入损益。这种例外规定是计量方面的豁免，而不是将这些主体拥有在合营企业中的权益排除在本章的范围之外。

当一项安排因不存在共同控制，从而被排除在本章范围之外时，主体应根据相关章内容，例如，第三章长期股权投资、第三十四章合并财务报表、第二十二章金融工具确认和计量等，对其在安排中的权益进行会计处理。本章与其他相关章之间的关系如图 40 - 1 所示。

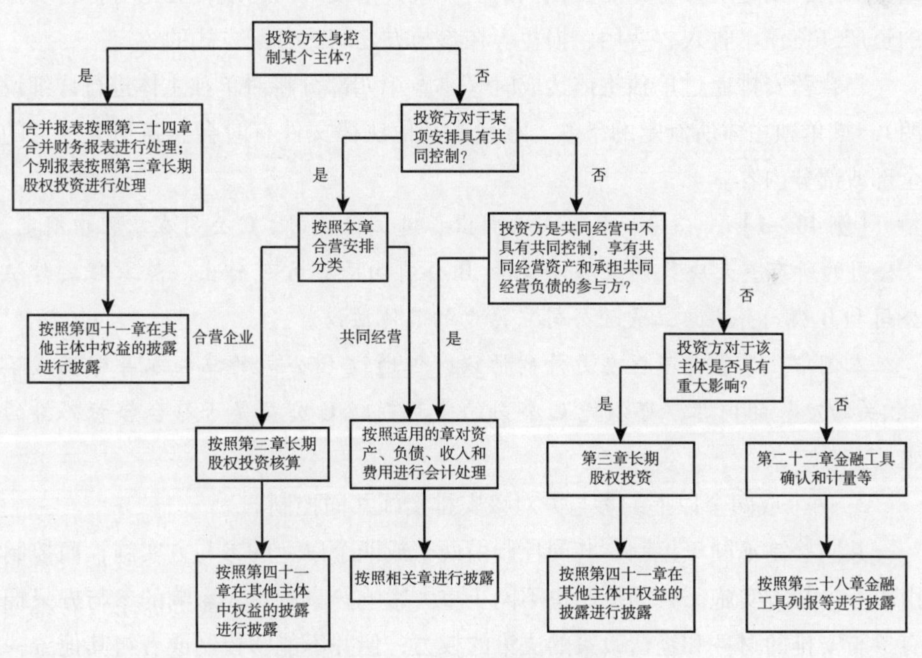

图 40 - 1　本章与其他章关系图

三、合营安排的认定

（一）合营安排的定义和特征

合营安排是一项由两个或两个以上的参与方共同控制的安排。

合营安排同时具有以下特征：一是各参与方受到该安排的约束；二是两个或两个以上的参与方对该安排实施共同控制。

1. 各参与方受到该安排的约束。

合营安排通过相关约定对各参与方予以约束。相关约定，是指据以判断是否存在共同控制的一系列具有执行力的合约。在形式上，相关约定通常包括合营安排各参与方达成的合同安排，如合同、协议、会议纪要、契约等，也包括对该安排构成约束的法律形式本身。

在内容上，相关约定包括但不仅限于对以下内容的约定：一是对合营安排的目的、业务活动及期限的约定；二是对合营安排的治理机构（如董事会或类似权力机构）成员的任命方式的约定；三是对合营安排相关事项的决策方式的约定，包括哪些事项需要参与方决策、参与方的表决权情况、决策事项所需的表决权比例等内容，合营安排相关事项的决策方式是分析是否存在共同控制的重要因素；四是对参与方需要提供的资本或其他投入的约定；五是对合营安排的资产、负债、收入、费用、损益等在参与方之间的分配方式的约定。

当合营安排通过单独主体达成时（本章第四部分将对单独主体进行详细说明），该单独主体所制定的条款、章程或其他法律文件有时会涵盖相关约定的全部或部分内容。

【例40-1】A公司和B公司共同出资建立C公司。C公司在章程中规定，C公司的所有重大决策须经A公司和B公司均同意方可作出。除章程之外A公司和B公司并未订立管理公司C活动的其他协议。

本例中，尽管并不存在另外的协议，但通过C公司的章程本身即涵盖了“相关约定”的内容，可以凭C公司的章程判断C公司是否符合合营安排的定义。

2. 两个或两个以上的参与方对该安排实施共同控制。

共同控制不同于控制，共同控制由两个或两个以上的参与方实施，而控制由单一参与方实施。共同控制也不同于重大影响，享有重大影响的参与方只拥有参与安排的财务和经营政策的决策的权力，但并不能够控制或者与其他方一起共同控制这些政策的制定。

【例40-2】A公司、B公司、C公司对D公司的表决权比例分别为50%、40%及10%。D公司的主要经营活动为医药产品的研发、生产、销售及相关健康产品服务，其最高权力机构为股东会，所有重大决策需要75%以上表决权通过方可作出。

在本例中，A公司、B公司合计拥有D公司90%的表决权，超过了75%的表决权要求，当且仅当A公司、B公司均同意时，D公司的重大决策方能表决通过，C公司的意愿并不能起到影响表决是否通过的决定性作用。因此D公司为一项合营安排，没有任何一方能够单独控制D公司，A公司与B公司对D公司实施共同控制，C公司虽然作为D公司的股东，属于该合营安排的一方，但并不具有共同控制权。

（二）合营安排的认定

要认定一项安排是否为合营安排，需要准确把握“共同控制”、“参与方”等概念。其中，是否存在共同控制是判断一项安排是否为合营安排的关键。

1. 共同控制。

共同控制，是指按照相关约定对某项安排所共有的控制，并且该安排的相关活动必须经过分享控制权的参与方一致同意后才能决策。

在判断是否存在共同控制时，应当按照本章，首先判断是否由所有参与方或参与方组合集体控制该安排，其次再判断该安排相关活动的决策是否必须经过这些参与方一致同意。

相关活动是指对某项安排的回报产生重大影响的活动。某项安排的相关活动应当根据具体情况进行判断，通常包括商品或劳务的销售和购买、金融资产的管理、资产的购买和处置、研究与开发活动以及融资活动等。关于相关活动的更多内容见第三十四章合并财务报表。

(1) 集体控制。

如果所有参与方或一组参与方必须一致行动才能决定某项安排的相关活动，则称所有参与方或一组参与方集体控制该安排。在判断集体控制时，需要注意以下几点：

①集体控制不是单独一方控制。有关控制的判断，应遵循第三十四章合并财务报表的相关内容。为了确定相关约定是否赋予参与方对该安排的共同控制，主体首先识别该安排的相关活动，然后确定哪些权利赋予参与方主导相关活动的权力。

值得注意的是，“参与方组合”仅泛指参与方的不同联合方式，并不是一个专门的术语。如果某一个参与方能够单独主导该安排中的相关活动，则可能为控制。如果一组参与方或所有参与方联合起来才能够主导该安排中的相关活动，则为集体控制。即，在集体控制下，不存在任何一个参与方能够单独控制某安排的情况，而是由一组参与方或所有参与方联合起来才能控制该安排。

【例40－3】假设A公司、B公司、C公司、D公司共同设立E公司，并分别持有E公司60%、20%、10%和10%的表决权股份。协议约定，E公司相关活动的决策需要50%以上表决权通过方可作出。

本例中，E公司的表决权安排使得A公司能够单独主导E公司的相关活动，只要A公司享有E公司的可变回报并有能力运用其权力影响E公司的可变回报，A公司无需与其他参与方联合，即可控制E公司。因此，E公司是A公司的子公司，而不是一项合营安排。

②尽管所有参与方联合起来一定能够控制该安排，但集体控制下，集体控制该安排的组合指的是那些既能联合起来控制该安排，又使得参与方数量最少的一个或几个参与方组合。

【例40－4】假设A公司、B公司、C公司、D公司分别持有E公司40%、30%、20%和10%的表决权股份，E公司相关活动的决策需要85%以上表决权通过方可作出。

本例中，E公司的表决权安排使得：

(a) A公司、B公司、C公司、D公司任何一方均不能单独控制E公司。

(b) 参与方组合可能的形式有：A公司和B公司，A公司和C公司，A公司和D公司，B公司和C公司，B公司和D公司，C公司和D公司，A公司、B公司、C公司，A公司、B公司、D公司，A公司、C公司、D公司，B公司、C公司、D公司，A公司、B公司、C公司、D公司。在这些参与方组合中，尽管所有参与方（A公司、B公司、C公司、D公司）联合起来必然能够控制E公司，但A公司、B公司、C公司联合起来即可控制E公司，且A公司、B公司、C公司是联合起来能够控制E公司的参与方数量最少的组合。因此，称A公司、B公司、C公司集体控制E公司，而不是A公司、B公司、C公司、D公司集体控制E公司。

【例40－5】沿用〖例40－4〗资料，所不同的是，假定E公司相关活动的决策需要95%以上表决权通过方可作出。

本例中，E公司的表决权安排使得①A公司、B公司、C公司、D公司任何一方均不能单独控制E公司；②必须由所有参与方（A公司、B公司、C公司、D公司）联合起来才能控制E公司，且所有参与方是联合起来能够控制E公司的参与方数量最少的组合。因此，称所有参与方集体控制E公司。

③能够集体控制一项安排的参与方组合很可能不止一个。

【例40－6】假定一项安排涉及三方：A公司在该安排中拥有50%的表决

权股份，B公司和C公司各拥有25%的表决权股份。A公司、B公司、C公司之间的相关约定规定，该安排相关活动决策至少需要75%的表决权通过方可作出。

尽管A公司拥有50%的表决权，但是A公司没有控制该安排，因为A公司对该安排的相关活动作出决策需要获得B公司或C公司的同意。在本例中，A公司和B公司的组合或A公司和C公司的组合均可集体控制该安排。这样，存在多种参与方之间的组合能够达到75%表决权的要求。在此情况下，该安排要成为合营安排，需要在相关约定中指明哪些参与方一致同意才能对相关活动作出决策。

（2）有关相关活动的决策。

主体应当在确定是由参与方组合集体控制该安排，而不是某一参与方单独控制该安排后，再判断这些集体控制该安排的参与方是否共同控制该安排。当且仅当相关活动的决策要求集体控制该安排的参与方一致同意时，才存在共同控制。

存在共同控制时，有关合营安排相关活动的所有重大决策必须经分享控制权的各方一致同意。一致同意的规定保证了对合营安排具有共同控制的任何一个参与方均可以阻止其他参与方在未经其同意的情况下就相关活动单方面作出决策。

“一致同意”中，并不要求其中一方必须具备主动提出议案的权力，只要具备对合营安排相关活动的所有重大决策予以否决的权力即可；也不需要该安排的每个参与方都一致同意，只要那些能够集体控制该安排的参与方意见一致，就可以达成一致同意。

【例40－7】 A公司与B公司各持有C公司50%的表决权，C公司的主要经营活动为研究和开发前沿新药。根据C公司的章程以及A公司、B公司之间签订的合资协议，C公司的最高权力机构为董事会。董事会由5名董事组成，其中A公司派出4名代表，其中1名代表任董事长，B公司派出1名代表。所有相关活动的决策需要2/3以上董事表决通过方可作出。但是，B公司派出的董事对所有重大事项具备一票否决权。由于A公司自身为新药研发行业内的领先企业，具备丰富的行业知识，而B公司自身的主要经营范围并非新药研发领域，因此，除财务总监由B公司派出外，C公司包括总经理、研发总监在内的其他高级管理人员均由A公司派出。

本例中，虽然A公司派出的董事人数为4人，超过董事总人数的2/3，然而鉴于B公司的董事对C公司的重大事项具有一票否决权，因此，A公司不能单方面控制C公司，而是与B公司一起对C公司实施共同控制。

实务中，各参与方不乏采取签署“一致行动协议”的方式，以实现共同控制。

【例40－8】A公司、B公司、C公司对D公司的表决权比例分别为30%、21%及49%。D公司的主要经营活动为码头货物的装卸、仓储及场地租赁服务，其最高权力机构为股东会，相关活动的决策需要半数以上表决权通过方可作出。此外，A公司、B公司签订了一致行动协议，约定对D公司的重大事项进行表决时，A公司、B公司均应一致行动。

本例中，A公司、B公司就D公司的相关活动的重大决议签订了一致行动协议，从而使得A公司、B公司合起来拥有D公司51%的表决权，因此，A公司、B公司实际上共同控制了D公司。

在判断“一致行动协议”是否构成共同控制时，还需要考虑其他投资方持有表决权的分散程度。

【例40－9】A公司和B公司各持有C公司24%的表决权。C公司剩余52%的表决权分布极为分散，没有任何一个其他股东持有超过1%的表决权，C公司历史上从未发生除A公司和B公司外的超过20%的表决权股东联合进行决策的情况。C公司相关活动的决策需要50%以上的表决权通过方可作出。A公司和B公司签订了一致行动协议，约定对C公司的重大事项进行表决时，A公司、B公司均应一致行动。

本例中，尽管A公司和B公司合计只持有C公司48%的表决权，但C公司剩余表决权分布极为分散，因此，按照第三十四章合并财务报表中当投资方拥有半数以下表决权时考虑表决权的相对份额大小以及其他股东持有表决权的分散程度等来判断控制的指引，A公司与B公司能够集体控制C公司，同时，由于A公司与B公司签订了一致行动协议，A公司和B公司对C公司存在共同控制，C公司构成合营安排。

【例40－10】沿用〖例40－8〗资料，所不同的是，A公司和B公司并未签订一致行动协议。

本例中，由于A公司和B公司并没有签订一致行动协议，因此，双方之间不存在一致同意，不具有共同控制。此时，A公司和B公司很可能各自对C公司具有重大影响。

值得注意的是，“一致行动协议”并不一定表明存在共同控制，在某些情况下可能是某一参与方实际获得了控制权。

【例 40 - 11】 沿用〖例 40 - 8〗资料，所不同的是，A 公司、B 公司在一致行动协议中约定，对 C 公司的重大事项进行表决时，B 公司充分尊重 A 公司的意愿，如果双方意见不一致的，B 公司将按照 A 公司的意见行使表决权。

本例中，虽然 A 公司、B 公司就 C 公司的相关活动的重大决议签订了一致行动协议。然而，由于 B 公司根据协议始终必须跟随 A 公司行使表决权，A 公司自身能够单方面采取行动以控制 C 公司的相关活动，因此，该安排的实质为 A 公司对 C 公司具有控制权。

有时，相关约定中设定的决策方式也可能暗含需要达成一致同意。例如，假定两方建立一项安排，在该安排中双方各持有 50% 的表决权。双方约定，对相关活动作出决策至少需要 51% 的表决权。在这种情况下，意味着双方同意共同控制该安排，因为如果没有双方的一致同意，就无法对相关活动作出决策。

当相关约定中设定了就相关活动作出决策所需的最低表决权比例时，若存在多种参与方的组合形式均能满足最低表决权比例要求的情形，则该安排就不是合营安排；除非相关约定明确指出，需要其中哪些参与方一致同意才能就相关活动作出决策。

【例 40 - 12】 假定一项安排涉及三方：A 公司、B 公司、C 公司在该安排中拥有的表决权分别为 50%、30% 和 20%。A 公司、B 公司、C 公司之间的相关约定规定，相关活动的决策需要 75% 以上的表决权通过方可作出。

在本例中，A 公司和 B 公司是能够集体控制该安排的唯一组合，当且仅当 A 公司、B 公司一致同意时，该安排的相关活动决策方能表决通过。因此 A 公司、B 公司对安排具有共同控制权。

如果存在两个或两个以上的参与方组合能够集体控制某项安排的，不构成共同控制。即，共同控制合营安排的参与方组合是唯一的。

【例 40 - 13】 A 公司、B 公司、C 公司、D 公司各持有 E 公司 25% 的表决权。E 公司的主要经营活动为房屋建筑工程总承包、设计及专业施工，其最高权力机构为股东会，相关活动的决策需要 60% 以上的表决权通过方可作出。

本例中，E 公司的表决权安排使得 A 公司、B 公司、C 公司、D 公司中的任意 3 个同意即可作出决定，共存在 4 个参与方组合可以作出相关活动的决策（即集体控制），即 A 公司、B 公司、C 公司组合，A 公司、B 公司、D 公司组合，B 公司、C 公司、D 公司组合以及 A 公司、C 公司、D 公司组合，任意一种组合均可能表决通过。由于并不存在需要集体控制E公司的参与方一致同意后才能决策的情况（例如，A公司、B公司、C公司能够集体控制E公司，但B公司和C公司也可以选择和D公司联合，并不是必须征得A公司同意才能作出决策，如果B公司、C公司、D公司联合作出决策，A公司并没有权力去否决该决策，同理，B公司并没有权力去否决A公司、C公司和D公司联合作出的决策，C公司并没有权力去否决A公司、B公司和D公司联合作出的决策，D公司并没有权力去否决A公司、B公司和C公司联合作出的决策），因此，E公司并非合营安排，A公司、B公司、C公司、D公司并不对E公司具有共同控制权。但由于A公司、B公司、C公司、D公司对E公司的持股比例高于20%，在不存在其他相反证据的情况下，A公司、B公司、C公司、D公司对E公司均被推定为具有重大影响。

〖例40－6〗、〖例40－12〗、〖例40－13〗的分析汇总如表40－1所示。

表40－1

	〖例40－6〗	〖例40－12〗	〖例40－13〗
最低表决权比例要求	至少75%的表决权才能作出相关活动决策	75%以上的表决权才能作出相关活动决策	60%以上的表决权才能作出相关活动决策
参与方A公司	持有50%的表决权	持有50%的表决权	持有25%的表决权
参与方B公司	持有25%的表决权	持有30%的表决权	持有25%的表决权
参与方C公司	持有25%的表决权	持有20%的表决权	持有25%的表决权
参与方D公司	—	—	持有25%的表决权
结论	不是共同控制——多种参与方的组合（A公司和B公司，或A公司和C公司）均可以集体控制该安排。而相关约定并未明确指出相关活动决策必须哪些参与方同意，所以不存在一致同意，不构成共同控制，A公司、B公司、C公司对该安排均被推定为具有重大影响，应按权益法进行会计处理	是共同控制——A公司和B公司能够集体控制该安排（只有A公司和B公司的表决权之和才能满足要求）。由于A公司和B公司是能够集体控制该安排的唯一组合，该安排的相关活动必须经过A公司和B公司一致同意后才能决策	不是共同控制——多种参与方的组合（A公司、B公司、C公司、D公司中的任意三方组合）均可以集体控制该安排。而相关约定并未明确指出相关活动决策必须哪些参与方同意，所以不存在一致同意，不构成共同控制。 A公司、B公司、C公司、D公司对该安排均被推定为具有重大影响，应按权益法进行会计处理

通过对〖例40－6〗、〖例40－12〗、〖例40－13〗的汇总分析可见，存在集体控制仅说明该安排中，不存在任何一方单独控制该安排的情况。要想达到

共同控制，还需要在集体控制的基础上，判断该安排相关活动的决策是否必须经过这些集体控制该安排的参与方一致同意才可作出。一般而言，如果一项安排仅存在一组参与方能够集体控制，该集体控制为共同控制。

在一项安排中，某一参与方可能被任命来管理该安排的日常运行。如果该安排的相关活动需要由各参与方共同作出决定，而且管理方在这一决定的框架内行事，则任何一个参与方作为管理方均不会影响该安排是合营安排的判断。但是，如果管理方能够单方面就该安排的相关活动作出决定，从而拥有对该安排的权力，通过参与该安排的相关活动而享有可变回报，并且有能力运用对该安排的权力影响其回报金额，则该管理方单方控制该安排，而不是和其他参与方共同控制该安排，该安排不是合营安排。

【例40－14】 A公司是一家房地产公司，C公司是其旗下一家持有若干写字楼产权的全资子公司。A公司将C公司股权的50%出售给一家投资银行B公司。A公司与B公司签订协议：①由于A公司具有丰富的房地产管理经验，A公司继续充当C公司的资产管理人并按照C公司的资产规模每年收取固定比例的管理费；②涉及C公司的相关活动的决策均须A公司和B公司一致同意方可作出，且A公司管理C公司时，必须在A公司和B公司共同作出的决策的框架内行事；③A公司与B公司按照各自的持股比例分享收益和承担亏损。

本例中，尽管A公司继续充当C公司的资产管理人，但是A公司必须和B公司达成一致方能就C公司的相关活动作出决策，而且A公司必须按照A公司和B公司共同作出的决定对C公司进行运营管理，因此，A公司不能单独控制C公司，而是和B公司共同控制C公司。

【例40－15】 沿用〖例40－14〗资料，所不同的是，A公司、C公司和B公司约定，B公司并不参与C公司的决策制定，A公司单方面即可对B公司的相关活动作出决策；投资3年后，A公司将向B公司回购其持有的C公司50%股权，回购价格为B公司投资额的120%。

本例中，B公司尽管拥有C公司50%的股权，但其投资目的并不是参与C公司的运营，而是于投资3年后获得一笔固定回报。A公司单方面即可对B公司的相关活动作出决策，拥有对B公司的控制权。因此，C公司不是一项合营安排，而是A公司的子公司。

（3）争议解决机制。

在分析合营安排的各方是否共同分享控制权时，要关注对于争议解决机制的安排。相关约定可能包括处理纠纷的条款，例如仲裁。这些条款可能允许具有共同控制权的各参与方在没有达成一致意见的情况下进行决策。这些条款的存在不会妨碍该安排构成共同控制的判断，因此，也不会妨碍该安排成为合营安排。但是，值得注意的是，如果在各方未就相关活动的重大决策达成一致意见的情况下，其中一方具备“一票通过权”或者潜在表决权等特殊权力，则需要仔细分析，很可能具有特殊权力的一方实质上具备控制权。

【例40－16】A公司与B公司各持有C公司50%的股权，C公司的主要经营活动为家用电器、电子产品及配件等的连锁销售和服务。根据C公司的章程以及A公司、B公司之间签订的合资协议，C公司的最高权力机构为股东会。所有重大事项均须A公司、B公司派出的股东代表一致表决通过。如若双方经过合理充分协商仍无法达成一致意见时，A公司股东代表享有“一票通过权”，即最终以A公司的股东代表的意见为最终方案。

本例中，由于A公司实质上可以单方面主导C公司相关活动的决策，因此A公司具有控制权，C公司并非合营安排。

在分析争议解决机制时，还需要关注参与方是否拥有期权等潜在表决权。

【例40－17】沿用〖例40－16〗资料，所不同的是，A公司并不享有“一票通过权”而是持有购买B公司持有的C公司全部50%股权的期权。当A公司、B公司双方经过合理充分协商仍无法达成一致意见时，A公司可以随时行使该期权。期权的行权价格以行权时点C公司股权的公允价值为依据确定。

本例中，当A公司、B公司意见不一致时，A公司可以随时通过买断B公司持有的C公司股权的方式，使A公司的决定得到通过，且期权的行权价格和条件并未被设定为具有实质性障碍。在这种情况下，若无其他相反证据，A公司实质上对C公司具有控制权。

有时，协议中可能约定，各参与方意见均不一致时，哪个参与方拥有最终决策权。在判断合营安排的合营方（对合营安排享有共同控制的参与方）时，也需要考虑最终决策者，但最终决策者未必就是控制方。

【例40－18】A公司、B公司、C公司共同出资设立了D公司。董事会是D公司的决策制定机构，A公司、B公司、C公司在D公司董事会中各占一个席位。协议约定规定，D公司相关活动决策须经董事会至少两票才能通过，如果A公司、B公司、C公司意见均不一致（如A公司、B公司、C公司对D公司未来5年应重点投资某个领域各自有不同看法），A公司具有最终决策权。

本例中，由于存在多种参与方组合能够集体控制D公司，并且协议没有明确指出具体哪些参与方必须同意，决策才能达成，因而不存在共同控制D

公司的参与方组合，D公司不是一项合营安排。同时，尽管A公司、B公司、C公司意见均不一致时，A公司具有最终决策权，但如果B公司和C公司达成一致意见，即可作出决策。因此，A公司的最终决策权是有条件的，A公司并不拥有对D公司的控制权。

（4）仅享有保护性权利的参与方不享有共同控制。

保护性权利，是指仅为了保护权利持有人利益却没有赋予持有人对相关活动进行决策的一项权利。保护性权利通常只能在合营安排发生根本性改变或某些例外情况发生时才能够行使，它既没有赋予其持有人对合营安排拥有权力，也不能阻止其他参与方对合营安排拥有权力。值得注意的是，对于某些安排，相关活动仅在特定情况或特定事项发生时开展，例如，某些安排在设计时就确定了安排的活动及其回报，在特定情况或特定事项发生之前不需要进行重大决策。这种情况下，权利在特定情况或特定事项发生时方可行使并不意味该权利是保护性权利。

如果一致同意的要求仅仅与向某些参与方提供保护性权利的决策有关，而与该安排的相关活动的决策无关，那么拥有该保护性权利的参与方不会仅仅因为该保护性权利而成为该项安排的合营方（对合营安排享有共同控制的参与方）。因此，在评估参与方能否共同控制合营安排时，必须具体区别参与方持有的权利是否为保护性权利，该权利不影响其他参与方控制或共同控制该安排。

【例40－19】 A公司、B公司、C公司签订了一份合同，设立某法人主体从事汽车的生产和销售。合同中规定，A公司、B公司一致同意即可主导该主体的所有相关活动，并不需要C公司也表示同意，但若主体资产负债率达到50%，C公司具有对该主体公开发行债券或权益工具的否决权。

本例中，由于公开发行债券或权益工具通常代表了该主体经营中的根本性改变，因而是保护性权利。由于合同明确规定需要A公司和B公司的一致同意才能主导该主体的相关活动，因而A公司和B公司能够共同控制该主体。尽管C公司也是该主体的参与方，但由于C公司仅对该主体拥有保护性权利，因此C公司不是共同控制该主体的参与方。

（5）一项安排的不同活动可能分别由不同的参与方或参与方组合主导。

在不同阶段，一项安排可能发生不同的活动，从而导致不同参与方可能主导不同相关活动，或者共同主导所有相关活动。

不同参与方分别主导不同相关活动时，相关的参与方需要分别评估自身是否拥有主导对回报产生最重大影响的活动的权利，从而确定是否能够控制该项安排，而不是与其他参与方共同控制该项安排。

（6）综合评估多项相关协议。

有时，一项安排的各参与方之间可能存在多项相关协议。在单独考虑一份协议时，某参与方可能对合营安排具有共同控制，但在综合考虑该安排的目的和设计的所有情况时，该参与方实际上不一定对该安排具有共同控制。因此，在判断是否存在共同控制时，需要综合考虑该多项相关协议。

【例40－20】 A公司、B公司、C公司、D公司签订一项协议M，共同进行汽车的生产和销售，并成立了一个委员会O，主导有关生产和销售汽车的所有重大事项，如年度预算的复核审批、经理层任命、营销策略等。A公司、B公司、C公司、D公司各在该委员会中占据一个席位，委员会的决策要求所有成员的一致同意。

同时，A公司和B公司签订了协议N，并成立委员会P，用于协调A公司和B公司之间关于汽车生产和销售的所有重大事项。委员会P的两名成员分别由A公司和B公司任命。委员会P有权作出决策，并提交到委员会O审批。委员会P决定的任何事项都要经过A公司和B公司的一致同意，但是，如果A公司和B公司不能达成一致，则A拥有决定权。A公司和B公司必须按照委员会P作出的决策在委员会O中进行投票。

本例中，存在两份单独的协议M和N。但是，由于这两份协议与汽车的生产和销售这同一项活动相关，因此，参与方应同时评估协议M和N，从而确定是否存在合营安排。例如，如果单独考虑协议M，似乎A公司、B公司、C公司、D公司共同控制该安排。但是，协议M与协议N一并考虑时，发现A公司能够通过协议P主导B公司在委员会P中的投票，因此，B公司是A公司的事实代理人，对该安排不具有共同控制。只有A公司、C公司、D公司对该合营安排具有共同控制。

2. 合营安排中的不同参与方。

只要两个或两个以上的参与方对该安排实施共同控制，一项安排就可以被认定为合营安排，并不要求所有参与方都对该安排享有共同控制。对合营安排享有共同控制的参与方（分享控制权的参与方）被称为“合营方”；对合营安排不享有共同控制的参与方被称为“非合营方”。例如，根据上述共同控制的判断，我们可以发现，在〖例40－4〗中，E公司为一项合营安排，A公司、B公司、C公司为E公司的合营方、D公司为E公司的非合营方。

四、合营安排的分类

合营安排分为共同经营和合营企业。共同经营，是指合营方享有该安排相关资产且承担该安排相关负债的合营安排。合营企业，是指合营方仅对该安排的净资产享有权利的合营安排。合营方应当根据其在合营安排的正常经营中享有的权利和承担的义务，来确定合营安排的分类。对权利和义务进行评价时，应当考虑该合营安排的结构、法律形式以及合营安排中约定的条款、其他相关事实和情况等因素。

合营安排是为不同目的而设立的（例如，参与方为了共同承担成本和风险，或者参与方为了获得新技术或新市场），可以采用不同的结构和法律形式。一些安排不要求采用单独主体的形式开展其活动，另一些安排则涉及单独主体。在实务中，主体可以从合营安排是否通过单独主体达成为起点，判断一项合营安排是共同经营还是合营企业。

（一）单独主体

本章中的单独主体（下同），是指具有单独可辨认的财务架构的主体，包括单独的法人主体和不具备法人主体资格但法律所认可的主体。单独主体并不一定要具备法人资格，但必须具有法律所认可的单独可辨认的财务架构，确认某主体是否属于单独主体必须考虑适用的法律法规。

具有可单独辨认的资产、负债、收入、费用、财务安排和会计记录，并且具有一定法律形式的主体，构成法律认可的单独可辨认的财务架构。合营安排最常见的形式包括有限责任公司、合伙企业、合作企业等。某些情况下，信托、基金也可被视为单独主体。

（二）合营安排未通过单独主体达成

当合营安排未通过单独主体达成时，该合营安排为共同经营。在这种情况下，合营方通常通过相关约定享有与该安排相关资产的权利、并承担与该安排相关负债的义务，同时，享有相应收入的权利、并承担相应费用的责任，因此该合营安排应当划分为共同经营。

【例40－21】A公司、B公司、C公司建立了一项共同制造汽车的安排。协议约定：该安排相关活动的决策需要A公司、B公司、C公司一致同意方可作出；A公司负责生产并安装汽车发动机，B公司负责生产汽车车身和底盘，C公司负责生产其他部件并进行组装；A公司、B公司、C公司负责各自部分的成本费用，如人工成本、生产成本等；汽车实现对外销售后，A公司、B公司、C公司各自获得销售收入的1/3。

本例中，由于关于该安排相关活动的决策需要A公司、B公司、C公司一致同意方可作出，所以A公司、B公司、C公司共同控制该安排，该安排为合营安排。由于A公司、B公司、C公司只是各自负责汽车制造的相应部分，并未成立一个单独主体，因此该合营安排不可能是合营企业，只可能是共同经营。

【例40-22】A公司、B公司、C公司各自购买了一栋酒店式公寓的部分房屋产权，分别占该公寓房屋总面积的30%、30%、40%，并将该酒店式公寓用于出租。协议约定：①关于该酒店式公寓的相关活动，如物业管理公司的任免、资本性支出、重要的租赁协议的签订等，必须由A公司、B公司、C公司一致同意方可作出；②该酒店式公寓的相关费用和营运债务由A公司、B公司、C公司按照产权比例分担；③租金收益在A公司、B公司、C公司之间按照产权比例分配。

本例中，由于关于该安排相关活动的决策需要A公司、B公司、C公司一致同意方可作出，所以A公司、B公司、C公司共同控制该安排，该安排为合营安排。该合营安排并未通过单独主体达成，因此该合营安排不可能是合营企业，只可能是共同经营。同时，A公司、B公司、C公司直接拥有该酒店式公寓的产权，并按照产权比例承担债务、分享收入、分担成本，也表明该合营安排是共同经营。

（三）合营安排通过单独主体达成

如果合营安排通过单独主体达成，在判断该合营安排是共同经营还是合营企业时，通常首先分析单独主体的法律形式，法律形式不足以判断时，将法律形式与合同安排结合进行分析，法律形式和合同安排均不足以判断时，进一步考虑其他相关事实和情况。

1. 分析单独主体的法律形式。

各参与方应当根据该单独主体的法律形式，判断该安排是赋予参与方享有与安排相关资产的权利、并承担与安排相关负债的义务，还是赋予参与方享有该安排的净资产的权利。也就是说，各参与方应当依据单独主体的法律形式判断是否能将参与方和单独主体分离。例如，各参与方可能通过单独主体执行合营安排，单独主体的法律形式决定在单独主体中的资产和负债是单独主体的资产和负债，而不是各参与方的资产和负债。在这种情况下，基于单独主体的法律形式赋予各参与方的权利和义务，可以初步判定该项安排是合营企业。

在各参与方通过单独主体达成合营安排的情形下，当且仅当单独主体的法律形式没有将参与方和单独主体分离（即单独主体持有的资产和负债是各参与方的资产和负债）时，基于单独主体的法律形式赋予参与方权利和义务的判断，足以说明该合营安排是共同经营。

通常，单独主体的资产和负债很可能与参与方在法律形式上明显分割开来。例如，根据《中华人民共和国公司法》（以下简称《公司法》）的有关规定，公司是企业法人，有独立的法人财产，享有法人财产权。公司以其全部财产对公司的债务承担责任。有限责任公司的股东以其认缴的出资额为限对公司承担责任；股份有限公司的股东以其认购的股份为限对公司承担责任。因此，当一项合营安排是按照《公司法》设立的有限责任公司或者股份有限公司时，其法律形式将合营安排对资产的权利和对负债的义务与该安排的参与方明显分割开来。

【例40－23】 A公司和B公司均为建筑公司。A公司和B公司签订了一项合同，以共同完成一项与政府之间的合同，即设计并建造两个城市间的一条道路。在合同中，A公司和B公司明确了各自的参与份额，并明确了双方共同控制该安排，合同安排的主要事项是向政府移交建造完成的道路。

A公司和B公司成立了一个单独主体C，通过C具体实施该安排。C代表A公司和B公司与政府签订合同，并向政府提供建造服务。此外，有关该安排的资产和负债由C持有。假定C的法律形式的主要特征是，A公司和B公司而不是C，拥有该安排的资产，并承担该安排的负债。

A公司和B公司还在合同中约定：①A公司和B公司根据其在该安排中的参与份额分享该安排相关活动所需的全部资产的相应权利；②A公司和B公司根据其在该安排中的参与份额承担该安排的各项债务；③A公司和B公司根据其在该安排中的参与份额分享由该安排相关活动产生的损益。

本例中，该安排通过单独主体达成，该单独主体的法律形式没有将参与方与单独主体分离开来（即主体C持有的资产和负债是A公司和B公司的资产和负债）。此外，A公司和B公司在合同中强调了这项规定，即合同规定A公司和B公司拥有通过主体C实施的安排的资产，并承担其负债。因此，该合营安排是共同经营。

2. 分析合同安排。

当单独主体的法律形式并不能将合营安排的资产的权利和对负债的义务授予该安排的参与方时，还需要进一步分析各参与方之间是否通过合同安排赋予该安排的参与方对合营安排资产的权利和对合营安排负债的义务。合同安排中常见的某些特征或者条款可能表明该安排为共同经营或者合营企业。共同经营和合营企业的一些普遍特征的比较包括但不限于表40－2所列内容。

表40－2　　共同经营和合营企业对比表

对比项目	共同经营	合营企业
合营安排的条款	参与方对合营安排的相关资产享有权利并对相关负债承担义务	参与方对与合营安排有关的净资产享有权利，即单独主体（而不是参与方），享有与安排相关资产的权利，并承担与安排相关负债的义务
对资产的权利	参与方按照约定的比例分享合营安排的相关资产的全部利益（例如，权利、权属或所有权等）	资产属于合营安排自身，参与方并不对资产享有权利
对负债的义务	参与方按照约定的比例分担合营安排的成本、费用、债务及义务。第三方对该安排提出的索赔要求，参与方作为义务人承担赔偿责任	合营安排对自身的债务或义务承担责任。参与方仅以其各自对该安排认缴的投资额为限对该安排承担相应的义务。合营安排的债权方无权就该安排的债务对参与方进行追索
收入、费用及损益	合营安排建立了各参与方按照约定的比例（例如按照各自所耗用的产能比例）分配收入和费用的机制。某些情况下，参与方按约定的份额比例享有合营安排产生的净损益不会必然使其被分类为合营企业，仍应当分析参与方对该安排相关资产的权利以及对该安排相关负债的义务	各参与方按照约定的份额比例享有合营安排产生的净损益
担保	参与方为合营安排提供担保（或提供担保的承诺）的行为本身并不直接导致一项安排被分类为共同经营	

有时，法律形式和合同安排均表明一项合营安排中的合营方仅对该安排的净资产享有权利，此时，若不存在相反的其他事实和情况，该合营安排应当被划分为合营企业。

【例40－24】 A公司和B公司均为房地产公司。为并购和经营一家购物中心，A公司和B公司成立了一个进行项目管理的单独主体C。假定主体C的法律形式使得主体C（而不是A公司和B公司）拥有与该安排相关的资产，并承担相关负债。相关活动包括零售单元的出租、停车位的管理、购物中心及电梯等设备的维护、购物中心整体声誉和客户关系的建立等。

协议中约定：①主体C相关活动的决策需要A公司和B公司一致同意方可作出；②主体C拥有该购物中心，A公司和B公司并不对该购物中心拥有产权；③A公司和B公司不承担主体C的债务或其他义务。如果主体C不能偿还其债务，或者不能清偿第三方的义务，A公司和B公司对第三方承担的负债仅限于A公司和B公司未支付的出资额部分；④A公司和B公司有权出售或抵押其在主体C中的权益；⑤A公司和B公司根据其在主体C中的权益份额分享购物中心经营净损益。

本例中，A公司和B公司共同控制主体C，主体C是一项合营安排，而且是一项通过单独主体达成的合营安排。主体C的法律形式使其在自身立场上考虑问题（即主体C持有的资产和负债是其自身的资产和负债，不是A公司和B公司的资产和负债）。此外，协议表明，A公司和B公司拥有主体C净资产的权利，而不是拥有主体C资产的权利，并承担主体C负债义务，而且也没有其他事实和情形表明参与方实质上享有与该安排相关资产的几乎所有经济利益，并承担与该安排相关的负债义务。因此，该合营安排是合营企业。A公司和B公司将其在主体C净资产中的权利确认为一项长期股权投资，按照权益法进行会计处理。

【例40－25】为积极参与国际竞争，电信运营公司A计划进入B国市场拓展业务。由于B国法律不允许外国公司控制该国电信运营公司。A公司与B国的本土公司C各出资50%一起在B国设立了单独主体D，以进入B国市场。B国法律规定，主体D必须独立拥有资产，并独立承担负债，即主体D的资产和负债需要与投资方的资产和负债分离开来。A公司和C公司签订的协议约定：①关于主体D的所有相关活动的决策均须A公司和C公司共同作出；②主体D的资产为单独主体D所有，A公司和C公司均不得出售、质押、转移或抵押这些资产；③A公司和C公司仅以出资额为限承担对主体D的义务；④主体D实现的利润按照出资比例在A公司和C公司之间分配。

本例中，A公司和C公司之间的安排通过单独主体D达成。按照B国法律，主体D的法律形式将主体D的所有者（A公司和C公司）与主体D进行了分离，主体D的资产和负债被限定在主体D之内，A公司和C公司仅以出资额为限对主体D的债务承担责任。A公司与C公司的相关合同约定也表明其对于主体D的净资产享有权利。因此，从法律形式和相关合同约定进行分析，可以判断主体D是合营企业，而不是共同经营。

有时，仅从法律形式判断，一项合营安排符合合营企业的特征，但是，综合考虑合同安排后，合营方享有该合营安排相关资产并且承担该安排相关负债，此时，该合营安排应当被划分为共同经营。

【例40－26】 A公司、B公司均为石油公司，双方在D国成立了单独主体C，以共同在D国进行石油及天然气的勘探、开发和生产。A公司、B公司共同控制主体C。主体C的法律形式将主体C的资产、负债与A公司及B公司分隔开来。A公司、B公司及主体C签订协议，规定A公司与B公司按照各自在主体C的出资比例分享主体C的资产，分担主体C的成本、费用及负债。D国法律认可该合同约定。

本例中，合营安排通过单独主体构建，单独主体的法律形式没有把单独主体资产的权利、负债的义务授予合营方，即，单独主体的法律形式初步表明，该安排为合营企业。进一步分析，根据A公司、B公司及主体C之间的协议，A公司、B公司对主体C的相关资产享有权利，并对相关负债承担义务，并且该协议符合相关法律法规的规定，因此，该安排为共同经营。

合营安排各参与方可能为合营安排提供担保。例如，合营安排的某个参与方可能向第三方承诺以下事项：合营安排向第三方提供的服务将满足一定质量或性质要求；合营安排将偿还从第三方获取的资金；该参与方在合营安排处于困境时向该安排提供支持。

值得注意的是，不能仅凭合营方对合营安排提供债务担保即将其视为合营方承担该安排相关负债。担保所赋予担保人的是对被担保人债务的次级义务，而非首要义务，因此，担保不是承担债务义务的决定性因素。如果担保提供方在被担保人违约时须付款或履行责任，这可能表明相关事实和情况发生了变化，或者可能伴随该安排的合同条款发生了变化。这些变化可能引起对该安排是否仍具有共同控制的重新评估。另外，合营方承担向合营安排支付认缴出资义务的，不视为合营方承担该安排相关负债。

3. 分析其他相关事实和情况。

如果一项安排的法律形式与合同安排均没有将该安排的资产的权利和对负债的义务授予该安排的参与方，则应考虑其他事实和情况，包括合营安排的目的和设计，其与参与方的关系及其现金流的来源等。在某些情况下，合营安排设立的主要目的是为参与方提供产出，这表明参与方可能按照约定实质上享有合营安排所持资产几乎全部的经济利益。这种安排下，参与方根据相关合同或法律约定有购买产出的义务，并往往通过阻止合营安排将其产出出售给其他第三方的方式来确保参与方能获得产出。这样，该安排产生的负债实质上是由参与方通过购买产出支付的现金流量而得以清偿。因此，如果参与方实质上是该安排持续经营和清偿债务所需现金流的唯一来源，这表明参与方承担了与该安排相关的负债。综合考虑该合营安排的其他相关事实和情况，表明参与方实质上享有合营安排所持资产几乎全部的经济利益，合营安排所产生的负债的清偿实质上也持续依赖于向参与方收取销售产出的现金流，该合营安排的实质为共同经营。

在区分合营安排的类型时，需要了解该安排的目的和设计。如果合营安排同时具有以下特征，则表明该安排是共同经营：①各参与方实质上有权享有，并有义务接受由该安排资产产生的几乎所有经济利益（从而承担了该经济利益的相关风险，如价格风险、存货风险、需求风险等），如该安排所从事的活动主要是向合营方提供产出等；②持续依赖于合营方清偿该安排活动产生的负债，并维持该安排的运营。

【例40－27】A公司、B公司均从事汽车装配和销售业务，为了保障正常装配过程中对于汽车座椅配件的供应并节约成本，A公司、B公司共同出资设立C公司专门生产汽车座椅配件，A公司和B公司各占C公司50%的股权，对C公司实施共同控制。协议约定：①A公司、B公司均需按其持股比例购买C公司生产的所有产品，采购价格以原材料成本、加工毛利及利息支出之和为基础定价，以恰好弥补C公司的运营、筹资等成本费用；②除A公司、B公司外，C公司不得将其产品出售给其他方；③A公司、B公司按出资比例享有C公司的净利润以及净资产；④A公司和B公司将从C公司购买的产品用于生产。

本例中，成立C公司是为了向股东提供其所有产出。A公司、B公司有权利并且有义务购买C公司的全部产出，实质上获得了所有来自C公司资产的所有经济利益，同时C公司完全依赖来源于A公司、B公司的采购款以确保其运作的持续性，A公司、B公司承担了C公司的负债。因此，该合营安排为共同经营。

参与方在合营安排中的产出分配比例与表决权比例不同，并不影响对该安排是共同经营还是合营企业的判断。

【例40－28】沿用〖例40－27〗资料，所不同的是，由于A公司为行业的龙头企业，B公司认为与A公司合作可以提高本公司在业界的知名度，因此B公司同意仅获得C公司产出份额中的48%，A公司获得C公司产出份额中的52%。

本例中，A公司和B公司的产出分配比例与表决权比例不同，并不影响A公司和B公司获得C公司资产几乎所有经济利益的判断。C公司仍然是共同经营。

参与方将获得的合营安排产出份额用于生产经营还是对外出售，并不影响对该安排是共同经营还是合营企业的判断。

【例40－29】 沿用〖例40－27〗资料，所不同的是，A公司将从C公司获得的产出出售给第三方，而不是用于生产过程，B公司仍然将从C公司获得的产出用于生产过程。

本例中，A公司和B公司将从C公司获得的产出份额用于生产，还是对外出售，并不影响A公司和B公司获得C公司资产几乎所有经济利益的判断。C公司仍然是共同经营。

如果合营安排有权自主决定销售价格和客户，参与方没有义务购买合营安排的产出，则表明该合营安排自身承担了价格风险、存货风险、需求风险等，合营方并不直接享有该合营安排相关资产并承担该合营安排相关负债。

【例40－30】 沿用〖例40－27〗资料，所不同的是，A公司、B公司修改了合资协议，新合资协议未规定A公司、B公司必须购买C公司生产的产品，并允许C公司将产品出售给其他方，而仅规定A公司、B公司在同等采购价款及条件下有优先购买权。并且C公司生产的产品为行业内通用产品，存在活跃的销售市场。

本例中，成立C公司并非是为股东提供其所有产出，C公司生产的产品又能以合理的市场价格对第三方出售，并不依赖于A公司、B公司为其提供现金流以确保其持续运作，C公司的经营风险由其自身承担。尽管A公司、B公司为C公司的借款提供担保表明A公司、B公司保障C公司筹资安排的意愿，但其仅代表了一种资金筹集的方式，该合营安排的实质是参与方享有该安排的净收益，因此该安排为合营企业。

值得注意的是，在考虑“其他相关事实和情况”时，只有当该安排产生的负债的清偿持续依赖于合营方的支持时，该安排才为共同经营。即强调参与方实质上是该安排持续经营所需现金流的唯一来源。

【例40－31】 A公司和B公司均为房地产开发公司。A公司和B公司共同成立了一家从事项目管理的单独主体C，并投入一笔资金作为主体C的启动资金和土地竞拍资金。主体C相关活动的决策需要A公司和B公司一致同意方可作出。由主体C代表A公司和B公司建造一处商品房，并负责商品房的公开销售。假定主体C的法律形式使得主体C（而不是A公司和B公司）拥有与该安排相关的资产，并承担相关负债。主体C通过向银行借款来建造该商品房，商品房销售收入优先用于偿还银行债务，剩余利润按照出资比例向A公司和B公司进行分配。

本例中，A公司和B公司共同控制主体C，主体C是一项合营安排，而且是一项通过单独主体达成的合营安排。该合营安排的法律形式和合同条款都不能赋予各参与方享有该主体资产的权利或承担负债的义务。同时，尽管A公司和B公司是主体C成立时现金流的唯一来源，但是，主体C所建造的商品房对外销售，A公司和B公司并不会购买这些商品房，主体C建造商品房的资金通过外部借款获得，且A公司和B公司仅预期获取偿还负债后的净利润，因此，没有任何证据表明A公司和B公司对合营安排中的相关资产和负债分别享有权利和承担义务，该合营安排是合营企业。

有时各参与方可能设立一个框架协议，该框架协议规定了参与方从事一项或多项活动需遵守的一般性合同条款，并可能要求各参与方设立多项合营安排，以分别处理构成框架协议组成部分的特定活动。即使这些合营安排与同一框架协议相关联，如果参与方在从事框架协议涉及的不同活动中具有不同的权利和义务，那么，这些合营安排的类型也可能有所不同。因此，当参与方从事同一框架协议中的不同活动时，共同经营和合营企业可能同时存在。在这种情况下，作为参与方之一的企业应当分别判断各项合营安排的分类。

值得注意的是，参与方判断其在合营安排中享有的权利和承担的义务均是在正常经营的情况下，非正常经营（例如破产、清算）时的法律权利和义务的相关性是比较低的。例如，某合营安排通过合伙企业构建，合伙人之间的相关合同约定赋予了合伙人在合伙企业正常经营时享有该合伙企业资产的权利和承担其负债的义务。而在合伙企业清算阶段，合伙人不享有合伙企业的资产，而只能享有合伙企业清偿第三方债务之后应分得的剩余资产。这种情况下，该合伙企业（即合营安排）仍然可以被分类为共同经营，因为在正常经营中，合伙人对于合伙企业的资产和负债是享有权利和承担义务的。

图40－2说明了如何对合营安排进行分类。

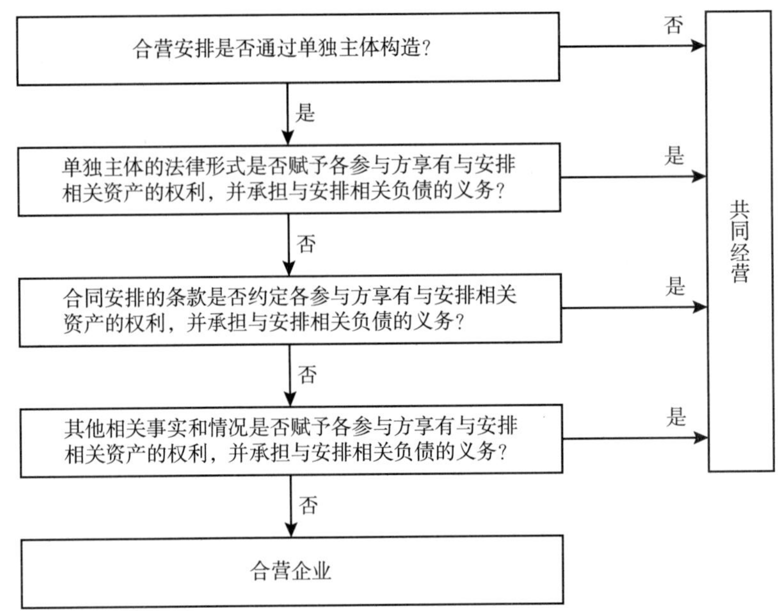

图 40－2　合营安排类型判断图

五、重新评估

企业对合营安排是否拥有共同控制权，以及评估该合营安排是共同经营还是合营企业，这需要企业予以判断并持续评估。在进行判断时，企业需要对所有的相关事实和情况加以考虑。

如果法律形式、合同条款等相关事实和情况发生变化，合营安排参与方应当对合营安排进行重新评估：一是评估原合营方是否仍对该安排拥有共同控制权；二是评估合营安排的类型是否发生变化。

相关事实和情况的变化有时可能导致某一参与方控制该安排，从而使该安排不再是合营安排。

【例 40－32】 沿用〖例 40－12〗资料，所不同的是，A 公司通过现金方式收购了 D 公司 60% 的表决权股份，从而控制了 D 公司。D 公司是 B 公司的母公司。

本例中，A 公司通过现金收购 B 公司的母公司 D 的股权方式，实际上控制了 B 公司，因此，通过直接加间接的方式，A 公司实际上持有该安排 80% 的表决权股份，能够单独控制该安排。该安排由合营安排变为 A 公司的子公司。

由于相关事实和情况发生变化，合营安排的分类可能发生变化，可能由合营企业转变为共同经营，或者由共同经营转为合营企业。应根据具体事实和情况进行判断。例如，经重新协商，修订后的合营安排的合同条款约定参与方拥有对资产的权利，并承担对负债的义务，这种情况下，该安排的分类可能发生了变化，应重新评估该安排是否由合营企业转为共同经营。

六、共同经营参与方的会计处理

（一）共同经营中，合营方的会计处理

1. 一般会计处理原则。

合营方应当确认其与共同经营中利益份额相关的下列项目，并按照相关章进行会计处理：一是确认单独所持有的资产，以及按其份额确认共同持有的资产；二是确认单独所承担的负债，以及按其份额确认共同承担的负债；三是确认出售其享有的共同经营产出份额所产生的收入；四是按其份额确认共同经营因出售产出所产生的收入；五是确认单独所发生的费用，以及按其份额确认共同经营发生的费用。

合营方可能将其自有资产用于共同经营，如果合营方保留了对这些资产的全部所有权或控制权，则这些资产的会计处理与合营方自有资产的会计处理并无差别。

合营方也可能与其他合营方共同购买资产来投入共同经营，并共同承担共同经营的负债，此时，合营方应当按照相关章确认在这些资产和负债中的利益份额。如按照第五章固定资产来确认在相关固定资产中的利益份额，按照第二十二章金融工具确认和计量来确认在相关金融资产和金融负债中的份额。

共同经营通过单独主体达成时，合营方应确认按照上述原则单独承担的负债，以及按本企业的份额确认共同承担的负债。但合营方对于因其他股东未按约定向合营安排提供资金，按照我国相关法律或相关合同约定等规定而承担连带责任的，从其规定，在会计处理上应遵循第十四章或有事项。

如〖例 40－23〗中，A 公司和 B 公司应当根据其约定的参与份额在各自的财务报表中确认该安排的资产（例如，固定资产以及应收账款等）的份额，以及由该安排产生的负债（例如，对第三方的应付账款）的份额。A 公司和 B 公司也应当确认通过主体 C 向政府提供建造服务产生的收入的份额，以及费用的份额。

【例 40－33】A 公司、B 公司通过单独主体的形式共同达成了一项合营安

排C公司，A公司和B公司享有C公司中资产的权利并承担其负债的义务，C公司属于共同经营。因此，A公司和B公司应当根据相关章对与C公司相关的资产和负债的权利与义务进行会计处理。根据合营安排C公司的合同条款规定，A公司享有C公司资产中厂房相关的所有权利，并承担向第三方偿还与厂房相关负债的义务；A公司和B公司根据各自所占权益的比例（各50%）对C公司的所有其他资产享有权利，并对所有其他负债承担义务。

C公司的简化资产负债表如表40－3所示。

表40－3　　单位：万元

资产：		负债和权益：	
货币资金	10	负债——与厂房相关的第三方负债	100
固定资产——厂房	100	其他负债	110
其他资产	180	权益	80
资产总计	290	负债和权益总计	290

A公司应当在其财务报表中记录与C公司中资产和负债相关的信息，如表40－4所示。

表40－4　　单位：万元

资产：		负债和权益：	
货币资金	5	负债——与厂房相关的第三方负债（2）	100
固定资产——厂房（1）	100	其他负债	55
其他资产	90	权益	40
资产总计	195	负债和权益总计	195

注：（1）由于A公司享有与C公司的厂房相关的所有权利，所以A公司应记录该厂房的总金额；（2）合同规定，A公司承担向第三方偿还C公司与厂房相关的第三方负债的义务。

合同安排通常描述了该安排所从事活动的性质，以及各参与方打算共同开展这些活动的方式。例如，合营安排各参与方可能同意共同生产产品，每一参与方负责特定的任务，使用各自的资产，承担各自的负债。合同安排也可能规定了各参与方分享共同收入和分担共同费用的方式。在这种情况下，每一个合营方在其资产负债表上确认其用于完成特定任务的资产和负债，并根据相关约定确认相关的收入和费用份额。

当合营安排各参与方可能同意共同拥有和经营一项资产时，相关约定规定了各参与方对共同经营资产的权利，以及来自该项资产的收入或产出和相应的经营成本在各参与方之间分配的方式。每一个合营方对其在共同资产中的份额、同意承担的负债份额进行会计处理，并按照相关约定确认其在产出、收入和费用中的份额。

【例 40－34】 2×22 年 1 月 1 日，A 公司和 B 公司共同出资购买一栋写字楼，各自拥有该写字楼 50% 的产权，用于出租收取租金。合同约定，该写字楼相关活动的决策需要 A 公司和 B 公司一致同意方可作出；A 公司和 B 公司的出资比例、收入分享比例和费用分担比例均为各自 50%。该写字楼购买价款为 8 000 万元，由 A 公司和 B 公司以银行存款支付，预计使用寿命 20 年，预计净残值为 320 万元，采用年限平均法按月计提折旧。该写字楼的租赁合同约定，租赁期限为 10 年，每年租金为 480 万元，按月交付。该写字楼每月支付维修费 2 万元。另外，A 公司和 B 公司约定，该写字楼的后续维护和维修支出（包括再装修支出和任何其他的大修支出）以及与该写字楼相关的任何资金需求，均由 A 公司和 B 公司按比例承担。假设 A 公司和 B 公司均采用成本法对投资性房地产进行后续计量，不考虑税费等其他因素影响。

本例中，由于关于该写字楼相关活动的决策需要 A 公司和 B 公司一致同意方可作出，所以 A 公司和 B 公司共同控制该写字楼，购买并出租该写字楼为一项合营安排。由于该合营安排并未通过一个单独主体来架构，并明确约定了 A 公司和 B 公司享有该安排中资产的权利、获得该安排相应收入的权利、承担相应费用的责任等，因此该合营安排是共同经营。

A 公司的相关会计处理如下：

（1）出资购买写字楼时

借：投资性房地产　　40 000 000（80 000 000×50%）

　贷：银行存款　　40 000 000

（2）每月确认租金收入时

借：银行存款　　200 000（4 800 000×50%÷12）

　贷：其他业务收入　　200 000

（3）每月计提写字楼折旧时

借：其他业务成本　　160 000

　贷：投资性房地产累计折旧　　160 000

(8 000 万元 - 320 万元) ÷ 20 ÷ 12 × 50% = 16（万元）

（4）支付维修费时

借：其他业务成本　　　　　　　　　　10 000（20 000 × 50%）

　　贷：银行存款　　　　　　　　　　　　　　　　10 000

2. 合营方向共同经营投出或者出售不构成业务的资产的会计处理。

合营方向共同经营投出或出售资产等（该资产构成业务的除外），在共同经营将相关资产出售给第三方或相关资产消耗之前（即，未实现内部利润仍包括在共同经营持有的资产账面价值中时），应当仅确认归属于共同经营其他参与方的利得或损失。交易表明投出或出售的资产发生符合第九章资产减值规定的资产减值损失的，合营方应当全额确认该损失。

3. 合营方自共同经营购买不构成业务的资产的会计处理。

合营方自共同经营购买资产等（该资产构成业务的除外），在将该资产等出售给第三方之前（即，未实现内部利润仍包括在合营方持有的资产账面价值中时），不应当确认因该交易产生的损益中该合营方应享有的部分。即，此时应当仅确认因该交易产生的损益中归属于共同经营其他参与方的部分。

【例 40 - 35】 A 公司和 B 公司共同设立一项安排 C，假定该安排为共同经营，A 公司和 B 公司对于安排 C 的资产、负债及损益分别享有 50% 的份额。2×22年 12 月 31 日，A 公司支付采购价款（不含增值税）100 万元，购入安排 C 的一批产品，A 公司将该批产品作为存货入账，尚未对外出售。该项产品在安排 C 中的账面价值为 60 万元。

本例中，安排 C 因上述交易确认了收益 40 万元。A 公司对该收益按份额应享有 20 万元（40 万元 × 50%）。但由于在资产负债表日，该项存货仍未出售给第三方，因此该未实现内部损益 20 万元应当被抵销，相应减少存货的账面价值。但 B 公司对该收益应享有 20 万元应当予以确认（40 万元 × 50%），B 公司享有的 20 万元收益反映在 A 公司存货的期末账面价值中。

当这类交易提供证据表明购入的资产发生符合第九章资产减值等规定的资产减值损失的，合营方应当按其承担的份额确认该部分损失。

4. 合营方取得构成业务的共同经营的利益份额的会计处理。

合营方取得共同经营中的利益份额，且该共同经营构成业务时，应当按照第二十章企业合并等相关章进行相应的会计处理，但其他相关章的规定不能与本章的规定相冲突。企业应当按照第二十章企业合并判断该共同经营是否构成业务。该处理原则不仅适用于收购现有的构成业务的共同经营中的利益份额，也适用于与其他参与方一起设立共同经营，且由于有其他参与方注入既存业务，使共同经营设立时即构成业务的情况。

【例40－36】 B公司和C公司共同设立一项安排D，假定该安排构成一项业务，且属于共同经营。B公司和C公司对于安排D的资产、负债及损益分别享有50%的份额。A公司（非关联方）于2×22年12月31日购买了B公司持有的全部安排D的利益份额，购买对价为200万元，交易费用10万元。A公司所取得的单独持有的资产及共同持有的资产份额以及所单独承担的负债及共同承担的负债份额的公允价值如表40－5所示。

表40－5　　单位：万元

资产：		负债：	
货币资金	20	流动负债	30
固定资产	100	非流动负债	10
其他资产	80		
资产总额	200	负债总额	40

假定不考虑所得税，A公司取得的该共同经营利益份额中可辨认净资产的公允价值为160万元，A公司支付的对价为200万元，A公司应相应确认商誉40万元。

合营方增加其持有的一项构成业务的共同经营的利益份额时，如果合营方对该共同经营仍然是共同控制，则合营方之前持有的共同经营的利益份额不应按照新增投资日的公允价值重新计量。

（二）对共同经营不享有共同控制的参与方的会计处理原则

对共同经营不享有共同控制的参与方（非合营方），如果享有该共同经营相关资产且承担该共同经营相关负债的，比照合营方进行会计处理。即，共同经营的参与方，不论其是否具有共同控制，只要能够享有共同经营相关资产的权利、并承担共同经营相关负债的义务，对在共同经营中的利益份额采用与合营方相同的会计处理。否则，应当按照相关章对其利益份额进行会计处理。例如，如果该参与方对于合营安排的净资产享有权利并且具有重大影响，则按照第三章长期股权投资等相关章进行会计处理；如果该参与方对于合营安排的净资产享有权利并且无重大影响，则按照第二十二章金融工具确认和计量等相关章进行会计处理；向共同经营投出构成业务的资产的，以及取得共同经营的利益份额的，则按照第三十四章合并财务报表及第二十章企业合并等相关章进行会计处理。

【例40－37】 A公司、B公司、C公司共同设立合营安排D公司，表决权比例分别为45%、45%及10%。假设根据协议，A公司、B公司共同控制D公司，且该合营安排为共同经营，除上述外无其他需考虑的因素。

在本例中，A公司、B公司对合营安排具有共同控制权，而C公司仅仅是该项合营安排的参与方。假设C公司对于D公司的净资产享有权利，那么C公司应当判断其持有的10%的表决权比例是否使其对合营安排具有重大影响，进而按照第三章长期股权投资或第二十二章金融工具确认和计量进行会计处理。

七、合营企业参与方的会计处理

合营企业中，合营方应当按照第三章长期股权投资核算其对合营企业的投资。

对合营企业不享有共同控制的参与方（非合营方）应当根据其对该合营企业的影响程度进行相关会计处理：对该合营企业具有重大影响的，应当按照第三章长期股权投资核算其对该合营企业的投资；对该合营企业不具有重大影响的，应当按照第二十二章金融工具确认和计量核算其对该合营企业的投资。

八、衔接规定

企业首次执行合营安排准则的，应当自首次执行日起采用未来适用法。首次执行日之前存在的合营安排不应追溯调整；首次执行日及以后发生的合营安排，企业应当按照本章进行会计处理。

第四十一章　在其他主体中权益的披露

一、总体要求

《企业会计准则第 41 号——在其他主体中权益的披露》对企业在其他主体中权益的披露要求进行了规定。企业应当在财务报表附注中对其在子公司、合营安排（包括共同经营和合营企业）、联营企业以及未纳入合并财务报表范围的结构化主体中的权益进行信息披露。

企业披露的在其他主体中权益的信息，应当有助于财务报表使用者评估企业在其他主体中权益的性质和相关风险，以及该权益对企业财务状况、经营成果和现金流量的影响；应当能够使财务报表使用者更好地了解下列内容：企业在确定能够对其他主体实施控制、共同控制或重大影响时所作的重大判断和假设；企业集团的少数股东权益对企业集团业务活动和现金流量的影响。

同时，企业披露的在其他主体中权益的信息也应当有助于财务报表使用者对下列情形进行评估：使用企业集团资产和清偿企业集团债务存在重大限制的，该重大限制的性质和程度；企业存在纳入合并财务报表范围的结构化主体的，与企业在该主体中的权益相关的风险；企业在未纳入合并财务报表范围的结构化主体中有权益的，该权益的性质和风险；企业在合营安排或联营企业中的权益的性质和风险；企业在其子公司所有者权益份额发生变化的，该变化的财务影响。

企业应当应用重要性原则，从定性和定量两方面综合考虑各项权益的风险特征和回报特征，判断各项信息披露的详细程度。对企业或企业集团而言重要的权益，需要单独且详尽地披露；对企业或企业集团而言重要性程度不足以单独披露的权益，可以汇总披露。对汇总披露的信息，企业需要明确分类汇总的依据，例如，按照其他主体的业务性质、所在行业，以及所在国家和地区等进行分类。

二、适用范围

下列各项信息披露不在本章范围内：

1. 离职后福利计划或其他长期职工福利计划，包括通过结构化主体开展相关活动的离职后福利计划，适用第十章职工薪酬。

2. 企业在其参与的但不享有共同控制的合营安排中的权益，适用第三十八章金融工具列报。但是，企业对该合营安排具有重大影响或该合营安排是结构化主体的，适用本章。企业作为对合营安排不享有共同控制的参与方，对其在合营安排中的权益的披露，分以下三种情况：（1）企业对合营安排不享有共同控制，但具有重大影响的，适用本章；（2）企业对合营安排不享有共同控制也不具有重大影响，但合营安排是结构化主体的，在遵循第三十八章金融工具列报相关要求的同时，还应当遵循本章关于未纳入合并财务报表范围的结构化主体的披露要求；（3）企业对合营安排不享有共同控制也不具有重大影响，且合营安排不是结构化主体的，适用第三十八章金融工具列报。

3. 企业持有的由第二十二章金融工具确认和计量规范的在其他主体中的权益，适用第三十八章金融工具列报。但是，企业在未纳入合并财务报表范围的结构化主体中的权益，以及以公允价值计量且其变动计入当期损益的在联营企业或合营企业中的权益，适用本章。根据第三章长期股权投资等规定，部分股权投资可以按照第二十二章金融工具确认和计量进行会计处理。由于会计处理方法的选择权并不改变权益的性质，所以对于这部分权益（包括在未纳入合并财务报表范围的结构化主体中的权益，以及以公允价值计量且其变动计入当期损益的在联营企业或合营企业中的权益），应当在遵循第三十八章金融工具列报相关要求的同时，遵循本章相关披露要求。

需要说明的是，企业同时提供合并财务报表和母公司个别财务报表的，应当在合并财务报表附注中披露本章要求的信息，不需要在母公司个别财务报表附注中重复披露相关信息。

三、在其他主体中权益的定义

（一）在其他主体中的权益

在其他主体中的权益是指通过合同或其他形式能够使企业参与其他主体的相关活动并因此享有可变回报的权益。其中，其他主体包括企业的子公司、合营安排（包括共同经营和合营企业）、联营企业以及未纳入合并财务报表范围的结构化主体等。

企业在其他主体中的权益能够使其参与其他主体的相关活动，并因此享有可变回报。第三十四章合并财务报表对“相关活动”和“可变回报”进行了界定。相关活动是指对被投资方的回报产生重大影响的活动。可变回报是指投资方自被投资方取得的回报可能会随着被投资方业绩而变动。根据上述定义，企业因其在其他主体中的权益承受了其他主体经营业绩变动的风险。企业的参与方式不仅包括持有其他主体的股权，还包括持有其他主体的债权，或向其他主体提供资金、流动性支持、信用增级和担保等。企业通过这些参与方式实现对其他主体的控制、共同控制或重大影响。

（二）结构化主体

结构化主体，是指在确定其控制方时没有将表决权或类似权利作为决定因素而设计的主体。通常情况下，结构化主体在合同约定的范围内开展业务活动，表决权或类似权利仅与行政性管理事务相关。

在判断某一主体是否为结构化主体，以及判断该主体与企业的关系时，应当综合考虑结构化主体的定义和特征。结构化主体通常具有下列特征中的多项或全部特征：

1. 业务活动范围受限。通常情况下，结构化主体在合同约定的范围内开展业务活动，业务活动范围受到了限制。例如，从事信贷资产证券化业务的结构化主体，在发行资产支持证券募集资金和购买信贷资产后，根据相关合同，其业务活动是将来源于信贷资产的现金向资产支持证券投资者分配收益。

2. 有具体明确的目的，而且目的比较单一。结构化主体通常是为了特殊目的而设立的主体。例如，有的企业发起结构化主体是为了将企业的资产转让给结构化主体以迅速回收资金，并改变资产结构来满足资产负债管理的需要；有的企业发起结构化主体是为了满足客户特定的投资需求，吸引到更多的客户；还有的企业发起结构化主体是为了专门从事研究开发活动，或开展租赁业务等。

3. 股本（如有）不足以支撑其业务活动，必须依靠其他次级财务支持。次级财务支持是指承受结构化主体部分或全部预计损失的可变权益，其中的“次级”代表受偿顺序在后。股本本身就是一种次级财务支持，其他次级财务支持包括次级债权、对承担损失作出的承诺或担保义务等。通常情况下，结构化主体的股本占资产规模的份额较小，甚至没有股本。当股本很少或没有股本，不足以支撑结构化主体的业务活动时，通常需要依靠其他次级财务支持来为结构化主体注入资金，支撑结构化主体的业务活动。

4. 通过向投资者发行不同等级的证券（如分级产品）等金融工具进行融资，不同等级的证券，信用风险及其他风险的集中程度也不同。例如，以发行分级产品的方式融资是对各级产品的受益权进行分层配置。购买优先级的投资者享有优先受益权，购买次级的投资者享有次级受益权。投资期满后，投资收益在逐级保证受益人本金、预期收益及相关费用后的余额归购买次级的投资者，如果出现投资损失，先由购买次级的投资者承担。由于不同等级的证券具有不同的信用风险、利率风险或流动性风险，发行分级产品可以满足不同风险偏好投资者的投资需求。

【例41－1】甲银行（发起人）委托某信托公司设立乙信托（结构化主体）。甲银行将其信贷资产转让给乙主体，以满足甲银行自身资产负债管理的需要，这是一种结构化设计。乙主体以信贷资产产生的现金流为基础通过承销商向投资者发行不同等级的资产支持证券筹集资金，并向甲银行支付信贷资产转让对价。信贷资产产生的现金流是资产支持证券投资者的收益来源，本例中，资产支持证券分为优先级和次级，其中优先级还分为优先A档、优先B档和优先C档，不同等级的证券对应着不同等级的受益权，这也是一种结构化设计。根据约定，甲银行持有乙主体发行的次级档资产支持证券，其持有规模为资产支持证券发行总规模的5%。甲银行同时向乙主体提供资产管理服务，乙主体因此向甲银行支付服务费。本例中，乙主体在信托合同等相关合同或协议约定的范围内开展业务活动，由于权益结构比较分散，表决权或类似权利不作为确定乙主体的控制方的决定性因素。该信贷资产证券化的交易结构见图41－1，资金流见图41－2。

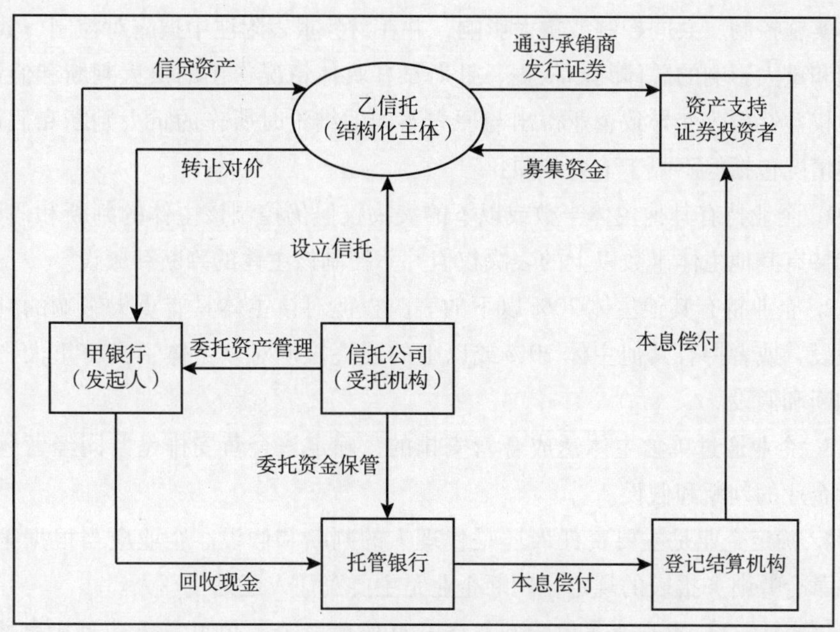

图 41－1 信贷资产证券化交易结构

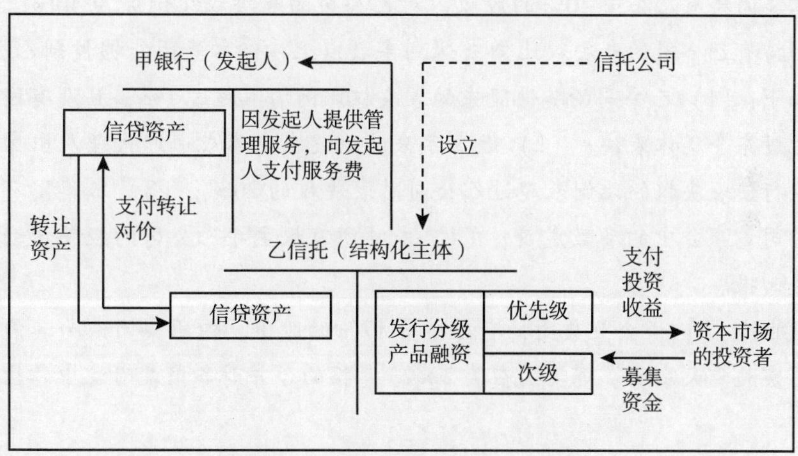

图 41－2 信贷资产证券化资金流

四、重大判断和假设的披露

（一）对控制、共同控制、重大影响的判断

企业应当披露对其他主体实施控制、共同控制或重大影响的重大判断和假设，以及这些判断和假设变更的情况。

企业在其他主体中持有权益的，应当判断通过持有该权益企业能否对其他主体实施控制、共同控制或重大影响，并在财务报表附注中披露对控制、共同控制和重大影响的总体判断依据，针对某些具体情况作出的重大判断和假设，以及权益性质改变导致企业得出与原先不同的结论时所作的重大判断和假设。具体情况包括但不限于下列各项：

1. 企业持有其他主体半数或以下的表决权但仍控制该主体的判断和假设，或者持有其他主体半数以上的表决权但并不控制该主体的判断和假设。

2. 企业持有其他主体20%以下的表决权但对该主体具有重大影响的判断和假设，或者持有其他主体20%或以上的表决权但对该主体不具有重大影响的判断和假设。

3. 企业通过单独主体达成合营安排的，确定该合营安排是共同经营还是合营企业的判断和假设。

4. 确定企业是主要责任人还是代理人的判断和假设。企业应当根据第三十四章合并财务报表的规定，判断企业是主要责任人还是代理人。

【例41－2】甲企业集团持有乙公司40%的股份，但甲集团认为其能够控制乙公司。甲集团在其2×23年报的合并财务报表附注中作出如下披露：

本集团持有乙公司40%的股权，对乙公司的表决权比例亦为40%。虽然本集团持有乙公司的表决权比例未达到半数以上，但本集团能够控制乙公司，理由如下：（1）乙公司的其他股东的表决权比例均不超过1%，且没有迹象表明其他股东会集体表决；（2）近5年来其他股东出席或通过代理人出席股东大会、行使表决权的比例未超过乙公司总表决权的20%；（3）本集团有权任免乙公司董事会中的多数成员；（4）本集团有权主导乙公司的经营活动并享有可变回报。

【例41－3】甲企业集团持有乙公司17%的股份，但甲集团认为其能够对乙公司实施重大影响。甲集团在其2×23年报的合并财务报表附注中作出如下披露：

本集团持有乙公司17%的股权，对乙公司的表决权比例亦为17%。虽然该比例低于20%，但由于本集团在乙公司董事会中派有代表并参与对乙公司财务和经营政策的决策，所以本集团能够对乙公司施加重大影响。

（二）对投资性主体的判断及主体身份的转换

企业应当披露按照第三十四章合并财务报表被确定为投资性主体的重大判断和假设，以及虽然不符合投资性主体的一项或多项特征但仍被确定为投资性主体的原因。第三十四章合并财务报表规定了投资性主体的判断依据。企业被确定为投资性主体时，企业应当披露与这一认定相关的重大判断和假设。如果企业不具备投资性主体特征中的一项或多项特征，但仍被确定为投资性主体的，企业应当披露作出这一认定的原因。

企业（母公司）由非投资性主体转变为投资性主体的，应当披露该变化及其原因，并披露该变化对财务报表的影响。企业被认定为投资性主体，企业应当仅将为其投资活动提供相关服务的子公司（如有）纳入合并范围并编制合并财务报表；其他子公司不应当予以合并，母公司对其他子公司的投资应当按照公允价值计量且其变动计入当期损益。对停止纳入合并财务报表范围的子公司，相关权益的会计处理方法由成本法转为以公允价值计量且其变动计入当期损益，会计处理方法的转变会对企业的财务报表产生影响。针对这项变化，企业应当在变化当期的财务报表附注中披露下列信息：（1）对其主体身份变化这一情况及其原因予以说明；（2）对变化当日不再纳入合并财务报表范围子公司的投资的公允价值，按照公允价值重新计量产生的利得或损失以及相应的列报项目。

企业（母公司）由投资性主体转变为非投资性主体的，应当披露该变化及其原因。

五、在子公司中权益的披露

（一）企业集团的构成情况

企业应当在合并财务报表附注中披露企业集团的构成，包括子公司的名称、主要经营地及注册地（一般指国家或地区，下同）、业务性质、企业的持股比例（或类似权益比例，下同）等。企业对子公司的持股比例不同于企业持有的表决权比例的，还应当披露该表决权比例。企业可以采用表 41－1 的格式来反映企业集团的构成情况。

表 41－1

子公司名称	主要经营地	注册地	业务性质	持股比例

（二）重要的非全资子公司的相关信息

子公司少数股东持有的权益对企业集团重要的，企业还应当在合并财务报表附注中披露下列信息：（1）子公司少数股东的持股比例。子公司少数股东的持股比例不同于其持有的表决权比例的，企业还应当披露该表决权比例。（2）当期归属于子公司少数股东的损益以及向少数股东支付的股利。（3）子公司在当期期末累计的少数股东权益余额。（4）子公司的主要财务信息。如果单个非全资子公司的少数股东权益对企业集团而言并不重要，则不需要披露上述信息。

除子公司的主要财务信息外，企业可以采用表 41－2 的格式来披露上述（1）至（3）项要求的信息。

表 41－2

子公司名称	少数股东的持股比例	当期归属于少数股东的损益	当期向少数股东支付的股利	期末累计少数股东权益

企业应当披露重要非全资子公司的主要财务信息，以帮助财务报表使用者了解重要的少数股东权益对整个企业集团的业务活动和现金流量的影响。重要非全资子公司的主要财务信息包括：流动资产、非流动资产、流动负债、非流动负债、营业收入、净利润、综合收益等。企业可以采用表 41－3 的格式来披露重要非全资子公司的主要财务信息。

表 41－3　重要非全资子公司的主要财务信息　　单位：万元

项目	本期数			上期数		
	A 公司	B 公司	…	A 公司	B 公司	…
流动资产						
非流动资产						
资产合计						
流动负债						

续表

项目	本期数			上期数		
	A 公司	B 公司	…	A 公司	B 公司	…
非流动负债						
负债合计						
营业收入						
净利润						
综合收益总额						
经营活动现金流量						

表41－3的数据来源于重要非全资子公司的财务报表，不是根据少数股东的持股比例计算出来的金额。来源于重要非全资子公司财务报表的数据还需要经过一定调整才能在表41－3中披露，包括以合并日子公司可辨认资产和负债的公允价值为基础进行的调整，以及因母公司与子公司会计政策不一致而按照母公司会计政策对子公司财务报表进行的调整等，但不需要抵销企业集团成员企业之间的内部交易。

企业在子公司中的权益（或权益的一部分）按照第四十二章持有待售的非流动资产、处置组和终止经营划分为持有待售资产的，不需要披露该子公司的上述主要财务信息。

（三）对使用企业集团资产和清偿企业集团债务的重大限制

使用企业集团资产和清偿企业集团债务存在重大限制的，企业应当在合并财务报表附注中披露下列信息：（1）该限制的内容，包括对母公司或其子公司与企业集团内其他主体相互转移现金或其他资产的限制，以及对企业集团内主体之间发放股利或进行利润分配、发放或收回贷款或垫款等的限制。（2）子公司少数股东享有保护性权利，并且该保护性权利对企业使用企业集团资产或清偿企业集团负债的能力存在重大限制的，该限制的性质和程度。（3）该限制涉及的资产和负债在合并财务报表中的金额。

企业集团成员企业使用企业集团资产和清偿企业集团债务可能因法律、行政法规的规定以及合同协议的约定而受到重大限制。企业应当根据重要性原则判断限制是否重大，并在合并财务报表附注中披露对使用企业集团资产和清偿企业集团债务存在的重大限制。

此外，子公司的少数股东可能享有保护性权利。保护性权利是指仅为了保护权利持有人利益却没有赋予持有人对相关活动决策权的一项权利。例如，根据协议，母公司动用子公司资产、清偿子公司债务必须经过子公司少数股东的批准。保护性权利对企业使用企业集团资产或清偿企业集团负债的能力存在重大限制的，企业应当披露该限制的性质和程度。

上述重大限制对企业集团的资产和负债产生一定影响，企业应当在合并财务报表附注中披露该限制涉及的资产和负债在合并财务报表中的金额。

【例41－4】甲企业集团主要从事金融业务，总部设在中国，并在多个国家设立了子公司。甲集团在其2×23年报的合并财务报表附注中就集团成员企业使用企业集团资产和清偿企业集团债务受到的重大限制作出如下披露：

本集团在欧洲的子公司乙公司因当地法律中有关银行资本充足率的规定使乙公司向母公司转移现金或其他资产的能力受到重大限制，该项限制涉及的资产在合并财务报表中的金额为73亿元（2×22年的金额为71亿元）。

本集团在欧洲的子公司丙公司需要遵循当地政府有关金融企业保持流动性的要求，根据该要求，丙公司不能使用已确认但未实现的收益进行利润分配。该限制涉及的金额为350万元（2×22年的金额为400万元）。

本集团有多家投资基金，这些投资基金是纳入合并财务报表范围的结构化主体。投资基金持有的资产具有专门用途，按照相关合同约定，对这部分资产不得擅自改变用途并转移至本集团的其他成员企业。该限制涉及的资产在合并财务报表中的金额为4.8亿元（2×22年的金额为4.5亿元）。

本集团在非洲的子公司丁公司需要遵循当地外汇管理政策，根据该政策，丁公司必须经过当地外汇管理局的批准才能向母公司及其他投资者支付现金股利。丁公司2×23年12月31日现金及现金等价物的金额为500万元（2×22年的金额为480万元）。

（四）纳入合并财务报表范围的结构化主体的相关信息

企业存在纳入合并财务报表范围的结构化主体的，应当在合并财务报表附注中披露与该结构化主体相关的风险信息。与结构化主体相关的风险主要是指企业或其子公司需要依合同约定或因其他原因向结构化主体提供财务支持或其他支持，包括帮助结构化主体取得财务支持。

这里所指的支持不属于企业日常的经营活动，通常是由特定事项触发的交易。例如，当纳入合并财务报表范围的结构化主体流动性紧张或资产信用评级被降低时，企业作为母公司可能需要向结构化主体提供流动性支持，或与结构化主体进行资产置换来提高结构化主体的资产信用评级，使结构化主体恢复到正常的经营状态。这里所指的“财务支持”（即直接或间接地向结构化主体提供经济资源）通常包括：向结构化主体无偿提供资金；增加对结构化主体的权益投资；向结构化主体提供长期贷款；豁免结构化主体所欠的债务；从结构化主体购入资产，或购买结构化主体发行的证券；按照偏离市场公允价值的价格与结构化主体进行交易，造成企业资源的净流出；企业就结构化主体的经营业绩向第三方提供保证或承诺；其他情形。这里所指的“其他支持”通常是非财务方面的支持，例如提供人力资源管理或其他管理服务等。

1. 有合同约定的情况。

对纳入合并财务报表范围的结构化主体，合同约定企业或其子公司向该结构化主体提供财务支持的，应当披露提供财务支持的合同条款，包括可能导致企业承担损失的事项或情况。

【例41－5】甲公司是乙结构化主体的发起人，能够控制乙主体并将其纳入合并财务报表范围。甲公司在其2×23年报的合并财务报表附注中对有关事项披露如下：甲公司与乙主体以合同方式约定，如果乙主体资产的信用评级降至AAA级以下，甲公司将同乙主体进行资产交换，甲公司用信用评级为AAA级资产换取乙主体相同公允价值但信用评级低于AAA级的资产，用于交换的资产的公允价值上限为1 000万元。

2. 没有合同约定的情况。

对纳入合并财务报表范围的结构化主体，在没有合同约定的情况下，企业或其子公司当期向该结构化主体提供了财务支持或其他支持，企业应当披露所提供支持的类型、金额及原因，包括帮助该结构化主体获得财务支持的情况。其中，企业或其子公司当期对以前未纳入合并财务报表范围的结构化主体提供了财务支持或其他支持并且该支持导致企业控制了该结构化主体的，企业还应当披露决定提供支持的相关因素。

【例41－6】甲公司是乙结构化主体的发起人，能够控制乙主体并将其纳入合并财务报表范围。甲公司在其2×23年报的合并财务报表附注中对有关事项披露如下：2×23年7月，乙主体所持有的资产信用评级下降，由原先的AAA级下降至AA级，很有可能被迫回购其发行的中长期债券。为此，本公司在没有合同约定的情况下，仍将信用评级为AAA级的资产按照该资产的公允价值2 000万换取乙主体相同公允价值但信用评级为AA级的资产，使乙主体资产的信用评级维持在AAA级。

3. 向结构化主体提供支持的意图。

对纳入合并财务报表范围的结构化主体，企业存在向该结构化主体提供财务支持或其他支持的意图的，应当披露该意图，包括帮助该结构化主体获得财务支持的意图。这里所指的“意图”是指企业基本决定将在未来期间向结构化主体提供财务支持或其他支持，具体表现为适当级别的企业高管批准了企业向结构化主体提供支持的计划或者方案。如果计划或者方案仅处于酝酿阶段，尚未获得企业高管批准，则不属于这里所称的意图，也不需要进行披露。

（五）企业在其子公司的所有者权益份额发生变化的情况

1. 不丧失控制权的情况。

企业在其子公司所有者权益份额发生变化且该变化未导致企业丧失对子公司控制权的，应当在合并财务报表附注中披露该变化对本企业所有者权益的影响。在不丧失控制权的情况下，子公司仍纳入合并财务报表范围，但这一交易会影响合并财务报表中少数股东权益等金额，对本企业所有者权益产生影响，企业应当在合并财务报表附注中披露该变化对本企业所有者权益的影响。

【例41－7】甲公司持有乙公司80%的股权，能够对乙公司实施控制。2×23年1月，甲公司将其持有的乙公司的部分股份对外出售（占乙公司股份的20%），该项交易未导致甲公司丧失对乙公司的控制权。

甲公司在2×23年报的合并财务报表附注中对该项交易的披露如下：甲公司于2×23年1月处置部分对乙公司的投资（占乙公司股份的20%），但未丧失对乙公司的控制权。处置股权取得的对价为2 600万元，该项交易导致少数股东权益增加2 400万元，资本公积增加200万元。

2. 丧失控制权的情况。

企业丧失对子公司控制权的，如果企业还有其他子公司并需要编制合并财务报表，应当在合并财务报表附注中披露按照第三十四章合并财务报表计算的下列信息：（1）由于丧失控制权而产生的利得或损失以及相应的列报项目。（2）剩余股权在丧失控制权日按照公允价值重新计算而产生的利得或损失。

【例41－8】甲公司持有乙公司60%的股权，能够对乙公司实施控制。2×23年6月，甲公司将其持有的乙公司的部分股份对外出售（占乙公司股份的40%），该项交易导致甲公司丧失了对乙公司的控制权，但仍对乙公司具有重大影响。

甲公司在2×23年报的合并财务报表附注中对该项交易的披露如下：甲公

司2×23年6月处置部分对乙公司的投资（占乙公司股份的40%），丧失了对乙公司的控制权。处置股权取得的对价为6 000万元，该项交易的收益为720万元，列示在合并财务报表的“投资收益”项目中。处置当日剩余股权的公允价值为3 000万元，剩余股权按照公允价值计量而产生的利得为200万元。

（六）投资性主体的相关信息

企业按照第三十四章合并财务报表被确定为投资性主体，且存在未纳入合并财务报表范围的子公司，并对该子公司权益按照公允价值计量且其变动计入当期损益的，应当在财务报表附注中对该情况予以说明。同时，应当披露该子公司的基础信息和与权益相关的风险信息。

1. 未纳入合并财务报表范围的子公司的基础信息。

企业（母公司）是投资性主体的，对未纳入合并财务报表范围的子公司，企业应当披露下列基础信息：(1）子公司的名称、主要经营地及注册地。(2）企业对子公司的持股比例。持股比例不同于企业持有的表决权比例的，企业还应当披露该表决权比例。企业的子公司也是投资性主体且该子公司存在未纳入合并财务报表范围的下属子公司的，企业应当按照上述要求披露该下属子公司的相关信息。

2. 与权益相关的风险信息。

企业是投资性主体的，对其在未纳入合并财务报表范围的子公司中的权益，应当披露与该权益相关的风险信息：(1）该未纳入合并财务报表范围的子公司以发放现金股利、归还贷款或垫款等形式向企业转移资金的能力存在重大限制的，企业应当披露该限制的性质和程度。(2）企业存在向未纳入合并财务报表范围的子公司提供财务支持或其他支持的承诺或意图的，企业应当披露该承诺或意图，包括帮助该子公司获得财务支持的承诺或意图。在没有合同约定的情况下，企业或其子公司当期向未纳入合并财务报表范围的子公司提供财务支持或其他支持的，企业应当披露提供支持的类型、金额及原因。(3）合同约定企业或其未纳入合并财务报表范围的子公司向未纳入合并财务报表范围，但受企业控制的结构化主体提供财务支持的，企业应当披露相关合同条款，以及可能导致企业承担损失的事项或情况。在没有合同约定的情况下，企业或其未纳入合并财务报表范围的子公司当期向原先不受企业控制且未纳入合并财务报表范围的结构化主体提供财务支持或其他支持，并且所提供的支持导致企业控制该结构化主体的，企业应当披露决定提供上述支持的相关因素。

六、在合营安排或联营企业中权益的披露

（一）合营安排和联营企业的基础信息

存在重要的合营安排或联营企业的，企业应当披露下列信息：（1）合营安排或联营企业的名称、主要经营地及注册地。（2）企业与合营安排或联营企业的关系的性质，包括合营安排或联营企业活动的性质，以及合营安排或联营企业对企业活动是否具有战略性等。（3）企业的持股比例。持股比例不同于企业持有的表决权比例的，企业还应当披露该表决权比例。

对于重要的合营安排或联营企业，企业可以采用表41－4的格式披露合营安排或联营企业的基础信息。

表41－4　　重要合营安排或联营企业的基础信息

企业名称	主要经营地	注册地	持股比例	业务性质	对企业活动是否具有战略性

（二）重要的合营企业和联营企业的主要财务信息

对于重要的合营企业或联营企业，企业除了应当披露基础信息外，还应当披露对合营企业或联营企业投资的会计处理方法，从合营企业或联营企业收到的股利，以及合营企业或联营企业在其自身财务报表中的主要财务信息。合营企业或联营企业的主要财务信息，包括流动资产、非流动资产、流动负债、非流动负债、营业收入、净利润、终止经营的净利润、其他综合收益、综合收益总额等。由于企业对合营企业相关活动的参与程度更高，对于重要的合营企业，除披露上述信息外，还需要披露的信息有：现金和现金等价物；财务费用（能够区分利息收入和利息费用的，分别披露利息收入和利息费用）；所得税费用。

企业对重要的合营企业或联营企业投资采用权益法进行会计处理的，上述主要财务信息应当是按照权益法对合营企业或联营企业相关财务信息调整后的金额。同时，企业应当披露将上述主要财务信息按照权益法调整至企业对合营企业或联营企业投资账面价值的调节过程。企业对上述合营企业或联营企业投资采用权益法进行会计处理但该投资存在公开报价的，还应当披露其公允价值。

对于重要的合营企业，企业对其投资按照权益法进行会计处理的，可以采用表 41－5 的格式披露合营企业的主要财务信息和相关信息。

表 41－5　　重要合营企业的主要财务信息　　单位：万元

项目	本期数			上期数		
	A 企业	B 企业	…	A 企业	B 企业	…
流动资产						
其中：现金和现金等价物						
非流动资产						
资产合计						
流动负债						
非流动负债						
负债合计						
净资产						
按持股比例计算的净资产份额						
调整事项						
对合营企业权益投资的账面价值						
存在公开报价的权益投资的公允价值						
营业收入						
财务费用						
所得税费用						
净利润						
其他综合收益						
综合收益总额						
企业本期收到的来自合营企业的股利						

注：存在终止经营的净利润的，还应当在表 41－5 中单列项目披露。

表 41－5 的数据来源于重要合营企业的财务报表，不是根据持股比例计算出来的金额。来源于重要合营企业财务报表的数据还需要经过一定调整才能在表 41－5 中披露，例如，以取得投资时被投资方可辨认资产和负债的公允价值

为基础进行的调整，或者因被投资方与企业的会计政策不一致而对被投资方财务信息进行的调整等，但不需要抵销企业与合营企业之间的内部交易，相关抵销信息在“调整事项”中反映。假设甲公司是对乙企业享有共同控制的合营方，在取得对乙企业的投资时，乙企业一项固定资产的账面价值为500万元，公允价值为600万元，剩余摊销年限为10年。在编制表41－5时，甲公司应当以600万元为基础调整乙企业财务报表的金额，按调整后的金额填列“非流动资产”项目、“净利润”项目，以及“综合收益”项目等。

表41－5还包括企业当期从合营企业收到的股利、存在公开报价的投资的公允价值等信息，以及按照权益法调整至企业对合营企业投资账面价值的调节过程。表41－5中的“调整事项”包括取得投资时形成的商誉，即取得投资时企业的初始投资成本大于投资时应享有合营企业可辨认净资产公允价值份额的金额；还包括抵销企业与合营企业之间的内部交易、减值准备等其他事项。

对于重要的联营企业，企业对其投资按照权益法进行会计处理的，可以采用表41－6的格式披露联营企业的主要财务信息。除了在披露项目上简化外，表41－6的内容和编制方法与表41－5一致。

表41－6　　重要联营企业的主要财务信息　　单位：万元

项目	本期数			上期数		
	A企业	B企业	…	A企业	B企业	…
流动资产						
非流动资产						
资产合计						
流动负债						
非流动负债						
负债合计						
净资产						
按持股比例计算的净资产份额						
调整事项						
对联营企业权益投资的账面价值						
存在公开报价的权益投资的公允价值						
营业收入						

续表

项目	本期数			上期数		
	A 企业	B 企业	…	A 企业	B 企业	…
净利润						
其他综合收益						
综合收益总额						
企业本期收到的来自联营企业的股利						

注：存在终止经营的净利润的，还应当在表 41－6 中单列项目披露。

企业对重要的合营企业或联营企业投资采用权益法以外的其他方法进行会计处理的，需要区分两种情况：（1）企业是投资性主体的，不需要披露合营企业或联营企业的主要财务信息。（2）企业不是投资性主体的，在财务报表附注中所披露的合营企业或联营企业的主要财务信息直接来源于合营企业或联营企业的财务报表，不需要经过调整，也不包括调节过程。

企业在合营企业或联营企业中的权益（或权益的一部分）按照第四十二章持有待售的非流动资产、处置组和终止经营划分为持有待售资产的，不需要披露合营企业或联营企业的上述主要财务信息。

（三）不重要的合营企业和联营企业的汇总财务信息

企业在单个合营企业或联营企业中的权益不重要的，应当分别就合营企业和联营企业两类披露下列信息：（1）按照权益法进行会计处理的对合营企业或联营企业投资的账面价值合计数。（2）对合营企业或联营企业的净利润、终止经营的净利润、其他综合收益、综合收益等项目，企业按照其持股比例计算的金额的合计数。企业是投资性主体的，不需要披露上述信息。

对于不重要的合营企业或联营企业，企业可以采用表 41－7 的格式披露汇总财务信息。

表 41－7　　不重要合营企业和联营企业的汇总信息　　单位：万元

项目	本期数	上期数
合营企业：		
投资账面价值合计		

续表

项目	本期数	上期数
下列各项按持股比例计算的合计数		
净利润		
其他综合收益		
综合收益总额		
联营企业：		
投资账面价值合计		
下列各项按持股比例计算的合计数		
净利润		
其他综合收益		
综合收益总额		

注：存在终止经营的净利润的，还应当在表41－7中单列项目披露。

（四）与企业在合营企业和联营企业中权益相关的风险信息

1. 对转移资金能力的重大限制。

合营企业或联营企业以发放现金股利、归还贷款或垫款等形式向企业转移资金的能力存在重大限制的，企业应当披露该限制的性质和程度。例如，某联营企业与银行（银行是独立第三方，不是联营企业的投资方）签订借款合同，合同约定：如果联营企业未能清偿到期债务，就不能向其投资方支付股利。在这种情况下，联营企业向企业（投资方）转移资金的能力就受到了限制，如果该项限制属于重大限制，企业应当在其财务报表附注中披露该项限制的性质和程度。

2. 超额亏损。

企业对合营企业或联营企业投资采用权益法进行会计处理，被投资方发生超额亏损且投资方不再确认其应分担合营企业或联营企业损失份额的，应当披露未确认的合营企业或联营企业损失份额，包括当期份额和累积份额。在合营企业或联营企业发生超额亏损的情况下，企业可以采用表41－8的格式披露企业应分担的超额亏损，也可以用文字形式披露相关信息。

表 41－8　　企业对合营企业或联营企业发生超额亏损的分担额　　单位：万元

被投资单位名称	前期累积未确认的损失份额	本期未确认的损失份额（或本期实现净利润的分享额）	本期末累积未确认的损失份额
合营企业：			
(1)			
……			
小计			
联营企业：			
(1)			
……			
小计			
合计			

【例 41－9】甲公司持有乙公司 40% 的股权，能够对乙公司实施重大影响。2×23 年度，乙公司发生巨额亏损。甲公司在其 2×23 年报的财务报表附注中对该事项披露如下：2×23 年度乙公司亏损 10 000 万元，本公司按照持股比例应分担损失 4 000 万元，但本公司对乙公司权益投资的账面价值仅为 3 500 万元，本公司不存在长期应收款等其他实质上构成对乙公司净投资的权益项目，本公司确认了 3 500 万元的投资损失，当期未确认的对乙公司投资的损失份额为 500 万元，本期末累积未确认的对乙公司投资的损失份额为 500 万元。

甲公司也可以采用表格的形式披露（见表 41－9）。

表 41－9

2×23 年　　单位：万元

被投资单位名称	前期累积未确认的损失份额	本期未确认的损失份额	本期末累积未确认的损失份额
联营企业：			
乙公司	0	500	500
合计	0	500	500

3. 与对合营企业投资相关的未确认承诺。

企业应当单独披露与其对合营企业投资相关的未确认承诺。未确认承诺是指企业已作出但未确认的各项承诺，既包括企业单独作出的未确认承诺，又包括企业与其他参与方共同作出的未确认承诺中企业所承担的份额。

未确认承诺的具体内容包括但不限于：（1）企业因下列事项而作出的提供资金或资源的未确认承诺。例如，企业对合营企业的出资承诺，对于合营企业承担的资本性支出企业将提供支持的承诺，企业承诺从合营企业购买或代表合营企业购买设备、存货或服务等无条件购买义务，企业向合营企业承诺提供贷款或其他财务支持，以及企业作出的与对合营企业投资相关的其他不可撤销的承诺。（2）企业购买合营企业其他参与方在合营企业的全部或部分权益的未确认承诺。企业是否需要履行这一承诺通常取决于特定事件是否在未来期间发生。

【例41－10】2×23年7月1日，甲公司、乙公司和丙公司共同出资设立丁企业，出资比例分别为50%、40%和10%，各参与方的表决权比例与其出资比例相同。假设根据协议，甲公司和乙公司对丁企业具有共同控制，且该合营安排为合营企业。协议约定，乙公司承诺丙公司在丁企业成立届满3年后，丙公司可以选择将其在丁企业中的财产份额全部转让给乙公司，由乙公司一次性全额向丙公司支付丙公司初始投资成本的120%。丙公司的初始投资成本为150万元，乙公司承担的未确认承诺为180万元。

乙公司在其2×23年报的财务报表附注中对该项未确认承诺披露如下：本公司对丁企业（2×23年7月成立）享有共同控制，表决权比例为40%。根据协议，如果丁企业的参与方丙公司选择在丁企业成立届满3年后将其在丁企业中财产份额转让给本公司，本公司需要一次性全额向丙公司支付180万元。

4. 或有负债。

企业应当单独披露与其对合营企业或联营企业投资相关的或有负债，但不包括极小可能导致经济利益流出企业的或有负债。企业应当按照第十四章或有事项来判断某一事项是否属于或有负债。如果企业与合营企业的其他参与方、联营企业的其他投资方共同承担某项或有负债，企业应当在财务报表附注中披露在该项或有负债中企业所承担的份额。在或有负债较多的情况下，企业可以按照或有负债的类别进行汇总披露。

【例41－11】甲公司在其2×23年报的财务报表附注中对与联营企业相关的或有负债单独披露如下：2×23年12月31日，本公司为联营企业提供财务担保的金额为4 625万元（2×22年的金额为4 519万元），半数以上的财务担保将在一年内到期。上述金额代表联营企业违约将给本公司造成的最大损失。由于不符合预计负债确认条件，上述财务担保属于未确认或有负债。

七、在未纳入合并财务报表范围的结构化主体中权益的披露

（一）未纳入合并财务报表范围的结构化主体的基础信息

对于未纳入合并财务报表范围的结构化主体，企业应当披露该结构化主体的性质、目的、规模、活动及融资方式，包括与之相关的定性信息和定量信息。其中，结构化主体的规模通常以资产总额或者所发行证券的规模来表示，融资方式包括股权融资、债权融资以及其他融资方式。企业应当按照重要性原则来确定信息披露的详细程度，无需逐个披露结构化主体的信息。只要不影响财务报表使用者评价企业与结构化主体之间的关系及企业因涉入结构化主体业务活动而面临的风险，企业可以根据需要汇总披露相关信息。

【例41-12】甲企业集团在其2×23年报中就未纳入合并财务报表范围的结构化主体的基础信息披露如下：

2×23年12月31日，与本集团相关联、但未纳入本集团合并财务报表范围的结构化主体主要从事信贷资产证券化业务，从本集团成员企业购买信贷资产，以信贷资产产生的现金流为基础发行资产支持证券融资。这类结构化主体2×23年12月31日的资产总额为5亿元（2×22年的金额为4.8亿元）。

（二）与权益相关资产负债的账面价值和最大损失敞口

企业在未纳入合并财务报表范围的结构化主体中有权益的，还应当披露下列信息：（1）在财务报表中确认的与企业在未纳入合并财务报表范围的结构化主体中权益相关的资产和负债的账面价值及其在资产负债表中的列报项目。（2）在未纳入合并财务报表范围的结构化主体中权益的最大损失敞口及其确定方法。最大损失敞口应当是企业因在结构化主体中持有权益而可能发生的最大损失。在确定最大损失敞口时，不需要考虑损失发生的可能性，因为最大损失敞口并不是企业的预计损失。企业不能量化最大损失敞口的，应当披露这一事实及其原因。（3）在财务报表中确认的与企业在未纳入合并财务报表范围的结构化主体中权益相关的资产和负债的账面价值与其最大损失敞口的比较。

【例41-13】甲企业集团2×23年报中，与在未纳入合并财务报表范围的结构化主体中权益相关的资产负债账面价值和最大损失敞口的信息披露如表41-10所示。

表 41－10

2×23 年　　单位：万元

项目	账面价值	最大损失敞口	账面价值	最大损失敞口
	2×23 年	2×23 年	2×22 年	2×22 年
优先级债券	430	430	400	400
次级债券	200	200	220	220
信用违约互换（负债）	（100）	（1 600）	（90）	（1 500）

优先级债券列示在财务报表的“债权投资”项目中。最大损失敞口为优先级债券在资产负债表日的账面价值（摊余成本）。

次级债券列示在财务报表的“交易性金融资产”项目中。最大损失敞口为次级债券在资产负债表日的账面价值（公允价值）。

信用违约互换列示在财务报表的“衍生金融负债”项目中。最大损失敞口为相关贷款全部违约情况下企业需要偿付的本金和利息之和。

以上披露仅针对〖例 41－13〗，并非一般性结论。其他类似问题仍需根据企业具体情况进行判断和会计处理，不宜简单直接适用。

（三）企业是结构化主体的发起人但在结构化主体中没有权益的情况

企业发起设立未纳入合并财务报表范围的结构化主体，资产负债表日在该结构化主体中没有权益的，企业不披露与权益相关的资产负债的账面价值及最大损失敞口。但作为发起人，企业通常与其发起的结构化主体之间保持着业务联系，仍可能通过涉入结构化主体的相关活动而承担风险。此类企业应当披露下列信息：

1. 企业作为该结构化主体发起人的认定依据，即如何判断企业是该结构化主体的发起人。企业的发起人身份可能给企业带来一定风险。例如，当结构化主体的经营遇到困难时，企业作为发起人很可能向结构化主体提供财务支持或其他支持，在帮助结构化主体渡过难关的同时维护企业的声誉。存在下列情况的，可能说明企业是结构化主体的发起人：（1）企业单独创建了结构化主体；（2）企业参与创建结构化主体，并参与结构化设计的过程；（3）企业是结构化主体的最主要的服务对象，例如，结构化主体为企业提供资金，或者结构化主体所从事的业务活动是企业主要业务活动的组成部分，企业即使没有发起结构化主体，自身也要开展这些业务活动；（4）企业的名称出现在结构化主体的名称或结构化主体发行的证券的名称中；（5）其他能够说明企业是结构化主体发起人的情形。

【例41－14】甲企业集团在其2×23年报的合并财务报表附注中披露结构化主体发起人的认定依据。

本集团作为结构化主体发起人的认定依据为：在发起设立结构化主体的过程中，或者组织其他有关各方共同设立结构化主体过程中发挥了重要作用，而且该结构化主体是本集团主要业务活动的延伸，在结构化主体设立后，仍与本集团保持密切的业务往来。

2. 分类披露企业当期从该结构化主体获得的收益及收益类型。企业作为发起人，即使在结构化主体中没有权益，也可能取得来自结构化主体的收益。例如，向结构化主体提供管理或咨询服务并收取服务费；向结构化主体转移资产而取得收益；以及原先在结构化主体中持有权益，当期处置了相关权益，虽然资产负债表日企业不再持有权益，但当期取得了处置收益。对当期从结构化主体获得的收益及其类型，企业应当分类披露。

3. 当期转移至该结构化主体的所有资产在转移时的账面价值。

【例41－15】甲公司发起多个结构化主体，但在结构化主体中均不持有权益。2×23年，甲公司从其发起的结构化主体获得收益的情况以及当期向结构化主体转移资产的情况，如表41－11所示。

表41－11

2×23年　　单位：万元

结构化主体类型	当期从结构化主体获得的收益			当期向结构化主体转移资产账面价值
	服务收费	向结构化主体出售资产的利得（损失）	合计	
信用资产证券化	10	8	18	258
投资基金	5	—	5	—
合计	15	8	23	258

（四）向未纳入合并财务报表范围的结构化主体提供支持的情况

企业应当披露其向未纳入合并财务报表范围的结构化主体提供财务支持或其他支持的意图，包括帮助该结构化主体获得财务支持的意图。

在没有合同约定的情况下，企业当期向结构化主体（包括企业前期或当期持有权益的结构化主体）提供财务支持或其他支持的，还应当披露提供支持的类型、金额及原因，包括帮助该结构化主体获得财务支持的情况。

（五）未纳入合并财务报表范围结构化主体的额外信息披露

如果企业披露的有关未纳入合并财务报表范围的结构化主体的信息，仍不能充分反映相关风险及其对企业的影响，企业还应当额外披露信息。

1. 合同约定企业在特定情况下需要向未纳入合并财务报表范围的结构化主体提供财务支持或其他支持的，企业应当披露相关的合同条款及有关信息。有关信息包括在何种情况下企业需要向结构化主体提供支持并可能因此遭受损失，是否存在其他约定对企业向结构化主体履行支持义务产生约束，在多方向结构化主体提供支持的情况下各方提供支持的先后顺序等。

2. 企业因在未纳入合并财务报表范围的结构化主体中持有权益而当期遭受损失的，企业应当披露损失的金额，包括计入当期损益的金额和计入其他综合收益的金额。

3. 企业在未纳入合并财务报表范围的结构化主体中持有权益，如果企业当期取得与该权益相关的收益，企业应当披露收益的类型。收益类型主要包括：服务收费；利息收入；利润分配收入；处置债权或股权的收益；以及企业向结构化主体转移资产取得的收益等。

4. 在合同约定企业和其他主体需要承担未纳入合并财务报表范围结构化主体的损失的情况下，企业应当披露企业和其他主体需要承担损失的最大限额以及承担损失的先后顺序。

5. 企业应当披露第三方提供的、对企业在未纳入合并财务报表范围的结构化主体中权益的公允价值或风险可能产生影响的流动性支持、担保、承诺等。

6. 企业应当披露当期未纳入合并财务报表范围的结构化主体在融资活动中遇到的困难，主要是指债务融资或股权融资遇到的困难。

7. 企业应当披露与未纳入合并财务报表范围的结构化主体融资业务有关的信息，包括融资形式（例如商业票据、中长期票据）及其加权平均期限。特别是当结构化主体投资长期资产但资金来源于短期负债时，企业需要分析该结构化主体资产和负债的期限结构，并披露这一情况。

八、衔接规定

首次执行日，企业编制财务报表时，应当对其比较财务报表中与本章要求不一致的披露信息按照本章要求进行调整，但有关未纳入合并财务报表范围的结构化主体的披露要求除外。对于企业在未纳入合并财务报表范围的结构化主体中的权益，企业只需提供首次执行日当年的信息，不需要提供以前年度的比较信息。

首次执行日之后，企业应当按照本章进行相关披露。

第四十二章　持有待售的非流动资产、处置组和终止经营

一、总体要求

《企业会计准则第 42 号——持有待售的非流动资产、处置组和终止经营》（以下简称持有待售准则）规范了持有待售的非流动资产或处置组的分类、计量和列报，以及终止经营的列报。持有待售类别的基本划分原则为，如果企业主要通过出售而非持续使用一项非流动资产或处置组收回其账面价值，应当将其划分为持有待售类别。持有待售的非流动资产或处置组的账面价值高于公允价值减去出售费用后的净额的，应当将账面价值减记至公允价值减去出售费用后的净额，同时确认资产减值损失和计提持有待售资产减值准备。公允价值减去出售费用后的净额后续增加的，以前减记的金额应当予以恢复，但已抵减的商誉账面价值和适用本章有关规定进行计量的非流动资产在划分为持有待售类别前确认的资产减值损失不得转回。持有待售的非流动资产或处置组中的非流动资产不应计提折旧或摊销。

企业应当在资产负债表中单独列示持有待售资产和持有待售负债，两者不能抵销；在利润表中分别列示持续经营损益和终止经营损益；在附注中进一步披露有关持有待售的非流动资产、处置组和终止经营的详尽信息。

二、适用范围

本章规范了持有待售的非流动资产或处置组的分类、计量和列报，以及终止经营的列报。除特别说明外，本章有关持有待售非流动资产或处置组分类、计量和列报的规定同样适用于持有待分配给所有者的非流动资产或处置组。

对于持有待售的非流动资产（包括处置组中的非流动资产）的计量，应当区分不同情况：（1）采用公允价值模式进行后续计量的投资性房地产，适

用第四章投资性房地产；（2）采用公允价值减去出售费用后的净额计量的生物资产，适用第六章生物资产；（3）职工薪酬形成的资产，适用第十章职工薪酬；（4）递延所得税资产，适用第十八章所得税；（5）由金融工具相关会计准则规范的金融资产，适用第二十二章金融工具确认和计量、第二十三章金融资产转移、第二十四章套期会计和第三十八章金融工具列报等相关内容；（6）由保险合同相关会计准则规范的保险合同所产生的权利，适用第二十五章保险合同或第二十六章原保险合同、第二十七章再保险合同的相关内容；（7）除上述各项外的其他持有待售的非流动资产，适用本章。

三、应设置的相关会计科目和主要账务处理

企业对持有待售相关业务的会计处理，一般需要设置下列会计科目。

（一）“持有待售资产”

1. 本科目核算持有待售的非流动资产和持有待售的处置组中的资产。

2. 本科目按照资产类别进行明细核算。

3. 持有待售资产的主要账务处理。

（1）企业将相关非流动资产或处置组划分为持有待售类别时，按各类资产的账面价值或账面余额，借记本科目，按已计提的累计折旧、累计摊销等，借记“累计折旧”、“累计摊销”等科目，按各项资产账面余额，贷记“固定资产”、“无形资产”、“长期股权投资”、“应收账款”、“商誉”等科目，其中非流动资产已计提减值准备的，还应同时结转已计提的减值准备。

（2）资产负债表日，持有待售资产其账面价值高于公允价值减去出售费用后的净额，应当将账面价值减记至公允价值减去出售费用后的净额，按照减记的金额，借记“资产减值损失”科目，贷记“持有待售资产减值准备”科目。

（3）相关非流动资产或处置组不再继续划分为持有待售资产核算的，应当按照划分为持有待售类别前的资产，借记“固定资产”、“无形资产”、“长期股权投资”、“应收账款”、“商誉”等科目，贷记本科目。

（4）持有待售资产处置时，应当借记“银行存款”等科目，贷记本科目。

4. 本科目期末借方余额，反映企业持有待售的非流动资产和持有待售的处置组中资产的账面余额。

（二）“持有待售资产减值准备”

1. 本科目核算持有待售的非流动资产和持有待售的处置组计提的允许转

回的资产减值准备和商誉的减值准备。

2. 本科目按照资产类别进行明细核算。

3. 持有待售资产减值准备的主要账务处理。

（1）企业将相关非流动资产或处置组划分为持有待售类别时，持有待售的非流动资产或处置组中的资产减值，按应减记的金额，借记“资产减值损失”科目，贷记本科目。

（2）资产负债表日持有待售的非流动资产或处置组中的资产减值，按应减记的金额，借记“资产减值损失”科目，贷记本科目；减值转回的，按转回的金额，借记本科目，贷记“资产减值损失”科目。

（3）处置持有待售资产时还应同时结转已计提的减值准备，借记本科目，贷记“持有待售资产”科目。

4. 本科目期末贷方余额，反映企业已计提但尚未转销的持有待售资产减值准备。

（三）“持有待售负债”

1. 本科目核算持有待售的处置组中的负债。

2. 本科目按照负债类别进行明细核算。

3. 持有待售负债的主要账务处理。

（1）企业将相关处置组划分为持有待售类别时，按相关负债的账面余额，借记“应付账款”、“应付职工薪酬”等科目，贷记本科目。

（2）企业处置相关持有待售负债时，借记本科目，贷记相关科目。

4. 本科目期末贷方余额，反映企业持有待售的处置组中负债的账面余额。

（四）“资产处置损益”

1. 本科目核算企业出售划分为持有待售的非流动资产（金融工具、长期股权投资和投资性房地产除外）或处置组（子公司和业务除外）时确认的处置利得或损失，以及处置未划分为持有待售的固定资产、在建工程、生产性生物资产、无形资产及使用权资产而产生的处置利得或损失。非货币性资产交换中换出非流动资产产生的利得或损失也在本科目核算。

2. 本科目按照处置的资产类别或处置组进行明细核算。

3. 资产处置损益的主要账务处理。

企业处置持有待售的非流动资产或处置组时，按处置过程中收到的价款，借记“银行存款”等科目，按相关负债的账面余额，借记“持有待售负债”科目，按相关资产的账面余额，贷记“持有待售资产”科目，按其差额借记或贷记本科目，已计提减值准备的，还应同时结转已计提的减值准备；按处置过程中发生的相关税费，借记本科目，贷记“银行存款”、“应交税费”等科目。

4. 期末，应将本科目余额转入“本年利润”科目，本科目结转后应无余额。

四、持有待售的非流动资产或处置组和终止经营的定义

（一）非流动资产

非流动资产是流动资产以外的资产。按照第三十一章财务报表列报的规定，流动资产是指满足下列条件之一的资产：（1）预计在一个正常营业周期中变现、出售或耗用；（2）主要为交易目的而持有；（3）预计在资产负债表日起一年内变现；（4）自资产负债表日起一年内，交换其他资产或清偿负债的能力不受限制的现金或现金等价物。

（二）处置组

处置组，是指在一项交易中作为整体通过出售或其他方式一并处置的一组资产，以及在该交易中转让的与这些资产直接相关的负债。处置组中可能包含企业的任何资产和负债，如流动资产、流动负债，适用本章计量规定的固定资产、无形资产等非流动资产，不适用本章计量规定的采用公允价值模式进行后续计量的投资性房地产、采用公允价值减去出售费用后的净额计量的生物资产、金融工具等非流动资产，以及非流动负债。按照第九章资产减值的规定，企业合并中取得的商誉应当按照合理的方法分摊至相关的资产组或资产组组合，如果处置组即为该资产组或者包括在该资产组或资产组组合中，处置组也应当包含分摊的商誉。

按照第九章资产减值的规定，资产组是指企业可以认定的最小资产组合，其产生的现金流入应当基本上独立于其他资产或者资产组产生的现金流入。处置组可能是一组资产组组合、一个资产组或某个资产组的一部分。如果企业在决定对某处置组进行处置前，该处置组的相关资产或负债本属于某资产组的一部分，在作为处置组后，由于该处置组将主要通过出售而非持续使用产生现金流入，对原资产组内其他资产产生现金流入的依赖减小，此时该处置组重新成为可以认定的最小资产组合，应当作为单独的资产组看待。

对于持有待售的处置组的分类和列报，应当按照本章规定进行会计处理。对于持有待售的处置组的计量，只要处置组中包含了适用本章计量规定的非流动资产，本章的计量规定就适用于整个处置组。处置组中的流动资产、不适用

本章计量规定的非流动资产和所有负债的计量适用相关会计准则。

（三）终止经营

终止经营，是指企业满足下列条件之一的、能够单独区分的组成部分，且该组成部分已经处置或划分为持有待售类别：（1）该组成部分代表一项独立的主要业务或一个单独的主要经营地区；（2）该组成部分是拟对一项独立的主要业务或一个单独的主要经营地区进行处置的一项相关联计划的一部分；（3）该组成部分是专为转售而取得的子公司。

终止经营的定义包含下列三方面含义：

1. 终止经营应当是企业能够单独区分的组成部分。该组成部分的经营和现金流量在企业经营和编制财务报表时是能够与企业的其他部分清楚区分的。企业组成部分可能是一个资产组，也可能是一组资产组组合，通常是企业的一个子公司、一个事业部或事业群。

2. 终止经营应当具有一定的规模。终止经营应当代表一项独立的主要业务或一个单独的主要经营地区，或者是拟对一项独立的主要业务或一个单独的主要经营地区进行处置的一项相关联计划的一部分。并非所有处置组都符合终止经营定义中的规模条件，企业需要运用职业判断加以确定。当然，如果企业主要经营一项业务或主要在一个地理区域内开展经营，企业的一个主要产品或服务线就可能满足终止经营定义中的规模条件。对于专为转售而取得的子公司，本章对其规模不做要求，只要是单独区分的组成部分且满足时点要求，即构成终止经营。有些专为转售而取得的重要的合营企业或联营企业，也可能因为符合终止经营定义中的规模等条件而构成终止经营。

【例42－1】某快餐企业甲在全国拥有500家零售门店，甲企业决定将其位于Z市的8家零售门店中的一家门店丙出售，并于2×22年8月13日与乙企业正式签订了转让协议，假设丙门店符合持有待售类别的划分条件。判断丙门店是否构成甲企业的终止经营。

本例中，尽管丙门店是一个处置组，也符合持有待售类别的划分条件，但由于它只是一个零售点，不能代表一项独立的主要业务或一个单独的主要经营地区，也不构成拟对一项独立的主要业务或一个单独的主要经营地区进行处置的一项相关联计划的一部分，因此该处置组并不构成企业的终止经营。

3. 终止经营应当满足一定的时点要求。符合终止经营定义的组成部分应当属于下列两种情况之一：

（1）该组成部分在资产负债表日之前已经处置，包括已经出售和结束使用（如关停或报废等）。多数情况下，如果组成部分的所有资产和负债均已处置，产生收入和发生成本的来源消失，这时确定组成部分“处置”的时点是较为容易的。但在有些情况下，组成部分的资产仍处于出售或报废过程中，仍可能发生清理费用，企业需要根据实际情况判断组成部分是否已经处置从而符合终止经营的定义。

【例42－2】甲企业集团拥有一家经营药品批发业务的子公司乙，药品批发构成甲企业的一项独立的主要业务，且乙公司在全国多个城市设立了营业网点。由于经营不善，甲企业决定停止乙公司的所有业务。截至2×22年10月13日，甲企业已处置了乙公司所有存货并辞退了所有员工，但仍有一些债权等待收回，部分营业网点门店的租约尚未到期，仍需支付租金费用。判断乙公司是否构成甲企业的终止经营。

本例中，由于乙公司原药品批发业务已经停止，收回债权、处置租约等尚未结算的未来交易并不构成上述业务的延续，因此乙公司的经营已经终止，应当认为2×22年10月13日后乙公司符合终止经营的定义。

【例42－3】丙企业集团正在关闭其主要从事放贷业务的子公司丁，自2×22年2月1日起，丁公司不再贷出新的款项，但仍会继续收回未结贷款的本金和利息，直到原设定的贷款期结束。判断丁公司是否构成丙企业的终止经营。

本例中，由于丁公司仍在从事收回贷款本金和利息的日常经营收入创造活动，直至最后一期本金和利息被收回之前，该子公司不能被认为已被处置，也不符合终止经营的定义。虽然〖例42－2〗中也存在乙公司收回债权的活动，但该活动仅仅是收回现金的过程，并不继续创造日常经营活动收入，不构成乙公司重大的收入创造活动，因此不影响将乙公司作为终止经营处理。

【例42－4】甲企业决定关闭从事工程承包业务的乙分部，要求乙分部在完成现有承包合同后不再承接新的承包合同。判断乙分部是否构成甲企业的终止经营。

本例中，在完成现有合同的期间，乙分部仍在继续开展收入创造活动，无论工程承包是否是甲企业的独立的主要业务，在此期间乙分部都不符合终止经营的定义。

（2）该组成部分在资产负债表日之前已经划分为持有待售类别。有些情况下，企业对一项独立的主要业务或一个单独的主要经营地区进行处置的一项相关联计划持续数年，组成部分中的资产组或资产组组合无法同时满足持有待售类别的划分条件。随着处置计划的进行，组成部分中的一些资产组或资产组组合可能先满足持有待售类别划分条件且构成企业的终止经营，其他资产组或资产组组合可能在未来满足持有待售类别的划分条件，应当适时将其作为终止经营处理。

【例42－5】甲企业集团决定出售其专门从事酒店管理的下属子公司乙，酒店管理构成甲企业的一项主要业务。乙公司管理一个酒店集团和一个连锁健身中心。为获取最大收益，甲企业决定允许将酒店集团和连锁健身中心出售给不同买家，但酒店集团和健身中心的转让是相互关联的，即两者或者均出售，或者均不出售。甲企业于2×22年12月6日与丙企业就转让连锁健身中心正式签订了协议，假设此时连锁健身中心符合了持有待售类别的划分条件，但酒店集团尚不符合持有待售类别的划分条件。判断酒店集团和连锁健身中心是否构成甲企业的终止经营。

本例中，处置酒店集团和连锁健身中心构成一项相关联的计划，虽然酒店集团和连锁健身中心可能出售给不同买家，但分别属于对一项独立的主要业务进行处置的一项相关联计划的一部分，因此连锁健身中心符合终止经营的定义，酒店集团在未来符合持有待售类别划分条件时也符合终止经营的定义。

不是所有划分为持有待售类别的处置组都符合终止经营的定义，因为有些处置组可能不是“能够单独区分的组成部分”或不符合终止经营定义中的规模条件；也不是所有终止经营都划分为持有待售类别，因为有些终止经营在资产负债表日前已经处置。

五、持有待售类别的分类

（一）持有待售类别分类的基本要求

1. 分类原则。

企业主要通过出售而非持续使用一项非流动资产或处置组收回其账面价值的，应当将其划分为持有待售类别。根据这一原则判断，企业不应当因持有待售的非流动资产或处置组仍在产生零星收入而不将其划分为持有待售类别。因为在这种情况下，通过该资产或处置组的使用收回的价值相对于通过出售收回的价值是微不足道的，资产的账面价值仍然主要通过出售收回。

非流动资产或处置组划分为持有待售类别，应当同时满足两个条件：

（1）可立即出售。

根据类似交易中出售此类资产或处置组的惯例，在当前状况下即可立即出售。为满足该条件，企业应当具有在当前状态下出售该非流动资产或处置组的意图和能力。为了符合类似交易中出售此类资产或处置组的惯例，企业应当在出售前做好相关准备。例如，按照惯例允许买方在报价和签署合同前对资产进行尽职调查等。

需要特别指出的是，上文所述“出售”包括具有商业实质的非货币性资产交换。如果企业以非货币性资产交换形式换出非流动资产或处置组，且该交易具有商业实质，那么企业应当考虑相关非流动资产或处置组是否符合划分为持有待售类别的条件。同样地，如果企业以非流动资产或处置组作为换出资产进行债务重组，也可能符合划分为持有待售类别的条件。

【例 42－6】甲企业在 X 市区繁华地段拥有一栋办公大楼，企业的主要业务部门均在该大楼内办公。由于发展战略发生改变，甲企业计划整体搬迁至 Y 市。甲企业与乙企业签订了办公大楼转让合同，附带约定条款。

情形一：甲企业将在腾空办公大楼后将其交付给乙企业，且腾空办公大楼所需时间是正常且符合交易惯例的。

情形二：甲企业将在 Y 市兴建的新办公大楼竣工并装修完成前继续使用现有办公大楼，竣工并装修完成后将 X 市办公大楼交付乙企业。

本例中，情形一，在出售建筑物前将其腾空属于出售此类资产的惯例，且腾空只占用常规所需时间，因此，即使甲企业的办公大楼当前尚未腾空，并不影响其满足在当前状况下即可立即出售的条件。

情形二，“在 Y 市兴建的新办公大楼竣工并装修完成前继续使用现有办公大楼”的条件不属于类似交易中出售此类资产的惯例，使得办公大楼在当前状况下不能立即出售，在新大楼竣工并装修完成前甲企业虽然已取得确定的购买承诺，办公大楼仍然不符合持有待售类别的划分条件。

【例 42－7】由于甲企业经营范围发生改变，企业计划将生产丁产品的全套生产线出售，甲企业尚有一批积压的未完成客户订单。

情形一：甲企业决定在出售生产线的同时，将尚未完成的客户订单一并移交给买方。

情形二：甲企业决定在完成所积压的客户订单后再将生产线转让给买方。

本例中，情形一，由于在出售日移交未完成客户订单不会影响对该生产线的转让时间，可以认为该生产线符合在当前状况下即可立即出售的条件。

情形二，由于生产线在完成积压订单后方可出售，在完成所有积压的客户订单前，该生产线在当前状态下不能立即出售，不符合划分为持有待售类别的条件。

（2）出售极可能发生。

出售极可能发生，即企业已经就一项出售计划作出决议且获得确定的购买承诺，预计出售将在一年内完成。有关规定要求企业相关权力机构或者监管部门批准后方可出售的，应当已经获得批准。具体来说，“出售极可能发生”应当包含下列几层含义：一是企业出售非流动资产或处置组的决议一般需要由企业相应级别的管理层作出，如果有关规定要求企业相关权力机构或者监管部门批准后方可出售，应当已经获得批准。二是企业已经获得确定的购买承诺，确定的购买承诺是企业与其他方签订的具有法律约束力的购买协议，该协议包含交易价格、时间和足够严厉的违约惩罚等重要条款，使协议出现重大调整或者撤销的可能性极小。三是预计自划分为持有待售类别起一年内，出售交易能够完成。

非流动资产或处置组划分为持有待分配给所有者类别，应当同时满足下列条件：①在当前状况下即可立即分配；②分配很可能发生，即企业已经开展与分配相关的工作，分配出现重大调整或撤销的可能性极小，预计分配将在一年内完成。有关规定要求企业相关权力机构或者监管部门批准后方可分配的，应当已经获得批准。

2. 延长一年期限的例外条款。

有些情况下，可能由于发生一些企业无法控制的原因导致出售未能在一年内完成。如果涉及的出售是关联方交易，本章不允许放松一年期限条件。如果涉及的出售不是关联方交易，且有充分证据表明企业仍然承诺出售非流动资产或处置组，本章允许放松一年期限条件，企业可以继续将非流动资产或处置组划分为持有待售类别。企业无法控制的原因包括：

（1）意外设定条件。

买方或其他方意外设定导致出售延期的条件，企业针对这些条件已经及时采取行动，且预计能够自设定导致出售延期的条件起一年内顺利化解延期因素。即企业在初始对非流动资产或处置组进行分类时，能够满足划分为持有待售类别的所有条件，但此后买方或其他方提出一些意料之外的条件，且企业已经采取措施加以应对，预计能够自设定这些条件起一年内满足条件并完成出售，那么即使出售无法在最初一年内完成，企业仍然可以维持原持有待售类别的分类。

【例 42－8】 戊企业计划将整套钢铁生产厂房和设备出售给己企业，戊和己不存在关联关系，双方已于 2×21 年 9 月 16 日签订了转让合同。因该厂区的污水排放系统存在缺陷，对周边环境造成污染。

情形一：戊企业不知晓土地污染情况，2×21年11月6日，己企业在对生产厂房和设备进行检查过程中发现污染，并要求戊企业进行补救。戊企业立即着手采取措施，预计至2×22年10月底环境污染问题能够得到成功整治。

情形二：戊企业知晓土地污染情况，在转让合同中附带条款，承诺将自2×21年10月1日起开展污染清除工作，清除工作预计将持续8个月。

情形三：戊企业知晓土地污染情况，在协议中约定戊企业不承担清除污染义务，并在确定转让价格时考虑了该污染因素，预计转让将于9个月内完成。

本例中，情形一，在签订转让合同前，买卖双方并不知晓影响交易进度的环境污染问题，属于符合延长一年期限的例外事项，在2×21年11月6日发现延期事项后，戊企业预计将在一年内消除延期因素，因此，仍然可以将处置组划分为持有待售类别。

情形二，虽然买卖双方已经签订协议，但在污染得到整治前，该处置组在当前状态下不可立即出售，不符合划分为持有待售类别的条件。

情形三，由于卖方不承担清除污染义务，转让价格已将污染因素考虑在内，该处置组于协议签署日即符合划分为持有待售类别的条件。

（2）发生罕见情况。

因发生罕见情况，导致持有待售的非流动资产或处置组未能在一年内完成出售，企业在最初一年内已经针对这些新情况采取必要措施且重新满足了持有待售类别的划分条件。即非流动资产或处置组在初始分类时满足了持有待售类别的所有条件，但在最初一年内，出现罕见情况导致出售将被延迟至一年之后。如果企业针对这些新情况在最初一年内已经采取必要措施，而且该非流动资产或处置组重新满足了持有待售类别的划分条件，也就是在当前状况下可立即出售且出售极可能发生，那么即使原定的出售计划无法在最初一年内完成，企业仍然可以维持原持有待售类别的分类。这里的“罕见情况”主要指因不可抗力引发的情况、宏观经济形势发生急剧变化等不可控情况。

【例42－9】甲企业拟将一栋原自用的写字楼转让，于2×21年12月6日与乙企业签订了房产转让协议，预计将于10个月内完成转让，假定该写字楼于签订协议当日符合划分为持有待售类别的条件。2×22年发生全球金融危机，市场状况迅速恶化，房地产价格大跌，乙企业认为原协议价格过高，决定放弃购买，并于2×22年9月21日按照协议约定缴纳了违约金。甲企业决定在考虑市场状况变化的基础上降低写字楼售价，并积极开展市场营销，于

2×22年12月1日与丙企业重新签订了房产转让协议，预计将于9个月内完成转让，甲企业和乙企业不存在关联关系。

本例中，甲企业与乙企业之间的房产转让交易未能在一年内完成，原因是发生市场恶化、买方违约的罕见事件。在将写字楼划分为持有待售类别的最初一年内，甲企业已经重新签署转让协议，并预计将在2×22年12月1日开始的一年内完成，使写字楼重新符合了持有待售类别的划分条件。因此，甲企业仍然可以将该资产继续划分为持有待售类别。

3. 不再继续满足划分条件的处理。

持有待售的非流动资产或处置组不再继续满足持有待售类别划分条件的，企业不应当继续将其划分为持有待售类别。部分资产或负债从持有待售的处置组中移除后，如果处置组中剩余资产或负债新组成的处置组仍然满足持有待售类别划分条件，企业应当将新组成的处置组划分为持有待售类别，否则应当将满足持有待售类别划分条件的非流动资产单独划分为持有待售类别。

【例42－10】假设在〖例42－9〗中，甲企业尽管降低了写字楼售价并积极开展市场营销，但在2×22年12月6日前始终没有找到合适买家，企业也没有将该写字楼用于经营出租的计划。

本例中，写字楼不再满足持有待售类别的划分条件，甲企业应当根据实际情况，重新将该写字楼作为固定资产。

（二）某些特定持有待售类别分类的具体应用

1. 专为转售而取得的非流动资产或处置组。

对于企业专为转售而新取得的非流动资产或处置组，如果在取得日满足“预计出售将在一年内完成”的规定条件，且短期（通常为三个月）内很可能满足划分为持有待售类别的其他条件，企业应当在取得日将其划分为持有待售类别。这些“其他条件”包括：根据类似交易中出售此类资产或处置组的惯例，在当前状况下即可立即出售；企业已经就一项出售计划作出决议且获得确定的购买承诺。有关规定要求企业相关权力机构或者监管部门批准后方可出售的，应当已经获得批准。

2. 持有待售的长期股权投资。

有些情况下，企业出售对子公司投资但并不丧失对其的控制权，企业不应当将拟出售的部分对子公司投资或对子公司投资整体划分为持有待售类别。

有些情况下，企业因出售对子公司的投资等原因导致其丧失对子公司的控制权，出售后企业可能保留对原子公司的部分权益性投资，也可能丧失全部权益，企业应当在拟出售的部分对子公司投资满足持有待售类别划分条件时，在母公司个别财务报表中将对子公司投资整体划分为持有待售类别，而不是仅将拟处置的部分投资划分为持有待售类别；在合并财务报表中将子公司所有资产和负债划分为持有待售类别，而不是仅将拟处置的部分投资对应的资产和负债划分为持有待售类别。但是，无论对子公司的投资是否划分为持有待售类别，企业始终应当按照第三十四章合并财务报表的规定确定合并范围、编制合并财务报表。

企业出售对子公司投资后保留的部分权益性投资，应当区分下列情况处理：（1）如果企业对被投资单位施加共同控制或重大影响，在编制母公司个别财务报表时，应当按照第三章长期股权投资有关成本法转权益法的规定进行会计处理，在编制合并财务报表时，应当按照第三十四章合并财务报表的有关规定进行会计处理；（2）如果企业对被投资单位不具有控制、共同控制或重大影响，在编制母公司个别财务报表时，应当按照第二十二章金融工具确认和计量进行会计处理，在编制合并财务报表时，应当按照第三十四章合并财务报表的有关规定进行会计处理。

按照第三章长期股权投资规定，对联营企业或合营企业的权益性投资全部或部分分类为持有待售资产的，应当停止权益法核算；对于未划分为持有待售类别的剩余权益性投资，应当在划分为持有待售的那部分权益性投资出售前继续采用权益法进行会计处理。原权益法核算的相关其他综合收益等应当在持有待售资产终止确认时，按照第三章长期股权投资有关处置长期股权投资的规定进行会计处理。

【例 42－11】甲企业集团拟出售持有的部分长期股权投资。

情形一：甲企业集团拥有子公司 100% 的股权，拟出售全部股权。

情形二：甲企业集团拥有子公司 100% 的股权，拟出售 55% 的股权，出售后将丧失对子公司的控制权，但对其具有重大影响。

情形三：甲企业集团拥有子公司 100% 的股权，拟出售 25% 的股权，出售后仍然拥有对子公司的控制权。

情形四：甲企业集团拥有子公司 55% 的股权，拟出售 6% 的股权，出售后将丧失对子公司的控制权，但对其具有重大影响。

情形五：甲企业集团拥有联营企业 35% 的股权，拟出售 30% 的股权，甲企业集团持有剩余的 5% 股权，且对被投资方不具有重大影响。

情形六：甲企业集团拥有合营企业 50% 的股权，拟出售 35% 的股权，甲企业集团持有剩余的15%股权，且对被投资方不具有共同控制或重大影响。

本例中，情形一，甲企业集团应当在母公司个别财务报表中将拥有的子公司全部股权对应的长期股权投资划分为持有待售类别，在合并财务报表中将子公司所有资产和负债划分为持有待售类别。

情形二，甲企业集团应当在母公司个别财务报表中将拥有的子公司全部股权对应的长期股权投资划分为持有待售类别，在合并财务报表中将子公司所有资产和负债划分为持有待售类别。

情形三，由于甲企业集团仍然拥有对子公司的控制权，该长期股权投资并不是“主要通过出售而非持续使用收回其账面价值”的，因此不应当将拟处置的部分股权划分为持有待售类别。

情形四与情形二类似，甲企业集团应当在母公司个别财务报表中将拥有的子公司55%的股权划分为持有待售类别，在合并财务报表中将子公司所有资产和负债划分为持有待售类别。

情形五，甲企业集团应当将拟出售的30%股权划分为持有待售类别，不再按权益法核算，而按照本章规定进行后续计量，剩余5%的股权在前述30%的股权处置前，应当继续采用权益法进行会计处理，在前述30%的股权处置后，应当按照第二十二章金融工具确认和计量有关规定进行会计处理。

情形六与情形五类似，甲企业集团应当将拟出售的35%股权划分为持有待售类别，不再按权益法核算，而按照本章规定进行后续计量，剩余15%的股权在前述35%的股权处置前，应当继续采用权益法进行会计处理，在前述35%的股权处置后，应当按照第二十二章金融工具确认和计量有关规定进行会计处理。

3. 拟结束使用而非出售的非流动资产或处置组。

企业不应当将拟结束使用而非出售的非流动资产或处置组划分为持有待售类别。原因是企业对该非流动资产或处置组的使用实质上几乎贯穿了其整个经济使用寿命期，其账面价值并非主要通过出售收回，而是主要通过持续使用收回。例如，因已经使用至经济寿命期结束而将某机器设备报废，并收回少量残值。对于暂时停止使用的非流动资产，企业不应当认为其拟结束使用，也不应当将其划分为持有待售类别。

对于拟结束使用而非出售的处置组，在停止使用前不应当划分为持有待售类别，也不应当作为终止经营列报；在停止使用后，不应当划分为持有待售类别，如果该处置组满足终止经营中有关单独区分的组成部分的条件，应当作为终止经营列报。对于拟结束使用而非出售的非流动资产，无论在停止使用之前或之后，均不应当划分为持有待售类别，也不应当作为终止经营列报。

【例42－12】 某乙纺织企业拥有一条生产某类布料的生产线，由于市场需求变化，该类布料的销量锐减，乙企业决定暂停该生产线的生产，但仍然对其进行定期维护，待市场转好时重启生产。

本例中，由于生产线属于暂停使用，乙企业不应当将其划分为持有待售类别。

六、持有待售类别的计量

（一）初始计量

企业将非流动资产或处置组首次划分为持有待售类别前，应当按照相关会计准则规定计量非流动资产或处置组中各项资产和负债的账面价值。例如，按照第五章固定资产的规定，对固定资产计提折旧；按照第七章无形资产的规定，对无形资产进行摊销。按照第九章资产减值的规定，企业应当判断资产是否存在可能发生减值的迹象，如果资产已经或者将被闲置、终止使用或者计划提前处置，表明资产可能发生了减值。对于拟出售的非流动资产或处置组，企业应当在划分为持有待售类别前考虑进行减值测试。

【例42－13】 甲企业拥有一座仓库，原价为120万元，年折旧额为12万元，截至2×21年12月31日已计提折旧60万元。2×22年1月31日，甲企业与乙企业签署不动产转让协议，拟在6个月内将该仓库转让，假定该不动产满足划分为持有待售类别的其他条件，且不动产价值未发生减值。

本例中，2×22年1月31日，甲企业应当将仓库资产划分为持有待售类别，并按照第五章固定资产对该固定资产计提1月份折旧1万元。2×22年1月31日，该仓库在划分为持有待售类别前的账面价值为59万元，此后不再计提折旧。

企业初始计量持有待售的非流动资产或处置组时，如果其账面价值低于其公允价值减去出售费用后的净额，企业不需要对账面价值进行调整；如果账面价值高于其公允价值减去出售费用后的净额，企业应当将账面价值减记至公允价值减去出售费用后的净额，减记的金额确认为资产减值损失，计入当期损益，同时计提持有待售资产减值准备，但不应当重复确认不适用本章计量规定的资产和负债按照相关准则规定已经确认的损失。

企业应当按照第三十九章公允价值计量的有关规定确定非流动资产或处置

组的公允价值。具体来说，如果企业已经获得确定的购买承诺，应当参考交易价格确定持有待售的非流动资产或处置组的公允价值，交易价格应当考虑可变对价、非现金对价、应付客户对价等因素的影响。如果企业尚未获得确定的购买承诺，例如对于专为转售而取得的非流动资产或处置组，企业应当对其公允价值作出估计，优先使用市场报价等可观察输入值。

出售费用是企业发生的可以直接归属于出售资产或处置组的增量费用，出售费用直接由出售引起，并且是企业进行出售所必需的，如果企业不出售资产或处置组，该费用将不会产生。出售费用包括为出售发生的特定法律服务、评估咨询等中介费用，也包括相关的消费税、城市维护建设税、土地增值税和印花税等，但不包括财务费用和所得税费用。有些情况下，公允价值减去出售费用后的净额可能为负值，持有待售的非流动资产或处置组中资产的账面价值应当以减记至零为限。是否需要确认相关预计负债，应当按照第十四章或有事项的规定进行会计处理。

【例 42 – 14】 庚企业拟将下属子公司辛出售给壬企业，双方已签订了转让协议，预计将在 5 个月内完成转让，辛公司满足划分为持有待售类别的条件。辛公司与癸银行之间存在未决诉讼，辛公司可能败诉。由于不符合预计负债的确认条件，庚企业仅在报表附注中披露了或有负债。转让协议约定，辛公司的转让价格将根据最终判决结果作出调整。

本例中，在合并报表中确定辛公司的公允价值减去出售费用后的净额时，需要考虑尚未确认的或有负债的公允价值，辛公司的账面价值未确认该项或有负债，因此，辛公司的公允价值减去出售费用后的净额低于其账面价值，应当确认持有待售资产减值损失，计入当期损益。

对于取得日划分为持有待售类别的非流动资产或处置组，企业应当在初始计量时比较假定其不划分为持有待售类别情况下的初始计量金额和公允价值减去出售费用后的净额，以两者孰低计量。按照上述原则，在合并报表中，非同一控制下的企业合并中新取得的非流动资产或处置组划分为持有待售类别的，应当按照公允价值减去出售费用后的净额进行初始计量；同一控制下的企业合并中非流动资产或处置组划分为持有待售类别的，应当按照合并日在被合并方的账面价值与公允价值减去出售费用后的净额孰低进行初始计量。除企业合并中取得的非流动资产或处置组外，由以公允价值减去出售费用后的净额作为非流动资产或处置组初始计量金额而产生的差额，应当计入当期损益。

【例 42 – 15】 2 × 22 年 3 月 1 日，戊公司购入非关联的己公司的全部股权，支付价款1 600万元。购入该股权之前，戊公司的管理层已经作出决议，一旦购入己公司，将在一年内将其出售给庚公司，己公司当前状况下即可立即出售。预计戊公司还将为出售己公司支付12万元的出售费用。戊公司与庚公司计划于2×22年3月31日签署股权转让合同。

情形一：戊公司与庚公司初步议定股权转让价格为1 620万元。

情形二：戊公司尚未与庚公司议定转让价格，2×22年3月1日股权公允价值与支付价款1 600万元一致。

本例中，情形一：己公司是专为转售而取得的子公司，其不划分为持有待售类别情况下的初始计量金额应当为1 600万元，当日公允价值减去出售费用后的净额为1 608万元，按照两者孰低计量。戊公司2×22年3月1日的账务处理如下：

借：持有待售资产——长期股权投资　　16 000 000

　贷：银行存款　　16 000 000

情形二：己公司是专为转售而取得的子公司，其不划分为持有待售类别情况下的初始计量金额为1 600万元，当日公允价值减去出售费用后的净额为1 588万元，按照两者孰低计量。戊公司2×22年3月1日的账务处理如下：

借：持有待售资产——长期股权投资　　15 880 000

　资产减值损失　　120 000

　贷：银行存款　　16 000 000

持有待分配给所有者的非流动资产或处置组发生的分配费用，是可以直接归属于分配资产或处置组的增量费用，但不包括财务费用和所得税费用。除此之外，持有待分配给所有者类别的计量要求与持有待售类别相类似。

（二）后续计量

1. 持有待售的非流动资产的后续计量。

企业在资产负债表日重新计量持有待售的非流动资产时，如果其账面价值高于公允价值减去出售费用后的净额，应当将账面价值减记至公允价值减去出售费用后的净额，减记的金额确认为资产减值损失，计入当期损益，同时计提持有待售资产减值准备。

如果后续资产负债表日持有待售的非流动资产公允价值减去出售费用后的净额增加，以前减记的金额应当予以恢复，并在划分为持有待售类别后非流动资产确认的资产减值损失金额内转回，转回金额计入当期损益，划分为持有待售类别前确认的资产减值损失不得转回。

持有待售的非流动资产不应计提折旧或摊销。

【例 42－16】 沿用〖例 42－15〗资料，2×22 年 3 月 31 日，戊公司与庚公司签订合同，转让所持有已公司的全部股权，转让价格为 1 607 万元，戊公司预计还将支付 8 万元的出售费用。

本例中，情形一：2×22 年 3 月 31 日，戊公司持有的已公司的股权公允价值减去出售费用后的净额为 1 599 万元，账面价值为 1 600 万元，以两者孰低计量，戊公司 2×22 年 3 月 31 日的账务处理如下：

借：资产减值损失　　10 000

　贷：持有待售资产减值准备——长期股权投资　　10 000

情形二：2×22 年 3 月 31 日，戊公司持有的已公司的股权公允价值减去出售费用后的净额为 1 599 万元，账面价值为 1 588 万元，以两者孰低计量，戊公司不需要进行账务处理。

2. 持有待售的处置组的后续计量。

企业在资产负债表日重新计量持有待售的处置组时，应当首先按照相关会计准则规定计量处置组中不适用本章计量规定的资产和负债的账面价值，这些资产和负债可能包括采用公允价值模式进行后续计量的投资性房地产、采用公允价值减去出售费用后的净额计量的生物资产、金融工具等不适用本章计量规定的非流动资产，也可能包括流动资产、流动负债和非流动负债。例如，处置组中的金融工具，应当按照第二十二章金融工具确认和计量的规定计量。

在进行上述计量后，企业应当比较持有待售的处置组整体账面价值与公允价值减去出售费用后的净额，如果账面价值高于其公允价值减去出售费用后的净额，应当将账面价值减记至公允价值减去出售费用后的净额，减记的金额确认为资产减值损失，计入当期损益，同时计提持有待售资产减值准备，但不应当重复确认不适用本章计量规定的资产和负债按照相关准则规定已经确认的损失。

对于持有待售的处置组确认的资产减值损失金额，如果该处置组包含商誉，应当先抵减商誉的账面价值，再根据处置组中适用本章计量规定的各项非流动资产账面价值所占比重，按比例抵减其账面价值。确认的资产减值损失金额应当以适用本章计量规定的各项资产的账面价值为限，不应分摊至处置组中不适用本章计量规定的其他资产。

如果后续资产负债表日持有待售的处置组公允价值减去出售费用后的净额增加，以前减记的金额应当予以恢复，并在划分为持有待售类别后适用本章计量规定的非流动资产确认的资产减值损失金额内转回，转回金额计入当期损益，且不应当重复确认不适用本章计量规定的资产和负债按照相关准则规定已经确认的利得。已抵减的商誉账面价值，以及适用本章计量规定的非流动资产在划分为持有待售类别前确认的资产减值损失不得转回。对于持有待售的处置组确认的资产减值损失后续转回金额，应当根据处置组中除商誉外适用本章计量规定的各项非流动资产账面价值所占比重，按比例增加其账面价值。

【例 42－17】 甲企业拥有一个销售门店，2×22 年 6 月 15 日，该门店的部分科目余额表如表 42－1 所示。

表 42－1　　2×22 年 6 月 15 日门店调整前的部分科目余额表　　单位：元

科目名称	借方余额	贷方余额
库存现金	310 000	
应收账款	270 000	
坏账准备		10 000
库存商品	300 000	
存货跌价准备		100 000
其他债权投资	380 000	
固定资产	1 100 000	
累计折旧		30 000
固定资产减值准备		15 000
无形资产	950 000	
累计摊销		14 000
无形资产减值准备		5 000
商誉	200 000	
应付账款		310 000
其他应付款		560 000
预计负债		250 000

当日，甲企业与乙企业签订转让协议，将该门店资产和相关负债整体转让，但保留员工，假设该处置组不构成一项业务，转让初定价格为 1 900 000 元。转让协议同时约定，对于门店 2×22 年 6 月 10 日购买的一项分类为以公允价值计量且其变动计入其他综合收益的其他债权投资（其购入成本即为

380 000元)，转让价格以转让完成当日市场报价为准。假设该门店满足划分为持有待售类别的条件，但不符合终止经营的定义。

截至2×22年6月15日，固定资产还应当计提折旧5 000元，无形资产还应当计提摊销1 000元，固定资产和无形资产均用于管理用途。2×22年6月15日，其他债权投资公允价值降至360 000元，固定资产可收回金额降至1 020 000元，其他资产、负债价值没有发生变化。2×22年6月15日，该门店的公允价值为1 900 000元，甲企业预计为转让门店还需支付律师和注册会计师专业咨询费共计70 000元。假设甲企业不存在其他持有待售的非流动资产或处置组，不考虑税收影响。

2×22年6月30日，该门店尚未完成转让，甲企业作为其他债权投资核算的债券投资市场报价上升至370 000元，假设其他资产、负债价值没有变化。乙企业在对门店进行检查时发现一些资产轻微破损，甲企业同意修理，预计修理费用为5 000元，甲企业还将律师和注册会计师咨询费预计金额调整至40 000元。当日，门店处置组整体的公允价值为1 910 000元。

本例中，

(1) 2×22年6月15日，甲企业首次将该处置组划分为持有待售类别前，应当按照适用的会计准则计量各项资产和负债的账面价值。其账务处理如下：

借：管理费用　　6 000
　　贷：累计折旧　　5 000
　　　　累计摊销　　1 000
借：其他综合收益　　20 000
　　贷：其他债权投资　　20 000
借：资产减值损失　　30 000
　　贷：固定资产减值准备　　30 000

经上述调整后，2×22年6月15日该门店各资产和负债的账面价值见表42-2。

表42-2　　2×22年6月15日门店资产和负债调整后账面价值　　单位：元

科目名称	账面价值
持有待售资产：	
库存现金	310 000
应收账款	260 000

续表

科目名称	账面价值
库存商品	200 000
其他债权投资	380 000
固定资产	1 020 000
无形资产	930 000
商誉	200 000
持有待售资产小计：	3 280 000
持有待售负债：	
应付账款	（310 000）
其他应付款	（560 000）
预计负债	（250 000）
持有待售负债小计：	（1 120 000）
合计	2 160 000

（2）2×22年6月15日，甲企业将该门店处置组划分为持有待售类别时，其账务处理如下：

借：持有待售资产——库存现金　　310 000
　　　　　　　　——应收账款　　270 000
　　　　　　　　——库存商品　　300 000
　　　　　　　　——其他债权投资　　360 000
　　　　　　　　——固定资产　　1 020 000
　　　　　　　　——无形资产　　930 000
　　　　　　　　——商誉　　200 000
　　坏账准备　　10 000
　　存货跌价准备　　100 000
　　固定资产减值准备　　45 000
　　累计折旧　　35 000
　　累计摊销　　15 000
　　无形资产减值准备　　5 000
　　贷：持有待售资产减值准备——坏账准备　　10 000
　　　　　　　　　　　　　　——存货跌价准备　　100 000

库存现金　　310 000
应收账款　　270 000
库存商品　　300 000
其他债权投资　　360 000
固定资产　　1 100 000
无形资产　　950 000
商誉　　200 000

借：应付账款　　310 000
其他应付款　　560 000
预计负债　　250 000
贷：持有待售负债——应付账款　　310 000
——其他应付款　　560 000
——预计负债　　250 000

(3) 2×22 年 6 月 15 日，由于该处置组的账面价值 2 160 000 元高于公允价值减去出售费用后的净额 1 830 000 元（1 900 000 - 70 000），甲企业应当以 1 830 000 元计量处置组，并计提持有待售资产减值准备 330 000 元（2 160 000 - 1 830 000），计入当期损益。

持有待售资产的减值损失应当分配至适用本章计量规定的非流动资产的账面价值。具体来说，应当先抵减处置组中商誉的账面价值 200 000 元，剩余金额 130 000 元再根据固定资产、无形资产账面价值所占比重，按比例抵减其账面价值。2×22 年 6 月 15 日，各项资产和负债分摊持有待售资产减值损失及抵减减值损失后的账面价值见表 42 - 3。

表 42 - 3　　2×22 年 6 月 15 日门店资产和负债账面价值及资产减值损失分摊

单位：元

报表项目	2×22 年 6 月 15 日抵减减值损失前账面价值	减值损失分摊	2×22 年 6 月 15 日抵减减值损失后账面价值
持有待售资产：			
库存现金	310 000	—	310 000
应收账款	260 000	—	260 000
库存商品	200 000	—	200 000
其他债权投资	360 000	—	360 000

续表

报表项目	2×22年6月15日抵减减值损失前账面价值	减值损失分摊	2×22年6月15日抵减减值损失后账面价值
固定资产	1 020 000	-68 000*	952 000
无形资产	930 000	-62 000**	868 000
商誉	200 000	-200 000	0
持有待售资产小计	3 280 000		2 950 000
持有待售负债：			
应付账款	(310 000)	—	
其他应付款	(560 000)	—	
预计负债	(250 000)	—	
持有待售负债小计	(1 120 000)		(1 120 000)
合计	2 160 000	-330 000	1 830 000

注：-68 000* =130 000÷(1 020 000+930 000)×1 020 000
-62 000** =130 000÷(1 020 000+930 000)×930 000

甲企业的账务处理如下：

借：资产减值损失　　330 000
　贷：持有待售资产减值准备——固定资产　　68 000
　　　　　　　　　　　　　——无形资产　　62 000
　　　　　　　　　　　　　——商誉　　200 000

(4) 2×22年6月30日，甲企业按照适用的会计准则计量其他债权投资，账务处理如下：

借：持有待售资产——其他债权投资　　10 000
　贷：其他综合收益　　10 000

当日，该处置组的账面价值为1 840 000元（包含其他债权投资已经确认的利得10 000元），预计出售费用为45 000元（5 000+40 000），公允价值减去出售费用后的净额为1 865 000元（1 910 000-45 000），高于账面价值。

处置组的公允价值减去出售费用后的净额后续增加的，应当在原已确认的持有待售资产减值损失范围内转回，但已抵减的商誉账面价值200 000元和划分为持有待售类别前适用本章计量规定的非流动资产已计提的资产减值准备不得转回，因此，转回金额应当以130 000元（68 000+62 000）为限。根据上述分析，甲企业可转回已经确认的持有待售资产减值损失25 000元（1 865 000-

1 840 000)，根据固定资产、无形资产账面价值所占比重，按比例转回其账面价值。资产减值损失转回金额的分摊见表 42－4。

表 42－4　　2×22 年 6 月 30 日门店资产和负债账面价值及资产减值损失转回

单位：元

报表项目	2×22 年 6 月 15 日抵减减值损失后账面价值	2×22 年 6 月 30 日按照其他适用准则重新计量	2×22 年 6 月 30 日重新计量后的账面价值	减值损失转回的分摊	2×22 年 6 月 30 日减值损失转回后账面价值
持有待售资产：					
库存现金	310 000		310 000		310 000
应收账款	260 000		260 000		260 000
库存商品	200 000		200 000		200 000
其他债权投资	360 000	10 000	370 000		370 000
固定资产	952 000		952 000	13 077 *	965 077
无形资产	868 000		868 000	11 923 **	879 923
商誉	0		0		0
持有待售资产小计	2 950 000				2 985 000
持有待售负债：					
应付账款	(310 000)		(310 000)		(310 000)
其他应付款	(560 000)		(560 000)		(560 000)
预计负债	(250 000)		(250 000)		(250 000)
持有待售负债小计	(1 120 000)				(1 120 000)
合计	1 830 000	10 000	1 840 000	25 000	1 865 000

注：13 077 * ＝25 000 ÷ (952 000＋868 000) ×952 000
11 923 ** ＝25 000 ÷ (952 000＋868 000) ×868 000

借：持有待售资产减值准备——固定资产　　13 077
　　　　　　　　　　　　——无形资产　　11 923
　贷：资产减值损失　　25 000

甲企业在 2×22 年 6 月 30 日的资产负债表中应当分别以“持有待售资产”和“持有待售负债”列示 2 985 000 元和 1 120 000 元。由于处置组不符合终止经营定义，持有待售资产确认的资产减值损失应当在利润表中以持续经营损益列示。企业同时应当在附注中进一步披露该持有待售处置组的相关信息。

持有待售的处置组中的非流动资产不应计提折旧或摊销，持有待售的处置组中的负债和不适用本章计量规定的金融资产、以公允价值计量的投资性房地产等的利息或租金收入、支出以及其他费用应当继续予以确认。

【例42－18】 戊企业拟将拥有的核电站转让给乙企业，双方已签订了转让协议。由于核电站主体设备核反应堆将对当地生态环境产生一定影响，在核电站最初建造完成并交付使用时，戊企业考虑到设备使用期满后将其拆除并整治污染的弃置费用，确认了38.55万元的预计负债，并按照每年10%的实际利率对该弃置费用逐期确认利息费用。

本例中，戊企业将核电站划分为持有待售类别后，该预计负债应当作为持有待售负债，且该资产弃置义务产生的利息费用应当继续确认。

（三）不再继续划分为持有待售类别的计量

非流动资产或处置组因不再满足持有待售类别划分条件而不再继续划分为持有待售类别或非流动资产从持有待售的处置组中移除时，应当按照下列两者孰低计量：（1）划分为持有待售类别前的账面价值，按照假定不划分为持有待售类别情况下本应确认的折旧、摊销或减值等进行调整后的金额。（2）可收回金额。由此产生的差额计入当期损益，可以通过“资产减值损失”科目进行会计处理。这样处理的结果是，原来划分为持有待售的非流动资产或处置组重新分类后的账面价值，与其从未划分为持有待售类别情况下的账面价值相一致。

企业将非流动资产或处置组由持有待售类别重分类为持有待分配给所有者类别，或者由持有待分配给所有者类别重分类为持有待售类别，原处置计划没有发生本质改变，不应当按照上述不再继续划分为持有待售类别的计量要求处理，而应当按照重分类后所属类别的计量要求处理。分类为持有待售类别或持有待分配给所有者类别的日期不因重分类而发生改变，在适用延长一年期的例外条款时，应当以该最初分类日期为准。

（四）终止确认

企业终止确认持有待售的非流动资产或处置组，应当将尚未确认的利得或损失计入当期损益。

按照第十九章外币折算的规定，企业在处置持有待售的境外经营时，应当将与该境外经营相关的外币财务报表折算差额，自其他综合收益转入处置当期损益，部分处置境外经营的，应当按处置的比例计算处置部分的外币财务报表折算差额，转入处置当期损益。

【例 42-19】沿用〖例 42-16〗资料，2×22 年 6 月 25 日，戊公司为转让己公司的股权支付律师费 5 万元。6 月 29 日，戊公司完成对己公司的股权转让，收到价款 1 607 万元。

情形一：戊公司 2×22 年 6 月 25 日支付出售费用的账务处理如下：

借：投资收益　　50 000
　　贷：银行存款　　50 000

戊公司 2×22 年 6 月 29 日的账务处理如下：

借：持有待售资产减值准备——长期股权投资　　10 000
　　银行存款　　16 070 000
　　贷：持有待售资产——长期股权投资　　16 000 000
　　　　投资收益　　80 000

情形二：戊公司 2×22 年 6 月 25 日支付出售费用的账务处理如下：

借：投资收益　　50 000
　　贷：银行存款　　50 000

戊公司 2×22 年 6 月 29 日的账务处理如下：

借：银行存款　　16 070 000
　　贷：持有待售资产——长期股权投资　　15 880 000
　　　　投资收益　　190 000

【例 42-20】沿用〖例 42-17〗资料，2×22 年 9 月 1 日，甲企业收到乙企业以银行存款支付的部分价款 1 000 000 元。2×22 年 9 月 19 日，该门店完成转让，甲企业以银行存款分别支付维修费用 5 000 元和律师、注册会计师专业咨询费 37 000 元。当日甲企业作为其他债权投资核算的债券投资市场报价为 374 000 元，乙企业以银行存款支付剩余转让价款 914 000 元。

本例中，9 月 1 日，甲企业账务处理如下：

借：银行存款　　1 000 000
　　贷：预收账款　　1 000 000

9 月 19 日，甲企业账务处理如下：

借：资产处置损益　　5 000
　　贷：银行存款　　5 000

借：资产处置损益　　37 000
　　贷：银行存款　　37 000

借：银行存款　　914 000

	借方	贷方
预收账款	1 000 000	
持有待售资产减值准备——坏账准备	10 000	
——存货跌价准备	100 000	
——固定资产	54 923	
——无形资产	50 077	
——商誉	200 000	
持有待售负债——应付账款	310 000	
——其他应付款	560 000	
——预计负债	250 000	
贷：持有待售资产——现金		310 000
——应收账款		270 000
——库存商品		300 000
——其他债权投资		370 000
——固定资产		1 020 000
——无形资产		930 000
——商誉		200 000
资产处置损益		49 000
借：资产处置损益	10 000	
贷：其他综合收益		10 000

同时或资产负债表日，账务处理如下：

	借方	贷方
借：本年利润	3 000	
贷：资产处置损益		3 000

七、持有待售类别和终止经营的列报

（一）资产负债表列示

1. 持有待售的非流动资产或处置组的列示。

持有待售资产和负债不应当相互抵销。“持有待售资产”和“持有待售负债”应当分别作为流动资产和流动负债列示。具体来说，企业应当在资产负债表资产项下“一年内到期的非流动资产”项目之上增设“持有待售资产”项目，反映资产负债表日划分为持有待售类别的非流动资产及划分为持有待售类别的处置组中的流动资产和非流动资产的期末账面价值。“持有待售资产”项目应当根据“持有待售资产”科目的期末余额，减去“持有待售资产减值准备”科目的期末余额后的金额填列。企业应当在资产负债表负债项下“一年内到期的非流动负债”项目之上增设“持有待售负债”项目，反映资产负债表日处置组中与划分为持有待售类别的资产直接相关的负债的期末账面价值。“持有待售负债”项目应当根据“持有待售负债”科目的期末余额填列。

资产负债表的部分格式见表42－5。

表42－5　　资产负债表

会企01表

编制单位：　　　　年　月　日　　　　单位：元

资产	期末余额	年初余额	负债和所有者权益（或股东权益）	期末余额	年初余额
流动资产：			流动负债：		
……			……		
持有待售资产			持有待售负债		
一年内到期的非流动资产			一年内到期的非流动负债		
……			……		

对于当期首次满足持有待售类别划分条件的非流动资产或划分为持有待售类别的处置组中的资产和负债，不应当调整可比会计期间资产负债表，即不对其符合持有待售类别划分条件前各个会计期间的资产负债表进行项目的分类调整或重新列报。因此，在可比会计期间资产负债表中列报的持有待售资产和持有待售负债都是在可比会计期末即符合持有待售类别划分条件的非流动资产或处置组。

2. 终止经营的列示。

如果终止经营划分为持有待售类别，应当按照上述持有待售类别的列报要求处理。如果终止经营没有划分为持有待售类别，而是被处置，无论当期或是可比会计期间的资产负债表中都不应当列报与之相关的持有待售资产或负债。

（二）利润表列示

企业应当在利润表中“营业利润”项目之上单设“资产处置收益”项目，反映企业出售划分为持有待售的非流动资产（金融工具、长期股权投资和投资性房地产除外）或处置组（子公司和业务除外）时确认的处置利得或损失等。“资产处置收益”项目应根据“资产处置损益”科目的发生额分析填列；如为处置损失，以“－”号填列。

企业应当分别列示持续经营损益和终止经营损益，在利润表“净利润”项下增设“持续经营净利润”和“终止经营净利润”项目，以税后净额分别反映持续经营相关损益和终止经营相关损益。利润表的部分格式见表 42－6。

表 42－6　　　　利润表

会企 02 表

编制单位：　　　　年度　　　　单位：元

项目	本期金额	上期金额
一、营业收入		
……		
资产处置收益（损失以“－”号填列）		
二、营业利润（亏损以“－”号填列）		
……		
四、净利润（净亏损以“－”号填列）		
（一）按经营持续性分类：		
1. 持续经营净利润（净亏损以“－”号填列）		
2. 终止经营净利润（净亏损以“－”号填列）		
……		

1. 持有待售的非流动资产或处置组的列示。

不符合终止经营定义的持有待售的非流动资产或处置组所产生的下列相关损益，应当在利润表中作为持续经营损益列报：（1）企业初始计量或在资产负债表日重新计量持有待售的非流动资产或处置组时，因账面价值高于其公允价值减去出售费用后的净额而确认的资产减值损失。（2）后续资产负债表日持有待售的非流动资产或处置组公允价值减去出售费用后的净额增加，因恢复以前减记的金额而转回的资产减值损失。（3）持有待售的非流动资产或处置组的处置损益。

2. 终止经营的列示。

终止经营的相关损益应当作为终止经营损益列报，列报的终止经营损益应当包含整个报告期间，而不仅包含认定为终止经营后的报告期间。相关损益具体包括：（1）终止经营的经营活动损益，如销售商品、提供服务的收入、相关成本和费用等。（2）企业初始计量或在资产负债表日重新计量符合终止经营定义的持有待售的处置组时，因账面价值高于其公允价值减去出售费用后的净额而确认的资产减值损失。（3）后续资产负债表日符合终止经营定义的持有待售处置组的公允价值减去出售费用后的净额增加，因恢复以前减记的金额而转回的资产减值损失。（4）终止经营的处置损益。（5）终止经营处置损益的调整金额，可能引起调整的情形包括：最终确定处置条款，如与买方商定交易价格调整额和补偿金；消除与处置相关的不确定因素，如确定卖方保留的环保义务或产品质量保证义务；履行与处置相关的职工薪酬支付义务等。

企业在处置终止经营的过程中可能附带产生一些增量费用，如果不进行该项处置就不会产生这些费用，企业应当将这些增量费用作为终止经营损益列报。

【例42－21】 甲企业集团拥有子公司乙，并为其专门租入一栋写字楼作为办公场所，现甲企业决定将乙公司转让给丙企业，转让完成后，乙公司将整体搬迁至丙企业的写字楼。由于乙公司目前办公所在地的租期未满，甲企业必须承担将办公楼低于原租金转租或者提前终止租赁合同的损失。假设乙公司符合持有待售类别的划分条件和终止经营的定义。

本例中，尽管甲企业如果不出售乙公司，与租赁办公楼相关的损失就不会发生，但对于出售乙公司本身而言，该损失并不是必不可少的，不是与出售乙公司直接相关的增量成本。因此，在对乙公司以账面价值与公允价值减去出售费用后的净额孰低计量时，不应当将办公楼低于原租金转租或者提前终止租赁合同的损失作为出售费用处理，但应当在利润表中将其列示在“终止经营净利润”中，并在附注中作为终止经营费用的一部分披露。

拟结束使用而非出售的处置组满足终止经营定义中有关组成部分的条件的，应当自停止使用日起作为终止经营列报。列报的终止经营损益应当包含整个报告期间，而不仅包含认定为终止经营后的报告期间。如果因出售对子公司的投资等原因导致企业丧失对子公司的控制权，且该子公司符合终止经营定义的，应当在合并利润表中列报相关终止经营损益。

从财务报表可比性出发，对于当期列报的终止经营，企业应当在当期财务报表中，将原来作为持续经营损益列报的信息重新作为可比会计期间的终止经营损益列报。这意味着对于可比会计期间的利润表，作为终止经营列报的不仅包括在可比会计期间即符合终止经营定义的处置组，还包括在当期首次符合终止经营定义的处置组。由于后者的存在，处置组在可比会计期间销售商品、提供服务的收入和相关成本、费用，以及相关资产按照第九章资产减值的规定确认的资产减值损失等也应当作为终止经营损益列报。

（三）附注披露

1. 持有待售的非流动资产或处置组的披露。

企业应当在附注中披露有关持有待售的非流动资产或处置组的下列信息：（1）持有待售的非流动资产或处置组的出售费用和主要类别，以及每个类别的账面价值和公允价值；（2）持有待售的非流动资产或处置组的出售原因、方式和时间安排；（3）列报持有待售的非流动资产或处置组的分部；（4）持有待售的非流动资产或持有待售的处置组中资产确认的减值损失及其转回金额；（5）与持有待售的非流动资产或处置组有关的其他综合收益累计金额，例如，与境外经营相关的外币财务报表折算差额等。

如果处置组中包含不适用本章计量规定的资产或负债，且有关这些资产或负债的披露已经包括在附注的其他部分，企业不需要在有关持有待售的非流动资产或处置组的附注部分重复披露，除非企业认为这样披露有助于报表使用者评估相关信息。

非流动资产或处置组在资产负债表日至财务报告批准报出日之间满足持有待售类别划分条件的，应当作为资产负债表日后非调整事项进行会计处理，并在附注中披露下列信息：（1）资产负债表日后划分为持有待售类别的非流动资产或处置组的出售费用和主要类别，以及每个类别的账面价值和公允价值；（2）持有待售的非流动资产或处置组的出售原因、方式和时间安排；（3）列报持有待售的非流动资产或处置组的分部。

2. 终止经营的披露。

企业应当在附注中披露有关终止经营的下列信息：（1）终止经营的收入、费用、利润总额、所得税费用（收益）和净利润，即利润表中“终止经营净利润”项目信息的进一步分解；（2）终止经营的资产或处置组确认的减值损失及其转回金额；（3）终止经营的处置损益总额、所得税费用（收益）和处置净损益；（4）终止经营的经营活动、投资活动和筹资活动现金流量净额；（5）归属于母公司所有者的持续经营损益和终止经营损益；（6）终止经营处置损益调整的性质和金额。

如果企业因出售对子公司的投资等原因导致其丧失对子公司的控制权，且该子公司符合终止经营定义，应当在附注中披露上述信息。

对于当期首次列报的终止经营，企业应当在附注中披露可比会计期间与该终止经营有关的下列信息：（1）终止经营的收入、费用、利润总额、所得税费用（收益）和净利润；（2）终止经营的资产或处置组确认的减值损失及其转回金额；（3）终止经营的经营活动、投资活动和筹资活动现金流量净额；（4）归属于母公司所有者的持续经营损益和终止经营损益。

（四）特殊事项的列报

1. 企业专为转售而取得的持有待售子公司的列报。

如果企业专为转售而取得的子公司符合持有待售类别的划分条件，应当按照持有待售的处置组和终止经营的有关规定进行列报，相对于不符合持有待售类别划分条件的子公司，其资产负债表列示和附注披露都得到适当简化。但是，除非企业是投资性主体并将该子公司按照公允价值计量且其变动计入当期损益，否则仍然应当按照第三十四章合并财务报表的规定，将该子公司纳入合并范围。

在合并资产负债表中，企业专为转售而取得的持有待售子公司的全部资产和负债应当分别作为持有待售资产和持有待售负债项目列示。

在合并利润表中，符合终止经营定义的专为转售而取得的持有待售子公司的净利润与其他终止经营净利润应当合并列示在"终止经营净利润"项目中。

在附注中，企业应当披露下列信息：（1）企业专为转售而取得的持有待售子公司的出售原因、方式和时间安排；（2）列报该子公司的分部；（3）该子公司确认的减值损失及其转回金额；（4）与该子公司有关的其他综合收益累计金额；（5）归属于母公司所有者的持续经营损益和终止经营损益。

【例42－22】2×22年11月9日，甲企业收购了一家乙控股企业，乙企业持有戊和己两个子公司，其中己公司是专为转售而取得的，且满足持有待售类别划分条件。收购日己公司的公允价值减去出售费用后的净额为135万元，可辨认负债公允价值为40万元。2×22年12月31日，己公司公允价值减去出售费用后的净额为130万元，负债按照相关会计准则重新计量后的账面价值为35万元。假设除己公司外，甲企业没有其他持有待售的非流动资产或处置组。

本例中，甲企业收购乙企业时，己公司满足持有待售类别的划分条件，且符合终止经营的定义，取得日己公司资产的入账价值为175万元（135＋40）。2×22年12月31日，己公司资产的账面价值为165万元（130＋35）。在合并资产负债表中，甲企业应当单独列示"持有待售资产"和"持有待售负债"项目，金额分别为165万元和35万元。在合并利润表中，甲企业应当在"终止经营净利润"中列示与己公司有关的税后净利润，其中包括因重新计量确认的资产减值损失金额5万元（135－130）。

2. 不再继续划分为持有待售类别的列报。

对于非流动资产或处置组，如果其不再继续划分为持有待售类别或非流动资产从持有待售的处置组中移除，在资产负债表中，企业应当将原来分类为持有待售类别的非流动资产或处置组重新作为固定资产、无形资产等列报，并调整其账面价值。在当期利润表中，企业应当将账面价值调整金额作为持续经营损益列报。在附注中，企业应当披露下列信息：（1）企业改变非流动资产或处置组出售计划的原因；（2）可比会计期间财务报表中受影响的项目名称和影响金额。

对于企业的子公司、共同经营、合营企业、联营企业以及部分对合营企业或联营企业的投资，按照第三章长期股权投资的规定，持有待售的对联营企业或合营企业的权益性投资不再符合持有待售类别划分条件的，应当自划分为持有待售类别日起采用权益法进行追溯调整。持有待售的对子公司、共同经营的权益性投资不再符合持有待售类别划分条件的，同样应当自划分为持有待售类别日起追溯调整。上述情况下，划分为持有待售类别期间的财务报表应当作相应调整。

终止经营不再满足持有待售类别划分条件的，企业应当在当期财务报表中，将原来作为终止经营损益列报的信息重新作为可比会计期间的持续经营损益列报，并在附注中说明这一事实。

八、衔接规定

对于持有待售准则施行日之前存在的持有待售的非流动资产、处置组和终止经营，应当采用未来适用法处理。持有待售准则施行日之后符合终止经营定义的，应当按照本章规定，对可比会计期间的比较数据进行调整，在财务报表中列示和披露该终止经营当期和可比会计期间的有关信息。